J. von Staudingers
Kommentar zum Bürgerlichen Gesetzbuch
mit Einführungsgesetz und Nebengesetzen
Buch 2 · Recht der Schuldverhältnisse
Einleitung zum Schuldrecht; §§ 241–243
(Treu und Glauben)

Kommentatorinnen und Kommentatoren

Dr. Karl-Dieter Albrecht
Vorsitzender Richter am Bayerischen Verwaltungsgerichtshof, München

Dr. Georg Annuß
Rechtsanwalt in München, Privatdozent an der Universität Regensburg

Dr. Christian Armbrüster
Professor an der Freien Universität Berlin

Dr. Martin Avenarius
Professor an der Universität zu Köln

Dr. Wolfgang Baumann
Notar in Wuppertal, Professor an der Bergischen Universität Wuppertal

Dr. Winfried Bausback
Professor a. D. an der Bergischen Universität Wuppertal, Mitglied des Bayerischen Landtags

Dr. Roland Michael Beckmann
Professor an der Universität des Saarlandes, Saarbrücken

Dr. Detlev W. Belling, M.C.L.
Professor an der Universität Potsdam

Dr. Andreas Bergmann
Privatdozent an der Universität des Saarlandes, Saarbrücken

Dr. Werner Bienwald
Professor an der Evangelischen Fachhochschule Hannover, Rechtsanwalt in Oldenburg

Dr. Claudia Bittner, LL.M.
Privatdozentin an der Universität Freiburg i. Br., Richterin am Sozialgericht Frankfurt a. M.

Dr. Dieter Blumenwitz †
Professor an der Universität Würzburg

Dr. Reinhard Bork
Professor an der Universität Hamburg

Dr. Elmar Bund †
Professor an der Universität Freiburg i. Br.

Dr. Jan Busche
Professor an der Universität Düsseldorf

Dr. Georg Caspers
Professor an der Universität Erlangen-Nürnberg

Dr. Tiziana Chiusi
Professorin an der Universität des Saarlandes, Saarbrücken

Dr. Michael Coester, LL.M.
Professor an der Universität München

Dr. Dagmar Coester-Waltjen, LL.M.
Professorin an der Universität Göttingen, Direktorin des Lichtenberg-Kollegs, Göttingen

Dr. Heinrich Dörner
Professor an der Universität Münster

Dr. Christina Eberl-Borges
Professorin an der Universität Siegen

Dr. Dr. h. c. Werner F. Ebke, LL.M.
Professor an der Universität Heidelberg

Dr. Jörn Eckert †
Professor an der Universität zu Kiel, Richter am Schleswig-Holsteinischen Oberlandesgericht in Schleswig

Dr. Volker Emmerich
Professor an der Universität Bayreuth, Richter am Oberlandesgericht Nürnberg a. D.

Dipl.-Kfm. Dr. Norbert Engel
Ministerialdirigent im Thüringer Landtag, Erfurt

Dr. Helmut Engler
Professor an der Universität Freiburg i. Br., Minister in Baden-Württemberg a. D.

Dr. Cornelia Feldmann
Rechtsanwältin in Freiburg i. Br.

Dr. Karl-Heinz Fezer
Professor an der Universität Konstanz, Honorarprofessor an der Universität Leipzig, Richter am Oberlandesgericht Stuttgart

Dr. Johann Frank
Notar in Amberg

Dr. Rainer Frank
Professor an der Universität Freiburg i. Br.

Dr. Robert Freitag
Professor an der Universität Hamburg

Dr. Bernhard Großfeld, LL.M.
Professor an der Universität Münster

Dr. Beate Gsell
Professorin an der Universität Augsburg

Dr. Karl-Heinz Gursky
Professor an der Universität Osnabrück

Dr. Martin Gutzeit
Privatdozent an der Universität München

Dr. Ulrich Haas
Professor an der Universität Zürich

Norbert Habermann
Weiterer aufsichtsführender Richter bei dem Amtsgericht Offenbach

Dr. Stefan Habermeier
Professor an der Universität Greifswald

Dr. Martin Häublein
Professor an der Universität Innsbruck

Dr. Johannes Hager
Professor an der Universität München

Dr. Rainer Hausmann
Professor an der Universität Konstanz

Dr. Jan von Hein
Professor an der Universität Trier

Dr. Tobias Helms
Professor an der Universität Marburg

Dr. Dr. h. c. mult. Dieter Henrich
Professor an der Universität Regensburg

Dr. Reinhard Hepting
Professor an der Universität Mainz

Christian Hertel, LL.M.
Notar in Weilheim i. OB.

Dr. Stephanie Herzog
Rechtsanwältin in Würselen

Joseph Hönle
Notar in Tittmoning

Dr. Bernd von Hoffmann
Professor an der Universität Trier

Dr. Heinrich Honsell
Professor an der Universität Zürich, Honorarprofessor an der Universität Salzburg

Dr. Dr. Dr. h. c. mult. Klaus J. Hopt, M.C.J.
Professor, Direktor des Max-Planck-Instituts für Ausländisches und Internationales Privatrecht, Hamburg

Dr. Norbert Horn
Professor an der Universität zu Köln, Vorstand des Arbitration Documentation and Information Center e.V., Köln

Dr. Peter Huber, LL.M.
Professor an der Universität Mainz

Dr. Rainer Hüttemann
Professor an der Universität Bonn

Dr. Florian Jacoby
Professor an der Universität Bielefeld

Dr. Rainer Jagmann
Vorsitzender Richter am Oberlandesgericht Karlsruhe

Dr. Ulrich von Jeinsen
Rechtsanwalt und Notar in Hannover

Dr. Joachim Jickeli
Professor an der Universität zu Kiel

Dr. Dagmar Kaiser
Professorin an der Universität Mainz

Dr. Bernd Kannowski
Professor an der Universität Freiburg i. Br.

Dr. Rainer Kanzleiter
Notar in Neu-Ulm, Professor an der Universität Augsburg

Dr. Sibylle Kessal-Wulf
Richterin am Bundesgerichtshof, Karlsruhe

Dr. Fabian Klinck
Professor an der Universität Bochum

Dr. Frank Klinkhammer
Richter am Bundesgerichtshof, Karlsruhe

Dr. Hans-Georg Knothe
Professor an der Universität Greifswald

Dr. Jürgen Kohler
Professor an der Universität Greifswald

Dr. Stefan Koos
Professor an der Universität der Bundeswehr München

Dr. Heinrich Kreuzer
Notar in München

Dr. Jan Kropholler †
Professor an der Universität Hamburg, Wiss. Referent am Max-Planck-Institut für Ausländisches und Internationales Privatrecht, Hamburg

Dr. Hans-Dieter Kutter
Notar in Nürnberg

Dr. Gerd-Hinrich Langhein
Notar in Hamburg

Dr. Martin Löhnig
Professor an der Universität Konstanz

Dr. Dr. h. c. Manfred Löwisch
Professor an der Universität Freiburg i. Br., Rechtsanwalt in Stuttgart, vorm. Richter am Oberlandesgericht Karlsruhe

Dr. Dirk Looschelders
Professor an der Universität Düsseldorf

Dr. Stephan Lorenz
Professor an der Universität München

Dr. Peter Mader
Professor an der Universität Salzburg

Dr. Ulrich Magnus
Professor an der Universität Hamburg, Richter am Hanseatischen Oberlandesgericht zu Hamburg

Dr. Peter Mankowski
Professor an der Universität Hamburg

Dr. Heinz-Peter Mansel
Professor an der Universität zu Köln

Dr. Peter Marburger
Professor an der Universität Trier

Dr. Wolfgang Marotzke
Professor an der Universität Tübingen

Dr. Dr. Dr. h. c. mult. Michael Martinek, M.C.J.
Professor an der Universität des Saarlandes, Saarbrücken, Honorarprofessor an der Universität Johannesburg, Südafrika

Dr. Annemarie Matusche-Beckmann
Professorin an der Universität des Saarlandes, Saarbrücken

Dr. Jörg Mayer
Notar in Simbach am Inn

Dr. Dr. Detlef Merten
Professor an der Deutschen Hochschule für Verwaltungswissenschaften Speyer

Dr. Rudolf Meyer-Pritzl
Professor an der Universität zu Kiel, Richter am Schleswig-Holsteinischen Oberlandesgericht in Schleswig

Dr. Peter O. Mülbert
Professor an der Universität Mainz

Dr. Daniela Neumann
Justiziarin des Erzbistums Köln

Dr. Dirk Neumann
Vizepräsident des Bundesarbeitsgerichts a. D., Kassel, Präsident des Landesarbeitsgerichts Chemnitz a. D.

Dr. Ulrich Noack
Professor an der Universität Düsseldorf

Dr. Hans-Heinrich Nöll
Rechtsanwalt in Hamburg

Dr. Jürgen Oechsler
Professor an der Universität Mainz

Dr. Hartmut Oetker
Professor an der Universität zu Kiel, Richter am Thüringer Oberlandesgericht Jena

Wolfgang Olshausen
Notar in Rain am Lech

Dr. Dirk Olzen
Professor an der Universität Düsseldorf

Dr. Gerhard Otte
Professor an der Universität Bielefeld

Dr. Hansjörg Otto
Professor an der Universität Göttingen

Dr. Holger Peres
Rechtsanwalt in München

Dr. Lore Maria Peschel-Gutzeit
Rechtsanwältin in Berlin, Senatorin für Justiz a. D. in Hamburg und Berlin, Vorsitzende Richterin am Hanseatischen Oberlandesgericht zu Hamburg i. R.

Dr. Frank Peters
Professor an der Universität Hamburg, Richter am Hanseatischen Oberlandesgericht zu Hamburg a. D.

Dr. Axel Pfeifer
Notar in Hamburg

Dr. Jörg Pirrung
Richter am Gericht erster Instanz der Europäischen Gemeinschaften i. R., Professor an der Universität Trier

Dr. Ulrich Preis
Professor an der Universität zu Köln

Dr. Manfred Rapp
Notar in Landsberg am Lech

Dr. Thomas Rauscher
Professor an der Universität Leipzig, Dipl. Math.

Dr. Peter Rawert, LL.M.
Notar in Hamburg, Professor an der Universität Kiel

Eckhard Rehme
Vorsitzender Richter am Oberlandesgericht Oldenburg

Dr. Wolfgang Reimann
Notar in Passau, Professor an der Universität Regensburg

Dr. Tilman Repgen
Professor an der Universität Hamburg

Dr. Dieter Reuter
Professor an der Universität zu Kiel,
Richter am Schleswig-Holsteinischen
Oberlandesgericht in Schleswig a. D.

Dr. Reinhard Richardi
Professor an der Universität Regensburg,
Präsident des Kirchlichen Arbeitsgerichtshofs für die Bistümer im Bereich der DBK, Bonn

Dr. Volker Rieble
Professor an der Universität München,
Direktor des Zentrums für Arbeitsbeziehungen und Arbeitsrecht

Dr. Anne Röthel
Professorin an der Bucerius Law School, Hamburg

Dr. Christian Rolfs
Professor an der Universität zu Köln

Dr. Herbert Roth
Professor an der Universität Regensburg

Dr. Rolf Sack
Professor an der Universität Mannheim

Dr. Ludwig Salgo
Professor an der Fachhochschule Frankfurt a. M., Apl. Professor an der Universität Frankfurt a. M.

Dr. Renate Schaub, LL.M.
Professorin an der Universität Bochum

Dr. Martin Josef Schermaier
Professor an der Universität Bonn

Dr. Gottfried Schiemann
Professor an der Universität Tübingen

Dr. Eberhard Schilken
Professor an der Universität Bonn

Dr. Peter Schlosser
Professor an der Universität München

Dr. Dr. h. c. mult. Karsten Schmidt
Vizepräsident der Bucerius Law School, Hamburg

Dr. Martin Schmidt-Kessel
Professor an der Universität Osnabrück

Redaktorinnen und Redaktoren

Dr. Günther Schotten
Notar in Köln, Professor
an der Universität Bielefeld

Dr. Robert Schumacher, LL.M.
Notar in Aachen

Dr. Roland Schwarze
Professor an der Universität Hannover

Dr. Hans Hermann Seiler
Professor an der Universität Hamburg

Dr. Reinhard Singer
Professor an der Humboldt-Universität Berlin, vorm. Richter am Oberlandesgericht Rostock

Dr. Dr. h. c. Ulrich Spellenberg
Professor an der Universität Bayreuth

Dr. Sebastian Spiegelberger
Notar in Rosenheim

Dr. Ansgar Staudinger
Professor an der Universität Bielefeld

Dr. Malte Stieper
Akademischer Rat an der Universität zu Kiel

Dr. Markus Stoffels
Professor an der Universität Osnabrück

Dr. Hans-Wolfgang Strätz
Professor an der Universität Konstanz

Dr. Dr. h. c. Fritz Sturm
Professor an der Universität Lausanne

Dr. Gudrun Sturm
Assessorin, Wiss. Mitarbeiterin

Burkhard Thiele
Präsident des Oberlandesgerichts Rostock

Dr. Karsten Thorn
Professor an der Bucerius Law School, Hamburg

Dr. Gregor Thüsing, LL.M.
Professor an der Universität Bonn

Dr. Barbara Veit
Professorin an der Universität Göttingen

Dr. Dr. h. c. mult. Christian von Bar, FBA
Dr. Christian Baldus
Dr. Michael Coester, LL.M.
Dr. Heinrich Dörner
Dr. Helmut Engler
Dr. Karl-Heinz Gursky
Norbert Habermann
Dr. Johannes Hager
Dr. Dr. h. c. mult. Dieter Henrich
Dr. Bernd von Hoffmann
Dr. Norbert Horn
Dr. Jan Kropholler †

Dr. Bea Verschraegen, LL.M.
Professorin an der Universität Wien

Dr. Klaus Vieweg
Professor an der Universität Erlangen-Nürnberg

Dr. Markus Voltz
Notar in Lahr

Dr. Reinhard Voppel
Rechtsanwalt in Köln

Dr. Günter Weick
Professor an der Universität Gießen

Gerd Weinreich
Vorsitzender Richter am Landgericht Oldenburg

Dr. Birgit Weitemeyer
Professorin an der Bucerius Law School, Hamburg

Dr. Olaf Werner
Professor an der Universität Jena, Richter am Thüringer Oberlandesgericht Jena a. D.

Dr. Daniel Wiegand, LL.M.
Rechtsanwalt in München

Dr. Wolfgang Wiegand
Professor an der Universität Bern

Dr. Susanne Wimmer-Leonhardt
Bürgermeisterin der Stadt Kaiserslautern; Privatdozentin an der Universität des Saarlandes

Dr. Peter Winkler von Mohrenfels
Professor an der Universität Rostock, Richter am Oberlandesgericht Rostock

Dr. Hans Wolfsteiner
Notar in München

Heinz Wöstmann
Richter am Bundesgerichtshof, Karlsruhe

Dr. Eduard Wufka †
Notar in Starnberg

Dr. Michael Wurm
Richter am Bundesgerichtshof, Karlsruhe

Dr. Dr. h. c. Manfred Löwisch
Dr. Ulrich Magnus
Dr. Peter Marburger
Dr. Dr. Dr. h. c. mult. Michael Martinek, M.C.J.
Dr. Jörg Mayer
Dr. Gerhard Otte
Dr. Lore Maria Peschel-Gutzeit
Dr. Manfred Rapp
Dr. Peter Rawert, LL.M.
Dr. Dieter Reuter
Dr. Herbert Roth
Dr. Wolfgang Wiegand

J. von Staudingers
Kommentar zum Bürgerlichen Gesetzbuch
mit Einführungsgesetz und Nebengesetzen

Buch 2
Recht der Schuldverhältnisse
Einleitung zum Schuldrecht; §§ 241–243
(Treu und Glauben)

Neubearbeitung 2009
von
Dirk Looschelders
Dirk Olzen
Gottfried Schiemann

Redaktor
Michael Martinek

Sellier – de Gruyter · Berlin

Die Kommentatorinnen und Kommentatoren

Neubearbeitung 2009
Einl zum SchuldR; §§ 241, 241a: DIRK OLZEN
§ 242: DIRK LOOSCHELDERS/DIRK OLZEN
§ 243: GOTTFRIED SCHIEMANN

Neubearbeitung 2005
Einleitung zu §§ 241 ff; §§ 241, 241a:
DIRK OLZEN
§ 242: DIRK LOOSCHELDERS/DIRK OLZEN
§ 243: GOTTFRIED SCHIEMANN

Dreizehnte Bearbeitung 1995
Einleitung zu §§ 241 ff; §§ 241 f: JÜRGEN SCHMIDT
§ 243: GOTTFRIED SCHIEMANN

12. Auflage
Einleitung zu §§ 241 ff; §§ 241 f: JÜRGEN SCHMIDT (1980/1981)
§ 243: Professor Dr. DIETER MEDICUS (1980)

11. Auflage
Einleitung zu §§ 241 ff; §§ 241 ff: Landgerichtsdirektor a. D. Dr. Dr. WILHELM WEBER (1961/1967)

Sachregister

Rechtsanwältin Dr. MARTINA SCHULZ, Pohlheim

Zitierweise

STAUDINGER/OLZEN (2009) Einl 1 zum SchuldR
STAUDINGER/LOOSCHELDERS/OLZEN (2009) § 242 Rn 1

Zitiert wird nach Paragraph bzw Artikel und Randnummer.

Hinweise

Das Abkürzungsverzeichnis befindet sich auf www.staudingerbgb.de.

Der Stand der Bearbeitung ist jeweils mit Monat und Jahr auf den linken Seiten unten angegeben.

Am Ende eines jeden Bandes befindet sich eine Übersicht über den aktuellen Stand des „Gesamtwerk STAUDINGER".

Die Deutsche Nationalbibliothek verzeichnet diese Publikation in der Deutschen Nationalbibliografie; detaillierte bibliografische Daten sind im Internet über http://dnb.d-nb.de abrufbar.

ISBN 978-3-8059-1086-6

© Copyright 2009 by Dr. Arthur L. Sellier & Co. – Walter de Gruyter GmbH & Co. KG, Berlin. – Printed in Germany.

Dieses Werk einschließlich aller seiner Teile ist urheberrechtlich geschützt. Jede Verwertung außerhalb der engen Grenzen des Urheberrechtsgesetzes ist ohne Zustimmung des Verlages unzulässig und strafbar. Das gilt insbesondere für Vervielfältigungen, Übersetzungen, Mikroverfilmungen und die Einspeicherung und Verarbeitung in elektronischen Systemen.

Satz: fidus Publikations-Service, Nördlingen.

Druck: H. Heenemann GmbH & Co., Berlin.

Bindearbeiten: Buchbinderei Bruno Helm, Berlin.

Umschlaggestaltung: Bib Wies, München.

♾ Gedruckt auf säurefreiem Papier, das die DIN ISO 9706 über Haltbarkeit erfüllt.

Inhaltsübersicht

Seite*

Buch 2 · Recht der Schuldverhältnisse

Einleitung zum Schuldrecht _____ 1

Abschnitt 1 · Inhalt der Schuldverhältnisse
Titel 1 · Verpflichtung zur Leistung (§§ 241–243) _____ 125

Sachregister _____ 709

---

* Zitiert wird nicht nach Seiten, sondern
nach Paragraph bzw Artikel und Randnummer;
siehe dazu auch S VI.

Buch 2
Recht der Schuldverhältnisse

Einleitung zum Schuldrecht

Schrifttum

ALTMEPPEN, Schadensersatz wegen Pflichtverletzung – Ein Beispiel für die Überhastung der Schuldrechtsreform, DB 2001, 1131
vAMIRA, Grundriss des Germanischen Rechts (3. Aufl 1913)
BAMBERGER/ROTH, Kommentar zum Bürgerlichen Gesetzbuch (2. Aufl 2007 f)
vBAR/MANKOWSKI, Internationales Privatrecht, Band I: Allgemeine Lehren (2. Aufl 2003)
vBAR, Internationales Privatrecht, Band II: Besonderer Teil (1991)
ders, „Nachwirkende" Vertragspflichten, AcP 179 (1979) 452
BASEDOW, Grundfragen der Vertragsrechtsreform, ZVglRWiss 79 (1980) 132
BAUMBACH/LAUTERBACH/ALBERS/HARTMANN, Zivilprozessordnung (67. Aufl 2009)
BECKER, Schutz von Forderungen durch das Deliktsrecht?, AcP 196 (1996) 439
BERGER, Einheitliche Rechtsstrukturen durch außergesetzliche Rechtsvereinheitlichung, JZ 1999, 369
vBERNSTORFF, Einführung in das englische Recht (3. Aufl 2006)
BEUTHIEN, Zweckerreichung und Zweckstörung im Schuldverhältnis (1969)
BGB-RGRK, Das Bürgerliche Gesetzbuch mit besonderer Berücksichtigung der Rechtsprechung des Reichsgerichts und des Bundesgerichtshofes, hrsg v Mitgliedern des BGH (12. Aufl 1974 ff)
BODEWIG, Vertragliche Pflichten „post contractum finitum", Jura 2005, 505
BÖHMER, Einführung in das Bürgerliche Recht (2. Aufl 1965)
BROX/WALKER, Allgemeiner Teil des BGB (32. Aufl 2008)

BROX/WALKER, Allgemeines Schuldrecht (33. Aufl 2009)
BUCHER, Die Entwicklung des deutschen Schuldrechts im 19. Jahrhundert und die Schweiz, ZEuP 2003, 353
ders, „Schuldverhältnis" des BGB: ein Terminus – drei Begriffe, in: FS Wiegand (2005) 93
Bundesminister der Justiz (Hrsg), Abschlussbericht der Kommission zur Überarbeitung des Schuldrechts (1992)
Bundesminister der Justiz (Hrsg), Gutachten und Vorschläge zur Überarbeitung des Schuldrechts, 3 Bände (Bände I und II 1981, Band III 1983)
BUNTE, Zur geplanten Überarbeitung des Schuldrechts, BB 1982, 685
BUSCHE, Privatautonomie und Kontrahierungszwang (Habil Tübingen 1999)
BUSCHMANN, Das Sächsische Bürgerliche Gesetzbuch von 1863/65, JuS 1980, 553
BYDLINSKI, Zu den dogmatischen Grundfragen des Kontrahierungszwanges, AcP 180 (1980) 1
CANARIS, Die Vertrauenshaftung im deutschen Privatrecht (1971)
ders, Ansprüche wegen „positiver Vertragsverletzung" und „Schutzwirkung für Dritte" bei nichtigen Verträgen, JZ 1965, 475
ders, Die Reform der Leistungsstörungen, JZ 2001, 499–524 (Synopse 524–529)
ders, Schutzgesetze – Verkehrspflichten – Schutzpflichten, in: FS Larenz (1983) 27
DÄUBLER, Die Reform des Schadensersatzrechts, JuS 2002, 625
DÄUBLER-GMELIN, Die Entscheidung für die so genannte Große Lösung bei der Schuldrechtsreform, NJW 2001, 2281
DAUNER-LIEB/HEIDEL/LEPA/RING (Hrsg), Anwaltkommentar, Schuldrecht (2005)

dies, Das neue Schuldrecht (2002)
DAUNER-LIEB, Verbraucherschutz durch Ausbildung eines Sonderprivatrechts für Verbraucher (Diss Berlin 1983)
dies, Die geplante Schuldrechtsmodernisierung – Durchbruch oder Schnellschuß?, JZ 2001, 8
DE BOOR, Die Kollision von Forderungsrechten (1928)
DERNBURG, Pandekten, 2. Band: Obligationenrecht (4. Aufl 1894, 7. Aufl 1903)
DÖRNER, Dynamische Relativität (1985)
EHRENZWEIG/MAYRHOFER, Schuldrecht AT (3. Aufl 1986)
EISENHARDT, Die Einheitlichkeit des Rechtsgeschäfts und die Überwindung des Abstraktionsprinzips, JZ 1991, 271
ENNECCERUS/KIPP/WOLF (Hrsg), Lehrbuch des Bürgerlichen Rechts, Recht der Schuldverhältnisse, Band II, Bearb: LEHMANN (15. Aufl 1958)
dies (Hrsg), Lehrbuch des Bürgerlichen Rechts, Allgemeiner Teil des Bürgerlichen Rechts, Band I 1, Bearb: NIPPERDEY (15. Aufl 1959)
ERMAN, Handkommentar zum Bürgerlichen Gesetzbuch (12. Aufl 2008)
ESSER/SCHMIDT, Schuldrecht, Band 1: Allgemeiner Teil (8. Aufl 1995/2000)
FIKENTSCHER/HEINEMANN, Schuldrecht (10. Aufl 2006)
FINGER, Die Verpflichtung des Herstellers zur Lieferung von Ersatzteilen, NJW 1970, 2049
FLEISCHER, Konkurrenzprobleme um die culpa in contrahendo – Fahrlässige Irreführung versus arglistige Täuschung, AcP 200 (2000) 91
FLUME, Allgemeiner Teil des Bürgerlichen Rechts, Band 2: Das Rechtsgeschäft (4. Aufl 1992)
GERNHUBER (Hrsg), Handbuch des Schuldrechts, Band 8: Das Schuldverhältnis (1989)
ders, Die Erfüllung und ihre Surrogate (2. Aufl 1994)
vGIERKE, Der Entwurf eines bürgerlichen Gesetzbuchs und das deutsche Recht (1889)
ders, Dauernde Schuldverhältnisse, JherJb 64 (1914) 355
GREGER, Stellungnahme zum Entwurf eines Zweiten Gesetzes zur Änderung schadensersatzrechtlicher Vorschriften – BT-Drucks 14/7752, NZV 2002, 222

GREULICH, Nachwirkungen bei Lieferverträgen, BB 1955, 208
GRIGOLEIT, Leistungspflichten und Schutzpflichten, in: FS Canaris (2007) 275
GRÖSCHLER, Die notwendige Unterscheidung von Leistungspflichten und Nebenleistungspflichten nach neuem Schuldrecht, in: FS Konzen (2006) 109
GRUNDMANN, Die Mietrechtsreform, NJW 2001, 2497
HADDING, Leistungspflichten und Leistungsstörungen nach „modernisiertem" Schuldrecht, in: FS Konzen (2006) 193
HAUPT, Über faktische Vertragsverhältnisse (1941), Nachdruck: FS Siber (1970) Band II 1
HAUSMANINGER/SELB, Römisches Privatrecht (9. Aufl 2001)
HAY, US-Amerikanisches Recht (4. Aufl 2008)
HEDEMANN, Der Dresdner Entwurf von 1866 (1935)
ders, Das Volksgesetzbuch der Deutschen (1941)
HEINISCH, Wohnraummiete im politischen System von BRD und DDR – eine rechtsvergleichende Untersuchung zum Einfluss sozialistischer Ideologie auf das Schuldrecht (Diss Düsseldorf 2004)
HENKEL, Einführung in die Rechtsphilosophie (2. Aufl 1977)
HENSS, Obliegenheit und Pflicht im Bürgerlichen Recht (Diss Frankfurt aM 1988)
HENSSLER, Risiko als Vertragsgegenstand (1994)
HENTSCHEL, Straßenverkehrsrecht (39. Aufl 2007)
HERHOLZ, Das Schuldverhältnis als konstante Rahmenbeziehung, AcP 130 (1929) 257
HILLGRUBER, Richterliche Rechtsfortbildung als Verfassungsproblem, JZ 1996, 118
HIRTE/HEBER, Haftung bei Gefälligkeitsfahrten im Straßenverkehr, JuS 2002, 241
vHOFFMANN/THORN, Internationales Privatrecht (9. Aufl 2007)
HOFFMANN, Der Einfluß des Gefälligkeitsmoments auf das Haftungsmaß, AcP 167 (1967) 394
HONSELL, Baseler Kommentar – Obligationenrecht I (4. Aufl 2007)
HOPT, Nichtvertragliche Haftung außerhalb von

Schadens- und Bereicherungsrecht – Zur Theorie und Dogmatik des Berufsrechts und der Berufshaftung, AcP 183 (1983) 608
HORN, Vertragsdauer, in: Gutachten und Vorschläge zur Überarbeitung des Schuldrechts Band I (1981)
HUECK, Der Treuegedanke im modernen Privatrecht (1947)
JAEGER/LUCKEY, Das Zweite Schadensersatzänderungsgesetz – Ein Überblick über das neue Recht, MDR 2002, 1168
JAKOBS, Unmöglichkeit und Nichterfüllung (1969)
JAKOBS/SCHUBERT, Die Beratung des BGB, Materialien zur Entstehungsgeschichte des BGB – Einführung, Biographien, Materialien (1978)
dies, Die Beratung des BGB, Recht der Schuldverhältnisse I, §§ 241 bis 432 (1978)
JAUERNIG, Bürgerliches Gesetzbuch (13. Aufl 2009)
ders, Trennungsprinzip und Abstraktionsprinzip, JuS 1994, 721
JOERGES, Die Überarbeitung des BGB-Schuldrechts, die Sonderprivatrechte und die Unbestimmtheit des Rechts, KJ 1987, 166
KASER/KNÜTEL, Römisches Privatrecht (19. Aufl 2008)
KEGEL/SCHURIG, Internationales Privatrecht (9. Aufl 2004)
KLEIN, Haftungsbeschränkungen zu Gunsten und zu Lasten Dritter und ihre Behandlung in der Schuldrechtsreform, JZ 1997, 390
KNÜTEL, Zur Schuldrechtsreform, NJW 2001, 2519
KÖBLER, Lexikon der europäischen Rechtsgeschichte (1997)
ders, Deutsche Rechtsgeschichte (6. Aufl 2005)
KÖTZ/WAGNER, Deliktsrecht (10. Aufl 2006)
KÖTZ, Rechtsvereinheitlichung – Nutzen, Kosten, Methoden, Ziele, RabelsZ 50 (1986) 1
KOZIOL, Die Beeinträchtigung fremder Forderungsrechte (1967)
KRASSER, Der Schutz vertraglicher Rechte gegen Eingriffe Dritter (1971)
KREBS, Sonderverbindung und außerdeliktische Schutzpflichten (Habil München 2000)
KROPHOLLER, Internationales Privatrecht (6. Aufl 2006)

LABAND, Zum zweiten Buch des Entwurfes eines bürgerlichen Gesetzbuches für das Deutsche Reich, I. Abschnitt, Titel 1 bis 3, AcP 73 (1888) 161
LANDO, Die Regeln des Europäischen Vertragsrechts, in: MÜLLER-GRAFF 567
LARENZ, Sozialtypisches Verhalten als Verpflichtungsgrund, DRiZ 1958, 245
ders, Lehrbuch des Schuldrechts, Band 1: Allgemeiner Teil (14. Aufl 1987)
ders, Methodenlehre der Rechtswissenschaft (6. Aufl 1991)
LARENZ, Die Begründung von Schuldverhältnissen durch sozialtypisches Verhalten, NJW 1956, 1897
LARENZ/CANARIS, Methodenlehre der Rechtswissenschaft – Studienausgabe (4. Aufl 2008)
dies, Lehrbuch des Schuldrechts, Band 2, Halbband 1 (13. Aufl 1986)
dies, Lehrbuch des Schuldrechts, Band 2, Halbband 2 (13. Aufl 1994)
LARENZ/WOLF, Allgemeiner Teil des Bürgerlichen Rechts (9. Aufl 2004)
LAUFS, Rechtsentwicklungen in Deutschland (6. Aufl 2006)
LEHMANN, Faktische Vertragsverhältnisse, NJW 1958, 1
ders, Die Unterlassungspflicht im Bürgerlichen Recht (1969, unveränderter Nachdruck der Ausgabe 1911)
LEONHARD, Allgemeines Schuldrecht des BGB (1929)
LIEB, Schutzbedürftigkeit oder Eigenverantwortlichkeit, DNotZ 1989, 274
LÖBL, Geltendmachung fremder Forderungsrechte im eigenen Namen, AcP 129 (1928) 286
LOOSCHELDERS, Schuldrecht Allgemeiner Teil (6. Aufl 2008)
ders, Schuldrecht Besonderer Teil (3. Aufl 2009)
ders, Die Mitverantwortlichkeit des Geschädigten im Privatrecht (Habil Tübingen 1999)
ders, Schadensersatz bei einseitiger Durchsetzung der Familienplanung durch den kinderwilligen (Ehe-)Partner?, Jura 2000, 169–175
ders, Bewältigung des Zufalls durch Versicherung?, VersR 1996, 529
ders, Internationales Privatrecht (2004)
LOOSCHELDERS/ROTH, Juristische Methodik im Prozess der Rechtsanwendung (1996)

LUTTER/HOMMELHOFF, GmbH-Gesetz (17. Aufl 2009)
MADAUS, Die Abgrenzung der leistungsbezogenen von den nicht leistungsbezogenen Nebenpflichten im neuen Schuldrecht, Jura 2004, 289
MAGNUS, Wesentliche Fragen des UN-Kaufrechts, ZEuP 1999, 642
MAIER, Gefälligkeit und Haftung, LG Kiel, NJW 1998, 2539, JuS 2001, 746
vMANGOLDT/KLEIN/STARCK, GG (5. Aufl 2005)
MANIGK, Handwörterbuch der Rechtswissenschaft, hrsg v STIER-SOMLO/ELSTER, 8 Bände (1926 ff)
MARTENS, Rechtsgeschäft und Drittinteressen, AcP 177 (1977) 113
MARTINY/WITZLEB (Hrsg), Auf dem Wege zu einem Europäischen Zivilgesetzbuch (1999)
MARTINY, Europäisches Privatrecht – greifbar oder unerreichbar?; in: MARTINY/WITZLEB 1
ders, in: REITHMANN/MARTINY Rn 1
MEDICUS/PETERSEN, Bürgerliches Recht (22. Aufl 2009)
ders, Allgemeiner Teil des BGB (9. Aufl 2006)
MEDICUS/LORENZ, Schuldrecht I, Allgemeiner Teil (18. Aufl 2008)
MEDICUS, Schuldrecht II, Besonderer Teil (14. Aufl 2007)
ders, Probleme um das Schuldverhältnis (1987)
ders, Drittbeziehungen im Schuldverhältnis, JuS 1974, 613
MEINHOF, Neuerungen im modernisierten Verbrauchervertragsrecht durch das OLG-Vertretungsänderungsgesetz – Heininger und die Folgen, NJW 2002, 2373
MEYSEN, Die Haftung aus Verwaltungsrechtsverhältnis (Diss Berlin 2000)
MINCKE, Einführung in das niederländische Recht (2002)
MITTEIS/LIEBERICH, Deutsche Rechtsgeschichte (19. Aufl 1992)
MUGDAN, Die gesamten Materialien zum Bürgerlichen Gesetzbuch für das Deutsche Reich (1899)
MÜLLER-GRAFF (Hrsg), Gemeinsames Privatrecht in der Europäischen Gemeinschaft (2. Aufl 1999)
ders, Europäisches Gemeinschaftsrecht und Privatrecht, NJW 1993, 13

MÜLLER-LAUBE, Die Verletzung der vertraglichen Unterlassungspflicht, in: FS Rolland (1999) 261
Münchener Kommentar zum Bürgerlichen Gesetzbuch (5. Aufl 2006 ff)
MUSIELAK, Kommentar zur ZPO (6. Aufl 2008)
NEUMANN, Leistungsbezogene Verhaltenspflichten (Diss Augsburg 1988)
OERTMANN, Kommentar zum Bürgerlichen Gesetzbuch, Band 2: Das Recht der Schuldverhältnisse (5. Aufl 1928)
ders, Verträge auf Handlungen dritter Personen, in: FS Zitelmann (1913) 4
ders, Das Problem der relativen Rechtszuständigkeit, JherJb 66 (1916) 130
OLZEN/WANK, Die Schuldrechtsreform (2002)
OTTEN, Das neue Schadensersatzrecht – Haftungsfalle Unfallschadensregulierung, MDR 2002, 1100
PALANDT, Bürgerliches Gesetzbuch (69. Aufl 2009)
PECHSTEIN, Europäisches Zivilgesetzbuch und Rechtssetzungsbefugnisse der EG, in: MARTINY/WITZLEB (1998) 19
PICKER, Positive Forderungsverletzung und culpa in contrahendo – Zur Problematik der Haftung „zwischen" Vertrag und Delikt, AcP 183 (1983) 369
PLANCK/SIBER, Kommentar zum Bürgerlichen Gesetzbuch (1914)
PLANDER, Lottospielgemeinschaft und Rechtsbindungswille, AcP 176 (1976) 424
PRÜTTING/WEGEN/WEINREICH, BGB Kommentar (4. Aufl 2009)
RANIERI, Europäisches Obligationenrecht (3. Aufl 2009)
RAUSCHER, Die Schadensrechtsreform, Jura 2002, 577
REHBEIN, Die Verletzung von Forderungsrechten durch Dritte (Diss Freiburg 1968)
REHM, Aufklärungspflichten im Vertragsrecht (Diss München 2002)
REICH, Reform des Rechts des Konsumentenkredites, JZ 1980, 329
ders, Zivilrechtstheorie, Sozialwissenschaften und Verbraucherschutz, ZRP 1974, 187
REINICKE/TIEDTKE, Kreditsicherung (4. Aufl 2000)

REISCHL, Grundfälle zum neuen Schuldrecht, JuS 2003, 40
REITHMANN/MARTINY (Hrsg), Internationales Vertragsrecht (6. Aufl 2004)
REUSS, Die Intensitätsstufen der Abreden und die Gentlemen-Agreements, AcP 154 (1955) 485
REUTER, Die ethischen Grundlagen des Privatrechts – formale Freiheitsethik oder materiale Verantwortungsethik?, AcP 189 (1989) 199
RITTNER, Das Projekt eines Europäischen Privatrechtsgesetzbuches und die wirtschaftliche Praxis, DB 1996, 25
ders, Das Gemeinschaftsprivatrecht und die europäische Integration, JZ 1995, 849
RODIG, Verpflichtung des Herstellers zur Bereithaltung von Ersatzteilen für langlebige Wirtschaftsgüter und ausgelaufene Serien, BB 1971, 854
ROTH, Der faktische Vertrag, JuS-L 1991, L 89
ders, Die Anpassung von Gesellschaftsverträgen, in: FS Honsell (2002) 573
RÜTTEN, Zur Entstehung des Erfüllungszwangs im Schuldverhältnis, in: FS Gernhuber (1993) 939
SACHS, Grundgesetz (5. Aufl 2009)
SAVIGNY, System des heutigen Römischen Rechts, Bände I und III (1840)
SCHAPP, Empfiehlt sich die „Pflichtverletzung" als Generaltatbestand des Leistungsstörungsrechts?, JZ 2001, 583
ders, Das Zivilrecht als Anspruchssystem, JuS 1992, 537
SCHAUB, Arbeitsrechtshandbuch (12. Aufl 2007)
E SCHMIDT, Von der Privat- zur Sozialautonomie – Vorläufige Gedanken zur abnehmenden Gestaltungskraft konventioneller juristischer Dogmatik im Privatrechtssystem – Josef Esser zum 70. Geburtstag am 12.3.1980, JZ 1980, 153
SCHMIDT-RÄNTSCH, Das neue Schuldrecht, Anwendung und Auswirkungen in der Praxis (1. Aufl 2002)
SCHMOECKEL, Historisch-kritischer Kommentar zum BGB (2003 ff)
SCHMUDE, Schuldrechtsüberarbeitung – eine Herausforderung an den Gesetzgeber, NJW 1982, 2017
SCHNORR/WISSING, Reform des Schadensersatzrechts (191), Aussteigerprogramm für Neonazis (191 f), Informationsfreiheitsgesetz (192), ZRP 2001, 191

SCHREIBER, Haftung bei Gefälligkeiten, Jura 2001, 810
ders (Hrsg), Die Vorlagen der Redaktoren für die erste Kommission zur Ausarbeitung des Entwurfs eines Bürgerlichen Gesetzbuches. Recht der Schuldverhältnisse: Teil 1 Allgemeiner Teil (1980)
ders (Hrsg), Akademie für Deutsches Recht, Protokolle der Ausschüsse 1933–1945: Band 3/1 Volksgesetzbuch – Teilentwürfe, Arbeitsberichte und sonstige Materialien (1988)
ders (Hrsg), Akademie für Deutsches Recht, Protokolle der Ausschüsse 1933–1945: Band 3/3 Ausschuss für Personen-, Vereins- und Schuldrecht (1990)
ders (Hrsg), Akademie für deutsches Recht, Protokolle der Ausschüsse 1933–1945: Band 3/5 Ausschuss für Schadensrecht (1993)
SCHULZE/SCHULTE-NÖLKE (Hrsg), Die Schuldrechtsreform vor dem Hintergrund des Gemeinschaftsrechts (2001)
SCHWARK, Grundsätzliche Fragen einer Überarbeitung des Schuldrechts des BGB, JZ 1980, 741
SCHWARZ, Zur Entstehung des modernen Pandektensystems, SZR 42 (1921) 578
SCHWERDTNER, Der Ersatz des Verlusts des Schadensfreiheitsrabattes in der Haftpflichtversicherung, NJW 1971, 1673
SERICK, Eigentumsvorbehalt und Sicherungsübertragung, Band II (1965)
SOERGEL, Bürgerliches Gesetzbuch (13. Aufl 2000 ff)
SONNENBERGER, Der Ruf unserer Zeit nach einer europäischen Ordnung des Zivilrechts, JZ 1998, 982
STAUDENMAYER, Perspektiven des Europäischen Vertragsrechts, in: SCHULZE/SCHULTE-NÖLKE, 419
HANS STOLL, Kein Haftungsprivileg für Schenker bei unerlaubter Handlung (Integritätsschutz), JZ 1985, 384
ders, Vertrauensschutz bei einseitigen Leistungsversprechen, in: FS Flume (1978) 742
HEINRICH STOLL, Die Lehre von den Leistungsstörungen (1936)
STURM, Bemühungen um ein einheitliches europäisches Vertragsrecht, JZ 1991, 555
TIEDTKE, Die Rechtsprechung des BGH auf dem Gebiet des Bürgschaftsrechts in den Jahren 2001 und 2002, NJW 2003, 1359

vTuhr, Der Allgemeine Teil des Deutschen Bürgerlichen Rechts, Band I (1910)
ders, Der Allgemeine Teil des Deutschen Bürgerlichen Rechts, Band II/1 (1914)
ders, Der Allgemeine Teil des Deutschen Bürgerlichen Rechts, Band II/2 (1918)
Vranken, Einführung in das Niederländische Schuldrecht, AcP 191 (1991) 411
De Wall, Die Anwendung privatrechtlicher Vorschriften im Verwaltungsrecht (1999)
Wassermann, Alternativkommentar zum Bürgerlichen Gesetzbuch, Band 2: Allgemeines Schuldrecht (1980)
Weber/Dospil/Hanhörster, Neues Schuldrecht (1. Aufl 2002)
Weitnauer, Verdinglichte Schuldverhältnisse, in: FS Larenz (1983) 705
Westermann/Bydlinski/Weber, BGB-Schuldrecht, Allgemeiner Teil (6. Aufl 2007)
Wieacker, Privatrechtsgeschichte der Neuzeit (2. Aufl 1996)
Wiese, Beendigung und Erfüllung von Dauerschuldverhältnissen, in: FS Nipperdey Band I (1965) 837
Willoweit, Die Rechtsprechung zum Gefälligkeitshandeln, JuS 1986, 96
ders, Schuldverhältnis und Gefälligkeit, JuS 1984, 909
ders, Abgrenzung und rechtliche Relevanz nicht rechtsgeschäftlicher Vereinbarungen (Diss Berlin 1969)
Windhorst, Staatshaftungsrecht, JuS 1996, 605
Windscheid, Lehrbuch des Pandektenrechts, Band I und II (7. Aufl 1891, 8. Aufl 1900, 9. Aufl 1906)
A Wolf, Weiterentwicklung und Überarbeitung des Schuldrechts, ZRP 1978, 249
ders, Die Überarbeitung des Schuldrechts, AcP 182 (1982) 80
E Wolf, Rücktritt, Vertretenmüssen und Verschulden, AcP 153 (1954) 97
Wolff/Bachoff/Stober, Verwaltungsrecht, Band 1 (12. Aufl 2007)
Zimmermann, Die „Principles of European Contract Law", Teile I und II, ZEuP 2000, 391
ders, Die Principles of European Contract Law als Ausdruck und Gegenstand europäischer Rechtswissenschaft – Teil 1, Jura 2005, 289; Teil 2, Jura 2005, 441
Zippelius/Würtenberger, Deutsches Staatsrecht (32. Aufl 2008)
Zweigert/Kötz, Einführung in die Rechtsvergleichung (3. Aufl 1996).

Systematische Übersicht

A.	**Einteilung des zweiten Buches**	1

B.	**Schuldrecht im System des Privatrechts**	
I.	**Stellung des Schuldrechts zwischen Allgemeinem Teil und Sachenrecht**	
1.	Historisch	3
2.	Inhaltlich	4
II.	**Sonstige Vorschriften im Schuldrecht**	5
III.	**Der Geltungsbereich des Schuldrechts**	6
1.	Gesetzestechnik	7
2.	Schuldrecht in den sonstigen Büchern des BGB	10
a)	Allgemeines	10
b)	Insbesondere die Anwendung des Schuldrechts auf dingliche Ansprüche	12
3.	Schuldrecht außerhalb des BGB	21
4.	Sonderprivatrecht (Arbeitsrecht, Handelsrecht) und Schuldrecht	22
5.	Sonstige Sondergesetze und Schuldrecht (Verbrauchergesetze)	23

C.	**Die Grundprinzipien des Schuldrechts**	
I.	**Allgemeine Grundprinzipien**	25
1.	Abstraktionsgrundsatz (Trennungsprinzip)	26
a)	Die historische Entwicklung des Abstraktionsprinzips	27

b)	Das Abstraktionsprinzip im BGB	28	I.	**Die Entwicklung des materiellen Schuldrechts**	97
c)	Zweck des Abstraktionsprinzips	33	1.	Gesellschaftliche Entwicklungen seit dem Mittelalter	98
d)	Abstraktionsprinzip und Teilnichtigkeit	34	2.	Deutschrechtliche Grundlagen	100
e)	Ausnahmen	35	3.	Der Einfluss des römischen Rechts auf die Entwicklung des materiellen Schuldrechts	102
aa)	Fehleridentität	35			
bb)	Bedingungszusammenhang	36			
cc)	Geschäftseinheit	37			
2.	Einstehenmüssen	38	4.	Die Entwicklung des Handels- und Bankrechts	103
a)	Verschuldensprinzip	39			
b)	Schadensersatz	42			
aa)	Art und Umfang	43	II.	**Die Herausbildung der systematischen Stellung des Schuldrechts im Gesamtsystem des Zivilrechts**	104
bb)	Haftungshöchstbeträge	46			
II.	**Grundprinzipien rechtsgeschäftlicher Schuldverhältnisse**		1.	Aktueller Stand der Diskussion	105
			2.	Die Vorläufer	106
1.	Entstehungsgründe	47	a)	Entwicklung der Systematik im römischen Recht	107
2.	Rechtsgeschäftsordnung	48			
a)	Privatautonomie	49	b)	Die Kodifikationen zu Anfang des 19. Jahrhunderts	108
b)	Vertragsfreiheit	52			
aa)	Kein Typenzwang	53	3.	Aufklärung und Naturrecht	109
bb)	Kontrahierungszwang	55	4.	Historische Bewegung	110
cc)	Formfreiheit	57	5.	Die Pandektistik	111
dd)	Bestimmung der Leistung	60			
c)	Vertragstreue	65	III.	**Die innere Systematik des Schuldrechts**	118
d)	Äquivalenzprinzip	66			
3.	Haftung bei Beteiligung Dritter	71			
4.	Gewährleistung	73	IV.	**Der Begriff des Schuldverhältnisses**	119
5.	Praktische Bedeutung der Grundprinzipien des Schuldrechts	75			
			E.	**Entstehungsgeschichte des zweiten Buches des BGB**	120
III.	**Grundprinzipien der gesetzlichen Schuldverhältnisse**		I.	**Der materiellrechtliche Inhalt der einzelnen Regelungen**	121
1.	Entstehungsgründe	77			
2.	Geschäftsführung ohne Auftrag	78	II.	**Die Arbeit der 1. BGB-Kommission**	
3.	Deliktsrecht	81	1.	Der Redaktor FRANZ PHILIPP VON KÜBEL	122
4.	Bereicherungsrecht	86			
IV.	**Sonderfall: Versicherbarkeit von Risiken**		2.	Die Arbeit v KÜBELS	123
			3.	Die Beratungen der 1. Kommission	125
1.	Allgemeines	89	4.	Der Einfluss des Dresdener Entwurfs	126
2.	Auswirkungen auf das Schuldrecht	91			
D.	**Die Entwicklung des Schuldrechts in Deutschland bis zum Inkrafttreten des BGB**	96	III.	**Das weitere Gesetzgebungsverfahren**	129
			1.	Der Entwurf der 2. Kommission	130
			2.	Die Beratungen des Bundesrates	132
			3.	Die Beratungen des Reichstages	133

IV.	**Die systematische Stellung des Schuldrechts in der Gesamtkodifikation**	134	**2.**	Die Reformbemühungen der christlich-liberalen Koalition ____ 182
V.	**Die innere Gliederung des Schuldrechts**	136	**II.**	**Die Durchführung der Reform im 21. Jahrhundert**
			1.	Anlass der Schuldrechtsreform ____ 184
			2.	Die Entstehungsgeschichte des Regierungsentwurfs ____ 185
F.	**Schuldrecht außerhalb des BGB**	138	3.	Wesentliche Änderungen ____ 189
			a)	Verjährungsrecht ____ 190
			b)	Leistungsstörungsrecht ____ 191
G.	**Entwicklungen des BGB nach seinem Inkrafttreten**	146	c)	Kaufrecht ____ 194
			d)	Werkvertragsrecht ____ 197
			e)	Die Integration der Sondergesetze in das BGB ____ 198
I.	**Änderungen zum Allgemeinen Teil des Schuldrechts**		f)	Übergangsregeln ____ 199
1.	Das Schadensersatzrecht und verwandte Rechtsgebiete	148	4.	Kritik der Schuldrechtsreform ____ 201
2.	Verzugsrecht	156		
3.	Sonstige Änderungen des Schuldrechts, Allgemeiner Teil	157	**K.**	**Zusammenfassende Würdigung** ____ 202
II.	**Änderungen zum Besonderen Teil des Schuldrechts**		**L.**	**Richterliche Rechtsfortbildung im Schuldrecht**
1.	Das Miet- und Pachtrecht	161		
2.	Dienstvertragsrecht	166	**I.**	**Allgemeines** ____ 203
3.	Werkvertragsrecht	167	1.	Rechtsfortbildung und Gewohnheitsrecht ____ 205
4.	Reisevertragsrecht	168	2.	Rechtsfortbildung und Verfassung/Kritik an der richterlichen Rechtsfortbildung ____ 206
5.	Gastwirterecht	169		
III.	**Sondergesetze/Neue Vertragstypen**	170	3.	Auswirkungen auf das Rechtssystem/Richterliche Rechtsfortbildung und Schuldrechtsreform ____ 208
H.	**Exkurs: Sonderentwicklungen im Privatrecht**		**II.**	**Einzelne Fälle von richterlicher Rechtsfortbildung**
I.	**Die Reformpläne des Nationalsozialismus**	172	1.	Richterliche Rechtsfortbildung im Allgemeinen Teil des Schuldrechts
II.	**Sonderentwicklungen in der ehemaligen DDR**	175	a)	Culpa in contrahendo ____ 209
			b)	Positive Vertrags-/Forderungsverletzung ____ 211
J.	**Die Schuldrechtsreform**		c)	Interessen Dritter ____ 212
			aa)	Drittschadensliquidation ____ 213
I.	**Grundlegende Reformpläne ausgangs des 20. Jahrhunderts**	176	bb)	Vertrag mit Schutzwirkung zu Gunsten Dritter ____ 215
1.	Die Reformbemühungen der sozialliberalen Koalition	177	d)	Die Lehre vom Wegfall der Geschäftsgrundlage ____ 218
			e)	Verwirkung ____ 219

f)	Normativierung des Schadensbegriffs	220	I.	Räumlicher Anwendungsbereich, insbesondere Internationales Privatrecht
g)	Kündigung von Dauerschuldverhältnissen	221	1.	Allgemeines, interlokales Privatrecht 253
2.	Richterliche Rechtsfortbildung im Besonderen Teil des Schuldrechts	223	2.	Internationales Privatrecht 254
a)	Arbeitsrecht	223	a)	Vertragliche Schuldverhältnisse 255
aa)	Eingeschränkte Anfechtbarkeit von Arbeitsverträgen	224	b)	Gesetzliche Schuldverhältnisse 256
bb)	Haftung im Arbeitsverhältnis	225	II.	Zeitlicher Anwendungsbereich
b)	Rechtsfortbildung und Gesellschaftsrecht	227	1.	Allgemeines 258
aa)	Fehlerhafte Gesellschaft	227	2.	Inkrafttreten des BGB im Jahre 1900 259
bb)	Die Rechtsnatur der Gesellschaft bürgerlichen Rechts	228	3.	Wiedervereinigung Deutschlands 260
cc)	Durchgriffshaftung bei juristischen Personen	229	III.	Personaler Anwendungsbereich 261
c)	Richterliche Rechtsfortbildung im Deliktsrecht	230	O.	Schuldrecht und andere Rechtsmaterien
aa)	Allgemeines Persönlichkeitsrecht	230		
bb)	Unternehmensrecht als absolutes Recht iSv § 823 Abs 1	231	I.	Schuldrecht und Verfassungsrecht 263
d)	Kreditsicherung	233	1.	Verfassungsrechtliche Vorgaben für das Schuldrecht 264
			2.	Einflüsse des Verfassungsrechts auf bestehendes Schuldrecht 265
M.	**Schuld und Haftung**			
I.	**Begriffsbestimmung**	235	II.	**Schuldrecht und Öffentliches Recht im Übrigen**
II.	**Gegenstand der Haftung**	237	1.	Zur Anwendbarkeit privatrechtlicher Vorschriften im Öffentlichen Recht allgemein 267
III.	**Ausnahmen**	239		
1.	Schuld ohne Haftung	240	2.	Schuldrechtliche Vorschriften im Öffentlichen Recht 271
a)	Haftungsbeschränkungen	240		
aa)	Rechnerische Beschränkung	241		
bb)	Gegenständliche Beschränkung	242	III.	**Schuldrecht und Zivilprozessrecht** 273
cc)	Haftungsverträge	243		
b)	Unvollkommene Verbindlichkeiten	244		
2.	Haftung ohne Schuld	248	P.	**Europäisches und internationales Schuldrecht**
a)	Dingliche Verwertungsrechte	249		
b)	Vollstreckungserweiternde Verträge	250	I.	**Rechtsvereinheitlichung und Europäisches Zivilgesetzbuch**
N.	**Geltungsbereich des Schuldrechts/ Kollisionsrecht**	251	1.	Allgemeines 276
			a)	Vereinheitlichungsprozess 276
			b)	Grenzen der Vereinheitlichung 278
			aa)	Antidiskriminierungsdebatte und AGG 281

bb)	Weitere Vereinheitlichungsprobleme	285	IV. Niederlande: Burgerlijk Wetboek	312
2.	Einzelne Kommissionen und Arbeitsgruppen	288	V. Common Law	315
a)	Sog „Lando-Kommission"	291		
b)	European Group on Tort Law	293	R. Stellungnahmen zum Schuldrecht des Zweiten Buches (Kritik des Schuldrechts)	
c)	Project Group „Restatement of European Insurance Contract Law"	295		
d)	Common Core of European Private Law	296	I. Einleitung	318
e)	Study Group on a European Civil Code	297	II. Kritik des Schuldrechts	319
f)	Corpus academicum pro codificatione europea	298	III. Vorschläge zur Veränderung des Schuldrechts	322
g)	Weitere Ansätze	299		
3.	Schaffung eines „Gemeinsamen Referenzrahmens" (GRR)	302	1. Veränderung des Schuldrechts durch Veränderung des gesamten Zivilrechts	323
II.	Internationales Schuldrecht	303	2. Veränderung des Schuldrechtssystems	327
1.	UNIDROIT-Prinzipien	304		
2.	UN-Kaufrecht (CISG) und Haager Kaufrecht	305	a) Zerlegung des Schuldrechts in verschiedene Einzelmaterien	328
			b) Erhöhung des Anteils gesellschaftlicher Wertungen	330
Q.	Schuldrecht in der Rechtsvergleichung	307	3. Veränderung einzelner grundlegender Institutionen des Schuldrechts	331
I.	Das Obligationenrecht der Schweiz	308	4. Veränderungen einzelner Normen des Schuldrechts	333
II.	Der französische Code civil	310	5. Zusammenfassung	334
III.	Das österreichische ABGB	311	IV. Reformvorhaben im Bereich des Schuldrechts	337

Alphabetische Übersicht

ABGB, österreichisches	311	Code civil	310
Abstraktionsgrundsatz/-prinzip	26 ff	Common Law	315 ff
– Ausnahmen	35 ff	Common Principles of European Private Law	277
– historische Entwicklung	27		
– im BGB	28 ff	culpa in contrahendo	209 f
– Teilnichtigkeit	34		
– Zweck	33	Dauerschuldverhältnisse, Kündigung	221 f
Allgemeines Gleichbehandlungsgesetz/ AGG	282 ff	DDR-Recht	175
		Deliktsrecht	81 ff, 230 ff
Äquivalenzprinzip	66 ff	– Rechtsfortbildung	230 ff
Arbeitsrecht	223 ff	– Allgemeines Persönlichkeitsrecht	230
		– Unternehmensrecht	231 f
Burgerlijk Wetboek	312 ff	Diskriminierungsrichtlinie	281

Recht der Schuldverhältnisse

Draft Common Frame of Reference/ DCFR	302
Dritter	
– Interessen	212
– Haftung bei Beteiligung	71 f
– Vertrag mit Schutzwirkung zu Gunsten	215 ff
Drittschadensliquidation	213 f
Drittwirkung der Grundrechte	
– mittelbare	265
– unmittelbare	265
Durchgriffshaftung	229
Einstehenmüssen	38 ff
– Schadensersatz	42 ff
– Verschuldensprinzip	39 ff
Forderungs-/positive Vertragsverletzung	211
Formfreiheit	57 ff
Geltungsbereich des Schuldrechts	6 ff
Gemeinsamer Referenzrahmen/GRR	302
Geschäftsgrundlage, Wegfall	218
Gesellschaft bürgerlichen Rechts	228
Gesellschaft, fehlerhafte	227
Gesellschaftsrecht	227 ff
– Durchgriffshaftung	229
– fehlerhafte Gesellschaft	227
– Gesellschaft bürgerlichen Rechts, Rechtsnatur	228
Gewohnheitsrecht	205
Grundprinzipien	
– allgemeine	25 ff
– gesetzlicher Schuldverhältnisse	77 ff
– praktische Bedeutung	75 f
– rechtsgeschäftlicher Schuldverhältnisse	47 ff
Haager Kaufrecht	305
Haftung ohne Schuld	248 ff
– dingliche Verwertungsrechte	249
– vollstreckungserweiternde Verträge	250
Haftungsbeschränkungen	240 ff
Haftungsverträge	243
Kollisionsrecht	251 f
Kontrahierungszwang	55 f
Kreditsicherung	233 f

Lando-Kommission	291 f
Nationalsozialismus	172 ff
Obligationenrecht, schweizerisches	308 f
Öffentliches Recht	267 ff
Persönlichkeitsrecht, allgemeines	230
Positive Vertrags-/Forderungsverletzung	211
Principles of European Contract Law	292
Privatautonomie	49 ff
Privatrecht	
– interlokales	253
– internationales	254
– Sonderentwicklungen	172 ff
Rechtsfortbildung	203 ff
– Arbeitsrecht	223 ff
– culpa in contrahendo	209 f
– Deliktsrecht	230 ff
– Drittschadensliquidation	213 f
– Forderungs-/positive Vertragsverletzung	211
– Gesellschaftsrecht	227 ff
– Interessen Dritter	212
– Kreditsicherung	233 f
– Normativierung des Schadensbegriffs	220
– Vertrag mit Schutzwirkung zu Gunsten Dritter	215 ff
– Verwirkung	219
– Wegfall der Geschäftsgrundlage	218
Rechtsvereinheitlichung	276 ff
– Allgemeines Gleichbehandlungsgesetz/AGG	282 ff
– Common Principles of European Private Law	277
– Diskriminierungsrichtlinie	281
– Draft Common Frame of Reference/DCFR	302
– Gemeinsamer Referenzrahmen/GRR	302
– Lando-Kommission	291 f
– Principles of European Contract Law	292
Reformvorhaben	337
Schadensbegriff, Normativierung	220
Schuld ohne Haftung	239 ff
– Haftungsbeschränkungen	240 ff
– Haftungsverträge	243
– unvollkommene Verbindlichkeiten	244 ff
Schuld und Haftung	235 ff

Einl zum SchuldR

Buch 2

Schuldrecht
- andere Rechtsmaterien
  - öffentliches Recht im Allgemeinen 267 ff
  - Verfassungsrecht 263 ff
- Änderungen
  - zum Allgemeinen Teil 148 ff
  - zum Besonderen Teil 161 ff
- Änderungsvorschläge 322 ff
- Anwendung auf dingliche Ansprüche 12 ff
- Anwendungsbereich
  - personaler 261 f
  - räumlicher 253 ff
  - zeitlicher 258 ff
- außerhalb des BGB 21, 138 ff
- Entstehungsgeschichte 120 ff
- Entwicklung
  - bis Inkrafttreten des BGB 96 ff
  - nach Inkrafttreten des BGB 146 ff
- Entwurf
  - erster 122 ff
  - zweiter 130 f
- europäisches 276 ff
- Geltungsbereich 6 ff, 251 f
- Gliederung, innere 136 f
- Grundprinzipien, s Grundprinzipien
- in sonstigen Büchern des BGB 10 ff
- internationales 303 ff
  - Haager Kaufrecht 305
  - UNIDROIT-Prinzipien 304
  - UN-Kaufrecht/CISG 305 f
- Kollisionsrecht 251 f
- Kommission, BGB-
  - erste 122 ff
  - zweite 130 f
- Kritik 318 ff
- Rechtsfortbildung, richterliche 203 ff
- Rechtsvergleichung 307 ff
  - ABGB/Österreich 311
  - Burgerlijk Wetboek/Niederlande 312 ff
  - Code civil/Frankreich 310
  - Common Law/England, USA 315 ff
  - Obligationenrecht/Schweiz 308 f
- Systematik, innere 118
- systematische Stellung
  - Herausbildung 104 ff
  - im System des Privatrechts 3 ff
  - in der Gesamtkodifikation 134 f
- Schuldrechtsreform 176 ff
  - Anlass 184

- Durchführung 184 ff
- Kritik 201
- Regierungsentwurf 185 ff
- Vorläufer 176 ff
- Würdigung 202
Schuldverhältnis, Begriff 119
Schuldverhältnis, gesetzliches 77 ff
- Bereicherungsrecht 86 ff
- Deliktsrecht 81 ff
- Entstehungsgründe 77
- Geschäftsführung ohne Auftrag 78 ff
Schuldverhältnis, rechtsgeschäftliches 47 ff
- Äquivalenzprinzip 66 ff
- Bestimmung der Leistung 60 ff
- Entstehungsgründe 47
- Formfreiheit 57 ff
- Gewährleistung 73 f
- Grundprinzipien 47 ff
- Haftung bei Beteiligung Dritter 71 f
- Kontrahierungszwang 55 f
- Privatautonomie 49 ff
- Rechtsgeschäftsordnung 48 ff
- Typenzwang 53 f
- Vertragsfreiheit 52 ff
- Vertragstreue 65
Sondergesetze 170 f
- Integration 198

Typenzwang 53 f

UNIDROIT-Prinzipien 304
UN-Kaufrecht/CISG 305 f
Unternehmensrecht 231 f

Verbindlichkeiten, unvollkommene 244 ff
Verfassungsrecht 263 ff
Versicherbarkeit von Risiken 89 ff
Vertrag mit Schutzwirkung zu Gunsten Dritter 215 ff
Verträge, vollstreckungserweiternde 250
Vertragsfreiheit 52 ff
Vertragstreue 65
Verwertungsrechte, dingliche 249
Verwirkung 219

Wegfall der Geschäftsgrundlage 218

Zivilprozessrecht 273 ff

September 2009

12

A. Einteilung des zweiten Buches

Das **zweite Buch** des BGB umfasst die §§ 241–853 und ist in 8 Abschnitte unterteilt. Die ersten 7 enthalten allgemeine Regeln für das Schuldverhältnis sowie Vorschriften über die Mehrheit von Gläubigern und Schuldnern. Im 8. Abschnitt werden die einzelnen Schuldverhältnisse näher erläutert. Der **Allgemeine Teil** des Schuldrechts gilt für alle Schuldverhältnisse, so weit sich aus dem **Besonderen Teil** nichts anderes ergibt (vgl MEDICUS, Schuldrecht I Rn 36; LOOSCHELDERS, Schuldrecht AT Rn 32). Der Besondere Teil ist in 27 Titel untergliedert und beinhaltet Regelungen über spezielle Schuldverhältnisse, wie zB Kauf, Tausch, Schenkung, Miete, Pacht oder Leihe. Die Gesetzestechnik von Allgemeinem zum Besonderen findet sich auch noch einmal im Allgemeinen Teil des Schuldrechts selbst wieder. So enthält der 1. Titel des 3. Abschnitts allgemeine Regeln für Verträge (§§ 311–319: Begründung, Inhalt und Beendigung des Vertrages) und der 2. Titel besondere (§§ 320–326: gegenseitiger Vertrag). Allerdings wurde das System durch die Integration der Nebengesetze im Zuge der Schuldrechtsreform vom 1.1.2002 zum Teil durchbrochen (vgl z Schuldrechtsreform ie Rn 176 ff), indem man zB die Vorschriften des AGBG in die §§ 305–310 einfügte. 1

Die Einteilung des 2. Buches wurde häufig kritisiert. Viele bemängelten, dass die Abschnitte unabhängig von den jeweiligen „zumeist irreführenden bzw aussagelosen" Überschriften teilweise ganz andere Regelungen enthielten, als diese Überschriften es vermuten ließen (so ESSER/SCHMIDT, Schuldrecht I § 3 II 2; LARENZ, Schuldrecht I § 3). Durch die Änderung des Schuldrechts ist die Einteilung der Titel und Untertitel jedoch übersichtlicher geworden, so dass die Kritik an Berechtigung verloren hat. 2

B. Schuldrecht im System des Privatrechts

I. Stellung des Schuldrechts zwischen Allgemeinem Teil und Sachenrecht

1. Historisch

Das „Schuldrecht" verdankt seine Position als 2. Buch des BGB vor allem zwei Umständen: zum einen dem von den Pandektisten für Lehrzwecke entworfenen Aufbau des Zivilrechtssystems (dem sog „Pandektensystem"; vgl dazu Rn 111 ff), zum anderen der Entscheidung der 1. Kommission (vgl JAKOBS/SCHUBERT Einführung 28), „Sachenrecht" und „Obligationenrecht" umzustellen, um dem Gesamtaufbau nach dem sog Klammerprinzip besser Rechnung tragen zu können (Mot II 4, III 398 f, 408 f = MUGDAN II 2, III 222, 228; MünchKomm/KRAMER Rn 4 und 7 f; PALANDT/HEINRICHS Rn 6; SOERGEL/TEICHMANN Rn 9; z systematischen Fragen eingehend ESSER/SCHMIDT, Schuldrecht I § 3 II; detailliert z geschichtlichen Entwicklung des BGB s u Rn 120 ff). 3

2. Inhaltlich

Da das BGB auch insgesamt vom Allgemeinen zum Besonderen konstruiert ist (vgl zB WESTERMANN/BYDLINSKI/WEBER, Schuldrecht AT § 1 III 2 Rn 1/42 ff), steht das 2. Buch mit seinen Sonderregeln für einzelne Schuldverhältnisse hinter dem Allgemeinen 4

Teil. Die Aufteilung der Materie in Schuld- und Sachenrecht orientiert sich grds nicht am Tatbestand, sondern an der Rechtsfolge der einzelnen Normen (vgl MEDICUS, Schuldrecht I Rn 34). So umfasst das 2. Buch die **relativen Schuldverhältnisse**, die lediglich zwischen den Parteien Wirkung entfalten, und das 3. Buch die **absoluten Schuldverhältnisse**, die allgemein gelten (PALANDT/HEINRICHS Rn 5). Diese Unterscheidung wird jedoch nicht immer konsequent durchgehalten. Beispielsweise entfalten manche Schuldverhältnisse Drittwirkung, sind aber dennoch im 2. Buch geregelt, vgl die §§ 566, 578, 581 Abs 2, 613a (näher MEDICUS, Drittbeziehungen im Schuldverhältnis, JuS 1974, 613, 616 ff).

Die Stellung des Schuldrechts vor dem Sachenrecht kann zusätzlich dadurch erklärt werden, dass schuldrechtliche **Verpflichtungen** regelmäßig den **Rechtsgrund** für sachenrechtliche **Verfügungen** bilden. Zwar sind solche Verfügungen auf Grund des Abstraktionsprinzips auch ohne schuldrechtliche Verpflichtung wirksam; mangels eines Rechtsgrundes müssten sie aber gem § 812 Abs 1 S 1 1. Fall rückgängig gemacht werden (FIKENTSCHER/HEINEMANN, Schuldrecht Rn 4).

II. Sonstige Vorschriften im Schuldrecht

5 Im Schuldrecht sind auf der anderen Seite einige sachenrechtliche Vorschriften zu finden, zB über Pfandrechte, §§ 562 ff, 581 Abs 2, 585, 704, und einen surrogierenden Eigentumserwerb, § 588 Abs 2 S 2. Zudem ist die Abtretung von Forderungen, dh eine **Verfügung**, in den §§ 398 ff geregelt. Durch § 398 wird eine Auswechslung des Gläubigers in einem bereits bestehenden Rechtsverhältnis ermöglicht, ein Umstand, der zu einer „Verdinglichung" der Forderung führt (näher hierzu MünchKomm/ ROTH § 398 Rn 2). Das in § 242 geregelte Gebot von Treu und Glauben ist hingegen eine Vorschrift, die mittlerweile im gesamten Privatrecht angewendet wird und könnte deshalb systematisch eher im 1. Buch Platz finden (vgl ESSER/SCHMIDT, Schuldrecht I § 3 II 1; ENNECCERUS/NIPPERDEY BGB AT § 12 VI).

III. Der Geltungsbereich des Schuldrechts

6 Die Anwendung schuldrechtlicher Vorschriften reicht weit über das 2. Buch des BGB hinaus. Sie betrifft oft die übrigen Bücher des BGB, privatrechtliche Sondergesetze und sogar völlig andere Rechtsgebiete (z öffentlichen Recht s u Rn 267 ff u insbes z Zivilprozessrecht s u Rn 273 ff). Andererseits finden sich schuldrechtliche Regelungen auch außerhalb des 2. Buches.

1. Gesetzestechnik

7 Gesetzestechnisch erfolgt die Erweiterung des Geltungsbereichs in drei Formen:

Zunächst gibt es **ausdrückliche Verweisungen**, die sich zum Teil außerhalb, zum Teil innerhalb des BGB befinden. So ordnet etwa § 62 S 1 VwVfG eine entsprechende Anwendung der Vorschriften des BGB auf den **öffentlich-rechtlichen Vertrag** an, soweit das VwVfG selbst keine abweichende Regelung enthält (ausf dazu s u Rn 272). Ein weiteres Bsp aus dem Gesellschaftsrecht bildet § 105 Abs 3 HGB, der die ergänzende Anwendung der §§ 705 ff auf die OHG anordnet und über § 161 Abs 2 HGB auch Bedeutung für die KG erlangt.

Innerhalb des BGB verweist zB § 992 bzw § 993 Abs 1 2. HS auf die §§ 823 ff, § 994 Abs 2 auf die §§ 677 ff und § 1011 auf § 432.

Verweisungen sind aber nicht nur ausdrücklich möglich, sondern erfolgen auch **8** durch den **Gebrauch eines juristischen Fachbegriffes**, indem zB § 990 Abs 2 den Rechtsanwender durch Verwendung des Begriffs „Verzug" zur ergänzenden Anwendung der §§ 286 ff auffordert. Gleiches gilt zB für § 922 S 3 und die Vorschriften über die Gemeinschaft, §§ 741 ff.

Noch komplizierter stellt sich der Geltungsbereich des Schuldrechts dar, wenn nicht **9** einmal eine entsprechende Anwendung schuldrechtlicher Vorschriften vorgeschrieben ist. Zunächst gibt es außerhalb des zweiten Buches, aber innerhalb des BGB, Schuldverhältnisse, auf die die schuldrechtlichen Vorschriften (ganz oder teilweise) **ohne entsprechende Verweisungsnormen** angewendet werden, zB die eheliche Lebensgemeinschaft, § 1353. Außerhalb des BGB lässt sich kaum eine allgemeine Aussage treffen. Man kann sich manchmal auf den **Modellcharakter** der entsprechenden schuldrechtlichen Normen stützen (vgl Esser/Schmidt, Schuldrecht I § 3 IV; MünchKomm/Kramer Rn 6). Daneben kommt ferner eine Analogiebildung unter Beachtung der jeweiligen Besonderheiten des zu ergänzenden Rechtsgebietes in Betracht (BGHZ 49, 263, 265 f; Erman/Hohloch § 242 Rn 41 ff; Palandt/Heinrichs Rn 6; Soergel/Teichmann Rn 9). Dafür spricht zuweilen, dass sich die außerhalb des BGB liegenden Rechtsdisziplinen, zB das **Arbeitsrecht**, aus diesem heraus entwickelt haben, bevor sie sich eigenständig etablierten (Esser/Schmidt, Schuldrecht I § IV). Daneben enthalten verschiedene Vorschriften Rechtsgedanken mit **universeller Geltung**, so zB der Grundsatz von **Treu und Glauben** in § 242 oder auch derjenige, das **Mitverschulden** des Geschädigten bei der Berechnung des Schadensersatzes zu berücksichtigen, § 254.

2. Schuldrecht in den sonstigen Büchern des BGB

a) Allgemeines

Regelungen über Schuldverhältnisse kennt bereits der Allgemeine Teil des BGB **10** mit verschiedenen Verpflichtungstatbeständen, so zB zum Schadensersatz nach Anfechtung gem § 122, oder wenn während der Schwebezeit einer aufschiebenden Bedingung das entsprechende Recht schuldhaft beeinträchtigt oder vereitelt wurde, § 160. Schadensersatzverpflichtungen finden sich ferner bei der Vertretung ohne Vertretungsmacht, § 179. Aber auch im Sachenrecht gibt es (anspruchsbegründende) Schuldverhältnisse, zB zwischen Eigentümer und Finder, vgl § 971, oder Eigentümer und Besitzer, vgl §§ 987 ff. Zu erwähnen ist weiterhin das Schuldverhältnis beim Nießbrauch, §§ 1041 ff, oder beim Pfandrecht, §§ 1214 ff. Im Familienrecht resultieren aus gesetzlichen Schuldverhältnissen etwa der Zugewinnausgleichsanspruch, § 1378, ferner die Unterhaltsansprüche der Ehegatten gem §§ 1360, 1360a, 1569 bzw der Verwandten gem §§ 1601 ff. Erbrechtlich ist an die Nachlassverbindlichkeiten, § 1967, das Vermächtnis gem § 2174 und den Pflichtteilsanspruch, §§ 2303, 2314 ff, zu erinnern.

Obwohl der Allgemeine Teil des Schuldrechts auf alle Schuldrechtsverhältnisse **11** außerhalb des 2. Buches und sogar außerhalb des BGB anzuwenden ist (s u Rn 21; vgl Mot II 4 = Mugdan II 2; RGZ 105, 84, 88; MünchKomm/Baldus § 985 Rn 51), muss in einer Einzelbetrachtung der jeweiligen Norm ihre Geltung untersucht werden. Dazu gehört, dass eine Entscheidung erforderlich ist, ob die entsprechende Norm unmittelbar oder gegebenenfalls analog oder modifiziert angewendet werden kann (zB BGHZ 49, 263; MünchKomm/KRAMER Rn 8 f; ERMAN/WESTERMANN Rn 1). Nicht das systematische Argument allein, sondern va Sinn und Zweck der entsprechenden Norm geben dabei eine Antwort auf die Frage des Geltungsbereichs.

b) Insbesondere die Anwendung des Schuldrechts auf dingliche Ansprüche

12 Schuldrechtliche Vorschriften gelten ferner für **dingliche Ansprüche**, wenn der Anspruch auf Leistung gegen eine Person gerichtet ist. Der Gesetzgeber war der Auffassung, in diesem Fall seien die dinglichen Ansprüche „schuldrechtsähnlicher" Art (Mot III 398 f = MUGDAN III 222). Zu Recht ist der BGH aber der Überzeugung, die schuldrechtlichen Regeln dürften nach ihrem Sinn und Zweck einer Anwendung auf sachenrechtliche Probleme nicht entgegenstehen (BGHZ 49, 263 ff = NJW 1968, 788, 790). Bei dinglichen Ansprüchen ist deshalb in jedem Einzelfall zu prüfen, ob die allgemeinen Regeln diese Voraussetzungen erfüllen (BGHZ 49, 266).

13 Dies gilt insbesondere für die Frage, ob die **Unmöglichkeitsregeln** des Schuldrechts für dingliche Ansprüche gelten. Eine Anwendung des § 280 aF auf den **Herausgabeanspruch** hielt man wegen der Sondervorschriften in den §§ 989, 990 für ausgeschlossen (STAUDINGER/GURSKY [1999] § 985 Rn 7 ff). Es ist nicht ersichtlich, dass die Schuldrechtsreform (ie Rn 176 ff) insoweit Änderungen herbeigeführt hat. Die Geltung des § 285 (§ 281 aF) im Rahmen des Herausgabeanspruchs gem § 985 wird überwiegend und ebenfalls zu Recht abgelehnt (**aA** früher RGZ 105, 84, 88 ff; abl aber schon: RGZ 115, 31, 33 f; 157, 40, 44 f; ferner MünchKomm/KRAMER Rn 9; JOCHEM, Eigentumsherausgabeanspruch [§ 985] und Ersatzherausgabe [§ 281] – Abschied von einem Wiedergänger, MDR 1975, 177 ff; MEDICUS/PETERSEN BR Rn 599; HORSTMANN, Untersuchungen über die Anwendbarkeit schuldrechtlicher Normen auf dingliche Ansprüche 44 ff). Gegen eine entsprechende Gesetzeslücke sprechen die speziellen Wertungen des Eigentümer-Besitzer-Verhältnisses (näher STAUDINGER/GURSKY [1999] § 985 Rn 7). Eine Analogie wäre ferner auch nicht sachgerecht. Denn der Eigentümer hätte einen zweifachen Vorteil, wenn der Besitzer den durch Veräußerung erlangten Erlös gem § 285 herausgeben müsste: Zum einen bliebe er weiterhin Rechtsinhaber, zum anderen bekäme er den Erlös (MEDICUS/PETERSEN BR Rn 599).

14 Umstritten war weiterhin, ob § 283 aF, ein Vorläufer des § 281, auf § 985 angewendet werden sollte. Die Diskussion spielte im Zusammenhang mit der Frage eine Rolle, ob der Eigentümer von einem **mittelbaren Besitzer** lediglich Abtretung des Herausgabeanspruchs gegen dessen Unterbesitzer verlangen konnte oder Herausgabe der Sache selbst. Überwiegend wurde Letzteres vertreten (statt vieler MEDICUS/PETERSEN BR Rn 448; **aA** ausf STAUDINGER/GURSKY [1999] § 985 Rn 72 f). Dies hatte jedoch uU zur Folge, dass der mittelbare Besitzer über § 283 aF schadensersatzpflichtig wurde, obwohl die Voraussetzungen der §§ 989, 990 deshalb nicht vorlagen, weil es an seiner Unredlichkeit fehlte. Der BGH und ihm folgend ein Teil der Lit hatten zur Vermeidung dieses Wertungswiderspruchs § 283 aF nur dann angewendet, wenn er auch nach den Schadensersatzvorschriften des Eigentümer-Besitzer-Verhältnisses haftbar gewesen wäre (näher BGHZ 53, 29 ff = NJW 1970, 241, 242 = JR 1970, 222 = JZ 1970, 187 = MDR 1970, 134; vgl auch K SCHMIDT, Zum Prozessstoff bei Herausgabeklage aus Rücktritt, Wandlung und ungerechtfertigter Bereicherung, MDR 1973, 973, 975).

Durch die Schuldrechtsreform ist § 283 aF ersatzlos weggefallen, weil man der Auffassung war, die Vorschrift sei in § 281 vollständig aufgegangen (SCHMIDT/RÄNTSCH, Das neue Schuldrecht Rn 83). Das Problem der analogen Anwendung dieser Vorschrift auf § 985 wird sich aber in gleicher Weise stellen, da der aufgezeigte Wertungswiderspruch erhalten bleibt. Denn auch für § 281 gilt durch die Verweisung auf § 280 Abs 1 die Beweislastverteilung zu Lasten des Schuldners, die das Eigentümer-Besitzer-Verhältnis nicht kennt. Ebenso setzt die Vorschrift keine Unredlichkeit des Besitzers beim Besitzerwerb voraus (vgl ie MünchKomm/BALDUS § 985 Rn 54; gegen eine Anwendung des § 280 auf § 985 AnwK-BGB/SCHANBACHER § 985 Rn 47, 60; WILHELM, Sachenrecht [3. Aufl 2007] Rn 1186 f; aA VIEWEG/WERNER, Sachenrecht [3. Aufl 2007] § 7 Rn 36; WOLF, Sachenrecht [23. Aufl 2007] Rn 227, 298; wNw und Streitdarstellung bei GURSKY, Der Vindikationsanspruch und § 281 BGB, Jura 2004, 433). **15**

Auf den **Beseitigungs- bzw Unterlassungsanspruch** gem § 1004 Abs 1 wendet die hM dagegen die **Unmöglichkeitsregeln** an (BGH JZ 1968, 384 f; LUTTER/OVERATH, Der Vermieter als Störer nach § 1004, JZ 1968, 345 ff; MEDICUS/PETERSEN BR Rn 447). Auch wird zum Teil angenommen, eine Mitverursachung des Gestörten sei gem § 254 zu berücksichtigen (vgl BGH JZ 1995, 410 m Anm KREISSL NJW 1997, 2234; ausf STAUDINGER/GURSKY [1999] § 1004 Rn 151; MünchKomm/BALDUS § 1004 Rn 117 f; LOOSCHELDERS, Mitverantwortlichkeit 269 ff). **16**

Ob die Regeln, nach denen bei Unzumutbarkeit der Naturalrestitution Geldersatz verlangt werden kann, §§ 249 Abs 2 S 1, 251 Abs 1, auf den Unterlassungs- und Beseitigungsanspruch passen (zum Streit nach alter Rechtslage vgl statt vieler MünchKomm/BALDUS § 1004 Rn 113 ff), kann dahinstehen, da das Schuldrechtsmodernisierungsgesetz den Rückgriff auf § 251 Abs 2 S 1 überflüssig gemacht hat. Die Beschränkung des Anspruchs aus § 1004 Abs 1 folgt nunmehr aus § 275 Abs 2 BGB (BGH NJW 2008, 3122 f; vgl auch MünchKomm/BALDUS § 1004 Rn 116). **17**

Umstritten ist schließlich, ob die **Verzugsvorschriften**, §§ 280 Abs 2, 286 Abs 1, auf sachenrechtliche Ansprüche anwendbar sind (MünchKomm/BALDUS § 985 Rn 61 mwNw; für ihre Anwendbarkeit auf § 907 STAUDINGER/ROTH [2002] § 907 Rn 43). Manchmal gibt es Sondervorschriften. So ordnet § 990 Abs 2 die Anwendung der Verzugsvorschriften auf den unredlichen Besitzer an. Diese Wertung muss man bei der Frage einer Geltung für den Herausgabeanspruch des § 985 beachten. Bei der Hypothek bzw entsprechend bei der Grundschuld gem § 1192 Abs 1 findet sich eine Haftungsvorschrift für Verzugszinsen in § 1146. In diesem Zusammenhang bleibt schließlich auf § 1118 hinzuweisen (MEDICUS/PETERSEN BR Rn 449 f). **18**

Für andere dingliche Ansprüche fehlen hingegen ausdrückliche Vorschriften. Dessen ungeachtet wird teilweise angenommen, die **Verzugsvorschriften** seien jedenfalls auf die **petitorischen Rechtsverhältnisse** entsprechend anzuwenden (SCHWERDTNER, Verzug im Sachenrecht [Diss Bochum 1973]). Demgegenüber hat der BGH für die Zustimmungsverpflichtung des fälschlicherweise in das Grundbuch Eingetragenen gem § 888 das umgekehrte Ergebnis vertreten (vgl BGHZ 49, 263 ff; aA REINICKE, Anm z Urt des BGH v 19.1. 1968, NJW 1968, 788 ff; MEDICUS/PETERSEN BR Rn 451; allg z Problematik: SCHWERDTNER 35 ff). Während gegen die Anwendung der Verzugsvorschriften uU ein Enumerationsprinzip sprechen könnte, ist auf der anderen Seite schwer zu begründen, dass die schuldhaft verzögerte Nichtleistung in derartigen Fällen **19** konsequenzlos bleiben soll. Dies spricht bei einer entsprechenden Verpflichtung auf der Grundlage sachenrechtlicher Vorschriften für die Analogie.

20 Abschließend bleibt darauf hinzuweisen, dass § 281 (der den früheren § 283 ersetzt haben soll, s o Rn 15) nicht anwendbar ist. § 990 Abs 2 betrifft nur den **Verzögerungsschaden**, nicht aber Schadensersatz für die mangelnde Herausgabe des Eigentums. § 281 setzt aber als Rechtsfolge Schadensersatz „statt der Leistung" fest, so dass die Problematik der früheren analogen Anwendbarkeit des § 283 (s o Rn 15) auf diese Weise nicht zu lösen ist.

3. Schuldrecht außerhalb des BGB

21 Außerhalb des BGB sind und waren in verschiedenen **Sondergesetzen** schuldrechtliche Tatbestände geregelt. Die **Schuldrechtsreform** hat insoweit zum 1.1.2002 grundsätzliche Änderungen gebracht (vgl ausf Rn 176 ff), als ein Großteil dieser Spezialvorschriften Eingang in das BGB gefunden hat. Insoweit ist das Allgemeine Schuldrecht anwendbar, sofern sich in den entsprechenden Vorschriften keine abweichende Sonderregel findet (PALANDT/HEINRICHS Rn 6).

4. Sonderprivatrecht (Arbeitsrecht, Handelsrecht) und Schuldrecht

22 In diesen Zusammenhang gehört das sog **Sonderprivatrecht**. Dazu zählt man vor allem das Recht der **Kaufleute** (HGB v 10.5.1897), das Recht der **Wertpapiere** (WG v 21.6.1933, SchG v 14.8.1933, WpHG v 26.7.1994), das **Gesellschaftsrecht** (AktG v 6.9.1965, GmbHG v 20.4.1892 und GenG v 1.5.1889), das **Versicherungsrecht** (VVG v 30.5.1908) und auch das **Arbeitsrecht**. Hier finden sich einige abweichende oder ergänzende Bestimmungen zum Schuldrecht. Als Bsp hierfür lässt sich die **Untersuchungs- und Rügepflicht** des Kaufmanns gem § 377 HGB bei Lieferung von Waren anführen, die zB die Gewährleistungsregeln des BGB beeinflusst. Im Recht der **Personenhandelsgesellschaften** ordnet § 105 Abs 3 HGB die ergänzende Anwendung des § 705 auf die OHG an, eine Verweisung, die über § 161 Abs 2 HGB auch für die KG gilt.

5. Sonstige Sondergesetze und Schuldrecht (Verbrauchergesetze)

23 Zu den **verbraucherschützenden Sondergesetzen** zählten zB das AGBG (v 9.12.1976, in: BGBl I 3317), das VerbrKrG (v 17.12.1990, BGBl I 2840), das HWiG (v 16.1.1986, BGBl I 122) und das FernabsG (v 27.6.2000, BGBl I 897; z VerbrKrG: STAUDINGER/KESSAL-WULF [2001] Einl 2 zum VerbrKrG). Es entstand im Zuge der Vereinheitlichung der Rechtslage in der Europäischen Union. Abweichend davon bezweckte das HWiG zwar auch den Verbraucherschutz (vgl STAUDINGER/WERNER [2001] Vorbem 1 zum HWiG), beruhte jedoch ursprünglich nicht auf einer Richtlinie (STAUDINGER/WERNER [2001] Vorbem 42 zum HWiG; zum AGBG vgl PALANDT/HEINRICHS [60. Aufl 2001] Einf v AGBG; vgl z FernabsG: MARTINEK, Verbraucherschutz im Fernabsatz – Lesehilfe mit Merkpunkten zur neuen EU-Richtlinie, NJW 1998, 207; WILLINGMANN, Auf dem Weg zu einem einheitlichen Vertriebsrecht für Waren und Dienstleistungen in der Europäischen Union? – Die Richtlinie über den Verbraucherschutz, VuR 1998, 395). Im Zuge des **Schuldrechtsmodernisierungsgesetzes** sind die genannten Sondergesetze und das TzWrG in das BGB integriert worden (z Schuldrechtsreform ie Rn 176 ff).

Des Weiteren gibt es **haftpflichtrechtliche Nebengesetze** (ESSER/SCHMIDT, Schuldrecht I **24** § 3 I 2), so zB das G über den Verkehr mit Kraftfahrzeugen (v 3. 5. 1909, RGBl 437, heute: StVG), ProdHaftG (v 15.12. 1989, BGBl I 2198), HaftpflG (v 7. 6. 1871 [RGBl 207], in der Fassung v 4.1. 1978, BGBl I 145), AtomG (v 31. 10. 1976, BGBl I 3053, in der Fassung v 15.7. 1985), UHG (v 10.12. 1990, in: BGBl I 2634) und GenTG (v 16.12. 1993, BGBl I 2066). Sie ergänzen zB die §§ 823 ff um gefährdungshaftungsrechtliche Tatbestände (vgl z ProdHaftG ERMAN/SCHIEMANN Vor § 1 ProdHaftG Rn 2). Für ihr Verhältnis zum zweiten Buch des BGB gilt das eingangs Gesagte (Rn 21), so dass dessen Wirkungsbereich weit über die ohnehin nicht kleine Materie des BGB hinausreicht.

C. Die Grundprinzipien des Schuldrechts

I. Allgemeine Grundprinzipien*

Das Schuldrecht behandelt rechtliche Verbindungen zwischen zwei Rechtssubjek- **25** ten, die man in Anlehnung an die „obligatio" des römischen Rechts als Schuldverhältnis bezeichnet (Mot II 1 = MUGDAN II 1). Es kann infolge eines **Rechtsgeschäfts** entstehen (s u Rn 47 u § 241 Rn 69 ff) oder durch Verstoß gegen eine **gesetzliche Verhaltensnorm** (s u Rn 78 u § 241 Rn 62 ff). Auf Grund der **Relativität** des Schuldverhältnisses (vgl § 241 Rn 293 ff) wirkt es grds nur **zwischen den Beteiligten** (z Ausnahmen vgl § 241 Rn 302 ff). Obwohl das Schuldrecht des BGB die rechtliche Grundlage einer Vielzahl unterschiedlicher Schuldverhältnisse vertraglicher oder gesetzlicher Art bildet, lassen sich eine Reihe allgemein gültiger Grundsätze herausarbeiten.

1. Abstraktionsgrundsatz (Trennungsprinzip)

Vermögensverschiebungen als Regelungsgegenstand des Schuldrechts basieren re- **26** gelmäßig auf **kausalen** oder **abstrakten Rechtsgeschäften** (FLUME AT II § 12 I 1; ESSER/ SCHMIDT, Schuldrecht I § 1 III 16). Das kausale Geschäft stellt für den Gläubiger den **rechtlichen Grund** zum Behaltendürfen der an ihn geleisteten Gegenstände dar, während der Übertragungsakt als abstraktes Geschäft davon rechtlich unabhängig zu betrachten ist (Näheres s u Rn 28 ff). Im Gegensatz zu den meisten ausländischen Rechtsordnungen beruht das deutsche Recht damit also auf dem Trennungsprinzip (vgl bspw SONNENBERGER, Einführung in das französische Recht [2000] § 5, 87; ZWEIGERT/KÖTZ 441 ff). Mängel des kausalen Geschäfts schaden dem Verfügungs-(Erfüllungs-)geschäft grundsätzlich nicht, weil beide Ebenen rechtlich voneinander getrennt sind. Die kondiktionsrechtlichen Vorschriften der §§ 812 ff korrigieren aber solche rechtsgrundlosen Vermögensverschiebungen.

a) Die historische Entwicklung des Abstraktionsprinzips

Die Trennung von kausalem und abstraktem Geschäft entwickelte sich rechtsge- **27** schichtlich anhand der Eigentumsübertragung. Ihr Ursprung lag im **römischen Recht** (die Unterscheidung zwischen causa u traditio wurde dort jedoch nicht eindeutig verfolgt, vgl KASER/KNÜTEL RpR § 24 IV 2). Noch bis zum Beginn des 19. Jahrhunderts konnte

---

* **Schrifttum**: BYDLINSKI, System und Prinzipien des Privatrechts (1996).

eine Sache jedoch nur dadurch übereignet werden, dass die Übergabe im Zuge einer vorangegangenen Verpflichtung zur Eigentumsübertragung erfolgte. Erst im Laufe des 19. Jahrhunderts setzte sich die Erkenntnis durch, dass die Übereignung einer Sache ein eigener Vertrag sei, unabhängig von der zugrunde liegenden Verpflichtung (Savigny, System Bd III 312 f). Die Mot zum BGB (Mot II 3 = Mugdan II 2) begrenzten das **Abstraktionsprinzip** schließlich nicht mehr nur auf die Eigentumsübertragung. Vielmehr spricht die 1. Kommission von einem großen, den gesamten (1.) Entwurf beherrschenden Grundsatz, demzufolge das dingliche Rechtsgeschäft von der obligatorischen causa unabhängig sei (Mot aaO = Mugdan aaO).

b) Das Abstraktionsprinzip im BGB

28 Der Unterscheidung von kausalem und abstraktem Geschäft entspricht die Trennung von **Verpflichtungs-** und **Verfügungsgeschäft**. „Kausales Geschäft" meint somit die den schuldrechtlichen Regelungen unterfallenden Verpflichtungsverträge, „abstraktes Geschäft" die regelmäßig dem Sachenrecht unterliegenden Rechtsgeschäfte. Da beide Arten von Rechtsgeschäften eine Zuwendung, entweder an den Vertragspartner oder an einen Dritten, enthalten, werden sie auch als **Zuwendungsgeschäfte** bezeichnet (Flume AT II § 12 I 1, 152).

29 Für **kausale** Geschäfte gilt der Grundsatz der **Vertragsfreiheit** (s u Rn 52 ff), während das abstrakte, **dingliche** Rechtsgeschäft meist dem **Typenzwang** des Sachenrechts unterfällt (z Ausnahmen vgl Rn 53 und vor allem die Abtretung gem §§ 398 ff). Das kausale Rechtsgeschäft erklärt (nur) den **Rechtsgrund** für eine Übertragung (causa). Davon ist das zugrunde liegende **Motiv** abzugrenzen. Es stellt den inneren Beweggrund des sich Verpflichtenden dar, während das kausale Geschäft die rechtsgeschäftlich **notwendigen Regelungen** enthält. Das Motiv ist deshalb grds nicht Bestandteil des Verpflichtungsgeschäfts (Flume AT II § 12 I 5).

30 Nicht jedes kausale Geschäft enthält aber einen Rechtsgrund oder bildet einen solchen. Verschiedene Regelungen des BGB betreffen vielmehr **abstrakte Verpflichtungen** (zB §§ 780, 781, 784). Auch dem Abschluss eines solchen Rechtsgeschäfts geht regelmäßig ein Verpflichtungsgeschäft voraus und liegt ein Motiv zugrunde; der Inhalt bleibt jedoch von beiden völlig getrennt.

31 Das **abstrakte Verfügungsgeschäft** beinhaltet ebenfalls weder Rechtsgrund noch Motiv der Zuwendung. Der Übertragende mag etwa eine Eigentumsübertragung im Zuge der Erfüllung seiner kaufvertraglichen Verpflichtung vornehmen, jedoch bleibt dieser Beweggrund im Rahmen des dinglichen Rechtsgeschäfts außer Betracht. Es gibt keine Verfügung kaufeshalber oder schenkungshalber (Flume AT II § 12 I 1, 153), sondern lediglich die Verfügung als solche.

32 Kausales und abstraktes Geschäft sind also rechtlich getrennt voneinander zu betrachten (Trennungsprinzip). Das kausale Geschäft begründet noch keine vom Rechtsgrund getrennte Rechtsposition des Gläubigers, sondern lediglich einen schuldrechtlichen Erfüllungsanspruch. Demgegenüber schafft das abstrakte (Verfügungs-)Geschäft diese eigene Rechtsposition für den Gläubiger (Flume AT II § 12 III 1), selbst wenn ein Rechtsgrund für die Zuwendung fehlt. Der Gläubiger kann danach (zunächst) als Berechtigter über den Gegenstand verfügen.

c) Zweck des Abstraktionsprinzips

Das dem deutschen Recht eigene und umstrittene (vgl bspw KEGEL, Verpflichtung und **33** Verfügung – sollen Verpflichtungen abstrakt oder kausal sein?, in: FS Mann [1977] 57 ff; JAHR, Romanistische Beiträge zur modernen Zivilrechtswissenschaft, AcP 168 [1968] 9, 14 ff; BEYERLE, Der dingliche Vertrag, in: FS Böhmer [1954] 164 ff; SCHÄFER, Das Abstraktionsprinzip beim Vergleich [Diss Bonn 1991/92] § 15 I–IV, 77 ff mwNw) **Abstraktionsprinzip** (s o Rn 26) soll dem **Verkehrsschutz** dienen (Mot III 6 f = MUGDAN III 4; STAUDINGER/SEILER [2000] Einl 49 zum SachenR). Für Schuldner und Gläubiger selbst macht es praktisch keinen Unterschied, ob die Rückübereignung eines Gegenstandes, der ohne Rechtsgrund übereignet wurde, bereits deshalb erfolgt oder erst in Erfüllung eines Kondiktionsanspruchs. **Dritterwerbern** gegenüber ist die Wirksamkeit der (abstrakten) Verfügung hingegen von erheblicher Bedeutung, da Mängel des Schuldverhältnisses außerhalb ihrer Sphäre liegen und von ihnen deshalb grds nicht beeinflusst werden können. Würden sie ihnen gegenüber dennoch wirken, schwächte dies die Relativität des Schuldverhältnisses und gefährdete den ungestörten Rechtsverkehr.

d) Abstraktionsprinzip und Teilnichtigkeit

Die Regelung der **Teilnichtigkeit** in § 139 ist Ausdruck der privatautonomen Ent- **34** scheidungsmöglichkeit von Vertragsparteien über die Abhängigkeit einzelner Bestandteile eines Rechtsgeschäfts voneinander (vgl auch STAUDINGER/ROTH [2003] § 139 Rn 1; z Privatautonomie s u Rn 49 ff). Die in Zusammenhang mit dem Abstraktionsprinzip auftauchende Frage lautet, ob kausales und abstraktes Rechtsgeschäft auf diese Weise wechselseitig in ihrer Wirksamkeit voneinander abhängen können – eine Überlegung, die den Ausgangspunkt für die Erwägung darstellt, dass sowohl vereinbarte als auch gesetzliche Ausnahmen vom Abstraktionsprinzip bestehen.

e) Ausnahmen
aa) Fehleridentität

Sofern das kausale und abstrakte Geschäft an **demselben Wirksamkeitsmangel** lei- **35** den, liegt sog **Fehleridentität** vor. Dies gilt ausnahmsweise bei Irrtümern gem § 119, im Grundsatz dagegen bei Täuschung oder Drohung gem § 123 Abs 1, ferner bei Verstößen gegen gesetzliche Verbote gem § 134 und Sittenwidrigkeit gem § 138. Alle genannten Fälle stellen aber keinen Widerspruch zum Abstraktionsprinzip dar, weil kausales und abstraktes Geschäft weiterhin getrennt zu betrachten sind, jedoch (eher zufällig) demselben Mangel unterliegen (vgl auch STAUDINGER/WIEGAND [2004] § 929 Rn 18 ff).

bb) Bedingungszusammenhang

Der Begriff „**Bedingungszusammenhang**" kennzeichnet all diejenigen Fälle, in de- **36** nen die Wirksamkeit des dinglichen Rechtsgeschäfts von der Wirksamkeit des Verpflichtungsgeschäfts abhängt (JAUERNIG JuS 1994, 721, 723 unterscheidet zwischen echtem und unechtem Bedingungszusammenhang). Normiertes Bsp ist der **Eigentumsvorbehalt** gem § 449. Die Vertragsparteien können auf Grund der Vertragsfreiheit (s u Rn 52 ff) aber auch darüber hinaus das dingliche Rechtsgeschäft durch die Wirksamkeit des obligatorischen aufschiebend oder auflösend gem § 158 bedingen (vgl auch STAUDINGER/WIEGAND [2004] § 929 Rn 29 ff; EISENHARDT JZ 1991, 271, 272). Eine solche Konstruktion ist nur in Fällen der Bedingungsfeindlichkeit eines Rechtsgeschäfts (so zB gem § 925 Abs 2) unzulässig, die umgekehrt ein Argument für die grundsätzliche Möglichkeit darstellt.

cc) Geschäftseinheit

37 Eine Abwandlung des Bedingungszusammenhangs sehen manche in der sog **Geschäftseinheit**. Damit sind diejenigen Fälle der Abhängigkeit des abstrakten vom kausalen Geschäft gemeint, die nicht durch rechtsgeschäftlich vereinbarte Bedingungen entstehen, sondern auf Grund **rechtlicher Zusammengehörigkeit** iSv § 139. Die Vertreter dieser Auffassung fordern einen sog **Einheitlichkeitswillen** der Parteien (EISENHARDT JZ 1991, 271, 274). Wenn der Wille einer Partei, beide Rechtsgeschäfte miteinander zu verknüpfen (BGH NJW-RR 1988, 348, 351), der anderen Partei erkennbar gewesen sei, liege Geschäftseinheit vor (BGH aaO; BGH NJW 1987, 2004, 2007), so dass Mängel der kausalen Ebene das Verfügungsgeschäft erfassten. Nach hM im Schrifttum liegt darin jedoch eine **unzulässige Umgehung** des Abstraktionsprinzips (SOERGEL/HEFERMEHL § 139 Rn 20; ERMAN/PALM § 139 Rn 23; MEDICUS AT Rn 241, 504; FLUME AT II § 12 III 4; JAUERNIG JuS 1994, 721, 724; **aA** BGHZ 31, 323; BGH NJW 1967, 1128; BGH NJW 1982, 275 m Anm JAUERNIG, Zur Akzessorietät bei der Sicherungsübertragung, NJW 1982, 268 ff; BGH BB 1986, 1252; BGH NJW-RR 1989, 519; EISENHARDT JZ 1991, 271 ff; WUFKA, Rechtseinheit zwischen Kausalgeschäft und Einigung bei Erbbaurechtsbestellungen, DNotZ 1985, 651). Die Rechtsfigur ist mit dem Wortlaut des § 139 schwer zu vereinbaren und wohl auch unnötig (vgl ausf z Geschäftseinheit STAUDINGER/ROTH [2003] § 139 Rn 54; AnwK-BGB/FAUST § 139 Rn 17).

2. Einstehenmüssen

38 Durch ein Schuldverhältnis soll eine Güterverschiebung geregelt ablaufen (ESSER/SCHMIDT, Schuldrecht I § 1 III 14). Dabei kann eine Partei, die von der vertraglichen Vereinbarung abweicht, Rechtsgüter der anderen beeinträchtigen (z Schadensbegriff vgl STAUDINGER/SCHIEMANN [2005] Vorbem 35 ff zum §§ 249 ff). Der Ausgleich erfordert die Feststellung des Verantwortlichen und den Umfang des Schadens. Das Prinzip, unter welchen Voraussetzungen man für Schädigungen und Beeinträchtigungen Dritter zur Verantwortung gezogen wird, durchläuft das Schuldrecht in verschiedenen Ausprägungen.

a) Verschuldensprinzip

39 Die Verpflichtung, Ersatz für eine schädigende Handlung zu leisten, entsteht regelmäßig durch Verletzung einer Pflicht des Handelnden. Unter einer **Pflichtverletzung** versteht man das Zurückbleiben hinter dem Pflichtenprogramm des entsprechenden Schuldverhältnisses (ausf STAUDINGER/OTTO [2009] § 280 Rn C 1 ff; DAUNER-LIEB ua, Das neue Schuldrecht C II; LOOSCHELDERS, Schuldrecht AT Rn 484; WEBER/DOSPIL/HANHÖRSTER, Neues Schuldrecht 50). Dazu gehört grds schuldhaftes Verhalten iSd § 276 (Verschuldensprinzip; dieses ist abzugrenzen gegenüber dem Verursachungsprinzip, ausf STAUDINGER/LÖWISCH/CASPERS [2009] § 276 Rn 3 ff; vgl auch AnwK-BGB/DAUNER-LIEB § 276 Rn 6). Diese Anknüpfung der Ersatzpflicht an die schuldhafte Verletzung von Haupt- oder Nebenpflichten (vgl ie Erl § 241) bewirkt eine Abgrenzung von zufälligen Beeinträchtigungen. Das notwendige Verschulden wird allerdings gesetzlich vermutet. Der Schuldner hat sich deshalb im Bestreitensfalle gem § 280 Abs 1 S 2 zu entlasten.

40 Durch den vom Schädiger zu leistenden Ausgleich erfolgt eine Verlagerung der Schadenslast vom Geschädigten. Das sichert dessen Lebensstandard (Mot II 19 = MUGDAN II 11) und genügt dem **Sozialstaatsprinzip** gem Art 20 Abs 1 GG (vgl SOM-

MERMANN, in: vMANGOLDT/KLEIN/STARCK GG II Art 20 Rn 98 ff; SACHS/SACHS GG Art 20 Rn 46 ff). Andererseits darf jedoch auch der Schädiger seinen Lebensstandard nicht vollständig verlieren. Denn dies führt letztlich zu einer Schadensübernahme durch die Solidargemeinschaft (vgl MEDICUS, Schuldrecht I Rn 621; z Versicherbarkeit von Risiken s u Rn 89 ff), weil sie einen Ausgleich zur Vermeidung individueller Existenzgefährdungen leistet. Die Grenzziehung zwischen individueller und kollektiver Einstandspflicht bildet eines der zentralen Abwägungsprobleme des Gesetzgebers.

Zum Ausgleich von Interessenkonflikten wird beim Umfang des Schadensersatzes **41** ein **Mitverschulden** des Geschädigten berücksichtigt (LOOSCHELDERS, Mitverantwortlichkeit § 7 I 1). Als Gebot ausgleichender Gerechtigkeit verlangt das **Verantwortlichkeitsprinzip** (s o Rn 39) ferner uU die Berücksichtigung einer eigenen Beteiligung des Geschädigten an der Schadensentstehung (LOOSCHELDERS aaO, auch mwNw z Gegenansicht, die in § 254 eine Ausprägung des „casum sentit dominus" Grundsatzes sieht).

b) Schadensersatz
Art und Umfang des zu leistenden Schadensersatzes bestimmt das Gesetz in den **42** §§ 249 ff (zur Funktion des Schadensersatzrechts vgl STAUDINGER/SCHIEMANN [2005] Vorbem 1 ff zu §§ 249 ff). Deren Stellung im Allgemeinen Schuldrecht zeigt, dass jeglicher Schadensersatz diesen Vorgaben zu folgen hat. Danach gilt zunächst das Prinzip der **Total-** und **Naturalrestitution**, § 249 Abs 1. Nur ausnahmsweise soll nach der gesetzgeberischen Idealvorstellung (Mot II 20 = MUGDAN II 11) der Ausgleich durch Zahlung eines Geldbetrages erfolgen, wie der Aufbau des Gesetzes verdeutlicht.

aa) Art und Umfang
Der Ersatzpflichtige hat also – unbeschadet der Voraussetzungen des § 254 – gem **43** § 249 Abs 1 den von ihm verursachten Schaden vollständig so zu ersetzen, dass die wirtschaftliche Lage vor Eintritt des schädigenden Ereignisses wiederhergestellt wird (STAUDINGER/SCHIEMANN [2005] Vorbem 3 zu §§ 249 ff; z Reform des Schadensersatzrechtes s u Rn 148 ff). Im Gegenzug ist der Geschädigte grds verpflichtet, den Schadensersatz in Form der Naturalrestitution anzunehmen (Mot II 20 = MUGDAN II 11; anders bei Personen- oder Sachbeschädigung, § 249 Abs 2 S 1; für die Unterscheidung zwischen sog fiktiven Reparaturkosten und der Zweckbindung eines z bestimmten Heilungszwecken z zahlenden Geldbetrages vgl BGH NJW 1986, 1538, 1539; z Reform schadensersatzrechtlicher Vorschriften vgl Rn 152).

Nur wenn die Wiederherstellung unmöglich ist, § 251 Abs 1, oder unverhältnismä- **44** ßigen Aufwand erfordert, § 251 Abs 2, kann der Ersatzverpflichtete auch durch Zahlung einer Geldsumme Ersatz leisten (vgl z Ersatz des Vermögensschadens in Geld LARENZ, Schuldrecht I § 29). Das Gleiche gilt bei immateriellen Schäden, § 253. Das Sozialstaatsprinzip (s o Rn 40) verlangt aber auch hier, weder den Schuldner noch den Gläubiger in ihrer wirtschaftlichen Lebensgrundlage und somit in ihrer Zukunftsperspektive unangemessen zu gefährden.

Im Gegensatz zum anglo-amerikanischen Rechtskreis ist dem deutschen Privatrecht **45** ein pönales Element beim Schadensersatz fremd, obwohl hohe Schadensersatzverurteilungen bei der Verletzung von Persönlichkeitsrechten in diese Richtung zu deuten scheinen (MÜLLER, Punitive Damages und deutsches Schadensersatzrecht [Diss Augsburg 2000] § 3 I 1 b; z „damages" vgl MORRISON, Fundamentals of American Law [Oxford, USA,

1. Aufl 1996] Ch 10 I, II, III; vgl ferner STAUDINGER/SCHIEMANN [2005] Vorbem 104 zu §§ 249 ff). Auch wenn die gesetzliche Anordnung von Schadensersatzpflichten ein präventives Element enthält, erfüllt sie aber doch keine Bestrafungsfunktion. Der zu leistende Ersatz dient nach der Grundstruktur des Gesetzes allein dem Ausgleich erlittener Einbußen und der Sicherung des Lebensstandards (z Reform des Schadensersatzrechtes s u Rn 148 ff).

bb) Haftungshöchstbeträge

46 Schadensersatz muss grds **unbeschränkt** geleistet werden. Eine Ausnahme bildet die Schadensverursachung durch den Gebrauch besonders gefährlicher Anlagen und Sachgesamtheiten (Kfz, Atomkraftwerk etc), der Schadensersatzverpflichtungen in unüberschaubarer Höhe auszulösen vermag; entsprechendes gilt für Herstellung und Vertrieb gefährlicher Produkte. Um letztlich auch der Solidargemeinschaft (s o Rn 40) ein solches Risiko handhabbar z machen (so schon RGZ 147, 353, 355), wird die durch **Gefährdungshaftung** (LARENZ, Schuldrecht I § 31 II, 552) ausgelöste Schadensersatzpflicht in bestimmten Fällen **gesetzlich beschränkt** (bspw § 12 StVG; § 37 LuftVG; §§ 486 ff HGB; z Reform des Schadensersatzrechts vgl Rn 148).

Auf der anderen Seite gibt es jedoch auch gesetzliche Haftungsbeschränkungsverbote, zB in den § 8a S 1 StVG; § 7 S 1 HPflG; § 49c Abs 1 LuftVG (vgl insgesamt z Art u Umfang der Haftung auch KÖTZ/WAGNER, Deliktsrecht Rn 536 ff).

II. Grundprinzipien rechtsgeschäftlicher Schuldverhältnisse

1. Entstehungsgründe

47 Rechtsgeschäftliche Schuldverhältnisse kommen meist durch **Vertrag** zustande, § 311 Abs 1. Ausnahmen, bei denen die Bindungswirkung allein durch Abgabe eines **Angebotes** entsteht, bilden das **Stiftungsgeschäft** gem § 80 und die **Auslobung** gem §§ 657 ff (umstritten ist die Rechtskonstruktion für Schuldverschreibungen auf den Inhaber, §§ 793 f; lt Mot II 175 = MUGDAN II 96 einseitige Bindungswirkung, mittlerweile hM Vertragstheorie, vgl HUECK/CANARIS, Recht der Wertpapiere [12. Aufl 1986] § 3 I 2 mwNw). Nach Vertragsschluss wird den Parteien eine weitere, ggf auch einseitige Einflussnahme auf das Rechtsverhältnis ermöglicht (bspw durch Ausübung von Gestaltungsrechten, Geltendmachung von Sekundäransprüchen). Die relative Bindungswirkung eines Vertrages, die grundsätzlich nur die Beteiligten erfasst, die entsprechende Willenserklärungen abgegeben haben, ist von der **Beschlusswirkung** des Gesellschafterbeschlusses zu unterscheiden. Dessen Bindungswirkung tritt im Regelfall auch gegenüber demjenigen Gesellschafter ein, der dem Beschluss nicht zugestimmt hat.

2. Rechtsgeschäftsordnung

48 Rechtsgeschäftliche Schuldverhältnisse unterliegen einer Reihe grundlegender Prinzipien, die im Folgenden entsprechend ihrer Bedeutung kurz dargestellt werden sollen. Die Summe aller die Abwicklung von Rechtsgeschäften prägenden Prinzipien bezeichnet man als **Rechtsgeschäftsordnung**. Sie umfasst die **Privatautonomie**, die **Vertragstreue** sowie das insbesondere von der Judikatur durch Rechtsfortbildung ausgeprägte **Äquivalenzprinzip**, bei dem es um die grundsätzliche Gleichwertigkeit der Leistungen bei Austauschverträgen geht. Erst das Zusammenwirken aller Elemente ermöglicht den reibungslosen Abschluss und Ablauf von Rechtsgeschäften (BYDLINSKI AcP 180 [1980] 1, 8).

a) Privatautonomie*
Privatautonomie meint die Selbstbestimmung des Einzelnen bei der Gestaltung seiner Rechtsverhältnisse, unbeeinflusst vom Staat (BUSCHE, Privatautonomie § 2 I 14 mwNw). Sie findet ihren Ausdruck in zahlreichen bürgerlich-rechtlichen Vorschriften (einschl der Regelungen des Arbeitsrechts: ZÖLLNER, Privatautonomie und Arbeitsverhältnis, AcP 176 [1976] 222 ff [insb 227 ff]), hauptsächlich jedoch in § 311. Die Privatautonomie wird als unverzichtbarer Grundwert gem Art 1, 2 GG verfassungsrechtlich geschützt, weil sie zur **allgemeinen Handlungsfreiheit** gehört (vgl für die wirtschaftliche Handlungsfreiheit BVerfGE 74, 129, 151 f; 89, 214, 231 = NJW 1994, 36, 38; BVerfG NJW 1994, 2749, 2750; SACHS/MURSWIEK GG Art 2 Rn 54 mwNw), nicht weil sie eine eigene Rechtsquelle darstellt (STAUDINGER/DILCHER[12] Einl 7 zu §§ 104–185; BUSCHE, Privatautonomie § 2 I 15; bereits SAVIGNY, System Bd I 12 Fn b, verwies darauf, dass Privatautonomie nicht mit Rechtsetzungsbefugnis z verwechseln sei). Im Zuge der Gesetzesreform des BGB, insbesondere der Integration der Verbraucherschutzgesetze im Rahmen der Schuldrechtsreform (vgl dazu ie u Rn 176 ff), mehrten sich kritische Stimmen, die einen zunehmenden Verlust insbesondere der Vertragsfreiheit befürchteten (BUNGEROTH, Schutz vor dem Verbraucherschutz?, in: FS Schimansky [1999]; LIEB DNotZ 1989, 274, 276 f; MEDICUS, Abschied von der Privatautonomie im Schuldrecht? [2001]; REICHOLD, Sozialgerechtigkeit versus Vertragsfreiheit – arbeitsrechtliche Erfahrungen mit Diskriminierungsregeln, JZ 2004, 384 ff; REPGEN, Kein Abschied von der Privatautonomie [2001]). Dies hängt damit zusammen, dass nicht nur in Anwendung der Verbraucherschutzvorschriften, sondern auch bei Ausfüllung der Generalklauseln eine Tendenz zu beobachten ist, angebliche oder wirkliche Ungleichgewichtslagen der Vertragsparteien zu beseitigen (sehr krit STAUDINGER/COING/ HONSELL [2004] Einl 113 zum BGB). Stichworte bilden insoweit die Rspr zur Sittenwidrigkeit bei finanzieller Überforderung Mithaftender (vgl AnwK-BGB/LOOSCHELDERS § 138 Rn 237 ff) oder zur Inhaltskontrolle von Eheverträgen (STAUDINGER/LOOSCHELDERS/OLZEN § 242 Rn 936 ff; vgl nur GRZIWOTZ, Ehevertragsranking oder Ehevertragsgerechtigkeit? – Umsetzung der BGH-Entscheidungen zu Eheverträgen durch die Instanzgerichte, MDR 2005 73 ff). Entsprechendes gilt auch für die Ausweitung der Aufklärungs- und Schutzpflichten (vgl § 241 Rn 432 ff u 477 ff).

Die **Privatautonomie** ermöglicht dem Rechtssubjekt also grds, aber wohl mit rück-

---

* **Schrifttum**: BUNGEROTH, Schutz vor dem Verbraucherschutz?, in: FS Schimansky (1999) 279 ff; BUSCHE, Privatautonomie und Kontrahierungszwang (Habil Tübingen 1999); BYDLINSKI, Privatautonomie und objektive Grundlagen des verpflichtenden Rechtsgeschäfts (1. Aufl 1967); vHIPPEL, Das Problem der rechtsgeschäftlichen Privatautonomie: Beiträge zu einem Natürlichen System des privaten Verkehrsrechts und zur Erforschung der Rechtstheorie des 19. Jahrhunderts (Habil Tübingen 1936, Nachdr 1995); LIEB, Schutzbedürftigkeit oder Eigenverantwortlichkeit? Kritische Überlegungen zur richterlichen Rechtsfortbildung im Vertragsrecht, DNotZ 1989, 274 ff; DNotZ 1989, 274, 276 f; MEDICUS, Abschied von der Privatautonomie im Schuldrecht? (2001); SCHMIDT-RIMPLER, Zum Vertragsproblem, in: FS Raiser (1974); REICHOLD, Sozialgerechtigkeit versus Vertragsfreiheit – arbeitsrechtliche Erfahrungen mit Diskriminierungsregeln, JZ 2004, 384 ff; REPGEN, Kein Abschied von der Privatautonomie (2001).

läufiger Tendenz, die freie, eigenverantwortliche Teilnahme am Rechtsverkehr (vgl dazu auch COING, Grundzüge der Rechtsphilosophie [5. Aufl 1993] Kap IV II 3, 195). In den Grenzen der Rechtsordnung kann der Einzelne die Rechtsverhältnisse seinem Willen entsprechend gestalten. Das gilt sowohl für schuldrechtliche und dingliche als auch familien- und erbrechtliche Rechtsgestaltungen. Die Idealvorstellung zur Verwirklichung der Privatautonomie liegt dabei in der **Gleichberechtigung der handelnden Parteien** (FLUME AT II § 1 7, 10 ff). Dann wären staatliche Reglementierungen privatautonom vereinbarter Rechtsverhältnisse nicht notwendig (der gesetzl Ausdruck dieser Idealvorstellung findet sich in den Generalklauseln, zB §§ 138, 242; z Bedeutung der Generalklauseln STAUDINGER/COING/HONSELL [2004] Einl 71 zum BGB). Mangels faktischer Gleichberechtigung der handelnden Parteien wurden allerdings in richterlicher Rechtsfortbildung und Gesetzesnovellierungen (s u Rn 203 ff) zahlreiche Korrekturen entwickelt.

51 Die privatautonome Gestaltungsmöglichkeit gilt nur für eigene Rechtsverhältnisse der Parteien. Die Rechtsordnung lässt zwar Handlungen mit Wirkung für und gegen Dritte zu, darin kommt jedoch kein privatautonomes Handeln zum Ausdruck. Denn rechtsgeschäftliche Handlungen für Dritte, zB durch einen Vertreter, sind pflichtgebunden. Dies zeigt zB § 177. Lediglich in dem gegebenenfalls zwischen Drittem und Handelndem vorliegenden Rechtsverhältnis gelangt die Privatautonomie zur Anwendung. Nicht einmal die Begründung eines rechtlichen Vorteils für den Dritten gegen seinen Willen durch privatautonomes Handeln ist von der Rechtsordnung vorgesehen (arg e § 333), erst recht nicht eine Vereinbarung zu seinen Lasten.

b) Vertragsfreiheit

52 Häufig wird die Vertragsfreiheit als Synonym für die Privatautonomie gebraucht, obwohl sie lediglich einen ihrer Teilbereiche darstellt (FLUME AT II § 1 10 a, 18 spricht von einem pars pro toto [Privatautonomie]); allerdings bildet der Vertrag das bedeutendste Mittel zur Umsetzung der Privatautonomie. Die **Vertragsfreiheit** wird ergänzt durch die **Vereinigungs-** und **Satzungsfreiheit**, die **Eigentümer-** und **Testierfreiheit** (STAUDINGER/DILCHER[12] Einl 5 zu §§ 104–185). Man kann sie in **Abschluss-** und **Gestaltungsfreiheit** unterteilen. Während die Gestaltungsfreiheit den Parteien die Festlegung der individuellen Leistung offen lässt, ermöglicht die Abschlussfreiheit die freie Wahl des Vertragspartners.

aa) Kein Typenzwang

53 Im Gegensatz zum Sachenrecht ist dem Schuldrecht ein **Typenzwang** fremd. Zwar gibt das BGB verschiedene Vertragstypen vor, es existiert jedoch insoweit kein numerus clausus, §§ 311 Abs 1, 241 Abs 1. Die Parteien können vertragliche Leistungen innerhalb der gesetzlichen Grenzen der §§ 125, 134, 138 beliebig vereinbaren.

54 Da das gesetzgeberische Idealbild gleichberechtigter Parteien sich nicht verwirklicht hat (FLUME AT II § 1, 7, 10; LARENZ, Schuldrecht I §§ 4, 6 I), bedurfte es bald auch außerhalb des Verbraucherschutzes normativer Regelungen, um die „Machtdifferenz" zwischen den Parteien der Rechtsgeschäfte auszugleichen. Exemplarisch dafür stehen Kündigungsschutzbestimmungen im Miet- oder Arbeitsrecht sowie das in richterlicher Rechtsfortbildung weiter entwickelte Äquivalenzprinzip (s u Rn 66 ff).

bb) Kontrahierungszwang

Eines der wichtigsten Ausgleichsinstrumente liegt im **Kontrahierungszwang**. Er setzt die Vertragsfreiheit außer Kraft, weil ein erzwungener Vertragsschluss ihr am stärksten zuwider läuft (die Privatautonomie der unterlegenen Partei bleibt unangetastet, Larenz, Schuldrecht I § 4 I a, 42 ff). Der Kontrahierungszwang ermöglicht Vertragsschlüsse mit Rechtssubjekten, die auf Grund ihrer Position entweder einseitig Vertragsbedingungen diktieren können oder einzelne Personen sogar völlig vom Vertragsschluss ausschließen wollen. Bsp für den Kontrahierungszwang finden sich in § 5 Abs 2 PflVG, § 10 Abs 1 EnergiewirtschaftsG, § 21 Abs 2 LuftVG. Ferner zählt hierzu das **Diskriminierungsverbot** gem § 20 Abs 1 GWB. 55

Das BGB hat von seinem geschilderten Ausgangspunkt keinen Kontrahierungszwang normiert, obwohl es bereits vor seinem Inkrafttreten Ansätze in der Rspr gab (RGZ 48, 114, 127). Dennoch hat sich auf der Grundlage des § 826 ein Zwang zum Vertragsschluss von Monopolisten etabliert. Man geht davon aus, dass der Ersatz für die sittenwidrige Schädigung, die in der Ablehnung des Vertragsschlusses liegt, über § 249 Abs 1 durch Naturalrestitution ausgeglichen werden muss. Auf diese Weise wird jemand zum Abschluss eines Vertrages verpflichtet (z Frage der Marktwirtschaftskorrektur und Wirtschaftslenkung durch Kontrahierungszwang vgl Larenz, Schuldrecht I § 4 I a, b, 43 ff; ausf z Kontrahierungszwang Staudinger/Bork [2003] Vorbem 12 ff zu § 145; MünchKomm/Kramer Vor § 145 Rn 9 ff). 56

cc) Formfreiheit*

Zivilrechtliche Verträge sind grds **formfrei**. Jedoch muss die Art der Erklärung der anderen Partei verständlich sein (Larenz, Schuldrecht I § 5, 67). Den Parteien ist es allerdings unbenommen, vertraglich eine Formvorschrift festzulegen, § 127. Mit dem Prinzip der Formfreiheit wird der aus Formzwang resultierenden Verkehrserschwerung entgegengetreten (Mot I 180 = Mugdan I 451). Aus Gründen der **Beweissicherung**, zum **Schutz vor Übereilung** sowie zur Erfüllung einer **Hinweis- und Warnfunktion** wird bei verschiedenen Rechtsgeschäften jedoch die Einhaltung einer bestimmten Form gem §§ 125 ff verlangt (Staudinger/Dilcher[12] § 125 Rn 3). Bsp für gesetzlichen Formzwang finden sich in §§ 311b Abs 1, 518, 766 S 1. Dadurch wird zwar wiederum in die Vertragsfreiheit der Beteiligten eingegriffen, jedoch überwiegen die Vorteile der genannten Funktionen des Formzwangs. 57

Die Nichteinhaltung der vorgeschriebenen Form zieht gem § 125 S 1 die **Nichtigkeit** des Rechtsgeschäfts nach sich, wobei das Gesetz allerdings häufig eine **Heilung durch Vollzug** des formbedürftigen Rechtsgeschäfts anordnet (vgl zB §§ 311b Abs 1 S 2; 518 Abs 2; 766 S 2). Darin zeigen sich wiederum einerseits die Schutzfunktion, andererseits auch der Verkehrsschutz (s o Rn 57), da die Wirksamkeit eines vollständig abgewickelten Rechtsgeschäfts nicht durch einen Formmangel beeinträchtigt werden soll. 58

Der gesetzlich vorgeschriebene Formzwang bezieht sich nur auf das durchzuführen- 59

---

* **Schrifttum**: Bernard, Formbedürftige Rechtsgeschäfte (1979); Gernhuber, Formnichtigkeit und Treu und Glauben, in: FS Schmidt-Rimpler (1957) 151 ff; Heldrich, Die Form des Vertrages, AcP 147 (1947) 89; Jahnke, Rechtsformzwang und Rechtsformverfehlung bei der Gestaltung privater Rechtsverhältnisse, ZHR 146 (1982) 595 ff.

de Rechtsgeschäft (Mot I 183 f = MUGDAN I 453 f). Rechtsgeschäftliche Willenserklärungen, die damit nur im Zusammenhang stehen (bspw Zustimmung gem § 182, Vollmacht gem § 167, Zustandekommen von Vorverträgen etc) bedürfen grds nicht der vorgeschriebenen Form.

dd) Bestimmung der Leistung

60 Der Vertragsschluss dient unterschiedlichen Interessen der Beteiligten (ESSER/SCHMIDT, Schuldrecht I § 4 I 1, 66). Entgegen früheren Ansichten (Prot I 465 = JAKOBS/SCHUBERT §§ 241–432, 40) erfordert er aber **kein vermögensrechtliches Interesse** des Gläubigers (Mot II 3, 5 = MUGDAN II 2, 3; vgl auch JAKOBS/SCHUBERT §§ 241–432, 41).

61 Vertragsschuldverhältnisse sind meist auf **Leistungsaustausch** gerichtet. Art und Menge werden regelmäßig bei Vertragsschluss vereinbart. Die Parteien können das Schuldverhältnis inhaltlich frei gestalten (s o Rn 49), sind jedoch an Treu und Glauben gebunden, § 242. Für synallagmatische Verträge (s u Rn 69) enthält das Gesetz zum Teil Vorgaben für die Gegenleistung (zB §§ 612, 632). Im Übrigen müssen die Vereinbarungen über den Leistungsaustausch nicht bereits bei Vertragsschluss vollständig vorliegen, sondern können auch nachträglich spezifiziert werden (s u Rn 64), so weit nicht das Fehlen der essentialia negotii bereits den Vertragsschluss verhindert (STAUDINGER/DILCHER[12] Einl 14 zu §§ 104–185).

62 Die Parteien des Schuldverhältnisses dürfen **Leistungs-** und **Erfüllungsort** grds frei bestimmen. Man unterscheidet **Holschuld** (Leistungs- und Erfolgsort beim Schuldner), **Bringschuld** (Leistungs- und Erfolgsort beim Gläubiger) und **Schickschuld** (Leistungsort beim Schuldner, Erfolgsort beim Gläubiger). Ohne entsprechende Vereinbarung bzw mangels spezieller Natur des Schuldverhältnisses greift § 269 ein (Holschuld). Auch **Gefahrübergang** und **Gegenleistungsanspruch** richten sich nach der Parteivereinbarung.

63 Der (Sachleistungs-)Gläubiger erhält durch das Zustandekommen des Schuldverhältnisses ein **relatives Forderungsrecht** auf die Leistung (su § 241 Rn 293 ff). Diese Forderung ist also nicht absolut geschützt, so dass ein Dritter sie erwerben kann (Mot II 2 f = MUGDAN II 1 f), ohne dass die Abtretung sich auf die Wirksamkeit des Rechtsverhältnisses auswirkt. Bei Vereinbarung einer Sachleistung hat der Gläubiger somit keinen absolut geschützten Anspruch auf die vertraglich geschuldete Sache (jus ad rem), sondern ist im Fall der Nichterfüllung auf Schadensersatzansprüche beschränkt (vgl MEDICUS/PETERSEN BR Rn 28).

64 Gesetzliche Regelungen für **Leistungsbestimmungen** finden sich in den §§ 315–319. Demnach kann die Leistungsbestimmung einer Vertragspartei oder einem Dritten zukommen (z „Schiedsgutachter" vgl BGHZ 48, 25; 57, 47, 49), ggf auch nach Vertragsschluss. Zum Schutz der Vertragsgerechtigkeit fordert das Gesetz in solchen Fällen die Ausübung eines „billigen Ermessens" (§§ 315 Abs 1, 3; 317 Abs 1, bei Unbilligkeit mit der Folge des § 319; vgl ie STAUDINGER/RIEBLE [2004] § 315 Rn 117).

c) Vertragstreue

65 Das Schuldrecht wird von dem stets akzeptierten, aber insbesondere von der Naturrechtslehre zum Axiom ihres Vertragsrechtes ausgestalteten Grundsatz „pacta sunt servanda" beherrscht. Vertragsschuldverhältnisse begründen einen Anspruch auf

Erfüllung, der nur bei Vertragstreue der Beteiligten denkbar ist (BYDLINSKI AcP 180 [1980] 1, 8). Das Prinzip der Vertragstreue war dem Gesetzgeber so selbstverständlich, dass er es nicht explizit in das BGB aufgenommen hat. Als ungeschriebene Voraussetzung wurde die Vertragstreue in § 326 Abs 1 S 1, 2 aF hineingelesen (vgl STAUDINGER/OTTO [2004] § 326 Rn 63 ff) und ist nach der Schuldrechtsreform ebenfalls als ungeschriebene Voraussetzung im Rahmen der §§ 280 Abs 3, 281 Abs 1 S 1, 323 Abs 1 zu verlangen, so weit es um Vertragsschuldverhältnisse geht (vgl STAUDINGER/OTTO/SCHWARZE [2009] § 281 Rn B 82 f). Mangelnde Vertragstreue nimmt der untreuen Partei den Anspruch auf die Gegenleistung und ermöglicht den „tu-quoque"- und „unclean hands"-Einwand (so schon RGZ 67, 313, 317; vgl auch STAUDINGER/LOOSCHELDERS/OLZEN § 242 Rn 626 f u 1008).

d) Äquivalenzprinzip*

Das **Äquivalenzprinzip** dient als Ausgangspunkt zum Ausgleich einer ungleichen 66 Kräfteverteilung zwischen Vertragsparteien (vgl auch Rn 67). Entsprechend dem Wortsinn „Äquivalenz" (aequus [lat] = gleich, gerecht, günstig; valere [lat] = wert sein) zielt der Grundsatz auf die **Gleichwertigkeit** von **Leistung** und **Gegenleistung** in **Austauschverträgen** (HENKEL, Einführung in die Rechtsphilosophie § 32 VIII 1, 410). Dass diese Vorstellung bei den heutigen Marktverhältnissen kein tauglicher Anknüpfungspunkt für die Beurteilung mehr sein kann, bedarf keiner näheren Begründung (ausf STAUDINGER/OTTO [2004] Vorbem 7 ff zu §§ 320–326). Deshalb wendet vor allem der BGH das Prinzip über die Generalklauseln des Privatrechts, insbesondere §§ 242, 307, vormals § 9 AGBG, bei gestörten Austauschverträgen zur Wiederherstellung der Vertragsgerechtigkeit an (vgl bspw BGHZ 96, 103, 108; 115, 311, 319; STAUDINGER/LOOSCHELDERS/OLZEN § 242 Rn 458 ff). Dazu bedarf es eines Bewertungsmaßstabes. Diesen bildet ein sog **Nominalgut**, das also auf Leistungen jeglicher Art anzuwenden ist, mit anderen Worten: Geld (SCHIERENBECK, Grundzüge der Betriebswirtschaftslehre [16. Aufl 2003] 2, 16 ff).

Dabei kann die Bewertung der Austauschleistungen anhand **objektiver** (objektiver 67 Äquivalenzbegriff; zB Marktpreise etc) oder **subjektiver Maßstäbe** (subjektiver Äquivalenzbegriff) erfolgen. Daneben unterscheidet man den **weiten** vom **engen Äquivalenzbegriff**: Der weite Äquivalenzbegriff umfasst **Haupt-** und **Nebenleistungen** (vgl z möglichen Umfang BARTHOLOMEYCZIK 30, 31), der enge ausschließlich die Hauptleistung. Schließlich existiert noch ein sog **funktionaler Äquivalenzbegriff**, der die Funktion der auszutauschenden Leistungen ab Vertragsschluss beschreibt (von diesem Zeitpunkt an haben sie nur noch die Funktion, gegen die andere Leistung ausgetauscht zu werden).

Um zu einer angemessenen Bewertung einer evtl Störung der Vertragsgerechtig- 68 keit zu gelangen, sind **alle Äquivalenzbegriffe** heranzuziehen (krit HÄRLE § 2 II 9). Die ausschließliche Anwendung des subjektiven Äquivalenzbegriffs wäre nur bei

---

* **Schrifttum**: BARTHOLOMEYCZIK, Äquivalenzprinzip, Waffengleichheit und Gegengewichtsprinzip in der modernen Rechtsentwicklung, AcP 166 (1966) 30; BYDLINSKI, Privatautonomie und objektive Grundlagen des verpflichtenden Rechtsgeschäftes (1. Aufl 1967); HÄRLE, Die Äquivalenzstörung (Diss München 1995); OECHSLER, Gerechtigkeit im modernen Austauschvertrag (Habil Saarbrücken 1997); SCHAPP, Grundfragen der Rechtsgeschäftslehre (1986).

gleichen Kräfteverhältnissen denkbar, während die Bewertung allein anhand objektiver Kriterien die Privatautonomie beeinträchtigen würde. Ebenso wenig kann man ausschließlich den engen Äquivalenzbegriff anwenden, da Nebenleistungen uU erhebliche Bedeutung haben. Ein Bsp dafür, dass Nebenpflichten Wertbemessungsfaktoren darstellen, sind die unternehmerischen Rückstellungen für Gewährleistungsverpflichtungen (BAETGE/KIRSCH/THIELE, Bilanzen [9. Aufl 2007] 425; s auch ESSER/SCHMIDT, Schuldrecht I § 2 III 2 iVm Fn 73, 36).

69 Im Zusammenhang mit dem Äquivalenzprinzip, aber durchaus auch von eigenständiger Bedeutung, sind **Synallagma** (Austausch) und die Lehre vom **Wegfall der Geschäftsgrundlage** zu nennen, die der Erklärung von Schuldverhältnissen dienen und wesentliche Rechtsfolgen auslösen (zB § 313, §§ 320 ff). Die wechselseitige Abhängigkeit wirkt sich bei der **Begründung des Schuldverhältnisses** aus (genetisches Synallagma), bei seinem **Fortbestand** (konditionelles Synallagma) und bei seiner **Durchsetzung** (funktionelles Synallagma; vgl zum Ganzen ausf STAUDINGER/OTTO [2004] Vorbem 10 ff zu §§ 320–326). Dabei versteht man unter dem Synallagma die Zweckstruktur, mit denen die Parteien eines Austauschvertrages zumindest zwei primäre Hauptleistungspflichten so miteinander verknüpfen, dass die eine nicht ohne die andere eingegangen würde (ausf GERNHUBER, Schuldverhältnis § 13 II 1; wNw auch bei STAUDINGER/OTTO [2004] Vorbem 6 ff zu §§ 320–326).

70 Äquivalenzprinzip und Synallagma liegt der gemeinsame Gedanke zugrunde, dass das Zustandekommen eines Vertrages von **subjektiven Kriterien** beeinflusst wird (STAUDINGER/OTTO [2004] Vorbem 10 zu §§ 320–326). Das Äquivalenzprinzip geht jedoch weiter, da es auch objektive Kriterien bei der Bewertung berücksichtigt. Die Eigenständigkeit gegenüber der Lehre vom Wegfall der Geschäftsgrundlage ergibt sich aus unterschiedlichen zeitlichen Bewertungsansätzen. Während die Geschäftsgrundlage bei Vertragsschluss festgelegt wird, erfolgt die Bewertung im Rahmen des Äquivalenzprinzips erst bei Eintritt der Vertragsstörung (vgl RGZ 100, 129, 131 ff). Die nunmehr in § 313 normierte Lehre vom Wegfall der Geschäftsgrundlage ist eine der wichtigsten gesetzgeberischen Antworten auf die **Störung der Vertragsgerechtigkeit** (vgl iE die Ausf z § 313; SCHMIDT-RÄNTSCH, Das Neue Schuldrecht Rn 615 ff).

3. Haftung bei Beteiligung Dritter

71 Das Schuldrecht geht grds davon aus, dass der Schuldner seiner Verpflichtung nicht in Person nachzukommen hat (arg e § 267 Abs 1 S 1; Ausnahmen zB §§ 613, 664). Demnach kann er sich bei der Erfüllung auch der Hilfe Dritter bedienen. Dadurch verbessert sich die wirtschaftliche Situation eines Schuldners wesentlich, da er mehr Schuldverhältnisse begründen kann, als er allein zu erfüllen vermag. Im Gegenzug erwächst ihm daraus eine Aufsichts- und Überwachungspflicht. Denn die **Drittbeteiligung** schafft für die Vertragsparteien neue **Risiken**.

72 Wird ein Dritter im Pflichtenkreis eines anderen bei dessen Vertragserfüllung tätig, so wäre eine ausschließlich eigene Haftung des Dritten unbillig. Der Schuldner, der die Vorteile der Tätigkeit des Dritten ausnutzen kann, muss auch den damit verbundenen Nachteil, dass rechtlich geschützte Interessen des Gläubigers verletzt werden können, in Kauf nehmen (BGHZ 95, 128, 132; vgl auch LOOSCHELDERS, Schuldrecht AT Rn 542). Diesen Sachverhalt regelt § 278, eine Zurechnungsnorm und keine Anspruchsgrundlage. Derjenige, der bei der Erfüllung einer eigenen Verbindlichkeit nicht selbst tätig wird, haftet ggf trotzdem neben dem Schädiger (Erfüllungsgehilfen) aus eigenem Verschulden.

4. Gewährleistung

Eine Ausprägung der subjektiven Äquivalenz (s o Rn 67) findet sich im **Gewährleistungsrecht** (BYDLINSKI, System und Prinzipien des Privatrechts [Wien ua 1996] 2. HauptTeil IV B 181 f). Sobald ein Leistungsaustausch zweier Parteien qualitativ nicht der vertraglichen Vereinbarung entspricht, kann die betroffene Partei unter bestimmten Voraussetzungen **statt Erfüllung oder Nacherfüllung**, §§ 433 Abs 1 S 1, 437 Nr 1, 439 bzw §§ 633 Abs 1, 634 Nr 1, 635 **Sekundärrechte** geltend machen (Rücktritt und Minderung, vgl zB §§ 437 Nr 2, 440, 323, 326 Abs 5, 441, 537 Abs 1, 581 Abs 2 iVm 537, 586, 651d; z Bedeutung der Mängelrüge vgl auch HENKEL, Einführung in die Rechtsphilosophie § 32 VIII 1, 410). Ein **Mangel** wird grds anhand des **subjektiven Fehlerbegriffs** (vgl bspw BGH NJW-RR 1995, 364) ermittelt, der der Neufassung der §§ 434, 633 zugrunde liegt (BGH BauR 2004, 1941 ff; MünchKomm/WESTERMANN § 434 Rn 5). Hieran zeigt sich die Bedeutung der Parteivereinbarung und des subjektiven Äquivalenzbegriffs, da die Sekundärrechte nur bei Abweichungen von der Parteivereinbarung entstehen. Das Prinzip der **Vertragstreue** (s o Rn 65) verlangt teilweise weitere Voraussetzungen (zB Fristsetzung beim Nacherfüllungsanspruch gem §§ 439, 634 Abs 1 S 1; vgl auch § 281 Abs 1 S 1). Die Gewährleistungsansprüche gleichen also grds das enttäuschte Vertrauen auf ordnungsgemäße Erfüllung und darauf beruhender Kalkulation (ERMAN/GRUNEWALD [10. Aufl] § 463 Rn 1) aus.

73

Auf Grund eingeschränkter Äquivalenz bedürfen Sekundärrechte bei einseitig verpflichtenden und unvollkommen zweiseitigen Schuldverhältnissen über § 276 hinausgehende Voraussetzungen für die Einstandspflicht der schlechtleistenden Partei. Sie liegen regelmäßig in **Arglist** bzw **grober Fahrlässigkeit** (§§ 521, 523; 599, 600). Eine Abweichung kennt das **Auftragsrecht**. Obwohl der Beauftragte gem § 662 unentgeltlich handelt, haftet er uneingeschränkt gem § 276 und muss sich das Verschulden seiner Erfüllungsgehilfen gem § 664 Abs 1 S 3 zurechnen lassen. Die Abweichung beruht auf dem **personalen Bezug** des Auftrags. Schenkung und Leihe richten sich auf Hingabe von Gegenständen, der Auftrag ist eine bewusste Einschaltung einer bestimmten Person (dies zeigt auch die Höchstpersönlichkeit, § 664 Abs 1 S 1). Der Beauftragte soll die Interessen des Auftraggebers so gut wie möglich wahrnehmen (arg e §§ 665, 666, 671 Abs 2). Damit verträgt sich keine Haftungsbeschränkung (z den sog Gefälligkeitsverträgen vgl u § 241 Rn 72 ff).

74

5. Praktische Bedeutung der Grundprinzipien des Schuldrechts

Zwar sind die Normen des Schuldrechts im Wesentlichen einerseits aus sich heraus verständlich und der Inhalt der dargestellten Grundprinzipien ist andererseits auch nicht immer klar zu fixieren. Dennoch helfen die Grundprinzipien des BGB vor allem bei der Auslegung der Generalklauseln, §§ 138, 157, 226, 242, 307, 826. Diesen ist gemeinsam, dass sie auf bestimmte **Werte** und Grundsätze Bezug nehmen, ohne einen konkreten Tatbestand vorzugeben. Der Richter erhält dadurch die Möglichkeit, auf bestimmte Aspekte der **Gerechtigkeit** zurückgreifen zu können. Dies hilft, die **Rechtskultur** zu entwickeln (STAUDINGER/COING/HONSELL [2004] Einl 71

75

zum BGB) und kennzeichnet die **Dynamik des Rechts** (dazu sowie z Bedeutung der richterlichen Rechtsfortbildung s u Rn 203 ff; vgl noch z Bedeutung der Grundprinzipien in Bezug auf § 9 AGBG aF STAUDINGER/COESTER [1998] § 9 AGBG Rn 172).

76 Abgesehen davon, dass ein Grundverständnis immer die Gesetzesanwendung im Einzelfall fördert, haben die Grundprinzipien durchaus **praktische Bedeutung**. Sie sind zum einen Maßstäbe bei **Anwendung der Generalklausel** des § 242, sie geben zum anderen eine Antwort auf die Frage, ob eine AGB iS des § 307 Abs 2 den Adressaten **unangemessen benachteiligt**. Fraglich erscheint, ob die Übernahme der meisten Verbraucherschutzgesetze in das BGB die inhaltliche Ausgestaltung der Grundprinzipien, insbesondere im Hinblick auf die Beurteilung von Äquivalenz, Vertragstreue und Geschäftsgrundlage, beeinflusst. Viele **Entwicklungen** in der Rspr deuten darauf hin, eine Tatsache, die schon lange vor der Schuldrechtsreform (vgl dazu ie Rn 176 ff) zum Teil heftig kritisiert wurde (LIEB DNotZ 1989, 274 ff). Diese Tatsache hat sich nach der Übernahme zahlreicher Verbraucherschutzgesetze in das BGB zum 1.1.2002 noch verstärkt. Sie ist deshalb problematisch, weil Voraussetzungen und Folgen von Ungleichgewichtigkeiten oft nicht klar herausgearbeitet werden (vgl z Einschränkung der Privatautonomie auch STAUDINGER/LOOSCHELDERS/OLZEN § 242 Rn 456 ff). Der Verbraucherschutz stellt einen ganz anderen Ansatz für die Bewertung dar als die (idealiter gegebene) Gleichwertigkeit der Leistungen und gleiche Stärke der Parteien, von der das BGB ursprünglich ausging.

III. Grundprinzipien der gesetzlichen Schuldverhältnisse

1. Entstehungsgründe

77 **Gesetzliche Schuldverhältnisse** entstehen (allein) durch die Erfüllung eines normativen Tatbestandes. Während **rechtsgeschäftliche Schuldverhältnisse** dem **Güteraustausch** dienen, verfolgen sie den **Güterschutz** (ESSER/SCHMIDT, Schuldrecht I § 4, 65) und geben deshalb den Beteiligten keine inhaltliche Mitbestimmung; es tritt vielmehr Fremdbindung ein. Darin zeigt sich ihr Charakter als Teil der **bürgerlich-rechtlichen Ausgleichsordnung** (ERMAN/WESTERMANN Vor § 812 Rn 1; LOOSCHELDERS, Schuldrecht AT Rn 220). Gesetzliche Ausprägung ausgleichender Gerechtigkeit sind **Bereicherungs-** und **Deliktsrecht** (lt COING, Grundzüge der Rechtsphilosophie [5. Aufl 1993] 193 ff, sog iustitia commutativa; HENKEL, Einführung in die Rechtsphilosophie § 32 VIII 3, sieht darin eine iustitia correctiva als Unterfall ausgleichender Gerechtigkeit).

2. Geschäftsführung ohne Auftrag

78 Die **Geschäftsführung ohne Auftrag** (GoA) gem § 677 ist ein **gesetzliches Schuldverhältnis** (vgl MünchKomm/SEILER Vor § 677 Rn 4; FIKENTSCHER/HEINEMANN, Schuldrecht Rn 1259). Demzufolge kann jemand, der willentlich ein Geschäft für einen anderen tätigt, ohne dass er dazu berechtigt oder verpflichtet ist, gem § 683 S 1 Ersatz seiner Aufwendungen von demjenigen verlangen, in dessen Interesse gehandelt wurde. Dabei handelt es sich um einen schuldrechtlichen Ausgleichsanspruch im Innenverhältnis zwischen Geschäftsherrn und Geschäftsführer. Das gilt jedoch nur für die Fälle der sog „echten GoA" (MEDICUS/PETERSEN BR Rn 405 f, 421). Davon spricht man, wenn die genannten Voraussetzungen vorliegen; Abweichungen finden sich in §§ 684 und 687.

In der GoA kommt die bürgerlich-rechtliche Ausgleichsordnung zum Ausdruck (aA **79** MünchKomm/SEILER Vor § 677 Rn 1, demzufolge es nicht möglich sei, einen die GoA kennzeichnenden Grundgedanken festzustellen). Derjenige, der in fremdem Interesse – also nicht aus Eigennutz – handelt, soll die finanziellen Folgen seines Handelns nicht selbst tragen müssen. Aus diesem Grundgedanken ergibt sich zugleich die Begrenzung des gesetzlichen Schuldverhältnisses „GoA": Nur wenn der Geschäftsführer auch tatsächlich im Interesse eines anderen handelte, kann er von diesem Ausgleich verlangen; Aufwendungen für Handlungen in eigenem Interesse sind gem § 687 Abs 1 nicht ersatzfähig (ausf STAUDINGER/WITTMANN [1995] Vorbem 12 f zu §§ 677 ff).

Die allgemeine Rechtsordnung behandelt im Rahmen der GoA die Wahrnehmung **80** fremder Angelegenheiten also als eine Erscheinung des Gesellschaftslebens (STAUDINGER/WITTMANN [1995] Vorbem 6 zu §§ 677 ff; LARENZ/CANARIS, Schuldrecht II/1 § 57, 436 f). Dennoch muss sich niemand eine ihm unerwünschte Leistung aufdrängen lassen. Deswegen tritt die Ersatzpflicht des Geschäftsherrn gem § 683 S 1 auch nur unter eingeschränkten Voraussetzungen ein (LARENZ/CANARIS, Schuldrecht II/1 § 57, 436). So muss das Geschäft gem § 677 zumindest **auch** eine Angelegenheit des Geschäftsherrn gewesen sein (FIKENTSCHER/HEINEMANN, Schuldrecht Rn 1280 ff; LARENZ/CANARIS, Schuldrecht II/1 § 57 I a; MEDICUS/PETERSEN BR Rn 407 ff). Sein evtl entgegenstehendes Interesse kann allerdings außer Acht gelassen werden, wenn die Geschäftsführung der Erfüllung einer Pflicht des Geschäftsherrn dient, die im öffentlichen Interesse liegt, § 679 (z GoA ausf STAUDINGER/WITTMANN [1995] §§ 677 ff).

3. Deliktsrecht

Eine Beeinträchtigung fremder Rechtsgüter greift in den status quo des Geschädig- **81** ten ein. Das **Deliktsrecht** dient dem **Ausgleich** und der **Wiederherstellung** des status quo ante auch unter Berücksichtigung seiner möglichen Fortentwicklung (ESSER/SCHMIDT, Schuldrecht I § 4 I, 67; z den Funktionen ie STAUDINGER/HAGER [1999] Vorbem 7 ff zu §§ 823 ff). Die status quo ante-Orientierung zeigt sich auch in der **Wertbemessung** des Deliktsrechtes. Während sie in Vertragsschuldverhältnissen durch die Parteien geschieht (s o Rn 49), erfolgt sie im Deliktsrecht im Hinblick auf die Mindesthöhe des Schadensersatzes anhand objektivierter Wertmaßstäbe (z Schadensbegriff vgl PALANDT/HEINRICHS Vorb v § 249 Rn 8 ff; z Einfluss der Versicherbarkeit von Risiken s u Rn 89 ff [insb Rn 91]; z ökonomischen Ansätzen vgl die Nachw bei STAUDINGER/HAGER [1999] Vorbem 14 ff zu §§ 823 ff). Das Gesetz räumt den Beteiligten Einwirkungsmöglichkeiten auf das Schuldverhältnis erst nach dessen Entstehung, also im Rahmen der Abwicklung, ein.

Die **Wiederherstellungspflicht** des Schädigers wird durch verschiedene Tatbestände **82** ausgelöst; sie verlangt **Verschulden** oder eine tatbestandsmäßige **Gefährdung**. Das Verschulden bezieht sich entweder auf die schädigende Handlung oder auf die Verletzung einer Handlungs-, Verkehrs- oder Überwachungspflicht. Daneben sind oft mit dem Gebrauch gefährlicher bzw schwer zu kontrollierender Gegenstände verschuldensunabhängige Ersatzpflichten verbunden, ebenso mit der Herstellung von Produkten (vgl ausf z Verkehrspflichten STAUDINGER/HAGER [2009] § 823 Rn E 1 ff).

Die sehr weitgehende Einstandspflicht muss durch **Kausalitätsanforderungen** und **83** **Zurechnung** sowie evtl Überlegungen aus dem **Schutzzweck der Norm** begrenzt werden (STAUDINGER/SCHIEMANN [2005] § 249 Rn 8 ff). Diese sollen die Feststellung ermöglichen, ob und in welchem Umfang eine Ersatzpflicht besteht (Ausnahme: § 830). Damit ist die Einschränkung der Ersatzpflicht auf den/die beteiligten Schädiger verbunden. Sie stellt sich als Folge der Relativität auch gesetzlicher Schuldverhältnisse dar. Gerade das Deliktsrecht kennt jedoch eine Ausnahme, da an der Schädigungshandlung Unbeteiligte evtl Ersatz verlangen können, §§ 844, 845 (PALANDT/SPRAU § 844 Rn 1; ERMAN/SCHIEMANN § 844 Rn 1).

84 Ein weiteres tragendes Prinzip des gesamten BGB und damit auch des Schuldrechtes besteht im Schutz bestimmter Personengruppen auf Grund **mangelnder Einsichtsfähigkeit** im Hinblick auf die Folgen eigenen Handelns (§ 276 Abs 1 S 2; Mot I 129 f = MUGDAN I 423; z Ausnahmen vgl STAUDINGER/DILCHER[12] § 105 Rn 6 ff). Es gilt auch im Rahmen gesetzlicher Schuldverhältnisse fort (Mot II 731 f = MUGDAN II 408), und kann sogar zu einem **Haftungsausschluss** für Schädiger führen (§§ 827, 828). Dem steht das grundsätzliche Ziel einer Wiederherstellung des status quo ante entgegen, so dass es zu einer Verlagerung der Wiederherstellungslast vom Schädiger auf den Geschädigten kommt, sofern kein Aufsichtspflichtiger eintreten muss (vgl zB § 832; Mot II 735 = MUGDAN II 410). Dieser kann sich aber von der vermuteten mangelhaften Aufsicht exculpieren oder ihre Kausalität für den Schadenseintritt bestreiten, § 832 Abs 1 S 2. Zur Vermeidung von Unbilligkeiten (Mot II 99 = MUGDAN II 1268) besteht je nach wirtschaftlicher Lage von Schädiger und Geschädigtem uU auch ohne Verschulden eine Einstandspflicht des Schädigers gem § 829, wenn dem Ersatzpflichtigen durch den Schadensausgleich nicht die wirtschaftliche Existenzgrundlage entzogen wird.

85 Die **Risikoverlagerung** bei Einbeziehung Dritter zeigt sich auch in den gesetzlichen Schuldverhältnissen (s o Rn 78). Wer jemanden zu einer **Verrichtung** bestellt, muss ihn sorgfältig auswählen und beaufsichtigen (Mot II 736 = MUGDAN II 411 spricht vom Sorgfaltsmaßstab eines „ordentlichen Hausvaters"). Eine verschuldensunabhängige Einstandspflicht allein auf Grund rechtlicher Nähebeziehung zum Schädiger ist dem BGB dagegen fremd. Daher hängt eine Ersatzpflicht vom eigenen Verschulden des Geschäftsherrn bzw Aufsichtspflichtigen ab, das allerdings in den §§ 831 Abs 1 S 2 und 832 Abs 1 S 2 widerleglich vermutet wird. Hierin liegt die Kehrseite der gesteigerten wirtschaftlichen Leistungsfähigkeit des Geschäftsherrn durch Einschaltung von Gehilfen (z den haftungsrechtlichen Besonderheiten im Arbeitsrecht vgl STAUDINGER/RICHARDI [1999] § 611 Rn 483 ff).

4. Bereicherungsrecht

86 Das **Bereicherungsrecht** der §§ 812–821 ist ein weiterer Bestandteil der bürgerlichrechtlichen Ausgleichsordnung (s o Rn 66). Das BGB hat nicht den gemeinrechtlichen Grundsatz übernommen, dass sich niemand mit dem Schaden eines anderen bereichern dürfe (Mot I 829 = MUGDAN II 461). Die heutigen Kondiktionen dienen vielmehr der **Rückgängigmachung rechtsgrundloser Vermögensverschiebungen** (Mot aaO = MUGDAN aaO) und weisen auf die Funktion des Schuldrechts als Mittel der Güterbewegung hin (ausf STAUDINGER/LORENZ [2007] Vorbem 1 ff zu §§ 812 ff; ERMAN/WESTERMANN Rn 1).

87 Das **Abstraktionsprinzip** (s o Rn 26) kann eine wirksame, aber gleichwohl rechts-

grundlose Güterumverteilung hervorrufen (ESSER/SCHMIDT, Schuldrecht I § 1 III 16). Um sie rückabzuwickeln, stehen dem Schuldner Kondiktionsansprüche zu, etwa weil kein kausales Geschäft vorlag oder dieses unwirksam ist bzw wird (zB infolge Gesetzes- oder Sittenwidrigkeit, §§ 134, 138, Anfechtung, § 142 Abs 1). Dagegen bleibt der Erwerb kondiktionsfest, wenn der Anspruchsgegner einen **Rechtsgrund** zum Behalten hat.

Das Bereicherungsrecht gewährt als Ausprägung der Ausgleichsordnung grds einen **88 Anspruch** auf das durch die unrechtmäßige Umverteilung **Erlangte**, § 818 Abs 1. Im Gegensatz zum Deliktsrecht, das auf die Wiederherstellung des status quo ante zuzüglich der vermuteten Weiterentwicklung gerichtet ist, hat das Bereicherungsrecht also **abschöpfende Funktion** (LARENZ/CANARIS, Schuldrecht II/2 § 67 I 1 a, 128). Dem Vertrauensschutz wird dadurch Rechnung getragen, dass der Anspruch gegen den Gutgläubigen auf den (noch vorhandenen) Umfang des Erlangten begrenzt ist, § 818 Abs 3 (Prot II 2982 = MUGDAN II 1182), der bösgläubige bzw verklagte Herausgabepflichtige dagegen in vollem Umfang Ersatz zu leisten hat (§§ 818 Abs 2, 820 Abs 1, 819, 818 Abs 4, 292, 989).

IV. Sonderfall: Versicherbarkeit von Risiken*

1. Allgemeines

Sowohl Körper- als auch Vermögensschäden können existenzbedrohend wirken, **89** und zwar für den Geschädigten und für den Schädiger gleichermaßen. Grds wird der Schaden auf den Schädiger abgewälzt (s o Rn 43), seine wirtschaftliche Existenz darf jedoch durch die Schadensverlagerung nicht gefährdet werden. Eventuelle Absicherungen bestehen in einer Inanspruchnahme des Staates (Subventionen, Sozialhilfe), in individueller Selbsthilfe durch Rücklagenbildung oder durch kollektive Hilfe im Rahmen einer **Versichertengemeinschaft** (STAUDINGER/HAGER [1999] Vorbem 7 ff zu §§ 823 ff).

Der Rückgriff auf die Versichertengemeinschaft sichert das einzelne Mitglied gegen **90** unvorhergesehene Schäden, so dass der (das Risiko kennzeichnende) ungewisse Bedarf an finanziellen Mitteln gedeckt ist. Die regelmäßige Beitragsleistung jedes Mitglieds ermöglicht insgesamt die Risikoverteilung auf die Gemeinschaft (ALBRECHT/SCHWAKE, in: FARNY/HELTEN/KOCH/SCHMIDT, 651). Die Versicherbarkeit von Risiken schafft schließlich eine Rechtfertigung für die Zufallshaftung (LOOSCHELDERS VersR 1996, 529, 534 mwNw).

---

* **Schrifttum**: VBAR, Das „Trennungsprinzip" und die Geschichte des Wandels der Haftpflichtversicherung, AcP 181 (1981) 289; FARNY/HELTEN/KOCH/SCHMIDT, Handwörterbuch der Versicherung (1. Aufl 1988); HOFMAN, Privatversicherungsrecht (4. Aufl 1998); KOCH, Geschichte der Versicherungswissenschaft in Deutschland, in: FS zum 100jährigen Bestehen des Deutschen Verein für Versicherungswissenschaft (1998); LOOSCHELDERS, Bewältigung des Zufalls durch Versicherung?, VersR 1996, 529; PRÖLSS/MARTIN, VVG (28. Aufl 2008); SCHIMIKOWSKI, Versicherungsvertragsrecht (4. Aufl 2008); WEYERS/WANDT, Versicherungsvertragsrecht (4. Aufl 2009).

2. Auswirkungen auf das Schuldrecht

91 Entsprechend dem Grundsatz „casum sentit dominus" (s o Rn 39) trägt jeder Teilnehmer am Rechtsverkehr grds sein eigenes Risiko und ist so gesehen sein eigener Versicherer. Der Eintritt in eine Versichertengemeinschaft kann dieses Risiko uU abwälzen, so dass im Falle einer Haftpflicht ein solventer Dritter, die Versicherungsgemeinschaft, für den Schaden einsteht, und der Einzelne entlastet wird. Gleichfalls begünstigt der von einer Versicherung vorgenommene Schadensausgleich den Geschädigten, der dadurch mit keinem (erheblichen) Anspruchsausfall zu rechnen hat (für eine Verteilung der Schadenslast bei Gefährdungshaftung unter Berücksichtigung von Leistungskraft und Versicherbarkeit BLASCHCZOK, Gefährdungshaftung und Risikozuweisung [Habil Passau 1993] § 2 I 2 a gg, 68; LOOSCHELDERS VersR 1996, 529, 534 mwNw).

92 Die Rückgriffsmöglichkeit auf einen solventen Dritten hat eine kontinuierliche Änderung der Rspr hervorgerufen. So wurde die Auslegung haftungsbegründender Tatbestände erweitert, wie etwa die Interpretation des Begriffes „Betrieb" (eines Kfz) gem § 7 StVG zeigt. Unter Berücksichtigung der Tatsache, dass ein Kraftfahrzeughalter gem § 1 PflVersG eine Haftpflichtversicherung abzuschließen hat, fasste die Rechtsprechung zunächst nur den tatsächlichen Betrieb iS eines in Bewegung befindlichen Fahrzeugs (HENTSCHEL, Straßenverkehrsrecht § 7 StVG Rn 5a), während man später den Begriff auf den ruhenden Verkehr ausdehnte (Nachw bei HENTSCHEL, Straßenverkehrsrecht § 7 StVG Rn 5). Allgemein lässt sich darüber hinaus feststellen, dass die Versicherbarkeit von Risiken bei der Beurteilung von Schadensersatzansprüchen die **Höhe** und die **Zuweisung** von **Verantwortlichkeiten** beeinflusst hat. Dies verschärft gerade im Bereich der Verkehrspflichten die Anforderungen an die Sorgfalt so maßgeblich, dass die Verschuldenshaftung in die Nähe der Gefährdungshaftung gerät (LOOSCHELDERS VersR 1996, 529, 537). Dahinter steht die Annahme, die Verteilung des Schadens auf das Kollektiv sei gerechter, als ihn dem Einzelnen aufzubürden (LOOSCHELDERS VersR 1996, 529, 537; vBAR AcP 181 [1981] 289).

93 Es gibt aber noch weitere Auswirkungen der Versicherbarkeit von Schäden auf das Schuldrecht. So kann die **Rückgriffsmöglichkeit** auf eine Versicherung zum Verlust sonstiger (zivilrechtlicher) Schadensersatzansprüche des Geschädigten führen, zumeist dann, wenn der Geschädigte eine Kranken- oder Unfallversicherung in Anspruch nehmen kann. Ein Bsp bildet die Legalzession in § 116 Abs 1 S 1 SGB X. Die der Absicherung des Arbeiternehmers (KÖTZ/WAGNER, Deliktsrecht Rn 594) dienende **Unfallversicherung** (erstmals eingeführt im Jahre 1884 durch die Bismarck'sche Sozialgesetzgebung, mittlerweile SGB VII; vgl dazu OLZEN, Pflichtverletzungen des Durchgangsarztes, MedR 2002, 132) gewährt dem durch einen Arbeitsunfall, § 8 Abs 1 SGB VII, Wegeunfall, § 8 Abs 2 SGB VII, oder durch eine Berufskrankheit, § 9 SGB VII, Geschädigten einen Ausgleichsanspruch. Die Versichertengemeinschaft wird dabei von den berufsgenossenschaftlich verbundenen Arbeitgebern gebildet, die gem §§ 104 ff SGB VII bei Leistung durch die gesetzliche Unfallversicherung in ihrer Haftung privilegiert werden (Unternehmer, § 104 SGB VII; andere im [gleichen] Betrieb tätige Personen, § 105 SGB VII; Dritte, § 106 SGB VII). Dies bedeutet einen Einschnitt in das Zivilrechtssystem (KÖTZ/WAGNER, Deliktsrecht Rn 599 f).

94 Auch ein Schadensersatzanspruch gem § 829 (s o Rn 81 ff) entfällt uU, wenn der Geschädigte Mitglied einer Versichertengemeinschaft ist und dort Rückgriffsmöglich-

keiten hat (Hk-BGB/STAUDINGER § 829 Rn 7; BGB-RGRK/STEFFEN § 829 Rn 15). Die rechtliche Situation ist allerdings wegen der weiten Fassung des Merkmals „Verhältnis (der Beteiligten)" iSd § 829 unklar, sofern der Schädiger über Versicherungsschutz verfügt. Bei einer gesetzlichen Pflichtversicherung gewährt die Rspr den Ersatzanspruch dagegen gem § 829 (BGHZ 127, 186, 191 f), im Falle einer freiwilligen Haftpflichtversicherung misst sie dieser Rückgriffsmöglichkeit für die Anspruchshöhe Bedeutung bei (BGHZ 76, 279, 283 ff; 127, 186, 191; aA für eine generelle Einbeziehung des Bestehens einer Versicherung in die Billigkeitsprüfung: SOERGEL/SPICKHOFF § 829 Rn 20; WOLF, Billigkeitshaftung statt überzogener elterlicher Aufsichtspflichten – ein erneutes Plädoyer für die Anwendung des § 829 BGB auf Grund einer Haftpflichtversicherung, VersR 1998, 812 ff). Da die Versicherungsleistung nicht nur den Schädiger, sondern auch den Geschädigten schützen soll, darf das Vorhandensein einer freiwilligen Haftpflichtversicherung jedenfalls nicht zu seiner Benachteiligung führen (LARENZ/CANARIS, Schuldrecht II/2 § 84 VII 1 b 652; s z der gesamten Fragestellung iÜ die Darstellung bei STAUDINGER/OECHSLER [2003] § 829 Rn 45 ff).

Schließlich steht der Versicherungsschutz rechtlich im Zusammenhang mit der **Haftungssubsidiarität** (STAUDINGER/WURM [2002] § 839 Rn 266) gem § 839 Abs 1 S 2. Obwohl der Geschädigte durch die Versicherung eine Ersatzleistung erhält, wird ihm der Anspruch aus § 839 Abs 1 S 1 deshalb aber nicht verwehrt. Seine eigene Leistung zur Begründung des Versicherungsschutzes in Form von Prämien soll keine Entlastung des schädigenden Hoheitsträgers bewirken (arg e § 86 VVG; z weiteren Differenzierung vgl Hk-BGB/STAUDINGER § 839 Rn 33 mwNw).

D. Die Entwicklung des Schuldrechts in Deutschland bis zum Inkrafttreten des BGB

Die Entwicklung des Schuldrechts bis zum Inkrafttreten des BGB weist zwei miteinander korrespondierende Linien auf. Man kann zwischen der Entwicklung des materiellen Schuldrechts einerseits und der seiner Systematik andererseits unterscheiden. Im Hinblick auf die **Systematik** des Schuldrechts wird in der folgenden Darstellung ferner zwischen seiner Stellung im Zivilrecht an sich und seiner inneren Struktur unterschieden.

I. Die Entwicklung des materiellen Schuldrechts

Die Geschichte der einzelnen Schuldverhältnisse und Institutionen lässt sich bis zu ihren **römischen** und **germanischen Rechtsquellen** zurückverfolgen. Die Einleitung zu einem Kommentar vermag jedoch nur einen kurzen allgemeinen Überblick über die wichtigsten gesellschaftlichen und rechtshistorischen Entwicklungsabläufe zu geben. Detaillierte Aussagen folgen später – so weit nötig – bei der Darstellung der einzelnen Rechtsinstitute.

1. Gesellschaftliche Entwicklungen seit dem Mittelalter

Im **Mittelalter** herrschte in Deutschland eine **agrarisch strukturierte Gesellschaft** vor, die sich durch bodenständige Bindung, örtliche Verschiedenheiten, soziale Abstufungen und Vorrang des unbeweglichen Vermögens auszeichnete (STAUDINGER/COING/

Honsell [2004] Einl 34 ff zum BGB). In den Städten gab es ein streng gegliedertes Gesellschaftssystem, das die Bewohner in ratsfähige Geschlechter, Zünfte und niedere Bevölkerung einteilte (vgl z den Ständen Mitteis/Lieberich, Deutsche Rechtsgeschichte 210 ff). Ein Wechsel zwischen den einzelnen Schichten war in einer solchen Gesellschaftsstruktur schwierig. Dieser „soziale Konservativismus" wurde vom deutschen Recht noch gefördert (Böhmer § 10 I 2).

99 Die auf **Naturalverkehr** basierende Hauswirtschaft bedingte nur ein geringes Bedürfnis, Warenverkehr und Güteraustausch über Dorfgrenzen hinaus rechtlich zu regeln (vgl Coing, Epochen der Rechtsgeschichte in Deutschland [1. Aufl 1967] 11). Eine Notwendigkeit für schuldrechtliche Normen bestand daher zunächst primär im „**Unrechtsverkehr**", der damit den eigentlichen Ausgangspunkt des Schuldrechts bildete. **Selbsthilfe**, ursprünglich auf Buße und Genugtuung gerichtet, entwickelte sich dabei langsam zu einem auf **Schadensersatz** gerichteten System der Wiedergutmachung. Erst das **Münzgeld** verlagerte die Strafe von der personalen Buße zur Geldbuße. Hierher rührt die **Doppelbedeutung des Schuldbegriffs** als Verfehlung einerseits und der daraus resultierenden Verpflichtung zur Restitution andererseits (vAmira, Grundriss des Germanischen Rechts 211 ff; Larenz, Schuldrecht I § 2 IV; W Ogris, in: Handwörterbuch zur deutschen Rechtsgeschichte Bd 1 1901 ff).

2. Deutschrechtliche Grundlagen

100 Allgemeine Aussagen zum älteren deutschen Recht verbieten sich in der notwendigen Kürze fast vollständig wegen der **Rechtszersplitterung**, der oftmals nur rudimentären Kodifikation und der geringfügigen Durchdringung des Rechtsstoffes, die mit derjenigen des römischen Rechts nicht vergleichbar ist. Man kann aber sagen, dass das germanisch deutsche Recht auf Grund der geschilderten strengen noch im Mittelalter vorhandenen und starren Gesellschaftsstruktur lange Zeit ohne theoretische und dogmatische Rechtsansätze auskommen konnte. Gepflegt wurde überliefertes, durch Brauch und Sitte geprägtes, regional gebildetes und fortentwickeltes **Gewohnheitsrecht**, das in seinem Geltungsbereich zumeist auf Dörfer und Städte begrenzt war und von Laienrichtern angewendet wurde (vAmira, Grundriss des Germanischen Rechts 43; vgl Enneccerus/Nipperdey BGB AT § 2 I).

101 Im **Mittelalter** entstand langsam das Bedürfnis nach einem über die geschilderte reine Unrechtshaftung hinausgehenden Schuldrecht, und zwar mit der Einführung des **Geld- und Kreditverkehrs**. Ohne ein systematisches und einheitliches Schuldrecht konnte man nur solange auskommen, wie vornehmlich Tausch- oder jedenfalls Bargeschäfte getätigt wurden. Mit dem Aufkommen von Zeit- und Kreditkauf sowie Darlehen und Dauerschuldverhältnissen wurde es notwendig, die dem Verpflichtungsgeschäft typischen Schwebe- und Spannungszustände auszugleichen bzw abzusichern. Erst ein geregeltes **Vertragsschuldrecht** konnte die von der Wirtschaft an den beschleunigten Warenaustausch gestellten rechtlichen Rahmenbedingungen schaffen, ohne die eine florierende Privatwirtschaft nicht denkbar ist (Böhmer § 24 I 1, 2; z späteren Übergang vom Agrar- zum Industriestaat vgl auch Staudinger/Coing/Honsell [2004] Einl 9 f zum BGB; vgl auch Conrad, Deutsche Rechtsgeschichte Bd I [2. Aufl 1962] 422 ff; Köbler, Deutsche Rechtsgeschichte 96 ff). Der entscheidende Impuls ging dabei von den **Städten** aus, in denen die Verdrängung der Natural- durch die Geldwirtschaft begann. Das **freie Handwerk** löste den unfreien persönlichen Frondienst ab und die auf Bedarfsdeckung gerichtete Wirtschaftsweise wurde durch eine auf Gewinnerzielung gerichtete Ökonomie ersetzt (WIEACKER, Privatrechtsgeschichte 110). Das Schuldrecht im mittelalterlichen Deutschland war zunächst meist in **ständischen** und **genossenschaftlichen Ordnungen** geregelt (KRAUSE, Der deutschrechtliche Anteil an der heutigen Privatrechtsordnung, JuS 1970, 313, 319), die auch sonst das städtische Leben prägten.

3. Der Einfluss des römischen Rechts auf die Entwicklung des materiellen Schuldrechts

Bereits Jahrhunderte zuvor hatte das **römische Recht** ein Schuldrecht entwickelt, das mit der **Rezeption** ab dem 14. Jahrhundert nach und nach in das deutsche Rechtsgebiet übernommen wurde (s u Rn 106 ff; vgl STAUDINGER/COING/HONSELL [2004] Einl 55 zum BGB). Es enthielt bereits die wesentlichen Institute des heutigen Schuldrechts. Bekannt waren: die Trennung zwischen Schuld- und Sachenrecht, Regelungen bei Leistungsstörung sowie zur Erfüllung, Abtretung, Schuldübernahme und Novation, die meisten heute noch gültigen Vertragstypen, sowie die GoA und schließlich Bereicherungs- und Deliktsrecht (vgl KASER/KNÜTEL §§ 32–57). Ebenso wichtig ist, dass sich bereits der dem heutigen Schuldrecht zugrunde liegende abstrakte Begriff des Schuldverhältnisses herausgebildet hatte (KASER/KNÜTEL § 32 I; z Begriff des Schuldverhältnisses vgl auch hier Rn 119).

4. Die Entwicklung des Handels- und Bankrechts

Für Handels-, Schifffahrts-, Berg- und Gewerberecht hatte das römische Schuldrecht hingegen noch keine Regelungen entwickelt. Diese für das Wirtschaftsleben besonders wichtigen Gebiete wurden daher auch nach der Rezeption von deutschrechtlichen Prinzipien beherrscht (MITTEIS/LIEBRICH, Deutsche Rechtsgeschichte 331). Dennoch hat das römische Recht ihre systematische Ausgestaltung entscheidend mitgeprägt (s u Rn 106 ff). Das für ein modernes Wirtschaftsleben unentbehrliche **Bankrecht** ist ebenfalls neueren Ursprungs. In den **oberitalienischen Städten** entstanden, hat es europaweite Geltung erlangt (BÖHMER § 10 IV; z Geschichte des Bankgeschäfts vgl KÖBLER, Lexikon Rechtsgeschichte 40) und kann als Pionier für die Rechtsvereinheitlichung und -fortbildung in Europa angesehen werden.

II. Die Herausbildung der systematischen Stellung des Schuldrechts im Gesamtsystem des Zivilrechts

Die **Systematik des Schuldrechtes** ist mit den Inhalten seiner Rechtsinstitute untrennbar verbunden. Die deutsche Rechtsentwicklung zeigt aber auch, dass nicht nur der Inhalt der Regelungen Auswirkungen auf die Systematik hat, sondern umgekehrt eine schulmäßig entwickelte Rechtssystematik ihrerseits das materielle Recht beeinflusst, zB im Wege der systematischen Gesetzesauslegung. Dieser Umstand dürfte die Harmonisierung des europäischen Rechts in der Zukunft bei ganz unterschiedlichen Ansätzen in den einzelnen Ländern der Gemeinschaft kaum unberührt lassen.

1. Aktueller Stand der Diskussion

105 Die Diskussion über die systematische Gliederung des Zivilrechts, die intensiv vor der Entstehung des BGB, insbesondere im 19. Jahrhundert, geführt wurde, war gegen Ende des 20. Jahrhunderts allerdings eher zum Erliegen gekommen, wohl auch deshalb, weil sie in dieser Zeit für unbedeutend gehalten wurde. Gerade die Schuldrechtsreform mit ihrer Integration der Verbraucherschutzgesetze in das BGB (s u Rn 198) könnte sie aber neu beleben. Denn die Bedeutung von Systematisierung für die praktische Rechtsanwendung darf nicht unterschätzt werden. Dies zeigen manche schnell ausgearbeiteten Gesetze, deren Anwendung auf Grund systematischer Ungenauigkeit oft Schwierigkeiten bereitet. Auch die bereits erwähnten Bemühungen um eine europäische Rechtsvereinheitlichung verdeutlichen, wie stark unterschiedliche systematische Ansätze die Entwicklung verlangsamen können.

2. Die Vorläufer

106 Für den **Aufbau** des heutigen Zivilrechtes war die bereits angesprochene **Rezeption** des römischen Rechts (z Rezeptionsvorgang vgl LAUFS, Rechtsentwicklungen III 1, 2 48 ff; WIEACKER, Privatrechtsgeschichte 2. Teil) von entscheidender Bedeutung (KASER, Der römische Anteil am deutschen bürgerlichen Recht, JuS 1967, 337, 339). Sie wurde in erster Linie durch das Studium deutscher Rechtsstudenten an den Universitäten der oberitalienischen Städte verursacht, lange Zeit bevor es in Deutschland zu den ersten Fakultätsgründungen gekommen war. Die Rezeption (SCHLOSSER, Grundzüge der Privatrechtsgeschichte [10. Aufl 2005] 5 ff mwNw) führte primär zu einer **Verwissenschaftlichung** des deutschen Rechtswesens und zu einer **Ablösung des Laienrichterwesens** im germanisch deutschen Rechtskreis (ENNECCERUS/NIPPERDEY BGB AT § 3 II 2). Da hierdurch römisch-rechtliche Ansätze für unser heutiges Rechtsgebiet bestimmend wurden, dürfte einer der wichtigsten Ausgangspunkte der heutigen zivilrechtlichen Systematik die **Institutionen** des GAIUS (ca 160 nChr) gewesen sein (Deutsche Übersetzung von BEHRENDS/KNÜTEL/KUPISCH/SEILER [1999]), die das gesamte Zivilrecht in „personae, res actiones" einteilten. Das Schuldrecht stellte dabei zunächst eine Untergliederung des Sachenrechts („res") dar und wurde dort den „res incorporales" zugeordnet. Die „res corporales" enthielten die Regelungsmaterie des heutigen Sachenrechts ieS, aber auch des Erbrechts.

a) Entwicklung der Systematik im römischen Recht

107 Die ausgeprägte Systematik des römischen Rechts selbst ist indessen kein Produkt wissenschaftlicher Arbeit, sondern der **Rechtspraxis**. Zur prozessualen Rechtsdurchsetzung wurden Streitformulare, sog „actiones" („actiones in rem" und „actiones in personam"), verwendet, die man für jede „actio" aufgestellt hatte, und aus denen sich Grund und Inhalt der Obligation ablesen ließen. Die Trennung zwischen materiellem Recht und Prozessrecht war dem römischen Recht also noch unbekannt. An diesen festen Riten bildeten sich nicht nur das einzelne Schuldverhältnis, sondern auch die gesamte Systematik des Zivilrechts aus (KASER/KNÜTEL RPR § 2 III).

b) Die Kodifikationen zu Anfang des 19. Jahrhunderts

108 Die wichtigsten Kodifikationen zu Anfang des **19. Jahrhunderts** (vgl BUCHER ZEuP 2003, 353 ff), die sich noch an dieser Einteilung orientierten, ordneten dem Schuldrecht daher noch keinen eigenen Abschnitt zu.

Im österreichischen **ABGB** von 1811 ist das Schuldrecht im 2. Teil („Von dem Sachenrechte") und dort in der 2. Abteilung („Von den persönlichen Sachenrechten") geregelt. Das preußische **ALR** aus dem Jahre 1794 wies dem Schuldrecht ebenfalls keinen eigenen, systematisch geschlossenen Teil zu. Schuldrechtliche Regelungen fanden sich vielmehr im Zusammenhang mit Regelungen zu Willenserklärungen und Verträgen (1. Teil, 4. und 5. Titel) sowie im Sachenrecht (11. Titel). Auch der französische **Code civil** von 1804 folgte dieser Systematik (z Einfluss auf das BGB vgl GROSS, Vom Code civil zum BGB – eine Spurensuche, JZ 2004, 1137 ff; SCHUBERT, Französisches Recht in Deutschland zu Beginn des 19. Jahrhunderts [1977]).

3. Aufklärung und Naturrecht

Die Kodifikationsbewegung des späten 18. und des 19. Jahrhunderts wurde ua durch das **Naturrecht** mit beeinflusst. Die naturrechtliche Bewegung entstand aus der Aufklärung und sah sich zunächst als Gegenbewegung zur Rezeption (vgl WIEACKER, Privatrechtsgeschichte 4. Teil § 18). Eine ihrer tragenden Ideen war die Verbreitung der Menschen- und Bürgerrechte (BÖHMER § 9 I 2). Für das Verständnis der naturrechtlichen Lehre ist vor allem auf das von SAMUEL PUFENDORF (1632–1694, vgl WIEACKER, Privatrechtsgeschichte 306 f) entworfene System hinzuweisen. Danach wurde das Recht wie folgt gegliedert: Den Ausgangspunkt bildete das Recht der **Einzelpersonen** mit ihren **Vermögensrechten**, an das sich das Recht der **Familie** anschloss, daran wiederum das Recht des **Staates** und daran schließlich das **Völkerrecht** (SCHWARZ, Pandektensystem 578, 581 ff).

Letztlich verdrängte das Naturrecht aber die Rezeption des römischen Rechts nicht, sondern sorgte für dessen Verfestigung im modernen Recht, indem es dessen systematische Ansätze zur Gliederung des Rechtssystems weiter vorantrieb (z Einfluss des Naturrechts auf die Systematik vgl KÖBLER, Deutsche Rechtsgeschichte 149 f).

Dies zeigt sich daran, dass das preußische ALR von 1794, der Code civil von 1804 und das österreichische ABGB von 1811 sowohl dem System der gaianischen Institutionen als auch der Systemidee des Naturrechts folgten (BÖHMER § 9 I 2; vgl auch STAUDINGER/COING/HONSELL [2004] Einl 48 ff zum BGB).

4. Historische Bewegung

Die **historische Rechtsschule**, die vSAVIGNY als Antwort auf die Kodifikationsbestrebungen THIBAUTS Anfang des 19. Jahrhunderts gegründet hatte, wandte sich in Opposition zum Naturrecht der Suche nach dem „reinen römischen Recht" zu (vgl die Nw bei STAUDINGER/COING/HONSELL [2004] Einl 17 zum BGB; WIEACKER, Privatrechtsgeschichte 5. Teil §§ 20, 22). Sie erforschte dessen Originalquellen, um durch den Nachweis ihrer Vollständigkeit und Handhabbarkeit die Kodifizierung eines Privatrechtes unnötig erscheinen zu lassen. Dennoch basierte ihre System- und Begriffsbildung auch auf den von der Naturrechtsbewegung entwickelten Methoden, die sie fortführte und verfeinerte (BÖHMER § 9 I 3). Die historische Rechtsschule nutzte in erster Linie die Figuren des römischen Obligationenrechts, um für die aufkommende kapitalistische Erwerbswirtschaft Strukturen eines geordnetes Geschäfts- und Kreditwesens zu schaffen, ohne auf eine Kodifikation zurückgreifen zu müssen. Sie wurde damit in

5. Die Pandektistik

111 Maßgeblichen Einfluss auf die Ausprägung der heutigen Systematik des BGB erhielt damit das seit dem 19. Jahrhundert die Rechtswissenschaft beherrschende **Pandektensystem** (STAUDINGER/COING/HONSELL [2004] Einl 53 zum BGB), wie es die historische Schule geschaffen hat (SCHWARZ, Pandektensystem 578 ff; ders, Freiburger Rechts- und Staatswissenschaftliche Abhandlungen 13 [1960] 1 ff). Dessen prägende Wirkung auf die Stellung des Schuldrechts innerhalb des BGB ist hervorzuheben. Die Pandektenwissenschaft betonte die Bedeutung des Obligationenrechts dadurch, dass sie ihm einen **eigenen systematischen Abschnitt** zuwies. Über die leitenden Gesichtspunkte der Systematik im Übrigen bestand hingegen Streit (LIPP, Die Bedeutung des Naturrechts für die Ausbildung allgemeiner Lehren des deutschen Privatrechts [1980]; vgl auch STAUDINGER/COING/HONSELL [2004] Einl 68 zum BGB).

112 Die von der Pandektistik entwickelte Systematik ist heute selbstverständliche Grundlage der Zivilrechtswissenschaft in Deutschland. Sie liegt nicht nur dem BGB, sondern auch dem schweizerischen Zivilgesetzbuch sowie einigen Nachahmungskodifikationen in Europa, aber auch zB dem japanischen Bürgerlichen Gesetzbuch zugrunde. Das Pandektensystem hat sich im 19. Jahrhundert gegenüber allen anderen Systematisierungsversuchen endgültig durchgesetzt (SCHWARZ, Pandektensystem 578, 579).

113 Das Zivilrecht wurde danach zumeist in folgende Abschnitte gegliedert: I. Vom Rechte überhaupt. II. Von den Rechten überhaupt. III. Sachenrecht. IV. Obligationenrecht. V. Familienrecht. VI. Erbrecht (vgl WINDSCHEID, Pandektenrecht I 34 Fn 2; STAUDINGER/COING/HONSELL [2004] Einl 56 zum BGB). Den ersten und zweiten Abschnitt bezeichnete man zusammenfassend als **Allgemeinen Teil**, der Aufbau im Einzelnen wurde aber durchaus unterschiedlich beurteilt. Dies betraf zum einen die Anordnung der einzelnen Teile zueinander, zum anderen die innere Gliederung der einzelnen Abschnitte.

114 Das den heute geltenden Kodifikationen zugrunde liegende System geht im Wesentlichen auf die Arbeiten von GUSTAV HUGO „Institutionen des heutigen römischen Rechts" (1789) und ARNOLD HEISE „Grundriß eines Systems des gemeinen Civilrechts zum Behuf von Pandecten – Vorlesungen" (1807) zurück.

Deren Gliederungsansätze fußten auf römischen Rechtsgedanken, so weit es um die Trennung von Sachen- und Schuldrecht sowie die innere Gliederung der einzelnen Teile geht (LAUFS, Rechtsentwicklungen IX 2, 324). Auf neueren Überlegungen beruht hingegen die Idee eines Allgemeinen Teils sowie die Differenzierung zwischen **Erb- und Familienrecht** (LAUFS, Rechtsentwicklungen IX 2, 324 f).

115 Ein eigenes und wohl auch einzigartiges Gepräge hat das deutsche Privatrecht durch die Pandektistik vor allem insoweit bekommen, als sie einen Allgemeinen Teil herausgebildet hat, obwohl auch die Naturrechtslehrbücher insoweit schon gewisse Vorüberlegungen enthielten. Im 19. Jahrhundert etablierte sich das heutige

System des Zivilrechts jedoch endgültig, das von einem **Fünf-Bücher-System** ausgeht und erstmals dem **sächsischen BGB** von 1863/65 zugrunde gelegt wurde (vgl BUSCHMANN JuS 1980, 553 ff). Die Technik, einen Allgemeinen Teil voranzustellen, ist im Ausland zumeist kritisch beurteilt worden, hat aber innerdeutsch auf die Gliederung anderer Rechtsgebiete starken Einfluss genommen (vgl ZWEIGERT/KÖTZ, Einführung in die Rechtsvergleichung, 141 ff; z Krit an einem AT vgl WIEACKER, Privatrechtsgeschichte 5. Teil § 25 Exkurs). Das ZGB der Schweiz und der italienische Codice Civile von 1942 haben das Pandektensystem unter Verzicht auf einen Allgemeinen Teil übernommen (SCHWARZ, Pandektensystem 578 ff).

Die von den Pandektisten hervorgebrachte Systematik war immer wieder der Kritik ausgesetzt, dass sie auf uneinheitlichen gedanklichen Ansätzen beruhe. Die Unterscheidung zwischen Schuld- und Sachenrecht wurde auf den Gegensatz der mit den fraglichen Geschäften verbundenen Rechtswirkungen gestützt. Im Gegensatz dazu hat man das Familien- und Erbrecht nach tatbestandlichen Gesichtspunkten gegliedert. Man spricht daher noch heute von der „**Kreuzeinteilung**" des BGB (MEDICUS, Schuldrecht I Rn 34). Ferner brachten Kritiker vor, die Trennung von Sachen- und Schuldrecht spalte tatsächliche Lebenssachverhalte in ihrer rechtlichen Beurteilung und zerstöre damit deren rechtssoziologischen Unterbau. Eine nähere Befassung mit den Ursachen dieser Einteilung, insbesondere mit der Frage, ob dafür historische oder systematische Gründe ausschlaggebend waren, kann an dieser Stelle nicht erfolgen (näher STAUDINGER/J SCHMIDT [1995] Rn 4).

Festhalten lässt sich jedenfalls, dass die **Pandektenwissenschaft** die römisch-rechtliche **Trennung** zwischen **Sachen-** und **Schuldrecht** konsequent fortgeführt hat, nachdem diese zwischenzeitlich durch die naturrechtlichen Ansätze in Vergessenheit geraten war. Während die klassische Institutionenordnung das Sachenrecht noch dem Schuldrecht voranstellte, ist diese Reihenfolge im BGB umgekehrt worden (JAKOBS/SCHUBERT §§ 241–432, 19, 28). Die Gründe dafür sind bis heute unklar. Vorläufer einer solchen Positionierung im Gesetz finden sich allerdings schon bei JOACHIM GEORG DARJES „Institutiones iurisprudentiae universis" von 1740 (SCHWARZ, Pandektensystem 601).

III. Die innere Systematik des Schuldrechts

Die **innere Systematik** des Schuldrechts geht ebenfalls auf die Pandektistik zurück. Die Untergliederung des Schuldrechts in einen **Allgemeinen** und einen **Besonderen Teil** ist das Ergebnis eines Systematisierungsprozesses. Zunächst wurden in der Rspr verschiedene Lehren zum Allgemeinen Schuldrecht vertreten. Diese hat insbesondere die Naturrechtslehre systematisiert und schließlich zu einem Allgemeinen Teil zusammengefasst. Die Lehre tat sich dagegen mit der Herausbildung einer inneren Systematik des Besonderen Schuldrechts schwer. Der Versuch HEISES (Grundriss eines Systems des gemeinen Civilrechts zu Behufe von Pandectenvorlesungen [1. Aufl 1807] Vorrede X f), die Einteilung nach dem **Inhalt der Obligationen** vorzunehmen, fand wenig Anklang und bis heute entbehrt das Besondere Schuldrecht einer zwingenden Aufbausystematik (SCHWARZ, Pandektensystem 602).

IV. Der Begriff des Schuldverhältnisses

119 Der Begriff des Schuldverhältnisses, wie er sich heute in § 241 findet (vgl § 241 Rn 36 ff), hat nach allem keine gradlinige geschichtliche Entwicklung erfahren. Im 19. Jahrhundert waren allerdings die Bemühungen um eine allgemeingültige, wissenschaftliche Begriffsdefinition so weit abgeschlossen, dass der Gesetzgeber des BGB auf eine weitgehend gesicherte Grundlage zurückgreifen konnte (vgl BLOHMEYER/DUDEN/WAHL RvglHWB VI 273 f; ausf z terminologischen Entwicklung BUCHER, in: FS Wiegand [2005] 93 ff).

E. Entstehungsgeschichte des Zweiten Buches des BGB

120 Bei der Darstellung der **Entstehungsgeschichte** des Zweiten Buches im BGB soll aus Gründen der Übersichtlichkeit erneut zwischen dem **Inhalt** der materiellen Regelungen einerseits und der **Systematik** andererseits unterschieden werden (vgl z Entstehungsgeschichte des BGB STAUDINGER/COING/HONSELL [2004] Einl 31 ff zum BGB).

I. Der materiellrechtliche Inhalt der einzelnen Regelungen

121 Während der Entstehungszeit des BGB wurden der Regelungsinhalt des Schuldrechts und seine sprachliche Umsetzung zum Teil stark kontrovers diskutiert, allerdings ohne einheitliche Linie, weil die Anknüpfungspunkte der Meinungsverschiedenheiten sehr unterschiedlich waren. Zum Teil wurden wissenschaftliche, zum Teil aber auch politische Auseinandersetzungen geführt (z Krit an den Entwürfen z BGB im Allgemeinen vgl WIEACKER, Privatrechtsgeschichte 5. Teil § 25 I 3–6). Deshalb kann man zur Entstehungsgeschichte des Schuldrechts auch nicht allgemein Stellung nehmen, so weit es um dessen Inhalt geht. Im Hinblick auf rechtshistorische Einzelfragen ist vielmehr auf die Kommentierungen zu den einzelnen Regelungen zu verweisen. Allgemeine Aussagen lassen sich dagegen über die Arbeit der BGB-Kommissionen im Gesetzgebungsverfahren selbst treffen (z Verfahren der BGB-Gesetzgebung STAUDINGER/COING/HONSELL [2004] Einl 74 ff zum BGB).

II. Die Arbeit der 1. BGB-Kommission

1. Der Redaktor Franz Philipp von Kübel

122 Für die inhaltliche Ausgestaltung der schuldrechtlichen Normen waren die Arbeit der 1. BGB-Kommission und des Redaktors für das Schuldrecht, FRANZ PHILIPP vKÜBEL, von entscheidender Bedeutung (z seiner Person vgl SCHUBERT, Vorlagen der Redaktoren, Recht der Schuldverhältnisse: Teil 1 Einl XIII ff; WESTHOFF, Die Entstehung grundlegender Vorschriften des BGB über Voraussetzungen und Inhalt deliktischer Haftung [1974] 5 ff mwNw; JAKOBS/SCHUBERT Einführung 75 f). Der württembergische Senatspräsident (Obertribunalsdirektor) vKÜBEL wurde auf Vorschlag des Vorsitzenden der 1. BGB-Kommission, HEINRICH PAPE (z seiner Person vgl JAKOBS/SCHUBERT Einführung 79 f), als Redaktor für das Schuldrecht berufen (STAUDINGER/COING/HONSELL [2004] Einl 74, 78 zum BGB). vKÜBEL als ausgewiesener Kenner des Schuldrechts verfügte über praktische Erfahrungen auf dem Gebiet der Gesetzgebung; er hatte bereits federführend am **Dresdener Entwurf zum Obligationenrecht** von 1866 mitgearbeitet (JAKOBS/SCHUBERT Einführung 41) und war **Mitglied der Vorkommission** zur Aufstellung von Plan und Methode zur Ausarbeitung des BGB (vgl dazu STAUDINGER/COING/HONSELL [2004] Einl 1 zum BGB), die am 1.3.1874 in Berlin zusammentrat (SCHUBERT, Vorlagen der Redaktoren, Recht der Schuldverhältnisse: Teil 1 Einl XV).

2. Die Arbeit vKübels

Diese Kommission beauftragte vKÜBEL mit der Erstellung eines **Teilentwurfes** für das gesamte Schuldrecht. Nach den von der Vorkommission festgelegten Arbeitsprinzipien war jedoch absehbar, dass die Arbeit für einen Redaktor allein kaum realisierbar sein würde (SCHUBERT, Vorlagen der Redaktoren, Recht der Schuldverhältnisse: Teil 1 Einl XVII), denn der Gesetzesentwurf sollte unter Berücksichtigung der in den Einzelstaaten des deutschen Reichs geltenden Gesetze sowie der juristischen Lit erarbeitet werden. Erschwerend kam hinzu, dass vKÜBEL 1878 erkrankte. Er verstarb 1884. Obwohl ihm mit KARL VOGEL (z seiner Person vgl JAKOBS/SCHUBERT Einführung 91) und KARL EGE (z seiner Person vgl JAKOBS/SCHUBERT Einführung 88) zwei hervorragende Juristen als Hilfsarbeiter zur Seite standen, konnte vKÜBEL der 1. Kommission daher keinen abgeschlossenen Teilentwurf vorlegen.

vKÜBEL erstellte ab 1874 in unsystematischer Reihenfolge zunächst 32 Vorlagen zu verschiedenen Teilgebieten des Obligationenrechts, von denen er 1882 die ersten 27 zu einem Allgemeinen Teil des Schuldrechts zusammenfasste. Damit schuf er eine wichtige Grundlage für die Diskussion der 1. Kommission. Daneben legte er mit den Vorlagen Nr 4, 5, 6, 10 und 32 Regelungsvorschläge für Kauf, Tausch, Anweisung, Darlehen, GoA und ungerechtfertigte Bereicherung vor (SCHUBERT, Vorlagen der Redaktoren, Recht der Schuldverhältnisse: Teil 1 Einl XI). Zwar konnte vKÜBEL an den Beratungen der Kommission nicht mehr regelmäßig teilnehmen, brachte aber dennoch Entwürfe zu Miete, Pacht, Leihe, Dienstvertrag sowie zu Teilen des Gesellschaftsrechts ein, die allerdings keine Begründung mehr enthielten (SCHUBERT, Vorlagen der Redaktoren, Recht der Schuldverhältnisse: Teil 1 Einl XII). Weitere Vorschläge wurden durch seine Krankheit verhindert.

3. Die Beratungen der 1. Kommission

Den Beratungen der **1. Kommission**, die im Oktober 1881 begannen, konnte also mangels eines fertig gestellten Besonderen Teils des Schuldrechts keine abgeschlossene Vorlage zum Schuldrecht zugrunde gelegt werden. Soweit vKÜBEL aber Teilentwürfe erstellt hatte, waren diese Grundlage für die entsprechenden Passagen des Zweiten Buches. Die übrigen Bereiche können wegen seiner Mitarbeit am Dresdener Entwurf (s u Rn 126 ff) zumindest mittelbar als sein Werk gelten (STAUDINGER/COING/HONSELL [2004] Einl 60 zum BGB).

4. Der Einfluss des Dresdener Entwurfs

Der Dresdener Entwurf eines Obligationenrechtes von 1866 war der erste Versuch, ein einheitliches Schuldrecht in allen deutschen Bundesstaaten zu etablieren. Er scheiterte jedoch, weil der **Deutsche Bund** aufgelöst wurde und damit der gewünschte Geltungsbereich entfiel (vgl HEDEMANN, Der Dresdner Entwurf von 1866). Erst die „**lex Lasker**", 1873, die eine **Reichskompetenz** zur Zivilrechtsgesetzgebung schuf, hat den Weg für ein einheitliches Schuldrecht eröffnet, das sich aber erst im BGB wieder findet (Staudinger/Coing/Honsell [2004] Einl 74 zum BGB).

127 Die 1. Kommission hatte unter den geschilderten Umständen beschlossen, bei den Beratungen des Schuldrechts anstelle fehlender Vorlagen die entsprechenden Passagen des Dresdener Entwurfs zu nutzen. Ergänzend dazu ließ man die juristischen Hilfsarbeiter eine Materialzusammenstellung anfertigen, die zum einen Aufschluss über die Motive des Dresdener Entwurfs und zum anderen über den Stand der Rechtsentwicklung geben sollte. Heute geht man davon aus, dass die Materialien zur Schenkung von Börner (z seiner Person vgl Jakobs/Schubert Einführung 92), diejenigen zur Miete, Pacht, Viehverstellung – darunter verstand man die entgeltliche Gebrauchsüberlassung von Nutzvieh –, Gebrauchsleihe und „zur Verteilung der Nutzungen und Lasten zwischen Verkäufer und Käufer" von Struckmann (z seiner Person vgl Jakobs/Schubert Einführung 107) erstellt wurden (Jakobs/Schubert Einführung 45). Die Materialien zum Anerkenntnisvertrag hat vLiebe (z seiner Person vgl Jakobs/Schubert Einführung 89) gefertigt. Im Übrigen lässt sich nicht mehr sicher feststellen, welcher Hilfsarbeiter welche Materialien zusammengestellt hat (Schubert, Vorlagen der Redaktoren, Recht der Schuldverhältnisse: Teil 1 Einl XIII).

128 Da der Dresdener Entwurf unter maßgeblichem Einfluss vKübels zustande kam, wurde er von ihm bei der Erarbeitung seiner Vorlagen benutzt und weiterentwickelt. Daneben hat vKübel dem Entwurf zum schweizerischen Obligationenrecht besondere Aufmerksamkeit geschenkt (Schubert, Vorlagen der Redaktoren, Recht der Schuldverhältnisse: Teil 1 Einl XVII). Die Passagen, die aus dem Dresdener Entwurf herangezogen wurden, waren zum Teil eng an das Sächsische Bürgerliche Gesetzbuch von 1863/65 angelehnt oder sogar aus diesem übernommen worden (Buschmann, Das Sächsische Bürgerliche Gesetzbuch von 1863/65, JuS 1980, 559), wodurch auch diese Kodifikation maßgeblichen Einfluss auf das BGB erhielt (Buschmann 558 f; Hedemann, Der Dresdner Entwurf von 1866, 41 ff). Der Entwurf der 1. Kommission als Mischung aus den Vorlagen von vKübel und aus den Bestimmungen des Dresdener Entwurfs stellt sich insgesamt doch noch als ein geschlossenes Werk dar.

III. Das weitere Gesetzgebungsverfahren

129 Die Vorlagen der 1. Kommission wurden im weiteren Gesetzgebungsverfahren (dazu Staudinger/Coing/Honsell [2004] Einl 79 ff zum BGB) in unterschiedlichem Maße verändert. Entscheidend für den Grad der Einflussnahme auf den Entwurf war der Umstand, ob eine Regelung den Gegenstand wissenschaftlicher und/oder politischer Auseinandersetzungen bildete oder nicht (vgl zB z den Auseinandersetzungen um den Dienstvertrag Vormbaum, Sozialdemokratie und Zivilrechtskodifikation [1977] 179 ff). Eine allgemeine, das gesamte Schuldrecht betreffende Kritik lässt sich nicht feststellen, während es eine heftige Kritik am ersten Entwurf insgesamt gab (Staudinger/Coing/Honsell [2004] Einl 80 ff zum BGB).

1. Der Entwurf der 2. Kommission

130 Als Folge der öffentlichen Diskussion kam es zu einer Überarbeitung des 1. Entwurfes durch eine **2. Kommission** (Staudinger/Coing/Honsell [2004] Einl 83 zum BGB). Diese bildete eine **Redaktionskommission**, der eine besonders wichtige Rolle zukam. Systematische und sprachliche Fragen wurden nämlich nahezu ausschließlich von ihr und nicht von der Hauptkommission bearbeitet, vor allem auch deshalb, weil Letztere nicht ausschließlich aus Juristen bestand und die Kommissionsmitglieder daher zum Teil fachlich überfordert gewesen wären (JAKOBS/SCHUBERT Einführung 59). Der **Entwurf der 2. Kommission von 1895** enthielt viele sprachliche Änderungen, berücksichtigte aber auch Änderungsvorschläge der Bundesstaaten und einzelner Interessengruppen, insbesondere in Folge der geänderten Zusammensetzung (STAUDINGER/COING/HONSELL [2004] Einl 93 f zum BGB).

Der von der 2. Kommission erarbeitete 2. Entwurf stellte sich dennoch als ein gemeinsames Werk aller ständigen Kommissionsmitglieder dar. Der Einfluss der einzelnen Redaktoren auf ihren jeweiligen Teilbereich war geringer als beim E I (so Rn 122 ff). Dabei darf der Referent der Redaktionskommission für das Schuldrecht, KARL JACUBEZKY (z seiner Person vgl JAKOBS/SCHUBERT Einführung 101), nicht unerwähnt bleiben, weil er vor allem wegen seiner dialektischen Fähigkeiten und juristischen Schärfe erheblichen Einfluss auf den 2. Entwurf hatte (JAKOBS/SCHUBERT Einführung 59).

2. Die Beratungen des Bundesrates

Bei den Beratungen im **Justizausschuss des Bundesrates**, die mit der Vorlage des 3. Entwurfs endeten (vgl STAUDINGER/COING/HONSELL [2004] Einl 85 zum BGB), führte die Diskussion des Schuldrechts nur bei einzelnen Vorschriften zu längeren Debatten (JAKOBS/SCHUBERT Einführung 63), nicht jedoch im Hinblick auf das Schuldrecht als Ganzes oder bzgl seines Systems (JAKOBS/SCHUBERT Einführung 63).

3. Die Beratungen des Reichstages

Im **Reichstag** wurden schließlich nur noch Fragen des Deliktsrechts ausführlicher diskutiert, während das Schuldrecht insgesamt und seine innere Systematik den Reichstag ohne entscheidende Änderungen passieren konnten (JAKOBS/SCHUBERT Einführung 68).

IV. Die systematische Stellung des Schuldrechts in der Gesamtkodifikation

Im Hinblick auf **die systematische Stellung** des Schuldrechts im Gesamtsystem des BGB bestand stets eine Übereinkunft darüber, dass ihm ein eigener Gliederungsabschnitt zugewiesen werden sollte. Die von den Pandektisten hervorgebrachte Einteilung war insoweit bereits selbstverständlich (vgl o Rn 111 ff; STAUDINGER/COING/HONSELL [2004] Einl 68 zum BGB). Im Gegensatz dazu wurden die räumliche Einordnung des Obligationenrechts in das BGB und seine innere Gliederung unterschiedlich bewertet (JAKOBS/SCHUBERT §§ 241–432, 19, 28, 32).

Während die 1. Kommission sich noch für die klassische Gliederung des Pandektensystems entschieden hatte und das BGB dementsprechend in Allgemeinen Teil, Sachenrecht, Obligationenrecht, Familienrecht und Erbrecht einteilen wollte (JAKOBS/SCHUBERT §§ 241–432, 19), kam man in der Sitzung vom 30. 1. 1884 überein, dem Schuldrecht das Zweite Buch zuzuweisen (JAKOBS/SCHUBERT §§ 241–432, 28), eine bis heute erhaltene Reihenfolge.

V. Die innere Gliederung des Schuldrechts

136 Über die **innere Gliederung** des Schuldrechts konnte man – wie in der Pandektistik (s o Rn 111 ff) – lange Zeit keine Einigung erzielen. Fest stand lediglich, welche Bereiche im Schuldrecht geregelt werden sollten (vgl dazu JAKOBS/SCHUBERT §§ 241–432, 19 ff). Im Übrigen standen zwei Vorschläge zur Diskussion. Zum einen erwog man eine Unterteilung des Schuldrechts in einen Allgemeinen und in einen Besonderen Teil (JAKOBS/SCHUBERT §§ 241–432, 32), zum anderen eine Untergliederung in folgende vier Abschnitte: 1. „Schuldverhältnisse im Allgemeinen", 2. „Schuldverhältnisse aus Verträgen und einseitigen Versprechen", 3. „Schuldverhältnisse aus unerlaubten Handlungen" und 4. „Schuldverhältnisse aus anderen Gründen" (JAKOBS/SCHUBERT §§ 241–432, 28 ff).

Der 4. Abschnitt enthielt bei dieser Variante die Titel „Bereicherung", „Geschäftsführung ohne Auftrag", „Gemeinschaft" und „Vorlegung und Offenbarung". Später wurde dieser mit „Einzelne Schuldverhältnisse aus anderen Gründen" überschrieben, um klarzustellen, dass die dortige Aufzählung der Schuldverhältnisse nicht abschließend sein sollte (JAKOBS/SCHUBERT §§ 241–432, 39). Den Vermittlungsversuch mit einer Untergliederung in drei Teile hat man nicht weiter verfolgt (vgl JAKOBS/SCHUBERT §§ 241–432, 32).

137 Die 1. Kommission entschied sich mehrheitlich für eine **Untergliederung** in **vier Abschnitte**, ein Vorschlag, der von der 2. Kommission zunächst auch unverändert übernommen wurde. Die **Redaktionskommission** nahm später jedoch ohne erkennbaren Grund von diesem System Abstand und beschloss die bis heute noch bestehende innere Gliederung des Zweiten Buches, die auch dem verabschiedeten BGB zugrunde lag (JAKOBS/SCHUBERT §§ 241–432, 39).

F. Schuldrecht außerhalb des BGB

138 Das Schuldrecht wurde von vornherein nicht abschließend kodifiziert. Schon in der Entstehungsphase des BGB hat man ihm **drei wichtige sonderprivatrechtliche Gesetze** zur Seite gestellt:

139 Das **Handelsgesetzbuch** (HGB) vom 10. 5. 1897 (RGBl I 1897, 219) regelt das Sonderprivatrecht der Kaufleute und trat zusammen mit dem BGB in Kraft (Art 1 Abs 1 EGHGB; RGBl I 1897, 437).

140 Das **Abzahlungsgesetz** (AbzG) vom 16. 5. 1894 (RGBl I 1894, 450), welches das Sonderprivatrecht des Abzahlungskaufes betraf, blieb gem Art 32 EGBGB neben dem BGB in Kraft und galt bis zum Inkrafttreten des VerbrKrG am 1. 1. 1991.

141 Das „Gesetz betreffend die Verbindlichkeit zum Schadenersatz für die bei dem Betriebe von Eisenbahnen, Bergwerken usw herbeigeführten Tötungen und Körperverletzungen" **(RHaftpflG)** vom 7. 6. 1871 (RGBl I 1871, 207) regelte schließlich als Sonderprivatrecht die Haftung aus Spezialdelikten (so Mot II 746) bei dem Betriebe von **Eisenbahnen** und **Bergwerken**. Auch dieses Gesetz blieb bei Inkrafttreten des BGB gem Art 42 EGBGB in Kraft, und zwar bis zum 31. 12. 1977.

142 Daneben gab es noch folgende nicht unbedeutende Gesetze mit schuldrechtlichen Sonderregelungen außerhalb des BGB: Die Allgemeine Deutsche **Wechselordnung** vom 27.11.1848, die mit Novellen am 6.4.1871 als Reichsgesetz in Kraft trat und neben dem BGB galt. Sie wurde am 1.4.1934 (RGBl I 1019) durch das Wechselgesetz abgelöst. Hierher gehört auch das **BörsenG** vom 22.6.1896 idF der Bekanntmachung vom 27.5.1908 (RGBl 1908, 215), das in den §§ 58 ff Ausnahmen zu den §§ 762 ff BGB enthält.

143 Die Unvollständigkeit der Kodifikation hat in erster Linie historische Gründe. Die alten zünftisch-ständischen Rechtsordnungen sahen stets ein Sonderprivatrecht für bestimmte Personengruppen vor. Auf diese Tradition lässt sich die Regelung des Sonderprivatrechts der Kaufleute im HGB zurückführen. Dementsprechend beinhaltete zB das pr ALR von 1794 die Möglichkeit, ein besonderes Privatrecht außerhalb der Kodifikation zu regeln (vgl im ALR Teil II Titel 8). Einem solchen historischen Vorbild folgte auch Frankreich, während das Schweizerische Zivilrecht im OR und im ZGB von 1907, das italienische Zivilrecht im codice civile von 1940/42 darauf verzichteten. Auch das neue niederländische Zivilrecht in dem „Nieuw Burgerlijk Wetboek" von 1992 sieht kein solches Sonderprivatrecht vor (s u Rn 312 ff).

144 Beim **AbzG** wurde die Konkurrenz zum BGB bewusst in Kauf genommen. Das Inkrafttreten des BGB war noch nicht abzusehen, und der Gesetzgeber wollte schnell den Missständen durch zunehmende Abzahlungsgeschäfte abhelfen (vgl HECK, Wie ist den Mißbräuchen, welche sich bei den Abzahlungsgeschäften herausgestellt haben, entgegen zu wirken? in: Verhandlungen des Einundzwanzigsten Deutschen Juristentages, 2. Band [1891]). Warum man dann das AbzG aber nicht in das BGB integrierte, sondern auch nach dem Entwurf der 2. Kommission als Spezialgesetz aufrechterhielt (vgl Prot I 475), ist bislang nicht geklärt. Ein Grund könnte darin liegen, dass man annahm, das BGB solle nur die alle Bürger treffenden Tatbestände und nicht nur einzelne Übelstände regeln (z weiteren Einzelheiten vgl STAUDINGER/J SCHMIDT [1995] Rn 19).

145 Das **RHaftpflG** fand deshalb keine Aufnahme in das BGB, weil es nicht das denkbare Fehlverhalten aller Bürger normierte, sondern nur auf bestimmte Gruppen von Schädigern zutraf.

G. Entwicklungen des BGB nach seinem Inkrafttreten

146 Nach Inkrafttreten des BGB am 1.1.1900 wurde das Schuldrecht in vielerlei Hinsicht modifiziert. Es gab nicht nur Änderungen des Zweiten Buches, sondern man hat auch zahlreiche weitere **sonderprivatrechtliche Regelungen** geschaffen. Ferner nahmen Rspr und Lehre Einfluss auf die Rechtsmaterie. Mit Recht hat WIEACKER festgestellt, dass infolge der Veränderungen durch die Rspr „das wirklich ‚geltende' Privatrecht, besonders ... das Schuldrecht, ... nicht mehr aus dem Gesetzestext ... abgelesen werden" kann (WIEACKER, Privatrechtsgeschichte 514 f; ähnlich GERNHUBER: „Wer das Schuldrecht der Zeit sucht, wird es im Text der §§ 241–853 BGB kaum finden", Handbuch des Schuldrechts Band 1: Schadensersatz [1979] V; vgl auch MünchKomm/SÄCKER Einl Rn 51; LAUFS, Beständigkeit und Wandel – Achtzig Jahre deutsches Bürgerliches Gesetzbuch, JuS 1980, 856 ff; SCHWARK JZ 1980, 742 f). Eine übersichtliche Darstellung der Reformen ist deshalb schwierig, weil sie sich weder nach Sach- noch nach Zeitgesichtspunkten nahtlos aneinander anschließen. Demzufolge werden unabhängig vom Zeitpunkt des Inkrafttretens der jeweiligen Reformen die Gesetzesnovellen möglichst weitgehend entsprechend dem Aufbau des Schuldrechts dargestellt. Die **Schuldrechtsreform** im Jahre 2002 nimmt jedoch eine so tiefgreifende Sonderstellung ein, dass sie separat geschildert wird (s u Rn 176 ff).

147 Viele Änderungen des Schuldrechts (vgl die Aufzählung der Änderungen bis z 18.3. 1994 in STAUDINGER/J SCHMIDT [1995] Rn 22 u im SCHÖNFELDER, Ordnungszahl 20) waren zum einen Reaktionen auf die Novellierung oder Reformierung anderer Gesetze, zB die Anpassung einiger Regelungen im Schuldrecht auf Grund des Einführungsgesetzes zur **Insolvenzordnung** (EGInsO v 5. 10. 1994, BGBl I 1994, 2911). Zum anderen handelte es sich um kurzfristige Not- oder punktuelle Maßnahmen, wie zB die mehrfache Änderung des § 247 (1986 aufgehoben und 2002 als Basiszins wieder eingeführt) oder die der §§ 835 (1952 aufgehoben), 840 (einmal geändert auf Grund jagdrechtlicher Vorschriften). Ausnahmen, hinter denen größere und weiterreichende legislatorische Konzepte zu erkennen waren, betrafen mit Ausnahme der Schuldrechtsreform (vgl Rn 176 ff) nur einige Gebiete des Schuldrechts. Im Übrigen lassen die Reformen – abgesehen vom **Verbraucherschutzgedanken** – nur einige gemeinsame Linien erkennen.

I. Änderungen zum Allgemeinen Teil des Schuldrechts

1. Das Schadensersatzrecht und verwandte Rechtsgebiete

148 Nach 1900 sind **gesetzliche Schuldverhältnisse** vermehrt in **Sondergesetzen** geschaffen worden. Sie gewähren einem Geschädigten Ansprüche auf Schadensersatz, enthalten aber auch Haftungsausschlüsse für solche Fälle, in denen nach dem Schuldrecht des BGB eine Haftung „an sich" begründet wäre (krit hierzu: STAUDINGER/ J SCHMIDT [1995] Rn 35). Ihre Durchsetzung brachte jedoch häufig Schwierigkeiten mit sich. Hierfür kann man folgende Bsp nennen:

149 Im Hinblick auf die Begründung von Schadensersatzansprüchen sind vor allem die Neuregelungen der **Gefährdungshaftung** zu nennen (z Theorie grundlegend ESSER, Grundlagen und Entwicklung der Gefährdungshaftung [1941]; umfassende Aufarbeitung bei WEYERS, Unfallschäden [1971]). In diesen Zusammenhang gehört auch das **HaftpflG** idF der Bekanntmachung v 4. 1. 1978 (BGBl I 145), vorher: RhaftpfG (RGBl 1871, 207). Weitere Bsp finden sich in § 7 StVG; § 33 LftVG; § 22 WHG; §§ 25 ff AtomG; § 29 BJagdG uä. Daneben ist vor allem das **ProdHaftG** v 15. 12. 1989 von Bedeutung (BGBl I 2198), das auf der EG-Richtlinie Produkthaftung v 25. 7. 1985 beruht. Schließlich ist das **UmwelthaftG** v 10. 12. 1990 erwähnenswert, das am 1. 1. 1991 in Kraft trat (BGBl I 2634).

150 Am 1. 8. 2002 trat das **2. Gesetz zur Änderung schadensersatzrechtlicher Vorschriften** in Kraft (vgl BR-Drucks 358/02 11). Die Reform zielte darauf ab, das Schadensersatzrecht unter Berücksichtigung der Interessen aller Betroffenen fortzuschreiben und neueren Entwicklungen und Erkenntnissen anzupassen (so der Gesetzesentwurf der Bundesregierung BT-Drucks 14/7752, 11). Änderungen ergaben sich dadurch sowohl innerhalb als auch außerhalb des BGB.

Neben kleineren Änderungen in § 825 und § 844 Abs 2 S 2 enthielt die Reform **151** wesentliche Veränderungen der §§ 249 ff. Die Sachschadensberechnung wurde dadurch geändert, dass gem § 249 Abs 2 S 2 die **Umsatzsteuer** nur noch zu ersetzen ist, wenn sie tatsächlich anfällt. Damit bleibt zwar die Möglichkeit der Abrechnung eines **fiktiven Schadens** erhalten. Dessen Umfang wird jedoch durch die Umsatzsteuer gemindert (vgl ausf Gesetzesentwurf der Bundesregierung BT-Drucks 14/7752, 22 ff; RAUSCHER Jura 2002, 577, 582 f; DÄUBLER JuS 2002, 629; OTTEN MDR 2002, 1100; krit hierzu: GREGER NZA 2002, 222 f).

Ferner ist die Neuregelung des Anspruchs auf Ersatz von **Nichtvermögensschäden** **152** durch Wegfall des § 847 und Ergänzung des § 253 um einen Abs 2 zu nennen. Dadurch wurde erstmals Ersatz immaterieller Schäden auch bei Vertragsverletzung und aus Gefährdungshaftungstatbeständen gewährt (ausf hierzu: GREGER NZA 2002, 223; DÄUBLER JuS 2002, 625 ff; RAUSCHER Jura 2002, 577, 579).

Die Anfügung von zwei neuen Absätzen an § 828 hat die Rechtsstellung von **Kin-** **153** **dern** bei Unfällen im **Straßen- und Bahnverkehr** gestärkt. Ein Kind ist danach grds bis zur Vollendung des 10. Lebensjahres für einen Schaden, den es bei einem Unfall mit einem Fahrzeug etc einem anderen zufügt, nicht verantwortlich, es sei denn, es hat vorsätzlich gehandelt (vgl hierzu GREGER NZA 2002, 224; RAUSCHER Jura 2002, 577, 580 f; OTTEN MDR 2002, 1102; SCHNORR/WISSING ZRP 2001, 191; DÄUBLER JuS 2002, 628). Ein Jugendlicher zwischen 10 und 18 Jahren muss für einen entsprechenden Schaden, den er einem anderen zufügt, nur dann Ersatz leisten, wenn er bei der Begehung der schädigenden Handlung die zur Erkenntnis der Verantwortlichkeit erforderliche Einsicht hatte. Der BGH hat bereits zum Ausdruck gebracht, dass diese Privilegierung nur für die spezielle Überforderungssituation des Straßenverkehrs gilt, nicht dagegen, wenn der Minderjährige in ruhendem Verkehr einen Schaden – zB mit seinem Fahrrad an einem parkenden Auto – verursacht (grundlegend BGH NJW 2005, 354 ff u 356 ff).

Schließlich hat der Gesetzgeber in § 839a die Haftung des **gerichtlichen Sachverstän-** **154** **digen** für vorsätzlich oder grob fahrlässig erstattete unrichtige Gutachten eingeführt (DÄUBLER JuS 2002, 625, 629 f; JAEGER/LUCKEY MDR 2002, 1172; RAUSCHER Jura 2002, 577, 584; ausf JACOBS, Haftung des gerichtlichen Sachverständigen, ZRP 2001, 489 ff). Eine solche Regelung wurde erforderlich, weil sich die Haftung bislang nur nach Richterrecht beurteilte.

Entscheidende Modifikationen verursachte das 2. Gesetz zur Änderung schadens- **155** ersatzrechtlicher Vorschriften im Hinblick auf Schadensersatzansprüche außerhalb des BGB. Diese finden sich vor allem im **AMG** und im **StVG**.

Durch die Änderungen des **Arzneimittelgesetzes** wurde die Rechtsstellung des Anwenders von Medikamenten verbessert, zB durch die Einführung einer **Beweislastumkehr** in § 84 Abs 3 AMG oder eines **Auskunftsanspruchs** gem § 84a AMG gegen Pharma-Unternehmen und Behörden (BGBl I 2002, 2674; vgl hierzu SCHNORR/WISSING ZRP 2001, 191; JAEGER/LUCKEY MDR 2002, 1168, 1173; DÄUBLER JuS 2002, 628 f).

Die wichtigste Änderung des StVG geht dahin, dass im Rahmen des § 7 Abs 2 StVG die Berufung auf ein „**unabwendbares Ereignis**" weggefallen ist. Die Schadensersatzverpflichtung entfällt jetzt nur noch bei „höherer Gewalt". Außerdem wurde zB die Kraftfahrzeughalterhaftung auf Schäden von Fahrzeuginsassen, die nicht entgeltlich oder geschäftsmäßig befördert werden, ausgedehnt (DÄUBLER JuS 2002, 627 f; RAUSCHER Jura 2002, 577, 582). Zudem hat man die **Haftungshöchstbeträge** angehoben und harmonisiert (vgl zB § 12 StVG; §§ 9, 10 HaftpflG; §§ 37, 46, 50 LuftVG; § 88 AMG).

2. Verzugsrecht

156 Zur **Beschleunigung fälliger Zahlungen** wurde am 30. 3. 2000 ein gleich lautendes Gesetz beschlossen (BGBl I 330). Ziel war die Verbesserung der Zahlungsmoral, indem man insbesondere die Regeln für ausgebliebene oder verspätete Rechnungen verschärfte und darüber hinaus einen gesetzlichen Anspruch auf **Abschlagszahlungen** bei **Teilleistungen** einführte. Das Gesetz änderte neben den werkvertraglichen Regelungen (s u Rn 167) auch § 288 Abs 1 S 1 und fügte § 284 einen Abs 3 an (vgl hierzu allg: BITTER, Gesetz zur „Verzögerung" fälliger Zahlungen, WM 2000, 1282; HUBER, Das neue Recht des Zahlungsverzugs und das Prinzip der Privatautonomie, JZ 2000, 734 ff; ders, Das Gesetz zur Beschleunigung fälliger Zahlungen und die europäische Richtlinie zur Bekämpfung von Zahlungsverzug im Geschäftsverkehr, JZ 2000 957 ff; LOOSCHELDERS/DANGA, Der Schuldnerverzug bei Geldforderungen nach Inkrafttreten des Gesetzes zur Beschleunigung fälliger Zahlungen, VersR 2000, 1049 ff). Letzterer sollte den Verzugseintritt bei Geldforderungen nach Ablauf von 30 Tagen ab Zugang einer Rechnung oder einer vergleichbaren Zahlungsaufforderung ohne Mahnung oder Ersatztatbestand eintreten lassen. Die missverständliche Formulierung des § 284 Abs 3 hatte jedoch zur Folge, dass die Norm im Rahmen des SchuldrechtsmodernisierungsG (s u Rn 184 ff) kurz nach ihrem Inkrafttreten revidiert werden musste. Dies hat dem Gesetzgeber viel Kritik eingebracht. Durch § 288 wurde ferner der gesetzliche Verzugszinssatz geändert. Er beträgt gem § 288 Abs 1 S 2 für Verbrauchergeschäfte 5% über dem Basiszinssatz, für sonstige Rechtsgeschäfte gem § 288 Abs 2 8% über dem Basiszinssatz, § 247.

3. Sonstige Änderungen des Schuldrechts, Allgemeiner Teil

157 Das am 27. 6. 2000 in Kraft getretene Widerrufs- und Rückgaberecht bei **Verbraucherverträgen** gem §§ 361a, b ist zwischenzeitlich durch das Schuldrechtsmodernisierungsgesetz wieder aufgehoben worden (s u Rn 184 ff). Auf den Bereich des **Verbraucherrechts** hat das SchuldrechtsmodernisierungsG aber auch in anderen Bereichen maßgeblichen Einfluss gehabt (s dazu u Rn 189 ff). Durch die Einführung der §§ 361a, b fallen die ersten Anfänge eines deutlich verstärkten Verbraucherschutzes im BGB selbst jedoch schon in das Jahr 2000.

158 Versteckt im Rahmen zum Teil völlig anderer Rechtsprobleme hat dann das **OLG-Vertretungsänderungsgesetz**, welches am 1. 8. 2002 in Kraft trat (vgl BGBl I 2850 ff; z den Folgen der Änderung bei arbeitsrechtlichen Aufhebungsverträgen: SCHLEUSENER, Zur Widerrufsmöglichkeit von arbeitsrechtlichen Aufhebungsverträgen nach § 312 BGB, NZA 2002, 949 ff; ANNUSS, Der Arbeitnehmer als solcher ist kein Verbraucher!, NJW 2002, 2844), neben anderen Rechtsgebieten (z den berufsrechtlichen Änderungen vgl ausf HENSSLER/KILIAN, Die Neuregelung des Rechts der Vertretung durch Rechtsanwälte vor den Oberlandesgerichten durch das OLG-Änderungsgesetz, NJW 2002, 2817 ff) auch das schuldrechtliche **Verbrauchervertragsrecht** reformiert. Auslöser der Änderung war ein Urteil des EuGH (NJW 2002,

281 ff, sog Heininger-Rspr) v 13.12. 2001, in dem die Richter bei einem Streit um ein Immobiliardarlehen zu dem Ergebnis kamen, dass das **Widerrufsrecht bei Haustürgeschäften** weder generell ausgeschlossen noch befristet werden darf.

159 Das Widerrufsrecht für Haustürgeschäfte gem § 312 Abs 1 S 1 iVm § 355 galt nicht für **Verbraucherdarlehensverträge**, die „an der Haustür" geschlossen worden waren. Diese konnten nur unter den Voraussetzungen des § 495 widerrufen werden, die bei einem Immobiliardarlehen jedoch nicht vorlagen. Das Problem löste der Gesetzgeber, indem er in § 491 Abs 3 das **Immobiliardarlehen** als Ausschlusstatbestand gestrichen hat, so dass künftig auch diese Art von Darlehensverträgen gem § 495 widerruflich ist (MEINHOF NJW 2002, 2273 f). Hierdurch wurden allerdings Folgeänderungen erforderlich (vgl bspw § 492 Abs 1a; § 497 Abs 2, Abs 3 S 1, 2, 4, 5 iVm Abs 4).

160 Des Weiteren hat man § 355 Abs 3 geändert. Bisher galt, dass der Vertragspartner, der nicht entsprechend den Vorgaben in § 355 Abs 2 belehrt wurde, sein Recht zum Widerruf gem § 355 Abs 3 S 1 aF **sechs Monate** nach Abschluss des Vertrages verlor. Die Gesetzesänderung führt dazu, dass das Widerrufsrecht bei mangelnder Belehrung **nicht erlischt**, vgl § 355 Abs 3 S 3 nF (ausf hierzu MEINHOF NJW 2002, 2273 f).

Zuletzt führte das Gesetz zur Änderung der Vorschriften über **Fernabsatzverträge bei Finanzdienstleistungen** v 2.12. 2004 (BGBl I 3102) zu erheblichen Änderungen im Bereich des allgemeinen Fernabsatzrechts, va in Bezug auf die fernabsatzrechtlichen Informationspflichten und die Kostenerstattung für die Rücksendung beweglicher Sachen bei Ausübung des Widerrufsrechts (vgl krit VANDER, Eingriffe in das allgemeine Fernabsatzrecht – Gesetz zur Änderung der Vorschriften über Fernabsatzverträge bei Finanzdienstleistungen, MMR 2005, 139 ff).

II. Änderungen zum Besonderen Teil des Schuldrechts

1. Das Miet- und Pachtrecht

161 Das **Mietrecht** reagierte einerseits auf Notzeiten, wandelte andererseits aber auch schon bald seine Schutzrichtung im Verhältnis zur Ursprungsfassung des BGB. Es kannte zwar schon zu Beginn des 20. Jahrhunderts einen gewissen **Mieterschutz**, aber die Regeln waren zumeist dispositiv. Das hatte zur Folge, dass die Vermieter die Rechte des Mieters in Vertragsformularen häufig bis zur Grenze der Zulässigkeit beschränkten (vgl STAUDINGER/EMMERICH [2003] Vorbem 3, 4 zu §§ 535, 536). Im 1. Weltkrieg und danach verschlechterte sich der Wohnungsmarkt derartig, dass man durch **Mieterschutzverordnungen** versuchte, Abhilfe zu schaffen (1. MieterschutzVO v 26.7. 1917, RGBl I 659; 2. MieterschutzVO v 23.9. 1918, RGBl I 1135). Auch im 2. Weltkrieg waren besondere Verordnungen erforderlich, um die Wohnungsnot zu bekämpfen (so zB die WohnraumlenkungsVO v 27.2. 1942, RGBl I 124 und die VO zur Wohnraumversorgung der luftkriegbetroffenen Bevölkerung v 21.6. 1943, RGBl I 355).

162 In der **Nachkriegszeit** hat man die dadurch entstehende Wohnungszwangswirtschaft schrittweise abgebaut und den Versuch eines **sozialen Mietrechtes** im BGB unternommen (G über den Abbau der Wohnungszwangswirtschaft und über ein soziales

Miet- und Wohnrecht v 23. 6. 1960, BGBl I 389; 1. MietRÄndG v 29. 7. 1963, BGBl I 505; 2. MietRÄndG v 14. 7. 1964, BGBl I 457; MietRÄndG v 21. 2. 1967, BGBl I 1248; 3. MietRÄndG v 21. 12. 1967, BGBl I 1248). Die Folgejahre waren von dem Wunsch des Gesetzgebers geprägt, einerseits den Mietanstieg zu begrenzen (MietverbesserungsG v 4. 11. 1971, BGBl I 1745) andererseits das Angebot an Mietwohnungen zu erhöhen (G zur Erhöhung des Angebots an Mietwohnungen v 20. 12. 1982, BGBl I 1912). Später schränkte man allerdings auf Grund geänderter Verhältnisse am Wohnungsmarkt den **Kündigungsschutz** bei der Wohnraummiete teilweise ein, um die Bereitschaft der Vermieter zum Vertragsabschluss und vor allem zu Investitionen in Vermieterprojekte zu fördern (WohnungsbauerleichterungsG v 17. 5. 1990, BGBl I 926). Auf der anderen Seite wurde auch der Mieterschutz verstärkt (G zur Verbesserung der Rechtsstellung des Mieters v 20. 7. 1990, BGBl I 1456).

163 Weitere Veränderungen resultieren aus dem 4. MietRÄndG vom 21. 7. 1993 (BGBl I 1257) und dem G zur Änderung des BGB v 29. 10. 1993 (BGBl I 1838; krit STAUDINGER/ EMMERICH [2003] Vorbem 29 zu §§ 535, 536). Letzteres sorgte für einen verbesserten Kündigungsschutz des Mieters bei **gewerblicher Miete**. Kleinere Änderungen ergaben sich durch das G zur Übernahme befristeter Kündigungsmöglichkeiten als Dauerrecht v 21. 2. 1996, nämlich die Änderung des § 564b (BGBl I 222), und durch die 2. Zwangsvollstreckungsnovelle v 17. 12. 1997 (BGBl I 3039), die § 592 S 3 änderte.

164 Zuletzt wurde das Mietrecht im Jahre 2001 durch das **Mietrechtsreformgesetz** v 19. 6. 2001 umfassend umgestaltet (BGBl I 1149; dazu EISENSCHMID, Das Mietrechtsreformgesetz, WuM 2001, 215 ff). Es trat am 1. 9. 2001 in Kraft. Das Ziel bestand darin, die geänderten Interessen von Mieter und Vermieter auf dem Wohnungsmarkt angemessen zu berücksichtigen, das Mietrecht zu modernisieren und zu vereinfachen (GRUNDMANN NJW 2001, 2497, 2498). Im Hinblick auf den Mieterschutz ist die Reduzierung der **Kappungsgrenze** von 30% auf 20% in § 558 Abs 3 zu beachten (GRUNDMANN NJW 2001, 2497, 2499, 2501). Ebenfalls dem Mieterschutz dient die Verkürzung seiner **Kündigungsfrist** auf maximal drei Monate unabhängig von der Dauer des Mietverhältnisses, § 573c. Damit gibt es erstmalig **uneinheitliche Kündigungsfristen** für Vermieter und Mieter im BGB. In systematischer Hinsicht hat der Gesetzgeber das Mietrecht nach seinem tatsächlichen Ablauf vom Vertragsschluss bis zur Kündigung **neu gegliedert** (GRUNDMANN NJW 2001, 2497, 2498). Den Interessen des Vermieters dienen die Erleichterungen bei der **Staffelmiete** gem § 557a sowie bei der Vergleichsmiete gem § 558. Zudem hat der Mieter nunmehr Maßnahmen zur **Untersuchung der Mietsache**, zur **Einsparung von Energie oder Wasser** oder zur **Schaffung neuen Wohnraums** gem § 554 Abs 2 zu dulden.

Schließlich sind Teile des Wohnraummietrechts zu erwähnen, die nicht alle in das BGB rückeingegliedert wurden, teilweise aber auch schon gegenstandslos geworden sind (vgl zB die Behandlung der sog „verlorenen Baukostenzuschüsse" durch das „G zur Änderung des 2. WoBauG, anderer wohnungsbaurechtlicher Vorschriften und über die Rückerstattung von Baukostenzuschüssen" v 21. 7. 1961 [BGBl I 1041], geändert durch G v 4. 7. 1964 [BGBl I 457] und durch G v 24. 8. 1965 [BGBl I 969] in seinem Art VI; erwähnenswert sind ferner die Regelungen des MHG in Art 3 des 2. G über den Kündigungsschutz für Mietverhältnisse von Wohnraum [2. WoKSchG] v 18. 12. 1974 [BGBl I 3603], die vielfach durch Folgegesetze geändert wurden, zB auch durch den EinigsV [vgl insoweit BGBl II 1990 889, 1126]). Insgesamt zeigt sich, dass das Mietrecht als ein Rechtsgebiet mit starken sozialen Auswirkungen besonders vielen Reformen unterlag, die an dieser Stelle nicht abschließend dargestellt werden können (vgl i e STAUDINGER/EMMERICH [2003] Vorbem 11 ff zu §§ 535, 536).

Im Zusammenhang mit dem Mietrecht ist auf die Fülle **pachtrechtlicher Vorschriften** 165 hinzuweisen, die entweder geändert oder neu eingefügt wurden (G zur Neuordnung des landwirtschaftlichen Pachtrechtes v 8. 11. 1985, BGBl I 2065). In erster Hinsicht handelt es sich um die §§ 581–597, in letztgenannter um die §§ 582a, 583a, 584a, b, 585a, b, 586, 590a, b, 591a, b, 593a, b, 594a–f, 595a, 596a, b.

2. Dienstvertragsrecht

Vor allem nach dem 2. Weltkrieg gab es sehr viele Änderungen im **Dienstvertrags-** 166 **recht**. So wurden zB unterschiedliche **Kündigungsregelungen** für die ordentliche Kündigung eines „Dienstverhältnis(ses), das kein Arbeitsverhältnis iSd § 622 ist", § 621, und des „Arbeitsverhältnis(ses) eines Arbeiters oder Angestellten" eingefügt, § 622 (z § 621: ArbeitsrechtsbereinigungsG v 14. 8. 1969 in BGBl I 1106; z § 622: neu eingef durch KündFG v 7. 10. 1993 in BGBl I 1668; geändert durch G v 25. 9. 1996 in BGBl I 1476 und G v 19. 12. 1998 in BGBl I 3843). Das Recht des **Arbeitsvertrages** ist, so weit überhaupt gesetzlich geregelt, überwiegend in SonderG außerhalb der §§ 611 ff normiert worden. Im Zusammenhang mit der Kündigung ist auf das **KündigungsschutzG** idF der Bek v 25. 8. 1969 hinzuweisen (BGBl I 1317). Das **BetriebsverfassungsG** (v 15. 1. 1972 in BGBl I 13) führte zu § 613a, der den neuen Inhaber bei einem **Betriebsinhaberwechsel** in die vertraglichen Rechte und Pflichten aus den Arbeitsverhältnissen eintreten lässt (Änderungen des § 613a durch G v 13. 8. 1980, BGBl I 1308, durch das G über die Spaltung der von der Treuhandanstalt verwalteten Unternehmen v 5. 4. 1991, BGBl I 854, das G zur Bereinigung des Umwandlungsrechts v 28. 10. 1994, BGBl I 3210 und das G zur Änderung des SeemannsG und anderer G v 23. 3. 2002, BGBl I 1163). 1980 schrieb der Gesetzgeber ein geschlechtsbezogenes **Benachteiligungsverbot** in § 611a und ein geschlechtsneutrales **Arbeitsplatzausschreibungsgebot** in § 611b fest (G über die Gleichbehandlung von Männern und Frauen am Arbeitsplatz und über die Erhaltung von Ansprüchen bei Betriebsübergang [1. GleiBG] v 13. 8. 1980 in BGBl I 1308). Zur weiteren Durchsetzung der **Gleichstellung** von Männern und Frauen in Arbeitsverhältnissen folgte 1994 das 2. GleiBG (v 24. 6. 1994, BGBl I 1406, dazu die Änderung v Abs 5 durch G v 29. 6. 1998, BGBl I 1694) sowie 2006 das im Zuge des **GleiBehUmsG** (v 18. 8. 2006, BGBl I 1897, das u a §§ 611a, 611b aufhob) erlassene **Allgemeine Gleichbehandlungsgesetz** (AGG). Eine weitere wesentliche Veränderung ergab sich im Jahre 2000 durch § 623, der die **Schriftform** als Wirksamkeitsvoraussetzung für Kündigung und Auflösungsvertrag einführte (ArbeitsgerichtsbeschleunigungsG v 30. 3. 2000, BGBl I 333. Z den noch nicht durchgeführten Reformvorhaben vgl STAUDINGER/J SCHMIDT [1995] Rn 84). Zuletzt erfuhr am 1. 1. 2003 die **GewO** eine umfassende Novellierung (Gesetz zur Änderung der Gewerbeordnung und sonstiger gewerberechtlicher Vorschriften v 24. 8. 2002, BGBl I 2002, 3412, 3420), indem va in Titel VII allgemeine **arbeitsrechtliche Grundsätze** kodifiziert wurden, die gem § 6 Abs 2 GewO seither für alle Arbeitnehmer gelten (ausf SCHÖNE, Die Novellierung der Gewerbeordnung und die Auswirkungen auf das Arbeitsrecht, NZA 2002, 829 ff).

3. Werkvertragsrecht

167 Die Bestimmungen der §§ 631 ff waren nach In-Kraft-Treten des BGB nur wenigen gesetzlichen Änderungen unterworfen. Erwähnenswert ist ua die Einführung der Bauhandwerkersicherung gem § 648a. Zahlreiche Probleme hat die Rspr gelöst. Das oben genannte „Gesetz zur Beschleunigung fälliger Zahlungen" (s o Rn 156) wirkte sich allerdings auf eine Fülle werkvertraglicher Regelungen aus (§§ 640 Abs 2, 648a Abs 1 S 1, 2, 632a, 640 Abs 1 S 2, 3, 641 Abs 2, 3, 641a, 648a Abs 5 S 3, 4 eingef; bisheriger § 641 Abs 2 wird Abs 4). Die Einführung von § 640 Abs 1 S 2 hatte beispielsweise zur Konsequenz, dass die **Fälligkeit der Vergütung** des Werkherstellers nicht mehr an der mit geringfügigen Mängeln begründeten Annahmeverweigerung scheiterte. Die Anfügung des Abs 2 an § 641 führte zu einer früheren **Fälligstellung** des Anspruchs des Werkherstellers (ausf z den Änderungen KIESEL, Das Gesetz zur Beschleunigung fälliger Zahlungen, NJW 2000, 1673). Weitere Änderungen ergaben sich mit dem Schuldrechtsmodernisierungsgesetz (s u Rn 184 ff; z Entwicklung des Werkvertrages s a STAUDINGER/PETERS [2003] Vorbem 10 ff zu § 631). Schließlich führte das Forderungssicherungsgesetz v 23. 10. 2008 (BGBl I 2022), welches am 1. 1. 2009 in Kraft trat, zu erheblichen Änderungen innerhalb der §§ 632a, 641, 648a, 649 sowie zur Aufhebung von § 641a (z Novellierung GEHLEN, Das Gesetz zur Sicherung von Werkunternehmeransprüchen und zur verbesserten Durchsetzung von Forderungen, NZBau 2008, 612 ff). Erwähnenswert ist hierbei vor allem § 632a nF, nach welchem der Werkunternehmer unter nunmehr erleichterten Voraussetzungen Ansprüche auf Abschlagszahlungen gegenüber dem Besteller geltend machen kann (Abs 1), während Abs 3 nF eine Stärkung des Verbraucherschutzes bezweckt.

4. Reisevertragsrecht

168 In den sechziger Jahren gewannen **Pauschalreisen** an Bedeutung, waren aber rechtlich schwer einzuordnen. Dies schuf einerseits Bedarf für nationale Neuregelungen, die aber andererseits möglichst international in vereinheitlichter Form entstehen sollten (vgl z Brüsseler Übereinkommen über den Reisevertrag KLATT, Gesetz über den Reisevertrag [1979] 37 ff; REBMANN DB 1971, 1949, 2003 ff). Durch das **ReisevertragsG** v 4. 5. 1979 (BGBl I 509) wurden deshalb die §§ 651a–k in das BGB eingefügt (z Entstehungsgeschichte vgl MünchKomm/TONNER Vor § 651a Rn 20–54; TONNER, Die Entwicklung des Reisevertragsrechts durch Rechtsprechung, Gesetzgebung und Verbandsverhandlungen, AcP 189 [1989] 122 ff; WOLTER, Das Verhältnis des reiserechtlichen Gewährleistungsrechts der §§ 651c ff zum allgemeinen Recht der Leistungsstörungen, AcP 183 [1983] 39 f). Das Reisevertragsrecht stellte den ersten Schritt zur Eingliederung neuer Vertragstypen in das Gesetz dar, die vom ursprünglichen Gesetzgeber vernachlässigt oder nicht vorhergesehen worden waren, inzwischen aber eine maßgebliche soziale Bedeutung erlangt hatten, die ihre Regelung erforderte. Die betreffenden Vorschriften hat der Gesetzgeber später durch das „G zur Durchführung der Richtlinie des Rates v 13. 6. 1990 über Pauschalreisen" (v 24. 6. 1994 [BGBl I 1322]; vgl z Inhalt der Richtlinie TONNER, Reiserecht in Europa [1992] 249 ff; ders, Die EG-Richtlinie über Pauschalreisen, EuZW 1990, 409) modifiziert. So hängte er an § 651a drei weitere Absätze an, die ua die Richtlinienvorschriften über Preis- und Leistungsänderungen und die Absage der Reise durch den Reiseveranstalter umsetzten (näher hierzu MünchKomm/TONNER Vor § 651a Rn 31 ff). Kleinere Änderungen ergaben sich durch das „2. G zur Änderung des Rechtspflege-AnpassungsG und anderer Gesetze v 20. 12. 1996" (RpflAnpG, BGBl I 2090), die § 651k

Abs 4 betraf. Schließlich ist noch auf das Schuldrechtsmodernisierungsgesetz hinzuweisen, durch das § 651a einen neuen Abs 3 erhielt (insgesamt z Schuldrechtsmodernisierung s u Rn 189 ff; z Entstehungsgeschichte des Reisevertragsrechts STAUDINGER/ECKERT [2003] Vorbem 7 ff zu § 651a–m).

5. Gastwirterecht

169 Die Reform des Gastwirterechts (G zur Änderung von Vorschriften des BGB über die Einbringung von Sachen bei Gastwirten v 24. 3. 1966, BGBl I 181) ist weniger bedeutend und beruht im Wesentlichen auf Konsequenzen, die die Bundesrepublik aus dem **Übereinkommen über die Haftung der Gastwirte** v 17. 12. 1962 für die von ihren Gästen eingebrachten Sachen (BGBl II 1966, 269; II 1967, 1210) gezogen hat. Das Übereinkommen geht auf Vorarbeiten des Instituts zur Vereinheitlichung des Privatrechtes in Rom zurück und hat sich das Ziel gesetzt, Reisenden in allen Vertragsländern einen Mindestschutz zu gewährleisten und damit den Reiseverkehr zu erleichtern.

III. Sondergesetze/Neue Vertragstypen

170 Die Zahl der nach 1900 entstandenen **sonderprivatrechtlichen Vorschriften** ist groß (vgl dazu auch noch STAUDINGER/J SCHMIDT [1995] Rn 526). Eine Sammlung des Bundesministeriums der Justiz ergab bereits 1982 nach Angaben des damaligen Ministers Schmude „etwa 250 Gesetze und Verordnungen mit nahezu 2700 Vorschriften" (SCHMUDE NJW 1982, 2017, 2018). Man kann verallgemeinernd feststellen, dass zwischen den 70er Jahren und dem Ende des 20. Jahrhunderts neue Rechtsfragen vornehmlich in SonderG abgearbeitet wurden. Wegen der entstandenen Vielfalt soll nur auf einige Bsp eingegangen werden, die für die Herausbildung legislativen Sonderprivatrechtes charakteristisch waren.

171 Für die **rechtsgeschäftlich begründeten Schuldverhältnisse** (z gesetzlichen Rechtsverhältnissen s o Rn 77 ff) haben sich Spezialgesetze insbesondere dann herausgebildet, wenn es um den Schutz schwächerer Teilnehmer am Geschäftsverkehr ging (WEITNAUER, Der Schutz des Schwächeren im Zivilrecht [1975]; vgl ferner STAUDINGER/J SCHMIDT [1995] Rn 497 ff; PREIS, Kompensation von Ungleichgewichtslagen in der Rechtsprechung der Arbeitsgerichte und Zivilgerichte – ein Vergleich, AuR 1994, 139 ff, bes 141). Bsp hierfür bilden das **AGBG** v 9. 12. 1976 (BGBl I 3317); das **WoVermG** v 4. 11. 1971 (BGBl I 1745); das **FernUSG** v 24. 8. 1976 (BGBl I 2525); das **HausTWG** v 16. 1. 1986 (BGBl I 122) bzw die entsprechende EG-Richtlinie (ABl EG 1985 Nr L 372/31); weiterhin ist das **VerbrKrG** v 17. 12. 1990 (BGBl I 2840) auf Grund der EG-Richtlinie Nr 102/87 zu erwähnen, das die vorangehend genannten verbraucherschützenden Gesetze zum Teil abänderte (vor allem das AbzG von 1894 vollständig ersetzte, vgl hierzu STAUDINGER/J SCHMIDT [1995] § 241 Rn 19). Das „G über Fernabsatzverträge und andere Fragen des Verbraucherrechts sowie zur Umstellung von Vorschriften auf Euro" v 27. 6. 2000 (BGBl 2000 I 897, 1139; näher BÜLOW/ARTZ NJW 2000, 2049; FUCHS, Das Fernabsatzgesetz im neuen System des Verbraucherschutzrechtes, ZIP 2000, 1273) hat zahlreiche Vorschriften des Besonderen Schuldrechtes geändert, zB in § 661a die Preisleistungsverpflichtung des Unternehmers für Gewinnzusagen gegenüber einem Verbraucher. Aber auch im Allgemeinen Teil des Schuldrechts entstanden vollständig neue Regelungen (s o Rn 148).

H. Exkurs: Sonderentwicklungen im Privatrecht

I. Die Reformpläne des Nationalsozialismus

172 Der **Nationalsozialismus** wollte von seinem ideologischen Ansatz her eine große Anzahl von Schuldrechtsnormen erneuern. Den dahinterstehenden Reformgedanken beschreibt GEILER 1933: zunehmende **Entindividualisierung** des Rechts und des Rechtslebens, dh Hinwendung zum **Gemeinschaftsgedanken**, zur sozialrechtlichen Gebundenheit. Damit verbunden sei auch die Abkehr von der „Atomisierung des Rechts" und seine Entrationalisierung (vgl GEILER, Moderne Rechtswandlungen auf dem Gebiete des Privatrechts, in: Beiträge zum modernen Recht [1933] 1 ff; WALDMÜLLER, Die „königlichen Paragraphen" 157, 242 BGB [1940] 18 ff). Der Bruch mit dem Liberalismus, mit dem Glaubensdogma „Laissez faire, laissez aller; le monde va de lui même" wurde zur obersten Maxime einer totalitären Ideologiebildung (vgl WALDMÜLLER 18 ff). Die Hauptgebote der liberalistischen Wirtschaftsordnung – Konkurrenzfreiheit auf Grundlage privatautonomer Willensbildungsprozesse sowie das ungebundene Eigentum – sollten dem **Gemeinwohlgedanken**, also einer staatlichen „Beherrschung", untergeordnet werden. Die Gerichte wurden hierzu als Werkzeuge instrumentalisiert (vgl WALDMÜLLER 19 f). Von einer rassisch-biologischen Grundlage aus entwickelte man eine heroische Lebensauffassung, die Ablehnung eines einseitigen Intellektualismus, ein Denken in „konkreten Ordnungen". Betont wurden **Gemeinschaftswerte** wie Gefühl, Opfergeist, Charakter, Wahrheit, Treue und Ehre (WALDMÜLLER 22 f). Diese Prinzipien sah man auch als vorrangigen Maßstab für juristische Lebensbewertungen an. Die einzige Aufgabe der Rechtsfindung bestand in der Sicherung des Volkslebens (WALDMÜLLER 23). Diese totalitäre Ordnung durchdrang alle Lebensbereiche, auch die (schuldrechtliche) Privatrechtsordnung, die dazu insbesondere mit ihren Generalklauseln willkommene Ansatzpunkte gab (WALDMÜLLER 24 ff; z Entwicklung des § 242 im Nationalsozialismus s STAUDINGER/LOOSCHELDERS/OLZEN § 242 Rn 66 ff; zur Behandlung d § 138 in dieser Zeit HKK/HAFERKAMP [2003] § 138 Rn 23 ff).

173 Dazu wurde die „**Akademie für Deutsches Recht**" mit der Schaffung eines „**Volksgesetzbuches der Deutschen**" beauftragt (vgl dazu HEDEMANN, Das Volksgesetzbuch der Deutschen passim). Die Reformtendenz im Zuge der beabsichtigten „Rechtserneuerung" (HEDEMANN, Das Volksgesetzbuch der Deutschen 30) bestand insgesamt darin, eine „neue Staatsgesinnung" zu begründen, die auf dem „Pflicht- und Gemeinschaftsgedanken" fußen sollte (so LANGE, Liberalismus, Nationalsozialismus und Bürgerliches Recht [1933] 3).

174 Dieses allgemeine Rechtsprinzip wollte der Nationalsozialismus auch im Schuldrecht durchsetzen. Allerdings kam es nicht zu einem vollständigen Gesetzesentwurf des Zweiten Buches (anders im Rahmen der „Grundregeln und Buch I" – vgl HEDEMANN/LEHMANN/SIEBERT, Volksgesetzbuch: Grundregeln und Buch 1, Entwurf und Erläuterungen [1942]). Es wurden aber doch entsprechende Prinzipien entwickelt, die insbesondere in sog „**Grundregeln**" bestanden. Solche Grundregeln waren ein wesentlicher Bestandteil der Gesetzestechnik in allen Entwürfen des Nationalsozialismus zum „Volksgesetzbuch". So lautete zB die „Grundregel" zum Vertragsrecht: „Niemand darf sich durch Verträge seiner Ehre und Freiheit berauben. Niemand darf Verträge zur rücksichtslosen Verfolgung eigener Belange missbrauchen. Schuldner und Gläubiger müssen beim Abschluss eines Vertrages aufeinander gebührend Rücksicht nehmen und zur schließlichen Erreichung des Vertragszweckes vertrauensvoll zusammenwirken" (HEDEMANN, Das Volksgesetzbuch der Deutschen 31). Im Schadensrecht dachte man an eine ausgedehnte „Haftung aus Billigkeit", „wenn die Ablehnung jeglicher Haftung nach den besonderen Umständen des Falles gröblich gegen das gesunde Volksempfinden verstieße". Daneben sollte ein „bedeutender Ausbau" der Gefährdungshaftung stehen (HEDEMANN, Das Volksgesetzbuch der Deutschen 42; SCHUBERT, Protokolle: Volksgesetzbuch [1988]). Zudem wollte man das Leistungsstörungsrecht und das Mietrecht erneuern (zu den Beratungen des Ausschusses für Personen-, Vereins- und Schuldrecht zu Teilentwürfen – insbes von STOLL, HEDEMANN und LEHMANN – zu einem neuen Leistungsstörungsrecht und zu einem neuen Mietrecht vgl SCHUBERT, Protokolle: Schuldrecht [1990]; zu den Beratungen der Ausschüsse für Schadensersatzrecht, für das Recht der „Betätigungsverträge" [Geschäftsbesorgung; Werkvertrag] und für das landwirtschaftliche Pachtrecht vgl SCHUBERT, Protokolle: Schadensrecht [1993]. – Zum Plan eines Volksgesetzbuches s auch BRÜGGEMEIER, Oberstes Gesetz ist das Wohl des deutschen Volkes, JZ 1990, 24 ff). Die während des Nationalsozialismus nicht zum Abschluss gebrachten Arbeiten wurden nach 1945 selbstverständlich nicht mehr weitergeführt.

II. Sonderentwicklungen in der ehemaligen DDR

Inhaltlich völlig anders als im Nationalsozialismus – und mit diesem deshalb nicht **175** zu vergleichen – hat sich in der ehemaligen **DDR** das Schuldrecht in der Zeit staatlicher Eigenständigkeit abweichend vom BGB entwickelt. Nach der Staatsgründung wurde zwar zunächst bis in die späten 50er Jahre hinein am Schuldrecht des BGB festgehalten. Nach langer Diskussion fasste man aber in der 2. Hälfte der 60er Jahre den Entschluss, das Schuldrecht aufzuteilen und das Wirtschaftsrecht außerhalb des allgemeinen Zivilrechts zu kodifizieren (vgl WÜNSCHE, Das entwickelte gesellschaftliche System des Sozialismus und das neue Zivilgesetzbuch der DDR, StuR 1968, 1555). Für das Allgemeine Zivilgesetzbuch blieb damit das Gebiet übrig, das sich mit der „rechtliche(n) Gestaltung von Lebenskomplexen der Bürger, ihren Beziehungen zu den Betrieben und untereinander" beschäftigte (so RANKE, Neues ökonomisches System und aktuelle Probleme des sozialistischen Zivilrechts, NJW 1967, 201 ff). Insgesamt wurden das **Zivilgesetzbuch** (ZGB v 19. 6. 1975, GBl DDR 1975 I 465), das **G über Internationale Wirtschaftsverträge** (GIW v 5. 2. 1976, GBl DDR 1976 I 61) und das **G über das Vertragssystem in der Sozialistischen Wirtschaft** (v 25. 3. 1982, GBl DDR 1982 I 293) geschaffen (z genaueren Darstellung der G vgl STAUDINGER/J SCHMIDT [1995] Rn 63 ff). Fast alle diese Gesetze fanden mit dem Beitritt ihr Ende (s u Rn 260). Vom ideologischen Ansatzpunkt her wurde das gesamte Zivilrecht zum Instrument einer sozialistischen Gestaltungs- und Erziehungsdiktatur (ausf HEINISCH, Wohnraummiete 33 ff). Es enthielt ganz allgemein die Aufgabe, Versorgungsbeziehungen der Bürger zu gestalten und das sozialistische Eigentum zu schützen. Gerade das Schuldrecht der DDR sollte die Versorgung der Bevölkerung mit materiellen und kulturellen Gütern und Leistungen, insbesondere mit Wohnraum, Konsumgütern, ferner mit Dienstleistungen, sicherstellen (HEINISCH, Wohnraummiete 35).

J. Die Schuldrechtsreform

I. Grundlegende Reformpläne ausgangs des 20. Jahrhunderts

176 In Hinblick auf die Bemühungen um eine grundlegende Reform des Zweiten Buches des BGB lassen sich in der Zeit nach dem 2. Weltkrieg zwei Phasen deutlich unterscheiden:

1. Die Reformbemühungen der sozial-liberalen Koalition

177 Im Zuge der Reformbemühungen hatte zunächst die **sozial-liberale Koalition** (unterstützt von einer Reihe von Bundesländern; vgl BUNTE BB 1982, 685) durch Bundesjustizminister Vogel Anfang 1978 angekündigt, dass man an einer grundlegenden Schuldrechtsreform arbeite (BT-Prot 8/5374; vgl dazu WOLF ZRP 1978, 249; ders AcP 182 [1982] 80 ff; SCHWARK JZ 1980, 741; VOGEL, Sozialstaatliche Rechtspolitik als Stabilitätsfaktor, ZRP 1981, 4; SCHMUDE NJW 1982, 2017; SCHULZ, Reform des Schuldrechts, ZRP 1982, 249 ff). Die Ziele der Überarbeitung stellten sich wie folgt dar:

178 Zunächst sollten die zahlreichen Sonderregelungen, die materielles Schuldrecht enthielten, so weit wie möglich **in das BGB zurückgeführt** werden, um das BGB und va das Schuldrecht vor Zersplitterung zu bewahren und wieder übersichtlicher werden zu lassen.

179 Daneben war beabsichtigt, neu entstandene oder veränderte **Schuldverhältnisse in das BGB aufzunehmen**, weil die von seiner Ursprungsfassung zur Verfügung gestellten Vertragstypen infolge der zwischenzeitlichen Entwicklung als nicht mehr ausreichend erachtet wurden. Man dachte in diesem Zusammenhang an den Arztvertrag, den Krankenhaus- oder Heimaufnahmevertrag, an den Bank- sowie den Leasingvertrag und weitere Vertragstypen. Das gesetzgeberische Ziel bestand also darin, die soziale Wirklichkeit in der Bundesrepublik durch Ergänzung des Schuldrechtes rechtlich zu bewältigen.

180 Ferner wollte man die im BGB geregelten Schuldverhältnisse auf weitere Notwendigkeit und Angemessenheit ihres Inhaltes überprüfen, vor allem angesichts der Auswirkungen des GG (vgl dazu WOLF ZRP 1978, 252 f). Bei dieser Gelegenheit war weiterhin beabsichtigt, die Entwicklung von Rspr und Lehre vor allem in Hinblick auf das Allgemeine Schuldrecht einzuarbeiten, etwa in Bezug auf cic und pVV (s u Rn 193). Insgesamt bestand das Ziel darin, ein **soziales Privatrecht** zu entwickeln (SCHMUDE NJW 1982, 2020).

181 Zur Durchführung dieser Absichten holte das Bundesjustizministerium eine Fülle von Gutachten ein (BMJ [Hrsg], Gutachten und Vorschläge zur Überarbeitung des Schuldrechts Bde I und II [1981], Bd III [1983]), die eine umfangreiche wissenschaftliche und rechtspolitische Diskussion zur Folge hatten (vgl weiterhin ausf Stellungnahmen v WOLF AcP 182 [1982] 80 ff; DIEDERICHSEN, Zur gesetzlichen Neuordnung des Schuldrechts, AcP 182 [1982] 101 ff und GRUNSKY, Vorschläge zu einer Reform des Schuldrechts, AcP 182 [1982] 453 ff; LIEB, Grundfragen einer Schuldrechtsreform, AcP 183 [1983] 327 ff; PICKER AcP 183 [1983] 369 ff; VOLLKOMMER, Die Konkurrenz des allgemeinen Leistungsstörungsrechts mit den Leistungsstörungsinstituten der besonderen Schuldvertragstypen, AcP 183 [1983] 525 ff; LESER, Zu den Instrumenten des Rechtsgüterschutzes im Delikts- und Gefährdungshaftungsrecht, AcP 183 [1983] 568 ff und HOPT AcP 183 [1983] 608 ff; vgl ferner die Beiträge v HERBER, Probleme der gesetzlichen Fortentwicklung des Handels- und Gesellschaftsrechts, ZHR 144 [1980] 47; LANDFERMANN, Die Überarbeitung des deutschen Schuldrechts aus internationaler Sicht, RabelsZ 45 [1981] 124; SCHMUDE NJW 1982, 2017; HEINRICHS, Reform des Verjährungsrechts, NJW 1982, 2021; SCHÜNEMANN, Wandlungen des Vertragsrechts, NJW 1982, 2027; WOLF, Kein Abschied vom BGB, ZRP 1982, 1; LIEB, Das Bereicherungsrecht de lege ferenda, NJW 1982, 2034; HÜBNER, Zur Reform von Deliktsrecht und Gefährdungshaftung, NJW 1982, 2041; DENCK, Verdrängung des Haftungsrechts durch Teilungsabkommen?, NJW 1982, 2048; BUNTE, Zur geplanten Überarbeitung des Schuldrechts, BB 1982, 685; STRÖFER, Reform des immateriellen Schadensersatzes nach dem BGB?, JZ 1982, 663; WOLF, Das BGB, eine unverzichtbare Grundlage des Rechtsstaats, ZRP 1983, 241; WESTERMANN, Verabschiedung oder Überarbeitung des BGB?, ZRP 1983, 249; SCHWARK, Schuldrechtsreform und Bankvertragsrecht, ZHR 147 [1983] 223; BECKER, Schuldrechtsreform und Bankvertragsrecht, ZHR 147 [1983] 245; BRÜGGEMEIER, Überarbeitung des Schuldrechts – Herausforderung oder Überforderung des Gesetzgebers?, KJ 1983, 386; HÜFFER, Die Reform des Schuldrechts im Spiegel weiterer Gutachten und Vorschläge, AcP 184 [1984] 584; schließlich noch FIKENTSCHER, Schuldrecht [8. Aufl 1992] Rn 1407 ff).

2. Die Reformbemühungen der christlich-liberalen Koalition

Die geschilderten Bemühungen endeten jedoch nicht in einem Gesetzentwurf. 1982 wurde die sozial-liberale Koalition durch die **christlich-liberale Koalition** abgelöst. In dieser Umbruchphase betrieb der Gesetzgeber die Reform zunächst nicht weiter. Nachdem man sogar an eine völlige Aufgabe gedacht hatte (vgl den Hinweis von BRAUN, Vom Beruf unserer Zeit zur Überarbeitung des Schuldrechts, JZ 1993, 1, 5 Fn 53), nahm die damalige Regierung in der Folgezeit doch eine sog „**kleine Reform**" in Angriff. Dabei behielt sich der Bundesjustizminister Engelhard vor, ggf darüber „zu entscheiden..., welche weiteren Bereiche des Schuldrechtes überarbeitet werden sollten" (ENGELHARD, Zu den Aufgaben einer Kommission für die Überarbeitung des Schuldrechts, NJW 1984, 1201, 1206). Zur Vorbereitung dieser „kleinen Reform" wurde 1984 die „**Kommission zur Überarbeitung des Schuldrechtes**" eingesetzt, die den Auftrag erhielt, „Vorschläge zu erarbeiten, die es dem Gesetzgeber erlauben, das allgemeine Leistungsstörungsrecht, das Gewährleistungsrecht des Kauf- und Werkvertrags sowie das Verjährungsrecht unter Berücksichtigung insbesondere der Ergebnisse der Rspr und der Praxis übersichtlicher und zeitgemäßer zu gestalten" (Abschlussbericht der Kommission zur Überarbeitung des Schuldrechts, hrsg v BMJ [1992] 15).

182

Die Kommission legte nach siebenjähriger Arbeit ihren Abschlussbericht vor (und einen Zwischenbericht, vgl zB SCHLECHTRIEM, Schuldrechtsreform – Voraussetzungen, Möglichkeiten und Gegenstände [1987]; MEDICUS, Zum Stand der Überarbeitung des Schuldrechts, AcP 188 [1988] 168), der am 21.11.1991 Justizminister Kinkel übergeben wurde (vgl ZRP 1992, 80). Er enthielt Gesetzesvorschläge zu den genannten Materien. Die wissenschaftliche Diskussion, die nach 1984 nie zum Erliegen gekommen war (vgl zB LÜDERITZ, Die Überarbeitung des deutschen Schuldrechts im Lichte internationaler Erfahrungen, insbes in den Niederlanden, in: FS Hübner [1984] 593 ff; JAKOBS, Gesetzgebung im Leistungsstörungsrecht [1985]; vBAR, Die Überarbeitung des Schuldrechtes am Bsp der Überarbeitung des Deliktsrechts [1991]), befasste sich im Anschluss sehr eingehend mit diesen Vorschlägen (vgl die Berichte der Kommissionsmitglieder ROLLAND, MEDICUS, HAAS und RABE bei ROLLAND, Schuldrechtsreform – Allgemeiner Teil, NJW 1992, 2377 ff; dazu zB ARMBRÜSTER, Reform des Schuld-

183

rechts – Die Vorschläge der Schuldrechtskommission, JR 1991, 322; KÖNDGEN, Immaterialschadensersatz, Gewinnabschöpfung und Privatstrafen als Sanktionen für Vertragsbruch?, RabelsZ 56 [1992] 696 ff; BRAUN, Vom Beruf unserer Zeit zur Überarbeitung des Schuldrechts, JZ 1993, 1 ff; KOHLER, Bemerkungen zur vorgeschlagenen Überarbeitung des Rücktrittsrechts, WM 1993, 45 ff; PRÄVE, Zum Für und Wider einer gesetzlichen Fixierung außerordentlicher Kündigungsrechte, VersR 1993, 265 ff; SCHAPP, Probleme der Reform des Leistungsstörungsrechts, JZ 1993, 637 ff; KRIECHBAUM, Pflichtverletzung und Rücktritt vom Vertrag, JZ 1993, 642 ff; SCHLECHTRIEM, Rechtsvereinheitlichung in Europa und Schuldrechtsreform in Deutschland, ZEuP 1993, 217 ff; ERNST, Zur Regelung des Versendungskaufs im Entwurf der Kommission zur Überarbeitung des Schuldrechts, ZIP 1993, 481 ff). So war der Kommissionsentwurf ua Gegenstand der Beratungen auf dem 60. Deutschen Juristentag im September 1994 (vgl FRIELÉ, Tagungsbericht: Der 60. Deutsche Juristentag in Münster, JZ 1995, 189 ff; 60. Deutscher Juristentag: Der Tagesverlauf, NJW 1994, 3069 f; 60. Deutscher Juristentag: Die Beschlüsse, NJW 1994, 3075). Nach der Vorstellung des Rechtsausschusses des Bundestages sollte das Reformwerk spätestens zum 1.1.2000 in Kraft treten (ZRP 1994, 88). Dennoch kam die Reform zum Erliegen. Es sollte lange Zeit dauern, bis daran weitergearbeitet wurde; ua auch deshalb, weil die Wiedervereinigung Deutschlands viele neue Probleme mit sich brachte.

II. Die Durchführung der Reform im 21. Jahrhundert*

1. Anlass der Schuldrechtsreform

184 Im **Mai 2001** brachte die **Bundesregierung** einen **Gesetzesentwurf** zu wesentlichen Änderungen des Schuldrechts und des Verjährungsrechts in das Parlament ein (BT-Drucks 14/6040 v 14.5.2001). Der Anlass bestand in ihrer Verpflichtung zur **Umset-**

---

* **Schrifttum**: – bis zur Schuldrechtsreform: ALTMEPPEN, Schadensersatz wegen Pflichtverletzung – Ein Beispiel für die Überhastung der Schuldrechtsreform, DB 2001, 1131 f; 1399 ff; ARTZ, Die Schuldrechtsreform vor dem Hintergrund des Gemeinschaftsrechts, NJW 2001, 1703 f; BRÜGGEMEIER/REICH, Europäisierung des BGB durch große Schuldrechtsreform? Stellungnahme zum Entwurf eines Schuldrechtsmodernisierungsgesetzes, BB 2001, 213 ff; CANARIS, Das allgemeine Leistungsstörungsrecht im Schuldrechtsmodernisierungsgesetz, ZRP 2001, 329 ff; DÄUBLER-GMELIN, Die Entscheidung für die so genannte Große Lösung bei der Schuldrechtsreform, NJW 2001, 2281 ff; DAUNER-LIEB, Die geplante Schuldrechtsmodernisierung – Durchbruch oder Schnellschuß?, JZ 2001, 8 ff; dies, Die Schuldrechtsreform – Das große juristische Abenteuer, DStR 2001, 1572 ff; DÖTSCH, Schuldrechtsmodernisierung und öffentliches Recht, NWVBl 2001, 385 ff; ERNST, Die Schuldrechtsreform 2001/2002, ZRP 2001, 1 ff; ders, Schuldrechtsreform und Öffentlichkeit, WM 2001, 728 ff; ERNST/GSELL, Nochmals für die „kleine Lösung", ZIP 2000, 1812 ff; ERNST/ZIMMERMANN, Zivilrechtswissenschaft und Schuldrechtsreform (2001); GSELL/RÜFNER, Symposium Schuldrechtsmodernisierung (2001) (Tagungsbericht Regensburg 17./18.11.2000) NJW 2001, 424 ff; HÄNLEIN, Die Schuldrechtsreform kommt!, DB 2001, 852 ff; HAMMEN, Zerschlagt die Gesetzestafeln nicht!, WM 2001, 1357 ff; HELDRICH, Ein zeitgemäßes Gesicht für unser Schuldrecht, NJW 2001, 2521 ff; HOFFMANN, Verbrauchsgüterkaufrechtsrichtlinie und Schuldrechtsmodernisierungsgesetz, ZRP 2001, 347 ff; HONSELL, Einige Bemerkungen zum Diskussionsentwurf eines Schuldrechtsmodernisierungsgesetzes, JZ 2001, 18 ff; JAKOBS, Tagungsbericht: Schuldrechtsmodernisierung, JZ 2001, 27 ff; KNÜTEL, Zur Schuldrechtsreform, NJW 2001, 2519 ff; KREBS, Die große Schuldrechtsreform, DB 2000, Beilage 14; LORENZ, Die Lösung vom Vertrag,

zung von drei EG-Richtlinien. Der Gesetzgeber musste bis zum 31. 12. 2001 die „**Verbrauchsgüterkaufrichtlinie**" (Richtlinie 1999/44/EG zu bestimmten Aspekten des Verbrauchsgüterkaufs und der Garantien für Verbrauchsgüter), bis zum

insbesondere Rücktritt und Widerruf, in: SCHULZE/SCHULTE-NÖLKE 329 ff; MEDICUS, Dogmatische Verwerfungen im geltenden deutschen Schuldrecht, in: SCHULZE/SCHULTE-NÖLKE 33 ff; PALM, Die Schuldrechtsreform vor dem Hintergrund des Gemeinschaftsrechts, ZRP 2001, 431 ff; PICK, Der Entwurf des Schuldrechtsmodernisierungsgesetzes, in: SCHULZE/SCHULTE-NÖLKE 25 ff; ders, Zum Stand der Schuldrechtsmodernisierung, ZIP 2001, 1173 ff; ROTH, Europäischer Verbraucherschutz und BGB, JZ 2001, 475 ff; RÜFNER, Amtliche Überschriften für das BGB, ZRP 2001, 12 ff; SAFFERLING, Re-Kodifizierung des BGB im Zeitalter der Europäisierung des Zivilrechts – ein Anachronismus?, in: HELMS ua, JbJZivRWiss (2001) 133 ff; SCHLECHTRIEM, Entwicklung des deutschen Schuldrechts und europäische Rechtsangleichung, in: HELMS ua, JbJZivRWiss (2001) 9 ff; SCHMIDT-RÄNTSCH, Der Entwurf eines Schuldrechtsmodernisierungsgesetzes, ZIP 2000, 1639 ff; SCHULZE, Grundfragen zum Umgang mit modernisiertem Schuldrecht – Wandel oder Umbruch im Methodenverständnis?, in: HELMS ua, JbJZivRWiss (2001) 167 ff; SCHULZE/SCHULTE-NÖLKE, Schuldrechtsreform und Gemeinschaftsrecht, in: SCHULZE/SCHULTE-NÖLKE 1 ff; STAUDENMAYER, Perspektiven des Europäischen Vertragsrechts, in: SCHULZE/SCHULTE-NÖLKE 419 ff; WETZEL, Das Schuldrechtsmodernisierungsgesetz – der große Wurf zum 1.1. 2002?, ZRP 2001, 117 ff; WIESER, Eine Revolution des Schuldrechts, NJW 2001, 121 ff; WILHELM, Schuldrechtsreform 2001, JZ 2001, 861 ff; ZIMMERMANN, Schuldrechtsmodernisierung?, JZ 2001, 171 ff.
– Zum Allgemeinen Schuldrecht nach der Schuldrechtsreform (ausgewählte Literatur): ADOMEIT, Herbert Marcuse, der Verbraucherschutz und das BGB, NJW 2004, 579 ff; CEKOVIC-VULETIC, Haftung wegen Unmöglichkeit nach dem Schuldrechtsmodernisierungsgesetz: Haftungsregime, Haftungsfolgen, Grenzen der Haftung (2003); DAUNER-LIEB, Ein Jahr Schuldrechtsreform – Eine Zwischenbilanz,

ZGS 2003, 10 ff; DAUNER-LIEB/DÖTSCH, Prozessuale Fragen rund um § 313 BGB, NJW 2003, 921 ff; DERLEDER, Der Wechsel zwischen den Gläubigerrechten bei Leistungsstörungen und Mängeln, NJW 2003, 998 ff; ders, Sachmängel- und Arglisthaftung nach neuem Schuldrecht, NJW 2004, 969 ff; EBERS/SCHULZE, Streitfragen im neuen Schuldrecht, JuS 2004, 265 ff; FEHRE, Unmöglichkeit und Unzumutbarkeit der Leistung: Voraussetzungen und Rechtsfolgen nach Inkrafttreten des Schuldrechtsmodernisierungsgesetzes (Diss Berlin 2005); GIESELER, Die Strukturen der Schlechterfüllung im Leistungsstörungsrecht, ZGS 2003, 408 ff; ders, Die Strukturen des Leistungsstörungsrechts beim Schadensersatz und Rücktritt, JR 2004, 133 ff; GURSKY, Der Vindikationsanspruch und § 281 BGB, Jura 2004, 433 ff; HÄUBLEIN, Der Beschaffenheitsbegriff und seine Bedeutung für das Verhältnis der Haftung aus culpa in contrahendo zum Kaufrecht, NJW 2003, 388 ff; HIRSCH, Schadensersatz statt der Leistung, Jura 2003, 289 ff; KAISER, Der Einwand des Unvermögens und unechte Hilfsantrag nach Wegfall des § 283 BGB aF, MDR 2004, 311 ff; KLAUSCH, Unmöglichkeit und Unzumutbarkeit im System des allgemeinen Leistungsstörungsrechts nach der Schuldrechtsmodernisierung 2002 (2004); LORENZ, Zur Abgrenzung von Teilleistung, teilweiser Unmöglichkeit und teilweiser Schlechtleistung im neuen Schuldrecht, NJW 2003, 3097 ff; MADAUS, Die Abgrenzung der leistungsbezogenen von den nicht leistungsbezogenen Nebenpflichten im neuen Schuldrecht, Jura 2004, 289 ff; MEDICUS, Die Leistungsstörungen im neuen Schuldrecht, JuS 2003, 521 ff; PICKER, Schuldrechtsreform und Privatautonomie, JZ 2003, 1035 ff; REISCHL, Grundfälle zum neuen Schuldrecht, JuS 2003, 667 ff; ders, Grundfälle zum neuen Schuldrecht, JuS 2003, 865 ff; ders, Grundfälle zum neuen Schuldrecht, JuS 2003, 1076 ff; RING, Überblick über die Änderungen im Allgemeinen Schuldrecht infolge der Schuldrechtsreform, BuW 2003, 200 ff; ders, Die Integration des Haustür-

7. 8. 2002 die „**Zahlungsverzugsrichtlinie**" (Richtlinie 2000/35/EG zur Bekämpfung von Zahlungsverzug im Geschäftsverkehr) und bis zum 16. 1. 2002 Art 10, 11 und 18 der „**E-Commerce-Richtlinie**" (Richtlinie 2000/31/EG über den elektronischen Ge-

widerrufsgesetzes in das BGB durch das SchuldRModG, BuW 2003, 554 ff; SCHWAB, Schadensersatzverlangen nach Ablehnungsandrohung nach der Schuldrechtsreform, JR 2003, 133 ff; STOFFELS, Vertragsgestaltung nach der Schuldrechtsreform – eine Zwischenbilanz, NZA 2004, Sonderbeilage 1, 19 ff; STOPPEL, Die beiderseits zu vertretende Unmöglichkeit nach neuem Schuldrecht, Jura 2003, 224 ff; VULTEJUS, Schuldrechtsmodernisierungsgesetz, ZRP 2003, 67; vWESTPHALEN, Drei Jahre Schuldrechtsreform, Versuch einer (vorläufigen) Bilanz, BB 2005, 1 ff; WIESER, Gleichzeitige Klage auf Leistung und auf Schadensersatz aus § 281 BGB, NJW 2003, 2432 ff.
– Zum Besonderen Schuldrecht und zu weiteren Rechtsgebieten nach der Schuldrechtsreform (ausgewählte Literatur):
BARNERT, Mängelhaftung beim Unternehmenskauf zwischen Sachgewährleistung und Verschulden bei Vertragsschluss im neuen Schuldrecht, WM 2003, 416 ff; BÄUNE/DAHM, Auswirkungen der Schuldrechtsreform auf den ärztlichen Bereich, MDR 2004, 645 ff; BRINK, Forfaitierung und Factoring im Licht der Schuldrechtsreform, WM 2003, 1355 ff; DOMBROWSKI, Die Auswirkungen des Gesetzes zur Modernisierung des Schuldrechts vom 26. November 2001 (SMG) auf Franchiseverträge (Diss Frankfurt aM 2005); EBERT, Der deliktische „Rest-Schadensersatzanspruch" nach der Schuldrechtsreform, NJW 2003, 3035 ff; FELLER, Sachmängel beim Kauf, MittBayNot 2003, 81 ff; FEUERBORN, Der Verzug des Gläubigers – Allgemeine Grundzüge und Besonderheiten im Arbeitsverhältnis, JR 2003, 177 ff; GOTTHARDT, Arbeitsrecht nach der Schuldrechtsreform (2. Aufl 2003); HANSEN, Widerrufsrecht bei arbeitsvertraglichen Aufhebungsverträgen nach §§ 312, 355 BGB, ZGS 2003, 373 ff; HAU, Schuldrechtsmodernisierung 2001/2002 – Reformiertes Mietrecht und modernisiertes Schuldrecht, JuS 2003, 130 ff; HERWIG/MASCH, Ad multos annos – die Haftung für Weiterfresser nach der Schuldrechtsreform, ZGS 2005, 24 ff;

JANSSEN, Die Zukunft des „weiterfressenden Mangels" nach der Schuldrechtsreform, VuR 2003, 60 ff; JOUSSEN, Der anfängliche Mangel im Mietrecht – das Verhältnis von § 536a zu § 311a BGB, ZMR 2004, 1766 ff; KIENAST/SCHMIEDL, Rechtsprechung zum Widerrufsrecht bei arbeitsrechtlichen Aufhebungsverträgen nach §§ 312, 355 BGB, DB 2003, 1440 ff; KILIAN, Der Begutachtungsvertrag nach der Schuldrechtsreform, NZV 2004, 489 ff; KINDL, Unternehmenskauf und Schuldrechtsmodernisierung, BuW 2003, 112 ff; KRUG, Die Auswirkungen der Schuldrechtsreform auf das Erbrecht (2002); LAUER, Die Auswirkungen des neuen Schuldrechts auf das private Baurecht (2003); MERTENS, Culpa in contrahendo beim zustande gekommenen Kaufvertrag nach der Schuldrechtsreform, AcP 203 (2003) 818 ff; MÖLLMANN/TIEDTKE, Auswirkungen der Schuldrechtsreform im Leasingrecht, DB 2004, 36 ff; OTT, Die Auswirkungen der Schuldrechtsreform auf Bauträgerverträge und andere aktuelle Fragen des Bauträgerrechts, NZBau 2003, 233 ff; SCHLODDER, Der Arbeitsvertrag im neuen Schuldrecht: Auswirkungen des Schuldrechtsmodernisierungsgesetzes auf das Arbeitsrecht (2004); SCHMIDT-RÄNTSCH, Die Haftung des Verkäufers nach der Schuldrechtsreform am Beispiel des Unternehmenskaufs, AnwBl 2003, 529 ff; ders, Vertrag und Haftung des Sachverständigen nach der Schuldrechtsmodernisierung, AUR 2003, 265 ff; SCHWAB, Neues Schuldrecht – Ende des Mieterschutzes?, NZM 2003, 50 ff; RICHARDI, Leistungsstörungen und Haftung im Arbeitsverhältnis, NZA 2003, Sonderbeilage zu Heft 16, 14 ff; RIECKERS/SPINDLER, Die Auswirkungen der Schuld- und Schadensrechtsreform auf die Arzthaftung, JuS 2004, 272 ff; RING, Das neue Werkvertragsrecht nach der Schuldrechtsreform, BuW 2003, 112 ff; UNBERATH, Mietrecht und Schuldrechtsreform, ZMR 2004, 309 ff; WANK, Das Recht der Leistungsstörung im Arbeitsrecht nach der Schuldrechtsreform, in: FS Schwerdtner (2003) 247 ff; WEINREICH, Auswirkungen der Schuldrechtsreform auf das Faschäftsverkehr) in nationales Recht umsetzen (BT-Drucks 14/6040 v 14.5.2001, 1). Die Bundesregierung durch die Justizministerin Däubler-Gmelin beschränkte sich nicht darauf, nur die unerlässlichen Änderungen vorzunehmen, die das Europarecht forderte, sondern nahm die Situation zum Anlass, anstehende Rechtsprobleme, die die frühere Regierung nicht gelöst hatte, mitzuregeln. Dieses Vorgehen bürgerte sich bald unter dem Stichwort der sog „großen Lösung" ein.

2. Die Entstehungsgeschichte des Regierungsentwurfs

Am 4.8.2000 hatte die **Bundesregierung** zum Zwecke der Umsetzung der oben genannten EG-Richtlinien zunächst ihren **Diskussionsentwurf** zur Schuldrechtsmodernisierung vorgestellt, der in wesentlichen Bereichen auf dem Kommissionsentwurf von 1991 basierte (vgl o Rn 183). Er wurde vor allem von Vertretern der Rechtswissenschaft erheblich kritisiert (vgl ua ERNST/ZIMMERMANN, Zivilrechtswissenschaft und Schuldrechtsreform [2001]; SCHULZE/SCHULTE-NÖLKE; GSELL/RÜFNER, Symposium Schuldrechtsmodernisierung [2001] NJW 2001, 424 ff; ARTZ, Die Schuldrechtsreform vor dem Hintergrund des Gemeinschaftsrechts, NJW 2001, 1703 ff), zB in der Hinsicht, dass ein Entwurf, der das BGB aktualisieren sollte, selbst nicht auf dem neuesten Stand der nationalen und vor allem der internationalen Entwicklung sei (DAUNER-LIEB JZ 2001, 8, 18). Diese Kritik veranlasste die Bundesregierung dazu, die ursprüngliche Fassung von einer Expertenkommission unter dem Vorsitz von CANARIS überarbeiten zu lassen. Die danach geschaffene, sog **„konsolidierte Fassung"** des Diskussionsentwurfs wurde am 6.3.2001 veröffentlicht, stieß aber erneut auf zum Teil heftigen Widerstand (vgl den Bericht z Sondertagung, JZ 2001, 473 f).

Nach abermaliger Diskussion brachten **Bundesregierung** und **Regierungsfraktionen** am 11.5.2001 bzw 14.5.2001 einen jeweils wortgleichen Entwurf eines „Gesetzes zur Modernisierung des Schuldrechts" in den Bundesrat und in das Parlament ein (vgl z Regierungsentwurf BR-Drucks 338/01; z Fraktionsentwurf BT-Drucks 14/6040). Der Grund für dieses Vorgehen lag darin, dass gem Art 76 Abs 2 GG Regierungsentwürfe zunächst dem Bundesrat zuzuleiten sind. Die Einbringung gleichlautender Entwürfe führte dazu, dass sich der Bundestag mit Änderungsvorschlägen des Bundesrates schneller beschäftigen konnte. Aber auch diese 3. Fassung des ursprünglichen Diskussionsentwurfs war starker Kritik seitens der Rechtswissenschaft und der Rechtspraxis ausgesetzt.

Der **Bundesrat** bezog erstmals am 13.7.2001 Stellung zum Entwurf der Bundesregierung (BR-Drucks 338/01 v 13.7.2001), worauf schließlich der letztgenannte Entwurf mit „Gegenäußerung der Bundesregierung zur Stellungnahme des Bundesrates" verabschiedet wurde (BT-Drucks 14/6857 v 31.8.2001. Der Text des Gesetzesentwurfs und der Begründung ist gleichlautend mit dem Text auf den S 3–286 der BT-Drucks 14/6040. Er enthält jedoch zusätzlich die Stellungnahme des Bundesrates und die Gegenäußerung der Bundesregierung). Die Regierung übernahm dabei viele der ca 100 Anregungen des Bundesra-

---

milienrecht, FuR 2003, 14 ff; WITTIG, Auswirkungen der Schuldrechtsreform auf das Insolvenzrecht, ZInsO 2003, 629 ff; WLACHOJIANNIS, Das Leasingrecht nach der Schuldrechtsreform, BuW 2004, 465 ff; ZERRES, Schuldrechtsreform – Haftungsausschlüsse und -beschränkungen beim Unternehmenskauf, MDR 2003, 368 ff.

tes, was erneut zu nicht unerheblichen Änderungen gegenüber der Fassung v 14. 5. 2001 führte.

188 Die **erste Lesung** des Regierungsentwurfs im Bundestag erfolgte am 27. 9. 2001 (Plenarprotokoll 14/190). Danach erschienen Bericht und Beschlussempfehlung v 9. 10. 2001 (BT-Drucks 14/7052). Der **Rechtsausschuss** hatte noch einmal wesentlichen Einfluss auf den Entwurf genommen, vor allem auf die Regelungen des **Verjährungsrechtes**. Nach 2. und 3. Lesung des Regierungs- und Fraktionsentwurfs am 11. 10. 2001 wurde das **Gesetz zur Modernisierung des Schuldrechts** idF der BT-Drucks 14/6040 und 14/7052 verabschiedet. Es passierte den **Bundesrat** am 9. 11. 2001, ohne dass man den Vermittlungsausschuss zu dem nicht zustimmungsbedürftigen Gesetz angerufen hätte (BR-Drucks 819/01 v 9. 11. 2001). Das **Schuldrechtsmodernisierungsgesetz** wurde am **29. 11. 2001** im Bundesgesetzblatt verkündet und **trat am 1. 1. 2002 in Kraft** (BGBl I 2001, 3138 ff).

3. Wesentliche Änderungen

189 Um zu verdeutlichen, wie die **größte Reform des Schuldrechts** seit 1900 dessen Struktur modifiziert hat, sollen im Folgenden die wichtigsten Änderungen in Kürze dargestellt werden. Erwähnenswert ist in diesem Zusammenhang das neue **Verjährungsrecht**, obwohl es zum Allgemeinen Teil des BGB gehört. Innerhalb des Schuldrechts wurden neben dem **Leistungsstörungsrecht** vor allem das **Kauf-** und **Werkvertragsrecht** neu bearbeitet. Ferner gliederte man die meisten vertragsrechtlichen **Sondergesetze** in das BGB ein.

a) Verjährungsrecht

190 Ein Ziel der Reform des **Verjährungsrechts** war zunächst dessen **Vereinfachung**. Dazu diente die Neugestaltung der Vorschriften über Unterbrechung und Hemmung der Verjährung sowie die Unterteilung der §§ 194–225 in drei Titel (1. Gegenstand und Dauer der Verjährung, 2. Hemmung und Neubeginn der Verjährung und 3. Rechtsfolgen der Verjährung). Des Weiteren hat man die Verjährungsregeln weitgehend **vereinheitlicht**, indem der Anwendungsbereich der Regelverjährung ausgedehnt und in seiner Länge den meisten Sondervorschriften angepasst wurde. Dadurch, dass der lange Katalog zum Teil antiquierter Vorschriften in den §§ 196, 197 aF gestrichen wurde, erreichte der Gesetzgeber auch eine **Aktualisierung**. Der **Beschleunigung** diente die Verkürzung der regelmäßigen Verjährungsfrist in § 195 von 30 auf 3 Jahre, die sich allerdings durch ein subjektives Element in § 199 wieder relativiert (vgl hierzu DÄUBLER-GMELIN NJW 2001, 2281, 2282). In die gleiche Richtung zielte die Umwandlung der meisten Verjährungsunterbrechungsgründe in Hemmungstatbestände in den §§ 204 ff (vgl allg z den Änderungen des Verjährungsrechts: OLZEN/WANK, Die Schuldrechtsreform Rn 552 ff; BYDLINSKI, Die geplante Modernisierung des Verjährungsrechts, in: SCHULZE/SCHULTE-NÖLKE 381 ff; HEINRICHS, Entwurf eines Schuldrechtsmodernisierungsgesetzes: Neuregelung des Verjährungsrechts, BB 2001, 1417 ff; LEENEN, Die Neuregelung der Verjährung, JZ 2001, 552 ff). Die Reform des Verjährungsrechts wurde durch das Gesetz zur Anpassung der Verjährungsvorschriften an das Gesetz zur Modernisierung des Schuldrechts (BGBl I 2004, 3214) fortgeführt. Es trat am 15. 12. 2004 in Kraft und führte vornehmlich zur **Abschaffung spezieller Verjährungsnormen** (vgl BT-Drucks 15/3653, BR-Drucks 436/04).

b) Leistungsstörungsrecht

Die einschneidende Reform des **Leistungsstörungsrechtes** (allg hierzu Canaris JZ 2001, **191** 499 ff; ders, Das allgemeine Leistungsstörungsrecht im Schuldrechtsmodernisierungsgesetz, ZRP 2001, 329 ff; Stoll, Notizen zur Neuordnung des Rechts der Leistungsstörungen, JZ 2001, 589 ff) beginnt mit der Einführung eines **allgemeinen Pflichtverletzungstatbestandes** in § 280. Der Gesetzgeber stellte damit klar, dass jede Pflichtverletzung zum Schadensersatz führt. Die unmittelbare Anknüpfung an besondere Leistungsstörungen wurde aufgegeben (vgl auch Dauner-Lieb JZ 2001, 8, 12; Canaris JZ 2001, 499, 511 f; Däubler-Gmelin NJW 2001, 2281, 2284 f; krit Schapp, Empfiehlt sich die „Pflichtverletzung" als Generaltatbestand des Leistungsstörungsrechts?, JZ 2001, 583 ff; z Änderung des § 281 vgl genauer Altmeppen DB 2001, 1131 ff). Grundtatbestand ist jetzt in allen Fällen § 280 Abs 1, wobei in den Abs 2 und 3 dieser Norm Anknüpfungen an besondere Leistungsstörungstatbestände finden, wenn kein „einfacher" Schadensersatz geltend gemacht wird, sondern der Verzögerungsschaden oder der an die Stelle des früheren Schadensersatzes wegen Nichterfüllung getretene Schadensersatz „statt der Leistung".

Auch die **Unmöglichkeitsregeln** sind bestehen geblieben, obwohl der Diskussions- **192** entwurf auf dieses Rechtsinstitut verzichten wollte, deshalb allerdings heftig kritisiert wurde. Die Fassung des Gesetzes beruht im Wesentlichen auf der Arbeit der Expertenkommission (s o Rn 183). § 275 Abs 1 führt iVm § 311a Abs 1, anders als vorher, unabhängig von objektiver oder subjektiver, anfänglicher oder nachträglicher Unmöglichkeit oder vom Vertretenmüssen des Schuldners stets zur **Befreiung des Schuldners** von der Primärleistungspflicht bei **Wirksamkeit des Vertrages**. Schadensersatzpflichten hängen vom Verschulden ab, das in § 276 deutlich erweitert wurde. Die strenge Anknüpfung der Ursprungsfassung des BGB an die Unterscheidung zwischen gegenseitigen und nicht gegenseitigen Verträgen wird ebenfalls nicht mehr so strikt durchgeführt wie in den §§ 323 ff aF. Vielmehr ist das Schicksal der Gegenleistung in § 326 zusammengefasst, wenn der Schuldner von seiner Leistungspflicht frei wird.

Große Änderungen hat ferner das **Rücktrittsrecht** nach den §§ 346 ff erfahren. Die Regeln sind seit der Schuldrechtsreform auf gesetzliche und vertragliche Rücktrittsrechte gleichermaßen anwendbar und inhaltlich vereinfacht worden.

Erwähnenswert ist ferner, dass einige richterrechtlich entwickelte Rechtsinstitute in **193** das Schuldrecht aufgenommen und damit kodifiziert wurden (allg hierzu Dauner-Lieb JZ 2001, 8, 14; Canaris JZ 2001, 499, 519 ff). Die sog **positive Forderungsverletzung** (pFV) findet sich in § 280 Abs 1 iVm § 241 Abs 2. Die **culpa in contrahendo** hat ihre gesetzliche Regelung bei § 311 Abs 2 gefunden (vgl z den Rechtsinstituten vor der Reform Rn 209 ff). § 311 Abs 3 erkennt zumindest die **Schutzwirkung eines Vertrages** in Bezug auf dritte Personen an, ebenso die sog **Sachwalterhaftung**, regelt aber keine speziellen Voraussetzungen für diese Rechtsinstitute. Schließlich findet sich die Lehre vom **Wegfall der Geschäftsgrundlage** in § 313 und das **Kündigungsrecht** von Dauerschuldverhältnissen **aus wichtigem Grund** in § 314.

c) Kaufrecht

Auch im **Kaufrecht** wurden viele Regeln vereinfacht (vgl Westermann, Sondertagung **194** Schuldrechtsmodernisierung, JZ 2001, 530 ff; Dauner-Lieb JZ 2001, 8, 13 f) oder sogar gestrichen, wie zB die Sondervorschriften über den **Viehkauf** in den §§ 481 ff. Eine wichtige Änderung liegt darin, dass der Erfüllungsanspruch des Käufers nunmehr gem § 433 Abs 1 S 2 auf **rechts-** und **sachmängelfreie Erfüllung** gerichtet ist. Insoweit, aber auch in anderen Bereichen, wurde eine starke Angleichung zwischen Kauf- und Werkvertragsrecht geschaffen. Eine weitere Vereinfachung stellt die gleichmäßige Behandlung von Sach- und Rechtsmängeln dar (vgl DÄUBLER-GMELIN NJW 2001, 2281, 2285).

195 Der **Sachmängelbegriff** selbst hat eine wesentliche Erweiterung in § 434 erfahren. Zunächst wurde der **subjektive Fehlerbegriff** kodifiziert. Der Sachmangelbegriff wurde darüber hinaus auf die **Falschlieferung** und die Lieferung einer zu **geringen Menge** ausgedehnt. Ferner behandelt das Gesetz auch die **fehlerhafte Montage** und sogar die **fehlerhafte Montageanleitung** als Sachmangel iSd § 434. Die Zusicherung der §§ 459 Abs 2, 463 aF und die damit verbundene Problematik der Mangelfolgeschäden ist weggefallen bzw hat sich entschärft. An Stelle der zugesicherten Eigenschaft findet sich jetzt neben der Beschaffenheitsvereinbarung in § 434 Abs 1 S 1 die **Garantie** in § 443 einerseits und in § 276 anderseits. Im Zusammenhang mit den Rechtsfolgen ist der **Nacherfüllungsanspruch** des Käufers gem § 439 bemerkenswert, der als Konsequenz des erweiterten Erfüllungsanspruchs gegenüber den anderen Rechtsbehelfen des Gewährleistungsrechts Vorrang genießt. Im Übrigen fällt eine starke Verzahnung des Gewährleistungsrechts mit dem allgemeinen Schuldrecht in § 437 auf. Dies gilt im Hinblick auf den Rücktritt, der die frühere Wandelung ersetzt, und auch bzgl des Schadensersatzes, § 437 Abs 1 Nr 2 und 3.

196 In Folge der Verbrauchsgüterkaufrichtlinie wurde die **Gewährleistungsfrist** beim Kauf beweglicher Sachen von früher sechs Monaten auf **zwei Jahre** verlängert, § 438 Abs 1 Nr 3. Da der Gesetzgeber das gesamte Kaufrecht umstrukturierte, mussten für den sog **Verbrauchsgüterkauf** nur wenige Sonderregelungen in den §§ 474 ff vorgesehen werden. Sie befassen sich vor allem in § 475 mit den sehr eingeschränkten Möglichkeiten des Verkäufers zur Haftungsbeschränkung bzw zum Haftungsausschluss, wenn ein Kaufvertrag über eine bewegliche Sache zwischen einem Verbraucher und einem Unternehmer iSd §§ 13, 14 geschlossen wird.

d) **Werkvertragsrecht**

197 Auch im **Werkvertragsrecht** hat man die **Sach-** und **Rechtsmängelgewährleistung** vereinheitlicht und den **Fehlerbegriff** sowie die Rechtsfolgen von Mängeln an das Kaufrecht angelehnt. Der wesentliche Unterschied besteht in dem Recht des Bestellers zur **Selbstvornahme** gem § 634 Nr 2. Die **Gewährleistungsfrist** des § 438 Abs 1 Nr 3 von zwei Jahren findet sich in § 634a wieder. So wie im Kaufvertragsrecht § 463 aF weggefallen ist, wurde auch § 635 aF gestrichen und sowohl beim Schadensersatz als auch beim Rücktritt die Verzahnung mit dem allgemeinen Leistungsstörungsrecht hergestellt, § 634 Nr 3 und 4 (DAUNER-LIEB JZ 2001, 8, 14; DÄUBLER-GMELIN NJW 2001, 2281, 2285). Damit wollte der Gesetzgeber die schwer vermittelbare Trennung zwischen nahen und entfernten Mangelfolgeschäden entschärfen sowie die unterschiedliche Behandlung dieser Problematik im Kauf- und Werkvertragsrecht beseitigen. Erwähnenswert ist noch die grundsätzliche Unentgeltlichkeit des **Kostenvoranschlages** gem § 632 Abs 3 sowie die völlige Neufassung des § 651. Die komplizierte Differenzierung zwischen **Werk- und Werklieferungsvertrag** erübrigte sich infolge der Angleichung des Kauf- und des Werkvertragsrechts weitgehend.

e) Die Integration der Sondergesetze in das BGB*

Das letzte wichtige Ziel der Schuldrechtsreform war die **Eingliederung** schuldrechtlicher **Sondergesetze**, vor allem um der oben dargestellten (Rn 170 ff) „Rechtszersplitterung" aus Gründen des Verbraucherschutzes entgegenzuwirken (vgl BT-Drucks 14/6857 v 31. 8. 2001, 1; DAUNER-LIEB JZ 2001, 8, 14 f). Deshalb hat man das **AGBG** in die §§ 305 bis 310 umgewandelt, ohne sie inhaltlich grundlegend zu ändern. Die Positionierung dieser Vorschriften, die dem Allgemeinen Teil näher stehen als dem Allgemeinen Schuldrecht, ergab sich daraus, dass dort durch den Wegfall der ursprünglichen Unmöglichkeit einige Normbezeichnungen frei wurden. Sie fand heftige Kritik. Die Vorschriften des früheren **HausTWG** finden sich jetzt in den §§ 312 und 312a und das **FernabsG** schließt sich bis § 312 f an. Die **E-Commerce-Richtlinie** wurde in § 312e umgesetzt. Das **TzWrG** findet sich in den §§ 481–487. Eine weitere Änderung besteht schließlich darin, dass der Gesetzgeber das **VerbrKrG** mit dem **Gelddarlehen** verschmolzen und in die §§ 488 ff – mit gesonderter Normierung des Verbraucherdarlehensvertrages in den §§ 491 ff – integriert hat. Eine Intensivierung des Verbraucherschutzes im Falle eines Kreditverkaufes bezwecken ferner die durch das Risikobegrenzungsgesetz v 12. 8. 2008 (BGBl I 1666) in die §§ 492 Abs 1a S 3, 492a, 496 Abs 2 eingefügten Hinweis- und Unterrichtungspflichten des Darlehensgebers. **Darlehensvermittlungsverträge** zwischen einem Unternehmer und einem Verbraucher sind in den §§ 655a–e geregelt.

f) Übergangsregeln

Das neue Schuldrecht trat am 1. 1. 2002 in Kraft. Da ein wesentlicher Teil des BGB reformiert wurde und viele Verträge auf der Grundlage des zuvor geltenden Schuldrechts geschlossen worden waren, bedurfte es mehrerer **Übergangsregeln**. Diese finden sich in Art 229 §§ 5 ff EGBGB. Eine **allgemeine Übergangsvorschrift** zur Schuldrechtsreform enthält Art 229 § 5 S 1 EGBGB. Hierin wird bestimmt, dass auf Schuldverhältnisse, die vor dem 1. 1. 2002 entstanden sind, grds das „alte" Schuldrecht anzuwenden ist. Art 229 § 5 S 2 EGBGB modifiziert dies für **Dauerschuldverhältnisse**, für die das neue Schuldrecht erst ab dem 1. 1. 2003 gilt. Damit erhielten die Vertragsparteien die Möglichkeit, ihre Verträge der neuen Gesetzeslage anzupassen.

---

* Vgl hierzu SCHMIDT-RÄNTSCH, Das neue Schuldrecht (2002) Rn 1036 ff; DÖRNER, Die Integration des Verbraucherrechts in das BGB, in: SCHULZE/SCHULTE-NÖLKE 177 ff; HABERSACK, Verbraucherkredit- und Haustürgeschäfte nach der Schuldrechtsmodernisierung BKR (2001) 72 ff; MICKLITZ, Gemeinschaftsrechtliche Vorgaben für ein Verbrauchervertriebsrecht oder für eine Regelung der Vertragsschlussmodalitäten? – Zur Integration von Haustür-, Fernabsatzgeschäft und E-Commerce in das BGB, in: SCHULZE/SCHULTE-NÖLKE 189 ff; PFEIFFER/SCHINKELS, Schuldrechtsmodernisierung und AGB-Gesetz, in: MICKLITZ/PFEIFFER/TONNER/WILLINGMANN, Schuldrechtsreform und Verbraucherschutz (2001) 133 ff; SCHMIDT-RÄNTSCH, Reintegration der Verbraucherschutzgesetze durch den Entwurf eines Schuldrechtsmodernisierungsgesetzes, in: SCHULZE/SCHULTE-NÖLKE 169 ff; ULMER, Integration des AGB-Gesetzes in das BGB?, in: SCHULZE/SCHULTE-NÖLKE 215 ff; vWESTPHALEN, AGB-Recht ins BGB – Eine erste Bestandsaufnahme, NJW 2002, 12 ff; WOLF/PFEIFFER, Der richtige Standort des AGB-Rechts innerhalb des BGB, ZRP 2001, 303 ff; RITTNER DB 1996, 25 f; GRUNDMANN, Systembildung und Systemlücken in Kerngebieten des europäischen Privatrechts (2000) 2 f.

200 Für die **Verjährung** schreibt § 229 § 6 Abs 1 S 1 EGBGB in einer komplizierten Übergangsregelung vor, dass die entsprechenden Vorschriften des BGB in der seit dem 1.1.2002 geltenden Fassung auf die an diesem Tag bestehenden und noch nicht verjährten Ansprüche prinzipiell Anwendung finden (Einzelheiten z Übergangsrecht im Bereich der Verjährung bei MANSEL, in: DAUNER-LIEB ua, Das neue Schuldrecht § 1 Rn 14).

4. Kritik der Schuldrechtsreform

201 Die mehrfache Überarbeitung des Diskussionsentwurfes (Rn 185) hat nicht dazu geführt, dass die Kritik an der Schuldrechtsreform in den Folgejahren verstummt wäre. Wohl erstmals in der Rechtsgeschichte bildete sich eine durch Unterschriftenlisten zusammengefasste Oppositionsfront von ca 250 Rechtsprofessorinnen und -professoren gegen die Pläne der Bundesregierung im Allgemeinen und viele einzelne Sachfragen. Nicht wenige waren der Auffassung, man hätte – wie das Nachbarland Österreich – das BGB nur an den unumgänglichen Stellen ändern sollen (sog „**kleine Lösung**"). Die Gegner kritisierten die **Übereilung** der Reform (STAUDINGER/COING/HONSELL [2004] Einl 109 ff zum BGB; ALTMEPPEN DB 2001, 1131, 1133; KNÜTEL NJW 2001, 2519, 2519; **aA** DÄUBLER-GMELIN NJW 2001, 2281, 2288 f), die nach ihrer Auffassung zu einer „Unausgereiftheit" des neuen Vertragsrechts geführt hat (KNÜTEL NJW 2001, 2519, 2521). Dabei wurden die nahezu 20-jährigen Arbeiten an der Ursprungsfassung des BGB den wenigen Monaten der Arbeit an der Schuldrechtsreform gegenübergestellt (KNÜTEL NJW 2001, 2519, 2519). Manche bestreiten auch die vollständige **Umsetzung** der Richtlinie (so HOFFMANN, Verbrauchsgüterkaufrechtsrichtlinie und Schuldrechtsmodernisierungsgesetz, ZRP 2001, 347, 348, 350; KNÜTEL NJW 2001, 2519, 2519). Andere meinten, der RegE entspreche nicht der **internationalen Entwicklung** (vgl dagegen DÄUBLER-GMELIN NJW 2001, 2281, 2287) und sei sogar geeignet, die Rechtsangleichung in Europa zu erschweren (SCHULZE/SCHULTE-NÖLKE, Schuldrechtsreform und Gemeinschaftsrecht, in: SCHULZE/SCHULTE-NÖLKE 1, 24).

Vor allem die **Anwaltspraxis**, aber auch die Rechtswissenschaft kritisierte die **hohen Umsetzungskosten** im Rechtsalltag. Anwälte beklagten, sie seien durch die schnelle Umsetzung des Gesetzes **Haftungsrisiken** ausgesetzt, weil sie zwischen der Verabschiedung des Gesetzes im Spätherbst des Jahres 2001 bis zu dessen Inkrafttreten am 1.1.2002 nicht in der Lage seien, Verträge und Geschäftsbedingungen zu überarbeiten (DAUNER-LIEB, Die Schuldrechtsreform – Das große juristische Abenteuer, DStR 2001, 1572, 1575). Ein weiterer genereller Vorwurf bestand darin, dass der Rückgriff auf die Reformvorschläge von 1991 dazu geführt habe, dass die **Reform** schon bei ihrem Inkrafttreten **veraltet** gewesen sei (so DAUNER-LIEB JZ 2001, 8, 18). Die Kritik konzentriert sich in neuerer Zeit auf Einzelprobleme (DAUNER-LIEB, Ein Jahr Schuldrechtsreform – Eine Zwischenbilanz, ZGS 2003, 10 ff; SCHULZE/EBERS, Streitfragen im neuen Schuldrecht, JuS 2004, 265; vgl auch LORENZ, Schuldrechtsreform 2002: Problemschwerpunkte drei Jahre danach, NJW 2005, 1889 ff mwNw). Nunmehr sieben Jahre nach der Novellierung lässt sich feststellen, dass der Rechtspraxis nach einer zweifellos vorhandenen Phase der Unsicherheit die Bewältigung der neuen Rechtslage gelungen ist (zur Etablierung des neuen Rechts in der Rspr LORENZ, Fünf Jahre „neues" Schuldrecht im Spiegel der Rechtsprechung, NJW 2007, 1 ff). Insgesamt scheinen die praktischen Auswirkungen damit geringer zu sein, als manche Kritiker befürchtet oder jedenfalls propagiert haben (so auch PALANDT/HEINRICHS Einl vor § 1 Rn 10 mwNw).

K. Zusammenfassende Würdigung

Betrachtet man die vielen Reformen des Schuldrechts bis zum Jahre 2002, so zeigt **202** sich, dass – mit Ausnahme des Familienrechts – das Zweite Buch der am häufigsten geänderte Teil des BGB ist. Dieser Umstand kann deshalb nicht verwundern, weil es viele Normen enthält, die für die Wirtschaftsordnung maßgebend sind (vgl Esser/ Schmidt, Schuldrecht I § 1 I mwNw). Das gilt zum einen für sein **Vertragsrecht**, das ein Regelungssystem für die Verteilung von Gütern (Waren und Dienstleistungen) enthält. Zum anderen beinhaltet das Zweite Buch das **Rechtsgüterschutzrecht** (unberechtigte GoA, Bereicherungs- und Deliktsrecht), also ein System von Normen zur Sicherstellung des marktmäßigen Verteilungsprozesses der Güter, mithin zur Absicherung der Vertragskonstruktionen. Dieses Konzept bestimmt die **Wirtschaftsverfassung** unserer Gesellschaft in entscheidender Weise mit, so dass jede Änderung einerseits auf die Wirtschaftsordnung Einfluss hat, andererseits aber jede Änderung der Wirtschaftsverfassung Reformen des Schuldrechts verlangt. Was die Hinwendung zum **Verbraucherschutzgedanken** im Jahre 2002 zur Folge hat, ist noch nicht vollständig abzusehen. Man kann sich aber vorstellen, dass diese grundsätzliche Tendenz sowohl im Rahmen der Auslegungsmaßstäbe als auch bei der Anwendung der Generalklauseln nicht ohne Einfluss bleiben wird. Auch die Konsequenzen des Allgemeinen Gleichbehandlungsgesetzes (s o Rn 166) sind noch nicht vollständig zu überblicken (ie s u Rn 282 ff).

L. Richterliche Rechtsfortbildung im Schuldrecht*

I. Allgemeines

Die **richterliche Rechtsfortbildung** (allg u ausf Staudinger/Coing/Honsell [2004] Einl **203** 200 ff zum BGB) hat im Schuldrecht einen besonders großen Anwendungsbereich, weil dieses Rechtsgebiet erhebliche Wandlungen seit dem Inkrafttreten des BGB erfahren hat (s o Rn 146 ff). Methodisch liegen der richterlichen Rechtsfortbildung folgende Gesichtspunkte zu Grunde: Richter sind gem Art 20 Abs 3 GG an Recht und Gesetz gebunden, zugleich gem Art 92 GG gehalten, auf der Grundlage des Gesetzes Recht zu sprechen (Classen, in: vMangoldt/Klein/Starck, GG III [4. Aufl 2001] Art 92 Rn 32). Gesetze sind aber notwendig lückenhaft (z Rechtsfindung praeter legem vgl Canaris, Die Feststellung von Lücken im Gesetz [1964] § 5), da selbst abstrakt-generelle Normen nicht jeden denkbaren Fall regeln können. Es bedarf deshalb der Lückenschließung (so auch der gesetzgeberische Auftrag gem § 132 Abs 4 GVG [früher § 137 GVG, aufgehoben durch G v 17. 12. 1990, BGBl I 2847]). Sie findet durch **Aus-**

---

* **Schrifttum:** Vgl zunächst die allg Hinw bei Staudinger/Coing/Honsell (2004) Einl 200 ff zum BGB; Diederichsen, Zur Begriffstechnik richterlicher Rechtsfortbildung im Zivilrecht, in: FS Wieacker (1978) 325 ff; Esser, Grundsatz und Norm in der richterlichen Fortbildung des Privatrechts (4. Aufl 1990); Hergenröder, Zivilprozessuale Grundlagen richterlicher Rechtsfortbildung (Habil Tübingen 1995); Langenbucher, Die Entwicklung und Auslegung von Richterrecht (Diss München 1995); Reinhart, Richterliche Rechtsfortbildung: Erscheinungsformen, Auftrag und Grenzen, in: FS der Jur Fak zur 600-Jahr-Feier der Ruprecht-Karls-Universität Heidelberg (1986); Wank, Grenzen richterlicher Rechtsfortbildung (Diss Köln 1977).

legung (z den Auslegungsmethoden vgl STAUDINGER/COING/HONSELL [2004] Einl 138 ff zum BGB) und **richterliche Rechtsfortbildung** statt (dazu STAUDINGER/COING/HONSELL [2004] Einl 200 ff zum BGB), wobei **gesetzesimmanente** und auch **gesetzesübersteigende Rechtsfortbildung** in Betracht kommt (LARENZ, Methodenlehre Kap 5 1, 366). Die Bindung des Richters an Recht und Gesetz bestimmt ihre Grenzen, und zwar unter Einbeziehung der Wertentscheidungen des Gesetzgebers (s nur LOOSCHELDERS/ROTH, Methodik E III 2 c, 293 ff). Die Rspr passt durch ihre Rechtsfortbildung die Rechtslage an die kontinuierliche Veränderung der Gesellschaft an. Rechtsfortbildung hat vor allem dort ihren Platz, wo Kodifikationen fehlen, zB im Arbeitsrecht (BVerfGE 34, 269, 288; z Einzelfällen der richterlichen Rechtsfortbildung s u Rn 209 ff; exemplarisch wird hier die Anrechnung von Gebrauchsvorteilen eines Kfz angeführt, BGHZ 98, 212, 221). Oft basiert richterliche Rechtsfortbildung auf Anregungen der Rechtswissenschaft, die durch ihre richterliche Anwendung etabliert werden und so zu allgemeinen Rechtssätzen führen (vgl auch CALLIES, Grundlagen, Grenzen und Perspektiven europäischen Richterrechts, NJW 2005, 929 ff).

204 Gesetzesimmanente Rechtsfortbildung findet unter Berücksichtigung des Telos einer oder mehrerer Normen statt. Die gesetzesübersteigende Rechtsfortbildung greift dagegen Prinzipien der Gesamtrechtsordnung auf. Das Ziel der Rechtsfortbildung besteht in beiden Fällen in der **Schließung unbewusster Gesetzeslücken** (LARENZ/CANARIS, Methodenlehre Kap 5, 1, 2 [187, 194]), aber auch in der **einschränkenden Auslegung** von Gesetzen, deren Wortlaut zu weit geraten ist (LOOSCHELDERS/ROTH, Methodik Kap E, 220). Beide Ziele müssen unter Wahrung anerkannter Gerechtigkeitsgedanken verwirklicht werden (STAUDINGER/COING/HONSELL [2004] Einl 213 ff zum BGB; ZIPPELIUS, Recht und Gerechtigkeit in der offenen Gesellschaft [2. Aufl 1996] Kap 6 III [91 ff]; SACHS/SACHS, GG Art 20 Rn 103 ff), die sich auch mit den dogmatischen Grundsätzen des jeweiligen Rechtsgebietes vereinbaren lassen (BVerfG Beschluss v 12.11. 1997 [Az: 1 BvR 479/92; 1 BvR 307/94] = JZ 1998, 352 ff mit Besprechungsaufsatz STÜRNER JZ 1998, 317 ff; z Rechtsfortbildung durch den EuGH vgl EVERLING, Richterliche Rechtsfortbildung in der Europäischen Gemeinschaft, JZ 2000, 217 ff; BORCHARDT, Richterrecht durch den EuGH, in: GS Grabitz [1995] 29 ff). Rechtsfortbildung und Gesetzesauslegung sind nicht vollständig voneinander verschieden, sondern stellen oft schwer zu unterscheidende, aber jedenfalls theoretisch verschiedene Stufen der Gesetzesanwendung dar. Während die Auslegung an der vorhandenen Regelung ansetzt, beginnt die Rechtsfortbildung dort, wo eine Regelung fehlt.

1. Rechtsfortbildung und Gewohnheitsrecht

205 Bei **ständiger Rspr** kann die richterliche Rechtsfortbildung **Gewohnheitsrecht** entstehen lassen, wenn sich daraus eine allgemeine Überzeugung bildet (LARENZ, Methodenlehre Kap 5 5, 433). Dies erfordert, dass der entsprechende Rechtssatz aus der Sicht des Anwenders bindenden Charakter erlangt, sich allerdings auch nicht gegen die bestehende Rechtslage entwickelt hat. Unter diesen Prämissen stellt die richterliche Rechtsfortbildung also eine wichtige, wenn auch nicht die einzige Grundlage von Gewohnheitsrecht dar (z Grundrechtskonformität der in richterlicher Rechtsfortbildung entstandenen Rechtssätze vgl STAUDINGER/J SCHMIDT [1995] Rn 536 ff).

2. Rechtsfortbildung und Verfassung/Kritik an der richterlichen Rechtsfortbildung

Da die richterliche Rechtsfortbildung der **Lückenfüllung** dient, kann eine Kollision mit der Gesetzgebungskompetenz auftreten. Gesetzliche Lücken, die der Gesetzgeber bewusst gelassen hat oder die mangels parlamentarischer Mehrheit nicht geschlossen werden konnten, darf der Richter nicht eigenmächtig schließen (BVerfGE 86, 6, 12; HILLGRUBER JZ 1996, 118, 120). Sofern ein Richter eine Entscheidung des Gesetzgebers als unzureichend und verfassungswidrig erachtet, muss er gem Art 100 Abs 1 S 1 GG das Verfahren aussetzen und das entsprechende Gesetz dem Bundesverfassungsgericht zwecks Normenkontrolle vorlegen. Richterliche Rechtsfortbildung wäre dann unzulässig (HILLGRUBER JZ 1996, 118, 124; iE auch HIRSCH, Richterrecht und Gesetzesrecht, JR 1966, 334, 341). Genauso richtig ist aber auch, dass sich Gesetz und Recht nicht immer decken (BVerfGE 34, 269, 287). Diesen Konflikt muss der Richter dadurch lösen, dass er die vorhandenen Lücken nur unter Beachtung bestimmter Voraussetzungen durch Auslegung schließen darf (BVerfGE 49, 304, 318 = JZ 1979, 60 m Anm STARCK).

Daraus folgt, dass die Lückenfeststellung einer **ausführlichen Begründung** bedarf. Anderenfalls wäre die Rechtssicherheit des Bürgers erheblich beeinträchtigt. Eine solche Begründung erscheint umso leichter, je älter Gesetze werden, weil die Anpassung an veränderte soziale Situationen den häufigsten Fall richterlicher Rechtsfortbildung begründet (LEIBHOLZ/RINCK/HESSELBERGER, GG Art 20 Rn 607). Bei Berücksichtigung dieser Umstände besteht an der Verfassungsmäßigkeit richterlicher Rechtsfortbildung kein Zweifel.

3. Auswirkungen auf das Rechtssystem/Richterliche Rechtsfortbildung und Schuldrechtsreform

Da richterliche Rechtsfortbildung der sich verändernden sozialen und wirtschaftlichen Werteordnung Rechnung trägt, verfeinert sie immer wieder die Güterverteilung und den Rechtsgüterschutz, die gemeinsam den Schwerpunkt des Schuldrechtes bilden und für das gesellschaftliche „Subsystem Wirtschaft" maßgeblich sind (z wirtschaftlichen Bedeutung des Schuldrechts vgl ESSER/SCHMIDT, Schuldrecht I § 1 I 1). Vieles, was sich auf diese Weise in den letzten Jahrzehnten entwickelt hat, hat im Schuldrechtsmodernisierungsgesetz mit Wirkung zum 1.1.2002 seinen legislativen Ausdruck gefunden (vgl Rn 184 ff). Dies wird im Folgenden kurz dargestellt.

II. Einzelne Fälle von richterlicher Rechtsfortbildung

1. Richterliche Rechtsfortbildung im Allgemeinen Teil des Schuldrechts

a) Culpa in contrahendo

Da ein rechtsgeschäftliches Schuldverhältnis nicht nur auf Leistungsaustausch gerichtet ist, erwachsen den Vertragsparteien bereits vor seinem Abschluss **Sorgfaltspflichten**, deren Verletzung Schadensersatzansprüche begründen. Die für die Anbahnung eines Schuldverhältnisses verlangten Sorgfaltspflichten sind aber nicht nur auf das Vorfeld des Vertragsschlusses (culpa in contrahendo) und die Vertragsabwicklung beschränkt, sondern müssen von den Beteiligten auch nach dessen

Durchführung und selbst im Falle seiner Nichtigkeit beachtet werden (culpa post pactum perfectum, FIKENTSCHER/HEINEMANN, Schuldrecht Rn 98; z Konkurrenzproblemen vgl FLEISCHER AcP 200 [2000] 91 ff). Ebenso war stets die Pflicht anerkannt, in das Schuldverhältnis einbezogene Dritte sorgfältig auszuwählen (culpa in eligendo, FIKENTSCHER/HEINEMANN, Schuldrecht Rn 660).

210 Schließlich entfaltete die cic auch nach früherem Verständnis gegenüber den am Schuldverhältnis unbeteiligten, jedoch diesem nahestehenden Dritten **Schutzwirkung** (Schutzwirkung für Dritte, s u Rn 215). Die Ursprünge all dieser Überlegungen gehen auf vJHERING zurück, der im Jahre 1861 das Institut der cic begründete (vJHERING, Jahrb 4. Bd [1861]) und dabei auf römische Rechtsquellen Bezug nahm (vJHERING, Culpa in contrahendo [Nachdruck 1969] I 12 ff). Ihren Eingang in die Rspr fand die cic durch eine Entscheidung des RG, die als „Linoleumrollenfall" bekannt wurde (RGZ 78, 239 ff; z cic ie vgl STAUDINGER/OTTO [2009] § 280 Rn C 36 ff). Sie wurde in Folge der ständigen Rspr später gewohnheitsrechtlich anerkannt. Die **Schuldrechtsmodernisierung** hat mit Wirkung z 1. 1. 2002 die cic in § 311 Abs 2 iVm § 241 Abs 2 kodifiziert (s o Rn 193 sowie die Ausf z § 241).

b) Positive Vertrags-/Forderungsverletzung

211 Eine weitere, durch die Lehre angeregte Rechtsfortbildung stellte die **positive Vertrags- (Forderungs-)Verletzung** dar. STAUB erweiterte durch seine Abhandlung „Über die positiven Vertragsverletzungen und ihre Rechtsfolgen" (1902; zuletzt Nachdruck 1969) im Wege einer **Gesamtanalogie** zu den §§ 280, 286, 325, 326 aF das bis dahin auf Unmöglichkeit, Verzug und Gewährleistung beschränkte System der Leistungsstörungen um die Schlechterfüllung. Die positive Forderungsverletzung, die längst als **Gewohnheitsrecht** anerkannt worden war (LARENZ, Schuldrecht I § 24 I a; WERTHEIMER/ESCHBACH, Positive Vertragsverletzung im Bürgerlichen Recht und im Arbeitsrecht, JuS 1997, 605, 606), gab dem Gläubiger der Schlechtleistung eine eigene Anspruchsgrundlage für Schadensersatz (z Leistungsgegenstand bei der Erfüllung vgl STAUDINGER/OLZEN [2000] § 362 Rn 13 f). Daneben blieb dessen Anspruch auf Erfüllung bestehen. Durch das Schuldrechtsmodernisierungsgesetz wurde die pFV insofern in § 280 Abs 1 kodifiziert, als der Gesetzgeber dort einen einheitlichen Haftungstatbestand für die Verletzung von Haupt- und Nebenpflichten schuf. Darunter sind auch alle Fallgruppen der pFV zu fassen (OLZEN/WANK, Die Schuldrechtsreform Rn 243 ff; WEBER/DOSPIL/HANHÖRSTER, Neues Schuldrecht, C V, 72 ff).

c) Interessen Dritter

212 Ein zentraler Bereich richterlicher Rechtsfortbildung liegt darin, unter Wahrung anerkannter Gerechtigkeitsgedanken auch die **Interessen Dritter** zu berücksichtigen, die nicht an einem Schuldverhältnis beteiligt sind (vgl allg auch H P WESTERMANN, Drittinteresse und öffentliches Wohl als Elemente der Bewertung privater Rechtsverhältnisse, AcP 208 [2008] 141 ff). Sie können auf Grund **„zufälliger" Schadensverlagerungen** oder **mangels Einbeziehung** in das Schuldverhältnis manchmal keinen eigenen Anspruch geltend machen, aber gleichwohl einen Schaden erleiden. Dessen Liquidation nach Deliktsrecht scheitert nicht selten daran, dass dem Anspruchsgegner der Entlastungsbeweis des § 831 Abs 1 S 2 gelingt. Um dieses als ungerecht empfundene Ergebnis zu beeinflussen, entwickelte sich im Wege der Rechtsfortbildung zum einen das Institut der sog **Drittschadensliquidation**, zum anderen der **Vertrag mit Schutzwirkung zu**

Gunsten Dritter. IE haben beide Rechtsfiguren zur Folge, dass dem Geschädigten ein vertraglicher Schadensersatzanspruch verschafft wird.

aa) Drittschadensliquidation

Bei einer **zufälligen Schadensverlagerung** (Bsp: die Versendungskaufware wird auf dem Weg zum Käufer durch die Transportperson zerstört; z Drittschadensliquidation als Rechtsfortbildung praeter legem vgl WINTERFELD, Drittschadensliquidation und Vertrag mit Schutzwirkung zu Gunsten Dritter [Diss Bonn 1983] 1. Abschn I 3 c [21 ff]) geht es um Fälle, in denen durch Auseinanderfallen von Anspruch und Schaden dem geschädigten Dritten kein Anspruch zur Verfügung steht, während der Vertragspartner zwar einen Anspruch geltend machen könnte, aber nicht geschädigt ist. Nach den Grundsätzen der Drittschadensliquidation besteht dann die Möglichkeit, dass der Vertragspartner den Schaden des Dritten liquidiert oder ihm gem §§ 275 Abs 1, 285 Abs 1 seinen Anspruch abtritt (MEDICUS/PETERSEN, BR Rn 838; aA unter Ablehnung der Drittschadensliquidation HAGEN, Die Drittschadensliquidation im Wandel der Rechtsdogmatik [Habil Kiel 1969] 287; PETERS, Zum Problem der Drittschadensliquidation, AcP 180 [1980] 329 ff; JUNKER, Das „wirtschaftliche Eigentum" als sonstiges Recht im Sinne des § 823 Abs 1 BGB, AcP 193 [1993] 348; BÜDENBENDER, Wechselwirkungen zwischen Vorteilsausgleichung und Drittschadensliquidation, JZ 1995, 920; ders, Drittschadensliquidation bei obligatorischer Gefahrentlastung eine notwendige oder überflüssige Rechtsfigur?, NJW 2000, 986). Ebenso kann der „Anspruchsberechtigte" auch auf Leistung an den geschädigten Dritten klagen, sofern dieser die Liquidation seines Schadens billigt (MEDICUS/PETERSEN, BR Rn 838). In dem Umstand, dass der Schaden zum (unvollständigen) Anspruch gezogen wird, liegt ein Unterschied zum Vertrag mit Schutzwirkung für Dritte (LOOSCHELDERS, Schuldrecht AT Rn 942; s u Rn 215).

Der **Anwendungsbereich** der Drittschadensliquidation liegt hauptsächlich im Bereich vertraglicher Ersatzansprüche. Ausnahmsweise findet sie auch im Zusammenhang mit obligatorischer Gefahrentlastung innerhalb der deliktischen Ersatzansprüche Anwendung (z Fallgruppen der Drittschadensliquidation vgl TRAUGOTT, Das Verhältnis von Drittschadensliquidation und vertraglichem Drittschutz [Diss München 1996] § 2 II [18 ff]; BÜDENBENDER, Vorteilsausgleichung und Drittschadensliquidation bei obligatorischer Gefahrentlastung: Gemeinsamkeiten, Berührungspunkte und Unterschiede [1996] B I, 63 ff; PALANDT/HEINRICHS Vorb v § 249 Rn 113, 117). Anerkannte Fallgruppen bilden die mittelbare Stellvertretung und die Obhut für fremde Sachen (LOOSCHELDERS, Schuldrecht AT Rn 945 ff). Im ursprünglichen Zentralbereich der Drittschadensliquidation, dem **Versendungskauf**, ist für den sog **Verbrauchsgüterkauf** mit Wirkung z 1. 1. 2002 eine Änderung eingetreten. Da § 474 Abs 2 die Anwendung der Gefahrtragungsregel des § 447 ausschließt, wird die Ware nunmehr auf Gefahr des Verkäufers transportiert. Die Zuordnung des Versendungskaufes zu den Fallgruppen der Drittschadensliquidation beschränkt sich damit auf Kaufverträge, die eine andere personelle Struktur haben als der Kauf zwischen einem Verbraucher und einem Unternehmer, §§ 13, 14. Aber auch insoweit hatte die Rechtsfigur der Drittschadensliquidation bereits durch die Reform des Transportrechts 1998 an Bedeutung verloren. Die §§ 421 Abs 1 S 2, 425 Abs 1 HGB sehen ausdrücklich vor, dass der Empfänger der Ware die Ansprüche aus dem Frachtvertrag gegen den Frachtführer im eigenen Namen geltend machen kann. Für die Drittschadensliquidation besteht dann kein Bedarf mehr.

bb) Vertrag mit Schutzwirkung zu Gunsten Dritter

215 Die Rechtsfigur des **Vertrags mit Schutzwirkung zu Gunsten Dritter** beruht auf der Überlegung, dass jedes Vertragsschuldverhältnis einen Schutzbereich entfaltet, der unter bestimmten Voraussetzungen auch Dritte erfasst. Im Unterschied zur Drittschadensliquidation (s o Rn 213 f) wird beim Vertrag mit Schutzwirkung zu Gunsten Dritter die **Anspruchsgrundlage zum Schaden** gezogen, so dass der Geschädigte auch ohne vorausgegangene Abtretung gem § 398 einen eigenen Ersatzanspruch erhält (die Herkunft des Vertrages mit Schutzwirkung zu Gunsten Dritter war umstritten. Nachdem man zunächst eine Analogie zu § 328 gebildet hatte, wurde er später als Anwendungsbereich der ergänzenden Vertragsauslegung angesehen [RG 127, 218, 222; BGHZ 56, 269, 273; BGH NJW 2004, 3035, 3036; 2001, 512]. Nach **aA** stellt er eine auf § 242 beruhende richterliche Rechtsfortbildung dar [BAYER, Vertraglicher Drittschutz, JuS 1996, 473, 475 f; zur Rechtsgrundlage des Vertrages mit Schutzwirkung zu Gunsten Dritter vgl ferner MünchKomm/GOTTWALD § 328 Rn 110 ff mwNw]).

216 Die anerkannten Erfordernisse des Rechtsinstituts liegen darin, dass sich der geschädigte Dritte in bestimmungsgemäßer **Leistungsnähe** befindet, der Gläubiger ihm **Schutz** und **Fürsorge** schuldet (BGHZ 49, 350, 354), schließlich, dass der **Anspruchsgegner** die **Leistungsnähe** des Dritten **erkennen** konnte und dieser **schutzbedürftig** war. Letzteres ist dann der Fall, wenn er keinen eigenen, inhaltsgleichen Schadensersatzanspruch geltend machen kann (statt vieler BGH NJW 2004, 3420, 3421; 1996, 2927, 2929). Die Schutzbedürftigkeit wurde insbesondere für **personenrechtliche Fürsorgeverhältnisse** (zB Eltern/Kind-Verhältnis) angenommen. Die Rspr hat dafür die sog „**Wohl- und Wehe-Formel**" entwickelt (BGHZ 51, 91, 96). Sie setzt voraus, dass der Anspruchsgläubiger und der Dritte gleiche Schutzinteressen haben. In jüngerer Zeit wurde die Schutzwirkung allerdings auch bei **gegenläufigen Vermögensinteressen** bejaht. Es handelt sich insbesondere um Werkverträge zur Gutachtenerstellung, die zur Verwendung gegenüber Kreditgebern oder Kapitalanlegern bestimmt waren (vgl LOOSCHELDERS, Schuldrecht AT Rn 207 f; SCHWAB, Grundfälle zu culpa in contrahendo, Sachwalterhaftung und Vertrag mit Schutzwirkung für Dritte nach neuem Schuldrecht – Teil 2. Die Einbeziehung Dritter nach § 311 Abs 3 BGB, JuS 2002, 872, 875 ff; KILIAN, Der Begutachter nach der Schuldrechtsreform, NZV 2004, 489, 494 f).

Der Vertrag mit Schutzwirkung zu Gunsten Dritter wurde auf der Tatbestandsebene von der Drittschadensliquidation durch die Erkennbarkeit der Leistungsnähe des Dritten für den Schuldner abgegrenzt. Dadurch sollten Zufallshaftungen vermieden werden (MEDICUS/PETERSEN, BR Rn 841). Gerade auf Grund dieses Aspekts könnte die Haftung für fehlerhafte Expertisen aber auch Eingang in die Fallgruppe der Drittschadensliquidation finden.

217 Der Vertrag mit Schutzwirkung für Dritte ist ebenfalls durch das Schuldrechtsmodernisierungsgesetz berührt worden. § 311 Abs 3 S 1 stellt klar, dass ein Schuldverhältnis (einschl der daraus resultierenden Ersatzansprüche) auch gegenüber demjenigen entstehen kann, der nicht selbst Vertragspartei werden wollte. Die Entstehung unmittelbarer Schutzpflichten im Falle der Inanspruchnahme besonderen Vertrauens wird in dem bereits erwähnten § 311 Abs 3 S 2 geregelt. Allerdings wird zum Teil bestritten, dass der Vertrag mit Schutzwirkung zu Gunsten Dritter in § 311 Abs 3 normiert wurde, da die Norm keine Tatbestandselemente nennt (OLZEN/WANK, Die Schuldrechtsreform Rn 310 ff mwNw).

d) Die Lehre vom Wegfall der Geschäftsgrundlage*

Man erkannte alsbald nach In-Kraft-Treten des BGB (dazu STAUDINGER/J SCHMIDT [1995] § 242 Rn 942 ff), dass die Veränderung der die Vertragsabwicklung begleitenden sozialen, gesellschaftlichen und wirtschaftlichen Verhältnisse eine **Anpassung** vertraglicher Abreden erfordern kann. Vor dem In-Kraft-Treten des Schuldrechtsmodernisierungsgesetzes (s o Rn 188) wurde die Lehre vom **Wegfall der Geschäftsgrundlage** herangezogen, um die Fälle **gestörter Vertragsabwicklung**, deren Ursache nicht in Unmöglichkeit, Verzug oder Schlechtleistung lag, lösen zu können. In Fortführung des Prinzips „clausula rebus sic stantibus" überprüften die Gerichte den betreffenden Vertrag auf seine Geschäftsgrundlage, deren Fehlen oder Wegfall ggf festgestellt und (meist) gem § 242 korrigiert wurde. Der Gesetzgeber übernahm diese Lehre im Zuge der Modernisierung des Schuldrechts in § 313, wonach Anpassung des Vertrages verlangt werden kann, wenn sich Umstände, die Grundlage des Vertrages geworden waren, schwerwiegend geändert haben und nicht in den Risikobereich einer Partei fallen (s o Rn 193; OLZEN/WANK, Die Schuldrechtsreform Rn 144 ff). Gleiches gilt gem § 313 Abs 2, wenn sich Umstände, die die Parteien dem Vertrag zugrunde gelegt haben, nachträglich als falsch erweisen. Scheitert die Vertragsanpassung oder ist sie unzumutbar, kommt ein **Rücktrittsrecht** in Betracht, bei **Dauerschuldverhältnissen** eine **Kündigung**, § 313 Abs 3.

e) Verwirkung

Einen weiteren Fall richterlicher Rechtsfortbildung in Anwendung des § 242 stellt die Rechtsfigur der **Verwirkung** dar. Das erkennbare Verhalten einer Partei kann danach bei einem Vertragspartner dahingehendes Vertrauen auslösen, dass jene bestimmte Rechte nicht (mehr) geltend machen werde. Dieses Vertrauen schützte die Rspr dadurch, dass der verwirkenden Partei die Geltendmachung dieser Rechte aberkannt wurde (z Verwirkung ausf STAUDINGER/LOOSCHELDERS/OLZEN § 242 Rn 302 ff), obwohl noch keine Anspruchsverjährung eingetreten war.

f) Normativierung des Schadensbegriffs

Ein im Einzelnen bis heute noch nicht abgeschlossenes Gebiet richterlicher Rechtsfortbildung stellt ferner die sog **Normativierung des Schadensbegriffs** dar (vgl aus dem Schrifttum insbes SELB, Schadensbegriff und Regressmethoden [1963]; WILK, Die Erkenntnis des Schadens [1983]; MEDICUS, Normativer Schaden, JuS 1979, 233; ausf STAUDINGER/SCHIEMANN [2005] Vorbem 35 ff zu § 249). Die regelmäßig durch Differenzberechnung ermittelte Schadenshöhe wird in solchen Fällen dahingehend modifiziert, dass einerseits tatsächlich nicht aufgetretene Vermögenseinbußen als ausnahmsweise ersatzfähig angesehen werden (zentral war die Entscheidung des Großen Senats z Schadensersatzanspruch einer verletzten Hausfrau, BGHZ 50, 304, 306; z Arbeitnehmerschäden erstmals BGHZ 7, 30 ff), andererseits aber auch tatsächlich eingetretene Einbußen aus normativen Gründen außer Betracht bleiben, zB unter dem (unschönen) Stichwort „Kind als Schaden" (STAUDINGER/SCHIEMANN [2005] Vorbem 33 ff zu §§ 249 ff).

---

* **Schrifttum**: CHIOTELLIS, Rechtsfolgenbestimmung bei Geschäftsgrundlagenstörungen in Schuldverträgen (1981); HAARMANN, Wegfall der Geschäftsgrundlage bei Dauerschuldverhältnissen (1979); KÖHLER, Die Lehre von der Geschäftsgrundlage als Lehre von der Risikobefreiung, in: CANARIS, FG 50 Jahre BGH Bd 1 (2000); vgl iÜ die Hinweise bei STAUDINGER/J SCHMIDT (1995) § 242 Rn 942 ff; ferner die Kommentierung z §§ 313, 314.

g) Kündigung von Dauerschuldverhältnissen

221 Bereits vor In-Kraft-Treten des Schuldrechtsmodernisierungsgesetzes (s o Rn 188) gab es Vorschriften, nach denen sich eine Partei im Rahmen eines Dauerschuldverhältnisses durch **Kündigung** davon lösen konnte (§§ 554a, 626, 723 aF). Zusätzlich hatten Rspr und Lehre das **Kündigungsrecht** von Parteien eines Dauerschuldverhältnisses bei Vorliegen eines **wichtigen Grundes** als Unterfall der pFV anerkannt (BGHZ 29, 171, 172; BGH NJW 1989, 1482, 1483; Oetker, Das Dauerschuldverhältnis und seine Beendigung [Habil Kiel 1994] 265 ff). Dieses Kündigungsrecht wurde als Rechtsgrundsatz angesehen, der durch AGB nicht abbedungen oder eingeschränkt werden konnte (BGH NJW 1986, 3134).

222 Die Schuldrechtsreform hat zum 1. 1. 2002 das Kündigungsrecht bei Dauerschuldverhältnissen in § 314 Abs 1 S 1 gesetzlich geregelt (s o Rn 193). Daneben bestehen weitere Vorschriften im Besonderen Schuldrecht (bspw §§ 490, 498, 543), die der allgemeinen Vorschrift des § 314 als leges speciales vorgehen (Olzen/Wank, Die Schuldrechtsreform Rn 315; Dauner-Lieb ua, Das neue Schuldrecht § 3 Rn 75).

2. Richterliche Rechtsfortbildung im Besonderen Teil des Schuldrechts

a) Arbeitsrecht

223 Im **Arbeitsrecht** sind als Anwendungsfälle richterlicher Rechtsfortbildung die nachfolgend kurz dargestellten Grundsätze über die **eingeschränkte Anfechtbarkeit** in Vollzug gesetzter Arbeitsverträge sowie die Haftungsgrundsätze für die sog **gefahrgeneigte Arbeit**, die für im Zusammenhang mit Arbeitsverhältnissen verursachte Schäden entwickelt wurden, aus einer sehr viel größeren Zahl von Anwendungsfällen hervorzuheben.

aa) Eingeschränkte Anfechtbarkeit von Arbeitsverträgen

224 Die **Rückabwicklung eines Arbeitsvertrages**, der nicht wirksam geschlossen oder später von einer Partei angefochten wurde, bereitet rechtliche Probleme. Sie hängen damit zusammen, dass die Arbeitsleistung nicht in Natur zurückerstattet werden kann, ebenso wenig wie die damit verbundenen Folgen aufhebbar sind (BAGE 5, 58, 65 f). Außerdem bedarf die Schutzbedürftigkeit des Arbeitnehmers besonderer Berücksichtigung. Schließlich ist auch das Verhältnis zur außerordentlichen Kündigung nur schwer zu fassen (Picker, Die Anfechtung von Arbeitsverträgen. Theorie und Praxis der höchstrichterlichen Judikatur. Zugleich eine Auseinandersetzung mit der sog Kündigungstheorie, ZfA 1981, 1, 20 ff). Daher hat die Rspr die rückwirkende Auflösung eines in Funktion gesetzten Arbeitsverhältnisses durch Anfechtung abgelehnt, obwohl das BGB an sich keine Ausnahme zu § 142 Abs 1 kennt (Anfechtung nur ex nunc, BAGE 5, 159, 161 f; Leinemann, in: Leinemann, Kasseler Handbuch zum Arbeitsrecht Bd 1. 1 [2. Aufl 2000] Rn 578; Lieb, Arbeitsrecht [9. Aufl 2006] Rn 132). Der **fehlerhafte Arbeitsvertrag** wird für die Vergangenheit als wirksam betrachtet (BAGE 5, 58, 65 f; Leinemann, in: Leinemann, Kasseler Handbuch zum Arbeitsrecht Bd 1. 1 [7. Aufl 2000] Rn 577; vgl auch unten § 241 Rn 108 f).

bb) Haftung im Arbeitsverhältnis

225 Ein Arbeitnehmer kann in Abhängigkeit von seiner Tätigkeit schon bei geringster Nachlässigkeit hohe, für ihn nicht tragbare Schäden verursachen. Dieses Risiko steht in keinem Verhältnis zu seinen Verdienstmöglichkeiten. Deshalb wurde dieser als Gerechtigkeitsverstoß empfundene Tatbestand in richterlicher Rechtsfortbildung durch eine **Haftungsminderung** für den Arbeitnehmer abgemildert (BAG GS AP Nr 101 z § 611 [Haftung des Arbeitnehmers]; KÜNZL, in: LEINEMANN, Kasseler Handbuch zum Arbeitsrecht Bd 2. 1 [1997] Rn 246). Sie trat zunächst nur für die sog „**gefahrgeneigte Arbeit**" ein, wurde später aber auf alle Schadensersatzverpflichtungen des Arbeitnehmers ausgedehnt, die im Zusammenhang mit betrieblich veranlasster Tätigkeit entstanden sind (vgl nur BGH AuR 1994, 72 f; BAG EZA § 611 Nr 53 [Arbeitnehmerhaftung] Nr 58). Ihre Herleitung ist umstritten. Sie kann aber jedenfalls auf Grund der Einbindung des Arbeitnehmers in die betriebliche Organisation der Wertung des § 254 zugeordnet werden (BAG EZA § 611 Nr 58 [Arbeitnehmerhaftung]).

Hinsichtlich der Haftung des Arbeitnehmers ist zwischen **Innen-** (Schädigung betriebsinterner Personen oder Gegenstände) und **Außenhaftung** (Schädigung betriebsexterner Personen oder Gegenstände) zu unterscheiden. Je nach Grad des Verschuldens führt die Haftungsmilderung im Bereich der **Außenhaftung** zu einem **Freistellungsanspruch** gegen den Arbeitgeber, während der Arbeitnehmer von der **Innenhaftung** entsprechend seiner **Verantwortlichkeit** ganz oder teilweise **entbunden** wird. Die Schadensverteilung folgt dem Grundsatz, dass der Arbeitnehmer bei **Vorsatz** in vollem Umfang, bei **leichtester Fahrlässigkeit** gar nicht haftet. Im Falle **leichter** („normaler") **Fahrlässigkeit** erfolgt eine Verteilung der Schadensersatzverpflichtung nach Zumutbarkeit und Billigkeit (BAG NJW 1988, 2816 m Anm HANAU/PREIS JZ 1988, 1074 f). Im Falle **grober Fahrlässigkeit** haftete der Arbeitnehmer ursprünglich uneingeschränkt (BAG NJW 1958, 235), während heute differenziert wird: Bei einem Missverhältnis zwischen Vergütung und Schaden soll eine Haftungseinschränkung möglich sein (BAG NJW 1990, 468; NZA 1998, 310, 311; DB 1999, 288, 289; NZA 2007, 1230, 1235), außer bei „gröbster Fahrlässigkeit" (BAG NZA 1998, 310, 311; aA HÜBSCH, Die neueste Rechtsprechung des BAG zur Fahrlässigkeit bei der Arbeitnehmerhaftung, NZA-RR 1999, 393, 397; ausf auch z Mankohaftung WALKER, Die eingeschränkte Haftung des Arbeitnehmers unter Berücksichtigung der Schuldrechtsmodernisierung, JuS 2002, 736 ff).

b) Rechtsfortbildung und Gesellschaftsrecht
aa) Fehlerhafte Gesellschaft
Entsprechend den Überlegungen zur eingeschränkten Anfechtbarkeit von Arbeitsverträgen (s o Rn 224) kann nach gefestigter Rspr auch ein **fehlerhafter Gesellschaftsvertrag**, der in Vollzug gesetzt wurde, nicht mit Wirkung für die Vergangenheit aufgehoben werden (etwa BGHZ 55, 5, 8; 62, 234; ZIP 2005, 253 f, 254 ff; z fehlerhaften Gesellschaft vgl GRUNEWALD, Gesellschaftsrecht [7. Aufl 2008] 1 A Rn 159 ff; ferner STAUDINGER/LOOSCHELDERS/OLZEN § 242 Rn 430 f). Vielmehr sieht man die Gesellschaft im **Außenverhältnis** als wirksam an, bis der Mangel durch die Gesellschafter geltend gemacht wird (vgl ausf MünchKomm/ULMER § 705 Rn 323 ff; insgesamt SCHÄFER, Die Lehre vom fehlerhaften Verband [2002]). Dies dient dem Bestandsschutz der Unternehmens- und Gesellschaftsorganisation im Interesse der gesellschaftsrechtlichen Personengruppen, zB der Arbeitnehmer und sonstiger Gesellschaftsgläubiger (EISENHARDT, Gesellschaftsrecht [13. Aufl 2007] Rn 343 mit Hinweis auf WIEDEMANN, Gesellschaftsrecht Bd 1 [1980] § 3 I 2 a). Im **Innenverhältnis** werden die Ansprüche der Gesellschafter in einem solchen Fall nicht nach Bereicherungsrecht abgewickelt. Die Rechte und Pflichten der Gesellschafter richten sich vielmehr nach dem (unwirksamen) Gesellschaftsvertrag unter Beachtung der gesellschaftsrechtlichen Treuepflicht (MünchKomm/ULMER § 705 Rn 343; z Treuepflicht auch STAUDINGER/LOOSCHELDERS/OLZEN § 242 Rn 939 ff). Nach Gel-

tendmachung des Mangels erfolgt die Abwicklung der aufgelösten Gesellschaft auf der Grundlage der Liquidationsvorschriften, also etwa den §§ 730 ff (vgl Münch-Komm/ULMER § 705 Rn 346). Lediglich bei Gesetzes- oder Sittenwidrigkeit, §§ 134, 138, bei Kollision mit Schutzvorschriften zu Gunsten nicht voll Geschäftsfähiger sowie arglistiger Täuschung eines am Abschluss beteiligten Gesellschafters (ggf dann Anwendung v § 139) gilt etwas anderes: Entweder tritt das Vertrauen auf die Fortführung der Gesellschaft wegen der Schwere des Mangels gegenüber der Notwendigkeit ihrer Aufhebung insgesamt zurück, oder aber die Gesellschaft wird ohne die schutzwürdige Person fortgeführt (dazu ausf MünchKomm/ULMER § 705 Rn 332 ff).

bb) Die Rechtsnatur der Gesellschaft bürgerlichen Rechts

228 Auf Grund der unvollständigen Regelungen wurde die Rechtsnatur der GbR lange mit dem Ziel diskutiert, das dem Gesetz zu Grunde liegende Gesamthandsprinzip praktisch handhabbar zu machen. Ob deshalb der Gesellschaft als solcher die Fähigkeit zukommen sollte, Träger von Rechten und Pflichten zu sein, war und ist umstritten. Während einige sich schon sehr früh dafür aussprachen (v GIERKE, Deutsches Privatrecht I [1895] § 80 V 4; FLUME ZHR 136 [1972] 177, 189 ff) und sich diese Auffassung zunehmend verbreitete (ULMER, Gesellschaft des bürgerlichen Rechts [3. Aufl 1997] Vor § 705 Rn 8, § 705 Rn 130 ff; SOERGEL/HADDING, BGB [11. Aufl 1985] Vor § 705 Rn 20 f; SCHMIDT, Gesellschaftsrecht [1. Aufl 1986] § 8 III 4, 5), lehnten andere die Rechtsfähigkeit strikt ab und erkannten ausschließlich die einzelnen Gesellschafter als Träger von Rechten und Pflichten an (KRAFT/KREUTZ, Gesellschaftsrecht [11. Aufl 2000] C I 1d; KÜBLER, Gesellschaftsrecht [6. Aufl 2006] § 4 IV 2, § 6 I 1, III 1). Die Rspr schloss sich in mehreren Schritten der zuerst genannten Auffassung an. Zunächst urteilte der BGH, dass die **Beteiligung einer GbR** an einer Genossenschaft, Handelsgesellschaft, Aktiengesellschaft oder auch einer GbR als Gründerin oder Gesellschafterin möglich sei (bzgl GmbH: BGHZ 78, 311, 313; bzgl Genossenschaft: BGHZ 116, 86, 88; bzgl AG: BGHZ 118, 83, 99; bzgl GbR: BGH NJW 1998, 376). Soweit keine speziellen Rechtsvorschriften entgegenstünden, könne die GbR grundsätzlich in jeder Rechtsposition am Rechtsverkehr teilnehmen (BGHZ 136, 254, 257 f; PALANDT § 705 Rn 24 f). Ebenfalls würde der GbR die Fähigkeit zuerkannt, eine **Scheck- und Wechselverbindlichkeit einzugehen** (BGHZ 136, 254, 257 f). Die Frage nach der allgemeinen Rechtsfähigkeit der GbR blieb dabei noch offen (BGHZ 78, 311, 313; BGHZ 136, 254, 257).

Im Jahre 2001 erkannte der BGH der Außen-GbR die Rechtsfähigkeit schließlich zu (BGH NJW 2001, 1056), ohne sie als juristische Person zu qualifizieren. Damit wollte er neueren Vorschriften Rechnung tragen, die nicht nur die GbR als **insolvenzfähig** erachten (§ 11 Abs 2 Nr 1 InsO), sondern auch eine identitätswahrende **Umwandlung der GbR in andere und aus anderen Rechtsformen** ermöglichen (§ 191 Abs 2 Nr 1 UmwG). Entsprechend wurde auch die Parteifähigkeit (§ 50 Abs 1 ZPO) der Außen-GbR anerkannt. Die Vorteile dieser Betrachtungsweise liegen vor allem in der Unabhängigkeit der rechtsgeschäftlichen oder prozessualen Verhältnisse von einem Mitgliederwechsel in der Gesellschaft. Ebenso ist es nunmehr möglich, die GbR als solche zu verklagen, während es früher nötig war, gegen die einzelnen Gesellschafter in notwendiger Streitgenossenschaft iSv § 62 Abs 1 ZPO vorzugehen. Den Mitgliederbestand ausfindig zu machen, gestaltete sich auf Grund mangelnder Eintragung der GbR im Handelsregister oft als mühselig. Deshalb hatte die Rspr schon früher bei fehlender oder unrichtiger Benennung einiger Gesellschafter die Klage nicht als unzulässig abgewiesen, sondern lediglich das Rubrum berichtigt (BGH NJW 2001, 1056, 1058 f). Somit stellt die Anerkennung der Parteifähigkeit praktisch keine bedeutsame Veränderung dar. Entgegen der sog **Doppelverpflichtungslehre** stellte der BGH klar, dass sich die persönliche Haftung der Gesellschafter nach der **Akzessorietätslehre** richten soll, also analog der §§ 128 ff HGB. In der Folgezeit wurden weitere OHG-Vorschriften auf die GbR angewendet.

Insgesamt stellt die **richterliche Rechtsfortbildung** zur Rechtsfähigkeit der Außen-GbR eine lange erwartete (SCHMIDT, Die BGB-Außengesellschaft: rechts- und parteifähig – Bespr des Urt II ZR 331/00 v 29. 1. 2001, NJW 2001, 993; ders JZ 2009, 10, 13) Vereinfachung der Rechtsgeschäfts- und Prozesspraxis dar. Die Frage nach der Grundbuchfähigkeit der GbR hat der BGH (BGH Beschluss V ZB 74/08 v 4. 12. 2008; Anmerkung dazu von SCHMIDT in: BauR 2009, 539 f) bejaht (entgegen der hM: STAUDINGER/HABERMEIER, Vor §§ 705–740 Rn 26a; SCHMIDT JZ 2009, 10, 14; OLG Schleswig NJW 2008, 306; **aA** OLG Stuttgart NJW 2008, 304), obwohl die Feststellung der Gesellschafter der GbR ähnlichen Schwierigkeiten begegnet wie in der Insolvenz. Das Problem der fehlenden Anpassung des Grundbuchrechts an die Veränderung der materiellen Rechtslage dürfe die Eintragung der GbR nicht verhindern. Vielmehr sei die planwidrige Regelungslücke durch eine analoge Anwendung der §§ 124 Abs 1, 161 Abs 2 HGB, § 7 Abs 2 PartGG und § 15 Abs 1 lit b GBV zu schließen. Die Frage, ob ein neu eintretender Gesellschafter für Altverbindlichkeiten der Gesellschaft haftet, hat der BGH grundsätzlich bejaht. Um allerdings das auf Grund der bis dahin gegenteiligen Rechtsprechungspraxis bestehende Vertrauen des Neugesellschafters nicht zu enttäuschen, wurde das Datum des Urteils (BGH 7. 4. 2003, II ZR 56/02) insoweit als Stichtag festgelegt. Offen gelassen hat der BGH bisher die Frage, ob für Altverbindlichkeiten aus Fällen der **Berufshaftung** eine Ausnahme gilt (BGH NJW 2003, 1803). Insgesamt dürfte die Rspr des BGH zur Anerkennung der Rechtsfähigkeit einer Außen-GbR eines der wichtigsten Bsp richterlicher Rechtsfortbildung im Schuldrecht/Personengesellschaftsrecht darstellen.

cc) Durchgriffshaftung bei juristischen Personen

Auf Grund der rechtlichen Selbständigkeit einer juristischen Person **haftet** sie ihren Gläubigern grds nur mit dem **Gesellschaftsvermögen** (K SCHMIDT, Gesellschaftsrecht § 9 I 1 a [224], IV 1 [241 f]). Mitglieder, Gesellschafter und Organe müssen somit an sich nicht persönlich für die Verbindlichkeiten der juristischen Person einstehen (z weiteren Fällen der Durchgriffsproblematik vgl K SCHMIDT, Gesellschaftsrecht § 9 I 2 [188]). Ausnahmsweise lässt die Rspr allerdings eine sog **Durchgriffshaftung** im Hinblick auf die hinter der juristischen Person stehenden natürlichen oder juristischen Personen zu (RGZ 99, 232, 234; BGHZ 78, 318, 333; BGH ZIP 1992, 694 f; abl gegenüber der Durchgriffshaftung EHRICKE, Zur Begründbarkeit der Durchgriffshaftung in der GmbH, insbesondere aus methodischer Sicht, AcP 199 [1999] 257, 303), wenn die Berufung auf die rechtliche Selbständigkeit der juristischen Person dem Grundsatz von Treu und Glauben, § 242, widerspräche (vgl dazu STAUDINGER/LOOSCHELDERS/OLZEN § 242 Rn 692 f).

Diese Problematik tritt nicht nur bei juristischen Personen auf, sondern kann auch bei Verbandsorganisationen, wie zB oHG und KG, entstehen (JOHN, Personenrecht und Verbandsrecht im Allgemeinen Teil des Bürgerlichen Rechts – Werner Flumes Buch über „Die juristische Person", AcP 185 [1985] 209, 226; Bsp für Missbrauch der Rechtsform der KG bei

FLUME, Allgemeiner Teil des Bürgerlichen Rechts 1. Teil: Die Personengesellschaft [1977] § 13 V [201 ff]).

c) Richterliche Rechtsfortbildung im Deliktsrecht
aa) Allgemeines Persönlichkeitsrecht

230 Mangels gesetzlicher Regelung (DIEDERICHSEN, Die Flucht des Gesetzgebers aus der politischen Verantwortung im Zivilrecht [1974] 56 ff) erfuhr das **allgemeine Persönlichkeitsrecht** in der ursprünglichen Fassung des BGB keinen zivilrechtlichen Schutz, während es durch die **allgemeine Handlungsfreiheit** gem Art 2 Abs 1 GG bzw als Teil der **Menschenwürde** gem Art 1 Abs 1 GG (SACHS/MURSWIEK GG Art 2 Rn 59 ff) verfassungsrechtlich geschützt ist (z Drittwirkung der GR im Privatrecht allg s u Rn 265). Der Gesetzgeber nahm auch die Ehre nicht in den Tatbestand des § 823 Abs 1 auf, sondern hielt Abs 2 der Norm iVm §§ 185 ff StGB für ausreichend zu ihrem Schutz (Prot II 2274). Daneben gab es früh den deliktischen Schutz des Persönlichkeitsrechts über § 826 (COING, Zur Entwicklung des zivilrechtlichen Persönlichkeitsschutzes, JZ 1958, 558, 559). Nachdem das RG sich deshalb gegen die Anerkennung eines allgemeinen Persönlichkeitsrechts als absolut geschütztes Rechtsgut iSd § 823 wendete (Nw bei STAUDINGER/HAGER [1999] § 823 Rn C 1) wurde es vom BVerfG und vom BGH in richterlicher Rechtsfortbildung als tatbestandsmäßig iSd § 823 Abs 1 anerkannt (BGHZ 13, 334, 338 ff; 27, 284, 285 ff; 50, 133, 138; BGH NJW 1994, 1950, 1951; SACHS/MURSWIEK GG Art 2 Rn 67; aA FIKENTSCHER/HEINEMANN, Schuldrecht Rn 1584; für ein Rahmenrecht mit Fallgruppenbildung LARENZ/CANARIS, Schuldrecht II/2 § 80 I 3 b [493]). Sein Inhalt ist umfangreich und schwer zu bestimmen (vgl FIKENTSCHER/HEINEMANN, Schuldrecht Rn 1584). Die bedeutendsten Schutzgüter sind die **persönliche Sphäre** und das **Recht auf Selbstbestimmung**. Damit geht der Schutz vor Herabwürdigung sowie Belästigung und Diskriminierung einher. Umstritten ist, ob das Persönlichkeitsrecht mit dem Tode einer Person endet. Jedenfalls wird das **postmortale Persönlichkeitsrecht** über § 823 Abs 2 geschützt (ausf STAUDINGER/HAGER [1999] § 823 Rn C 34 ff). Anspruchsgrundlage für den Ersatz des **ideellen Schadens** als Folge einer Verletzung des allgemeinen Persönlichkeitsrechts stellte zunächst eine **Analogie** zu § 847 aF dar. Seit 1995 leitet der BGH sie **unmittelbar** aus § 823 Abs 1 iVm Art 1 Abs 1 und Abs 2 GG ab (BGH NJW 1996, 984, 985). Aus diesem Grund ändern auch die Streichung des § 847 aF sowie die absichtliche Nichteinbeziehung des Persönlichkeitsrechts in § 253 Abs 2 (BT-Drucks 14/7752, 25) nichts am Ersatz des ideellen Schadens (DÄUBLER JuS 2002, 625, 627; WAGNER, Das Zweite Schadensersatzänderungsgesetz, NJW 2002, 2049, 2056).

bb) Unternehmensrecht als absolutes Recht iSv § 823 Abs 1

231 RG (RGZ 28, 238) und BGH (vgl nur BGHZ 29, 65) haben in ständiger Rspr die Ersatzfähigkeit von Schäden durch **Eingriff in den eingerichteten und ausgeübten Gewerbebetrieb** anerkannt. Schutzfähig ist dabei alles, „was in seiner Gesamtheit den wirtschaftlichen Wert des konkreten Betriebes ausmacht" (BGHZ 23, 157, 163). Ein **Eingriff** wird als Verletzung eines „sonstige[n] Recht[s]" iSv § 823 Abs 1 aufgefasst (K SCHMIDT, Integritätsschutz von Unternehmen nach § 823 BGB – Zum „Recht am eingerichteten und ausgeübten Gewerbebetrieb", JuS 1993, 985, 987), allerdings gegen teilweise Kritik aus dem Schrifttum (LARENZ/CANARIS, Schuldrecht II/2 § 81 II 1, 2, IV; für eine analoge Anwendung v § 823 Abs 1 ERMAN/SCHIEMANN § 823 Rn 51). Die Anerkennung des Rechtsguts „eingerichteter und ausgeübter Gewerbebetrieb" im Wege richterlicher Rechtsfortbildung mag noch nicht eindeutig sein, lässt sich aber doch daraus ableiten, dass die höchstrichterliche Praxis Kriterien entwickelt hat, die seinen Anwendungsbereich bestimmen und zugleich begrenzen (FIKENTSCHER/HEINEMANN, Schuldrecht Rn 1578; MEDICUS/PETERSEN, BR Rn 611 ff). Dies erfolgt anhand von Fallgruppen, denen gemeinsam ist, dass sie eine **Beeinträchtigung des Betriebsablaufs** voraussetzen, sei sie unmittelbar (zB sog Stromkabelfälle, BGHZ 29, 65, 70 ff) oder mittelbar (geschäftsschädigende Äußerungen, BGH NJW 1987, 2746 f, BGHZ 90, 113, 122 ff; z den einzelnen Fallgruppen vgl insgesamt STAUDINGER/HAGER [1999] § 823 Rn D 24 ff; MünchKomm/WAGNER § 823 Rn 187 ff; LARENZ/CANARIS, Schuldrecht II/2 § 81 III [546 ff]).

Der Eingriff in das Recht am **Unternehmen** gem § 823 Abs 1 ist abzugrenzen gegenüber speziellen Schutznormen, beispielsweise des GWB und UWG (vgl dazu STAUDINGER/HAGER [1999] § 823 Rn D 21) und auch vom Schutzbereich der §§ 823 Abs 2, 826 und 824 zu unterscheiden. Insofern ist das Recht am eingerichteten und ausgeübten Gewerbebetrieb **subsidiär**, insbesondere bei wettbewerbsbeeinflussenden Eingriffen (bspw BGHZ 43, 359, 361; z Subsidiarität des Rechts am Gewerbebetrieb insgesamt vgl BGH NJW 1998, 2141, 2142). **232**

d) Kreditsicherung*

Das Recht der **Kreditsicherung** unterliegt einer ständigen Veränderung und ist damit ein wichtiger Anwendungsbereich richterlicher Rechtsfortbildung (vgl nur das Vorwort v LWOWSKI, Das Recht der Kreditsicherung [8. Aufl 2000] 5). In diesem Zusammenhang ist auf die Rspr zur **Sittenwidrigkeit von Bürgschaftsverträgen** naher Angehöriger hinzuweisen (vgl die Nw bei STAUDINGER/HORN [1997] Vorbem 66 zu §§ 765 ff; AnwK-BGB/LOOSCHELDERS § 138 Rn 238 ff; ferner TIEDTKE NJW 2003, 1359). Außerdem hat die Rspr Sicherungsinstrumente ausgearbeitet, die eine hohe Verkehrsfähigkeit mit umfangreicher Sicherheit verbinden, etwa die Sicherungsübereignung, die Sicherungszession sowie die Sicherungsgrundschuld (REINICKE/TIEDTKE, Kreditsicherungsrecht Rn 213 ff, 401 ff). **233**

Damit sind jedoch zahlreiche Probleme verbunden (ausf STAUDINGER/WIEGAND [2004] Anh zu §§ 929–931 Rn 1 ff) von denen insbesondere das Stichwort „**Übersicherung**" erwähnenswert erscheint (STAUDINGER/WIEGAND [2004] Anh zu §§ 929–931 Rn 154 ff; AnwK-BGB/LOOSCHELDERS § 138 Rn 255 ff). Eine weitere Rechtsfrage taucht auf, wenn im Falle einer mehrfach gesicherten Forderung, bei der eine Sicherung in einer Bürgschaft besteht, es zu einem **Wettlauf der Sicherungsgeber** kommt. Um Zufallsergebnisse und hinsichtlich des Forderungsübergangs aufkommende Unbilligkeiten zu vermeiden, werden im Wege der Rechtsfortbildung die Regeln über die Gesamtschuldnerschaft angewendet (BGHZ 108, 179, 186 f; EHLSCHEID, Die Ausgleichsansprüche unter Sicherungsgebern, BB 1992, 1290 ff; aA REINICKE/TIEDTKE, Kreditsicherungsrecht Rn 1328 mwNw). **234**

M. Schuld und Haftung

I. Begriffsbestimmung

Der Begriff des **Schuldens** bedeutet nach allgemeiner Auffassung „**leisten müssen**" **235**

---

* **Schrifttum**: LWOWSKI, Das Recht der Kreditsicherung (8. Aufl 2000); REINICKE/TIEDTKE, Kreditsicherungsrecht (5. Aufl 2006).

(FIKENTSCHER/HEINEMANN, Schuldrecht Rn 30; MünchKomm/KRAMER Rn 46). Der Begriff der **Haftung** wird dagegen **nicht einheitlich** verwendet. Man spricht zB von „Haftungsrecht", „Verschuldens-" und „Gefährdungshaftung", „Organhaftung" oder „Haftung des Bürgen" in § 767 Abs 2 und misst dem unterschiedliche Bedeutungen zu. Zum Teil werden „Haftung" und „Schuld" inhaltlich gleichgesetzt (SOERGEL/TEICHMANN Rn 5), andererseits bezeichnet man aber auch die Entstehung von Sekundäransprüchen wegen Schlechterfüllung als Haftung (ESSER/SCHMIDT, Schuldrecht I § 7 I 1) oder die Verantwortlichkeit des Einzelnen mit der Folge einer möglichen Schadensersatzpflicht (LARENZ, Schuldrecht I § 2 IV [22]). Die unterschiedliche Begrifflichkeit ist historisch im sog Schulenstreit zwischen Romanisten und Germanisten angelegt (ausf STAUDINGER/WEBER[10/11] Rn 33, 111).

236 In dem Gegensatzpaar **„Schuld"** und **„Haftung"** versteht man unter Letzterem nach allgemeiner Ansicht das **Unterworfensein unter die Zwangsvollstreckung** (STAUDINGER/J SCHMIDT [1995] Rn 175; BGB-RGRK/ALFF § 241 Rn 10; MünchKomm/KRAMER Rn 46; FIKENTSCHER, Schuldrecht Rn 30; LARENZ, Schuldrecht I § 2 IV [24]). Somit bezeichnen **Schuld** und **Haftung** einerseits die **Leistungspflicht** des Schuldners und andererseits die damit korrespondierende **Erzwingungsmöglichkeit** des Gläubigers. Das Ziel der Haftung liegt dabei mit teilweisen Unterschieden zu anderen Rechtsordnungen grds in der Durchsetzung der Schuld, nicht in bloßer Schadloshaltung (so aber im römischen und klassischen englischen Recht, STAUDINGER/J SCHMIDT [1995] Rn 176; HAUSMANINGER/SELB, RömPrivatR [8. Aufl 1997] 264; z anderen Rechtsordnungen s u Rn 308 ff).

II. Gegenstand der Haftung

237 Im römischen und germanischen Recht haftete der **Schuldner** nicht nur mit seinem Vermögen, sondern auch mit seiner **Person**, allerdings erst nach einem weiteren Begründungsakt, einem **Haftungsvertrag** (HAUSMANINGER/SELB, RömPrivatR [8. Aufl 1997] 262 f; vGIERKE, Schuld und Haftung im alten Deutschen Recht [1910]; LARENZ, Schuldrecht I § 2 IV [24]; vgl auch STAUDINGER/WEBER[10/11] Rn K 3 ff). Ein Haftungsvertrag ist nach heutigem Recht entbehrlich, weil jede Schuld grds eine Haftung nach sich zieht. Wer schuldet, haftet auch (z Ausnahmen s u Rn 239 ff).

238 Der **Gegenstand der Haftung** hat sich ebenfalls geändert. Modernes Recht stellt nicht mehr die Person des Schuldners als Zugriffsobjekt des Gläubigers zur Verfügung, sondern nur noch sein **Vermögen** (krit STAUDINGER/J SCHMIDT [1995] Rn 176 ff; GERNHUBER, Schuldverhältnis 70 f). Haftungsobjekt ist das **gesamte Schuldnervermögen** (Prinzip der unbeschränkten Vermögenshaftung) mit Ausnahme der unpfändbaren Sachen und Forderungen gem §§ 811 ff, 850 ff ZPO (MünchKomm/KRAMER Rn 47). Allein zur Erzwingung von Herausgabeansprüchen gem § 883 f, zur Durchsetzung unvertretbarer Handlungen oder Duldungs- und Unterlassungsansprüchen kann im Rahmen der §§ 888, 890, 892 ZPO im Wege der Ordnungshaft gegen die Person des Schuldners vorgegangen werden.

III. Ausnahmen

239 Grds korrespondieren Schuld und Haftung (LARENZ, Schuldrecht I § 2 IV [25]), jedoch nicht uneingeschränkt. Sowohl eine Leistungspflicht ohne korrespondierende Zugriffsmöglichkeit in das Schuldnervermögen (Schuld ohne Haftung, s u Rn 240 ff) als auch eine von der Leistungspflicht unabhängige Zugriffsmöglichkeit (Haftung ohne Schuld, s u Rn 248 ff) existieren in verschiedenen Ausformungen.

1. Schuld ohne Haftung

a) Haftungsbeschränkungen
Abweichend von dem Grundsatz der uneingeschränkten Vermögenshaftung (s o Rn 238) bestehen Beschränkungen in folgenden Bereichen: **240**

aa) Rechnerische Beschränkung
So gibt es **Haftungsbeschränkungen**, etwa bei der Kommanditistenhaftung gem § 171 HGB, auf die **Höhe der Einlage** oder im Rahmen der Straßenverkehrshaftung in Form von **Haftungshöchstsummen**, etwa gem § 12 StVG. Entsprechende Regeln begrenzen allerdings streng genommen nicht erst die Haftung, sondern bereits die Schuld (GERNHUBER, Schuldverhältnis 71 f). Der Schuldner ist nur im Rahmen der Haftungsbegrenzung einer Verbindlichkeit ausgesetzt. Der Gläubiger kann zur Durchsetzung dieses Anspruchs aber auf das gesamte Schuldnervermögen zurückgreifen (ENNECCERUS/LEHMANN, Schuldrecht § 2 III/3a). Richtigerweise müsste man also von **Schuldbeschränkungen** sprechen. **241**

bb) Gegenständliche Beschränkung
Demgegenüber besteht die Möglichkeit, gesetzlich oder vertraglich (s u Rn 243) die Haftung selbst zu beschränken, also nur bestimmte Vermögensgegenstände dem Zugriff des Gläubigers auszusetzen (MünchKomm/KRAMER Rn 48). Unter die **gesetzlichen Anwendungsfälle** dieser sog gegenständlich beschränkten Haftung fallen zB die **beschränkte Erbenhaftung**, § 1975 ff oder die **Haftung des Erbschaftskäufers** gem § 2383, die jeweils die Haftung auf den Nachlass beschränken. Dem Gläubiger steht nur eine geschlossene Vermögensmasse als Zugriffsobjekt zur Verfügung, diese allerdings unabhängig von der Höhe der Schuld. **242**

cc) Haftungsverträge
Außerdem ist es möglich, die Haftung summenmäßig oder vertraglich zu **beschränken** sowie **auszuschließen**. Schließlich gibt es Vereinbarungen über die rechtliche Wirkung von **Vollstreckungsverträgen** (ZÖLLER/STÖBER, ZPO Vor § 704 Rn 24 mwNw; STAUDINGER/J SCHMIDT [1995] Rn 188). Die Zulässigkeit entsprechender Abreden ergibt sich daraus, dass dem Gläubiger die Entscheidung darüber zusteht, ob er überhaupt gegen den Schuldner vorgehen will. Deshalb muss er sich auch bzgl der Modalitäten dieses Vorgehens wirksam vertraglich binden können, so weit die Verträge auf Beschränkung gerichtet sind (BGH DB 1973, 1451; ZÖLLER/STÖBER, ZPO Vor § 704 Rn 25; BAUMBACH/LAUTERBACH/ALBERS/HARTMANN, ZPO Grundz § 704 Rn 24; MünchKomm/RAUSCHER ZPO Einl Rn 405). **243**

Bis heute besteht allerdings keine Einigkeit über die rechtliche Wirkung von Vollstreckungsverträgen (die Rechtslage war bereits bei Einführung des BGB umstritten, JAKOBS/SCHUBERT, Einführung 43). Einerseits wird hier vertreten, eine vertragswidrige Vollstreckung sei (völlig) **unzulässig**, andere nehmen eine **Schadensersatzverpflichtung** bei Zuwiderhandlung an (STAUDINGER/J SCHMIDT [1995] Rn 188; ausf auch SCHUG, Zur Dogmatik des vollstreckungsrechtlichen Vertrages [Diss Bonn 1969]). Jedenfalls berührt ein solcher

Vertrag aber nicht die Schuld an sich, sondern nur die Haftung des Schuldners (STAUDINGER/J SCHMIDT [1995] Rn 188).

b) Unvollkommene Verbindlichkeiten

244 Von den gesetzlichen oder vertraglichen Haftungsbeschränkungen sind die sog **unvollkommenen Verbindlichkeiten** zu unterscheiden (Naturalobligationen, BGHZ 87, 309, 314 ff, Moralobligationen, Schulden ohne Haftung; s dazu genauer MünchKomm/ KRAMER Rn 49), die allerdings in den Zusammenhang der Begrifflichkeiten von Schuld und Haftung gehören. Sie beruhen zum einen auf Vorschriften, die bereits die **gerichtliche Durchsetzbarkeit** der Verbindlichkeiten ausschließen (SOERGEL/TEICHMANN Rn 6), wie dies etwa bei Spiel und Wette, § 762 ff, oder im Ehemaklervertrag, § 656 ff, der Fall ist. Teilweise wird angenommen, hier entstehe keine Forderung (LARENZ, Schuldrecht I § 2 III), andere sprechen von einer „verbindlichen, erfüllbaren Nichtschuld" (FIKENTSCHER/HEINEMANN, Schuldrecht Rn 69). Zum anderen gibt es echte Verbindlichkeiten, denen aber die **Vollstreckbarkeit** fehlt. Dies gilt gem § 888 Abs 3 ZPO zB für den Anspruch auf Herstellung der ehelichen Lebensgemeinschaft gem § 1353 Abs 1.

245 Gemeinsam ist allen unvollkommenen Verbindlichkeiten, dass sie nicht mit Zwang durchgesetzt werden können (SOERGEL/TEICHMANN Rn 6). Der Ausschluss der Durchsetzbarkeit beschränkt sich nicht nur auf die gerichtliche Geltendmachung, auch Aufrechnung, Sicherung, Abtretung oder Schuldanerkenntnis sind unzulässig (SIBER, Die schuldrechtliche Vertragsfreiheit, Jherings Jb Bd 70, 223, 244; MünchKomm/KRAMER Rn 49). Ihre einzige rechtliche Bedeutung liegt also in dem Umstand, dass sie einen **Rechtsgrund zum Behaltendürfen** iSd Bereicherungsrechtes bilden (MünchKomm/KRAMER Rn 49; SOERGEL/TEICHMANN Rn 6). Auch die Regelung des § 1297 gehört in diesen Zusammenhang. Danach kann aus einem Verlöbnis nicht auf Eingehung der Ehe geklagt werden. Gegen **verjährte Forderungen** hingegen steht dem Schuldner gem § 214 Abs 1 eine peremptorische Einrede zu. Sie unterscheiden sich ferner von den anderen genannten Fällen dadurch, dass sowohl Aufrechnung als auch die Ausübung von Sicherungsrechten nicht ausgeschlossen sind, §§ 215, 216. Ebenso bleibt die Abtretbarkeit von der Verjährung unberührt. Im praktischen Ergebnis gleichen sie allerdings nach Ausübung der Einrede den unvollkommenen Verbindlichkeiten.

246 Prozessual ergeben sich aus unvollkommenen Verbindlichkeiten unterschiedliche rechtliche Situationen. Fehlt nur – wie im Falle des § 888 Abs 3 ZPO – die **Vollstreckungsbefugnis**, so steht weder der Zulässigkeit noch der Begründetheit einer Klage auf Herstellung der ehelichen Lebensgemeinschaft gem § 1353 Abs 1 ein Hindernis entgegen. Dagegen wäre eine Klage auf Eingehung der Ehe wegen § 1297 Abs 1 schon unzulässig. Für die Klage auf Ehemäklerlohn oder „Spiel-/Wettschulden" schließlich ist es str, ob der Richter sie als **unzulässig** oder **unbegründet** bewerten müsste. Dagegen weist das Gericht Klagen aus verjährter Forderung nach Einlegung der Einrede unstreitig als unbegründet ab; zulässig sind derartige Klagen stets.

247 Schwierig ist zu beurteilen, ob die mangelnde Klagbarkeit von Forderungen auch vertraglich vereinbart werden kann (vgl dazu Rn 243).

2. Haftung ohne Schuld

Gibt es einerseits Schulden, denen keine entsprechende Haftung folgt, so besteht andererseits auch die Möglichkeit einer Haftung, ohne dass der Haftende zugleich Schuldner ist.

a) Dingliche Verwertungsrechte
Diese Konstruktion kennt das Gesetz insbesondere im Bereich der **Sachhaftung**. Wird zB ein Pfandrecht oder eine Hypothek zur Sicherung einer Geldforderung bestellt (STAUDIGER/J SCHMIDT [1995] Einl 196 zu §§ 241 ff mwNw), so entsteht an der verpfändeten Sache oder dem belasteten Grundstück ein **dingliches Verwertungsrecht**, das einen Zugriff in der Zwangsvollstreckung ermöglicht, unabhängig davon, ob der Pfandrechts- oder Hypothekenbesteller auch Schuldner der verhafteten Forderung ist. Solche dinglichen Verwertungsrechte behalten bei Veräußerung grds ihre Wirkung auch gegen den Erwerber und treten neben die allgemeine Haftung, verdrängen diese also nicht (MünchKomm/KRAMER Rn 48). Deshalb bedürfen sie (im Gegensatz z allg Haftung, so Rn 235 ff) eines gesonderten Begründungsaktes, also einer Einigung und der Eintragung in das Grundbuch, § 873 Abs 1.

b) Vollstreckungserweiternde Verträge
Auch **vertragliche Haftungserweiterungen** – etwa der Verzicht auf die Erfordernisse des § 750 ZPO für die Zwangsvollstreckung – sind denkbar, aber ihre Zulässigkeit wird grds abgelehnt (ZÖLLER/STÖBER, ZPO Vor § 704 Rn 26 mwNw; BROX/WALKER, Zwangsvollstreckungsrecht [8. Aufl 2008] Rn 203), da der Vollstreckungsschutz in den meisten Fällen nicht nur im Interesse des Schuldners, sondern auch im Interesse der Allgemeinheit besteht. Schließlich wird befürchtet, dass derartige Regelungen Eingang in AGB finden könnten und dann standardmäßig verwendet würden. Ebenso haben die Vollstreckungsorgane nicht die Möglichkeit, materielle Wirksamkeit und Reichweite derartiger Abreden zu überprüfen. Sie beachten grds nur die formelle Rechtmäßigkeit der Zwangsvollstreckung.

N. Geltungsbereich des Schuldrechts/Kollisionsrecht

Die Frage nach dem Anwendungsbereich des Zweiten Buches des BGB lässt sich nicht einheitlich beantworten, sondern ist vielmehr für jede Norm zu untersuchen. Sie beschränkt sich überdies nicht auf die aus dem Internationalen Privatrecht bekannte Problematik des **räumlichen Anwendungsbereiches**, sondern sie muss auch im Hinblick auf die **zeitliche, persönliche und sachliche Anwendbarkeit** der jeweiligen Vorschrift beantwortet werden. Die Antwort kann sich zum einen aus der Norm selbst, zum anderen aber auch aus einer **Kollisionsvorschrift** ergeben, so weit sie positivrechtlich vorhanden ist (z Kollisionsvorschriften allg und ihrer Abgrenzung z Sachrecht vgl vBAR/MANKOWSKI, IPR I § 4 Rn 1 ff; KEGEL/SCHURIG, IPR § 1 VII 5, VIII; KROPHOLLER, IPR § 13 I). Ansonsten muss sie für die Rechtsanwendung neu geschaffen und begründet werden, zB durch Analogiebildung.

Insbesondere das Problem des **sachlichen Geltungsbereichs** einer schuldrechtlichen Vorschrift stellt sich dann, wenn sich ein Rechtsproblem nicht nur dort, sondern auch in anderen Büchern des BGB oder sogar in anderen Rechtsgebieten bzw Gesetzen auswirkt. Dabei kann es im Rahmen der Rechtsanwendung zu einer **Normenhäufung** kommen, so dass eine Rechtsfrage nach unterschiedlichen Rechtsmaterien gelöst werden könnte, wenn kein Normenvorrang infolge Spezialität besteht. Ein Bsp dafür bildet etwa das Verhältnis von Anfechtungs- und Gewährleistungsrecht. Bei mangelhafter Lieferung wird dem Käufer eine uU mögliche Irrtumsanfechtung gem § 119 Abs 2 (vgl STAUDINGER/SINGER § 119 Rn 106) verwehrt, die Anfechtung wegen arglistiger Täuschung gem § 123 Abs 1 (vgl STAUDINGER/SINGER/vFINCKENSTEIN § 123 Rn 94) hingegen nicht. Von einem **Normenmangel** spricht man, wenn das in Betracht kommende Rechtsgebiet eine Rechtsfolge offen lässt, aber zB auf das Schuldrecht verweist, etwa in § 1959 für den vorläufigen Erben auf die Vorschriften über die GoA. In Wirklichkeit handelt es sich also weniger um ein kollisionsrechtliches Problem, als um eine Frage des Geltungsbereichs schuldrechtlicher Normen (KEGEL/SCHURIG, IPR § 1 VII 2 c ordnen diese Thematik nicht dem Kollisionsrecht zu, sondern sprechen von den „Konkurrenz- oder Konfliktsnormen"). Es ist durch Auslegung der betroffenen Norm(en) zu lösen.

I. Räumlicher Anwendungsbereich, insbesondere Internationales Privatrecht

1. Allgemeines, interlokales Privatrecht

253 **Interlokales Kollisionsrecht** regelt die Anwendbarkeit verschiedener Rechtsordnungen in den verschiedenen Gebieten eines einzelnen souveränen Staates. Das **internationale Privatrecht** behandelt Kollisionen des materiellen Rechtes verschiedener souveräner Staaten. Das interlokale Privatrecht verlor in Deutschland mit dem In-Kraft-Treten des BGB am 1.1.1900 zunächst fast völlig an Bedeutung, trat dann aber noch einmal nach dem Zweiten Weltkrieg infolge der Teilung Deutschlands hervor. Auf Grund der weiteren Entwicklung kann diese Entwicklungsphase aber weitgehend zurückstehen (vgl den Überblick bei KEGEL/SCHURIG, IPR § 1 VII 1 a sowie § 18 I 6; ferner vBAR/MANKOWSKI, IPR I § 4 Rn 153 ff, insbesondere 283 ff; z intertemporalen Anwendbarkeit des Rechts der ehemaligen DDR s u Rn 260).

2. Internationales Privatrecht

254 Soweit es um die Anwendbarkeit verschiedener Rechtsordnungen geht, ist im Schuldrecht zunächst zwischen **vertraglichen** und **gesetzlichen Schuldverhältnissen** zu unterscheiden. Beide Formen von Schuldverhältnissen knüpfen für dieses Problem an unterschiedliche Aspekte an. Vertragliche Schuldverhältnisse werden von den Vertragsparteien durch Willenserklärungen begründet, so dass eine **Rechtswahl** auf Grund eines Vorranges des Parteiwillens berücksichtigt werden muss (z weiteren denkbaren Anknüpfungen vgl MünchKomm/MARTINY Vor Art 27 EGBGB Rn 1 ff; KEGEL/SCHURIG, IPR § 18 I 1). Anders verhält es sich bei gesetzlichen Schuldverhältnissen. Dort hängt die Auswahl der Rechtsordnung jedenfalls bei der Entstehung nicht vom Willen der Parteien ab, so dass aus Gründen der Rechtssicherheit die Verkehrsinteressen entscheiden.

a) Vertragliche Schuldverhältnisse

255 Quelle des Internationalen Schuldvertragsrechts ist das Römische EWG-Übereinkommen über das auf vertragliche Schuldverhältnisse anzuwendende Recht (EVÜ) v 19.6.1980. Dieses Übereinkommen ist in Deutschland nicht direkt anwendbar, vgl Art 1 Abs 2 des ZustG. Seine Regelungen wurden sachlich aber in die Art 27–37 EGBGB übernommen und sind damit deutsches staatliches Kollisionsrecht (Einzelheiten z der nicht unproblematischen Form der Umsetzung bei MünchKomm/Martiny Vor Art 27 EGBGB Rn 1b; Soergel/vHoffmann Vor Art 27 EGBGB Rn 8 ff; Martiny, in: Reithmann/Martiny Rn 16 ff; Nolte, Zur Technik der geplanten Einführung des EG-Schuldvertragsübereinkommens in das deutsche Recht aus völkerrechtlicher Sicht, IPRax 1985, 71). Die Ermittlung des in Kollisionsfällen anzuwendenden Rechts vollzieht sich danach in mehreren Stufen, vgl Art 27 f EGBGB: Zunächst ist der ausdrückliche oder konkludente **Parteiwille** im Hinblick auf eine **Rechtswahl** maßgebend, Art 27 EGBGB. Scheitert die Willensermittlung, so erfolgt eine **objektive Anknüpfung** nach der **engsten Verbindung** zwischen Staat und Vertrag. Dafür enthält Art 28 Abs 2–4 EGBGB mehrere **Vermutungen** im Hinblick darauf, zu welchem Staat diese Verbindung besteht (beachte jedoch auch Abs 5). Sonderregeln gelten für Verbraucherverträge gem Art 29, 29a EGBGB und für Arbeitsverträge gem Art 30 EGBGB. Sofern man so die Anwendbarkeit einer bestimmten Rechtsordnung festgestellt hat, regelt sie grds das **gesamte Vertragsverhältnis** mit Ausnahme der Rechts- bzw Geschäftsfähigkeit, Art 7 und 12 EGBGB, der Form des Vertrages, Art 11 EGBGB, sowie der – im EGBGB ungeregelten – rechtsgeschäftlichen Vertretungsmacht (Einzelheiten bei Looschelders, IPR Anh z Art 12 EGBGB Rn 1 ff; Soergel/Lüderitz Anh z Art 10 EGBGB Rn 91; vBar, IPR II Rn 585 ff; z Stellvertretung ebenfalls Kropholler, IPR § 41 I). Daneben bleiben zwingende Vorschriften unberührt (sog Eingriffsnormen, Art 34 EGBGB). Erwähnenswert ist schließlich, dass einige Vertragstypen und Materien von dem geschilderten Anwendungsbereich der Art 27 ff EGBGB bzw des EVÜ ausdrücklich ausgenommen sind. Die Ausnahmen finden sich in Art 37 EGBGB bzw Art 1 EVÜ, der noch weiter gefasst ist (dazu MünchKomm/Martiny Art 37 EGBGB Rn 5, 8 ff). Für sie gelten andere Staatsverträge und sonstige nationale deutsche Vorschriften (z einzelnen Materien MünchKomm/Martiny Vor Art 27 EGBGB Rn 6 und Art 37 EGBGB Rn 13 ff; Soergel/vHoffmann Art 37 EGBGB Rn 11 ff sowie 5–10; Martiny, in: Reithmann/Martiny Rn 182 ff). Beispielhaft ist auf den Versicherungsvertrag hinzuweisen, Art 37 Nr 4 EGBGB (dazu Looschelders, IPR Anh z Art 37 Rn 16 ff).

b) Gesetzliche Schuldverhältnisse

Im Hinblick auf **gesetzliche Schuldverhältnisse** (zB ungerechtfertigte Bereicherung, GoA, Delikt) waren lange Zeit keine geschriebenen Kollisionsregeln vorhanden; ein Mangel, der sich durch das „Gesetz zum Internationalen Privatrecht für außervertragliche Schuldverhältnisse und für Sachen" (BGBl 1999 I 1026; Überblick bei Spickhoff, Die Restkodifikation des internationalen Privatrechts – Außenvertragliches Schuld- und Sachenrecht, NJW 1999, 2209; Staudinger, Das Gesetz zum internationalen Privatrecht für außervertragliche Schuldverhältnisse und für Sachen v 21. 5. 1999, DB 1999, 1589) behoben hat. Dessen Umsetzung findet sich in den Art 38–42 EGBGB, die den von der Rspr entwickelten Anknüpfungsregeln entsprechen (Palandt/Heldrich [67. Aufl 2008] Vorb v Art 38 EGBGB Rn 1; Looschelders, IPR Vorbem Art 38–42 EGBGB Rn 4; vHoffmann/Thorn, IPR § 11 Rn 1). Bei den Art 38–42 EGBGB handelt es sich im Gegensatz zu den Art 27–37 EGBGB um Vorschriften, die nicht auf Staatsverträgen basieren (Staudinger/vHoffmann/Fuchs [2001] Art 38 EGBGB Rn 1 ff). Als Vereinbarung auf europäischer Ebene mit dem Ziel einer Vereinheitlichung (vgl vHein, Internationales Deliktsrecht – Anknüpfung an Handlungsort oder Erfolgsort bei Distanzdelikten – Frankreich, Deutschland, EU, ZEuP 2001, 150, 163 f; Dethloff, Europäisches Kollisionsrecht des unlauteren Wettbewerbs, JZ 2000, 179, 180; entsprechender Entwurf der Europäischen Gruppe für Internationales Privatrecht in IPRax 1999, 286; dazu Jayme/Kohler, Europäisches Kollissionsrecht – die Abendstunde der Staatsverträge, IPRax 1999, 298), ist am 11.1.2009 die Verordnung (EG) Nr 864/2007 des Europäischen Parlaments und des Rates über das auf außervertragliche Schuldverhältnisse anzuwendende Recht (**Rom II-VO**; ABl EU Nr 199 S 40) in Kraft getreten, die innerhalb ihres Anwendungsbereichs die Art 38–42 EGBGB ablöst. Diese finden allerdings in einigen ausdrücklich aus dem Anwendungsbereich der Rom II-VO ausgenommenen Fällen weiterhin Anwendung. Hierbei handelt es sich um Fälle, die Persönlichkeitsverletzungen, die Haftung für Schäden aus Kernenergie und die Haftung des Staates bei Ausübung hoheitlicher Tätigkeit betreffen (vgl Palandt/Thorn Vorb v Art 38 EGBGB Rn 1).

257 Anwendbares Recht für Ansprüche aus **ungerechtfertigter Bereicherung** (vgl Palandt/Thorn Vorb v Anh zu EGBGB 38–42 Rom II 10 Rn 6 ff) ist gem Rom II Art 10 Abs 1 das Recht des zugrunde liegenden, eng mit der ungerechtfertigten Bereicherung verknüpften Rechtsverhältnisses, sofern ein solches besteht. Ansonsten bestimmt sich das anwendbare Recht gem Abs 2 nach dem **Recht des Staates**, indem die Parteien zum Zeitpunkt des Ereigniseintritts beide ihren **gewöhnlichen Aufenthalt** hatten. In den übrigen Fällen ist das Recht des Staates anwendbar, in dem die **ungerechtfertigte Bereicherung eingetreten** ist, Abs 3. Wenn sich aus der Gesamtheit der Umstände ergibt, dass das auf Grund der ungerechtfertigten Bereicherung bestehende Schuldverhältnis eine offensichtlich engere Verbindung mit einem anderen als in den Abs 1–3 bezeichneten Staat aufweist, ist das Recht dieses Staates anzuwenden. Eine entsprechende Regelung findet sich auch bezüglich der Frage nach dem anwendbaren Recht im Rahmen der **Geschäftsführung ohne Auftrag** in Rom II Art 11 (vgl Palandt/Thorn Vorb v Anh zu EGBGB 38–42 Rom II 11 Rn 4 ff). Das anwendbare Recht für Ansprüche aus **unerlaubter Handlung** (vgl Palandt/Thorn Vorb v Anh zu EGBGB 38–42 Rom II 4 Rn 4 ff) richtet sich grds nach dem **Tatort**, Rom II Art 4 Abs 1. Vorrangig gilt allerdings gem Rom II Art 4 Abs 2 die Sonderanknüpfung an einen etwaigen gemeinsamen **gewöhnlichen Aufenthalt** der Beteiligten. Ansonsten geht auch im Rahmen der Ansprüche aus unerlaubter Handlung eine offensichtlich engere Verbindung der unerlaubten Handlung mit einem anderen als in Abs 1–2 bezeichneten Staat vor.

Abgesehen von den Reglungen der grds vorrangigen Rom II-VO ergibt sich aus den nationalen Kollisionsvorschriften folgende Bestimmung: Art 38 knüpft für die **Leistungskondiktion** im Rahmen einer ungerechtfertigten Bereicherung an das Recht des zugrunde liegenden Rechtsverhältnisses, für die **Nichtleistungskondiktion** an den Eingriffsort und für alle sonstigen Fälle an den Ort des Eintritts der Bereicherung an (näher Kropholler, IPR § 53 II; Staudinger/v Hoffmann/Fuchs [2001] Art 38 EGBGB Rn 6 ff). Den Anknüpfungspunkt für die GoA stellt gem Art 39 Abs 1 der Geschäftsführungsort dar (Einzelheiten bei Palandt/Heldrich [67. Aufl 2008] Art 39 EGBGB Rn 1; vHoffmann/Thorn, IPR § 11 Rn 8 ff), allerdings dürfte dieser Norm nach Inkrafttreten der Rom II-VO kaum mehr eine praktische Bedeutung zukommen. Das für Ansprüche aus **unerlaubter Handlung** anwendbare Recht bestimmt sich grds nach dem Tatort, Art 40 Abs 1 EGBGB. Vorrangig gilt allerdings gem Art 40 Abs 2 EGBGB die Sonderanknüpfung an einen etwaigen gemeinsamen **gewöhnlichen Aufenthalt** der Beteiligten. Art 40 Abs 3 EGBGB soll eine Höhenbegrenzung deliktischer Schadensersatzansprüche erreichen (vertiefend vHoffmann/Thorn, IPR § 11 Rn 19 ff; Kropholler, IPR § 53 IV). Abweichend von den einzelnen Kollisionsregeln der genannten Art 38–40 EGBGB besteht für alle **außervertraglichen Schuldverhältnisse** die Möglichkeit einer **nachträglichen Rechtswahl** durch die Parteien, Art 42 EGBGB. Als Abweichung von der Anwendung der Art 38–40 unterfällt der zu beurteilende Sachverhalt vorrangig der Rechtsordnung des Staates, zu dem eine **wesentlich engere Verbindung** besteht als zu derjenigen, die über die Kollisionsregeln als anwendbar bestimmt wurde, Art 41 EGBGB.

II. Zeitlicher Anwendungsbereich

1. Allgemeines

Eine Entscheidung über die **zeitliche Anwendung** muss in Hinblick auf das Schuldrecht ebenso wie für jede andere Rechtsmaterie dann getroffen werden, wenn altes Recht durch neues ersetzt wird. Der Gesetzgeber hat zu bestimmen, ob und wie lange das alte Recht noch nach der Einführung des neuen angewendet werden soll. Solche Vorschriften nennt man **Kollisionsnormen**, so weit sie sich auf privatrechtliche Vorschriften beziehen, **Übergangsprivatrecht** oder **intertemporales Privatrecht** (z den Begrifflichkeiten s vBAR/MANKOWSKI, IPR I § 4 Rn 171; KEGEL/SCHURIG, IPR § 1 VII 2 b; allg und ausführlich z intertemporalen Privatrecht mwNw vgl HESS, Intertemporales Privatrecht [1998]). Entsprechend der historischen Entwicklung hebt das EGBGB schon in seiner Gliederung diesbzgl zwei Ereignisse hervor: Einerseits das **Inkrafttreten** des BGB am 1.1.1900 mit Kollisionsnormen zum Verhältnis der Normen des BGB (und somit auch des Zweiten Buches) zum Recht des 19. Jahrhunderts (4. Teil, Art 157–218 EGBGB); andererseits die **Wiedervereinigung Deutschlands** im Jahre 1990 mit Kollisionsnormen über das Verhältnis von Normen des BGB zum Recht der ehemaligen DDR (6. Teil, Art 230–237 EGBGB, eingefügt durch den Einigungsvertrag [BGBl 1990 II 889] Art 8 iVm Anl I Kap III Sachgebiet B Abschn II; s u Rn 260). Sonstiges intertemporales Privatrecht findet sich im 5. Teil, Art 219–229 EGBGB, für die Schuldrechtsreform insbesondere in Art 229 §§ 5 ff EGBGB (s o Rn 199 f).

2. Inkrafttreten des BGB im Jahre 1900

Das zeitliche Kollisionsrecht zum **Inkrafttreten des BGB** am 1.1.1900 besteht für das Zweite Buch im Wesentlichen aus der Generalklausel des Art 170 EGBGB, der nur vereinzelte Spezialvorschriften gegenüberstehen, zB Art 171 f für Dienst-, Miet- und Pachtverhältnisse. Etwaige Lücken wurden von Rspr und Lit ausgefüllt. In Anbetracht der sinkenden Relevanz dieser Thematik kann auf die Voraufl verwiesen werden (STAUDINGER/J SCHMIDT [1995] Rn 553 f; STAUDINGER/WEBER[10/11] § 241 Rn W 1).

3. Wiedervereinigung Deutschlands

Die **deutsche Wiedervereinigung** vollzog sich rechtstechnisch als **Beitritt der DDR** zum Geltungsbereich des Grundgesetzes, vgl Art 1, 8 EinigsV, so dass für Gesamtdeutschland zur (Wieder-)Herstellung der Rechtseinheit ab diesem Zeitpunkt weitgehend das vormals ausschließlich westdeutsche Recht gilt (JAUERNIG, Übergestülptes Recht? – Zur Rechts- und Bewusstseinslage nach dem Einigungsvertrag, NJW 1997, 2705: „übergestülptes Recht"). Als Alternative hätte der Einigungsvertrag einen Prozess der Rechtsangleichung mit allmählicher Ablösung des DDR-Rechts vorsehen können (dazu DROBNIG, Überlegungen zur innerdeutschen Rechtsangleichung, DtZ 1990, 116, 117; MAGNUS, Deutsche Rechtseinheit im Zivilrecht – die Übergangsregelungen, JuS 1992, 456). Gem Art 9 EinigsV blieb ehemaliges DDR-Recht in Kraft, das mit dem Grundgesetz – ausgenommen Art 143 –, Bundesrecht und Europäischem Gemeinschaftsrecht nicht in Widerspruch stand. Es gilt allerdings – abgesehen von den in Art 9 Abs 4 EinigsV aufgeführten Ausnahmen – nur als Landesrecht weiter. Für das BGB sind die durch den EinigsV eingeführten Art 230 ff EGBGB zu beachten. Kollisionsnormen für das Schuldrecht enthält Art 232 EGBGB, der den allgemeinen Grundsätzen in Übergangsregelungen entspricht (vgl PALANDT/WEIDENKAFF [64. Aufl 2005] Art 232 EGBGB; SOERGEL/HARTMANN Art 232 EGBGB; STAUDINGER/RAUSCHER [2003] Art 232 EGBGB; DÖRNER, Die Einführung des BGB und EGBGB in den neuen Bundesländern [1993]; LÜBCHEN, Kommentar zum 6. Teil des EGBGB [1991]). Deshalb unterscheidet das Gesetz zwischen allgemeinen Schuldverhältnissen und Dauerschuldverhältnissen: Für **Dauerschuldverhältnisse** (Miete, Pacht) gelten seit dem Beitritt gem Art 232 §§ 2, 3 EGBGB die Vorschriften des BGB, für **andere Schuldverhältnisse** bleibt gem Art 232 § 1 EGBGB der Zeitpunkt ihrer Entstehung maßgeblich. Zu Arbeitsverträgen vgl überdies Art 232 § 5 EGBGB, zum Deliktsrecht Art 232 § 10 EGBGB.

III. Personaler Anwendungsbereich

261 **Personales Kollisionsrecht** befasst sich mit der Frage, ob bestimmte Personen und Personengruppen in den Anwendungsbereich einer Sondervorschrift fallen und orientiert sich dabei an **persönlichen Eigenschaften** (allg vBAR/MANKOWSKI, IPR I § 4 Rn 163; KEGEL/SCHURIG, IPR § 1 VII 2 a; KROPHOLLER, IPR § 30 I). Es spielt im Inland (z mitunter erheblichen Bedeutung religiöser und stammesgebundener Partikularrechte im Ausland vgl MünchKomm/SONNENBERGER Art 4 EGBGB Rn 84 ff; Schrifttum auch bei KEGEL/SCHURIG, IPR § 1 VII 2 a) eine entscheidende Rolle bei den sog „Sonderprivatrechten", also neben dem HGB in den zahlreichen früheren Sondergesetzen, die im Zuge der Schuldrechtsmodernisierung überwiegend in das BGB integriert wurden (dazu BRÜGGEMEIER/REICH, Europäisierung des BGB durch große Schuldrechtsreform? Stellungnahme zum Entwurf eines Schuldrechtsmodernisierungsgesetzes, BB 2001, 213 ff; z Schuldrechtsmodernisierung s o Rn 184 ff), zB dem VerbrKrG, dem HausTWG und dem AGBG. Entsprechendes gilt etwa für das Arbeitsrecht.

262 Gemeinsamer Rechtsgedanke aller europäischen Richtlinien, auf denen diese Gesetze basierten, war der Schutz verschiedener Personengruppen bei **Kräfteungleichgewichten** innerhalb bestimmter Rechtsverhältnisse, etwa Kaufverträgen. Es handelt sich dabei im Hinblick auf die Beteiligten begrifflich einerseits um „**Verbraucher**", andererseits um „**Unternehmer**" (abw Bezeichnungen heute nur noch im FernUSG: „Veranstalter" und „Teilnehmer"). Diese Typisierung hat der Gesetzgeber in dem „Gesetz über Fernabsatzverträge und andere Fragen des Verbraucherschutzrechts sowie zur Umstellung von Vorschriften auf Euro" (BGBl 2000 I 897; s o Rn 171) legaldefiniert, und zwar in den §§ 13, 14 (allg z Verbraucherschutzrecht s o Rn 23 f; DAUNER-LIEB, Verbraucherschutz; JOERGES, Verbraucherschutz als Rechtsproblem [1981]; MEDICUS, Schutzbedürfnisse [insbes der Verbraucherschutz] und das Privatrecht, JuS 1996, 761; speziell z Schuldrecht ESSER/SCHMIDT, Schuldrecht I § 1 IV, allerdings gegen eine „Abdrängung des Verbraucherschutzgedankens in ein Sonderprivatrecht"). Auf die personale Qualifizierung nehmen zB die verbraucherschutzrechtlichen Sondervorschriften der §§ 241a, 312, 312b, 355 f, 481, 474 491 sowie 661a Bezug. Die Bedeutung solcher Anwendungsentscheidungen wird im Schuldrecht noch zunehmen, weil der Staat verstärkt – oftmals auch auf Grund von Vorgaben der EG – in Marktvorgänge regulierend eingreift, um den geschilderten Ungleichgewichtungen zwischen Vertragsparteien in wirtschaftlicher, intellektueller oder sozialer Hinsicht Rechnung zu tragen.

O. Schuldrecht und andere Rechtsmaterien

I. Schuldrecht und Verfassungsrecht

Die Verfassung, insbesondere die in ihr enthaltene **Grundrechtsordnung**, entfaltet durch ihre objektiv-rechtliche Dimension in zweierlei Hinsicht Bedeutung für das Schuldrecht: Zum einen bildet sie einen äußeren Rahmen für die gesetzgeberische Gestaltung (s u Rn 265), zum anderen beeinflusst sie das bestehende Schuldrecht bei seiner Auslegung (s u Rn 265; STAUDINGER/COING/HONSELL [2004] Einl 197 zum BGB). **263**

1. Verfassungsrechtliche Vorgaben für das Schuldrecht

Schuldrecht – sei es kodifiziert oder durch Rechtsfortbildung entstanden (z Entstehungsgeschichte s o Rn 120 ff) – muss wie jede Rechtsnorm mit dem höherrangigen Verfassungsrecht in Einklang stehen (z verfassungskonformen Auslegung s u Rn 265). Die Verfassung ist somit Maßstab für seine gesetzgeberische Ausgestaltung, enthält sich jedoch weitgehend inhaltlicher Vorgaben und Wertungen („wirtschaftspolitische Neutralität"; s auch DÜRIG, in: MAUNZ/DÜRIG Art 2 Abs 1 Rn 43), sondern belässt dem Gesetzgeber einen weitreichenden **Gestaltungsspielraum**, dem sie lediglich äußere Grenzen zieht (vgl BVerfGE 4, 7, 17 f; 50, 290, 336 f; z diesen Grenzen näher DÜRIG, in: MAUNZ/DÜRIG Art 2 Abs 1 Rn 46 ff). Das bestehende Schuldrecht ist – so weit ersichtlich – verfassungskonform (s BVerfG NJW 1994, 36, 38; z umstrittenen Regelung des § 661a vgl insofern SCHNEIDER, Erfüllungszwang bei Gewinnzusagen – verfassungsmäßig? Eine Kritik an § 661a BGB, BB 2002, 1653; bzgl der verfassungskonformen Anwendung des neuen Schuldrechts s auch LOOSCHELDERS, Kein Ausschluss der Gewährleistungsrechte bei Selbstvornahme durch Beschaffung eines fehlerfreien Ersatzteils [Anm z BVerfG, Beschl v 26. 9. 2006], JA 456, 457). **264**

2. Einflüsse des Verfassungsrechts auf bestehendes Schuldrecht*

Die Einwirkung der Grundrechte und der Verfassung insgesamt auf das Verhältnis der Privatrechtssubjekte untereinander ist heute nahezu unbestritten (s nur LOOSCHELDERS, in: WOLTER/RIEDEL/TAUPITZ, Einwirkungen der Grundrechte auf das Zivilrecht, Öf- **265**

---

* **Schrifttum:** CANARIS, Grundrechte und Privatrecht (1999); ders, Grundrechte und Privatrecht, AcP 184 (1984) 201 ff; DOHRN, Die Drittwirkung der Grundrechte, JA 1976, 181 ff; DÜRIG, Grundrechte und Zivilrechtsprechung, in: FS Nawiasky (1956) 157 ff; ECHTERHÖLTER, Grundrechte und Privatrecht, BB 1973, 393 ff; GUCKELBERGER, Die Drittwirkung der Grundrechte, JuS 2003, 1151 ff; KURTZ, Urteilskriterien zur Problematik der sogenannten „Drittwirkung" der Grundrechte als Vorarbeiten zu einer normativen Systemtheorie, die zugleich politische Rechtstheorie zu sein hätte (Diss Frankfurt aM 1972); LANGNER, Die Problematik der Geltung der Grundrechte zwischen Privaten (Diss Potsdam 1998); LEISNER, Grundrechte und Privatrecht (1960); LOOSCHELDERS, in: WOLTER/RIEDEL/TAUPITZ, Einwirkungen der Grundrechte auf das Zivilrecht, Öffentliche Recht und Strafrecht (1999) 93 ff; MEDICUS,

fentliche Recht und Strafrecht [1999] 93; NANNEN, Grundrechte und privatrechtliche Verträge [Diss Trier 2000]; CANARIS, Grundrechte und Privatrecht [1999]; LEISNER, Grundrechte und Privatrecht [1960]), nicht jedoch die methodische Konstruktion ihrer Geltung. Mit den unterschiedlichen Betrachtungsweisen sind bei der Beantwortung von Rechtsfragen keine wesentlichen Ergebnisunterschiede verbunden. Vereinfacht gesagt kann man zum einen die Konzeption einer **unmittelbaren Drittwirkung** der Grundrechte im Privatrecht vertreten, mit der Folge, dass grundrechtswidrige Rechtsgeschäfte gem § 134 nichtig sind (NIPPERDEY, Grundrechte und Privatrecht [1961]; BAGE 4, 274, 276). Zum anderen gibt es die Lehre der **mittelbaren Drittwirkung** von Grundrechten, die die hinter ihnen stehenden Wertentscheidungen bei der Auslegung von Willenserklärungen und zivilrechtlichen Normen, insbesondere von **Generalklauseln** wie etwa den §§ 138, 242, 826, berücksichtigen will („Einfallstore" oder „Einbruchstellen" des Verfassungsrechts; vgl BVerfGE 7, 198, 206; BVerfG NJW 1994, 36, 38 f; BAG BB 1994, 433; DÜRIG, in: MAUNZ/DÜRIG Art 2 Abs 1 Rn 57 f; STAUDINGER/COING/HONSELL [2004] Einl 192 ff zum BGB; SCHWABE, Bundesverfassungsgericht und „Drittwirkung" der Grundrechte, AöR 100 [1975] 442; ESSER/SCHMIDT, Schuldrecht I § 3 V 3; s aber auch FLUME AT § 10, 10 b; zu dem eigenen Ansatz, wonach nicht subjektive Privatrechte mit Grundrechten kollidieren, sondern Grundrechte des einen Bürgers mit denen des anderen – weil allen subjektiven Privatrechten Grundrechte zugrunde liegen – vgl STAUDINGER/J SCHMIDT [1995] § 242 Rn 811 mwNw; praktische Konsequenzen ergeben sich daraus nicht; insbes z § 138 vgl ausf AnwK-BGB/LOOSCHELDERS Rn 40 ff). Dafür wird angeführt, dass die Gerichte als Teil der Staatsgewalt über Art 1 Abs 3 GG an die Grundrechte gebunden und verpflichtet sind, einen entsprechenden Schutzauftrag bei der Urteilsfindung auszuführen, also nicht unter Missachtung der Grundrechte zu entscheiden (BVerfG NJW 1990, 1469; mwN STAUDINGER/ J SCHMIDT [1995] Rn 538 ff; STAUDINGER/COING/HONSELL [2004] Einl 192 ff zum BGB; ebenso DREIER/DREIER, Grundgesetz Bd 1 [2. Aufl 2004] Vorbem 98 ff). Letztlich geht es dabei um den Schutz eines beteiligten Privatrechtssubjekts vor zu umfangreicher Preisgabe seiner Grundrechte bzw um sozialstaatliche Korrekturen (vgl ESSER/SCHMIDT, Schuldrecht I § 2 II; DÜRIG, in: MAUNZ/DÜRIG Art 2 Abs 1 Rn 60). Die Notwendigkeit eines solchen Vorgehens liegt manchmal im Fehlen privatrechtlicher Kontroll- und Schutznormen. Zuweilen würden sich die Konflikte aber auch dadurch lösen lassen, dass man sich auf die Grundprinzipien des Schuldrechts besinnt (s o Rn 25 ff), sofern nicht auf Grund geänderter Gesellschaftsverhältnisse eine Abkehr von den liberalen Auffassungen des Gesetzgebers notwendig erscheint. Man muss sich vergegenwärtigen, dass jede Einschränkung im Wege der Auslegung regelmäßig auch eine Reduktion der Privatautonomie mit sich bringt. Sie ist allerdings insofern gerechtfertigt, als das

Der Grundsatz der Verhältnismäßigkeit im Privatrecht, AcP 192 (1992) 35 ff; NANNEN, Grundrechte und privatrechtliche Verträge (Diss Trier 2000); NIPPERDEY, Grundrechte und Privatrecht (1961); REIMERS, Das Grundgesetz und das Privatrecht, MDR 1967, 533 ff; RÖTHEL, Verfassungsprivatrecht aus Richterhand? – Verfassungsbindung und Gesetzesbindung der Zivilgerichtsbarkeit, JuS 2001, 424 ff; SCHWABE, Die sogenannte Drittwirkung der Grundrechte. Zur Einwirkung der Grundrechte auf den Privatrechtsverkehr (1971); ders, „Drittwirkung" und kein Ende, NJW 1973, 229 f; ders, Bundesverfassungsgericht und „Drittwirkung" der Grundrechte, AöR 100 (1975) 442 ff; ders, Über den Wert von Gemeinplätzen für das Drittwirkungsproblem, JR 1975, 13 ff; RÜFNER, Drittwirkung der Grundrechte, in: GS Martens (1987) 215 ff; ZÖLLNER, Regelungsspielräume im Schuldvertragsrecht – Bemerkungen zur Grundrechtsanwendung im Privatrecht und zu dem sogenannten Ungleichgewichtslagen, AcP 196 (1996) 1 ff.

Schuldrecht zwar einen Güteraustausch reguliert, dabei aber nicht die Menschenwürde, die körperliche Integrität und sonstige Grundrechte der Privatrechtssubjekte einschränken oder ausschließen soll. Man hat dies damit zum Ausdruck gebracht, dass auch im rechtsgeschäftlichen Verkehr eine gewisse „personenrechtliche Enthaltsamkeit" geboten erscheine (ESSER/SCHMIDT, Schuldrecht I § 3 V; dort auch näher z einzelnen Verfassungsnormen und ihrem konkreten Einfluss auf das Zivilrecht). Die Grundrechte sind deshalb bei der Auslegung des Schuldrechts stets zu beachten. Allerdings geben Verfassung und Grundrechte lediglich einen äußeren Rahmen, der die privatautonome Gestaltungsmöglichkeit nicht iSd Vorgabe einer Lösung ausschließen darf (ebenso ESSER/SCHMIDT, Schuldrecht I § 3 V 3).

Als Bsp für die Einflussnahme des Grundgesetzes und insbesondere der Grundrechte auf das Privatrecht kann aus der früheren Rspr die Entwicklung des **allgemeinen Persönlichkeitsrechts** als Schutzgut iSd § 823 Abs 1 (s o Rn 230) sowie die Ersatzfähigkeit daraus entstandener **immaterieller Schäden** dienen (BGHZ 13, 338; BVerfGE 34, 269). In neuerer Zeit ist auf die umfangreiche Rspr zum **Bürgschaftsrecht** zu verweisen (vgl nur BVerfG NJW 1994, 36; 2749; 1996, 2021; BGH NJW 1997, 52; BGHZ 125, 206; 132, 119; dazu PAPE, BGH-aktuell: Bürgschaftsrecht – Entscheidungen und LM-Anmerkungen 1994, NJW 1995, 1006; ders, Die Entwicklungen des Bürgschaftsrechts im Jahre 1995, NJW 1996, 887; ders, Die Entwicklung des Bürgschaftsrechts im Jahre 1996, NJW 1997, 980; DIEDERICHSEN, Aktuelle Problem der Bürgschaft, Jura 1999, 229; TIEDTKE NJW 2003, 1359; vgl ferner ausf MünchKomm/HABERSACK § 765 Rn 15 ff; AnwK-BGB/LOOSCHELDERS § 138 Rn 238 ff), die im Interesse der einkommens- und vermögenslosen Angehörigen des Hauptschuldners die Inhaltskontrolle von Bürgschaftsverträgen verschärft hat. **266**

II. Schuldrecht und Öffentliches Recht im Übrigen

1. Zur Anwendbarkeit privatrechtlicher Vorschriften im Öffentlichen Recht allgemein

An verschiedenen Stellen wird die **Anwendung** privatrechtlicher Vorschriften im Öffentlichen Recht **gesetzlich angeordnet**, sei es **ausdrücklich**, vgl zB §§ 12 Abs 1 Nr 1 und 2, 31, 49 a Abs 2, 59 Abs 1; 62 S 2 VwVfG, 53 Abs 2 BRRG oder durch **indirekten Verweis**, zB in § 19 Abs 5 SGB XII. Dort ist eine gesamtschuldnerische Haftung vorgesehen, so dass ergänzend die §§ 421 ff heranzuziehen sind. Probleme bereitet der Umstand, dass der ausdrückliche oder indirekte Verweis auf die privatrechtlichen Vorschriften lediglich ihre „entsprechende Anwendung" vorsieht, vgl zB §§ 49a Abs 2, 62 S 2 VwVfG. Deshalb sind ähnlich wie bei der Lückenfüllung im Öffentlichen Recht durch privatrechtliche Vorschriften (s u Rn 271 f) die Anwendbarkeit und ihre Reichweite im Einzelfall gesondert festzustellen. Ebenso verhält es sich, wenn privatrechtliche Vorschriften gewohnheitsrechtlich entsprechend angewendet werden. **267**

Fehlt ein Verweis auf das Privatrecht, so stellt sich die Frage, ob **Lücken** im Öffentlichen Recht durch privatrechtliche Vorschriften gefüllt werden können. Dazu kommen unterschiedliche dogmatische Konstruktionen in Betracht (Einzelheiten bei DE WALL 53 ff), insbesondere die Analogie und die rechtsgrundsätzliche Anwendung (WOLFF/BACHOFF/STOBER Bd 1 § 22 Rn 45; ERICHSEN/EHLERS, Allgemeines Verwaltungsrecht [13. Aufl 2005] § 2 Rn 12; z Unterscheidung ausf DE WALL 62 ff; vgl auch BAUR, Neue Verbindungs- **268** linien zwischen Privatrecht und öffentlichem Recht, JZ 1963, 41; ferner BGHZ 21, 214, 218; 54, 299, 302; 59, 303, 305), von denen die Analogie vorzugswürdig erscheint (ebenso DE WALL 53 ff, 81 f). Schwierigkeiten bereitet aber oft schon das Problem, ob eine **planwidrige Lücke** des Öffentlichen Rechts vorhanden ist (PAWLOWSKI, Methodenlehre für Juristen [3. Aufl 1999] Rn 476 ff; SCHMALZ, Methodenlehre für das juristische Studium [4. Aufl 1998] Rn 372 ff; z Einzelheiten DE WALL 82 ff). Ihre Feststellung ergibt sich nur durch Vergleich zu einer geregelten Fallkonstellation, der zu dem Ergebnis gelangen muss, dass das Fehlen einer Regelung für den ungeregelten Fall gleichheitswidrig erscheint (vgl CANARIS, Die Feststellung von Lücken im Gesetz [2. Aufl 1983]). Der vordergründige Schluss von der mangelnden Existenz einer der BGB-Regelung entsprechenden Norm im Öffentlichen Recht auf eine dementsprechende Lücke missachtete allerdings die Verschiedenartigkeit beider Rechtsgebiete: Das Öffentliche Recht hält für ähnliche Problemstellungen vielfach eigene, andersartige Rechtsinstitute bereit, zB für Irrtumsfälle, wo deshalb in Ermangelung einer ausdrücklichen Regelung nicht ohne weiteres die §§ 119 ff herangezogen werden dürfen (MünchKomm/KRAMER Rn 11; TRUTE, in: HOFFMANN-RIEM/SCHMIDT-ASSMANN, Öffentliches Recht und Privatrecht als wechselseitige Auffangordnungen [1996] 167, 178 f; Bsp auch bei DE WALL 86).

269 Vorsicht ist auch bei der Feststellung geboten, ob die **Ähnlichkeit** von geregeltem und ungeregeltem Fall eine Übertragung der bürgerlich-rechtlichen Norm erlaubt: Die Prüfung der wesensmäßigen Anwendbarkeit einer privatrechtlichen Vorschrift im Öffentlichen Recht muss dessen Eigenarten berücksichtigen, zB den zwingenden Charakter im Gegensatz zur Privatautonomie, die Interessen der Beteiligten, ggf ein Über-/Unterordnungsverhältnis (z alldem WOLFF/BACHOFF/STOBER Bd 1 § 22 Rn 14 ff), schließlich die Konzentration des Öffentlichen Rechts auf das Verfahren der Entscheidungsfindung (DE WALL 86). Diese Umstände dürfen jedoch andererseits nicht zu der Annahme führen, zur Lückenfüllung im Öffentlichen Recht seien stets öffentlich-rechtliche Vorschriften vorrangig vor privatrechtlichen heranzuziehen (ebenso DE WALL 86 f).

270 Die Anwendung privatrechtlicher Vorschriften im Öffentlichen Recht stößt also auf Grenzen. Grds ist sie zwar in der praktischen Rechtsanwendung als Richterrecht verfassungsrechtlich zulässig, muss aber den **Vorbehalt des Gesetzes** beachten, der den Gesetzgeber „verpflichtet, in grundlegenden normativen Bereichen [...] alle wesentlichen Entscheidungen selbst zu treffen" (BVerfGE 49, 89, 126). Die Konsequenzen dieser Vorgabe sind mit „Blick auf den jeweiligen Sachbereich und die Intensität der geplanten und getroffenen Regelung" (BVerfGE 49, 89, 127) zu bestimmen. Die aufgezeigten Grenzen der Übertragung privatrechtlicher Vorschriften auf das Öffentliche Recht dürfen allerdings nach dem Zweck des Gesetzesvorbehaltes auch in wesentlichen Bereichen dann überschritten werden, wenn die dadurch getroffene Regelung des Rechtsverhältnisses für den Bürger vorhersehbar erscheint. Dabei kann es von Bedeutung sein, ob die Verwaltung das betreffende Rechtsverhältnis von vornherein privatrechtlich hätte begründen können. Denn dann wären die entsprechenden Normen des BGB direkt zur Anwendung gelangt, um deren analoge Anwendung es nun geht (näher DE WALL 93 ff).

2. Schuldrechtliche Vorschriften im Öffentlichen Recht

271 Öffentliches Recht begründet wie Privatrecht Rechtsverhältnisse zwischen den be-

Recht der Schuldverhältnisse

teiligten Rechtssubjekten, die sog **Verwaltungsrechtsverhältnisse**. Einen Unterfall dazu bilden die **verwaltungsrechtlichen Schuldverhältnisse** (allg dazu MEYSEN, Haftung 55 ff; WINDHORST JuS 1996, 605), für die eine bestimmte Forderung kennzeichnend ist. Ähnlich wie im Privatrecht (dazu § 241 Rn 36 ff; MünchKomm/KRAMER Rn 13; FIKENTSCHER/HEINEMANN, Schuldrecht Rn 26) kann man auch im Öffentlichen Recht zwischen **Schuldverhältnissen** ieS und iwS (su § 241 Rn 36 ff) unterscheiden. Dabei bezeichnet Ersteres die einzelne Forderung, Letzteres das gesamte Schuldverhältnis zwischen den Beteiligten. Den Ausgangspunkt eines verwaltungsrechtlichen Schuldverhältnisses bilden durchaus unterschiedliche Entstehungstatbestände: Ein **verwaltungsrechtlicher Vertrag** oder ein **Verwaltungsakt**, eine **verwaltungsrechtliche Willenserklärung**, **schlichtes Verwaltungshandeln** oder eine **gesetzliche Anordnung** kommen in Frage (vgl dazu DE WALL 231 ff). Diese unterschiedlichen Umstände müssen bei der etwaigen Übernahme privatrechtlicher Vorschriften berücksichtigt werden, da zB das Schuldverhältnis auf Grund eines Verwaltungsaktes im VwVfG (und in verschiedenen Spezialgesetzen) eine umfangreiche und eigenständige gesetzliche Ausgestaltung erfahren hat, so dass sich deshalb uU die Anwendung privatrechtlicher Vorschriften verbietet. Bei anderen Entstehungstatbeständen dagegen gibt es zum Teil so große Lücken, dass ein ganzes privatrechtliches Rechtsinstitut, zB die GoA, im Wege der Analogie aus dem Privatrecht übernommen werden muss (dazu SCHOCH, GoA im öffentlichen Recht, Jura 1994, 241; KNAPP, Geschäftsführung ohne Auftrag bei Beteiligung von Trägern öffentlicher Verwaltung [1999]; NEDDEN, Die Geschäftsführung ohne Auftrag im Öffentlichen Recht [1994]; WOLLSCHLÄGER, Geschäftsführung ohne Auftrag und Erstattungsanspruch [1977]). Allerdings verweisen auch schon verschiedene verwaltungsrechtliche Bestimmungen direkt auf die GoA, zB §§ 42 Abs 2 OBG NW; 41 Abs 2 OBG Bbg; 57 PolG BW.

Für **öffentlich-rechtliche Verträge** enthält § 62 VwVfG einen ausdrücklichen Hinweis auf die ergänzende Anwendung des Privatrechts (vgl MEYER, Das neue öffentliche Vertragsrecht und die Leistungsstörungen, NJW 1977, 1705). Doch auch darüber hinaus haben insbesondere haftungsrechtliche Tatbestände Eingang in das öffentliche Recht gefunden (allg dazu vor allem MEYSEN, Haftung; weiterhin WINDHORST JuS 1996, 605, 608 ff), so die nunmehr in §§ 280 Abs 1, 311 Abs 2 und 3 normierte **culpa in contrahendo** (BGHZ 71, 386, 392; 76, 343, 348 f; JÄCKLE, Die Haftung der öffentlichen Verwaltung aus culpa in contrahendo im Licht der oberinstanzlichen Rechtsprechung, NJW 1990, 2520 mwNw; ausf KELLER, Vorvertragliche Schuldverhältnisse im Verwaltungsrecht [1997]; z Normierung auch Rn 210), die jetzt in § 313 niedergelegten Grundsätze des **Wegfalls der Geschäftsgrundlage** (LITTBARSKI, Der Wegfall der Geschäftsgrundlage im Öffentlichen Recht [1982]; z Normierung auch Rn 218), die seit der Schuldrechtsreform über § 280 Abs 1 erfasste **positive Forderungsverletzung** (BGHZ 17, 191; 54, 299, 302 f; 59, 303; 61, 7, 11 ff; 109, 8, 9 ff; 135, 341; ERICHSEN/EHLERS, Allgemeines Verwaltungsrecht [13. Aufl 2005] § 32 Rn 5; krit PAPIER, Die Forderungsverletzung im Öffentlichen Recht [1970]; z Normierung auch Rn 211) sowie die Regelungen der §§ 242, 254 (ua BGH NJW 1983, 622; z § 242 s auch STAUDINGER/LOOSCHELDERS/OLZEN § 242 Rn 1064 ff), 276 (ua RGZ 65, 113, 117; BGHZ 54, 299, 302 ff), 278, 280 Abs 1 S 2 (§ 282 aF), 286 (§ 284 aF), 291. Auch die **Aufrechnungsvorschriften** der §§ 387 ff finden im Öffentlichen Recht „sinngemäße" Anwendung (ausf und mit zahlreichen Nw MünchKomm/SCHLÜTER § 387 Rn 3), so weit keine eigenständige Normierung des Problems vorhanden ist, vgl nur §§ 51 f SGB I; 333 SGB III; 28 SGB IV; 226 AO. Gleiches gilt für das **Kaufrecht** (BGHZ 59, 303, 305). Der **öffentlich-rechtliche Erstattungsanspruch** geht, obwohl heute an verschiedenen Stellen speziell normiert, vgl §§ 49a

VwVfG; 50 SGB X; 87 BBG; 37 AO, auf eine analoge Anwendung der §§ 812 ff zurück (dazu BVerwGE 4, 215, 218 f; 6, 1, 10; 18, 308, 314; WEBER, Der Erstattungsanspruch – Die ungerechtfertigte Bereicherung im Öffentlichen Recht [1977]; ders, Der öffentliche Erstattungsanspruch, JuS 1986, 29, 33). Allerdings stößt der Einwand der Entreicherung gem §§ 818 Abs 3, 819 auf Probleme: Während er dem Staat verwehrt sein soll (vgl BVerwGE 36, 108, 113 f; OVG Koblenz NVwZ 1988, 448), muss auf Seiten des Bürgers unterschieden werden, ob die zurückgeforderte staatliche Leistung auf einem Verwaltungsakt beruht oder nicht. Im erstgenannten Fall werden die einschlägigen Vertrauensschutzregelungen, zB §§ 48 ff VwVfG, angewendet. Andernfalls sind nach der Rspr des BVerwG nicht die §§ 818 Abs 3, 819 anzuwenden, sondern **Vertrauensschutzgrundsätze** heranzuziehen (grundlegend u z den Unterschieden der beiden Ansätze BVerwGE 71, 85, 91 mwNw). Die **öffentlich-rechtliche Verwahrung** schließlich wird in erheblichem Umfang durch die privatrechtlichen Verwahrungsvorschriften, §§ 688 ff, bestimmt (Einzelheiten bei MünchKomm/HENSSLER § 688 Rn 59 ff; z Übernahme all dieser und weiterer schuldrechtlicher Rechtsinstitute und Vorschriften in das Öffentliche Recht ausf DE WALL 218 ff sowie MEYSEN, Haftung 299 ff; speziell für das Sozialrecht GITTER, Bundessozialgericht und Zivilrecht, NJW 1979, 1024, 1026 ff).

III. Schuldrecht und Zivilprozessrecht

273 Schuld- und **Zivilprozessrecht** sind in mehrfacher Hinsicht verzahnt. Zum einen finden sich in der ZPO Normen des materiellen Schuldrechts, zB §§ 89 Abs 1 S 3, 302 Abs 4 S 3 (ggf iVm § 600 Abs 2), 641g, 717 Abs 2, 840 Abs 2 S 2, 842, 945 und 1042 Abs 4 S 1 ZPO, die allesamt Schadensersatzansprüche vorsehen. Zum anderen sind verschiedene schuldrechtliche Rechtsfolgen mit prozessualen Sachverhalten verknüpft, ua bei den sog begünstigten Erfüllungsansprüchen, bei denen das stattgebende Urteil eine Anspruchsvoraussetzung bildet (vgl zB §§ 281, 323, 530, 637, weitere Bsp bei ZÖLLER/GREGER ZPO § 255 Rn 4). „Begünstigt" sind diese Ansprüche deshalb, weil der Gläubiger gem § 255 Abs 1 ZPO die Möglichkeit hat, schon im Urteil eine Frist bestimmen zu lassen, nach deren erfolglosen Ablauf er im Falle der Nichtleistung ohne weiteres Schadensersatz statt der Leistung verlangen oder vom Vertrag zurücktreten kann (dazu näher MUSIELAK/FOERSTE, ZPO § 255 Rn 1). Zudem gibt es schuldrechtliche Vorschriften, die auf die **Rechtshängigkeit** einer Klage Bezug nehmen, vgl ua §§ 286 Abs 1 S 2, 292 Abs 1, 818 Abs 4, 819 Abs 1. Umgekehrt kennt aber auch die ZPO Verweise auf schuldrechtliche Normen, zB § 717 Abs 3 ZPO.

274 Weiterhin haben verschiedene Rechtsgrundsätze und Institute des Schuldrechts Bedeutung im Prozessrecht erlangt, in erster Linie der Grundsatz von **Treu und Glauben** gem § 242 (STAUDINGER/LOOSCHELDERS/OLZEN § 242 Rn 1028 ff). Er kommt als Einwand **unzulässiger Rechtsausübung** bzw der **Arglist** in Betracht, wenn der Kläger einer Drittwiderspruchsklage gem § 771 ZPO materiell-rechtlich selbst für die Forderung haftet, die dem Zahlungstitel des Drittwiderspruchsklägers zugrunde liegt, der als Vollstreckungsgrundlage dient. Denkbar ist diese Fallkonstellation in Bürgschaftsfällen, § 765 Abs 1, oder wenn wegen einer Schuld der OHG in das Vermögen des persönlich haftenden Gesellschafters vollstreckt wird, §§ 128, 161 Abs 2 HGB (näher MUSIELAK/LACKMANN, ZPO § 771 Rn 33; ausf MünchKomm/K SCHMIDT ZPO § 771 Rn 47 ff). § 826 ist beim sog **Urteilsmissbrauch** bedeutsam. So darf zB der Geschädigte bei einem gegen ihn erschlichenen Urteil Unterlassung der Zwangsvollstreckung, Herausgabe des Titels und/oder Schadensersatz verlangen (näher z Voraussetzungen und Rechtsfolgen PALANDT/SPRAU § 826 Rn 50 ff; WIECZOREK/OLZEN, Zivilprozessrecht [3. Aufl 1998] Bd III/2 § 700 Rn 19 ff; ZÖLLER/VOLLKOMMER, ZPO Vor § 322 Rn 72 ff). Damit wird je nach Anspruchsinhalt zugleich die **Rechtskraft** der Entscheidung **durchbrochen** (WIECZOREK/OLZEN aaO; ZÖLLER/VOLLKOMMER, ZPO Vor § 322 Rn 72 ff).

Auch der **Prozessvergleich** liegt an der Schnittstelle zwischen Schuld- und Zivilprozessrecht. Als besonderer schuldrechtlicher Vertragstyp in § 779 geregelt, erlangt er auch als Prozesshandlung Bedeutung. Die Regelung der ZPO wirkt in Anbetracht dieser Relevanz dürftig, vgl § 794 Abs 1 Nr 1 (MünchKomm/WOLFSTEINER, ZPO § 794 Rn 12; MUSIELAK/LACKMANN, ZPO § 794 Rn 2). Str ist deshalb nach wie vor seine **Rechtsnatur**. Dazu lassen sich drei Ansätze unterscheiden: Die sog **prozessuale Theorie** (BAUMBACH/LAUTERBACH/ALBERS/HARTMANN, ZPO Anh § 307 Rn 3 ff) sieht im Prozessvergleich eine reine Prozesshandlung, die deshalb ohne die Erfordernisse des § 779 auskommt. Die sog **Trennungstheorie** (POHLE AP § 794 ZPO Nr 2–4, 10; JESSEN, Zur Anfechtung des Prozessvergleichs, JR 1956, 8; ZEUNER AP § 794 ZPO Nr 8; wohl auch MünchKomm/ WOLFSTEINER, ZPO § 794 Rn 16 f) zerlegt den Vergleich hingegen in einen prozessualen und einen materiell-rechtlichen Tatbestand und wendet darauf die jeweiligen Vorschriften des entsprechenden Rechtsgebiets an. Herrschend ist die Lehre von der **Doppelnatur** des Prozessvergleichs (BGHZ 16, 388, 390; 79, 71, 74; BGH NJW 1988, 65; MUSIELAK/LACKMANN, ZPO § 794 Rn 3; STEIN/JONAS/MÜNZBERG, Kommentar zur ZPO [22. Aufl 2002] § 794 Rn 58 ff; ZÖLLER/STÖBER, ZPO § 794 Rn 3), die ihn in Abgrenzung zur Trennungstheorie tatbestandlich als Einheit begreift, für die Einzelprobleme jedoch ebenfalls auf Prozess- oder Schuldrecht zurückgreift. 275

P. Europäisches und internationales Schuldrecht*

I. Rechtsvereinheitlichung und Europäisches Zivilgesetzbuch

1. Allgemeines

a) Vereinheitlichungsprozess
Die Entstehung der **Europäischen Gemeinschaft** verursachte auch im Bereich des Privat- und damit des Schuldrechts einen **Vereinheitlichungsprozess** (z Europäisierung des Privatrechts allg MünchKomm/SÄCKER Einl zum BGB Rn 196 ff; STAUDINGER/COING/HONSELL 276

---

* **Schrifttum:** ARMBRÜSTER, Das Versicherungsrecht im Common Frame of Reference, ZEuP 2008, 775 ff; BASEDOW, Grundlagen des europäischen Privatrechts, JuS 2004, 89 ff; ders, Ein optionales Europäisches Vertragsgesetz – opt-in, opt-out, wozu überhaupt?, ZEuP 2004, 1 ff; ders, Kodifikationsrausch und kollidierende Konzepte – Notizen zu Marktbezug, Freiheit und System im Draft Common Frame of Reference, ZEuP 2008, 673 ff; BERGER, Einheitliche Rechtsstrukturen durch außergesetzliche Rechtsvereinheitlichung, JZ 1999, 369 ff; COING, Europäisierung der Rechtswissenschaft, NJW 1990, 937 ff; DAUNER-LIEB, Auf dem Weg zu einem europäischen Schuldrecht, NJW 2004, 1431 ff; DREHER, Wettbewerb oder Vereinheitlichung der Rechtsordnungen in Europa?, JZ 1999, 105 ff; DROBNIG, Ein Vertragsrecht für Europa, in: FS Steindorff (1990) 1141 ff; EIDENMÜLLER/FAUST/GRIGOLEIT/JANSEN/WAGNER/ZIMMERMANN, Der gemeinsame Referenzrahmen für das Europäische Privatrecht, JZ 2008, 529 ff; ERNST, Der „Common Frame of Reference" aus juristischer Sicht, AcP 208

[2004] Einl 112 zum BGB; HIRTE, Wege zu einem europäischen Zivilrecht [1996]; REMIEN, Ansätze für ein Europäisches Vertragsrecht, ZVglRWiss 87 [1988] 105; SONNENBERGER JZ 1998, 982; vgl auch MÜLLER-GRAFF NJW 1993, 13; SCHWARTZ, Perspektiven der Angleichung des Privatrechts

(2008) 248 ff; FIORENTINI, A report on the 2001 and 2002 „Common Core of european Private Law" Meetings, ZEuP 2003, 444 ff; GRUNDMANN, Europäisches Schuldvertragsrecht, ZGR-Sonderheft 1999, 22 ff; ders, Europäisches Vertragsrecht – Quo vadis?, JZ 2005, 860 ff; HAUSCHKA, Grundprobleme der Privatrechtsfortbildung durch die Europäische Wirtschaftsgemeinschaft, JZ 1990, 521 ff; HIRTE, Wege zu einem europäischen Zivilrecht (1996); HONSELL, Die Erosion des Privatrechts durch das Europarecht, ZIP 2008, 621 ff; JANSEN, Konturen eines europäischen Schadensrechts, JZ 2005, 160 ff; ders, Negotiorum gestio und Benevolent Intervention in Another's Affairs: Principles of European Law?, ZEuP 2007, 958 ff; JANSEN/ZIMMERMANN, Grundregeln des bestehenden Gemeinschaftsprivatrechts?, JZ 2007, 1113 ff; KOOPMANS, Towards a European Civil Code?, Europ Rev Priv L 5 (1997) 541 ff; LANDO, Principles of European Contract Law. An Alternative of a Precursor of European Legislation, RabelsZ 56 (1992) 261 ff; ders, Die Regeln des Europäischen Vertragsrechts, in: MÜLLER-GRAFF 567 ff; LEIBLE, Was tun mit dem Gemeinsamen Referenzrahmen für das Europäische Vertragsrecht? – Plädoyer für ein optionales Instrument, BB 2008, 1469 ff; ders, Europäisches Privatrecht am Scheideweg, NJW 2008, 2558 ff; MARTINY, Europäisches Privatrecht – greifbar oder unerreichbar?, in: MARTINY/WITZLEB 1 ff; MÜLLER-GRAFF, Europäisches Gemeinschaftsrecht und Privatrecht, NJW 1993, 13 ff; ders, Gemeinsames Privatrecht in der Europäischen Gemeinschaft (2. Aufl 1999); ders, Europäisches Internationales Vertragsrecht vor der Reform, ZEuP 2003, 590 ff; MEYER, Auf dem Weg zu einem Europäischen Zivilgesetzbuch, BB 2004, 1285 ff; NAJORK/SCHMIDT-KESSEL, Der Aktionsplan der Kommission für ein kohärenteres Vertragsrecht: Überlegungen zu den von der Kommission vorgeschlagenen Maßnahmen, GPR 2003, 5 ff; PATTI, Kritische Anmerkungen zum Entwurf eines europäischen Vertragsgesetzbuches, ZEuP 2004, 118 ff; PECHSTEIN, Europäisches Zivilgesetzbuch und Rechtssetzungsbefugnisse der EG, in: MARTINY/WITZLEB, Auf dem Weg zu einem Europäischen Zivilgesetzbuch (1998) 19 ff; PFEIFFER, Von den Principles of European Contract Law zum Draft Common Frame of Reference, ZEuP 2008, 679 ff; RANIERI, Europäisches Obligationenrecht (2003); REMIEN, Ansätze für ein Europäisches Vertragsrecht, ZVglRWiss 87 (1988) 105; ders, Zwingendes Vertragsrecht und Grundfreiheiten des EG-Vertrags (Habil Tübingen 2003); RICHTER, Privatautonomie und Verbraucherschutz im Lichte der Pläne zur Schaffung eines Europäischen Zivilgesetzbuches – Dargestellt am Beispiel des Letztverkäuferregresses, AcP 206 (2006) 3 ff; RIESENHUBER, Europäisches Vertragsrecht (2. Aufl 2006); RITTNER, Das Gemeinschaftsprivatrecht und die europäische Integration, JZ 1995, 849 ff; ders, Das Projekt eines Europäischen Privatrechtsgesetzbuches und die wirtschaftliche Praxis, DB 1996, 25 ff; SCHLECHTRIEM, „Wandlungen des Schuldrechts in Europa" – wozu und wohin, ZEuP 2002, 213 ff; SCHMIDT-JORTZIG, Perspektiven der Europäischen Privatrechtsangleichung, AnwBl 1998, 63 ff; SCHMIDT-KESSEL, Auf dem Weg zum gemeinsamen Referenzrahmen: Anmerkungen zur Mitteilung der Kommission vom 11. Oktober 2004, GRP 2005, 2 ff; SCHNEIDER, Europäische und internationale Harmonisierung des Bankvertragsrechts. Zugleich ein Beitrag zur Angleichung des Privatrechts in der Europäischen Gemeinschaft, NJW 1991, 1985 ff; SCHULTE-NÖLKE, Mission impossible? – Schon 2007 soll ein erster Entwurf für ein europäisches Zivilrecht vorliegen, ZGS 2005, 201; SCHULZE, Ein Jahrhundert BGB – deutsche Rechtseinheit und europäisches Privatrecht, DRiZ 1997, 369 ff; ders, Auslegung europäischen Privatrechts und angeglichenen Rechts (1999); ders, Gemeinsamer Referenzrahmen und acquis communautaire, ZEuP 2007, 130 ff; SCHWARTZ, Wege zur EG- Rechtsvereinheitlichung, in: FS vCaemmerer 1067 ff;

in der Europäischen Gemeinschaft, ZEuP 1994, 559; ZIMMERMANN, Das römisch-kanonische ius commune als Grundlage europäischer Rechtseinheit, JZ 1992, 8; SCHMIDT-JORTZIG, Perspektiven der Europäischen Privatrechtsangleichung, AnwBl 1998, 63; z Schadensrecht JANSEN JZ 2005, 160 ff), dessen Ziel und weitere Entwicklung sich bis heute noch nicht klar absehen lassen. Er findet auf dreierlei Weise statt und zwar durch unmittelbar verbindliche EG-Verordnungen (Art 249 Abs 2 EG), durch in nationales Recht umzusetzende EG-Richtlinien (§ 249 Abs 3 EG) sowie auch im Bereich der Auslegung (z Auslegung des Gemeinschaftsrechts vgl COLNERIE, Auslegung des Gemeinschaftsrechts und gemeinschaftsrechtskonforme Auslegung, ZEuP 2005, 225 ff). Während die Einbeziehung der Grundfreiheiten und der EMRK weniger praktische Bedeutung hat, weil das GG meist Parallelwertungen enthält (z EMRK vgl aber EuGMR NJW 2004, 2647 [Caroline v Hannover]), gewinnen die in Richtlinien zugrunde gelegten Wertungen zunehmend Einfluss auf die Ausfüllung der Generalklauseln (AnwK-BGB/LOOSCHELDERS § 138 Rn 68 ff u STAUDINGER/LOOSCHELDERS/OLZEN § 242 Rn 149 z Treu und Glauben). Dies gilt va in der Zeit bis zur Umsetzung der Richtlinien, in der das deutsche Recht richtlinienkonform anzuwenden ist.

Über Einzelfragen hinausgehend hatte das **Europäische Parlament** im Wege einer Entschließung die Kommission schon 1989 und erneut 1994 aufgefordert, „die Arbeiten im Zusammenhang mit der möglichen Ausarbeitung eines einheitlichen Europäischen Gesetzbuches für das Privatrecht in Angriff zu nehmen" (ABl EG 1994 Nr C 205/518; ZEuP 1995, 669; z Entschließung v 26.5.1989 s ABl EG 1989 Nr C 158/400 = RabelsZ 56 [1992] 320 = ZEuP 1993, 613); dennoch dauerte es bis 1998, dass ein For-

277

SCHWINTOWSKI, Auf dem Weg zu einem Europäischen Zivilgesetzbuch, JZ 2002, 205 ff; STATHOPOULOS, Europäisches Recht, Vertragsrecht und ratio scripta – Zuständigkeiten und Perspektiven, ZEuP 2003, 243 ff; STAUDENMAYER, Der Aktionsplan der EG-Kommission zum Europäischen Vertragsrecht, EuZW 2003, 165 ff; STURM, Bemühungen um ein einheitliches europäisches Vertragsrecht, JZ 1991, 555 ff; TAUPITZ, Privatrechtsvereinheitlichung durch die EG: Sachenrechts- oder Kollisionsrechtsvereinheitlichung?, JZ 1993, 533 ff; TRÖGER, Zum Systemdenken im europäischen Schuldvertragsrecht – Probleme der Rechtsangleichung durch Richtlinien am Beispiel der Verbrauchsgüterkauf-Richtlinie, ZEuP 2003, 525 ff; ULMER, Vom deutschen zum europäischen Privatrecht?, JZ 1992, 1 ff; VOGENAUER/WEATHERILL, Eine empirische Untersuchung zur Angleichung des Vertragsrechts in der EG, JZ 2005, 870 ff; WAGNER, Für einen Wettbewerb der Ideen im Europäischen Privatrecht!, ZEuP 2003, 930 f; ders, Vom akademischen zum politischen Draft Common Frame of Reference, ZEuP 2008, 677 ff; WELLER, Die Struktur des Erfüllungsanspruchs im BGB, common law und DCFR – ein kritischer Vergleich, JZ 2008, 764 ff; WIESNER, Ist das Europäische Zivilgesetzbuch noch zu stoppen?, DB 2005, 871 ff; WURMNEST, Common Core, Grundregeln, Kodifikationsentwürfe, Acquis-Grundsätze – Ansätze internationaler Wissenschaftlergruppen zur Privatrechtsvereinheitlichung in Europa, ZEuP 2003, 714 ff; ZIMMERMANN, Konturen eines Europäischen Vertragsrechts, JZ 1995, 477 ff; ders, Die Principles of European Contract Law als Ausdruck und Gegenstand europäischer Rechtswissenschaft (Teile I u II), Jura 2005, 289 ff, 441 ff; ders, Vertrag und Versprechen – Deutsches Recht und Principles of European Contract Law im Vergleich, in: FS Heldrich (2005) 467 ff; ZOLL, Die Grundregeln der Acquis-Gruppe im Spannungsverhältnis zwischen acquis commun und acquis communautaire, GPR 2008, 106 ff; ZYPRIES, Der „Aktionsplan für ein kohärenteres europäisches Vertragsrecht" der Kommission – oder: Was ist zu tun im Europäischen Vertragsrecht?, ZEuP 2004, 225 ff.

schungsnetzwerk „**Common Principles of European Private Law**" (dazu COSSMANN, Common Principles of European Private Law, ZEuP 1998, 379) bewilligt wurde. Vorher beschränkte man sich auf die Unterstützung der sog „Lando-Kommission" bei der Ausarbeitung der „Principles of European Contract Law" (PECL; dazu u Rn 291 f). Das Europäische Parlament wiederholte seinen Aufruf 2006 mit zwei weiteren Entschließungen (am 23. 3. und 6. 9.; vgl dazu Rn 302). Das geplante Europäische Zivilgesetzbuch soll allerdings das nationale Recht nicht verdrängen, sondern (als optionales Instrument) in Konkurrenz zu diesem treten.

b) Grenzen der Vereinheitlichung

278 Trotz umfangreicher Arbeit und den Anstrengungen verschiedener **Arbeitsgruppen** (s u Rn 288) ist ein umfassendes Gesetzeswerk zum Privatrecht noch nicht konkret absehbar (vgl dazu auch ZYPRIES ZEuP 2004, 225, 230). Dazu trägt nicht zuletzt bei, dass kein einheitliches Meinungsbild zur Notwendigkeit einer solchen **Kodifikation** besteht (ausf z dieser Problematik STAUDINGER/J SCHMIDT [1995] Rn 94 f; LANDO, in: MÜLLER-GRAFF 567–569; DROBNIG, in: FS Steindorff [1990] 1141, 1145 ff). Die Gegner verweisen zum einen auf die **mangelnde demokratische Legitimation** der Gemeinschaftsorgane (TAUPITZ, Privatrechtsvereinheitlichung durch die EG: Sachenrechts- oder Kollisionsrechtsvereinheitlichung?, JZ 1993, 533, 536; REMIEN, Möglichkeiten und Grenzen eines europäischen Privatrechts, in: JbJZivRWiss [1991] 25 f) zum anderen auf das **Subsidiaritätsprinzip** (HAUSCHKA, Grundprobleme der Privatrechtsfortbildung durch die Europäische Wirtschaftsgemeinschaft, JZ 1990, 521, 523; SCHELTER, Subsidiarität. Handlungsprinzip für das Europa der Zukunft, EuZW 1990, 217; SCHNEIDER, Europäische und internationale Harmonisierung des Bankvertragsrechts. Zugleich ein Beitrag zur Angleichung des Privatrechts in der Europäischen Gemeinschaft, NJW 1991, 1985, 1990 f; MARTINY, in: MARTINY/WITZLEB 1, 15 f). Letzteres lässt einen Entzug von Kompetenzen der Mitgliedstaaten nur insoweit zu, als und so weit die angestrebten Ziele der Gemeinschaft einzelstaatlich nicht ausreichend und daher besser auf Gemeinschaftsebene verwirklicht werden können. Selbst dann dürfen die Maßnahmen nicht über das für die Erreichung der Ziele des EG-Vertrages erforderliche Maß hinausgehen, vgl Art 5 EG (z Subsidiaritätsprinzip allg PIPKORN, Das Subsidiaritätsprinzip im Vertrag über die Europäische Union – rechtliche Bedeutung und gerichtliche Überprüfbarkeit, EuZW 1992, 697 f). Ferner sieht man im **„Wettbewerb der Rechtsordnungen"**, der durch ein einheitliches europäisches Zivilrecht zunichte gemacht würde, den Vorteil eines **Innovationszwangs**, der zu einer dynamischeren Rechtsentwicklung beitragen soll (KÖTZ RabelsZ 50 [1986] 1, 10 ff; REMIEN, Möglichkeiten und Grenzen eines europäischen Privatrechts, in: JbJZivRWiss [1991] 26; ausf DREHER, Wettbewerb oder Vereinheitlichung der Rechtsordnungen in Europa?, JZ 1999, 105; s auch GRUNDMANN, Europäisches Schuldvertragsrecht, ZGR-Sonderheft 1999, 22 ff; **aA** etwa STATHOPOULOS ZEuP 2003, 243, 245).

279 Außerdem verhindert – wie bereits erwähnt – (noch) die **fehlende Kompetenz** der Gemeinschaft zur umfassenden privatrechtlichen Rechtsetzung ein Europäisches Zivilgesetzbuch (s MARTINY, in: MARTINY/WITZLEB 1, 14 ff; RITTNER DB 1996, 25; SONNENBERGER JZ 1998, 982, 988; STATHOPOULOS ZEuP 2003, 243, 245; KOOPMANS, Towards a European Civil Code?, Europ Rev Priv L 5 [1997] 541, 544 f; GAMERITH, Das nationale Privatrecht in der Europäischen Union – Harmonisierung durch Schaffung von Gemeinschaftsprivatrecht, ÖJZ 1997, 165, 169 ff; TILMANN, The legal basis for a European Civil Code, Europ Rev Priv L 5 [1997] 471 ff; ausf PECHSTEIN, in: MARTINY/WITZLEB 19; MÜLLER-GRAFF NJW 1993, 13, 16 f; TASCHNER, Privatrechtsentwicklung durch die Europäische Gemeinschaft – Rechtsgrundlagen, Ziele, Sachgebiete, Verfahren, in: MÜLLER-GRAFF 225; HAYDER, Privatrechtsentwicklung durch die Europäische Ge-

meinschaft – Kommentar zum Vortrag von Hans Claudius Taschner –, in: MÜLLER-GRAFF 237), so dass eine **Einführung im Wege der Verordnung** ausscheiden dürfte (z Beibehaltung der Richtlinienpraxis auch ZYPRIES ZEuP 2004, 225, 232). Denkbar wäre nach dem derzeitigen Stand des europäischen Rechts nur eine **Einführung durch völkerrechtlichen Vertrag** (vgl dazu auch STATHOPOULOS ZEuP 2003, 243, 251; **aA** LEIBLE BB 2008, 1469, 1474 f).

Die Angleichungsbemühungen beschränken sich deshalb zwischenzeitlich auf Teilbereiche, wie zB das **Gesellschafts-** (s EuZW 1998, 625; HOPT, Europäisches Gesellschaftsrecht – Krise und neue Anläufe, ZIP 1998, 96; BLAUROCK, Europäisches und deutsches Gesellschaftsrecht – Bilanz und Perspektiven eines Anpassungsprozesses, ZEuP 1998, 460; HABERSACK, Europäisches Gesellschaftsrecht [3. Aufl 2006]; SCHWARZ, Europäisches Gesellschaftsrecht [2000]), **Versicherungs-** (dazu REIFF, Die Auswirkungen des Gemeinschaftsrechts auf das deutsche Versicherungsvertragsrecht, VersR 1997, 267; HERRMANN, Auslegung europäisierten Versicherungsvertragsrechts, ZEuP 1999, 663) und **Arbeitsrecht** (PREIS, Entwicklungslinien in der Rechtsprechung des EuGH zum Arbeitsrecht, ZIP 1995, 891, 892; ausf auch REICHOLD, Sozialgerechtigkeit versus Vertragsfreiheit – arbeitsrechtliche Erfahrungen mit Diskriminierungsregeln, JZ 2004, 384 ff). Im **Schuldrecht** selbst haben zahlreiche Richtlinien (s u Rn 281) zu einzelnen „europarechtlichen Inseln" geführt (RITTNER JZ 1995, 849, 851; ders DB 1996, 25, 26; KÖTZ RabelsZ 50 [1986] 1, 12); zum einen dadurch, dass verschiedene Richtlinien umgesetzt und in das BGB übernommen wurden (vgl etwa die e-commerce-Richtlinie 2000/31/EG), zum anderen dadurch, dass in diesem Bereich der **EuGH** über die letztinstanzliche **Auslegungszuständigkeit** verfügt, Art 220 EG. Ein übergreifendes Konzept ist jedoch bis heute kaum erkennbar (z Problematik der Rechtsangleichung durch Richtlinien s auch STAUDENMAYER, in: SCHULZE/SCHULTE-NÖLKE 419, 420 ff; z Auslegung vgl SCHULZE, Auslegung europäischen Privatrechts und angeglichenen Rechts [1999]; z Einfluss des Gemeinschaftsrechts auf die Schuldrechtsreform s SCHULZE/SCHULTE-NÖLKE; insges auch BASEDOW JuS 2004, 89, 93). Der den Richtlinien zugrunde liegende Gedanke war bisher auch nicht primär die Vereinheitlichung nationaler Rechtsordnungen, sondern vielmehr der Schutz einer beteiligten Vertragspartei.

aa) Antidiskriminierungsdebatte und AGG*

Dies zeigt sich in neuerer Zeit am Bsp der umstrittenen **Diskriminierungsrichtlinie** vom 29. 6. 2000 (Richtlinie 2000/43/EG, ABlEG Nr L 180, 22), sog Antirassismusrichtlinie, nach der die Mitgliedstaaten zu Regelungen verpflichtet sind, die den Betrof-

---

* **Schrifttum:** ADOMEIT, Diskriminierung – Inflation eines Begriffs, NJW 2002, 1622 ff; ANNUSS, Das Allgemeine Gleichbehandlungsgesetz im Arbeitsrecht, BB 2006, 1629 ff; ARMBRÜSTER, Antidiskriminierungsgesetz – ein neuer Anlauf, ZRP 2005, 41 ff; ders, Kontrahierungszwang im Allgemeinen Gleichbehandlungsgesetz?, NJW 2007, 1494 ff; BAER, „Ende der Privatautonomie" oder grundrechtlich fundierte Rechtsetzung?, ZRP 2002, 290 ff; BAUER/THÜSING/SCHUNDER, Das Allgemeine Gleichbehandlungsgesetz – Alter Wein in neuen Schläuchen?, NZA 2006, 774 ff; BEZJAK, Die Auswirkungen des Allgemeinen Gleichbehandlungsgesetzes (AGG) auf privatrechtliche Versicherungsverträge, SchlHA 2008, 33 ff; BRAUN, Forum – Übrigens – Deutschland wird wieder totalitär, JuS 2002, 424 f; DERLEDER, Vertragsanbahnung und Vertragsabschluss über Mietwohnungen und die Diskriminierungsverbote des AGG – Realitätsnahe Fallkonstellationen für den Wohnungsmarkt, NZM 2007, 625 ff; FEUERBORN, Nachbesserungsbedarf beim Diskriminierungsschutz im Arbeitsrecht – Baumängel der Vorschriften des Allgemeinen Gleichbehandlungsgesetzes, JR 2008, 485 ff; HEIN, AGG x KSchG = Europa^2? – Die Kündigung zwischen allgemeinem und besonderem

fenen ermöglichen, sich gegen Diskriminierungen auf Grund der **Rasse** oder der **ethnischen Herkunft** beim Zugang zu Gütern und Dienstleistungen zur Wehr zu setzen (dazu auch AnwK-BGB/LOOSCHELDERS § 138 Rn 69; LOOSCHELDERS, Schuldrecht AT Rn 121; z gemeinschaftsrechtlichen Grundlage des Art 13 EG WERNSMANN, Bindung Privater an Diskrimierungsverbote durch Gemeinschaftsrecht, JZ 2005, 224 ff). Für den Bereich des **Arbeitsrechts** beinhaltet eine weitere Richtlinie vom 27. 11. 2000 (Richtlinie 2000/78/ EG, AblEG Nr L 303, 16), die Gleichbehandlungsrahmenrichtlinie, Vorgaben, die den **Arbeitnehmer** vor einer Diskriminierung auf Grund von **Religion, Weltanschauung, Behinderung, Alter** oder **sexueller Ausrichtung** schützen sollen. Dazu tritt die revidierte Gleichbehandlungsrichtlinie 2002/73/EG vom 23. 9. 2002 (AblEG Nr L 269, 15), welche sich auf die **Gleichbehandlung von Männern und Frauen** im **Arbeitsrecht** bezieht. Schließlich verfolgt die vierte Gleichstellungsrichtlinie zur Gleichstellung der Geschlechter außerhalb des Erwerbslebens vom 13. 12. 2004 (Richtlinie 2004/113/ EG, AblEG Nr L 373, 37) dieselbe Stoßrichtung in Bezug auf den Zugang zu **öffentlich angebotenen Gütern** und **Dienstleistungen** bei **Massengeschäften** und **privatrechtlichen Versicherungen**.

282 Die **Umsetzungsfrist** für die beiden erstgenannten Richtlinien war bereits im Juli bzw Dezember 2003 abgelaufen; die einheitliche Umsetzung aller vier Richtlinien erfolgte allerdings erst mit Inkrafttreten des Allgemeinen GleichbehandlungsG

Kündigungsschutz, Allgemeinem Gleichbehandlungsgesetz und Europarecht, NZA 2008, 1033 ff; HINZ, Allgemeines Gleichbehandlungsgesetz – Überlegungen zur Umsetzung in der mietrechtlichen Praxis (Teile 1 u 2), ZMR 2006, 742 ff, 826 ff; MAIER-REIMER, Das Allgemeine Gleichbehandlungsgesetz im Zivilrechtsverkehr, NJW 2006, 2577 ff; NEUNER, Diskriminierungsschutz durch Privatrecht, JZ 2003, 57 ff; PICKER, Antidiskriminierungsgesetz – Der Anfang vom Ende der Privatautonomie, JZ 2002, 880 ff; ders, Antidiskriminierung als Zivilrechtsprogramm?, JZ 2003, 540 ff; RATH/ RÜTZ, Ende der „Ladies' Night", der „Ü-30 Parties" und der Partnervermittlung im Internet?, NJW 2007, 1498 ff; ROLFS, Allgemeine Gleichbehandlung im Mietrecht, NJW 2007, 1489 ff; SCHIESS RÜTIMANN, Vertragsverweigerung gegenüber ausländischen Mietinteressenten, WuM 2006, 12 ff; SCHMIDT-RÄNTSCH, Auswirkungen des Allgemeinen Gleichbehandlungsgesetzes auf das Mietrecht, NZM 2007, 6 ff; SCHWAB, Schranken der Vertragsfreiheit durch die Antidiskriminierungsrichtlinien und ihre Umsetzung in Deutschland, DNotZ 2006, 649 ff; THÜSING, Richtlinienkonforme Auslegung und unmittelbare Geltung von EG-Richtlinien im Anti-Diskriminierungsrecht, NJW 2003, 3441 ff; ders, Vertragsfreiheit, Persönlichkeitsschutz und Effizienz – Das Antidiskriminierungsgesetz bringt weit reichende Änderungen für das Zivil- und das Arbeitsrecht, ZGS 2005, 49 ff; THÜSING/vHOFF, Vertragsschluss als Folgenbeseitigung: Kontrahierungszwang im zivilrechtlichen Teil des Allgemeinen Gleichbehandlungsgesetzes, NJW 2007, 21 ff; dies, Private Versicherungen und das Allgemeine Gleichbehandlungsgesetz, VersR 2007, 1 ff; vSTEINAU-STEINRÜCK/ SCHNEIDER/WAGNER, Der Entwurf eines Antidiskriminierungsgesetzes: Ein Beitrag zur Kultur der Antidiskriminierung?, NZA 2005, 28 ff; vWESTFALEN, Einige Überlegungen zum Gesetzentwurf zur Verhinderungen von Diskriminierungen im Zivilrecht, ZGS 2002, 283 ff; WANDT, Geschlechtsabhängige Tarifierung in der privaten Krankenversicherung, VersR 2004, 1341 ff; WATZENBERG, Die Rechtsprechung zum Allgemeinen Gleichbehandlungsgesetz, NJ 2008, 433 ff; WISSKIRCHEN, Der Umgang mit dem Allgemeinen Gleichbehandlungsgesetz – Ein „Kochrezept" für Arbeitgeber, DB 2006, 1491 ff; WERNSMANN, Bindung Privater an Diskriminierungsverbote durch Gemeinschaftsrecht, JZ 2005, 224 ff.

(AGG) zum 18. 8. 2006 (BGBl 2006 I 1897). Das AGG geht in seinem Kern auf den Entwurf des sog AntidiskriminierungsG (ADG) zurück, der bereits in der 15. Legislaturperiode erarbeitet und beraten, aber infolge der Diskontinuität des Gesetzgebungsprozesses nie Gesetz wurde (vgl dazu BT-Drucks 15/4538). Der Gesetzgeber verfolgte einen im Vergleich zum EG-Recht umfangreicheren Ansatz. Das Verbot der Diskriminierung erfasst nicht nur die Kriterien Rasse und ethnische Herkunft, sondern auch (obwohl nach europarechtlicher Vorgabe nur für das Arbeitsrecht zwingend) diejenigen des Geschlechts, der Religion, der Weltanschauung, der Behinderung, des Alters oder der sexuellen Identität grundsätzlich im gesamten Bereich des Zivilrechts.

Der **dritte Abschnitt** des AGG enthält dementsprechend zahlreiche zivilrechtliche Benachteiligungsverbote. Ausgenommen bleiben gem § 19 Abs 4, 5 AGG das **Familien- und Erbrecht** sowie diejenigen Schuldverhältnisse, die einen besonders engen Bezug zur **Privatsphäre** haben. Im Rahmen seines Anwendungsbereiches verfolgt das Gesetz ein abgestuftes System. § 19 Abs 2 AGG soll Benachteiligungen wegen der **Rasse** oder der **ethnischen Herkunft** außerhalb des „privaten Nähebereichs" in weitem Umfang verhindern. Entsprechende Benachteiligungen wegen des **Geschlechts**, der **Religion**, einer **Behinderung**, des **Alters** oder der **sexuellen Identität** sind gem § 19 Abs 1 AGG unzulässig für **Massengeschäfte**, bei denen also die Person des Vertragspartners typischerweise nur geringe Bedeutung hat, sowie ferner für privatrechtliche **Versicherungsverträge** (vgl dazu im Einzelnen LOOSCHELDERS, Schuldrecht AT Rn 121; THÜSING ZGS 2005, 49 ff; THÜSING/vHOFF VersR 2007, 1 ff). § 21 AGG billigt den Benachteiligten auf der Rechtsfolgenseite bei einem Verstoß **Beseitigungs- und Unterlassungsansprüche** sowie – wie bisher im Arbeitsrecht – Ansprüche auf **Entschädigung und Schadensersatz** zu. Auf eine **entgegenstehende Vereinbarung** kann sich der Benachteiligende gem § 21 Abs 4 AGG nicht berufen.

Umstritten ist, inwieweit sich aus dem Beseitigungsanspruch gem § 21 Abs 1 S 1 AGG inhaltlich die Verpflichtung zum Abschluss eines verweigerten Vertrages, also ein **Kontrahierungszwang**, herleiten lässt (zust THÜSING/vHOFF NJW 2007, 21, 26; aA ARMBRÜSTER NJW 2007, 1494, 1498). Ob diese Verpflichtung einen ungerechtfertigten Eingriff in die Privatautonomie darstellt (so etwa ADOMEIT NJW 2002, 1622, 1623; BRAUN JuS 2002, 424 f; SCHWAB DNotZ 2006, 649, 678), wird die Handhabung der Vorschriften durch die Gerichte zeigen; zumindest bieten sie Raum für abweichende Interpretationen (vgl dazu etwa THÜSING ZGS 2005, 49 ff). Dabei ist darauf hinzuweisen, dass gem § 20 AGG für die Merkmale **Geschlecht, Lebensalter, Behinderung, sexuelle Orientierung, Religion** und **Weltanschauung** eine unterschiedliche Behandlung aus **sachlichen Gründen** erfolgen kann. Dadurch soll die Regelung den Schutz vor Benachteiligung gerade mit dem Grundsatz der Privatautonomie (dazu auch oben Rn 49 ff) in ein ausgewogenes Verhältnis bringen (vgl dazu auch BT-Drucks 16/1780, 26 sowie MAIER-REIMER NJW 2006, 2577, 2582; RATH/RÜTZ NJW 2007, 1498; THÜSING/vHOFF NJW 2007, 21, 25). Trotz der bedeutenden Auswirkungen des Gesetzes auf das **Arbeitsrecht** (vgl ANNUSS BB 2006, 1629 ff; FEUERBORN JR 2008, 485 ff; WISSKIRCHEN DB 2006, 1491 ff) sowie im Bereich von **Miet- und Versicherungsverträgen** (ausf BEZJAK SchlHA 2008, 33 ff; DERLEDER NZM 2007, 625 ff; HINZ ZMR 2006, 742 ff, 826 ff; ROLFS NJW 2007, 1489 ff; SCHIESS RÜTIMANN WuM 2006, 12 ff; SCHMIDT-RÄNTSCH NZM 2007, 6 ff; THÜSING/vHOFF VersR 2007, 1 ff), ist die ursprünglich befürchtete Klageflut jedenfalls bislang ausgeblieben (z bisherigen Rspr im Überblick WATZENBERG NJ 2008, 433 ff).

bb) Weitere Vereinheitlichungsprobleme

285 Der tiefere Grund für die **Vereinheitlichungsprobleme** im europäischen Recht, für die die Antidiskriminierungsdebatte nur ein aktuelles Bsp bildet, liegt neben nationalen Vorbehalten darin, dass der Gemeinschaft funktionelle und keine sachlichen Kompetenzen zugewiesen sind. Ihre Rechtssetzungskompetenz gründet sich also nicht auf den Inhalt des jeweiligen Rechtsgebietes, sondern fragt normzweckorientiert, ob die geplante Norm zB für das **Funktionieren des Gemeinsamen Marktes** gem Art 95 Abs 1 S 2 EG erforderlich ist (RITTNER DB 1996, 25 f; GRUNDMANN, in: GRUNDMANN, Systembildung und Systemlücken in Kerngebieten des europäischen Privatrechts [2000] 2 f; ausf MünchKomm/SÄCKER Einl zum BGB Rn 196).

286 Ferner ist der durch die **Richtlinien** erzielte **Angleichungserfolg** deshalb nur von begrenztem Umfang, weil den Mitgliedstaaten bei der Umsetzung ein nicht geringer **Gestaltungsspielraum** verbleibt und auch verbleiben muss, vgl Art 249 Abs 3 EG (begrifflich sollte man eher von „Angleichung" [approximation] statt „Vereinheitlichung" [unification] sprechen; BERGER JZ 1999, 369, 372; SCHULZE DRiZ 1997, 369, 373; SCHWARTZ, Wege zur EG- Rechtsvereinheitlichung, in: FS vCaemmerer 1067 ff; eingehend PECHSTEIN, in: MARTINY/WITZLEB 25 f; CALLIESS/RUFFERT/KAHL EUV/EGV Art 94 EG Rn 1, 4; vgl RITTNER DB 1996, 25 f; SONNENBERGER JZ 1998, 982, 987). Eine völlige Rechtsvereinheitlichung wäre folglich nur im Wege der **Verordnung** zu erreichen, ein Weg, der jedoch die angesprochenen kompetenzrechtlichen Probleme aufwirft (s o Rn 279; vgl aber auch STAUDENMAYER, in: SCHULZE/SCHULTE-NÖLKE 419).

287 Die Schwierigkeiten einer „**formalisierten Rechtsvereinheitlichung**" (BERGER JZ 1999, 369, 372; ULMER, Vom deutschen zum europäischen Privatrecht?, JZ 1992, 1, 5; COING, Europäisierung der Rechtswissenschaft, NJW 1990, 937; z Konflikten mit der Rechtssicherheit RITTNER DB 1996, 25, 26) haben zur Folge, dass verstärkt „informelle Wege" (BERGER aaO) zur Erreichung dieses Ziels beschritten werden.

2. Einzelne Kommissionen und Arbeitsgruppen

288 Zunächst haben sich mehrere **Kommissionen** bzw **Arbeitsgruppen** (s o Rn 278) zusammengefunden, die nach dem Vorbild amerikanischer „Restatements" (vgl dazu zB BASEDOW JuS 2004, 89, 95; SCHINDLER, Die Restatements und ihre Bedeutung für das amerikanische Privatrecht, ZEuP 1998, 277, 278 ff; JANSEN JZ 2005, 160 f) **Prinzipien** eines **europäischen** oder sogar **internationalen Schuldrechts** erarbeiteten bzw noch immer erarbeiten (s u Rn 291 ff). Geltung kann ihnen gegenwärtig allerdings nur im Wege der **Vereinbarung** verschafft werden (vgl Art 1:101 Abs 1–3 PECL sowie die Präambel der Grundregeln der internationalen Handelsverträge [„UNIDROIT-Prinzipien"]). Gleichzeitig bilden diese Prinzipien jedoch Muster innerstaatlicher und internationaler Gesetzgebung. Sie sind Hilfsmittel bei der Auslegung bzw Ergänzung bestehender internationaler Abkommen und dienen schließlich als Leitfaden für die Abfassung von Verträgen (BERGER JZ 1999, 369, 373 f; BONELL RabelsZ 56 [1992] 274, 282 ff). Zu diesen Gruppen zählen insbesondere die sog „**Lando-Kommission**" (s o Rn 277 sowie u Rn 291 f), die „**European Group on Tort Law**" (s u Rn 293 f) und die Projektgruppe „**Restatement of European Insurance Contract Law**" (s u Rn 295).

289 Einen anderen Ansatz wählten verschiedene Wissenschaftlergruppen, die kasuistisch einen sog „Common Core" des Europäischen Privatrechts zusammenstellen

(z den Gruppen ie WURMNEST ZEuP 2003, 714, 716 ff). Im Bereich des Schuldrechts ist vor allem das Projekt „**Common Core of European Private Law**" (s u Rn 296) zu nennen. Weitere Gruppen, insbesondere die „**Study Group on a European Civil Code**" (s u Rn 297), erarbeiteten Vorlagen von Teil- oder Gesamtentwürfen für die Kodifikation eines Europäischen Zivil- bzw Vertragsgesetzbuches (vgl WURMNEST ZEuP 2003, 714, 732 ff). Schließlich leiten einige Wissenschaftler aus dem gemeinschaftsrechtlichen „acquis communautaire" Grundsätze eines Europäischen Privatrechts ab oder schaffen aus der Verbindung des Gemeinschaftsrechts mit den nationalen Rechten Vorschläge für ein neues „ius commune".

Die wichtigsten dieser Ansätze sollen kurz vorgestellt werden (einen guten Überblick verschaffen WURMNEST ZEuP 2003, 714 ff; ZIMMERMANN Jura 2005, 289 ff; LEIBLE NJW 2008, 2558 ff; vgl ferner RIESENHUBER, Europäisches Vertragsrecht [2. Aufl 2006] Rn 55 ff). **290**

a) Sog „Lando-Kommission"

Die „**Commission on European Contract Law**", die sog „Lando-Kommission", konstituierte sich im Jahre 1980 unter dem Vorsitz des inoffiziellen dänischen Namensgebers OLE LANDO und bildete eine unabhängige private Vereinigung von Rechtswissenschaftlern aus der gesamten europäischen Gemeinschaft. Ihre Zielsetzung lag – angelehnt an das Vorbild der US-amerikanischen Restatements – darin, moderne und sachgemäße allgemeine Regeln für ein europäisches Schuldrecht herauszuarbeiten (s LANDO, Principles of European Contract Law. An Alternative of a Precursor of European Legislation, RabelsZ 56 [1992] 261 ff). Die Arbeit wurde von insgesamt drei verschiedenen Kommissionen geleistet, die von 1982 bis 1990, von 1992 bis 1996 und von 1997 bis 2001 tagten. Jede hat sich mit einem Teilbereich des Schuldrechts befasst (Einzelheiten bei LANDO, in: MÜLLER-GRAFF 567, 569 ff; WURMNEST ZEuP 2003, 714, 722 ff; ZIMMERMANN ZEuP 2000, 391; ders Jura 2005, 289 ff). **291**

Die erarbeiteten „**Principles of European Contract Law**" (PECL) bestehen neben den allgemeinen Regeln jeweils aus deren Erläuterung („Comment") und rechtsvergleichenden Anmerkungen („Notes"). Zunächst wurde **Teil I** veröffentlicht, und zwar mit allgemeinen Bestimmungen, Vertragsinhalten, insbesondere Modalitäten der Leistungserbringung, und Leistungsstörungen (englischer Text bei LANDO/BEALE, Principles of European Contract Law [1999]; deutsche Übersetzung, allerdings ohne Erläuterungen u rechtsvergleichende Anm: ZEuP 1995, 864; vgl dazu ZIMMERMANN, Konturen eines Europäischen Vertragsrechts, JZ 1995, 477). **Teil II** enthält das Recht des Vertragsschlusses, der Vollmacht von Vertretern, der Gültigkeit von Verträgen, der Auslegung sowie Inhalten und Wirkungen von Verträgen (englischer Text bei LANDO/BEALE aaO; deutsche Übersetzung wiederum nur der Regeln in ZEuP 2000, 675; dazu ZIMMERMANN ZEuP 2000, 391). **Teil III**, der Anfang 2003 veröffentlicht wurde, befasst sich mit der Aufrechnung, Abtretung, Schuld- und Vertragsübernahme, Forderungsverjährung, Schuldner- und Gläubigermehrheiten, Gesetz- und Sittenwidrigkeit, Bedingungen sowie dem Zinseszins (vgl ZEuP 2003, 895 ff; insges auch WURMNEST ZEuP 2003, 714, 722 ff; zu den Inhalten ie ZIMMERMANN Jura 2005, 289, 292 ff sowie 441 ff). Mit Abschluss der Arbeit der 3. Kommission hat sich die „Lando-Kommission" aufgelöst, wobei allerdings einige Mitglieder in der „Study Group on a European Civil Code" (s u Rn 297) weiterhin zusammenarbeiten (vgl EIDENMÜLLER/FAUST/GRIGOLEIT/JANSEN/WAGNER/ZIMMERMANN JZ 2008, 529, 532, Fn 29). **292**

b) European Group on Tort Law

293 Die sog „**European Group on Tort Law**" konstituierte sich 1993 auf Initiative von JAAP SPIER in Tilburg. Sie sieht sich in der Tradition der Lando-Kommission und folgt ebenfalls dem „Restatement-Prinzip", indem auch sie versucht, einen gemeinsamen Kernbestand der verschiedenen Rechtsordnungen aller Mitgliedstaaten herauszufiltern und auf dieser Grundlage ein funktionstüchtiges System zu schaffen (JANSEN/ZIMMERMANN JZ 2007, 1113, 1114, Fn 22). Der Sitz der Gruppe befindet sich am European Centre of Tort and Insurance Law in Wien. Ihr Ziel ist die Ausarbeitung eines europäischen Deliktsrechts, wobei die entwickelten Prinzipien auch als allgemeine Rechtsgrundsätze bei der Auslegung von Einheitsrecht oder für EG-Richtlinien dienen sollen (vgl WURMNEST ZEuP 2003, 714, 725).

294 Verschiedene Forschungsergebnisse, etwa zu den Grundlagen der Haftung (zB SPIER, The Limits of Liability, Keeping the Floodgates Shut [Den Haag 1996]; ders, The Limits of Expanding Liability, Eight Fundamental Cases in a Comparative Perspective [Den Haag 1998]), der Rechtswidrigkeit (KOZIOL, Unification of Tort Law: Wrongfullness [Den Haag 1998]), der Kausalität (SPIER, Unification of Tort Law: Causation [Den Haag 2000]), zu Schaden und Ersatz (MAGNUS, Unification of Tort Law: Damages [Den Haag 2001]), zur Gefährdungshaftung (KOCH/KOZIOL, Unification of Tort Law: Strict Liability [Den Haag 2002]), zum Mitverschulden (MARTIN-CASALS/MAGNUS, Unification of Tort Law: Contributory Negligence [Den Haag 2004]) zur Haftung für Drittschäden (SPIER, Unification of Tort Law: Liability for Damage Caused by Others [Den Haag 2004]), zur deliktsrechtlichen Haftung mehrerer Personen (ROGERS, Unification of Tort Law: Multiple Tortfeasors [Den Haag 2005]) sowie zur Schuld (WIDMER, Unification of Tort Law: Fault [Den Haag 2005]) wurden bereits publiziert (dazu auch WURMNEST ZEuP 2003, 714, 727 mwNw). Ein weiteres Projekt besteht in der Ausarbeitung sog „Principles of European Tort Law" (PETL; vgl dazu KOZIOL EuZP 2004, 234 ff). Die erste Phase dieses langjährigen Projekts wurde 2005 mit der Veröffentlichung des kommentierten Entwurfs eines gesamteuropäischen Schadensrechts abgeschlossen. Es stehen allerdings noch die abschließende Erörterung einiger Themen (zB Beweislast und Verjährung) sowie die Ausarbeitung eines Besonderen Teils aus.

c) Project Group „Restatement of European Insurance Contract Law"

295 Die Projektgruppe „**Restatement of European Insurance Contract Law**" wurde im September 1999 gegründet und wird wegen ihrer lokalen, fachlichen und personellen Verbindungen auch als Innsbruck/Hamburg- (dort insbesondere als MPI-)-Gruppe bezeichnet. Nach dem Vorbild US-amerikanischer Restatements arbeitete die Gruppe Grundregeln zur Harmonisierung der Normen des Versicherungsvertragsrechts aus, um einen funktionierenden Versicherungsbinnenmarkt zu schaffen. Die Ergebnisse sollen auch nationalen Gesetzgebern als Modellgesetz und den Vertragsparteien eines Versicherungsvertrages als Muster dienen (vgl z Arbeitsweise u Veröffentlichungen auch WURMNEST ZEuP 2003, 714, 728 f sowie www.restatement.info). Ihren Entwurf für den versicherungsvertragsrechtlichen Teil des „Gemeinsamen Referenzrahmens" zum europäischen Vertragsrecht (s dazu ausf Rn 302), die „**Principles of European Insurance Contract Law**" (PEICL), hat die Projektgruppe am 17. 12. 2007 der Europäischen Kommission vorgelegt (vgl HEISS/BASEDOW/WANDT EuZW 2008, 68; krit dazu ARMBRÜSTER ZEuP 2008, 775 ff; deren endgültige Eingliederung in den Gemeinsamen Referenzrahmen [s dazu u Rn 302] ist allerdings noch unklar, vgl WAGNER ZEuP 2008, 677, 678).

d) Common Core of European Private Law

In der Tradition des sog „Cornell-Projekts" von RUDOLF SCHLESINGER (SCHLESIN- **296** GER, Formation of Contracts: A Study of the Common Core of Legal Systems, Vol I [New York/London 1968]) gründeten UGO MATTEI und MAURO BUSSANI 1993 das Trentiner Projekt **„Common Core of European Private Law"** mit dem Ziel, einen Grundbestand gemeinsamer Rechtssätze aus den Rechten der Mitgliedstaaten abzubilden, ohne zwingend ein neues gemeinsames Recht schaffen zu wollen (vgl FIORENTINI ZEuP 2003, 444 ff; WURMNEST ZEuP 2003, 714, 716). Erst langfristig sollen die Prinzipien Grundlage eines einheitlichen Europäischen Zivilrechts werden. Die Forschungstätigkeit der Gruppe umfasst va Vertragsrecht, Deliktsrecht und Teile des Sachenrechts (vgl etwa z Treu und Glauben im Europäischen Vertragsrecht ZIMMERMANN/WHITTAKER, Good Faith in European Contract Law [Cambridge 2000]; z Durchsetzbarkeit von Versprechen GORDLEY, The Enforceability of Promises in European Contract Law [Cambridge 2001]; z Haftung für Vermögensschäden BUSSANI/PALMER, Pure Economic Loss [Cambridge 2003]; z weiteren Themengebieten vgl WERRO/PALMER, The Boundaries of Strict Liability in European Tort Law [Carolina 2004]; KIENINGER, Security Rights in Movable Property in European Private Law [Cambridge 2004]; SEFTON-GREEN, Mistake, Fraud and Duties to Inform in European Contract Law [Cambridge 2005]; GRAZIADEI/MATTEI/SMITH, Commercial Trusts in European Private Law [Cambridge 2005]; POZZO, Property and Environment [Carolina 2007]; MÖLLERS/HEINEMANN, The Enforcement of Competition Law in Europe [Cambridge 2008]; HINTEREGGER, Environmental Liability and Ecological Damage in European Law [Cambridge 2008]; z weiteren Projekten der verschiedenen Arbeitskreise WURMNEST ZEuP 2003, 714, 718).

e) Study Group on a European Civil Code

Als (teilweise) Weiterentwicklung der „Lando-Kommission" versteht sich die von **297** CHRISTIAN VBAR initiierte **Study Group on a European Civil Code**, die ua die Principles of European Contract Law in einen European Civil Code einarbeiten will. Zudem sollen die rechtsvergleichenden Arbeiten der Gruppe als Hilfsmittel dem EG-Gesetzgeber und als Auslegungshilfe für die europäischen Gerichte dienen (vgl WURMNEST ZEuP 2003, 714, 733). Hauptforschungsgebiete der Gruppe liegen im Vermögensrecht, insbesondere dem Vertrags- und Deliktsrecht sowie in Teilbereichen des Sachenrechts. Europaweit tagen mehrere Arbeitsgruppen zu unterschiedlichen Themenbereichen (vgl WURMNEST ZEuP 2003, 714, 733; ZIMMERMANN ZEuP 2000, 391, 392 f sowie www.sgecc.net), die seit Juni 2002 detaillierte Vorentwürfe veröffentlichen (vgl z den bisherigen im Überblick EIDENMÜLLER/FAUST/GRIGOLEIT/JANSEN/WAGNER/ZIMMERMANN JZ 2008, 529, 532, Fn 32; krit gegenüber den bereits erschienenen Principles of European Law für die Geschäftsführung ohne Auftrag JANSEN ZEuP 2007, 958 ff). Die Arbeitsergebnisse der Study Group sowie der Acquis Group (dazu noch Rn 301) werden seit 2006 in einem fortlaufenden Prozess durch ein „Compilation and Redaction Team" zusammengeführt, das Anfang 2008 eine erste, vorläufige Fassung des daraus entstandenen Entwurfs eines „Gemeinsamen Referenzrahmens" (auch Draft Common Frame of Reference [DCFR]) der Europäischen Kommission übermittelte und kurze Zeit später auch veröffentlichte (vgl Rn 302).

f) Corpus academicum pro codificatione europea

Ende 1990 konstituierte sich in Pavia auf Initiative des italienischen Rechtsgelehr- **298** ten GUISEPPE GANDOLFI eine Gruppe von Zivilrechtswissenschaftlern unter dem Namen **Corpus academicum pro codificatione europea**, auch Groupe d'étude pour le droit européen commun (GEDEC) oder Akademie Europäischer Privatrechtswissenschaftler (www.accademiagiusprivatistieuropei.it). Sie hat sich zum Ziel gesetzt, parallel zu den auch zu dieser Zeit schon bestehenden Projekten von UNIDROIT (s u Rn 304) und der Lando-Kommission (s o Rn 291 f u STURM JZ 1991, 555) einen weiteren Entwurf für eine europäische Zivilrechtskodifikation auszuarbeiten. Als Ausgangspunkt diente dabei ua das italienische ZGB (STURM aaO); die Arbeitsergebnisse sind bereits zT veröffentlicht worden (Accademia dei giusprivatisti europei [Hrsg], Code européen des contrats; vgl auch GANDOLFI, Pour un code européen des contrats, Revue trimestrielle de droit civil [1992] 707). So wurde zunächst Ende 2000 ein Entwurf des Ersten Buches eines Europäischen Vertragsgesetzbuches (Code européen des contrats oder Gandolfi-Code), welcher sich mit dem allgemeinen Vertragsrecht befasst, vorgelegt (vgl dazu etwa GANDOLFI, Der Vorentwurf eines Europäischen Vertragsgesetzbuches, ZEuP 2002, 1; PATTI ZEuP 2004, 118 ff; SONNENBERGER, Der Entwurf eines Europäischen Vertragsgesetzbuches der Akademie Europäischer Privatrechtswissenschaftler – ein Meilenstein, RIW 2001, 409, 410; ZIMMERMANN Jura 2005, 289, 291 f). Momentan widmet sich die Akademie der Abfassung eines Zweiten Buches zum besonderen Vertragsrecht, dessen Erster Titel zum Kaufvertrag (Artt 174–220) bereits im Jahre 2006 veröffentlicht wurde (vgl GANDOLFI, La vendita nel „codice europeo dei contratti", Europa e Diritto Privato 2006, 1229 ff).

g) Weitere Ansätze

299 Neben diesen vergleichenden Ansätzen leiten andere Gruppen die Grundsätze eines Europäischen Privatrechts **unmittelbar** aus dem **Gemeinschaftsrecht** ab oder wollen aus der Kombination von Gemeinschaftsrecht und nationalen Rechten ein einheitliches europäisches Recht entwickeln (Überblick bei WURMNEST ZEuP 2003, 714, 738 ff).

300 Auf den ehemaligen EuGH-Generalanwalt VAN GERVEN geht etwa die Reihe **„Casebooks for the Common Law of Europe"** zurück, die bestehende „common principles" des Europäischen Privatrechts aufdecken soll (vgl etwa VAN GERVEN/LEVER/LAROUCHE/VBAR/VINEY, Tort Law – Scope of Protection [Oxford 1998]; VAN GERVEN/LEVER/LAROUCHE, Tort Law [Oxford 2000]; BEALE/HARTKAMP/KÖTZ/TALLON, Contract Law [Oxford 2002]).

301 Eine ähnliche Methode, die ebenfalls einen gemeinsamen Europäischen „Privatrechtsbesitzstand" zugrunde legt, verfolgt die sog **„Acquis-Gruppe"** (European Research Group on the Existing EC Private Law) unter GIANMARIA AJANI und HANS SCHULTE-NÖLKE seit Mai 2002 (vgl ie ERNST AcP 208 [2008] 249, 253 f; WURMNEST ZEuP 2003, 714, 740 f sowie www.acquis-group.org). Erste Untersuchungen über den Acquis communautaire des Gemeinschaftsprivatrechts, insbesondere im Bereich der Informationspflichten und des Vertragsschlusses, wurden bereits früh vorgelegt (vgl SCHULTE-NÖLKE/SCHULZE/BERNADEAU, Europäisches Vertragsrecht im Gemeinschaftsrecht [Köln 2002]; TROIANO/SCHULZE/EBERS/GRIGOLEIT, Informationspflichten und Vertragsschluss im Acquis communautaire [Tübingen 2003]). Seit 2006 wurden die Forschungsergebnisse, die sog „Acquis-Grundregeln" (vgl dazu ZEuP 2007, 896 ff), fortlaufend mit denen der Study-Group zum jetzigen DCFR zusammengeführt (s bereits Rn 297; z Integration der Acquis-Principles in den DCFR vgl PFEIFFER ZEuP 2008, 679, 695 ff; SCHULZE ZEuP 2007, 130 ff; eine krit Analyse der Acquis-Grundregeln nehmen JANSEN/ZIMMERMANN JZ 2007, 1113 ff u ZOLL GPR 2008, 106 ff vor). Zusammen mit der Study-Group handelt es sich um die tragende Säule des gesamten Forschungsnetzwerks (zutr LEIBLE NJW 2008, 2558, 2560).

3. Schaffung eines „Gemeinsamen Referenzrahmens" (GRR)

Im Juli 2001 leitete die Europäische Kommission ihrerseits eine breit angelegte **302** Konsultation zur möglichen Einführung eines europäischen Vertragsrechts ein (vgl Mitteilung der Kommission v 11. 7. 2001 an den Rat u das Europäische Parlament – Zum europäischen Vertragsrecht, KOM [2001] 398 endg, ABl EU 2001 C 255/1), die heftige Debatten auslöste (zu den Vorbehalten s o Rn 278 ff). Unter Berücksichtigung der Kritik veröffentlichte die Kommission im Februar 2003 einen „Aktionsplan" mit verschiedenen konkreten Maßnahmen auf dem Weg zu einem „kohärenteren" Europäischen Vertragsrecht (vgl Mitteilung der Kommission v 12. 2. 2003 an das Europäische Parlament u den Rat – Ein kohärenteres europäisches Vertragsrecht – Ein Aktionsplan, KOM [2003] 68 endg, ABl EU 2003 C 63/1; dazu auch die Entschließung des Rates v 14. 10. 2003 z Thema „Ein kohärenteres europäisches Vertragsrecht", ABl EU 2003 C 246/1, ZEuP 2004, 424 f; DAUNER-LIEB NJW 2004, 1431, 1432; STAUDENMAYER EuZW 2003, 165 ff; ZYPRIES ZEuP 2004, 225 ff). Vorgeschlagen wurden etwa die Erarbeitung eines „Gemeinsamen Referenzrahmens" in den Mitgliedstaaten, die Entwicklung von EU-weiten Standard-AGB sowie die Prüfung eines „sektorübergreifenden optionalen Rechtsinstruments" für Vertragsparteien. In einer dritten Mitteilung erläuterte die Kommission am 11. 10. 2004, dass sie kein europäisches Zivilgesetzbuch schaffen wolle, das die Vertragsrechte der Mitgliedstaaten harmonisiere, sondern einen „Gemeinsamen Referenzrahmen", der evtl durch ein **optionales Instrument** ergänzt werde (Titel der Mitteilung: Europäisches Vertragsrecht und Überarbeitung des gemeinschaftlichen Besitzstands – weiteres Vorgehen, KOM [2004] 651 endg, ABl EU 2005 C 14/6; m Anm dazu SCHMIDT-KESSEL GRP 2005, 2 ff; ausf z optionalen Instrument LEIBLE BB 2008, 1469, 1471 ff). Sein Zweck bestehe darin, von ihr sowie dem europäischen Gesetzgeber bei der Überarbeitung existierender Gesetzgebung bzw bei der Ausarbeitung neuer Instrumente im Bereich des Vertragsrechts Verwendung zu finden. Die von der Kommission beauftragte Expertengruppe, das gemeinsame Netzwerk für das europäische Vertragsrecht, dem insbesondere die Forschungsgruppe „Study Group on a European Civil Code" (s o Rn 297) und die „Research Group on EC Private Law (Acquis Group)" (s o Rn 301) angehören, legte ihre Arbeiten am 31. 12. 2007 der Kommission offiziell vor. Der Entwurf eines „Gemeinsamen Referenzrahmens" (auch **Draft Common Frame of Reference** [DCFR]) wurde im Januar 2008 veröffentlicht (die Interim Outline Edition wurde im Februar 2008 unter dem Titel „Principles, Definitions and Model Rules of European Private Law – Draft Common Frame of Reference [DCFR]" von vBAR/CLIVE/SCHULTE-NÖLKE herausgegeben) und beinhaltet sieben Bände mit Modellregeln sowie einen Anhang mit Definitionen (ausf diskutiert v EIDENMÜLLER/FAUST/GRIGOLEIT/JANSEN/WAGNER/ZIMMERMANN JZ 2008, 529 ff; krit auch BASEDOW ZEuP 2008, 673 ff; ERNST AcP 208 [2008] 248 ff sowie WELLER JZ 2008, 764 ff). Nachdem der Entwurf auch auf dem 67. Deutschen Juristentag 2008 in Erfurt thematisiert wurde (vgl NJW 2008, 2801), veröffentlichten die Herausgeber unter demselben Titel im Februar 2009 die – um drei weitere Bände komplettierte – endgültige Gesamtversion (sog „Final Outline Edition" des DCFR; s dazu ausf STAUDINGER/LOOSCHELDERS/OLZEN § 242 Rn 1177 ff). Die derzeitige Kommission möchte noch innerhalb ihrer bis zum 31. 10. 2009 dauernden Amtszeit den „Gemeinsamen Referenzrahmen" veröffentlichen. Wenngleich sie bislang ausgeschlossen hat, dass es sich bei dem auf dessen Grundlage zu schaffenden optionalen Werk um ein Europäisches Zivilgesetzbuch handeln wird (vgl zuletzt den Zweiten Fortschrittsbericht zum Gemeinsamen Referenzrahmen für ein Europäisches Vertragsrecht v 25. 7. 2007, s EuZW 2007, 554), ist der Entwurf in seiner bisherigen Ausgestaltung hingegen kaum von einem Zivilkodex zu unterscheiden (EIDENMÜLLER/FAUST/GRIGOLEIT/JANSEN/WAGNER/ZIMMERMANN JZ 2008, 529; GRUNDMANN JZ 2005 860, 867; HONSELL ZIP 2008, 621, 629; LEIBLE BB 2008, 1469, 1471; WAGNER ZEuP 2008, 677). Freilich hat die Diskussion mit dem endgültigen Entwurf keinen Abschluss gefunden. Der Weg zu einem politisch legitimierten Text ist noch weit. Vor diesem Hintergrund wird daher neuerdings in wachsendem Maße die Errichtung eines „European Law Institute" gefordert, um längerfristig eine Professionalisierung sowie eine institutionelle Absicherung des Vereinheitlichungsprozesses zu garantieren (EIDENMÜLLER/FAUST/GRIGOLEIT/JANSEN/WAGNER/ZIMMERMANN JZ 2008, 529, 550; ERNST AcP 208 [2008] 248, 280 ff; LEIBLE NJW 2008, 2558, 2562).

II. Internationales Schuldrecht

303 Nicht nur auf eine europäische Rechtsordnung beschränkt, sondern auf weltweite Anwendung zielen das sog UN-Kaufrecht (United Nations Convention on Contracts for the International Sale of Goods – CISG) und die UNIDROIT-Principles for International Commercial Contracts. Dieser Internationalität steht allerdings die Beschränkung allein auf das Kaufrecht und auf internationale Handelsverträge gegenüber.

1. UNIDROIT-Prinzipien

304 Das bereits 1926 gegründete International Institute for the Unification of Private Law (UNIDROIT) mit Sitz in Rom hat 1971 entschieden, die Ausarbeitung von Grundregeln zur Abfassung internationaler **Handelsverträge** zu entwickeln. Die Einsetzung einer dahingehenden Arbeitsgruppe erfolgte allerdings erst 1980 und ihre Ergebnisse wurden 1994 unter dem Titel „**Principles of International Commercial Contracts**" veröffentlicht (der deutsche Text ist – allerdings ohne Erläuterungen und Bsp – abgedr in ZEuP 1997, 890; die vollständige englische Originalfassung findet sich in der gleichnamigen, von UNIDROIT herausgegebenen Publikation; z den grundlegenden inhaltlichen Aspekten s BONELL RabelsZ 56 [1992] 274; mit dem 3. Kapitel [Gültigkeit von Verträgen] beschäftigt sich eingehend KRAMER, Die Gültigkeit der Verträge nach den UNIDROIT Principles of International Commercial Contracts, ZEuP 1999, 209; vgl z den Principles of European Contract Law ZIMMERMANN Jura 2005, 289, 292). Im April 2004 hat der Direktionsrat die zweite, überarbeitete und erweiterte Ausgabe der Principles gebilligt (SCHILF, Unidroit Principles 2004 – Auf dem Weg zu einem Allgemeinen Teil des Internationalen Einheitsprivatrechts, IHR 2004, 236 ff; Abdruck der revidierten Fassung in der IHR 2004, 257 ff). Die Prinzipien umfassen 185 Artikel, die sich auf insgesamt zehn Kapitel mit einer vorangestellten Präambel verteilen. Dort findet sich auch der Anwendungsbereich der Prinzipien: „International commercial contracts." Daraus ergibt sich eine zweifache Einschränkung ihrer Anwendbarkeit: Zum einen gelten die Regeln nur für Handelsverträge, zum anderen nur für solche mit internationalem Charakter (näher dazu BONELL RabelsZ 56 [1992] 274, 279 f). Die Prinzipien entsprechen in ihrer knappen Abfassung eher kontinentaleuropäischen Kodifikationen als den ausführlichen Gesetzen der Common-Law-Staaten (BONELL RabelsZ 56 [1992] 274, 279). Seit Zusammentreten der dritten Arbeitsgruppe im Jahr 2006 ist eine dritte Version der Grundregeln in Arbeit. In dieser sollen einige neue Themenbereiche (ua Bedingungen, Schuldner- und Gläubigermehrheit, Rechtswidrigkeit und Rückgewähr) hinzugefügt werden. Im Mai 2008 kam es zu einer Sitzung der Arbeitsgruppe in Rom, in der Entwürfe einzelner neuer Kapitel vorgestellt wurden (die vier sog „Draft Chapter" sind unter http://www.uni droit.org/english/documents/2008/contents.htm abrufbar).

2. UN-Kaufrecht (CISG) und Haager Kaufrecht

305 Das **CISG** trat am 1.1.1988 in Kraft und gilt in der Bundesrepublik seit dem 1.1. 1991 (BGBl 1989 II 588, berichtigt BGBl 1990 II 1699; z weiteren Entwicklung vgl MAGNUS, Aktuelle Fragen des UN-Kaufrechts, ZEuP 1993, 79; ders, Stand und Entwicklung des UN-Kaufrechts, ZEuP 1995, 202; ders, Das UN-Kaufrecht – Fragen und Probleme seiner praktischen Bewährung, ZEuP 1997, 823; ders ZEuP 1999, 642; PILTZ, Neue Entwicklungen im UN-Kaufrecht, NJW 2007, 2159 ff). Es geht in seinen Ursprüngen auf das Jahr 1928 zurück, als Ernst **Rabel** dem Präsidenten des 1926 gegründeten Institutes UNIDROIT (vgl Rn 304) den Vorschlag unterbreitete, eine Vereinheitlichung des Kaufrechts in Aussicht zu nehmen. Das daraufhin unter Rabels Federführung eingesetzte Komitee legte bis 1939 einen entsprechenden Entwurf vor (1. Entwurf von 1935 in RabelsZ 9 [1935] 8 ff, 45 ff; Entwurf von 1939 bei RABEL, Das Recht des Warenkaufs – Eine rechtsvergleichende Darstellung Bd II [1967] 395 ff). Infolge des 2. Weltkriegs kam das Komitee erst 1950 wieder zusammen. Mittlerweile hatte allerdings die Haager Konferenz eigene Arbeiten zur Kaufrechtsvereinheitlichung aufgenommen, die 1964 zum Abschluss kamen (ausf STAUDINGER/MAGNUS [2005] Einl 21 ff zum CISG). Der Anerkennung des sog **„Haager Kaufrechts"** hat es allerdings nachhaltig geschadet, dass die Entwicklungs- und die sozialistischen Länder es mangels Beteiligung an seiner Ausarbeitung ablehnten. Deshalb widmete sich ab 1968 die Kommission der Vereinten Nationen für Internationales Handelsrecht (United Nations Commission on International Trade Law – UNCITRAL) der Problematik und entwickelte bis 1976 den sog **„Genfer Entwurf"** für ein materielles Kaufrecht, der 1980 nach mehreren Änderungen (dazu STAUDINGER/MAGNUS [2005] Einl 24 ff zum CISG) auf der Wiener Konferenz verabschiedet und bis heute von mehr als 70 Staaten ratifiziert worden ist (z Ratifikationsstand STAUDINGER/MAGNUS [2005] Einl 27 f zum CISG; PILTZ NJW 2007, 2159 ff).

306 Das **CISG** besteht aus insgesamt **vier Teilen** (Anwendungsbereich und allg Bestimmungen; Abschluss des Vertrages; Warenkauf; Schlussbestimmungen) mit **101 Artikeln** und einer **Präambel**, die zum verbindlichen Konventionstext gehört (z inhaltlichen Fragen vgl ua den Überblick bei STAUDINGER/MAGNUS [2005] Einl 28 ff zum CISG; ferner die Kommentierung von STAUDINGER/MAGNUS [2005] CISG; HONSELL, Kommentar zum UN-Kaufrecht [1997]; in Lehrbuchform SCHLECHTRIEM, Internationales UN-Kaufrecht [4. Aufl 2007]). Seine Schwäche hinsichtlich der Rechtsvereinheitlichung besteht allerdings darin, dass es – anders als bei der Rechtsharmonisierung auf europäischer Ebene – an einer verbindlichen Auslegungsinstanz wie dem EuGH fehlt (DROBNIG, in: FS Steindorff [1990] 1144 f).

Q. Schuldrecht in der Rechtsvergleichung

307 Im Zuge der Internationalisierung der Rechtsordnungen gewinnt die **Rechtsvergleichung** vermehrt an Bedeutung. Nachfolgend werden deshalb exemplarisch einige Nachbarstaaten betrachtet (z weiteren Staaten und Einzelheiten vgl zB RANIERI, Europäisches Obligationenrecht [2. Aufl 2003]).

I. Das Obligationenrecht der Schweiz

308 Das Schweizerische **Obligationenrecht** geht als selbständige Kodifikation auf die Jahre 1881–1883 zurück. Bei Schaffung des **ZGB** rund zwanzig Jahre später wurde es nicht mehr darin integriert, weil eine vollständige Neubearbeitung des Obligationenrechts überflüssig erschien. So blieb es neben dem ZGB mit eigener – weitgehend ursprünglicher – Artikel- und Titelzählung bestehen, wurde diesem jedoch als „BundesG betr die Ergänzung des schweizerischen ZGB" und damit als fünfter Teil angefügt. Man unterscheidet daher das ZGB ieS, dh ohne das Obligationenrecht, und das ZGB iwS unter Einschluss dieses Sondergesetzes (z geschichtlichen Entwicklung SCHWENZER, Schweizerisches Obligationenrecht AT [1998] 1 ff; GAUCH, Schweiz ZGB mit OR [41. Aufl 1996] in der Einl zu OR; weiterhin SchweizOR/BUCHER Einl vor Art 1 ff Rn 21 ff; BUCHER ZEuP 2003, 353 ff; allg z ZGB ZWEIGERT/KÖTZ § 13). Das ZGB und das „angehängte" leicht modifizierte Obligationenrecht traten zeitgleich zum 1. 1. 1912 in Kraft.

309 Inhaltlich differenziert das Obligationenrecht – wie das BGB – zwischen Allgemeinen Bestimmungen (Entstehen, Wirkung und Erlöschen von Obligationen) in der 1. Abtl und den einzelnen besonderen Vertragsverhältnissen in der 2. Abtl. Über diese Regelungen hinaus enthält es allerdings in der 3., 4. und 5. Abtl noch Vorschriften, die in Deutschland Bestandteil ua des HGB als Sonderprivatrecht sind. Sie beziehen sich auf Handelsgesellschaften und die Genossenschaft, das Handelsregister, Firmen und kaufmännische Buchführung sowie Wertpapiere (z diesem unitarischen System SchweizOR/BUCHER Einl vor Art 1 ff Rn 26 f, der es als moderne „Überwindung" einer zweigeteilten Kodifikation empfindet; ferner BUCHER ZEuP 2003, 353, 360 ff).

II. Der französische Code civil

310 Der französische **Code civil** ist in gaianischer Tradition (z römischen Recht s o Rn 102) in lediglich **drei Bücher** aufgeteilt (Des personnes; Des biens et des différentes modifications de la propriété; Des différentes manières dont on acquiert la propriété). Diese Entwicklung liegt im Verzicht auf Trennungs- und Abstraktionsprinzip begründet (s o Rn 26 ff). Das **Schuldrecht** ist im 3. Buch verankert, obwohl dieses seinem Titel nach die Regeln des Eigentumserwerbs beinhaltet. Dort finden sich auch das Erbrecht, das Ehegüterrecht, das Pfand- und Hypothekenrecht und die Verjährungsregeln – eine aus deutscher Sicht eigenartig erscheinende Zusammenstellung. Die Gliederung des schuldrechtlichen Teils selbst entspricht wiederum weitgehend derjenigen des BGB: Er enthält allgemeine Regelungen über vertragliche (Titre III: Des contrats ou des obligations conventionnelles en général) und nichtvertragliche Schuldverhältnisse (Titre IV: Des engagements qui se forment sans convention). Daneben finden sich Regeln zu einzelnen besonderen Vertragstypen wie Kauf (VI: De la vente) und Leihe (Titre X: Du prêt) (weitere Einzelheiten bei SONNENBERGER, Französisches Zivilrecht Bd 1 u 2 [2. Aufl 1986]; ders, Einführung in das französische Recht [3. Aufl 2000]; WITZ/KULL, Der französische Code civil – Bestandsaufnahme nach 200 Jahren, NJW 2004, 3757 ff; z Vorentwurf für die Änderung der schuldrechtlichen Regelungen in Frankreich, dem sog „Projet Catala" vgl wiederum SONNENBERGER ZEuP 2007, 421).

III. Das österreichische ABGB

311 Auch das österreichische **ABGB** (ausf ZWEIGERT/KÖTZ § 12) aus dem Jahre 1811 folgt dem geschilderten (s o Rn 310) gaianischen Aufbau: Das **Schuldrecht** findet sich im 2. Teil des dreiteiligen ABGB. Dieser Zweite Teil („Von dem Sachenrechte") unterscheidet zwischen dinglichen (1. Abteilung) und persönlichen Sachenrechten (2. Abteilung). In Letztere gehören die schuldrechtlichen Vorschriften. Sie gliedern sich auf in einen AT „Von Verträgen und Rechtsgeschäften überhaupt", §§ 859–937 ABGB, und einen besonderen Teil mit den einzelnen Vertragstypen, §§ 938–1292 ABGB, sowie das Deliktsrecht, §§ 1293–1341 ABGB.

IV. Niederlande: Burgerlijk Wetboek

Das in französischer Rechtstradition (s o Rn 310) stehende **Burgerlijk Wetboek** (BW) **312** der Niederlande von 1838 war über 150 Jahre hinweg die Grundlage des dortigen Privatrechts (MINCKE, Niederländisches Recht). Zwar war bereits 1947 Eduard Maurits Meijers beauftragt worden, ein neues Zivilgesetzbuch zu verfassen, und hatte eine Einteilung in neun Bücher vorgesehen (Personen- und Familienrecht; Juristische Personen; Allgemeines Vermögensrecht; Erbrecht; Sachenrecht; Allgemeines Schuldrecht; Besondere Verträge; See-, Binnenschifffahrts- und Luftfahrtsrecht; Rechte an geistigen Schöpfungen). Zu einer Ablösung des BW kam es aber erst am 1. 1. 1992, als das Vermögensrecht (3., 5., 6. und Teile des 7. Buches) als Hauptteil des neuen Gesetzbuches in Kraft trat (dazu HARTKAMP, Einführung in das Niederländische Schuldrecht, AcP 191 [1991] 396 ff; sowie VRANKEN AcP 191 [1991] 411; REMIEN, Das neue Burgerlijk Wetboek der Niederlande und seine Erschließung durch die Rechtsliteratur, ZEuP 1994, 187 mwNw). Vorher waren bereits das 1. (1970), 2. (1976) und 8. (1991) Buch in Kraft getreten. Das 4. Buch folgte am 1. 1. 2003. Aus dem 7. Buch hat man bislang Regelungen über den Kauf bzw Tausch, den Auftrag, die Verwahrung und die Bürgschaft getroffen; für andere wichtige Vertragstypen, zB die Miete, sind die Vorschriften des alten Gesetzbuches als Buch 7 A vorerst bestehen geblieben.

Das neue und alte BW unterscheiden sich zum Teil erheblich (MINCKE, Niederländi- **313** sches Recht Rn 12, 80 f; BASEDOW, Grundfragen der Vertragsrechtsreform, ZVglRWiss 79 [1980] 132). So integriert das neue BW etwa das **Unternehmens-** und **Handels-** sowie das **Verbraucherschutzrecht** als Sondervorschriften am **systematischen Ort** des jeweiligen Regelungsgegenstandes. Bemerkenswert ist ferner nicht nur der Umfang des gesetzgeberischen Projektes, sondern auch die intensive Auseinandersetzung mit anderen Rechtsordnungen im Rahmen des Gesetzgebungsverfahren, insbesondere mit dem deutschen und schweizerischen Recht (s o Rn 308 f) sowie mit dem Common Law (s u Rn 315 ff; vgl dazu die Parlamentsakten [„Parlementaire Geschiedenis"]). Deren Züge sind im neuen BW deutlich erkennbar, so zB das Vorhandensein eines **Allgemeinen Teils**, der sich jedoch nicht unwesentlich von dem des BGB unterscheidet (MINCKE, Niederländisches Recht Rn 82 ff). Allerdings darf diese Auseinandersetzung mit fremden Rechtsordnungen nicht dahingehend missverstanden werden, dass sich die Niederlande in ihrer neuen Kodifikation aus dem französischen Rechtskreis entfernt hätten; viele Traditionen sind bestehen geblieben (BASEDOW ZVglRW 79 [1980] 132; HARTKAMP Rev int dr comp 34 [1982] 319).

Inhaltlich steht auch im niederländischen Schuldrecht der **Vertrag** im Mittelpunkt **314** (HARTKAMP, Einführung in das Niederländische Schuldrecht, AcP 191 [1991] 396 ff; z einzelnen Vertragstypen MINCKE, Niederländisches Recht Rn 257 ff), des Weiteren die **gesetzlichen Schuldverhältnisse** der **unerlaubten Handlung** (onrechtmatige daad), der **Geschäfts-**

führung ohne Auftrag (zaakwaarneming), der ungeschuldeten Leistung (onverschuldigde betaling) und der ungerechtfertigten Bereicherung (ongerechtvaardigde verrijking) (z den gesetzlichen Schuldverhältnissen VRANKEN AcP 191 [1991] 411). Trotz der zentralen Bedeutung des Vertrags und dem Vorhandensein eines dinglichen Vertrags finden sich die Vorschriften über die Verträge nicht im allgemeinen Vermögensrecht (3. Buch), sondern im Allgemeinen Schuldrecht (6. Buch). Die einschlägigen Regelungen werden dann auf dingliche und eherechtliche Verträge entsprechend angewendet.

V. Common Law

315 Das **Common Law**, dessen Rechtsregeln ein Viertel bis ein Drittel der Weltbevölkerung betreffen (z Verbreitung [insbes auch aus historischer Sicht] ZWEIGERT/KÖTZ § 16; vBERNSTORFF 3 ff), unterscheidet sich grds von den kontinentalen Rechtsordnungen. Innerhalb seiner Rechtsfamilie (vgl nur DAVID/GRASMANN/WILL, Einführung in die großen Rechtssysteme der Gegenwart [2. Aufl 1988] Rn 282 ff; ZWEIGERT/KÖTZ §§ 14 ff) lassen sich insbesondere das **anglo-amerikanische** und das **englische** Recht unterscheiden. Letzteres stützt sich in erster Linie auf das von den Gerichten geschaffene **Case Law** (Begriffsbestimmungen bei HAY 16), welches zuweilen durch einzelne Spezialgesetze (Statutory Law; z dieser Regelungspraxis vBERNSTORFF 9 ff; ZWEIGERT/KÖTZ § 14 V) ergänzt bzw abgeändert wird. Eine zusammenfassende Kodifikation ist hingegen unterblieben. Auch das Vertragsrecht (z Rechtsgeschichte vBERNSTORFF 49 ff) kennt nur wenige gesetzliche Grundlagen; ein „Schuldrecht" im deutschem Sinne ist nicht vorhanden. Abgesehen vom **Kaufrecht** (Sale of Goods Act aus dem Jahre 1979) sind die einzelnen Vertragstypen nicht näher geregelt. Damit kennt das englische Recht auch nicht den Gedanken, dass sich die Parteien lediglich über einige Punkte (essentialia negotii) einigen (müssen) und der sonstige Inhalt des zwischen ihnen bestehenden Schuldverhältnisses durch die (dispositive) Rechtsordnung ausgestaltet wird. Abhilfe bietet hier zum Teil die sog **„doctrine of implied terms"**, nach der durch das Gericht, Handelsbräuche oder entsprechende Vorschriften Ergänzungen erfolgen (z weiteren dogmatischen und methodischen Aspekten vgl LUNDMARK, Juristische Technik und Methodik des Common Law [1998]). Lediglich das Verbraucher- und Mieterschutzrecht, das Arbeits- und Sozialversicherungsrecht sowie einige andere Rechtmaterien (s ZWEIGERT/KÖTZ § 14 V) haben im englischen Recht eine – teilweise schwer überschaubare – Kodifikation erfahren.

316 Das **US-amerikanische Recht** wurde stark durch das englische Common Law geprägt (z Rechtsgeschichte HAY 1 ff; ZWEIGERT/KÖTZ § 17 I), auch wenn einzelne Einflüsse des Civil Law (Recht Kontinentaleuropas, Gegenbegriff zum Common Law; vgl vBERNSTORFF 3 f) sowie nicht unerhebliche Abänderungen durch gesetzgeberische Tätigkeiten schon in der frühen nordamerikanischen Geschichte (dazu ZWEIGERT/KÖTZ § 17 I) unverkennbar sind. Dennoch basiert das nordamerikanische Rechtssystem nach wie vor vornehmlich auf **Fallrecht** (HAY 19 ff). Wie das englische kennt es kein Schuldrecht im deutschen Sinne. Es unterscheidet stattdessen zwischen dem **Vertragsrecht** (Law of Contracts), dem Recht der **unerlaubten Handlungen** (Law of Torts) und dem Recht des **Quasi Contract**. Diese Rechtsgebiete sind allerdings nicht immer scharf voneinander abgrenzbar (Einzelheiten bei HAY 282), auch wenn sie in der amerikanischen Rechtswissenschaft getrennt betrachtet werden. Inhaltlich ist fraglich, ob man überhaupt jeweils von einem einheitlichen „nordamerikanischen" Recht sprechen kann. Durch das komplizierte Nebeneinander von Bundes- und Staatenrecht sowie die nur begrenzten Gesetzgebungskompetenzen des Bundes (einf Zweigert/Kötz § 17 III) unterscheidet sich das Recht der verschiedenen Staaten mitunter stark voneinander. Dies gilt mangels Bundeszuständigkeiten insbesondere auch für die Kerngebiete des Privatrechts, in dem nicht nur unterschiedliche Gesetzgebungstendenzen vorherrschen, sondern sich va auch die Rspr in unterschiedliche Richtungen entwickelt hat.

Verallgemeinernd kann dennoch festgehalten werden, dass das **Vertragsrecht** nach wie vor auf **Fallrecht** basiert (z einzelnen Gesetzgebungsaktivitäten vgl Hay 284 f). Eine Ausnahme bildet das Recht des Warenkaufs. Hier kommt dem Uniform Commercial Code (UCC) prägende Bedeutung zu (vgl Staudinger/Looschelders/Olzen § 242 Rn 1161). Hinsichtlich des Verhältnisses von Fall- und Gesetzesrecht ist zu beachten, dass Gesetzesrecht gegenteiliges, früheres Fallrecht verdrängt, selbst allerdings wiederum von neuem Fallrecht überlagert wird. Eine Ausnahme von der vorherrschenden fallrechtlichen Prägung bildet der Staat **Louisiana**, der – französischer Rechtstradition folgend – bereits früh einen Civil Code in der Tradition des Code Napoléon geschaffen hat. In einigen anderen Staaten (Kalifornien, Nord- und Süddakota, Idaho, Montana) wurde in der zweiten Hälfte des 19. Jh ebenfalls eine Kodifikation des Zivilrechts in Kraft gesetzt (der nach seinem Schöpfer benannte „Field Code"), deren Bedeutung in der Rechtspraxis allerdings nicht derjenigen in den europäischen Rechtsordnungen entspricht (Einzelheiten – auch z Kodifikationsidee in den Vereinigten Staaten – bei Zweigert/Kötz § 17 I mwNw).

R. Stellungnahmen zum Schuldrecht des zweiten Buches (Kritik des Schuldrechts)

I. Einleitung

Das Schuldrecht beeinflusst das Wirtschaftsleben. Deshalb verwundert es nicht, dass eine praktisch so bedeutende Rechtsmaterie im Laufe der Jahre häufig kritisiert worden ist (vgl z Auswirkung von Diskussionen über die Wirtschaftsverfassung auf das Schuldrecht zB Reuter AcP 189 [1989] 199 ff; ders, Freiheitsethik und Privatrecht, DZWir 1993, 45 ff; Joerges KJ 1987, 166 ff – jeweils mwNw) und noch immer kritisiert wird (z Kritik an der Schuldrechtsreform 2002 s o Rn 201).

II. Kritik des Schuldrechts

Die Kritik des Schuldrechts ist nicht neu. Bereits der 1. Entwurf des BGB aus dem Jahre 1889 wurde von O vGierke (Entwurf eines BGB) in wesentlichen Punkten bemängelt. Er erhob zunächst den Einwand, dass die 1. Kommission das Schuldrecht durch seinen allgemeinen Ansatzpunkt „Schuldverhältnis" so abstrakt gestaltet habe, dass es alle Sozialverhältnisse gleich behandele, obwohl sie inhaltlich völlig verschieden voneinander seien. Dieser **Abstraktionsgrad** rufe Ungerechtigkeiten hervor, als Bsp nannte er va das Dienstvertragsrecht. Schließlich warf er dem Schuldrecht vor, es sei auf Grund seiner römisch-rechtlichen Basis **nicht mehr zeitgemäß** (vGierke, Entwurf eines BGB 185; ders, Die soziale Aufgabe des Privatrechts [1889]).

320 In der Folgezeit geriet das Schuldrecht unter der Herrschaft des **Nationalsozialismus** im Rahmen der sog „Rechtserneuerung" (Vorstufe zur Schaffung eines „Volksgesetzbuches der Deutschen" s o Rn 173 f) erneut in die Diskussion. Die Nationalsozialisten wollten eine neue Rechtsordnung entwickeln, deren Grundlage va der „Pflicht- und Gemeinschaftsgedanke" bilden sollte. Konkrete Ausprägungen dieses ideologischen Denkansatzes stellten im Schuldrecht der „Gemeinschaftsgedanke" (vgl die Präambel des Gesetzentwurfs 1936 von STOLL, in: SCHUBERT, Protokolle: Schuldrecht [1990] 294 ff sowie 244 f, 259 ff; vgl allg hierzu: LARENZ, Rechtsperson und subjektives Recht, in: DAHM/HUBER/LARENZ/MICHAELIS/SCHAFFSTEIN/SIEBERT, Grundfragen der neuen Rechtswissenschaft [1935] insbes 251), der „Treuegedanke" (246, 261 ff sowie § 2 Abs 1 des Entwurfs von STOLL [1936] 297) sowie die „sozialistische Gestaltung des schuldrechtlichen Vertrages" dar. Diese Formulierungen sind zwar der Zeit entsprechend abstrakter formuliert als die Einwände, die vGIERKE gegen den 1. Entwurf des BGB erhoben hatte, finden aber doch in seiner Kritik teilweise ihre gedankliche Grundlage.

321 Nach dem 2. Weltkrieg hat sich ua WIEACKER intensiv mit den Grundlagen des Schuldrechts auseinandergesetzt. Auch seine Analysen (va: Das Sozialmodell der klassischen Privatrechtsgesetzbücher und die Entwicklung der modernen Gesellschaft [1953]; Das bürgerliche Recht im Wandel der Gesellschaftsordnungen [1960]; Pandektenwissenschaft und industrielle Revolution [1966] – alle wieder abgedr in: Industriegesellschaft und Privatrechtsordnung [1974]; vgl auch kurz: Privatrechtsgeschichte 468 ff, 543 ff) ähneln in vieler Beziehung der Einschätzung, die vGIERKE hatte. Sie gehen aber insoweit über dessen Denkansätze hinaus, als sie hinter den von vGIERKE kritisierten Einzelerscheinungen ein „**Sozialmodell**" einer Privatrechtsordnung aufzeigen, das nach WIEACKER bei der Auslegung konkreter Einzelregelungen maßgeblich gewesen sein soll (ausf STAUDINGER/J SCHMIDT [1995] Rn 510 ff). Im Hinblick auf seine geistesgeschichtlichen Grundlagen bezeichnet WIEACKER das BGB und damit auch das Schuldrecht als „spät geborenes Kind des klassischen Liberalismus" (Privatrechtsgeschichte 479 ff; ferner STAUDINGER/COING/HONSELL [2004] Einl 65 ff, 80 ff zum BGB).

III. Vorschläge zur Veränderung des Schuldrechts

322 Die Modelle, mit denen man (national, also außerhalb der europäischen Rechtsentwicklung, s o Rn 276 ff) versucht hat, das Schuldrecht zu verändern, lassen sich kategorisieren. So zielen einige Vorschläge auf **Veränderung des Schuldrechts durch Veränderung des gesamten Zivilrechts** (s u Rn 323 ff). Andere wollen nur das **Schuldrecht als solches** novellieren (s u Rn 327 ff), während es schließlich auch noch Überlegungen zur **Veränderung lediglich einzelner Institutionen** (s u Rn 331 f) oder auch nur **einzelner Normen** des Schuldrechts (s u Rn 333) gibt. Trotz der generellen Unterscheidbarkeit dieser Ansätze sind Überschneidungen nicht ausgeschlossen.

1. Veränderung des Schuldrechts durch Veränderung des gesamten Zivilrechts

323 Eine **grundlegende Veränderung des gesamten Zivilrechts** zöge naturgemäß auch eine solche des Schuldrechts nach sich. Die entsprechenden Vorschläge greifen allerdings so weit über die hier zu erörternden Zusammenhänge hinaus, dass sie nicht ie dargestellt werden können, zumal sie sich voneinander stark unterscheiden und in hohem Maße ausdifferenziert sind. (Ein auf materialistischer Analyse beruhender Denkansatz findet sich bei: MÜCKENBERGER, Legitimation durch Realitätsverleugnung. Am Beispiel Privatautonomie, KJ 1971, 248 ff; HART, Vom bürgerlichen Recht zur politischen Verwaltung, KJ 1974, 274 ff; REICH, Markt und Recht [1977]; BRÜGGEMEIER, Entwicklung des Rechts im organisierten Kapitalismus 2 Bde [1977/79]; REIFNER, Alternatives Wirtschaftsrecht am Beispiel der Verbraucherverschuldung [1979]; REICH JZ 1980, 329 ff – alle mwNw. Zur „Demokratisierung" des Privatrechtes vgl KÜBLER, Privatrecht und Demokratie – Zur Aktualität gesellschaftsrechtlicher Vorstellungen in der Jurisprudenz, in: FS Raiser [1974] 697 ff sowie ders, Über die praktischen Aufgaben zeitgemäßer Privatrechtstheorie [1975] – jeweils mwNw. Zur „wirtschaftsrechtlichen Konzeption" des Privatrechtes zB WIETHÖLTER, Die Position des Wirtschaftsrechts im sozialen Rechtsstaat, in: FS Böhm [1965] 41 ff; ders, Privatrecht als Gesellschaftstheorie?, in: FS Raiser [1974] 645 ff; ders, Artikel „Bürgerliches Recht", „Wirtschaftsrecht", „Wirtschaftsverwaltungsrecht", „Zivilrecht", in: GÖRLITZ, Handlexikon zur Rechtswissenschaft 2 Bde [1974] – mwNw; ASSMANN ua, Wirtschaftsrecht als Kritik des Privatrechts [1980]; AK-BGB/DUBISCHAR Rn 6 ff, 36 ff. Zur „Aufhebung der Trennung von Staat und Gesellschaft", die implizit in den vorangegangenen Schriften auch immer eine Rolle spielte, vgl noch GOTTHOLD, Wirtschaftliche Entwicklung und Verfassungsrecht [1975] 21 f, 126 ff mwNw. Zur Erhöhung des „staatlichen Anteils" am Gesamtnormenvolumen [Erweiterung der nicht mehr im Rahmen des Zweiten Buches z regelnden Lebensbereiche] vgl die Diskussion um die „Investitionslenkung" und die „Marktregulierung", zB SCHEUNER, Die staatliche Einwirkung auf die Wirtschaft [1971] sowie BULL, Die Staatsaufgaben nach dem Grundgesetz [2. Aufl 1977] bes 254 ff; KRIELE, Wirtschaftsfreiheit und Grundgesetz. Rückblick und Bilanz am Verfassungstag, ZRP 1974, 105 ff; REICH, Markt und Lenkung, ZRP 1976, 67 ff; STEGER, JbSozWiss [1975] 71, 80 ff mit umfangreichen Literaturhinw; KILIAN, Kontrahierungszwang und Zivilrechtssystem, AcP 180 [1980] 47 ff, bes 78 ff – alle mit ausf Nw; vgl STAUDINGER/J SCHMIDT [1995] Rn 517 ff.)

Der gemeinsame Nenner aller genannten Vorschläge liegt darin, dass sie sich auf **324** das **„Sozialstaatsgebot"** des GG berufen (WEITENRAUER, Der Schutz des Schwächeren im Zivilrecht [1975]; WOLF, Rechtsgeschäftliche Entscheidungsfreiheit und vertraglicher Interessenausgleich [1970]; ders, Gleichbehandlungsgrundsatz und privatrechtliches Teilhaberecht, in: FS Raiser [1974] 597 ff). Alle wollen eine gerechte Zivilrechtsordnung dadurch verwirklichen, dass der Bereich privater Rechtsetzung entweder erheblich eingeschränkt oder sogar aufgehoben und durch demokratisch legitimierte **öffentliche Rechtsetzung** ersetzt wird. Die Gegensätzlichkeit dieser Betrachtungsweise zu den Grundprinzipien der **Abschlussfreiheit** und der **Gestaltungsfreiheit** (s o Rn 52) ist evident. Dem entspricht, dass es eine Gegenbewegung gibt, die die Verwirklichung der **Freiheit des Einzelnen** im Privatrecht stark in den Vordergrund stellt (REUTER AcP 189 [1989] 199 ff mwNw; vgl auch REICHHOLD JbJZivRWiss [1992] 63 ff; CANARIS, Verfassungs- und europarechtliche Aspekte der Vertragsfreiheit in der Privatrechtsgesellschaft, in: FS Lerche [1993] 873 ff; z Kritik dieser Vorschläge ferner MEDICUS, Abschied von der Privatautonomie im Schuldrecht? [1994] 11 ff; ferner LIEB DNotZ 1989, 274 ff).

Im Zusammenhang mit Veränderungen des gesamten Zivilrechts ist schließlich **325** noch der Hinweis auf die **„ökonomische Analyse des Rechts"** erforderlich, die von anderen Wertungen ausgeht als das BGB (STAUDINGER/COING/HONSELL [2004] Einl 199 zum BGB mwNw; umfangreiche Nw bei STAUDINGER/J SCHMIDT [1995] Rn 518).

Den genannten Vorschlägen ist in praktischer Hinsicht gemeinsam, dass sie nach **326** der Reform des Schuldrechts zum 1.1.2002 (s o Rn 188) und nach Inkrafttreten des Gesetzes zur Änderung schadensersatzrechtlicher Vorschriften (s o Rn 150) am 1.8. 2002 in absehbarer Zeit wohl wenig Aussicht auf Verwirklichung haben, so weit sie nicht in diese große Reform bereits eingeflossen sind.

2. Veränderung des Schuldrechtssystems

327 Dies gilt in ähnlicher Weise für Pläne zu Veränderungen des Zweiten Buches als solchem. Auch hier handelt es sich mehr um rechtstheoretische Überlegungen als um Projekte mit Aussicht auf baldige Verwirklichung, wenngleich dass GG in seiner wirtschaftspolitischen Neutralität dem Gesetzgeber einen großzügigen Gestaltungsspielraum einräumt, von dem im Rahmen der Schuldrechtsmodernisierung auch Gebrauch gemacht wurde.

a) Zerlegung des Schuldrechts in verschiedene Einzelmaterien

328 Frühere Überlegungen gingen hin zu einer **Auflösung** des Schuldrechts und seiner **Zerlegung** in verschiedene **Einzelmaterien**. Zumindest sollten größere Partien ausgegliedert werden. Man kann dies am besten mit dem Stichwort des **Sonderprivatrechts** charakterisieren (s u Rn 329). So hat man zum Teil die Bildung von drei schuldrechtlichen Bereichen in Erwägung gezogen, dh eines **Unternehmensrechts**, eines **Verbraucherrechts** und eines **Bürgerrechts** (REICH ZRP 1974, 188 ff; ähnlich: RAISER, Die Zukunft des Privatrechts [1971]; ders, Die Aufgaben des Privatrechts [1977] 208 ff, 222 ff, der das Privatrecht in vier Funktionsbereiche gliedert; REBE, Privatrecht und Wirtschaftsordnung [1978] insbes 164 ff). Andere forderten die Schaffung eines „**Sozialrechts**" (s z den geistesgeschichtlichen Grundlagen vGIERKE Rn 299 ff) auf der Schnittstelle zwischen einem „reinen" Privatrecht und einem „reinen" öffentlichen Recht. Dort wollte man eine dritte Rechtsmaterie aus einer Mischung „privatrechtlicher" und „öffentlich-rechtlicher" Grundsätzen ansiedeln (vgl BULLINGER, Öffentliches Recht und Privatrecht [1968] 81 ff; PAWLOWSKI, Allgemeiner Teil des BGB [7. Aufl 2003] Rn 17 ff; krit MEDICUS AT Rn 6).

329 Systematisch weniger einschneidend waren die Vorschläge, die das Schuldrecht des BGB im Wesentlichen unverändert lassen wollten, aber für „Ungleichgewichtslagen" „**Sonderprivatrechte**" entwickelten und darauf abzielten, das Zweite Buch nur noch als lex generalis anzuwenden. (Z dieser Diskussion vgl einerseits: REICH ZRP 1974, 187 ff und JZ 1980, 329 ff; DAMM, Verbraucherrechtliche Sondergesetzgebung und Privatrechtssystem, JZ 1978, 173 ff; E SCHMIDT JZ 1980, 153 ff, 156; GILLES, Verbraucherpolitische Vertragsrechtsreformen im Bürgerlichen Gesetzbuch, ZRP 1979, 265 ff; ders, Zur neueren Verbraucherschutzgesetzgebung in ihrem Verhältnis zum klassischen Privatrecht, JA 1980, 1 ff; AK-BGB/ DUBISCHAR Rn 34 f; SCHWARK, Die Abgrenzung von Schuldrecht und Handelsrecht als legislatorisches Problem, in: KINDERMANN, Studien z einer Theorie der Gesetzgebung [1982] 11 ff; ders JZ 1980, 741; vHIPPEL, Der Schutz des Schwächeren [1982]; JOERGES KJ 1987, 166 ff; ESSER/ SCHMIDT, Schuldrecht I § 1 II, IV. – Andererseits: WESTERMANN, Sonderprivatrechtliche Sozialmodelle und das allgemeine Privatrecht, AcP 178 [1978] 150 ff; LIEB, Sonderprivatrecht für Ungleichgewichtslagen?, AcP 178 [1978] 196 ff; ders, Grundfragen einer Schuldrechtsreform, AcP 183 [1983] 327, 348 ff; MERTENS, Deliktsrecht und Sonderprivatrecht – Zur Rechtsfortbildung des deliktischen Schutzes von Vermögensinteressen, AcP 178 [1978] 227 ff; DAUNER-LIEB Verbraucherschutz; vgl auch: EMMERICH, Das Verbraucherkreditgesetz, JuS 1991, 705; MEDICUS AT Rn 13 ff; KRAMER, Zur Konzeption des Konsumentenschutzrechts, KritV 1986, 270, 285 f; LIMBACH, Die Kompensation von Ungleichgewichtslagen, KritV 1986, 165 ff [Rezensionsabhandlung]. Z allg Problem BYDLINSKI, Zivilrechtskodifikation und Sondergesetze, in: FS Walter [1991] 105 ff.) Die va in den 70er und 80er-Jahren entstandenen „Sonderprivatrechte" sind im Zuge der Schuldrechtsreform aber gerade in das BGB integriert worden (s o Rn 198). Der Gesetzgeber hat die frühere Neigung zu Sondergesetzen zu Gunsten einer Gesamtkodifikation aufgegeben. Gegenteilige Anregungen dürften deshalb gegenwärtig wenig Aussicht auf Erfolg haben.

b) Erhöhung des Anteils gesellschaftlicher Wertungen
Andere haben eine Verstärkung des Niederschlags **gesellschaftlicher Wertungen** in den Normen des Zweiten Buches gefordert. Diese Wertungen sollten nicht nur im Einzelfall oder für einzelne Rechtsinstitute, sondern verstärkt in das gesamte Schuldrecht einbezogen werden. Im Unterschied zu den vorangegangenen Vorschlägen setzt diese Methode keine Gesetzesänderung voraus. Ihr Ziel liegt darin, in Anwendung der Maßstäbe „sozialer Gerechtigkeit" von einer „individualistischen Schuldrechtskonzeption" zu einem **„sozialen Obligationsmodell"** zu gelangen (Esser/Schmidt, Schuldrecht I § 2 II; E Schmidt JZ 1980, 153 ff; Brüggemeier/Hart, Soziales Schuldrecht [1987]; Fuchs, Zivilrecht und Sozialrecht [1992]; Knieper, Das Schuldverhältnis – Geld gegen Ware in der Zeit, KJ 1992, 1 ff; Rüthers, Die unbegrenzte Auslegung [6. Aufl 2005]). IE laufen viele der Vorschläge darauf hinaus, bei der Anwendung des Schuldrechts im stärkeren Umfang die jeweiligen gesellschaftlichen Wertungen anstelle individueller Parteiinteressen zu berücksichtigen (iS einer „Entprivatisierung des Privatrechts"; vgl Grossfeld, Zivilrecht als Gestaltungsaufgabe [1977] bes 15 f, 78 ff; Henke, Die Sozialisierung des Rechts, JZ 1980, 369 ff). Eine derartige Methode kann allerdings nicht auf alle Lebenssachverhalte angewendet werden, sondern allenfalls in besonderen Bereichen, in denen dafür ein erhöhtes Bedürfnis besteht, wie etwa bei der Ausfüllung von Treu und Glauben oder von Sittenwidrigkeitsmaßstäben.

3. Veränderung einzelner grundlegender Institutionen des Schuldrechts

Zahlreiche Modernisierungsvorschläge zielen auch darauf ab, **Institute** (Normengruppen) des Schuldrechts **umzugestalten**. Als Methode wird zum einen die „normale Auslegung", zum anderen die Heranziehung höherrangigen Rechts, insbesondere des Verfassungsrechts im Wege **verfassungskonformer Auslegung**, vorgeschlagen (s o Rn 265). Dementsprechend beziehen sich die beiden wichtigsten Veränderungsvorschläge einerseits auf ein geändertes Verständnis der Funktion von **dispositivem Recht**, andererseits auf eine verstärkte Berücksichtigung der **Auswirkungen des Grundgesetzes** auf das Schuldrecht (s o Rn 263 ff; Staudinger/J Schmidt [1995] Rn 536 ff).

Der zunächst genannten Überlegung liegt die Erkenntnis zugrunde, dass die Parteien ihre Vereinbarungen in den Grenzen etwa der §§ 134, 138 frei gestalten können (z Vertragsfreiheit s o Rn 52 ff), häufig jedoch davon keinen Gebrauch machen. Fehlen ihrem Rechtsgeschäft notwendige Regelungen, die durchaus auch „unvernünftig" und „unbillig" sein können (vgl Coester-Waltjen, Die Inhaltskontrolle von Verträgen außerhalb des AGBG, AcP 190 [1990] 15, 18), so greifen die dispositiven Regelungen der Rechtsordnung als „Reserveordnung" ein (vgl schon Laband AcP 73 [1888] 164 ff; vTuhr AT I 25 f; daneben auch Mayer-Maly, Privatautonomie und Wirtschaftsverfassung, in: FS Korinek [1972] 152 ff; Steindorff, Wirtschaftsordnung und -steuerung durch Privatrecht?, in: FS Raiser [1974] 621 ff, bes 625 f). Nipperdey war der Ansicht, dass diese Normen des dispositiven Rechts auch eine **bestimmte „Ordnungsfunktion"** insofern hätten, als Parteien nach seiner Auffassung nur von ihnen abweichen dürften „als dafür sachliche Gründe, namentlich aus der besonderen, vom Gesetz nicht zugrunde gelegten Sach- und Interessenlage vorliegen" (Enneccerus/Nipperdey BGB AT § 49 III mwNw z Lit; ähnl: Raiser, Das Recht der AGB [1935, Nachdr 1961] 239 ff; Haupt, Vertragsfreiheit und

Gesetz, ZAkDR 1943, 84 ff). Dementsprechend hat man das dispositive Recht auch als „halbzwingend" bezeichnet. Der BGH ist diesem Ansatz in seiner Rspr zur Richtlinien- und Leitbildfunktion des dispositiven Rechts va bei der Beurteilung von **AGB** gefolgt, so weit es um die Auslegung des § 9 Abs 2 Nr 1 AGBG aF bzw § 307 Abs 2 Nr 1 ging (vgl zB BGH NJW 1967, 1225; NJW 1971, 1133; NJW 1973, 990 und 1276; WM 1978, 406, 408; NJW 1984, 2404; NJW 1985, 2328, Esser/Schmidt, Schuldrecht I § 10 II 3; E Schmidt, Grundlagen und Grundzüge der Inzidentkontrolle allgemeiner Geschäftsbedingungen nach dem AGB-Gesetz, JuS 1987, 929, 933; Fastrich, Richterliche Inhaltskontrolle im Privatrecht [1992] § 10 II; vHoyningen-Huene, Die Inhaltskontrolle nach § 9 AGBG [1992] Rn 13 ff). Nach einer neueren Tendenz in der Rspr soll auch bei Individualverträgen nicht beliebig vom dispositiven Recht abgewichen werden können („Inhaltskontrolle"; vgl zB BGHZ 101, 350 mit ausf Nw; 108, 164; Staudinger/J Schmidt [1995] § 242 Rn 457 ff, 473; Staudinger/Looschelders/Olzen § 242 Rn 477 f). Die Inhaltskontrolle erfolgt dann über § 242, in jüngerer Zeit sehr häufig bei Eheverträgen mit dem Ziel der Beseitigung sog „Ungleichgewichtslagen" (vgl Staudinger/Coing/Honsell [2004] Einl 198 zum BGB; ferner MünchKomm/Basedow § 305 Rn 24 ff; s z Inhaltskontrolle Staudinger/Looschelders/Olzen § 242 Rn 936 ff).

4. Veränderungen einzelner Normen des Schuldrechtes

333 Die große Mehrzahl der Veränderungsvorschläge betrifft naturgemäß **einzelne Normen** des Zweiten Buches. Die laufende rechtswissenschaftliche Diskussion sowie die Rspr führen zu neuen Rechtssätzen, zu neuen Tatbestands- oder Rechtsfolgemerkmalen. Einzelerörterungen sprengen allerdings den Rahmen dieser Einleitung, so dass auf die Erläuterungen zu den jeweiligen Vorschriften des Zweiten Buches verwiesen werden muss.

5. Zusammenfassung

334 Die Entwicklung des Schuldrechts ist von der Entwicklung des gesamten Privatrechts schwer zu trennen und weder genau vorauszusehen noch in Kürze zu beschreiben. Gleichwohl lassen sich Tendenzen erkennen:

Das Schuldrecht wird auch in Zukunft in zunehmendem Maße durch die europäische Rechtsentwicklung beeinflusst, wenn auch nicht in absehbarer Zeit ersetzt. Entsprechende Neuerungen entwickeln sich eher rückläufig. Dies mag zu Bedenken Anlass geben (sehr krit Staudinger/Coing/Honsell [2004] Einl 113 zum BGB), aber kaum geändert werden können. Der Einfluss des europäischen Rechts erfolgt nicht über verbindliche Verordnungen, sondern über die Umsetzung von Richtlinien, die nicht mehr in Sondergesetzen, sondern zunehmend im BGB Platz finden. Hinzu treten die europarechtskonforme Auslegung und die Ausfüllung der Generalklauseln (vgl Staudinger/Looschelders/Olzen § 242 Rn 149). Sollte tatsächlich ein Europäisches Zivilgesetzbuch geschaffen werden (dazu s o Rn 276 ff), wäre dies von entscheidender Bedeutung für das BGB: Es könnten sich viele Probleme ergeben, wenn den Parteien die Möglichkeit eingeräumt würde, zwischen nationalem und europäischem Recht zu wählen (vgl Richter, Privatautonomie und Verbraucherschutz im Lichte der Pläne zur Schaffung eines Europäischen Zivilgesetzbuches – Dargestellt am Beispiel des Letztverkäuferregresses, AcP 206 [2006] 3 ff, insbes 4). Dann wäre es von entscheidender Bedeutung für die Rechtsanwendung in Deutschland, wie das Europäische Zivilgesetzbuch sich inhaltlich zum BGB verhält.

Das 20. Jh hat ferner in Abkehr vom Liberalismus der Entstehungszeit soziale Korrekturen, insbesondere im Bereich des Miet- und (Dienstvertrags-)Arbeitsrechts in den Vordergrund gestellt, methodisch im Wege der Ersetzung des dispositiven Rechts durch zwingende Vorschriften. Am Ende des 20. Jh trat immer mehr der Konsumentenschutz in den Vordergrund; zunächst durch Sondergesetze, im Rahmen der Schuldrechtsreform wurden diese dann zunehmend in das BGB integriert (wenn man vom ProdHaftG absieht).

Aber auch der zunehmende Einfluss des Verfassungsrechts hat die Parameter verändert und an die Stelle der Idee einer (vielleicht manchmal zu Unrecht angenommenen) Gleichgewichtigkeit der Parteien und einer damit verbundenen weitgehenden Vertragsfreiheit neue Maßstäbe gesetzt. Vertragsgerechtigkeit, Sozialverträglichkeit und die Beseitigung bzw der Ausgleich sog vertraglicher „Ungleichgewichtslagen" treten an vielen Stellen in den Vordergrund. Gerade dabei hat die Rspr zur Inhaltskontrolle von AGB, zunehmend aber auch bezogen auf individuelle Vereinbarungen, einen immer stärkeren Einfluss ausgeübt. Stichworte bilden die sittenwidrige finanzielle Überforderung Mithaftender, ehevertragliche Regelungen und immer zahlreichere und intensivere Anforderungen an Aufklärungs- und Schutzpflichten. Die Sorge vieler geht deshalb dahin, welche Bedeutung der Privatautonomie in Zukunft noch bleiben wird (vgl dazu RICHTER, Privatautonomie und Verbraucherschutz im Lichte der Pläne zur Schaffung eines Europäischen Zivilgesetzbuches – Dargestellt am Beispiel des Letztverkäuferregresses, AcP 206 [2006] 3 ff, insbes 4, 19 und 27, der darauf hinweist, dass sich die Bedeutung der Privatautonomie durch die Schaffung eines Europäischen Zivilgesetzbuches wieder ändern könnte). Die Entwicklungen des Miet- oder Arbeitsrechts haben jedenfalls gezeigt, dass Eingriffe in die Vertragsfreiheit erhebliche (auch negative) Einflüsse auf den Markt haben. Diese Gefahr sollte im Zusammenhang mit dem Verbraucherschutz ernst genommen werden. Beide Parteien haben berechtigte Interessen, nicht nur ein Schuldner oder Verbraucher.

IV. Reformvorhaben im Bereich des Schuldrechts

Derzeit gibt es ein interessantes schuldrechtliches Gesetzgebungsvorhaben: das sog **Kreditnehmerschutzgesetz**, dessen Ziel die Verbesserung des Schuldnerschutzes beim Forderungsverkauf darstellt. Ein entsprechender Gesetzesentwurf des Bundesrats zur Begrenzung der Risiken des Kreditverkaufs vom 4.6.2008 (BT-Drucks 16/9447) wurde bereits dem Bundestag vorgelegt. Der Fortgang dieses Entwurfs in der neuen Legislaturperiode ist noch unklar.

Ein weiteres Vorhaben ist bereits umgesetzt worden: Am 3.8.2009 wurde das **Gesetz zur Umsetzung der Verbraucherkreditrichtlinie, des zivilrechtlichen Teils der Zahlungsdiensterichtlinie sowie zur Neuordnung der Vorschriften über das Widerrufs- und Rückgaberecht** vom 29.7.2009, das in Umsetzung europarechtlicher Vorgaben den Schutz des Verbrauchers bezweckt, im Bundesgesetzblatt (BGBl I 2355) verkündet. Es wird im Wesentlichen am 11.6.2010 in Kraft treten.

Abschnitt 1
Inhalt der Schuldverhältnisse
Titel 1
Verpflichtung zur Leistung

§ 241
Pflichten aus dem Schuldverhältnis

(1) Kraft des Schuldverhältnisses ist der Gläubiger berechtigt, von dem Schuldner eine Leistung zu fordern. Die Leistung kann auch in einem Unterlassen bestehen.

(2) Das Schuldverhältnis kann nach seinem Inhalt jeden Teil zur Rücksicht auf die Rechte, die Rechtsgüter und Interessen des anderen Teils verpflichten.

Systematische Übersicht

A.	Vorbemerkung		1
B.	Vor- und Entstehungsgeschichte		2
I.	Der Begriff „Schuldverhältnis" vor Inkrafttreten des BGB		3
II.	Vorbilder für § 241		5
1.	Die Pandektenlehre		6
2.	Das prALR von 1794		7
3.	Der Code civil		8
4.	Das österreichische ABGB		9
5.	Das schweizerische Obligationenrecht		10
6.	Der Dresdner Entwurf		11
III.	Grundentscheidungen des BGB-Gesetzgebers		
1.	§ 241 als einleitende Regelung		12
2.	Wesen und Inhalt des Schuldverhältnisses		13
a)	Vermögenswert der Leistung		14
b)	Recht zur Sache		19
c)	Leistungsverpflichtung des Schuldners		23
d)	Rechtsfolgen der Nichterfüllung		
aa)	Erfüllungsanspruch		25
bb)	Schadensersatz		30
e)	Haftungsbeschränkungen		31
C.	Weitere Entwicklungen nach dem Inkrafttreten des § 241		32
I.	Das Volksgesetzbuch		33
II.	Die Rspr zu § 241		34
III.	Die Behandlung von § 241 in der Lehre		35
D.	Das Schuldverhältnis		
I.	Das Schuldverhältnis ieS und iwS		
1.	Einleitung		36
2.	Historische Ursachen		37
3.	Der Begriff „Schuldverhältnis iwS"		39
4.	Streitpunkte		40
II.	Abgrenzung von gesetzlichen, rechtsgeschäftlichen und rechtsgeschäftsähnlichen Schuldverhältnissen		
1.	Einteilungskriterien		46
2.	Systematik		52
a)	Unterscheidung nach der Anzahl der Beteiligten		53
b)	Unterscheidung nach geregelten und ungeregelten Schuldverhältnissen		57
c)	Unterscheidung nach der inneren Verknüpfung der Forderungen		58

E. Entstehung gesetzlicher Schuldverhältnisse

I.	Allgemeines	61
II.	Abgrenzung nach Art der erzeugten Pflichten	64
III.	Sonderproblem: Zum Schuldverhältnis parallel verlaufendes Schutzpflichtverhältnis	68

F. Entstehung vertraglicher Schuldverhältnisse

I.	Vertragsschluss		69
II.	Abgrenzung zur Gefälligkeit		71
1.	Abgrenzung bei Verhaltensvereinbarungen		75
a)	Merkmale der Gefälligkeit (Nicht-Rechtsverhältnis)		76
aa)	Objektiver Ansatz (Vermögensinteresse)		78
bb)	Subjektiver Ansatz (Rechtsgeschäftliches Verständnis)		79
cc)	Die Willensermittlung		83
b)	Ausschluss eines Leistungsanspruchs („gentlemen's agreement")		89
2.	Rücksichtspflichtverletzungen und Haftung bei Gefälligkeiten		93
III.	Faktischer Vertrag		
1.	Allgemeines		94
2.	Fallgruppen		96
a)	Sozialtypisches Verhalten (Massenverkehr, Daseinsvorsorge)		97
b)	Fehlerhafte Dauerschuldverhältnisse		104
aa)	Allgemeines		104
bb)	Gesellschaftsverhältnisse		106
cc)	Arbeitsverhältnisse/Dienstverträge		107
dd)	Wohnungseigentümergemeinschaft		109
ee)	Miet- und Pachtverhältnisse		110
c)	Faktische Vertragsverhältnisse kraft sozialen Kontakts		111

G. Wirkungen des Schuldverhältnisses: Entstehung von Forderungen

I.	Begriff der Forderung und Abgrenzungen	112
II.	Forderungskollisionen	115
III.	Abgrenzung der Forderung: unvollkommene Verbindlichkeiten und Obliegenheiten	
1.	Allgemeines zu Obliegenheiten	120
2.	Rechtsnatur der Obliegenheit	124
3.	Abgrenzung der Obliegenheit von der Verbindlichkeit	128
4.	Zusammenfassung	131

H. Leistung

I.	Der Leistungsbegriff	
1.	Allgemeines	133
2.	Ambivalenz des Leistungsbegriffs	135
3.	Die Unterlassung	136
II.	Die Einteilung der Leistungspflichten	
1.	Allgemeines	141
2.	Terminologie	142
a)	Primär- und Sekundärpflichten	142
b)	Haupt- und Nebenleistungspflichten	144
aa)	Hauptleistungspflichten	146
bb)	Nebenleistungspflichten	147
III.	Abgrenzung zu Rücksichtspflichten iSd Abs 2	
1.	Allgemeines	153
2.	Terminologie	154
3.	Kriterien der Abgrenzung von Leistungs- und Rücksichtspflichten	157
a)	Klagbarkeit als Unterscheidungsmerkmal	158
b)	Zielsetzung als Unterscheidungsmerkmal	160
IV.	Arten von Nebenleistungspflichten	
1.	Allgemeines	162
a)	Gesetzliche Nebenleistungspflichten	163

b)	Außergesetzliche Nebenleistungspflichten	165	(dd)	Pflichten in Arbeits-, Dienst- und sonstigen Dauerschuldverhältnissen	225
2.	Auskunft- und Rechenschaft	167	(ee)	Pflichten in atypischen Vertragsverhältnissen	235
a)	Allgemeines	167			
b)	Gesetzlich normierte Pflichten	168	(c)	Einzelfälle zur Mitwirkung des Gläubigers bei der Leistungserbringung	236
c)	Außergesetzliche Pflichten	170			
d)	Prozessuales	171			
3.	Mitwirkungs- und Unterstützungspflichten	172	(3)	Mitwirkung als Mehrleistung	242
			(a)	Allgemeines	242
a)	Allgemeines	172	(b)	Einzelfälle	243
b)	Mitwirkung im Vorfeld des Vertragsschlusses	177	(4)	Mitwirkung zur Schaffung von Rechtssicherheit	244
aa)	Allgemeines	177	(a)	Allgemeines	244
bb)	Gesetzlich normierte Mitwirkungspflichten vor Vertragsschluss	179	(b)	Einzelfälle	245
cc)	Außergesetzliche Mitwirkungspflichten vor Vertragsschluss	181	(5)	Mitwirkung und Unterstützung gegenüber Dritten	253
(1)	Allgemeines	181	(a)	Allgemeines	253
(2)	Voraussetzungen	185	(b)	Einzelfälle	256
(3)	Prozessuales	188	d)	Mitwirkungspflichten in gesetzlichen Schuldverhältnissen	257
(4)	Einzelfälle	189	aa)	Allgemeines	257
c)	Mitwirkung bei der Durchführung des Vertrages	191	bb)	Gesetzlich normierte Mitwirkungspflichten	258
aa)	Allgemeines	191	cc)	Nicht geregelte Mitwirkungspflichten in gesetzlichen Schuldverhältnissen	259
bb)	Gesetzlich normierte Mitwirkungspflichten	192	4.	Leistungssicherungspflichten	261
(1)	Pflichten innerhalb des Bürgerlichen Gesetzbuches	193	a)	Allgemeines	261
			aa)	Gesetzliche Leistungssicherungspflichten	266
(2)	Weitere Pflichten außerhalb des BGB	199	bb)	Außergesetzliche Leistungssicherungspflichten	268
cc)	Außergesetzliche Mitwirkungspflichten	201	cc)	Abgrenzung zu den Rücksichtspflichten iSd Abs 2	270
(1)	Mitwirkung zur Beseitigung von Erfüllungshindernissen	202	b)	Einzelfälle gesetzlich normierter Leistungssicherungspflichten	272
(a)	Allgemeines	202			
(b)	Einzelfälle	203	c)	Einzelfälle außergesetzlicher Leistungssicherungspflichten	273
(2)	Mitwirkung zur Durchführung der Leistung	208			
(a)	Allgemeines	208	J.	**Relativität und Ausnahmen**	
(aa)	Pflichten des Schuldners	209			
(bb)	Pflichten des Gläubigers	211	I.	**Allgemeines**	293
(b)	Einzelfälle zur Mitwirkung des Schuldners bei der Leistungserbringung	214	II.	**Relativität der Wirkungen des Schuldverhältnisses**	
(aa)	Pflichten im Austauschverhältnis	214	1.	Gesetzlich begründete Schuldverhältnisse	295
(bb)	Pflichten bei Gebrauchsgewährung	219			
(cc)	Pflichten bei Sicherung und Treuhand	224	2.	Rechtsgeschäftlich begründete Schuldverhältnisse	296

III.	**Relative Wirkung der Forderung**	299	d)	Fehlerhafte Dauerschuld-
1.	Grundsatz	300		verhältnisse 377
2.	Ausnahmen vom Grundsatz der Relativität	302		
a)	Gesetzliche Ausnahmen	303	**L.**	**§ 241 Abs 2**
b)	Sonstige Ausnahmen von der Relativität der Forderung	306	**I.**	**Entstehungsgeschichte**
aa)	Die Forderung als Eigentumsrecht	307	1.	Entwicklung der Rücksichtspflichten 378
bb)	Die Lehre von der absoluten Rechtszuständigkeit des Gläubigers	308	2.	Normierung der Rücksichtspflichten 379
cc)	Kritik an der Lehre von der absoluten Rechtszuständigkeit	311	**II.**	**„Schuldverhältnis"** 382
dd)	Folgen des Meinungsstreits	315	1.	Entstehung der Rücksichtspflichten durch gesetzliches oder rechtsgeschäftliches Schuldverhältnis? 383
3.	Tatbestandswirkungen des Schuldverhältnisses auf Dritte (Weitere Ausnahmen zur Relativität)	321	a)	Der Meinungsstand 383
a)	Drittbeteiligung am Schuldverhältnis ohne Zurechnung	325	b)	Problemfälle 391
			aa)	Gefälligkeiten 394
b)	Fremdzurechnung von Tatbestandsverwirklichungen	329	bb)	Nichtige Verträge 397
			cc)	Nachbarliches Gemeinschaftsverhältnis 399
aa)	Verpflichtung Dritter	330	2.	Der Inhalt des Schuldverhältnisses 407
bb)	Berechtigung Dritter	333		
cc)	Haftungsbegrenzungen zu Gunsten Dritter	342	**III.**	**„kann"** 409
dd)	Haftungsbegrenzungen zu Lasten Dritter	345	**IV.**	**„jeden Teil"/„des anderen Teils" (Beteiligte)** 410
K.	**Dauer des Schuldverhältnisses**	346	**V.**	**„Rücksicht"** 411
I.	**Einfache Schuldverhältnisse**	347	**VI.**	**„Rechte, Rechtsgüter, Interessen"** 413
II.	**Dauerschuldverhältnisse**	348	**VII.**	**„verpflichten"** 414
1.	Gesetzlicher Terminus	349		
2.	Dogmatische Kategorie	351	**VIII.**	**Arten von Rücksichtspflichten**
a)	Zeitliche Abgrenzungskriterien	351	1.	Allgemeines 424
b)	Andere Abgrenzungsversuche	356	2.	Informationspflichten 427
aa)	Dauerschuldverhältnisse ieS und iwS	357	a)	Allgemeines 427
			b)	Aufklärungspflichten 432
bb)	Sukzessivlieferungsverhältnisse	358	aa)	Gesetzliche Aufklärungspflichten 433
cc)	Wiederkehrschuldverhältnisse	362	bb)	Außergesetzliche Aufklärungspflichten 436
dd)	Vertragsverhältnisse mit personenrechtlichem Einschlag	364	(1)	Voraussetzungen 437
ee)	Relationale Verträge	365	(a)	Informationsgefälle 437
3.	Beendigung	368	(b)	Erkennbarkeit des Informationsgefälles 440
a)	Kündigung	369		
b)	Rücktritt	372	(c)	Entscheidungserheblichkeit 442
c)	Erfüllung	374	(d)	Schutzwürdigkeit 443
			(e)	Abwägung 444

(f)	Mitverschulden	447	aa)	Allgemeines	508
(g)	Vorsatzerfordernis	448	bb)	Gesetzlich normierte Wettbewerbsverbote	509
(h)	Sonderfall: Auf Nachfrage erteilte Falschinformation	449	cc)	Außergesetzliche Wettbewerbsverbote	510
(2)	Inhalt	450	c)	Geheimhaltungspflichten	511
(3)	Rechtsfolgen	453	d)	Unberechtigte Geltendmachung von Forderungen/Unberechtigte Geltendmachung von Gestaltungsrechten	514
(4)	Einzelfälle	454			
(a)	Kaufvertrag	455			
(b)	Mietvertrag	456			
(c)	Dienstvertrag	457	e)	Sonstige Unterlassungspflichten	515
(d)	Arztvertrag	459	f)	Störung der Vertrauensgrundlage	518
(e)	Arbeitsvertrag	462			
(f)	Werkvertrag	464	IX.	**Haftungsmilderungen bei Rücksichtspflichten**	519
(g)	Reisevertrag	467			
(h)	Banken	469	1.	Haftungsmodifikationen in bestehenden Verträgen	520
(i)	Versicherungsvertrag	471			
(k)	Parteien im Zivilprozess	472	2.	Haftungsmodifikationen beim nichtigen Vertrag	525
(l)	Sonstige Aufklärungspflichten	473			
c)	Beratungspflichten	475	3.	Haftungsmodifikationen bei Gefälligkeitsverhältnissen	527
3.	Obhuts- und Fürsorgepflichten	477			
a)	Allgemeines	477	4.	Die Auswirkung der Haftungsbeschränkungen auf die deliktische Haftung	530
b)	Gesetzliche Obhuts- und Fürsorgepflichten	481			
aa)	Fürsorgepflichten	482			
bb)	Obhutspflichten	483	X.	**Rechtsfolgen der Pflichtverletzung**	
c)	Außergesetzliche Obhuts- und Fürsorgepflichten	485	1.	Allgemeines	538
			2.	Schadensersatz	540
aa)	Voraussetzungen	485	a)	Schadensersatz gem § 280 Abs 1	540
(1)	Wissensgefälle/Einflussmöglichkeit	486	b)	Schadensersatz statt der Leistung gem § 280 Abs 3 iVm § 282	541
(2)	Abwägung	487			
bb)	Einzelfälle	490	c)	Aufwendungsersatz gem § 284	542
(1)	Kaufvertrag	491	3.	Rücktritt gem § 324	543
(2)	Gelddarlehensvertrag	493			
(3)	Mietvertrag	494	XI.	**Prozessuale Aspekte**	
(4)	Dienst- und Arbeitsverträge	497	1.	Klagbarkeit der Rücksichtspflichten	544
(5)	Werkvertrag	500	2.	Anwendbarkeit des § 29 ZPO auf Rücksichtspflichten?	549
(6)	Sonstige Fälle von Obhuts- und Fürsorgepflichten	502			
4.	Leistungsunabhängige Treuepflichten	503	XII.	**Kritik an der Regelung des Abs 2**	
			1.	Die generelle Kritik	551
a)	Allgemeines	503	2.	Kritik an der Formulierung	552
b)	Wettbewerbsverbote	508			

Alphabetische Übersicht

Abs 2 der Norm	378 ff	– Tatbestandsmerkmale		382 ff
– Kritik an der Regelung	551 ff	–„jeden Teil"/„des anderen Teils"		410
– Pflichtverletzung, Rechtsfolgen der	538 ff	–„kann"		409
– prozessuale Aspekte	544 ff	–„Rechte, Rechtsgüter, Interessen"		413

– „Rücksicht"	411 f	– Drittbeteiligung ohne Zurechnung	325 ff
– „Schuldverhältnis"	382 ff	– Fremdzurechnung	329 ff
– „verpflichten"	414 ff	– Berechtigung Dritter	333 ff
Aufklärungspflichten	432 ff	– Haftungsbegrenzungen	342 ff
– außergesetzliche	436 ff	– Verpflichtung Dritter	330 ff
– Einzelfälle	454 ff		
– Arbeitsvertrag	462 f	Entstehungsgeschichte der Norm	2 ff
– Arztvertrag	459 ff	– Entwicklungen nach Inkrafttreten des § 241	32 ff
– Banken	469 f	– Grundentscheidungen des Gesetzgebers	12 ff
– Dienstvertrag	457 f		
– Kaufvertrag	455	– vor Inkrafttreten des BGB	3 f
– Mietvertrag	456	– Vorbilder	5 ff
– Reisevertrag	467 f	Entstehungsgeschichte des § 241 Abs 2	378 ff
– sonstige	473 f		
– Versicherungsvertrag	471	Forderung	
– Werkvertrag	464 ff	– Abgrenzung zu Obliegenheiten	120 ff
– Zivilprozess, Parteien im	472	– Begriff	112 ff
– Inhalt	450 ff	– Eigentumsrecht, als	307
– Rechtsfolgen	453	– Entstehung	112 ff
– Voraussetzungen	437 ff	– Kollisionen	115 ff
– Abwägung	444 ff	– Lehre von der absoluten Rechtszuständigkeit	308 ff
– Entscheidungserheblichkeit	442		
– Falschinformationen auf Nachfrage	449		
– Informationsgefälle	437 ff	Gefälligkeiten	71 ff, 394 ff
– Mitverschulden	447	– Abgrenzung zum Schuldverhältnis	75 ff
– Schutzwürdigkeit	443	– „Gentlemen's agreement"	89 ff
– Vorsatzerfordernis	448	– Haftung	93
– gesetzliche	433 ff	– Merkmale	76 ff
Auskunfts- und Rechenschaftspflichten	167 ff	– objektiver Ansatz	78
– außergesetzliche	170	– Rücksichtspflichtverletzungen	93
– gesetzliche	168 f	– subjektiver Ansatz	79 ff
		– Willensermittlung	83 ff
Beratungspflichten	475 f	Geheimhaltungspflichten	511 ff
		„Gentlemen's agreement"	89 ff
Dauerschuldverhältnisse	348 ff		
– Beendigung	368 ff	Haftungsbegrenzungen	
– Erfüllung	374 ff	– zu Gunsten Dritter	342 ff
– Kündigung	369 ff	– zu Lasten Dritter	345
– Rücktritt	372 f	Haftungsmilderungen bei Rücksichtspflichten	519 ff
– dogmatische Kategorien			
– ieS und iwS	357	– Auswirkungen auf die deliktische Haftung	530 ff
– relationale Verträge	365 ff		
– Sukzessivlieferungsverhältnisse	358 ff	– bestehenden Verträgen, in	520 ff
– Verhältnisse mit personenrechtlichem Einschlag	364	– Gefälligkeitsverhältnissen, bei	527 ff
– Wiederkehrschuldverhältnisse	362 f	– nichtigen Vertrag, beim	525 f
– fehlerhafte	104 f, 377		
Dritte, Tatbestandswirkungen des Schuldverhältnisses auf	321 ff	Informationspflichten	427 ff
		– Aufklärungspflichten	432 ff

Titel 1 § 241
Verpflichtung zur Leistung

- Beratungspflichten — 475 f

Klagbarkeit der Rücksichtspflichten — 544 ff
Kritik an § 241 Abs 2 — 551 ff

Leistung — 133 ff
- Begriff — 133 ff
  - Allgemeines — 133 ff
  - Ambivalenz — 135
- Leistungspflichten, s Pflichten — 141 ff
- Unterlassung — 136 ff
Leistungssicherungspflichten — 261 ff
- Abgrenzung zu Rücksichtspflichten — 270 f
- außergesetzliche — 268 f
- gesetzliche — 266 f

Mitwirkungs- und Unterstützungs-
  pflichten — 172 ff
- gesetzliche Schuldverhältnisse — 257 ff
- Vertragsdurchführung, bei — 191 ff
  - Beseitigung von Erfüllungs-
    hindernissen — 202 ff
  - Dritten gegenüber — 253 ff
  - Durchführung der Leistung — 208 ff
  - atypische Vertragsverhältnisse — 235
  - Austauschverhältnis — 214 ff
  - Dauerschuldverhältnisse — 225 ff
  - Gebrauchsgewährung — 219 ff
  - Sicherung und Treuhand — 224
  - Mehrleistung — 242 f
  - Schaffung von Rechtssicherheit — 244 ff
- Vorfeld des Vertrages, im — 177 ff

Nachbarschaftliches Gemeinschafts-
  verhältnis — 399 ff
Nebenleistungspflichten — 162 ff
- Auskunft und Rechenschaft — 167 ff
- außergesetzliche — 165 f
- gesetzliche — 163 f
- Mitwirkung und Unterstützung — 172 ff
- Leistungssicherungspflichten — 261 ff

Obhuts- und Fürsorgepflichten — 477 ff
- außergesetzliche — 485 ff
  - Einzelfälle — 490 ff
  - Dienst- und Arbeitsverträge — 497 ff
  - Gelddarlehensvertrag — 493
  - Kaufvertrag — 491 f
  - Mietvertrag — 494 ff

  - sonstige — 502
  - Werkvertrag — 500 f
  - Voraussetzungen — 485 ff
  - Abwägung — 487 ff
  - Gefälle — 486
- gesetzliche — 481 ff
Obliegenheiten
- Abgrenzung von Verbindlichkeit — 128 ff
- Allgemeines — 120 ff
- Rechtsnatur — 124 ff
Pflichten
- Leistungspflichten — 141 ff
  - Hauptleistungspflichten — 144 ff
  - Nebenleistungspflichten — 144 ff
  - Primärpflichten — 142 f
  - Sekundärpflichten — 142 f
- Rücksichtspflichten — 153 ff

Relationale Verträge — 365 ff
Relativität und Ausnahmen — 293 ff
- der Forderung — 299 ff
  - Dritte, Wirkung auf — 321 ff
- der Wirkungen des Schuld-
  verhältnisses — 295 ff
Rücksichtspflichten — 153 ff
- Abgrenzung zu Leistungspflichten — 153 ff
- Abgrenzung zu Leistungssicherungs-
  pflichten — 270 f
- Arten — 424 ff
  - Informationspflichten — 427 ff
  - Obhuts- und Fürsorgepflichten — 477 ff
  - Treuepflichten, leistungsunab-
    hängige — 503 ff
- Entstehung — 383 ff
  - Gefälligkeiten — 394 ff
  - nachbarschaftliches Gemeinschafts-
    verhältnis — 399 ff
  - nichtige Verträge — 397 f
- Entwicklung — 378
- Grundlage und Inhalt — 407 f
- Haftungsmilderungen — 519 ff
- Normierung — 379 ff
- Pflichtverletzung, Rechtsfolgen der — 538 ff
- prozessuale Aspekte — 544 ff
  - Klagbarkeit — 544 ff
  - Anwendbarkeit des § 29 ZPO — 549 f

Schuldverhältnis	36 ff, 382 ff	Sozialer Kontakt	111
– Abgrenzung nach	46 ff	Sozialtypisches Verhalten	97 ff
– Anzahl der Beteiligten	53 ff	Sukzessivlieferungsverhältnisse	358 ff
– innerer Verknüpfung der Forderungen	58 ff	Treuepflichten, leistungsunabhängige	503 ff
– Regelung	57	– Geheimhaltungspflichten	511 ff
– Begriff ieS	36 ff	– Unterlassungspflichten	515 ff
– Begriff iwS	39	– Vertrauensgrundlage, Störung der	518
– Dauer	346 ff	– Wettbewerbsverbote	508 ff
– Dauerschuldverhältnisse	348 ff		
– einfache Schuldverhältnisse	347	Unterlassung	136 ff
– gesetzliches		Unterlassungspflichten	508 ff
– Abgrenzung innerhalb	64 ff		
– Entstehung	61 ff	Verbindlichkeiten, unvollkommene	120 ff
– Streitpunkte	40 ff	Vertrag, faktischer	94 ff
– vertragliches		– Arbeitsverhältnisse/Dienstverträge	107 f
– Abgrenzung zur Gefälligkeit	71 ff	– fehlerhafte Dauerschuldverhältnisse	104 f
– Entstehung	69 f	– Gesellschaftsverhältnisse	106
– faktischer Vertrag	94 ff	– Miet- und Pachtverhältnisse	110
– Wirkungen	112 ff	– sozialer Kontakt	111
Schuldverhältnis, Wesen und Inhalt	13 ff	– sozialtypisches Verhalten	97 ff
– Haftungsbeschränkungen	31	– Wohnungseigentümergemeinschaft	109
– Leistungsverpflichtung des Schuldners	23 f	Vertrag, nichtiger	397 f
– Recht zur Sache	19 ff	Vertrauensgrundlage, Störung der	518
– Rechtsfolgen der Nichterfüllung	25 ff		
– Vermögenswert der Leistung	14 ff	Wettbewerbsverbote	508 ff
Schutzpflichtverhältnis	68	Wiederkehrschuldverhältnisse	362 f

A. Vorbemerkung

1 Nach mehr als 100 Jahren wurde § 241 zum 1.1.2002 erstmals geändert: Das in Kraft getretene Gesetz zur Modernisierung des Schuldrechts vom 26.11.2001 (vgl Einl 184 ff zum SchuldR) fügte einen zweiten Abs an (s u Rn 379 ff). Abs 1 blieb unverändert; ihm kommt keine große praktische Bedeutung zu (MünchKomm/KRAMER Rn 1). Er definiert weder das Schuldverhältnis noch den Leistungsbegriff. Sein Regelungsgehalt erschöpft sich vielmehr darin, die Wirkungen des Schuldverhältnisses aufzuführen, allerdings nicht einmal abschließend. Diese weite Fassung ist auf die bewusste Entscheidung des historischen Gesetzgebers zurückzuführen, die Ausfüllung des Begriffs „Schuldverhältnis" der Wissenschaft zu überlassen (MUGDAN II 1). Abs 1 S 1 stellt aber die Klagbarkeit der Leistung (MünchKomm/KRAMER Rn 1) einerseits und die Relativität des Schuldverhältnisses andererseits klar (vgl Rn 293 ff; GERNHUBER, Schuldverhältnis § 3 II–V). Dass die Leistung auch in einem Unterlassen bestehen kann, ergibt sich aus Abs 1 S 2 (s u Rn 133). Seit der Schuldrechtsreform ist die dogmatische Bedeutung des § 241 insofern gewachsen, als die Norm den Anknüpfungspunkt für die Einteilung der Schuldnerpflichten bildet und damit im Kern des neuen Leistungsstörungsrechts steht.

B. Vor- und Entstehungsgeschichte

Der Blick auf die Entwicklung des § 241 verdeutlicht, dass der Gesetzgeber der Vorschrift über den geschilderten Inhalt hinaus eine Klarstellungsfunktion zumaß. Er hilft zudem, die Grundsätze der heute herrschenden Schuldrechtsdogmatik aus ihrer Entwicklung heraus besser zu verstehen. 2

I. Der Begriff „Schuldverhältnis" vor Inkrafttreten des BGB

Im **19. Jahrhundert** war der Terminus „Schuldverhältnis" noch nicht fest im juristischen Sprachgebrauch verankert (KÖBLER, Lexikon Rechtsgeschichte 528); selbst den Autoren der späten Pandektistik war er fremd (BUCHER, in: FS Wiegand [2005] 93, 109 mwNw). Der deutschsprachige Rechtskreis kannte die Begriffe „Forderung", „Schuld" und „Verbindlichkeit", die jeweils nur eine Seite des Schuldverhältnisses bezeichneten. Das prALR von 1794, das österreichische ABGB von 1811 und das Züricher Bürgerliche Gesetzbuch von 1856 benutzten diese Bezeichnungen in Verbindung miteinander, um das zu umschreiben, was man heute allgemein unter „Schuldverhältnis" versteht. Das sächsische Bürgerliche Gesetzbuch von 1863 sprach nur von „Forderung" (SCHUBERT, Vorlagen der Redaktoren, Recht der Schuldverhältnisse: Teil 1, 3, Fn 1; vgl ferner Rn 6 ff). 3

Andererseits kannte man seit der **Rezeption** aus dem römischen Recht (vgl Einl 102 ff zum SchuldR) den Begriff der **obligatio**, der beide Seiten des Schuldverhältnisses bezeichnete. Darunter verstand man im klassischen und justinianischen Recht ein Rechtsverhältnis, das den Schuldner zu einer Leistung verpflichtet und dem Gläubiger gegen den Schuldner ein Forderungsrecht verschafft (vgl KASER/KNÜTEL § 32 I; COING, Europäisches Privatrecht Bd I [1985] 393). Der Obligationenbegriff wurde allerdings unterschiedlich ausgefüllt (vgl dazu DUMONT, Obligatio, in: FS Meylan I [1963] 77 ff); es kam also zu keiner begrifflichen Klärung. 4

Die Verfasser des BGB gingen davon aus, dass der Begriff der Obligation iSd klassischen römischen Rechts die Rechtsstellungen der Parteien aus der Sicht eines neutralen Beobachters beschreibe. Darüber hinaus meinte man aber, der Ausdruck „obligatio" sei auch geeignet, allein das Forderungsrecht oder die Verbindlichkeit zu bezeichnen (SCHUBERT, Vorlagen der Redaktoren, Recht der Schuldverhältnisse: Teil 1, 3, Fn 1).

Der vom Gesetzgeber gewählte Begriff des Schuldverhältnisses sollte nach seinem Willen klarstellend das gesamte Obligationenverhältnis bezeichnen und zugleich das Fremdwort „Obligation" durch einen deutschen Ausdruck ersetzen (SCHUBERT, Vorlagen der Redaktoren, Recht der Schuldverhältnisse: Teil 1, 3, Fn 1). Damit folgte man dem bayerischen und dem Dresdner Entwurf von 1861 bzw 1866, die sich schon zuvor dieses Begriffs bedient hatten (MUGDAN II 1; zu den Vorläufern des BGB vgl auch STAUDINGER/COING/HONSELL [2004] Einl 59 ff zum BGB; zur Rolle der genannten Entwürfe s a BUCHER, in: FS Wiegand [2005] 93, 109 ff).

II. Vorbilder für § 241

Sprachlich und inhaltlich orientierte sich § 241 einerseits an den Definitionen der 5

Pandektenlehre. Andererseits hatten aber auch die dem BGB vorangehenden großen Kodifikationen und Kodifikationsentwürfe Vorbildcharakter, weil sie vielfach eine entsprechende allgemeine Regelung zur Kennzeichnung des Schuldverhältnisses und zur Einführung in das Schuldrecht enthielten, obwohl eine solche Vorschrift nicht allgemein für notwendig erachtet wurde. Diese Grundlagen des § 241 sollen im Folgenden kurz dargestellt werden (z Begriff der Obligation [als Grundlage der Vorschrift] vgl Bucher, in: FS Wiegand [2005] 93, 104 ff).

1. Die Pandektenlehre

6 Die Pandektenlehre (Einl 111 ff zum SchuldR; vgl dazu Staudinger/Coing/Honsell [2004] Einl 52 ff zum BGB) griff zwar zur Beschreibung des Schuldverhältnisses auf die Definitionen in Inst 3, 13 pr und in D 44, 7, 3 pr zurück. (Die Digestenstelle stammt v dem im 3. Jahrhundert tätigen Juristen Iulius Paulus; z seiner Person Liebs, Die Jurisprudenz im spätantiken Italien [1987]; z Obligation des klassischen römischen Rechts vgl Kaser, Das römische Privatrecht Bd I [2. Aufl 1971] §§ 113, 115. Dort hieß es „obligationum substantia non in eo consistit, ut aliquod corpus nostrum aut servitutem nostram faciat, sed ut alium nobis obstringat ad dandum aliquid vel faciendum vel praestandum".) Sie entwickelte aber ein eigenständiges, vom römischen Recht abweichendes Obligationenverständnis (Windscheid, Pandektenrecht II [8. Aufl 1900] § 251 Fn 3). Unter der Obligation verstand sie ein Rechtsverhältnis, das in der Verpflichtung des Schuldners zu einer Leistung an den Gläubiger besteht. Diese Leistung konnte in einem Tun, Dulden oder in Unterlassungen liegen (Dernburg, Pandekten II [4. Aufl 1894] § 1 I). Die sprachliche Fassung des Abs 1 zeigt, wie stark sich der Gesetzgeber des BGB an die Definition der Pandektenlehre angelehnt hat.

2. Das prALR von 1794

7 Im 1. Buch des prALR war innerhalb der Abgrenzung der „persönlichen Rechte" unter dem 2. Titel „Von Sachen und deren Rechten überhaupt" in § 123 geregelt, dass ein persönliches Recht die Befugnis enthält, von dem Verpflichteten zu fordern, etwas zu geben, zu leisten, zu verstatten oder zu unterlassen (vgl z prALR insgesamt Wolff, Das Preußische Allgemeine Landrecht [1995]).

3. Der Code civil

8 Der Code civil von 1804 sprach in Art 1140 die Wirkungen der Obligationen „les effets de l'obligation de donner ou de livrer" an und verwies dafür intern auf andere Vorschriften. In Art 1141 regelte er den Konflikt einer Verpflichtung zur Leistung einer beweglichen Sache zwischen zwei verschiedenen Personen („Qu'on s'est obligé de donner au de livrer à deux personnes successivement"). Zusätzlich begründete Art 1142 die Schadensersatzpflicht des Schuldners bei der Nichterfüllung einer Verpflichtung zu einem Tun oder Unterlassen („faire où ne pas faire"; weitere Regelungen fanden sich in Art 1143–1145).

Dem Code civil entsprachen die Parallelregelungen im Rheinischen Recht und im Badischen Landrecht (z Einfluss des Code civil auf die deutsche Privatrechtsgeschichte vgl Wieacker, Privatrechtsgeschichte 345 f; Böhmer, Der Einfluß des Code civil auf die Rechtsentwicklungen in Deutschland, AcP 151 [1950/51] 289; Schubert, Französisches Recht in Deutschland zu Beginn des 19. Jahrhunderts [1977]; GROSS, Der Code civil in Baden [1993]; vgl auch Einl 310 zum SchuldR).

4. Das österreichische ABGB

Das österreichische ABGB aus dem Jahr 1811 enthielt überhaupt keine dem § 241 **9** entsprechende Regelung. Nur ein Nebensatz des § 859 ABGB bestimmte, dass das sog „persönliche Sachenrecht" eine Leistungspflicht zwischen den Vertragsparteien begründet. Die Erklärung für ein solches Vorgehen des Gesetzgebers folgt aus der Systematik des ABGB, das dem Schuldrecht keinen eigenständigen Abschnitt zuwies, sondern es dem Sachenrecht zuordnete (zum österreichischen ABGB vgl WIEACKER, Privatrechtsgeschichte 337; vgl auch Einl 311 zum SchuldR).

5. Das schweizerische Obligationenrecht

Im schweizerischen Obligationenrecht von 1881 fehlte ebenfalls eine Abs 1 entspre- **10** chende Regelung (z schweizerischen Obligationenrecht vgl KÖBLER, Lexikon Rechtsgeschichte 532; vgl auch hier Einl 308 f zum SchuldR). Es wurde wie das Schuldrecht vom Dresdner Entwurf beeinflusst (s u Rn 11; STAUDINGER/COING/HONSELL [2004] Einl 60 zum BGB).

6. Der Dresdner Entwurf

Der Dresdner Entwurf eines allgemeinen deutschen Gesetzes über Schuldverhält- **11** nisse von 1866 (vgl KÖBLER, Deutsche Rechtsgeschichte 189; HEDEMANN, Der Dresdner Entwurf von 1866), der das 2. Buch des BGB, vor allem auch durch den Tod des Redaktors vKÜBEL, entscheidend prägte (vgl Einl 122 ff zum SchuldR), sah zwei einleitende, präambelartige Artikel zum Wesen des Schuldverhältnisses vor. Gem Art 2 sollte ein Schuldverhältnis ein Rechtsverhältnis zwischen wenigstens zwei Personen sein, vermöge dessen die eine als Gläubiger eine Leistung zu fordern berechtigt, die andere als Schuldner zu dieser Leistung verpflichtet war. Art 3 bestimmte, dass die Leistung in einem Tun oder Unterlassen bestehen konnte, dass sie möglich sein musste und nicht den Gesetzen oder den guten Sitten widerstreiten durfte (vgl den unveränderten Nachdruck des Dresdner Entwurfs hrsg v FRANKE [1973]).

III. Grundentscheidungen des BGB-Gesetzgebers

1. § 241 als einleitende Regelung

Die Verfasser des BGB (zu der Gesetzgebungsarbeit vgl STAUDINGER/COING/HONSELL [2004] **12** Einl 74 ff zum BGB) sprachen sich bei den Vorberatungen zunächst grds für eine das Schuldrecht einleitende Regelung aus (JAKOBS/SCHUBERT §§ 241–432, 42). Einigkeit bestand auch darüber, den Begriff „Schuldverhältnis" (so Rn 3 f) zu verwenden (Mot II 5 = MUGDAN II 3).

2. Wesen und Inhalt des Schuldverhältnisses

Die Anschauungen über Wesen und Inhalt des Schuldverhältnisses gingen zur Ent- **13** stehungszeit des BGB jedoch noch stark auseinander (SCHUBERT, Vorlagen der Redaktoren, Recht der Schuldverhältnisse: Teil 1, 4). Man beurteilte vor allem unterschiedlich, ob ein Schuldverhältnis stets auf eine **geldwerte Leistung** gerichtet sein müsse. Streit herrschte auch darüber, ob das Schuldverhältnis ein **Recht zur Sache** begründe. Fragen nach der **Leistungspflicht des Schuldners** sowie den **Rechtsfolgen der Nichterfüllung** wurden ebenfalls uneinheitlich beantwortet. In der Klärung dieser Streitfragen lag die besondere Funktion des § 241 (AnwK-BGB/KREBS Rn 3; SOERGEL/TEICHMANN Rn 2).

a) **Vermögenswert der Leistung**

14 Eine der umstrittensten Fragen lautete also, ob der Leistungsgegenstand einen **Geldwert** haben müsse (vgl für die gegensätzlichen Positionen zB DERNBURG, Pandekten II [7. Aufl 1903] § 17 – für einen Vermögenswert – und WINDSCHEID, Pandektenrecht II [7. Aufl 1891] § 250 – gegen einen Vermögenswert – [beide mwNw]; vgl auch SCHUBERT, Vorlagen der Redaktoren, Recht der Schuldverhältnisse: Teil 1, 13 ff).

15 Überwiegend wurde ein Geldwert der Leistung für unverzichtbar gehalten, um ein wirksames Schuldverhältnis entstehen zu lassen (DERNBURG, Pandekten II [7. Aufl 1903] § 17). Ausreichend sollte aber ein **Geldinteresse** sein, so dass reine Affektionsinteressen nur ausnahmsweise über eine Konventionalstrafe auch Gegenstand einer Forderung werden konnten (SCHUBERT, Vorlagen der Redaktoren, Recht der Schuldverhältnisse: Teil 1, 14 mwNw).

Das Erfordernis des Geldwerts einer Leistung beruhte auf den Vorstellungen des römischen Rechts (SCHUBERT, Vorlagen der Redaktoren, Recht der Schuldverhältnisse: Teil 1, 14). Der klassische Formularprozess verlangte für jedes Leistungsurteil eine Geldsumme (vgl KASER/KNÜTEL RPR § 34 I 2d). Die Befürworter dieser Ansicht leiteten ihre Betrachtungsweise daraus ab, dass auch der Leistungsgegenstand selbst stets in Geld abschätzbar sein müsse (WINDSCHEID, Pandektenrecht II [8. Aufl 1900] § 250 Fn 3). Abgrenzungsschwierigkeiten zu reinen Gefälligkeitsverhältnissen sollten auf diese Weise ebenso vermieden werden (vgl vGIERKE, Entwurf eines BGB 195) wie eine Überlastung der Rspr mit rechtsmissbräuchlichen Verfahren zur Durchsetzung nicht schützenswerter Affektionsinteressen (LABAND AcP 73 [1888] 173; vgl auch zur Schranke der guten Sitten Prot II, 560 = MUGDAN II 501).

16 Von den Vertretern der Gegenansicht (vgl WINDSCHEID, Pandektenrecht II [8. Aufl 1900] § 250 Fn 3; SCHUBERT, Vorlagen der Redaktoren, Recht der Schuldverhältnisse: Teil 1, 13 f mwNw) wurde das Schuldverhältnis als wirksam anerkannt, wenn es ein **berechtigtes, rechtlich schutzwürdiges Interesse** zum Ausdruck brachte – ein Umstand, über den der Richter entscheiden sollte. Damit folgte man den Art 3–5 des Dresdner Entwurfs (SCHUBERT, Vorlagen der Redaktoren, Recht der Schuldverhältnisse: Teil 1, 13). Zur Begründung wurde angeführt, dass das römisch-rechtliche Prinzip der **Geldkondemnation**, wonach Vollstreckungsgegenstand nur eine Geldforderung sein konnte, zum Zeitpunkt der Entstehung des BGB bereits überholt gewesen sei (sie u Rn 25).

17 Auch der Redaktor des Schuldrechts, vKÜBEL (z seiner Person vgl Einl 122 ff zum SchuldR), vertrat die Ansicht, es müsse ausreichen, wenn die Leistung irgendein Interesse für den Schuldner habe (SCHUBERT, Vorlagen der Redaktoren, Recht der Schuldverhältnisse: Teil 1, 6 ff). Er befand sich damit im Einklang mit der damals neueren Rspr, die im Hinblick auf die Anforderungen des modernen Rechtsverkehrs nicht einmal ein schutzwürdiges Leistungsinteresse forderte. Abgrenzungskriterium sollte allein

der **Rechtsbindungswille** der Parteien sein. Gegen die guten Sitten oder die öffentliche Ordnung durfte das Rechtsgeschäft aber nicht verstoßen (Mot II 2 = Mugdan II 1).

Bei den Vorberatungen zur Entstehung des BGB einigte man sich darauf, das Erfordernis des Vermögenswertes der Leistung des Schuldners nicht in das Gesetz zu übernehmen (Schubert, Vorlagen der Redaktoren, Recht der Schuldverhältnisse: Teil 1, 13 ff; Jakobs/Schubert §§ 241–432, 40; Prot II, 559 ff = Mugdan II 501; Mot II 5 = Mugdan II 3), verzichtete aber sowohl im Entwurf als auch in der späteren Fassung des § 241 auf eine Klarstellung (Schubert, Vorlagen der Redaktoren, Recht der Schuldverhältnisse: Teil 1, 40). Die Mehrheit der 1. Kommission war der Auffassung, ihr Standpunkt werde bereits durch den fehlenden Hinweis auf das Vermögensinteresse ausreichend deutlich (Schubert, Vorlagen der Redaktoren, Recht der Schuldverhältnisse: Teil 1, 41). 18

b) Recht zur Sache

Man hat im 19. Jahrhundert auch unterschiedlich beurteilt, ob das auf die Leistung einer bestimmten Sache gerichtete Forderungsrecht ein **Recht des Gläubigers** daran begründen sollte (Schubert, Vorlagen der Redaktoren, Recht der Schuldverhältnisse: Teil 1, 4 f). Der Streit erlangte Bedeutung im Zusammenhang mit der Frage, ob der Gläubiger von der Entstehung seines Anspruchs an gegen einen Dritterwerb geschützt war oder nicht. 19

Manche gingen davon aus, schon die Eingehung einer auf Sachleistung gerichteten Verbindlichkeit ergreife die Sache selbst und begründe so ein „**relativ dingliches Recht**" (Ziebarth, Die Realexekution und die Obligation [1866]; Schubert, Vorlagen der Redaktoren, Recht der Schuldverhältnisse: Teil 1, 4 f). Zur Rechtfertigung verwies man auf das Vollstreckungsrecht. Aus der sog „**Realexekution**" wurde abgeleitet, dass dort, wo die Vollstreckung auf die Wegnahme einer Sache gerichtet sei, auch das zugrunde liegende Recht dinglich sein müsse (vgl Rütten, in: FS Gernhuber [1993] 951 ff). 20

Die zur Zeit der Entstehung des BGB hL lehnte dagegen ein durch Forderungsrecht begründetes Recht des Gläubigers zur Sache ab (dagegen Schubert, Vorlagen der Redaktoren, Recht der Schuldverhältnisse: Teil 1, 4 f). Das Schuldverhältnis erzeugte danach nur Rechtswirkungen zwischen den Parteien. Zur Begründung führte man aus, dass Gegenstand des Schuldverhältnisses nicht der durch den Schuldner herbeizuführende Erfolg, sondern lediglich die **Handlung** selbst sei (vgl Rn 24; Schubert, Vorlagen der Redaktoren, Recht der Schuldverhältnisse: Teil 1, 5). 21

Der BGB-Gesetzgeber schloss sich der hL an und lehnte entgegen teilweise heftiger Kritik (vgl vGierke, Entwurf eines BGB 189 f) ein durch das Forderungsrecht begründbares Recht des Gläubigers zur Sache ab (Schubert, Vorlagen der Redaktoren, Recht der Schuldverhältnisse: Teil 1, 4 f; Mot II 5 = Mugdan II 3). Das Forderungsrecht des Gläubigers konnte deshalb den Erwerb des Rechts, das ihm verschafft werden sollte, durch einen Dritten nicht verhindern (Mugdan II 3). 22

c) Leistungsverpflichtung des Schuldners
Ebenfalls uneinheitlich wurde bewertet, was der geschuldete **Leistungsgegenstand** sein sollte. 23

24 Die überwiegende Lehre, der sich der Gesetzgeber des BGB anschloss, definierte die mit dem Recht des Gläubigers auf die Leistung korrespondierende Leistungspflicht des Schuldners als **Handlungspflicht** (WINDSCHEID, Pandektenrecht II [8. Aufl 1900] § 251 Fn 2; SCHUBERT, Vorlagen der Redaktoren, Recht der Schuldverhältnisse: Teil 1, 6, 7; vgl näher Rn 133). Dagegen wurde zum Teil vorgebracht, die Obligation begründe lediglich ein Recht des Gläubigers, etwas zu erhalten, sei es durch Handlung des Schuldners oder auf andere Weise. Die Handlung stellt nach dieser Ansicht mithin nur **ein Mittel zur Befriedigung des Gläubigers** dar (HARTMANN, Die Obligation [1875] 20 ff, 119 ff; vgl z Problem ie STAUDINGER/OLZEN [2000] Einl 57 ff zu §§ 362 ff).

d) Rechtsfolgen der Nichterfüllung
aa) Erfüllungsanspruch

25 Zur Zeit der Schaffung des BGB war man sich darüber einig, dass dem Gläubiger für den Fall der Nichterfüllung der Leistungspflicht ein Anspruch auf **zwangsweise Durchsetzung** des Erfüllungsanspruchs zustehen sollte (vgl SCHUBERT, Vorlagen der Redaktoren, Recht der Schuldverhältnisse: Teil 1, 15, 17; JAKOBS/SCHUBERT §§ 241–432, 41; Prot II 560 = MUGDAN II 501). Wie bereits erwähnt, hielt man das aus dem klassischen römischen Recht bekannte Prinzip der Geldkondemnation (s o Rn 16), das nur die Zwangsvollstreckung wegen Geldforderungen kannte, für überholt (WINDSCHEID, Pandektenrecht II [9. Aufl 1906] § 250 Fn 3). Bereits in der Justinianischen Kodifikation wurde dieses System für Obligationen, die auf die **Übertragung von Eigentum** gerichtet waren, aufgehoben, D. 6. 1. 68 (ULPIAN) (z klassischen Formularprozess im römischen Recht vgl KASER, Das römische Zivilprozeßrecht [2. Aufl 1996] § 54 IV 1; z den starken Abänderungen im klassischen Kognitionsprozess u in der Nachklassik ders § 74 I 2 u § 93 II 2 b [jeweils mit ausf Nw z Quellen u Lit]). Die Richtigkeit dieser Ansicht wurde auch damit begründet, dass die ZPO bereits seit 1888 Zwangsmittel vorsah, um den Schuldner zur Vornahme einer geschuldeten Handlung zu zwingen (z Entstehung des Erfüllungszwangs im materiellen Recht vgl RÜTTEN, in: FS Gernhuber [1993] 939 ff; vgl NEHLSEN/VAN STRYK AcP 193 [1993] 529 ff).

26 Der **Code civil** ging nach Art 1142 in Übereinstimmung mit dem klassischen römischen Recht noch vom Grundsatz der **Geldkondemnation** aus, allerdings nur für Leistungspflichten, die nicht auf **Sachleistungen** gerichtet waren. Für Letztere war dagegen ein Anspruch auf **Naturalerfüllung** vorgesehen, Art 1184 Abs 2, Art 1610 (RÜTTEN, in: FS Gernhuber [1993] 945 f).

27 Das **prALR** ordnete die **Naturalerfüllung** in den §§ 393 ff im 1. Buch unter dem 5. Titel ausdrücklich an. Auf die Vornahme von Handlungen gerichtete Urteile konnten nach der prAGO von 1793 durch Anwendung persönlichen Zwangs oder auch im Wege der Ersatzvornahme durchgesetzt werden. Erst bei Fruchtlosigkeit dieser Maßnahmen war der Gläubiger auf die Liquidation des Interesses angewiesen (NEHLSEN/VAN STRYK AcP 193 [1993] 553).

28 Der **bayerische** und der **hessische Entwurf** zum Bürgerlichen Recht von 1861 und 1865 nahmen den Erfüllungszwang ebenfalls ausdrücklich auf, ebenso das Gesetzbuch für das Königreich **Sachsen** aus dem Jahre 1863 in § 761 (RÜTTEN, in: FS Gernhuber [1993] 955).

29 Der **Dresdner Entwurf** von 1866 sah das Prinzip der Naturalerfüllung schon als so selbstverständlich an, dass man von einer ausdrücklichen gesetzlichen Regelung absah (Rütten, in: FS Gernhuber [1993] 956).

bb) Schadensersatz
Darüber hinaus wurde – unter weiteren Voraussetzungen – ein Anspruch auf Ausgleich des „vernünftigen" **Interesses in Geld** für den Fall gewährt, dass die Leistung nicht erzwingbar sein sollte (Jakobs/Schubert §§ 241–432, 41). Dies galt allerdings nur für **Vermögensschäden**. Zur Sicherung eines Ausgleichs für ein nicht vermögensrechtliches Interesse musste der Gläubiger eine **Vertragsstrafe** vereinbaren (Mugdan II 2). 30

e) Haftungsbeschränkungen
Im Hinblick auf die Frage, ob die Haftung des Schuldners bei Nichterfüllung auf Teile seines Vermögens beschränkt sein sollte, sprach sich der Redaktor vKübel für eine **unbeschränkte Vermögenshaftung** des Schuldners aus. Ausnahmen von diesem Prinzip sollten gesetzliche Bestimmungen erfordern (Schubert, Vorlagen der Redaktoren, Recht der Schuldverhältnisse: Teil 1, 11). Man diskutierte deshalb über die Unwirksamkeit rechtsgeschäftlicher Haftungsbeschränkungen auf einen Teil des Vermögens. Die Mehrheit der 1. Kommission beschloss aber, die Frage nicht zu entscheiden und die Lösung der Wissenschaft zu überlassen (Jakobs/Schubert §§ 241–432, 43; Mugdan II 2). 31

C. Weitere Entwicklungen nach dem Inkrafttreten des § 241

Wie bereits ausgeführt (Rn 1), blieb § 241 lange Zeit unverändert und wurde erst zum 1.1.2002 – ebenso wie andere wesentliche Bereiche des Schuldrechts – durch das Schuldrechtsmodernisierungsgesetz grundlegend reformiert (ausf Einl 184 ff zum SchuldR). 32

I. Das Volksgesetzbuch

In der **nationalsozialistischen Zeit** gab es keine Gesetzesreform, jedoch recht weitgehende **Entwürfe** zu einem „**Volksgesetzbuch**", das das BGB ablösen sollte (vgl Einl 172 ff zum SchuldR). Diese Pläne wurden allerdings nicht realisiert. Die Vorschläge ließen den Wortlaut von § 241 unangetastet, sahen jedoch weitere Absätze vor (ausf Staudinger/J Schmidt [1995] Einl 73 zu §§ 241 ff mwNw), die Elemente des heutigen § 242 in § 241 übernahmen. Auch wollte man speziellere Regelungen über Inhalt und Grenzen der Leistungspflicht treffen. Gemeinsam war allen Entwürfen die Betonung des **Gemeinwohlgedankens** und des **Interessenausgleichs** zwischen den Vertragspartnern (ausf Staudinger/J Schmidt [1995] Rn 26 ff mwNw). 33

Die Entwürfe zu einem „Volksgesetzbuch" enthielten ferner Regelungen für „Schutzpflichten", die im Wesentlichen dem heutigen Abs 2 entsprachen.

Einschneidende Änderungen des § 241 sahen die im Rahmen der Vorarbeiten zum Volksgesetzbuch vom **Ausschuss für Schadensersatzrecht** erarbeiteten Entwürfe vor (vgl Schubert, Protokolle: Schadensrecht [1993]). Man strebte zum einen eine Zusammenfassung der Regelungsinhalte von § 241 und § 242 an, zum anderen die Kodifikation der culpa in contrahendo (vgl nur STAUDINGER/J SCHMIDT [1995] Rn 27 f mwNw).

II. Die Rspr zu § 241

34 In der Rspr kam § 241 stets nur eine untergeordnete Bedeutung zu. Das RG erwähnte § 241 in über 40 Jahren seiner Tätigkeit in den in der amtlichen Sammlung veröffentlichten Urteilen nur sechsundzwanzigmal, der BGH in den ersten 120 Bänden seiner amtlichen Sammlung nur elfmal. In den darauf folgenden Bänden 121 bis 161 wird § 241 sogar nur einmal in Band 148 zitiert. Zwar findet sich in den Bänden 162 bis 175 eine zehnmalige Bezugnahme auf die Vorschrift, doch wird dabei neunmal Abs 2 zitiert, der im Zuge der Schuldrechtsreform neu geschaffen worden ist. Abs 1 kommt daher nach wie vor keine große praktische Bedeutung zu.

Viele Entscheidungen nannten § 241 aF zudem nur als Kürzel für die Begriffe „Schuldverhältnis", „Forderung" oder „Schuld" (vgl zB RGZ 51, 311, 313; 63, 116, 117; 72, 393; 88, 287, 288; 93, 234, 236; 97, 34, 37; BGHZ 2, 369, 376; 21, 102, 106; 40, 326, 331; 97, 372; in neuerer Zeit noch BGHZ 166, 369, 376), andere sogar nur als Kürzel für „Leistung" (BGHZ 42, 340, 344 und 352; 97, 372; ähnlich in BGH NJW-RR 1989, 263 und NJW-RR 1990, 270; OLG Celle WM 1993, 591, 592).

§ 241 in seiner aF wurde allein in der Rspr des RG zur Entscheidungsfindung herangezogen, aber auch nur in Ausnahmefällen. In RGZ 57, 353, 356 ff wurde zB aus § 241 abgeleitet, dass das BGB weder ein **Recht zur Sache** noch überhaupt eine **Drittwirkung** des Schuldverhältnisses kennt. Ebenfalls hat man aus § 241 geschlossen, dass **unbestimmbare Leistungsinhalte** kein Schuldverhältnis begründen (RGZ 85, 209).

III. Die Behandlung von § 241 in der Lehre

35 Die Lehre verwendete § 241 aF zumeist nur als gesetzlichen Ansatzpunkt für Überlegungen zu den Begriffen „Forderungsrecht" und „Leistung", nicht als Rechtssatz (vgl zB LARENZ, Schuldrecht I § 2 I und II; ENNECCERUS/LEHMANN, Schuldrecht § 1 IV; FIKENTSCHER/HEINEMANN, Schuldrecht Rn 21, 25, 34; vgl auch schon HECK, Schuldrecht § 1, 8 und 9). Der Kommentarliteratur diente die Norm ebenfalls überwiegend als Grundlage für allgemeine Ausführungen zum Schuldverhältnis. Diese Herabsetzung der Bedeutung ist jedenfalls vor dem Schuldrechtsmodernisierungsgesetz darauf zurückzuführen, dass der Norminhalt selbstverständlich geworden ist und die Sachprobleme, die § 241 ursprünglich lösen sollte (vgl Rn 13 ff), für die moderne Schuldrechtsdogmatik keine Streitpunkte mehr darstellen.

D. Das Schuldverhältnis

I. Das Schuldverhältnis ieS und iwS

1. Einleitung

Der Begriff „Schuldverhältnis" bezeichnet im BGB zum einen das **einzelne Forde-** 36
rungsrecht (zB in §§ 243 Abs 2, 265 S 1, 362 Abs 1, 364 Abs 1, 366, 397, 405, 781, 812 Abs 2 sowie mit Einschränkungen auch in § 423; vgl auch STAUDINGER/OTTO [2009] § 280 Rn B 1 ff). Man spricht insofern auch von einem **„Schuldverhältnis im engeren Sinn (ieS)"** (was der ursprünglichen Bedeutung von „Obligation" entspricht, s a BUCHER, in: FS Wiegand [2005] 93, 118 f u o Rn 3 ff). Zum anderen meint das Gesetz an vielen Stellen mit dem gleichen Begriff aber auch die Zusammenfassung **mehrerer Forderungen** (zB im Titel des 2. Buches sowie in den Titeln des 1., 3. und 4. Abschnitts und im Titel des 8. Abschnitts „Einzelne Schuldverhältnisse", daneben aber wohl auch in §§ 273 Abs 1, 292 Abs 1 und 425 Abs 1). Ein solches komplexes Rechtsverhältnis versteht man als **„Schuldverhältnis im weiteren Sinn (iwS)"** (bzw „Schuldverhältnis im erweiterten Sinn", so BUCHER, in: FS Wiegand [2005] 93, 119 f); ein Terminus, für den es weder in den romanischen noch in der englischen Sprache eine Entsprechung gibt (vgl BUCHER, in: FS Wiegand [2005] 93, 139). Die Differenzierung in „Schuldverhältnis ieS" und in „Schuldverhältnis iwS" findet sich auch in der BGH-Rspr (BGHZ 10, 391, 395 = NJW 1954, 231, 232).

2. Historische Ursachen

Die historischen Ursachen für die gleichzeitige Verwendung des Begriffs „Schuld- 37
verhältnis" für eine oder auch für mehrere Forderungen liegen darin begründet, dass insbesondere die Pandektistik darüber stritt, ob das Privatrechtssystem ein **„System der Rechte"** oder ein **„System der Rechtsverhältnisse"** sei (vgl WINDSCHEID, Pandektenrecht I [7. Aufl 1891] § 34 Fn 2 mwNw). Dieser Streit war zur Zeit der Entstehung des BGB noch nicht gänzlich ausgetragen (vgl zB noch die diskrepante Benutzung v „Obligation/Forderung" bei DERNBURG, Pandekten [7. Aufl 1902/03] „Obligationen sind *Rechte*" – Bd 1 § 22 1b – u „Obligationen sind *Rechtsverhältnisse*" – Bd 2 § 1 [Hervorhebungen hier hinzugefügt]; LABAND schlug deshalb vor, die Bezeichnung „Recht der Schuldverhältnisse" durch die Bezeichnung „Recht der Forderungen" zu ersetzen, AcP 73 [1888] 167).

Deshalb konnte es dazu kommen, dass man sowohl für das Einzelrecht als auch für 38
das Rechtsverhältnis als Summe von Forderungen (iS eines „Lebensverhältnisses", wie zB das „Kaufverhältnis") den Begriff „Schuldverhältnis" verwendete. Dieses Vorgehen wählte die erste Kommission, die den Schulenstreit so vernachlässigen oder übergehen wollte (vgl Mot II 2 = MUGDAN II 1). Man nahm zu Recht an, dass der „Doppelsprachgebrauch" nur selten Auslegungsschwierigkeiten hervorrufen würde (so MANIGK, HdwRWiss V 375; genannt wird üblicherweise nur § 366) und betrachtete den Streit deshalb wohl schon damals als eher theoretisch (auf den terminologischen „Fehler" des BGB hatte schon BEKKER, Sprachliches und Sachliches zum BGB, JherJb 49 [1905] 13 u 57 hingewiesen).

3. Der Begriff „Schuldverhältnis iwS"

39 Seit dem Inkrafttreten des BGB sind zur besseren Kennzeichnung des Schuldverhältnisses „iwS" in Abgrenzung zum Schuldverhältnis „ieS" viele Begriffe gefunden worden. Hellwig (Anspruch und Klagrecht [1900] 41) bevorzugte den Begriff „Gesamtschuldverhältnis" im Gegensatz zur einzelnen Forderung. Herholz (AcP 130 [1929] 257 ff) führte später den Ausdruck „Schuldverhältnis als konstante Rahmenbeziehung" ein. Siber wiederum sprach vom Schuldverhältnis „als Organismus" (ausf schon 1914 in Planck/Siber Vorbem I 1; Siber, Grundriss des Deutschen Bürgerlichen Rechts Band 2: Schuldrecht [1931] 1), während Stoll (Gemeinschaftsgedanke und Schuldvertrag, DJZ 1936, 414, 415 ff) das Schuldverhältnis ein Verbandsverhältnis („Stück des Gemeinschaftslebens in genossenschaftlichem Verbundensein", eine typische Formulierung der nationalsozialistischen Zeit) nannte. Larenz (Schuldrecht I § 2 V m Nw) wählte den Terminus „sinnhaftes Gefüge" oder „Prozeß" (der in der Zeit abläuft). Später prägte Wolf den Begriff „Ursprungsverhältnis" (AcP 153 [1954] 114 f, Fn 82). Zepos (Zu einer „gestalttheoretischen"Auffassung des Schuldverhätnisses, AcP 155 [1956] 486 ff) vertrat eine „gestalttheoretische" Auffassung des Schuldverhältnisses. J Schmidt hingegen wollte das Schuldverhältnis (iwS) als „Plan" oder „Obligationsprogramm" erfassen (Staudinger/J Schmidt [1995] § 242 Rn 902 ff, 942 ff). In neuerer Zeit sprach Dubischar von einem „Schuldverhältnis als Rahmenbeziehung in der Zeit" (AK-BGB/Dubischar Rn 8). Die Bsp für Wortkombinationen ließen sich noch weiter vermehren (vgl Wiese, in: FS Nipperdey Bd I [1965] 837, 838 f; Gernhuber, Schuldverhältnis § 2 [„Schuldverhältnis als komplexe Einheit"]; Schapp JuS 1992, 537, 539 f; Berner Kommentar/Kramer [1986] Einl zu Art 1 OR Rn 36–38; Ehrenzweig/Mayrhofer, Schuldrecht AT 1 f; Bucher, in: FS Wiegand [2005] 93, 122 spricht sich für den Terminus „Obligation" zur Kennzeichnung des Schuldverhältnisses „ieS" und demgegenüber für den Begriff „Schuldverhältnis" zur Bezeichnung des Schuldverhältnisses „iwS" aus).

4. Streitpunkte

40 Dabei geht es zum einen um Begriffsbildung, zum anderen aber auch um Sachprobleme. So wird diskutiert, ob das „Schuldverhältnis iwS" ein **geeignetes Strukturmerkmal von Rechtsverhältnissen** darstellt (ausf Staudinger/J Schmidt [1995] Einl 209 ff zu §§ 241 ff); ein Streit, der nur verkürzt insoweit dargestellt wird, als die unterschiedlichen Betrachtungsweisen zu abweichenden Ergebnissen führen.

41 So sieht man in dem Streit um die Kategorien „Schuldverhältnisse ieS/Schuldverhältnisse iwS" eine Auseinandersetzung über die Frage, ob ein „Schuldverhältnis iwS" (zusätzliche) **Rechtsbeziehungen über das eigentliche Schuldverhältnis hinaus** begründet, vor allem in denjenigen Fällen, in denen es im 2. Buch des BGB an Regelungen für leistungsbegleitende Pflichten fehlt. Hierzu werden zwei Ansichten vertreten.

42 Dagegen wird eingewandt, dass das „Schuldverhältnis iwS" (oder ein ähnlicher Begriff) dogmatisch nur eine Sammelbezeichnung für die **Summe aller Einzelforderungen** darstelle, die in der Person desselben Gläubigers bestehen und gegen denselben Schuldner gerichtet seien (vgl Herholz AcP 130 [1929] 261 f; AK-BGB/Dubischar Rn 4). „Nichts fügt das Schuldverhältnis (iwS) hinzu, was nicht schon in seinen einzelnen Elementen enthalten wäre." (Gernhuber, Schuldverhältnis 9; ähnlich kann man auch BGHZ

10, 391, 395 verstehen.) Daraus folgt, dass im Ergebnis keine (zusätzlichen) Rechte und Pflichten aus dem „Schuldverhältnis iwS" begründet werden können. Rechtsfolgen treten danach kraft der Geltung von Rechtssätzen ein. „Zwischenursachen" – wie zB das „Schuldverhältnis iwS" – als „Quelle" von Rechtsfolgen seien deshalb überflüssig (wobei LARENZ darauf hingewiesen hat, dass das Bestehen v entspr Schuldverhältnissen uU aber im Tatbestand der Rechtssätze – zB in § 278 – vorkommen kann).

Diese Betrachtungsweise fanden manche entbehrlich (so PLANCK/SIBER Vorbem I 1 a), andere haben sie als falsch verworfen (so zB vWOLF AcP 153 [1954] 97, 114 f bes Fn 82–85 sowie ders, Zum Begriff des Schuldverhältnisses, in: FS Herrfahrdt [1961] 197 ff). Nach ihrer Auffassung ist das „Schuldverhältnis iwS" vielmehr nicht nur eine Quelle von Einzelforderungen, sondern darüber hinaus ein **anspruchserzeugender Tatbestand** (vgl dazu ENNECCERUS/LEHMANN, Schuldrecht § 1 III; vgl auch PLANCK/SIBER Vorbem I 1; STAUDINGER/WEBER[11] Einl zu § 241 C 6 mit ausf Nw z älteren Lit; auch HENKE, Der Begriff des „Schuldverhältnis", JA 1989, 186, 188; SCHAPP JuS 1992, 539 f). Als Folge daraus kann man aus dem „Schuldverhältnis iwS" Rechte und Pflichten herleiten, insbesondere die im BGB ursprünglich nur spärlich geregelten **leistungsbegleitenden Verhaltenspflichten** der Parteien. **43**

Jedenfalls seit der Schuldrechtsreform (vgl Einl 176 ff zum SchuldR) zeigt Abs 2 (s u Rn 379 ff), dass der Gesetzgeber Schutz- und Verhaltenspflichten aus dem Schuldverhältnis iSd Abs 1 ableitet. Damit wird nicht geleugnet, dass auch rechtsgeschäftliche Schuldverhältnisse ihre Begründung mittelbar im Gesetz finden, etwa in § 311 Abs 1. Die mittelbare Begründung auf gesetzliche Vorschriften kann auch zwanglos erklären, wann ein Schuldverhältnis nach seinem Erlöschen noch nachvertragliche Pflichten erzeugen kann (zu diesen vgl BODEWIG, Vertragliche Pflichten post contractum finitum, Jura 2005, 505 ff). **44**

Damit stellt die Abgrenzung des Schuldverhältnisses „ieS" vom Schuldverhältnis „iwS" letztlich nur eine Verbesserung der Terminologie des Gesetzes zur Auflösung des Doppelsprachgebrauches dar (MANIGK, HdwRWiss V 375) und bleibt ohne große praktische wie auch theoretische Bedeutung (ähnlich auch MünchKomm/KRAMER Einl zu §§ 241 ff Rn 13; sowie Berner Kommentar/KRAMER [1986] Einl zu Art 1 OR Rn 38). Immerhin lässt sich auf diese Weise ein Gläubiger- und Schuldnerwechsel besser verstehen, ebenso die Umwandlung von einem Leistungs- in ein Rückgewährschuldverhältnis, zB als Folge des Rücktritts gem §§ 346 ff. Weitergehende Erkenntnisse sind mit der Unterscheidung indessen nicht verbunden. **45**

II. Abgrenzung von gesetzlichen, rechtsgeschäftlichen und rechtsgeschäftsähnlichen Schuldverhältnissen

1. Einteilungskriterien

Weithin üblich ist die Unterscheidung der Schuldverhältnisse in solche **gesetzlichen** und **rechtsgeschäftlichen** Ursprungs zum Zwecke ihrer Systematisierung (zB FIKENTSCHER/HEINEMANN, Schuldrecht Rn 52; LARENZ, Schuldrecht I 39; MEDICUS, Schuldrecht I Rn 9, 55 f; WESTERMANN/BYDLINSKI/WEBER, Schuldrecht AT 1/2). Dabei handelt es sich allerdings nicht um den einzig denkbaren bzw historisch praktizierten Ansatz (vgl aus neuerer Zeit zB nur die alternativen Ordnungsbemühungen v STAUDINGER/J SCHMIDT[12] Einl 398 ff zu **46**

§§ 241 ff; z Gefälligkeit, sozialtypischem Verhalten u den sog „faktischen Verträgen" s u Rn 71 ff).

47 Daneben erkennt das BGB seit dem Schuldrechtsmodernisierungsgesetz in § 311 auch **rechtsgeschäftsähnliche** Schuldverhältnisse an (Krit insoweit BUCHER, in: FS Wiegand [2005] 93, 125 ff, insbes 128 u 129: Durch § 311 Abs 2, 3 habe der Gesetzgeber dem „Schuldverhältnis" einen weiteren Sinngehalt beigefügt). In der Vergangenheit wurden dieser Kategorie oftmals die Gefälligkeit, die cic, die Eigenhaftung des Vertreters oder Verhandlungsgehilfen, insbesondere die Sachwalterhaftung, der Vertrag mit Schutzwirkung für Dritte sowie schließlich die culpa post contractum finitum zugeschrieben (dazu insgesamt STAUDINGER/OTTO [2009] § 280 Rn B 5 ff; z Vertrag mit Schutzwirkung auch u Rn 338 ff). Die seit jeher umstrittene Einordnung, ob sich diese Institute eher als gesetzliche oder rechtsgeschäftliche Schuldverhältnisse beschreiben lassen, hat mit ihrer gesetzlichen Anerkennung zumindest wesentlich an Bedeutung verloren (s u Rn 68; ausf u Rn 383 ff, insbes Rn 388 ff). Fragen nach den Wirkungen vertraglicher Haftungsmilderungen oder Haftungsausschlüssen in AGB bleiben aber weiterhin davon abhängig, ob Maßstäbe für rechtsgeschäftliche oder gesetzliche Schuldverhältnisse angewandt werden. Dies zeigt sich insbesondere am Bsp der Gefälligkeit (ausf u Rn 73 ff u 394 ff).

48 Die Differenzierung zwischen gesetzlichen und rechtsgeschäftlichen Schuldverhältnissen spiegelt sich nicht im Aufbau des BGB wider. Zwar war ursprünglich noch eine Einteilung des Besonderen Schuldrechts nach „Schuldverhältnissen aus Rechtsgeschäften unter Lebenden", „Schuldverhältnissen aus unerlaubter Handlung" und „einzelnen Schuldverhältnissen aus anderen Gründen" vorgesehen; sie fiel indes der Redaktionskommission zum Opfer (Mot II 829 = MUGDAN II 463). Damit wurde zugleich das herkömmliche gaianische bzw justinianische System mit der Unterscheidung von „obligationes ex contractu", „obligationes ex delicto", „obligationes quasi ex contractu" und „obligationes quasi ex delicto" (z Rechtsgeschichte ausf MünchKomm/KRAMER Einl zu §§ 241 ff Rn 53 sowie Fn 228; STAUDINGER/J SCHMIDT[12] Einl 398 ff zu §§ 241 ff mwNw; KASER, Das römische Privatrecht [2. Aufl 1971] § 122 I u II; GERNHUBER, Schuldverhältnis § 6, 2–3; beachte auch noch die Systematisierung v ENNECCERUS/LEHMANN, Schuldrecht § 26) für das BGB endgültig aufgegeben, während die Qualifikation für die romanischen Gesetzbücher ihre prägende Bedeutung behalten hat. Auch die anglo-amerikanische Doktrin ist ihr im großen Umfang gefolgt (ie STAUDINGER/J SCHMIDT [1995] Einl 402 zu §§ 241 ff). Ähnlich wie das deutsche BGB haben sich dagegen das schweizerische OR und das österreichische ABGB entschieden (ebd).

49 Neben der geschilderten Kritik ist die Unterteilung in gesetzliche und rechtsgeschäftliche Schuldverhältnisse weiteren Einwänden ausgesetzt. Zum einen lässt sie zB die **faktischen Vertragsverhältnisse** außer Betracht, was allerdings wenig ins Gewicht fällt, da diese Rechtsinstitute ohnehin ihre Bedeutung verloren haben (s u Rn 96 ff). Zum anderen sind aber die Begriffe, mit denen die Gruppen benannt werden, missverständlich (KASER, Das römische Privatrecht [1. Aufl 1955] § 121 II). Denn es hat den Anschein, dass ein „**rechtsgeschäftliches** Schuldverhältnis" im Gegensatz zu einem „**gesetzlichen** Schuldverhältnis" **nicht gesetzlich begründet** sei. Es gibt aber keine Schuldverhältnisse, deren Geltung nicht auf das Gesetz, zumindest auf die §§ 311, 241, zurückgeführt werden kann, mag ihr Inhalt auch frei verhandelbar sein (ebenso MünchKomm/KRAMER Einl zu §§ 241 ff Rn 58).

Alternativ bietet sich zB die Gliederung der Schuldverhältnisse in solche aus **50** **Rechtsgeschäften**, in solche aus **Delikt** oder **objektiv zu verantwortender Schädigung** (Gefährdungshaftung) und in sonstige Schuldverhältnisse **kraft besonderer gesetzlicher Bestimmung** an (MünchKomm/KRAMER Einl zu §§ 241 ff Rn 55 ff). Dabei werden zB die GoA und die Schuldverhältnisse aus ungerechtfertigter Bereicherung der letzten Gruppe zugeschlagen, während die Ersatzpflicht aus Billigkeitsgründen gem § 829 ähnlich wie die Gefährdungshaftung eingeordnet wird. Allerdings muss auch diese Ansicht die rechtsgeschäftlichen Schuldverhältnisse von den nicht rechtsgeschäftlichen abgrenzen (vgl MünchKomm/KRAMER Einl zu §§ 241 ff Rn 58), was wieder die oben skizzierten Probleme hervorruft. Die Vertreter dieser Auffassung sehen den **Unterschied** darin, dass bei den rechtsgeschäftlichen Schuldverhältnissen das Gesetz nur **mittelbare Geltungsgrundlage** der Schuldverhältnisse sei. Dem ist für die Gefährdungshaftung zuzustimmen, weil dort die Haftung allein an die Schadensverursachung, nicht aber an persönliche Merkmale anknüpft. Solche Schuldverhältnisse werden damit unmittelbar gesetzlich begründet. Etwas anderes gilt jedoch für deliktische Tatbestände, die ein Verschulden erfordern. Hier liegt die Anknüpfung für die Haftung in der Person des Schädigers, so dass das Gesetz in diesen Fällen lediglich eine mittelbare Geltungsgrundlage darstellt, was Anlass zur Kritik gegen die dargestellte Betrachtungsweise gibt (so etwa MünchKomm/KRAMER Einl zu §§ 241 ff Rn 58).

Weitere Differenzierungsmöglichkeiten bestehen in dem Maß der **Einwirkungsmög-** **51** **lichkeit** der Parteien des Schuldverhältnisses, also der Frage, inwieweit sie seinen Inhalt zu bestimmen vermögen (STAUDINGER/J SCHMIDT[12] Einl 420 ff zu §§ 241 ff), sowie dem **sozialen Vorgang**, der den Begründungstatbestand des Schuldverhältnisses erfüllt (STAUDINGER/J SCHMIDT[12] Einl 407 ff zu §§ 241 ff; ESSER/SCHMIDT, Schuldrecht I § 4; GERNHUBER, Schuldverhältnis § 6, 4). Der letztgenannte Ansatz unterscheidet einerseits **Rechtsgeschäfte** als all jene Handlungen, die von den §§ 104 ff erfasst werden, und andererseits „**Nicht-Rechtsgeschäfte**" als eine heterogene Menge von Schuldverhältnissen, die nur durch die Abgrenzung zu den Rechtsgeschäften bestimmt werden. Dies vermeidet zwar begriffliche Unklarheiten (s o Rn 49), führt jedoch wenig über den ursprünglichen Ansatz hinaus.

2. Systematik

Legt man dennoch (praktische Nachteile sind daraus nicht ersichtlich) die weithin **52** übliche Differenzierung zwischen gesetzlichen und rechtsgeschäftlichen Rechtsverhältnissen zugrunde, erfolgt die weitere Kategorisierung anhand unterschiedlicher Kriterien.

a) Unterscheidung nach der Anzahl der Beteiligten
Im Bereich der durch **Rechtsgeschäft** entstandenen Schuldverhältnisse kann nach **53** der Anzahl der beteiligten Personen abgegrenzt werden.

Das **einseitige** Rechtsgeschäft besteht aus lediglich einer Willenserklärung, kann **54** also von einer Person allein wirksam vorgenommen werden. Der Grund für eine solch weitreichende Rechtssetzungsmöglichkeit liegt teilweise darin, dass die Rechtsfolgen nur die handelnde Person selbst betreffen (zB Aneignung, Dereliktion) oder für betroffene weitere Personen vorteilhaft bzw neutral sind (zB Testament, Vollmacht). Sind hingegen die Rechtsfolgen für andere Personen nachteilig (zB Gestaltungsrechte), so muss sich der Handelnde auf eine gesetzliche oder vertragliche Ermächtigung berufen können (LARENZ, Schuldrecht I § 18 II 3 a).

Die einseitigen Rechtsgeschäfte unterscheiden sich ferner nach ihrem **Entstehungszeitpunkt**. In der Regel sind Willenserklärungen empfangsbedürftig und lassen das Schuldverhältnis erst mit ihrem Zugang entstehen. Nicht empfangsbedürftige Willenserklärungen (zB Auslobung) werden hingegen bereits mit ihrer Abgabe wirksam (PALANDT/SPRAU § 657 Rn 1).

55 Das **zweiseitige** Rechtsgeschäft, der **Vertrag**, kommt durch mindestens zwei übereinstimmende Willenserklärungen zustande. Es ist aber nicht notwendig auch zweiseitig verpflichtend (zB Schenkungsvertrag) und erst recht nicht stets gegenseitig.

56 Beim **mehrseitigen** Rechtsgeschäft können die Beteiligten gleichgeordnet und unabhängig voneinander nebeneinander stehen. In diesem Fall handelt es sich um **Beschlüsse** (z den Besonderheiten vgl MEDICUS, AT Rn 205). Ebenso können sich die Beteiligten aber wie beim zweiseitigen Rechtsgeschäft als Gruppen gegenüberstehen. Dann handelt es sich um einen Vertrag, bei dem die Vorschriften über **Mehrheiten** von Gläubigern bzw Schuldnern gem §§ 420 ff zu berücksichtigen sind.

b)   Unterscheidung nach geregelten und ungeregelten Schuldverhältnissen

57 Innerhalb der **gesetzlichen** Schuldverhältnisse wurde teilweise zwischen geregelten und nicht geregelten Schuldverhältnissen unterschieden (STAUDINGER/J SCHMIDT [1995] Einl 430 zu §§ 241 ff). Eine solche Unterteilung war vor allem sinnvoll, um die ursprünglich durch Analogien gebildeten, später gewohnheitsrechtlich anerkannten und mittlerweile gesetzlich geregelten Institute des **vorvertraglichen Verschuldens** (culpa in contrahendo) und der **positiven Forderungsverletzung** zu erfassen. Teilweise bildete man insoweit auch eine Kategorie sui generis, da jene Schuldverhältnisse durch eine Analogie zu gesetzlichen Vorschriften begründet wurden, während in Bezug auf die Rechtsfolgen eine Nähe zu den vertraglichen Schuldverhältnissen bestand. Mit der gesetzlichen Erfassung der positiven Forderungsverletzung (§ 280 Abs 1) und des vorvertraglichen Verschuldens (§ 311 Abs 2 und 3 iVm § 280 Abs 1) haben derartige Differenzierungen ihre Bedeutung verloren (zur Abgrenzung gesetzlicher und vertraglicher Schuldverhältnisse s o Rn 46 ff sowie s u Rn 383 ff).

c)   Unterscheidung nach der inneren Verknüpfung der Forderungen

58 Unabhängig vom Entstehungsgrund ist die Pflichtenlage in einem Schuldverhältnis iwS meist durch ein Bündel von Forderungsbeziehungen geprägt. Daher bietet sich eine Unterteilung auch nach der inneren Verknüpfung dieser Forderungen an.

59 **Einseitig verpflichtende Schuldverhältnisse** zeichnen sich dadurch aus, dass die primären Leistungspflichten nur eine Partei treffen (zB Schenkung, gesetzliche Schuldverhältnisse, s allerdings z faktischen Synallagma innerhalb der Saldotheorie PALANDT/ SPRAU § 818 Rn 48).

60 Bei den **zwei- und mehrseitig verpflichtenden Schuldverhältnissen** befinden sich die Beteiligten in einer Doppelrolle: Sie sind jeweils sowohl Gläubiger der Leistung als auch Schuldner der Gegenleistung. Bei den **vollkommen** zwei- und mehrseitig ver-

pflichtenden Schuldverhältnissen besteht zwischen den einzelnen Forderungen ein Zusammenhang (Synallagma) dergestalt, dass der jeweilige Schuldner seine Verpflichtung nur eingeht, um den Anspruch auf die Gegenleistung zu erwerben (sog „do ut des"). Diese Gegenseitigkeit ist Voraussetzung für die Anwendung der §§ 320 ff. Keine synallagmatische Verknüpfung besteht bei den **unvollkommen** zwei- und mehrseitig verpflichtenden Schuldverhältnissen (zB Leihe gem §§ 598 ff).

E. Entstehung gesetzlicher Schuldverhältnisse

I. Allgemeines

Die Entstehung **gesetzlicher Schuldverhältnisse** hat das BGB nicht einheitlich geregelt; die Lit thematisiert sie kaum. Zunächst gibt es keine wirksamen Schuldverhältnisse, deren Geltung nicht in irgendeiner Weise auf das Gesetz, zumindest auf die §§ 311, 241, zurückgeführt werden kann, so dass alle Schuldverhältnisse zumindest „mittelbar gesetzlicher Art" sind (s o Rn 50). Doch unterscheiden sich die gesetzlichen Schuldverhältnisse dadurch von den vertraglichen bzw rechtsgeschäftlichen, dass Letztere gem § 311 Abs 1 grds durch Vertrag entstehen. Insoweit ist also eine **Negativabgrenzung** derart möglich, dass gesetzliche Schuldverhältnisse eben nicht durch Vertrag und damit **unfreiwillig** entstehen. Da das Schuldverhältnis jedoch zumindest zur Rücksichtnahme gem Abs 2 verpflichtet und damit die allgemeine Handlungsfreiheit beschränkt (vgl MEDICUS, Gesetzliche Schuldverhältnisse [4. Aufl 2003] 1), bedarf es einer Rechtfertigung für diese Einschränkung des Betroffenen. Im Rahmen **vertraglicher Schuldverhältnisse** liegt diese Rechtfertigung in der freiwilligen Eingehung; dadurch erklärt sich der Beteiligte mit der Beschränkung seiner Handlungsfreiheit einverstanden. Ohne dieses Einverständnis entstehende Schuldverhältnisse müssen demnach eine andere Rechtfertigung finden. 61

Zu den gesetzlichen Schuldverhältnissen zählen zB die Rechtsverhältnisse bei der **Geschäftsführung ohne Auftrag** gem §§ 677 ff oder zwischen Personen, die durch **deliktische Ansprüche** gem §§ 823 ff miteinander verknüpft sind. Ihnen ist gemeinsam, dass das Gesetz entweder eine **Vermögensverschiebung** oder **Schadenszufügung** als nicht gerechtfertigt ansieht und daher ihre Rückabwicklung oder eine Restitution anordnet. Bis zum Zeitpunkt der Vermögensverschiebung oder des Schadenseintritts bestand zwischen den Beteiligten keinerlei Kontakt. Deshalb regelt das Gesetz auch erst ab diesem Zeitpunkt die jeweiligen Rechte und Pflichten der Beteiligten. Bei deren Erfüllung treffen die Parteien als **Reflexwirkungen** grds auch Pflichten zur Rücksichtnahme gem Abs 2 (z diesen ie s u Rn 424 ff). 62

Jedoch existieren auch gesetzliche Schuldverhältnisse, die nicht an den Ausgleich von Schäden oder Vermögensverschiebungen anknüpfen, so zB das gesetzliche Schuldverhältnis zwischen Ehegatten. Sie werden gem § 1353 Abs 1 S 2 zur **ehelichen Lebensgemeinschaft** mit **gegenseitiger Verantwortung** verpflichtet, was zu einem über das besondere Vertragsverhältnis der Ehe hinausgehenden Solidaritäts- bzw Schutzpflichtverhältnis führt (PALANDT/BRUDERMÜLLER Einf v § 1353 Rn 1; KREBS, Sonderverbindung 99 mwNw). Wegen der unterschiedlichen Ansatzpunkte für die Entstehung gesetzlicher Schuldverhältnisse liegt der gemeinsame Nenner für ihre Entstehung also nur darin, dass das Gesetz Pflichten zwischen zumindest zwei Personen anordnet, 63 die unabhängig von freiwillig abgegebenen Willenerklärungen sind, und bei deren Erfüllung die Beteiligten dennoch eine Rücksichtspflicht iSd Abs 2 treffen kann.

II. Abgrenzung nach Art der erzeugten Pflichten

64 Daran anschließend lässt sich eine weitere Differenzierung innerhalb der gesetzlichen Schuldverhältnisse nach der **Art der Pflichten** treffen, welche gem § 241 durch das jeweilige Schuldverhältnis erzeugt werden.

65 Dabei gibt es eine Gruppe, die sowohl **Haupt-** als auch **Neben(leistungs)pflichten** (z dieser Unterscheidung s u Rn 144 ff) erzeugt (KREBS, Sonderverbindung 232, knüpft an das Bestehen einer „primären Leistungspflicht" an). So verpflichtet zB die **Geschäftsführung ohne Auftrag** den Geschäftsherrn grds gem § 683 zum Aufwendungsersatz oder gem § 684 zur Herausgabe des durch die Geschäftsführung Erlangten. Auch innerhalb des **Eigentümer-Besitzer-Verhältnisses** besteht neben dem Vindikationsanspruch gem § 985 als Hauptpflicht ein Gegenanspruch des Besitzers aus § 994 zumindest für notwendige Verwendungen und eine dementsprechende Verpflichtung des Eigentümers. Gleiches ließe sich für das Verhältnis von Bereicherungsgläubiger und -schuldner anführen, ebenso für diejenigen Personen, die durch deliktische Ansprüche miteinander verbunden sind. Bei der Erfüllung der gesetzlich angeordneten Pflichten sind die Beteiligten auch zur Rücksicht iSd Abs 2 verpflichtet (s o Rn 62). Zwar lässt sich bei den genannten Schuldverhältnissen nicht von eigentlichen Leistungspflichten oder vom Äquivalenzinteresse sprechen. Jedoch ist ebenso sicher, dass es bei der dort gesetzlich geregelten Pflichtenverteilung nicht allein und immer um die Sicherung des Integritätsinteresses der Beteiligten geht, die Abs 2 ausschließlich anspricht (eine gute Darstellung weiterer gesetzlicher Schuldverhältnisse u die Begründung v Rücksichtspflichten durch diese findet sich bei KREBS, Sonderverbindung 84 ff mwNw).

66 Es gibt jedoch darüber hinaus solche gesetzliche Schuldverhältnisse, die nur zum Schutz des Integritätsinteresses verpflichten, also allein **Rücksichtspflichten** (z diesem Begriff s u Rn 411 ff, insbes 424 ff), nicht aber „Hauptpflichten" erzeugen. Dazu gehören zum einen die vom Gesetz jetzt in § 311 Abs 2, 3 geregelten sog „rechtsgeschäftsähnlichen Schuldverhältnisse": Das **vorvertragliche Schuldverhältnis**, welches zu einer Haftung aus cic führen kann, die **rechtsgeschäftsähnlichen Gefälligkeiten** und die **vertragliche Schutzwirkung für einen Dritten** (z deren Einordnung als gesetzliches Schuldverhältnis s o Rn 47 u s u Rn 383 ff). In diesen Fällen stellt bereits der Wortlaut des Gesetzes in § 311 Abs 2, 3 klar, dass ausschließlich Rücksichtspflichten iSd Abs 2 begründet werden, wodurch sie sich von den zuvor dargestellten gesetzlichen Schuldverhältnissen unterscheiden.

67 Gleiches gilt für das **nachbarliche Gemeinschaftsverhältnis**. Sofern dessen Existenz anerkannt wird – und unabhängig von der hier bejahten Frage seiner Einordnung als gesetzliches Schuldverhältnis (das manche auf § 242 gründen, s u im Rahmen v Abs 2 Rn 399 ff) – besteht jedenfalls Einigkeit darüber, dass es keine selbständigen Ansprüche begründet (vgl zuletzt BGH NJW 2003, 1392; 2001, 3119, 3120 f). Das nachbarliche Gemeinschaftsverhältnis lässt sich damit in gleicher Weise von den sonstigen gesetzlichen Schuldverhältnissen abgrenzen wie die in § 311 Abs 2, 3 geregelten

rechtsgeschäftsähnlichen Schuldverhältnisse: Es erzeugt nur Rücksichtspflichten, nicht aber „Hauptpflichten".

III. Sonderproblem: Zum Schuldverhältnis parallel verlaufendes Schutzpflichtverhältnis

Ob neben den Schuldverhältnissen – unabhängig von ihrem gesetzlichen oder rechtsgeschäftlichen Charakter – ein zu ihnen parallel verlaufendes gesetzliches Schuldverhältnis kraft Vertrauens besteht, das Rücksichtspflichten iSd Abs 2 begründet und über die Dauer des eigentlichen Schuldverhältnisses hinauswirken kann (dazu vor allem CANARIS JZ 1965, 475, 478 ff, ders, in: FS Larenz [1983] 27, 85 ff; BALLERSTEDT AcP 151 [1950/51] 501 ff), stellt eine umstrittene Frage dar, der wegen ihrer alleinigen Relevanz für die Begründung von Rücksichtspflichten aber bei der Erörterung des Abs 2 nachgegangen wird (s u Rn 385). **68**

F. Entstehung vertraglicher Schuldverhältnisse

I. Vertragsschluss

Das BGB hat für rechtsgeschäftliche Schuldverhältnisse mit dem Schuldrechtsmodernisierungsgesetz (vgl Einl 184 ff zum SchuldR) in § 311 Abs 1 grds als Entstehungstatbestand den **Vertrag** gewählt, der mindestens zwei übereinstimmende Willenserklärungen voraussetzt (z möglichen Alternativen GERNHUBER, Schuldverhältnis § 6, 5 u 6; vgl dazu auch ZIMMERMANN, Vertrag und Versprechen – Deutsches Recht und Principles of European Contract Law im Vergleich, in: FS Heldrich (2005) 467, 469 ff). Davon abweichend werden bei der Auslobung, §§ 657 ff, sowie dem Stiftungsgeschäft, § 81 bzw §§ 80 ff, die entsprechenden Schuldverhältnisse ausnahmsweise **einseitig** begründet. Im Jahr 2000 ist mit § 661a die Verpflichtung des Unternehmers auf Erstattung des Gewinns bei **Gewinnmitteilungen** hinzugetreten. Die Vorschrift wird allerdings zum Teil auch als gesetzlich geregelter Fall der cic angesehen (LG Braunschweig IPRax 2002, 213, 214; zur Rechtsnatur der Norm ausf STAUDINGER/BERGMANN § 661a Rn 12 ff). Aus dem Wertpapierrecht sind noch die **Patronatserklärungen** gegenüber der Allgemeinheit als einseitiges Leistungsversprechen zu erwähnen (SCHNEIDER, Patronatserklärungen gegenüber der Allgemeinheit, ZIP 1989, 619, 624). **69**

Der **Vertragsschluss** als solcher ist in den §§ 145 ff geregelt, so dass auf die einschlägige Lit zum Allgemeinen Teil des BGB verwiesen werden kann. Neben den bekannten Problemen wie dem kaufmännischen Bestätigungsschreiben (allg z Schweigen im Rechtsverkehr GÖTZ, Zum Schweigen im rechtsgeschäftlichen Verkehr [1968]; KRAMER, Schweigen als Annahme eines Antrags, Jura 1984, 235; SCHWERDTNER, Schweigen im Rechtsverkehr, Jura 1988, 443) oder der Zugangsvereitelung (BROX/WALKER, AT Rn 157 ff; GOTTWALD, BGB AT [2002] Rn 55 f; PALANDT/ELLENBERGER § 130 Rn 16 ff mwNw) erlangt die Frage des Vertragsschlusses durch **elektronische Medien** auf Grund der aktuellen technischen und wirtschaftlichen Entwicklungen zunehmend Bedeutung (monografisch dazu GLATT, Vertragsschluss im Internet [2002]; WILDEMANN, Vertragsschluss im Netz [2000]; LANGER, Verträge mit Privatkunden im Internet – Anbahnung, Abschluss und Abwicklung grenzüberschreitender Konsumentenverträge nach dem Recht der Europäischen Gemeinschaft, der Schweiz und Deutschlands [Diss Genève 2003]). **70**

II. Abgrenzung zur Gefälligkeit*

71 Vertragliche Schuldverhältnisse sind durch die **Rechtsbindung** der Parteien als Folge einer entsprechenden Willensbildung gekennzeichnet. Dabei gibt es vielfach eindeutige Sachverhalte, aber auch praktisch relevante Problemfälle, die unter der gemeinsamen Bezeichnung „Gefälligkeit" von den vertraglichen Schuldverhältnissen abzugrenzen sind. Schwierigkeiten bereitet dabei schon die Uneinheitlichkeit der Terminologie. Das Wort „Gefälligkeit" hat im juristischen Sprachgebrauch verschiedene Bedeutungen erlangt. In den im BGB geregelten „**Gefälligkeitsverträgen**", etwa der Leihe gem § 598, oder der unentgeltlichen Verwahrung gem § 688, bedeutet es, dass die entsprechenden Leistungen des Schuldners **verbindlich**, aber **unentgeltlich** erbracht werden. Hier steht „gefällig" für „nicht-gewinnbringend". Im Zusammenhang mit „**Gefälligkeitsverhältnissen**" bedeutet es, dass die entsprechenden Leistungen **unverbindlich** erbracht werden, so dass dem Begriff hier die Bedeutung „nicht-verpflichtend" beigemessen wird (vgl auch REUSS AcP 154 [1955] 496 ff; ebenso BGHZ 91 21, 106; s auch RGZ 165, 313; OLG Karlsruhe NJW 1961, 1866).

72 Eine Gemeinsamkeit zwischen den Gefälligkeiten und Gefälligkeitsverträgen besteht jedenfalls in ihrer **Unentgeltlichkeit**, so dass dieses Merkmal typisierend ist (RGZ 151, 203, 208; BGHZ 21, 102, 106; MEDICUS/PETERSEN, BR Rn 364 ff; BAMBERGER/ROTH/ GRÜNEBERG/SUTSCHET Rn 18). Gefälligkeitsverhältnisse resultieren darüber hinaus sämtlich aus **sozialem Kontakt**, sei es, dass er im freundschaftlichen, nachbarlichen, kollegialen oder familiären Umgang wurzelt (ESSER/SCHMIDT, Schuldrecht I § 10 I 3 [159]).

---

* **Schrifttum**: DÖLLE, Außergesetzliche Schutzpflichten, ZStW 103 (1943) 67 ff; FÖTSCHL, Hilfeleistungsabreden und contrat d'assistance – eine rechtsvergleichende Untersuchung zum französischen, deutschen, österreichischen und englischen Recht (Diss Osnabrück 2004); GEHRLEIN, Vertragliche Haftung für Gefälligkeiten, VersR 2000, 415 ff; GERHARDT, Die Haftungsfreizeichnung innerhalb der gesetzlichen Schuldverhältnisse, JZ 1970, 535 ff; GRUNDMANN, Zur Dogmatik der unentgeltlichen Rechtsgeschäfte, AcP 198 (1998) 457 ff; HABERKORN, Haftungsausschlüsse bei Gefälligkeitsfahrten, DAR 1966, 150; HOFFMANN, Der Einfluß des Gefälligkeitsmoments auf das Haftungsmaß, AcP 167 (1967) 394 ff; KALLMEYER, Die Gefälligkeitsverhältnisse: Eine rechtsdogmatische Untersuchung (Diss Göttingen 1968); KORNBLUM, Das verpasste Lottoglück, JuS 1976, 571 ff; KOST, Die Gefälligkeit im Privatrecht (1973); PALLMANN, Rechtsfolgen aus Gefälligkeitsverhältnissen (Diss Regensburg 1971); PLANDER, Lottospielgemeinschaft und Rechtsbindungswille, AcP 176 (1976) 424 ff; SCHEERER-BUCHMEIER, Die Abgrenzung des Rechtsgeschäfts von der nicht rechtsgeschäftlichen Vereinbarung unter besonderer Berücksichtigung der Diskussion im 19. Jahrhundert (Diss Köln 1990); G SCHMIDT, Gefälligkeitsfahrt und stillschweigender Haftungsausschluß, NJW 1965, 2189 ff; SCHREIBER, Haftung bei Gefälligkeiten, Jura 2001, 810; SCHWERDTNER, Der Ersatz des Verlusts des Schadensfreiheitsrabattes in der Haftpflichtversicherung, NJW 1971, 1673; THIELE, Leistungsstörung und Schutzpflichtverletzung, JZ 1967, 649 ff; WEIMAR, Erklärungen ohne Rechtsbindung, MDR 1979, 374 ff; WILLOWEIT, Abgrenzung und rechtliche Relevanz nicht rechtsgeschäftlicher Vereinbarungen (Diss Berlin 1969); ders, Schuldverhältnis und Gefälligkeit, JuS 1984, 909 ff; ders, Die Rechtsprechung zum Gefälligkeitshandeln, JuS 1986, 96 ff; ZWEIGERT, Seriositätsindizien – Rechtsvergleichende Bemerkungen zur Scheidung verbindlicher Geschäfte von unverbindlichen, JZ 1964, 349 ff.

Typischerweise geht es bei der Abgrenzung der Gefälligkeit vom Schuldverhältnis **73** um **vier Fragestellungen**. So stellt sich zum einen das Problem, ob die entsprechenden Verhältnisse einen **durchsetzbaren (klagbaren) Leistungsanspruch** begründen (s u Rn 77). Zum anderen wird diskutiert, ob **ohne** vertragliche **Leistungspflicht** zwischen den Beteiligten **Schutzpflichten** bestehen, die neben die allgemeinen Pflichten des Deliktrechts treten (s u Rn 391 ff, insbes 394 ff). Bejaht man diese Frage, so muss weiterhin als drittes Problem diskutiert werden, mit welchem **Haftungsmaßstab** der Schuldner bei Verletzung dieser Pflichten einzustehen hat, anders ausgedrückt, ob die **Haftungsreduzierungen**, die es für Gefälligkeitsverträge des BGB gibt, auf Schutzpflichten aus unverbindlichen Gefälligkeitsverhältnissen anzuwenden sind. Abschließend ist zu erwägen, ob die **Haftungsreduzierungen** sich auch auf die daraus entstehenden allgemeinen Schadensersatzpflichten des **Deliktsrechts** auswirken. Dagegen bildet die Frage nach dem **Rechtsgrund zum Behaltendürfen** kein taugliches Abgrenzungskriterium, da auch gefälligkeitshalber erbrachte Leistungen nicht ohne Rechtsgrund erbracht sind. Dies gilt unabhängig davon, ob man ihn in der Gefälligkeit selbst oder in § 814 sieht (STAUDINGER/J SCHMIDT [1995] Einl 220 zu §§ 241 ff; SOERGEL/WOLF Vor § 145 Rn 83; PALANDT/HEINRICHS Einl v § 241 Rn 8; WILLOWEIT JuS 1986, 96; SCHREIBER JuS 2001, 810, 811. Unter diesem Aspekt erscheint die Ansicht v STAUDINGER/REUTER [1996] Vorbem zu §§ 598 ff nicht überzeugend).

In **tatsächlicher Hinsicht** liegen den Gefälligkeitsverhältnissen meist Verhaltensweisen **74** zugrunde, bei denen eine Partei um eine Tätigkeit gebeten wird oder sich dazu bereit erklärt, ohne dass die Beteiligten Vorstellungen von evtl Rechtsfolgen haben (s u Rn 76). Es kommt jedoch auch vor, dass die Beteiligten ihre rechtliche Bindung gerade ausschließen wollen (vgl zum sog „gentlemen's agreement" Rn 89). Schließlich besteht noch die Möglichkeit, dass die Parteien eine rechtlich bindende Vereinbarung treffen möchten, dass ihr aber **Unwirksamkeitsgründe** entgegenstehen, zB Formnichtigkeit sowie Gesetzes- oder Sittenwidrigkeit. Dabei muss man differenzieren, ob der angenommene Unwirksamkeitsgrund besteht oder nicht (FLUME, AT § 7, 8). Bei seiner einseitigen Annahme löst sich das Problem uU über § 116, bei übereinstimmender Annahme ist die Abgrenzung zum Scheingeschäft gem § 117 zu treffen (vgl ausf STAUDINGER/J SCHMIDT [1995] Einl 245 zu §§ 241 ff mwNw). Im Übrigen verläuft die Grenzziehung nach den sogleich zu schildernden Kriterien.

1. Abgrenzung bei Verhaltensvereinbarungen

Da **keine gesetzlichen Regeln** für die Differenzierung zwischen Schuldverhältnis und **75** Gefälligkeit vorhanden sind, fällt eine abstrakte Unterscheidung schwer (vgl aber ERMAN/WESTERMANN Einl § 241 Rn 16 ff; PALANDT/HEINRICHS Einl v § 241 Rn 7 ff; SOERGEL/ TEICHMANN Rn 3; JAUERNIG/MANSEL Rn 24 [alle mwNw] sowie PLANDER AcP 176 [1976] 425 ff; SCHWERDTNER NJW 1971, 1673; **aA** STAUDINGER/J SCHMIDT [1995] Einl 214 zu §§ 241 ff; WILLOWEIT, Abgrenzung 44 ff; ders JuS 1984, 909 ff; ders JuS 1986, 96 ff [ausf Rechtsprechungsanalyse]. Einen informativen Überblick über die Rechtslehre im 19. u 20. Jahrhundert gibt SCHEERER-BUCHMEIER, Die Abgrenzung des Rechtsgeschäfts von der nicht rechtsgeschäftlichen Vereinbarung unter besonderer Berücksichtigung der Diskussion im 19. Jahrhundert [Diss Köln 1990] 165 ff; ferner MünchKomm/KRAMER Einl zu §§ 241 ff Rn 32 ff; GERNHUBER, Schuldverhältnis § 7 I 2 [124 ff]; MEDICUS/PETERSEN, BR Rn 365 ff). Die Abgrenzung (MünchKomm/KRAMER Einl zu §§ 241 ff Rn 32) läuft auf eine **einzelfallbezogene Betrachtung** hinaus (s u Rn 86).

a) **Merkmale der Gefälligkeit (Nicht-Rechtsverhältnis)**

76 Bei allem Streit lässt sich eine Fallgruppe vorweg entscheiden: Ergibt der Inhalt einer Vereinbarung, dass die Leistung im **Belieben des Schuldners** stehen soll, so liegt mangels rechtlicher Gebundenheit kein vertragliches Schuldverhältnis vor. Das Gleiche hat der BGH zutreffend für den Fall angenommen, dass dem „Schuldner" durch Vereinbarung mit dem „Gläubiger" nachträglich das Recht genommen wurde, die „geschuldete Leistung" zu erbringen (BGHZ 23, 293, 300; BGB-RGRK/ALFF Vorbem zu § 241).

77 Im Übrigen konzentriert sich die Abgrenzungsproblematik zwischen Schuld- und Nicht-Schuldverhältnis auf die Frage, ob einem (potentiellen) Gläubiger ein **durchsetzbarer Leistungsanspruch** zusteht. Als zentrales Unterscheidungsmerkmal wird dafür der **Rechtsbindungswille** angesehen (FIKENTSCHER/HEINEMANN, Schuldrecht Rn 28; STAUDINGER/REUTER [1996] Vorbem 6 zu §§ 598 ff; STAUDINGER/OTTO [2009] § 280 Rn B 14). An seiner Feststellung entzündet sich ein Streit, da die Parteien meist nicht erklären, ja noch nicht einmal daran denken, ob ein Schuldverhältnis vereinbart werden soll oder nicht. Dies hat den nicht unberechtigten Vorwurf hervorgerufen, dass es sich regelmäßig um eine **Fiktion** handele (FLUME, AT § 7, 3 ff; krit PALLMANN, Rechtsfolgen aus Gefälligkeitsverhältnissen [Diss Regensburg 1971] 31 ff; s a MünchKomm/KRAMER Einl zu §§ 241 ff Rn 31; vgl im Übrigen WILLOWEIT, Abgrenzung sowie dessen Hinweis in JuS 1984, 909 ff u 1986, 96 ff). Die Meinungsunterschiede haben zu zwei unterschiedlichen Denkansätzen für die Abgrenzung zwischen Vertragsschuldverhältnis und rechtlich unverbindlicher Gefälligkeit geführt.

aa) **Objektiver Ansatz (Vermögensinteresse)**

78 Der **objektive Ansatz** geht davon aus, dass in bestimmten Sozialbeziehungen überhaupt keine rechtlichen Bindungen eingegangen werden können (ausf Bsp bei FLUME, AT § 7, 2 ff), anders ausgedrückt, dass nur **Vermögensinteressen** der Beteiligten tauglicher Gegenstand von Vereinbarungen sind (vgl dazu ausf o Rn 14 ff). Diese Betrachtungsweise wurde aber schon von den Gesetzgebern des BGB als überholt angesehen; eine so gravierende Ausnahme von der Privatautonomie bedurfte nach ihrer Ansicht einer näheren Begründung. OTTO VON GIERKE, der mit dem Merkmal des Vermögensinteresses die problematische Abgrenzung von Gefälligkeit und Vertrag vornehmen wollte (s o Rn 15), überzeugte wegen der Pauschalität seines Arguments nicht, wenn er schrieb (Entwurf eines BGB 195), der Begriff des Schuldverhältnisses könne sich nicht auf jede Verbindlichkeit „zu irgendeinem Tuhn oder Unterlassen erstrecken, da sonst das Obligationenrecht zuletzt alle anderen Rechtsgebiete verschlänge".

Der objektive Ansatz findet sich bis heute, allerdings in einer **umgekehrten Variante**: Zum Teil wird vertreten, vermögenswerte Gegenstände könnten immer **nur** in Form von Rechtsgeschäften überlassen werden, so dass zB die kurzfristige Gebrauchsüberlassung stets als Leihe zu werten sei, da es andernfalls zu Ansprüchen aus ungerechtfertigter Bereicherungen komme (STAUDINGER/REUTER [1996] Vorbem 11, 6 zu §§ 598 ff mwNw aus der Rspr, allerdings z gegenteiligen Auffassung). Diese Betrachtungsweise überzeugt deshalb nicht, weil auch die Gefälligkeit unstreitig ein Recht zum Behaltendürfen begründet (s o Rn 73).

bb) Subjektiver Ansatz (Rechtsgeschäftliches Verständnis)

Demgegenüber betonen die Vertreter des **subjektiven Ansatzes** den **rechtsgeschäft-** 79
lichen Charakter der jeweiligen Vereinbarung (BGHZ 21, 102, 106 f; BGH VersR 1998, 1173, 1174; STAUDINGER/DILCHER[12] Vorbem 22 zu §§ 116–144; ders Vorbem 10 zu §§ 145 ff; SOERGEL/TEICHMANN Rn 3; vTUHR, AT II 1, 170; ESSER/SCHMIDT, Schuldrecht I § 10 I 3 [159]; FIKENTSCHER/HEINEMANN, Schuldrecht Rn 28 f; LARENZ, Schuldrecht I § 31 III). Diese Ansicht war bereits von den Verfassern des BGB angelegt worden, die sich außerstande sahen, andere Kriterien als den verworfenen Vermögenswert (z Begriff s o Rn 14 ff), zB das „schutzbedürftige Interesse", in abgrenzungstauglicher Weise herauszuarbeiten. Man war sich darüber im Klaren, dass „eine bestimmte Grenze, wo das schutzwürdige Interesse aufhört ... sich nach der Natur der Sache [freilich] nicht [bestimmen] lasse" (SCHUBERT, Vorlagen der Redaktoren, Recht der Schuldverhältnisse: Teil 1, 15).

Damit wurde der Weg zu der heute **hM** eröffnet, die die subjektive Abgrenzung zwischen Schuldverhältnis und Nicht-Rechtsverhältnis betreibt, so dass der **Wille** der Parteien das maßgebliche Kriterium darstellt (MünchKomm/KRAMER Vor § 145 Rn 25). Die objektiven Merkmale der entsprechenden Parteivereinbarung finden dagegen (nur) im Rahmen der §§ 134, 138, 242 Berücksichtigung (WILLOWEIT JuS 1984, 909, 910).

Dieser subjektive Ansatz hat sich zu Recht durchgesetzt (ERMAN/WESTERMANN Einl 80 § 241 Rn 16; STAUDINGER/DILCHER[12] Vorbem 10 ff zu §§ 145 ff mwNw; MünchKomm/KRAMER Einl zu §§ 241 ff Rn 30; GERNHUBER, Schuldverhältnis § 7, 2 a [124]; ie auch ESSER/SCHMIDT, Schuldrecht I § 10 I 3 [159]; wNw bei SCHEERER-BUCHMEIER, Die Abgrenzung des Rechtsgeschäfts von der nicht rechtsgeschäftlichen Vereinbarung unter besonderer Berücksichtigung der Diskussion im 19. Jahrhundert [Diss Köln 1990] 165 ff), weil er mit dem Prinzip der **Privatautonomie** im Einklang steht (z Privatautonomie vgl Einl 49 ff zum SchuldR). In den Grenzen der objektiven Wertvorgaben (§§ 134, 138, 242) ist jeder gesellschaftliche und soziale Bereich einer Rechtsbindung sowie einer vertraglichen Haftung zugänglich und erzeugt dann auch einen durchsetzbaren Leistungsanspruch. Die pauschale Annahme wie Ablehnung rechtlicher Bindungen innerhalb bestimmter sozialer Verhältnisse lässt sich also nicht rechtfertigen, ebenso wenig kann die Abgrenzung allein auf Grund objektiver Kriterien vorgenommen werden (vgl SCHWERDTNER NJW 1971, 1673; PALLMANN, Rechtsfolgen aus Gefälligkeitsverhältnissen [Diss Regensburg 1971]; STAUDINGER/J SCHMIDT [1995] Einl 229 zu §§ 241 ff). Die Kritik, der Verpflichtungswille sei oft nur Fiktion (FLUME, AT § 7, 8; CANARIS JZ 1965, 475, 482), stellt den subjektiven Ansatz nicht grds in Frage, sondern resultiert aus der Schwierigkeit des Einzelfalls. Vergleichbare Probleme tauchen bei der ergänzenden Vertragsauslegung ebenfalls auf und müssen hier wie dort gelöst werden.

Allerdings hat sich in der **Rechtspraxis** die Grenze zwischen der subjektiven und der 81 objektiven Betrachtungsweise zur Abgrenzung von Gefälligkeit und Vertrag verwischt, wie schon die grundlegende Entscheidung des BGH zeigt (BGHZ 21, 102 ff). Der BGH hat dort zum Ausdruck gebracht, dass die abgrenzende Auslegung (wie auch diejenige eines Rechtsgeschäfts) aus der Sicht eines **objektiven Erklärungsempfängers** unter Berücksichtigung der im Einzelfall gegebenen Umstände nach **Treu und Glauben** zu erfolgen hat (BGHZ 21, 102, 107), so dass in die Willensermittlung **objektive Kriterien** eingebracht werden (z Stellung des „normativen Konsenses" im Zusammenhang mit dem Bindungswillen vgl MünchKomm/KRAMER § 155 Rn 3, Einl zu §§ 241 ff

Rn 95; dazu vor allem HEPTING, Ehevereinbarung [1984] 307 ff, der über den Bereich der Eheververeinbarungen hinaus auf das Erfordernis des Rechtsbindungswillens verzichten will, und zwar zu Gunsten einer **normativen Bewertung** des geäußerten „**natürlichen Willens**". In praktischer Hinsicht mögen beide Auslegungsmethoden nicht weit auseinander liegen; es besteht aber keine Notwendigkeit, auf den Rechtsbindungswillen grds zu verzichten, da man sonst nicht einmal mehr versuchen müsste, im Einzelfall Anknüpfungspunkte hierfür zu finden).

82 Damit ist die strikte Unterscheidung zwischen der **objektiven Theorie** einerseits und der **subjektiven Theorie** andererseits oft nur noch von theoretischem Interesse, weil die erstgenannte Theorie **konkrete Einzelfallmerkmale** hinzuzieht, während die zweite mit dem **normativen Begriff der Willenserklärung** arbeitet (dass der „Rechtsfolgewille" normativ bestimmt wird, zeigen folgende Quellen: BGHZ 21, 102, 106 ff = NJW 1956, 1313; 43, 72; 88, 373, 382; 92, 164, 168; BGH NJW 1968, 1874; 1985, 313; 1992, 498; 1992, 2474; BGH DB 1974, 1619, 1620; OLG Celle NJW 1965, 2348; OLG Köln NJW-RR 1992, 1497; OLG Koblenz OLGZ 1991, 117, 120; OLG Nürnberg OLGZ 1967, 139, 140 f; LG Düsseldorf NJW 1968, 2379; vgl auch SOERGEL/WOLF Vor § 145 Rn 91 ff; MünchKomm/KRAMER Einl zu §§ 241 ff Rn 30 ff; PALANDT/HEINRICHS Einl v § 241 Rn 7; STAUDINGER/DILCHER[12] Vorbem 10 ff zu §§ 145 ff [alle mwNw]). Im Ergebnis ist wohl die Wertung entscheidend, ob man dem „Gefälligen" die Folgen einer vertraglichen Bindung zumuten will; sie erfordert eine **Abwägung** der **beiderseitigen Interessen**.

cc) **Die Willensermittlung**

83 Die Rspr ermittelt den (objektivierten) **Rechtsbindungswillen** durch Heranziehung von **Indizien** (grundlegend BGHZ 21, 102, 107).

84 So ist zunächst die **Unentgeltlichkeit** oder **Uneigennützigkeit** des von einer Partei zugesagten Verhaltens ein Kriterium dafür, dass sie sich keiner rechtlichen Bindung unterwerfen wollte (ESSER/SCHMIDT, Schuldrecht I § 10 I 3 [159]). Beide Kriterien allein erlauben aber keine abschließende Entscheidung, weil das BGB auch unentgeltliche, gleichwohl aber verbindliche Rechtsverhältnisse kennt. Im Hinblick auf die Uneigennützigkeit wird manchmal zwischen **völliger Uneigennützigkeit** und einem **nicht nennenswerten Eigeninteresse** des „Gefälligen" unterschieden (LG Mannheim MDR 1965, 131). Letzteres soll ein Nicht-Rechtsverhältnis zumindest solange nahe legen, wie der Grad des Eigeninteresses wesentlich hinter dem Interesse an der zu erbringenden Leistung zurücksteht (SOERGEL/WOLF Vor § 145 Rn 95 ff mit Bsp aus der Rspr). Daneben ist umgekehrt die Entgeltlichkeit oder Eigennützigkeit insoweit bedeutsam, als in einem solchen Fall regelmäßig ein Rechtsverhältnis mit Leistungsanspruch vorliegt.

85 Weitere Indizien für die Abgrenzung sind die **Art der vereinbarten Leistung** sowie deren **Grund** und **Zweck**. Ihre **wirtschaftliche** und **rechtliche Bedeutung**, insbesondere für den **Empfänger**, werden ebenso in die Betrachtung einbezogen wie die **Umstände**, unter denen die Leistung erbracht werden soll bzw wird (BGHZ 92, 164, 168 = BGH NJW 1985, 1778, 1779). Außerdem kommt es auf die **Interessenlage** der Parteien an (so BGHZ 21, 107; vgl auch BGH LM § 254 [Da] Nr 12; BGHZ 88, 373, 382 = NJW 1984, 1533; 92, 164, 168 = NJW 1985, 1778, 1779; 97, 372 = NJW 1986, 2043; BGH NJW 1992, 498; NJW-RR 2006, 117, 120 Rn 37; OLG Celle NJW 1965, 2348). Der **Wert** der anvertrauten Sache (so auch RG LZ 1923, 275 = Recht 1923 Nr 508) und das **erkennbare Interesse des Begünstigten** (vgl auch ESSER/SCHMIDT, Schuldrecht I § 8 III 2 [139]) sowie eine nicht dem Begüns-

tigten, wohl aber dem Leistenden erkennbare **Gefahr**, in die der Erstgenannte durch eine **fehlerhafte Leistung** geraten kann (RG LZ 1923, 275), dienen weiterhin als Merkmale für die Annahme eines Rechtsverhältnisses (BGHZ 21, 102, 107; 88, 373, 382; 92, 164, 168).

Insgesamt gelangt man also im Ergebnis doch zu weitgehend objektiven Beurteilungskriterien, hinter denen der wirkliche Wille der Parteien uU (mangels Erkennbarkeit oder Beweisbarkeit) sogar zurücktritt. Die dargestellten Abgrenzungsmerkmale sind aber so weit gefasst, dass sie für eine Subsumtion oft noch der weiteren Konkretisierung bedürfen. Da es nach der Rspr auf die **„Umstände des Einzelfalles"** ankommt (vgl BGH VRS 20, 252; LG Mannheim MDR 1965, 131; MünchKomm/KRAMER Einl zu §§ 241 ff Rn 33), hat sich insoweit eine umfangreiche Kasuistik gebildet (vgl PALANDT/ HEINRICHS Einl v § 241 Rn 9; SOERGEL/WOLF Vor § 145 Rn 85 ff; MünchKomm/KRAMER Einl zu §§ 241 ff Rn 33). 86

Die Hilfe beim **Abladen** von Transportgut begründet mangels entsprechender gesetzlicher Verpflichtung des Transportführers, § 412 Abs 1 S 2 HGB, kein Rechtsverhältnis (AG Bonn TrAnsatzpR 2000, 466 f). **Absprachen** unter Ehegatten über die Familienplanung werden unterschiedlich beurteilt (vgl insgesamt BRUNS, Absprachen unter Ehegatten über die Familienplanung [Diss Osnabrück 1990]; LOOSCHELDERS Jura 2000, 169 ff). Die Erklärung im Rahmen eines **Architektenwettbewerbes**, die Beklagte „beabsichtigt [...] einem oder mehreren Preisträgern weitere Leistungen [...] zu übertragen", begründet ein Rechtsverhältnis (BGHZ 88, 373, 382). Behandelt ein **Arzt** einen Kollegen, so liegt auch dann ein Rechtsverhältnis vor, wenn die Behandlung aus kollegialen Gründen kostenlos erfolgt (BGH NJW 1977, 2120). Durch die unentgeltliche Übernahme der **Ausbildung** eines Hundes wird in der Regel ein Rechtsverhältnis begründet (OLG Koblenz OLGZ 1991, 117, 119 f = NJW-RR 1991, 26). Kompliziert sind die Verhältnisse bei der Erteilung einer **Auskunft** (vgl STAUDINGER/WITTMANN [1995] § 676 Rn 9 ff; HALLER, Haftung für Rat und Auskunft, Jura 1997, 234 ff). Bei der **„Ausleihe"** eines Lkw-Fahrers liegt ein Rechtsverhältnis vor, wenn die Angelegenheit die geschäftliche Tätigkeit zweier Wirtschaftsunternehmen betrifft (BGHZ 21, 102, 106 ff = NJW 1956, 1313). Die Teilnahme an einem **Ballonflug** gegen Kostenerstattung begründet ein Rechtsverhältnis (OLG München NJW-RR 1991, 420; OLG Karlsruhe VersR 1991, 343; OLG Düsseldorf VersR 1994, 228). Unterschiedlich ist die rechtliche Bewertung der **Beaufsichtigung von Kindern**: Die Aufsicht über Nachbarskinder begründet in der Regel kein Rechtsverhältnis (BGH JZ 1969, 232 m Anm DEUTSCH); gleichermaßen wurde bzgl der Mitnahme von Kindern in einem Pkw zum Kindergarten entschieden (LG Karlsruhe VersR 1981, 143); demgegenüber wurde ein Rechtsverhältnis angenommen, wenn Kinder beaufsichtigt werden mussten, die zu einem Kindergeburtstag eingeladen wurden (OLG Celle NJW-RR 1987, 1384). Die Übernahme der **Beaufsichtigung eines Hauses** in der Abwesenheit eines Nachbarn oder Verwandten soll kein Rechtsverhältnis begründen (OLG Hamburg VersR 1989, 468). Auch die Übernahme des „Auftrages" zum **Einwerfen eines Briefes** begründet kein Rechtsverhältnis (SOERGEL/WOLF Vor § 145 Rn 95). Ebenso verhält es sich im Allgemeinen bei einer Absprache über **Empfängnisverhütung** zwischen den Partnern einer nichtehelichen Lebensgemeinschaft (vgl BGHZ 97, 372; MEDICUS/PETERSEN, BR Rn 372a; FEHN, Die Menschenwürde des nichtehelichen Kindes im Spannungsfeld zwischen Unterhalts- und Deliktsrecht – BGH, NJW 1986, 2043, JuS 1988, 602 ff; LOOSCHELDERS Jura 2000, 169 ff). Vereinbarungen zwischen Familienangehörigen über die gemeinsame **Errichtung und Finanzierung eines Zwei-** 87

familienhauses zum Zwecke des Zusammenlebens lösen auf Grund der wirtschaftlichen Bedeutung für alle Beteiligten rechtliche Bindung aus (LG Gießen NJW-RR 1997, 905 ff). Bei **Fahrgemeinschaften** wird nach dem Zweck differenziert (vgl BGH NJW 1992, 498 sowie MÄDRICH, Haftungs- und versicherungsrechtliche Probleme bei Kfz-Fahrgemeinschaften, NJW 1982, 859, 860). Die Überführung eines **Fahrzeugs** in die Werkstatt, die der Eigentümer von einer anderen Person durchführen lässt, ist ein Auftrag iSv § 662 (OLG Frankfurt JA 1998, 742 m Bespr ROTH). Die unentgeltliche Raumüberlassung durch einen **Gastwirt** begründet uU ein Rechtsverhältnis zu dem Leistungsempfänger (OLG Karlsruhe NJW 1961, 1866), nicht hingegen die Einwilligung des Gastwirtes an einen Gast, er könne Gegenstände hinter dem Buffet ablegen (LG Hagen VersR 1952, 124). Besonders zahlreich sind die Stellungnahmen zur **Gefälligkeitsfahrt**: IdR entsteht zwischen Fahrer und Mitfahrer kein Rechtsverhältnis (vgl RGZ 65, 18; 128, 231; 141, 263; BGH VersR 1967, 157; LG Düsseldorf NJW 1968, 2379; STOLL, Handeln auf eigene Gefahr [1961] 25 f mwNw), auch wenn der Fahrer die Mitnahme selbst gewünscht hat (BGH NZV 1993, 187; OLG Neustadt VRS Bd 8, 1). Das kann sich uU ändern, wenn der Mitfahrer an den Unkosten beteiligt wird, insbesondere eine „Benzinkostenbeteiligung" übernommen hat (RGZ 145, 390, 394; BGH VRS 20, 252; OLG Stuttgart MDR 1959, 388; BÖHMER, Definition des Begriffs der Gefälligkeitsfahrt, VersR 1964, 807; HENTSCHEL, Straßenverkehrsrecht § 16 StVG Rn 2, 9 mwNw und Bsp aus der Rspr; vgl insgesamt auch HEIMBÜCHER, Die Haftung für Gefälligkeiten auf dem Prüfstand, VW 1998, 178 ff; HIRTE/HEBER JuS 2002, 241 ff). Ein **Gefälligkeitsflug** begründet kein Rechtsverhältnis (BGHZ 76, 33). Die Zusage, **Gegenstände** aus Ostberlin zu überbringen, begründete ein Rechtsverhältnis (OLG Celle NJW 1965, 2348). Zu einer **Gesellschaft unter Ehegatten** vgl STAUDINGER/HÜBNER/VOPPEL (2000) § 1356 Rn 50 ff. Die Vereinbarung einer **Kellerräumung** begründet kein Rechtsverhältnis (LG Mannheim MDR 1965, 131). Das Gleiche gilt für die Erlaubnis, ein **Kfz** auf einem Platz zum Verkauf aufzustellen, weil damit kein Vorteil irgendwelcher Art für den Erlaubenden verbunden ist (OLG Köln OLGZ 1972, 213). Absprachen eines **Klinikchefs** mit Mitarbeitern über die Beteiligung an seinen Einnahmen wurden nicht durchweg als verbindlich angesehen; vielmehr sollte es auf die „Umstände des Einzelfalles" ankommen (BGH WM 1977, 739). Die Zusage einer **Kulanzregelung** kann dagegen rechtlich verbindlich sein (OLG Köln Betrieb 1975, 2271). Einer im Vorfeld wirtschaftlich komplexer Vertragswerke verfassten schriftlichen Absichtserklärung (sog **„Letter of Intent")** fehlt es regelmäßig an einem Rechtsbindungswillen: Durch sie soll dem potentiellen Vertragspartner lediglich die Bereitschaft zum Eintritt in ernsthafte Vertragsverhandlungen bekundet werden (z Problematik vgl STAUDINGER/BORK § 145 Rn 14; MünchKomm/KRAMER Vor § 145 Rn 48). Schwierigkeiten bei der Abgrenzung gerade zum Vorvertrag lassen sich durch Aufnahme einer „no binding clause" vermeiden (PWW/BRINKMANN Vor §§ 145 ff Rn 40). Erklärt sich ein Mitglied einer **Lotto- oder Tippgemeinschaft** bereit, den entsprechenden Spielschein auszufüllen und einzureichen, so wird dadurch kein Rechtsverhältnis begründet (BGH NJW 1974, 1705; uU wird jedoch eine Pflicht nach § 242 bejaht, worin man eine Auflockerung der „starren" Alternative „Rechtsverhältnis – kein Rechtsverhältnis" sehen kann: MEDICUS/PETERSEN, BR Rn 372; krit KORNBLUM, Das verpasste Lottoglück, JuS 1976, 571 ff sowie PLANDER AcP 176 [1976] 425 ff). Eine **Mietzinsvereinbarung** weit unter ortsüblichem Preis (sog „Gefälligkeitsmiete") führt stets zu einem Rechtsverhältnis (KrsG Nauen WuM 1993, 111). Die Übernahme einer **politischen Widerstandstätigkeit** begründet regelmäßig kein auf ihre Durchführung gerichtetes Rechtsverhältnis, also keinen Leistungsanspruch (BGHZ 56, 204, 209 = NJW 1971, 1404 f). Die kurzfristige Überlassung eines **Reitpferdes** in sportkameradschaftlichem Verkehr ist ein Gefälligkeitsverhältnis (BGH NJW 1974, 234, 235; OLG Zweibrücken NJW 1971, 2077, 2078; **aA** KNÜTEL, Anm z Urt des OLG v 12.10. 1970, NJW 1972, 163). Übernimmt der Vorsitzende eines Sozialrentnervereines die Aufgabe, für ein Nichtmitglied einen **Rentenantrag** zu stellen, so wird auf Grund oben genannter Kriterien (wirtschaftliche u rechtliche Bedeutung der rechtzeitigen Antragstellung sowie erkennbare Gefahr bei Fehlleistungen des Antragstellers für den anderen Teil) ein Rechtsverhältnis begründet (auftragsähnlich; OLG Nürnberg OLGZ 1967, 139, 141). Die Erlaubniserteilung, ein **Schiff** beim Betreten eines anderen Schiffes als Abstellfläche zu benutzen, führt nicht zur Entstehung eines Rechtsverhältnisses (OLG Hamburg VersR 1984, 58). „Gefälligkeitshalber" durchgeführte **Schweißarbeiten** lösen im Brandfall nur eine deliktische Haftung aus (OLG Düsseldorf VersR 1996, 512 ff = IBR 1996, 238 m Anm RUTKOWSKY). Eine **Starthilfegewährung** bei entleerter Autobatterie ist ein Gefälligkeitsvertrag, auf den die §§ 662 ff anzuwenden sind (dabei stillschweigender Haftungsverzicht für leicht fahrlässig verursachte Schäden, AG Kaufbeuren NJW-RR 2002, 382). Hinweise, Aufforderungen und Winkzeichen im **Straßenverkehr**, die von einem Verkehrsteilnehmer an einen anderen Verkehrsteilnehmer gegeben werden, begründen regelmäßig kein Rechtsverhältnis (OLG Frankfurt NJW 1965, 1334). Eine nicht in Anspruch genommene **Tischreservierung** in einem Restaurant stellt keinen Vorvertrag (zum Abschluss späterer Bewirtungsverträge) dar (LG Kiel NJW 1998, 2537 f; MAIER JuS 2001, 746 ff [Bespr LG Kiel NJW 1998, 2537 f]). Die Einladung zu einer **Treibjagd** zieht ebenfalls keinen Leistungsanspruch nach sich (RGZ 128, 39, 42). Die **Überlassung** einer Gebirgsferienhütte an einen Sohn und dessen Verlobte stellt eine „keine Rechtswirkungen erzeugende Gefälligkeit" dar (OLG München NJW-RR 1993, 215). Die Aufnahme von **Verwandten** als Gäste in einer Wohnung begründet kein Rechtsverhältnis zwischen dem Aufnehmenden und den Aufgenommenen (LG Osnabrück NdsRpfl 1947, 17; AG Köln MDR 1957, 41 m Anm WEIMAR; vgl auch LG Wiesbaden ZMR 1953, 177), ebenso wenig die Übernahme der „Verpflichtung" zum **Wecken eines Mitreisenden** im Zug (FLUME, AT § 7, 5; SOERGEL/LANGE/HEFERMEHL [10. Aufl] Vor § 145 Rn 68 sowie SOERGEL/WOLF Vor § 145 Rn 96).

Fälle aus der schweizerischen Rspr zur Abgrenzungsfrage finden sich im Berner Kommentar/KRAMER (1986) Einl zu Art 1 OR Rn 65.

Soweit man auf der Grundlage der dargestellten Abgrenzungskriterien ein Rechts- **88** verhältnis bejaht, besteht ein **Anspruch** auf die versprochene **Leistung**. Da die damit verbundene Verbindlichkeit vom Schuldner jedoch jederzeit gekündigt werden kann, sei es in unmittelbarer oder analoger Anwendung des § 671, macht es für die Leistungspflicht letztlich keinen großen Unterschied, ob ein Schuldverhältnis oder ein Nicht-Schuldverhältnis vorliegt. Etwas anderes gilt für die Folgen einer Pflichtverletzung, da eine **Kündigung zur Unzeit** gem § 671 Abs 2 Konsequenzen nach sich zieht (FLUME, AT § 7, 5; MEDICUS/PETERSEN, BR Rn 370; MünchKomm/KRAMER Einl zu §§ 241 ff Rn 35). Der Gläubiger hat ggf gem oder analog § 671 Abs 2 S 2 einen **Schadensersatzanspruch** (BGH DB 1986, 476 f; NJW 1986, 978, 980; OLG Köln NJW-RR 1992, 1497).

b) Ausschluss eines Leistungsanspruchs („gentlemen's agreement")
Wie bereits erwähnt (s o Rn 74), kann der Leistungsanspruch (auch) gerade deshalb **89** entfallen, weil die Parteien ihn ausschließen wollen und nicht etwa, weil sie rechtliche Konsequenzen gar nicht bedacht haben. Solche Vereinbarungen nennt man zumeist **„gentlemen's agreement"**. Dahinter können verschiedene Absichten stehen

(vgl z solchen Gründen zB Mosheim, Gentlemen's Agreement, DB 1963, 1035; ferner Staudinger/Weber[11] Einl zu § 241 J 6 ff; Soergel/Wolf Vor § 145 Rn 101; MünchKomm/Kramer Einl zu §§ 241 ff Rn 44; Flume, AT § 7, 8; Reuss AcP 154 [1955] 485 ff; Willoweit, Abgrenzung 86 ff; z Frage der rechtlichen Behandlung von Leistungen „ohne Anerkennung einer Rechtspflicht", wie zB Ruhegelder, Gratifikationen, Beihilfen etc, vgl Flume, AT § 7, 8 aE). Ein Kennzeichen eines „gentlemen's agreement" besteht häufig darin, dass die Parteien die mangelnde rechtliche Bindungswirkung lieber durch Sanktionen im sozialen Bereich ersetzen möchten, zB durch ein „Ehrenwort". Vertragliche Vereinbarungen können jedoch auch auf Grund kaufmännischer Bräuche oder handelsüblicher Verhaltensweisen als unnötig erachtet werden (MünchKomm/Kramer Einl zu §§ 241 ff Rn 44).

90 Allerdings muss es sich nicht bei jeder entsprechenden Vereinbarung um ein „gentlemen's agreement" handeln, sondern die Auslegung kann auch ergeben, dass zwar ein Rechtsverhältnis gewollt war, aber die **Klagbarkeit** des Anspruchs **ausgeschlossen** sein sollte (z klaglosen Verbindlichkeit s u Rn 129). Auch diese Abgrenzung ist anhand der §§ 133, 157 vorzunehmen: Falls nur eine Partei den Leistungsanspruch ausschließen wollte, kommt die Anwendung des § 116 in Betracht, bei einem entsprechend übereinstimmenden Willen ist uU der Tatbestand des § 117 erfüllt (z Frage des Parteiinteresses am Ausschluss des Leistungsanspruchs vgl Staudinger/J Schmidt [1995] Einl 239 ff zu §§ 241 ff). Während bei einem **Scheingeschäft** die Bindung nur vorgespiegelt, aber nicht gewollt wird, ist sie bei einem „gentlemen's agreement" zwar vom Willen der Parteien umfasst, soll jedoch nicht im rechtlichen Bereich abgesichert werden.

Die Auslegung führt schließlich uU auch dazu, dass trotz einer entgegenstehenden Parteibezeichnung ein „gentlemen's agreement" in Wirklichkeit rechtliche Verbindlichkeit entfaltet (BGH LM § 242 [Be] Nr 19; Palandt/Heinrichs Einl v § 241 Rn 7; Willoweit, Abgrenzung 87 ff).

91 „Gentlemen's agreements" finden sich auch im Zusammenhang mit **kartellrechtlichen Übereinkünften** (zB BGHZ 55, 104 = NJW 1971, 521), etwa hinsichtlich der Frage, ob allein bei wirtschaftlicher Rücksichtnahme oder moralischem Druck etc eine Vereinbarung iSv § 1 GWB erzeugt wird. Durch Einführung des Verbots **abgestimmten Verhaltens** gem § 1 GWB wurde die kartellrechtliche Erfassung verbindlicher Verhaltensweisen allerdings vereinfacht (vgl Zimmer, in: Immenga/Mestmäcker, Gesetz gegen Wettbewerbsbeschränkungen [2001] § 1 Rn 88 ff; im Übrigen Staudinger/J Schmidt[12] Einl 246 zu §§ 241 ff mwNw).

92 Vom „gentlemen's agreement" sind diejenigen Fallkonstellationen zu unterscheiden, in denen **Leistungsansprüche** aus wiederholtem **freiwilligem Verhalten** erwachsen (zB bei regelmäßiger Zahlung von Weihnachtsgeld an Arbeitnehmer in gleicher Höhe u z gleichen Zeitpunkt). Die sog „**betriebliche Übung**" (vgl dazu statt vieler Schaub, Arbeitsrechtshandbuch § 111) begründet, wenn schon nicht durch konkludenten Vertragsschluss, jedenfalls im Wege des **Vertrauensschutzes** einen rechtlich durchsetzbaren **Anspruch** des Berechtigten. Die in Rede stehenden – regelmäßig wiederkehrenden – Zahlungen sind zwar laut Vorbehalt des Leistenden eine freiwillige Leistung, jedoch begründet der **Vertrauensschutz** des Empfängers letztlich doch einen rechtlich verbindlichen Anspruch (Schaub aaO).

2. Rücksichtspflichtverletzungen und Haftung bei Gefälligkeiten

Streitigkeiten im Zusammenhang mit Gefälligkeitsverhältnissen treten häufig nicht bei der Frage nach dem Leistungsanspruch, sondern im Zusammenhang mit der **Haftung** für **Schäden** auf. Die Herleitung der dafür die Grundlage bildenden Rücksichtspflichten im Rahmen von Gefälligkeiten sowie die mögliche Ausdehnung von Haftungsbeschränkungen auf diese Pflichten werden später ausführlich bei der Kommentierung des Abs 2 geschildert (z Begründung der Pflichten s u Rn 394 ff u z Haftungsbeschränkung Rn 519 ff). **93**

III. Faktischer Vertrag*

1. Allgemeines

Das Recht der vertraglichen Schuldverhältnisse gründet auf dem Begriff der **Willenserklärung**. Nur dadurch werden vertragliche Rechtsfolgen ausgelöst, wie bereits die Abgrenzung zu den Gefälligkeitsverhältnissen gezeigt hat (s o Rn 71 ff). **94**

Nach der Lehre vom **faktischen Vertragsverhältnis** sollen Vertragsverhältnisse aber auch durch **tatsächliches** Verhalten entstehen können. Zu diesem Ergebnis gelangte insbesondere HAUPT in seiner Antrittsvorlesung im Jahre 1941, weil nach seiner Ansicht der Eintritt vertraglicher Rechtsfolgen nicht selten nur mit Hilfe von Fiktionen über das klassische Vertragsrecht erklärt wurde (HAUPT, Über faktische Vertragsverhältnisse 6). Die Idee des faktischen Vertragsverhältnisses (von LEHMANN NJW 1958, 1, 5 als „Atombombe" des Vertragsrechts apostrophiert) beinhaltete also eine Abkehr vom klassischen Vertragsbegriff zu Gunsten rechtspolitisch gewünschter Ergebnisse (vgl SOERGEL/WOLF Vor § 145 Rn 102; FLUME, AT II § 8, 2).

Der BGH ist der Lehre vom faktischen Vertrag vorübergehend gefolgt (BGHZ 21, 319, 334 [Hamburger Parkplatzfall]; 23, 175 [Stromversorgungsfall]; 23, 249, 258, 261 [Hoferbenfall]; ebenso LG Frankfurt aM MDR 1970, 843 [für den Bezug von Fernwärme]). Die rechtsgeschäftlichen Folgen wurden nicht angenommen, weil sie von den Parteien gewollt waren, sondern weil sie das Gericht für angemessen hielt (MEDICUS, AT Rn 247). In der Lit geriet der Ansatz in die Kritik und wird heute ganz überwiegend abgelehnt, weil er keine Stütze im Gesetz findet (FLUME, AT II § 8, 2; PALANDT/ELLENBERGER Einf v § 145 Rn 25; ESSER/SCHMIDT, Schuldrecht I § 10 I 2; LARENZ/WOLF, AT § 44 Rn 9 ff). Auch der BGH hat ihn seit 1958 nicht mehr angewandt und 1985 erklärt, dass die entstehenden Probleme über rechtgeschäftliche Kategorien zu lösen seien (BGHZ 95, 399). Dies soll anhand der in Betracht kommenden Einzelfälle im Folgenden kurz erläutert werden. **95**

---

* **Schrifttum**: ESSER, Gedanken zur Dogmatik der faktischen Schuldverhältnisse, AcP 157 (1958/59) 86; HAUPT, Über Faktische Vertragsverhältnisse (1941), Neuabdruck: FS Siber (1970) Bd II 1 ff; LARENZ, Die Begründung von Schuldverhältnissen durch sozialtypisches Verhalten, NJW 1956, 1897; ders, Sozialtypisches Verhalten als Verpflichtungsgrund, DRiZ 1958, 245; LEHMANN, Faktische Vertragsverhältnisse, NJW 1958, 1; NIPPERDEY, Faktische Vertragsverhältnisse, MDR 1957, 129; ROTH, Der faktische Vertrag, JuS-L 89; SIBERT, Faktische Vertragsverhältnisse (1958); WALKER, Der Vollzug des Arbeitsverhältnisses ohne wirksamen Arbeitsvertrag, JA 1985, 138, 147.

2. Fallgruppen

96 Die Fallgruppen, die seit HAUPT unter dem Begriff der faktischen Vertragsverhältnisse diskutiert werden, haben auf den ersten Blick wenig gemein. Die entscheidende Überschneidung liegt in dem Umstand, dass allein vertragliche Rechtsfolgen angemessen erscheinen, während die Feststellung der erforderlichen Willenserklärungen Probleme bereitet.

a) Sozialtypisches Verhalten (Massenverkehr, Daseinsvorsorge)

97 Die in den Bereich der **Daseinsvorsorge** fallenden Einrichtungen des Massenverkehrs (öffentliche Verkehrsmittel, Parkplätze, Elektrizitäts-, Gas- und Wasserversorgung) werden meist in Anspruch genommen, ohne dass die Vertragsparteien zum Austausch von Willenserklärungen direkt in Kontakt treten. Es wird andererseits nicht in Zweifel gezogen, dass das Verhältnis der beteiligten Personen allein durch die Anwendung des Vertragsrechts interessengerecht zu lösen ist (vgl nur ERMAN/ARMBRÜSTER Vor § 145 Rn 42), wohl aber, dass man dieses Ergebnis auch auf dem Boden der Rechtsgeschäftslehre erzielen kann.

98 HAUPT hat seine Bedenken vor allem am Bsp der Straßenbahnfahrt erläutert. Er hielt die Einigung vor dem Hintergrund, dass die Parteien gar keine Freiheit in der Entschließung hätten, für lebensfremd. Während der Fahrgast auf die Benutzung der Bahn angewiesen sei, müsse das Verkehrsunternehmen auf Grund seiner Monopolstellung leisten. Deshalb fehle es an jeglicher privatautonomer Entscheidung. Mit der Inanspruchnahme der Leistung entstehe deshalb ein Vertrag, zwar nicht auf der Grundlage rechtsgeschäftlicher Willensbindung, wohl aber durch ein soziales Verhalten, das die gleichen Rechtsfolgen rechtfertige (HAUPT, Über faktische Vertragsverhältnisse 22). LARENZ prägte daran anknüpfend den neuen Verpflichtungsgrund des **sozialtypischen Verhaltens** (LARENZ NJW 1956, 1897 f; ders DRiZ 1958, 245 ff). Im modernen Massenverkehr war auch nach seiner Auffassung die Grundlage vertragsrechtlicher Rechtsfolgen nicht in der Einigung zu finden, sondern im **öffentlichen Angebot** und der **tatsächlichen Inanspruchnahme**. Hierüber entschied nach seiner Auffassung die **Verkehrsanschauung** (LARENZ DRiZ 1958, 245, 247).

99 Diesen Gedanken hat die Rspr in Anlehnung an § 242 vorübergehend aufgegriffen (BGHZ 21, 319, 333; 23, 175, 177; LG Bremen NJW 1966, 2360), während heute die **einhellige Auffassung** in Rspr und Lit die Lehre vom faktischen Vertrag ablehnt (vgl BGH NJW 1983, 1777; FLUME, AT II § 8, 2; PALANDT/ELLENBERGER Einf v § 145 Rn 25; MEDICUS, AT Rn 248; ESSER/SCHMIDT, Schuldrecht I § 10 I 2; unter Aufgabe d früheren Auffassung LARENZ/WOLF, AT § 44 Rn 9; ROTH JuS-L 1991, 89). Das Schuldverhältnis kommt in den betreffenden Fällen regelmäßig durch **schlüssiges Verhalten** zustande (OLG Dresden NJOZ 2001, 874 f). Dabei ist die Bereitstellung der Einrichtung durch den Versorgungsträger in Verbindung mit den festgesetzten Tarifen als Angebot in Form einer sog „**Realofferte**" zu werten (OLG Dresden NJOZ 2001, 874 f). Die **Inanspruchnahme der Leistung** führt zum Vertragsschluss, sofern das entsprechende Verhalten nach seinem objektiven Erklärungswert als Annahme zu werten ist (BGH NJW 1991, 564; zT problematisch, vgl BGH NJW-RR 2005, 639 ff; OLG Hamm NJOZ 2004, 31 ff [Entnahme von Strom]). Ein solches Auslegungsergebnis scheitert etwa im Falle des Diebstahls oder der erschlichenen Flugreise (BGHZ 55, 128) mangels indizierender Sozialtypik. Die schlüssige Annahmeerklärung erfordert sämtliche **Wirksamkeitsvoraussetzungen** einer Willenserklärung, zB Geschäftsfähigkeit (MEDICUS, Verpflichtung aus sozialtypischem Verhalten und Minderjährigenschutz, NJW 1967, 354), das Fehlen von Willensmängeln etc. Die falsche Bewertung der Verbindlichkeit des eigenen Handelns ist in solchen Situationen als Subsumtionsirrtum jedoch generell unbeachtlich (CANARIS, Vertrauenshaftung 447).

Der Verzicht auf die Voraussetzungen vertraglicher Bindung war also verfehlt, weil sich auch anhand klassischer Auslegungskriterien interessengerechte Ergebnisse erzielen lassen (WIEACKER, Anm z Urt des BGH v 14. 7. 1956, JZ 1957, 61) und zentralen **gesetzgeberischen Wertungen**, wie dem Schutz des Minderjährigen, der Bedeutung von Willensmängeln sowie Gesetzes- und Sittenverstößen besser Rechnung getragen werden kann (LARENZ/WOLF, AT § 44 Rn 9 ff). **100**

Nach mittlerweile ständiger Rspr kommt ein wirksamer Vertrag selbst dann zustande, wenn die angebotene Leistung unter **Widerspruch** gegen den Erklärungsinhalt der Inanspruchnahme angenommen wird (RGZ 111, 312; BGHZ 21, 319, 333; 95, 393, 399 mwNw). Dies bedarf keiner näheren Begründung, so weit der Widerspruch der Inanspruchnahme zeitlich nachfolgt, da in diesem Fall der Vertragsschluss bereits vorliegt. Der nicht geäußerte Vorbehalt ist ohnehin gem § 116 unbeachtlich. **101**

Aber auch der (ausdrückliche) Widerspruch gleichzeitig mit oder zeitlich vor der Inanspruchnahme der Leistung ist unbeachtlich. Teilweise wird dies mit der Lehre von der **„protestatio facto contraria"** begründet: Entsprechend dem aus § 242 abgeleiteten Verbot widersprüchlichen Verhaltens soll die tatsächliche Inanspruchnahme der Leistung schwerer wiegen als der hierbei erklärte Protest (BGHZ 95, 393, 399; vgl z venire contra factum proprium STAUDINGER/LOOSCHELDERS/OLZEN § 242 Rn 286 ff; ferner STAUDINGER/DILCHER¹² Vorbem 13 aE z § 116, § 104 Rn 29). **102**

Dieser Begründungsansatz wird jedoch von manchen Autoren in den Fällen für verfehlt gehalten, in denen die protestierende Person glaubt, dies zu Recht zu tun, da dann kein treuwidriges Verhalten festgestellt werden könne (MEDICUS, AT Rn 249; ROTH JuS-L 1991, 90). Stattdessen erfolgt ein Verweis auf den Rechtsgedanken der §§ 612 Abs 1, 632 Abs 1 (MEDICUS, AT Rn 250). Aber auch eine solche Analogie ist methodisch zweifelhaft. Denn § 612 fingiert eine Vergütungsvereinbarung nur für den Fall eines wirksamen Dienstvertrages (KÖHLER, Kritik der Regel protestatio facto contraria, JZ 1981, 464, 467 Fn 39), der aber gerade nicht zustande kommt, wenn eine Partei ausdrücklich erklärt, die Leistung nur unentgeltlich in Anspruch nehmen zu wollen. Die Norm enthält hingegen keine Vertragsfiktion. Andernfalls wären in derartigen Fällen tarifliche Formvorschriften oder sonstige Schutzvorschriften bedeutungslos (WALKER, Der Vollzug des Arbeitsverhältnisses ohne wirksamen Arbeitsvertrag, JA 1985, 138, 147). **103**

Es bleibt deshalb beim Rückgriff auf § 242 und der Protest ist bei Inanspruchnahme der Leistung der Fallgruppe des **venire contra factum proprium** zuzuordnen.

b) Fehlerhafte Dauerschuldverhältnisse
aa) Allgemeines
Fehlerhafte Dauerschuldverhältnisse unterscheiden sich von den anderen faktischen Verträgen dadurch, dass nach dem äußeren Erscheinungsbild zwar alle Merkmale des Vertragsschlusses gegeben sind – insbesondere was den Austausch von Willens- **104**

erklärungen angeht –, der Vertrag jedoch wegen geltend gemachter Willensmängel, Gesetzes- oder Sittenverstoß bzw aus sonstigen Gründen nicht wirksam ist. Kondiktionsrechtliche Abwicklungen gem § 812 Abs 1 S 1 haben sich in diesem Bereich als nicht interessengerecht und wenig praktikabel erwiesen (BGHZ 55, 5, 8; Soergel/Wolf Vor § 145 Rn 106), da ein Dauerschuldverhältnis fortwährend neue Rechte und Pflichten erzeugt, die rückwirkend nicht mehr zu beseitigen sind. Dies hat dazu geführt, dass man den **Anfechtungs-** und **Nichtigkeitsgründen** nach Austausch der Leistungen lediglich **ex nunc-Wirkungen** beimisst (Erman/Armbrüster Vor § 145 Rn 41). Für eine Reihe von Dauerschuldverhältnissen ist dies mittlerweile anerkannt (Lehmann NJW 1958, 1, 3; Erman/Armbrüster Vor § 145 Rn 41; Soergel/Wolf Vor § 145 Rn 102). Im Gegensatz zur Rspr, die in diesem Zusammenhang noch von faktischen Verträgen spricht (BGH NJW 1998, 3567), werden von Stimmen in der Lit ein eigenständiger schuldrechtlicher Verpflichtungsgrund sowie ein entsprechender Terminus vielfach nicht für erforderlich gehalten, da sich die entsprechenden Ergebnisse auch aus einer **teleologischen Reduktion** der Nichtigkeitsfolgen auf eine Wirkung allein für die Zukunft herleiten lassen (MünchKomm/Kramer Einl zu §§ 241 ff Rn 73). Für das Verhältnis zu Dritten ergibt sich die Rechtfertigung hierfür aus dem Gedanken der **Rechtsscheinhaftung** (MünchKomm/Kramer Einl zu §§ 241 ff Rn 73), im Verhältnis der an dem Dauerschuldverhältnis Beteiligten aus deren **Treuebindung** untereinander, die es verbietet, sich auf die Unwirksamkeit des als wirksam behandelten Dauerschuldverhältnisses zu berufen. Jedenfalls ist der Terminus „faktischer Vertrag" in diesen Fällen missverständlich.

105 Ob ein fehlerhaftes Dauerschuldverhältnis mit der Konsequenz vorliegt, dass seine Unwirksamkeit nur mit Wirkung für die Zukunft geltend gemacht werden kann, hängt von seiner Art ab. Man muss im Einzelfall klären, ob die Bestandsschutzinteressen der Vertragsparteien oder Verkehrsschutzgesichtspunkte eine solche Bewertung rechtfertigen. So scheidet die Aufrechterhaltung fehlerhafter Dauerschuldverhältnisse für die Vergangenheit nach höchstrichterlicher Rspr aus, wenn gewichtige **Interessen der Allgemeinheit** oder einzelner **schutzwürdiger Personen** entgegenstehen. Dies ist regelmäßig der Fall bei einem Verstoß gegen ein **Verbotsgesetz** oder die **guten Sitten** (BGHZ 3, 285, 288; 17, 160, 167; 26, 330, 334; 55, 5, 9; 62, 234, 241; 97, 243, 250; BAG JZ 1976, 688; Medicus, AT Rn 255 mwNw).

bb) Gesellschaftsverhältnisse

106 Im Bereich des Gesellschaftsrechts ist anerkannt, dass es mit dem Sinn und Zweck der Anfechtungs- und Nichtigkeitsvorschriften nicht vereinbar wäre, wenn ein **in Vollzug** gesetztes Gesellschaftsverhältnis, das die beteiligten Gesellschafter auf Grund ihrer Einigung als **wirksam betrachtet** haben, auf Grund der Nichtigkeit oder Anfechtbarkeit des zugrunde liegenden Gesellschaftsvertrags rückwirkend aufgelöst werden würde (BGHZ 55, 5, 8; BGH WM 1972, 1056; Medicus, AT Rn 253 mwNw; Larenz/Wolf, AT § 36 Rn 100, § 44 Rn 39; vgl dazu auch Einl 227 zum SchuldR). Stattdessen erfolgt auch hier lediglich eine **Auflösung für die Zukunft**. Für das Recht der **Kapitalgesellschaften** ergibt sich dies bereits aus dem Gesetz, und zwar für das Aktienrecht aus §§ 275 ff AktG iVm § 144 Abs 1 FGG, für das Recht der GmbH aus §§ 75 ff GmbHG und für die Genossenschaft aus §§ 94 ff GenG. Im Hinblick auf das Recht der **Personengesellschaften** fehlen entsprechende Regelungen. Dennoch vertrat schon das RG die Auffassung, dass eine Rückabwicklung nur ex nunc erfolgen könne. Zunächst wurde dies im Interesse des Verkehrsschutzes nur für das

Verhältnis zu Dritten (RGZ 142, 98, 104; nunmehr einhellige Auffassung in Rspr und Lehre; anders noch RGZ 127, 186, 191), später auch für das Innenverhältnis der Gesellschafter angenommen (RGZ 165, 193, 201; dagegen RÖDIG, Bereicherung ohne Rechtfertigung durch Gesellschaftsvertrag [1972] 54 f). Bei der OHG und der KG erfolgt die Beendigung im Wege der Auflösungsklage nach § 133 HGB, bei der GbR durch Kündigung gem § 723 (BGHZ 55, 5, 8). Diese Grundsätze gelten auch für den **fehlerhaften Beitritt** zu einer Gesellschaft (RGZ 142, 98, 105; BGH NJW 1992, 1501; einschränkend HONSELL/HARRER, Die Haftung für Altschulden nach §§ 28, 130 HGB bei arglistiger Täuschung, ZIP 1983, 259, 260).

Dies gilt auch dann, wenn es sich nur um den Beitritt eines atypischen stillen Gesellschafters handelt (OLG Frankfurt NJW-RR 2004, 36). Der Bestandsschutz der Gesellschaftsverhältnisse spielt zwar bei der stillen Gesellschaft eine untergeordnete Rolle, aber dennoch rechtfertigt es die tatsächliche und gewollte Leistungsgemeinschaft der Beteiligten (BGHZ 55, 5 f), die Wirkungen einer Auflösung nur für die Zukunft eintreten zu lassen (z Anwendbarkeit der Grundsätze der fehlerhaften Gesellschaft auf die stille Gesellschaft BGH NJW 2005, 1784; WERTENBRUCH, Rückabwicklung einer Kapitalanlage in Form einer stillen Gesellschaft – Urteilskomplex „Göttinger Gruppe", NJW 2005, 2823, 2823 f), weil nur auf diese Weise eine sachgerechte Abwicklung ermöglicht wird (OLG Dresden BB 2002, 1776, 1777).

Der Ausschluss der kondiktionsrechtlichen Rückabwicklung erfolgt dabei unter der Voraussetzung, dass zumindest eine **Einigung** der Gesellschafter **im natürlichen Sinne** vorliegt. Eine rein tatsächliche Gemeinschaft reicht demgegenüber nicht aus (BGHZ 11, 190 f). Auf Grundlage dieser Einigung muss das Gesellschaftsverhältnis tatsächlich **in Vollzug gesetzt** worden sein, da nur in diesem Fall Tatsachen geschaffen werden, die eine Rückabwicklung mit Wirkung für die Vergangenheit als verfehlt erscheinen lassen (BGH NJW 1992, 1501, 1502; OLG Frankfurt NJW-RR 1994, 1321, 1323). Schließlich darf der **Zweck** der die Unwirksamkeit auslösenden Norm der faktischen Wirksamkeit des Gesellschaftsverhältnisses nicht entgegenstehen (BGHZ 3, 285, 288; vgl zu den Voraussetzungen MünchKomm/KRAMER Einl zu §§ 241 ff Rn 71).

cc) **Arbeitsverhältnisse/Dienstverträge**
Vollzogene Arbeitsverträge können ebenfalls lediglich mit Wirkung für die **Zukunft** aufgehoben werden (hM; BAG 5, 58, 59; SCHAUB, Arbeitsrechtshandbuch § 36 Rn 47 ff; PALANDT/WEIDENKAFF § 611 Rn 22; LARENZ/WOLF, AT § 36 Rn 103; ausf STAUDINGER/RICHARDI [1999] § 611 Rn 182 ff; ferner STAUDINGER/LORENZ [1999] § 812 Rn 90; vgl Einl 224 zum SchuldR). Zwar spielt das Vertrauen Dritter im Arbeitsrecht keine Rolle; die Geltung der sozialen Schutzbestimmungen zu Gunsten von Arbeitnehmern knüpft jedoch an das tatsächliche Vorliegen eines Arbeitsverhältnisses und nicht an dessen rechtliche Wirksamkeit an (ERMAN/ARMBRÜSTER Vor § 145 Rn 41). Außerdem ist die Arbeitsleistung als Vermögenswert dem Arbeitgeber nach ihrer Erbringung auch dann zugeflossen, wenn der Arbeitsvertrag unwirksam war, so dass dem Arbeitnehmer die Gegenleistung nicht verwehrt werden darf. Teilweise wird versucht, über den Gedanken des § 612 die Wirksamkeit von Arbeitsverträgen trotz fehlerhaften Vertragsschlusses zu fingieren (HANAU, Objektive Elemente im Tatbestand der Willenserklärung, AcP 165 [1965] 220, 225). Eine solche Fiktion beruht aber deshalb auf einem Zirkelschluss, da § 612 einen wirksamen Vertrag voraussetzt (s o Rn 103). Allerdings findet

die Behandlung eines nichtigen Arbeitsvertrages auch Grenzen, zB bei schweren Gesetzesverstößen (einheitlich bei SCHAUB, Arbeitsrechtshandbuch § 36 Rn 52).

108 Unwirksame **Dienstverträge** werden grds **bereicherungsrechtlich** rückabgewickelt. Es besteht für sie kein mit dem Arbeitsverhältnis vergleichbares Schutzsystem, das eine Relativierung der Anfechtungs- bzw Nichtigkeitsfolgen rechtfertigen würde (BGHZ 41, 282, 288). Die Rspr lässt davon allerdings teilweise bei den **freien Dienstverträgen** Ausnahmen zu. Dies wird damit begründet, dass der im Bereicherungsrecht zu leistende Wertersatz der Interessenlage dann nicht entspricht, wenn das Entgelt weniger nach Arbeitszeit und Leistung als vielmehr nach Verantwortung und Aufgabenbereich bemessen wird (BGHZ 41, 282, 288 [Vorstandsmitglied]; BGH NJW 2000, 2983 [Geschäftsführer]).

dd) Wohnungseigentümergemeinschaft
109 Nach überwiegender Auffassung gelten die Grundsätze faktischer Vertragsverhältnisse auch für die **Wohnungseigentümergemeinschaft**, wenn die Rechtsstellung des angehenden Wohnungserwerbers der eines Eigentümers bereits angenähert ist, was bei Überlassung der Sache regelmäßig angenommen wird (AG Greifswald NJW-RR 2001, 591; SOERGEL/STÜRNER § 10 WEG Rn 2).

ee) Miet- und Pachtverhältnisse
110 HAUPT wendete die von ihm entwickelten Grundsätze auch auf rechtlich fehlerhafte, aber **vollzogene Mietverhältnisse** an (HAUPT, Über faktische Vertragsverhältnisse 15 f). Er begründete seine Ansicht mit dem Gedanken des § 568 aF (heute § 545), wonach ein Mietverhältnis nach Ablauf der Mietzeit uU stillschweigend verlängert wird. Vereinzelt findet der Ansatz auch heute noch Zuspruch (LARENZ/WOLF, AT § 44 Rn 11 f). Die Rspr hält eine Relativierung der Anfechtungs- bzw Nichtigkeitsfolgen in diesem Bereich hingegen nicht für angezeigt, weil Mietverhältnissen kein den Gesellschafts- und Arbeitsverhältnissen vergleichbarer sozialer Einschlag anhafte (KG MDR 1967, 404; LG Bamberg WuM 1972, 119). Sie hat darüber hinaus ausdrücklich klargestellt, dass Mietverträge nicht zu den Vertragstypen gehören, die durch schlüssiges sozialtypisches Verhalten begründet werden können (BGH NJW 1980, 1577; LG Duisburg NJW-RR 1997, 712).

Der Gesetzgeber hat das Problem bei der Novellierung des Mietrechts durch das Gesetz zur Neugliederung, Vereinfachung und Reform des Mietrechts v 19. 6. 2001 (BGBl I 1149) gekannt und keine von der derzeitigen Praxis abweichende Regelung für erforderlich gehalten. Damit bleibt es für den Mietvertrag bei den allgemeinen Anfechtungs- und Nichtigkeitsfolgen.

c) Faktische Vertragsverhältnisse kraft sozialen Kontakts
111 Bei der dritten Fallgruppe handelt es sich um eine **Vorverlegung** vertraglicher Haftung in den Fällen, in denen die Beteiligten **geschäftlichen Kontakt** aufgenommen haben. HAUPT wies darauf hin, dass der Besucher eines Kaufhauses für den Geschäftsinhaber nicht irgendein Dritter sei, zu dem rechtliche Beziehungen über § 823 erst durch einen Schadensfall entstünden (HAUPT, Über faktische Vertragsverhältnisse 11). Der soziale Kontakt sollte deshalb auch ohne Vertragsverhandlungen die gesteigerten vertraglichen Rücksichtspflichten auslösen (ESSER, Gedanken zur Dogmatik der „faktischen Schuldverhältnisse", AcP 157 [1958/59] 86, 89; vgl auch dazu bereits o Rn 98).

Derartige Fallgruppen wurden vielfach über das Institut des vorvertraglichen Verschuldens gelöst (Larenz NJW 1956, 1895; Lehmann NJW 1958, 2). Haupt vertrat demgegenüber die Ansicht, dass vertragliche Rechtsfolgen nicht dadurch angenommen werden könnten, dass man einen Vertragstatbestand „erdichte"; lebensnaher sei es, den gesteigerten Haftungsumfang über den zwischen den Parteien bestehenden sozialen Kontakt zu erklären (Haupt, Über faktische Vertragsverhältnisse 11). Mit der Neufassung des § 311 Abs 2 hat der Gesetzgeber dem Meinungsstreit (zT) die Grundlage entzogen (s o Rn 378 ff z Rücksichtspflichten sowie Staudinger/Löwisch [2005] § 311). Einigkeit besteht darüber, dass die Rechtsfigur des faktischen Vertrages weder die Entstehung von Leistungs- noch von Rücksichtspflichten zufrieden stellend erklären kann. Sie ist insbesondere wegen der Weiterentwicklung der Rechtsgeschäftslehre einerseits, durch das Schuldrechtsmodernisierungsgesetz überholt.

G. Wirkungen des Schuldverhältnisses: Entstehung von Forderungen

I. Begriff der Forderung und Abgrenzungen

Abs 1 S 1 nennt als **Wirkung** des Schuldverhältnisses die Berechtigung des Gläubigers, „von dem Schuldner eine Leistung zu fordern". Diese Beschreibung des **Schuldverhältnisses ieS** (z Unterscheidung v Schuldverhältnissen ieS u iwS s o Rn 36 ff) passt zugleich aber auch auf die **Forderung** (Staudinger/J Schmidt[12] Einl 114 zu §§ 241 ff; Ennecerus/Lehmann, Schuldrecht § 1 III; Gernhuber, Schuldverhältnis § 2 I 1 b). Je nach Perspektive lassen sich noch weitere Bezeichnungen für das Schuldverhältnis ieS finden: Aus der Sicht des Schuldners sind dies **„Schuld"**, **„Verpflichtung"** oder **„Verbindlichkeit"**, während die Bezeichnung als **„Forderung"** aus Gläubigersicht erfolgt. Den jeweiligen Betrachtungen aus der Perspektive der Beteiligten gegenüber ist der allgemeine Begriff des „Schuldverhältnisses" (z Entwicklung vgl Rn 3 ff) durch eine gewisse Neutralität gekennzeichnet, die letztlich für seine Auswahl als Zentralbegriff des Schuldrechts ausschlaggebend war (Schubert, Vorlagen der Redaktoren, Recht der Schuldverhältnisse: Teil 1, 3, Fn 1; s auch dort z Diskussion alternativer Bezeichnungen; vgl ebenfalls Wagner, Anm z Urt des BGH v 5. 11. 1998, JuS 1999, 505, 508 [Fn 48]; Gernhuber, Schuldverhältnis § 2 I 1). Allerdings birgt diese Neutralität die Gefahr, die Forderung zu vergegenständlichen, sie also als etwas von Gläubiger und/oder Schuldner Unabhängiges zu begreifen (z ius ad rem s o Rn 19 ff). Dennoch gehören beide Parteien (§§ 398 ff bzw §§ 414 ff) notwendig zu ihrem Bestand: Eine Forderung ohne Gläubiger oder Schuldner gibt es nicht (z den Konsequenzen einer Vergegenständlichung s Gernhuber, Schuldverhältnis § 3 I 3 b/c).

Fraglich bleibt, wie sich der Begriff des **„Anspruchs"** iSd § 194 Abs 1 zu dem der Forderung verhält. Grundsätzlich meint eine Forderung den **schuldrechtlichen Anspruch**, von einem anderen ein Tun oder Unterlassen verlangen zu können. Die Forderung ist so gesehen der **Anspruch des Schuldrechts** (wie hier Gernhuber, Schuldverhältnis § 3 I 5; Esser/Schmidt, Schuldrecht I § 5 I 2; Oertmann Vorbem 3 c; **aA** Blomeyer, Allgemeines Schuldrecht § 1 I 2). In Ermangelung eines kodifizierten allgemeinen Anspruchsrechts – die §§ 194 ff betreffen nur seine Verjährung – wird das Recht der Forderungen jedoch weit über diesen eigentlichen Anwendungsbereich hinaus ausgedehnt, zB auch auf **dingliche Ansprüche** (s Einl 12 ff zum SchuldR; allg z Schuldrecht in anderen Büchern des BGB Einl 10 ff zum SchuldR; z Abgrenzung v obligatorischen u dinglichen

Ansprüchen vgl mwNw schon OERTMANN Vorbem 3c β sowie Rn 299 ff), so dass eine klare Grenzziehung nicht stattfindet, sondern die Begriffe wie Synonyme verwendet werden.

114 Ein Schuldverhältnis ieS kann ebenso wie das Schuldverhältnis iwS mehrere **Einzelbefugnisse** enthalten („Bündel-" oder „Komplextheorie"; J SCHMIDT, Aktionsberechtigung und Vermögensberechtigung [1969] 4. 1). Solche Begründungsansätze finden sich auch in der ökonomischen Analyse des Rechts (vgl SCHÄFER/OTT, Lehrbuch der ökonomischen Analyse des Zivilrechts [1986] 68 ff; STAUDINGER/J SCHMIDT[12] Einl 120 f zu §§ 241 ff mwNw). Dieses Verständnis bestimmter Rechtsinstitute als Bündel von Einzelbefugnissen ist dem Sachenrecht ebenfalls nicht fremd, insbesondere beim Eigentum gem § 903. Allerdings lässt sich keine Aussage darüber treffen, wie viele oder welche dieser Einzelbefugnisse vorliegen müssen, damit man von einem Schuldverhältnis sprechen kann. Auch die „Bündel-" oder „Komplextheorie" erlaubt daher keine eigene Definition der Forderung, sondern erleichtert uU nur die Analyse (Einzelheiten bei STAUDINGER/J SCHMIDT[12] Einl 118 ff zu §§ 241 ff).

II. Forderungskollisionen

115 Es kann vorkommen, dass schuldrechtliche Ansprüche miteinander kollidieren. Eine derartige **Forderungskollision** liegt vor, wenn die Erfüllung der einen Forderung die Befriedigung der anderen ganz oder teilweise verhindert (DE BOOR, Die Kollision von Forderungsrechten 12), zB beim Doppelverkauf einer Sache. Damit treten nicht nur die Interessen der betroffenen Gläubiger in Widerstreit, sondern auch die Forderungen als solche (**aA** Mot I 276 ff = MUGDAN I 505 f; wie hier schon DE BOOR, Die Kollision von Forderungsrechten 9 ff sowie GERNHUBER, Schuldverhältnis § 3 V 1). Die Erfüllung der einen Forderung hat unmittelbare Konsequenzen für die andere, die dadurch erlischt (vgl § 275 Abs 1 für Fälle der Unmöglichkeit) oder in eine Sekundärabwicklung übergeht. Demzufolge handelt es sich nicht um Forderungskollisionen, wenn die Forderungen zwar inhaltsgleich sind, aber alle Gläubiger durch pflichtgemäßes Verhalten des Schuldners gleichzeitig und vollständig befriedigt werden können, zB wenn sich der Schuldner mehreren Gläubigern gegenüber zu einem Unterlassen verpflichtet hat.

116 Wenn und so weit die Forderungskollision nicht durch besondere Normen geregelt wird, gilt der sog **„Präventionsgrundsatz"** (DE BOOR, Die Kollision von Forderungsrechten; GERNHUBER, Schuldverhältnis § 3 V 2; RGZ 166, 134, 142 f; FIKENTSCHER/HEINEMANN, Schuldrecht Rn 31: „Grundsatz der Priorität"), nach dem der schnellere Gläubiger dem langsameren vorgeht (vgl Mot I 276: „Der Wettbewerb um die Erfüllung steht frei, und kein Berechtigter braucht dabei auf den anderen Rücksicht zu nehmen." = MUGDAN I 506). Hierbei hat die Willensentscheidung des Schuldners, wessen Forderung er erfüllt, erhebliche Bedeutung. Sie orientiert sich zumeist an Motiven, die dem konkreten Rechtsverhältnis ursprünglich fern lagen, zB an dem Wunsch, die höchste Schadensersatzverpflichtung zu vermeiden oder aber in den Genuss einer bestimmten Gegenleistung zu kommen. Die anderen Gläubiger können sich nur im Wege einstweiligen Rechtsschutzes gem §§ 935 ff ZPO oder durch Zwangsvollstreckung davor schützen (z Frage der Zulässigkeit einstweiligen Rechtsschutzes im Fall des Doppelverkaufs einer Sache vgl PODEHL, Einstweiliger Rechtsschutz bei Doppelverkäufen, BB 2006, 2484 ff).

Der Präventionsgrundsatz wird allerdings durch verschiedene, bedeutsame Ausnah- **117** men durchbrochen. Er gilt zunächst dann nicht, wenn bestimmten Forderungen materiell-rechtlich ein **Vorrang** eingeräumt wird. Ein Bsp dafür bildet die Rangfolge der **Unterhaltsansprüche** gem § 1609. Erwähnenswert sind ferner die „**Quotenvorrechte**" gem § Abs 1 S 2 VVG; § 426 Abs 2 S 2, § 774 Abs 1 S 2.

Weiterhin schreibt das Gesetz an verschiedenen Stellen eine **verhältnismäßige** Be- **118** friedigung von Gläubigern konkurrierender Forderungen vor, zB in der InsO. Doch auch andernorts hat der Gesetzgeber vergleichbare Mechanismen vorgesehen: So statuiert § 1603 Abs 2 S 1 die Gleichrangigkeit der **Unterhaltsansprüche** mehrerer **minderjähriger unverheirateter Kinder** gegen ihre Eltern mit deren Verpflichtung, die zur Verfügung stehenden Mittel gleichmäßig zur Erfüllung dieser Ansprüche zu verwenden. Bei mehrfacher gleichzeitiger Handlungsvornahme im Rahmen der **Auslobung** wird die Belohnung ebenfalls gleichmäßig auf alle Handelnden verteilt, § 659 Abs 2 S 1. Die **haftungsrechtlichen Vorschriften** der §§ 37 Abs 3 LuftVG; 12 Abs 2 StVG, 10 Abs 2 HPflG beschränken gleichmäßig und anteilig die Ansprüche der Geschädigten, wenn die Summe der Haftungssumme den jeweils vorgesehenen Haftungshöchstbetrag überschreitet. Die Rspr hat im Zusammenhang mit der sog „**beschränkten Gattungsschuld**" oder „**Vorratsschuld**" den Grundsatz entwickelt, dass der Schuldner bei teilweisem Untergang seines Vorrates berechtigt sein soll, die Forderungen seiner Gläubiger anteilig zu kürzen (RGZ 84, 125; aA WOLF, Anleitung zum Lösen zivilrechtlicher Fälle, JuS 1962, 103; Einzelheiten bei MünchKomm/EMMERICH § 243 Rn 11 ff mwNw; näher dazu STAUDINGER/LOOSCHELDERS/OLZEN § 242 Rn 574).

Der Präventionsgrundsatz wird ebenfalls in solchen Fällen verdrängt, in denen ein **119** Gläubiger die Leistungen des Schuldners durch eine **Beteiligung** an dessen **Vertragsbruch** erlangt hat, zB beim Doppelverkauf (z Vertragsbruch vgl Rn 318 sowie MünchKomm/KRAMER Einl zu §§ 241 ff Rn 22 f). Fraglich ist in dieser Konstellation, ob der Erstkäufer bei Vorliegen der Voraussetzungen gem § 826; § 3 UWG nach dem Grundsatz der Naturalrestitution (§ 249) einen unmittelbaren Herausgabeanspruch gegen den Zweitkäufer hat (vgl RGZ 108, 59, 60) oder dieser den Kaufgegenstand erst an den Verkäufer zurückgeben und Letzterer ihn dann an den Erstkäufer herausgeben muss (so DUBISCHAR, Doppelverkauf und „ius ad rem", JuS 1970, 8 f; MünchKomm/KRAMER Einl zu §§ 241 ff Rn 22).

III. Abgrenzung der Forderung: unvollkommene Verbindlichkeiten und Obliegenheiten*

1. Allgemeines zu Obliegenheiten

Da bereits in der Einleitung (vgl Einl 244 ff zum SchuldR) ein Überblick über die **nicht** **120** **perfekten Verbindlichkeiten** gegeben wurde, soll hier die Forderung nur noch von der **Obliegenheit** abgegrenzt werden. Unter Obliegenheiten versteht man alle nor-

---

* **Schrifttum**: AHRENS, Zum Wesen der Obliegenheiten im Versicherungsrecht (Diss Münster 1940); BALLERSTEDT, Bespr v REIMER SCHMIDT „Die Obliegenheiten", ZHR 121 (1958) 79 ff; BAUER, Die Rechtsprechung zu den Allgemeinen Bedingungen für die Rechtsschutzversicherung (ARB) im Jahre 1980, AnwBl 1981, 472 ff; DALLMEYER, Die Zulässigkeit von Risikobeschränkungen im Hinblick auf Paragraphen 15a, 34a VVG (Diss Augsburg 1977);

mativen Anordnungen, die einer Partei auferlegt werden, **ohne** dass ihnen eine **verbindliche Wirkung** zukommt (FIKENTSCHER/HEINEMANN, Schuldrecht Rn 70; MünchKomm/ KRAMER Einl zu §§ 241 ff Rn 50 spricht von „Pflichten geringerer Intensität"; in der älteren Lit wurden Obliegenheiten als „indirekte Verpflichtung" bezeichnet, vgl PLANCK/SIBER Vorbem III C 3 b; OERTMANN Vorbem 3 d [7] mwNw). Bsp für Obliegenheiten finden sich in vielen gesetzlichen Vorschriften. Hierunter fallen etwa: **Anzeigen** nach §§ 19 ff VVG; **„ohne schuldhaftes Zögern"** iSv § 121 Abs 1 S 1; **Anzeige** gem § 149; **Schadensfernhaltung** gem § 254 Abs 1; **Schadensabwendung** oder -minderung gem § 254 Abs 2 (z § 254 ausf STAUDINGER/SCHIEMANN [2005] § 254 Rn 74 ff; SOERGEL/MERTENS § 254 Rn 4; LOOSCHELDERS, Mitverantwortlichkeit 216 ff); **Annahme** der Leistung durch den Gläubiger gem §§ 293 ff; **Antwort** gem § 362 HGB; **Aufnahme** einer angemessenen Erwerbstätigkeit gem § 1574; **Inventarerrichtung** durch die Erben gem §§ 1993 ff; **Mitteilungen**, Aufklärung und Erklärungen, die nicht als solche eingeklagt werden können; gehörige **Mitwirkung** des Gläubigers bei der Erfüllung; **Untersuchung** und **Rüge** gem § 377 HGB (vgl dazu BVerwG NVwZ-RR 1990, 661; weitere Bspl bei LOOSCHELDERS, Mitverantwortlichkeit 217 ff) usw.

121 Im Gegensatz zum **Versicherungsvertragsrecht** (bspw §§ 28, 58, 82 VVG; vgl LOOSCHELDERS, Mitverantwortlichkeit 217 ff) ist dem BGB der Begriff der Obliegenheit an sich fremd. Dem entspricht, dass sein Hauptanwendungsbereich im Versicherungsrecht liegt (s auch R SCHMIDT, Die Obliegenheiten 198 ff sowie WANDT, Versicherungsrecht [4. Aufl 2009] Rn 531 ff; z Abgrenzung vom „versicherten Risiko" BGH NJW 1995, 784 f). Dort normiert zB § 28 VVG die Verletzung von Obliegenheiten in Form von Anzeigen, Mitteilungen und Auskünften (vgl z § 6 VVG aF, der dem heutigen § 28 VVG entspricht: BGHZ 1, 168; 24, 382; BGH VersR 1959, 233; ESSER/SCHMIDT, Schuldrecht I § 6 VI 3; LOOSCHELDERS, Mitverantwortlichkeit 198 f). Der Begriff der Obliegenheit fand jedoch zunehmend

ESSER, Bespr v REIMER SCHMIDT „Die Obliegenheiten", AcP 154 (1955) 49 ff; HENSS, Obliegenheit und Pflicht im Bürgerlichen Recht (Diss Frankfurt aM 1988); KLEUSER, Die Fehleroffenbarungspflicht des Arztes unter besonderer Berücksichtigung der versicherungsrechtlichen Obliegenheiten nach einem Behandlungszwischenfall (Diss Köln 1995); LIEBELT-WESTPHAL, Schadenverhütung und Versicherungsvertragsrecht (Diss Hamburg 1997); LOOSCHELDERS, Die Mitverantwortlichkeit des Geschädigten im Privatrecht (Habil Mannheim 1999); ders, Die Haftung des Versicherungsnehmers für seinen Repräsentanten – eine gelungene Rechtsfortbildung?, VersR 1999, 666; MESMANN, Zur Problematik der Obliegenheiten insbesondere in kranken Haftpflichtversicherungsverhältnissen (Diss Köln 1974); NELLE, Neuverhandlungspflichten zur Vertragsanpassung und Vertragsergänzung als Gegenstand von Pflichten und Obliegenheiten (Diss München 1993); RECH, Die Reflexwirkung des § 142 StGB zu Gunsten des Kraftfahrthaftpflicht- und Kaskoversicherers, NVersZ 1999, 156 ff; R SCHMIDT, Die Obliegenheiten (Diss Karlsruhe 1953); ders, Gedanken zu einer Reform des Versicherungsvertragsgesetzes, NVersZ 1999, 401 ff; SCHUERMANN, Die Anwendbarkeit des Paragraphen 278 BGB im Rahmen von Obliegenheiten und des Paragraphen 61 VVG (Diss Köln 1972); STAUDINGER/WEBER[11] Einl zu § 241 mit ausf Nw z älteren Lit; TRÖLSCH, Die Obliegenheiten in der Seeversicherung (Diss Hamburg 1997); WEGMANN, Obliegenheiten in der privaten Krankenversicherung (Diss Hamburg 1997); WESSELS, Summierung von Leistungsfreiheitsbeträgen bei Verletzung von vor und nach Eintritt des Versicherungsfalles zu erfüllenden Obliegenheiten in der Kraftfahrversicherung, NVersZ 2000, 262 ff; WIELING, Venire contra factum proprium und Verschulden gegen sich selbst, AcP 176 (1976) 334, 345 ff.

auch seinen Platz in der allgemeinen Rechtslehre, insbesondere auf Grund der Ausführungen von R Schmidt (Die Obliegenheiten), so dass man sie heute als Bestandteil des gesamten bürgerlichrechtlichen Rechtssystem ansehen kann, wenngleich der Nutzen der Begriffsbildung auch bezweifelt wird (Gernhuber, Schuldverhältnis § 2 III 1 Fn 29; Staudinger/J Schmidt [1995] Einl 286 zu §§ 241 ff).

Um die verbindlichen und unverbindlichen Rechtsbeziehungen der genannten Art, **122** also Verpflichtungen und Obliegenheiten, unterscheiden zu können, ist als Vorfrage zu klären, ob Obliegenheiten nur im Rahmen bestehender **Schuldverhältnisse** denkbar sind. Denn dann wären sowohl die **Gefälligkeiten** (s o Rn 71 ff) als auch die **deliktischen Haftungsregeln** von dem Abgrenzungsproblem nicht betroffen (für das Erfordernis eines Schuldverhältnisses Soergel/Teichmann Vor § 241 Rn 7; Soergel/R Schmidt[10] Vor § 241 Rn 8 mwNw; Esser/Schmidt, Schuldrecht I § 6 VI 2; Henss, Obliegenheit 106 f; Dunz, „Eigenes Mitverschulden" und Selbstwiderspruch, NJW 1986, 2234, 2235; wNw Looschelders, Mitverantwortlichkeit 197). Die Befürworter dieser Betrachtungsweise verweisen einerseits auf die Nähe der Obliegenheit zu den **vertraglichen Nebenpflichten** (Henss, Obliegenheit 108 ff), andererseits auf die **Funktion der Obliegenheiten**, Risikosphären zwischen konkret Betroffenen gegeneinander abzugrenzen (Esser/Schmidt, Schuldrecht I § 6 VI 3). Dafür spricht auch, dass die eingangs genannten (gesetzlich normierten) Obliegenheiten sämtlich im Rahmen einer schuldrechtlichen Sonderverbindung bestehen (Looschelders, Mitverantwortlichkeit 197). Dennoch erscheint der Verzicht auf dieses Erfordernis deshalb überzeugend, weil die Funktionen von Pflichten und Obliegenheiten innerhalb und außerhalb von Schuldverhältnissen gleich sind. Sonderverbindungen begründen eine latente Verpflichtung, die Rechtsgüter eines anderen nicht zu gefährden. Obliegenheiten verlangen vom Betroffenen in beiden Fällen in gleicher Weise, seine Rechtsgüter zu schützen, wenn er keine Nachteile erleiden will. Dieser **Funktionsgleichheit** widerspräche die Anforderung, Obliegenheiten nur in bestehenden Schuldverhältnissen anzuerkennen (Looschelders, Mitverantwortlichkeit 222).

Bei allen Zweifelsfragen unterscheiden sich Obliegenheiten und schuldrechtliche **123** Verpflichtungen dadurch, dass die **Erfüllung** von Obliegenheiten **nicht gerichtlich erzwingbar** ist. Folglich zählen Obliegenheiten auch im Rahmen bestehender Verträge nicht zum Leistungsinhalt (Fikentscher/Heinemann, Schuldrecht Rn 70). Während die Verletzung einer schuldrechtlichen Verpflichtung dem Betreffenden einen Ausgleichsanspruch gewährt, entsteht ein solcher bei Verletzung einer Obliegenheit nicht, sondern der Verletzer **mindert nur seine eigenen Rechte**, verliert also letztlich eine günstige Rechtsposition (Esser/Schmidt, Schuldrecht I § 6 VI 2 [113] zahlreiche Nw bei Looschelders, Mitverantwortlichkeit 195, 229; zB kann dies Auswirkungen auf Verjährungsfristen haben, vgl BGH NJW 2008, 145, 146 Rn 17 [Obliegenheit des Unternehmers zur Organisation bei arbeitsteiliger Werkherstellung]). Während über diese Gemeinsamkeiten bzw Unterschiede Einigkeit besteht, ist im Übrigen ungeklärt, anhand welcher Merkmale eine Obliegenheit bestimmt werden kann (vgl auch die Darstellung von Weyers, Vertragsschuldverhältnisse [1. Aufl 1974] 459 ff) und wie sie sich von schuldrechtlichen Verpflichtungen abgrenzen lässt.

2. Rechtsnatur der Obliegenheit

Im Bezug auf die **Rechtsnatur** der Obliegenheit gibt es eine erhebliche Meinungs- **124** vielfalt. Die sog „**Verbindlichkeitstheorie**" hat versucht, die Unterscheidung unter dem Aspekt des **Zwanges**, den eine Rechtsnorm setzt, vorzunehmen. Sie differenziert zwischen Rechtspflichten mit unmittelbarem Zwang und Rechtspflichten ohne unmittelbaren Zwang. Nur wenn eine Rechtsnorm unmittelbaren Zwang erzeuge, liege eine Verbindlichkeit vor (Nw bei STAUDINGER/WEBER[11] Einl M 13 zu §§ 241 ff).

125 Die Vertreter der „**Voraussetzungs- bzw Bedingungstheorie**" sehen in der Beachtung der Obliegenheit die tatbestandliche Voraussetzung zur **Entstehung** oder **Erhaltung** eines **Gläubigerrechts** (Literaturnachw bei STAUDINGER/WEBER[11] Einl M 12 zu §§ 241 ff; ESSER/ SCHMIDT, Schuldrecht I [5. Aufl 1976] § 32). Im Grunde liegt darin das Verständnis der Obliegenheit als **Tatbestandsvoraussetzung**, sei sie positiver oder negativer Natur (vgl ie LOOSCHELDERS, Mitverantwortlichkeit 229 ff).

126 Eine **vermittelnde Theorie** (R SCHMIDT, Die Obliegenheiten 104; MünchKomm/KRAMER Einl zu §§ 241 ff Rn 49) fasst die Obliegenheiten als **Pflichten** im Rahmen eines Schuldverhältnisses auf, allerdings als solche „**minderer Zwangsintensität**" oder „geringerer Intensität" (vgl LOOSCHELDERS, Mitverantwortlichkeit 194 ff, 224 ff mwNw). Das Problem liegt allerdings in einem unterschiedlichen Verständnis des Pflichtenbegriffs, der in gleicher Weise der Deutung zugänglich ist wie derjenige der Obliegenheit (LOOSCHELDERS, Mitverantwortlichkeit 229 ff).

127 Einer Entscheidung dieses Meinungsspektrums bedarf es insofern nicht, als alle Ansichten zu dem bereits eingangs geschilderten Schluss gelangen, dass jedenfalls die **Durchsetzung** von Obliegenheiten gegen den Willen des Verletzers ausgeschlossen ist (FIKENTSCHER/HEINEMANN, Schuldrecht Rn 67 f). Übereinstimmung besteht ferner dahingehend, dass die einer Obliegenheit ausgesetzte Partei eine **Verschlechterung** ihrer Rechtsposition in Kauf nimmt, wenn sie ihrer Obliegenheit nicht Rechnung trägt (MünchKomm/KRAMER Einl zu §§ 241 ff Rn 49).

3. Abgrenzung der Obliegenheit von der Verbindlichkeit

128 Da bereits die Rechtsnatur der Obliegenheit unklar ist, kann es auch kaum Sicherheit in Bezug auf ihre **Abgrenzung zur Verbindlichkeit** geben; ein Problem, das im engen Zusammenhang mit der Rechtsnatur steht. EA knüpft an die **Strukturmerkmale** von Rechtssätzen an (dazu STAUDINGER/J SCHMIDT [1995] Einl 270 ff zu §§ 241 ff) und fragt deshalb nach den **äußerlichen Merkmalen**, die die Rechtssätze kennzeichnen, aus denen sich Verbindlichkeiten und Obliegenheiten ergeben.

Da die entsprechenden Kriterien aber oft keine Sicherheit in der Entscheidung gewährleisten, werden auch die **Beweggründe** des Einzelnen herangezogen, die ihn dazu bestimmen, eine Verhaltensvorgabe zu erfüllen. Dies ist besonders für die Bestimmung der Obliegenheit von Bedeutung, weil ihre Befolgung im eigenen Interesse liegt, der Betroffene also nicht handelt, weil er **soll** oder **muss**, sondern weil er **will** (vgl PALANDT/HEINRICHS Einl v § 241 Rn 13; MünchKomm/KRAMER Einl zu §§ 241 ff Rn 49; SOERGEL/R SCHMIDT[10] Vor § 241 Rn 8).

129 Die **äußere Anknüpfung** sieht in der Verbindung von **Vorteil** und **Nachteil** (vgl ENNECCERUS/LEHMANN, Schuldrecht § 3 II; SOERGEL/TEICHMANN Vor § 241 Rn 7; MünchKomm/KRAMER Einl zu §§ 241 ff Rn 49) ein Indiz für eine Obliegenheit. Als Abgrenzungsmerkmal überzeugt dieses Kriterium aber deshalb nicht, weil es auch für synallagmatische Verträge kennzeichnend ist.

Auch der Hinweis auf **fehlende Erfüllungsansprüche** und/oder **Klage- und Vollstreckungsmöglichkeiten** reicht nicht aus. Beides kennzeichnet zwar die Obliegenheit, wie eingangs erwähnt (so bspw SOERGEL/R SCHMIDT[10] Vor § 241 Rn 8; SOERGEL/TEICHMANN Vor § 241 Rn 7; MünchKomm/KRAMER Einl zu §§ 241 ff Rn 50; vgl auch LOOSCHELDERS, Mitverantwortlichkeit 298 f), lässt aber keine abschließende Unterscheidung zu den sog „**Naturalobligationen**" zu (dazu FIKENTSCHER/HEINEMANN, Schuldrecht Rn 68 f; s a MANIGK, HdwRWiss V 378 f; ferner Einl 244 zum SchuldR). Denn auch die Naturalobligationen, worunter alle **unvollkommenen Verbindlichkeiten** fallen, brauchen vom Schuldner nicht erfüllt zu werden und geben dem Gläubiger deshalb nur ein **Recht zum Behaltendürfen**, das ihn gegen die Kondiktion absichert (GERNHUBER, Schuldverhältnis § 4 V 2; LOOSCHELDERS, Mitverantwortlichkeit 196). Ebenso schafft eine Abgrenzungsmethode, die allein auf die gerichtliche Erzwingbarkeit abstellt, einen schwierigen Grenzbereich zu den **vertraglichen** Pflichten iSd Abs 2 (so STAUDINGER/J SCHMIDT [1995] Einl 273 zu §§ 241 ff mit Hinweis auf vTUHR, AT I 1, § 4 III), die uU ebenfalls nicht einklagbar sind (HK-BGB/SCHULZE Rn 4). Schließlich sehen manche deshalb das Fehlen von **Schadensersatzansprüchen** bei Nichtvornahme der normierten Handlung oder Unterlassung als Indiz für eine Obliegenheit an (vTUHR, AT I 1, § 4 III; SOERGEL/TEICHMANN Vor § 241 Rn 7 sowie Nw bei SOERGEL/R SCHMIDT[10] Vor § 241 Rn 8; LOOSCHELDERS, Mitverantwortlichkeit 228). Allerdings löst auch diese Ansicht deshalb nicht alle Probleme, weil ein Verhalten, das als Verstoß gegen eine Obliegenheit zu werten ist, nicht selten bei annähernd gleichem Tatbestand einen Verstoß gegen eine Verpflichtung darstellt und dann auch zum Schadensersatz führt (vgl ESSER/SCHMIDT, Schuldrecht I § 28 5).

130 Überzeugender erscheint es deshalb, die Grenzlinie zwischen Verbindlichkeit und Obliegenheit unter Berücksichtigung von **Sinn und Zweck** des jeweiligen Verhaltens zu ziehen (LOOSCHELDERS, Mitverantwortlichkeit 229). Denn Rechtssätze, die eine Obliegenheit enthalten, berücksichtigen entweder die Interessen des Belasteten („Pflichten im eigenen Interesse [des Belasteten]"; vgl ESSER/SCHMIDT, Schuldrecht I § 28 5 c; LARENZ, Schuldrecht I § 12 II d; FIKENTSCHER/HEINEMANN, Schuldrecht Rn 70; ENNECCERUS/NIPPERDEY, BGB AT § 74 IV) oder die beider Parteien. Ihr Ziel ist ein „**gerechter**" **Interessenausgleich** (ENNECCERUS/LEHMANN, Schuldrecht § 3 II; ESSER/SCHMIDT, Schuldrecht I § 6 VI 2; LOOSCHELDERS, Mitverantwortlichkeit 196). Dies zeigt zB § 254, wonach Schadensersatz nur in dem Umfang zu leisten ist, wie der Geschädigte nicht selbst an der Schadensentstehung mitgewirkt bzw dessen Anzeige, Abwendung oder Minderung unterlassen hat.

4. Zusammenfassung

131 Damit lässt sich zusammenfassend feststellen, dass sich Verbindlichkeiten und Obliegenheiten dadurch unterscheiden, dass Letztere dem Adressaten **keine Erfüllungspflicht** auferlegen, ihm aber aus der Nichtbeachtung der Anordnung ein **rechtlicher Nachteil** erwächst. Die Erfüllung einer Obliegenheit kann deshalb **nicht gerichtlich erzwungen** werden und sie muss es auch nicht. Denn dem Interesse des anderen Beteiligten ist dadurch genügt, dass eine Nichtbeachtung der Obliegenheit den Verletzer selbst schädigt, während die andere „Partei" für die Vergrößerung des Schadens nicht aufzukommen hat. Abgesehen von diesem Erkenntnisgewinn sind jedoch mit der Differenzierung wenig praktische Vorteile verbunden (krit gegenüber dem Begriff der Obliegenheit deshalb auch GERNHUBER, Schuldverhältnis § 2 III 1 z Fn 29; ebenso STAUDINGER/J SCHMIDT Einl 286 zu §§ 241 ff).

132 Die Abgrenzung hätte allerdings dann praktischen Nutzen, wenn man dadurch die gesetzlich nicht geregelte Frage entscheiden könnte, ob auf die Obliegenheit als Teil eines Schuldverhältnisses iwS die Anwendung der **allgemeinen schuldrechtlichen Regeln**, zB auch des § 276, in Betracht kommt. Dabei scheidet die **direkte Anwendbarkeit** wegen des unterschiedlichen Rechtscharakters jedoch von vornherein aus (ENNECCERUS/LEHMANN, Schuldrecht § 3 II 2). Die **analoge Anwendung** bedürfte einer Regelunglücke sowie der Vergleichbarkeit der Interessenlagen (LARENZ, Methodenlehre Kap 3, 2 b [381 ff]). Gerade die letztgenannte Voraussetzung ist aber deshalb problematisch, weil Obliegenheiten bei allen Begründungsunterschieden jedenfalls nicht gerichtlich durchsetzbar sind. Auf der anderen Seite verweist das Gesetz selbst in § 254 Abs 2 S 2 auf § 278, der die Brücke zu § 276 schlägt (z dessen Anwendbarkeit auf Obliegenheiten STAUDINGER/LÖWISCH/CASPERS [2009] § 278 Rn 44 ff) und deshalb bei einem Verstoß gegen Obliegenheiten heranzuziehen ist (STAUDINGER/LÖWISCH/CASPERS [2009] § 276 Rn 8). Deshalb kann man die Frage der analogen Anwendbarkeit nicht allgemein, sondern nur im Einzelfall unter Berücksichtigung von Sinn und Zweck der einschlägigen Norm beantworten. Besonderheiten bestehen im **Versicherungsvertragsrecht**, wo viele gegen die Anwendbarkeit des § 278 votieren (ausf LOOSCHELDERS, Die Haftung des Versicherungsnehmers für seinen Repräsentanten – eine gelungene Rechtsfortbildung?, VersR 1999, 666; ders, in: BECKMANN/MATUSCHE-BECKMANN, Versicherungsrechts-Handbuch [2004] § 17 Rn 23 ff).

H. Leistung

I. Der Leistungsbegriff

1. Allgemeines

133 Gem Abs 1 S 2 kann die vom Gläubiger zu fordernde Leistung „auch in einem Unterlassen bestehen". Diese Formulierung verdeutlicht im Gegenschluss, dass der Leistungsinhalt grds auf eine **Handlung** bezogen ist (Mot II 5 = MUGDAN II 3; Vorlagen der Redaktoren 2 ff). Darauf ist Abs 1 jedoch nicht beschränkt. Gemeint ist **jedes Verhalten** des Schuldners, zB auch eine **Duldung**, also die Unterlassung eines Widerspruchs oder eines Handelns gegen das Tun einer anderen Person, selbst wenn deren Verhalten in eigene Rechte eingreift (BGB-RGRK/ALFF Rn 9). Weitere Möglichkeiten für eine tatbestandsmäßige Leistung bestehen zB in der **Einwilligung**, der **Nichtausübung eines Rechts** oder der **Abgabe einer Willenserklärung**, in der **Besorgung eines Geschäfts** oder der **Versorgung eines Kindes** (unstr; vgl schon die Aufzählung in Mot II 5 = MUGDAN II 3; PLANCK/SIBER Anm 2u 3; STAUDINGER/WEBER[11] Rn 21 ff; FIKENTSCHER/HEINEMANN, Schuldrecht Rn 34; ausf schon OERTMANN Anm 1a, 2). Materiell-rechtlich kommt es deshalb auch nicht auf eine Abgrenzung der einzelnen Verhaltensformen gegeneinander an. Entscheidend ist vielmehr, dass Abs 1 als Leistungsinhalt ganz allgemein ein **Verhalten des Schuldners** vorsieht. Dadurch wird ein **ius ad rem**, also ein auf die Sache, dh den Leistungsgegenstand bezogenes Recht, ausgeschlossen (SCHUBERT, Vorlagen der Redaktoren, Recht der Schuldverhältnisse: Teil 1, 5; näher OERTMANN

Vorbem 3a; s auch o Rn 19 ff). Die Differenzierung zwischen den verschiedenen möglichen Verhaltensformen auf Schuldnerseite spielt allerdings im **Prozessrecht**, und zwar im Zusammenhang mit der Klageerhebung, insbesondere den §§ 253, 259 ZPO, und der Vollstreckung eine entscheidende Rolle. Da solche Probleme jedoch nicht im Zusammenhang mit Abs 1 stehen, ist insoweit auf die prozessrechtliche Lit zu verweisen (ebenso KÖHLER AcP 190 [1990] 496, 499 f; z prozessrechtlichen Problematik vgl ua BAUMBACH/LAUTERBACH/ALBERS/HARTMANN ZPO § 253 Rn 89 ff; MünchKomm/BECKER-EBERHARD ZPO § 253 Rn 133 ff; STEIN/JONAS/SCHUMANN, Kommentar zur ZPO [22. Aufl 2002] Vor § 253 Rn 8 ff).

Der Begriff der „Leistung" in § 241 Abs 1 ist **kein Tatbestandsmerkmal** des Schuldverhältnisses. Dessen Wirksamkeit hängt also nicht davon ab, ob eine Leistung als Verhalten des Schuldners vorliegt oder nicht. Diese Frage stellt sich ohnehin nur bei **rechtsgeschäftlichen Schuldverhältnissen** (z Abgrenzung v gesetzlichen u rechtsgeschäftlichen Schuldverhältnissen vgl Rn 46 ff), da **gesetzliche Schuldverhältnisse** auch ohne entsprechende Willensentscheidung allein durch Erfüllung des entsprechenden Tatbestandes begründet werden können (s o Rn 61). **134**

Beim rechtsgeschäftlichen Schuldverhältnis ist aber für seine **Wirksamkeit** ebenfalls nicht auf das Verhalten des Schuldners abzustellen. Den Schwierigkeiten, die dann entstehen, wenn man bei Betrachtung des rechtsgeschäftlichen Begründungstatbestandes das geschuldete Verhalten des Schuldners zunächst nicht erkennen kann, muss durch Auslegung der entsprechenden Verpflichtung begegnet werden. Fraglich ist also in solchen Fällen nicht, **ob** ein Schuldverhältnis entstanden ist, sondern welchen **Inhalt** es hat. Das Problem besteht regelmäßig in dessen Bestimmtheit oder Bestimmbarkeit (zu dieser vgl FIKENTSCHER/HEINEMANN, Schuldrecht Rn 45; die Bestimmbarkeit ist unumstritten notwendig, vgl BGH NJW-RR 1990, 270, 271; NJW 2006, 1971, 1972), da man von den Parteien meist keine juristisch eindeutig gefasste Bezeichnung des Leistungsinhalts erwarten kann. Wer zB zusagt, dass der Goldpreis nicht fallen werde, der schuldet nicht den Zustand des gleichbleibenden Goldpreises, aber jedenfalls die Leistung von Schadensersatz, falls das Gegenteil eintreten sollte (vgl ENNECCERUS/LEHMANN, Schuldrecht § 34 V; OERTMANN, in: FS Zitelmann [1913] 4 ff; STAUDINGER/WEBER[11] Rn 33). Die Zusage, dass der vorbestrafte Betrüger im Falle einer Einstellung als Kassierer keine Unterschlagung begehen wird, bedeutet nicht die Zusage des Verhaltens eines Dritten, sondern möglicherweise die Einwirkung auf dessen Lebensführung; im Falle einer dennoch erfolgten Unterschlagung ist aber Schadensersatz zu leisten (vgl RG JW 1914, 486; OERTMANN, in: FS Zitelmann [1913] 4 ff; STAUDINGER/WEBER[11] Rn 30 f; Bsp bei STAUDINGER/J SCHMIDT[12] Rn 58).

2. Ambivalenz des Leistungsbegriffs

Nach Herausbildung eines Leistungsbegriffs für Abs 1 bleibt die Frage offen, ob darüber hinaus ein **einheitlicher Leistungsbegriff** für das gesamte 2. Buch existiert. Die Antwort muss berücksichtigen, dass das Schuldverhältnis sowohl **verhaltens-** als auch **erfolgsbezogen** sein kann. Der Leistungsbegriff ist demzufolge mindestens „**ambivalent**" (MünchKomm/KRAMER Rn 7) oder „**doppeldeutig**" (WIEACKER, Leistungshandlung und Leistungserfolg im bürgerlichen Schuldrecht, in: FS Nipperdey [1965] 783). Die §§ 241, 320 ff, 293 ff weisen eher auf ein **Schuldnerverhalten** hin; § 362 Abs 1 stellt hingegen nach seinem Wortlaut auf den **Leistungserfolg** ab. Man sollte sich aller- **135** dings stets vor Augen halten, dass solche Differenzierungen historisch aus dem Versuch resultieren, eine „Schuldverhältnisstruktur" zu erklären – eine Diskussion, die zum späten Gemeinen Recht geführt wurde (dazu ausf STAUDINGER/J SCHMIDT[12] Rn 73; PLANCK/SIBER Vorbem III A; vgl ferner SCHUBERT, Vorlagen der Redaktoren, Recht der Schuldverhältnisse: Teil 1, 5 ff). Sie bleiben für die Rechtspraxis jedenfalls so lange irrelevant, wie Leistungshandlung und Leistungserfolg zusammenfallen, also bei allen nicht erfolgsbestimmten Betätigungs- und Unterlassungspflichten. In den übrigen Fällen kann eine Auslegung des Leistungsbegriffs nur im Einzelfall und auf den anzuwendenden Rechtssatz beschränkt vorgenommen werden (vgl nur die Fälle BGHZ 12, 267, 268 f = NJW 1954, 794; 40, 326, 331 = NJW 1964, 648, 649 f; 87, 156, 162; BGH NJW 1996, 1207). Der Begriff „Leistung" bezeichnet also keinen einheitlichen Tatbestand, sondern steht für ganz verschiedene Sachverhalte (aA HENKE, Die Leistung [1991] 20, 26, 84; vgl ferner STAUDINGER/J SCHMIDT[12] Rn 75 ff u den Überblick bei MünchKomm/KRAMER Rn 7). Von diesen Auslegungsbemühungen ist allerdings streng die praxisrelevante Frage zu trennen, worin der konkrete Inhalt der rechtsgeschäftlichen Verpflichtung des Schuldners besteht, ob er also eine bloße Tätigkeit oder einen Erfolg schuldet (so die Differenzierung zwischen Dienst- und Werkvertrag; STAUDINGER/RICHARDI [1999] Vorbem 25 ff zu §§ 611 ff).

3. Die Unterlassung

136 Im Zusammenhang mit dem Leistungsbegriff des Abs 1 stellt sich schließlich die Frage nach der Definition der dem Tun gleichgestellten **Unterlassung**. Im Hinblick auf die darauf gerichteten Ansprüche sind folgende Unterscheidungen zu treffen (ebenso ERMAN/WESTERMANN Rn 6 ff; MünchKomm/KRAMER Rn 8 ff; PALANDT/HEINRICHS Rn 4; SOERGEL/TEICHMANN Rn 5): Zum einen kann man für bestimmte Schutzgüter **negatorische** und **quasinegatorische Unterlassungsansprüche** voneinander abgrenzen, die teils im Gesetz geregelt, teils durch Analogie etwa zu den §§ 823, 1004 zum Schutz anderer subjektiver Rechte entwickelt worden sind (ERMAN/SCHIEMANN Vor § 823 Rn 20 ff; STAUDINGER/HAGER [1999] Vorbem 63 ff zu §§ 823 ff), vgl §§ 12, 1004. Es handelt sich dabei um eine nicht rechtsgeschäftliche präventive Ergänzung des repressiven **Schutzes** (insbesondere) **absoluter Rechte**, vor allem des **allgemeinen Persönlichkeitsrechts** (dazu auch MünchKomm/KRAMER Rn 13). Zum anderen sind die **unselbständigen** oder **sekundären Unterlassungsansprüche** zu nennen, die in einem Schuldverhältnis **neben** der Verpflichtung zur Leistung bestehen, also die Verpflichtung begründen, ein der Leistungserbringung entgegenstehendes oder abträgliches Verhalten zu unterlassen (dazu Rn 149 sowie MünchKomm/KRAMER Rn 12). Schließlich gibt es **„reine", „selbständige"** oder **„primäre" Unterlassungsansprüche**, die – in der Regel durch Rechtsgeschäft begründet – den Schuldner zu einem **Unterlassen als primären Leistungsinhalt** verpflichten (ausf LEHMANN, Unterlassungspflicht; KÖHLER AcP 190 [1990] 496; HENCKEL AcP 174 [1974] 97, 120; ferner ERMAN/WESTERMANN Rn 6; BAMBERGER/ROTH/GRÜNEBERG/SUTSCHET Rn 35 f; vgl auch KÖHLER, Zur Geltendmachung und Verjährung von Unterlassungsansprüchen, JZ 2005, 489 ff).

137 Von den genannten Anspruchsgruppen ist im Rahmen des Abs 1 nur die letzte relevant, zB wenn jemand die vertragliche Pflicht übernimmt, sein **Grundstück nicht zu veräußern**, nachdem er einen Makler beauftragt hat (vgl § 137 S 2 sowie den Fall bei RG Gruchot 49, 619, 626), oder **bei einer Auktion nicht mitzubieten** (dazu OTTO, Ist ein strafrechtlicher Schutz öffentlicher Versteigerungen, insbesondere der Zwangsversteigerung, gegen das Abhalten vom Bieten erforderlich?, Rpfleger 1979, 41, 47), **Listenpreise nicht zu unterbieten** (RGZ 133, 51, 62), eine bestimmte **Bebauungshöhe nicht zu überschreiten** (BGH NJW 1975, 344) oder sich als **Erfinder** gegenüber dem Patentinhaber **bestimmter Aktivitäten zu enthalten** (BGHZ 26, 7, 9 = NJW 1958, 137; Bsp bei KÖHLER AcP 190 [1990] 496, 498). In all diesen Fällen schränkt der Versprechende seine Rechtssphäre aus freien Stücken ein und verschafft dem Gläubiger dadurch einen Rechtszuwachs, der über das hinausgeht, was dieser ohne Vertrag hätte verlangen können (HENCKEL AcP 174 [1974] 97, 124). Die Unterlassung ist also als eine Verpflichtung des Schuldners anzusehen, etwas Bestimmtes nicht zu tun, wozu er an sich berechtigt wäre (BGB-RGRK/ALFF Rn 3).

Unterlassungsansprüche weisen eine „strukturbedingte Durchsetzungsschwäche" **138** (MünchKomm/KRAMER Rn 9) auf. Sie sind letztlich nicht gegen den Schuldnerwillen erzwingbar. Es kommen lediglich **repressive Vollstreckungsmaßnahmen** in Betracht, vgl § 890 ZPO, die für sich genommen jedoch nur als Reaktion auf entsprechende Verstöße bzw als bloßes Drohmittel angesehen werden können (instruktiv MÜLLER-LAUBE, in: FS Rolland [1999] 260, 261 f). Dementsprechend stellt sich auch die **Klage auf Unterlassung** stets als eine Klage auf künftige Leistung dar, da der Unterlassungsanspruch, so weit er sich auf Unterlassungen aus der Vergangenheit oder der Gegenwart bezieht, entweder bereits erfüllt ist oder jedenfalls rückwirkend nicht mehr erfüllt werden kann. Deshalb müssen die Voraussetzungen des § 259 ZPO erfüllt sein, dessen Anwendbarkeit auf Unterlassungsansprüche allerdings bestritten wird (MünchKomm/KRAMER Rn 10; ROSENBERG/SCHWAB/GOTTWALD, Zivilprozessrecht [16. Aufl 2004] § 92 II 2 c; ZEUNER, Gedanken zur Unterlassungs- und negativen Feststellungsklage, in: FS Dölle [1963] Bd 1, 311; MÜLLER-LAUBE, in: FS Rolland [1999] 261, 262 f mwNw; vgl im Übrigen die Lit z den §§ 253, 259 ZPO).

Der Anspruch auf Unterlassen wird iSd § 362 Abs 1 erfüllt, indem der Schuldner **139** während der vorgesehenen Dauer dem Unterlassungsgebot nachkommt. Eines Leistungswillens oder einer Leistungsfähigkeit bedarf es hier nicht (**aA** BEUTHIEN, Zweckerreichung und Zweckstörung 295 f; ESSER/SCHMIDT, Schuldrecht I § 6 I 4; GERNHUBER, Die Erfüllung und ihre Surrogate § 5 VI 2; näher z erfüllungsrechtlichen Problematik von Unterlassungspflichten HENCKEL AcP 174 [1974] 97, 122 ff; KÖHLER AcP 190 [1990] 496, 502 f; MünchKomm/WENZEL § 362 Rn 27; STAUDINGER/OLZEN [2000] Vorbem 10, 14, 16 zu § 362). Auf Grund der dargestellten Durchsetzungsschwäche des Unterlassungsanspruchs (s o Rn 138) kann es sich anbieten, eine **Vertragsstrafe** zu vereinbaren, eine Möglichkeit, die § 339 S 2 ausdrücklich vorsieht. Bei wettbewerbsrechtlichen Unterlassungsverträgen ist sie sogar üblich (dazu MÜLLER-LAUBE, in: FS Rolland [1999] 261).

Im **Leistungsstörungsrecht** ergeben sich für Unterlassungspflichten einige Besonder- **140** heiten. Zwar gelten die Leistungsstörungsregeln des BGB für alle Forderungen (s nur KÖHLER AcP 190 [1990] 497, 515). Jedoch gehen diese grds von positiven Leistungsverpflichtungen aus (RGZ 70, 439, 440 f). Demgegenüber sind Unterlassungspflichten häufiger (absolute) Fixschulden, da oft schon die einmalige Zuwiderhandlung die Erfüllung verhindert (sog „Einmalunterlassung"; zB die Verpflichtung, bei einer Auktion nicht mitzubieten). Doch auch bei sog „Dauerunterlassungen", also Unterlassungspflichten, die auf einen gewissen Zeitraum angelegt sind, kann je nach dem Gläubigerinteresse bereits durch eine Zuwiderhandlung **Unmöglichkeit** eintreten. Aus diesem Grunde wurde mitunter ein **Verzug** bei Unterlassungspflichten generell abgelehnt (WENDT AcP 92 [1902] 1 ff; ROGOWSKI AcP 104 [1909] 303 ff; bejahend hingegen LEHMANN, Unterlassungspflicht 263 ff; OERTMANN Anm 2a β; STAUDINGER/J SCHMIDT[12] Rn 93 mwNw; z Frage der Zweckerreichung bei Unterlassungspflichten vgl BEUTHIEN, Zweckerreichung und Zweckstörung 45, 259 ff sowie HENCKEL AcP 174 [1974] 97, 124 [Anwendung des § 320]; STAUDINGER/LÖWISCH/FELDMANN [2009] Vorbem 11 f zu §§ 286–292; MünchKomm/KRAMER Rn 10 Fn 43 [Annahme von nachträglicher Unmöglichkeit analog z § 275 Abs 1]; GERNHUBER, Die Erfüllung und ihre Surrogate 124 [Anwendung von § 323 aF]; KÖHLER AcP 190 [1990] 519 ff [Anwendung der Regeln über den Wegfall der Geschäftsgrundlage]). Insoweit kann nur auf die Spezialliteratur zum Leistungsstörungsrecht verwiesen werden.

II. Die Einteilung der Leistungspflichten

1. Allgemeines

141 Die „**Leistungen**" iSd Norm unterscheiden sich nicht nur dadurch, dass sie entweder ein Tun oder Unterlassen zum Gegenstand haben, sondern auch im Hinblick auf die **Pflichten**, die ihnen zugrunde liegen und die der Durchführung des Schuldverhältnisses dienen. Grenzt man deren unterschiedliche Arten voneinander ab, so gelangt man zu einer Vielzahl unterschiedlicher Bezeichnungen, je nachdem, welchem Abgrenzungsmerkmal man den Vorzug gibt.

2. Terminologie

a) Primär- und Sekundärpflichten

142 Eine Gliederungsmöglichkeit stellt die Unterscheidung zwischen **Primär-** und **Sekundärpflichten** dar (so zB LARENZ, Schuldrecht I § 2 I). Die Erstgenannten sollen sich dabei zumeist **direkt** aus dem Vertrag ergeben; auf ihre Erfüllung ziele das Schuldverhältnis ab. Die **Sekundärpflichten** seien dagegen Folge der **Verletzung einer Primärpflicht** (GERNHUBER, Schuldverhältnis § 2 III 5; MEDICUS/PETERSEN, BR Rn 205) und träten an die Stelle der ursprünglichen Pflichten (zB Schadensersatz statt der Leistung, §§ 280 Abs 3, 281, 282 oder 283; HADDING, in: FS Konzen [2006] 193, 199, 204 teilt diese Unterscheidung der Pflichten, weist aber darauf hin, dass sie nur die zeitliche Folge der Pflichtenentstehung kennzeichne). UU sollen sie dem Gläubiger der Leistung aber auch zusätzlich zustehen (zB Anspruch auf Ersatz des Verzögerungsschadens, §§ 280 Abs 2, 286). Zu den Sekundärpflichten zählt diese Ansicht auch die **Abwicklungspflichten** bei **Dauerschuldverhältnissen** und solche nach **vollzogenem Rücktritt** (ausf LARENZ, Schuldrecht I § 2 VI, § 26 I b; z Dauerschuldverhältnissen s u Rn 348 ff).

143 Allerdings spricht gegen diese Einteilung, dass etwa bei **gesetzlichen Schuldverhältnissen**, wie zB bei § 823, die Schadensersatzpflicht regelmäßig Primärpflicht ist (hierzu LARENZ, Schuldrecht I § 2 I; z Abgrenzung von Primär- u Sekundärpflichten bei Personengesellschaften vgl ausf MEDICUS/PETERSEN, BR Rn 210 ff). Auch wird so keine klare Abgrenzung zu den Pflichten des Abs 2 geschaffen und zu Unrecht nahe gelegt, dass diese Pflichten nur relevant würden, wenn der Geschädigte Schadensersatz verlange (vgl ENNECCERUS/LEHMANN, Schuldrecht § 4 II 2; LARENZ, Schuldrecht § 2 I; z Kritik SOERGEL/TEICHMANN § 242 Rn 173). Dabei bestehen diese Pflichten bereits vorher, sind jedoch erst im Falle ihrer Verletzung durchsetzbar. Vor allem aber hat diese Differenzierung mit der durch die Schuldrechtsreform erfolgten Etablierung des Erfüllungsanspruchs als Rechtsbehelf ihren Sinn verloren (s auch PWW/SCHMIDT-KES-

SEL Rn 21 unter Hinw auf OLG Celle NJW 2005, 2094). Während bis zur Schuldrechtsreform im Jahr 2002 (ausf dazu Einl 176 ff zum SchuldR) alle Rechtsbehelfe des Käufers oder Bestellers bei mangelhafter Leistung des Verkäufers oder Unternehmers sekundärer Natur waren, setzt sich jetzt der primäre Anspruch auf Erfüllung im Nacherfüllungsanspruch der §§ 437 Nr 1, 439 oder §§ 634 Nr 1, 635 fort.

b) Haupt- und Nebenleistungspflichten
Zumeist findet sich in der Lit eine Unterteilung in **Haupt-** und **Nebenleistungspflichten** (so STAUDINGER/OTTO/SCHWARZE [2009] § 281 Rn B 3; ERMAN/WESTERMANN Einl § 241 Rn 7; PALANDT/HEINRICHS Rn 5; JAUERNIG/MANSEL Rn 9; MünchKomm/KRAMER Rn 16 f; LARENZ, Schuldrecht I § 2 I; ESSER/SCHMIDT, Schuldrecht I § 6 III; MEDICUS/PETERSEN, BR Rn 206 f; FIKENTSCHER/HEINEMANN, Schuldrecht Rn 36), wobei manche den Begriff „Hauptleistungspflicht" auch durch **„selbständige Leistungspflicht"** ersetzen (vgl GERNHUBER, Schuldverhältnis § 2 III 4). 144

Als **Leistungspflichten** werden dabei all die Pflichten bezeichnet, die das Erreichen des **primären Obligationszwecks** fördern. Sie sind auf die **Veränderung der Güterlage** des Gläubigers gerichtet, sollen den „status ad quem" fördern und bilden den Oberbegriff für die Hauptleistungspflichten (auch auf ein Unterlassen gerichtet), ebenso wie für die Nebenleistungspflichten (ausf ESSER/SCHMIDT, Schuldrecht I § 6 III). 145

aa) Hauptleistungspflichten
Als **Hauptleistungspflichten** fasst man diejenigen Pflichten auf, mit denen ein Schuldverhältnis als solches zur **Entstehung** gelangt und durch die es in seiner besonderen **Eigenart gekennzeichnet** wird (so zB LARENZ, Schuldrecht I § 2 I). Sie entstehen durch **Vertrag** oder auf Grund eines **Gesetzes**. So hat etwa der Verkäufer dem Käufer die Kaufsache gem § 433 Abs 1 S 1 mangelfrei zu übereignen; wer schuldhaft und rechtswidrig eine fremde Sache beschädigt, schuldet gem § 823 Abs 1 Schadensersatz. Die Abwicklung der Hauptleistungspflichten folgt in der Regel den gesetzlichen Vorgaben, im atypischen Schuldverhältnis hingegen der Parteiabrede. Im Einzelnen ist daher auf die Kommentierung zu den einzelnen Schuldverhältnissen zu verweisen. 146

bb) Nebenleistungspflichten
Eine einheitliche Terminologie für das **leistungsbegleitende Verhalten** der Parteien eines Schuldverhältnisses hat sich bis heute nicht herausgebildet (Überblick bei LARENZ, Schuldrecht I § 2 I [6 ff]; NEUMANN, Leistungsbezogene Verhaltenspflichten 7 ff; vgl auch ERMAN/HOHLOCH § 242 Rn 74 f; PALANDT/HEINRICHS § 242 Rn 27; SOERGEL/TEICHMANN § 242 Rn 134 ff). In der Lit findet sich vielfach die Bezeichnung **„Nebenpflichten"** (vgl etwa PALANDT/HEINRICHS § 242 Rn 27; SOERGEL/TEICHMANN § 242 Rn 162), welche aber ebenso wie der Terminus **„Verhaltenspflichten"** (vgl LARENZ, Schuldrecht I § 2 I; WIEGAND, Die Verhaltenspflichten, in: FS Gagnér [1991] 547, 557 ff) insofern unbrauchbar ist, als damit der Leistungsbezug dieser Pflichten nicht zum Ausdruck kommt und daher die Abgrenzung zu den nichtleistungsbezogenen Pflichten des Abs 2 (s u Rn 153 ff) erschwert wird. 147

Diejenigen, die diese Bezeichnung verwenden, unterscheiden weiterhin nach **Selbständigkeit** oder **Abhängigkeit** der Pflichten von der Hauptleistung (ENNECCERUS/LEHMANN, Schuldrecht § 4 II 2; vgl dazu auch HADDING, in: FS Konzen [2006] 193, 205 f); eine 148

Differenzierung, die jedoch angesichts der unbestrittenen Akzessorietät solcher Pflichten zur bestehenden Hauptleistung ebenfalls zweifelhaft erscheint (so auch NEUMANN, Leistungsbezogene Verhaltenspflichten 7).

149 Der Terminus „**Unterlassungspflichten**", der verdeutlichen soll, dass der Inhalt der Pflichten grds darin besteht, eine die Erreichung des Obligationenzwecks vereitelnde oder gefährdende Tätigkeit zu unterlassen, bringt nicht genügend zum Ausdruck, dass das Leistungsgebot solcher Pflichten auch ein Handeln umfassen kann (vgl aber LEHMANN, Unterlassungspflicht 10 ff, 168 ff).

150 Auch die Einstufung als „**Sorgfalts- oder Diligenzpflichten**" schafft keine klare Abgrenzung zu den integritätsbezogenen Pflichten des Abs 2 (vgl dazu auch HÖLDER, Über Ansprüche und Einreden, AcP 93 [1902] 41 ff; STÜRNER JZ 1976, 384, 390).

151 Deshalb soll von einem weiten Begriff der **Nebenleistungspflicht** (vgl etwa auch LARENZ, Schuldrecht I § 2 I b [12]; MünchKomm/KRAMER Rn 18, der den Begriff jedoch komplementär z dem der Nebenpflichten verwendet u nach der Klagbarkeit abgrenzt; HADDING, in: FS Konzen [2006] 193, 198 ff, insbes 201) ausgegangen werden. Damit wird zum einen deutlich, dass es sich um zur Hauptleistung akzessorische Pflichten handelt, zum anderen aber auch klargestellt, dass sie sich auf deren Förderung beziehen und nicht das Integritätsinteresse des Betroffenen schützen. Bei der Bezeichnung als „leistungsbezogene Nebenpflicht" hingegen (so MÜLLER/HEMPEL, Nebenpflichten des Verkäufers unter besonderer Berücksichtigung der Verjährung, AcP 205 [2005] 246 ff) käme zwar der zuerst, nicht aber der zuletzt genannte Aspekt zum Ausdruck. Nebenleistungspflichten richten sich insofern auf die Verwirklichung des Leistungserfolgs, als sie der **Vorbereitung**, der ordnungsgemäßen **Durchführung** sowie der **Sicherung** einer Hauptleistung dienen (ausf u Rn 162 ff; ESSER/SCHMIDT, Schuldrecht I § 6 III; LARENZ, Schuldrecht I § 2 I; GERNHUBER, Schuldverhältnis § 2 III 4).

152 Ein neuerer Ansatz geht – wie hier – von der Kategorisierung der Leistungspflichten in Haupt- sowie Nebenleistungspflichten aus. Daneben werden von den Leistungspflichten zu differenzierende Nebenpflichten in „**leistungsbezogene Nebenpflichten**" und „**nicht-leistungsbezogene Nebenpflichten**" unterteilt (GRÖSCHLER, in: FS Konzen [2006] 109 ff, insbes 114 u 115). Die letztgenannten Pflichten entsprechen den Rücksichtspflichten nach Abs 2 (zur Terminologie s u Rn 154 ff). Die „leistungsbezogenen Nebenpflichten" sollen nach dieser Ansicht sämtlich von Abs 1 erfasst sein, da sie dem Leistungsinteresse dienen, seien aber streng von den Nebenleistungspflichten abzugrenzen (GRÖSCHLER, in: FS Konzen [2006] 109, 113, 115). Allerdings werden die Rechtsfolgen der §§ 281, 323 als unangemessen erachtet. Deshalb wird in Bezug darauf eine Analogie zu §§ 282, 324 gebildet (GRÖSCHLER, in: FS Konzen [2006] 109, 123, 125, 127). Dies hat zur Folge, dass Schadensersatz statt der Leistung und Rücktritt nur im Fall der **Unzumutbarkeit** möglich sind, §§ 282, 324. Davon wird allerdings eine Ausnahme gemacht, wenn sich die „leistungsbezogenen Nebenpflichten" so „verdichtet" haben, dass sie die Hauptleistungspflicht beeinflussen. Für diesen Fall soll Abs 1 einschließlich seiner Rechtsfolgen eingreifen (GRÖSCHLER, in: FS Konzen [2006] 109, 116). Diese Auffassung führt in den meisten Fällen nicht zu anderen Ergebnissen als die hier vertretene. Soweit solche Unterschiede auftreten, spricht gegen sie, dass sich die Einteilung zwischen „leistungsbezogenen Nebenpflichten" mit und ohne Verdichtung nicht sicher ziehen lässt und keine ersichtlichen Vorteile im Verhältnis zur Abgrenzung nach den Schutzgütern ersichtlich sind.

III. Abgrenzung zu Rücksichtspflichten iSd Abs 2

1. Allgemeines

Mit Abs 2 wird seit dem 1.1. 2002 (z Schuldrechtsmodernisierungsgesetz vgl Einl 184 ff zum SchuldR) erstmals gesetzlich anerkannt, dass ein Schuldverhältnis auch andere Pflichten als Leistungspflichten erzeugen kann. Diese zeichnen sich durch fehlenden Leistungsbezug aus und betreffen – anders als die Pflichten des Abs 1 – nicht das Äquivalenz- sondern das **Integritätsinteresse** (ausf u Rn 157 ff u 378 ff). **153**

2. Terminologie

Die Terminologie bzgl dieser Pflichten war bis zur gesetzlichen Neufassung des § 241 ebenso uneinheitlich wie in Bezug auf die Leistungspflichten (ausf z Abs 2 u Rn 378 ff). Manche haben sie als „**Schutzpflichten**" bezeichnet (THIELE JZ 1967, 649 ff; GERHARDT JZ 1970, 535 ff; SOERGEL/TEICHMANN § 242 Rn 178 ff; FROST, Schutzpflichten 13; MEDICUS, Probleme um das Schuldverhältnis 15 ff; KRESS, Schuldrecht § 1, 1 u § 23, 578, 580; JAUERNIG/MANSEL Rn 10; STOLL, Abschied von der Lehre von der positiven Vertragsverletzung, AcP 136 [1932] 257 ff; vgl für die Zeit des Nationalsozialismus SCHUBERT, Protokolle: Schuldrecht [1990] 207, 295/297; WESTERMANN/BYDLINSKI/WEBER, Schuldrecht AT Rn 11/6), andere als „**Sorgfaltspflichten**" (LORENZ, Die Einbeziehung Dritter in vertragliche Schuldverhältnisse – Grenzen zwischen vertraglicher und deliktischer Haftung, JZ 1960, 108, 111; STÜRNER JZ 1976, 384 ff; EVANS-vKRBEK, Nichterfüllungsregeln auch bei weiteren Verhaltens- und Sorgfaltspflichtverletzungen?, AcP 179 [1979] 85 ff). Daneben traten manchmal stattdessen die Ausdrücke „**Verhaltenspflichten**" bzw „**weitere Verhaltenspflichten**" (GERNHUBER, Schuldverhältnis § 2 IV 2 [hierin bilden die Schutzpflichten eine abgeschlossene Gruppe]; LARENZ, Schuldrecht I § 2 I [unterteilt die weiteren Verhaltenspflichten in „Schutzpflichten" und „Loyalitätspflichten"]; zust EMMERICH, Leistungsstörungen § 22 Rn 16 f), „**Wohlverhaltenspflichten**" (FIKENTSCHER, Schuldrecht [9. Aufl] Rn 15) oder „**Nebenpflichten**" (ESSER/SCHMIDT, Schuldrecht I § 6 IV [unterteilt weiter in Rücksichts-, Treu-, Warn-, Fürsorge-, Obhuts- und sonstige Schutzpflichten]; ENNECCERUS/LEHMANN, Schuldrecht § 4 II 2; ERMAN/WERNER[10] § 242 Rn 51; MünchKomm/KRAMER Rn 18 f [teilweise auch „Schutzpflichten"]; CANARIS JZ 1965, 475; HENCKEL AcP 174 [1974] 111; vBAR AcP 179 [1979] 467) auf. Die Bsp für diese Begriffsvielfalt ließen sich fortführen (Nw u vor allem Übersichten aus der älteren Lit bei STAUDINGER/WEBER[11] Rn 36 mit Fn; vgl ausf GERNHUBER, Schuldverhältnis 15 ff). **154**

Auch die Neufassung des Gesetzes hat zu keiner einheitlichen Terminologie geführt. So sprechen einige Autoren weiterhin von „**Schutzpflichten**" (Hk-BGB/SCHULZE Rn 4; KREBS, Sonderverbindung 485 ff; AnwK-BGB/KREBS Rn 4; GRIGOLEIT, in: FS Canaris [2007] 275 ff), andere bezeichnen sie als „**weitere Verhaltenspflichten**" (LARENZ, Schuldrecht I § 2 I). Der Gesetzgeber hat in den parlamentarischen Materialien zwar zumeist den Begriff „**Schutzpflicht**" verwendet (vgl amtl Begr in BT-Drucks 14/6040, 125), griff jedoch auch auf die Ausdrücke „**weitere Verhaltenspflichten**", „**Rücksichtnahmepflichten**" und „**Nebenpflichten**" zurück (vgl amtl Begr in BT-Drucks 14/6040, 125). Da sich somit auch aus den Materialien keine gesicherte Begriffsbildung entnehmen lässt, sollte der Wortlaut der Norm die Grundlage der Begriffsbestimmung bilden. **155**

Daher werden die in Abs 2 angesprochenen Pflichten im Folgenden als „**Rücksichtspflichten**" bezeichnet.

156 Die Rücksichtspflichten beziehen sich auf die **Bewahrung der gegenwärtigen Güterlage** (status quo) der am Schuldverhältnis beteiligten Personen (vgl ausf STOLL, Leistungsstörungen 26 ff; THIELE JZ 1967, 650 f; STÜRNER JZ 1976, 385; KÖPCKE, Typen der positiven Vertragsverletzung [1965] 79 ff; MEDICUS, Probleme um das Schuldverhältnis 15; vor STOLL ähnlich schon: KRESS, Schuldrecht 578 ff; detailliert z den Besonderheiten der Rücksichtspflichten auch GRIGOLEIT, in: FS Canaris [2007] 275, 277 f, 281 ff). Sie sollen Schäden von den Rechtsgütern des anderen Teils bei Begründung und Abwicklung eines Schuldverhältnisses **abwenden** und den **ungestörten Leistungsvollzug** ermöglichen bzw sichern (ausf u Rn 157 ff; ESSER/SCHMIDT, Schuldrecht I § 29 III 2 b–d; MünchKomm/KRAMER Rn 19).

3. Kriterien der Abgrenzung von Leistungs- und Rücksichtspflichten

157 Bei den unterschiedlichen Begriffsbildungen handelt es sich nicht nur um ein theoretisches Problem, sondern man muss vor allem im Hinblick auf die **Rechtsfolgen** von Leistungsstörungen zwischen Leistungs- und Rücksichtspflichten unterscheiden (so zuerst STOLL, Leistungsstörungen 27 ff; vgl aber auch amtl Begr in BT-Drucks 14/6040, 125; MünchKomm/KRAMER Rn 18 f; FIKENTSCHER/HEINEMANN, Schuldrecht Rn 37, 41 ff; JAUERNIG/ MANSEL Rn 9 f; grundlegend: CANARIS, in: FS Larenz [1983] 84 ff; ENNECCERUS/LEHMANN, Schuldrecht § 4 II 2 [jedoch mit anderer Terminologie]; **aA** MOTZER JZ 1983, 888). So löst zB die Verletzung einer Nebenleistungspflicht Gläubigerrechte aus §§ 280 Abs 1, 3 iVm 281 aus (z übereinstimmenden „Rechtsfolgenprogramm" von Leistungs- und Nebenleistungspflichtverletzungen GRIGOLEIT, in: FS Canaris [2007] 275, 279 f), wohingegen bei Verletzung einer nichtleistungsbezogenen Rücksichtspflicht Schadensersatz statt der Leistung nur unter den (zusätzlichen) Voraussetzungen der §§ 280 Abs 1, 3 iVm 282 verlangt werden kann (vgl z Abgrenzung BAMBERGER/ROTH/UNBERATH § 281 Rn 2; Hk-BGB/SCHULZE Rn 4; MünchKomm/KRAMER Rn 19; STAUDINGER/OTTO/SCHWARZE [2009] § 282 Rn 21 ff; GRIGOLEIT, in: FS Canaris [2007] 275, 288 ff). Dasselbe Problem stellt sich bei der Abgrenzung von § 323 zu § 324 in Bezug auf den Rücktritt des Gläubigers. Zu der deshalb notwendigen Differenzierung werden unterschiedliche Kriterien herangezogen (ausf z möglichen Unterscheidungsmerkmalen MEDICUS, Zur Anwendbarkeit des Allgemeinen Schuldrechts auf Schutzpflichten, in: FS Canaris [2007] 835, 837 ff):

a) Klagbarkeit als Unterscheidungsmerkmal

158 Zum einen wird vertreten, für die Abgrenzungsfrage komme der **Klagbarkeit** wesentliche Bedeutung bei (so MünchKomm/ROTH Rn 42; GRÖSCHLER, in: FS Konzen [2006] 109, 113 f; vgl z Rechtsfolge bei Verletzung einer Rücksichtspflicht ausf u Rn 544 ff; z entspr Abgrenzung bei den Obliegenheiten s o Rn 120 ff). Leistungspflichten würden danach durch Leistungs- und Unterlassungsklagen durchgesetzt, während die Verletzung von Rücksichtspflichten lediglich Schadensersatzansprüche erzeuge, wohingegen eine Klagbarkeit ausgeschlossen sei.

159 Zweifel an dieser Betrachtungsweise resultieren aber daraus, dass die Klagbarkeit der Rücksichtspflichten im Allgemeinen sehr umstritten ist (s u Rn 544 ff). Zudem lässt sich eine Antwort auf die Frage nach der Klagbarkeit erst nach Festlegung des Rechtscharakters der jeweiligen Pflicht geben. Deshalb stellt das Kriterium der Klagbarkeit keine taugliche Differenzierungsgrundlage dar (so auch MADAUS Jura

2004, 289, 290; MEDICUS, Zur Anwendbarkeit des Allgemeinen Schuldrechts auf Schutzpflichten, in: FS Canaris [2007] 835, 839; **aA** MünchKomm/ROTH Rn 42).

b) Zielsetzung als Unterscheidungsmerkmal
Das wichtigste Unterscheidungskriterium zwischen Leistungs- und Rücksichts- 160
pflichten bildet vielmehr die jeweilige **Zielsetzung** der Pflicht. Die **Rücksichtspflichten** haben, wie ausgeführt (s o Rn 156), die **Bewahrung** der gegenwärtigen Güterlage („status quo") jedes am Schuldverhältnis Beteiligten, also den Schutz des **Integritätsinteresses**, zum Ziel. **Leistungspflichten** hingegen sind auf die **Veränderung der Güterlage** des Gläubigers gerichtet. Indem sie der Erreichung des konkreten **Zweckes** eines Schuldverhältnisses dienen, sollen sie den „status ad quem" fördern (z diesem Unterscheidungskriterium ausf THIELE JZ 1967, 650 f; GRIGOLEIT, in: FS Canaris [2007] 275, 276 f; ähnlich MünchKomm/ROTH Rn 38 f). Je nachdem, welche Zielrichtung die jeweilige Pflicht verfolgt, kann sie einer der beiden Kategorien zugeordnet werden.

Die Grenzen sind insbesondere im Bereich vertraglicher Pflichten fließend und des- 161
halb oft schwer zu bestimmen. Interessengerechte Lösungen bietet nur eine wertende **Einzelfallbetrachtung**, ob die jeweils betroffene Pflicht das **Leistungs-** oder das **Integritätsinteresse** schützt (so auch BAMBERGER/ROTH/GRÜNEBERG/SUTSCHET Rn 42; MünchKomm/KRAMER Rn 19; ähnlich MADAUS Jura 2004, 289, 291 f). Fehlen Abreden im Vertrag, erfolgt die Entscheidung nach den Regeln der (ergänzenden) Vertragsauslegung (LOOSCHELDERS, Schuldrecht AT Rn 13; JAUERNIG/MANSEL Rn 9). Als problematisch erweisen sich insbesondere solche Pflichten, die sowohl dem Leistungsinteresse als auch dem Schutzinteresse dienen (vgl dazu auch u Rn 215, 223, 234, 270 f, 289, 428 ff, 508). Beispielhaft lässt sich hier die Pflicht zur sorgfältigen Anleitung nennen, eine gefährliche Maschine zu bedienen. Die entsprechende Aufklärungspflicht dient zum einen dazu, die Funktion der Maschine zu gewährleisten, zum anderen soll sie den Verwender des Gerätes vor Verletzungen bewahren (z einem ähnlichen Bsp vgl die Gesetzesbegr in BT-Drucks 14/6040, 125; Hk-BGB/SCHULZE Rn 8; MEDICUS, Schuldrecht I Rn 117 ff; ausf THIELE JZ 1967, 650 f; allg z Doppelcharakter von Aufklärungspflichten im Rahmen von Kaufverträgen MÜLLER/HEMPEL, Nebenpflichten des Verkäufers unter besonderer Berücksichtigung der Verjährung, AcP 205 [2005] 246, 262 ff). Sie ist somit gleichermaßen Leistungs- und Rücksichtspflicht. Wird eine derartige Pflicht verletzt, so muss wiederum im Wege der **Auslegung** ermittelt werden, welcher konkrete Zweck der jeweiligen Pflicht durch die Verletzungshandlung oder Unterlassung betroffen wird (Rn 149; vgl auch STAUDINGER/OTTO/SCHWARZE [2009] § 282 Rn 23; ausf z typischen Überschneidungskonstellationen GRIGOLEIT, in: FS Canaris [2007] 275, 295 ff).

IV. Arten von Nebenleistungspflichten*

1. Allgemeines

Da das Gesetz keine Vorgaben dafür nennt, wann eine Rechtspflicht als Nebenlei- 162
stungspflicht oder als Rücksichtspflicht einzustufen ist, sind sog Informations-, Obhuts-, Fürsorge- und sonstige Rücksichtspflichten iSd Abs 2 von Abs 1 regelmäßig

---

* **Schrifttum:** vBAR, „Nachwirkende" Vertragspflichten, AcP 179 (1979) 452; BATEREAU, Die Haftung der Bank bei fehlgeschlagener Sanierung, WM 1992, 1517; BEAUCAMP, Das Arbeitsverhältnis als Wettbewerbsverhältnis, NZA 2001, 1011; BLOMEYER, Der Widerruf von Verdadurch abzugrenzen, ob sie lediglich dem **Rechtsgüterschutz oder** dem **Leistungsinteresse** dienen (vgl deshalb die Kommentierung Rn 378 ff, 424 ff; z Abgrenzung NEUMANN, Leistungsbezogene Verhaltenspflichten 4; Hk-BGB/SCHULZE Rn 8). Dabei kann eine Verein-

---

sorgungszulagen infolge „Treuepflichtverletzungen" des Arbeitnehmers, ZIP 1991, 1113; BOEWER, Der Wiedereinstellungsanspruch – Teil 1, NZA 1999, 1121; ders, Der Wiedereinstellungsanspruch – Teil 2, NZA 1999, 1177; BRAND, Probleme mit der „Ikea-Klausel", ZGS 2003, 96; BRUCKNER, Nachvertragliche Wettbewerbsverbote zwischen Rechtsanwälten (1987); BRYCH, Die Zahlungsverpflichtungen des Wohnungskäufers, DNotZ 1974, 413; BUCHWALD, Verpfändung und Pfändung von GmbH-Anteilen, GmbHR 1960, 5; CANARIS, Kreditkündigung und -verweigerung gegenüber sanierungsbedürftigen Bankkunden, ZHR 143 (1979) 113; CHRISTENSEN, Verschulden nach Vertragsende (Diss Kiel 1958); COING, Die Treuhand kraft privaten Rechtsgeschäfts (1973); DÜRKES, Wertsicherungsklauseln (10. Aufl 1992); EICHHOLT, Kündigung von NPD-Konten, NJW 2001, 1400; EISENHARDT, Haupt- und Nebenpflichten des Mieters bei Rückgabe der Mieträume, WuM 1998, 447; ELGER, Nachwirkungen nach Ende des Rechtsverhältnisses im BGB (Diss Münster 1936); FINGER, Die Verpflichtung des Herstellers zur Lieferung von Ersatzteilen, NJW 1970, 2049; FRITZEMEYER, Die Konkurrenzschutzpflicht des Franchisegebers – eine Zwischenbilanz, BB 2000, 472; GAUL, Die Abgrenzung nachvertraglicher Geheimhaltungsverpflichtungen gegenüber vertraglichen Wettbewerbsbeschränkungen, ZIP 1988, 689; GÖTZ, Obliegenheiten und positive Forderungsverletzung – BGHZ 11, 80, JuS 1961, 56; GREULICH, Nachwirkungen bei Lieferverträgen, BB 1955, 208; HÖLDER, Über Ansprüche und Einreden, AcP 93 (1902) 41; HÜFFER, Leistungsstörungen durch Gläubigerhandeln (1976); JAGENBURG, Die Entwicklung des privaten Bauvertragsrechts seit 2000: VOB/B, NJW 2003, 102; JANKE, Die Nebenleistungspflichten bei der GmbH (Diss Stuttgart 1996); JOACHIM, Konkurrenzschutz im gewerblichen Mietrecht, BB 1986 Beilage 6, 1; KÄUFFER, Die Vor- und Nachwirkungen des Arbeitsverhältnisses (Diss Köln 1959); KLAUE, Wettbewerbsverbote und § 1 GWB, WuW 1961, 323; KUKAT, Vorsicht ist besser als Nachsicht – Praktische Hinweise zur Vereinbarung nachvertraglicher Wettbewerbsverbote für Geschäftsführer und zur Anrechnung anderweitigen Erwerbs, BB 2001, 951; KÜNZL, Arbeitsvertragliche Nebenpflicht zur Durchführung einer Alkoholtherapie?, NZA 1998, 122; H LANGE, Leistungsstörungen beim schwebend unwirksamen Geschäft, in: FS Schmidt-Rimpler (1957) 139; O LANGE, Die behördliche Genehmigung und ihre zivilrechtlichen Auswirkungen, AcP 152 (1952/53) 241; LEHMANN, Die Unterlassungspflicht im bürgerlichen Recht (1969, unveränderter Nachdruck der Ausgabe 1911); LIESEGANG, Die Konkurrenzschutzpflicht des Franchisegebers, BB 1999, 857; LÜKE, Der Informationsanspruch im Zivilrecht, JuS 1986, 2; MÖLLERS, Die Haftung der Bank bei Kreditkündigung (1991); MONJAU, Nachwirkende Treuepflichten, BB 1962, 1439; MÜLLER/HEMPEL, Nebenpflichten des Verkäufers unter besonderer Berücksichtigung der Verjährung, AcP 205 (2005) 246; NEUMANN, Leistungsbezogene Verhaltenspflichten (Diss Augsburg 1988); NICKLISCH, Mitwirkungspflichten des Bestellers beim Werkvertrag, insbesondere beim Bau- und Industrieanlagenvertrag, BB 1979, 533; NIRK, Culpa in Contrahendo – eine richterliche Rechtsfortbildung – in der Rechtsprechung des Bundesgerichtshofes, in: FS Möhring Bd I (1965) 385; OETKER, Der Wiedereinstellungsanspruch des Arbeitnehmers beim nachträglichen Wegfall des Kündigungsgrundes, ZIP 2000, 643; PETERS, Grundfälle zum Werkvertragsrecht, JuS 1993, 29; RAAB, Der Wiedereinstellungsanspruch des Arbeitnehmers bei Wegfall des Kündigungsgrundes, RdA 2000, 147; REINFELD, Das nachvertragliche Wettbewerbsverbot im Arbeits- und Wirtschaftsrecht (Diss Köln 1993); RICKEN, Grundlagen und Grenzen des Wiedereinstellungsanspruchs, NZA 1998, 460; RICKER, Verjährungsprobleme bei Herstellungs- und Schadensersatzansprüchen des Vermieters wegen Veränderungen oder Verbarung durchaus den Schluss erlauben, dass die Verpflichtung in engem Bezug zur Hauptleistung steht und deshalb als Nebenleistungspflicht geschuldet wird (LARENZ, Schuldrecht I § 2 I b [12]; NEUMANN, Leistungsbezogene Verhaltenspflichten 4 f; BAMBERGER/ROTH/GRÜNEBERG/SUTSCHET Rn 42; ERMAN/HOHLOCH § 242 Rn 76; MünchKomm/ROTH § 242 Rn 37), allerdings nicht als Regelfall. Deshalb soll an dieser Stelle auf solche Pflichten eingegangen werden, die **typischerweise Leistungsbezug** aufweisen, mithin meist der Vorbereitung, Erbringung oder Sicherung der geschuldeten Leistung dienen. Es handelt sich im Einzelnen um die Pflicht zur **Auskunft** und **Rechenschaft**, ferner die **Mitwirkungs-** und **Unterstützungs-** sowie **Leistungssicherungspflichten**.

a) Gesetzliche Nebenleistungspflichten
Grundsätzlich geht das Gesetz davon aus, dass (nur) die – oft synallagmatisch ver- **163** knüpften – **Hauptpflichten** das Wesen einer Gläubiger-Schuldner-Beziehung prägen (vgl LOOSCHELDERS, Schuldrecht AT Rn 12). Detaillierte **gesetzliche Nebenleistungspflichten** belasten die Vertragsfreiheit der Parteien, stellen also Eingriffe in die Privatautonomie dar. Sie können allerdings bei Dispositivität durch Vereinbarung ersetzt oder modifiziert werden (LARENZ, Schuldrecht I § 2 I [7]). In einigen Fällen sind jedoch aus Sicht des Gesetzgebers zwingende Schutzvorschriften unentbehrlich, um eine ordnungsgemäße Abwicklung des Schuldverhältnisses zu ermöglichen. Insgesamt liegt die Intention einer gesetzlichen Regelung von Nebenleistungspflichten deshalb zumeist einerseits in der Vorgabe einer **Erwartungshaltung** an Schuldner und Gläubiger, wie das typische und unproblematische Schuldverhältnis durchzuführen sei (vgl dazu auch LARENZ, Schuldrecht I § 2 b). Andererseits will man die Einhaltung gewisser **Mindeststandards** zum **Schutz** einer (unterlegenen) Partei aber auch erzwingen.

---

schlechterungen der Mietsache, NZM 2000, 216; RODIG, Verpflichtung des Herstellers zur Bereithaltung von Ersatzteilen für langlebige Wirtschaftsgüter und ausgelaufene Serien, BB 1971, 854; ROTH, Die Anpassung von Gesellschaftsverträgen, in: FS Honsell (2002) 573; SCHÄFER, Pflicht zu gesundheitsförderndem Verhalten?, NZA 1992, 529; E SCHMIDT, Zur Ökonomie ergänzender Vertragspflichten unter besonderer Berücksichtigung von Konkurrenzschutzgeboten, JA 1978, 597; SCHOPP, Formularverträge über die Automatenaufstellung, ZMR 1972, 197; SERICK, Eigentumsvorbehalt und Sicherungsübertragung: Neue Rechtsentwicklungen (2. Aufl 1993); STEINDORFF, Gesetzeszweck und gemeinsamer Zweck des § 1 GWB, BB 1977, 569; STÖREAU, Informationspflichten beim Wertpapierhandel nach § 31 Abs 2 S 1 Nr 2 WpHG (Diss Kiel 2003); STRÄTZ, Über sog „Nachwirkungen des Schuldverhältnisses und den Haftungsmaßstab bei Schutzpflichtverstößen", in: FS Bosch (1976) 999; STÜRNER, Der Anspruch auf Erfüllung von Treue- und Sorgfaltspflichten, JZ 1976, 384; THUME, Das Wettbewerbsverbot des Handelsvertreters während der Vertragszeit, WRP 2000, 1033; VOGLIS, Kreditkündigung und Kreditverweigerung der Banken (2001); WALZ, Steuerrechtsbezogene Nebenpflichten im Recht der Leistungsstörungen, BB 1991, 880; WESTERMANN, Die Anpassung von Gesellschaftsverträgen an veränderte Umstände, in: FS Hefermehl (1976) 225; WIEGAND, Die Verhaltenspflichten, in: FS Gagnér (1991) 547; WINKLER V MOHRENFELS, Abgeleitete Informationsleistungspflichten im deutschen Zivilrecht (Habil Hamburg 1986); WISSKIRCHEN, Außerdienstliches Verhalten von Arbeitnehmern (Diss Berlin 1999); WUSSOW, Probleme der gerichtlichen Beweissicherung in Baumangelsachen, NJW 1969, 1401; ZÖLLNER, Anpassung von Personengesellschaftsverträgen (1979).

164 IS der erstgenannten Zielsetzung besteht die Aufgabe einer gesetzlichen Nebenleistungspflicht vor allem darin, den Gläubiger in die Lage zu versetzen, die ihm geschuldete Hauptleistung entgegenzunehmen, sie als die geschuldete Leistung zu erkennen und schließlich, sie bestimmungsgemäß zu nutzen (so auch GERNHUBER, Schuldverhältnis § 2 III 4; vgl ferner PALANDT/HEINRICHS Rn 5). Dem Schuldner wird darüber hinaus das zweck- und situationsgebotene Verhalten abverlangt, ohne welches die Hauptleistung nicht richtig oder sinnvoll erbracht werden könnte (ESSER/ SCHMIDT, Schuldrecht I § 6 III). Der Gesetzgeber konkretisiert mithin letztlich das Prinzip von „Treu und Glauben" des § 242 für einzelne Schuldverhältnisse, bei Einsatz zwingender Vorschriften sogar zu Lasten der Vertragsautonomie. Im Übrigen hat die Formulierung gesetzlicher Nebenleistungspflichten für die Parteien den positiven Effekt, einen Maßstab für die nach Ansicht des Gesetzes **gerechte Vertragsdurchführung** vorzufinden und andererseits – erheblich anders etwa als im angloamerikanischen Rechtskreis – im Falle ihrer Akzeptanz auch kurze Vereinbarungen schließen zu können. Dementsprechend und unter Berücksichtigung der gerade in diesen Bereichen oft auftretenden Meinungsverschiedenheiten befassen sich die Pflichten vor allem mit **Auskunft, Mitwirkung** oder **Sicherung** im Schuldverhältnis (BAMBERGER/ROTH/GRÜNEBERG/SUTSCHET Rn 14; SOERGEL/TEICHMANN § 242 Rn 162). Solche „Hilfsanker des Gesetzgebers", wie man sie zT nennt, finden sich – allerdings ohne erkennbare Systematik (so ESSER/SCHMIDT, Schuldrecht I § 6 III) – sowohl im Bürgerlichen Gesetzbuch als auch im sonstigen Zivilrecht (vgl dazu die Bsp bei der Erläuterung der einzelnen Pflichten).

b) Außergesetzliche Nebenleistungspflichten

165 **Vertragliche Nebenleistungspflichten** verfolgen prinzipiell dieselbe Zielrichtung wie gesetzliche Nebenleistungspflichten, ergeben sich jedoch aus einer ausdrücklichen oder konkludenten Parteiabrede. Oft stellt sie erst der Richter im Wege der erweiternden oder ergänzenden Auslegung fest (vgl BAMBERGER/ROTH/GRÜNEBERG/SUTSCHET Rn 42; MünchKomm/KRAMER Rn 17 spricht insofern von einer „Interessenanalyse"; krit MÜLLER/ HEMPEL AcP 205 [2005] 246, 247). Bei **gesetzlichen** Schuldverhältnissen können sich im Gesetz nicht geregelte Nebenleistungspflichten aus dem **Charakter des Schuldverhältnisses** unter Berücksichtigung der besonderen Umstände des Einzelfalls und der Wertungen des § 242 ergeben. Die Gemeinsamkeit solcher Pflichten besteht in ihrem Leistungsbezug, der sie von den integritätsbezogenen Rücksichtspflichten des Abs 2 unterscheidet (s u Rn 378 ff, 424 ff; BAMBERGER/ROTH/GRÜNEBERG/SUTSCHET Rn 15).

166 Der Gegenstand außergesetzlicher Nebenleistungspflichten ist kaum eingrenzbar. So können sowohl **zusätzliche Sachleistungen** (zB Aushändigung von Wagenpapieren, Stammbäumen oder sonstigen Urkunden), als auch **Sicherungsvorkehrungen** (Verpackung, Verwahrung, etc), aber auch **sonstige Aktivitäten** (etwa Auskunftserteilung, Rechenschaftslegung oder Unterweisung in die vertragsgemäße Nutzung einer Sache) neben der Hauptleistung geschuldet sein (ESSER/SCHMIDT, Schuldrecht I § 6 III). Zu beachten ist jedoch stets, dass diese Nebenleistungspflichten eine Förderung der geschuldeten Leistung bezwecken müssen.

2. Auskunft und Rechenschaft

a) Allgemeines

Eine **allgemeine Rechtspflicht** zur Erteilung von Auskunft oder Rechenschaft im **167** Schuldverhältnis besteht nicht, sondern es gibt nur einzelne Regelungen (s u Rn 168 f). Deshalb liegt es meist bei den Parteien, für diejenigen Informationen zu sorgen, die sie für die Durchsetzung ihres Rechts benötigen (st Rspr, vgl etwa RGZ 102, 235, 236; BGH NJW 1981, 1733, unstr). Bei der Abwicklung eines Schuldverhältnisses können jedoch Situationen entstehen, in denen der **Gläubiger** zur Informationsbeschaffung auf die Mithilfe des Schuldners angewiesen ist (vgl aus der neueren Rspr etwa OLG Dresden BauR 2000, 103; allg dazu WINKLER V MOHRENFELS, Abgeleitete Informationsleistungspflichten im deutschen Zivilrecht [Habil Hamburg 1986]; allg z Auskunft im Zivilrecht auch LÜKE JuS 1986, 2 ff; s u Rn 427 ff z Informationspflichten). Hiervon zu unterscheiden ist die Obliegenheit des Gläubigers zur Darlegung der anspruchsbegründenden Tatsachen gegenüber dem von ihm – außergerichtlich – in Anspruch genommenen **Schuldner**. Da sich ein entsprechender Auskunftsanspruch nicht auf die Erweiterung des Rechtskreises des Schuldners richtet, sondern vielmehr die Wahrung des „status quo" durch Verhinderung einer potentiell unberechtigten Inanspruchnahme bezweckt, stellt die sog **Darlegungsobliegenheit** keinen Fall einer Nebenleistungs-, sondern einer Rücksichtspflicht iSv **Abs 2** dar (ausf zur Problematik LEUSCHNER, Prüfungsfristen und Darlegungsobliegenheiten bei der außergerichtlichen Inanspruchnahme, AcP 207 [2007] 64, 69 ff).

b) Gesetzlich normierte Pflichten

Obwohl das Gesetz also selten die Pflicht des Schuldners, Auskunft oder Rechen- **168** schaft als Nebenleistung zu erbringen, normiert, finden sich doch zahlreiche Anhaltspunkte für die Existenz solcher Verpflichtungen. So ergibt sich aus § 259 Abs 1 eine Rechnungs- und Belegerstellungspflicht für denjenigen, der auf anderer Grundlage verpflichtet ist, über eine mit Einnahmen oder Ausgaben verbundene Verwaltung Rechenschaft abzulegen. § 260 Abs 1 normiert die Nebenleistungspflichten des Schuldners bei einer Hauptpflicht zur Herausgabe oder Auskunft über einen Inbegriff von Gegenständen. Die Vorschriften setzen also die Möglichkeit eines solchen Anspruchs voraus.

Bsp dafür, dass der Schuldner in den Grenzen der Zumutbarkeit die Leistungs- **169** durchsetzung seitens des Gläubigers durch ihm verfügbare Auskunft unterstützen muss, sind im **Schuldrecht** in den §§ 374, 402, 469 Abs 1 S 1, 613 a Abs 5, 650 Abs 2, 666, 681 S 1, 692 S 2, 713, 716, 789 zu finden, im **Sachenrecht** in den §§ 1042, 1214. Für das **Familienrecht** lassen sich die §§ 1379, 1435, 1580, 1605, 1686, 1698 anführen, für das **Erbrecht** die §§ 2027, 2057, 2121, 2127, 2146, 2215, 2218, 2314, 2384. **Außerhalb des BGB** kann man die **gesellschaftsrechtlichen** Regelungen der §§ 90, 91, 131, 132 AktG oder die §§ 41, 42 a, 51 a GmbHG nennen, im **Versicherungsrecht** die §§ 19, 30, 31, 146, 202 VVG, im **Wechsel- und Scheckrecht** Art 45 WG bzw Art 42 ScheckG. Im Rahmen eines **Arbeitsverhältnisses** schuldet der Arbeitgeber gemäß § 108 GewO bei Zahlung des Arbeitsentgelts die Erteilung einer Abrechnung in Textform.

c) Außergesetzliche Pflichten

Unabhängig von den genannten Vorschriften kann sich eine Pflicht zur Auskunft **170** oder Rechenschaft aus einer ausdrücklichen **Vereinbarung** bzw durch **Auslegung**, §§ 133, 157, 242, ergeben. Daraus ist der allgemeine Grundsatz entwickelt worden, dass jeder, der **fremde Angelegenheiten besorgt**, Rechenschaft zu legen hat (vgl bereits RGZ 73, 286, 288; 110, 1, 16; 164, 348, 350), ferner, dass der Schuldner Auskunft leisten muss, wenn der **Berechtigte** sich in **entschuldbarem Irrtum** über Bestehen und Umfang seines Rechts befindet, der **Verpflichtete** aber **unschwer Auskunft** erteilen kann (RGZ 108, 1, 7; 158, 377, 379 f; BGHZ 10, 385, 387; 55, 201, 203; 87, 346, 351 f; aus jüngerer Zeit s BAG NZA 2005, 983, 984; BGH NJW 2007, 1806, 1807 Rn 13). Informationsansprüche setzen damit ein **Wissensgefälle** zwischen den Beteiligten voraus (PWW/SCHMIDT-KESSEL § 242 Rn 58c). Eigenes Fachwissen sowie sachkundige Beratung durch Dritte können einem Auskunftsanspruch daher im Einzelfall entgegenstehen (vgl etwa OLG Saarbrücken NZBau 2006, 444, 445). Umstritten ist schließlich, ob Ansprüche auf Auskunft und Rechenschaft dogmatisch auch nach der Neufassung des § 241 am 1.1. 2002 (vgl oben Einl 184 ff zu §§ 241 ff) auf dem Rechtsgedanken des **§ 242** fußen (so etwa BGH NJW-RR 2006, 496, 498 Rn 16; NJW 1988, 1906; NJW 1993, 2737 mit Besprechung von HOHLOCH, Wertermittlungsanspruch des pflichtteilsberechtigten Erben auf eigene Kosten – Anm z BGH NJW 1993, 2737, JuS 1994, 76 f mwNw; BGH BB 1993, 1612; OLG Köln FamRZ 1992, 469, 470; BGH NJW-RR 1994, 454, 455; vgl auch MÜLLER/HEMPEL AcP 205 [2005] 246, 247 f) oder bereits **Gewohnheitsrecht** geworden sind (vgl dazu bereits BGH Betrieb 1980, 682; STAUDINGER/J SCHMIDT [1995] § 242 Rn 829 mwNw).

d) Prozessuales

171 Als auf ein zukünftiges Verhalten gerichtete und damit **klagbare Ansprüche** (BAMBERGER/ROTH/GRÜNEBERG/SUTSCHET Rn 70; zur Klagbarkeit als Unterscheidungskriterium s o Rn 158 f) treten Nebenleistungspflichten neben die Hauptleistungspflicht und sichern deren ordnungsgemäße Abwicklung (vgl z prozessualen Durchsetzung auch OLG Hamburg FamRZ 2003, 701; STAUDINGER/BITTNER [2009] § 259 Rn 44 ff, § 260 Rn 42 ff; allg z prozessualen Durchsetzung von Nebenleistungspflichten auch SOERGEL/TEICHMANN § 242 Rn 173 ff). Mangels gesetzlicher Normierung eines allgemeinen Anspruchs haben Rspr und Lit Kriterien herausgebildet, ob und in welchem **Umfang** Rechenschaft bzw Auskunft zu leisten ist; eine entsprechende Auflistung des Fallmaterials enthält die Kommentierung zu §§ 259 ff (vgl STAUDINGER/BITTNER [2009] §§ 259 f).

3. Mitwirkungs- und Unterstützungspflichten

a) Allgemeines

172 Parteien, die durch Vertragsschluss oder gesetzliches Schuldverhältnis in einer **Nähebeziehung** stehen, müssen unter Berücksichtigung eventueller Vereinbarungen und des Grundsatzes von Treu und Glauben, § 242, alles tun, um die Durchführung des Schuldverhältnisses zu ermöglichen (vgl auch PALANDT/HEINRICHS § 242 Rn 32; SOERGEL/TEICHMANN § 242 Rn 155; BAMBERGER/ROTH/GRÜNEBERG/SUTSCHET Rn 55). Der reine Austausch der Hauptleistungen allein entspricht im Regelfall nicht den Parteiinteressen (MünchKomm/ROTH § 242 Rn 47). Die Anforderungen an das Parteiverhalten variieren mit ihrer Nähebeziehung (ERMAN/HOHLOCH § 242 Rn 65) und sind bei rechtsgeschäftlicher Verbindung größer als bei gesetzlicher. Ebenso fallen das **schutzwürdige Vertrauen** oder die **überlegene Fachkunde** einer Partei bei der Auslegung der Pflichten ins Gewicht (BAMBERGER/ROTH/GRÜNEBERG/SUTSCHET Rn 44).

173 Entsprechende Pflichten können etwa darin bestehen, Erfüllungshindernisse im Risikobereich einer Partei aus dem Weg zu schaffen (s u Rn 202 ff) oder die Leistungsdurchführung insgesamt zu fördern (s u Rn 208 ff). UU kann sogar eine über die eigentliche Vereinbarung hinausgehende Leistung geschuldet sein (s u Rn 242 f). Die Mitwirkung zur Schaffung von Rechtssicherheit (s u Rn 244 ff) sowie die Unterstützung der anderen Partei gegenüber Dritten (hier Rn 253 ff) sind weitere typische Inhalte entsprechender Verpflichtungen.

Eine **Grenze** für Mitwirkungspflichten verläuft dort, wo der ausschließliche **Interessen-** und **Risikobereich** einer Partei betroffen ist. Kein Vertragspartner hat die Pflicht, in einem Bereich mitzuwirken, der sich seinem tatsächlichen und rechtlichen Zugriff entzieht (so auch BGH ZIP 1982, 742; 1990, 224; BAMBERGER/ROTH/GRÜNEBERG/ SUTSCHET Rn 55; MünchKomm/ROTH § 242 Rn 47; SOERGEL/TEICHMANN § 242 Rn 159 stellt auf die Zumutbarkeit als Kriterium ab). **174**

Der Grundgedanke all dieser Pflichten liegt in der **Durchsetzung des Erfüllungsinteresses** der Parteien, weshalb Mitwirkungspflichten auch als Sonderfall der **Leistungstreuepflichten** bezeichnet werden (vgl etwa BAMBERGER/ROTH/GRÜNEBERG/SUTSCHET Rn 55; GERNHUBER, Schuldverhältnis § 2 IV 1; allg z Terminologie s o Rn 142 ff). Hingegen vermag die Bezeichnung „Loyalitätspflichten" (so LARENZ, Schuldrecht I § 2 I) insofern nicht zu überzeugen, als es sich um Pflichten handelt, die darauf zielen, das Erreichen des Vertragszweckes **aktiv zu fördern** und alles zu **unterlassen**, was den Vertragszweck gefährdet. Dieses Förderungsmoment bringt die Bezeichnung als **Mitwirkungspflicht** treffender zum Ausdruck (so auch GERNHUBER, Schuldverhältnis § 2 IV 1). Dafür spricht auch, dass solche Pflichten grds einklagbar sind (vgl BGH MDR 1963, 837, 839; RGZ 168, 343, 344 f; ESSER/SCHMIDT, Schuldrecht I § 6 III; MünchKomm/ROTH § 242 Rn 56), was sie von der sog **allgemeinen Leistungstreuepflicht** unterscheiden soll (BAMBERGER/ROTH/GRÜNEBERG/SUTSCHET Rn 55; s o Rn 147 f). Überdies kann der Begriff der allgemeinen Leistungstreuepflicht bestenfalls als Sammelbegriff für das gesamte leistungsorientierte und -fördernde Verhalten des Schuldners dienen. Zur näheren Bezeichnung der konkret geschuldeten Verhaltenspflicht erscheint er auf Grund seiner Unbestimmtheit hingegen wenig hilfreich (dennoch als Einteilungskriterium verwendet etwa von AnwK-BGB/KREBS § 242 Rn 43; BAMBERGER/ROTH/GRÜNEBERG/SUTSCHET Rn 46 ff; PALANDT/HEINRICHS § 242 Rn 27 ff). **175**

Mitwirkungspflichten kann man zum einen danach unterscheiden, ob sie im **Vorfeld** eines Vertrages, während der **Vertragsdurchführung** oder aber **außerhalb des vertraglichen Bereichs**, also in gesetzlichen Schuldverhältnissen, bestehen. Zum anderen lässt sich auf die verfolgte **Zielrichtung** der Pflichten abstellen. Anhand dieser Unterscheidungsmerkmale soll im Folgenden auf Einzelfälle aus Rspr und Lit eingegangen werden. **176**

b) Mitwirkung im Vorfeld des Vertragsschlusses
aa) Allgemeines
Grds besteht im Vorfeld eines Vertragsschlusses auf Grund der Privatautonomie in Form der Abschlussfreiheit (BAMBERGER/ROTH/GRÜNEBERG/SUTSCHET Rn 56) kein klagbarer Anspruch darauf, am **Abschluss des Vertrages** mitzuwirken (NIRK, Culpa in Contrahendo – eine richterliche Rechtsfortbildung in der Rechtsprechung des Bundesgerichtshofes, in: FS Möhring [1965] 385, 397; MünchKomm/ROTH § 242 Rn 48; vgl insgesamt z Problematik des klagbaren Anspruchs bei Nebenleistungspflichten NEUMANN, Leistungsbezogene Verhaltenspflich- **177**

ten 19 ff). Ausgleich für verletztes Parteivertrauen, insbesondere im Fall des unbegründeten Abbruchs von Vertragsverhandlungen (BAMBERGER/ROTH/GRÜNEBERG/SUT-SCHET Rn 56), erzeugt damit allenfalls die grds. auf das **negative Interesse** beschränkte Haftung aus cic, §§ 280 Abs 1, 311 Abs 2, 241 Abs 2. Das **positive Interesse** wird hierbei nur ausnahmsweise umfasst (MünchKomm/ROTH § 242 Rn 48; vgl ferner STAUDINGER/LÖWISCH [2005] § 311).

178 Nur vereinzelt hat der Gesetzgeber dieses Prinzip durchbrochen (s u Rn 179 f) und auch die Rspr hat nur mit Zurückhaltung angenommen, dass sich aus besonderen rechtlichen Nähebeziehungen eine Pflicht ergeben kann, auf den Abschluss eines Vertrages hinzuwirken, so zB bei der **Miterbengemeinschaft** im Hinblick auf das Zustandekommen eines **Auseinandersetzungsvertrages** (OLG Nürnberg RdL 1967, 329; MünchKomm/ROTH § 242 Rn 48). Bei einem bereits geschlossenen **Vorvertrag** kommt eine schadensersatzpflichtige Erfüllungsverweigerung in Betracht (BGH NJW 1984, 479 f). Auch können Mitwirkungspflichten bei **bedingten Rechtsgeschäften** während des Schwebezustandes bestehen (BGHZ 90, 302, 308; z der problematischen Konstellation, dass die Entstehung der Leistungspflichten von Mitwirkungshandlungen abhängig ist, etwa im Falle zu beschaffender Genehmigungen, s u Rn 181 ff).

bb) Gesetzlich normierte Mitwirkungspflichten vor Vertragsschluss
179 In der **Anbahnungsphase eines Vertrages** kann die Mitwirkung einer „Partei" von Gesetzes wegen geschuldet sein. Sofern etwa eine dem Antragenden verspätet zugegangene Annahmeerklärung dergestalt abgesendet wurde, dass sie ihm bei regelmäßiger Beförderung rechtzeitig zugegangen sein würde, und der Antragende dies erkennen musste, hat er gem § 149 S 1 dem Annehmenden die Verspätung unverzüglich nach Empfang der Erklärung anzuzeigen. Der Zweck dieser Vorschrift besteht im Schutz des ordnungsgemäß handelnden Adressaten eines Antrags (vgl PALANDT/ELLENBERGER § 149 Rn 1).

180 Darüber hinaus beinhalten auch die §§ 305 Abs 2 Nr 1, 312 Abs 2, 355 Abs 2, 415 Abs 1 S 2, 482, 502, 663, 675a sowie einige Regelungen der BGB-Informations-VO (Verordnung über Informations- und Nachweispflichten nach Bürgerlichem Recht, BGBl 2002 Teil I, Nr 55, 3002) Mitwirkungspflichten, die auf der Schutzwürdigkeit einer Partei im Vorfeld eines Vertragsschlusses beruhen. Im **Wertpapierhandelsrecht** findet sich mit § 31 Abs 3 WpHG eine Vorschrift, die ebenfalls in diesen Zusammenhang fällt (ausf STÖREAU, Informationspflichten beim Wertpapierhandel nach § 31 Abs 2 S 1 Nr 2 WpHG [Diss Kiel 2003]; LEISCH, Informationspflichten nach § 31 WpHG [Diss München 2004]; aus der Rspr zu § 31 WpHG auch BGH MDR 2004, 1256; NJW-RR 2004, 484). Vor Abschluss eines **Versicherungsvertrages** hat der Versicherer den potentiellen Versicherungsnehmer nach Maßgabe des § 6 VVG hinsichtlich der angebotenen Versicherung zu beraten (z den Einzelheiten LANGHEID, Die Reform des Versicherungsvertragsgesetzes – 1. Teil: Allgemeine Vorschriften, NJW 2007, 3665 f).

cc) Außergesetzliche Mitwirkungspflichten vor Vertragsschluss
(1) Allgemeines
181 Die Rspr hat außergesetzliche **Mitwirkungspflichten vor Vertragsschluss** vor allem dann angenommen, wenn andernfalls die Rechtsbeziehungen der Parteien nicht zustande kämen. So bedarf es oft im Vorfeld eines Vertragsschlusses **behördlicher Genehmigungen**, die zur wirksamen Durchführung des Schuldverhältnisses erforderlich

sind (allg z Problemkreis HÜFFER, Leistungsstörungen durch Gläubigerhandeln [1976] 45 ff; O LANGE AcP 152 [1952/53] 241; H LANGE, in: FS Schmidt-Rimpler [1957] 139 ff). Gläubiger und Schuldner trifft dann die Pflicht, diese Erfüllungshindernisse im Zusammenwirken zu beseitigen bzw alles zu unterlassen, was eine Genehmigung gefährden oder vereiteln könnte (vgl BGHZ 14, 1, 2; 67, 34, 35; BVerwG NJW-RR 1986, 756, 758; PALANDT/ HEINRICHS § 242 Rn 33).

Die **dogmatische Begründung** einer solchen Pflicht stellt sich allerdings als schwierig dar: Man könnte zum einen darauf abstellen, dass bereits vor vertraglicher Bindung eine allgemeine **„Treuepflicht"** der Parteien besteht, auf den Eintritt der für die Vertragsschluss erforderlichen Bedingungen hinzuwirken (so die hM; vgl etwa für die Rspr RGZ 115, 35, 38; 119, 332, 334; 129, 357, 376; 168, 343, 344 f; BGHZ 14, 1, 2; BGH NJW 1960, 523; 1967, 830; BB 1976, 1291 mwNw; für die Lit MünchKomm/ROTH § 242 Rn 50). Dies führt jedoch zu einem Wertungswiderspruch gegenüber der oben genannten Prämisse, dass – abgesehen von einem Vorvertrag – keine klagbaren Pflichten im vorvertraglichen Bereich im Hinblick auf die Förderung des Vertragsschlusses bestehen. Deshalb liegt eine Lösung nahe, die sich an der ratio legis des Genehmigungserfordernisses orientiert (so auch STAUDINGER/J SCHMIDT [1995] § 242 Rn 859). Sein Zweck besteht nämlich nicht darin, den Parteien eine Möglichkeit zu geben, sich von dem angebahnten Schuldverhältnis zu lösen, sondern es soll fremde, oft auch öffentlich-rechtliche Belange wahren. Dies verwirklicht das Gesetz durch Anordnung einer (schwebenden) Unwirksamkeit des Schuldverhältnisses bis zur Erteilung der Genehmigung (STAUDINGER/J SCHMIDT [1995] § 242 Rn 859). Die ratio des Genehmigungszwanges erfordert aber andererseits, dass die Parteien bereits vor Vertragsschluss insofern gebunden sind, als sie an der Herbeiführung der Genehmigung mitzuwirken haben. Andernfalls würde man ihnen ein allgemeines Reuerecht einräumen, das durch die ratio legis des Genehmigungserfordernisses nicht gedeckt ist (STAUDINGER/J SCHMIDT [1995] § 242 Rn 859).

Im Einzelfall sind die „Parteien" deshalb zum einen verpflichtet, durch Herbeiführen oder Unterlassen der Gefährdung einer erforderlichen Genehmigung den Schwebezustand zu beenden, um so die Abwicklung des Schuldverhältnisses zu ermöglichen (BGHZ 14, 1, 2; vgl etwa BGHZ 14, 306, 313 = NJW 1954, 1684 – zum mittlerweile aufgehobenen § 3 WährG; BGHZ 23, 342, 344 = NJW 1957, 830 – zum aufgehobenen WohnsiedlungsG; NJW 1954, 1442; BB 1956, 869; 1976, 1291; DNotZ 1966, 739, 742; JZ 1972, 368; MünchKomm/ROTH § 242 Rn 50; mit Rückgriff auf den Gedanken des § 162 BAMBERGER/ROTH/GRÜNEBERG/SUTSCHET Rn 66).

Zum anderen kann sich in derartigen Fällen eine Pflicht ergeben, **zumutbaren Änderungen** am Rechtsgeschäft selbst zuzustimmen, um die Genehmigung oder Genehmigungsfreiheit herbeizuführen, wenn sich zeigt, dass ein Vertrag in seiner ursprünglichen Form nicht genehmigungsfähig ist (dazu BGH NJW 1957, 543; 1960, 523; DNotZ 1966, 739, 742; NJW 1967, 839; DB 1970, 584; NJW 1976, 1939). Dabei werden nicht nur den Parteien ausschließlich günstige (BGH NJW 1960, 523), sondern vielmehr auch unwesentliche bzw rein formelle (OLG Nürnberg WM 1959, 1251, 1253), teilweise sogar nachteilige (BGH NJW 1967, 830, 831) Veränderungen des Rechtsgeschäftes als zumutbar angesehen. Insbesondere im praktisch relevanten Fall nicht genehmigungsfähiger **Wertsicherungsklauseln** (vgl § 3 WährG aF; ausf z Problematik DÜRKES, Wertsicherungsklauseln [10. Aufl 1992] Rn D 343 ff) bzw nunmehr **Preisklauseln** (vgl § 2

PaPkG; vgl dazu auch ERMAN/SCHAUB § 244 Rn 9) hat die Rspr Korrekturen von Parteiabreden über die **ergänzende Vertragsauslegung** unter Berücksichtigung von §§ 316, 315 durchgeführt (vgl BGHZ 63, 132, 135; BGH NJW 1979, 2250; 1986, 932, 933; WM 1976, 385; OLG Karlsruhe BB 1981, 2097).

(2) Voraussetzungen

185 Allerdings besteht eine solche Mitwirkungspflicht nur dann, wenn die fehlende Genehmigung den einzigen Wirksamkeitsmangel des betroffenen Vertragsverhältnisses darstellt (MünchKomm/ROTH § 242 Rn 52; PALANDT/HEINRICHS § 242 Rn 33). Dies hat zur Folge, dass zB bei **Formnichtigkeit** eines Grundstückskaufvertrages keine Verpflichtung des Verkäufers besteht, auf die Erteilung einer erforderlichen Genehmigung hinzuwirken, wenn nicht der Formmangel ausnahmsweise gem § 242 überwunden wird (vgl RGZ 115, 35, 38 f; 119, 332, 334; BGH WM 1963, 763, 766; MünchKomm/ROTH § 242 Rn 52; z Überwindung der Formnichtigkeit STAUDINGER/LOOSCHELDERS/OLZEN § 242 Rn 447 ff). Auch bestehen keine Mitwirkungspflichten, wenn das Genehmigungserfordernis gerade die Entschließungsfreiheit einer Partei sichern will (vgl zB § 108; ferner STAUDINGER/J SCHMIDT [1995] § 242 Rn 857).

186 Schließlich scheiden Mitwirkungspflichten dann aus, wenn der ablehnende behördliche Bescheid durch Rechtsbehelfe nicht mehr angefochten werden kann (BGH JZ 1972, 368 mwNw; MünchKomm/ROTH § 242 Rn 55) oder die Erteilung der Genehmigung aus sonstigen Gründen aussichtslos geworden ist (BGHZ 76, 242, 248; BGH ZIP 1994, 910; MünchKomm/ROTH § 242 Rn 55). Dabei sind die Erfolgsaussichten eines Rechtsbehelfs nach objektiver ex-ante-Prognose, also aus der Sicht eines vernünftigen Dritten, zu berücksichtigen (BGH WM 1975, 366, 367; MünchKomm/ROTH § 242 Rn 55). Weitergehende Mitwirkungspflichten als die Einlegung möglicher und zumutbarer Rechtsbehelfe bestehen deshalb nicht, weil eine endgültige Versagung der Genehmigung zur Nichtigkeit des Vertrages führt und das gesamte Pflichtenprogramm erlischt. Nach dem Gedanken des § 139 gilt dies grds auch dann, wenn nur einzelne Klauseln betroffen sind (MünchKomm/ROTH § 242 Rn 55; **aA** für den Bereich der Wertsicherungsklauseln BGH BB 1959, 1006).

187 Eine Mitwirkungspflicht an einer gem § 141 stets möglichen **Neuvornahme** besteht nicht grds (so auch MünchKomm/ROTH § 242 Rn 55), sondern allenfalls als **Naturalrestitution** bei **schuldhafter Verletzung** einer Mitwirkungspflicht (vgl BGH MDR 1963, 837, 838; MünchKomm/ROTH § 242 Rn 55; für eine verschuldensunabhängige Haftung auf Grundlage der ratio legis des Genehmigungserfordernisses STAUDINGER/J SCHMIDT [1995] § 242 Rn 860).

(3) Prozessuales

188 Die Mitwirkungspflichten auf Herbeiführung einer (behördlichen) Genehmigung sind als selbstständige Nebenpflichten **klagbar** (RG JW 1926, 1427, 1428; RGZ 168, 343, 344 f; PALANDT/HEINRICHS § 242 Rn 32; MünchKomm/ROTH § 242 Rn 56). Dementsprechend kann sich das Klagebegehren auf die Vornahme der Mitwirkungshandlung richten; eine Beschränkung auf Schadensersatz besteht also grds nicht. Wenn bei der Verletzung einer Mitwirkungspflicht aber doch Schadensersatz geschuldet wird (vgl dazu STAUDINGER/OTTO/SCHWARZE [2009] § 281 Rn B 4, D 20, 29 ff), ist der hypothetische Zustand herzustellen, der bei pflichtgemäßem Verhalten vorläge. Stand dem Vertragsschluss und seiner Durchführung allein die fehlende Genehmigung entgegen, besteht die Ersatzpflicht daher in einer Leistung des Erfüllungsinteresses.

(4) Einzelfälle

Im Einzelfall müssen die Parteien etwa **schriftliche Ausfertigungen** eines mündlich **189** geschlossenen Vertrages gegenüber der Behörde erteilen oder die nach dem Genehmigungsverfahren **erforderlichen Erklärungen** abgeben (so bereits RG JW 1926, 1427). Das Genehmigungsverfahren darf **nicht hintertrieben** (RGZ 110, 356, 364; 129, 357, 378 ff), mögliche **Verzögerungen** bei der Genehmigungserteilung müssen **bedacht** (OLG Stuttgart NJW 1953, 670) und die **Leistungsfähigkeit** der Parteien nach Beseitigung eines etwaigen Schwebezustandes **sichergestellt** werden (OLG Hamburg MDR 1972, 947; vgl z Ganzen auch MünchKomm/Roth § 242 Rn 50).

Im Bereich der **familiengerichtlichen Genehmigung** gilt insofern eine Besonderheit, **190** als den **Vormund** lediglich eine **eingeschränkte Mitwirkungspflicht** trifft. Als Grenze ist zu beachten, dass eine entsprechende Verpflichtung des Vormundes Rechte einschränken könnte, deren Ausübung dem Betroffenen aus übergeordneten Gründen vorbehalten bleiben sollte (vgl auch Staudinger/J Schmidt [1995] § 242 Rn 858). Deshalb kann der Vormund grds nach freiem Ermessen von einem Antrag an das Familiengericht absehen oder auch auf die Mitteilung der erteilten Genehmigung verzichten (vgl dazu auch § 1829 Abs 1 S 2; MünchKomm/Roth § 242 Rn 55). Der **Schutz des Mündels** überlagert hier seine mögliche Mitwirkungspflicht nach den Grundsätzen von Treu und Glauben, so dass der Vormund auch die Erteilung seiner Genehmigung gem § 108 ablehnen kann, ohne treuwidrig zu handeln (vgl BGHZ 54, 71, 75 = NJW 1970, 1414).

c) Mitwirkung bei der Durchführung des Vertrages
aa) Allgemeines

Von den bisher behandelten Konstellationen ist die Situation zu unterscheiden, bei **191** der das Verpflichtungsgeschäft bereits wirksam zustande gekommen ist, die **Durchführung des Vertrages** aber weiterer Mitwirkung der Parteien bedarf, zB weil auch das Erfüllungsgeschäft von einer Genehmigung abhängt (s etwa § 1365). Hier ergibt sich eine Mitwirkungspflicht der Parteien bereits aus dem rechtswirksamen Grundgeschäft, das auf Abwicklung, also auf Erfüllung, gerichtet ist (vgl dazu auch Erman/Hohloch § 242 Rn 82; MünchKomm/Roth § 242 Rn 57; Staudinger/J Schmidt [1995] § 242 Rn 858). **Art und Umfang** der weiteren Pflichten sind wiederum gesetzlich vorgegeben oder gem §§ 133, 157, 242 im Wege der **Auslegung** festzustellen (z den Rechtsfolgen bei Verletzung der Pflichten Staudinger/Otto/Schwarze [2009] § 281 Rn B 4, D 29 ff).

bb) Gesetzlich normierte Mitwirkungspflichten

An zahlreichen Stellen innerhalb und außerhalb des BGB gibt das Gesetz den Par- **192** teien den Umfang der geschuldeten Mitwirkung zur Durchführung ihrer Verpflichtung vor.

(1) Pflichten innerhalb des Bürgerlichen Gesetzbuches

Gem § 403 muss etwa der Zedent dem Zessionar eine öffentlich beglaubigte Ur- **193** kunde über die **Abtretung** ausstellen, die dieser uU gem § 410 Abs 1 dem Schuldner auszuhändigen hat.

Bei **Gewährung eines Darlehens** verpflichtet § 492 Abs 3 den Darlehensgeber, dem **194** Darlehensnehmer eine Abschrift der Vertragserklärungen zur Verfügung zu stellen. Im Falle der Gesamtfälligstellung eines Teilzahlungsdarlehens muss er uU sogar ein

Gespräch über die Möglichkeiten einer einverständlichen Regelung anbieten, § 498 Abs 1 S 2.

195 Gem § 546 Abs 1 ist der **Mieter** verpflichtet, die Mietsache nach Beendigung des Mietverhältnisses zurückzugeben (z Umfang dieser Verpflichtung s u Rn 223). Den **Pächter** trifft diese Mitwirkungspflicht gem § 596, für den **Entleiher** gilt § 604. Die §§ 553, 554, 554a beinhalten weitere Nebenleistungspflichten im **Mietrecht**.

196 Nach Abschluss eines **Werkvertrages** ist die Abnahmepflicht des Bestellers gem § 640 zu nennen. UU trifft diesen auch eine Mitwirkungspflicht iSd § 642 oder aber die Pflicht, Sicherheit gem §§ 648, 648a zu leisten. Der Sicherungsgedanke als Nebenleistungspflicht findet sich ebenso in § 651k für den **Reisevertrag**.

197 Das **Auftragsrecht** kennt mit § 669 eine Vorschrift, die Mitwirkungspflichten im Innenverhältnis von Auftraggeber und Beauftragtem betreffen. Im Recht der **Gesellschaft** bürgerlichen Rechts ist § 735 zu erwähnen, beim **Verwahrungsvertrag** § 697, bei der **Inhaberschuldverschreibung** § 798.

198 Als Mitwirkungspflichten iwS können schließlich die gesetzlichen Regelungen über **Kostentragung** und **Verzinsung** angesehen werden, weil sie ebenfalls Vorgaben für Gläubiger oder Schuldner zur wirtschaftlich angemessenen Durchführung des Schuldverhältnisses beinhalten. Insbesondere findet sich dieser Gedanke etwa in den §§ 386, 436, 448 Abs 1 und Abs 2, 668, 698 oder auch in § 111 Abs 1 HGB wieder.

(2) Weitere Pflichten außerhalb des BGB

199 Mitwirkungspflichten außerhalb des BGB begründen zum einen die **handelsrechtlichen Wettbewerbsverbote** der §§ 60, 61 HGB für den Handlungsgehilfen und das aus § 86 Abs 1 HS 2 HGB abzuleitende Wettbewerbsverbot für den Handelsvertreter, sofern dieser Konkurrenzunternehmen im Absatzgebiet vertreten will (vgl dazu auch MünchKomm/ROTH § 242 Rn 77 mwNw). Für Handelsgeschäfte statuiert § 358 HGB ferner die Pflicht zur **Bewirkung** der Leistung innerhalb der gewöhnlichen Geschäftszeit. Zum anderen kennt auch das Recht der **Personenhandelsgesellschaften** Mitwirkungspflichten bei der Durchführung des Gesellschaftsverhältnisses: Als solche lassen sich etwa die **Anmeldepflichten** der §§ 106, 162 HGB sowie die **Zeichnungspflicht** gem § 153 HGB einordnen. Für das **Kapitalgesellschaftsrecht** seien zB die §§ 53a, 55, 67, 80, 81, 88, 170, 176 AktG und § 35a GmbHG genannt. Im Hinblick auf den **Versicherungsvertrag** ist die durch die VVG-Reform eingeführte **Beratungspflicht** des § 6 (s bereits o Rn 180) zu beachten, die gem Abs 4 auch nach Vertragsschluss gilt.

200 Bzgl weiterer zivilrechtlicher Nebengesetze ist auf Art 39 WG und Art 34, 35, 47 ScheckG hinzuweisen.

cc) Außergesetzliche Mitwirkungspflichten

201 Was im Einzelnen von den Parteien zur Mitwirkung an der Durchführung eines Vertrages verlangt werden kann, ist zwar im Wege einer **wertenden Einzelfallbetrachtung** gem §§ 133, 157, 242 festzustellen. Die in der Rspr entschiedenen Konstellationen lassen sich aber systematisch anhand der Zielrichtung der jeweils geschuldeten Mitwirkung unterteilen. So kann die Mitwirkungshandlung im Wesentlichen der **Beseitigung von Erfüllungshindernissen** dienen, die **Erbringung der Leistung** als solche erleichtern, in einer eigentlich **nicht geschuldeten Mehrleistung** liegen, die **Schaffung von Rechtssicherheit** bezwecken oder eine **Unterstützung gegenüber Dritten** ermöglichen.

(1) Mitwirkung zur Beseitigung von Erfüllungshindernissen
(a) Allgemeines
Der **Erfüllung** gem § 362 Abs 1, also dem Bewirken der geschuldeten Leistung, können Hindernisse entgegenstehen, die entweder in einer Parteisphäre begründet liegen oder aber von außen an das Schuldverhältnis herantreten und so seine ordnungsgemäße Abwicklung stören oder sogar ausschließen. Insofern kann die Parteien eine Pflicht treffen, darauf hinzuwirken, dass solche Hindernisse vermieden bzw bei Vorliegen aus dem Weg geräumt werden. 202

(b) Einzelfälle
Ist jemand zur **Abtretung** verpflichtet und bezieht sich seine Abtretungserklärung (evtl nach ergänzender Vertragsauslegung) auf einen anderen als den bezeichneten Anspruch, so muss der Altgläubiger eine klarstellende Erklärung abgeben (OLG Hamburg MDR 1959, 123). Bei Abtretung eines vinkulierten Geschäftsanteils hat der Zedent in der Gesellschafterversammlung für die Genehmigung der Abtretung zu stimmen (BGHZ 48, 163, 166 = NJW 1967, 1963; MÜLLER/HEMPEL AcP 205 [2005] 246, 266 f). 203

Bei Leistungen ins **Ausland** sind die Parteien uU verpflichtet, etwaige Ausfuhr- oder Devisengenehmigungen einzuholen (MünchKomm/ROTH § 242 Rn 57) oder erforderliche Atteste bzw Analysen der Ware dem Exporteur auszuhändigen, sofern dieser sie benötigt, um Exportgenehmigungen für die Waren zu erhalten. Eine Pflicht zur Duldung der Werkskontrolle durch eine ausländische Dienststelle wurde bei einem unbedeutenden Auftrag hingegen verneint (BGH BB 1956, 869; OLG München BB 1954, 547). 204

Beim Wechsel seiner **Bankverbindung** ist der Gläubiger in der Regel verpflichtet, in besonders auffälliger Weise oder sogar durch ausdrückliche Information darauf aufmerksam zu machen (OLG Frankfurt NJW 1998, 387). 205

Der Verkäufer einer fremden Sache kann gehalten sein, die Zustimmung des **Eigentümers** zur Eigentumsübertragung gem §§ 929, 185 einzuholen, sofern sich letzterer gegen Entgeltzahlung dazu bereit erklärt hat (STAUDINGER/J SCHMIDT [1995] § 242 Rn 882). Mit der Pflicht, alles zu unterlassen, was die Erteilung einer Genehmigung gefährden oder vereiteln könnte, lässt es sich nicht vereinbaren, wenn eine **Eigentumswohnung** zum Gebrauch an einen nicht wohnberechtigten Käufer überlassen wird (vgl § 4 Abs 2 S 1 WoBindG; ferner BVerwG NJW-RR 1986, 756, 758). Zu den Mitwirkungspflichten des Verkäufers eines Grundstücks gehört die Beseitigung von Hindernissen, welche einer Umschreibung des Eigentums im **Grundbuch** im Wege stehen (BGH NJW 2007, 3777, 3779 Rn 33). 206

Bei **fehlender Genehmigungsfähigkeit** der Erfüllungsmodalitäten einer Parteiabrede kann Anpassung oder Vertragsänderung geschuldet sein, wenn unter Wahrung der Identität des Leistungsgegenstandes eine Erfüllung in anderer Weise als ursprüng- 207 lich vorgesehen möglich und dem Schuldner nach Abwägung der Interessenlage auch zumutbar ist (BGH NJW 1976, 1939). Dies gilt etwa für den Fall einer erforderlichen Registereintragung, zu deren Herbeiführung vertragliche Mängel behoben werden müssen (für den Fall der Gründung einer Kapitalgesellschaft MünchKomm/Roth § 242 Rn 57 a mwNw). Eine Anpassung von Leistung und Gegenleistung kommt ausnahmsweise gem § 313 wegen Störung der Geschäftsgrundlage in Betracht (vgl Staudinger/Schmidt-Kessel [2006] § 313; ferner BGHZ 38, 146, 149 = NJW 1963, 49).

(2) Mitwirkung zur Durchführung der Leistung
(a) Allgemeines
208 Bei der **Durchführung der Leistung** haben sowohl Schuldner als auch Gläubiger, jedoch in unterschiedlichem Maße, mitzuwirken.

(aa) Pflichten des Schuldners
209 Die **Bewirkung der Leistung** fällt grds in den Risikobereich des **Schuldners**. Er muss aus eigener Kraft sicherstellen, dass der Leistungserfolg beim Gläubiger eintritt. Wenn zB ein Grundstück veräußert wird, ist es Sache des Käufers, den Kaufpreis aufzubringen, § 433 Abs 2. Hilfestellungen des Gläubigers bzw Verkäufers, etwa in Form der Bestellung eines Grundpfandrechtes an seinem Grundstück zur Aufbringung des Geldes, darf der Schuldner deshalb prinzipiell nicht erwarten (RG LZ 1927, 1124).

210 Der Schuldner kann über die eigentliche Leistungshandlung hinaus zu **zusätzlichen Handlungen** verpflichtet sein, um den Eintritt des Leistungserfolgs zu ermöglichen. Er hat generell Vorkehrungen dafür zu treffen, dass der angestrebte Leistungserfolg nicht gefährdet oder verhindert wird (vgl auch BGH NJW-RR 1996, 949, 950). Als Unterfall trifft ihn die Pflicht zu **Schutz und Obhut** für den Leistungsgegenstand (so auch Staudinger/J Schmidt [1995] § 242 Rn 863 ff; hingegen stuft MünchKomm/Roth § 242 Rn 68 diesen Fall als leistungssichernde Nebenpflicht ein; Erman/Hohloch § 242 Rn 76 mit eigenständiger Kategorie). Weitere mögliche Mitwirkungshandlungen zur Durchführung der Leistung können in der **Erteilung von Bescheinigungen und Informationen** (so etwa auch das Beigeben einer verständlichen Montageanleitung, vgl OLG Oldenburg NJW-RR 1988, 540; z Rechtslage nach der Schuldrechtsreform Brand, Probleme mit der „Ikea-Klausel", ZGS 2003, 96 ff), dem **Einhalten von Vertragstreue**, der Beachtung der **Vertraulichkeits- und Geheimhaltungspflicht** (für den Detektivvertrag AG Leer NJW-RR 2007, 683 f) und dem **Unterlassen von Vertrauensmissbrauch** liegen (MünchKomm/Roth § 242 Rn 71 ff bezeichnet diese Fälle ebenfalls als leistungssichernde Nebenpflichten). Die Intensität der Schuldnerpflichten wächst dabei mit der **personalen Nähe** der Parteien des Schuldverhältnisses und dessen Rechtscharakter (vgl auch Hueck, Der Treuegedanke im modernen Privatrecht 17 f; vgl insgesamt dazu auch Fuchs, Kooperationspflichten der Bauvertragsparteien [Diss München 2003] 142 ff).

(bb) Pflichten des Gläubigers
211 Dagegen besteht prinzipiell **keine Rechtspflicht** des **Gläubigers**, den Schuldner bei der erforderlichen Leistungshandlung **zu unterstützen**. Mitwirkungen des Gläubigers bei der Leistungserbringung sind deshalb regelmäßig Gegenstand einer bloßen **Obliegenheit** (vgl dazu MünchKomm/Ernst § 280 Rn 131 u o Rn 120 ff).

212 Dennoch kann sich im Wege der Auslegung gem §§ 133, 157 iVm § 242 ausnahms-

weise doch eine Hilfspflicht des Gläubigers ergeben, wenn die erforderliche Handlung oder Unterlassung dem Gläubiger zumutbar ist und ihm daraus keinerlei Nachteile erwachsen. Die umfangreiche Kasuistik lässt sich wiederum anhand des **Näheverhältnisses** von Schuldner und Gläubiger ordnen (vgl z einem ähnlichen Ansatz auch HUECK, Der Treuegedanke im modernen Privatrecht 17 f).

Bei Schuldverhältnissen, deren alleiniges Ziel der **Austausch von Leistungen** darstellt, sind keine weit reichenden Mitwirkungspflichten des Gläubigers anzunehmen (STAUDINGER/J SCHMIDT [1995] § 242 Rn 869). Hingegen wächst die Intensität der Gläubigerverpflichtung mit der Dichte des Schuldverhältnisses. So lassen sich bei Fällen der **Gebrauchsgewährung**, bei **Sicherungsvereinbarungen**, bei **Dienst- und Arbeitsverhältnissen** sowie insgesamt bei **Dauerschuldverhältnissen** auf Grund der gesteigerten Parteinähe auch an das Gläubigerverhalten erhöhte Anforderungen stellen (vgl z dieser Unterteilung auch STAUDINGER/J SCHMIDT [1995] § 242 Rn 869 ff; zu Schuldnerpflichten s u Rn 214 ff), deren Missachtung eine Schadensersatzpflicht des Gläubigers begründen kann. 213

(b) Einzelfälle zur Mitwirkung des Schuldners bei der Leistungserbringung
(aa) Pflichten im Austauschverhältnis
Im **reinen Austauschverhältnis** steht also die Konzentration auf den eigentlichen Leistungsgegenstand im Mittelpunkt (STAUDINGER/J SCHMIDT [1995] § 242 Rn 869). Das Programm der Nebenleistungspflichten umfasst jedoch nicht nur die Leistungserbringung als solche, sondern auch deren Modalitäten. Der Schuldner hat aus diesem Grunde insbesondere darauf hinzuwirken, dass seine Leistung nicht verspätet oder zur Unzeit erfolgt (s bereits RGZ 92, 208, 210 f; PWW/SCHMIDT-KESSEL § 242 Rn 55). Hingegen gefährden **Ehrverletzungen** oder **Denunziationen** grds den Vertragszweck nicht (BGH LM § 276 [Hd] Nr 1; OLG Hamburg MDR 1955, 289; s Rn 153, 157, 161, 491, 518), weil die Pflichten im Vertrauensbereich hier nicht besonders stark ausgeprägt sind. UU kann jedoch derjenige gegen seine Pflicht zu vertragskonformem Verhalten verstoßen, der ohne rechtfertigenden Grund erklärt, sich nicht mehr an ein gegebenes Leistungsversprechen oder an vereinbarte Bedingungen halten zu wollen oder die Gültigkeit eines Vertrages bestreitet (vgl RGZ 171, 297, 301 – grundloses Nachbesserungsverlangen; BGH MDR 1968, 915; VersR 1972, 970, 971; NJW 1978, 103; vgl z den Nebenleistungspflichten im Werkvertrag auch BGH BB 2001, 1224). 214

Betrifft die Leistung einen **körperlichen Gegenstand**, kann sich eine Pflicht zur ordnungsgemäßen **Aufbewahrung und Obhut**, zum **Schutz vor Einwirkungen** durch Dritte oder vor Gefährdung durch Naturerscheinungen ergeben (vgl dazu auch RGZ 108, 341, 343; BGH DB 1972, 34; OLG Naumburg NJ 2003, 267 [z Werkvertrag]; AnwK-BGB/KREBS § 242 Rn 44; MünchKomm/ROTH § 242 Rn 68; SOERGEL/TEICHMANN § 242 Rn 166). Diese Pflicht weist aber uU auch Integritätsbezug iSd Abs 2 auf (s Rn 153, 157, 161, 477 ff), so dass man für die Rechtsfolgen einer Pflichtverletzung unterscheiden muss (s auch MÜLLER/HEMPEL AcP 205 [2005] 246, 267 f), ob der Schwerpunkt dort oder auf dem Schutz des Äquivalenzinteresses liegt. 215

Der Vertragsgegenstand ist zB vor **Verderb und Verschlechterung** zu bewahren und insgesamt in einem **ordnungsgemäßen Zustand** zu erhalten (STAUDINGER/J SCHMIDT [1995] § 242 Rn 864). Dabei darf sich ein **Reinigungsbetrieb** aber grds auf Pflegezeichen in Kleidungsstücken verlassen und schuldet bei ihrer Einhaltung deshalb auch 216 keinen Schadensersatz (AG Offenbach NJW-RR 2003, 385). **Tiere** sind uU zu füttern, **Maschinen** zu warten und **Ware** sicher zu lagern oder zu verpacken (vgl BGH NJW 1999, 3487; LG Frankfurt aM NJW-RR 1986, 967; Enneccerus/Lehmann, Schuldrecht § 4 II 2; MünchKomm/Roth § 242 Rn 68). **Verzögert** sich die **Abnahme** der Ware, besteht, solange der Verkäufer von seinem Recht zur Hinterlegung bzw zum Selbsthilfeverkauf keinen Gebrauch gemacht hat, diese Obhutspflicht weiter (RGZ 108, 341, 343; BGH LM § 323 Abs 1 aF Nr 3). Der **Verkäufer** einer Maschine schuldet die notwendige **Bedienungsanleitung** bzw **Einweisung** in den Gebrauch (BGHZ 47, 312; Grigoleit, in: FS Canaris [2007] 275, 279; Müller/Hempel AcP 205 [2005] 246, 264 ff; vgl z Montageanleitung nunmehr auch § 434 Abs 2 S 2) und grds den **Einbau** und nicht nur die Zusendung **fehlender Einzelteile** (BGH WM 1989, 1866, 1868). Werden **neuartige Werkstoffe** verkauft, ist über die zweckmäßige Verwendung zu informieren (BGH LM § 459 Abs 1 aF Nr 7). Der Verkäufer von **Benzin** hat das Normal- und Superbenzin in den für die jeweilige Sorte vorgesehen Tank zu füllen (BGHZ 107, 249).

217 Bei einem **Werkvertrag** kann sich etwa die Pflicht zur **ordnungsgemäßen Verladung** von Waren ergeben (vgl dazu BGH NJW-RR 1995, 1241). Ein durch einen Architekten vorgegebener **Kostenrahmen ist einzuhalten** (BGH NJW-RR 1997, 850). Im Einzelfall kennt ein Austauschverhältnis die Verpflichtung, eine **Sachversicherung** abzuschließen (RGZ 50, 169; s Rn 153, 157, 161, 471), **Geld** ist uU verzinst anzulegen (BGHZ 26, 7, 9 = NJW 1958, 137). Der Schuldner eines **Luftbeförderungsvertrages** hat den Fluggast mit Wohnsitz in Deutschland bei Vertragsabschluss auf Stornokosten für den Fall seines Rücktritts ausdrücklich hinzuweisen (AG Frankfurt aM NJW-RR 2003, 641; vgl Rn 467 f).

218 Bei **Rechten** geht die entsprechende Verpflichtung des Schuldners dahin, das **Recht** ungeschmälert in seinem vertragsgemäßen Bestand **zu erhalten** und evtl Umstände, die ein Erlöschen des Rechts zur Folge hätten, zu beseitigen (Staudinger/J Schmidt [1995] § 242 Rn 864).

(bb) Pflichten bei Gebrauchsgewährung
219 Bei Verträgen, die eine **Gebrauchsgewährung** zum Gegenstand haben (etwa Miete oder Pacht), den **Sicherungs- und Treuhandschuldverhältnissen** (hierzu Rn 224), **Dienst- und Arbeitsverhältnissen** sowie sonstigen **Dauerschuldverhältnissen** (vgl u Rn 225 ff) erhöhen sich auf Grund der durch sie begründeten Nähebeziehung die Anforderungen, die gem §§ 133, 157, 242 an das Leistungsverhalten des **Schuldners** zu stellen sind (z Gläubigerpflicht s o Rn 211 ff). Zum charakteristischen Leistungsinhalt gehören hier neben den konkret zu erbringenden Sach-, Dienst- oder Arbeitsleistungen und der Obhut für diesen Leistungsgegenstand (dazu mit Bsp Soergel/Teichmann § 242 Rn 166) gerade auch die Herstellung und Aufrechterhaltung des **Vertrauensverhältnisses** zwischen den Vertragsparteien (Staudinger/J Schmidt [1995] § 242 Rn 864).

220 So darf etwa nicht verhindert werden, dass ein **gewerblicher Nutzer** von **Mieträumen** auf seinen Betrieb aufmerksam macht. Der Vermieter hat vielmehr die Anbringung von Praxisschildern und Reklametafeln sowie von sonstigen Hinweisen im Rahmen des Ortsüblichen zu dulden (AG Frankfurt aM NJW 1957, 1600; s Rn 153, 157, 161, 496). Auch hat er den Zugang von Publikum – ggf auch in größerem Umfang (zB Arztpraxis, Vertreter- oder Maklerbüro) – hinzunehmen (Staudinger/J Schmidt [1995] § 242 Rn 869).

Unberechtigte Kündigungen (BGHZ 51, 192; 53, 150; 89, 296; BGH NJW 1988, 1268, 1269; **221** OLG München NJW-RR 1995, 292, 294), etwa unter **Vorspiegelung eines Kündigungsgrundes** (OLG Karlsruhe NJW 1982, 54), sowie deren **Androhung** (vgl PALANDT/HEINRICHS § 280 Rn 26; aA OLG Hamm NJW-RR 1996, 1294) sind zu unterlassen.

Darüber hinaus darf der **Gebrauchsüberlasser** weder durch eigene Tätigkeit noch **222** durch die Überlassung von Räumen in demselben Gebäude – oder sogar in einem Nebenhaus (vgl OLG Koblenz NJW 1960, 1253) – an einen Konkurrenten des Nutzungsberechtigten bewirken, dass diesem **Wettbewerb** entsteht (RGZ 136, 266, 267 ff; BGH MDR 1961, 593; BGHZ 70, 79; BGH NJW 1979, 1405; WM 1985, 1175, 1176; NJW-RR 1989, 263; OLG Karlsruhe WM 1990, 1120, 1121; JOACHIM, Konkurrenzschutz im gewerblichen Mietrecht, BB 1986 Beilage 6, 12; s Rn 153, 157, 161, 508 ff). Dies gilt auch zu Gunsten freiberuflich Tätiger (BGHZ 70, 79; OLG Karlsruhe NJW 1972, 2224). Diese Grundsätze wurden von der Rspr auch auf das **Pachtverhältnis** (OLG Celle MDR 1964, 59; vgl aber auch OLG Koblenz ZMR 1993, 72, 73) sowie auf das Verhältnis von Eigentümer und **Erbbauberechtigtem** übertragen (OLG Karlsruhe WM 1962, 26, 27). Einzubeziehen sind **Umgehungsversuche** durch die Parteien (vgl MünchKomm/ROTH § 242 Rn 77 mwNw). Bei der Annahme einer solchen Pflicht zur **Unterlassung von Wettbewerb** ist jedoch stets das Verhältnis zu den uU einschlägigen wettbewerbsrechtlichen Sonderregelungen zu berücksichtigen (vgl dazu krit STAUDINGER/J SCHMIDT [1995] § 242 Rn 871).

Umstritten ist, inwiefern den **Mieter** eine Nebenleistungspflicht zur **Wiederherstel- 223 lung einer beschädigten Mietsache** iRd Rückgabepflicht des § 546 trifft. Das Problem liegt darin, ob der Mieter gem § 546 die Rückgabe im vertragsgemäßen Zustand schuldet, so dass es sich bei der Wiederherstellung um die Erfüllung einer **Nebenleistungspflicht** handelt (so etwa BGH WuM 1997, 217), oder aber ob eine solche Pflicht nur als allgemeine **Rücksichtspflicht** iSd Abs 2 besteht (so GRÖSCHLER, in: FS Konzen [2006] 109, 111; z den Pflichten bei der Rückgabe der Mietsache auch EISENHARDT, Haupt- und Nebenpflichten des Mieters bei Rückgabe der Miträume, WuM 1998, 447 ff; s Rn 153, 157, 161, 495). Gegen die Annahme einer Nebenleistungspflicht spricht, dass § 546 nur die Pflicht zur **Herausgabe** begründet, aber nicht definiert, in welchem Zustand sich die Mietsache dabei zu befinden hat. Zudem ist bei der Beschädigung des Mietgegenstandes oftmals nicht das Leistungs-, sondern das Integritätsinteresse betroffen, so dass idR von der Verletzung einer **Rücksichtspflicht** iSd Abs 2 auszugehen ist (vgl z Problematik insgesamt auch KANDELHARD NJW 2002, 3291 ff; RICKER, Verjährungsprobleme bei Herstellungs- und Schadensersatzansprüchen des Vermieters wegen Veränderungen oder Verschlechterungen der Mietsache, NZM 2000, 216 ff).

(cc) Pflichten bei Sicherung und Treuhand

Bei **Sicherungs- und Treuhandschuldverhältnissen** bestimmt in erster Linie der Siche- **224** rungszweck das Pflichtenprogramm der Parteien. Insofern trifft sie regelmäßig auch eine ergänzende Pflicht, durch Mitwirkung Gefährdungen dieser Zwecke zu vermeiden, also alle **Maßnahmen zur Sicherung, Erhaltung** und **Verwirklichung** der übertragenen Rechte zu treffen (BGH NJW 1966, 2009). Drohende Zwangsvollstreckungen sind etwa abzuwehren, und der Sicherungsnehmer muss den Sicherungsgeber entsprechend informieren (SERICK, Eigentumsvorbehalt und Sicherungsübertragung § 1 IV 4a; z weiteren Bsp s u Rn 256).

(dd) Pflichten in Arbeits-, Dienst- und sonstigen Dauerschuldverhältnissen

225 Im Bereich eines **Arbeitsverhältnisses** kann es dem **angestellten Erfinder** verwehrt sein, eine **Patentnichtigkeitsklage** zu erheben (vgl BGH MDR 1956, 83 mit abl Anm Nipperdey). Die arbeitsrechtliche Treuepflicht (vgl Staudinger/Looschelders/Olzen § 242 Rn 781 f, 787 ff) begründet durch die Einbindung des Arbeitnehmers in den Produktionsprozess (vgl auch Beaucamp, Das Arbeitsverhältnis als Wettbewerbsverhältnis, NZA 2001, 1011 ff; Wisskirchen, Außerdienstliches Verhalten von Arbeitnehmern [Diss Berlin 1999]) Nebenleistungspflichten (vgl etwa LAG Sachsen NJOZ 2001, 1904; Schäfer, Pflicht zu gesundheitsförderndem Verhalten?, NZA 1992, 529; z arbeitsvertraglichen Nebenleistungspflicht z Durchführung einer Alkoholtherapie LAG Düsseldorf BB 1997, 1799; Künzl, Arbeitsvertragliche Nebenpflicht zur Durchführung einer Alkoholtherapie?, NZA 1998, 122 ff; z Pflicht des Arbeitnehmers z Unterlassung beleidigender Äußerungen s u Rn 499), die sich etwa darin äußern, dass bestimmte **Wettbewerbshandlungen** für den Zeitraum der Beschäftigung zu unterlassen sind. Eine **Nebentätigkeit** des Arbeitnehmers kann selbst dann, wenn sie keinen unzulässigen Wettbewerb darstellt, zu vermeiden sein (vgl dazu LAG Baden-Württemberg BB 1970, 710; MünchKomm/Roth § 242 Rn 79 mwNw; s Rn 153, 157, 161, 508 ff, 517).

226 Für den **Arbeitgeber** als Schuldner der Entgeltzahlungsverpflichtung besteht aber keine Pflicht, den Arbeitnehmer mit Verkehrsmitteln zum Arbeitsplatz zu befördern (vgl dazu BAG BB 2003, 795; z den idR integritätsbezogenen Fürsorgepflichten des Arbeitgebers u Rn 497 f).

227 Beim **Dienstverhältnis** soll ein **Handelsvertreter** auch ohne ausdrückliches Verbot im Vertrag während seiner Laufzeit weder für ein Konkurrenzunternehmen tätig werden (BGHZ 42, 59, 61 = NJW 1964, 1621), noch Geschäfte für eigene Rechnung vornehmen dürfen. Diese Verpflichtung trifft uU sogar andere Arbeitnehmer des Unternehmers (vgl z Problemkreis Thume, Das Wettbewerbsverbot des Handelsvertreters während der Vertragszeit, WRP 2000, 1033 ff). Das Gleiche gilt für einen **Verfasser**, der während der Dauer eines Verlagsvertrages kein Werk in einem anderen Verlag erscheinen lassen darf, das für den Verleger zu einem ernsthaften Wettbewerbsdruck führen kann (BGH NJW 1973, 802; z entspr Beschränkungen bei einem Vertrag über die Herstellung u den Vertrieb eines Kajütmotorbootes BGH NJW-RR 1989, 1304, 1305).

228 Der **Anwaltsvertrag** kann für den Anwalt die Pflicht begründen, Zahlungsansprüche gegen den Mandanten erst dann geltend zu machen, wenn er keine anderen Zahlungsverpflichteten in Anspruch nehmen kann, insbesondere also keine Erstattung aus der Staatskasse für Kosten eines Ordnungswidrigkeitenverfahrens möglich ist (vgl dazu AG Bielefeld VersR 2001, 399). Zu den vertraglich geschuldeten Mitwirkungspflichten des **Arztes** zählt insbesondere die sorgfältige, aus der Sicht eines Fachmanns hinreichend verständliche Dokumentation der für die Diagnose und Therapie relevanten medizinischen Fakten (BGH NJW 1989, 2330, 2331).

229 Den **Franchisegeber** trifft uU eine Pflicht, alles zu unterlassen und bei Franchisenehmern zu unterbinden, was die Durchführung der Franchisevereinbarung gefährdet (BGH NJW 1997, 3304, 3307 – Benetton I; MünchKomm/Roth § 242 Rn 79).

230 Ein **Makler**, der sich in einem Alleinauftrag verpflichtet, für den Verkäufer einer Immobilie provisionsfrei tätig zu werden, darf seinem Auftraggeber nicht drohen, den Abschluss eines Kaufvertrages scheitern zu lassen, falls dieser sich nicht bereit

findet, entgegen den ursprünglichen Vereinbarungen doch eine Provision zu zahlen (OLG Hamm NJW-RR 2001, 710). Ebenso kommt die Verletzung einer vertraglichen Nebenpflicht dann in Betracht, wenn sich ein Makler iR eines Maklergemeinschaftsgeschäfts im Widerspruch zu einer vertraglichen Absprache gegenüber seinen Kunden auf einen niedrigeren als den zuvor zwischen den Maklern vereinbarten Provisionssatz einlässt (OLG Dresden VersR 2003, 902, 903). Hingegen liegt keine Verletzung einer Nebenleistungspflicht durch einen Makler vor, wenn er in **Doppeltätigkeit** für einen Vertragsteil als Vermittlungsmakler und für den anderen als Nachweismakler tätig ist, weil es in solchen Fällen regelmäßig zu keinen vertragswidrigen Interessenkollisionen kommt (LG Hannover NJW-RR 2001, 566).

231 Der **Subunternehmer** verletzt seine vertraglichen Nebenpflichten gegenüber seinem Auftraggeber, wenn er das Vertragssoll durch direkte Verhandlungen mit dem Planer des Bauherrn abweichend vom üblichen Stand der Technik konkretisiert, ohne dies seinem Auftraggeber mitzuteilen (OLG Dresden NJW-RR 2001, 664).

232 Die Regelung im **Gesellschaftsvertrag** einer GmbH, an der mehrere gleichzeitig zu Geschäftsführern bestellte Gesellschafter beteiligt sind, wonach Beschlüsse der Gesellschafterversammlung Einstimmigkeit erfordern, kann regelmäßig nicht dahin ausgelegt werden, dass sie eine Nebenleistungspflicht der Gesellschafter zur Geschäftsführung begründet, also eine einseitige Niederlegung des Geschäftsführeramts ausschließt (OLG Hamm BB 2002, 1063; allg z Nebenleistungspflichten in der Gesellschaft auch BGH NJW-RR 1993, 607; JANKE, Die Nebenleistungspflichten bei der GmbH [Diss Stuttgart 1996]). Dagegen folgt aus einem Gesellschaftsvertrag unter Berücksichtigung der gesellschaftsrechtlichen Treuepflicht uU die Vorgabe, **Wettbewerb** in bestimmter Form zu **unterlassen** (vgl etwa LG Hamburg NZG 1998, 687; s Rn 153, 157, 161, 508 ff).

233 Im **Sukzessiv-** bzw **Ratenlieferungsvertrag** erfordert die Gesamtabwicklung ebenfalls regelmäßig die besondere Verlässlichkeit des Vertragspartners. Seine Zuverlässigkeit kann demnach als Nebenleistung geschuldet sein (vgl RGZ 54, 98, 102 f; 104, 39, 41; 149, 187, 190; BGH NJW 1978, 260; 416, 417; OLG Frankfurt JZ 1985, 337). So darf etwa der Käufer, der in langjähriger Geschäftsbeziehung vom Verkäufer regelmäßig gleichartige, mangelfreie Ware bezieht, darauf vertrauen, auf Änderungen der Beschaffenheit des Kaufgegenstandes hingewiesen zu werden (BGH NJW 1996, 1537).

234 In sonstigen **Dauerschuldverhältnissen** mit personenrechtlichem Einschlag ist es geboten, ein ungehöriges oder beleidigendes Verhalten zu unterlassen, das die Zusammenarbeit mit dem anderen Teil für diesen unzumutbar macht (RGZ 78, 385, 387 f; 128, 1, 16; 140, 378, 385; RG DR 1939, 1441; BGHZ 4, 108, 121; BGH NJW 1973, 92; 1981, 1264; 1989, 1482, 1483; 1990, 40, 41; LAG Chemnitz ZfSH/SGB 2003, 37; z Recht anders, wenn nur noch Leistungen ausstehen, für die kein Zusammenwirken mehr erforderlich ist, OGHZ 1, 258, 262 mit Anm COING NJW 1949, 262; z ähnlichen Fall des Sukzessiv- oder Ratenlieferungsvertrages RGZ 54, 98, 102; 104, 39, 41; 149, 187, 190; BGH NJW 1978, 260; 416, 417; OLG Frankfurt JZ 1985, 337; s Rn 153, 157, 161, 505). Ebenso kann die Pflicht im Dauerschuldverhältnis (vgl etwa BAG NJW 2001, 2994; LAG Berlin NZA-RR 2001, 85) bestehen, dass der Leistende, der an sich zur Kündigung berechtigt ist, schutzwürdige Belange der Gegenpartei berücksichtigen und insofern etwa auf eine in die Insolvenz treibende **Kreditkündigung** verzichten muss (BGH WM 1987, 921; OLG Hamm ZIP 1985, 1387; vgl aber auch

OLG Karlsruhe WM 1991, 1332; OLG Hamm WM 1991, 402; z Kündigung einer Kontoverbindung OLG Brandenburg NJW 2001, 450; EICHHOLT, Kündigung von NPD-Konten, NJW 2001, 1400; z Problematik allg CANARIS ZHR 143 [1979] 113; MÖLLERS, Die Haftung der Bank bei Kreditkündigung [1991]; VOGLIS, Kreditkündigung und Kreditverweigerung der Banken [2001]). Eine Pflicht zur **Gewährung neuer Kredite** besteht dagegen grds nicht (so OLG Karlsruhe WM 1991, 1332; BATEREAU, Die Haftung der Bank bei fehlgeschlagener Sanierung, WM 1992, 1517, 1519; aA CANARIS ZHR 143 [1979] 113, 124 ff). Neben dem **Leistungsinteresse** ist in solchen Fällen gleichzeitig regelmäßig das **Integritätsinteresse** in Form des Vermögensschutzes einer Partei betroffen, weshalb auch eine Einstufung als Rücksichtspflicht iSd Abs 2 in Betracht kommt, wenn der Vermögensschutz im Vordergrund steht (s Rn 153, 157, 161, 493). Letzteres trifft etwa auf die Pflicht einer Bank zu, die Kreditwürdigkeit ihrer Kunden nicht durch öffentliche Äußerungen zu gefährden (BGH NJW 2006, 830 ff; z den Einzelheiten daher Rn 493).

(ee) Pflichten in atypischen Vertragsverhältnissen

235 Es steht den Parteien offen, **untypische Vertragszwecke** zu vereinbaren, die ein besonderes Pflichtenprogramm für den Schuldner entstehen lassen. Auch hier ergibt sich für ihn eine Pflicht, alles zu unterlassen, was die Erreichung der vereinbarten Zwecksetzungen gefährden könnte (vgl etwa z Bankgarantievertrag LG Frankfurt aM NJW 1981, 56; z Bauträgervertrag BGH NJW 1974, 849, 850; z Entsorgungsvertrag OLG Hamm NJW-RR 1990, 667; z Mehrwertdienstevertrag ZAGOURAS, Zivilrechtliche Pflichten bei der Verwendung von Sprachmehrwertdiensten – Ansprüche und Einwendungen der Nutzer von 0190er- und 0900er-Rufnummern nach dem TKG, MMR 2005, 80 ff; z Mobilfunkvertrag KÖHLER, Der Mobilfunkvertrag [Diss Düsseldorf 2005] 70 ff; z Sponsoring-Vertrag HOHLOCH, Sponsoring-Vertrag – zur Struktur eines „atypischen Vertrags", in: FS Westermann [2008] 299 ff).

(c) Einzelfälle zur Mitwirkung des Gläubigers bei der Leistungserbringung

236 Obwohl die Leistungserbringung grds in den Risikobereich des Schuldners fällt (s o Rn 209), kann auch der Gläubiger im Einzelfall verpflichtet sein, die Durchsetzung vereinbarter oder üblicher Leistungs- oder Finanzierungsmodalitäten zu fördern. Entsprechende Verpflichtungen basieren nur im Einzelfall auf **gesetzlicher** Grundlage. So hat etwa der Käufer im Rahmen eines Handelskaufes die ihm zugesendete Sache im Falle einer Beanstandung gemäß § 379 Abs 1 HBG vorübergehend aufzubewahren. Im Übrigen sind sie im Wege der **Auslegung** des Schuldverhältnisses gem §§ 133, 157, 242 zu ermitteln. Die Intensität der Gläubigerpflichten wächst hierbei ebenso wie diejenige der Schuldnerpflichten (s o Rn 210) mit der **Nähebeziehung** zwischen den Parteien auf Grund der Besonderheiten des jeweiligen Rechtsverhältnisses.

237 Deshalb muss der Grundstücksverkäufer dem Notar notfalls treuhänderisch eine Löschungsbewilligung erteilen, wenn die **Finanzierung** eines **Grundstückskaufpreises** durch eine Restkaufpreishypothek erfolgen soll (BGH NJW 1973, 1793, 1794 f). Bei einer entsprechenden Finanzierung durch Bausparvertrag kann eine Pflicht zur Überlassung der Unterlagen bestehen, die der Käufer zur Inanspruchnahme der Valuta benötigt (zB Wohnungseigentümervertrag sowie Baufortschritts-, Versicherungs- und Finanzierungsnachweis, vgl BGH WM 1968, 1299, 1301; MünchKomm/ROTH § 242 Rn 62; BRYCH, Die Zahlungsverpflichtungen des Wohnungskäufers, DNotZ 1974, 413, 414).

238 Ebenso trifft den Gläubiger uU die Pflicht, die Gegenpartei bei der Ausnutzung

von **Steuervorteilen** zu unterstützen (für den Fall des sog begrenzten Realsplittings vgl BGH NJW 1983, 1545; 1985, 195; für die Abführung der Umsatzsteuer zwecks Ermöglichung des Vorsteuerabzugs BGH DNotZ 1995, 137; vgl auch OLG Hamm MDR 2004, 205; insgesamt z steuerrechtsbezogenen Nebenpflichten WALZ, Steuerrechtsbezogene Nebenpflichten im Recht der Leistungsstörungen, BB 1991, 880 ff).

Eine Mitwirkungspflicht bei der zur Überprüfung seiner Forderungen erforderlichen Vermessung trifft den **Werkunternehmer** (OLG Köln NJW 1973, 2111; vgl allg auch z den Nebenleistungspflichten beim Bauvertrag JAGENBURG, Die Entwicklung des privaten Bauvertragsrechts seit 2000: VOB/B, NJW 2003, 102 ff). Ebenso muss aber der **Auftraggeber** Hindernisse gegen die Erbringung der Werkleistung ausräumen (OLG Düsseldorf NZBau 2000, 427). Beim **Frachtvertrag** ist eine Hilfspflicht des Gläubigers anzunehmen, wenn der Schuldner ohne dessen intensive Mitwirkung nicht tätig werden kann (vgl BGHZ 11, 80, 83 ff; BGH VersR 1960, 693, 694; WM 1986, 73, 74; GÖTZ, Obliegenheiten und positive Forderungsverletzung – BGHZ 11, 80, JuS 1961, 56 ff; NICKLISCH, Mitwirkungspflichten des Bestellers beim Werkvertrag, insbesondere beim Bau- und Industrieanlagenvertrag, BB 1979, 533; sowie zusammenfassend MünchKomm/ERNST § 280 Rn 135 f). Der **Arbeitgeber** hat an einer optimalen Arbeitsleistung des Arbeitnehmers mitzuwirken, indem er nicht nur auf dessen Fähigkeiten, sondern auch seine persönlichen Bedürfnisse Rücksicht nimmt (MünchKomm/ROTH Rn 62; für schwerbehinderte Arbeitnehmer vgl § 81 Abs 4 SGB XI; hierzu LAG Schleswig-Holstein NZA-RR 2005, 514, 515). **239**

Der **Pfandgläubiger** muss uU ermöglichen, dass von Kursstürzen bedrohte verpfändete Wertpapiere in kurssichere umgetauscht werden (RGZ 101, 47, 49). **240**

Im **Sicherungsschuldverhältnis** sind alle Maßnahmen zur Sicherung, Erhaltung und Verwirklichung des übertragenen Rechts durch den Sicherungsnehmer zu treffen (RGZ 76, 345, 347; BGHZ 32, 67, 70; BGH NJW 1966, 2009), etwa in Form der Abwendung einer drohenden Zwangsvollstreckung in den Sicherungsgegenstand oder der Information an den Sicherungsgeber (z entspr Schuldnerpflichten s o Rn 224; vgl ferner SERICK, Eigentumsvorbehalt und Sicherungsübertragung § 1 IV 4a). **241**

(3) Mitwirkung als Mehrleistung
(a) Allgemeines
Darüber hinaus erscheint fraglich, ob den Parteien neben der Mitwirkung an der Leistungserbringung weitere – klagbare – Pflichten auferlegt werden können, die über das ursprünglich zur Erfüllung notwendige Pflichtenprogramm hinausgehen (vgl z diesem Problembereich auch STAUDINGER/J SCHMIDT [1995] § 242 Rn 883 ff). Da das Äquivalenzverhältnis des Vertrages dadurch Störungen erleidet, ist jedenfalls Zurückhaltung bei der Ausdehnung der Pflichten geboten (STAUDINGER/J SCHMIDT [1995] § 242 Rn 883). Solche Pflichten lassen sich auch nicht auf einheitliche dogmatische Kriterien stützen; vielmehr ist eine **Einzelfallbetrachtung** des konkreten Rechtsverhältnisses erforderlich. Dennoch haben Rspr und Lit – zumeist unter Rückgriff auf §§ 133, 157, 242 – eine Reihe solcher Pflichten entwickelt. Der folgende Katalog greift einige wesentliche heraus. Weitere Bsp für solche „Mehrleistungspflichten" finden sich auch in den jeweiligen Kommentierungen zu den einzelnen Schuldverhältnissen; sie kommen in jedem gesetzlichen und vertraglichen Schuldverhältnis vor (STAUDINGER/J SCHMIDT [1995] § 242 Rn 836 ff, 883 ff). **242**

(b) Einzelfälle

243 Ein **Automatenaufstellungsvertrag** kann die Pflicht auslösen, einer Änderung des Aufstellplatzes zuzustimmen (Schopp, Formularverträge über die Automatenaufstellung, ZMR 1972, 197 ff). Umstritten ist die Möglichkeit einer **Verpflichtung** der darlehensgewährenden Bank, dem Darlehensschuldner in wirtschaftlicher Bedrängnis die Kreditlinie zu erhöhen (offen gelassen von BGH NJW-RR 1990, 110, 111). Wenn das Grundbuchamt eine Belastung falsch und damit unwirksam einträgt, besteht eine Verpflichtung, die **Belastung des Grundstücks** erneut zu bestellen (BGH WM 1971, 1475, 1476). Beim Verkauf eines Unternehmens in **Mieträumen** ist uU darauf hinzuwirken, dass der Vermieter den Vertrag mit dem Käufer fortsetzt (OLG Hamburg OLGE 28, 149; Müller/Hempel AcP 205 [2005] 246, 267). Eine Pflicht zur **Nachproduktion** und zur Lieferung von Ersatzteilen kann sich bei der Produktion technischer Industrieprodukte ergeben (so AG München NJW 1970, 1852; Greulich BB 1955, 208 ff; Finger NJW 1970, 2049 ff; dagegen Rodig BB 1971, 854 ff). Den **Werkunternehmer** trifft evtl die Verpflichtung, an der Beschaffung von Massenberechnungen, Zeichnungen oder anderen Belegen zur Überprüfung seiner Forderungen mitzuwirken (OLG Köln NJW 1973, 2111). Zu weitgehend erscheint demgegenüber die Annahme einer Pflicht des Werkunternehmers, nachfolgende Arbeiten anderer Unternehmer zu beobachten (BGH NJW 1983, 875, 876). Bei mangelhafter Leistung im Werkvertrag kann uU eine Vorschusspflicht über die gesetzlichen Ansprüche hinaus bestehen (vgl BGHZ 110, 205, 207 f; 94, 330; 54, 244, 246; 47, 272, 274; BGH NJW-RR 1989, 405; dazu auch Peters, Grundfälle zum Werkvertragsrecht, JuS 1993, 29, 30 f). Die **Wohnsitzverlegung** des Gläubigers hat zur Folge, dass vom vereinbarten Leistungsort abzuweichen ist (OLG Celle NJW 1953, 1831). Eine Einverständniserklärung bzgl einer anderweitigen Nutzung von Wohnraum kann bei einem **Wohnrecht** Pflichtinhalt werden, wenn der Berechtigte auf Grund Pflegebedürftigkeit nicht mehr imstande ist, das Wohnrecht persönlich wahrzunehmen (OLG Köln FamRZ 1991, 1432, 1433).

(4) Mitwirkung zur Schaffung von Rechtssicherheit
(a) Allgemeines

244 Es liegt im Interesse der Parteien, dass ihre Erklärungen klar und verständlich, mithin auch für den Rechtsverkehr nachvollziehbar, abgegeben werden. Durch Auslegung, §§ 133, 157, dh unter Berücksichtigung von Verkehrssitte und Treu und Glauben, § 242, lassen sich aus dieser Grundaussage im Einzelfall Parteipflichten zur **Richtigstellung** oder **Reaktion** ableiten. Auch hier ist keine abschließende Aufzählung möglich, wohl aber sollen einige ausgesuchte Bsp aus Rspr und Lit dargestellt werden.

(b) Einzelfälle

245 So ist der **Darlehensgeber** verpflichtet, dem **Darlehensnehmer Einsicht** in die Vertragsurkunde zu gewähren, wenn dieser seine Ausfertigung verloren hat (LG Frankfurt aM NJW-RR 1988, 1129; z Bankkunden BGH NJW-RR 1988, 1072, 1073).

246 Ferner kann eine Parteipflicht bestehen, formlos wirksame Erklärungen dennoch in bestimmter **Form** einer Behörde oder einem Registergericht vorzulegen (vgl dazu auch § 29 GBO; ferner KG NJW 1962, 1062; MünchKomm/Roth § 242 Rn 58). Die gegenläufige Pflicht, bei **formloser Einigung** eine gesetzliche Form herbeizuführen, besteht jedoch – wie ausgeführt – nicht (s o Rn 185). Unter engen Voraussetzungen entsteht ein solcher Anspruch auf formgültigen Abschluss des Vertrages als Natu-

ralrestitution oder die Formnichtigkeit wird durch den Gedanken des § 242 überwunden (s o Rn 185 sowie STAUDINGER/LOOSCHELDERS/OLZEN § 242 Rn 447).

Unklare Verträge oder solche, die erst unter Berücksichtigung des Grundsatzes der 247 falsa demonstratio verständlich werden, müssen uU **klar oder richtig gestellt werden** (OLG Hamburg MDR 1959, 123; KÖHLER, Kritik der Regel protestatio facto contraria, JR 1984, 14, 15; MünchKomm/ROTH § 242 Rn 59), wenn sich diese Umstände vor einem Konflikt herausstellen. Der Zedent einer Forderung, dessen Abtretungserklärung sich erst aus einer ergänzenden Vertragsauslegung ergibt, kann zur Abgabe einer **klarstellenden Erklärung** gegenüber dem Zessionar verpflichtet sein (OLG Hamburg MDR 1959, 123; PALANDT/HEINRICHS § 242 Rn 34). **Ungeeignetes Hilfspersonal** zur Durchführung des Vertrages muss im Einzelfall ausgewechselt werden (BGHZ 87, 156, 165 f; PALANDT/ HEINRICHS § 242 Rn 34).

Dagegen hat ein Patient keinen Anspruch aus dem Arztvertrag auf Vorlage einer 248 **maschinenschriftlichen Abschrift** der Krankenunterlagen unter Aufschlüsselung der Kürzel für Fachausdrücke (LG Dortmund NJW-RR 1998, 261).

Aus Gründen der **Rechtssicherheit** besteht keine Pflicht, nur berechtigte Forderun- 249 gen gerichtlich geltend zu machen. Das Geltendmachen einer unberechtigten Forderung stellt deshalb keine Nebenleistungspflichtverletzung dar, weil § 91 ZPO und § 826 den anderen Teil hinreichend schützen (BGHZ 95, 10, 18 = NJW 1985, 1959; ferner nunmehr BGH NJW 2003, 817; AG München NJW-RR 1994, 1261; PALANDT/HEINRICHS § 280 Rn 27). Ebenso wenig besteht eine Nebenleistungspflicht des Schuldners, den Gläubiger rechtzeitig auf die fehlende Berechtigung seiner Forderungen aufmerksam zu machen. Dies ergibt sich bereits aus einem Umkehrschluss zu § 840 ZPO, welcher vergleichbare Erklärungspflichten ausschließlich auf Seiten des Drittschuldners begründet (vgl BAMBERGER/ROTH/GRÜNEBERG/SUTSCHET Rn 54). Da die Problematik der (außer)gerichtlichen Geltendmachung von Forderungen jedoch häufig nicht in erster Linie das Leistungsinteresse des Gläubigers berührt, sondern vor allem Integritätsbezug aufweist, wird sie im Rahmen der Kommentierung zu Abs 2 erneut aufgegriffen (s u Rn 544 ff).

Rechtsunsicherheit entsteht, wenn sich nach Vertragsschluss wesentliche Umstände 250 ändern, so dass die Erwartungshaltung der Parteien nicht mehr mit der ursprünglichen Vorstellung im Zeitpunkt des Vertragsschlusses übereinstimmt. Das Bedürfnis nach Anpassung und damit nach Schaffung von Klarheit könnte deshalb hier eine **Parteipflicht zur Vertragsänderung** auslösen. Jedoch ist insofern zu beachten, dass mit dem Institut der **Störung der Geschäftsgrundlage**, § 313, gerade solche Konfliktlagen gelöst werden sollen. Ebenso läuft der Grundsatz der Privatautonomie (wenn auch im kleinen Rahmen) Gefahr, ausgehöhlt zu werden. Wirtschaftliche Kalkulationen der Parteien würden in diesem Maße in Frage gestellt oder sogar unbeachtlich (STAUDINGER/J SCHMIDT [1995] § 242 Rn 878).

Deshalb kann nur ganz **ausnahmsweise** eine Parteipflicht zur **Änderung von Verträ-** 251 **gen** außerhalb von § 313 anerkannt werden, sofern es sich entweder um eine geringfügige Modifikation oder die Ersetzung durch eine für den konkreten Vertragszweck wirtschaftlich völlig äquivalente Leistung handelt (STAUDINGER/J SCHMIDT [1995] § 242 Rn 880 f m Beispielsfällen aus der Rspr). Gleiches gilt, wenn das Änderungsmoment einen wesentlichen Bestandteil des Pflichtenkanons einer **Dauerrechtsbeziehung** darstellt (MünchKomm/Roth § 242 Rn 60 spricht insofern von einer dahingehenden Institutionalisierung des Dauerschuldverhältnisses). **Gesellschaftsrechtliche Zustimmungspflichten** zu Vertragsänderungen bestehen demnach uU auf der Grundlage der Treuepflicht eines Gesellschafters zu seiner Gesellschaft (vgl dazu auch K Schmidt, Gesellschaftsrecht § 5 IV 2; Westermann, Die Anpassung von Gesellschaftsverträgen an veränderte Umstände, in: FS Hefermehl [1976] 225; Roth, in: FS Honsell [2002] 573; ausf Zöllner, Anpassung von Personengesellschaftsverträgen [1979]).

252 Bei Geringfügigkeit der Änderung hat im Einzelfall ein **Auftraggeber** insofern mitzuwirken, als er die Abweichung von einem Auftrag mangels Verletzung seiner berechtigten Interessen als unschädlich hinnehmen kann (BGH NJW 1969, 320). Anstelle von **Barzahlung** ist deshalb in engen Ausnahmefällen die Hingabe eines Schecks zu akzeptieren (Staudinger/Olzen [2000] Vorbem 22 zu §§ 362 ff). Die Überweisung auf ein **Konto** steht üblicherweise einer Barzahlung gleich (ausf Staudinger/Olzen [2000] Vorbem 37 zu §§ 362 ff). Hat der Schuldner **Prozesssicherheit** zu leisten, darf der Austausch einer beigebrachten Prozessbürgschaft gegen eine andere, gleichartige eines ebenso leistungsfähigen Kreditinstituts verlangt werden (BGH WM 1994, 623, 625). Die **Sicherheitsleistung** durch Verpfändung kann uU durch eine Sicherheitsleistung durch Sicherheitsabtretung ersetzt werden, so weit keine Gläubigerinteressen entgegenstehen (RG JW 1909, 734).

(5) Mitwirkung und Unterstützung gegenüber Dritten
(a) Allgemeines

253 Manchmal wird der geplante Ablauf eines Schuldverhältnisses dadurch gefährdet, dass **Dritte** auf dessen Verwirklichung Einfluss nehmen und es **beeinträchtigen**. Dann kann sich aus §§ 133, 157, 242 für die Parteien des Schuldverhältnisses die Pflicht ergeben, alles zu tun, um Dritte von solchen Störungen abzuhalten, oder sogar die jeweils andere Partei in ihrem Vorgehen gegen solche Dritten zu unterstützen (vgl etwa MünchKomm/Roth § 242 Rn 80; Staudinger/J Schmidt [1995] § 242 Rn 861).

254 Stets ist jedoch zu berücksichtigen, dass eine Vertragspartei **keine allgemeine Interessenverfolgung** zu Gunsten der anderen betreiben muss (Staudinger/J Schmidt [1995] § 242 Rn 878). Die Parteien sind eben „nur" Vertragspartner mit vielfach gegenläufigen Interessen und nicht „Verbündete". Gleichzeitig hat demnach auch kein Teil Veranlassung, gleichrangige eigene Interessen hinter die des anderen zurückzustellen (MünchKomm/Roth § 242 Rn 80). Insofern beschränkt sich das Pflichtenprogramm regelmäßig auf eine **Störungsabwehr** zu Gunsten der anderen Partei (vgl dazu auch BGH BB 1969, 464; 1976, 1000, 1001).

255 Am weitesten sind solche Pflichten naturgemäß in den **Schuldverhältnissen** mit großer **Verbundenheit der Parteien** entwickelt, also etwa bei Schuldverhältnissen mit dienst-, arbeits- oder gesellschaftsrechtlichem Inhalt, Geschäftsbesorgungsabreden oder Treuhandvereinbarungen (vgl z Treuhand Coing, Die Treuhand kraft privaten Rechtsgeschäfts [1973] 137 ff; MünchKomm/Roth § 242 Rn 80). Einen gesetzlichen Anhaltspunkt für diese Feststellung beinhaltet auch § 384 HGB, der für das Kommissionsgeschäft umfangreiche Pflichten des Kommissionärs festlegt. Im Folgenden sollen wichtige Einzelfälle aus Rspr und Lit dargestellt werden.

(b) Einzelfälle

So trifft den **Arbeitgeber** uU die Pflicht, seine Angestellten bei der Verfolgung von 256
Ansprüchen gegen eine Pensionskasse (LAG Stuttgart RdA 1949, 115) oder das Finanzamt (BAG NZA 2005, 983) zu unterstützen. Ein Anspruch des Verkäufers von Ferienhäusern gegenüber dem von ihm beauftragten **Architekten**, potentielle Käufer nicht auf die Unzulässigkeit der Anmeldung als Hauptwohnsitz auf Grund der Lage in einem Sondernutzungsgebiet hinzuweisen, besteht hingegen nicht (OLG Düsseldorf NJOZ 2005, 1657, 1658 f). Ebensowenig muss der **Arzt** im Verhältnis zum Patienten grds einen Arztbrief korrigieren, der dem nachbehandelnden Arzt vorgelegt werden soll (AG Monschau NJW-RR 1998, 1430). Der **Franchisegeber** hat uU eine Konkurrenzschutzpflicht gegenüber seinem Franchisenehmer (dazu LIESEGANG BB 1999, 857 ff; krit FRITZEMEYER BB 2000, 472 ff). Ein **Gesellschafter**, dem bei der Verpfändung von Gesellschaftsanteilen weiterhin ein Stimmrecht zusteht, ist verpflichtet, dieses jetzt auch im Interesse des Pfandgläubigers auszuüben (vgl BUCHWALD GmbHR 1960, 5, 7; ROTH/ALTMEPPEN, GmbHG [6. Aufl 2009] § 47 Rn 20 f). Den **Gläubiger** trifft hingegen keine generelle Pflicht zur Wahrung der Interessen des **Bürgen** (BGH NJW 1983, 1850; 1988, 3205, 3206; dazu aber auch OLG München NJW 1976, 1096, 1097). Ebenso muss der **Haftpflichtversicherte**, der mit einem Dritten einen beschränkten Haftungsverzicht vereinbart, dabei nicht den Vorteil des Versicherers berücksichtigen (BGH MDR 1960, 576). Beim **Kauf einer Erfindung** muss der Käufer uU den Erfinder in Bezug auf eine Ehrung durch Dritte unterstützen (BGH MDR 1961, 572). Im Einzelfall sind von ihm ferner Ansprüche des Verkäufers wegen Transportschäden gegen Dritte zu sichern (BGH MDR 1987, 576, 577). Eine **Kreditkartenorganisation** muss uU zu Gunsten des Vertragsunternehmens Einziehungsversuche unternehmen (OLG Köln WM 1995, 1914). Den **Lizenzgeber** trifft möglicherweise eine Verpflichtung, aus dem Lizenzvertrag gegen Verletzungshandlungen Dritter vorzugehen (BGH NJW 1965, 1861). Ein **Rechtsanwalt** hat, wenn er konkrete Hinweise erhält, dass der Ehegatte seines Mandanten dessen Zugewinnausgleichsansprüche zu vereiteln beabsichtigt, Maßnahmen zur Sicherung der Vollstreckbarkeit eines Ausgleichsanspruchs zu ergreifen (OLG Hamm FamRZ 2003, 758). Bei drohender Zwangsvollstreckung in das Sicherungsgut besteht für den besitzenden **Sicherungsgeber** einerseits die Pflicht, den Sicherungsnehmer unverzüglich zu benachrichtigen und den Pfändungspfandgläubiger über das Recht des Sicherungsnehmers zu unterrichten (vgl SERICK, Eigentumsvorbehalt und Sicherungsübertragung § 1 IV 4a). Den **Sicherungsnehmer** trifft andererseits eine Pflicht, die Interessen des Sicherungsgebers im Verhältnis zu Dritten zu wahren (vgl dazu BGH ZIP 1989, 157; 2000, 69; 2002, 1390, 1391), insbesondere Sicherungsgut ordnungsgemäß und im besten Interesse des Sicherungsgebers zu verwerten (BGH NJW 1966, 2009; 1991, 1946; 1993, 2043; ZIP 1987, 764, 768). Ein **Treuhänder** muss die Maßnahmen ergreifen, die zur Erhaltung und Verwirklichung des übertragenen Rechts erforderlich sind, wenn der Treugeber diese nicht oder nur unter erschwerten Umständen treffen kann (BGHZ 32, 67, 70 = NJW 1960, 959; NJW 1966, 2009; OLG Frankfurt WM 1991, 930). Der **Verkäufer** hat beim Verkauf einer Eigentumswohnung mit Abtretung der Gewährleistungsansprüche gegen die Handwerker Verträge und Abnahmeprotokolle herauszugeben (BGH WM 1989, 420, 421). Auch für den **Versicherer** besteht die Verpflichtung, Interessen des Versicherten gegen Dritte zu verteidigen (BGHZ 9, 34, 49). So ist er etwa vor Kündigung einer Direktversicherung nach § 1b Abs 2 S 1 BetrAVG verpflichtet, den unwiderruflich bezugsberechtigten Arbeitnehmer rechtzeitig über den Prämienverzug des Arbeitgebers zu unterrichten, um ihm die Möglichkeit zu verschaffen, durch eigene Beitragsleistung den Versicherungsschutz zu

erhalten (OLG Düsseldorf VersR 2003, 627). **Vertragshändler** haben im Einzelfall Wünsche des Kunden an den Hersteller weiterzuleiten (AG Regensburg DAR 1982, 331). Der **Zessionar** hat bei einer fiduziarischen Abtretung oder einer erfüllungshalber abgetretenen Forderung die Interessen des Zedenten bestmöglich gegenüber Dritten zu verfolgen (OLG Celle OLGZ 1970, 450, 451; MünchKomm/ROTH § 398 Rn 108 ff). Hingegen trifft den **Zwischenhändler**, der Kleinteile verschiedener Hersteller vertreibt, die ohne Herkunftsbezeichnung produziert werden, keine Pflicht, seinen Betrieb so zu organisieren, dass er seinen Abnehmern den Produzenten der an sie verkauften Ware nennen kann (OLG Bamberg BB 1998, 664; weitere Fälle aus der früheren Rspr in STAUDINGER/WEBER[11] § 242 Rn A 951, 952; vgl ansonsten auch die Kommentierungen z den einzelnen Schuldverhältnissen).

d) Mitwirkungspflichten in gesetzlichen Schuldverhältnissen
aa) Allgemeines

257 Mitwirkungshandlungen sind nicht nur vertraglich geschuldet. Vielmehr kann Schuldner und Gläubiger auch in **gesetzlichen Schuldverhältnissen** die Pflicht treffen, die Abwicklung der entstandenen Nähebeziehung zu fördern. Insofern ist ebenso wie im Rahmen vertraglicher Pflichten zwischen **gesetzlich normierten** und **sonstigen Mitwirkungspflichten** zu unterscheiden.

bb) Gesetzlich normierte Mitwirkungspflichten

258 So betreffen etwa die §§ 380, 384 die Mitwirkungspflichten der Beteiligten im Rahmen der **Hinterlegung**. Bei **Besichtigung einer Sache** bzw **Einsicht in Urkunden** sind entsprechende Handlungspflichten in den §§ 809, 810 normiert. **Kosten-** oder **Zinsregelungen** beinhalten die §§ 748 und 849. Im **Sachenrecht** finden sich die Vorschriften der §§ 896, 897, 1047, 1214, 1220, 1285, im **Familienrecht** lassen sich die §§ 1360, 1435, 1451 anführen.

cc) Nicht geregelte Mitwirkungspflichten in gesetzlichen Schuldverhältnissen

259 Durch **Auslegung** der entsprechenden gesetzlichen Bestimmungen unter Berücksichtigung des Grundsatzes von Treu und Glauben, § 242, können sich auch in gesetzlichen Schuldverhältnissen außergesetzliche Mitwirkungspflichten ergeben (vgl auch Rn 165).

260 Bei Gefährdung eines gesetzlichen **Altenteilsrechts** (vgl § 14 HöfeO) soll etwa ein Anspruch auf Bestellung dinglicher Sicherheiten bestehen (so OLG Oldenburg NdsRpfl 1973, 234). Durch einen **Pfändungs- und Überweisungsbeschluss** wird ein gesetzliches Schuldverhältnis begründet, welches über die in § 836 Abs 3 ZPO benannten Pflichten hinausgehende Nebenpflichten des Vollstreckungsschuldners erzeugt (vgl WOLF/ MÜLLER, Nebenpflichtenkanon bei der Forderungspfändung, NJW 2004, 1775 ff). Auch die **Vormundschaft** kann besondere Mitwirkungspflichten erzeugen (s o Rn 190). Miteigentümer einer **Wohnungseigentümergemeinschaft** trifft die Pflicht, eine Zustimmung zur Änderung der Teilungserklärung zu erteilen (OLG Schleswig WuM 2006, 407, 408; LG Wuppertal NJW-RR 1986, 1074, 1075). Für weitere Einzelfälle sei auf die Kommentierung zu den jeweiligen gesetzlichen Schuldverhältnissen verwiesen.

4. Leistungssicherungspflichten

a) Allgemeines

Die Verpflichtung, das Leistungsinteresse durch **Mitwirkung zu fördern**, endet in einigen Schuldverhältnissen nicht bereits mit der Leistungserbringung im eigentlichen Sinne (oder mit dem endgültigen Ausfall einer aufschiebenden Bedingung, vgl BGH NJW 1990, 507). Vielmehr müssen Schuldner und Gläubiger manchmal daran mitwirken, den Leistungserfolg **dauerhaft zu erhalten**, damit er nicht im Nachhinein entwertet oder gefährdet wird (allg z diesen „nachwirkenden" Pflichten BAMBERGER/ROTH/GRÜNEBERG/ SUTSCHET Rn 71 ff; BGB-RGRK/ALFF § 242 Rn 50; ERMAN/HOHLOCH § 242 Rn 72; MünchKomm/ ROTH Rn 67 ff; STAUDINGER/J SCHMIDT [1995] § 242 Rn 887 ff; vBAR AcP 179 [1979] 452 ff mwNw; BODEWIG Jura 2005, 505 ff; BRUCKNER, Nachvertragliche Wettbewerbsverbote zwischen Rechtsanwälten [1987]; CHRISTENSEN, Verschulden nach Vertragsende [Diss Kiel 1958]; ELGER, Nachwirkungen nach Ende des Rechtsverhältnisses im BGB [Diss Münster 1936]; FIKENTSCHER/ HEINEMANN, Schuldrecht Rn 98; GAUL, Die Abgrenzung nachvertraglicher Geheimhaltungsverpflichtungen gegenüber vertraglichen Wettbewerbsbeschränkungen, ZIP 1988, 689; GREULICH BB 1955, 208; KÄUFFER, Die Vor- und Nachwirkungen des Arbeitsverhältnisses [Diss Köln 1959]; MONJAU, Nachwirkende Treuepflichten, BB 1962, 1439; STRÄTZ, in: FS Bosch [1976] 999 ff). Denn für die Pflichten der Parteien entscheidet nicht allein der Zeitpunkt des Leistungsaustausches, wenn sie – wie es häufig geschieht – mit diesem einen darüber hinausgehenden Zweck verfolgen, der als „verbleibende soziale Nähe der Beteiligten" (so SOERGEL/TEICHMANN § 242 Rn 167) noch beeinträchtigt werden kann. Allerdings besteht vor dem Hintergrund der Privatautonomie und der wirtschaftlichen Betätigungsfreiheit der Parteien **keine generelle Pflicht**, Leistungen nachwirkend zu sichern.

Falls eine solche Pflicht hingegen (ausnahmsweise) anzunehmen ist, muss der Schuldner alles tun, um den eingetretenen **Leistungserfolg** zu sichern, und alles unterlassen, was der anderen Partei die nach Durchführung des Schuldverhältnisses zugeflossenen Positionen entzieht, schmälert oder entwertet (RGZ 111, 298, 303; 161, 330, 338; BGHZ 16, 4, 10; BGH MDR 1967, 109, 110; Hk-BGB/SCHULZE § 242 Rn 20; MünchKomm/ROTH § 242 Rn 67; SOERGEL/TEICHMANN § 242 Rn 168; STAUDINGER/J SCHMIDT [1995] § 242 Rn 887). Im Einzelfall entstehen daraus wiederum Mitteilungs-, Rechenschafts-, Handlungs-, Obhuts-, Herausgabe- (LG Aachen NJW 1986, 1551) oder Unterlassungspflichten (Hk-BGB/SCHULZE § 242 Rn 20; SOERGEL/TEICHMANN § 242 Rn 168).

Sie betreffen allerdings nicht das **Unterlassen der gerichtlichen Verfolgung** von Ansprüchen (vgl BGHZ 20, 169, 172; 36, 18, 20 = NJW 1961, 2254; ferner BGH NJW 2003, 1934), weil sonst die Garantie des gerichtlichen Rechtsschutzes unterlaufen würde. Den Interessen der Parteien wird durch den gesetzlich geregelten Verfahrensablauf ausreichend Rechnung getragen (so auch STAUDINGER/J SCHMIDT [1995] § 242 Rn 887).

Zu berücksichtigen ist aber auch, dass die Parteien im Gegensatz zum noch bestehenden Schuldverhältnis die Sonderverbindung nach Erfüllung der Ansprüche möglichst schnell lösen und frei sein wollen (SOERGEL/TEICHMANN § 242 Rn 168). Leistungssichernde Nebenleistungspflichten sind daher in der Regel nur für eine im Einzelfall **angemessene Übergangsphase** begründet (so auch SOERGEL/TEICHMANN § 242 Rn 168; für eine maximale Begrenzung auf die längstmögliche (30-jährige) Verjährungsfrist OLG Saarbrücken OLGR 2005, 770, 771).

265 Bei diesen Pflichten ist einerseits zwischen **gesetzlichen** und **außergesetzlichen Leistungssicherungspflichten** zu unterscheiden und andererseits zu den **Rücksichtspflichten** des Abs 2 abzugrenzen (s u Rn 378 ff).

aa) Gesetzliche Leistungssicherungspflichten

266 Gesetzliche Leistungssicherungspflichten finden sich zumeist, wenn der Gesetzgeber eine erbrachte Leistung für besonders schützenswert hält oder die durch die Durchführung des Schuldverhältnisses entstandene Vertrauensbeziehung zwischen den Parteien in den Vordergrund stellt. Insbesondere geht es darum, eine Entwertung der Leistung, etwa durch **unzulässigen Wettbewerb** (s u Rn 289 ff) oder sonstiges **rechtsmissbräuchliches Verhalten**, zu verhindern. Das Ziel einer gesetzlichen Vorgabe besteht daher in einer gerechten Grenzziehung zwischen dem schutzwürdigen Interesse des Gläubigers an einer fortdauernden Sicherung seiner Leistungserwartungen und dem legitimen Interesse des Schuldners an der eigenen Vorteilsverfolgung (MünchKomm/ROTH § 242 Rn 85; SOERGEL/TEICHMANN § 242 Rn 170; Bsp s u Rn 290 f).

267 Die Intention des Gesetzgebers ähnelt somit derjenigen, die bei den gesetzlichen Mitwirkungspflichten besteht (s o Rn 163 f, 192 ff). Weiterhin soll den Parteien aber auch gesetzliche Hilfestellung bei einer **verkehrsgerechten Abwicklung** des Schuldverhältnisses geboten werden. Die Erwartungen an ein Idealverhalten der Parteien auch nach der Durchführung eines Schuldverhältnisses werden deshalb zu Lasten der Vertragsautonomie durch den Gesetzgeber konkretisiert, unterliegen aber meist der Disposition der Parteien.

bb) Außergesetzliche Leistungssicherungspflichten

268 Nicht normierte Leistungssicherungspflichten finden ihren Rechtsgrund im **vertraglichen Leistungsversprechen** (vgl MünchKomm/ROTH § 242 Rn 144; SOERGEL/TEICHMANN § 242 Rn 167; STAUDINGER/J SCHMIDT [1995] § 242 Rn 887). Nach Auslegung der Abrede gem §§ 133, 157 kann sich unter Berücksichtigung des Grundsatzes von Treu und Glauben, § 242, ergeben, dass die Parteien weiterhin verpflichtet sind, durch konkrete Maßnahmen die erbrachte Leistung abzusichern, also Vorteile zu erhalten oder Nachteile abzuwehren. Solche Pflichten sind darauf gerichtet, den mit dem vertraglichen Leistungsaustausch bezweckten Erfolg dauerhaft aufrechtzuerhalten (MünchKomm/ROTH § 242 Rn 82). In der Regel handelt es sich um **Unterlassungspflichten** (BAMBERGER/ROTH/GRÜNEBERG/SUTSCHET Rn 71; STAUDINGER/J SCHMIDT [1995] § 242 Rn 887), etwa im Hinblick auf nachvertraglichen **Wettbewerb** (s Rn 153, 157, 161, 289 ff, 508 ff) oder die Bewahrung von **Geschäftsgeheimnissen** (hierzu MÜLLER/HEMPEL AcP 205 [2005] 246, 273). Im Einzelfall kommen aber auch **Duldungspflichten** oder sogar Pflichten zu **aktivem Tun** in Betracht (vgl dazu auch Hk-BGB/SCHULZE § 242 Rn 20; MünchKomm/ROTH § 242 Rn 83). Außergesetzliche Leistungssicherungspflichten können sowohl in reinen Austauschverhältnissen – mit geringer persönlicher Bindung der Parteien – als auch und in der Regel in personenrechtlichen Dauerschuldverhältnissen – mit hoher persönlicher Bindung – entstehen (BGH NJW 1952, 867; 1960, 718; STAUDINGER/J SCHMIDT [1995] § 242 Rn 887).

269 Auch bei **gesetzlichen Schuldverhältnissen** können sich außergesetzliche Leistungssicherungspflichten unter Berücksichtigung der **Eigenart der gesetzlichen Nähebeziehung** und des Grundsatzes von **Treu und Glauben**, § 242, ergeben. Dies kommt vor allem für das quasi-vertragliche Schuldverhältnis der **GoA** in Betracht, etwa wenn der Geschäftsführer für den Geschäftsherrn unter den Voraussetzungen der §§ 677, 683 ein Rechtsgeschäft abschließt.

cc) Abgrenzung zu den Rücksichtspflichten iSd Abs 2
Da es sich bei den Leistungssicherungspflichten um Pflichten handelt, die grds erst **270** nach Durchführung des Schuldverhältnisses Bedeutung erhalten, ist oft eine Abgrenzung zu den nichtleistungsbezogenen Pflichten des Abs 2 erforderlich. Entscheidend ist, ob die jeweilige Pflicht allein dem allgemeinem **Rechtsgüterschutz einer Partei** dient oder das erhalten soll, was nach dem vereinbarten Leistungsgegenstand bzw der gesetzlichen Vorgabe den **Inhalt des Schuldverhältnisses** bildet und deshalb beide Vertragspartner betrifft (vgl STAUDINGER/J SCHMIDT [1995] § 242 Rn 887). Auch hierüber bestimmen die Auslegungskriterien der §§ 133, 157, 242 (für eine Einstufung aller Leistungstreuepflichten unter Abs 2 offenbar MünchKomm/ERNST § 280 Rn 91; unklar BAMBERGER/ROTH/GRÜNEBERG/SUTSCHET Rn 71).

Bei der Pflicht, nach Erfüllung der Ansprüche den Parteien die zugeflossenen Po- **271** sitionen (das Äquivalenzinteresse) zu **sichern**, handelt es sich regelmäßig um eine solche iSd Abs 1 (vgl dazu auch RGZ 113, 70, 72; 161, 330, 338; BGHZ 16, 4, 10; 20, 169, 172; BGH MDR 1967, 109, 110; OLG Stuttgart NJW-RR 1986, 1448). Intendiert sie hingegen den reinen **Vermögensschutz** (das Integritätsinteresse) einer Partei, ist von einer Rücksichtspflicht iSd Abs 2 auszugehen. Hier wie im Allgemeinen (s o Rn 153, 157, 161) sind Überschneidungen dann denkbar, wenn der Pflicht eine **Doppelnatur** zukommt, weil sie gleichzeitig Leistungs- und Integritätsbezug aufweist.

b) Einzelfälle gesetzlich normierter Leistungssicherungspflichten
Das BGB, aber auch privatrechtliche Sondergesetze, normieren einige Leistungs- **272** sicherungspflichten: Gem § 368 hat etwa der Gläubiger gegen Empfang der Leistung auf Verlangen ein schriftliches Empfangsbekenntnis als **Quittung** zu erteilen. Ähnliche Pflichten zur Belegerstellung nach Ende des Schuldverhältnisses sind den Art 39 Abs 3 WG bzw 34 Abs 3 ScheckG zu entnehmen. Eine Pflicht zur **Zeugniserteilung** nach Beendigung des Dienstverhältnisses enthält § 630. § 74 HGB bildet die gesetzliche Grundlage für ein **nachvertragliches Wettbewerbsverbot** zwischen Prinzipal und Handlungsgehilfen.

c) Einzelfälle außergesetzlicher Leistungssicherungspflichten
Im nicht normierten Bereich hat sich eine umfassende Rspr herausgebildet, die im **273** Folgenden nur exemplarisch dargestellt wird.

Nach erfolgter **Abtretung** hat der Zedent alles zu unterlassen, was die Geltendma- **274** chung der Forderung durch den Zessionar behindern könnte. Dagegen verstößt der Altgläubiger, wenn er die vom Schuldner in Unkenntnis der Abtretung angebotene Erfüllungsleistung annimmt (RG JW 1926, 982 mit Anm OERTMANN).

Der **Arbeitgeber** darf den Arbeitnehmer nach dessen Ausscheiden nicht bei der **275** Suche nach einem neuen Arbeitsplatz nachteilig beeinflussen (BAG AP Nr 80 z § 611 – Fürsorgepflicht; LAG Berlin NJW 1979, 2582, 2584). Insgesamt trifft ihn uU eine **nachvertragliche Fürsorgepflicht** (vgl OLG Frankfurt OLGZ 1993, 79, 80 f), die sich ausnahmsweise sogar in einem Anspruch auf **Wiedereinstellung nach Kündigung** äußert (vgl BAG AP KSchG § 1 „Wiedereinstellung" Nr 4 und Nr 6; ZIP 2000, 676; vgl auch LAG Hamm

LAGReport 2003, 31; BOEWER, Der Wiedereinstellungsanspruch – Teil 1, NZA 1999, 1121; ders, Der Wiedereinstellungsanspruch – Teil 2, NZA 1999, 1177 ff; OETKER, Der Wiedereinstellungsanspruch des Arbeitnehmers beim nachträglichen Wegfall des Kündigungsgrundes, ZIP 2000, 643 ff; RAAB, Der Wiedereinstellungsanspruch des Arbeitnehmers bei Wegfall des Kündigungsgrundes, RdA 2000, 147 ff; RICKEN, Grundlagen und Grenzen des Wiedereinstellungsanspruchs, NZA 1998, 460 ff; s Rn 153, 157, 161, 497). Ebenso kann der Arbeitgeber verpflichtet sein, nach Ausscheiden des Arbeitnehmers mitzuteilen, ob die Voraussetzungen für eine **betriebliche Altersversorgung** erfüllt sind; der Arbeitnehmer hat in diesem Fall die benötigten sozialversicherungsrechtlichen Unterlagen vorzulegen (BAG BB 1998, 1537 f; NZA 2001, 206; abweichend wegen der Umstände des Einzelfalles BAG NZA 2002, 1150).

276 Aus dem **Behandlungsvertrag** ergibt sich die nachvertragliche Nebenleistungspflicht des Arztes oder Krankenhausträgers, dem Patienten **Einsicht** in die zu seiner Behandlung gefertigten **Krankenunterlagen** zu gewähren und daraus gegebenenfalls Fotokopien zu fertigen (OLG München NJW 2001, 2806).

277 Beim **Bauwerkvertrag** kann nach Erfüllung der Hauptpflicht eine Parteipflicht dahingehend bestehen, die erbrachte Leistung nicht grundlos zu beanstanden. Fraglich erscheint allerdings, ob daraus auch ein Anspruch auf Durchführung eines Beweissicherungsverfahrens abgeleitet werden kann (OLG Stuttgart NJW-RR 1986, 1448; dazu auch WUSSOW, Probleme der gerichtlichen Beweissicherung in Baumangelsachen, NJW 1969, 1401, 1407).

278 Nach Ablauf eines **Chefarztvertrages** darf eine Klinik idR nichts dagegen unternehmen, dass der ausgeschiedene Chefarzt bei Gründung einer eigenen Praxis auf seine frühere Tätigkeit in der Klinik hinweist. Dies gilt zumindest dann, wenn er zur Mehrung des Rufes der Klinik maßgeblich beigetragen hat (OLG München OLGZ 1974, 280, 283).

279 Den ausgeschiedenen **Gesellschafter** kann eine Pflicht treffen, die Gesellschaft auch nach Beendigung der Gesellschafterstellung nicht zu schädigen (STAUDINGER/ J SCHMIDT [1995] § 242 Rn 888).

280 Bei Verträgen über die Nutzung **gewerblicher Schutzrechte** besteht für den Benutzer des Rechtes auch nach Beendigung eines solchen Vertrages die Pflicht, dem Inhaber keine Konkurrenz durch Weiterbenutzung des Rechts zu machen, selbst wenn er dem Recht durch Werbung Verkehrsgeltung eingebracht hat (BGH GRUR 1959, 87, 89; 1963, 485, 487 m Anm REIMER MDR 1967, 109 f).

281 Bei **Internetauktionen** kann Vertragsparteien eine nachvertragliche Pflicht zur Abgabe einer sachlich gerechtfertigten Bewertung der erbrachten Leistungen treffen (vgl etwa AG Peine NJW-RR 2005, 275).

282 Der **Kaufvertrag** verpflichtet den **Verkäufer**, nach dem Verkauf eines Grundstücks mit Fernblick Bebauungen zu vermeiden, die diesen Fernblick beeinträchtigen (RGZ 161, 330, 338 m Anm LARENZ DR 1940, 248). Eine Gemeinde, die Holz verkauft, muss „Doppelverkäufe" vermeiden (BGH NJW 1952, 867), ein Verkäufer oder Produzent von Spezialapparaten Ersatzteile nachbeschaffen (z Problematik AG München

NJW 1970, 1852; Finger NJW 1970, 2049 ff; Greulich BB 1955, 208; Rodig BB 1971, 854). Auch den **Käufer** können Pflichten dieser Art treffen. So darf etwa ein Käufer, der den Preis für einen Grundstückskauf an einen Notar geleistet hat, diesem keine die Auszahlung an den Verkäufer hindernden Anweisungen erteilen (RGZ 167, 236, 240). Ebenso ist ein Käufer nur dann berechtigt, auf Einhaltung nachvertraglicher Nebenpflichten durch den Verkäufer zu bestehen, wenn er sich selbst vertragstreu verhält und nach Abschluss eines Kaufvertrages und Lieferung des Kaufgegenstandes den Kaufpreis auch bezahlt (vgl BGH 11.7.2001, VIII ZR 119/00 [unveröffentlicht]). Hingegen ist der Empfänger einer Rechnung nach Vertragsdurchführung nicht verpflichtet, einseitigen, außerhalb des Rechnungszwecks liegenden Vermerken nachzugehen und ihnen bei fehlendem Einverständnis zu widersprechen (BGH NJW 1997, 1578; 1959, 1679).

Nichtigkeitsklagen, die nach Ende der vertraglichen Beziehungen von einer Seite **283** erhoben werden, können uU eine Leistungssicherungspflicht verletzen (BGH GRUR 1956, 264, 265; NJW 1965, 491, 492). Gleiches gilt im Falle der **Vertragsanfechtung** ohne Vorliegen eines Anfechtungsgrundes (vgl OLG Düsseldorf IBR 2006, 95). Auch der Ausspruch einer nicht berechtigten **Kündigung** kann den Vorwurf einer Leistungssicherungspflichtverletzung begründen (BGH NJW 1988, 1268, 1269).

Aus einem **Praxistausch** ergibt sich möglicherweise ein Rückkehrverbot an die alte **284** Wirkungsstätte (vgl BGHZ 16, 71, 76 ff).

Beim **Reisevertrag** trifft den Reiseveranstalter auch nach Ablauf des ursprünglich **285** vorgesehenen Rückflugtermins und durch Erkrankung bedingter stationärer Behandlung des Reisenden am Reiseort die Pflicht, einen (verspäteten) Rückflug zu organisieren (LG Duisburg NJW-RR 1999, 1067).

Subunternehmerverhältnisse erzeugen uU eine Pflicht zum Unterlassen des Abwer- **286** bens von Kunden nach Auslaufen des Vertragsverhältnisses (vgl dazu BGH WM 1979, 59).

Die Annahme, einen **Vertreter** treffe die Leistungssicherungspflicht, nichts zu un- **287** ternehmen, um den von seinem Geschäftsherrn geschlossenen Vertrag zu vereiteln (BGHZ 14, 313, 318; vgl auch Lehmann, Anm z Urt des BGH v 17.9.1954, JZ 1955, 159 f), ist insofern problematisch, als der Vertreter selbst nicht Vertragspartner wird und deshalb keine Leistung aus einem eigenen Vertragsverhältnis sichern kann. Insofern kommt aber die Verletzung einer entsprechenden **Rücksichtspflicht** iSd Abs 2 im Verhältnis zum Geschäftsherrn in Betracht (so auch Staudinger/J Schmidt [1995] § 242 Rn 888).

Hat der **Werkunternehmer** seine vom Besteller abgenommene und vergütete Leis- **288** tung ordnungsgemäß erbracht, und wird im Anschluss daran ein anderes Unternehmen mit Folgearbeiten am ursprünglichen Werk befasst, verletzt der Unternehmer keine Pflicht gegenüber dem Besteller, wenn er dem später tätig gewordenen Unternehmen Monteure zur Verfügung stellt, die auf dessen Weisung arbeiten und dabei Schäden verursachen (OLG Zweibrücken NJW-RR 2003, 1600). Eine Nebenleistungspflicht kann indes dann verletzt sein, wenn der Werkunternehmer die Herausgabe von Unterlagen verweigert, welche das Werk betreffen und an deren Erhalt der Besteller ein berechtigtes Interesse hat (OLG Köln NZBau 2000, 78; anders für den Fall des Auftragsentzugs OLG Köln OLGR 2005, 152).

289 Ein weites Problemfeld hängt mit der Pflicht zusammen, **nachvertraglichen Wettbewerb** zu unterlassen (vgl dazu ausf Reinfeld, Wettbewerbsverbot [Diss Köln 1993]; ferner s o Rn 261, 268). Eine solche Pflicht kann als Leistungssicherungspflicht iSd Abs 1 eingestuft werden, wenn die Vorteile eines Schuldverhältnisses gesichert werden sollen. Wird hingegen reiner Vermögensschutz bezweckt, stellt sich eine entsprechende Pflicht aber meist als Rücksichtspflicht iSd Abs 2 dar (z Abgrenzung s Rn 270 f, 508 ff). Weiter ist zu berücksichtigen, ob durch ein nachvertragliches Wettbewerbsverbot die Berufsfreiheit der Parteien, Art 12 GG, in rechtswidriger Weise eingeschränkt wird (BVerfGE 81, 242; OLG Düsseldorf NJW-RR 1994, 35, 36 f). Ebenso sind bei der Annahme eines solchen Verbots stets die Wertungen des Wettbewerbsrechts (Staudinger/J Schmidt [1995] § 242 Rn 888) sowie die Grundprinzipien des BGB zu berücksichtigen, die dagegen sprechen, einem Nutzungsberechtigten unentgeltliche Wettbewerbsbeschränkungen aufzudrängen, die seinem Gläubiger Vermögensvorteile verschaffen (vgl dazu E Schmidt, Zur Ökonomie ergänzender Vertragspflichten unter besonderer Berücksichtigung von Konkurrenzschutzgeboten, JA 1978, 597 ff). Aus diesem Grunde koppelt das Gesetz eine entsprechende Verpflichtung regelmäßig an eine Entschädigung (s u Rn 290).

290 Dennoch gibt es eine Vielzahl von Entscheidungen, die eine solche nachvertragliche Pflicht zur **Unterlassung von Wettbewerb** in Betracht ziehen (vgl aus der neueren Rspr etwa BGH DNotZ 2004, 375 ff; WRP 2003, 500 ff; 763 ff; 2002, 1082 ff; BB 2003, 919 ff; LMK 2003, 1; WM 2002, 815 ff; WuW 2002, 864 ff; BB 2002, 324 ff; BAG BB 2003, 106 ff; 2002, 2386 ff; OLG Stuttgart NJW 2002, 1431 ff; OLG Celle GmbHR 2000, 1258 ff; LAG Hamm NZA-RR 2003, 513 ff; aus der Lit Kukat, Vorsicht ist besser als Nachsicht – Praktische Hinweise zur Vereinbarung nachvertraglicher Wettbewerbsverbote für Geschäftsführer und zur Anrechnung anderweitigen Erwerbs, BB 2001, 951 ff; Wertheimer BB 1999, 1600 ff).

So entsteht für einen **Arbeitnehmer** aus dem Arbeitsverhältnis zwar grds keine Pflicht zur Unterlassung von Wettbewerb nach Ablauf der Beschäftigung (BAG Betrieb 1994, 887, 888; MDR 1959, 700; Bamberger/Roth/Grüneberg/Sutschet Rn 74). Etwas anderes kann sich aber aus einer vertraglichen Vereinbarung mit dem Arbeitgeber ergeben (vgl zB §§ 74 ff, 90a HGB, § 110 GewO; z Möglichkeit, durch den Arbeitgeber einseitig vorgegebene nachvertragliche Wettbewerbsverbote einer AGB-Inhaltskontrolle zu unterziehen Koch, Das nachvertragliche Wettbewerbsverbot im einseitig vorformulierten Arbeitsvertrag, RdA 2006, 28 ff). Der Arbeitgeber hat dann in der Regel eine **Karenzentschädigung** zu leisten (BAG NJW 1970, 626; 1971, 74). Bei Abzug des gesamten Kundenkreises durch den ausgeschiedenen Arbeitnehmer stellt sich sein Verhalten uU als unlauter iSd § 3 UWG dar (dazu BGH GRUR 1964, 215 m Anm Bussmann; WM 1977, 619, 620). Umstritten ist, inwiefern den **Arbeitnehmer im Ruhestand** ein nachvertragliches Wettbewerbsverbot trifft (vgl BAG ZIP 1990, 1612; 1617; EWiR 1991, 125; Betrieb 1994, 887, 889; Soergel/Teichmann § 242 Rn 171; ausf z Streit Blomeyer, Der Widerruf von Versorgungszulagen infolge „Treuepflichtverletzungen" des Arbeitnehmers, ZIP 1991, 1113 ff).

291 Im Einzelfall darf ein **Forscher** bei einem **Entwicklungsauftrag** nach Abschluss der Entwicklungsarbeiten dem Auftraggeber keine Konkurrenz mit gleichartigen Produkten machen (BGH JZ 1956, 95).

Unter Berücksichtigung wettbewerbsrechtlicher Vorschriften muss auch die Frage **292** beantwortet werden, ob beim **Verkauf eines Unternehmens** ein **nachvertragliches Wettbewerbsverbot** des Verkäufers anzunehmen ist (vgl BGH NJW 1977, 804 ff m Anm ULMER; OLG Hamm GRUR 1973, 421; KLAUE, Wettbewerbsverbote und § 1 GWB, WuW 1961, 323 ff; STEINDORFF, Gesetzeszweck und gemeinsamer Zweck des § 1 GWB, BB 1977, 569 f; STAUDINGER/J SCHMIDT [1995] § 242 Rn 888). Ein generelles Wettbewerbsverbot zu Gunsten des Käufers besteht unter Berücksichtigung der Berufsfreiheit der Parteien und der grds wettbewerbsoffenen Haltung der zivilrechtlichen Rechtsordnung nicht (vgl auch BGB-RGRK/ALFF § 242 Rn 50). Im Einzelfall kann es sich hingegen aus ausdrücklicher oder konkludenter **Parteivereinbarung** (RGZ 117, 176, 179) ergeben bzw mit Hilfe **ergänzender Vertragsauslegung** (BGHZ 16, 71, 76) ermitteln lassen. Problematisch erscheint dagegen die Annahme eines Wettbewerbsverbotes auch ohne feststellbaren Parteiwillen, also in den Fällen, in denen der Erwerber für den Kundenstamm und den „good will" Zahlungen erbracht hat, ohne dass ein Wettbewerbsverbot vereinbart wurde oder sich im Wege ergänzender Vertragsauslegung feststellen lässt. Dann sollte man aus Gründen der Rechtssicherheit und der Ausstrahlungswirkung des Art 12 GG von der Anerkennung einer Pflicht zum nachvertraglichen Unterlassen von Wettbewerb absehen (**aA** STAUDINGER/J SCHMIDT [1995] § 242 Rn 889; MÜLLER/ HEMPEL AcP 205 [2005] 246, 272).

J. Relativität und Ausnahmen

I. Allgemeines

Das Recht, vom Schuldner eine Leistung zu fordern, steht gem Abs 1 (allein) dem **293** Gläubiger gegen den Schuldner zu; nur dieser ist zur Leistung verpflichtet. Forderung und Schuld kennzeichnen also beide Seiten einer einheitlichen Gläubiger-Schuldner Beziehung (GERNHUBER, Schuldverhältnis § 3 I [1]). **Relativität** bedeutet damit zunächst, dass nur diejenigen Personen, die die Entstehungsvoraussetzungen eines Schuldverhältnisses selbst verwirklichen, darin Gläubiger und Schuldner iSd § 241 sind (DÖRNER, Dynamische Relativität 10). Diese Relativitätswirkung tatbestandlichen Handelns findet ihre Grundlage im Gedanken der **Selbstverantwortlichkeit**. Obwohl das Schuldverhältnis sich als personales Verhältnis zwischen Gläubiger und Schuldner darstellt, schließt dieser Umstand nicht aus, dass auf Gläubiger- und Schuldnerseite mehrere Personen stehen, wie die §§ 420–432 zeigen. Gegenüber **Dritten** (vgl z Begriff SPIELBÜCHLER, Der Dritte im Schuldverhältnis [1973]) wirkt das Schuldverhältnis hingegen grds nicht (z den vielen Ausnahmen s u Rn 302 ff; vgl im Übrigen FIKENTSCHER/ HEINEMANN, Schuldrecht Rn 64; LARENZ, Schuldrecht I § 2 II; MünchKomm/KRAMER Einl zu §§ 241 ff Rn 14; MEDICUS JuS 1974, 613; DENCK, Die Relativität im Privatrecht, JuS 1981, 9 ff). Man versteht die **Relativität** des Schuldverhältnisses als begriffliches Gegenstück zur **Absolutheit dinglicher Positionen** (s u Rn 299 ff).

Im Hinblick auf den Relativitätsbegriff lassen sich zwei unterschiedliche Aspekte **294** herausstellen: Zum einen beschränkt das personale Element zwischen Gläubiger und Schuldner deren Möglichkeit, ein zwischen ihnen zu begründendes oder bereits begründetes Schuldverhältnis auf Dritte auszuweiten. Zum anderen kennzeichnet der Relativitätsbegriff den Inhalt des Forderungsrechtes im Verhältnis zu Außenstehenden, insbesondere die Frage, inwieweit Dritte auf das Schuldverhältnis Rücksicht nehmen müssen. Diese geschilderten Grundsätze unterliegen allerdings vielen Ausnahmen, die im Folgenden kurz geschildert werden sollen (DÖRNER, Dynamische Relativität 11; STAUDINGER/J SCHMIDT[12] Einl 433 zu §§ 241 ff).

II. Relativität der Wirkungen des Schuldverhältnisses

1. Gesetzlich begründete Schuldverhältnisse

295 Die Wirkungen **gesetzlicher Schuldverhältnisse** treffen wegen des Relativitätsgrundsatzes nur den Handelnden, der die Voraussetzungen des Tatbestandes zurechenbar erfüllt, zB des § 812 oder des § 823. Ob er für die Rechtsfolgen tatsächlich einstehen muss, hängt uU von weiteren Voraussetzungen, zB der Erfüllung allgemeiner Zurechnungsvoraussetzungen ab, wie etwa der Deliktsfähigkeit, § 828.

2. Rechtsgeschäftlich begründete Schuldverhältnisse

296 Das BGB normiert den Grundsatz der Relativität im Hinblick auf die Wirkung eines **Rechtsgeschäftes** ungeachtet seiner zentralen Bedeutung nicht; er kommt aber in den Wertungen der §§ 137, 241, 311, 328, 333 zum Ausdruck.

Andere Rechtsordnungen hingegen haben der Relevanz des Prinzips entsprechend dafür eigene Regelungen vorgesehen. Der **französische Code civil** zB bestimmt in Art 1165 ausdrücklich, dass sich die Vertragswirkungen nur zwischen den Parteien entfalten. Dort heißt es: „Les conventions n'ont d'effet qu'entre les parties contractantes; elles ne nuisent point au tiers, et elles ne lui profitent que dans le cas prévu par l'article 1121" (vgl REHBEIN, Die Verletzung von Forderungsrechten durch Dritte 54 ff; BAUDENBACHER/KLAUER, Der Tatbestand der „concurrence deloyale" des französischen Rechts und der Vertrieb selektiv gebundener Ware durch einen Außenseiter, GRUR Int 1991, 799, 801). Im **anglo-amerikanischen Recht** gibt es einen entsprechenden Grundsatz der „privity of contract" (vgl KÖTZ, Europäisches Vertragsrecht Bd I [1996] 375 f, der durch das Gesetz „Contracts [Rights of Third Parties] Act" v 1.1.1999 im Hinblick auf die Zulässigkeit von Verträgen zu Gunsten Dritter verändert wurde; vgl LOOSCHELDERS, Schuldrecht AT Rn 1048; Der Vertrag mit Schutzwirkung für Dritte ist dagegen nicht anerkannt; z Reformbestrebungen vgl LORENZ, Reform des englischen Vertragsrechts – Verträge zu Gunsten Dritter und schadensrechtliche Drittbeziehungen, JZ 1997, 105 ff; vBERNSTORFF, Großbritannien: Neues Gesetz zum Vertrag zu Gunsten Dritter, RIW 2000, 435 ff; z Europäisierung des Privatrechts insgesamt oben Einl 276 ff zum SchuldR; z englischen Recht u insgesamt z ausländischen Rechtsordnung in Bezug auf den Vertrag zu Gunsten Dritter vgl STAUDINGER/JAGMANN [2009] Vorbem 14 ff zu §§ 328 ff).

297 Bei **vertraglichen Schuldverhältnissen** spricht man von der „Relativität der Rechtsgeschäftswirkungen" oder auch von der „Relativität der Vertragswirkungen" (vgl KRASSER, Der Schutz vertraglicher Rechte gegen Eingriffe Dritter 87 ff), um damit zum Ausdruck zu bringen, dass Dritte danach nicht gegen ihren Willen den Wirkungen eines solchen Schuldverhältnisses unterworfen werden, unabhängig davon, ob dies positiv oder negativ für sie wäre.

298 Die Relativität der Rechtsgeschäftswirkungen markiert dogmatisch gesehen eine **Grenze der Privatautonomie** (z Privatautonomie allg s oben Einl 49 ff zum SchuldR). Die positive Vertragsfreiheit der am Rechtsgeschäft beteiligten Parteien findet also ihre

Schranke in der negativen Vertragsfreiheit Dritter. Die Vertragsparteien können nur im Rahmen ihrer eigenen Handlungsfreiheit disponieren; Dritte hingegen müssen stets in ihrer Entscheidung darüber frei bleiben, ob sie eine Bindung eingehen und damit ihre Entscheidungs- und Handlungsfreiheit für einen bestimmten Bereich beschränken wollen (Krasser, Der Schutz vertraglicher Rechte gegen Eingriffe Dritter 299; Neuner, Der Schutz und die Haftung Dritter nach vertraglichen Grundsätzen, JZ 1999, 126 f). Nur so wird die gem Art 2 Abs 1 GG garantierte **allgemeine Handlungsfreiheit** ausreichend geschützt (vgl z Schutz der allgem Handlungsfreiheit im Zivilrecht BVerfG NJW 1994, 36 f).

III. Relative Wirkung der Forderung

Der Begriff der **Relativität des Schuldverhältnisses** wird in Rspr und Lit zumeist **299** aber auch noch in einem anderen Sinne gebraucht, vor allem bezogen auf das Schuldverhältnis ieS (s o Rn 36 ff). Man diskutiert nicht allein die Binnenwirkung obligatorischer Rechte auf Dritte (s Rn 293 f, dazu Dörner, Dynamische Relativität 11), sondern die Abgrenzung zwischen den **Forderungsrechten** und den **absolut wirkenden dinglichen Rechten** (MünchKomm/Kramer Einl zu §§ 241 ff Rn 15; Palandt/Heinrichs Einl v § 241 Rn 5; Erman/Westermann Einl § 241 Rn 6; Soergel/Teichmann Vor § 241 Rn 4; Fikentscher/Heinemann, Schuldrecht Rn 64 ff). Das Merkmal der Relativität wirkt sich vor allem bei Einordnung der **Forderung** in die Systematik der **subjektiven Rechte** aus.

1. Grundsatz

Nach hM haben (relative) Forderungsrechte und absolute Rechte Folgen, die sich **300** gegenseitig ausschließen (MünchKomm/Kramer Einl zu §§ 241 ff Rn 15 mwNw). Die **absolut** wirkenden (Sachen-)Rechte gelten gegenüber **allen** am Rechtsverkehr teilnehmenden **Personen**. Der dinglich Berechtigte kann jedem anderen die Einwirkung auf seine Sache verbieten und dies auch klageweise durchsetzen. Dementsprechend erlaubt § 903 zB dem Eigentümer einer Sache, mit dieser deshalb nach seinem Willen zu verfahren, weil alle übrigen Rechtssubjekte dazu verpflichtet sind, seine Eigentumsbefugnis nicht zu beeinträchtigen. Mit dem Herrschaftsrecht Eigentum korrespondiert mithin eine Verhaltenspflicht aller anderen (Aicher, Das Eigentum als subjektives Recht [1975] 63).

Die **relativen Forderungsrechte** sind im Gegensatz dazu nur gegen den Schuldner **301** gerichtet (Palandt/Heinrichs Einl v § 241 Rn 5). Bereits das RG hat plakativ formuliert: Das Forderungsrecht „bindet nur eine Person; nur deren Wille ist gebunden; die Rechte des Gläubigers sind nur Rechte gegen den Vertragspartner" (RGZ 57, 353, 356). Die relativen Forderungsrechte eines Gläubigers gebieten oder verbieten somit nur dem Schuldner selbst eine Verhaltensweise; von dritten Personen müssen sie grds nicht beachtet werden (Fikentscher/Heinemann, Schuldrecht Rn 64). Relative Rechte begründen deshalb grds auch keinen Schutz gegen Beeinträchtigungen durch Dritte (MünchKomm/Kramer Einl zu §§ 241 ff Rn 15; vgl z Schutz der Forderung ausf u Rn 307 ff). Vereinzelt wird allerdings eine Ausnahme von diesem Grundsatz in der Möglichkeit gesehen, den Zweitkäufer im Wege der einstweiligen Verfügung zu verpflichten, das Forderungsrecht des Erstkäufers gegen den Schuldner nicht zu vereiteln (Podehl, Einstweiliger Rechtsschutz bei Doppelverkäufen, BB 2006, 2484 ff).

2. Ausnahmen vom Grundsatz der Relativität

302 Die starre Trennung zwischen Forderungen und absoluten Rechten lässt sich nicht in allen Bereichen aufrechterhalten. Der dafür verwendete Begriff der **Verdinglichung obligatorischer Rechte** deutet darauf hin, dass es zwischen absoluten und relativen Rechten einen Überschneidungsbereich gibt, in dem manche Forderungen durch die Rechtsordnung einen Schutz erhalten, der dem der absoluten Rechte entspricht. Dieses Phänomen wird als „**Verdinglichung**" oder „**quasidingliche Wirkung**" von Forderungen bezeichnet (GERNHUBER, Schuldverhältnis § 3 III 1; z Begriff u z Abgrenzungsproblemen DÖRNER, Dynamische Relativität 81; DULCKEIT, Die Verdinglichung obligatorischer Rechte [1951]; dazu WESTERMANN AcP 152 [1952] 93; CANARIS, Die Verdinglichung obligatorischer Rechte, in: FS Flume [1978] 379; WEITNAUER, in: FS Larenz [1983] 705).

Eine Verdinglichung von Forderungen kann in dem Umfang erfolgen, wie sie die Rechtsordnung vorsieht; **privatautonomen Vereinbarungen** sind daher Grenzen gezogen. Denn eine unbeschränkte Zulassung der Verdinglichung von Forderungen würde über die Annäherung an die absoluten Rechte den Grundsatz des **numerus clausus** der Sachenrechte aufweichen.

a) Gesetzliche Ausnahmen

303 Bereits das Gesetz selbst durchbricht in gewissem Umfang die Grenze zwischen Forderung und absolutem Recht. Die „gesetzliche Verdinglichung" des Schuldverhältnisses iwS besteht zum einen in dem Umstand, dass das Schuldverhältnis gegen etwaige **Rechtsnachfolger** wirkt, also in seiner Wirkung über die Vertragsparteien hinausgeht. Technisch wird dies meist durch eine **gesetzliche Vertragsübernahme** erreicht (weiterführend GERNHUBER, Schuldverhältnis § 3 III 1 b; WEITNAUER, in: FS Larenz [1983] 705 ff), zB in den §§ 566, 567 ff (vgl auch §§ 565, 578, 578a, 581 Abs 2, 1056, 2135, 37 WEG, 57 ZVG). Solche Ausnahmeregeln gewährleisten zB den Schutz des Mieters (BGHZ 141, 239, 247 zu § 571 aF), und zwar auch für den Fall, dass der Vermieter das vermietete Grundstück (vgl § 578 Abs 1) oder den Wohn- bzw Geschäftsraum (vgl § 578 Abs 2 S 1) veräußert. Der Erwerber hat dann für alle Rechte und Pflichten aus dem Mietverhältnis einzustehen (z Analogiefähigkeit v § 571 aF vgl SCHÖN, Zur Analogiefähigkeit des § 571 BGB, JZ 2001, 119).

304 Bei Forderungen findet die „Verdinglichung" weiterhin in der Anwendung von Schutzformen Ausdruck, wie sie üblicherweise nur für absolute Rechte gelten (vgl z Abgrenzung o Rn 300 ff). Die Forderung wird geschützt, indem der Leistungsgegenstand gesichert und Dritte von ihm ausgeschlossen werden. Man kann – stark vereinfacht – auch sagen, dass die „Verdinglichung" Elemente einer vorweggenommenen Erfüllung hat: Der Schuldner behält in den betroffenen Fällen seine Verfügungsmacht über den Leistungsgegenstand nur so weit er sie zu einer Verfügung zu Gunsten seines Gläubigers benötigt. Die endgültige Zuordnung des Leistungsgegenstandes an den Gläubiger erfolgt dagegen erst später. Bsp für eine solche Konstruktion bildet zum einen die **Vormerkung** gem §§ 883 ff, zum anderen dienen auch die **Veräußerungsverbote** der §§ 135, 136 diesem Zweck. Im selben Zusammenhang ist ferner – wenngleich auch mit Unterschieden (dazu GERNHUBER, Schuldverhältnis § 3 III 3) – § 392 Abs 2 HGB zu nennen.

305 Auch § 986 Abs 2, der dem Besitzer einer Sache **Schutz gegen Herausgabeansprüche**

des neuen Eigentümers gewährt (in Fällen des Eigentumserwerbs gem §§ 929, 931 oder auch gem §§ 929, 930 bzw § 929 S 2; vgl z den beiden letzten Fällen MünchKomm/ MEDICUS § 986 Rn 21; ERMAN/EBBING § 986 Rn 32 ff), gehört in diesen Zusammenhang. Das Recht zum Besitz im Rahmen des § 986 Abs 2 ist nämlich inhaltlich mit der Forderung gleichzusetzen, die dem Besitzer gegen den ursprünglichen Eigentümer zustand und deren Inhalt seinen Besitz legitimiert. Diese wirkt dann über das Verhältnis von Gläubiger und Schuldner hinaus als Einwendung gegen Dritte (vertiefend GERNHUBER, Schuldverhältnis § 3 III 5). Allerdings sind diese Schutzmechanismen – im Gegensatz zu denjenigen Schutznormen, durch die dingliche Rechte charakterisiert sind – nicht lückenlos. Mangels Offenkundigkeit der Forderung ist der **Gutglaubensschutz** des betroffenen Dritten vorrangig, vgl nur §§ 892 Abs 1 S 2, 135 Abs 2, 136.

b) Sonstige Ausnahmen von der Relativität der Forderung
Eine Forderung kann ferner uU **Einwirkungen Dritter** ausgesetzt sein, zB indem der Dritte als Nichtberechtigter über die Forderung verfügt oder eine Leistung mit Erfüllungswirkung gegenüber dem Gläubiger annimmt, § 816 (s u Rn 313). Dies führt möglicherweise beim Gläubiger zum Forderungsentzug. Denkbar ist ferner, dass bei einer auf Sachübertragung gerichteten Forderung der Gegenstand zerstört und so ihre Erfüllung verhindert wird (GERNHUBER, Schuldverhältnis § 3 II 2, 3). Schon die wenigen Bsp zeigen, dass ein Bedürfnis für den Schutz der Forderung im Rechtsverkehr besteht (s u Rn 318). Am meisten wird dabei die Anwendung des § 823 Abs 1 auf Forderungen diskutiert (s u Rn 315). **306**

aa) Die Forderung als Eigentumsrecht
Ältere Auffassungen gingen davon aus, dass dem Gläubiger ein **Eigentumsrecht** an der Forderung zustehe (vgl BÄHR, Zur Cessionslehre, JherJb 1 [1857] 401; VGIERKE, Entwurf eines BGB 367; LEONHARD, Allgemeines Schuldrecht des BGB 60 ff, 662). Obwohl eine solche wirtschaftliche Betrachtungsweise der verfassungsrechtlichen Eigentumsdefinition entspricht (BVerfG, NJW 1976, 1783, 1786; BGH NJW 1980, 2705), ist diese Einordnung nicht mit der Systematik des BGB zu vereinbaren (GERNHUBER, Schuldverhältnis § 3 I 3a). Denn die Begriffe Forderung und Eigentum kennzeichnen auf gleicher Ebene jeweils ein „alternatives" Vermögensrecht. Bereits früh wurde dementsprechend erkannt, dass eine Vermischung beider Kategorien durch die Anerkennung des „Eigentums einer Forderung" eine „verwirrende Verdoppelung des Rechtes" zur Folge hätte (LÖBL, Geltendmachung fremder Forderungsrechte im eigenen Namen, AcP 129 [1928] 297; vgl dazu ausf LARENZ, Schuldrecht I § 33 III Fn 8 mwNw). Diese Betrachtungsweise hat sich zu Recht deshalb nicht durchgesetzt. **307**

bb) Die Lehre von der absoluten Rechtszuständigkeit des Gläubigers
Der Umstand, dass diese Lehre scheitern musste, während der Gedanke eines schutzwürdigen Interesses an der Forderung Anerkennung fand, führte zur Lehre von der **absoluten Rechtszuständigkeit** an der Forderung (z früheren Vertretern vgl die Ausf bei OERTMANN Vorbem 3; sowie ders JherJb 66 [1916] 130, 154 ff; LÖBL, Geltendmachung fremder Forderungsrechte im eigenen Namen, AcP 129 [1928] 286 ff; LEONHARD, Allgemeines Schuldrecht des BGB 60 ff; LARENZ, Schuldrecht I § 33 III; KOZIOL, Die Beeinträchtigung fremder Forderungsrechte 140 ff; DÖRNER, Dynamische Relativität 62 f; REHBEIN, Die Verletzung von Forderungsrechten durch Dritte 234 f). Da die Forderung als subjektives Recht notwendig einer bestimmten Person zustehe, könne der Berechtigte – so formulierte es LARENZ – sagen: „Diese Forderung gehört mir" (Schuldrecht I § 33 III). Darin komme **308**

zwar kein dingliches Herrschaftsrecht zum Ausdruck, wohl aber die Rechtszuständigkeit des Gläubigers im Hinblick auf die Forderung.

309 Um den oben dargelegten Widerspruch im Begriffsverständnis zu vermeiden, versuchen die Vertreter dieser Ansicht das Begriffspaar **absolut** und **relativ** auf das Verhältnis des Gläubigers zum Schuldner und zu einem Dritten zu beziehen (s o Rn 299 ff). Ausgangspunkt ihrer Überlegungen ist dabei die Unterscheidung zwischen **Innen-** und **Außenwirkung** der Forderung (OERTMANN JherJb 66 [1966] 154 ff). Erstere betreffen das Verhältnis Gläubiger-Schuldner, Letztere das Verhältnis Gläubiger-Dritter.

310 Im Außenverhältnis wird die Forderung von Vertretern dieser Auffassung als **subjektives Recht** des Gläubigers qualifiziert (GERNHUBER, Schuldverhältnis § 3 I 2 a) und zwar mit der Begründung, dass er zu ihrer Durchsetzung über seine Rechtsposition auch verfügen können müsse. Darin komme die notwendige Ausschließlichkeit der rechtlichen Zuordnung zum Ausdruck (vgl dazu H C FICKER, Interference with contractual relations und deliktsrechtlicher Schutz der Forderung, in: FS H G Ficker [1967] 181; BECKER AcP 196 [1996] 458 ff), die man als „absolut" bezeichnen könne (LARENZ, Schuldrecht I § 33 III). Nur ein solches Forderungsverständnis bilde auch die materiellrechtliche Grundlage für den **Prätendentenstreit** gem § 75 ZPO, in dem mehrere Personen über die Berechtigung an einer Forderung streiten. Die „Berechtigung" iSd Norm sei als ausschließliche Rechtszuständigkeit zu verstehen (LARENZ, Schuldrecht I § 33 III). Auch mit § 771 ZPO wird argumentiert, der gegen Eingriffe in schuldnerfremde Forderungen schützt (so vor allem STAUDINGER/HAGER [1999] § 823 Rn B 165). Die Notwendigkeit der Anerkennung einer absoluten Forderungszuständigkeit wird schließlich noch darauf gestützt, dass der Zessionar in den Fällen der §§ 406 ff schutzwürdig sei, sofern er nur den Zedenten, nicht aber den Schuldner erreichen könne. In einem solchen Fall sei er außer Stande, den guten Glauben des Schuldners zu zerstören, indem er diesem positive Kenntnis bzgl des Gläubigerwechsels verschaffte (§§ 406, 407 Abs 1 aE), so dass dieser mit befreiender Wirkung an den Altgläubiger leisten könne (vgl für die Notwendigkeit einer solchen ausschließlichen Verbotsnorm STAUDINGER/J SCHMIDT [1995] Einl 442 zu §§ 241 ff).

cc) **Kritik an der Lehre von der absoluten Rechtszuständigkeit**

311 Die Lehre von der absoluten Rechtszuständigkeit hat viel Kritik erfahren. Sie überzeugt insofern, als Forderungen grds ausschließlich einer bestimmten Person zuzuordnen sind (STAUDINGER/J SCHMIDT [1995] Einl 441 zu §§ 241 ff; MünchKomm/KRAMER Einl zu §§ 241 ff Rn 19; BECKER AcP 196 [1996] 459; STAUDINGER/HAGER [1999] § 823 Rn B 165). Diese Erkenntnis wird von den Vertretern der dargestellten Ansicht aber auch dazu benutzt, um die Forderung zu vergegenständlichen und sie so der ausschließlichen Zuständigkeit des Gläubigers zuzuweisen (s o Rn 301). Dieser Schluss ist jedoch nicht zwingend. Die Forderung stellt das Anrecht des Gläubigers dar und gibt ihm deshalb das Recht zu ihrer Durchsetzung. Die Rechtszuständigkeit des Gläubigers tritt **nicht** zu einer bestehenden **Forderung hinzu** und kann nicht unabhängig von ihr bestehen. Somit ist sie nicht vom Gläubiger zu trennen; es gibt sie nur dort, wo es auch einen Gläubiger gibt (vgl GERNHUBER, Schuldverhältnis § 3 I 3 b). Auf diese Weise kann der absolute Schutz der Forderungszuständigkeit also nicht begründet werden (vgl auch STAUDINGER/J SCHMIDT [1995] Einl 442 zu §§ 241 ff; ausf STAUDINGER/HAGER [1999] § 823 B 164 f).

Gegen diese Lehre spricht ferner ein **systematisches Argument**. Absolute Rechte **312** erhalten ihren besonderen Charakter (s o Rn 300) nur dadurch, dass es gegen jedermann gerichtete Verbotsnormen zu ihrem Schutz gibt (STAUDINGER/J SCHMIDT [1995] Einl 442 ff zu §§ 241 ff; vgl auch GERNHUBER, Schuldverhältnis § 3 I, 3 b, II). Überspitzt formuliert bedeutet dies, dass gerade die entsprechenden Verbotsnormen das absolute Recht kennzeichnen, etwa die §§ 12, 985, 1004. Das BGB schützt die Forderung aber gerade nicht durch solche Verbotsnormen gegen den Eingriff Dritter.

Auch der Hinweis auf Schwächen des Abtretungsrechts überzeugt nicht (GERN- **313** HUBER, Schuldverhältnis § 3 II 8 b). Es bedarf keines Schadensersatzanspruches des Zessionars gegen den Schuldner aus § 823 Abs 1, sofern letzterer schuldhaft an den Zedenten leistete und damit das Forderungsrecht als sonstiges Recht iSv § 823 verletzte, denn der Gläubiger wird durch die Regelungen des Abtretungsrechts ausreichend geschützt. Neben einen Anspruch des Neugläubigers gegen den Zedenten aus § 816 Abs 2 treten die Rechts des Gläubigers aus dem der Zession zu Grunde liegende Rechtsverhältnis (vgl MEDICUS/PETERSEN BR Rn 610; MünchKomm/KRAMER Einl zu §§ 241 ff Rn 19 mwNw). Die Vorschriften der §§ 406–408 stellen somit ein in sich geschlossenes System dar, das durch die Anerkennung einer Forderungszuständigkeit als absolutes Recht gestört würde.

Schließlich gilt, dass alle Normen, die den Schutz der Forderung erweitern, gleich- **314** zeitig zu einer Beschränkung der rechtsgeschäftlichen Bewegungsfreiheit Dritter führen. Sie müssten auf fremde Vertragsverhältnisse Rücksicht nehmen, obwohl Forderungen im Rechtsverkehr grds für sie nicht erkennbar sind (vgl dazu ausf Münch-Komm/KRAMER Einl zu §§ 241 ff Rn 15). Dafür lässt sich kein wirkliches Bedürfnis der Praxis anführen. Die Rspr ist seit mehr als 100 Jahren ohne besondere Schutznormen für Forderungen ausgekommen (ENNECCERUS/LEHMANN, Schuldrecht § 1 II 1a; GERN-HUBER, Schuldverhältnis § 3 II 8 b, vgl dazu o Rn 301 u Rn 318 ff). Die Lehre von der absoluten Forderungszuständigkeit überzeugt damit insgesamt nicht.

dd) Folgen des Meinungsstreits
Die verschiedenen Ansichten unterscheiden sich in erster Linie im Hinblick auf die **315** Frage, ob die Forderung selbst oder jedenfalls die absolute Forderungszuständigkeit als **sonstiges Recht** im Rahmen des § 823 Abs 1 geschützt wird. Jeder, der in die Abwicklung der eigenen oder auch fremden Rechtsbeziehung störend eingreift, wäre nach dieser Auffassung zum Schadensersatz verpflichtet. Ein Bsp dafür bildet die unberechtigte, aber wirksame Leistungsannahme. Die Einordnung der Forderungen in den Zusammenhang der absolut geschützten Rechte birgt also für am Schuldverhältnis unbeteiligte Dritte ein enormes Haftungsrisiko, da sie zur Vermeidung von Schadensersatzverpflichtungen stets die Rechtsbeziehungen zwischen Schuldner und Gläubiger berücksichtigen müssten. Schon aus diesem pragmatischen Grund wird ein deliktischer Forderungsschutz ganz überwiegend abgelehnt (RGZ 57, 138, 142; 57, 353, 357; BGHZ 7, 30, 36 f; 29, 65, 73 f; BGH NJW 1970, 137, 138; vgl zum Meinungsstand FIKENTSCHER/HEINEMANN, Schuldrecht Rn 1570; LARENZ/CANARIS, Schuldrecht II/2 § 76 II 4 g; MEDICUS, Schuldrecht II Rn 812; GERNHUBER, Schuldverhältnis § 3 II 8 c; ERMAN/SCHIEMANN § 823 Rn 36; PALANDT/SPRAU § 823 Rn 11; MünchKomm/WAGNER § 823 Rn 154; SOERGEL/SPICKHOFF § 823 Rn 88; STAUDINGER/HAGER [1999] § 823 Rn B 162 mwNw). Auch die **Forderungszuständigkeit** nimmt aus den gleichen Überlegungen nicht am deliktischen Rechtsgüterschutz teil (diesbzgl **aA** STAUDINGER/HAGER [1999] § 823 Rn B 163 ff mwNw;

Koziol, Die Beeinträchtigung fremder Forderungsrechte 140 ff; Löwisch, Der Deliktsschutz relativer Rechte [1970] 81; Canaris, Der Schutz obligatorischer Forderungen nach § 823 I BGB, in: FS Steffen [1995] 85 ff; Larenz/Canaris, Schuldrecht II/2 § 76 II 4 g; Soergel/Spickhoff § 823 Rn 88; Becker, Schutz von Forderungen durch das Deliktsrecht?, AcP 196 [1996] 439 ff; wie hier hingegen wiederum RGZ 57, 353, 354 f; Erman/Schiemann § 823 Rn 36; Gernhuber, Schuldverhältnis § 3 II 8 b; Fikentscher/Heinemann, Schuldrecht Rn 718 f; Medicus, Die Forderung als „sonstiges Recht" nach § 823 Abs 1 BGB?, in: FS Steffen [1995] 333 ff; ders, Schuldrecht II Rn 812; Schwerdtner, Recht der unerlaubten Handlungen, Jura 1981, 414 ff).

316 Umstritten ist allerdings, ob diese Wertungen wegen des Zusammenhangs von Forderung und Sicherungsrecht auf das **Pfandrecht an Forderungen** zu übertragen sind (dafür RGZ 108, 318, 321; 138, 252, 255; aA Soergel/Spickhoff § 823 Rn 88; differenzierend MünchKomm/Wagner § 823 Rn 141; vgl auch Staudinger/Hager [1999] § 823 Rn B 127). Dagegen wird eingewendet, dass der Schutz des Vollrechts nicht weiter gehen könne als der des Sicherungsrechts. Auch auf die mangelnde Offenkundigkeit wird in diesem Zusammenhang verwiesen. Geht man – wie hier – davon aus, dass Forderung und Forderungszuständigkeit keine absoluten Rechte sind, überzeugt diese Argumentation.

317 Trotz ihrer relativen Wirkung gehört die Forderung jedoch zum **Vermögen** des Schuldners, vorausgesetzt, ihr kommt ein Vermögenswert zu. Sie ist veräußerlich; der Gläubiger kann sie verkaufen, abtreten oder zur Sicherheit an einen Dritten übertragen (Larenz, Schuldrecht I § 33 I). Ihre gewichtige Stellung im Rechtsverkehr zeigt der in der Praxis entwickelte **Factoringvertrag** (vgl Blaurock, Die Factoring-Zession, ZHR 142 [1978] 340 u ZHR 143 [1979] 71; Canaris, Verlängerter Eigentumsvorbehalt und Forderungseinzug durch Banken, NJW 1981, 249, 250). Die hohe Bedeutung der Forderung als Vermögensrecht kommt ferner in den §§ 828 ff ZPO zum Ausdruck, wonach sie **Gegenstand der Zwangsvollstreckung** sein kann. Die Forderung stellt sich somit insgesamt als umlauffähiger Vermögensbestandteil dar (Palandt/Grüneberg § 398 Rn 1). Sie dient der **Güterbewegung** und bildet die **causa** für dingliche Rechtsgeschäfte (MünchKomm/Kramer Einl zu §§ 241 ff Rn 17).

318 Deshalb nehmen Forderungen nach allgM am Schutz gegen **sittenwidrige Schädigung** durch § 826 teil, dem insoweit eine Ergänzungsfunktion zum Vertragsrecht zukommt (vgl auch die Systematisierung bei Staudinger/Oechsler [2003] § 826 Rn 145 ff, 147). Allerdings verwirklicht die (bloße) Beeinträchtigung fremder Forderungen grds noch nicht den Tatbestand, weil die Relativität des Schuldverhältnisses zur Folge hat, dass letzteres für Dritte grds nicht maßgeblich ist (s o Rn 293 f). Daher müssen mit dem Vertragsbruch weitere Umstände zusammentreffen, um ein Sittenwidrigkeitsurteil zu begründen (RGZ 103, 419, 421; BGHZ 12, 308, 318; BGH NJW 1981, 2184, 2185; WM 1981, 624, 625; FamRZ 1992, 1066 sowie 1401, 1402; JZ 1996, 416, 418; NJW-RR 1999, 1186; BGH NJW 2007, 2689 ff Rn 22 f; Palandt/Sprau § 826 Rn 22 f; MünchKomm/Wagner § 826 Rn 46 ff; Gernhuber, Schuldverhältnis § 3 II 9).

319 Insofern haben sich mehrere, aber nicht abschließende **Fallgruppen** herausgebildet (z den Einzelheiten Staudinger/Oechsler [2003] § 826 Rn 224; BGH NJW 1981, 2184, 2185; FamRZ 1992, 1401, 1402; JZ 1996, 416, 418). Ihnen ist gemeinsam, dass der Schädigende durch sein Eindringen in das Schuldverhältnis eine **besondere Rücksichtslosigkeit** erkennen lässt, so dass sich die Berufung auf die Relativität der Bindungswirkung

als missbräuchliche Ausnutzung der Rechtsordnung für die eigenen Interessen darstellen würde (vgl BGH NJW 1981, 2184, 2185; FamRZ 1992, 1401, 1402; JZ 1996, 416, 418). Oft handelt es sich um den zeitlich nachrangigen Erwerb einer konkurrierenden Forderung, die der Dritte zum Schaden des Gläubigers der älteren Forderung ausübt. Dies gilt zB bei erneutem Verkauf eines bereits verkauften Gegenstands, wenn die Übereignungspflicht vor dem Zugriff des ersten Käufers erfüllt wird. Hinzutreten müssen allerdings weitere die Sittenwidrigkeit begründenden Umstände, zB die Freistellung des Schuldners von Ersatzansprüchen des älteren Gläubigers (vgl BGH NJW 1981, 2184, 2185).

Der **deliktische Schutz** ist von der Regelung des § 138 zu trennen, der die **Nichtigkeit** eines schädigenden Rechtsgeschäfts nach sich zieht (krit z Vernachlässigung dieser Vorschrift durch die Rspr GERNHUBER, Schuldverhältnis § 3 II 9 b mwNw). Da die Haftung des § 826 mangels Schädigung verdrängt wird, ist der Schutz des § 138 insoweit vorgelagert. Im geschäftlichen Verkehr greift bei Sittenwidrigkeit eines Verhaltens zudem uU das UWG ein, insbesondere § 3 UWG. Zwar wird dort der Begriff der guten Sitten nicht mehr verwendet – anders als in seinem Vorgänger § 1 UWG aF –, sondern der der **Unlauterkeit**. Damit sollte jedoch lediglich verdeutlicht werden, dass die Schädigung der Wettbewerber in der Natur marktwirtschaftlichen Konkurrenzkampfes liegt. Einen sachlichen Richtungswechsel wollte der Gesetzgeber damit nicht bewirken (z Einzelheiten vgl die Lit z UWG, zB EMMERICH, Unlauterer Wettbewerb [7. Aufl 2004]). **320**

3. Tatbestandswirkungen des Schuldverhältnisses auf Dritte* (Weitere Ausnahmen zur Relativität)

Unter **Drittwirkungen des Schuldverhältnisses** versteht man die vielfältigen sonstigen Ausnahmen vom Grundsatz der „Relativität des Schuldverhältnisses" (z Begriff s o Rn 293 f). Ging es oben um den **Schutz der Forderung** vor Eingriffen Dritter, soll hier kurz dargestellt werden, inwieweit **Dritten Rechtsfolgen eines Tatbestandes auferlegt werden**, den sie nicht erfüllt haben. **321**

Von der rechtlichen Drittwirkung ist zunächst die sog **faktische Drittwirkung** abzugrenzen (vgl JHERING, Die Reflexwirkungen oder die Rückwirkung rechtlicher Tatsachen auf dritte Personen, JherJb 10 [1871] 245; HUECK, Normenverträge, JherJb 73 [1923] 33; LUKES, Der Kartellvertrag. Das Kartell als Vertrag mit Außenwirkungen [1959] 150 f; ders, Gedanken zur Begrenzung des Inhalts allgemeiner Geschäftsbedingungen, in: FS Hueck [1959] 459 ff; MünchKomm/ KRAMER Einl zu §§ 241 ff Rn 29; FIKENTSCHER/HEINEMANN, Schuldrecht Rn 66; MARTENS AcP 177 [1977] 113, 164 ff; SCHMALZBAUER, Die Drittwirkung verpflichtender Verträge [1982] 116 ff; WIEDEMANN, Anmerkung zu BAG, Beschl v 29. 11. 1967 – GS 1/67, SAE 1969, 268; CANARIS, Handelsrecht [24. Aufl 2006] § 31 Rn 29 ff z Wirkung von § 434 Abs 2 HGB; WESTERMANN, Drittinteressen und öffentliches Wohl als Elemente der Bewertung privater Rechtsverhältnisse AcP 208 [2008] 141, 157). Bei volkswirtschaftlicher Betrachtungsweise entfaltet sie fast jedes Schuldverhältnis. Dritte sind jedenfalls dann mittelbar betroffen, wenn das Schuldverhältnis eine Güterverteilung zum Gegenstand hat, da ihnen die vom Umsatzgeschäft erfassten Güter uU nicht mehr zur Verfügung stehen. Konkretere Auswir- **322**

---

* Grundlegend MEDICUS, Drittbeziehungen im Schuldverhältnis, JuS 1974, 613 ff; SCHMALZBAUER, Die Drittwirkung verpflichtender Verträge (Diss Regensburg 1982).

kungen auf Dritte haben **Preisbindungs-** und **Lizenzverträge** sowie **Ausschließlichkeitsbindungen**. Sie erlangen im Kartellrecht und in besonderen Fällen auch bei der Inhaltskontrolle am Maßstab des § 138 besondere Bedeutung (MünchKomm/KRAMER Einl zu §§ 241 ff Rn 28; vgl auch MARTENS AcP 177 [1977] 182).

323 Mit **rechtlicher Drittwirkung** meint man Sachverhalte, bei denen die Rechtsfolgen eines Tatbestandes nicht den Handelnden, sondern einen Dritten treffen; man spricht daher auch von „**Fremdzurechnung**". Dass eine solche Fremdzurechnung zulässig ist, bestreitet in der modernen Schuldrechtsdogmatik niemand mehr, während ältere Rechtsordnungen auf der Basis des römischen Rechts (das römische Recht schloss zB die Stellvertretung aus, GAIUS 2, 95: „per extraneam personam nobis adquiri non posse") keine solchen Drittwirkungen kannten (ausf z geschichtlichen Entwicklung vor allem des Vertrages zu Gunsten Dritter STAUDINGER/JAGMANN [2009] Vorbem 8 ff zu §§ 328 ff).

324 Die verschiedenen Konstellationen, in denen eine Fremdzurechnung anerkannt ist, stammen sowohl aus dem Bereich des rechtsgeschäftlichen als auch des nicht rechtsgeschäftlichen Handelns; kodifiziert sind sie nur teilweise. Die Motive, die jeweils zur Durchbrechung des Relativitätsgrundsatzes führen, sind vielfältig, ebenso wie die Fälle, in denen eine solche für zulässig erachtet wird. Ob der Relativitätsgrundsatz tatsächlich durchbrochen wird, ist jeweils im Einzelfall zu prüfen.

a) **Drittbeteiligung am Schuldverhältnis ohne Zurechnung**
325 Dritte können an einem Schuldverhältnis beteiligt sein, ohne (grundsätzlich) davon betroffen zu werden. Zur Verdeutlichung sei auf das Bsp der **Stellvertretung** hingewiesen. Dort nimmt gem § 164 Abs 1 S 1 ein Dritter zwar Einfluss auf das Verhältnis zwischen Gläubiger und Schuldner, indem er für eine der Parteien an der Begründung oder an der Durchführung des Schuldverhältnisses mitwirkt. Da die Folgen seines Handelns aber den Vertretenen treffen, wird der Relativitätsgrundsatz rechtsgeschäftlicher Wirkungen nicht durchbrochen (MünchKomm/KRAMER Einl zu §§ 241 ff Rn 27). Die Tatbestandswirkungen entfalten sich **nur** zwischen den Parteien des Schuldverhältnisses selbst.

Ein Fall von Fremdzurechnung liegt demgemäß nur dann vor, wenn die Rechtsfolgen eines Verhaltens eine außerhalb des Schuldverhältnisses stehende Person treffen, nicht hingegen, wenn ein Dritter Rechtsfolgen für oder gegen den Gläubiger bzw Schuldner setzt.

326 Weitere Sachverhalte, die sich trotz ihrer Nähe zum Problem nicht als Durchbrechung des Relativitätsgrundsatzes darstellen, finden sich etwa bei der **Leistungsbestimmung durch einen Dritten** gem § 317. Auch hier wird keine außerhalb des Schuldverhältnisses stehende Person berechtigt oder verpflichtet, sondern sie nimmt nur von außen auf das zwischen Gläubiger und Schuldner bestehende Schuldverhältnis Einfluss (MünchKomm/KRAMER Einl zu §§ 241 ff Rn 27).

Das Gleiche gilt für die **Leistung durch Dritte**. Ohne besondere Vereinbarung hat der Gläubiger gem § 267 Abs 1 grds keinen Anspruch darauf, dass der Schuldner die Leistung persönlich erbringt. Nur wenn der Schuldner der Leistung durch den Dritten widerspricht, kann der Gläubiger diese Leistung ablehnen, § 267 Abs 2 (z umstrittenen Problem des Erfordernisses eines Tilgungswillens des Dritten vgl FIKENTSCHER/ HEINEMANN, Schuldrecht Rn 287; vgl ausf MEDICUS JuS 1974, 613, 620). Eine Leistung durch einen Dritten lässt sich gleichwohl nicht in den Zusammenhang der Drittwirkung des Schuldverhältnisses einordnen, da der Dritte durch die zwischen Gläubiger und Schuldner begründete Rechtsbeziehung nicht gezwungen wird, für den Schuldner zu leisten, sondern auf Grund autonomer Motive handelt bzw auf Grund einer Verpflichtung gegenüber dem Schuldner. Diese stellt sich aber als eigenständiges Schuldverhältnis zwischen Schuldner und Drittem dar und nicht als Auswirkung desjenigen Schuldverhältnisses, in dem die Leistung erbracht wird.

Bei der **Drittschadensliquidation** (ausf STAUDINGER/SCHIEMANN [2005] Vorbem 62 ff zu § 249; s ferner oben Einl 213 f zum SchuldR) handelt es sich aus der Sicht des Schädigers um ein Ereignis, dessen Folgen zufällig nicht den Vertragspartner, sondern einen Dritten treffen. Um den Schädiger dadurch nicht zu privilegieren, wird der beim Dritten entstandene Schaden zum vertraglichen Anspruch des Vertragspartners gezogen, so dass dieser, ohne einen eigenen Schaden erlitten zu haben, einen Anspruch gegen den schädigenden Vertragspartner erhält. Der Vertragspartner bleibt dann originärer Anspruchsberechtigter (vgl ausf LOOSCHELDERS, Schuldrecht AT Rn 941 ff). Selbst wenn er den Anspruch gegen seinen Vertragspartner an den Geschädigten abtritt, wird dennoch durch das Schuldverhältnis zwischen dem Schädiger und dem nicht geschädigten Vertragspartner kein Anspruch des geschädigten Dritten begründet (MEDICUS JuS 1974, 613 ff). **327**

Schließlich weisen solche Fälle, in denen es zu einem **Wechsel der Person** auf Gläubiger- oder Schuldnerseite kommt, keinen echten Drittbezug iS einer Fremdzurechnung auf. Bei der **Abtretung einer Forderung** gem §§ 398 ff, bei der **Schuldübernahme** gem §§ 414 ff und auch bei der **Vertragsübernahme** werden zwar die ursprünglich am Schuldverhältnis Beteiligten durch Dritte ersetzt; eine dreiseitige Wirkung des Schuldverhältnisses entsteht dadurch aber nicht. **328**

b) Fremdzurechnung von Tatbestandsverwirklichungen

Drittwirkung von Schuldverhältnissen kann es demnach nur geben, wenn ein Dritter entweder aus dem Schuldverhältnis verpflichtet wird oder daraus Rechte ableiten kann (einen detaillierten Überblick dazu bietet MEDICUS JuS 1974, 613 ff; seiner Systematik folgt MünchKomm/KRAMER Einl zu §§ 241 ff Rn 26 ff). **329**

aa) Verpflichtung Dritter

Eine **Verpflichtung dritter**, am Schuldverhältnis **unbeteiligter Personen** durch eine entsprechende Übereinkunft zwischen Gläubiger und Schuldner ist als **Vertrag zu Lasten Dritter** unzulässig (BGHZ 58, 216, 220; 61, 359, 361; ausf STAUDINGER/JAGMANN [2009] Vorbem 44 ff zu §§ 328 ff mwNw; Grenzfälle bei STAUDINGER/JAGMANN [2009] § 328 Rn 25). Es gibt jedoch gesetzlich geregelte Fälle, in denen Dritte auf Grund vertraglicher Bindungen, an denen sie nicht unmittelbar teilnehmen, verpflichtet werden können (HENKE, Die sog Relativität des Schuldverhältnisses [1989]). Obwohl dabei der Grundsatz der Relativität rechtsgeschäftlicher Wirkungen durchbrochen wird, liegt kein Vertrag zu Lasten Dritter vor. Es handelt sich vielmehr um **gesetzliche Ansprüche**, auf deren Begründung die Vertragsparteien keinen Einfluss haben (MünchKomm/KRAMER Einl zu §§ 241 ff Rn 28). **330**

331 Wichtige Fälle dieser belastenden Drittwirkung sind die **Herausgabeansprüche** gem §§ 546 Abs 2, 581 Abs 2, 604 Abs 4 gegen am Vertrag unbeteiligte Dritte. Auch die oben (vgl Rn 303) als Bsp der Verdinglichung obligatorischer Rechte angeführten §§ 566, 567 ff führen zu einer belastenden Drittwirkung. Gleiches gilt im Bereich des **Dienstvertragsrechts** für die arbeitnehmerschützende Vorschrift des § 613a (MünchKomm/KRAMER Einl zu §§ 241 ff Rn 21). In diesen Zusammenhang gehört auch die **Vormerkung**, die als Sicherungsmittel eigener Art zu einer Art „Verdinglichung" der Forderung führt (s o Rn 304) und damit uU eine drittbelastende Wirkung hervorruft (PALANDT/BASSENGE § 883 Rn 1).

332 Bzgl der Geltendmachung von **Einwendungen durch Dritte** ist noch auf § 986 Abs 2 hinzuweisen, wonach der Besitzer im Vindikationsfall dem Eigentümer, der nach § 931 erworben hat, alle Einwendungen entgegenhalten kann, die ihm auf Grund seines obligatorischen Besitzrechts auch gegenüber dem Voreigentümer zustanden (s o Rn 305). Ebenso müssen alle Gläubiger im Falle der **Insolvenz** grds die schuldrechtlichen Verpflichtungen des Gemeinschuldners beachten. Dies kommt nicht zuletzt darin zum Ausdruck, dass sie nur zu einer Quote befriedigt werden (z Behandlung der Fälle eines unzureichenden Vorrats u des fremdfinanzierten Abzahlungsgeschäfts vgl nur MEDICUS JuS 1974, 617 f).

bb) Berechtigung Dritter

333 Umgekehrt kann uU der Fall eintreten, dass dem **Dritten** aus einem Schuldverhältnis, an dem er nicht beteiligt ist, ein **Anspruch** oder ein Gegenrecht gegen eine der Parteien dieses Rechtsverhältnisses zusteht.

334 Der wichtigste Fall eines eigenen vertraglichen Anspruchs des Dritten gegen den Schuldner ist der **Vertrag zu Gunsten Dritter** gem § 328 (ausf STAUDINGER/JAGMANN [2009] Vorbem 2 ff zu §§ 328 ff). Bei diesem geht der Wille des Gläubigers nicht dahin, selbst Leistungsberechtigter zu werden, sondern es besteht ein Interesse daran, dass der Schuldner an einen Dritten leistet (LARENZ, Schuldrecht I § 17 Ia). Dabei kann man zwei dogmatisch verschiedene Rechtslagen unterscheiden:

335 Zunächst gibt es Situationen, in denen der Gläubiger den Anspruch gegen seinen Schuldner als **Erfüllungsleistung** im Verhältnis zu seinem eigenen Gläubiger einsetzt. Sein Schuldner soll dann direkt an den Drittgläubiger leisten, obwohl zwischen diesen Beteiligten kein Schuldverhältnis begründet wurde (ausf STAUDINGER/JAGMANN [2009] Vorbem 3 zu §§ 328 ff). Als Bsp dafür dienen die sog **Durchlieferungsfälle**, in denen der Käufer mit dem Verkäufer einen Kaufvertrag schließt, den Kaufgegenstand aber direkt an seinen Gläubiger versenden lässt. Dieser erhält aber regelmäßig mangels Vertrag keinen eigenen Anspruch gegen den Verkäufer. Man spricht deshalb von einem **„ermächtigenden Vertrag zu Gunsten Dritter"** (LARENZ, Schuldrecht I § 17 I a), andere nennen ihn **„unechter Vertrag zu Gunsten Dritter"** (ESSER/SCHMIDT, Schuldrecht I § 36 I) oder **„einfacher Vertrag zu Gunsten Dritter"** (SOERGEL/HADDING § 328 Rn 6, 68 ff). Es liegt in solchen Fällen also nur eine **tatsächliche**, aber keine rechtliche **Wirkung** des Schuldverhältnisses auf einen Dritten vor. Die Abrede zwischen Käufer und Verkäufer verbessert die Rechtsstellung des Gläubigers nicht.

336 Dagegen sollen die Verträge gem § 328 in der Regel eine wirtschaftliche Versor-

gung des Begünstigten sicherstellen, weshalb das Interesse des Gläubigers dahin geht, dem begünstigten Dritten auch ein **eigenes Forderungsrecht** auf Leistung gegen seinen Schuldner, den Versprechenden, zu verschaffen. Der **Dritte** wird dadurch selbst **Gläubiger**, erlangt jedoch sein Recht ohne Mitwirkung am Vertragsschluss. Es steht ihm direkt und ohne Zwischenerwerb des Versprechensempfängers zu (ausf STAUDINGER/JAGMANN [2009] Vorbem 4 f zu §§ 328 ff; LARENZ, Schuldrecht I § 17 I a; WESTERMANN, Drittinteressen und öffentliches Wohl als Elemente der Bewertung privater Rechtsverhältnisse AcP 208 [2008] 141, 152). Die Rechte des Dritten folgen allein aus dem Vertrag zwischen dem Versprechenden und dem Versprechensempfänger, dem sog **Deckungsverhältnis**. Es kann auf den Tod des Versprechensempfängers bezogen werden, § 331.

Dass der Dritte auf diese Weise ohne seine Zustimmung uU eine für ihn positive Rechtstellung erlangen kann, wird teilweise kritisiert (SOERGEL/HADDING Vor §§ 328 ff Rn 10). In der Tat durchbricht § 328 den Grundsatz „alteri stipulatio nemo potest" (für einen anderen kann sich niemand etwas versprechen lassen). Bedenken an der Regelung bestehen aber deshalb nicht, weil § 333 dem Dritten die Möglichkeit gibt, das erworbene Recht jederzeit zurückzuweisen (LARENZ, Schuldrecht I § 17 I a; STAUDINGER/JAGMANN [2009] Vorbem 7 zu §§ 328 ff). **337**

Praktisch bedeutsam ist neben dem Vertrag zu Gunsten Dritter der **Vertrag mit Schutzwirkung für Dritte**. Nach den dazu im Wege der **Rechtsfortbildung** herausgebildeten Grundsätzen können Dritte die aus dem Schuldverhältnis folgenden Schutz- und Rücksichtnahmepflichten für sich in Anspruch nehmen, ohne selbst in einer vertraglichen Verbindung mit dem Verpflichteten zu stehen. Der Vertrag mit Schutzwirkung für Dritte stellt damit eine weitere Art der Drittberechtigung dar (ausf STAUDINGER/JAGMANN [2009] § 328 Rn 83 ff; STAUDINGER/OTTO [2009] § 280 Rn B 11 f) und bildet eine Ausnahme zum Grundsatz der Relativität rechtsgeschäftlicher Wirkungen. Im Gegensatz zum Vertrag zu Gunsten Dritter (s o Rn 334) folgt aus ihm kein Anspruch des Dritten auf die Hauptleistung, sondern es werden lediglich **Schadensersatzansprüche** im Falle der Verletzung vertraglicher Rücksichtspflichten begründet (BGHZ 49, 350, 353; NJW 1959, 1676; schon das RG erkannte solche Schutzpflichten an, vgl RGZ 91, 21, 24; 102, 231 f; 127, 218, 222). Ein weiterer Unterschied besteht darin, dass im Unterschied zu den **Erfüllungsansprüchen** des Vertrages zu Gunsten Dritter die **Schadensersatzansprüche** aus einem Vertrag mit Schutzwirkung schon im Bereich **vorvertraglicher Schuldverhältnisse** Rücksichtnahmepflichten begründen (BGHZ 66, 51, 58). **338**

Die **dogmatische Begründung** dieses Instituts ist allerdings umstritten: Vielfach wird vertreten, dass der neu gestaltete § 311 Abs 3 S 1 alle Fälle betreffe, in denen Dritte an einem Schuldverhältnis beteiligt sind, also auch den Vertrag mit Schutzwirkung für Dritte (CANARIS JZ 2001, 499, 520; LOOSCHELDERS, Schuldrecht AT Rn 197 ff; MUTHERS, in: HENSSLER/GRAF V WESTFALEN, Praxis der Schuldrechtsreform § 311 Rn 23; LORENZ/RIEHM, Schuldrecht Rn 376; ECKEBRECHT, Vertrag mit Schutzwirkung für Dritte – Die Auswirkungen der Schuldrechtsreform, MDR 2002, 425, 427 f; SCHWAB, Das neue Schuldrecht im Überblick, JuS 2002, 1, 4; 872, 873). Die Systematik des § 311 Abs 3 S 1 deutet dagegen eher in eine andere Richtung. Wie Abs 3 S 2 zeigt, werden dort Fälle geregelt, in denen der Dritte als **Anspruchsgegner** wegen einer Sorgfalts- bzw Rücksichtnahmepflichtverletzung haften soll (OLZEN/WANK, Die Schuldrechtsreform Rn 312; DAUNER-LIEB/ARNOLD/DÖTSCH/KITZ, **339**

Fälle zum Neuen Schuldrecht [2002] 203; SCHMIDT-RÄNTSCH, Das neue Schuldrecht Rn 475; AnwK-BGB/KREBS [2002] § 311 Rn 47; PALANDT/GRÜNEBERG § 313 Rn 60, § 328 Rn 13 f; mittlerweile aA AnwK-BGB/KREBS § 311 Rn 101, 120; SUTSCHET, Schutzansprüche und Schutzpflichten Dritter im Lichte des § 311 Abs 3 BGB, in: FS Ehmann [2005] 101 ff). Dem steht wohl auch die Auffassung des Gesetzgebers nicht entgegen (Begr z SchuldrechtsmodernisierungsG BT-Drucks 14/6040, 163).

340 Letztlich lohnt keine tiefgreifende Diskussion. Denn der Meinungsstreit bereitet deshalb wenig praktische Probleme, weil § 311 Abs 3 S 1 jedenfalls keine Tatbestandsmerkmale eines Vertrages mit Schutzwirkungen für Dritte enthält (so auch CANARIS JZ 2001, 499, 520, der freilich einen anderen Rückschluss zieht; LOOSCHELDERS, Schuldrecht AT Rn 203; anders ZENNER NJW 2009, 1030 ff). Deshalb muss man weiterhin auf die früheren – insbesondere von der Rspr entwickelten – Grundsätze zurückgreifen, unabhängig davon, ob man den Vertrag mit Schutzwirkung für Dritte als eine auf § 242 gestützte richterliche Rechtsfortbildung ansieht (BRORS, Vertrauen oder Vertrag – gibt es eine Haftung für Wertgutachten nach § 311 Abs 3 BGB?, ZGS 2005, 142, 148; MünchKomm/ GOTTWALD § 328 Rn 101), oder mit der Rspr die dogmatische Grundlage in einer ergänzenden Vertragsauslegung sieht (RGZ 127, 222; BGHZ 56, 269, 273; 123, 378, 380; BGH NJW 1984, 355, 356; BGH NJW-RR 1986, 484, 485 f; DAHM JZ 1992, 1167; PALANDT/GRÜNEBERG § 328 Rn 14).

341 Als Ausnahme zum Relativitätsgrundsatz ist schließlich § 991 Abs 2 zu erwähnen. Danach steht dem **Eigentümer** ein eigener **Schadensersatzanspruch** auch gegen den **mittelbaren Besitzer** zu, der beim Besitzerwerb gutgläubig war und den er deshalb an sich nicht in Anspruch nehmen könnte. Voraussetzung ist allerdings, dass der Besitzer aus seinem Rechtsverhältnis mit dem mittelbaren Besitzer diesem gegenüber selbst schadensersatzpflichtig wäre. Umgekehrt haftet der unmittelbare Besitzer also dem Eigentümer dann nicht, wenn er auch vom mittelbaren Besitzer nicht in Anspruch genommen werden könnte.

cc) Haftungsbegrenzungen zu Gunsten Dritter*

342 Durchbrechungen der Relativität von Schuldverhältnissen liegen auch darin, dass sie die Haftung Dritter beeinflussen, die nicht an ihr beteiligt sind. Gesetzlich geregelte **Haftungsbegrenzungen zu Gunsten Dritter** findet man vor allem im **Transportrecht**. Die Normen erweitern die gesetzlich oder vertraglich geregelten Haftungsbeschränkungen, die zu Gunsten des Beförderers gelten, auch auf dessen Hilfspersonen, zB § 607a Abs 2 HGB (KLEIN JZ 1997, 390, 391; ausf STAUDINGER/JAGMANN [2009] § 328 Rn 119).

343 Solche Drittwirkungen können aber auch bestehen, wenn ein zwischen den Vertragsparteien vereinbarter **Haftungsausschluss** für Dritte ebenfalls gilt. Dies ist regelmäßig dann der Fall, wenn die zur Vertragserfüllung Verpflichteten sich Hilfspersonen bedienen. Solche Gehilfen würden ohne eine Erweiterung der Haftungsbeschränkung auf ihr Verhalten zumindest deliktsrechtlich unbeschränkt haften (vgl dazu ausf BLAUROCK, Haftungsfreizeichnung zu Gunsten Dritter, ZHR 146 [1982] 238 ff; STAUDINGER/JAGMANN [2009] § 328 Rn 117 ff).

---

* RÄCKE, Haftungsbeschränkungen zu Gunsten und zu Lasten Dritter (1995).

Die Rspr hat deshalb in vielen Fällen die Ausdehnung der Haftungsprivilegierung – 344
etwa auf Arbeitnehmer oder sonstige Hilfspersonen – bejaht, unabhängig davon, ob
sie individuell oder in AGB vereinbart worden waren (STAUDINGER/JAGMANN [2009]
§ 328 Rn 118 ff). In gleicher Weise ließ sie Gehilfen an einer **Verkürzung der Verjährungsfristen** für Schadensersatzansprüche teilhaben (STAUDINGER/JAGMANN [2009] § 328
Rn 121).

dd) Haftungsbegrenzungen zu Lasten Dritter
Aber auch **Haftungsbeschränkungen zu Lasten Dritter** sind denkbar und gehören 345
deshalb ebenfalls in den Zusammenhang der Drittwirkung von Schuldverhältnissen.
Dabei werden zu Lasten eines Vertragspartners dessen Ansprüche gegen einen
außenstehenden Dritten beschränkt. Beispielhaft dafür sind ebenfalls Fälle des
Transportrechts. Wird auf Grund einer Vereinbarung mit einem **Spediteur** transportiertes Gut beschädigt, und verlangt der **Eigentümer** vom **Frachtführer Schadensersatz**, so kann sich dieser nach der Rspr des BGH auf seine haftungsbeschränkenden
Geschäftsbedingungen auch dann berufen, wenn zwischen dem Frachtführer und
dem Eigentümer des Frachtguts kein vertragliches Schuldverhältnis besteht (BGH
NJW 1974, 2177; KLEIN JZ 1997, 390, 393 mwNw). Dieses Ergebnis erscheint gerechtfertigt,
wenn der Versender weiß oder nach den Umständen erkennen muss, dass
der Transport nicht vom Spediteur selbst, sondern von einem Frachtführer durchgeführt
werden wird, der gesetzlich oder durch Verwendung von Vertragsbedingungen nur
eingeschränkt haftet (BGH NJW 1985, 2411; OLG Düsseldorf TransportR 1996, 38, 39 f; LG
München I TransportR 1990, 19; CANARIS, Handelsrecht [24. Aufl 2006] § 31 Rn 29 ff; ausf KLEIN
JZ 1997, 390, 393 mwNw; vgl z Ganzen STAUDINGER/JAGMANN [2009] Vorbem 45 zu §§ 328 ff).

K. Dauer des Schuldverhältnisses*

Schuldverhältnisse lassen sich schließlich auch nach **zeitlichen Kriterien** unterschei- 346
den. So kann sich das Schuldverhältnis in einer **einmaligen Leistungserbringung** erschöpfen
oder **ständig neue Leistungspflichten** auslösen.

---

* **Schrifttum**: BEITZKE, Nichtigkeit, Auflösung und Umgestaltung von Dauerrechtsverhältnissen (1948; Nachdruck von 1968); CHRISTODOULOU, Vom Zeitelement im Schuldrecht (1968); FUCHS-WISSEMANN, Die Abgrenzung des Rahmenvertrages vom Sukzessivlieferungsvertrag (Diss Marburg 1979); GAUCH, System der Beendigung von Dauerverträgen (1968); GOLLUB, Verzug und Zurückbehaltungsrecht beim Sukzessivlieferungsvertrag (Diss Münster 1989); HAARMANN, Wegfall der Geschäftsgrundlage bei Dauerrechtsverhältnissen (1979); HENSSLER, Risiko als Vertragsgegenstand (1994) 1 ff mwNw; HORN/FONTAINE/MASKOW/SCHMITTHOFF, Die Anpassung langfristiger Verträge Vertragsklauseln und Schiedspraxis (1984); JAHR, Schriften des Vereins für Sozialpolitik (1964); LÖRCHER, Die Anpassung langfristiger Verträge an veränderte Umstände, DB 1996, 1269; MACAULAY, Non-Contractual Relations in Business, American Sociological Review 28 (1963) 55; MACNEIL, The new Sozial contract: An inquiry into modern contractual relations (1980); MARTINEK, Moderne Vertragstypen Bd III (1993) 363 ff; NICKLISCH, Der komplexe Langzeitvertrag, Strukturen und Internationale Schiedsgerichtsbarkeit (1987); OETKER, Das Dauerschuldverhältnis und seine Beendigung (1994); ULLMANN, Der Einfluss des Konkurses auf Wiederkehrschuldverhältnisse (Diss Leipzig 1933).

I. Einfache Schuldverhältnisse

347 Für die auf **einmalige Leistungserbringung** gerichteten Schuldverhältnisse hat sich kein allgemein anerkannter Terminus etablieren können. Es wurden Begriffe wie „vorübergehendes Schuldverhältnis" (Klang/Bydlinski, Kommentar zum AGBG IV/2 [2. Aufl 1971] 193 f), „einfaches Schuldverhältnis" (Christodoulou, Vom Zeitelement im Schuldrecht [1968] 142; Esser/Schmidt, Schuldrecht I § 20 2; Wiese, in: FS Nipperdey Bd I [1965] 837 ff), „einmaliges Schuldverhältnis" (Christodoulou aaO), „Schuldverhältnis auf einmaligen Leistungstausch" (Jauernig/Mansel Rn 3), „Austauschvertrag" (Beitzke, Dauerrechtsverhältnisse 21, 35 Fn 302) und „Umsatzgeschäft" vorgeschlagen. In Österreich hat sich auch der Begriff „Zielschuldverhältnis" eingebürgert (Ehrenzweig/Mayrhofer, Schuldrecht AT 23 ff; Gschnitzer/Faistenberger/Barta/Eccer, Österreichisches Schuldrecht AT 25). Eine terminologische Vereinheitlichung ist aber deshalb nicht erforderlich (Gernhuber, Schuldverhältnis 380), weil sich die dogmatische Bedeutung eines entsprechenden Begriffs allein in der Abgrenzung zum Dauerschuldverhältnis erschöpft und demzufolge lediglich diejenigen Schuldverhältnisse zusammenfasst, die keine Dauerschuldverhältnisse sind. Dafür reicht die Bezeichnung **„sonstige Schuldverhältnisse"**. Teilweise werden innerhalb dieser Gruppe der Schuldverhältnisse noch die „langfristigen Verträge ieS" besonders hervorgehoben, weil sie sich zwar über einen längeren Zeitraum erstrecken, der Inhalt der Leistungspflicht aber nicht von der Dauer des Schuldverhältnisses abhängt (Horn, in: BMJ [Hrsg], Gutachten und Vorschläge zur Überarbeitung des Schuldrechts [Köln 1981–1983] 562).

II. Dauerschuldverhältnisse

348 Nachdem man diejenigen Schuldverhältnisse, die dauernd Rechte und Pflichten erzeugen, zunächst „dauernde Schuldverhältnisse" nannte (vGierke JherJb 64 [1914] 355 f), hat sich mittlerweile der Begriff **„Dauerschuldverhältnis"** durchgesetzt. Er hat sowohl als **gesetzlicher Terminus** als auch als **dogmatische Kategorie** Bedeutung.

1. Gesetzlicher Terminus

349 Als **gesetzlicher Terminus** hat das Dauerschuldverhältnis erstmals mit dem Inkrafttreten des AGBG am 1. 4. 1977 und verstärkt seit dem 1. 1. 2002 durch die Modernisierung des Schuldrechts (vgl oben Einl 184 ff zum SchuldR) Eingang in die Gesetzessprache gefunden. Er findet sich nunmehr in §§ 313 Abs 3, 314, die die **Laufzeit** und **Kündigung** von Dauerschuldverhältnissen regeln, den **AGB-Regelungen** der §§ 308 Nr 3, 309 Nr 1 und Nr 9, in § 108 InsO, der das Fortbestehen von Dauerschuldverhältnissen in der **Insolvenz** betrifft sowie in Art 229 § 5 S 2 EGBGB, der Übergangsregeln für vor dem 1. 1. 2002 entstandene Schuldverhältnisse statuiert (z gesetzlichen Erfassung der Dauerschuldverhältnisse Horn, in: BMJ [Hrsg], Gutachten und Vorschläge zur Überarbeitung des Schuldrechts [Köln 1981–1983] 551 ff).

350 Der Begriff des Dauerschuldverhältnisses ist aber auch heute **nicht legaldefiniert**. Zwar enthält § 309 Nr 9 Anhaltspunkte für eine nähere Bestimmung; diese sind aber nicht abschließend, sondern der Begriff ist in einem umfassenderen Sinne zu verstehen. Eine Definition kann auch nicht pauschal vorgenommen werden, sondern muss vielmehr stets unter Einbeziehung des jeweiligen Regelungsgehaltes der

Norm erfolgen (STAUDINGER/J SCHMIDT [1995] Einl 350 zu §§ 241 ff). Insofern wird auf die entsprechenden Kommentierungen verwiesen.

2. Dogmatische Kategorie

a) Zeitliche Abgrenzungskriterien

Als **dogmatische Kategorie** geht der Begriff des Dauerschuldverhältnisses auf OTTO VON GIERKE zurück (JherJb 64 [1914] 355 ff), der sich 1914 erstmals eingehend damit befasste. Folgende Grundsätze haben sich seitdem Geltung verschafft: 351

Dauerschuldverhältnisse unterscheiden sich von den auf eine einmalige Leistung gerichteten Schuldverhältnissen dadurch, dass während ihrer Laufzeit **ständig neue Leistungs-, Nebenleistungs-** und **Rücksichtspflichten** entstehen. Da das Dauerschuldverhältnis im Gegensatz zum einfachen Schuldverhältnis grds **zeitlich** unbegrenzt ist, muss eine zeitliche Begrenzung von den Parteien gesetzt werden (MünchKomm/KRAMER Einl zu §§ 241 ff Rn 97, 100), sei es durch Kündigung, Aufhebungsvertrag, Befristung oä. Das entscheidende Kriterium für den Charakter als Dauerschuldverhältnis besteht also – insoweit herrscht weitgehend Einigkeit – in der gegenüber den einfachen Schuldverhältnissen „essentiellen Bedeutung des Zeitmomentes" (MünchKomm/KRAMER Einl zu §§ 241 ff Rn 85), das sich als konstitutives Merkmal des Leistungsumfangs darstellt (ähnlich HORN, in: BMJ [Hrsg], Gutachten und Vorschläge zur Überarbeitung des Schuldrechts [Köln 1981–1983] 561). 352

Es lässt sich aber mit guten Gründen bezweifeln, ob die genannten Kriterien wirklich eine klare Abgrenzung ermöglichen. Insbesondere stellt sich die Frage, wann das Zeitmoment konstitutiv für die Einordnung sein soll (STAUDINGER/J SCHMIDT [1995] Einl 364 zu §§ 241 ff). Man könnte es bereits als ausreichend erachten, dass der Inhalt der Hauptleistungspflicht von der Dauer des Schuldverhältnisses bestimmt wird oder zusätzlich fordern, dass der Leistungsinhalt bei Vertragsschluss noch nicht feststeht. Ein weites Verständnis würde zB den befristeten Kaufvertrag zum Dauerschuldverhältnis werden lassen. Fordert man hingegen, dass der Leistungsinhalt bei Vertragsschluss noch nicht bestimmbar ist, müssten befristete Mietverträge aus dieser Kategorie ausscheiden. 353

Daher haben andere den Aspekt der **besonderen Risikoverteilung** für eine Abgrenzung herangezogen (JAHR, Schriften des Vereins für Sozialpolitik [1964] 14 ff, 18 ff; STAUDINGER/J SCHMIDT[12] Einl 367 zu §§ 241 ff). Im Ergebnis wird ein Dauerschuldverhältnis danach durch eine typische Risikoverteilung gekennzeichnet. So trage zB der Vermieter, der dem Mieter die Wohnung auf Zeit überlässt, zwar das Sachrisiko, nicht aber das Insolvenzrisiko (JAHR 23). Demgegenüber sei ein Verkäufer nach der Übereignung grds nicht mehr am Schicksal der verkauften Sache interessiert. Allerdings erlaubt auch diese Risikoverteilung keine genaue Grenzziehung, wie insbesondere die Gesellschaftsverträge zeigen, für die das Kriterium untauglich ist (so unter Aufgabe der früheren Auffassung STAUDINGER/J SCHMIDT [1995] Einl 368 zu §§ 241 ff). Der Arbeitsvertrag lässt sich ebenfalls auf diese Weise schlecht erklären. 354

Da die sozialethischen Anforderungen an das Verhalten des Einzelnen mit der Intensität des rechtlichen oder sozialen Kontaktes steigen (LOOSCHELDERS, Schuldrecht AT Rn 64), wird teilweise darüber hinaus das Merkmal der „**ständigen Pflichtenan-** 355

spannung" (Esser/Schmidt, Schuldrecht I § 15 II) als Besonderheit von Dauerschuldverhältnissen angesehen. Danach sei den Dauerschuldverhältnissen neben der auch einfachen Schuldverhältnissen immanenten Verpflichtung zur Leistung einschließlich der zu beachtenden Neben- und Rücksichtspflichten die Verpflichtung zum **„vertrauensvollen Zusammenwirken"** eigen, deren Verletzung sich nach § 242 beurteilen soll (Larenz, Schuldrecht I § 2 VI; Staudinger/J Schmidt [1995] § 242 Rn 874; anders Horn, in: BMJ [Hrsg], Gutachten und Vorschläge zur Überarbeitung des Schuldrechts [Köln 1981–1983] 551 f; Soergel/Wiedemann[12] Vor § 323 Rn 59). Obwohl die Berechtigung des Kriteriums vertrauensvollen Zusammenwirkens für ein Dauerschuldverhältnis kennzeichnend ist, hat es die Diskussion nicht beendet. Oft werden die Aspekte kumulativ verwendet, um das Wesen des Dauerschuldverhältnisses zu kennzeichnen (MünchKomm/Gaier § 314 Rn 5)

b) Andere Abgrenzungsversuche

356 Die Dogmatik der Dauerschuldverhältnisse ist also – wie der Meinungsstreit zeigt – nach wie vor nicht eindeutig geklärt. Der Sinn einer Systematisierung von Schuldverhältnissen nach zeitlichen Bewandtnissen wurde daher insgesamt mit beachtlichen Argumenten in Zweifel gezogen (Staudinger/J Schmidt [1995] Einl 361 ff zu §§ 241 ff). Die Schwierigkeiten hängen aber in erster Linie damit zusammen, dass es sich bei dem Begriff des „Dauerschuldverhältnisses" seiner Rechtsnatur nach um einen **Sammelbegriff** für dogmatische Einzelprobleme ganz unterschiedlicher Art handelt (Gernhuber, Schuldverhältnis 379 Fn 8). Dennoch haben sich folgende begriffliche Abgrenzungen im Wesentlichen durchgesetzt.

aa) Dauerschuldverhältnisse ieS und iwS

357 Manche unterscheiden Dauerschuldverhältnisse ieS und iwS. Zur ersten Gruppe werden diejenigen Schuldverhältnisse gezählt, bei denen sich der Leistungsumfang nach der **Dauer** des Schuldverhältnisses richtet, aber **im Voraus nicht zu bestimmen ist** (s o Rn 353 f). Wird hingegen – wie zB bei einer ratenweise zu liefernden, jedoch von vornherein festgelegten Gesamtmenge – lediglich die Leistungsmodalität abweichend von den einfachen Schuldverhältnissen in der Weise bestimmt, dass sich die **Leistungshandlungen** über einen **längeren Zeitraum** erstrecken, kann allenfalls von **Dauerschuldverhältnissen iwS** gesprochen werden (Larenz, Schuldrecht I § 2 VI; Soergel/Teichmann Rn 6). Teilweise hält man den Terminus „Dauerschuldverhältnis" in solchen Fällen auch für vollständig unpassend und beschränkt ihn auf die erstgenannte Situation (BGH NJW 1981, 679; MünchKomm/Gaier, § 314 Rn 8; Erman/Hohloch § 314 Rn 14).

bb) Sukzessivlieferungsverhältnisse

358 Parallel zur Dogmatik des Dauerschuldverhältnisses hat sich der Begriff des **Sukzessivlieferungsvertrages** herausgebildet, vor allem in Abgrenzung zum sog **Wiederkehrschuldverhältnis** (s u Rn 362 f). Bei einem Sukzessivlieferungsvertrag (zB Lieferung von Buchreihen LG Hamburg NJW 1973, 804) handelt es sich nach Auffassung der Rspr um einen **einheitlichen** Kauf- oder Werkvertrag, der auf die Erbringung von **Leistungen** in zeitlich aufeinander folgenden **Raten** gerichtet ist (BGH NJW 1977, 35; BGH NJW 1981, 679, 680). Die Einordnung in die Kategorie der Dauerschuldverhältnisse iwS rechtfertigt sich also durch das die Leistung bestimmende **Zeitmoment**. Abhängig von dessen Reichweite lassen sich innerhalb dieser Gruppe wiederum zwei Untergruppen bilden.

Titel 1 § 241
Verpflichtung zur Leistung 359–362

Beim **Ratenlieferungsvertrag** wird eine von vornherein **festgelegte Gesamtmenge** ge- 359
schuldet, deren Leistung aber in Teilmengen erfolgt. Die **Zeitabschnitte**, der Leistungen werden in Abweichung von § 266 entweder bereits bei Vertragsschluss genau bestimmt oder sie richten sich nach dem Bedarf („auf Abruf") des Gläubigers (MünchKomm/WESTERMANN Vor § 433 Rn 38). Der Ratenlieferungsvertrag wird auch als „echter Sukzessivlieferungsvertrag" (HK-BGB/SCHULZE Vor §§ 311–319 Rn 24) bezeichnet, da ihm das Merkmal der ständigen Leistungsbereitschaft fehlt und daher nicht von einem „Dauerschuldverhältnis ieS" gesprochen werden kann (MünchKomm/ WESTERMANN Vor § 433 Rn 47; PALANDT/GRÜNEBERG § 314 Rn 2; HK-BGB/SCHULZE Vor §§ 311–319 Rn 25). Für Verzug und Unmöglichkeit gelten grds die allgemeinen Regeln der §§ 320 ff. Wird lediglich eine Teilleistung unmöglich, kann gem § 326 Abs 1 S 1 2. HS, § 441 Abs 3 gemindert, ausnahmsweise gem §§ 280 Abs 1 u 3, 283, 281 Abs 1 S 2 auch Schadensersatz wegen der noch ausstehenden Teilleistungen verlangt werden.

Beim **Bezugs-** (PALANDT/GRÜNEBERG v § 311 Rn 28; SOERGEL/TEICHMANN Rn 6) oder **Dauer-** 360
lieferungsvertrag (ERMAN/GRUNEWALD Vor § 433 Rn 32) ist die **Liefermenge** hingegen **nicht** bei Vertragsschluss **festgelegt**, sondern richtet sich auch hinsichtlich der Gesamthöhe nach dem **Bedarf des Abnehmers** (MünchKomm/KRAMER Einl zu §§ 241 ff Rn 98; gesetzlich geregelt in Art 1559 ff ital Codice Civile). Die Leistungszeitpunkte bestimmen sich nach **Abruf** (z den insoweit bestehenden Gläubigerpflichten vgl RG JW 1916, 1188; angemessene Frist RGZ 94, 47; BGH WM 1973, 694; z Abrufbestellung BGH BB 1980, 1823). Mit dem Abruf wird kein neuer Kaufvertrag geschlossen, sondern die bereits bestehende **Lieferpflicht konkretisiert** (MünchKomm/WESTERMANN Vor § 433 Rn 47). Damit erfordert der Bezugsvertrag **ständige Leistungsbereitschaft** des Schuldners. Auf der Seite des Bezugsberechtigten ist damit oft eine **ausschließliche Bezugsverpflichtung** verbunden (MünchKomm/WESTERMANN Vor § 433 Rn 47). Wegen der „dauernden Pflichtenanspannung" stellt sich der Bezugsvertrag als „echtes Dauerschuldverhältnis" (HK-BGB/SCHULZE Vor §§ 311–319 Rn 24, 28) oder „Dauerschuldverhältnis ieS" und damit als „unechter Sukzessivlieferungsvertrag" dar (ähnlich SOERGEL/HUBER Vor § 433 Rn 53; MünchKomm/WESTERMANN Vor § 433 Rn 47).

Die hier vorgeschlagene Einteilung ist nicht unbestritten. Teilweise werden zu den 361
Sukzessivlieferungsverhältnissen auch nur die Ratenlieferungsverträge (BGH NJW 1979, 674; NJW 1981, 679) oder nur die Dauerlieferungsverträge (SOERGEL/TEICHMANN Rn 6) gezählt.

cc) **Wiederkehrschuldverhältnisse**
Bei den sog **Wiederkehrschuldverhältnissen** soll das Zeitmoment lediglich einen 362
Rahmen- oder **Grundvertrag** betreffen, der die Modalitäten für den Fall regelt, dass überhaupt Verträge über bestimmte Leistungen geschlossen werden. Eine Verpflichtung zur Leistungserbringung erwächst dann also nicht aus dem Rahmenvertrag, sondern aus jeweils **singulären Verträgen**, deren nähere Ausgestaltung sich allerdings nach dem Rahmenvertrag richtet (BGH NJW 1997, 933, 934; MünchKomm/ WESTERMANN Vor § 433 Rn 39, 41). Der Umfang der beiderseitigen Leistungen sei dabei nicht nur von der Zeitdauer, sondern innerhalb der einzelnen Teilabschnitte von der Höhe des tatsächlichen Verbrauchs abhängig (LARENZ, Schuldrecht I § 2 VI Fn 45; MünchKomm/KRAMER Einl zu §§ 241 ff Rn 98; MünchKomm/GAIER § 314 Rn 7). Der Abnehmer habe keinen Anspruch auf Verlängerung des Rechtsverhältnisses. Das Wieder-

kehrschuldverhältnis wäre nach den oben dargestellten Kriterien (Rn 358) auf Grund der eingeschränkten Bedeutung des Zeitmomentes lediglich Dauerschuldverhältnis iwS.

363 Der Begriff des Wiederkehrschuldverhältnisses ist allerdings heute entbehrlich (MEDICUS, Schuldrecht I Rn 13; MünchKomm/KRAMER Einl zu §§ 241 ff Rn 98). Die Schaffung einer eigenständigen Kategorie war durch die damaligen konkursrechtlichen Schwierigkeiten bei der Behandlung von Bezugsverträgen motiviert (RGZ 148, 326, 330; JAEGER, KO [8. u 9. Aufl] § 17 Rn 85 ff; ULLMANN, Der Einfluss des Konkurses auf Wiederkehrschuldverhältnisse [Diss Leipzig 1933]), da die Qualifizierung als Dauerschuldverhältnis ieS die Gefahr einer unerwünschten Privilegierung der Versorgungsunternehmen über § 17 KO in sich barg (BGHZ 81, 90 = NJW 1981, 2195 z § 17 KO). Die Einordnung von Bezugsverträgen in die Kategorie der Wiederkehrschuldverhältnisse konnte aber bereits vor dem Inkrafttreten der InsO im Jahre 1999 vor dem Hintergrund der damaligen Rechtsentwicklung als veraltet betrachtet werden (BGH DTZ 1997, 196, 197; MEDICUS/PETERSEN BR Rn 235; LARENZ, Schuldrecht I § 2 VI Fn 2; HORN, in: BMJ [Hrsg], Gutachten und Vorschläge zur Überarbeitung des Schuldrechts [Köln 1981–1983] 551 f; SOERGEL/R SCHMIDT Rn 10; PALANDT/GRÜNEBERG Überbl v § 311 Rn 28: Dauerschuldverhältnis; offengelassen jedoch in BGHZ 83, 359, 363 = NJW 1982, 2196, 2197; STAUDINGER/J SCHMIDT [1995] Einl 385 zu §§ 241 ff). Mit Inkrafttreten der InsO sind die insolvenzrechtlichen Schwierigkeiten jedenfalls endgültig ausgeräumt. Entscheidet sich der Insolvenzverwalter nämlich für die Erfüllung des Vertrages, so stellen die Ansprüche wegen bereits erbrachter Teilleistungen gem § 105 InsO **einfache Insolvenzforderungen** dar, die Ansprüche wegen noch folgenden Teilleistungen sind demgegenüber gem § 103 InsO **Masseschulden**. Andererseits weisen Bezugsverträge gerade die typischen Merkmale eines Dauerschuldverhältnisses ieS auf, da sie die ständige Leistungsbereitschaft des Schuldners erfordern und damit eine dauernde Pflichtenanspannung besteht. Sie sind deshalb dieser Kategorie zuzuordnen.

dd) Vertragsverhältnisse mit personenrechtlichem Einschlag

364 Neben den Dauerschuldverhältnissen ieS, die auf **Austausch von Leistungen** gerichtet und bei denen die **Interessen der Parteien** in erster Linie **gegenläufig** sind, besteht bei Vertragsverhältnissen wie dem **Gesellschaftsvertrag** eine **Interessengleichrichtung** (MünchKomm/KRAMER Einl zu §§ 241 ff Rn 106), die neben die wechselseitigen Interessen der einzelnen Gesellschafter tritt. Eine solche Interessenlage wurde in älteren Publikationen häufig auch dem Arbeitsvertrag zugeordnet. Entsprechende Schuldverhältnisse, die man als **personenrechtliche Verhältnisse** oder **Gemeinschaftsverhältnisse** bezeichnet, unterscheiden sich also durch ein personenrechtliches Element von den Dauerschuldverhältnissen ieS. Ihnen ist nach überwiegender Ansicht eine Verpflichtung zum vertrauensvollen Zusammenwirken immanent (ESSER/SCHMIDT, Schuldrecht I § 20 2). Aber auch wenn man den Ansatzpunkt teilt, dass es sich sowohl beim Arbeits- als auch beim Gesellschaftsverhältnis um ein Dauerschuldverhältnis handelt, folgt daraus noch nicht, dass ihnen das personenrechtliche Element generell eigen wäre (LARENZ, Schuldrecht I § 2 VI Fn 46; **aA** BEITZKE, Dauerrechtsverhältnisse 10; ausf MünchKomm/KRAMER Einl zu §§ 241 ff Rn 106 ff mwNw). Diese Betrachtungsweisen beruhen vielmehr historisch auf einem mittlerweile überwundenen deutsch-rechtlichen Ansatz OTTO VGIERKES iS eines Gemeinschaftsgedankens, der später insbesondere vom Nationalsozialismus aufgenommen wurde. Da damit kein

praktischer Nutzen verbunden ist (Nw bei MünchKomm/KRAMER Einl zu §§ 241 ff Rn 106), sollten entsprechende Überlegungen heute als überwunden angesehen werden.

ee) Relationale Verträge
Der dargelegten Systematik der Dauerrechtsverhältnisse entspricht in der US-ame- 365
rikanischen Lit die Theorie der **relationalen Verträge** (MACNEIL, The New Social Contract: An inquiry into modern contractual relations [1980]; MACAULAY, Non-Contractual Relations in Business, American Sociological Review 28 [1963] 55; MARTINEK, Moderne Vertragstypen Bd III [1993] 363 ff; HENSSLER, Risiko als Vertragsgegenstand 1 ff mwNw).

Der in diesem Zusammenhang geprägte Terminus der **long-term-contracts** (instruktiv 366
STAUDINGER/MARTINEK [1995] § 675 Rn A 155 f) erfasst auf längere Zusammenarbeit angelegte komplexe Vertragsbeziehungen, wobei es sich hierbei nach klassischem Verständnis sowohl um Dauerschuldverhältnisse ieS als auch um einfache Schuldverhältnisse handeln kann (MünchKomm/KRAMER Einl zu §§ 241 Rn 105). Erforderlich ist daher also nicht – im Unterschied zu Dauerschuldverhältnissen iS einer deutschen Rechtsterminologie (s o Rn 348 ff) –, dass der Leistungsinhalt von der Dauer des Schuldverhältnisses abhängt. Von den long-term-contracts werden die sog **transaktionalen Vertragsbeziehungen** (discrete contracts) unterschieden, die auf **punktuellen Leistungsaustausch** gerichtet sind. In der Praxis kommen alle diese Geschäftstypen nicht nur in ihrer Reinform, sondern in unterschiedlicher Gewichtung der jeweiligen Elemente gemischt vor (Fallgruppen bei STAUDINGER/J SCHMIDT [1995] Einl 371 zu §§ 241 ff).

Die Theorie der „relationalen Verträge" empfindet es in ihrem Ausgangspunkt als 367
einen Mangel, dass die klassische Vertragstheorie der meisten Rechtsordnungen an den sog discrete transactions ausgerichtet ist, die idealtypisch von der Vollständigkeit der Vertragsabfassung ausgehen, Vertragsinhalten also, bei denen nur solche Fragen offen gelassen werden, deren Beantwortung schon durch dispositives Recht vorgegeben ist (HENSSLER, Risiko als Vertragsgegenstand 1 ff; STAUDINGER/MARTINEK [1995] § 675 Rn A 156). Daran erscheint zutreffend, dass das Ideal einer Vertragsabfassung, die für alle auftretenden Störungen sichere rechtliche Prognosen ermöglicht, nicht der Lebenswirklichkeit entspricht. Allerdings betrifft dieser Erkenntnisgewinn entsprechend dem ökonomischen und soziologischen Ursprung der Theorie der relationalen Verträge zunächst nur das Vertragsverhalten der Parteien und hat insoweit auch nur beschreibenden Charakter (STAUDINGER/MARTINEK [1995] § 675 Rn A 169 f). Rechtsanwendungsbezogen hat sich die Lit bislang in erster Linie mit der Anpassung von **Langzeitverträgen** an neue Gegebenheiten befasst (KÖTZ/MARSCHALL/vBIEBERSTEIN, Die Anpassung langfristiger Verträge [1984]), wobei dafür jetzt § 313 eine ausdrückliche gesetzliche Regelung enthält. Eine umfassende Dogmatik zur Theorie der relationalen Verträge steht dagegen noch aus (NICKLISCH, Der komplexe Langzeitvertrag, Strukturen und Internationale Schiedsgerichtsbarkeit [1987] 17 ff; STAUDINGER/MARTINEK [1995] § 675 Rn A 171). Dementsprechend hält sich der US-amerikanische Einfluss auf die klassische deutsche Dogmatik zum Dauerschuldverhältnis (noch) in Grenzen.

3. Beendigung

Die Einordnung eines Schuldverhältnisses als Dauerschuldverhältnis hat insbeson- 368
dere bei seiner **Beendigung** Konsequenzen. Dauerschuldverhältnisse verlieren ihren

Charakter als solche durch **Zeitablauf, Aufhebungsvertrag** (STAUDINGER/LÖWISCH [2001] § 305 Rn 72) oder **Kündigung**.

a) Kündigung

369 Für die auf **unbestimmte Zeit** eingegangenen Dauerschuldverhältnisse sieht das Gesetz in einigen Spezialregelungen (§§ 568, 620 ff, 671, 723) das Recht zur **ordentlichen Kündigung** vor, das an die Einhaltung von **Fristen** sowie regelmäßig an **sachliche Gründe** geknüpft ist. Dieses Recht kann von den Parteien abbedungen bzw modifiziert werden (MünchKomm/KRAMER Einl zu §§ 241 ff Rn 99).

370 Auch das Recht zur **fristlosen Kündigung** aus wichtigem Grund in § 314 fand sich vor der Schuldrechtsreform (so Einl 176 ff zum SchuldR) nur in einigen Spezialregelungen wie den §§ 543, 569, 626, 671 Abs 2, 3, 723 Abs 1 S 2 und 3. Rspr und Lehre hatten aber, teilweise im Wege einer Gesamtanalogie zu den genannten Kündigungsvorschriften (MünchKomm/KRAMER Einl zu §§ 241 ff Rn 101 Fn 399), teilweise als allgemeinen Rechtsgedanken aus der Verpflichtung zum vertrauensvollen Zusammenwirken, ein **allgemeines außerordentliches Kündigungsrecht** hergeleitet, wenn eine Partei die ihr obliegenden Pflichten zur Rücksichtnahme derart verletzte, dass dem anderen Teil eine Fortsetzung des Vertrages unter Berücksichtigung der Eigenart des Schuldverhältnisses und der beiderseitigen Interessen im Einzelfall nicht zugemutet werden konnte (st Rspr RGZ 78, 385, 389; 128, 16; für Mietverträge RGZ 150, 193, 199; BGHZ 50, 312, 315 = NJW 1969, 37; für Bierbezugsverträge BGH NJW 1960, 1614; für Schiedsverträge BGHZ 41, 108 = BGH NJW 1964, 1129, 1130; für Rahmenlieferverträge BGH NJW 1081, 1264 f; LARENZ, Schuldrecht I § 2 VI [33]).

371 § 313 Abs 3 S 2 bestimmt seit dem 1.1.2002 (vgl oben Einl 193 zum SchuldR; HEINRICHS, Vertragsanpassung bei Störung der Geschäftsgrundlage, in: FS Heldrich [2005], 183 ff) ausdrücklich, dass auch **Störungen der Geschäftsgrundlage** zu einer Beendigung des Dauerschuldverhältnisses führen können. Für solche Schuldverhältnisse (HAARMANN, Wegfall der Geschäftsgrundlage bei Dauerrechtsverhältnissen [1979]; LÖRCHER, Die Anpassung langfristiger Verträge an veränderte Umstände, DB 1996, 1269 ff; NAUEN, Leistungserschwerung und Zweckvereitelung im Schuldverhältnis. Zur Funktion und Gehalt der Lehre von der Geschäftsgrundlage im BGB und im System des Reformentwurfs der Schuldrechtskommission [2001]) tritt also das Recht zur Kündigung an die Stelle des Rücktrittsrechts. Nach Ansicht des BGH und der hM verdrängt das Kündigungsrecht aus wichtigem Grund (§ 314) die Grundsätze des Wegfalls der Geschäftsgrundlage, so weit es um die Auflösung des Vertrages geht, also eine Vertragsanpassung nach § 313 nicht möglich oder unzumutbar ist (BGH ZIP 97, 257, 259; PALANDT/GRÜNEBERG, § 313 Rn 14; ERMAN/HOHLOCH § 313 Rn 52; so im Umkehrschluss auch BT-Drucks 14/6040, 177; EIDENMÜLLER, Der Spinnerei-Fall: die Lehre von der Geschäfsgrundlage, Jura 2001, 824, 832 vertritt einen generellen Vorrang von § 314 gegenüber § 313; aA FELDHAHN, Die Störung der Geschäftsgrundlage im System des reformierten Schuldrechts, NJW 2005, 3381 ff, der kein Konkurrenzverhältnis zwischen §§ 313, 314 erkennt).

b) Rücktritt

372 Der im Hinblick auf die Leistungsmenge begrenzte Sukzessivlieferungsvertrag – in der hier vertretenen Terminologie also der Ratenlieferungsvertrag – (s o Rn 359), wird nicht durch **Kündigung**, sondern durch **Rücktritt** beendet. Da es sich (meist) um einen in Teilakte aufgespaltenen Kaufvertrag handelt, scheidet eine Anwendung der für Dauerschuldverhältnisse geltenden Grundsätze aus. Dem Umstand, dass auch eine solche Vertragsgestaltung (s o Rn 358) auf einen Leistungsaustausch über einen längeren Zeitraum angelegt ist, wird aber dadurch Rechnung getragen, dass der Rücktritt gem § 323 Abs 5 grds lediglich für die **Zukunft** wirkt (so iE bereits vor Schaffung des § 323 Abs 5 BGH NJW 1991, 2699; BGH NJW 1981, 679). Dies gilt zum einen für den Fall, dass eine Partei ihre Pflichten derart verletzt, dass der anderen die Fortsetzung des Vertrages **nicht mehr zugemutet werden kann** (BGH NJW 1981, 679), zum anderen für den Fall der **Unmöglichkeit einer Teilleistung.**

Im Falle des **Verzuges** ist der Vertragspartner im Unterschied zur Kündigung allerdings gem § 323 Abs 1 gezwungen, dem Vertragspartner durch Nachfristsetzung eine abschließende Möglichkeit zur ordnungsgemäßen Vertragserfüllung zu geben (so iE schon BGH WM 1976, 75; BGH NJW 1977, 35, 36; BGH NJW 1981, 679). **373**

c) Erfüllung
Teilweise wurde in der älteren Lit aus dem den Dauerschuldverhältnissen innewohnenden Zeitmoment geschlossen, dass eine Beendigung allein durch Zeitablauf oder Kündigung, **nicht** aber **durch Erfüllung** eintreten könne, und zwar mit der Konsequenz, dass die §§ 362 ff im Bereich der Dauerschuldverhältnisse unanwendbar seien (vGierke JherJb 64 [1914] 359, 363; Gschnitzer, Die Kündigung nach deutschem und österreichischem Recht, JherJb 76 [1926] 323). **374**

Die generelle Unanwendbarkeit der §§ 362 ff erscheint jedoch nur dann sachgerecht, wenn die Vorschriften über die Erfüllung ihrem Wesen nach auf Dauerschuldverhältnisse nicht passen, oder wenn deren Anwendung unhaltbare Konsequenzen hätte. Dies ist bei genauer Betrachtung aber nicht der Fall. § 362 Abs 1 kann seinem Wesen nach zum einen auf die **singulären Leistungspflichten** (Schuldverhältnis ieS, s o Rn 36) bezogen werden, die innerhalb dieses Schuldverhältnisses (iwS) entstehen (Wiese, in: FS Nipperdey Bd I [1965] 839 Fn 369; Staudinger/Olzen [2000] § 362 Rn 10). Zum anderen liegt eine **Gesamterfüllung** im Rahmen eines Dauerschuldverhältnisses gem §§ 362 ff vor, wenn der Schuldner seinen Leistungspflichten während der gesamten Dauer des Schuldverhältnisses ordnungsgemäß nachgekommen ist (Staudinger/Olzen [2006] Rn 10 mwNw). **375**

Auch das Dauerschuldverhältnis wird also durch Erfüllung beendet. Zeitablauf und Kündigung können mit der Erfüllung nicht gleichgesetzt werden (Beitzke, Dauerrechtsverhältnisse 19), sondern haben nur zur Folge, dass keine neuen **Leistungspflichten** mehr entstehen (MünchKomm/Kramer Einl zu §§ 241 ff Rn 97), da das Schuldverhältnis seinen Charakter als Dauerschuldverhältnis verliert (MünchKomm/Kramer Einl zu §§ 241 ff Rn 97; Larenz, Schuldrecht I § 2 VI) und sich in ein einfaches Schuldverhältnis umwandelt, das auf die Abwicklung noch offener Leistungen und die Beachtung der Rücksichtspflichten gerichtet ist (MünchKomm/Kramer Einl zu §§ 241 ff Rn 99 Fn 394). Damit konkretisieren im Ergebnis sowohl Zeitablauf als auch Kündigung den Gesamtumfang der noch nicht erfüllten Leistungspflichten (Larenz, Schuldrecht I § 2 VI). Sie sind damit notwendige Voraussetzung für eine vollständige Beendigung des Schuldverhältnisses durch Gesamterfüllung. Zwar können auch nach diesem Zeitpunkt noch Dauerverpflichtungen fortbestehen (zB nachvertragliche Konkurrenzverbote); diese betreffen aber selten die Hauptleistungspflichten (s u Rn 508 ff; ferner Staudinger/Löwisch [2001] Vorbem 44 zu §§ 275–283 aF; Staudinger/Otto [2009] § 280 Rn B 15 f; MünchKomm/Kramer Einl zu §§ 241 ff Rn 98 Fn 382). Das Dauerschuldver- **376** hältnis kann im Übrigen schon deshalb durch Zeitablauf und Kündigung nicht gänzlich erlöschen, weil manche Pflichten, wie zB die Rückgabepflicht des Mieters, erst in diesem Zeitpunkt entstehen (z Beendigung von Dauerschuldverhältnissen durch Erfüllung vgl im Übrigen STAUDINGER/OLZEN [2000] § 362 Rn 10).

d) Fehlerhafte Dauerschuldverhältnisse

377 Besonderheiten weisen auch die Fälle **fehlerhaft** begründeter und in Vollzug gesetzter **Dauerschuldverhältnisse** auf, in denen kondiktionsrechtliche Lösungen sowohl praktisch als auch wertungsmäßig ungeeignet erscheinen (vgl ie o Rn 104 ff; oben Einl 224, 227 zum SchuldR).

L. § 241 Abs 2*

I. Entstehungsgeschichte

1. Entwicklung der Rücksichtspflichten

378 Bei Inkrafttreten des BGB waren Rücksichtspflichten (z Terminologie ausf o Rn 153 ff) weder ausdrücklich geregelt noch im Wege der Rechtsfortbildung anerkannt. Zwar hatte die 1. Kommission im Gesetzgebungsverfahren eine generalklauselartige Re-

---

* **Schrifttum**: BALLERSTEDT, Zur Haftung für Culpa in contrahendo bei Geschäftsabschluss durch Stellvertreter, AcP 151 (1950/51) 501 ff; vBAR, Vertragliche Schadensersatzpflichten ohne Vertrag?, JuS 1982, 673 ff; ders, Anm z Urt des BGH v 15.5.1979, JZ 1979, 728 ff; ders, Verkehrspflichten (Habil Köln ua 1980); BLANK, Das Gebot der Rücksichtnahme nach § 241 Abs 2 BGB im Mitrecht, ZGS 2004, 104 ff; vCAEMMERER, Wandlungen des Deliktsrechts, in: FS zum 100 jährigen Bestehen des Deutschen Juristentages 1860–1960 Bd 2 (1960) 49 ff; CANARIS, Ansprüche wegen „positiver Vertragsverletzung" und „Schutzwirkung für Dritte" bei nichtigen Verträgen, JZ 1965, 475 ff; ders, Die Reform des Rechts der Leistungsstörungen, JZ 2001, 499 ff; ders, Schutzgesetze – Verkehrspflichten – Schutzpflichten, in: FS Larenz (1983) 27 ff; DAUNER-LIEB, Kodifikation von Richterrecht, in: ERNST/ZIMMERMANN 305 ff; DAUNER-LIEB/HEIDEL/LEPA/RING, Das Neue Schuldrecht (2002); EMMERICH, Das Recht der Leistungsstörungen (6. Aufl 2005); ERNST/ZIMMERMANN, Zivilrechtswissenschaft und Schuldrechtsreform (2001); FLEISCHER, Konkurrenzprobleme um die culpa in contrahendo: Fahrlässige Irreführung versus arglistige Täuschung, AcP 200 (2000) 91 ff; FLEISCHER, Vorvertragliche Pflichten im Schnittfeld von Schuldrechtsreform und Gemeinschaftsprivatrecht dargestellt am Beispiel von Informationspflichten, in: SCHULZE/SCHULTE-NÖLKE 243 ff; FROST, Vorvertragliche und vertragliche Schutzpflichten (Diss Berlin 1981); HUBER, Das geplante Recht der Leistungsstörungen, in: ERNST/ZIMMERMANN 31 ff; ders, Zur Haftung des Verkäufers wegen positiver Vertragsverletzung, AcP 177 (1977) 296 ff; JAKOBS, Unmöglichkeit und Nichterfüllung (1969); KÖHLER, Vertragliche Unterlassungspflichten, AcP 190 (1990) 496 ff; KÖNDGEN, Die Positivierung der culpa in contrahendo als Frage der Gesetzgebungsmethodik, in: Die Schuldrechtsreform vor dem Hintergrund der Gemeinschaftsrechts, in: SCHULZE/SCHULTE-NÖLKE 231 ff; KÖPCKE, Typen der positiven Vertragsverletzung (1965); KREBS, Sonderverbindungen und außerdeliktische Schutzpflichten (Habil München 2000); KUHLMANN, Leistungspflichten und Schutzpflichten, Ein kritischer Vergleich des Leistungsstörungsrechts des BGB mit den Vorschlägen der Schuldrechtskommission (Diss Berlin 2001); LACKUM, Verschmelzung und Neuordnung von cic und pVV (Diss Bonn

gelung vorvertraglicher Aufklärungspflichten erwogen, letztlich aber verworfen (Mot I 208 = MUGDAN I 467). Erst zahlreiche Gerichtsentscheidungen und Publikationen führten dazu, Rücksichtspflichten (vor allem durch KRESS, Schuldrecht 1 ff, 578 ff und STOLL, der erkannte, dass Rücksichtspflichten das eigentliche Leistungsinteresse nicht berühren, vgl STOLL, Leistungsstörungen 27 ff; vgl auch §§ 2 Abs 1, Abs 3; 3 Abs 1; 8 Abs 1 des Entwurfs von STOLL [1936] für die Akademie für Deutsches Recht, dazu: SCHUBERT, Protokolle: Schuldrecht [1990] 295 ff mit Begründung 263 f; vgl auch STAUB, Die positiven Vertragsverletzungen [1904]) aus den Grundgedanken des Allgemeinen Schuldrechts zu entwickeln, vor allem mit dem Ziel, die Mängel des Deliktsrechts zu überwinden. Sie bestanden in der damals geltenden, deutlich kürzeren Verjährungsfrist des § 852 aF iVm § 195 aF, ferner in der Exkulpationsmöglichkeit im Hinblick auf die Haftung für Verrichtungsgehilfen gem § 831 Abs 1 S 2 sowie in der fehlenden Haftung für Vermögensschäden aus § 823 Abs 1. Auch die Beweislastverteilung zu Lasten des Geschädigten im Verhältnis zu § 282 aF wurde als bedenklich empfunden (vgl z Überblick über die Geschichte der pFV und der cic EMMERICH, Leistungsstörungen § 1 Rn 15 ff, § 6 Rn 4 ff).

2. Normierung der Rücksichtspflichten

Die Reformbestrebungen für das Schuldrecht, die in das Gesetz zur Modernisierung des Schuldrechts mündeten (s oben Einl 184 ff zum SchuldR), setzten schon Ende der 70er Jahre des 20. Jahrhunderts ein, allerdings ohne eine spezielle Auseinandersetzung mit § 241. Erst die **Kommission zur Überarbeitung des Schuldrechts** empfahl 1991, dass § 241 ein zweiter Abs zur Regelung der Rücksichtspflichten anzufügen

1970); LARENZ, Bemerkungen zur Haftung für „culpa in contrahendo", in: FS Ballerstedt (1975) 397 ff; LUTTER, Diskussionsbericht, in: ERNST/ZIMMERMANN 329 ff; MAYR, Schutzpflichten im deutschen und französischen Recht: Eine rechtsvergleichende Untersuchung mit Einbeziehung der europäischen Rechtsharmonisierung (Diss München 2004); MEDICUS, Zur Anwendbarkeit des Allgemeinen Schuldrechts auf Schutzpflichten, in: FS Canaris (2007) 835 ff; ders, Probleme um das Schuldverhältnis (1987); ders, Vertragliche und deliktische Ersatzansprüche für Schäden aus Sachmängeln, in: FS Kern (1968) 313 ff; MERTENS, Deliktsrecht und Sonderprivatrecht – Zur Rechtsfortbildung des deliktischen Schutzes von Vermögensinteressen, AcP 178 (1978) 227 ff; MOTZER, Schutzpflichtverletzung und Leistungsunmöglichkeit, JZ 1983, 884 ff; L MÜLLER, Schutzpflichten im Bürgerlichen Recht, JuS 1998, 894 ff; U MÜLLER, Die Haftung des Stellvertreters bei culpa in contrahendo und positiver Forderungsverletzung, NJW 1969, 2169 ff; PETERSEN, Examens-Repetitorium Allgemeines Schuldrecht (3. Aufl 2007); PICKER, Positive Forderungsverletzung und culpa in contrahendo – Zur Problematik der Haftung „zwischen" Vertrag und Delikt, AcP 183 (1983) 369 ff; ders, Vertragliche und deliktische Schadenshaftung – Überlegungen zu einer Neustrukturierung der Haftungssysteme, JZ 1987, 1041 ff; REISCHL, Grundfälle zum neuen Schuldrecht, JuS 2003, 40 ff; SCHAPP, Empfiehlt sich die „Pflichtverletzung" als Generaltatbestand des Leistungsstörungsrechts?, JZ 2001, 583 ff; STAUB, Die positiven Vertragsverletzungen (1904); HEINRICH STOLL, Die Lehre von den Leistungsstörungen (1936); HANS STOLL, Überlegungen zu Grundfragen des Rechts der Leistungsstörungen, in: FS Lorenz (2001) 287 ff; ders, Vertrauensschutz bei einseitigen Leistungsversprechen, in: FS Flume Bd I (1978) 741 ff; STÜRNER, Der Anspruch auf Erfüllung von Treue- und Sorgfaltspflichten, JZ 1976, 384 ff; TEICHMANN, Nebenverpflichtungen aus Treu und Glauben, JA 1984, 545 ff und 709 ff; THIELE, Leistungsstörung und Schutzpflichtverletzung, JZ 1967, 649 ff; ZIMMER, Das neue Recht der Leistungsstörungen, NJW 2002, 1 ff.

sei (vgl BMJ [Hrsg], Abschlussbericht der Kommission zur Überarbeitung des Schuldrechts [Köln 1992] 114; MEDICUS, Probleme um das Schuldverhältnis 26 Fn 58). Auf diese Weise sollte die von der modernen Schuldrechtslehre vorgenommene Unterscheidung zwischen **Leistungs-** und **Rücksichtspflichten** (endlich) auch im Gesetz Ausdruck finden (vgl BMJ [Hrsg], Abschlussbericht der Kommission zur Überarbeitung des Schuldrechts [Köln 1992] 113 ff).

380 § 241 aF beschränkte sich nämlich allein auf die Regelung der **Leistungspflichten** (z Abgrenzung vgl o Rn 153 ff). Rücksichtspflichten fanden sich dagegen nur vereinzelt im Besonderen Schuldrecht, zB in §§ 618, 701 (ausf z den geregelten Rücksichtspflichten vgl u Rn 411 ff, insbes 424 ff). Neben den geregelten Fällen beruhten sie auf **ausdrücklicher Vereinbarung**, man begründete sie im Wege der **ergänzenden Vertragsauslegung** gem § 157 oder aus dem in § 242 verankerten Gebot von **Treu und Glauben** (z Herleitung der Rücksichtspflichten vgl ausf Rn 383 ff). Das allein reichte jedoch Ende des vergangenen Jahrhunderts nach Meinung des Gesetzgebers nicht mehr aus. Denn die Rücksichtspflichten gehörten nach seiner Auffassung zum „Kernbereich des deutschen Zivilrechts" und sollten daher auch ihren Platz in seiner zentralen Kodifikation finden (vgl amtliche Begründung in BT-Drucks 14/6040, 125). Dementsprechend wurde der Vorschlag der Kommission zur Überarbeitung des Schuldrechts aus dem Jahre 1991, § 241 einen zweiten Abs anzufügen (vgl BMJ [Hrsg], Abschlussbericht der Kommission zur Überarbeitung des Schuldrechts [Köln 1992] 113 ff), im Zuge des Schuldrechtsmodernisierungsgesetzes (vgl oben Einl 184 ff zum SchuldR) weiter verfolgt (BT-Drucks 14/6040, 125) und schließlich zum 1.1.2002 Gesetz.

381 Die einzige Abweichung zu der älteren Formulierung aus dem Jahre 1991 besteht darin, dass die jetzige Fassung des § 241 Abs 2 keinen S 2 mehr enthält, der ursprünglich klarstellen sollte, dass die Rücksichtspflichten uU auch ohne Leistungspflichten – also isoliert – bestehen können (vgl BMJ [Hrsg], Abschlussbericht der Kommission zur Überarbeitung des Schuldrechts [Köln 1992] 114; der Text wurde zunächst im Diskussionsentwurf eines Schuldrechtsmodernisierungsgesetzes v 4. 8. 2000, 305 übernommen. Eine entspr Formulierung findet sich in ERNST/ZIMMERMANN 619; bereits vor der Kodifikation: STOLL, Leistungsstörungen 27 ff). Die Klarstellung zielte insbesondere auf die Anerkennung des **Verschuldens bei Vertragsanbahnung** sowie auf die Anerkennung des Vertrages mit **Schutzwirkung für Dritte** und darauf ab, dass auch der **nichtige** Vertrag Rücksichtspflichten erzeugen kann (vgl BMJ [Hrsg], Abschlussbericht der Kommission zur Überarbeitung des Schuldrechts [1992] 114). Der Verzicht auf diese Regelung sollte an der Grundaussage aber nichts ändern (vgl Konsolidierte Fassung des Diskussionsentwurfs v 6. 3. 2001, 10). Teilweise hielt man die Regelung deshalb für nicht erforderlich, weil § 311 Abs 2 und 3, der die vorvertraglichen Pflichten regelt, auf § 241 Abs 2 verweise und so verdeutliche, dass auch das vorvertragliche Schuldverhältnis und der Vertrag mit Schutzwirkung für Dritte unabhängig von Leistungspflichten Rücksichtspflichten begründen können (so BT-Drucks 14/6040, 125). Allerdings ist die Aussage im Hinblick auf Rücksichtspflichten aus **nichtigen Verträgen** damit unklar geworden, ebenso teilweise im Bereich der Gefälligkeit (s u Rn 391 ff). In Bezug auf den Vertrag mit Schutzwirkung für Dritte bleibt nach wie vor unklar, ob sich dieser aus § 311 Abs 3 herleiten lässt (s o Rn 339).

II. „Schuldverhältnis"

382 Erstes Merkmal des Tatbestandes von Abs 2 stellt das **Schuldverhältnis** (z Begriff des Schuldverhältnisses vgl bereits o Rn 36 ff) dar. Sein Inhalt ist dem Wortlaut der Norm zufolge maßgebend für Entstehung und Umfang der Rücksichtspflichten.

1. Entstehung der Rücksichtspflichten durch gesetzliches oder rechtsgeschäftliches Schuldverhältnis?

a) Der Meinungsstand

383 Bereits vor Inkrafttreten des Abs 2 hat sich um die Frage, ob dieses (zumindest) Rücksichtspflichten erzeugende Schuldverhältnis **gesetzlicher** oder **vertraglicher** Art ist eine Diskussion entfacht. Sie findet bis heute keinen Abschluss, insbesondere weil der Gesetzgeber seine Stellungnahme zu diesem Problem ausdrücklich verweigert hat (vgl amtliche Begründung BT-Drucks 14/6040, 126; s u Rn 389).

384 Die Rspr des RG entwickelte die **außerdeliktischen Schutzpflichten** zunächst für den **vorvertraglichen Bereich** (im berühmt gewordenen Linoleumrollenfall, RGZ 78, 239 ff). Sie dehnte sie jedoch nach und nach auch auf die Zeit der **Vertragsdurchführung** und sogar auf die Zeit nach **Erfüllung** der Vertragspflichten aus (grundlegend RGZ 161, 330, 337 ff; ähnl auch SOERGEL/TEICHMANN § 242 Rn 178 ff; GERNHUBER, Schuldverhältnis § 2 IV 2). Die dogmatische Herleitung fand sie in **Treu und Glauben**, § 242 (statt vieler: TEICHMANN JA 1984, 709 ff; krit z Herleitung v Rücksichtspflichten aus § 242: MEDICUS, Probleme um das Schuldverhältnis 16 f).

385 In der Lit gab und gibt es andere Ansätze: Einige Autoren verstanden und verstehen bis heute die Rücksichtspflichten im Unterschied zur Rspr als einen dritten, **eigenen Haftungsgrund** zwischen vertraglicher und deliktischer Haftung (CANARIS JZ 1965, 475, 478 ff, ders, in: FS Larenz [1983] 27, 85 ff; BALLERSTEDT AcP 151 [1950/51] 501 ff). Sie ordnen sie demgemäß einem eigenständigen, **gesetzlich begründeten Schuldverhältnis** zu, welches unabhängig von Wirksamkeit und Erfüllung eines Vertrages zwischen den Parteien auf Grund ihres gesteigerten sozialen Kontaktes bestehe (ähnlich auch THIELE JZ 1967, 653 f; U MÜLLER, Die Haftung des Stellvertreters bei culpa in contrahendo und positiver Forderungsverletzung, NJW 1969, 2169, 2172 ff; GERHARDT JuS 1970, 597 ff; ders JZ 1970, 535 ff; PICKER, Positive Forderungsverletzung und culpa in contrahendo – Zur Problematik der Haftung „zwischen" Vertrag und Delikt, AcP 183 [1983] 369, 460; ders, Vertragliche und deliktische Schadenshaftung – Überlegungen zu einer Neustrukturierung der Haftungssysteme, JZ 1987, 1041, 1047 ff; L MÜLLER JuS 1998, 897; JAKOBS, Unmöglichkeit und Nichterfüllung 37 ff, 40; LACKUM, Verschmelzung und Neuordnung von cic und pVV [Diss Bonn 1970] 158 ff; FROST, Schutzpflichten 62 f; dagegen HUBER, Zur Haftung des Verkäufers wegen positiver Vertragsverletzung, AcP 177 [1977] 296; krit MEDICUS, in: FS Kern [1968] 313, 327 ff; z der Herleitung der Rücksichtspflichten beim Gefälligkeitsverhältnis auch: SCHWERDTNER NJW 1971, 1673, 1675, ähnlich FLUME, AT § 7, 4, der die Pflichten aus einer Garantenstellung ableiten will; GRIGOLEIT, Leistungspflichten und Schutzpflichten, in: FS Canaris [2007] 275, 282 f; MünchKomm/KRAMER Einl zu §§ 241 ff Rn 81; aA SCHREIBER Jura 2001, 810, 811 der die Pflichten aus dem Gefälligkeitsverhältnis durch Auslegung rechtsgeschäftlich begründen will [s dazu Rn 387]; ebenfalls MAIER JuS 2001, 746, 749). Die daraus entstehenden Rücksichtspflichten seien jedoch insoweit **vertragsähnlich**, als sie insbesondere im Rahmen von Verträgen entstünden und zudem die für Verträge geltenden Regeln grds auf sie anwendbar seien (vgl CANARIS, in: FS Larenz [1983] 27, 85 ff; vgl AnwK-BGB/KREBS Rn 20, ders, Sonderverbindungen 561 ff).

386 Dagegen vertreten andere Autoren, dass die Konstruktion außerdeliktischer Schutzpflichten eine Entwicklung praeter legem darstelle. Einzig richtig sei es deshalb, die zu den vertraglichen Schutzpflichten entwickelten Ergebnisse in das Deliktsrecht zu übertragen und die Rücksichtspflichten dort als Teil der **Verkehrspflichten** einzugliedern, also unter Verzicht auf einen vertraglichen Rechtscharakter (MERTENS, Deliktsrecht und Sonderprivatrecht – Zur Rechtsfortbildung des deliktischen Schutzes von Vermögensinteressen, AcP 178 [1978] 227, 235 ff; vBAR, Verkehrspflichten [1980] 220 ff, 312 ff; ders, Vertragliche Schadensersatzpflichten ohne Vertrag?, JuS 1982, 637, 645; ders, Anm z Urt des BGH v 15.5.1979, JZ 1979, 729; MÜLLER/HEMPEL, Nebenpflichten des Verkäufers unter besonderer Berücksichtigung der Verjährung, AcP 205 [2005] 246, 248 f; vCAEMMERER, in: FS DJT [1960] 49, 56–58; STOLL, in: FS Flume [1978] 742, 752; ähnlich auch: MEDICUS, in: FS Kern [1968] 313, 327 ff; vgl z Einordnung der Verkehrpflichten im Deliktsrecht STAUDINGER/HAGER [2009] § 823 Rn E 4 ff).

387 Der Gesetzgeber des Schuldrechtsmodernisierungsgesetzes hat (s Rn 383) ungeachtet des Meinungsstreits die weniger praktisch als dogmatisch interessante Frage offen gelassen, ob ein Rücksichtspflichten erzeugendes Schuldverhältnis stets auf Gesetz beruht oder seine Grundlage uU auch in einem Rechtsgeschäft findet (vgl amtliche Begründung in BT-Drucks 14/6040, 126), sondern gefordert, dass die systematische Einordnung von der Rechtswissenschaft zu leisten sei (vgl amtliche Begründung in BT-Drucks 14/6040, 126). Dementsprechend erlaubt der Wortlaut der Norm auch keinen eindeutigen Schluss, sondern stellt nur klar, dass sich aus einem Schuldverhältnis generell Rücksichtspflichten ergeben können.

388 Verschiedene Stimmen in der Lit legen sich auch heute im Hinblick auf die Rechtsgrundlage nicht fest (Hk-BGB/SCHULZE Rn 4; MünchKomm/ROTH § 242 Rn 31 ff; MEDICUS, Zur Anwendbarkeit des Allgemeinen Schuldrechts auf Schutzpflichten, in: FS Canaris [2007] 835, 838 f). Manche verweisen darauf, dass § 242 die Grundlage der nichtleistungsbezogenen Pflichten des Abs 2 bilde (vgl ausf SCHAPP JZ 2001, 584, der neben § 242 aber auch § 157 als Grundlage sieht). Nur vereinzelte Stimmen beschäftigten sich ausführlich mit dem Problem, insbesondere unter Auswertung der Entstehungsgeschichte des Abs 2 (KUHLMANN, Schutzpflichten 159 f; BODEWIG Jura 2005, 505, 507 ff für rechtsgeschäftliche Einordnung). Daraus werden zwei Hinweise entnommen: Zum einen verdeutliche der Wortlaut der Gesetzesbegründung („Der neue Abs 2 verzichtet bewusst auf eine Regelung der Frage, ob das die Schutzpflichten erzeugende Schuldverhätnis in jedem Fall auf Gesetz beruht oder auch auf einem wirksamen Rechtsgeschäft beruhen kann" so amtliche Begründung in BT-Drucks 14/6040, 126), dass die **gesetzliche Herleitung** der Rücksichtspflicht die **Regel** und die **rechtsgeschäftliche** eine **Ausnahme** darstelle (so KUHLMANN, Schutzpflichten 160). Zum anderen lasse sich im Gegenschluss aus dem zweiten Halbsatz „oder auch auf einem **wirksamen** Rechtsgeschäft" folgern, dass – da Rücksichtspflichten nicht aus einem **unwirksamen Rechtsgeschäft** entstehen können – also jedenfalls in diesem Fall gesetzlicher Natur sein müssten (so KUHLMANN, Schutzpflichten 159). Diese Argumentation leidet allerdings darunter, dass die Gesetzesbegründung deshalb keinen zwingenden Schluss erlaubt, weil sie im Wesentlichen von Kommissionsmitgliedern beeinflusst wurde, die schon vorher die Ansicht vertraten, dass Rücksichtspflichten auf einem separaten gesetzlichen Schuldverhältnis beruhen (zB CANARIS JZ 1965, 475, 478 ff u in: FS Larenz [1983] 27, 85 ff, s u Rn 390).

Bei allen Unterschieden der einzelnen Betrachtungsweisen erscheinen folgende **389** Überlegungen überzeugend: Aus dem **Wortlaut der Norm** kann lediglich der Schluss gezogen werden, dass als Grundlage für Rücksichtspflichten ein **Schuldverhältnis** erforderlich ist. Unproblematisch lässt sich der Ursprung der Rücksichtspflichten folglich bei einem **bestehenden und wirksamen Schuldverhältnis** bestimmen. Dieses kann **gesetzlicher** (zB § 812) oder **vertraglicher Natur** (zB § 433) sein.

Ein Schuldverhältnis mit Pflichten nach § 241 Abs 2 entsteht ferner auch durch die **390** **Aufnahme** von **Vertragsverhandlungen**, § 311 Abs 2 Nr 1, die **Anbahnung eines Vertrags**, bei welcher der eine Teil im Hinblick auf eine etwaige rechtsgeschäftliche Beziehung dem anderen Teil die Möglichkeit zur Einwirkung auf seine Rechte, Rechtsgüter und Interessen gewährt oder ihm diese anvertraut, § 311 Abs 2 Nr 2, oder **ähnliche geschäftliche Kontakte**, § 311 Abs 2 Nr 3. Zudem besteht ein solches Schuldverhältnis gem § 311 Abs 3 S 1 uU auch zu Personen, die **nicht selbst Vertragspartei** werden sollen, so dass es keinerlei zusätzlicher Überlegungen zu de Frage bedarf, wie der Drittschutz im Rahmen vertraglicher Beziehungen begründet werden kann.

Die Entstehung von Rücksichtspflichten lässt sich zum Teil auf ein eigenständiges vertrauensrechtliches Haftungsverhältnis stützen, welches dogmatisch zwischen der Vertrags- und der Deliktshaftung einzuordnen ist (zur Rspr des BGH zur Vertrauenshaftung insgesamt Canaris, in: FG 50 Jahre BGH, Bd I [2000] 171 ff; MünchKomm/Kramer Einl zu §§ 241 ff Rn 92). So bietet § 311 Abs 3 zB die Grundlage für die Sachwalterhaftung (Staudinger/Löwisch [2005] § 311 Rn 151 ff) und die Berufshaftung (MünchKomm/Kramer Einl zu §§ 241 ff Rn 39, 86; aA vBar, Verkehrspflichten [1980] 220 ff, der die Auskunfts- und Berufshaftung deliktsrechtlich einordnet). Ferner finden sich auch spezialgesetzliche Regelungen, welche Rücksichtspflichten auf der Basis von Vertrauensgesichtspunkten begründen. In diesem Zusammenhang ist vor allem die Prospekthaftung zu nennen, die durch §§ 13, 13a VerkaufsprospektG zunehmend spezialgesetzlich geregelt wird, wodurch der Streit, ob die Herleitung der Prospekthaftung auf den Grundsätzen der cic (so BGHZ 71, 284 ff; BGH NJW 2006, 2042, 2043; Canaris, in: FS Larenz II [1983] 93) oder auf einer Fortbildung des deliktsrechtlichen Wettbewerbsrechts (Wiedemann/ Schmitz, ZGR 1980, 129 ff) beruht, an Bedeutung verliert. Schließlich resultiert bei den sog „weichen" Patronatserklärungen, die im Gegensatz zu „harten" Patronatserklärungen keine rechtsgeschäftlichen Verpflichtungen erzeugen, die Haftung ebenfalls auf Vertrauenserwägungen (MünchKomm/Kramer Einl zu §§ 241 ff Rn 87).

b) Problemfälle
Es bleiben daher heute nur wenige Problemfälle, bei denen die dogmatische Be- **391** gründung von Rücksichtspflichten Schwierigkeiten bereitet. Fraglich bleibt die Herleitung der Rücksichtspflichten bei den **Gefälligkeiten** (s u Rn 394 ff), beim **nichtigen Vertrag** (s u Rn 397 f) sowie beim **nachbarlichen Gemeinschaftsverhältnis** (s u Rn 399 ff). Hier liegen keine vertraglichen Schuldverhältnisse vor, die als Grundlage solcher Pflichten herangezogen werden können, es sei denn, im Rahmen von Gefälligkeiten wollten die Parteien zwar keine rechtsgeschäftliche Bindung für die Hauptleistung, wohl aber Rücksichtspflichten begründen. Insofern ist der vor dem Schuldrechtsmodernisierungsgesetz vertretene „rechtsgeschäftliche Ansatz" nicht überflüssig geworden (vgl ua Schreiber Jura 2001, 810, 811 mwNw).

392 Zur Lösung der **Gefälligkeitsproblematik** sowie derjenigen bei **nichtigen Verträgen** bietet sich nach der Schuldrechtsreform (vgl iE oben Einl 184 ff zum SchuldR) ein Rückgriff auf Abs 2 an. Eine Subsumtion solcher Fälle unter die Norm hat zur Folge, dass ein **Schuldverhältnis** vorliegt, welches gem Abs 2 Rücksichtspflichten erzeugen kann; die **Rechtsnatur** dieses Schuldverhältnisses wäre damit allerdings noch nicht bestimmt.

393 Einen dogmatischen Ansatzpunkt für ein solches Vorgehen bildet zunächst die Überschrift des § 311, der von **rechtsgeschäftlichen** und **rechtsgeschäftsähnlichen Schuldverhältnissen** spricht. Da § 311 Abs 1 nur rechtsgeschäftliche Schuldverhältnisse meint, könnte der Gesetzgeber die in § 311 Abs 2 genannten Schuldverhältnisse als rechtsgeschäftsähnlich bezeichnet haben wollen (dafür iE auch REISCHL JuS 2003, 40, 43). Dies erlaubt den Schluss, dass alle Schuldverhältnisse, die nicht rechtsgeschäftlicher Natur sind, iS einer Negativabgrenzung (ähnl bereits o Rn 61) gesetzlicher Art sein müssen. Allerdings sind beide Schlussfolgerungen nicht zwingend: Zum einen erfolgt durch die Überschrift allein noch keine eindeutige Zuordnung des Begriffes „rechtsgeschäftsähnlich" zu den Abs 2, 3, zum anderen könnten rechtsgeschäftsähnliche Schuldverhältnisse eher den rechtsgeschäftlichen als den gesetzlichen zuzuordnen sein oder sogar eine dritte Art von Schuldverhältnissen darstellen. Dies zeigt, dass auch die Schuldrechtsreform die theoretische Diskussion um die Einordnung der Schuldverhältnisse nicht beendet hat, sondern vielmehr neuen Argumentationsstoff bietet.

aa) Gefälligkeiten

394 Das Problem hat sich für die **Gefälligkeiten** uU durch die Neufassung der §§ 311, 241 teilweise entschärft. Dort sind diejenigen Rücksichtspflichten normiert worden, aus denen man zuvor die vertragsähnliche Haftung auf Grund **gesteigerten sozialen Kontakts** abgeleitet hatte. § 311 Abs 2 Nr 1, 2 setzen allerdings grds ein **vorvertragliches Schuldverhältnis** voraus, das die Parteien bei einem Gefälligkeitsverhältnis gerade nicht vereinbaren wollten (s o Rn 71 ff; vgl die Ansätze von Köndgen und Hepting: KÖNDGEN, Selbstbindung ohne Vertrag [1981] 280; HEPTING, Eheveinbarungen [1984] 268). Daneben genügen gem § 311 Abs 2 Nr 3 für die Entstehung von Rücksichtspflichten nach § 241 Abs 2 aber auch **„ähnliche geschäftliche Kontakte"**, wie sie in Nr 3 beschrieben sind. Die Auslegung dieses Merkmals ist allerdings nicht unproblematisch. Sie ergibt sich einerseits aus dem **systematischen Zusammenhang** zwischen den einzelnen Nrn des Abs 2 und andererseits unter Berücksichtigung der **Entstehungsgeschichte** der Vorschrift.

395 Laut Begründung zum Regierungsentwurf (BT-Drucks 14/6040, 163) sollten „ähnliche geschäftliche Kontakte" zwischen zwei potentiell an einem Vertrag Beteiligten stattfinden und der **Vorbereitung eines Vertrages** dienen (BT-Drucks 14/6040, 163), eine Betrachtungsweise, die eher gegen eine Subsumtion der Gefälligkeitsverhältnisse unter diesen Tatbestand spricht. Eine genauere Analyse dieser nicht eindeutigen Aussage (CANARIS JZ 2001, 499, 520) zeigt indessen, dass der Gesetzgeber das frühe Vorfeld des Vertrages zwar im Auge hatte, dieses aber nicht als ausschließlichen Anwendungsfall der Nr 3 betrachtete.

396 Die **systematische** Auslegung ergibt, dass die zur Vorbereitung eines Vertragsschlusses notwendigen Kontakte im Wesentlichen von § 311 Abs 2 Nr 1, 2 erfasst werden.

Falls sie auch noch unter § 311 Abs 2 Nr 3 fielen, zöge dies eine sehr enge Auslegung der Nr 2 nach sich (CANARIS JZ 2001, 499, 520). Es ist schwer ersichtlich, worin sich die **Anbahnung eines Vertrages**, § 311 Abs 2 Nr 2, von **ähnlichen geschäftlichen Kontakten**, § 311 Abs 2 Nr 3, unterscheiden soll, wenn sich beide Regelungen auf das Vorfeld eines Vertragsschlusses beziehen (so BT-Drucks 14/6040, 163; HK-BGB/ SCHULZE § 311 Rn 17). Die Regelungen des § 311 Abs 2 Nr 1, 2 decken das Vorfeld eines Vertrages an sich umfassend ab. Deshalb kann man vernünftigerweise **§ 311 Abs 2 Nr 3** nur **als Generalklausel** für die Weiterentwicklung anderer, früher ebenfalls von der cic erfasster Konstellationen verstehen (CANARIS JZ 2001, 499, 520; STAUDINGER/LÖWISCH § 311 Rn 97). Zu weitgehend erscheint es allerdings, darunter **alle Gefälligkeitsverhältnisse** zu subsumieren (so wohl aber MünchKomm/KRAMER Einl zu §§ 241 ff Rn 36 ff). Vielmehr werden nur solche Situationen erfasst, in denen jemand einem anderen die Gefährdung seiner Rechtsgüter auf Grund freiwilliger Entscheidung in gleicher Weise ermöglicht, wie es bei einem Rechtsgeschäft der Fall wäre (so auch MünchKomm/EMMERICH § 311 Rn 73; PALANDT/GRÜNEBERG § 311 Rn 24; REISCHL JuS 2003, 40, 43). Demgegenüber verlangt der Wortlaut keine gewerblich-unternehmerische Tätigkeit (vgl auch BAMBERGER/ROTH/GRÜNEBERG/SUTSCHET § 311 Rn 49). Dementsprechend können nach Ansicht mancher Stimmen in der Lit entsprechende Rücksichtspflichten entstehen, wenn zB im Rahmen einer bestehenden Geschäftsverbindung unverbindliche **Auskunft** (s u Rn 474) erteilt wird (PALANDT/SPRAU § 675 Rn 40, 42; MünchKomm/ EMMERICH § 311 Rn 73; AnwK-BGB/KREBS § 311 Rn 92; CANARIS JZ 2001, 499, 520; insgesamt zur Auskunftshaftung aus § 675 Abs 2 STAUDINGER/MARTINEK § 675 C1 ff). Es muss sich jedoch um Auskünfte handeln, die für den Empfänger von **wesentlicher wirtschaftlicher Bedeutung** sind oder die deshalb Vertrauen erzeugen, weil sie im Rahmen **beruflicher Tätigkeit** abgegeben werden (z den Auskunftspflichten s o Rn 167 ff; damit korrespondiert die Beurteilung des Vorliegens des Rechtsbindungswillens, die nach höchstrichterlicher Rechtsprechung generell anhand objektiver Kriterien wie Erklärungen und Verhalten der Parteien erfolgen soll, wofür insbesondere die wirtschaftliche und rechtliche Bedeutung der Angelegenheit für den Begünstigten maßgeblich ist, BGH, NJW-RR 2006, 117 Rn 37; s o Rn 76 ff). Insgesamt bleiben im Hinblick auf § 311 Abs 2 Nr 3 in dieser Hinsicht jedoch Unklarheiten, die von der Rspr noch beseitigt werden müssen.

bb) Nichtige Verträge
Genauso wie beim Gefälligkeitsverhältnis fehlt es auch beim **nichtigen Vertrag** auf den ersten Blick zumindest an einem rechtsgeschäftlichen Schuldverhältnis als Grundlage der Rücksichtspflichten. Wie bereits zuvor erläutert (s o Rn 384), wurden diese Pflichten beim nichtigen Vertrag vor der Normierung des Abs 2 zum einen auf § 242 gegründet, zum anderen zog man hierfür ein zwischen den Parteien durch gesteigerten **sozialen Kontakt** entstehendes gesetzliches Schuldverhältnis heran (MünchKomm/KRAMER Einl zu §§ 241 ff Rn 79; weitere Nw s o Rn 385).

Nach Inkrafttreten des Schuldrechtsmodernisierungsgesetzes steht fest, dass auch nach Ansicht des Gesetzgebers Rücksichtspflichten beim nichtigen Vertrag vorkommen können (so BT-Drucks 14/6040, 125; vgl o ausf Rn 381). Fraglich bleibt aber ihre dogmatische Grundlage. Eine isolierte rechtsgeschäftliche Begründung kommt – anders als evtl beim Gefälligkeitsverhältnis (s o Rn 394 ff) – deshalb nicht in Betracht, weil die Parteien ihre Rechte und Pflichten sämtlich in dem (nichtigen) Vertrag begründen wollten. Wenn man nicht der Auffassung folgt, dass unabhängig vom Vertrag stets ein gesetzliches Schuldverhältnis zwischen den Parteien im Hin-

blick auf den Schutz der beiderseitigen Rechtsgüter besteht (s o Rn 68; STAUDINGER/
LÖWISCH [2005] § 311 Rn 106) oder weiterhin § 242 als Grundlage ansieht, überzeugt es,
den nichtigen Vertrag als **„ähnlichen geschäftlichen Kontakt" iSd § 311 Abs 2 Nr 3
anzusehen**, ermöglicht er doch in gleicher Weise wie der wirksame Vertrag Verletzungen des Integritätsinteresses (so auch REISCHL JuS 2003, 40, 43).

cc) Nachbarliches Gemeinschaftsverhältnis

399 Das **nachbarschaftliche Gemeinschaftsverhältnis** erzeugt – wenn man es überhaupt akzeptiert – allein Rücksichtspflichten iSd Abs 2. Vor Darstellung des Anerkennungsstreits (vgl STAUDINGER/SEILER [2000] Einl 34 zum Sachenrecht; STAUDINGER/SEILER [2002] § 903 Rn 15; STAUDINGER/GURSKY [1999] § 1004 Rn 67, 171; vgl REINICKE/TIEDTKE, Kaufrecht [7. Aufl 2004] 332; NEUNER, Das nachbarrechtliche Haftungssystem, JuS 2005, 385 f) ist festzustellen, dass es sich jedenfalls nicht unter § 311 Abs 2, 3 subsumieren lässt, weil der Wille der Nachbarn nicht auf den Abschluss eines Rechtsgeschäfts gerichtet ist. Daher muss ein anderer Ansatzpunkt gesucht werden als bei Gefälligkeiten und nichtigen Verträgen (s o Rn 394 ff u Rn 397 f). Dabei standen sich bisher in der Hauptsache zwei Ansichten gegenüber: Die eine verstand das nachbarliche Gemeinschaftsverhältnis als ein durch § 242 begründetes **gesetzliches Schuldverhältnis** (Nw s Rn 400), die andere sah es lediglich als **rein sachenrechtliche Beziehung** mit abschließender Regelung in den §§ 906 ff an (Nw s u Rn 400).

400 Soweit § 242 für die Begründung eines gesetzlichen Schuldverhältnisses herangezogen wird bzw wurde (MünchKomm/ROTH § 242 Rn 72 f; z sog Ergänzungsfunktion des § 242 s STAUDINGER/LOOSCHELDERS/OLZEN § 242 Rn 187 ff), kann es nach dieser Meinung (weitere Vertreter: MünchKomm/SÄCKER § 909 Rn 25; PALANDT/HEINRICHS § 278 Rn 3; MÜHL, Grundlagen und Grenzen des nachbarlichen Gemeinschaftsverhältnisses, NJW 1960, 1133, 1136; SCHWAB/PRÜTTING, Sachenrecht Rn 351; PASCHKE AcP 187 [1987] 60, 79 f; LARENZ/CANARIS, Schuldrecht II/2 § 75 I 4 c) eine Grundlage für Rücksichtspflichten zwischen Nachbarn gem Abs 2 bilden. Ähnlich bezeichnet KREBS das nachbarschaftliche Gemeinschaftsverhältnis als Unterfall einer sachenrechtlichen Dauerbeziehung ohne primären Leistungszweck und zählt es daher zwar nicht zu den Schuldverhältnissen, wohl aber zu den sog **„Sonderverbindungen"** (KREBS, Sonderverbindung 166, 232 ff; z Begriff der Sonderverbindung vgl auch STAUDINGER/LOOSCHELDERS/OLZEN § 242 Rn 127 ff), die er zumindest als durch Abs 2 anerkannt sieht.

401 Die Rspr akzeptiert zwar einzelne Rücksichtspflichten zwischen Nachbarn (BGHZ 28, 110, 114; 225, 229 f; 58, 149, 159; 68, 350, 353 f; 88, 345, 351 f; 113, 384, 389; OLG Frankfurt MDR 2005, 268), lehnt aber mit der hL (WILHELM, Sachenrecht [2. Aufl 2002] Rn 724 ff; MEDICUS/PETERSEN BR Rn 799; HEISEKE, Das nachbarliche Gemeinschaftsverhältnis und § 278, MDR 1961, 461 ff; BÖHMER, „Gefahrengemeinschaft" von Grundstücksnachbarn – eine Fehlkonstruktion, MDR 1959, 261 ff; ders, Anwendung des § 278 BGB bei gemeinsamer Mauer, MDR 1959, 904 f; SOERGEL/BAUR § 903 Rn 51 ff, 57; STAUDINGER/LÖWISCH/CASPERS [2009] § 278 Rn 10 mwNw; BAUR/STÜRNER, Sachenrecht [18. Aufl 2008] § 5 II 1 c cc; vgl auch SOERGEL/TEICHMANN § 242 Rn 74 f) eine Einordnung als Schuldverhältnis, das zB auch zur Anwendung des § 278 berechtigen würde, ab. Nach hM gelten somit allein die §§ 906 ff. Das nachbarliche Gemeinschaftsverhältnis beschränkt also lediglich die Rechtsausübung, erzeugt aber keine weitergehende Rechte und Pflichten (vgl RGZ 132, 51, 56; BGHZ 42, 374, 377; BGH WM 2001, 1299, 1301; BGH NJW 2001, 3119, 3120 f; SOERGEL/BAUR § 903 Rn 51 ff,

57; STAUDINGER/LÖWISCH/CASPERS [2009] § 278 Rn 10 mwNw; BAUR/STÜRNER aaO; z Kritik an der hM vgl auch zB SOERGEL/TEICHMANN § 242 Rn 74 f).

Besteht dagegen eine **gemeinschaftliche Grenzmauer**, so geht die hLit (anders als die Rspr, vgl nur BGHZ 42, 374, 379 f) von einem Schuldverhältnis aus, insbesondere weil § 922 S 4 auf die §§ 741 ff verweist (vgl neben den in Rn 402 genannten auch: OLG Düsseldorf NJW 1959, 580; MEDICUS/PETERSEN BR Rn 799; MAIER/BORNHEIM, Das nachbarschaftliche Gemeinschaftsverhältnis – ein gesetzliches Schuldverhältnis?, JA 1995, 978, 981 ff). **402**

Zwei Gesichtspunkte könnten diese Diskussion verändern: Zum einen zieht der BGH seit einiger Zeit seine und die bisher hM ausdrücklich in Zweifel. So führte er schon 1997 aus (BGHZ 135, 235, 244): „Soweit bisher die Anwendung des § 278 auf das nachbarliche Gemeinschaftsverhältnis verneint worden ist (BGHZ 42, 374, 377), mag zweifelhaft sein, ob sich dieser Standpunkt in Anbetracht der **heutigen Bewertung** (Hervorhebung v Verf) dieses Verhältnisses aufrechterhalten ließe." Zum anderen wird darauf hingewiesen, das nachbarliche Gemeinschaftsverhältnis habe durch die **Neufassung der §§ 905 ff**, laufende Verbesserungen der **Immissionenschutzgesetzgebung, sonstigen Umweltschutzgesetze** und **Nachbargesetze der Länder** stark an Bedeutung verloren. Damit sei die Anwendung der §§ 241, 242 durch spezielle Gesetzgebung weitgehend verdrängt worden, wie es oft nach Kodifikation von Leitsätzen der Rspr (ähnlich das Recht der AGB) zu beobachten ist (sa BGHZ 68, 350, 354; 69, 1, 26; zuletzt BGH NJW 2003, 1382 aber noch z Rechtslage vor der Schuldrechtsreform; ferner ERMAN/HOHLOCH § 242 Rn 187). Allerdings werden die §§ 241, 242 nicht generell ausgeschlossen (anders BGH in BGHZ 38, 61 m krit Anm WESTERMANN JZ 1963, 407 f z § 906 nF; s a BGH NJW 2003, 1392; ferner SOERGEL/TEICHMANN § 242 Rn 73 ff, bes 74, 75). **403**

Beide Aspekte sprechen für die Einordnung des nachbarlichen Gemeinschaftsverhältnisses in die Kategorie des **gesetzlichen Schuldverhältnisses**. Wenn zum einen § 278 Anwendung findet, zum anderen der Gesetzgeber das Verhältnis zwischen Nachbarn in jüngerer Zeit detailliert geregelt hat, so erlaubt dies – in Anlehnung an die Grundsätze für die Entstehung gesetzlicher Schuldverhältnisse (s o Rn 61 ff) – den Schluss, dass auch hier Rechte und Pflichten zwischen zwei Personen unabhängig vom rechtsgeschäftlichen Willen begründet werden. Zwar normiert das Gesetz keine gemeinsamen Erhaltungs- und Verwaltungspflichten zwischen Nachbarn (abgesehen v der gemeinschaftlichen Grenzmauer, s o Rn 402), doch erfordern die verstärkten Möglichkeiten einer Beeinträchtigung benachbarter Grundstücke die Anerkennung außerdeliktischer Rücksichtspflichten (ähnl MünchKomm/ROTH § 242 Rn 194; s a KREBS, Sonderverbindung 166, der iE jedoch nicht folgt, sondern das nachbarliche Gemeinschaftsverhältnis als Sonderverbindung versteht, z diesem Begriff vgl auch STAUDINGER/LOOSCHELDERS/OLZEN § 242 Rn 127 ff). Die faktische Verbundenheit des Grundeigentums und die daraus entstehende, unvermeidbare wechselseitige Beeinflussung der jeweiligen Grundstücksnutzung hat eine rechtsverhältnisbegründende, gemeinschaftsstiftende Wirkung, die die Annahme von **Duldungs- und Unterlassungspflichten** rechtfertigt (so auch, iE sogar weitergehend, PASCHKE AcP 187 [1987] 60, 80 mwNw). Dahin geht auch die neuere höchstrichterliche Rspr. So formuliert der BGH: „Auf sie (dh die Rechte und Pflichten von Grundstücksnachbarn, Einfügung des Verf) ist der allgemeine Grundsatz von Treu und Glauben (§ 242) anzuwenden; daraus folgt für die Nachbarn eine Pflicht zur gegenseitigen Rücksichtnahme, deren Auswirkungen auf den konkreten Fall man unter dem Begriff des nachbarlichen Gemeinschaftsverhältnis- **404** ses zusammenfasst" (BGH NJW 2003, 1392 z Rechtslage vor dem Schuldrechtsmodernisierungsgesetz; BGH NJW-RR 2008, 610, 611 Rn 19).

405 Nach diesem Verständnis besteht also das **nachbarschaftliche Gemeinschaftsverhältnis** als **gesetzliches Schuldverhältnis** mit **Rücksichtspflichten** gem Abs 2. Es bedarf weder für die Entstehung des Schuldverhältnisses selbst noch für die Entstehung der aus ihm resultierenden Rücksichtspflichten des Rückgriffs auf § 242 (vgl STAUDINGER/LOOSCHELDERS/OLZEN § 242 Rn 187 ff z fehlenden Ergänzungsfunktion des § 242 sowie Rn 127 ff z Sonderverbindung). Lediglich bzgl der Ausgestaltung der Rücksichtspflichten findet § 242 weiterhin Anwendung.

406 Ob das gesetzliche Schuldverhältnis nur auf den §§ 906 ff und den Bundesimmissionsschutzgesetzen beruht, oder ob die **Landesimmissionsschutzgesetze** bzw die **Nachbargesetze der Länder** (ihre Zusammenstellung findet sich bei STAUDINGER/ALBRECHT [1998] Art 124 EGBGB Rn 11 ff) ebenfalls eine Grundlage bilden, wurde bisher – so weit ersichtlich – weder in der einschlägigen Lit noch der Rspr diskutiert. Die Frage ist weniger von praktischer als von dogmatischer Bedeutung. Deshalb sei nur auf zweierlei hingewiesen: Zum einen bleiben gem Art 1 Abs 2, 124 EGBGB dem Landesgesetzgeber vorbehaltene Regelungen vom BGB unberührt; zum anderen gilt auch iRd Auslegung die Normenhierarchie. Daraus folgt, dass ein bestehender Widerspruch zwischen Landes- und Bundesgesetz zu Gunsten des höherrangigen Bundesgesetzes aufzulösen ist (sa STAUDINGER/SEILER [2002] § 903 Rn 15). Entsprechend können zB die §§ 241, 242 dazu führen, dass ein Nachbar auch nach Ablauf der in den Landesnachbarrechtsgesetzen vorgesehenen Ausschlussfristen seine Bäume zurückschneiden muss, wenn ein über die gesetzliche Regelung hinausgehender billiger Ausgleich der widerstreitenden Interessen geboten erscheint (BGH NJW 2004, 1037; BGH NJW 2007, 3636 Rn 13).

2. Der Inhalt des Schuldverhältnisses

407 Die Grundlage aller Rücksichtspflichten bildet also gem Abs 2 das jeweilige **Schuldverhältnis** (nicht § 242, der dadurch seine wichtige **Ergänzungsfunktion** verliert; sa STAUDINGER/LOOSCHELDERS/OLZEN § 242 Rn 187 ff). Im Hinblick auf Art und Umfang der Rücksichtspflichten hatte die Schuldrechtsreformkommission im Zuge der Vorarbeiten zum Schuldrechtsmodernisierungsgesetz (vgl oben Einl 184 ff zum SchuldR) ursprünglich vorgeschlagen, im Gesetzestext des § 241 nicht nur auf den **Inhalt**, sondern daneben auch auf die **Natur** des Schuldverhältnisses Bezug zu nehmen (vgl amtliche Begründung in BT-Drucks 14/6040, 126). Mit dem Begriff „**Natur des Schuldverhältnisses**" sollte in Anlehnung an § 269 Abs 1 aF und § 9 Abs 2 Nr 2 AGBG aF alles das bezeichnet werden, was der **Zweck** eines Schuldverhältnisses erfordert, auch wenn dies unter den Parteien nicht abgesprochen wurde. Dagegen meint der „**Inhalt**" das **konkret** im Schuldverhältnis **Geregelte**. Der Gesetzgeber entschied jedoch, dass das Tatbestandsmerkmal „Inhalt" bereits alles zum Ausdruck bringe, was maßgeblich sei und verzichtete demgemäß auf den Begriff der „**Natur**" (vgl amtliche Begründung in BT-Drucks 14/6040, 126).

408 Die Rücksichtspflichten bestimmen sich folglich nach dem **Inhalt** des Schuldverhältnisses (krit: KUHLMANN, Schutzpflichten 157), unter besonderer Berücksichtigung der Umstände des Einzelfalls (LG Heidelberg NJW 2002, 2960, 2961; ähnlich OLG Hamm NJW

2003, 760, 761). Dabei ziehen Rspr und Lit im Rahmen der Auslegung **Rechtscharakter, Dauer und Zweck** des Schuldverhältnisses, ferner die **Intensität** des damit verbundenen **sozialen Kontaktes** zur Beurteilung heran (BGH NJW 1983, 2813, 2814; BAG NJW 2000, 3369, 3370; REISCHL JuS 2003, 40, 45; HK-BGB/SCHULZE Rn 5; ausf z den einzelnen Arten v Rücksichtspflichten u Rn 424 ff; z Konkretisierung der Pflichten durch § 242 s STAUDINGER/LOOSCHELDERS/OLZEN § 242 Rn 182 ff). Daran zeigt sich, dass für die Begründung und den Umfang von Rücksichtspflichten im Ergebnis keine trennscharfe Unterscheidung zwischen Inhalt und Natur des Rechtsverhältnisses erfolgt.

III. „kann"

Gem Abs 2 „kann" ein Schuldverhältnis zur Rücksicht verpflichten. Diese offene Formulierung verdeutlicht zweierlei: Zum einen differieren die von Abs 2 umfassten Pflichten entsprechend dem jeweiligen Inhalt des Schuldverhältnisses nach Art und Umfang (AnwK-BGB/KREBS Rn 22), zum anderen ist die Existenz solcher Pflichten in jedem Fall begründungsbedürftig, also nicht zwingend vorgegeben (AnwK-BGB/KREBS Rn 21; REISCHL JuS 2003, 40, 45, z Kritik an dieser Formulierung vgl u Rn 552).

IV. „jeden Teil"/„des anderen Teils" (Beteiligte)

Der Gesetzgeber hat in Abs 2 bewusst nicht die Formulierung „Gläubiger" und „Schuldner", sondern **„jeder Teil"** und **„der andere Teil"** gewählt. Dadurch sollte zum Ausdruck kommen, dass nicht nur den **Schuldner** einer Leistung **Rücksichtspflichten treffen** können, sondern dass uU auch der **Gläubiger der Leistungspflicht** Schuldner einer solchen Rücksichtspflicht ist (vgl amtliche Begründung in BT-Drucks 14/6040, 125; früher bereits: STOLL, Leistungsstörungen 27 ff; vgl auch KUHLMANN, Schutzpflichten 115; MEDICUS, Zur Anwendbarkeit des Allgemeinen Schuldrechts auf Schutzpflichten, in: FS Canaris [2007] 835, 840).

V. „Rücksicht"

Das Schuldverhältnis verpflichtet also jeden Beteiligten zur **Rücksicht** auf die Rechte, Rechtsgüter und Interessen des anderen Teils. Mit dem Begriff der **Rücksichtspflichten** umschreibt das Gesetz die anerkannten Pflichten, die das **Integritätsinteresse** der am Schuldverhältnis Beteiligten sichern sollen (vgl amtliche Begründung in BT-Drucks 14/6040, 125; z Terminologie s o Rn 153 ff). Im Falle der gerichtlichen Durchsetzung trifft den Gläubiger die **Darlegungs- und Beweislast** für den jeweiligen Tatbestand, während das für den Schadensersatzanspruch notwendige Verschulden vermutet wird, § 280 Abs 1 S 2 (PETERSEN, Examens-Repetitorium Allgemeines Schuldrecht [3. Aufl 2007] Rn 55; STOLL, in: FS Lorenz [2001] 287, 295).

Das ursprüngliche Erfordernis einer **„besonderen Rücksicht"**, das noch im Regierungsentwurf vom Mai 2001 (z Schuldrechtsreform vgl oben Einl 184 ff zum SchuldR) enthalten war, sollte verdeutlichen, dass die Rücksichtspflichten nicht völlig denen des Deliktsrechts entsprechen, sondern diese in ihren Anforderungen übersteigen können. Zudem wollte der Gesetzgeber eine Abgrenzung zu den allgemeinen **Verkehrssicherungspflichten** vornehmen, die im Gegensatz zu Abs 2 keine Sonderverbindung iS eines Schuldverhältnisses schaffen oder erfordern (vgl amtliche Begründung in BT-Drucks 14/6040, 125). Auf die Ergänzung des Adjektivs „besondere" wurde jedoch im weiteren Verlauf des Gesetzgebungsverfahrens zur Vermeidung von Missverständnissen verzichtet (vgl Beschlussempfehlung u Bericht des Rechtsausschusses in BT-Drucks 14/7052, 182). Sonst könne man zu der Auffassung gelangen, es sei zwischen **„besonderen Rücksichtspflichten"** mit der Folge einer möglichen Haftung, etwa aus cic, und **„einfachen Rücksichtspflichten"** ohne solche Konsequenzen zu differenzieren, ein Abgrenzungskriterium, das der Gesetzgeber aber nicht wollte (vgl Beschlussempfehlung u Bericht des Rechtsausschusses in BT-Drucks 14/7052, 182; krit Kuhlmann, Schutzpflichten 156).

VI. „Rechte, Rechtsgüter, Interessen"

413 Neben den **Rechtsgütern** wollte der Gesetzgeber die **Rechte** und die **Interessen** der Beteiligten schützen. Insbesondere die Erwähnung der **„Rechte"** stellte klar, dass Abs 2 im Gegensatz zum begrenzten Schutzbereich des § 823 Abs 1 auch das **Vermögen** schützt (Canaris JZ 2001, 499, 519). Eine entsprechende Rücksichtspflichtverletzung kommt zB in Betracht, wenn jemand durch falsche Beratung oder in sonstiger Weise, zB durch die Erzeugung eines unbegründeten Vertrauens, zu schädlichen Vermögensdispositionen veranlasst wird (vgl amtliche Begründung in BT-Drucks 14/6040, 125).

Die Einfügung des allgemeinen Begriffs **„Interessen"** sollte schließlich verdeutlichen, dass Vermögensinteressen und andere Interessen, wie zB die Entscheidungsfreiheit, vom Schutzbereich des Gesetzes erfasst werden (vgl amtliche Begründung in BT-Drucks 14/6040, 126 hierzu auch Canaris JZ 2001, 499, 519; Fleischer AcP 200 [2000] 91, 111 ff; Looschelders, Schuldrecht AT Rn 22).

VII. „verpflichten"

414 Die in Abs 2 genannten Rücksichtspflichten könnten dem Wortlaut nach auch – als Kehrseite – das **Verbot des Rechtsmissbrauchs** begründen. Es verlangt vom Gläubiger, seine Rechte unter Berücksichtigung der Schuldnerinteressen auszuüben (ausf z Rechtsmissbrauchsverbot Staudinger/Looschelders/Olzen § 242 Rn 214 ff): Aus ihm wurden – idR iVm § 242 – verschiedene Fallgruppen hergeleitet, wie zB das Verbot des **„venire contra factum proprium"**, die **Verwirkung** oder das Verbot **unzulässiger Rechtsausübung**. Eine wesentliche Grundlage dieser Dogmatik bildete die sog **Schrankenfunktion** des § 242 (Staudinger/Looschelders/Olzen § 242 Rn 202 ff), die dementsprechend oft auch als Rücksichtnahmepflicht des Gläubigers bezeichnet wurde (vgl zB BGH NJW 2001, 3119, 3120 f; MünchKomm/Roth § 242 Rn 159 ff). Dies führt zu der Überlegung, ob der Gesetzgeber sie ähnlich der bisherigen Ergänzungsfunktion (Staudinger/Looschelders/Olzen § 242 Rn 187 ff) in Abs 2 „gesetzessystematisch verselbständigt" hat (Formulierung von MünchKomm/Roth § 242 Rn 124) wurde, womit § 242 (auch) in dieser Hinsicht keine eigenständige Bedeutung mehr zukäme.

415 Der **Wortlaut** des Abs 2 deckt wegen des Begriffs **„Rücksicht"** sowie des bewussten Verzichts auf die Verwendung der Worte „Gläubiger"/„Schuldner" (s o Rn 410) durchaus ein Gebot an den Schuldner der Rücksichtspflicht, der gleichzeitig Gläubiger der Leistungspflicht ist, zur schonenden Rechtsausübung ab. Andererseits kann die Betonung in Abs 2 aber auch auf das Wort **„verpflichten"** gelegt werden, das die Schuldnerperspektive stärker betont als diejenige des Gläubigers. So wäre

Abs 2 eher für die **Begründung** von Rechten und Pflichten als für deren **Beschränkung** heranzuziehen und die Schrankenfunktion des § 242 nicht durch die Schuldrechtsreform „verloren" gegangen.

Systematische Erwägungen führen kaum weiter: Die §§ 280, 249 deuten zwar darauf **416** hin, dass es bei der Pflichtverletzung iSd § 241 mehr um Schadensersatzansprüche geht als um die Beschränkung von Rechten. Aber ebenso kann gem § 249 Abs 1 der Gläubiger den Schuldner nach Verletzung des Rechtsmissbrauchsverbots im Wege der Naturalrestitution so zu stellen haben wie bei ordnungsgemäßer Rechtsausübung. Ähnlich verfuhr die Rspr zum Teil bei der **Anwaltspflicht** zur Aufklärung des Mandanten über **eigenes Fehlverhalten**: Wenn der Rechtsanwalt sich auf die Verjährung des Ersatzanspruchs gem § 51b BRAO aF berief, wurde der Mandant im Wege der Naturalrestitution so gestellt, als sei die Aufklärungspflicht erfüllt worden und hätte den Mandanten zu verjährungsunterbrechenden Maßnahmen bewogen (vgl zB BGHZ 83, 17, 27; BGH NJW 1984, 2204; 1985, 1151, 1152; spätestens nach ersatzloser Streichung des § 51b BRAO kommt diese Vorgehensweise allerdings nicht mehr in Frage [BT-Drucks 15/3653, 29]; zum gesamten Themenkomplex der Anzeigepflicht bzgl eigener Fehler SCHWARZ, Die zivilrechtliche Pflicht zur Anzeige eigener Fehler [Diss Düsseldorf 2005]). Eine entsprechende Konstruktion wäre für den Rechtsmissbrauch grds denkbar, im dargestellten Bsp vor allem als Fall der unzulässigen Rechtsausübung.

Ein systematischer Vergleich des Abs 2 mit Abs 1 der Norm spricht eher gegen die **417** Verlagerung des Rechtsmissbrauchs von § 242 in § 241 Abs 2. Abs 1 erfasst **leistungsbezogene Pflichten**, die das **Äquivalenzinteresse** der Leistung betreffen, während Abs 2 **leistungsunabhängige Pflichten** anspricht, die dem Schutz des **Integritätsinteresses** dienen (vgl o Rn 153). Berücksichtigt der Gläubiger bei Ausübung seiner leistungsbezogenen Rechte die Interessen des Schuldners nicht hinreichend, indem er sich zB unzulässigerweise auf den Eintritt der Verjährung eines gegen ihn gerichteten Schadensersatzanspruchs beruft, so ist jedoch nicht das Integritätsinteresse des Schuldners, sondern vielmehr sein Äquivalenzinteresse verletzt. Insofern kann der Rechtsmissbrauch als Kehrseite des in Abs 1 angesprochenen Pflichtenkreises verstanden werden, nicht aber als solche des Abs 2.

Eine **historische Analyse** des Instituts „Rechtsmissbrauch" gibt keinen Hinweis auf **418** eine gesetzgeberische Intention zur Veränderung. Auch die Materialien zur Schuldrechtsreform, insbesondere zu Abs 2, zeigen, dass der Gesetzgeber lediglich die Lehre von den Schutzpflichten klarstellen wollte (BT-Drucks 14/6040, 125; s z Schuldrechtsmodernisierungsgesetz auch oben Einl 184 ff zum SchuldR).

Demnach entscheidet der **Zweck des Gesetzes**. Eine ergebnisorientierte Betrach- **419** tung hat zur Folge, dass § 242 mit dem Verlust der Schrankenfunktion eine seiner wesentlichsten, wenn nicht sogar seine letzte (ausf u STAUDINGER/LOOSCHELDERS/OLZEN § 242 Rn 202 ff) Aufgabe verlöre. Dies spricht jedoch nicht gegen eine entsprechende Auslegung, sondern beschreibt lediglich eine ihrer Konsequenzen und ist auch praktisch nicht relevant. Ausschlaggebend erscheinen indessen zwei andere Gesichtspunkte:

Zum einen gilt für die Verletzung von Rücksichtspflichten eine andere **Beweislast-** **420** **verteilung** als für § 242. Während ein Verstoß gegen Treu und Glauben grds **von**

Amts wegen zu berücksichtigen ist (vgl ausf u STAUDINGER/LOOSCHELDERS/OLZEN § 242 Rn 322 ff; hier nur BGHZ 3, 94, 103; 31, 77, 84; 37, 147, 152), muss im Rahmen des § 280 der Anspruchsteller Pflichtverletzung, Kausalität und Schaden beweisen, während die Beweislast für den Einwand mangelnden Verschuldens gem § 280 Abs 1 S 2 beim Schuldner liegt. Dies hat Konsequenzen für das **Säumnisverfahren**. Der Kläger könnte bei Säumnis des Beklagten zB für eine verwirkte Forderung keinen Titel erlangen, wenn man § 242 zugrunde legt, wohl aber, wenn man eine entsprechende Rücksichtspflicht des Gläubigers der Hauptleistung annimmt, die der Beklagte als Schuldner und Gläubiger der Rücksichtnahmepflicht darlegen und beweisen muss. Den daraus resultierenden Bedeutungsverlust des Gebotes von Treu und Glauben hat der Gesetzgeber offensichtlich nicht gewollt und er entspricht auch nicht dem objektiven Gesetzeszweck.

421 Zum anderen berücksichtigt die Auslegung der Merkmale „Treu und Glauben" in § 242 nicht nur Interessen der anderen Partei, sondern ebenso **öffentliche und Drittinteressen** (ausf STAUDINGER/LOOSCHELDERS/OLZEN § 242 Rn 144 ff; z Einfluss des öffentlichen Rechts auf das Schuldrecht bereits oben Einl 263 ff zum SchuldR). Ein Verhalten des Gläubigers kann deshalb auch rechtsmissbräuchlich sein, wenn es nur gegen die Interessen Dritter verstößt, nicht aber gegen die des Schuldners. Ein Bsp bildet der Ehevertrag, in dem die Eheleute gegenseitig auf Unterhalt verzichten. Der durch den Verzicht begünstigte Ehegatte handelt bei Berufung auf den Ehevertrag uU nicht rechtsmissbräuchlich, wenn er dadurch (nur) die Interessen des (ehemaligen) Ehepartners missachtet. Denn eine solche Regelung ist gem § 1585c zu Lasten des anderen Ehegatten grds möglich, selbst wenn es um Betreuungsunterhalt gem § 1570 geht. Dennoch darf er sich nach Treu und Glauben auf den Unterhaltsverzicht zB dann nicht berufen, wenn das Wohl des von der Ehefrau betreuten Kindes entgegensteht oder das öffentliche Interesse, den Unterhaltsgläubiger nicht aus Mitteln der Sozialhilfe bezahlen zu müssen (grundlegend zur Sittenwidrigkeit von Eheverträgen im Allgemeinen BGH NJW 2004, 930 ff; BGH NJW 2007, 904 Rn 19 ff; BGH, 5. 11. 2008, XII ZR 157/06, Rn 36; BGH NJW 1995, 1148 mwNw; z Eheverträgen insgesamt s STAUDINGER/LOOSCHELDERS/OLZEN § 242 Rn 936 f; z rechtsmissbräuchlichen Berufung auf eine einvernehmliche Missachtung eines Formerfordernisses wegen betroffener öffentlicher Interessen vgl STAUDINGER/LOOSCHELDERS/OLZEN § 242 Rn 451 u PALANDT/ELLENBERGER § 125 Rn 16 ff).

422 Rücksichtspflichten basieren dagegen (s o Rn 407 f) allein auf dem **jeweiligen Inhalt des Schuldverhältnisses**. In die zu ihrer Bestimmung durchzuführende Interessenabwägung (s u Rn 444 ff, 487 ff) können daher **nur Parteiinteressen** Eingang finden. Eine Verlagerung des Instituts „Rechtsmissbrauch" in Abs 2 hätte zur Folge, dass öffentliche und Drittinteressen keinen unmittelbaren Einfluss mehr auf die **Entstehung** solcher Pflichten hätten, sondern lediglich später, im Rahmen ihrer Konkretisierung durch § 242 (z Konkretisierungsfunktion STAUDINGER/LOOSCHELDERS/OLZEN § 242 Rn 182 ff), Berücksichtigung finden könnten. Dieses Ergebnis liefe der überragenden Bedeutung des § 242 für das Zivilrecht zuwider (STAUDINGER/LOOSCHELDERS/OLZEN § 242 Rn 403 ff).

423 Folglich spricht der Gesetzeszweck dagegen, das Institut des Rechtsmissbrauchs aus dem Anwendungsbereich des § 242 heraus in Abs 2 zu verlegen. Da Wortlaut, Systematik und Entstehungsgeschichte sich jedenfalls auch für dieses Verständnis anführen lassen (s o Rn 415 ff), wird das Institut des Rechtsmissbrauchs weiterhin als wesentliche Fallgruppe iRd § 242 behandelt (s STAUDINGER/LOOSCHELDERS/OLZEN § 242 Rn 214 ff).

VIII. Arten von Rücksichtspflichten

1. Allgemeines

Bei Inkrafttreten des BGB waren **Rücksichtspflichten** noch nicht anerkannt, sondern sie wurden erst später durch Gerichtsentscheidungen und Publikationen aus den Grundgedanken des allgemeinen Schuldrechts, vor allem zur Überwindung der Mängel des Deliktsrechts, entwickelt (s o Rn 378). Auf Grund fehlender Normen herrschte Streit um ihre dogmatische Herleitung sowie um ihre Grenzen (s o Rn 378 ff). **424**

Auch nach Einfügung des Abs 2 durch das Schuldrechtsmodernisierungsgesetz zum 1. 1. 2002 (vgl oben Einl 184 ff zum SchuldR), welche (zumindest) die Geltung der Rücksichtspflichten positivrechtlich geklärt hat (GRIGOLEIT, in FS Canaris [2007] 275; MEDICUS, in FS Canaris [2007] 835), erfolgt die Einteilung der verschiedenen Arten außerdeliktischer Rücksichtspflichten uneinheitlich. Dies liegt nicht zuletzt darin begründet, dass Abs 2 selbst keine Konkretisierung enthält, sondern ein ausfüllungsbedürftiges Blankett darstellt (DAUNER-LIEB, Kodifikation von Richterrecht, in: ERNST/ZIMMERMANN 316; CANARIS JZ 2001, 499, 519; AnwK-BGB/KREBS Rn 4; MünchKomm/ROTH Rn 34). Es gibt zum einen Differenzierungen nach dem **chronologischen Ablauf des Schuldverhältnisses**, also **vorvertragliche** Pflichten, **nachvertragliche** sowie solche, die **während** des **Schuldverhältnisses** Wirkung entfalten (so MünchKomm/ROTH Rn 38 ff). Zum anderen werden Unterscheidungen in **leistungsbegleitende Schutzpflichten** und **allgemeine Schutzpflichten** getroffen (vgl zB TEICHMANN JA 1984, 545 ff und 709 ff). Andere versuchen, sich am **Inhalt** der jeweiligen Pflicht zu orientieren. **425**

SCHULZE (Hk-BGB/SCHULZE Rn 6) nennt zB **Schutzpflichten** als Oberbegriff, um als Untergruppen **Obhutspflichten** einerseits und **Aufklärungspflichten** andererseits zu finden. KREBS (Sonderverbindungen 504 ff) dagegen differiert das „**Verbot der aktiven Schädigung**", die Pflicht zum „**aktiven Schutz der Gegenseite**" und „**Informationsschutzpflichten**" (z Schwierigkeit der Terminologie s o Rn 154 f, ferner MEDICUS/PETERSEN BR Rn 208; BRAUN, Leistung und Sorgfalt, AcP 205 [2005], 127; unentschieden auch FIKENTSCHER/HEINEMANN, Schuldrecht Rn 31). Der Gesetzgeber selbst entschied sich nicht konsequent für den Begriff der **Schutzpflichten**, sondern benutzt auch denjenigen der „**weiteren Verhaltenspflichten**" (BT-Drucks 14/6040, 125; so auch LARENZ, Schuldrecht I § 9). Hier soll orientiert am Gesetzeswortlaut vom Oberbegriff der **Rücksichtspflichten** ausgegangen werden (s o Rn 155; KANDELHARD NJW 2002, 3291 f; auch STOLL, in: FS Lorenz [2001] 287, 293; KREBS, in: DAUNER-LIEB ua, Das neue Schuldrecht § 3 Rn 4 u REISCHL gehen ähnlich v Begriff der Rücksichtnahmepflicht aus, JuS 2003, 40, 42, 45).

Einigkeit besteht hingegen darüber, dass die Einfügung des Abs 2 in § 241 den bestehenden Rechtszustand inhaltlich nicht geändert hat (so ausdrücklich die Begründung des RegE BT-Drucks 14/6040, 125): Rücksichtspflichten stellen nach wie vor leistungsunabhängige Nebenpflichten zum Schutz des **Integritätsinteresses** der Gegenpartei dar (s o Rn 160, ferner GRIGOLEIT, in: FS Canaris [2007] 275, 277). Trotz der gesetzlichen Anerkennung der Rücksichtspflichten bleibt also die bisherige Rspr relevant. Zum **426**

Zwecke der übersichtlichen Darstellung wird im Folgenden nach **Art der Rücksichtspflichten** unterschieden, wobei die beiden wesentlichen Gruppen die **Informationspflichten** auf der einen und die **Fürsorge- und Obhutspflichten** auf der anderen Seite ausmachen (z den Sorgfaltspflichten als Untergruppe der Rücksichtspflichten vgl auch BGH NJW 1983, 2813 ff). Schließlich sind die **leistungsunabhängigen Treuepflichten** zu erörtern.

2. Informationspflichten*

a) Allgemeines

427 Im Bereich der **Informationspflichten** besteht keine einheitliche Terminologie. So werden Auskunfts-, Informations-, Informationsschutzpflichten (so KREBS, Sonderver-

---

* **Schrifttum**: BECHTEL, Anlageberatung der Kreditinstitute im Wandel – Aufklärungs-, Beratungs- und Informationspflichten am Beispiel von Optionsgeschäften mit Privatkunden (Diss Hamburg 1998); BECKER-SCHAFFNER, Umfang und Grenzen der arbeitgeberseitigen Hinweis- und Belehrungspflichten, BB 1993, 1281 ff; BÖHME, Die Aufklärungspflicht bei Vertragsverhandlungen (Diss Göttingen 1964); BÖHNER, Bestand und Ausmaß der vorvertraglichen Aufklärungspflicht des Franchisegebers: Das „Aufina"-Urteil unter der Lupe, BB 2001, 1749 ff; F BRAUN, Aufklärungspflichten des Franchisegebers bei den Vertragsverhandlungen, NJW 1995, 504 ff; S BRAUN, Fragerecht und Auskunftspflicht – Neue Entwicklungen in Gesetzgebung und Rechtsprechung, MDR 2004, 64 ff; BREIDENBACH, Die Voraussetzungen von Informationspflichten beim Vertragsschluss (Diss München 1988); CANARIS, Die Vermutung „aufklärungsrichtigen Verhaltens" und ihre Grundlagen, in: FS Hadding (2004) 3 ff; ELLENBERGER, Die neuere Rechtsprechung des Bundesgerichtshofes zu Aufklärungs- und Beratungspflichten bei der Anlageberatung, WM 2001, Sonderbeilage 1; FLEISCHER, Informationsasymmetrie im Vertragsrecht – Eine rechtsvergleichende und interdisziplinäre Abhandlung zu Reichweite und Grenzen vertragsschlussbezogener Aufklärungspflichten (Habil Köln 1998); GÄNTGEN, Die Pflicht zum Hinweis auf eigene und fremde Fehler in zivilrechtlichen Vertragsverhältnissen (Diss Köln 1991); GALLANDI, Die Aufklärungspflicht bei Innenprovisionen, WM 2000, 279 ff; GRIGOLEIT, Rechtsfolgespezifische Analyse „besonderer" Informationspflichten am Beispiel der Reformpläne für den E-Commerce, WM 2001, 597 ff; ders, Vorvertragliche Informationshaftung – Vorsatzdogma, Rechtsfolgen, Schranken (Diss München 1997); GRÖSCHLER, Die Pflicht des Verkäufers zur Aufklärung über Mängel nach neuem Kaufrecht, NJW 2005, 1601 ff; GRUNEWALD, Aufklärungspflichten ohne Grenzen, AcP 190 (1990) 609 ff; HADDING, Zur Abgrenzung von Unterrichtung, Aufklärung, Auskunft, Beratung und Empfehlung als Inhalt bankrechtlicher Pflichten, in: FS Schimansky (1999) 67 ff; HEMMING, Die Aufklärungspflichten des Arbeitgebers (Diss Augsburg 1997); HOPT, Anlegerschutz beim Wertpapiergeschäft der Kreditinstitute (Habil Tübingen 1973) 414 ff; HOSS/EHRICH, Hinweis- und Aufklärungspflichten des Arbeitgebers beim Abschluss von Aufhebungsverträgen, DB 1997, 625 ff; KIENINGER, Informations-, Aufklärungs- und Beratungspflichten beim Abschluss von Versicherungsverträgen, AcP 199 (1999) 190 ff; KIRCHNER, Kreditgeberhaftung auf Grund der Verletzung von Informations- und Aufklärungspflichten im deutschen und US-amerikanischen Recht (Diss Gießen 2003); KLINGLER, Aufklärungspflichten im Vertragsrecht – Hypothesen zu ihrer richterlichen Instrumentalisierung (1981); KLUTH/BÖCKMANN/GRÜN, Beratungshaftung – Bewertungskriterien für rechtsverbindliche Aussagen beim Sachkauf, MDR 2003, 241 ff; KÖTZ, Vertragliche Aufklärungspflichten – eine rechtsökonomische Studie, in: FS Drobnig (1998) 563 ff; KREBS, Sonderverbindung und außerdeliktische Schutzpflichten (Habil Köln 2000) 508 ff;

bindung 508 ff) und Informationsschutzansprüche (so POHLMANN, Aufklärungspflichten 30), Aufklärungs-, Hinweis-, Anzeige-, Offenbarungs-, Warn- und Mitteilungspflichten (vgl zB Hk-BGB/SCHULZE Rn 7; SOERGEL/TEICHMANN § 242 Rn 135, 162; BÖHME, Aufklärungspflicht 3 ff; BREIDENBACH, Informationspflichten 3 f; GRIGOLEIT, Informationshaftung 5; KLINGLER, Aufklärungspflichten 1, 20 ff; POHLMANN, Aufklärungspflichten 35; REHM, Aufklärungspflichten 3 ff; THAMM/PILGER BB 1994, 729, 730; THIELE JZ 1967, 649, 650) genannt und nur vereinzelt voneinander abgegrenzt. Hier soll der Terminus der „**Informationspflichten**" als Oberbegriff (so G MÜLLER, Informationspflichten 22; wohl auch POHLMANN, Aufklärungspflich-

KURSAWE, Die Aufklärungspflicht des Arbeitgebers bei Abschluss von Arbeitsverträgen, NZA 1997, 245 ff; LANG, Einmal mehr: Berufsrecht, Berufspflichten und Berufshaftung, AcP 201 (2001) 451 ff; ders, Informationspflichten bei Wertpapierdienstleistungen (2003); ders, Aufklärungspflichtverletzungen bei der Anlageberatung (1995); LÜKE, Der Informationsanspruch im Zivilrecht, JuS 1986, 2 ff; MATUSCHE-BECKMANN, Berufsrecht und zivilrechtliche Beratungs- und Informationspflichten für Versicherungsvermittler, NVersZ 2002, 385 ff; G MÜLLER, Vorvertragliche und vertragliche Informationspflichten nach englischem und deutschem Recht (Diss Heidelberg 1994); OSING, Informationspflichten des Versicherers und Abschluss des Versicherungsvertrages (Diss Köln 1995); POHLMANN, Haftung wegen Verletzung von Aufklärungspflichten (Diss Trier 2002); REHM, Aufklärungspflichten im Vertragsrecht (Diss München 2002); RÖMER, Zu den Informationspflichten der Versicherer und ihrer Vermittler, VersR 1998, 1313; RÜMKER, Aufklärungs- und Beratungspflichten der Kreditinstitute aus der Sicht der Praxis, in: HADDING/HOPT/SCHIMANSKY, Aufklärungs- und Beratungspflichten der Banken (2003); RUST, Leistungs- und Schutzpflichten in der Gewährleistungshaftung, MDR 1998, 947 ff; SCHLEEH, Vorvertragliches Fehlverhalten und der Schutz Dritter (Diss Tübingen 1965); SCHNEIDER, Uberrima fides: Treu und Glauben und vorvertragliche Aufklärungspflichten im englischen Recht (Diss Regensburg 2003); SCHWARZ, Die zivilrechtliche Pflicht zur Anzeige eigener Fehler (Diss Düsseldorf 2005); SKIBBE, Zur Aufklärungspflicht bei Kaufvertragsverhandlungen, in: FS Rebmann (1989) 807 ff; SPINDLER/KLÖHN, Fehlerhafte Informationen und Software – Die Auswirkungen der Schuld- und Schadensrechtsreform, VersR 2003, 273 ff; STENGEL/SCHOLDERER, Aufklärungspflichten beim Beteiligungs- und Unternehmenskauf, NJW 1994, 158 ff; STÜRNER, Die Aufklärungspflicht der Parteien des Zivilprozesses (Habil Tübingen 1976) 1, 287 ff; TAUPITZ, Die zivilrechtliche Pflicht zur unaufgeforderten Offenbarung eigenen Fehlverhaltens (1989); TEMPEL, Informationspflichten bei Pauschalreisen – Eine Bestandsaufnahme: Arten, Rechtsnatur, Sanktionen – unter Einbeziehung der Reisebüros, NJW 1996, 1625 ff; THAMM/PILGER, Vertragliche Nebenpflicht zur Aufklärung und Beratung bei Lieferverträgen und deren Regelung in Geschäftsbedingungen des kaufmännischen Verkehrs, BB 1994, 729 ff; VORTMANN, Die neuere Rechtsprechung zu den Aufklärungs- und Beratungspflichten der Banken, WM 1989, 1557 ff; ders, Aufklärungs- und Beratungspflichten der Banken (8. Aufl 2006); WAGNER, Informationspflichten des Verkäufers bei M+A Transaktionen nach neuerer BGH-Rechtsprechung unter Berücksichtigung von altem und neuem Schuldrecht, DStR 2002, 958 ff; WAHRENBERGER, Vorvertragliche Aufklärungspflichten im Schuldrecht (unter besonderer Berücksichtigung des Kaufrechts), zugleich ein Beitrag zur Lehre von der culpa in contrahendo (Diss Zürich 1991); WERRES, Aufklärungspflichten in Schuldverhältnissen und deren Grenzen (1985); ZAHRNT, Aufklärungspflichten und Beratungsverhältnisse vor Computer-Beschaffungen, NJW 2000, 3746 ff; ders, Die Rechtsprechung zu Aufklärungs- und Beratungspflichten vor Computer-Beschaffungen, NJW 1995, 1785 ff; ZUGEHÖR, Berufliche „Dritthaftung" – insbesondere der Rechtsanwälte, Steuerberater, Wirtschaftsprüfer und Notare – in der deutschen Rechtsprechung, NJW 2000, 1601 ff.

ten 35) für **Aufklärungspflichten** sowie **Beratungspflichten** verwendet werden (so auch MünchKomm/ROTH Rn 114; LANG, Informationspflichten 30 ff). **Aufklärungspflichten** charakterisieren sich dabei als durch konkrete Umstände ausgelöste Hinweispflichten auf besondere Gegebenheiten, während „**Beratung**" eine umfassendere Informationspflicht und Entscheidungshilfe meint, die unabhängig von speziellen Auslösungsfaktoren besteht (MünchKomm/ROTH Rn 114; dagegen ist MÜLLER, Informationspflichten 22, der Ansicht, Aufklärungspflichten würden durch fehlerhafte Informationen verletzt, während Offenbarungspflichten die Pflicht z ungefragten Hinweis erfassten). Der Begriff der Aufklärungspflicht meint damit auch die z T sog Hinweis-, Anzeige-, Offenbarungs- und Mitteilungspflichten.

428 Hervorzuheben ist, dass Informationspflichten zum Schutz des **Integritätsinteresses** bestehen (z den Informationspflichten als Nebenleistungspflichten s o Rn 162; vgl auch BAMBERGER/ROTH/GRÜNEBERG/SUTSCHET Rn 14 f). Dieses umfasst nicht nur die von § 823 Abs 1 geschützten Rechtsgüter, sondern insbesondere wegen des Tatbestandsmerkmals „Interesse" in § 241 Abs 2 auch das **Vermögen** und die **Willensfreiheit** (BT-Drucks 14/6040, 163 u o Rn 413; s a LOOSCHELDERS, Schuldrecht AT Rn 190). Beide werden meist im **vorvertraglichen Bereich** verletzt (BREIDENBACH, Informationspflichten 3, nennt diese vertragsschlussbezogene Informationspflichten; vgl auch LARENZ, Schuldrecht I § 9 I 2), so dass eine Schadensersatzhaftung gem §§ 311 Abs 2, 280 Abs 1, 241 Abs 2 in Betracht kommt (s die Gesetzesbegründung BT-Drucks 14/6040, 162), während die auch von § 823 Abs 1 geschützten Rechtsgüter (MEDICUS, in: BMJ [Hrsg], Gutachten und Vorschläge zur Überarbeitung des Schuldrechts [Köln 1981–1983] 486, nennt sie vertragsfremde Rechtsgüter) vor allem von Informationspflichtverletzungen tangiert werden, die **nach Vertragsschluss** eintreten (BREIDENBACH, Informationspflichten 3, nennt diese Warnpflichten; vgl z deliktischen Haftung MANSEL, Informationsrechtliche Verkehrspflichten im Rahmen des § 823 Abs 1, in: FS Lorenz [2001] 215, 219 ff). Sie finden ihre Haftungsgrundlage in §§ 280 Abs 1, 241 Abs 2.

429 Abs 2 erfasst keine Auskunftspflichten. Sie fallen als **leistungsbezogene Nebenpflichten** in den Anwendungsbereich des Abs 1 (s o Rn 162 ff). Der grundsätzliche Unterschied zu den Informationspflichten des Abs 2 besteht zum einen in ihrer **Klagbarkeit**, die bei Informationspflichten aus Abs 2 überwiegend verneint wird (MünchKomm/ROTH Rn 167; KLINGLER, Aufklärungspflichten 20; so auch STÜRNER in JZ 1976, 384, 386, der sich grds jedoch für die Klagbarkeit von Schutzpflichten ausspricht; POHLMANN, Aufklärungspflichten 30; z den Auskunftspflichten zusammenfassend LÜKE JuS 1986, 2 ff; ausf z Klagbarkeit v Rücksichtspflichten im Allgemeinen u Rn 544 ff). Außerdem sind Informationspflichten wie alle Rücksichtspflichten **retrospektiv**: Es geht stets um Informationen, an denen der Gegenüber im Falle der Kenntnis sein früheres Verhalten hätte ausrichten können (BÖHME, Aufklärungspflicht 8 f; HADDING, in: FS Schimansky [1999] 67, 73 f; KLINGLER, Aufklärungspflichten 21; POHLMANN, Aufklärungspflichten 29; WERRES, Aufklärungspflichten 4; einschränkend BREIDENBACH, Informationspflichten 2 f). Sie sind auch dadurch gekennzeichnet, dass dem anderen Teil nicht nur der informationspflichtige Umstand verborgen bleibt, sondern auch sein Recht, darüber informiert zu werden (POHLMANN, Aufklärungspflichten 29). Erst bei Schadenseintritt weiß der Berechtigte uU, dass eine ihm gegenüber bestehende Informationspflicht verletzt wurde (POHLMANN, Aufklärungspflichten 29). Daraus ergibt sich gleichzeitig, dass Informationspflichten sich dadurch auszeichnen, dass sie spontan, dh ohne vorhergehende Frage oder Aufforderung, erfüllt werden (POHLMANN, Aufklärungspflichten 29). Diese beiden Merkmale – **Retro-**

spektivität und **spontane Erfüllung** – fehlen den Auskunftspflichten (s o Rn 167 ff; z Abgrenzung auch Frost, Schutzpflichten 174–180).

Informationsleistungspflichten, dh vertraglich als Haupt- und Nebenleistungspflichten vereinbarte Pflichten zur Erteilung von Informationen, werden ebenso wie die Auskunftspflichten von Abs 1 erfasst und daher nicht an dieser Stelle behandelt (s o Rn 167 ff; ausf Winkler vMohrenfels, Abgeleitete Informationsleistungspflichten im deutschen Zivilrecht [1986]; z Abgrenzung der Informationspflicht als Leistungs- u als Schutzpflicht s Breidenbach, Informationspflichten 1 f). **430**

Die Einordnung der Informationspflichten als eigene Kategorie der Rücksichtspflichten beruht nicht zuletzt auf der Überlegung, dass ihre Verletzung **nicht** zu einer **unmittelbaren Schädigung** durch den Schutzpflichtigen oder einen Dritten führt. Vielmehr **schädigt sich der Geschützte** auf Grund mangelhafter oder fehlender Information **selbst**, sei es durch Handeln oder Unterlassen einer Abwehrmaßnahme (Krebs, Sonderverbindung 508). Bei der Frage nach Bestand und Umfang von Informationspflichten ist deshalb der Gedanke entscheidend, dass der Vertragspartner erst durch die notwendigen Informationen in die Lage versetzt wird, seine Interessen richtig einzuschätzen und sich dementsprechend zu verhalten. Informationspflichten dienen also dazu, das **Wissensgefälle** zwischen den Vertragspartnern **abzubauen** und den ursprünglich Benachteiligten zu befähigen, sich gegen Übervorteilungen zu wehren und seine Belange zu wahren (Grunewald AcP 190 [1990] 609, 611; Soergel/Teichmann § 242 Rn 140). **431**

b) Aufklärungspflichten
Aufklärungspflichten als Unterfall der Informationspflichten finden sich **gesetzlich** und **außergesetzlich**. **432**

aa) Gesetzliche Aufklärungspflichten
Eine allgemeine Normierung der Aufklärungspflichten, etwa in Form einer Generalklausel, gibt es nicht. Bereits die Erste Kommission stellte in den Mot zu § 123 fest, dass sich diese Frage einer gesetzlichen Regelung entziehe (Mot I 208 = Mugdan I 467). Medicus schlug anlässlich der Schuldrechtsreform noch einmal eine Regelung vor, welche ua die Haftung wegen Veranlassung zum Vertragsschluss durch Verletzung einer Aufklärungspflicht enthalten sollte (Medicus, in: BMJ [Hrsg], Gutachten und Vorschläge zur Überarbeitung des Schuldrechts [Köln 1981–1983] 549; § 305e lautete nach seinem Vorschlag: „Schadensersatz wegen unerlaubter Veranlassung zum Vertragsschluss unter anderem durch die Verletzung einer Aufklärungspflicht"); sein Vorschlag wurde jedoch bereits 1992 verworfen und fand auch keinen Eingang in das Schuldrechtsmodernisierungsgesetz (vgl z rechtshistorischen Überblick Böhme, Aufklärungspflicht 12 ff; krit z den Aufklärungspflichten, vor allem mit Verweis auf nachteilige Konsequenzen aus der Erfüllung v Aufklärungspflichten für die aufgeklärte Partei vgl Grunewald AcP 190 [1990] 609, 616 ff, ferner Müller/Hempel AcP 205 [2005] 246, 248). **433**

Bei der folgenden Darstellung einzelner gesetzlicher Aufklärungspflichten ist wiederum zu berücksichtigen, dass es nicht um diejenigen Auskunfts- und Anzeigepflichten geht, die sich auf das **Leistungs-** bzw **Äquivalenzinteresse** beziehen und zahlreich normiert sind (s o Rn 169). Aufklärungspflichten zum Schutze des **Integritätsinteresses** finden sich dagegen nur selten im BGB (vgl auch Kuhlmann, Schutz- **434** pflichten 58 ff; z weiteren gesetzlich normierten Aufklärungspflichten außerhalb des BGB s Böhme, Aufklärungspflicht 36 ff u Werres, Aufklärungspflichten 8 ff mwNw).

435 Dennoch zeigt beispielsweise § 444 im Umkehrschluss, dass den Verkäufer eine Pflicht zur Aufklärung über ihm bekannte **Mängel der Kaufsache** trifft (vgl ähnl Kuhlmann, Schutzpflichten 59). Ein Pflichtverstoß kann bei Beeinträchtigung des Integritätsinteresses – etwa durch auftretende Mangelfolgeschäden – zu einer Haftung aus §§ 437 Nr 3, 280, 241 Abs 2 führen (vgl Krebs, in: Dauner-Lieb ua, Das neue Schuldrecht § 1 Rn 151; auch Looschelders, Schuldrecht AT Rn 571). Ähnliches gilt für §§ 523 Abs 1 und 524 Abs 1 bzgl der **Haftung des Schenkers** gegenüber dem Beschenkten (vgl ähnl Kuhlmann, Schutzpflichten 60). Danach ist auch der Schenker verpflichtet, den Beschenkten auf ihm bekannte Mängel hinzuweisen, um einer Haftung für Mangelfolgeschäden zu entgehen. Ebenso muss der **Vermieter** den Mieter über Mängel der Mietsache und der **Unternehmer** den Besteller über Werkmängel aufklären, was aus § 536d und § 639 gefolgert werden kann (vgl Kuhlmann, Schutzpflichten 59). Der **Verleiher** hat gem § 599 zwar den Entleiher über Mängel der entliehenen Sache zu unterrichten. Jedoch findet die Norm keine Anwendung auf Mangelfolgeschäden (Palandt/Weidenkaff § 599 Rn 2), so dass ihr auch keine Aufklärungspflicht zum Schutz des Integritätsinteresses entnommen werden kann.

bb) Außergesetzliche Aufklärungspflichten

436 Abs 2 zeigt mangels Differenzierung, dass sich aus einem rechtsgeschäftlichen **Schuldverhältnis** Aufklärungspflichten ergeben können, und zwar zum einen aus **ausdrücklichen Vereinbarungen**. Zum anderen führt uU eine erläuternde oder ergänzende **Vertragsauslegung** zu dem Ergebnis, dass eine Partei der anderen gegenüber zur Aufklärung verpflichtet ist. Wenn zwischen den Parteien lediglich ein **gesetzliches Schuldverhältnis** besteht, kann zwar keine an vertragliche Abreden anknüpfende Auslegung vorgenommen werden. Jedoch muss – worauf Abs 2 hinweist – der Charakter dieses gesetzlichen Schuldverhältnisses unter besonderer Berücksichtigung des Einzelfalls und der Wertung des § 242 auf das Bestehen etwaiger Aufklärungspflichten hin überprüft werden.

(1) Voraussetzungen
(a) Informationsgefälle

437 Problematisch ist, unter welchen Voraussetzungen Aufklärungspflichten entstehen. Rspr und Lit haben sie meist angenommen, ohne eine genauere Begründung zu geben. Die „goldene Regel" der Rspr (so Pohlmann, Aufklärungspflichten 103) war bzw ist, dass Aufklärungspflichten hinsichtlich sämtlicher Umstände bestehen, die für den **Vertragsschluss** der anderen Partei **erkennbar** von **wesentlicher Bedeutung** sind und deren **Mitteilung** nach Treu und Glauben **erwartet werden kann** (RGZ 62, 149, 150 f; 103, 47, 50; 111, 233, 234 f; 120, 249, 252; BGHZ 47, 207, 210 f; 71, 386, 396; 72, 92, 101; 96, 302, 311; 123, 126, 128 ff [Bond-Urteil]; BGH BB 1991, 933, 934; BGH NJW 2000, 803, 804; BB 2001, 1276, 1277; NJW 2002, 1042, 1043; 2003, 1811, 1812; ein Nachw z Entwicklung der Rspr bis 1985 bietet Werres, Aufklärungspflichten 13 ff und 21 ff; vgl auch Böhme, Aufklärungspflicht 39 ff u Klingler, Aufklärungspflichten 2 f sowie die Nachw bei Thamm/Pilger BB 1994, 729, 730 f). Im Folgenden sollen diese eher pauschalen Kriterien konkretisiert werden.

438 Wesentliche, sogar logisch zwingende Voraussetzung für das Bestehen einer Aufklärungspflicht ist der Umstand, dass eine Partei über mehr Informationen verfügt

als die andere, eine Situation, die in der Lit als **Informationsgefälle** bezeichnet wird (KREBS, in: DAUNER-LIEB ua, Das neue Schuldrecht § 3 Rn 29; KREBS, Sonderverbindung 509; KIENINGER AcP 199 [1999] 190, 232 mwNw, die den Oberbegriff „Informationsbedarf" wählt; POHLMANN, Aufklärungspflichten 104 f; TEICHMANN JA 1984, 545, 547, der die Informationspflichten jedoch als leistungsbezogene Pflichten versteht; vgl auch KURSAWE NZA 1997, 245, 246; THAMM/PILGER BB 1994, 729, 730). Das Informationsgefälle kann zum einen auf der besonderen **Sachkunde** einer Partei (vgl dazu zB BGH NJW 1971, 1795, 1799; 1977, 1055; BB 1977, 1625, 1626; LG Kleve RRa 2001, 83, 84; BAMBERGER/ROTH/GRÜNEBERG/SUTSCHET § 311 Rn 71; BÖHME, Aufklärungspflicht 76 ff; KURSAWE NZA 1997, 245, 248; WERRES, Aufklärungspflichten 74 ff, 139 ff) zum anderen auf **schichtenspezifischer Unerfahrenheit** des anderen Teils beruhen (BGHZ 80, 80, 84 f; BGH NJW 1966, 1451; 1974, 849, 851; 1992, 300, 302; OLG Frankfurt BB 1980, 124, 125; vgl auch BÖHME, Aufklärungspflicht 75 f; KLINGLER, Aufklärungspflichten 109 ff, 113 ff; PWW/SCHMIDT-KESSEL § 242 Rn 58) bzw auf dessen **persönlicher Behinderung** (RG JW 1934, 571; BÖHME, Aufklärungspflicht 75) sowie **Rechts- bzw Sprachunkenntnis** (OLG Stuttgart NJW 1982, 2608, 2609). Auch eine **strukturelle Unterlegenheit** einer Partei wird als Ursache in Betracht gezogen (vgl dazu ausf FLEISCHER, Informationsasymmetrie 296 ff), so vor allem im Bankwesen (BGH NJW 2008, 2245; OLG Düsseldorf WM 1996, 1082, 1085 unter Bezugnahme auf BVerfG NJW 1994, 36, 38 f), teilweise auch im Familienrecht im Zusammenhang mit der Beurteilung von Eheverträgen. Dort kam die Überlegung auf, dass Ehefrauen ihren Ehemännern strukturell unterlegen sein sollen, ein Gedanke, dem allerdings die Gefolgschaft versagt geblieben ist (vgl SCHWENZER, Vertragsfreiheit im Ehevermögens- und Scheidungsfolgenrecht, AcP 196 [1996] 88, 103 ff; zur Inhaltskontrolle von Eheverträgen vgl auch oben Einl 49 zum SchuldR und STAUDINGER/LOOSCHELDERS/OLZEN § 242 Rn 921 ff).

Selbst in Fällen, in denen die eine Partei (noch) keinen Informationsvorsprung hat, kann eine Aufklärungspflicht bestehen, wenn dieser eine **Informationsbeschaffungspflicht** vorgeschaltet ist (verneint v BGH WM 1992, 602; vgl EMMERICH, Leistungsstörungen § 5 Rn 16 ff; BAMBERGER/ROTH/GRÜNEBERG/SUTSCHET § 311 Rn 73; MünchKomm/ROTH § 242 Rn 126; KREBS, Sonderverbindung 509; Überblick mit rechtsvergleichenden Aspekten bei FLEISCHER Informationsasymmetrie 450 ff), die allerdings ohne ein dem Schuldverhältnis immanentes besonderes Fürsorge- oder Beratungselement abgelehnt wird (KREBS, Sonderverbindung 508). Man bejaht sie aber zB auf Grund der allgemeinen Sachkunde des Bankpersonals im Bankgeschäft (ASSMANN/SCHÜTZE/ROTH, HdB des Kapitalanlagerechts [1990] § 12 Rn 49 ff; s z Bankvertrag u Rn 471 f) oder wenn die Kosten des Verkäufers für die Informationsbeschaffung erheblich niedriger als die des Käufers sind (MÜLLER/HEMPEL AcP 205 [2005] 246, 248).

439

(b) Erkennbarkeit des Informationsgefälles

Ein zweites konstituierendes Auslegungskriterium für die Annahme einer Aufklärungspflicht besteht in der **Erkennbarkeit des Informationsgefälles** für die wissende Partei. Sie muss zumindest damit rechnen, dass die andere Partei weder über die betreffende Information verfügt noch darüber verfügen kann (BGH NJW 1971, 1795; EMMERICH, Anm z Urt des BGH v 13. 6. 2002, JuS 2003, 402, 403; BÖHME, Aufklärungspflicht 81 ff; KLINGLER, Aufklärungspflichten 42 ff mit Nachw d Rspr z Bürgschaftsverträgen; KURSAWE NZA 1997, 245, 246; TEICHMANN JA 1984, 545, 547; s o Rn 439 f; so auch die sog „goldene Regel" der Rspr in RGZ 62, 149, 150 f; 103, 47, 50; 111, 233, 234 f; 120, 249, 252; BGHZ 47, 207, 210 f; 71, 386, 396; 72, 92, 101; 96, 302, 311; BGH BB 1991, 933, 934). Diese Voraussetzung lässt sich als **Subsidiaritätsprinzip** verstehen: Es führt dazu, dass die Informationspflicht keine

440

jedem zugänglichen Tatsachen betrifft, wie zB die allgemeinen Marktverhältnisse (RGZ 111, 233, 234 f; vgl auch BGH NJW 2003, 424, 425; 1811, 1812 bzgl der Angemessenheit des Kaufpreises; BGH JA 2001, 825, 827 bzgl offenkundiger Schädlingsbekämpfungsnotwendigkeit; MünchKomm/Roth § 242 Rn 138; Erman/Westermann § 241 Rn 14 f; vgl auch die Nachw z Rspr bei Böhme, Aufklärungspflicht 134 ff; Kötz, Aufklärungspflichten 569; Werres, Aufklärungspflichten 104 f, 123 ff) oder die eigene Leistungsfähigkeit (OLG Stuttgart BB 2001, 1426 = VuR 2001, 381).

441 Auch ist nicht erforderlich, dass sich der Pflichtige Erkundigungen über den Sachverstand des anderen einholt, sondern entscheidend, ob sich dem Pflichtigen als einem verständigen Partner das Informationsbedürfnis aufdrängen musste (BGH NJW 1971, 1795, 1799; BGH FamRZ 2006, 478). Bei der Anlageberatung akzeptiert die Rspr indes eine Ausnahme: Die Bank muss den Informationsstand und das Anlageziel des Kunden erfragen, wenn sie keine Kenntnis von seinem Wissensstand hat (BGHZ 123, 126, 128 f [Bond-Urteil]; ausf dazu Lang, Aufklärungspflichtverletzungen 29 ff; z Aufklärungspflichten im Bankvertrag s auch u Rn 471 f; die allgem Berufserfahrung eines Anwalts oder Notars reicht zur Verneinung seiner Aufklärungsbedürftigkeit in Bezug auf Börsentermingeschäfte nicht aus, BGH MDR 2005, 102).

(c) Entscheidungserheblichkeit
442 Ferner muss der anderen Partei ersichtlich daran gelegen sein, die besondere Information zu erlangen (Emmerich, Anm z Urt des BGH v 13.6. 2002, JuS 2003, 402, 403; Böhme, Aufklärungspflicht 67; Klingler, Aufklärungspflichten 22; Kötz, Aufklärungspflichten 567; Kieninger AcP 199 [1999] 190, 232 mwNw, die aber den Oberbegriff „Informationsbedarf" wählt; ebenso Breidenbach, Informationspflichten 61 ff und auf ihn Bezug nehmend Kluth/Böckmann/Grün MDR 2003, 241, 242; Pohlmann, Aufklärungspflichten 103; Teichmann JA 1984, 545, 547; vgl auch Krebs, Sonderverbindung 509), weil sie für den Vertragsschluss oder die Vertragsdurchführung wichtig ist. Das dritte Merkmal für den Bestand einer Aufklärungspflicht besteht demnach in der **Entscheidungserheblichkeit** der Information (vgl RGZ 62, 149, 150 f; 103, 47, 50; 111, 233, 234 f; 120, 249, 252; BGHZ 47, 207, 210 f; 71, 386, 396; 72, 92, 101; 96, 302, 311; BGH NJW 1979, 2243; BGH NJW-RR 1990, 78, 79; BGH BB 1991, 933, 934; BGH NJW 2000, 803, 804; 2002, 1042, 1043; 2003, 1811, 1812; OLG Oldenburg NJW-RR 2003, 179, 180). Meist betreffen die entsprechenden **vorvertraglichen Pflichten** Informationen, welche geeignet sind, den anderen vom **Vertragsschluss abzuhalten** (vgl zB OLG Oldenburg NJW-RR 2003, 179 f bzgl der erschwerten Handelbarkeit v nicht börsennotierten Aktien und die diesbezügliche Aufklärungspflicht des Anlageberaters; Böhme, Aufklärungspflicht 68; Grunewald AcP 190 [1990] 609). Denn Informationen, die für den Abschluss des Vertrages eine positive Rolle spielen, werden von dem am Vertragsschluss Interessierten meist auch ohne Rechtspflicht mitgeteilt werden (Grunewald AcP 190 [1990] 609). Außerdem würde eine Pflicht, abschlussfördernde Informationen zu erteilen, mit der negativen Abschlussfreiheit kollidieren (Teichmann JA 1984, 545, 546). **Nach Vertragsschluss** ist eine Information dagegen umso wesentlicher, je mehr sie das Vermögen oder andere Rechtsgüter des Vertragspartners tangiert (Pohlmann, Aufklärungspflichten 106). Dabei geht es jetzt um die Entscheidungserheblichkeit für das Verhalten des Informationsbedürftigen bei oder nach Vertragsdurchführung (teilw auch Warnpflichten genannt, vgl Breidenbach, Informationspflichten 3). So ist zB die Mitteilung von Bedienungshinweisen erheblich für die Entscheidung des Käufers, wie er mit dem gekauften Gegenstand umgeht, ohne seine Gesundheit oder sein Eigentum zu gefährden (vgl das Bsp der Bedienungsanleitung für eine Motorsäge in der Ge-

setzesbegründung, BT-Drucks 14/6040, 125; z Abgrenzung v den entspr Nebenleistungspflichten s o Rn 161).

(d) Schutzwürdigkeit
Ein viertes Merkmal zur auslegungsweise begründeten Aufklärungspflicht stellt die **443** **Schutzwürdigkeit** des Interesses der nichtwissenden Partei an der Information dar. Sie fehlt, wenn die Information zB vom Schutz des **allgemeinen Persönlichkeitsrechts** der wissenden Partei erfasst ist (POHLMANN, Aufklärungspflichten 106 f; vgl auch BÖHME, Aufklärungspflicht 85; STÜRNER, Aufklärungspflicht 368 ff) oder es sich um deren **betriebliche Geheimnisse** handelt, die dem Schutzbereich von Art 12 oder Art 14 GG unterfallen (vgl zB BGH ZIP 1991, 90; SCHWARZ, Die zivilrechtliche Pflicht zur Anzeige eigener Fehler [Diss Düsseldorf 2005] 220). UU muss bereits an diesem Punkt eine **Interessenabwägung** stattfinden, wie zB beim **Bankgeheimnis**, bei dem ein grundsätzlicher Konflikt zwischen der **Aufklärung des Kunden** und der **Wahrung des Bankgeheimnisses** besteht (BGH ZIP 1991, 90 = NJW 1991, 693 = JuS 1991, 422 ff m Anm EMMERICH, Münch-Komm/ROTH Rn 148; vgl ie MünchKomm/HEERMANN § 675 Rn 75). Das Gleiche gilt auch im **Arbeitsrecht**, vor allem für das **Fragerecht des Arbeitgebers** (vgl auch u Rn 463 bei Arbeitsvertrag; ausf STAUDINGER/RICHARDI [1999] § 611 Rn 112; MünchKomm/ROTH Rn 150; POHLMANN, Aufklärungspflichten 107; HERGENRÖDER, Fragerecht des Arbeitgebers und Offenbarungspflicht des Arbeitnehmers, AR-Blattei 2007, SD 715) und das möglicherweise aus der Falschbeantwortung durch den Arbeitnehmer folgende Anfechtungsrecht aus § 123 (vgl dazu STAUDINGER/DILCHER[12] § 123 Rn 11, 40; PALANDT/WEIDENKAFF § 611 Rn 5, 9; umfassend HAUSMANN, Die Reaktion auf Willensmängel beim Arbeitsvertragsschluss [Diss München 2008]; z den Aufklärungspflichten beim Arbeitsvertrag s u Rn 462 f). Hier gilt es vor allem, das Recht des Arbeitnehmers auf **informationelle Selbstbestimmung** aus Art 1 Abs 1 iVm Art 2 Abs 1 GG in ein angemessenes Verhältnis zum Interesse des Arbeitgebers an der Kenntnis über Eigenschaften des (künftigen potenziellen) Arbeitnehmers zu setzen, welches ebenfalls iRd Vertragsfreiheit verfassungsrechtlich geschützt wird (vgl umfassend ROSENSCHON, Der Schutz der Privatsphäre im Arbeitsverhältnis [Diss Bayreuth 2007]).

(e) Abwägung
Die letzte und gleichzeitig schwierigste Voraussetzung einer im Wege der Ausle- **444** gung ermittelten Aufklärungspflicht besteht in der **Zumutbarkeit** der Informationsweitergabe (vgl BGH BB 1981, 700; BÖHME, Aufklärungspflicht 83 ff; GRIGOLEIT, Informationshaftung 6 f; KIENINGER AcP 199 [1999] 190, 235 mwNw wählt den Oberbegriff „betriebliche und finanzielle Tragbarkeit"; KLINGLER, Aufklärungspflichten 22, 23 ff; KREBS, Sonderverbindung 485 f) für die wissende Partei. Sie ist durch eine **Abwägung der Risikoverteilung** (vgl KLINGLER, Aufklärungspflichten 23; KREBS, Sonderverbindung 485 f; KURSAWE NZA 1997, 245, 246; TEICHMANN JA 1984, 545, 547; WERRES, Aufklärungspflichten 16 ff, auch z historischen Verlauf der Entwicklung; vgl auch die eigenständige Darstellung bei FLEISCHER, Informationsasymmetrie 277 ff) zu ermitteln. Wegen des natürlichen Interessenwiderstreits zwischen den Parteien (BGH NJW 2003, 1811, 1812) verlangt die Annahme der unerlaubten Ausnutzung eines Wissensvorsprunges mehr als das bloße wirtschaftlich intendierte Verschweigen einer Information. Eine uneingeschränkte Aufklärungspflicht wird deswegen von der Rspr abgelehnt (RGZ 111, 233, 234 f; BGH WM 1977, 394, 396; BGH NJW 1983, 2493, 2494; 1984, 2289, 2290; BGH NJW-RR 1997, 144, 145). Die Abwägung erfolgt zwischen dem Prinzip der **Eigenverantwortlichkeit** auf der einen und der **Zumutbarkeit der Haftung** als Folge einer Pflichtverletzung auf der anderen Seite (vgl KREBS,

Sonderverbindung 486; KLINGLER, Aufklärungspflichten 23, 122 ff; POHLMANN, Aufklärungspflichten 101 f; WERRES, Aufklärungspflichten 18 f). Es muss zB ein Verstoß gegen die **Waffengleichheit** oder **Fairness** am Markt vorliegen (MünchKomm/ROTH Rn 124). Deshalb besteht eine grundsätzliche und allgemeine Aufklärungspflicht über die eigene **Vermögenslage** und **Kreditwürdigkeit** ebenso wenig (MünchKomm/ROTH Rn 141; vgl aber zB EMMERICH, Anm z Urt des BGH v 13. 6. 2002, JuS 2003, 402, 403; ders Leistungsstörungen § 7 I 3) wie über **übliche Geschäftsrisiken** (BGH ZIP 1991, 90; LG Darmstadt WM 1984, 332; LG Freiburg WM 1991, 279; BGH NJW 2003, 424, 425; MünchKomm/ROTH § 242 Rn 143) oder das **eigene**, einen Schadensersatzanspruch begründende **Fehlverhalten** (vgl umfassend GÄNTGEN, Die Pflicht zum Hinweis auf eigene und fremde Fehler in zivilrechtlichen Vertragsverhältnissen [Diss Köln 1991]; SCHWARZ, Die zivilrechtliche Pflicht zur Anzeige eigener Fehler [Diss Düsseldorf 2005]; TAUPITZ, Die zivilrechtliche Pflicht zur unaufgeforderten Offenbarung eigenen Fehlverhaltens [1989]; z Aufklärungspflicht des Rechtsanwaltes bzgl gegen ihn bestehende Schadensersatzansprüche s allerdings u Rn 458, bei Dienstvertrag).

445 Die Abwägung fällt zu Gunsten einer Partei aus, wenn der Gegenstand der Information für sie gravierende, besonders bedeutsame Umstände betrifft (BAMBERGER/ROTH/GRÜNEBERG/SUTSCHET § 311 Rn 71; MünchKomm/ROTH Rn 131). Je wichtiger der Umstand und je ausgeprägter das Informationsgefälle ist, umso mehr spricht für eine Aufklärungspflicht (BGH BB 2006, 1650; SCHWARZ, Die zivilrechtliche Pflicht zur Anzeige eigener Fehler [Diss Düsseldorf 2005] 222). So wird zB die Pflicht einer **Bank** zur Aufklärung über die Unangemessenheit des Kaufpreises eines zu erwerbenden Objekts (zB Eigentumswohnung) nur dann und ausnahmsweise angenommen, wenn die Bank von einer sittenwidrigen Übervorteilung des Käufers durch den Verkäufer ausgehen muss (BGH NJW 2000, 2352 mwNw; 2003, 224, 225; 2003, 1811, 1812; vgl auch BGH NJW-RR 2003, 1203 ff; ZIP 2004, 1188). Das ist wiederum dann der Fall, wenn der Verkaufspreis knapp doppelt so hoch ist wie der Verkehrswert des Objekts (BGH MDR 2008, 871). Auch ein besonderes **Näheverhältnis** der Parteien eines Schuldverhältnisses spricht für eine Aufklärungspflicht (vgl auch BÖHME, Aufklärungspflicht 68 ff; KIENINGER AcP 199 [1999] 190, 233 mwNw; ERMAN/WESTERMANN § 241 Rn 15; WERRES, Aufklärungspflichten 78, 147 ff), zB bei **Gesellschaften** und anderen **Dauerrechtsverhältnissen**, in denen der Interessengegensatz zwischen den Parteien von vornherein geringer ist als bei einfachen Schuldverhältnissen (RGZ 143, 219, 223; BGH NJW 1980, 44; LARENZ, Schuldrecht I § 2 I und VI; POHLMANN, Aufklärungspflichten 105; BAMBERGER/ROTH/GRÜNEBERG/SUTSCHET § 311 Rn 71; MünchKomm/ROTH Rn 134; z entspr Problematik bei den Nebenleistungspflichten s o Rn 219 ff, 234; allg z Dauerschuldverhältnissen s o Rn 348 ff). Ebenso kann eine Aufklärungspflicht angenommen werden, wenn eine Partei durch deren Erfüllung evtl Gefahren leichter oder billiger abwehren kann als die andere (KREBS, Sonderverbindung 509). In neuerer Zeit wird vertreten, Aufklärungspflichten bestünden, wenn dem Aufklärungsschuldner seine **Informationsleistungspflicht** typischerweise vergolten und er folglich für die Übernahme des Informationsrisikos der Gegenseite kompensiert werde (REHM, Aufklärungspflichten 235 ff). Die Übertragung dieser These auf **Rücksichtspflichten** wurde bisher nicht unternommen, liegt aber nahe.

446 Ausschlaggebendes Kriterium im Rahmen der Abwägung sind vor allem im Bereich vorvertraglicher Aufklärungspflichten die näheren **Umstände des Vertragsschlusses** (MünchKomm/ROTH § 242 Rn 137). So macht uU das **vorangegangene Tun** die eine Seite schutzpflichtig (BÖHME, Aufklärungspflicht 71 ff; KREBS, Sonderverbindung 509; MünchKomm/ROTH Rn 137; WERRES, Aufklärungspflichten 78 ff), so zB wenn sie die erhöhte

Gefahr für den Vertragspartner geschaffen oder einen Irrtum veranlasst hat (BGH WM 1968 398, 399; BGH BB 1975, 153, 154; BGH WM 1984, 1394; 1986, 11; BGH ZIP 1987, 764). Ebenso steigt die Pflicht zur Aufklärung, je mehr **Eigeninitiative** der Anbieter entfaltet, indem er sein Gegenüber zum Vertragsschluss überredet (MünchKomm/Roth Rn 137, 146; Pohlmann, Aufklärungspflichten 107). So musste zB die Stadt Köln Schadensersatz an einen ausländischen Künstler leisten, weil ihr Kulturdezernent ihm zur Anmietung einer Wohnung im Gemeindegebiet geraten hatte, ohne zu berücksichtigen, dass diese Begründung eines Zweitwohnsitzes zu einer erhöhten Steuerlast führte (BGH MDR 2008, 993). Auch die **persönlichen Verhältnisse** der nichtwissenden Partei fließen in die Abwägung ein (so MünchKomm/Roth Rn 136), jedoch meist schon beim Merkmal des Informationsgefälles sowie seiner Erkennbarkeit.

(f) Mitverschulden
Im Rahmen der Abwägung stellt sich schließlich die Frage, ob ein etwaiges **Mitver-** 447
schulden des zu Schützenden – zB an der Gefahrerhöhung oder der Unwirksamkeit eines Vertrages – die Aufklärungspflicht entfallen lässt. Früher wurde dazu teilweise eine analoge Anwendung der §§ 122 Abs 2, 179 Abs 3 erwogen (RGZ 104, 265; vgl dazu Eisenhardt, Ansprüche aus culpa in contrahendo wegen Verletzung der Verpflichtung, über erkennbare Unwirksamkeitsgründe aufzuklären, in: FS Kitagawa [1992] 297 ff, 311 ff; MünchKomm/Kramer § 155 Rn 14; vgl auch die Nachw z Lit bei Böhme, Aufklärungspflicht 224 ff). Gegen diese Analogie spricht jedoch, dass dann auch § 122 Abs 2 eingriffe, wonach die Schadensersatzpflicht des Anfechtenden entfällt, wenn der Gegner des Irrenden den Grund der Anfechtbarkeit kannte oder kennen musste. Ein Mitverschulden des Geschädigten fällt stattdessen nach der allgemeinen Regelung des § 254 ins Gewicht, der eine flexiblere Lösung für die Probleme mitverschuldeter Pflichtverletzung als die starre Regelung des § 122 Abs 2 erlaubt (Nachw z diesem Argument bei Böhme, Aufklärungspflicht 226 u Grigoleit, Informationshaftung 257 Fn 9). Daher steht ein Mitverschulden des zu Schützenden einer Aufklärungspflicht grds nicht entgegen, mindert allerdings eventuell den Anspruchsumfang oder schließt – im Falle seines Überwiegens – den Schadensersatz sogar völlig aus (so auch die hM, grundlegend RGZ 104, 265 ff; RGZ 143, 219, 221; BGHZ 99, 101, 106 f; Staudinger/Bork [2003] § 155 Rn 17; Erman/Armbrüster § 155 Rn 6; Palandt/Ellenberger § 155 Rn 5; Soergel/Wiedemann Vor § 275 Rn 30; Böhme, Aufklärungspflicht 226 f; Krebs, Sonderverbindung 509; wohl auch Klingler, Aufklärungspflichten 24 f; weitere Nachw aus Rspr u Lit bei Grigoleit, Informationshaftung 256 ff).

(g) Vorsatzerfordernis
Teile der Lit (vor allem Grigoleit, Informationshaftung 7 ff; dagegen bereits Pohlmann, Auf- 448
klärungspflichten 32 ff) leite(te)n aus einer Gesamtanalogie zu den §§ 123, 463 aF, 676, 826, 823 Abs 2; 263 StGB die sog These vom **informationellen Vorsatzdogma** ab und nehmen (bzw nahmen) eine Haftung für Aufklärungspflichtverletzungen nur bei Vorsatz des Wissenden an; die Rspr folgte dem bisher nicht (vgl z Fahrlässigkeitshaftung bspw RGZ 103, 47, 50; BGH NJW 1962, 1196, 1198; 1985, 1769, 1771; 1989, 1793, 1794; WM 1991, 695, 697 u weitere Nachw bei Grigoleit, Informationshaftung 8; ohne Begründung auch Bamberger/Roth/Grüneberg/Sutschet § 311 Rn 76). Insbesondere die Schuldrechtsreform (s oben Einl 184 ff zum SchuldR) hat die These vom informationellen Vorsatzdogma entkräftet: Eine gesetzliche Haftungsbeschränkung auf Fälle vorsätzlicher Aufklärungspflichtverletzung in den §§ 280 ff wurde nicht normiert.

(h) Sonderfall: Auf Nachfrage erteilte Falschinformation

449 Fraglich bleibt, ob sich eine Vertragspartei durch falsche Informationen schadensersatzpflichtig macht, wenn grundsätzlich keine Aufklärungspflicht besteht, der andere Teil aber nach bestimmten Umständen gefragt hat. Die Frage einer Partei bringt jedenfalls zum Ausdruck, auf die richtige und ordnungsgemäße Beantwortung angewiesen zu sein. Informationsgefälle und Entscheidungserheblichkeit der Information für den Fragenden sind jetzt für den Befragten erkennbar, also alle wesentlichen Voraussetzungen einer Aufklärungspflicht damit gegeben. Auch die Abwägung der widerstreitenden Interessen spricht für ihren Bestand. Denn wenn der Gefragte sich entscheidet zu antworten, zeigt er damit die Bereitschaft, für die Richtigkeit seiner Auskunft einzustehen; andernfalls muss er schweigen (so iE auch BAMBERGER/ROTH/GRÜNEBERG/SUTSCHET § 311 Rn 74; vgl ferner MünchKomm/ROTH Rn 115 mwNw). Eine Frage im Rahmen eines Schuldverhältnisses begründet somit immer die Pflicht zur ordnungsgemäßen Informationserteilung und damit eine Aufklärungspflicht (so iE unter Verweis auf eine Haftung aus cic BGH NJW-RR 1997, 144, 145; zuvor BGHZ 74, 103, 110 = NJW 1979, 1449; NJW-RR 1988, 458 = WM 1988, 95, 96; TAUPITZ, Die zivilrechtliche Pflicht zur unaufgeforderten Offenbarung eigenen Fehlverhaltens [1989] 4). Eine eventuelle Haftung für **unaufgeforderte Falschinformation** ohne entsprechende Aufklärungspflicht gehört dagegen nicht in den Kontext dieser Kommentierung (vgl insoweit STAUDINGER/WITTMANN [1995] § 676 Rn 6; STAUDINGER/OECHSLER [2003] § 826 Rn 149 ff, 156 f).

(2) Inhalt

450 Der **Inhalt der Aufklärungspflicht** ergibt sich aus ihren Voraussetzungen (vgl auch MünchKomm/ROTH Rn 163). Es ist also so weit aufzuklären, wie das Informationsdefizit der schutzwürdigen Partei es erfordert.

451 Dabei sind mögliche **Gegenstände** der Aufklärungspflicht zB die **eigene Person**, der **Leistungsgegenstand** oder die **Gegenleistung** (TEICHMANN JA 1984, 545, 548; vgl auch BÖHME, Aufklärungspflicht 86 ff). Wichtige Inhalte von Aufklärungspflichten stellen also zB **anfängliche Leistungshindernisse** (dazu POHLMANN, Aufklärungspflichten 130 ff) sowie die nicht oder nicht mehr vorhandene **Abschlussbereitschaft** (dazu POHLMANN, Aufklärungspflichten 151 ff) und das Fehlen der gesetzlich vorgeschriebenen **Form eines Vertrages** (vgl FLEISCHER, Informationsasymmetrie 456 ff; POHLMANN, Aufklärungspflichten 164 ff) dar.

452 Ein und dieselbe Aufklärungspflicht kann sowohl durch Tun (Falschinformation) als auch durch Unterlassen (fehlende Aufklärung) verletzt werden (vgl POHLMANN, Aufklärungspflichten 31 f). Der Inhalt der Aufklärungspflicht besteht nämlich gerade nicht nur in der Informationserteilung selbst, sondern auch in der **richtigen Information** (ähnl auch GRIGOLEIT, Informationshaftung 6, mwNw z Rspr; THAMM/PILGER BB 1994, 729, 730 mit Bezug auf BGHZ 88, 130 [135]; WERRES, Aufklärungspflichten 29, 158; vgl ferner die Differenzierung zwischen Aufklärungspflicht auf der einen und Wahrheitspflicht auf der anderen Seite bei GRIGOLEIT, Informationshaftung 4 u KLINGLER, Aufklärungspflichten 21; sowie KREBS, in: DAUNER-LIEB ua, Das neue Schuldrecht § 3 Rn 30; aA BÖHME, Aufklärungspflicht 3 f).

(3) Rechtsfolgen

453 Bei **Falschinformation** stellt sich die Frage, ob die Haftung allein aus der Verletzung der Aufklärungspflicht folgt, so dass §§ 280 Abs 1, 241 Abs 2 uU iVm 311 Abs 2 oder 3 die Anspruchsgrundlage bilden oder aus einem **Auskunftsvertrag** zwischen

Wissendem und Informationsbedürftigem. Anspruchsgrundlage wäre dann eine Pflichtverletzung im Rahmen dieser Vereinbarung gem § 280 Abs 1(vgl zB RGZ 52, 365, 367 f; 139, 103, 105 sowie BGHZ 133, 36, 42; BGH NJW-RR 1998, 1343, 1344; 2001, 768, 769 jew mwNw; wNw z Rspr bei LANG AcP 201 [2001] 451 ff, 459 f u VORTMANN WM 1989, 1557 ff; s auch mit rechtsvergleichenden Ausführungen LORENZ, Das Problem der Haftung für primäre Vermögensschäden bei der Erteilung einer unrichtigen Auskunft, in: FS Larenz [1973] 575 ff; wNw bei STAUDINGER/WITTMANN [1995] § 676). Seit der Schuldrechtsreform muss jedoch davon ausgegangen werden, dass die Normierung der Haftung für Pflichtverletzungen auch im vorvertraglichen bzw gesetzlichen Schuldverhältnis nach § 311 Abs 2 und 3 die Annahme eines stillschweigend geschlossenen Auskunftsvertrages erübrigt, die sich nicht selten als Fiktion darstellte (STAUDINGER/WITTMANN [1995] § 676 Rn 7 f). Die Haftung ist in der Regel auf den Ersatz des Vertrauensschadens, nicht auf Vertragsanpassung gerichtet (BGH BB 06, 1650, 1653 Rn 25 ff). Ausnahmsweise kann jedoch ein Anspruch darauf bestehen, den Vertrag rückgängig zu machen (BGH NJW 07, 3057, 3059 Rn 34).

(4) Einzelfälle
Der folgende Überblick über von der Rspr angenommene Aufklärungspflichten **454** nach der Chronologie des BGB erhebt keinen Anspruch auf Vollständigkeit; weitere Nachw finden sich in den Kommentierungen der einzelnen Vertragstypen sowie derjenigen Vorschriften, die gesetzliche Aufklärungspflichten begründen.

(a) Kaufvertrag
Häufig befasste sich die Rspr mit Aufklärungspflichtverletzungen des **Verkäufers**. **455** Auf Grund der gegenläufigen Interessen darf ein Käufer jedoch nicht vom Verkäufer erwarten, über alle ungünstigen Eigenschaften des Kaufgegenstandes oder die die Preisbildung beeinflussenden Umstände aufgeklärt zu werden (RGZ 111, 233, 234 f; BGH WM 1977, 394, 396; 1983, 1006, 1008; NJW 1984, 2289, 2290; 2003, 1811, 1812; GRÖSCHLER, Die Pflicht des Verkäufers zur Aufklärung über Mängel nach neuem Kaufrecht, NJW 2005, 1601; POHLMANN, Aufklärungspflichten 169; SCHMIDT-RÄNTSCH, Aufklärungspflichten beim Verkauf von Immobilien, ZfIR 2004, 569 ff; vgl z Aufklärung bei M+A Transaktionen WAGNER, Informationspflichten des Verkäufers bei M+A-Transaktionen nach neuerer BGH-Rechtsprechung unter Berücksichtigung von altem und neuem Schuldrecht, DStR 2002, 958 ff). Jedoch muss der Verkäufer auf Fragen des Käufers bzgl wesentlicher Umstände richtige Auskunft geben (POHLMANN, Aufklärungspflichten 169; MÜLLER/HEMPEL, Nebenpflichten des Verkäufers unter besonderer Berücksichtigung der Verjährung, AcP 205 [2005] 246, 262 f; vgl schon o Rn 453 z Haftung wegen Erteilung falscher Auskunft). In die notwendige Abwägung (s o Rn 444 ff) hat aber die Wertung der kaufrechtlichen Gewährleistungshaftung in die §§ 434 ff einzufließen, die die Risikoverteilung zwischen Käufer und Verkäufer gesetzlich vorzeichnet (vgl z dieser Analyse POHLMANN Aufklärungspflichten 169 ff, z Rechtslage vor und nach der Schuldrechtsreform; ähnl auch BAMBERGER/ROTH/GRÜNEBERG/SUTSCHET § 311 Rn 75). In erster Linie bestehen Aufklärungspflichten des Verkäufers bzgl der **Verwendung** oder **Aufstellung des Kaufgegenstandes** (vgl OLG Köln NJW 2005, 1666; BGH ZIP 2004, 2059 = MDR 2004, 1173; NJW 1962, 1196 ff; MDR 1958, 422; WM 1977, 1027 ff; BGHZ 47, 312, 315; OLG Nürnberg NJW-RR 2001, 1558; BAMBERGER/ROTH/GRÜNEBERG/SUTSCHET Rn 83; vgl ferner STAUDINGER/BECKMANN [2004] § 433 Rn 94; z Aufklärungspflicht über das Erfordernis von Fachkenntnissen bei der Selbstmontage BGH NJW 2007, 3057; s daneben bspw für den Unternehmenskauf BGH NJW 2002, 1042 ff sowie KLINGLER, Aufklärungspflichten 92 ff; z Kaufvertrag im Allg mNw z Rspr BAMBERGER/ROTH/GRÜNEBERG/SUTSCHET § 311 Rn 79 ff; FLEI-

SCHER, Informationsasymmetrie 469 ff; PAULUSCH, Die Rspr des Bundesgerichtshofs zum Kaufrecht, WM Sonderbeilage Nr 9/1991, 28 f; RUST MDR 1998, 947, 949; SKIBBE, Zur Aufklärungspflicht bei Kaufvertragsverhandlungen, in: FS Rebmann [1989] 807 ff; THAMM/PILGER BB 1994, 729, 731 f; WERRES, Aufklärungspflichten 110 ff, 139; ZAHRNT NJW 2000, 3746 ff; ders NJW 1995, 1785 ff). Allerdings darf eine Aufklärungspflichtverletzung dann nicht zu einer Haftung aus cic oder §§ 280, 241 Abs 2 führen, wenn das kaufvertragliche **Gewährleistungssystem** eine abschließende **Spezialregelung** trifft (BGHZ 60, 319, 320 f = NJW 1973, 1234; BGHZ 114, 263, 266 = NJW 1991, 2556; STAUDINGER/BECKMANN [2004] Vorbem 19 zu §§ 433 ff; STAUDINGER/MATUSCHE-BECKMANN [2004] § 437 Rn 49; BAMBERGER/ROTH/GRÜNEBERG/SUTSCHEK § 311 Rn 79; PWW/MEDICUS § 311 Rn 58 ff).

(b) Mietvertrag

456 Aufklärungspflichten im Rahmen des **Mietverhältnisses** (dazu ie STAUDINGER/EMMERICH [2003] Vorbem 62 ff, 71 z § 535; BAMBERGER/ROTH/GRÜNEBERG/SUTSCHEK § 311 Rn 86) werden von der Rspr sowohl dem Vermieter als auch dem Mieter auferlegt (vgl BLANK, Das Gebot der Rücksichtnahme nach § 241 Abs 2 BGB im Mietrecht, ZGS 2004, 104, 105 ff; TIMME, Hinweispflichten des Vermieters auf nach Mietende geplante Umbauarbeiten Freiwerden des Mieters von Schönheitsreparaturlast, NZM 2005, 777). So haftet der **Vermieter** uU für die fehlende vorvertragliche Aufklärung über Sachmängel (BGH WM 1980, 1365; BGH NZM 2000, 492 = NJW 2000, 1714, 1718; vgl auch POHLMANN, Aufklärungspflichten 184 ff), zB bei der Vermietung gefährlicher Geräte (BGH VersR 1976, 1084). Der **Mieter** muss dagegen uU über später entstehende Mängel (vgl § 536c Abs 1 S 1; POHLMANN, Aufklärungspflichten 186 f; OLG Düsseldorf MDR 2008, 1330) oder auch die eigenen Einkommens- und Vermögensverhältnisse (BGH MDR 1964, 750; BB 1977, 121) aufklären. Kennt die andere Partei den Mangel der Mietsache bereits oder ist dieser offensichtlich, so entfällt die Aufklärungspflicht (so bei Erkennbarkeit Rn 440; dazu zB RGZ 103, 372, 374; BGHZ 68, 281, 284; OLG Hamburg NJW-RR 1991, 1296, 1297; OLG Karlsruhe ZMR 1988, 52). Wie im Kaufrecht muss sich die gesetzliche Wertung in den §§ 535 ff auf die Beurteilung von Aufklärungspflichtverletzungen auswirken, insbesondere im Hinblick auf den Haftungsmaßstab (vgl POHLMANN, Aufklärungspflichten 184 ff und u Rn 519 ff). Soweit es um Mängel der Mietsache geht, ist ferner der Charakter der §§ 536 ff als die cic ausschließende **Sonderregelung** zu beachten (BGHZ 136, 102, 106 f = NJW 1997, 2813; 1980, 777). Eine weitere Pflicht des Vermieters besteht darin, den Mieter darauf hinzuweisen, wenn auf Grund von Umbauarbeiten nach Mietende dessen Schönheitsreparaturleistungen zumindest teilweise wertlos würden (TIMME, aaO). Bei der Vermietung eines Unfallersatzfahrzeugs zu einem Tarif, der deutlich über dem Normaltarif auf dem örtliche relevanten Markt liegt, und deshalb die Möglichkeit hervorruft, dass die Haftpflichtversicherung nicht den vollen Tarif übernimmt, muss der Vermieter hierüber aufklären (zuletzt BGH MDR 2009, 799; **aA** REHM, Zum sog „Unfallersatztarif", JZ 2007, 786). Ebenso besteht eine Aufklärungspflicht des Vermieters eines an sich haftpflichtversicherungsfreien Baufahrzeugs, wenn der Wille des Mieters, der diese versicherungsrechtliche Situation nicht erfasst, zur Teilnahme am öffentlichen Straßenverkehr erkennbar ist (BGH NJW-RR 2007, 298). Bei Verletzung der in § 16 Abs 2 S 2 Energieeinsparverordnung 2007 (EnEV) vorgesehenen Pflicht zur Vorlage eines Energieausweises nach Aufnahme von Vertragsverhandlungen kommt eine Haftung des Vermieters oder Verkäufers gegenüber dem potentiellen Mieter oder Käufer wegen Verletzung seiner Aufklärungspflicht ebenfalls in Betracht (FLATOW, Auswirkungen der EnEV 2007/2009 auf Miet-, Kauf- und Werkverträge, NJW 2008, 2886, 2889; THOLE, Die zivilrechtlichen Folgen einer Vorenthaltung des neuen Wärmepasses, ZfIR 2008, 278)

(c) Dienstvertrag

Ob im Rahmen eines **Dienstverhältnisses** Aufklärungspflichten bestehen, beurteilt 457
sich insbesondere nach der Art der geschuldeten Dienste sowie der Vertrauensbeziehung zwischen den Beteiligten.

Dementsprechend trifft den **Rechtsanwalt** zB eher die Pflicht zur Aufklärung über 458
die voraussichtliche Höhe der Vergütung (BGHZ 77, 27; vgl auch BGH NJW 2007, 2332
Rn 10; STAUDINGER/MARTINEK [1995] § 675 Rn C 9 ff) als den **Arzt** (z Arztvertrag iE vgl u
Rn 459 ff), uU sogar ohne entsprechende Nachfrage des Mandanten (OLG Köln VersR
1998, 1282). Ein Rechtsanwalt kann ferner dazu verpflichtet sein, über gegen ihn
selbst bestehende Schadensersatzansprüche des Mandanten aufzuklären (dazu BGH
MDR 1984, 477 u BRUNS, Der „Schutzzweck der Sekundärhaftung" des Rechtsanwalts – kenntnisunabhängiger Wegfall der sekundären Hinweispflicht, NJW 2003, 1498 ff; vgl z Haftung des Rechtsanwaltes für Aufklärungspflichtverletzungen BGH VersR 1967, 979, 980; BGH NJW 1975, 1665;
BGH NJW 1985, 1151; BGH NJW-RR 1990, 459 sowie STAUDINGER/MARTINEK [1995] § 675 Rn C
9 ff; GEBLER, Die Aufklärungspflicht des Anwalts im Rahmen des Mandats und die Beratungs- und
Belehrungspflichten beim Vergleichsabschluss sowie die Rechtsfolgen eines Pflichtenverstoßes
[1996] u BORGMANN, Die Rechtsprechung des BGH zum Anwaltshaftungsrecht in der Zeit von
Mitte 1991 bis Mitte 2000, NJW 2000, 2953 ff; s a BAMBERGER/ROTH/GRÜNEBERG/SUTSCHET § 311
Rn 87 f; KREBS, Sonderverbindung 506 f; ZUGEHÖR, Berufliche „Dritthaftung" – insbesondere der
Rechtsanwälte, Steuerberater, Wirtschaftsprüfer und Notare – in der deutschen Rechtsprechung,
NJW 2000, 1601 ff; z Berufsrecht allg vgl HOPT AcP 183 [1983] 608, 705 ff; LANG AcP 201 [2001]
451 ff; STEINKRAUS/SCHAAF, Zur Einführung: Das Berufsrecht der Rechtsanwälte, JuS 2001,
167 ff).

(d) Arztvertrag*

Der Arztvertrag – regelmäßig ein Dienstvertrag (STAUDINGER/RICHARDI [1999] Vorbem 459
53 f zu §§ 611 ff) – begründet ebenfalls besondere Aufklärungspflichten, die hier nicht
abschließend dargestellt werden können. Der Überblick über die Rspr und Lit wird

---

* Eine Auswahl an Abhandlungen: BENDER, Creutzfeldt-Jakob-Erkrankung und ärztliche Aufklärungspflicht vor der Anwendung von Blutproben, MedR 2001, 221; ders, Entbindungsmethoden und ärztliche Aufklärungspflicht, NJW 1999, 2706 ff; DEUTSCH, Die Pflicht des Arztes, den Patienten auf eine Impfung hinzuweisen, VersR 2003, 801 ff; DEUTSCH/GEIGER, Empfiehlt sich eine besondere Regelung der zivilrechtlichen Beziehung zwischen dem Patienten und dem Arzt im BGB?, in: BMJ [Hrsg], Gutachten und Vorschläge zur Überarbeitung des Schuldrechts (Köln 1981–1983) 1049 ff; ENGISCH, Die ärztliche Aufklärungspflicht aus rechtlicher und ärztlicher Sicht (1970); FRANZ, Aufklärungspflicht aus ärztlicher und juristischer Sicht (2. Aufl 1997); GIEBEL/WIENKE/SAUERBORN ua, Das Aufklärungsgespräch zwischen Wollen, Können und Müssen. Wege vom richterrechtlichen Aufklärungspflichtverschulden zum ärztlichen Aufklärungsstandard, NJW 2001, 863 ff; GIESEN/WALTER, Die klassische Entscheidung: Ärztliche Aufklärungspflicht und Selbstbestimmungsrecht des Patienten, BGH Urt v 10.7. 1954, Jura 1991, 182 ff; GRÜNDEL, Einwilligung und Aufklärung bei psychotherapeutischen Behandlungsmaßnahmen, NJW 2002, 2987 ff; HEIM, Ärztliche Aufklärungspflicht (1984); HEMPFING, Aufklärungspflicht und Arzthaftung (1995); HOPPE, Der Zeitpunkt der Aufklärung des Patienten – Konsequenzen der neuen Rechtsprechung, NJW 1998, 782 ff; KUHNERT, Die vertragliche Aufklärungspflicht des Arztes – insbesondere bei der Anwendung und Verschreibung von Arzneimitteln (Diss Bochum 1982); KURCZ, Die Begrenzung der ärztlichen Aufklärungspflicht unter Einschränkung des

aber erleichtert, wenn man bei der ärztlichen Aufklärungspflicht unterscheidet, ob sie sich auf den **Körper des Patienten** oder sein **Vermögen** bezieht.

460 Letztere wird als **wirtschaftliche Aufklärungspflicht** bezeichnet und zB dann angenommen, wenn begründete Zweifel bestehen, ob der private Krankenversicherer die Kosten einer ärztlichen Behandlung übernimmt (BGH NJW 1983, 2630; vgl dazu allg FEHSE, Der Behandlungsvertrag und die wirtschaftliche Aufklärung, MedR 1986, 2304; SOERGEL/ SPICKHOFF § 823 Anh I Rn 131; vgl auch BGH VersR 2005, 1005 ff zur Pflicht des Krankenhauses; sich anschließend BGH MDR 2004, 1229); insoweit besteht regelmäßig ein Wissensgefälle zwischen Arzt und Patient, wobei Letzterer schutzwürdig ist. Etwas anderes gilt, wenn das Wissensgefälle dem Arzt verborgen bleibt. Legt zB ein Patient, der sich bei der Aufnahme in die Klinik als Privatpatient vorstellt, eine Klinik-Card mit der Eintragung vor, die Garantie erfasse nicht die Erstattung privatärztlicher Behandlungskosten, so besteht für die aufnehmende Klinik nicht die Verpflichtung, den Patienten diesbezüglich gesondert aufzuklären (OLG Hamm NJW-RR 1991, 1141 ff). Ebenso trifft den Zahnarzt vor einer prothetischen Behandlung grds keine dahingehende Pflicht, die Kostenübernahme durch die private Krankenversicherung zu überprüfen (OLG Düsseldorf NJW-RR 2000, 906; vgl ferner MICHALSKI, [Zahn-]Ärztliche Aufklärungspflicht über die Ersatzfähigkeit von Heilbehandlungskosten, VersR 1997, 137 ff). Gibt er allerdings eine persönliche Einschätzung zur Kostenerstattung ab, muss sie richtig sein (OLG Köln VersR 2005, 1589). Gleiches gilt, wenn der Arzt bei Beginn einer Behandlung erkennt, dass die Kostenfrage noch nicht hinreichend geklärt ist, insbesondere wenn noch keine Antwort auf einen eingereichten Heil- und Kostenplan vorliegt, der Patient aber ersichtlich von einer vollen Kostenerstattung ausgeht (OLG Köln VersR 2005, 1589). Auch in den Bereich der wirtschaftlichen Aufklärungspflicht des Arztes fällt die – von der hM bisher verneinte – Frage, ob er zur Aufklärung über eigene Behandlungsfehler verpflichtet ist (vgl SCHWARZ, Die zivilrechtliche Pflicht zur Anzeige eigener Fehler – Unter besonderer Berücksichtigung von Anwalt und Arzt;

Selbstbestimmungsrechts des Patienten (Diss Tübingen 2002); MAYER-MALY, Ärztliche Aufklärungspflicht und Haftung (1998); MICHALSKI, (Zahn-)Ärztliche Aufklärungspflicht über die Ersatzfähigkeit von Heilbehandlungskosten, VersR 1997, 137 ff; MÜLLER-HEGEN, Die Haftung für Aufklärungsfehler im Arztrecht: Unter besonderer Berücksichtigung ihrer dogmatischen Grundlagen (Diss Mainz 2005); MUSCHNER, Haftungsrechtliche Besonderheiten bei der Aufklärung ausländischer Patienten, VersR 2003, 826 ff; RADNER, Die ärztliche Aufklärungspflicht in Rechtsprechung und Praxis (1999); RUMLER-DETZEL, Die Aufklärungspflichtverletzung als Klagegrundlage, in: FS Deutsch (1999) 699 ff; SCHLUND, Umfang und Grenzen der ärztlichen Aufklärungspflicht, ArztR 2004, 32 ff; SCHOLZ, Zur Arzthaftung bei Verletzung der Aufklärungspflicht, MDR 1996, 649 ff; SCHWAB/KRAMER/KRIEGLSTEIN, Rechtliche Grundlagen der ärztlichen Aufklärungspflicht (1983); SCHWARZ, Die zivilrechtliche Pflicht zur Anzeige eigener Fehler – Unter besonderer Berücksichtigung von Anwalt und Arzt (Diss Düsseldorf 2005); dies, Hinweispflicht des Arztes auf eigene Behandlungsfehler, JR 2008, 89 ff; SPICKHOFF, Die Entwicklung des Arztrechts 2007/2008, NJW 2008, 1636 ff; SPINDLER/RIECKES, Die Auswirkungen der Schuld- und Schadensrechtsreform auf die Arzthaftung, JuS 2004, 272 ff; TEMPEL, Inhalt, Grenzen und Durchführung der ärztlichen Aufklärungspflicht unter Zugrundelegung der höchstrichterlichen Rechtsprechung, NJW 1980, 609 ff; STRÜCKER-PITZ, Verschärfung der ärztlichen Aufklärungspflicht durch den BGH, VersR 2008, 752 ff; TERBILLE/SCHMITZ-HERSCHEIDT, Zur Offenbarungspflicht bei ärztlichen Behandlungsfehlern, NJW 2000, 1749 ff.

dies, JR 2008, 89 ff; TERBILLE/SCHMITZ-HERSCHEIDT, Zur Offenbarungspflicht bei ärztlichen Behandlungsfehlern, NJW 2000, 1749 ff; z parallelen Problematik bei Rechtsanwälten s auch o Rn 458).

Die Aufklärungspflicht des Arztes bzgl **Körper und Gesundheit** des Patienten be- **461** trifft insbesondere die Aufklärung über Art, Umfang und Risiken der ärztlichen Behandlung (vgl zB BGHZ 29, 176, 179 ff; 90, 103, 109; MünchKomm/ROTH Rn 172). So muss zB der Arzt die Frage einer Schwangeren, ob eine pränatale Diagnostik, insbesondere die vorsorgliche Durchführung einer Amniozentese, angezeigt sein kann, nach medizinischem Erfahrungs- und Wissensstand umfassend beantworten, um ihr die Entscheidung über einen ihr von der Rechtsordnung gestatteten Schwangerschaftsabbruch zu ermöglichen (BGHZ 89, 95, 99 = NJW 1984, 658; NJW 1987, 1481; OLG Zweibrücken NJW-RR 2000, 235). Auch trifft den Arzt bei einer fremdnützigen Blutspende die Aufklärungspflicht über mögliche irreversible Folgen in Form einer Nervenläsion als seltenes Risiko deshalb umso mehr, weil es sich um einen nicht medizinisch gebotenen Eingriff handelt (BGH NJW 2006, 2108). Allerdings unterliegt der Arzt keiner Aufklärungspflicht über allgemein bekannte Krankheitsverläufe, die im Falle der Nichtdurchführung gebotener ärztlicher Behandlung zu erwarten sind (vgl OLG Stuttgart VersR 1999, 1500 = NJW-RR 1999, 751; OLG Schleswig NJW 2002, 227). Für die Praxis ist von besonderer Bedeutung, dass die auf Grund unzureichender Aufklärung erteilte **Einwilligung** keine rechtfertigende Wirkung entfaltet (BGH NJW 2003, 2012 ff; BGHZ 90, 96, 102; BGH NJW 1980, 1905; vgl ausf GRÜNDEL, Einwilligung und Aufklärung bei psychotherapeutischen Behandlungsmaßnahmen, NJW 2002, 2987 ff), nicht einmal bei einer nachträglichen Indikation auf Grund eines später eingetretenen Befundes (BGH NJW 2003, 1862). Inwieweit eine Reduktion der Aufklärungspflicht auf Grund eines sog **„therapeutischen Privilegs"** vorzunehmen ist, beantworten Rspr und Lit uneinheitlich (v BGH teilw bejaht, zB in BGHZ 85, 327 = BGH NJW 1983, 328; BGHZ 85, 339 = BGH NJW 1983, 330; vgl ausf KURCZ, Die Begrenzung der ärztlichen Aufklärungspflicht unter Einschränkung des Selbstbestimmungsrechts des Patienten [Diss Tübingen 2002] 127 ff mwNw, die sich iE für das therapeutische Privileg ausspricht, 142 ff). Dabei geht es um die Abwägung des Interesses an ärztlichen Heilerfolgen gegenüber der Achtung des Selbstbestimmungsrechts eines Patienten. Aufklärungsreduktionen aus therapeutischen Erwägungen müssen zum Schutz des Selbstbestimmungsrechts des Patienten, für welches Art 2 Abs 1 GG streitet, jedenfalls die Ausnahme bleiben (vgl BGHZ 90, 103 = BGH NJW 1984, 1397 = VersR 1984, 465, 467; STAUDINGER/RICHARDI [1999] Vorbem 1270 ff zu §§ 611 ff; ERMAN/HOHLOCH § 242 Rn 95; BÖHME, Aufklärungspflicht 79 ff; RUMLER-DETZEL, Die Aufklärungspflichtverletzung als Klagegrundlage; in: FS Deutsch [1999] 699, 701 ff; SPICKHOFF, Das System der Arzthaftung im reformierten Schuldrecht, NJW 2002, 2530 ff; SOERGEL/SPICKHOFF § 823 Anh I Rn 149 f).

(e) Arbeitsvertrag
Auch einen **Arbeitgeber** können Aufklärungspflichten gegenüber seinem Arbeit- **462** nehmer treffen, zB eine Warnpflicht bzgl drohender Gefahren auf dem Betriebsgelände (BAG NJW 2000, 3369, 3370). Gleiches wird (allerdings ausnahmsweise) für durch einen Aufhebungsvertrag verursachte Vorsorgeschäden angenommen, den der Arbeitgeber vorschlägt, während der Arbeitnehmer offensichtlich mit den Besonderheiten der ihm zugesagten Zusatzversorgung des öffentlichen Dienstes nicht vertraut ist. Zusätzlich verlangt das BAG, dass sich der baldige Eintritt eines Versorgungsfalles abzeichnet, und durch die vorzeitige Beendigung des Arbeitsverhält-

nisses außergewöhnlich hohe Versorgungseinbußen drohen (Versicherungsrente statt Versorgungsrente; so BAG NZA 2001, 206 = AP BGB § 611 Fürsorgepflicht Nr 116; vgl auch ArbG Karlsruhe Urt v 6. 12. 2007 – 8 Ca 295/07 [unveröffentlicht], das in dem ähnl gelagerten Fall eines Aufhebungsvertrages, der auf Grund der fehlenden Voraussetzungen für die Gewährung der in Aussicht gestellten vorzeitigen Rente risikobehaftet ist, eine Aufklärungspflicht sowohl über die arbeits- und sozialversicherungsrechtlichen Folgen des Aufhebungsvertrages als auch darüber annimmt, in welcher Weise sich der Arbeitnehmer verhalten muss, damit er die Voraussetzungen für die vorzeitige Rente schafft; sowie ArbG Lübeck Urt v 20. 6. 2006 – 3 Ca 698/06 [unveröffentlicht], das eine Aufklärungspflicht für den Fall annimmt, dass der Arbeitgeber dem Arbeitnehmer drohende Nachteile beim Bezug des Arbeitslosengeldes bei Abschluss eines Aufhebungsvertrags kennt oder vermutet; vgl für Einzelheiten z Aufklärungspflicht iRd Arbeitsverhältnisses STAUDINGER/RICHARDI [1999] Vorbem 1270 zu §§ 611 ff u § 611 Rn 119 ff; ausf HEMMING, Die Aufklärungspflichten des Arbeitgebers [Diss Augsburg 1997]; HOSS/EHRICH, Hinweis- und Aufklärungspflichten des Arbeitgebers beim Abschluss von Aufhebungsverträgen, DB 1997, 625 ff; BECKER-SCHAFFNER, Umfang und Grenzen der arbeitgeberseitigen Hinweis- und Belehrungspflichten, BB 1993, 1281 ff; ausf auch KURSAWE NZA 1997, 245 ff). Auch wenn die Beendigung eines derartigen Arbeitsverhältnisses nicht vom Arbeitgeber vorgeschlagen wird, entsteht wegen des erkennbar gesteigerten Informationsbedürfnisses des Arbeitnehmers einerseits und der Beratungsmöglichkeit des Arbeitgebers andererseits ausnahmsweise eine Aufklärungspflicht. Letzterer muss dem Arbeitnehmer eine Information bei einem fachkundigen Versorgungsträger ermöglichen, indem er über die Ausgestaltung des Auskunftsersuchens unterrichtet, wenn er zu einer „detaillierten Rentenauskunft" bei dem Versorgungsträger rät (BAG VuR 2009, 267). Grds ist der Arbeitgeber allerdings nicht verpflichtet, den Arbeitnehmer über sozialrechtlich nachteilige Folgen der Beendigung des Arbeitsverhältnisses aufzuklären (BAG NJW 2006, 2062; LAG Hamm NZA-RR 2005, 606; vgl LAG Berlin NZA-RR 2006, 327). Ferner kommt ihm zwar eine grds Pflicht zu, über bestehende Umstände, die die vollständige Durchführung des Rechtsverhältnisses in Frage stellen, aufzuklären. Jedoch fällt darunter nicht ein auf Grund der schlechten wirtschaftlichen Betriebslage möglicher Stellenabbau, der dem Arbeitgeber zur Zeit der Vertragsverhandlungen bekannt ist oder sein muss, so lange noch keine konkrete Planung besteht, einen Arbeitsplatz zu streichen (BAG NZA 2005, 1298).

463 Der **Arbeitnehmer** kann ebenso über einen Wissensvorsprung verfügen, zB wenn es um seinen eigenen körperlichen Zustand geht. Daher wird seine diesbezügliche Aufklärungspflicht angenommen, sofern von Krankheiten oder anderen körperlichen Umständen eine Gefährdung Dritter ausgeht oder wenn sie die Erfüllung des Arbeitsvertrages wesentlich erschweren (vgl STAUDINGER/RICHARDI [1999] § 611 Rn 112; BRAUN, Fragerecht und Auskunftspflicht – Neue Entwicklungen in Gesetzgebung und Rechtsprechung, MDR 2004, 64 ff; z fehlenden Aufklärungspflicht über das Bestehen einer Schwangerschaft vgl EuGH NJW 2000, 1019 ff).

(f) Werkvertrag
464 Im Rahmen eines **Werkvertrages** sind vor allem die Aufklärungspflichten des **Werkunternehmers** von Bedeutung, der auf Grund seiner Fachkenntnis gegenüber dem Besteller grds einen Vorsprung an Information und Sachkunde hat (vgl ie STAUDINGER/PETERS [2003] § 631 Rn 49 ff; s auch BAMBERGER/ROTH/GRÜNEBERG/SUTSCHET § 311 Rn 89; POHLMANN, Aufklärungspflichten 187 ff). Gerade deshalb nimmt die Rspr oft eine Pflicht von Architekten und Ingenieuren zur Aufklärung über eigenes Fehlverhalten an

(BGH NJW 1964, 1002; BauR 1978, 235; 1985, 97; 1985, 232; 1986, 112; 1996, 418; ausf z dieser sog Sekundärhaftung WEISE, Die Sekundärhaftung der Architekten und Ingenieure [1997]; z entsprechenden Problem bei Ärzten s SCHWARZ, aaO.).

IRd Aufklärungspflichten des Werkunternehmers muss jedoch das Haftungssystem **465** der §§ 634 ff beachtet werden (POHLMANN, Aufklärungspflichten 187 ff), weil es für entsprechende Verpflichtungen bzgl Mängeln am Werk selbst grds eine abschließende Spezialregelung trifft (BGH DB 1976, 958; BAMBERGER/ROTH/GRÜNEBERG/SUTSCHET § 311 Rn 89). Bei der Auslegung ist zu berücksichtigen, dass der Rahmen der vertraglich übernommenen Verpflichtungen gleichzeitig den Umfang der leistungsunabhängigen Beratungspflichten absteckt (BGH NJW 2000, 2102 = NZBau 2000, 328).

Auch den **Besteller** kann eine Aufklärungspflicht treffen, insbesondere bzgl der Ei- **466** genschaften solcher Gegenstände, die er selbst zur Vertragserfüllung einbringt. So wurde zB die Aufklärungspflicht eines Unternehmens dahingehend diskutiert, ob es verpflichtet ist, den von ihm beauftragten Frachtführer auf die Gefräßigkeit eines Zirkusschweins hinzuweisen, oder ob dieser nicht vielmehr auf Grund der beiden Vortransporte über die Neigung des Schweins, die Böden des Transportfahrzeugs aufzufressen, hinreichend informiert und vorgewarnt war (iE jedoch v OLG Düsseldorf NJW 1995, 891 ff verneint).

(g) Reisevertrag
Im **Reisevertragsrecht** finden sich zahlreiche Aufklärungspflichten des **Reiseveran- 467 stalters** gegenüber dem Reisenden, vor allem in der BGB-Informationspflichten-VO vom 5.8.2002 (SCHÖNFELDER Ordnungsziffer 22), welche die VO vom 14.11.1994 über die Informationspflichten von Reiseveranstaltern (BGBl I 3436) basierend auf § 651a aF ablöst. Daher ist in den meisten Fällen ein Rückgriff auf Abs 2 entbehrlich (ausf z Aufklärungspflicht beim Reisevertrag TEMPEL NJW 1996, 1625 ff; ders, Die Pflichten des vermittelnden Reisebüros – Zugleich zur Konditionenempfehlung „Allgemeine Geschäftsbedingungen für Reisemittler" [1999] 3657 ff; STAUDINGER/ECKERT [2003] Vorbem 55 zu §§ 651a–651m u § 651a Rn 113, 118).

Er wurde jedoch von der Rspr vielfach vorgenommen, als es um Aufklärungspflich- **468** ten des **Reisebüros** gegenüber dem Reisenden ging, da insoweit die BGB-Informationspflichten-VO keine Anwendung findet. So wird zB kontrovers beurteilt, ob das vermittelnde Reisebüro ungefragt über **Einreisebestimmungen des Zielstaates** aufklären muss (dagegen LG Frankfurt RRa 1999, 55; LG Kleve RRa 2001, 83 = NJW 2002, 557; dafür vor Inkrafttreten der Informationspflichtverordnung BGH NJW 1985, 1165; AG Stuttgart RRa 1999, 93; TEMPEL NJW 1996, 1625, 1633, 1635; vgl auch AG Berlin-Mitte NJW-RR 1996, 1400). Den **Reiseveranstalter** selbst trifft diese Pflicht bereits aus § 5 Nr 1 der BGB-Informationspflichten-VO (z Rechtsfolge bei Verletzung der aus der Verordnung folgenden Informationspflichten durch den Reiseveranstalter vgl auch LG Frankfurt RRa 2001, 77, 79; TEMPEL NJW 1996, 1625, 1626 f). Er hat im Rahmen seiner Hinweispflicht auch auf eine Reiserücktrittskosten- und eine Rücktransportkostenversicherung, nicht aber auf eine Reiseabbruchversicherung hinzuweisen (BGH NJW 2006, 3137). Bei „Last-minute"-Reisen muss das Reisebüro dagegen ebenso wenig wie ein Reiseveranstalter auf die Möglichkeit des Abschlusses einer **Versicherung zur Deckung der Rückführungskosten** bei Unfall oder Krankheit hinweisen (LG Hannover RRa 2001, 51 f). Gleiches gilt für die Aufklärung über das Nichtbestehen einer **Unfallversicherung**, wenn ein Sportlehrerverband ein Nichtmitglied zu einem Fortbildungskurs im Skilaufen mitreisen lässt (OLG Celle NVersZ 2002, 144 f = NJW-RR 2002, 559 f). Die aus § 8 Abs 1 S 1 Nr 1 der BGB-Informationspflichten-VO folgende Verpflichtung des Reiseveranstalters, den Reisenden über Änderungen des Reiseverlaufs so rechtzeitig zu informieren, dass er die geänderte Reise noch zumutbar antreten kann (z Rechtzeitigkeit bei Mitteilung per Telegramm fünf Tage vor dem ursprünglich geplanten Abflugtag AG Bad Homburg vdH RRa 2001, 33), gehört in den Bereich **leistungsbezogener Aufklärungspflichten** (s o Rn 161). Den Reiseveranstalter kann uU auch eine **vorvertragliche Hinweispflicht** bzgl eines im Zielgebiet drohenden Hurrikans treffen (vgl BGH NJW 2002, 3700 ff = JA 2003, 355). Diese Pflicht stellt – mangels zu diesem Zeitpunkt bestehender Leistungspflichten – eine Rücksichtspflicht dar, die dem Schutz des Vermögens eines Reisenden dient. Der Reiseveranstalter ist schließlich verpflichtet, den Reisenden auf dessen Obliegenheiten bei Mängeln hinzuweisen. Verletzt er diese Pflicht, trifft den Reisenden am Unterlassen einer rechtzeitigen Mängelanzeige kein Verschulden (LG Frankfurt aM StBT 2007 Nr 12, 3).

(h) Banken

469 Im Rechtsverkehr mit Banken wird zunächst die den Aufklärungspflichten vorgelagerte Frage diskutiert, ob die **Geschäftsverbindung** zwischen Kunde und Bank ausreicht, um ein Schuld- und damit ein Schutzpflichtverhältnis zu begründen (dafür zB MÜLLER-GRAFF, Die Geschäftsverbindung als Schutzpflichtverhältnis, JZ 1976, 153 ff; dagegen BGH NJW 2002, 3695 ff; zust LANG BKR 2003, 227 ff; vgl allg MARTIS, Aufklärungspflichten der Banken im Rechtsprechungsüberblick, MDR 2005, 788 ff).

470 Im Rahmen eines bestehenden Schuldverhältnisses entscheiden die oben (Rn 437 ff) dargestellten Kriterien über Bestand und Umfang der Aufklärungspflicht. Wegen des typischen Informationsgefälles zwischen Bank und Kunde haftet die Bank zB als **Kapitalanlagevermittlerin**, wenn sie es unterlässt, ein Anlagekonzept auf wirtschaftliche Plausibilität hin zu prüfen (vgl BGH NJW-RR 2001, 260 = BGH NJW 2000, 2503 ff; ausf LANG, Aufklärungspflichtverletzungen; LENZ, Inhalt der Aufklärungspflichten des Verkäufers beim Vertrieb von Kapitalanlagen, BGH Report 2005, 77 f; z Aufklärungspflicht über Nachteile und Risiken eines Kapitalanlagemodells BGH ZIP 2005, 759, 763, 766 [„Göttinger Gruppe"]). Im Gegensatz zum reinen Auskunftsvertrag ist die Bank im Rahmen eines **Beratungsvertrags** zu mehr als einer Plausibilitätsprüfung verpflichtet. Vielmehr erfordere dies eine Prüfung mit bankenüblichem kritischen Sachverstand (BGH NJW 2008, 3700 ff, Rn 10 ff). Die Vermittler von **Terminoptionen** sind grds verpflichtet, Kaufinteressenten vor Vertragsschluss schriftlich die Kenntnisse zu vermitteln, die sie in die Lage versetzen, den Umfang ihres Verlustrisikos und die Verringerung ihrer Gewinnchance durch den Aufschlag auf die Optionsprämie richtig einzuschätzen (ständige Rspr, vgl zuletzt BGH NJW-RR 2006, 6227). Auch muss die Bank den Kunden beim **Einlagengeschäft** auf einen Zinsverlust bei vorzeitiger Kündigung von Spareinlagen aufmerksam machen (BGHZ 28, 373). Bei einer **Kreditaufnahme** durch unerfahrene Kunden ist die Bank uU dazu verpflichtet, auf eine zu hohe Verschuldung hinzuweisen (BGHZ 23, 227; vgl auch KIRCHNER, Kreditgeberhaftung auf Grund der Verletzung von Informations- und Aufklärungspflichten im deutschen und US-amerikanischen Recht [Diss Gießen 2003]). Allerdings setzt eine Aufklärungspflicht einen konkreten Wissensvorsprung der Bank über spezielle Risiken des Projekts voraus. Dazu gehören ferner Wissen der Bank um die aufklärungspflichtigen Umstände und die Erkennbarkeit dieses Wissensvorsprungs (OLG Stuttgart BB 2001, 1426 = VuR 2001, 381). Ein erkennbarer Wissensvorsprung der Bank gegenüber dem kreditsuchenden Kunden über die speziellen Risiken der zu finanzierenden Kapitalanlage wird nicht nur bei Kenntnis der Sittenwidrigkeit einer Kaufpreisvereinbarung (ausnahmsw bereits bei bloßer Erkennbarkeit der sittenwidrigen Überteuerung einer zu finanzierenden Eigentumswohnung, vgl BGH NJW-RR 2008, 1226), sondern insbesondere auch bei Kenntnis von einer arglistigen Täuschung des Verkäufers über wesentliche Eigenschaften der Kaufsache angenommen (BGH NJW 2006, 2099; NJW-RR 2007, 257). Macht eine finanzierende Bank den Beitritt des Darlehensnehmers zu einem für das Erwerbsobjekt bestehenden Mietpool zur Voraussetzung der Darlehensauszahlung, ist sie nicht grundsätzlich aufklärungspflichtig über die damit verbunden Risiken. Etwas anderes gilt in den Fällen, in denen der Bank eine besondere Gefährdung des Anlegers bekannt ist, etwa weil die Bank den Beitritt in Kenntnis einer bestehenden Überschuldung des Mietpools verlangt oder in Kenntnis des Umstand, dass dem Mietpool Darlehen gewährt wurden, für die die Anleger haften müssen. Ebenso wird eine Aufklärungspflicht bei Kenntnis des Umstands angenommen, dass an die Poolmitglieder konstant überhöhte Ausschüttungen ausbezahlt werden, die ihnen einen falschen Eindruck von der Rentabilität und Finanzierbarkeit der Anlage vermitteln (BGH NJW 2007, 2396). Bei Finanzierung eines unwirtschaftlichen Grundstückskaufs ergibt sich hingegen nur ausnahmsweise eine Aufklärungspflicht, wenn die Bank im Zusammenhang mit der Planung, der Durchführung oder dem Vertrieb des Projekts über ihre Rolle als Kreditgeberin hinausgeht (OLG Frankfurt OLGR Frankfurt 2007, 414). Insgesamt gestaltet sich die Haftung der Bank für Aufklärungspflichtverletzungen als besondere Ausprägung ihrer **Berufshaftung** und muss je nach Interessenlage im Einzelfall beurteilt werden (STAUDINGER/MARTINEK [1995] § 675 Rn B16; vgl ferner BAMBERGER/ROTH/GRÜNEBERG/SUTSCHET Rn 84 und § 311 Rn 95 ff; informativer Überblick über Haftungsmodelle bei Auskunft von Banken HADDING, in: FS Schimansky [1999] 67 ff u LANG AcP 201 [2001] 451, 456 ff, 459 ff; ferner ELLENBERGER WM 2001, Sonderbeilage 1; FLEISCHER, Informationsasymmetrie 548 ff; z Kapitalmarktrecht insgesamt LANG, Informationspflichten; ders, Aufklärungspflichtverletzungen; SIOL, Beratungs- und Aufklärungspflichten der Discount Broker, in: FS Schimansky [1999] 781 ff; STÖTERAU, Informationspflichten beim Wertpapierhandel nach § 31 Abs 2 S 1 Nr 2 WpHG [Diss Kiel 2003]; VORTMANN, Aufklärungs- und Beratungspflichten der Banken [8. Aufl 2006]).

(i) Versicherungsvertrag
Das **Versicherungsverhältnis** ist in besonderem Maße Treu und Glauben unterworfen, so dass sich für beide Teile Aufklärungspflichten ergeben (ERMAN/HOHLOCH § 242 Rn 96; ausf KIENINGER AcP 199 [1999] 190 ff). Dementsprechend muss der **Versicherer** vor Vertragsschluss darauf hinweisen, dass der Vertrag entgegen dem erkennbaren Wunsch des Versicherungsnehmers bestimmte versicherbare Risiken nicht abdeckt (OLG Frankfurt NJW 1998, 3359; OLG Hamm VersR 1984, 853). Ebenso besteht eine Aufklärungspflicht über den Umfang der Hausratversicherung (OLG Frankfurt VersR 2006, 406). Ferner muss der Versicherer den Versicherten auf das Erfordernis einer ärztlichen Feststellung der Invalidität binnen einer bestimmten Frist hinweisen, allerdings nur, wenn ihm ein entsprechender Belehrungsbedarf bekannt wird und Anhaltspunkte für das eine Invalidität bestehen (BGH NJW-RR 2005, 902), nicht jedoch, wenn es an greifbaren Anhaltspunkten für eine Invalidität fehlt (BGH NJW 2006, 911). Die neuerdings in § 6 VVG verankerte Beratungspflicht des Versicherers verpflichtet diesen neben der Auskunft auch zur Aufklärung (LANGHEID, Die Reform des Versicherungsvertragsgesetzes – 1. Teil: Allgemeine Vorschriften, NJW 2007, 3665; WERBER, Infor-

mation und Beratung des Versicherungsnehmers vor und nach Abschluss des Versicherungsvertrags, VersR 2007, 1153). Der **Versicherungsnehmer** ist seinerseits verpflichtet, das Bestehen einer Vielzahl ähnlicher Versicherungen wie der abzuschließenden zu offenbaren (OLG Düsseldorf VersR 1972, 197; KLIMKE, Anzeigepflichten des VN bei Abschluss einer Rückwärtsversicherung, VersR 2004, 287 ff). Auch aus den Allgemeinen Bedingungen für die Kraftfahrtversicherung (AKB) folgen Aufklärungspflichten des Versicherungsnehmers, so zB aus § 7 I Abs 2 AKB (dazu zB OLG Düsseldorf NVersZ 2002, 190 ff) sowie aus dem VVG, dort allerdings in § 19 VVG als **Anzeigeobliegenheiten** (allg z Obliegenheiten s o Rn 120 ff) ausgestaltet (dazu DEUTSCH, Versicherungsvertragsrecht [4. Aufl 2000] Rn 196; vgl ausf z Aufklärung iRd Versicherungsvertrages BAMBERGER/ROTH/GRÜNEBERG/SUTSCHET § 311 Rn 93 f; DÖRNER, Rechtsfolgen einer Verletzung vorvertraglicher Aufklärungs- und Informationspflichten durch den Versicherer, in: Kontinuität und Wandel des Versicherungsrechts [2004] 195 ff; FLEISCHER, Informationsasymmetrie 497 ff z Informationsasymmetrie als Kernproblem des Versicherungsvertragsrechts; FRICKE, Beweislast und Beweisführung bei Verletzung der vorvertraglichen Anzeigepflicht – eine kritische Würdigung der Rechtsprechung des BGH, VersR 2007, 1614; HEISS, Grund und Grenzen der vorvertraglichen Aufklärungspflicht des Versicherers, ZVersWiss 2003, 339 ff; KUBIAK, Gendiagnostik bei Abschluss von Privatversicherungen – unter besonderer Berücksichtigung der VVG- und Gesundheitsreform sowie des in Aussicht stehenden Gendiagnostikgesetzes [Diss Düsseldorf 2007], S 54 ff; LANGE, Die vorvertragliche Anzeigepflicht nach der VVG-Reform, RuS 2008, 56; NEUHAUS, Die vorvertragliche Anzeigepflichtverletzung im neuen VVG, RuS 2008, 45; LANGHEID NJW 2007, 3665, 3667 f; OSING, Informationspflichten des Versicherers und Abschluss des Versicherungsvertrages [Diss Köln 1995]; außerdem MATUSCHE-BECKMANN, Berufsrecht und zivilrechtliche Beratungs- und Informationspflichten für Versicherungsvermittler, NVersZ 2002, 385 ff; REUSCH, Die vorvertraglichen Anzeigepflichten im neuen VVG 2008, VersR 2007, 1313; RÖMER VersR 1998, 1313 ff). Eine vorvertragliche Anzeigepflicht bei Gendefekten wird teilweise abgelehnt (so LG Bielefeld m krit Anm KUBIAK VersR 2007, 638; **aA** OLG Hamm NJW-RR 2008, 702).

(k) Parteien im Zivilprozess

472 Das **Prozessrechtsverhältnis** ist von vornherein auf die Verfolgung widerstreitender Interessen angelegt, so dass eine Aufklärung durch den Gegner hier am allerwenigsten erwartet werden kann. Nur im Rahmen der **Wahrheitspflicht** gem § 138 ZPO gilt etwas Gegenteiliges (vHIPPEL, Wahrheitspflicht und Aufklärungspflicht der Parteien im Zivilprozess [1939] 282 ff; WERRES, Aufklärungspflichten 156 f). In Analogie zu §§ 138, 372a, 423, 445 ff ZPO werden zB Informationspflichten zur Bewältigung des Kostenrisikos und zur Erleichterung der Rechtsverfolgung angenommen (vgl STÜRNER, Aufklärungspflicht 378 f). Im Falle der außergerichtlichen Inanspruchnahme wird eine **Darlegungsobliegenheit** des Gläubigers auf Grund der für den Schuldner bestehenden Unsicherheit über die Berechtigung der Inanspruchnahme diskutiert und umgekehrt eine **mitwirkende Aufklärungsobliegenheit** des Schuldners, wenn der Gläubiger an der Berechtigung der Inanspruchnahme zweifelt (LEUSCHNER, Prüfungsfristen und Darlegungsobliegenheiten bei der außergerichtlichen Inanspruchnahme, AcP 207 [2007] 64, 69 ff), da die Unsicherheit über die Berechtigung eine schwierige Situation schafft: Entweder leistet der Schuldner auf eine Nichtschuld und setzt sich damit dem Risiko aus, auf einen Rückforderungsanspruch angewiesen zu sein, oder er leistet vorerst nicht und riskiert damit den Eintritt der Verzugsfolgen oder der gerichtlichen Inanspruchnahme. Da aber generell das Risiko der Geltendmachung von Forderungen bei jeder Partei selbst liegt, können diese Grundsätze nur ganz ausnahmsweise angewendet werden, etwa weil die Nichtoffenlegung eigener Kenntnis rechtsmissbräuchlich wäre.

(l) Sonstige Aufklärungspflichten
Abschließend sollen überblicksartig einige weitere wichtige Bsp aus Rspr und Lit zu verschiedenen Arten von Aufklärungspflichten wiedergegeben werden.

Bei **Anlageberatungsverträgen** handelt es sich in der Regel um Geschäftsbesorgungsverträge (BGH NJW 1983, 1730), die wegen der wirtschaftlichen Bedeutung und des Verlustrisikos sowie des regelmäßig zwischen Anlageberater und Kunde bestehenden Informationsgefälles zu einer besonders umfangreichen Aufklärungspflicht des **Beraters** über das Risiko des Anlagegeschäftes führen (STAUDINGER/MARTINEK [1995] § 675 Rn E 2; LANG, Aufklärungspflichtverletzungen). Hierzu zählt bspw auch ohne Nachfragen des Interessenten die Pflicht zur Aufklärung über die begrenzte Weiterverkaufsmöglichkeit einer Beteiligung; Dem wird nicht durch einen Hinweis im Prospekt genügt, wenn vor der Anlageentscheidung keine Gelegenheit bestand, den Prospekt durchzulesen (LG Köln Urt v 10.6.2008 – 22 O 276/07 [unveröffentlicht]). Ferner haften organschaftliche Vertreter einer kapitalsuchenden Gesellschaft, die Anlageinteressenten über die für ihre Entscheidung wesentlichen Umstände informieren, wenn sie den Anlageinteressenten gegenüber unmittelbar unrichtige und/ oder unvollständige Angaben erteilen. Unklar ist allerdings, ob diese Haftung auf der allgemeinen Dritthaftung aus cic beruht oder vielmehr eine besondere Art kapitalmarktrechtliche Informationseigenhaftung der Organmitglieder anzunehmen ist (vgl BGH Urt v 2.6.2008, II ZR 210/06 m krit Anm KERSTING JR 2009, 221). Bei einem **Architektenvertrag** (regelmäßig einem Werkvertrag) (BGHZ 31, 224, 227 = NJW 1960, 431; BGHZ 43, 227, 230; 51, 190, 191) treffen (s o Rn 464 ff; ERMAN/HOHLOCH § 242 Rn 96) den **Architekten** Aufklärungspflichten bzgl der am Werk bestehenden Mängel (vgl STAUDINGER/PETERS [2003] Vorbem 2 zu §§ 631 ff u § 631 Rn 49 ff; vgl vRINTELEN, Die Sekundärhaftung des Architekten – Bestandsaufnahme, Grenzen und Kritik, NZBau 2008; 209). Auch aus dem Charakter des **Automatenaufstellvertrages** als Mietvertrag (vgl STAUDINGER/ EMMERICH [2003] Vorbem 42 z § 535) können Schlüsse auf Aufklärungspflichten gezogen werden. So ist der **Vermieter** des Aufstellplatzes zur Aufklärung über alle für den Automatenaufsteller wesentlichen Umstände verpflichtet, zB bzgl des dort zu erwartenden Publikums oder des Zugangs. Im Vorfeld und bei der Durchführung eines **Bürgschaftsvertrages** hat vor allem der **Bürge** Aufklärungspflichten bzgl seiner eigenen Vermögenssituation, während der **Gläubiger** zur Aufklärung des Bürgen über das Bürgschaftsrisiko verpflichtet sein kann (vgl BGH NJW 1968, 986 = WM 1968, 398; BGH NJW 1998, 2280; OLG Celle WM 1988, 1436, 1437; vgl OLG Frankfurt WM 1996, 715 = ZIP 1995, 1579; z fehlenden Berücksichtung v Schwierigkeiten m der deutschen Sprache jedoch OLG Hamburg ZMR 1999, 630; STAUDINGER/HORN [1997] § 765 Rn 120, 154, 174, 179 ff; ausf auch KLINGLER, Aufklärungspflichten 34 ff). Im **Franchisesystem** entsprechen die Aufklärungspflichten wegen der Rechtsnatur des Franchisevertrages, die zwischen Pacht- und Dienstvertrag zu verorten ist (dazu STAUDINGER/EMMERICH [2003] Vorbem 130 ff, 137 ff zu § 581), in etwa denjenigen bei Pacht- sowie bei Dienstverträgen. Da Franchiseverträge auf eine langfristige enge und vertrauensvolle Zusammenarbeit der Parteien angelegte Absatzmittlungsverhältnisse sind, wird dem **Franchisegeber** die Verpflichtung zur umfassenden vorvertraglichen Information des Franchisenehmers über dessen Pflichten auferlegt (vgl STAUDINGER/EMMERICH [2003] Vorbem 147 zu § 581; STAUDINGER/MARTINEK [2006] § 675 B 249). Außerdem muss er ihn vor Vertragsschluss über seine bisherigen Erfahrungen mit der Funktionsweise des Systems aufklären und ihm die sich hiernach vermutlich ergebenden Risiken schildern. Dazu gehört vor allem eine realistische Kalkulation der Kosten und der zu erwartenden Erträge (vgl BGH NJW-RR 2007, 776, 777 Rn 10 ff; OLG Düsseldorf m Anm FLOHR BB 2007, 738; vgl auch BÖHNER, Bestand und Ausmaß der vorvertraglichen Aufklärungspflicht des Franchisegebers: Das „Aufina"-Urteil unter der Lupe, BB 2001, 1749 ff; F BRAUN, Aufklärungspflichten des Franchisegebers bei den Vertragsverhandlungen, NJW 1995, 504 ff; SCHULZ, Die Schadensersatzansprüche des Franchisenehmers wegen der Verletzung vorvertraglicher Aufklärungspflichten [Diss Augsburg 2003]; HAAGER, Pflicht zur Weitergabe von Einkaufsvorteilen an Systempartner, NJW 2004, 1220, 1221 f; s auch CANARIS, Handelsrecht [24. Aufl 2006] § 18 IV Rn 59; vgl z weiteren Fällen ferner BAUMBACH/HOPT, Handelsgesetzbuch [33. Aufl 2008] Einl vor § 373 Rn 44 mwNw). Der **Gastwirt** muss zB bei Zusage eines Abstellplatzes für einen Pkw klarstellen, dass eine hoteleigene Garage nicht zur Verfügung steht, sondern das Fahrzeug durch verkehrsreiche Straßen in eine fremde Garage zu fahren ist (BGH NJW 1965, 1709; STAUDINGER/WERNER [1995] Vorbem 15 zu §§ 701 ff). Beim Abschluss eines **Gesellschaftsvertrages** besteht uU eine Aufklärungspflicht über das Bestehen von Patenten (BGHZ 15, 204, 205 = NJW 1955, 219; BGH NJW 1961, 1308) oder die Bewertung von Sacheinlagen (BGH WM 2004, 1823; RGZ 18, 56, 70; ausf FLEISCHER, Informationsasymmetrie 520 ff). An die Aufklärungspflicht eines **Heilpraktikers** sind grds dieselben Maßstäbe anzulegen wie an die ärztliche Aufklärungspflicht (s o Rn 459 ff); bei einer in Aussicht genommenen homöopathischen Behandlung gilt dies namentlich für die Feststellung des homöopathischen Patiententyps (AG Bottrop NJWE-VHR 1996, 91). Zum **Krankenhausaufnahmevertrag** s o Rn 460 beim Arztvertrag. Die Rechtsnatur des **Leasingvertrages** zwischen Kauf- und Mietvertrag führt dazu, dass Aufklärungspflichten der Parteien ähnlich denen bei Kauf und Miete bestehen. Besonders weitgehende Aufklärungspflichten treffen zB die Lieferanten von EDV-Anlagen als Leasinggeber (so im Rahmen v Kaufverträgen; dazu auch OLG Dresden NJW-RR 1998, 1351), die vor Abschluss der Verträge klären müssen, ob die ins Auge gefasste Anlage für den Leasingnehmer geeignet ist (OLG Koblenz WM 1989, 222; STAUDINGER/STOFFELS [2004] nach § 487 „Leasingrecht" Rn 88, 96). Der **Makler** muss den Auftraggeber nicht nur über das aufklären, was unerlässlich ist, damit dieser vor Schäden bewahrt wird, sondern auch über alle ihm bekannten Umstände, die für die Entschließung des Auftraggebers von Bedeutung sein können (BGH NJW-RR 2003, 700, 701 f). So verletzt er seine Aufklärungspflicht zB, wenn er unrichtige Angaben in einem Exposé nicht richtig stellt (BGH NJW 2000, 3642 = NZM 2001, 474; OLG Hamm NJW-RR 1996, 1081) oder eine „Schmiergeldzahlung" verheimlicht (BGH NJW 2001, 1065, 1067; ferner STAUDINGER/ REUTER [2003] Vorbem 6 zu §§ 652 ff). Wenn sich Zweifel an der Finanzierbarkeit gerade bei einem unerfahrenen Auftraggeber aufdrängen, muss der Makler diesen vor einem Geschäftsabschluss warnen (OLG Dresden NZM 1998, 91). Beim Verkauf eines vermieteten Objekts hat der Makler darauf hinzuweisen, dass er die Bonität des Mieters nicht geprüft hat (BGH NJW-RR 2003, 700 ff). Der **Verpächter** muss den Pächter über alle Umstände aufklären, die die Person oder das Vermögen des Pächters gefährden (ausf STAUDINGER/SONNENSCHEIN [1996] § 581 Rn 172). Dies gilt dann, wenn der Pächter entschuldbarerweise über Bestehen und Umfang seiner Rechte im Ungewissen, der Verpächter hingegen in der Lage ist, entsprechende Informationen zu erteilen (BGHZ 19, 385, 387 = NJW 1954, 70, 71; vgl z ähnl Aufklärungspflicht des Rechtsanwalts gegenüber seinem Mandanten bereits o Rn 458). Davon umfasst ist daher bspw nicht die Pflicht, ungefragt über die Rentabilität des Pachtobjekts aufzuklären, da es jedem Vertragspartner selbst obliegt, wirtschaftliche Chancen und Risiken einer rechtlichen Bindung zu prüfen (OLG Düsseldorf Urt v 3.11. 2005 – I-24 U 103 [unveröffentlicht]). Zur allgemeinen Haftung für **Rat oder Empfehlung** vgl STAUDINGER/MARTINEK (2006) § 675 Rn C 1 ff. Zur Haftung des **Rechtsanwalts** s o Rn 427 beim Dienstvertrag. Bzgl der Haftung des **Schenkers** für Aufklärungspflichtverletzungen gilt es, die Wertung des Gewährleistungsrechts zu berücksichtigen, vor allem das Haftungsprivileg des § 521 sowie die Haftungstatbestände der §§ 523, 524 (dazu POHLMANN, Aufklärungspflichten 181 ff). Dies hat allerdings eher Auswirkung auf den Haftungsmaßstab als auf den Bestand von Aufklärungspflichten (vgl dazu auch MünchKomm/ KOLLHOSSER § 521 Rn 5 ff; SOERGEL/TEICHMANN § 242 Rn 144 ff, 166 ff). Über das einer **Treuhandkommanditistin** bekannte aufsichtsrechtliche Tätigwerden der Bundesanstalt für Finanzdienstleistungen gegen die Kommanditgesellschaft muss die Treuhandkommanditistin vor Vertragsschluss mit beitrittswilligen Treugebern aufklären (OLG München WM 2009, 651). Bei Verletzung der in § 16 Abs 2 S 2 Energieeinsparverordnung 2007 (EnEV) vorgesehenen Pflicht zur **Vorlage eines Energieausweises** nach Aufnahme von Vertragsverhandlungen kommt eine Haftung des Vermieters oder Verkäufers gegenüber dem potentiellen Mieter oder Käufer wegen Verletzung seiner Aufklärungspflicht in Betracht (FLATOW, Auswirkungen der EnEV 2007/2009 auf Miet-, Kauf- und Werkverträge, NJW 2008, 2886, 2889; THOLE, Die zivilrechtlichen Folgen einer Vorenthaltung des neuen Wärmepasses, ZfIR 2008, 278).

c) Beratungspflichten

Die Annahme von **Beratungspflichten** (z Begriff o Rn 427) bedarf – ebenso wie diejenige von Aufklärungspflichten- stets einer besonderen Rechtfertigung. Diese gründet sich grds auf die zu den Aufklärungspflichten dargestellten Auslegungskriterien (s o Rn 437 ff; so wohl auch BREIDENBACH, Informationspflichten 61 ff u KLUTH/BÖCKMANN/GRÜN MDR 2003, 241, 243 ff). Der Umstand, dass die Beratungspflicht umfassender ist als die Aufklärungspflicht, muss im Rahmen der Abwägung besondere Berücksichtigung finden (vgl auch MünchKomm/ROTH Rn 151).

So wird zB bei **Kapitalanlagegeschäften** grds keine allgemeine Vermögensberatungspflicht und bei **Kaufvertragsabschlüssen** keine Informationspflicht über steuergünstige Gestaltungsmöglichkeiten angenommen (MünchKomm/ROTH Rn 152; ausf ASSMANN/ SCHÜTZE/ROTH, HdB des Kapitalanlagerechts [1990] § 12 Rn 49 ff; LANG, Aufklärungspflichtverletzungen 29 ff, 36 ff). Nur in Ausnahmefällen, insbesondere im Geschäftsverkehr mit **Banken und Versicherungen** (z Versicherungsvertrag vgl RÖMER VersR 1998, 1313; z den Banken ELLENBERGER WM 2001, Sonderbeilage 1; LANG, Aufklärungspflichtverletzungen; STEUER, Haftung für fehlerhafte Anlageberatung – Eine unendliche Geschichte, in: FS Schimansky [1999] 793 ff), fällt die Abwägung eher zu Gunsten des Beratungsbedürftigen aus (vgl zB BGH WM 1976, 1165; OLG Hamm ZIP 1996, 2069; z dem seltenen Fall der Beratungspflichten bei Kaufverträgen zB über EDV-Anlagen vgl BGH NJW 1984, 2938; OLG Köln NJW 1994, 1355; OLG Dresden NJW-RR 1998, 1351 u ZAHRNT NJW 2000, 3746 ff; ders NJW 1995, 1785 ff mwNw; BECHTEL, Anlageberatung der Kreditinstitute im Wandel – Aufklärungs-, Beratungs- und Informationspflichten am Beispiel von Optionsgeschäften mit Privatkunden [Diss Hamburg 1998]). Gleiches gilt für besondere **Vertrauenspersonen** wie Steuerberater, Notare und Versicherungsgesellschaften, die auf Grund ihres Mandates umfassende Beratung schulden (BGH NJW-RR 1987, 473; 1989, 40; NJW 1996, 312; ZIP 2000, 2114; STAUDINGER/MARTINEK [2006] § 675 C 13; MünchKomm/ROTH Rn 154). Dort kann die Beratungspflicht sogar Hauptleistungspflicht sein und in den Anwendungsbereich des Abs 1 fallen (so zB wenn ein Architekt sich z Beratung des Bauherrn verpflichtet, vgl OLG Hamm NJW-RR 1995, 400;

offen gelassen von BGH NZBau 2001, 504, 505 = NJW 2001, 2630 ff = JuS 2001, 1119 ff; s auch BGH NJW 1997, 3227 ff; z den Nebenleistungspflichten s o Rn 162 ff). Hinsichtlich der einzelnen Beratungspflichten wird auf die Kommentierungen der jeweiligen Schuldverhältnisse verwiesen (vgl z Kaufvertrag STAUDINGER/BECKMANN [2004] § 433 Rn 110 f; z Werkvertrag STAUDINGER/PETERS [2003] § 631 Rn 49 ff; beim Architektenvertrag Vorbem 98 ff, 116 zu §§ 631 ff; z Reisevertrag STAUDINGER/ECKERT [2003] Vorbem 22 zu §§ 651a–651m; § 651a Rn 30, 60, 118; allg auch mwNw z Rspr THAMM/PILGER BB 1994, 729, 731 f; VORTMANN WM 1989, 1557, 1559 f).

3. Obhuts- und Fürsorgepflichten*

a) Allgemeines

477 Aus Abs 2 iVm dem jeweiligen Schuldverhältnis folgt außerdem die Pflicht zur **Obhut** und **Fürsorge** gegenüber dem anderen Teil. Der Unterschied zwischen beiden Pflichtarten besteht darin, dass sich **Obhut** auf einen **Gegenstand** bezieht (vgl MünchKomm/ERNST § 280 Rn 101), während **Fürsorge** Rücksichtnahme auf eine **Person** meint. Synonym findet sich der Begriff der **Erhaltungspflichten** (LARENZ, in: FS Ballerstedt [1975] 397, 400 f m Verw auf den Linoleumrollen- [RGZ 78, 239 ff] sowie den Bananenschalen-Fall [BGH NJW 1962, 31 ff]) sowie der **Sorgfaltspflichten** (BGH NJW 1983, 2813 ff). Allerdings soll hier in Anlehnung an § 619, der den Begriff der Fürsorgepflicht enthält (BT-Drucks 14/6040, 163), und die Rspr (zB BGH JZ 1954, 53 benutzt den Begriff „Verkehrssicherungspflicht", BGH VersR 1978, 350, 351 dagegen bereits den der „Fürsorgepflicht"; NJW 2000, 280, 282) das Begriffspaar **„Obhuts- und Fürsorgepflichten"** verwendet werden (andere Terminologie mit selben Inhalten bei FROST, Schutzpflichten 180 ff; TEICHMANN orientiert sich zur Systematisierung der Schutzpflichten auch an den jeweils betroffenen Rechtsgütern SOERGEL/TEICHMANN § 242 Rn 185 ff und JA 1984, 709, 713 f).

478 Obhuts- und Fürsorgepflichten können sowohl den Leistungsgegenstand als auch die übrigen Rechte, Rechtsgüter und Interessen des Gegenüber betreffen. Ersteres soll hier wegen des allein betroffenen Äquivalenzinteresses ausgeklammert (s o Rn 215 f), auf Letzteres wegen der Beeinträchtigung des **Integritätsinteresses** dagegen genauer eingegangen werden, vornehmlich im Hinblick auf solche Obhuts- und Fürsorgepflichten, deren Verletzung die Rechtsgüter aus § 823 Abs 1 beeinträchtigt (MEDICUS, in: BMJ [Hrsg], Gutachten und Vorschläge zur Überarbeitung des Schuldrechts [Köln 1981–1983] 486, nennt sie vertragsfremde Rechtsgüter). Der **Wille** und die **Entscheidungsfreiheit** einer Partei lassen sich auch unter den Begriff „Interesse" fassen (s bereits o

---

* **Schrifttum**: BRORS, Die Abschaffung der Fürsorgepflicht (Habil Münster 2002); EVANS-VKRBEK, Nichterfüllungsregeln auch bei weiteren Verhaltens- und Sorgfaltspflichtverletzungen?, AcP 179 (1979) 85 ff; KORT, Inhalt und Grenzen der arbeitsrechtlichen Personenfürsorgepflicht, NZA 1996, 854 ff; KREBS, Sonderverbindung und außerdeliktische Schutzpflichten (Habil Köln 2000) 485 ff; L MÜLLER, Schutzpflichten im Bürgerlichen Recht, JuS 1998, 894 ff; RUST, Leistungs- und Schutzpflichten in der Gewährleistungshaftung, MDR 1998, 947 ff; SCHLIEMANN, Fürsorgepflicht und Haftung des Arbeitgebers beim Einsatz von Arbeitnehmern im Ausland, BB 2001, 1302 ff; SCHNELLENBACH, Die Fürsorgepflicht des Dienstherrn in der Rechtsprechung des Bundesverfassungsgerichts, VerwArch 2001, 2 ff; TEICHMANN, Nebenverpflichtungen aus Treu und Glauben, JA 1984, 545 ff und 709 ff; WEBER, Die Nebenpflichten des Arbeitgebers, RdA 1980, 289 ff; U WESTERMANN, Dogmatik und Bedeutung der allgemeinen Fürsorge- und Treuepflicht im Arbeits- und Beamtenrecht (Diss Münster 1982).

Rn 413), können allerdings von der Verletzung einer Obhuts- und Fürsorgepflicht kaum berührt werden. Das **Vermögen** fällt dagegen in den Schutzbereich bestimmter Obhuts- und Fürsorgepflichten.

Der **Inhalt** der Fürsorge- und Obhutspflichten unterscheidet sich ebenso wie derjenige der Informationspflichten (s o Rn 427 ff): Auf der einen Seite steht die Pflicht, Schädigungen zu unterlassen, auf der anderen Seite die aktive Schutzpflicht (MünchKomm/ROTH Rn 68) – jeweils bezogen auf das entsprechende Rechtsgut. **479**

Vor allem im **vorvertraglichen Bereich** wurde lange diskutiert, ob angesichts der Existenz des Deliktsrechts ein Bedarf für Obhuts- und Fürsorgepflichten als Schutz- bzw Rücksichtspflichten besteht (ausf vCAEMMERER, in: FS DJT 49, 57 ff; HUBER, Leistungsstörungen, in: BMJ [Hrsg], Gutachten und Vorschläge zur Überarbeitung des Schuldrechts [Köln 1981–1983] 647, 736, 742; LARENZ, in: FS Ballerstedt [1975] 397, 403; vgl auch MEDICUS, in: BMJ [Hrsg], Gutachten und Vorschläge zur Überarbeitung des Schuldrechts [Köln 1981–1983] 489 ff; STOLL, Tatbestände und Funktionen der Haftung für culpa in contrahendo, in: FS v Caemmerer [1978] 435, 437, 452 ff). Durch Einfügung der §§ 241 Abs 2 und 311 Abs 2 ist der Streit iSd bisher hM (vor allem seit dem Linoleumrollenfall des RG in RGZ 78, 239 und im später vom BGH entschiedenen Gemüseblattfall in BGHZ 66, 51) entschieden. Allerdings entsprechen die vertraglichen Fürsorge- und Obhutspflichten weitgehend den zu § 823 Abs 1 entwickelten **Verkehrssicherungspflichten**. Dies führt dazu, dass Verkehrssicherungspflichten innerhalb eines Vertragsverhältnisses zugleich vertragliche (Rücksichts-)Pflichten darstellen können (vgl BAMBERGER/ROTH/GRÜNEBERG/SUTSCHET Rn 92; MünchKomm/ERNST § 280 Rn 104; ähnl LOOSCHELDERS, Schuldrecht AT Rn 189). **480**

b) Gesetzliche Obhuts- und Fürsorgepflichten
Wie bei den anderen Rücksichtspflichten, liegt auch Obhuts- und Fürsorgepflichten ein vertragliches oder gesetzliches Schuldverhältnis zu Grunde. Da die gesetzlichen Pflichten Wertentscheidungen des Gesetzgebers erkennen lassen, kann daraus auf die Voraussetzungen außergesetzlicher Obhuts- und Fürsorgepflichten rückgeschlossen werden. Deshalb sollen die gesetzlichen Regelungen zunächst dargestellt werden. **481**

aa) Fürsorgepflichten
Die einzige ausdrücklich geregelte und zugleich sehr wichtige gesetzliche Fürsorgepflicht im BGB betrifft den **Dienstherrn** gem §§ 617, 618. Sie betrifft die Krankenfürsorge sowie die Vornahme sonstiger Schutzmaßnahmen zu Gunsten der körperlichen Unversehrtheit des Dienstverpflichteten und wird zB durch das Arbeitsschutzgesetz sowie die Arbeitsstättenverordnung (BGBl I 729; vgl zu Einzelheiten STAUDINGER/OETKER [2002] § 618 Rn 77 ff; z Fürsorgepflicht aus §§ 617, 618 im Allgemeinen STAUDINGER/OETKER [2002] § 617 und § 618) konkretisiert. Lediglich mit § 694 zeigt der Gesetzgeber noch, dass auch einen **Hinterleger** gegenüber dem Verwahrer Fürsorgepflichten treffen, indem er Schadensersatzansprüche des Verwahrers gegen den Hinterleger normiert, sofern durch die Beschaffenheit der hinterlegten Sache Schäden entstehen. Entsprechendes lässt sich aus den Schadensersatzansprüchen des Käufers gegen den **Verkäufer** für Mangelfolgeschäden aus §§ 437 Nr 3, 280 Abs 1, 241 Abs 2 folgern. **482**

bb) Obhutspflichten

483 **Obhutspflichten** begründet das Gesetz dagegen häufiger (vgl zu den normierten Schutzpflichten im BGB allg KUHLMANN, Schutzpflichten 58 ff), allerdings idR bzgl des Vertragsgegenstandes selbst (s o bei Abs 1 Rn 215 f). So folgt zB aus § 535 Abs 1 S 2 die Verpflichtung des Vermieters, dem Mieter den vertragsgemäßen Gebrauch zu ermöglichen (aA insoweit jedoch ohne nähere Begründung BAMBERGER/ROTH/GRÜNEBERG/SUTSCHET Rn 91). § 536c begründet die Pflicht des Mieters zur Mängelanzeige (auch hier aA BAMBERGER/ROTH/GRÜNEBERG/SUTSCHET Rn 91). **Obhutspflichten des Mieters**, die das **Integritätsinteresse** (s o Rn 153) des Vermieters schützen, lassen sich im Mietverhältnis allenfalls aus § 541 ableiten (so wohl auch BAMBERGER/ROTH/GRÜNEBERG/SUTSCHET Rn 91). Dagegen können Obhutspflichten des **Vermieters** aus § 536a gefolgert werden, der dem Mieter einen Schadensersatzanspruch auch für Mangelfolgeschäden zuspricht (PALANDT/WEIDENKAFF § 536a Rn 14). Gleiches gilt iRd **Kaufvertrages**, wo der Schadensersatzpflicht für Mangelfolgeschäden aus §§ 437 Nr 3, 280 Abs 1, 241 Abs 2 eine Obhutspflicht des Verkäufers gegenüber dem Käufer im Hinblick auf den Kaufgegenstand zu Grunde liegt.

484 Einigkeit besteht darüber, dass § 701 eine gesetzliche Obhutspflicht des **Gastwirtes** gegenüber seinen Gästen an den von ihnen eingebrachten Sachen begründet (BAMBERGER/ROTH/GRÜNEBERG/SUTSCHET Rn 94). Ebenso lässt sich die Rückgabepflicht der **Gesellschafter** aus § 732 als gesetzliche Obhutspflicht charakterisieren. Das Gleiche gilt für die Pflicht zur schonenden Ausübung einer **Grunddienstbarkeit** gem § 1020, bzw für diejenige des **Nießbrauchers** zur Erhaltung der Sache in ihrem wirtschaftlichen Bestand gem § 1041. Auch außerhalb des BGB finden sich Ausprägungen solcher gesetzlicher Obhutspflichten, zB in § 130a HGB und §§ 92 Abs 2, 93 Abs 1 sowie § 116 AktG.

c) Außergesetzliche Obhuts- und Fürsorgepflichten
aa) Voraussetzungen

485 Die Rspr nimmt außergesetzliche Sorgfalts- und Obhutspflicht im Wege der Auslegung dann an, wenn Vertragszweck, Verkehrssitte und die Anforderungen des redlichen Geschäftsverkehrs dies erfordern (schon RGZ 55, 335; 65, 17; 66, 402; 73, 148; 78, 239, 240; RG JW 1904, 358 Nr 10; 484, Nr 6; LG Heidelberg NJW 2002, 2960, 2961; OLG Hamm NJW 2003, 760, 761; BGH NJW 1972, 1363 f).

(1) Wissensgefälle/Einflussmöglichkeit

486 Dementsprechend muss – wie bei den Aufklärungspflichten (s o Rn 433 ff) – ein **Gefälle** zwischen den Parteien bzgl ihres **Wissens um bestimmte Tatsachen** (so zB BGH NJW 1983, 2813, 2814) oder der **Macht** bestehen, **Umstände zu beeinflussen** (so bei LG Heidelberg NJW 2002, 2960, 2961; OLG Hamm NJW 2003, 760, 761; vgl auch BGH NJW 1972, 1363 für die Möglichkeit des Kfz-Händlers, eine Versicherung für Vorführwagen abzuschließen). Diese Voraussetzung lässt sich auf die §§ 617, 618 stützen, welche auf der umfassenden Einwirkungsmöglichkeit des Dienstherrn vor allem bzgl des Ortes der Tätigkeit des Dienstverpflichteten beruhen. Ferner spricht § 701 für eine solche Wertung, der die tatsächliche Herrschaft des Gastwirtes über seine Räume zur Grundlage hat.

(2) Abwägung

487 Die Auslegung verlangt ferner eine **mehrstufige Interessenabwägung** (z der Abwägung bei Aufklärungspflichten s o Rn 444 ff; vgl auch LG Dortmund WM 1981, 280, 282; TEICHMANN JA 1984, 709, 713). Die besondere Schutzbedürftigkeit des Gegners ergibt sich aus den sonderverbindungsspezifischen **Einwirkungsmöglichkeiten** der einen und den reduzierten **Abwehrmöglichkeiten** der anderen Seite (vgl BAMBERGER/ROTH/GRÜNEBERG/SUTSCHET Rn 90; KREBS, Sonderverbindung 504).

In einem weiteren Schritt erfolgt eine Güterabwägung zwischen **Gefährdung** der Rechtsgüter einer Partei einerseits und dem **Risikobeseitigungsaufwand** der anderen Partei andererseits (vgl BGH NJW 1972, 1363; ähnlich TEICHMANN JA 1984, 709, 713 für die Schutzpflichten insgesamt); dabei spielt die **Zumutbarkeit** der auferlegten Pflicht (vgl BGH NJW 1983, 2813, 2814; OLG Düsseldorf WM 1972, 546, 547) eine Rolle, ihre Kalkulierbarkeit ebenso wie die Vermeidbarkeit der Haftung (vgl KREBS, Sonderverbindung 505). Eine **Pflicht zum aktiven Schutz** der Gegenseite gegen Gefahren durch **Dritte** (vgl auch Rn 173, 253 f) sowie **Naturgefahren** oder sonstige **Erhaltungspflichten** des einen Teils gegenüber dem anderen bedürfen **besonderer Rechtfertigung**, weil der aktiv Schutzpflichtige diese Gefahren nicht selbst begründet hat (vgl KREBS, Sonderverbindung 505 f). Denn so weit eine solche aktive Schutzpflicht besteht, wird der Grundsatz der Eigenverantwortlichkeit durchbrochen (vgl KREBS, Sonderverbindung 506). Sofern der Schutzpflichtige die Gefahren für Gegenstand oder Person der anderen Partei jedoch leichter und billiger, dh zumutbar, bewältigen kann als dieser, weil seine eigenen berechtigten Interessen nicht erheblich sind, lässt sich diese Durchbrechung jedoch begründen (vgl BGH NJW 1972, 1363; KREBS, Sonderverbindung 505 f). Insbesondere ein **vorangegangenes risikoerhöhendes Verhalten** des Schuldners rechtfertigt uU seine Schutzpflicht (vgl KREBS, Sonderverbindung 507). Im Rahmen von **Dauerschuldverhältnissen** (s o Rn 349 ff) muss ferner das zwischen den Parteien bestehende **Vertrauensverhältnis** Berücksichtigung finden (vgl MünchKomm/ERNST § 280 Rn 102).

Für den Bereich der **Fürsorge** hat sich aus den §§ 617, 618 eine umfassende Verpflichtung entwickelt (SOERGEL/TEICHMANN § 242 Rn 61; ERMAN/HOHLOCH § 242 Rn 87). Insbesondere § 618 Abs 1 wird als Ausdruck eines allgemeinen aus Treu und Glauben fließenden Rechtsgedankens verstanden und immer dann entsprechend angewandt, wenn eine Vertragspartei in Erfüllung ihrer Pflichten unter ähnlichen Voraussetzungen tätig wird (unter Anwendung v § 618 analog RGZ 159, 268, 270; BGHZ 5, 62, 65; unter Anwendung v § 242 RGZ 80, 27, 28; RG HRR 35, 336; vgl auch ERMAN/HOHLOCH § 242 Rn 87), so vor allem beim „dienstvertragsähnlichen" **Werkvertrag** (RGZ 80, 27, 28; BGHZ 5, 62, 68; BGH NJW 1958, 710), aber auch bei anderen Verträgen mit dienst- oder werkvertraglichem Einschlag (vgl RGZ 159, 268, 269 f; beim Gastaufnahmevertrag RGZ 160, 153, 155; beim Auftrag BGHZ 16, 265, 267 ff).

bb) Einzelfälle
Die Rspr zu den Obhuts- und Fürsorgepflichten ist umfangreich; eine abschließende und vollständige Darstellung kann deshalb an dieser Stelle nicht stattfinden. Für Einzelheiten wird vielmehr auf die Kommentierungen zu dem jeweiligen Schuldverhältnis verwiesen.

(1) Kaufvertrag
Eine wichtige Obhuts- und Fürsorgepflicht im Rahmen eines Kaufvertrages bildet die **Verkehrssicherungspflicht** hinsichtlich der dem Publikumsverkehr geöffneten

Räumlichkeiten (so schon im sog Gemüseblattfall in BGHZ 66, 51; BAMBERGER/ROTH/GRÜNEBERG/SUTSCHET Rn 94). Bei ihrer Verletzung haftet der **Verkäufer** einem (potentiellen) Käufer für auftretende Schäden an seinen Gegenständen oder seiner körperlichen Unversehrtheit wegen Verletzung einer Rücksichtspflicht aus §§ 241 Abs 2, 280 Abs 1 uU iVm 311 Abs 2, 3. Da diese Pflicht sowohl dem Schutz der Person als auch ihres Eigentums dient, stellt sie eine Obhuts- und Fürsorgepflicht zugleich dar. Die Verkehrssicherungspflicht hat aber auch Grenzen. So ist der Supermarktbetreiber nicht verpflichtet, den Kunden vor Gefahren durch Stolpern über in der Verkaufsfläche betriebene Palettenhubwagen zu schützen, sofern diese gut sichtbar und nur bei Rückwärtsbewegungen nicht erkennbar sind (OLG Brandenburg MDR 2009, 807).

492 Der **Kfz-Händler** muss hingegen uU eine Kaskoversicherung für Probefahrten abschließen, um seiner Obhutspflicht für das Vermögen des Kaufinteressenten nachzukommen (BGH NJW 1972, 1363; 1986, 1099 f; BAMBERGER/ROTH/GRÜNEBERG/SUTSCHET Rn 98; s Rn 153, 157, 161, 217). Für die Zumutbarkeit spricht, dass Kaufinteressenten das Modell, das sie zur Probe fahren, regelmäßig noch nicht vertraut ist und daher ein erhöhtes Unfallrisiko besteht, gegen das sich der Interessent selbst kaum versichern kann (vgl BGH NJW 1972, 1363 f; zu weiteren Obhuts- und Fürsorgepflichten im Rahmen eines Kaufvertrages vgl STAUDINGER/BECKMANN [2004] § 433 Rn 90 ff, 172 ff; RUST MDR 1998, 947, 949). Der Tankstellenbetreiber verletzt seine Obhutspflicht aus einem Benzinkaufvertrag, wenn er nicht dafür Sorge trägt, dass das Gehäuse einer Zapfpistole derart befestigt ist, dass es nicht herunterfällt und dadurch Fahrzeuge beschädigt werden (AG München ZfSch 2007, 334).

(2) Gelddarlehensvertrag
493 Die Besonderheit des **Darlehensvertrages** iSd § 488 liegt in dessen Dauerschuldcharakter (z Dauerschuldverhältnissen s o Rn 348 ff) mit gesteigerter Einwirkungsmöglichkeit der einen Partei auf die Rechtsgüter der anderen. Die Parteien vertrauen daher in einem höheren Maße als sonst auf Wahrung und Schutz ihrer Rechtsgüter durch den anderen Teil (BGH NJW 1983, 2813, 2814). Deshalb hat zB die Bundesrepublik Deutschland gegenüber dem Vermieter bei der Ausübung des mit einem Darlehensvertrag verbundenen Wohnungsbesetzungsrechts eine Sorgfaltspflicht, keine Bundesbedienstete als Mieter zuzuweisen, die wegen ihrer zerrütteten Vermögensverhältnisse mit hoher Wahrscheinlichkeit ihrer Zahlungspflicht nicht nachkommen können (BGH NJW 1983, 2813, 2814). Für eine Bank ergibt sich aus dem Darlehensvertrag die Verpflichtung zur Interessenwahrung und Loyalität gegenüber ihrem Vertragspartner. Vertreter der Bank dürfen deshalb die Kreditwürdigkeit des Darlehensnehmers weder durch Tatsachenbehauptungen, auch wenn sie wahr sind, noch durch Werturteile oder Meinungsäußerungen gegenüber Dritten gefährden (BGH NJW 2006, 830; PWW/SCHMIDT-KESSEL § 242 Rn 65).

(3) Mietvertrag
494 Auch beim **Mietvertrag** handelt es sich um ein Dauerschuldverhältnis, welches auf gegenseitigem Vertrauen basiert und deshalb erhöhte Obhuts- und Fürsorgepflichten der Vertragsparteien begründet. So hat der **Vermieter** vor allem für die Sicherheit der Zu- und Abgänge, der Treppen und Flure sowie der sonstigen Räume, Hausteile und Fahrstühle zu sorgen (STAUDINGER/EMMERICH [2006] § 535 Rn 29; OLG Karlsruhe ZMR 1960, 306 ff; BAMBERGER/ROTH/GRÜNEBERG/SUTSCHET Rn 95; zur entsprechenden

Pflicht des Hoteliers siehe OLG Brandenburg 11 U 32/07). Diese Pflicht dient – wie die **Verkehrssicherungspflicht** zB im Rahmen eines Kaufvertrages (s o Rn 491) – sowohl dem Schutz der Person des Mieters als auch der in seinem Eigentum befindlichen Gegenstände, stellt also wiederum Obhuts- und Fürsorgepflicht zugleich dar. Umstritten war, ob die Pflicht des Vermieters so weit reicht, dass er – unabhängig von einem konkreten Mangel – regelmäßig die Elektroinstallationen in den Wohnräumen und im gesamten Haus überprüfen muss (OLG Saarbrücken NJW 1993, 3077; **aA** LG Hamburg ZMR 1991, 440). Der BGH hat entschieden, dass sich diese Pflicht nur aus einer nahe liegenden Gefahr ergeben kann, die bei ordnungsgemäß installierten Leitungen und Anlagen nicht ohne weiteres zu bejahen ist (NJW 2009, 143). Der Betreiber eines Parkhauses haftet ebenfalls grds nicht wegen Verletzung einer Obhutspflicht aus dem Mietvertrag über einen Abstellplatz, dafür dass er abgestellte Fahrzeuge nicht gegen Diebstahl versichert hat (OLG Düsseldorf NJW-RR 2001, 1607; LG Frankfurt aM NJW-RR 1988, 955). Eine Pflicht, für **Versicherungsschutz** zu sorgen, kann sich zwar ausnahmsweise aus einem Schuldverhältnis ergeben. So war ein Warenhaus, das in Verbindung mit einem Kaufhaus im Zentrum einer Großstadt eine Tiefgarage betrieb, nach der Rspr nur dann nicht zu erhöhten Sicherungsmaßnahmen gegen Diebstahl und Beschädigung der abgestellten Fahrzeuge verpflichtet, wenn es eine Kaskoversicherung für den Kunden geschlossen hatte (BGH NJW 1972, 150, 152 = LM § 276 [Ce] Nr 2; s Rn 153, 157, 161, 217). Aus dieser Entscheidung folgt aber keine generelle entsprechende Verpflichtung, sondern es entscheidet stets die Abwägung der widerstreitenden Interessen im Einzelfall (s o Rn 487 ff; OLG Düsseldorf NJW-RR 2001, 1607). Dementsprechend wurde zB die Pflicht des Kfz-Halters gegenüber dem Mieter und Fahrer des Kfz, eine Haftpflichtversicherung abzuschließen, deshalb angenommen, weil der Eintritt eines Schadens wahrscheinlich und dessen Umfang hoch war (BGH VersR 1964, 239, 240 f; 1971, 429, 430; BAG AP Nr 9 u 21 z § 611 BGB Haftung des Arbeitnehmers; BAGE 14, 226, 228 für den Arbeitgeber der öffentlichen Hand; Bamberger/Roth/Grüneberg/Sutschet Rn 98).

Auch den **Mieter** treffen Obhutspflichten, meist in Bezug auf die Mietsache selbst **495** (daher bereits o Abs 1 Rn 219, 223). So muss er zB dafür sorgen, dass die gemietete Wohnung nicht durch einen von ihm verschuldeten Wasserrohrbruch oder Brand beschädigt wird (BGH NJW 1964, 33, 35; AG Wiesbaden NJW-RR 1992, 76; z durch fehlende Nutzung der Wohnung durch den Mieter entstehenden „Muff" vgl AG Hamburg NZM 1998, 477; Bamberger/Roth/Grüneberg/Sutschet Rn 95). Ob diese Pflicht eine Rücksichts- oder aber eine Nebenleistungspflicht darstellt (s o Rn 223), hängt von der umstrittenen Frage ab, ob § 546 zur Rückgabe in vertragsgemäßem Zustand verpflichtet (so die bisherige hM, vor allem die Rspr, vgl BGHZ 104, 6 = NJW 1988, 1778, 1779; BGH WuM 1997, 217) oder lediglich zur Rückgabe als solcher (dafür Kandelhard NJW 2002, 3291 ff mwNw; so Abs 1 Rn 223; vgl auch Katzenstein/Hüftle, „Zwangslauf" im Mietrecht? – Schadensersatz statt der Leistung bei Verletzung der Rückgabepflicht des Mieters, NZM 2004, 601 ff). Jedenfalls aber bestehen Obhutspflichten des Mieters zB bzgl des Treppenhauses oder des nicht gemieteten Gartens, die auf den Schutz des Integritätsinteresses gerichtet sind. Ebenso können den Mieter Obhutspflichten bzgl des Vermögens des Vermieters treffen. Ein gemietetes Kfz muss zB so gebraucht werden, dass dem Vermieter und Eigentümer keine Schadensersatzpflicht aus § 7 StVG entsteht (BGHZ 116, 200, 203 = NJW 1992, 900; Bamberger/Roth/Grüneberg/Sutschet Rn 95).

Der Charakter der Miete als Dauerschuldverhältnis führt außerdem dazu, dass zwi- **496** schen den Mietvertragsparteien vielfältige **nachwirkende Obhuts- und Fürsorgepflichten** bestehen. Dementsprechend muss der **Vermieter** zB nach Auszug des Mieters eine gewisse Zeit ein Umzugsschild an seinem Haus dulden (s o Rn 220; RGZ 161, 330, 338; MünchKomm/ERNST § 280 Rn 115; BAMBERGER/ROTH/GRÜNEBERG/SUTSCHET Rn 103; z den nachwirkenden Pflichten grds LARENZ, Schuldrecht I § 10 II f mwNw), um insbesondere die Vermögensinteressen des Mieters zu schützen. Auch darf er sein Vermieterpfandrecht nicht an unpfändbaren Sachen des Mieters ausüben (OLG Frankfurt BB 1979, 136; BAMBERGER/ROTH/GRÜNEBERG/SUTSCHET Rn 103; für Einzelheiten wird bzgl der Obhutspflichten auf STAUDINGER/EMMERICH [2003] § 535 Rn 93 ff verwiesen, bzgl der Fürsorgepflichten auf STAUDINGER/EMMERICH [2003] § 535 Rn 82).

(4) Dienst- und Arbeitsverträge

497 Die wichtigste Rücksichtspflicht des **Dienstherrn** bzw Arbeitgebers folgt – wie erörtert – aus den §§ 617, 618 BGB (s o Rn 482; z Geschichte der Fürsorgepflicht des Arbeitgebers vgl BRORS, Fürsorgepflicht 7 ff; z Rechtsvergleichung, insbes mit den USA, BRORS, Fürsorgepflicht §§ 5–7; MÜLLER-PETZER, Fürsorgepflichten des Arbeitgebers nach europäischem und nationalem Arbeitsschutzrecht [Diss Bochum 2003]; für den Dienstherrn des Beamten sind zusätzlich die Vorschriften der verschiedenen Beamtengesetze heranzuziehen, so zB § 85 LBG NW; vgl auch § 62 Abs 1 HGB für den Prinzipal), wobei die Pflichten aus § 618 BGB durch das ArbSchG konkretisiert werden (BAG NZA 2006, 920; PWW/SCHMIDT-KESSEL § 242 Rn 63). In Anlehnung an diese Fürsorgepflicht wird vor allem von der Rspr ein **Wiedereinstellungsanspruch** des Arbeitnehmers nach betriebsbedingter Kündigung abgeleitet, wenn sich zwischen der Kündigung und dem Ablauf der Kündigungsfrist unvorhergesehen eine Weiterbeschäftigungsmöglichkeit ergibt (vgl BAG NZA 2002, 1416 im Anschluss an BAG NZA 1998, 254; dagegen BRORS, Fürsorgepflicht 232; s Rn 275). Wurde zur Vermeidung einer betriebsbedingten Kündigung ein Aufhebungsvertrag geschlossen, ist dieser nach den Regeln über den Wegfall der Geschäftsgrundlage (§ 313 BGB) anzupassen, wenn sich im genannten Zeitraum eine Weiterbeschäftigungsmöglichkeit ergibt. Die Vertragsanpassung kann dabei auch in einer Wiedereinstellung liegen (BAG NJW 2008, 3372). Aus der Fürsorgepflicht des Arbeitgebers folgt ebenso das allgemeine Gebot, Schädigungen des Arbeitnehmers zu unterlassen (BAG NJW 2000, 3369, 3370). Auch stellt jede unbillige Ausübung des arbeitgeberseitigen Direktionsrechts, die zB den angestellten Anwalt in vermeidbare Gewissenskonflikte hinsichtlich des Gebots der gewissenhaften Berufsausübung bringt, zugleich eine Verletzung der Fürsorgepflicht dar (COMPENSIS, Die Fürsorgepflichtverletzung im Anwaltsarbeitsverhältnis, BB 1996, 321, 324; WEBER RdA 1980, 289, 292 mwNw). Neben dieses Schädigungsverbot tritt die Pflicht zum aktiven Schutz des Arbeitnehmers bzw Dienstverpflichteten. Sie wurden im Arbeitsschutzgesetz (vom 7.8.1996) sowie der Arbeitsstättenverordnung (vom 20.3.1975) konkretisiert (s o Rn 482 bei gesetzl Fürsorgepflicht; vgl auch das Beschäftigungsschutzgesetz v 24.6.1994, BGBl I 146), zB im Hinblick auf die Pflicht des Arbeitgebers, zu Gunsten des Nichtrauchers für rauchfreie Arbeitsplätze zu sorgen (seit dem 12.8.2004 in § 5 ArbStättV normiert, vgl WELLENHOFER-KLEIN, Der rauchfreie Arbeitsplatz – Was bringt die Änderung der Arbeitsstättenverordnung?, RdA 2003, 155 ff; zu den weiteren offenen Rechtsfragen BERGWITZ, Das betriebliche Rauchverbot, NZA-RR 2004, 169 ff; früher COSACK, Verpflichtung des Arbeitgebers bzw Dienstherrn zum Erlass eines generellen Rauchverbots am Arbeitsplatz?, DB 1999, 1450 ff, 1452; SCHILLO/BEHLING, Rauchen am Arbeitsplatz – ein nach Anspruchsgrundlagen geordneter Leitfaden für die Praxis, DB 1997, 2022 ff). Es bestehen jedoch darüber hinausgehende Pflichten des Arbeitgebers, die aus seiner allgemeinen Fürsorgepflicht abgeleitet werden (z jetzi-

gen Verortung bei § 241 Abs 2 vgl zB Otto, Arbeitsrecht [3. Aufl 2003] Rn 382 f). Dem Schutz des **Persönlichkeitsrechts** der Arbeitnehmer dient die Fürsorgepflicht des Arbeitgebers bzgl der Möglichkeit privater Nutzung von E-Mails am Arbeitsplatz (vgl Balke/Müller, Arbeitsrechtliche Aspekte beim betrieblichen Einsatz von E-Mails, DB 1997, 326 ff). Sie erfordert die oben dargestellte (vgl o Rn 487 ff) Abwägung zwischen der Missbrauchsgefahr der privaten E-Mail-Nutzung auf der einen und dem allgemeinen Persönlichkeitsrecht des Arbeitnehmers auf der anderen Seite.

Die Fürsorgepflicht geht schließlich dahin, **Schädigungen des Eigentums** eines Arbeitnehmers bzw Dienstverpflichteten zu unterlassen (vgl Weber RdA 1980, 289, 290). So haftet der **Arbeitgeber** uU für die Beschädigung eines vom Arbeitnehmer berechtigterweise auf dem Betriebsgelände abgestellten PkW (so das BAG zuletzt in NJW 2000, 3369, 3370; vgl MünchKomm/Roth Rn 94). Dabei entsteht ein Schadensersatzanspruch jedoch nur im Hinblick auf solche Sachen, die der Arbeitnehmer im üblichen Rahmen in den Dienst einbringt und notwendigerweise dort belässt (BVerwG NJW 1995, 271; hier ging es um einen Beamten). Auch können Arbeitgeber verpflichtet sein, zum Schutz des Vermögens bzw der finanziellen Existenz angestellter Kraftfahrer eine Kaskoversicherung abzuschließen (LAG Bremen VersR 1980, 1182; OLG Stuttgart 1980, 1169; **aA** BAG NJW 1988, 2820; z Einzelheiten vgl Staudinger/Richardi [1999] Vorbem 17, 161, 367, 454, 491, 1124, 1152, 1177 zu §§ 611 ff u § 611 Rn 116, 119, 235, 261, 365, 374 ff, 416, 508, 634, 756, 784, 807 ff; Brors, Fürsorgepflicht; Kort, Inhalt und Grenzen der arbeitsrechtlichen Personenfürsorgepflicht, NZA 1996, 854 ff; Schliemann, Fürsorgepflicht und Haftung des Arbeitgebers beim Einsatz von Arbeitnehmern im Ausland, BB 2001, 1302 ff; Weber RdA 1980, 289 ff, z den **leistungsbezogenen Nebenpflichten** [s o Rn 226, 256] des Arbeitgebers). Eine Grenze dieser arbeitgeberseitigen Verpflichtung zieht die Rspr zum einen bei Treu und Glauben und zum anderen durch Berücksichtigung der besonderen betrieblichen und örtlichen Verhältnisse (BAG NJW 2000, 3369, 3370). **498**

Auch den Arbeitnehmer können Fürsorgepflichten gegenüber seinem Arbeitgeber treffen. Er ist ua verpflichtet, auf die geschäftlichen Interessen des Arbeitgebers Rücksicht zu nehmen und sie in zumutbarem Umfang zu wahren (BAG NJW 2004, 1547; LArbG Chemnitz MMR 2008, 416). Diese Pflicht besteht auch im ruhenden Arbeitsverhältnis fort (BAG NZA 2009, 671). Näher ausgestaltet wird sie durch die Grundrechte. Erstattet der Arbeitnehmer Strafanzeige gegen den Arbeitgeber oder seine Repräsentanten, beeinträchtigt er dadurch das als Ausfluss der verfassungsrechtlich geschützten Unternehmerfreiheit (Art 12 GG) rechtlich geschützte Interesse, nur mit solchen Arbeitnehmern zusammenzuarbeiten, die die Ziele des Unternehmens fördern und das Unternehmen vor Schäden bewahren. Andererseits nimmt der Arbeitnehmer ein von der Rechtsordnung eingeräumtes Grundrecht auf Rechtsverfolgung (Art 2 Abs 2 GG iVm dem Rechtsstaatsprinzip, Art 20 Abs 3 GG) wahr. Stützt er die Strafanzeige jedoch auf **wissentlich oder leichtfertig falsche Angaben**, verstößt der Arbeitnehmer damit in erheblichem Maße gegen seine arbeitsvertraglichen Rücksichtsnahmepflichten (BAG NJW 2004, 1547; LArbG Berlin ArbuR 2007, 51). Auch grobe Beleidigungen des Arbeitgebers und seiner Vertreter, die nach Form und Inhalt eine erhebliche Ehrverletzung bedeuten, stellen uU einen Verstoß gegen die Fürsorgepflicht des Arbeitnehmers dar. Allerdings ist das Grundrecht auf Meinungsfreiheit zu beachten (Art 5 Abs 1 GG), weshalb allgemeine Kritik am Arbeitgeber und den betrieblichen Verhältnissen, auch wenn sie überspitzt und polemisch ausfällt, den Tatbestand der Pflichtverletzung noch nicht erfüllt (BAG NJW **499**

2006, 2348; BAG NJW 2005, 619). Weiterhin ist der Arbeitnehmer verpflichtet, alles zu unterlassen, was Leben oder Gesundheit von Arbeitskollegen sowie das Eigentum des Arbeitgebers gefährdet (LArbG Kiel 6 Sa 158/08). Auch die eigenmächtige Installation von Software auf den Computern des Arbeitgebers ist zu unterlassen; ein Verstoß kann ohne Abmahnung zur Kündigung des Arbeitsverhältnisses führen (BAG NJW 2006, 2510). Offenkundige Lohnüberzahlungen schließlich müssen gegenüber dem Arbeitgeber angezeigt werden (BAG NZA 2009, 192 ff).

(5) Werkvertrag

500 Die **Fürsorgepflicht** aus §§ 617, 618 wird von Teilen der Lit und Rspr analog auf **Werkverträge** angewandt (RGZ 159, 268, 271 ff; BGHZ 26, 365, 371 = BGH NJW 1958, 70; BGH NJW 1971, 1931, 1933; vgl BAMBERGER/ROTH/GRÜNEBERG/SUTSCHET Rn 96; STAUDINGER/PETERS [2003] § 631 Rn 61 u Anhang IV z § 638 Rn 5 ff; LARENZ, Schuldrecht I § 10 IIe; ausf, iE aber dagegen LEWER, Die Haftung des Werkbestellers nach Dienstleistungsrecht gem den §§ 618, 619 BGB, JZ 1983, 336 ff mwNw; vgl o Rn 489). So wurde zB erwogen (OLG Frankfurt NJW-RR 1994, 633, 634), ob eine Fluggesellschaft gehalten sein kann, insbesondere einen insoweit besonders gefährdeten Fluggast in angemessener Entfernung zur Raucherzone der Fluggastkabine unterzubringen.

501 Den **Werkunternehmer** können grds auch **Obhutspflichten** treffen. Allerdings muss zB ein Kfz-Händler, der ein ihm zur Reparatur übergebenes Wohnmobil bzw Kfz vor oder nach Durchführung der Arbeiten auf einem jedermann zugänglichen Teil seines Betriebsgeländes abstellt, nicht den Diebstahl des Fahrzeugs bzw die Entwendung von Fahrzeugteilen verhindern, wenn diese Gefahr dem Besteller bekannt ist (BGH NJW-RR 1997, 342 f; AG Trier NJW-RR 2006, 1684; bzgl der Einzelheiten vgl STAUDINGER/PETERS [2003] § 631 Rn 61 ff u Anhang IV zu § 638 Rn 2 ff).

(6) Sonstige Fälle von Obhuts- und Fürsorgepflichten

502 Der **Auftraggeber** hat hinsichtlich der Sachen, die er dem Beauftragten überlässt, notwendige Schutzmaßnahmen zu ergreifen, zB durch ausreichenden Versicherungsschutz für ein überlassenes Kfz (BAG AP Nr 18 z § 670 BGB). Ferner wird auch iRd Auftrags bei Ähnlichkeit der Tätigkeit des Beauftragten mit einem Dienstverpflichteten § 618 analog angewandt (vgl STAUDINGER/WITTMANN [1995] § 662 Rn 11). Obwohl die **Auslobung** ein einseitiges Rechtsgeschäft ist, können aus ihr auch Ansprüche wegen Verletzung einer Obhutspflicht entstehen, die zB in dem schutzwürdigen Vertrauen des Interessenten auf die ordnungsgemäße Durchführung des öffentlich bekannt gemachten Wettbewerbs begründet sind (OLG Köln NJWE-VHR 1996, 45, 46 mwNw). Zu den entsprechenden Nebenpflichten des Veranstalters gehört demnach auch die Pflicht, geeignete und sichere Wettkampfanlagen zur Verfügung zu stellen (vgl OLG Köln NJWE-VHR 1996, 45, 46). Obhutspflichten des **Arztes** sind dagegen meist leistungsbezogen (s o Rn 210, 256; vgl aber zB OLG Köln AuR 1992, 4; z Krankenhaus s sogleich u). **Banken** können Schuldner von Obhutspflichten gegenüber Kunden sein, die sich meist auf den Schutz des Vermögens richten und in Form von Sorgfaltspflichten bzgl Kundendaten und -informationen bestehen (vgl BGHZ 157, 256 ff = NJW-RR 2004, 481 ff; LANG BKR 2003, 227, 230 ff). Zu den Nebenpflichten des zwischen einem Pflegedienst und einem Patienten geschlossenen **Betreuungsvertrages** gehört es, die Wohnung der betreuten Person gelegentlich auf technische Mängel zu überprüfen (bzgl einer mangelhaften Toilette AG Laufen FamRZ 2001, 1554). Der **Gastwirt** haftet für die vom Gast eingebrachten Sachen gesetzlich aus § 701. Daraus werden jedoch auch Fürsorge-

pflichten des Gastwirtes gegenüber den Gästen abgeleitet, ähnlich denen des Vermieters gegenüber dem Mieter (vgl o Rn 485 u für Einzelheiten STAUDINGER/WERNER [1995] Vorbem 14 zu §§ 701 ff). Im Rahmen eines **Geschäftsbesorgungsvertrages** können Fürsorgepflichten des Geschäftsherrn gegenüber dem Geschäftsführer bestehen (vgl STAUDINGER/MARTINEK [1995] § 675 Rn A 173). Gleiches gilt iRd **Geschäftsführung ohne Auftrag** (vgl STAUDINGER/WITTMANN [1995] Vorbem 36 zu §§ 677 ff). Ebenso treffen das **Krankenhaus** Obhutspflichten, zB für den Schmuck des bewusstlosen Patienten (LG Hannover ArztR 2000, 52). Wegen der Vergleichbarkeit des **Maklervertrages** und einem Kaufvertrag mit vorangegangenem geschäftlichen Kontakt (STAUDINGER/REUTER [2003] Vorbem 4 zu §§ 652 ff) sind die bestehenden Obhuts- und Fürsorgepflichten in beiden Vertragsverhältnissen ähnlich. Allerdings führt das besondere Treueverhältnis zwischen Makler und Auftraggeber zu einer gesteigerten Fürsorgepflicht des Ersteren gegenüber Letzterem (BGH NJW 1986, 150, 151; 1985, 2595; ausf z Ganzen STAUDINGER/REUTER [2003] Vorbem 9 zu §§ 652 ff). Obhutspflichten im Rahmen **gesetzlicher Schuldverhältnisse** bedürfen mangels freiwilligen Zusammenschlusses besonderer Anhaltspunkte. So wird zB diskutiert, ob im **Nachbarschaftsverhältnis** (allgemein zum nachbarschaftlichen Gemeinschaftsverhältnis s o Rn 399) eine Verpflichtung besteht, eigene Reben gegen Mehltau zu schützen, um ein Übergreifen des Schädlingsbefalls auf das Nachbargrundstück zu verhindern (von BGH JA 2001, 825 ff m Anm LEPPICH abgelehnt). Außerdem ist fraglich, ob ein Schadensersatzanspruch wegen schuldhafter Verletzung einer Obhutspflicht vorliegt, wenn jemand eine Feuerwerksrakete in geringer Entfernung von einem später in Brand gesetzten Bauwerk seines Nachbarn startet (von OLG Stuttgart NJOZ 2008, 3647 ff abgelehnt; vgl dazu BGH vom 18.9.2009, Az V ZR 75/08). Entscheidend ist, ob derjenige, der das Feuerwerk abbrennt, einen Platz gewählt hat, von dem aus fehlgehende Raketen aller Voraussicht nach keinen nennenswerten Schaden anrichten können (OLG Jena NJW-RR 2008, 831). Wegen der Ähnlichkeit des **Pachtvertrages** mit dem Mietvertrag sowie seines Dauerschuldcharakters bestehen zahlreiche Obhuts- (z Einzelheiten STAUDINGER/EMMERICH [2003] Vorbem 31 zu §§ 581 ff u STAUDINGER/SONNENSCHEIN [1996] § 581 Rn 230, 238, 167, 307, 322, 404) und Fürsorgepflichten (ausf STAUDINGER/SONNENSCHEIN [1996] § 581 Rn 125, 172, 238). So trifft den **Verpächter** zB eine umfassende Verkehrssicherungspflicht, die sich zugleich als Fürsorge- und Obhutspflicht darstellt und in so engem Zusammenhang mit der Hauptleistungspflicht steht, dass im Einzelfall von dieser abgegrenzt werden muss (STAUDINGER/SONNENSCHEIN [1996] § 581 Rn 172 f). Der **Pächter** hat dafür Sorge zu tragen, dass der Verpächter nicht in seiner Person Schaden erleidet (STAUDINGER/SONNENSCHEIN [1996] § 581 Rn 238). Zu den Obhutspflichten des **Reiseveranstalters** gehört es zB, liegen gelassene Kleidungsstücke aufzubewahren (STAUDINGER/ECKERT [2003] § 651a Rn 124; z den Fürsorgepflichten vgl STAUDINGER/ECKERT [2003] § 651a Rn 57). Im Hinblick darauf, dass es bis April 1993 weltweit noch zu keinem Attentatsversuch auf Teilnehmer eines internationalen Tennisturniers gekommen war, musste der **Veranstalter eines Sportturniers** jedenfalls bis zu diesem Zeitpunkt keine Vorkehrungen gegen die Verwirklichung einer solchen Gefahr treffen (LG Hamburg NJW 1997, 2606). Ein **Waschanlagenbetreiber** ist hingegen verpflichtet, bei bestimmten Ausstattungen bzw Formgebungen der Benutzerfahrzeuge (zB Dachheckspoilern) auf Risiken und Gefahren bei der Benutzung der Waschanlage hinzuweisen, etwa durch einen gut sichtbaren Hinweis am Eingang der Waschanlage (OLG Düsseldorf NJW-RR 2004, 962; AG Ludwigsburg NZV 2008, 250). Auf Warnhinweise mit ausreichender Signalwirkung muss auch ein **Hotelbetreiber** achten, der seinen Gästen Duplextiefgaragenplätze zur Verfügung stellt. In diesem Fall können zusätzliche Schilder in geeigneter Höhe und ausreichender Anzahl oder auch abgehängte Messlatten vor den Parkplätzen geeignete Maßnahmen darstellen (OLG München MDR 2009, 801) Auch den **Telefondienstanbieter** treffen Obhutspflichten: So entschieden das LG Heidelberg (NJW 2002, 2960 ff) und ähnlich das OLG Hamm (NJW 2003, 760 ff), dass er und der **Netzbetreiber** in Erfüllung einer Rücksichtspflicht Schutzvorkehrungen vor unbeabsichtigten Kosten treffen muss. Darauf reagierte der Gesetzgeber zunächst mit dem sog Gesetz zur Bekämpfung des Missbrauchs von 0190-er/0900er Mehrwertdienstnummern (G v 9.8. 2003, BGBl I Nr 40, 1590). Nach Inkrafttreten des Gesetzes zur Änderung telekommunikationsrechtlicher Vorschriften (G v 18.2. 2007, BGBl I 106) finden sich die entsprechenden Regelungen in den §§ 66a bis 66 f TKG wieder. Inhalt des **Verwahrungsvertrages** ist gem § 688 zwar die Obhutspflicht des Verwahrers bzgl der verwahrten Sache als Hauptleistungspflicht. Den **Hinterleger** treffen aber auch Obhuts- (STAUDINGER/REUTER [1996] Vorbem 4, 12, 38 ff zu §§ 688 ff) und Fürsorgepflichten (STAUDINGER/REUTER [1996] Vorbem 46 zu §§ 688 ff) gegenüber dem Verwahrer. Dies zeigt § 694, der Schadensersatzansprüche des Verwahrers gegenüber dem Hinterleger bei durch die Beschaffenheit der hinterlegten Sache entstandener Schäden normiert. Zum **Wohnungsbesetzungsrecht** vgl oben beim Darlehensvertrag Rn 493 (z weiteren Einzelfällen s auch ERMAN/HOHLOCH § 242 Rn 89).

4. Leistungsunabhängige Treuepflichten*

a) Allgemeines

503 Vor der Einfügung des Abs 2 wurden die von der hM sog **Schutzpflichten** ausdrück-

---

* Zu den Treuepflichten allg: BARTSCH, Die Entwicklung der personengesellschaftsrechtlichen Treuepflicht in der Rechtsprechung (Diss Göttingen 1989); BAUS, Treuepflichten des Aktionärs im Gemeinschaftsunternehmen (Diss Freiburg 1991); FILLMANN, Treuepflichten der Aktionäre (Diss Mainz 1991); FLEISCHER, Zur organschaftlichen Treuepflicht der Geschäftsleiter im Aktien- und GmbH-Recht, WM 2003, 1045 ff; FREESE, Die positive Treuepflicht (Diss Münster 1970); GEISER, Die Treuepflicht des Arbeitnehmers und ihre Schranken (Diss Basel 1983); GESSNER, Treuepflichten bei Mehrheitsumwandlungen von GmbH: Im Vergleich zum amerikanischen Recht (Diss Freiburg 1993); HUERHOLZ, Die Treuepflichten des Arbeitnehmers – zugleich ein Beitrag zur Theorie des Treubegriffs (Diss Würzburg 1968); JANKE, Gesellschaftsrechtliche Treuepflicht: Neubewertung der richterrechtlichen Generalklausel im Rahmen einer rechtsvergleichenden und ökonomischen Analyse (Diss Osnabrück 2003); JUNG, Privatversicherungsrechtliche Gefahrengemeinschaft und Treuepflicht des Versicherers, VersR 2003, 282 ff; KASKE, Das arbeitsrechtliche Direktionsrecht und die arbeitsrechtliche Treuepflicht im Berufssport (Diss Bayreuth 1983); KLATT, Treuepflichten im Arbeitsverhältnis: eine rechtshistorische Untersuchung (Diss Freiburg 1990); KLOPFER, Die Treuepflicht des Arbeitnehmers im Arbeitsverhältnis (Diss Jena 1928); LI, Die mitgliedschaftliche Treuepflicht der Aktionäre (Diss Göttingen 2000); MIKUS, Die Entwicklung der Honorarbeziehung zwischen Verleger und Verfasser und die verlegerische Treuepflicht (Diss Freiburg 2002); RAAFLAUB, Die Treuepflicht des Arbeitnehmers beim Dienstvertrag (Diss Bern 1959); SCHOELER, Ausgestaltung und Durchsetzung der Treuepflichten eines Vorstandes (Diss Bonn 1978); SCHULZ, Treuepflichten unter Insolvenzgläubigern (Diss Gießen 2003); STELZIG, Die Treuepflicht des Aktionärs unter besonderer Berücksichtigung ihrer geschichtlichen Entwicklung (Diss Münster 2000); STRASSER, Die Treuepflicht der Aufsichtsratmitglieder der Aktiengesellschaft (Diss Wien 1998); WESTERMANN, Dogmatik und Bedeutung der allgemeinen Fürsorge- und Treuepflicht im Arbeits- und Beamtenrecht (Diss Münster 1982); WOHL-

lich von den **Treuepflichten** (z den Treuepflichten sehr ausf KREBS, Sonderverbindung 440 ff; z Terminologie s o Rn 154 ff) abgegrenzt. Dem lag die Annahme zugrunde, Schutzpflichten seien auf Handlungen zum Schutz der Gegenseite gerichtet und griffen intensiver in die Rechtsstellung des Verpflichteten ein als Treuepflichten (KREBS, Sonderverbindung 468 f). Auch sah man die Existenz von Schutzpflichten neben bereits bestehenden Treuepflichten als möglich an (KREBS, Sonderverbindung 470). Schließlich unterschieden die Vertreter dieser Ansicht Schutz- und Treuepflichten hinsichtlich ihres Zwecks: Schutzpflichten sollten der **Kompensation besonderer Einwirkungsmöglichkeiten** und damit dem Schutz der Gegenseite dienen, den Leistungszweck aber nur mittelbar fördern. Bei Treuepflichten hingegen sah man in der **unmittelbaren Zweckerreichung** deren Hauptziel (KREBS, Sonderverbindung 470).

Obwohl die Gesetzesmaterialien zum Schuldrechtsmodernisierungsgesetz die Treuepflichten nicht ansprechen, muss dennoch Abs 2 Beachtung finden. In systematischer Auslegung ist im Hinblick auf die Abgrenzung von Schutz- und Treuepflichten darauf hinzuweisen, dass nur § 242 von „Treu und Glauben" spricht, nicht jedoch der Abs 2. Dies spräche dafür, die Treuepflichten weiterhin (vgl zB SOERGEL/TEICHMANN § 242 Rn 178 ff; ähnlich ERMAN/HOHLOCH § 242 Rn 20) bei § 242 zu verorten (AnwK-BGB/KREBS Rn 41; KREBS, in: DAUNER-LIEB ua, Das neue Schuldrecht § 3 Rn 4, 28). Allerdings formuliert Abs 2 eindeutig (s o Rn 153), dass das Schuldverhältnis jeden Teil zur **Rücksicht** auf Rechte, Rechtsgüter und Interessen des anderen Teils verpflichten kann. Unter den umfassenden Begriff der „Rücksicht" fallen aber alle leistungsunabhängigen Nebenpflichten (ähnl sogar KREBS, in: DAUNER-LIEB ua, Das neue Schuldrecht § 3 Rn 4 selbst, der den Kern der Treuepflichten als vom Oberbegriff „Rücksichtnahmepflichten" erfasst verstehen will; auch LARENZ, Schuldrecht I § 9 verstand Loyalitätspflichten als Unterfall weiterer Verhaltenspflichten). Außerdem fordert § 242 die **Leistungserbringung** nach Treu und Glauben und spricht damit die **leistungsbezogenen Pflichten** an, so dass er zur Begründung nichtleistungsbezogener Treuepflichten (zumindest) nicht direkt herangezogen werden kann (LARENZ, Schuldrecht I § 2 I und § 10 II g z sog „Erwirkung" gem § 242). Dass er als Ausdruck eines allgemeinen bürgerlichrechtlichen Prinzips auf deren konkrete **Ausgestaltung** Einfluss hat, wird dadurch nicht in Frage gestellt (ausf STAUDINGER/LOOSCHELDERS/OLZEN § 242 Rn 182 ff; auch LOOSCHELDERS, Schuldrecht AT Rn 74). Ihre Grundlage bildet aber Abs 2.

504

Treuepflichten (vgl dazu auch STAUDINGER/LOOSCHELDERS/OLZEN § 242 Rn 569) werden teilweise auch als **Loyalitätspflichten** bezeichnet (LARENZ, Schuldrecht I § 2 VI), vor allem deshalb, weil sie oft in **Dauerschuldverhältnissen** ihren Ursprung haben (vgl OLG Hamburg MDR 1955, 289; LARENZ, Schuldrecht I § 2 I und VI). So beherrschen vor allem in **Arbeitsverhältnissen** (STAUDINGER/LOOSCHELDERS/OLZEN § 242 Rn 770 ff, 776 ff) und **Gesellschaften** (STAUDINGER/LOOSCHELDERS/OLZEN § 242 Rn 939 ff) Treuepflichten die Beziehung zwischen den Vertragsparteien (vgl das vorstehende Literaturverzeichnis sowie OLG Hamburg MDR 1955, 289). Die Treuepflicht des **Minderheitsaktionärs** einer AG verpflichtet diesen zB dazu, seine Mitgliedsrechte unter angemessener Berücksichti-

505

MANN, Die Treuepflicht des Aktionärs (Diss Zürich 1968); WORCH, Treuepflichten von Kapitalgesellschaftern untereinander und gegenüber der Gesellschaft (Diss Hamburg 1983); ZWISSLER, Treuegebot – Treuepflicht – Treuebindung – die Lehre von den mitgliedschaftlichen Treuepflichten und Treuebindungen und ihre Anwendungsfehler im Recht der Aktiengesellschaft (Diss München 2002).

gung der gesellschaftsbezogenen Interessen der anderen Aktionäre auszuüben (BGH NJW 1995, 1739 in Ergänzung z BGHZ 103, 184; weitere Bsp s u bei sonstigen Unterlassungspflichten Rn 515 ff). Auch verlangt die gesellschaftsrechtliche Treuepflicht von dem **Gesellschafter einer GbR**, dass er seine Mitgesellschafter im Rahmen der Auseinandersetzung über Umstände, die deren mitgliedschaftliche Vermögensinteressen berühren, zutreffend und vollständig informiert (BGH NJW-RR 2003, 169). Meist hat die Treuepflicht jedoch ein Unterlassen zum Inhalt, so etwa ein Unterlassen von Wettbewerb oder Geheimnisoffenbarung (s u Rn 509 ff).

506 Das besondere Vertrauensverhältnis als Grundlage der Treuepflichten hat zur Folge, dass bloße **Güterumsatzgeschäfte** selten solche Pflichten hervorrufen, da ihnen das personenrechtliche Element fehlt (vgl BGH LM [Hd] § 276 Nr 1; für den Kaufvertrag zB OLG Hamburg MDR 1955, 289; LARENZ, Schuldrecht I § 2 VI; aA BEITZKE, Dauerrechtsverhältnisse 10).

507 Wegen der hier vertretenen Annahme, dass § 242 keine Treuepflichten begründet, sondern lediglich deren Inhalt und Umfang konkretisiert, wurden die **leistungsbezogenen Treuepflichten** bereits unter Abs 1 dargestellt (s o Rn 162 ff, 216 ff). Allerdings ist die Grenze zwischen leistungs- und nichtleistungsbezogenen Treupflichten (s o Rn 157 ff, 270 f; MünchKomm/ERNST § 280 Rn 110) nicht immer leicht zu ziehen (vgl Münch-Komm/ROTH § 242 Rn 168). Unter Berücksichtigung dieses Umstandes bilden die nachfolgenden Ausführungen keine allgemeingültigen Prinzipien, sondern zeigen nur Regelfälle auf. Der Übersichtlichkeit dient die Einteilung **nichtleistungsbezogener Treuepflichten** in **Wettbewerbsverbote, Geheimhaltungspflichten, sonstige Unterlassungspflichten** und das **Verbot** der anderweitigen **Störung der Vertrauensgrundlage**.

b) Wettbewerbsverbote*
aa) Allgemeines

508 Eine praktisch wichtige Konkretisierung leistungsunabhängiger Treuepflichten stellen **Wettbewerbsverbote** dar. Sofern der Wettbewerb zu einer Entwertung der Leistung eines Arbeitnehmers oder Gesellschafters führen könnte, handelt es sich um eine **Nebenleistungstreuepflicht** (vgl MünchKomm/ROTH Rn 77; s Rn 261 ff, 289 ff). Dient das Wettbewerbsverbot dagegen dem Schutz des gesamten Vermögens oder auch des Rufes eines Vertragspartners, so stellt es sich als Ausprägung einer **nichtleistungsbezogenen Treupflicht** dar. Nur Letztere sollen hier kurz erörtert werden, beginnend mit den gesetzlich normierten Wettbewerbsverboten.

bb) Gesetzlich normierte Wettbewerbsverbote
509 §§ 60, 61 HGB normieren das Wettbewerbsverbot des **Handlungsgehilfen** (vgl STAUDINGER/LOOSCHELDERS/OLZEN § 242 Rn 777), der während der Dauer des Vertrages ohne

---

* **Schrifttum**: ANGELIS, Ungeschriebene Wettbewerbsverbote für Gesellschafter im GmbH-Recht (Diss Münster 1997); BAUER/DILLER, Wettbewerbsverbote (4. Aufl 2006); GÖSSLING-HOFF, Einbeziehung Dritter in Wettbewerbsverbote (Diss Bielefeld 2000); RÖMERMANN, Nachvertragliche Wettbewerbsverbote bei Freiberuflern, BB 1998, 1489 ff; STRELAU, Wettbewerbsverbote für den GmbH-Geschäftsführer und Befreiungsmöglichkeiten (Diss Marburg 1999); WERTHEIMER, Bezahlte Karenz oder entschädigungslose Wettbewerbsenthaltung des ausgeschiedenen Arbeitnehmers, BB 1999, 1600 ff; WÜNDISCH, Wettbewerbsverbote im Verlagsvertrag (Diss Leipzig 2001).

Einwilligung des Prinzipals weder ein Handelsgewerbe betreiben noch in dem Handelszweig des Prinzipals für eigene oder fremde Rechnung Geschäfte machen darf. Ein entsprechendes Wettbewerbsverbot trifft gem §§ 112, 113 HGB auch die **Gesellschafter einer OHG** sowie über § 161 Abs 2 HGB die **Komplementäre einer KG**, während die Kommanditisten gem § 165 HGB nicht davon betroffen sind. Schließlich unterliegen auch die **Vorstandsmitglieder einer AG** gem § 88 AktG einem entsprechenden Wettbewerbsverbot.

cc) Außergesetzliche Wettbewerbsverbote

Wettbewerbsverbote können im Rahmen der vertraglichen Schuldverhältnisse auf **510** ausdrücklicher Abrede beruhen oder durch Vertragsauslegung begründet werden. So ergibt zB die Auslegung eines Miet- oder Pachtvertrages, dass der **Vermieter** gewerblicher Räume oder **Verpächter** eines Unternehmens dem Mieter bzw Pächter nicht selbst Konkurrenz machen oder Räume an einen Konkurrenten vermieten darf (BGH NJW 1978, 585; vgl STAUDINGER/EMMERICH [2003] § 535 Rn 23 sowie STAUDINGER/ SONNENSCHEIN [1996] § 581 Rn 152 ff; s Rn 153, 157, 161, 222). Gleiches kann auch zwischen Eigentümer und **Erbbauberechtigtem** gelten (OLG Karlsruhe WM 1962, 26, 27). Ob der **Arbeitnehmer** im Geschäftszweig des Arbeitgebers nach Beendigung des Arbeitsverhältnisses stets einem Wettbewerbsverbot unterliegt, ist dagegen umstritten (vgl MünchKomm/ROTH § 242 Rn 96; s Rn 153, 157, 161, 225, 290), wird jedoch auch ohne entsprechende vertragliche Vereinbarung weitgehend bejaht (vgl BAG BB 1999, 212 ff; LAG Köln NZA-RR 1996, 2 nimmt ein Wettbewerbsverbot nur bei entspr Karenzentschädigung gem §§ 74 ff HGB an; LAG München 3 SA 973/07 bejaht auf Grundlage von § 60 HGB eine wettbewerbswidrige Tätigkeit, sobald der Arbeitnehmer eine eigene werbende Tätigkeit im Betätigungsfeld des Arbeitgebers entfaltet; z Einordnung als nachwirkende Treuepflicht vor allem WERTHEIMER BB 1999, 1600, 1603). Wettbewerbsverbote gelten uU auch für Freiberufler, zB in einer Gemeinschaftspraxis zusammengeschlossene **Ärzte** oder **Rechtsanwälte**, die Mitglied einer Sozietät sind (ausf mwNw RÖMERMANN, Nachvertragliche Wettbewerbsverbote bei Freiberuflern, BB 1998, 1489 ff).

c) Geheimhaltungspflichten

Zum Schutz des Vermögens zB in Form eines Unternehmens können **Geheimhal-** **511** **tungspflichten** als nichtleistungsbezogene Treuepflichten bestehen, die z T auch als **Diskretionspflichten** bezeichnet werden (LARENZ, Schuldrecht I § 9 I 2, der sie als Unterfall der von ihm als Loyalitätspflichten bezeichneten Rücksichtspflichten versteht). Sie sind von den Nebenleistungstreuepflichten abzugrenzen, die gleichfalls die Geheimhaltung bestimmter Informationen zum Inhalt haben können (s o Rn 153, 157, 161). Sobald jedoch das **Integritätsinteresse** des Gegenübers, meist in Form des allgemeinen Vermögensschutzes, betroffen wird, ist der Anwendungsbereich des Abs 1 verlassen und auf Abs 2 zurückzugreifen.

Gesetzliche Geheimhaltungspflichten finden sich innerhalb des BGB überhaupt **512** nicht. Lediglich im **Gesellschaftsrecht** sind einige Geheimhaltungspflichten ausdrücklich normiert, etwa in § 93 Abs 2 S 2 AktG oder in § 116 AktG (z Strafbarkeit vgl § 404 AktG, § 17 UWG).

Daneben erkennt die Rspr im Wege der Auslegung **außergesetzliche** Geheimhal- **513** tungspflichten an, und zwar unter ähnlichen Voraussetzungen, wie sie für außergesetzliche Obhutspflichten bestehen (s o Rn 485 ff). Deshalb wird dem **Arbeitnehmer** die Pflicht zur Bewahrung der Geschäfts- und Betriebsgeheimnisse seines Arbeitgebers auferlegt (vgl MünchKomm/ROTH Rn 96; Einzelheiten bei STAUDINGER/RICHARDI [1999] § 611 Rn 409 ff). Eine solche Pflicht trifft auch die **Gesellschafter** bzgl der Geschäftsgeheimnisse der Gesellschaft, aus der sie ausgeschieden sind. Ferner ist die **Bank** zur Geheimhaltung aller Daten verpflichtet, die ihre Kunden betreffen und deren Geheimhaltung in deren Interesse liegt (BGH NJW 2006, 830; MünchKomm/ERNST § 280 Rn 100). Eine Bank verletzt uU eine leistungsunabhängige Treuepflicht, wenn sie entgegen dem Wunsch des Kunden seinen Gläubigern Zahlungseingänge mitteilt (BGH NJW 1958, 1232).

d) Unberechtigte Geltendmachung von Forderungen/ Unberechtigte Geltendmachung von Gestaltungsrechten

514 In einer Klageerhebung oder der sonstigen Inanspruchnahme eines gesetzlich geregelten Verfahrens zur Durchsetzung vermeintlicher Rechte liegt weder die Verletzung einer Nebenleistungspflicht (s o Rn 249) noch die Verletzung einer Pflicht iSd Abs 2 (BGHZ 36, 18, 20 f; BGH NJW 2008, 1147). Ob dies für die außergerichtliche Geltendmachung unberechtigter Forderungen und Gestaltungsrechte gleichermaßen gilt, wird nicht einheitlich beantwortet. Manche meinen, die außergerichtliche Geltendmachung könne nicht anders behandelt werden als die gerichtliche (KGR Berlin 2005, 977; OLG Düsseldorf NJW-RR 1999, 746; KAISER, NJW 2008, 1709, 1711), eine Auffassung die außer Betracht lässt, dass die Prozesspartei durch Verfahrensnormen geschützt ist. Außerdem gebe es jedenfalls in bestehenden Schuldverhältnissen ein Recht, in subjektiv rechtlicher Weise – wenn auch unter fahrlässiger Verkennung der Rechtslage – Ansprüche geltend zu machen (KGR Berlin 2005, 977). Der BGH dagegen hat zu Recht entschieden, dass es die Pflicht zur Rücksichtnahme aus Abs 2 verletzt, wenn eine Vertragspartei von der anderen etwas verlangt, das ihr vertraglich nicht geschuldet ist (BGH NJW 2009, 1262; siehe auch BGH NJW 2008, 1147 für unberechtigtes Mängelbeseitigungsverlangen), so dass die Ersatzpflicht nur vom Vertretenmüssen abhängt. Für die Ausübung eines Gestaltungsrechts ohne Gestaltungsgrund (unberechtigte Kündigung) ist eine solche Pflichtverletzung schon mehrfach bejaht worden (BGH NJW 1988, 1268; BGH NJW 2005, 2395). Eine Verletzung der Rücksichtnahmepflicht des Abs 2 kann auch gegeben sein, wenn übermächtige Abnehmer wie Monopolunternehmen oder die öffentliche Hand grundlose Beanstandungen und Prüfungen gegenüber ihren wirtschaftlich unterlegenen Lieferanten durchsetzen (BGH WM 1981, 270; BAMBERGER/ROTH/GRÜNEBERG Rn 54).

e) Sonstige Unterlassungspflichten

515 Parteien eines Schuldverhältnisses können auch zu **sonstigen Unterlassungen** verpflichtet sein, die neben das Wettbewerbsverbot sowie die Geheimhaltungspflicht treten. Auch dabei muss zwischen leistungsbezogenen und leistungsunabhängigen Unterlassungspflichten unterschieden werden (s o Rn 508). Gesetzlich normiert sind solche Unterlassungspflichten zwar nicht. Sie entstammen aber dem jeweiligen Schuldverhältnis unter Berücksichtigung des Abs 2 und des Prinzips von Treu und Glauben gem § 242.

516 Aus dieser Überlegung wurde es dem einzelnen **Aktionär** zB auf Grund der unter den Aktionären bestehenden Treuepflicht (vgl dazu STAUDINGER/LOOSCHELDERS/OLZEN § 242 Rn 947 ff) nicht erlaubt, eine sinnvolle und mehrheitlich angestrebte Sanierung der Gesellschaft – einschließlich einer zum Sanierungskonzept gehörenden Kapital-

herabsetzung – aus eigennützigen Gründen zu verhindern (BGH NJW 1995, 1739 ff; z Treuepflicht u der Verjährung v Schadensersatzansprüchen gegen GmbH-Gesellschafter-Geschäftsführer vgl BGH NJW 1999, 781 ff). Wird das Grundkapital einer AG im Zuge der Herabsetzung auf Null erhöht, gebietet die Treuepflicht dem Mehrheitsaktionär außerdem, möglichst vielen Aktionären den Verbleib in der Gesellschaft zu eröffnen. Daraus ergibt sich grds die Pflicht, das Entstehen unverhältnismäßig hoher Spitzen dadurch zu vermeiden, dass der Nennwert der neuen Aktien auf den gesetzlichen Mindestbetrag festgelegt wird (BGH NJW 1999, 3197).

Ein **Arbeitnehmer** muss sich in seiner Freizeit so verhalten, dass das Ansehen des Arbeitgebers nicht geschädigt wird. Einem Angestellten des öffentlichen Dienstes, der ein vorsätzliches Tötungsdelikt beging, wurde deswegen außerordentlich gekündigt (BAG NZA 2000, 1282 f).

f) Störung der Vertrauensgrundlage
Verfehlungen einer Partei können schließlich zur **Störung der Vertrauensgrundlage** zwischen den Beteiligten führen. Dies ist insbesondere bei Dauerschuldverhältnissen von großer Bedeutung (s Rn 153, 157, 161, 219 ff). Auf diesem Gedanken beruhen § 313 und § 314, die regelmäßig zu einer Beendigung des Vertragsverhältnisses führen, wenn die Vertrauensgrundlage erschüttert ist. Meist führt ihre Störung zu einer Gefährdung des Leistungserfolges und des Vertragszwecks (vgl MünchKomm/ROTH § 242 Rn 76). Dann liegt die Verletzung einer **leistungsbezogenen Nebenpflicht** vor (s o Rn 162 ff). Bei einem reinen **Güterumsatzgeschäft** bedeuten **Ehrverletzungen** allerdings regelmäßig keine solche Gefährdung des Vertragszwecks (vgl OLG Hamburg MDR 1955, 289; vgl MünchKomm/ROTH § 242 Rn 76; s Rn 153, 157, 161, 219). Ein derartiges uU auch strafbares oder unredliches Verhalten einer Partei kann jedoch zu einer Beeinträchtigung des **Integritätsinteresses** der anderen Partei führen (vgl BGH LM [Hd] § 276 Nr 1; MünchKomm/ROTH § 242 Rn 76) und damit in den Anwendungsbereich des Abs 2 fallen, zB bei einer Beleidigung des Arbeitgebers durch den Arbeitnehmer (BAG NJW 2006, 2348; BAG NJW 1978, 1874; MünchKomm/ROTH § 242 Rn 76) oder bei anderweitigen dauernden Rücksichtslosigkeiten, Schikanen oder persönlichen Kränkungen (vgl MünchKomm/ROTH Rn 76; LARENZ, Schuldrecht I § 24 Ia).

IX. Haftungsmilderungen bei Rücksichtspflichten*

Das viel diskutierte Problem, ob **Haftungsmilderungen**, die für **Leistungspflichten**

---

* **Schrifttum:** DEUTSCH, Fahrlässigkeit und erforderliche Sorgfalt (2. Aufl 1995); GERHARDT, Der Haftungsmaßstab im gesetzlichen Schuldverhältnis (Positive Vertragsverletzung, culpa in contrahendo), JuS 1970, 597 ff; ders, Die Haftungsfreizeichnung innerhalb des gesetzlichen Schuldverhältnisses, JZ 1970, 535 ff; GRUNDMANN, Zur Dogmatik der unentgeltlichen Rechtsgeschäfte, AcP 198 (1998) 457, 461 ff; HENCKEL, Vorbeugender Rechtsschutz im Zivilrecht, AcP 174 (1974) 97 ff; MAIER, Gefälligkeit und Haftung, JuS 2001, 746 ff; MEDICUS, Zur Reichweite gesetzlicher Haftungsmilderungen, in: FS Odersky (1996) 589 ff; MICHAELIS, Beiträge zur Gliederung und Weiterbildung des Schadensrechts (1943); SCHLECHTRIEM, Schutzpflichten und geschützte Personen, in: FS Medicus (1999) 529 ff; WACKE, Anm z Urt des BGH v 20. 11. 1984, BB 1985, 1356 ff; ders, Vertragsordnung und außervertragliche Haftung (1972); SCHLEEH, Vorvertragliches Fehlverhalten und der Schutz Dritter (Diss Tübingen 1965); SCHMIDT, in Nachdruck von JHERING cic und STAUB pVV (1969) 131 ff;

gelten, auch auf **Rücksichtspflichten** anzuwenden sind, stellt sich in unterschiedlichen Konstellationen: Zum einen ist die Frage im Hinblick auf Rücksichtspflichten innerhalb eines **wirksamen Vertrages** zu untersuchen, und zwar unterschieden nach **vertraglichen** und **gesetzlichen Haftungsmilderungen**. Da der **nichtige Vertrag** zwar keine Leistungs-, wohl aber Rücksichtspflichten erzeugen kann (s o Rn 397 f), stellt sich dort unter Wertungsgesichtspunkten das Problem in gleicher Weise. Auch das **Gefälligkeitsverhältnis**, aus dem ebenfalls Rücksichtspflichten entstehen können (s o Rn 394 f), muss wegen seiner Nähe zu den unentgeltlichen Verträgen daraufhin untersucht werden. Von Bedeutung ist schließlich, ob solche Haftungsbeschränkungen auf die **deliktische Haftung** auszudehnen sind (s u Rn 530 f).

1. Haftungsmodifikationen in bestehenden Verträgen

520 Auf die erste Frage, ob Haftungsmodifikationen für Leistungspflichten in **bestehenden Verträgen** auch die Verantwortlichkeit für die Erfüllung von Rücksichtspflichten beeinflussen, gibt es verschiedene Antworten. Bei der Beantwortung wird zwischen **vertraglichen** und **gesetzlichen Haftungsbeschränkungen** unterschieden.

521 Vereinzelt bezieht man **gesetzliche Haftungsbeschränkungen** nur auf den Vertragsgegenstand bzw die **Leistungspflicht** (Frost, Schutzpflichten 234). Daher sollen sie im Hinblick auf Rücksichtspflichten sowohl im vorvertraglichen Bereich als auch während der Vertragsdurchführung generell unanwendbar sein (Frost, Schutzpflichten 234 f). Andere vertreten dagegen die Ansicht, dass die **gesetzlichen Haftungsmodifikationen** generell auf die Rücksichtspflichten auszudehnen seien, und zwar auch im vorvertraglichen Stadium (so ausdrücklich Canaris JZ 1965, 475, 481; Medicus, in: FS Canaris [2007] 835, 847). Lediglich bei **vertraglich vereinbarten Haftungsbeschränkungen** seien die Wechselwirkungen im Wege der **Auslegung** zu ermitteln (ausf hierzu Canaris JZ 1965, 475, 481). Die Haftungsbeschränkung gelte dann nicht für bereits im vorvertraglichen Bereich entstandene Schäden, sondern nur für solche, die im Zeitpunkt der Vereinbarung noch nicht eingetreten oder bekannt waren (vgl Canaris JZ 1965, 475, 481).

522 Wieder andere Autoren wenden sich gegen jede Einheitslösung. Vielmehr müsse die Antwort im **Einzelfall** (so Thiele JZ 1967, 649, 654; Gerhardt JuS 1970, 597, 600 f; Medicus/Petersen, BR Rn 209a) entsprechend dem **Zweck der beschränkenden Norm** und ihrer danach zu bestimmenden **Reichweite** gefunden werden (so Thiele JZ 1967, 649, 654; Medicus/Petersen, BR Rn 209a). Nur wenn die Haftungsbeschränkung sich nicht allein auf den Vertragsgegenstand ieS und damit auf das Leistungsinteresse beziehe, sondern auch das **Erhaltungsinteresse** berühre, könne sie auf Rücksichtspflichten Anwendung finden (vgl Gerhardt JuS 1970, 597, 603).

523 Dieser Tendenz folgte auch der BGH jedenfalls für **gesetzliche Haftungsbeschränkungen** (sog Kartoffelpülpefall vgl BGHZ 93, 23 ff; dazu teils krit Stoll JZ 1985, 384 ff; Schlechtriem BB 1985, 1356 ff; Schubert, Anm z Urt des BGH v 20.11.1984, JR 1985, 324 ff).

Schreiber, Haftung bei Gefälligkeiten, Jura 2001, 810 ff; Schubert, Anm z Urt des BGH v 20.11.1984, JR 1985, 324 ff; Schwerdtner, Der Ersatz des Verlustes des Schadensfrei-heitsrabattes in der Haftpflichtversicherung, NJW 1971, 1673 ff; Stoll, Anm z Urt des BGH v 20.11.1984, JZ 1985, 384 ff.

So hielt er etwa die Haftungsmilderung für die Leistungspflicht des Schenkers in
§ 521 deshalb auf Rücksichtspflichtverletzungen für anwendbar, weil die im Streit
stehende Pflichtverletzung Bezug zum Vertragsgegenstand hatte (ähnlich auch OLG
Köln VersR 1988, 381 f; MEDICUS, in: FS Odersky [1996] 589 ff; ders auch ausf in BR Rn 209a;
ähnlich SCHMIDT, in Nachdruck von JHERING cic und STAUB pvv 159; vgl grds auch GRUNDMANN,
Zur Dogmatik der unentgeltlichen Rechtsgeschäfte, AcP 198 [1998] 457, 461 ff). Daran wurde
jedoch kritisiert, dass weder der Wille des historischen Gesetzgebers noch das
Schutzbedürfnis des Leistungsempfängers die Anwendung gesetzlicher Haftungs-
milderungen erzwinge, so weit es um das Erhaltungsinteresse des Betroffenen gehe
(L MÜLLER JuS 1998, 897; LARENZ/CANARIS, Schuldrecht II/1 § 47 II a; SCHLECHTRIEM BB 1985,
1356 ff; STOLL JZ 1985, 384 ff; ähnlich bereits DEUTSCH, Fahrlässigkeit und erforderliche Sorgfalt
[1963] 321; SCHLECHTRIEM, Vertragsordnung und außervertragliche Haftung [1972] 332 ff;
SCHLEEH, Vorvertragliches Fehlverhalten und der Schutz Dritter [Diss Tübingen 1965] 89 ff;
MICHAELIS, Beiträge zur Gliederung und Weiterbildung des Schadensrechts [1943] 25; aA MEDI-
CUS, in: FS Odersky [1996] 589 ff m ausf Begr).

Auch wenn die Kritik an der Entscheidung des BGH berechtigt sein mag, so bleibt **524**
die Frage, ob gesetzliche und vertragliche Haftungsmilderungen auch für Rücksichtspflichten iSv Abs 2 gelten, dennoch einer **Einzelfallabwägung** vorbehalten (z entspr
Problemen der Entstehung v Rücksichtspflichten im Rahmen nichtiger Verträge s o Rn 397). Maßstab der Abwägung muss der **Zweck der beschränkenden Norm** sein (s o Rn 522).

2. Haftungsmodifikationen beim nichtigen Vertrag

Da nach der hier vertretenen Ansicht die **Nichtigkeit eines Vertrages** der Annahme **525**
von Rücksichtspflichten nicht entgegensteht (s o Rn 397 f), stellt sich die Frage des
Haftungsmaßstabes dort ebenso wie beim bestehenden Vertrag. **Vertragliche Vereinbarungen** können hier zwar keine unmittelbaren Auswirkungen entfalten, weil
das Rechtsgeschäft insgesamt unwirksam ist. Sofern aber dessen Nichtigkeit nicht
gerade auf dem Haftungsausschluss beruht, sollten zulässige Haftungsbeschränkungen ihre Wirkungen auf entsprechende Pflichtverletzungen behalten, weil der Geschädigte im Falle eines nichtigen Vertrages nicht besser gestellt sein darf als im
Falle seiner Wirksamkeit. Voraussetzung dafür ist allerdings, dass sich die Haftungsmilderungen nicht nur auf die Leistungspflicht, sondern auch auf die Rücksichtspflicht beziehen. Insofern gelten die gleichen Erwägungen wie beim wirksamen
Vertrag (s o Rn 520 ff).

Ähnliche Überlegungen gelten auch für die Anwendung **gesetzlicher Haftungsmo-** **526**
difikationen. Lässt sich im Einzelfall feststellen, dass die für die **Leistungsverpflichtung** geschaffenen Erleichterungen auch auf die Verletzung des Integritätsinteresses
auszudehnen sind, bestehen keine Bedenken, sie für nichtige Verträge gelten zu
lassen. Im sog Kartoffelpülpefall (s o Rn 523) würde deshalb die analoge Anwendung
des § 521 auf Rücksichtspflichten unabhängig davon in Betracht zu ziehen sein, ob
der zugrunde liegende Schenkungsvertrag wirksam oder nichtig ist.

3. Haftungsmodifikationen bei Gefälligkeitsverhältnissen

Unterschiedliche gesetzliche Haftungsmaßstäbe für **unentgeltliche Verträge** haben **527**
zur Folge, dass auch die **Haftungsmilderung** für Rücksichtspflichtverletzungen in

Gefälligkeitsverhältnissen kontrovers diskutiert wird. **Vereinbarungen** über Haftungsmilderungen sind hierbei im gesetzlich zulässigen Rahmen möglich, manchmal auch im Wege der Auslegung gem §§ 133, 157, 242 zu ermitteln.

528 Eine analoge Anwendung **gesetzlicher Haftungsreduzierungen** aus anderen Vertragsmodellen erscheint jedenfalls dann überzeugend, wenn das fragliche Verhalten in einem unentgeltlichen Vertrag unter die entsprechende Haftungsreduktion fallen würde (MünchKomm/KRAMER Einl zu §§ 241 ff Rn 42; GERNHUBER, Schuldverhältnis § 7 I [122]; MEDICUS, AT Rn 189; SCHWERDTNER NJW 1971, 1665). Der Schuldner soll für die Verletzung von Rücksichtspflichten in Gefälligkeitsverhältnissen nicht schärfer haften als bei bestehendem Vertrag. Lässt sich eine komplexe Gefälligkeit im Falle ihrer Rechtsverbindlichkeit mehreren (unentgeltlichen) Vertragstypen zuordnen, entscheiden über die (analoge) Anwendung der jeweiligen Haftungsmaßstäbe die gleichen Regeln, die auf **gemischte Verträge** Anwendung finden (MEDICUS, AT Rn 189).

529 Davon abgesehen gibt es aber **keine Ansatzpunkte**, um die Haftung für Rücksichtspflichtverletzungen in Gefälligkeitsverhältnissen **grds zu reduzieren** (MünchKomm/ KRAMER Einl zu §§ 241 ff Rn 42; PALANDT/HEINRICHS Einl v § 241 Rn 8; FLUME, AT II § 7, 6; GERNHUBER, Schuldverhältnis § 7 I 3 [129]; SCHREIBER Jura 2001, 810, 813; vgl auch HOFFMANN AcP 167 [1967] 394, 402). Allerdings erlaubt die Auslegung anhand objektiver Kriterien, das Interesse der Beteiligten an einer gerechten Schadensverteilung, ähnlich wie auch bei der Feststellung des Rechtsbindungswillens für eine Leistungspflicht (s o Rn 72 ff), zu berücksichtigen. Sind also schwerwiegende Schäden aus einem versprochenen Verhalten zu befürchten, so spricht dies als Indiz für vertragliche Bindung.

4. Die Auswirkung der Haftungsbeschränkungen auf die deliktische Haftung

530 Ohne ein Rücksichtspflichten erzeugendes Schuldverhältnis bleiben dem Geschädigten stets die **deliktischen Ansprüche** der §§ 823 ff, die mit denjenigen aus einer vertraglichen Rücksichtspflichtverletzung konkurrieren können. Dieses Problem steht im Zusammenhang mit der zivilrechtlichen Konkurrenzlehre, also mit der Frage, inwieweit Ansprüche nebeneinander bestehen oder sich gegenseitig ausschließen bzw wie sie sich wechselseitig beeinflussen. Die frühere Relevanz für das Verjährungsrecht ist auf Grund des Schuldrechtsmodernisierungsgesetzes und insbesondere auf Grund des Gesetzes zur Anpassung von Verjährungsvorschriften an das Gesetz zur Modernisierung des Schuldrechts vom 14. 12. 2004 (BGBl I 2004, 3214) – abgesehen von Einzelfragen zu Mangelfolgeschäden und etwa zu § 548 – weitgehend weggefallen (z Verjährungsrecht vgl STAUDINGER/PETERS [2004] § 195 Rn 18 ff).

531 Im Zusammenhang mit den Auswirkungen von **Haftungsmilderungen** bleibt aber nach wie vor umstritten, ob die deliktischen Ansprüche ihnen in gleicher Weise unterworfen sind wie die Rücksichtspflichtverletzungen im Rahmen bestehender Schuldverhältnisse (bejahend BGHZ 46, 313, 316; 46, 140, 145; BGH NJW 1967, 42; 1967, 558; 1972, 475; BGHZ 93, 23, 29; vgl auch OLG Köln VersR 1988, 381 f; für einen generellen Haftungsausschluss bei leichter Fahrlässigkeit HOFFMANN AcP 167 [1967] 394, 406 mwNw in Fn 70; ERMAN/SCHIEMANN Vor § 823 Rn 26; nur in Fällen „echter Hilfeleistung" FIKENTSCHER/ HEINEMANN, Schuldrecht Rn 29).

Wenn zulässige **vertragliche Haftungsbeschränkungen** ihren Sinn behalten sollen, **532** kann ihre Ausdehnung auf deliktische Ansprüche jedoch nicht bezweifelt werden (STAUDINGER/REUTER [1996] § 599 Rn 3; MünchKomm/KOLLHOSSER § 521 Rn 10 mwNw). Teilt man den Ansatzpunkt, dass die Haftung bei **nichtigen Verträgen** nicht schärfer sein soll als im Falle der Wirksamkeit eines Vertrages (s o Rn 525), so müssen Haftungsreduktionen auch die deliktische Haftung beeinflussen.

Hinsichtlich der Übertragung des Haftungsmaßstabs für Rücksichtspflichtverletzun- **533** gen in **Gefälligkeitsverhältnissen** (ausf dazu STAUDINGER/REUTER [1996] Vorbem 11 ff zu §§ 598 ff) auf deliktische Ersatzansprüche gelten die gleichen Überlegungen wie für die übrigen Rücksichtspflichten: Sofern die Parteien eine Vereinbarung getroffen haben, kann man diesen den Einfluss auf die (allgemeinen) deliktischen Ansprüche nicht absprechen. Entsprechendes gilt, sofern gesetzliche Wertungen aus unentgeltlichen Verträgen im Wege der Analogie übertragen werden.

Die Mehrzahl der in diesem Zusammenhang ergangenen Entscheidungen bezog **534** sich auf die Haftung im Rahmen von **Gefälligkeitsfahrten** (RGZ 145, 390, 394; BGHZ 63, 51, 57; OLG Hamm NJW-RR 2007, 1517 ff; vgl auch BGHZ 61, 101; 53, 352; 46, 313 sowie DEUTSCH JuS 1967, 496 ff; z § 430 HGB aF vgl BGHZ 46, 140, 144 f). Die dort gewonnenen Erkenntnisse passen jedoch auch auf andere Gefälligkeiten (vgl ausf STAUDINGER/ HAGER [1999] Vorbem 41 ff zu §§ 823 ff). Dogmatisch ist aber zu beachten, dass die Argumente meist vermischt werden, ob im Rahmen von Gefälligkeiten überhaupt für die Verletzung von Rücksichtspflichten gehaftet wird und wie sich eventuelle Haftungsbeschränkungen auf die deliktischen Ansprüche auswirken.

Rspr und hL lehnen eine **generelle Haftungsbeschränkung** auf Vorsatz und grobe **535** Fahrlässigkeit ab (RGZ 145, 390, 394; BGH NJW 1958, 905; MünchKomm/KRAMER Einl zu §§ 241 ff Rn 43 mwNw; ROTHER, Haftungsbeschränkungen im Schadensrecht [1965] 170; GERNHUBER, Schuldverhältnis § 7 I 3 c; ähnl MEDICUS, AT Rn 194; MERSSON, Zur Haftung bei Gefälligkeitsfahrten, DAR 1993, 87, 90; MAIER JuS 2001, 746, 751; z Haftungsprivilegierung im Zusammenhang mit § 1359 vgl BGHZ 53, 352 ff; 61, 101 ff; 63, 51, 57 ff; BGH NJW 1992, 1227, 1228). Die rechtliche Bewertung (dazu HIRTE/HEBER JuS 2002, 241 ff) hat sich allerdings dadurch verändert, dass seit dem 1. 8. 2002 auch **unentgeltlich** beförderte Personen in die **Gefährdungshaftung** einbezogen sind (vgl § 8a StVG), während eine Ersatzpflicht vorher gem § 8a Abs 1 S 1, 2 aF iVm § 7 StVG nur bei Verletzung einer Person oder Beschädigung einer Sache innerhalb einer **entgeltlichen, geschäftsmäßigen Beförderung** in einem Kraftfahrzeug bestand (BGH NJW 1992, 2474, 2475). Dieser erweiterte gesetzliche Schutz kann nicht ohne Auswirkung auf die Auslegung bleiben, ob eine Haftungsreduktion gewollt ist. Das Interesse des Schädigers daran dürfte sich durch die Neuregelung ersichtlich verstärkt haben.

In Bezug auf **alle Ansprüche**, also auch im Hinblick auf deliktische, ist in entspre- **536** chenden Fällen an einen **stillschweigenden Haftungsverzicht** zu denken (BGH NJW 1959, 1221; VersR 1980, 384; NJW 1992, 2474, 2475; OLG Hamm NJW-RR 2007, 1517, 1518; STAUDINGER/HAGER [1999] Vorbem 41 ff zu §§ 823 ff), der allerdings wegen der Schwierigkeiten, den Rechtsbindungswillen verlässlich festzustellen, nicht selten fingiert würde (MünchKomm/KRAMER Einl zu §§ 241 ff Rn 43; z vergleichbaren Problem bei der Begründung v Leistungsansprüchen s o Rn 71 ff). Legt man das Verhalten der Beteiligten unter Berücksichtigung der Interessenlage im Einzelfall aus, so sprechen viele Gründe gegen die

Annahme einer Haftungsreduktion oder eines Haftungsverzichts. Denn während auf der Seite des Geschädigten immense Verluste auftreten können, besteht der Schaden des Verpflichteten bei entsprechender Versicherung nur in seiner Rückstufung (vgl dazu auch BGHZ 39, 156, 158; 63, 51, 59; BGH NJW 1969, 41, 42; 1993, 3067; OLG Zweibrücken NJW-RR 2000, 1191; zur Versicherbarkeit von Risiken s Einl 89 ff zum SchuldR; ferner GERNHUBER, Schuldverhältnis § 7 I 3 c; ausf HUBER, Das neue Schadensersatzrecht [2003] § 4 Rn 157 ff; STAUDINGER/HAGER [1999] Vorbem 44 ff zu §§ 823 ff).

537 Die teilweise vertretene Ansicht, die Teilnahme an einer Gefälligkeitsfahrt enthalte als **„Handeln auf eigene Gefahr"** (dazu ausf STOLL, Das Handeln auf eigene Gefahr [Habil Hamburg 1960] 14 ff; vgl auch LOOSCHELDERS, Mitverantwortlichkeit 440 ff) **grds** eine **Einwilligung** in die Gefährdung oder Verletzung mit der Folge eines Anspruchsverlusts oder einer Anspruchsminderung, erscheint deshalb nicht überzeugend, weil die Beteiligten auf den Nichteintritt des Schadens vertrauen. Vielmehr müssten solche Fälle mangels Anhaltspunkten für eine vertragliche Regelung über § 254 gelöst werden (BGHZ 34, 355, 363 = NJW 1961, 655; BGHZ 43, 72, 77; vgl insgesamt auch STAUDINGER/ HAGER [1999] Vorbem 42 ff zu §§ 823 ff; MünchKomm/KRAMER Einl zu §§ 241 ff Rn 42), während zunächst § 276 anzuwenden ist. Ein **Mitverschulden** des Geschädigten lässt sich aber nur dann annehmen, wenn gefahrerhöhende Aspekte, wie zB die Trunkenheit oder der bekannte Leichtsinn des Fahrers, ersichtlich waren (ausf STAUDINGER/SCHIEMANN [2005] § 254 Rn 62; z Handeln auf eigene Gefahr u z Gefälligkeiten Rn 71 ff).

X. Rechtsfolgen der Pflichtverletzung

1. Allgemeines

538 Gem Abs 2 kann das Schuldverhältnis nach seinem Inhalt zur Rücksicht auf die Rechte, Rechtsgüter und Interessen verpflichten (s o ie Rn 379 ff). Auch wenn die Klagbarkeit im Hinblick auf die **Erfüllung** der Rücksichtspflicht umstritten ist (s u Rn 544 ff), so stehen dem Gläubiger jedenfalls bei ihrer Verletzung **Schadensersatzansprüche** zu (s u Rn 540 ff; ausf KUHLMANN, Schutzpflichten 251 ff; hierzu auch REISCHL JuS 2003, 45 ff; ausf z Rechtslage vor der Schuldrechtsreform: KREBS, Sonderverbindung 533 ff; auch JAKOBS, Typen der positiven Vertragsverletzung [1965] 150 ff; krit MOTZER JZ 1983, 889; s a STAUDINGER/OTTO [2009] Vorbem 23 zu §§ 280–285 u § 280 Rn C 28 ff). Darüber hinaus kann er vom Vertrag **zurücktreten** (s u Rn 543).

539 Bei der Geltendmachung eines Schadensersatzanspruches oder beim Rücktritt vom Vertrag wirkt sich die Problematik aus, dass manche Pflichten sowohl Leistungs- als auch Rücksichtspflicht sein können (s o Rn 153, 157, 161). Je nach Qualifizierung der Pflicht müssen unterschiedliche Voraussetzungen im Hinblick auf die Rechte des Gläubigers vorliegen (vgl §§ 281, 282 u §§ 323, 324). ZB kann der Gläubiger bei Verletzung der Rücksichtspflicht **Schadensersatz statt der Leistung** nur dann verlangen, wenn ihm die Leistung durch den Schuldner nicht mehr zuzumuten ist (s u Rn 541). Der ambivalente Charakter entsprechender Pflichten hat also zur Folge, dass man für die Rechtsfolgen jeweils darauf abstellen muß, ob eine Beeinträchtigung des **Erfüllungs-** oder des **Erhaltungsinteresses** geltend gemacht wird (so bereits THIELE JZ 1967, 649, 650).

2. Schadensersatz

a) Schadensersatz gem § 280 Abs 1

Bei Verletzung einer Rücksichtspflicht kann der Gläubiger **Schadensersatz** verlangen. Abs 2 bildet dafür keine Anspruchsgrundlage, sondern der Anspruch gründet sich auf § 280 Abs 1 S 1 (so auch Hk-BGB/SCHULZE Rn 4; auch schon z früheren Rechtslage: LARENZ, Schuldrecht I § 9). Die Beweislast für die Voraussetzungen des Anspruchs trägt der Gläubiger (so amtl Begr in BT-Drucks 14/6040, 136) mit Ausnahme des Verschuldens, welches gem § 280 Abs 1 S 2 vermutet wird (z Beweislast bei § 280 auch STAUDINGER/OTTO [2009] § 280 Rn F 26 ff; BGH NJW 2006, 2262 f)). Abs 2 muss also lediglich herangezogen werden, um festzulegen, ob im fraglichen Fall eine Rücksichtspflicht verletzt wurde. Der Anspruch richtet sich auf Ersatz des Schadens, der durch die **Verletzung des Erhaltungsinteresses** entstanden ist. Dies bedeutet, dass der Gläubiger so zu stellen ist, als wäre die Rücksichtspflicht beachtet worden. Ein darüber hinausgehendes positives Interesse muss nicht ersetzt werden (BGH NJW 1981, 1035). **540**

b) Schadensersatz statt der Leistung gem § 280 Abs 3 iVm § 282

Wie bereits erwähnt (s o Rn 539), kann der Gläubiger gem § 280 Abs 3 iVm § 282 bei Verletzung einer Rücksichtspflicht iSd Abs 2 **Schadensersatz statt der Leistung** verlangen, wenn ihm die Leistung durch den Schuldner nicht mehr zuzumuten ist. Dies erfordert eine Wertung, bei der sowohl die Interessen des Gläubigers als auch die des Schuldners Berücksichtigung finden müssen (so die amtliche Begründung in BT-Drucks 14/6040, 142). Als Bsp nennen die Gesetzesmaterialien den Fall, dass ein Maler zwar seine eigentlichen Malerarbeiten ordentlich ausführt, auf dem Weg zu seiner Wirkungsstätte jedoch mehrfach die Eingangstür und Einrichtungsgegenstände beschädigt (BT-Drucks 14/6040, 141). Im Gegensatz zum Schadensersatz gem § 280 Abs 1 erhält der Geschädigte im Fall des § 282 den Ersatz des **positiven Interesses**. Soweit sich die Verletzung seiner Rücksichtspflichten auf die Hauptleistung auswirkt und dabei zur Folge hat, dass diese Leistung nicht vertragsgemäß erbracht wird, greift allerdings § 281 ein und nicht § 280 Abs 3 iVm § 282 (vgl auch BT-Drucks 14/6040, 141). **541**

c) Aufwendungsersatz gem § 284

Gem § 284 darf der Gläubiger anstelle des Schadensersatzes statt der Leistung **Ersatz der Aufwendungen** verlangen, die er im Vertrauen auf den Erhalt der Leistung gemacht hat und billigerweise machen durfte, es sei denn, deren Zweck wäre auch ohne die Pflichtverletzung des Schuldners nicht erreicht worden (L MÜLLER JuS 1998, 898). Der Gläubiger hat unter diesen Voraussetzungen folglich ein **Wahlrecht** zwischen dem Schadensersatz gem § 280 Abs 3 iVm § 282 und dem Aufwendungsersatz gem § 284. **542**

3. Rücktritt gem § 324

Verletzt der Schuldner in einem **gegenseitigen Vertrag** eine Rücksichtspflicht nach Abs 2, so kann der Gläubiger gem § 324 **zurücktreten**, wenn ihm das Festhalten am Vertrag nicht mehr zuzumuten ist (ausf STAUDINGER/OTTO [2004] § 324 Rn 37 ff; ZIMMER NJW 2002, 1, 6; vgl z Kommissionsentwurf: KUHLMANN, Schutzpflichten 279 ff). § 325 erlaubt den Rücktritt neben der Geltendmachung des Schadensersatzanspruches. Die Zumutbarkeit wird ebenso wie im Rahmen des § 282 durch eine Interessenabwägung ermittelt (ausf o Rn 541). Bei Dauerschuldverhältnissen (s o Rn 348 ff) muss die **543**

Rechtslage jedoch anders beurteilt werden. An die Stelle des Rücktrittsrechts tritt in diesem Fall das Recht zur **Kündigung aus wichtigem Grund** gem § 314 (BAMBERGER/ ROTH/GRÜNEBERG/SUTSCHET Rn 106; MünchKomm/ROTH Rn 112).

XI. Prozessuale Aspekte

1. Klagbarkeit der Rücksichtspflichten

544 Auch wenn es in der Rechtspraxis meist um den nachträglichen Ausgleich eines durch die Verletzung von Rücksichtspflichten entstandenen Schadens geht, ist es nicht ohne Belang, ob Rücksichtspflichten eingeklagt werden können (s o Rn 158 f). Insoweit muss zwischen **gesetzlichen Rücksichtspflichten** und den **vereinbarten Pflichten** unterschieden werden (s o Rn 521).

545 Einigkeit herrscht über die Klagbarkeit der Rücksichtspflichten, die **gesetzlich** ausdrücklich **normiert** sind, zB in § 618. Bei nicht ausdrücklich geregelten Rücksichtspflichten ist die Frage der Klagbarkeit dagegen str. Früher waren die meisten Autoren der Ansicht, Rücksichtspflichten seien **grds unklagbar**, weil ihnen der für eine klagbare Verpflichtung eigene Zweck fehle (so ENNECCERUS/LEHMANN, Schuldrecht § 4 II 2; vgl auch LEHMANN, Unterlassungspflichten 90 ff; ähnlich LARENZ, Schuldrecht I § 9 [105]; Hk-BGB/SCHULZE Rn 4).

546 Die vorherrschende Ansicht legt sich heute insoweit nicht mehr fest. Man bestreitet eine generelle Unklagbarkeit ebenso wie eine unbeschränkte Klagbarkeit (vgl SOERGEL/TEICHMANN § 242 Rn 189; MünchKomm/ROTH Rn 44, 113; GERNHUBER, Schuldverhältnis § 2 IV 3 [24 f]; BAMBERGER/ROTH/GRÜNEBERG/SUTSCHET Rn 43; HENCKEL AcP 174 [1974] 97, 112 Fn 28; STÜRNER JZ 1976, 384 ff; KÖHLER AcP 190 [1990] 496, 509; **aA** MOTZER JZ 1983, 884, 886 f). Manche wenden ein, die Klagbarkeit erweitere die Möglichkeit des vorbeugenden Rechtsschutzes für den Gläubiger so stark zu Lasten des Schuldners, dass sie ihn veranlasse, Risiken möglichst nur begrenzt zu übernehmen (so MEDICUS BR [2002] Rn 208). Viele Rücksichtspflichten seien zudem den Anforderungen des Prozessrechts nicht gewachsen, wozu die Konkretisierung des verlangten Verhaltens gehöre (so GERNHUBER, Schuldverhältnis § 2 IV 3 [24 f]).

547 Eine Lösung soll daher durch Abwägung zwischen der Gläubiger- und Schuldnerinteressen bestimmt werden (so KÖHLER AcP 190 [1990] 496, 509; HENCKEL AcP 174 [1974] 97, 112 Fn 28). Danach sind Rücksichtspflichten nur **ausnahmsweise einklagbar**, weil andernfalls das vertrauensvolle Miteinander, das durch die Rücksichtspflichten gefördert werden solle, behindert werde (BAMBERGER/ROTH/GRÜNEBERG/SUTSCHET Rn 43; PALANDT/HEINRICHS Rn 7, § 242 Rn 25; KREBS, Sonderverbindung 547 ff). Sie können nach dieser Betrachtungsweise nur bei drohender Rechtsverletzung gerichtlich geltend gemacht werden, und nur dann, wenn sie inhaltlich hinreichend bestimmt sind und ein effektiver Schutz der Gläubigerinteressen auf andere Weise entfällt (ausf KÖHLER AcP 190 [1990] 496, 509 ff; STÜRNER JZ 1976, 384 ff; SOERGEL/TEICHMANN § 242 Rn 189). Das so erforderliche **besondere Präventionsinteresse** liege vor, wenn existenzgefährdende Schäden oder die Verletzung von Rechtsgütern iSd § 823 Abs 1 drohten (AnwK-BGB/KREBS Rn 57; näher KREBS, Sonderverbindung 547 ff).

548 Die Frage, ob Rücksichtspflichten einklagbar sind, hat der Gesetzgeber ungeachtet ihrer Anerkennung in Abs 2 im Rahmen der Schuldrechtsmodernisierung nicht entschieden. Die Tatsache, dass er bei der Neufassung des § 241 als Rechtsfolgen nur Schadensersatzansprüche und Rücktrittsrechte bestimmte (s o Rn 538 f), bedeutet jedoch keine bewusste Ablehnung ihrer Klagbarkeit. Vielmehr spricht die Gesetzesbegründung, nach der an der allgemeinen Lehre von den Schutzpflichten durch die Reform nichts geändert werden sollte (BT-Drucks 14/6040, 125), eher dafür, die Klagbarkeit wie bisher nach den von der überwiegenden Ansicht herausgearbeiteten Kriterien zu beurteilen.

2. Anwendbarkeit des § 29 ZPO auf Rücksichtspflichten?

§ 29 ZPO regelt den besonderen Gerichtsstand des **Erfüllungsortes**. In den Gesetzesmaterialien zur Schuldrechtsmodernisierung wurde über die Reichweite dieses Begriffes ausdrücklich keine Festlegung getroffen (BT-Drucks 14/6040, 126). Es gibt bis heute keine Stellungnahmen zu der Frage einer Anwendbarkeit der Norm auf **Rücksichtspflichten**. Gem dem Wortlaut des § 29 Abs 1 ist für Streitigkeiten aus einem Vertragsverhältnis und über dessen Bestehen das Gericht des Ortes zuständig, an dem die streitige Verpflichtung **erfüllt** werden muss. Eine **Vereinbarung** über den Erfüllungsort begründet gem § 29 Abs 2 ZPO nur dann die Zuständigkeit des entsprechenden Gerichtes, wenn die Vertragsparteien Kaufleute, juristische Personen des öffentlichen Rechts oder öffentlich-rechtliche Sondervermögen sind. 549

Der **gesetzliche Erfüllungsort** im Rahmen eines Schuldverhältnisses ist nicht einheitlich zu bestimmen, sondern kann für die jeweils verschiedenen Verpflichtungen auch unterschiedlich sein. Das BGB kennt zahlreiche besondere gesetzliche Regeln über den Erfüllungsort, die jedoch für die Erfüllung von Rücksichtspflichten nicht zum Tragen kommen. Daneben gilt die allgemeine Vorschrift des § 269. Im Hinblick auf die Rücksichtspflichten könnte man einerseits annehmen, dass sie der Absicherung der Hauptpflicht dienen und deshalb deren Schicksal bzgl der örtlichen Zuständigkeit teilen (MünchKomm ZPO § 29 Rn 3, 70; BAUMBACH/LAUTERBACH ZPO § 29 Rn 29). Dieser Ansatz überzeugt aber vollständig nur für die **Nebenleistungspflichten** (s o Rn 147 ff), weil diese akzessorisch zur Hauptleistungspflicht verlaufen. Demgegenüber schützen die Rücksichtspflichten das **Integritätsinteresse** des Gläubigers (s o Rn 153), so dass für die Frage der örtlichen Zuständigkeit im Falle ihrer Verletzung entscheidend ist, wo das **Integritätsinteresse des Gläubigers** betroffen war. Mithin ist es möglich, dass der Ort der Integritätsverletzung vom Erfüllungsort bzgl der Hauptleistungspflicht abweicht. So stellt zB die Kanzlei eines Rechtsanwaltes den Erfüllungsort dar, wenn die Rücksichtspflicht darin besteht, die Treppe zu streuen, damit sich im Winter ein Mandant hierauf nicht verletzt. 550

XII. Kritik an der Regelung des Abs 2

1. Die generelle Kritik

Zur Einfügung des Abs 2 haben im Rahmen der Diskussion um die Schuldrechtsreform insgesamt (s Einl 184 ff zum SchuldR) und auch danach viele Stimmen im Schrifttum Stellung bezogen. Bereits der Diskussionsentwurf (s Einl 185 zum SchuldR) wurde auf einem von ZIMMERMANN und ERNST veranstalteten Symposium kritisch diskutiert (die Referate und Diskussionen sind veröffentlicht in: ERNST/ZIMMERMANN). Man- 551 che zweifelten die **Notwendigkeit** der Regelung insgesamt an, weil in Abs 2 etwas „selbstverständlich anmutendes" geregelt sei (ZIMMER NJW 2002, 1, 6). Andere zeigten sich von der **Stellung der Norm im Gesetzessystem** überrascht (SCHAPP JZ 2001, 584; ZIMMER NJW 2002, 1, 6). Sie sahen darin die Gefahr einer Überbetonung der Rücksichtspflichten im Verhältnis zu den Leistungsansprüchen (SCHAPP JZ 2001, 584).

2. Kritik an der Formulierung

552 Besonders viel Kritik erntete die **Formulierung** des Abs 2. Manche merkten hierzu an, es handele sich um eine „**Leerformel**" ohne jeden Regelungsgehalt (HUBER, Das geplante Recht der Leistungsstörungen, in: ERNST/ZIMMERMANN 31, 37). Andere beanstandeten den Terminus „**Rücksichtspflichten**", weil dieser sich von der üblichen Typologie der „weiteren Verhaltenspflichten" des Schuldners entferne (so KÖNDGEN, Die Positivierung der culpa in contrahendo als Frage der Gesetzgebungsmethodik, in: SCHULZE/SCHULTE-NÖLKE 231, 242; ähnlich auch: FLEISCHER, Vorvertragliche Pflichten im Schnittfeld von Schuldrechtsreform und Gemeinschaftsprivatrecht dargestellt am Beispiel von Informationspflichten, in: SCHULZE/SCHULTE-NÖLKE 243, 250, 252; ähnlich auch: DAUNER-LIEB, in: ERNST/ZIMMERMANN 305, 313). Auch die Formulierung: „das Schuldverhältnis **kann** (…) zur Rücksichtnahme verpflichten" fanden viele nicht überzeugend. Denn die Formulierung „kann" bedeute, dass nicht jedem Schuldverhältnis Schutzpflichten immanent seien. Es gebe aber kaum Schuldverhältnisse, die nicht mit Rücksichtspflichten verbunden seien (DAUNER-LIEB, in: ERNST/ZIMMERMANN 305, 313; LOOSCHELDERS, Schuldrecht AT Rn 21; ähnlich auch LUTTER, Diskussionsbericht, in: ERNST/ZIMMERMANN 329 ff).

553 Zudem wurde bemängelt, dass der Gesetzgeber erheblich hinter dem in der Lit längst erreichten „**deutlich präziseren Stand**" zurückgeblieben sei (so AnwK-BGB/ KREBS Rn 12 [2002]; DAUNER-LIEB, in: ERNST/ZIMMERMANN 305, 314). Letztlich sollte durch diese Kritik aber die Arbeit des Gesetzgebers beeinflusst werden, oft im Zusammenhang mit dem Widerstand gegen die gesamte Schuldrechtsreform (s Einl 185 ff zum SchuldR). Dieser Versuch ist jedoch gescheitert und dürfte in absehbarer Zeit auch keine Früchte tragen. Man kann sich gut darüber streiten, ob man die Norm brauchte oder jedenfalls anders hätte fassen müssen. Sie dient aber immerhin der Klarstellung und erlaubt in Verbindung mit dem §§ 313, 314 eine Entlastung des § 242. § 241 zeigt jetzt eine Gesamtsystematik des Pflichtenprogramms in einem Schuldverhältnis, ohne dass man dafür uneingeschränkt auf die noch unbestimmtere Formel von Treu und Glauben zurückgreifen müsste.

§ 241a
Unbestellte Leistungen*

(1) Durch die Lieferung unbestellter Sachen oder durch die Erbringung unbestellter sonstiger Leistungen durch einen Unternehmer an einen Verbraucher wird ein Anspruch gegen diesen nicht begründet.

---

* Amtlicher Hinweis:
Diese Vorschrift dient der Umsetzung von Artikel 9 der Richtlinie 97/7/EG des Europäischen Parlaments und des Rates vom 20. Mai 1997 über den Verbraucherschutz bei Vertragsabschlüssen im Fernabsatz (ABl. EG Nr. L 144 S 19).

(2) Gesetzliche Ansprüche sind nicht ausgeschlossen, wenn die Leistung nicht für den Empfänger bestimmt war oder in der irrigen Vorstellung einer Bestellung erfolgte und der Empfänger dies erkannt hat oder bei Anwendung der im Verkehr erforderlichen Sorgfalt hätte erkennen können.

(3) Eine unbestellte Leistung liegt nicht vor, wenn dem Verbraucher statt der bestellten eine nach Qualität und Preis gleichwertige Leistung angeboten und er darauf hingewiesen wird, dass er zur Annahme nicht verpflichtet ist und die Kosten der Rücksendung nicht zu tragen hat.

Schrifttum

BERGER, Der Ausschluss gesetzlicher Rückgewähransprüche bei der Erbringung unbestellter Leistungen nach § 241a BGB, JuS 2001, 649
BÖTTCHER/MÖRITZ, Unternehmerschützender Verbraucherschutz? – Zur anspruchsausschließenden Wirkung des § 241a BGB, VuR 2005, 46
BUNTE, Zusendung unbestellter Waren – Gedanken zu einem alten, neuen Thema, in: FS Gaedertz (1992) 87
CASPER, Die Zusendung unbestellter Waren nach § 241a BGB, ZIP 2000, 1602
CZEGUHN/DICKMANN, Die Fortwirkung des § 241a BGB nach Zusendung unbestellter, mangelhafter Ware, JA 2005, 587
DECKERS, Zusendung unbestellter Ware, NJW 2001, 1474
DORNHEIM, Sanktionen und ihre Rechtsfolgen im BGB unter besonderer Berücksichtigung des § 241a BGB (Diss Bayreuth 2003)
EMMERICH/DOEHNER, Aliud und Zusendung unbestellter Waren im neuen Schuldrecht, in: FS Kramer (2004) 485
FLUME, Vom Beruf unserer Zeit für Gesetzgebung, Die Änderungen des BGB durch das Fernabsatzgesetz, ZIP 2000, 1427
GAERTNER/GIERSCHMANN, Das neue Fernabsatzgesetz, DB 2000, 1601
GEIST, Die Rechtslage bei Zusendung unbestellter Waren nach Umsetzung der Fernabsatzrichtlinie (Diss Konstanz 2002)
HAFT/EISELE, Auswirkungen des § 241a BGB auf das Strafrecht, in: GS Meurer (2002) 245
HAU, Geschäftsführung ohne Verbraucherauftrag, NJW 2001, 2863
HEINZE, Die Vereinbarkeit der §§ 241a, 661a BGB mit dem Ausgleichsprinzip und anderen Wertungsmodellen des Bürgerlichen Gesetzbuches (Diss Frankfurt/Main 2006)
JACOBS, Deliktsschutz bei der Beschädigung unbestellter Ware durch Dritte, JR 2004, 490
KOHLER, Kaufrechtliche Rückabwicklung bei Aliud- und Peius-Lieferung gem § 439 Abs 4 BGB im Konflikt mit § 241a BGB, AcP 204 (2004) 606
KOHLHEIM, Ein neuer wirtschaftlicher Fremdheitsbegriff im Strafrecht – Strafrechtliche Folgen einer zivilrechtlichen Neuerung (Diss Heidelberg 2007)
LAMBERZ, § 241a BGB – Der Weg zur Straflosigkeit für den Empfänger unbestellt zugesandter Leistungen, JA 2008, 425
LANGE, Die nicht bestellten Weihnachtskarten, JuS 1997, 431
LEISS, Die unbestellte Leistungserbringung – § 241a BGB im Spannungsfeld zwischen Verbraucherschutz und Systemkonformität (Diss Regensburg 2005)
LIENHARD, Missbräuchliche Internet-Dialer – eine unbestellte Dienstleistung, NJW 2003, 3592
LINK, Ungelöste Probleme bei Zusendung unbestellter Sachen – Auswirkungen im Dreipersonenverhältnis, NJW 2003, 2811
LÖHNIG, Zusendung unbestellter Waren und verwandte Probleme nach Inkrafttreten des § 241a BGB, JA 2001, 33
LORENZ, WERNER Im BGB viel Neues: Die Umsetzung der Fernabsatzrichtlinie, JuS 2000, 833
ST LORENZ, § 241a BGB und das Bereicherungsrecht – zum Begriff der „Bestellung" im Schuldrecht, in: FS Lorenz (2001) 193

Matzky, § 241a BGB – ein neuer Rechtfertigungsgrund im Strafrecht?, NStZ 2002, 458
Mitsch, Der Anspruchsausschluss bei unbestellten Leistungen nach § 241a Abs 1 BGB und die gestörte Gesamtschuld, ZIP 2005, 1017
ders, Einziehung und § 241a BGB, NStZ 2005, 534
Müller-Helle, Die Zusendung unbestellter Ware – Europäische Rechtsangleichung durch die Fernabsatzrichtlinie (Diss Bonn 2004)
Otto, Konsequenzen aus § 241a BGB für das Strafrecht, Jura 2004, 289
Reichling, § 241a BGB und die Strafbarkeit aus Eigentumsdelikten, JuS 2009, 111
Riehm, Das Gesetz über Fernabsatzverträge und andere Fragen des Verbraucherrechts, Jura 2000, 505
Schmidt, Die Zusendung unbestellter Waren – Kodifikation eines Faktums (Diss Saarbrücken 2005)
Schwarz, § 241a BGB als Störfall für die Zivilrechtsdogmatik – Zu den systemwidrigen Folgen der Umsetzung der EG-Fernabsatzrichtlinie, NJW 2001, 1449
Schwarz/Pohlmann, Der Umfang des Anspruchsausschlusses bei unbestellter Warenlieferung gemäß § 241a I BGB: Die Umsetzung der EG-Fernabsatzrichtlinie als methodisches Problem, Jura 2001, 361
Schwung, Die Zusendung unbestellter Waren, JuS 1985, 449
Sosnitza, Wettbewerbsrechtliche Sanktionen im BGB: Die Reichweite des neuen § 241a BGB, BB 2000, 2317
Tachau, Ist das Strafrecht strenger als das Zivilrecht? (Diss Potsdam 2005)
ders, Berechtigte Geschäftsführung ohne Auftrag als unbestellte Leistung? Zur Konkurrenz von § 683 BGB und § 241a BGB, Jura 2006, 889
Verweyen, Gegenläufige Entwicklungstendenzen bei der Drittschadensliquidation?, Jura 2006, 571
Weimar, Zweifelsfragen zur unbestellten Ansichtssendung, JR 1967, 417
Wessel, Die Zusendung unbestellter Waren, BB 1966, 432
Wrase/Müller-Helle, Aliud-Lieferung beim Gebrauchsgüterkauf – ein nur scheinbar gelöstes Problem, NJW 2002, 2537.

Systematische Übersicht

I.	**Normzweck**	1
II.	**Allgemeines**	
1.	Entstehungsgeschichte	2
2.	Rechtslage vor der Normierung	3
3.	Zur Notwendigkeit der Neuregelung	10
4.	Kritik	12
a)	Privatrechtliche Bedenken	12
b)	Verfassungsrechtliche Bedenken	14
c)	Stellungnahme	18
III.	**Voraussetzungen**	
1.	Persönlicher Anwendungsbereich	20
2.	Sachlicher Anwendungsbereich, Abs 1	23
3.	Rechtsfolgen	29
a)	Vertragsschluss	31
b)	Geschäftsführung ohne Auftrag	33
c)	Dingliche Rechtslage	35
d)	Herausgabeansprüche	38
e)	Erlösansprüche	43
f)	Schadensersatzansprüche	44
g)	Nutzungsansprüche	46
h)	Ansprüche gegen Dritte	47
aa)	Ansprüche des Unternehmers auf Herausgabe der Sache	48
bb)	Ansprüche bei Beschädigung oder Zerstörung der Sache durch Dritte	51
i)	Ansprüche Dritter gegen den Verbraucher	53
k)	Ansprüche Dritter gegen den Versender	55
4.	Abs 2	56
5.	Abs 3	58
IV.	**Prozessuales**	63
V.	**Strafrechtliche Folgen**	64
VI.	**Rechtsvergleichendes**	65

Titel 1 § 241a
Verpflichtung zur Leistung 1–4

I. Normzweck

§ 241a dient dem **Verbraucherschutz** und wird durch die Sanktion bestimmter unter- 1
nehmerischer Verhaltensweisen verwirklicht. Das Gesetz knüpft privatrechtliche
Konsequenzen an wettbewerbsrechtlich unzulässige Vertriebskonzepte: Ein Verbraucher darf grds nach Belieben mit der empfangenen Leistung verfahren, ohne
sich Ansprüchen des Unternehmers ausgesetzt zu sehen. Nicht nur wegen dieses
Sanktionscharakters unterlag die Norm von Anfang an scharfer Kritik (s u Rn 12 ff).
Viele haben darüber hinaus ihre Notwendigkeit in Abrede gestellt (s u Rn 10 f). Sie
hat ihre präventive Funktion wohl erfüllt; die Gerichte haben sich mit dem Thema
nicht befassen müssen.

II. Allgemeines

1. Entstehungsgeschichte

Auf der Ebene des **Europäischen Gemeinschaftsrechts** gab es seit langer Zeit Be- 2
strebungen, die Zusendung unbestellter Waren zu unterbinden. Bereits die Entschließung des Rates vom 14. 4. 1975 über das „Erste Programm der Europäischen
Wirtschaftsgemeinschaft für eine Politik zum Schutz und zur Unterrichtung der
Verbraucher" verlangte, die Empfänger unbestellter Güter oder Dienstleistungen
vor Zahlungsforderungen zu schützen (ABlEG Nr C 92 v 25. 4. 1975, 1). § 241a entstand
aber erst in Umsetzung des Art 9 der Fernabsatzrichtlinie (FARL) 1997/7/EG
durch das „Gesetz über Fernabsatzverträge und andere Fragen des Verbraucherrechts sowie zur Umstellung von Vorschriften auf Euro" vom 27. 6. 2000 (BGBl I
897 mit Berichtigung 1139). Art 9 FARL verpflichtete die Mitgliedstaaten, die mit einer
Zahlungsaufforderung verbundene Lieferung unbestellter Waren und die Erbringung unbestellter Dienstleistungen zu unterbinden und dafür Sorge zu tragen, dass
den Empfänger keinerlei Gegenleistungspflicht trifft. Den Mitgliedstaaten wurde
im Hinblick auf die „erforderlichen Maßnahmen" allerdings ein weiter Umsetzungsspielraum belassen.

2. Rechtslage vor der Normierung

Die zivilrechtlichen Folgen der Zusendung unbestellter Waren haben die Rspr we- 3
gen der überwiegend geringen Streitwerte bereits vor Inkrafttreten der Norm nur
wenig beschäftigt (RGZ 64, 145; RG JW 1900, 297; OLG München HRR 1931, Nr 287; OLG
Köln NJW 1995, 3128, 3129; LG Frankfurt aM NJW 1991, 2842, 2843; LG Frankenthal EWIR 1995,
545). Das Schrifttum hat sich mit der Problematik dagegen schon immer eingehend
befasst (ROTH, Grundfälle zum Eigentümer-Besitzer-Verhältnis, JuS 1997, 518, 521; SCHWUNG
JuS 1985, 449 f; WEIMAR JR 1967, 417; WESSEL BB 1966, 432).

Die mit einer Zahlungsaufforderung versehene Zusendung unbestellter Ware allein 4
konnte nach den allgemeinen Grundsätzen über die Entstehung von Verträgen **keine Gegenleistungspflicht** begründen (BERGER JuS 2001, 649, 650). Zwar wurde dem
Empfänger durch die Zusendung ein Angebot iSd § 145 unterbreitet (CASPER ZIP
2000, 1602, 1603; SCHWUNG JuS 1985, 449 f; WEIMAR JR 1967, 417). Dessen (konkludente)
Annahme lag jedoch nicht bereits in der Entgegennahme und Öffnung der unbestellten Sendung. Ein Schweigen auf ein Angebot erzeugte selbst dann keine recht-

liche Bindung, wenn der Anbietende erklärte, es als Zustimmung werten zu wollen (BERGER JuS 2001, 649, 650; CASPER ZIP 2000, 1602, 1603; SCHWUNG JuS 1985, 449; WEIMAR JR 1967, 417). Ob man aus dem Ge- oder Verbrauch der zugesandten Ware oder deren Veräußerung auf eine konkludente Annahmeerklärung schließen konnte, deren Zugang nach § 151 entbehrlich war, blieb bis zuletzt umstritten (dagegen SCHWUNG JuS 1985, 449, 450; dafür WEIMAR JR 1967, 417), wobei die Tendenz vor Inkrafttreten der Norm vermehrt zur Annahme eines Vertragsschlusses ging (MünchKomm/KRAMER § 151 Rn 55).

5 Einigkeit herrschte darüber, dass ein **Herausgabeanspruch** des Versenders nur aus § 985 oder § 812 Abs 1 folgen konnte (CASPER ZIP 2000, 1602, 1603). Rückgabepflichten aus einem Verwahrungsvertrag schieden meist aus, da es regelmäßig insoweit ebenfalls an einer Annahmeerklärung fehlte (WEIMAR JR 1967, 417). Selbst der Gebrauch der Sache bildete dafür kein entscheidendes Indiz. Umstr war, ob es sich bei der Zusendung unbestellter Waren zum Zwecke des Vertragsschlusses um einen Fall der **Leistungskondiktion** gem § 812 Abs 1 S 1 1. Fall (LORENZ JuS 2000, 833, 841) oder der **Zweckverfehlungskondiktion** gem § 812 Abs 1 S 2 2. Fall (RIEHM Jura 2000, 505, 512) handelte. Diese Unterscheidung gewann im Hinblick auf § 814 Bedeutung, der nur für den Fall der Leistungskondiktion gilt und den Rückgewähranspruch regelmäßig ausschließt (CASPER ZIP 2000, 1602, 1603). Ein Ausschluss des Anspruchs konnte sich darüber hinaus in beiden Fällen nach den Grundsätzen der aufgedrängten Bereicherung ergeben (BERGER JuS 2001, 649, 650).

6 Der **Leistungsort** im Zusammenhang mit vindikations- bzw kondiktionsrechtlichen Herausgabeansprüchen lag beim Empfänger, da es sich entsprechend dem Grundsatz des § 269 um eine **Holschuld** handelte. Eine Rückgabeverpflichtung bestand also nicht (BT-Drucks 14/2658 23; BERGER JuS 2001, 649, 650) und konnte auch nicht durch Beilegung des erforderlichen Portos begründet werden (BT-Drucks 14/2658 22; BERGER JuS 2001, 649, 650; CASPER ZIP 2000, 1602, 1603).

7 Veräußerte der Empfänger die zugesendete Ware allerdings an einen Dritten, so standen dem Unternehmer **Erlösherausgabeansprüche** nach den Regeln einer unberechtigten GoA (§§ 667, 682 S 2, 687 Abs 2) oder aus ungerechtfertigter Bereicherung gem § 816 Abs 1 S 1 zu (SCHWUNG JuS 1985, 449, 453).

8 Ein praktisch wenig relevanter Streit herrschte darüber, ob der Versender **Nutzungs- und Schadensersatz** fordern konnte (BT-Drucks 14/2658 23; LANGE JuS 1997, 431, 432 f; SCHWUNG JuS 1985, 449; BERGER JuS 2001, 649, 650; s u Rn 44 f), und zwar gem §§ 987 ff (SOERGEL/WOLF § 145 Rn 26; LANGE JuS 1997, 431, 434; SCHWUNG JuS 1985, 449, 451). Dagegen wendeten manche ein, dass der Empfänger unbestellter Waren zunächst berechtigter Besitzer sei, selbst wenn er sie nach Ablauf einer Prüfzeit dem Absender nicht zurücksende (PALANDT/BASSENGE Vorb v § 987 Rn 6 mwNw). Etwas anderes konnte nach dieser Betrachtungsweise allenfalls ab einer Herausgabeverweigerung gelten. Andere schlugen dagegen die entsprechende Anwendung der Haftungsregeln des Verwahrungsverhältnisses oder die Anwendung der §§ 678, 687 Abs 2, § 823 Abs 1, § 823 Abs 2 iVm § 303 StGB vor. Der Sorgfaltsmaßstab sollte nach überwiegender Ansicht analog § 300 Abs 1 (ROTH JuS 1997, 518, 521; MünchKomm/BALDUS Vor §§ 987–1003 Rn 17) auf grobe Fahrlässigkeit (BT-Drucks 14/2658 46) oder analog § 690 (LANGE JuS 1997, 431, 434) auf eigenübliche Sorgfalt reduziert, die unbestellte

Warenzusendung als Mitverschulden über § 254 zu berücksichtigen sein (SCHWUNG JuS 1985, 449, 452; CASPER ZIP 2000, 1602, 1603).

Unabhängig von dieser problematischen zivilrechtlichen Behandlung war die Zusendung unbestellter Waren wegen eines Verstoßes gegen § 1 UWG aF (§ 3 UWG nF) regelmäßig **wettbewerbswidrig** (BGH NJW 1965, 1662; BGH NJW 1976, 1977; BGH NJW 1992, 3040; EMMERICH, Unlauterer Wettbewerb [7. Aufl 2004] § 13 III 3c; CASPER ZIP 2000, 1602; SOSNITZA BB 2000, 2317 mwNw). Dies galt nach der älteren Rspr selbst dann, wenn gleichzeitig mit der Zusendung ein Vertretertermin angekündigt wurde, der eine eventuelle Rückgabe ermöglichen sollte (BGH GRUR 1959, 277). Ausnahmen von dieser repressiven wettbewerbsrechtlichen Beurteilung wurden für solche Fälle in Betracht gezogen, in denen man den Empfänger bei Erhalt der Sendung eindeutig darauf hingewiesen hatte, dass ihn weder eine Zahlungs- noch eine Aufbewahrungspflicht traf, sofern es sich um geringwertige Verbrauchsgüter des täglichen Gebrauchs handelte (BGH GRUR 1959, 277, 280). Das Gleiche wurde angenommen, wenn der Versender im Rahmen einer laufenden Geschäftsbeziehung davon ausgehen konnte, dass der Kunde mit der Zusendung einverstanden war (BGH GRUR 1960, 382, 384). Mittlerweile ergibt sich die **Unlauterkeit** idR sowohl aus den §§ 3, 4 Nr 1 UWG wegen unsachlicher Beeinflussung der Entscheidungsfreiheit des Verbrauchers sowie auf Grund unzumutbarer Belästigung iSv § 7 UWG, der seit der UWG-Novelle 2009 als selbständiger Tatbestand einer Zuwiderhandlung den in § 8 Abs 3 UWG genannten Personen erlaubt, Unterlassungsansprüche geltend zu machen (weitere Einzelheiten bei PIPER/OHLY, UWG, § 7 Rn 85 ff sowie HEFERMEHL/KÖHLER/BORNKAMM, UWG, § 7 Rn 77 ff). An dieser wettbewerbsrechtlichen Behandlung hat sich durch § 241a nichts geändert. Die Verbraucher selbst können uU gem §§ 823 Abs 1, 1004 unter Heranziehung der Grundsätze, die der BGH zur Verletzung des allgemeinen Persönlichkeitsrechts durch unerwünschte Briefkastenwerbung entwickelt hat (BGH NJW 1973, 119; BGH NJW 1989, 902; BERGER JuS 2001, 649, 650; vgl zur unerwünschten E-Mail-Werbung AG Ludwigshafen MMR 2006, 421), auf Unterlassung klagen.

3. Zur Notwendigkeit der Neuregelung

Angesichts der bereits vor Inkrafttreten des § 241a etablierten Rechtspraxis bestand für den deutschen Gesetzgeber an sich keine Notwendigkeit, tätig zu werden (LORENZ JuS 2000, 833, 841). Der Forderung des Art 9 FARL, die mit einer Zahlungsaufforderung verbundene Lieferung unbestellter Waren und die Erbringung unbestellter Dienstleistungen zu unterbinden, genügte bereits das nach alter Rechtslage bestehende Verbot „reißerischer Werbung" gem § 1 UWG aF (BGH NJW 1992, 3040). Soweit die nationalen Gesetzgeber angehalten wurden, dafür Sorge zu tragen, dass den Empfänger keine Gegenleistungspflicht trifft, hing die Notwendigkeit gesetzgeberischer Maßnahmen also allein davon ab, wie der Begriff der „**Gegenleistung**" zu verstehen war, insbesondere, ob er auch Nutzungs- und Schadensersatzansprüche erfassen sollte.

Nach dem **Verständnis des BGB** meint „Gegenleistung" nur das mit der zugesandten Ware bzw sonstigen Leistung synallagmatisch verknüpfte Entgelt (CASPER ZIP 2000, 1602, 1604). Ein Anspruch darauf konnte aber bereits nach früherer Rechtslage unter keinem Gesichtspunkt begründet werden. Allerdings wird der Begriff der „Gegenleistung", so weit es um die Erfüllung europarechtlicher Vorgaben geht, nicht durch nationale Dogmatik determiniert, sondern ist **europarechtskonform** auszulegen. Nach Auffassung des deutschen Gesetzgebers gebietet die verbraucherschützende Intention des europäischen Gesetzgebers, den Begriff in einem weiteren Sinne zu verstehen (BT-Drucks 14/2658 23). Andererseits lässt sich im europarechtlichen Kontext für eine enge Auslegung der Umstand anführen, dass Erwägungsgrund Nr 5 der Richtlinie nur von „**Zahlung** nicht bestellter Waren" spricht (BERGER JuS 2001, 649, 650; CASPER ZIP 2000, 1602, 1604). Zudem ist der Begriff der Gegenleistung auch in den meisten anderen Mitgliedstaaten iS einer synallagmatisch verknüpften Hauptleistungspflicht zu verstehen. Dieser Umstand führt in Ermangelung eines einheitlichen europäischen Schuldrechts (vgl jedoch zur fortschreitenden Entwicklung eines europäischen Zivilgesetzbuches Einl 276 ff zum SchuldR), aus dem sich der Inhalt des Begriffs der Gegenleistung eindeutig ableiten ließe, dazu, dass die europarechtskonforme Auslegung kein extensives Verständnis des Gegenleistungsbegriffs verlangt (CASPER ZIP 2000, 1602, 1604). Der nationale Gesetzgeber erklärt dennoch in § 241a sämtliche Ansprüche für ausgeschlossen und ist damit über die Vorgaben der FARL hinausgegangen (LORENZ JuS 2000, 833, 841).

4. Kritik

a) Privatrechtliche Bedenken

12 Die Norm war von Anfang an heftiger Kritik ausgesetzt (DECKERS NJW 2001, 1474) und wurde sogar in kräftigen Worten als „Ausdruck gesetzgeberischer Unfähigkeit" bezeichnet (FLUME ZIP 2000, 1427). Für verfehlt hielt man insbesondere die amtliche Überschrift, die den Regelungsgehalt der Norm nicht vollständig erfasse, ferner ihre systematische Stellung zwischen zwei zentralen Normen des Schuldrechts (HENSEN, Das Fernabsatzgesetz oder: Man könnte heulen, ZIP 2000, 1151; FLUME ZIP 2000, 1427, 1428). Außerdem wurde kritisiert, dass bei der Normierung neben den verbraucherschützenden Aspekten auch der Sanktion wettbewerbswidrigen Verhaltens Bedeutung zugekommen sei. Dieses gesetzgeberische Ziel im BGB zu verfolgen, das seinem Wesen nach auf Interessenausgleich und nicht auf Sanktion angelegt sei, sahen manche als fragwürdig an (SCHWARZ NJW 2001, 1449; RIEHM Jura 2000, 505, 511). Auch inhaltlich hielt man teilweise die Norm für derart verfehlt, dass sogar vorgeschlagen wurde, ihre Existenz zu ignorieren (FLUME ZIP 2000, 1427, 1428): Ein vollständiger Anspruchsausschluss führe zu Folgen, die der Systematik des BGB zuwiderliefen (SCHWARZ NJW 2001, 1449; LÖHNIG JA 2001, 33, 35). Damit war insbesondere das dauernde Auseinanderfallen von Eigentum und Besitz gemeint (SCHWARZ NJW 2001, 1449, 1455; s u Rn 35 ff).

13 Diesem Vorwurf fehlt allerdings deshalb die Überzeugungskraft, weil eine solche Divergenz dem BGB auch an anderer Stelle nicht fremd ist, etwa bei der Verjährung von Herausgabeansprüchen (BT-Drucks 14/2658 46). Bis zur Neufassung des § 216 Abs 2 S 1 durch das Schuldrechtsmodernisierungsgesetz (s Einl 176 ff zum SchuldR) traten solche Situationen ferner ein, wenn der Vorbehaltseigentümer nach Verjährung der Kaufpreisforderung seine Sache nicht mehr herausverlangen konnte, sofern man nicht § 223 Abs 2 aF analog anwendete. Weiterhin kennt das BGB durchaus die Sanktion, wie etwa der Ersatz des immateriellen Schadens für Persönlichkeitsrechtsverletzungen einerseits, aber auch der Kondiktionsausschluss des § 817 S 2 andererseits zeigen (ausf S LORENZ, in: FS W Lorenz [2001] 193, 201 f). Ebenfalls auf diesem Gedanken beruht das Verbot geltungserhaltender Reduktion unwirksa-

mer AGB (Sosnitza BB 2000, 2317, 2320). Die systematische Positionierung des § 241a kann man sicher angreifen und die Vorschrift hätte vielleicht im Zusammenhang mit § 151 einen besseren Platz gefunden; zwingend wirken jedoch beide Platzierungen nicht. Die systematische Stellung einer Norm im Gesetz ist zwar als Auslegungshilfe bedeutsam, aber auch kein entscheidendes Kriterium.

b) Verfassungsrechtliche Bedenken

Verfassungsrechtliche Bedenken knüpfen an folgender bürgerlich-rechtlicher Situation an: Abs 1 schließt zwar alle Ansprüche des Unternehmers aus, verhindert aber den Vertragsschluss bei Annahme unbestellter Waren nicht. Indessen wird man allein im Ge- oder Verbrauch der Ware keine Willenserklärung des Verbrauchers sehen können, da er diese Unternehmerleistung kostenlos in Anspruch nehmen darf (Lorenz JuS 2000, 833, 841). Da aber der Unternehmer mit der Zusendung kein unbedingtes Übereignungsangebot abgeben will, sondern bei verständiger Auslegung den Eigentumsverlust vom Abschluss des Kaufvertrages und der Zahlung des Kaufpreises (doppelt aufschiebend bedingt) abhängig machen möchte (Lange JuS 1997, 431, 433; Riehm Jura 2000, 505, 508; Berger JuS 2001, 649, 653), kommt es in den meisten Fällen zu dem bereits erwähnten Auseinanderfallen von Besitz und Eigentum (s u Rn 35 ff; aA Müller-Helle, Die Zusendung unbestellter Ware 234, 263).

Der Gesetzgeber war sich der damit verbundenen verfassungsrechtlichen Probleme auch bewusst. Unter dem Aspekt des Art 14 Abs 1 S 1 GG erschien ihm der dogmatisch bessere Weg, die Norm als Eigentumserwerbsgrund auszugestalten, als zu bedenklich (Schwarz NJW 2001, 1449, 1456; s u Rn 36). Auch im Hinblick auf die jetzige Regelung fürchtete insbesondere der **Bundesrat**, bereits das Auseinanderfallen von Eigentum und Besitz verstoße gegen das genannte Grundrecht (BT-Drucks 14/2920 5; ferner Deckers NJW 2001, 1474). Demgegenüber wies die **Bundesregierung** darauf hin, dass ein Aufdrängen unbestellter Waren auch nach früherer Rechtslage unzulässig gewesen sei. Die Unsicherheit dieser Rechtslage hätten manche Unternehmer ausgenutzt, eine Situation, die nur durch eindeutige Regelungen zu verhindern sei (BT-Drucks 14/2920 14; Lorenz JuS 2000, 833, 841).

Dennoch entwickelte die Bundesregierung, um den genannten Bedenken des Bundesrates Rechnung zu tragen, folgenden Alternativvorschlag: „Durch die Lieferung unbestellter Sachen oder durch die Erbringung unbestellter Leistungen durch einen Unternehmer an einen Verbraucher ... wird dieser weder zur Verwahrung noch zum Erhalt der Sache oder zum Ersatz des Wertes der sonstigen Leistungen verpflichtet. Er kann nach seiner Wahl den Besitz an der Sache aufgeben oder dem Unternehmer die Rücksendung der Ware anbieten; im zweiten Fall hat der Unternehmer die Kosten und die Gefahr zu tragen" (BT-Drucks 14/2920 14).

Diese Formulierung wurde aber wiederum vom **Rechtsausschuss** kritisiert, weil nur eine eindeutige Formulierung dem Verbraucher helfe und den Unternehmer entsprechend „abschrecke". Die verfassungsrechtlichen Bedenken sah man im Ergebnis deshalb als nicht durchgreifend, weil die Rechtsfolgen der Norm nur denjenigen träfen, der sich bewusst über die Vorgaben des Abs 1 hinwegsetze und somit nicht schutzwürdig sei (BT-Drucks 14/3195 32).

c) Stellungnahme

18 Die zuletzt geschilderte verfassungsrechtliche Einschätzung kann man deshalb teilen, weil Abs 1 jedenfalls keine Legalenteignung bewirkt: Durch Inkrafttreten der Norm wurde keinem Unternehmer das Eigentum unmittelbar entzogen (RIEHM Jura 2000, 505, 508). Denn die Regelung lässt infolge der Übergangsvorschrift in Art 229 § 2 Abs 1 EGBGB bestehende Herausgabeansprüche unberührt (CASPER ZIP 2000, 1602, 1606; SOSNITZA BB 2000, 2317, 2319). Im Hinblick auf die späteren Auswirkungen der Norm handelt es sich lediglich um eine **Inhalts- und Schrankenbestimmung** des Eigentums gem Art 14 Abs 1 S 2 (S LORENZ, in: FS W Lorenz [2001] 193, 199). Bei der Anschlussfrage, ob der Gesetzgeber den **Verhältnismäßigkeitsgrundsatz** gewahrt hat, kam als milderes Mittel uU eine gesetzlich vorgesehene Abholung der unbestellt zugesendeten Ware auf Kosten des Unternehmers in Betracht (RIEHM Jura 2000, 505, 508). Eine solche Regelung war unter dem Gesichtspunkt des Verbraucherschutzes aber deshalb nicht in gleicher Weise geeignet, weil sie den Adressaten zwingt, einen Abholtermin wahrzunehmen, den er nicht veranlasst hat (iE zust auch ERMAN/SAENGER Rn 3).

19 Problematisch erscheint der Anspruchsausschluss unter Verhältnismäßigkeitsgesichtspunkten nur dann, wenn der zusendende **Unternehmer** selbst nicht Eigentümer der Ware war, sondern seinerseits **unter Vorbehalt erworben** hatte, da der **Vorbehaltsverkäufer** an der Handlung, die schließlich seinen Rechtsverlust bewirkt, selbst nicht beteiligt ist (dazu ausf BÖTTCHER/MÖRITZ VuR 2005, 46 ff). Zwar erfolgt auch bei gutgläubigem Erwerb gem §§ 932 ff der Eigentumsverlust ohne Mitwirkung des Eigentümers, was bei entgeltlichem Erwerb aus Gründen des Verkehrsschutzes hingenommen wird (krit PETERS, Der Entzug des Eigentums an beweglichen Sachen durch gutgläubigen Erwerb [1991] insbes im Hinblick auf den unentgeltlichen Eigentumserwerb eines Dritten). Bei unentgeltlichem Erwerb kann der frühere Eigentümer mangels Schutzwürdigkeit des Erwerbers immerhin gem § 816 Abs 1 S 2 kondizieren. Das Kriterium der Entgeltlichkeit eignet sich bei der Zusendung unbestellter Ware jedoch nicht zur Entscheidung über das Bestehen von Herausgabeansprüchen, da dieser Erwerb stets unentgeltlich erfolgt. Der pauschale Vergleich mit dem gutgläubigen Erwerb muss also scheitern. Andererseits hat der Verbraucherschutz auf Grund der Neukonzeption des BGB stark an Bedeutung gewonnen. Der Eigentümer (Vorbehaltsverkäufer) verliert in Anwendung des Abs 1 auch nur die Sicherung seiner Kaufpreisansprüche, ein Risiko, das ihm in anderen Fällen – etwa bei Zerstörung oder Verlust der Sache – ebenfalls nicht fremd ist. Solche Risiken müssen Bestandteil seiner Vertragsbeziehungen mit dem Unternehmer sein. Art 14 GG zwingt deshalb unter dem Aspekt der Verhältnismäßigkeit nicht zu einer verfassungskonformen Reduktion; der Gesetzgeber konnte **ohne Grundrechtsverstoß** die uneingeschränkte Fassung des Abs 1 auch zu Lasten Dritter wählen. Es stellt sich jedoch davon unabhängig die Frage, ob **teleologische Aspekte** für eine Reduzierung sprechen (s u Rn 53 f).

III. Voraussetzungen

1. Persönlicher Anwendungsbereich

20 § 241a verlangt, dass ein **Unternehmer** iSd § 14 einem **Verbraucher** iSd § 13 **unbestellt Waren zusendet** oder **Dienstleistungen erbringt**. Da für alle anderen Fälle die alte Rechtslage beibehalten wird, ist insbesondere im kaufmännischen Geschäftsverkehr denkbar, dass bei entsprechenden Situationen über Handelsbrauch, bestehende Geschäftsverbindungen oder auch gem § 362 HGB ein Vertragsschluss angenommen werden kann, so weit dort Schweigen als Zustimmung bewertet wird. Für die Einordnung des Versenders als Unternehmer iSd § 14 ist im Übrigen grds nicht von Bedeutung, ob es sich um den Eigentümer der Ware handelt (s z Eigentumsverlust in derartigen Fällen o Rn 19 und u Rn 53 f; AnwK-BGB/KREBS Rn 31; BAMBERGER/ROTH/SUTSCHET Rn 4).

21 Schwierigkeiten bereitet im Rahmen des § 241a der Begriff des **Verbrauchers**. Gem § 13 fällt darunter derjenige, der ein Rechtsgeschäft abschließt, das weder seiner gewerblichen noch seiner selbständigen beruflichen Tätigkeit zuzurechnen ist. Damit entscheiden nicht persönliche Eigenschaften, sondern der **Zweck des Rechtsgeschäftes**. Da der Empfänger unbestellter Waren aber regelmäßig gerade kein Rechtsgeschäft abschließt, kann seine Verbrauchereigenschaft nur durch eine hypothetische Betrachtung ermittelt werden, also ob ein Vertrag über die unbestellt zugesendete Ware dem privaten oder gewerblichen Bereich des Bestellers zuzuordnen wäre (BERGER JuS 2001, 649, 651; HAU NJW 2001, 2863, 2864; SCHWARZ/POHLMANN Jura 2001, 361, 362 Fn 9; PALANDT/HEINRICHS Rn 2).

22 Problematisch bleibt die Fallgestaltung, dass der betreffende Gegenstand sowohl dem privaten als auch dem geschäftlichen Bereich zugeordnet werden kann. Teilweise wird vertreten, dass die Verbrauchereigenschaft des Empfängers entfallen solle, wenn die Leistung abstrakt geeignet wäre, auch seinen beruflichen Zwecken zu dienen (BAMBERGER/ROTH/SUTSCHET Rn 3; AnwK-BGB/KREBS Rn 49). Danach wäre der Adressat also im Zweifel als Unternehmer anzusehen. Demgegenüber wird vertreten, den Adressaten **im Zweifel** als Verbraucher anzusehen. Hierfür spricht neben einem konsequenten Verbraucherschutz die Konzeption des BGB als allgemeines Zivilgesetzbuch (zust auch MünchKomm/KRAMER Rn 4 Fn 10) Eine dem § 344 HGB entsprechende Regelung wäre allerdings für die allgemein interessierende Frage, ob bei Geschäften mit doppelter Zuordnungsmöglichkeit in Zukunft die Verbraucher- oder Nichtverbrauchereigenschaft im Vordergrund stehen soll, hilfreich (BERGER JuS 2001, 649, 651).

2. Sachlicher Anwendungsbereich, Abs 1

23 Abs 1 kennt zwei Varianten: die **„Lieferung unbestellter Sachen"** und die **„Erbringung sonstiger Leistungen"**. **Sache** ist jeder Gegenstand iSd § 90. Eine **Lieferung** liegt vor, wenn die Sache derart in den Herrschaftsbereich des Empfängers gelangt, dass dieser daran **Besitz ergreifen kann**. Unmittelbarer Besitz ist deshalb nicht erforderlich, weil dieser am Besitzwillen des Empfängers scheitern könnte, ohne dass deshalb die Rechtsfolgen des § 241a entfallen dürfen (BAMBERGER/ROTH/SUTSCHET Rn 2; z Besitzwillen vgl MünchKomm/JOOST § 854 Rn 8).

24 Unter **„sonstige Leistungen"** fallen Leistungen aller Art, insbesondere Werk- und Dienstleistungen (nicht jedoch die Leistungserbringung im Rahmen einer berechtigten GoA, s u Rn 33 f). Sie sind **erbracht**, wenn der Empfänger sie nutzen kann (BAMBERGER/ROTH/SUTSCHET Rn 2). Insbesondere die Anwendbarkeit der Norm auf derartige Dienstleistungen hat bisher wenig Beachtung gefunden. Gute Gründe sprechen zB dafür, missbräuchliche **Dialer**, dh Programme, die einen Internetzugang auf dem PC er-

richten und dafür wechselnde Verbindungen schalten, unter die Norm zu fassen (so auch LG Gera CR 2004, 543; anders BGH NJW 2004, 1590; NJW 2006, 286). **Missbräuchlich** bedeutet idS, dass ein solches Programm entweder **unbestellt** oder aber, dass entgegen einer Bestellung ein **anderer Dialer** aufgespielt wurde. Da die entsprechenden Vermittlungsdienste eine Leistung iSd Norm anbieten, ist ein Gegenleistungsanspruch ausgeschlossen, so weit die weiteren Voraussetzungen vorliegen (ausf LIENHARD, Missbräuchliche Internet-Dialer – eine unbestellte Dienstleistung, NJW 2003, 3592 ff).

25 Unter **Bestellung** versteht man ein **Einverständnis** des Verbrauchers mit der Lieferung oder Leistung (BERGER JuS 2001, 649, 651). Sie liegt vor, wenn über den betreffenden Gegenstand ein **Verpflichtungsgeschäft** geschlossen wurde; es reicht aber auch das entsprechende **Angebot** eines Verbrauchers (CASPER ZIP 2000, 1602, 1604) oder die **Bitte um Zusendung** einer Ware zur Ansicht (BERGER JuS 2001, 649, 651). Die Lieferung einer Sache oder eine Leistungserbringung erfolgt also insgesamt dann unbestellt, wenn sie dem Verbraucher ohne **zurechenbare Aufforderung** zugeht (PALANDT/HEINRICHS Rn 3).

26 Ein Umkehrschluss zu Abs 3 ergibt, dass auch die Lieferung einer **anderen** als der bestellten Ware grds „unbestellt" iSd Norm erfolgt (WRASE/MÜLLER-HELLE NJW 2002, 2537; CASPER ZIP 2000, 1602, 1604). Damit gewinnt die Unterscheidung zwischen **aliud-Lieferung** und Lieferung einer **mangelhaften Sache**, die der Gesetzgeber in § 434 Abs 3 gerade erübrigen wollte, im hier fraglichen Zusammenhang wieder Bedeutung. Im Falle einer aliud-Lieferung kann sich der Verbraucher deshalb nach Vertragsschluss auf § 437, vorher aber auch auf Abs 1 berufen (WRASE/MÜLLER-HELLE NJW 2002, 2537; PALANDT/HEINRICHS Rn 4), sofern nicht die besonderen Voraussetzungen des Abs 3 vorliegen (ausf s u Rn 58 ff).

27 Der Gesetzeszweck spricht dafür, eine **nichtige Bestellung** vom Anwendungsbereich der Norm auszunehmen (CASPER ZIP 2000, 1602, 1604; iE auch LÖHNIG JA 2001, 33). Der Unternehmer, der eine Bestellung erhält und daraufhin liefert, handelt nicht wettbewerbswidrig. Auch der Verbraucherschutz führt zu keiner anderen Bewertung; denn der Verbraucher soll nur vor solchen Leistungen geschützt werden, die er nicht veranlasst hat. Entscheidend für die Beurteilung, ob die Zuwendung auf Veranlassung des Verbrauchers erfolgt, ist das **tatsächliche Verhalten**. Rechtsgeschäftliche Grundsätze entscheiden diese Frage nicht (ausf S LORENZ, in: FS W Lorenz [2001] 193, 208 ff).

28 Der Wortlaut der Norm erfasst jedenfalls nicht den Fall **bestellter Leistungen**, wenn der Unternehmer einen **höheren Preis** verlangt als ursprünglich angegeben. Nach allgemeinen Regeln gilt dafür § 150 Abs 2. Der Verbraucher ist damit frei in seiner Entscheidung, ob er dieses Änderungsangebot annimmt. Manche schlagen jedoch eine **analoge Anwendung** des Abs 1 vor (BERGER JuS 2001, 649, 652). Allerdings betrifft der direkte Anwendungsbereich der Norm sämtliche Fallgestaltungen, in denen jemand **ohne Veranlassung** mit einer Ware oder einer Dienstleistung konfrontiert wird. Die bestellte Ware oder Leistung – wenn auch verbunden mit einer Preiskorrektur – ist damit nicht vergleichbar, da der Besteller aus freien Stücken den Geschäftskontakt mit dem Unternehmer gesucht hat. Anforderungen an das Verhalten des Einzelnen steigen mit der Intensität des Sozialkontaktes, so dass von demjenigen, der eine Ware oder Leistung bestellt hat, entsprechend mehr verlangt werden kann als von einem Empfänger, der keine solche Verhaltensweise an den Tag gelegt hat. § 150 Abs 2 enthält dafür die interessengerechte Regelung.

3. Rechtsfolgen

Da gem Abs 1 kein Anspruch gegen den Verbraucher besteht, stellt sich die Frage **29** nach dem **Umfang dieses Anspruchsausschlusses** : Er könnte sich einerseits nur auf die **unmittelbar aus der Leistung** des Unternehmers entstehenden Ansprüche beziehen, bei extensiverem Normverständnis andererseits auch **mittelbar ausgelöste Ansprüche** erfassen, wie zB solche wegen **Beschädigung** oder **Zerstörung** der Sache, schließlich auch Ansprüche auf **Nutzungsherausgabe** ausschließen.

Der **Wortlaut** des Abs 1 „**durch die Lieferung** (wird) ... ein **Anspruch** nicht begrün- **30** det" entscheidet das Problem nicht. Der spezifische Wortlaut des Begriffs „Anspruch" lässt sich anhand des § 194 klären. Die Formulierung „durch die Lieferung" erfasst aber auch mittelbare Ansprüche im oben genannten Sinne. Die Singularität der Norm und die Zweifelhaftigkeit ihrer Positionierung (s o Rn 13) stehen auch einer eindeutigen **systematischen Auslegung** entgegen. Nach dem **Willen des Gesetzgebers** sollten hingegen unabhängig von ihrer Rechtsnatur **sämtliche** vertraglichen und gesetzlichen Ansprüche, Nutzungsherausgabeansprüche, Schadensersatzansprüche und Herausgabeansprüche vom Anspruchsausschluss erfasst sein (BT-Drucks 14/2658 46). Eine abschließende Beurteilung wird durch die Lösung des Problems beeinflusst, ob und gegebenenfalls wie auch nach der neuen Rechtslage ein Vertragsschluss über eine unbestellte Ware zustande kommen kann.

a) Vertragsschluss

Teilweise wird angenommen, dass nach aktueller Rechtslage – wie es früher ange- **31** nommen wurde – grds ein Vertragsschluss im Falle des **Gebrauchs** oder **Verbrauchs** der unbestellten Ware bzw ihrer **Veräußerung** anzunehmen sei, bei unbestellten Dienstleistungen im Falle ihrer **Inanspruchnahme** (DECKERS NJW 2001, 1474; LÖHNIG JA 2001, 33, 35). Die Gesetzesbegründung (BT-Drucks 14/2658 46) verweise nur auf die allgemeinen Grundsätze des Vertragsrechts: es sei nicht ersichtlich, dass der Gesetzgeber insoweit von der bisher geltenden Rechtslage habe abweichen wollen (RIEHM Jura 2000, 505, 508). An den Annahmewillen des Verbrauchers seien allerdings vor dem Hintergrund, dass er die Sache ohne Vertragsschluss entschädigungslos nutzen dürfe, strengere Anforderungen als früher zu stellen (LORENZ JuS 2000, 833, 841; RIEHM Jura 2000, 505, 508). Ihnen werde nur genügt, wenn der Verbraucher die Leistung erkennbar seinem eigenen Vermögen zuführe, indem er sie ständig gebrauche, verbrauche oder auch veräußere (CASPER ZIP 2000, 1602, 1607; LÖHNIG JA 2001, 33, 34). Dann spreche für den Vertragsschluss auch der teleologische Aspekt, dass Abs 1 zwar den Verbraucher vor Belästigungen durch unbestellte Leistungen schützen, aber nicht um den Wert der empfangenen Leistung unentgeltlich bereichern wolle (BERGER JuS 2001, 649, 653; CASPER ZIP 2000, 1602, 1607).

Sofern man den Schutzzweck des Abs 1 einerseits ernst nimmt, andererseits einen **32** Vertragsschluss nach wie vor nicht ausschließt, da der Verbraucherschutz nicht aufgedrängt werden muss, bleibt als Konsequenz nur, ausnahmsweise eine konkludente Annahme nicht als ausreichend zu erachten. Ein Vertragschluss kann daher nur noch bei **ausdrücklicher Annahme** bejaht werden (so die hM: ERMAN/SAENGER Rn 15a;

Palandt/Heinrichs Rn 6; Czeguhn/Dickmann JA 2005, 587, 589). Allerdings wird dieser idR aber zumindest daran scheitern, dass schon das Angebot des Unternehmers nach §§ 134 iVm 3, 4 Nr 1, 7 UWG nichtig ist (PWW/Schmidt-Kessel Rn 10). Damit ist gleichzeitig über alle vertraglichen Ansprüche entschieden.

b) Geschäftsführung ohne Auftrag

33 **Vergütungs- bzw Aufwendungsersatzansprüche** stehen in Rede, wenn eine Leistung unbestellt, aber dem (mutmaßlichen) Willen des Verbrauchers entsprechend und damit berechtigt erbracht wird. Der Geschäftsführer kann in einem solchen Falle **Aufwendungsersatz** gem §§ 683 S 1, 670, nach überwiegender Ansicht gem § 1835 Abs 3 analog sogar in Höhe der üblichen Vergütung verlangen, wenn die entsprechende Tätigkeit zu seinem Beruf gehört (Erman/Ehmann § 683 Rn 7). Es handelt sich um eine Situation, die bei unbestellten Dienstleistungen durchaus in Betracht kommt. Fasst man Abs 1 als umfassenden Anspruchsausschluss auf, so wäre also der professionelle Helfer (Unternehmer) gegenüber dem Laien benachteiligt, wenn die Leistung an einen Verbraucher erfolgt, zB wenn ein Abschleppunternehmer einen PKW vor drohender Überschwemmung aus der Gefahrenzone schleppt oder der Arzt im Rahmen einer spontanen Rettungsaktion einen Bewusstlosen behandelt.

34 Dies erscheint deshalb nicht interessengerecht, weil das System der GoA ua einen Anreiz zu altruistischem Handeln schaffen sollte. Der Anspruchsausschluss würde selbst für die Fälle gelten, in denen der Geschäftsführer rechtlich zum Handeln verpflichtet war (etwa gem § 323c StGB) und wird deshalb einheitlich als unbillig erachtet. Zur dogmatischen Begründung finden sich verschiedene Ansätze, die jedoch nicht alle in gleicher Weise überzeugen. So wird zT das Merkmal der „**Vertragsanbahnungsabsicht**" in Abs 1 hineingelesen, um die GoA-Ansprüche nicht zu blockieren (Hau NJW 2001, 2863, 2865). Allerdings wurde das Merkmal „zum Zwecke der Anbahnung eines Vertrages" gerade auf Initiative des Rechtsausschusses gestrichen, um entsprechende Schutzbehauptungen des Unternehmers zu verhindern (BT-Drucks 14/3195 32). Andere erachten die §§ 677 ff hingegen als **leges speciales** (jurisPK/Toussaint Rn 16). Dagegen spricht, dass sie im Hinblick auf ihren persönlichen Anwendungsbereich nicht auf das Verhältnis zwischen Unternehmer und Verbraucher beschränkt sind. Spezialität erfordert aber, dass die spezielle Norm vollständig in der allgemeinen aufgeht. Zwar könnte man die Anwendbarkeit des § 241a ausschließen, indem man die **Unternehmereigenschaft** des Geschäftsführers verneint, zumal dieser idR eher in alltäglichen Situationen Hilfe leistet. Jedoch wird der Vergütungsersatz gerade für die Ausübung der beruflichen Fähigkeit gewährt und nicht für das, was jeder leisten kann (MünchKomm/Seiler § 683 Rn 25). Eine Ausnahme von der rigiden Ausschlusswirkung des Abs 1 für solche Fälle lässt sich stattdessen zum einen plausibel damit begründen, dass man das Tätigwerden des Geschäftsführers **nicht als unbestellt** iSd Abs 1 ansieht, sondern letztlich um eine dem Verbraucher zuzurechnende Aufforderung, da es zumindest seinem mutmaßlichen Interesse entsprechen muss (s o Rn 25, PWW/Schmidt-Kessel, Rn 9). Zum anderen kann man die Norm für die Fälle der berechtigten GoA ebenso mit der Begründung **teleologisch reduzieren**, dass dem Verhalten der spezifische wettbewerbswidrige Charakter fehle, der gerade durch Abs 1 sanktioniert werden soll (s o Rn 1, Dornheim, Sanktionen und ihre Rechtsfolgen im BGB 152 ff; Jauernig/Mansel Rn 2; MünchKomm/Kramer Rn 16; Palandt/Heinrichs Rn 3). Sowohl aus dem Wortlaut als auch aus dem Zweck der Vor-

schrift lässt sich außerdem ableiten, dass nur Leistungen erfasst sein sollen, die typischerweise im Fernabsatz erfolgen (TACHAU Jura 2006, 889, 893 f). In den Nothelferfällen ergäbe sich dann schon mangels **räumlicher Distanz** kein Konkurrenzproblem.

c) Dingliche Rechtslage

Abs 1 hat keinen rechtsgeschäftlichen Einfluss auf die Eigentumsverhältnisse (SOSNITZA BB 2000, 2317, 2322). Ein rechtsgeschäftlicher Eigentumserwerb des Verbrauchers ist aus der Sicht des Unternehmers – erkennbar für den Empfänger – dergestalt mit dem Abschluss des Kaufvertrages und der Kaufpreiszahlung verknüpft, dass er nur angenommen werden kann, wenn es zu beidem kommt (LÖHNIG JA 2001, 33, 34; SOSNITZA BB 2000, 2317, 2322). 35

Abs 1 ordnet auch **keinen gesetzlichen Eigentumsübergang** an (SOSNITZA BB 2000, 2317, 2322), da die Norm dem Wortlaut nach und ihrem Zweck entsprechend nur das Verhältnis zwischen Verbraucher und Unternehmer betrifft, also lediglich relative Wirkung entfaltet (**aA** MÜLLER-HELLE, Die Zusendung unbestellter Ware 234). Allerdings steht der Wortlaut des Abs 1, der nur Herausgabeansprüche ausschließt, zur dinglichen Rechtslage aber keine Aussage trifft, dem Eigentumserwerb auch nicht zwingend entgegen (MÜLLER-HELLE, Die Zusendung unbestellter Ware 232). Die hM bejaht etwa auch einen Eigentumserwerb des gutgläubigen Erwerbers im Falle des Art 16 Abs 2 WG und Art 21 ScheckG, obwohl diese Normen dem Wortlaut nach ebenfalls nur Herausgabeansprüche ausschließen (RIEHM Jura 2000, 505, 508). ZT werden deshalb objektiv-teleologische Erwägungen für einen Eigentumsübergang angeführt: Die mit § 241a Abs 1 beabsichtigte Sanktion begünstigt zugleich den Empfänger der Ware. Diesem Gesetzeszweck entspreche am ehesten ein Eigentumsübergang auf den Verbraucher (MÜLLER-HELLE, Die Zusendung unbestellter Ware 234). Der Gesetzgeber hat sich aber bei der Schaffung des Abs 1 bewusst gegen eine entsprechende Lösung im Falle unbestellter Leistungen entschieden (BT-Drucks 14/2658 46; s o Rn 14 f z den verfassungsrechtlichen Bedenken). Zwingende Gründe, diese Entscheidung wenige Jahre nach Inkrafttreten der Norm zu missachten, sind nicht ersichtlich. Eine Dereliktion iSd § 959 durch den Unternehmer scheidet ebenfalls aus, weil ihm der Verzichtswille fehlt (SCHWARZ NJW 2001, 1449, 1451). 36

Abs 1 vermittelt dem Verbraucher auch **kein Recht zum Besitz** (BERGER JuS 2001, 649, 653; **aA** SOSNITZA BB 2000, 2317). Er soll verschont, nicht belohnt werden. Einem Recht zum Besitz liegt zumindest ein gesetzliches Rechtsverhältnis zugrunde, das Abs 1 jedoch gerade verhindern will (SCHWARZ NJW 2001, 1449, 1451). Selbst ohne Recht zum Besitz steht dem Verbraucher indessen der possessorische Besitzschutz gem §§ 859, 861 zu, und zwar auch gegenüber dem Unternehmer, der den Besitz freiwillig aufgegeben hat. Der Besitz des Verbrauchers ist somit nicht fehlerhaft iSd § 858 Abs 2 S 1. 37

d) Herausgabeansprüche

Ein Herausgabeanspruch aus **Verwahrungsvertrag** gem § 695 scheidet regelmäßig aus. Wenn bereits für den Abschluss eines Kauf-, Dienst- bzw Werkvertrages eine ausdrückliche Erklärung verlangt wird, gilt dies umso mehr für Verwahrungsverträge, an deren Abschluss der Verbraucher regelmäßig kein Interesse hat (s o Rn 31 f). 38

39 Die Voraussetzungen des § 985 liegen an sich vor. Abs 1 begründet aber einen generellen Anspruchsausschluss und damit auch eine anspruchsausschließende **Einwendung gegen den Vindikationsanspruch** (Berger JuS 2001, 649, 652; Gaertner/Gierschmann DB 2000, 1601, 1605; Lorenz JuS 2000, 833, 841; Sosnitza BB 2000, 2317, 2319; dagegen Bülow/Arzt, Fernabsatzverträge und Strukturen eines Verbraucherprivatrechts im BGB, NJW 2000, 2049, 2056). Dies entspricht dem Willen des Gesetzgebers, obwohl er sich des Umstandes bewusst war, dass die Konstruktion im wirtschaftlichen Ergebnis auf eine Schenkung hinausläuft (BT-Drucks 14/2658 46). Dafür spricht auch die systematische Betrachtungsweise. Denn Abs 2 enthält eine Sonderregelung für gesetzliche Ansprüche, die deshalb von der Grundregel des Abs 1 erfasst sein müssen (Sosnitza BB 2000, 2317, 2319; s o Rn 13). Die Stellung der Norm im allgemeinen Schuldrecht steht dem Auslegungsergebnis deshalb nicht entgegen, weil ohnehin für die Norm kein zwingender Standort auszumachen war (BT-Drucks 14/2658 46; Sosnitza BB 2000, 2317, 2319). Überdies stellt die Anwendung schuldrechtlicher Normen auf dingliche Ansprüche keinen Einzelfall dar, wie das Bsp des Verzuges mit der Herausgabepflicht zeigt.

40 Dieser Betrachtungsweise wird unter dem Aspekt des Verbraucherschutzes entgegengehalten, dass ein gesetzlicher Herausgabeanspruch des Unternehmers deshalb nicht ausgeschlossen sein darf, weil der Verbraucher bei Rückforderung der Ware von der wettbewerbswidrig aufgedrängten Leistung befreit würde (Casper ZIP 2000, 1602, 1607). Unter diesem Aspekt ließe sich ein Ausschluss der Vindikation allenfalls damit rechtfertigen, dass die Abholung der Sache für den Verbraucher mit einer unzumutbaren Belastung verbunden ist. Davon wird man in der Regel nicht ausgehen können und dementsprechend weisen auch die Materialien darauf hin, dass der Ausschluss des Herausgabeanspruches in erster Linie das unternehmerische Verhalten sanktionieren solle (BT-Drucks 14/2658 46). Ferner stehen gemeinschaftsrechtliche und verfassungsrechtliche Vorgaben der Annahme eines gesetzlichen Herausgabeanspruchs des Unternehmers nicht zwingend entgegen. Die FARL verlangt den Ausschluss von Herausgabeansprüchen nicht (BT-Drucks 14/2658 46), sondern überlässt es nur den Mitgliedstaaten gem Art 14 S 1 FARL, zu Gunsten des Verbrauchers über die Richtlinienvorgaben hinauszugehen. Die verfassungsrechtliche Prüfung der Eigentumsgarantie des Art 14 GG hat zwar gezeigt, dass der Ausschluss des Herausgabeanspruchs in keinem Fall unverhältnismäßig ist, aber das Verfassungsrecht stünde einem Herausgabeanspruch des Unternehmers andererseits auch nicht entgegen (vgl Deckers NJW 2001, 1474; s o Rn 15 ff).

41 Allerdings stellt sich die Frage, ob man eine solche teleologische Reduktion des Abs 1 vornehmen kann, obwohl der Gesetzgeber eindeutig einen entgegenstehenden Willen geäußert hat. Teilweise wird ein solches Vorgehen kategorisch abgelehnt (Zippelius, Juristische Methodenlehre [10. Aufl 2006] § 10 VI). Aber selbst wenn man ein starres Rangverhältnis der Auslegungskriterien zueinander nicht annimmt (Coing, Rechtsphilosophie 272), sind objektiv teleologische Kriterien nur dann vorrangig, wenn durch den Wandel gesellschaftlicher Normvorstellungen eine an der historischen Intention orientierte Auslegung nicht mehr vertretbar erscheint (Larenz/Canaris, Methodenlehre 166). Die tatsächlichen Verhältnisse seit Einführung der Norm haben sich jedoch nicht so grundlegend geändert, dass man den gesetzgeberischen Willen ohne weiteres übergehen könnte. Eine Korrektur des Gesetzgebers ohne tragende Gründe verstieße gegen den Grundsatz der Gewaltenteilung (Sosnitza BB 2000, 2317,

2319). Selbst die Berücksichtigung der Unternehmerinteressen spricht nicht für eine solch einschränkende Auslegung des Abs 1, da der Verbraucher sich diesem Anspruch ohne weiteres durch Besitzaufgabe entziehen könnte (SCHWARZ NJW 2001, 1449, 1450). Der Herausgabeanspruch wäre also nur sinnvoll, wenn man den Verbraucher gleichzeitig nach §§ 987 ff haften lassen würde (CASPER ZIP 2000, 1602, 1607), ein Ergebnis, dass die Rechtsfolgen des Abs 1 konterkariert. Deshalb bleibt es im Ergebnis dabei, dass der Unternehmer sein Eigentum nicht nach § 985 herausverlangen kann.

Ebenso wie den Vindikationsanspruch schließt Abs 1 aus ganz ähnlichen Erwägungen auch **bereicherungsrechtliche Ansprüche** des Unternehmers gegen den Verbraucher aus (BAMBERGER/ROTH/SUTSCHET Rn 9; GAERTNER/GIERSCHMANN DB 2000, 1601, 1605; BT-Drucks 14/2658 46). **42**

e) Erlösansprüche
Demgegenüber wird dem Unternehmer überwiegend bei **Weiterveräußerung** der unbestellten Ware durch den Verbraucher ein Anspruch auf Herausgabe des **Erlöses** gem § 816 Abs 1 S 1 oder §§ 687 Abs 2 S 2, 667 zugesprochen (BERGER JuS 2001, 649, 653; CASPER ZIP 2000, 1602, 1608; SCHWARZ NJW 2001, 1449, 1454; SOSNITZA BB 2000, 2317, 2322; aA BAMBERGER/ROTH/SUTSCHET Rn 9). Man kann dafür anführen, dass dieser Anspruch nicht „durch die Lieferung" entstanden ist; der Wortlaut zwingt jedoch nicht zu einer solchen Beschränkung auf **unmittelbar** dadurch entstandene Ansprüche. Auch teleologische Erwägungen zielen eher in die gegenteilige Richtung: Zwar spricht die Gesetzesbegründung lediglich Herausgabe-, Schadensersatz-, und Nutzungsansprüche ausdrücklich an (BT-Drucks 14/2658 46). Darunter fällt der Erlösherausgabeanspruch aber deshalb ebenfalls, weil sich die Veräußerung als spezielle Form der Nutzung begreifen lässt (SCHWARZ NJW 2001, 1449, 1450). Allerdings hat sich der Gesetzgeber insgesamt mit Dreipersonenverhältnissen nicht befasst, so dass die Gesetzgebungsgeschichte insoweit keinen zwingenden Schluss erlaubt. Andererseits greifen jedenfalls der Gedanke einer Sanktionierung wettbewerbswidrigen Verhaltens und der Verbraucherschutz auch in solchen Fällen ein (LINK NJW 2003, 2811; RIEHM Jura 2000, 505, 508; SCHWARZ NJW 2001, 1449, 1450). Daher sind Erlösherausgabeansprüche von der Ausschlusswirkung des Abs 1 erfasst. **43**

f) Schadensersatzansprüche
Das gleiche Auslegungsergebnis gilt für **Schadensersatzansprüche** des Unternehmers gegen den Verbraucher gem § 823 bzw §§ 989, 990 (LÖHNIG JA 2001, 33, 36). Zwar gelten insoweit die gleichen Bedenken wie bei den Erlösansprüchen, da Schadensersatzansprüche ebenfalls nicht „durch die Leistung" entstehen, sondern infolge eines weiteren (Fehl-)Verhaltens des Empfängers. Aber auch hier wird nur durch einen Anspruchsausschluss dem Willen des historischen Gesetzgebers (BT-Drucks 14/2658 46) Rechnung getragen und objektiv teleologischen Erwägungen genügt, weil anderenfalls verhindert würde, dass der Empfänger die Leistung wegwerfen darf (CASPER ZIP 2000, 1602, 1607). **44**

Hingegen sind Schadensersatzansprüche des Empfängers gegen den Versender nicht ausgeschlossen. Mangels Vertragsschlusses stehen dem Empfänger zwar keine kaufvertraglichen Gewährleistungsrechte zu. Denkbar ist aber eine cic-Haftung gem §§ 280 Abs 1 iVm 241 Abs 2, 311 Abs 2, wenn die Mangelhaftigkeit der Sache **45** zu Schäden an seinen sonstigen Rechtsgütern führt. Daneben kommt auch ein Anspruch aus § 823 Abs 1 in Betracht. Mangels Eigentums (vgl Rn 35) oder berechtigten Besitzes (vgl Rn 37) stellt ein Schaden an der Sache selbst keine Rechtsgutsverletzung iSd § 823 Abs 1 dar. Ersatzfähig sind damit nur Schäden am sonstigen Eigentum des Versenders (vgl CZEGUHN/DICKMANN JA 2005, 587, 589).

g) Nutzungsansprüche
46 Teilweise werden **Nutzungsansprüche** vom Anwendungsbereich des Abs 1 ausgenommen, wiederum auf Grund des Wortlauts „durch die Lieferung". Auch die Zielsetzung des Gesetzgebers, den Verbraucher vor wettbewerbswidrigem Unternehmerverhalten zu schützen, spricht nach dieser Ansicht nicht gegen einen Anspruch gem § 812 Abs 1 S 1 Fall 2 (BERGER JuS 2001, 649, 653). Jedoch ist die Begründung des Gesetzgebers eindeutig iS eines gegenteiligen Ergebnisses (BT-Drucks 14/2658 46), so dass insgesamt – abgesehen von Ansprüchen aus berechtigter GoA – keine Ansprüche des Unternehmers gegen den Verbraucher bestehen.

h) Ansprüche gegen Dritte
47 Ansprüche gegen **Dritte** könnten dem Unternehmer oder dem Verbraucher zustehen. Beide Konstellationen werden vom Wortlaut des Abs 1 nicht erfasst (Hk-BGB/SCHULZE Rn 9). Sie beruhen regelmäßig auf einer vorherigen freiwilligen Entscheidung des Verbrauchers in Bezug auf die gelieferte Sache, bei der er keiner wettbewerbswidrigen Belästigung ausgesetzt ist.

aa) Ansprüche des Unternehmers auf Herausgabe der Sache
48 Veräußert der Verbraucher die Sache an einen Dritten, so ist der Unternehmer dennoch – falls darin keine wirksame Annahmeerklärung des Verbrauchers gesehen wird (s o Rn 31) – Eigentümer und der Verbraucher verfügt damit als **Nichtberechtigter** (BERGER JuS 2001, 649, 653; SCHWARZ NJW 2001, 1449, 1454; SOSNITZA BB 2000, 2317, 2322), allerdings nicht über eine abhanden gekommene Sache iSd § 935 Abs 1. Der Dritte wird über § 932 geschützt, muss also nur im Falle der Bösgläubigkeit herausgeben. Im Falle des gutgläubigen unentgeltlichen Erwerbs kann der Unternehmer allerdings aus § 822 vorgehen.

49 Nach teilweise vertretener Ansicht nimmt der Verbraucher durch die Veräußerung jedoch das schuldrechtliche und dingliche Angebot des Unternehmers an und verfügt dann als **Berechtigter** (CASPER ZIP 2000, 1602, 1608), schuldet andererseits aber auch dem Unternehmer die Zahlung des Kaufpreises. Gegen eine solche Betrachtungsweise bestehen indessen erhebliche Bedenken. Anders als vor der Einführung des Abs 1 genügt keine konkludente Annahmeerklärung des Verbrauchers (s o Rn 32), da man davon ausgehen muss, dass der Verbraucher den ihm durch Abs 1 gewährten Schutz gegenüber dem Unternehmer ausnutzen will (ebenso LINK NJW 2003, 2811).

50 Vermietet oder **verleiht** der Verbraucher den erlangten Gegenstand an einen Dritten, kann der Unternehmer nach § 986 Abs 1 S 2 vorgehen, weil der Verbraucher trotz des Abs 1 nicht berechtigter Besitzer iSd § 986 Abs 1 S 2 wird (BERGER JuS 2001, 649, 653; s o Rn 37). Die faktische Position des Verbrauchers gem Abs 1 (SOSNITZA BB 2000, 2317, 2323) wirkt nur als Einwendung im Verhältnis zum Unternehmer (s o Rn 39). Dadurch, dass (auch) der Verbraucher evtl einen schuldrechtlichen

Rückübertragungsanspruch geltend machen kann, wird der Dritte aber nicht zwei unterschiedlichen Herausgabeansprüchen ausgesetzt (so jedoch SCHWARZ NJW 2001, 1449, 1454), da der Unternehmer nach § 986 Abs 1 S 2 vorrangig Rückgabe an den Verbraucher zu verlangen hat, eine gesetzliche Möglichkeit, von der er kaum Gebrauch machen wird. Allerdings droht dem Verbraucher uU von seinem Vertragspartner eine Schadensersatzpflicht wegen Nichteinhaltung der miet- bzw leihvertraglichen Überlassungspflicht. Eine entsprechende Freistellung auf der Grundlage des § 241a würde sich zum Nachteil eines Dritten auswirken und wäre nicht mit der Sanktion wettbewerbswidrigen Verhaltens des Unternehmers zu begründen, sondern liegt im Verhalten des Verbrauchers begründet.

bb) Ansprüche bei Beschädigung oder Zerstörung der Sache durch Dritte
Eigene **deliktische Ansprüche** des Verbrauchers kommen in Betracht, so weit der 51 Besitz als sonstiges Recht anerkannt wird (BGHZ 32, 194, 204; RGZ 59, 326, 328; LARENZ/ CANARIS, Schuldrecht II/2 § 76 II 4 f; MünchKomm/WAGNER § 823 Rn 157). Manche wollen jede Form des Besitzes schützen (HONSELL JZ 1983, 531, 532; WIESER JuS 1970, 557), andere beschränken den Deliktschutz auf diejenigen Fälle, in denen dem Besitzer Nutzungsbefugnisse zustehen (MEDICUS/PETERSEN BR Rn 607). Überwiegend wird jedoch die **Berechtigung** als entscheidendes Kriterium angesehen (CANARIS, Die Verdinglichung obligatorischer Rechte, in: FS Flume [1978] 384, 401; LARENZ/CANARIS, Schuldrecht II/2 § 76 II 4 f; SOERGEL/ZEUNER Rn 58). Danach stünden dem Empfänger unbestellter Waren keine deliktischen Ansprüche zu, da Abs 1 kein Besitzrecht vermittelt (s o Rn 37).

Ein völliger Ausschluss von Schadensersatzansprüchen erscheint jedoch deshalb unbefriedigend, weil der Verbraucher so die ihm durch Abs 1 faktisch zugewiesene Nutzungsmöglichkeit verliert, während der Schädiger unbillig entlastet wird. Eine Korrektur kann über die Grundsätze der **Drittschadensliquidation** erfolgen. Dass die geschilderte Konstellation unter keine der herkömmlichen Fallgruppen fällt (vgl STAUDINGER/SCHIEMANN [2005] Vorbem 62 ff zu §§ 249 ff) steht dieser Annahme deshalb nicht entgegen, weil Abs 1 sich im System des BGB als Fremdkörper darstellt. Gerade das Auseinanderfallen von Eigentum und Besitz zeigt jedoch, dass die Interessenlage den anerkannten Fällen der Drittschadensliquidation vergleichbar ist: Der durch den deliktisch begründeten Verlust der Nutzungsmöglichkeit geschädigte Verbraucher hat keinen Anspruch, der Unternehmer, in dessen Eigentum durch Beschädigung oder Zerstörung der unbestellten Leistung eingegriffen wird, hat zwar einen Anspruch, aber keinen Schaden (**aA** VERWEYEN Jura 2006, 571, 575). Die Gesetzesbegründung zu § 241a befasst sich mit Dreipersonenverhältnissen nicht (s o Rn 47), so dass dieses Auseinanderfallen von Anspruch und Schaden aus Sicht des Gesetzgebers ungewollt ist. Der Unternehmer hat daher seinen Anspruch analog § 285 an den Verbraucher abzutreten (LINK NJW 2003, 2811). Der praktische Bedarf für die Konstruktion dürfte allerdings wiederum gering sein (zw schadensersatzrechtlicher Situation bei Beschädigung der unbestellt zugesendeten Ware durch den Empfänger und einen Dritten vgl MITSCH, Der Anspruchsausschluss bei unbestellten Leistungen nach § 241a Abs 1 BGB und die gestörte Gesamtschuld, ZIP 2005, 1017 ff).

i) Ansprüche Dritter gegen den Verbraucher
Problematisch erscheint der Anspruchsausschluss gem Abs 1, wenn der Unterneh- 53 mer nicht Eigentümer der unbestellt versendeten Ware ist, sondern diese nur unter Vorbehalt erworben hat (zur verfassungsrechtlichen Beurteilung dieses Problems s o Rn 19).

Die Rechtsfolgen iS eines Anspruchsausschlusses treffen dann einen Dritten, dem selbst kein Wettbewerbsverstoß zur Last fällt. Der Gesetzgeber hat sich auch mit dieser Frage nicht befasst. Der Wortlaut des Abs 1 schließt **alle** durch die Lieferung unbestellter Waren oder die Erbringung unbestellter Dienstleistungen entstandenen Ansprüche gegen den Verbraucher aus. Für eine streng am Wortlaut orientierte Auslegung im Sinne eines generellen Anspruchsausschlusses wird zunächst die **Missbrauchsgefahr** angeführt. Ein Unternehmer könne anderenfalls die Wirkungen des Abs 1 umgehen, indem er sich eines Dritten, nur „formalen Eigentümers", bediene (AnwK-BGB/Krebs Rn 31).

54 Gegen das Argument der Missbrauchsgefahr wird jedoch zu Recht eingewandt, dass eine Norm nicht allein im Hinblick auf Missbrauchsgefahren ausgelegt werden kann (Link NJW 2003, 2811, 2812). Diese Befürchtung reicht also nicht aus, um eine teleologische Reduktion der Vorschrift abzulehnen und den Vorbehaltsverkäufer vor ihren Rechtswirkungen zu schützen. Eher trifft schon das Argument zu, der Unternehmer als Versender unbestellter Waren kalkuliere den Rechtsverlust ein, anders als ein sich korrekt verhaltender Vorbehaltsverkäufer (Berger JuS 2001, 649, 653). Dennoch spricht die Perspektive des Verbrauchers dafür, ihn vor jedwedem Herausgabeanspruch zu schützen: Bei den Verflechtungen des Marktes kann er regelmäßig die Eigentumsverhältnisse an der ihm zugesendeten Ware nicht überprüfen (Erman/Saenger Rn 34). Dem Vorbehaltseigentümer, der die Ware freiwillig aus der Hand gibt, ist das Risiko des Sachverlustes eher zuzumuten. Er kann sich durch entspre Vertragsgestaltungen auch dann absichern, wenn sein Vorbehaltskäufer die Ware mit oder ohne sein Einverständnis weitergibt. Im Sinne einer klaren Rechtslage sollte man also dabei bleiben, dass Abs 1 Herausgabeansprüche nicht nur des Unternehmers, sondern auch Dritter blockiert (iE zust auch Bamberger/Roth/Sutschet Rn 4; AnwKomm/Krebs Rn 18; Erman/Saenger Rn 34; Böttcher/Möritz VuR 2005, 46, 47; **aA** MünchKomm/Kramer Rn 18).

k) Ansprüche Dritter gegen den Versender
55 Veräußert der Empfänger die Sache an einen Dritten und führt diese auf Grund eines Sachmangels zu einer Schädigung seines sonstigen Eigentums, so steht dem Dritten ein Schadensersatzanspruch gem § 823 Abs 1 gegen den Versender zu. Konnte er beim Verschicken der Ware die Mangelhaftigkeit erkennen, macht es keinen Unterschied, ob der Schaden beim ursprünglichen Empfänger oder bei einem Dritten eintritt (Czeguhn/Dickmann JA 2005, 587, 591).

4. Abs 2

56 Gem Abs 2 bleiben **gesetzliche Ansprüche** des Unternehmers unter zwei Voraussetzungen erhalten. Erforderlich ist entweder, dass die Leistung **nicht für den Empfänger bestimmt** oder **in der irrigen Annahme einer Bestellung** erfolgte. Der Begriff der **Leistung** ist als Oberbegriff für beide Tatbestandsvarianten des Abs 1 zu verstehen (Casper ZIP 2000, 1602, 1604). Er befindet sich zum einen in der amtlichen Überschrift, die den vollständigen Regelungsgehalt der Norm zu erfassen hat, zum anderen sind keine sachlichen Gründe dafür ersichtlich, dass damit die Tatbestandsalternative der Lieferung **unbestellter Sachen** ausgeklammert werden sollte. Das **Versehen** iSd Abs 2 kann sowohl dem Unternehmer selbst als auch einer Transportperson unterlaufen sein. Auf Verschulden des Unternehmers kommt es nicht an, jeder Irrläufer der Ware fällt hierunter. Der Empfänger muss dies allerdings erkannt oder fahrlässig nicht erkannt haben, § 276 Abs 1 S 1. Aus der Bezugnahme auf die im Verkehr erforderliche Sorgfalt folgt, dass ein objektiver Maßstab zugrunde zu legen ist, wobei ungeachtet des nicht ganz identischen Wortlauts auf die Auslegung zu § 122 Abs 2 zurückgegriffen werden kann (CASPER ZIP 2000, 1602, 1608).

In Ausnahme zu Abs 1 bleiben alle gesetzlichen Ansprüche erhalten, eine Reduktion des Haftungsmaßstabes zu Gunsten des Verbrauchers tritt nicht ein (CASPER ZIP 2000, 1602, 1608). **Vertragliche Ansprüche** scheiden bereits deswegen aus, weil der Unternehmer im Falle eines erkennbaren Irrläufers nie ein wirksames Angebot unterbreitet hat (CASPER ZIP 2000, 1602, 1608). 57

5. Abs 3

Für die **aliud-Lieferung** enthält Abs 3 eine weitere Ausnahme vom Anspruchsausschluss, wenn der Unternehmer eine nach Qualität und Preis **gleichwertige Leistung** angeboten und darauf hingewiesen hat, dass der Empfänger weder zur Annahme verpflichtet ist noch die Kosten der Rücksendung zu tragen hat. Dieser Hinweis muss vor oder bei der Lieferung erfolgen und sich konkret auf diese beziehen (DECKERS NJW 2001, 1474). Die Systematik des Abs 3 zeigt, dass der Gesetzgeber allein **wissentliche Falschlieferungen** gemeint hat, da andernfalls der geforderte Hinweis des Unternehmers nicht denkbar erscheint (mit abweichender Begründung DECKERS NJW 2001, 1474). 58

Eine Ausdehnung des Abs 3 auf **irrtümliche Falschlieferungen** hätte zur Folge, dass der Anspruch des Unternehmers stets am fehlenden Hinweis scheitern würde, zu denen er in Folge des Irrtums gar keine Veranlassung sah. Irrtümliche Falschlieferungen sind deshalb analog Abs 2 zu behandeln: Bei Lückenhaftigkeit des Gesetzes liegt die Vergleichbarkeit der Sachverhalte darin, dass der Irrtum über die Erfüllungstauglichkeit der erbrachten Leistung dem Irrtum über das Vorliegen einer Bestellung gleichgesetzt werden kann. Erkennt der Besteller den Irrtum oder verkennt er ihn fahrlässig, verbleiben dem Unternehmer also auch bei irrtümlicher aliud-Lieferung die gesetzlichen Ansprüche (BERGER JuS 2001, 649, 652; CASPER ZIP 2000, 1609; DECKERS NJW 2001, 1474, 1475). Andernfalls kommt es zum Anspruchausschluss gem Abs 1. 59

Der Anspruchserhalt gem Abs 3 kommt nur in Betracht, wenn der Unternehmer ein **gleichwertiges aliud** liefert, also in Anlehnung an § 378 HGB aF dann, wenn er mit der Billigung des Verbrauchers rechnen konnte (DECKERS NJW 2001, 1474). 60

Problematisch sind die Rechtsfolgen der Lieferung einer **mangelhaften Sache**. Eine **Schlechtleistung** als nicht gleichwertige Leistung wird vom Wortlaut des Abs 3 nicht erfasst. Bei **unbewusster Schlechtleistung** wären die Folgen des fehlenden Hinweises gem Abs 3 unangemessen (BERGER JuS 2001, 649, 652). Bei **bewusster Schlechtleistung** kann der Versender nicht davon ausgehen, dass der Verbraucher die Leistung akzeptieren werde. 61

Die Schlechtleistung führt aber auch nicht zu einem Anspruchsausschluss nach Abs 1. Wie im Falle der Zusendung bestellter Ware zum erhöhten Preis (s o Rn 28) 62 besteht in solchen Fällen bereits geschäftlicher Kontakt, so dass die Beurteilung allein nach **Gewährleistungsrecht** erfolgt (BERGER JuS 2001, 649, 652).

IV. Prozessuales

63 Die Voraussetzungen vertraglicher Ansprüche hat ein Unternehmer nach allgemeinen Grundsätzen darzulegen und zu beweisen. Für den Ausschlusstatbestand des Abs 1 kann sich der Verbraucher mit der Behauptung begnügen, es liege eine **unbestellte Lieferung** vor. Die **Beweislast** für das Vorliegen einer **Bestellung** trifft den Unternehmer aus teleologischen Gründen sowie aus dem Umstand, dass der Beweis von Negativtatsachen regelmäßig zu einer Beweislastumkehr führt, weil das Entkräften einer Negativbehauptung weniger Schwierigkeiten mit sich bringt als deren Beweis. Die Voraussetzungen des Abs 1 und 3 hat der Unternehmer, da sie anspruchserhaltend sind, ohnehin zu beweisen.

V. Strafrechtliche Folgen

64 Teilweise wurden Wertungswidersprüche zwischen Abs 1 und dem Strafrecht bemängelt: Die vorsätzliche Beschädigung sowie die Veräußerung durch den Verbraucher lösen zwar keine zivilrechtlichen Ansprüche aus, erfüllen aber die Tatbestände der § 303 StGB und des § 246 StGB, weil der Verbraucher eine fremde Sache beschädigt bzw sich zueignet (SCHWARZ NJW 2001, 1449, 1453; RIEHM Jura 2000, 505, 508). Die Ursache dieses Wertungswiderspruchs liegt in dem dauerhaften Auseinanderfallen von Eigentum und Verfügungsmöglichkeit, weshalb vereinzelt für eine **Neudefinition** des Tatbestandsmerkmals „fremd" plädiert wird (KOHLHEIM, Ein neuer wirtschaftlicher Fremdheitsbegriff im Strafrecht 90 ff; LAMBERZ JA 2008, 425, 428; OTTO Jura 2004, 389, 390). Einige schlagen vor, das dogmatische Problem auf der Ebene der Rechtswidrigkeit zu lösen, indem entweder § 241a als eigenständiger **Rechtfertigungsgrund** herangezogen (HAFT/EISELE, Auswirkungen des § 241a BGB auf das Strafrecht, in: GS Meurer (2002) 245, 257; BERGER JuS 2001, 649, 653; MATZKY NStZ 2002, 458, 464) oder von einer **rechtfertigenden Einwilligung** des Verbrauchers selbst ausgegangen wird (TACHAU, Ist das Strafrecht strenger als das Zivilrecht? 187 ff; REICHLING JuS 2009, 111, 113). Nach letzterer Ansicht ginge mit der zivilrechtlichen Verfügungsbefugnis auch die strafrechtliche Einwilligungsbefugnis einher. Ob sich dies tatsächlich aus dem Wortlaut ergibt, erscheint zweifelhaft, entspricht aber der verbraucherschützenden Intention des Gesetzgebers, sodass der Empfänger jedenfalls gerechtfertigt ist. Ein Unternehmer, der sich die Sache gewaltsam wiederbeschafft, macht sich nicht nach § 242 bzw § 249 StGB strafbar, weil die Sache seine eigene ist (SCHWARZ NJW 2001, 1449, 1453). Möglich bleibt jedoch eine Strafbarkeit wegen (eigennütziger) Pfandkehr gem § 289 StGB, denn § 241a begründet für den Empfänger ein gesetzliches Gebrauchsrecht (REICHLING JuS 2009, 111, 113).

VI. Rechtsvergleichendes

65 Die Bekämpfung der Zusendung unbestellter Ware durch zivilrechtliche Spezialgesetze begann in den **USA** bereits im 19. Jahrhundert. Mittlerweile existiert dort eine bundesrechtliche Vorschrift mit einem Verbot unbestellter Zusendungen, die dem Empfänger einer solchen Ware erlaubt, sie wie ein Geschenk zu behandeln und den Absender verpflichtet, den Empfänger über seine Rechte zu informieren (ausf MÜL-

LER-HELLE, Die Zusendung unbestellter Ware 176). Bei einer Betrachtung des **europäischen Auslandes** fällt auf, dass die Rechtslage bereits vor Schaffung der Fernabsatzrichtlinie in einem Punkt länderübergreifend einheitlich war: Reagierte der Empfänger auf das in der Zusendung liegende Vertragsangebot nicht, wurde er auch nicht verpflichtet (GEIST, Zusendung unbestellter Waren 22, 261). So sieht zB § 864 Abs 2 des österreichischen ABGB bereits seit 1997 vor, dass das Behalten, Verwenden oder Verbrauchen einer Sache, die dem Empfänger ohne seine Veranlassung übersandt worden ist, nicht als Annahme eines Antrags gelte. Ähnlich normiert Art 6a des schweizerischen OR seit 1990, dass in der Zusendung einer unbestellten Sache kein Antrag zu sehen ist. Auch nach § 15 des portugiesischen Gesetzesdekrets Nr 272/97 vom 3. 7. 1987 darf der Empfänger unbestellter Erzeugnisse diese behalten, was im Ergebnis auf eine Schenkung hinausläuft (BT-Drucks 14/2658 46).

Daher bestand eigentlich für das Europäische Parlament kein Handlungsbedarf **66** (GEIST, Zusendung unbestellter Waren 22, 261). Denn über die Befreiung von der Gegenleistungspflicht hinausgehende Freistellungen des Verbrauchers werden auch nach der FARL von den Mitgliedstaaten nicht gefordert (s o Rn 2). Erwägungsgrund Nr 5 der Richtlinie wollte lediglich den Anspruch auf „Zahlung nicht bestellter Ware" ausgeschlossen wissen und meinte damit nur die im Gegenseitigkeitsverhältnis stehende **Hauptleistungspflicht** (s auch Rn 11).

Dennoch sind die nationalen Gesetzgeber tätig geworden und haben die gem **67** Art 14 S 1 FARL bestehende Möglichkeit, über die Richtlinie hinausgehende strengere Bestimmungen zu erlassen, wahrgenommen. Zumindest im deutschsprachigen Rechtskreis und im englischen Recht wurden auch Schadensersatzansprüche gegen den Verbraucher ausgeschlossen. Im Übrigen sind die Folgen allerdings uneinheitlich.

Im **deutschen Recht** erfasst der umfassende Anspruchsausschluss zu Gunsten des **68** Verbrauchers sogar den Vindikationsanspruch des Unternehmers (BT-Drucks 14/2658 46), wenngleich das Eigentum bei diesem verbleibt (SOSNITZA BB 2001, 2317, 2322), womit Eigentum und Besitz dauerhaft auseinander fallen (s o Rn 35 ff).

Noch weiter, allerdings mit ähnlichen Folgen für Unternehmer und Verbraucher, **69** geht **der Gesetzgeber in Großbritannien** im Unsolicited Goods and Services Act und in den Consumer Protection Regulations 2000, wonach der Versender unbestellter Ware sein Eigentum durch gesetzlich angeordnete Schenkung verliert. Dem deutschen Gesetzgeber erschien diese dogmatisch konsequentere Lösung im Hinblick auf Art 14 GG zu bedenklich (s o Rn 14 ff; SCHWARZ NJW 2001, 1449, 1456).

In der **Schweiz** bleibt trotz Art 6a OR, der vertragliche Leistungsansprüche und alle **70** Ansprüche auf Schadensersatz ausschließt, der Herausgabeanspruch des Unternehmers hingegen gem Art 641 Abs 2 ZGB bestehen, den dieser also zumindest so lange realisieren kann, wie die Sache sich noch beim Verbraucher befindet (GEIST, Zusendung unbestellter Waren 206 mwNw u 262).

Das **österreichische Recht** verpflichtet durch § 864 Abs 2 ABGB den Empfänger **71** unbestellter Waren nicht, die Sache zu verwahren oder zurückzuleiten. Er darf sich ihrer vielmehr auch entledigen. Schadensersatzansprüche sind damit ausgeschlossen. Wie im schweizerischen Recht behält der Unternehmer allerdings seinen Vindikationsanspruch. Darüber hinaus kann er gemäß § 1041 S 2 ABGB aber auch bereicherungsrechtliche Ansprüche geltend machen, sofern der Verbraucher die empfangene Sache verwendet hat (GEIST, Zusendung unbestellter Waren 216 mwNw).

72 Wie gem § 241a ist der Empfänger unbestellter Ware auch in der Schweiz und in Österreich nach Art 6a OR und § 864 Abs 2 ABGB bei offensichtlich irrtümlicher Zusendung nach dem eindeutigen Wortlaut beider Vorschriften verpflichtet, den Absender zu benachrichtigen.

§ 242
Leistung nach Treu und Glauben

Der Schuldner ist verpflichtet, die Leistung so zu bewirken, wie Treu und Glauben mit Rücksicht auf die Verkehrssitte es erfordern.

Schrifttum

BEATER, Generalklausel und Fallgruppen, AcP 194 (1994) 82
BITTMANN, Treu und Glauben in der Zwangsvollstreckung, ZZP 97 (1984) 32
BUSS, De minimis non curat lex, NJW 1998, 337
BYDLINSKI, Möglichkeiten und Grenzen der Präzisierung aktueller Generalklauseln, in: BEHRENDS/DIESSELHORST/DREIER (Hrsg), Rechtsdogmatik und praktische Vernunft, Symposion zum 80. Geburtstag von Franz Wieacker (1990) 189
CALLIESS/RUFFERT (Hrsg), Kommentar des Vertrages über die Europäische Union und des Vertrages zur Gründung der Europäischen Gemeinschaft (2. Aufl 2002)
CANARIS, Verstöße gegen das verfassungsrechtliche Übermaßverbot im Recht der Geschäftsfähigkeit und im Schadensersatzrecht, JZ 1987, 99
DERNBURG, Bürgerliches Recht I (1./2. Aufl 1899)
ENDEMANN, Lehrbuch des Bürgerlichen Rechts (8. Aufl 1903)
ENNECCERUS/KIPP/WOLF (Hrsg), Lehrbuch des Bürgerlichen Rechts, Recht der Schuldverhältnisse, Band II, Bearb: LEHMANN (14. Aufl 1954)
FASTRICH, Richterliche Inhaltskontrolle im Privatrecht (Habil München 1992)

GERNHUBER, § 242 – Funktionen und Tatbestände, JuS 1983, 764
HAGEBÖCK, Die normative Bedeutung der Verkehrssitte im § 242 BGB und ihr Verhältnis zu den ergänzenden Bestimmungen des bürgerlichen Rechts (Diss Göttingen 1933)
HAMBURGER, Treu und Glauben im Verkehr (1930)
HANAU, Objektive Elemente im Tatbestand der Willenserklärung, AcP 165 (1965) 220
HÄUSER, Unbestimmte „Maßstäbe" als Begründungselement richterlicher Entscheidungen (Diss Mainz 1981)
HEDEMANN, Die Flucht in die Generalklauseln (1933)
HEINRICH, Die Generalklausel des § 242 BGB, in: FS Laufs (2006) 585
HENLE, Treu und Glauben im Rechtsverkehr (1912)
HOHMANN, § 242 BGB und unzulässige Rechtsausübung in der Rspr des BGH, JA 1982, 112
JAHR, Die Einrede des bürgerlichen Rechts, JuS 1964, 125, 294
KASER/KNÜTEL, Römisches Privatrecht (19. Aufl 2008)
KLAKA, Zur Verwirkung im gewerblichen Rechtsschutz, GRUR 1970, 265

Kohler, Lehrbuch des Bürgerlichen Rechts, 2. Hbbd (1904)
Larenz, Richtiges Recht, Grundzüge einer Rechtsethik (1979)
Lehmann, Missbrauch der Geschäftsgrundlage, JZ 1952, 10
Liebs, Römisches Recht (6. Aufl 2004)
Limbach, Die Feststellung von Handelsbräuchen, in: FS Hirsch (1968) 77
Lüderitz, Auslegung von Rechtsgeschäften (1966)
Mayer-Maly, Wertungswandel im Privatrecht, JZ 1981, 801
Medicus, Der Grundsatz der Verhältnismäßigkeit im Privatrecht, AcP 192 (1992) 35
Menezes Cordeiro, Die Dogmatisierung des Systemdenkens durch Treu und Glauben, in: FS Canaris (2007) 857
Meyer, Bona fides und lex mercatoria in der europäischen Rechtstradition (1994)
Oertmann, Rechtsordnung und Verkehrssitte (1914, Neudruck 1971)
Roth, Die Einrede des Bürgerlichen Rechts (1988)
J Schmidt, Präzisierung des § 242 – eine Daueraufgabe?, in: Behrends/Diesselhorst/Dreier (Hrsg), Rechtsdogmatik und praktische Vernunft, Symposion zum 80. Geburtstag von Franz Wieacker (1990) 231
K Schneider, Treu und Glauben im Recht der Schuldverhältnisse (1902)
Siebert, Verwirkung und Unzulässigkeit der Rechtsausübung (1934)
Singer, Wann ist widersprüchliches Verhalten verboten? – Zu den Rechtsfolgen der form- und grundlosen Eigenkündigung eines Arbeitnehmers, NZA 1998, 1309
Sonnenberger, Verkehrssitten im Schuldvertrag (Habil München 1970)
Stammler, Recht der Schuldverhältnisse (Berlin 1897)
Strätz, Treu und Glauben, Band I, Beiträge und Materialien zur Entwicklung von „Treu und Glauben" in deutschen Privatrechtsquellen vom 13. bis zur Mitte des 17. Jahrhunderts (1974)
Teichmann, Venire contra factum proprium – Ein Teilaspekt rechtsmissbräuchlichen Handelns, JA 1985, 497
ders, Strukturveränderungen im Recht der Leistungsstörungen nach dem RegE eines Schuldrechtsmodernisierungsgesetzes, BB 2001, 1485
Teubner, Standards und Direktiven in Generalklauseln (Diss Tübingen 1971)
vTuhr, Der Allgemeine Teil des Deutschen Bürgerlichen Rechts, Band II/1 (1914)
ders, Der Allgemeine Teil des Deutschen Bürgerlichen Rechts, Band II/2 (1918)
Wacke, Dolo facit, qui petit quod (statim) redditurus est, JA 1982, 477
Wagner, Zur Feststellung eines Handelsbrauches, NJW 1969, 1282
Weber, Entwicklung und Ausdehnung des § 242 zum „königlichen Paragraphen", JuS 1992, 631
ders, Einige Gedanken zur Konkretisierung von Generalklauseln durch Fallgruppen, AcP 192 (1992) 516
vWestphalen, Vertragsrecht und AGB Klauselwerke (23. Aufl 2008, Stand: 2008)
Wieacker, Zur rechtstheoretischen Präzisierung des § 242 BGB (1956)
Wieling, Venire contra factum proprium und Verschulden gegen sich selbst, AcP 176 (1976) 334.

Systematische Übersicht

A.	**Geschichte der Vorschrift**	
I.	**Einleitung**	1
II.	**Die Entstehung der Vorschrift im Bürgerlichen Gesetzbuch**	6
1.	Einfluss des Römischen Rechts	7
a)	Fides und bona fides	8
b)	Aequitas	12
aa)	Der Ursprung	12
bb)	Rezeption und Kanonistik	13
2.	Der Einfluss des Deutschen Privatrechts	14
3.	Das Gesetzgebungsverfahren	25

a)	Der Teilentwurf zum Obligationenrecht (1882)	25	bb)	Neue Systematisierungsbemühungen	89
b)	Beratungen über den Teilentwurf und Gesetzgebungsdebatten	29	(1)	Änderung des systematischen Standorts	90
aa)	Änderungen im Teilentwurf zum Obligationenrecht Nr 20 § 1 bis zum E I	30	(2)	Ersetzung des § 242 als Begründungsargument	93
			(a)	Dogmatische Ersetzung	94
bb)	Änderungen im Teilentwurf zum Obligationenrecht Nr 13 § 196 bis zum E I	32	(b)	Gewohnheitsrechtliche Ersetzung	95
			(c)	Kodifikatorische Ersetzung	96
cc)	Änderungen durch die Vorkommission des RJA und Fassung des E I – RJA	33	**IV.**	**§ 242 in Gegenwart und Zukunft**	101
			1.	Aktuelle Anwendungsfelder	102
			2.	Ausblick	104
dd)	Änderungen der Zweiten Kommission und Fassungen des E II und E III	34			
ee)	Beratungen des Reichstags	35	**B.**	**Unmittelbarer Anwendungsbereich**	105
c)	Endgültige Fassung der Norm im BGB	37	**I.**	**IPR – räumlicher Anwendungsbereich**	106
III.	**Die Entwicklung der Vorschrift nach 1900**	38	**II.**	**Abdingbarkeit**	107
1.	Die Zeit bis zum 1. Weltkrieg	39			
a)	Die Stellung der Rechtswissenschaft zu § 242	40	**III.**	**Normgehalt**	
			1.	Einleitung	110
aa)	Vertragsrechtlicher Ansatz	41	a)	Auffassungen zum normativen Gehalt des § 242	113
bb)	Der sog „gesellschaftliche Ansatz"	46			
cc)	Der Ausgang der Meinungsverschiedenheiten	48	aa)	Gleichheitstheorien	114
			bb)	Differenzierungstheorien	116
b)	Die Rechtsprechung	50	cc)	Appellwirkung	119
2.	Die Zeit des 1. Weltkrieges (1914–1918)	53	b)	Stellungnahme	120
			2.	„Tatbestandsmerkmale"	124
3.	Der sog „Aufwertungskampf" (1919–1932)	55	a)	„Schuldner"	125
			b)	„Leistung"	134
a)	Die Aufwertungsrechtsprechung und ihre Folgen	56	c)	Sonstige Merkmale	135
			3.	„Rechtsfolgemerkmale"	138
b)	Die Entwicklung der Literatur bis 1932	64	a)	„Treu und Glauben"	140
			aa)	Interessenabwägung	144
4.	Die Zeit des Nationalsozialismus (1933–1945)	66	(1)	Grundgesetz und § 242	145
			(a)	Wirkung der Grundrechte	146
a)	„Volksgesetzbuch" und Ansätze	67	(b)	Art 20 und 28 GG	147
b)	Die Rspr während der NS-Zeit	77	(2)	Sonstige gesetzliche Grundwertungen	148
5.	Die Zeit nach dem 2. Weltkrieg	78			
a)	Zur Rspr im Einzelnen	79	(3)	Sozialethische Anschauungen	150
b)	Die Literatur nach dem 2. Weltkrieg, insbesondere die Systematisierungsbemühungen, und die Gesetzgebung der neueren Zeit	82	(4)	Sonstige Interessen Dritter oder der Allgemeinheit	151
			(5)	Idee des Rechts	152
			bb)	Einfluss der Zeit auf „Treu und Glauben"	154
aa)	Ausbau und Verfeinerung der Systematik	83	(1)	Maßgeblicher Zeitpunkt	154

(2)	„Wirkungsdauer"	158	(2)	Unredliche Vereitelung der gegnerischen Rechtsposition		246
cc)	Rang der Konkretisierungsmittel	159	(3)	Vertrags- oder gesetzwidriges Verhalten als genereller Ausschlussgrund?		251
b)	„mit Rücksicht auf die Verkehrssitte"	160				
aa)	Objektiver Tatbestand	161				
bb)	Erfordernis einer subjektiven Komponente?	165	bb)	Gegenwärtiges Verhalten		257
			(1)	Fehlendes Eigeninteresse		260
cc)	Abgrenzung vom Gewohnheitsrecht	167	(2)	Geringfügiges Eigeninteresse des Rechtsinhabers		
dd)	Verhältnis zu „Treu und Glauben"	168				
c)	„so zu bewirken"	171	(a)	Allgemeine Voraussetzungen		264
aa)	Funktionskreise – Theorie	172	(b)	Anwendungsfälle		269
(1)	Meinungsstand	172	(3)	Grundsatz der Verhältnismäßigkeit		279
(2)	Stellungnahme	180	(4)	Pflicht zur alsbaldigen Rückgewähr		281
bb)	Konkretisierungsfunktion	182	cc)	Widerspruch zwischen früherem und gegenwärtigem Verhalten		286
cc)	Ergänzungsfunktion	187				
d)	„(nur) verpflichtet"	200	(1)	Allgemeines		286
aa)	Schrankenfunktion	202	(2)	Die Voraussetzungen des widersprüchlichen Verhaltens		291
bb)	Korrekturfunktion	205				
4.	Ergebnis	206	(a)	Schutzwürdiges Vertrauen		292
			(b)	Unauflöslicher Widerspruch		298
			(3)	Verwirkung		302
C.	**Fallgruppen**		(a)	Allgemeines		302
I.	**Allgemeines**	211	(b)	Voraussetzungen		306
			(c)	Verhältnis zur Verjährung		313
II.	**Einzelne Fallgruppen**		(d)	Verhältnis zu Ausschlussfristen		316
1.	Randprobleme	212	(e)	Ausschluss		317
2.	Rechtsmissbrauch	214	(f)	Rechtsfolgen der Verwirkung		318
a)	Rechtsmissbrauch als Unterfallgruppe des § 242?	214	(4)	Erwirkung		319
			(5)	Rechtsscheinshaftung		320
b)	Allgemeine Voraussetzungen	217				
aa)	Interessen der Parteien/Gesetzliche Wertungen	222	**D.**	**Prozessuale Probleme**		321
bb)	Subjektive Elemente	223	**I.**	**Einwendung oder Einrede?**		
cc)	Drittinteressen/Öffentliche Interessen	225	1.	Der Meinungsstand		322
			2.	Sonderfälle		323
c)	Rechtsfolgen	226	a)	Verwirkung		324
aa)	Grundsatz	226	b)	Unzumutbarkeit		325
bb)	Begrenzung nach Sinn und Zweck	227	c)	Bewertung		326
cc)	Zeitliche Reichweite	228				
dd)	Persönliche Reichweite	229	**II.**	**Dauerhafte oder vorübergehende Wirkung?**		329
d)	Die einzelnen Fälle	234				
aa)	Früheres Verhalten	235				
(1)	Unredlicher Erwerb der eigenen Rechtsposition	238	**III.**	**Beweislast**		331
(a)	Rechtlich missbilligter Erwerb des Rechts	240	**IV.**	**Revisibilität**		333
(b)	Rechtlich missbilligte Schaffung von Tatbestandsvoraussetzungen	243				

E. **Das Verhältnis des § 242 zu anderen Vorschriften und Rechtsgrundsätzen**

I. **Ausschluss durch andere Normen** 334
1. Gesetzliche Regelungen 335
2. Vertragliche Vereinbarungen 342

II. **Das Verhältnis zu teleologischer Reduktion und Analogie** 345
1. Teleologische Reduktion 346
2. Analogie 348
   a) Extrempositionen 349
   b) Vermittelnde Ansätze 350

III. **Die Abgrenzung zu anderen Normen des BGB** 353
1. § 157 354
   a) Notwendigkeit der Abgrenzung 355
   b) Kriterien der Abgrenzung 360
2. § 134 364
3. § 138 367
4. § 162 374
5. § 226 375
6. § 254 378
7. § 275 Abs 2 und 3 380
8. §§ 307–309 381
9. § 313 387
10. § 314, 324 389
11. § 358 Abs 3, 359 391
12. § 826 392
    a) Naturalrestitution 393
    b) Schadenskompensation in Geld 397
13. Gesetzesumgehung 398

IV. **Die Abgrenzung zu Normen in anderen Rechtsgebieten** 402

F. **Die Anwendungsfälle im Einzelnen** 403

I. **Innerhalb des BGB**
1. Allgemeiner Teil des BGB 405
   a) Natürliche Personen, Verbraucher, Unternehmer, §§ 1–20 406
   b) Vereinsrecht, §§ 21–79 409
   c) Geschäftsfähigkeit, §§ 104–115 410
   aa) Einschränkung der §§ 105 Abs 1, 108 Abs 1 410
   bb) Nichtigkeit nach § 105 Abs 2 416
   cc) Eintritt der Volljährigkeit nach § 108 Abs 3 417
   dd) Erweiterung des § 110 durch § 242? 418
   d) Willensmängel, §§ 116–124, 142 420
   aa) Mangel der Ernstlichkeit, § 118 421
   (1) Ausschluss des § 118 bei notariell beurkundeten Verträgen 422
   (2) Pflicht zur Aufklärung über die mangelnde Ernstlichkeit 423
   bb) Anfechtbarkeit wegen Irrtums, § 119 424
   (1) Gemeinsamer Irrtum 425
   (2) Ausweitung der Beachtlichkeit von Irrtümern 426
   (3) Einschränkung oder Ausschluss der Irrtumsanfechtung 432
   cc) Schadensersatzpflicht des Anfechtenden, § 122 438
   dd) Anfechtung nach § 123 443
   (1) Ausnutzung rechtsmissbräuchlich erworbener Rechtspositionen 444
   (2) Täuschung durch Dritte 445
   (3) Einschränkung der Anfechtung nach § 123 446
   e) Formverstöße, § 125 447
   f) Zugang von Willenserklärungen, § 130 455
   g) Materielle Schranken der Privatautonomie, §§ 134, 138 458
   aa) Vertragsfreiheit und Vertragsgerechtigkeit 460
   bb) Der Maßstab der Inhaltskontrolle 465
   cc) Erweiterte Inhaltskontrolle bei gestörter Vertragsparität? 468
   (1) Miet- und Arbeitsrecht 469
   (2) Vorformulierte Vertragsbedingungen 473
   (a) Deklaratorische Klauseln, Leistungsbeschreibungen und Preisvereinbarungen 474
   (b) Vorformulierte Individualverträge 477
   (c) Gesellschaftsverträge und Vereinssatzungen 479
   (d) Tarifverträge, Betriebsvereinbarungen, Dienstvereinbarungen 481
   (e) Familien- und Erbrecht 482
   (3) Verbraucherschutzrecht 484
   (4) Störung der Vertragsparität im Einzelfall 485
   (5) Fazit 486

dd)	Zusammenspiel von § 134 und § 242	487		gg)	Ausschlussfristen	562
(1)	Einschränkung der Nichtigkeitsfolge	487		2.	Schuldrecht: Allgemeiner Teil	567
(2)	Rückgriff auf § 242 bei Wirksamkeit des Rechtsgeschäfts	491		a)	Allgemeine Tendenzen im Schuldrecht	567
ee)	Zusammenspiel von § 138 und § 242	492		b)	Inhalt der Leistungspflicht	570
(1)	Einschränkung der Nichtigkeitsfolge	493		aa)	Überblick	570
(a)	Grundlagen	493		bb)	Typische Gegenstände der Leistung	572
(b)	Fallgruppen	496		(1)	Gattungsschuld	572
(aa)	Einseitige Sittenverstöße	497		(a)	Abweichender Qualitätsstandard	573
(bb)	Beiderseitige Sittenverstöße	498		(b)	Repartierungspflicht des Schuldners	574
(cc)	Wegfall der Sittenwidrigkeit nach Vornahme des Rechtsgeschäfts	499		(c)	Recht des Schuldners zur „Rekonzentration"	577
(2)	Anwendung des § 242 bei Wirksamkeit des Rechtsgeschäfts	500		(2)	Wahlschuld und Ersetzungsbefugnis	580
h)	Teilnichtigkeit, § 139	504		cc)	Inhalt einzelner Ansprüche oder Rechte	582
aa)	Allgemeines	504		(1)	Schadensersatz	582
bb)	Die einzelnen Fallgruppen	506		(a)	Ausweitung des Schadensersatzanspruchs	583
(1)	Irrelevanz des nichtigen Teils bei der Vertragsdurchführung	507		(b)	Einschränkung des Schadensersatzanspruchs	584
(2)	Ungerechtfertigter Vorteil für eine Partei	508		(c)	Insbesondere: Mitverschulden	587
i)	Vertrag, §§ 145–157	513		(aa)	Konkretisierung der tatbestandlichen Voraussetzungen	588
k)	Bedingung und Zeitbestimmung, §§ 158–163	516		(bb)	Anspruchskürzung außerhalb des Schadensrechts	589
l)	Vertretungsmacht, §§ 164–181	517		(cc)	Schadensminderungspflicht	590
aa)	Rechtsscheinvollmacht (Duldungs- und Anscheinsvollmacht)	517		(dd)	Die Rechtsfolgen des Mitverschuldens	591
bb)	Kollusion	518		(ee)	Einschränkung des § 254	592
cc)	Missbrauch der Vertretungsmacht	519		(d)	Handeln auf eigene Gefahr	593
(1)	Problemstellung und Meinungsstand	519		(e)	Sonstiges	597
(2)	Praktische Konsequenzen	523		(f)	Ergebnis	598
(3)	Stellungnahme	526		(2)	Aufwendungsersatz	599
dd)	Missbrauch von treuhänderischer Macht	527		(3)	Wegnahmerecht	600
ee)	Zurückweisung gem § 174	529		(4)	Auskunft	601
ff)	Pflicht zur Genehmigung des Vertretergeschäfts aus Treu und Glauben	530		dd)	Modalitäten der Leistung	605
gg)	Einschränkung von § 179 Abs 3 S 1	532		(1)	Teilleistungen, § 266	605
m)	Verjährung	533		(a)	Recht des Schuldners zu Teilleistungen	606
aa)	Überblick	533		(b)	Recht des Gläubigers zu Teilforderungen	610
bb)	Ausprägungen des Grundsatzes von Treu und Glauben im Verjährungsrecht	538		(2)	Leistung durch Dritte, § 267	611
cc)	Vorrangige gesetzliche Regelungen	539		(a)	Nachträgliche Änderung der Tilgungsbestimmung	611
dd)	Keine Treuwidrigkeit der Verjährungseinrede per se	544		(b)	Ablehnung der Leistung	612
ee)	Berücksichtigung des Schuldnerverhaltens	549		(3)	Leistungsort und Leistungszeit	613
ff)	Rechtsfolgen	558		ee)	Rechte des Schuldners zur Leistungsverweigerung	615
				(1)	Allgemeines	615

(2)	Zurückbehaltungsrecht, §§ 273, 274	616
(a)	Konnexität	616
(b)	Erweiterung des Zurückbehaltungsrechts	617
(c)	Ausschluss oder Einschränkung des Zurückbehaltungsrechts	618
(3)	Einrede des nicht erfüllten Vertrages, §§ 320–322	619
(a)	Funktionelles Synallagma und Treu und Glauben	619
(b)	Ausschluss des Leistungsverweigerungsrechts nach § 320 Abs 2	620
(c)	Sonstige Fälle des Rechtsmissbrauchs	621
(d)	Eigene Vertragstreue als Voraussetzung des Leistungsverweigerungsrechts	622
(e)	Ausschluss der Vorleistungspflicht bei fehlender Vertragstreue des anderen Teils	626
(f)	Unsicherheitseinrede	627
c)	Leistungsstörungen	629
aa)	Allgemeines	629
bb)	Unmöglichkeit	631
(1)	Zeitweilige Unmöglichkeit	632
(a)	Abgrenzung von dauernder und zeitweiliger Unmöglichkeit	633
(b)	Wiederaufleben der Leistungspflicht bei dauernder Unmöglichkeit	634
(2)	Rechtliche Unmöglichkeit	635
cc)	Verzögerung der Leistung (insbesondere Verzug)	637
(1)	Ersatz des Verzögerungsschadens	638
(2)	Schadensersatz statt der Leistung und Rücktritt	641
(a)	Fristsetzung	641
(b)	Das Wahlrecht des Gläubigers nach Fristablauf	643
(c)	Eigene Vertragstreue des Gläubigers	648
dd)	Schlechtleistung	649
ee)	Verletzung von Rücksichtspflichten	651
ff)	Gläubigerverzug	654
gg)	Vertragsstrafe	660
d)	Begründung von Schuldverhältnissen	665
e)	Rücktritt	667
aa)	Rücktrittsregelungen, §§ 346–353	667
bb)	Verwirkungsklausel, § 354	672
f)	Erlöschen der Schuldverhältnisse, §§ 362–397	675
aa)	Erfüllung, §§ 362–371	676
bb)	Hinterlegung, §§ 372–386	680
cc)	Aufrechnung, §§ 387–396	681
(1)	Durchbrechungen des Gegenseitigkeitserfordernisses	682
(a)	Treuhandverhältnisse und Strohmannfälle	683
(b)	Durchgriffshaftung bei juristischen Personen	685
(c)	Sonstige Fälle	687
(2)	Einschränkungen der Aufrechnung	688
(a)	Ausweitung der gesetzlichen Aufrechnungsverbote	689
(aa)	Vorsätzlich begangene unerlaubte Handlung, § 393	690
(bb)	Unpfändbare Forderungen, § 394	691
(b)	Natur des Rechtsverhältnisses und Zweck der Leistung	692
(c)	Unzulässige Rechtsausübung	694
(3)	Einschränkung von Aufrechnungsverboten	697
(a)	Vertragliche Aufrechnungsverbote	698
(b)	Gesetzliche Aufrechnungsverbote	702
dd)	Erlass, § 397	706
ee)	Erlöschen des Schuldverhältnisses nach § 242	707
g)	Übertragung von Forderungen	708
aa)	Ausschluss der Abtretung, §§ 399, 400	709
bb)	Einwendungen des Schuldners, § 404	714
cc)	Abtretung unter Urkundenvorlegung, § 405	715
dd)	Rechtshandlungen gegenüber dem bisherigen Gläubiger, § 407	716
ee)	Aushändigung der Abtretungsurkunde, § 410	717
ff)	Gesetzlicher Forderungsübergang, § 412	718
h)	Mehrheit von Schuldnern und Gläubigern	719
3.	Schuldrecht: Besonderer Teil	723
a)	Kaufvertrag, §§ 433–479	723
aa)	Allgemeines	723
bb)	Zustandekommen des Vertrages	726
cc)	Konkretisierung von Nebenpflichten	728

dd)	Gewährleistung des Verkäufers für Sach- und Rechtsmängel	729	(α)	Treuwidrige Auswahlentscheidung bei betriebsbedingter Kündigung	799
(1)	Wahl zwischen Nachbesserung und Nachlieferung	730	(β)	Erfordernis eines Sachgrundes bei personen- oder verhaltensbedingter Kündigung	802
(2)	Nacherfüllung und sonstige Mängelrechte	733	(bb)	Ausübung des Kündigungsrechts	804
(3)	Rücktritt und Minderung	734	(b)	Widersprüchliches Verhalten einer Vertragspartei	806
(4)	Einschränkung und Ausschluss von Gewährleistungsrechten	736	(aa)	Überwindung von Wirksamkeitserfordernissen der Kündigung	807
(5)	Verhältnis zur Anfechtung nach § 119 Abs 2	740	(bb)	Wiedereinstellungsanspruch	811
ee)	Besonderheiten des Verbrauchsgüterkaufs	741	(α)	Allgemeines	811
b)	Darlehen und andere Kreditverträge, §§ 488–507	743	(β)	Dogmatische Herleitung	814
c)	Schenkung, §§ 516–534	749	(γ)	Voraussetzungen	815
d)	Mietvertrag, §§ 535–580a	753	(δ)	Auswahl unter mehreren Arbeitnehmern bei betriebsbedingter Kündigung	819
aa)	Allgemeines	753			
bb)	Erweiterung der Rechte und Pflichten der Parteien	754	(ε)	Befristete Arbeitsverhältnisse	820
cc)	Begrenzung der Rechte und Pflichten der Parteien	758	(3)	Versorgungsansprüche	821
			dd)	Verwirkung	823
dd)	Insbesondere: Einschränkung des Kündigungsrechts des Vermieters	762	(1)	Ausschluss der Verwirkung im Arbeitsrecht	824
ee)	Insbesondere: Verwirkung	768	(2)	Der Verwirkung unterliegende Ansprüche und Rechte	827
e)	Pachtvertrag, §§ 581–597	770	(3)	Insbesondere: Verwirkung zu Lasten des Arbeitnehmers bei Beendigung des Arbeitsverhältnisses	830
f)	Dienst- und Arbeitsvertrag, §§ 611–630	772			
aa)	Allgemeines	772	ee)	Erwirkung von Rechten – betriebliche Übung	833
bb)	Konkretisierung arbeitsvertraglicher Pflichten	777	g)	Werkvertrag, §§ 631–651	837
(1)	Leistungsbezogene Nebenpflichten	779	h)	Maklervertrag, §§ 652–656	846
(2)	Rücksichtspflichten	781	i)	Auftrag, Geschäftsbesorgung und Geschäftsführung ohne Auftrag, §§ 662–687	850
(a)	Informationspflichten	783			
(b)	Obhutspflichten des Arbeitgebers	785	aa)	Allgemeines	850
(c)	Leistungsunabhängige Treuepflichten des Arbeitnehmers	787	bb)	Einzelfragen	851
			k)	Bürgschaft, §§ 765–778	854
(aa)	Wettbewerbsverbote	788	aa)	Bürgschaften vermögensloser Familienangehöriger	854
(bb)	Geheimhaltungspflichten	789			
(cc)	Sonstige Unterlassungspflichten	791	bb)	Bürgschaft auf erstes Anfordern	859
cc)	Rechtsmissbräuchliches Verhalten der Arbeitsvertragsparteien	792	cc)	Sonstige Fälle	860
			l)	Ungerechtfertigte Bereicherung, §§ 812–822	864
(1)	Arbeitsvertragliche Forderungen	793			
(2)	Beendigung des Arbeitsverhältnisses, insbesondere Kündigung	795	m)	Unerlaubte Handlungen, §§ 823–853	873
(a)	§ 242 als Inhaltsbegrenzung des Kündigungsrechts	797	aa)	Allgemeines	873
(aa)	Kündigungsgrund	799	bb)	Einschränkung der Haftung Minderjähriger über § 242	877
			4.	Sachenrecht	882

a)	Grundsätzliches	882	(2)	Aktiengesellschaft	962
b)	Besitz, §§ 854–872	887	(3)	GmbH	965
c)	Allgemeines Grundstücksrecht, §§ 873–902	888	(4)	Genossenschaft	966
			b)	Einzelfälle	967
d)	Inhalt des Eigentums, insbesondere nachbarrechtliche Verhältnisse, §§ 903–924	891	aa)	Unterlassungspflichten	968
			bb)	Mitwirkungspflichten	969
			cc)	Inhaltskontrolle	970
e)	Eigentumserwerb, §§ 925–984	895	dd)	Haftung	977
aa)	Rückerwerb vom Nichtberechtigten	896	ee)	Auskunfts- und Rechenschaftspflichten	985
bb)	Sicherungsübereignung	898			
f)	Ansprüche aus dem Eigentum, §§ 985–1007	902	ff)	Gesellschafterbeschlüsse	986
			gg)	Gesellschafterstellung und Geschäftsführung	990
g)	Miteigentum, §§ 1008–1011	906			
h)	Dienstbarkeiten, §§ 1018–1093	907	hh)	Umwandlung und Auflösung der Gesellschaft	995
i)	Vorkaufsrechte, §§ 1094–1104	910			
k)	Reallasten, §§ 1105–1112	912	ii)	Übertragung von Gesellschaftsanteilen	996
l)	Hypotheken, Grundschulden, Rentenschulden, §§ 1113–1203	913			
			kk)	Verwirkung	997
			2.	Handelsrecht	1000
m)	Pfandrechte an beweglichen Sachen und Rechten, §§ 1204–1296	916	a)	Allgemeines	1000
			b)	Einzelfälle	1001
n)	Erbbaurechtsgesetz	917	3.	Gewerblicher Rechtsschutz und Urheberrecht	1004
o)	Gesetz über das Wohnungseigentum und das Dauerwohnrecht	918			
			a)	Verwirkung	1005
aa)	Inhaltskontrolle der Gemeinschaftsordnung und des Kaufvertrages	919	aa)	Markenrecht	1006
			bb)	Wettbewerbsrecht	1012
bb)	Das gesetzliche Schuldverhältnis zwischen den Wohnungseigentümern	921	cc)	Sonstige Materien des gewerblichen Rechtsschutzes	1013
			b)	Auskunftsansprüche	1016
cc)	Sonstige Fälle	924	c)	Sonstige Bedeutung von Treu und Glauben im gewerblichen Rechtsschutz	1019
5.	Familienrecht	926			
a)	Allgemeines	926			
b)	Aufhebung der Ehe und Heilung von Nichtehen	928	aa)	Markenrecht	1020
			bb)	Wettbewerbsrecht	1021
c)	Abwendung von steuerlichen Nachteilen	935	cc)	Sonstige Materien des gewerblichen Rechtsschutzes	1022
d)	Wirksamkeits- und Ausübungskontrolle bei Eheverträgen	936	4.	Wertpapierrecht	1026
			a)	Allgemeines	1026
e)	Unterhaltsrecht	938	b)	Einzelfälle	1027
6.	Erbrecht	941	5.	Versicherungsvertragsrecht	1029
a)	Allgemeines	941	a)	Allgemeines	1029
b)	Einwand des Rechtsmissbrauchs	947	b)	Aufklärungs-, Beratungs- und Informationspflichten des Versicherers	1033
II.	**Außerhalb des BGB liegende zivilrechtliche Anwendungsbereiche**				
1.	Gesellschaftsrecht	955	c)	Inhalts- und Ausübungskontrolle bei AVB	1034
a)	Allgemeines	955			
aa)	Personengesellschaften	960	d)	Einschränkung der Rechtsfolgen von Obliegenheitsverletzungen	1035
bb)	Körperschaften	961			
(1)	Vereinsrecht	961			

September 2009

Titel 1
Verpflichtung zur Leistung

aa)	Vorvertragliche Anzeigepflicht des Versicherungsnehmers (§§ 19 ff VVG)	1035	b)	Strafprozessrecht	1095
			2.	Öffentliches Recht	1099
			a)	Bedeutung von Treu und Glauben im öffentlichen Recht	1099
bb)	Vertragliche Obliegenheiten des Versicherungsnehmers (§ 28 VVG)	1038	b)	Fallgruppen	1100
(1)	Alles-oder-nichts-Prinzip und Quotenprinzip	1038	c)	Ausgewählte Bereiche des Verwaltungsrechts	1103
(2)	Relevanzrechtsprechung und Kausalitätsgegenbeweis	1039	aa)	Öffentlich-rechtlicher Erstattungsanspruch	1103
(3)	Besonderheiten bei Auskunfts- und Aufklärungsobliegenheiten	1040	bb)	Baurecht	1105
			cc)	Steuerrecht	1107
(4)	Sonstige Einschränkungen der Leistungsfreiheit nach § 28 Abs 2 VVG	1042	dd)	Verwaltungsprozessrecht	1109
			d)	Völkerrecht	1112
cc)	Gesetzliche Obliegenheiten des Versicherungsnehmers	1045	IV.	**Ausländische Rechtsordnungen und internationale Regelwerke**	
e)	Leistungsfreiheit bei Nichtzahlung der Erstprämie	1047	1.	Einleitung	1116
f)	Versäumnis von Ausschlussfristen	1050	2.	Kontinentaleuropäische Rechtsordnungen	1120
g)	Gesetzlicher Forderungsübergang	1055			
h)	Versicherung für fremde Rechnung	1056	a)	Frankreich	1120
i)	Besondere Versicherungszweige	1058	aa)	Begriff und Bedeutung der bonne foi	1120
6.	Verfahrensrecht	1062			
a)	Allgemeines	1062	bb)	Rückgriff auf andere Institute	1126
b)	Einzelfälle	1065	(1)	Stillschweigender Verzicht	1127
aa)	Prozesskostenhilfeverfahren	1065	(2)	Abus de droit	1128
bb)	Erkenntnisverfahren	1066	b)	Österreich	1130
(1)	Einschränkungen der Klagbarkeit	1066	aa)	Begriff und Bedeutung von Treu und Glauben	1130
(2)	Widerklage	1072	bb)	Dogmatische Einordnung	1132
(3)	Partei	1073	cc)	Rechtsmissbrauch	1135
(4)	Zuständigkeit	1074	dd)	Zusammenfassung	1136
(5)	Beweisführung	1075	c)	Schweiz	1137
(6)	Fristen	1077	d)	Italien	1142
(7)	Vergleich	1078	e)	Niederlande	1145
(8)	Prozesssicherheit	1079	3.	Anglo-Amerikanischer Rechtskreis	
(9)	Verwirkung	1080	a)	England	1149
cc)	Schiedsverfahren	1082	aa)	Begriff und Bedeutung des good faith im englischen Common Law	1149
dd)	Zwangsvollstreckung	1083			
(1)	Einzelzwangsvollstreckung	1083	bb)	Rückgriff auf andere Institute	1153
(a)	Vollstreckung von Bagatellforderungen	1083	(1)	Historische Entwicklung: Die Equity-Rspr als Korrektiv	1153
(b)	Titelmissbrauch	1086	(2)	Die einzelnen Rechtsinstitute	1155
(c)	Missbrauch von Sicherheiten	1089	b)	USA	1161
(d)	Weitere Anwendungsfälle	1090	4.	Internationale Regelwerke	1167
(2)	Insolvenz	1091	a)	UN-Kaufrecht	1167
ee)	Sonstiges: Zustellungen	1092	b)	Principles of European Contract Law	1171
III.	**Sonstige Rechtsgebiete**				
1.	Straf- und Strafprozessrecht	1093	c)	Draft Common Frame of Reference (Outline Edition)	1177
a)	Materielles Strafrecht	1093			

d) UNIDROIT-Principles of International Commercial Contracts 1181

5. Treu und Glauben im Gemeinschaftsprivatrecht 1183
6. Zusammenfassung 1186

Alphabetische Übersicht

Abtretung	708 ff
– Abtretungsanzeige	716
– Abtretungsurkunde	717
– Ausschluss der Abtretung	709 ff
– Einwendungen des Schuldners	714
– Scheinabtretung	715
Aequitas	12 ff
AGBG	97, 381
Allgemeine Geschäftsbedingungen	97, 381, 473 ff
– Betriebsvereinbarungen	481
– deklaratorische Klauseln	474 ff
– Dienstvereinbarungen	481
– Erbrecht	482
– Familienrecht	483
– Gesellschaftsverträge	479
– Individualverträge, vorformulierte	477 f
– Leistungsbeschreibungen	474 f
– Preisvereinbarungen	474 f
– Tarifverträge	481
– Vereinssatzungen	480
Altenteilsleistungen	912
Arbeitsvertrag	772 ff
– Anfechtung	793
– Anhörung des Arbeitnehmers	805
– Auskunft	780
– Ausschlussfrist	794, 810, 825
– betriebliche Übung	193, 833 ff
– Beweislast bei Kündigung	796
– Diskriminierung	802 f
– Erwirkung von Rechten	833 ff
– Geheimhaltungspflichten	789 f
– Gleichbehandlungsgrundsatz	786
– Hauptleistungspflichten	777
– Informationspflichten	783 f
– Kündigung s Kündigung, Arbeitsvertrag	
– Leistungssicherungspflicht	779
– Nebentätigkeit	791
– Obhutspflichten	785 f
– Rücksichtspflichten	781 ff
– Schwarzarbeit	793
– Versorgungsansprüche	821 f
– Verwirkung	823 ff

– Wettbewerbsverbote	788
– Wiedereinstellungsanspruch	811 ff
Aufrechnung	681 ff
– Aufrechnungsverbote, gesetzliche	702 ff
– Aufrechnungsverbote, vertragliche	698 ff
– Gegenseitigkeitserfordernis	682 ff
– Unzulässigkeit	692 ff
– Vergleich	695
– Verzug des Schuldners	696
Auftrag	850 ff
Aufwendungsersatz	599
Aufwertungskampf	55 ff
Auskunft	601 ff
Auskunftspflicht	90, 99
Badisches Landrecht	19
Baurecht	1105 f
– Rücksichtnahmegebot	1105
Bedingung	516
– Rechtsbedingungen	516
Besitzschutzansprüche	887
Betriebliche Übung s Arbeitsvertrag	
Bewegliches System	159
bona fides	8 ff
– Völkerrecht	1112 ff
Bürgschaft	854 ff
– Bürgschaft auf erstes Anfordern	859
– Familienangehörige	854 ff
clausula rebus sic stantibus	54, 64, 627, 1140
Common Frame of Reference	1177 ff
Common Law	1149 ff
culpa in contrahendo	100, 198, 629
Darlehensvertrag	743 ff
– Aufklärungspflichten der Bank	743 f
– Einwendungsdurchgriff	745
Dauerschuldverhältnisse	955
– Anfechtung	432 ff
– Arbeitsverhältnis	774
– Kündigung aus wichtigem Grund	213, 389 f
Dienstbarkeiten	907 ff
Dienstvertrag	772 ff

Titel 1
Verpflichtung zur Leistung

dolo agit	281 ff
Doppelehe	929 ff
Ebenbürtigkeitsklauseln	944
Ehegattentestament	947
– Rechtsmissbräuchliches Verhalten	947
Eheverträge	936 f
Eigeninteresse	
– fehlendes	260 ff
– geringfügiges	264 ff
Eigentumserwerb	895 ff
– Innenverkehrsgeschäft	896
– Rückerwerb vom Nichtberechtigten	896
Eingriffsnormen	106
Einkommensteuer, Gemeinsame Veranlagung	935
Einrede des nicht erfüllten Vertrages	619 ff
– eigene Vertragstreue	622 ff
– Teilleistungen	620
– Unsicherheitseinrede	627 f
– Vorleistungspflicht	626
Einwendungsdurchgriff	98, 391
England	1149 ff
– Abuse of rights	1153
– Economic duress	1159
– Equity	1153
– Good faith	1149
– Implied terms	1155
– Promissory estoppel	1157
– Specific performance	1160
Entstehungsgeschichte	1
Erbbaurecht, Kaufzwangklauseln	917
Erbvertrag, rechtsmissbräuchliches Verhalten	947 ff
Erfüllung	676 ff
– Leistung erfüllungshalber	678
– Minderjähriger	676
– Quittung	679
Ergänzende Vertragsauslegung	515
Erlass	706
Ersetzungsbefugnis	581
Erwirkung	192 f, 319, 833 ff
Europäisches Gemeinschaftsrecht	103, 149, 1183 ff
– Treu und Glauben	1183
– venire contra factum proprium	1184
– Verbot des Rechtsmissbrauchs	1184
exceptio doli generalis	64, 216, 440

Formverstöße	447 ff
– Einwendung	452
– Existenzgefährdung	448
– Treuepflichtverletzung	448
Frankreich	1120 ff
– Abus de droit	1128 f
– Bonne foi	1120 ff
– Équité	1124
– Loyalitäts- und Kooperationspflichten	1125
– Nebenpflichten	1122, 1124 f
– Verzicht	1127
– vorvertragliche Pflichten	1122
Funktionsanalyse	87
Funktionskreise	172 ff
– Ergänzungsfunktion	46, 134, 187 ff
– Konkretisierungsfunktion	182 ff
– Korrekturfunktion	205
– Schrankenfunktion	202 ff
Garantenpflicht s Strafrecht	
Gattungsschuld	572 ff
– Konkretisierung	577 ff
Gefälligkeiten	198
Gefälligkeitsverhältnisse	131
Gemeinschaftliches Testament	948 ff
– Verbot des widersprüchlichen Verhaltens	948
Gesamtgläubiger	721
Gesamtschuld	720
Geschäftsbesorgung, entgeltliche	850 ff
Geschäftsfähigkeit	410 ff
Geschäftsführung ohne Auftrag	850 ff
Geschäftsgrundlage	54, 60, 81, 100, 109, 205, 213, 363
– Abgrenzung zu § 242	387 f
Gesellschaftsrecht	960 ff
– Abfindung	994
– Aktiengesellschaften	962 ff
– Anfechtung des Hauptversammlungsbeschlusses	987
– Anfechtung von Gesellschafterbeschlüssen	937
– Auskunfts- und Rechenschaftspflicht	985
– Durchgriffshaftung	978
– Genossenschaft	966
– Geschäftsgeheimnisse	985
– GmbH	965
– Inhaltskontrolle von Gesellschaftsverträgen	479, 970

- Körperschaften — 961 ff
- Missbrauch des Stimmrechts — 986
- Personengesellschaften — 960
- qualifizierter faktischer Konzern — 981
- Stimmbindungsvertrag — 969
- Stimmpflicht — 969
- Übernahme von Gesellschaftsanteilen — 996
- Unterkapitalisierung — 980
- Verlustdeckungspflicht — 981
- Zurechnungsdurchgriff — 983

Gesetzesumgehung — 398 ff
Gesetzlicher Forderungsübergang — 718
Gewaltenteilung — 104, 1122, 1149
Gewerblicher Rechtsschutz — 1004 ff
- Verwirkung — 1005
- Vorrats- und Defensivzeichen — 1005

Gewissen — 146, 203
- Leistungsverweigerung aus Gewissensgründen — 274

Gewohnheitsrecht — 167
Gläubigerverzug — 654 ff
Glossatoren — 16
Grundbuchberichtigungsanspruch — 888 ff
- dolo-agit-Einwand — 888
- Verbot widersprüchlichen Verhaltens — 889
- Verwirkung — 890

Grundgesetz und § 242 — 145 ff
Grundrechte — 146 ff
Grundschuld — 914 f
- Nachträgliche Übersicherung — 915

Handeln auf eigene Gefahr — 593 ff
Handelsbräuche — 164
Handelsrecht — 1000 ff
- Handelsbrauch — 1000
- Handelsvertreter — 1003
- Handlungsgehilfen — 1002

Herausgabeanspruch des Eigentümers — 1003 ff
- Verbot widersprüchlichen Verhaltens — 1003

Hinterlegung — 680

Insolvenzrecht — 1091
Italien — 1142
- Rechtsmissbrauch — 1143 f
- Schikaneverbot — 1144
- Treu und Glauben — 1142

Kanonistik — 13, 16
Kartellrecht, Preisbindungsvertrag — 1148

Kaufvertrag — 723 ff
- Anzeige des Mangels — 739
- Gewährleistung — 729 ff
- Gewährleistungsausschluss — 478
- Grundstückskauf — 726
- Internetauktion — 727
- Nacherfüllungsanspruch — 729
- Rücktrittsrecht — 734
- Untersuchungspflicht — 738
- Verbrauchsgüterkauf — 741

Konkretisierung s Gattungsschuld
Kontrollfunktion — 46
Kündigung, Arbeitsvertrag — 795 ff
- Ausschlussfrist — 810
- Ausübung — 804 f
- betriebsbedingte — 799 ff, 812, 819
- Form — 808
- personenbedingte — 802, 812
- Verdachtskündigung — 805, 812
- verhaltensbedingte — 802, 812
- Wirksamkeit — 807 ff

Leistung durch Dritte — 611 ff
Leistungsort — 613
Leistungspflicht, persönliche — 274
Leistungsstörungen — 629 ff
Leistungszeit — 614
Lückenergänzung — 50

Maklervertrag — 846 ff
Mietvertrag — 753 ff
- Besichtigungsrecht — 756
- Eigenbedarfskündigung — 762
- Ersatzmieter — 758
- Gebäudeversicherung — 761
- Gleichbehandlung der Mieter — 757
- Hausschlüssel, Verlust — 760
- Satellitenempfangsantenne — 754
- Tierhaltung — 757
- Treppenhauslift — 755
- Verwertungskündigung — 767
- Verwirkung — 768

Miteigentum — 906
Miterbengemeinschaft — 954
Mitverschulden — 378
- Rechtsfolgen — 591
- Schadensminderungspflicht — 590

Mutmaßlicher Parteiwillen — 41 f

Titel 1 § 242
Verpflichtung zur Leistung

Nachbarschaftliches Gemeinschaftsverhältnis _____ 132, 198, 892
- Bauvorhaben _____ 894
- Duldungspflichten _____ 893
- mangelndes Eigeninteresse _____ 892
- nachbarliche Abwehransprüche _____ 893
Namensrecht _____ 406 ff
Nationalsozialismus _____ 66 ff
- Volksgesetzbuch _____ 67 ff
Nebenleistungspflichten _____ 191, 212
Niederlande _____ 1145 ff
- Rechtsmissbrauch _____ 1148
- Treu und Glauben _____ 1105

Offener Einigungsmangel _____ 513
Öffentliches Recht _____ 1099 ff
- beamtenrechtliche Treue- und Fürsorgepflicht _____ 1100
- Bedeutung von Treu und Glauben _____ 1099
- Bindungswirkung _____ 1101
- Koppelungsverbot _____ 1104
- öffentlich-rechtlicher Vertrag _____ 1104
- Rechtsstaatsprinzip _____ 1099
- Sperrgrundstücke _____ 1111
- Verwirkung _____ 1102
Ordre public _____ 106, 502, 558
Österreich _____ 1030 ff
- Arglisteinwand _____ 14
- Auslegung von Willenserklärungen _____ 132
- Rechtsmissbrauch _____ 1135
- Verwirkung _____ 113
- Verzicht _____ 1133

Paarformel _____ 15
Pacht _____ 770 f
Parteiwillen _____ 41 ff
Patentrecht _____ 1022 f
- Lizenznehmer _____ 123
- Meistbegünstigungsklausel _____ 1023
- Nichtangriffspflicht _____ 1022
Pfandrecht, Nachträgliche Übersicherung _____ 916
Positive Forderungsverletzung 80, 95, 100, 629
Postglossatoren _____ 11
Preußisches Allgemeines Landrecht _____ 18
Principles of European Contract Law _____ 1171 ff
- Treu und Glauben _____ 1172
- Verbot widersprüchlichen Verhaltens _____ 1175
Privatautonomie, Schranken _____ 458 ff
- Arbeitsrecht _____ 470

- Bürgschaft naher Familienangehöriger _____ 462
- Eheverträge _____ 462
- Maßstab der Inhaltskontrolle _____ 465 ff
- Mietverträge _____ 472
- Vertragsfreiheit und Vertragsgerechtigkeit _____ 460 ff
- Vertragsparität _____ 461
Provokation begünstigender Rechtslagen _____ 256
Prozesskostenhilfeverfahren, Rechtsmissbrauch _____ 1065

Rechtsanwalt
- Erfolgshonorar _____ 511
- Sekundäranspruch _____ 543
- Verjährung _____ 543
Rechtsmissbrauch _____ 214 ff
- Arglist _____ 241 ff
- individueller Rechtsmissbrauch _____ 218
- institutioneller Missbrauch _____ 218
- Rechtsformmissbrauch _____ 247
Rechtsscheinhaftung _____ 320
Rechtsstaatsprinzip _____ 111, 1099
Repartierungspflicht _____ 574 ff
Rezeption _____ 13
Rheinisches Recht _____ 19
Römisches Recht _____ 6 ff
Rücksichtspflichten _____ 191, 651 ff
Rücktritt _____ 667 ff
- Verwirkung _____ 670 f
- Verwirkungsklausel _____ 672 ff

Schadensersatz _____ 582 ff
- Mitverschulden _____ 587 ff
- sittenwidrige Tätigkeit _____ 585
- Vorhaltekosten _____ 583
- Vorteilsausgleichung _____ 586
- Zurechnung _____ 584
Schenkung _____ 749 ff
Schiedsverfahren _____ 1082
Schikaneverbot _____ 375 ff
Schlechtleistung _____ 649 f
Schuldrechtmodernisierungsgesetz _____ 100
Schutzpflichten _____ 212
s a Rücksichtspflichten
Schwarzarbeit _____ 49
Schweiz _____ 1137 ff
- clausula rebus sic stantibus _____ 1140
- Gesetzesumgehung _____ 1141
- Rechtsmissbrauch _____ 1138

§ 242

– Treu und Glauben	1138
Sicherungsübereignung	898 ff
– ergänzende Vertragsauslegung	900
– Freigabeanspruch	899
– Übersicherung	898 f
Sittenwidrigkeit	493 ff
– beiderseitige Sittenverstöße	498
– einseitige Sittenverstöße	497
– Ordre public	502
Sonderverbindung	127
Sozialstaatsprinzip	147
Sozialtypisches Verhalten	198
Steuerrecht	1107 f
– Rechtsmissbrauch	1108
– Vertrauensschutz	1108
Strafprozessrecht	1095 ff
Strafrecht	1093 f
– Einwilligungslehre	1093
– Garantenpflicht	1093
– Rechtsmissbrauch	1094
– Untreue	1094
Teilleistungen	605 ff
Teilnichtigkeit	504 ff
– Eheverträge	936
Treu und Glauben	140 ff
– AGB-Kontrolle	381 ff
– als Idee des Rechts	152 ff
– als stilbildendes Element	1187
– Appellfunktion	119
– Beweislast	331 ff
– Differenzierungstheorie	116 ff
– Einwendung oder Einrede	322 ff
– Einwendungsdurchgriff	391
– Gleichheitstheorie	114
– Revisibilität	333 ff
– und Analogie	348 ff
– und ergänzende Auslegung	354 ff
– und Gesetzesverstoß	364 ff
– und sittenwidrige Schädigung	392 ff
– und Sittenwidrigkeit	367 ff
– und Störung der Geschäftsgrundlage	387 ff
– und teleologische Reduktion	346 ff
Treuhandverhältnisse	
– Aufrechnung	694
– Missbrauch von treuhänderischer Macht	527 ff
tu quoque-Einwand	251, 648

Unerlaubte Handlung	873 ff
– Haftung Minderjähriger	877 ff
– Herausgabeanspruch nach Verjährung	875
– Verwirkung	875
– Vorsätzliche unerlaubte Handlung	875
Ungerechtfertigte Bereicherung	864 ff
– Kondiktionssperre	866 f
– Schwarzarbeit	868
UNIDROIT-Principles	1181 f
– Good faith	1181
– Verbot widersprüchlichen Verhaltens	1182
UN-Kaufrecht	1167 ff
– Missbrauchseinwand	1170
– venire contra factum proprium	1168
– Verbot missbräuchlicher Rechtsausübung	1168
Unmöglichkeit	631 ff
Unterhaltsrecht	938
– Unterhaltsregress	940
– Unterhaltsverzicht	937
Unverhältnismäßigkeit	270 ff, 279 ff
Unzeit	
– Abbruch der Geschäftsführung	853
– Geltendmachung von Rechten	257, 614
– Leistung	186, 614
– Kündigung des Arbeitsvertrages	804
– Kündigung des Darlehens	747
Unzumutbarkeit	269 ff
Urheberrecht	1004 ff, 1025
USA	1161 ff
– Abuse of rights	1166
– Good faith	1161 ff
– Uniform Commercial Code	1161 ff
venire contra factum proprium	286 ff
Verbraucherschutz	102, 484
Vereine	409, 480, 961
Verfolgungsrecht	887
Verjährung	533 ff
– Anerkenntnis	542
– gemeinsamer Irrtum	557
– Neubeginn	559
– Hemmung	559
– pactum de non petendo	542
– Schuldnerschutz	533
– Verhandlungen	540
– Verjährungsanpassungsgesetz	543
Verkehrssitte	160 ff
Verschulden	137

Titel 1 §242
Verpflichtung zur Leistung

Versicherungsvertragsrecht	1029 ff	– Gewährleistungsausschluss	477, 837
– Alles-oder-nichts-Prinzip	1038	– Schlussrechnung des Architekten	841 f
– Aufklärungs- und Informationspflichten	1029 ff	– Sicherungshypothek	840
		Wertpapierrecht	1026 ff
– Auskunftsobliegenheiten	1040	– Ausfüllen eines Blanketts	1028
– Ausschlussfristen	1050	Wettbewerbsrecht,	
– Ausübungskontrolle	1034	Unclean-hands-Einwand	1021
– Erstprämie	1047	Widerklage	1072
– Inhaltskontrolle	1034	Widerspruch zu früherem Verhalten	
– Krankenversicherung	1034, 1061	s venire contra factum proprium	
– Obliegenheitsverletzungen	1035	Willensmängel	420 ff
– Quotenprinzip	1038	– arglistige Täuschung	443 ff
– Relevanzrechtsprechung	1039	– Ausschluss der Irrtumsanfechtung	432 ff
– Risikoprüfung	1036	– gemeinsamer Irrtum	425, 439
– Unfallversicherung	1053	– Kalkulationsirrtum	426 ff
– Versicherung für fremde Rechnung	1056 f	– mangelnde Ernstlichkeit	421
– vertragliches Abtretungsverbot	1058	– Schadensersatzpflicht	438 ff
– vorvertragliche Anzeigepflicht	1035	– Täuschung durch Dritte	445
Vertrag mit Schutzwirkung für Dritte	666	– widerrechtliche Drohung	443 ff
Vertragsanpassung	53	Wohnungseigentum	919 ff
Vertragsstrafe	660 ff	– Kostenverteilungsschlüssel	922
Vertrauensschutz	288, 291, 299	– Teilungserklärung	919
– im öffentlichen Recht	1099	– Verwalter	924
Vertretungsmacht	517 ff		
– Insichgeschäft	531	Zeitbestimmung	516 ff
– Interessenkollision	531	Zivilprozessrecht	1066 ff
– Kollusion	518	– Ausschlussfrist	1077
– Missbrauch der Vertretungsmacht	519 ff	– Bagatellklagen	1066
– Rechtsscheinvollmacht	517	– Beweisverwertungsverbot	1076
– Selbstkontrahieren	531	– Prozessstandschaft	1073
– Vorvertrag	530	– Rechtsmissbrauch	1066
– Zurückweisung	529	– Verwirkung	1080
Verwaltungsprozessrecht	1109 ff	Zugang von Willenserklärungen	455 ff
– Bebauungsplan	1110	– Zugangsvereitelung	457
Verwirkung	192 ff, 302 ff	– Zugangsverzögerung	455
– Verhältnis zu Ausschlussfristen	316	Zurückbehaltungsrecht	616 ff
– Verhältnis zur Verjährung	313 ff	Zwangsvollstreckung	1083 ff
Verzögerung der Leistung	637 ff	– Bagatellforderungen	1083
– eigene Vertragstreue	648	– Drittwiderspruchsklage	1088
– Erfüllungsanspruch	643 ff	– Globalzession	1089
– Zuvielforderung	638, 641	– Teilungsversteigerung	1090
Völkerrecht	1112	– Titelmissbrauch	1086
Vorkaufsrechte	910 f	– vollstreckbare Urkunde	1088
		– Zustellung	1092
Wahlschuld	580	Zweckerreichung	707
Wegnahmerecht	600	Zweckstörung	707
Werkvertrag	837 ff		

A. Geschichte der Vorschrift*

I. Einleitung

1 Generalklauseln haben einen schweren Stand. Mit anderen Vorschriften nicht vergleichbar befinden sie sich in fortdauernder Diskussion um Notwendigkeit, Bedeutung und Inhalt, werden einerseits als „Notventile" (MünchKomm/ROTH Rn 2), als „Su-

---

* **Schrifttum**: AL-SHAMARI, Die Verkehrssitte im § 242 BGB: Konzeption und Anwendung seit 1900 (Diss Tübingen 2006); BEHRENDS, Treu und Glauben, in: LOMBARDI-VALLAURI/ DILCHER, Christentum und Säkularisation (1981) 957 ff; BENÖHR, Die Grundlage des BGB – Das Gutachten der Vorkommission von 1874, JuS 1977, 79 ff; BETTI, Der Grundsatz von Treu und Glauben in rechtsgeschichtlicher und -vergleichender Betrachtung, in: FS Müller-Erzbach (1954) 7; BÖRNER, Die Bedeutung der Generalklauseln für die Umgestaltung der Rechtsordnung in der nationalsozialistischen Zeit (Diss Frankfurt aM 1989); BUECKLING, Der Fluch der Generalklauseln, Vom Treu und Glaubenssatz zum gemeinsamen Erbe der Menschheit, ZRP 1983, 190 ff; DILCHER, Paarformeln in der Rechtssprache des frühen Mittelalters (Diss Frankfurt aM 1961); DÖRNER, Erster Weltkrieg und Privatrecht, Rechtstheorie 17 (1986); EMMERT, Auf der Suche nach den Grenzen vertraglicher Leistungspflichten: Die Rechtsprechung des Reichsgerichts 1914–1923 (2001); HAFERKAMP, Die heutige Rechtsmissbrauchslehre – Ergebnis nationalsozialistischen Rechtsdenkens? (1995); ders, Die exceptio doli generalis in der Rechtsprechung des Reichsgerichts vor 1914, in: FALK/MOHNHAUPT, Das Bürgerliche Gesetzbuch und seine Richter (Rechtsprechung. Materialien und Studien) (2000); HAMBURGER, Treu und Glauben im Verkehr (1930); HEDEMANN, Werden und Wachsen im Bürgerlichen Recht (1913); ders, Die Flucht in die Generalklauseln (1933); HENLE, Treu und Glauben im Rechtsverkehr (1912); HUBERNAGEL, Nationalsozialistische Rechtsauffassung und Generalklauseln, in: FRANK, Nationalsozialistisches Handbuch für Recht und Gesetzgebung (1935); HÜBNER, Kodifikation und Entscheidungsfreiheit des Richters in der Geschichte des Privatrechts (1980);

KASER/KNÜTEL, Römisches Privatrecht (19. Aufl 2008); KLEMMER, Gesetzesbindung und Richterfreiheit. Die Entscheidungen des Reichsgerichts in Zivilsachen während der Weimarer Republik und im späten Kaiserreich (Diss Baden-Baden 1995); KUNKEL, Fides als schöpferisches Element im römischen Schuldrecht, in: FS Koschaker II (1939) 1 ff; LANGE, Liberalismus, Nationalsozialismus und Bürgerliches Recht (1933); LEHMANN, Mißbrauch der Geschäftsgrundlage, JZ 1952, 10 ff; LIEBS, Römisches Recht (6. Aufl 2004); LUDWIG, Synonymabildung in Formeln der Rechtssprache, Zeitschrift für Mundartforschung 13 (1937) 215 ff; LUIG, Treu und Glauben in der Rechtsprechung des Reichsgerichts in den Jahren 1900 bis 1909, in: FS Wiedemann (2002); MEINCK, Justiz und Justizfunktion im Dritten Reich, ZNR 1981, 28 ff; MEYER, Bona fides und lex mercatoria in der europäischen Rechtstradition (1994); NÖRR, Die fides im römischen Völkerrecht (1991); ders, Der Richter zwischen Gesetz und Wirklichkeit. Die Reaktion des Reichsgerichts auf die Krisen von Weltkrieg und Inflation und die Entfaltung eines neuen richterlichen Selbstverständnisses (1996); OGOREK, Richterkönig oder Subsumtionsautomat? (Rechtsprechung. Materialien und Studien 1) (2008); SCHNEIDER, Treu und Glauben im Recht der Schuldverhältnisse (1902); SCHOTT, „Rechtsgrundsätze" und Gesetzeskorrektur. Ein Beitrag zur Geschichte gesetzlicher Rechtsfindungsregeln (1975); SIEBERT, Verwirkung und Unzulässigkeit der Rechtsausübung (1934); STAMMLER, Recht der Schuldverhältnisse (1897); STOLLEIS, Gemeinwohlformeln im nationalsozialistischen Recht (1974); STRÄTZ, Treu und Glauben Bd I, Beiträge und Materialien zur Entwicklung von „Treu und Glauben" in deutschen Privatrechtsquellen vom 13. bis zur Mitte des 17. Jahrhunderts (1974); WEBER, perrevisionsnormen" (WEBER JuS 1992, 631, 633) gefordert, andererseits als „lettre mort" diskreditiert und als „Leerformeln" abgetan (vgl STAUDINGER/COING/HONSELL [2004] Einl 7 zum BGB). Gefahren (vgl etwa HEDEMANN, Die Flucht in die Generalklauseln 66 ff) und Chancen (vgl insgesamt die Kommentierung AK-BGB/TEUBNER zB Rn 6) solcher Vorschriften, insbesondere des Grundsatzes von Treu und Glauben, werden also je nach Blickwinkel des Betrachters höchst unterschiedlich bewertet (z Ganzen a WEBER JuS 1992, 631, 633).

Kritik und Zustimmung wechselten sich bereits in den Jahrhunderten vor Inkrafttreten des BGB ab. So formulierte etwa der Humanist OLDENDORP im Jahre 1529 eher kritisch: „Wie wohl dieser Spruch: Was billig und recht ist, gemeiniglich überall, in freundschaftlichen und rechtlichen Handlungen, schriftlich und mündlich, angeführt und ausgesprochen wird, so ist doch zu besorgen, daß nicht jedermann dieselbigen Worte gründlich verstehe" (J OLDENDORP, Wat byllick unn Recht ys 1529, übersetzt v E WOLF, Quellenbuch zur Geschichte der deutschen Rechtswissenschaften [1950] Vorrede an den Leser 52). Ablehnend formulierte auch der Vater des Codex Maximilianeus Bavaricus Civilis, KREITTMAYR, die aequitas als „Schein- und Hirnbilligkeit", dass „sich selbst gemachte Dictamina den Namen Aequität" so wenig verdienten „als der Aberglaube den Namen der Frommheit" (KREITTMAYR, WIGULAEUS, XAVERIUS, ALAYSIUS, Anmerkungen über den Codicem Maximilianeum Bavaricum Civilem [1759] 1. Teil 1. Kapitel § 10 [29]). Das Naturrecht insgesamt hat die Generalklausel als Grundlage freier Rechtschöpfung also nicht gewollt (vgl auch HKK/DUVE/HAFERKAMP Rn 21). SVAREZ, einer der Schöpfer und geistigen Väter des über 19 000 Paragraphen umfassenden „Allgemeinen Landrecht für die preußischen Staaten" von 1794 (ALR, vgl die Textausgabe v HATTENHAUER [1996]), drückte die „Misere" später so aus: „Undeutlichkeit und Ungewißheit des Gesetzes sind für den Bürger von Übel. Denn alsbald wird der Richter Gesetzgeber und nichts kann der bürgerlichen Freiheit gefährlicher sein, zumal wenn der Richter ein besoldeter Diener des Staates und das Richteramt lebenswierig ist" (zit nach WEBER JuS 1992, 631). Bis zu und noch bei Schaffung des BGB haben Notwendigkeit sowie Inhalt der Generalklauseln heftige Diskussionen ausgelöst, wenngleich man immer mehr erkannte, dass keine Rechtsordnung ohne sie auskommt (STAUDINGER/COING/HONSELL [2004] Einl zum BGB Rn 71 f).

SOHM befand deshalb 1895, dass durch Generalklauseln der Praxis „ein feuriges Schwert" in die Hand gegeben werde „mit dem sie durch alle Paragraphen des Vertragsrechts hindurchzuschlagen im Stande sei" und die Macht, die Vorschriften des gerade in der Entstehung befindlichen Entwurfs zum BGB „im Sinne sozialer Gerechtigkeit weiter zu gestalten" (SOHM, Ueber den Entwurf eines bürgerlichen Gesetzbuchs für das Deutsche Reich in zweiter Lesung [1895], zit nach STRÄTZ, Treu und Glauben 18). 1897 pflichtete STAMMLER bei, dass durch die Aufnahme des Grundsatzes von Treu und Glauben in das BGB „der Rechtsprechung eine neue Bahn und veränderte Richtung gegenüber unseren seitherigen Zuständen zugewiesen sein wird" (STAMMLER, Recht der Schuldverhältnisse 50). HEDEMANN, ein Wegbereiter für die Dogmatik der Generalklauseln, war sich indes der Wirkung dieser Normen nicht sicher, als

---

Entwicklung und Ausdehnung des § 242 BGB zum „königlichen Paragraphen", JuS 1992, 631 ff; WHITTAKER/ZIMMERMANN, Good faith in European Contract Law (2000); WIEACKER, Zur rechtstheoretischen Präzisierung des § 242 BGB (1956); ders, Zum Ursprung der bonae fidei iudica, ZRG RA 80 (1962) 1 ff.

er sie zunächst „königliche Regeln und dominierende Paragraphen" nannte (HEDE-
MANN, Werden und Wachsen im Bürgerlichen Recht [1913] 10), dann aber skeptisch eine
„Flucht in die Generalklauseln", in „Denkverweichlichung", und „blanke Willkür"
(HEDEMANN, Die Flucht in die Generalklauseln 66 f) prognostizierte.

4 Zeitgleich fand H LANGE in ihnen „Kuckuckseier im liberalistischen Rechtssystem"
(LANGE, Liberalismus, Nationalsozialismus und Bürgerliches Recht [1933] 5). LARENZ schrieb
1936 dagegen – dem Zeitgeist aufgeschlossen – zum Gebot von „Treu und Glauben": „[...] Jeder Deutsche weiß, was gemeint ist" (LARENZ, Vertrag und Unrecht, 1. Teil:
Vertrag und Vertragsbruch [1936] 109). LEHMANN fand 1952 wieder zu einer eher kritischen Formulierung: „Man kann das Leid der Welt nicht mit § 242 BGB beseitigen"
(LEHMANN JZ 1952, 10, 11). BUECKLING kritisierte in neuerer Zeit eine „generalklau-
sulierende Rechtszerrüttung", eine Tendenz zum „semantisch-politischen Spielma-
terial" (BUECKLING, Der Fluch der Generalklauseln vom Treu- und Glaubenssatz zum gemeinsamen Erbe der Menschheit, ZRP 1983, 190 ff), wohingegen OGOREK 1986 als Bezeichnung
für den Richter den Begriff „Subsumtionsautomat" prägte (OGOREK, Richterkönig oder
Subsumtionsautomat [1986] 5). WEBER merkte 1989 an, die Begriffsinhalte von „Treu
und Glauben" ließen sich „besser fühlen als beschreiben" (WEBER, Die vertrauensvolle
Zusammenarbeit zwischen Arbeitgeber und Betriebsrat gemäß § 2 I BetrVG [Diss Heidelberg 1989]
184). Auch Rspr und Kommentarliteratur fanden und finden zu überzogenen Wort-
schöpfungen, so dass § 242 schnell zum „das gesamte Rechtsleben beherrschenden
Grundsatz" (BGHZ 85, 39, 48), „zum allgemeinen Maßstab, unter dem das gesamte
private und öffentliche Recht steht" (BGB-RGRK/ALFF Rn 1), zur „Einflussstelle der
Sozialethik" (STAUDINGER/WEBER[11] Anm A 113), sogar zum „Grundelement der westlich-abendländischen Rechtskultur" (MünchKomm/ROTH Rn 11) wird.

5 Hinter und in diesen gleichermaßen komplexen wie diffusen Aussagen steht eine
lange Rechtsentwicklung. Da die Wortauslegung des § 242 kaum zu letzter Klarheit
über den Inhalt führt, lohnt sich ein historischer Auslegungsansatz in diesem Falle
ganz besonders.

II. Die Entstehung der Vorschrift im Bürgerlichen Gesetzbuch

6 Die Wurzeln der Regelungselemente „Treu und Glauben" und der „Verkehrssitte"
liegen einerseits im **Römischen Recht**, andererseits – was insbesondere auch die
Terminologe des § 242 beeinflusst hat – in der Entwicklung bestimmter Rechtsgedanken des **deutschen Privatrechts**. Hingegen ist der Nachweis eines direkten Einflusses **christlichen Gedankenguts** bisher nicht gelungen, auch wenn der Grundgedanke der Vorschrift sicherlich christlich-abendländischen Prinzipien entspricht (vgl
dazu ausf BEHRENDS, Treu und Glauben, in: LOMBARDI-VALLAURI/DILCHER, Christentum und Säkularisation [1981] 957 ff) und deshalb dem kanonischen Recht auch nicht völlig fremd
war (s u Rn 13). Die Zurückhaltung des Naturrechts wurde bereits dargestellt (s o
Rn 2).

1. Einfluss des Römischen Rechts

7 Als Bausteine des Römischen Rechts, die die gesamte westliche Rechtstradition
aufgegriffen hat, sind vor allem **fides (bona fides)** und **aequitas** zu nennen (vgl z bona
fides ausf NÖRR, Die fides im römischen Völkerrecht [1991] insbes 4 ff; WIEACKER, Zum Ursprung

der bonae fidei iudica, ZRG RA 80 [1962] 1 ff; z aequitas vgl etwa HKK/DUVE/HAFERKAMP Rn 7 f).

a) Fides und bona fides

Die **fides** verkörperte ursprünglich als Grundkategorie römischen Rechtsverständ- 8
nisses die **Erwartung normgerechten Verhaltens**, mithin die Einhaltung eines Versprechens und das korrespondierende Vertrauen des Adressaten darauf (vgl BETTI, Der Grundsatz von Treu und Glauben in rechtsgeschichtlicher und -vergleichender Betrachtung, in: FS Müller-Erzbach [1954] 7, 9 f; LIEBS, Römisches Recht 264 ff; HKK/DUVE/HAFERKAMP Rn 4 mwNw). Als Personifikation der **Treue** geht der Begriff auf sakrale Ursprünge zurück, wurde später jedoch auch ohne religiöse Rückbindung als selbständiges **sittliches Moment** verstanden, das Grundlage jeder Rechtsordnung sein sollte (vgl etwa KASER/KNÜTEL RPR § 33 Rn 11; HKK/DUVE/HAFERKAMP Rn 4; CORDEIRO, in FS Canaris [2007], 857).

Die steigende Durchlässigkeit des ius für außerrechtliche Wertvorstellungen führte im 3. Jahrhundert v Chr dazu, dass aus der früher eher faktischen eine rechtlich geschützte Erwartungshaltung werden konnte, so dass aus der fides schließlich der Rechtsbegriff der **bonae fidei iudicia** entstand (MEYER, Bona fides 52; HKK/DUVE/HAFERKAMP Rn 5). Sie wurde von den Prätoren geschaffen (vgl dazu auch KUNKEL, Fides als schöpferisches Element im römischen Schuldrecht, in: FS Koschaker II [1939] 1 ff) und ergänzte den mit dem römischen **Formularprozess** verbundenen **Typenzwang** der **stricti iuris iudicia** für formfreie Rechtsgeschäfte wie Kauf, Miete und Gesellschaft. Als Klageformel richtete sie sich also neben den formalisierten Klagetypen auf etwas, was der Beklagte **ex bona fide** zu leisten hatte (vgl auch die Aufzählung bei C Inst 4, 6 § 28; ferner HKK/DUVE/HAFERKAMP Rn 5; CORDEIRO, in: FS Canaris [2007] 857 f). Die Prätoren konnten seitdem Klagen statt auf eine lex auf eine allgemein anerkannte ethische Grundlage stützen (vgl KASER/KNÜTEL RPR § 33 Rn 9 ff). Hieran zeigt sich ein Prozess der Verrechtlichung der fides zur bona fides als **gleichberechtigter Klageart**, der somit zu einer Erweiterung der klagbaren Ansprüche im Römischen Recht führte (vgl HKK/DUVE/HAFERKAMP Rn 6; AL-SHAMARI 48 ff). Auf diese Weise wurde von den Prätoren Rechtsschutz für eine Vielzahl von Obligationen geschaffen, die zu den wichtigsten Einrichtungen des römischen Rechtslebens gehörten. Dazu zählten etwa emptio venditio, locatio conductio, mandatum, depositum und societas.

Neben dieser **rechtsbegründenden Funktion** erhielt die bona fides weitere, im Ein- 9
zelnen umstrittene Anwendungsbereiche (ausf MEYER, Bona fides 52 ff; HKK/DUVE/HAFERKAMP Rn 5 ff). Jedenfalls bestand eine ihrer Aufgaben darin, dem Richter einen Maßstab für die **Inhaltskontrolle** und **-ergänzung** von Rechtsverhältnissen an die Hand zu geben, so dass sie auch der **Auslegung von Verträgen** diente (KASER/KNÜTEL RPR § 8 Rn 6). So wurden etwa Fälle des **Rechtsmissbrauchs** gelöst, ohne dass es – wie bei den iudicia stricti iuris üblich – der Erteilung einer förmlichen **exceptio doli** bedurft hätte (vgl dazu auch HAFERKAMP, Die heutige Rechtsmissbrauchslehre – Ergebnis nationalsozialistischen Rechtsdenkens? [1995] 78 ff). Ebenso hat man zuweilen das **Erlöschen der Forderung** oder die **Verwirkung eines Anspruchs** ex bona fide hergeleitet (HKK/DUVE/HAFERKAMP Rn 6). Unter Berücksichtigung der Abreden der Parteien konnten schließlich sogar **Nebenpflichten** begründet werden, wenn sie für ein bestimmtes Rechtsverhältnis unter Berücksichtigung des Ortsgebrauches und der allgemeinen Verkehrssitte als geschuldet anzusehen waren (STAUDINGER/J SCHMIDT [1995] Rn 5). Am

Ende dieser Entwicklung bildete die bona fides somit eine Grundlage für **Leistungspflichten** außerhalb von Formularklagen und diente als **Auslegungshilfe** im Rahmen der actiones stricti iuris. Aus ihr ließ sich ebenfalls eine Pflicht zur Haftung für Schäden ableiten, die daraus entstanden, dass durch das Tun oder Unterlassen des Schuldners gegen die Anschauungen des redlichen Verkehrs oder die Anforderungen eines hilfbereiten Zusammenwirkens verstoßen wurde (BETTI, in: FS Müller-Erzbach [1954] 7, 14).

10 Von dieser **objektiven Bedeutung** der bona fides im Bereich der Obligationen ist noch ein anderer Bedeutungsgehalt des Prinzips zu unterscheiden, nämlich derjenige als **subjektive Bewusstseinslage** einer Person, die auf das Bestehen einer bestimmten Rechtslage vertraut. Diese Wurzel endet in der heutigen Rechtssprache stärker in den Worten **„guter Glaube"**, zB in § 932 Abs 2.

11 Zusammenfassend entwickelte sich die bona fides also bereits im Römischen Recht zu einer Art von **„unbestimmtem Rechtsbegriff"**, dem sowohl zur **Rechtsbegründung** als auch zur **inhaltlichen Bestimmung** von Rechten Bedeutung zukam (vgl LIEBS, Römisches Recht 267). Die Umwandlung bzw Erweiterung vom ursprünglich im Formularprozess verankerten prozessualen bona-fides-Gedanken in materielle Rechtssätze schritt im **justinianischen Recht** fort und wurde insbesondere in der Zeit der **Glossatoren und Postglossatoren** noch verfeinert und abgeschlossen. Dieser Entwicklungsstand hat sich danach bis in die **Pandektistik** des 19. Jahrhunderts nicht mehr entscheidend verändert und lag demnach den Verfassern des BGB als Grundlage vor.

b) Aequitas
aa) Der Ursprung

12 Die **aequitas**, die 2. Säule des heutigen § 242, diente im Römischen Recht als **objektiver Maßstab** zur Bewertung von Rechtsverhältnissen. Man nutzte sie für die Feststellung, dass eine rechtliche Entscheidung so und nicht anders lauten durfte, insbesondere dafür, dass **Gleiches gleich behandelt** werden sollte (HKK/DUVE/HAFERKAMP Rn 7 f). Eine Abgrenzung zur objektiven Bedeutung der bona fides bereitet demgemäß Schwierigkeiten (z Verschmelzung v bona fides u aequitas PRINGSHEIM, Römische Aequitas der christlichen Kaiser, Excerptum ex Actis Congressus Iuridici Internationalis I [1935] 121 ff; dazu auch HKK/DUVE/HAFERKAMP Rn 7). Den Ursprung der aequitas sah das römische Recht wie bei der fides zunächst in einem **Glaubenssatz**. Sie fand sich als **Rechtsinstitut** aber bereits in den **Klagformeln** der Ädilen und Prätoren in republikanischer Zeit, allerdings in uneinheitlichem Gebrauch (vgl z Ganzen ausf HKK/DUVE/HAFERKAMP Rn 8; insbes z sog Codexantinomie in C 3, 1, 8 einerseits u C 1, 114, 1 andererseits).

bb) Rezeption und Kanonistik

13 Während der **Rezeption** fand eine **Funktionserweiterung** der aequitas statt. Unter **aristotelischem und christlichem Einfluss** wurde sie zur allgemeinen rechtsethischen und rechtspolitischen Rechtfertigung eines Ergebnisses und gleichzeitig zu einer Leitidee richterlicher Rechtschöpfung. GRATIAN sah sie als „mater iustitiae" (C 25 Q2 C 21). Die kanonistische Ausformung als sog **aequitas canonica** verstand man als Gegensatz zur **rigor iuris**. Die aequitas stellte damit eine **Billigkeitserwägung** zur Überwindung bindender Rechtssätze dar, ähnlich wie im nachklassischen Recht mit seiner Gegenüberstellung von ius strictum und ius aequum (z dieser Entwicklung

HKK/Duve/Haferkamp Rn 8). In ihrer **Funktion als Korrektiv** diente die aequitas ebenfalls den Gesetzgebern des BGB als Vorlage; allerdings verschmolz sie auch mit naturrechtlichem Gedankengut. Im kanonischen Recht erfolgte die Abmilderung als zu hart empfundener Rechtsfolgen im Übrigen nach dem besonderen Prinzip der **misericordia**.

2. Der Einfluss des Deutschen Privatrechts

Der materiellrechtliche Einfluss des älteren **Deutschen Privatrechts** auf die heutige Fassung des § 242 ist gegenüber demjenigen des Römischen Rechts weniger bedeutsam (vgl insgesamt Strätz, Treu und Glauben 22 ff, 283 ff; Staudinger/J Schmidt [1995] Rn 8 mwNw auch z Gegenmeinung). Die Stammesrechte banden den Richter teilweise vollkommen oder jedenfalls weitgehend an ihre rechtlichen Vorgaben. Erst in den späteren fränkischen Königsgesetzen und Kapitularien diente die **aequitas** zur **Lückenfüllung**, während die Milderung (zu) hart empfundener Rechtsfolgen eher auf dem kirchenrechtlichen Grundsatz der **misericordia** fußte (HKK/Duve/Haferkamp Rn 9).

Soweit sich entsprechende Begriffe in den älteren Quellen überhaupt finden, zeigt sich, dass damit in erster Linie die Sicherheit zum Ausdruck gebracht wurde, **Versprochenes werde eingehalten**. Erst im späten Mittelalter erlangte der Begriff zunehmend spezifisch rechtliche Bedeutung und überlagerte fortan das römisch-rechtliche bona-fides-Prinzip. In sprachlicher Hinsicht stellt die Wortverbindung „Treu und Glauben", die letztlich Eingang in das BGB gefunden hat, eine typische **Paarformel der deutschen Rechtssprache** des frühen Mittelalters dar (vgl Dilcher, Paarformeln in der Rechtssprache des frühen Mittelalters [Diss Frankfurt aM 1961] 18 ff, 61 ff; Strätz, Treu und Glauben 42 ff; Weber JuS 1992, 631, 632). Die Verwendung zweier weitgehend synonymer Begriffe ist kennzeichnend für die frühneuhochdeutsche Sprachentwicklung (Ludwig, Synonymabildung in Formeln der Rechtssprache, Zeitschrift für Mundartforschung 13 [1937] 215 ff; Strätz, Treu und Glauben 284).

Inhaltlich hatte das Prinzip zunächst eine **Rechtsbegründungsfunktion**, während nur bei einzelnen speziellen Rechtsverhältnissen **rechtsgestaltende Einflüsse** von „Treu und Glauben" belegbar sind (dazu ausf Strätz, Treu und Glauben 105 ff). **Ergänzung und Korrektur** von Rechtsgeschäften waren in dieser Zeit stärker mit dem Grundsatz der **aequitas** verbunden (HKK/Duve/Haferkamp Rn 11).

Dies änderte sich einerseits durch die **Kanonistik**, andererseits aber auch durch die bereits erwähnten **Glossatoren** und **Postglossatoren** mit ihrer Bezugnahme auf die Quellen des Römischen Rechts. Die aequitas verstärkte ihre Bedeutung im Sinne von **Gleichbehandlung**, diente aber auch zur Abmilderung unangemessener Rechtsfolgen. Damit korrespondiert eine Abnahme der Bedeutung des bona-fides-Gedankens. Ein Grund liegt in der Entwicklung der modernen Vertragslehre, die den Typenzwang des Römischen Rechts ablöste und so die Funktion der Klagezuweisung in nicht geregelten Formularen erübrigte. (HKK/Duve/Haferkamp Rn 11 ff; Zimmermann, The law of obligations. Roman foundations of the civilian tradition, Cape Town [1990] 508 ff), vorher ein Hauptanwendungsbereich der bona-fides-Lehre.

Nimmt man die eingangs erwähnte Zurückhaltung des Naturrechts gegenüber den geschilderten Prinzipien hinzu, so zeigt die historische Entwicklung am Vorabend der Kodifikationsbewegung, dass keine gerade Linie vom Prinzip der bonas fides zu einem solchen von Treu und Glauben führt, sondern unterschiedliche Begriffsverständnisse vorhanden waren. Auch insoweit fand der bereits oben (s o Rn 2) erwähnte KREITTMAYR 1759 deutliche Worte: „Aequität oder Billigkeit wird bald für die Gerechtigkeit, bald für das Recht der Natur, auch öfter für das blosse gutbedunken und arbitrarische Wesen, hier aber in engen und eigentlichen Verstand für obbemeldte Interpretationem restrictiram genommen" (Anm über den Codicem Maximilianeum Bavaricum Civilem 1. Teil [1758] Band I, I. Kapitel § XI [32] S 11). Diese Kritik bringt auf den Punkt, dass Treu und Glauben ebenso wie seine historischen Vorläufer gut zur Problemlösung im Einzelfall geeignet sind, sich aber nur schwer als abstrakte Prinzipien fassen lassen (vgl auch HKK/DUVE/HAFERKAMP Rn 20).

18 Ein Blick auf den Niederschlag der geschilderten geschichtlichen Entwicklung auf die modernen Kodifikationen des ausgehenden 18. und insbesondere des 19. Jahrhunderts zeigt folgendes Bild: Das **prALR** von 1794, das auch die Mot (II 197) insoweit als Vorgänger des § 242 ansehen, enthielt mit § 270 I 5 lediglich eine Regelung, nach der Verträge in der Regel „nach ihrem ganzen Inhalt erfüllt werden (müssen)", weist also nur wenig konkreten Bezug zur geschilderten Entwicklung auf.

19 In anderen Kodifikationen finden sich dagegen Regeln, die auf den französischen **Code civil** zurückgehen und deutliche Ansätze für den heutigen Grundsatz von „Treu und Glauben" enthalten; diese Regelungen wurden deshalb mitentscheidend für die spätere Entwicklung des § 242 (s u Rn 38 ff). So übernahmen das **Rheinische Recht** (ab 1814) und das **Badische Landrecht** (1810) in ihren Art 1134 Abs 3, 1135 die Vorschriften des Code civil in folgender Übersetzung: „Sie [die Verträge] erfordern redlichen Vollzug" (Art 1134 Abs 3 Badisches Landrecht) bzw „Sie müssen redlich vollzogen werden" (Art 1134 Abs 3 Rheinisches Recht); „Verträge verbinden ... auch zu allem, was aus solchen nach Billigkeit, Herkommen oder Gesetzen folgt" (Art 1135 Badisches Landrecht) bzw „... auch zu allem, was Billigkeit, Herkommen oder Gesetze aus der Natur der Verbindlichkeit folgen lassen" (Art 1135 Rheinisches Recht).

20 § 858 **BGB für das Königreich Sachsen** von 1863 – auf das sich der Redaktor des Schuldrechts vKÜBEL (s u Rn 24 f) ebenfalls bezog – enthielt folgende Regelung:

„Die Erfüllung eines Vertrages hat Dasjenige zu fassen, was nach der besonderen Verabredung der Beteiligten, nach den gesetzlichen Vorschriften über den in Frage stehenden Vertrag und überhaupt nach Treu und Glauben und nach der Handlungsweise eines redlichen Mannes zu leisten ist."

Der ausdrückliche Gebrauch der Worte „Treu und Glauben" findet sich im sächsischen BGB ferner in § 835.

21 Der **Entwurf eines BGB** für das **Königreich Bayern** von 1861 sprach den betreffenden Problemkreis in Art 83 an:

„Der Schuldner hat nicht nur dasjenige zu leisten, wozu er ausdrücklich verpflichtet ist, sondern auch alles, worauf sich das Schuldverhältnis nach seiner Natur oder nach Gesetz oder Herkommen von selbst erstreckt."

Der **Dresdner Entwurf** von 1866 lautet in Art 150 ähnlich: 22

„Ein Vertrag verpflichtet den Vertragsschließenden nicht nur zu Dem, was er versprochen hat, sondern auch zu Dem, was sich nach Gesetz oder Herkommen aus der Natur des Vertrages ergiebt, sofern nicht eine Ausnahme hiervon vereinbart worden ist."

Ein Blick auf die Vorschrift des § 279 **ADHGB** von 1861 zeigt folgende Formulierung: 23

„In Beziehung auf die Bedeutung und Wirkung von Handlungen und Unterlassungen von Handlungen ist auf die im Handelsverkehr geltenden Gewohnheiten und Gebräuche Rücksicht zu nehmen."

Dies wurde durch die entsprechende Rspr des RG konkretisiert, die von einem „im Handelsverkehr vor allem aufrecht zu erhaltenden Grundsatz von Treue und Glauben" oder dem „den Handelsverkehr beherrschenden Geboten von Treue und Glauben" ausging (vgl RGZ 13, 68, 77; 19, 63, 67; 34, 15, 19; 37, 24, 26).

Die genannten Vorgängerregelungen finden nahezu sämtlich in **sprachlicher Kombination** Verwendung in vKÜBELS Teilentwurf von 1882, ohne dass damit jedoch eine neuartige materiellrechtliche Ausprägung gegenüber den historischen Vorbildern verbunden gewesen wäre (s u Rn 25 vKÜBELS Teilentwurf z BGB). 24

3. Das Gesetzgebungsverfahren

a) Der Teilentwurf zum Obligationenrecht (1882)

Am 28. 2. 1874 berief der Bundesrat eine **Vorkommission** ein, die Plan und Methode für die Aufstellung des Entwurfs eines deutschen Bürgerlichen Gesetzbuches ausarbeitete und schließlich am 15. 4. 1874 Bericht erstattete (BENÖHR, Die Grundlage des BGB – Das Gutachten der Vorkommission von 1874, JuS 1977, 79 ff; STAUDINGER/COING/HONSELL [2004] Einl 74 ff zum BGB). Auf der Grundlage dieses Berichts wurde am 22. 6. 1874 die **1. Kommission** tätig, welcher im Bereich des Schuldrechts federführend der königlich württembergische Obertribunalsdirektor und spätere Senatspräsident bei dem Oberlandesgerichte vKÜBEL (vgl näher z Vita STAUDINGER/OLZEN Einl 122 zum SchuldR) angehörte. Als Redaktor legte vKÜBEL 1882 einen **Teilentwurf zum Obligationenrecht** vor. Er basierte auf dem Dresdner Entwurf von 1866, den vKÜBEL im Wesentlichen verfasst hatte (vgl STAUDINGER/OLZEN Einl 125, 128 zum SchuldR). Der Inhalt des späteren § 242 war zunächst aber noch auf **zwei** verschiedene systematische **Abschnitte** verteilt, die sich zum einen mit **Verträgen**, zum anderen mit **Schuldverhältnissen** im **Allgemeinen** befassten (vgl zu den Teilentwürfen insgesamt AL-SHAMARI 14 ff). 25

In dem **Teilentwurf Nr 20** „Rechte und Pflichten aus **Verträgen**" enthielt § 1 folgende Regelung: 26

„Ein Vertrag verpflichtet den Vertragsschließenden zu demjenigen, was sich als Inhalt seiner Verbindlichkeit aus den besonderen Vertragsbestimmungen und aus der Natur des Vertrages, dem Gesetz oder Herkommen gemäß ergiebt."

27 In **Teilentwurf Nr 13** zu den „Wirkungen des Schuldverhältnisses im Allgemeinen" hieß es in § 196:

„Die in einem Schuldverhältnis Stehenden sind sich gegenseitig verpflichtet, die daraus für sie entspringenden Verbindlichkeiten redlich und treu und unter Aufwendung desjenigen Grades an Sorgfalt zu erfüllen, welchen sie versprochen haben oder zu welchem sie gesetzlich verpflichtet sind."

28 Alle dem TE insoweit zugrunde gelegten Rechtsgedanken hatten ihre Wurzeln in der geschilderten historischen Entwicklung bzw den Kodifikationen vor allem des 19. Jahrhunderts, in denen die Begriffe „Treu und Glauben" und „bona fides" inhaltlich miteinander verschmolzen, während die Grundsätze der aequitas weitgehend in den Prinzipien des Naturrechts aufgegangen waren (HKK/Duve/Haferkamp Rn 26 ff). Der Teilentwurf zeigte zum einen die Relevanz des **konkreten Vertragstyps** mit seiner Bezugnahme auf die Begriffe „Vertrag" und „Natur des Vertrages", zum anderen sah er aber auch das **allgemeine Schuldverhältnis** als Bezugspunkt von Treu und Glauben an („Schuldverhältnis"). Ebenso findet sich bereits der Verweis auf das **(dispositive) Gesetzesrecht** als Quelle zur Ergänzung privatautonomer Vereinbarungen („dem Gesetz [...] gemäß ergiebt"; „zu welchem sie gesetzlich verpflichtet sind"). Darüber hinaus wird durch den Begriff **„Herkommen"** ein übergeordneter Bezugspunkt gefunden, der in engem Zusammenhang mit dem im kaufmännischen Rechtsverkehr geltenden Begriff „usage", bzw „Gewohnheiten" und „Gebräuche" stand und die Tür zur späteren Einbeziehung der **Verkehrssitte** öffnete. Schließlich verweisen die Formulierungen bereits auf eine **„redliche"** und **„treue"** Erfüllung des Schuldverhältnisses.

b) Beratungen über den Teilentwurf und Gesetzgebungsdebatten

29 Mit Vorlage des Teilentwurfs im Jahre 1882 begannen die Kommissionsberatungen, welche zu verschiedenen Änderungen im Wortlaut führten. Überwiegend teilte man die in der geschilderten Aufspaltung der Regelung zum Ausdruck kommenden Zurückhaltung vKübels gegenüber einem allgemeinen Grundsatz von „Treu und Glauben" nicht. Die 1. Kommission war vielmehr der Ansicht, dass eine „allgemeine Interpretationsregel ... von nicht geringer praktischer Bedeutung sei und von großem Nutzen zu sein verspreche" (Jakobs/Schubert §§ 241–432, 47; z Ganzen ausf HKK/Duve/Haferkamp Rn 45 ff).

aa) Änderungen im Teilentwurf zum Obligationenrecht Nr 20 § 1 bis zum E I

30 Zunächst wurde im Vertragsrecht des 1. Entwurfs zum BGB an die Stelle des als antiquiert empfundenen Wortes **„Herkommen"** in Anlehnung an das ADHGB, welches von **„Handelsverkehr"** sprach, auf Antrag des Präsidenten des Sächsischen Oberappellationsgerichtes vWeber das Wort **„Verkehrssitte"** gesetzt. Ähnlich wie das Sächsische BGB von 1863 und ebenfalls auf Antrag von vWeber schob man zwischen „gemäß" und „ergiebt" den Satzteil „und überhaupt nach Treue und Glauben und nach der Handlungsweise eines redlichen Mannes" ein und übernahm auf diese Weise den Regelungsgehalt des „redlich und treu" aus dem Teilentwurf zum Obligationenrecht Nr 13 § 196.

31 In der **vorredaktionellen Fassung** lautete Nr 20 § 1 TE dementsprechend:

„Der Vertrag verpflichtet jeden Vertragsschließenden zu demjenigen, was sich nach Treu und

Glauben (nach der Handlungsweise eines redlichen Mannes) aus den Vertragsbestimmungen und aus der Natur des Vertrages, dem Gesetz und der Verkehrssitte gemäß als Inhalt seiner Verbindlichkeit ergiebt."

Der Redaktionsausschuss änderte die nunmehr als § 61 geführte Vorschrift in der „Zusammenstellung der sachlich beschlossenen Bestimmungen des Obligationenrechtes nach den Beschlüssen des Redaktionsausschusses der 1. Kommission" (1882–1884) wie folgt:

„Der Vertrag verpflichtet den Vertragsschließenden zu demjenigen, was sich aus den Bestimmungen und der Natur des Vertrages nach Gesetz und Verkehrssitte, sowie mit Rücksicht auf Treu und Glauben als Inhalt seiner Verbindlichkeit ergiebt."

Dieser Normtext wurde schließlich als § 356 in den „Entwurf eines Bürgerlichen Gesetzbuches in der Fassung der ersten Beratung der ersten Kommission" (1884–1887) und als § 359 in den am 31.1.1888 publizierten E I übernommen (vgl STAUDINGER/COING/HONSELL Einl z BGB Rn 79 f).

bb) Änderungen im Teilentwurf zum Obligationenrecht Nr 13 § 196 bis zum E I

Durch die geschilderte Neufassung des § 61 erübrigte sich in § 196 des Teilentwurfs zum Obligationenrecht, der sich auf die **Schuldverhältnisse im Allgemeinen** bezog, der Passus „redlich und treu". Nach seiner Streichung lautete die Norm, jetzt als § 166:

„Der Schuldner ist verpflichtet, die nach dem Schuldverhältniss ihm obliegende Leistung vollständig zu bewirken."

In den gleich lautenden Bestimmungen des § 221 Abs 1 S 1 des Entwurfs eines Bürgerlichen Gesetzbuches in der Fassung der ersten Beratung der 1. Kommission (1884–1887) sowie des § 224 Abs 1 S 1 E I fehlte also dementsprechend ebenfalls der Hinweis auf „redlich und treu".

cc) Änderungen durch die Vorkommission des RJA und Fassung des E I – RJA

In der **Vorkommission des Reichsjustizamts** (RJA) beantragte der bayerische Oberregierungsrat JACUBETZKY, § 224 Abs 1 S 1 E I wie folgt zu fassen: „Der Schuldner ist verpflichtet, die Leistung, wie Treue und Glauben es erfordert, zu bewirken." Damit stellte sich die Problematik des Verhältnisses einer solchen für **Schuldverhältnisse im Allgemeinen** geltenden Vorschrift zu § 359 E I, der ausdrücklich auf **vertragliche** Schuldverhältnisse abstellte. In der 40. Sitzung vom 4.9.1891 wurde deshalb beschlossen, § 359 E I zu streichen und in Verallgemeinerung des in § 359 aufgestellten Grundsatzes zum Ausdruck zu bringen, dass die Leistung so zu bewirken sei, wie Treu und Glauben mit Rücksicht auf die Verkehrssitte es erfordern (vgl dazu MUGDAN II 521). Diese Streichung sah man auch dadurch als gedeckt an, dass § 73 (der heutige § 157) flankierend an der Seite des § 224 Abs 1 E I stand. Die Fassung des § 224 Abs 1 E I-RJA lautete folglich:

„Die Leistung ist so zu bewirken, wie Treu und Glauben mit Rücksicht auf die Verkehrssitte es erfordern."

dd) Änderungen der Zweiten Kommission und Fassungen des E II und E III

34 In den Beratungen der **Zweiten Kommission** (vgl STAUDINGER/COING/HONSELL Einl z BGB Rn 83 ff) wurde zum einen erwogen, den Wortlaut des § 224 Abs 1 S 1 E I-RJA auf Antrag des Tübinger Professors vMANDRY abzuändern, der folgende Fassung vorschlug: „Zu welcher Leistung das Schuldverhältniß den Schuldner verpflichtet und wie die Leistung zu bewirken ist, ist nach Treu und Glauben mit Rücksicht auf die Verkehrssitte zu beurtheilen." Zum anderen warf man die Frage auf, ob § 224 Abs 1 in den **Allgemeinen Teil** verlagert werden sollte, da die Regelung inhaltlich auch für sachenrechtliche, güterrechtliche und erbrechtliche Rechtsverhältnisse gelten könne (vgl Prot I 625 = MUGDAN II 522). Die Redaktions-Kommission der 2. Kommission (1891–1895) veranlasste letztlich aber nur eine unbedeutende Änderung des Wortlautes der Norm. § 224 erhielt die Fassung:

„Der Schuldner ist zur Bewirkung der Leistung in solcher Weise verpflichtet, wie es Treu und Glauben und der Verkehrssitte entspricht."

Die **heutige Fassung** wurde am 22. 10. 1895 als § 206 E II dem Reichskanzler überreicht. Sie ist wortgleich mit § 236 der Bundesratsvorlage und, nachdem auch im Bundesrat keine Änderungen vorgenommen wurden, schließlich mit § 236 E III:

„Der Schuldner ist verpflichtet, die Leistung so zu bewirken, wie Treu und Glauben mit Rücksicht auf die Verkehrssitte es erfordern."

Diese Fassung legte der Reichskanzler am 17. 1. 1896 dem Reichstag vor.

ee) Beratungen des Reichstags

35 Der **Reichstag** änderte die Vorschrift nicht mehr; heftige Debatten liefen ins Leere. Im Wesentlichen betrafen sie den tief greifenden und andauernden Streit, inwiefern § 242 eine allgemeine **exceptio doli generalis** enthalte oder sonst durch Wortlautänderung erhalten sollte (ausf HKK/DUVE/HAFERKAMP Rn 47 ff). Diesbezüglich gab es verschiedene Änderungsvorschläge, wie den des Abgeordneten vDZIEMBOWSKI, der in der zweiten Beratung im Reichstag am 20. 6. 1896 beantragte, die Norm wie folgt zu fassen: „Der Verpflichtete kann einer solchen Ausübung der Rechte widersprechen, die nach dem eigenen Verhalten oder nach den Erklärungen des Berechtigten gegen Treu und Glauben verstießen" (vgl MUGDAN II 1310 f; z ähnl Anträgen vgl HKK/DUVE/HAFERKAMP Rn 49). Im Ergebnis blieben alle entsprechenden Änderungsversuche aber erfolglos.

36 Darüber hinaus wurden im Plenum aber auch lobende Äußerungen über den späteren § 242 laut, etwa durch den Abgeordneten KAUFFMANN, wonach die Vorschrift „in der That in der Fassung und Sprache einen großen Fortschritt bedeutet [...]: Es erscheint hier zum ersten Mal in einem deutschen Gesetzbuch die Berücksichtigung der Verkehrssitte, und es ist schon [...] darauf hingewiesen worden, dass gerade diese Bestimmungen des bürgerlichen Gesetzbuches außerordentlich entwicklungsfähig sind, dass sich daran eine weitere gedeihliche Ausgestaltung des Rechts schließen kann."

c) Endgültige Fassung der Norm im BGB

37 Nachdem der **Bundesrat** am 14. 6. 1896 dem vom Reichstag beschlossenen Text zustimmte, konnte die im Wortlaut seit dem E II unveränderte Fassung als § 242 des Bürgerlichen Gesetzbuches nach Ausfertigung am 18.8.1896 am 1.1.1900 Gesetz werden. Die Wortkombination „Treu und Glauben" wird außer in dieser Vorschrift im BGB in den §§ 157, 162 Abs 1 und 2, 307 Abs 1, 320 Abs 2 und 815 verwendet.

III. Die Entwicklung der Vorschrift nach 1900

Der Wortlaut des § 242 ist von 1895 bis heute gleich geblieben. In Bezug auf Inhalt und Bedeutung lassen sich jedoch verschiedene Entwicklungen nach der Jahrhundertwende beobachten, die eine neue oder zumindest eine andere Deutung der Vorschrift hervorbrachten. **38**

1. Die Zeit bis zum 1. Weltkrieg

Die ersten Jahre nach Inkrafttreten der Norm standen im Zeichen einer Diskussion über ihren **rechtlichen Inhalt**. Dabei setzte man verständlicherweise unmittelbar bei dem Diskussionsstand an, der auf der Grundlage von Rspr und Schrifttum im 19. Jahrhundert in der Phase der Gesetzgebungsdebatten erreicht worden war. Erste Impulse gingen dabei von der **Lehre** aus. **39**

a) Die Stellung der Rechtswissenschaft zu § 242
Das wissenschaftliche Lager entwickelte zwei unterschiedliche dogmatische Standpunkte, von denen aus man versuchte, **Grund, Umfang und Maßstab** des Eingriffes in Schuldverhältnisse über § 242 näher zu beschreiben, wo auf bereits vorhandene historische Ansätze zurückgegriffen wurde. **40**

aa) Vertragsrechtlicher Ansatz
Eine **vertragsrechtliche Betrachtungsweise** erschloss den Bedeutungsgehalt des § 242 aus dem **(mutmaßlichen) Parteiwillen** und in Fortentwicklung der jeweiligen Willenserklärungen (vgl dazu SCHNEIDER, Treu und Glauben, durchgehend, bes 47 f, 132, 228; daneben vgl zB HENLE, Treu und Glauben 8; KOHLER, Lehrbuch des Bürgerlichen Rechts 535; DERNBURG, Bürgerliches Recht I 24), eine Entwicklung, die auf der (damals) modernen Vertragslehre basierte. **41**

Hiernach lag der **Grund** eines richterlichen Eingriffs in Schuldverhältnisse auf der Basis des § 242 in einer (doppelten) **Lückenhaftigkeit der Leistungspflicht** (Begriff von CHIOTELLIS, Rechtsfolgenbestimmung bei Geschäftsgrundlagenstörungen in Schuldverträgen [1981] 24 ff), nämlich darin, dass die Parteien zum einen bestimmte Fragen rechtsgeschäftlich nicht geklärt hatten und zum anderen auch das dispositive Gesetzesrecht keine Lösung bereit stellte. Bei **gesetzlichen Schuldverhältnissen** setzte die Anwendung des § 242 nach dieser Ansicht voraus, dass eine Normierung der Leistungsmodalitäten fehlte. **42**

Der **Umfang** des Eingriffes beschränkte sich dementsprechend ausschließlich auf die **Schließung** vorhandener **Lücken** im **konkreten Schuldverhältnis**. Den legitimierenden **Maßstab** solcher Eingriffe in das Schuldverhältnis bildete sowohl bei vertraglichen als auch bei gesetzlichen Schuldverhältnissen der **Parteiwille**, der entweder durch Auslegung des vorhandenen, oder aber (bei gesetzlichen Schuldverhältnissen) als **43**

mutmaßlicher Parteiwille (also als derjenige eines „ordentlichen Bürgers", vgl STAU-DINGER/J SCHMIDT [1995] Rn 60) zu ermitteln war.

44 Den Vorteil dieser Betrachtungsweise sah man darin, dass auf das Instrumentarium zurückgegriffen werden konnte, das auch sonst zur Beurteilung (rechtsgeschäftlicher) Schuldverhältnisse benötigt wurde, nämlich dasjenige der Willenserklärung und ihrer Dogmatik, insgesamt also auf die Grundsätze der **Privatautonomie**. Eine gewisse Beschränkung der „Richtermacht" durch den Parteiwillen nahm man dabei ebenso in Kauf wie die Unstimmigkeiten der dogmatischen Begründung im Hinblick auf gesetzliche Schuldverhältnisse.

45 Die damit verbundene Angreifbarkeit der Konstruktion wurde aber zum Hauptkritikpunkt. Ihre Gegner bemängelten darin eine übertriebene Affinität zum Vertragsrecht, insbesondere in Fortführung des Gedankengutes im Code civil (so vor allem DERNBURG, Bürgerliches Recht I 23 f; ENDEMANN, Lehrbuch des Bürgerlichen Rechts I 591). Man wendete ein, gesetzliche Schuldverhältnisse bezögen ihren Schuldgrund und ihren Inhalt aus **gesellschaftlichen Wertungen**, nicht aus der Privatautonomie. Ebenso wurde kritisiert, dass auch die Ermittlung des Parteiwillens letztlich dazu führe, auf den Maßstab eines „vernünftigen, objektiven Dritten" abzustellen. Ein solcher normativ geprägter Begriff fuße aber seinerseits ebenfalls auf gesellschaftlichen Wertungen (vgl dazu DERNBURG, Bürgerliches Recht I 24 [„anständig und gerecht denkende Menschen"]; KOHLER, Lehrbuch des Bürgerlichen Rechts 535 [„gutgläubiger Verkehr"]; insgesamt auch vTUHR, AT II 1 547; SONNENBERGER, Verkehrssitten 115 ff).

bb) Der sog „gesellschaftliche Ansatz"

46 Vor diesem Hintergrund vertraten andere Autoren den Standpunkt, die Legitimation für alle Rechtssätze, die anhand des § 242 geschaffen worden seien, läge in einem **objektiven, gesellschaftlichen Maßstab** (vor allem STAMMLER, Recht der Schuldverhältnisse 36 ff; aber auch vTUHR, AT II 1 545 ff; CROME, System I [1900] 68; ENDEMANN, Lehrbuch des Bürgerlichen Rechts I 58, auch 592; HEILFRON, Lehrbuch des Bürgerlichen Rechts, Schuldrecht [1900] 35; dazu auch DANZ, Die Auslegung der Rechtsgeschäfte [3. Aufl 1911] 141 ff; weitere Angaben bei OERTMANN, Rechtsordnung und Verkehrssitte 318 ff). STAMMLER formulierte, dass der Grundsatz von „Treu und Glauben" berücksichtigt sei, wenn eine Wertung „[...] das für diesen Fall objektiv Richtige angiebt" (STAMMLER, Recht der Schuldverhältnisse 37; vgl auch CROME, System I [1900] 67 [„materielle" statt „blos formaler Gerechtigkeit"]) und fand damit breite Unterstützung (etwa HEILFRON, Lehrbuch des Bürgerlichen Rechts, Schuldrecht [1900] 35 [„den Grundsätzen der Sittlichkeit entsprechend"]; ENDEMANN, Lehrbuch des Bürgerlichen Rechts I 58, 592 [„die im Volk wirkenden sittlichen Gebote"; „letztes Ziel [...] rechtlichen Zusammenlebens"]; sogar noch ähnlich formuliert von ERMAN/WERNER [9. Aufl] Rn 2). Der **Umfang** eines möglichen Eingriffs über § 242 in ein Schuldverhältnis wurde dadurch erweitert, dass nunmehr der gesamte Regelungsbereich erfasst wurde, den objektiv gesellschaftliche Wertungen in irgendeiner Weise betreffen. Davon waren also nicht nur lückenhafte, sondern auch zwar lückenlose, aber neu bzw anders zu bewertende Schuldverhältnisse umfasst. § 242 erhielt demnach neben einer **Ergänzungs-** auch eine **Kontrollfunktion**. Der Grund eines Eingriffs bestand folglich zum einen in der **Lückenhaftigkeit** von Regelungen, zum anderen aber auch in ihrer **Ungerechtigkeit** – Überlegungen, die die Rechtsgeschichte mit den Grundsätzen der aequitas, bzw der objektiven Ausprägung des bona-fides-Gedankens bereits seit langem bereithielt (s o Rn 7 ff).

Den Vorteil dieser Betrachtungsweise sah man darin, dass sie die durch Streichung 47
des § 359 E I beabsichtigte Verallgemeinerung eines Gerechtigkeitsprinzips besser
zum Ausdruck brächte, ferner, dass sie ein dogmatisch lückenloses Grundkonzept
gewährleisten konnte, welches im Unterschied zur vertragsrechtlichen Lösung auch
bei gesetzlichen Schuldverhältnissen zu systemgerechten Ergebnissen führen sollte.
Jedoch lag auch die Problematik dieser Ansicht auf der Hand: Durch Berücksichtigung objektiver gesellschaftlicher Wertungen öffnete man ein weites Tor und
schuf so eine Einbruchstelle für die Rspr von einer privatautonomen hin zu einer
als **sinnvoll erachteten Ordnung** (vgl STAUDINGER/J SCHMIDT [1995] Rn 67).

cc) Der Ausgang der Meinungsverschiedenheiten
Der in den ersten Jahren des 20. Jahrhunderts geführte Streit entschied sich dennoch alsbald auf Grund seiner dogmatischen Vorteile zu Gunsten des gesellschaftlichen Ansatzes. Nach 1910 wurde die gegenteilige Auffassung immer seltener vertreten, zumal sich die Unterschiede auch dadurch verwischten, dass insbesondere
der mutmaßliche Parteiwille als Auslegungsmaßstab nicht selten unter Rückgriff
auf die Verkehrssitte und damit auf gesellschaftliche Wertungen gewonnen wurde
(vgl zur Situation zu Beginn des 20. Jh auch HKK/DUVE/HAFERKAMP Rn 60 ff; vgl ferner etwa
SIBER: in diesen Fällen lieber Auslegung u Analogie statt Anwendung des § 242 [PLANCK/SIBER
Anm 1, 2; anders noch HENLE, Treu und Glauben 8; auch dieser aber nur noch sehr einschränkend,
in: Schuldrecht [1934] 275]). 48

Um die zunehmenden Anwendungsfälle der Norm besser zu systematisieren, begann man erstmalig damit, **Sachverhaltsgruppen** zu bilden (vgl etwa STAUDINGER/RIEZLER³/⁴ §§ 226, 242) – eine Praxis, die gut zur kasuistischen Struktur des Römischen
Rechts passte. 49

b) Die Rechtsprechung
Die Anzahl der Fälle, in denen das RG § 242 als Begründungsnorm heranzog, war 50
zunächst gering (1. Entscheidung am 25. 4. 1901 = RGZ 48, 139), weitete sich aber ab dem
57. Band im Jahre 1904 kontinuierlich aus. Der weitgehend in der Lit vertretene
gesellschaftliche Ansatz kam der Rspr des RG entgegen. Das Gericht verwendete
§ 242 nicht mehr nur zur **Lückenergänzung**, sondern auch zur oft sehr weit reichenden **Kontrolle und Korrektur von Rechtssätzen** (vgl aber auch RGZ 52, 1, 5, wo eine Heranziehung des § 242 abgelehnt wurde; vgl insgesamt z Bedeutung des Merkmals „Verkehrssitte" in
den Entscheidungen seit Inkrafttreten des BGB AL-SHAMARI 75 ff, insbes 107 ff).

Neben der **Lückenfüllung** und **Konkretisierung vertraglicher Pflichten** (etwa RGZ 53, 51
70 [Abnahmepflicht]; RGZ 59, 207 [Pflichten des Bürgen im Interesse des Hauptschuldners]; RGZ
63, 53 [Pflichten im Arbeitsverhältnis]) sowie der **Lückenschließung** im dispositiven **Gesetzesrecht** (RGZ 57, 116, 118 u 84, 125, 128 ff für die Entwicklung der Regeln über die „beschränkte Gattungsschuld" oder RGZ 78, 385, 388 f für die Kündigung aus wichtigem Grund bei
Dauerschuldverhältnissen) finden sich somit in der Folgezeit auch Entscheidungen des
RG, in denen eine **Korrektur vertraglicher** oder sogar **gesetzlicher Regelungen** über
§ 242 vorgenommen wurde. In einem Urteil vom 9. 2. 1903 berief sich das RG zB
auf § 242, als bei einer Inkassozession der „materiell nur zur Einziehung der Forderung für den Cedenten ermächtigte Cessionar seine formelle Legitimation gegen
den Willen des Cedenten zum Nachteil des Schuldners geltend macht(e)" (RGZ 53,
416, 420). In RGZ 58, 425, 428 f wurde dem Schuldner wegen des Verhaltens des

Gläubigers, der absichtlich die rechtliche und wirtschaftliche Lage des Schuldners verschlechtert hatte, Befreiung von seiner Verbindlichkeit gewährt. RGZ 60, 160, 164 korrigierte auf ähnliche Weise § 326 aF, RGZ 60, 294, 296 erklärte ein vertragliches Aufrechnungsverbot, RGZ 61, 92, 94 die Wandelung (nunmehr den Rücktritt) des Wandelungsberechtigten wegen Verstoßes gegen § 242 für unwirksam. RGZ 66, 126 schloss ansonsten bestehende Ansprüche gem §§ 985, 1004 über § 242 aus. Die einzige erkennbare Grenze dieser Entwicklung bildeten – anders als in der späteren Rspr des BGH – die **Formvorschriften** (vgl RGZ 52, 1, 5; 73, 205, 209 f).

52 Diese Entwicklungslinie mündete schließlich in einer Entscheidung des RG vom 26.5.1914, in der zusammenfassend klargestellt wurde: „Das System des BGB wird durchdrungen von dem Grundsatz von Treu und Glauben mit Rücksicht auf die Verkehrssitte. [...] Die §§ 157, 226, 242, 826 erscheinen nur als besondere Ausprägungen eines allgemeinen Prinzips [...] das Prinzip beherrscht alle Einzelbestimmungen und muß gerade in ihnen lebendige Wirkung üben zur Klärung, Erweiterung, Ergänzung oder Beschränkung des vereinzelten Wortlauts" (RGZ 85, 108, 117; aaO wurde damit begründet, dass man § 394 S 1 entgegen seinem klaren Wortlaut dann nicht anwenden könne, wenn mit einer Forderung des Dienstherrn aus vorsätzlich begangener unerlaubter Handlung des „Diensteinkommensberechtigten" aufgerechnet wurde).

2. Die Zeit des 1. Weltkrieges (1914–1918)

53 Die Zeit des **1. Weltkrieges** verursachte wegen der besonders schwierigen wirtschaftlichen Situation ein breites Betätigungsfeld für die Anwendung der Vorschrift im Bereich der **Pflichtenänderung** und **Vertragsanpassung** (vgl insgesamt DÖRNER, Erster Weltkrieg und Privatrecht, Rechtstheorie 17 [1986]; ferner HKK/DUVE/HAFERKAMP Rn 66). DÖRNER fasste die Entwicklung plakativ wie folgt zusammen: „Wirtschaftliche Notwendigkeit schlägt Buchstabentreue. Interessenanalyse schlägt positivistische Konstruktion. Materiale Vertragsgerechtigkeit schlägt formale Pflichtenbindung" (DÖRNER, Erster Weltkrieg und Privatrecht, Rechtstheorie 17 [1986] 385 ff, 400 f).

54 Für die vielen (neuen) Probleme bot der weite Spielraum der Generalklausel angemessene „Lösungsfreiheit" (vgl insgesamt EMMERT, Auf der Suche nach den Grenzen vertraglicher Leistungspflichten: Die Rechtsprechung des Reichsgerichts 1914–1923 [2001] 247 ff; NÖRR, Der Richter zwischen Gesetz und Wirklichkeit. Die Reaktion des Reichsgerichts auf die Krisen von Weltkrieg und Inflation und die Entfaltung eines neuen richterlichen Selbstverständnisses [1996] 8 ff). Vor allem das **staatliche Zwangsbewirtschaftungsrecht** dieser Zeit hatte begrenzende Auswirkungen auf die **Vertragsfreiheit**, so dass der Gedanke des § 242 zB fruchtbar gemacht werden konnte, um **Kontrahierungszwang** und **Preisregulierung** rechtlich zu bewältigen (dazu etwa NIPPERDEY, Kontrahierungszwang und Diktierter Vertrag [1920] 140 ff). Zum anderen fasst man die gehäuft auftretenden Fälle der **wirtschaftlichen Unmöglichkeit** unter den Anwendungsbereich der Norm, was erstmals im Rahmen einer **clausula rebus sic stantibus**, also eines **Wegfalls der Geschäftsgrundlage**, diskutiert wurde (vgl dazu näher jetzt aktuelle STAUDINGER-Bearbeitung zu § 313; insgesamt auch KLEMMER, Gesetzesbindung und Richterfreiheit [1995] 286 ff, insbes 297 mit Darstellung der übrigen „Lösungsmechanismen"; HKK/DUVE/HAFERKAMP Rn 66).

3. Der sog „Aufwertungskampf" (1919–1932)

Die **Weimarer Zeit** brachte in Aufarbeitung der Kriegsereignisse einen Wechsel der **55** Vorzeichen gegenüber den frühen zwanziger Jahren des 20. Jahrhunderts mit sich, so weit es die von Rspr und Lit ausgehenden Impulse für die Entwicklung des § 242 anging. Die Rspr weitete den Anwendungsbereich des § 242 stark aus, während sich die Lit im Wesentlichen darauf beschränkte, diese Ausweitung zu registrieren und nachzuweisen.

a) Die Aufwertungsrechtsprechung und ihre Folgen

Geldentwertung und sinkende Kaufkraft nach dem 1. Weltkrieg stellten die Rspr **56** vor das Problem, gegenseitige Schuldverträge veränderten Umständen anzupassen (umfangreiche Literaturhinweise bei STAUDINGER/WEBER[11] Rn F 2 ff). Dieser sog „Aufwertungskampf" der Rspr führte zu einer deutlichen Vermehrung der mit Hilfe des § 242 entschiedenen Fälle. Ihre Anzahl stieg von durchschnittlich drei im 57. bis 105. Band auf dreiundzwanzig im 107. Band und siebenundzwanzig im 110. Band der Entscheidungssammlung an.

Die „Entscheidungsfreudigkeit" des RG auf der Grundlage des § 242 stärkte all- **57** gemein die bereits in der Entscheidung vom 26. 5. 1914 (RGZ 85, 108, 117) geäußerte Überzeugung, dass sich die §§ 157, 226, 242, 826 als Teil eines „allgemeinen Prinzips" darstellten, wie es im Gesetzgebungsverfahren auch bereits diskutiert worden war (STAUDINGER/COING/HONSELL [2004] Einl 71 f zum BGB). Mehr und mehr verzichtete das RG auf eine Ableitung seiner Grundsätze aus der Summe einschlägiger Einzelvorschriften und verwendete Treu und Glauben als einen eher vorrechtlichen Maßstab, an dem nach seiner Ansicht jedes Recht zu messen war. Dieser Eindruck wird durch eine Eingabe des Richtervereins am RG vom 8. 1. 1924 gestützt, in der man androhte, das im Verordnungswege geplante Aufwertungsverbot wegen Verstoßes gegen Treu und Glauben nicht anzuwenden (JW 1924, 90; DRiZ 1924, 7 ff). Dort heißt es: „Dieser Gedanke von Treu und Glauben steht außerhalb des einzelnen Gesetzes, außerhalb einer einzelnen positiv-rechtlichen Bestimmung. Keine Rechtsordnung, die diesen Ehrennamen verdient, kann ohne jenen Grundsatz bestehen. Darum darf der Gesetzgeber nicht ein Ergebnis, das Treu und Glauben gebieterisch fordern, durch sein Machtwort vereiteln." Diese Ankündigung der Rspr, der Exekutive ernsthaft die Gefolgschaft zu verweigern, erwies sich damals als unerhörter Vorgang (HKK/DUVE/HAFERKAMP Rn 67), der das „neue Selbstbewusstsein" der Richterschaft verdeutlichte. Im Ergebnis setzte sie sich jedoch nicht durch (vgl z Entgegnung des Reichsjustizministers DRiZ 1924 Sp 40 u die Rede des Reichsgerichtspräsidenten DRiZ 1924 Sp 419 ff, in der die Aussage stark zurückgenommen wurde, u schließlich die nachfolgende Entscheidung des RG v 1. 3. 1924, RGZ 107, 370, 373, 376, in der man die inzwischen ergangene 3. SteuerNotVO, RGBl 1924 I 74, schließlich nicht verwarf).

Dennoch ging das RG aus dem „Aufwertungskampf" in seiner Ansicht gestärkt **58** hervor, mit Hilfe von § 242 gestaltend in alle Rechtsverhältnisse eingreifen zu können. Nicht nur quantitativ, sondern auch qualitativ wurde der Anwendungsbereich des § 242 erweitert. Die obergerichtliche Rspr erschloss § 242 zunehmend für neue Gebiete, in denen man bis dahin regelmäßig mit Analogien gearbeitet hatte oder in denen die Frage noch offen stand, ob eine Analogie oder die Argumentation mit § 242 angebracht war (zB für den Arglisteinwand: in RGZ 58, 425, 428 noch gestützt auf eine

Analogie z §§ 138, 157, 162, 242, 320, 815, 817, 826; in RGZ 71, 432, 435 wurde der Arglisteinwand anerkannt, nur sah man es noch nicht als völlig geklärt an, ob z Rechtfertigung §§ 133, 157, 242 oder § 826 heranzuziehen sei; RGZ 85, 108, 117 fasste die §§ 157, 226, 242, 826 als besondere Ausprägung eines allgemeinen Prinzips des „Grundsatzes von Treu und Glauben mit Rücksicht auf die Verkehrssitte" auf, so dass später allein die Berufung auf den § 242 genügte, vgl RGZ 108, 105, 110; 129, 252, 258).

59 Im Einzelnen wurde so in den folgenden Jahrzehnten § 242 in vielen neuen Rechtsgebieten angewendet (vgl z Folgenden die zeitgenössischen Zusammenstellungen bei STAUDINGER/WEBER[10] Rn 22 ff; BGB-RGRK/OEGG [9. Aufl 1939] Anm 2 ff; insgesamt auch HAMBURGER, Treu und Glauben im Verkehr sowie HEDEMANN, Die Flucht in die Generalklauseln 15 ff):

60 Im **Schuldrecht** diente § 242 zur Begründung von **Nebenpflichten**, insbesondere **Auskunftspflichten**. Auf diese hatte man zuvor eine Analogie zu zahlreichen Einzelregelungen im BGB gestützt (s §§ 666, 675, 681 Abs 2, 713 sowie §§ 27 Abs 3, 86, 1214 Abs 1, 1461 usw; z Auskunftspflicht auch STAUDINGER/OLZEN § 241 Rn 167 ff sowie u Rn 601 ff). Aus ihnen leitete das RG zunächst einen allgemeinen Grundsatz ab (RGZ 73, 286, 288), während man sich später nur noch auf § 242 bezog (RG JW 1928, 2092 ff). Weiterhin sind die Grundsätze des „**Rechtsmissbrauches**" bzw der „**unzulässigen Rechtsausübung**" und schließlich die verschiedenen Fälle der „**Geschäftsgrundlage**" in diesem Zusammenhang zu nennen.

61 Auch im **Sachenrecht** (vgl die Darstellung bei SCHLEGELBERGER/VOGELS/EPPING, BGB [1939] Rn 8; STAUDINGER/WEBER[11] Rn A 29 mwNw), **Familienrecht** und **Erbrecht** wurde § 242 herangezogen, Anwendungsbereiche, in denen über die Funktion der Norm aus verschiedenen Gründen lange Zeit vorher gestritten worden war.

62 Jenseits des BGB begründete man ferner Entscheidungen im **Handels- und Gesellschaftsrecht** mit Hilfe des § 242, wo Treu und Glauben sowie die Handelsbräuche allerdings bereits im 19. Jahrhundert ihren festen Platz gehabt hatten. § 242 gewann ferner Bedeutung im **Arbeitsrecht** (HEDEMANN, Die Flucht in die Generalklauseln 16, meint sogar, das RAG habe „den Rekord in der Verwendung von ‚Treu und Glauben' [...] geschlagen"), im **Versicherungsrecht**, im **Urheber- und Verlagsrecht**, im **Prozessrecht** (sowohl im Erkenntnisverfahren als auch im Vollstreckungsverfahren), schließlich im gesamten **Öffentlichen Recht**, gleich ob es sich um allgemeines Verwaltungsrecht, Beamtenrecht, Straßenrecht oder Steuerrecht handelte.

63 Zusammenfassend lässt sich festhalten, dass das RG und die Obergerichte allgemein einen Vorrang des § 242 „**gegenüber allen Gesetzesvorschriften**" annahmen (HAMBURGER, Treu und Glauben im Verkehr 13; im gleichen Sinne später: „da alle gesetzlichen Regelungen unter dem allumfassenden Grundsatz von Treu und Glauben stehen [...]", bis in die Gegenwart: LAG Hamm VersR 1979, 787; der BGH spricht von dem „das gesamte Rechtsleben beherrschende(n) Grundsatz von Treu und Glauben", zB BGHZ 85, 39, 48; ähnliche Diktion schon in RGZ 107, 78, 88).

b) Die Entwicklung der Literatur bis 1933

64 Die Lit dieses Zeitraums sah ihre vorrangige Aufgabe in der bereits angesprochenen Bemühung, die vielen Entscheidungen der Rspr zu registrieren und sie mit dogmatischen Kategorien des BGB und älterer Rechtsvorstellungen in Verbindung zu bringen. Der Umfang der Kommentierungen schwoll deshalb stetig an. Während PLANCK 1914 noch mit 7 Seiten auskam, benötigte der Reichsgerichtsrätekommentar im Jahre 1928 21 Seiten und die Darstellung von HAMBURGER aus dem Jahre 1930 umfasste immerhin schon 290 Seiten (vgl z wachsenden Bedeutung des § 242 u insbes z geringen Berücksichtigung des Merkmals „Verkehrssitte" in der Kommentarliteratur AL-SHAMARI 123 ff). Den meisten Werken fehlte jedoch eine **stimmige Systematik**: Neben einer ausführlichen Aufbereitung des damals sehr aktuellen Themas „Aufwertung" (oft der größte Teil der gesamten Darstellung; vgl etwa BGB-RGRK/MICHAELIS [6. Aufl 1928] Anm 5b, c = 14 v 21 Seiten bzw 8 v 10 Seiten bei BOHNENBERG/FREYMUTH/KAMNITZER, BGB [12. Aufl 1929] Anh 1 z § 242 Anm III) und neben allgemeinen Betrachtungen zur Geschichte und zum Inhalt des § 242 findet sich oft nur eine unsystematische Aufreihung von Entscheidungen zum Inhalt von Schuldverhältnissen, zB zum **Leistungsverweigerungsrecht** (vgl neben BGB-RGRK/MICHAELIS [6. Aufl 1928] Anm 2, 3 bes HAMBURGER, Treu und Glauben im Verkehr 60 ff, 137 ff), zur **exceptio doli generalis** (die zT auch als Oberbegriff für die Fälle der clausula rebus sic stantibus angesehen wurde [so BGB-RGRK/MICHAELIS [6. Aufl 1928] Anm 4]), sowie eine Darstellung der **clausula rebus sic stantibus** (vgl BGB-RGRK/MICHAELIS [6. Aufl 1928] Anm 5; HAMBURGER, Treu und Glauben im Verkehr 117 ff).

In der Folgezeit wuchs das „Unbehagen" der Lit an der Ausweitung der Rspr (STAUDINGER/J SCHMIDT [1995] Rn 85) in zweifacher Hinsicht: Zum einen sah man sich vor der Schwierigkeit, sie noch überschaubar darzustellen, zum anderen äußerte man die Furcht, dass mit der ausufernden Anwendung von Generalklauseln eine „Unsicherheit des gesamten Rechtslebens" und „Willkür" in der Rechtsanwendung einhergehe (vgl insgesamt HEDEMANN, Die Flucht in die Generalklauseln 66 ff; mit etwas abw Bewertung auch HKK/DUVE/HAFERKAMP Rn 68: „situationsbedingtes Krisenmanagement"). **65**

4. Die Zeit des Nationalsozialismus (1933–1945)

Die hM einer objektiven, „gesellschaftlichen Deutung" (so Rn 46 f) sowie die Schwierigkeit einer „dogmatischen Durchdringung" der Norm kamen einer Ideologie zu Gute, welche die bisherigen gesellschaftlichen Strukturen zerrüttete und die Weimarer Republik zum totalitären System umgestaltete. Der Zeitraum des Nationalsozialismus steht deshalb auch für eine **Politisierung** der Grundsätze von Treu und Glauben (insgesamt dazu BÖRNER, Die Bedeutung der Generalklauseln für die Umgestaltung der Rechtsordnung in der nationalsozialistischen Zeit [Diss Frankfurt aM 1989]; WALDMÜLLER, „Die königlichen Paragraphen" 157, 242 BGB [Diss Bonn 1940]). **66**

a) „Volksgesetzbuch" und Ansätze
Mit dem Gedanken von „Treu und Glauben" befassten sich ua verschiedene Ausschüsse der Akademie für Deutsches Recht in ihren Arbeiten zur Schaffung eines **„Volksgesetzbuches"** nach 1933. **67**

Von dem zuständigen Ausschuss wurde vorgeschlagen, in dem „Entwurf für die Grundregeln und für Buch I" folgende **„Grundregeln"** aufzustellen: **68**

„15. Kein Volksgenosse darf einen Vertrag zur Ausbeutung eines anderen Volksgenossen ausnützen.

16. Die Ausübung aller Rechte muß sich nach Treu und Glauben und nach den anerkannten Grundsätzen des völkischen Gemeinschaftslebens richten. Das Wohl der Gemeinschaft ist dem eigenen Nutzen voranzustellen.

17. Rechtsmißbrauch findet keinen Rechtsschutz. Mißbräuchlich handelt besonders, wer auf der wörtlichen Erfüllung einer sinn- und zwecklos gewordenen Verpflichtung besteht, wer eine Befugnis so spät geltend macht, daß er sich dadurch mit seinem eigenen früheren Verhalten in einen unerträglichen Widerspruch setzt, wer bei der Vollstreckung mit einer Härte vorgeht, die dem gesunden Volksempfinden gröblich widerspricht" (Volksgesetzbuch. Grundregeln u Buch I, Entwurf u Erläuterungen vorgelegt v HEDEMANN/LEHMANN/SIEBERT, Arbeitsberichte der Akademie für Deutsches Recht Nr 22 [1942] 12 f, wieder abgedruckt in: SCHUBERT, Protokolle: Volksgesetzbuch [1988] 516).

69 In den Erläuterungen heißt es dazu, die Grundregeln hielten sich „fern von künstliche(r) Neuerungssucht" und „verschmähen es deshalb nicht, die sehr wirksame und gutes deutsches Sprachgut darstellende Formel von Treu und Glauben' zu übernehmen" (39).

70 Die dem Ausschuss für **Personen-, Vereins- und Schuldrecht** der Akademie vorgelegten verschiedenen **Entwürfe** von HEINR STOLL und LEHMANN sahen folgende Regelungen für ein neues Schuldrecht vor:

71 Bei STOLL hieß es in seinem Entwurf von 1934:

„§ 242 (§ 1) Schuldverhältnis. Schuldner und Gläubiger stehen von Beginn der Vertragsverhandlungen an bis zur Beendigung des Schuldverhältnisses in einem gegenseitigen Vertrauensverhältnis, das sie wechselseitig zur Rücksichtnahme verpflichtet (Schutzpflicht). Sie haben zur Verwirklichung der Leistung unter Beachtung des Gemeinwohls so zusammen zu arbeiten, wie Treu und Glauben mit Rücksicht auf die Verkehrssitte es erfordern."

72 Der Entwurf STOLLS aus dem Jahre 1936 lautete:

„§ 2 (BGB § 242). Vertrauensverhältnis und Schutzpflicht."

„Schuldner und Gläubiger stehen vom Beginn der Vertragsverhandlungen bis zur Beendigung des Schuldverhältnisses in einem gegenseitigen Vertrauensverhältnis (Treupflicht).

Damit der Leistungserfolg erzielt wird, haben Gläubiger und Schuldner so zusammenzuwirken, wie Treu und Glauben mit Rücksicht auf die Verkehrssitte es erfordern.

Schuldner und Gläubiger müssen in wechselseitiger Rücksichtnahme dafür sorgen, daß keiner den anderen durch sein Wirken schädigt (gegenseitige Schutzpflicht)" (STOLL, Leistungsstörungen 61, 129).

73 Der Entwurf LEHMANNS formulierte:

(z § 241) „Der Schuldner hat seine Kräfte so weit in den Dienst des Schuldzweckes zu stellen, als ihm das nach Treu und Glauben unter Berücksichtigung der Verkehrssitte zugemutet werden kann."

„§ 242. Schutzpflicht. Schuldner und Gläubiger stehen vom Beginn der Vertragsverhandlungen an in einem gegenseitigen Vertrauensverhältnis, das sie zu wechselseitiger Rücksichtnahme verpflichtet (beiderseitige Schutzpflicht)."

(Zu den Entwürfen vgl die Verhandlungen des Ausschusses für Personen-, Vereins- und Schuldrecht 1934–1936, SCHUBERT, Protokolle: Schuldrecht [1990] 160, 207, 297).

Schließlich wurden auch in dem Ausschuss für **Schadensersatzrecht** der Akademie für deutsches Recht Entwürfe erarbeitet, die sich mit Treu und Glauben beschäftigten (SCHUBERT, Protokolle: Schadensrecht [1993]); in ihnen unternahm man durchweg den Versuch, den Regelungsgehalt von § 241 und von § 242 miteinander zu verknüpfen, wie es auch die oben dargestellten Vorschläge von STOLL und LEHMANN zeigen. Insgesamt lässt sich also die Bemühung feststellen, den Treuegedanken des § 242 durch den vorrangigen Grundsatz des **Gemeinwohls** zu ergänzen und auf diese Weise **öffentlich-rechtliche Elemente** in das Schuldverhältnis einzubringen (vgl insgesamt STOLLEIS, Gemeinwohlformeln im nationalsozialistischen Recht [1974] 103 ff). 74

Neben diesen Ausschussarbeiten zum Entwurf eines Volksgesetzbuches forderten auch Stimmen in der Lit eine „Politisierung" des § 242 (vgl z Ganzen HKK/DUVE/HAFERKAMP Rn 71 ff). So unterschied etwa HUBERNAGEL 1935 zwischen einer Lücken-, Rechtsschöpfungs- und Gerechtigkeitsfunktion einerseits und einer **Kulturfunktion** der Vorschrift andererseits (HUBERNAGEL, Nationalsozialistische Rechtsauffassung und Generalklauseln, in: FRANK, Nationalsozialistisches Handbuch für Recht und Gesetzgebung [1935] 971 ff). Diese Kulturfunktion sollte „unter Belassung der Rechtsordnung neuen weltanschaulichen, wirtschaftlichen, staatspolitischen und technischen Entwicklungen Raum geben" (vgl HKK/DUVE/HAFERKAMP Rn 71). Auch C SCHMITT äußerte sich bereits 1933 dahin gehend, dass nach „Grundsätzen [der nationalsozialistischen Bewegung] bestimmt werden muß, was [...] Treu und Glauben [ist]" (C SCHMITT, Fünf Leitsätze für die Rechtspraxis, DR 1933, 201 f) und 1934: „Sobald Begriffe wie Treu und Glauben [...] nicht auf die individuelle bürgerliche Verkehrsgesellschaft, sondern auf das Interesse des Volksganzen bezogen werden, ändert sich [...] das gesamte Recht, ohne daß ein einziges positives Gesetz geändert werden brauchte" (C SCHMITT, Über die drei Arten des rechtswissenschaftlichen Denkens [1934] 59). Der **„Gemeinschaftsgedanke"** der nationalsozialistischen Weltanschauung beherrschte „über Treu und Glauben den Inhalt der Rechtsgeschäfte, den Inhalt der schuldnerischen Leistung und damit gleichzeitig den Umfang des Forderungsrechtes des Gläubigers, die Auslegung der Parteierklärungen und überhaupt das gesamte Verhalten der an einem Rechtsverhältnis Beteiligten. [...] Eine ganz besonders weitgehende Wirkung [...], die Einheit von Recht und Pflicht, die Wandlung vom eigennützigen Machtrecht zur Aufgabe im Dienste der Gemeinschaft [konnte] mit Hilfe dieser Bestimmungen schon im geltenden bürgerlichen Recht erreicht werden" (FRANK, Nationalsozialistische Handbuch für Recht und Gesetzgebung [1935] 965). 75

Dieses politische Verständnis beeinflusste nicht zuletzt auch Rechtsinstitute, die seit den 20er Jahren zunehmend getrennt von § 242 diskutiert worden waren (z Ganzen HKK/DUVE/HAFERKAMP Rn 74 ff). So stellte SIEBERT etwa 1934 in seinem Werk „Verwirkung und Unzulässigkeit der Rechtsausübung" zum **Rechtsmissbrauch** fest, dass es nun möglich sei „den großen Grundsatz, dass **Gemeinnutz vor Eigennutz** gehen solle, auch zu einem Rechtsgrundsatz zu machen" (132). Für ihn galt § 242 selbst- 76 verständlich vorrangig gegenüber jedem „zwingenden Recht" (124), und ließ deshalb nach seiner Ansicht zB § 226 in weiten Teilen überflüssig werden (130). § 826 sollte nur noch bei „gänzlich fehlender Sonderverbindung" anwendbar sein (129 ff). § 242 wurde so für „Auflockerung und Umbruch" (SIEBERT, Auflockerung und Umbruch im „bürgerlichen Recht", DRW 1935, 56) des Bürgerlichen Rechts genutzt. Die Auswirkungen der NS-Ideologie zeigen sich im Umgang mit Gegenansichten zur SIEBERTschen Rechtsmissbrauchslehre – wie sie etwa OPPENHEIMER in seiner Dissertation äußerte. Eine Dissertation SEDLMAYRS aus dem Jahre 1937 (Die Ausübung der Rechte und ihre allgemeinen Schranken [1937] IX) zitierte OPPENHEIMER dementsprechend in der von C SCHMITT zuvor geforderten Weise: „Oppenheimer: Der Gesetzesmissbrauch. Kölner Dissertation 1930 (Jude.)" (vgl auch HKK/DUVE/HAFERKAMP Rn 83).

b) Die Rspr während der NS-Zeit

77 Die Rspr übernahm die **politische Deutung** der Norm (umfassende Darstellung dazu etwa bei MEINCK, Justiz und Justizfunktion im Dritten Reich, ZNR 1981, 31 ff; ferner HKK/DUVE/HAFERKAMP Rn 73). So wurden etwa **Pensionszusagen** insofern angepasst, als „von denen, die bisher besonders hohe Vergütungen erhalten haben, ein größeres Opfer erwartet wird, namentlich wenn dieses einem größeren Kreise von Volksgenossen zum Vorteil [...] und zum Wiederaufbau der deutschen Wirtschaft dient" (RGZ 148, 81, 94). Nichtjüdische Unternehmer konnten sich auf Grund der nunmehr auch „rassepolitischen Dimension" des § 242 von Lehrverträgen mit Juden lösen, weil man davon ausging, „welche schädlichen Folgen wirtschaftlicher Art die Einhaltung eines Dienstverhältnisses mit einem Nichtarier für den Dienstherrn haben kann" (RAG DR 1939, 2041). Außerdem wurde der weite Anwendungsbereich der **„allgemeinen Rechtsmissbrauchslehre"** SIEBERTS zur gesellschaftspolitischen Argumentation über § 242 verwendet (dazu HKK/DUVE/HAFERKAMP Rn 74 ff).

5. Die Zeit nach dem 2. Weltkrieg

78 Nach dem **2. Weltkrieg** verschwand die offene politische Instrumentalisierung der Norm, wenn auch die personelle Kontinuität in der Richterschaft zu gewissen Nachwirkungen führte (Bsp bei HKK/DUVE/HAFERKAMP Rn 77 ff). Gleichzeitig nahm die Zahl der Entscheidungen ab, die auf § 242 beruhten. In der **Lit** bemühte man sich weiterhin um eine umfassende Gliederung der Vorschrift, ferner darum, den Regelungsbereich des § 242 durch dogmatische, gewohnheitsrechtliche oder kodifikatorische Ansätze einzuschränken.

a) Zur Rspr im Einzelnen

79 Die Quote der Entscheidungen, die nach 1945 mit Hilfe von § 242 begründet wurden, pendelte sich bei ungefähr 10% der veröffentlichten Urteile ein. Die Standpunkte des RG änderten sich nicht wesentlich. Die Kontinuität der Rspr des BGH gegenüber den „alten Anschauungen des RG" zeigte sich insbesondere im Bereich der **Rechtsmissbrauchslehre**, obwohl diese nach kritischer Einschätzung zwischenzeitlich eine „völlig unberechenbare Weite" (HKK/DUVE/HAFERKAMP Rn 82) erhalten hatte (vgl vor allem BGHZ 12, 357 v 27.1. 1954: „Jede Rechtsausübung muß nicht nur auf die eigenen Belange und die Belange des Volksganzen, sondern auch auf die jedes einzelnen Rücksicht nehmen, denn sie ist dem für die ganze Rechtsordnung maßgebenden Grundsatz von Treu und Glauben unterworfen, wie er in § 242 BGB niedergelegt ist."). Die Hauptaspekte der SIEBERTschen Lehre (s o Rn 76) blieben dennoch auch nach 1945 bestimmend (bis in die

neuere Rspr hinein, vgl etwa BAG DB 1990, 740, 741). Indem die seit Beginn des Jahrhunderts vorherrschende **gesellschaftliche Deutung** der Norm fortgeführt wurde, konnte die herrschende nationalsozialistische Anschauung von 1939 ohne große Änderungen durch die allgemeine Anschauung der Nachkriegszeit ersetzt werden (dazu HKK/Duve/Haferkamp Rn 82).

Darüber hinaus ging die Rspr noch stärker als früher dazu über, an die Stelle von **80** Analogien oder anderen methodischen Argumentationen Urteilsbegründungen allein auf § 242 zu stützen, wie sich etwa an der „positiven Vertragsverletzung" zeigen lässt: Während das RG die Haftung noch aus § 276 hergeleitet hatte (RGZ 52, 18, 19; 53, 200, 201; 66, 289, 291; 106, 25), bzw bei gegenseitigen Verträgen auf eine Analogie zu den §§ 325, 326 aF stützte (RGZ 57, 106, 115; 67, 5, 7; 149, 401, 404), und während auch die Lehre verschiedene andere Begründungsversuche unternommen hatte (Analogie z den Unmöglichkeits- u Verzugsregeln: Staub, Die positiven Vertragsverletzungen [1904]; Oertmann, Recht der Schuldverhältnisse [2. Aufl 1906] § 325 Anm 6; Staudinger/Werner[11] § 325 Anm 7; Enneccerus/Lehmann, Schuldrecht § 55; Teilunmöglichkeit: Himmelschein, Zur Frage der Haftung für fehlerhafte Leistung, AcP 158 [1959/60] 273; vgl auch Soergel/Wiedemann[12] Vor § 275 Rn 350–352; Palandt/Heinrichs[53] § 276 Rn 105), beschied sich der BGH alsbald mit dem Hinweis, das Institut „finde [seinen] Rechtsgrund aber letztlich in § 242 BGB" (BGHZ 11, 80, 84; vgl auch MünchKomm/Emmerich[3] Vorbem 220 ff zu § 275 mit ausf Nw sowie Staudinger/Löwisch[12] Vorbem 19 ff zu §§ 275–283).

Ein völlig neues Anwendungsfeld erhielt die Vorschrift in der **Rspr** schließlich im **81** Zusammenhang mit der **deutschen Einigung** in den Jahren nach 1989. In der Folgezeit galt es – zumeist unter Rückgriff auf die Grundsätze des Wegfalls der Geschäftsgrundlage oder des Rechtsmissbrauchs – Unbilligkeiten des DDR-Rechts oder die unerwarteten Folgen des einschneidenden politischen und gesellschaftlichen Ereignisses zu bewältigen (vgl etwa BGH ZIP 1993, 955; 1992, 1787; NJW 1993, 259; KG ZIP 1991, 1176; LAG Berlin ZIP 1992, 353; LG Berlin ZIP 1992, 1660; allg Horn, Das Zivil- und Wirtschaftsrecht im neuen Bundesgebiet [1991] 91 ff; insgesamt auch MünchKomm/Roth Rn 136 ff). Der BGH stellte sich auf den Standpunkt, dass mit In-Kraft-Treten des Staatsvertrages v 18. 5. 1990 die Prinzipien von Treu und Glauben Eingang in das fortgeltende Recht der DDR gefunden haben (BGH ZIP 1995, 1935; MünchKomm/Roth Rn 137). Unproblematisch war diese Wertung bei Vertragsverhältnissen, die die Parteien noch nicht beiderseitig erfüllt hatten (vgl BGH ZIP 1993, 709 u 955). Schwierigkeiten hingegen bereitete sie, wenn der Leistungsaustausch schon erfolgt war, aber von dem Rechtsverhältnis „noch relevante Fortwirkungen" ausgingen (vgl z den Grenzen MünchKomm/Roth Rn 138) und erst recht, sofern es sich um einen rechtskräftig abgeschlossenen Zivilprozess handelte (BGH ZIP 1995, 685 allerdings z § 826). In diesen „Problemfällen" neigte der BGH indessen zu einer restriktiven Handhabung des Grundsatzes von Treu und Glauben (MünchKomm/Roth Rn 138). Auch die vorrangige Anwendung sondergesetzlicher Regelungen, wie etwa des VermG, machte in manchen Fällen einen Rückgriff auf § 242 entbehrlich (etwa BGHZ 118, 34).

b) Die Literatur nach dem 2. Weltkrieg, insbesondere die Systematisierungsbemühungen, und die Gesetzgebung der neueren Zeit

Der eigentliche Motor für die Fortwirkung des Prinzips „Treu und Glauben" in der **82** Zeit nach dem 2. Weltkrieg waren **Lit** und **Gesetzgebung**. So wurde zum einen das System des § 242 in der Kommentarliteratur ausgebaut und verfeinert, zum anderen deutete sich eine Entwicklung an, (teilweise) § 242 nicht länger als systematischen Standort zur Entscheidungsfindung und als Begründung von Urteilen zu verwenden.

aa) Ausbau und Verfeinerung der Systematik

83 Beispielhaft sollen im Folgenden einige „Verfeinerungsbemühungen" aufgezeigt werden:

84 Die WEBERsche Kommentierung des § 242 aus dem Jahr 1940/41 (STAUDINGER/ WEBER[10]) wurde etwa 1961 (STAUDINGER/WEBER[11]) – gleichzeitig mit einer Erhöhung der Seitenzahl von 224 auf über 1500 – um zwei Systematisierungskategorien nämlich „Zumutbarkeit und Nichtzumutbarkeit" (Rn B 1 ff) sowie „Der eigene Rechts- und Gefahrenkreis. Die Teilnahme Dritter an ihm aus Treu und Glauben" (Rn C 1 ff) erweitert sowie in den übrigen Systematisierungskategorien verfeinert. Daneben spielen noch zwei Randerscheinungen eine unterschiedlich gewichtige Rolle: die Frage der „Aufwertung" sowie der „Vertragshilfe".

85 Das gleiche Bild lässt sich im PALANDTschen Kommentar verfolgen. In groben Zügen liegt der Kommentierung aus dem Jahr 1949 (PALANDT/DANCKELMANN[7] § 242) das gleiche Gliederungssystem zugrunde wie etwa derjenigen aus dem Jahr 1994 (PALANDT/HEINRICHS[53] § 242). Jedoch sind auch hier Verfeinerungen innerhalb der systematischen Gruppen auszumachen sowie den Zeitbedürfnissen entsprechend unterschiedlich starke Gewichtungen etwa der Fragen „Aufwertung" und „Vertragshilfe" festzustellen, die inzwischen jedoch (seit PALANDT/HEINRICHS[63] § 242) wieder weggefallen sind.

86 Insgesamt wird deutlich, dass sich in den Kommentierungen nach 1945 das **„Fallgruppensystem"** als sinnvolles Gliederungssystem durchgesetzt hat. Auch die großen Lehrbücher folgen ihm (so weit sie § 242 überhaupt insgesamt ansprechen, zB LARENZ, Schuldrecht I § 10; ENNECCERUS/LEHMANN, Schuldrecht § 4). Lediglich die Fallgruppenzusammenstellungen differieren (vgl zB STAUDINGER/WEBER[11] Erl z § 242 einerseits gegenüber LINDENMAIER/MÖHRING, Nachschlagewerk des BGH [1976] Gliederung z § 242 andererseits).

87 Ebenso entwickelte die Lit aber auch anders gegliederte Darstellungen, die auf einer **„Funktionsanalyse"** der Vorschrift beruhen. ESSER unterschied etwa 1949 nach „regulativer oder Standardfunktion", „Schrankenfunktion", „Sozialfunktion", „Billigkeitsfunktion" und „Ermächtigungsfunktion" (Schuldrecht [2. Aufl 1960] § 31). SIEBERT stellte die Funktionskreise „Die Erweiterung und Grundlegung von Pflichten", „Die Begrenzung der Rechte und Normen", „Die Anpassung von Verträgen und Rechtsstellungen an veränderte Umstände" (SOERGEL/SIEBERT [8. Aufl 1955]) fest. Folgenreich wurde in dieser Zeit auch erstmals die Funktion von Generalklauseln als „Einbruchstellen" für eine **mittelbare Drittwirkung der Grundrechte** vorgeschlagen (dazu HKK/DUVE/HAFERKAMP Rn 87, sowie ausf u Rn 146).

88 Oft findet sich schließlich in aktuellen Kommentierungen und Lehrbüchern eine **Verschränkung** von Funktionsanalyse und Fallgruppendarstellung (vgl etwa PALANDT/ HEINRICHS Rn 13, 42 ff; BAMBERGER/ROTH/GRÜNEBERG/SUTSCHET Rn 29; FIKENTSCHER/HEINEMANN, Schuldrecht § 26).

bb) Neue Systematisierungsbemühungen

Daneben traten Bestrebungen auf, die systematische Bearbeitung der Vorschrift **89** dahingehend zu verbessern, dass man zunehmend bestimmte Regelungsbereiche aus den Erläuterungen zu § 242 herausnahm, um sie in das allgemeine System des BGB oder aber in Nebengesetze zu integrieren. Zum einen betraf dies nur eine (formelle) **Änderung des systematischen Standorts** der Kommentierung, zum anderen bedeutete es aber auch inhaltlich die **Ersetzung des § 242 als Entscheidungsbegründung**.

(1) Änderung des systematischen Standorts

Eine solche systematische Änderung betrifft etwa die Kommentierungen zu den **90** **Auskunftspflichten** (vgl dazu STAUDINGER/OLZEN § 241 Rn 167 ff). Soweit man aus „Treu und Glauben" eine Auskunftspflicht begründen wollte, wurde dies bis dahin üblicherweise im System der §§ 241, 242, und zwar im Rahmen der Fallgruppe „Nebenpflichten" verortet (so zB STAUDINGER/WEBER[11] Rn A 814–828; SOERGEL/SIEBERT/KNOPP[8] Rn 133–147; zT auch SOERGEL/TEICHMANN[12]; ERMAN/WERNER[9] Rn 65 ff). Als möglichen Alternativstandort wählte man aber mittlerweile auch die Kommentierungen zu §§ 259 ff (so PALANDT/HEINRICHS[53] §§ 259–261 Rn 3 ff; aktuell etwa STAUDINGER/BITTNER [2009] § 259).

Ähnlich verhält es sich bei der Untergruppe des Rechtsmissbrauchs „**Formmiss-** **91** **brauch**". Seine Korrektur über die Grundsätze von Treu und Glauben wurde entweder im Zusammenhang des § 242 bei der Fallgruppe „Rechtsmissbrauch. Sondergruppen" (SOERGEL/TEICHMANN[12] Rn 325 ff) oder „unzulässige Rechtsausübung" (STAUDINGER/WEBER[11] Rn D 56 ff) angeregt, oder im Zusammenhang mit § 125 erläutert (so MünchKomm/FÖRSCHLER[3] § 125 Rn 49 ff; PALANDT/HEINRICHS[53] § 125 Rn 16 ff; z gleichzeitigen Behandlung an beiden Stellen vgl zB ERMAN/BROX[9] § 125 Rn 23 ff u ERMAN/WERNER[9] § 242 Rn 90 ff).

Ebenso kommentierten diejenigen, die Entstehungstatbestände einer **Vertretungs-** **92** **macht** mit Hilfe des § 242 („Anscheinsvollmacht") begründeten, das entsprechende Problem dort (Fallgruppe: „Allgemeine Gesichtspunkte von Treu und Glauben im Schuldverhältnis"; STAUDINGER/WEBER[11] Rn A 203 ff); andere integrierten sie in das System des Vertretungsrechtes, §§ 164 ff (zB PALANDT/HEINRICHS[53] § 173 Rn 9 ff). Damit waren dementsprechend dogmatisch unterschiedliche Konzepte verbunden.

(2) Ersetzung des § 242 als Entscheidungsargument

Daneben setzte eine noch heute festzustellende Entwicklung ein, § 242 als Ent- **93** scheidungsargument durch andere Rechtsinstitute zu ersetzen.

(a) Dogmatische Ersetzung

Dies geschah zB durch stärkere Einbeziehung des **dispositiven Rechts**, weil und so **94** weit es nicht nur als Ersatzrechtsordnung bei fehlender Parteivereinbarung, sondern auch als Rahmenrechtsordnung angesehen wird, von der die Parteien nur abweichen können, wenn „sachliche Gründe" vorliegen und die Abweichung durch „die ‚rule of reason' gerechtfertigt", also „fair" ist (so etwa ENNECCERUS/NIPPERDEY BGB AT § 49 III). Ähnlich verhält es sich, wenn man die Sittenwidrigkeit in § 138 Abs 1 als Verstoß gegen die „Anforderungen sozialer Gerechtigkeit" begreift (vgl dazu etwa ESSER/SCHMIDT, Schuldrecht I [7. Aufl 1992] § 1 II 1 u 2 sowie § 10 II 2): Statt mit

§ 242 kann man dann mit § 138 Abs 1 argumentieren, ersetzt allerdings eine Generalklausel durch die andere. Nähme man schließlich in den Fällen des „**venire contra factum proprium**" einen **Verzicht** auf eine Rechtsposition durch schlüssiges Verhalten an (so etwa WIELING AcP 176 [1976] 334 ff), wäre der Rückgriff auf § 242 ebenfalls überflüssig (vgl Rn 287, 305).

(b) Gewohnheitsrechtliche Ersetzung

95 Mit der Zeit bildete sich ferner die Annahme heraus, die „**positive Forderungsverletzung**" beruhe inzwischen auf **Gewohnheitsrecht** (so etwa zB PALANDT/HEINRICHS[53] § 276 Rn 105; STAUDINGER/LÖWISCH[12] Vorbem zu §§ 275 ff Rn 21; wohl auch SOERGEL/WIEDEMANN[12] Vor § 275 Rn 360; LARENZ, Schuldrecht I § 24 I a; MEDICUS, Schuldrecht I [7. Aufl] § 35 II 3). Dies entband von der geschilderten Begründung mit Hilfe des § 242, die der BGH in seinen frühen Urteilen noch unternahm (BGHZ 11, 80, 84 = NJW 1954, 229; ebenso: SCHLECHTRIEM, Schuldrecht AT [1992] Rn 97), ein Ansatz, der zwischenzeitlich durch die **Regelung** in den §§ 280 Abs 1, 241 Abs 2 seit der Schuldrechtsreform am 1. 1. 2002 überholt ist. Dieses Beispiel schlägt die Brücke zur nächsten Fallkategorie, in der die Begründung mit Hilfe des § 242 durch gesetzliche Neuregelungen entbehrlich wurde.

(c) Kodifikatorische Ersetzung

96 Als frühes Beispiel für eine spezialgesetzliche Überwindung des § 242 kann man das **Kündigungsschutzgesetz** vom 10. 8. 1951 anführen, das (nachdem der Anwendung des § 242 bereits einmal ein KündigungsschutzG voranging, §§ 84 ff BRG, abgelöst durch §§ 56 ff AOG, das am 1. 1. 1947 aufgehoben wurde) einen Teil des nach dem 2. Weltkrieg in der Britischen Zone mit Hilfe des § 242 gewährten Kündigungsschutzes in die Sozialklausel des § 1 KSchG übernahm (vgl dazu BAG AP Nr 2, 5 zu § 242 BGB [Kündigung]; BAG AP Nr 2 z § 134 BGB; BAG Betrieb 1989, 2382; vgl auch den Erlass des Präsidenten des Zentralamtes für Arbeit v 23. 1. 1947 [III/95/47] im Arbeitsblatt für die Britische Zone 1947, 72: „Eine Kündigung ist, selbst wenn sie die Zustimmung des Betriebsrates und des Arbeitsamtes gefunden hat, jedenfalls dann nichtig, wenn sie sich als Rechtsmißbrauch darstellt [§ 242 BGB]"). Nur so weit der Anwendungsbereich der §§ 1, 23 KSchG nicht eröffnet ist, insbesondere also in Kleinbetrieben, bleibt Raum für eine Berücksichtigung der Grundsätze von Treu und Glauben, § 242 (vgl etwa BAG Arb u R 2004, 117 = AP Nr 17 z § 242 BGB u Kündigung, ausf dazu u Rn 795 ff); daneben wird der im KSchG nicht geregelte Weiterbeschäftigungsanspruch während des Kündigungsschutzprozesses (seit BAG gr Senat NJW 1985, 2968, 2971; aktuell etwa ArbG Nürnberg NZA-RR 2004, 76) teilweise auf § 242 gestützt.

97 Darüber hinaus ist der **Erlass des AGBG** vom 9. 12. 1976 (BGBl I 1976, S 3317) (seit der Schuldrechtsreform §§ 305 ff) zu nennen: Allgemeine Geschäftsbedingungen wurden vorher von der Rspr vornehmlich mit Hilfe des § 242 kontrolliert (vgl etwa RGZ 168, 329; BGHZ 22, 90, 96; z Entwicklung auch BRANDNER, in: ULMER/BRANDNER/HENSEN, AGBG [9. Aufl 2001] § 9 Rn 4 f).

98 Auch der **Einwendungsdurchgriff** im verbundenen Geschäft, der früher auf § 242 gestützt wurde (vgl etwa BGH DB 1987, 629; NJW 1987, 1813), findet sich jetzt in den §§ 358, 359 (früher in § 9 VerbrKrG) gesetzlich normiert (s u Rn 391).

99 Zusätzlich ist in einigen Vorschriften des BGB außerhalb des Schuldrechts der bis

dahin durch die Rspr entwickelte Rechtszustand ebenfalls gesetzlich ausgeprägt worden. Als Beispiel hierfür können etwa die **Auskunftspflichten** gem §§ 1580, 1605 dienen (dazu BGHZ 85, 16, 27 f sowie OLG Braunschweig FamRZ 1981, 383 f; LG Hamburg NJW-RR 1987, 393, 394).

Ein tiefer Eingriff in den Anwendungsbereich der Vorschrift entstand insbesondere **100** durch das **Schuldrechtsmodernisierungsgesetz** vom 26. 11. 2001 (vgl z Entstehungsgeschichte STAUDINGER/OLZEN Einl 185 ff zum SchuldR), welches am 1. 1. 2002 in Kraft getreten ist. Zum einen erhielten verschiedene Inhalte des § 242 **gesetzliche Ausformungen** (so die cic und die bereits angesprochene pFV in den §§ 280 Abs 1, 311 a Abs 2, 241; der Wegfall der Geschäftsgrundlage in § 313, das außerordentliche Kündigungsrecht bei Dauerschuldverhältnissen in § 314, z früheren Rechtszustand vgl RGZ 169, 203, 206). Zum anderen entfachte es die Diskussion über den Standort einzelner Probleme im Zusammenhang des § 242 vor dem Hintergrund neuer schuldrechtlicher Bestimmungen (etwa im Bereich der Einordnung der Nebenpflichten, vgl STAUDINGER/OLZEN § 241 Rn 503, der Leistungsbefreiung des Schuldners im Hinblick auf die Regelungen des § 275 Abs 2 u Abs 3 [s u Rn 270 ff] oder bei der Frage nach der Verortung des Vertrages mit Schutzwirkung für Dritte in § 311 Abs 3).

IV. § 242 in Gegenwart und Zukunft

§ 242 ist somit eine Norm, deren Entwicklung nicht stehen geblieben ist, die aber in **101** ihren Grundaussagen trotz Schwankungen unangreifbar erscheint, weil offenbar keine Rechtsordnung ohne solche allgemeinen Rechtsregeln auskommt. Im Folgenden sollen nur einige **aktuelle Anwendungsfelder** der Vorschrift kurz dargestellt werden, um an- und abschließend einen **Ausblick** auf die Zukunft der Vorschrift zu geben.

1. Aktuelle Anwendungsfelder

Die gegenwärtige Diskussion um § 242 ist vor allem dadurch gekennzeichnet, dass **102** die Norm (immer noch) für eine Vielzahl unterschiedlichster Rechtsprobleme innerhalb und außerhalb des BGB (s u Rn 403 ff) einerseits als **Einzelfallkorrektiv** benutzt wird. Andererseits hat aber auch, vor allem im Zuge der Schuldrechtsreform, eine **dogmatische Neubesinnung**, insbesondere über die Folgen der in den 70er Jahren begonnenen Spezialgesetzgebung, eingesetzt. Deren Folgen sind noch nicht ganz absehbar, vor allem im Hinblick auf die Frage, welche Auswirkungen der verstärkte Verbraucherschutz im BGB auf die Maßstäbe von Treu und Glauben sowie die Verkehrssitte nehmen wird.

Im Fluss befindlich und von nicht zu überschätzender Bedeutung ist ferner die Frage, **103** welche Stellung der Vorschrift im **europäischen Kontext** zukommt (ausf u Rn 149, 1183 ff). Insofern gilt es zu klären, ob der Grundsatz von Treu und Glauben oder ein vergleichbares Rechtsprinzip europaweit Geltung beanspruchen, oder aber europäisches Recht einer Anwendung des nationalen Grundsatzes entgegenstehen kann (dazu auch MünchKomm/ROTH Rn 139 ff).

2. Ausblick

104 § 242 bleibt also eine unverzichtbare Norm mit Chancen und Risiken gleichermaßen (s o Rn 1). Wegen des erheblichen Umfangs der Schuldrechtsreform ist die Vorschrift wohl in naher Zukunft vor gravierenden Änderungen sicher. Dem Richter wird damit noch immer „ein Stück offen gelassene Gesetzgebung" (HEDEMANN, Die Flucht in die Generalklauseln 58) überantwortet. Bei der Anwendung des § 242 müssen ihm einerseits die **Missbrauchsgefahr** und andererseits die Problematik der **Gewaltenteilung** bewusst sein (grundlegend z dieser Problematik SCHOTT, „Rechtsgrundsätze" und Gesetzeskorrektur. Ein Beitrag zur Geschichte gesetzlicher Rechtsfindungsregeln [1975] 1 ff). Die Frage, ob letztlich der Richter oder der Gesetzgeber für Rechtsetzung zuständig ist, steht damit in engem Zusammenhang. Indessen sind die politischen und gesellschaftlichen Vorzeichen (gegenwärtig) andere als in den unruhigen Vorjahrhunderten. Eine „ruhige" Normgesellschaft führt grundsätzlich auch zu einer „ruhigen" Handhabung rechtlicher Freiheiten. Vorsicht sollte jedoch stets und akut dann geboten sein, wenn sich andeutet, dass die Vorzeichen wechseln, was der Rückblick auf die Geschichte eindringlich belegt. Ein solcher Vorzeichenwechsel steht in ganz anderem Zusammenhang mit der zunehmenden Internationalisierung des Rechts an. Hier müssen Inhalt und Bedeutung des Grundsatzes von Treu und Glauben mit besonderer Sorgfalt herausgearbeitet werden.

B. Unmittelbarer Anwendungsbereich

105 Obwohl § 242 eine Generalklausel darstellt, deren Subsumierbarkeit manche insgesamt in Zweifel ziehen (vgl nur MünchKomm/ROTH Rn 2; PALANDT/HEINRICHS Rn 2), soll im Folgenden zwischen dem **unmittelbaren Anwendungsbereich** der Norm und ihrer **darüber hinausgehenden Bedeutung** unterschieden werden. Im Rahmen des unmittelbaren Anwendungsbereichs wird dargestellt, ob und inwieweit § 242 angesichts der unbestimmten Formulierungen dennoch **normativer Gehalt** zukommt. Danach sollen die **einzelnen Anwendungsfälle** der **Norm** in den verschiedenen Rechtsbereichen untersucht werden (s u Rn 211 ff; ähnl Differenzierungen finden sich auch bei SOERGEL/ TEICHMANN Rn 32; FIKENTSCHER/HEINEMANN, Schuldrecht Rn 198, 208; FIKENTSCHER, Methoden des Rechts IV Kap 31, 32).

I. IPR – räumlicher Anwendungsbereich

106 Aus kollisionsrechtlicher Sicht hängt die Anwendbarkeit des § 242 davon ab, ob ein in Frage stehendes Rechtsverhältnis nach deutschem Recht zu beurteilen ist. Bei **vertraglichen Schuldverhältnissen** richtet sich dies nach Art 27 ff EGBGB, bei **gesetzlichen Schuldverhältnissen** nach Art 38 ff EGBGB (s dazu STAUDINGER/OLZEN Einl 254 ff zum SchuldR). Demgegenüber zählt § 242 ebenso wenig wie die Generalklausel des § 138 Abs 1 zu den international zwingenden Bestimmungen (sog **Eingriffsnormen**), die nach Art 34 EGBGB „ohne Rücksicht auf das auf den Vertrag anzuwendende Recht den Sachverhalt zwingend regeln" (so auch BGHZ 135, 124, 139; LOOSCHELDERS, Internationales Privatrecht Art 34 EGBGB Rn 24; STAUDINGER/MAGNUS [2002] Art 34 EGBGB Rn 85; aA LG Tübingen NJW-RR 1995, 1142; LG Duisburg NJW-RR 1995, 883). Bei Anwendbarkeit ausländischen Rechts kann den Wertungen des § 242 daher nur im Einzelfall über den Vorbehalt des **ordre public** (Art 6 S 1 EGBGB) Rechnung getragen werden (vgl ERMAN/HOHLOCH Art 34 EGBGB Rn 13; PALANDT/THORN Art 34 EGBGB Rn 2. Z Bedeutung des ordre public für Generalklauseln im Allgemeinen TEUBNER, Generalklauseln 36 ff).

II. Abdingbarkeit

Die unmittelbare Anwendung des § 242 entfällt, so weit die Norm **abbedungen** werden kann. Dagegen wird vorgebracht, dass dem Grundsatz von Treu und Glauben eine „zwingende Natur" zukomme (STAUDINGER/WEBER[11] Rn A 141; ähnlich Hk-BGB/ SCHULZE Rn 5) oder dass § 242 „zwingendes Recht" sei (vgl BGB-RGRK/ALFF Rn 3; LARENZ, Schuldrecht I § 10 I, 128). **107**

Als Grundgebot der **Redlichkeit** ist § 242 **unabdingbar** (vgl RG JW 1935, 2619, 2620; OGH NJW 1947/48, 521, 523; BGH VersR 1979, 173, 174 f; NJW 1987, 2808 ff; BGB-RGRK/ALFF Rn 3; SOERGEL/TEICHMANN Rn 108; PALANDT/HEINRICHS Rn 6; ERMAN/HOHLOCH Rn 19; LARENZ, Schuldrecht I § 10 I, 128). § 138 Abs 1 setzt der Privatautonomie eine Grenze (SOERGEL/ TEICHMANN Rn 107), so dass ein rechtsgeschäftlicher Ausschluss des § 242 als solcher sittenwidrig ist. Private Verfügungsfreiheit besteht nur innerhalb der Grenzen sozialer Gerechtigkeit, nicht über die soziale Gerechtigkeit als solche (z Verhältnis v § 242 u § 138 s u Rn 367 ff). **108**

Davon zu unterscheiden ist die Frage, ob die mit Hilfe von § 242 gebildeten **Fallgruppen** (dazu u Rn 211 ff) privater Übereinkunft unterliegen. Soweit sie Regeln des **dispositiven Rechtes** betreffen, können die Parteien in den allgemeinen Grenzen der Privatautonomie hierüber Vereinbarungen treffen (MünchKomm/ROTH Rn 75 f; PALANDT/HEINRICHS Rn 6; PWW/SCHMIDT-KESSEL Rn 11). Die Antwort kann im Übrigen aber nicht allgemein gegeben werden und gehört deshalb in den Zusammenhang der einzelnen Fallgruppen (s u Rn 211 ff). Abhängig vom **Funktionskreis** (ausf dazu u Rn 172 ff), aus dem die jeweilige Einzelfallanwendung des § 242 abgeleitet wird (z den Anwendungen s u Rn 211 ff), muss dort auch die Abdingbarkeit des § 242 beurteilt werden (ähnl SOERGEL/TEICHMANN Rn 108 f). Angesichts der Problematik haben sich **vertragliche Anpassungsregelungen**, zB für den (jetzt in § 313 geregelten) Wegfall der Geschäftsgrundlage, entwickelt. Sie stellen ein Anwendungsfeld vertraglicher Abweichung von § 242 dar, weil die Praxis die Konsequenzen richterlicher Vertragsanpassung nicht immer vorhersehen zu können glaubt (ausf BAUR, Vertragliche Anpassungsregelungen: dargestellt am Beispiel langfristiger Energielieferungsverträge [1983]; BILDA, Besondere Arten von Anpassungsklauseln in Verträgen, DB 1969, 427 ff; FIKENTSCHER/ HEINEMANN, Schuldrecht Rn 222). Soweit die Fallgruppen hingegen **zwingendes Recht** berühren – also insbesondere im Bereich des **Rechtsmissbrauchs** (BGH NJW 1987, 2808; s o Rn 108) – ist den Parteien darüber keine wirksame Vereinbarung möglich. **109**

III. Normgehalt

1. Einleitung

Die Darstellung des Normgehalts einer Generalklausel bereitet naturgemäß Schwierigkeiten; dies hat bereits die Rechtsgeschichte gezeigt (s o Rn 6 ff). Aber sie hat ebenfalls deutlich werden lassen – insbesondere unter der Geltung des prALR –, dass kein Gesetzgeber in der Lage war, alle einen Sachverhalt prägenden **110**

Motive, Interessen und Sachzwänge zu bedenken, viel weniger alle wirtschaftlichen und gesellschaftlichen Entwicklungen (WESTERMANN/BYDLINSKI/WEBER, Schuldrecht AT Rn 3/23; vgl auch HÄUSER, Unbestimmte „Maßstäbe" 214). Das Gesetz ist somit nach einem gängigen Wort „im Zeitpunkt seines In-Kraft-Tretens bereits veraltet" (SCHWAB, Einführung in das Zivilrecht [15. Aufl 2002] Rn 104). Deshalb sind Generalklauseln unerlässlich, weil sie die Anpassung des Rechts an den Wandel der Lebenssachverhalte und gesellschaftliche Auffassungen ermöglichen (LOOSCHELDERS/ROTH, Methodik 198 mwNw in Fn 2). Gerade § 242 kann man in dieser Funktion als Prototyp einer Generalklausel bezeichnen (MünchKomm/ROTH Rn 3; WESTERMANN/BYDLINSKI/WEBER, Schuldrecht AT Rn 3/23). Allerdings hat bereits der Gesetzgeber auch ihre Gefahren nicht verkannt, wenn es in den Mot zu § 157 (Mot I 155 = MUGDAN I 437) heißt: „Denkregeln ohne positiv rechtlichen Gehalt: der Richter erhält Belehrungen über praktische Logik. Dabei liegt die Gefahr nahe, dass die Vorschriften für wirkliche Rechtssätze genommen werden ...".

111 Unbestimmtheit und Weite der Generalklausel des § 242 haben die Diskussion um seine **Entbehrlichkeit** hervorgebracht (für die Entbehrlichkeit insbes STAUDINGER/J SCHMIDT [1995] Rn 133 ff; ders, Präzisierung 244). Maßgeblich stützt man sich dabei auf das in Art 20 Abs 3 GG normierte **Rechtsstaatsprinzip** (vgl zB STAUDINGER/J SCHMIDT [1995] Rn 133 ff, 181). Nach dieser Ansicht wären alle Entscheidungen der Rspr ohne Existenz des § 242 in gleicher Weise ausgefallen wie bei Geltung des § 242 – lediglich mit einem anderen normativen Ansatzpunkt. Damit fehle es der Norm an Informationsgehalt (so auch RÜSSMANN, Rezension von FIKENTSCHER, Schuldrecht [7. Aufl 1985], AcP 186 [1986] 291, 293; vgl auch HÄUSER, Unbestimmte „Maßstäbe" Zusammenfassung 214 f). Überraschend ist die Erkenntnis allerdings deshalb nicht, weil sich der Inhalt subjektiver Privatrechte regelmäßig mit dem der Grundrechte deckt, so dass man die gleiche Aussage für viele andere Normen treffen könnte.

112 Demgegenüber geht die hLit davon aus, dass § 242 nicht überflüssig (vgl nur MünchKomm/ROTH Rn 6 f; ZÖLLNER, Schuldrecht im Spiegel des neuen „Staudinger", NJW 1999, 3240, 3241; LARENZ, Schuldrecht I § 10 I, Fn 3, 126; ähnl ders, Richtiges Recht 86), sondern sogar eine wichtige Norm (zumindest) des Zivilrechts sei (z Anwendung über das Zivilrecht hinaus vgl u Rn 1093 ff).

a) Auffassungen zum normativen Gehalt des § 242

113 Da diejenigen, die die Existenzberechtigung der Norm bestreiten, gleichzeitig auch ihre Anwendung ablehnen müssten, sollen der Erläuterung der Tatbestandselemente ein kurzer Überblick über den Meinungsstreit sowie eine eigene Stellungnahme vorangestellt werden. Als entscheidend für die Entbehrlichkeit des § 242 stellt sich dabei die Frage dar, ob der Vorschrift ein eigener **normativer Gehalt** zukommt. Sollte dies nicht der Fall sein oder sich ein entsprechender normativer Gehalt bereits vollständig in anderen Normen finden, so wäre die Vorschrift in der Tat überflüssig. Oft enthalten die Kommentierungen zu § 242 diesbezüglich den Hinweis, der Wortlaut **konkretisiere** nur die Art und Weise der Leistung (PALANDT/HEINRICHS Rn 1), stelle aber **keinen Rechtssatz** mit deskriptiven Tatbestandsmerkmalen auf, aus dem man durch Subsumtion unmittelbar bestimmte Rechtsfolgen ableiten könne (s o Rn 138 f; MünchKomm/ROTH Rn 2; vgl auch SOERGEL/TEICHMANN Rn 5; PALANDT/HEINRICHS Rn 2). Worin der normative Gehalt des § 242 besteht, ja sogar ob er überhaupt existiert, bleibt dagegen bis heute streitig. Diesbezüglich bestehen zwei Hauptströmun-

gen, die sich allerdings nur in Einzelheiten unterscheiden (vgl dazu J SCHMIDT, Präzisierung 231 ff; WEBER, Einige Gedanken zur Konkretisierung von Generalklauseln durch Fallgruppen, AcP 192 [1992] 516 ff):

aa) **Gleichheitstheorien**
Eine Betrachtungsweise geht davon aus, § 242 sei zwar eine normale **Verhaltensnorm**, aber eben in Form einer „**Generalklausel**" (BYDLINSKI, Präzisierung 189 ff mwNw; AK-BGB/TEUBNER Rn 1 ff) oder einer „**offenen Norm**" (SOERGEL/TEICHMANN Rn 5 mwNw spricht in Anlehnung an WIEACKER, Präzisierung 10 ff auch von „offenem Tatbestand"). Die Gleichstellung des § 242 mit anderen Normen des BGB hat J SCHMIDT zur Kennzeichnung dieser Ansicht als „**Gleichheitstheorie**" veranlasst (vgl J SCHMIDT, Präzisierung 234 ff).

Eine Variante (SOERGEL/TEICHMANN Rn 5 ff; vorsichtig abwägend MünchKomm/ROTH Rn 1 ff, 4 ff) will durch **Präzisierung** der Wertentscheidungen des § 242 im Einzelfall erreichen, **Entscheidungshilfen** für künftige Fälle zu entwickeln (MünchKomm/ROTH Rn 41; s auch J SCHMIDT, Präzisierung 235). Die „**Konkretisierungstheorie**" (FIKENTSCHER, Methoden des Rechts IV Kap 31, 32, vor allem 186 ff; ders, Schuldrecht Rn 159 ff, va Rn 167 ff) als **zweite Variante** (so J SCHMIDT, Präzisierung 235) folgert dagegen aus der Generalklausel **konkrete Verhaltensnormen** (basierend allerdings auf seiner „Fallnormenlehre", dazu ausf FIKENTSCHER, Methoden des Rechts IV Kap 31, 32, va 186 ff). Schließlich lässt sich die Auffassung von TEUBNER als **dritte Variante** verstehen, wonach sich § 242 als Generalklausel von gewöhnlichen Rechtssätzen nicht prinzipiell, sondern nur graduell unterscheide (vgl AK-BGB/TEUBNER Rn 1 ff; ders, Generalklauseln 13 ff).

bb) **Differenzierungstheorien**
Die zweite Hauptströmung der Lit lehnt es dagegen ab, § 242 qualitativ wie andere Bestimmungen des BGB zu behandeln (daher die Namensgebung; so J SCHMIDT, Präzisierung 239). Manche ihrer Vertreter halten § 242 für eine sog **institutionelle Norm**, die gar nicht das Verhalten von Rechtssubjekten iSv „Erlaubnis" oder „Verbot" regeln solle. Andere sehen ihren Gehalt in einer sog **Ermächtigungsnorm**, die dem Richter die **Rechtsgestaltung** erlaube (z unterscheiden v der Ermächtigungsfunktion; vgl etwa LEHMANN JZ 1952, 10, 12 [„prozessuale Ermächtigungsnorm zur Rechtsgestaltung"]; SCHWAB, Einführung in das Zivilrecht [15. Aufl 2002] Rn 104 f; vgl dazu auch GÖLDNER, Verfassungsprinzip und Privatrechtsnorm in der verfassungskonformen Auslegung und Rechtsfortbildung [1969] 155 ff, bes 159) oder schließlich – so weit ihre Notwendigkeit völlig geleugnet wird – eine „**Hilfsfigur der Methodenlehre**" (so STAUDINGER/J SCHMIDT[12] Rn 155–162 im Anschluss an die Mot [Mot I 155 = MUGDAN I 437]; vgl dazu FLUME, AT II § 16, 3 a, 309; gegen diese Bewertung der Mot etwa SONNENBERGER, Verkehrssitten 169).

Wieder andere Anhänger der Differenzierungstheorien verstehen § 242 als **Prinzip** (vgl ALEXY, Zum Begriff des Rechtsprinzips, Rechtstheorie Beiheft 1 [1979] 59 ff; ders, Theorie der Grundrechte [1985] 71 ff; z Ganzen J SCHMIDT, Präzisierung 239 ff). Solche speziell verstandenen Prinzipien drücken nach dieser Ansicht aus, dass etwas in einem „im Hinblick auf die rechtlichen und tatsächlichen Möglichkeiten möglichst hohem Maß realisiert" werden solle (ALEXY, Theorie der Grundrechte [2. Aufl 1994] 75 f). Rechtsprinzipien sind demnach **leitende Gedanken einer rechtlichen Regelung**, die zwar selbst noch nicht anwendungsfähig sind, aber in Rechtsregeln umgesetzt werden können (vgl LARENZ, Richtiges Recht 23 mwNw). Wichtig ist in Abgrenzung zum „bloßen" Verständnis der Norm als Generalklausel und zur Analogie, dass sich das Prinzip nicht aus der Verallgemeinerung von Regeln ergibt, sondern durch das „Zurück-Gehen" von einer Regelung auf den ihr zugrunde liegenden Regelungsgedanken (LARENZ, Richtiges Recht 25 f).

118 Schließlich versteht eine dritte Konzeption der Differenzierungstheorien § 242 als eine **„Idee des Rechts"** (vgl GERNHUBER JuS 1983, 764; ferner LARENZ, Richtiges Recht 23 ff, 80 ff; ähnliche Überlegungen bei BezG Cottbus DtZ 1992, 361, 362 und KG DtZ 1992, 358, 359; z Ganzen vgl J SCHMIDT, Präzisierung 244 ff). Der Inhalt dieses rechtsethischen Prinzips müsse vom Richter durch „eigenes Wertverstehen" konkretisiert werden, wofür § 242 Leitmaßstäbe enthalte.

cc) **Appellwirkung**
119 Unabhängig von dem geschilderten Meinungsstand und ohne Bezug zum normativen Gehalt von § 242 ist noch darauf hinzuweisen, dass manche ihm eine allgemeine **„Appellwirkung"** zumessen („Appellfunktion"; vgl zB CLEMENS, Strukturen juristischer Argumentation [1977] 69, 70; WIETHÖLTER, Rechtswissenschaft [1968] 12 ff), sich gerecht und redlich zu verhalten.

b) **Stellungnahme**
120 Eine Entscheidung zwischen diesen verschiedenen, sich nicht ausschließenden Positionen (vgl J SCHMIDT, Präzisierung 248 ff; ähnlich – allerdings nur auf [Verhaltens-]„Norm" und „Prinzip" bezogen – FASTRICH, Richterliche Inhaltskontrolle 66 f) kann deshalb nicht unterbleiben, weil die praktische Handhabung der Norm von der Einordnung ihres theoretischen Hintergrundes abhängt. Zum gegenteiligen Ergebnis gelangt wohl nur J SCHMIDT mit seiner Aussage, der Bedarf für § 242 als „institutionelle Norm" sei spätestens mit Erlass des GG weggefallen (s o Rn 111; STAUDINGER/J SCHMIDT [1995] Rn 134, 181; z Zusammenhang von § 242 und Art 20 Abs 3 GG vgl auch BGHZ 116, 319, 325 = NJW 1992, 967, 968 sowie FIKENTSCHER/HEINEMANN, Schuldrecht Rn 199, 221; ähnlich auch HARTKAMP, Einführung in das Niederländische Schuldrecht, AcP 191 [1991] 396, 399 zur Neukodifizierung im NBW der Niederlande; HÄUSER, Unbestimmte „Maßstäbe" Zusammenfassung 214 f, der darauf hinweist, dass der Richter bei Lückenhaftigkeit des Gesetzes zur Rechtsfortbildung verpflichtet sei; vermittelnd RÜSSMANN, Rezension von FIKENTSCHER, Schuldrecht [7. Aufl 1985], AcP 186 [1986] 291, 293).

121 Gegen die Annahme der völligen Funktionslosigkeit des § 242 lässt sich einwenden, dass es einen erheblichen und nicht nur formalen Unterschied darstellt, ob man eine Entscheidung auf eine Vorschrift des Zivilrechts oder auf Art 20 Abs 3 GG als verfassungsrechtliche Norm stützt. § 242 steht in einem lang tradierten **Wertungszusammenhang**, in den sich neue Entscheidungen einordnen lassen, welche gleichzeitig zur weiteren Ausdifferenzierung der Vorschrift beitragen (MünchKomm/ROTH Rn 6). „Treu und Glauben mit Rücksicht auf die Verkehrssitte" setzt als Tatbestand infolge der rechtsgeschichtlichen Entwicklung speziellere Maßstäbe als die allgemeine Bindung an Recht und Gesetz in Art 20 Abs 3 GG (s u Rn 207). Außerdem verpflichtet § 242 originär die am Schuldverhältnis Beteiligten, dh erst in zweiter Linie den Richter (s u Rn 144), während Art 20 Abs 3 GG jedenfalls vorrangig Gesetzgebung und Rspr bindet. Hinzu tritt, dass eine Generalklausel das Bewusstsein dafür verschärft, dass Zukunftsentwicklungen möglich sind (zu diesem Anliegen AK-BGB/TEUBNER Rn 4 ff; BEHRENDS in seiner Verteidigung der Bedeutung des „Wertes" neben der „Struktur": Struktur und Wert. Zum institutionellen und prinzipiellen Denken im geltenden Recht, in: BEHRENDS/DIESSELHORST/DREIER, Rechtsdogmatik und praktische Vernunft, Symposion zum 80. Geburtstag von Franz Wieacker [1990] 138, 166 f; ZÖLLNER, Das Bürgerliche Recht im Spiegel seiner großen Kommentare, 3. Teil, JuS 1984, 985, 987). Zwar kann man einwenden, mit dieser Zielsetzung stünde die Norm besser im Allgemeinen Teil des BGB – wie auch Art 2 ZGB – (STAUDINGER/J SCHMIDT [1995] Rn 134, 181). Mängel ihrer systematischen Stellung begründen aber nicht ihre Entbehrlichkeit. So verstanden bildet § 242 ein unentbehrliches Instrument zur Anpassung schuldrechtlicher Pflichten an grundlegende Veränderungen der Tatsachen und Wertüberzeugungen sowie zur „gerechten" Einzelfallentscheidung (WESTERMANN/BYDLINSKI/WEBER, Schuldrecht AT Rn 3/28).

Die **Konkretisierung** des unbestreitbar offenen Tatbestandes (z Begriff zB SOERGEL/ **122** TEICHMANN Rn 5) erfolgt durch Beschreibung von **Funktionskreisen** und **Fallgruppen** (vgl die Nachw o Rn 109; PALANDT/HEINRICHS Rn 2). Aus Gründen der **Rechtssicherheit** und **Rechtsklarheit** (auf die Berücksichtigung dieser Gebote weisen auch SOERGEL/TEICHMANN Rn 5, 7 u Hk-BGB/SCHULZE Rn 1 hin) versucht man, den Grad der Vorausberechenbarkeit einer auf § 242 gestützten Entscheidung zu verbessern (SOERGEL/TEICHMANN Rn 7 u 29; ERMAN/HOHLOCH Rn 12 ff). Die dafür notwendige **Präzisierung** des § 242 verlangt, dass aus einer Ausgangsnorm und weiteren gesicherten normativen Sätzen die zur Lösung des Rechtsstreits benötigte konkrete Regel abgeleitet wird (grundlegend dazu ENGISCH, Die Idee der Konkretisierung in Recht und Rechtswissenschaft unserer Zeit [1953]; FIKENTSCHER, Methoden des Rechts IV 176 ff; BYDLINSKI, Präzisierung 196 f). Dafür müssen zunächst die **Tatbestandselemente** in Form **unbestimmter Rechtsbegriffe** sowie die **Rechtsfolgen** des § 242 erläutert werden (vgl auch HÄUSER, Unbestimmte „Maßstäbe"). Da sich beides innerhalb der Norm nicht klar voneinander trennen lässt (darauf weist zB auch MEDICUS/LORENZ, Schuldrecht I Rn 145 hin), werden die normativen Merkmale des § 242 ausnahmsweise unter dem Oberbegriff „normativer Gehalt" erläutert (MünchKomm/ROTH Rn 8 benutzt den Begriff „Wortinterpretation"), um hier die Schwierigkeit einer Grenzziehung zwischen „Tatbestand" und „Rechtsfolge" zu verdeutlichen.

Zu Recht wird dieser **normative Gehalt**, dh das Ziel, das die Vorschrift objektiv **123** verfolgt, von ihrem **empirischen Gehalt** abgegrenzt (STAUDINGER/J SCHMIDT [1995] Rn 113), dh von ihren **tatsächlichen Anwendungsfällen**. Diese beiden Problemkreise unterscheidet man nicht immer klar; dies hängt weniger mit dem Normverständnis des § 242 zusammen (so aber STAUDINGER/J SCHMIDT [1995] Rn 113, der die sog Funktionstheorie [dazu u Rn 172 ff] als geradezu kennzeichnend für die Verwischung der beiden Problemkreise versteht), als mit der Schwierigkeit, das mit Hilfe von § 242 entwickelte Richterrecht systematisch und dogmatisch klar darzustellen (BYDLINSKI, Präzisierung 193 warnt vor einer bloßen Orientierung am Präjudizienrecht).

2. „Tatbestandsmerkmale"

§ 242 setzt nach seinem Wortlaut zweierlei voraus: Eine Person muss **Schuldner** sein **124** und eine **Leistung** erbringen.

a) „Schuldner"
Nach der **Wortlautauslegung** kennzeichnet den „Schuldner", dass er einer anderen **125**

Person verpflichtet ist, also einen Gläubiger hat. Beide werden durch das **Schuldverhältnis** miteinander verbunden, die erste „Tatbestandsvoraussetzung" des § 242. Es kann sich um ein **gesetzliches** oder **rechtsgeschäftliches Schuldverhältnis** handeln (vgl STAUDINGER/OLZEN § 241 Rn 46 ff, 383 ff).

126 Die **systematische** Stellung der Norm im Allgemeinen Schuldrecht bestätigt dieses Ergebnis ebenso wie ihre **Entstehungsgeschichte**. Die Prot zum BGB weisen ausdrücklich darauf hin, dass man die Verweisung auf Treu und Glauben und auf die Verkehrssitte bei Schuldverhältnissen aus Verträgen, darüber hinaus aber auch bei allen übrigen Schuldverhältnissen für erforderlich erachte, um das gesamte zwischen Gläubiger und Schuldner bestehende Verhältnis seinem wahren Inhalt nach zur Anerkennung zu bringen (Prot I 608 = MUGDAN II 521; ausf zur Entstehungsgeschichte s o Rn 6 ff).

127 Manche meinen darüber hinaus, man müsse das Schuldverhältnis in einem weiten Sinne verstehen und **Sozialkontakte** ebenso wie **nichtige Rechtsgeschäfte** darunter subsumieren (BAMBERGER/ROTH/GRÜNEBERG/SUTSCHET Rn 14; PALANDT/HEINRICHS Rn 3). KREBS (Sonderverbindung 47 ff; ders, in: DAUNER-LIEB ua, Das neue Schuldrecht § 3 B III 1 und 2 b) bb)) verwendet angelehnt an CANARIS (JZ 1965, 475 ff) den Begriff „**Sonderverbindung**" für jede Beziehung, die entweder auf eine Leistung oder Unterlassung gerichtet sei oder in der jedenfalls besondere Einwirkungsmöglichkeiten auf die Rechtsgüter eines anderen bestünden. Dieses ungeschriebene Merkmal „Sonderverbindung" wird in der Lit von anderen Stimmen auch als „weitere tatbestandliche Voraussetzung" der Norm bezeichnet (SOERGEL/TEICHMANN Rn 30; CANARIS, Schutzgesetze – Verkehrspflichten – Schutzpflichten, in: FS Larenz [1983] 27, 34; FASTRICH, Richterliche Inhaltskontrolle 67 f für § 242 „als Rechtsnorm"; FIKENTSCHER/HEINEMANN, Schuldrecht Rn 199; HUBMANN, Grundsätze der Interessenabwägung, AcP 155 [1956] 85, 87; LARENZ, Schuldrecht I § 10 I, 127; SCHILLING, Wandlungen des modernen Gesellschaftsrechts, JZ 1953, 489 ff; SIEBERT, Verwirkung 118; krit ERMAN/HOHLOCH Rn 15).

128 Damit **verlässt** man jedoch bereits den **unmittelbaren Anwendungsbereich** des § 242 (KREBS weist einerseits darauf hin, dass es sich dabei um eine Rechtsfortbildung extra legem handele, in: DAUNER-LIEB ua, Das neue Schuldrecht § 3 B III 1 und 2 b. bb.; andererseits soll § 242 wegen § 241 Abs 2 alle Sonderverbindungen erfassen, AnwK-BGB/KREBS Rn 2). Der Wortlaut lässt einen solchen Schluss nicht zu. Auch widerspricht dieses Verständnis der Stellung des § 242 zu Beginn des Allgemeinen Schuldrechts und überzeugt deshalb in systematischer Hinsicht nicht. Ebenso wenig deutet die Entstehungsgeschichte in diese Richtung (s o Rn 6 ff; Prot I 608 = MUGDAN II 522). Schließlich ist der Zweck des § 242 zu berücksichtigen, der ua darin besteht, die Verhaltensanforderungen innerhalb von Schuldverhältnissen gegenüber denjenigen, die gegenüber jedermann bestehen, abzugrenzen (FASTRICH, Richterliche Inhaltskontrolle 67 f mwNw).

129 Einigkeit besteht wieder darin, dass die **Intensität des Schuldverhältnisses** (bzw der Sonderverbindung – so weit man sie genügen lässt) Einfluss auf die Verhaltensanforderungen der Parteien hat (vgl schon SCHNEIDER, Treu und Glauben 127 f; auch SOERGEL/TEICHMANN Rn 40; ENNECCERUS/LEHMANN, Schuldrecht § 4 II 1 II; anschaulich STAUDINGER/KESSLER[12] Vorbem zu § 705 Rn 41): So besteht ein relativ **geringer Einfluss** des § 242 auf solche Rechtsverhältnisse, in denen sich **entgegengesetzte Interessen** gegenüberstehen (zB Umsatzgeschäfte), **stärkerer Einfluss** bei **fremdnützigen Betätigungen** (zB

Geschäftsbesorgungen) und **stärkster Einfluss** bei Rechtsverhältnissen, die gerade auf ein **Zusammenwirken gerichtet** sind (zB Gesellschaften; hier wieder Abstufung nach dem Maße des notwendigen Zusammenwirkens zur Erreichung der „überpersönlichen Aufgabe" möglich. Grundlegend BEYERLE, Die Treuhand im Grundriß des deutschen Privatrechts [1932]; vgl auch SOERGEL/SIEBERT/KNOPP[10] Rn 6, 7; EICHLER, Die Rechtslehre vom Vertrauen [1950] 27 ff). Auch stellt niemand in Frage, dass für Schuldverhältnisse höhere sozialethische Anforderungen gelten als für den allgemeinen Rechtsverkehr (LOOSCHELDERS, Schuldrecht AT Rn 64).

Das BGB definiert den Begriff des „**Schuldverhältnisses**" nicht allgemein (z Einzelheiten s STAUDINGER/OLZEN § 241 Rn 36 ff). In § 311 Abs 1 regelt es jedoch seit dem 1.1. 2002 dessen Entstehung durch **Vertrag** und in § 311 Abs 2 eine weitere Entstehungsmöglichkeit durch die Aufnahme von **Vertragsverhandlungen**, die **Vertragsanbahnung** oder **ähnliche geschäftliche Kontakte** (vgl STAUDINGER/OLZEN § 241 Rn 390). Damit hat der Gesetzgeber einen großen Bereich des Kriteriums „Sonderverbindung" normiert, für den § 242 unmittelbar gilt; der oben beschriebene Konflikt (Rn 127) hat sich auf diese Weise also deutlich entschärft. **130**

Die Frage, ob auch **Gefälligkeitsverhältnisse** unter § 242 fallen, bleibt als Teilproblem des Fragenkreises um den „sozialen Kontakt" jedoch umstritten (ausf STAUDINGER/OLZEN § 241 Rn 394 ff). Nach der hier vertretenen Auffassung fällt dieser Bereich unter § 311 Abs 2 und damit in den unmittelbaren Anwendungsbereich des § 242. **131**

Ein weiterer Problemkreis betrifft das **nachbarschaftliche Gemeinschaftsverhältnis**, welches hier als gesetzliches Schuldverhältnis behandelt wird (s STAUDINGER/OLZEN § 241 Rn 67 u Rn 399 ff), ebenfalls mit der Folge der unmittelbaren Anwendbarkeit des § 242. **132**

Offen bleibt die Existenz einer Sonderverbindung in solchen juristischen Beziehungen, die auf die Klärung der Existenz einer **Leistungs- oder Unterlassungspflicht** gerichtet sind. Darunter versteht KREBS zB das **Prozessrechtsverhältnis** sowie das **wettbewerbsrechtliche Abmahnverhältnis** (KREBS, Sonderverbindung 241 ff; KREBS, in: DAUNER-LIEB ua, Das neue Schuldrecht § 3 B III 1 und 2 b. bb.). Selbst bei Annahme entsprechender Rechtsbeziehungen zwischen den Parteien besteht aber Einigkeit darüber, dass es sich dabei jedenfalls nicht um ein Schuldverhältnis iSd BGB handelt. Deshalb wird diesem Problem erst im Rahmen des jeweiligen Rechtsgebiets bei der Prüfung einer weiteren Bedeutung des § 242 nachgegangen, also außerhalb seines unmittelbaren Anwendungsbereichs (ähnlich AnwK-BGB/KREBS Rn 1, der von einer Rechtsfortbildung ausgeht). **133**

b) „Leistung"
Der Wortlaut des § 242 verlangt als zweite „Tatbestandsvoraussetzung" eine **Leistung**. Bezüglich des Leistungsbegriffes sowie des Inhalts von Leistungen genügt der Hinweis auf STAUDINGER/OLZEN § 241 Rn 133 ff. Der Frage, ob § 242 selbst **Leistungspflichten** begründen kann, wird später iRd umstrittenen sog **Ergänzungsfunktion** der Norm nachgegangen (s u Rn 187 ff). **134**

c) **Sonstige Merkmale**
Der „Tatbestand" des § 242 kennt nach seinem Wortlaut keine weiteren Merkmale. **135**

Etwas anderes vertreten Teile der Lit, die dann allerdings meist nicht zwischen „Tatbestand" und „Rechtsfolge" trennen. Die von den Vertretern dieser Ansicht geforderten zusätzlichen Merkmale lassen sich jedoch eher dem Bereich des „Tatbestandes" als der Rechtsfolge zuordnen, weshalb sie im Folgenden kurz dargestellt werden. Praktische Relevanz kommt den Überlegungen nur in wenigen Fällen zu.

136 Eine **Beschränkung** des Anwendungsbereiches auf „**Gleichordnungsverhältnisse**" (Bürger–Bürger) bzw die **Ausnahme staatsorganisatorischer Normen** und **Rechtsverhältnisse** würde sich lediglich im Bereich des **öffentlichen Rechts** auswirken, also nicht im unmittelbaren Anwendungsbereich des § 242 (z Einfluss des Allgemeinen Schuldrechts auf das öffentliche Recht ausf STAUDINGER/OLZEN Einl 267 ff zum SchuldR; z Anwendung des § 242 im öffentlichen Recht s u Rn 1099 ff; vgl dazu HEDEMANN, Die Flucht in die Generalklauseln 48 f).

137 Ebenfalls ist an dieser Stelle die verbreitete Meinung nicht weiter relevant, dass zu einem „Verstoß" gegen Treu und Glauben **kein Verschulden** erforderlich sei (vgl BGHZ 64, 5, 9; SOERGEL/SIEBERT/KNOPP[10] Rn 11; STAUDINGER/WEBER[11] Rn A 147; PALANDT/ HEINRICHS Rn 5; ERMAN/HOHLOCH Rn 14; SIEBERT, Verwirkung 121 f; sehr vorsichtig formulierend OERTMANN [1928] Anm 2a [„innere Absicht ... weder erforderlich noch ausreichend"]; z schweizerischen Recht vgl Berner Kommentar/MERZ Art 2 ZGB Rn 105), weil sie gerade keine Einschränkung des Tatbestandes mit sich bringt. Eine Antwort lässt sich auch nicht pauschal finden, da man nicht ausschließen kann, dass bei einzelnen aus § 242 entwickelten Rechtsinstituten Verschulden eine Rolle spielt (vgl dazu WIEACKER, Präzisierung 6, 28, 30, 34): Das Problem soll deshalb im Zusammenhang mit den Fallgruppen behandelt werden (ebenso MünchKomm/ROTH Rn 50 f; SOERGEL/TEICHMANN Rn 62 ff; s u Rn 211 ff). Schließlich wird bei der Interessenabwägung (s u Rn 144 ff) iRd „Rechtsfolge" des § 242 auf das Verschulden zurückzukommen sein (vgl auch MünchKomm/ ROTH Rn 50 f; SOERGEL/TEICHMANN Rn 62; ERMAN/HOHLOCH Rn 14).

3. „Rechtsfolgemerkmale"

138 Im Hinblick auf die „Rechtsfolge" des § 242, also die Begriffe „**Treu und Glauben**" und „**Verkehrssitte**", stehen sich wiederum zwei Meinungen gegenüber: eA, die einen eigenen Informationsgehalt der Worte „Treu und Glauben" und „Verkehrssitte" in § 242 verneint, während die wohl hM § 242 im Wesentlichen so behandelt, als seien damit „tatbestandliche Voraussetzungen" formuliert (so PALANDT/HEINRICHS Rn 3 ff).

139 Die zunächst genannte Ansicht wurde in der Lit schon früh nur als MM vertreten (vgl PLANCK/SIBER Anm 2; BGB-RGRK/ALFF Rn 2). Ihre Vertreter äußerten, Analysen des § 242 seien „müßig" und sie wiesen darauf hin, dass es leichter sei „zu empfinden als zu formulieren", was „Treu und Glauben bedeute" (OERTMANN [1928] Anm 2). Die Worte bezögen sich auf eine außerrechtliche, moralische Begriffswelt (WEBER JuS 1992, 631, 632; ders, Die vertrauensvolle Zusammenarbeit zwischen Arbeitgeber und Betriebsrat gemäß § 2 I BetrVG [Diss Heidelberg 1989] 184). Andere sehen Ausführungen zum Informationsgehalt für die Handhabung des § 242 als wertlos an (so MünchKomm/ ROTH Rn 9). Bezeichnenderweise werde in Gesetzen auch häufig konsequenzlos auf die „Verkehrssitte" verzichtet (vgl § 9 Abs 1 AGBG aF; §§ 8 Abs 2 S 2, 39 Abs 2 UrhG – von KÖTZ jedoch in § 9 Abs 1 AGBG aF „vermisst", s MünchKomm/KÖTZ[3] § 9

AGBG Rn 2 aE, allerdings mit Verw auf § 24 AGBG aF; Schlosser/Coester-Waltjen/Graba, Kommentar zum Gesetz zur Regelung des Rechts der Allgemeinen Geschäftsbedingungen [1997] § 9 Rn 15). Demgegenüber meint die wohl hM, dass den Begriffen ein darstellbarer Informationsgehalt zukomme (s o Rn 138; vgl zB Palandt/Heinrichs Rn 3 ff). Dem soll hier gefolgt werden.

a) „Treu und Glauben"
Den ersten wichtigen Schlüsselbegriff der „Rechtsfolge" stellt die Wortverbindung **140** „Treu und Glauben" dar. Der unbestimmte Rechtsbegriff **„Treue"** bezeichnet eine „äußere und innere Haltung" (Bamberger/Roth/Grüneberg/Sutschet Rn 16; Palandt/ Heinrichs Rn 4) gegenüber derjenigen Person, der sie geschuldet wird. Er ist gekennzeichnet durch „selbstlose Bereitschaft zur Einhaltung der Verpflichtungen" (Soergel/Siebert/Knopp[10] Rn 6), „Treuewahrung", „Loyalität" (PWW/Schmidt-Kessel Rn 9), „Zuverlässigkeit" (Staudinger/Weber[11] Rn A 124; Palandt/Heinrichs Rn 4), „Aufrichtigkeit" (Palandt/Heinrichs Rn 4), „Rücksichtnahme" (Palandt/Heinrichs Rn 4), „Gewissenhaftigkeit" (Heinrich, in: FS Laufs [2006] 585, 587), „Anhänglichkeit", „unerschütterliche Hingabe" (Staudinger/Weber[11] Rn A 124; z diesen Elementen in der geschichtlichen Entwicklung s o Rn 6 ff; ferner Weber JuS 1992, 631, 632).

Der ebenfalls unbestimmte Rechtsbegriff **„Glaube"** meint das „Vertrauen" auf die **141** Haltung des Treuepflichtigen (z bona fides s o Rn 8 ff u z älterem deutschen Recht o Rn 14 ff; Soergel/Siebert/Knopp[10] Rn 6; Palandt/Heinrichs Rn 4; Hk-BGB/Schulze Rn 12; vgl auch Weber JuS 1992, 631, 632; Wendt, Die exceptio doli generalis im heutigen Recht oder Treu und Glauben im Recht der Schuldverhältnisse, AcP 100 [1906] 1, 4; z Aspekt des „Vertrauensschutzes" und seinen Voraussetzungen Cordeiro, in: FS Canaris [2007] 858, 864 f). Die Wortverbindung **„Treu und Glauben"** hat eine lange rechtsgeschichtliche Tradition (s o Rn 6 ff; Nachw z sprachwissenschaftlichen Diskussion bei Weber JuS 1992, 631 f) und wird im BGB vielfach verwendet, vgl §§ 157, 162, 275 Abs 2, 307, 320 Abs 2, 815. Daher ist ihre Auslegung von großer Bedeutung. Ihre Wurzel liegt im Römischen Recht (s o Rn 6). Die Paarformel, die zwei Ausdrücke mit mehr oder weniger synonymer Bedeutung aus verschiedenen Blickwinkeln zusammenfasst (s o Rn 140 f), meint in ihrer ursprünglichen Wortbedeutung das Ansehen, das jemand als Person in einer bestimmten Funktion genießt und dem er gerecht werden soll (Strätz, Treu und Glauben 213 ff, 285 ff).

Insgesamt wird der Wortkombination ein Inhalt zugesprochen, der zwar die Bedeu- **142** tungen der Ausdrücke „Treue" und „Glauben" in sich aufgenommen hat, gleichzeitig aber auch „als ein Ganzes zu verstehen" ist und damit einen über die Einzelelemente hinausgehenden spezifischen Sinngehalt hat (MünchKomm/Busche § 157 Rn 4 f). Allgemein soll damit **„sozialethischen Wertvorstellungen"** Eingang in das Recht verschafft werden (Palandt/Heinrichs Rn 4; z Bedeutung während des Nationalsozialismus vgl Waldmüller, Die „königlichen Paragraphen" 157, 242 BGB [Diss Bonn 1940]; s o Rn 66 ff). Eine Regelung muss damit mit der in der herrschenden Wirtschafts- und Sozialordnung immanenten **Rechtsethik** verträglich sein (LG Münster NJW 1975, 2070, 2073; MünchKomm/Busche § 157 Rn 10), mit den **Interessen der Allgemeinheit** (RGZ 155, 148, 152; 160, 257, 268; 163, 91, 100; 170, 257, 262), mit **Recht und Gerechtigkeit** (Palandt/ Heinrichs[39] Anm 1c). Dabei handelt es sich zum Teil um Rechtsgedanken, die vor allem der sog **„gesellschaftliche Ansatz"** bereits zu Beginn des Jahrhunderts entwickelt hatte (s o Rn 46 f).

143 Gemeinsam ist allen Überlegungen, dass diese Maßstäbe aus **überrechtlichen sozialen Geboten** (Wieacker, Präzisierung 10) und **ethischen Prinzipien** (auf den Einfluss rechtsethischer Elemente weist auch Soergel/Teichmann Rn 39 hin) zu beziehen sind, die jeder Rechtsordnung zu Grunde liegen (MünchKomm/Roth Rn 11), so dass sie in gewisser Weise auch mit verfassungsrechtlichen Prinzipien ausgetauscht werden können (s o Rn 120). Denn darin verkörpert sich letztlich das Grundelement einer Rechtskultur, bestehend aus dem Prinzip wechselseitigen Vertrauens unter den Mitgliedern der Gesellschaft (Fikentscher, Methoden des Rechts I 109, 179; MünchKomm/Roth Rn 11; z Vertrauensaspekt in der geschichtlichen Entwicklung s o Rn 71 ff). Durch Bezugnahme darauf trägt der Gesetzgeber der Einsicht Rechnung, dass viele allgemeine Wertvorstellungen nicht seine Produkte sind, sondern Ergebnisse einer langen religiösen, philosophischen, aber auch sittlich-moralischen Entwicklung, die von Staat und Gesetzgeber bereits vorgefunden werden (vgl Looschelders/Roth, Methodik 198). Darin manifestieren sich gleichzeitig der **Verzicht** des Staates auf einen **Wertemonopolismus** (vgl Looschelders/Roth, Methodik 199) und die **Anerkennung** eines möglichen **Wertewandels**.

aa) Interessenabwägung

144 Der Grundsatz von Treu und Glauben erfordert zunächst eine **Interessenabwägung** unter Berücksichtigung der vorgenannten Grundprinzipien (BGB-RGRK/Alff Rn 2; Soergel/Teichmann Rn 46; MünchKomm/Roth Rn 46 ff), deren Ausgangspunkt eine **Risikozuordnung unter den Beteiligten** ist (MünchKomm/Roth Rn 46 ff). Jeden von ihnen trifft die Pflicht zur Berücksichtigung der Interessen und der berechtigten Erwartungen des anderen Teils (Siebert, Verwirkung 117 f). Dabei kann uU auch das Verschulden einer Person besondere Berücksichtigung finden (s o Rn 137; Soergel/Teichmann Rn 62; MünchKomm/Roth Rn 51; Bamberger/Roth/Grüneberg/Sutschet Rn 20; Erman/Hohloch Rn 14). In zweiter Linie erst gibt § 242 dem **Richter** auf, bei der **Entscheidungsfindung** die **beiderseitigen Interessen** festzustellen und mit dem Ziel eines gerechten Ergebnisses gegeneinander abzuwägen (Siebert, Verwirkung 118 mwNw). Schwierigkeiten bestehen bzgl der Frage, ob und inwiefern daneben sonstige Gesichtspunkte das Abwägungsergebnis beeinflussen, zB gesetzliche Wertungen wie das **Grundgesetz**, andere **öffentliche Interessen** und die **Interessen dritter Privatpersonen**.

(1) Grundgesetz und § 242

145 Der Einfluss der Verfassung auf Auslegung und Konkretisierung der Merkmale „Treu und Glauben" (dazu allg Soergel/Teichmann Rn 43; Palandt/Heinrichs Rn 7 ff; Erman/Hohloch Rn 29 ff; ferner Medicus/Lorenz, Schuldrecht I Rn 141) stellt einen Ausschnitt aus dem Problemkreis der Auswirkung verfassungsrechtlicher Wertungen auf das Zivilrecht im Allgemeinen dar (so Staudinger/Olzen Einl 263 ff zum SchuldR). Die Beeinflussung des Zivilrechtes jedenfalls durch die **Grundrechte** ist heute unstr, unklar bleiben hingegen deren Reichweite und die dogmatische Konstruktion (dazu vgl Staudinger/Olzen Einl 267 f zum SchuldR; die Klärung der dogmatischen Lösungsmöglichkeiten hat das BVerfG im Übrigen den Fachgerichten anheim gestellt, vgl BVerfG NJW 1991, 2272 f).

(a) Wirkung der Grundrechte

146 Gerade bei der Anwendung des § 242 haben die Grundrechte Bedeutung für die **Interessenabwägung** unter den Beteiligten (vgl auch die Bsp bei MünchKomm/Roth

Rn 55 ff; ERMAN/HOHLOCH Rn 33 ff; BAMBERGER/ROTH/GRÜNEBERG/SUTSCHET Rn 22 ff; SOERGEL/ TEICHMANN Rn 48 ff; für § 138 AnwK-BGB/LOOSCHELDERS § 138 Rn 40 ff; iRd einzelnen Anwendungsfälle des § 242 werden einzelne Grundrechte wieder aufgegriffen, s u Rn 403 ff), weil sie das Ergebnis gesellschaftlicher und gesetzgeberischer Grundentscheidungen sind (LOOSCHELDERS/ROTH, Methodik 198 f). Folgende Grundrechte sind besonders hervorzuheben: **Menschenwürde und Freiheit** in Art 1, 2 GG (vgl dazu die ausf Abwägungen im Rahmen eines „Atomstromboykott-Urteils": AG Stuttgart NJW 1980, 1108 ff; z der Frage, ob die Versorgung mit Energie zu den verfassungsrechtlich garantierten Grundbedürfnissen eines jeden Bürgers zählt, weshalb „Liefersperren" nicht zulässig sind, vgl LG Aachen NJW-RR 1987, 443, 444; 1988, 1522); **Gleichheit** gem Art 3 GG (vgl dazu va HUECK, Der Grundsatz der gleichmäßigen Behandlung im Privatrecht [Habil Münster 1958]; MEYER-CORDING, Der Gleichheitssatz im Privatrecht und das Wettbewerbsrecht, in: FS Nipperdey I [1965] 537 ff; RAISER, Der Gleichheitsgrundsatz im Privatrecht, ZHR 111 [1948] 75 ff; vHOYNINGEN-HUENE, Die Billigkeit im Arbeitsrecht [Habil München 1978] 102 ff mwNw; MAUNZ/DÜRIG/DÜRIG/SCHOLZ Art 3 Abs 1 GG, Rn 505 ff, insbes 510 – aus der Rspr allg zB BAG Betrieb 1993, 169 ff [ausf]); der **„arbeitsrechtliche Gleichbehandlungsgrundsatz"** wird zwar formal noch auf § 242 gestützt (vgl zB BAG NJOZ 2005, 570 ff; NZA 1993, 171 ff, 405 f, 839 f und 991 f sowie u Rn 786), hat sich aber zu einem eigenen Rechtsinstitut entwickelt; das BVerfG hat die Rspr des BGH zum **Mieterschutz** des Untermieters bei gewerblicher Untervermietung (vgl z früheren Meinungsstand BGH WM 1991, 902 ff) mit Hilfe von Art 3 Abs 1 GG korrigiert (vgl BVerfG NJW 1991, 2272 f; dazu KRENEK, Mieterschutz bei der gewerblichen Zwischenvermietung, Jura 1993, 79 ff; LANGENBERG, Herausgabeanspruch des Eigentümers gegen den Endmieter bei Zwischenmietverhältnissen, MDR 1993, 102 ff; MEDICUS AcP 192 [1992] 35, 64; SCHÜREN, Gewerbliche Zwischenvermietung und Bestandsschutz, JZ 1992, 79 ff; SONNENSCHEIN, Die Rechtsprechung des Bundesverfassungsgerichts zum Mietrecht, NJW 1993, 161, 170 f; s auch BVerfG NJW 1993, 2601 f; allg z Thema GG und Arbeitsrecht LEIBHOLZ, Verfassungsrecht und Arbeitsrecht, in: Zwei Vorträge zum Arbeitsrecht [1960] 21 ff); die Frage ist inzwischen in § 565 geregelt (vgl dazu GÄRTNER, Wohnungsmietrechtlicher Bestandsschutz auf dem Weg zu einem dinglichen Recht, JZ 1994, 440 ff mit Nachw); **Glaubens- und Gewissensfreiheit** gem Art 4 Abs 1 GG (bes häufig erörtert; vgl zB ErfKomm-ArbR/DIETERICH Art 4 GG, Rn 20 ff, 68; BOSCH/HABSCHEID, Vertragspflicht und Gewissenskonflikt, JZ 1954, 213 ff; vgl auch BRECHER, Grundrechte im Betrieb, in: FS Nipperdey II [1965] 29, 48; DENNINGER/HOHM, Arbeitsverweigerung aus Gewissensgründen. Eine grundrechtliche Untersuchung, AG 1989, 145 ff; DERLEDER, Arbeitsverhältnis und Gewissen, AuR 1991, 193 ff; DIEDERICHSEN, Gewissensnot als Schuldbefreiungsgrund?, in: FS Michaelis [1972] 36 ff; HABSCHEID, Arbeitsverweigerung aus Glaubens- und Gewissensnot, JZ 1964, 246 ff; ders, Das deutsche Zivilrecht im Dienst ethischer Gebote, in: FS Küchenhoff [1972] 221, 238 ff; HEFFTER, Auswirkung der Glaubens- und Gewissensfreiheit im Schuldverhältnis [Diss Freiburg 1968]; KONZEN/RUPP, Gewissenskonflikte im Arbeitsverhältnis [1990] [ausf und mwNw]; LARENZ, Schuldrecht I § 10 II c, bes Fn 39; LEUZE, Arbeitsverweigerung aus Gewissensgründen, RdA 1993, 16 ff; LÖWISCH, Rechtswidrigkeit und Rechtfertigung von Forderungsverletzungen, AcP 165 [1965] 421, 444; SCHESCHONKA, Arbeits- und Leistungsverweigerung aus Glaubens- oder Gewissensnot [Diss Hamburg 1972]; WIEACKER, Vertragsbruch aus Gewissensnot, JZ 1954, 466 ff; vgl auch OLG Hamm NJW 1981, 2473 ff [Atomstrom]; BAG NJW 1986, 85 ff [Druckwerk politischen Inhalts]; 1990, 203 ff [Atomkriegsfolgen]; ArbG Köln NJW 1991, 1006 [Irak/Jude]; LAG Düsseldorf NZA 1993, 411, 412 f [„Troubadour"]); **Meinungsfreiheit** gem Art 5 Abs 1 S 1 GG (vgl etwa BUCHER, Anm LG Essen NJW 1973, 2291 f; SÖLLNER, „Wes Brot ich eß', des Lied ich sing'" – Zur Freiheit der Meinungsäußerung im Arbeitsverhältnis –, in: FS Herschel [1982] 389 ff; ErfKomm-ArbR/DIETERICH Art 5 GG, Rn 32; speziell z Grundrecht auf **Informationsfreiheit**: BVerfG NJW 1992, 493 f; 1994, 1147 ff sowie EuGMR NJW 1991, 620. Die Entscheidungen haben zu einer

Unzahl von „Antennen-Entscheidungen" im Miet- und Wohnungseigentumsrecht geführt.); **Schutz von Ehe und Familie** gem Art 6 Abs 1 GG (vgl zB: BAG VersR 1980, 468, 469; BVerfGE 78, 128 ff; BayObLG NJW 1984, 60; z Bedeutung des Grundrechts für die Inhaltskontrolle von Eheverträgen BGH NJW 2004, 930, 932; vgl auch Rn 462); bzw Art 6 Abs 2 GG (vgl die ausf Erörterungen v REUTER, Elterliche Sorge und Verfassungsrecht, AcP 192 [1992] 108 ff mwNw); die Rechte des **nichtehelichen Kindes** gem Art 6 Abs 5 GG (vgl BAG MDR 1993, 247); **Schutz des Berufs** gem Art 12 Abs 1 GG (vgl zB BVerfG NJW 2003, 2815 ff [Kündigung einer Verkäuferin mit Kopftuch]; JZ 1990, 691 ff [Wettbewerbsverbot, dazu auch STAUDINGER/OLZEN § 241 Rn 289]; OLG Düsseldorf NJW-RR 1994, 35 ff [GG Art 12; BGB §§ 138 I, 242]); Schutz des **Eigentums und Erbrechts** gem Art 14 Abs 1 GG (vgl BVerfG NJW 1994, 36 ff; BGH NZM 2007, 597 ff). Häufig werden auch mehrere Verfassungsvorschriften gleichzeitig herangezogen, um den Inhalt von subjektiven Rechten zu bestimmen: So sah man eine „existenzvernichtende Haftung" eines Minderjährigen im Regress über § 67 Abs 1 S 1 VVG aF (mittlerweile § 86 Abs 1 S 1 VVG), § 828 Abs 3 wegen Verstoßes gegen Art 1 Abs 1, 2 Abs 1, 3 Abs 1, 6 Abs 1 und 20 Abs 1 GG als rechtsmissbräuchlich an, solange der Minderjährige einkommens- und vermögenslos war (LG Bremen NJW-RR 1991, 1432, 1433 ff; vgl dazu auch den 1998 eingefügten § 1629a sowie u Rn 877 ff).

(b) Art 20 und 28 GG

147 Zu den genannten gesetzgeberischen Grundentscheidungen gehören ferner die in den Art 20, 28 GG festgeschriebenen **Verfassungsprinzipien**. Insbesondere das **Sozialstaatsprinzip** wurde mehrfach von Rspr und Lit zur Konkretisierung des Maßstabs von „Treu und Glauben" herangezogen (vgl z Sozialstaatsklausel BVerfGE 1, 97, 105; BAG AP Nr 1 zu § 620 BGB; Nr 161 zu § 242 BGB; WEITNAUER, Der Schutz des Schwächeren im Zivilrecht [1975]; WOLF, Rechtsgeschäftliche Entscheidungsfreiheit und vertraglicher Interessenausgleich [1970] 101 ff; z Arbeitsrecht vgl bes G MÜLLER, Der Gedanke des sozialen Staates in der bisherigen Rechtsprechung des Bundesarbeitsgerichts, DB 1956, 524 ff, 549 ff; wNw bei MünchKomm/ROTH Rn 54; SOERGEL/TEICHMANN Rn 55 f; PALANDT/HEINRICHS Rn 10), und zwar in Fällen, in denen ein **unangemessenes Machtgefälle** vorlag (vgl auch REGER, Generalklauseln als Konfliktlösungsregeln? [Diss Frankfurt aM 1974] 74 ff; z weiteren Einwirkung des GG auf das Schuldrecht s STAUDINGER/OLZEN Einl 263 ff zum SchuldR).

(2) Sonstige gesetzliche Grundwertungen

148 Neben der Verfassung fließen in die bei der Ermittlung von Treu und Glauben einzubeziehenden Interessen auch **(einfach-)gesetzliche Grundwertungen** ein (BYDLINSKI, Präzisierung 203 mit Bezug auf LARENZ, Kommentar z Urt d OGH v 27. 6. 1969, ZAS 1970, 147; wNw in BYDLINSKI, Präzisierung 199 ff; für § 138 STAUDINGER/SACK [2003] § 138 Rn 41). Denn konkrete Normen sind oft Ausdruck eines allgemeinen Rechtsprinzips, welches bei der Abwägung iRv § 242 Berücksichtigung finden kann, vor allem dann, wenn sich ein Analogieschluss oder eine teleologische Reduktion aus dogmatischen Gründen im Einzelfall verbietet (z Abgrenzung des § 242 von Analogie u teleologischer Reduktion s u Rn 345 ff; ähnl BYDLINSKI, Präzisierung 203 Fn 40).

149 Dieses Vorgehen ist im Hinblick auf **deutsche Normen** unproblematisch. Im Zuge der zunehmenden Europäisierung des Rechts, vor allem des Schuldrechts (ausf STAUDINGER/OLZEN Einl 276 ff zum SchuldR), fragt sich, inwiefern „Treu und Glauben" auch durch **europäische Maßstäbe** beeinflusst werden (dafür bei § 138 STAUDINGER/SACK [2003] § 138 Rn 44, allerdings ohne nähere Begründung; für § 242 s PWW/SCHMIDT-KESSEL Rn 17;

näher dazu u Rn 1183 ff). Eine Grenze muss man beachten: Auch wenn eine deutsche Norm europarechtskonform ausgelegt wird, darf die Rspr nicht an die Stelle des nationalen Gesetzgebers treten. Sofern dieser etwa EG-Richtlinien nicht ordnungsgemäß umsetzt, liegt es nicht in der Hand des Rechtsanwenders, das Versäumnis über die europarechtskonforme Auslegung zu beheben. Vielmehr muss der Bürger die deutsche Norm beachten und kann sich grundsätzlich nicht unmittelbar auf die EG-Richtlinie berufen (vgl AnwK-BGB/LOOSCHELDERS Anh zu § 133 Rn 33 ff; speziell z Streit um die Europarechtswidrigkeit v § 357 Abs 3 DAUNER-LIEB ua, Das Neue Schuldrecht Rn 51). Schäden sind im Wege der Amtshaftungsklage geltend zu machen (z Rechtsvergleichung s u Rn 1116 ff).

(3) Sozialethische Anschauungen

150 Bereits bei der Wortlautauslegung von „Treu und Glauben" (s o Rn 140 ff) wurde festgestellt, dass damit auf außerrechtliche Maßstäbe Bezug genommen wird, vor allem die **sozialethischen Anschauungen** (vgl BYDLINSKI, Präzisierung 203; z Bedeutung der Verkehrssitte s u Rn 160 ff). Damit meint man rechtsethische Maximen und Standards, wie sie sich häufig in zum Teil jahrhundertealter Tradition im allgemeinen Rechtsbewusstsein verfestigt haben (BYDLINSKI, Präzisierung 201 mit Bezug auf LARENZ, Kommentar z Urt d OGH v 27. 6. 1969, ZAS 1970, 147 u wNw; s auch HEINRICH, in: FS Laufs [2006] 585, 588 mwNw; z Entwicklung von Treu und Glauben in der Rechtsgeschichte s o Rn 6 ff).

(4) Sonstige Interessen Dritter oder der Allgemeinheit

151 Umstr ist, inwiefern die Interessen **Dritter** oder der **Allgemeinheit** (= öffentliche Interessen) Einfluss auf die erforderliche Abwägung haben. Der Streit geht weniger um die Existenz eines entsprechenden Einflusses (zB BAMBERGER/ROTH/SUTSCHET Rn 21; MünchKomm/ROTH Rn 52; allg z Auswirkung von Dritt- und Allgemeininteressen auf private Rechtsverhältnisse WESTERMANN, Drittinteressen und öffentliches Wohl als Elemente der Bewertung privater Rechtsverhältnisse, AcP 208 [2008] 141 ff), als um eine dogmatische Konstruktion, die es erlaubt, öffentliche Interessen in privatrechtlichen Schuldverhältnissen zu berücksichtigen (dazu zB SIEBERT, Verwirkung 117 ff mwNw; z weiteren Einwirkung des GG auf das Schuldrecht s STAUDINGER/OLZEN Einl 263 ff zum SchuldR). Ältere Ansichten vertreten, dass sich jedes Privatrechtsverhältnis als ein **dreiseitiges Rechtsverhältnis** darstelle, an dem der Staat neben den Privatrechtssubjekten teilnehme, so dass seine Beteiligung auf die Gestaltung des Rechtsverhältnisses entscheidenden Einfluss habe (Nachw dazu bei SIEBERT, Verwirkung 119). Andere wollten in ein **zweiseitiges Rechtsverhältnis** den Gemeinschaftsgedanken transportieren (vgl SIEBERT, Verwirkung 119 f mwNw). Diese Ansichten unterscheiden sich im Ergebnis nicht. Zunächst ist im Einzelfall zu prüfen, ob Drittinteressen oder solche der Allgemeinheit betroffen sind, danach muss die Gewichtung bestimmt und die Abwägung vollzogen werden (so SIEBERT, Verwirkung 119 f, der sich in der Begründung auch auf die Verkehrssitte beruft, dazu sogleich u Rn 160 ff; z Rang der Konkretisierungsmittel u Rn 159). Zur Vorsicht veranlasst jedoch der Umstand, dass die entsprechenden Erwägungen bereits während des Nationalsozialismus vertreten worden sind (s o Rn 66 ff).

(5) Idee des Rechts

152 Die Wortverbindung „Treu und Glauben" wird schließlich als Ausdruck einer **allgemeinen Rechtsidee** iSv LARENZ (Richtiges Recht 29 ff; BYDLINSKI, Präzisierung 209; s bereits o Rn 118; eingehend J SCHMIDT, Präzisierung 247 ff) verstanden.

153 Auch darin liegt der Verweis auf außerrechtliche soziale und rechtsethische Maßstäbe und damit auf ein Grundelement der westlich-abendländischen Rechtskultur. Es besteht im wechselseitigen Vertrauen ihrer Mitglieder auf rechtmäßiges, redliches Verhalten (s o Rn 143). Zentrale Gesichtspunkte der abendländischen Rechtsphilosophie sind **Rechtsfrieden** und **Gerechtigkeit** (LARENZ, Richtiges Recht 31; z Frage nach der zeitlosen Geltung dieser Rechtsidee s u Rn 157).

bb) Einfluss der Zeit auf „Treu und Glauben"
(1) Maßgeblicher Zeitpunkt

154 Der maßgebliche Zeitpunkt für die Beurteilung dessen, was „Treu und Glauben" im Einzelfall meint, war selten Gegenstand der Diskussion. Soweit er überhaupt angesprochen wird, geht man mit Bezug auf die Rspr davon aus, dass für die Bestimmung der Leistung der Zeitpunkt der **Fälligkeit** ausschlaggebend sei (ERMAN/WERNER[11] Rn 5; RGZ 148, 81, 93), für die Auslegung von Rechtsgeschäften der **Vertragsschluss** und für das Erfordernis des schutzwürdigen Eigeninteresses oder bei Veränderungen der Leistungspflicht der Zeitpunkt der letzten **mündlichen Verhandlung** (BGHZ 12, 337, 343). Bei der Frage nach dem Vorliegen eines **Rechtsmissbrauchs** (hierzu u Rn 214) wird schließlich auf den Zeitpunkt der Geltendmachung des Rechts bzw – im Rechtsstreit – die letzte mündliche Tatsachenverhandlung abgestellt (BAMBERGER/ROTH/SUTSCHET Rn 50; s u Rn 219).

155 Die Festlegung des maßgeblichen Zeitpunkts im einzelnen Anwendungsfall (vgl u Rn 403 ff) zeigt sich als vergleichbares Problem bei der viel häufiger diskutierten Frage des Beurteilungszeitpunktes für die **Sittenwidrigkeit** gem § 138 Abs 1 (andere Vergleiche zeigt zB MAYER-MALY JZ 1981, 801 ff; z Verhältnis von § 138 u § 242 s im Übrigen auch u Rn 492 ff). Dafür ist der Zeitpunkt des **Vertragsschlusses**, nicht derjenige des Eintritts der Rechtswirkungen entscheidend (BGHZ 7, 111; 100, 359; 107, 96). Die Wirksamkeit eines zur Zeit seiner Vornahme gültigen Rechtsgeschäfts wird somit durch den späteren Wandel sittlicher Wertmaßstäbe nicht mehr berührt (BGHZ 10, 391, 394; 20, 71, 73; ausf AnwK-BGB/LOOSCHELDERS § 138 Rn 122 ff; STAUDINGER/SACK [2003] § 138 Rn 77 ff, 82, speziell zu den letztwilligen Verfügungen Rn 86). Umgekehrt erscheint es unbefriedigend, ein längst zurückliegendes Geschäft, das damals sittenwidrig war, während man es heute als zulässig ansieht, nicht gelten zu lassen (MAYER-MALY JZ 1981, 801, 804). Daher entschied die Rspr in der Frage der Sittenwidrigkeit zum Teil differenziert: Die Beurteilung **tatsächlicher Verhältnisse** richte sich nach dem Zeitpunkt der **Vornahme** des Rechtsgeschäfts, für die Ermittlung der **Wertmaßstäbe** komme es dagegen auf den Zeitpunkt seiner **Beurteilung** an (zB OLG Hamm OLGZ 1979, 425, 427 f; vgl MAYER-MALY JZ 1981, 801, 804).

156 Solche Maßstäbe gelten nicht für die Beurteilung der **Gesetzeswidrigkeit** gem § 134. Die Aufhebung eines Verbotsgesetzes behebt nicht die Nichtigkeit von Geschäften, die zur Zeit seiner Geltung abgeschlossen wurden (RGZ 138, 52, 55; BGHZ 11, 59, 60; LG Hamburg MDR 1976, 402 f; AnwK-BGB/LOOSCHELDERS § 134 Rn 52 ff; STAUDINGER/SACK [2003] § 134 Rn 56). Vielmehr bedarf es entweder einer **Bestätigung** gem § 141 (vgl BGHZ 11, 59, 60) oder einer besonderen gesetzlichen Regelung, wenn Schuldverhältnisse dem neuen Recht unterworfen werden sollen (BGHZ 10, 391, 394 mwNw). Einen ähnlichen Grundsatz drückt Art 170 EGBGB aus, der im Hinblick auf Schuldverhältnisse, die vor dem Inkrafttreten des BGB entstanden sind, die bisherigen Gesetze für maßgebend erklärt; vergleichbar sind ferner die Übergangsvorschriften zur Schuldrechtsreform in Art 229 §§ 5 bis 7 EGBGB (s STAUDINGER/OLZEN Einl 199 f zum SchuldR).

Vergleicht man die Fallgestaltungen, ergibt sich Folgendes: Bei Normen, die auf die **157** „guten Sitten" Bezug nehmen, sei es § 138 oder § 826, handelt es sich um Generalklauseln, die mit ihren unbestimmten Rechtsbegriffen auf außerrechtlichen, veränderlichen Wertvorstellungen gründen (z Abgrenzung v § 242 z § 138 s u Rn 492 ff). Im Rahmen des § 134 dagegen kommt ein „Wandel mit der Zeit" deshalb nicht in Betracht, weil die Verbotsnorm konkrete Anordnungen für den Fall ihres Eingreifens trifft und keinen Spielraum lässt. § 242 mit seinem Bezug auf „Treu und Glauben" ähnelt stärker den §§ 138, 826. Darauf gegründete Entscheidungen müssen also der Veränderbarkeit der Werte Rechnung tragen. Dogmatisch erscheint es überzeugend (MAYER-MALY JZ 1981, 801, 804 f mwNw), grundsätzlich die sittlichen Maßstäbe zum Zeitpunkt der **Entstehung** des Schuldverhältnisses zu Grunde zu legen, im Rahmen der **Interessenabwägung** jedoch die **Entwicklung der Wertmaßstäbe** einzubeziehen, ohne dabei das berechtigte Vertrauen der Parteien in die Bestandskraft von Rechtsakten zu erschüttern, die zur Errichtungszeit rechtmäßig waren (die konkreten Auswirkungen dieser allgemeinen Grundsätze zeigen sich im Rahmen der Fallgruppen u der Anwendungsfälle ie s dort, u Rn 403 ff; z § 138 vgl ausf STAUDINGER/SACK [2003] § 138 Rn 77 ff). Inwiefern § 242 darüber hinaus ein Rechtsprinzip ausdrückt, das **zeitlose (ideale) Geltung** beansprucht, kann an dieser Stelle nicht untersucht werden (vgl BYDLINSKI, Präzisierung 192; z Missbrauch von § 242 in der NS-Zeit s o Rn 66 ff; z Idee des Rechts s o Rn 152 f), weil sich die Frage von der einzelnen Generalklausel löst (z „**Entwicklungsfunktion**" des § 242 und zum **Funktionswandel** zB BYDLINSKI, Präzisierung 214 ff mit Verweis auf MAYER-MALY JZ 1981, 801, 803; LARENZ, Richtiges Recht va 28 ff, 32 ff; s auch JANSEN, Die Struktur der Gerechtigkeit [Diss Kiel 1997] 276 ff z Idee einer freistehenden Prinzipienkonzeption der Gerechtigkeit, 300 ff z Abwägungskonsistenz).

(2) „Wirkungsdauer"
Die Veränderungen der für § 242 beachtlichen Wertungsgrundlagen führen dazu, **158** dass nach Auffassung mancher zB der aus der Norm abgeleitete **Rechtsmissbrauch** (ausf u Rn 214 ff) eine Rechtsausübung nicht schlechthin unzulässig werden lässt, sondern nur insoweit wirkt, wie die Gründe für die Anwendung des § 242 reichen (vgl BGH LM § 242 [Ca] Nr 13; § 1598 Nr 2; BAG JZ 1956, 322 f; OVG Münster NJW 1992, 2245 [„Untergang"]). Aber auch hierin liegt kein spezielles Problem des § 242: Es geht darum, ob die Befugnisse des Berechtigten im Falle des Rechtsmissbrauchs **auf Zeit oder für immer** ausgeschlossen sind. Der Unterschied zwischen den scheinbar gegensätzlichen Meinungen, dass die Befugnis des Berechtigten entweder „untergehe" (so zB MANIGK, Das Problem der Verwirkung, DJZ 1936, 350 ff; im Regelfalle auch ESSER, Schuldrecht [2. Aufl 1960] § 34, 8 zitiert nach STAUDINGER/J SCHMIDT [1995] Rn 770) oder bei „Änderung der Umstände" die „Rechtsausübung wieder zulässig" werde (so BGHZ 52, 365, 368; BAG JZ 1956, 322 f; SIEBERT, Verwirkung 153), fällt weg, wenn man die „Befugnisse" der Berechtigten zeitlich aufspaltet. Dann kann man nach dem Grundsatz der **Wahl des mildesten Mittels** einen Ausschluss der Befugnis auf Zeit einem Ausschluss der Befugnis auf Dauer vorziehen, so weit die angestrebten Zwecke auf diese Weise erreicht werden können (ausf bei den Fallgruppen u Rn 212 ff, 228; z ähnlich gelagerten verfahrensrechtlichen Problem, ob § 242 eine Einrede oder eine Einwendung darstellt, vgl u Rn 322 ff).

cc) Rang der Konkretisierungsmittel

159 Im Hinblick auf die **Rangfolge der Abwägungskriterien** (z Nachrangverhältnis von „Treu und Glauben" und „Verkehrssitte" u Rn 168) könnte man vor allem bei Interessen, die auch im GG Ausdruck finden, auf die Normenhierarchie zurückgreifen. Danach hätten zB Grundrechte im Zweifel Vorrang vor anderen verfassungsrechtlich geschützten Werten wie zB dem in Art 20 a GG angesprochenen Umweltschutz. Allerdings führt diese Methode selten zu handhabbaren Ergebnissen, weil im Anwendungsbereich von § 242 regelmäßig grundrechtlich geschützte Interessen miteinander kollidieren (s o Rn 144 ff); eine Hierarchie der einzelnen Grundrechte besteht jedoch nicht. Deshalb müssen im Rahmen eines sog **beweglichen Systems** (dazu BYDLINSKI, Präzisierung va 211 ff und 229 ff; z § 138 auch AnwK-BGB/LOOSCHELDERS § 138 Rn 100; STAUDINGER/SACK [2003] § 138 Rn 57 ff; vgl auch STAUDINGER/SINGER [2004] § 133 Rn 63) die Abwägungskriterien zunächst festgestellt werden, um sie in einem zweiten Schritt zu bewerten. Dabei handelt es sich jedoch um ein Vorgehen, das außerhalb der anerkannten Fallgruppen nicht selten Unsicherheit hinterlassen wird, weil es auf sehr allgemeine Prinzipien zurückgreift.

b) „mit Rücksicht auf die Verkehrssitte"*

160 Der Ausdruck „Verkehrssitte" bezeichnet die den Verkehr **tatsächlich beherrschende Übung** (RGZ 49, 157, 162; 55, 375, 377; 110, 47 ff; 118, 139 ff; 135, 339, 345; BGH LM § 157 [B] Nr 1; NJW 1952, 257 f; WM 1973, 677 ff; AnwK-BGB/LOOSCHELDERS § 133 Rn 59 ff; MünchKomm/ MAYER-MALY/BUSCHE § 157 Rn 15; SOERGEL/TEICHMANN Rn 42; SOERGEL/WOLF § 157 Rn 63; PALANDT/ELLENBERGER § 133 Rn 21; ERMAN/ARMBRÜSTER § 157 Rn 8 sowie ERMAN/HOHLOCH Rn 13 – vgl auch STAUDINGER/DILCHER[12] §§ 133, 157 Rn 34 ff; ausf HAGEBÖCK, Verkehrssitte; z historischen Herkunft des Begriffs AL-SHAMARI 61 ff) und bedarf wegen seiner sehr allgemeinen Formulierung der Konkretisierung.

161 aa) Objektiver Tatbestand

Die „Verkehrssitte" setzt zunächst eine **tatsächliche Übung** voraus. Sie liegt vor, wenn der Rechtsverkehr in einer größeren Zahl von Fällen gleichartig verfährt. Die verbreitete oder allgemeine Überzeugung, eine entsprechende Übung bestehe, reicht nicht aus (RG SeuffA 74 Nr 160). Es genügt ferner nicht, dass die Übung nur regelmäßig beachtet wird (vgl RGZ 75, 338, 340 ff; RAG 13, 190 ff; STAUDINGER/DILCHER[12] §§ 133, 157 Rn 35; SOERGEL/WOLF § 157 Rn 63; ERMAN/ARMBRÜSTER § 157 Rn 10; SCHLEGELBERGER/HEFERMEHL HGB § 346 Rn 9, 13). Schließlich erlischt eine Verkehrssitte, wenn eine (früher anerkannte) Übung nicht länger beachtet wird.

162 Eine tatsächliche Übung setzt ein entsprechendes Verhalten über einen gewissen

---

* **Schrifttum**: AL-SHAMARI, Die Verkehrssitte im § 242 BGB: Konzeption und Anwendung seit 1900 (Diss Frankfurt 2006); CANARIS, Die Vertrauenshaftung im deutschen Privatrecht (1971); HAGEBÖCK, Die normative Bedeutung der Verkehrssitte im § 242 BGB und ihr Verhältnis zu den ergänzenden Bestimmungen des bürgerlichen Rechts (Diss Göttingen 1933); SCHLEGELBERGER/HEFERMEHL, Kommentar zum HGB (5. Aufl 1976) § 346 Anm 1 ff; LIM- BACH, Die Feststellung von Handelsbräuchen, in: FS Hirsch (1968) 77 ff; LÜDERITZ, Auslegung von Rechtsgeschäften (1966) 235 ff; PFLUG, Schecksperre und Handelsbrauch, ZHR 135 (1971) 48 ff; Großkomm-HGB/KOLLER (3. Aufl 1983 ff) § 346 Rn 1 ff; RUMMEL, Vertragsauslegung nach der Verkehrssitte (1972) 14 ff; WAGNER, Zur Feststellung eines Handelsbrauches, NJW 1969, 1282 f.

Titel 1 § 242
Verpflichtung zur Leistung 163–165

Zeitraum voraus (BGH NJW 1990, 1723, 1724; dazu ausf Großkomm-HGB/KOLLER § 346 Rn 33 mwNw; SCHLEGELBERGER/HEFERMEHL HGB § 346 Rn 9; STAUDINGER/SINGER [2004] § 133 Rn 65). Dabei ist die Art der Geschäfte für die Länge des Zeitraumes maßgebend. Bei häufig vorkommenden Geschäften oder bei Geschäften des täglichen Lebens muss man einen längeren Zeitraum fordern als bei seltenen Geschäften (vgl BGH Betrieb 1966, 29, 30; OLG Hamburg MDR 1963, 849). In Ausnahmesituationen können sogar ganz kurze Zeiträume genügen (BGH NJW 1952, 257 f).

Die Übung braucht sich nur in **bestimmten Gruppen** gebildet zu haben, sofern die 163 fraglichen Rechtsverhältnisse ausschließlich Gruppenangehörige betreffen (vgl RGZ 114, 9, 12; 135, 339, 345; BGH LM § 157 [B] Nr 1; MünchKomm/MAYER-MALY/BUSCHE § 157 Rn 21 ff; SOERGEL/WOLF § 157 Rn 65, 66; PALANDT/ELLENBERGER § 133 Rn 21; FLUME, AT II § 16, 3 d). Dabei können die Gruppen nach **persönlichen** – insbesondere beruflichen – und nach **örtlichen Merkmalen** gebildet werden (HEINRICH, in: FS Laufs [2006] 585, 589; SONNENBERGER, Verkehrssitten 92 ff, nimmt sehr weitgehend an, es genüge, dass bestimmte Personen gleichartige Interessenkonstellationen auf dem gleichen Sachgebiet verwirklichen; krit LÜDERITZ, Auslegung von Rechtsgeschäften [1966] 416 f; vgl auch MünchKomm/MAYER-MALY/BUSCHE § 157 Rn 21; SOERGEL/WOLF § 157 Rn 66; ERMAN/ARMBRÜSTER § 157 Rn 10).

Zu den bedeutendsten berufsspezifischen Gruppenübungen – den **Handelsbräuchen** 164 gem § 346 HGB – vgl insbesondere BAUMBACH/HOPT/HOPT § 346 HGB; SCHLEGELBERGER/HEFERMEHL HGB § 346 Rn 1 ff, 8; Großkomm-HGB/KOLLER § 346; SOERGEL/WOLF § 157 Rn 65; STAUDINGER/SINGER (2004) § 157 Rn 64 sowie u Rn 1000. Zu **örtlichen Übungen** vgl OGH NJW 1951, 111 f; RGZ 97, 215 ff; SCHLEGELBERGER/HEFERMEHL HGB § 346 Rn 33; eine Erstreckung auf Nicht-Ortsansässige kommt nur in Ausnahmefällen in Betracht, wenn ein besonderer Anknüpfungspunkt vorliegt (etwa in der Form eines Markt- oder Messebrauches; vgl z Ganzen SCHLEGELBERGER/HEFERMEHL HGB § 346 Rn 1 ff, 8 sowie SOERGEL/WOLF § 157 Rn 66, 67; ferner LOOSCHELDERS, Schuldrecht AT Rn 68).

bb) Erfordernis einer subjektiven Komponente? 165
Str ist, inwieweit das Merkmal der Verkehrssitte eine **subjektive Komponente** erfordert. Die hM verlangt eine die Übung tragende **Überzeugung** der beteiligten Gruppen, oft auch als deren „**Zustimmung**" bezeichnet (sog „opinio necessitatis"; vgl dazu RGZ 135, 339, 345; BGH NJW 1957, 1105 f; 1990, 1723, 1724; OLG München BB 1955, 748; MünchKomm/MAYER-MALY/BUSCHE § 157 Rn 15 f; SOERGEL/WOLF § 157 Rn 63, vgl aber auch Rn 72; SCHLEGELBERGER/HEFERMEHL HGB § 346 Rn 10; LIMBACH, Handelsbräuche 77, 88; WAGNER NJW 1969, 1282 f). Dagegen verlangt die Gegenansicht **keine Kenntnis** der Parteien vom Bestand der Übung (RGZ 95, 122, 124 und 242 ff; 114, 9, 12; BGH LM § 157 [B] Nr 1; NJW 1970, 1737 f; OLG Hamburg MDR 1963, 849; OLG Köln OLGZ 1972, 10, 12; MünchKomm/MAYER-MALY/BUSCHE § 157 Rn 16; ERMAN/ARMBRÜSTER § 157 Rn 12; PALANDT/ELLENBERGER § 133 Rn 21; SCHLEGELBERGER/HEFERMEHL HGB § 346 Rn 31; HEINRICH, in: FS Laufs [2006] 585, 589; SONNENBERGER, Verkehrssitten 62 ff mwNw). Eine vermittelnde Meinung will auf die **Freiwilligkeit** der Übung abstellen (dh: die Übung müsse „machtfrei ... spontan gewachsen" sein, dürfe nicht auf einer „manipulierten Ordnung" in dem betreffenden Verkehrskreis beruhen, Großkomm-HGB/KOLLER § 346 Rn 9 f) oder sieht in ihrem Bestand jedenfalls ein **widerlegbares Indiz** für die Überzeugung der Beteiligten (so SCHLEGELBERGER/HEFERMEHL HGB § 346 Rn 10 aE; PFLUG ZHR 135 [1971] 1, 48 ff; WAGNER NJW 1969, 1282 f). Sie verdient deshalb den Vorzug, weil sie allein praktikabel ist: Bereits die

Ermittlung des objektiven Tatbestandes einer Übung bereitet – vor allem außerhalb der Handelsbräuche – erhebliche Schwierigkeiten. Darüber hinaus noch Bewusstseinslagen bei den beteiligten Kreisen verlässlich zu ermitteln und zu gewichten, würde die Anforderungen überspannen.

166 Unabhängig von diesem unterschiedlichen Meinungsbild besteht jedenfalls Einigkeit darüber, dass die Rechtsfolgen einer bestehenden Verkehrssitte auch Personen treffen, welche sie nicht kennen oder akzeptieren (vgl nur SOERGEL/WOLF § 157 Rn 72 mwNw; missverständlich STAUDINGER/J SCHMIDT [1995] Rn 146 und 150). Alleiniges Erfordernis für die Anwendbarkeit ist die **Gruppenzugehörigkeit der Betroffenen**. Dies beruht auf der normativen Wirkung, die der Verkehrssitte über § 242 verliehen wird.

cc) Abgrenzung vom Gewohnheitsrecht

167 Die Verkehrssitte als tatsächliche Übung muss vom **Gewohnheitsrecht** (vgl STAUDINGER/COING/HONSELL Einl z BGB Rn 238 ff) abgegrenzt werden, weil beide sich in den **Rechtsfolgen** unterscheiden. Während das Gewohnheitsrecht ebenso eine **unmittelbare Rechtsquelle** darstellt wie formelles Recht (ERMAN/ARMBRÜSTER § 157 Rn 8), erlangt die Verkehrssitte nur **mittelbare Rechtsgeltung** über die Generalklauseln (ERMAN/ARMBRÜSTER § 157 Rn 8; vgl darüber hinaus ERMAN/HOHLOCH Rn 13). Soweit man mit der MM annimmt, dass die Verkehrssitte lediglich den objektiven Tatbestand der gleichmäßigen Übung unter den beteiligten Verkehrskreisen voraussetzt, bestehen keine Abgrenzungsprobleme. Denn die Bildung von Gewohnheitsrecht erfordert jedenfalls als subjektive Komponente die sog „opinio iuris" (RGZ 135, 339 ff; BGH LM § 157 [B] Nr 1; BB 1956, 868; SOERGEL/WOLF § 157 Rn 70; ERMAN/ARMBRÜSTER § 157 Rn 8 – aA DANZ, Laienverstand und Rechtsprechung, JherJb 38 [1898] 373 ff; Großkomm-HGB/KOLLER § 346 Rn 16). Für die hM aber, die für eine Verkehrssitte als subjektives Element das Bewusstsein ihrer Notwendigkeit fordert (opinio necessitatis), fällt die Differenzierung nicht leicht. Allerdings lässt sich der Unterschied doch wie folgt fixieren: Beim Gewohnheitsrecht muss die Überzeugung der beteiligten Kreise dahingehen, dass der betreffende Regelungsgegenstand durch **Recht** geregelt sei, während die Verletzung einer Verkehrssitte nur **soziale Sanktionen** nach sich zieht (Sozialnorm; vgl dazu LIMBACH, Handelsbräuche 79, 85 ff; WAGNER NJW 1969, 1282 f; demgegenüber PFLUG ZHR 135 [1971] 1, 15 ff; ferner SONNENBERGER, Verkehrssitten 67 ff; z historischen Inhalt der Ausdrücke „opinio necessitatis" und „opinio iuris" als Synonyma vgl SONNENBERGER, Verkehrssitten 246 ff mwNw).

dd) Verhältnis zu „Treu und Glauben"

168 Die Verkehrssitte ist Treu und Glauben **nachrangig**, wie aus der Wortverknüpfung **„mit Rücksicht auf"** folgt (MünchKomm/ROTH Rn 9, 13). Auch die Materialien stellen ausdrücklich klar, dass die beiden Maßstäbe nicht gleichgestellt sein sollten (Prot I 1253 = MUGDAN II 522; ausf z den historischen Hintergründen AL-SHAMARI 66 ff). Im Kollisionsfalle hat deshalb grundsätzlich das von Treu und Glauben Geforderte Vorrang (RGZ 114, 9, 13; 135, 339, 340, 345; OLG Köln BB 1957, 910; STAUDINGER/DILCHER[12] §§ 133, 157 Rn 37; Hk-BGB/SCHULZE Rn 13; ERMAN/ARMBRÜSTER § 157 Rn 11; FLUME, AT II § 16, 3 d, 312 f; vgl auch HAGEBÖCK, Verkehrssitte 42; SCHNEIDER, Treu und Glauben 149 ff m Verweis auf das Römische Recht). Dies liegt darin begründet, dass sich Verkehrsanschauungen, die mit gesetzlichen Grundwertungen im Widerspruch stehen, rechtlich als Missbräuche darstellen (BYDLINSKI, Präzisierung 212).

Daraus könnte man allerdings schließen, die „Verkehrssitte" sei ein überflüssiges **169** Merkmal des § 242, zumal der Begriff in § 307 Abs 1 S 1 fehlt (vgl STAUDINGER/ J SCHMIDT [1995] Rn 154). Nach dem oben dargestellten Rangverhältnis müsste man stets prüfen, ob die festgestellte „Verkehrssitte" nicht gegen „Treu und Glauben" verstößt. Die Auslegung, was im konkreten Fall Treu und Glauben entspricht, führt also bei solchem Vorgehen nicht nur zu einer Art „Rahmenentscheidung", innerhalb derer sich die „Verkehrssitte" dann entfaltet (so klingen manche Äußerungen in der Lit, vgl: Großkomm-HGB/KOLLER § 346 Rn 14; SOERGEL/TEICHMANN Rn 42; OERTMANN [1928] Anm 3; differenzierend: SCHLEGELBERGER/HEFERMEHL HGB § 346 Rn 40 [Handelsbrauch selbst verstößt gegen „Treu und Glauben"; bei Handeln innerhalb eines „an sich" Treu-und-Glauben-gemäßen Handelsbrauches wird gegen „Treu und Glauben" verstoßen]), sondern zu einer konkreten Entscheidung, mit der man eine evtl Verkehrssitte nur noch vergleicht. Zur Entscheidungsfindung – der wesentlichen Aufgabe von Tatbestandsmerkmalen – ist die Verkehrssitte nach teilweise vertretener Ansicht deshalb entbehrlich (STAUDINGER/J SCHMIDT [1995] Rn 154). Deshalb wurde schon früh darauf hingewiesen, dass die „Verkehrssitte" als Merkmal neben „Treu und Glauben" in der Praxis keine Rolle spiele (vgl schon HEDEMANN, Reichsgericht und Wirtschaftsrecht [1929] 322 ff).

Allerdings dient das Tatbestandserfordernis durchaus als **praktische Entscheidungs-** **170** **hilfe** bei der Rechtsanwendung. Es fällt leichter, „Treu und Glauben" zu ermitteln, wenn man sich an Verkehrssitten orientieren kann. In der Regel kommt ihr also **Indizwirkung** bezüglich der Merkmale „Treu und Glauben" zu (ähnl auch MünchKomm/ROTH Rn 12; SOERGEL/TEICHMANN Rn 42; PALANDT/HEINRICHS Rn 3; ENNECCERUS/LEHMANN, Schuldrecht § 4 II 1 II; z Verkehrssitte als Hilfsmittel der Gesetzesauslegung OERTMANN, Rechtsordnung und Verkehrssitte 369 ff). Schließlich sollte die Anwendung von Treu und Glauben auch nicht zu „verkehrsfremden" Ergebnissen führen (so bereits OERTMANN, Rechtsordnung und Verkehrssitte 310 ff, 374; SCHNEIDER, Treu und Glauben 135, 149).

c) „so zu bewirken"
Der Schuldner ist gem § 242 zum **Bewirken** der Leistung verpflichtet. Damit be- **171** gründet die Norm allerdings nichts, was nicht bereits aus § 241 Abs 1 folgen würde (z Leistungsverpflichtung s STAUDINGER/OLZEN § 241 Rn 23 f). Deshalb genügt der Hinweis, dass es nicht auf die Vornahme der Leistungshandlung ankommt, sondern der geschuldete **Leistungserfolg** eintreten muss (ausf STAUDINGER/OLZEN [2000] § 362 va Rn 11 f; MünchKomm/ROTH Rn 8). § 242 definiert darüber hinaus (mindestens) die **Art und Weise der Leistungsbewirkung**, worauf insbesondere das Wort „so" hinweist (z Konkretisierungsfunktion ausf u Rn 182 ff). Dadurch ergänzt die Norm die folgenden §§ 243 ff (PALANDT/HEINRICHS Rn 22; Hk-BGB/SCHULZE Rn 15).

aa) Funktionskreise-Theorie
(1) Meinungsstand
Ob die Norm mehr als die **Art und Weise der Leistung** vorschreibt, stellt eine wesent- **172** liche Streitfrage dar, die für die Systematisierung einer umfangreichen Kommentierung der Norm ebenso wie für die Rechtsanwendung bedeutsam ist. Dazu bestehen verschiedene Auffassungen, im Vordergrund steht die sog **Funktionskreistheorie** (in einer besonderen Abwandlung, s u Rn 177; z Uneinheitlichkeit iRd hM vgl sogleich u Rn 173 ff). Sie wurde entwickelt, um die Norm zu strukturieren (vgl o Rn 122), indem man „Rechtsgebiete, Rechtsinstitute und typische Fallgruppen" herausgearbeitet hat, „die ihre Grundlage in § 242 suchen müssen" (vgl STAUDINGER/WEBER[11] Rn A 3 aE; im

Übrigen dort auch Rn A 168; ein anderer Funktionsbegriff wird wieder in Rn A 113 f verwandt, daneben wird von „Funktionsrichtungen, Funktionstypen, Funktionsgruppen, Funktionsbereichen, Funktionsschichten" gesprochen; Rn A 117). Eine einheitliche Theorie der „Funktionskreise" des § 242 gibt es jedoch nicht, sondern man fasst unter dieser Bezeichnung unterschiedliche Denkansätze zusammen (manche sprechen von „Wirkungsmöglichkeiten", SOERGEL/SIEBERT/KNOPP[10] Rn 43, oder „Wirkungsweisen", PALANDT/HEINRICHS[63] Rn 13).

173 Der ursprüngliche Ansatz von SIEBERT (vgl SOERGEL/KNOPP bis z 10. Aufl) kannte drei Funktionskreise (SOERGEL/SIEBERT/KNOPP[10] Rn 34 ff, bes 43): Neben der „Erweiterung von Pflichten und Grundlage selbständiger Pflichten" standen die „Begrenzung der Rechte und Begrenzung der Normen" sowie schließlich die „Umwandlung des Inhalts von Verträgen und Rechtsstellungen zwecks Anpassung an veränderte Umstände". TEICHMANN hat im Folgenden – nach Ausschluss des Missbrauchsverbots – nur noch zwei Funktionskreise unterschieden, und zwar „Begründung und Erweiterung von Pflichten und Obliegenheiten" einerseits und deren „Eingrenzung und Veränderung" andererseits (SOERGEL/TEICHMANN Rn 58).

174 Eine ähnliche Konzeption, aber sogar für vier Funktionskreise, wurde früher von HEINRICHS zu Grunde gelegt (vgl zB PALANDT/HEINRICHS[39] Anm 4). Er unterschied die „Regelung der Art und Weise der Leistung" von der Funktion „rechtserzeugende Wirkung", der „Begrenzung des Umfangs der Rechte" und schließlich dem „Fehlen und Wegfall der Geschäftsgrundlage".

175 Dieses System hat ESSER weiter verfeinert (Schuldrecht [2. Aufl 1960] § 31). Er unterscheidet die „dispositive Normierung des „Wie" und „Was" der Schuldnerleistung" („regulative Funktion/Standardfunktion") von der „Normierung des „wie-weit" der Leistung" („Schrankenfunktion"), einer Kontrolle der „Rechtlichkeit" der Ausübung eines Anspruchs oder einer Einrede („Sozialfunktion"). Dabei sind nach seiner Ansicht Fragen der „materialen Gerechtigkeit" zu berücksichtigen („Billigkeitsfunktion"), und der Richter habe „die dogmatischen Maßstäbe des BGB durch neue Institutionen zu verfeinern und der Zeitproblematik anzupassen" („Ermächtigungsfunktion").

176 Eine andere Theorie entwickelte WIEACKER (Präzisierung 20 ff; ähnl ENNECCERUS/LEHMANN, Schuldrecht § 4 II 1 II 6). Er versteht § 242 als Konkretisierung einer vorgegebenen gesetzlichen Regelung durch den Richter („officium iudicis"). Ferner fällt nach dieser Betrachtungsweise darunter: Die Anforderung an Parteien, sich bei Geltendmachung und Abwehr von Rechten „gerecht" und „rechtsgenössisch" zu verhalten („praeter legem"). Schließlich schaffe die Norm „neues Richterrecht über die Verwirklichung eines gesetzgeberischen Entwurfs hinaus" („contra legem") (ähnl GERNHUBER JuS 1983, 764, 765 ff).

177 Die neue „Funktionskreise"-Konzeption (zur „alten" vgl o Rn 172 ff) von HEINRICHS lehnt sich an die soeben vorgestellten Theorien an, unterscheidet aber vier Funktionen (PALANDT/HEINRICHS Rn 13), und zwar die „Konkretisierungsfunktion", die „Ergänzungsfunktion", die „Schrankenfunktion" und schließlich die „Korrekturfunktion". Eine gewisse Akzentverschiebung findet sich bei TEUBNER (Generalklauseln 50 ff, Zusammenfassung 116 ff).

Alle Betrachtungsweisen werden von J SCHMIDT (STAUDINGER/J SCHMIDT [1995] **178**
Rn 124 ff) kritisiert: Die Unklarheit des Funktionsbegriffes trage zu seiner „Funktionslosigkeit" bei. Manche umschrieben damit die Arbeit des Rechtsanwenders (wenn man von „Ermächtigungsfunktion" des § 242 spreche), andere sähen darin einen Ausdruck für eine Systematik der Fallgruppen (SOERGEL/SIEBERT/KNOPP sowie SOERGEL/TEICHMANN zT; PALANDT/HEINRICHS). Die „Funktion" des § 242 werde aber auch für die Begründung neu geschaffener Rechtsnormen herangezogen („Billigkeitsfunktion" bei ESSER; „Standardfunktion" bei ESSER und TEUBNER). Bei ESSER entfalte der Ausdruck „Funktion des § 242" sogar mehrere Bedeutungen.

Entscheidend sei, dass alle Betrachtungsweisen letztlich nur empirische Analysen **179**
der Anwendung des § 242 darstellten. Sie zeigten dementsprechend nur die Anwendung des § 242 durch Rspr und Lit und systematisierten diese Fakten. Eine Umschreibung des normativen Gehalts von § 242 sei auf diese Weise nicht möglich. Dem sind andere unter Hinweis darauf gefolgt, dass zunehmend auf die „Funktionskreise"-Theorie verzichtet werde (vgl MünchKomm/ROTH Rn 41 ff; SOERGEL/TEICHMANN Rn 5 ff, 8 ff). Ihre Bedeutung bestimme nur noch die **Stoffanordnung** der Kommentierungen (so iE SOERGEL/TEICHMANN Rn 58 ff; z weiteren Argumenten im Hinblick auf die rückläufige Relevanz der Funktionskreise-Theorie STAUDINGER/J SCHMIDT [1995] Rn 200 ff und 250).

(2) Stellungnahme
Bei aller Berechtigung dieser Argumente darf nicht unberücksichtigt bleiben, dass **180**
die Funktionskreis-Lehre mehr als die bloße Systematisierung des Stoffes leistet. Mit ihrer Hilfe lassen sich die Rechtsprechungsaussagen in Zukunft prognostizieren, weil sie als **Wertentscheidung** und **Orientierungshilfe** dienen kann (in diese Richtung auch MünchKomm/ROTH Rn 28, 31), um **„gemeinsame Nenner"** zu finden (MünchKomm/ROTH Rn 42). Die (abstrakten) Funktionskreise stellen insoweit den Ausgangspunkt dar, als sich von ihnen iRd Kommentierung eine immer konkretere Darstellung ableiten lässt, die zur **Fallgruppenbildung** führt, um schließlich in **einzelne Anwendungsfälle einzumünden** (insoweit ähnl der Konkretisierungstheorie, s bereits o Rn 115; va EMMERICH, Schuldrecht Rn 167). Dass sich Funktionskreise nicht immer klar trennen lassen (MünchKomm/ROTH Rn 131, 132; auch ESSER, § 242 und die Privatautonomie, JZ 1956, 555, 556 m Verw auf WIEACKER), steht ihrer Berechtigung nicht entgegen. Orientierungshilfen schaffen keine unumstößlichen Kriterien, an die der Rechtsanwender gebunden wäre, sondern geben Unterstützung (dazu ausf BYDLINSKI/KREJCI/SCHILCHER/STEININGER, Das bewegliche System im geltenden und künftigen Recht [1986]; vgl auch BYDLINSKI, Präzisierung 229 ff; dazu bereits o iRd Abwägung Rn 144 ff), mit der eine Entscheidung gefunden wird, ohne sich ausschließlich an der Einzelfallbilligkeit zu orientieren (ähnl auch BYDLINSKI, Präzisierung 211).

Die Funktionskreis-Lehre lässt sich auch aus dem Gesetz ableiten. Neben gesetz- **181**
lichen Grundwerten (zB der Verfassung, vgl o Rn 121) werden dabei rechtsethische und sozialethische Prinzipien sowie Regeln der Verkehrssitte für die Begründung der Funktionskreise und der aus ihnen entwickelten Fallgruppen (s u Rn 403 ff) berücksichtigt (z ähnlichen Aufbau bei § 138 vgl STAUDINGER/SACK [2003] § 138 Rn 37 ff). Die hier zunächst folgende Einteilung entspricht weitgehend der von HEINRICHS ausgehenden hM (s o Rn 177; aber zB auch SOERGEL/TEICHMANN Rn 58 ff; ERMAN/HOHLOCH Rn 17 f; LOOSCHELDERS, Schuldrecht AT Rn 73 ff), allerdings unter Einbeziehung der von

FIKENTSCHER begründeten Konkretisierungstheorie (s o Rn 115). Indes trifft eine ausschließliche Ordnung der Kommentierung nach Funktionskreisen auch auf Grenzen, insbesondere im Hinblick auf die Übersichtlichkeit (s u Rn 403). Sie beruhen vor allem auf den Überschneidungen und letztlich nicht zwingenden Unterscheidungskriterien zwischen den einzelnen Funktionen. Deshalb wird hier ein **Mischsystem** gewählt: Nach Darstellung der Funktionskreise und Fallgruppen im Allgemeinen orientiert sich die Bearbeitung an der Systematik des BGB und berücksichtigt danach die anderen Rechtsgebiete.

bb) Konkretisierungsfunktion

182 § 242 verpflichtet den Schuldner zur Leistung nach Treu und Glauben. Die am stärksten am Wortlaut orientierte und damit unproblematische Funktion des § 242 besteht also darin, die **Art und Weise der Leistung** über die in den §§ 243 ff geregelten Einzelfragen hinaus zu konkretisieren (s o Rn 113). So konkretisiert die Norm zB die in § 271 nur unzureichend geregelte **Leistungszeit** (GERNHUBER JuS 1983, 764, 766; s u Rn 614).

183 Folglich bewirkt § 242 in generalisierender Betrachtungsweise primär eine Konkretisierung der **Schuldnerpflichten**. Oft wird darauf hingewiesen, die Konkretisierungsfunktion betreffe „entgegen dem Gesetzeswortlaut" auch den **Gläubiger** (zB Münch-Komm/ROTH Rn 156; LARENZ, Schuldrecht I § 10 II, 131; LOOSCHELDERS, Schuldrecht AT Rn 74). So dürfe er zB nicht auf dem vereinbarten Leistungsort oder der vereinbarten Leistungszeit bestehen, wenn dies den Schuldner unzumutbar belaste (LOOSCHELDERS, Schuldrecht AT Rn 74). Doch muss zur Lösung dieser Probleme der unmittelbare Anwendungsbereich des § 242 noch nicht verlassen werden: Stellt sich die Leistungserbringung am vereinbarten Ort für den Schuldner als unzumutbar dar, dann wird seine Pflicht dergestalt konkretisiert, dass sie vom vereinbarten Leistungsort unabhängig ist.

184 Fälle, in denen der Gläubiger **weniger fordern** darf, als ihm gesetzlich oder vertraglich zusteht, betreffen dagegen nicht die Konkretisierungsfunktion des § 242. Die Beschränkung der Gläubigerrechte steht vielmehr damit nur in mittelbarem Zusammenhang und gehört eigentlich in den Bereich der **Schrankenfunktion** (s u Rn 202 ff). Daran zeigt sich bereits, dass Konkretisierungs- und Ergänzungsfunktion aus **Schuldnerperspektive**, Schranken- und Korrekturfunktion dagegen besser aus der **Gläubigerperspektive** zu verstehen und darzustellen sind.

185 Bsp für eine Konkretisierungsfunktion des § 242 nach dem dargestellten Verständnis finden sich deshalb seltener, als man annehmen könnte. Der Schuldner hat bei seiner Leistung etwa auf folgende berechtigte Interessen des Gläubigers Rücksicht zu nehmen:

186 So ist ihm uU nach § 242 verwehrt, zur „**Unzeit**", zB nachts oder an einem Feiertag, **zu leisten**, selbst wenn ihm Tag und Stunde der Leistung an sich freigestellt sind (LARENZ, Schuldrecht I § 10 II a; vgl auch § 358 HGB). Auch verstößt eine **Teilaufrechnung** gegen § 242, wenn dadurch dem Gläubiger eine Belästigung erwächst (grundlegend RGZ 79, 359, 361; s auch MünchKomm/SCHLÜTER § 389 Rn 5; ausf z Aufrechnung Rn 681). Ferner ist der Schuldner dann jedem Gläubiger gegenüber zur anteilsmäßigen Befriedigung verpflichtet bzw zur verhältnismäßigen Kürzung aller Leistungen berechtigt,

wenn er aus einem begrenzten **Vorrat** mehreren Gläubigern je eine bestimmte Menge schuldet, dieser Vorrat in Folge unvorhergesehener Ereignisse aber nicht zur vollen Befriedigung aller ausreicht (ausf dazu u Rn 574 ff).

cc) Ergänzungsfunktion

Jedenfalls bis zum Schuldrechtsmodernisierungsgesetz, dh bis zum 1.1.2002 (ie **187** STAUDINGER/OLZEN Einl 184 ff zum SchuldR), wurde § 242 auch zur **Ergänzung von Schuldverhältnissen** herangezogen, also mit seiner Hilfe zusätzliche Leistungs- und Rücksichtspflichten begründet, die weder Vertrag noch Gesetz ausdrücklich hergaben (zB ENNECCERUS/LEHMANN, Schuldrecht § 4 II 1 II 2, 3; LARENZ, Schuldrecht I § 10 II e, 138; OERTMANN [1928] Anm 1; Überbl auch bei GERNHUBER JuS 1983, 764, 765). Insbesondere entnahm man der Norm die Verpflichtung der Parteien zur gegenseitigen Rücksichtnahme (vgl auch LARENZ, Richtiges Recht 85), die sich uU in einer Pflicht zur Aufklärung, zur Obhut und zur Fürsorge ausdrücken konnte. Die Ergänzungsfunktion wurde als eine Präzisierung des § 242 verstanden. Die Begründung „an sich" nicht bestehender Rechte durch § 242 stand dagegen nie im Vordergrund (WESTERMANN/ BYDLINSKI/WEBER, Schuldrecht AT Rn 3/27), sondern wurde vielmehr im Ergebnis oft abgelehnt (BGH NJW 1954, 1524 ff; 1981, 1779 f).

Nach der Reform des Schuldrechts stellt sich jedoch die Frage, inwiefern diese Er- **188** gänzungsfunktion des § 242 noch ihre Berechtigung findet, sei es im Hinblick auf **Rücksichtspflichten**, aber auch auf Leistungspflichten, wenngleich der Schwerpunkt immer in erstgenanntem Bereich lag.

In diesem Zusammenhang ist darauf hinzuweisen, dass sich das „**Wie**" (Konkretisie- **189** rung) einer Leistung vom „**Ob**" (Ergänzung) nicht immer deutlich trennen lässt, weil eine Präzisierung der Schuldnerpflichten regelmäßig eine Mehrbelastung des Schuldners im Sinne einer Ausweitung (Ergänzung) seiner Pflichten bewirkt (vgl auch LOOSCHELDERS, Schuldrecht AT Rn 75). Oft stellt sich die Abgrenzung auch nur als Formulierungsfrage dar: Ob man sagt, im Privatrechtsverkehr dürfe nur zu üblichen Stunden erfüllt werden, oder den Schuldner treffe neben seiner Erfüllungspflicht die zusätzliche Pflicht, sich an übliche Leistungszeiten zu halten, läuft inhaltlich auf das Gleiche hinaus (EMMERICH, Schuldrecht 169). Dennoch ist aus systematischen Gründen eine Trennung der beiden Funktionskreise „Konkretisierung" und „Ergänzung" wünschenswert, wenngleich der Frage nachrangig, ob § 242 seine Ergänzungsfunktion (mittlerweile) verloren hat.

Zunächst ließe sich – sogar bereits vor dem 1.1.2002 – der **Wortlaut** der Norm **190** gegen die Ergänzungsfunktion des § 242, jedenfalls in seinem unmittelbaren Anwendungsbereich, anführen: Indem er Schuldner und Gläubiger voraussetzt, deutet er auf eine bereits **bestehende Leistungspflicht** hin.

Andere Gründe sprechen noch entscheidender gegen eine Pflichtenbegründung mit **191** Hilfe der Norm: Zunächst hat der Gesetzgeber – wie auch die Formulierungen der §§ 282 und 324 zeigen – die **Rücksichtnahmepflichten** im Rahmen der Schuldrechtsmodernisierung eindeutig § 241 Abs 2 zugeordnet (ausf o STAUDINGER/OLZEN § 241 Rn 379 ff). Die **leistungsbezogenen Nebenpflichten** sind im Wege systematischer Auslegung heute von § 241 Abs 1 erfasst (ausf o STAUDINGER/OLZEN § 241 Rn 417). Daraus folgt, dass § 242 keine Grundlage mehr für die Entstehung der entsprechenden

Pflichten bildet, sondern allein ihre Konkretisierung in seinen Anwendungsbereich fällt, und selbst diese „nur" neben § 133 und § 157 (z Verhältnis von § 242 zu §§ 133 und 157 s u Rn 354 ff).

192 Ob § 242 im Hinblick auf **Hauptleistungspflichten** eine Ergänzungsfunktion zukommt, wird in Anlehnung an LARENZ (Schuldrecht I § 10 II g, 142) und CANARIS (Vertrauenshaftung 372 ff) meist unter dem Begriff **„Erwirkung"** erörtert (der Terminus findet sich, so weit ersichtlich, zuerst bei SIEBERT, Verwirkung 246; vgl CANARIS, Vertrauenshaftung 372; LARENZ, Schuldrecht I § 10 II g, 142 ohne eindeutige Festlegung, ob die Pflicht aus § 242 begründet wird und daraus ein Schuldverhältnis folgt, oder ob § 242 zur Begründung des Schuldverhältnisses herangezogen wird, aus dem die entsprechende Pflicht entsteht), spiegelbildlich zur **„Verwirkung"** (dazu ausf u Rn 302 ff). Die **Voraussetzungen** einer „Erwirkung" sollen in einem **Vertrauenstatbestand** auf Seiten des Berechtigten und auf Seiten des Haftenden in der **Zurechnung** auf Grund des Verschuldens- oder Risikoprinzips liegen (vgl CANARIS, Vertrauenshaftung 372 f; STAUDINGER/J SCHMIDT [1995] Rn 582 ff). Als Bsp für die „Erwirkung" eines Anspruchs wird der Fall genannt (LARENZ, Schuldrecht I § 10 II g, 142), dass jemand über längere Zeit Unterhaltsbeiträge ohne rechtliche Verpflichtung erbringt, so dass der Empfänger darauf vertraut, er könne auch in Zukunft mit diesen Leistungen rechnen.

193 Eine solche „Erwirkung" kommt an sich für alle subjektiven Rechte in Betracht (praktische Bsp aus der Rspr fehlen aber im Mietrecht, wo man sie erwarten könnte; so auch CANARIS, Vertrauenshaftung 382; z einem Sonderfall: Anspruch auf Überlassung eines Gebäudes zu Eigentum durch Wohnungsberechtigten im Bergbau kraft Erwirkung vgl BGH NJW 1972, 536, 537; z Erwirkung im Namensrecht vgl BayOLGZ 1971, 216; z Erwirkung eines Rechts auf höhere Rente vgl BSG NJW 1966, 125 ff; z jahrelangen Abweichen von einem gesellschaftsvertraglichen Gewinnverteilungsschlüssel vgl BGH WM 1966, 159). Die wichtigsten Fälle werden – vor allem seit BAGE 5, 44, 47 – im Arbeitsrecht unter dem Schlagwort **betriebliche Übung** diskutiert (s dazu u Rn 833 ff).

194 Unabhängig davon, wie man zu dieser Rechtsfigur steht, kommt jedenfalls eine Gleichsetzung mit den Fällen der **„Verwirkung"** (hierzu ausf u Rn 302 ff) nicht in Betracht: Denn bei der Verwirkung eines Rechtes gewinnt der von der Verwirkung Begünstigte an Rechtspositionen. Wer vorher als Schuldner gebunden war, erlangt mit Verwirkung des Forderungsrechtes seine Handlungsfreiheit ganz oder teilweise zurück. Wer zB zunächst durch das Recht des Eigentümers gehindert war, eine Sache zu nutzen, erlangt durch die Verwirkung der entsprechenden Befugnisse das Nutzungsrecht. Diese Fälle sind also dadurch gekennzeichnet, dass die Freiheit des ursprünglich Nichtberechtigten zu Lasten des vorher Berechtigten erweitert wird, **ohne** dass allerdings **neue Pflichten begründet** werden. Am Bsp der Forderung bedeutet dies: Zwar verliert der alte Gläubiger seinen Anspruch gegenüber dem Schuldner durch „Verwirkung", er wird aber dadurch nicht gleichzeitig zu dessen Schuldner.

195 Schwierigkeiten bereiten die Sachverhalte, in denen durch „Erwirkung" tatsächlich eine Pflicht des anderen Teils begründet werden soll. Die Frage lautet dabei, ob eine faktische Übung während eines bestimmten Zeitraums zur Anpassung der rechtlichen Situation dergestalt führen kann, dass eine Forderung des Begünstigten entsteht. Trotz des arbeitsrechtlichen Schwerpunkts dieses Problems (s o Rn 193 u

Rn 833 ff) ist es von allgemeiner Relevanz (allg Lit: MünchKomm/ROTH Rn 353 f; CANARIS, Vertrauenshaftung 372 ff; SINGER, Das Verbot widersprüchlichen Verhaltens [Diss München 1993] 223 ff).

Die meisten der unter diesem Oberbegriff behandelten Fälle sind ohne weiteres mit **196** den **Vertragsschluss- und Auslegungsregeln** zu lösen (so auch häufig in Rspr und Lit, vgl RAG ARS 33, 216, 223; 37, 365 ff; 38, 252 ff; 39, 153 ff; 40, 215 ff; BAGE 6, 59; BAG NJW 1987, 2101, 2102 [in einer Auslegung der konkludenten Willenserklärung „gem §§ 133, 157, 242 BGB"]; PALANDT/ELLENBERGER Einf v § 116 Rn 14; RICHARDI, Die betriebliche Übung – ihre rechtliche Bedeutung – insbesondere ihr Verhältnis zur Betriebsvereinbarung, RdA 1960, 401, 403; vgl auch EBERLE, Kann aus wiederholten, gleichmäßigen, irrtümlichen Leistungen eine betriebliche Übung entstehen?, BB 1972, 1326; CANARIS, Vertrauenshaftung 372 ff, 411 ff; HANAU AcP 165 [1965] 220, 261 f; VEIT/WAAS, Die Umdeutung einer kompetenzwidrigen Betriebsvereinbarung, BB 1991, 1329; 1337; WEBER, Vertrauensschutz aus fortgesetztem Verhalten, Betrieb 1974, 709. Bedenken gegen die Annahme einer Willenserklärung auch von SIEBERT, Ruhegeldanspruch und Betriebsgemeinschaft, DR 1940, 1410 ff; ZEUNER, Zum Problem der betrieblichen Übung, BB 1957, 647 ff. Zu einer Diskussion der „Vertrags-/Vertrauens"-Theorie vgl SINGER, Neue Entwicklungen im Recht der Betriebsübung, ZfA 1993, 487 ff mit ausf Nachw). Mit vorbehaltlosem Gewähren einer Leistung bietet jemand konkludent den Abschluss oder die Änderung eines entsprechenden Vertrages an, den der andere durch Entgegennahme der Leistung konkludent annimmt, wobei regelmäßig gem § 151 S 1 auf den Zugang der Annahmeerklärung verzichtet wird. Die Ergänzungsfunktion des § 242 mit dem Ziel der Begründung von Leistungspflichten ist dafür also nicht erforderlich. Die neuere Rspr scheint in anderem Zusammenhang ebenfalls zu diesem Ergebnis zu gelangen, wenn der BGH (NJW 2001, 3119, 3120) ausführt, dass der Gedanke von Treu und Glauben keine selbständigen Ansprüche begründe (z nachbarlichen Gemeinschaftsverhältnis s STAUDINGER/OLZEN § 241 Rn 399 ff).

Obwohl auch gegen die vertragsrechtliche Lösung Bedenken angeführt werden **197** (STAUDINGER/J SCHMIDT [1995] Rn 581 ff; STAUDINGER/BORK [2003] § 145 Rn 15 mwNw; iE auch MünchKomm/ROTH Rn 354; s u Rn 833 ff), kommt der „Erwirkung" als Rechtsbegründungstatbestand keine eigenständige Bedeutung zu (aA STAUDINGER/J SCHMIDT [1995] Rn 581). In den Fällen, in denen mit Hilfe der Rechtsgeschäftslehre kein Vertrag begründet werden kann, entstehen eben auch keine Ansprüche, weil ein Rückgriff auf § 242 wegen des Vorrangs der §§ 145 ff scheitert (z Verhältnis des § 242 z anderen Vorschriften vgl ausf u Rn 334 ff).

Schließlich lässt sich auch der früher unternommene Versuch, mit Hilfe des § 242 **198** ein **Schuldverhältnis „kraft Treu und Glauben"** zu begründen (dagegen aber bereits OERTMANN [1928] Anm 1mit Verweis auf die Spezialität von § 157) nicht länger vertreten. Im Bereich der cic und der **Gefälligkeiten** hat § 311 Abs 2, 3 diese Funktionen (bereits o Rn 130 f; ausf z Entstehen des Schuldverhältnisses STAUDINGER/OLZEN Einl 47 u 77 zum SchuldR) übernommen. Die in der Vergangenheit ebenfalls diskutierte Fallgruppe des sog **sozialtypischen Verhaltens** wird von der hM heute zu Recht abgelehnt (STAUDINGER/OLZEN § 241 Rn 99) und schließlich auch das **nachbarliche Gemeinschaftsverhältnis** nicht mehr unter diesem Aspekt behandelt (vgl Rn 132 und STAUDINGER/OLZEN § 241 Rn 399 ff).

Zusammenfassend lässt sich daher feststellen, dass § 242 in seinem **unmittelbaren** **199**

Anwendungsbereich – dh iRv Schuldverhältnissen (ausf o Rn 125 ff) – **keine Ergänzungsfunktion** (mehr) zukommt (anders wohl LG Münster FamRZ 2003, 1666 ff, allerdings z Rechtszustand vor der Schuldrechtsreform).

d) „(nur) verpflichtet"

200 Seinem Wortlaut nach verpflichtet § 242 nur den **Schuldner**, so dass die §§ 226, 826 für den **Gläubiger** abschließende Regelungen zu treffen scheinen. Jede Verkürzung der Leistungspflicht des Schuldners führt aber zugleich zu einer entsprechenden Anspruchsverminderung beim Gläubiger (vgl AnwK-BGB/KREBS Rn 1; vgl o Rn 76 sowie u Rn 214, 216, 260, 375 ff und GERNHUBER JuS 1983, 764, 765). Dementsprechend könnte man § 242 auch wie folgt lesen: „Der Schuldner ist **nur verpflichtet**, die Leistung so zu bewirken, wie Treu und Glauben mit Rücksicht auf die Verkehrssitte es erfordern."

201 Wenn ein Gläubiger nicht mehr vom Schuldner fordern darf, als Treu und Glauben mit Rücksicht auf die Verkehrssitte erlauben, betrifft die Norm mittelbar also auch ihn. Die Auslegung der Wortkombination „Treu und Glauben" (z deren Bedeutung o Rn 140 ff) unterstützt dieses Ergebnis: Beides bedingt einander, weil die Treue eines Vertragsteiles ohne das entsprechende Vertrauen des anderen darauf, den Glauben, unvollständig wäre. Deshalb muss der Grundsatz für **beide Partner** gelten (WEBER JuS 1992, 631, 634 f). Die hM (vgl nur LARENZ, Schuldrecht I § 10 II, 131), die über § 242 ungeachtet seines Wortlauts eigene Pflichten für den Gläubiger begründet, erscheint deshalb dogmatisch zweifelhaft und auch unnötig, wenn man die Reflexwirkung der Norm auf den Gläubiger beachtet (klarer insoweit bereits OERTMANN [1928] Anm 4b). Die sog **Schrankenfunktion** der Norm folgt vielmehr aus einer Präzisierung des Normgehalts von § 242 mit Hilfe seiner **teleologischen Auslegung** (z praktisch bedeutungslosen Streit um die sog Innentheorie und Außentheorie vgl die ausf Nachw in STAUDINGER/WERNER[11] Rn 24 ff).

aa) Schrankenfunktion

202 Die Schrankenfunktion des § 242 bildet eine wesentliche Grundlage der Fallgruppenbildung (dazu u Rn 211 ff) innerhalb seines unmittelbaren Anwendungsbereiches (WESTERMANN/BYDLINSKI/WEBER, Schuldrecht AT Rn 3/1 bezeichnet sie als dem § 242 ursprünglich zukommende Funktion). Obwohl sie oft als **Rücksichtnahmepflicht** des Gläubigers bezeichnet wird (zB BGH NJW 2001, 3119, 3120 f; MünchKomm/ROTH Rn 159 ff), folgt daraus nicht, dass sie nun ihren Platz in § 241 Abs 2 gefunden hätte (dazu s STAUDINGER/OLZEN § 241 Rn 414 ff).

203 Aus ihr gewinnt der Richter einen Spielraum bei **geringfügigen Abweichungen** von Leistung und Vereinbarung, zB bzgl des Umfangs der Leistung oder ihrer Zeit (WIEACKER, Präzisierung 26). Beides muss der Gläubiger hinnehmen (MünchKomm/ROTH Rn 159 mwBsp z diesem Bereich in Rn 159 ff; ähnl auch BGB-RGRK/ALFF Rn 23 f mNw). Er darf auch eine fast vollständige Leistung entgegen § 266 dann nicht zurückweisen, wenn nur ein verhältnismäßig geringer Teil aussteht (LARENZ, Schuldrecht I § 10 II b). Ferner kann sich ein Gläubiger nach Treu und Glauben nicht auf eine **Fristüberschreitung** berufen, wenn er bei seinem Schuldner einen Vertrauenstatbestand geschaffen hat, er werde daraus nicht die vereinbarten Folgen herleiten (BGH NJW 2003, 2448 ff im Anschluss an 1980, 1043, 1044; dabei könnte es sich allerdings auch um eine konkludente Vertragsänderung handeln; z ähnl Problem der Erwirkung s u Rn 319). Ebenso verbie-

tet § 242 dem Gläubiger, vom Schuldner eine Leistung zu verlangen, die er mit seinem **Gewissen nicht zu vereinbaren** vermag (z Abgrenzung dieses Falles von § 275 Abs 3 und § 315 Abs 1 s u Rn 270, 274 ff; z früheren Rechtslage zB LARENZ, Schuldrecht I § 10 II c; z Einfluss des Grundrechts der Gewissensfreiheit va auf das Arbeitsrecht vgl bereits o Rn 146) oder welche ihm **wirtschaftlich unmöglich** ist (z Abgrenzung dieses Falles von § 275 Abs 2 und § 313 s u Rn 270 ff; z alten Rechtslage zB SOERGEL/TEICHMANN Rn 61; ENNECCERUS/LEHMANN, Schuldrecht § 4 II 1 II 4).

Wichtige Fallgruppen, die daneben aus der Schrankenfunktion bzw dem Rechtsmissbrauchsverbot des § 242 entstanden sind, stellen zB die **unzulässige Rechtsausübung**, insbesondere die **dolo agit-Einrede** (dazu ausf s u Rn 281 ff), der **Missbrauch der Vertretungsmacht** (dazu ausf s u Rn 519 ff), das Verbot des **venire contra factum proprium** (dazu ausf s u Rn 286 ff) und die **Verwirkung** (dazu ausf s u Rn 302 ff) dar (vgl auch LOOSCHELDERS, Schuldrecht AT Rn 78 ff). **204**

bb) Korrekturfunktion

Die Leseweise „nur verpflichtet" verdeutlicht schließlich die **Korrekturfunktion** des § 242. Danach ist der Schuldner zB nicht zur Leistung verpflichtet, wenn die Geschäftsgrundlage des Vertrages derart gestört ist, dass eine Vertragsanpassung verlangt werden kann. Die Korrekturfunktion wurde erst spät entwickelt, in jüngerer Zeit jedoch besonders bedeutsam (vgl zB EICHLER, Die Rechtslehre vom Vertrauen [1950] 27 ff; ENNECCERUS/LEHMANN, Schuldrecht § 4 II 1 II 4; GERNHUBER JuS 1983, 764, 766). Ihre Notwendigkeit entstand zum einen auf Grund der **Alterung des BGB** und der **Zurückhaltung der Legislative** in ihrer Reaktion darauf. Zum anderen sollte so Vertragskontrolle betrieben werden, um dem Prinzip der **ausgleichenden Vertragsgerechtigkeit** (GERNHUBER JuS 1983, 764, 766) Wirkung zu verleihen, das in der Wortverknüpfung „Treu und Glauben" seinen Ausdruck findet. Tatbestände der Korrekturfunktion stellen daher vor allem die **Inhaltskontrolle** sowie die **Ablaufkontrolle** von Individualverträgen dar. Durch das Schuldrechtsmodernisierungsgesetz (s STAUDINGER/OLZEN Einl 185 ff zum SchuldR) wurden beide Tatbestände spezialgesetzlich im BGB geregelt. Der Wegfall bzw die Störung der **Geschäftsgrundlage** findet sich in § 313, das Recht zur **Kündigung von Dauerschuldverhältnissen** aus wichtigem Grund in § 314. Darin besteht nun die spezialgesetzliche Regelung der **Ablaufkontrolle** von Verträgen. Die **Inhaltskontrolle** findet ihren Platz in den §§ 305 ff, indem das Recht der AGB ebenfalls in das Schuldrecht integriert wurde. Sofern der Korrekturfunktion des § 242 darüber hinaus noch ein (geringer) Anwendungsbereich verbleibt (für eine weitgehende Bedeutungslosigkeit HEINRICH, in: FS Laufs [2006] 585, 586), wird darauf iRd Darstellung der Fallgruppen sowie der Anwendungsfälle des § 242 Bezug genommen (vgl u Rn 211 ff und Rn 49 ff). **205**

4. Ergebnis

Die Untersuchung des normativen Gehalts der Vorschrift hat Folgendes gezeigt: Zunächst lässt sich § 242 ein sachlicher Regelungsinhalt nicht absprechen (entgegen STAUDINGER/J SCHMIDT [1995] insbes Rn 133, 153 ff, 179 ff). Dies zeigen Wortlautauslegung sowie Sinn und Zweck der Norm, auch unter Einbeziehung historischer und systematischer Bezüge, obwohl die beiden letztgenannten Methoden kein eindeutiges Ergebnis erbringen (s dazu aber J SCHMIDT, Präzisierung 249 f, der iRd historischen Auslegung auf § 157 Bezug nimmt). Obwohl § 242 als Generalklausel einen offenen Tatbestand **206** mit unbestimmten Rechtsbegriffen enthält, kann er nach hier vertretener Ansicht konkretisiert und damit handhabbar gemacht werden (auch STAUDINGER/J SCHMIDT [1995] Rn 175 weist darauf hin, dass es möglich sei, § 242 auch als normativen Ausdruck mit extrem vagem „Tatbestand" und extrem vager „Rechtsfolgenanordnung" zu interpretieren, wie es etwa KOCH, Unbestimmte Rechtsbegriffe und Ermessensermächtigungen im Verwaltungsrecht [1979], versuchte; krit vOLSHAUSEN, Rezension von KOCH, Unbestimmte Rechtsbegriffe und Ermessensermächtigungen im Verwaltungsrecht [1979], NJW 1980, 113 f; krit auch HÄUSER, Unbestimmte „Maßstäbe" 214 f).

207 Daraus folgt, dass § 242 **nicht entbehrlich** ist (entgegen STAUDINGER/J SCHMIDT [1995] Rn 133, 153 ff, 179 ff), sondern in seinem unmittelbaren Anwendungsbereich ein geeignetes Mittel zur Lösung vom Gesetzgeber nicht berücksichtigter Interessenkollisionen darstellt und allgemein eine Regel der Risikoverteilung (so auch FIKENTSCHER/HEINEMANN, Schuldrecht 206 f; RÜSSMANN, Rezension von EMMERICH, Schuldrecht [7. Aufl 1985], AcP 186 [1986] 291, 295) enthält. „Treu und Glauben mit Rücksicht auf die Verkehrssitte" setzen engere Maßstäbe als „bloße" Bindungen des Richters an Recht und Gesetz in Art 20 Abs 3 GG (s o Rn 121). Auch bindet § 242 in erster Linie die am Schuldverhältnis Beteiligten und erst danach den Richter (s o Rn 144), während Art 20 Abs 3 GG vorrangig Gesetzgebung und Rspr verpflichtet.

208 Ferner wurde deutlich, dass der Kompromiss zwischen der herrschenden **Funktionskreislehre** (s o Rn 172 ff) und der **Konkretisierungstheorie** FIKENTSCHERS (s o Rn 182 ff) eine gangbare Lösung sowohl für die Rechtsanwendung als auch für die Systematisierung der Norm bildet. Er vermeidet eine Vermengung der Rechtsbereiche von Schuldner und Gläubiger (dies ist die Hauptkritik FIKENTSCHERS an der hL, vgl Schuldrecht 167) und rückt den Wortlaut der Norm in den Vordergrund, ohne andererseits so eng an ihm zu haften, dass eine Zuordnung der aus § 242 entwickelten Fallgruppen erschwert würde. Damit kann im Einzelfall weitgehend subsumiert und § 242 für eine konkrete Entscheidung eingesetzt werden, ohne sich mit einem bloßen Bezug auf die „Umstände des Einzelfalls" zu begnügen (so aber der frühere Vorwurf von STAUDINGER/J SCHMIDT [1995] Rn 156 mit Bezug auf SOERGEL/SIEBERT/KNOPP[10] Rn 10 f; vgl auch MünchKomm/ROTH Rn 41 ff; ERMAN/WERNER[9] Rn 3, 42 f; iE ebenso PALANDT/HEINRICHS Rn 3 ff).

209 Es hat sich schließlich gezeigt, dass der Streit zwischen den sog **Gleichheits- und Differenzierungstheorien** im Hinblick auf den Rechtscharakter des § 242 (s o Rn 113 ff) nicht entschieden werden muss, weil beide Ansätze ihre Berechtigung haben und sich gegenseitig ergänzen und nicht ausschließen.

210 Auf eine Kurzformel gebracht, kann man damit die Bedeutung von § 242 wie folgt erfassen: Die Vorschrift enthält eine **Generalklausel** in Form einer **Verhaltensnorm**, deren normativer Gehalt feststellbar ist, so dass sie der Entwicklung von **Fallgruppen** dient, die sich aus den verschiedenen **Funktionen** des § 242 ableiten lassen. Daneben enthält § 242 ein zeitloses Bekenntnis zur situationsbezogenen **sozialen Gerechtigkeit** beim Handeln von Rechtssubjekten und bei der Urteilsfindung durch den Richter. Das Gesetz appelliert schließlich hierin an die Rechtssubjekte, redlich und gerecht zu handeln und fordert den Richter auf, darüber zu wachen (s o Rn 121, 144).

C. Fallgruppen*

I. Allgemeines

Die Rechtspraxis hat in Anwendung des § 242 im Laufe der Zeit Fallgruppen ge- **211** bildet (zur Entstehung s o Rn 82 ff), die eng im Zusammenhang mit dessen Funktionen stehen. Ungeachtet der Gefahr (WEBER AcP 192 [1992] 516 ff) einer schematischen Subsumtion (vgl auch LOOSCHELDERS, Schuldrecht AT Rn 73; BROX/WALKER, Allgemeines Schuldrecht § 7 Rn 7; BEATER AcP 194 [1994] 82, 89; WEBER AcP 192 [1992] 516, 563 f; ders, Erwiderung auf BEATER, AcP 194 [1994] 90, 92) bilden sie einen wertvollen Ausgangs- und Orientierungspunkt für die Argumentation im Einzelfall (BEATER AcP 194 [1994] 82, 89).

II. Einzelne Fallgruppen

1. Randprobleme

Manche dieser Fallgruppen bedürfen keiner weiteren Begründung, andere haben **212** durch das Schuldrechtsmodernisierungsgesetz zum 1.1.2002 eine gesetzliche Ausformung erfahren (s z Schuldrechtsmodernisierungsgesetz STAUDINGER/OLZEN Einl 185 ff zum SchuldR). So besteht zunächst kein Zweifel daran, dass § 242 im Einzelnen konkretisiert, auf welche **Art und Weise** der Schuldner die Leistung zu erbringen hat (zur Ergänzungsfunktion s o Rn 187 ff; MünchKomm/ROTH Rn 144; BAMBERGER/ROTH/GRÜNEBERG/SUTSCHET Rn 39; PALANDT/HEINRICHS Rn 22; Hk-BGB/SCHULZE Rn 1; BROX/WALKER, Allgemei-

---

* **Schrifttum:** BEATER, Generalklausel und Fallgruppen, AcP 194 (1994) 82 ff; BEIER/WIECZOREK, Zur Verwirkung im Patentrecht, GRUR 1976, 566 ff; CANARIS, Verstöße gegen das verfassungsrechtliche Übermaßverbot im Recht der Geschäftsfähigkeit und im Schadensersatzrecht, JZ 1987, 993 ff; ders, Die Reform des Rechts der Leistungsstörungen, JZ 2001, 499 ff; GERNHUBER, § 242 BGB – Funktionen und Tatbestände, JuS 1983, 764 ff; HENSSLER, Das Leistungsverweigerungsrecht des Arbeitnehmers bei Pflichten- und Rechtsgüterkollision, AcP 190 (1990) 538 ff; HOHMANN, § 242 BGB und unzulässige Rechtsausübung in der Rspr des BGH, JA 1982, 112 ff; KEGEL, Verwirkung, Vertrag und Vertrauen, in: FS Pleyer [1986] 513 ff; LORENZ, Der Tu-quoque-Einwand beim Rücktritt der selbst vertragsuntreuen Partei wegen Vertragsverletzung des Gegners, JuS 1972, 311 ff; MARTINEK, Anm z BGH JZ 1996, 469 f, JZ 1996, 470 ff; MEDICUS, Der Grundsatz der Verhältnismäßigkeit im Privatrecht, AcP 192 (1992) 35 ff; PRÖLSS, Der Einwand der „unclean hands" im Bürgerlichen Recht sowie im Wettbewerbs- und Warenzeichenrecht, ZHR 132 (1969), 35 ff; SINGER, Wann ist widersprüchliches Verhalten verboten? – Zu den Rechtsfolgen der form- und grundlosen Eigenkündigung eines Arbeitnehmers, NZA 1998, 1309 ff; SOYKA, Verteilung der Haftung unter mehreren Unterhaltspflichtigen, Zuständigkeitsprobleme bei Inanspruchnahme mehrerer Kinder auf Elternunterhalt und Verwirkung von Unterhaltsansprüchen, FPR 2003, 631 ff; TEICHMANN, Venire contra factum proprium – Ein Teilaspekt rechtsmissbräuchlichen Handelns, JA 1985, 497 ff; ders, Strukturveränderungen im Recht der Leistungsstörungen nach dem RegE eines Schuldrechtsmodernisierungsgesetzes, BB 2001, 1485 ff; TEUBNER, Gegenseitige Vertragsuntreue (1979); WACKE, Dolo facit, qui petit quod (statim) redditurus est, JA 1982, 477 ff; WEBER, Einige Gedanken zur Konkretisierung von Generalklauseln durch Fallgruppen, AcP 192 (1992) 516 ff; WIELING, Venire contra factum proprium und Verschulden gegen sich selbst, AcP 176 (1976) 334 ff; WOLF, Rücktritt, Vertretenmüssen und Verschulden, AcP 153 (1954) 97 ff.

nes Schuldrecht § 7 Rn 8); er ergänzt damit die Sonderregelungen der §§ 243 ff (s o Rn 171). Aus der Ergänzungsfunktion des § 242 wurden vor dem Schuldrechtsmodernisierungsgesetz sowohl die **Nebenleistungspflichten** als auch die **Schutzpflichten** abgeleitet (vgl z alten Recht etwa LARENZ, Schuldrecht I § 10 II e; GERNHUBER JuS 1983, 764, 765); diese sind nun in § 241 geregelt (s o Rn 187 ff).

213 Auch die früher über § 242 gelösten Fälle der Störung oder des Wegfalls der **Geschäftsgrundlage** (vgl z alten Rechtszustand etwa SOERGEL/TEICHMANN Rn 199 ff; LARENZ, Schuldrecht I § 10 II d; GERNHUBER JuS 1983, 764, 767; ferner o Rn 60, 174) finden nunmehr in § 313 eine spezielle Regelung. Das Gleiche gilt für das **Kündigungsrecht aus besonderem Grunde** im Rahmen von Dauerschuldverhältnissen (vgl BGHZ 41, 104, 108; 82, 354, 359; 133, 316, 320; BGH NJW 1983, 749; LARENZ, Schuldrecht I § 10 II c; FIKENTSCHER/HEINEMANN, Schuldrecht Rn 217; dagegen aber GERNHUBER JuS 1983, 764, 767 f); es ist nunmehr in § 314 normiert.

2. Rechtsmissbrauch

a) Rechtsmissbrauch als Unterfallgruppe des § 242?

214 Damit steht gegenwärtig eher der Gedanke des **Rechtsmissbrauchs** bzw der **unzulässigen Rechtsausübung** als Ausprägung des § 242 im Vordergrund (MünchKomm/ROTH Rn 134; AnwK-BGB/KREBS Rn 64 ff; Hk-BGB/SCHULZE Rn 21; JAUERNIG/MANSEL Rn 7; LARENZ, Schuldrecht I § 10 II b; LOOSCHELDERS, Schuldrecht AT Rn 79; ENNECCERUS/LEHMANN, Schuldrecht § 4 I 1; WESTERMANN/BYDLINSKI/WEBER, Schuldrecht AT § 3 Rn 24; BROX/WALKER, Allgemeines Schuldrecht § 7 Rn 14 f; GERNHUBER JuS 1983, 764, 765; dazu auch HEINRICH, in: FS Laufs [2006] 585, 590 ff). Einer Einordnung unter die Norm wird allerdings zum Teil mit der Erwägung widersprochen, es handele sich um eine **eigenständige Rechtsfigur** (SOERGEL/TEICHMANN Rn 11 ff). Dafür lassen sich zwar Vorschriften wie §§ 226, 826 anführen, denen der Gedanke zugrunde liegt, dass das Gesetz keine schrankenlose Ausübung der Rechte zulassen will. Gegen ein allgemeines Rechtsmissbrauchsverbot greift aber letztlich doch der Einwand durch, dass diese eher speziellen Normen dafür nicht genügend konkrete Erfordernisse enthalten.

215 Jedenfalls im Rahmen bestehender Sonderverbindungen entspricht die Ableitung des Rechtsmissbrauchs aus § 242 ohnehin dessen Wortlaut. Die Frage, ob die Inanspruchnahme eines Rechts missbräuchlich ist, steht nämlich in untrennbarem Zusammenhang mit dem Gebot zur **gegenseitigen Rücksichtnahme** (so auch MünchKomm/ROTH Rn 164), welche Treu und Glauben den Parteien des Schuldverhältnisses abverlangt. Insofern treffen sich Konkretisierungs- und Beschränkungsfunktion (s o Rn 182 ff und Rn 202 ff) der Norm. Die Folgen des Rechtsmissbrauchs decken sich deshalb auch in weiten Teilen mit den Sanktionen einer Nichtbeachtung dieses Gebots zur gegenseitigen Rücksichtnahme (vgl die Ausf bei den einzelnen Anwendungsfällen), weil der Gesetzeswortlaut so gelesen werden kann, dass § 242 den Schuldner eben **nur** verpflichtet, die Leistung entsprechend Treu und Glauben zu erbringen (s o Rn 200).

216 Gegen ein von § 242 losgelöstes **allgemeines Missbrauchsverbot** spricht ferner die **Entstehungsgeschichte** des Gesetzes (s o Rn 1 ff). Bei der Abfassung des BGB wurde es erwogen, letztlich aber verworfen (Prot I 477 f), weil man eine ausufernde Anwendung und somit eine Aufweichung der festen Rechtsnormen befürchtete. Die

Materialien verweisen dabei ausdrücklich auf den Vorläufer des § 242, den § 359 E I, der dem Zweck einer exceptio doli generalis Genüge tun sollte (Prot I 478). Die Gesetzesverfasser beschlossen als allgemeine Missbrauchsvorschrift nur den in seinen tatbestandlichen Voraussetzungen sehr engen § 226 und ließen damit erkennen, die Lösung der übrigen Fälle unter § 242 fassen zu wollen (vgl dazu auch HEINRICH, in: FS Laufs [2006] 585, 590).

b) Allgemeine Voraussetzungen

Anders als es die Formulierung „Rechtsmissbrauch" vermuten lässt, greift diese Fallgruppe nicht nur dann ein, wenn ein Recht **bewusst zweckentfremdet** zur Schädigung der Gegenpartei eingesetzt wird, sondern schon, wenn seine Ausübung aus anderen Gründen dem Gebot von Treu und Glauben widerspricht (BAG NJW 1997, 2256, 2258; Hk-BGB/SCHULZE Rn 21; JAUERNIG/MANSEL Rn 32). Dieses Rechtsprinzip begrenzt also jedes Recht dergestalt, dass allein seine Nichtbeachtung dazu führt, die Ausübung des Rechts als unzulässig anzusehen (sog **Innentheorie**; BGHZ 30, 140, 145; BAG NJW 1997, 2256, 2258; MünchKomm/ROTH Rn 176; BAMBERGER/ROTH/GRÜNEBERG/SUTSCHET Rn 47; PALANDT/HEINRICHS Rn 38; JAUERNIG/MANSEL Rn 33; HOHMANN JA 1982, 112; GERNHUBER JuS 1983, 764, 765). So kann jede atypische Interessenlage berücksichtigt werden, bei der ein Abweichen von der gesetzlichen Rechtslage **zwingend geboten** erscheint (BAG NZA 2007, 866, 869; MünchKomm/ROTH Rn 180; ähnl LARENZ, Schuldrecht I § 10 I).

Im Allgemeinen werden zwei Ausprägungen unterschieden: der **institutionelle** und der **individuelle Rechtsmissbrauch** (vgl etwa BAMBERGER/ROTH/GRÜNEBERG/SUTSCHET Rn 51; PALANDT/HEINRICHS Rn 40; AnwK-BGB/KREBS Rn 69; HEINRICH, in: FS Laufs [2006] 585, 591). Als individuellen Rechtsmissbrauch bezeichnet man die Ausübung eines Rechtes, die nach Abwägung **im Einzelfall** gegen Treu und Glauben verstößt (AnwK-BGB/KREBS Rn 69; Hk-BGB/SCHULZE Rn 22; HEINRICH, in: FS Laufs [2006] 585, 596). Dagegen liegt ein institutioneller Missbrauch vor, wenn die Rechtsfolgen, die sich aus einem **Rechtsinstitut** ergeben, deshalb zurücktreten müssen, weil sie zu einem **untragbaren Ergebnis** führen (vgl etwa BAMBERGER/ROTH/GRÜNEBERG/SUTSCHET Rn 51; PALANDT/HEINRICHS Rn 40; HEINRICH, in: FS Laufs [2006] 585, 592). Auch insofern begrenzt das Prinzip von Treu und Glauben also alle Rechtslagen und Rechtsnormen (BAG NZA 1994, 1080, 1081; 2000, 437, 438). Der Unterschied zwischen den beiden Anwendungsfällen liegt darin, dass sich beim institutionellen Missbrauch der Vorwurf bereits aus **Sinn und Zweck des Rechtsinstituts**, beim individuellen Rechtsmissbrauch dagegen erst aus einem **Verhalten des Gläubigers** ergibt. Die Bedeutung dieser Unterscheidung sollte allerdings deshalb nicht überschätzt werden, weil in beiden Fällen erst der **Bezug zum Einzelfall** die Feststellung eines Rechtsmissbrauchs erlaubt.

Im Hinblick auf den **Zeitpunkt** der zur Feststellung eines missbilligten Verhaltens notwendigen Abwägung entscheidet derjenige der **Rechtsausübung**, dh der Geltendmachung des Rechts bzw – im Rechtsstreit – der letzten mündlichen Tatsachenverhandlung (BGHZ 13, 346, 350; BAMBERGER/ROTH/GRÜNEBERG/SUTSCHET Rn 50; PALANDT/HEINRICHS Rn 38; s o Rn 154 ff).

Zur Konkretisierung relevanter, also atypischer Interessenlagen hat die Rechtsanwendung unter Beachtung der Tatsache, dass stets eine Abwägung im Einzelfall erforderlich bleibt und entsprechend den oben herausgearbeiteten Funktionen des

§ 242 (s o Rn 87, 172 ff) bestimmte **Fallgruppen** gebildet, in denen ein rechtsmissbräuchliches Verhalten jedenfalls nahe liegt, wobei jedoch weder die Terminologie noch die Einteilung einheitlich ist (BAMBERGER/ROTH/GRÜNEBERG/SUTSCHET Rn 57). Es handelt sich dementsprechend nur um **Indizien**; weitere Feststellungen werden dadurch nicht entbehrlich. Denn nicht jede Unbilligkeit darf dazu führen, gesetzlich vorgesehene Ergebnisse über § 242 zu korrigieren (BGHZ 45, 179, 182; BAMBERGER/ROTH/GRÜNEBERG/SUTSCHET Rn 49). Bei der Anwendung der Grundsätze unzulässiger Rechtsausübung ist daher **Zurückhaltung** geboten (BGHZ 55, 274, 279; 68, 299, 304; MünchKomm/ROTH Rn 310; ERMAN/HOHLOCH Rn 104; HEINRICH, in: FS Laufs [2006] 585, 591). Es muss eine Situation bestehen, die es nach **sorgfältiger Abwägung der beteiligten Interessen** als **untragbar** erscheinen lässt, das aus der Gesetzesanwendung folgende Resultat zu akzeptieren.

221 Soweit das Gesetz selbst eine Möglichkeit zur Interessenabwägung im Einzelfall bietet, haben entsprechende **speziellere Normen Vorrang** (z Verhältnis des § 242 z anderen Normen s u Rn 334 ff), es sei denn, dass das Institut des Rechtsmissbrauchs eine weniger einschneidende Lösung ermöglicht als die gesetzliche (Spezial-)Regelung (MünchKomm/ROTH Rn 198). Bei der im Übrigen notwendigen **Einzelfallprüfung** sind folgende Gesichtspunkte zu beachten:

aa) Interessen der Parteien/Gesetzliche Wertungen
222 Die Feststellung eines Rechtsmissbrauchs verlangt die Berücksichtigung aller durch die Inanspruchnahme des Rechts objektiv betroffenen **Interessen der Parteien**. Ferner ist auf den **Sinn und Zweck der Norm**, auf die sich der rechtsmissbräuchlich handelnde Rechtsinhaber berufen will, und – wie allgemein im Rahmen des § 242 – auf **gesetzliche Wertungen, Interessens-** und **Risikobeurteilungen** zurückzugreifen, die in anderen Vorschriften zum Ausdruck kommen (MünchKomm/ROTH Rn 115; BROX/WALKER, Allgemeines Schuldrecht § 7 Rn 5; LOOSCHELDERS, Schuldrecht AT Rn 67).

bb) Subjektive Elemente
223 Hinsichtlich der Frage, ob und wie stark **subjektive Elemente** Berücksichtigung finden, ist zu differenzieren, woran die Einschränkung der Rechtsausübung durch den Gläubiger angeknüpft wird. Stellt man vorwiegend auf eine **Interessenabwägung** ab, so stehen **objektive Gesichtspunkte** im Vordergrund (MünchKomm/ROTH Rn 371; aA WIEACKER, Präzisierung 35). Sofern die Beschränkung der Rechtsausübung auf ein **Verhalten** des Gläubigers gestützt wird, gewinnen dagegen subjektive Elemente im Rahmen der Interessenabwägung Bedeutung. Teilweise wird dann **Zurechenbarkeit**, zumindest **Fahrlässigkeit**, verlangt (MünchKomm/ROTH Rn 187, der dann aber bei fehlender Zurechenbarkeit auf die Interessenabwägung zurückgreift; z Verschulden s o Rn 137). Dem steht allerdings entgegen, dass im Rahmen einer umfassenden Abwägung Verschulden nicht den einzigen zu berücksichtigenden Umstand bildet und deshalb fehlendes Verschulden durch andere Gesichtspunkte ausgeglichen werden kann (PALANDT/HEINRICHS Rn 39; JAUERNIG/MANSEL Rn 35). Auch insoweit gilt also der Gedanke des **beweglichen Systems** (s o Rn 159).

224 Bei den Zurechnungsaspekten stellen sich zwei Probleme: zum einen, wann eine Zurechnung **eigenen Verhaltens** erfolgt, zum anderen, wann ein Verhalten von **Hilfspersonen** iwS zugerechnet wird. In beiden Fällen sollte man danach trennen, ob **rechtsgeschäftliches Handeln** gegeben ist oder nicht, da das Gesetz auch sonst

insoweit unterschiedliche Anforderungen an die Zurechnung stellt. Im erstgenannten Fall kann auf Regeln der **Geschäftsfähigkeit** einerseits und der **Stellvertretung** bei Handeln von Hilfspersonen andererseits zurückgegriffen werden, also insbesondere § 166. Handelt es sich dagegen um ein nicht rechtsgeschäftliches Handeln, so sind die §§ 827 ff für die Frage der **eigenen Zurechnungsfähigkeit** und § 278 für die Frage der **Zurechnung** des Verhaltens von **Hilfspersonen** maßgebend (MünchKomm/ Roth Rn 189).

cc) Drittinteressen/Öffentliche Interessen

Auch das **Verhalten** oder die **Interessen Dritter** bzw der **Öffentlichkeit** können in die 225 Interessensabwägung einbezogen werden (s o Rn 151; MünchKomm/Roth Rn 190). Liegt der Missbrauch im **Verhalten eines Dritten**, der dem Gläubiger nicht als Vertreter oder Gehilfe zugerechnet werden kann, ist allerdings wiederum ein Zurechnungskriterium erforderlich. Sofern Dritter und Gläubiger zur Schädigung des Schuldners **zusammenarbeiten**, liegt regelmäßig ein eigenes unredliches Handeln des Gläubigers vor (Soergel/Teichmann Rn 278), was schon für sich allein einen Rechtsmissbrauch bedeutet. Sonst ist entsprechend dem Rechtsgedanken des § 123 Abs 2 S 1 **Kenntnis** oder **Kennenmüssen** erforderlich, da sich der Gläubiger das Handeln des Dritten in einem solchen Fall zu Eigen macht bzw sich so behandeln lassen muss, als hätte er es in seinen Willen aufgenommen (aA MünchKomm/Roth Rn 190, der Kenntnis verlangt). Auch in den Fällen, in denen allein eine **objektive Interessenabwägung** den Rechtsmissbrauch begründet, können die **Interessen Dritter** in die Abwägung eingestellt werden, wenn sie schutzwürdig erscheinen. Ebenso sind **öffentliche Interessen** in die Abwägung mit einzubeziehen (MünchKomm/Roth Rn 192), so dass zB ein arglistiges Verursachen der Nichtigkeit eines Rechtsgeschäftes dennoch unbeachtlich bleibt, wenn die Interessen, die hinter der die Nichtigkeit anordnenden Norm stehen, überwiegen (MünchKomm/Roth Rn 192). Andererseits kann die Nichtigkeit eines Vertrages trotz dahingehender Einzelinteressen dann nicht überwunden werden, wenn sie aus europarechtlichen Vorschriften zum Schutz des freien Wettbewerbs resultiert (BGH NJW 1972, 2180, 2183).

c) Rechtsfolgen
aa) Grundsatz

Die **Rechtsfolge** eines Rechtsmissbrauches besteht darin, dass die Ausübung des 226 Rechts oder die Geltendmachung einer Rechtsposition durch den Gläubiger **unzulässig** ist (MünchKomm/Roth Rn 176; Bamberger/Roth/Grüneberg/Sutschet Rn 52). Dies kann sowohl dazu führen, dass ein an sich bestehendes Recht oder eine Rechtsposition nicht geltend gemacht werden kann, als auch dazu, dass der anderen Partei ein an sich **nicht zustehendes** Recht durch „Ersetzung" der fehlenden Umstände zuerkannt wird (MünchKomm/Roth Rn 177, Jauernig/Mansel Rn 36; aA bzgl der Begründung von Rechten BGH NJW 1981, 1779). Die Übergänge sind dabei fließend, stellt sich doch die Beschränkung der einen Partei spiegelbildlich als Begünstigung der anderen dar (ferner Bamberger/Roth/Grüneberg/Sutschet Rn 47; Jauernig/Mansel Rn 36; vgl auch BGHZ 12, 337, 345). Aus diesem Grunde erscheint eine Beschränkung der unzulässigen Rechtsausübung allein auf eine **anspruchsausschließende Funktion** (vgl BGH NJW 1981, 1779) nicht überzeugend. Wenn zB über § 242 eine Formunwirksamkeit mit der Folge des § 125 S 1 überwunden wird (vgl dazu näher u Rn 447 ff), besteht ungeachtet der häufig verwendeten Formulierung „Versagung der Berufung auf die Formunwirksamkeit" die Folge des Rechtsmissbrauchs darin, dass ein sonst nicht gegebener Anspruch im Ergebnis doch gewährt wird (s u Rn 447 ff), und zwar auch ohne entsprechenden Schuldnervortrag bezüglich der mangelnden Form.

bb) Begrenzung nach Sinn und Zweck

227 Die Rechtsfolgen des Rechtsmissbrauchs treten nicht ein, wenn er an ein vorwerfbares Verhalten anknüpft, die entstandenen Folgen aber auch bei ordnungsgemäßem Verhalten eingetreten wären, weil dann das Ergebnis letztlich mit der Rechtsordnung übereinstimmt (BGH MDR 1980, 561; MünchKomm/Roth Rn 198). Insoweit besteht eine Parallele zu dem aus dem Haftungsrecht bekannten Institut des **rechtmäßigen Alternativverhaltens**, so dass grundsätzlich derjenige beweisbelastet ist, der sich darauf beruft, dass die entsprechenden Folgen sich bei einem an Treu und Glauben orientierten Verhalten identisch dargestellt hätten.

cc) Zeitliche Reichweite

228 Da für die Beurteilung des Rechtsmissbrauches der **Zeitpunkt der Geltendmachung** des Rechts entscheidet (s o Rn 219), müssen die Rechtsfolgen nicht für immer eintreten. Fallen die Voraussetzungen des Rechtsmissbrauches weg, kann der Gläubiger das Recht wieder geltend machen (Soergel/Teichmann Rn 275; MünchKomm/Roth Rn 198; Bamberger/Roth/Grüneberg/Sutschet Rn 50; Gernhuber JuS 1983, 764, 765). Daran zeigt sich, dass der Einwand der unzulässigen Rechtsausübung nicht zu einem Untergang des Rechts oder der Rechtsposition führt, sondern nur die **Durchsetzung hemmt**.

dd) Persönliche Reichweite

229 Primär treten die Rechtsfolgen der unzulässigen Rechtsausübung zwischen den **Parteien** des entsprechenden Schuldverhältnisses ein. Steht auf einer Seite des Schuldverhältnisses eine **Personenmehrheit** und haben nicht alle Beteiligten das vorwerfbare Verhalten an den Tag gelegt, so kann der Beitrag des einen nach dem Rechtsgedanken der §§ 429 Abs 3, 425 Abs 1 den übrigen nicht ohne weiteres zugerechnet werden (BGHZ 44, 367, 370; MünchKomm/Roth Rn 201; Bamberger/Roth/Grüneberg/Sutschet Rn 54; Bamberger/Roth/Gehrlein § 432 Rn 7; Erman/Hohloch Rn 132; s dazu auch u Rn 719 ff). Eine Ausnahme gilt, wenn die übrigen Mitglieder der Personenmehrheit das Recht nicht wahrnehmen, sondern allein der Arglistige. Andernfalls würde nämlich der arglistig Handelnde nur deshalb besser gestellt, weil formell auch noch andere die Rechtsposition innehaben, die aber an ihrer Durchsetzung kein Interesse zeigen. In einem solchen Fall greift der Einwand der unzulässigen Rechtsausübung somit auch gegenüber dem Anspruch der Personenmehrheit durch (BGHZ 44, 367, 372).

230 Bei Einbeziehung eines **Dritten** in den **Vertrag** (§ 328) oder auch in seinen **Schutzbereich** (vgl § 311 Abs 3 S 1) gilt die Rechtsfolge der unzulässigen Rechtsausübung auch gegenüber ihm (MünchKomm/Roth Rn 200; Bamberger/Roth/Grüneberg/Sutschet Rn 55), da er nach dem Rechtsgedanken des § 334 aus einem Schuldverhältnis nicht mehr Rechte herleiten kann als der Vertragsschließende selbst.

231 Hinsichtlich der Erstreckung einer unzulässigen Rechtsausübung auf den **Rechtsnachfolger** ist zunächst danach zu differenzieren, ob der Vorwurf des Rechtsmissbrauchs an eine **objektive Bewertung** oder ein **missbilligtes Verhalten** anknüpft. Davon zu unterscheiden sind die Fälle, in denen sich die Missbräuchlichkeit der

Geltendmachung des Rechts durch den Nachfolger aus dessen **eigenem** (vergangenem) **Verhalten** ableiten lässt (BGH NJW 2001, 1859, 1863); insoweit bestehen keine Besonderheiten.

Wenn der Vorwurf des Rechtsmissbrauchs dagegen an eine **objektive Interessenwertung** anknüpft, muss bei Geltendmachung des Rechts durch den Nachfolger eine **neue Abwägung** vorgenommen werden, da in seiner Person Interessen vorliegen können, die uU zu einem anderen Ergebnis als vor Eintritt der Rechtsnachfolge führen. 232

Bei **missbilligtem Verhalten** des Rechtsvorgängers ist zwischen Gesamt- und Einzelrechtsnachfolge zu unterscheiden. Im Falle der **Gesamtrechtsnachfolge** treffen die Wirkungen des Rechtsmissbrauchs den Rechtsnachfolger uneingeschränkt (BGHZ 64, 5, 10; SOERGEL/TEICHMANN Rn 277; MünchKomm/ROTH Rn 207), da er in die Rechtsposition seines Vorgängers eintritt. Für die **Einzelrechtsnachfolge** existiert ein solcher Grundsatz nicht, so dass der Nachfolger die Rechtsfolgen der unzulässigen Rechtsausübung grundsätzlich nur dann gegen sich gelten lassen muss, wenn er die sie begründenden Umstände kannte (BGH NJW 1962, 1388, 1390; MünchKomm/ROTH Rn 207; BAMBERGER/ROTH/GRÜNEBERG/SUTSCHET Rn 55). In einem solchen Fall tritt seine Schutzwürdigkeit hinter die der Gegenpartei zurück. Etwas anderes gilt allerdings für Forderungen (vgl dazu im Einzelnen u Rn 708 ff, 718). 233

d) Die einzelnen Fälle
Unter **zeitlichen Gesichtspunkten** lassen sich drei verschiedene Konstellationen unterscheiden, in denen ein rechtsmissbräuchliches Verhalten nahe liegt. Entweder knüpft der Vorwurf der Missbräuchlichkeit an ein **früheres** bzw **gegenwärtiges Verhalten** an, oder er folgt aus einer **Zusammenschau** von früherem und gegenwärtigem Verhalten (wie hier SOERGEL/TEICHMANN Rn 27, 280; iE ähnlich MünchKomm/ROTH Rn 134). 234

aa) Früheres Verhalten
Der Behandlung des Rechtsmissbrauches wegen eines **früheren Verhaltens** liegt der in § 162 verankerte Gedanke zugrunde, dass niemand sich auf den Eintritt oder Nichteintritt eines Ereignisses berufen darf, den er selbst treuwidrig herbeigeführt bzw verhindert hat (BGHZ 88, 240, 248; BGH NJW-RR 1991, 177, 178; JAUERNIG/JAUERNIG § 162 Rn 3; AnwK-BGB/KREBS Rn 75; Hk-BGB/SCHULZE Rn 26). Die genannte Vorschrift zeigt, dass das Gesetz eine treuwidrig geschaffene Position nicht als schützenswert ansieht. Hieraus folgt im Rahmen des § 242, dass die Norm der Ausübung einer Rechtsposition entgegensteht, die (gerade) entgegen den Grundsätzen von Treu und Glauben geschaffen wurde (BGH MDR 1980, 561; TEICHMANN JA 1985, 497, 499). Unterschieden wird hierbei, wie auch die verschiedenen Abs des § 162 zeigen, zwischen dem **unredlichen Erwerb** der eigenen und der **unredlichen Verhinderung** des Entstehens einer gegnerischen Rechtsposition. 235

Manche stützen sich in solchen Fällen allein auf eine entsprechende Anwendung des § 162 (vgl BAMBERGER/ROTH/RÖVEKAMP § 162 Rn 10; ERMAN/ARMBRÜSTER § 162 Rn 7; PALANDT/HEINRICHS § 162 Rn 6 mwNw). Im Rahmen eines Schuldverhältnisses fehlt allerdings die planwidrige Lücke deshalb, weil § 242 in seiner **Beschränkungsfunktion** eingreift (s o Rn 202 ff). Darüber hinaus erscheint auch die Vergleichbarkeit der Interessenlagen zweifelhaft. Bei den von § 162 erfassten Sachverhalten geht es darum, 236 den bereits in einem bedingten Geschäft zum Ausdruck gekommenen Regelungswillen der Parteien durchzusetzen (MünchKomm/Westermann § 162 Rn 18), der in den vom Rechtsmissbrauch betroffenen Sachverhaltskonstellationen gerade fehlt. Daher ist jedenfalls im Rahmen von **Schuldverhältnissen** eine Lösung der rechtsmissbräuchlichen Situation mit Hilfe der Schrankenfunktion des § 242 vorzuziehen (MünchKomm/Westermann § 162 Rn 18). Aber auch darüber hinaus besteht der Vorrang des Grundsatzes von Treu und Glauben (§ 242), weil hieraus flexiblere Rechtsfolgen abgeleitet werden können (so auch MünchKomm/Westermann § 162 Rn 18; Staudinger/Bork [2003] § 162 Rn 15).

237 Über die vom Gedanken des § 162 erfassten Fälle hinaus stellt sich ferner die Frage, ob ein **vertrags- oder gesetzeswidriges Verhalten** generell die Ausübung eigener Rechte als unzulässig erscheinen lässt (vgl dazu näher u Rn 251 ff).

(1) Unredlicher Erwerb der eigenen Rechtsposition

238 Im ersten Unterfall dieser Gruppe knüpft der Vorwurf unzulässiger Rechtsausübung daran an, dass das geltend gemachte Recht bzw die Rechtsposition **unredlich erworben** wurde (BGHZ 57, 108, 111; OLG München NJW-RR 2002, 886, 888; MünchKomm/Roth Rn 217; Bamberger/Roth/Grüneberg/Sutschet Rn 58; Erman/Hohloch Rn 108 ff; Prölss ZHR 132, 35; Hohmann JA 1982, 112, 113; Teichmann JA 1985, 497, 499; Singer NZA 1998, 1309, 1312; abl Staudinger/J Schmidt [1995] Rn 667) bzw der Rechtsinhaber die tatbestandlichen Voraussetzungen des Rechts **unredlich geschaffen hat** (Soergel/Teichmann Rn 281).

239 Zum Teil wird die rechtstheoretische Begründung für den Rechtsmissbrauch hier im **Gleichheitssatz** gesehen. Zu diesem stehe es in Widerspruch, wenn das Recht dem Gläubiger die Vorteile eines rechtswidrigen Verhaltens sichere, zugleich aber verlange, dass der Gegner den Anspruch erfülle, also sich rechtstreu verhalte (Prölss ZHR 132, 35, 36 f; Wieacker, Präzisierung 31 unter Hinweis auf die „goldene Regel der ethischen Tradition: ,was Du nicht willst, das man Dir tue, das füg auch keinem anderen zu'"). Entscheidender ist indessen der Gesichtspunkt der **Selbstbehauptung** des Rechts. Die rechtliche Negation einer rechtswidrig erlangten Position dient der Beachtung des Rechts (so auch Prölss ZHR 132, 35, 37). Der Gedanke, dass die Durchsetzung eines Rechtes von seiner Entstehungsgeschichte abhängt, findet sich ua in den §§ 162 Abs 2, 241a Abs 1, 815 2. Alt, 817 S 2, 853 wieder.

(a) Rechtlich missbilligter Erwerb des Rechts

240 Nach den gesetzlichen Wertungen der §§ 134, 138 (z Verhältnis z § 242 s u Rn 364 ff u Rn 367 ff) ist von einem missbilligten Verhalten beim **Erwerb des Rechts** zunächst immer dann auszugehen, wenn die Rechtsposition auf **gesetzwidrige** oder **sittenwidrige Weise** erworben wurde (Soergel/Teichmann Rn 282; Palandt/Heinrichs Rn 43; Jauernig/Mansel Rn 44; Prölss ZHR 132, 35, 38; Hohmann JA 1982, 112, 113). In vielen Fällen sind entsprechende Rechtsgeschäfte nichtig, allerdings nicht zwingend (vgl zB BGHZ 101, 113).

241 Ebenfalls steht es grundsätzlich der Geltendmachung eines Rechts entgegen, wenn es auf **arglistige Weise** erlangt wurde (Soergel/Teichmann Rn 282; Bamberger/Roth/Grüneberg/Sutschet Rn 60; krit Staudinger/J Schmidt [1995] Rn 450). Demgegenüber enthält § 123 für die arglistige Täuschung eine gesetzgeberische Entscheidung da-

hingehend, dass eine so herbeigeführte Willenserklärung zunächst wirksam sein soll und nur durch Anfechtung beseitigt werden kann. Solange die Anfechtungsfrist des § 124 läuft, ist somit das **Anfechtungsrecht** als **spezieller Rechtsbehelf** anzusehen. Aber auch danach kann der Einwand der unzulässigen Rechtsausübung grundsätzlich nicht ausschließlich mit der arglistigen Täuschung begründet werden. Ansonsten wäre die Anfechtungsfrist bedeutungslos (BGH NJW 1969, 604 f; SOERGEL/TEICHMANN Rn 282; MünchKomm/KRAMER § 124 Rn 6; GERNHUBER JuS 1983, 764, 767; STAUDINGER/ J SCHMIDT [1995] Rn 453; BGB-RGRK/KRÜGER-NIELAND § 124 Rn 10; aA Hk-BGB/SCHULZE Rn 27). Eine praktisch sehr wichtige Ausnahme gilt jedoch für den Fall, dass die arglistige Täuschung die Voraussetzungen einer culpa in contrahendo (§§ 280 Abs 1, 311 Abs 2, 241 Abs 2) oder – was regelmäßig der Fall ist – einer unerlaubten Handlung (§§ 823 Abs 2 iVm 263 StGB, 826) erfüllt. Hier steht dem Geschädigten nach § 249 Abs 1 nicht nur ein Leistungsverweigerungsrecht (in letztgenanntem Fall nach § 853; vgl dazu MünchKomm/WAGNER § 853 Rn 4), sondern darüber hinaus auch ein Anspruch auf Rückabwicklung des Vertrages zu, der nicht an die Voraussetzungen der §§ 123, 124 gebunden ist (vgl PALANDT/HEINRICHS § 124 Rn 1; STAUDINGER/SINGER/ VFINCKENSTEIN [2004] § 123 Rn 95 f; speziell zur culpa in contrahendo BGH NJW 1979, 1883, 1884; NJW 1998, 302, 303 ff; NJW-RR 2002, 308, 309; krit MünchKomm/KRAMER § 123 Rn 35a; ERMAN/H PALM § 123 Rn 8; zur deliktischen Haftung vgl BGH NJW 1969, 604). Die gleichen Überlegungen gelten im Übrigen für die **widerrechtliche Drohung** (vgl STAUDINGER/ J SCHMIDT [1995] Rn 453). Hier kommt nach Ablauf der Anfechtungsfrist eine **Einrede** über §§ 853, 823 Abs 2 iVm §§ 240, 253, 255 StGB, 826 in Betracht. Soweit das unredliche Verhalten sich dagegen auf einen Realakt bezieht, kann uneingeschränkt auf § 242 zurückgegriffen werden.

Arglist ist andererseits zur Begründung eines unredlichen Verhaltens **nicht erforderlich** (vgl BGH LM Nr 5 zu § 242 [Cd]; BGH NJW 1993, 593, 594); eine missbräuchliche Verhaltensweise braucht nicht einmal schuldhaft begangen worden zu sein (s o Rn 223 f; ferner SOERGEL/TEICHMANN Rn 283; BAMBERGER/ROTH/GRÜNEBERG/SUTSCHET Rn 59; PALANDT/HEINRICHS Rn 43; JAUERNIG/MANSEL Rn 44; PRÖLSS ZHR 132, 35, 39; HOHMANN JA 1982, 112, 113; aA MünchKomm/ROTH Rn 187, 218). Die Parteien sind zur **gegenseitigen Rücksichtnahme** verpflichtet (s STAUDINGER/OLZEN § 241 Rn 411 f). Diese verletzt ein Beteiligter bereits dann, wenn er aus einem Verstoß hiergegen zum Nachteil der Gegenpartei eigene Rechte oder Rechtspositionen begründet, die bei redlichem Verhalten nicht entstanden wären. Eine solche Pflichtverletzung liegt – wie die Differenzierung in § 280 Abs 1 zeigt – unabhängig davon vor, ob der Verstoß gegen das Pflichtenprogramm verschuldet oder unverschuldet erfolgte. Auch die §§ 323 ff, 437 Nr 2 zeigen, dass an die objektive Pflichtverletzung negative Folgen für die Geltendmachung eines Gläubigerrechtes geknüpft werden. Eines Verschuldens bedarf es erst dann, wenn die Gegenpartei über die Abwehr des gegnerischen Verhaltens hinaus Schadensersatzansprüche geltend machen will. 242

(b) Rechtlich missbilligte Schaffung von Tatbestandsvoraussetzungen
Rechtsmissbrauch liegt ferner vor, wenn zwar nicht das Recht selbst, aber seine **tatbestandlichen Voraussetzungen** in missbilligenswerter Weise herbeigeführt wurden (MünchKomm/ROTH Rn 228). Dies hat die ältere Rspr zB angenommen, wenn die Voraussetzungen einer Rechtsstellung vorwiegend durch nationalsozialistische Betätigung geschaffen worden waren, weil ein Ruhegeldanspruch letztlich auf der Mitgliedschaft in der NSDAP beruhte und der Betroffene ohne diese nicht in das 243

Amt gelangt wäre (BGHZ 9, 94, 96 ff; 12, 337, 345, PRÖLSS ZHR 132, 35, 52; vgl auch BGHZ 23, 282, 286 in einer Entscheidung z § 157). Eine gesetzliche Ausprägung findet dieser Grundsatz nicht nur in § 162 Abs 2, sondern auch in §§ 1579 Nr 4, 1611 Abs 1, 2339 Abs 1 Nr 1. Ebenso enthält § 254 diesen Gedanken, da er dem Gläubiger versagt, Schadensersatz zu verlangen, so weit er durch Verletzung einer im eigenen Interesse bestehenden Sorgfaltsanforderung (mit) zur Entstehung des Schadens bzw zu seiner Höhe beigetragen hat (vgl u Rn 378 u 587).

244 Daraus folgt etwa, dass ein **Anfechtungs- oder Kündigungsrecht** ausgeschlossen sein kann, wenn der Berechtigte den Grund dafür selbst gesetzt hat (BGHZ 122, 168; MünchKomm/ROTH Rn 230 f), vor allem, wenn er dabei die Absicht verfolgte, von diesem Recht später Gebrauch zu machen (OLG Hamburg NJW-RR 1991, 673, 674).

245 Soweit Teile der Lit mit solchen Erwägungen sogar Schadensersatzansprüche völlig ablehnen, wenn der Geschädigte in vorwerfbarer Weise die Situation geschaffen hat, aus der der Anspruch resultiert (vgl MünchKomm/ROTH Rn 235), kann dem allerdings nicht gefolgt werden. Auf das Institut der unzulässigen Rechtsausübung sollte man nicht zurückgreifen, so weit Spezialregelungen anwendbar sind (s o Rn 221), wie hier § 254 (so auch STAUDINGER/J SCHMIDT [1995] Rn 665). Damit können die beiderseitigen Verursachungsbeiträge bis zum völligen Anspruchsausschluss gegeneinander abgewogen werden (MünchKomm/OETKER § 254 Rn 105; LARENZ, Schuldrecht I § 31 I).

(2) Unredliche Vereitelung der gegnerischen Rechtsposition
246 Der Vorwurf des früheren missbräuchlichen Verhaltens kann auch daran anknüpfen, dass das Entstehen einer **günstigen Rechtsposition** der Gegenpartei **verhindert** wurde (JAUERNIG/MANSEL Rn 46; Hk-BGB/SCHULZE Rn 28; LOOSCHELDERS, Schuldrecht AT Rn 82; PRÖLSS ZHR 132, 35, 59; TEICHMANN JA 1985, 497, 499; aA STAUDINGER/J SCHMIDT [1995] Rn 645 ff). Dass der treuwidrig Handelnde sich auf diese Weise seinen Pflichten nicht entziehen kann, zeigt das Gesetz in den §§ 162 Abs 1, 815. Er muss sich vielmehr so behandeln lassen, als sei das Recht entstanden (BAMBERGER/ROTH/GRÜNEBERG/SUTSCHET Rn 79; JAUERNIG/MANSEL Rn 46; MünchKomm/ROTH Rn 248). Nur insoweit und anders als bei der sog **Erwirkung** (s o Rn 193 und u Rn 319, 833 ff) kommt der unzulässigen Rechtsausübung iE eine anspruchsbegründende Funktion (s o Rn 197) zu, gleich, ob das treuwidrige Verhalten den Erwerb eines Rechts oder nur seine tatsächliche Ausübung verhindert hat (BGH NJW-RR 1991, 527, 528).

247 Ein Anwendungsfall dieser Grundsätze liegt vor, wenn jemand mit dem Ziel, Ansprüche der Gegenpartei zu vereiteln, eine bestimmte Rechtsform oder Rechtsgestaltung gewählt hat, sog **Rechtsformmissbrauch** (BAG NJW 1983, 645, 646; MünchKomm/ROTH Rn 217; z Missbrauch gesellschaftsrechtlicher Gestaltungsmöglichkeiten s u Rn 986 ff). Darin liegt meist gleichzeitig eine sittenwidrige Schädigung iSd § 826. Der Geschädigte könnte dann im Wege der Naturalrestitution gem § 249 Abs 1 verlangen, dass ihm das vorenthaltene Recht gewährt wird. Beruft sich der rechtsmissbräuchlich Handelnde auf das Nichtvorliegen der entsprechenden Rechtsposition, verstößt er gegen Treu und Glauben (vgl auch den Gedanken des dolo agit; s u Rn 281 ff).

248 Über diese Fälle des **zielgerichteten Handelns** hinaus genügt für einen Verstoß gegen Treu und Glauben, dass sich das Verhalten, das die Entstehung des Rechts verhindert, als **Pflichtverletzung** darstellt. So wird zB dem **Unterhaltsverpflichteten** die Be-

rufung auf seine Leistungsunfähigkeit versagt, wenn er diese selbst herbeigeführt hat (BGH NJW 1981, 1609, 1610; 1982, 2491, 2492), zB durch grundlose Arbeitsplatzniederlegung (BGH NJW 1981, 1609, 1610; 1982, 1050, 1052; ausf dazu u Rn 939) oder indem er wegen Verletzung der Unterhaltspflicht gem § 170 StGB eine Haftstrafe in Kauf genommen hat (BGH NJW 1982, 2491, 2492). Sofern die Pflichtverletzung auch **schuldhaft** erfolgte, trifft den Schuldner eine Pflicht zum Schadensersatz, die darauf gerichtet ist, die betreffende Rechtsposition herzustellen. Aber selbst bei unverschuldeter Pflichtverletzung bleibt die entsprechende Partei hinter dem Pflichtenprogramm zurück, und es würde sich als Verstoß gegen das Rücksichtnahmegebot darstellen, wenn sie aus der Pflichtverletzung günstige Folgen ableiten könnte (s o Rn 242). Die Berufung auf den Wegfall des Anspruchs ist deshalb missbräuchlich.

Die unredliche Vereitelung einer Rechtsposition liegt auch in den Fällen vor, in denen die **Formnichtigkeit** eines Vertrages gem § 242 überwunden wird, weil eine Partei die Nichteinhaltung der Form herbeigeführt hat (ausf u Rn 447 f und o Rn 226), ferner bei **Verhinderung des Zugangs** einer Willenserklärung (ausf u Rn 455 ff). **249**

Fraglich ist, ob nicht nur **unmittelbare**, sondern auch **mittelbare** Beiträge zur Vereitelung einer Rechtsposition zu berücksichtigen sind, um einen Rechtsmissbrauch festzustellen. Insoweit zeigen die §§ 287 (vgl insoweit MünchKomm/ROTH Rn 235), 678, 848, dass eine Haftung ohne Verschulden für die unmittelbare Schadensverursachung eintreten kann, sofern ein Fehlverhalten vorangegangen ist. Allerdings muss dieses Vorverhalten – wie sich aus §§ 286 Abs 4, 678, 848 iVm 823 ff ergibt – **schuldhaft** gewesen sein. Daraus lässt sich die Wertung entnehmen, dass ein mittelbares, schuldhaftes, mit der Nichtentstehung einer Rechtsposition in Zusammenhang stehendes Verhalten des rechtsmissbräuchlich Handelnden im Rahmen der Abwägung beachtlich sein kann (Bspw kann der Teilnehmer an einer Schwarzfahrt einen dabei erlittenen Unfall nicht dem Eigentümer des Fahrzeugs anlasten mit der Begründung, dass die mangelhafte Verwahrung des Fahrzeugs die Schwarzfahrt erst ermöglicht habe, vgl RGZ 167, 381, 400). **250**

(3) Vertrags- oder gesetzwidriges Verhalten als genereller Ausschlussgrund?
Über die beiden geschilderten Fallgruppen hinaus stellt sich die Frage, ob ein eigenes **vertrags- oder gesetzwidriges Verhalten** die Geltendmachung von Rechten ausschließt (sog **tu quoque-Einwand**; s dazu auch u Rn 624, 648, 1021). Das BGB kennt keinen generellen Anspruchsausschluss auf Grund nicht rechtstreuen Verhaltens (BAMBERGER/ROTH/GRÜNEBERG/SUTSCHET Rn 71; PALANDT/HEINRICHS Rn 46), sondern nur Sanktionen für Pflichtverletzungen und Abwehrmöglichkeiten. Vorschriften wie die §§ 241a, 661a, 817 und der etwas mildere § 654, die generellen Strafcharakter haben, bilden vielmehr eine Ausnahme. **251**

In diesen Zusammenhang gehören die durch das Schuldrechtsmodernisierungsgesetz zum 1.1.2002 (s STAUDINGER/OLZEN Einl 184 ff zum SchuldR) eingeführten §§ 314, 324. Sie erlauben die **Kündigung** eines Dauerschuldverhältnisses bzw einen **Rücktritt** vom gegenseitigen Vertrag aus **wichtigem Grund**. Dieser kann – wie § 314 Abs 2 zeigt – auch in einer Pflichtverletzung liegen, sei es einer Leistungs- oder einer Rücksichtspflichtverletzung gem § 241 Abs 2. Stets ist aber erforderlich, dass ein Festhalten des Gläubigers am Vertrag für ihn **unzumutbar erscheint**. **252**

Soweit diese gesetzlichen Abwehrrechte gelten, bedarf es keines Rückgriffs auf die **253**

Grundsätze der unzulässigen Rechtsausübung (JAUERNIG/MANSEL Rn 47), selbst dann nicht, wenn der Schuldner (noch) nicht von seinem Abwehrrecht Gebrauch gemacht hat. Eine Ausnahme gilt unter Berücksichtigung des Grundsatzes der **Verhältnismäßigkeit**, wenn durch § 242 ein milderer und deshalb interessengerechterer Eingriff in das Schuldverhältnis erfolgen kann, als derjenige, der zur völligen Aufhebung führt (MünchKomm/ROTH Rn 239, 359; s o Rn 221).

254 Eine über diese Vorschriften hinausgehende Einschränkung der Gläubigerrechte gem § 242 hat man auf Grund der Unvollständigkeit des Gesetzes jedenfalls vor dem Schuldrechtsmodernisierungsgesetz überwiegend zugelassen (vgl BGH NJW 1993, 1645, 1646; 1999, 352 f; SOERGEL/TEICHMANN Rn 288; HOHMANN JA 1982, 112, 113; **aA** LORENZ JuS 1972, 311, 315; auch TEUBNER). Die gleichen Argumente gelten in eingeschränkter Form aber fort, da die §§ 314, 324 weder für nicht gegenseitige Verträge noch für gesetzliche Schuldverhältnisse eingreifen, so dass Anwendungslücken verbleiben (MünchKomm/ROTH Rn 239; BAMBERGER/ROTH/GRÜNEBERG/SUTSCHET Rn 71).

255 Die Voraussetzungen eines rechtlich missbilligten Verhaltens müssen auch hier durch eine **Interessenabwägung** zwischen dem **Schutzinteresse** des Schuldners und dem **Leistungsinteresse** des Gläubigers festgestellt werden. Ergibt sie, dass ein von gesetzlichen Vorstellungen abweichendes Ergebnis vorliegt, hat das Interesse des Gläubigers zurückzustehen (BGHZ 55, 274, 280 verlangt, dass sich das treuwidrige Verhalten des Gläubigers besonders schwerwiegend auf das Unternehmen des Verpflichteten auswirkt oder auszuwirken droht und die Aberkennung des Anspruchs nicht außer Verhältnis zu Art, Ausmaß und Folgen der Verletzung stehen darf). Die Abwägung verlangt ferner eine Berücksichtigung der Wertungen der §§ 314, 324, so dass die Pflichtverletzung des Gläubigers **erhebliches Gewicht** haben muss und eine Durchsetzung seiner Rechte den Schuldner **schwer belasten würde** (so schon SOERGEL/TEICHMANN Rn 288). Dies gilt insbesondere bei der Geltendmachung weit reichender Befugnisse (vgl etwa JAUERNIG/MANSEL Rn 47), bei schweren Verfehlungen (MünchKomm/ROTH Rn 243 f; HOHMANN JA 1982, 112, 113) oder schwerwiegenden Folgen der Vertragsverletzung (BGHZ 55, 274, 280). Dem entspricht es, dass einem Gläubiger, der sich selbst nicht vertragsgemäß verhalten hat, bei Pflichtverletzungen des Schuldners zwar Schadenersatzansprüche zugesprochen werden, ihm hingegen der weitergehende Rücktritt verwehrt bleibt (vgl etwa BGH NJW 1971, 1747; MünchKomm/ROTH Rn 362). Deswegen wird auch teilweise in die §§ 323 ff die **eigene Vertragstreue** des Anspruchsstellers als ungeschriebenes Tatbestandsmerkmal hineingelesen (MünchKomm/ERNST § 323 Rn 257; BAMBERGER/ROTH/ GROTHE § 323 Rn 41; ferner z §§ 325, 326 aF HOHMANN JA 1982, 112, 113; vgl z Ganzen auch u Rn 622 ff, 648, 652).

256 Ferner liegt eine Einschränkung der Gläubigerrechte nahe, wenn der Gläubiger Rechte aus einem Verhalten des Schuldners herleitet, das er durch einen **schwerwiegenden Vertragsbruch** selbst **herbeigeführt** oder **provoziert** hat (BGH NJW 1993, 1645, 1646; NJW 2008, 1148, 1150; TEUBNER, Generalklauseln 29). Umgekehrt kommt der Ausschluss eines Forderungsrechts auf Grund der Interessenabwägung nur ausnahmsweise in Betracht, wenn die Position des Rechtsinhabers besonders schützenswert ist, etwa weil es sich um Ansprüche mit Versorgungscharakter handelt, zB Unterhaltsansprüche (vgl etwa BGH NJW-RR 1997, 348; BAG NJW 1981, 188). Unter Zugrundelegung der Wertung des § 324 ist es grundsätzlich nicht erforderlich, dass der Rechtsinhaber sein vertrags- oder gesetzeswidriges Verhalten gem § 276 zu vertreten hat. Dem Umstand kann allerdings im Rahmen der Interessenabwägung Bedeutung zukommen (so für § 324 auch MünchKomm/Ernst § 324 Rn 10; s o Rn 255).

bb) Gegenwärtiges Verhalten

Der Vorwurf des Rechtsmissbrauchs kann auch in einem **gegenwärtigen** Verhalten begründet sein, zunächst wegen der **Art und Weise der Ausübung** des Rechts (Bamberger/Roth/Grüneberg/Sutschet Rn 70; Gernhuber JuS 1983, 764, 767). Neben diesem eher seltenen Fall (BAG NZA 2000, 437, 438; LAG München NJW 1950, 399 mit krit Anm von Molitor; Hohmann JA 1982, 112, 113) kommt vor allem die Geltendmachung eines Rechts **zur Unzeit** in Betracht (BAG NZA 1994, 1080, 1081; NJW 2001, 2994; Gernhuber JuS 1983, 764, 767). **257**

Ein Missbrauch liegt uU auch darin, dass ein Recht in Anspruch genommen wird, obwohl der Gläubiger **kein schützenswertes Interesse** damit verfolgt, oder darin, dass der Inanspruchnahme **überwiegende Interessen** des Schuldners oder anderer Personen **entgegenstehen** (Soergel/Teichmann Rn 290; MünchKomm/Roth Rn 371). Aber nicht jede Ungleichverteilung der Interessen darf schon zu einer Aberkennung des Rechtes führen, sondern nur bei groben, inakzeptablen Missverhältnissen kann auf die unzulässige Rechtsausübung zurückgegriffen werden (MünchKomm/Roth Rn 371). **258**

Bei dem nachfolgenden Versuch, die verschiedenen Konstellationen darzustellen, in denen das Leistungsinteresse des Gläubigers ausnahmsweise zurückstehen muss, ist eine genaue Grenzziehung schwer möglich, aber auch nicht erforderlich, da es sich nicht um abschließende Gruppen handelt, sondern nur um Indizien, die ein Überwiegen des Schuldnerinteresses an der Nichterbringung der Leistung besonders nahe legen. **259**

(1) Fehlendes Eigeninteresse

Ein Rechtsmissbrauch liegt zunächst vor, wenn der Gläubiger mit der Geltendmachung seiner Rechtsposition **kein schutzwürdiges Eigeninteresse** verfolgt (BGH NJW 2008, 3438; MünchKomm/Roth Rn 385; Bamberger/Roth/Grüneberg/Sutschet Rn 80; Palandt/Heinrichs Rn 50; AnwK-BGB/Krebs Rn 84; Jauernig/Mansel Rn 38; Looschelders, Schuldrecht AT Rn 79; Teichmann JA 1985, 497, 499; vOlshausen, Die verwechselten Grundstücke oder: § 242 BGB im Sachenrecht, JZ 1983, 288, 290). Eine Rechtsausübung (nur) zu dem Zweck, den Schuldner zu schädigen, ist bereits gem § 226 unzulässig. Zwar erfasst auch § 242 diesen Fall (vgl etwa Palandt/Heinrichs Rn 50), eines Rückgriffs bedarf es aber nicht. § 226 setzt allerdings voraus, dass die Rechtsausübung **allein** das Ziel verfolgt, einem anderen **Schaden zuzufügen** (RGZ 68, 424, 425; BGH NJW 1995, 1488, 1489; NJW 2008, 3438; LG Gießen NJW-RR 2000, 1255; Soergel/Fahse § 226 Rn 5; Palandt/Heinrichs § 226 Rn 2). Sofern dieser Ausschließlichkeitsaspekt fehlt oder nicht nachweisbar ist, greift häufig der Einwand des Rechtsmissbrauchs ein (Soergel/Teichmann Rn 291; z Verhältnis von § 226 u § 242 s auch u Rn 375 ff). **260**

Das ist zB der Fall, wenn es dem Rechtsinhaber nicht um Schädigung, sondern um die Verfolgung **gesetzes- bzw vertragsfremder** oder **unlauterer Zwecke** geht (BGHZ 5, 186, 189; 30, 140, 144; 134, 325, 330; BGH NStZ 2004, 37; NJW 2008, 3438; Soergel/Teichmann Rn 302; Bamberger/Roth/Grüneberg/Sutschet Rn 94; Jauernig/Mansel Rn 38; Brox/Walker, Allgemeines Schuldrecht § 7 Rn 15; Hohmann JA 1982, 112, 114). Dabei entscheidet, **261** welche Zielsetzung die das Recht gewährende Vorschrift bzw vertragliche Vereinbarung verfolgt. Entspricht die Rechtsausübung nicht dieser Zielsetzung, so steht ein Missbrauch in Rede (BGHZ 5, 186, 189; MünchKomm/ROTH Rn 388; BAMBERGER/ROTH/ GRÜNEBERG/SUTSCHET Rn 82; vgl zB BGHZ 90, 198, 204, wo ein Wandelungsrecht geltend gemacht wurde, nachdem der Mangel beseitigt worden war). Daneben kommen auch Fälle in Betracht, in denen der Rechtsinhaber **ausschließlich Drittinteressen** verfolgt. Fehlt ihnen der Zusammenhang mit dem Schuldverhältnis, so ist die Beanspruchung des Rechts uU missbräuchlich (vgl BGH NJW 1981, 1600; 1983, 1735 f: Eine Bank kann ihr bestellte Sicherheiten für von einem Dritten abgetretene Forderungen nicht in Anspruch nehmen, wenn sie die Forderungen entweder auf bankenunübliche Weise erworben hat oder wenn sie die Forderungen ohne eigenes wirtschaftliches Interesse nur deshalb einzieht, um dem Dritten Deckung aus den von ihr nicht voll benötigten Sicherheiten zu verschaffen.).

262 In diesen Zusammenhang gehört auch der Sachverhalt, dass eine **Rechtsposition** formal noch **existiert**, aber der hinter ihr stehende materielle **Zweck** sich bereits **erledigt** hat (MünchKomm/ROTH Rn 387; BAMBERGER/ROTH/GRÜNEBERG/SUTSCHET Rn 83). Deshalb handelt es sich um eine unzulässige Rechtsausübung, wenn der verfolgte Sicherungszweck bereits anderweitig hinreichend gewährleistet ist (BGHZ 100, 95, 105; vgl z einem Bsp öffentlich-rechtlicher Natur BVerwG NJW 1989, 118, 119; BAMBERGER/ ROTH/GRÜNEBERG/SUTSCHET Rn 89).

263 Dagegen lässt sich aus der **Geringwertigkeit des Anspruchs** allein kein mangelndes oder geringfügiges Interesse des Gläubigers ableiten (SOERGEL/TEICHMANN Rn 292). Im Gegenteil lassen Vorschriften wie §§ 312 Abs 3 Nr 2, 491 Abs 2 Nr 1, 499 Abs 3 iVm 491 Abs 2 Nr 1 erkennen, dass das Gesetz von einer geringeren Schutzbedürftigkeit des Schuldners ausgeht, so weit er Bagatellforderungen ausgesetzt ist (z Problem des Rechtsschutzinteresses für entspr Klagen vgl OLZEN/KERFACK, Zur gerichtlichen Durchsetzung von Minimalforderungen, JR 1991, 133). Es wäre nicht sinnvoll, zB demjenigen, der nur einen geringen Schaden durch eine unerlaubte Handlung anrichtet, zu ermöglichen, die Schadensersatzleistung unter Hinweis darauf zu verweigern.

(2) Geringfügiges Eigeninteresse des Rechtsinhabers
(a) Allgemeine Voraussetzungen

264 Die Missbräuchlichkeit eines Rechts ergibt sich in anderen Situationen oft erst aus einem **Interessenvergleich** (MünchKomm/ROTH Rn 408; BAMBERGER/ROTH/GRÜNEBERG/SUTSCHET Rn 80; JAUERNIG/MANSEL Rn 37; LOOSCHELDERS, Schuldrecht AT Rn 80; TEICHMANN JA 1985, 497, 499; CANARIS JZ 1987, 993, 1002). Im Gegensatz zur soeben dargestellten Fallgruppe hat der Rechtsinhaber in solchen Fällen zwar ein eigenes sachliches Interesse an der Geltendmachung seines Anspruchs, jedoch muss dieses nach Abwägung mit den gegnerischen Interessen deshalb zurücktreten, weil dessen Schutzbedürftigkeit **wesentlich höher** erscheint (SOERGEL/TEICHMANN Rn 293). Dabei wirkt sich erneut das Gebot zur **gegenseitigen** Rücksichtnahme aus (s o Rn 215; ferner SOERGEL/TEICHMANN; GERNHUBER JuS 1983, 764, 767).

265 Allerdings ist insoweit mit der Annahme eines Rechtsmissbrauchs **Vorsicht geboten** (SOERGEL/TEICHMANN Rn 47; MEDICUS AcP 192 [1992] 35, 69). Denn es gibt keinen allgemeinen Grundsatz, wonach man verpflichtet ist, seine Interessen hinter denjenigen anderer Beteiligter zurückzustellen (MünchKomm/ROTH Rn 409; JAUERNIG/MANSEL Rn 41). Ein Rechtsmissbrauch kann daher nur bei Bestehen einer **atypischen Inter-**

essenlage angenommen werden, die über die bloße Ungleichgewichtung der beteiligten Interessen **weit hinausgeht** (sehr weitgehend CANARIS JZ 1987, 993, 1002 ff, der sogar bei vorsätzlichem Handeln eine Reduktion der Schadensersatzpflicht auf Grund der schlechten Vermögensverhältnisse des Schädigers zulassen will und Ähnliches umgekehrt bei schlechten Vermögensverhältnissen des Versicherten auch für die Leistungsbefreiung des Versicherers nach § 81 Abs 1 VVG vertritt; dagegen aber zu Recht MEDICUS AcP 192 [1992] 35, 65 ff).

Bei der notwendigen Abwägung kommt den Interessen besonderes Gewicht zu, die **266** **grundrechtlich** geschützt sind (SOERGEL/TEICHMANN Rn 45; MünchKomm/ROTH Rn 412; HENSSLER AcP 190 [1990] 538, 546). Insoweit wirkt sich die mittelbare Wirkung der Grundrechte über § 242 aus (s o Rn 146). Allerdings müssen sich **grundrechtlich geschützte Positionen** auch nicht zwingend durchsetzen (SOERGEL/TEICHMANN Rn 51), zumal sich im Verhältnis zwischen Privatrechtssubjekten typischerweise beide Parteien auf die Grundrechte berufen können.

Subjektiver Elemente bedarf es nicht (MünchKomm/ROTH Rn 372; **aA** WIEACKER, Präzisie- **267** rung 35 f). Der Schutz der deutlich überwiegenden Interessen der Gegenpartei kann nicht davon abhängen, ob sich die Inanspruchnahme eines Rechts „als zu missbilligende subjektive Fehlabwägung" darstellt oder nicht (so aber WIEACKER, Präzisierung 35). Dafür sprechen ua die Wertungen der §§ 275 Abs 2, Abs 3 (dazu u Rn 270 ff, 380). Schon die objektive Inanspruchnahme des Rechtes stellt also einen Verstoß gegen das Rücksichtsgebot dar (s o Rn 215).

Schließlich sind auch die **Interessen Dritter**, die von der Rechtsstellung umfasst sind, **268** mitzuberücksichtigen (SOERGEL/TEICHMANN Rn 295). So ist die Berufung auf einen Unterhaltsverzicht unter Ehegatten missbräuchlich, wenn dadurch eine hinreichende Versorgung der Kinder gefährdet würde (BGH NJW 1985, 1835, 1836; 1987, 776, 777; OLG Hamm FamRZ 2004, 201; s dazu auch u Rn 936 f).

(b) Anwendungsfälle
Als missbilligenswert wird die Inanspruchnahme eines Rechts angesehen, wenn der **269** Schuldner durch die Geltendmachung zu einem **gesetzes- oder sittenwidrigen** Verhalten gezwungen wird (BGH NJW 1994, 728, 729; MünchKomm/ROTH Rn 221). Meist liegt dann allerdings ein Fall der **rechtlichen Unmöglichkeit** mit der Folge des § 275 Abs 1 vor (vgl BGH NJW 1983, 2873; Hk-BGB/SCHULZE § 275 Rn 12; BROX/WALKER, Allgemeines Schuldrecht § 22 Rn 5; s u Rn 631 ff). Entsprechendes galt bis zum Schuldrechtsmodernisierungsgesetz nach dem Rechtsgedanken des § 251 Abs 2, wenn das von der Gegenpartei verlangte Verhalten mit einem unverhältnismäßig großen, ihm billigerweise **nicht zuzumutenden Aufwand** verbunden (BGHZ 62, 388, 390; BGH NJW 1988, 699, 700) oder aus anderen Gründen **unzumutbar** war (BGHZ 36, 370, 375 f; ERMAN/HOHLOCH Rn 101; LARENZ, Schuldrecht I § 10 II c; LOOSCHELDERS, Schuldrecht AT Rn 87; WIEACKER, Präzisierung 36; HENSSLER AcP 190 [1990] 538, 542).

Allerdings regeln seit dem 1.1.2002 die §§ 275 Abs 2, Abs 3 bestimmte Ungleich- **270** gewichtungen speziell. § 275 Abs 2 befasst sich damit, dass der Schuldner einen Leistungsaufwand erbringen muss, der in einem **groben Missverhältnis** zu dem Leistungsinteresse des Berechtigten steht. § 275 Abs 3 gewährt ein Leistungsverweigerungsrecht, wenn dem Schuldner eine **persönlich zu erbringende Leistung** nicht zugemutet werden kann. Sofern sich wesentliche Umstände gegenüber der ursprünglichen Vereinbarung verändert haben oder aber sich die Vorstellung bzgl solcher Umstände als falsch erweist und dies ein Festhalten am Vertrag unzumutbar erscheinen lässt, darf jetzt jede Partei **Vertragsanpassung** verlangen, §§ 313 Abs 1, Abs 2.

271 Im Hinblick auf die Abgrenzung all dieser Regeln zu § 242 gilt Folgendes: Im originären Anwendungsbereich des § 275 Abs 2 kommt § 242 deshalb keine Bedeutung zu, weil bei der Feststellung, ob der vom Schuldner zu erbringende Aufwand zu dem Leistungsinteresse des Gläubigers in einem **groben Missverhältnis** steht, bereits die Gebote von Treu und Glauben zu beachten sind (vgl MünchKomm/ERNST § 275 Rn 69, der von einem Kosten-Nutzen-Kalkül spricht; SCHULZE/EBERS, Streitfragen im neuen Schuldrecht, JuS 2004, 265, 266). Insoweit besteht also ein **Vorrang** des § 275 Abs 2 (MünchKomm/OETKER § 251 Rn 35; TEICHMANN BB 2001, 1485, 1488; CANARIS JZ 2001, 499, 505).

272 Fraglich bleibt, ob **unterhalb** des groben Missverhältnisses iSd § 275 Abs 2 noch Raum für die Anwendung des Rechtsgedankens der §§ 251 Abs 2, 439 Abs 3, 635 Abs 3, 651c Abs 2 über § 242 bleibt (offen gelassen bei MünchKomm/ERNST § 275 Rn 71). Dafür lässt sich anführen, dass der Gesetzgeber mit Einführung der §§ 439 Abs 3, 635 Abs 3 neben § 275 Abs 2 zwei Fälle anerkannt hat, in denen ein bloßes Missverhältnis zur Leistungsbefreiung führen kann. Eine **allgemeine Unverhältnismäßigkeitsschranke** würde allerdings § 275 Abs 2 widersprechen. Denn die dort geregelte Anhebung gegenüber dem früher aus §§ 251 Abs 2, 651c Abs 2 gewonnenen Rechtsgedanken auf die Schwelle eines **groben Missverhältnisses** war vom Gesetzgeber gewollt (vgl BT-Drucks 14/6040, 130). §§ 251 Abs 2, 439 Abs 3, 635 Abs 3 und 651c Abs 2 stellen deshalb gesetzliche Sondervorschriften zu § 275 Abs 2 dar, die in ihrer Aussage nicht über § 242 verallgemeinert werden dürfen.

273 § 275 Abs 2 stellt allerdings allein auf den **Leistungsaufwand des Schuldners** einerseits und das **Leistungsinteresse des Gläubigers** andererseits ab. Die Norm ermöglicht **keine Abwägung sonstiger Umstände** (MünchKomm/ERNST § 275 Rn 69) und schließt deshalb eine Anwendung des § 242 nicht vollständig aus (TEICHMANN BB 2001, 1485, 1488). In diesem Rahmen kann auch der Leistungsaufwand als Abwägungskriterium Bedeutung haben, wenn er erst im Zusammenhang mit weiteren Umständen zur Begründung der Unzumutbarkeit für den Schuldner herangezogen wird.

274 Sofern die Befreiung des Schuldners aus anderen **persönlichen Umständen** als der Belastung durch den Leistungsaufwand begründet werden soll, bedarf es einer Abgrenzung zu § 275 Abs 3. Dessen Wortlaut erlaubt, anders als § 275 Abs 2, eine **umfassende Interessenabwägung**, in der **alle negativen Folgen** für den Schuldner zu berücksichtigen sind, wie etwa die notwendige Versorgung des schwer erkrankten Kindes oder sonstiger Angehöriger (MünchKomm/ERNST § 275 Rn 115; BAMBERGER/ROTH/ UNBERATH § 275 Rn 43; OLZEN/WANK, Die Schuldrechtsreform Rn 139), so dass bei **persönlich zu erbringenden Leistungen** kein Rückgriff mehr auf § 242 erfolgen kann (vgl Münch-Komm/ERNST § 275 Rn 118; AnwK-BGB/DAUNER-LIEB § 275 Rn 57; abw für die alte Rechtslage etwa SOERGEL/TEICHMANN Rn 295; vgl auch u Rn 380). Vielmehr ist § 275 Abs 3 nunmehr als **lex specialis** zu § 242 anzusehen (LOOSCHELDERS, Schuldrecht AT Rn 87; ZIMMER, Das neue Recht der Leistungsstörungen, NJW 2002, 1, 4). Dies gilt auch für die **Leistungsverwei-**

gerung aus Gewissensgründen. Letzteres ist allerdings nicht unumstritten: Einige Literaturstimmen beurteilen die Leistungsverweigerung aus Gewissensgründen auch bei persönlichen Leistungspflichten nicht nach § 275 Abs 3, sondern nach § 242 oder § 313 (so etwa WESTERMANN/BYDLINSKI/WEBER, Schuldrecht AT Rn 7/30 f; zur Rechtslage vor Inkrafttreten des Schuldrechtsmodernisierungsgesetzes [Lösung über § 242] vgl STAUDINGER/ J SCHMIDT [1995] Rn 1196 ff mwNw). Dabei wird auf die Gesetzesbegründung verwiesen, wonach sich auch Fälle der Leistungsverweigerung aus Gewissensgründen „nicht über § 275 Abs 2 S 1 RE, sondern nur über § 313 oder über die Anwendung von Treu und Glauben lösen" lassen (BT-Drucks 14/6040, 130). Für die vorliegende Frage ist diese Passage jedoch wenig aussagekräftig, weil sie sich allein auf § 275 Abs 2 (= § 275 Abs 2 S 1 RE) bezieht, nicht aber auf § 275 Abs 3 (= § 275 Abs 2 S 2 RE). Aus sachlichen Gründen besteht jedenfalls kein Anlass, die Leistungsverweigerung aus Gewissensgründen bei persönlichen Leistungspflichten aus dem Anwendungsbereich des § 275 Abs 3 auszunehmen. Deshalb ist mit der hM (Hk-BGB/SCHULZE § 313 Rn 9; MünchKomm/ERNST § 275 Rn 118; LOOSCHELDERS, Schuldrecht AT Rn 482; OTTO, Die Grundstrukturen des neuen Leistungsstörungsrechts, Jura 2002, 1, 4) davon auszugehen, dass § 242 und § 313 auch insoweit durch § 275 Abs 3 verdrängt werden. Das Leistungsverweigerungsrecht aus Gewissengründen richtet sich somit nur dann nach § 242 (bzw § 313), wenn es nicht um persönliche Leistungspflichten geht.

Ein Ausschluss der Leistungspflicht wegen Unzumutbarkeit gem § 242 kommt also **275** nur noch bei Leistungen, die der Schuldner **nicht persönlich** zu erbringen hat, in Betracht. (In diesen Zusammenhang gehört etwa der Fall, dass Kernkraftgegner unter Berufung auf ihre Gewissensfreiheit [Art 4 GG] die Stromrechnung nicht bezahlen wollen [vgl dazu OLG Hamm NJW 1981, 2473; LG Dortmund NJW 1981, 764; PALANDT/HEINRICHS Rn 8], wobei ein Leistungsverweigerungsrecht hier aber nach allgemeiner Ansicht nicht anzuerkennen ist.) Dafür spricht, dass der Schutz des Schuldners vor unzumutbaren Leistungsforderungen unabhängig davon bestehen muss, ob ein anderer für ihn eintreten kann oder nicht (MünchKomm/ERNST § 275 Rn 109 will auf § 313 oder eine analoge Anwendung des § 275 Abs 3 zurückgreifen).

Zusammenfassend lässt sich damit festhalten, dass ein Anspruchsausschluss gem **276** § 242 wegen Rechtsmissbrauchs infolge der Spezialität des § 275 Abs 2 nicht (mehr) in Frage kommt, wenn die Unzumutbarkeit der Leistung allein auf die Abwägung des **Gläubigerinteresses** gegen den **wirtschaftlichen Leistungsaufwand** des Schuldners gestützt wird. Sofern andere Umstände einen entsprechenden Schluss erlauben, ist für **persönlich zu erbringende** Leistungen § 275 Abs 3 spezieller als § 242. Für diese Norm bleibt Raum in Fällen, in denen der Anspruch auf eine **nicht in Person zu erbringende Leistung** gerichtet ist und auf Grund anderer bzw weiterer Umstände als dem erforderlichen wirtschaftlichen Aufwand als unzumutbar ausgeschlossen sein soll.

Jedoch ist dann unter Berücksichtigung des Rechtscharakters der §§ 275 Abs 2, **277** Abs 3 auch im Rahmen des § 242 ausnahmsweise von einer **Einrede** auszugehen. Andernfalls würde man den Schuldner bei nicht in Person zu erbringenden Leistungen von Amts wegen, dh uU sogar gegen seinen Willen, schützen, während derjenige Schuldner, der in Person zu leisten hat, über § 275 Abs 3 ein Wahlrecht erhielte, ob er die Leistung trotz der Unzumutbarkeit erbringen will oder nicht (s auch u Rn 325).

278 Für Sachverhalte, in denen sich die Unzumutbarkeit der Leistung allein aus dem Verhältnis von **Leistungsaufwand** und **Gegenleistung** ergibt, stellt § 313 nach dem Willen des Gesetzgebers eine **abschließende Sondervorschrift** dar (vgl BT-Drucks 14/ 6040, 130; s auch MünchKomm/ROTH Rn 411; MünchKomm/ERNST § 275 Rn 75; BAMBERGER/ ROTH/GRÜNEBERG/SUTSCHET Rn 91; für das frühere Recht bereits SOERGEL/TEICHMANN Rn 295).

(3) Grundsatz der Verhältnismäßigkeit

279 Eine Rechtsausübung darf sich weiterhin nicht als **unverhältnismäßige Reaktion** auf das Verhalten des anderen Teils darstellen (BGHZ 88, 81, 95; BAMBERGER/ROTH/GRÜNE-BERG/SUTSCHET Rn 97; AnwK-BGB/KREBS Rn 88; HOHMANN JA 1982, 112, 114); ein Grundsatz, der in vielen Vorschriften seine Ausprägung gefunden hat, vgl etwa die §§ 259 Abs 3, 260 Abs 3, 281 Abs 1 S 3, 320 Abs 2, 323 Abs 5 S 2, 536 Abs 1 S 3, 543 Abs 2 Nr 3a. Der Übergang zu der soeben dargestellten Fallgruppe ist fließend. Auch hier handelt es sich um eine Folgerung aus dem Gebot zur **gegenseitigen Rücksichtnahme**. Im Vordergrund steht aber weniger die Frage, inwiefern die Interessen der Gegenpartei durch die Rechtsausübung unzumutbar benachteiligt werden, sondern es geht um die **Beziehung** zwischen **Rechtsausübung** und dem sie auslösenden **Vorverhalten des Schuldners**, so etwa wenn eine Kündigung bzw ein Rücktritt als Reaktion auf einen unerheblichen Zahlungsrückstand erfolgt (RGZ 86, 334; 169, 140, 143).

280 Eine Rechtsausübung ist danach zB unverhältnismäßig, wenn sie in einem vorausgegangenen Verhalten der Gegenpartei **keinen vernünftigen Grund findet** (Hk-BGB/ SCHULZE Rn 33; HOHMANN JA 1982, 112, 114; GERNHUBER JuS 1983, 764, 766). Allerdings bedeutet es noch keinen Rechtsmissbrauch, dass an eine geringfügige Beeinträchtigung überhaupt eine Reaktion geknüpft wird (so aber BUSS NJW 1998, 337, 343; wie hier BGHZ 88, 91, 95; PALANDT/HEINRICHS Rn 53; Hk-BGB/SCHULZE Rn 33; z Durchsetzung von Minimalforderungen s Rn 263, 1066 f, 1083 ff). Zwar liegt den angeführten Vorschriften der Gedanke zugrunde, dass eine Rechtsausübung nicht unverhältnismäßig zur Pflichtverletzung sein darf. Die Annahme aber, das Gesetz wolle – sogar vorsätzliche – Pflichtverletzungen deshalb evtl überhaupt nicht sanktionieren, geht zu weit. Aus dem Grundsatz der Verhältnismäßigkeit resultiert dagegen das Gebot der **schonendsten Sanktion** (SOERGEL/TEICHMANN Rn 307; MünchKomm/ROTH Rn 380; BAMBERGER/ ROTH/GRÜNEBERG/SUTSCHET Rn 104; PALANDT/HEINRICHS Rn 54; LOOSCHELDERS, Schuldrecht AT Rn 80; HOHMANN JA 1982, 112, 115). Als milderes Mittel kommt uU eine **Abmahnung** vor der Rechtsausübung in Betracht, wie die §§ 314 Abs 2, 323 Abs 3 zeigen.

(4) Pflicht zur alsbaldigen Rückgewähr

281 Die Geltendmachung eines Anspruches ist ferner als missbräuchlich einzustufen, wenn der geforderte **Leistungsgegenstand** alsbald wieder **zurückgegeben werden muss** und kein schutzwürdiges Interesse daran besteht, ihn zwischenzeitlich zu behalten (**dolo agit qui petit quod statim rediturus est-Einwand**; BGHZ 10, 69, 75; 74, 293, 300; 79, 201, 204; 110, 30, 34; 115, 132, 137; BGH VersR 2005, 498, 499; OLG Frankfurt NJW-RR 2004, 206; OLG München WM 2006, 862; SOERGEL/TEICHMANN Rn 298; MünchKomm/ROTH Rn 373; BAMBERGER/ROTH/GRÜNEBERG/SUTSCHET Rn 84; HOHMANN JA 1982, 112, 114; WACKE JA 1982, 477; TEICHMANN JA 1985, 497, 499; HEINRICH, in: FS Laufs [2006] 585, 594 f). So kann zB niemand etwas verlangen, was er umgehend als Schadensersatz aus einer unerlaubten Handlung oder wegen ungerechtfertigter Bereicherung wieder herauszugeben hätte (BGHZ 66, 302, 305; 116, 200, 203 f; JAUERNIG/MANSEL Rn 39; BGB-RGRK/ALFF Rn 135).

Als Begründung wurde zum Teil auf den Gedanken der „Einheit der Rechtschutz- 282 verheißung" verwiesen (so etwa WIEACKER, Präzisierung 29). Er stehe der Rechtsausübung desjenigen entgegen, der seinen Anspruch ohne Rücksicht auf eventuelle Gegenansprüche durchsetzen wolle (WACKE JA 1982, 477, 478). Entscheidender ist in einem solchen Fall aber erneut die **Interessenabwägung**. Sie ergibt, dass das Interesse des Schuldners, einen Gegenstand behalten zu dürfen, das Herausgabeinteresse des Gläubigers überwiegt, da die Gefahr besteht, dass der Gläubiger bis zur endgültigen Entscheidung über den Gegenstand verfügt, in ihn vollstreckt wird oder der Gläubiger in Insolvenz fällt (MünchKomm/ROTH Rn 373; Hk-BGB/SCHULZE Rn 32; HEINRICH, in: FS Laufs [2006] 585, 594). Damit handelt es sich um einen Unterfall der Fallgruppe des **fehlenden schutzwürdigen Eigeninteresses** (PALANDT/HEINRICHS Rn 52). Dem Gläubiger ist deshalb die Durchsetzung seines Anspruchs erlaubt, wenn er seinerseits ein höherwertiges schutzwürdiges Interesse am „zwischenzeitlichen Innehaben" des geschuldeten Leistungsgegenstandes hat als der Schuldner an der Verweigerung der Herausgabe.

Als Wertungskriterium dient die **Ähnlichkeit** der geschilderten Situation zur **Auf-** 283 **rechnung** gem § 387 (WACKE JA 1982, 47), die als gesetzliche Ausprägung einer solchen Interessenwertung angesehen werden kann (JAUERNIG/MANSEL Rn 39). Der Unterschied liegt darin, dass in den dolo agit-Fällen kein fälliger Gegenanspruch besteht, der dem Leistungsverlangen entgegensteht. Auf Grund der Nähe zur Aufrechnung gelten aber dennoch die Einschränkungen der Aufrechenbarkeit und die Aufrechnungsverbote entsprechend (SOERGEL/TEICHMANN Rn 299). Zum Zurückbehaltungsrecht gem § 273 Abs 1 besteht ebenfalls eine gewisse Vergleichbarkeit, wobei sich der Unterschied wiederum aus der fehlenden Fälligkeit des Gegenanspruchs ergibt.

Als Gegenanspruch kommt für den dolo agit-Einwand **jeder Anspruch** in Betracht, 284 der sich gegen den Rechtsausübenden richtet. Rechtsmissbrauch liegt auch vor, wenn der eine Drittwiderspruchsklage gem § 771 ZPO erhebende Kläger für den vollstreckten Anspruch nur mithaftet (HansOLG Hamburg MDR 1959, 580, 581). **Ansprüche eines Dritten** gegen den Gläubiger auf den Leistungsgegenstand rechtfertigen die Leistungsverweigerung des Schuldners, sofern dieser Dritte den Leistungsgegenstand sofort an den in Anspruch genommenen Schuldner herausgeben müsste (WACKE JA 1982, 477, 478; HEINRICH, in: FS Laufs [2006] 585, 595). Hat der Dritte allerdings ein schutzwürdiges Interesse am **zwischenzeitlichen Behalten** des Leistungsgegenstandes, so scheidet der dolo agit-Einwand genauso aus wie bei einem entsprechenden schutzwürdigen Eigeninteresse des Gläubigers.

Ferner kommt der dolo agit-Einwand zur Anwendung, wenn der Anspruchsinhaber 285 dem Schuldner das von ihm Geforderte mittelbar über einen Dritten wieder zurückgewähren müsste (sog **Regresskreisel**; bereits RGZ 161, 94, 98; BAMBERGER/ROTH/GRÜNEBERG/SUTSCHET Rn 108; WACKE JA 1982, 477, 478). Dementsprechend kann zB die Geltendmachung eines nach § 86 VVG übergegangenen **Regressanspruches** durch den **Haftpflichtversicherer** rechtsmissbräuchlich sein, wenn der Schuldner (Versicherungsnehmer) bei einem Mitversicherten im Umfang seiner Inanspruchnahme Regress nehmen könnte und der Versicherer für diesen einzustehen hätte (s dazu u Rn 1055).

cc) Widerspruch zwischen früherem und gegenwärtigem Verhalten
(1) Allgemeines

286 Die Unzulässigkeit einer Rechtsausübung folgt schließlich daraus, dass sich der Gläubiger in **Widerspruch** zu seinem **früheren Verhalten** setzt (sog **venire contra factum proprium-Einwand**; SOERGEL/TEICHMANN Rn 312; MünchKomm/ROTH Rn 255; Hk-BGB/ SCHULZE Rn 36; BGB-RGRK/ALFF Rn 93; BROX/WALKER, Allgemeines Schuldrecht § 7 Rn 16; WOLF AcP 153 [1954] 97, 135; HEINRICH, in: FS Laufs [2006] 585, 596).

287 Zum Teil wird angenommen, es handle sich dabei um einen **konkludenten Verzicht** (WIELING AcP 176 [1976] 334, 335; ähnl STAUDINGER/J SCHMIDT [1995] Rn 629 ff; z entspr Überlegungen im Österreichischen Recht s u Rn 1133), weshalb es keines Rückgriffs auf § 242 bedürfe. Die Annahme eines Verzichts gem § 397 setzt aber einen entsprechenden Rechtsfolgewillen voraus, der nicht selten fehlt (so auch SOERGEL/TEICHMANN Rn 312 f; TEICHMANN JA 1985, 497, 500). Die Einordnung der Fallgruppe unter § 242 ermöglicht zudem eine umfassende Berücksichtigung von **öffentlichen Interessen** und **Interessen Dritter**, während dies bei Annahme eines konkludenten Verzichts nur in den engen Grenzen der §§ 134, 138 möglich wäre. Die gegenteilige Auffassung kann im Übrigen auch die Probleme **unverzichtbarer Rechtspositionen** nicht bewältigen (vgl WIELING AcP 176 [1976] 334, 339). Deshalb lässt sich das Institut des widersprüchlichen Verhaltens jedenfalls nicht insgesamt durch Rückgriff auf den Verzicht erklären (MünchKomm/ROTH Rn 259; TEICHMANN JA 1985, 497, 500) und findet immer dort Anwendung, wo keine rechtsgeschäftliche Vereinbarung vorliegt (SINGER NZA 1998, 1309, 1310).

288 Entscheidend ist meist der Aspekt des **Vertrauensschutzes** (LARENZ, Schuldrecht I § 10 II b; LOOSCHELDERS, Schuldrecht AT Rn 84; TEICHMANN JA 1985, 497, 500; MARTINEK JZ 1996, 470; SINGER NZA 1998, 1309, 1310; CORDEIRO, in: FS Canaris [2007] 858, 862). Er liegt vielen gesetzlichen Vorschriften zu Grunde, wie etwa den §§ 122, 170–172, 179. Sie lassen erkennen, dass sich derjenige, der ein **berechtigtes Vertrauen** der Gegenpartei hervorgerufen hat, daran festhalten lassen muss. Ebenso wirkt aber auch das Gebot zur **gegenseitigen Rücksichtnahme**. Es verlangt, dass man die Folgen eines gesetzten Rechtsscheins trägt, wenn sich die Gegenseite darauf eingelassen hat; die eigenen Interessen müssen dann zurückstehen.

289 Jedoch bleibt die Einordnung des widersprüchlichen Verhaltens nicht auf die Fälle enttäuschten Vertrauens beschränkt (vgl etwa BGHZ 130, 371, 375; SOERGEL/TEICHMANN Rn 315; MünchKomm/ROTH Rn 287; AnwK-BGB/KREBS Rn 92). Obwohl das Gesetz grundsätzlich dem Rechtsinhaber überlässt, wie er von seinem Recht Gebrauch macht und damit auch widersprüchliches Verhalten prinzipiell toleriert (BGHZ 87, 169, 177; BGH NJW 1986, 2104, 2107; OLG Köln NJW-RR 1998, 343, 344; PALANDT/HEINRICHS Rn 55; SINGER NZA 1998, 1309, 1311), folgt doch aus der **Beschränkungsfunktion** des § 242 (s o Rn 202 ff), dass der Rechtsausübung Grenzen gesetzt sind. Gleichzeitig erscheint jedoch nicht jeder Wechsel des Rechtsstandpunktes bereits als missbräuchlich; vielmehr wird verlangt, dass es sich um einen **unlösbaren Widerspruch** handelt (MünchKomm/ROTH Rn 287; s u Rn 298 ff).

Titel 1 § 242
Verpflichtung zur Leistung 290–294

Lehnt man mit der hier vertretenen Ansicht ab, den venire contra factum propri- **290**
um-Einwand generell als rechtsgeschäftlichen Verzicht zu werten, so hat dies zur
Konsequenz, dass die Annahme eines „unlösbaren Widerspruchs" nur in Ausnahmefällen in Betracht kommt. Andernfalls könnte man die Vorschriften über das
Zustandekommen von Rechtgeschäften umgehen, indem man die Bindungswirkung
§ 242 entnimmt (SINGER NZA 1998, 1309, 1310). Dies wäre vor allem dort bedenklich,
wo die fehlenden besonderen Wirksamkeitsvoraussetzungen eines Rechtsgeschäfts
gerade dem Schutz desjenigen dienen, der dann über § 242 an der Durchsetzung
seines Rechts gehindert werden soll, zB bei Mängeln in der Geschäftsfähigkeit.

(2) Die Voraussetzungen des widersprüchlichen Verhaltens
Wann die Geltendmachung einer Rechtsposition als widersprüchlich zu bewerten **291**
ist, lässt sich nur durch **Interessenabwägung** im Einzelfall beurteilen (OLG Köln NJW-
RR 1998, 343, 344; BAMBERGER/ROTH/GRÜNEBERG/SUTSCHET Rn 108). Fälle, in denen die Annahme widersprüchlichen Verhaltens jedenfalls nahe liegt, knüpfen an die bereits
genannten Aspekte des **Vertrauensschutzes** einerseits und der **Unauflöslichkeit des
Widerspruchs** im Verhalten des Rechtsträgers anderseits an.

(a) Schutzwürdiges Vertrauen
Eine unzulässige Rechtsausübung kommt danach zunächst in Betracht, wenn durch **292**
ein Verhalten des Rechtsinhabers ein **schutzwürdiges Vertrauen** auf eine bestimmte
Sach- oder Rechtslage bei der Gegenpartei hervorgerufen wurde (s o Rn 288; BGHZ
47, 184, 189; BGH NJW-RR 1991, 1033, 1034; NJW 1991, 974, 975; OLG Köln NJW-RR 1998, 343,
344; MünchKomm/ROTH Rn 264; BAMBERGER/ROTH/GRÜNEBERG/SUTSCHET Rn 110; ERMAN/HOHLOCH Rn 106; JAUERNIG/MANSEL Rn 50; LOOSCHELDERS, Schuldrecht AT Rn 84; HOHMANN JA
1982, 112, 114; SINGER NZA 1998, 1309, 1311). Der vertrauensbegründende Tatbestand
kann dabei sowohl in einem **Tun** als auch in einem **gebotswidrigen Unterlassen** liegen (SOERGEL/TEICHMANN Rn 317 ff; TEICHMANN JA 1985, 497, 501).

Es bedarf weder einer **Arglist** noch eines **Verschuldens** desjenigen, der sein Recht **293**
ausüben will (MünchKomm/ROTH Rn 259; AnwK-BGB/KREBS Rn 93; Hk-BGB/SCHULZE Rn 36;
WIEACKER, Präzisierung 28). Gleichwohl ist die **Zurechenbarkeit** des Verhaltens zu verlangen (ebenso BAMBERGER/ROTH/GRÜNEBERG/SUTSCHET Rn 109; TEICHMANN JA 1985, 497,
501). Dafür gelten allerdings nicht die rechtsgeschäftlichen Zurechnungsregeln (aA
BAMBERGER/ROTH/GRÜNEBERG/SUTSCHET Rn 109; so konsequenterweise auch WIELING AcP 176
[1976] 334, 342 ff, der die Verwirkung als Verzicht auffasst), da es sich bei dem Verhalten
nicht zwingend um ein Rechtsgeschäft handelt. Es reicht vielmehr aus, dass der
Handelnde die vertrauensbegründenden Umstände **beherrscht** und sie hätte **vermeiden können** (SOERGEL/TEICHMANN Rn 319). Darüber entscheiden **objektive Kriterien**;
dieselben gelten, wenn sich das Vertrauen auf das **Verhalten Dritter** stützt (MünchKomm/ROTH Rn 260; BAMBERGER/ROTH/GRÜNEBERG/SUTSCHET Rn 109).

Um die Rechtsfolgen des § 242 auszulösen, ist es erforderlich, dass die Gegenpartei **294**
auf das Bestehen oder Nichtbestehen einer bestimmten Rechts- oder Tatsachenlage
vertraut hat. Der Rechtsmissbrauch entfällt deshalb bei **Kenntnis** der wahren Sachlage. Hinzutreten muss die **Schutzwürdigkeit** des Vertrauens, wie auch §§ 122, 173,
179 Abs 3 S 1 zeigen, und zwar unter Berücksichtigung der **beiderseitigen Belange**
(MünchKomm/ROTH Rn 261; TEICHMANN JA 1985, 497, 501). Im Rahmen der Interessenabwägung kommt (auch) subjektiven Kriterien Bedeutung zu. So spricht es – wie sich

aus §§ 122, 173, 179 Abs 3 S 1 ableiten lässt – gegen die Schutzwürdigkeit eines Beteiligten, wenn er sich in **fahrlässiger Weise** auf das Verhalten des Gegners verlassen hatte (SOERGEL/TEICHMANN Rn 320). Umgekehrt sind – wie § 179 Abs 2 zeigt – auch subjektive Umstände auf der Seite desjenigen zu berücksichtigen, der am gesetzten Vertrauenstatbestand festgehalten werden soll (MünchKomm/ROTH Rn 259). Das Vertrauen ist schutzwürdig, wenn der Betroffene von dem anderen Teil in diesem Glauben bestärkt worden ist (BAG NZA 2005, 1193, 1196).

295 Besonders schutzwürdig erscheint, wer bereits vertrauensvoll **Dispositionen** getroffen hat (MünchKomm/ROTH Rn 261; PALANDT/HEINRICHS Rn 56; Hk-BGB/SCHULZE Rn 37). Teilweise wird dieses Erfordernis sogar als unerlässliche Voraussetzung des venire contra factum proprium-Einwandes angesehen (vgl SOERGEL/TEICHMANN Rn 321; TEICHMANN JA 1985, 497, 501). Dem steht allerdings entgegen (MünchKomm/ROTH Rn 261; PALANDT/HEINRICHS Rn 56), dass die Abwägung der beiderseitigen Interessen auch ohne Vermögensdisposition des Vertrauenden zur Annahme eines Rechtsmissbrauchs führen kann.

296 Probleme bereitet die Schutzwürdigkeit, wenn der vertrauensbildende Tatbestand an ein Verhalten anknüpft, das sich als **gesetzes- oder sittenwidrig** darstellt. Obwohl dadurch regelmäßig wegen §§ 134, 138 kein Recht begründet wird, kann (zumindest) eine der beteiligten Parteien in Unkenntnis der wahren Rechtslage zB an einen wirksamen Vertragsschluss geglaubt haben. Im Hinblick auf die Frage, ob § 242 die Rechtsfolgen der §§ 134, 138 verdrängt (s u Rn 364 ff, 367 ff), muss **nach Art des** die Gesetzes- oder Sittenwidrigkeit begründenden **Verhaltens differenziert** werden. Bringt es (auch) Nachteile für öffentliche Interessen oder Interessen Dritter mit sich, tritt die Schutzwürdigkeit des Vertrauens zurück, da die Nichtigkeit gerade dem Schutz Dritter oder eben der Öffentlichkeit dient. Etwas anderes gilt uU, wenn die Umstände, die die Gesetzes- oder Sittenwidrigkeit begründen, ausschließlich die Beteiligten betreffen. Sofern derjenige, der durch das „Urteil" der Gesetzes- oder Sittenwidrigkeit gerade geschützt werden soll, den Vertrauenstatbestand gesetzt hat, sind an die Schutzwürdigkeit des Vertrauens der Gegenpartei jedoch hohe Anforderungen zu stellen. Denn das Gesetz bringt mit den §§ 134, 138 gerade zum Ausdruck, dass es die Rechtsposition der Gegenpartei grundsätzlich nicht als schutzwürdig bzw die Position des anderen als besonders schutzbedürftig ansieht.

297 Die **Rechtsfolge** widersprüchlichen Verhaltens liegt darin, dass sich der Handelnde an dem von ihm **verursachten Vertrauen festhalten** lassen muss (TEICHMANN JA 1985, 497, 502). Die konkreten Konsequenzen bestimmen sich nach der jeweiligen Rechtsposition, auf die sich einer der Beteiligten verlassen hat, etwa dass der Rechtsinhaber ein bestimmtes **Recht nicht ausüben** werde (MünchKomm/ROTH Rn 264), oder dass eine bestimmte **Rechts- oder Tatsachenlage geschaffen oder verstärkt** wurde (BGH NJW 1996, 2724; MünchKomm/ROTH Rn 270). Solche Situationen können sogar im Ergebnis **bis zum Erfüllungsanspruch** führen, etwa wenn dem Schuldner verwehrt wird, sich auf die Nichtigkeit eines Vertrages zu berufen (Anspruchsbegründung gem § 242 vgl o Rn 187 ff).

(b) Unauflöslicher Widerspruch

298 Wie eingangs erwähnt, liegt nach überwiegender Auffassung ein Rechtsmissbrauch

auch bei einem **unauflösbaren Widerspruch** zwischen dem **gegenwärtigen** und einem **früheren Verhalten** des Rechtsinhabers vor (s o Rn 289; BGHZ 130, 371, 375; BAMBERGER/ ROTH/GRÜNEBERG/SUTSCHET Rn 125; PALANDT/HEINRICHS Rn 57). Mit einer entsprechenden Annahme sollte man aber deshalb äußerst zurückhaltend sein, weil sich der Nachteil des Rechtsinhabers in diesem Fall allein aus seinem **objektiven Verhalten** ableitet (so BGH NJW 1986, 2104, 2107). Dadurch besteht die bereits oben angesprochene Gefahr (s o Rn 290) der **Missachtung** von **Wirksamkeitsvoraussetzungen** eines Rechtsgeschäftes. Manche lehnen die Rechtsfigur des venire contra factum proprium daher in derartigen Sachverhalten mit guten Argumenten sogar vollständig ab (SINGER NZA 1998, 1309, 1312 f; krit auch MARTINEK JZ 1996, 470, 471).

Dem steht allerdings die **Auffassung des Gesetzgebers** in den Gesetzesmaterialien zu **299** § 346 Abs 2 gegenüber (vgl BT-Drucks 14/6040, 195). Für die Einschränkung des Rücktrittsrechts gem § 346 Abs 1 bei vorsätzlicher Zerstörung des Rückgewährgegenstands greift er auf den Einwand des Rechtsmissbrauches zurück, und zwar gerade unter dem Aspekt widersprüchlichen Verhaltens (vgl insofern auch die v Gesetzgeber zitierte Entscheidung OLG Düsseldorf NJW 1989, 3163 f u BGH NJW 1972, 155, wo §§ 351 ff aF als Ausprägung des venire contra factum proprium-Einwandes angesehen werden; dazu auch WOLF AcP 153 [1954] 97, 131; sowie u Rn 667), obwohl in diesem Falle keine Vertrauensschutzgesichtspunkte eingreifen. Entscheidend ist vielmehr, dass sich die Partei durch ihr späteres Verhalten objektiv in Widerspruch zu dem ursprünglich in Anspruch genommenen Rechtsstandpunkt stellt (MünchKomm/ROTH Rn 287). Damit zeigt sich, dass allein objektive Umstände den Vorwurf widersprüchlichen Verhaltens zu begründen vermögen.

Ein derartiges Handeln der Partei liegt über den genannten Fall hinaus dann vor, **300** wenn sie sich auf eine **Rechtsvorschrift beruft**, die sie selber zuvor **missachtet** hat (MünchKomm/ROTH Rn 288). Durch den früheren Rechtsverstoß zu Lasten des Gegners hat der Berechtigte zu verstehen gegeben, dass er die betreffende Vorschrift für das fragliche Rechtsverhältnis als unbeachtlich ansieht; dazu wäre es widersprüchlich, sich nun eben darauf zu berufen. Als weiteres Argument lässt sich auch der Gedanke des Verzichts heranziehen.

Weiterhin wird ein solches widersprüchliches Verhalten darin gesehen, dass eine **301** Partei ihre **Tatsachen- und Rechtsbehauptungen wechselt** (MünchKomm/ROTH Rn 289). Eine solche Annahme ist aber deshalb bedenklich, weil in der Fallkonstellation des „unauflöslichen Widerspruchs" Vertrauensgesichtspunkte gerade keine Rolle spielen. Als Äquivalent dafür ist mehr erforderlich als der bloße Standpunktwechsel, da das Gesetz keine generelle Missbilligung eines solchen Verhaltens kennt. Vielmehr müssen besondere Umstände hinzutreten (so auch BGHZ 130, 371, 375; BGH NJW 1986, 2104, 2107; OLG Köln NJW-RR 1998, 343, 344), die die Position der Gegenpartei trotz des fehlenden Vertrauenstatbestandes als schutzwürdig erscheinen lassen, zB, dass die Partei bereits Vorteile aus ihrer ursprünglichen Behauptung gezogen hat (BAMBERGER/ROTH/GRÜNEBERG/SUTSCHET Rn 125; PALANDT/HEINRICHS Rn 57; vgl BAG NJW 1973, 963, wo sich jemand als Erbe ausgab, den Arbeitnehmern des Erblassers gegenüber aber die Erbenstellung bestritt) oder aber der Gegenpartei aus dieser schon Nachteile erwachsen sind (vgl BGHZ 50, 191, 196, wo eine Partei vor dem Schiedsgericht erfolgreich dessen Zuständigkeit bestritten hatte u sich danach vor dem ordentlichen Gericht auf die Schiedsvertragsklausel berufen wollte [Fortführung durch OLG Frankfurt Urt v 6.2.2009 – 24 U 183/08 [unveröffentlicht]]; andererseits OLG Düsseldorf OLGZ 1987, 375, 377 – dort veranlasste eine Partei die Gegenpartei unter Hinw auf eine Schiedsgerichtsklausel z Rücknahme einer Klage vor dem ordentlichen Gericht u berief sich dann vor dem Schiedsgericht auf die Unwirksamkeit dieser Klausel; ähnl bereits RGZ 40, 401, 403).

(3) Verwirkung
(a) Allgemeines

302 Als besondere Fallgruppe widersprüchlichen Verhaltens wird allg die **Verwirkung** angesehen (MünchKomm/Roth Rn 256; Palandt/Heinrichs Rn 87; Larenz, Schuldrecht I § 10 II b; Brox/Walker, Allgemeines Schuldrecht § 7 Rn 17; Wieacker, Präzisierung 28; Hohmann JA 1982, 112, 115; differenzierend Heinrich, in: FS Laufs [2006] 585, 598, 603). Darunter versteht man den **Verlust eines Rechtes**, das der **Gläubiger** einen **gewissen Zeitraum nicht ausgeübt** hat, so dass sich der Schuldner in **schutzwürdiger Weise** darauf **einrichten** konnte, **nicht mehr in Anspruch genommen** zu werden (BGHZ 25, 47, 52; 43, 289, 292; 105, 290, 298; OLG Frankfurt NJW-RR 1991, 674, 678; MünchKomm/Roth Rn 296; Bamberger/Roth/Grüneberg/Sutschet Rn 131; Heinrich, in: FS Laufs [2006] 585, 598). Die Verwirkung ist mittlerweile durch §§ 4 Abs 4 S 2 TVG, 21 Abs 4 MarkenG gesetzlich anerkannt und auch § 15 StVG wird als eine entsprechende Sonderregelung angesehen (vgl Bamberger/Roth/Grüneberg/Sutschet Rn 137).

303 **Sinn und Zweck** der Verwirkung bestehen darin, dem Schuldner vor allem bei **sehr langen Verjährungsfristen** bereits vor deren Ablauf Leistungsfreiheit zu verschaffen, wenn besondere Umstände dazu führen, dass sich die Geltendmachung des Rechts durch den Gläubiger als **widersprüchlich** und **missbräuchlich** erweist (BGH NJW 1992, 1255, 1256; NJW-RR 1992, 1240).

304 Den Gegenstand der Verwirkung bilden nicht nur Rechte, die der Verjährung unterliegen, sondern grundsätzlich **alle Rechte und Rechtspositionen**, zB auch **Gestaltungsrechte** (Soergel/Teichmann Rn 335; Bamberger/Roth/Grüneberg/Sutschet Rn 134; Palandt/Heinrichs Rn 91; AnwK-BGB/Krebs Rn 101; vgl nur Löwisch/Göpfert/Siegrist, Verwirkung des Widerspruchsrechts beim Betriebsübergang, DB 2007, 2538). Im Rahmen von **dinglichen Rechten, Mitgliedschaftsrechten** oder **Immaterialgüterrechten** betrifft die Verwirkung allerdings nicht das (Stamm-)Recht, sondern nur die jeweiligen daraus fließenden (Einzel-)Ansprüche und -Rechte (MünchKomm/Roth Rn 298; AnwK-BGB/Krebs Rn 102). Damit ist allerdings nicht ausgeschlossen, dass das gesamte Recht durch die Verwirkung einzelner Befugnisse in seinem Umfang geschmälert wird (ausf Staudinger/J Schmidt [1995] Rn 538). Die Frage, ob **Einwendungen** der Verwirkung unterliegen (offen gelassen in BGH NJW 2004, 3330, 3331; vgl auch u Rn 453), ist zu verneinen, fehlt es doch an einer Frist, innerhalb derer die Einwendung geltend zu machen wäre. In Betracht kommt allerdings eine Überwindung der Einwendung aus anderen Gesichtspunkten, etwa nach den Grundsätzen des venire contra factum proprium (vgl Rn 454 u Rn 286 ff).

305 Für die Abgrenzung zum **Verzicht** entscheidet erneut ein entsprechender **Rechtsfolgewillen** (s o Rn 287). Ist er vorhanden, bedarf es keines Rückgriffs auf Treu und Glauben (so in der Sache auch Staudinger/J Schmidt [1995] Rn 533); ohne Willenserklärungen muss man dagegen auf § 242 zurückgreifen (Soergel/Teichmann Rn 333).

(b) Voraussetzungen

Da die Verwirkung einen Unterfall des **widersprüchlichen Verhaltens** darstellt, gelten die oben (Rn 291 ff) aufgezeigten Grundsätze. Der Berechtigte muss also ein Verhalten an den Tag gelegt haben, dass bei der **Gegenpartei** in zurechenbarer Weise ein **schutzwürdiges Vertrauen** auf die weitere **Nichtinanspruchnahme hervorgerufen** hat (MünchKomm/Roth Rn 329; Palandt/Heinrichs Rn 87; Fikentscher/Heinemann, Schuldrecht Rn 216; Hohmann JA 1982, 112, 115; Heinrich, in: FS Laufs [2006] 585, 600 f). Zur **Untätigkeit** des Rechteinhabers müssen weitere **Umstände** hinzutreten, die dem Schuldner nahe legen, dass das Recht nicht ausgeübt wird (BGHZ 43, 289, 292; 105, 290, 298; BGH DB 1969, 569; NJW 2003, 824; OLG München FamRZ 2005, 1120, 1122 f; LAG Hamm VersR 1967, 70, 71; MünchKomm/Roth Rn 301; Enneccerus/Lehmann, Schuldrecht § 4 I 5). Es tritt keine Verwirkung ein, wenn der Berechtigte sich die Wahrnehmung seiner Rechte (ernsthaft) vorbehalten hat oder aber wenn er durch zwingende Umstände faktischer oder persönlicher Art an ihrer Ausübung gehindert war (dazu ausf Staudinger/J Schmidt [1995] Rn 550).

306

Eine genaue Bestimmung des erforderlichen **Zeitablaufes** erscheint auf Grund der Tatsache, dass die unzulässige Rechtsausübung eine Interessenabwägung erfordert, nicht möglich. Dies zeigt auch § 21 Abs 4 MarkenG, der neben den zeitlich fixierten Fällen der Verwirkung gem § 21 Abs 1, 2 MarkenG allgemeine Grundsätze anerkennt, weil sonst nicht alle regelungsbedürftigen Fälle erfasst werden könnten (BGH NJW 1995, 2032, 2033; OLG Frankfurt NJW-RR 1991, 674, 678; Hohmann JA 1982, 112, 116; Gernhuber JuS 1983, 764, 766; vgl zur Vorschrift auch Kochendörfer, Die Rechtsprechung zur Verwirkung nach § 21 Markengesetz, WRP 2005, 157). Allgemein lässt sich sagen, dass im Rahmen der Interessenabwägung dem Umstand, innerhalb welchen Zeitraums ein **durchschnittlicher Rechtsinhaber** sein Recht üblicherweise geltend macht, entscheidende Bedeutung zukommt (Bamberger/Roth/Grüneberg/Sutschet Rn 137; Soyka FPR 2003, 631, 634; abw MünchKomm/Roth Rn 303; z Einfluss der Verjährungsfristen s u Rn 313 ff). Die entsprechende Frist **beginnt** dabei mit dem Zeitpunkt der Fälligkeit, sofern es um Forderungen geht, was der Wertung der §§ 199 ff entspricht (s auch Staudinger/J Schmidt [1995] Rn 554), bzw bei sonstigen subjektiven Rechten in dem Moment, in dem das Recht erstmals hätte ausgeübt werden können (MünchKomm/ Roth Rn 320). In Bezug auf eine Unterbrechung der Verwirkungsfrist durch **Rechtsnachfolge** ist zu unterscheiden: War bereits beim Rechtsvorgänger die Verwirkung eingetreten, muss der Rechtsnachfolger sie gegen sich gelten lassen. Andernfalls beginnt die Frist von neuem, es sei denn, der Nachfolger wusste um den Lauf der Verwirkungsfrist (dazu auch Staudinger/J Schmidt [1995] Rn 570; zur Rechtsnachfolge s o Rn 231 ff).

307

Der Zeitablauf reicht allein nicht aus; ansonsten würde über das Institut der Verwirkung eine Art neues Verjährungsrecht geschaffen. Vielmehr müssen als prognostisches Element Umstände hinzutreten, die den Schuldner darin bestärken, dass er weiterhin nicht mit einer Inanspruchnahme durch den Gläubiger zu rechnen hat (BGH NJW 2003, 824 mwN; BAG NJW 2001, 2907, 2908; BSG NJW 1969, 767; Erman/Hohloch Rn 123; Brox/Walker, Allgemeines Schuldrecht § 7 Rn 17; Heinrich, in: FS Laufs [2006] 585, 604). Da auch dafür keine festen Kriterien gebildet werden können, formuliert man üblicherweise, dass sich die spätere Geltendmachung des Rechts als mit Treu und Glauben nicht zu vereinbarende **Illoyalität** des Berechtigten darstellen müsse (BGH NJW 1992, 1255, 1256; BSG NJW 1969, 767; Beier/Wieczorek GRUR 1976, 566; Hoh-

308

MANN JA 1982, 112, 115; SOYKA FPR 2003, 631, 634; gegen eine Definition der Verwirkung als [lediglich] „illoyale Verspätung" KANDELHARD, Verwirkung im laufenden Mietverhältnis – Rechtsverlust durch Unterlassen?, NZM 2005, 43, 47) oder aber, dass die verspätete Inanspruchnahme des Schuldners für diesen **unzumutbar** sei (BGHZ 25, 47, 52; MünchKomm/ROTH Rn 305; AnwK-BGB/KREBS Rn 109; HOHMANN JA 1982, 112, 115). Letztlich kommt es darauf an, dass die **konkreten Umstände** zusammen mit der **abgelaufenen Zeit** die Folge der Verwirkung rechtfertigen (BSG NJW 1969, 767). Insofern besteht also eine Wechselwirkung zwischen beiden Faktoren (BGH GRUR 2001, 323, 327; NJW 2006, 219, 220; BAG NZA 2007, 396, 398; BAMBERGER/ROTH/GRÜNEBERG/SUTSCHET Rn 136; HEINRICH, in: FS Laufs [2006] 585, 604: „Zeit- und Umstandsmoment stehen in engem Zusammenhang"). Je kürzer der verstrichene Zeitraum ist, desto gravierender müssen die Umstände sein, die dem Schuldner die Annahme nahe legen, dass er nicht mehr in Anspruch genommen werden wird (Hk-BGB/SCHULZE Rn 46 f; BGH NJW 2006, 219, 220; BAG NZA 2007, 396, 398).

309 Anhaltspunkte, auf die sich das Vertrauen stützt, können hierbei sowohl in einer **Handlung** des Gläubigers liegen, zB in der längeren Inanspruchnahme eines Rechts, obwohl er beabsichtigt, das Rechtsverhältnis durch Ausübung eines Gestaltungsrechts zu vernichten, als auch in seiner **bloßen Untätigkeit**; darauf deutet § 15 S 1 StVG hin. Eine solche Untätigkeit kommt als Anknüpfungspunkt vor allem dann in Betracht, wenn vom Berechtigten gerade die Wahrnehmung seines Rechtes erwartet wird (MünchKomm/ROTH Rn 324 f).

310 Die zur Vertrauensbildung führenden Umstände müssen dem Rechtsinhaber **zurechenbar** sein (HEINRICH, in: FS Laufs [2006] 585, 604 f), was auch § 15 S 2 StVG zum Ausdruck bringt. Dies ist der Fall, wenn der Berechtigte sie **beherrscht** oder jedenfalls **hätte vermeiden** und so die Bildung des Vertrauens hätte verhindern **können** (s bereits o Rn 293; SOERGEL/TEICHMANN Rn 337; aA JAUERNIG/MANSEL Rn 60, der sogar ein Verschulden verlangt). Dafür gelten **objektive Kriterien** (s o Rn 293), so dass letztlich entscheidet, ob die Nichtausübung des Rechts in die **Risikosphäre** des Berechtigten fällt.

311 Das Vertrauen des Schuldners muss schließlich **schutzwürdig** sein (ERMAN/HOHLOCH Rn 124; KEGEL, Verwirkung, Vertrag und Vertrauen, in: FS Pleyer [1986] 533; HEINRICH, in: FS Laufs [2006] 585, 600 f). Im Rahmen der dazu erforderlichen Abwägung (BGH GRUR 1966, 427, 428) sind auch **subjektive Umstände** der beteiligten Parteien beachtlich. Gegen die Schutzwürdigkeit spricht zB, wenn der Berechtigte von seinem Recht nichts weiß, insbesondere, wenn er diese Unkenntnis nicht zu vertreten hat (MünchKomm/ROTH Rn 307; BEIER/WIECZOREK GRUR 1976, 566, 567; OLG München FamRZ 2005, 1120, 1123). Das Gleiche gilt, wenn die Gegenpartei gut oder sogar besser als der Berechtigte in der Lage ist, die Situation einzuschätzen (MünchKomm/ROTH Rn 308; PALANDT/HEINRICHS Rn 94). Erst recht fehlt es an der Schutzwürdigkeit, wenn die Gegenpartei die Unkenntnis oder Untätigkeit auf unredliche Weise selbst verursacht hat (BGHZ 25, 47, 53; MünchKomm/ROTH Rn 329; BAMBERGER/ROTH/GRÜNEBERG/SUTSCHET Rn 141; JAUERNIG/MANSEL Rn 61). Für die Position des Berechtigten spricht ferner der Umstand, dass er zur Ausübung seines Rechts nicht in der Lage war (s o Rn 306; MünchKomm/ROTH Rn 328). Umgekehrt erscheint das Vertrauen des Gegners schutzwürdig, wenn der Berechtigte zunächst Maßnahmen der Rechtsverfolgung einleitet, sie dann aber nicht weiterverfolgt (AG Pankow-Weißensee FÜR 2003, 679 f). Noch stärker müssen die Interessen desjenigen geachtet werden, der auf Grund des Vertrauenstatbestandes bereits Dispositionen getroffen hat (BGH MDR 1970, 486; NJW 2009, 435; BAMBERGER/ROTH/GRÜNEBERG/SUTSCHET Rn 142; PALANDT/HEINRICHS Rn 95; zT wird dies auch z Voraussetzung gemacht, vgl etwa ERMAN/HOHLOCH Rn 124; LARENZ, Schuldrecht I § 10 II b; HEINRICH, in: FS Laufs [2006] 585, 601; dagegen bereits o Rn 295). In Betracht zu ziehen ist allerdings die Möglichkeit, dass der Berechtigte die Investitionskosten und sonstigen Dispositionen seines Gegenübers übernimmt und dadurch eine Verwirkung abwendet (so auch MünchKomm/ROTH Rn 334, der von einem „Abkauf an Vertrauensinvestitionen" spricht; STAUDINGER/J SCHMIDT [1995] Rn 552).

Darüber hinaus sind in die Interessenabwägung auch **öffentliche Interessen** einzubeziehen (MünchKomm/ROTH Rn 340), die uU einer Verwirkung entgegenstehen (AnwK-BGB/KREBS Rn 110), weil der Einzelne darüber nicht wirksam disponieren kann (BAMBERGER/ROTH/GRÜNEBERG/SUTSCHET Rn 143; BGB-RGRK/ALFF Rn 142; vgl auch BGHZ 126, 287, 294, wo das überragende öffentliche Interesse an der ausschließlichen Verwendung des „Roten Kreuzes" z Kennzeichnung v Nonkombattanten durch die entspr Institution dem Verwirkungseinwand entgegenstand. BGH NJW 1995, 1488, 1489 lehnte die Verwirkung von Ansprüchen gem § 13 Abs 2 AGBG aF – vgl § 3 Abs 1 UKlaG – ab, weil dieser Anspruch nicht dem klagebefugten Verband, sondern der Allgemeinheit diene). 312

(c) Verhältnis zur Verjährung
Sowohl bei der Verwirkung als auch bei der Verjährung spielt die **Untätigkeit** des Rechtsinhabers eine erhebliche Rolle. Beide Rechtsinstitute sind aber unabhängig voneinander und schließen sich deshalb nicht aus (MünchKomm/ROTH Rn 316; HOHMANN JA 1982, 112, 115; KEGEL, Verwirkung, Vertrag und Vertrauen, in: FS Pleyer [1986] 527). Denn die Verwirkung erfordert über den für eine Verjährung erforderlichen bloßen Zeitablauf hinaus weitere Umstände. 313

Dennoch sollte man eine Verwirkung bei verjährbaren Ansprüchen nur ausnahmsweise annehmen, um dem Verjährungsrecht nicht die praktische Bedeutung zu nehmen (LOOSCHELDERS, Schuldrecht AT Rn 86; vgl auch OLG München FamRZ 2005, 1120, 1123). Deshalb kommt den **Verjährungsfristen** für die Bestimmung des Zeitraumes, ab dem eine Verwirkung in Betracht kommt, maßgebliche Bedeutung zu (OLG Frankfurt MDR 1980, 755; BAMBERGER/ROTH/GRÜNEBERG/SUTSCHET Rn 137). Denn darin hat der Gesetzgeber grundsätzlich seine Wertentscheidung zum Ausdruck gebracht, wie lange der Schuldner mit seiner Inanspruchnahme zu rechnen hat. Danach ist eine Verwirkung (zwangsläufig) zwar vor Ablauf der Verjährungsfrist möglich (BGH DB 1969, 569; NJW 1992, 1255, 1256; ERMAN/HOHLOCH Rn 126; LARENZ, Schuldrecht I § 10 II b); je weiter aber die Verjährungsfrist unterschritten werden soll, desto höhere Voraussetzungen gelten für den im Übrigen erforderlichen Vertrauenstatbestand (JAUERNIG/MANSEL Rn 59), insbesondere bei kurzen Verjährungsfristen (BGH NJW 1992, 1255, 1256). Deshalb verlangt zB eine Verwirkung von Ansprüchen, die der dreijährigen Regelverjährung des § 195 unterliegen, außergewöhnliche Umstände (BGH DB 1969, 569; NJW 1982, 1999; MünchKomm/ROTH Rn 302; PALANDT/HEINRICHS Rn 97; BEIER/WIECZOREK GRUR 1976, 566, 567; ähnl STAUDINGER/J SCHMIDT [1995] Rn 538). 314

Ein **Verzicht** auf die Verjährung steht der Verwirkung nicht zwingend entgegen, muss jedoch bei der Abwägung als ein wesentliches Gegenindiz berücksichtigt werden. Da der Schuldner hat erkennen lassen, dass er mit einer Inanspruchnahme auch nach einem langen Zeitraum einverstanden ist, sind an seine Schützwürdigkeit 315 besonders hohe Anforderungen zu stellen. Zwar wird vertreten, dass ungeachtet eines Verzichts die Erfordernisse einer Verwirkung geringer werden, je länger die Verjährungsfrist verstrichen ist (vgl MünchKomm/Roth Rn 318). Aber auch nach ihrem Ablauf sollte man berücksichtigen, dass sich der Schuldner durch den Verzicht auf die Verjährungseinrede mit einer längeren Inanspruchnahme einverstanden erklärt hat.

(d) Verhältnis zu Ausschlussfristen

316 **Ausschlussfristen** und Verwirkung bestehen als Rechtsinstitute unabhängig voneinander (Hohmann JA 1982, 112, 115). Kurze Ausschlussfristen, wie etwa nach § 626 Abs 2, können indessen zur Folge haben, dass eine Verwirkung kaum möglich ist, weil innerhalb eines solchen Zeitraums für eine Vertrauensbildung des Schuldners wenig Raum bleibt. Den Ausschlussfristen kommt im Rahmen der Verwirkung noch eine weitere Bedeutung zu. Sie zeigen nämlich, dass nach den Vorstellungen des Gesetzgebers Gestaltungsrechte im Vergleich zu Ansprüchen in einem wesentlich kürzeren Zeitraum ausgeübt werden müssen. Diese Wertung ist auf die Verwirkung zu übertragen.

(e) Ausschluss

317 Die Verwirkung ist gem § 4 Abs 4 S 2 TVG **ausgeschlossen**, so weit tarifliche Rechte betroffen sind (ausf dazu u Rn 824).

(f) Rechtsfolgen der Verwirkung

318 Ein verwirktes Recht oder eine Rechtsposition kann nicht mehr geltend gemacht werden. Offen bleibt, ob diese Wirkung nur eine **Ausübungshemmung** bedeutet (MünchKomm/Roth Rn 311) oder zum **Untergang** des Rechtes führt (Staudinger/ J Schmidt [1995] Rn 565; Soergel/Teichmann Rn 343; Palandt/Heinrichs Rn 96; AnwK-BGB/Krebs Rn 111; ähnlich Jauernig/Mansel Rn 63). Die speziellen Verwirkungstatbestände des § 21 MarkenG sehen vor, dass der Inhaber das entsprechende Recht nicht hat und legen damit einen Anspruchsausschluss nahe. Die Annahme einer Ausübungshemmung steht demgegenüber mit der allgemeinen Folge unzulässiger Rechtsausübung (s o Rn 226 ff) besser in Einklang. Sie ermöglicht, nach dem Eintritt der Verwirkung auftretende Umstände, wie etwa eine erhöhte Bedürftigkeit des Berechtigten, in eine neue Abwägung einfließen zu lassen. Deshalb ist ihr der Vorzug zu geben.

(4) Erwirkung

319 Oft wird auch die **Erwirkung** in den Bereich des venire contra factum proprium eingeordnet (vgl etwa MünchKomm/Roth Rn 354). Dabei handelt es sich jedoch nicht um einen Anwendungsfall des § 242, sondern in den meisten Fällen um einen **konkludenten Vertragsschluss** (s o Rn 196).

(5) Rechtsscheinshaftung

320 Die Haftung kraft **Rechtsscheins** stellt ebenfalls eine spezielle Ausprägung des Verbots widersprüchlichen Verhaltens dar (MünchKomm/Roth Rn 276; Bamberger/Roth/ Grüneberg/Sutschet Rn 122). Ihre Voraussetzung besteht darin, dass in **zurechenbarer Weise** ein **Rechtsschein gesetzt** wurde, auf den die **Gegenpartei in schutzwürdiger Weise vertraut** hat (MünchKomm/Roth Rn 277). Diese Erfordernisse werden oft nicht konsequent verlangt (vgl etwa die Figur des Scheinkaufmanns: meist fehlt es an der Kausalität

des Rechtsscheins für den Vertragsabschluss; krit z Recht vOLSHAUSEN, Wider den Scheinkaufmann des ungeschriebenen Rechts, in: FS Raisch [1995] 147, 159 ff). Gesetzliche Ausprägungen dieses Prinzips finden sich etwa in §§ 171 ff, 15 Abs 1, 3 HGB. Ohne solche speziellen Regelungen kann die Berufung auf die wirkliche Rechtslage als venire contra factum proprium unbeachtlich sein (BGH BB 1976, 1479, 1480). Die Rechtsfolge besteht darin, dass sich derjenige, der den Vertrauenstatbestand gesetzt hat, entsprechend der vermeintlichen Rechtslage behandeln lassen muss. Dadurch können objektiv nicht gegebene Tatbestandsvoraussetzungen überbrückt werden. Anwendungsfälle sind etwa die Lehre von der **Scheingesellschaft** (ausf dazu STAUDINGER/HABERMEIER [2003] § 705 Rn 63 ff) sowie die **Anscheinsvollmacht** (s u Rn 517).

D. Prozessuale Probleme

In **verfahrensrechtlicher** Hinsicht geht es zunächst um das Problem, ob es sich bei dem Einwand treuwidrigen Verhaltens um eine **Einrede** oder eine **Einwendung** handelt (s u Rn 322 ff); ferner um die **Beweislastverteilung** (s u Rn 331 f) und die **Revisibilität** einer auf § 242 gestützten Entscheidung (s u Rn 333). **321**

I. Einwendung oder Einrede?

1. Der Meinungsstand

Ein Verstoß gegen § 242 stellt nach **hM** eine **Einwendung** dar. Er ist deshalb im Prozess von Amts wegen zu berücksichtigen, also unabhängig davon, ob sich die begünstigte Partei darauf beruft (st Rspr, vgl BGHZ 3, 94, 103 f; 54, 222; BGH NJW 1966, 343, 345; PALANDT/HEINRICHS Rn 15; ERMAN/HOHLOCH Rn 19; SOERGEL/TEICHMANN Rn 265, 279, 343; MünchKomm/ROTH Rn 67; AnwK-BGB/KREBS Rn 37). Nur eine ältere, insb von SIBER vertretene **Gegenauffassung** (vgl PLANCK/SIBER Anm 3c α bb; SIBER, Schuldrecht [1931] 67) sah § 242 grds als **Einrede** an. Zu einer Einwendung gelangte diese Ansicht nur bei einer Vergleichbarkeit des Treueverstoßes mit den Wertungen des § 138 (z Verhältnis der beiden Normen s u Rn 367 ff). Sie ließ jedoch außer Betracht, dass nach der sog Innentheorie (s o Rn 217) die aus § 242 folgenden Begrenzungen sämtlichen subjektiven Rechte bereits immanent sind (BGH NJW-RR 2005, 619, 620; MünchKomm/ROTH Rn 67). Soweit die Anwendung der Norm also zu einer Beschränkung eines Anspruchs führt, entfallen damit seine materiellrechtlichen Voraussetzungen. Das Gericht kann sich über diesen Wegfall auch bei fehlender Berufung des Begünstigten hierauf nicht hinwegsetzen (BGH NJW 2008, 3434; z Ausn s u Rn 324 ff). **322**

2. Sonderfälle

Aber auch innerhalb der hM gibt es Vertreter, die in **Ausnahmefällen** aus der Norm eine Einrede ableiten (vgl STAUDINGER/J SCHMIDT [1995] Rn 316; MünchKomm/ROTH Rn 67, 314; SOERGEL/SIEBERT/KNOPP Rn 185; MEDICUS/LORENZ, Schuldrecht I Rn 155; ROTH 254 f). **323**

a) Verwirkung

Erwogen wird dies insbesondere für die **Verwirkung** (s o Rn 302 ff), und zwar wegen ihrer besonderen Nähe zur Verjährung, § 214 Abs 1. Hier wie dort bestehe kein Anlass, dem Begünstigten Rechtsfolgen aufzudrängen; vielmehr solle es seiner pri- **324** vatautonomen Entscheidung überlassen sein, ob er sich auf den entsprechenden Tatbestand berufe (vgl STAUDINGER/J SCHMIDT [1995] Rn 568; MünchKomm/ROTH Rn 314; ROTH 263). Weniger überzeugend ist das Argument, dem Fall, dass die begünstigte Partei sich bei Vorliegen der Voraussetzungen einer Verwirkung nicht darauf berufe, komme keine praktische Bedeutung zu (so STAUDINGER/J SCHMIDT [1995] Rn 568; MünchKomm/ROTH Rn 314). Denn selbst dann besteht im **Versäumnisverfahren** ein Bedürfnis für eine Berücksichtigung des Rechtsmissbrauchs von Amts wegen. Entscheidend ist jedoch, dass es sich bei der Verwirkung unbeschadet ihrer Verwandtschaft mit der Verjährung um einen Sonderfall der **unzulässigen Rechtsausübung** handelt (s o Rn 302 f; SOERGEL/SIEBERT/KNOPP[10] Rn 336; ähnl SOERGEL/TEICHMANN Rn 343). Für eine abweichende Behandlung gegenüber deren sonstigen Ausprägungen müssten deshalb gewichtigere Gründe sprechen als die Ähnlichkeit zur Verjährungseinrede. Selbst diese ist nicht groß. Verjährung entsteht durch bloßen Zeitablauf, während die Verwirkung verlangt, dass der Anspruchsberechtigte durch sein Verhalten bei dem anderen Teil das Vertrauen hervorgerufen hat, er werde sein Recht nicht ausüben (s o Rn 308). Deshalb ist es vorzuziehen, auch die Fallgruppe der Verwirkung als **Einwendung** zu behandeln.

b) Unzumutbarkeit

325 Daneben wird zum Teil eine Einrede für den Fall der **Unzumutbarkeit** einer Leistung angenommen (vgl MEDICUS/LORENZ, Schuldrecht I Rn 155). Unzumutbarkeit könne kaum bejaht werden, ohne dass sich ein Verpflichteter hierauf berufe (MEDICUS, Schuldrecht I [16. Aufl] Rn 136, 447). Dem steht der Vorteil einer einheitlichen Behandlung der Rechtsfolgen des § 242 gegenüber. Soweit indes die Unzumutbarkeit nach Einführung des § 275 Abs 2, 3 noch von § 242 erfasst wird (dazu s o Rn 275), ist sie dennoch als **Einrede** zu behandeln, weil der Gesetzgeber für zwei ähnliche Sachverhalte eine Wertung getroffen hat, die man nicht unbeachtet lassen kann. Es wäre nicht überzeugend, dem Schuldner bei Unzumutbarkeit einer **höchstpersönlichen** Leistung eine Einrede zu gewähren und ihm damit ein Wahlrecht einzuräumen, bei **vertretbaren Leistungen** hingegen **nicht** (s o Rn 277). Diese Ausnahme ist deshalb anzuerkennen.

326 c) Bewertung

Die praktischen Auswirkungen des Meinungsstreites entschärfen sich, wenn man mit denjenigen, die in Ausnahmefällen § 242 als Einrede ansehen, eine **außerprozessuale Berufung** auf die Norm genügen lässt (vgl STAUDINGER/J SCHMIDT [1995] Rn 318; JAHR JuS 1964, 295, 304 mwN; aA NIKISCH, Zivilprozessrecht [1950] § 54 III 1; ROTH 134 f). Allerdings muss der notwendige **Tatsachenvortrag** auf der Grundlage der Verhandlungsmaxime (vgl BVerfG NJW 1979, 1925, 1927; BGH NJW 1990, 3151) stets in prozessrechtlich beachtlicher Weise in den Rechtsstreit eingeführt werden, um dort Beachtung zu finden. Dies geschieht durch Behauptungen der einredeberechtigten Partei, aber auch dadurch, dass die Gegenpartei die entsprechenden Tatsachen in den Prozess einbringt, sei es ausdrücklich in der mündlichen Verhandlung oder durch Bezugnahme auf einen vorbereitenden Schriftsatz gem § 137 Abs 3 S 1 ZPO (vgl BGH MDR 1981, 1012; BGH NJW 2008, 3434, 3435; OLG Düsseldorf NJW 1991, 2089, 2090). Dementsprechend könnte im Versäumnisverfahren das tatsächliche Vorbringen des erschienenen Klägers zu einer Klageabweisung durch Sachurteil führen, wenn er die außerprozessuale Berufung des Beklagten auf den **Rechtsmissbrauch** selbst in das Verfahren einführt (MUSIELAK/STADLER, ZPO § 331 Rn 7; NIERWETBERG, Die Behandlung materiellrechtlicher

Einreden, ZZP 98 [1985], 442). Somit liegt es letztlich immer in der Hand der Parteien, ob das Gericht den Verstoß gegen Treu und Glauben berücksichtigen kann oder nicht. Die (Zivil-) Rechtsordnung ist – wie schon WIEACKER es formuliert hat – kein System totaler Verwirklichung subjektiver Rechte, sondern auf die Realisierung durch die Parteien im Rechtsstreit angewiesen (vgl WIEACKER, Präzisierung 46). Die gerichtliche Pflicht, Einwendungen „von Amts wegen" zu beachten bedeutet nicht die Aufhebung des Beibringungsgrundsatzes, sondern nur, dass ihre materiell-rechtliche Wirkung ohne zusätzliche materiell-rechtliche Rechtsausübung des Schuldners eintritt (BGH NJW 2008, 3434).

Andere versuchen die prozessuale Beachtlichkeit eines treuwidrigen Verhaltens noch von einem anderen Ausgangspunkt aus zu beurteilen. Es handelt sich insbesondere um einen allgemeinen Ansatz von JAHR zu allen Einreden und Einwendungen (JAHR JuS 1964, 125, 129 ff; 294, 303 ff), der von J SCHMIDT auf die Wirkungen eines Verstoßes gegen § 242 übertragen wurde (STAUDINGER/J SCHMIDT [1995] Rn 315 ff; vgl auch ROTH 254 f). Auf der Basis einer Unterscheidung zwischen den **materiellrechtlichen** und den **prozessualen Wirkungen** der Gegenrechte sehen die Vertreter dieser Ansicht den Unterschied zwischen Einrede und Einwendung nicht darin, dass Letztere stets von Amts wegen zu berücksichtigen sei. Vielmehr könne auch eine Einwendung lediglich auf einer Gestaltungsbefugnis beruhen, etwa einer Aufrechnungslage oder einem Anfechtungsrecht. Dann sei das Gericht an die unterlassene Ausübung durch den Berechtigten ebenso gebunden wie bei einer nicht erhobenen Einrede (vgl JAHR JuS 1964, 294, 304). Danach stellt sich die Einordnung des § 242 als Einrede oder Einwendung in prozessrechtlicher Hinsicht als überflüssig dar. Maßgeblich für den Richter sei allein, ob ein rechtsvernichtender oder rechtshemmender Umstand **ipso iure** wirke oder lediglich ein **Gestaltungsrecht begründe**. Für den Bereich des § 242 dürfte der Anwendungsbereich dieser Auffassung allerdings dadurch, dass Gestaltungsrechte als Folge eines Verstoßes gegen Treu und Glauben in erster Linie beim Wegfall der in § 313 geregelten Geschäftsgrundlage in Betracht kommen, gering sein. **327**

Insgesamt erscheint die unterschiedliche Behandlung materieller und prozessualer Wirkungen von Einrede und Einwendung jedoch zutreffend, obwohl die Begriffe nicht klar getrennt werden (ausf MEDICUS/PETERSEN, BR Rn 731 ff). Jedenfalls darf man einen wesentlichen materiellrechtlichen Unterschied zwischen Einrede und Einwendung nicht übersehen: Eine **Einrede** erzeugt bereits einige Rechtswirkungen **ab Entstehung**, und nicht erst mit ihrer **Geltendmachung** (vgl LARENZ/WOLF § 18 Rn 66) So ist zB die **Aufrechnung** mit einer einredebehafteten Forderung gem § 390 **ausgeschlossen**, und der Schuldner kann jedenfalls nach hM mit einer solchen Forderung auch **nicht in Verzug** geraten (vgl BGHZ 48, 249, 250; 104, 6, 11; BGH WM 1984, 1095, 1097; BAMBERGER/ROTH/UNBERATH § 286 Rn 11; MünchKomm/ERNST § 286 Rn 21). Bei **Gestaltungsrechten** tritt die materiellrechtliche Wirkung hingegen immer erst mit der **Rechtsausübung** ein; erst ab diesem Zeitpunkt stellt sich deshalb auch die Frage nach evtl prozessualen Folgen. Die Gleichsetzung nicht ausgeübter Gestaltungsrechte mit nicht erhobenen Einreden vermengt daher in unzulässiger Weise verschiedene Rechtsebenen. Zusammenfassend spricht also mehr dafür, die Tatbestände des § 242 als Einwendung von Amts wegen zu berücksichtigen, so weit nicht die Unzumutbarkeit der Leistung (s o Rn 325) in Rede steht. **328**

II. Dauerhafte oder vorübergehende Wirkung?

329 Von Interesse ist ferner, ob § 242 eine **dauerhafte** oder nur eine **vorübergehende Einwendung** gewährt, ob also die sich aus Treu und Glauben ergebenden Beschränkungen für immer eintreten oder Veränderungen der tatsächlichen Umstände zu ihrem nachträglichen Fortfall führen können. Eine allgemeine Antwort auf diese Frage findet sich nicht; die unterschiedlichen Ansichten beziehen sich auf einzelne Ausprägungen von Treu und Glauben und werden deshalb dort angesprochen (s o Rn 228, 318; zur Wandelbarkeit der Begriffsinhalte von Treu und Glauben s o Rn 154 ff).

330 Beim **Rechtsmissbrauch** nehmen manche an, dass die Befugnis des Berechtigten untergehe. Andere vertreten, dass die Rechtsausübung bei entsprechender Änderung der Umstände wieder zulässig werden könne (s o Rn 228). Nach zutreffender Ansicht sollte die Einschränkung nach Treu und Glauben stets nur so weit reichen, wie es zur Erreichung des jeweiligen Zwecks einer Beschränkung notwendig ist (s o Rn 158). Diese einzelfallbezogene Betrachtung gilt als Ausprägung des **Verhältnismäßigkeitsgrundsatzes** für alle Fälle des § 242; der **Grundsatz der Wahl des mildesten Mittels** betrifft nicht nur den Rechtsmissbrauch selbst. Eine Ausnahme bildet entgegen einer teilweise vertretenen Ansicht auch nicht die **Verwirkung** (so aber STAUDINGER/J SCHMIDT [1995] Rn 566; vgl ie o Rn 318).

III. Beweislast

331 Die Verteilung der Beweislast richtet sich nach den **allgemeinen Grundsätzen**. Wer sich auf einen Verstoß gegen „Treu und Glauben" beruft, muss die tatsächlichen Voraussetzungen darlegen und beweisen (vgl BVerfG NJW 1988, 2233; BGHZ 12, 154, 160; 64, 5, 11; BGH NJW 1999, 353, 354; BGH JZ 1987, 250, 251 m Anm KUCHINKE; BAUMGÄRTEL/LAUMEN/PRÜTTING, Handbuch der Beweislast I [3. Aufl 2008] BGB § 242 Rn 2 mwNw; ERMAN/HOHLOCH Rn 19; BGB-RGRK/ALFF Rn 6; PALANDT/HEINRICHS Rn 15; MünchKomm/ROTH Rn 69; AnwK-BGB/KREBS Rn 38; allg ROSENBERG, Die Beweislast [5. Aufl 1965] § 9). Auch ein Verstoß gegen Vorschriften der VOB/A begründet keine Abweichung von diesen Grundsätzen. Zu Unrecht wurde bisweilen im privaten Bauvergaberecht angenommen, dass öffentliche Auftraggeber nach Treu und Glauben gehindert seien, Ansprüche gegen den Auftragnehmer geltend zu machen, wenn sie nicht darlegen und beweisen konnten, dass ihnen ein Verstoß gegen § 242 nicht zur Last fiel (BGH NJW 1992, 827; OLG Jena BauR 2001, 1446). Richtigerweise ist es auch hier Aufgabe des Anspruchsgegners, substantiiert die Voraussetzungen vorzutragen, die im Einzelfall Ansprüche an Treu und Glauben scheitern lassen (BGH NJW 2006, 2555, 2557).

332 Im Fall der **Verwirkung** (s o Rn 302 ff) ergibt sich die Besonderheit, dass der Verpflichtete eine **negative Tatsache** darlegen und beweisen müsste, nämlich die **Untätigkeit** des Rechtsinhabers während einer gewissen Zeitdauer. Diese Schwierigkeit ist dadurch zu beheben, dass der Berechtigte nach entsprechendem Beklagtenvortrag seinerseits substantiiert darlegen muss, wann und unter welchen Umständen er sein Recht geltend gemacht hat (BGH NJW 1958, 1188, 1189; STAUDINGER/WEBER[11] Rn D 622; MünchKomm/ROTH Rn 315; BAMBERGER/ROTH/GRÜNEBERG/SUTSCHET Rn 170; PALANDT/HEINRICHS Rn 96; BAUMGÄRTEL, Anm z BGH, Urt v 13. 12. 1984 – III ZR 20/83, JZ 1985, 540 f; aA NARITOMI, Die Verteilung der Beweislast bei der Verwirkung, NJW 1959, 1419). Falls er die Pflicht zum Nachweis derartiger verwirkungshindernder Aktivitäten nicht erfüllt, spricht sein Verhalten dafür, dass er es unterlassen hat, seinen Anspruch zu erheben. Andernfalls ist es wiederum Aufgabe des (ursprünglich) Beweisbelasteten, die evtl Unrichtigkeit dieses Vortrages zu beweisen (vgl Soergel/Teichmann Rn 344). Dadurch wird bewirkt, dass sich die Beweislast des Verpflichteten im Ergebnis immer nur auf eine bestimmte Anzahl konkreter Vorgänge erstreckt und sich nicht uferlos ausweitet (vgl BGH aaO; Soergel/Siebert/Knopp[10] Rn 336).

IV. Revisibilität

Ein Verstoß gegen Treu und Glauben kann sowohl **Tatsachen-** als auch **Rechtsfrage** 333 sein. Aus diesem Grund unterliegt eine Entscheidung, die sich auf § 242 stützt, im vollen Umfang der Nachprüfung der Revisionsinstanz (allgM, vgl RGZ 145, 26, 32; BGB-RGRK/Alff Rn 5; AnwK-BGB/Krebs Rn 38). Bei der **Verwirkung** wird es als ausreichend erachtet, wenn sich die begünstigte Partei in der Revisionsinstanz auf § 242 beruft (vgl OGH 1, 178, 181). Dabei genügt gem § 551 Abs 3 S 1 Nr 2 lit a ZPO, dass der Revisionskläger die **tatsächlichen Umstände**, aus denen sich der Verstoß gegen Treu und Glauben ergibt, bezeichnet. Eine konkrete Angabe der verletzten Rechtsnorm – wie es § 554 Abs 3 Nr 3 lit a ZPO aF forderte – ist nicht mehr notwendig. Damit hat sich der zum alten Recht geführte Streit, ob die bloße Angabe der Paragraphen-Nummer den Anforderungen an die Revisionsbegründung entsprach oder eine inhaltliche Umschreibung der Norm erforderlich war, erledigt (vgl dazu Staudinger/J Schmidt [1995] Rn 321).

E. Das Verhältnis des § 242 zu anderen Vorschriften und Rechtsgrundsätzen

I. Ausschluss durch andere Normen

Betrachtet man das Verhältnis des § 242 zu anderen Vorschriften, so stellt sich zu- 334 nächst die Frage, ob die Berufung auf Treu und Glauben im Anwendungsbereich bestimmter Rechtsnormen prinzipiell ausgeschlossen ist, ob es also „**§ 242-feste**" **Rechtssätze** gibt (so Staudinger/J Schmidt [1995] Rn 252).

1. Gesetzliche Regelungen

Eine in der älteren Rspr und Lit verbreiteten Ansicht hielt die Generalklausel des 335 § 242 **im Geltungsbereich anderer – namentlich zwingender – Rechtsnormen für nicht anwendbar** (so insbes RGZ 52, 1, 5 [Form]; vgl auch OLG Koblenz DRZ 1949, 40; BGH WM 1966, 518, 520). Dahinter stand die Befürchtung, die in Frage stehenden Rechtsnormen könnten ansonsten bedeutungslos werden (vgl RGZ 51, 1, 5). Diese strikte Haltung wurde jedoch schon früh dahingehend eingeschränkt, dass man auch gegenüber den zwingenden Vorschriften des Privatrechts prüfen müsste, ob ihre Anwendung nicht auf Grund **besonderer Umstände** gegen Treu und Glauben verstoße (so schon RGZ 85, 108, 117; vgl auch BGHZ 3, 94, 104; 30, 315, 322; 58, 146, 147; BGH NJW 1960, 625, 626; 1961, 408, 410; Larenz, Schuldrecht I § 10 I).

Heute entspricht es der **hM**, dass § 242 auch im Bereich zwingender Rechtssätze 336 Anwendung findet (MünchKomm/Roth Rn 110; Erman Rn 27; **aA** Soergel/Teichmann Rn 117). Die Voraussetzungen sind jedoch umstritten. So wollten Siebert/Knopp an der Unanwendbarkeit des § 242 festhalten, wenn die in Frage stehende Vorschrift auf **„vorrangigen Ordnungszwecken"** beruhte, also einem **übergeordneten öffentlichen Interesse** diente und nicht nur private Interessen schützen sollte (vgl SOERGEL/ SIEBERT/KNOPP[10] Rn 44; grundsätzlich zustimmend SOERGEL/TEICHMANN Rn 117). Als übergeordnete Schutzzwecke wurden insbesondere die für die Funktion der Rechtsordnung wesentlichen Grundsätze wie etwa die **Geltung rechtskräftiger Urteile** sowie die **Verwirklichung wirtschafts- und sozialpolitischer Zielsetzungen** genannt. Nach Ansicht von LARENZ (Schuldrecht I § 10 I) könnte die Abweichung von einer gesetzlichen Regelung nur dann auf § 242 gestützt werden, wenn der konkrete Einzelfall von den geregelten „Normalfällen" derart abweicht, dass die Nichtberücksichtigung der besonderen Situation **offenbar sachwidrig** oder **in hohem Maße unbillig** wäre. Im gleichen Sinne – wenn auch etwas entschärft – spricht ROTH sich dafür aus, den Rückgriff auf Treu und Glauben im Anwendungsbereich anderer Vorschriften auf Fälle mit **atypischer Interessenlage** zu beschränken (MünchKomm/ROTH Rn 112a).

337 Eine abweichende Konzeption hat J SCHMIDT entwickelt. Hiernach soll es für die Anwendbarkeit des § 242 darauf ankommen, ob die einschlägige Norm im historischen Zusammenhang noch den **Maßstäben der sozialen Gerechtigkeit** entspricht. Nur wenn die Norm diesen Anforderungen nicht mehr genüge, sei § 242 anwendbar (STAUDINGER/J SCHMIDT [1995] Rn 254). Indes ist es nicht Sache des Richters, geltende Normen auf ihre Übereinstimmung mit den schwierigen Maßstäben der sozialen Gerechtigkeit zu überprüfen und sie bei Abweichungen unter Rückgriff auf § 242 einer **generellen Korrektur** zu unterziehen (vgl LOOSCHELDERS/ROTH, Grundrechte und Vertragsrecht: Die verfassungskonforme Reduktion des § 565 Abs 1 S 2 BGB, JZ 1995, 1038, 1043). Es fehlen Anhaltspunkte dafür, wie die Maßstäbe der sozialen Gerechtigkeit zu ermitteln sind und wie stark die Abweichung im konkreten Fall ausfallen muss, damit der **Richter** zu einer „Korrektur" der Norm mit Hilfe des § 242 legitimiert ist.

338 Die übrigen Ansichten gehen zu Recht davon aus, dass das Eingreifen des § 242 im Regelungsbereich anderer Normen auf einer **Entscheidung im Einzelfall** beruht. Ansatzpunkt ist **nicht** der **unbefriedigende Inhalt der Norm**, sondern das **unbefriedigende Ergebnis**, welches bei strikter Anwendung der Norm zustande kommen würde (vgl LARENZ aaO). Es handelt sich also um die von ROTH als maßgeblich erachtete **atypische Interessenlage**, die den Rückgriff auf § 242 rechtfertigt. Bei der Konkretisierung dieser Überlegungen hilft der von SIEBERT/KNOPP entwickelte Lösungsansatz allein nicht weiter, weil er zu einseitig auf öffentliche Interessen abstellt. Hiergegen spricht zunächst, dass auch die Wahrung von Treu und Glauben der öffentlichen Ordnung dient und damit im öffentlichen Interesse liegt (vgl Berner Kommentar/MERZ [1962] Art 2 ZGB Rn 96). Davon abgesehen ist nicht ersichtlich, warum man öffentlichen Interessen von vornherein einen höheren Stellenwert als privaten Interessen einräumen sollte. In neuerer Zeit wird daher zu Recht anerkannt, dass auch der Schutz **privater Interessen** des anderen Vertragspartners oder Dritter dem Rückgriff auf § 242 entgegenstehen kann (vgl SOERGEL/TEICHMANN Rn 118 ff). Man muss daher auf Grund einer **umfassenden Interessenabwägung** feststellen, ob der **individuellen Gerechtigkeit** im Einzelfall der Vorrang gegenüber den **Wertungen** einzuräumen ist, die für die unveränderte Anwendung der Norm sprechen (ähnlich SOERGEL/TEICHMANN Rn 118). Dabei kommt den **Zwecken** der jeweiligen Norm sowie dem Gedanken der **Rechtssicherheit** entscheidende Bedeutung zu.

Bei der **Interessenabwägung** muss berücksichtigt werden, inwieweit der jeweilige 339
Rechtssatz bereits selbst besonderen Interessenlagen Rechnung trägt (vgl BGH
NJW 1985, 2579, 2580; einschränkend MünchKomm/ROTH Rn 112a). Je spezieller eine Norm
einer bestimmten Situation angepasst ist, desto eher kann davon ausgegangen werden, dass sie auch im konkreten Fall zu einem interessengerechten Ergebnis führt.
Auch darf eine Generalklausel nicht dazu eingesetzt werden, um eine bewusste
Wertentscheidung des Gesetzgebers außer Kraft zu setzen (vgl BYDLINSKI, Präzisierung
213 f).

In der Lit wird teilweise die Auffassung vertreten, dass das **geringe Alter eines** 340
Rechtssatzes eine besonders zurückhaltende Anwendung des § 242 gebiete (vgl
MünchKomm/ROTH Rn 112a). Dafür spricht die Funktion der Generalklauseln, dem
Richter ein flexibles Instrumentarium zur Verfügung zu stellen, damit er etwaigen
Änderungen der tatsächlichen und rechtlichen Verhältnisse sowie den in der Gesellschaft vorherrschenden Wertanschauungen in angemessener Weise Rechnung
tragen kann (vgl LOOSCHELDERS/ROTH, Methodik 198). Diese Funktion hat bei neueren
Gesetzen (zunächst) keine Bedeutung. Auf der anderen Seite muss sich der Gesetzgeber bei der Ausgestaltung von Rechtsnormen in erster Linie an den **typischen**
Fallgestaltungen orientieren; atypische Konstellationen bleiben uU selbst dann außer Betracht, wenn sie bekannt sind. Davon abgesehen zeigen die Erfahrungen mit
dem Schuldrechtsmodernisierungsgesetz, dass auch bei neueren Gesetzen Fallgestaltungen auftreten können, die vom Gesetzgeber nicht bedacht worden sind.
Von daher kommt § 242 auch bei neueren Gesetzen Bedeutung zu.

Im Ergebnis ist damit davon auszugehen, dass es im deutschen Privatrecht **keine** 341
Rechtsnormen gibt, die **generell** als „**§ 242-fest**" zu qualifizieren sind (ähnlich ERMAN/
HOHLOCH Rn 27; **aA** STAUDINGER/J SCHMIDT [1995] Rn 260). Die Vorschriften unterscheiden
sich lediglich danach, inwieweit die von ihnen geschützten Interessen dem Rückgriff auf § 242 entgegenstehen. Während § 242 bei einigen Vorschriften nur in Ausnahmefällen anwendbar ist, lässt sich der Rückgriff auf Treu und Glauben bei
anderen Vorschriften leichter rechtfertigen. Die Einzelfragen sind deshalb im Zusammenhang mit den jeweils betroffenen Normen (s u Rn 353 ff) zu erörtern.

2. Vertragliche Vereinbarungen

Im Verhältnis zu **vertraglichen Vereinbarungen** muss § 242 besonders zurückhal- 342
tend angewendet werden, weil der Rückgriff auf Treu und Glauben zugleich einen Eingriff in die **privatautonome Gestaltungsfreiheit der Parteien** darstellt (vgl
zu dieser Problematik insbes ESSER, § 242 und die Privatautonomie, JZ 1956, 555, 556 f; ausf dazu u Rn 458 ff).

Soweit es um die **Ergänzung** vertraglicher Vereinbarungen geht, handelt es sich 343
nicht um ein Problem des § 242. Denn eine ergänzende Funktion kommt dem
Grundsatz von Treu und Glauben nach der Schuldrechtsreform nicht mehr zu (dazu
ausf o Rn 187). Klärungsbedürftig bleibt aber, ob und unter welchen Voraussetzungen
der **Inhalt** einer vertraglichen Vereinbarung mit Hilfe von § 242 **korrigiert** werden
kann (dazu o Rn 205). Sofern die Wirksamkeit einer **AGB** in Rede steht, stellen die
§§ 305 ff eine Konkretisierung des Gebots von Treu und Glauben dar, so dass § 242
hierfür nicht bemüht werden muss (zum Verhältnis des § 242 zu diesen Normen s u Rn 473).

Individualvereinbarungen unterliegen – unter der Prämisse der Vertragsparität – nicht der Inhaltskontrolle nach § 242. Vielmehr erlaubt es der Grundsatz der Privatautonomie den Vertragsparteien – bis an die Grenze der Sittenwidrigkeit – auch unangemessene Regelungen zu vereinbaren (vgl BAG NJW 2005, 3305, 3309; zum Verhältnis zwischen § 242 und § 138 s u Rn 458 ff).

344 Von der Inhaltskontrolle zu unterscheiden ist aber die Frage, ob die Geltendmachung eines vertraglich begründeten Anspruchs auf Grund der besonderen Umstände des Einzelfalls als **unzulässige Rechtsausübung** anzusehen ist (zur unzulässigen Berufung auf einen wirksamen Haftungsausschluss OLG Celle NZBau 2006, 651, 652). Bei dieser sog „**Ausübungskontrolle**" wiegt der Eingriff in die Privatautonomie weniger schwer, weil der Inhalt der vertraglichen Vereinbarungen als solcher unberührt bleibt. Anders als bei der Inhaltskontrolle hat § 242 bei der Ausübungskontrolle daher nach wie vor große praktische Bedeutung (vgl zur Ausübungskontrolle von Eheverträgen BGH NJW 2008, 3426; 2007, 2848).

II. Das Verhältnis zu teleologischer Reduktion und Analogie

345 Soweit es um die Einschränkung oder Ausdehnung einer speziellen Rechtsnorm geht, stellt sich die **methodische Frage** des Verhältnisses von § 242 zur teleologischen Reduktion bzw Analogie.

1. Teleologische Reduktion

346 Bei der teleologischen Reduktion wird der **Tatbestand** einer Norm entgegen dem möglichen Wortsinn **eingeschränkt**, weil der Anwendungsbereich der Norm sonst über den Zweck der gesetzlichen Regelung hinausgehen würde (vgl BVerfGE 88, 145, 166 ff; BGHZ 4, 153, 154; AnwK-BGB/LOOSCHELDERS Anh zu § 133 Rn 45 ff; SOERGEL/ HEFERMEHL Anh zu § 133 Rn 14; LOOSCHELDERS/ROTH, Methodik 261 ff). Alternativ dazu könnte die notwendige Einschränkung durch Heranziehung des Grundsatzes von Treu und Glauben verwirklicht werden (vgl HONSELL, Teleologische Reduktion versus Rechtsmissbrauch, in: FS Mayer-Maly [1996] 369; für das Bsp des § 125: LARENZ, Methodenlehre 396).

347 Zur Lösung des Problems bietet sich folgende Vorgehensweise an: Zunächst muss geprüft werden, ob Sachverhalte der vorliegenden Art vom **Regelungszweck** der einschlägigen Vorschrift erfasst werden. Dabei kommt auch das Instrument der teleologischen Reduktion zum Einsatz. Da die gesetzliche Norm damit auf den ihrem Regelungszweck entsprechenden Anwendungsbereich zurückgeführt wird, ist ein Rückgriff auf § 242 nicht notwendig (zum Vorrang der teleologischen Reduktion gegenüber § 242 vgl LOOSCHELDERS/ROTH, Grundrechte und Vertragsrecht: Die verfassungskonforme Reduktion des § 565 Abs 1 S 2 BGB, JZ 1995, 1038, 1043). Sollte sich eine teleologische Reduktion nicht rechtfertigen lassen, so muss in einem zweiten Schritt geprüft werden, ob die Anwendung der Norm mit Rücksicht auf die Umstände des Einzelfalles nach § 242 einzuschränken oder zu modifizieren ist. Die Entscheidung setzt in diesem Fall eine umfassende **Interessenabwägung** voraus. Erforderlich ist, dass die im Rahmen des § 242 zu berücksichtigenden Gründe der Einzelfallgerechtigkeit die für die unveränderte Anwendung der Norm streitenden Interessen überwiegen (dazu ausf o Rn 144 ff). Im Ergebnis handelt es sich allerdings mehr um ein methodisches als um ein praktisches Problem. Die teleologische Reduktion setzt stärker am Normzweck, die Anwendung des § 242 stärker beim Einzelfall an.

2. Analogie

Im Vergleich mit der teleologischen Reduktion betrifft die **Analogie** den umgekehrten Fall, dass ein Rechtssatz einen Sachverhalt dem Wortlaut nach nicht erfasst, obwohl dies wegen der **Ähnlichkeit der Interessenlage** an sich **geboten wäre** (vgl BVerfGE 82, 6, 12; AnwK-BGB/LOOSCHELDERS Anh zu § 133 Rn 41 ff; BYDLINSKI, Juristische Methodenlehre und Rechtsbegriff [2. Aufl 1991] 475; LARENZ, Methodenlehre 381; LOOSCHELDERS/ROTH, Methodik 304). Auch hier stellt sich die Frage, inwieweit zur Schließung der Gesetzeslücke vorrangig auf § 242 zurückgegriffen werden kann. 348

a) Extrempositionen

Zum Verhältnis von Analogie und § 242 finden sich **zwei extreme Ansätze** : Nach einer Auffassung ist die Rechtsfortbildung im Wege der Analogie stets vorrangig (dafür LARENZ, Schuldrecht I § 10 I, der die Anwendung von § 242 für eine „Verlegenheitslösung" hält). Zu einem Rückgriff auf § 242 kann es hiernach nur kommen, wenn zur Lückenfüllung keine analogiefähige Rechtsnorm vorhanden ist. Nach der Gegenauffassung sind zumindest im unmittelbaren Anwendungsbereich von § 242 – also bei bestehendem Schuldverhältnis (ausf o Rn 127 ff) – allein die Grundsätze von Treu und Glauben heranzuziehen, weil es insoweit an einer für die Analogie erforderlichen Regelungslücke fehlte (in diese Richtung wohl TERBILLE/SCHMITZ-HERSCHEID, Zur Offenbarungspflicht bei ärztlichen Behandlungsfehlern, NJW 2000, 1749, 1752 Fn 38). Beiden Ansätzen kann zugute gehalten werden, dass sie eine klare Abgrenzung ermöglichen. Letztlich ist eine **generelle Vorrangregel** jedoch zu **starr**, weil sie den Rechtsanwender zwingen würde, Besonderheiten des Einzelfalls außer Betracht zu lassen. 349

b) Vermittelnde Ansätze

Nach einer vermittelnden Auffassung von ROTH ist bei der Abgrenzung von der **Funktion** des § 242 auszugehen, die individuellen Besonderheiten des Einzelfalls zur Geltung zu bringen (vgl MünchKomm/ROTH Rn 111 und Rn 23). Zu einer Heranziehung des spezielleren Rechtssatzes im Wege der Analogie soll es nur kommen, wenn die betreffende Norm dem Sachverhalt so nahe steht, dass die in ihr enthaltenen **Wertentscheidungen des Gesetzgebers** bei der Interessenabwägung über das Für und Wider der Rechtsfortbildung verwertet werden können (vgl MünchKomm/ROTH Rn 112). Beruhe die Rechtsfortbildung hingegen eher auf einer einzelfallbezogenen Wertung, müsse § 242 die maßgebliche Grundlage für die Lückenschließung bilden. 350

Ein ähnlicher Ansatz findet sich bei BYDLINSKI. Hiernach kommt es bei der Abgrenzung maßgeblich auf **Zweck und Rechtsfolge** der jeweiligen gesetzlichen Regelung an. Soweit diese auf den nicht geregelten Fall passen, soll der Analogie der Vorrang zukommen. Knüpfe die Rechtsfortbildung hingegen an **allgemeine gesetzliche Grundwertungen und Rechtsprinzipien** an, so stelle die Generalklausel des § 242 das bessere „Einfallstor" dar (vgl allg zum Verhältnis von Generalklauseln und Analogie BYDLINSKI, Präzisierung 203 Fn 40). 351

352 Bei der Würdigung dieser Ansätze ist zu beachten, dass die Analogie einen weiten Bereich „**ähnlicher**" Sachverhalte erfasst, in dem die Rechtsfortbildung nicht allein durch den Zweck der Norm und den Gleichheitssatz gerechtfertigt wird (ausf dazu LOOSCHELDERS/ROTH, Methodik 304 ff; zum „vieldeutige[n] Begriff der Ähnlichkeit" als „Angelpunkt" der Analogie vgl auch ENGISCH, Einführung in das juristische Denken [9. Aufl 1997] 187). Hier muss die Analogie ergänzend auf andere Gründe gestützt werden. Dabei kommt auch dem Grundsatz von Treu und Glauben Bedeutung zu. Umgekehrt ist anerkannt, dass im Rahmen einer Abwägung nach Treu und Glauben ebenfalls gesetzgeberische Wertungen zu berücksichtigen sind, die in einer speziellen Rechtsnorm zum Ausdruck kommen (vgl MünchKomm/ROTH Rn 112). Eine klare Abgrenzung zwischen beiden Methoden ist daher schon theoretisch nicht möglich. Bei der Entscheidung kann man sich daher nur daran orientieren, welche Argumente im Einzelfall das größere Gewicht haben: die Argumente aus dem Zweck der Norm oder aus Treu und Glauben. Dabei erscheint es aus Gründen der methodischen Klarheit gerechtfertigt, der **(Einzel-)Analogie** einen gewissen **Vorrang gegenüber § 242** einzuräumen.

III. Die Abgrenzung zu anderen Normen des BGB

353 Zu klären bleibt die Frage, wie der Anwendungsbereich des § 242 vom Anwendungsbereich anderer Vorschriften des BGB abgegrenzt werden kann. Die Darlegungen beschränken sich dabei auf das systematische Verhältnis des § 242 zu tragenden Normen des Bürgerlichen Rechts, die allgemeine Geltung beanspruchen. Spezielle Konkurrenzprobleme werden bei den Fallgruppen angesprochen (Rn 403 ff).

1. § 157

354 Als besonders schwierig erweist sich die Grenzziehung zwischen § 242 und der „Auslegungsvorschrift" des § 157, und zwar wegen des **nahezu identischen Wortlauts** beider Normen (zur Geschichte der Normen s o Rn 1 ff). Zwar hat die eine Vorschrift die Auslegung von Verträgen zum Gegenstand, während die andere das Bewirken der Leistung in allen Schuldverhältnissen betrifft. Den Maßstab soll jedoch in beiden Fällen das Gebot von Treu und Glauben mit Rücksicht auf die Verkehrssitte bilden. Abgrenzungsschwierigkeiten ergeben sich, wenn der Geltungsbereich beider Normen berührt ist, also bei **vertraglichen Schuldverhältnissen**. Wird die Ergänzung bzw Konkretisierung oder Korrektur einer vertraglichen Vereinbarung durch den Richter notwendig, so ist oftmals zweifelhaft, auf welcher Grundlage dies zu erfolgen hat (vgl hierzu SÜSS JZ 1958, 365 f, der im konkreten Fall eine Lösung sowohl über § 242 als auch über § 157 für möglich hält; LÜDERITZ, Auslegung von Rechtsgeschäften [1966] 416 ff; ders, Rezension zu: OTTO SANDROCK, Zur ergänzenden Vertragsauslegung im materiellen und internationalen Schuldvertragsrecht, AcP 171 [1971] 160, 164 f; SONNENBERGER, Verkehrssitten 120 ff).

a) Notwendigkeit der Abgrenzung

355 In der **Rspr** zeigt sich ein sehr uneinheitliches Bild. Vereinzelt wird auf eine klare Abgrenzung zwischen Treu und Glauben und § 157 Wert gelegt (vgl RGZ 141, 198, 201; BGHZ 9, 273, 277; 16, 4, 8; BGH JZ 1969, 70, 72; BGH WM 1969, 769, 771; WM 1971, 509), wobei die **ergänzende Auslegung** gegenüber der Anwendung des § 242 als vorrangig angesehen wird (vgl BGHZ 81, 135, 143; 90, 69, 74; 164, 286, 292). In anderen Urteilen hingegen verwischen sich die Grenzen (vgl RGZ 152, 403; 160, 268; BGHZ 10, 2; 13, 346;

48, 296, 301; 77, 310, 317; 87, 309, 317; BGH NJW 1989, 2625, OLG Schleswig NJW-RR 1987, 1022; OLG Bamberg NJW-RR 1987, 1644). Die Gerichte sprechen teilweise sogar von einer „Auslegung nach § 242" (vgl RGZ 80, 27, 28; BGHZ 12, 375; 84, 1, 8; BGH NJW 1958, 1483; BGH NJW-RR 1987, 230, 231) bzw von einer Auslegung nach „§§ 133, 157, 242" (vgl OLG Frankfurt FamRZ 1994, 198).

Angesichts dieser begrifflichen Ungenauigkeiten überrascht es nicht, dass die in der Lit vertretenen Ansichten gleichermaßen auseinander gehen. Eine Meinung erachtet die Grenzziehung zwischen § 242 und § 157 als **unmöglich** und **überflüssig** (FLUME, AT II § 16, 3a aE; HECK, Schuldrecht § 4, 5; HENCKEL, Die ergänzende Vertragsauslegung, AcP 159 [1960/1961] 106, 121; LARENZ, Schuldrecht I § 10 I; MEDICUS/LORENZ, Schuldrecht I Rn 142; STUMPF, Erläuternde und ergänzende Auslegung letztwilliger Verfügungen im System privatautonomer Rechtsgestaltung [Berlin 1991] 198–201). Zur Begründung wird angeführt, dass beide Vorschriften ohnehin keinen konkreten Inhalt hätten, so dass Überschneidungen unerheblich seien (FLUME, AT II § 16, 3a aE; MEDICUS/LORENZ, Schuldrecht I Rn 142: „Beide Vorschriften enthalten keine einigermaßen konkrete Rechtsfolgenanordnung [...]; sie eignen sich daher nicht zur Anwendung durch schlichte Subsumtion"). Auch wird mit der Gleichheit der Maßstäbe – also mit der Identität der Ergebnisse bei Anwendung beider Normen – argumentiert (so etwa STAUDINGER/J SCHMIDT [1995] Rn 266). Dem entspricht auch die Aussage von ROTH, dass es bei beiden Vorschriften letztlich um die Ermittlung der interessengerechten Rechtsfolge gehe und der Streit um die richtige Etikettierung im Einzelfall deshalb müßig sei (MünchKomm/ROTH Rn 105). **356**

So verbreitet diese Sichtweise auch sein mag, so kann sie doch nicht überzeugen. Aus **dogmatischer Sicht** ist zunächst zu beachten, dass es sich bei § 242 um eine subsumtionsfähige Rechtsnorm mit konkretem Inhalt handelt. Davon abgesehen haben Treu und Glauben und die Verkehrssitte bei der Auslegung nach § 157 nicht den gleichen Stellenwert wie bei § 242. Während bei § 242 **unmittelbar** auf diese Kriterien abzustellen ist, steht bei der ergänzenden Auslegung der **hypothetische Parteiwille** im Vordergrund (zum hypothetischen Parteiwillen MAYER-MALY, Die Bedeutung des tatsächlichen Parteiwillens für den hypothetischen, in: FS Flume Bd I [1978] 621 ff). Treu und Glauben und die Verkehrssitte entfalten in diesem Bereich nur **mittelbare** Bedeutung – so weit sie nämlich Rückschlüsse auf den hypothetischen Willen der Parteien zulassen (vgl AnwK-BGB/LOOSCHELDERS § 133 Rn 15; SOERGEL/M WOLF § 157 Rn 26). Eine an Treu und Glauben orientierte Auslegung gegen den tatsächlichen oder mutmaßlichen Parteiwillen ist daher **unzulässig** (BGHZ 19, 269, 273; 90, 69, 77; BGH NJW 2002, 2310, 2311; STAUDINGER/ROTH [2003] § 157 Rn 39). **357**

Der hier herausgearbeiteten Unterscheidung kann nicht entgegengehalten werden, dass der BGH (BGHZ 84, 1, 7) auch bei der ergänzenden Vertragsauslegung darauf abstellt, welche Vereinbarung **redliche Vertragsparteien** nach Treu und Glauben **vernünftigerweise** getroffen hätten (so aber STAUDINGER/J SCHMIDT [1995] Rn 266 gegen SOERGEL/TEICHMANN Rn 124). Denn die Maßstabsfigur der redlichen und vernünftigen Vertragspartei gilt bei § 157 nur insoweit, wie den Vereinbarungen der konkreten Parteien im Einzelfall keine abweichenden Interessenwertungen entnommen werden können. Da bei der Ermittlung des hypothetischen Parteiwillens im Rahmen des § 157 auch objektive Kriterien zu berücksichtigen sind, können die ergänzende Vertragsauslegung und die Konkretisierung oder Einschränkung vertraglicher Pflichten nach § 242 in einem gewissen Grenzbereich ineinander übergehen (vgl **358**

BAMBERGER/ROTH/GRÜNEBERG/SUTSCHET Rn 34; SOERGEL/TEICHMANN Rn 124; LOOSCHELDERS, Schuldrecht AT Rn 70). Solche **Überschneidungen** sind jedoch unschädlich, solange der Vorrang des tatsächlichen oder mutmaßlichen Parteiwillens gegenüber objektiven Kriterien gewahrt bleibt.

359 Auch bei der **praktischen Rechtsanwendung** ist eine rein ergebnisorientierte Betrachtung keineswegs ungefährlich. Denn sie verführt dazu, einen Eingriff in vertragliche Regelungen mit dem pauschalen Hinweis auf die §§ 242, 157 zu rechtfertigen, anstatt die Voraussetzungen der ergänzenden Vertragsauslegung oder des § 242 im Einzelfall zu prüfen. Es besteht mithin die Gefahr, dass die Lösung allein auf **Billigkeitserwägungen** gründet. Mit der überwiegenden Ansicht in der Lit (ERMAN/HOHLOCH Rn 21; PALANDT/HEINRICHS Rn 19; BGB-RGRK/ALFF Rn 4; SOERGEL/TEICHMANN Rn 124; SOERGEL/M WOLF § 157 Rn 26 ff, 104 f) ist deshalb davon auszugehen, dass eine Abgrenzung von § 242 und § 157 **möglich** und **notwendig** ist.

b) Kriterien der Abgrenzung

360 Nach welchen Kriterien die Abgrenzung zwischen § 157 und § 242 zu erfolgen hat, ist umstritten. So vertritt SONNENBERGER die Auffassung, dass die Überschneidungen durch **Beschränkung des Anwendungsbereiches einer der beiden Normen** zu beseitigen sind (vgl SONNENBERGER, Verkehrssitten 131). Zwei Lösungen kommen hiernach in Betracht. Zum einen könnte § 157 auf die reine Ermittlung des **Sinnes von Willenserklärungen** beschränkt und alles darüber Hinausgehende § 242 zugeordnet werden (vgl SONNENBERGER aaO; so bereits ausdrücklich WIEACKER, Die Methode der Auslegung des Rechtsgeschäfts, JZ 1967, 385, 390). Zum anderen könnte der Auslegung nach § 157 die Aufgabe zugewiesen werden, **sämtliche in einem Vertrag offen gebliebene Fragen** zu beantworten, womit ein Bedeutungsverlust von § 242 einherginge (vgl SONNENBERGER aaO). Doch unabhängig davon, welche Alternative man auch bevorzugt, wird einer der beiden Normen ein Inhalt beigelegt, den sie tatsächlich nicht hat. Weder hat § 242 die Funktion, den Willen der Vertragsparteien zu ermitteln (STAUDINGER/J SCHMIDT [1995] Rn 266), noch kommt § 157 die Aufgabe zu, vertragliche Vereinbarungen unabhängig vom Willen der Parteien zu **konkretisieren** (AnwK-BGB/LOOSCHELDERS § 157 Rn 21 ff). Im Ergebnis würde diese Vorgehensweise somit auf eine analoge Anwendung der einen und eine teleologische Reduktion der anderen Vorschrift hinauslaufen. Ob die für eine solche Rechtsfortbildung erforderlichen Regelungslücken vorliegen, erscheint indes mehr als fraglich.

361 Die hM folgt der auf OERTMANN zurückgehenden Abgrenzung zwischen § 157 und § 242 (sog OERTMANNsche Metapher). Ausgangspunkt ist die Überlegung, dass bei der Auslegung gem § 157 der **Parteiwille**, dh das „**rechtliche Wollen**", im Rahmen des § 242 dagegen das „**rechtliche Sollen**" entscheidet (OERTMANN, Rechtsordnung und Verkehrssitte [1914] 314). Vorrangig sei das „rechtliche Wollen" (BGHZ 16, 4, 8; AnwK-BGB/LOOSCHELDERS § 133 Rn 16; BAMBERGER/ROTH/GRÜNEBERG/SUTSCHET Rn 34; ERMAN/HOHLOCH Rn 21; MünchKomm/MAYER-MALY/BUSCHE § 133 Rn 21; BGB-RGRK/PIPER § 157 Rn 3; SOERGEL/KNOPP[11] § 157 Rn 96; ESSER JZ 1956, 555, 557). Denn der Inhalt eines vertraglichen Schuldverhältnisses bestimme sich in erster Linie nach der **Parteivereinbarung** und zwar nicht allein nach ihrem Wortlaut, sondern nach ihrem durch Auslegung, also unter Heranziehung des § 157, festgestellten Sinn (vgl OERTMANN 312).

362 Dieser Ansatz entspricht dem **Grundsatz der Privatautonomie**. Entscheiden muss in

erster Linie der Wille der Parteien. Für das Verhältnis von § 157 und § 242 bedeutet dies, dass der Richter sich bei der Ergänzung eines Vertrages solange nach § 157 zu richten hat, wie in der Vereinbarung **Anhaltspunkte** für den hypothetischen Willen vorhanden sind. Mit der vorrangigen Anwendung des § 157 geht zwar nicht zwangsläufig ein „Mehr an Sicherheit" einher – insoweit ist ROTH zuzustimmen (vgl MünchKomm/ROTH Rn 106). Der Gefahr einer Verschleierung von Wertentscheidungen unter dem Deckmantel des § 157 (MünchKomm/ROTH aaO) kann aber dadurch begegnet werden, dass man sich bei der ergänzenden Vertragsauslegung strikt an dem konkreten Rechtsgeschäft und den darin zum Ausdruck gebrachten individuellen Zwecksetzungen und Wertungen der Parteien orientiert (AnwK-BGB/LOOSCHELDERS § 157 Rn 23; ERMAN/ARMBRÜSTER § 157 Rn 20).

In der Praxis stellt sich die Frage nach dem Verhältnis von ergänzender Vertragsauslegung und Vertragsergänzung nach dem Grundsatz von Treu und Glauben besonders häufig bei **Störungen der Geschäftsgrundlage** (vgl NICKLISCH, Ergänzende Vertragsauslegung und Geschäftsgrundlagenlehre – ein einheitliches Rechtsinstitut zur Lückenfüllung, BB 1980, 949). Nachdem die Grundsätze über die Störung der Geschäftsgrundlage im Zuge der Schuldrechtsreform in § 313 kodifiziert worden sind, muss diese Problematik allerdings nicht mehr im Rahmen des § 242 erörtert werden (vgl dazu AnwK-BGB/LOOSCHELDERS § 157 Rn 7). 363

2. § 134

Bei § 242 handelt es sich nach allgemeiner Ansicht **nicht um ein Verbotsgesetz** iSd § 134 (vgl STAUDINGER/J SCHMIDT [1995] Rn 267; ERMAN/HOHLOCH Rn 22). Demzufolge erfüllt nicht jeder Verstoß gegen Treu und Glauben die Voraussetzungen des § 134. Umgekehrt verstößt aber ein Rechtsgeschäft, das unter Verletzung eines gesetzlichen Verbots zustande kommt, regelmäßig gegen die Anforderungen des § 242 (vgl STAUDINGER/J SCHMIDT [1995] Rn 267). Eine Ausnahme mag zwar bei Verstößen gegen bloße **Ordnungsvorschriften** in Betracht kommen, der Gesetzesverstoß führt aber in solchen Fällen im Allgemeinen auch nicht über § 134 zur Nichtigkeit des Geschäfts (vgl AnwK-BGB/LOOSCHELDERS § 134 Rn 57 ff). 364

Soweit sich die Anwendungsbereiche von § 134 und § 242 überschneiden, besteht das Problem, dass beide Vorschriften **unterschiedliche Rechtsfolgen** vorsehen. Während es bei § 134 allein um die Frage geht, ob das Rechtsgeschäft auf Grund des Gesetzesverstoßes nichtig ist (dazu ausf AnwK-BGB/LOOSCHELDERS § 134 Rn 55 ff), erlaubt § 242 flexiblere Lösungen (vgl STAUDINGER/J SCHMIDT [1995] Rn 268). Ebenso wie § 138 (s u Rn 367 ff) dient § 134 also der **Wirksamkeitskontrolle**, § 242 dagegen zumindest primär der **Ausübungskontrolle**. Man kann dies auch so formulieren, dass § 134 eine Außenschranke und § 242 eine Binnenschranke der Rechtsausübung enthält (so PALANDT/HEINRICHS Rn 20; BAMBERGER/ROTH/GRÜNEBERG/SUTSCHET Rn 35). 365

Für die praktische Rechtsanwendung bedeutet dies, dass in einem **ersten Schritt** der Frage nachzugehen ist, ob das Rechtsgeschäft nach § 134 **unwirksam** ist. Sollte dies der Fall sein, so muss **als nächstes** das Verhältnis zu § 242 geprüft werden. Abstrakt betrachtet geht es dabei um die Anwendbarkeit von Treu und Glauben im Geltungsbereich anderer Normen. Konkret stellt sich die Frage, ob die Nichtigkeitsfolge des § 134 nach Treu und Glauben einzuschränken ist (dazu s u Rn 487). Auf der 366 anderen Seite mag es in Ausnahmefällen denkbar sein, aus § 242 zusätzliche Rechtsfolgen abzuleiten, wenn die Nichtigkeitsfolge zum Schutz des Benachteiligten nicht ausreicht (ERMAN/HOHLOCH Rn 22). In der Praxis hat diese Möglichkeit bislang aber noch keine Rolle gespielt; die von ERMAN/HOHLOCH (aaO) als Beleg herangezogene Entscheidung des BGH (BGHZ 12, 286) betrifft jedenfalls die Nichtigkeit nach § 125 (vgl STAUDINGER/J SCHMIDT [1995] Rn 269). Ist das Rechtsgeschäft **nicht** nach § 134 **unwirksam**, so kann sich im Rahmen der Ausübungskontrolle die Frage stellen, ob § 242 den Begünstigten daran hindert, die aus dem Geschäft folgenden Rechte geltend zu machen (s u Rn 491).

3. § 138

367 Konkurrenzprobleme stellen sich auch im Verhältnis von § 242 zu § 138. Wie im Vergleich mit § 134 setzt § 242 auch gegenüber **§ 138** die **strengeren Maßstäbe** (AnwK-BGB/LOOSCHELDERS § 138 Rn 17; PALANDT/HEINRICHS Rn 20; SOERGEL/TEICHMANN Rn 128; SCHAPP/SCHUR, Einführung in das Bürgerliche Recht [4. Aufl 2006] Rn 487; aA MEDICUS/LORENZ, Schuldrecht I Rn 144, der von einem Verschwimmen der Abgrenzung zwischen Treu und Glauben und den guten Sitten spricht). Im Rahmen von Schuldverhältnissen gelten mit den Geboten von Treu und Glauben (§ 242) **gesteigerte sozialethische Anforderungen**. Demgegenüber geht es bei dem Merkmal der guten Sitten (§ 138 Abs 1) nur um die Einhaltung eines „**sozialethischen Minimums**" (vgl AnwK-BGB/LOOSCHELDERS § 138 Rn 89; Hk-BGB/DÖRNER § 138 Rn 3; JAUERNIG/JAUERNIG § 138 Rn 6). Ein Fall der Sittenwidrigkeit stellt somit notwendig auch einen Verstoß gegen Treu und Glauben dar, was umgekehrt nicht zwingend zutrifft (vgl BAG NJW 1964, 1542; OLG Hamburg MDR 1964, 321; OLG Hamm NJW 1981, 465, 466; ERMAN/HOHLOCH Rn 23; BAMBERGER/ROTH/ GRÜNEBERG/SUTSCHET Rn 35; MünchKomm/ROTH Rn 116; PALANDT/HEINRICHS Rn 20; LARENZ, Schuldrecht I § 10 I). Dadurch entsteht bei § 138 die gleiche Überschneidungsproblematik wie bei § 134 (s o Rn 364).

368 Bei der Abgrenzung ist davon auszugehen, dass § 138 genau wie § 134 (s o Rn 365) eine Außenschranke für die **Wirksamkeit von Rechtsgeschäften** darstellt (vgl BAMBERGER/ROTH/GRÜNEBERG/SUTSCHET Rn 35; PALANDT/HEINRICHS Rn 20; SCHAPP/SCHUR, Einführung in das Bürgerliche Recht [4. Aufl 2006] Rn 487). Demgegenüber lässt § 242 die Wirksamkeit des Rechtsgeschäfts grundsätzlich unberührt und begrenzt lediglich die **Ausübung** der daraus folgenden Rechte. Vorzugswürdig erscheint es daher, § 138 gegenüber § 242 **vorrangig** anzuwenden (vgl AnwK-BGB/KREBS Rn 27; AnwK-BGB/LOOSCHELDERS § 138 Rn 18; MünchKomm/ROTH Rn 116; vgl die gefestigte Rspr des BGH zur Inhaltskontrolle von Eheverträgen in NJW 2008, 3426, 3427; 2007, 2848, 2849; 2005, 2386, 2388; 2004, 930, 935).

369 Ist das Rechtsgeschäft nicht nach § 138 unwirksam, so muss in einem **zweiten** Schritt geprüft werden, ob die Geltendmachung der daraus folgenden Rechte auf Grund der Umstände des Einzelfalls wegen **unzulässiger Rechtsausübung** nach § 242 entfällt (vgl BGH NJW 2004, 930, 935). Im umgekehrten Fall – Unwirksamkeit des Rechtsgeschäfts nach § 138 – steht der Rechtsanwender ebenso wie bei § 134 vor der Frage, ob der Begünstigte nach Treu und Glauben (§ 242) gehindert ist, sich auf die Unwirksamkeit zu berufen (s u Rn 492 ff).

370 Ob das hier beschriebene Zusammenspiel von § 138 (Wirksamkeitskontrolle) und § 242 (Ausübungskontrolle) in allen Bereichen gilt, ist allerdings umstritten. In der

Lit wird teilweise dafür plädiert, die Parteivereinbarungen in bestimmten Fällen einer **erweiterten Inhaltskontrolle am Maßstab des § 242** zu unterwerfen (vgl Münch-Komm/ROTH Rn 425), welche an die Stelle der Wirksamkeitskontrolle nach § 138 treten soll. Die Rspr hat diese Vorgehensweise insbesondere bei vorformulierten Vertragsbedingungen praktiziert (s u Rn 473). In Bezug auf AGB ist sie in den §§ 307 ff gesetzlich anerkannt. Im Übrigen berührt das Problem der erweiterten Inhaltskontrolle **Grundfragen der Privatautonomie** und soll daher in diesem Kontext eingehender behandelt werden (s u Rn 473 ff).

Eine andere Frage lautet, ob die **Sittenwidrigkeit** einer Vertragsklausel durch **Anwendung des § 242** von vornherein **beseitigt** werden kann. Überwiegend wird eine solche Abänderung nach § 242 für möglich gehalten (dafür RGZ 138, 90; 152, 254; BGHZ 12, 286, 294 ff; BGH JZ 1952, 366, BGH NJW 1971, 1034, 1035; BGH WM 1977, 642; BayObLG NJW-RR 1992, 15; BAMBERGER/ROTH/WENDTLAND § 138 Rn 8; ERMAN/PALM § 138 Rn 2; PALANDT/HEINRICHS Rn 20 und § 138 Rn 14; SOERGEL/TEICHMANN Rn 129; HÜBNER BGB AT [2. Aufl 1996] Rn 926; LINDACHER, Grundsätzliches zu § 138 BGB – Zur Frage der Relevanz subjektiver Momente, AcP 173 [1973] 124). TEICHMANN beschränkt dies jedoch auf Fälle, in denen sich die Sittenwidrigkeit nicht aus dem Verstoß gegen einen allgemeinen, für die Parteien nicht verfügbaren Wert ergibt und der benachteiligten Partei die Bindung an den veränderten Vertrag zumutbar ist (vgl SOERGEL/TEICHMANN Rn 129). **371**

Bei der Würdigung dieser Ansätze ist davon auszugehen, dass § 138 als **Außenschranke der Rechtsausübung** grundsätzlich vor § 242 geprüft werden muss (s o Rn 368). Aus dogmatischer Sicht sind Wirksamkeits- und Ausübungskontrolle daher klar voneinander getrennt. Bei der praktischen Rechtsanwendung lässt sich eine gewisse **Wechselwirkung** aber insofern nicht ausschließen, als die Sittenwidrigkeit auf der Grundlage einer **umfassenden Interessenabwägung** festgestellt werden muss (AnwK-BGB/LOOSCHELDERS § 138 Rn 39; SOERGEL/HEFERMEHL § 138 Rn 10); dabei kann auch berücksichtigt werden, ob die Interessen des Benachteiligten durch die Ausübungskontrolle nach § 242 hinreichend geschützt werden können. Der mit der Nichtigkeitsanordnung nach § 138 Abs 1 verbundene Eingriff in die Privatautonomie ist dann jedenfalls nicht zum Schutz des Benachteiligten erforderlich, also unverhältnismäßig. **372**

Erweist sich ein Rechtsgeschäft als sittenwidrig, so kann es zu einer (faktischen) Aufrechterhaltung vertraglicher Vereinbarungen nach § 242 nur kommen, wenn die **Geltendmachung der Nichtigkeitsfolge** aus § 138 mit Treu und Glauben unvereinbar ist. Im Kern handelt es sich wieder um das Problem, inwieweit die von anderen Rechtssätzen vorgesehenen Rechtsfolgen durch Rückgriff auf § 242 eingeschränkt oder modifiziert werden können. Der Sache nach entspricht dies auch der Ansicht von TEICHMANN. Denn er verwendet mit den allgemeinen Werten und der Zumutbarkeit für die benachteiligte Partei die gleichen Kriterien wie bei der generellen Frage nach der Anwendbarkeit von § 242 im Geltungsbereich anderer (zwingender) Rechtssätze. Eine Einschränkung der Nichtigkeitsfolge nach § 242 kommt also nur in Betracht, so weit die von § 138 Abs 1 verfolgten Schutzzwecke nicht entgegenstehen (ausf dazu u Rn 492 ff). **373**

4. § 162

374 Eine besondere Ausprägung des Grundsatzes von Treu und Glauben findet sich in § 162. Danach darf niemand aus einem von ihm treuwidrig verhinderten (Abs 1) bzw herbeigeführten (Abs 2) Bedingungseintritt Vorteile ziehen (s o Rn 235 f). Durch die Fiktion zu Lasten des treuwidrig Handelnden soll aber nicht dessen Verhalten sanktioniert, sondern der ursprüngliche Regelungswille der Parteien durchgesetzt werden (vgl STAUDINGER/BORK [2003] § 162 Rn 2 mwNw). In seinem Anwendungsbereich verdrängt daher § 162 den § 242. In sonstigen Fällen rechtsmissbräuchlichen Verhaltens liegt es aber näher, § 242 in seiner Beschränkungsfunktion heranzuziehen, als § 162 analog anzuwenden (MünchKomm/WESTERMANN § 162 Rn 18; vgl auch u Rn 516).

5. § 226

375 Die unzulässige Rechtsausübung nach § 226 unterscheidet sich von derjenigen nach § 242 in zweierlei Hinsicht (s dazu o Rn 214 ff). Auf der einen Seite verlangt § 226, dass die **Schädigung** eines anderen der **alleinige Zweck** der Rechtsausübung sein muss (vgl LOOSCHELDERS, Schuldrecht AT Rn 72). Auf der anderen Seite gilt das **Schikaneverbot** für jegliche Rechtsausübung, § 242 betrifft unmittelbar nur den Bereich des Schuldrechts.

376 Aus diesen Unterschieden wurde zunächst gefolgert, bei § 242 handele es sich zumindest bei Vorliegen **schuldrechtlicher Beziehungen** um die **speziellere Vorschrift** (vgl vTUHR, AT II 2 § 93 III, 568). Im Laufe der Zeit ist diese im Wortlaut des § 242 angelegte Beschränkung allerdings mehr und mehr aufgeweicht worden (vgl o Rn 127 f). Für den Einwand der unzulässigen Rechtsausübung wird zT schon **jede Art von Sonderverbindung** als ausreichend erachtet (zur Ausweitung der unzulässigen Rechtsausübung über § 226 hinaus: RGZ 152, 147, 150; 146, 385, 396). Der so erweiterte Anwendungsbereich des Gebots von Treu und Glauben deckt den Anwendungsbereich des § 226 nahezu vollständig ab. Unabhängig von der Reichweite des Wortlauts geht § 226 aus systematischer Sicht gleichwohl **als die speziellere Norm** dem allgemeinen Grundsatz von Treu und Glauben vor (so auch MünchKomm/ROTH Rn 118; jurisPK/PFEIFFER Rn 19; STAUDINGER/WEBER[11] Rn A 8). Bei jeder unzulässigen Rechtsausübung müsste damit an sich geprüft werden, ob die strengeren Voraussetzungen des Schikaneverbots erfüllt sind (vgl ERMAN/HOHLOCH Rn 24). Da die subjektiven Erfordernisse des § 226 aber nur schwer nachweisbar sind, kann dies selten bejaht werden. Bei der praktischen Rechtsanwendung spielt § 226 daher neben § 242 kaum eine Rolle (vgl STAUDINGER/J SCHMIDT [1995] Rn 272: „totes Recht"; PALANDT/HEINRICHS Rn 20; MünchKomm/GROTHE § 226 Rn 1; SOERGEL/TEICHMANN Rn 125).

377 Aus dogmatischer Sicht hat das Schikaneverbot noch insofern Bedeutung, als es teilweise als Analogiebasis für die Fallgruppe der unzulässigen Rechtsausübung angesehen wird (vgl dazu ausf o Rn 214 ff). Schließlich dient § 226 über § 823 Abs 2 der Begründung von **Schadensersatz-** sowie deliktischen **Beseitigungs-** und **Unterlassungsansprüchen** (vgl MünchKomm/ROTH Rn 118). In den einschlägigen Fällen dürfte jedoch regelmäßig auch der Tatbestand der vorsätzlichen sittenwidrigen Schädigung (§ 826) verwirklicht sein.

6. § 254

Einen besonderen Schwerpunkt der Argumentation mit Treu und Glauben bildet **378** die **Mitverantwortlichkeit des Geschädigten** nach § 254 (vgl BGHZ 34, 355, 363 f; 74, 25, 35 f; 76, 216, 217; 96, 98, 100; 119, 268, 271; 135, 235, 240; BGH NJW 1972, 334, 335; 1978, 2024, 2025; 1997, 2234, 2235; 1999, 3627, 3628; ERMAN/EBERT § 254 Rn 4; PALANDT/HEINRICHS § 254 Rn 1). Manche sehen die **Anspruchskürzung** als Ausfluss des allgemeinen Billigkeitsgedankens; überwiegend wird aber etwas konkreter damit argumentiert, der Geschädigte verstoße gegen das **Verbot widersprüchlichen Verhaltens**, wenn er den Schädiger auf vollen Schadensersatz in Anspruch nehme, obwohl er den Schaden mitverschuldet habe (vgl zB BGHZ 34, 355, 363 f; 63, 140, 144; ERMAN/EBERT § 254 Rn 4; MünchKomm/ROTH Rn 267; PALANDT/HEINRICHS § 254 Rn 1; BGB-RGRK/ALFF § 254 Rn 1; SOERGEL/TEICHMANN § 254 Rn 315; DUNZ, „Eigenes Mitverschulden" und Selbstwiderspruch, NJW 1986, 2234 ff; krit MünchKomm/OETKER § 254 Rn 4; DETTE, Venire contra factum proprium [1985] 99 ff; GREGER, Mitverschulden und Schadensminderungspflicht – Treu und Glauben im Haftungsrecht?, NJW 1985, 1130 ff).

Daran ist richtig, dass man § 254 als **Ausfluss des Billigkeitsgedankens** verstehen **379** kann. Die Vorschrift konkretisiert diesen Gedanken aber durch eigenständige Kriterien – nämlich das **Verantwortlichkeitsprinzip** sowie den Gedanken der **Gleichbehandlung** von Schädiger und Geschädigtem (vgl MünchKomm/OETKER § 254 Rn 2 ff; LOOSCHELDERS, Mitverantwortlichkeit 115 ff; ders Schuldrecht AT Rn 1013 ff; KOZIOL, Die Mitverantwortlichkeit des Geschädigten: Spiegel- oder Differenzierungslehre?, in: FS Deutsch [2009] 781 ff). Im Übrigen mag es zwar Parallelen zum **Verbot widersprüchlichen Verhaltens** (s o Rn 286 ff) geben. Warum die Geltendmachung des vollen Schadensersatzanspruchs indessen widersprüchlich wäre, kann nur aus den spezifischen Wertungen des § 254 abgeleitet werden. Der Hinweis auf das Prinzip des venire contra factum proprium hat hier also keinen eigenständigen Begründungswert.

7. § 275 Abs 2 und 3

Die Regelungen des § 275 Abs 2 und 3 (s dazu o Rn 270 ff) enthalten ebenfalls eine **380** **Teilkodifikation** dessen, was vor dem Inkrafttreten des Schuldrechtsmodernisierungsgesetzes (vgl STAUDINGER/OLZEN Einl 184 ff zum SchuldR) allgemein als Ausprägung von Treu und Glauben angesehen worden ist. Die damit angesprochene Fallgruppe der **Unzumutbarkeit** einer Leistung geht freilich nicht vollständig in § 275 Abs 2 und 3 auf. Zumindest in dem von § 275 Abs 3 nicht erfassten Bereich der nicht persönlichen Leistungspflichten ist kein Grund ersichtlich, warum das Problem der persönlichen Unzumutbarkeit nicht weiter über § 242 gelöst werden sollte (ausf dazu o Rn 270 ff).

8. §§ 307–309

Bei den §§ 307–309 handelt es sich um eine **spezielle gesetzliche Ausgestaltung** der **381** Grundsätze, die Rspr und Lit zur Inhaltskontrolle von AGB aus § 242 entwickelt haben (vgl BGHZ 22, 90, 94 ff; 51, 55, 58; 75, 15, 20; für Fälle aus der Zeit vor der Schuldrechtsreform BGH NJW 1991, 2141, 2142; NJW 1998, 2206). Von 1976 bis 2001 fanden sich die entsprechenden Regelungen in den §§ **9–11 AGBG**.

382 Aus der Eigenschaft der §§ 307–309 **als leges speciales** folgt, dass in ihrem **unmittelbaren Anwendungsbereich** der Rückgriff auf § 242 entfällt (vgl zu den alten §§ 9–11 AGBG aF: SOERGEL/TEICHMANN Rn 126; STAUDINGER/SCHLOSSER[12] § 9 AGBG Rn 11; vHOYNINGEN-HUENE, Inhaltskontrolle nach § 9 AGBG [1992] Rn 107; WOLF, in: WOLF/HORN/LINDACHER AGBG [4. Aufl 1999] Einl 6 vor § 1 und § 9 Rn 25 – zu den §§ 307–309: MünchKomm/ROTH Rn 122; BAMBERGER/ROTH/GRÜNEBERG/SUTSCHET Rn 37; PALANDT/GRÜNEBERG Vorb v § 307 Rn 17; JAUERNIG/MANSEL Rn 15). Daneben bleibt der allgemeine Grundsatz von Treu und Glauben aber anwendbar (vgl zum alten Recht: BGHZ 93, 391, 399; 105, 71, 88; BGH WM 1985, 522; SOERGEL/TEICHMANN Rn 126; SCHMIDT, Vertragsfolgen der Nichteinbeziehung und Unwirksamkeit von AGB [1986] 101 ff – zum neuen Recht: MünchKomm/ROTH Rn 122; BAMBERGER/ROTH/GRÜNEBERG/SUTSCHET Rn 37). So enthalten die §§ 307–309 gemäß **§ 310 Abs 4 S 1** keine Regelungen für Verträge auf dem Gebiet des Erb-, Familien- und Gesellschaftsrechts sowie für Tarifverträge, Betriebs- und Dienstvereinbarungen. Eine weitere wichtige Einschränkung des Kontrollumfangs ergibt sich aus **§ 307 Abs 3**. In diesen Bereichen wird eine Inhaltskontrolle formularmäßiger Vereinbarungen gem § 242 jedenfalls nicht durch den Vorrang der §§ 307 ff ausgeschlossen. Es bleibt jedoch die grundsätzliche Frage der Legitimität einer inhaltlichen Kontrolle vertraglicher Vereinbarungen am Maßstab von Treu und Glauben (ausf dazu u Rn 465 ff).

383 Der Vorrang der §§ 307 ff steht einer **Ausübungs- oder Missbrauchskontrolle nach § 242** nicht entgegen (vgl dazu BRANDNER, in: ULMER/BRANDNER/HENSEN [9. Aufl 2001] AGBG § 9 Rn 34; BAMBERGER/ROTH/GRÜNEBERG/SUTSCHET Rn 37; jurisPK-BGB/PFEIFFER Rn 17, 83). So kann der Verwender im Einzelfall unter dem Aspekt des **Rechtsmissbrauchs** (allg zum Rechtsmissbrauch s o Rn 214 ff) gehindert sein, sich auf eine nach §§ 307–309 an sich **wirksame Vertragsklausel** zu berufen (vgl BGHZ 105, 88; BGH NJW-RR 1986, 272; NJW 1988, 2536, 2537; NJW 1989, 582, 583; ZIP 2000, 78; WOLF, in: WOLF/HORN/LINDACHER AGBG [4. Aufl 1999] § 9 Rn 26 ff; vHOYNINGEN-HUENE, Inhaltskontrolle nach § 9 AGBG [1992] Rn 108, 109; JAUERNIG/MANSEL Rn 15).

384 Auf der anderen Seite stellt uU auch die **Geltendmachung der** aus §§ 307–309 folgenden **Unwirksamkeit** einen **individuellen Rechtsmissbrauch** dar (vgl BGH NJW-RR 1998, 594; dazu BERNUTH, Die Bindung des AGB-Verwenders an unwirksame Klauseln – Grund und Grenzen, BB 1999, 1284; BRANDNER, in: ULMER/BRANDNER/HENSEN [9. Aufl 2001] AGBG § 9 Rn 37; vHOYNINGEN-HUENE, Inhaltskontrolle nach § 9 AGBG [1992] Rn 110), zB wenn der bei Vertragsschluss ausreichend informierte Kunde die Unwirksamkeit einer Klausel allein wegen Intransparenz geltend macht (vgl BGH NJW 1988, 410; BRANDNER, in: ULMER/BRANDNER/HENSEN AGBG [9. Aufl 2001] § 9 Rn 37). Nach dem Schutzzweck der §§ 307 ff ist der Grundsatz von Treu und Glauben insoweit aber zurückhaltend anzuwenden.

385 Denkbar ist schließlich noch die Anwendung der Grundsätze über die **Verwirkung** eines Rechts als Unterfall der unzulässigen Rechtsausübung (vgl GRABA, in: SCHLOSSER/COESTER-WALTJEN/GRABA AGBG § 9 Rn 13; SOERGEL/TEICHMANN Rn 127; zur Verwirkung s o Rn 302 ff).

386 Mit Blick auf die letztgenannten Fälle hat sich J SCHMIDT allerdings gegen die Anwendung des § 242 ausgesprochen. Er will die einschlägigen Fragen allein auf der Grundlage des **§ 9 Abs 1 AGBG (§ 307 Abs 1)** lösen, weil die Kriterien von Treu und

Glauben auch hier maßgeblich seien und der Rückgriff auf § 242 im Geltungsbereich anderer Normen stets mit der Gefahr der Umgehung gesetzlicher Wertungen verbunden sei (STAUDINGER/J SCHMIDT [1995] Rn 280; ähnlich BGH NJW 1988, 410, 411; vHOYNINGEN-HUENE, Inhaltskontrolle nach § 9 AGBG [1992] Rn 110). Diese Überlegungen können indes nicht darüber hinweghelfen, dass § 307 Abs 1 allein die Kontrolle des **Vertragsinhalts** ermöglicht. Das treuwidrige **Verhalten eines Vertragspartners** bleibt dagegen grundsätzlich außer Betracht (vgl ROUSSOS, Die Anwendungsgrenzen der Inhaltskontrolle und die Auslegung von § 9 AGBG, JZ 1988, 997, 1001 [zu § 9 Abs 1 AGBG]). Eine Ausnahme besteht zwar gem § 310 Abs 3 Nr 3 für Verträge zwischen einem Unternehmer und einem Verbraucher, bei denen auch die den Vertragsschluss begleitenden Umstände im Rahmen der Inhaltskontrolle zu beachten sind. Die Berücksichtigung **nachträglich eingetretener Umstände** ist aber auch hier ausgeschlossen.

9. § 313

Mit der **Störung der Geschäftsgrundlage** ist in § 313 eine seit langem anerkannte **387** Fallgruppe des § 242 zu einem gesetzlichen Sondertatbestand verselbstständigt worden. Für diese Fallgruppe muss deshalb nicht mehr auf § 242 zurückgegriffen werden. Bei der praktischen Rechtsanwendung ist freilich denkbar, dass § 313 mit anderen Ausprägungen von Treu und Glauben **konkurriert** (vgl ERMAN/HOHLOCH Rn 26; MünchKomm/ROTH Rn 131 ff, 429 f). So kann man bei einer Änderung der von den Parteien bei Vertragsschluss vorausgesetzten Verhältnisse eine Vertragsanpassung nach § 313 in Erwägung ziehen oder den Vertrag unverändert lassen und den Begünstigten unter dem Aspekt des **Rechtsmissbrauchs** daran hindern, die daraus folgenden Rechte uneingeschränkt geltend zu machen.

In solchen Fällen müssen zunächst die speziellen Voraussetzungen des § 313 geprüft **388** werden. Wenn diese vorliegen, hat der Rechtsanwender sich bei der **Anpassung des Vertrages** am Ziel eines **gerechten Interessenausgleichs** zu orientieren (MünchKomm/ROTH § 313 Rn 100 ff; LOOSCHELDERS, Schuldrecht AT Rn 784). Da dabei alle Umstände des Einzelfalles zu berücksichtigen sind, entfällt die Anwendung des § 242. Werden die strengen Voraussetzungen des § 313 – zB wegen Fehlens einer schwerwiegenden Veränderung – verneint, so bleibt der Vertrag mit seinem ursprünglichen Inhalt bestehen. Im Rahmen der **Ausübungskontrolle** (s o Rn 344) muss dann aber erörtert werden, ob die Geltendmachung der aus dem Vertrag folgenden Rechte im Einzelfall rechtsmissbräuchlich erscheint.

10. §§ 314, 324

Die §§ 314, 324 stellen **Positivierungen** von Kündigungs- bzw Rücktrittsrechten dar, **389** die früher aus § 242 abgeleitet worden sind. Sie gehen § 242 grundsätzlich als **leges speciales** vor. Zu klären bleibt allerdings, ob hierdurch der Rückgriff auf § 242 generell ausgeschlossen wird. Ein Bedürfnis für die Heranziehung des § 242 im Anwendungsbereich der §§ 314, 324 könnte insbesondere bestehen, wenn sich über die allgemeinen Kriterien von Treu und Glauben eine interessengerechtere Lösung entwickeln lässt, die eine vollständige Aufhebung des Vertragsverhältnisses vermeidet (dafür ERMAN/HOHLOCH Rn 26; MünchKomm/ROTH Rn 239). Denn gemäß §§ 314, 324 hat der Berechtigte nur die **Wahl** zwischen einem **unveränderten Festhalten** am Vertrag und seiner **vollständigen Aufhebung**, während § 242 flexiblere Vorgehensweisen ermöglicht. In früherer Zeit war dabei insbesondere an eine Anpassung des Vertrages wegen **Störung der Geschäftsgrundlage** zu denken. Nachdem die Grundsätze über die Störung der Geschäftsgrundlage in § 313 gesondert geregelt worden sind, geht es insoweit nunmehr aber um ein Problem der Abgrenzung zu dieser Vorschrift (z Vorrang des § 313 gegenüber § 314 Begr BT-Drucks 14/6040, 177; PALANDT/GRÜNEBERG § 313 Rn 14; LOOSCHELDERS, Schuldrecht AT Rn 807; **aA** HK-BGB/SCHULZE § 314 Rn 2; EIDENMÜLLER, Der Spinnereifall: Die Lehre von der Geschäftsgrundlage nach der Rechtsprechung des Reichsgerichts und im Lichte der Schuldrechtsmodernisierung, Jura 2001, 824, 832). Im Hinblick auf andere Ausprägungen des § 242 (zB **Rechtsmissbrauch, Verwirkung,** s o Rn 214 ff und Rn 302 ff) ist das Abgrenzungsproblem damit allerdings nicht entfallen. Da das Rücktrittsrecht nach §§ 314, 324 davon abhängt, dass dem Berechtigten ein Festhalten am Vertrag **nicht zumutbar** ist, können die Kriterien der unzulässigen Rechtsausübung im Allgemeinen jedoch bereits bei der Prüfung der tatbestandlichen Voraussetzungen berücksichtigt werden. Eigenständige Bedeutung hat aber jedenfalls noch die **Verwirkung** (vgl STAUDINGER/OTTO [2004] § 324 Rn 75; allg zur Verwirkung s o Rn 302 ff).

390 Zu prüfen bleibt ferner, ob § 242 außerhalb des tatbestandlichen Anwendungsbereichs der §§ 314, 324 noch zur **Begründung von Kündigungs- bzw Rücktrittsrechten** herangezogen werden kann. Da der Gesetzgeber mit den §§ 314, 324 keine abschließende Regelung treffen wollte (BT-Drucks 14/6040 177), ist diese Frage zu bejahen (MünchKomm/ROTH Rn 239; ERMAN/HOHLOCH Rn 26).

11. §§ 358 Abs 3, 359

391 Die §§ 358 Abs 3, 359 (§ 9 VerbrKrG aF) ermöglichen dem Verbraucher einen **Einwendungsdurchgriff** bei rechtlich zwar selbständigen, aber wirtschaftlich einheitlichen Verträgen. Bereits vor Inkrafttreten dieser Normen ging der BGH in st Rspr davon aus, dass bei finanzierten Abzahlungsgeschäften die formale Unterscheidung zwischen Finanzierungsgeschäft und finanziertem Geschäft treuwidrig sein kann und ließ einen Einwendungsdurchgriff über § 242 zu (vgl BGH NJW 2000, 3065, 3066; BGH NJW 1992, 2560, 2562; BGH NJW 1987, 1813; BGH NJW 1982, 1694; BGH NJW 1980, 1514, 1515; s o Rn 98). Umstritten ist, ob die Kodifikation dieser Rspr in §§ 358, 359 den Rückgriff auf § 242 außerhalb des Verbraucherkreditrechts ausschließt. ZT wird in dem richterrechtlich entwickelten Einwendungsdurchgriff ein allgemeines Institut gesehen, das unabhängig von der Verbrauchereigenschaft des Kreditnehmers Geltung beansprucht (CANARIS ZIP 1993, 401, 411 f). Dagegen spricht aber, dass sich der Gesetzgeber schon mit § 9 VerbrKrG aF – in Kenntnis der BGH-Rechtsprechung – bewusst für eine Begrenzung des persönlichen Anwendungsbereichs auf **Verbraucher** entschieden hat (vgl Gegenäußerung der BReg zur Stellungnahme des BRat, BT-Drucks 11/5462, 34, 41; idS auch BGH NJW 2004, 1376, 1378; MünchKomm/HABERSACK[3] § 9 VerbrKrG Rn 79; TONNER BKR 2002, 856, 860; KNOTT WM 2003, 49, 52; ferner s u Rn 746).

12. § 826

392 Mit Blick auf das Verhältnis des § 242 zu § 826 ist zu beachten, dass der im Fall einer vorsätzlichen sittenwidrigen Schädigung nach §§ 249 ff geschuldete Schadensersatz auf **Naturalrestitution** oder auf die **Kompensation des eingetretenen Schadens in Geld** gerichtet sein kann. Diese Unterscheidung nach der Art des Schadensersatzes hat für die Frage nach dem Verhältnis zwischen beiden Vorschriften wesentliche Bedeutung.

a) Naturalrestitution
Soweit es um Schadensersatz durch Naturalrestitution (§ 249 Abs 1) geht, können 393 sich die Regelungsbereiche von § 242 und § 826 überschneiden. Jedes objektiv sittenwidrige Verhalten verstößt zwangsläufig gegen Treu und Glauben. Handelt es sich bei dem in Frage stehenden sittenwidrigen Verhalten um die Wahrnehmung eines Rechts, so führt § 826 über die Herstellungspflicht aus § 249 Abs 1 zu einer **Begrenzung der Rechtsausübung** (vgl STAUDINGER/J SCHMIDT [1995] Rn 274; PALANDT/HEINRICHS Rn 21). Gegenüber einem Anspruch des Schädigers kann § 826 zudem als **Einrede** geltend gemacht werden (SOERGEL/TEICHMANN Rn 131; STAUDINGER/J SCHMIDT [1995] Rn 274; vTUHR, AT II 2 570). In diesen Fällen besteht zu § 826 ein **ähnliches Konkurrenzverhältnis wie zu § 226**.

Auf Grund der Ähnlichkeit zwischen beiden Problemkreisen betrachtet eine in der 394 Lit verbreitete Auffassung § 242 – genau wie im Verhältnis zu § 226 (s o Rn 375) – als **lex specialis für Schuldverhältnisse**. § 826 wäre hiernach lediglich außerhalb solcher Rechtsbeziehungen anwendbar (vgl PALANDT/HEINRICHS Rn 21; CANARIS, Verlängerter Eigentumsvorbehalt und Forderungseinzug durch Banken, NJW 1981, 249, 252; in diese Richtung auch BAMBERGER/ROTH/GRÜNEBERG/SUTSCHET Rn 36; aus der älteren Lit: SOERGEL/SIEBERT/KNOPP¹⁰ Rn 99; SIEBERT, Rechtsmissbrauch [1935] 129). In Anbetracht der starken Ausweitung des Begriffs der Sonderbeziehung wird darüber hinaus sogar die Auffassung vertreten, dass **§ 826 generell** durch die Fallgruppe der unzulässigen Rechtsausübung (vgl dazu allg Rn 214) **verdrängt** wird (vgl STAUDINGER/J SCHMIDT [1995] Rn 274). Die Rspr geht demgegenüber davon aus, dass beide Vorschriften nebeneinander anwendbar sind (vgl RGZ 146, 385, 396; 152, 147, 150; BGHZ 19, 72, 75).

Gegen eine vollständige Verdrängung des § 826 spricht, dass das Merkmal der **Son-** 395 **derbeziehung** durchaus noch Bedeutung hat (ausf dazu o Rn 127 ff). Der Rückgriff auf § 826 bleibt jedenfalls dann möglich, wenn § 242 mangels Sonderbeziehung nicht (unmittelbar) anwendbar ist. Für den Fall der **missbräuchlichen Berufung auf ein rechtskräftiges Urteil** wird die Anwendung des § 826 auch nach wie vor ganz überwiegend befürwortet (vgl RGZ 61, 359; 75, 213; 78, 389; RG JW 1934, 613; BGHZ 13, 71, 72; 112, 54, 57 ff; BGH NJW 1998, 2818; JAUERNIG/TEICHMANN § 826 Rn 23; MünchKomm/WAGNER § 826 Rn 128 ff).

Selbst bei Vorliegen einer Sonderbeziehung lässt sich **aus dogmatischer Sicht** aber 396 kein Anlass erkennen, dem Grundsatz von Treu und Glauben (§ 242) generellen Vorrang gegenüber § 826 einzuräumen. Denn nach allgemeinen Regeln können vertragliche und deliktische Ansprüche und Rechte grundsätzlich nebeneinander geltend gemacht werden. **In faktischer Hinsicht** besteht allerdings ein **Vorrang von § 242** (so auch BGHZ 64, 5, 9 ff; SOERGEL/TEICHMANN Rn 131), weil sich die prozessuale Darlegungs- und Beweislast hier für den Berechtigten erheblich günstiger gestaltet (vgl dazu HORN, Die Verwendung von Scheckkarten für Kreditzwecke, NJW 1974, 1484; allg zur Darlegungs- und Beweislast s u Rn 1075 f). Davon abgesehen beschränkt sich die Konkurrenzproblematik auf vorsätzliche sittenwidrige Schädigungen gerade durch **missbräuchliche Ausübung eines Rechts**; auf andere sittenwidrige Schädigungen ist

§ 826 ohne weiteres anwendbar (so iE auch STAUDINGER/J SCHMIDT [1995] Rn 275; Münch-Komm/ROTH Rn 119).

b) Schadenskompensation in Geld

397 Eine eigenständige Bedeutung kommt § 826 überdies als **Grundlage für die Schadenskompensation in Geld** zu (vgl – allerdings nicht differenzierend zwischen Naturalrestitution und Schadenskompensation in Geld – BAMBERGER/ROTH/GRÜNEBERG/SUTSCHET Rn 36; PALANDT/HEINRICHS Rn 21). Da im Rahmen des § 242 keine entsprechenden Ansprüche entwickelt worden sind, scheidet eine Konkurrenz in diesem Bereich aus (STAUDINGER/J SCHMIDT [1995] Rn 275; SOERGEL/SIEBERT/KNOPP[10] Rn 99).

13. Gesetzesumgehung

398 Wollen die Parteien einen Erfolg herbeiführen, der von einer zwingenden Rechtsnorm missbilligt wird, so liegt die Wahl einer rechtlichen Gestaltungsmöglichkeit nahe, die von der Norm nicht erfasst zu sein scheint. Da es den Parteien darum geht, die Anwendung der von der Rechtsnorm angeordneten – aus ihrer Sicht unerwünschten – Rechtsfolge auszuschließen, wird dieses Vorgehen als **Gesetzesumgehung** bezeichnet (vgl dazu BGHZ 85, 39, 46; BAG NJW 1999, 2541; AnwK-BGB/LOOSCHELDERS § 134 Rn 80 ff; BAMBERGER/ROTH/WENDTLAND § 134 Rn 19; MünchKomm/MAYER-MALY/ARMBRÜSTER § 134 Rn 11; SOEGEL/HEFERMEHL § 134 Rn 37).

399 Die Gesetzesumgehung weist aus historischer Sicht über das gemeinrechtliche Institut der **„fraus legis"** eine gewisse Verwandtschaft mit dem Verbot des **Rechtsmissbrauchs** (s o Rn 214 ff) als besonderer Ausprägung von Treu und Glauben auf (vgl A ZIMMERMANN, Das Rechtsmissbrauchsverbot im Recht der Europäischen Gemeinschaft [2002] 78]). Im schweizerischen Recht finden sich daher Überlegungen, das Problem der Gesetzesumgehung mit Hilfe von Treu und Glauben (Art 2 ZGB) zu lösen (vgl Züricher Kommentar/EGGER Art 2 ZGB Anm 38 ff; Berner Kommentar/MERZ [1962] Art 2 ZGB Rn 92 ff mwNw; allg zum schweizerischen Recht s u Rn 1137 ff). Auch in der Rspr des EuGH zum Europäischen Gemeinschaftsrecht werden beide Institute nicht immer klar unterschieden (vgl EuGH Rs C-212/97 NJW 1999, 2027, 2028 Rn 24; A ZIMMERMANN 185 ff mwNw; krit FLEISCHER, Der Rechtsmißbrauch zwischen Gemeineuropäischem Privatrecht und Gemeinschaftsprivatrecht, JZ 2003, 865, 870).

400 Im deutschen Recht sind bislang mit Blick auf die Gesetzesumgehung **keine spezifischen Ausprägungen von § 242** entwickelt worden (vgl STAUDINGER/J SCHMIDT [1995] Rn 276). Es gibt vielmehr eine Reihe von **speziellen gesetzlichen Regelungen** (zB §§ 306a, 312f S 2, 475 Abs 1 S 2, 487 S 2, 506 Abs 1 S 2, 655e Abs 1 S 2 BGB, 75d S 2 HGB, 8 FernUSG, 42 S 1 AO), die eine Umgehung bestimmter zwingender Vorschriften (zB durch Vertragsgestaltung) ausdrücklich verbieten. Soweit keine speziellen Regelungen eingreifen, löst die hM das Problem im Rahmen von **§ 134** durch extensive Auslegung oder analoge Anwendung der umgangenen Rechtsnorm (vgl BGHZ 110, 47, 64; AnwK-BGB/LOOSCHELDERS § 134 Rn 82 ff; JAUERNIG/JAUERNIG § 134 Rn 18; SOERGEL/HEFERMEHL § 134 Rn 37; FLUME, AT II § 17, 5; LARENZ/WOLF, AT § 40 Rn 31; MEDICUS, AT Rn 660; TEICHMANN, Die Gesetzesumgehung [1962] 78 ff; ders, Die „Gesetzesumgehung" im Spiegel der Rechtsprechung, JZ 2003, 761, 765 ff); die Gegenauffassung (MünchKomm/MAYER-MALY/ARMBRÜSTER § 134 Rn 11 ff) befürwortet die Bildung eines **eigenstän-**

digen **Instituts** der Gesetzesumgehung, das auch subjektive Elemente enthält. Eine Konkurrenz mit § 242 besteht nach beiden Ansätzen nicht.

Spezifische Probleme der Gesetzesumgehung stellen sich im Bereich des **Interna-** **401** **tionalen Privatrechts** (vgl dazu BGHZ 78, 318, 325; SOERGEL/KEGEL Vor Art 3 EGBGB Rn 132 ff). Hier wurde früher teilweise auf den Grundsatz von **Treu und Glauben** abgestellt (so etwa RAAPE, Internationales Privatrecht [5. Aufl 1961] 132; RAAPE/STURM, Internationales Privatrecht I [6. Aufl 1977] 329). In neuerer Zeit hat sich im Internationalen Privatrecht jedoch ebenfalls die Auffassung durchgesetzt, dass die Gesetzesumgehung ein methodisches Problem ist, das mit Hilfe der erweiternden Auslegung oder der Analogie gelöst werden muss (vgl LOOSCHELDERS, Internationales Privatrecht [2004] Vorbem zu Art 3–6 EGBGB Rn 30; SOERGEL/KEGEL Vor Art 3 EGBGB Rn 143; KEGEL/SCHURIG, Internationales Privatrecht [9. Aufl 2004] § 14 IV). Konkurrenzprobleme zu § 242 ergeben sich somit auch hier nicht (vgl STAUDINGER/J SCHMIDT [1995] Rn 276).

IV. Die Abgrenzung zu Normen in anderen Rechtsgebieten

Auf Grund der Ausweitung des Anwendungsbereiches von § 242 stellt sich heute **402** auch die Frage, in welchem Verhältnis der allgemeine Grundsatz von Treu und Glauben zu Vorschriften außerhalb des BGB steht. Konkurrenzprobleme können insbesondere im Verhältnis zu **§§ 1 KSchG, 3 BMG, 4 Abs 3 TVG, 22 GüKG, 5 GrundstückspreisVO, 1, 20 GWB, 19 GmbHG, 323 ZPO** auftreten. Im Ausgangspunkt sind hier die gleichen Überlegungen wie bei Vorschriften des BGB maßgeblich. Ein Rückgriff auf Treu und Glauben muss also ausscheiden, wenn die betreffende Norm die Problematik **abschließend** regelt. Im Übrigen muss geprüft werden, ob **höherrangige Normzwecke oder Rechtsprinzipien** (zB Rechtssicherheit) der Anwendung des Grundsatzes von Treu und Glauben entgegenstehen. Eine sinnvolle Darstellung der Einzelheiten kann dabei nur im Zusammenhang mit den jeweiligen Normen erfolgen.

F. Die Anwendungsfälle im Einzelnen

Auf Grund der überragenden Bedeutung des Grundsatzes von Treu und Glauben **403** für das Bürgerliche Recht und die Gesamtrechtsordnung finden sich in allen Rechtsgebieten Anwendungsfälle des § 242. In der Kommentarliteratur wird überwiegend eine **Systematisierung nach den einzelnen Funktionskreisen** des § 242 befürwortet (vgl MünchKomm/ROTH Rn 123 ff; BGB-RGRK/ALFF Rn 22 ff; SOERGEL/TEICHMANN Rn 132 ff; krit STAUDINGER/J SCHMIDT [1995] Rn 246 ff). Eine solche Systematisierung verdeutlicht, dass die einzelnen Anwendungsfälle nicht selten Konkretisierungen von allgemeinen Rechtsgedanken und Wertungen sind, die für verschiedene Regelungsbereiche Relevanz haben (MünchKomm/ROTH Rn 115). Sie hat jedoch den Nachteil, dass sich die einzelnen Funktionen und Fallgruppen nicht immer klar voneinander trennen lassen (s o Rn 181). Außerdem existieren bislang keine allgemein anerkannten Zuordnungskriterien (vgl MünchKomm/ROTH Rn 114). Die nachfolgende Kommentierung orientiert sich deshalb an der **Systematik des BGB und der anderen Rechtsgebiete**. Die notwendige Vernetzung mit gleich gelagerten Fragen in anderen Rechtsbereichen und die Rückkoppelung an allgemeine Rechtsgedanken sollen durch entsprechende Verweisungen gewährleistet werden.

404 Der Umfang der Darlegungen zu den einzelnen Anwendungsfällen des § 242 bestimmt sich danach, inwieweit diesen Fällen **allgemeingültige Aussagen** über die Bedeutung von Treu und Glauben für den jeweiligen Problemkreis entnommen werden können. Soweit die entsprechenden Fälle an anderer Stelle des Kommentars bereits ausführlich behandelt worden sind, bleibt es zur Vermeidung von „Doppelungen" idR bei einem Verweis.

I. Innerhalb des BGB

1. Allgemeiner Teil des BGB*

405 Der Allgemeine Teil des BGB enthält sehr unterschiedliche Regelungskomplexe, so dass sich die Relevanz des § 242 in diesem Bereich nicht einheitlich beurteilen lässt. Große Bedeutung hat der Grundsatz von Treu und Glauben in der neueren Rspr und Lit bei der Begründung von **materiellen Schranken der Privatautonomie** erlangt (s u Rn 458 ff). Weitere Anwendungsschwerpunkte des § 242 finden sich bei der **Einschränkung der Irrtumsanfechtung** (s u Rn 432 ff) sowie bei der **Zugangsvereitelung** (s u Rn 457). Demgegenüber wird die Möglichkeit einer **Einschränkung der Formnichtigkeit** über § 242 traditionell eher zurückhaltend beurteilt (s u Rn 447 ff).

a) Natürliche Personen, Verbraucher, Unternehmer, §§ 1–20

406 Im Recht der **natürlichen Personen** spielt § 242 nur mit Blick auf das **Namensrecht** (§ 12) eine größere Rolle. Zwei Fragenkreise sind hier zu unterscheiden.

Zum einen hat die Rspr vor Inkrafttreten des MarkenG den Grundsatz entwickelt, dass niemand daran gehindert werden kann, sich im geschäftlichen Verkehr unter seinem bürgerlichen Namen zu betätigen (vgl BGHZ 149, 191, 200 [„shell.de"]; Münch-Komm/BAYREUTHER § 12 Rn 196). Bei **Gleichnamigkeit** müsse der Prioritätsjüngere aber alles Erforderliche und Zumutbare tun, um eine Verwechselungsgefahr auszuschließen oder auf ein hinnehmbares Maß zu vermindern (BGH GRuR 1993, 597, 580 f = DB 1993, 1278 [„Römer GmbH"] zu § 16 UWG aF; aus neuerer Zeit BGHZ 149, 191 ff [„shell.de"]). Bei Vorliegen besonderer Beziehungen zwischen den Parteien sollte diese Verpflichtung unabhängig von den wettbewerbsrechtlichen Regelungen aus § 242 abzuleiten sein (BGH GRuR 1958, 143 [„Schwardmann"]; BAUMBACH/HEFERMEHL, Wettbewerbsrecht [22. Aufl 2001] Rn 247). Nach allgemeiner Ansicht gelten die Grundsätze des Gleichnamigenrechts auch iRd MarkenG fort (INGERL/ROHNKE, MarkenG [2. Aufl 2003] § 23 Rn 19; s auch MünchKomm/BAYREUTHER § 12 Rn 195 ff; STAUDINGER/HABERMANN [2004] § 12 Rn 5; zum streitigen Verhältnis zwischen § 12 und dem MarkenG STAUDINGER/HABERMANN [2004] § 12 Rn 8 mwNw). Die Regeln des Wettbewerbs- und Markenrechts sowie des Namensrechts sind inzwischen aber so differenziert, dass nicht mehr auf § 242 zurück-

---

* **Schrifttum**: BORK, Allgemeiner Teil des Bürgerlichen Gesetzbuchs (2001); HÜBNER, Allgemeiner Teil des Bürgerlichen Gesetzbuches (2. Aufl 1996); KÖHLER, BGB Allgemeiner Teil (32. Aufl 2008); LEHMANN/HÜBNER, Allgemeiner Teil des Bürgerlichen Gesetzbuches (15. Aufl 1966); OERTMANN, Bürgerliches Gesetzbuch, Allgemeiner Teil (3. Aufl 1927); PAWLOWSKI, Allgemeiner Teil des BGB (7. Aufl 2003); PLANCK, Kommentar zum Bürgerlichen Gesetzbuch, Bd 1 (4. Aufl 1913); SCHMOECKEL (Hrsg), Historisch-kritischer Kommentar zum BGB, Bd 1, Allgemeiner Teil: §§ 1–240 (2003); E WOLF, Allgemeiner Teil des Bürgerlichen Gesetzbuches (3. Aufl 1982).

gegriffen werden muss, um die **Rücksichtspflicht des Prioritätsjüngeren** zu begründen.

Große Bedeutung hat im Namensrecht nach wie vor das Institut der **Verwirkung** (s o **407** Rn 302 ff). Die Verwirkung setzt hier voraus, dass der Verletzer an dem Namen oder der Bezeichnung einen **schutzwürdigen Besitzstand** von beachtlichem Wert erworben hat, weil der Berechtigte über einen längeren Zeitraum nicht eingeschritten ist und der Verletzer davon ausgehen durfte, die Benutzung des Namens bzw der Bezeichnung werde geduldet (BGHZ 21, 66, 78 ff; BGH NJW 1966, 343, 346; BGH NJW-RR 1989, 808, 809; 1991, 934, 936; 1993, 1387, 1388; MünchKomm/BAYREUTHER § 12 Rn 254 ff; PALANDT/HEINRICHS Rn 101). Maßgeblicher Grund für die Anwendung des § 242 ist also der Gedanke des **Vertrauensschutzes** (z den Einzelheiten s STAUDINGER//HABERMANN [2004] § 12 Rn 358 ff; zur Verwirkung im Marken- und Wettbewerbsrecht s u Rn 1005 ff).

Im Zusammenhang mit den Vorschriften über **Verbraucher und Unternehmer** **408** (§§ 13, 14) ist der Grundsatz von Treu und Glauben bislang nur vereinzelt herangezogen worden. So hat sich der BGH sich in Bezug auf den **Verbrauchsgüterkauf** damit auseinandergesetzt, ob der Verbraucher auf Grund des Verbots widersprüchlichen Verhaltens gehindert sein kann, sich auf die Schutzvorschriften der §§ 474 ff BGB zu berufen, wenn er dem Verkäufer einen gewerblichen Verwendungszweck vorgetäuscht hat (vgl BGH NJW 2005, 1045, 1046 = JR 2005, 284 m Anm LOOSCHELDERS; näher dazu u Rn 741). Dies führt zu dem weitergehenden Problem, inwieweit die auf gemeinschaftsrechtlichen Vorgaben beruhenden Vorschriften zum Schutz des Verbrauchers unter Rückgriff auf den allgemeinen Grundsatz von Treu und Glauben eingeschränkt werden können (vgl MünchKomm/MICKLITZ § 13 Rn 36; näher dazu u Rn 1184).

b) Vereinsrecht, §§ 21–79

Im Vereinsrecht hat § 242 zwei hauptsächliche Anwendungsbereiche: Die **Pflicht** **409** **der Mitglieder zur Rücksichtnahme** auf die Interessen des Vereins und die **inhaltliche Kontrolle der Vereinssatzung**. Die hiermit verbundenen Fragen sollen im Zusammenhang mit dem Gesellschaftsrecht (s u Rn 939 ff) näher erörtert werden.

c) Geschäftsfähigkeit, §§ 104–115
aa) Einschränkung der §§ 105 Abs 1, 108 Abs 1

Schließt ein **Minderjähriger** ohne die erforderliche Einwilligung des gesetzlichen **410** Vertreters einen Vertrag, so ist dieser nach § 108 Abs 1 schwebend unwirksam. Etwas anderes gilt nur, wenn das Geschäft für den Minderjährigen lediglich einen rechtlichen Vorteil mit sich bringt. Die Willenserklärung eines **Geschäftsunfähigen** ist dagegen nach § 105 Abs 1 selbst dann nichtig, wenn das Geschäft für den Betroffenen lediglich rechtlich vorteilhaft ist (SOERGEL/HEFERMEHL § 105 Rn 1). In der Lit wird die Auffassung vertreten, dass diese Rechtsfolge in engen Grenzen mit Hilfe des § 242 eingeschränkt werden kann, wobei die Entscheidung auf Grund einer **Abwägung** zwischen der Schutzbedürftigkeit des nicht (voll) Geschäftsfähigen und den Interessen des Geschäftsgegners getroffen werden soll (MünchKomm/GITTER[3] Vorbem 11 zu § 104 unter Hinweis auf BGHZ 44, 367, 371; ähnlich BAMBERGER/ROTH/WENDTLAND § 105 Rn 13; STAUDINGER/KNOTHE [2004] Vor §§ 104–115 Rn 28; weiter einschränkend MünchKomm/SCHMITT Vorbem 8 zu § 104). Weniger weitgehend ist bei § 105 Abs 1 vorgeschlagen worden, eine Interessenabwägung zumindest bei „**unbedeutenden Geschäften**" zuzulassen (SOERGEL/M WOLF[12] Vor § 145 Rn 119; vgl auch schon SOERGEL/LANGE/HEFERMEHL[11] Vorbem 95 zu § 145), um so die strikte Nichtigkeitsfolge zu beschränken. Praktische Bedeutung haben diese Überlegungen insbesondere für die Frage, ob der nicht (voll) Geschäftsfähige nach Treu und Glauben gehindert sein kann, sich auf die Nichtigkeit oder schwebende Unwirksamkeit eines Vertrages zu berufen, den er in Kenntnis seiner fehlenden bzw beschränkten Geschäftsfähigkeit abgeschlossen hat.

411 Nach allgemeinen Grundsätzen (s o Rn 338 ff) hängt die Entscheidung davon ab, welches Gewicht den durch die §§ 104 ff geschützten Interessen zukommt. Im Ausgangspunkt ist hierzu festzustellen, dass die §§ 104 ff in erster Linie den Zweck haben, **nicht** oder **nicht voll geschäftsfähige Personen** vor den nachteiligen Folgen von Rechtsgeschäften zu schützen, deren rechtliche Wirkungen sie auf Grund ihrer **mangelnden Fähigkeit zur eigenverantwortlichen Willensbildung** nicht vollständig erfassen können (vgl ERMAN/H PALM Einl § 104 Rn 1; Hk-BGB/DÖRNER Vor §§ 104–113 Rn 1; MünchKomm/SCHMITT Vor § 104 Rn 2; SOERGEL/HEFERMEHL Vor § 104 Rn 10). Der Schutz von Minderjährigen und anderen nicht (voll) geschäftsfähigen Personen hat im deutschen Recht großes Gewicht. Entgegenstehende Interessen des Rechtsverkehrs müssen dahinter grundsätzlich zurücktreten (vgl RGZ 120, 170, 174; BGHZ 17, 160, 168; BGH FamRZ 1977, 44, 45; MünchKomm/SCHMITT Vor § 104 Rn 7; LARENZ/WOLF, AT § 25 Rn 10; MEDICUS, AT Rn 552). Dies zeigt sich nicht zuletzt daran, dass der gute Glaube an die Geschäftsfähigkeit nicht geschützt wird (vgl SOERGEL/HEFERMEHL Vor § 104 Rn 10).

412 Auf der anderen Seite kann den Wertungen der §§ 108 Abs 2, 109 Abs 1 und 111 entnommen werden, dass der Minderjährigenschutz **nicht grenzenlos** gewährleistet werden soll; vielmehr geht es partiell auch um den Schutz des Geschäftspartners (MünchKomm/SCHMITT Vor § 104 Rn 6). Ferner zeigt ein Vergleich zu ausländischen Rechtsordnungen, dass die strikte Rechtsfolge des § 105 Abs 1 keineswegs selbstverständlich ist (vgl ZWEIGERT/KÖTZ, Rechtsvergleichung § 25). Diese Überlegungen ändern jedoch nichts daran, dass der Schutz des Geschäftspartners nach den Wertungen des deutschen Rechts **keine Durchbrechung** der Rechtsfolgen der §§ 105 Abs 1, 108 Abs 1 **zu Lasten des nicht (voll) Geschäftsfähigen** rechtfertigt. Der Vorrang des Minderjährigenschutzes muss insoweit allgemein und ohne Ausnahmen gelten. Der Entscheidung des BGH vom 11. 1. 1966 (BGHZ 44, 367, 371) ist nichts anderes zu entnehmen, denn hier ist es nicht dem Geschäftsunfähigen selbst, sondern dessen Sohn als Erben nach § 242 verwehrt worden, sich auf die Nichtigkeit des Geschäfts zu berufen. Aber selbst insoweit muss § 242 zurückhaltend gehandhabt werden. So kann dem Erben grundsätzlich nicht entgegengehalten werden, er hätte den Geschäftspartner über den Geisteszustand des Erblassers aufklären müssen (BGH ZEV 1994, 242, 243).

413 Nicht ganz so problematisch wie Einschränkungen des Minderjährigenschutzes sind **Einschränkungen** der Nichtigkeitsfolge **zu Gunsten des nicht (voll) Geschäftsfähigen** (vgl dazu STAUDINGER/KNOTHE [2004] Vorbem 28 zu §§ 104–115 und § 105 Rn 7; ENNECCERUS/NIPPERDEY, AT § 150 IV Fn 5; BUCHER, Für mehr Aktionendenken, AcP 186 [1986] 1, 40). Bei der Abwägung muss allerdings berücksichtigt werden, dass die Interessen des Geschäftspartners nach den Wertungen der §§ 104 ff keineswegs irrelevant sind (s o Rn 412). Dies gilt insbesondere unter dem Aspekt der Rechtssicherheit. Soweit die Schutzwürdigkeit des Geschäftspartners nicht im Einzelfall aus besonderen Grün-

den zu verneinen ist, wird ihm daher ebenfalls nicht nach § 242 verwehrt werden können, sich auf die Nichtigkeit des Geschäfts zu berufen. Bei beschränkt Geschäftsfähigen ist dies schon deshalb hinzunehmen, weil der gesetzliche Vertreter ein für den Betroffenen günstiges Geschäft nachträglich genehmigen kann.

Bei **volljährigen Geschäftsunfähigen** ist schließlich der durch das OLGVertrÄndG vom 23. 7. 2002 (BGBl I 2850) eingefügte § 105a zu beachten (zur Entstehungsgeschichte MünchKomm/Schmitt § 105a Rn 2). Der Gesetzgeber hat damit dem Gedanken Rechnung getragen, dass eine strikte Anwendung des § 105 Abs 1 bei Geschäften des täglichen Lebens unverhältnismäßig sein kann (zur Kritik an der damaligen Rechtslage vgl Canaris JZ 1987, 993, 996 ff). Für weitergehende Einschränkungen des § 105 Abs 1 nach Maßgabe des § 242 ist daher auch bei „unbedeutenden Geschäften" kein Raum mehr. **414**

Bei **Minderjährigen** bleibt zu klären, ob der **gesetzliche Vertreter** im Einzelfall nach § 242 gehalten sein kann, das Geschäft gem § 108 Abs 1 zu **genehmigen**. Auch hier ist große Zurückhaltung geboten. Nach dem Willen des Gesetzgebers soll die Entscheidung über die Genehmigung als Ausfluss der elterlichen Sorge ausschließlich dem gesetzlichen Vertreter zustehen. Der Geschäftspartner und der Minderjährige selbst haben daher keinen Anspruch auf Erteilung der Genehmigung (MünchKomm/ Schmitt § 108 Rn 14 ff; Soergel/Hefermehl § 108 Rn 4; vgl auch BGHZ 54, 71, 73 ff = NJW 1970, 1414: keine Pflicht des gesetzlichen Vertreters zur Herbeiführung einer vormundschaftsgerichtlichen Genehmigung nach § 1829). Diese Entscheidungsfreiheit des gesetzlichen Vertreters darf nicht durch Rückgriff auf § 242 eingeschränkt werden. Nach der Wertung des § 107 kann dem gesetzlichen Vertreter insbesondere nicht entgegengehalten werden, die Verweigerung der Genehmigung sei missbräuchlich, weil der Vertrag bei objektiver Betrachtung für den Minderjährigen **wirtschaftlich vorteilhaft** ist. **415**

bb) Nichtigkeit nach § 105 Abs 2

Hat der Erklärende sich **schuldhaft in den Zustand einer Störung nach § 105 Abs 2 versetzt** und dann in diesem Zustand eine rechtsgeschäftliche Erklärung abgegeben, so soll die Erklärung nach hM (OLG Nürnberg NJW 1977, 1496; Erman/H Palm § 105 Rn 5; Palandt/Ellenberger § 105 Rn 2; Soergel/Hefermehl § 105 Rn 6) gleichwohl gem § 105 Abs 1, 2 nichtig sein. Dafür spricht, dass eine dem § 827 S 2 entsprechende Sonderregelung in § 105 Abs 2 fehlt. Es erscheint indes zweifelhaft, ob die Rechtsfolge der Nichtigkeit in solchen Fällen stets sachgemäß ist. Im Unterschied zu einem Geschäftsunfähigen kann derjenige, der sich schuldhaft in den Zustand des § 105 Abs 2 versetzt, die Folgen seiner rechtsgeschäftlichen Handlungen grundsätzlich durchaus abschätzen. Hat der Betreffende sich im **Wissen** oder sogar in der **Absicht**, ein bestimmtes Rechtsgeschäft abzuschließen, in den **Zustand der Störung versetzt**, so verstößt er deshalb gegen das **Verbot widersprüchlichen Verhaltens**, wenn er sich später auf dessen Nichtigkeit beruft. Die Nichtigkeitsfolge ist somit über § 242 einzuschränken. Demgegenüber muss es bei der Nichtigkeit bleiben, wenn der Betreffende Art und Inhalt des im Zustand der Störung abgeschlossenen Rechtsgeschäftes nicht überblicken konnte, als er sich in den Zustand einer Störung versetzt hat. **416**

cc) Eintritt der Volljährigkeit nach § 108 Abs 3

Gem § 108 Abs 3 kann ein Minderjähriger nach Eintritt der unbeschränkten Geschäftsfähigkeit einen vorher geschlossenen, schwebend unwirksamen Vertrag **nach- 417** träglich genehmigen. Die Genehmigung kann auch konkludent erteilt werden. Dies setzt aber voraus, dass der Betroffene die schwebende Unwirksamkeit des Vertrages kennt oder zumindest Zweifel an dessen Wirksamkeit hat (s BGHZ 2, 150, 153; 47, 341, 352; 53, 174, 178; BGH NJW 2004, 59, 61; OLG Düsseldorf NJW-RR 1995, 755, 757; BGB-RGRK/Krüger-Nieland § 108 Rn 11; krit AnwK-BGB/Baldus § 108 Rn 4; Erman/H Palm § 108 Rn 3, 8). Führt der Minderjährige den schwebend unwirksamen Vertrag **nach Eintritt** der **Volljährigkeit** trotz Kenntnis der Unwirksamkeit oder Zweifeln an der Wirksamkeit **effektiv fort**, ohne dass von einer (zumindest konkludenten) Genehmigung auszugehen ist, so kann er sich mit Rücksicht auf den Einwand der **unzulässigen Rechtsausübung** nach § 242 nicht „unbeschränkt lange" auf die Ungültigkeit des Vertrages berufen (Soergel/Hefermehl § 108 Rn 9; vgl auch AnwK-BGB/Baldus § 108 Rn 18). Die Rspr hat hierzu ausgeführt, es könne rechtsmissbräuchlich sein, wenn jemand über einen langen Zeitraum an einem schwebend unwirksamen Vertrag festhalte und sich erst dann auf die Nichtigkeit berufe, wenn das Geschäft für ihn Nachteile bringe. Diese Judikatur betrifft insbesondere den Fall, dass der Schwebezustand auf der Minderjährigkeit einer Partei beruht, die nach Eintritt der Volljährigkeit am Vertrag festgehalten hat (BGH LM § 1829 BGB Nr 3 = BGH NJW 1961, 216; LG Frankfurt r + s 1998, 270; LG Wuppertal NJW-RR 1995, 152, 153; LG Verden NJWE-VHR 1998, 5). Der Einwand der unzulässigen Rechtsausübung soll aber nur durchgreifen, wenn dem Vertragspartner die mangelnde Geschäftsfähigkeit weder bei Vertragsschluss noch bei Eintritt der Volljährigkeit bekannt war. Denn anderenfalls wird er durch die Möglichkeit der Beendigung des Schwebezustands nach § 108 Abs 2 ausreichend geschützt.

dd) Erweiterung des § 110 durch § 242?

418 Eine ältere Auffassung hat § 242 zur Erweiterung des § 110 für den Fall herangezogen, dass ein Minderjähriger einen Vertrag durch Leistungen erfüllt hat, die wegen ihrer Natur nicht mehr rückgängig gemacht werden können, zB durch Einsatz der Arbeitskraft (Riezler, Venire contra factum proprium [1912] 134 ff). In neuerer Zeit wird in solchen Fällen dagegen häufig für eine **unmittelbare** (so Palandt/Ellenberger § 110 Rn 3; Larenz/Wolf, AT § 25 Rn 43; Weimar, Die frei verfügbare Arbeitskraft als Mittel im Sinne des § 110 BGB, JR 1973, 143) oder **analoge** (Hk-BGB/Dörner § 110 Rn 2; BGB-RGRK/ Krüger-Nieland § 110 Rn 9; Staudinger/Dilcher[12] § 110 Rn 13) **Anwendung des § 110** plädiert.

419 In erster Linie geht es bei diesem Streit um die Frage, ob die **Arbeitskraft** eines Minderjährigen als **Mittel iSd § 110** anzusehen ist. Dagegen spricht, dass die Arbeitskraft als solche dem Minderjährigen schon begrifflich nicht durch den gesetzlichen Vertreter „überlassen" werden kann (Bamberger/Roth/Wendtland § 110 Rn 11; MünchKomm/Schmitt § 110 Rn 20; Soergel/Hefermehl § 110 Rn 6; aA Palandt/Ellenberger § 110 Rn 3). § 110 ist damit zumindest nicht unmittelbar anwendbar. Eine Analogie zu § 110 kommt ebenfalls nicht in Betracht, weil es an der dafür erforderlichen (planwidrigen) Regelungslücke fehlt (vgl Bamberger/Roth/Wendtland § 110 Rn 11; MünchKomm/Schmitt § 110 Rn 20; Soergel/Hefermehl § 110 Rn 6; aA Larenz/Wolf, AT § 25 Rn 39). Bei Einverständnis des gesetzlichen Vertreters mit dem Einsatz der Arbeitskraft des Minderjährigen lassen sich die meisten Fälle über **§ 107 bzw § 113** lösen; im Übrigen können die Interessen des Minderjährigen durch die Grundsätze über das **fehlerhafte Arbeitsverhältnis** gewahrt werden (Bamberger/Roth/Wendtland § 110 Rn 11; MünchKomm/Schmitt § 110 Rn 20; Soergel/Hefermehl § 110 Rn 6; Staudinger/

KNOTHE [2004] § 110 Rn 12; vgl ferner § 241 Rn 105). Ein Rückgriff auf § 242 ist somit erst recht entbehrlich.

d) Willensmängel, §§ 116–124, 142*

Der Grundsatz von Treu und Glauben (§ 242) hat im Zusammenhang mit der rechtlichen Beurteilung von Willensmängeln große Bedeutung. Dabei ist allerdings zu beachten, dass eine angemessene Lösung in diesem Bereich oft schon durch **Auslegung nach §§ 133, 157** gefunden werden kann (zum Verhältnis von § 157 zu § 242 s o Rn 354 ff). 420

aa) Mangel der Ernstlichkeit, § 118

Ein erster Schwerpunkt der Argumentation mit Treu und Glauben (§ 242) im Bereich von Willensmängeln liegt bei der Nichtigkeit der Erklärung wegen mangelnder Ernstlichkeit (§ 118). Zwei Problemkreise sind zu unterscheiden. 421

(1) Ausschluss des § 118 bei notariell beurkundeten Verträgen

Nach einer in Rspr und Lit verbreiteten Auffassung, die auf eine Entscheidung des RG aus dem Jahre 1941 zurückgeht (RGZ 168, 204, 206 m Anm FRIESECKE ZAkDR 1942, 140), ist der Erklärende mit Rücksicht auf „Treu und Glauben und die Bedürfnisse des redlichen Geschäftsverkehrs" daran gehindert, sich auf die Nichtigkeit nach § 118 zu berufen, wenn über die Erklärung eine **notarielle Urkunde errichtet** worden ist, aus der die Nichternstlichkeit nicht hervorgeht (vgl OLG München NJW-RR 1993, 1168, 1169 f; Hk-BGB/DÖRNER § 118 Rn 4; BGB-RGRK/KRÜGER-NIELAND § 118 Rn 2; SOERGEL/ HEFERMEHL § 118 Rn 8). Dem hat der BGH in neuerer Zeit zu Recht entgegengehalten, dass der Gedanke von Treu und Glauben im Fall der Errichtung einer notariellen Urkunde keinen generellen Ausschluss des § 118 rechtfertigt. Erforderlich sei vielmehr eine **Einzelfallbetrachtung**, wobei insbesondere berücksichtigt werden müsse, ob der Erklärende die nicht ernst gemeinte Erklärung zu Täuschungszwecken verwenden wollte (BGHZ 144, 331, 334 = NJW 2000, 3127, 3128; ebenso ERMAN/H PALM § 118 Rn 1; PALANDT/ELLENBERGER § 118 Rn 1; MünchKomm/KRAMER § 118 Rn 7; THIESSEN, Scheingeschäft, Formzwang und Wissenszurechnung, NJW 2001, 3025 ff; vgl auch AnwK-BGB/ FEUERBORN § 118 Rn 12; BAMBERGER/ROTH/WENDTLAND § 118 Rn 8; STAUDINGER/SINGER [2004] § 118 Rn 7). 422

(2) Pflicht zur Aufklärung über die mangelnde Ernstlichkeit

Bemerkt der Erklärende nach Abgabe der Erklärung, dass der Erklärungsempfän- 423

---

* **Schrifttum:** BROX, Die Einschränkung der Irrtumsanfechtung (1960); KINDL, Der Kalkulationsirrtum im Spannungsfeld von Auslegung, Irrtum und unzulässiger Rechtsausübung, WM 1999, 2198; LOBINGER, Irrtumsanfechtung und Reurechtsausschluß, AcP 195 (1995), 274; PAWLOWSKI, Die Kalkulationsirrtümer: Fehler zwischen Motiv und Erklärung, JZ 1997, 741; PICKER, Die Anfechtung von Arbeitsverträgen – Theorie und Praxis der höchstrichterlichen Judikatur, ZfA 1981, 1; SINGER, Der Kalkulationsirrtum – ein Fall für Treu und Glauben?, JZ 1999, 342; SPIESS, Zur Einschränkung der Irrtumsanfechtung, JZ 1985, 593; THIESSEN, Scheingeschäft, Formzwang und Wissenszurechnung, NJW 2001, 3025; VOLKMANN, Irrtum und Reurecht, Göttingen 1924; WAAS, Der Kalkulationsirrtum zwischen Anfechtung und unzulässiger Rechtsausübung – BGHZ 139, 177, JuS 2001, 14; WIESER, Der Kalkulationsirrtum, NJW 1972, 708; WILHELM, Anfechtung und Reurecht, Versuch einer Problemlösung (Diss Tübingen 1990).

ger den Mangel der Ernstlichkeit nicht erkannt hat, so ist er nach allgemeiner Ansicht dazu verpflichtet, den anderen Teil unverzüglich aufzuklären; kommt er dieser Pflicht nicht nach, so muss er die Willenserklärung als von Anfang an gültig gegen sich gelten lassen (aA insoweit STAUDINGER/SINGER [2004] § 118 Rn 8; STAUDINGER/J SCHMIDT [1995] Rn 365: Haftung aus § 122 genügt). Dieses Ergebnis wird überwiegend auf § 242 gestützt (so etwa PALANDT/ELLENBERGER § 118 Rn 2; AnwK-BGB/FEUERBORN § 118 Rn 11; ERMAN/H PALM § 118 Rn 2; HK-BGB/DÖRNER § 118 Rn 4; SOERGEL/HEFERMEHL § 118 Rn 6; STAUDINGER/DILCHER[12] § 118 Rn 7; BROX/WALKER, AT Rn 401; CANARIS, Vertrauenshaftung § 26 I 3 Fn 16; LARENZ, AT [7. Aufl 1989] § 20 Ib; mit etwas anderer Begründung auch LARENZ/WOLF, AT § 35 Rn 17; BAMBERGER/ROTH/WENDTLAND § 118 Rn 7). Die Gegenauffassung geht davon aus, dass der „gute Scherz" sich in einem solchen Fall in einen „bösen Scherz" umwandele, womit die Erklärung gem § 116 wirksam sei (so MünchKomm/KRAMER § 118 Rn 8; FLUME, AT II § 20, 3; MEDICUS, AT Rn 604). Dem ist jedoch entgegenzuhalten, dass es für die Abgrenzung von § 116 und § 118 auf die Vorstellungen des Erklärenden bei **Abgabe der Willenserklärung** ankommt (vgl AnwK-BGB/FEUERBORN § 118 Rn 11). Zutreffend ist dagegen der Hinweis auf § 242: Es handelt sich in der Tat um einen Fall **widersprüchlichen Verhaltens** (s o Rn 286 ff).

bb) **Anfechtbarkeit wegen Irrtums, § 119**

424 Ein zweiter wichtiger Anwendungsbereich des § 242 ist die Anfechtbarkeit wegen Irrtums (§ 119). Drei Fragen stehen hier im Vordergrund:

(1) **Gemeinsamer Irrtum**

425 Zu beachten ist zunächst, dass die §§ 119, 142 Abs 1 an die Fehlerhaftigkeit einer **einzelnen** Willenserklärung anknüpfen. Bei Verträgen kann aber das Problem auftreten, dass der Fehler nicht nur einer, sondern **beiden** bzw **allen** Willenserklärungen anhaftet. Dabei geht es insbesondere – wenn auch nicht ausschließlich – um den Fall des **gemeinsamen Motivirrtums** (vgl Hk-BGB/SCHULZE § 313 Rn 18; BROX/WALKER, AT Rn 476 ff). Die hM löst das Problem traditionell über das auf der Grundlage des § 242 entwickelte Institut des **Fehlens der Geschäftsgrundlage** (vgl STAUDINGER/ J SCHMIDT [1995] Rn 370 ff mwNw). Im Einzelnen können sich dabei schwierige Abgrenzungsprobleme zu den §§ 119 ff ergeben (vgl MünchKomm/ROTH § 313 Rn 223 ff). Da das ursprüngliche Fehlen der subjektiven Geschäftsgrundlage in § 313 Abs 2 eine eigenständige Regelung gefunden hat, muss hierauf bei § 242 nicht weiter eingegangen werden.

(2) **Ausweitung der Beachtlichkeit von Irrtümern**

426 Im Zusammenhang mit § 119 stellt sich des Weiteren die Frage, ob der Kreis der beachtlichen Irrtümer mit Hilfe von Treu und Glauben ausgeweitet werden kann. Besonders umstritten ist insoweit die Behandlung des **einseitigen Kalkulationsirrtums**. Nach allgemeinen Grundsätzen handelt es sich bei dem Kalkulationsirrtum um einen unbeachtlichen Motivirrtum (vgl BGH NJW 2002, 2312 f; ERMAN/H PALM § 119 Rn 38; STAUDINGER/SINGER [2004] § 119 Rn 51). Das gilt sowohl für den **verdeckten** als auch für den **offenen** Kalkulationsirrtum (BGHZ 139, 177, 180 f; ERMAN/H PALM § 119 Rn 38; PALANDT/ELLENBERGER § 119 Rn 18 f; AnwK-BGB/FEUERBORN § 119 Rn 55; BROX/WALKER, AT Rn 424; anders noch für den offenen Kalkulationsirrtum RGZ 64, 266; 90, 268; 101, 107; 116, 15, 17; 149, 235, 239; 162, 198, 201; BGB-RGRK/KRÜGER-NIELAND § 119 Rn 69 f: erweiterter Inhaltsirrtum).

Hat der Erklärungsempfänger den Kalkulationsirrtum **erkannt** oder hätte er ihn **427** zumindest **erkennen müssen**, so wird dem Erklärenden teilweise ein **Anfechtungsrecht nach § 119 (analog)** zugebilligt (so etwa MünchKomm/KRAMER § 119 Rn 121; STAUDINGER/SINGER [2004] § 119 Rn 62 ff; PAWLOWSKI JZ 1997, 741 ff; SINGER JZ 1999, 342 ff; WIESER NJW 1972, 708 ff). Der BGH lehnt diese Lösung indes kategorisch ab. Eine Anfechtung nach § 119 soll bei einem Kalkulationsirrtum auch dann nicht in Betracht kommen, wenn der Erklärungsempfänger den Irrtum **erkannt** oder die **Kenntnisnahme treuwidrig vereitelt** hat. In einem solchen Fall könne der Erklärungsempfänger jedoch unter dem Aspekt der **unzulässigen Rechtsausübung** gehindert sein, den Erklärenden an dem Vertrag festzuhalten (BGHZ 139, 177, 184 ff; auf § 242 abstellend auch OLG München NJW 2003, 367; AnwK-BGB/FEUERBORN § 119 Rn 59; PALANDT/ELLENBERGER § 119 Rn 18, 21b; SOERGEL/HEFERMEHL § 119 Rn 29; STAUDINGER/DILCHER[12] § 119 Rn 69; FLUME, AT II § 25; LARENZ/WOLF, AT § 36 Rn 67 ff; KINDL WM 1999, 2198, 2206; WAAS JuS 2001, 14, 18 ff; für Anwendung des § 313 MünchKomm/ROTH § 313 Rn 228). Dass der Erklärungsempfänger den Kalkulationsirrtum erkannt hat, rechtfertigt für sich genommen nach Ansicht des BGH aber noch nicht den Vorwurf der unzulässigen Rechtsausübung. Die Vertragsdurchführung müsse vielmehr darüber hinaus für den Erklärenden **schlechthin unzumutbar** sein, etwa weil er dadurch in erhebliche wirtschaftliche Schwierigkeiten geriete; überdies müsse der Empfänger bei Vertragsschluss auch die für die Unzumutbarkeit maßgeblichen Gründe gekannt haben (BGHZ 139, 177, 185).

Bei der Würdigung der Rspr zum Kalkulationsirrtum sind zwei Aspekte auseinander **428** zu halten. Zum einen stellt sich aus **dogmatischer Sicht** die Frage, ob die Lösung der Problematik bei § 119 oder bei § 242 anzusiedeln ist. Gegen eine entsprechende Anwendung des § 119 spricht zum einen, dass der Gesetzgeber sich klar gegen die Beachtlichkeit von Motivirrtümern entschieden hat. Außerdem sind die für die Lösung maßgeblichen Kriterien im Rahmen des Irrtumsrechts Fremdkörper. Eine analoge Anwendung oder teleologische Extension des § 119 ist daher methodisch schwer begründbar (WAAS JuS 2001, 14, 15 ff). Davon abgesehen ermöglicht der Rückgriff auf § 242 (sowie auf die Grundsätze der culpa in contrahendo) flexiblere Lösungen (LARENZ/WOLF, AT § 36 Rn 69).

Eine andere Frage lautet, unter welchen Voraussetzungen der Einwand der unzu- **429** lässigen Rechtsausübung durchgreifen soll. Die restriktive Auffassung des BGH, wonach die Vertragsdurchführung für den Erklärenden **schlechthin unzumutbar** sein muss und die erforderliche Kenntnis des Erklärungsempfängers auch die insoweit maßgeblichen Umstände zu umfassen hat, stößt in der Lit auf erhebliche Kritik (vgl STAUDINGER/SINGER [2004] § 119 Rn 64; BERGER Anm zu BGH LM Nr 36 zu § 119 BGB; KINDL WM 1999, 2198, 2206; MEDICUS EWiR 1998, 871, 872; SINGER JZ 1999, 342, 348). Dabei wird darauf hingewiesen, dass das Merkmal der Unzumutbarkeit der Vertragsdurchführung seinen Platz beim Institut des **Fehlens der Geschäftsgrundlage** habe. Bei genauerer Betrachtung zeigt sich jedoch, dass die Voraussetzungen der unzulässigen Rechtsausübung und des Fehlens der Geschäftsgrundlage hier keineswegs in unsachgemäßer Weise zum Nachteil des Erklärenden kumuliert werden. Es geht allein um die Frage, unter welchen Voraussetzungen die bewusste Ausnutzung eines Kalkulationsirrtums unter dem Aspekt der **unzulässigen Rechtsausübung** zu missbilligen ist. Ausgangspunkt muss die Feststellung sein, dass die Kalkulation des Angebots grundsätzlich im alleinigen Risikobereich des Auftragnehmers liegt. Für die rechtliche Missbilligung kann daher nicht genügen, dass der Auftraggeber den Irrtum bewusst ausnutzt; der Auftraggeber muss vielmehr zusätzlich erkennen, dass die unveränderte Durchführung des Vertrages für den Auftragnehmer mit schwerwiegenden Belastungen verbunden wäre. Da die für die Missbilligung maßgeblichen Elemente iS eines beweglichen Systems zusammenspielen (vgl WAAS JuS 2001, 14, 18 f), ist eine abstrakte Festlegung des erforderlichen Maßes der Belastungen nicht möglich. Erforderlich ist vielmehr eine Interessenabwägung im Einzelfall. Dabei dürften letztlich die gleichen Grundsätze wie bei der Zumutbarkeitsprüfung nach § 313 maßgeblich sein (zur Parallelität der Wertungsgrundsätze bei § 242 und § 313 vgl MünchKomm/ROTH § 313 Rn 17, 70).

430 Ein Kalkulationsirrtum kann auch unter dem Aspekt des **Fehlens der Geschäftsgrundlage** relevant werden (vgl etwa BGH NJW-RR 1995, 1360). Dies gilt insbesondere bei beiderseitigem Irrtum über die Berechnungsgrundlage (vgl AnwK-BGB/FEUERBORN § 119 Rn 58; STAUDINGER/SINGER [2004] § 119 Rn 60; MünchKomm/ROTH § 313 Rn 227). Darüber hinaus kommt im Einzelfall auch ein Schadensersatzanspruch aus culpa in contrahendo (§§ 280 Abs 1, 311 Abs 2, 241 Abs 2) in Betracht (vgl BGHZ 139, 177, 184; STAUDINGER/SINGER [2004] § 119 Rn 58; LARENZ/WOLF, AT § 36 Rn 67).

431 Das Problem der bewussten Ausnutzung einer nach § 119 an sich nicht relevanten Fehlvorstellung kann sich auch bei **anderen Motivirrtümern** stellen. Hier wird man im Allgemeinen von den gleichen Grundsätzen wie bei den Kalkulationsirrtümern ausgehen können (so auch LARENZ/WOLF, AT § 36 Rn 68; BERGER Anm zu BGH LM Nr 36 zu § 119 BGB).

(3) Einschränkung oder Ausschluss der Irrtumsanfechtung
432 Im Einzelfall kann die Anfechtung wegen Irrtums mit Rücksicht auf Treu und Glauben einzuschränken oder ganz auszuschließen sein. Hierher gehörte früher der Grundsatz, dass die Anfechtung bei einigen wichtigen in Vollzug gesetzten **Dauerschuldverhältnissen** (insbesondere Arbeits- und Gesellschaftsverträgen) entgegen § 142 Abs 1 keine ex tunc-Wirkung hat, sondern lediglich zur Auflösung des Rechtsgeschäfts für die Zukunft (ex nunc) führt (vgl RGZ 165, 193; BGHZ 3, 285 = NJW 1952, 97 m Anm WOLFF 500; 55, 5, 8; BROX, Einschränkung der Irrtumsanfechtung S 214 ff; std Rspr; zum aktuellen Meinungsstand MünchKomm/BUSCHE § 142 Rn 17 ff; AnwK-BGB/FEUERBORN § 142 Rn 7 ff; ERMAN/H PALM § 142 Rn 10; STAUDINGER/SINGER [2004] § 119 Rn 108 ff; STAUDINGER/H ROTH [2003] § 142 Rn 32 ff). Die Einschränkung der Anfechtungswirkung wird heute aber nicht mehr auf Treu und Glauben gestützt. Nach überwiegender Ansicht handelt es sich vielmehr um eine contra legem erfolgte Rechtsfortbildung, die inzwischen zu **Gewohnheitsrecht** erstarkt ist (vgl MünchKomm/BUSCHE § 142 Rn 17). Im Zusammenhang mit § 242 muss hierauf daher nicht weiter eingegangen werden.

433 Nach der Rspr verstößt die Anfechtung wegen Irrtums gegen Treu und Glauben, wenn der bei Abgabe der Willenserklärung vorhandene **Anfechtungsgrund bei Abgabe der Anfechtungserklärung seine Bedeutung verloren** hat (MünchKomm/KRAMER § 119 Rn 142; SOERGEL/HEFERMEHL § 119 Rn 76; STAUDINGER/SINGER [2004] § 119 Rn 99 und § 123 Rn 86; zum maßgeblichen Zeitpunkt – Abgabe und nicht Zugang der Anfechtungserklärung BGH NJW 2000, 2894 [zu § 123]). Im Mittelpunkt dieser Rspr stehen wiederum Dauerschuldverhältnisse (vgl für das Arbeitsverhältnis: BAG AP Nr 17 zu § 123 BGB = NJW 1970,

1565; BAG NZA 1988, 731; GAMILLSCHEG, Zivilrechtliche Denkformen und die Entwicklung des Individualarbeitsrechts, AcP 176 [1976] 197, 217; WOLF/GANGEL, Anfechtung und Kündigungsschutz, AuR 1982, 273 f; **aA** PICKER ZfA 1981, 64 ff mwNw – Für das Gesellschaftsrecht: BGHZ 13, 322, 324; 55, 5, 9; BGH DB 1976, 861; HUECK/WINDBICHLER, Gesellschaftsrecht [21. Aufl 2008] § 13 Rn 15). Zu denken ist etwa an den Fall, dass sich der Arbeitgeber bei Vertragsschluss über bestimmte tatsächlich nicht vorhandene Fertigkeiten des Arbeitnehmers irrte, die dieser zwischenzeitlich in Abendkursen erworben hat (vgl STAUDINGER/J SCHMIDT [1995] Rn 438). Nach der Rspr soll es in solchen Fällen keine Rolle spielen, ob die Anfechtung schon zu einem früheren Zeitpunkt möglich war oder unverzüglich nach Kenntniserlangung erfolgt ist; entscheidend sei allein der objektive Wegfall der Bedeutung des Anfechtungsgrundes (so BAG AP Nr 17 zu § 123 BGB = NJW 1970, 1565). Dieser Ansicht ist zuzustimmen. Da der Irrende bei Ausübung des Gestaltungsrechts kein schutzwürdiges Interesse daran hat, von seiner Willenserklärung abzurücken, verstößt die Anfechtung gegen das Verbot rechtsmissbräuchlichen Verhaltens.

Vor dem Inkrafttreten des VVG 2008 ist § 242 teilweise auch bei **Versicherungsverträgen** herangezogen worden, um die in § 142 Abs 1 statuierte **Rückwirkung** der Anfechtung im Einzelfall **auszuschließen**. So hat das OLG Nürnberg dafür plädiert, bei Anfechtung eines Versicherungsvertrages wegen arglistiger Täuschung die Nichtigkeit nach § 242 auf die Zeit nach der Anfechtungserklärung zu begrenzen, wenn die vom Versicherungsnehmer verschwiegenen Gefahrumstände sich bislang nicht ausgewirkt haben (OLG Nürnberg VersR 1998, 217 = NJW-RR 1998, 535, 536; VersR 2000, 437; 2001, 1368 m Anm TECKLENBURG; vgl auch STAUDINGER/SINGER [2004] § 123 Rn 86; anders in neuerer Zeit aber OLG Nürnberg VersR 2006, 1627). Die hM ist diesem Ansatz jedoch nicht gefolgt. Dabei wurde zu Recht darauf hingewiesen, dass die Einführung eines Kausalitätserfordernisses mit Hilfe des § 242 den Wertungen der §§ 21 Abs 2, 22 VVG aF widersprach, wonach der Kausalitätsgegenbeweis nur im Fall des Rücktritts, nicht aber im Fall der Arglistanfechtung zulässig war. Bei fehlender Kausalität stellte sich die Berufung auf die Rückwirkung der Anfechtung daher auch nicht als unzulässige Rechtsausübung dar (so BGH NJW 2005, 2549 = JR 2006, 421 m Anm LOOSCHELDERS; OLG Saarbrücken VersR 2001, 751; vgl auch OLG Köln NVersZ 2001, 500; LG Berlin VersR 2001, 177; Berliner Kommentar/VOIT VVG [1999] § 22 Rn 46; PRÖLSS/MARTIN/PRÖLSS VVG [27. Aufl 2004] § 22 Rn 15). Dahinter steht der allgemeine Gedanke, dass § 242 nicht dazu herangezogen werden kann, um eine Rechtsfortbildung contra legem zu rechtfertigen. Bei der **Reform des VVG** ist der Ausschluss des Kausalitätsgegenbeweises auf den Fall erstreckt worden, dass der Versicherer wegen einer **arglistigen Verletzung der vorvertraglichen Anzeigepflicht** aus § 19 VVG nF vom Vertrag zurücktritt (§ 21 Abs 2 S 2 VVG 2008). Dies ist eine indirekte Bestätigung dafür, dass der Kausalitätsgegenbeweis auch im Fall der Anfechtung wegen arglistiger Täuschung unzulässig sein muss. Auf der Grundlage des neuen VVG kann der Einwand der unzulässigen Rechtsausübung im Hinblick auf diese Fälle also erst recht nicht durchgreifen.

Die Irrtumsanfechtung ist auch dann ausgeschlossen, wenn sich der Anfechtungsgegner bereit erklärt, den Vertrag so gelten zu lassen, wie er den **subjektiven Fehlvorstellungen** des Anfechtenden entspricht. Diese in Art 25 Abs 2 schweizOR, Art 3. 13 der UNIDROIT Principles of International Commercial Contracts sowie Art 4.105 der Principles of European Contract Law und Art II. – 7:203 des Draft

Common Frame of Reference ausdrücklich angeordnete Einschränkung ist heute auch im deutschen Recht anerkannt (vgl BAMBERGER/ROTH/WENDTLAND § 119 Rn 46; ERMAN/H PALM § 119 Rn 7; MünchKomm/KRAMER § 119 Rn 142; PALANDT/ELLENBERGER § 119 Rn 2; SOERGEL/HEFERMEHL § 119 Rn 76; STAUDINGER/SINGER [2004] § 119 Rn 100; BROX/WALKER, AT Rn 437b; FLUME, AT II § 21, 6; LARENZ/WOLF, AT § 36 Rn 113; MEDICUS, AT Rn 781; LOBINGER AcP 195 [1995] 274, 278 f; aA in neuerer Zeit nur SPIESS JZ 1985, 593 ff). Streitig bleibt jedoch die dogmatische Begründung. Während einige Autoren durch **Auslegung** oder **Umdeutung** den Inhalt des wirklich Gewollten ermitteln wollen (für Auslegung: BROX, Einschränkung der Irrtumsanfechtung 175 ff), stützt sich die hM auf § 242 (vgl ERMAN/ H PALM § 119 Rn 7; MünchKomm/KRAMER § 119 Rn 142; BROX/WALKER, AT Rn 437b; LARENZ/ WOLF, AT § 36 Rn 113; MEDICUS, AT Rn 781; zu den einz Ansätzen vgl auch WILHELM, Anfechtung und Reurecht 64–93). Dabei wird teilweise darauf abgestellt, dass der Anfechtende sich rechtsmissbräuchlich oder widersprüchlich verhalte (vgl ERMAN/H PALM § 119 Rn 7; MünchKomm/KRAMER § 119 Rn 142; MünchKomm/ROTH Rn 236; FLUME, AT II § 21, 6; dazu auch WILHELM 81 ff), andere Autoren ziehen allgemein den Grundsatz von Treu und Glauben heran (vgl LARENZ/WOLF, AT § 36 Rn 113; MEDICUS, AT Rn 781). Der richtige Ansatzpunkt liegt in der ratio des § 119: Diese erfasst den vorliegenden Fall nicht. Denn der Erklärende muss nur vor den Folgen irrtümlicher Willenserklärungen geschützt werden; ihm soll aber keine Gelegenheit gegeben werden, „sich von dem, was er wirklich gewollt hat, aus anderen Motiven loszusagen" (vTHUR AT II 1, 592). Aus methodischer Sicht handelt es sich damit um einen Fall der **teleologischen Reduktion** (so auch schon STAUDINGER/J SCHMIDT [1995] Rn 439; desgleichen STAUDINGER/SINGER [2004] § 119 Rn 100; zum Verhältnis des § 242 zur teleologischen Reduktion s allg Rn 346 f).

436 Nach Ansicht von HEFERMEHL ist die Anfechtung auch dann unter dem Gesichtspunkt des venire contra factum proprium (s o Rn 286 ff) ausgeschlossen, wenn die **irrende Partei ein grobes Verschulden** an der Fehlvorstellung trifft und der Vertragsgegner im Vertrauen auf die Wirksamkeit der Erklärung bereits Vermögensdispositionen vorgenommen hat, die durch den Ersatz des negativen Interesses nach § 122 Abs 1 nicht ausgeglichen werden können (SOERGEL/HEFERMEHL § 119 Rn 76; dagegen STAUDINGER/J SCHMIDT [1995] Rn 440). Diese Auffassung verstößt jedoch gegen den Grundsatz, dass die Anfechtung selbst durch ein grobes Verschulden des Irrenden nicht ausgeschlossen wird (dazu STAUDINGER/DILCHER[12] § 119 Rn 76).

437 Das Anfechtungsrecht kann nach allgemeinen Grundsätzen auch unter dem Aspekt der **Verwirkung** (s o Rn 302 ff) ausgeschlossen sein (vgl MünchKomm/KRAMER § 119 Rn 141; SOERGEL/HEFERMEHL § 121 Rn 11; STAUDINGER/SINGER [2004] § 119 Rn 102). Neben der kurzen Ausschlussfrist des § 121 Abs 1 kommt der Verwirkung aber kaum praktische Bedeutung zu.

cc) Schadensersatzpflicht des Anfechtenden, § 122

438 Im Rahmen des § 122 ist streitig, ob die Beschränkung des Anspruchs auf Ersatz des negativen Interesses nur dann sachgerecht ist, wenn der Erklärungsgegner die Anfechtbarkeit kannte oder kennen musste (§ 122 Abs 2), oder ob **weitere Beschränkungen** aus dem Grundsatz von Treu und Glauben (§ 242) abgeleitet werden können.

439 Ist ein **gemeinsamer Irrtum** der Parteien gegeben, so wurde dass Problem bis zur Schuldrechtsreform (STAUDINGER/OLZEN Einl 176 ff zum SchuldR) über § 242 mit Hilfe

des Instituts des Fehlens der Geschäftsgrundlage bewältigt (s o Rn 423). Die Problematik ist daher bei der Kommentierung von § 313 nF zu erörtern.

Das RG hatte angenommen, dass eine Ersatzpflicht nach § 122 Abs 1 ausscheiden **440** müsse, wenn der Irrtum, den der Erklärungsempfänger nicht kannte oder kennen musste, von diesem **(mit)veranlasst** war (RGZ 81, 395, 398 f). Dem Erklärenden wurde eine auf § 242 zu stützende exceptio doli generalis gewährt, da die Geltendmachung des Ersatzanspruches als missbräuchliche Ausnutzung einer formalen Rechtsstellung anzusehen sei.

Ein Teil der neueren Lit stimmt dem Ausschluss der Ersatzpflicht gem § 122 Abs 1 **441** zu. Dabei wird über die Stellungnahme des RG hinaus damit argumentiert, dass sich die grundsätzliche Relevanz der Veranlassung aus der **ratio legis** des § 122 Abs 1 ergebe, wonach eine Haftung nicht eingreifen könne, wenn der Anfechtungsgrund nicht oder nicht alleine aus der Sphäre des Irrenden stamme. Da § 254 Abs 1 durch § 122 Abs 2 als lex specialis verdrängt werde und § 122 Abs 2 auch bei fahrlässiger Unkenntnis des Irrtums keine Abwägung nach der Intensität des beiderseitigen Verschuldens zulasse, müsse die Veranlassung des Irrtums ebenfalls zu einem völligen **Ausschluss der Haftung** führen (so MünchKomm/KRAMER § 122 Rn 12; STAUDINGER/SINGER [2004] § 122 Rn 18; s auch FLUME, AT II § 21, 7). Nach richtiger Ansicht kann die bloße (Mit-) Veranlassung des Irrtums jedoch nicht genügen, um den Schadensersatzanspruch aus § 122 Abs 1 nach Treu und Glauben auszuschließen. Es müssen vielmehr weitere Umstände hinzukommen, welche den Vorwurf rechtsmissbräuchlichen Verhaltens im Einzelfall rechtfertigen (so auch AnwK-BGB/FEUERBORN § 122 Rn 15).

Eine andere Frage lautet, ob die bloße **(Mit-)Veranlassung des Irrtums** durch den **442** Erklärungsempfänger die (entsprechende) Anwendung des **§ 254 Abs 1** rechtfertigt. Dies wird von der hM bejaht (vgl BGH NJW 1969, 1380; AnwK-BGB/FEUERBORN § 122 Rn 15; Hk-BGB/DÖRNER § 122 Rn 4; Hkk/SCHERMAIER §§ 116–124 Rn 98; SOERGEL/HEFERMEHL § 122 Rn 6; STAUDINGER/DILCHER[12] § 122 Rn 13; KÖHLER, AT § 7 Rn 36; LARENZ/WOLF, AT § 36 Rn 115; krit MEDICUS, AT Rn 786; ders, BR Rn 145; für entsprechende Anwendung des § 122 Abs 2 STAUDINGER/J SCHMIDT [1995] Rn 448). Dafür lässt sich anführen, dass der vollständige Ausschluss des Ersatzanspruches nach dem Alles-oder-nichts-Prinzip unangemessen erscheint, wenn der Irrtum durch den Erklärungsempfänger nur (mit-)veranlasst wurde, der Erklärende aber selbst schuldhaft gehandelt hat. Entgegen der hM genügt die schuldlose Mitveranlassung des Irrtums durch den Erklärungsempfänger aber nicht für die entsprechende Anwendung des § 254. Dass der Anspruch aus § 122 Abs 1 kein Verschulden des Erklärenden voraussetzt, ist für die Mitverantwortlichkeit des Erklärungsempfängers im Rahmen des § 254 Abs 1 irrelevant. Die verschuldensunabhängige Einstandspflicht aus § 122 Abs 1 ist nämlich der Preis dafür, dass der Erklärende seinen wahren Willen gegen den objektiven Erklärungswert zur Geltung bringen kann. Auf Seiten des Erklärungsempfängers gibt es dagegen keine entsprechenden Gründe, die den Verzicht auf das Verschuldenserfordernis rechtfertigen (so iE auch MEDICUS, AT Rn 786; ausf zum Ganzen LOOSCHELDERS, Mitverantwortlichkeit 424 ff).

dd) Anfechtung nach § 123

Auch im Zusammenhang mit der Anfechtung wegen arglistiger Täuschung oder **443** widerrechtlicher Drohung können sich Fragen von Treu und Glauben (§ 242) stellen. Drei Problemkreise sind hier zu unterscheiden:

(1) Ausnutzung rechtsmissbräuchlich erworbener Rechtspositionen
444 Nach Rspr und hL kann der Ausnutzung einer rechtsmissbräuchlich erworbenen Rechtsposition der Einwand der unzulässigen Rechtsausübung (§ 242) entgegengehalten werden. Da arglistige Täuschung und widerrechtliche Drohung Sonderfälle des missbräuchlichen Rechtserwerbs darstellen, führt dies im rechtsgeschäftlichen Bereich zu **Spannungen mit § 123** (ausf dazu Rn 241). Soweit das unredliche Verhalten sich auf einen **Realakt** bezieht, bleibt § 123 unberührt. Hier kann daher uneingeschränkt auf § 242 zurückgegriffen werden.

(2) Täuschung durch Dritte
445 Der BGH geht im Zusammenhang mit der Anfechtung wegen arglistiger Täuschung davon aus, dass als „**Dritter**" iSd § 123 Abs 2 auch der nicht angesehen werden könne, dessen „Verhalten dem des Anfechtungsgegners gleichzusetzen" sei (BGH WM 1980, 1452, 1453; 1986, 1032, 1034; BGH NJW 1990, 1661, 1662; 1996, 1051; BGH NJW-RR 1992, 1005, 1006). Eine solche Gleichsetzung sei insbesondere geboten, wenn der „Erklärungsempfänger sich die Täuschung durch eine andere Person nach Billigkeitsgesichtspunkten unter Berücksichtigung der Interessenlage zurechnen lassen muss" (so BGH NJW 1990, 1661, 1662; ähnlich BGH WM 1986, 1032, 1034; 1989, 1368, 1370; BGH NJW 1996, 1051; AnwK-BGB/FEUERBORN § 123 Rn 66; MEDICUS, AT Rn 801). Um hier zu sachgemäßen Ergebnissen zu gelangen, genügt jedoch eine teleologische Auslegung des § 123 Abs 2 (so schon STAUDINGER/J SCHMIDT [1995] Rn 451; für entsprechende Anwendung des § 278 MünchKomm/KRAMER § 123 Rn 23 f im Anschluss an SCHUBERT AcP 168 [1968] 466 ff); ein Rückgriff auf allgemeine Billigkeitserwägungen ist also nicht erforderlich.

(3) Einschränkung der Anfechtung nach § 123
446 Wird die Rechtslage des Getäuschten durch die arglistige Täuschung nicht oder nicht mehr beeinträchtigt, so soll eine Anfechtung nach § 123 mit Rücksicht auf Treu und Glauben (§ 242) als **unzulässige Rechtsausübung** (s o Rn 214 ff) ausgeschlossen sein (vgl RGZ 128, 116, 121; BGH LM § 417 BGB Nr 2 = WM 1976, 111, 113; LM § 123 BGB Nr 48 = WM 1977, 343, 344 = BB 1977, 515 = JA 1977, 255; BGH WM 1983, 1055, 1056; BGH NJW 1992, 2346 = LM H 19/1992 § 123 BGB Nr 74 = ZIP 1992, 775, 777; dazu EWiR 1992, 959; BGH NJW-RR 1993, 948, 949; 1998, 904; BGH NJW 2000, 2894 = ZIP 2000, 1674, 1675; BAG NJW 1999, 3653, 3655; ERMAN/H PALM § 123 Rn 45; MünchKomm/KRAMER § 123 Rn 29; SOERGEL/HEFERMEHL § 123 Rn 24; SOERGEL/TEICHMANN Rn 304; Hk-BGB/DÖRNER § 123 Rn 12; LARENZ/WOLF, AT § 37 Rn 47). Eine solche Einschränkung des Anfechtungsrechts kommt zunächst für den Fall in Betracht, dass ein verständiger Erklärender die Willenserklärung auch abgegeben hätte, wenn keine Täuschung erfolgt wäre. Rechtfertigen lässt sich dies mit einer sachgerechten Auslegung der Merkmale „durch ... bestimmt worden ist" in § 123 Abs 1. Der Rückgriff auf § 242 ist damit entbehrlich. Nach hM greift die gleiche Einschränkung des Anfechtungsrechts indessen auch dann ein, wenn die Beeinträchtigung bei Abgabe der Willenserklärung vorlag, im Zeitpunkt der Anfechtung aber entfallen ist (BGH WM 1977, 343, 344; 1983, 1055, 1056; BGH NJW 2000, 2894; BAG BB 1984, 533, 534; BAG JuS 1989, 242; OLG Frankfurt NJW-RR 1986, 1205, 1206; SOERGEL/HEFERMEHL § 123 Rn 24; STAUDINGER/SINGER [2004] § 123 Rn 86; zur entsprechenden Problematik bei § 119 s o Rn 433). Da § 123 Abs 1 insoweit keinen Ansatzpunkt zur Einschränkung

des Anfechtungsrechts enthält, muss auf das Verbot rechtsmissbräuchlichen Verhaltens zurückgegriffen werden (s o Rn 214 ff). Liegt der Anfechtungsgrund sowohl bei Vertragsschluss als auch in dem für die Entscheidung über die Anfechtung maßgeblichen Zeitpunkt vor, führt ein zeitweiliger Wegfall der Beeinträchtigung dagegen nicht zur Unzulässigkeit der Anfechtung nach § 123 Abs 1 (BGH NJW 1992, 2346, 2348 = WM 1992, 1071; ERMAN/H PALM § 123 Rn 45; MünchKomm/KRAMER § 123 Rn 29; STAUDINGER/SINGER [2004] § 123 Rn 86).

e) **Formverstöße, § 125**
Bei Formverstößen stellt sich die Frage, inwieweit die in § 125 S 1 bestimmte **Nich- 447 tigkeitsfolge** mit Rücksicht auf die besonderen Umstände des Falles nach dem Grundsatz von Treu und Glauben (§ 242) **eingeschränkt** werden kann. Grundsätzlich ist die Einhaltung von Formvorschriften sowohl im **Interesse der Rechtssicherheit** (BGHZ 116, 251, 257; BGH NJW 1975, 43; 1977, 2072; BGH ZIP 1996, 1174; OLG Celle NJW 2001, 607; MünchKomm/ROTH Rn 271; ERMAN/HOHLOCH Rn 117) als auch im **Interesse der Parteien** (Warnfunktion, Schutz vor Übereilung) unerlässlich (BGHZ 23, 249, 254). Der Wortlaut des § 125 S 1 sieht daher keine Ausnahmen von der Nichtigkeitsfolge vor. Streitig ist aber, ob und unter welchen Voraussetzungen eine Partei durch das Verbot der **unzulässigen Rechtsausübung** daran gehindert sein kann, sich auf die Formnichtigkeit eines Rechtsgeschäfts zu berufen.

Nach der **Rspr des BGH** kann ein an sich formnichtiges Rechtsgeschäft aus Grün- 448 den der Rechtssicherheit **nicht** schon auf Grund von **bloßen Billigkeitserwägungen** als wirksam behandelt werden. Denn andernfalls würde der **Schutzzweck** der einzelnen Formvorschriften **ausgehöhlt** (vgl BGHZ 140, 167, 173; 121, 224, 233; 92, 164, 171 f; 85, 315, 318 f; 45, 179, 182; BGH NJW 1996, 1467, 1469; vgl auch BAG v 16. 9. 2004 – 2 AZR 659/ 03; OLG Düsseldorf MDR 2004, 1179; AnwK-BGB/NOACK § 125 Rn 45; BAMBERGER/ROTH/ WENDTLAND § 125 Rn 24; ERMAN/H PALM § 125 Rn 23; STAUDINGER/HERTEL [2004] § 125 Rn 111; LARENZ, Schuldrecht I § 10 III; LARENZ/WOLF, AT § 27 Rn 67). Für die Nichtbeachtung eines Formverstoßes soll es daher nicht ausreichen, dass ein Vertragsteil durch die Nichtigkeitsfolge hart getroffen wird. Vielmehr müsse das **Ergebnis schlechthin untragbar sein** (BGHZ 16, 334, 337; 23, 249, 255 f; 26, 142, 151; 29, 6, 10; 45, 179, 184; 48, 396, 398; 85, 315, 318; 92, 164, 172; 121, 224, 233; 138, 339, 348 = NJW 1998, 2350; BGHZ 140, 167, 173 = NJW 1999, 950, 952; BGH WM 1964, 828, 829; BGH NJW 1968, 39, 42; 1969, 1167, 1169; 1975, 43 f; 1984, 606, 607; 1985, 1778, 1780; 1987, 1069, 1070; 1996, 1960; 1996, 2503, 2504; 1998, 3058, 3060; 2002, 1050; 2004, 1960, 1961; 2004, 3330, 3331). Als mögliche Anwendungsfälle des § 242 hat die Rspr insbesondere die **Existenzgefährdung** einer Vertragspartei sowie die **besonders schwere Treuepflichtverletzung** des anderen Teils anerkannt (BGHZ 12, 286; 16, 334, 337 f; 23, 249, 255; 48, 396; 85, 315, 318 f; 87, 237; 92, 164, 172 f; BGH NJW 1975, 43; 1983, 563; 1989, 166, 167; 2004, 3330, 3331; 2007, 3202, 3203; 2008, 2181, 2183; s auch AnwK-BGB/NOACK § 125 Rn 47; PALANDT/ELLENBERGER § 125 Rn 22 ff; STAUDINGER/HERTEL [2004] § 125 Rn 112 ff). Wer einen Vertrag in Kenntnis der Formbedürftigkeit abschließt, ohne die Formvorschriften einzuhalten, soll sich dagegen grundsätzlich nicht auf § 242 berufen können. Denn in einem solchen Fall sei der durch die Formnichtigkeit Benachteiligte im Allgemeinen nicht schutzwürdig (vgl RGZ 117, 124; BGH WM 1965, 482; BGH NJW 1961, 180; 1969, 1167; 1973, 1456; MünchKomm/EINSELE § 125 Rn 61). In besonders gelagerten Ausnahmefällen lässt die Rspr jedoch auch hier eine Durchbrechung der Nichtigkeitsfolge zu (vgl BGHZ 16, 334, 337; 23, 249, 255 f; 48, 396, 398; krit MEDICUS/PETERSEN, BR Rn 181).

449 In der **Lit** ist diese Rspr wegen der daraus resultierenden **Rechtsunsicherheit** auf **Kritik** gestoßen (Soergel/Teichmann § 242 Rn 325; Esser/Schmidt, AT § 10 2 c; Kipp/Coing, Erbrecht § 19 III, IV; Medicus/Petersen, BR Rn 180 ff; E Wolf, AT 318 ff; Gernhuber, in: FS Schmidt-Rimpler [1957] 151 ff). Teilweise wird darüber hinaus geltend gemacht, die Einhaltung der gesetzlichen Formvorschriften sei als **konstitutives Element** eines Rechtsgeschäfts unabdingbare Voraussetzung für dessen rechtliche Anerkennung; hiervon könnten keine Ausnahmen anerkannt werden (Flume, AT II § 15 III; Häsemeyer, Die gesetzliche Form der Rechtsgeschäfte [1971] 47 ff, 287 ff, 294 ff; vgl auch Canaris, Vertrauenshaftung 274 ff). Beanstandet wird außerdem, dass die Kriterien der Rspr nicht subsumtionsfähig seien (so Coester, Die Zahlungszusage auf der Baustelle – OLG Hamm NJW 1993, 2625, JuS 1994, 370, 372), so dass die Entscheidungen letztlich nach **subjektivem Billigkeitsempfinden** – und mithin **willkürlich** – getroffen würden (so E Wolf, AT 320). Insbesondere sei die Unterscheidung zwischen „nur harten" und „schlechthin untragbaren" Ergebnissen (BGHZ 23, 255; 48, 398) nicht praktikabel (Canaris, Vertrauenshaftung 289; Larenz, Schuldrecht I § 10 III; Medicus, AT Rn 630; E Wolf, AT 320; Soergel/Teichmann Rn 325).

450 Bei der **Würdigung** des Meinungsstreits ist davon auszugehen, dass den gesetzlichen Formvorschriften aus Gründen der **Rechtssicherheit** und der **Rechtsklarheit** großes Gewicht zukommt. Dies heißt aber nicht, dass die durch die Formvorschriften geschützten Interessen einer Abwägung mit entgegenstehenden Gerechtigkeitserwägungen generell unzugänglich wären (so auch Larenz, Schuldrecht I § 10 III). Denn anders als beim Schutz von Minderjährigen und anderen nicht (voll) geschäftsfähigen Personen (dazu s o Rn 408 ff) verfolgen die Formvorschriften **keinen Selbstzweck**, der ohne Rücksicht auf die Umstände des Einzelfalls zu verwirklichen ist. Es sind vielmehr durchaus Fälle denkbar, in denen der Schutzzweck der Formvorschriften nicht zutrifft oder gegenüber höherrangigen Interessen zurücktreten muss. Der Rspr ist daher insofern zuzustimmen, als § 242 bei Formverstößen **prinzipiell anwendbar** ist, hier aber **besonders restriktiv gehandhabt** werden muss (so auch Palandt/Ellenberger § 125 Rn 22 ff; AnwK-BGB/Noack § 125 Rn 45 ff; Bamberger/Roth/Grüneberg/Sutschet Rn 117; MünchKomm/Roth Rn 271; Hk-BGB/Schulze Rn 40; Larenz/Wolf, AT § 27 Rn 67; Hagen, Formzwang, Formzweck, Formmangel und Rechtssicherheit, in: FS Schippel [1996] 173, 178). Demgegenüber kann die Unterscheidung zwischen „nur harten" und „schlechthin untragbaren" Ergebnissen in der Tat nicht überzeugen. Dem Grundsatz nach muss immer eine Interessenabwägung im Einzelfall entscheiden; wichtigste Maßstäbe sind der **Zweck der jeweiligen Formvorschrift** und das **Gewicht der hierdurch geschützten Interessen** (ähnlich MünchKomm/Einsele § 125 Rn 63 ff).

451 Da dem Gedanken der Rechtssicherheit bei Formverstößen besonders große Bedeutung zukommt, kann man es mit einer solchen allgemeinen Leitlinie aber nicht bewenden lassen. Zur Konkretisierung ist vielmehr die Bildung von **Fallgruppen** erforderlich, in denen eine Durchbrechung der Nichtigkeitsanordnung des § 125 S 1 in Betracht kommt (vgl AnwK-BGB/Noack § 125 Rn 48 ff; Palandt/Ellenberger § 125 Rn 27 ff; Larenz/Wolf, AT § 27 Rn 70 ff; Medicus/Petersen, BR Rn 181 ff). Ausnahmen von der Nichtigkeitsfolge sollten jedenfalls in den von Rspr und Lit herausgearbeiteten Fällen zugelassen werden, dass dem durch die Nichtigkeit begünstigten Teil ein **grob treuwidriges Verhalten** zur Last fällt oder die **wirtschaftliche Existenz** des benachteiligten Teils **gefährdet** wird (vgl BGHZ 92, 164, 171 ff; Staudinger/Hertel [2004] § 125 Rn 112 ff; Brox/Walker, Schuldrecht AT § 4 Rn 20 ff; Larenz, Schuldrecht I § 10 III;

LOOSCHELDERS, Schuldrecht AT Rn 133; MEDICUS/PETERSEN, BR Rn 180 ff). Bei **bewusster Außerachtlassung der Form** durch beide Parteien ist die Durchbrechung der Nichtigkeitsfolge in der Regel abzulehnen (AnwK-BGB/NOACK § 125 Rn 46). Indes sind auch hier Fälle denkbar, in denen die durch die Nichtigkeit benachteiligte Partei auf Grund einer spezifischen Unterlegenheitssituation ausnahmsweise schutzwürdig ist (vgl LARENZ/WOLF, AT § 27 Rn 73). Bei formbedürftigen **dinglichen Rechtsgeschäften** hat der Gedanke der Rechtssicherheit ein besonders großes Gewicht, so dass es im Allgemeinen bei der Nichtigkeitsfolge bleiben muss (PALANDT/ELLENBERGER § 125 Rn 33). Das Gleiche gilt bei Formverstößen im **Erbrecht** (vgl OLG Köln NJW-RR 2006, 225, 226)

Der hier befürworteten Anwendung des § 242 im Rahmen des § 125 S 1 lässt sich **452** nicht entgegenhalten, dass die Nichtigkeit des Vertrages wegen Verletzung einer Formvorschrift eine **Einwendung** darstellt, die **von Amts wegen** berücksichtigt werden muss. Streng genommen ist zwar die Formulierung, die durch die Nichtigkeit begünstigte Partei sei auf Grund des **Verbots rechtsmissbräuchlichen Verhaltens** (s o Rn 214 ff) gehindert, sich auf die Nichtigkeit zu berufen, deshalb unzutreffend, weil die Nichtigkeitsfolge bei § 125 S 1 unabhängig davon eintritt, ob eine Partei sich darauf beruft. Die Angreifbarkeit der Formulierung entwertet jedoch nicht die dahinter stehende Erwägung, dass der Eintritt der Nichtigkeitsfolge im Einzelfall auf Grund übergeordneter Gerechtigkeitserwägungen unbillig erscheinen kann.

Ob der Eintritt einer von Amts wegen zu berücksichtigenden Nichtigkeitsfolge **453** auch unter dem Aspekt der **Verwirkung** (s o Rn 302 ff) außer Acht gelassen werden kann, ist noch nicht abschließend geklärt. Der BGH hat hierzu aber festgestellt, dass die für die Einschränkung der Nichtigkeitsanordnung des § 125 S 1 entwickelten restriktiven Kriterien (vgl Rn 447 ff) jedenfalls nicht durch den Rückgriff auf die weniger strengen Voraussetzungen der Verwirkung umgangen werden dürfen (BGH NJW 2004, 3330, 3331 f). Bei Formverstößen kann der Einwand der Verwirkung damit im Ergebnis nicht durchgreifen (vgl zur Verwirkung auch BGH MDR 2004, 1231 f).

Die Geltendmachung von Formfehlern verstößt uU auch bei **rechtsgeschäftlich ver-** **454** **einbarten Formerfordernissen** gegen Treu und Glauben (BGH NJW-RR 1987, 1073, 1074; AnwK-BGB/NOACK § 125 Rn 69). So kann einer Partei das Verbot des venire contra factum proprium (s o Rn 286 ff) entgegengehalten werden, wenn sie sich auf den Formfehler beruft, nachdem sie den Vertrag zunächst als wirksam behandelt hat (BGH NJW-RR 1987, 1073, 1074). Nicht selten wird hier aber schon eine **stillschweigende Aufhebung** des Formerfordernisses angenommen (vgl BGHZ 119, 283, 291; BGH NJW 1991, 1750, 1751; ERMAN/H PALM § 125 Rn 9; PALANDT/ELLENBERGER § 125 Rn 14; krit AnwK-BGB/NOACK § 126 Rn 66; zur abweichenden Rechtslage nach dem UN-Kaufrecht s u Rn 1168).

f) Zugang von Willenserklärungen, § 130*
Verzögert oder verhindert der Adressat den Zugang einer **empfangsbedürftigen Wil-** **455**

---

* Schrifttum: BRINKMANN, Der Zugang von Willenserklärungen (Berlin 1984); DILCHER, Der Zugang von Willenserklärungen, AcP 154 (1955) 120; FRANZEN, Zugang und Zugangshindernisse bei eingeschriebenen Briefsendungen, JuS 1999, 429; JOHN, Grundsätzliches zum Wirksamwerden empfangsbedürftiger Willenserklärungen, AcP 184 (1984) 385; LOOSCHELDERS, Das Wirksamwerden empfangsbedürftiger Willenserklärungen bei Übermittlung per

lenserklärung, zB indem er ein bei der Post niedergelegtes Einschreiben verspätet oder überhaupt nicht abholt, so kann nach Treu und Glauben (§ 242) unter bestimmten Voraussetzungen doch vom rechtzeitigen Zugang einer wiederholten oder zu spät zugegangenen Erklärung auszugehen sein (so grdl RGZ 58, 406, 408; aus neuerer Zeit vgl nur BGHZ 137, 205, 209; BAG NJW 1987, 146, 147; NZA 2003, 719, 723; krit STAUDINGER/ SINGER/BENEDICT [2004] § 130 Rn 84 ff). Die Einzelheiten sind zwar umstritten; überwiegend wird aber zwischen der bloßen Zugangsverzögerung und der gänzlichen Zugangsvereitelung differenziert.

456 Bei der **Zugangsverzögerung** stellt sich zunächst das Problem, ob der Adressat geltend machen kann, dass in der Zeit zwischen der ersten Abholmöglichkeit und der tatsächlichen Abholung eine Frist abgelaufen ist, die der Absender bei der Erklärung einzuhalten hatte. Nach **hM** kann der Adressat sich nach Treu und Glauben nicht auf den Fristablauf berufen, wenn er die Verzögerung wegen einer in seinem Verantwortungsbereich liegenden Ursache selbst zu vertreten hat (vgl RGZ 58, 406, 408; 95, 315, 317; 97, 336, 339; RG HRR 1928 Nr 1397; BGHZ 57, 108, 111; 64, 5, 8; 67, 271, 277 f; BGH LM Nr 1 zu § 130; BGH NJW 1952, 1169; BGH VersR 1971, 262 f; BGH NJW 1983, 929, 930; BGH WM 1987, 1496, 1497; BAG AP Nr 5 zu § 130; BAG NJW 1984, 1651, 1652; 1985, 823, 824; 1987, 1508; 1997, 146, 147; BAG NZA 2003, 719, 723; NZA 2006, 204, 205; OLG Frankfurt VersR 1982, 790; OLG Hamm VersR 1982, 1070; KG WM 1989, 669; BAMBERGER/ROTH/GRÜNEBERG/SUTSCHET Rn 79; PALANDT/ELLENBERGER § 130 Rn 18; SOERGEL/TEICHMANN Rn 282; SOERGEL/HEFERMEHL § 130 Rn 24 f; BRINKMANN 164 ff; DILCHER AcP 154 [1955] 120, 132 f; FLUME, AT II § 14, 3e; MEDICUS, AT Rn 277 ff; FRANZEN JuS 1999, 429, 432; HERBERT, Zugangsverzögerung einer Kündigung per Einschreiben und der Lauf der Klagefrist des § 4 KSchG, NJW 1997, 1829, 1830; JOHN AcP 184 [1984] 385, 411; LOOSCHELDERS VersR 1998, 1198, 1200). Der Grundsatz von Treu und Glauben ist jedoch für sich genommen zu unspezifisch, um die zum Schutz des Absenders erforderliche Einschränkung der Rechtsposition des Adressaten zu rechtfertigen (krit auch BRINKMANN 164 f). Da dem Empfänger nicht immer ein rechtsmissbräuchliches Verhalten (s o Rn 214 ff) zur Last fällt, können die Grundsätze der Zugangsverzögerung auch nicht generell aus dem Verbot unzulässiger Rechtsausübung abgeleitet werden (auf den Gedanken des Rechtsmissbrauchs abstellend aber MünchKomm/ROTH Rn 249). Letztlich handelt es sich um eine **Zurechnungsfrage**, die durch eine sorgfältige Abgrenzung der Risikosphären nach den **Wertungen des § 130 Abs 1** beantwortet werden muss. Wenn das Wirksamwerden einer Willenserklärung unter Abwesenden voraussetzt, dass die Erklärung in den Herrschaftsbereich des Adressaten gelangt, folgt hieraus, dass jeder Beteiligte die aus seiner Sphäre hervorgehenden Risiken zu tragen hat (vgl LOOSCHELDERS VersR 1998, 1198, 1201). Wer mit dem Zugang rechtserheblicher Erklärungen rechnen muss, hat daher geeignete Vorkehrungen zu treffen, damit die Erklärungen ihn rechtzeitig erreichen können (RGZ 110, 34, 36; BGH VersR 1971, 262, 263; BGHZ 67, 271, 278; 137, 205, 208 = NJW 1998, 976, 977; BAG NZA 2006, 204, 205; LG Hamburg NJW-RR 2001, 586; MünchKomm/EINSELE § 130 Rn 36; aA STAUDINGER/SINGER/BENEDICT [2004] § 130 Rn 88). Verletzt der Empfänger diese Obliegenheit, so kann er sich nicht auf die Verspätung berufen.

457 Im Fall der **Zugangsvereitelung** kann man es nicht damit bewenden lassen, dem

---

Einschreiben, VersR 1998, 1198; SCHWARZ,
Kein Zugang bei Annahmeverweigerung des
Empfangsboten?, NJW 1994, 891.

Adressaten die Berufung auf einen Fristablauf zu verwehren. Zwei Lösungsmöglichkeiten kommen in Betracht: Zum einen könnte dem Erklärenden zugemutet werden, einen **wiederholten Zustellungsversuch** zu unternehmen; zum anderen könnte im Wege einer **Zugangsfiktion** von vorneherein auf den tatsächlichen Zugang verzichtet werden (vgl RGZ 58, 406, 408; 95, 315, 317; 110, 34, 36; BGH NJW 1983, 929, 930 f; BAG NJW 1993, 1093, 1094; Hkk/OESTMANN §§ 130–132 Rn 36; SCHWARZ NJW 1994, 891 f). Die neuere Rspr verlangt grundsätzlich einen wiederholten Zustellungsversuch. Eine Ausnahme wird aber anerkannt, wenn der Adressat den Zugang arglistig vereitelt oder die Annahme einer an ihn gerichteten schriftlichen Mitteilung grundlos verweigert, obwohl er mit dem Eingang rechtserheblicher Mitteilungen seines Vertrags- oder Verhandlungspartners rechnen muss (BGHZ 137, 205, 209 f; zustimmend zB AnwK-BGB/FAUST § 130 Rn 70; BAMBERGER/ROTH/WENDTLAND § 130 Rn 122 f; LOOSCHELDERS VersR 1998, 1198, 1202 f; für Zugangsfiktion ohne wiederholten Zustellungsversuch noch BGHZ 67, 271, 275; desgleichen LG Freiburg NJW-RR 2004, 1377; PALANDT/ELLENBERGER § 130 Rn 18; Hk-BGB/DÖRNER § 130 Rn 7; MünchKomm/EINSELE § 130 Rn 34; LARENZ/WOLF, AT § 26 Rn 25). Diese Lösung schützt nicht nur die Interessen des Adressaten. Sie wahrt vielmehr auch die Dispositionsfreiheit des Erklärenden, der nach dem Scheitern des ersten Zustellungsversuchs selbst darüber entscheiden kann, ob er an dem Geschäft festhalten will.

g) Materielle Schranken der Privatautonomie, §§ 134, 138*
Die Rechtsgeschäftslehre des BGB wird durch den **Grundsatz der Privatautonomie**

---

* **Schrifttum:** BECKER, Der unfaire Vertrag (2003); ders, Vertragsfreiheit, Vertragsgerechtigkeit und Inhaltskontrolle, WM 1999, 709; BOSCH, Verstöße gegen § 1 II Nr 2 SchwarzArbG nF und der Grundsatz von Treu und Glauben, NJOZ 2008, 3044; CANARIS, Verfassungs- und europarechtliche Aspekte der Vertragsfreiheit in der Privatrechtsgesellschaft, in: FS Lerche (1993); ders, Wandlungen des Schuldvertragsrechts – Tendenzen zu seiner „Materialisierung", AcP 200 (2000) 273 ff; ders, Grundrechtswirkungen und Verhältnismäßigkeitsprinzip in der richterlichen Anwendung und Fortbildung des Privatrechts, JuS 1989, 161; COESTER-WALTJEN, Die Inhaltskontrolle von Verträgen außerhalb des AGBG, AcP 190 (1990) 1 ff; DÄUBLER/DORNDORF, AGB-Kontrolle im Arbeitsrecht (2004); DREXL, Verbraucherrecht – allgemeines Privatrecht – Handelsrecht, in: SCHLECHTRIEM (Hrsg), Wandlungen des Schuldrechts (2002) 97 ff; FASTRICH, Richterliche Inhaltskontrolle im Privatrecht (1992); HAGER, Grundrechte im Privatrecht, JZ 1994, 373; HEINRICH, Formale Freiheit und materiale Gerechtigkeit (2000); LIEB, Sonderprivatrecht für Ungleichgewichtslagen? Überlegungen zum Anwendungsbereich der sog Inhaltskontrolle privatrechtlicher Verträge, AcP 178 (1978) 196; LOOSCHELDERS/ROTH, Grundrechte und Vertragsrecht: Die verfassungskonforme Reduktion des § 565 Absatz 2 Satz 2 BGB, JZ 1995, 1034 ff; MAYER-MALY, Wertungswandel und Privatrecht, JZ 1981, 801; OECHSLER, Gerechtigkeit im modernen Austauschvertrag (Habil 1997); RITGEN, Vertragsparität und Vertragsfreiheit, JZ 2002, 114; RITTNER, Über das Verhältnis von Vertrag und Wettbewerb, AcP 188 [1988] 101; ROLFS, Die Inhaltskontrolle arbeitsrechtlicher Individual- und Betriebsvereinbarungen, RdA 2006, 349; SCHMIDT-RIMPLER, Zum Vertragsproblem, in: FS Raiser (1974); ders, Grundfragen der Erneuerung des Vertragsrechts, AcP 147 (1941) 3; SCHMOECKEL, Der maßgebliche Zeitpunkt zur Bestimmung der Sittenwidrigkeit nach § 138 I BGB, AcP 197 (1997), 1; THÜSING, Inhaltskontrolle von Formulararbeitsverträgen nach neuem Recht, BB 2002, 2666; WACKERBARTH, Unternehmer, Verbraucher und die Rechtfertigung der Inhaltskontrolle vorformulierter Verträge, AcP 200 (2000) 45; WOLF/LINDACHER/PFEIFFER, AGB-Recht (5. Aufl 2009); ZÖLLNER, Die Privatbeherrscht (s STAUDINGER/OLZEN Einl 49 ff zum SchuldR). Danach ist es dem Einzelnen überlassen, seine rechtlichen Verhältnisse in freier Selbstbestimmung zu gestalten (vgl FLUME, AT II § 1; LARENZ/WOLF, AT § 2 Rn 17). Wichtigster Ausdruck dieses Gedankens ist die **Vertragsfreiheit**. Sie ermöglicht dem Einzelnen, seine Rechtsverhältnisse im Konsens mit einem oder mehreren anderen Privatrechtssubjekten selbst zu bestimmen (vgl LARENZ, Schuldrecht I § 4; LOOSCHELDERS, Schuldrecht AT Rn 49). Weitere Erscheinungsformen der Privatautonomie sind die Vereinigungs- und die Testierfreiheit (LARENZ/WOLF, AT § 2 Rn 18). Verfassungsrechtlich sind diese Freiheiten durch Grundrechte geschützt (vgl Art 2 Abs 1, 9 Abs 3, 12, 14 Abs 1 GG).

459 Die Privatautonomie ist nicht schrankenlos. Nach der Grundkonzeption des BGB werden die **materiellen Schranken** vor allem durch die **§§ 134, 138** konstituiert. Darüber hinaus hat die Rspr nicht selten auf § 242 zurückgegriffen, um eine inhaltliche Kontrolle von Rechtsgeschäften zu verwirklichen (s o Rn 365; vgl LARENZ/WOLF, AT § 42 Rn 17; zur Zulässigkeit einer Inhaltskontrolle am Maßstab des § 242 s auch HEINRICH, Formale Freiheit und materiale Gerechtigkeit [2000] 303 f, 392 ff). Welche Bedeutung § 242 in diesem Zusammenhang hat, ist im Einzelnen aber unsicher und soll daher nachfolgend eingehender behandelt werden.

aa) Vertragsfreiheit und Vertragsgerechtigkeit

460 Die **Vertragsfreiheit** steht in einem natürlichen Spannungsverhältnis zur **Vertragsgerechtigkeit** (vgl MünchKomm/KRAMER Vor § 145 Rn 5). Dieses Spannungsverhältnis ist darin angelegt, dass der Vertrag auf dem Konsens der Parteien beruht. Bei Verträgen ist also nicht der Wille des **Einzelnen** ausschlaggebend; der Einzelne kann seinen Willen vielmehr nur im **Zusammenwirken mit anderen Privatrechtssubjekten** verwirklichen (vgl LARENZ, Schuldrecht I § 4; LOOSCHELDERS, Schuldrecht AT Rn 49). Nach dem Gedanken der ausgleichenden Gerechtigkeit sollte der Vertrag daher idealiter zu einem Ergebnis führen, das den Interessen beider Parteien gleichermaßen gerecht wird (s STAUDINGER/OLZEN Einl 66 zum SchuldR: Äquivalenzprinzip). Bei der Definition des „gerechten" Ergebnisses besteht indes das Problem, dass es für die Angemessenheit des Vertragsinhalts **keinen allgemeingültigen Maßstab** gibt (RITGEN JZ 2002, 114). Davon abgesehen kann es in einer freiheitlichen Gesellschaftsordnung **nicht Sache des Staates** sein, den Parteien vorzuschreiben, welcher Vertragsinhalt angemessen ist (CANARIS, in: FS Lerche [1993] 873, 884; vgl auch LOOSCHELDERS, Schuldrecht AT Rn 51). Das Spannungsverhältnis zwischen Vertragsfreiheit und Vertragsgerechtigkeit lässt sich daher nur durch die Annahme auflösen, dass die Vertragsparteien im Regelfall durch das freie Aushandeln der Vertragsbedingungen in einem Prozess des wechselseitigen Gebens und Nehmens zu einem Ergebnis gelangen, welches den Anforderungen der ausgleichenden Gerechtigkeit zumindest nicht krass widerspricht (CANARIS, in: FS Lerche [1993] 873, 884; RITGEN JZ 2002, 114, 117). In diesem Sinne kommt dem Vertragsmechanismus also eine gewisse **„Richtigkeitsgewähr"** zu (grundlegend SCHMIDT-RIMPLER AcP 147 [1941] 130 ff und in: FS Raiser [1974] 3 ff, der sogar von einer positiven Richtigkeitsgewähr ausgeht; krit OECHSLER, Gerechtigkeit 125 ff; vgl auch MünchKomm/ROTH Rn 424).

461 Der Vertragsmechanismus bietet indes nur dann eine (begrenzte) Richtigkeitsge-

rechtsgesellschaft im Gesetzes- und Richterstaat (1996); ders, Regelungsspielräume im Schuldvertragsrecht – Bemerkungen zur

Grundrechtsanwendung im Privatrecht und zu den sogenannten Ungleichgewichtslagen, AcP 196 (1996) 1.

währ, wenn sich beim Vertragsschluss **gleichberechtigte Partner** gegenüberstehen (vgl FLUME, AT II § 1, 7; LARENZ/WOLF, AT § 42 Rn 1 ff; STAUDINGER/J SCHMIDT [1995] Rn 467). In der Praxis zeigt sich jedoch, dass die **Vertragsparität** aus verschiedenen Gründen **gestört** sein kann. Dies heißt nicht, dass jede Störung der Vertragsparität eine richterliche Inhaltskontrolle des Vertrages rechtfertigt; die entscheidende Frage ist vielmehr, welche Störungen so schwerwiegend sind, dass die Richtigkeitsgewähr entfällt (vgl ZÖLLNER AcP 196 [1996] 1, 24 f; CANARIS AcP 200 [2000] 273, 278 ff). Im Ausgangspunkt ist dabei daran festzuhalten, dass der Ausgleich von wirtschaftlichen Ungleichgewichten in einer marktwirtschaftlichen Ordnung primär dem Wettbewerb überlassen bleiben muss (RITTNER AcP 188 [1988] 101, 126 ff). Aus verfassungsrechtlicher Sicht geht es um die Konkretisierung staatlicher **Schutzpflichten**. Der an die Grundrechte gebundene Zivilrichter (Art 1 Abs 3 GG) hat zu verhindern, dass der Vertrag von einem Mittel der beiderseitigen Selbstbestimmung zu einem solchen der **Fremdbestimmung** der schwächeren durch die stärkere Partei wird (vgl BVerfGE 81, 242, 255 f; 89, 214, 233; BVerfG VersR 2005, 1127, 1131; NJW 2006, 596, 598; MünchKomm/ROTH Rn 428; MünchKomm/KRAMER Vor § 145 Rn 6; CANARIS AcP 184 [1984] 201, 225 ff; ders JuS 1989, 161, 163; HAGER JZ 1994, 373, 374 ff; LOOSCHELDERS/ROTH JZ 1995, 1034, 1041; BECKER, Der unfaire Vertrag [2003] 8 ff; ders WM 1999, 709 ff; ähnlich schon FLUME, AT II § 1, 7; LIEB AcP 178 [1978] 196, 212; LIMBACH, Forum: Das Rechtsverständnis in der Vertragslehre, JuS 1985, 10 ff; krit ZÖLLNER AcP 196 [1996] 1, 15 ff).

Das BVerfG hat die Verpflichtung des Zivilrichters zur inhaltlichen Kontrolle von Verträgen zunächst in mehreren Aufsehen erregenden Entscheidungen für die **Bürgschaft naher Familienangehöriger** herausgestellt (BVerfGE 89, 214, 229 ff; BVerfG NJW 1994, 2749, 2750; 1996, 2021; dazu W ROTH, Die Grundrechte als Maßstab der Vertragsinhaltskontrolle in WOLTER/RIEDEL/TAUPITZ [Hrsg], Einwirkungen der Grundrechte auf das Zivilrecht, Öffentliche Recht und Strafrecht [1999] 229 ff). In neuerer Zeit wurden diese Grundsätze auf die Kontrolle von **Eheverträgen** übertragen, die nicht auf einer gleichberechtigten Partnerschaft beruhen, sondern „eine auf ungleichen Verhandlungspositionen basierende Dominanz eines Ehegatten" widerspiegeln (BVerfGE 103, 89 = NJW 2001, 957, 958; BVerfG NJW 2001, 2248; hieran anknüpfend BGHZ 158, 81 = NJW 2004, 930; BGH NJW 2005, 2391; NJW 2006, 2331; ausf z Ganzen DAUNER-LIEB, Reichweite und Grenzen der Privatautonomie im Ehevertragsrecht, AcP 201 [2001] 295 ff; näher dazu s u Rn 921). Dies zeigt, dass sich das Problem der gestörten Vertragsparität nicht auf das Schuldrecht beschränkt. **462**

Die Rückbindung der Inhaltskontrolle von Verträgen an die Grundrechte stößt in der Lit zum Teil auf heftige Kritik (vgl JAUERNIG/JAUERNIG § 138 Rn 12; ADOMEIT, Die gestörte Vertragsparität – ein Trugbild, NJW 1994, 2467 ff; DIEDERICHSEN, Das Bundesverfassungsgericht als oberstes Zivilgericht – ein Lehrstück der juristischen Methodenlehre, AcP 198 [1998] 171, 247 f; MEDICUS AcP 192 [1992] 35, 62; ZÖLLNER AcP 196 [1996] 1, 24 ff; ders, Privatrechtsgesellschaft [1996] 37). In neuerer Zeit mehren sich aber die Stimmen, die sich bei einer grundsätzlichen Billigung der Rspr des BVerfG für eine stärkere **Integration der Inhaltskontrolle** von Verträgen **in die zivilrechtliche Dogmatik** aussprechen (so etwa CANARIS AcP 200 [2000] 273 ff; DREXL, in: SCHLECHTRIEM, Wandlungen des Schuldrechts [2002] 97, 114 ff; BECKER WM 1999, 709, 718; ders, Der unfaire Vertrag [2003] 73). Dabei wird zu Recht darauf hingewiesen, dass der Gedanke der Inhaltskontrolle von Verträgen bei gestörter Vertragsparität dem BGB keineswegs fremd ist. Dies zeigt § **138 Abs 2**, der mit den Kriterien der Zwangslage, der Unerfahrenheit, des Mangels an Urteilsvermögen und der erheblichen Willensschwäche typische Fälle der **gestörten** **463**

Vertragsparität nennt (Canaris AcP 200 [2000] 273, 280 ff, 296 ff; Drexl, in: Schlechtriem, Wandlungen des Schuldrechts [2002] 97, 114; MünchKomm/Roth Rn 425; Staudinger/J Schmidt [1995] Rn 467; AnwK-BGB/Looschelders § 138 Rn 105 ff). § 138 Abs 2 lässt darüber hinaus erkennen, dass eine Störung der Vertragsparität für sich genommen unschädlich ist; hinzukommen muss ein „**auffälliges Missverhältnis** von Leistung und Gegenleistung" (Canaris AcP 200 [2000] 273, 280; MünchKomm/Roth Rn 425; vgl auch Becker, Der unfaire Vertrag [2003] 52). Hier findet sich eine deutliche Parallele zur Auffassung des BVerfG, das neben der Störung der Vertragsparität eine „**besonders einseitige Verteilung der Lasten**" verlangt (BVerfGE 89, 214, 232; vgl auch Ritgen JZ 2002, 114, 119). Soweit die Inhaltskontrolle nach § 242 erfolgt, lassen sich die Wertungen der Grundrechte bei der **Interessenabwägung** berücksichtigen (s o Rn 146). Die Rspr des BVerfG lässt sich insofern also durchaus mit der Dogmatik des Zivilrechts vereinbaren.

464 Zusammenfassend ist festzustellen, dass die Rspr des BVerfG zu einem **materiellen Verständnis der Privatautonomie** zwingt. Letztlich handelt es sich dabei aber um die Weiterentwicklung von Gedanken, die schon im BGB angelegt sind. Für die Zukunft ist zu erwarten, dass die „Materialisierung" der Privatautonomie durch die bei der Schuldrechtsreform erfolgte Integration der Verbraucherschutzgesetze in das BGB gestärkt wird (Drexl, in: Schlechtriem, Wandlungen des Schuldrechts [2002] 97, 117). In diesem Zusammenhang werden auch **europarechtliche Vorgaben** eine zunehmende Bedeutung gewinnen (vgl MünchKomm/Kramer Vor § 145 Rn 7).

bb) Der Maßstab der Inhaltskontrolle

465 Nach welchem Maßstab die Inhaltskontrolle von Verträgen bei gestörter Vertragsparität zu erfolgen hat, ist streitig. Während ein Teil der Lit es grundsätzlich mit der Anwendung des § 138 bewenden lassen will (Coester-Waltjen AcP 190 [1990] 1, 15; Wackerbarth AcP 200 [2000] 45, 68 ff; Zöllner, Privatrechtsgesellschaft [1996] 41), spricht sich ein anderer Teil der Lit für eine „**erweiterte Inhaltskontrolle**" (Staudinger/J Schmidt [1995] Rn 458 ff) am Maßstab des § 242 aus (so etwa Becker, Der unfaire Vertrag [2003] 11; grundsätzlich auch MünchKomm/Roth Rn 425). Da der Maßstab des § 242 wesentlich strenger als jener des § 138 ist (s o Rn 367 ff), hat der Meinungsstreit nicht nur dogmatische Bedeutung. Außerdem führt § 138 – vorbehaltlich einer zulässigen „geltungserhaltenden Reduktion" – notwendig zur Nichtigkeit des Geschäfts (vgl AnwK-BGB/Looschelders § 138 Rn 129 ff). Demgegenüber ermöglicht § 242 flexiblere Lösungen (MünchKomm/Roth Rn 425; Becker, Der unfaire Vertrag [2003] 11).

466 Bei der Würdigung des Meinungsstreits ist davon auszugehen, dass die inhaltliche Kontrolle der Parteivereinbarungen aus Gründen der **Verhältnismäßigkeit** so zurückhaltend wie möglich ausgeübt werden muss. Diese Überlegung spricht dafür, die Kontrolle grundsätzlich auf die Einhaltung des von § 138 Abs 1 geschützten „**sozialethischen Mindeststandards**" (Hk-BGB/Dörner § 138 Rn 3) zu beschränken. Eine richterliche **Angemessenheitsprüfung** greift demgegenüber tief in die Gestaltungsfreiheit der Parteien ein und kann deshalb nur unter besonderen Voraussetzungen gerechtfertigt werden (s dazu Rn 342). Eine andere Beurteilung ist auch nicht deshalb geboten, weil die Anwendung des § 138 grundsätzlich zur Nichtigkeit des Geschäfts führt (so aber Becker, Der unfaire Vertrag [2003] 11). Denn die richterliche Modifikation des Vertrages stellt uU einen noch schwereren Eingriff in die Gestaltungsfreiheit der Parteien dar als die bloße Nichtigkeitsanordnung (zutreffend

ZÖLLNER, Privatrechtsgesellschaft [1996] 41). Im Übrigen hat die Rspr auf der Grundlage des § 138 verschiedene Möglichkeiten entwickelt, um das Verdikt der vollständigen Nichtigkeit aus Gründen der Verhältnismäßigkeit zu vermeiden (vgl dazu AnwK-BGB/ LOOSCHELDERS § 138 Rn 133 ff; STAUDINGER/SACK [2003] § 138 Rn 92 ff). Der Vorrang des § 138 Abs 1 hat zwar zur Folge, dass die Vorschrift auch Fälle betrifft, in denen dem Einzelnen **keine sittlich verwerfliche Gesinnung** angelastet werden kann (krit deshalb ZÖLLNER, Privatrechtsgesellschaft [1996] 28). Dies ist jedoch unbedenklich, weil die sittlich verwerfliche Gesinnung bei § 138 Abs 1 kein notwendiges Element der Sittenwidrigkeit darstellt (AnwK-BGB/LOOSCHELDERS § 138 Rn 93 ff).

Auch wenn das Rechtsgeschäft inhaltlich nicht zu beanstanden ist, kann die Geltendmachung der daraus folgenden Rechte auf Grund der Umstände des Einzelfalls als **unzulässige Rechtsausübung** (s o Rn 214 ff) zu qualifizieren sein. Hier muss daher gegebenenfalls im Wege der **Ausübungskontrolle** (s o Rn 344) zusätzlich auf § 242 zurückgegriffen werden.

cc) Erweiterte Inhaltskontrolle bei gestörter Vertragsparität?
In Rspr und Lit haben sich einige Fallgruppen herausgebildet, in denen der Vertragsmechanismus typischerweise **keine hinreichende Richtigkeitsgewähr** bietet. Hier kommt daher in besonderem Maße eine erweiterte Inhaltskontrolle in Betracht.

(1) Miet- und Arbeitsrecht
Zu nennen sind zunächst einmal solche Fälle, in denen eine Partei **existenziell auf den Vertragsgegenstand angewiesen** ist (vgl SCHMIDT-RIMPLER, in: FS Raiser [1974] 3, 6; M WOLF, Rechtsgeschäftliche Entscheidungsfreiheit und vertraglicher Interessenausgleich [1970] 180). Diese Situation besteht vor allem bei der Wohnraummiete sowie im Arbeitsrecht (vgl LARENZ/WOLF, AT § 42 Rn 20 ff; WELLENHOFER-KLEIN, Strukturell ungleiche Verhandlungsmacht und Inhaltskontrolle von Verträgen, ZIP 1997, 774, 775; speziell zur Wohnraummiete BVerfGE 68, 361, 370; 85, 219, 224; FASTRICH, Richterliche Inhaltskontrolle [1992] 109 ff; LOOSCHELDERS/ROTH JZ 1995, 1034, 1039; zum Arbeitsrecht BVerfGE 98, 365, 395 ff; THÜSING BB 2002, 2666 ff; z Bedeutung dieses Aspekts im Versicherungsvertragsrecht s u Rn 1029). In diesen Bereichen wird der Schutz der schwächeren Partei zwar bereits weitgehend durch zwingendes oder halbzwingendes Recht gewährleistet. Gleichwohl besteht ein besonderes Bedürfnis nach einer inhaltlichen Kontrolle der Verträge.

Im **Arbeitsrecht** hat sich deshalb schon früh eine auf § 242 bzw § 315 Abs 3 gestützte **Angemessenheitskontrolle** entwickelt (vgl MünchKomm/ROTH Rn 435; STAUDINGER/RIEBLE [2004] § 315 Rn 43; FASTRICH, Richterliche Inhaltskontrolle [1992] 159 ff; HEINRICH, Formale Freiheit und materiale Gerechtigkeit [2000] 487 ff; LIEB AcP 178 [1978] 196, 207 ff; BECKER WM 1999, 709, 715; THÜSING BB 2002, 2666 ff). Diese Kontrolle bezog sich vor allem auf Fälle, in denen der Arbeitgeber auf Grund der gestörten Vertragsparität in der Lage war, **vorformulierte Vertragsbedingungen** durchzusetzen, die einseitig seinen Interessen dienten (vgl MünchKomm/BASEDOW § 310 Rn 88; STAUDINGER/J SCHMIDT [1995] Rn 472). Der Rückgriff auf § 242 blieb hier auch nach Inkrafttreten des AGBG notwendig, weil dieses Gesetz auf dem Gebiet des Arbeitsrechts gem § 23 Abs 1 AGBG nicht anwendbar war (zuletzt BAG NZA 2007, 1154, 1157). Nach § 310 Abs 4 S 2 fallen Arbeitsverträge nunmehr unter die **Inhaltskontrolle nach §§ 307 ff** (vgl STAUDINGER/COESTER [2006] § 310 Rn 84 ff; GOTTHARDT, Arbeitsrecht nach der Schuldrechtsreform [2. Aufl 2003] Rn 234; THÜSING, Inhaltskontrolle von Formulararbeitsverträgen nach neuem Recht, BB

2002, 2666, 2667; zur Inhaltskontrolle so auch Rn 343, 374 ff). Die hier auftretenden Probleme sind daher nicht mehr im Rahmen des § 242 zu erörtern. Ausnahmen gelten nur noch für Tarifverträge sowie Betriebs- und Dienstvereinbarungen, auf welche das AGB-Recht gem § 310 Abs 4 S 1 weiter nicht anwendbar ist (s u Rn 481).

471 Auf **Individualvereinbarungen** in Arbeitsverträgen finden die §§ 307 ff zwar ebenfalls keine Anwendung. Eine erweiterte Inhaltskontrolle nach § 242 ist hier aber aus systematischen Gründen idR ausgeschlossen (BAG NZA 2005, 1111, 1116; WOLF/LINDACHER/PFEIFFER/STOFFELS ArbR Rn 42; ROLFS RdA 2006, 353, 354 ff; ROLFS, Die Inhaltskontrolle arbeitsrechtlicher Individual- und Betriebsvereinbarungen, RdA 2006, 349, 351 ff). Eine Ausnahme soll allerdings gelten, wenn sich im Einzelfall eine **strukturelle Störung der Vertragsparität** feststellen lässt. Hiervon ist nach der Rspr des BAG auszugehen, wenn der Inhalt des Vertrages eine Seite (konkret: den Arbeitnehmer) ungewöhnlich belastet und als Interessenausgleich offensichtlich ungeeignet ist (BAG NZA 2005, 1111, 1116; näher dazu u Rn 767).

472 Für **Mietverträge** galt schon vor 2002 die inhaltliche Kontrolle Allgemeiner Geschäftsbedingungen nach §§ 9 ff AGBG. Die Schuldrechtsreform hat insofern zu keinen neueren Entwicklungen geführt. Im Übrigen wird die Vertragsfreiheit im Mietrecht vor allem durch die §§ 134, 138 begrenzt (s dazu STAUDINGER/EMMERICH [2006] Vorbem 114 ff zu § 535). Eine Inhaltskontrolle nach § 242 findet also nicht statt.

(2) Vorformulierte Vertragsbedingungen
473 Eine weitere wichtige Fallgruppe gestörter Vertragsparität sind Verträge unter Verwendung von **vorformulierten Vertragsbedingungen**, insbesondere **Allgemeinen Geschäftsbedingungen** (AGB). Da solche Bedingungen der anderen Partei einseitig auferlegt („gestellt") werden (vgl § 305 Abs 1 S 1), liegt eine „Fremdbestimmung" besonders nahe. Davon abgesehen kann der Wettbewerb hier nicht als „Garant" für einen angemessenen Vertragsinhalt (s o Rn 458) angesehen werden, weil die andere Partei die Tragweite der einzelnen Klauseln oft nur schwer abschätzen und den Verwender idR auch nicht zu einer abweichenden Individualvereinbarung bewegen kann (vgl MünchKomm/BASEDOW Vor § 305 Rn 4 ff; STAUDINGER/J SCHMIDT [1995] Rn 462; COESTER-WALTJEN AcP 190 [1990] 1, 23 ff; FASTRICH, Richterliche Inhaltskontrolle [1992] 229 ff; WACKERBARTH AcP 200 [2000] 45, 68 ff). Da der Vertragsmechanismus bei der Verwendung von AGB in besonderem Maße gestört ist, ist eine **erweiterte Inhaltskontrolle am Maßstab von Treu und Glauben** gerechtfertigt. Vor Inkrafttreten des AGBG hatte die Rspr diese Inhaltskontrolle auf der Grundlage des § 242 verwirklicht. Nach geltendem Recht gehen die §§ 307 ff jedoch vor (s o Rn 374 f). Eine **Ausübungskontrolle** nach § 242 bleibt daneben allerdings möglich (vgl dazu bereits o Rn 344). Im Übrigen gibt es einige Gebiete, in denen die §§ 307 ff nicht anwendbar sind (s o Rn 374 ff). Hier stellt sich daher die Frage, ob die Inhaltskontrolle auf § 242 gestützt werden kann.

(a) Deklaratorische Klauseln, Leistungsbeschreibungen und Preisvereinbarungen
474 Nach § 307 Abs 3 S 1 (§ 8 AGBG) sind deklaratorische Klauseln sowie formularmäßige Vereinbarungen über den **Gegenstand der Leistung** und die **Höhe der Gegenleistung** grundsätzlich von der AGB-Kontrolle nach §§ 307 ff (§§ 9 ff AGBG) ausgeschlossen (z den Einzelheiten ERMAN/ROLOFF § 307 Rn 38 ff; MünchKomm/KIENINGER § 307 Rn 6 ff; speziell zur Kontrolle von AVB PRÖLSS/MARTIN/PRÖLSS VVG [27. Aufl 2004] Vor-

bem I Rn 45 ff); eine Ausnahme gilt nach § 307 Abs 3 S 2 iVm § 307 Abs 1 S 1 nur für Verstöße gegen das Transparenzgebot (dazu MünchKomm/BASEDOW § 307 Rn 20; WOLF, in: WOLF/LINDACHER/PFEIFFER § 307 Rn 289, 305). In der Lit wird teilweise die Auffassung vertreten, dass solche Klauseln außerdem noch einer **Inhaltskontrolle nach § 242** zu unterziehen sind (so STAUDINGER/J SCHMIDT [1995] Rn 286; STAUDINGER/COESTER [2006] § 307 Rn 35; SOERGEL/TEICHMANN Rn 126 aE; GRABA, in: SCHLOSSER/COESTER-WALTJEN/GRABA AGBG § 9 Rn 12). Dem steht aber entgegen, dass die dem § 307 Abs 3 S 1 zugrunde liegenden Erwägungen auch den Rückgriff auf § 242 ausschließen.

Die grundsätzliche Unanwendbarkeit der §§ 307 ff auf Klauseln über das **Preis-/Lei- 475 stungsverhältnis** beruht auf dem Gedanken, dass es in diesem Bereich **keinen rechtlichen Maßstab zur Kontrolle der Angemessenheit** gibt (STAUDINGER/COESTER [2006] § 307 Rn 284). Davon abgesehen sollen der Gegenstand der Leistung und die Höhe der Gegenleistung als Kernbereich der verfassungsrechtlich gewährleisteten **Vertragsfreiheit** unterhalb der Schwelle des § 138 keiner generellen Kontrolle unterworfen werden (vgl BGH NJW 1991, 832, 833; PALANDT/GRÜNEBERG § 307 Rn 54). Diese Zwecke darf man nicht durch Rückgriff auf den allgemeinen Grundsatz von Treu und Glauben unterlaufen (so auch BGH NJW 1991, 832, 833 zu § 315). In engen Grenzen kann allerdings auf § 315 Abs 3 zurückgegriffen werden (vgl MünchKomm/ROTH Rn 427).

Mit dem grundsätzlichen Ausschluss der §§ 307 ff bei **deklaratorischen Klauseln** will 476 der Gesetzgeber verhindern, dass andere gesetzliche Vorschriften einer mittelbaren richterlichen Inhaltskontrolle am Maßstab von Treu und Glauben unterzogen werden (vgl BAMBERGER/ROTH/SCHMIDT § 307 Rn 62; STAUDINGER/COESTER [2006] § 307 Rn 294). Diese Erwägung steht auch der Anwendung des § 242 entgegen.

(b) Vorformulierte Individualverträge
Die Rspr greift häufig auf § 242 zurück, wenn **vorformulierte Vertragsbedingungen** 477 von einem **neutralen Dritten** – namentlich einem Notar – in einen **Individualvertrag** eingeführt werden (vgl MünchKomm/ROTH Rn 436; COESTER-WALTJEN AcP 190 [1990] 1, 11 f). Im Vordergrund steht der **formelhafte Ausschluss der Gewährleistung** beim Erwerb neu errichteter oder noch zu errichtender Eigentumswohnungen und Häuser; hier führt der BGH in stRspr eine Inhaltskontrolle nach § 242 durch (vgl BGH NJW 1984, 2094, 2095; BGH NJW-RR 1986, 1026, 1027; BGHZ 101, 350, 353 ff; 108, 164, 168 ff; BGH NJW 2005, 1115, 1117; NJW-RR 2007, 895, 897; zust zB STAUDINGER/PETERS/JACOBY [2008] § 639 Rn 72 ff; EMMERICH JuS 1988, 311; SCHLOSSER JR 1988, 329; vHOYNINGEN-HUENE, Inhaltskontrolle nach § 9 AGB-Gesetz [1992] Rn 64 ff; vgl u Rn 905). Maßgeblich ist die Erwägung, die „Richtigkeitsgewähr des Vertrags" sei in solchen Fällen typischerweise beeinträchtigt, weil die entsprechenden Klauseln den Anschein der Rechtmäßigkeit, Vollständigkeit und Ausgewogenheit weckten und die Beteiligten sich die damit verbundenen Nachteile deshalb nicht ausreichend bewusst machten (so BGHZ 101, 350, 354 im Anschluss an KRAMER, Nichtausgehandelter Individualvertrag, notariell beurkundeter Vertrag und AGBG, ZHR 146 [1982] 105, 111). Die Freizeichnung wird daher nach § 242 für unwirksam erachtet, wenn sie nicht mit dem Erwerber unter **ausführlicher Belehrung** über die einschneidenden Rechtsfolgen eingehend erörtert wurde (BGHZ 101, 350, 353; BGH NJW 2005, 1115, 1117; NJW-RR 2007, 895, 897; OLG Celle MDR 1997, 1008; OLG Schleswig NJW-RR 1995, 590, 591). In neuerer Zeit hat die Problematik insofern an praktischer Bedeutung verloren, als der Anwendungsbereich des AGB-Rechts bei **Verbraucherverträgen** durch § 310 Abs 3 (§ 24a AGBG) erheblich erweitert worden ist (vgl

Palandt/Grüneberg Vorbem v § 307 Rn 5/6). Nach hM (Palandt/Grüneberg § 310 Rn 16; MünchKomm/Basedow § 310 Rn 58, 64 f) unterliegen damit nicht nur **notarielle Standardverträge**, sondern auch **notarielle Einzelverträge** der Kontrolle nach §§ 307 ff. Außerhalb von Verbraucherverträgen bleibt § 242 für vorformulierte Individualverträge aber weiter anwendbar.

478 Die Rspr zur inhaltlichen Kontrolle notarieller Einzelverträge nach § 242 ist teilweise auf heftige **Kritik** gestoßen (vgl etwa Medicus, Zur gerichtlichen Inhaltskontrolle notarieller Verträge [1989]; Brambring DNotZ 1988, 296; Habersack, Richtigkeitsgewähr notariell beurkundeter Verträge, AcP 189 [1989] 401, 415 ff; Michalski/Römermann, Inhaltskontrolle von Einzelvereinbarungen anhand des AGB-Gesetzes, ZIP 1993, 1434 ff; H Roth, Die Inhaltskontrolle nichtausgehandelter Individualverträge im Privatrechtssystem, BB 1987, 977, 982; Zöllner, Die politische Rolle des Privatrechts, JuS 1988, 329, 333). Die sachliche Rechtfertigung dieser Rspr erscheint in der Tat zweifelhaft. In der Lit wird teilweise auf die wirtschaftliche oder intellektuelle **Unterlegenheit** des Vertragspartners verwiesen (Staudinger/Peters/Jacobi [2008] § 639 Rn 74; ähnlich bereits Lieb AcP 178 [1978] 205 ff). Dieser Ansatz kann aber seit dem Inkrafttreten des § 24a AGBG (§ 310 Abs 3) nicht mehr überzeugen. Denn nach den Wertungen dieser Vorschrift liegt die für eine Ausweitung der AGB-Kontrolle erforderliche Unterlegenheit eben nur im Verhältnis von Verbrauchern und Unternehmern vor. Die Rechtsprechung lässt sich daher sachlich nur mit den **besonderen Gefahren des Gewährleistungsausschlusses bei Immobilien** rechtfertigen. Hinzu kommt das formale Argument, dass der Vertragspartner bei Fehlen einer ausführlichen Belehrung gegenüber **notariell vorformulierten Einzelverträgen** ebenso schutzwürdig ist wie gegenüber AGB. Der Anwendungsbereich der AGB-Kontrolle wird damit über § 242 auf eine Fallgruppe erweitert, bei der eine Inhaltskontrolle nach § 138 Abs 1 auf Grund eines spezifischen Schutzbedürfnisses nicht ausreichend erscheint. Dies erklärt, warum die Angemessenheitskontrolle nach § 242 den gleichen Maßstäben wie die AGB-Kontrolle nach §§ 307 ff folgt (dazu Staudinger/Peters/Jacobi [2008] § 639 Rn 75). In der Lit wird teilweise dafür plädiert, die Inhaltskontrolle nach § 242 auf sämtliche Werkverträge unabhängig von der notariellen Beurkundung zu erstrecken (Staudinger/Peters/Jacobi [2008] § 639 Rn 74). Hiergegen spricht jedoch, dass die besonderen Gefahren des Gewährleistungsausschlusses allein nicht ausreichen, um eine erweiterte Inhaltskontrolle zu rechtfertigen.

(c) Gesellschaftsverträge und Vereinssatzungen

479 Im Gesellschaftsrecht ist die Anwendung der §§ 307 ff gem § 310 Abs 4 ausgeschlossen (vgl MünchKomm/Roth Rn 432). Dies führt bei **Gesellschaftsverträgen von Publikumsgesellschaften** zu Problemen. Nach der Rspr ist der Vertragsmechanismus hier so ineffektiv, dass die Gesellschafter durch eine erweiterte Inhaltskontrolle nach § 242 geschützt werden müssen (BGHZ 64, 238 ff = NJW 1975, 1318; ausf dazu u Rn 970).

480 Die Ausschlussregelung für „Verträge auf dem Gebiet des Gesellschaftsrechts" (§ 310 Abs 4) erfasst auch **Vereinssatzungen** (MünchKomm/Basedow § 310 Rn 80). Diese unterliegen damit ebenfalls nicht der Kontrolle nach §§ 307 ff. Hat der Verein im wirtschaftlichen oder sozialen Bereich eine überragende Rolle, so nimmt die Rspr jedoch auch hier eine **Angemessenheitskontrolle nach Treu und Glauben** (§ 242) vor (vgl BGHZ 105, 306; 128, 93; MünchKomm/Roth Rn 433). Dies gilt sowohl im Verhältnis zu den Mitgliedern des Vereins als auch im Verhältnis zu Dritten (vgl MünchKomm/Basedow § 310 Rn 81; s auch u Rn 975). Auf die Satzung eines **Versicherungsvereins auf Gegenseitigkeit** sind die §§ 307 ff dagegen anwendbar, so weit die darin getroffenen Bestimmungen zumindest auch auf das Versicherungsverhältnis bezogen sind (BGHZ 136, 394; 141, 153; Staudinger/Schlosser [2006] § 310 Rn 79). Eine Inhaltskontrolle nach § 242 ist daher in diesem Bereich nicht erforderlich.

(d) Tarifverträge, Betriebsvereinbarungen, Dienstvereinbarungen
Im Arbeitsrecht erfasst die AGB-Kontrolle nach §§ 307 ff weder Tarifverträge noch Betriebs- oder Dienstvereinbarungen (§ 310 Abs 4). Bei **Tarifverträgen** erklärt sich dies daraus, dass sie mit Rücksicht auf die verfassungsrechtlich garantierte Tarifautonomie (Art 9 Abs 3 GG) keiner gerichtlichen Angemessenheitskontrolle unterliegen sollen (Däubler, in: Däubler/Dorndorf § 310 Rn 25; Staudinger/Coester [2006] § 310 Rn 87). Eine Inhaltskontrolle nach § 242 muss daher ebenfalls ausscheiden. Entsprechende Überlegungen gelten nach Ansicht der Bundesregierung auch für Betriebs- und Dienstvereinbarungen (BT-Drucks 14/6857, 54). Indessen sind **Betriebsvereinbarungen** nach der Rspr des BAG nicht im gleichen Maße wie Tarifverträge der gerichtlichen Inhaltskontrolle entzogen. Das Gericht praktiziert hier vielmehr eine Billigkeitskontrolle (vgl Richardi, Betriebsverfassungsgesetz [11. Aufl 2008] § 77 Rn 117 mwNw; Thüsing BB 2002, 2666, 2669). Gerechtfertigt wird dies mit der Abhängigkeit der Betriebsratsmitglieder als Arbeitnehmer (vgl BAGE 22, 252, 267 = AP Nr 142 zu § 242 Ruhegehalt). Als Maßstab der Billigkeitskontrolle dienten zunächst „Treu und Glauben unter besonderer Berücksichtigung des Vertrauensschutzgedankens" (BAGE 22, 252, 267 = AP Nr 142 zu § 242 BGB Ruhegehalt). In neuerer Zeit werden mit dem Grundsatz der Gleichbehandlung aus § 75 BetrVG und dem Verhältnismäßigkeitsprinzip aber spezifischere Kriterien herangezogen (vgl BAGE 37, 237, 242; BAG AP Nr 17 zu § 77 BetrVG 1972 [unter C II 5]; Däubler, in: Däubler/Dorndorf § 310 Rn 33). Dies zeigt, dass die Billigkeitskontrolle von Betriebsvereinbarungen sich vom Maßstab des § 242 gelöst und zu einer Rechtskontrolle hin entwickelt hat (vgl Richardi § 77 Rn 118; Stoffels, in: Wolf/Lindacher/Pfeiffer Anh zu § 310 ArbR Rn 11). Eine allgemeine Billigkeitskontrolle nach § 242 oder § 315 wäre im Übrigen auch mit den Wertungen des § 310 Abs 4 unvereinbar (Staudinger/Coester [2006] § 310 Rn 88; Rolfs RdA 2006, 349, 354 ff). Zur Inhaltskontrolle von **Dienstvereinbarungen** vgl Däubler, in: Däubler/Dorndorf § 310 Rn 37.

(e) Familien- und Erbrecht
Eine Inhaltskontrolle nach §§ 307 ff scheidet gem § 310 Abs 4 auch im Familien- und Erbrecht aus. In der Lit wird aber teilweise angenommen, dass eine auf § 242 gestützte Inhaltskontrolle auch bei **erbrechtlichen Verträgen** zulässig sei, wenn darin vorformulierte Klauseln verwendet werden (so etwa Ulmer, in: Ulmer/Brandner/Hensen AGB-Recht [10. Aufl 2006] § 310 Rn 46; Staudinger/J Schmidt [1995] Rn 472). Diese Situation kann insbesondere bei Beteiligung eines Notars eintreten (vgl MünchKomm/Basedow § 310 Rn 78). Die Rspr hat sich im Erbrecht bislang mit einer Inhaltskontrolle nach § 138 Abs 1 begnügt (vgl AnwK-BGB/Looschelders § 138 Rn 195 ff; Erman/H Palm § 138 Rn 105 mwNw). Dies steht zwar in einem gewissen Gegensatz zur Kontrolle vorformulierter Individualverträge beim Erwerb von neu errichteten Eigentumswohnungen und Häusern. Der Unterschied besteht aber darin, dass das Interesse an der Verwirklichung eines gerechten Interessenausgleichs im Erbrecht

grundsätzlich hinter der **Testierfreiheit** des Erblassers (Art 14 Abs 1 GG) zurücktreten muss (allg dazu o Rn 456).

483 Die gleiche Problematik wie im Erbrecht kann sich auch bei **familienrechtlichen Verträgen** (insbesondere Eheverträgen) stellen, in welche der Notar vorformulierte Klauseln eingeführt hat. In der Lit wird auch hier eine **Inhaltskontrolle** nach § 242 befürwortet (so ULMER, in: ULMER/BRANDNER/HENSEN AGB-Recht [10. Aufl 2006] § 310 Rn 46; STAUDINGER/J SCHMIDT [1995] Rn 472; für eine generelle Inhaltskontrolle von Eheverträgen nach § 242: SCHWENZER, Vertragsfreiheit im Ehevermögens- und Scheidungsfolgenrecht, AcP 196 [1996] 88, 103). Rspr und hL orientieren sich dagegen zu Recht am Maßstab des § 138 Abs 1 (ausf dazu u Rn 921 f). Neben dem formalen Aspekt der Vorformulierung durch den Notar sind nämlich keine sachlichen Gründe ersichtlich, die eine erweiterte Inhaltskontrolle rechtfertigen. Insbesondere kann dem Schutzbedürfnis des schwächeren Ehepartners im Rahmen des § 138 Abs 1 ausreichend Rechnung getragen werden. § 242 hat daher in diesem Bereich nur bei der **Ausübungskontrolle** Bedeutung.

(3) Verbraucherschutzrecht

484 Der Gedanke der gestörten Vertragsparität liegt darüber hinaus zahlreichen Vorschriften zugrunde, die in neuerer Zeit unter dem Einfluss der europäischen Verbraucherschutzrichtlinien für **Verträge zwischen Verbrauchern** (§ 13) **und Unternehmern** (§ 14) erlassen worden sind (vgl MünchKomm/MICKLITZ Vor §§ 13, 14 Rn 68 ff; DREXL, Die wirtschaftliche Selbstbestimmung des Verbrauchers [1998] 282 ff; ders, in: SCHLECHTRIEM, Wandlungen des Schuldrechts [2002] 97, 114 ff; HÜBNER AT Rn 607; LARENZ/WOLF, AT § 39 Rn 10 ff; § 42 Rn 25 ff; in der älteren Lit: LIEB AcP 178 [1978] 196, 202 ff; DAUNER-LIEB, Verbraucherschutz durch Ausbildung eines Sonderprivatrechts für Verbraucher [1983] 66 f). Die **Inhaltskontrolle** von Verträgen hat in diesem Bereich indes keine über das AGB-Recht hinausgehende Bedeutung; der Schutz des Verbrauchers wird lediglich durch § 310 Abs 3 verstärkt. Im Übrigen wird die Entscheidungsfreiheit des Verbrauchers durch **Widerrufsrechte** geschützt (vgl §§ 312, 312d, 485, 495). Daneben gibt es zahlreiche **zwingende oder halbzwingende Vorschriften**, welche die Privatautonomie zum Schutz des Verbrauchers begrenzen (vgl insbes §§ 312e, 475, 487, 506, 655e).

(4) Störung der Vertragsparität im Einzelfall

485 Soweit diese gesetzlich anerkannten Fallgruppen nicht einschlägig sind, muss die Störung der Vertragsparität auf der Grundlage **sämtlicher Umstände des Einzelfalls** festgestellt werden (vgl LARENZ/WOLF, AT § 42 Rn 16; LOOSCHELDERS, Schuldrecht AT Rn 57). Praktische Bedeutung hat dies vor allem bei **Bürgschaften naher Familienangehöriger** sowie bei **Eheverträgen** (s o Rn 460). Ob die Inhaltskontrolle in diesen Fällen nach § 138 Abs 1 oder nach § 242 zu erfolgen hat, ist umstritten (vgl MünchKomm/ ROTH Rn 116 f; BECKER, Der unfaire Vertrag [2003] 11). Das BVerfG hat die Frage bewusst offen gelassen (BVerfGE 89, 214, 229 ff). Der BGH stellt in beiden Bereichen auf § 138 Abs 1 ab (vgl zur Bürgschaft u Rn 842; zu den Eheverträgen Rn 921). Bei Eheverträgen wird darüber hinaus aber auch eine **Ausübungskontrolle** nach § 242 vorgenommen. Dieser zweistufigen Konzeption ist zuzustimmen. Die Anwendung des § 138 Abs 1 gewährleistet, dass die Kontrolle des **Vertragsinhalts** auf das notwendige Maß begrenzt bleibt (s o Rn 368 f). Durch den ergänzenden Rückgriff auf § 242 wird gleichzeitig sichergestellt, dass es nicht im Einzelfall auf Grund besonderer Umstände zu unangemessenen **Ergebnissen** kommt.

(5) Fazit
Außerhalb des Anwendungsbereichs der §§ 307 ff richtet sich die **inhaltliche Kon-** 486
trolle von Rechtsgeschäften grundsätzlich nicht nach § 242, sondern nach § 138
Abs 1. Eine Ausnahme gilt nur für den Fall, dass ein vorformulierter notarieller
Vertrag über den Erwerb neu errichteter Häuser oder Eigentumswohnungen einen
Gewährleistungsaussschluss vorsieht. Die §§ 307 ff greifen hier nur ein, wenn es sich
um einen Verbrauchervertrag handelt; im Übrigen kommt eine Inhaltskontrolle
nach § 242 in Betracht. In allen anderen Fällen der gestörten Vertragsparität beschränkt sich die Funktion des § 242 auf die Verhinderung **unzulässiger Rechtsausübung.**

dd) Zusammenspiel von § 134 und § 242
(1) Einschränkung der Nichtigkeitsfolge
Ist ein Rechtsgeschäft wegen eines Gesetzesverstoßes nach § 134 nichtig, so stellt 487
sich die Frage, ob die Beteiligten unter dem Aspekt des § 242 gehindert sein können, sich auf die Nichtigkeit zu berufen. Die Rspr hat diese Frage zunächst verneint
(vgl OLG Hamburg MDR 1962, 213). In der Entscheidung vom 23. 9. 1982 hat der BGH
jedoch klargestellt, dass „der das gesamte Rechtsleben beherrschende Grundsatz
von Treu und Glauben" auch im Rahmen von Rechtsgeschäften gilt, die nach
§ 134 nichtig sind; „in besonders gelagerten Ausnahmefällen" könne die Berufung
auf die Nichtigkeit eine **unzulässige Rechtsausübung** darstellen (BGHZ 85, 39, 48 =
BGH NJW 1983, 109 – Schwarzarbeit; krit TIEDTKE, Baubetreuungsvertrag und Schwarzarbeit,
NJW 1983, 713; KÖHLER Anm JR 1983, 106). Dies entspricht heute der hM (vgl BGHZ
111, 308, 311 – Schwarzarbeit; 118, 182, 191 = NJW 1992, 2557, 2559; OLG Frankfurt/M NJW-
RR 1991, 243, 245 – Kontaktanzeigen –; BGH NJW-RR 2008, 1050; NJW-RR 2008, 1051 – Ohne
Rechnung-Abrede –; AnwK-BGB/LOOSCHELDERS § 134 Rn 79; ERMAN/HOHLOCH Rn 22; PALANDT/ELLENBERGER § 134 Rn 13; SOERGEL/HEFERMEHL § 134 Rn 30; STAUDINGER/SACK [2003]
§ 134 Rn 188; BOSCH NJOZ 2008, 3044, 3054; aA JAUERNIG/JAUERNIG § 134 Rn 17; MünchKomm/
ARMBRÜSTER § 134 Rn 112). Wie die besonders gelagerten Ausnahmefälle beschaffen
sein müssen, um einen Rückgriff auf § 242 zu rechtfertigen, ist aber bislang ungeklärt.

Bei der Anwendung des § 242 im Rahmen von § 134 ist zu beachten, dass ein Ge- 488
setzesverstoß nach dieser Vorschrift – anders als etwa ein Formverstoß nach § 125 –
keineswegs notwendig zur Nichtigkeit des Rechtsgeschäfts führt; entscheidend ist
vielmehr, ob **Sinn und Zweck der verletzten Rechtsnorm** den Eintritt der Nichtigkeitsfolge gebieten (vgl MünchKomm/ARMBRÜSTER § 134 Rn 103 ff). Da dies auf der
Grundlage einer umfassenden **Interessenabwägung** beurteilt werden muss (dazu
AnwK-BGB/LOOSCHELDERS § 134 Rn 58 ff), bleibt für die ergänzende Anwendung des
§ 242 kaum Raum. Sind Erwägungen der Einzelfallgerechtigkeit nach dem Zweck
der Norm irrelevant, so darf diese Wertung nicht etwa mit Hilfe von § 242 überspielt werden. Auch dem Gedanken des **Vertrauensschutzes** kann in diesem Zusammenhang keine große Bedeutung zukommen (hierauf abstellend aber BGHZ 118, 182,
192). Denn das Vertrauen auf die Wirksamkeit eines gesetzwidrigen Rechtsgeschäfts
ist grundsätzlich nicht schutzwürdig (so zutreffend MünchKomm/ARMBRÜSTER § 134
Rn 112).

Ein Rückgriff auf § 242 kommt damit nur in Betracht, wenn die Nichtigkeitsfolgen 489
im Einzelfall eine Partei entgegen dem Schutzzweck der verletzten Norm **unerträg-**

lich benachteiligen (vgl BOSCH NJOZ 2008, 3044, 3054). Diese Situation kann etwa bei Verträgen über **Schwarzarbeit** eintreten (vgl BGHZ 85, 39, 49; 111, 308, 313). Die Zwecksetzung des SchwarzArbG gebietet es zwar, die entsprechenden Verträge für nichtig zu erachten. Hat der Schwarzarbeiter aber seine Leistung bereits erbracht, so widerspräche es der Billigkeit, den Auftraggeber von jeder Entgeltpflicht freizustellen. Zur Verwirklichung eines angemessenen Interessenausgleichs ist es hier freilich nicht erforderlich, den vertraglichen Gegenleistungsanspruch mit Rücksicht auf § 242 aufrechtzuerhalten. Es genügt vielmehr, dem Schwarzarbeiter einen **bereicherungsrechtlichen Wertersatzanspruch** (§ 818 Abs 2) zuzubilligen und dem Auftraggeber nach § 242 die Berufung auf den Ausschlusstatbestand des § 817 S 2 zu versagen (BGHZ 111, 308, 312 f; AnwK-BGB/LOOSCHELDERS § 134 Rn 115 ff). Zur Interessenlage bei „**Ohne-Rechnung-Abreden**" im Werkvertragsrecht s u Rn 843.

490 Eine großzügigere Handhabung des § 242 ist geboten, wenn die **Gesetzwidrigkeit nachträglich entfällt**. Das nach § 134 nichtige Rechtsgeschäft wird in diesem Fall zwar nicht automatisch „geheilt" (AnwK-BGB/LOOSCHELDERS § 134 Rn 54; STAUDINGER/ SACK [2003] § 134 Rn 56). Die Geltendmachung der Nichtigkeit kann aber rechtsmissbräuchlich sein.

(2) Rückgriff auf § 242 bei Wirksamkeit des Rechtsgeschäfts
491 Führt der Gesetzesverstoß nach dem Zweck des verletzten Gesetzes nicht zur Nichtigkeit des Rechtsgeschäfts, so kann die Geltendmachung der aus dem Geschäft folgenden Ansprüche und Rechte im Einzelfall doch nach § 242 wegen unzulässiger Rechtsausübung ausgeschlossen sein (s o Rn 222 ff). Da § 134 die strengeren Voraussetzungen aufstellt, stellen sich dabei im Allgemeinen keine spezifischen Konkurrenzprobleme. Eine Ausnahme kommt allerdings in Betracht, wenn die Nichtigkeit daran scheitert, dass das **Verbotsgesetz** erst **nach Vornahme des Rechtsgeschäfts in Kraft getreten** ist. Soweit das Gesetz keine Rückwirkung entfaltet, wird das Rechtsgeschäft grundsätzlich nicht im Nachhinein gem § 134 nichtig (MünchKomm/ARMBRÜSTER § 134 Rn 20; PALANDT/GRÜNEBRG § 134 Rn 12a; STAUDINGER/SACK [2003] § 134 Rn 55; AnwK-BGB/LOOSCHELDERS § 134 Rn 52; zu den Besonderheiten bei Dauerschuldverhältnissen BGH NVwZ 2003, 1140, 1142 = NJW 2003, 3055 [LS]: Nichtigkeit ex nunc). Im Einzelfall können die Wertungen des Verbotsgesetzes jedoch herangezogen werden, um den Verstoß gegen Treu und Glauben zu begründen. Denn die Ausübungskontrolle nach § 242 bezieht sich allein auf die Frage, ob die Geltendmachung des Rechts nach den **aktuell gültigen Maßstäben** mit Treu und Glauben vereinbar ist.

ee) Zusammenspiel von § 138 und § 242
492 Im Verhältnis des § 242 zu § 138 können die gleichen Probleme auftreten wie im Verhältnis zu § 134. Damit sind auch hier **zwei Fragenkreise** zu unterscheiden.

(1) Einschränkung der Nichtigkeitsfolge
(a) Grundlagen
493 Die hM geht davon aus, dass eine Partei im Einzelfall nach § 242 gehindert sein kann, die Sittenwidrigkeit (und damit Nichtigkeit) eines Rechtsgeschäfts nach § 138 geltend zu machen (vgl BGH NJW 1981, 1439, 1440; NJW 1986, 2944, 2945; PALANDT/ELLENBERGER § 138 Rn 21; STAUDINGER/SACK [2003] § 138 Rn 156 ff; aA RGZ 150, 181, 186; 160, 52, 56; JAUERNIG/JAUERNIG § 138 Rn 27; MünchKomm/ARMBRÜSTER § 138 Rn 155; STAUDINGER/ J SCHMIDT [1995] Rn 480). Ebenso wie bei § 134 wird diese Möglichkeit jedoch auf

„besonders gelagerte Ausnahmefälle" beschränkt (so BGH NJW 1981, 1439, 1440). Maßgeblich ist die Erwägung, dass sittenwidrige Geschäfte nicht auf dem Umweg über § 242 wirksam werden dürfen. Eine Aufrechterhaltung des Rechtsgeschäfts für die Zukunft soll deshalb von vornherein ausscheiden (BGH aaO).

Gegen die Einschränkung der Nichtigkeitsfolge des § 138 über § 242 wird eingewandt, dass die Sittenwidrigkeit als **Einwendung** von Amts wegen zu beachten sei. Die Geltendmachung der Sittenwidrigkeit könne daher nicht treuwidrig sein (vgl BAG NJW 1976, 1758, 1759; MünchKomm/ARMBRÜSTER § 138 Rn 155). Dem ist insofern zuzustimmen, als es bei der Prüfung des § 242 nicht darauf ankommt, ob der Betreffende sich auf die Nichtigkeit des Rechtsgeschäfts beruft; entscheidend ist vielmehr, ob die Nichtigkeit zu Ergebnissen führt, welche der Billigkeit (iSv Individualgerechtigkeit) widersprechen. Es geht also ebenso wie bei § 125 (s o Rn 447) darum, die Unwirksamkeit eines Rechtsgeschäfts mit Rücksicht auf Treu und Glauben zu überwinden und dem Gläubiger auf diese Weise einen an sich nicht gegebenen Anspruch zu gewähren (allg dazu o Rn 217 ff). **494**

Nach allgemeinen Grundsätzen (s o Rn 334 ff) scheidet ein Rückgriff auf § 242 im Anwendungsbereich anderer Normen aus, wenn die für deren unveränderte Anwendung sprechenden Belange dem Interesse an einer gerechten Einzelfallentscheidung vorgehen. Im Verhältnis zu § 138 hat J SCHMIDT einen solchen Ausschluss des § 242 generell bejaht, weil die Nichtigkeitsanordnung bei Sittenwidrigkeit nicht allein individuellen Interessen diene, sondern in erster Linie die **öffentliche Ordnung** schützen solle; dieser Zweck dürfe nicht dadurch vereitelt werden, dass man das Rechtsgeschäft unter Berufung auf Individualinteressen aufrechterhalte (STAUDINGER/J SCHMIDT [1995] Rn 480). Die **individuellen Interessen** des Benachteiligten haben jedoch auch bei § 138 eigenständige Bedeutung (vgl AnwK-BGB/LOOSCHELDERS § 138 Rn 4). Dies zeigt nicht zuletzt die Rspr des BVerfG zur verfassungsrechtlichen Notwendigkeit eines Schutzes der strukturell schwächeren Partei (BVerfGE 89, 214, 229 ff), die von den Zivilgerichten auf der Grundlage des § 138 Abs 1 umgesetzt wird (s o Rn 367). Man muss daher unterscheiden: Verletzt das sittenwidrige Rechtsgeschäft öffentliche Interessen oder Interessen Dritter, kann die Nichtigkeitsfolge nicht nach § 242 eingeschränkt werden (s o Rn 225). Steht der Schutz des Benachteiligten im Vordergrund, so kommt ein Rückgriff auf § 242 in Betracht. Da die Nichtigkeitsfolge auch hier auf einem **gesteigerten Unwerturteil** beruht, müssen die für die Außerachtlassung der Nichtigkeit streitenden Gründe aber besonders schwerwiegend sein. Außerdem ist zu prüfen, ob die Einzelfallgerechtigkeit nicht schon durch sachgemäße Anwendung der §§ 817–820, 823 ff gewährleistet werden kann (vgl STAUDINGER/J SCHMIDT [1995] Rn 480). **495**

(b) Fallgruppen
Unter welchen Voraussetzungen § 242 im Rahmen des § 138 ausnahmsweise zur Einschränkung der Nichtigkeitsfolge herangezogen werden kann, hat der BGH bislang nicht allgemein umschrieben. Es lassen sich jedoch einige Fallgruppen unterscheiden, in denen die Rspr den Rückgriff auf § 242 zugelassen hat. **496**

(aa) Einseitige Sittenverstöße
Den wichtigsten Anwendungsbereich hat § 242 bei **einseitigen Sittenverstößen**. Dem Grundsatz nach ist anerkannt, dass die Nichtigkeit auch von dem selbst sittenwidrig **497**

handelnden Vertragsteil geltend gemacht werden kann (vgl RGZ 150, 181, 186; 160, 52, 56; BGHZ 27, 172, 180; 60, 102, 105; BAG NJW 1976, 1959; SOERGEL/HEFERMEHL § 138 Rn 61). Eine Ausnahme soll aber für den Fall gelten, dass dieser dadurch einen ungerechtfertigten Vorteil zu Lasten des anderen Teils erlangen würde (so BGH Betrieb 1957, 843; BGH WM 1957, 1118, 1121 und 1155, 1158; 1972, 486, 488; PALANDT/ELLENBERGER § 138 Rn 21; BGB-RGRK/KRÜGER-NIELAND/ZÖLLER § 138 Rn 40; STAUDINGER/SACK [2003] § 138 Rn 157; aA MünchKomm/ARMBRÜSTER § 138 Rn 155; STAUDINGER/DILCHER¹² § 138 Rn 107). Zur Begründung wird ausgeführt, die Nichtigkeit diene vor allem dem Schutz des redlichen Teils (so schon vTUHR, AT II 2 § 70 IV, bes Fn 136; in neuerer Zeit vor allem SOERGEL/ HEFERMEHL § 138 Rn 61). Dem ist iE zuzustimmen. Aus methodischer Sicht muss aber vorrangig geprüft werden, ob sich diese Fälle nicht bereits über eine **teleologische Reduktion der Nichtigkeitsfolge des § 138** lösen lassen (vgl AnwK-BGB/LOOSCHELDERS § 138 Rn 20; z Verhältnis zwischen § 242 und teleologischer Reduktion s o Rn 346). Denn die Anwendung einer Vorschrift darf nicht zu einem Ergebnis führen, das ihrem Schutzzweck geradezu widerspricht (vgl allg LOOSCHELDERS/ROTH Juristische Methodik 261 ff).

(bb) Beiderseitige Sittenverstöße

498 Bei **beiderseitigen Sittenverstößen** ist die hM mit dem Rückgriff auf § 242 noch zurückhaltender (vgl BGH NJW 1986, 2944, 2945; SOERGEL/HEFERMEHL § 138 Rn 61; PWW/AHRENS § 138 Rn 7; gegen Anwendung des § 242 in diesen Fällen BGB-RGRK/KRÜGER-NIELAND/ ZÖLLER § 138 Rn 40). Eine Ausnahme wird aber für den Fall erwogen, dass jemand die **Vorteile eines nichtigen Geschäfts in Anspruch nimmt** und sich auf dessen Nichtigkeit erst dann beruft, wenn er seine Gegenleistung erbringen soll. Die Rspr hat hier Erfüllungsansprüche bejaht (vgl BGH NJW 1981, 1439, 1440 – Vorführung pornographischer Filme; OLG Celle BB 1968, 642, 643 – Bierlieferung); die Lit ist dem zum Teil gefolgt (BAMBERGER/ROTH/WENDTLAND § 138 Rn 31; STAUDINGER/SACK [2003] § 138 Rn 157; vgl auch DRESSEL und WITTMANN in Anm zu OLG Celle BB 1968, 643). Andere Autoren wollen § 242 dagegen nur anwenden, wenn die eine Partei von vornherein darauf aus war, zunächst „die Vorteile einzuheimsen und sich dann auf die Nichtigkeit zu berufen" (so SOERGEL/HEFERMEHL § 138 Rn 61). Der Sache nach besteht eine deutliche Parallele zu den Schwarzarbeitsfällen bei § 134 (s o Rn 364). In beiden Fallgruppen ist es nicht erforderlich, den Vertrag zur Vermeidung unangemessener Ergebnisse aufrechtzuerhalten. Es genügt vielmehr, dem Leistenden einen **Wertersatzanspruch nach § 818 Abs 2** zuzubilligen und die **Sperre des § 817 S 2** zu Lasten der treuwidrig handelnden Partei **auszuschalten** (AnwK-BGB/LOOSCHELDERS § 138 Rn 21).

(cc) Wegfall der Sittenwidrigkeit nach Vornahme des Rechtsgeschäfts

499 Nach hM kann § 242 schließlich anwendbar sein, wenn die Sittenwidrigkeit auf Grund einer Änderung der tatsächlichen Verhältnisse oder der Wertanschauungen nach Vornahme des Rechtsgeschäfts entfallen ist (vgl STAUDINGER/SACK [2003] § 138 Rn 85; PWW/AHRENS § 138 Rn 7; SCHMOECKEL AcP 197 [1997] 1, 23). Dieser Auffassung ist für den Fall einer **Änderung der tatsächlichen Verhältnisse** zu folgen. Bei einer **Änderung der Wertanschauungen** erscheint es dagegen zumindest im Hinblick auf **letztwillige Verfügungen** vorzugswürdig, den neuen Maßstab schon bei der Entscheidung über die Sittenwidrigkeit zu berücksichtigen (so auch ERMAN/H PALM § 138 Rn 60; BAMBERGER/ROTH/WENDTLAND § 138 Rn 28; MünchKomm/ARMBRÜSTER § 138 Rn 137; PWW/AHRENS § 138 Rn 39; SOERGEL/HEFERMEHL § 138 Rn 44; HÜBNER AT Rn 895; ausf z Ganzen AnwK-BGB/

Titel 1 § 242
Verpflichtung zur Leistung 500–504

LOOSCHELDERS § 138 Rn 122 ff; MAYER-MALY JZ 1981, 801 ff, vgl ferner u Rn 500 ff). Ein Rückgriff auf § 242 ist damit entbehrlich.

(2) Anwendung des § 242 bei Wirksamkeit des Rechtsgeschäfts
Ist das Rechtsgeschäft nicht nach § 138 nichtig, so kann die Geltendmachung der **500** daraus folgenden Rechte im Einzelfall immer noch nach § 242 als unzulässige Rechtsausübung (s o Rn 369) anzusehen sein. Insoweit kann auf die allgemeinen Überlegungen zum Verhältnis von **Wirksamkeits-** und **Ausübungskontrolle** (s o Rn 370) verwiesen werden.

Spezifische Fragen des Zusammenwirkens von § 138 und § 242 stellen sich, wenn **501** die **Sittenwidrigkeit** nicht schon im Zeitpunkt des Vertragsschlusses, sondern erst **im Zeitpunkt der Erfüllung des Vertrages** gegeben ist. Die hM stellt in diesen Fällen bei der Beurteilung der Sittenwidrigkeit auf die Vornahme des Rechtsgeschäfts ab. Führt eine Änderung der tatsächlichen Verhältnisse oder der Wertanschauungen dazu, dass das Rechtsgeschäft im Zeitpunkt der Erfüllung als sittenwidrig anzusehen ist, so soll der Schuldner dem Erfüllungsanspruch des Gläubigers jedoch den Einwand der unzulässigen Rechtsausübung entgegensetzen können (vgl BGH NJW 1983, 2692; NJW 1996, 990, 991; ERMAN/H PALM § 138 Rn 59; MünchKomm/ARMBRÜSTER § 138 Rn 136, 138; PALANDT/ELLENBERGER § 138 Rn 9 f; PWW/AHRENS § 138 Rn 37; SOERGEL/HEFERMEHL § 138 Rn 40 ff; STAUDINGER/SACK [2003] § 138 Rn 80, 82; LARENZ/WOLF, AT § 41 Rn 28; aA STAUDINGER/DILCHER[12] § 138 Rn 19; PAWLOWSKI AT Rn 499b; BUNTE, Rechtsanwendungsprobleme im Bereich des Konsumentenkredits, NJW 1985, 705, 706 [Nichtigkeit]; s ferner o Rn 373).

Mit Blick auf den **Wandel der Wertanschauungen** hat J SCHMIDT dieser Konzeption **502** entschieden widersprochen. Maßgeblich ist die Erwägung, dass der Bereich der Sittenwidrigkeit ganz überwiegend zum deutschen **ordre public** gehört. Im Rahmen des § 138 sei es daher auf Grund überwiegender öffentlicher Interessen geboten, die im Zeitpunkt der Entscheidung geltenden Maßstäbe anzuwenden. Der Rückgriff auf § 242 liege somit „völlig neben der Sache" (STAUDINGER/J SCHMIDT [1995] Rn 476).

Gegen eine **generelle** Berücksichtigung des Wertungswandels zu Lasten der Wirk- **503** samkeit von Rechtsgeschäften spricht der Gedanke des **Vertrauensschutzes**. Ist ein Rechtsgeschäft im Zeitpunkt seiner Vornahme wirksam, so darf seine Gültigkeit im Nachhinein grundsätzlich nicht wieder in Frage gestellt werden (vgl BGH NJW 1983, 2692; AnwK-BGB/LOOSCHELDERS § 138 Rn 125; PWW/AHRENS § 138 Rn 37; MAYER-MALY JZ 1981, 801, 804; STAUDINGER/SACK [2003] § 138 Rn 82; SCHMOECKEL AcP 197 [1997] 1, 41 ff). Etwas anderes lässt sich auch nicht mit dem Hinweis auf „überwiegende öffentliche Interessen" rechtfertigen. Denn der Gedanke des Vertrauensschutzes gehört zu den wesentlichen Grundsätzen des deutschen Rechts (vgl Art 20 Abs 3 GG) und ist gegenüber den anderen Elementen des ordre public keineswegs generell nachrangig. Es bleibt damit nur die Möglichkeit, dem Gläubiger **im Einzelfall** die Geltendmachung der aus dem Geschäft folgenden Rechte zu verwehren. Hierfür ist § 242 die geeignete Grundlage.

h) Teilnichtigkeit, § 139
aa) Allgemeines
Im Rahmen des § 139 hat die Rspr verschiedene Konstellationen anerkannt, in de- **504**

nen es einer Partei mit Rücksicht auf Treu und Glauben verwehrt sein kann, die **Gesamtnichtigkeit** eines Rechtsgeschäfts **geltend zu machen** (vgl dazu zB RGZ 153, 59; BGH LM Nr 36 zu § 139; BGH WM 1959, 566; BGH NJW 1967, 245; BGH WM 1971, 99; BGHZ 112, 288, 296 = NJW 1991, 105, 107; BGH NJW 1993, 1587, 1589; BGH NJW-RR 1997, 684, 686; OLG Schleswig NJW-RR 2006, 1665, 1667; aus der Lit: ERMAN/H PALM § 139 Rn 35; PALANDT/ ELLENBERGER § 139 Rn 16; MünchKomm/BUSCHE § 139 Rn 35; SOERGEL/HEFERMEHL § 139 Rn 44 ff; STAUDINGER/ROTH [2003] § 139 Rn 89 ff; PWW/AHRENS § 139 Rn 23; LARENZ/WOLF, AT § 45 Rn 33 ff; zu sittenwidrigen Eheverträgen s u Rn 936). In der Lit wird zu Recht darauf hingewiesen, dass die Geltendmachung der Gesamtnichtigkeit als solche nicht zu missbilligen sei (vgl etwa SOERGEL/HEFERMEHL § 139 Rn 45, 47; ausf STAUDINGER/J SCHMIDT [1995] Rn 483). Letztlich handelt es sich dabei aber um eine terminologische Frage. Der Sache nach kommt es allein darauf an, ob die (Gesamt-)Nichtigkeit des Geschäfts Konsequenzen hat, die mit der Einzelfallgerechtigkeit unvereinbar erscheinen (s dazu auch Rn 507 und Rn 510).

505 Die Tragweite des § 242 wird bei § 139 dadurch gemindert, dass die Gesamtnichtigkeit ohnedies nicht eintritt, wenn der wirksame Teil des Rechtsgeschäfts nach dem wirklichen oder hypothetischen Willen der Parteien aufrechterhalten werden soll. In vielen Fällen wird sich daher schon durch eine **sachgemäße Bestimmung des hypothetischen Parteiwillens** eine interessengerechte Lösung finden lassen (ERMAN/ H PALM § 139 Rn 35; vgl auch BGH NJW 1993, 1587, 1588 f). Die partielle Aufrechterhaltung des Rechtsgeschäfts muss freilich dem hypothetischen Willen **beider Parteien** im **Zeitpunkt des Vertragsschlusses** entsprechen (vgl LARENZ/WOLF, AT § 45 Rn 24). Ist anzunehmen, dass (mindestens) eine Partei das Rechtsgeschäft nicht ohne den nichtigen Teil vorgenommen hätte, so ist das ganze Rechtsgeschäft nach § 139 nichtig. Unbillige Ergebnisse lassen sich hier nur auf der Grundlage des § 242 vermeiden.

bb) Die einzelnen Fallgruppen

506 Rspr und Lit haben im Rahmen des § 139 einige Fallgruppen entwickelt, in denen die Geltendmachung der Gesamtnichtigkeit mit Treu und Glauben unvereinbar erscheint.

(1) Irrelevanz des nichtigen Teils bei der Vertragsdurchführung
507 Die erste Fallgruppe ist dadurch gekennzeichnet, dass der nichtige Teil des Rechtsgeschäfts – namentlich eine nichtige Vertragsklausel – **bei der Durchführung des Geschäfts bedeutungslos** blieb (vgl RGZ 153, 59; RG SeuffA 77 Nr 114; BGHZ 112, 288, 296; AnwK-BGB/FAUST § 139 Rn 50; MünchKomm/BUSCHE § 139 Rn 35; SOERGEL/HEFERMEHL § 139 Rn 44 ff; FLUME, AT II § 32, 7; LARENZ/WOLF, AT § 45 Rn 34; PIERER V ESCH, Teilnichtige Rechtsgeschäfte [1968] 90; STEINDORFF, Teilnichtigkeit kartellrechtswidriger Vereinbarungen in der Rechtsprechung des Bundesgerichtshofs, in: FS Hefermehl [1971] 177, 183). Ein praktisches Bsp liefert der sog „Bäckereifall" (RGZ 153, 59): In einem Pachtvertrag wurde dem Pächter ein Vorkaufsrecht eingeräumt und ein nachvertragliches Wettbewerbsverbot auferlegt; die Einräumung des Vorkaufsrechts war wegen Formmangels nichtig. Nachdem die Pachtzeit ohne Eintritt des Vorkaufsfalls abgelaufen war, machte der Pächter geltend, das Wettbewerbsverbot sei wegen der Nichtigkeit des Vorkaufsrechts nach § 139 unwirksam. Nach dem hypothetischen Willen der Parteien **im Zeitpunkt des Vertragsschlusses** ist nicht davon auszugehen, dass der Pächter das Wettbewerbsverbot ohne das Vorkaufsrecht auf sich genommen hätte (**aA** offenbar STEINDORFF 183). Da der Vorkaufsfall aber nicht eingetrat, stand der Pächter

iE nicht schlechter als bei wirksamer Einräumung des Vorkaufsrechts (ähnlich das „Relevanzkriterium" von FLUME, AT II § 32, 8). Er musste sich daher nach Treu und Glauben das Wettbewerbsverbot entgegenhalten lassen.

(2) Ungerechtfertigter Vorteil für eine Partei
In der zweiten Fallgruppe soll durch Anwendung des § 242 verhindert werden, dass eine Partei durch die Gesamtnichtigkeit des Rechtsgeschäfts einen **ungerechtfertigten Vorteil** erlangen würde. Hierher gehört zunächst der Fall, dass die nichtige Vertragsklausel **ausschließlich den Interessen einer Vertragspartei** dient und diese an dem Vertrag festhalten will; hier soll sich die **andere Partei** unter bestimmten Voraussetzungen nicht auf die Nichtigkeit des gesamten Vertrages berufen können (vgl dazu RG JW 1916, 390; RGZ 86, 323, 326; 91, 359 ff; 121, 80, 84; BGH WM 1959, 566; NJW 1967, 245; WM 1971, 99; 1983, 267; ZIP 1985, 668; GRUR 1991, 558, 559; NJW 1993, 1587, 1589; NJW-RR 1997, 684, 686; OLG Schleswig NJW-RR 2006, 1665, 1667; AnwK-BGB/FAUST § 139 Rn 50; MünchKomm/BUSCHE § 139 Rn 33; SOERGEL/HEFERMEHL § 139 Rn 46; PWW/AHRENS § 139 Rn 23; LARENZ/WOLF, AT § 45 Rn 36). Nach der **Rspr des RG** galt § 139 in diesen Fällen allerdings nur, wenn die durch die Klausel nicht begünstigte Vertragspartei sich lediglich ihrer Verpflichtung entziehen wollte, obwohl sie die Gegenleistung bereits erhalten hatte (so RGZ 86, 323, 326; 121, 80, 84; RG JW 1916, 390; deshalb wurde in RGZ 91, 359, 361 die Anwendung des § 242 abgelehnt; zustimmend LARENZ AT [7. Aufl 1989] § 23 IIe). Der **BGH** wendet § 242 dagegen schon dann an, wenn die nichtige Klausel einseitig eine Vertragspartei begünstigt; dass die begünstigte Partei die Gegenleistung bereits erbracht habe, sei nicht erforderlich (BGH NJW 1967, 245; zustimmend ERMAN/H PALM § 139 Rn 35; SOERGEL/HEFERMEHL § 139 Rn 46; FLUME, AT II § 32, 8). Dafür spricht, dass die Nichtigkeit der Klausel die Interessen der nicht begünstigten Partei unberührt lässt. Könnte diese Partei den Gesamtvertrag gleichwohl nach § 139 zu Fall bringen, würde sie einen ungerechtfertigten Vorteil erlangen, weil die Rechtsordnung damit iE dem Fortfall ihres Interesses an den übrigen Vertragsbestimmungen Rechnung tragen würde; ein solches „Reuerecht" kommt aber nicht in Betracht. Da diese Erwägungen unabhängig davon gelten, ob der Begünstigte den Vertrag schon erfüllt hat, kann diesem Umstand keine Bedeutung beigemessen werden.

Eine andere Frage ist, ob die Teilnichtigkeit in den eben beschriebenen Fällen **ipso iure** eintreten soll (so wohl die hM) oder ob der durch die Klausel begünstigten Partei ein **Wahlrecht** (in Form eines Gestaltungsrechts) zuzubilligen ist (so SOERGEL/HEFERMEHL § 139 Rn 46; STAUDINGER/ROTH [2003] § 139 Rn 89; FLUME, AT II § 32, 8; für analoge Anwendung der §§ 108 Abs 2, 177 Abs 2, 1366 Abs 3 AnwK-BGB/FAUST § 139 Rn 50). Für die letztere Auffassung spricht, dass es keinen Grund gibt, einer Partei die Wirksamkeit des Vertrages aufzudrängen, obwohl eine für sie günstige Klausel nichtig ist. Dies gilt umso mehr, als die andere Partei durch das Wahlrecht nicht benachteiligt wird, weil sie bei uneingeschränkter Anwendung des § 139 ohnehin nicht besser stünde (ähnlich FLUME aaO). Für die praktische Rechtsanwendung hat die Frage freilich keine große Bedeutung. Denn auch die hM verlangt, dass die begünstigte Partei an dem Vertrag festhalten will. Da dieser Wille in irgendeiner Form geäußert werden muss, geht es vor allem darum, ob diese Äußerung als – grundsätzlich unwiderrufliche – **Gestaltungserklärung** zu qualifizieren ist, was aus Gründen der Rechtssicherheit vorzugswürdig erscheint. Darüber hinaus sollte die andere Partei die Möglichkeit haben, dem Begünstigten eine angemessene Frist für die Abgabe einer solchen

Erklärung zu setzen. Gibt der Begünstigte innerhalb der Frist keine Erklärung ab, so bleibt es bei der Rechtsfolge des § 139 (so auch SOERGEL/HEFERMEHL § 139 Rn 46).

510 In den eben beschriebenen Fällen ist der Anwendungsbereich des § 242 teilweise dahingehend erweitert worden, dass auch die von der nichtigen Klausel **begünstigte Partei** sich unter bestimmten Voraussetzungen nicht auf die Gesamtnichtigkeit (§ 139) berufen könne (so OLG Frankfurt NJW 1974, 2239; PALANDT/ELLENBERGER § 139 Rn 16). Dem wird zu Recht entgegengehalten, dass niemand unter dem Aspekt des § 242 gehindert werden darf, sich auf die Verschlechterung seiner Rechtsposition zu berufen (so ULMER NJW 1974, 2240; STAUDINGER/J SCHMIDT [1995] Rn 489). Es gibt jedoch auch Ausnahmen. So kann die Gesamtnichtigkeit **unverhältnismäßig** sein, wenn die Nichtigkeit der Klausel den durch sie Begünstigten nur unerheblich belastet, während die andere Partei ihre Leistungen bereits erbracht hat und eine Rückabwicklung nicht möglich ist (vgl ERMAN/H PALM § 139 Rn 35). Die Einschränkung des § 139 beruht auch hier auf dem Gedanken, dass keine Partei durch die Gesamtnichtigkeit einen **ungerechtfertigten Vorteil** erlangen soll. Die durch die nichtige Klausel begünstigte Partei kann sich schließlich auch dann nicht auf die Gesamtnichtigkeit berufen, wenn der andere Teil sich zu einer erneuten – wirksamen – Vereinbarung der in Frage stehenden Klausel bereit erklärt (AnwK-BGB/FAUST § 139 Rn 51; FLUME, AT II § 32, 8).

511 Führt die Anwendung des § 139 zur **Teilnichtigkeit** des Rechtsgeschäfts, so kann ein Rückgriff auf § 242 ebenfalls gerechtfertigt sein. Viel diskutiert wurde in diesem Zusammenhang der Fall, dass ein Rechtsanwalt für seine Tätigkeit ein **Erfolgshonorar** verlangt (vgl LARENZ/WOLF, AT § 45 Rn 39; MEDICUS, AT Rn 515; s auch STAUDINGER/J SCHMIDT [1995] Rn 481). Eine solche Vereinbarung war nach der früher ganz hM gemäß § 138 Abs 1 nichtig (vgl BGHZ 34, 66, 71; 39, 142, 148; 51, 290, 294; BGH NJW 1981, 197, 199; 1992, 681, 682; 1996, 2499, 2500). Nach geltendem Recht kann sich die Nichtigkeit aus § 134 iVm § 49b Abs 2 BRAO ergeben (vgl AnwK-BGB/LOOSCHELDERS § 134 Rn 200 mwNw). Das BVerfG hat das strikte Verbot von Erfolgshonoraren nach § 49b Abs 2 BRAO aF allerdings für **verfassungswidrig** erklärt, so weit es auch für den Fall galt, dass der Mandant ohne die Vereinbarung eines Erfolgshonorars davon abgehalten würde, seine Rechte zu verfolgen (BVerfG NJW 2007, 979). Nach der am 1. 7. 2008 in Kraft getretenen Neufassung des § 49b Abs 2 BRAO ist die Vereinbarung eines Erfolgshonorars nur noch insoweit unzulässig, wie das RVG nichts anderes bestimmt. Eine solche andere Bestimmung findet sich für die vom BVerfG angesprochenen Fälle in § 4a RVG. Sofern eine Gebührenvereinbarung unwirksam ist, führt dies nach der Rspr **nicht** über § 139 zur **Gesamtnichtigkeit des Anwaltvertrages**; dieser wird vielmehr zum Schutz des Mandanten aufrechterhalten (vgl BGHZ 18, 340, 348; BGH JR 1962, 369; OLG München NJW 2002, 3641, 3642). Zur Lückenfüllung kann auf die Sätze des RVG (früher: der BRAGO) abgestellt werden (vgl § 612 Abs 2). Dieses Verständnis wird durch den neuen § 4b RVG bestätigt. Die durch das Gesetz vom 12. 6. 2008 (BGBl I 1000) zum 1. 7. 2008 eingefügte Vorschrift sieht vor, dass der Rechtsanwalt aus einer Vergütungsvereinbarung, die nicht den Anforderungen des § 4a RVG entspricht, **keine höhere als die gesetzliche Vergütung** fordern kann. Sie geht also davon aus, dass dem Rechtsanwalt ein Vergütungsanspruch zusteht. Ob der Rechtsanwalt die gesetzliche Vergütung uneingeschränkt verlangen kann, ist nicht ausdrücklich geregelt. Der BGH hat vor Inkrafttreten des § 4b RVG die Auffassung vertreten, der Rechtsanwalt werde durch § 242 daran gehindert, im

Nachhinein eine erfolgsunabhängige oder eine höhere als die vereinbarte Vergütung zu verlangen. Denn der Mandant habe sich darauf verlassen können, das Honorar nur im Erfolgsfall und nur in einer bestimmten Höhe zahlen zu müssen (BGHZ 18, 340, 348 ff; ähnlich RG SeuffA 77, 181; BGH NJW 1980, 2407; vgl auch LARENZ/WOLF, AT § 45 Rn 39). Hieran ist auf der Grundlage der Neuregelung festzuhalten (vgl Begr BT-Drucks 16/8384, 12; krit MAYER, in: GEROLD/SCHMIDT, RVG [18. Aufl 2008] § 4b Rn 4). Voraussetzung ist aber die Schutzwürdigkeit des Auftraggebers. § 242 greift daher nicht ein, wenn er den Rechtsanwalt durch falsche Angaben über seine wirtschaftlichen Verhältnisse oder die sonstigen für die Möglichkeit einer anderweitigen Rechtsverfolgung relevanten Umstände zum Abschluss der (objektiv unzulässigen) Vereinbarung über das Erfolgshonorar veranlasst hat (vgl TEUBEL, in: MAYER/KROISS, RVG [3. Aufl 2008] § 4b Rn 6).

Vergleichbare Probleme ergeben sich, wenn eine **Vergütungsvereinbarung** nicht den **512** formellen Anforderungen des § 3 a Abs 1 S 1 und 2 RVG genügt, insbesondere **nicht in Textform** (§ 126b) geschlossen worden ist. Nach allgemeinen Grundsätzen wäre eine solche Vereinbarung nach § 125 nichtig. Da der Anwaltvertrag als solcher zum Schutz des Mandanten wirksam bliebe, müsste die Lücke wiederum durch die Gebührensätze des RVG gefüllt werden. § 4b RVG besagt auch für diesen Fall lediglich, dass der Rechtsanwalt **keine höhere** als die gesetzliche Vergütung fordern kann, und bestätigt insoweit die Unwirksamkeit der Vergütungsvereinbarung. Fraglich erscheint allerdings, ob der Rechtsanwalt auch dann einen Anspruch auf die gesetzliche Gebühr hat, wenn die **vereinbarte Vergütung niedriger** wäre. Die hM will den Rechtsanwalt mit Rücksicht auf das **Verbot widersprüchlichen Verhaltens** an der vereinbarten niedrigeren Gebühr festhalten, sofern der Auftraggeber schutzwürdig ist (TEUBEL, in: MAYER/KROISS, RVG [3. Aufl 2008] § 4b Rn 3). Dahinter steht die Erwägung, der mit den Formvorschriften vertraute Rechtsanwalt solle aus der Unwirksamkeit der Vereinbarung keinen Vorteil haben. Zu den gleichen Ergebnissen gelangt man im Allgemeinen, wenn man dem § 4b RVG im **Gegenschluss** entnimmt, dass die Vereinbarung über eine niedrigere Vergütung wirksam bleibt. Ein Rückgriff auf Treu und Glauben wäre hier nur noch erforderlich, wenn der Auftraggeber ausnahmsweise nicht schutzwürdig erscheint. Er wäre dann nämlich nach § 242 gehindert, sich auf die Vereinbarung der niedrigeren Vergütung zu berufen. Für die letztere Lösung spricht, dass sie sich stärker an Sinn und Zweck des § 4b RVG orientiert. Sie macht zudem deutlich, dass die vereinbarte niedrigere Vergütung **im Regelfall** maßgeblich ist und eine höhere gesetzliche Vergütung nur ausnahmsweise verlangt werden kann.

i) **Vertrag, §§ 145–157**
Im Zusammenhang mit den Vorschriften dieses Titels kommt § 242 keine große **513** Bedeutung zu, weil unangemessene Ergebnisse im Allgemeinen schon durch eine **interessengerechte Auslegung** nach §§ 133, 157 (dazu AnwK-BGB/LOOSCHELDERS § 133 Rn 53 ff und § 157 Rn 21 ff) zu vermeiden sind. Eine gewisse Ausnahme gilt im Anwendungsbereich des **§ 154**. Nach dieser Auslegungsregel ist bei einem **offenen Einigungsmangel** im Zweifel davon auszugehen, dass kein Vertrag geschlossen wurde. Nach hM ist die Geltendmachung des Einigungsmangels jedoch rechtsmissbräuchlich, so weit der Betreffende sich nur seiner eigenen Verpflichtung entziehen, die durch die einvernehmliche Ausführung des Vertrages bereits erlangten Vorteile aber behalten will. Dies soll jedenfalls dann gelten, wenn die andere Partei bereit

ist, die offen gebliebenen Punkte im Sinne der bisherigen Vorschläge dessen zu regeln, der sich auf den Einigungsmangel beruft (so BGH MDR 1954, 217 = LM Nr 2 zu § 154; STAUDINGER/BORK [2003] § 154 Rn 10; ERMAN/ARMBRÜSTER § 154 Rn 9; FLUME, AT II § 34, 6e).

514 Der hM ist zuzustimmen. Durch die Mitwirkung an der Durchführung des Vertrages haben beide Parteien zu erkennen gegeben, dass sie den Vertrag grundsätzlich nicht scheitern lassen wollen (FLUME, AT II § 34, 6e). Es erscheint damit **widersprüchlich**, wenn eine Partei sich auf den offenen Einigungsmangel beruft, obwohl sich die andere Partei mit ihren bisherigen Vorschlägen einverstanden erklärt. Dies gilt umso mehr, wenn die andere Partei im **Vertrauen auf das Zustandekommen des Vertrages** Leistungen erbracht hat, deren Rückabwicklung nicht in Betracht kommt. Hier muss verhindert werden, dass eine Partei den offenen Einigungsmangel nutzt, um für sich einen **ungerechtfertigten Vorteil** zu erzielen.

515 Bei der **ergänzenden Vertragsauslegung** besteht in der Rspr eine gewisse Neigung, neben **§ 157** auch § 242 mitzuzitieren (vgl etwa OLG Frankfurt FamRZ 1994, 198). Nach der hier vertretenen Ansicht sind beide Vorschriften jedoch klar voneinander zu unterscheiden (s o Rn 362), damit der nach § 157 maßgebliche **hypothetische Parteiwille** nicht unter Rückgriff auf die objektiven Kriterien des § 242 überspielt wird.

k) Bedingung und Zeitbestimmung, §§ 158–163

516 Im Rahmen der §§ 158–163 ist ein Rekurs auf § 242 im Allgemeinen entbehrlich, weil unangemessene Ergebnisse mit Hilfe des **§ 162 als besonderer Ausprägung des Grundsatzes von Treu und Glauben** (s o Rn 236 und 374) vermieden werden können. Von § 242 unterscheidet sich § 162 durch seine spezifische Rechtsfolgenanordnung: die **Fiktion** des Eintritts bzw Nichteintritts der Bedingung (vgl ERMAN/ARMBRÜSTER § 162 Rn 1). Auf **Rechtsbedingungen** (zB behördliche Genehmigungen) ist § 162 jedenfalls nicht unmittelbar anwendbar. Nach der Rspr kann der Rechtsgedanke des § 162 hier auch „nur ausnahmsweise gem dem allgemeinen Grundsatz von Treu und Glauben (§ 242) herangezogen werden" (BGH NJW 1996, 3338, 3340). Dies bedeutet, dass der Eintritt einer Rechtsbedingung **nicht nach § 162 fingiert** werden kann. Die Parteien sind aber auf Grund des Schuldverhältnisses verpflichtet, nach Treu und Glauben (§ 242) auf die Erfüllung der Rechtsbedingung hinzuwirken (vgl ERMAN/ ARMBRÜSTER § 162 Rn 1; PWW/BRINKMANN § 162 Rn 2; STAUDINGER/BORK [2003] § 162 Rn 14; allg zu solchen Mitwirkungspflichten STAUDINGER/OLZEN § 241 Rn 172 ff).

l) Vertretungsmacht, §§ 164–181
aa) Rechtsscheinvollmacht (Duldungs- und Anscheinsvollmacht)

517 Duldungs- und **Anscheinsvollmacht** wurden früher häufig auf § 242 gestützt (vgl STAUDINGER/DILCHER[12] § 167 Rn 32). Da beide Rechtsinstitute sich inzwischen durch eigenständige Voraussetzungen und Rechtsfolgen von § 242 emanzipiert haben, werden sie in diesem Zusammenhang nicht mehr behandelt (so bereits STAUDINGER/ J SCHMIDT [1995] § 242 Rn 497; ausf zu beiden Instituten STAUDINGER/SCHILKEN [2009] § 167 Rn 28 ff).

bb) Kollusion

518 Im Falle der **Kollusion**, also des einverständlichen und bewussten Zusammenwirkens zwischen dem Vertreter und dem Geschäftsgegner zum Nachteil des Vertretenen, ist das Rechtsgeschäft sittenwidrig und somit schon nach § 138 Abs 1 nichtig (vgl RGZ 9, 148; 58, 356; 145, 311, 315; BGH NJW 1954, 1159; 1966, 1911; BGH WM 1980, 953, 954 f; BGH MDR 1984, 646, 647; BGH NJW 1989, 26, 27; 1999, 2882, 2883; 2000, 2896, 2897; 2002, 1497, 1498; OLG Hamm WM 1984, 1445, 1446; ERMAN/H PALM § 167 Rn 47; JAUERNIG/JAUERNIG § 164 Rn 8; BORK, AT Rn 1575; BROX/WALKER, AT Rn 580; FLUME, AT II § 45 II 3; KÖHLER, AT § 11 Rn 63; LARENZ/WOLF, AT § 46 Rn 143; MEDICUS, AT Rn 966). Auf den Einwand der unzulässigen Rechtsausübung muss daher nicht abgestellt werden. Darüber hinaus haften regelmäßig sowohl der Vertreter als auch der Geschäftsgegner dem Vertretenen auf Schadensersatz nach § 826. Schließlich können dem Vertretenen gegen den Vertreter Ansprüche aus § 280 Abs 1 wegen Verletzung der Pflichten aus dem Innenverhältnis zustehen (s MünchKomm/SCHRAMM § 164 Rn 107; LARENZ/WOLF, AT § 46 Rn 144).

cc) Missbrauch der Vertretungsmacht*
(1) Problemstellung und Meinungsstand

Von der Kollusion abzugrenzen ist der „gewöhnliche" Missbrauch der Vertretungsmacht durch pflichtwidrige Überschreitung der sich aus dem Innenverhältnis ergebenden Grenzen (MünchKomm/SCHRAMM § 164 Rn 106; SOERGEL/LEPTIEN § 177 Rn 15; PWW/FRENSCH § 164 Rn 70 ff). Den Ausgangspunkt der Überlegungen bildet der Grundsatz, dass der **Vertretene** nach der gesetzlichen Wertung das **Risiko eines Vollmachtsmissbrauchs** zu tragen hat (BGHZ 127, 239, 241; BGH NJW-RR 1992, 1135, 1136; NJW 1994, 2082, 2083; 1995, 250, 251; 1999, 2883; MünchKomm/SCHRAMM § 164 Rn 106; 115; LARENZ/WOLF, AT § 46 Rn 139). Die damit verbundene Belastung des Vertretenen wird zum Schutz des redlichen Rechtsverkehrs in Kauf genommen. Deshalb trifft den **Geschäftsgegner** im Hinblick auf den Umfang der Vertretungsmacht grundsätzlich **keine Prüfungspflicht** (s BGH NJW-RR 1992, 1135, 1136; BGH NJW 1994, 2082, 2083; 1995, 250, 251; PALANDT/HEINRICHS § 164 Rn 14; SOERGEL/LEPTIEN § 177 Rn 18). 519

Die einseitige Risikobelastung des Vertretenen wird jedoch durchbrochen, wenn der Geschäftsgegner den Missbrauch der Vertretungsmacht **erkennt** oder der Missbrauch **evident** ist. Dann treten die Interessen des Vertretenen in den Vordergrund. Die Grundsätze über den Missbrauch der Vertretungsmacht schränken somit den 520

---

* **Schrifttum:** DEGGAU, § 174 BGB – eine ungenutzte Vorschrift, JZ 1982, 796; DREXL/MENTZEL, Handelsrechtliche Besonderheiten der Stellvertretung (Teil I), Jura 2002, 289; FROTZ, Verkehrsschutz im Vertretungsrecht (1972) 518; GESSLER, Zum Missbrauch organschaftlicher Vertretungsmacht, in: FS vCaemmerer (1978) 532; HECKELMANN, Mitverschulden des Vertretenen bei Missbrauch der Vertretungsmacht, JZ 1970, 62; HÜBNER, Die Prokura als formalisierter Vertrauensschutz, in: FS Klingmüller (1974) 173; H H JAKOBS, Verfügung eines Nichtberechtigten durch Verfügungsmachtmissbrauch, JZ 2000, 28; JOHN, Der Missbrauch organschaftlicher Vertretungsmacht, in: FS Mühl (1981) 349; KIPP, Zur Lehre von der Vertretung ohne Vertretungsmacht, RG-Praxis II (1929) 273; MERTENS, Die Schranken gesetzlicher Vertretungsmacht im Gesellschaftsrecht, Jura 1970, 466; PAWLOWSKI, Die gewillkürte Stellvertretung, JZ 1996, 125; PETERSEN, Bestand und Umfang der Vertretungsmacht, Jura 2003, 310; PRÖLSS, Vertretung ohne Vertretungsmacht, JuS 1985, 577; K SCHMIDT, Liquidationszweck und Vertretungsmacht der Liquidatoren, AcP 174 (1974) 55; SCHOTT, Der Missbrauch der Vertretungsmacht, AcP 171 (1971) 385; TIETZ, Vertretungsmacht und Vertretungsbefugnis im Recht der BGB-Vollmacht und der Prokura (1990); H P WESTERMANN, Missbrauch der Vertretungsmacht, JA 1981, 521.

Verkehrsschutz ein, der durch die Abstraktion der Vertretungsmacht von dem zugrunde liegenden Innenverhältnis bezweckt wird (so MünchKomm/Schramm § 164 Rn 111; Staudinger/Schilken [2009] § 167 Rn 95; vgl auch Frotz, Verkehrsschutz im Vertretungsrecht [1972] 609, 615 f, 621 f; Flume, AT II § 45 II 3).

521 Im Unterschied zur Anscheins- und Duldungsvollmacht sowie zu den Kollusionsfällen wird der Missbrauch der Vertretungsmacht von **Rspr und hL** bis heute als Anwendungsfall der **unzulässigen Rechtsausübung** (s o Rn 214 ff) nach § 242 angesehen (vgl RGZ 136, 356, 359; 145, 311; BGHZ 50, 112, 114; 113, 315, 320; BGH WM 1976, 658, 659; WM 1981, 66, 67; BGH NJW 1984, 1461, 1462; 1988, 3012, 3013; 1990, 384, 385; NJW-RR 1992, 1135; 1136; NJW 1999, 2883; BAG NJW 1997, 1940, 1942; Baumbach/Hopt § 50 HGB Rn 6; Erman/H Palm § 167 Rn 48; MünchKomm/Schramm § 164 Rn 111, 121; MünchKommHGB/Krebs [2. Aufl 2005] Vor § 48 Rn 69; Palandt/Heinrichs § 164 Rn 14; BGB-RGRK/Steffen § 167 Rn 24; Soergel/Leptien § 177 Rn 15; Canaris, Handelsrecht [24. Aufl 2006] § 12 Rn 40; Larenz/Wolf, AT § 46 Rn 141; H P Westermann, Mißbrauch der Vertretungsmacht, JA 1981, 521, 525). Dies hat zur Folge, dass das Rechtsgeschäft trotz des evidenten Missbrauchs der Vertretungsmacht wirksam ist. Der Geschäftsgegner darf sich aber nach Treu und Glauben nicht auf die Vertretungsmacht des Vertreters berufen. Freilich steht es im Belieben des Vertretenen, das Geschäft trotz des pflichtwidrigen Vertreterhandelns aufrechtzuerhalten, indem er den Einwand der unzulässigen Rechtsausübung nicht erhebt.

522 Demgegenüber vertritt ein beachtlicher Teil der **neueren Lit** die Auffassung, dass den schutzwürdigen Interessen des Vertretenen durch einen **Rückgriff** auf die **Regelungen des Stellvertretungsrechts** (insbes § 177 ff) Rechnung zu tragen ist (vgl AnwK-BGB/Stoffels § 164 Rn 88; Staudinger/Schilken [2009] § 167 Rn 95; Staub/Joost, Großkommentar HGB [5. Aufl 2008] § 50 Rn 51; Bork, AT Rn 1578; Brox/Walker, AT Rn 581; Enneccerus/Nipperdey, BGB AT § 185 I, 5; Flume, AT II § 45 II 3; Hübner, AT Rn 1298; Medicus, AT Rn 967; K Schmidt, Handelsrecht [5. Aufl 1999] § 16 III 4 b aa; ders, Gesellschaftsrecht [4. Aufl 2002] § 10 II 2 d; ders, Liquidationszweck und Vertretungsmacht der Liquidatoren, AcP 174 [1974] 55, 60; H H Jakobs JZ 2000, 28, 30; Pawlowski JZ 1996, 125, 129; Prölss, Vertretung ohne Vertretungsmacht, JuS 1985, 577, 577 f). Danach hält sich der Vertreter in den Fällen des evidenten Missbrauchs gerade nicht im Rahmen seiner Vertretungsmacht. Somit ist ein solches Geschäft nicht von der Vertretungsmacht gedeckt und gem § 177 schwebend unwirksam.

(2) Praktische Konsequenzen

523 Die praktischen Konsequenzen des Meinungsstreits sind gering. Denn die **Voraussetzungen** für die Verlagerung des Missbrauchsrisikos auf den Geschäftsgegner des Vertretenen werden unabhängig von der dogmatischen Einordnung des Problems weitgehend einheitlich beurteilt (zu den einzelnen Voraussetzungen s Staudinger/Schilken [2004] § 167 Rn 91 ff).

524 Für die **Rechtsfolgen** sind die unterschiedlichen Begründungen ebenfalls nicht entscheidend. Geht man mit der neueren Lit davon aus, dass der Vertreter bei einem evidenten oder dem Geschäftsgegner bekannten Missbrauch der Vertretungsmacht die Stellung eines **falsus procurator** hat, sind die **§§ 177 ff unmittelbar anwendbar** (vgl AnwK-BGB/Stoffels § 164 Rn 88; Flume, AT II § 45 II 3; Brox AT Rn 581; K Schmidt, Handelsrecht [5. Aufl 1999] § 16 III 4 b aa; ders, Gesellschaftsrecht [4. Aufl 2002] § 10 II 2 d; Medicus,

AT Rn 967). Stellt man mit der hM auf § 242 ab, scheidet ein unmittelbarer Rückgriff auf die §§ 177 ff zwar aus; möglich ist aber eine **Analogie** (vgl ERMAN/H PALM § 167 Rn 50; MünchKomm/SCHRAMM § 164 Rn 111, 121; PWW/FRENSCH § 164 Rn 72; Münch-KommHGB/KREBS [2. Aufl 2005] Vorbem 70 zu § 48; BGB-RGRK/STEFFEN § 177 Rn 2; SOERGEL/LEPTIEN § 177 Rn 15; CANARIS, Handelsrecht [24. Aufl 2006] § 12 Rn 41; LARENZ/WOLF, AT § 46 Rn 141; ausf zum Ganzen STAUDINGER/SCHILKEN [2004] § 167 Rn 100 ff).

Sofern der Vertretene den Missbrauch der Vertretungsmacht schuldhaft ermöglicht **525** hat (zB durch unzureichende Kontrolle des Vertreters), will der BGH den **Erfüllungsanspruch** des Geschäftsgegners nicht vollständig ausschließen, sondern **nach § 254 herabsetzen**. Dabei wird darauf verwiesen, dass § 254 nur „eine besondere Ausprägung des Gedankens von Treu und Glauben" sei (BGHZ 50, 112, 115; ebenso OLG Hamm WM 1976, 140; BGB-RGRK/STEFFEN § 167 Rn 24). Dem ist jedoch entgegenzuhalten, dass die Voraussetzungen des § 254 nicht durch den pauschalen Verweis auf § 242 unterlaufen werden dürfen (vgl STAUDINGER/SCHILKEN [2004] § 167 Rn 104 mwNw; LOOSCHELDERS, Mitverantwortlichkeit 262 ff; allg zum Verhältnis von § 242 und § 254 s o Rn 378). Bei evidentem Missbrauch der Vertretungsmacht steht dem Geschäftsgegner schon gar kein Erfüllungsanspruch gegen den Vertretenen zu; er ist vielmehr auf einen **Schadensersatzanspruch** gegen den Vertretenen aus culpa in contrahendo (§§ 280 Abs 1, 311 Abs 2, 241 Abs 2) verwiesen (vgl SOERGEL/LEPTIEN § 177 Rn 19). Insofern ist dann § 254 in der Tat anwendbar (PWW/FRENSCH § 164 Rn 72). Auch dies gilt unabhängig davon, ob man die Lehre vom Missbrauch der Vertretungsmacht auf die §§ 164 ff oder auf § 242 stützt (vgl LOOSCHELDERS, Mitverantwortlichkeit 264 f).

(3) Stellungnahme
Die Regeln über die Verlagerung des Missbrauchsrisikos auf den Geschäftsgegner **526** sind im Rahmen der Generalklausel des § 242 herausgearbeitet worden. Die aktuelle Diskussion wird jedoch entscheidend durch die Wertungen des Stellvertretungsrechts geprägt; die allgemeinen Kriterien des rechtsmissbräuchlichen Verhaltens treten demgegenüber in den Hintergrund. Diese Entwicklung beruht auf der zutreffenden Erkenntnis, dass die Verlagerung des Missbrauchsrisikos eine **Durchbrechung des Abstraktionsprinzips** beinhaltet, die aus dem **spezifischen Zweck dieses Prinzips im Stellvertretungsrecht** heraus legitimiert werden muss. Dient das Abstraktionsprinzip dem Schutz des Geschäftsgegners, so ist seine Durchbrechung gerechtfertigt, wenn der Geschäftsgegner nicht schutzwürdig ist, weil er die Abweichung des Vertreters von der Bindung im Innenverhältnis kennt oder weil diese evident ist (so schon STAUDINGER/J SCHMIDT [1995] Rn 508). Da hiernach bereits die vorrangige Frage nach der Wirksamkeit der Vertretung verneint werden muss, kommt es auf die allgemeinen Kriterien der unzulässigen Rechtsausübung nicht mehr an.

dd) Missbrauch von treuhänderischer Macht*
Ähnliche Probleme wie beim Missbrauch der Vertretungsmacht können sich auch **527** beim Missbrauch treuhänderischer Macht stellen. Die **hM** lehnt eine Übertragung der zum Missbrauch der Vertretungsmacht entwickelten Grundsätze hierauf ab (vgl

---

* **Schrifttum**: GRUBER, Der Treuhandmissbrauch, AcP 202 (2002) 435; HENSSLER, Treuhandgeschäft – Dogmatik und Wirklichkeit, AcP 196 (1996) 37; TIMM, Außenwirkungen vertraglicher Verfügungsverbote?, JZ 1989, 13; WANK, Mißbrauch der Treuhandstellung und der Vertretungsmacht – BGH, WM 1977, 529, JuS 1979, 402.

RGZ 99, 142; BGH NJW 1968, 1471 mit abl Anm Kötz = JZ 1968, 791 mit zust Anm U Huber; BGH WM 1977, 525, 527; BGH NJW-RR 1998, 1057, 1058 f; AnwK-BGB/Looschelders § 137 Rn 13; Palandt/Heinrichs § 164 Rn 14a; Staudinger/Schilken [2004] § 167 Rn 99; Soergel/ Leptien § 177 Rn 20; Medicus/Petersen, BR Rn 502; Henssler AcP 196 [1996] 37, 67); eine beachtliche **Mindermeinung** in der Lit plädiert demgegenüber für Gleichbehandlung (so insbes MünchKomm/Roth Rn 223; MünchKommHGB/K Schmidt [2. Aufl 2007] Vor § 230 Rn 69; K Schmidt, Gesellschaftsrecht [4. Aufl 2002] § 61 III 3; Coing, Die Treuhand kraft privaten Rechtsgeschäfts [1973] 163 ff; Kötz, Trust und Treuhand [1963] 141; Gruber AcP 202 [2002] 435, 444 ff; Timm JZ 1989, 13, 22 ff; differenzierend Wank JuS 1979, 402, 407).

528 Für eine Gleichbehandlung spricht, dass es in beiden Fällen um die Verletzung des rechtlichen „Dürfens" im Rahmen des rechtlichen „Könnens" geht; überdies erscheint der Geschäftsgegner bei evidentem Missbrauch hier wie dort nicht schutzwürdig. Auf der anderen Seite ist jedoch zu beachten, dass der Treuhänder **im eigenen Namen** handelt (hierauf abstellend BGH NJW 1968, 1471; Staudinger/Schilken [2004] § 167 Rn 99). Der Unterschied zur Vertretung ist insoweit nicht bloß formaler Natur (so aber MünchKommHGB/K Schmidt [2007] Vor § 230 Rn 69). Nach **§ 137 S 1** sind dingliche Einschränkungen der Verfügungsmacht des Berechtigten generell ausgeschlossen (Henssler AcP 196 [1996] 37, 67); diese Wertentscheidung darf nicht durch „analoge Anwendung" der Grundsätze über den Missbrauch der Vertretungsmacht oder durch sonstige allgemeine Gerechtigkeitserwägungen im Rahmen des § 242 unterlaufen werden. Davon abgesehen können die Interessen des Treugebers bei beweglichen Sachen auch gegenüber Dritten durch Zuerkennung eines Anwartschaftsrechts sowie die Vorschriften über den gutgläubigen Erwerb („Wegerwerb" des Anwartschaftsrechts durch den Dritten nur bei Gutgläubigkeit) geschützt werden (Staudinger/J Schmidt [1995] Rn 510). Bei Grundstücken besteht für den Treugeber die Möglichkeit, sich einen durch die vertragswidrige Veräußerung bedingten Rückauflassungsanspruch einräumen zu lassen, der sich durch eine Vormerkung sichern lässt (vgl AnwK-BGB/Looschelders § 137 Rn 21). Eine „Analogie" zum Missbrauch der Vertretungsmacht ist somit auch nicht zum Schutz des Treugebers erforderlich.

ee) Zurückweisung gem § 174
529 Bei einem einseitigen Rechtsgeschäft ist die Zurückweisung gem § 174 nach § 242 unzulässig, wenn dem Geschäftspartner die Vollmacht bekannt war (KG NJWE-WettbR 1998, 110, 111 f; Erman/H Palm § 174 Rn 7; PWW/Frensch § 174 Rn 5b). Das Gleiche gilt, wenn der Geschäftspartner den Vertreter **während längerer geschäftlicher Beziehungen** stets ohne Vorlage der Vollmachtsurkunde anerkannt hat (vgl OLG München NJW-RR 1997, 904; LG Aachen NJW 1978, 1387; PWW/Frensch § 174 Rn 5b; Soergel/ Leptien § 174 Rn 5). Dem Geschäftspartner ist die Aufklärung der Rechtslage in diesem Fall zumutbar, so dass sein Zurückweisungsrecht aus § 174 eingeschränkt wird. Eine andere Betrachtung kann indes gerechtfertigt sein, sofern neue Tatsachen Zweifel an der Vertretungsmacht des Handelnden begründen (ebenso MünchKomm/ Schramm § 174 Rn 9). Davon abgesehen stehen längere geschäftliche Beziehungen der Zurückweisung auch dann nicht entgegen, wenn die Rechtshandlungen des Vertreters den Rahmen der bisherigen Übung überschreiten (so zutreffend Deggau JZ 1982, 796, 798).

ff) Pflicht zur Genehmigung des Vertretergeschäfts aus Treu und Glauben
530 Der Vertretene kann frei darüber entscheiden, ob er das durch den vollmachtlosen

Vertreter geschlossene Geschäft nach **§ 177 Abs 1** genehmigt. Diese Entscheidungsfreiheit darf nicht dadurch ausgehöhlt werden, dass man aus Treu und Glauben eine Genehmigungspflicht ableitet (STAUDINGER/SCHILKEN [2004] § 177 Rn 17 und § 181 Rn 48; FLUME, AT II § 48, 1 Fn 11). Eine Ausnahme gilt allerdings, wenn der Vertreter aus einem besonderen Rechtsgrund zum Abschluss eines entsprechenden Vertrages verpflichtet ist (vgl BGH WM 2003, 2375, 2378; PWW/FRENSCH § 177 Rn 10). Der Vertretene verstößt daher gegen das Verbot **rechtsmissbräuchlichen Verhaltens**, wenn er den vom vollmachtlosen Vertreter geschlossenen Hauptvertrag nicht genehmigt, obwohl er sich in einem **Vorvertrag** zum Abschluss verpflichtet hat (BGHZ 108, 380, 385 = NJW 1990, 508, 509; Hk-BGB/SCHULZE Rn 40; MünchKomm/SCHRAMM § 177 Rn 42; STAUDINGER/SCHILKEN [2004] § 177 Rn 17; SCHMIDT, Zur Durchsetzung vorvertraglicher Pflichten, DNotZ 1990, 708). Aus den Vorschriften über die **Geschäftsführung ohne Auftrag** lässt sich dagegen über § 679 hinaus keine Pflicht zur Genehmigung des vom vollmachtlosen Vertreter geschlossenen Geschäfts ableiten (BGH LM Nr 1 zu § 177 = NJW 1951, 398).

In den Fällen des **§ 181** stellt sich ebenfalls die Frage, ob der Vertretene nach Treu und Glauben verpflichtet sein kann, ein (hier wegen **unzulässigen Selbstkontrahierens**) schwebend unwirksames Rechtsgeschäft zu genehmigen. Die hM bejaht eine Genehmigungspflicht, wenn die Verweigerung der Genehmigung gegen Treu und Glauben verstoßen würde oder arglistig wäre (RGZ 64, 366, 373; erwogen auch in RGZ 110, 214, 216; ferner AnwK-BGB/STOFFELS § 181 Rn 53; MünchKomm/SCHRAMM § 181 Rn 41; SOERGEL/LEPTIEN § 181 Rn 45; BAMBERGER/ROTH/HABERMEIER § 181 Rn 29; ERMAN/H PALM § 181 Rn 22; ENNECCERUS/NIPPERDEY, BGB AT § 181 Fn 26). Die Gegenauffassung lehnt eine solche Pflicht mit der Erwägung ab, die Genehmigung müsse der **freien Entscheidung des Vertretenen** überlassen bleiben (so insbes FLUME, AT II § 48, 1 Fn 11; dem folgend STAUDINGER/SCHILKEN [2004] § 181 Rn 48). Dieser Einwand ist berechtigt. Zu beachten ist zunächst, dass zahlreiche Insichgeschäfte schon nach dem Wortlaut des § 181 zulässig sind. Dazu gehört insbesondere der Fall, dass der Vertretene aus einem besonderen Rechtsgrund zur Vornahme des Geschäfts verpflichtet ist; ein Rückgriff auf § 242 ist hier also – anders als bei § 177 (s o Rn 530) – entbehrlich. Ist eine Interessenkollision aus sonstigen Gründen ausgeschlossen, kommt eine teleologische Reduktion des § 181 in Betracht (zu den einschlägigen Fällen vgl AnwK-BGB/ STOFFELS § 181 Rn 21 ff), so dass § 242 wieder nicht angewendet werden muss (zum Vorrang der teleologischen Reduktion s o Rn 346 f). Bei Gefahr einer Interessenkollision darf die Entscheidungsfreiheit des Vertretenen aber auch nicht unter Berufung auf Treu und Glauben eingeschränkt werden. Für § 242 bleibt damit kein praktischer Anwendungsbereich. Die hM verweist zwar auf Ausnahmefälle. In der Rspr findet sich indes nur eine ältere einschlägige Entscheidung (RGZ 64, 366, 373), deren Begründung überdies zweifelhaft ist (FLUME, AT II § 48, 1 Fn 11 spricht von einer „skurrilen Konstruktion").

gg) Einschränkung von § 179 Abs 3 S 1
Die Rspr versagt dem vollmachtlosen Vertreter unter Berufung auf § 242 die Möglichkeit, sich auf den Haftungsausschluss nach § 179 Abs 3 S 1 zu berufen, wenn er für eine **noch nicht entstandene GbR** aufgetreten ist (BGHZ 105, 285, 289 = NJW 1989, 894, 895; OLG Frankfurt/M BB 1984, 692; OLG Köln WM 1987, 1081; OLG Hamm BauR 1987, 592). In einer neueren Entscheidung hat der BGH allerdings klargestellt, dass § 242 in solchen Fällen nur eingreift, wenn der andere Teil auf Grund besonderer Um-

stände – insbesondere entsprechender Erklärungen des Vertreters – auf das Wirksamwerden des Vertrages vertrauen durfte (BGH NJW 2009, 215, 216 f). In der Leitentscheidung des BGH zur entsprechenden Problematik beim Handeln für eine **noch nicht entstandene GmbH & Co KG** (BGHZ 63, 45, 48 ff = NJW 1974, 1905) wurde § 242 noch nicht herangezogen. Das Gericht hat hier vielmehr damit argumentiert, dass § 179 auf das Handeln für eine nicht existente Person nur entsprechend anwendbar sei (vgl dazu allg ERMAN/H PALM § 179 Rn 19 mwNw); eine analoge Anwendung des § 179 Abs 3 S 1 auf diesen Fall könne aber mit dem **„Sinngehalt der Vorschrift"** nicht vereinbart werden. Der BGH verweist nunmehr ergänzend darauf, die Gründer der Kommanditgesellschaft hätten in der Leitentscheidung durch eine besondere rechtliche Verbindung mit dem Vertretenen bzw durch besondere Erklärungen ein **schutzwürdiges Vertrauen des Geschäftspartners** in das Wirksamwerden des Vertrages erweckt. Nach der neueren Rspr ergibt sich die Einschränkung des § 179 Abs 3 S 1 also nicht mehr aus der ratio der Vorschrift, sondern aus allgemeinen Vertrauensschutzerwägungen.

m) Verjährung*
aa) Überblick

533 Das Recht, von einem anderen ein Tun oder Unterlassen zu verlangen, unterliegt gem § 194 der Verjährung. Nach deren Eintritt ist der Schuldner berechtigt, die Leistung zu verweigern (§ 214); die Forderung bleibt aber erfüllbar. Sinn und Zweck dieser Regelung liegen zunächst im **Schuldnerschutz**: Der Schuldner soll nicht zeitlich unbegrenzt Ansprüchen ausgesetzt sein. Die Notwendigkeit zur Bildung von Rücklagen über einen langen Zeitraum hinweg würde seine Dispositionsfreiheit in unangemessener Form einschränken. Zugleich dient die Verjährung dem Schutz des Schuldners vor der „verdunkelnden Wirkung der Zeit" (Mot I 512), die zu einer Verschlechterung seiner Beweisposition führen kann und damit die Gefahr einer unberechtigten Inanspruchnahme birgt. Ein weiterer Zweck der Verjährung ist die Schaffung von **Rechtssicherheit** und **Rechtsfrieden**. Die Verjährung dient damit auch dem öffentlichen Interesse an dem Bestand und der rechtlichen Wirkung von tatsächlichen Zuständen, die über einen langen Zeitraum unangefochten bestanden haben (vgl BGH NJW-RR 1993, 1059, 1060; allg zu den Zwecken der Verjährung ZIMMERMANN, Comparative Foundations 62 ff). Zur Abgrenzung der Verjährung gegenüber der Verwirkung Rn 313.

534 Die Überlegungen zum Zweck der Verjährung verdeutlichen, dass das Verjährungsrecht in besonderem Maße dem Prinzip von Treu und Glauben unterworfen ist. Das Spannungsfeld zwischen dem Interesse des Gläubigers an der Durchsetzbarkeit seiner Forderung einerseits und dem Interesse des Schuldners an einem Schutz vor der Inanspruchnahme andererseits verlangt nämlich geradezu nach einem angemessenen Ausgleich. Diesem Verlangen ist der Gesetzgeber bereits selbst durch eine **dif-**

---

* **Schrifttum**: BIRR, Verjährung und Verwirkung (2003); MANSEL, Die Neuregelung des Verjährungsrechts, NJW 2002, 89; SPIRO, Die Begrenzung privater Rechte durch Verjährungs-, Verwirkungs- und Fatalfristen (2 Bände) (Bern 1975); WINDEKNECHT, Die Verjährung des gegen den Rechtsanwalt gerichteten Schadenersatzanspruchs (1990); ZIMMERMANN, „... ut sit finis litium". Grundlinien eines modernen Verjährungsrechts auf rechtsvergleichender Grundlage, JZ 2000, 853; ders, Comparative Foundations of a European Law of Sett-Off and Prescription (Cambridge 2002).

ferenzierte Gestaltung von Hemmungs- und Unterbrechungstatbeständen nachgekommen. Besonders durch das Schuldrechtsmodernisierungsgesetz sind wichtige Lösungsansätze, die früher aus § 242 abgeleitet wurden, als konkrete gesetzliche Regelungen in das BGB aufgenommen worden (vgl dazu noch Rn 539 ff).

Trotz der Präzisierung und Ergänzung der gesetzlichen Regelungen besteht nach wie vor ein Bedürfnis für die Anwendung des § 242. Im Vordergrund steht die Überlegung, dass die schuldnerschützende Wirkung der Verjährung im Einzelfall auf Grund eines **treuwidrigen Verhaltens des Schuldners** oder auf Grund der **besonderen Umstände des Lebenssachverhalts** ungerechtfertigt erscheinen kann. Erfasst werden sollen vor allem die Fälle, in denen der Schuldner den Gläubiger veranlasst hat, von der rechtzeitigen Durchsetzung des Anspruchs abzusehen (PWW/SCHMIDT-KESSEL Rn 47). Die Korrektur über § 242 ist abhängig von der Wirkung des Verjährungseintritts: Sind an den Verjährungseintritt ipso iure Konsequenzen geknüpft, wie zB bei den sachenrechtlichen Tatbeständen der §§ 901, 1028 Abs 1 S 2, 1090 Abs 2, so richtet sich die Anwendung des § 242 auf die **Beseitigung des Verjährungseintritts**. In den häufigeren Fällen des § 214, in denen der Verjährungseintritt zu einem Leistungsverweigerungsrecht des Schuldners und damit zur Undurchsetzbarkeit der Forderung des Gläubigers führt, soll die Erhebung der **Verjährungseinrede** mit Hilfe des § 242 überwunden werden (zu den Rechtsfolgen der Anwendung des § 242 vgl noch u Rn 558 ff). 535

Der Grundsatz von Treu und Glauben kann auch **zu Gunsten des Schuldners** eingreifen. Zögert beispielsweise der Gläubiger treuwidrig den Beginn der Verjährungsfrist durch **verspätete Rechnungsstellung** hinaus, so muss er sich uU so behandeln lassen, als sei die Rechnung innerhalb einer angemessenen Frist erteilt worden (BGH NJW-RR 1986, 1279; NJW-RR 2000, 386 zu § 8 HOAI; vgl aber auch LG Berlin NZBau 2004, 220; LG München I NJW-RR 2003, 311 zu § 12 GOÄ). Unter Geltung des **§ 852 Abs 2 aF** wurde der Beginn der Verjährungsfrist nach Treu und Glauben bejaht, wenn sich der Gläubiger der an sich notwendigen positiven Kenntnis von den anspruchsbegründenden Umständen und der Person des Schädigers verschloss und es versäumte, „eine gleichsam auf der Hand liegende Erkenntnismöglichkeit wahrzunehmen" (vgl BGHZ 133, 192, 198 ff; BGH VersR 1990, 539; 1998, 378, 380; NJW 1999, 423, 424 f; 2002, 869, 870; 2003, 75). Diese Praxis entsprach einer allgemeinen Tendenz in den europäischen Rechtsordnungen, das Erfordernis der Kenntnis auf die Erkennbarkeit zu reduzieren (vgl ZIMMERMANN, Comparative Foundations 92 ff). § 199 Abs 1 Nr 2 lässt nunmehr ausreichen, dass der Gläubiger ohne **grobe Fahrlässigkeit** von den betreffenden Tatsachen Kenntnis erlangen müsste. Der Gesetzgeber hat damit zwar an die bisherigen Rspr zu § 852 Abs 2 aF angeknüpft. Das Kriterium der groben Fahrlässigkeit geht aber über die von § 242 erfassten Fälle des **missbräuchlichen Verhaltens** hinaus (MünchKomm/GROTHE § 199 Rn 28). Ein Rückgriff auf § 242 ist somit nicht mehr erforderlich. 536

Da die Verjährung nicht nur den Schuldner schützen soll, sondern auch dem öffentlichen Interesse an **Rechtssicherheit und Rechtsfrieden** dient, ist § 242 im Verjährungsrecht besonders restriktiv anzuwenden. Der Verstoß gegen Treu und Glauben muss demnach so schwerwiegend sein, dass nicht nur die Interessen des Schuldners, sondern auch die genannten öffentlichen Interessen am Eintritt der Verjährung zurücktreten. In Rspr und Lit ist daher zu Recht anerkannt, dass die Verjährung nur 537 bei einem besonders **groben Verstoß gegen Treu und Glauben** eingeschränkt werden darf (stRspr: BGH VersR 1969, 857, 858 f; 1972, 394, 396; NJW 1988, 2247; BGH NJW-RR 1989, 215, 217; BGH NJW 1996, 1895, 1897; 1998, 1488, 1490; PALANDT/HEINRICHS Vor § 194 Rn 17; MünchKomm/GROTHE Vor § 194 Rn 19; PWW/KESSELER § 194 Rn 11; BIRR Rn 126).

bb) Ausprägungen des Grundsatzes von Treu und Glauben im Verjährungsrecht
538 Der Grundsatz von Treu und Glauben wird bei der Verjährung in verschiedenen Ausprägungen relevant, wobei es häufig zu Überschneidungen kommt. So wurde zu Gunsten des Gläubigers die Wirkung der Verjährung bzw der Verjährungseinrede unter dem Gesichtspunkt der **unzulässigen Rechtsausübung** bzw des **Rechtsmissbrauchs** (RGZ 115, 139; 144, 378, 383 f; 145, 244; 153, 101, 111; RG JW 1938, 1592; BGH NJW 1988, 265; NZG 2002, 815; NJW-RR 2005, 415), der **Arglist** (BGH NJW-RR 1991, 1033) oder des **widersprüchlichen Verhaltens** (BGH MDR 1981, 737; WM 1982, 403; NJW 1985, 2411; 1991, 974; NJW-RR 2005, 415, 416; NJW 2008, 2776, 1779; BAG NJW 1997, 3461; BVerwG DVBl 1995, 627) ausgeschlossen. Schließlich kann die Verjährungseinrede auch der **Verwirkung** (s o Rn 315) unterliegen (OLG Frankfurt NJW-RR 1990, 574, 575; OLG Celle NJW-RR 1993, 559). Die unterschiedlichen Einordnungen sind Folge unterschiedlicher Anknüpfungspunkte bei der Beurteilung des Schuldnerverhaltens. Wird an die Erhebung der Verjährungseinrede angeknüpft, ergibt sich ein anderer Blickwinkel, als wenn man auf das der Verjährungseinrede vorangehende Verhalten des Schuldners abstellt, durch welches der Gläubiger von der rechtzeitigen Geltendmachung des Anspruchs abgehalten wird. Im Interesse einer einheitlichen Handhabung erscheint ein Abstellen auf das **vorangegangene Verhalten des Schuldners** vorzugswürdig. Diese Sichtweise passt auch für die Vorschriften, nach denen die Wirkung der Verjährung unabhängig von der Erhebung der Einrede eintritt. Die Anknüpfung an das Vorverhalten trägt außerdem der Erkenntnis Rechnung, dass die Erhebung der Verjährungseinrede als solche grundsätzlich nicht zu missbilligen ist (s u Rn 544). Der Konstruktion „negativer Tatbestandsmerkmale" (STAUDINGER/J SCHMIDT [1995] Rn 590 ff) bedarf es somit nicht.

cc) Vorrangige gesetzliche Regelungen
539 Die Anwendung des § 242 kommt dort nicht in Betracht, wo **spezielle gesetzliche Vorschriften** bereits eine Bewertung des relevanten Schuldnerverhaltens enthalten. Auf Grund der durch das Schuldrechtsmodernisierungsgesetz eingefügten Neuregelungen ist der Anwendungsbereich der Generalklausel daher stark eingeschränkt worden.

540 Die wohl wichtigste Ergänzung der gesetzlichen Regelung stellt **§ 203** dar. Nach altem Recht führten **Verhandlungen** über das Bestehen des Anspruchs oder die den Anspruch begründenden Umstände nur im Fall des § 852 Abs 2 aF zu einer Hemmung der Verjährung. Im Werkvertragsrecht enthielt § 639 Abs 2 aF einen vergleichbaren Hemmungstatbestand bei Mängelprüfung oder -beseitigung. In allen anderen Bereichen konnte eine entsprechende Hemmung der Verjährung nur im Einzelfall über § 242 begründet werden (vgl BGH NJW 1999, 1101, 1103 f; OLG Düsseldorf NJW 1983, 1434, 1435). Demgegenüber schreibt § 203 generell vor, dass die Verjährung durch Verhandlungen zwischen den Parteien gehemmt wird (vgl auch MANSEL NJW 2002, 89, 98; zur Rechtslage vor Inkrafttreten des § 203 nF ERMAN/WERNER[10] Rn 156). Der Begriff der „Verhandlungen" ist weit auszulegen; für eine Beurteilung des Schuldner-

verhaltens am Maßstab des § 242 bleibt daneben grundsätzlich kein Raum mehr (PALANDT/HEINRICHS Vor § 194 Rn 16; MünchKomm/GROTHE § 203 Rn 4).

Dem Anwendungsbereich des § 242 ebenfalls weitgehend entzogen sind die mit dem Verbot einer **vertraglichen Verjährungserschwerung** verbundenen Probleme. Nach **§ 225 S 2 aF** war eine entsprechende Vereinbarung über den (auch befristeten) Verzicht auf die Verjährung unwirksam. Entgegen der gesetzlichen Regelung wurde einer solchen Vereinbarung aber über § 242 Wirksamkeit beigemessen: Da der Schuldner durch die Verzichtserklärung einen Vertrauenstatbestand gesetzt habe, dass er dem Anspruch nur sachliche Einwendungen entgegensetzen werde, könne er sich nicht auf die Verjährung berufen (RG JW 1937, 27; BGH NJW 1974, 1285; 1976, 2344; 1978, 1256; 1991, 974, 975; 1998, 902, 903; BGH VersR 1963, 145; 1974, 862; 1977, 617; 1984, 689, 690; vgl auch BGH NJW-RR 2004, 109, 111 zum Verjährungsverzicht im Teilungsabkommen zwischen Haftpflichtversicherer und Krankenkasse; ausf STAUDINGER/J SCHMIDT [1995] Rn 598, 608). Nach der Neuregelung in **§ 202 Abs 2** sind solche Ansätze entbehrlich (PALANDT/HEINRICHS Vor § 194 Rn 16: MünchKomm/GROTHE Vor § 194 Rn 16). Dies gilt jedenfalls, so weit keine Verjährungsfrist von über **30 Jahren** vereinbart worden ist. Wird diese zeitliche Obergrenze überschritten, so ist die Vereinbarung allerdings nach wie vor unwirksam (vgl MünchKomm/GROTHE § 202 Rn 11, 13). Maßgeblich ist dann die gesetzliche Verjährungsfrist. Der Schuldner kann aber nach Treu und Glauben (§ 242) gehindert sein, sich innerhalb der nach § 202 Abs 2 einer vertraglichen Erschwerung zugänglichen 30-Jahresfrist auf die Verjährung zu berufen (AnwK-BGB/MANSEL/STÜRNER § 202 Rn 39).

Die Anwendung von § 242 ist auch entbehrlich, wenn zwischen den Parteien ein **pactum de non petendo** vorliegt. In diesem Fall droht dem Gläubiger auf Grund der Hemmung der Verjährung gem § 205 im Hinblick auf die Verjährungswirkungen kein Nachteil. Gleiches gilt für den Fall des **Anerkenntnisses** gem § 212, weil hier die Verjährung erneut beginnt (vgl SOERGEL/NIEDENFÜHR § 214 Rn 12).

Bei der Haftung von **Rechtsanwälten** und **Steuerberatern** hatte die Rspr die Verjährung nicht über § 242 erschwert, sondern eine abweichende Konstruktion entwickelt, um dem Mandaten eine „faire Chance" (BGH NJW 2003, 822, 823) zur Durchsetzung seiner Regressansprüche zu verschaffen: den sog **Sekundäranspruch**. Ausgangspunkt war die Erwägung, dass ein Rechtsanwalt oder Steuerberater verpflichtet sei, den Mandanten auf die drohende Verjährung der gegen sich selbst gerichteten Ersatzansprüche hinzuweisen. Andernfalls stehe dem Mandaten ein Schadensersatzanspruch zu, wobei er gem § 249 Abs 1 so gestellt werden müsse, als wenn der Anspruch nicht verjährt wäre (vgl BGHZ 83, 17, 19 ff; 94, 380; BGH NJW 1964, 1023; 1975, 1655; 1978, 1313; BGH VersR 1967, 979; 1970, 816; BGH Betrieb 1977, 2443; BGH NJW-RR 1987, 86; BGH NJW 1987, 326; BGH NJW-RR 1991, 92; BGH ZIP 1991, 592; BGH NJW 1996, 2797, 2798; VersR 2006, 556; OLG Braunschweig MDR 1972, 324; OLG Stuttgart VersR 1980, 54, 55; OLG Düsseldorf NJW-RR 2005, 648, 649; ausf WINDEKNECHT Verjährung. – Kein Sekundäranspruch bestand allerdings, wenn der Gläubiger rechtzeitig vor Ablauf der Verjährung für den Schuldner erkennbar anwaltlich beraten wurde: BGH NJW 1987, 326; 1999, 2183; 2001, 3543; 2003, 822, 823). Nach der neueren Rspr handelte es sich hierbei um keinen Schadensersatzanspruch ieS, sondern um eine „im Wege der Rechtsfortbildung ... geschaffene[n] Rechtsfigur zum Ausgleich unerträglicher, verfassungsrechtlich bedenklicher Rechtsfolgen einer wortlautgetreuen Auslegung der Verjährungsvorschrift des § 51b BRAO" (BGH NJW 2002, 1117, 1120; krit dazu Bruns, Der „Schutzzweck der Sekundärhaftung" des Rechtsanwalts – kenntnisunabhängiger Wegfall der sekundären Hinweispflicht, NJW 2003, 1498 ff) bzw des § 68 StBerG. Die Notwendigkeit einer Einschränkung der Verjährung beruhte darauf, dass der Beginn der Verjährung bei diesen Vorschriften nach objektiven Kriterien unabhängig von der Kenntnis des Mandanten festgelegt war. Seit dem Inkrafttreten des Verjährungsanpassungsgesetzes vom 9.12.2004 (BGBl I 2004, 3214) am 15.12.2004 richtet sich die Verjährung von Ansprüchen gegen Rechtsanwälte und Steuerberater nach den allgemeinen Regeln der §§ 195, 199. Da der Beginn der Verjährung nunmehr von der Kenntnis des Mandanten abhängt, besteht für eine Einschränkung der Verjährungseinrede über die Figur des Sekundäranspruchs kein Bedarf mehr (vgl BT-Drucks 15/3653, 14; MünchKomm/Grothe Vor § 194 Rn 18; Mansel/Budzikiewicz, Verjährungsanpassungsgesetz: Neue Verjährungsvorschriften, insbesondere für die Anwaltshaftung und im Gesellschaftsrecht, NJW 2005, 321, 325; Sontheimer, Die neuen Verjährungsvorschriften für die StB- und RA-Haftung und im Gesellschaftsrecht, DStR 2005, 834, 835). Ein Rückgriff auf § 242 ist damit im Einzelfall zwar nicht ausgeschlossen, darf jedoch nicht dazu führen, dass die Rspr zum Sekundäranspruch im Ergebnis beibehalten wird.

dd) Keine Treuwidrigkeit der Verjährungseinrede per se

544 Die **Erhebung der Verjährungseinrede** ist für sich genommen **nicht zu missbilligen**. Denn der Schuldner macht damit eine Einrede geltend, die ihm das Gesetz ausdrücklich zubilligt (vgl Staudinger/Peters [2004] § 214 Rn 18; MünchKomm/Grothe Vor § 194 Rn 15). Die Anwendung des § 242 muss daher auf zusätzliche Umstände gestützt werden, welche die Erhebung der Verjährungseinrede ausnahmsweise treuwidrig erscheinen lassen.

545 Ebenfalls keine Rückschlüsse auf eine Treuwidrigkeit lassen sich aus dem **Ansehen oder der Stellung des Schuldners** im öffentlichen Leben ziehen (MünchKomm/Grothe Vor § 194 Rn 15). Auch wenn die Erhebung der Verjährungseinrede gegenüber berechtigten Ansprüchen im Geschäftsverkehr heute noch missbilligt und als „anstößig" betrachtet werden mag, führt dies nicht zu einer unzulässigen Rechtsausübung (vgl Spiro I § 23, 31). Daher können auch der **Staat** oder sonstige **öffentlich-rechtliche Körperschaften** (BAG NJW 1967, 174; BVerwGE 23, 166, 172; BVerwG NVwZ 1983, 740, 741; BGH NJW-RR 2006, 1277, 1280) die Verjährungseinrede erheben. Das Gleiche gilt für **Kaufleute** sowie für Personen, die dem Standesrecht unterliegen (Soergel/Niedenführ § 214 Rn 17). **Rechtsanwälte** und **Steuerberater** sind somit grundsätzlich ebenfalls nicht gehindert, sich auf die Verjährung der gegen sie gerichteten Ansprüche zu berufen (BGH VersR 1965, 1000, 1001; OLG Hamburg VersR 1976, 1071; MünchKomm/Grothe Vor § 194 Rn 15). Für „Altfälle" ist aber die Rspr zum sog Sekundäranspruch (so Rn 527) zu beachten.

546 Ferner bleibt der **Gegenstand des Anspruchs** grundsätzlich ohne Auswirkung auf die Zulässigkeit der Verjährungseinrede. Sie kann daher nach der Rspr auch bei Ansprüchen „aus den denkbar schlimmsten und scheußlichsten Delikten" erhoben werden, ohne dass dies dem Schuldner als unzulässige Rechtsausübung anzulasten wäre (OLG Stuttgart NJW 2000, 2680, 2683 – Zwangsarbeiterentschädigung; vgl auch BGHZ 48, 125, 133 – Ansprüche eines ehemaligen KZ-Häftlings gegen eine frühere Rüstungsfirma; OLG Köln NJW-RR 2000, 558 – Verletzung des sexuellen Selbstbestimmungsrechts). Das Gesetz schafft hier allerdings selbst teilweise Abhilfe. So wird der erhöhten Schutzwürdig-

keit des Gläubigers bei einer Verletzung der zentralen Rechtsgüter Leben, Körper, Gesundheit und Freiheit durch die Verlängerung der absoluten (kenntnisunabhängigen) Höchstfrist Rechnung getragen (§ 199 Abs 2). In den besonders problematischen Fällen des sexuellen Missbrauchs Minderjähriger soll der Hemmungstatbestand des § 208 unbefriedigende Ergebnisse verhindern.

Eine für die Anwendung der Generalklausel unbeachtliche Tatsache stellt auch der **547** **Zeitpunkt der Erhebung der Verjährungseinrede** dar. Der Schuldner kann die Verjährungseinrede somit zu dem von ihm bevorzugten Zeitpunkt erheben, ohne sich dem Vorwurf der unzulässigen Rechtsausübung ausgesetzt zu sehen (allgM; vgl BGH NJW-RR 1988, 1195; OLG Braunschweig NJW-RR 1989, 799, 800; s auch PALANDT/HEINRICHS Vor § 194 Rn 18). Dies schließt die Erhebung der Einrede erst im Prozess, ja sogar erst in der Berufungsinstanz oder im Nachverfahren mit ein (OLG Frankfurt MDR 1981, 228; OLG Celle NJW-RR 1993, 559; PALANDT/HEINRICHS Vor § 194 Rn 18; SOERGEL/NIEDENFÜHR § 214 Rn 17). Die Grenze bildet allein die Verwirkung (STAUDINGER/J SCHMIDT [1995] Rn 597; vgl dazu o Rn 538).

Im Anwendungsbereich des § 197 Abs 1 Nr 1 verstößt die Einrede der Verjährung **548** nicht allein deshalb gegen Treu und Glauben, weil die **Verjährung des dinglichen Herausgabeanspruchs** aus § 985 zu einem dauernden Auseinanderfallen von Eigentum und Besitz führt. Denn der Gesetzgeber hat diese missliche Konsequenz aus übergeordneten Erwägungen – Rechtssicherheit und Rechtsfrieden, Schutz des gutgläubigen Erwerbers – bewusst hingenommen (vgl Beschlussempfehlung des Rechtsausschusses BT-Drucks 14/7052 S 179). Problematisch erscheint die Verjährung vor allem in Hinblick auf den Herausgabeanspruch des Eigentümers von **abhanden gekommenen Kunstgegenständen** (zur Problemstellung LOOSCHELDERS, Der zivilrechtliche Herausgabeanspruch des Eigentümers auf Rückgabe von abhanden gekommenen Kulturgütern nach deutschem Recht, in: Veröffentlichungen der Koordninierungsstelle für Kulturgutverluste Bd 5 [2007] 103, 111 ff). In diesem Fall besteht nämlich eine besondere Gefahr, dass die Verjährung gerade dem bösgläubigen Besitzer zugute kommt, der den Kunstgegenstand bis zum Ablauf der Verjährungsfrist „bunkert". Ein genereller Ausschluss der Verjährung wäre zwar auch hier mit § 197 Abs 1 Nr 1 unvereinbar; dem Besitzer kann aber uU im Einzelfall der Einwand des Rechtsmissbrauchs entgegengehalten werden, wenn er sich auf die Verjährung beruft (vgl HARTUNG, Kunstraub in Krieg und Verfolgung [2005] 422).

ee) Berücksichtigung des Schuldnerverhaltens

Die Begründung für eine Einschränkung der Verjährungswirkungen zu Lasten des **549** Schuldners darf sich nicht in der wenig aussagekräftigen Berufung auf „Treu und Glauben" erschöpfen; erforderlich ist vielmehr eine Konkretisierung dieses Grundsatzes mit Blick auf die spezifische **Risikoverteilung**. Ausgangspunkt ist die Feststellung, dass das Risiko des Verjährungseintritts im Normalfall allein vom Gläubiger getragen werden muss. Dieser verliert das Recht auf Durchsetzung seines Anspruchs, weil er objektiv über den Zeitpunkt des Verjährungseintritts hinaus mit der Durchsetzung des Anspruchs zugewartet hat. Dem Gläubiger wird dabei kein Verschulden gegen sich selbst vorgeworfen; der Zurechnungsgrund liegt allein in der **Veranlassung** des Verjährungseintritts durch Untätigkeit (STAUDINGER/J SCHMIDT [1995] Rn 596; vgl auch SPIRO I 16 ff, 24 ff). Unkenntnis von Beginn und Dauer der Verjährung gehen daher grundsätzlich zu Lasten des Gläubigers (OLG Stuttgart NJW 2000, 2680, 2683 – Zwangsarbeiterentschädigung).

550 Die einseitige Risikoverteilung zu Lasten des Gläubigers ist nicht immer interessengerecht. Auch aus der Sphäre des Schuldners können Umstände herrühren, die einen Verjährungseintritt begründen. Diese Umstände müssen nach allgemeiner Auffassung bei der **Risikoverteilung** berücksichtigt werden. Für eine Reihe von Situationen hat der Gesetzgeber diesem Gedanken mit der Schaffung von Hemmungs- und Neubeginnsregelungen selbst Rechnung getragen (s u Rn 559). Solche gesetzlichen Regelungen können aber nicht jedes mit Blick auf die Verjährung relevante Verhalten des Schuldners erfassen. Für die verbleibenden Fälle bedarf es eines Rückgriffs auf § 242, um eine gerechte Risikoverteilung zu erzielen.

551 Damit eine Vergleichbarkeit der aus Gläubiger- und Schuldnersphäre stammenden Umstände gewährleistet wird, dürfen auf Gläubiger- und Schuldnerseite nur **gleichartige Zurechnungsgründe** berücksichtigt werden. Da die Zurechnung auf Gläubigerseite allein auf die Veranlassung des Verjährungseintritts beschränkt ist (s o Rn 549), kommt auch für den Schuldner nur der Gesichtspunkt der **Veranlassung als Zurechnungsgrund** in Betracht. Dagegen ist – wie beim Gläubiger – kein Verschulden erforderlich, sondern es reicht aus, dass der Schuldner den Gläubiger unabsichtlich an der Verjährungsunterbrechung gehindert hat (stRspr; vgl RGZ 115, 135, 137; 142, 280, 284; 144, 378, 381; 145, 239, 244; 153, 101; BGHZ 9, 1, 5; 71, 96; BGH VersR 1977, 617, 619; BGH NJW 1990, 1231, 1232; BGH NJW-RR 1991, 1033, 1034; BGH NJW 2002, 3110, 3111; NJW 2008, 2776, 2779; OLG Hamm NZG 2002, 1064, 1065; PWW/Schmidt-Kessel Rn 47).

552 Eine relevante Veranlassung des Verjährungseintritts ist danach gegeben, wenn der Schuldner durch sein Verhalten eine adäquate (Mit-)Ursache dafür gesetzt hat, dass die Verjährungsfrist verstrichen ist, ohne dass der Anspruch vom Gläubiger geltend gemacht wurde (vgl BGH VersR 2006, 556, 557; NJW 2008, 2776, 2779). Das (mit-)ursächliche Verhalten des Schuldners kann in einem positiven Tun oder in einem Unterlassen bestehen, wobei letzteres nur dann relevant ist, wenn für den Schuldner nach allgemeinen Regeln eine Rechtspflicht zum Handeln (zB aus rechtsgeschäftlicher Übernahme, sozialem Kontakt oder Ingerenz) besteht (Staudinger/J Schmidt [1995] Rn 596). **Bloßes Ausweichen, Ablenken** oder **Schweigen** begründet keine unzulässige Rechtsausübung (BGH NJW 1988, 2245, 2247; vgl auch 1988, 265, 266; 1990, 1231, 1232). Nicht ausreichend ist auch, wenn der Gläubiger „des Glaubens war, ... noch zuwarten zu können", ohne dass der Schuldner dies veranlasst hat (BGH NJW-RR 1993, 1060, 1061).

553 Aus der unüberschaubaren Vielzahl an einschlägigen Urteilen sollen nur einige Bsp herausgegriffen werden. Eine adäquate (Mit-)Verursachung des Verjährungseintritts durch **aktives Tun des Schuldners** wird von der Rspr in folgenden Fällen bejaht: Erwecken der Annahme, der Schuldner werde dem Anspruch nur sachliche Gründe entgegenhalten (BGH VersR 1977, 617; 1982, 444, 445; BGH NJW 1990, 1231, 1232; BGH Betrieb 1991, 593; BGH FamRZ 1992, 926, 927; BGH MDR 1993, 654; OLG Koblenz WM 1991, 1399, 1400); Behinderung der rechtzeitigen Geltendmachung des Anspruchs (BVerwG NVwZ 1983, 740); Abhalten von einer gerichtlichen Geltendmachung des Anspruchs (RGZ 57, 372, 376; BGH VersR 1966, 536; 1971, 439, 440; BGH NJW-RR 1989, 215, 217; 1991,

1033, 1034; BGH WM 1992, 1080, 1081; OLG Düsseldorf VersR 1978, 377, 378; OLG Frankfurt NJW 1980, 2531, 2532); Anregung, den Ausgang eines Rechtsstreites in einer gleich gelagerten Sache abzuwarten (OLG Düsseldorf MDR 1984, 843, 844); Vergleichsverhandlungen (RGZ 57, 372); Erklärung, auf die Verjährung eventuell verzichten zu wollen, auch so weit kein pactum de non petendo vorliegt (BGH VersR 1960, 517; BGH NJW 1959, 96); falsche polizeiliche Anmeldung, um den Gläubiger über den eigenen Wohnort im Unklaren zu lassen (RG HRR 1941 Nr 111; BGH ZIP 2004, 2273); vertragswidrige Nichtanzeige eines Wohnungswechsels in Erwartung eines Mahnverfahrens (BGH NJW-RR 2005, 415, 416); ständiger Aufenthaltswechsel, um zeitliche Verzögerung zu verursachen (BGH MDR 1987, 924; nicht gegeben, wenn in 14 Jahren fünfmal die Wohnung aus persönlichen und beruflichen Gründen gewechselt wird: LG München I WM 1993, 1674, 1676); Falschbelehrung des Arbeitnehmers durch seinen Arbeitgeber (BAGE 3, 253, 258; 8, 279, 284); Anfordern von Unterlagen und Hinweis auf längere Untersuchungen (BGH MDR 1973, 562); Erwecken oder Verstärken von (unberechtigten) Zweifeln an der Haltereigenschaft (OLG Hamburg MDR 1972, 515); Herbeiführen oder Bestärken der Fehlannahme des Gläubigers, es gelte eine längere Verjährungsfrist (BGH NJW-RR 1989, 1270, 1271).

Ein **Abhalten des Gläubigers von der Geltendmachung des Anspruchs** (s o Rn 538) **554** kann auch darin bestehen, dass der Schuldner „um Geduld" bittet (vgl dazu BGH NJW 1959, 96; OLG Karlsruhe MDR 1972, 150, 151) oder durch eigene Äußerungen den Anschein erweckt, es werde „zu einem gütlichen Schadensausgleich" kommen (BGH NJW 1985, 2411, 2412). Das Gleiche gilt, wenn die wegen eines Beratungsfehlers in Anspruch genommene Rechtsanwaltskanzlei dem Mandanten mitteilt, mit Rücksicht auf die zwischenzeitlich erfolgte Einschaltung ihrer Haftpflichtversicherung halte sie es für sachgerecht, „auf Weiterungen zunächst zu verzichten" (OLG Düsseldorf VersR 2003, 1047); ebenso, wenn der Schuldner zusagt, er werde Mängel bis zu einem bestimmten Zeitpunkt (= Fristende) beheben (OLG Koblenz CR 1994, 210, 211). Eine relevante (Mit-)Veranlassung ist auch anzunehmen, wenn der Schuldner gegenüber dem Gläubiger arglistig falsche Angaben über das Entstandensein des Anspruchs macht (BGH MDR 1977, 468) oder ihn über den Verpflichteten täuscht (OLG Düsseldorf OLGZ 1972, 205 f). Falsche Informationen über den Anspruchsgegner können aber auch bei Fehlen einer Täuschungsabsicht die Anwendung des § 242 rechtfertigen (BGH NJW-RR 1991, 1034; OLG München BB 1992, 1742, 1743; LG Frankfurt/M NJW-RR 2001, 1423, 1425).

Eine relevante (Mit-)Veranlassung durch **aktives Handeln** ist dagegen **abzulehnen, 555** wenn der Schuldner lediglich erklärt, für den Schaden aufzukommen (OLG Karlsruhe BB 1970, 147, 148), denn eine solche Erklärung enthält nicht notwendig einen Bezug zur Verjährungsfrist. Das Gleiche gilt, wenn der Schuldner in einem Schreiben an den Gläubiger zwar von einem „eventuellen Anspruch auf Karenzentschädigung" spricht, gleichzeitig aber Nachweise zur Prüfung und Berechnung von Entschädigungsleistungen verlangt (BAG WM 1985, 37, 38), oder wenn der Schuldner gegenüber einem Zugewinnausgleichsanspruch nach § 1371 Abs 2 erklärt, er könne sich erst nach Kenntnis der Testaments- und Erbscheinsakten dazu äußern (BGH NJW 1984, 2935, 2937). Dem Schuldner ist es auch ohne Nachteile gestattet, sich nach einer Änderung der Rspr auf die nunmehr maßgebliche (kürzere) Verjährungsfrist zu berufen (vgl BGH NJW 1964, 1022, 1023). Keine relevante (Mit-)Veranlassung durch den Schuldner wird schließlich angenommen, wenn die Verjährung nur auf Grund einer in den „Verantwortungsbereich des Gläubigers fallenden ... unvollständigen Abfassung der Klageschrift" eintritt (BGH Betrieb 1980, 1255, 1256), wenn der Schuldner den Gläubiger im Prozess gegen andere potenzielle Schuldner (hier: Architekt einerseits, Bauhandwerker andererseits) unterstützt hat (OLG Köln VersR 1971, 378, 380) oder wenn der Schuldner (Versicherer) nach Fristablauf noch ein Gutachten einholt (OLG Hamm VersR 1992, 1255). Durch ein Geständnis im Strafverfahren und die dort erfolgten Reuebekundungen schafft der Schuldner keinen Vertrauenstatbestand, der ihn im Zivilprozess an der Geltendmachung der Verjährung hindert (OLG Köln NJW-RR 2000, 558; dazu BIRR Rn 126; vgl jetzt aber § 208 nF).

556 Der Schuldner kann auch durch **Unterlassen** eine adäquate Ursache für den Verjährungseintritt setzen. Hieran ist etwa zu denken, wenn der Schuldner dem Gläubiger einen Umwandlungsvorgang pflichtwidrig verschweigt und die zur Unterbrechung der Verjährung erhobene Klage deshalb gegen den falschen Schuldner gerichtet wird (BGH NJW 2002, 3110, 3111). Weitere Beispiele sind die Nichtangabe von Daten über Baumassen (BGH WM 1978, 1298), die Nichtunterrichtung des Arbeitnehmers über einen ihm eingeräumten Anspruch (BAG NJW 1957, 558) sowie die Verzögerung notwendiger Mitwirkungshandlungen durch den Schuldner (RGZ 87, 281, 282 f; BAG BB 1972, 222).

557 Die adäquate Kausalität fehlt regelmäßig, wenn Schuldner und Gläubiger sich in einem **gemeinsamen Irrtum** über die Verjährungsfristen befinden (vgl OLG Celle VersR 1975, 250; PALANDT/HEINRICHS Vor § 194 Rn 19; anders aber OLG Köln FamRZ 1982, 1071, 1072).

ff) Rechtsfolgen

558 Ein relevanter (Mit-)Verursachungsbeitrag des Schuldners führt zu der Frage, welche Auswirkungen der Grundsatz von Treu und Glauben (§ 242) auf die Verjährung hat. Dabei ist unbestritten, dass die **Verjährung nicht völlig ausgeschlossen** werden darf. Andernfalls entstünden unverjährbare Forderungen, was schon aus Gründen der Rechtssicherheit abzulehnen ist (BGH NJW 1993, 1004, 1005; vgl auch SOERGEL/TEICHMANN Rn 324); nach hM widerspricht die Unverjährbarkeit einer Forderung sogar dem deutschen ordre public (vgl bereits RGZ 106, 82, 85 f; ferner LOOSCHELDERS, Internationales Privatrecht [2004] Art 6 EGBGB Rn 32). Zur Lösung bieten sich drei Wege an:

559 In Betracht käme ein **Neubeginn** der Verjährung analog § 212, eine **Hemmung** der Verjährung analog § 209 oder eine **Rechtsfolge sui generis**. Der Vorteil der beiden erstgenannten Lösungen liegt in der Konsistenz mit den übrigen Verjährungsvorschriften. Durch Einbindung in die Systematik des Verjährungsrechts würde eine verlässliche Vorhersage der Ergebnisse, dh eine genaue Bestimmung des (neu berechneten) Ablaufes der Verjährungsfrist ermöglicht. Bei Anwendung des § 212 begänne nach Wegfall der den Einwand der unzulässigen Rechtsausübung begründenden Umstände eine neue Verjährungsfrist zu laufen; gem § 209 würde der Zeitraum, in dem diese Umstände vorlagen, nicht in die Verjährungsfrist eingerechnet (hierfür STAUDINGER/J SCHMIDT [1995] Rn 606). Zu berücksichtigen ist jedoch, dass die Anwendung des **§ 212** den Schuldner massiv benachteiligt. Gerade bei langen Verjährungsfristen kann der Neubeginn der Verjährung mit Rücksicht auf das im Einzelfall vielleicht nur geringe Gewicht des rechtsmissbräuchlichen Verhaltens unverhältnismäßig sein. Die Anwendung der **Hemmungsvorschriften** verlagert das Pro-

blem der Unbestimmbarkeit letztlich nur auf eine andere Ebene. Denn häufig wird unklar bleiben, über welchen Zeitraum hinweg die Voraussetzungen für den Einwand der unzulässigen Rechtsausübung vorlagen. Zudem passt die Hemmung nicht, wenn die Gründe für die Unzulässigkeit der Verjährungseinrede bereits vor Verjährungseintritt wieder entfallen sind. Da der Gläubiger den Anspruch durchaus noch rechtzeitig geltend machen kann, bleibt für eine Verlängerung der Verjährung kein Raum.

Zu bevorzugen ist daher die Annahme einer **Rechtswirkung sui generis**, die sich jeweils an den Anforderungen des redlichen Geschäftsverkehrs und den Umständen des Einzelfalles orientiert (stRspr und hM; vgl RGZ 115, 135, 139; BGH NJW 1998, 1488, 1490; PALANDT/HEINRICHS Vor § 194 Rn 20; SOERGEL/NIEDENFÜHR § 214 Rn 16). Der Gläubiger hat den Anspruch nach Wegfall der für den Vorwurf der unzulässigen Rechtsausübung maßgeblichen Umstände zügig geltend zu machen; anderenfalls tritt die Verjährung ein (BGH NJW 1991, 974; 1993, 1004, 1005: OLGR Saarbrücken 2007, 223). **560**

In der Rspr hat sich die Auffassung herauskristallisiert, dass eine **Frist von vier Wochen bzw einem Monat** in „durchschnittlichen" Fällen für den Gläubiger ausreichend sei, um seinen Anspruch geltend zu machen oder zumindest die Hemmung bzw den Neubeginn der Verjährung zu bewirken (BGH Betrieb 1991, 593, 594 mwNw; OLG Düsseldorf NJW 1983, 1434, 1435; OLG Koblenz WM 1991, 1399, 1400). Dabei handelt es sich aber um keine starre Grenze. Im Einzelfall kann die Frist für den Gläubiger auch (deutlich) darüber hinausgehen (BGH WM 1977, 870; OLG Düsseldorf NJW 1983, 1434, 1435 – 6 Wochen; vgl auch OLG Düsseldorf VersR 1978, 377 – 5½ Monate bei einem Gläubiger aus der Schweiz; zweifelhaft). Umgekehrt wurde ein Zeitraum von mehr als sechs Wochen (BGH VersR 1964, 66, 68) bzw von knapp drei Monaten (RGZ 128, 211, 214; BGH NJW 1955, 1834; 1959, 96; 1978, 1256; 1991, 975; OLG Düsseldorf NJW 1983, 1434, 1435; OLG Koblenz WM 1991, 1399, 1400; OLG Koblenz NJW-RR 1993, 413, 414 – 4 Monate) als zu lang angesehen, um die Verjährungseinrede des Schuldners zu überwinden. **561**

gg) Ausschlussfristen
Im Gegensatz zu den Verjährungsvorschriften fehlt für die sog Ausschlussfristen (dazu oben Rn 316) jede gesetzliche Regelung von Hemmungs- und Neubeginnstatbeständen (zur Diskussion über die Anwendbarkeit der Verjährungsvorschriften auf Ausschlussfristen vgl PALANDT/HEINRICHS Vor § 194 Rn 14; SOERGEL/NIEDENFÜHR Vor § 194 Rn 25). Es stellt sich daher die Frage, ob die zum **Einwand der unzulässigen Rechtsausübung gegenüber der Verjährungseinrede** entwickelten Grundsätze auf die entsprechenden Probleme bei Ausschlussfristen **übertragbar** sind. Dabei muss zunächst zwischen den vertraglichen (insbesondere tarifvertraglichen) und den gesetzlichen Ausschlussfristen (vgl zB §§ 121, 124, 626 Abs 2, 651g) differenziert werden. **562**

Bei **vertraglichen Ausschlussfristen** wird die Anwendung der für den Einwand der unzulässigen Rechtsausübung gegenüber der Verjährungseinrede maßgeblichen Grundsätze allgemein befürwortet. Die Interessenlage entspricht im Wesentlichen der Situation bei der Verjährung; erleichternd tritt der Umstand hinzu, dass – anders als bei der Verjährung – regelmäßig keine öffentlichen Interessen (zB Rechtssicherheit und Rechtsfrieden) tangiert werden. Trägt der Schuldner durch sein Verhalten dazu bei, dass der Gläubiger seinen Anspruch nicht rechtzeitig geltend macht, so kann die Geltendmachung des Anspruchs also über § 242 zugelassen wer- **563** den (RG Recht 1925 Nr 909; RGZ 142, 280, 285; 148, 298, 301; BGHZ 31, 77, 83; 43, 237; BGH NJW-RR 1987, 157; NJW-RR 1991, 949; BAGE 14, 140, 145 f; BAG Betrieb 1985, 659; SOERGEL/ NIEDENFÜHR Vor § 194 Rn 26; zu vertraglichen Ausschlussfristen im Arbeitsrecht s u Rn 785).

564 Nicht so eindeutig stellt sich die Situation bei **gesetzlichen Ausschlussfristen** dar. Hier ist nach dem Zweck der Frist zu differenzieren, ob und inwieweit § 242 über deren Versäumung hinweghelfen kann (BGHZ 31, 77, 83; MünchKomm/GROTHE Vor § 194 Rn 22). Die Rspr hat dies für eine beamtenrechtliche Klagefrist verneint (BGHZ 14, 122, 128); ebenso für die Ausschlussfrist nach § 27 PatG aF (BPatG GRUR 1971, 569; vgl jetzt § 41 PatG). Entscheidend bleibt letztlich, welches Gewicht den für die strikte Anwendung der Ausschlussfrist streitenden Gründen im Einzelfall zukommt.

565 Zur Anwendung des § 242 auf Ausschlussfristen findet sich in der **Rspr** eine reichhaltige Kasuistik. Keine Mitveranlassung liegt danach vor, wenn das Recht nur deshalb nicht geltend gemacht wurde, weil die Rechtslage zweifelhaft war (BAG AP Nr 34 zu § 4 TVG – Ausschlussfrist) oder weil der Berechtigte einseitig annahm, der Gegner werde sich nicht auf die Frist berufen (BAG BB 1971, 309). Dagegen hat man eine Mitveranlassung bejaht, wenn der Gegner den Anschein erweckt hatte, er werde sich nicht auf die Ausschlussfrist berufen (RGZ 148, 300; 150, 257; 155, 106; RG DR 1940, 736; BGH VersR 1963, 640; VersR 1985, 439, 440; BAG NJW 1963, 1566; BAG Betrieb 1970, 688; Betrieb 1972, 1300; Betrieb 1985, 659; OLG Köln VersR 1963, 568); wenn ein Reiseveranstalter beim Reiseteilnehmer den Eindruck hervorgerufen hatte, er werde die angemeldeten Gewährleistungsansprüche inhaltlich prüfen (LG Frankfurt/M NJW 1987, 132; NJW-RR 1987, 567, 568); wenn der Gegner (Versicherer) dem Gläubiger nach Fristablauf anheim stellt, den Anspruch durch ein ärztliches Gutachten zu begründen und dadurch der Eindruck entstand, er werde den Fristablauf nicht geltend machen (BGH VersR 1985, 439, 440).

566 Eine **Mitveranlassung durch Unterlassen** wurde angenommen, als der Verpflichtete dem Berechtigten bei einem Vorkaufsrecht die Besichtigung der Sache verweigerte (RG DR 1941, 1461; BGH MDR 1972, 128); der Gläubiger von dem Anspruch nichts wusste, weil der Schuldner ihm die geschuldete Abrechnung oder Auskunft nicht erteilt hatte (BAG AP Nr 41 zu § 4 TVG – Ausschlussfrist); als ein Kunde den Irrtum eines Energieversorgungsunternehmens über den Umfang des Strombezugs ausnutzte, obwohl er den Berechnungsfehler bemerkt hatte. Dagegen hinderte ein fahrlässig fehlerhaftes Ablesen des Zählerstandes (Versehen beim Ablesen der Zehntel-Stelle) durch den Schuldner das Eingreifen der Ausschlussfrist nicht (KG NJW-RR 1988, 1524 mwNw; **aA** zB LG Weiden RdE 1986, 122, 123; LG Bad Kreuznach RdE 1961, 29). Zur Versäumnis von Ausschlussfristen im **Versicherungsrecht** s u Rn 1050 ff.

2. Schuldrecht: Allgemeiner Teil

a) Allgemeine Tendenzen im Schuldrecht

567 Das Schuldrecht bildet traditionell einen **Anwendungsschwerpunkt** des § 242. Das kann schon auf Grund des Wortlauts und der systematischen Stellung des § 242 nicht verwundern. Die Gründe liegen aber auch in der Sache: Denn in **schuldrechtlichen Sonderverbindungen** haben die gegenseitigen Rücksichts- und Treuepflichten typischerweise einen besonders hohen Stellenwert. Hinzu kommt, dass die Tendenzen zu einer „**Materialisierung**" der Privatautonomie dort besonders ausgeprägt sind (vgl CANARIS, Wandlungen des Schuldvertragrechts – Tendenzen zu seiner „Materialisierung", AcP 200 [2000] 273 ff); neben der Generalklausel des § 138 Abs 1 ist § 242 aber das zweite wichtige Medium zur Verwirklichung dieser Tendenzen (ausf dazu o Rn 458 ff).

Schließlich weist das Schuldrecht einen unmittelbaren Bezug zu den jeweiligen **568** wirtschaftlichen und sozialen Verhältnissen auf, weil hier das rechtliche Instrumentarium zur Lösung wesentlicher Probleme aus dem Bereich des Güteraustauschs und der Güterverteilung angesiedelt ist (vgl ESSER/E SCHMIDT, Schuldrecht AT § 1 I; MünchKomm/KRAMER Einl Rn 1; ausf dazu REBE, Privatrecht und Wirtschaftsordnung [1978]; aus Sicht der Theorie von der „ökonomischen Analyse des Rechts" SCHÄFER/OTT, Lehrbuch der ökonomischen Analyse des Rechts [4. Aufl 2005]). Infolgedessen schlagen **Änderungen der wirtschaftlichen und sozialen Verhältnisse** unmittelbar auf die schuldrechtlichen Interessenwertungen durch. Soweit der Gesetzgeber auf solche Änderungen nicht selbst reagiert, müssen sie von der Rspr in Anwendung der zivilrechtlichen Generalklauseln abgefangen werden. So haben Krieg und Inflation zur Entwicklung der Lehre vom Wegfall der Geschäftsgrundlage geführt (STAUDINGER/OLZEN Einl 218 zum SchuldR); die Inhaltskontrolle von AGB nach § 242 war eine Reaktion auf die Ausbreitung formularmäßiger Vereinbarungen im Wirtschaftsleben (s o Rn 473 ff).

In einigen Bereichen des Schuldrechts hat das **Tätigwerden des Gesetzgebers** aller- **569** dings zu einer deutlichen „Entlastung" des § 242 geführt. Zu nennen sind insbesondere die Inhaltskontrolle von AGB nach §§ 307 ff (§§ 9 ff AGBG) sowie die Kodifizierung der Lehre von der Störung der Geschäftsgrundlage in § 313 und der Kündigung aus wichtigem Grund bei Dauerschuldverhältnissen in § 314 (vgl STAUDINGER/OLZEN Einl 218, 221 f zum SchuldR). Darüber hinaus sind im **Leistungsstörungsrecht** einige Fragen geregelt worden, die vor der Reform auf der Grundlage des § 242 bewältigt werden mussten. So stellen sich etwa die Regelungen der §§ 281 Abs 2, 286 Abs 2 Nr 3 und 4, 323 Abs 2 Nr 1 und 3, 440, 636 über die Entbehrlichkeit der Fristsetzung bzw der Mahnung als gesetzliche Ausprägungen des Grundsatzes von Treu und Glauben dar (s dazu u Rn 642). Das Gleiche gilt für die Vorschriften über die wirtschaftliche und die persönliche Unmöglichkeit in § 275 Abs 2 und 3 (s o Rn 339). Weitere Beispiele sind die Vorschriften über die Unzumutbarkeit des Festhaltens am Vertrag bzw der Leistung durch den Schuldner in §§ 282, 324. § 242 ist bei der **Schuldrechtsreform** also durch zahlreiche „kleine" Generalklauseln ergänzt worden, die dem Richter eine Interessenabwägung im Einzelfall erlauben, ohne dass ein Rückgriff auf den allgemeinen Grundsatz von Treu und Glauben erforderlich ist (vgl JUNG, Die Generalklausel im deutschen und französischen Vertragsrecht, in: BALDUS/MÜLLER-GRAFF, Die Generalklausel im Europäischen Privatrecht [2006] 37, 53). Schließlich sind auch die **Reform des Mietrechts** von 2001 sowie die Einführung der diversen **Sonderregelungen zum Verbraucherschutz** mit einer gewissen Entlastung des § 242 einhergegangen. Denn je genauer das Gesetz auf aktuelle Entwicklungen eingeht, desto weniger ist ein Rückgriff auf § 242 erforderlich. Dh freilich nicht, dass § 242 in diesen Bereichen irrelevant wäre. Denn keine noch so genaue und detaillierte Regelung kann alle Fragen des Einzelfalles einer befriedigenden Lösung zuführen.

b) Inhalt der Leistungspflicht
aa) Überblick
Eine wesentliche Funktion des § 242 besteht in der Beantwortung der Frage, auf **570**

welche Weise der Schuldner die Leistung zu erbringen hat (s o Rn 182). § 242 dient insofern der **Konkretisierung der Rechte und Pflichten** der Parteien (vgl STAUDINGER/ OLZEN § 241 Rn 409 ff). Diese Konkretisierungsfunktion betrifft zum einen die für die Erbringung der **Hauptleistung** relevanten Modalitäten. Die damit verbundenen Fragen sind zwar im Wesentlichen schon in den §§ 266–272 geregelt; daneben kann aber ergänzend auf § 242 zurückgegriffen werden (s Rn 182 ff). Zum anderen dient § 242 der **Konkretisierung der Nebenpflichten** von Gläubiger und Schuldner. Dabei geht es zum einen um **leistungsbezogene Nebenpflichten** (insbesondere Auskunfts- und Rechenschaftspflichten, Mitwirkungs-, Unterstützungs- sowie Leistungssicherungspflichten), zum anderen um die **Verpflichtung zur Rücksichtnahme** auf die Rechtsgüter, Rechte und Interessen des anderen Teils (vgl LOOSCHELDERS, Schuldrecht AT Rn 75). Vor Inkrafttreten der Schuldrechtsreform wurden diese Pflichten im Allgemeinen bei § 242 behandelt (vgl etwa SOERGEL/TEICHMANN Rn 134 ff; STAUDINGER/J SCHMIDT [1995] Rn 836 ff). Da die Nebenpflichten nach der Reform **systematisch bei § 241 anzusiedeln** sind (s u Rn 724), kann auf die einschlägigen Darlegungen bei dieser Vorschrift verwiesen werden (vgl STAUDINGER/OLZEN § 241 Rn 147 ff).

571 In einem engen Zusammenhang mit § 242 stehen auch die Vorschriften, die sich auf **typische Gegenstände der Leistungspflicht** (Gattungsschuld, Wahlschuld, Geldschuld) beziehen oder den **Inhalt einzelner Ansprüche oder Rechte** (zB Schadensersatz, Aufwendungsersatz, Wegnahmerecht, Auskunft) konkretisieren. Die betreffenden Regelungen gehen dem allgemeinen Grundsatz von Treu und Glauben zwar vor; im Einzelfall kann aber dennoch auch hier ergänzend auf § 242 zurückgegriffen werden. Darüber hinaus kann § 242 schließlich auch im Anwendungsbereich der Vorschriften über die **Leistungsverweigerungsrechte des Schuldners** (§§ 273, 274, 320–322) Bedeutung erlangen.

bb) Typische Gegenstände der Leistung
(1) Gattungsschuld

572 Im Zusammenhang mit **§ 243** wird dem Grundsatz von Treu und Glauben in drei Fallgruppen Bedeutung beigemessen:

(a) Abweichender Qualitätsstandard

573 In der älteren Lit wurde zum Teil die Auffassung vertreten, aus Treu und Glauben könne im Einzelfall folgen, dass eine vom Standard des § 243 Abs 1 **abweichende** (bessere oder schlechtere) **Qualität** geschuldet sei; das sollte zB bei preisentsprechender Ware gelten (FISCHER, Konzentration und Gefahrtragung bei Gattungsschulden, JhJb 51 [1907] 159, 182; vgl auch LABAND AcP 73 [1888] 161, 177). Heute ist allgemein anerkannt, dass Vereinbarungen über den Preis nicht erst bei der Auswahl der konkret zu leistenden Sache, sondern schon bei der **Bestimmung der Gattung** zu berücksichtigen sind (vgl STAUDINGER/SCHIEMANN [2009] § 243 Rn 21). Im Übrigen ist es den Parteien unbenommen, im Rahmen der Gattung eine höhere oder niedrigere Qualität zu vereinbaren (MünchKomm/EMMERICH § 243 Rn 19). Dies kann auch konkludent erfolgen, zB durch Festlegung eines besonders hohen oder besonders niedrigen Preises (Hk-BGB/SCHULZE § 243 Rn 5). Dabei handelt es sich jedoch um kein Problem des § 242, sondern um eine Frage der **Auslegung** nach §§ 133, 157.

(b) Repartierungspflicht des Schuldners

574 Vor allem bei Vorratsschulden stellt sich die Frage, ob der Schuldner nach Treu und

Glauben berechtigt oder sogar verpflichtet ist, die **vorhandene Warenmenge gleichmäßig auf alle Gläubiger aufzuteilen**, wenn sie auf Grund eines vom Schuldner nicht zu vertretenden Umstands nicht mehr zur vollständigen Befriedigung aller Gläubiger ausreicht. In der älteren Rspr wurde diese Frage häufig bejaht (vgl RGZ 84, 125, 128 f; 91, 312, 313; 95, 264, 268; 100, 134, 137; RG Recht 1918 Nr 306). Dem ist der überwiegende Teil der Lit gefolgt (vgl GERNHUBER, Schuldverhältnis § 10 IV 8; LARENZ, Schuldrecht I § 10 IIa und § 11 I; MEDICUS/PETERSEN BR Rn 255–256; MEDICUS/LORENZ, Schuldrecht I, Rn 202; grundsätzlich auch ERMAN/WESTERMANN § 243 Rn 12; **aA** MünchKomm/EMMERICH § 243 Rn 17; STAUDINGER/SCHIEMANN [2009] § 243 Rn 20; LESSMANN, Grundprobleme der Gattungsschuld, JA 1982, 280, 285; E WOLF, Anleitung zum Lösen zivilrechtlicher Fälle, JuS 1962, 103 ff). Kritische Stimmen weisen dagegen insbesondere darauf hin, dass das Kartellrecht (§ 20 Abs 1, 2 GWB) eine Repartierungspflicht nur in eng begrenzten Ausnahmefällen kennt (MünchKomm/EMMERICH § 243 Rn 17; EMMERICH, Kartellrecht, [11. Aufl 2008] § 29 Rn 25).

Zur Würdigung des Meinungsstreits ist Folgendes zu sagen: Kann der Schuldner **575** nicht alle von ihm übernommenen Leistungspflichten voll erfüllen, so steht es ihm nach den Wertungen des Schuldrechts grundsätzlich frei, welche Verpflichtung er in welchem Umfang erfüllt. Dieser Grundsatz gilt auch, wenn der Schuldner nicht in der Lage ist, mit den vorhandenen Gegenständen alle Gläubiger vollständig zu befriedigen (E WOLF JuS 1962, 103). Aus Treu und Glauben können sich zwar **im Einzelfall** Einschränkungen ergeben, so dass der Schuldner nach § 242 gehalten sein kann, einen bestimmten Gläubiger vorrangig zu befriedigen, weil dieser ein besonders schutzwürdiges Interesse an der Leistung hat (ERMAN/WESTERMANN § 243 Rn 12). Sofern alle Gläubiger in besonderem Maße auf den Erhalt der Leistung angewiesen sind (was in Notzeiten durchaus denkbar ist), kann der Schuldner uU zu einer gleichmäßigen Verteilung der vorhandenen Güter verpflichtet sein. Eine darüber hinausgehende **generelle** Verpflichtung zur gleichmäßigen Befriedigung aller Gläubiger lässt sich außerhalb des Anwendungsbereichs von § 20 Abs 1, 2 GWB aber nicht begründen.

Von dem Problem der **Repartierungspflicht** muss die Frage unterschieden werden, **576** ob der Schuldner sich in einem „Mangelfall" für die gleichmäßige Befriedigung aller Gläubiger entscheiden darf, so dass der einzelne Gläubiger nicht mit Erfolg die volle Leistung verlangen kann. Ein solches **Repartierungsrecht** ist zu bejahen. Dies ergibt sich indes weder aus dem Vorliegen einer **Interessen- oder Gefahrengemeinschaft** zwischen den einzelnen Gläubigern (so aber RGZ 84, 125, 128; MEDICUS/PETERSEN BR Rn 255–256) noch aus einer **Rücksichtspflicht der Gläubiger** gegenüber dem Schuldner (so aber GERNHUBER, Schuldverhältnis § 10 IV 8); so weit der Schuldner die anderen Gläubiger befriedigt, entfällt seine Leistungspflicht vielmehr auf Grund von **Unmöglichkeit** nach § 275 Abs 1 (so auch MünchKomm/EMMERICH § 243 Rn 17).

(c) Recht des Schuldners zur „Rekonzentration"
Für den Schuldner, der **nach Eintritt der Konkretisierung** über den betreffenden **577** Gegenstand verfügt, stellt sich die Frage, ob er die Konkretisierung rückgängig machen und mit einem anderen Gegenstand aus der Gattung erfüllen darf. Diese Möglichkeit wird ihm zum Teil generell eingeräumt, jedoch um den Preis, dass er ab Rückgängigmachung der Konkretisierung wieder die volle Leistungsgefahr trägt (so etwa MEDICUS/LORENZ Schuldrecht I Rn 207; MEDICUS/PETERSEN BR Rn 262; ders, Die konkre-

tisierte Gattungsschuld, JuS 1966, 297, 303 ff; vgl auch SOERGEL/TEICHMANN § 243 Rn 12; ESSER/ SCHMIDT, Schuldrecht I § 13 I 2c; FIKENTSCHER, Schuldrecht Rn 249; HAGER, Rechtsfragen des Finanzierungsleasing von Hard- und Software, AcP 190 [1990] 324, 332 mit Fn 51; LARENZ, Schuldrecht I § 11 I [S 153 f]; grundsätzlich auch STAUDINGER/SCHIEMANN [2009] § 243 Rn 43; CANARIS, Die Bedeutung des Übergangs der Gegenleistungsgefahr im Rahmen von § 243 II BGB und § 275 II BGB, JuS 2007, 793 ff). Maßgeblich ist die Erwägung, dass die Konkretisierung in erster Linie dem Schutz des Schuldners dient. Demgegenüber misst die hM der Konkretisierung grundsätzlich **Bindungswirkung** zu. Im Einzelfall soll der Gläubiger jedoch nach **Treu und Glauben** gehindert sein, einen anderen (gleichwertigen) Gegenstand abzulehnen (vgl RGZ 91, 110, 112 f; 108, 184, 187; RG Recht 1906 Nr 2075; BGH WM 1964, 1023, 1024 f = BB 1965, 349; BGH NJW 1982, 873; OLG Köln NJW 1995, 3128, 3129; ERMAN/WESTERMANN § 243 Rn 19; MünchKomm/EMMERICH § 243 Rn 34; PALANDT/HEINRICHS § 243 Rn 7; BGB-RGRK/ALFF § 243 Rn 12; BROX/WALKER, Allgemeines Schuldrecht § 8 Rn 7; LOOSCHELDERS, Schuldrecht AT Rn 296 f; FISCHER, Konzentration und Gefahrtragung bei Gattungsschulden, JhJb 51 [1907] 159, 202 ff; U HUBER, Zur Konzentration beim Gattungskauf, in: FS Ballerstedt [1975] 327, 339 ff; VAN VENROOY, Konzentration zu Lasten des Schuldners, WM 1981, 890 ff). Dafür lässt sich anführen, dass die Verfasser des BGB die Konkretisierung mit Bindungswirkung ausstatten wollten, um dem Gläubiger schon vor der vollständigen Erfüllung des Vertrages Dispositionen über die Ware zu ermöglichen und den Schuldner an Spekulationen auf Kosten des Gläubigers zu hindern (vgl Mot II 12, 74; Prot I 287 f).

578 Geht man mit dem historischen Gesetzgeber davon aus, dass der Gläubiger **im Regelfall** ein schutzwürdiges Interesse daran hat, sich auf die einmal erfolgte Konkretisierung einrichten zu können (so etwa ERMAN/WESTERMANN § 243 Rn 19; aA STAUDINGER/ SCHIEMANN [2009] § 243 Rn 43), so hat der Schuldner nur dann ein Recht zur „Rekonzentration", wenn diesem Interesse **im Einzelfall** lediglich ein geringeres Gewicht zukommt. Erforderlich ist also eine Interessenabwägung auf der Grundlage des § 242.

579 Nach der Rspr kann die Bindungswirkung der Konkretisierung in Anwendung des § 242 durchbrochen werden, wenn der Gläubiger die ordnungsgemäß angebotene Sache zurückgewiesen (vgl RGZ 91, 110, 112; 108, 184, 187; OLG Bremen MDR 1958, 919) oder eine andere gleichwertige Sache bereits angenommen hat (BGH WM 1964, 1023, 1024 f). Dann verstößt er gegen das **Verbot widersprüchlichen Verhaltens** (venire contra factum proprium), indem er sich auf die Konkretisierung beruft. Darüber hinaus ist dem Schuldner ein Recht zur Rekonzentration zuzubilligen, wenn sich im Einzelfall feststellen lässt, dass der Gläubiger kein Interesse am Erhalt der Ware hat, auf die das Schuldverhältnis zunächst beschränkt war (vgl RGZ 91, 110, 112; OLG Bremen MDR 1958, 919). Maßgeblich ist hier der Gedanke des **fehlenden schutzwürdigen Eigeninteresses** (s o Rn 260).

(2) Wahlschuld und Ersetzungsbefugnis

580 Bei der Wahlschuld (§§ 262 ff) steht es dem Berechtigten grundsätzlich frei, welche der alternativ geschuldeten Leistungen er fordern bzw erbringen will. Rspr und Lit erkennen jedoch an, dass der **Grundsatz von Treu und Glauben** die **Ausübung des Wahlrechts begrenzt** (vgl BGH NJW 1983, 2701, 2703 = WM 1983, 926, 928; BGH NJW-RR 2003, 45, 46; STAUDINGER/BITTNER [2009] § 263 Rn 4). Der Berechtigte hat hiernach auf die Interessen des anderen Teils Rücksicht zu nehmen. So muss eine Bank bei der

Entscheidung über die Frage, welche von mehreren Sicherheiten sie freigibt, die Belange des Sicherungsgebers berücksichtigen (BGH NJW 1983, 2701). Entscheidet sie sich dafür, ihre Forderung nicht über die vorrangige Sicherheit abzudecken, so ist dies aber **nicht** per se **rechtsmissbräuchlich** (BGH NJW-RR 2003, 45, 46; AnwK-BGB/ LOOSCHELDERS § 138 Rn 261). Die Bank kann nämlich ein schutzwürdiges Interesse an der Verwertung der nachrangigen Sicherheit haben, zB weil die Verwertung der rangersten Sicherheit mit einem höheren Aufwand verbunden wäre.

Allgemein anerkannt wird, dass der Berechtigte die Wahlerklärung ohne Einwilligung des anderen Teils nicht widerrufen kann (vgl STAUDINGER/BITTNER [2009] § 263 Rn 2). Demgegenüber ist die Bindungswirkung der Ersetzungserklärung bei der gesetzlich nicht geregelten **Ersetzungsbefugnis** streitig. Die hM verneint aus Gründen der Rechtssicherheit zutreffend eine **Widerrufsmöglichkeit** (vgl OLG Celle NJW 1949, 223; SOERGEL/WOLF § 263 Rn 7; SCHLECHTRIEM/SCHMIDT-KESSEL, Schuldrecht AT Rn 230). Die Gegenauffassung differenziert danach, ob dem Gläubiger oder dem Schuldner die Ersetzungsbefugnis zusteht (MünchKomm/KRÜGER § 263 Rn 10; LARENZ, Schuldrecht I § 11 IIIa, b; MEDICUS/LORENZ, Schuldrecht I Rn 213). Bei einer **Ersetzungsbefugnis des Gläubigers** führt die Ausübung des Gestaltungsrechts zu einer Bindung des Schuldners und Verpflichtung, die Ersatzleistung zu erbringen. Die rechtsgestaltende Erklärung des Gläubigers ist trotz mangelnder Rückwirkung prinzipiell unwiderruflich. Steht dem **Schuldner die Ersetzungsbefugnis** zu, führt nicht eine Erklärung des Schuldners zur Konzentration, sondern die Konzentration tritt erst mit der Erbringung der Leistung ein. Auf Grund der fehlenden rechtsgestaltenden Wirkung der Erklärung des Schuldners, von der Ersetzungsbefugnis Gebrauch machen zu wollen, besteht keine Bindung des Schuldners und die vereinbarte Leistung bleibt die ursprünglich geschuldete.

Die **Auslegung** der vertraglichen oder gesetzlichen Regelung, auf der die Ersetzungsbefugnis beruht, kann aber eine abweichende Lösung rechtfertigen (vgl OLG Brandenburg VIZ 1997, 697, 701; BAMBERGER/ROTH/UNBERATH § 262 Rn 7; PALANDT/HEINRICHS § 262 Rn 7). Im Übrigen ist der andere Teil nach **Treu und Glauben** daran gehindert, den Berechtigten an dessen Entscheidung festzuhalten, wenn er kein schutzwürdiges Interesse daran hat, anstelle der an sich geschuldeten Leistung die Ersatzleistung erbringen zu dürfen oder zu erhalten (vgl LOOSCHELDERS, Schuldrecht AT Rn 309).

cc) **Inhalt einzelner Ansprüche oder Rechte**
(1) **Schadensersatz***
Im Schadensrecht (§§ 249–254) wird § 242 besonders oft erwähnt. Manche sprechen sogar davon, dass das gesamte Schadensrecht von Treu und Glauben beherrscht wird (so etwa ERMAN/EBERT § 254 Rn 4). In der Rspr hat der Rückgriff auf § 242 insbesondere die Funktion, einen **der Billigkeit entsprechenden Interessenausgleich** zwischen Schädiger und Geschädigtem zu verwirklichen, indem die Haftung des Schädigers teils erweitert, teils aber auch beschränkt wird (vgl BGHZ 60, 353, 358; ausf dazu MEDICUS VersR 1981, 593 ff). Folgende Problemkreise sind besonders hervorzuheben:

---

* **Schrifttum**: DEUTSCH, Allgemeines Haftungsrecht (2. Aufl 1996); ESSER, § 242 und die Privatautonomie, JZ 1956, 555; MEDICUS, Schadensersatz und Billigkeit, VersR 1981, 593 ff.

(a) Ausweitung des Schadensersatzanspruchs

583 Zur Ausweitung des Schadensersatzanspruchs hat der BGH im Zusammenhang mit dem umstrittenen Anspruch auf **Ersatz von Vorhaltekosten** auf § 242 zurückgegriffen. Maßgeblich war die Erwägung, dass es mit Treu und Glauben unvereinbar sei, wenn der Schädiger dem Geschädigten für die vorsorgliche Bereithaltung von Reservefahrzeugen keinen Ausgleich zahlen müsse, obwohl der Geschädigte ihm hierdurch die höheren Kosten für die Anmietung eines Ersatzfahrzeugs erspart habe (BGHZ 32, 280, 285; hieran anknüpfend BGHZ 70, 199, 201; vgl auch LG Offenburg VersR 1967, 242; FRANKE, Die Substantiierungs- und Beweispflicht bei der Verfolgung von Vorhaltungskosten [Fahrzeugausfälle durch Unfälle bei Straßenbahnen], VersR 1961, 966). Dem wird zu Recht entgegengehalten, dass § 242 keine geeignete Grundlage ist, um das **Kausalitätserfordernis** aus Billigkeitsgründen zu überspielen (STAUDINGER/SCHIEMANN [2004] § 249 Rn 117). Erst wenn bezüglich eines konkret bevorstehenden Schadensereignisses Schadensersatzmaßnahmen ergriffen werden, ist die für die Ersatzfähigkeit notwendige Kausalität zu bejahen. Davon abgesehen erscheint es zweifelhaft, ob die Verneinung der Ersatzpflicht wirklich zu einer **unbilligen Entlastung des Schädigers** führt (so aber MünchKomm/OETKER § 249 Rn 195). Hiergegen spricht nämlich die Erwägung, dass dem Schädiger die geringere Schadensanfälligkeit des Geschädigten ebenso zugute kommen muss, wie dessen besondere Anfälligkeit ihn belasten würde (so LANGE/SCHIEMANN, Schadensersatz [3. Aufl 2003] § 6 VIII 4b; LARENZ, Schuldrecht I § 29 II f; NIEDERLÄNDER, Schadensersatz bei Aufwendungen des Geschädigten vor dem Schadensereignis, JZ 1960, 617, 619; vgl auch LOOSCHELDERS, Mitverantwortlichkeit 496 ff; ders, Schuldrecht AT Rn 995). Der Rückgriff auf allgemeine Billigkeitsüberlegungen hilft hier also nicht weiter.

(b) Einschränkung des Schadensersatzanspruchs

584 Auf der anderen Seite ist § 242 auch herangezogen worden, um Einschränkungen des Schadensersatzanspruchs zu begründen. So hat die ältere Rspr die **Adäquanztheorie** auf § 242 gestützt (vgl BGHZ 3, 261, 267; BGH NJW 1952, 1010, 1011; OLG Düsseldorf NJW 1957, 1153; vgl auch RG HRR 1933 Nr 398; LINDENMAIER, Adäquate Ursache und nächste Ursache, ZHR 113 [1950] 207 ff). Dabei wurde darauf abgestellt, ob „dem Urheber einer Bedingung eine Haftung ... billigerweise zugemutet werden kann" (BGHZ 3, 261, 267). Dahinter steht die richtige Erkenntnis, dass man sich bei der objektiven Zurechnung von Schäden nicht auf die Kausalität im naturwissenschaftlichen Sinne beschränken darf, sondern darüber hinaus eine wertende Betrachtung vornehmen muss. Die notwendige **Begrenzung der objektiven Zurechnung** lässt sich jedoch **nicht** auf der Grundlage des § 242 durch **allgemeine Billigkeits- und Zumutbarkeitserwägungen** im Einzelfall verwirklichen; notwendig ist vielmehr die Entwicklung spezifischer Kriterien, welche am **Schutzzweck der jeweiligen Haftungsnorm** orientiert sind. Nach entsprechender Kritik in der Lit (ENNECCERUS/LEHMANN, Schuldrecht § 15 III; LARENZ, Tatzurechnung und „Unterbrechung des Kausalverlaufs", NJW 1955, 1009, 1011 ff; ESSER JZ 1956, 555, 557) wird dieser Ansatz heute deshalb zu Recht nicht mehr vertreten, während die Adäquanz als Zurechnungskriterium nach wie vor zahlreiche Anhänger hat (zum Verhältnis des Adäquanzkriteriums zur Lehre vom Schutzzweck der Norm vgl etwa MünchKomm/OETKER § 249 Rn 113; DEUTSCH, Allgemeines Haftungsrecht Rn 145; LOOSCHELDERS, Schuldrecht AT Rn 905).

585 Eine **anspruchsbegrenzende Wirkung** ist § 242 auch bei der **Ersatzfähigkeit entgangenen „Dirnenlohns"** beigemessen worden. Nach Ansicht des BGH ging es hier näm-

lich „um den berechtigten Einwand des Schädigers, es könne ihm billigerweise (§ 242) nicht zugemutet werden, einen durch sittenwidriges Tun geprägten Erwerb zu substituieren" (BGHZ 67, 119, 126; dazu MEDICUS VersR 1981, 593 ff). Der Rückgriff auf **allgemeine Billigkeits- und Zumutbarkeitserwägungen** wirkt jedoch auch hier zu unspezifisch. Entscheidend ist, ob die Ersatzfähigkeit von entgangenem Gewinn (§ 252) nach den **Wertungen der §§ 138 Abs 1, 817 S 2** eingeschränkt werden muss, wenn der Gewinn durch eine sittenwidrige Tätigkeit erlangt worden wäre (vgl dazu MünchKomm/OETKER § 252 Rn 9 ff). Da den Prostituierten nach Inkrafttreten des ProstG vom 20. 12. 2001 (BGBl I 3983) ein wirksamer Entgeltanspruch zusteht (§ 1 Satz 1 ProstG; vgl dazu AnwK-BGB/LOOSCHELDERS Anh zu § 138 Rn 8), kommt eine Einschränkung des Anspruchs auf Ersatz von entgangenem Gewinn in diesem Bereich allerdings nicht mehr in Frage (so auch MünchKomm/OETKER § 252 Rn 9; MEDICUS/LORENZ, Schuldrecht I Rn 696).

Auch die Lehre von der **Vorteilsausgleichung** wird häufig auf § 242 gestützt (zB BGHZ 8, 325, 329; 60, 353, 358; 91, 206, 210 = NJW 1984, 2457, 2458; BGH NJW 1984, 2520, 2521; 1987, 2741; BGH WM 1989, 857, 859 und 898, 899; BGH NJW 1993, 593, 594; OLG Karlsruhe NJW-RR 1988, 370, 372; OLG Nürnberg VersR 1995, 929). Kriterien für die Entscheidung von Einzelfragen lassen sich hieraus aber nicht ableiten (vgl zum Ganzen STAUDINGER/ SCHIEMANN [2004] § 249 Rn 132 ff; LOOSCHELDERS, Schuldrecht AT Rn 929 ff). **586**

Ist die Herstellung nur mit unverhältnismäßigen Aufwendungen möglich, so kann der Ersatzpflichtige den Gläubiger nach § 251 Abs 2 S 1 in Geld entschädigen. Die Vorschrift begrenzt den Anspruch auf Naturalrestitution unter dem Aspekt der **Verhältnismäßigkeit** und kann insofern – ähnlich wie § 275 Abs 2 (dazu o Rn 269 ff) – als Konkretisierung des § 242 verstanden werden (vgl MünchKomm/OETKER § 251 Rn 35; ähnlich BGH NJW 1970, 1180, 1181: „Ausfluss des Grundsatzes von Treu und Glauben"; KELLER VersR 1977, 145). Auf Personenschäden ist § 251 Abs 2 S 1 nach hM nicht anwendbar (MünchKomm/OETKER § 251 Rn 48; STAUDINGER/SCHIEMANN [2004] § 251 Rn 19, 21; LOOSCHELDERS, Schuldrecht AT Rn 964). Der BGH vertritt aber die Auffassung, der Geschädigte könne in extremen Ausnahmefällen nach Treu und Glauben (§ 242) gehindert sein, die **Beseitigung eines geringfügigen Körperschadens** (zB einer Narbe) zu verlangen, wenn dazu **unverhältnismäßige Aufwendungen** (zB Operationskosten) erforderlich wären (BGHZ 63, 295, 300 ff; ebenso in der Lit MünchKomm/OETKER § 251 Rn 48 ff; vgl auch Hk-BGB/SCHULZE § 251 Rn 4). Die Ablehnung des Herstellungsanspruchs soll insbesondere dann in Betracht kommen, wenn dem Interesse des Geschädigten durch ein höheres Schmerzensgeld ausreichend Rechnung getragen sei. Dies erscheint insofern bedenklich, als es nach der Wertordnung des Grundgesetzes (Art 1, 2 Abs 1 GG) der Entscheidung des Geschädigten überlassen bleiben muss, ob er einen Körperschaden behandeln lassen oder sich mit einem höheren Schmerzensgeld zufrieden geben will (vgl LOOSCHELDERS, Schuldrecht AT Rn 964). In der Lit wird allerdings zu Recht darauf hingewiesen, dass es im konkreten Fall um den Ersatz fiktiver Heilkosten ging (vgl STAUDINGER/SCHIEMANN [2004] § 251 Rn 21); nach der neueren Rspr wäre ein solcher Anspruch von vornherein ausgeschlossen (vgl BGHZ 97, 14). Hat der Geschädigte die Operation tatsächlich durchführen lassen, so wird man ihm aber auch nach den Grundsätzen des BGH kaum den Einwand des Rechtsmissbrauchs entgegenhalten können (so auch STAUDINGER/SCHIEMANN [2004] § 251 Rn 21; **aA** MünchKomm/OETKER § 251 Rn 49).

(c) Insbesondere: Mitverschulden

587 Die Vorschrift über das Mitverschulden nach § 254 wird in Rspr und hL als **besondere Ausprägung von Treu und Glauben** angesehen (s o Rn 378). Dies wirkt sich auch bei der praktischen Anwendung des § 254 aus.

(aa) Konkretisierung der tatbestandlichen Voraussetzungen

588 Die Rspr hat § 242 herangezogen, um die **tatbestandlichen Voraussetzungen** des § 254 zu **konkretisieren**, und dabei zum Teil darauf abgestellt, ob es „gerade im Verhältnis zwischen Schädiger und Geschädigtem unbillig erscheinen (würde), wenn der Geschädigte seinen Anspruch in vollem Umfang liquidieren will" (BGH NJW 1982, 168). Dies birgt jedoch die Gefahr, dass § 254 als Grundlage für reine Billigkeitslösungen missbraucht wird, obwohl die Vorschrift mit der Mitverantwortlichkeit und dem Gleichbehandlungsgrundsatz wesentlich präzisere Kriterien enthält, die nicht durch Rückgriff auf § 242 relativiert werden dürfen (so auch Münch-Komm/OETKER § 254 Rn 4; LARENZ, Schuldrecht I § 31 Ia mit Fn 3b; ausf dazu LOOSCHELDERS, Mitverantwortlichkeit 145 ff). Soweit die Widersprüchlichkeit des Verhaltens auf die Mitverantwortlichkeit des Geschädigten gestützt werden soll, ist für eine ergänzende Anwendung des § 242 daher kein Raum (zutreffend BGH NJW 1999, 3627, 3628).

(bb) Anspruchskürzung außerhalb des Schadensrechts

589 In Rspr und Lit wird auf § 242 außerdem abgestellt, um eine **Anspruchskürzung** wegen Mitverschuldens **außerhalb des Schadensrechts** zu begründen. Die Argumentation ist häufig freilich nicht konsequent. So geht die hM einerseits davon aus, dass § 254 auf **Bereicherungsansprüche** (vgl BGHZ 14, 7, 10; 37, 363, 370; 57, 137, 151 f = JZ 1972, 441 f mit Anm LIEB; ERMAN/EBERT § 254 Rn 19; BGB-RGRK/ALFF § 254 Rn 11; SOERGEL/MERTENS § 254 Rn 16) und auf **Gewährleistungsansprüche** (BGH NJW 1972, 447 [VOB]; NJW 1978, 2240 [§ 459 aF]; BGHZ 90, 344, 348 = NJW 1984, 1676, 1677; OLG Bremen NJW 1963, 495; OLG Koblenz NJW-RR 1996, 919 [§ 633 aF]; OLG Düsseldorf NJW-RR 2003, 59, 61; LG Hannover NJW-RR 1986, 1055, 1056 [§ 651c]; ERMAN/EBERT § 254 Rn 19) nicht anwendbar sei; andererseits wird § 242 aber ein entsprechender Regelungsinhalt entnommen (für Bereicherungsansprüche BGHZ 14, 7, 10; 57, 137, 151 f; für Gewährleistungsansprüche BGH NJW 1972, 447; BGHZ 90, 344, 348; OLG Düsseldorf NJW-RR 2003, 59, 61; OLG Koblenz NJW-RR 1996, 919; LG Hannover NJW-RR 1986, 1055, 1056; PALANDT/HEINRICHS § 254 Rn 4). Bei **Erfüllungsansprüchen** wird sogar „die Anwendung des § 254 BGB entsprechend § 242 BGB" erwogen (so OLG Koblenz WM 1989, 1278, 1280; zur Unanwendbarkeit des § 254 auf Erfüllungsansprüche BGH NJW-RR 2006, 394, 396; OLG Köln NJW-RR 2006, 263, 266; vgl zum Ganzen auch H ROTH, Ansprüche auf Rechtsfortsetzung und Mitverschulden, AcP 180 [1980] 263, 294 ff). In all diesen Fällen ist es aus methodischer Sicht vorzugswürdig, die Voraussetzungen für eine **analoge Anwendung des § 254** zu prüfen (vgl LOOSCHELDERS, Mitverantwortlichkeit 255 ff; die Rspr nimmt eine solche Prüfung bei Beseitigungsansprüchen nach § 1004 vor, vgl etwa BGHZ 135, 235, 239 ff); die hierfür notwendige Begründung darf nicht durch den formalen Hinweis auf § 242 ersetzt werden. Ist eine analoge Anwendung des § 254 ausgeschlossen, kann dies auch nicht über § 242 korrigiert werden (so auch MünchKomm/OETKER § 254 Rn 4).

(cc) Schadensminderungspflicht

590 Entgegen einer in Rspr und Lit verbreiteten Auffassung (RGZ 154, 236, 240; BGHZ 4, 170, 173 ff; BGH NJW 1985, 2639; BGH NJW-RR 1986, 1400, 1402; 1989, 730, 731; ERMAN/EBERT § 254 Rn 53; PALANDT/HEINRICHS § 254 Rn 36, 38) hilft der Rückgriff auf § 242 auch im

Zusammenhang mit der Schadensminderungspflicht aus § 254 Abs 2 S 1 nicht weiter. Missverständlich ist insbesondere die Formulierung, das Unterlassungsverschulden iSd § 254 setze nicht die Verletzung einer besonderen Rechtspflicht voraus, sondern umfasse **jeden Verstoß gegen Treu und Glauben** (BGHZ 4, 170, 174). Auch im Rahmen des § 254 Abs 2 S 1 geht es nämlich nicht um reine Billigkeitsentscheidungen; Bezugspunkt des Verschuldens ist vielmehr die Verletzung einer **Obliegenheit** des Geschädigten gegenüber dem Schädiger. Der Umfang dieser Obliegenheit ergibt sich nicht aus § 242, sondern muss auf Grund einer sorgfältigen Abwägung zwischen den Interessen von Schädiger und Geschädigtem bestimmt werden (vgl LOOSCHELDERS, Mitverantwortlichkeit 459 ff; ders, Schuldrecht AT Rn 1030 ff).

(dd) Die Rechtsfolgen des Mitverschuldens
Der Grundsatz von Treu und Glauben hat auch auf der Rechtsfolgenseite des § 254 keine eigenständige Bedeutung (in diesem Sinne auch SOERGEL/MERTENS § 254 Rn 114; aA wohl DEUTSCH, Allgemeines Haftungsrecht Rn 563). Insbesondere wäre es unangebracht, die **Verteilung des Schadens** zwischen dem Schädiger und dem Geschädigten mit Hilfe allgemeiner Billigkeits- oder Zumutbarkeitserwägungen vorzunehmen. Maßgeblich bleibt vielmehr das jeweilige **Gewicht der Zurechnungsfaktoren**, aus denen sich die Verantwortlichkeit des Schädigers und des Geschädigten für den Schaden ergibt (vgl PALANDT/HEINRICHS § 254 Rn 61; LOOSCHELDERS, Schuldrecht AT Rn 1037; ausf dazu ders, Mitverantwortlichkeit 154 f, 564 ff). **591**

(ee) Einschränkung des § 254
Der Schädiger kann im Einzelfall nach Treu und Glauben gehindert sein, sich auf ein Mitverschulden zu berufen. Nach Ansicht des BGH verstößt er zB gegen das **Verbot widersprüchlichen Verhaltens**, wenn er den Einwand des Mitverschuldens darauf stützt, der Geschädigte habe sich auf seine Bitte um Hilfeleistung hin freiwillig in Gefahr begeben (BGH NJW 2005, 419, 421). Der Rückgriff auf § 242 ist hier jedoch entbehrlich. Kommt der Geschädigte einer solchen Bitte nach, so stellt dies **im Verhältnis zum Schädiger** schon gar **keine Obliegenheitsverletzung** dar. Eine andere Beurteilung kann im Verhältnis des Geschädigten zu einem Dritten (etwa dem Versicherer des Geschädigten) geboten sein. Hier zeigt sich die Relativität von Obliegenheiten. **592**

(d) Handeln auf eigene Gefahr
Einen weiteren Schwerpunkt der Argumentation mit § 242 bildet das sog Handeln auf eigene Gefahr (grundlegend dazu STOLL, Das Handeln auf eigene Gefahr [1961]; vgl auch LOOSCHELDERS, Mitverantwortlichkeit 62 ff, 440 ff; STAUDINGER/SCHIEMANN [2004] § 254 Rn 62 ff). Der Ausschluss bzw die Einschränkung der Haftung wird hier auf die Erwägung gestützt, der Geschädigte verstoße gegen das Verbot des **venire contra factum proprium**, wenn er den Schädiger auf (vollen) Schadensersatz in Anspruch nehme, obwohl er die Gefahr einer Schädigung bewusst auf sich genommen habe (so BGHZ 34, 355, 363; vgl auch BGHZ 63, 140, 144; 154, 316, 323; BGH NJW 2008, 1591, 1592). Die Rspr zieht hieraus freilich unterschiedliche Konsequenzen. Besteht das Handeln auf eigene Gefahr darin, dass der Geschädigte **in Kenntnis gefahrerhöhender Umstände** (zB Trunkenheit des Fahrers) in einem fremden Kfz **mitgefahren** ist, so belässt sie es bei der Anwendung des § 254 (so BGHZ 34, 355, 363 f). Der Schadensersatzanspruch wird also nach dem Maß der jeweiligen Verantwortlichkeit **gekürzt**. Hat der Geschädigte **an einer gefährlichen Sportart** (Fußball, Boxen, Autorennen) **593**

teilgenommen, so greift sie dagegen unmittelbar auf das Verbot widersprüchlichen Verhaltens zurück (vgl BGHZ 63, 140, 145; 154, 316, 323; BGH NJW 2008, 1591, 1592; OLG Celle NJW 1980, 874; für Anwendung von § 254 MünchKomm/OETKER § 254 Rn 67; krit gegenüber der Differenzierung STAUDINGER/SCHIEMANN [2004] § 254 Rn 66). Der damit verbundene **Ausschluss des Schadensersatzanspruchs** sei deshalb gerechtfertigt, weil das Verbot des Selbstwiderspruchs keinen Raum für Abwägungen lasse; wegen der Gefährlichkeit des Wettkampfes hätte der Geschädigte ebenso gut selbst Schädiger sein können (BGHZ 63, 140, 145; OLG Celle NJW 1980, 874). Die Verletzungen sind aber nur dann entschädigungslos in Kauf zu nehmen, wenn dem Spiel für jeden Teilnehmer verbindliche Regeln zu Grunde liegen, die von vornherein feststehen und insbesondere durch das Verbot so genannter „Fouls" auch auf den Schutz der körperlichen Unversehrtheit der Spieler ausgerichtet sind. Solche Regeln fehlen beispielsweise beim sog „Rempeltanz" (BGH NJW 2006, 672, 674). In der Lit wird in dem vollständigen Haftungsausschluss teilweise eine „Ausschaltung des § 254 nach Treu und Glauben" gesehen (so MünchKomm/ROTH Rn 267).

594 Bei genauerer Betrachtung zeigt sich, dass der Rückgriff auf den Grundsatz von Treu und Glauben bzw das Verbot widersprüchlichen Verhaltens auch in den Fällen des Handelns auf eigene Gefahr entbehrlich ist. Bei regelgerechtem Verhalten (zB im **Sport**) verletzt der Schädiger schon gar keine haftungsbegründende Norm (vgl LOOSCHELDERS, Mitverantwortlichkeit 446 ff; ders, Die haftungsrechtliche Relevanz außergesetzlicher Verhaltensregeln im Sport, JR 2000, 265, 269 ff; ders, Auswirkungen der Versicherung auf die Haftung beim Sport, in: FS G Müller [2009] 129, 133 ff; ebenso und ausf zur deliktischen Haftung im Sport GÖTZ, Die deliktische Haftung für Sportverletzungen im Wettkampfsport [2009] S 130 ff), so dass sich die Frage des Mitverschuldens gar nicht erst stellt. In den **Mitfahrt-Fällen** kann die Verantwortlichkeit des Schädigers dagegen nicht verneint werden. Deshalb bleibt nur der Rückgriff auf § 254 (LOOSCHELDERS, Mitverantwortlichkeit 444; ders, Schuldrecht AT Rn 1040).

595 Ähnlich stellt sich das Problem bei der **Tierhalterhaftung** nach § 833 Satz 1 dar. In der Lit wird die Auffassung vertreten, die Haftung nach § 833 Satz 1 sei vollständig ausgeschlossen, wenn der Geschädigte – etwa als Reiter – die Tiergefahr freiwillig und im eigenen Interesse auf sich genommen hat (vgl DEUTSCH, Allgemeines Haftungsrecht Rn 593 f; LARENZ/CANARIS Schuldrecht II/2 § 84 II 1 e; einschränkend BGH NJW-RR 2006, 813, 814 f mwNw). Große Teile des Schrifttums wollen diesen Aspekt dagegen allein bei der Abwägung nach § 254 berücksichtigen (BAMBERGER/ROTH/SPINDLER § 833 Rn 21; STAUDINGER/EBERL-BORGES [2008] § 833 Rn 192, 197 ff). Im Hinblick auf die Besonderheiten der Gefährdungshaftung stellt sich jedoch vorrangig die Frage, ob § 833 Satz 1 seinem Schutzzweck nach überhaupt anwendbar ist (vgl LOOSCHELDERS, Schuldrecht AT Rn 1042 f; ders, in: FS G Müller [2009] 129, 136 ff). Neben diesen beiden Lösungsmöglichkeiten ist ein Rückgriff auf § 242 aber jedenfalls entbehrlich.

596 In neuerer Zeit hat sich der BGH mehrfach mit dem Handeln auf eigene Gefahr durch **Teilnahme an motorsportlichen Veranstaltungen** beschäftigt (BGHZ 154, 316; BGH NJW 2008, 1591). Inwieweit in diesem Bereich ein Ausschluss bzw eine Einschränkung der Haftung gemäß § 242 in Betracht kommt, wird durch die besonderen Verhältnisse der Gefährdungshaftung nach § 7 StVG sowie die Frage nach der Reichweite der obligatorischen Kfz-Haftpflichtversicherung bestimmt (eingehend LOOSCHELDERS, in: FS G Müller [2009] 129, 139 ff).

(e) Sonstiges

Neben § 254 werden im Schadensrecht einige weitere Vorschriften auf § 242 zurückgeführt, insbesondere **§ 251 Abs 2** (OLG Hamm NJW 1981, 827; OLG Köln NJW-RR 1993, 1492; OLG München VersR 1980, 878; OLG Nürnberg NJW-RR 1986, 1346, 1348) und **§ 255** (BGH NJW 1993, 593, 594), wobei es sich aber jeweils um **eigenständige Ausprägungen** des Grundsatzes von Treu und Glauben handelt.

(f) Ergebnis

Die vorstehenden Überlegungen zeigen, dass § 242 im Schadensrecht wesentlich geringere Bedeutung hat, als Rspr und Lit weithin annehmen. Das Schadensrecht soll zwar einen „billigen" Ausgleich der Interessen von Schädiger und Geschädigtem herbeiführen. Für einen Rückgriff auf allgemeine Billigkeitserwägungen bleibt aber wenig Raum, weil die Billigkeit meist durch **spezifischere Vorschriften oder Kriterien** konkretisiert wird.

(2) Aufwendungsersatz

Bei Sachaufwendungen stellt sich die Frage, ob der Berechtigte **Ersatz in Natur** verlangen kann. Die hM leitet aus § 256 ab, dass der Anspruch grundsätzlich auf **Geld** gerichtet ist (BGHZ 5, 197, 199; PALANDT/HEINRICHS § 256 Rn 2). Wird dies den Interessen des Berechtigten nicht gerecht, soll ihm nach **Treu und Glauben** ein Anspruch auf Ersatz in Natur zustehen (so BAMBERGER/ROTH/UNBERATH § 256 Rn 7; SOERGEL/WOLF § 256 Rn 8; STAUDINGER/BITTNER [2009] § 256 Rn 8; LARENZ, Schuldrecht I § 13 I; auf den Rechtsgedanken des § 249 abstellend OLG Braunschweig MDR 1948, 112, 113). Der Rückgriff auf § 242 wirkt aber auch hier zu unspezifisch. Präziser erscheint der Hinweis auf den Zweck des § 256, dem Berechtigten einen möglichst vollwertigen Ersatz seiner Aufwendungen zu verschaffen (so ERMAN/EBERT § 256 Rn 6; MünchKomm/KRÜGER § 256 Rn 8; vgl auch LOOSCHELDERS, Schuldrecht AT Rn 321).

(3) Wegnahmerecht

Bei Ausübung eines Wegnahmerechts muss der Berechtigte die Sache gem § 258 auf seine Kosten wieder in den vorigen Stand setzen. Ist eine Wiederherstellung nicht oder nur mit unverhältnismäßigen Aufwendungen möglich, steht dem Duldungspflichtigen ein Schadensersatzanspruch in Geld analog § 251 zu (PALANDT/HEINRICHS § 258 Rn 3). Wenn dessen Interessen hierdurch nicht hinlänglich gewahrt werden können, ist der Berechtigte idR nach **Treu und Glauben** daran gehindert, das Wegnahmerecht auszuüben (STAUDINGER/BITTNER [2009] § 258 Rn 5; LARENZ, Schuldrecht I § 13 II; LOOSCHELDERS, Schuldrecht AT Rn 326).

(4) Auskunft

Das BGB sieht in einer **Vielzahl von Einzelregelungen** für bestimmte Situationen Auskunftspflichten vor (zB §§ 402, 666, 675, 740 Abs 2, 799 Abs 2, 1042, 1214, 1379, 1435; 1605, 1978 Abs 1, 2003 Abs 2, 2057, 2218). Daneben finden sich in den §§ 259–261 **allgemeine Regeln** für den Fall, dass Auskunft und Rechenschaft auf Grund einer anderen Vorschrift geschuldet sind. Eine allgemeine Auskunftspflicht ist dem BGB aber an sich fremd (RGZ 102, 336; BGH NJW 1981, 1733; LOOSCHELDERS, Schuldrecht AT Rn 327). Gleichwohl hat die Rspr einen Auskunftsanspruch unter Berufung auf § 242 gewährt, wenn eine „besondere rechtliche Beziehung zwischen dem Auskunftsfordernden und dem Inanspruchgenommenen" besteht und es das „Wesen des Rechtsverhältnisses mit sich bringt, dass der Berechtigte in entschulbarer Weise über Bestehen und Umfang seiner Rechte im Ungewissen, der Inanspruchgenommene aber in der Lage ist, die verlangte Auskunft unschwer zu erteilen" (so BGH NJW 1980, 2463 in fast noch gleicher Formulierung wie RGZ 158, 377, 379; ferner BGHZ 95, 274, 278 f; 95, 285, 288; 97, 188, 192; BGH NJW 1986, 1244, 1245; BGH NJW-RR 1987, 1521; BGH NJW 1995, 386, 387; 2001, 821, 822; 2002, 3771; BGHZ 152, 307, 316 = NJW 2003, 582; BGH NJW-RR 2005, 1408; NJW 2007, 1806, 1807; st Rspr – vgl dazu auch STAUDINGER/OLZEN § 241 Rn 169; S LORENZ, Auskunftsansprüche im Bürgerlichen Recht, JuS 1995, 569, 572; zu den Einzelfällen STAUDINGER/BITTNER [2009] § 260 Rn 22 ff). Der Auskunftsanspruch nach § 242 BGB hat somit vier Voraussetzungen: das Vorliegen einer besonderen rechtlichen Beziehung, die dem Grunde nach feststehende oder (im vertraglichen Bereich) zumindest sehr wahrscheinliche Existenz eines Leistungsanspruchs des Auskunftsfordernden gegen den Anspruchsgegner, die entschuldbare Ungewissheit des Auskunftsfordernden über Bestehen und Umfang seiner Rechte sowie die Zumutbarkeit der Auskunftserteilung durch den Anspruchsgegner (ausführlich MünchKomm/KRÜGER § 260 Rn 13 ff). Die Entscheidung kann nur **im Einzelfall** auf Grund einer **umfassenden Abwägung** zwischen den Interessen des Anspruchstellers und des Anspruchsgegners getroffen werden (vgl BGH NJW 2007, 1806, 1808; STAUDINGER/BITTNER [2009] § 260 Rn 21).

602 In der neueren Lit dringt die Auffassung vor, dass der allgemeine Auskunftsanspruch aus Treu und Glauben zu **Gewohnheitsrecht** erstarkt sei (so etwa MünchKomm/KRÜGER § 260 Rn 12; PALANDT/HEINRICHS §§ 259–261 Rn 8; STAUDINGER/BITTNER [2009] § 260 Rn 19; GERNHUBER, Schuldverhältnis § 24 III 2a; S LORENZ, Auskunftsansprüche im Bürgerlichen Recht, JuS 1995, 569, 573). Die Rspr bleibt zurückhaltend (für Herleitung aus § 242 zB noch BGH NJW 1988, 1906; 1993, 2737; BGH BB 1993, 1612; BGH NJW-RR 1994, 454, 455; BGH NJW 1995, 386, 387; 2001, 821, 822; 2002, 3771; für Gewohnheitsrecht BGH DB 1980, 682 betr Schadensersatzanspruch). Dies ändert aber nichts daran, dass die **allgemeinen Kriterien des § 242** bei der Prüfung des Auskunftsanspruchs auch in der Rspr **keine Rolle** mehr spielen.

603 Im Zusammenhang mit der Loslösung des Auskunftsanspruchs von der Vorschrift des § 242 wird zum Teil die Auffassung vertreten, dass das Merkmal des „**Rechtsverhältnisses**" entbehrlich sei (so STAUDINGER/SCHMIDT [1995] Rn 829). Die hM hält hieran aber fest (vgl BGH NJW 1995, 386, 387; 1986, 1244, 1245; BAMBERGER/ROTH/UNBERATH § 260 Rn 10; ERMAN/EBERT § 260 Rn 3 f; MünchKomm/KRÜGER § 260 Rn 13). Da der Begriff des Rechtsverhältnisses iwS (unter Einschluss gesetzlicher Schuldverhältnisse etc) verstanden wird, führt dies in der Praxis jedoch zu keinen erheblichen Beschränkungen (vgl GERNHUBER, Schuldverhältnis § 24 III 2c). Die Art des Rechtsverhältnisses und die Intensität der daraus folgenden Sonderbeziehung kann im Einzelfall aber große Bedeutung bei der Beurteilung der Zumutbarkeit der Auskunfterteilung haben (MünchKomm/KRÜGER § 260 Rn 20).

604 Der allgemeine Auskunftsanspruch aus Treu und Glauben wird seinerseits – wie jeder andere Auskunftsanspruch – durch § 242 begrenzt (vgl MünchKomm/KRÜGER § 260 Rn 45). Er kann daher nach allgemeinen Regeln **verwirkt** sein (zB BGHZ 39, 87, 92 f). Außerdem besteht die Möglichkeit, dass seine Geltendmachung **rechtsmissbräuchlich** erscheint, zB wenn die Auskunft für den in Frage stehenden Anspruch unter keinem Aspekt relevant ist (BGH NJW 1985, 384, 385; 1982, 2771; OLG Düsseldorf NJW 1988, 2389) oder wenn der Gläubiger sie zu „sachwidrigen Zwecken" begehrt

(RGZ 127, 243, 245; BGHZ 10, 385, 387; PALANDT/HEINRICHS §§ 259–261 Rn 24; SOERGEL/M WOLF § 260 Rn 61 ff; vgl dazu GERNHUBER, Schuldverhältnis § 24 VI 1 und 2). Allein die Tatsache, dass die Erteilung der Auskunft dem Schuldner Mühe bereitet und ihn Zeit und Geld kostet, führt jedoch nicht zu einem Ausschluss des Auskunftsanspruchs. Eine unbillige Belastung des Schuldner ist nämlich nicht nur dann zu verneinen, wenn die mit der Auskunft verbundenen Belastungen so gering sind, dass sie nicht ins Gewicht fallen; der Schuldner muss vielmehr auch größere Belastungen auf sich nehmen, wenn sie ihm auf Grund der Beweisnot des Gläubigers und der Bedeutung der verlangten Auskunft für diesen zumutbar sind (BGH NJW 2007, 1806, 1808).

dd) Modalitäten der Leistung
(1) Teilleistungen, § 266*

Dem Grundsatz von Treu und Glauben wird im Anwendungsbereich des § 266 traditionell große Bedeutung beigemessen (vgl schon RGZ 161, 58; HAMBURGER, Treu und Glauben im Verkehr [1930] 62 ff). Im Einzelnen geht es um folgende Fragenkreise: **605**

(a) Recht des Schuldners zu Teilleistungen

Rspr und Lit erkennen an, dass dem Gläubiger die **Ablehnung von Teilleistungen** **606** nach Treu und Glauben entgegen § 266 **verwehrt** bleibt, wenn ihm die Annahme bei verständiger Würdigung der Lage des Schuldners und seiner eigenen schutzwürdigen Interessen zuzumuten ist (so BGH VersR 1954, 297; BGH NJW 1965, 1763, 1764; OLG Stuttgart VersR 1972, 448, 449; OLG Karlsruhe FamRZ 1985, 955, 956; BAMBERGER/ROTH/UNBERATH § 266 Rn 14; JAUERNIG/STADLER § 266 Rn 10; MünchKomm/KRÜGER § 266 Rn 13; SOERGEL/WOLF § 266 Rn 11; ROTHER NJW 1965, 1749 ff). Dabei soll „eine feste Regelung, wann dem [Gläubiger] die Annahme zumutbar ist, nicht auf[zu]stellen" sein; es komme vielmehr „auf die Umstände des Einzelfalles an" (so BGHZ 61, 240, 246 = NJW 1973, 2202; vgl auch BAUMGÄRTEL, Das Problem der „Klageveranlassung" [§ 93 ZPO] bei Teilleistungen [§ 266 BGB] in Kraftfahrzeug-Haftpflichtprozessen, VersR 1970, 971; OLG Hamm VersR 1957, 824; LG Augsburg VersR 1968, 1152). In der Praxis haben sich aber einige Fallgruppen herausgebildet, in denen § 266 durch § 242 eingeschränkt wird (ausf dazu STAUDINGER/BITTNER [2009] § 266 Rn 30 ff). Nach allgemeinen Grundsätzen (s o Rn 144 ff) ist dabei jeweils entscheidend, welches Gewicht den von § 266 geschützten Interessen im Vergleich mit den für die Zumutbarkeit sprechenden Gründen zukommt.

§ 266 hat den Zweck, den Gläubiger vor **Belästigungen durch Teilleistungen** zu **607** schützen (so schon RGZ 79, 359, 361 – unstr; vgl aus neuerer Zeit nur JAUERNIG/STADLER § 266 Rn 1; LOOSCHELDERS, Schuldrecht AT Rn 258). Eine Durchbrechung kommt daher nur dann in Betracht, wenn die **Interessen des Gläubigers** durch die Teilleistung **weder in rechtlicher noch in wirtschaftlicher oder faktischer Hinsicht beeinträchtigt** werden. Deshalb ist eine Teilleistung unzulässig, wenn ihre Annahme als **Verzicht** auf weitergehende Ansprüche gedeutet werden könnte (rechtlicher Nachteil; vgl zB OLG München VersR 1959, 550; OLG Düsseldorf VersR 1966, 1055; KG VersR 1971, 966; BAMBERGER/ROTH/UNBERATH § 266 Rn 16; ROTHER NJW 1965, 1749, 1751; SCHMALZL, Die vom Haftpflichtversicherer ohne nähere Bestimmungen an den Geschädigten gezahlten Vorschüsse und ihre Verrechnung auf den Schaden, VersR 1965, 423), wenn eine Pachtsache nur teilweise zurückgegeben wird (wirtschaftlicher Nachteil; vgl LG Mannheim MDR 1965, 140) oder

---

* **Schrifttum:** ROTHER, Zur Zulässigkeit von Teilleistungen, NJW 1965, 1749 ff.

wenn dem Gläubiger durch die ratenweise Leistung faktische Unannehmlichkeiten entstehen. Demgegenüber hat die Teilleistung für den Gläubiger keine Nachteile, wenn er – ebenso wie der Schuldner – nicht weiß, dass es sich um eine Teilleistung handelt (BGH VersR 1954, 297, 298 f; JAUERNIG/STADLER § 266 Rn 10), wenn der Schuldner nach Maßgabe seiner finanziellen Leistungsfähigkeit Abschlagszahlungen erbringt (PALANDT/HEINRICHS § 266 Rn 8) oder wenn der Schuldner den unstreitigen Teil des Anspruchs bezahlt und sich zur Zahlung des streitigen Teils bereit erklärt, sobald dieser bewiesen ist (OLG Nürnberg VersR 1965, 1185; BAMBERGER/ROTH/UNBERATH § 266 Rn 15).

608 Unabhängig davon, ob eine Belästigung eintritt, darf der Gläubiger die Leistung nach Treu und Glauben nicht wegen Fehlens **unbedeutender Leistungsrückstände** (sog „Spitzen") ablehnen (RG Recht 1906 Nr 602; RG SeuffA 61 Nr 149; SeuffA 77 Nr 22; OLG Schleswig FamRZ 1984, 187; OLG Karlsruhe FamRZ 1985, 955, 956; OLG Bremen NJW-RR 1990, 6, 7; LG Nürnberg-Fürth VersR 1965, 1060, 1061; MünchKomm/KRÜGER § 266 Rn 14; PALANDT/HEINRICHS § 266 Rn 8; SOERGEL/WOLF § 266 Rn 13; PWW/JUD § 266 Rn 3). Dies folgt aus dem Gedanken der **Verhältnismäßigkeit**.

609 Die größte praktische Bedeutung haben solche Fragen für **Leistungen von Haftpflichtversicherern** (OLG Hamm VersR 1957, 824; OLG Nürnberg VersR 1964, 834 und VersR 1965, 1184; OLG Düsseldorf NJW 1965, 1763 und VersR 1966, 1055 mit Anm H W SCHMIDT VersR 1967, 45; OLG München VersR 1962, 673; LG Augsburg VersR 1968, 1152; MünchKomm/KRÜGER § 266 Rn 13; RUHKOPF, Zur Problematik der Klaglosstellung, VersR 1960, 13 und ders, Nochmals: Teilleistung und Klaglosstellung, VersR 1967, 927; H W SCHMIDT, Zur Teilleistung des Haftpflichtversicherers, VersR 1966, 226; JAUERNIG/STADLER § 266 Rn 10; PRÖLSS/MARTIN/VOIT/KNAPPMANN, VVG [27. Aufl 2004] § 5 AHB Rn 31 mwNw; sehr restriktiv ROTHER NJW 1965, 1749; ROIDL, Teilleistung, Teilanerkenntnis, Teilerledigung, NJW 1968, 1865; BOETZINGER, Pflicht zur Annahme von Teilleistungen bei Unfallschäden, VersR 1968, 1124) und für **Unterhaltsansprüche** (OLG Karlsruhe FamRZ 1985, 955, 956; OLG Schleswig FamRZ 1984, 187; OLG Bremen NJW-RR 1990, 6; STAUDINGER/BITTNER [2009] § 266 Rn 33). Im Übrigen gilt, dass die Zulässigkeit von **Teilhinterlegungen** nach den gleichen Grundsätzen zu beurteilen ist (BGH WM 1961, 1376).

(b) Recht des Gläubigers zu Teilforderungen

610 § 266 hindert den Gläubiger nach allgM nicht, Teilleistungen zu fordern, welche er dann auch annehmen muss (RGZ 66, 271). Grenzen ergeben sich hier aus dem Grundsatz von Treu und Glauben (ERMAN/EBERT § 266 Rn 7; MünchKomm/KRÜGER § 266 Rn 21; PALANDT/HEINRICHS § 266 Rn 11). Da § 266 nicht eingreift, bestehen aber **keine spezifischen Kollisionsprobleme**. Ist die **Höhe des Anspruchs streitig**, kann der Schuldner aus § 266 iVm § 242 nicht das Recht ableiten, die Leistung auch „in dem mindestens geschuldeten Umfange" zu verweigern (BGHZ 80, 269, 278).

(2) Leistung durch Dritte, § 267
(a) Nachträgliche Änderung der Tilgungsbestimmung

611 Mangels persönlicher Leistungspflicht darf die Leistung gem § 267 Abs 1 auch durch einen Dritten bewirkt werden, ohne dass der Schuldner einwilligen muss. Voraussetzung ist allerdings, dass der Dritte mit **Fremdtilgungswillen** handelt und dies auch zum Ausdruck bringt. Bei Leistung auf eine vermeintlich eigene Schuld soll es ihm aber in den **Grenzen des § 242** erlaubt sein, die Tilgungsbestimmung

nachträglich zu ändern (vgl BGH NJW 1964, 1898; 1983, 812, 814; 1986, 2700; PALANDT/HEIN-RICHS § 267 Rn 3; LOOSCHELDERS, Schuldrecht AT Rn 263; von BGHZ 137, 90, 95 offen gelassen). Dieser Lösung wird teilweise entgegengehalten, sie führe zu einer ungerechtfertigten Privilegierung des sog Putativschuldners (so insbes STAUDINGER/BITTNER [2009] § 267 Rn 45; MünchKomm/KRÜGER § 267 Rn 12; MEDICUS/PETERSEN BR Rn 951; W LORENZ, Gläubiger, Schuldner, Dritte und Bereicherungsausgleich, AcP 168 [1968] 286, 306 ff). Richtig ist hieran jedenfalls, dass die Stellung des wirklichen Schuldners durch das **Wahlrecht des Putativschuldners** nicht verschlechtert werden darf (W LORENZ AcP 168 [1968] 286, 310). Dies lässt sich jedoch schon dadurch gewährleisten, dass die Ausübung des Wahlrechts unter dem Vorbehalt des § 242 steht. Umgekehrt würde der wirkliche Schuldner gegen Treu und Glauben verstoßen, wenn er sich auf das Fehlen des Fremdtilgungswillens im Zeitpunkt der Leistung beriefe, obwohl seine Interessen durch die nachträgliche Änderung der Tilgungsbestimmung unberührt bleiben (LARENZ/CANARIS, Schuldrecht II/2 § 69 III 2c).

(b) Ablehnung der Leistung
Gem § 267 Abs 2 ist der Gläubiger nur dann berechtigt, die Leistung des Dritten abzulehnen, wenn der Schuldner widerspricht. Nach Treu und Glauben kann dem Gläubiger in Ausnahmefällen aber auch **ohne Widerspruch des Schuldners und ohne die Folgen des Annahmeverzuges** ein Ablehnungsrecht zustehen, zB wenn ihm die Person des Leistenden nicht zumutbar ist (MünchKomm/KRÜGER § 267 Rn 16; PALANDT/HEINRICHS § 267 Rn 5; STAUDINGER/BITTNER [2009] § 267 Rn 48). **612**

(3) Leistungsort und Leistungszeit
Im Anwendungsbereich des **§ 269** besteht Raum für den Rückgriff auf § 242, wenn die **Leistung am ursprünglichen Erfüllungsort unmöglich** oder (mindestens) einer Partei **unzumutbar** ist; in diesem Fall wird nach Treu und Glauben ein anderer – angemessener – Erfüllungsort festgelegt (vgl RGZ 107, 121, 122; OGH MDR 1949, 289; BGH BB 1955, 844; OLG Celle NJW 1953, 1831; MünchKomm/KRÜGER § 269 Rn 50; LOOSCHELDERS, Schuldrecht AT Rn 74). **613**

Im Zusammenhang mit der **Leistungszeit** (§ 271) lässt sich dem § 242 entnehmen, dass der **Gläubiger** seine Rechte nicht zur Unzeit in Anspruch nehmen bzw ausüben darf (RG DR 1943, 1220; OGH NJW 1950, 503; BGH NJW 1977, 761; LG Düsseldorf FamRZ 1955, 503; speziell zur Kündigung von Arbeitsverträgen s u Rn 772 ff). Umgekehrt ist es dem **Schuldner** nach Treu und Glauben verwehrt, seine Leistung zur Unzeit zu erbringen (RGZ 91, 67; JAUERNIG/MANSEL Rn 17; MünchKomm/KRÜGER § 271 Rn 11 – Für Handelsgeschäfte vgl § 358 HGB). **614**

ee) Rechte des Schuldners zur Leistungsverweigerung
(1) Allgemeines
Die Regelungen über Zurückbehaltungsrechte iwS (§§ 273, 274, 320–322) werden oft als **Ausprägungen des Grundsatzes von Treu und Glauben** bezeichnet (so für § 273 das RG und der BGH in stRspr: RGZ 68, 32, 34; 126, 383, 385; 152, 71, 73; RG DR 1940, 795; BGH LM Nr 7 zu § 273; BGHZ 91, 73, 83 = NJW 1984, 2151, 2154; BGH NJW 1990, 1171, 1172; 2000, 948, 949; 2004, 3484, 3485; vgl auch Hk-BGB/SCHULZE § 273 Rn 1; MünchKomm/KRÜGER § 273 Rn 2; PALANDT/HEINRICHS § 273 Rn 1; SOERGEL/WOLF § 273 Rn 2; PWW/JUD § 273 Rn 2; AnwK-BGB/SCHMIDT-KESSEL § 273 Rn 3; LOOSCHELDERS, Schuldrecht AT Rn 334. – Zu § 320 vgl etwa BGH WM 1974, 369, 371; SOERGEL/WIEDEMANN § 320 Rn 11). Dies ist keineswegs nur ein **615**

entbehrlicher Hinweis auf den eigenen Gerechtigkeitsgehalt der Vorschriften (so aber STAUDINGER/J SCHMIDT [1995] Rn 891); vielmehr wirkt sich der Grundsatz von Treu und Glauben auch in vielfältiger Weise bei der praktischen Rechtsanwendung aus. Meist geht es um eine **Einschränkung des Leistungsverweigerungsrechts** (vgl PWW/JUD § 273 Rn 16). § 320 Abs 2 enthält hierzu eine Sonderregelung, die selbst den Grundsatz von Treu und Glauben in Bezug nimmt (PWW/MEDICUS § 320 Rn 9). Ein Rückgriff auf § 242 erübrigt sich insoweit also (vgl BGH WM 1989, 1574, 1578).

(2) Zurückbehaltungsrecht, §§ 273, 274
(a) Konnexität

616 Das Zurückbehaltungsrecht nach §§ 273, 274 beruht auf dem Gedanken, dass es im Rahmen eines **einheitlichen Rechtsverhältnisses** mit Treu und Glauben nicht vereinbar wäre, wenn der Gläubiger die ihm zustehende Leistung verlangen könnte, ohne den Gegenanspruch des Schuldners zu erfüllen (vgl STAUDINGER/BITTNER [2009] § 273 Rn 8). Die Rückbindung an Treu und Glauben führt zu einer weiten Auslegung des Merkmals „aus demselben rechtlichen Verhältnis". Anspruch und Gegenanspruch müssen nicht auf demselben Schuldverhältnis beruhen; es genügt vielmehr ein innerlich zusammengehörendes **einheitliches Lebensverhältnis**. Entscheidend ist, dass beide Ansprüche in einem engen natürlichen, wirtschaftlichen und inhaltlichen Zusammenhang stehen und es deshalb treuwidrig wäre, wenn der eine Anspruch ohne Rücksicht auf den anderen durchgesetzt werden könnte (so schon RGZ 134, 144, 146; 158, 6, 14 – stRspr: BGHZ 47, 157, 167; 64, 122, 125; 92, 194, 196; 115, 99, 103 f; BGH NJW 2004, 3084, 3085; ausf zum Ganzen STAUDINGER/BITTNER [2009] § 273 Rn 38 ff).

(b) Erweiterung des Zurückbehaltungsrechts

617 Über die Vorschrift des § 273 hinaus kann der Schuldner **unmittelbar aus Treu und Glauben** ein **Zurückbehaltungsrecht** haben, insbesondere nach dem **dolo agit-Grundsatz**, wonach arglistig handelt, wer fordert, was er sofort wieder zurückgeben muss (vgl BGHZ 38, 122, 126; PALANDT/HEINRICHS § 273 Rn 1; zum dolo agit-Grundsatz s o Rn 281 ff). Daneben hat die **Rspr** vereinzelt geprüft, ob dem Schuldner „in entsprechender Anwendung des § 273 Abs 1 eine Art Zurückbehaltungsrecht" (BGH NJW 1984, 1676, 1678) oder ein „Zurückbehaltungsrecht ... unter dem Gesichtspunkt von Treu und Glauben" (BGH WM 1987, 878, 880; vgl auch LG Dortmund NJW 1981, 764: „Zurückbehaltungsrecht ... gem § 242 iVm Art 4 Abs 1, 5 Abs 1, 20 Abs 4 GG" [Atomstromboykott]) zusteht. Unter welchen Voraussetzungen ein solches Zurückbehaltungsrecht entstehen soll, bleibt dabei jedoch unklar. In den einschlägigen Entscheidungen wurde es stets abgelehnt. Die diesbezüglichen Überlegungen führen also nicht weiter.

(c) Ausschluss oder Einschränkung des Zurückbehaltungsrechts

618 § 273 schränkt das Zurückbehaltungsrecht für den Fall ein, dass sich aus dem Schuldverhältnis etwas anderes ergibt. In Betracht kommen hiernach insbesondere Einschränkungen auf Grund vertraglicher Vereinbarungen, besonderer gesetzlicher Regelungen (zB § 175) oder der Natur des Schuldverhältnisses (vgl AnwK-BGB/ SCHMIDT-KESSEL § 273 Rn 23 ff; LOOSCHELDERS, Schuldrecht AT Rn 339 ff). Darüber hinaus kann die Geltendmachung des Zurückbehaltungsrechts wegen **unzulässiger Rechtsausübung** ausgeschlossen sein (vgl BGH NJW 2004, 3084, 3085; MünchKomm/ROTH Rn 246; PALANDT/HEINRICHS § 273 Rn 17; zu den Einzelfällen STAUDINGER/BITTNER [2009] § 273 Rn 100 ff). Dabei kommt dem Gedanken der Verhältnismäßigkeit große Bedeutung zu (vgl PWW/JUD § 273 Rn 16; LOOSCHELDERS, Schuldrecht AT Rn 342). Umgekehrt kann

der Gläubiger nach Treu und Glauben aber auch gehindert sein, sich auf eine vertragliche oder gesetzliche Einschränkung des Zurückhaltungsrechts zu berufen (BGHZ 48, 264, 268 ff; STAUDINGER/BITTNER [2009] § 273 Rn 75).

(3) Einrede des nicht erfüllten Vertrages, §§ 320–322
(a) Funktionelles Synallagma und Treu und Glauben
Die Einrede des nicht erfüllten Vertrages (§§ 320–322) wird in Rspr und Lit mit dem Gedanken des **funktionellen Synallagma** gerechtfertigt (vgl BAMBERGER/ROTH/ GROTHE § 320 Rn 1; JAUERNIG/STADLER § 320 Rn 2; PALANDT/HEINRICHS § 320 Rn 1; PWW/JUD § 273 Rn 2). Die dogmatischen Überlegungen zum „Wesen des Synallagma" dürfen jedoch nicht darüber hinwegtäuschen, dass es den §§ 320 ff nicht (nur) um die Verwirklichung eines formalen Prinzips geht; dahinter steht vielmehr auch hier der Grundsatz von **Treu und Glauben**. Insofern besteht zwischen § 273 und § 320 also kein Gegensatz (SOERGEL/WIEDEMANN § 320 Rn 11; **aA** BGB-RGRK/BALLHAUS § 320 Rn 2; allg z Verhältnis zwischen § 273 und § 320 MünchKomm/KRÜGER § 273 Rn 101).

(b) Ausschluss des Leistungsverweigerungsrechts nach § 320 Abs 2
Bei **Teilleistungen** ist das Leistungsverweigerungsrecht der anderen Partei gem § 320 Abs 2 insoweit ausgeschlossen, als die Verweigerung nach den Umständen, insbesondere wegen verhältnismäßiger Geringfügigkeit des rückständigen Teils, gegen Treu und Glauben verstoßen würde. GERNHUBER (Schuldverhältnis § 14 IV 1) hält diese Regelung für entbehrlich, weil das gleiche Ergebnis „jederzeit auch unmittelbar § 242 ... entnommen werden" könne. Dem hat J SCHMIDT entgegnet, § 320 Abs 2 sei wegen des Kriteriums der Verhältnismäßigkeit eine „etwas informationsreichere Vorschrift" als § 242 (STAUDINGER/J SCHMIDT [1995] Rn 898). Die eigentliche Bedeutung des § 320 Abs 2 liegt indessen darin, für Teilleistungen klarzustellen, dass **grundsätzlich** die **ganze Gegenleistung verweigert** werden darf (vgl PWW/MEDICUS § 320 Rn 9). Einschränkungen des Leistungsverweigerungsrechts müssen also **im Einzelfall** mit den Kriterien von Treu und Glauben gerechtfertigt werden (MünchKomm/ EMMERICH § 320 Rn 53).

(c) Sonstige Fälle des Rechtsmissbrauchs
Die Geltendmachung des Zurückbehaltungsrechts kann auch **außerhalb der Fälle der Teilleistung** wegen **missbräuchlicher Rechtsausübung** ausgeschlossen sein. Da § 320 Abs 2 hier nicht anwendbar ist, muss die Problematik nach den allgemeinen Grundsätzen des § 242 behandelt werden. Zu den Einzelheiten s STAUDINGER/OTTO (2004) § 320 Rn 51; PWW/MEDICUS § 320 Rn 10.

(d) Eigene Vertragstreue als Voraussetzung des Leistungsverweigerungsrechts
Nach Rspr und hL soll die Einrede des nicht erfüllten Vertrages nur dem zustehen, der selbst vertragstreu ist. Die eigene Vertragstreue sei jedenfalls dann zu verneinen, wenn die betreffende Partei die **Erbringung der geschuldeten Leistung** ihrerseits **ernsthaft und endgültig verweigert** und sich **vom Vertrag losgesagt** habe (in diesem Sinne schon RGZ 58, 173, 176; RGZ 171, 287, 301; RG WarnR 1908 Nr 296; aus neuerer Zeit BGHZ 50, 175, 177; 88, 91, 96; BGH WM 1976, 964, 966; 1978, 731, 733; BGH NJW 1982, 874, 875; 1989, 3222, 3224; BGH NJW-RR 1995, 564, 565; BGH ZIP 1999, 367, 369; BGH NJW 2002, 3541, 3542; OLG Hamm NJW-RR 1986, 1179, 1180; OLG Düsseldorf NJW-RR 1993, 1207, 1208; ERMAN/WESTERMANN § 320 Rn 6 f; Hk-BGB/SCHULZE § 320 Rn 6; MünchKomm/EMMERICH § 320 Rn 37; STAUDINGER/OTTO [2004] § 320 Rn 39; LOOSCHELDERS, Schuldrecht AT Rn 352; **aA**

HÜFFER, Leistungsstörungen 197, 206 ff; GERNHUBER, Schuldverhältnis § 14 III 5a; vermittelnd SOERGEL/WIEDEMANN § 320 Rn 58).

623 Die **dogmatische Einordnung** der eigenen Vertragstreue ist umstritten. Nach hM handelt es sich um ein **ungeschriebenes Tatbestandsmerkmal** des § 320 (vgl BAMBERGER/ROTH/GROTHE § 320 Rn 5; Hk-BGB/SCHULZE § 320 Rn 6; MünchKomm/EMMERICH § 320 Rn 37; STAUDINGER/OTTO [2004] § 320 Rn 39). Die Gegenauffassung will die fehlende eigene Vertragstreue nach Inkrafttreten des Schuldrechtsmodernisierungsgesetzes unter dem Aspekt des **Rechtsmissbrauchs als Ausschlussgrund** einordnen. Zur Begründung wird darauf hingewiesen, dass die eigene Vertragstreue bei den §§ 281, 323 – anders als bei § 326 aF – nicht als Voraussetzung des Anspruchs auf Schadensersatz statt der Leistung bzw des Rücktritts anzusehen sei (s u Rn 625, 654); dies müsse auf § 320 übertragen werden, um eine einheitliche Einordnung des Merkmals zu ermöglichen (so PALANDT/GRÜNEBERG § 320 Rn 6).

624 Das Erfordernis der eigenen Vertragstreue hängt entstehungsgeschichtlich eng mit dem **Tu-quoque-Einwand** zusammen (vgl STAUDINGER/OTTO/SCHWARZE [2009] § 281 Rn B 70 und STAUDINGER/OTTO [2004] § 323 Rn B 84 mwNw). Es gilt damit die Feststellung, dass das BGB **keinen eigenständigen Ausschlussgrund** des nicht rechtstreuen bzw nicht vertragstreuen Verhaltens kennt. Es muss daher bei jeder einzelnen Vorschrift geprüft werden, welche Bedeutung der eigenen Vertragstreue zukommt. Einheitliche Lösungen verbieten sich. Insbesondere erscheint es nicht angemessen, das Problem ausschließlich beim Einwand des Rechtsmissbrauchs anzusiedeln. So kann die eigene Vertragsuntreue beim Anspruch auf Schadensersatz statt der Leistung aus §§ 280 Abs 1, 3, 281 Abs 1 S 1 Alt 1 und beim Rücktrittsrecht aus § 323 Abs 1 Alt 1 schon die tatbestandlichen Voraussetzungen ausschließen (s u Rn 654).

625 Bei § 320 ist daran festzuhalten, dass die eigene Vertragstreue ein **ungeschriebenes Tatbestandmerkmal** darstellt. Die **Funktion des § 320**, den anderen Teil zur Erbringung der Gegenleistung anzuhalten, verbietet es nämlich, dem Schuldner das Leistungsverweigerungsrecht einzuräumen, obwohl er selbst nicht am Vertrag festhalten will (so BGH NJW 2002, 3541, 3542; Hk-BGB/SCHULZE § 320 Rn 6; JAUERNIG/STADLER § 320 Rn 13). Der Einwand des Tu-quoque oder des Rechtsmissbrauchs muss damit nicht herangezogen werden.

(e) **Ausschluss der Vorleistungspflicht bei fehlender Vertragstreue des anderen Teils**

626 Die Vorleistungspflicht einer Partei entfällt nach Treu und Glauben bei **ernsthafter Erfüllungsverweigerung** durch die andere Partei, und zwar mit der Folge, dass wieder die Grundregel des § 320 gilt (RG WarnR 1908 Nr 451; RG SchlHAnz 1918, 102; RG JW 1924, 1141; RG SeuffA 81 Nr 25; BGHZ 88, 240, 247 f = NJW 1984, 230; BGH WM 1964, 1247; 1978, 731, 733; BGH NJW 1983, 2437; BGH NJW-RR 1987, 1159; BGH NJW 1994, 2025, 2026; NJW 1997, 938, 939; BGH BB 1995, 1209; MünchKomm/EMMERICH § 320 Rn 27; STAUDINGER/ OTTO [2004] § 320 Rn 7). Die **grundlose und endgültige** Verweigerung der Erfüllung schließt darüber hinaus nach allgemeinen Regeln (s o Rn 622) das Leistungsverweigerungsrecht des § 320 aus (BGHZ 50, 175, 177; BGH WM 1986, 73, 74; BGH NJW 1990, 3008, 3009; **aA** HÜFFER, Leistungsstörungen 209 ff; GERNHUBER, Schuldverhältnis § 15 V 1; differenzierend SOERGEL/WIEDEMANN § 320 Rn 79, 80). Der Wegfall der Vorleistungspflicht erklärt sich aus dem **Verbot des venire contra factum proprium** (vgl ERNST, Die Gegensei-

tigkeit im Vertragsvollzug, AcP 199 [1999] 485, 503; dazu o Rn 286 ff). Wer selbst nicht am Vertrag festhalten will, verhält sich widersprüchlich, wenn er den anderen Teil auf Vorleistung in Anspruch nimmt.

(f) Unsicherheitseinrede
Die Unsicherheitseinrede nach § 321 wird überwiegend als besondere Ausprägung der **clausula rebus sic stantibus** bzw der **Störung der Geschäftsgrundlage** (jetzt § 313) verstanden (vgl etwa RGZ 50, 255, 257 f; Hk-BGB/SCHULZE § 321 Rn 1; JAUERNIG/STADLER § 321 Rn 1; PALANDT/GRÜNEBERG § 321 Rn 1; STAUDINGER/OTTO [2004] § 321 Rn 4); sie weist damit einen engen Bezug zum Grundsatz von Treu und Glauben auf. Umgekehrt kann der Vorleistungspflichtige nach § 242 im Einzelfall aber auch an der Geltendmachung der Unsicherheitseinrede gehindert sein (vgl dazu STAUDINGER/OTTO [2004] § 321 Rn 30). 627

Vor Inkrafttreten des Schuldrechtsmodernisierungsgesetzes bestand das Problem, dass die Erhebung der Einrede zu einem **unbegrenzten Schwebezustand** führen konnte, wenn die andere Partei hierauf nicht reagierte. Die Rspr billigte dem Vorleistungspflichtigen deshalb über § 242 ein **Rücktrittsrecht** zu, sobald eine der anderen Partei gesetzte angemessene Frist zur Leistung Zug um Zug oder zur Sicherheitsleistung fruchtlos verstrichen war (vgl BGHZ 11, 80, 85; 112, 279, 287). Dieses Rücktrittsrecht ist jetzt in erweiterter Form (PALANDT/GRÜNEBERG § 321 Rn 9) in § 321 Abs 2 geregelt. Ein Rückgriff auf Treu und Glauben ist insoweit also nicht mehr erforderlich. 628

c)   Leistungsstörungen*
aa) Allgemeines
Das Schuldrechtsmodernisierungsgesetz hat das **Leistungsstörungsrecht** völlig **neu strukturiert**. Dabei sind einige Institute, die bislang auf § 242 gestützt wurden, ausdrücklich geregelt worden (s o Rn 100), namentlich die Störung der Geschäftsgrundlage (§ 313), das Kündigungsrecht aus wichtigem Grund bei Dauerschuldverhältnissen (§ 314) sowie die pFV (§ 280 Abs 1) und die cic (§§ 280 Abs 1, 311 Abs 2, 241 Abs 2), wobei sich die beiden letzteren Institute aber schon vor der Reform von § 242 emanzipiert hatten (s STAUDINGER/OLZEN Einl 209 ff zum SchuldR). Im Detail finden sich einige weitere neue Regelungen, die den Rückgriff auf § 242 entbehrlich machen (s Rn 571), nicht selten freilich auf Kosten von Abgrenzungsproblemen. Im 629

---

* **Schrifttum:** CANARIS, Die Neuregelung des Leistungsstörungs- und des Kaufrechts – Grundstrukturen und Problemschwerpunkte, in: E LORENZ (Hrsg), Karlsruher Forum 2002: Schuldrechtsmodernisierung (2003) 5; ders, Die einstweilige Unmöglichkeit der Leistung, in: FS Huber (2006) 143; FINN, Kann der Gläubiger die (Nach-)Erfüllung zwischen Fristablauf und Schadensersatzverlangen zurückweisen?, ZGS 2004, 32; HANAU, Der Schuldner in der Hand des Gläubigers? – Beendigung der Schwebelage nach Ablauf einer gem § 323 BGB gesetzten Frist, NJW 2007, 2806; MEDICUS, Bemerkungen zur „vorübergehenden Unmöglichkeit, in: FS Heldrich (2005) 347; OTTO, Der Ausschluss der Leistungspflicht gemäß § 275 Abs 2 und 3 BGB im Schwebezustand, in: FS Canaris I (2007) 945; RAMMING, Wechselwirkungen bei den Voraussetzungen der gesetzlichen Kündigungs- und Rücktrittsrechte nach allgemeinem Schuldrecht (§§ 314, 323, 324 BGB), ZGS 2003, 113; SCHWAB, Schadensersatzverlangen und Ablehnungsandrohung nach der Schuldrechtsreform, JR 2003, 133; SCHWARZE, Das Recht der Leistungsstörungen (2008).

Übrigen gibt es aber auch im neuen Leistungsstörungsrecht zahlreiche Fragen, die mit Hilfe des § 242 gelöst werden müssen.

630 Zentrales Element des neuen Leistungsstörungsrechts ist die **Pflichtverletzung** (vgl § 280 Abs 1 S 1). Vier **Fallgruppen** lassen sich unterscheiden: die **Verzögerung** der Leistung (insbesondere Verzug), die **Schlechtleistung**, die Verletzung von **Rücksichtspflichten** sowie die **nachträgliche Unmöglichkeit** (vgl LOOSCHELDERS, Schuldrecht AT Rn 484 ff). Für die **anfängliche Unmöglichkeit** gilt die Sonderregelung des § 311a. Außerhalb dieser Konzeption steht die **Unmöglichkeit als Ausschlussgrund für die primäre Leistungspflicht** (§ 275). Hier hat die Unmöglichkeit nach wie vor eigenständige Bedeutung; ob eine Pflichtverletzung vorliegt, ist irrelevant (LOOSCHELDERS, Schuldrecht AT Rn 449). Zu den Leistungsstörungen iwS zählt außerdem der **Gläubigerverzug** (§§ 293–304), der ebenfalls keine Pflichtverletzung voraussetzt.

bb) Unmöglichkeit

631 Bei der Neuregelung der Unmöglichkeit sind zwei spezielle Ausprägungen von Treu und Glauben in § 275 Abs 2 und 3 gesondert geregelt worden (s o Rn 269 ff). Darüber hinaus kann § 242 im Zusammenhang mit der Unmöglichkeit aber an einigen anderen Stellen Bedeutung erlangen. Folgende Fallgruppen sind hervorzuheben:

(1) Zeitweilige Unmöglichkeit

632 Nach § 275 Abs 1 erlischt die primäre Leistungspflicht des Schuldners nur bei **dauernder Unmöglichkeit**; bei zeitweiliger Unmöglichkeit lebt die Leistungspflicht nach Beseitigung des Leistungshindernisses wieder auf (so schon RGZ 117, 127, 130 zu § 275 aF; vgl jetzt STAUDINGER/LÖWISCH/CASPERS [2009] § 275 Rn 46; PWW/SCHMIDT-KESSEL § 275 Rn 5; LOOSCHELDERS, Schuldrecht AT Rn 470; MEDICUS/LORENZ, Schuldrecht I Rn 419; SCHWARZE, Leistungsstörungen § 4 Rn 25; CANARIS, in: FS Huber [2006] 143, 145 ff; MEDICUS, in: FS Heldrich [2005] 347, 349; zu § 275 Abs 2 und 3 OTTO, in: FS Canaris I [2007] 945, 952). § 275 Abs 1 ist insoweit nur entsprechend anwendbar (STAUDINGER/LÖWISCH/CASPERS [2009] § 275 Rn 47; PWW/SCHMIDT-KESSEL § 275 Rn 5).

(a) Abgrenzung von dauernder und zeitweiliger Unmöglichkeit

633 Nach **stRspr** soll die Abgrenzung zwischen zeitweiliger und dauernder Unmöglichkeit nach **Treu und Glauben** unter Abwägung der Belange beider Parteien vorgenommen werden. Ein vorübergehendes Leistungshindernis steht hiernach einem dauernden gleich, wenn es die Erreichung des Vertragszwecks in Frage stellt und der einen oder anderen Partei das Festhalten am Vertrag nach Treu und Glauben nicht mehr zugemutet werden kann (so schon RGZ 5, 279; 158, 321, 331; BGH LM Nr 4 zu § 275; BGHZ 47, 48, 50; 83, 197, 200; zum neuen Recht BGHZ 174, 61, 67; OLG Karlsruhe NJW 2005, 989, 990; PALANDT/HEINRICHS § 275 Rn 11; MEDICUS, in: FS Heldrich [2005] 347, 351 ff; SCHWARZE, Leistungsstörungen § 4 Rn 22 ff; ausf zum Ganzen STAUDINGER/LÖWISCH/CASPERS [2009] § 275 Rn 46 ff; für Lösung über § 313: AnwK-BGB/DAUNER-LIEB § 275 Rn 68; ARNOLD, Die vorübergehende Unmöglichkeit nach der Schuldrechtsreform, JZ 2002, 866, 871; CANARIS, in: FS Huber [2006] 143, 157 ff). Dies kommt zB für den Fall in Betracht, dass sich die nach der Grundstücksverkehrsordnung erforderliche **Genehmigung** des Vertrags **um fast acht Jahre verzögert** und der Abschluss des verwaltungsgerichtlichen Verfahrens nicht absehbar ist (so iE auch LG Konstanz NJW-RR 2004, 91, das sich allerdings für eine

Rückabwicklung nach §§ 812 ff analog ausspricht). Das Gleiche gilt beim Verkauf eines abhanden gekommenen Gebrauchtwagens, wenn nicht absehbar ist, ob und zu welchem Zeitpunkt der Verkäufer das Fahrzeug vom Eigentümer bzw von dessen Versicherung erwerben kann (OLG Karlsruhe NJW 2005, 989, 990).

(b) Wiederaufleben der Leistungspflicht bei dauernder Unmöglichkeit
Stellt sich die Unmöglichkeit zum maßgeblichen Zeitpunkt – nämlich bei Eintritt 634 des Leistungshindernisses (BGHZ 174, 61, 67) – als eine dauernde dar, so wird der Schuldner von seiner Leistungspflicht frei; diese Rechtsfolge bleibt bestehen, wenn die Leistung dem Schuldner bis zur letzten mündlichen Verhandlung wieder möglich werden sollte (BGH LM Nr 4 zu § 275). Vor Inkrafttreten des Schuldrechtsmodernisierungsgesetzes wurde teilweise die Auffassung vertreten, der Schuldner könne sich in einem solchen Fall nach Treu und Glauben **nicht auf die Unmöglichkeit berufen**, wenn er das Leistungshindernis – etwa nach § 287 – zu vertreten habe (so BGB-RGRK/Alff § 275 Rn 23; Palandt/Heinrichs[62] § 275 Rn 19). Dies erscheint jedoch zu weitgehend. Denn auch im Fall des Vertretenmüssens darf es für den Schuldner nicht bis zuletzt ungewiss bleiben, ob er die Leistung zu erbringen hat oder nicht. In Ausnahmefällen können die Parteien aber nach Treu und Glauben zum **Abschluss einer neuen Vereinbarung** (ggf mit geänderten Konditionen) verpflichtet sein (RGZ 158, 321, 331; Jauernig/Stadler § 275 Rn 10; Palandt/Heinrichs § 275 Rn 12; Schwarze, Leistungsstörungen § 4 Rn 30).

(2) Rechtliche Unmöglichkeit
Bei **genehmigungspflichtigen Rechtsgeschäften** sind die Parteien gehalten, sich um 635 die erforderlichen Genehmigungen zu bemühen und das Bemühen des anderen Teils nach Kräften zu unterstützen sowie – als Kehrseite – alles zu unterlassen, was die Erteilung der Genehmigung verhindern könnte (vgl RGZ 115, 35, 38; 129, 357, 376; BGHZ 14, 1, 2; 67, 34, 35; Palandt/Heinrichs Rn 33; Staudinger/Löwisch/Caspers [2009] § 275 Rn 40; zur dogmatischen Einordnung Staudinger/Olzen § 241 Rn 181 ff).

Bei rechtlicher Unmöglichkeit wegen **Versagung einer erforderlichen behördlichen** 636 **Genehmigung** kann der Schuldner nach Treu und Glauben zur Mitwirkung an einer **Vertragsänderung** verpflichtet sein, um die Genehmigungsbedürftigkeit zu beseitigen. Voraussetzung ist, dass der Gläubiger ein besonderes Interesse an der Durchführung des Vertrages hat und die berechtigten Belange des Schuldners durch die Änderung des Vertrages nicht beeinträchtigt werden (BGHZ 67, 34, 36 f; Staudinger/ Löwisch [2004] § 275 Rn 35).

cc) Verzögerung der Leistung (insbesondere Verzug)
Bei bloßer Verzögerung der (möglichen) Leistung kann der Gläubiger den **Ersatz** 637 **des Verzögerungsschadens** nach §§ 280 Abs 1, 2, 286 nur unter den (zusätzlichen) Voraussetzungen des Verzugs verlangen. Dagegen setzt der Anspruch auf **Schadensersatz statt der Leistung** nach §§ 280 Abs 1, 3, 281 keinen Verzug voraus; wegen des Fristsetzungserfordernisses in § 281 ist es aber praktisch ausgeschlossen, dass der Gläubiger Schadensersatz statt der Leistung erhält, obwohl der Schuldner sich nicht in Verzug befindet (Looschelders, Schuldrecht AT Rn 606; vgl auch Staudinger/Otto/ Schwarze [2009] § 281 Rn B 8 und B 18). Das **Rücktrittsrecht** des Gläubigers ergibt sich in den Verzögerungsfällen aus § 323, der im Wesentlichen die gleiche Struktur wie § 281 aufweist.

(1) Ersatz des Verzögerungsschadens

638 Nach §§ 280 Abs 1, 2, 286 setzt der Anspruch auf Ersatz des Verzögerungsschadens grundsätzlich eine **Mahnung** voraus. Ob die Mahnung auch dann wirksam ist, wenn der Gläubiger damit eine größere Leistung einfordert, als sie vom Schuldner (ggf noch) geschuldet wird (sog **Zuvielforderung**), hängt nach hM ua davon ab, ob der Schuldner die Erklärung unter Berücksichtigung der Umstände des Einzelfalls nach **Treu und Glauben** als Aufforderung zur Bewirkung der tatsächlich geschuldeten Leistung verstehen musste (BGH NJW 1999, 3115, 3116; NJW 2006, 3271; ausf dazu STAUDINGER/LÖWISCH/FELDMANN [2009] § 286 Rn 36).

639 § 286 Abs 2 regelt einige Fälle, in denen eine Mahnung ausnahmsweise entbehrlich ist. **Abs 2 Nr 3** kodifiziert die Rspr zum alten Recht, wonach eine Mahnung nach Treu und Glauben (Gedanke des venire contra factum proprium) entbehrlich ist, wenn der Schuldner die **Leistung ernsthaft und endgültig verweigert** (vgl RGZ 119, 1, 5; BGHZ 2, 310, 312; 65, 372, 377; HUBER, Leistungsstörungen I 448 ff; zum neuen Recht STAUDINGER/LÖWISCH/FELDMANN [2009] § 286 Rn 84; PALANDT/GRÜNEBERG § 286 Rn 24; LOOSCHELDERS, Schuldrecht AT Rn 588).

640 Nach **§ 286 Abs 2 Nr 4** ist die Mahnung auch dann entbehrlich, wenn der sofortige Eintritt des Verzugs **aus besonderen Gründen** unter Abwägung der beiderseitigen Interessen gerechtfertigt ist. Die Regelung erfasst ua alle sonstigen Fälle, in denen die Mahnung nach **Treu und Glauben** verzichtbar erscheint (STAUDINGER/LÖWISCH/FELDMANN [2009] § 286 Rn 88). In diesem Rahmen muss nunmehr auch die Frage diskutiert werden, ob und unter welchen Voraussetzungen die sog **Selbstmahnung** der Mahnung gleichsteht (vgl dazu BGH NJW 2008, 1216; OLG Köln NJW-RR 2000, 73; PALANDT/GRÜNEBERG § 286 Rn 25; PWW/SCHMIDT-KESSEL § 286 Rn 21).

(2) Schadensersatz statt der Leistung und Rücktritt
(a) Fristsetzung

641 Nach § 281 Abs 2 bzw § 323 Abs 1 setzen der Anspruch auf Schadensersatz statt der Leistung und der Rücktritt im Fall der Verzögerung grundsätzlich voraus, dass der Gläubiger dem Schuldner erfolglos eine **angemessene Frist** zur Leistung oder Nacherfüllung gesetzt hat. Eine **Zuvielforderung** schließt auch hier uU nach Treu und Glauben die Wirksamkeit der Fristsetzung aus (PALANDT/GRÜNEBERG § 281 Rn 9).

642 Die **Fristsetzung** ist gem § 281 Abs 1 bzw § 323 Abs 2 Nr 1 und 3 **entbehrlich**, wenn der Schuldner die Leistung ernsthaft und endgültig verweigert oder besondere Umstände vorliegen, die unter Abwägung der beiderseitigen Interessen die sofortige Geltendmachung des Schadensersatzanspruchs bzw den sofortigen Rücktritt rechtfertigen. Ebenso wie bei den entsprechenden Regelungen des § 286 Abs 2 Nr 3 und 4 (so Rn 639 f) handelt es sich auch hier um besondere Ausprägungen des Grundsatzes von Treu und Glauben, die früher ebenfalls aus § 242 abgeleitet worden sind (vgl dazu STAUDINGER/J SCHMIDT [1995] Rn 928).

(b) Das Wahlrecht des Gläubigers nach Fristablauf

643 Der (Nach-)Erfüllungsanspruch erlischt nicht schon mit fruchtlosem Ablauf der Frist, sondern erst dann, wenn der Gläubiger Schadensersatz statt der Leistung **verlangt** (§ 281 Abs 4) oder den Rücktritt **erklärt**. Bis dahin kann der Gläubiger den Erfüllungsanspruch geltend machen oder die Leistung zurückweisen und auf Scha-

densersatz statt der Leistung bzw Rücktritt übergehen (BGH NJW 2006, 1198; PALANDT/
GRÜNEBERG § 281 Rn 49; STAUDINGER/OTTO/SCHWARZE [2009] § 281 Rn D 3; LOOSCHELDERS,
Schuldrecht AT Rn 624; CANARIS Karlsruher Forum 2002 [2003] 49; FINN ZGS 2004, 32 ff; SCHWAB
JR 2003, 133, 134; ebenso für den Nachbesserungsanspruch nach § 633 Abs 3 aF BGH NJW 2003,
1526, 1527; aA JAUERNIG/STADLER § 281 Rn 15; MünchKomm/ERNST § 281 Rn 79). Dies führt
für den Schuldner zu einem misslichen **Schwebezustand**. Es stellt sich die Frage, ob
§ 242 Abhilfe schafft.

In Betracht kommt zunächst, das **Recht** des Gläubigers **auf Zurückweisung der** 644
(Nach-)Erfüllung nach Treu und Glauben **einzuschränken**. So kann die Zurückweisung im Einzelfall rechtsmissbräuchlich sein, wenn der Schuldner dadurch schwere
Nachteile erleidet, während das Interesse des Gläubigers an der Leistung durch die
Fristüberschreitung nicht ernsthaft beeinträchtigt wird (vgl STAUDINGER/OTTO/SCHWARZE [2009] § 281 Rn D 4). Das Gleiche gilt, wenn der Gläubiger bei der Fristsetzung den
Eindruck erweckt hat, er werde auch nach Ablauf der Frist nicht sogleich Schadensersatz statt der Leistung verlangen oder vom Vertrag zurücktreten (vgl Beschlussempfehlung des Rechtsausschusses BT-Drucks 14/7052, 185; BROX/WALKER, Schuldrecht BT § 4 Rn 68).
Verlangt der Gläubiger nach Ablauf der Frist zunächst weiter Erfüllung, so gehen
sein Anspruch auf Schadensersatz statt der Leistung und sein Rücktrittsrecht zwar
nicht unter. Leistet der Schuldner unmittelbar nach dem erneuten Erfüllungsverlangen, ist der Gläubiger aber unter dem Aspekt des **widersprüchlichen Verhaltens**
(s o Rn 286 ff) gehindert, sich auf den Fristablauf zu berufen (vgl BGH NJW 2006, 1198,
1199; MünchKomm/ERNST § 281 Rn 101 und § 323 Rn 150; STAUDINGER/OTTO/SCHWARZE [2009]
§ 281 Rn D 7; PWW/SCHMIDT-KESSEL Rn 46; BAMBERGER/ROTH/GROTHE § 323 Rn 31; FINN
ZGS 2004, 32, 36; HANAU NJW 2007, 2806, 2810).

Auf der anderen Seite ist auch die **Geltendmachung des Erfüllungsanspruchs** durch 645
Treu und Glauben **begrenzt**. Der Gläubiger verstößt deshalb uU gegen das Verbot
widersprüchlichen Verhaltens, wenn er Erfüllung verlangt, nachdem er die Annahme der Leistung zuvor wegen des Fristablaufs abgelehnt hat (vgl CANARIS, Karlsruher
Forum 2002 [2003] 49; FINN ZGS 2004, 32, 37; HANAU NJW 2007, 2806, 2809).

Soweit § 242 das Wahlrecht nicht einschränkt, wollen einige Autoren dem Schuld- 646
ner das Recht einräumen, dem Gläubiger für dessen Ausübung analog § 264 Abs 2
eine Frist zu setzen. Dabei wird darauf verwiesen, dass § 264 Abs 2 als Ausprägung
des § 242 zu verstehen sei (so PALANDT/HEINRICHS § 262 Rn 6 und PALANDT/GRÜNEBERG
§ 281 Rn 51; iE auch STAUDINGER/OTTO/SCHWARZE [2009] § 281 Rn D 6; PWW/JUD § 262 Rn 8;
SCHWAB JR 2003, 133, 134 ff). Dem steht aber entgegen, dass der Gesetzgeber eine
solche Lösung ausdrücklich abgelehnt hat, weil er verhindern wollte, „dass ausgerechnet der vertragsbrüchige Schuldner dem Gläubiger eine ihm ungünstige Lösung
aufzwingen kann" (BT-Drucks 14/6040, 140); diese klare Wertentscheidung darf nicht
durch analoge Anwendung des § 264 Abs 2 unterlaufen werden (ERMAN/WESTERMANN
§ 281 Rn 19; MünchKomm/ERNST § 281 Rn 70; BAMBERGER/ROTH/GROTHE § 323 Rn 31; HANAU
NJW 2007, 2806, 2810; gegen Anwendung des § 264 Abs 2 auch BGH NJW 2006, 1198, 1199).

Ein anderer Teil der Lit will den Schwebezustand dadurch begrenzen, dass der 647
Gläubiger den Anspruch auf Schadensersatz statt der Leistung – ebenso wie das
Rücktrittsrecht – nach Treu und Glauben innerhalb einer **angemessenen Frist** geltend zu machen habe; ansonsten bleibe er auf den Erfüllungsanspruch verwiesen (so

MünchKomm/Ernst § 281 Rn 99 und § 323 Rn 150; Ramming ZGS 2003, 113, 117 f [§ 314 Abs 3 analog]; Erman/Westermann § 281 Rn 19). Dafür spricht der Gedanke der Rechtssicherheit. Da der Schuldner sich nicht selbst durch Fristsetzung Klarheit darüber verschaffen kann, ob er die Leistung noch erbringen kann bzw muss, handelt der Gläubiger rechtsmissbräuchlich, wenn er seine Entscheidung länger hinauszögert, als dies zur Wahrung seiner berechtigten Interessen notwendig ist (vgl z Rücktrittsrecht nach altem Recht BGH NJW 2002, 669, 670; s auch u Rn 670 f).

(c) Eigene Vertragstreue des Gläubigers

648 Nach § 326 aF konnte der Gläubiger nur dann Schadensersatz wegen Nichterfüllung verlangen oder vom Vertrag zurücktreten, wenn er sich selbst vertragstreu verhalten hatte (vgl Palandt/Heinrichs[61] § 326 aF Rn 10 ff). Die **eigene Vertragstreue** des Gläubigers wurde dabei überwiegend als **ungeschriebenes Tatbestandsmerkmal** des § 326 aF aufgefasst, welches seine Grundlage in § 242 hatte (vgl Staudinger/J Schmidt [1995] Rn 930; s o Rn 625). Nach Inkrafttreten des Schuldrechtsmodernisierungsgesetzes wird zu Recht darauf hingewiesen, dass die eigene Vertragstreue sich **nicht generell** als ungeschriebenes Tatbestandsmerkmal des § 281 (und damit wegen des sachlichen Zusammenhangs auch nicht des § 323) verstehen lässt, weil die Vorschrift nicht nur für gegenseitige Verträge, sondern für **sämtliche Schuldverhältnisse** gilt (Jauernig/Stadler § 281 Rn 13; Palandt/Grüneberg § 281 Rn 35; vgl auch Staudinger/Otto [2004] § 323 Rn E 11; zur abweichenden Rechtslage bei § 320 s Rn 623 ff). Insofern muss also zumindest ergänzend auf § 242 zurückgegriffen werden. Davon abgesehen ist zu beachten, dass der pauschale Hinweis auf die eigene Vertragsuntreue nicht ausreicht, um dem Gläubiger den Schadensersatzanspruch aus §§ 280 Abs 1 und 3, 281 bzw das Rücktrittsrecht nach § 323 zu versagen. Vielmehr ist eine differenzierte Betrachtung notwendig. Dabei stellt sich die vorrangige Frage, ob die fehlende Vertragstreue des Gläubigers nicht schon die (geschriebenen) **tatbestandlichen Voraussetzungen** des § 281 bzw des § 323 (ggf iVm §§ 320 ff) entfallen lässt (Staudinger/Otto/Schwarze [2009] § 281 Rn B 71). So fehlt es zB an der erforderlichen Nichterfüllung eines **fälligen und vollwirksamen Anspruchs** (§ 281 Abs 1 S 1 bzw § 323 Abs 1), wenn der Schuldner wegen der Vertragsuntreue des Gläubigers die Einrede des nichterfüllten Vertrages (§ 320) geltend machen kann oder die Unsicherheitseinrede (§ 321) erhebt (vgl Palandt/Grüneberg § 281 Rn 8, 11 und § 323 Rn 11). Im Übrigen muss geprüft werden, ob der Gläubiger sich wirklich **rechtsmissbräuchlich** verhält, wenn er trotz eigener Vertragsuntreue Schadensersatz statt der Leistung verlangt oder vom Vertrag zurücktritt. Dies ist grundsätzlich nur dann der Fall, wenn die Vertragsuntreue des Gläubigers den Leistungsaustausch gefährdet oder den Vertragszweck aus sonstigen Gründen in Frage stellt. Zu den einzelnen Fallgruppen s Staudinger/Otto/Schwarze (2009) § 281 Rn B 72 ff und Staudinger/Otto (2004) § 323 Rn E 12 ff.

dd) Schlechtleistung

649 Im Fall der Schlechtleistung haben der Anspruch auf Schadensersatz statt der Leistung und das Rücktrittsrecht des Gläubigers nach §§ 280 Abs 1, 3, 281 bzw § 323 ähnliche Voraussetzungen wie bei der Verzögerung der Leistung. Insbesondere sind die auf Treu und Glauben beruhenden **Ausnahmen vom Fristsetzungserfordernis** (s o Rn 642) anwendbar. Für eine mögliche **Begrenzung des Schwebezustands** nach Fristablauf und das Erfordernis der **eigenen Vertragstreue** des Gläubigers gelten ebenfalls die gleichen Grundsätze (s o Rn 643 ff).

Die Fallgruppe der Schlechtleistung erfasst nicht nur die Schlechterfüllung der **650** Hauptleistungspflicht, sondern auch die Verletzung **leistungsbezogener Nebenpflichten**. Vor Inkrafttreten des Schuldrechtsmodernisierungsgesetzes gingen Rspr und hL davon aus, dass der Gläubiger sich wegen der Verletzung einer Nebenpflicht nur dann vom Vertrag lösen kann, wenn ihm dessen Fortsetzung **nach Treu und Glauben nicht zuzumuten** ist (vgl BGHZ 11, 80, 83 ff; 59, 104, 105 ff; BGH NJW 1978, 260; BGB-RGRK/Ballhaus § 326 Rn 44; vgl auch Staudinger/Otto [2004] § 323 Rn C 12 mwNw). Diese einschränkende Voraussetzung ist in den §§ 281, 323 – anders als bei der Verletzung nicht leistungsbezogener Nebenpflichten in den §§ 282, 324 – entfallen. Entsprechend § 281 Abs 1 S 2 bzw § 323 Abs 5 S 1 kann der Gläubiger bei Verletzung einer einzelnen leistungsbezogenen Nebenpflicht aber nur dann Schadensersatz statt der ganzen Leistung verlangen bzw vom ganzen Vertrag zurücktreten, wenn er wegen der Pflichtverletzung kein Interesse an der gesamten Leistung – namentlich an der Hauptleistung – hat (vgl MünchKomm/Ernst § 281 Rn 141, 143). Hieran ist insbesondere zu denken, wenn die Erfüllung der Hauptleistungspflicht durch die Verletzung der Nebenleistungspflicht in Frage gestellt wird (vgl Staudinger/Otto/Schwarze [2009] § 281 Rn C 2). Im Fall der Verletzung einer leistungsbezogenen Nebenpflicht kommt es also letztlich weiterhin darauf an, ob dem Gläubiger die Fortsetzung des Vertrages nach Treu und Glauben noch **zumutbar** ist (vgl Staudinger/Otto/Schwarze [2009] § 281 Rn B 184). Ein Rückgriff auf § 242 ist in diesem Bereich aber nicht mehr erforderlich.

ee) Verletzung von Rücksichtspflichten

Für den Fall der Verletzung nicht leistungsbezogener Nebenpflichten iSd § 241 **651** Abs 2 (dazu allg Staudinger/Olzen § 241 ff Rn 379 ff) sehen die §§ 282, 324 vor, dass der Gläubiger nur dann Schadensersatz statt der Leistung verlangen bzw vom Vertrag zurücktreten kann, wenn ihm die Leistung durch den Schuldner nicht mehr zuzumuten ist. Dies entspricht der hM zum alten Recht, wonach der Gläubiger bei einer pFV nur dann Schadensersatz wegen Nichterfüllung verlangen oder sich vom Vertrag lösen konnte, wenn dessen Fortsetzung ihm **nach Treu und Glauben nicht zumutbar** war (vgl Staudinger/Otto/Schwarze [2009] § 282 Rn 2 und Staudinger/Otto [2004] § 324 Rn 50 mwNw).

Welche Auswirkungen die **eigene Vertragstreue** auf den Schadensersatzanspruch **652** bzw das Rücktrittsrecht des Gläubigers hat, ist nach altem Recht auch mit Blick auf die Verletzung von Rücksichtspflichten meist unter dem Aspekt von Treu und Glauben erörtert worden (vgl BGH NJW 1958, 177; Staudinger/J Schmidt [1995] Rn 689 mwNw: Haftung aus pFV). Auf der Grundlage der §§ 282, 324 erscheint es dagegen sachgerecht, die eigene Vertragsuntreue bereits im Zusammenhang mit der Unzumutbarkeit der Vertragsfortsetzung zu würdigen (vgl Staudinger/Otto/Schwarze [2009] § 282 Rn 42 f und Staudinger/Otto [2004] § 324 Rn 62 ff).

Der **Erfüllungsanspruch** des Gläubigers erlischt auch in den Fällen der §§ 282, 324 **653** nicht automatisch; erforderlich ist vielmehr, dass der Gläubiger Schadensersatz statt der Leistung **verlangt** (§ 281 Abs 4 analog) oder den Rücktritt **erklärt** (zur analogen Anwendbarkeit des § 281 Abs 4 Staudinger/Otto/Schwarze [2009] § 282 Rn 52; MünchKomm/Ernst § 282 Rn 12; Looschelders, Schuldrecht AT Rn 638). Dies führt zu einem ähnlichen **Schwebezustand** wie bei §§ 281, 323; deshalb kann man sich an den dort entwickelten Grundsätzen (s o Rn 643 ff) orientieren. In einem ersten Schritt ist also zu prüfen, ob Treu und Glauben den Gläubiger an der Geltendmachung von Schadensersatz statt der Leistung bzw der Ausübung des Rücktrittsrechts hindern, etwa weil er sich vom Vertrag lösen will, obwohl er in Kenntnis der Pflichtverletzung noch Leistungen entgegen genommen hat. Denn in einem solchen Fall wird regelmäßig widersprüchliches Verhalten vorliegen (MünchKomm/ERNST § 324 Rn 14; PALANDT/GRÜNEBERG § 324 Rn 5). Steht dem Gläubiger das Wahlrecht (noch) zu, so muss er es nach Treu und Glauben innerhalb einer angemessenen Frist ausüben; ansonsten ist ihm die Fortsetzung des Vertrages nach dem Rechtsgedanken des § 314 Abs 3 zumutbar (MünchKomm/ERNST § 324 Rn 12; RAMMING ZGS 2003, 117 f; ähnlich JAUERNIG/STADLER § 324 Rn 6; STAUDINGER/OTTO [2004] § 324 Rn 75).

ff) Gläubigerverzug

654 Die Vorschriften über den Gläubigerverzug (§§ 293–304) weisen ebenfalls vielfältige Berührungspunkte zum Grundsatz von Treu und Glauben auf. So wird die Regelung des **§ 299** als „eine besondere Ausformung des § 242" verstanden (PALANDT/GRÜNEBERG § 299 Rn 1; ähnlich MünchKomm/ERNST § 299 Rn 1). Das Gleiche lässt sich auch über die **Entbehrlichkeit des tatsächlichen Angebots bei Ablehnung der Annahme** durch den Gläubiger (§ 295 Abs 1 S 1 Alt 1) sagen. Davon abgesehen kann der Grundsatz von Treu und Glauben im Zusammenhang mit dem Gläubigerverzug bei folgenden Fragen relevant werden.

655 Der Annahmeverzug setzt nach § 294 voraus, dass die Leistung dem Gläubiger **in der geschuldeten Art und Weise** tatsächlich angeboten wird (vgl PALANDT/GRÜNEBERG § 294 Rn 3). Der Gläubiger muss die Leistung daher nicht annehmen, wenn deren Entgegennahme ihm an dem in Frage stehenden **Ort** oder zu der in Frage stehenden **Zeit** unzumutbar ist. **Teilleistungen** dürfen nach § 266 zurückgewiesen werden, sofern sich aus Treu und Glauben nichts anderes ergibt (s o Rn 606 ff). Wird dem Gläubiger mehr als die geschuldete Leistung angeboten (sog **Mehrangebot**), liegt ebenfalls kein ordnungsgemäßes Angebot vor. Eine Ausnahme gilt nach Treu und Glauben, falls sich die mit der Aussortierung der geschuldeten Leistung verbundenen Belastungen für den Gläubiger in einem verkehrsüblichen Rahmen halten (RGZ 23, 126, 128; vgl auch STAUDINGER/LÖWISCH/FELDMANN [2009] § 294 Rn 3).

656 Im Rahmen des § 295 kann auch das an sich erforderliche **wörtliche Angebot** nach Treu und Glauben (§ 242) **entbehrlich** sein, wenn der Gläubiger die Annahme eindeutig und bestimmt verweigert hat und im Einzelfall keine Zweifel daran bestehen, dass er an seiner Weigerung festhalten wird (so BGH NJW 2001, 287, 288; Hk-BGB/SCHULZE § 295 Rn 6; JAUERNIG/STADLER § 295 Rn 1; PALANDT/GRÜNEBERG § 295 Rn 4; LARENZ, Schuldrecht I § 25 Ib; LOOSCHELDERS, Schuldrecht AT Rn 751; aA STAUDINGER/LÖWISCH/FELDMANN [2009] § 295 Rn 2).

657 Im Unterschied zum Schuldnerverzug (§ 286 Abs 4) setzt der Gläubigerverzug **kein Verschulden** voraus (vgl BGHZ 24, 91, 96; PALANDT/GRÜNEBERG § 293 Rn 10). Diese gesetzgeberische Wertentscheidung darf nicht mit Hilfe des Grundsatzes von Treu und Glauben in Frage gestellt werden. § 242 kann daher nicht entnommen werden, der Gläubiger gerate nur dann in Annahmeverzug, wenn er die Nichtannahme der Leistung **zu vertreten habe** oder wenn sie ihm sonst **zurechenbar** sei (zu ähnlichen Gedankengängen vgl BAG AP Nr 5 zu § 9 MutterSchG m Anm HUECK). Hat der Schuldner die Nichtannahme der Leistung in zurechenbarer Weise (mit-)verursacht, so wird er

uU durch Treu und Glauben gehindert, sich auf den Eintritt des Gläubigerverzugs zu berufen (vgl Larenz, Schuldrecht I § 25 Id; Looschelders, Schuldrecht AT Rn 757; aA bei bloßer Fahrlässigkeit des Schuldners: Staudinger/Löwisch/Feldmann [2009] § 293 Rn 18; Wertheimer, Der Gläubigerverzug im System der Leistungsstörungen, JuS 1993, 646, 650; vgl auch Feuerborn, Der Verzug des Gläubigers – Allgemeine Grundsätze und Besonderheiten im Arbeitsverhältnis, JR 2003, 177, 180).

Der Gläubiger kann sich nach Treu und Glauben nicht auf ein **Annahmehindernis** **658** iSv § 299 berufen, das er selbst **absichtlich herbeigeführt** hat, um den Schuldner an der Leistung zu hindern (MünchKomm/Ernst § 299 Rn 4; Soergel/Wiedemann § 299 Rn 2). Umgekehrt tritt trotz rechtzeitiger Ankündigung der Leistung durch den Schuldner kein Annahmeverzug ein, sofern dem Gläubiger die **Annahme nach Treu und Glauben nicht zumutbar** ist (MünchKomm/Ernst § 299 Rn 5; Palandt/Grüneberg § 299 Rn 3).

Gem § 302 muss der Schuldner im Annahmeverzug nur die **tatsächlich gezogenen** **659** **Nutzungen** herausgeben oder ersetzen. Bei grobem Verstoß gegen Treu und Glauben hat er nach hM darüber hinaus aber auch die **schuldhaft nicht gezogenen Nutzungen** zu ersetzen (so Erman/Hager § 302 Rn 1; Palandt/Grüneberg § 302 Rn 1; BGB-RGRK/Alff § 302 Rn 2).

gg) Vertragsstrafe
In engem funktionellen Zusammenhang mit dem Leistungsstörungsrecht steht das **660** Institut der Vertragsstrafe (§§ 339–345). Die hM geht davon aus, dass dem Grundsatz von Treu und Glauben in diesem Bereich besonders große Bedeutung zukommt (vgl LG Berlin NJW 1996, 1142; MünchKomm/Gottwald § 339 Rn 42; Gernhuber, Schuldverhältnis § 34 III 5). So haben Rspr und Lit verschiedene Fallgruppen anerkannt, in denen der Gläubiger durch das **Verbot rechtsmissbräuchlichen Verhaltens** gehindert wird, den Anspruch auf die Vertragsstrafe geltend zu machen (ausf dazu Köhler, Vereinbarung und Verwirkung der Vertragsstrafe, in: FS Gernhuber [1993] 207, 220 ff). Hierher gehört ua der Fall, dass der Gläubiger die Vertragsstrafe verlangt, obwohl er sich **selbst** in erheblichem Maße **vertragswidrig verhalten**, insbesondere die Pflichtverletzung des Schuldners durch einen eigenen Vertragsbruch provoziert hat (vgl RGZ 147, 228, 233; BGH NJW 1971, 1126; 1984, 919, 920; BGH NJW-RR 1991, 568, 569; Palandt/Grüneberg § 343 Rn 6; MünchKomm/Gottwald § 339 Rn 45; Looschelders, Schuldrecht AT Rn 819; zum Erfordernis der eigenen Vertragstreue s auch Rn 622 ff).

Unter dem Aspekt der **Unverhältnismäßigkeit** kann ferner ein Rechtsmissbrauch **661** vorliegen, wenn der Gläubiger die Vertragsstrafe nach einer geringfügigen Pflichtverletzung fordert (so schon RG JW 1904, 139; 1923, 825; aus neuerer Zeit LG Berlin NJW 1996, 1142; Bamberger/Roth/Janoschek § 339 Rn 6). Dass die Interessen des Gläubigers durch die Pflichtverletzung weder beeinträchtigt noch ernsthaft gefährdet worden sind, steht der Geltendmachung des Anspruchs auf die Vertragsstrafe allerdings nicht entgegen (BGH NJW 1984, 919, 920; aA Palandt/Grüneberg § 343 Rn 5). Verspricht ein Kaufmann im Betrieb seines Handelsgewerbes eine Vertragsstrafe, so kann die Vertragsstrafe gem § 348 HGB nicht wegen unverhältnismäßiger Höhe nach § 343 herabgesetzt werden. In besonders gelagerten Fällen kann aber trotzdem eine Herabsetzung der übernommenen Vertragsstrafe nach § 242 in Betracht kommen, wenn z.B. die Vertragsstrafe in einem außerordentlichen Missverhältnis zu der Bedeutung der Zuwiderhandlung steht (vgl BGH NJW 1984, 919; NJW 1998, 1144; NJW 2009, 1882, 1885;

krit STAUDINGER/RIEBLE [2009] § 339 Rn 351). Da § 343 auf Kaufleute nicht anwendbar ist, kann die Vertragsstrafe aber nur auf das Maß herabgesetzt werden, das nach Treu und Glauben gerade noch hinnehmbar ist (BGH NJW 2009, 1882, 1885).

662 Nach hM verbieten Treu und Glauben dem Gläubiger, die verwirkte Vertragsstrafe einzufordern, wenn der Schuldner die Leistung nachträglich erbringt oder tatsächlich anbietet, bevor der Gläubiger die Vertragsstrafe verlangt, sog **„Verfallbereinigung"** (vgl dazu KNÜTEL, Verfallsbereinigung, nachträglicher Verfall und Unmöglichkeit bei der Vertragsstrafe, AcP 175 [1975] 44 ff; ferner LG Berlin NJW 1996, 1142; MünchKomm/GOTTWALD § 339 Rn 44; SOERGEL/LINDACHER § 339 Rn 22; LARENZ, Schuldrecht I § 24 IIa). Dies erscheint jedoch zu weitgehend. Wenn die Voraussetzungen erfüllt sind, hat der Gläubiger grundsätzlich das Recht, die Zahlung der Vertragsstrafe zu verlangen (so auch STAUDINGER/RIEBLE [2009] § 340 Rn 27 ff; BGB-RGRK/BALLHAUS § 340 Rn 7). Bei geringfügigen Verzögerungen kann die Geltendmachung des Anspruchs auf die Vertragsstrafe allerdings wegen **Unverhältnismäßigkeit** ausgeschlossen sein (vgl GERNHUBER, Schuldverhältnis § 34 III 4; ferner MünchKomm/GOTTWALD § 339 Rn 44; aA STAUDINGER/RIEBLE [2009] § 339 Rn 270).

663 Im Bereich der Vertragsstrafe führt § 242 nach hM nicht nur zu Einschränkungen. Vielmehr sollen Treu und Glauben im Einzelfall auch eine ausdehnende Auslegung von Vertragsstrafevereinbarungen auf **Umgehungsversuche** rechtfertigen (so LG Berlin NJW 1996, 1142; MünchKomm/GOTTWALD § 339 Rn 43). Ob § 242 in diesen Fällen eigenständige Bedeutung zukommt, ist jedoch zweifelhaft, weil sich die Umgehungsproblematik durch eine an Sinn und Zweck der jeweiligen Vereinbarung orientierte Auslegung nach §§ 133, 157 lösen lässt (allg zum Verhältnis zwischen § 242 und der Gesetzesumgehung s Rn 398 ff).

664 Aus Treu und Glauben folgt nicht, dass der Anspruch auf Entrichtung der Vertragsstrafe bei einem Verstoß gegen **Unterlassungspflichten** (§ 339 S 2) von einem **Verschulden** abhängt (anders noch RGZ 152, 251, 258). Die Erstreckung des Verschuldenserfordernisses auf Unterlassungspflichten wird vielmehr durch die Erwägung gerechtfertigt, dass Unterlassungspflichten nicht strenger behandelt werden können als Handlungspflichten (vgl MünchKomm/GOTTWALD § 339 Rn 38; LARENZ, Schuldrecht I § 24 IIa mwNw).

d) Begründung von Schuldverhältnissen

665 Das der Haftung aus culpa in contrahendo zugrunde liegende **vorvertragliche Schuldverhältnis** ist schon vor der Schuldrechtsreform nicht mehr auf § 242 gestützt worden (vgl STAUDINGER/J SCHMIDT [1995] Rn 1454 mwNw). Nachdem die Entstehung vorvertraglicher Schuldverhältnisse nunmehr in § 311 Abs 2 ausdrücklich geregelt ist, besteht für einen Rückgriff auf § 242 erst recht kein Bedarf mehr (vgl dazu STAUDINGER/OLZEN § 241 Rn 58).

666 Demgegenüber ist das Institut des **Vertrages mit Schutzwirkung für Dritte** vor Inkrafttreten des Schuldrechtsmodernisierungsgesetzes in der Lit häufig auf § 242 gestützt worden (so insbes LARENZ, Schuldrecht I § 14 II; vgl auch JAUERNIG/STADLER § 328 Rn 21; MünchKomm/GOTTWALD § 328 Rn 110). Die Rspr stellt dagegen auf eine ergänzende Vertragsauslegung gem §§ 133, 157 ab (vgl BGHZ 56, 269, 273; 123, 378, 380; 159, 1, 4; zustimmend PALANDT/GRÜNEBERG § 328 Rn 14; STAUDINGER/JAGMANN [2009] § 328 Rn 93 ff; krit AnwK-

BGB/LOOSCHELDERS § 157 Rn 65). Auf der Grundlage des neuen Rechts zieht die Lit zunehmend § 311 Abs 3 S 1 heran (so etwa STAUDINGER/OTTO [2009] § 280 Rn B 11; BROX/WALKER, Allgemeines Schuldrecht § 5 Rn 13; LORENZ/RIEHM, Schuldrecht Rn 376; LOOSCHELDERS, Schuldrecht AT Rn 202; CANARIS JZ 2001, 499, 520; in Bezug auf vorvertragliche Schuldverhältnisse auch SCHLECHTRIEM/SCHMIDT-KESSEL, Schuldrecht AT Rn 37, 44; aA MünchKomm/GOTTWALD § 328 Rn 111; STAUDINGER/LÖWISCH [2005] § 311 Rn 161). Einigkeit besteht aber darüber, dass sich die genauen Kriterien des Vertrages mit Schutzwirkung für Dritte weder aus dem hypothetischen Parteiwillen (§§ 133, 157) noch aus § 311 Abs 3 S 1 noch aus § 242 (GERNHUBER, Schuldverhältnis § 21 II 6) ableiten lassen (vgl BGH NJW 1977, 2073, 2074; MünchKomm/GOTTWALD § 328 Rn 111; STAUDINGER/JAGMANN [2009] § 328 Rn 95; JOUSSEN, Schuldrecht I [2008] Rn 1205).

e) **Rücktritt**
aa) **Rücktrittsregelungen, §§ 346–353**
Vor der Schuldrechtsreform spielte der Grundsatz von Treu und Glauben im Zusammenhang mit den §§ 350–353 aF eine wichtige Rolle (vgl STAUDINGER/J SCHMIDT [1995] Rn 1467). Denn der Ausschluss des Rücktrittsrechts bei schuldhafter Zerstörung oder Verschlechterung des empfangenen Gegenstands durch den Rücktrittsberechtigten beruhte nach hM auf dem **Verbot widersprüchlichen Verhaltens** (vgl BGH NJW 1984, 1525, 1526; MünchKomm/JANSSEN[4] § 351 Rn 5 und § 352 Rn 1; s dazu auch o Rn 286 ff).

Nach **geltendem Recht** schließen der Untergang oder die Verschlechterung des Leistungsgegenstands den Rücktritt auch bei Verschulden des Berechtigten nicht mehr aus. Dem anderen Teil steht vielmehr ein Anspruch auf **Wertersatz** zu (§ 346 Abs 2). Diese gesetzgeberische Wertentscheidung darf nicht dadurch korrigiert werden, dass man dem Berechtigten die Ausübung des Rücktrittsrechts unter dem Aspekt des widersprüchlichen Verhaltens verwehrt, wenn er den empfangenen Gegenstand schuldhaft zerstört oder wesentlich verschlechtert hat (so überzeugend MünchKomm/GAIER § 346 Rn 14; GAIER, Das Rücktritts(folgen)recht nach dem Schuldrechtsmodernisierungsgesetz, WM 2002, 1, 3; zu möglichen Ausnahmen „in krass liegenden Fällen" [zB bei vorsätzlicher Zerstörung des empfangenen Gegenstands] vgl Begr BT-Drucks 14/6040, 195). Soweit in der Lit für den Bereich der **kaufrechtlichen Gewährleistung** ein weitergehender Ausschluss des Rücktrittsrechts des Käufers bei schuldhafter Zerstörung der Kaufsache befürwortet wird (so etwa BAMBERGER/ROTH/FAUST § 437 Rn 33; MünchKomm/WESTERMANN § 437 Rn 14; KOHLER, Rücktrittsausschluss im Gewährleistungsrecht bei nachträglicher Erfüllungsunmöglichkeit, AcP 203 [2003] 539 ff; S LORENZ, Rücktritt, Minderung und Schadensersatz wegen Sachmängeln im neuen Kaufrecht: Was hat der Verkäufer zu vertreten?, NJW 2002, 2497, 2499), geht es nicht um Treu und Glauben, sondern um die Frage, unter welchen Voraussetzungen der Rücktritt nach § 323 Abs 6 Fall 1 ausgeschlossen ist.

Im **Kaufrecht** kann das Rücktrittsrecht damit auch nicht mehr wegen widersprüchlichen Verhaltens verneint werden, wenn der Käufer die Kaufsache in Kenntnis des Mangels weiter benutzt (ERMAN/GRUNEWALD § 437 Rn 7; STAUDINGER/KAISER [2004] § 349 Rn 45; zur Rechtslage vor Inkrafttreten des SMG BGH NJW 1958, 1773, 1774; NJW 1992, 170, 171; SOERGEL/HUBER § 467 Rn 71 ff; zu weiteren möglichen Einschränkungen des Rücktrittsrechts im Kaufrecht s Rn 624, 649 ff). Der Rücktritt ist nach hM aber weiter nach § 242 ausgeschlossen, sofern der Berechtigte die selbst empfangenen Leistungen ganz oder teilweise behalten will (BGH NJW 1972, 155; AnwK-BGB/HAGER § 349 Rn 7; PALANDT/GRÜNE-

BERG § 349 Rn 1; BGB-RGRK/BALLHAUS § 346 Rn 8; krit STAUDINGER/KAISER [2004] § 349 Rn 43).

670 Das Rücktrittsrecht unterliegt nach allgemeinen Grundsätzen der **Verwirkung** (vgl PALANDT/GRÜNEBERG § 349 Rn 1; zur Verwirkung s o Rn 302 ff). Der BGH hat hierzu klargestellt, dass es beim Rücktritt ebenso wie bei anderen Gestaltungsrechten keinen allgemeinen Grundsatz gibt, wonach die Verwirkung bereits nach einem kurzen Zeitraum eintritt (BGH NJW 2002, 669, 670; MünchKomm/GAIER § 349 Rn 8). Der Berechtigte könne im Einzelfall aber nach Treu und Glauben gehalten sein, dem anderen Teil möglichst schnell Klarheit darüber zu verschaffen, ob er seine Rechte ausüben wolle oder nicht.

671 Die Erwägungen des BGH zur Verwirkung des Rücktrittsrechts haben nach der Schuldrechtsreform an Gewicht gewonnen. Nach früherem Recht war ein Schutz des Rücktrittsgegners über die Grundsätze der Verwirkung weniger dringlich, weil er sich durch **Fristsetzung** nach § 355 aF selbst Klarheit darüber verschaffen konnte, ob er mit der Ausübung des Rücktrittsrechts rechnen muss (vgl dazu BGH NJW 2002, 669, 670). Diese Möglichkeit ist nach neuem Recht (§ 350 nF) nur noch für **vertragliche Rücktrittsrechte** gegeben. Da diese Wertentscheidung nicht durch die entsprechende Anwendung des § 264 Abs 2 auf **gesetzliche Rücktrittsrechte** unterlaufen werden darf (STAUDINGER/KAISER [2004] § 350 Rn 8; aA PALANDT/GRÜNEBERG § 350 Rn 1; SCHWAB JR 2003, 133, 136), dürfte der Verwirkung in solchen Fällen künftig größere Bedeutung beizumessen sein (vgl RAMMING ZGS 2003, 113, 117 f [§ 314 Abs 3 analog]; aA STAUDINGER/KAISER [2004] § 349 Rn 40, wonach die gesetzlichen Rücktrittsrechte wegen Leistungsstörungen nicht vor Ablauf der Frist aus § 218 verwirken können).

bb) Verwirkungsklausel, § 354

672 Bei **geringfügigen Fristüberschreitungen** oder anderen **unbedeutenden Pflichtverletzungen** kann die Ausübung des Rücktrittsrechts gem § 242 auch im Fall einer Verwirkungsklausel (§ 354) ausgeschlossen sein (vgl RGZ 117, 354, 356; KG OLGE 22, 162; AnwK-BGB/HAGER § 354 Rn 2; MünchKomm/GAIER § 354 Rn 2; für ergänzende Auslegung STAUDINGER/KAISER [2004] § 354 Rn 7). Dahinter steht der Gedanke der Unverhältnismäßigkeit, so wie er für andere Rücktrittsrechte in § 323 Abs 5 S 2 und § 324 konkretisiert wird (für analoge Anwendung dieser Vorschriften Hk-BGB/SCHULZE § 354 Rn 2).

673 Eigene Vertragsuntreue schließt die Ausübung des Rücktrittsrechts wegen Rechtsmissbrauchs aus (vgl BGH WM 1968, 1299, 1301 f; ERMAN/RÖTHEL § 354 Rn 2; SOERGEL/HADDING § 360 Rn 4; MünchKomm/GAIER § 354 Rn 2). Das Gleiche gilt, wenn die Ausübung des Rücktrittsrechts im Einzelfall rücksichtslos erscheint (RG HRR 1931 Nr 732).

674 Nach der Rspr des RG war der Rücktritt gem § 360 aF in **angemessener Frist** nach Entstehung des Rücktrittsrechts zu erklären; anderenfalls nahm das RG **Verwirkung** an, da ein längerer Schwebezustand treuwidrig (§ 242) wäre (RG WarnR 1908 Nr 283; RG JW 1912, 385; RG WarnR 1913 Nr 223; RG JW 1915, 573; RG WarnR 1918 Nr 201; WarnR 1920 Nr 192; RG Recht 1924 Nr 635; vgl auch BGB-RGRK/BALLHAUS § 360 Rn 6; SOERGEL/HADDING § 360 Rn 6). Im Interesse der Rechtssicherheit ist hieran auf der Grundlage des § 354 nF festzuhalten (so auch Hk-BGB/SCHULZE § 354 Rn 3; PALANDT/GRÜNEBERG § 354 Rn 3). Da der andere Teil sich bei vertraglichen Rücktrittsrechten durch Fristsetzung gem § 350 Klarheit verschaffen kann, erscheint eine zeitliche Begrenzung zwar weniger dringlich als bei gesetzlichen Rücktrittsrechten (s dazu o Rn 671). Eine treuwidrige Verzögerung der Entscheidung kann aber keinesfalls erlaubt werden.

f) Erlöschen der Schuldverhältnisse, §§ 362–397
Im Zusammenhang mit dem Erlöschen der Schuldverhältnisse durch Erfüllung, Hinterlegung, Aufrechnung und Erlass hat der Grundsatz von Treu und Glauben (§ 242) **vergleichsweise geringe Bedeutung**. Die hiermit verbundenen Fragen werden zudem bei den Erläuterungen zu §§ 362–397 umfassend behandelt (vgl STAUDINGER/OLZEN [2006] Einl 69 ff zu §§ 362 ff). Deshalb soll hier nur auf einige besonders wichtige Aspekte hingewiesen werden.

aa) Erfüllung, §§ 362–371
Nach hM erlischt die Verpflichtung des Schuldners nicht gem § 362 Abs 1, wenn der **minderjährige Gläubiger** die Leistung ohne Zustimmung seines gesetzlichen Vertreters angenommen hat, weil ihm insoweit die Empfangszuständigkeit fehlt (vgl STAUDINGER/OLZEN [2006] § 362 Rn 37 ff; LOOSCHELDERS, Schuldrecht AT Rn 402; MEDICUS, AT Rn 566; aA SOERGEL/ZEISS Vor § 362 Rn 8; LARENZ/WOLF, AT § 25 Rn 21). Mit Rücksicht auf das **Verbot widersprüchlichen Verhaltens** soll aber Erfüllung eintreten, wenn der gesetzliche Vertreter zwar die Genehmigung verweigert, die Leistung aber endgültig behalten will (vgl MünchKomm/WENZEL § 362 Rn 15). In solchen Fällen lässt sich die Inanspruchnahme der Leistung indes meist schon als konkludente Genehmigung deuten; die Verweigerung der Genehmigung stellt dann eine unbeachtliche protestatio facto contraria dar.

Tritt der Leistungserfolg auf Grund der vorgenommenen **Leistungshandlung** nicht ein, so kann der Schuldner zu deren Wiederholung verpflichtet sein (PALANDT/GRÜNEBERG § 362 Rn 2; MünchKomm/WENZEL § 362 Rn 2). Diese Verpflichtung wird teilweise auf § 242 gestützt (so BGH LM Nr 25 zu § 157 [D]; STAUDINGER/J SCHMIDT [1995] Rn 1481). Da die Erfüllungswirkung nach § 362 Abs 1 erst eintritt, wenn der Schuldner den **Leistungserfolg** bewirkt hat (STAUDINGER/OLZEN [2006] § 362 Rn 11), ist der Rückgriff auf § 242 hier jedoch entbehrlich.

Bei Annahme einer **Leistung erfüllungshalber** muss der Gläubiger zunächst aus dem erfüllungshalber angenommenen Gegenstand Befriedigung suchen (vgl BGHZ 96, 182, 193; 116, 278, 282; ERMAN/WESTERMANN/BUCK-HEEB § 364 Rn 13; LOOSCHELDERS, Schuldrecht AT Rn 406). Diese Verpflichtung folgt nicht unmittelbar aus § 242, sondern aus dem zwischen den Parteien bestehenden auftragsähnlichen Rechtsverhältnis (dazu STAUDINGER/OLZEN [2006] § 364 Rn 25). Sie ist jedoch nach **Treu und Glauben** auf das zumutbare Maß begrenzt. Erhebt der Drittschuldner ernsthafte Einwendungen, so muss der Gläubiger sich daher nicht darauf verweisen lassen, zunächst die erfüllungshalber angenommene Forderung auf eigenes Risiko und eigene Kosten einzuklagen (STAUDINGER/OLZEN [2006] § 364 Rn 24 mwNw).

Im Rahmen von Kleingeschäften des täglichen Lebens kann der Anspruch auf Erteilung einer **Quittung** (§ 368) nach § 157 bzw § 242 ausgeschlossen sein (vgl AnwKomm/AVENARIUS § 368 Rn 3; ERMAN/WESTERMANN/BUCK-HEEB § 368 Rn 5; PALANDT/GRÜNEBERG § 368 Rn 6). Dies gilt jedenfalls, wenn das Verlangen nach einer Quittung als bloße Schikane (§ 226) zu werten ist (MünchKomm/WENZEL § 368 Rn 8). Auch bei

Kleingeschäften muss der Schuldner dem Gläubiger aber eine Quittung erteilen, wenn dieser ein berechtigtes Interesse hieran geltend machen kann (STAUDINGER/ OLZEN [2006] § 368 Rn 14).

bb) Hinterlegung, §§ 372–386

680 Im Fall des **rechtmäßigen Selbsthilfeverkaufs** tritt der Verkaufserlös nach dem Rechtsgedanken des § 1247 an die Stelle des ursprünglich geschuldeten Gegenstands. Der Schuldner braucht den Erlös daher nicht zu hinterlegen, sondern kann ihn auch an den Gläubiger auszahlen oder gegen dessen Auszahlungsanspruch mit eigenen Geldforderungen aufrechnen (vgl MünchKomm/WENZEL § 383 Rn 8; STAUDINGER/ OLZEN [2006] § 383 Rn 16; LARENZ, Schuldrecht I § 18 Va; LOOSCHELDERS, Schuldrecht AT Rn 432). Ein Rückgriff auf § 242 ist zur Begründung dieses Ergebnisses nicht erforderlich (auf § 242 abstellend aber noch RGZ 64, 366, 368 ff; vgl auch BGB-RGRK/WEBER § 383 Rn 8).

cc) Aufrechnung, §§ 387–396

681 Die Aufrechnung bildet im 4. Abschnitt des Rechts der Schuldverhältnisse den Schwerpunkt des § 242. Im Einzelnen geht es um folgende drei Problemkreise:

(1) Durchbrechungen des Gegenseitigkeitserfordernisses

682 Die Aufrechnung setzt nach § 387 die **Gegenseitigkeit** der Forderungen voraus. Einige Ausnahmen sind im BGB ausdrücklich geregelt (vgl etwa §§ 406, 409, 566d, 1056 Abs 1, 2135). Weitere **Ausnahmen** können sich **aus Treu und Glauben** ergeben (vgl Hk-BGB/SCHULZE § 387 Rn 6; ERMAN/WAGNER § 387 Rn 9; PALANDT/GRÜNEBERG § 387 Rn 7; LOOSCHELDERS, Schuldrecht AT Rn 415).

(a) Treuhandverhältnisse und Strohmannfälle

683 Ist der Inhaber der Hauptforderung ein **Treuhänder** und stehen dem Schuldner nur Gegenforderungen gegen den Treugeber zu, so fehlt es an sich an der Gegenseitigkeit. Der Treuhänder soll jedoch nach Treu und Glauben gehindert sein, sich auf das Fehlen der Gegenseitigkeit zu berufen, wenn die Ausgestaltung des Treuhandverhältnisses ihm eine so geringe Selbstständigkeit gegenüber dem Treugeber einräumt, dass er wirtschaftlich gesehen nur dessen Vermögen verwaltet (vgl BGHZ 25, 360, 367; 110, 47, 81; BGH NJW 1968, 594 f; BGH WM 1975, 79 f; BGH NJW 1989, 2386, 2387; 1990, 982, 990; OLG Hamm Rpfleger 1965, 174; STAUDINGER/GURSKY [2006] § 387 Rn 36). Dahinter steht die Erwägung, dass dem Schuldner aus der formalen Rechtsinhaberschaft des Treuhänders kein Nachteil entstehen darf, wenn die Forderung wirtschaftlich weiter dem Treugeber zuzurechnen ist (BGHZ 110, 47, 81). Dies trifft jedenfalls auf **Umgehungsfälle** zu, in denen sich die Rechtsinhaberschaft des Treuhänders als vorgeschobene, zweckwidrige Ausnutzung einer Gestaltungsmöglichkeit darstellt (STAUDINGER/J SCHMIDT [1995] Rn 1488). Darüber hinaus sind aber weitere Fälle denkbar, in denen die formale Rechtsinhaberschaft des Treuhänders nach Treu und Glauben außer Betracht bleiben muss. Letztlich muss eine **Interessenabwägung** im Einzelfall erfolgen, bei der dem Maß der Abhängigkeit des Treuhänders und den von den Parteien verfolgten Absichten besondere Bedeutung zukommt (vgl MünchKomm/SCHLÜTER § 387 Rn 15; krit STAUDINGER/GURSKY [2006] § 387 Rn 36). Zur Aufrechnungsmöglichkeit des Schuldners bei der **Inkassozession** BGHZ 25, 360, 367; SOERGEL/ZEISS § 387 Rn 2; STAUDINGER/GURSKY (2006) § 387 Rn 32.

Aus den vorstehenden Erwägungen folgt, dass dem Schuldner eines **Strohmannes** 684
nach Treu und Glauben uU auch die Aufrechnung mit Gegenforderungen gegen
den Hintermann des Strohmanns gestattet werden muss (BGH WM 1962, 1174, 1175;
BGH NJW 1989, 2386, 2387; MünchKomm/SCHLÜTER § 387 Rn 27; PALANDT/GRÜNEBERG § 387
Rn 7; differenzierend STAUDINGER/GURSKY [2006] § 387 Rn 39 m Rn 31 ff).

(b) Durchgriffshaftung bei juristischen Personen
Steht die Hauptforderung einer juristischen Person zu, so ist eine Aufrechnung mit 685
Forderungen gegen die Gesellschafter nur unter den Voraussetzungen der **Durchgriffshaftung** (s Rn 977 ff) zulässig (vgl BGHZ 26, 31, 33; LG Bonn WM 2003, 780, 783;
ERMAN/WAGNER § 387 Rn 9; PALANDT/GRÜNEBERG § 387 Rn 7).

Über die allgemeinen Kriterien der Durchgriffshaftung hinaus hat die Rspr in der 686
Nachkriegszeit den Schuldnern von sog „**Reichs-**" oder „**Kriegsgesellschaften**", die
vom Deutschen Reich zu kriegswirtschaftlichen Zwecken in der Form von juristischen Personen gegründet worden waren, nach § 242 die Möglichkeit zugebilligt,
trotz fehlender Gegenseitigkeit mit Forderungen gegen das Reich oder andere
Reichsstellen aufzurechnen (vgl STAUDINGER/GURSKY [2000] § 387 Rn 62 mwNw). Diese
Problematik hat heute jedoch keine praktische Bedeutung mehr. Da die einschlägigen Erwägungen der Rspr weder auf andere gesellschaftsrechtliche Konstellationen im Allgemeinen (BGHZ 26, 31, 36) noch auf die Durchbrechung des Gegenseitigkeitserfordernisses bei sonstigen Staatsunternehmen im Besonderen (LG Bonn WM
2003, 780, 783 betr irakische Zentralbank und Staat Irak) übertragen werden können, muss
hierauf nicht weiter eingegangen werden.

(c) Sonstige Fälle
Nach einer älteren Entscheidung des BGH kommt es auf die Gegenseitigkeit nicht 687
an, wenn die Hauptforderung der Generalvertreterin einer staatlichen Handelsorganisation zusteht, während die Gegenforderung sich gegen die Handelsorganisation selbst richtet. Dabei hat das Gericht maßgeblich darauf abgestellt, der Schuldner müsste seine Gegenforderung sonst vor Gerichten geltend machen, die nicht
nach rechtsstaatlichen Grundsätzen urteilten (BGH BB 1959, 1041 f: DDR). Die Entscheidung mag sich mit der **engen Verflechtung** zwischen der Generalvertreterin
und der Handelsorganisation rechtfertigen lassen. Dass die für die Gegenforderung
zuständigen Gerichte **nicht nach rechtsstaatlichen Grundsätzen** entscheiden, kann
dagegen keine Durchbrechung der Gegenseitigkeit rechtfertigen, weil dies dem
Gläubiger nicht zurechenbar ist.

(2) Einschränkungen der Aufrechnung
In der Rspr hat die Einschränkung der Aufrechnung nach Treu und Glauben 688
(§ 242) eine besonders große Bedeutung. Dabei lassen sich folgende Ansätze unterscheiden:

(a) Ausweitung der gesetzlichen Aufrechnungsverbote
In einigen Fällen hat die Rspr die in §§ 390–395 geregelten Aufrechnungsverbote 689
mit Hilfe von Treu und Glauben auf andere, ähnlich gelagerte Fälle ausgeweitet.
Da die Wertungen der jeweiligen Vorschriften dabei eine entscheidende Rolle spielen, besteht aus methodischer Sicht eine enge **Verwandtschaft mit der Analogie** (zur
Abgrenzung s o Rn 348 ff).

(aa) Vorsätzlich begangene unerlaubte Handlung, § 393

690 § 393 schließt nur die Aufrechnung **gegen** eine **Forderung aus einer vorsätzlich begangenen unerlaubten Handlung** aus. Nach einer Entscheidung des RG (RG JW 1939, 355: unzulässige Rechtsausübung) sollen Treu und Glauben aber auch der Aufrechnung **mit** einer solchen Forderung entgegenstehen, so weit die der unerlaubten Handlung zugrunde liegenden Tatsachen vom Gläubiger selbst verursacht, wenn auch nicht verschuldet worden sind. Einer solchen Ausweitung des § 393 steht jedoch entgegen, dass die **Mitverursachung** des Schadens durch den Gläubiger zur Kürzung des Schadensersatzanspruchs gem § 254 führen kann. Warum der Gläubiger mit dem verbleibenden Anspruch nicht aufrechnen darf, ist nicht ersichtlich (so auch STAUDINGER/GURSKY [2006] § 393 Rn 30). Sollten die Voraussetzungen des § 254 mangels Verschuldens fehlen, entfällt zwar eine Anspruchskürzung gem § 254. Dann besteht jedoch erst recht kein Anlass, die Mitverursachung des Schadens über die entsprechende Anwendung des § 393 zu sanktionieren, zumal der **Zweck des § 393** – Abschreckung von der Begehung unerlaubter Handlungen zur Erlangung einer Befriedigungsmöglichkeit für uneinbringliche Forderungen (dazu SOERGEL/ZEISS § 393 Rn 1) – auf Fälle des Mitverschuldens und der Mitverursachung nicht zutrifft.

(bb) Unpfändbare Forderungen, § 394

691 § 394 schließt die Aufrechnung nur bei **unpfändbaren Forderungen** aus. Der Wortlaut erfasst daher nicht den Fall, dass die **Pfändung vom Vollstreckungsgericht** auf Antrag des Schuldners zum Schutz bestimmter Verwendungszwecke **aufzuheben ist**, wie insbesondere bei Miet- und Pachtzinsforderungen gem § 851b ZPO. Nach hM ist die Aufrechnung auch hier unzulässig, und zwar wegen Verstoßes gegen Treu und Glauben (vgl OLG Köln ZMR 1954, 44; LG Lüneburg MDR 1968, 667; PALANDT/GRÜNEBERG § 394 Rn 3; BGB-RGRK/WEBER § 394 Rn 18; STAUDINGER/KADUK[12] § 394 Rn 49; MünchKommZPO/SMID § 851 b Rn 14; WIECZOREK/SCHÜTZE/LÜKE, ZPO [3. Aufl] § 851b Rn 7; aA STEIN/JONAS/BREHM, ZPO [22. Aufl] § 851b Rn 11 m § 851a Rn 10). Dem wird zum Teil entgegengehalten, dass § 394 den Pfändungsschutz nach § 851b ZPO gerade nicht erfasse; diese Rechtslage dürfe nicht über § 242 konterkariert werden (so STAUDINGER/GURSKY [2006] § 394 Rn 40). Der enge Wortlaut des § 394 beruht indes nicht darauf, dass der Gesetzgeber die Aufrechnung bei Miet- und Pachtzinsforderungen zulassen wollte. § 851b ZPO stammt aus dem Jahre 1953 und konnte daher bei der Formulierung des § 394 nicht berücksichtigt werden (STAUDINGER/J SCHMIDT [1995] Rn 1495). Entscheidend ist die vergleichbare sozialpolitische Zielsetzung des Pfändungsschutzes (MünchKommZPO/SMID § 851b Rn 14); demgegenüber müssen die verfahrensmäßigen Unterschiede (Unpfändbarkeit – Aufhebung der Pfändung durch das Vollstreckungsgericht) zurücktreten. Da die Lösung aus der ratio legis folgt, erscheint eine analoge Anwendung des § 394 aber methodisch vorzugswürdig.

(b) Natur des Rechtsverhältnisses und Zweck der Leistung

692 Rspr und Lit erkennen an, dass die Aufrechnung über den Kreis ausdrücklich vereinbarter und gesetzlich geregelter Aufrechnungsverbote hinaus unzulässig ist, wenn nach dem Inhalt des Schuldverhältnisses von einem **stillschweigenden Ausschluss** auszugehen ist (§ 157) oder wenn die Aufrechnung nach der **Natur des Rechtsverhältnisses** oder dem **Zweck der geschuldeten Leistung** mit Treu und Glauben unvereinbar wäre (vgl BGHZ 73, 380, 383; 95, 109, 113; 113, 90, 93; BGH NJW 1995, 1425, 1426; 2003, 140, 142; OLG Düsseldorf NJW-RR 1999, 1040, 1042; PALANDT/GRÜNEBERG § 387 Rn 15). Die **Abgrenzung** zwischen § 157 und § 242 bleibt dabei zum Teil unklar. We-

gen des Vorrangs der ergänzenden Auslegung (s o Rn 357) muss zunächst der stillschweigende Ausschluss der Aufrechnung geprüft werden. § 242 ist erst anwendbar, wenn der nach § 157 maßgebliche hypothetische Parteiwille nicht weiter hilft.

In der Rspr finden sich zahlreiche Bsp, in denen die Unzulässigkeit der Aufrechnung **693** mit Hilfe von Treu und Glauben (§ 242) aus der **Natur des Rechtsverhältnisses** oder dem **Zweck der geschuldeten Leistung** abgeleitet wird. So kann der **fremdnützige Treuhänder** nach dem Zweck des Treuhandverhältnisses gegenüber dem Anspruch des Treugebers auf Herausgabe des Erlangten (§§ 667, 675) nicht mit Gegenforderungen aufrechnen, deren Grund außerhalb des Treuhandverhältnisses liegt (BGHZ 95, 109, 113; BGH NJW 1993, 2041, 2042; 1994, 2885, 2886; 2003, 140, 142). Ebenso verbieten Sinn und Zweck eines **Auftrags** dem Beauftragten nach Treu und Glauben, gegen den Anspruch des Geschäftsherrn auf Herausgabe des Erlangten mit Gegenforderungen aufzurechnen, die nicht aus dem Auftrag und den damit verbundenen Aufwendungen herrühren (BGHZ 54, 244, 247; 71, 380, 383; BGH NJW 2003, 140, 142). Beim **Geldwechseln** widerspricht es dem Zweck der geschuldeten Leistung, dass der Wechsler mit einer Gegenforderung aufrechnet, statt das Wechselgeld herauszugeben (SOERGEL/ZEISS § 387 Rn 13). Im Fall einer **Hinterlegung** ist die hinterlegte Summe voll auszuzahlen und darf nicht vom Fiskus mit Steuerrückständen (BGHZ 95, 109, 113) oder anderen dem Hinterlegungsverhältnis fremden Forderungen (OLG Karlsruhe VersR 1991, 334: Hinterlegung zur Aussetzung des Vollzugs eines Haftbefehls) aufgerechnet werden. Gegen den Anspruch auf Rückzahlung eines **Soforthilfedarlehens** kann nicht mit anderen Forderungen aufgerechnet werden, weil die Mittel nach der Natur des Rechtsverhältnisses in den Soforthilfefonds zurückfließen müssen (BGHZ 25, 211, 214 ff).

(c) Unzulässige Rechtsausübung
In anderen Fällen hat die Rspr den Ausschluss der Aufrechnung nicht auf die Natur **694** des Rechtsverhältnisses oder den Zweck der geschuldeten Leistung gestützt, sondern unmittelbar mit **unzulässiger Rechtsausübung** (Arglist, venire contra factum proprium, Verwirkung etc) argumentiert (vgl BGHZ 139, 325, 332; ERMAN/WAGNER § 387 Rn 37; STAUDINGER/GURSKY [2006] § 387 Rn 264). In diesem Sinne geht der BGH davon aus, dass die treuhänderische Bindung des Sicherungsnehmers bei **Nichtigkeit der Sicherungsabrede** einer Aufrechnung gegen den Anspruch des Sicherungsgebers auf Auskehrung des bei der Verwertung des Sicherungsguts erlangten Mehrerlöses mit anderen, ungesicherten Ansprüchen nicht entgegensteht; der Sicherungsnehmer verhalte sich jedoch widersprüchlich, wenn er sich nach der Verwertung des Sicherungsguts im Zusammenhang mit der Aufrechnung auf die Nichtigkeit der Sicherungsabrede berufe, obwohl er deren Nichtigkeit von Anfang an gekannt habe (BGH NJW 1994, 2885, 2886). Verschafft sich der Aufrechnende die Aufrechnungslage dadurch, dass er bei seinem Schuldner Ware bestellt, so ist die Aufrechnung nach § 242 unzulässig, wenn der Aufrechnende weiß, dass an der Ware ein **verlängerter Eigentumsvorbehalt** besteht und dass der Schuldner auf Grund seiner schlechten wirtschaftlichen Verhältnisse nicht in der Lage sein wird, seine Verpflichtungen gegenüber dem Warenlieferanten zu erfüllen. Da die Aufrechnung hier allein zu Lasten des Warenlieferanten geht, steht diesem der Einwand der Arglist zu (BGH LM Nr 48 zu § 387; STAUDINGER/GURSKY [2006] § 387 Rn 264).

Hat der Aufrechnende sich bei einem vor der Aufrechnung geschlossenen **Vergleich** **695** weder die Aufrechnung vorbehalten noch zu erkennen gegeben, dass ihm eine Gegenforderung zusteht, so verstößt die Aufrechnung jedenfalls dann gegen Treu und Glauben, wenn der Aufrechnende sich die Gegenforderung eigens zum Zweck der Aufrechnung gegen die Vergleichsforderung verschafft hat (BGH NJW 1993, 1396, 1398). Desgleichen kann die Aufrechnung gegen eine sonst entscheidungsreife Klageforderung nach § 242 unzulässig sein, wenn der Beklagte über die Gegenforderung **pflichtwidrig keine Abrechnung erteilt** hat und die Entscheidung über die Gegenforderung deshalb mit einer langwierigen und schwierigen Beweisaufnahme verbunden wäre (BGH WM 1963, 509, 510).

696 Treu und Glauben stehen der Aufrechnung schließlich auch dann entgegen, wenn die Aufrechnungslage nur dadurch entstehen konnte, dass der Schuldner bei Fälligkeit seiner Gegenforderung bereits **längere Zeit in Verzug** war (so OLG Bremen NJW 1968, 1139; Palandt/Grüneberg § 387 Rn 15; aA Staudinger/Gursky [2006] § 387 Rn 264). Denn der Schuldner soll aus seinem eigenen vertragswidrigen Verhalten keinen Vorteil erlangen. Insbesondere darf ihm kein Anreiz gegeben werden, seine Leistung pflichtwidrig zu verzögern.

(3) Einschränkung von Aufrechnungsverboten
697 Bei der Einschränkung von Aufrechnungsverboten muss zwischen vertraglichen und gesetzlichen Aufrechnungsverboten unterschieden werden:

(a) Vertragliche Aufrechnungsverbote
698 Bei vertraglichen Aufrechnungsverboten ergeben sich zunächst Einschränkungen aus § 309 Nr 3. Da diese Vorschrift als „konkretisierte Ausgestaltung" des § 307 auch im Geschäftsverkehr zwischen Kaufleuten zu beachten ist (BGHZ 92, 312, 316; Palandt/Grüneberg § 309 Rn 21; Looschelders, Schuldrecht AT Rn 422), sind **formularmäßige Aufrechnungsverbote** bei unbestrittenen oder rechtskräftig festgestellten Forderungen grundsätzlich unwirksam. Darüber hinaus sind mit Hilfe des § 242 folgende Einschränkungen entwickelt worden:

699 Die Rspr lässt ein vertragliches Aufrechnungsverbot nach Treu und Glauben zurücktreten, wenn die Gefahr besteht, dass die betroffene Partei ohne die Aufrechnung überhaupt nicht befriedigt wird. Dahinter steht die Erwägung, dass vertragliche Aufrechnungsverbote im Zweifel nur die Befriedigung **durch Aufrechnung** ausschließen sollen, nicht aber die **Befriedigung als solche**. Genau genommen geht es also nicht um Rechtsmissbrauch, sondern um eine an Sinn und Zweck der Vereinbarung orientierte restriktive Auslegung nach §§ 133, 157 (Staudinger/Gursky [2006] § 387 Rn 256). Das Aufrechnungsverbot greift danach nicht ein, wenn über das Vermögen der anderen Partei das **Konkurs- bzw Insolvenzverfahren** eröffnet wurde (RGZ 60, 356; 124, 8, 9 f; BGH NJW 1975, 442; 1981, 762; 1984, 357; Palandt/Grüneberg § 387 Rn 17; Erman/Wagner § 387 Rn 43; Soergel/Zeiss § 387 Rn 14 f; Larenz, Schuldrecht I § 18 VI b4) oder die Erfüllung der Gegenforderung aus **anderen Gründen** (zB Vermögensverfall) nicht mehr gewährleistet ist (BGHZ 23, 17, 26; 35, 248, 254; BGH NJW 1975, 442 = WM 1975, 134; BGH WM 1975, 614, 616; 1978, 620 f; 1991, 731, 733; BGH NJW-RR 1987, 883, 884; BGH MDR 1989, 44, 45; BGH NJW 2003, 140, 142; OLG Frankfurt WM 1984, 1021, 1022; OLG Köln NJW-RR 1995, 566; Staudinger/Gursky [2006] § 387 Rn 256; Looschelders, Schuldrecht AT Rn 423). Eine Ausnahme soll allerdings bei einer **Forderungsabtretung** gelten, sofern der Neugläubiger auf das Aufrechnungsverbot vertraut hat (BGHZ 14, 61, 62 f; BGH NJW-RR 1989, 124, 125; OLG Hamm ZIP 2000, 925; Gernhuber, Erfüllung und

ihre Surrogate § 12 VI 8d). Dies widerspricht indes der Wertung des § 406, wonach die Rechtsstellung des Schuldners durch die Abtretung auch im Hinblick auf eine mögliche Aufrechnung nicht verschlechtert werden darf (krit auch STAUDINGER/GURSKY [2006] § 387 Rn 258).

Dient ein vertragliches Aufrechnungsverbot der **zügigen Abwicklung der Forderungen**, so kann es nach Treu und Glauben nicht geltend gemacht werden, wenn dieses Ziel durch die Aufrechnung nicht in Frage gestellt wird, zB weil im Fall der Prozessaufrechnung die Entscheidung über die Gegenforderung den Rechtsstreit nicht verzögert (BGHZ 12, 136, 143; BGH NJW 1960, 859; BGH WM 1972, 73; 1975, 614, 616; 1978, 620 f; OLG Köln BB 1987, 432, 433; MünchKomm/SCHLÜTER § 387 Rn 61). Dies wird sich im Allgemeinen aber ebenfalls schon aus den Grundsätzen der ergänzenden Auslegung (§§ 133, 157) ableiten lassen, so dass auf § 242 nicht zurückgegriffen werden muss. **700**

Ein vertragliches Aufrechnungsverbot bleibt schließlich nach Treu und Glauben auch dann außer Acht, wenn die zur Aufrechnung gestellte Gegenforderung auf einer **vorsätzlichen unerlaubten Handlung**, einer **vorsätzlichen Vertragsverletzung** oder einer **vorsätzlichen Verletzung vorvertraglicher Rücksichtspflichten** beruht (vgl RGZ 60, 294, 296; BGH LM Nr 20 zu § 387 = WM 1956, 563; LM Nr 42 zu § 387 = NJW 1966, 1452; BGH WM 1976, 1332, 1333; BGH Betrieb 1977, 993; BGH ZIP 1985, 921, 926; OLG Nürnberg WM 1972, 264; MünchKomm/SCHLÜTER § 387 Rn 61; STAUDINGER/GURSKY [2006] § 387 Rn 261; GERNHUBER, Erfüllung und ihre Surrogate § 12 VI 8d; LARENZ, Schuldrecht I § 18 VI b4). Die Rspr stellt auf die **Umstände des Einzelfalles** ab. Ein Verstoß gegen § 242 liegt dabei nahe, wenn die vorsätzliche Pflichtverletzung erwiesen ist und in engem Zusammenhang mit der Hauptforderung steht (vgl BGH LM Nr 20 zu § 387; LM Nr 42 zu § 387). Umgekehrt erscheint die Geltendmachung des Aufrechnungsverbots idR nicht treuwidrig, wenn die Überprüfung der Gegenforderung langwierige und umfangreiche Beweisaufnahmen erfordern würde (RGZ 142, 143, 144; BGH WM 1976, 1332, 1333; 1977, 311, 312; PALANDT/GRÜNEBERG § 387 Rn 17; SOERGEL/ZEISS § 387 Rn 14). Das heißt aber nicht, dass der Einwand der unzulässigen Rechtsausübung auf die Aufrechnung mit liquiden (GERNHUBER, Erfüllung und ihre Surrogate § 12 VI 8d) oder konnexen Gegenforderungen aus vorsätzlichen Pflichtverletzungen (STAUDINGER/J SCHMIDT [1995] Rn 1502) beschränkt wäre (so auch STAUDINGER/GURSKY [2006] § 387 Rn 261). **701**

(b) Gesetzliche Aufrechnungsverbote
Ob das Aufrechnungsverbot des **§ 393** auch dann gilt, wenn **beide Forderungen** auf einer **vorsätzlichen unerlaubten Handlung** beruhen, ist umstritten. Das RG hat es unter Hinweis auf Treu und Glauben abgelehnt, die Aufrechnung in solchen Fällen zuzulassen (RGZ 123, 6, 8; für Einzelfallentscheidungen nach § 242 GLÖTZNER, Zum Aufrechnungsverbot des § 393, MDR 1975, 718, 720 f). Dem ist der überwiegende Teil von Rspr und Lit gefolgt (vgl OLG Celle NJW 1981, 766; MünchKomm/SCHLÜTER § 393 Rn 5; PALANDT/GRÜNEBERG § 393 Rn 4; PWW/PFEIFFER § 393 Rn 5). Nach der Gegenauffassung soll § 393 nicht eingreifen, wenn die Ansprüche auf demselben Lebensvorgang (zB einer Schlägerei) beruhen (so LG Stade MDR 1958, 99; BGB-RGRK/WEBER § 393 Rn 7; SOERGEL/ZEISS § 393 Rn 5; Hk-BGB/SCHULZE § 393 Rn 1; BAMBERGER/ROTH/DENNHARDT § 393 Rn 7; BROX/WALKER, Allgemeines Schuldrecht § 16 Rn 15). Andere Autoren sprechen sich für die generelle Unanwendbarkeit des § 393 bei wechselseitigen vorsätzlichen Delikten aus (so JAUERNIG/STÜRNER § 393 Rn 1; LARENZ, Schuldrecht I § 18 VI b1; HELLER, Der Ausschluss der Aufrechnung, AcP 207 [2007] 456, 459). Die Einschränkung des § 393 wird je- **702**

doch nicht auf § 242 gestützt, sondern auf die Erwägung, der Zweck des § 393 treffe in solchen Fällen nicht zu (näher dazu STAUDINGER/GURSKY [2006] § 393 Rn 31). Methodisch handelt es sich damit um eine Frage der **teleologischen Reduktion**. Der BGH hat sich in einer aktuellen Entscheidung vom 15. 9. 2009 (Beck RS 2009, 26265) der hM angeschlossen, wonach das Aufrechnungsverbot des § 393 auch bei gegenseitigen Ansprüchen aus unerlaubter Handlung uneingeschränkt gilt.

703 Anders als bei § 393 spielen Einschränkungen des Aufrechnungsverbots nach § 242 bei **§ 394** eine große Rolle. Dies gilt insbesondere mit Blick auf den Einwand der **Arglist** bei Ansprüchen aus **vorsätzlichen unerlaubten Handlungen** und anderen **vorsätzlichen Schädigungen** (ausf dazu MünchKomm/SCHLÜTER § 394 Rn 14 ff; STAUDINGER/GURSKY [2006] § 394 Rn 58 ff). So geht die hM seit langem davon aus, dass der Arbeitgeber in bestimmten Grenzen auch gegen unpfändbare Lohn- und Gehaltsansprüche des Arbeitnehmers mit Gegenforderungen aus vorsätzlichen Vertragsverletzungen aufrechnen kann (vgl BAG AP Nr 8 zu § 394 BGB m Anm POHLE; PALANDT/GRÜNEBERG § 394 Rn 2; STAUDINGER/GURSKY [2006] § 394 Rn 59 mwNw). Hieran anknüpfend ist dem Unterhaltsschuldner das Recht zugebilligt worden, gegen eine an sich unpfändbare Unterhaltsforderung mit Ansprüchen aus einer im Rahmen des Unterhaltsverhältnisses begangenen vorsätzlichen unerlaubten Handlung aufzurechnen (BGHZ 123, 49, 51 ff; STAUDINGER/GURSKY [2006] § 394 Rn 61 mwNw).

704 Anders als bei vertraglichen Aufrechnungsverboten (s o Rn 698 ff) sollen der reine **Vermögensverfall** und die damit verbundene Gefährdung der Einbringlichkeit der Forderungen das gesetzliche Aufrechnungsverbot nach **§ 394** nicht ausschließen (so BGH JZ 1978, 799). Dem ist angesichts der sozialpolitischen Zielsetzung des § 394 zuzustimmen.

705 Auch das aus der Natur des Rechtsverhältnisses nach § 242 abgeleitete **Aufrechnungsverbot bei Treuhandverhältnissen** (s o Rn 693) kann im Einzelfall unter dem Aspekt des **Rechtsmissbrauchs** einzuschränken sein (vgl dazu BGH NJW 1993, 2041, 2042).

dd) Erlass, § 397

706 Im Zusammenhang mit dem Erlass (§ 397) stellen sich keine spezifischen Fragen des § 242. Bedeutung haben aber auch hier die allgemeinen Institute des § 242, insbesondere das **Verbot rechtsmissbräuchlichen Verhaltens** (s o Rn 214 ff). So kann der durch den Erlass begünstigte Teil nach Treu und Glauben gehindert sein, sich auf den Erlass zu berufen, so weit davon auch Forderungen erfasst werden, die der Begünstigte bei Abschluss der Vereinbarung arglistig verschwiegen hat (vgl BAG AP Nr 1 zu § 397 BGB m Anm BRECHER = BB 1961, 567; BGB-RGRK/WEBER § 397 Rn 29). In solchen Fällen wird man bei einer an Treu und Glauben orientierten **Auslegung** (§§ 133, 157) allerdings meist zu dem Ergebnis kommen, dass die betreffenden Forderungen vom Erlass nicht erfasst werden (vgl BGH BB 1960, 754, 755).

ee) Erlöschen des Schuldverhältnisses nach § 242

707 Neben den gesetzlich geregelten Formen des Erlöschens von Schuldverhältnissen werden in der Lit teilweise einige auf der Grundlage des § 242 entwickelte Institute genannt, nach denen das Schuldverhältnis erlischt. Dies betrifft neben der **Verwirkung** (dazu oben Rn 302 ff) insbesondere auch den **Wegfall des Gläubigerinteresses** und die **Zweckerreichung** (ERMAN/WESTERMANN/BUCK-HEEB Vor § 362 Rn 3). In der neueren

Rspr und Lit wird jedoch überwiegend dafür plädiert, die Zweckerreichung und den Wegfall des Gläubigerinteresses infolge Zerstörung des Leistungssubstrats (sog Zweckfortfall) nach den Regeln der **Unmöglichkeit** zu behandeln (vgl STAUDINGER/LÖWISCH/CASPERS [2009] § 275 Rn 26 ff; STAUDINGER/OLZEN [2006] Einl 68 zu §§ 362 ff; MünchKomm/ERNST § 275 Rn 151 ff; **aA** STAUDINGER/J SCHMIDT [1995] Rn 1213); in den sonstigen Fällen des Wegfalls des Gläubigerinteresses (sog Zweckverfehlung oder Zweckstörung) kommt allenfalls ein Rückgriff auf § 313 in Betracht (vgl STAUDINGER/LÖWISCH/CASPERS [2009] § 275 Rn 34; LOOSCHELDERS, Schuldrecht AT Rn 460 f).

g) Übertragung von Forderungen*

708 Im Zusammenhang mit der Übertragung von Forderungen (§§ 398–413) hat § 242 bislang **keine große Bedeutung** erlangt. Folgende Fälle sind aber doch nennenswert:

aa) Ausschluss der Abtretung, §§ 399, 400

709 Der Grundsatz von Treu und Glauben führt uU zu einer **Erweiterung des Abtretungsausschlusses**. Unzulässig ist insbesondere eine Abtretung, die für den Schuldner unzumutbare Belastungen begründet. Nach hM können dabei sowohl wirtschaftliche als auch ideelle Belastungen relevant werden.

710 Eine **unzumutbare wirtschaftliche Belastung** kann vorliegen, wenn die Forderung durch Teilabtretungen so zerstückelt wird, dass dem Schuldner zur Erfüllung der einzelnen Teilforderungen Mehrkosten entstehen, die im Verhältnis zum Umfang der Forderung unangemessen sind. Dies gilt jedoch nur in extremen Ausnahmefällen (zB: eine Forderung über 1000 Euro wird in hundert Teilforderungen zu 10 Euro zerlegt). Eine gewisse Mehrarbeit ist dem Schuldner dagegen zumutbar (vgl BGHZ 23, 53, 56; BGH NJW 1967, 388, 389; OLG Düsseldorf MDR 1981, 669; PALANDT/HEINRICHS Rn 59; SOERGEL/ZEISS § 399 Rn 7; STAUDINGER/BUSCHE [2005] Einl 45 zu §§ 398 ff; BAUMGÄRTEL AcP 156 [1957] 265, 281). Die Abtretung von **Lohn- und Gehaltsforderungen** verstößt deshalb nicht allein wegen des Mehraufwands für den Arbeitgeber gegen Treu und Glauben (BGHZ 23, 53, 56; unklar RGZ 146, 398, 402). Dies gilt umso mehr, als der Arbeitgeber sich durch Vereinbarung eines Abtretungsausschlusses mit dem Arbeitnehmer hinreichend schützen kann (vgl zum Ganzen MünchArbR/HANAU[2] § 73 Rn 9).

711 **Unzumutbarkeit ideeller Art** wird zum Teil angenommen, wenn dem Schuldner auf Grund der Abtretung ein Neugläubiger gegenübertritt, an den zu leisten für ihn aus persönlichen Gründen (Feindschaft, vorausgegangener Ehebruch etc) eine übergroße psychische Belastung mit sich bringen würde (STAUDINGER/J SCHMIDT [1995] Rn 1508). Unzumutbarkeit aus persönlichen Gründen kommt indes vor allem bei **höchstpersönlichen Ansprüchen** in Betracht. Hier greift aber schon § 399 Alt 1 ein (vgl MünchKomm/ROTH § 399 Rn 23 ff; STAUDINGER/BUSCHE [2005] § 399 Rn 5 ff). Für die verbleibenden Fälle ist zu beachten, dass die Verkehrsfähigkeit von Forderungen durch persönliche Beziehungen zwischen den Parteien und subjektive Befindlichkeiten grundsätzlich nicht in Frage gestellt werden darf. Der Einwand des § 242

---

* **Schrifttum**: BAUMGÄRTEL, Die Unzumutbarkeit der Forderungsabtretung, AcP 156 (1957) 265.

muss daher auf Ausnahmefälle begrenzt bleiben (STAUDINGER/BUSCHE [2005] Einl 45 zu §§ 398 ff), in denen die für die persönliche Unzumutbarkeit maßgebenden Umstände nach außen erkennbar (BAUMGÄRTEL AcP 156 [1957] 265, 288) oder dem Zessionar positiv bekannt sind.

712 Auf der anderen Seite kann ein Abtretungsausschluss nicht durchgreifen, so weit die Berufung auf die Unabtretbarkeit der Forderung eine **unzulässige Rechtsausübung** (s Rn 214 ff) darstellt (vgl BGHZ 56, 173, 176; OLG Hamburg VersR 1972, 631; PALANDT/GRÜNEBERG § 399 Rn 12). Ein Verstoß gegen Treu und Glauben kommt hiernach zB in Betracht, wenn der Schädiger durch Geltendmachung des Abtretungsverbots die Verwirklichung eines Schadensersatzanspruchs erschwert, obwohl er kein schutzwürdiges Interesse an der Durchsetzung des Verbots vorweisen kann und den Schaden grob fahrlässig verursacht hat (BGH NJW-RR 1996, 1313). Ist die **Wirksamkeit der Abtretung** nach den AGB des Schuldners von dessen **Zustimmung** abhängig, so darf der Schuldner die Zustimmung nach Treu und Glauben nicht verweigern, wenn er an dem Verbot kein schutzwürdiges Interesse mehr hat oder wenn die berechtigten Interessen des Vertragspartners an der Abtretbarkeit der Forderung überwiegen (BGH NJW ZIP 2000, 78, 79; BAMBERGER/ROTH/ROHE § 399 Rn 18; vgl auch BGH NJW 1995, 665, 666).

713 Nach Rspr und hL greift das **Abtretungsverbot des § 400** nicht ein, sofern der Zedent vom Zessionar eine wirtschaftlich gleichwertige Leistung erhält (vgl BGHZ 4, 153, 156; 59, 109, 115; PALANDT/GRÜNEBERG § 400 Rn 3; STAUDINGER/BUSCHE [2005] § 400 Rn 11 ff). Diese Einschränkung beruht jedoch nicht auf Treu und Glauben, sondern auf dem Zweck des § 400. Aus methodischer Sicht handelt es sich also um eine **teleologische Reduktion** (LARENZ, Methodenlehre 393 f; LOOSCHELDERS/ROTH, Juristische Methodik 262; allg zur Abgrenzung s Rn 346 f).

bb) Einwendungen des Schuldners, § 404

714 Nach allgemeiner Ansicht ist der Begriff der Einwendungen bei § 404 in einem weiten Sinne zu verstehen und erfasst daher auch die **unzulässige Rechtsausübung** (vgl BAMBERGER/ROTH/ROHE § 404 Rn 5; OLG Frankfurt WM 1997, 609, 610). Gleichwohl kann eine Forderung, deren Durchsetzung durch den Altgläubiger nach § 242 unzulässig wäre, vom Neugläubiger geltend gemacht werden und umgekehrt, sofern der Einwand des Rechtsmissbrauchs maßgeblich auf die Person des Anspruchstellers gestützt wird (BGHZ 151, 136, 143; NJW 2001, 1859, 1862; BGH BB 2002, 1829, 1830; OLG München NJW 1970, 663, 664; PWW/H F MÜLLER § 404 Rn 2; MünchKomm/ROTH Rn 207 und § 404 Rn 9; PALANDT/GRÜNEBERG § 404 Rn 1; STAUDINGER/BUSCHE [2005] § 404 Rn 18; allg zur persönlichen Reichweite der unzulässigen Rechtsausübung s Rn 229 ff)

cc) Abtretung unter Urkundenvorlegung, § 405

715 Das RG hat § 405 auf die **Scheinabtretung** erweitert. Der Gläubiger kann sich hiernach gegenüber einem gutgläubigen Zweiterwerber der Forderung nicht darauf berufen, die Abtretung an den Ersterwerber sei ein Scheingeschäft, wenn der Ersterwerber die Forderung unter Vorlage einer über die Scheinabtretung ausgestellten Urkunde abgetreten hat (RGZ 90, 273, 275 f; 115, 303, 308; MünchKomm/ROTH § 405 Rn 14; PALANDT/GRÜNEBERG § 405 Rn 5; STAUDINGER/BUSCHE [2005] § 405 Rn 15; LOOSCHELDERS, Schuldrecht AT Rn 1122). Die Ausweitung des Gutglaubensschutzes wird häufig damit begründet, die Geltendmachung der Nichtigkeit durch den Gläubiger sei in einem solchen Fall **arglistig** (so RGZ 115, 303, 308; BGB-RGRK/WEBER § 405 Rn 2; vgl auch STAUDINGER/BUSCHE [2005] 405 Rn 15). Methodisch ist die entsprechende Anwendung des § 405 aber vorzugswürdig (so auch BAMBERGER/ROTH/ROHE § 405 Rn 7; ERMAN/WESTERMANN § 405 Rn 5; PWW/H F MÜLLER § 305 Rn 6; aA MünchKomm/ROTH § 405 Rn 13 f: Rechtsscheinhaftung als Ausprägung des venire contra factum proprium-Grundsatzes).

dd) Rechtshandlungen gegenüber dem bisherigen Gläubiger, § 407

Bei § 407 ist anerkannt, dass der Schuldner sich nur **positive Kenntnis** der Abtretung 716 entgegenhalten lassen muss (RGZ 135, 247, 251; BGHZ 135, 39, 42). Dies gilt selbst bei Zugang einer Abtretungsanzeige. Nach **Treu und Glauben** kann der Schuldner aber nicht geltend machen, er habe die Anzeige nicht (rechtzeitig) zur Kenntnis genommen, sofern er seine Unkenntnis zu vertreten hat (vgl RGZ 135, 244, 251; BGHZ 135, 39, 42 ff; BGH NJW 1977, 581, 582; MünchKomm/ROTH § 407 Rn 18; STAUDINGER/BUSCHE [2005] § 407 Rn 39: Rechtsmissbrauch). Nach der Rspr kommen vor allem Versäumnisse der zuständigen Angestellten und eigenes Organisationsverschulden in Betracht; für Zufall, höhere Gewalt oder das Verhalten Außenstehender besteht keine Einstandspflicht (BGHZ 135, 39, 44).

ee) Aushändigung der Abtretungsurkunde, § 410

Nach § 410 muss der Schuldner die Leistung gegenüber dem neuen Gläubiger nur 717 gegen Aushändigung einer vom bisherigen Gläubiger ausgestellten Abtretungsurkunde erbringen. Dies gilt auch dann, wenn die Beschaffung der Urkunde für den neuen Gläubiger mit Schwierigkeiten verbunden ist. Eine Grenze ergibt sich aus dem Verbot **rechtsmissbräuchlichen Verhaltens** (s o Rn 214 ff): Wenn der neue Gläubiger die Abtretungsurkunde nicht oder nur mit völlig unverhältnismäßigem Aufwand beschaffen könnte, muss der Schuldner sich uU mit einem anderen Nachweis über die Abtretung (zB Vorlage des Sparbuchs) zufrieden geben (vgl BGH WM 1969, 598, 599; WM 1982, 706; MünchKomm/ROTH § 410 Rn 6; STAUDINGER/BUSCHE [2005] § 410 Rn 7).

ff) Gesetzlicher Forderungsübergang, § 412

In der **Lit** wird zum Teil darauf hingewiesen, dass auch die Geltendmachung einer 718 gem § 412 übergegangenen Forderung **rechtsmissbräuchlich** sein kann (vgl SOERGEL/ZEISS § 412 Rn 5; R SCHMIDT, Regreßprobleme der Sachversicherung, NJW 1956, 1055, 1056). Praktische Bedeutung hat dieses Problem vor allem für den **Regressanspruch des Versicherers** nach § 86 VVG (s u Rn 1055). Im Übrigen kann es dem Schuldner auch bei gesetzlichem Forderungsübergang nach Treu und Glauben verwehrt sein, sich im Rahmen des § 407 auf seine **Unkenntnis** zu berufen (BGH VersR 1962, 515, 516).

h) Mehrheit von Schuldnern und Gläubigern

§ 242 ist auch für Schuldverhältnisse mit Gläubiger- und Schuldnermehrheiten von 719 Bedeutung. Spezifische Probleme treten hier im Allgemeinen nicht auf. Folgende Punkte sind aber zu beachten:

Nach § 421 steht es dem Gläubiger im Fall der **Gesamtschuld** grundsätzlich frei, 720 welchen Schuldner er in Anspruch nehmen will. Die **Wahlfreiheit des Gläubigers** wird jedoch nach § 242 durch das **Verbot unzulässiger Rechtsausübung** begrenzt (BGH NJW 1983, 1423, 1424; STAUDINGER/NOACK [2005] § 421 Rn 114). So kann die Inanspruchnahme eines bestimmten Gesamtschuldners rechtsmissbräuchlich sein, wenn der Gläubiger aus missbilligenswerten Motiven gerade diesen Schuldner mit dem Regressrisiko belasten will (BGH NJW 1991, 1289; BGH WM 1984, 906). Ähnliches gilt in dem Fall, dass eine Bank einen Gesamtschuldner in Anspruch nimmt und auf die Rechte aus der Übertragung der Forderung gegen den Ersteher nach § 118 Abs 2 S 2 ZVG verzichtet (BGH NJW 1983, 1423, 1424) oder dass der Gläubiger gegenüber einem im Innenverhältnis allein haftenden Gesamtschuldner eine dingliche Sicherheit verschlechtert (OLG Hamm NJW-RR 1993, 1071, 1072). Allerdings wird der (Darlehens-) Gläubiger idR nicht durch § 242 daran gehindert, einen Gesamtschuldner in Anspruch nehmen, von dem er weiß, dass dieser im Innenverhältnis von einem anderen Gesamtschuldner von der Verbindlichkeit freigestellt werden muss (BGH NJW 1991, 232). Im Fall einer Gesamtschuld ist die Inanspruchnahme eines bestimmten Grundstücks rechtsmissbräuchlich, sofern sie nicht im eigenen Interesse des Grundschuldgläubigers, sondern rein willkürlich zum Nachteil des Schuldners erfolgt (BGH WM 1987, 356, 358).

721 Einwendungen aus § 242 haben nach der Grundregel des § 425 **Einzelwirkung**. Dies hat der BGH für die **Verwirkung** ausdrücklich festgestellt (BGH NJW-RR 2002, 478, 479). Ist die Inanspruchnahme eines Gesamtschuldners rechtsmissbräuchlich, so können die anderen Gesamtschuldner sich hierauf im Allgemeinen nicht berufen. Umgekehrt wirkt das rechtsmissbräuchliche Verhalten eines **Gesamtgläubigers** sich grundsätzlich auch nicht zu Lasten der anderen Gesamtgläubiger aus (RGZ 132, 81, 87; BGHZ 44, 367, 370; anders für Miteigentümer BGH NJW 1992, 1095, 1096). Die persönliche Reichweite der unzulässigen Rechtsausübung ist also auch insoweit beschränkt (s Rn 229 ff).

722 Macht der leistende Gesamtschuldner einen Ausgleichsanspruch aus § 426 Abs 1 S 1 geltend, so können die anderen Gesamtschuldner ihm grundsätzlich keine Einwände aus dem Grundverhältnis, dh aus dem Verhältnis zwischen den Gesamtschuldnern und dem Gläubiger, entgegenhalten. Ausnahmen können sich aber aus einer abweichenden vertraglichen Vereinbarung zwischen den Gesamtschuldnern oder aus Treu und Glauben ergeben. Letzteres kommt vor allem dann in Betracht, wenn die Einwände aus dem Grundverhältnis bei der Zahlung so schwerwiegend und offensichtlich waren, dass die Leistung des den Ausgleich begehrenden Gesamtschuldners an den Gläubiger rechtsmissbräuchlich war (OLG München NJW 2008, 3505, 3507; SOERGEL/WOLF § 426 Rn 17).

3. Schuldrecht: Besonderer Teil*

a) Kaufvertrag, §§ 433–479
aa) Allgemeines

723 Im Rahmen von Kaufverträgen kommt dem Grundsatz von Treu und Glauben in mehrfacher Hinsicht Bedeutung zu. Wie bei allen Verträgen können allgemein im

---

* **Schrifttum**: BROX/WALKER, Besonderes Schuldrecht (33. Aufl 2008); EMMERICH, BGB-Schuldrecht Besonderer Teil (12. Aufl 2009); LOOSCHELDERS, Schuldrecht Besonderer Teil (3. Auflage 2009); MEDICUS, Schuldrecht II Besonderer Teil (14. Aufl 2007); OETKER/ MAULTZSCH, Vertragliche Schuldverhältnisse (3. Aufl 2007); SCHLECHTRIEM, Schuldrecht Besonderer Teil (6. Aufl 2003); SPICKHOFF, Der Nacherfüllungsanspruch des Käufers: Dogmatische Einordnung und Rechtsnatur, BB 2003, 589.

Hinblick auf das **Zustandekommen und die Erfüllung** des Kaufvertrags die aus § 242 entwickelten Rechtsinstitute relevant werden, so das Verbot der unzulässigen Rechtsausübung (s o Rn 281 ff), die Verwirkung (s o Rn 302 ff) und das Verbot widersprüchlichen Verhaltens (s o Rn 286 ff). Insoweit wird auf die entsprechenden Ausführungen verwiesen.

Bei der **Begründung von Nebenrechten und Nebenpflichten** ist die Konkretisierungs- **724** und Ergänzungsfunktion des § 242 von herausragender Bedeutung. Nach überwiegender Ansicht hat der neugestaltete § 241 hieran nichts geändert (vgl MünchKomm/ KRAMER § 241 Rn 1; PALANDT/HEINRICHS § 241 Rn 1, 7; § 242 Rn 23; zur Kritik vgl STAUDINGER/ OLZEN § 241 Rn 383 ff). Im Ergebnis besteht jedenfalls Einigkeit, dass die von Rspr und Lit aus § 242 entwickelten Inhalte und Grenzen der leistungs- und nichtleistungsbezogenen Nebenpflichten uneingeschränkt zur Anwendung kommen (vgl STAUDINGER/OLZEN § 241 Rn 426)

Die kaufrechtlichen Vorschriften sind bei der Schuldrechtsreform von 2001 in wei- **725** ten Teilen völlig neu gefasst geworden. Dabei wurde die **kaufrechtliche Gewährleistung für Sach- und Rechtsmängel** in das allgemeine Leistungsstörungsrecht integriert. In diesem Zusammenhang haben sich einige kaufrechtsspezifische Anwendungsbereiche des § 242 entwickelt. Zudem kann der Grundsatz von Treu und Glauben auch beim **Verbrauchsgüterkauf** nach den §§ 474 ff von Bedeutung sein.

bb) Zustandekommen des Vertrages
Bei Kaufverträgen über Grundstücke zieht die hM § 242 in Ausnahmefällen zur **726** **Einschränkung der Formnichtigkeit** aus §§ 311b Abs 1 S 1, 125 heran (vgl dazu REINICKE/TIEDTKE, Kaufrecht [8. Aufl 2009] Rn 88 ff mwNw sowie allg zu Formverstößen s o Rn 447 ff). Ist der Kaufvertrag über ein Grundstück nach §§ 311b Abs 1 S 1, 125 formnichtig, so handelt der Erwerber **nicht rechtsmissbräuchlich**, wenn er gleichwohl die Grundbucheintragung erwirkt. Denn § 311b Abs 1 S 2 führt hier zur Heilung des Formmangels (vgl MünchKomm/ROTH Rn 374).

Keinen Fall rechtsmissbräuchlichen Verhaltens stellt auch das Verlangen von Erfül- **727** lung bzw Schadensersatz statt der Leistung durch den Käufers dar, der eine Sache über eine **Internet-Auktionsplattform** zu einem außergewöhnlich günstigen Preis erstanden hat, und zwar selbst dann nicht, wenn dieser Preis nur auf Grund eines Versehens des Verkäufers im Internet erschien (OLG Köln MMR 2007, 448 – Rübenroder im Wert von 60 000 EUR für 51 EUR; AG Moers MMR 2004, 563 – PKW-Anhänger für 1 EUR auf Grund versehentlicher Einstellung des Artikels mit der „Sofort-Kaufen"-Option; vgl auch AG Hamburg-Barmbek MMR 2004, 772 – zwei Handys zum Kaufpreis von 14,95 EUR [durchgestrichener Neupreis je 699,- EUR]; offen gelassen von LG Hamburg NJW-RR 2004, 1569 in der Berufungsinstanz, da das Vorliegen eines wirksamen Vertragsschlusses verneint wurde). Der Verkäufer wird in diesen Fällen durch die Möglichkeit einer Anfechtung nach § 119 Abs 1 Alt 2 ausreichend geschützt.

cc) Konkretisierung von Nebenpflichten
Über die Nebenpflichten des Verkäufers und Käufers geben das Gesetz und auch **728** die reformierten kaufrechtlichen Normen nur wenig Aufschluss (vgl lediglich §§ 446 Abs 1 S 2, 448 Abs 1, 2 bzw § 379 Abs 1 HGB). Fehlen vertragliche Abreden, müssen die Nebenpflichten der Parteien durch § 242 konkretisiert werden. Der Bedeu-

tungsgehalt von § 242 liegt hier vor allem in dem Gebot, den Vertrag redlich zu erfüllen (vgl STAUDINGER/BECKMANN [2004] § 433 Rn 90). Rspr und Lit haben hier eine umfangreiche Kasuistik entwickelt, welche sowohl vorvertragliche und vertragliche als auch nachvertragliche Nebenpflichten beinhaltet (ausf zu den einzelnen Nebenpflichten im Kaufrecht STAUDINGER/BECKMANN [2004] § 433 Rn 90 ff; 178 ff).

dd) Gewährleistung des Verkäufers für Sach- und Rechtsmängel

729 Für die **Gewährleistungsrechte des Käufers** verweist § 437 in weitem Umfang auf die Vorschriften des allgemeinen Leistungsstörungsrechts. Die diesbezüglichen Überlegungen zum Einfluss des § 242 (s o Rn 629 ff) sind daher auch hier relevant. Darüber hinaus gibt es im Kaufrecht einige Sonderregeln, die als Ausfluss von Treu und Glauben verstanden werden können. Zu nennen sind insbesondere die **Begrenzung des Nacherfüllungsanspruchs** gem § 439 Abs 3 unter dem Aspekt der Unverhältnismäßigkeit (dazu KIRSTEN, Die Unverhältnismäßigkeit der Nacherfüllung im Kaufrecht, ZGS 2005, 66 ff) sowie die ergänzenden Regeln zur **Entbehrlichkeit der Fristsetzung** in § 440. Soweit diese Vorschriften eingreifen, bleibt für § 242 kein Raum.

(1) Wahl zwischen Nachbesserung und Nachlieferung

730 Mit Blick auf den Nacherfüllungsanspruch steht dem **Käufer** gem § 439 Abs 1 die **Wahl zwischen Nachbesserung und Nachlieferung** im Sinne einer **elektiven Konkurrenz** zu (PALANDT/WEIDENKAFF § 439 Rn 5; BAMBERGER/ROTH/FAUST § 439 Rn 9; OETKER/ MAULTZSCH § 2 Rn 196; REINICKE/TIEDTKE, Kaufrecht [8. Aufl 2009] Rn 413; MünchKomm/ WESTERMANN § 439 Rn 4 f; STAUDINGER/MATUSCHE-BECKMANN [2004] § 439 Rn 8; DERLEDER, Das ius variandi des Käufers bei Sach- und Rechtsmängeln, in: DAUNER-LIEB/KONZEN/K SCHMIDT, Das neue Schuldrecht in der Praxis [2003] 411, 424; JACOBS, Die kaufrechtliche Nacherfüllung, in: DAUNER; aA Wahlschuld iSd §§ 262 ff: JAUERNIG/BERGER § 439 Rn 17; AnwK-BGB/BÜDENBENDER § 439 Rn 15 ff; SPICKHOFF BB 2003, 589 mwNw). Bei seiner Wahl ist der Käufer grundsätzlich **nicht nach Treu und Glauben gehalten**, die Interessen des Verkäufers zu berücksichtigen (PALANDT/WEIDENKAFF § 439 Rn 5). Denn die Interessen des Verkäufers werden durch die §§ 275 Abs 2, 3 und 439 Abs 3 (s o Rn 272) hinreichend geschützt.

731 Bei Mangelhaftigkeit der Sache kann der Käufer die **Kaufpreiszahlung gem § 320 verweigern**. Allerdings verhält sich der Käufer **widersprüchlich**, wenn er sich einerseits auf sein Leistungsverweigerungsrecht beruft, andererseits aber nicht alsbald von seinem Wahlrecht zwischen Nachbesserung und Nachlieferung Gebrauch macht (PALANDT/WEIDENKAFF § 439 Rn 5; MünchKomm/WESTERMANN § 439 Rn 5; OETKER/MAULTZSCH § 2 Rn 198; SCHROETER, Das Wahlrecht des Käufers im Rahmen der Nacherfüllung, NJW 2006, 1761, 1764 f).

732 Hat der Käufer sich für die eine oder andere Art der Nacherfüllung entschieden, so stellt sich die Frage, ob er sich hierdurch **bindet** oder ob ihm insoweit ein **ius variandi** zusteht. Bei Annahme einer Wahlschuld wäre eine Bindungswirkung nach § 263 Abs 2 zu bejahen. Geht man jedoch wie hier von elektiver Konkurrenz aus, ergibt sich eine Antwort auf die Frage der Bindungswirkung nicht unmittelbar aus dem Gesetz. Insofern kommt dem **Grundsatz von Treu und Glauben** wieder eine entscheidende Bedeutung zu, weil das ius variandi im Sinne des **Vertrauensschutzes** und der **Rechtssicherheit** begrenzt werden muss. Eine Bindungswirkung ist deshalb zu bejahen, wenn der Verkäufer darauf **vertrauen** durfte, dass er mit der vom Käufer bestimmten Art der Nacherfüllung seine Pflicht aus § 439 erfüllen kann. Dies ist

dann der Fall, wenn der Verkäufer die gewählte Nacherfüllungsart **tatsächlich ausführt**, zB nach Aufforderung zur Nachbesserung damit beginnt, die Sache zu reparieren. Die Bindungswirkung besteht aber nur, solange der Verkäufer die Nacherfüllung innerhalb einer **angemessenen Frist** bewirkt (BAMBERGER/ROTH/FAUST § 439 Rn 10; OETKER/MAULTZSCH § 2 Rn 197; PALANDT/WEIDENKAFF § 439 Rn 8; SPICKHOFF BB 2003, 589, 593). **Verzögert** der Verkäufer die bereits begonnene Nacherfüllungsart, etwa weil er die Reparaturarbeiten nicht zügig durchführt, handelt der Käufer nicht rechtsmissbräuchlich, wenn er seine Wahl ändert, also etwa statt Mängelbeseitigung Lieferung einer neuen Sache fordert. Die Frist muss vom Käufer – anders als für den Übergang auf die Sekundärrechte – auch nicht ausdrücklich gesetzt werden; der angemessene Zeitumfang bestimmt sich wie bei §§ 281 Abs 1 S 1, 323 Abs 1 S 1 nach den Umständen des Einzelfalls (PALANDT/WEIDENKAFF § 439 Rn 7; OETKER/MAULTZSCH § 2 Rn 197). Hat der Käufer eine Frist gesetzt, muss er sich bis zu deren Ablauf an seiner Wahl festhalten lassen, es sei denn die gewählte Art der Nacherfüllung wird vom Verkäufer abgelehnt ab oder schlägt fehl (BAMBERGER/ROTH/FAUST § 439 Rn 10; BALL, Die Nacherfüllung beim Autokauf, NZV 2004, 217, 219). Eine Bindungswirkung ist auch dann zu bejahen, wenn der Verkäufer auf Grund einer Klage des Käufers rechtskräftig zu einer Form der Nacherfüllung **verurteilt wurde** oder der Verkäufer den Käufer mit einer Form der Nacherfüllung in **Annahmeverzug** gesetzt hat (BAMBERGER/ROTH/FAUST § 439 Rn 10; MünchKomm/WESTERMANN § 439 Rn 5). Hier wäre eine Änderung der gewählten Art der Nacherfüllung rechtsmissbräuchlich.

(2) Nacherfüllung und sonstige Mängelrechte
Ganz ähnliche Fragestellungen ergeben sich, wenn der Käufer zwischen der Nacherfüllung (§ 437 Nr 1) und den sonstigen Mängelrechten (§ 437 Nr 2 und 3) wählen kann. Nach fruchtlosem Ablauf einer Nachfrist zur Nacherfüllung stehen dem Käufer mehrere Ansprüche bzw Rechte zu. Er kann zum einen weiterhin Nacherfüllung verlangen; er kann sich zum anderen aber auch für Rücktritt oder Minderung entscheiden oder ggf Schadensersatz statt der Leistung bzw Ersatz vergeblicher Aufwendungen geltend machen. Dieses „Wahlrecht" gründet auf **gesetzlicher Anordnung** und nicht wie bei einer Wahlschuld auf vertraglicher Vereinbarung. Zu Recht hat der BGH daher entschieden, dass der Gläubiger zur Auswahl im Sinne einer **elektiven Konkurrenz** befugt ist (BGH NJW 2006, 1198; zustimmend ALTHAMMER, Ius variandi und Selbstbindung des Leistungsgläubigers, NJW 2006, 1179; ebenso: MünchKomm/KRÜGER § 262 Rn 12; BAMBERGER/ROTH/UNBERATH § 262 Rn 7). Der Käufer kann also – auch wenn er zunächst weiter Nacherfüllung verlangt hat – grundsätzlich zum Schadensersatz statt der Leistung übergehen (s o Rn 643 ff). Umgekehrt ist der Anspruch auf Nacherfüllung aber ausgeschlossen, wenn der Gläubiger nach § 323 Abs 1 zurückgetreten ist oder Schadensersatz statt der Leistung geltend gemacht hat (§ 281 Abs 4). Der **Übergang vom erneuten Nacherfüllungsbegehren auf Schadensersatz bzw Rücktritt** kann im Einzelfall allerdings gegen Treu und Glauben verstoßen. Daran ist insbesondere dann zu denken, wenn der Käufer kurz nach einer erneuten Leistungsaufforderung den Rücktritt erklärt (BGH NJW 2006, 1198; MünchKomm/ERNST § 323 Rn 155) oder wenn der Käufer selbst an der Nacherfüllung mitwirkt (OETKER/MAULTZSCH § 2 Rn 238).

(3) Rücktritt und Minderung
Keine Probleme bereitet das Käuferwahlrecht zwischen Rücktritt und Minderung. Es handelt sich hier um Gestaltungsrechte, die einander inhaltlich ausschließen

(Bamberger/Roth/Faust § 437 Rn 171; Derleder, Der Wechsel zwischen den Gläubigerrechten bei Leistungsstörungen und Mängeln, NJW 2003, 998, 1002). Ein Übergang von Rücktritt auf Minderung oder umgekehrt ist damit nicht möglich. Nach hM ist die Ausübung dieser Gestaltungsrechte unwiderruflich (Bamberger/Roth/Faust § 437 Rn 171; Münch-Komm/Ernst § 325 Rn 23; Staudinger/Otto [2004] § 325 Rn 29). Dies hat allerdings zur Konsequenz, dass ein Käufer, der zunächst den Rücktritt erklärt hat, sodann aber auch Schadensersatz fordern will (vgl § 325 BGB) auf die Differenzmethode verwiesen ist: Eine Schadensabwicklung nach der Surrogationsmethode scheidet aus, da die Gegenleistungsverpflichtung durch den zuvor erklärten Rücktritt beseitigt worden ist (zur Problemstellung ausf MünchKomm/Ernst § 325 Rn 23; Staudinger/Otto [2004] § 325 Rn 29). Vereinzelt wird daher vorgeschlagen, die Bindungswirkung von Rücktritt und Minderung einzuschränken (Wertenbruch, Die eingeschränkte Bindung des Käufers an Rücktritt und Minderung, JZ 2002, 862 ff; Soergel/Gsell § 325 Rn 31; Gsell JZ 2004, 643, 648 f mwNw). Dagegen spricht aber der Gedanke der Rechtssicherheit. Dem Verkäufer kann daher nur in Extremfällen unter dem Aspekt des Rechtsmissbrauchs verwehrt werden, sich auf die Bindungswirkung der Rücktrittserklärung zu berufen (MünchKomm/Westermann § 325 Rn 23).

735 Ob das **Rücktrittsrecht des Käufers bei Sach- oder Rechtsmängeln** nach § 242 **eingeschränkt** werden kann, ist zweifelhaft. In der Lit wird zT die Auffassung vertreten, der Rücktritt des Käufers verstoße gegen Treu und Glauben, wenn die Rückabwicklung des Vertrages für den Verkäufer mit erheblichen Belastungen verbunden wäre, während es für den Käufer mit Rücksicht auf das geringe Gewicht des (freilich nicht unerheblichen) Mangels zumutbar erscheint, sich mit der Minderung zu begnügen (vgl Erman/Grunewald § 437 Rn 7; aA MünchKomm/Westermann § 437 Rn 15; Soergel/U Huber § 462 Rn 4 [zu § 462 aF]). Ansatzpunkt solcher Überlegungen ist der Gedanke der **Verhältnismäßigkeit**. Ob § 242 hier wirklich einen praktischen Anwendungsbereich erhält, hängt davon ab, nach welchen Kriterien man die Unerheblichkeit der Pflichtverletzung bzw des Mangels in § 323 Abs 5 S 2 bestimmt. Beschränkt man die Unerheblichkeit im Einklang mit der hM zu § 459 Abs 1 S 2 aF auf Bagatellfälle (so etwa AnwK-BGB/Dauner-Lieb § 281 Rn 33; Bamberger/Roth/Faust § 437 Rn 26; Brox/Walker, Schuldrecht BT § 4 Rn 61 ff), dürfte dem Grundsatz von Treu und Glauben eigenständige Bedeutung zukommen. Sieht man die Pflichtverletzung dagegen mit einer im Vordringen befindlichen Auffassung schon dann als unerheblich an, wenn die Rückabwicklung des Vertrages bei Abwägung aller Interessen unverhältnismäßig wäre (so OLG Düsseldorf ZGS 2007, 157, 159; OLG Köln NJW 2007, 1694, 1696; Bamberger/Roth/Unberath § 281 Rn 69; MünchKomm/Ernst § 281 Rn 147; Palandt/Grüneberg § 281 Rn 47; Looschelders, Schuldrecht AT Rn 628 und Schuldrecht BT Rn 108), so ist der Rücktritt in den einschlägigen Fällen bereits nach § 323 Abs 5 S 2 ausgeschlossen; ein Rückgriff auf § 242 wird damit entbehrlich.

(4) Einschränkung und Ausschluss von Gewährleistungsrechten

736 Nach früherem Recht war es dem Käufer unter dem Aspekt der **unzulässigen Rechtsausübung** verwehrt, das Wandelungsrecht auszuüben, wenn der bei Gefahrübergang vorhandene **Mangel zwischenzeitlich beseitigt** worden war (vgl BGHZ 90, 198, 204 = NJW 1984, 2287; Larenz, Schuldrecht I § 10 IIb; krit Soergel/U Huber § 462 Rn 4). Darüber hinaus war die Wandelung hinfällig, wenn der Verkäufer den Mangel vor ihrem Vollzug mit Einverständnis des Käufers vollständig behoben hatte (BGH NJW 1996, 2647, 2648). Auf der Grundlage des neuen Rechts wird die Problematik dadurch entschärft, dass der Verkäufer bei behebbaren Sachmängeln nach §§ 437 Nr 2, 323 Abs 1 grundsätzlich ein **Recht zur „zweiten Andienung"** hat (vgl AnwK-BGB/HAGER § 349 Rn 8; MünchKomm/GAIER § 349 Rn 8). An anderer Stelle stellen sich aber doch vergleichbare Fragen: Hat der Käufer nach vorangegangener oder entbehrlicher Fristsetzung den Rücktritt erklärt, ist er unter dem Gesichtspunkt treuwidrigen Verhaltens gehindert, an der durch den wirksamen Rücktritt erlangten Rechtsposition festzuhalten, sofern der Mangel inzwischen mit seiner Zustimmung vollständig beseitigt worden ist (BGH NJW 2009, 508, 509). Bei eigenmächtiger Mangelbeseitigung durch den Verkäufer bleibt der Rücktritt dagegen unberührt. Zum möglichen Ausschluss des Rücktrittsrechts bei Zerstörung oder Weiterbenutzung der Kaufsache s o Rn 667 ff.

Die Gewährleistungsrechte des Käufers sind nach § 442 S 1 ausgeschlossen, wenn er den **Mangel** bereits **bei Vertragsschluss gekannt** hat. Die Vorschrift beruht auf dem Verbot widersprüchlichen Verhaltens (vgl AnwK-BGB/BÜDENBENDER § 442 Rn 4; STAUDINGER/MATUSCHE-BECKMANN [2004] § 442 Rn 1). Sie ist daher nicht anwendbar, wenn dieser Gedanke trotz Kenntnis des Mangels nicht zutrifft (vgl BGH NJW 1989, 2050, 2051). 737

Für den Fall der **grob fahrlässigen Unkenntnis des Mangels** trifft § 442 S 2 eine differenzierte Regelung, die nicht durch Rückgriff auf § 254 oder das Verbot widersprüchlichen Verhaltens (s o Rn 281 ff) unterlaufen werden darf (vgl BGHZ 110, 196, 202 ff; STAUDINGER/MATUSCHE-BECKMANN [2004] § 442 Rn 45). Dennoch kommt dem Grundsatz von Treu und Glauben auch hier Bedeutung zu. So wird in der Lit darauf hingewiesen, dass der Käufer im Einzelfall nach Treu und Glauben verpflichtet sein könne, die Kaufsache bei Vertragsschluss zu untersuchen; verletze der Käufer diese Verpflichtung, so könne die Annahme grober Fahrlässigkeit gerechtfertigt sein (STAUDINGER/MATUSCHE-BECKMANN [2004] § 442 Rn 26). 738

Die Reform des Kaufrechts führte zu einer Diskussion über die Frage, ob dem Käufer zum Ausgleich für die Ausweitung der Gewährleistungsrechte eine **Obliegenheit zur Anzeige** von festgestellten Mängeln auferlegt werden soll (vgl STAUDINGER/MATUSCHE-BECKMANN [2004] Vorbem 19 ff zu §§ 474 ff). Da der Gesetzgeber dies abgelehnt hat, findet sich eine solche „Rügepflicht" nach wie vor nur beim Handelskauf (§ 377 HGB). In der Lit wird zT aber vertreten, die Nichtanzeige eines Mangels könne unter dem Aspekt des Rechtsmissbrauchs zum Ausschluss von Mängelrechten führen (so SCHLECHTRIEM, Schuldrecht BT Rn 70; vgl auch STAUDINGER/MATUSCHE-BECKMANN [2004] § 434 Rn 187: Untersuchungspflicht des Käufers aus Treu und Glauben). In Anbetracht der klaren Entscheidung des Gesetzgebers kann es dabei indes nur um besonders gelagerte Ausnahmen gehen. 739

(5) Verhältnis zur Anfechtung nach § 119 Abs 2
Die Mängelrechte aus § 437 schließen eine Anfechtung durch den Käufer wegen **Irrtums über eine verkehrswesentliche Eigenschaft** (§ 119 Abs 2) jedenfalls nach Gefahrübergang aus (MünchKomm/WESTERMANN § 437 Rn 53; STAUDINGER/MATUSCHE-BECKMANN [2004] § 437 Rn 20 ff). Demgegenüber wird das Anfechtungsrecht des Verkäufers nach § 119 Abs 2 nicht durch die Mängelrechte verdrängt. Der Verkäufer verstößt jedoch gegen das **Verbot des Rechtsmissbrauchs** (s o Rn 214 ff), wenn er sich durch die Ausübung des Anfechtungsrechts seiner Gewährleistungspflicht entzieht (BGH NJW 1998, 2597, 2598; ERMAN/GRUNEWALD Vor § 437 Rn 28; MünchKomm/WESTERMANN § 437 Rn 55). 740

Die Anfechtung ist damit nicht rechtsmissbräuchlich, wenn der Käufer aus dem Mangel keine Gewährleistungsrechte ableiten kann oder will (vgl LOOSCHELDERS, Schuldrecht BT Rn 176 f).

ee) Besonderheiten des Verbrauchsgüterkaufs

741 Der Grundsatz von Treu und Glauben ist auch beim **Verbrauchsgüterkauf** zu beachten. So kann sich der Käufer nach der Rechtsprechung des BGH (BGH NJW 2005, 1045, 1046 = JR 2005, 284 m Anm LOOSCHELDERS; vgl auch MünchKomm/S LORENZ § 474 Rn 23; zu den gemeinschaftsrechtlichen Implikationen s u Rn 1116 ff) wegen des **Verbots widersprüchlichen Verhaltens** nicht auf die Schutzvorschriften über den Verbrauchsgüterkauf berufen, wenn er gegenüber dem Verkäufer einen **gewerblichen Verwendungszweck vorgetäuscht** hat. Bestimmt man die Verbrauchereigenschaft nach den Erkenntnismöglichkeiten des Unternehmers (Hk-BGB/DÖRNER §§ 13, 14 Rn 3; JAUERNIG/BERGER § 474 Rn 3; SOERGEL/PFEIFFER § 13 Rn 28; MÜLLER, Die Umgehung des Rechts des Verbrauchsgüterkaufs im Gebrauchtwagenhandel, NJW 2003, 1975, 1979; ebenso zu Art 1 Verbr-Kauf-RL AnwK-BGB/PFEIFFER [2002] Art 1 Kauf-RL Rn 19; **aA** STAUDINGER/MATUSCHE-BECKMANN [2004] § 474 Rn 9; STAUDINGER/WEICK [2004] § 13 Rn 64; REINICKE/TIEDTKE, Kaufrecht [8. Aufl 2009] Rn 762; ERMAN/SAENGER § 13 Rn 19; LAWS, Strukturen des Kauf-, Werkvertrags- und Werklieferungsvertragsrechts nach der Schuldrechtsreform, MDR 2002, 320, 321; von BGH NJW 2005, 1045 offen gelassen), so sind die §§ 474 ff hier schon tatbestandlich nicht anwendbar; der Rückgriff auf § 242 wird damit entbehrlich.

742 Bei einer **objektiven Bestimmung** der Verbrauchereigenschaft (vgl BGH NJW 2008, 435; PALANDT/ELLENBERGER § 13 Rn 4) kommt grundsätzlich eine **Korrektur nach den Grundsätzen von Treu und Glauben** in Betracht (s auch MünchKomm/S LORENZ § 474 Rn 23; HERRESTHAL JZ 2006, 695, 698 f). Daher haftet der verkaufende Verbraucher, der sich bewusst als Unternehmer geriert, nach den §§ 474 ff. Gibt sich umgekehrt der kaufende Verbraucher als Unternehmer aus, kann er sich nicht auf den Schutz der §§ 474 ff berufen. Unterhalb der Schwelle einer bewussten Vortäuschung wird der Arglisteinwand aber in der Regel nicht durchgreifen. Auch wenn der Anschein der Unternehmereigenschaft in zurechenbarer Weise gesetzt wurde, überwiegt idR der Gedanke des Verbraucherschutzes (MünchKomm/S LORENZ § 474 Rn 23: bei grob fahrlässigem Verhalten sei Arglisteinwand aber gegeben).

b) Darlehen und andere Kreditverträge, §§ 488–507

743 In der Rspr hat der Grundsatz von Treu und Glauben beim Darlehensvertrag in Bezug auf die **Aufklärungspflichten** des Darlehensgebers sowie die Regeln über den **Einwendungsdurchgriff bei verbundenen Verträgen** größere Bedeutung erlangt. In beiden Bereichen wird heute aber kaum noch mit § 242 argumentiert. Im Übrigen werden im Darlehensrecht die Ausformungen der einzelnen Fallgruppen des § 242 (dazu Rn 211 ff) relevant. Im Folgenden soll ein kurzer Überblick über die bislang von der Rspr behandelten Problemkreise gegeben werden. Weitere Einzelheiten sind bei den Kommentierungen der §§ 488 ff zu finden.

744 Aus § 242 lässt sich keine Verpflichtung des Kreditinstituts ableiten, sich um den **Verwendungszweck eines Darlehens** zu kümmern oder den Kreditnehmer vor diesbezüglichen Risiken zu warnen (BGH BGHReport 2003, 963; vgl auch KG NJOZ 2002, 961). Dies gilt grundsätzlich auch für den Fall der Finanzierung eines steuersparenden Bauherren-, Bauträger- oder Erwerbermodells. Die Bank kann nämlich idR davon ausgehen, dass die Kunden entweder selbst über die notwendigen Kenntnisse und Erfahrungen verfügen oder sachkundige Beratung eingeholt haben (BGH NJW 2006, 2099, 2103). Die Rspr erkennt aber eine Ausnahme an, wenn der Darlehensnehmer im Einzelfall besonders aufklärungs- und schutzbedürftig ist und ein Hinweis der finanzierenden Bank daher **nach Treu und Glauben geboten** erscheint (so schon BGH NJW-RR 1990, 876, 877). Hiervon wird insbesondere dann ausgegangen, wenn die Bank in Bezug auf spezielle Risiken des Projekts einen konkreten Wissensvorsprung gegenüber dem Darlehensnehmer hat, wenn sie im Zusammenhang mit der Planung, Durchführung oder dem Vertrieb des Projekts über ihre Rolle als Kreditgeberin hinausgeht oder wenn sie sich in schwerwiegende Interessenkonflikte zu Lasten des Darlehensnehmers verwickelt (vgl BGH NJW 2006, 2099, 2103; NJW 2008, 2572, 2576; zusammenfassend PALANDT/WEIDENKAFF § 488 Rn 11a). Auf dieser Grundlage hat sich eine umfangreiche Rspr zur **Haftung der Banken wegen Aufklärungspflichtverletzung** nach § 280 Abs 1 iVm § 241 Abs 2 (ggf iVm §§ 311 Abs 2) entwickelt (vgl PALANDT/HEINRICHS § 280 Rn 56 ff mwNw). Diese Rspr ist inzwischen so differenziert, dass der allgemeine Gedanke von Treu und Glauben nicht mehr herangezogen wird.

Bei einer engen Verknüpfung von Darlehen und finanziertem Geschäft hat die Rspr vor Inkrafttreten des VerbrKrG den Grundsatz entwickelt, dass es mit Treu und Glauben unvereinbar sei, das Risiko der Aufspaltung eines wirtschaftlich einheitlichen Vorgangs in zwei rechtlich selbständige Verträge einseitig dem Darlehensnehmer aufzubürden. Beim **finanzierten Kauf** wurde dem Käufer und Darlehensnehmer daher nach § 242 erlaubt, dem Darlehensgeber seine Einwendungen aus dem Kaufvertrag entgegenzuhalten, wenn beide Verträge eine wirtschaftliche Einheit bildeten und die Risiken des Gesamtgeschäfts sonst nicht angemessen verteilt wären (BGHZ 83, 303, 304; 95, 350, 352; BGH NJW 1992, 2560, 2562; NJW 2000, 3065, 3066; STAUDINGER/KESSAL-WULF [2004] § 358 Rn 8). Entsprechende Grundsätze galten für **andere fremdfinanzierte Geschäfte** (näher dazu STAUDINGER/KESSAL-WULF [2004] § 358 Rn 11 mwNw). Die Rspr zum **Einwendungsdurchgriff bei verbundenen Verträgen** ist später mit einigen Modifikationen in den Vorschriften des § 9 VerbrKrG bzw der §§ 358, 359 aufgegangen (zur Entstehungsgeschichte STAUDINGER/KESSAL-WULF [2004] § 358 Rn 12 ff). Nach der neueren Rspr des BGH sind diese Vorschriften in ihrem Anwendungsbereich abschließend; ein Rückgriff auf § 242 ist insoweit also nicht mehr zulässig (BGH NJW 2004, 1376, 1378; NJW 2006, 2099, 2101; PALANDT/GRÜNEBERG § 359 Rn 1). **745**

Ob die nach § 242 entwickelten Regeln **außerhalb von Verbraucherverträgen** weiter herangezogen werden können, um einen Einwendungsdurchgriff bei verbundenen Verträgen zu rechtfertigen, ist streitig. Den §§ 358, 359 lässt sich keine gesetzgeberische Entscheidung entnehmen, den Einwendungsdurchgriff im Verhältnis zwischen Unternehmern generell auszuschließen. § 242 wird somit nicht von vornherein verdrängt (so iE auch PALANDT/GRÜNEBERG Überblick 18 vor § 311; CANARIS, Grundprobleme des Finanzierungsleasing im Lichte des Verbraucherkreditgesetzes, ZIP 1993, 401, 412; aA MünchKomm/HABERSACK § 358 Rn 18 und § 359 Rn 20; STAUDINGER/KESSAL-WULF [2004] § 358 Rn 47). Die Rspr zu § 242 beruhte indes auf der gesteigerten Schutzwürdigkeit des Darlehensnehmers, die bei Unternehmern grundsätzlich fehlt. Einen Sonderfall bilden die **Existenzgründer**; diese werden aber schon über § 507 geschützt (zur Anwendbarkeit der §§ 358, 359 auf Existenzgründer MünchKomm/HABERSACK § 358 Rn 18; STAUDINGER/ **746**

KESSAL-WULF [2004] § 507 Rn 1). Bei Verträgen zwischen Unternehmern kommt ein Einwendungsdurchgriff nach § 242 daher nur in besonders gelagerten Ausnahmefällen (zB zu Gunsten von Kleinunternehmern) in Betracht (s PALANDT/GRÜNEBERG Überblick vor § 311 Rn 18).

747 Ist für die Rückerstattung des Darlehens kein bestimmter Zeitpunkt vereinbart, kann jede Partei das Darlehen gem § 488 Abs 3 mit einer Frist von drei Monaten kündigen. Das **Kündigungsrecht des Darlehensgebers** wird jedoch durch Treu und Glauben (§ 242) eingeschränkt. Die Kündigung eines Darlehens zur Unzeit ist daher unzulässig (vgl MünchKomm/HABERSACK § 488 Rn 237; ERNE, in: CLAUSSEN, Bank- und Börsenrecht [4. Aufl 2008] § 5 Rn 43 f mwNw). Ebenso führt die Vernachlässigung der dem Gläubiger erkennbaren Interessen des Schuldners uU nach § 242 zum **vorübergehenden Ausschluss des Kündigungsrechts**. So darf der Schuldner bei einem langfristigen Darlehen idR darauf vertrauen, dass der Gläubiger sein ordentliches Kündigungsrecht nicht ohne ernstlichen Anlass ausübt (BGH NJW 1981, 1363; NJW 1986, 1928, 1930; vgl aber auch OLG Hamm NJW-RR 1991, 242). Dass eine Bank über längere Zeit die Überziehung des Kreditrahmens geduldet hat, macht die Kündigung allein aber noch nicht rechtsmissbräuchlich (BGH NJW 1998, 602, 603). Bei Verbraucherdarlehen ist zudem § 498 zu beachten.

Das **Verlangen der sofortigen Rückzahlung** des Darlehenskapitals kann gegen Treu und Glauben verstoßen, wenn der Darlehensvertrag eine Verfallklausel für den Fall des Zahlungsrückstands enthält, der aufgelaufene Rückstand aber allein darauf beruht, dass der Schuldner – ebenso wie der Gläubiger – die vereinbarte Verdoppelung der Tilgungsrate nach 15 Jahren mehrere Jahre lang übersehen hat (OLGReport Düsseldorf 2000, 392).

748 Für die **Verwirkung** von Rückzahlungsansprüchen des Darlehensgebers gelten die allgemeinen Regeln (s o Rn 302 ff). Das Problem stellt sich vor allem bei **titulierten Ansprüchen**. In der Rspr werden die Voraussetzungen der Verwirkung bejaht, wenn die Bank mehr als acht Jahre lang keine Zwangsvollstreckungsmaßnahmen gegen den Darlehensschuldner durchgeführt hat (LG Trier NJW-RR 1993, 55; AG Worms NJW-RR 2001, 415; vgl auch OLG Frankfurt BKR 2003, 200 – 16 Jahre zurückliegender Vollstreckungsversuch). Umgekehrt kann dem Anspruch des Darlehensnehmers auf **Anpassung der Zinsen an ein niedrigeres Zinsniveau** die Verwirkung entgegenstehen, wenn dieser Anspruch mehr als 6 Jahre nicht geltend gemacht worden ist (OLG Köln NJW-RR 1993, 1459).

c) Schenkung, §§ 516–534

749 Der Grundsatz von Treu und Glauben ist auch im Schenkungsrecht zu berücksichtigen. In der Vergangenheit wurde § 242 dort vor allem unter dem Aspekt des **Wegfalls der Geschäftsgrundlage** im Zusammenhang mit den §§ 527, 528, 530 relevant. Nach geltendem Recht sind diese Fälle indes im Rahmen des § 313 zu behandeln.

750 Eine besondere Ausprägung von Treu und Glauben findet sich in § 529. Die Vorschrift enthält keine abschließende Regelung der Fälle, in denen die Geltendmachung des Rückforderungsanspruchs durch den Schenker treuwidrig wäre (STAUDINGER/WIMMER-LEONHARDT [2005] § 529 Rn 1; MünchKomm/KOCH § 529 Rn 5; BAMBERGER/ROTH/GEHRLEIN § 529 Rn 1; einschränkend BGHZ 147, 288, 295). In anderen Fällen bleibt der

Rückgriff auf § 242 daher grundsätzlich zulässig. So kann das **Rückforderungsrecht des verarmten Schenkers** aus § 528 nach § 242 ausgeschlossen sein, wenn der verschenkte Gegenstand keinen Wert hat und sich deshalb nicht zur Sicherung des Unterhalts einsetzen lässt (OLG München HRR 1938 Nr 1327). Dass der Schenker die eigene Bedürftigkeit selbst verschuldet hat, lässt die Rückforderung nicht treuwidrig erscheinen. Eine Ausnahme kommt aber bei Arglist des Schenkers in Betracht (vgl Looschelders, Schuldrecht BT Rn 323). Umgekehrt muss sich der Beschenkte bzw dessen Erbe den Einwand der unzulässigen Rechtsübung entgegenhalten lassen, wenn er sich nach § 529 Abs 2 auf die eigene Bedürftigkeit beruft, obwohl er seine **Bedürftigkeit** in Kenntnis vom Notbedarf des Schenkers **mutwillig herbeigeführt** hat (BGH NJW 2001, 1207, 1208; Erman/Herrmann § 529 Rn 2).

Das Verbot widersprüchlichen Verhaltens kann bei der Frage relevant werden, ob **751** der Schenker dem Beschenkten eine Verfehlung iSd § 532 verziehen hat. Bei der **Verzeihung** handelt es sich um einen inneren Vorgang. Der Schenker kann sich jedoch nach Treu und Glauben nicht darauf berufen, er habe dem Beschenkten nicht verzeihen wollen, wenn eine Verzeihung auf Grund seines äußeren Verhaltens anzunehmen ist (vgl Staudinger/Wimmer-Leonhardt [2005] § 532 Rn 3 und Staudinger/vOlshausen [2006] § 2337 Rn 21: venire contra factum proprium). Im Allgemeinen wird in solchen Fällen aber bereits eine konkludente Verzeihung vorliegen (für analoge Anwendung von § 116 BGH FamRZ 1957, 208, 209). Die verbale Verweigerung der Verzeihung stellt dann eine unbeachtliche protestatio facto contraria dar.

Hat der Schenker die Schenkung wirksam widerrufen, so richtet sich sein Herausgabeanspruch gem § 531 Abs 2 iVm § 812 Abs 1 grundsätzlich auf das **Geschenk als solches**; Wertersatz ist nach § 818 Abs 2 nur geschuldet, wenn die Herausgabe auf Grund der Beschaffenheit des Geschenks nicht möglich ist oder der Beschenkte aus einem anderen Grund zur Herausgabe außerstande ist (BGH NJW-RR 2001, 6, 7). In Ausnahmefällen kann der Schenker aber nach Treu und Glauben gehindert sein, das Geschenk als solches herauszuverlangen; stattdessen muss er sich mit einem Wertersatzanspruch begnügen (Staudinger/Wimmer-Leonhardt [2005] § 531 Rn 20). **752**

d) Mietvertrag, §§ 535–580a*
aa) Allgemeines

Dem Grundsatz von Treu und Glauben (§ 242) kommt im Mietrecht besondere **753** Bedeutung zu. Dies beruht zunächst auf dem Charakter des Mietvertrags als **Dauerschuldverhältnis** (MünchKomm/Häublein § 535 Rn 147). Bei der Wohnraummiete hat § 242 zusätzliches Gewicht, weil die Wohnung für den Mieter von **existenzieller Bedeutung** ist (s u Rn 469). Schließlich berührt der Mietvertrag sowohl auf Vermieter- als auch auf Mieterseite **Grundrechte**, deren Drittwirkung im Rahmen des § 242

---

* **Schrifttum:** Blank, Der Wegfall des Eigenbedarfs nach Ablauf der Kündigungsfrist, NJW 2006, 739; Blank/Börstinghaus, Miete (3. Aufl 2008); Kandelhard, Verwirkung im laufenden Mietverhältnis – Rechtsverlust durch Unterlassen?, NZM 2005, 43; Schmidt-Futterer (Hrsg), Mietrecht (9. Aufl 2007); Timme, Rechtsfolgen vorbehaltloser Mietzahlung in Mangelkenntnis – Mehr als bloß eine Etappe beim BGH?, NJW 2003, 3099; ders, Minderungsrechtsausschluss und spiegelbildliche Verwirkung des Mietnachforderungsrechts, NZM 2003, 508; ders, Vermieters Reaktionspflichten nach Wegfall des Eigenbedarfs, NZM 2006, 249; Ventsch/Storm, Verwirkung des Anspruchs auf die Miete, NZM 2003, 577.

berücksichtigt werden muss (dazu allg Rn 146). Dabei ist insbesondere zu beachten, dass das Besitzrecht des Mieters an der Wohnung nach der Rspr des BVerfG (BVerfGE 89, 1, 5 ff = NJW 1993, 2035; BVerfG NJW 2000, 2658, 2659) ebenso wie das Eigentumsrecht des Vermieters durch **Art 14 Abs 1 GG** geschützt wird. Die hierauf beruhende Kollisionslage muss im Einzelfall mit Hilfe einer Interessenabwägung nach dem Grundsatz der praktischen Konkordanz aufgelöst werden (vgl LOOSCHELDERS/ROTH, Grundrechte und Vertragsrecht: Die verfassungskonforme Reduktion des § 565 Abs 2 S 2 BGB, JZ 1995, 1034, 1040 ff).

bb) Erweiterung der Rechte und Pflichten der Parteien

754 § 242 dient im Mietrecht traditionell als Anknüpfungspunkt für die Erweiterung der Rechte und Pflichten von Mieter und Vermieter über das gesetzlich normierte bzw vertraglich vereinbarte Maß hinaus, wobei der Grundsatz von Treu und Glauben streng genommen aber auch hier nur zur **Konkretisierung** der aus dem Schuldverhältnis folgenden Rechte und Pflichten herangezogen werden kann (allg dazu Rn 182 ff). Beispielsweise hat der Vermieter unter bestimmten Voraussetzungen das Anbringen einer **Satellitenempfangsantenne** außerhalb der Mieträume zu dulden, weil das durch Art 5 Abs 1 HS 2 GG gewährleistete Informationsrecht des Mieters den Empfang allgemein zugänglicher Fernseh- und Rundfunkprogramme sowie die Errichtung der hierzu erforderlichen technischen Anlagen umfasst; demgegenüber muss das Eigentumsrecht des Vermieters aus Art 14 Abs 1 GG im Einzelfall zurücktreten (grundlegend BVerfGE 90, 27, 32 f = NJW 1994, 1147; vgl auch BVerfG NJW 1992, 493; OLG Karlsruhe NJW 1993, 2815; OLG Frankfurt NJW 1992, 2490; STAUDINGER/EMMERICH [2006] § 535 Rn 45 ff). Auf der anderen Seite lässt es die Rspr aber ausreichen, wenn der dauerhaft in Deutschland lebende Mieter über einen kostenpflichtigen Kabelanschluss mehrere Programme seines Heimatlandes empfangen kann (BVerfG NZM 2005, 252, 253; BGH NJW 2006, 1062, 1064; LOOSCHELDERS, Schuldrecht BT Rn 402).

755 Mit Rücksicht auf das Besitzrecht des Mieters (Art 14 Abs 1 GG) hat die Rspr dem Vermieter ferner über § 242 die Pflicht auferlegt, den **Einbau eines Treppenhauslifts** zu dulden, wenn der Mieter oder ein Angehöriger seines Haushalts auf Grund einer Behinderung für den Zugang zur Wohnung hierauf angewiesen war (BVerfG NJW 2000, 2658; LG Duisburg ZMR 2000, 463). In der Zwischenzeit hat diese Problematik in § 554a eine ausdrückliche Regelung erfahren, bei deren Konkretisierung die im Rahmen von § 242 entwickelten Grundsätze aber weiter zu berücksichtigen sind (s im Einzelnen STAUDINGER/ROLFS [2006] § 554a Rn 4 ff).

756 Auf der anderen Seite wird dem Vermieter für besonders gelagerte Fälle nach Treu und Glauben das Recht zugebilligt, die **vermieteten Räume** während des andauernden Mietverhältnisses zu **besichtigen**. Ein allgemeines Besichtigungsrecht des Vermieters ist dagegen nicht anzuerkennen (zu den Einzelheiten STAUDINGER/EMMERICH [2006] § 535 Rn 97 ff mwNw). Des Weiteren besteht außerhalb des Anwendungsbereichs von § 554 BGB eine **Duldungspflicht** des Mieters aus § 242 BGB auch für **bauliche Maßnahmen**, die der Vermieter auf Grund von ihm nicht zu vertretenden Umständen durchführt. Dabei ist insbesondere an Baumaßnahmen zu denken, welche der Vermieter auf Grund öffentlich-rechtlicher Bestimmungen ausführen muss (BGH NJW 2009, 1736; STAUDINGER/EMMERICH [2006] § 554 Rn 2; MünchKomm/BIEBER § 554 Rn 6).

§ 242 begründet auch unter Berücksichtigung des Gleichheitssatzes (Art 3 Abs 1 **757**
GG) **keine allgemeine Gleichbehandlungspflicht** des Vermieters gegenüber seinen
Mietern (BayOLG NJW 1981, 1275, 1277; MünchKomm/Häublein § 535 Rn 147 f; Palandt/
Heinrichs Rn 9; Schmidt-Futterer/Eisenschmid § 535 Rn 96; Sternel, Mietrecht [3. Aufl
1988] II Rn 113; Wallerath ZMR 1969, 159; Weimar, Trifft den Vermieter eine Pflicht zur Gleichbehandlung der Mieter?, MDR 1971, 108, 109 f; **aA** Rathjen, Gleichbehandlung und Mietrecht,
MDR 1980, 713; wohl auch Soergel/Teichmann Rn 49; allg dazu Rn 146). Der Vermieter darf
daher dem Grundsatz nach mit den einzelnen Mietern unterschiedliche Vereinbarungen zB über die Höhe des Mietzinses und das Recht zur **Tierhaltung** treffen
(MünchKomm/Häublein § 535 Rn 95). Unzulässige Rechtsausübung kann aber vorliegen, wenn der Vermieter einzelnen Mietern unter Verweis auf ein entsprechendes
Verbot oder einen Genehmigungsvorbehalt im Mietvertrag die weitere **Tierhaltung**
verbietet, obwohl er dies anderen Mietern in vergleichbarer Lage gestattet hat und
für das konkrete Verbot keine sachlichen Gründe bestehen (LG Berlin WuM 1987, 213;
ZMR 1999, 28; NZM 1999, 455; LG Hamburg MDR 1986, 937; AG Frankfurt/M NZM 1998, 758,
759; MünchKomm/Roth Rn 404; Schmidt-Futterer/Eisenschmid § 535 Rn 503; zur Tierhaltung
in der Wohnung s auch Staudinger/Emmerich [2006] § 535 Rn 52 ff).

cc)   Begrenzung der Rechte und Pflichten der Parteien
Bei der Ausübung bestehender Rechte werden den Vertragsparteien auch im Miet- **758**
recht über § 242 Grenzen gezogen. So kann es im Einzelfall **rechtsmissbräuchlich**
sein, wenn der Vermieter **bauliche Veränderungen** untersagt, obwohl diese ihn nur
unwesentlich beeinträchtigen und zu keiner Verschlechterung der Mietsache führen
(BGH NJW 1963, 1539, 1540; BayOLG NJW 1981, 1275, 1276 f; MünchKomm/Roth Rn 404; vgl
auch Schmidt-Futterer/Eisenschmid § 535 Rn 376; zu einem Sonderfall – Einbau eines Treppenhauslifts – s o Rn 755). Der Vermieter verhält sich auch dann rechtsmissbräuchlich,
wenn er einen vom Mieter gestellten, grundsätzlich zumutbaren **Ersatzmieter** ohne
Angabe sachlicher Gründe ablehnt (OLG Frankfurt NZM 2001, 586; Blank/Börstinghaus
§ 542 Rn 170; MünchKomm/Roth Rn 405). Will der Mieter in seiner Wohnung eine **geschäftliche Tätigkeit** ausüben, die nach außen in Erscheinung tritt, so braucht er
dafür grundsätzlich eine Erlaubnis des Vermieters. Der Vermieter kann dabei nach
Treu und Glauben verpflichtet sein, die erforderliche Erlaubnis zu erteilen. Dies
kommt insbesondere dann in Betracht, wenn die vom Mieter geplante oder ausgeübte gewerbliche oder freiberufliche Tätigkeit ohne Mitarbeiter und ohne erheblichen Kundenverkehr stattfindet (vgl BGH v 14. 7. 2009 – VIII ZR 165/08: Tätigkeit als
Makler). Die Versagung der Erlaubnis wäre hier **rechtsmissbräuchlich**, weil die geschäftliche Tätigkeit im Vergleich mit einer reinen Wohnnutzung keine weitergehenden Störungen für den Vermieter und die anderen Mieter mit sich bringt. Aus
dem gleichen Grunde muss der Vermieter auch die Beaufsichtigung von Kindern
im Rahmen einer Tätigkeit als sog Tagesmutter gestatten, sofern die Zahl der „Tageskinder" nicht allzu groß ist (vgl Staudinger/Emmerich [2006] § 535 Rn 37: höchstens
zwei bis drei Kinder).

Der **Einwand der unzulässigen Rechtsausübung** nach § 242 kann auch im Rahmen **759**
des § **537 Abs 2** Bedeutung erlangen. So kann der Mieter gegenüber dem **Mietzinsanspruch** des vertragstreuen Vermieters nicht einwenden, dieser sei wegen einer
Weitervermietung zur Gebrauchsüberlassung nicht in der Lage gewesen (§ 537
Abs 2), sofern die Weitervermietung darauf beruht, dass der Mieter ohne Rücksicht
auf den bestehenden Mietvertrag ausgezogen ist und keine Miete mehr gezahlt hat

(BGHZ 122, 163, 164 f; BGH NJW 2000, 1105, 1106). Das Gleiche gilt, wenn der Mieter sich von vornherein geweigert hat, die Mietsache zu übernehmen und den Mietvertrag zu erfüllen (BGH NJW 2008, 1148, 1149 f; PALANDT/WEIDENKAFF § 537 Rn 12). Der Vermieter muss sich in diesen Fällen nur die Vorteile anrechnen lassen, die er durch die Weitervermietung erlangt hat (§ 537 Abs 1 S 2).

760 Bei **Verlust eines Haustürschlüssels** steht dem Vermieter ein Schadensersatzanspruch aus § 280 Abs 1 zu. Nach Treu und Glauben darf er aber nicht die Kosten für die Auswechselung der gesamten Schließanlage eines Mehrfamilienhauses geltend machen, sofern eine missbräuchliche Verwendung des Schlüssels nach den Umständen des Einzelfalls ausgeschlossen ist (vgl LG Berlin ZMR 2000, 535; LG Mannheim WuM 1977, 121; RUTHE, Der „verlorene" Haustürschlüssel, NZM 2000, 365). Ist der Mieter mit der **Mietzahlung in Verzug**, kann der Vermieter auch bei Vorliegen der Voraussetzungen des § 543 Abs 2 Nr 3 an einer außerordentlichen Kündigung gehindert sein, wenn diese im Einzelfall rechtsmissbräuchlich erscheint (vgl STAUDINGER/EMMERICH [2006] § 543 Rn 61).

761 Trägt der Mieter nach dem Mietvertrag die (anteiligen) Kosten der **Gebäudeversicherung**, so muss der Vermieter sich bei einem vom Mieter verursachten Schaden an der Mietsache nach Treu und Glauben grundsätzlich an den Versicherer halten (BGH VersR 2005, 498, 499). Gem § 86 VVG steht diesem zwar an sich ein **Regressanspruch** gegen den Schädiger zu. Die Rspr geht jedoch im Wege ergänzender Vertragsauslegung (§§ 133, 157) davon aus, dass der Versicherer für den Fall einfacher Fahrlässigkeit auf einen Regress gegen den Mieter verzichtet hat (vgl BGHZ 145, 393, 398 ff; 169, AnwK-BGB/LOOSCHELDERS § 157 Rn 63 f). Dies gilt auch dann, wenn der Mieter eine Haftpflichtversicherung hat, die Ansprüche wegen Schäden an gemieteten Sachen abdeckt (BGHZ 169, 86, 88 ff). Bei grober Fahrlässigkeit des Mieters war der Regress des Vermieters bislang nicht ausgeschlossen. Nach dem Inkrafttreten der VVG-Reform am 1.1.2008 ist aber daran zu denken, dem Versicherer bei grober Fahrlässigkeit des Mieters nach dem Rechtsgedanken des § 81 Abs 2 VVG nur einen anteiligen Regressanspruch zuzubilligen (zur Problemstellung WANDT, Versicherungsrecht [4. Aufl 2009] Rn 1002).

dd) Insbesondere: Einschränkung des Kündigungsrechts des Vermieters

762 Besondere Praxisrelevanz hat der Einwand des Rechtsmissbrauchs bei der **Eigenbedarfskündigung gem § 573 Abs 2 S 1** (Einzelheiten bei STAUDINGER/ROLFS § 573 [2006] Rn 105 ff). So verstößt die Geltendmachung von Eigenbedarf beispielsweise gegen Treu und Glauben, wenn der Eigenbedarf schon bei Begründung des Mietverhältnisses vorhanden bzw absehbar war (LG Berlin NJW-RR 1993, 661, 662; LG Hamburg ZMR 1975, 121; NJW-RR 1994, 465, 466; LG Karlsruhe WuM 1988, 276; LG Paderborn WuM 1994, 331; LG Trier NJW-RR 1992, 718; AG Köln WuM 1988, 70; MünchKomm/ROTH Rn 405; STAUDINGER/ROLFS § 573 [2006] Rn 106) oder die gekündigte Wohnung die Bedürfnisse des Vermieters gar nicht erfüllen kann (BVerfGE 79, 292, 303 ff; LOOSCHELDERS, Schuldrecht BT Rn 499).

763 Probleme bereitet in diesem Zusammenhang auch die Frage, welche **Mitteilungs- bzw Anbietpflichten** den Vermieter treffen, wenn der **Eigenbedarf** nach Ausspruch der Kündigung wieder **entfällt**. Allgemein anerkannt ist, dass der Vermieter den Mieter grundsätzlich darüber informieren muss, wenn der Eigenbedarf an der Woh-

nung nicht mehr besteht; zudem muss er dem Mieter eine vergleichbare, im selben Haus oder in derselben Wohnanlage zur Verfügung stehende Wohnung, die frei geworden ist und vermietet werden soll, anbieten (BGH NJW 2003, 2604; BGHZ 165, 75; Einzelheiten bei STAUDINGER/ROLFS [2006] § 573 Rn 112 ff).

In einer neueren Entscheidung hat sich der BGH (BGH NJW 2009, 1141 im Anschluss an NJW 2003, 2604) nochmals auf den Standpunkt gestellt, dass dem wegen Eigenbedarfs gekündigten Mieter nur solche Wohnungen angeboten werden müssen, welche nach der Kündigung und **vor Ablauf der Kündigungsfrist** zur Verfügung stehen; eine Wohnung, die zwar vor Ablauf der Kündigungsfrist für die wegen Eigenbedarfs gekündigte Wohnung gekündigt worden ist, aber erst danach frei werden soll, sei von der Anbietpflicht nicht mehr umfasst. Für diese klare zeitliche Grenzziehung argumentiert der BGH mit den allgemeinen Prinzipen der Rechtssicherheit und Rechtsklarheit. Eine über den Ablauf der Kündigungsfrist hinaus reichende Anbietpflicht würde zu einer systemwidrigen Durchbrechung der Grundsätze von Kündigungserklärungen führen. Diese Schlussforderung erscheint aber keineswegs zwingend. Zwar hat das BVerfG zur Parallelproblematik beim nachträglichen Wegfall des Eigenbedarfs entschieden, dass die Außerachtlassung von Änderungen nach Ablauf der Kündigungsfrist keinen Bedenken begegnet (BVerfG NJW 2006, 2033). Indes gibt die Verfassung keine konkrete Lösung vor. Zur Lösung des Problems muss insbesondere die **dogmatische Natur der Anbietpflicht** genauer betrachtet werden: **764**

Zum einen stellt sich die Anbietpflicht für den Vermieter als eine **Obliegenheit** dar, deren Nichtbeachtung seine Rechte beschneidet: Bietet der Vermieter dem Mieter eine frei gewordene Alternativwohnung nicht an, verstößt er in treuwidriger Weise gegen das Gebot, die Folgen der erheblich in die Lebensführung des Mieters eingreifenden Kündigung abzumildern (vgl BGH NJW 2003, 2604). Der BGH zieht hieraus die Konsequenz, dass die ursprünglich wirksame Kündigung wegen Rechtsmissbrauchs unwirksam wird (BGH NJW 2006, 220, 222). Der Einwand, eine wirksame Kündigung könne nicht dadurch „rechtsmissbräuchlich" werden, dass sich die tatsächlichen Verhältnisse nach ihrem Zugang ändern (BLANK NJW 2006, 739, 740), kann nicht überzeugen. Rechtsmissbräuchlich ist nicht die Kündigung als solche, sondern nur das Festhalten an der Kündigung. Fraglich erscheint allerdings, ob die Kündigung hierdurch wirklich im Nachhinein unwirksam wird. Vorzugswürdig ist die Annahme, dass der Vermieter durch das Rechtsmissbrauchsverbot lediglich gehindert wird, die Rechtsfolgen der Kündigung geltend zu machen. Im Ergebnis macht dies aber keinen Unterschied. Die damit verbundene Unsicherheit über die Wirksamkeit bzw die Wirkungen der Kündigung ist hinzunehmen, wenn man die besondere Bedeutung der Wohnung als Mittelpunkt der persönlichen Existenz des Menschen und den grundrechtlichen Rang des Besitzrechts des Mieters nach Art 14 Abs 1 GG (grdl BVerfGE 89, 1) berücksichtigt. **765**

Mit dem **Ablauf der Kündigungsfrist** stellt sich die Situation anders dar: Da die Kündigung in diesem Zeitpunkt ihre Gestaltungswirkung entfaltet, kann sich das Festhalten an der Erklärung nicht mehr als rechtsmissbräuchlich darstellen. Ansonsten käme es im Hinblick auf die Gestaltungswirkung von Kündigungserklärungen in der Tat zu einem Systembruch, der unter dem Aspekt der Rechtssicherheit nicht hinnehmbar ist. Zudem würde der vertragsuntreue Mieter, der die Wohnung nicht räumt, gegenüber einem vertragstreuen Mieter privilegiert (TIMME NZM 2006, **766**

249, 250 f). Dem BGH ist also insoweit beizupflichten, als eine Kündigung nicht deshalb treuwidrig werden kann, weil der Vermieter es unterlässt, eine nach Ablauf der Kündigungsfrist freigewordene Wohnung anzubieten. Zu weit geht die Rspr aber, wenn sie darüber hinaus auch eine **nachvertragliche Treuepflicht des Vermieters**, dem Mieter ggf noch nach Beendigung des Mietverhältnisses – also nach Fristablauf – eine Alternativwohnung anzubieten, generell ausschließt. Diese Sichtweise verkennt, dass es sich bei der Anbietpflicht nicht nur um eine Obliegenheit des Vermieters, sondern auch um eine **Schutzpflicht iSd § 241 Abs 2** handelt (vgl BLANK NJW 2006, 739, 740 f; TIMME NZM 2006, 249, 251). So ist anerkannt, dass ein Vermieter sich schadensersatzpflichtig machen kann, wenn er seiner Anbietpflicht nicht nachkommt (MünchKomm/HÄUBLEIN § 573 Rn 75). Ob eine solche vertragliche Pflicht auch nach Beendigung des Mietverhältnisses bejaht werden kann, muss jeweils im Einzelfall entschieden werden. Dass solche nachvertraglichen Rücksichts- und Treuepflichten gem §§ 241 Abs 2, 242 existieren, ist jedenfalls dem Grundsatz nach anerkannt (vgl LOOSCHELDERS, Schuldrecht AT Rn 503). Daher kann bei hinreichend engen Beziehungen zwischen Vermieter und Mieter eine Anbietpflicht auch noch bis zum Ablauf einer gerichtlich gewährten Räumungsfrist anzunehmen sein (TIMME NZM 2006, 249, 251). Eine Grenze ist allerdings beim **Rechtsmissbrauch** (s o Rn 214 ff) zu ziehen: Kommt der Mieter seiner Rückgabepflicht vorsätzlich nicht nach, handelt er rechtsmissbräuchlich, was bei der Bestimmung des Umfangs der Rücksichtspflichten des Vermieters beachtet werden muss (BLANK NJW 2006, 739, 741). Der vertragsuntreue Mieter wird also keineswegs privilegiert. Oft wird der Mieter ohnehin aus Zweifeln an der Wirksamkeit der Kündigung in der Wohnung verbleiben, um eine gerichtliche Klärung abzuwarten. Hierin lässt sich aber regelmäßig kein rechtsmissbräuchliches oder arglistiges Verhalten des Mieters erkennen (BLANK NJW 2006, 741; LOOSCHELDERS Anm z Urt des BGH v 4.6. 2008, JA 2009, 146, 147)

767 Auch einer **Verwertungskündigung nach § 573 Abs 2 Nr 3** kann der Einwand des **Rechtsmissbrauchs** entgegenstehen. Dies wird man vor allem dann annehmen müssen, wenn der Voreigentümer oder der Vermieter selbst das Mietgebäude **bewusst heruntergewirtschaftet** hat, um einen Abriss mit anschließendem Neubau leichter durchsetzen zu können. Nach der Rspr des BGH liegt eine treuwidrige Kündigung aber nicht schon deshalb vor, weil über viele Jahre keine Investitionen in das Gebäude getätigt wurden, welche den sanierungsbedürftigen Zustand vermieden hätten (BGH NJW 2009, 1200, 1202).

Wird ein Mietvertrag über Wohnraum **für längere Zeit als ein Jahr** geschlossen, bedarf er gem § 550 der **Schriftform**. Bei Nichteinhaltung der Schriftform ist der Vertrag nicht nach § 125 unwirksam; er kann aber nach den für Mietverträge über unbestimmte Zeit geltenden Regeln (§§ 573 ff) gekündigt werden, wobei die Kündigung frühestens nach einem Jahr ab Überlassung des Wohnraums zulässig ist (§ 550 S 2). Die Ausübung des Kündigungsrechts ist dabei nicht allein deshalb rechtsmissbräuchlich, weil der Mietvertrag zuvor jahrelang ohne Beanstandungen durchgeführt worden ist (BGH NJW 2004, 1103, PALANDT/HEINRICHS Rn 78). Eine andere Beurteilung kommt allerdings dann in Betracht, wenn die Ausübung des Kündigungsrechts im Einzelfall aus besonderen Gründen zu einem schlechthin untragbaren Ergebnis führt (MünchKomm/BIEBER § 550 Rn 19 mwNw).

ee) Insbesondere: Verwirkung

Eine **Verwirkung** von Rechten kommt im Mietrecht insbesondere im Zusammenhang mit Nachzahlungsansprüchen des Vermieters und Rückzahlungsansprüchen des Mieters in Betracht (vgl BGH MDR 1965, 902; für Indexmiete OLG Düsseldorf NZM 2001, 892; ERMAN/HOHLOCH Rn 185; BAMBERGER/ROTH/GRÜNEBERG/SUTSCHET Rn 158 mwNw). Nach der Neufassung der §§ 536b, 536c bei der Mietrechtsreform von 2001 erlangt die Verwirkung daneben auch wieder für die Frage Bedeutung, inwieweit Gewährleistungsrechte bei weiterer Mietzahlung trotz Mängelanzeige bestehen. Denn der BGH hat eine entsprechende Anwendung des § 536b auf diese Problematik abgelehnt, den Rückgriff auf § 242 aber zugelassen (BGHZ 155, 380, 385 = NJW 2003, 2601, 2602 f; BGH NJW 2005, 1503; vgl auch BLANK/BÖRSTINGHAUS § 536b Rn 22 f; MünchKomm/ HÄUBLEIN § 536b Rn 8 ff; PALANDT/WEIDENKAFF § 536b Rn 8; STAUDINGER/EMMERICH [2006] § 536 Rn 67 ff; TIMME NZM 2003, 508 f; ders NJW 2003, 3099 ff; VENTSCH/STORM NZM 2003, 577 ff). Die früher befürwortete Analogie zu § 539 aF (§ 536b nF) (zB BGH NJW 2000, 2663, 2664) kommt damit nicht mehr in Betracht (so auch BLANK/BÖRSTINGHAUS § 536b Rn 22; MünchKomm/BIEBER § 543 Rn 31; KANDELHARD NZM 2005, 43, 44; VENTSCH/ STORM NZM 2003, 577, 578 f; anders TIMME, Mietminderung wegen Mängeln trotz Weiterzahlung der Miete?, NZM 2002, 685 ff; ders NZM 2003, 508 f; ders NJW 2003, 3099 ff). Umgekehrt ist § 536b nF (§ 539 aF) auch nicht auf den Fall anwendbar, dass der Vermieter eine Mietminderung des Mieters über einen längeren Zeitraum hinnimmt. Trotz Fehlens eines Mangels kann der Vermieter hier aber unter dem Aspekt der Verwirkung gehindert sein, die vereinbarte Miete nachträglich in vollem Umfang zu verlangen (vgl BGH NJW-RR 2003, 727, 728; NZM 2006, 58 ff; STAUDINGER/EMMERICH [2006] § 536 Rn 53). Denn der Mieter darf in einem solchen Fall darauf vertrauen, nicht rückwirkend wegen der ausstehenden Miete in Anspruch genommen zu werden.

Nach dem Rechtsgedanken des § 314 Abs 3 muss auch die **außerordentliche Kündigung** eines Mietverhältnisses nach §§ 543, 569 innerhalb einer angemessenen Frist seit Kenntnis des Kündigungsgrundes erklärt werden (vgl MünchKomm/BIEBER § 543 Rn 72). Das Recht zur außerordentlichen Kündigung kann daher **verwirkt** werden, wenn der Berechtigte trotz Vorliegens eines wichtigen Grundes mit der Erklärung der Kündigung zuwartet (BGH WM 1967, 515, 517; BGH NZM 2005, 703; LG Berlin NZM 2002, 214; STAUDINGER/EMMERICH [2006] § 543 Rn 98; KANDELHARD NZM 2005, 43, 45 f). In vielen Fällen muss allerdings erst gar nicht auf den Gedanken der Verwirkung zurückgegriffen werden, weil ein langes Zuwarten mit der Kündigung schon die **Unzumutbarkeit** der weiteren Fortsetzung des Mietverhältnisses in Frage stellt (vgl BGH NJW-RR 1988, 77, 78; MünchKomm/BIEBER § 543 Rn 30; FLATOW, Typische Fehler bei der Kündigungserklärung, NZM 2004, 281, 282).

e) Pachtvertrag, §§ 581–597

Ebenso wie bei der Miete handelt es sich auch bei der Pacht um ein **Dauerschuldverhältnis** (vgl Hk-BGB/EBERT § 581 Rn 1; LOOSCHELDERS, Schuldrecht BT Rn 518). Dies hat zur Folge, dass der Grundsatz von Treu und Glauben auch hier von großer Bedeutung ist. Dies gilt zum einen für die **Konkretisierung der Nebenpflichten** der Parteien (STAUDINGER/SONNENSCHEIN/VEIT [2004] § 581 Rn 178 ff). Zum anderen wird § 242 häufig herangezogen, um das ordentliche oder außerordentliche **Kündigungsrecht** der Parteien unter dem Aspekt der **unzulässigen Rechtsausübung** (s o Rn 281 ff) zu begrenzen (STAUDINGER/SONNENSCHEIN/VEIT [2004] § 581 Rn 391).

771 Dem Pächter steht anders als dem Mieter von Wohnraum (§ 553) kein Anspruch auf die Erteilung der Erlaubnis zu einer **Untergebrauchsüberlassung** an Dritte zu (ERMAN/JENDREK § 584a Rn 2; STAUDINGER/SONNENSCHEIN/VEIT [2004] § 584a Rn 12 ff). In Ausnahmefällen kann die Verweigerung der Erlaubnis zur Unterverpachtung durch den Verpächter aber als unzulässige Rechtsausübung anzusehen sein (vgl STAUDINGER/SONNENSCHEIN/VEIT [2004] § 581 Rn 350 und § 584a Rn 13). Dabei ist allerdings große Zurückhaltung geboten, weil der Verpächter im Allgemeinen ein besonderes Interesse daran hat, dass die Bewirtschaftung der Pachtsache gerade durch den von ihm ausgewählten Pächter erfolgt (vgl Hk-BGB/EBERT § 584a Rn 3; BAMBERGER/ROTH/WAGNER § 584a Rn 3).

f) Dienst- und Arbeitsvertrag, §§ 611–630*
aa) Allgemeines

772 Dienstverträge werden in besonderem Maße durch das Gebot von Treu und Glau-

---

* **Schrifttum:** ASCHEID/PREIS/SCHMIDT, Kündigungsrecht (3. Aufl 2007); BECKSCHULZE, Der Wiedereinstellungsanspruch nach betriebsbedingter Kündigung, DB 1998, 417; BOEWER, Der Wiedereinstellungsanspruch – Teil 1, NZA 1999, 1121; ders, Der Wiedereinstellungsanspruch – Teil 2, NZA 1999, 1177; CLEMENS, Entgeltumwandlung zur betrieblichen Altersversorgung (Diss Berlin 2005); DÜTZ, Arbeitsrecht (13. Aufl 2008); EBERLE, Geltendmachung der Unwirksamkeit der mündlichen Kündigung, NZA 2003, 1121; Erfurter Kommentar zum Arbeitsrecht (9. Aufl 2009); ERTL, Der Wiedereinstellungsanspruch bei Abschluss eines Abfindungsvergleichs im zu Grunde liegenden Kündigungsschutzprozess, DStR 2001, 442; FEUERBORN, Sachliche Gründe im Arbeitsrecht (Habil München 2003); Gemeinschaftskommentar zum Kündigungsschutzgesetz und zu sonstigen kündigungsrechtlichen Vorschriften (9. Aufl 2009); HEIN, AGG × KSchG = Europa²? – Die Kündigung zwischen allgemeinem und besonderem Kündigungsschutz, Allgemeinem Gleichbehandlungsgesetz und Europarecht, NZA 2008, 1033; HENSSLER/WILLEMSEN/KALB (Hrsg), Arbeitsrecht Kommentar (3. Aufl 2008); vHOYNINGEN-HUENE/LINCK, Kündigungsschutzgesetz (14. Aufl 2007); HROMADKA, Zur betrieblichen Übung, NZA 1984, 241; HROMADKA/MASCHMANN, Arbeitsrecht, Bd I (4. Aufl 2008); KAISER, Wegfall des Kündigungsgrundes – Weder Unwirksamkeit der Kündigung noch Wiedereinstellungsanspruch, ZfA 2000, 205; KETTLER, Vertrauenstatbestände im Arbeitsrecht, NZA 2001, 928; KONTUSCH, Der Wiedereinstellungsanspruch des Arbeitnehmers (Diss Berlin 2004); KRENZ, Zur Sozialauswahl in Kleinbetrieben (Diss Aachen 2001); LETTL, Der arbeitsrechtliche Kündigungsschutz nach den zivilrechtlichen Generalklauseln, NZA-RR 2004, 57; LÖWISCH, Grenzen der ordentlichen Kündigung in kündigungsschutzfreien Betrieben, BB 1997, 782; LUKE, Gilt die dreiwöchige Klagefrist des § 4 KSchG auch für den Wiedereinstellungsanspruch?, NZA 2005, 92; MEINEL/BAUER, Der Wiedereinstellungsanspruch, NZA 1999, 575; Münchener Handbuch zum Arbeitsrecht (2. Aufl 2000); NÄDLER, Der Wiedereinstellungsanspruch des Arbeitnehmers nach Wegfall des Kündigungsgrundes (Diss Frankfurt/Main 2004); NICOLAI/NOACK, Grundlagen und Grenzen des Wiedereinstellungsanspruchs nach wirksamer Kündigung des Arbeitsverhältnisses, ZfA 2000, 87; OETKER, Die Ausprägung der Grundrechte des Arbeitnehmers in der Arbeitsrechtsordnung der Bundesrepublik Deutschland, RdA 2004, 8; ders, Der Wiedereinstellungsanspruch des Arbeitnehmers bei nachträglichem Wegfall des Kündigungsgrundes, ZIP 2000, 643; ders, Gibt es einen Kündigungsschutz außerhalb des Kündigungsschutzgesetzes?, AuR 1997, 41; PREIS, Der Kündigungsschutz außerhalb des Kündigungsschutzgesetzes, NZA 1997, 1256; RAAB, Der Wiedereinstellungsanspruch des Arbeitnehmers bei Wegfall des Kündigungsgrundes, RdA 2000, 147; ROLFS/GIESEN/KREIKEBOHM/UDSCHING ben geprägt, da der Dienstverpflichtete regelmäßig eng mit Rechtsgütern und Interessen des Dienstberechtigten in Berührung kommt (ERMAN/HOHLOCH Rn 89). Aus diesem Grund haben sich umfangreiche **Nebenpflichten** herausgebildet. Dabei sind die Aufklärungspflichten für Rechtsanwälte (ausf STAUDINGER/OLZEN § 241 Rn 458; MünchKomm/MÜLLER-GLÖGE § 611 Rn 121) und Ärzte (ausf STAUDINGER/OLZEN § 241 Rn 459; ERMAN/HOHLOCH Rn 96; MünchKomm/MÜLLER-GLÖGE § 611 Rn 90) an besonders strengen Maßstäben zu messen.

Einen weiteren Schwerpunkt des § 242 bildet im Dienstvertragsrecht der Einwand **773 unzulässiger Rechtsausübung** (s o Rn 281 ff). Dem **Vergütungsanspruch des Dienstverpflichteten** kann dieser Einwand aber nur unter strengen Voraussetzungen entgegengehalten werden. Der Verstoß gegen ein Wettbewerbsverbot reicht deshalb idR nicht aus, um den Vergütungsanspruch des Dienstverpflichteten zu verneinen (BGH NJW-RR 1988, 352, 353); vielmehr muss es sich um einen besonders krassen Verstoß mit schwerwiegenden Folgen für den Dienstberechtigten handeln (BGHZ 55, 274, 279 f; BGH NJW-RR 1988, 352, 353). Besondere praktische Relevanz hat schließlich die **Verwirkung** (s o Rn 302 ff), insbesondere bei Kündigungsrechten (vgl BGH DStR 2001, 861, 862 m Anm GOETTE [zu § 626]; z Verwirkung s o Rn 302 ff). Im Arbeitsrecht ist die Verwirkung tarifvertraglicher Ansprüche und Rechte des Arbeitnehmers gem § 4 Abs 4 S 2 TVG generell ausgeschlossen (s u Rn 824).

Besonders große Bedeutung hat § 242 im **Arbeitsrecht**. Dies beruht darauf, dass es **774** sich bei Arbeitsverhältnissen um **Dauerschuldverhältnisse** handelt, die auf Grund der persönlichen Leistungspflicht (§ 613) einen **personalen Charakter** aufweisen, welche durch die Eingliederung des Arbeitnehmers in den Betrieb des Arbeitgebers oft verstärkt wird (vgl ErfK/PREIS § 611 Rn 8; DÜTZ, Arbeitsrecht Rn 137; MünchKomm/ ROTH Rn 82; BAMBERGER/ROTH/GRÜNEBERG/SUTSCHET Rn 8). Davon abgesehen gilt es zu beachten, dass der Arbeitsplatz für den Arbeitnehmer von **existenzieller Bedeutung** ist. Das hierdurch verursachte Ungleichgewicht der Vertragsparteien führt dazu, dass die Wertordnung des Grundgesetzes in besonderer Weise als Maßstab für die Konkretisierung von Treu und Glauben dient (OETKER RdA 2004, 8, 9 ff; zur Bedeutung der Grundrechte s o Rn 146).

Diese Überlegungen ändern indes nichts daran, dass der Arbeitsvertrag ebenfalls **775** zu den **schuldrechtlichen Austauschverträgen** gehört; die früher verbreitete Einordnung als „personenrechtliches Gemeinschaftsverhältnis" (so noch BAGE 2, 221, 224 = AP Nr 2 zu § 611 BGB Beschäftigungspflicht; HUECK/NIPPERDEY, Lehrbuch des Arbeitsrechts I [7. Aufl 1967] 129) wird heute zu Recht allgemein abgelehnt (vgl ErfK/PREIS § 611 Rn 7; ERMAN/EDENFELD § 611 Rn 69; MünchKomm/MÜLLER-GLÖGE § 611 Rn 161 f). Die besondere

---

(Hrsg), Arbeitsrecht Kommentar (2008); SCHAUB/KOCH/LINCK, Arbeitsrechts-Handbuch (13. Aufl 2009); SINGER, Wann ist widersprüchliches Verhalten verboten? – Zu den Rechtsfolgen der form- und grundlosen Eigenkündigung eines Arbeitnehmers, NZA 1998, 1309; SÖLLNER/WALTERMANN, Grundriss des Arbeitsrechts (14. Aufl 2007); STAHLHACKE,

Grundrechtliche Schutzpflichten und allgemeiner Kündigungsschutz, in: FS Wiese (Neuwied 1998) 513; ders/PREIS/VOSSEN, Kündigung und Kündigungsschutz im Arbeitsverhältnis (9. Aufl 2005); WANK, Die Kündigung außerhalb des Kündigungsschutzgesetzes, in: FS Hanau (Köln 1999) 295; ZWANZIGER, Neue Tatsachen nach Zugang einer Kündigung, BB 1997, 42.

Bedeutung von Treu und Glauben kann damit im Arbeitsrecht auch nicht mehr auf diesen Gedanken gestützt werden.

776 Bei der Anwendung des § 242 im Arbeitsrecht stehen die **Konkretisierung** der arbeitsvertraglichen Pflichten und die **Begrenzung von Rechten** unter dem Gesichtspunkt rechtsmissbräuchlichen Verhaltens im Vordergrund. Für eine **Inhaltskontrolle** von Arbeitsverträgen anhand des § 242 bleibt seit der Neuregelung des AGB-Rechts durch das Schuldrechtsmodernisierungsgesetz kein Raum mehr. Aus § 310 Abs 4 folgt nämlich, dass nur vorformulierte Arbeitsverträge einer Kontrolle am Maßstab von Treu und Glauben unterworfen sein sollen (s o Rn 468). In Betracht kommt nur eine **Ausübungskontrolle** (s allg dazu o Rn 344). Eine intensivere Inhaltskontrolle soll aber erforderlich sein, wenn sich im Einzelfall eine **strukturelle Störung der Vertragsparität** ergibt, der Arbeitgeber also seine wirtschaftliche Überlegenheit ausnutzt, um ein für den Arbeitnehmer ungünstiges Verhandlungsergebnis durchzusetzen, das als Interessenausgleich offensichtlich ungeeignet ist (s o Rn 469).

bb) Konkretisierung arbeitsvertraglicher Pflichten

777 § 242 dient ua dazu, die **Art und Weise der Leistung** außerhalb des gesetzlich normierten Bereichs zu konkretisieren (s o Rn 182 ff). Die konkrete Gestalt der arbeitsvertraglichen **Hauptleistungspflichten** kann allerdings nicht pauschal festgelegt werden, sondern hängt entscheidend vom Einzelfall ab, wobei die Gepflogenheiten der Branche, des Betriebs und des Ortes der Leistungserbringung besonders zu berücksichtigen sind (MünchKomm/MÜLLER-GLÖGE § 611 Rn 1011). Dementsprechend umfasst die Arbeitspflicht eines Kraftfahrers nicht nur den Fahrdienst, sondern auch die Wartung und Pflege des Fahrzeugs und die Durchführung kleinerer Reparaturen (BAG AP Nr 2 zu § 21 MTL II; MünchKomm/MÜLLER-GLÖGE § 611 Rn 1011 Fn 2661 mwBsp).

778 Im Bereich des Arbeitsrechts hat sich eine Vielzahl von **Nebenpflichten** herausgebildet. Es handelt sich dabei im Allgemeinen um die notwendige Konkretisierung des durch die besondere Nähebeziehung zwischen den Parteien geprägten Arbeitsverhältnisses (vgl nur ErfK/PREIS § 611 Rn 707). Die Verletzung von Nebenpflichten aus dem Arbeitsverhältnis kann zu Schadensersatzansprüchen nach § 280 Abs 1 sowie zu Kündigungsrechten führen; auf Arbeitnehmerseite kommen darüber hinaus Leistungsverweigerungsrechte in Betracht.

(1) Leistungsbezogene Nebenpflichten

779 Von den leistungsbezogenen Nebenpflichten haben die Pflichten zur Leistungssicherung sowie die Auskunfts- und Rechenschaftspflichten im Arbeitsrecht die größte Bedeutung (vgl allg zu diesen Pflichten STAUDINGER/OLZEN § 241 Rn 261 ff). Zur **Leistungssicherungpflicht** des Arbeitgebers gehört etwa die richtige Lohnberechnung (MünchKomm/MÜLLER-GLÖGE § 611 Rn 986). Außerdem hat er dafür Sorge zu tragen, dass Lohnsteuer und Sozialversicherungsabgaben in richtiger Höhe abgeführt werden (STAUDINGER/RICHARDI [2005] § 611 Rn 939 mwNw).

780 Nach ständiger Rspr sind die Arbeitsvertragsparteien einander nach Treu und Glauben zur **Auskunft** verpflichtet, wenn der Auskunftsberechtigte über Bestehen und Umfang von Rechten im Ungewissen ist und der Auskunftsverpflichtete unschwer Auskunft erteilen kann (BAG AP Nr 24 zu § 242 BGB Auskunftspflicht; AP Nr 25 zu § 242 BGB Auskunftspflicht; MünchKomm/MÜLLER-GLÖGE § 611 Rn 1111; allg zu Auskunftspflich-

ten so Rn 167 ff). So muss der **Arbeitnehmer** eine Nebentätigkeit anzeigen bzw genehmigen lassen, so weit dadurch Interessen des Arbeitgebers beeinträchtigt werden (BAG AP Nr 25 zu § 242 BGB Auskunftspflicht; MünchKomm/MÜLLER-GLÖGE § 611 Rn 1113; HUNOLD, Rechtsprechung zur Nebentätigkeit des Arbeitnehmers, NZA-RR 2002, 505, 506; zur Unterlassungspflicht so Rn 780). Der **Arbeitgeber** ist zB bei Zahlungsansprüchen wegen Arbeitnehmererfindungen zu Auskunft und Rechnungslegung verpflichtet (BGH NJW 1995, 368, 387 f; NJW 1998, 3492, 3493 f; NJW-RR 2002, 978 f [zu § 16 Abs 1 ArbNErfG]; NJW-RR 2003, 1710, 1711 [zu § 9 ArbNErfG; vgl auch ROSENBERGER, Zur Auskunftspflicht des Arbeitgebers gegenüber dem Arbeitnehmer-Erfinder im Hinblick auf die Kriterien für den Erfindungswert, GRUR 2000, 25 ff]). In engem Zusammenhang mit der Auskunftspflicht des Arbeitgebers steht das Recht des Arbeitnehmers auf Einsicht in seine Personalakten (dazu ausf STAUDINGER/RICHARDI [2005] § 611 Rn 943 ff).

(2) Rücksichtspflichten
Die Rücksichtspflichten werden traditionell als Ausfluss der **Fürsorgepflicht** des Arbeitgebers und der **Treuepflicht** des Arbeitnehmers verstanden (vgl ERMAN/EDENFELD § 611 Rn 483; SOERGEL/TEICHMANN Rn 67; zu den Begriffen MünchKomm/MÜLLER-GLÖGE § 611 Rn 984, 1074; STAUDINGER/RICHARDI [2005] § 611 Rn 463, 897). In neuerer Zeit wird jedoch zu Recht betont, dass die Fürsorgepflicht des Arbeitgebers und die Treuepflicht des Arbeitnehmers keine selbständigen Rechtsgrundlagen darstellen. Die Rücksichtspflichten iSd § 241 Abs 2 ergeben sich allerdings auch hier nach allgemeinen Regeln (dazu STAUDINGER/OLZEN § 241 Rn 379 ff) aus dem Arbeitsvertrag, wobei zur Konkretisierung auf § 242 abgestellt werden kann (vgl BAG NZA 2008, 223, 225; ErfK/PREIS § 611 Rn 610; ERMAN/EDENFELD § 611 Rn 482 ff; MünchKomm/MÜLLER-GLÖGE § 611 Rn 986, 1074; DÜTZ, Arbeitsrecht Rn 153, 174; SÖLLNER/WALTERMANN, Arbeitsrecht Rn 755; eingehend dazu BRORS, Die Abschaffung der Fürsorgepflicht [Habil 2002]; zur Konkretisierungsfunktion des § 242 so Rn 182 ff). Die Begriffe der Fürsorge- und der Treuepflicht haben damit aus dogmatischer Sicht keine eigenständige Bedeutung; sie machen lediglich deutlich, dass die gegenseitigen Rücksichtspflichten auf Grund des personalen Charakters von Arbeitsverhältnissen (so Rn 765) im Einzelfall besonders intensiv sein können (ErfK/PREIS § 611 Rn 8; ERMAN/EDENFELD § 611 Rn 483).

Bei den **Rücksichtspflichten im Arbeitsrecht** ist nach allgemeinen Grundsätzen zwischen den Informationspflichten einerseits und den Obhuts- und Fürsorgepflichten andererseits zu unterscheiden; hinzu treten die leistungsunabhängigen Treuepflichten (zu dieser Einteilung STAUDINGER/OLZEN § 241 Rn 424 ff). Da viele Rücksichtspflichten für das Gebiet des Arbeitsrechts **gesetzlich normiert** worden sind, erübrigt sich allerdings häufig ein Rückgriff auf § 241 Abs 2 bzw § 242. Beispielsweise findet sich eine Informationspflicht des Arbeitgebers in § 613a Abs 5 (ausf FRANZEN, Informationspflichten und Widerspruchsrecht beim Betriebsübergang nach § 613a Abs 5 und 6, RdA 2002, 258 ff; WILLEMSEN, Aktuelles zum Betriebsübergang – § 613a BGB im Spannungsfeld von deutschem und europäischem Recht, NJW 2007, 2065, 2067 ff; WILLEMSEN/LEMBKE, Die Neuregelung von Unterrichtung und Widerspruchsrecht der Arbeitnehmer beim Betriebsübergang, NJW 2002, 1159 ff). Für den arbeitsunfähigen Arbeitnehmer ergeben sich aus § 5 EFZG Anzeige- und Nachweispflichten. §§ 617–619 legen Obhuts- und Fürsorgepflichten des Arbeitgebers für das Leben und die Gesundheit des Arbeitnehmers fest (vgl KORT, Inhalt und Grenzen der arbeitsrechtlichen Personenfürsorgepflicht, NZA 1996, 854 ff). § 2 Abs 1 BeschSchG regelte bis zum 17.8.2006 die Pflicht des Arbeitgebers, die Beschäftigten vor sexueller Belästigung am Arbeitsplatz zu schützen (vgl OETKER RdA 2004, 8, 16).

Eine entsprechende Verpflichtung ergibt sich seit dem 18. 8. 2006 aus dem AGG (vgl BAG NZA 2008, 223, 226).

(a) Informationspflichten

783 Die Informationspflicht umfasst die **Aufklärung und Beratung** des anderen Vertragsteils über die für das Vertragsverhältnis relevanten Umstände (z Arbeitsrecht bereits STAUDINGER/OLZEN § 241 Rn 462 f; vgl auch MünchKomm/ROTH § 241 Rn 161). Sie besteht bereits bei Abschluss des Vertrages und betrifft hier in erster Linie den Arbeitnehmer. Dieser ist verpflichtet, auf Fragen des Arbeitgebers wahrheitsgemäß zu antworten, so weit ein berechtigtes Interesse des Arbeitgebers vorliegt und das Persönlichkeitsrecht des Arbeitnehmers nicht verletzt wird. Ungefragt muss der Arbeitnehmer aber nur in Ausnahmefällen Einzelheiten über seine Person offenbaren, etwa wenn er zur Ausübung der Tätigkeit generell nicht geeignet ist (Einzelheiten bei ERMAN/PALM § 123 Rn 21; MünchKomm/ROTH § 241 Rn 150; SCHAUB § 26 Rn 10 ff; BRAUN, Fragerecht und Auskunftspflicht – Neue Entwicklungen in Gesetzgebung und Rechtsprechung, MDR 2004, 64 ff). Auf der anderen Seite hat der Arbeitgeber den Arbeitnehmer zu informieren, wenn der Kündigungsgrund nach Ausspruch der Kündigung vor Ablauf der Kündigungsfrist entfällt (BAG BB 2002, 2335, 2337; APS/KIEL § 1 KSchG Rn 825 f; HWK/QUECKE § 1 KSchG Rn 85; BOEWER NZA 1999, 1177, 1180 f; NÄDLER, Wiedereinstellungsanspruch 151 ff), da der Arbeitnehmer im Einzelfall einen Wiedereinstellungsanspruch haben kann (s u Rn 802 ff).

784 Große Bedeutung hat die Pflicht des Arbeitgebers, den Arbeitnehmer über **betriebliche Sozialleistungen** zu informieren (ERMAN/EDENFELD § 611 Rn 489; MünchKomm/MÜLLER-GLÖGE § 611 Rn 1008; KURSAWE, Die Aufklärungspflicht des Arbeitgebers bei Abschluss von Arbeitsverträgen, NZA 1997, 245, 248). Allerdings muss der Arbeitgeber den Arbeitnehmer nicht ohne weiteres unaufgefordert über die Auswirkungen der Beendigung des Arbeitsverhältnisses auf die betriebliche Altersversorgung unterrichten; entsprechende Hinweis- und Aufklärungspflichten können sich nur aus den Umständen des Einzelfalles auf Grund einer Interessenabwägung ergeben (BAG AP Nr 2 zu § 1 BetrAVG Auskunft; AP Nr 3 zu § 1 BetrAVG Auskunft; ausf CLEMENS 116 ff). Eine erhöhte Informationspflicht besteht zB, wenn der Arbeitnehmer offensichtlich mit der Zusatzversorgung nicht vertraut ist und ihm daher hohe Vermögenseinbußen drohen (vgl BAG AP Nr 32 zu § 242 BGB Auskunftspflichten).

(b) Obhutspflichten des Arbeitgebers

785 Die Obhutspflichten des Arbeitgebers betreffen vor allem das **Eigentum** und die sonstigen **Vermögensinteressen** des Arbeitnehmers (ausf STAUDINGER/OLZEN § 241 Rn 498; STAUDINGER/RICHARDI [2005] § 611 Rn 937 ff mwNw) sowie dessen **Persönlichkeitsrecht** (vgl im Einzelnen ErfK/PREIS § 611 Rn 619 ff; STAUDINGER/OLZEN § 241 Rn 497; STAUDINGER/RICHARDI [2005] § 611 Rn 940 ff mwNw). Beim Persönlichkeitsschutz geht es insbesondere um die Pflicht des Arbeitgebers, den Arbeitnehmer vor fortgesetzten Anfeindungen oder Diskriminierungen durch Vorgesetzte oder andere Arbeitnehmer (**Mobbing**) zu schützen (vgl BAG NZA 2007, 1154, 1159; NZA 2008, 223, 225; LAG Hamm AP Nr 3 zu § 611 BGB Mobbing = NZA-RR 2003, 8; LAG Rheinland-Pfalz NZA-RR 2004, 232; 233; LAG Thüringen NZA-RR 2001, 347, 356 ff; PALANDT/WEIDENKAFF § 611 Rn 99a; BENECKE, „Mobbing" im Arbeitsrecht, NZA-RR 2003, 225 ff; HILLE, Rechte und Pflichten beim Mobbing, BC 2003, 81, 82; HOHMANN, Rechtliche Voraussetzungen des Mobbingvorwurfs und gerichtlicher Prüfungsumfang, NZA 2006, 530 ff).

In der Praxis hat der allgemeine **arbeitsrechtliche Gleichbehandlungsgrundsatz** eine **786** große Bedeutung. Danach ist dem Arbeitgeber die sachfremde Schlechterstellung einzelner Arbeitnehmer gegenüber anderen Arbeitnehmern in vergleichbarer Lage ebenso verboten wie die sachfremde Unterscheidung zwischen verschiedenen Arbeitnehmergruppen (BAG AP Nr 23 zu § 1 BetrAVG Gleichbehandlung; AP Nr 211 zu § 611 BGB Gratifikation; AP Nr 184 zu § 242 BGB Gleichbehandlung; AP Nr 204 zu § 242 BGB Gleichbehandlung; BAG NZA 2005, 289, 291; NZA 2007, 1424, 1425; ERMAN/EDENFELD § 611 Rn 219 ff; MünchKomm/MÜLLER-GLÖGE § 611 Rn 1121 ff; STAUDINGER/RICHARDI [2005] § 611 Rn 349 ff). Traditionell wird das Institut nicht selten dem § 242 zugeordnet (s o Rn 146); seine Rechtsgrundlagen werden aber sehr uneinheitlich beurteilt. Die Rspr hat den arbeitsrechtlichen Gleichbehandlungsgrundsatz zunächst aus der **Fürsorgepflicht des Arbeitgebers** hergeleitet (vgl etwa BAG AP Nr 3 zu § 242 BGB Gleichbehandlung). Später wurde vor allem an Art 3 Abs 1 GG angeknüpft (vgl BAG AP Nr 162 zu § 242 BGB Gleichbehandlung; ErfK/SCHMIDT Art 3 GG Rn 29). In der Lit gibt es diverse abweichende Erklärungsansätze. Häufig wird dabei auf **allgemeine Rechtsprinzipien** wie das Ideal der Gerechtigkeit, den Gedanken der verteilenden (distributiven) Gerechtigkeit oder den Grundsatz von Treu und Glauben abgestellt (vgl JOUSSEN, in: ROLFS/ GIESEN/KREIKEBOHM/UDSCHING § 611 BGB Rn 267 f; THÜSING, in HENSSLER/WILLEMSEN/ KOLLER § 611 BGB Rn 181; MünchKomm/MÜLLER-GLÖGE § 611 Rn 1121; HROMADKA/MASCHMANN I § 7 Rn 102, jeweils mwNw). In neuerer Zeit wird zunehmend auf eine dogmatische Herleitung verzichtet. Stattdessen spricht man von einem richterrechtlich entwickelten Grundprinzip des deutschen Arbeitsrechts, das im Ergebnis einer arbeitsrechtlichen Norm gleichgestellt werden muss (so BAG NJW 2006, 2875, 2876; vgl auch ErfK/PREIS § 611 BGB Rn 572; PALANDT/WEIDENKAFF § 611 Rn 111). Die allgemeinen Kriterien des § 242 spielen in diesem Zusammenhang jedenfalls keine Rolle.

(c) Leistungsunabhängige Treuepflichten des Arbeitnehmers
Zu den **leistungsunabhängigen Treuepflichten** gehören Wettbewerbsverbote (allg dazu **787** STAUDINGER/OLZEN § 241 Rn 508 ff), Geheimhaltungspflichten und sonstige Unterlassungspflichten des Arbeitnehmers. Diese Pflichten können im Einzelfall auch nach der Beendigung des Arbeitsverhältnisses fortbestehen; hier ist aber mit Rücksicht auf die Berufsfreiheit des ausgeschiedenen Arbeitnehmers (Art 12 GG) Zurückhaltung geboten, da dessen berufliches Fortkommen nicht übermäßig beschränkt werden darf.

(aa) Wettbewerbsverbote
Während des Arbeitsverhältnisses ist dem Arbeitnehmer eine Konkurrenztätigkeit **788** untersagt; es besteht also ein Wettbewerbsverbot (ausf STAUDINGER/RICHARDI [2005] § 611 Rn 474 ff). Dies ergibt sich für Handlungsgehilfen aus § 60 Abs 1 HGB, für andere Arbeitnehmer aus dem Arbeitsverhältnis (§ 241 Abs 2) iVm dem Grundsatz von Treu und Glauben (vgl BAG AP Nr 7, 8 und 10 zu § 611 BGB Treuepflicht; ErfK/PREIS § 611 Rn 720; SÖLLNER/WALTERMANN, Arbeitsrecht Rn 758). Maßgeblich ist dabei die Erwägung, dass die konkurrierende Tätigkeit mit der Rücksichtspflicht des Arbeitnehmers aus dem Arbeitsverhältnis kollidiert (BAG AP Nr 10 zu § 611 BGB Treuepflicht). **Nach Beendigung des Arbeitsverhältnisses** sind dem Arbeitnehmer konkurrierende Tätigkeiten grundsätzlich nur bei Vorliegen einer entsprechenden vertraglichen Vereinbarung und gegen Leistung einer Karenzentschädigung durch den Arbeitgeber verboten (BAG AP Nr 11 zu § 611 BGB Treuepflicht; MünchKomm/ROTH § 241 Rn 89; Ein-

zelheiten bei STAUDINGER/OLZEN § 241 Rn 290, 510; STAUDINGER/RICHARDI [2005] § 611 Rn 484 ff).

(bb) Geheimhaltungspflichten
789 Der Arbeitnehmer hat **während des Arbeitsverhältnisses** Betriebs- und Geschäftsgeheimnisse zu wahren (HWK/QUECKE § 1 KSchG Rn 248). Darüber hinaus darf er keine persönlichen Tatsachen über den Arbeitgeber oder andere Arbeitnehmer preisgeben, die er anlässlich seiner Tätigkeit im Betrieb erfahren hat (MünchArbR/BLOMEYER § 53 Rn 64; Einzelheiten bei STAUDINGER/RICHARDI [2005] § 611 Rn 492 ff).

790 **Nach Beendigung des Arbeitsverhältnisses** ist der Arbeitnehmer dagegen nur in engen Grenzen zur Verschwiegenheit verpflichtet (Einzelheiten bei STAUDINGER/RICHARDI [2005] § 611 Rn 499 f). Eine Geheimhaltungspflicht besteht grundsätzlich nur bei einer besonderen tarif- oder individualvertraglichen Abrede (BAG AP Nr 1 und 5 zu § 611 BGB Betriebsgeheimnis; MünchArbR/BLOMEYER § 53 Rn 75; STAUDINGER/RICHARDI [2005] § 611 Rn 499) oder so weit die Preisgabe der Informationen gegen gesetzliche Vorschriften wie §§ 17 Abs 2, 1 UWG verstoßen würde (BAG AP Nr 11 zu § 17 UWG; MünchKomm/ MÜLLER-GLÖGE § 611 Rn 1219; STAUDINGER/RICHARDI [2005] § 611 Rn 499). In Ausnahmefällen, zB bei besonders wichtigen Geheimnissen, kann der Arbeitnehmer aber auch darüber hinaus zur Verschwiegenheit verpflichtet sein (BAG AP Nr 1 zu § 611 BGB Betriebsgeheimnis; ERMAN/EDENFELD § 611 Rn 500; MünchArbR/BLOMEYER § 51 Rn 55). Auf der anderen Seite darf es dem Arbeitnehmer grundsätzlich nicht verwehrt werden, betriebliche Missstände, die für die Öffentlichkeit von besonderem Interesse sind, zu offenbaren (BAG AP Nr 4 zu § 611 BGB Schweigepflicht m krit Anm BETTERMANN NJW 1981, 1065 ff; ERMAN/EDENFELD § 611 Rn 507; SCHAUB/LINCK § 55 Rn 37; PALANDT/WEIDENKAFF § 611 Rn 41). Im Einzelfall ist deshalb eine Abwägung zwischen den Interessen des Arbeitnehmers, insbesondere an seinem beruflichen Fortkommen (Art 12 GG) und an der Meinungsäußerung (Art 5 GG), und dem Interesse des Arbeitgebers an der Geheimhaltung von betrieblichen oder persönlichen Informationen erforderlich (OETKER RdA 2004, 8, 18).

(cc) Sonstige Unterlassungspflichten
791 Der Arbeitnehmer hat alle Handlungen und Äußerungen zu unterlassen, die mit seiner Arbeitsverpflichtung und seiner Rücksichtspflicht **unvereinbar** sind. In diesem Rahmen trifft ihn insbesondere die Pflicht zur Unterlassung einer Nebentätigkeit (dazu ERMAN/EDENFELD § 611 Rn 491; STAUDINGER/RICHARDI [2005] § 611 Rn 489 ff mwNw). Von besonderer Bedeutung ist in diesem Zusammenhang auch die Pflicht, sich gegenüber dem Arbeitgeber loyal zu verhalten (Einzelheiten bei STAUDINGER/RICHARDI [2005] § 611 Rn 471 mwNw). So darf der Arbeitnehmer sich bei Tendenzbetrieben nicht in Widerspruch zu der grundsätzlichen Zielsetzung des Arbeitgebers setzen (STAUDINGER/RICHARDI [2005] § 611 Rn 472 f).

cc) Rechtsmissbräuchliches Verhalten der Arbeitsvertragsparteien
792 Eine wichtige Fallgruppe des § 242 ist auch im Arbeitsrecht der **Rechtsmissbrauch**. Folgende Problemkreise haben dabei besondere Bedeutung.

(1) Arbeitsvertragliche Forderungen
793 Im Einzelfall kann es einer Arbeitsvertragspartei verwehrt sein, sich auf die **Nichtigkeit des Arbeitsvertrages** zu berufen. Dies kommt auch bei Nichtigkeit des Ar-

beitsvertrages wegen **Schwarzarbeit** nach § 134 in Betracht (LAG Berlin BB 2003, 1569, 1570; ERMAN/HOHLOCH Rn 143; zur Einschränkung der Nichtigkeitsfolge des § 134 in Fällen der Schwarzarbeit vgl auch BGHZ 85, 39, 47 ff = NJW 1983, 109; BGHZ 111, 308, 313 = NJW 1990, 2524; AnwK-BGB/LOOSCHELDERS § 134 Rn 117 sowie o Rn 489). Der Arbeitgeber ist deshalb nach Treu und Glauben gehindert, dem Vergütungsanspruch des Arbeitnehmers die Nichtigkeit des Vertrages entgegenzuhalten, wenn er ihm bei Abschluss des Vertrages bewusst unzutreffend versichert hat, das Arbeitsverhältnis sei legal (LAG Berlin BB 2003, 1569, 1570). § 242 schließt auch die **Anfechtung** des Arbeitsvertrages wegen arglistiger Täuschung (§ 123) aus, wenn der Arbeitgeber bei Abgabe der Anfechtungserklärung nicht mehr durch die Täuschung beeinträchtigt wird (BAG AP Nr 32 zu § 123 BGB; allg dazu Rn 444).

Hat der Arbeitgeber den Arbeitnehmer daran gehindert, einen Anspruch aus dem **794** Vertrag innerhalb einer gesetzlichen oder tariflichen **Ausschluss- oder Verfallfrist** geltend zu machen, so verstößt er gegen das Verbot widersprüchlichen Verhaltens, wenn er dem Arbeitnehmer später den Ablauf der Frist entgegenhält (BAG NJOZ 2004, 1270, 1272 = ZTR 2003, 626; BAG AP Nr 27 zu BAT § 70; BAMBERGER/ROTH/GRÜNEBERG/ SUTSCHET Rn 113; ErfK/FRANZEN § 4 TVG Rn 47; allg zur Anwendung des § 242 gegenüber Ausschlussfristen s o Rn 561 ff; zur parallelen Problematik bei Kündigungen s u Rn 801). Umgekehrt handelt der Arbeitnehmer rechtsmissbräuchlich, sofern er sich nach der **deklaratorischen Anerkennung** einer Forderung aus dem Arbeitsverhältnis auf bestehende Ausschluss- oder Verfallfristen beruft (BAG AP Nr 169 zu § 4 TVG Ausschlussfristen = NZA 2003, 329; ERMAN/HOHLOCH Rn 146).

(2) Beendigung des Arbeitsverhältnisses, insbesondere Kündigung
Im Bereich des Kündigungsrechts hat der Rechtsmissbrauch im Wesentlichen zwei **795** Anwendungsgebiete: Zum einen dient er als **Inhaltsbegrenzung** der Kündigung, wobei die Berücksichtigung grundrechtlich geschützter Werte eine besondere Rolle spielt. Zum anderen schützt er das von dem einen Vertragspartner geschaffene Vertrauen des anderen Vertragspartners in den **Fortbestand des Verhaltens**.

Besonderheiten bestehen bei der **Darlegungs- und Beweislast**. Da die Beweisregel **796** des § 1 Abs 2 S 4 KSchG außerhalb des KSchG nicht anwendbar ist, trüge der Arbeitnehmer nach allgemeinen Regeln insgesamt die Darlegungs- und Beweislast für die Unwirksamkeit der Kündigung. Bei treuwidrigen Kündigungen gilt aber nach Rspr und Lit eine abgestufte Darlegungs- und Beweislast (BAG AP Nr 30 zu § 23 KSchG 1969; AP Nr 12 und 17 zu 242 BGB Kündigung; AP Nr 37 zu § 1 KSchG 1969 Krankheit; MünchArbR/WANK § 122 Rn 42; LETTL NZA-RR 2004, 57, 64 f; PREIS NZA 1997, 1256, 1270; Gleiches gilt für den Wiedereinstellungsanspruch des Arbeitnehmers APS/KIEL § 1 KSchG Rn 825 ff; dazu Rn 811 ff). Danach genügt es, wenn der Arbeitnehmer einen Sachverhalt behauptet, der die Treuwidrigkeit der Kündigung **indiziert**. Der Arbeitgeber hat diesen Vortrag gem § 138 Abs 2 ZPO qualifiziert zu bestreiten. Entkräftet er das Vorbringen des Arbeitnehmers nicht, so gelten die vom Arbeitnehmer vorgetragenen Tatsachen nach § 138 Abs 3 ZPO als zugestanden. Anderenfalls obliegt es dem Arbeitnehmer, die Tatsachen zu beweisen, die die Treuwidrigkeit der Kündigung begründen.

(a) § 242 als Inhaltsbegrenzung des Kündigungsrechts
Das KSchG stellt eine **Konkretisierung** des Gebotes von Treu und Glauben dar und **797**

ist daher in seinem Regelungsbereich abschließend (BAG AP Nr 12 zu § 242 BGB Kündigung; vgl KR/FRIEDRICH § 13 KSchG Rn 232; FEUERBORN 84 ff). Soweit aber das KSchG die in Frage stehenden Umstände nicht erfasst oder von vornherein keine Anwendung findet, schützen die zivilrechtlichen Generalklauseln den Arbeitnehmer (vgl im Einzelnen BAG NJW 1995, 275, 276; BAG AP Nr 16 zu § 242 BGB Kündigung; NZA 2006, 913; MünchArbR/WANK § 122 Rn 33; SCHAUB/LINCK § 129 Rn 4 ff; LETTL NZA-RR 2004, 57, 58 f; LÖWISCH BB 1997, 782, 785 f). Hier muss aber ein strengerer Maßstab als nach dem KSchG gelten, so dass letztlich nur **willkürliche Kündigungen** durch **§ 242 bzw § 138** verboten sind (BVerfGE 97, 169, 179 = NJW 1998, 1475; BAG AP Nr 30 zu § 23 KSchG 1969; AP Nr 12 zu § 242 BGB Kündigung; AnwK-BGB/LOOSCHELDERS § 138 Rn 149 ff; ERMAN/HOHLOCH Rn 38; PALANDT/HEINRICHS Rn 61).

798 Das **Verhältnis zwischen § 138 Abs 1 und § 242** ist im Bereich des Kündigungsrechts unklar. Die Rspr bejaht die Sittenwidrigkeit der Kündigung nach § 138 Abs 1 nur „in besonders krassen Fällen" (BAG NZA 2001, 834, 835; eingehend AnwK-BGB/LOOSCHELDERS § 138 Rn 149 ff mwNw; vgl auch u Rn 793 f) und greift im Übrigen auf § 242 zurück. Mitunter wird die Frage der Sittenwidrigkeit auch offen gelassen, weil jedenfalls die weniger strengen Voraussetzungen des § 242 erfüllt sind (vgl BAG NJW 1995, 275, 276).

(aa) **Kündigungsgrund**
(α) **Treuwidrige Auswahlentscheidung bei betriebsbedingter Kündigung**
799 In einem Kleinbetrieb mit bis zu fünf bzw zehn Arbeitnehmern (§ 23 Abs 1 S 2–4 KSchG) ist der Arbeitgeber bei der Auswahlentscheidung zwischen austauschbaren Arbeitnehmern im Zuge einer betriebsbedingten Kündigung nach Treu und Glauben iVm Art 12 GG verpflichtet, ein **Mindestmaß an sozialer Rücksichtnahme** zu beachten (BVerfGE 97, 169, 179 = NJW 1998, 1475 m Anm GRAGERT/WIEHE, Das Aus für die freie Auswahl in Kleinbetrieben – § 242 BGB!, NZA 2001, 934 ff; BAG AP Nr 30 zu § 23 KSchG 1969 = NJW 2003, 2188; AP Nr 12 zu § 242 BGB Kündigung; vgl auch MünchArbR/WANK § 122 Rn 14 ff; KRENZ, Sozialauswahl 92 ff; FEUERBORN EzA § 242 BGB 2002 Kündigung Nr 1). Nach der **Rspr** sind nicht die Maßstäbe des § 1 Abs 3 KSchG heranzuziehen (BVerfGE 97, 169, 178 f; BAG AP Nr 30 zu § 23 KSchG 1969; AP Nr 12 zu § 242 BGB Kündigung), sondern es erfolgt eine **Abwägung der Interessen** des Arbeitnehmers am Erhalt seines Arbeitsplatzes und der Interessen des Arbeitgebers an der Beendigung des Arbeitsverhältnisses. Der Berufsfreiheit des Arbeitnehmers (Art 12 GG) stehen dabei die Berufsfreiheit sowie die wirtschaftliche Betätigungsfreiheit (Art 2 Abs 1 GG) des Arbeitgebers gegenüber (BVerfGE 97, 169, 177 f). Hierbei sind die betrieblichen, persönlichen und sonstigen Beweggründe des Arbeitgebers ebenso zu berücksichtigen wie die Dauer der Betriebszugehörigkeit, das Alter und etwaige Unterhaltspflichten des Arbeitnehmers (BAG AP Nr 30 zu § 23 KSchG 1969 = NJW 2003, 2188; AP Nr 12 zu § 242 BGB Kündigung).

800 Mit der Dauer der Betriebszugehörigkeit, dem Lebensalter, den Unterhaltspflichten des Arbeitnehmers etc bezieht die Rspr die **Auswahlkriterien des § 1 Abs 3 KSchG** in die Abwägung ein, obwohl diese Vorschrift bei Kleinbetrieben gerade nicht gelten soll. Hierin ist aber kein Widerspruch zu sehen (krit aber PREIS NZA 1997, 1256, 1268; RICHARDI/KORTSTOCK Anm zu AP Nr 12 zu § 242 BGB Kündigung). Denn die Interessen der Arbeitsvertragsparteien sind im Rahmen des § 1 KSchG anders zu bewerten als im Rahmen des § 242. Während im Rahmen des KSchG die Inter-

essen des Arbeitnehmers im Vordergrund stehen, muss bei der Abwägung im Rahmen des § 242 die Entscheidungsfreiheit des Arbeitgebers in betrieblichen Angelegenheiten stärker gewichtet werden (vgl MünchArbR/Wank § 122 Rn 23; Lettl NZA-RR 2004, 57, 63). Die Anwendung des § 242 führt also nicht dazu, dass der spezifische Schutz des KSchG auf Arbeitnehmer ausgedehnt wird, die nicht in dessen Geltungsbereich fallen.

Die vorgenannten Grundsätze gelten nicht für Arbeitnehmer **während der sechsmonatigen Wartezeit** nach § 1 Abs 1 KSchG. Während dieses Zeitraums kann einem Arbeitnehmer somit auch dann gekündigt werden, wenn eine nach § 242 durchzuführende Sozialauswahl zu seinen Gunsten verliefe (BAG AP Nr 9, 10 und 13 zu § 242 BGB Kündigung). Denn anderenfalls könnte der Zweck der Probezeit, die Eignung des Arbeitnehmers zu überprüfen, nicht erreicht werden (BAG AP Nr 10 und 13 zu § 242 BGB Kündigung; Krenz, Sozialauswahl 160 ff; Wank, in: FS Hanau [1999] 295, 314). Eine **willkürliche Kündigung** ist aber auch während der Wartezeit unzulässig (BAG AP Nr 9, 10, 13 und 19 zu § 242 BGB Kündigung; dazu sogleich Rn 802 f). **801**

(β) Erfordernis eines Sachgrundes bei personen- oder verhaltensbedingter Kündigung
Außerhalb des KSchG kann eine personen- oder verhaltensbedingte Kündigung auch dann unzulässig sein, wenn sie sich nicht auf einen im Zusammenhang mit dem Arbeitsverhältnis stehenden **Sachgrund** bezieht (vgl Oetker AuR 1997, 41, 51 f; ihm folgend MünchArbR/Wank § 122 Rn 35; Kittner, Das neue Recht der Sozialauswahl bei betriebsbedingten Kündigungen und die Ausdehnung der Kleinbetriebsklausel, AuR 1997, 182, 190; Lakies, Änderung des Kündigungsschutzgesetzes und allgemeiner Kündigungsschutz nach § 242 BGB – Verfassungsrechtliche Fragen, DB 1997, 1078, 1081). Da der Arbeitgeber hier gerade nicht den Schranken des KSchG unterliegen soll, ist eine **generelle Rechtfertigungspflicht** für personen- und verhaltensbedingte Kündigungen abzulehnen (ebenso APS/Preis, Grundlagen J Rn 51 ff; vHoyningen-Huene/Linck KSchG § 13 Rn 87; Löwisch BB 1997, 782, 786; Stahlhacke/Preis/Vossen Rn 307; Stahlhacke, in: FS Wiese [1998] 513, 523 f; Wank, in: FS Hanau [1999] 295, 306; anders MünchArbR/Wank § 122 Rn 35; Oetker AuR 1997, 41, 51 f). In besonders gelagerten Einzelfällen kommt eine Kontrolle des Kündigungsgrundes aber in Betracht. Dabei erlangt die **objektive Wertordnung der Grundrechte** besondere Bedeutung. Dogmatisch handelt es sich allerdings um eine Problematik, die eher zu § 138 Abs 1 gehört. Denn die Kündigung ist sittenwidrig, wenn dadurch die Grundrechte des Arbeitnehmers verletzt werden (AnwK-BGB/Looschelders § 138 Rn 152; vHoyningen-Huene/Linck KSchG § 13 Rn 85 f; Preis NZA 1997, 1256, 1266; anders MünchArbR/Wank § 122 Rn 34; Oetker AuR 1997, 41, 52). Eine Kündigung etwa, die nur wegen der **sexuellen Ausrichtung** des Arbeitnehmers ausgesprochen wird, verletzt dessen Persönlichkeitsrecht (Art 2 Abs 1, 1 Abs 1 GG) und stellt überdies eine unzulässige **Diskriminierung** dar (BAG NJW 1995, 275 = AP Nr 9 zu § 242 BGB Kündigung). Sie ist daher rechtsmissbräuchlich und sittenwidrig (Preis NZA 1997, 1256, 1266). Das Gleiche gilt für Kündigungen, die eine andere nach Art 3 Abs 1 oder Abs 3 GG verbotene Diskriminierung enthalten (für § 242 BAG NJOZ 2004, 1258, 1263). Das **AGG** ist dagegen zwar nicht auf Kündigungen anwendbar (§ 2 Abs 4 AGG); da die einschlägigen EG-Richtlinien für Kündigungen keine Ausnahmen vorsehen, müssen seine Wertungen aber im Rahmen der §§ 138, 242 – ebenso wie im Rahmen des § 1 KSchG – berücksichtigt werden (MünchKomm/Thüsing § 2 AGG Rn 25; Hein NZA 2008, 1033 ff). Wird die Kündigung auf ein in § 1 AGG geregeltes Diskriminierungs- **802**

merkmal gestützt, ohne dass ein Rechtfertigungsgrund vorliegt, so ist sie also nach § 138 oder § 242 unwirksam (PALANDT/HEINRICHS § 2 AGG Rn 17; MünchKomm/HERGENRÖDER § 13 KSchG Rn 37).

803 Wird die Kündigung allein auf das **Tragen eines Kleidungsstücks** aus religiösen Motiven (islamisches Kopftuch) gestützt, so kommt ein Verstoß gegen die Glaubens- und Bekenntnisfreiheit des Arbeitnehmers (Art 4 GG) in Betracht, der nach § 138 Abs 1 zur Nichtigkeit führt (für Anwendung des § 242 aber LETTL NZA-RR 2004, 57, 61; vgl auch BVerfG NJW 2003, 1908 ff; BAG AP Nr 44 zu § 1 KSchG 1969 m Anm ADAM; BAG NJOZ 2004, 1258, 1263). Dies gilt umso mehr, wenn man die Wertungen des AGG berücksichtigt (vgl MünchKomm/THÜSING § 2 AGG Rn 19).

(bb) Ausübung des Kündigungsrechts
804 Die Kündigung kann sich auf Grund der Modalitäten der Ausübung als treuwidrig erweisen (vgl PALANDT/WEIDENKAFF Vorbem v § 620 Rn 49; krit SCHAUB/LINCK § 123 Rn 81). So muss ein Arbeitnehmer eine **Kündigung zur Unzeit** nicht gegen sich gelten lassen (BAG NZA 2000, 437, 438; BAG AP Nr 5 zu § 242 BGB Kündigung; PALANDT/HEINRICHS Rn 61; STAHLHACKE/PREIS/VOSSEN Rn 312). Die Rspr legt hier aber strenge Maßstäbe an. So soll eine Kündigung nicht schon deshalb treuwidrig sein, weil sie in unmittelbarem zeitlichen Zusammenhang mit dem Tod eines nahen Angehörigen (BAG AP Nr 13 zu § 242 BGB Kündigung; ErfK/KIEL § 13 KSchG Rn 20) oder einer Fehlgeburt steht (BAG AP Nr 87 zu § 613a BGB; LETTL NZA-RR 2004, 57, 64). Auch eine Kündigung am 24. 12. ist nicht ohne weiteres rechtsmissbräuchlich (BAG AP Nr 88 zu § 626 BGB; LETTL NZA-RR 2004, 57, 64). Im Einzelfall müssen dafür vielmehr weitere Umstände hinzu treten. Besondere Bedeutung erlangt dabei der Anspruch des Arbeitnehmers auf **Achtung seiner Persönlichkeit** (BAG AP Nr 87 zu § 613a BGB; AP Nr 88 zu § 626 BGB; AP Nr 13 zu § 242 BGB Kündigung; HWK/PODS § 13 KSchG Rn 26). Beispielsweise hat das LAG Bremen eine Kündigung als treuwidrig erachtet, die dem Arbeitnehmer nach einem schweren Arbeitsunfall am gleichen Tag unmittelbar vor der auf Grund des Unfalls notwendigen Operation erklärt wurde (LAGE BGB § 242 Nr 2; APS/PREIS, Grundlagen J Rn 47). Eine **Kündigung in verletzender Form** (zB unter Verwendung von beleidigenden Worten oder unter herabsetzenden Umständen) verstößt ebenfalls gegen Treu und Glauben (KR/FRIEDRICH [7. Aufl 2004] § 13 KSchG Rn 247; PALANDT/WEIDENKAFF Vorbem v § 620 Rn 49; LETTL NZA-RR 2004, 57, 64).

805 Ob die Treuwidrigkeit einer Kündigung in einem betriebsratslosen Unternehmen darauf gestützt werden kann, dass der **Arbeitnehmer nicht vorher angehört** wurde, ist streitig. Nach der Rspr des BAG gibt es keinen allgemeinen Grundsatz, dass der Arbeitnehmer vor einer außerordentlichen Kündigung nach § 626 stets anzuhören wäre (BAG AP Nr 138 zu § 626 BGB; AP Nr 63 zu § 626 BGB m zust Anm HERSCHEL). Etwas anderes gilt nur bei Kündigungen, die mit dem schwerwiegenden Verdacht einer Straftat oder einer sonstigen Verfehlung begründet werden – sog **Verdachtskündigungen** (BAG AP Nr 25 zu § 626 BGB Verdacht strafbarer Handlungen; AP Nr 39 zu § 102 BetrVG 1972; ErfK/MÜLLER-GLÖGE § 626 Rn 173; allg zu Verdachtskündigungen BAG AP Nr 24 zu § 626 BGB Verdacht strafbarer Handlungen m Anm BELLING/KÜNSTER; zum Wiedereinstellungsanspruch s u Rn 806 ff). Die Notwendigkeit der Anhörung dient hier als Ausgleich dafür, dass ein bloßer Verdacht als Kündigungsgrund ausreicht (BAG AP Nr 138 zu § 626 BGB; AP Nr 25 zu § 626 BGB Verdacht strafbarer Handlung). Da es in allen anderen Fällen auf den subjektiven Kenntnisstand des Kündigenden nicht ankommt, ist vor

der Kündigung keine Anhörung erforderlich (BAG AP Nr 138 zu § 626 BGB; APS/Preis, Grundlagen J Rn 48 f). Dies gilt umso mehr, als der Arbeitnehmer in einem möglichen Kündigungsrechtsstreit Stellung nehmen kann. Eine andere Beurteilung wird auch nicht durch die Grundrechte geboten, weil das Fehlen der Anhörung den Arbeitnehmer weder in seiner Menschenwürde (Art 1 Abs 1 GG) noch in seinem Persönlichkeitsrecht (Art 2 Abs 1 GG) oder seiner Berufsfreiheit (Art 12 GG) verletzt (so aber AG Gelsenkirchen NZA-RR 1999, 134, 136; NZA-RR 1999, 137, 138 ff; Erman/Hohloch Rn 143).

(b) Widersprüchliches Verhalten einer Vertragspartei
Im Bereich des Kündigungsrechts erlangt § 242 unter dem Gesichtspunkt des **wider- 806 sprüchlichen Verhaltens** in zweierlei Hinsicht Bedeutung: Zum einen kann ein Vertragspartner wegen Verstoßes gegen das Verbot des venire contra factum proprium gehindert sein, sich auf Form- und Fristerfordernisse oder das Bestehen eines Kündigungsgrundes zu berufen. Zum anderen besteht bei betriebsbedingten Kündigungen uU ein Wiedereinstellungsanspruch des Arbeitnehmers.

(aa) Überwindung von Wirksamkeitserfordernissen der Kündigung
Das Kündigungsrecht ist weitgehend reglementiert. Beispielsweise müssen aus **807** Gründen der Rechtsklarheit bestimmte **Form- und Fristerfordernisse** beachtet werden. Zudem bedarf es im Anwendungsbereich des KSchG eines **Kündigungsgrundes**. Allerdings ist es rechtsmissbräuchlich, sich auf das Fehlen einer Wirksamkeitsvoraussetzung zu berufen, wenn dadurch das berechtigte Vertrauen des anderen Vertragspartners enttäuscht wird (Singer NZA 1998, 1309, 1310; s o Rn 286 ff). Da das KSchG hierzu keine Regelungen enthält, kommt es dabei nicht darauf an, ob die in Frage stehende Kündigung in den Anwendungsbereich des KSchG fällt oder nicht (vgl nur APS/Preis, Grundlagen D Rn 101).

Erklärt der **Arbeitnehmer** mehrfach und mit besonderer Verbindlichkeit und End- **808** gültigkeit die außerordentliche Kündigung des Arbeitsvertrages ohne Einhaltung der Form und ohne Vorliegen eines Kündigungsgrundes, so handelt er nach Ansicht des BAG widersprüchlich und damit treuwidrig, wenn er sich anschließend auf das Fehlen des Kündigungsgrundes oder die Formnichtigkeit der Kündigung beruft (BAG DB 2005, 232; AP Nr 141 zu § 626 BGB = NJW 1998, 1659; Erman/Hohloch Rn 106, 120). Dies lässt sich mit Blick auf den **Kündigungsgrund** damit rechtfertigen, dass es primär um den Schutz des Kündigungsempfängers geht. Demgegenüber dienen **Formerfordernisse** im Allgemeinen auch dem Schutz des Erklärenden vor Übereilung (einschränkend daher Singer NZA 1998, 1309, 1310; vgl auch MünchKomm/Henssler § 623 Rn 36: „diskussionswürdig"). Aus diesem Grund kann die Entscheidung darüber, ob widersprüchliches Verhalten vorliegt, bei formwidrigen Kündigungen nur anhand der Umstände des Einzelfalles getroffen werden. Um die Formerfordernisse nicht auszuhöhlen, müssen an deren Durchbrechung strenge Anforderungen gestellt werden (BAG DB 2005, 232; MünchKomm/Henssler § 623 Rn 36; Preis/Gotthardt, Schriftformerfordernis für Kündigungen, Aufhebungsverträge und Befristungen nach § 623 BGB, NZA 2000, 348, 353).

Widersprüchlich verhält sich ein **Arbeitgeber**, der zunächst ausdrücklich oder kon- **809** kludent erklärt, er werde einen bestimmten Umstand nicht als Kündigungsgrund verwenden, und sich schließlich doch auf eben diesen Umstand beruft (APS/Preis,

Grundlagen D Rn 103). Gleiches gilt, wenn er an der Entstehung des Kündigungsgrundes maßgeblich mitgewirkt hat (BAMBERGER/ROTH/GRÜNEBERG/SUTSCHET Rn 67; Münch-Komm/ROTH Rn 230). Die Kündigung darf auch nicht auf eine Pflichtverletzung des Arbeitnehmers gestützt werden, die der Arbeitgeber bei einem zuvor ausgestellten Zeugnis bewusst außer Betracht gelassen hat (BGH NJW 1972, 1214, 1215; BAMBERGER/ROTH/GRÜNEBERG/SUTSCHET Rn 127). Denn in diesem Fall darf der Arbeitnehmer mangels gegenteiliger Anhaltspunkte darauf vertrauen, dass der Arbeitgeber ihm die in Frage stehende Pflichtverletzung nicht mehr entgegenhalten werde.

810 Die fristlose Kündigung aus wichtigem Grund kann gem § 626 Abs 2 nur innerhalb einer **Ausschlussfrist** von zwei Wochen ab Kenntnis der für die Kündigung maßgebenden Tatsachen erfolgen. In Ausnahmefällen kann der andere Teil aber nach Treu und Glauben gehindert sein, sich auf die Fristversäumnis zu berufen (vgl BAG AP Nr 5 und 6 zu § 626 BGB Ausschlussfrist; BAG NZA 1988, 429; MünchKomm/HENSSLER § 626 Rn 283; vgl hierzu auch o Rn 785). Ein Arbeitnehmer, der den **Zugang einer Kündigung bewusst vereitelt** hat, muss sich uU so behandeln lassen, wie wenn die Kündigung rechtzeitig zugegangen wäre (BAG AP Nr 19 zu § 620 BGB Kündigungserklärung; ErfK/MÜLLER-GLÖGE § 620 Rn 54; KR/FRIEDRICH § 4 KSchG Rn 119 ff; HERBERT, Zugangsverzögerung einer Kündigung per Einschreiben und der Lauf der Klagefrist des § 4 KSchG, NJW 1997, 1829, 1831; Einzelheiten zum Zugang o Rn 455 ff).

(bb) Wiedereinstellungsanspruch
(α) Allgemeines

811 Der Kündigungsgrund beruht immer auf einer Prognoseentscheidung. Falls diese sich **nachträglich nicht bestätigt**, entstehen im Einzelfall unbillige Ergebnisse. Denn für die Beurteilung der Kündigung ist der Zeitpunkt ihres Zugangs maßgeblich (BAG AP Nr 74 zu § 613a BGB; AP Nr 1 zu § 1 KSchG Wiedereinstellung; KAISER ZfA 2000, 205, 209 mwNw). Soweit sich die Prognose innerhalb der Kündigungsfrist zu Gunsten des Arbeitnehmers ändert, steht diesem nach überwiegender Ansicht ein **Anspruch auf Fortsetzung des Arbeitsverhältnisses** zu (MünchKomm/HERGENRÖDER § 1 KSchG Rn 79 ff; abl FEUERBORN S 239 ff; KAISER ZfA 2000, 205 ff).

812 Praktisch relevant wird der Wiedereinstellungsanspruch vor allem bei **betriebsbedingten Kündigungen** (vgl BAG AP Nr 1, 2, 4 und 5 zu § 1 KSchG 1969 Wiedereinstellung; BECKSCHULZE DB 1998, 417 ff; RICKEN, Grundlagen und Grenzen des Wiedereinstellungsanspruchs, NZA 1998, 460, 461 ff) sowie bei **unerwartetem Betriebsübergang** (ausf dazu APS/KIEL § 1 KSchG Rn 825 ff; KONTUSCH, Wiedereinstellungsanspruch 59 ff; NICOLAI/NOACK ZfA 2000, 96 ff; RAAB RdA 2000, 147, 158 ff), aber auch bei **Verdachtskündigungen** (vgl BAG AP Nr 3 und 27 zu § 626 BGB Verdacht strafbarer Handlung; ErfK/MÜLLER-GLÖGE § 626 Rn 173; LUKE NZA 2005, 92) und **personenbedingten Kündigungen** (BAG AP Nr 37 zu § 1 KSchG 1969 Krankheit = NJW 2000, 2762; RAAB RdA 2000, 147, 153; RICKEN 464; anders LAG Berlin NZA-RR 2003, 66, 67; vgl ausf LEPKE, Zum Wiedereinstellungsanspruch bei krankheitsbedingter Kündigung, NZA-RR 2002, 617 ff). Bei **verhaltensbedingten Kündigungen** ist für einen solchen Anspruch dagegen regelmäßig kein Raum (HWK/QUECKE § 1 KSchG Rn 82; KR/GRIEBELING § 1 KSchG Rn 740; MünchArbR/BERKOWSKY § 134 Rn 93; MEINEL/BAUER NZA 1999, 575, 577; RAAB RdA 2000, 147, 153; anders BOEWER NZA 1999, 1121, 1123).

813 **Inhaltlich** richtet sich der Wiedereinstellungsanspruch auf die Abgabe eines Angebots zur Fortsetzung des Arbeitsverhältnisses durch den Arbeitgeber (HWK/QUECKE

§ 1 KSchG Rn 84; Raab RdA 2000, 147, 157 f; offen gelassen von BAG AP Nr 1 zu § 1 KSchG 1969 Wiedereinstellung). Zum Wiedereinstellungsanspruch nach Aufhebungsvertrag bei Weiterbeschäftigungsmöglichkeit in einem anderen Konzernunternehmen BAG BB 2002, 2335; zu betriebsverfassungsrechtlichen Fragen Boewer NZA 1999, 1177, 1181 f.

(β) **Dogmatische Herleitung**
Rspr und Lit stützen den Wiedereinstellungsanspruch meist auf § 242; die genaue **Einordnung** ist aber umstritten (zum Meinungsstand vgl APS/Kiel § 1 KSchG Rn 827 ff; MünchKomm/Hergenröder § 1 KSchG Rn 79). Zum Teil wird der Anspruch aus dem **Verbot widersprüchlichen Verhaltens** abgeleitet (BAG AP Nr 1 zu § 1 KSchG 1969 Wiedereinstellung; Boewer NZA 1999, 1121, 1128). Es finden sich jedoch auch Stimmen, die auf eine nachvertragliche Fürsorge- bzw Interessenwahrungspflicht (BAG AP Nr 6 zu § 1 KSchG 1969 Wiedereinstellung; BB 2002, 2335; Oetker ZIP 2000, 643, 646 f), eine systemimmanente Rechtsfortbildung (Raab RdA 2000, 147, 152), die Grundsätze der Vertrauenshaftung (vHoyningen/Huene/Linck KSchG § 1 Rn 230) oder – für die betriebsbedingte Kündigung – eine erweiterte Auslegung des § 1 Abs 3 KSchG (Zwanziger BB 1997, 42, 43) zurückgreifen.

(γ) **Voraussetzungen**
Der Wiedereinstellungsanspruch kann nur geltend gemacht werden, wenn der Arbeitnehmer allgemeinem oder besonderem Kündigungsschutz unterliegt (APS/Kiel § 1 KSchG Rn 832; Beckschulze DB 1998, 417, 418; Oetker ZIP 2000, 643, 647; für Anwendbarkeit des KSchG Boewer NZA 1999, 1121, 1130). Dass der Arbeitnehmer eine Kündigungsklage erhoben hat, ist aber nicht erforderlich (MünchKomm/Hergenröder KSchG § 1 Rn 83; Boewer NZA 1999, 1121, 1130). Für die **Voraussetzungen** des Anspruchs gilt im Übrigen Folgendes:

Zunächst muss sich die Prognoseentscheidung **innerhalb der Kündigungsfrist** wegen eines nach Ausspruch der wirksamen Kündigung eingetretenen Umstands als falsch herausstellen (BAG AP Nr 2 und 6 zu § 1 KSchG 1969 Wiedereinstellung; KR/Griebeling § 1 KSchG Rn 733; Boewer NZA 1999, 1177, 1178; Oetker ZIP 2000, 643, 649; für Anwendbarkeit auch bei Änderung der Umstände nach Beendigung des Arbeitsverhältnisses MünchArbR/Berkowsky § 134 Rn 85 f; Raab RdA 2000, 147, 154 f mwNw; ausf zum Meinungsstand Nädler, Wiedereinstellungsanspruch 127 ff). **Nach Beendigung des Arbeitsverhältnisses** ist zu differenzieren: Bei **betriebsbedingten Kündigungen** kommt ein Wiedereinstellungsanspruch aus Gründen der Rechtssicherheit und des Rechtsfriedens nur in besonders gelagerten Ausnahmefällen in Betracht (BAG AP Nr 2 und 6 zu § 1 KSchG 1969 Wiedereinstellung). Bei **Verdachtskündigungen** ist dagegen ein Ausräumen des Verdachts wegen des Rehabilitierungsinteresses des Arbeitnehmers auch nach Ablauf der Kündigungsfrist zu berücksichtigen (BAG AP Nr 2 zu § 611 BGB Fürsorgepflicht m Anm Hueck = NJW 1957, 1513; AP Nr 24 zu § 626 BGB Verdacht strafbarer Handlungen m Anm Belling/Künster; Oetker ZIP 2000, 643, 649); hierzu reicht die Einstellung des Ermittlungsverfahrens nach § 170 Abs 1 StPO aber nicht aus (BAG AP Nr 27 zu § 626 BGB Verdacht strafbarer Handlungen). Bei einem **Betriebsübergang** gelten ebenfalls Besonderheiten; hier kommt es für den Wiedereinstellungsanspruch gegenüber dem neuen Arbeitgeber nicht auf die Beendigung des Arbeitsverhältnisses an (vgl BAG AP Nr 169 zu § 613a BGB; APS/Kiel § 1 KSchG Rn 806 f).

817 Des Weiteren muss die Weiterbeschäftigung für den Arbeitgeber **zumutbar** sein. Nicht zumutbar ist die Weiterbeschäftigung beispielsweise, wenn der Arbeitgeber nach der Kündigung bereits Dispositionen über den Arbeitsplatz getroffen hat (BAG AP Nr 1 zu § 1 KSchG 1969 Wiedereinstellung; MünchKomm/HERGENRÖDER KSchG § 1 Rn 81); allerdings darf er den Weiterbeschäftigungsanspruch hierdurch nicht treuwidrig vereiteln (BAG AP Nr 6 zu § 1 KSchG 1969 Wiedereinstellung). Es ist eine umfassende Interessenabwägung vorzunehmen (BAG AP Nr 6 zu § 1 KSchG 1969 Wiedereinstellung; OETKER ZIP 2000, 643, 646; ausf RAAB RdA 2000, 147, 155 f); bei krankheitsbedingten Kündigungen bedarf es zudem einer entsprechenden Prognose (BAG AP Nr 1 zu § 1 KSchG 1969 Wiedereinstellung; AP Nr 37 zu § 1 KSchG 1969 Krankheit; ERTL DStR 2001, 442, 443; NICOLAI/NOACK ZfA 2000, 87, 101).

818 Der Arbeitnehmer hat sein Interesse an der Fortsetzung des Arbeitsverhältnisses dem Arbeitgeber **unverzüglich** mitzuteilen, wobei eine an §§ 4, 7 KSchG orientierte dreiwöchige Frist der Praxis als Anhaltspunkt dient (BAG AP Nr 5 zu § 1 KSchG 1969 Wiedereinstellungsanspruch [bezogen auf Betriebsübergang]; APS/KIEL § 1 KSchG Rn 845; BOEWER NZA 1999, 1177, 1180; MEINEL/BAUER NZA 1999, 575, 580; RAAB RdA 2000, 147, 156). Nach Ablehnung des Begehrens muss der Arbeitnehmer seinen Wiedereinstellungsanspruch innerhalb von drei Wochen (§§ 4, 7 KSchG) gerichtlich verfolgen (APS/KIEL § 1 KSchG Rn 845; LUKE NZA 2005, 92, 93; MEINEL/BAUER NZA 1999, 575, 580; krit BOEWER NZA 1999, 1177, 1183; OETKER ZIP 2000, 643, 651; RAAB RdA 2000, 147, 154; insg gegen eine zeitliche Begrenzung KR/GRIEBELING § 1 KSchG Rn 742; ZWANZIGER BB 1997, 42, 45); im Übrigen gelten die Grundsätze der Verwirkung (BOEWER NZA 1999, 1177, 1183; RAAB RdA 2000, 147, 154; Einzelheiten zur Verwirkung u Rn 823 ff und allg o Rn 302 ff).

(δ) Auswahl unter mehreren Arbeitnehmern bei betriebsbedingter Kündigung
819 Machen mehrere Arbeitnehmer einen Weiterbeschäftigungsanspruch nach betriebsbedingter Kündigung geltend, so ist die Auswahl durch den Arbeitgeber anhand betrieblicher Belange und sozialer Gesichtspunkte durchzuführen (BAG AP 6 zu § 1 KSchG 1969 Wiedereinstellung; BOEWER NZA 1999, 1177, 1179; RAAB RdA 2000, 147, 157), und zwar auf Grund einer **umfassenden Interessenabwägung** (BAG AP Nr 66 zu § 1 KSchG 1969 Betriebsbedingte Kündigung; APS/KIEL § 1 KSchG Rn 839 ff). Als Indizien haben die Maßstäbe des § 1 Abs 3 KSchG dabei ebenso Bedeutung (BAG AP Nr 6 zu § 1 KSchG 1969 Wiedereinstellung; BECKSCHULZE DB 1998, 417, 420; KONTUSCH, Wiedereinstellungsanspruch 143 ff; NICOLAI/NOACK ZfA 2000, 87, 107 f; OETKER ZIP 2000, 643, 651; krit MünchArbR/BERKOWSKY § 134 Rn 89 ff) wie das unternehmerische Interesse des Arbeitgebers an der Wiedereinstellung eines bestimmten Arbeitnehmers (ERTL DStR 2001, 442, 447). Auch der Abschluss eines Abfindungsvergleichs kann zu Lasten des Arbeitnehmers in die Abwägung einfließen (BAG AP Nr 6 zu § 1 KSchG 1969 Wiedereinstellung; APS/KIEL § 1 KSchG Rn 844; ERTL DStR 2001, 442, 448). Sollte der Vergleich das Arbeitsverhältnis endgültig beenden, besteht idR kein Wiedereinstellungsanspruch (BAG AP Nr 6 zu § 1 KSchG 1969 Wiedereinstellung; NICOLAI/NOACK ZfA 2000, 87, 111; ZWANZIGER BB 1997, 42, 45).

(ε) Befristete Arbeitsverhältnisse
820 Die Rspr zum Wiedereinstellungsanspruch ist nicht auf **befristete Arbeitsverhältnisse** übertragbar, da der Arbeitnehmer dort nicht auf das Fortbestehen des Vertrages vertrauen darf (BAG AP Nr 11 zu § 1 KSchG 1969 Wiedereinstellung; MEINEL/BAUER NZA 1999, 575, 577 f; LUKE NZA 2005, 92). Es erscheint deshalb nur in eng begrenzten Aus-

nahmefällen treuwidrig, sich auf eine **wirksame Befristung** des Arbeitsverhältnisses zu berufen. Der Verstoß gegen Treu und Glauben setzt dabei voraus, dass der Arbeitnehmer auf Grund objektiver Anhaltspunkte davon ausgegangen ist und ausgehen durfte, das Arbeitsverhältnis werde über den Befristungszeitpunkt hinaus fortgesetzt (BAG AP Nr 9 zu § 57c HRG; AP Nr 4 zu § 91 AFG; ErfK/MÜLLER-GLÖGE § 15 TzBfG Rn 11; BAMBERGER/ROTH/FUCHS § 620 Rn 53; BOEWER NZA 1999, 1177, 1180; ausf zum Ganzen BRAUN, Anspruch auf Arbeitsvertrag nach wirksamer Befristung, ZTR 2007, 78 ff).

(3) Versorgungsansprüche

Der Arbeitnehmer kann **Versorgungsansprüche** unter dem Aspekt der unzulässigen Rechtsausübung verlieren, wenn er die durch das Versorgungsversprechen abgegoltene Betriebstreue **nachhaltig entwertet**, indem er durch schwere Verfehlungen einen existenzbedrohenden Schaden für den Betrieb verursacht (BAG AP Nr 1 und 12 zu § 1 BetrAVG Treuebruch; AP Nr 22 zu § 7 BetrAVG Widerruf; BGH NJW 2000, 1197, 1198; NJW 1984, 1529). Wegen der belastenden Folgen für den Arbeitnehmer wird die Aberkennung der Versorgungsbezüge aber an strenge Voraussetzungen geknüpft (BAMBERGER/ROTH/GRÜNEBERG/SUTSCHET Rn 72; MünchKomm/ROTH Rn 244). Entscheidend ist eine Interessenabwägung, bei der die Schwere der Verfehlung und ihre Folgen auf der einen Seite und die Dauer der Betriebszugehörigkeit, das Lebensalter und die weiteren Erwerbsaussichten auf der anderen Seite zu bewerten sind (BAG AP Nr 12 zu § 1 BetrAVG Treuebruch; BGH NJW 1984, 1529 f; BAMBERGER/ROTH/GRÜNEBERG/SUTSCHET Rn 72). Die Zulässigkeit einer fristlosen Kündigung kann allenfalls als Indiz für den Verlust der Versorgungsbezüge dienen (BAG AP Nr 1 und 7 zu § 1 BetrAVG Treuebruch; MünchKomm/ROTH Rn 244). **821**

Bejaht wurde der Ausschluss von Versorgungsbezügen bei Annahme von **Schmiergeldern** in erheblichem Umfang (BGH NJW 1984, 1529 f; PALANDT/HEINRICHS Rn 46), bei einer laufenden Erpressung (BAG AP Nr 5 zu § 1 BetrAVG Treuebruch = NJW 1983, 2048; BAMBERGER/ROTH/GRÜNEBERG/SUTSCHET Rn 72; PALANDT/HEINRICHS Rn 46) und bei Gefährdung der wirtschaftlichen Grundlagen des Unternehmens durch **fortgesetzte Schädigungen** (BGH AP Nr 12 zu § 1 BetrAVG Treuebruch = NJW-RR 1997, 348; BAG NJW 2000, 1197, 1198; MünchKomm/ROTH Rn 244). Die **Unterschlagung von Geld** in den letzten Monaten des Arbeitsverhältnisses ist dagegen bei langer Betriebszugehörigkeit nicht ausreichend (BAG AP Nr 7 zu § 1 BetrAVG Treuebruch = NJW 1984, 141). Anwartschaften aus **Entgeltumwandlung** bleiben dem Arbeitnehmer auch bei schweren Verfehlungen erhalten, da es sich dabei um eine arbeitnehmerfinanzierte Altersvorsorge handelt (CLEMENS 272 ff). Zur Verwirkung von Versorgungsansprüchen s u Rn 815. **822**

dd) Verwirkung

Im Ausgangspunkt gelten auch im Arbeitsrecht die allgemeinen Grundsätze der Verwirkung (MünchKomm/ROTH Rn 342). Ein Recht ist danach verwirkt, wenn es der Gläubiger längere Zeit nicht ausgeübt hat und der Schuldner nach Treu und Glauben davon ausgehen darf, dass es nicht mehr geltend gemacht wird (vgl BAG AP Nr 46 zu § 242 BGB Verwirkung = NJW 2001, 2907, 2908; BAG Nr 47 zu § 242 BGB Verwirkung; BAG NJOZ 2003, 1522). Die Verwirkung beinhaltet demnach **ein Zeit- und ein Umstandsmoment** (allg zu den Voraussetzungen der Verwirkung s o Rn 302 ff). **823**

(1) Ausschluss der Verwirkung im Arbeitsrecht

Einige Rechte und Ansprüche des Arbeitnehmers sind kraft **ausdrücklicher gesetz-** **824**

licher Anordnung von der Verwirkung ausgenommen, zB tarifliche Rechte gem § 4 Abs 4 S 2 TVG. Gleiches gilt nach § 77 Abs 4 S 3 BetrVG für Rechte, die durch Betriebsvereinbarungen eingeräumt wurden, und nach § 19 Abs 3 S 4 HAG für Ansprüche aus bindenden Festsetzungen nach dem HAG. Zum Schutz des Arbeitnehmers unterliegen außerdem weder Lohn- und Gehaltsansprüche (BAG BB 1958, 117; BAMBERGER/ROTH/GRÜNEBERG/SUTSCHET Rn 145; MünchKomm/ROTH Rn 298) noch der gesetzliche Urlaubsanspruch (BAG DB 1970, 787; PALANDT/HEINRICHS Rn 98) der Verwirkung (anders KETTLER NZA 2001, 928, 931 f). Der Anspruch auf Versorgungsbezüge ist für den Arbeitnehmer von so existenzieller Bedeutung, dass er grundsätzlich ebenfalls nicht verwirken kann (BAG AP Nr 11 zu § 9 BetrAVG = ZIP 1990, 735; BAG AP § 1 BetrAVG Gleichberechtigung Nr 1; BAMBERGER/ROTH/GRÜNEBERG/SUTSCHET Rn 145). Der allgemeine Rechtsmissbrauchseinwand bleibt aber in jedem Fall unberührt (MünchArbR/HANAU § 75 Rn 11; dazu Rn 286 ff).

825 Bei **kurzen gesetzlichen Fristen** wie der zweiwöchigen Kündigungsfrist nach § 626 Abs 2 S 1 kommt eine Verwirkung regelmäßig nicht in Betracht (BAG AP § 626 BGB Nr 160; MünchKomm/ROTH Rn 299; **aA** PALANDT/HEINRICHS Rn 64; so Rn 316). Denn innerhalb kurzer Zeiträume kann das für die Verwirkung erforderliche Vertrauen des Gläubigers nicht gebildet werden (zum Verhältnis von Verjährung und Verwirkung o Rn 313 ff). Zudem stellen die kurzen Ausschlussfristen eine Konkretisierung der Verwirkungsregeln dar (BAG AP Nr 20 zu § 626 BGB Ausschlussfrist; APS/PREIS, Grundlagen D Rn 108).

826 Nach der Rspr ist die Verwirkung auch bei Schadensersatzansprüchen wegen **vorsätzlicher unerlaubter Handlung** grundsätzlich ausgeschlossen (BAG AP Nr 17 zu § 242 BGB Verwirkung; AP Nr 36 zu § 242 BGB Verwirkung; krit KETTLER NZA 2001, 928, 932). Dem ist insoweit zuzustimmen, als dass das Vertrauenselement bei vorsätzlichen deliktischen Schädigungen nur unter besonderen Voraussetzungen vorliegt. Ein genereller Ausschluss der Verwirkung erscheint aber nicht gerechtfertigt.

(2) Der Verwirkung unterliegende Ansprüche und Rechte
827 Alle übrigen Rechte und Ansprüche aus dem Arbeitsverhältnis unterliegen grundsätzlich der Verwirkung. So kann der Anspruch des **Arbeitnehmers** auf Arbeitnehmererfindervergütung (BAG NZA-RR 2003, 253; AP Nr 3 zu § 9 ArbNErfG) und Urlaubsentgelt (BAG AP Nr 7 zu § 11 BUrlG = DB 1970, 787; BAMBERGER/ROTH/GRÜNEBERG/SUTSCHET Rn 145; wegen der kurzen Verjährungsfrist offen gelassen von BAG AP Nr 34 zu § 11 BUrlG) ebenso verwirken wie der Anspruch auf Entfernung von Abmahnschreiben aus den Personalakten (BAG NJW 1989, 2562, 2564), der Anspruch nach § 613a Abs 1 S 1 (BAG AuA 2002, 408), der Anspruch auf Zeugniserteilung (BAG AP Nr 17 zu § 630 BGB = NJW 1988, 1616; LAG Hamm NZA-RR 2003, 73 f) und der Anspruch auf Ersatz von Umschulungskosten (LAG Schleswig-Holstein BB 1976, 1418). Mit Blick auf die Ansprüche des Arbeitnehmers ist bei der Verwirkung aber besondere Zurückhaltung geboten (BAMBERGER/ROTH/GRÜNEBERG/SUTSCHET Rn 145; MünchKomm/ROTH Rn 342).

828 Für die Verwirkung von **Ansprüchen und Rechten des Arbeitgebers** gelten die allgemeinen Grundsätze (vgl BAG AP Nr 8 zu § 1 HausarbTagsG Nds = BAGE 6, 166 [Schadensersatz]; BAG AP Nr 3 zu § 818 BGB = DB 1994, 1039 [Lohnüberzahlung]; BAG AP Nr 9 zu § 79 LPVG Baden-Württemberg = BAGE 89, 279 [Anpassung von Ruhegehalt]; zur Verwirkung des Abmahnungsrechts vgl BRILL, Verwirkung und Wirkungslosigkeit von Abmahnungen, NZA 1985,

Titel 1
Verpflichtung zur Leistung

§ 242
829–831

109 ff). Insbesondere kann der Arbeitgeber sein Kündigungsrecht bei längerem Untätigbleiben verwirken, wenn hierdurch beim Arbeitnehmer ein schutzwürdiges Vertrauen begründet worden ist (vgl nur BAG AP Nr 42 zu § 1 KSchG 1969 Verhaltensbedingte Kündigung = NZA 2003, 795; AP Nr 9 zu § 242 BGB Verwirkung; ZTR 1998, 565), beispielsweise bei wiederholt folgenlosen Abmahnungen. Eine Regel, dass bei drei aufeinander folgenden Abmahnungen die dritte bereits unwirksam ist, besteht aber nicht (BAG AP Nr 50 zu § 1 KSchG 1969 Verhaltensbedingte Kündigung = NZA 2005, 459).

In **welchem Zeitraum** ein Recht verwirkt, lässt sich nur anhand der Umstände des Einzelfalles beurteilen (vgl nur MünchArbR/HANAU § 75 Rn 11; EBERLE, NZA 2003, 1121, 1123). Für einzelne Ansprüche und Rechte gibt es allerdings gewisse Anhaltspunkte. So soll das Zeitelement (s o Rn 794) bei einem Zeugnisberichtigungsanspruch nach ungefähr einem Jahr erfüllt sein (BAG AP Nr 17 zu § 630 BGB – 10 Monate; LAG Hamm NZA-RR 2003, 73 f – 15 Monate; LAG Köln NZA-RR 2001, 130, 131 – 12 Monate). Das Zeitmoment kann allerdings nicht unabhängig vom Umstandsmoment (s o Rn 794) beurteilt werden. Die Verwirkungsfrist ist vielmehr umso kürzer, je schwerer das Umstandsmoment wiegt (LAG Baden Württemberg AP Nr 40 zu § 242 BGB Verwirkung; MünchKomm/ROTH Rn 301). Als weiterer Anhaltspunkt kann die Verjährungsfrist herangezogen werden: Je kürzer diese ist, desto strengere Anforderungen gelten für die Verwirkung (BAG AP Nr 44 zu § 242 BGB Verwirkung; vgl Rn 314).

829

(3) Insbesondere: Verwirkung zu Lasten des Arbeitnehmers bei Beendigung des Arbeitsverhältnisses

Das Recht des Arbeitnehmers, sich gerichtlich gegen die Beendigung des Arbeitsverhältnisses zu wehren, unterliegt ebenfalls der Verwirkung (BAG AP Nr 1 und 5 zu § 242 BGB Prozessverwirkung; AP Nr 71 zu § 620 BGB Befristeter Arbeitsvertrag), sofern der Arbeitnehmer erst nach Ablauf eines längeren Zeitraumes klagt und der Arbeitgeber darauf vertraut hat, nicht mehr gerichtlich in Anspruch genommen zu werden (vgl nur BAG AP Nr 5 zu § 242 BGB Prozessverwirkung). Die Rspr misst der Verwirkung in diesen Fällen prozessuale Wirkung bei **(sog prozessuale Verwirkung)** mit der Folge, dass die Klage unzulässig ist (vgl nur BAG AP Nr 54 zu § 620 BGB Befristeter Arbeitsvertrag; für materielle Verwirkung – Unbegründetheit der Klage – hingegen APS/ASCHEID/HESSE § 7 KSchG Rn 6; EBERLE NZA 2003, 1121, 1123). Ob die prozessuale Verwirkung eingreift, hängt von einer Einzelfallbetrachtung ab. Konkrete Zeiträume dienen nur als Orientierungshilfe (BAG AP Nr 5 zu § 242 BGB Prozessverwirkung). Das Zeitmoment der Verwirkung ist im Allgemeinen jedenfalls nach mehr als 12 Monaten erfüllt (BAG AP Nr 1, 5 und 6 zu § 242 BGB Prozessverwirkung); in der Rspr werden oft aber auch wesentlich kürzere Verwirkungsfristen von 2–4 Monaten angenommen (vgl die Bsp bei BAG AP Nr 5 zu § 242 Prozessverwirkung; EBERLE NZA 2003, 1121, 1123 f).

830

Bei **Kündigungen** kommt der prozessualen Verwirkung nur noch eingeschränkte Bedeutung zu. Denn seit der Änderung des KSchG durch das Gesetz zu Reformen am Arbeitsmarkt vom 24. 12. 2003 (BGBl I 3002) gilt die dreiwöchige Klagefrist des § 4 KSchG auch für die Geltendmachung der Unwirksamkeit einer außerordentlichen Kündigung seitens des Arbeitgebers (vgl § 13 Abs 1 S 2 KSchG). Da § 4 KSchG auf den Zugang der **schriftlichen** Kündigung abstellt, wird der Verstoß gegen das Schriftformerfordernis des § 623 allerdings nicht erfasst (vgl MünchKomm/HERGENRÖDER § 13 KSchG Rn 63). Bei **mündlichen** Kündigungen muss daher nach wie

831

vor auf die prozessuale Verwirkung zurückgegriffen werden (ausf dazu EBERLE NZA 2003, 1121, 1122 ff).

832 Nach **Anfechtung** eines Aufhebungsvertrages wegen widerrechtlicher Drohung seitens des Arbeitgebers (§ 123) kann der Arbeitnehmer sein Klagerecht nur in besonders gelagerten Fällen verwirken. Da der Arbeitgeber nicht schutzwürdig ist, muss er damit rechnen, dass der Arbeitnehmer die Nichtigkeit noch einige Monate nach der Anfechtung geltend macht (BAG AP Nr 45 zu § 242 BGB Verwirkung = DB 1998, 521; ERMAN/HOHLOCH Rn 127).

ee) Erwirkung von Rechten – betriebliche Übung

833 Im Gegensatz zur Verwirkung hat die Erwirkung zur Folge, dass ein Recht nach einem gewissen Zeitablauf auf Grund gebildeten Vertrauens entstehen soll (so Rn 192 ff, 319). Im Arbeitsrecht erlangt in diesem Zusammenhang der allgemein anerkannte Grundsatz der **betrieblichen Übung** Bedeutung (so Rn 193; Einzelheiten zur betrieblichen Übung bei MünchArbR/RICHARDI § 13; MünchKomm/MÜLLER-GLÖGE § 611 Rn 411 ff; STAUDINGER/RICHARDI [2005] § 611 Rn 319 ff; HROMADKA NZA 1984, 241 ff; KETTLER NZA 2001, 929 ff). Es geht dabei darum, dass der Arbeitgeber durch regelmäßige Wiederholung bestimmter Verhaltensweisen beim Arbeitnehmer den berechtigten Eindruck erweckt, die betreffenden Leistungen oder Vergünstigungen würden auch in Zukunft gewährt (stRspr; vgl nur BAG AP Nr 63 zu § 242 BGB Betriebliche Übung; AP Nr 100 zu § 315 BGB). Das BAG deutet das Verhalten des Arbeitgebers als **konkludente Willenserklärung**, die der Arbeitnehmer nach § 151 S 1 annimmt (sog Vertragstheorie; vgl aus neuerer Zeit BAG AP Nr 43, 46, 50, 53, 55, 63, 74 und 81 zu § 242 BGB Betriebliche Übung); in der Lit wird dagegen überwiegend eine aus § 242 abgeleitete **Vertrauenshaftung** befürwortet (STAUDINGER/RICHARDI [2005] § 611 Rn 322; HROMADKA NZA 1984, 241, 244; KETTLER NZA 2001, 929; differenzierend ErfK/PREIS § 611 Rn 220; MünchKomm/MÜLLER-GLÖGE § 611 Rn 426; zu weiteren Ansätzen vgl MünchArbR/RICHARDI § 13 Rn 5 ff).

834 Für den Standpunkt der hL scheint zu sprechen, dass der **Verpflichtungswille** des Arbeitgebers **nicht fingiert** werden muss (ErfK/PREIS § 611 Rn 221; MünchArbR/RICHARDI § 13 Rn 16; STAUDINGER/RICHARDI [2005] § 611 Rn 323; HROMADKA NZA 1984, 241, 244; KETTLER NZA 2001, 928, 930). Denn die Abweichung von der betrieblichen Übung wird allein wegen der Schaffung eines Vertrauenstatbestands als widersprüchlich angesehen, ohne dass es auf den Willen des Arbeitgebers ankommt. Auf der anderen Seite ist jedoch zu beachten, dass die Vertragstheorie ebenfalls auf die Fiktion eines Verpflichtungswillens des Arbeitgebers verzichten kann. Denn nach der neueren Rspr ist eine Willenserklärung bereits dann anzunehmen, wenn der Erklärende bei Anwendung der im Verkehr erforderlichen Sorgfalt hätte erkennen und vermeiden können, dass seine Äußerung bzw sein Verhalten nach Treu und Glauben und der Verkehrssitte als (konkludente) Willenserklärung aufgefasst werden durfte (BGHZ 91, 324, 330; 109, 171, 177; 149, 129, 136; MünchKomm/MÜLLER-GLÖGE § 611 Rn 414). Aus Sicht der Vertragstheorie geht es also um die **Zurechnung eines Verhaltens als Willenserklärung** (vgl zu diesem Verständnis allg PAWLOWSKI, BGB AT [7. Aufl 2003] Rn 442 ff). Da die Besonderheiten des Arbeitsrechts dabei über die Kriterien von Treu und Glauben und der Verkehrssitte (§ 157) berücksichtigt werden können, ermöglicht die Vertragstheorie sachgemäße Ergebnisse. Ein Rückgriff auf die zweifelhafte Figur der „Erwirkung" (allg dazu Rn 192 ff, 319) ist damit entbehrlich.

Zur betrieblichen Übung besteht eine umfangreiche Kasuistik. Dazu gehören (ohne **835** Anspruch auf Vollständigkeit) folgende **Fallgruppen**: Die jahrelange Fehlinterpretation von Ausdrücken im Arbeitsvertrag (RAG ARS 47, 221 – „Direktgeschäft" –); die Pensionszusage und Pensionsgewährung an einzelne Arbeitnehmer ohne arbeitsvertragliche Grundlage, aber entsprechend einer Betriebsübung (vgl RAG ARS 23, 37 ff; 33, 172 ff; BAG AP Nr 38 zu § 242 BGB [Betriebliche Übung]; BGH NJW 1957, 257; vgl SINGER, Neue Entwicklungen im Recht der Betriebsübung, ZfA 1993, 487 ff mit ausf Nachw); die Gratifikation (freiwillige Leistung), die dreimal gewährt worden ist, was den Arbeitgeber zur Wiederholung der Zuwendung verpflichtet (vgl insbes BAGE 5, 44, 47); sonstige freiwillige Leistungen wie zB Jubiläumsgeschenke, Ehrengaben, Prämien, Zuschläge uä mehr (vgl dazu CANARIS, Vertrauenshaftung 409 f sowie BAG NJW 1987, 2101, 2102). Gegen die Annahme, bei der **Gratifikation** solle die **dreimalige Zahlung** den Anspruch auf Weiterzahlung begründen, wird eingewandt, man könne kaum rechtfertigen, warum gerade die dritte Zahlung den Rückschluss auf eine entsprechende Willenserklärung des Arbeitgebers zulasse (STAUDINGER/J SCHMIDT [1995] Rn 581; HANAU AcP 165 [1965] 220, 261). Die Vertreter der Vertragstheorie weisen demgegenüber darauf hin, dass der Arbeitnehmer idR erst die dritte Zahlung des Arbeitgebers als stillschweigende Willenserklärung deuten dürfe (MünchKomm/MÜLLER-GLÖGE § 611 Rn 426). Das BAG geht dementsprechend davon aus, dass eine betriebliche Übung im Einzelfall auch schon durch eine einmalige Leistung entstehen kann (BAG Nr 81 zu § 242 BGB Betriebliche Übung).

Die betriebliche Übung kann auch **zu Lasten des Arbeitnehmers** wirken (vgl dazu **836** BAG AP Nr 50 zu § 242 BGB Betriebliche Übung; MünchArbR/RICHARDI § 13 Rn 29; SPEIGER, Die Reduzierung von Gratifikationsleistungen durch betriebliche Übung, NZA 1998, 510 ff). In diesem Fall wäre es aber nicht interessengerecht, die Annahme der (konkludenten) Willenserklärung des Arbeitgebers durch den Arbeitnehmer auf § 151 S 1 zu stützen. Eine entsprechende Verkehrssitte kann nämlich idR nur bei unentgeltlichen Zuwendungen oder anderen lediglich vorteilhaften Geschäften angenommen werden (vgl BGH NJW 2004, 287, 288; JAUERNIG/JAUERNIG § 151 Rn 3). Es muss daher im Einzelfall geprüft werden, ob eine konkludente Annahme vorliegt (MünchKomm/MÜLLER-GLÖGE § 611 Rn 418).

g) Werkvertrag, §§ 631–651

Ähnlich wie beim Dienstvertrag (vgl Rn 763 f) besteht auch beim Werkvertrag ein **837** **besonderes Vertrauensverhältnis** zwischen den Parteien, bedingt durch die Einwirkungsmöglichkeiten des Werkunternehmers auf die Rechtsgüter und Interessen des Bestellers (ERMAN/HOHLOCH Rn 89). Daher wird das Vertragsverhältnis durch zahlreiche Nebenpflichten des Werkunternehmers geprägt. Dazu gehören neben Aufklärungs- und Beratungspflichten (ausf STAUDINGER/OLZEN § 241 Rn 467 f) vor allem besondere Obhuts- und Aufbewahrungspflichten (ausf STAUDINGER/OLZEN § 241 Rn 501). Zur **Inhaltskontrolle** nach § 242 bei **Gewährleistungsausschlüssen** in notariell beurkundeten Individualvereinbarungen s o Rn 477.

Ebenso wie bei anderen Schuldverträgen gilt auch bei Werkverträgen das **Verbot 838 der unzulässigen Rechtsausübung** (s o Rn 281 ff; z Architektenvertrag s u Rn 832), einschließlich der Grundsätze über die Verwirkung (allg dazu o Rn 302 ff; zu Einwendungen bzgl der Schlussrechnung Rn 841 f). Ein Fall widersprüchlichen Verhaltens liegt etwa vor, wenn ein Unternehmer den Werkvertrag über mehrere Jahre selbstständig abwickelt, sich im Mängelprozess dann aber darauf beruft, ein namensgleiches Unternehmen der gleichen Unternehmensgruppe sei richtiger Klagegegner (BGH DB 1987, 628 f). Besondere wirtschaftliche Bedeutung kommt Werkverträgen über die **Errichtung von Bauwerken** zu. Hier finden sich die meisten Anwendungsfälle des § 242.

839 Entzieht der Besteller dem Werkunternehmer den **Auftrag** gem § 8 Nr 3 VOB/B, so kann er nach Treu und Glauben gehalten sein, hergestellte, aber noch nicht eingebaute Bauteile zu übernehmen und angemessen zu vergüten, sofern dies zumutbar erscheint (BGH NJW 1995, 1837, 1838; STAUDINGER/PETERS/JACOBY [2008] § 649 Rn 84). Dabei müssen die für die Entziehung des Auftrags maßgeblichen Gründe ebenso berücksichtigt werden wie die Verwendbarkeit der betreffenden Teile für die Weiterführung des Bauvorhabens (BGH NJW 1995, 1837, 1838).

840 § 242 wird im Bereich des Werkvertragsrechts auch herangezogen, um die nach § 648 erforderliche Identität von Grundstückseigentümer und Besteller für die Einräumung einer Sicherungshypothek zu überwinden, wenn sich die Berufung auf die Verschiedenheit der Personen (zB bei Auftreten juristischer Personen) als rechtsmissbräuchlich darstellt (BGHZ 102, 95, 99, 102 ff = NJW 1988, 255; OLG Düsseldorf BauR 1985, 337, 338; OLG Köln NJW-RR 1986, 960, 961; BAMBERGER/ROTH/VOIT § 648 Rn 12; MünchKomm/BUSCHE § 648 Rn 25; offen gelassen von OLG Bremen NJW 1976, 1320, 1321; vgl z Ganzen STAUDINGER/PETERS/JACOBY [2008] § 648 Rn 23 ff). Dies gilt zB für den Fall, dass der Grundstückseigentümer die Vorteile aus der Werkleistung des Unternehmers an dem Grundstück zieht, weil die Bestellerin eine Gesellschaft ist, die von ihm wirtschaftlich und tatsächlich vollständig beherrscht wird (BGHZ 102, 95, 104 f).

841 Von besonderer praktischer Relevanz sind Fragen in Bezug auf die **Honorarforderung des Architekten** nach der Honorarordnung für Architekten und Ingenieure (HOAI). Nach hM kommt der **Schlussrechnung** zwar keine **Bindungswirkung** zu; etwas anderes muss aber nach Treu und Glauben gelten, wenn der Auftraggeber in schutzwürdiger Weise darauf vertraut hat, dass es sich um eine abschließende Berechnung der Leistungen handelt (BGHZ 120, 133, 135 ff; BGH NJW-RR 1990, 725, 726; NJW-RR 1998, 952, 953; OLG Düsseldorf NJW-RR 1995, 340, 341; ERMAN/HOHLOCH Rn 106; MünchKomm/ROTH Rn 272). Allerdings ist in besonderen Ausnahmefällen eine Nachforderung zulässig, insbesondere wenn das Vertrauen des Bestellers in die Endgültigkeit der Rechnung nicht schutzwürdig erscheint. Erforderlich ist eine umfassende Abwägung der Interessen des Architekten und des Bestellers, wobei man berücksichtigen muss, inwieweit der Besteller sich bereits auf die abschließende Rechnung eingestellt hat (BGHZ 120, 133, 139 f; BGH NJW-RR 1998, 952, 953). Widersprüchliches Verhalten kann im Einzelfall auch vorliegen, wenn der Architekt nach Mindestsätzen abrechnet, obwohl zuvor ein Honorar vereinbart wurde, das die **Mindestsätze unterschreitet** (BGHZ 136, 1, 9 f).

842 In Bezug auf **Einwendungen gegen die Schlussrechnung** ist zu beachten, dass der Ablauf der zweimonatigen Prüfungsfrist nach § 16 Nr 3 Abs 1 VOB/B allein nicht den Einwand der **Verwirkung** rechtfertigt (BGH NJW 2001, 1649; OLG Nürnberg NJW-RR 1999, 1619; anders OLG Düsseldorf NJW-RR 1991, 278; NJW-RR 1998, 376, 377 = BauR 1997, 1052 m krit Anm WELTE, Verwirkung von Einwendungen gegen die Schlußrechnung nach Ablauf der Prüfungszeit von 2 Monaten oder beweisrechtliche Konsequenzen?, BauR 1998, 384 ff). Vielmehr gelten die allgemeinen Grundsätze (s o Rn 302 ff), wonach es neben dem Zeitablauf besonderer Umstände bedarf, die bei dem Werkunternehmer das Vertrauen begründet haben und begründen durften, dass der Besteller seine Rechte nicht mehr geltend machen wird (BGH NJW 2001, 1649; OLG Nürnberg NJW-RR 1999, 1619 [bewusstes Hinauszögern des Fälligkeitstermins]).

In der Praxis kommt es immer wieder vor, dass werkvertragliche Leistungen **ohne** 843 **Rechnung** und damit steuerrechtswidrig erbracht werden. Nach der Rechtsprechung des BGH verstößt ein Unternehmer, der seine Leistungen mangelhaft erbracht hat, gleichwohl gegen **Treu und Glauben**, wenn er sich zur Abwehr von Mängelansprüchen des Bestellers darauf beruft, die Gesetzeswidrigkeit der Ohne-Rechnung-Abrede führe zur **Gesamtnichtigkeit des Werkvertrags** (BGH NJW-RR 2008, 1050; NJW-RR 2008, 1051; dagegen POPESCU/MAJER, Gewährleistungsansprüche bei einem wegen Ohne-Rechnung-Abrede nichtigen Vertrags, NZBau 2008, 424, 425).

Ob in diesen Fällen ein Rückgriff auf die Grundsätze der **unzulässigen Rechtsaus-** 844 **übung** wirklich erforderlich ist, wird von einigen Autoren in Zweifel gezogen (vgl AHRENS Anm zu BGH NJW-RR 2008, 1050 in LMK 2008, 266104). Ausgangspunkt der Überlegungen ist, dass die Steuerhinterziehung regelmäßig nicht den Hauptzweck des Werkvertrags darstellt, so dass dieser nicht bereits wegen §§ 134, 138 in seiner Gesamtheit nichtig ist (vgl dazu BGHZ 14, 25 = NJW 1954, 1401; BGH WM 1961, 727; WM 1975, 1279; BGHR BGB § 134 Steuerhinterziehung 1; BGHZ 136, 125 = NJW 1997, 2599; BGH, NJW-RR 2002, 1527; NJW 2003, 2742 = NZM 2003, 716). Wegen der unwirksamen Ohne-Rechnung-Abrede besteht vielmehr ein **teilnichtiger Vertrag** iSd § 139. Ob die Nichtigkeit der Abrede die Nichtigkeit des ganzen Vertrages zur Folge hat, hängt damit vom hypothetischen Willen der Parteien ab (vgl oben Rn 504). Konkret muss geprüft werden, ob die Parteien den Vertrag auch ohne die nichtige Abrede getroffen hätten. In seiner bisherigen Rechtsprechung ging der BGH davon aus, dass die nichtige Ohne-Rechnung-Abrede in der Regel keinen Einfluss auf die vereinbarte Höhe der Vergütung hat, die Parteien den Vertrag also zu denselben Konditionen abgeschlossen hätten (BGH NZBau 2001, 195 = NJW-RR 2001, 380). Legt man diese Interessenwertung der Parteien zugrunde, ist der Werkvertrag gemäß § 139 wirksam und bildet damit auch die Grundlage für die Gewährleistungsansprüche des Bestellers. In seinen jüngsten Entscheidungen (BGH NJW-RR 2008, 1050; NJW-RR 2008, 1051) hat der BGH diese Rechtsprechung aber aufgegeben und meint nun, dass der Vertrag regelmäßig entsprechend dem Parteiwillen in seiner Gesamtheit nichtig sein wird, da die Parteien den Vertrag bei ordnungsgemäßer Steuerabführung nicht zu denselben Konditionen, insbesondere derselben Vergütungshöhe, abgeschlossen hätten (BGH NJW-RR 2008, 1050). Die Abkehr von der Vermutung, dass eine nichtige Ohne-Rechnung-Abrede regelmäßig keinen Einfluss auf die Vergütungshöhe hat, erscheint indes zweifelhaft. Sie verkennt, dass die Parteivereinbarung eine **Nettovergütung** enthält, die als Grundlage für die Bestimmung des hypothetischen Willens herangezogen werden kann. Das steuerliche Risiko soll nach dem Willen der Parteien zumeist der Unternehmer tragen (AHRENS Anm zu BGH NJW-RR 2008, 1050 in LMK 2008, 266104). Lässt sich der hypothetische Wille, am Werkvertrag und seinen Konditionen festzuhalten, feststellen, erübrigt sich der Rückgriff auf § 242. Ist ein solcher Wille ausnahmsweise nicht feststellbar und der Werkvertrag gem § 139 nichtig, kann in engen Grenzen auf § 242 zurückgegriffen werden (gegen Anwendung des § 242 in solchen Fällen POPESCU/MAJER, Gewährleistungsansprüche bei einem wegen Ohne-Rechnung-Abrede nichtigen Vertrag, NZBau 2008, 424, 425).

845 In den vom BGH entschiedenen Fällen rechtfertigt sich die Anwendung des § 242 bei Nichtigkeit des Werkvertrags aus der **spezifischen Interessenlage bei Bauverträgen**. Deren Rückabwicklung ist erheblich erschwert, da die mangelhaften Bauleistungen am Grundstück des Bestellers erbracht werden und damit nach § 946 in das Eigentum des Bestellers übergehen (BGH NJW-RR 2008, 1050; NJW-RR 2008, 1051). Auf andere Bereiche lässt sich die Rechtsprechung daher nicht übertragen (vgl LOOSCHELDERS, Schuldrecht BT Rn 633).

h) Maklervertrag, 652–656*

846 Nach Rspr und hL besteht zwischen dem Makler und dem Auftraggeber ein **besonderes Treueverhältnis**, das den Makler verpflichtet, bei seiner Tätigkeit im Rahmen des Zumutbaren das Interesse des Auftraggebers zu wahren (vgl BGH NJW 1968, 150, 151; 1985, 2595; 2000, 3642; NJW-RR 2007, 711, 712 = JA 2007, 546 [LOOSCHELDERS]; OLG Düsseldorf NJW-RR 1996, 1012; OLG Karlsruhe NJW-RR 1995, 500; JAUERNIG/MANSEL § 654 Rn 3; PALANDT/SPRAU § 652 Rn 13; SOERGEL/LORENTZ § 652 Rn 75). Aus diesem Treueverhältnis wird eine Vielzahl von **Nebenpflichten** (insbesondere Aufklärungs- und Beratungspflichten) abgeleitet, für deren Konkretisierung auf § 242 verwiesen wird (so PALANDT/SPRAU § 652 Rn 14; SOERGEL/LORENTZ § 652 Rn 75).

847 Aus dogmatischer Sicht ist der hM entgegenzuhalten, dass die in Frage stehenden Nebenpflichten nach allgemeinen Regeln unmittelbar aus dem **Schuldverhältnis** abgeleitet werden können; die Konstruktion eines besonderen Treueverhältnisses ist also nicht erforderlich (vgl MünchKomm/ROTH § 652 Rn 260a; STAUDINGER/REUTER [2003] Vorbem 9 zu §§ 652 ff; zur parallelen Problematik im Arbeitsrecht s o Rn 766). Davon abgesehen helfen die Grundsätze des § 242 bei der Konkretisierung der Nebenpflichten im Maklerrecht kaum weiter. Entscheidend ist vielmehr die Ausgestaltung des jeweiligen Maklervertrages (ERMAN/WERNER § 652 Rn 57; vgl auch BGH NJW 1985, 2595 betr Versicherungsmakler). Wichtige Abwägungsfaktoren bilden außerdem die wirtschaftliche Bedeutung des Geschäfts und das Maß der geschäftlichen Erfahrenheit des Auftraggebers (OLG Karlsruhe NJW-RR 1995, 500). Es handelt sich damit um spezifische Fragen des Maklerrechts, die hier nicht weiter vertieft werden können.

848 Ein Sonderfall des **treuwidrigen Verhaltens auf Seiten des Maklers** wird in § 654 geregelt. Danach steht dem Makler kein Anspruch auf Zahlung des Maklerlohns zu, wenn er dem Inhalt des Vertrages zuwider auch für den anderen Teil tätig geworden ist (unerlaubte Doppeltätigkeit). Die amtliche Überschrift des § 654 bezeichnet dies zwar als „**Verwirkung des Lohnanspruchs**"; nach allgemeiner Ansicht handelt es sich jedoch um keinen Fall der Verwirkung im rechtstechnischen Sinne (vgl MünchKomm/ROTH § 654 Rn 1).

849 Auf der anderen Seite stellt sich die Frage, ob der **Provisionsanspruch des Maklers** mit Hilfe des § 242 **begründet** werden kann, wenn der Auftraggeber das Zustandekommen oder die Durchführung des Hauptvertrages **treuwidrig vereitelt** hat. Dagegen spricht, dass die Entscheidungsfreiheit des Auftraggebers grundsätzlich nicht durch die Annahme einer Pflicht zum Abschluss des Hauptvertrages entwertet wer-

---

* **Schrifttum**: PAULY, Zur Frage der treuwidrigen Vereitelung des Hauptvertrages beim Maklervertrag, JR 1998, 353; SCHEIBE, Der Provisionsanspruch des Maklers beim Vertragsschluss durch einen mit dem Auftraggeber nicht identischen Dritten, BB 1988, 849.

den darf (vgl ERMAN/WERNER § 652 Rn 41). Davon abgesehen erscheint es aus dogmatischer Sicht nicht überzeugend, das Fehlen einer Anspruchsvoraussetzung mit Hilfe von Treu und Glauben zu überspielen (vgl PAULY JR 1998, 353, 355; für Anwendung des § 242 aber SCHEIBE BB 1988, 849, 856). Die hM geht deshalb zu Recht davon aus, dass dem Makler idR nur Schadensersatzansprüche aus § 280 Abs 1 gegen den Auftraggeber zustehen (so BGH LM Nr 28 zu § 652 BGB; OLG Köln MDR 1993, 1175, 1176; MünchKomm/ROTH § 652 Rn 114 und § 654 Rn 27). In extremen Ausnahmefällen wird zwar die entsprechende Anwendung des § 162 Abs 1 befürwortet (vgl BGH LM Nr 28 zu § 652 BGB; OLG Köln MDR 1993, 1175, 1176; ERMAN/WERNER § 652 Rn 41). Die hierfür erforderliche Regelungslücke lässt sich in Anbetracht der Existenz des Schadensersatzanspruchs aus § 280 Abs 1 jedoch nicht feststellen (vgl dazu PAULY JR 1998, 353, 355; SCHEIBE BB 1988, 849, 856).

i) Auftrag, Geschäftsbesorgung und Geschäftsführung ohne Auftrag, §§ 662–687
aa) Allgemeines
Der Auftrag (§§ 662–674), der Geschäftsbesorgungsvertrag (§ 675 Abs 1) und die **850** Geschäftsführung ohne Auftrag (§§ 677–687) weisen eine wesentliche **Gemeinsamkeit** auf: Sie beziehen sich allesamt auf **Tätigkeiten in fremdem Interesse** (STAUDINGER/MARTINEK [2006] Vorbem 22 zu §§ 662 ff). Dies hat zur Folge, dass der Beauftragte bzw der Geschäftsführer zu **besonderer Rücksicht auf die Interessen des Auftraggebers** (Geschäftsherrn) verpflichtet ist (vgl zum Auftrag MünchKomm/SEILER § 662 Rn 36; zur GoA BGB-RGRK/STEFFEN § 677 Rn 4). Für die Geschäftsführung ohne Auftrag schreibt § 677 vor, dass der Geschäftsführer das Geschäft so zu führen hat, wie das Interesse des Geschäftsherrn mit Rücksicht auf dessen wirklichen oder mutmaßlichen Willen es erfordert. Beim Auftrag ergibt sich die „Treuepflicht" des Beauftragten aus dem Auftragsverhältnis (MünchKomm/SEILER § 662 Rn 33). Der Grundsatz von Treu und Glauben kann also auch hier nur zur **Konkretisierung** und **Begrenzung** der Pflichten herangezogen werden (vgl LARENZ, Schuldrecht II/1 § 56 II).

bb) Einzelfragen
Der Beauftragte darf nach **§ 665** nur unter bestimmten Voraussetzungen von den **851** **Weisungen** des Auftraggebers abweichen. Anderenfalls muss der Auftraggeber das weisungswidrig durchgeführte Geschäft nicht als Erfüllung des Auftrags gelten lassen (PALANDT/SPRAU § 665 Rn 7). Die Zurückweisung des Geschäfts verstößt jedoch gegen Treu und Glauben, wenn die Abweichung geringfügig und unbedeutend ist (RGZ 106, 26, 29 f; MünchKomm/SEILER § 665 Rn 31) oder die Interessen des Auftraggebers aus sonstigen Gründen in keiner Weise beeinträchtigt (vgl BGH LM Nr 5 zu § 665 BGB = NJW 1969, 320; BGH ZIP 1983, 781, 782 f; STAUDINGER/MARTINEK [2006] § 665 Rn 25), zB weil der vom Auftraggeber verfolgte Zweck trotz der Abweichung erreicht wurde (BGHZ 130, 87, 96; BGH NJW 1991, 3208, 3209; JAUERNIG/MANSEL § 665 Rn 8) oder auch ohne die Abweichung nicht erreicht worden wäre (AnwK-BGB/SCHWAB § 665 Rn 12). Macht der Auftraggeber sich die weisungswidrige Ausführung nachträglich zu Eigen, so kann er unter dem Aspekt des venire contra factum proprium an der Geltendmachung von Schadensersatzansprüchen wegen der Abweichung gehindert sein (vgl RGZ 57, 392, 394; BGH VersR 1968, 792, 794; MünchKomm/SEILER § 665 Rn 32). Im Allgemeinen liegt in solchen Fällen allerdings schon eine stillschweigende Genehmigung der Abweichung vor (vgl BGB-RGRK/STEFFEN § 665 Rn 8), so dass der Rückgriff auf § 242 entfällt.

852 Nach § 666 trifft den Beauftragten eine **Auskunfts- und Rechenschaftspflicht**, die durch den Grundsatz von Treu und Glauben begrenzt wird. Der Beauftragte kann hiernach die Auskunft verweigern, wenn der Auftraggeber daran kein vernünftiges Interesse hat oder wenn das Gewicht seines Interesses in keinem angemessenen Verhältnis zu dem mit der Erteilung der Auskunft verbundenen Aufwand steht (vgl BGH NJW 1998, 2969; KG NJW-RR 2002, 708). Anders als die aus § 242 abgeleitete Auskunftspflicht (s o Rn 601 ff) setzt die Auskunftspflicht aus § 666 aber nicht voraus, dass der Auftraggeber sich die erforderlichen Informationen nicht selbst auf zumutbare Weise beschaffen kann (BGH NJW 1998, 2969, 2970; KG NJW-RR 2002, 708).

853 Der Grundsatz von Treu und Glauben gilt auch bei der **Geschäftsführung ohne Auftrag** (RGZ 63, 280, 285). Der Geschäftsführer ist hiernach zwar nicht verpflichtet, die übernommene Geschäftsführung zu Ende zu führen (RGZ 63, 280, 283; PALANDT/SPRAU § 677 Rn 14); er darf sie aber nicht „zur Unzeit" abbrechen (MünchKomm/SEILER § 677 Rn 53; BGB-RGRK/STEFFEN § 677 Rn 4; für entsprechende Anwendung des § 671 Abs 2 ERMAN/EHMANN § 677 Rn 19; JAUERNIG/MANSEL § 677 Rn 9; LARENZ, Schuldrecht II/1 § 57 Ib).

k) Bürgschaft, §§ 765-778*
aa) Bürgschaften vermögensloser Familienangehöriger

854 Im Bürgschaftsrecht wird die Bedeutung von Treu und Glauben (§ 242) vor allem bei Bürgschaften **vermögensloser Familienangehöriger** diskutiert (vgl aus der Rspr BVerfGE 89, 214 229 ff = NJW 1994, 36; BVerfG NJW 1994, 2749; NJW 1996, 2021; BGH NJW-RR 1996, 1262; 1997, 684; BGH NJW 1995, 592; 1996, 2088; 1999, 55; 2000, 362; 2001, 1859; aus der Lit GRÜN WM 1994, 713 ff; HEINRICHSMEYER FamRZ 1994, 129 ff; HONSELL NJW 1994, 565 ff; REINICKE/TIEDTKE NJW 1995, 1449 ff; TONNER ZIP 1999, 901, 911; vWESTPHALEN MDR 1994, 5 ff). Umstritten ist insbesondere, ob der verfassungsrechtlich gebotene Schutz des Bürgen über **§ 138 Abs 1 oder § 242** verwirklicht werden kann.

855 Nach allgemeinen Grundsätzen kommt ein Rückgriff auf § 242 in Betracht, wenn das Rechtsgeschäft nicht nach § 138 Abs 1 nichtig ist, dem Begünstigten aber im Einzelfall aus sozialethischen Gründen die Ausübung der daraus folgenden Rechte verwehrt werden muss (s o Rn 367 ff; vgl auch AnwK-BGB/LOOSCHELDERS § 138 Rn 17 f). Bei Bürgschaften vermögensloser Familienangehöriger hatte der **IX. Senat des BGH** die Anwendbarkeit des § 242 bejaht, wenn die Bürgschaft vor allem den Zweck hatte, den Gläubiger vor künftigen Vermögensverlagerungen vom Hauptschuldner auf den Bürgen zu schützen oder ihm den Zugriff auf eine in Aussicht

---

* **Schrifttum**: GRÜN, Die Generalklauseln als Schutzinstrumente der Privatautonomie am Beispiel der Kreditmithaftung von vermögenslosen nahen Angehörigen, WM 1994, 713 ff; HEINRICHSMEIER, Die Einbeziehung einkommens- und vermögensloser Familienangehöriger in die Haftung für Bankkredite: eine unendliche Geschichte?, FamRZ 1994, 129 ff; HONSELL, Bürgschaft und Mithaftung einkommens- und vermögensloser Familienmitglieder, NJW 1994, 565 ff; HORN, Bürgschaften und Garantien zur Zahlung auf erstes Anfordern, NJW 1980, 2153 ff; KUPISCH, Bona fides und Bürgschaft auf erstes Anfordern, WM 2002, 1626 ff; REINICKE/TIEDTKE, Bürgschaft und Wegfall der Geschäftsgrundlage, NJW 1995, 1449 ff; TONNER, Die Haftung vermögens- und einkommensloser Bürgen in der neueren Rechtsprechung, ZIP 1999, 901 ff; GRAF VON WESTPHALEN, Das Recht des Stärkeren und seine grundgesetzliche Beschränkung, MDR 1994, 5 ff; ders, Ist das rechtliche Schicksal der „auf erstes Anfordern" zahlbar gestellten Bürgschaft besiegelt?, BB 2003, 116 ff.

stehende Erbschaft des Bürgen zu ermöglichen. In diesen Fällen wurde die Bürgschaft nicht für sittenwidrig erachtet; der Gläubiger sollte jedoch nach Treu und Glauben an der Inanspruchnahme des Bürgen gehindert sein, solange dessen Einkommens- und Vermögensverhältnisse sich nicht verbessert hatten. Eine endgültige Befreiung von der Bürgschaft wurde dem Bürgen nur zugebilligt, wenn die Gefahr künftiger Vermögensverschiebungen – zB auf Grund einer Ehescheidung – ausgeschlossen war. Der IX. Senat des BGH argumentierte hier mit dem **Wegfall der Geschäftsgrundlage** (so vor allem BGHZ 128, 230, 233 ff = NJW 1995, 592, 594; BGHZ 134, 325, 328 f = NJW 1997, 1003; vgl auch OLG Köln WM 1996, 2052 f; BAMBERGER/ROTH/ROHE § 765 Rn 67; MünchKomm/ROTH Rn 117; krit BGH Vorlagebeschluss des XI. Senats NJW 1999, 2584 ff und REINICKE/TIEDTKE NJW 1995, 1449 ff).

Nach der Rspr des nunmehr allein für das Bürgschaftsrecht zuständigen **XI. Senats** 856 **des BGH** schließt das berechtigte Interesse des Gläubigers an der Vermeidung von Vermögensverlagerungen oder am Zugriff auf eine zu erwartende Erbschaft die Sittenwidrigkeit nur dann aus, wenn dieser **Zweck im Bürgschaftsvertrag ausdrücklich vereinbart** worden ist (BGHZ 151, 34, 37 ff = NJW 2002, 2228, 2229 f; BGH NJW 1999, 2584, 2585; NJW 2002, 2230, 2231 f; BGH ZIP 2003, 796, 798; vgl AnwK-BGB/LOOSCHELDERS § 138 Rn 244; ERMAN/HERRMANN § 765 Rn 13; MünchKomm/HABERSACK § 765 Rn 28; LOOSCHELDERS, Schuldrecht BT Rn 959; ebenso für ab dem 1. 1. 1999 geschlossene Bürgschaftsverträge BGH [IX. Senat] NJW 1999, 58, 60). Solange es weder zu einer Vermögensverlagerung noch zu einer Erbschaft kommt, wird der Gläubiger schon durch diese Vereinbarung an der Inanspruchnahme des Bürgen gehindert; ein Rückgriff auf § 242 entfällt damit (OETKER/MAULTZSCH § 13 Rn 59).

Gerade bei Bürgschaften vermögensloser Familienangehöriger können den Gläubi- 857 ger überdies **vorvertragliche Aufklärungspflichten** treffen, deren Umfang sich im Einzelfall nach Treu und Glauben beurteilt (vgl ERMAN/HERRMANN § 765 Rn 13; MünchKomm/ROTH Rn 132; STAUDINGER/OLZEN § 241 Rn 436 ff). Entsprechende Grundsätze gelten im Verhältnis zu ausländischen oder geschäftlich sehr unerfahrenen Bürgen (vgl BGH NJW 1997, 3230, 3231; 1999, 2814). Hier muss eine Bank den Bürgen uU über die finanziellen Verhältnisse des Hauptschuldners und das Haftungsrisiko aufklären (MünchKomm/ROTH § 241 Rn 145).

Auch den Bürgen kann der Vorwurf rechtsmissbräuchlichen Verhaltens treffen: Ist 858 der Bürgschaftsvertrag wegen krasser finanzieller Überforderung des Bürgen sittenwidrig, so darf sich der Bürge nach Treu und Glauben uU nicht auf die Nichtigkeit der Bürgschaft berufen, wenn bei ihm inzwischen ein **deutlicher Vermögenszuwachs** eingetreten ist (AnwK-BGB/LOOSCHELDERS § 138 Rn 244; STAUDINGER/SACK [2003] § 138 Rn 317).

bb) Bürgschaft auf erstes Anfordern
Bei einer „**Bürgschaft auf erstes Anfordern**" erklärt sich der Bürge bereit, auf Ver- 859 langen des Bürgschaftsgläubigers sofort zu leisten, auch wenn der Hauptschuld Einwendungen oder Einreden entgegenstehen (BGH NJW 1999, 55, 57; STAUDINGER/HORN [1997] Vorbem 24, 29 zu §§ 765 ff; BROX/WALKER, Schuldrecht BT § 32 Rn 50; EMMERICH, Schuldrecht BT § 14 Rn 38). Trotz des Garantiecharakters dieser Abrede hat der Gläubiger nach Treu und Glauben keinen Anspruch auf sofortige Befriedigung durch den Bürgen, wenn der Gläubiger seine formale Rechtsposition **offensichtlich miss-**

braucht, insbesondere weil sich die Einwände des Bürgen gegen die Hauptforderung schon auf Grund des unstreitigen Sachverhalts oder des Inhalts der vorliegenden Vertragsurkunden als berechtigt erweisen (BGHZ 143, 381, 383; 147, 99, 102; BGH NJW 1992, 1881, 1883; 1994, 380, 381; 2002, 1493; BGH NJW-RR 2003, 14; ERMAN/HOHLOCH Rn 150; JAUERNIG/STADLER Vor § 765 Rn 12; BROX/WALKER, Schuldrecht BT § 32 Rn 50; LOOSCHELDERS, Schuldrecht BT Rn 974; EMMERICH, Schuldrecht BT § 14 Rn 39; ausf hierzu STAUDINGER/HORN [1997] Vorbem 32, 309 ff zu §§ 765; HORN NJW 1980, 2153, 2156; KUPISCH WM 2002, 1626 ff; zur Übertragbarkeit dieser Grundsätze auf die Bankgarantie auf erstes Anfordern vWESTPHALEN BB 2003, 116 ff).

cc) Sonstige Fälle

860 Hat der Gläubiger den **Bürgschaftsfall selbst ausgelöst**, so verstößt er gegen das **Verbot widersprüchlichen Verhaltens**, sofern er gleichwohl gegen den Bürgen vorgehen will (vgl BGH MDR 1966, 498; BGH BB 1968, 853; BGH WM 1984, 586; BGH ZIP 1987, 1065; OLG Bamberg NJW 1956, 1240, 1241; ERMAN/HOHLOCH Rn 150; MünchKomm/ROTH Rn 247). Dies gilt insbesondere, wenn der Bürgschaftsgläubiger den Hauptschuldner zur Nichtleistung veranlasst (BGH MDR 1966, 498) oder dessen wirtschaftlichen Zusammenbruch schuldhaft herbeigeführt und jeden Rückgriff des Bürgen vereitelt hat (vgl BGH NJW 2004, 3779, 3780; OLG Naumburg EWiR 2003, 905; JAUERNIG/STADLER § 765 Rn 24; PALANDT/SPRAU § 768 Rn 2).

861 Der Bürgschaftsgläubiger handelt auch dann **rechtsmissbräuchlich**, wenn er sich nur auf die Bürgschaft beruft, um dem Bürgen **Schaden** zuzufügen (BGH NJW 1984, 2455, 2456).

862 Der Anspruch aus der Bürgschaft unterliegt nach allgemeinen Regeln der **Verwirkung** (JAUERNIG/STADLER § 765 Rn 24; vgl auch BGH ZIP 2004, 1589, 1591; allg z Verwirkung o Rn 302 ff). In der Rspr finden sich hierzu allerdings nur Extremfälle. So soll die Inanspruchnahme des Bürgen ausgeschlossen sein, wenn der Bürgschaftsgläubiger sich nahezu **40 Jahre** nicht auf die Bürgschaft berufen hat (so OLG Frankfurt MDR 1978, 52; vgl auch BAMBERGER/ROTH/GRÜNEBERG/SUTSCHET Rn 149).

863 Hat die Ehefrau des Schuldners eine Bürgschaft übernommen, um eine **Strafanzeige** gegen ihren Mann **abzuwenden**, so verstößt die Geltendmachung des Bürgschaftsanspruchs nach Ansicht des BGH (BGH WM 1973, 36) gegen das Verbot widersprüchlichen Verhaltens, wenn die Anzeige doch erfolgt ist. Bei genauerer Betrachtung erscheint der Rückgriff auf § 242 hier jedoch entbehrlich. Sofern die Bürgschaft nicht schon nach §§ 123, 142 oder § 138 Abs 1 nichtig ist, kann sie wegen Zweckverfehlung nach § 812 Abs 1 S 2 Alt 2 kondiziert werden. Der Inanspruchnahme der Ehefrau durch den Gläubiger steht dann die Einrede der Bereicherung (§ 821) entgegen (so bereits STAUDINGER/J SCHMIDT [1995] Rn 685).

l) Ungerechtfertigte Bereicherung, §§ 812–822*

864 Der Grundsatz von Treu und Glauben (§ 242) kann auch im Bereicherungsrecht (§§ 812–822) relevant werden (grundlegend RGZ 159, 99, 105; 161, 52, 58). Dies gilt ins-

---

* **Schrifttum:** KERN, Die zivilrechtliche Beurteilung von Schwarzarbeitsverträgen, in: FS Gernhuber (1993) 191; REUTER/MARTINEK, Ungerechtfertigte Bereicherung (1983); H ROTH, Rücktrittsrecht und Leistungskondiktion, in: FS Canaris I (2007) 1131.

besondere für den Einwand der **unzulässigen Rechtsausübung** und die **Verwirkung** (vgl BGB-RGRK/Heimann-Trosien vor § 812 Rn 43 f; Staudinger/S Lorenz [2007] Vorbem 32 zu §§ 812 ff mwNw; speziell zur Verwirkung RGZ 159, 99, 105). In Rspr und Lit wird darüber hinaus oft davon gesprochen, dass Bereicherungsansprüche dem **Billigkeitsrecht** angehören und daher in besonderem Maße unter den Geboten von Treu und Glauben stehen (BGHZ 36, 232, 235; ähnlich BGHZ 55, 128, 134; 111, 308, 312; 132, 198, 215; BGH WM 1978, 708, 711; Palandt/Sprau Einf v § 812 Rn 1; zum geschichtlichen Hintergrund Staudinger/S Lorenz [2007] § 818 Rn 1). Dies ist insofern zutreffend, als der Zweck des Bereicherungsrechts – der Ausgleich ungerechtfertigter Vermögensverschiebungen – der Billigkeit entspricht (vgl Larenz/Canaris, Schuldrecht II/2 § 67 I 1d; Looschelders, Schuldrecht BT Rn 1011). Die zur Verwirklichung dieses Zwecks entwickelten gesetzlichen Regeln sind indes so differenziert, dass der Versuch einer Rückbindung an allgemeine Billigkeitserwägungen von vornherein zum Scheitern verurteilt wäre (so auch AnwK-BGB/vSachsen Gessaphe Vor §§ 812 ff Rn 2; Bamberger/Roth/Wendehorst § 812 Rn 2; Erman/Westermann/Buck-Heeb vor § 812 Rn 2)

Die praktische Bedeutung des § 242 wird im Bereicherungsrecht dadurch geschmälert, dass die §§ 812 ff zahlreiche spezifische Ausformungen des Grundsatzes von Treu und Glauben enthalten. So mag die Geltendmachung eines bereicherungsrechtlichen Anspruchs für den Bereicherungsschuldner im Einzelfall eine besondere Härte beinhalten, welche nach allgemeinen Grundsätzen die Anwendung des § 242 nahe legen würde. Der notwendige Vertrauensschutz wird hier jedoch im Allgemeinen bereits dadurch gewährleistet, dass der Bereicherungsschuldner sich nach **§ 818 Abs 3** auf den **Wegfall der Bereicherung** berufen kann, so dass ein Rückgriff auf § 242 regelmäßig ausscheidet (BGHZ 55, 128, 134; BGH VersR 1977, 471, 474; Palandt/Heinrichs Rn 66). Bei **aufgedrängter Bereicherung** kommt die Anwendung des § 242 dagegen grundsätzlich in Betracht (vgl BGH NJW 1965, 816), doch dürften sich auch hier meist spezifischere Lösungen entwickeln lassen (allg zum Problem der aufgedrängten Bereicherung Larenz/Canaris, Schuldrecht II/2 § 72 IV).

Umgekehrt hat der BGH entschieden, dass der Bereicherungsschuldner im Einzelfall nach **Treu und Glauben** gehindert sein kann, sich auf den **Wegfall der Bereicherung zu berufen**, etwa dann, wenn der **getäuschte Käufer die Kaufsache schuldhaft zerstört oder beschädigt hat** (BGHZ 57, 137). Die Saldotheorie findet bei arglistiger Täuschung durch den Verkäufer zwar keine Anwendung (vgl BGHZ 53, 144; Brox/Walker, Schuldrecht BT § 39 Rn 15; Looschelders, Schuldrecht BT Rn 1135 ff). Allerdings soll sich der Käufer nach Treu und Glauben das Verschulden am Unfall anrechnen lassen müssen, wobei das Maß der Anspruchskürzung nach den Umständen des Einzelfalls zu bestimmen sei (BGHZ 57, 137, 146; Palandt/Sprau § 818 Rn 49). Diese Lösung ist bereits nach altem Recht auf Kritik gestoßen (vgl Larenz/Canaris, Schuldrecht II/2, 74 III 5b). Auf der Grundlage des neuen Rechts kann man sich an den Wertungen des gesetzlichen Rücktrittsrechts orientieren. Gemäß § 346 Abs 3 S 1 Nr 3 träfe den Käufer im Fall des Rücktritts auf Grund eines gesetzlichen Rücktrittsrechts keine Wertersatzpflicht, wenn er bei der Zerstörung oder Beschädigung der Kaufsache die eigenübliche Sorgfalt (§ 277) beachtet hat. Bei der Anfechtung des Kaufvertrages wegen arglistiger Täuschung darf der Käufer aber nicht schlechter stehen. Vielmehr kommt eine Anrechnung des Wertes der Kaufsache auf den Bereicherungsanspruch des Käufers entsprechend § 346 Abs 3 S 1 Nr 3 nur in Betracht, wenn der Käufer die eigenübliche Sorgfalt missachtet hat.

Ein Rückgriff auf § 242 ist damit nicht erforderlich (so auch H ROTH, in: FS Canaris I [2007] 1131, 1144).

866 Mit den **Konditionssperren der §§ 814, 815** enthält das Bereicherungsrecht darüber hinaus spezielle Ausprägungen des Verbots unzulässiger Rechtsausübung, welche die allgemeine Vorschrift des § 242 verdrängen (vgl MünchKomm/ROTH Rn 120; STAUDINGER/S LORENZ [2007] Vorbem 32 zu §§ 812 ff). So beruhen die §§ 814 Alt 1, 815 Alt 1 auf dem Gedanken des venire contra factum proprium (vgl BGHZ 73, 202, 205; STAUDINGER/S LORENZ [2007] § 814 Rn 2 und § 815 Rn 1; LOOSCHELDERS, Schuldrecht BT Rn 1047; MEDICUS, Schuldrecht II Rn 656, 658; REUTER/MARTINEK § 6 I 1 und § 15 III 2a), während § 815 Alt 2 den Wertungen des § 162 Abs 1 entspricht (vgl PALANDT/SPRAU § 815 Rn 3; STAUDINGER/S LORENZ [2007] § 815 Rn 2; REUTER/MARTINEK § 6 IV 1).

867 Ob die **Konditionssperre des § 817 S 2** ebenfalls eine besondere Ausprägung des Verbots unzulässiger Rechtsausübung darstellt (so grundsätzlich MünchKomm/ROTH Rn 120; aA BGB-RGRK/HEIMANN-TROSIEN § 817 Rn 22, wonach der Gesetzgeber den Gedanken eines gerechten Ausgleichs zwischen den Parteien bei § 817 S 2 bewusst zurückgestellt hat), hängt von der umstrittenen Frage nach der ratio der Vorschrift ab (dazu STAUDINGER/ S LORENZ [2007] § 817 Rn 4 f; REUTER/MARTINEK § 6 V 1b). Weitgehend anerkannt ist heute jedenfalls, dass die unveränderte Anwendung des **§ 817 S 2** bei der Rückabwicklung von gesetz- oder sittenwidrigen Verträgen nicht selten zu unbilligen Ergebnissen führt (vgl BGHZ 75, 299, 305; STAUDINGER/S LORENZ [2007] § 817 Rn 5). Die hM geht davon aus, dass der Konditionsschuldner in solchen Fällen unter dem Aspekt der **unzulässigen Rechtsausübung** gehindert sein kann, sich auf den Ausschluss des Bereicherungsanspruchs nach § 817 S 2 zu berufen (vgl BGHZ 85, 39; 111, 308, 312 f; BGH NJW 1990, 2542; VersR 2006, 419; OLG Köln NJW-RR 2002, 1630; MünchKomm/ROTH Rn 120; PALANDT/SPRAU § 817 Rn 18; STAUDINGER/SACK [2003] § 134 Rn 191; LARENZ/CANARIS, Schuldrecht II/2 § 68 III 3g; aA KERN, in: FS Gernhuber [1993] 191, 204). Aus methodischer Sicht erscheint die Argumentation mit dem **Schutzzweck** der verletzten Gesetzes- oder Sittennorm aber vorzugswürdig (so auch AnwK-BGB/vSACHSEN GESSAPHE § 817 Rn 23; MünchKomm/SCHWAB § 817 Rn 20).

868 Besondere Bedeutung hat die Einschränkung des § 817 S 2 bei Verträgen, die wegen eines **beiderseitigen Verstoßes gegen das SchwArbG** nach § 134 nichtig sind. Wegen der Nichtigkeit des Vertrages stehen dem Auftragnehmer in diesem Fall zwar keine vertraglichen Vergütungsansprüche zu. Die Rspr billigt ihm jedoch einen **Wertersatzanspruch** aus §§ 812 Abs 1, 818 Abs 2 zu. Der Anspruch werde nicht durch § 817 S 2 ausgeschlossen, weil der Auftraggeber sich **treuwidrig** verhalte, wenn er sich unter Berufung hierauf der Wertersatzpflicht entziehen wolle (BGHZ 111, 308, 312 f; dem folgend MünchKomm/ROTH Rn 226; SOERGEL/HEFERMEHL § 134 Rn 55; LOOSCHELDERS, Schuldrecht BT Rn 1057; KÖHLER, Schwarzarbeitsverträge: Wirksamkeit, Vergütung, Schadensersatz, JZ 1990, 466, 467; krit STAUDINGER/SACK [2003] § 134 Rn 278; STAUDINGER/S LORENZ [2007] § 817 Rn 10; PWW/LEUPERTZ § 817 Rn 15; LARENZ/CANARIS, Schuldrecht II/2 § 68 III 3g; KERN, in: FS Gernhuber [1993] 191, 204 ff). Dieser Rspr ist iE zuzustimmen. Der **Schutzzweck** des SchwArbG rechtfertigt es nämlich nicht, dem Auftraggeber die Arbeitsleistung des Auftragnehmers unentgeltlich zugute kommen zu lassen, wenn dem Auftraggeber selbst ein Verstoß gegen das SchwArbG zur Last fällt (vgl AnwK-BGB/LOOSCHELDERS § 134 Rn 117).

Auf Fälle der **Nichtleistungskondiktion** ist § 817 S 1 nicht anwendbar (MünchKomm/ 869
Schwab § 817 Rn 10). Hat der Bereicherungsgläubiger sich rechts- oder sittenwidrig
verhalten, kann er aber unter dem Aspekt der unzulässigen Rechtsausübung an der
Geltendmachung des Anspruchs gehindert sein (Bamberger/Roth/Wendehorst § 817
Rn 2).

Nach der Rspr bildet die Kürzung von Bereicherungsansprüchen wegen **Mitver-** 870
schuldens einen wichtigen Anwendungsfall des § 242 (vgl BGHZ 14, 7, 10; 37, 363, 370;
57, 137, 151 f). Vorzugswürdig erscheint aber die entsprechende Anwendung des
§ 254 (s o Rn 589).

Nach stRspr umfasst der Anspruch aus **§ 816 Abs 1 S 1** auf Herausgabe „des durch 871
die Verfügung Erlangten" auch den von dem Nichtberechtigten erzielten **Gewinn**
(vgl etwa BGH NJW 1997, 190, 191). Soweit sich aus diesem Verständnis im Einzelfall
grobe Unbilligkeiten ergeben, soll aber auf § 242 zurückgegriffen werden können.
Hieran sei insbesondere zu denken, wenn der Berechtigte die Voraussetzungen des
§ 816 Abs 1 erst durch **Genehmigung** der Verfügung geschaffen habe (grdl BGHZ 29,
157, 161; vgl Staudinger/S Lorenz [2007] § 816 Rn 25; Palandt/Sprau § 816 Rn 20). Nach
Ansicht von Larenz/Canaris (Schuldrecht II/2 § 72 I 2b; ebenso PWW/Leupertz § 816
Rn 22) ist die Genehmigung vor allem dann **rechtsmissbräuchlich**, wenn der Berechtigte keine wesentlichen Schwierigkeiten hätte, seinen Herausgabeanspruch gegen
den Erwerber aus § 985 zu realisieren, hierauf aber verzichtet, um den vom Verfü-
genden erlangten Erlös „abzukassieren". Canaris weist dabei allerdings auch darauf hin, dass ein solches Verhalten durch den Schutzzweck von § 816 Abs 1 S 1
nicht gedeckt sei. Der Sache nach geht es also um eine **teleologisch begründete Ein-**
schränkung der Genehmigungsmöglichkeit. Die Problematik ist im Übrigen vor allem im Hinblick auf die Dogmatik des Bereicherungsrechts von Interesse. In der
Praxis hat sie dagegen noch keine Bedeutung erlangt (vgl Staudinger/S Lorenz [2007]
§ 816 Rn 25).

Zusammenfassend lässt sich damit feststellen, dass die **praktische Bedeutung des** 872
§ 242 im Bereicherungsrecht **gering** ist. Eine Ausnahme gilt zwar im Anwendungsbereich des § 817 S 2 (s o Rn 867 f); dessen rechtspolitischer Sinn erscheint aber ohnehin zweifelhaft.

m) Unerlaubte Handlungen, §§ 823–853*
aa) Allgemeines
Im Recht der unerlaubten Handlungen (§§ 823–853) kommt dem Grundsatz von 873
Treu und Glauben (§ 242) keine besondere Bedeutung zu. Dies gilt vor allem für

---

* **Schrifttum**: Canaris, Verstöße gegen das Übermaßverbot im Recht der Geschäftsfähig-keit und im Schadensrecht, JZ 1987, 993; ders, Die Verfassungswidrigkeit von § 828 II BGB als Ausschnitt aus einem größeren Problemfeld, JZ 1990, 679; Goecke, Die unbegrenzte Haftung Minderjähriger im Deliktsrecht (1997); ders, Unbegrenzte Haftung Minderjähriger?, NJW 1999, 2305; Kuhlen, Strafrechtliche Grenzen der zivilrechtlichen Delikthaftung Minderjähriger?, JZ 1990, 273; Looschelders, Verfassungsrechtliche Grenzen der deliktischen Haftung Minderjähriger – Grundsatz der Totalreparation und Übermaßverbot, VersR 1999, 141; Rolfs, Neues zur Delikthaftung Minderjähriger, JZ 1999, 233; Simon, „Grundrechtstotalitarismus" oder „Selbstbehauptung des Zivilrechts", AcP 204 (2004) 264.

die **Tatbestandsseite** der Haftungsvorschriften. Hier haben sich mit der **Adäquanz** und dem **Schutzzweck der Norm** spezifische Zurechnungskriterien entwickelt, die eine angemessene Risikoverteilung ermöglichen (zur Loslösung dieser Kriterien von Treu und Glauben s o Rn 584; zu den Verkehrspflichten STAUDINGER/HAGER [2009] Rn E 1 ff). Auf der **Rechtsfolgenseite** wird zwar wesentlich häufiger mit Treu und Glauben argumentiert. Die einschlägigen Probleme sind aber bereits im Zusammenhang mit dem **allgemeinen Schadensrecht** (§§ 249–255) erörtert worden (s o Rn 582 ff). Insbesondere sei hier auf das im Grundsatz vom Treu und Glauben verwurzelte **Rechtsinstitut der bewussten Risikoübernahme** bzw des **Handelns auf eigene Gefahr verwiesen** (s o Rn 593).

874 Die vorstehenden Überlegungen ändern nichts daran, dass die **allgemeinen Grundsätze** von Treu und Glauben auch im Deliktsrecht zu beachten sind (vgl ERMAN/HOHLOCH Rn 43). So kann die Geltendmachung von Schadensersatzansprüchen aus unerlaubter Handlung im Einzelfall **rechtsmissbräuchlich** sein (vgl PALANDT/SPRAU Einf v § 823 Rn 38). Auf der anderen Seite muss der Schädiger bzw dessen Versicherer den Geschädigten nach Treu und Glauben uU über Zweifel an der eigenen Passivlegitimation **aufklären**, damit dieser sich noch vor Eintritt der Verjährung an den richtigen Anspruchsgegner halten kann (BGH NJW 1996, 2724).

875 Bei der **Verwirkung** von Schadensersatzansprüchen aus Delikt war die Rspr bislang besonders zurückhaltend. Maßgeblich war die Erwägung, dass die Frist von 3 Jahren ab Kenntniserlangung dem Verletzten nach der Wertung des § 852 aF grundsätzlich ungeschmälert erhalten bleiben soll (BGH NJW 1992, 1755, 1756; JAHNKE, Verjährung und Verwirkung im Schadensersatzrecht [Teil 2], VersR 1998, 1473, 1480). Nachdem der Gesetzgeber Schadensersatzansprüche aus unerlaubter Handlung der Regelverjährung (§§ 195, 199) unterstellt hat, erscheint eine Sonderbehandlung unter dem Aspekt der Verwirkung indes nicht mehr gerechtfertigt. Eine Ausnahme gilt lediglich für den **Herausgabeanspruch nach Eintritt der Verjährung** aus § 852 S 1 (dazu OLG Köln VersR 1996, 239, 240; MünchKomm/WAGNER § 852 Rn 7). Denn der Schutzzweck der Vorschrift – Aufrechterhaltung der Herausgabepflicht des Schädigers trotz Verjährung des Schadensersatzanspruchs – darf nicht durch Rückgriff auf das Institut der Verwirkung unterlaufen werden. Davon abgesehen ist die Verwirkung auch bei Ansprüchen wegen **vorsätzlicher unerlaubter Handlung** nicht generell ausgeschlossen; das für die Verwirkung notwendige Vertrauenselement liegt hier aber nur in Ausnahmefällen vor (zur entsprechenden Problematik im Arbeitsrecht s o Rn 826).

876 Einen **Sonderfall der unzulässigen Rechtsausübung** regelt § 853 (zur dogmatischen Einordnung vgl AnwK-BGB/KATZENMEIER § 853 Rn 1; MünchKomm/WAGNER § 853 Rn 1; LARENZ/CANARIS, Schuldrecht II/2 § 83 VI 3). Hat der Schädiger durch eine unerlaubte Handlung (zB § 263 StGB) eine Forderung gegen den Geschädigten erlangt, so steht diesem hiernach auch dann ein Leistungsverweigerungsrecht zu, wenn der Anspruch auf Aufhebung der Forderung verjährt ist. Bei Geltendmachung des Leistungsverweigerungsrechts muss der Geschädigte dem Schädiger aber im Rahmen von gegenseitigen Verträgen nach Treu und Glauben zurückgeben, was er auf Grund des Vertrages selbst erhalten hat (vgl RGZ 60, 294, 295 f; 130, 215, 216; MünchKomm/WAGNER § 853 Rn 3; PALANDT/SPRAU § 853 Rn 1).

bb) Einschränkung der Haftung Minderjähriger über § 242

877 Sehr umstritten ist in Rspr und Lit die Frage, ob der Geschädigte bzw sein Ver-

sicherer nach § 242 gehindert sein kann, einen **minderjährigen Schädiger** auf Ersatz des gesamten Schadens in Anspruch zu nehmen, wenn dessen wirtschaftliche Existenz hierdurch vernichtet würde (für Anwendung des § 242 insbes CANARIS JZ 1987, 993, 1001 f; ders JZ 1990, 679, 680; dem folgend LG Bremen NJW-RR 1991, 1432; ROLFS JZ 1999, 233, 237 f; grundsätzlich auch PALANDT/SPRAU § 828 Rn 8; LOOSCHELDERS VersR 1999, 141 ff; einschränkend SOERGEL/SPICKHOFF § 828 Rn 5; **aA** MünchKomm/WAGNER § 828 Rn 13 ff; STAUDINGER/OECHSLER [2009] § 828 Rn 7 ff; SIMON AcP 204 [2004] 264, 277 ff; von BVerfG NJW 1998, 3557 = VersR 1998, 1289 und OLG Celle VersR 2002, 241 offen gelassen). Die Problematik entsteht vor dem Hintergrund, dass eine **existenzvernichtende Haftung** gerade bei Minderjährigen mit dem allgemeinen Persönlichkeitsrecht des Betroffenen (Art 1 Abs 1 iVm Art 2 Abs 1 GG) unvereinbar ist (vgl BVerfGE 72, 155, 171 ff zur vertraglichen Haftung von Minderjährigen; ausf zum Ganzen GOECKE 46 ff; vgl auch ders NJW 1999, 2305).

Für die **vertragliche Haftung** von Minderjährigen hat der Gesetzgeber die Problematik durch Einfügung des § 1629a BGB gelöst. Demgegenüber fehlt bei **deliktischen Ansprüchen** eine entsprechende Regelung. Dies mag man damit rechtfertigen, dass die deliktische Haftung auf Umständen beruht, die der Minderjährige selbst – und nicht sein gesetzlicher Vertreter – zu verantworten hat (vgl AHRENS, Existenzvernichtung durch Delikthaftung? – Zu einer Fehlentscheidung des LG Dessau, VersR 1997, 1064, 1065). Auf der anderen Seite ist jedoch zu beachten, dass die in § 828 enthaltenen Kriterien für die Verantwortlichkeit von Minderjährigen der heutigen „sozialen Konzeption und Realität der Kindheit" in Deutschland nicht gerecht werden (so überzeugend KUHLEN JZ 1990, 273, 276; vgl auch LG Bremen NJW-RR 1991, 1431, 1432). Hieran hat auch die Heraufsetzung der generellen Altersgrenze bei Unfällen im Straßen- und Bahnverkehr auf 10 Jahre (§ 828 Abs 2) nichts geändert. In neuerer Zeit kreist der Meinungsstreit daher vor allem um die Frage, mit welchen rechtstechnischen Mitteln Abhilfe zu schaffen ist (ausf dazu SIMON AcP 204 [2004] 264 ff). Das BVerfG hat hierzu in seinem Beschluss vom 13. 8. 1999 (BVerfG NJW 1998, 3557, 3558) verschiedene Möglichkeiten aufgezeigt. Dabei hat das Gericht ua dargelegt, dass ein Rückgriff auf § 242 aus verfassungsrechtlicher Sicht nicht zu beanstanden wäre. **878**

Gegen die Anwendbarkeit des § 242 wird indessen eingewandt, dass die Geltendmachung von exorbitant hohen Schadensersatzansprüchen gegen Minderjährige von keiner anerkannten Fallgruppe des Rechtsmissbrauchs erfasst wird. Letztlich gehe es nicht um Treu und Glauben, sondern um spezifisch verfassungsrechtliche Erwägungen (so SIMON AcP 204 [2004] 264, 277 f). Dem ist jedoch entgegenzuhalten, dass die Funktion des § 242 als **„Einbruchstelle" für grundrechtliche Wertungen** heute kaum noch bestritten wird (s o Rn 146). Davon abgesehen kann man an das **Verhältnismäßigkeitsprinzip** als anerkannte Ausprägung von Treu und Glauben anknüpfen (so Rn 279 f). Ein allgemeines Verbot der Geltendmachung exorbitanter Forderungen lässt sich hieraus zwar nicht ableiten. Ein Rückgriff auf § 242 kommt aber in Betracht, wenn der Anspruchsteller keine realistische Aussicht auf die Verwirklichung seiner Forderung hat und der Anspruchsgegner auf Grund spezifischer Wertungen besonders schutzwürdig erscheint. **879**

Dass **billigkeitsorientierte Korrekturen** dem Deliktsrecht trotz aller Gefahren für die Rechtssicherheit nicht völlig fremd sind, zeigt **§ 829**. Ist der Schädiger nach den §§ 827, 828 nicht für den Schaden verantwortlich, so hat er dem Geschädigten **880** den Schaden nach dieser Vorschrift gleichwohl insoweit zu ersetzen, als die Billigkeit nach den Umständen, insbesondere nach den Verhältnissen der Beteiligten, eine Schadloshaltung erfordert und ihm nicht die Mittel entzogen werden, deren er zum angemessenen Unterhalt sowie zur Erfüllung seiner gesetzlichen Unterhaltspflichten bedarf. Wenn die Billigkeit eine Ausweitung der Haftung gegenüber einem nicht deliktsfähigen Schädiger rechtfertigen kann, dann ist nicht ersichtlich, warum es im umgekehrten Fall ausgeschlossen sein soll, die Billigkeit zur Einschränkung der Haftung von Minderjährigen heranzuziehen.

881 Der Ersatzanspruch gegen einen minderjährigen Schädiger, der nach § 828 Abs 3 für den Schaden verantwortlich ist, kann somit nach § 242 herabgesetzt werden, so weit die **Billigkeit** nach den Umständen, insbesondere nach den Verhältnissen der Beteiligten, **eine Einschränkung der Ersatzpflicht erfordert** (vgl LOOSCHELDERS, Schuldrecht AT Rn 875; ders VersR 1999, 141, 149 ff). Eine Herabsetzung des Anspruchs muss aber entfallen, wenn der Geschädigte selbst existenziell auf die Ersatzleistung angewiesen ist. Im Ergebnis wird eine Herabsetzung des Anspruchs daher im Allgemeinen nur dann in Betracht kommen, wenn der Schaden durch eine Versicherung des Geschädigten abgedeckt wird.

4. Sachenrecht*

a) Grundsätzliches

882 In Rspr und Lit war lange Zeit **umstritten**, ob § 242 im Sachenrecht Anwendung findet (vgl hierzu etwa STAUDINGER/WEBER[11] Rn A 29 ff; MÜHL NJW 1956, 1657 und auch bei G SCHMIDT 184 ff). So wollte das **RG** zunächst die Grundsätze von Treu und Glauben nur im Rahmen von Vertragsverhältnissen oder bei Erfüllung sonstiger schuldrechtlicher Verpflichtungen anwenden (RGZ 92, 8, 11; 93, 100, 105; 108, 83. 85; 131, 158, 178; RG JW 1904, 17; RG WarnR 1910 Nr 271). In der **Lit** wiederum ging man zunächst überwiegend davon aus, dass der Rechtsgedanke des § 242 zumindest im Rahmen der gesetzlichen Schuldverhältnisse des Sachenrechts, insbesondere des Eigentümer-Besitzer-Verhältnisses, herangezogen werden müsse (BALLERSTEDT SJZ 1948, 389, 390 Anm zu OLG Frankfurt SJZ 1948, 398; H WESTERMANN Sachenrecht § 2 III 4). Dieser Ansatz wurde später dahingehend modifiziert, dass § 242 über die dinglichen gesetzlichen Schuld-

---

* **Schrifttum:** BÄRMANN, Wohnungseigentumsgesetz (10. Aufl 2008); BAUR/STÜRNER, Sachenrecht (17. Aufl 1999); BÜLOW, Recht der Kreditsicherheiten (7. Aufl 2007); CANARIS, Die Problematik der Sicherheitenfreigabeklauseln im Hinblick auf § 9 AGBG und § 138 BGB, ZIP 1996, 1109 ff; ders, Deckungsgrenze und Bewertungsmaßstab beim Anspruch auf Freigabe von Sicherheiten gemäß § 242 BGB, ZIP 1996, 1577 ff; ders, Voraussetzungen und Inhalt des Anspruchs auf Freigabe von Globalsicherheiten gemäß § 242 BGB, ZIP 1997, 813 ff; LIEB, Schutzbedürftigkeit oder Eigenverantwortlichkeit?, DNotZ 1989, 274 ff; MÜHL, Treu und Glauben im Sachenrecht, NJW 1956, 1657 ff; MÜLLER, Sachenrecht (4. Aufl 1997); NomosKommentar BGB, Bd 3, Sachenrecht (2. Aufl 2008); PRÜTTING, Sachenrecht (33. Aufl 2008); G SCHMIDT, Die Anpassung von Grunddienstbarkeiten an entwicklungsbedingte Veränderungen. Ein Beitrag zur Präzisierung von Treu und Glauben im Sachenrecht (Diss München 1970); VIEWEG/WERNER, Sachenrecht (3. Aufl 2007); WEITNAUER, Wohnungseigentumsgesetz (9. Aufl 2005); H WESTERMANN, Sachenrecht (5. Aufl 1980); HP WESTERMANN/ GURSKY/EICKMANN, Sachenrecht Band I (7. Aufl 1998); WILHELM, Sachenrecht (3. Aufl 2007); WOLF/WELLENHOFER, Sachenrecht (24. Aufl 2008).

verhältnisse hinaus auch für die „rein dinglichen Ansprüche aus dem Eigentum" (§§ 985, 1004, 894, 1005) und die Ansprüche „aus den beschränkt dinglichen Rechten" (§§ 1027, 1065, 1090, 1094 ff, 1227) gelte. Allein dingliche Rechte könnten Billigkeitserwägungen nicht unterzogen werden (STAUDINGER/WEBER[11] Rn A 29). Dem hat sich iE auch der BGH angeschlossen (vgl nur BGHZ 79, 201, 210 [Herausgabeanspruch]; BGH NJW 1969, 673 [Grunddienstbarkeit]; BGH NJW 1979, 1656 [Grundbuchberichtigungsanspruch]; ausf zu den verschiedenen Ansätzen STAUDINGER/J SCHMIDT [1995] Rn 1517 ff).

Gegen die generelle Anwendbarkeit des § 242 im Sachenrecht wird eingewandt, **883** dass es sich um eine besondere juristische Materie „stricti juris" handele. Die **eindeutige Struktur dinglicher Rechte** und die dadurch gewährleistete **Rechtssicherheit** dürften nicht durch allgemeine Überlegungen aufgeweicht werden (vgl HP WESTERMANN/GURSKY/EICKMANN, Sachenrecht § 2 III 3). Dem ist aber entgegenzuhalten, dass Billigkeitserwägungen die gesamte Rechtsordnung durchdringen (so auch MÜLLER, Sachenrecht Rn 448). Angesichts der relativ starren Regelungen des Sachenrechts bietet § 242 im Übrigen nicht selten die einzige Möglichkeit, um neueren Entwicklungen und geänderten Wertvorstellungen Rechnung zu tragen und unbillige Ergebnisse im Einzelfall zu vermeiden (idS bereits STAUDINGER/J SCHMIDT [1995] Rn 1526, 1534). § 242 ist somit grundsätzlich auch **im Sachenrecht anwendbar** (vgl BAMBERGER/ROTH/ GRÜNEBERG/SUTSCHET Rn 5; MünchKomm/ROTH Rn 79 f; ferner STAUDINGER/SEILER [2007] Einl 86 zum SachenR mit Hinweis auf die römisch-gemeinrechtliche Tradition).

Die prinzipielle Anwendbarkeit des Grundsatzes von Treu und Glauben darf je- **884** doch nicht den Blick darauf verstellen, dass die **spezifischen Grundsätze des Sachenrechts im Einzelfall** der Berücksichtigung von Billigkeitserwägungen entgegenstehen können (hierzu BAMBERGER/ROTH/GRÜNEBERG/SUTSCHET Rn 5; MünchKomm/ROTH Rn 80; SOERGEL/TEICHMANN Rn 72; STAUDINGER/SEILER [2007] Einl 86 zum SachenR). So darf die **dingliche Zuordnung** eines Rechts aus Gründen der Rechtssicherheit grundsätzlich nicht unter Rückgriff auf § 242 in Frage gestellt werden (vgl PALANDT/HEINRICHS Rn 79; SOERGEL/TEICHMANN Rn 70, 72). Dingliche Rechte unterliegen als solche auch nicht der Verwirkung, sondern nur die daraus resultierenden Ansprüche (vgl auch BGH WM 1973, 82, 83; WM 1979, 644, 646; BAMBERGER/ROTH/GRÜNEBERG/SUTSCHET Rn 163; ERMAN/HOHLOCH Rn 151; ähnlich MünchKomm/ROTH Rn 80, 298, 312). § 242 beschränkt damit nur die **Ausübung** des dinglichen Rechts (BGHZ 122, 308, 314; BayObLG NJW-RR 1991, 1041; OLG Köln NJW-RR 1995, 851; NJW-RR 1997, 14; STAUDINGER/SEILER [2007] Einl 86 zum SachenR).

In der Lit wird der Unterscheidung zwischen der dinglichen Zuordnung und der **885** Ausübung eines Rechts zT entgegengehalten, dass die dingliche Zuordnung auch durch das Entziehen der Ansprüche aus § 985 oder § 894 geändert werde (so WIELING, Sachenrecht § 1 I 2). Dies ist insofern zutreffend, als ein dauernder Ausschluss der Ansprüche aus § 985 und § 894 über § 242 die dingliche Zuordnung faktisch entwertet. Ein **dauerndes Auseinanderfallen von Eigentum und Besitz** tritt zwar auch bei der Verjährung des dinglichen Herausgabeanspruchs nach § 197 Abs 1 Nr 1 ein. Die zur Rechtfertigung dieser Vorschrift herangezogenen Erwägungen – Rechtssicherheit und Rechtsfrieden, Schutz des gutgläubigen Erwerbers (Beschlussempfehlung und Bericht des Rechtsausschusses, BT-Drucks 14/7052 S 179) – zeigen jedoch, dass eine solche Rechtslage nur aus **besonders schwerwiegenden Gründen** hingenommen werden kann. Ein dauernder Ausschluss der Ansprüche aus § 985 und § 894 kommt daher nur in extremen Ausnahmefällen in Betracht (so auch STAUDINGER/GURSKY [2006] § 985 Rn 108).

886 Aus den dargelegten Gründen kommt § 242 im Sachenrecht verglichen mit den anderen Rechtsgebieten nur eine **untergeordnete Rolle** zu (ähnlich SOERGEL/TEICHMANN Rn 72). Eine größere Relevanz haben Billigkeitserwägungen zwar im nachbarlichen Gemeinschaftsverhältnis; die wichtigsten Fallgestaltungen sind hier aber inzwischen spezialgesetzlich geregelt (s u Rn 892 und STAUDINGER/OLZEN § 241 Rn 399 ff).

b) Besitz, §§ 854–872
887 Das Besitzrecht kann als dingliches Recht nicht verwirkt werden (PALANDT/HEINRICHS Rn 92, 107), wohl aber das Recht zur Ausübung der **Besitzschutzansprüche nach §§ 861, 862** oder das **Verfolgungsrecht** des Besitzers **aus § 867** (BGH NJW 1978, 2157, 2158; ERMAN/HOHLOCH Rn 151). Um nicht die Wertung des § 863 zu unterlaufen, wonach die Geltendmachung von Besitzschutzrechten nicht durch petitorische Einwendungen erschwert werden soll, darf aber nur in Extremfällen mit Treu und Glauben argumentiert werden (vgl NK-BGB/HOEREN § 863 Rn 11; PWW/PRÜTTING § 863 Rn 3), zB wenn bei Wiederherstellung der ursprünglichen Besitzlage Gewalttätigkeiten des rechtmäßigen Mitbesitzers gegen den eigenmächtigen Mitbesitzer zu erwarten sind (BGH NJW 1978, 2157, 2158, PALANDT/HEINRICHS Rn 79).

c) Allgemeines Grundstücksrecht, §§ 873–902
888 Im allgemeinen Grundstücksrecht kann § 242 der Geltendmachung von **Grundbuchberichtigungsansprüchen aus § 894** entgegenstehen (vgl BGHZ 122, 309, 314; BGH WM 1999, 91, 94; ERMAN/HOHLOCH Rn 153; PALANDT/HEINRICHS Rn 79; SOERGEL/TEICHMANN Rn 78; STAUDINGER/J SCHMIDT[12] Rn 1359 ff; WOLF/WELLENHOFER, Sachenrecht § 20 Rn 9; hierzu ausf STAUDINGER/GURSKY [2008] § 894 Rn 144). Besondere Bedeutung hat dabei der **„dolo agit-Einwand"** (s o Rn 281 ff). Der Berechtigte kann hiernach keine Berichtigung des Grundbuchs verlangen, wenn er schuldrechtlich zur Bestellung des eingetragenen Rechts verpflichtet ist (vgl BGH NJW 1974, 1651; NK-BGB/KRAUSE § 894 Rn 50; MünchKomm/KOHLER § 894 Rn 30; zur parallelen Problematik bei § 888 vgl BGHZ 79, 201, 204).

889 Darüber hinaus ist auch das **Verbot widersprüchlichen Verhaltens** bei § 894 zu beachten: Hatte der Erbe eines Grundstücks in der DDR als Vertreter ohne Vertretungsmacht auf das Eigentum des Erblassers an dem Grundstück verzichtet und sich auch nach dem Erbfall hierzu bekannt, so ist er deshalb nach der Wiedervereinigung gehindert, den Grundbuchberichtigungsanspruch geltend zu machen (BGH WM 1999, 91, 94; STAUDINGER/GURSKY [2008] § 894 Rn 144). Widersprüchliches Verhalten liegt auch dann vor, wenn der Eigentümer des Grundstücks den Anspruch aus § 894 geltend macht, nachdem er die Unrichtigkeit des Grundbuchs selbst herbeigeführt hat, als dies ihm noch vorteilhaft erschien (BGH VIZ 1999, 38, 40; vgl auch BGH BeckRS 2008, 01718 zu § 888).

890 Beim Grundbuchberichtigungsanspruch wird der Rückgriff auf das Institut der **Verwirkung** zT mit der Begründung abgelehnt, dass dies zu einem dauerhaften Auseinanderfallen von materieller Rechtslage und formellem Grundbuchinhalt führe (vgl NK-BGB/KRAUSE § 894 Rn 51; WIELING, Sachenrecht § 20 II 1a cc; FINKENAUER, Eigentum und Zeitablauf [2000] 222 ff). Die Verwirkung habe insofern ähnliche Konsequenzen wie die Verjährung, die für den Anspruch aus § 894 mit Rücksicht auf die **Publizität**

des Grundbuchs ausgeschlossen sei (§ 898). Der Hinweis auf die **Parallele zur Verjährung** ist indes nicht zwingend, weil der bloße Zeitablauf für die Verwirkung gerade nicht ausreicht. Erforderlich sind vielmehr **zusätzliche Umstände**, welche die Geltendmachung des Anspruchs treuwidrig erscheinen lassen (s o Rn 313 f). Sofern diese Umstände ein hinreichendes Gewicht haben, muss das Interesse an der Vermeidung von Divergenzen zwischen materieller und formeller Rechtslage im Einzelfall zurücktreten (so schon RG JW 1934, 3054 m Anm SIEBERT; OGH NJW 1949, 182 = MDR 1949 161 f m Anm BEITZKE; vgl auch BGHZ 44, 367, 369 f; 122, 308, 314 = BGH NJW 1993, 2178, 2179; ERMAN/HOHLOCH Rn 153; MünchKomm/KOHLER § 898 Rn 37; PALANDT/BASSENGE § 894 Rn 12; SOERGEL/TEICHMANN Rn 78; SOERGEL/STÜRNER § 894 Rn 31; STAUDINGER/GURSKY [2008] § 894 Rn 144).

d) Inhalt des Eigentums, insbesondere nachbarrechtliche Verhältnisse, §§ 903–924

Auch aus dem Eigentum können Pflichten erwachsen, zu deren Konkretisierung 891 der Grundsatz von Treu und Glauben eingreift. Neben **öffentlich-rechtlichen Pflichten** der Allgemeinheit gegenüber – namentlich der Sozialbindung nach Art 14 Abs 2 GG (dazu NK-BGB/KEUKENSCHRIJVER § 1004 Rn 133 f) und deren gesetzliche Konkretisierungen im Öffentlichen Recht (BAUR/STÜRNER, Sachenrecht § 26 Rn 1 ff) – bestehen **privatrechtliche Verpflichtungen zur Rücksichtnahme** auf die Interessen anderer. Dies ergibt sich bereits aus § 903 S 1, wonach die Befugnisse des Eigentümers durch Gesetze und Rechte Dritter beschränkt werden („so weit"). Die wichtigsten Beschränkungen des Eigentums sind in den §§ 904–906 und in landesrechtlichen Vorschriften (s u Rn 877) ausdrücklich geregelt; darüber hinaus kann im Einzelfall aber auch auf § 242 (sowie die §§ 226, 826) zurückgegriffen werden (PALANDT/BASSENGE § 903 Rn 12). Dies gilt insbesondere im Rahmen des nachbarlichen Gemeinschaftsverhältnisses, welches ein gesetzliches Schuldverhältnis mit Rücksichtspflichten nach § 241 Abs 2 darstellt (vgl STAUDINGER/OLZEN § 241 Rn 399 ff).

Das **nachbarschaftliche Gemeinschaftsverhältnis** kann Grundlage für die Entstehung 892 oder Begrenzung von Rechtspflichten sein (BGHZ 113, 384, 389; NK-BGB/RING § 903 Rn 82 ff; STAUDINGER/SEILER [2002] § 903 Rn 15; **aA** SOERGEL/TEICHMANN Rn 74 und krit MünchKomm/BALDUS § 985 Rn 67; WOLF/WELLENHOFER, Sachenrecht § 25 Rn 24). Viele Fallgestaltungen, die früher unter dem Gesichtspunkt des nachbarlichen Gemeinschaftsverhältnisses diskutiert worden sind, werden heute allerdings durch die Landesimmissionsschutzgesetze und die Nachbargesetze der Länder geregelt (ERMAN/HOHLOCH Rn 187; STAUDINGER/OLZEN § 241 Rn 406). Bei der praktischen Rechtsanwendung kann das Institut des nachbarlichen Gemeinschaftsverhältnisses daher nur noch in Ausnahmefällen bei atypischen nachbarlichen Interessenkonflikten relevant werden, für die es keine spezialgesetzlichen Regelungen gibt (vgl BGHZ 113, 384, 389 ff; BGH NJW-RR 2001, 232, 233; BGH NJW 2003, 1392; NJW-RR 2008, 610, 611; ähnlich bereits BGB-RGRK/ALFF Rn 8). Beispielsweise wird das nachbarliche Gemeinschaftsverhältnis relevant, wenn zwischen Nachbarn eine „**Grenzverwirrung**" vorliegt. Hier gebietet es der Gedanke des billigen Interessenausgleichs, dass der streitige Bereich von einem Eigentümer einseitig gegen den Willen der anderen in Besitz genommen wird, um so vollendete Tatsache zu schaffen und die Anwendung des § 920 Abs 1 S 1 zu erreichen (BGH NJW-RR 2008, 610, 611). Die Geltendmachung eines **Wegerechts** ist mangels schutzwürdiger Eigeninteressen **rechtsmissbräuchlich**, wenn dem Berechtigten gleichwertige andere, für den Verpflichteten weniger beeinträchtigende Zufahrtsmöglichkeiten zur Verfügung stehen (so bereits RGZ 169, 180, 183; vgl auch BGH WM 1974, 429; OLG Saarbrücken MDR 2006, 1166; MünchKomm/ROTH Rn 194).

893 Das für die Anwendung des § 242 erforderliche **besondere Vertrauensverhältnis** zwischen den Nachbarn beruht auf dem Gedanken, dass dauerhaftes Zusammenleben auf engem Raum ein gesteigertes Bedürfnis nach gegenseitiger Rücksichtnahme begründet (BGH NJW-RR 2003, 1313, 1314; MünchKomm/ROTH Rn 194; PALANDT/BASSENGE § 903 Rn 13; s auch STAUDINGER/SEILER [2002] § 903 Rn 15). Hieraus resultieren zB Duldungspflichten bei Nutzung von Industrie- oder Chemieparks durch mehrere Unternehmen, welche die Infrastruktur des Parks (Schienenanlagen, Entsorgungssysteme, Abwasserkanäle etc) gemeinsam benutzen (hierzu SCHLEMMINGER/FUDER, Der Verzicht auf nachbarrechtliche Abwehransprüche im Industrie- und Chemiepark, NVwZ 2004, 129).

894 **Nachbarliche Abwehransprüche** gegenüber **ungenehmigten Bauvorhaben** können **verwirkt** werden, wenn der beschwerte Nachbar nicht innerhalb einer angemessenen Frist Widerspruch eingelegt hat (BVerwG NJW 1974, 1260, 1262; NVwZ 1991, 1182, 1183; BVerwG NJW 1998, 329; OVG Greifswald NVwZ-RR 2003, 15). Dies gilt auch dann, wenn der Nachbar vom Bauvorhaben nicht amtlich, sondern auf sonstige Weise Kenntnis erlangt (vgl TROIDL, Verwirkung von Nachbarrechten im öffentlichen Baurecht, NVwZ 2004, 315, 317). Gegen ein genehmigtes Bauvorhaben können keine nachbarrechtlichen Abwehrrechte geltend gemacht werden, wenn der Antragsteller an der Bauplanung beteiligt war (OVG Münster NVwZ-RR 1991, 171) oder wenn er die zur Bebauung vorgesehenen Grundstücke in Kenntnis der Bebauungsabsicht des Käufers verkauft hat (VGH Kassel NVwZ-RR 1991, 171).

e) **Eigentumserwerb, §§ 925–984**

895 Beim Eigentumserwerb nimmt der Grundsatz von Treu und Glauben angesichts der strengen gesetzlichen Regelungen, die Ausfluss des **Trennungs-** und **Abstraktionsprinzips** und des **Offenkundigkeitsgrundsatzes** sind, eine untergeordnete Rolle ein. Es gibt jedoch zwei Fallgruppen, in denen § 242 eine gewisse Bedeutung hat.

aa) **Rückerwerb vom Nichtberechtigten**

896 In der Lit wird das Problem des „**Rückerwerbs vom Nichtberechtigten**" zT unter dem Gesichtspunkt von Treu und Glauben diskutiert. Hat ein bösgläubiger Nichtberechtigter eine Sache zunächst nach § 932 wirksam an einen gutgläubigen Dritten veräußert und dann von diesem nach §§ 929 ff zurückerworben, so wird ein wirksamer Eigentumserwerb durch den Nichtberechtigten verneint, wenn der Rückerwerb allein der Rückabwicklung der ursprünglichen Veräußerung diente (sog **Innenverkehrsgeschäft**) oder von vornherein geplant war (sog **mittelbarer bösgläubiger Erwerb**). Das Eigentum soll dann automatisch an den früheren Eigentümer zurückfallen (so ERMAN/MICHALSKI § 932 Rn 14; BAUR/STÜRNER, Sachenrecht § 52 Rn 34 ff; HP WESTERMANN/GURSKY/EICKMANN, Sachenrecht § 47 II 3; PRÜTTING, Sachenrecht Rn 438; WILHELM, Sachenrecht Rn 921 ff; WIELING, Sachenrecht, § 10 V 2; WOLF/WELLENHOFER § 8 Rn 37; **aA** BGH NJW-RR 2003, 170, 171; NK-BGB/MELLER-HANNICH/SCHILKEN § 932 Rn 38; JAUERNIG/JAUERNIG § 932 Rn 2; MünchKomm/OECHSLER § 932 Rn 24 f; PALANDT/BASSENGE § 932 Rn 17; SOERGEL/HENSSLER § 932 Rn 40 f; STAUDINGER/WIEGAND [2004] § 932 Rn 116 ff; zur parallelen Problematik bei § 892 STAUDINGER/GURSKY [2008] § 892 Rn 235 ff mwNw). Dies wird meist mit einer teleologischen Einschränkung des gutgläubigen Erwerbs oder den Grundsätzen über das „Geschäft für den, den es angeht" begründet (vgl VIEWEG/WERNER, Sachenrecht § 5 Rn 14 mwNw; WOLF/WELLENHOFER § 8 Rn 37). Bei mittelbarem bösgläubigem Erwerb kommt aber auch ein Rückgriff auf das **Rechtsmissbrauchsverbot** in Betracht (SOERGEL/TEICHMANN Rn 76; SOERGEL/MÜHL[12] § 932 Rn 5).

All diese Ansätze zur Verhinderung eines wirksamen Erwerbs durch den Nichtberechtigten verstoßen jedoch gegen den Grundsatz, dass die dingliche Zuordnung einer Sache mit Rücksicht auf das **Abstraktionsprinzip** und den Gedanken der **Rechtssicherheit** nicht unter Berufung auf Treu und Glauben oder allgemeine Gerechtigkeitserwägungen in Frage gestellt werden darf (s o Rn 871; zur Kritik vgl ausf WIEGAND, Der Rückerwerb des Nichtberechtigten, JuS 1971, 62 ff; ferner SOERGEL/HENSSLER § 932 Rn 40; STAUDINGER/WIEGAND [2004] § 932 Rn 120 ff). Bei § 892 wiegen diese Prinzipien noch schwerer, weil der Eigentumserwerb eine Eintragung im Grundbuch voraussetzt (differenzierend daher WIELING, Sachenrecht § 20 II 3 i aa). Eine unterschiedliche Behandlung der Problematik bei § 932 und § 892 kann aber erst recht nicht überzeugen (so auch MünchKomm/OECHSLER § 932 Rn 25). Das Missbrauchsproblem wird im Übrigen dadurch entschärft, dass der frühere Eigentümer **schuldrechtliche Ansprüche gegen den Nichtberechtigten** auf Rückübertragung der Sache oder Schadensersatz geltend machen kann (vgl BGH NJW-RR 2003, 170, 171). Die Durchbrechung der sachenrechtlichen Grundprinzipien ist insofern also auch nicht aus übergeordneten Gerechtigkeitserwägungen erforderlich (STAUDINGER/GURSKY [2008] § 892 Rn 237). 897

bb) Sicherungsübereignung
Bei der **Sicherungsübereignung** (§ 930) tritt das Problem der **Übersicherung** auf, sofern dem Kreditgeber erheblich mehr Sicherheiten zur Verfügung stehen, als zur Kreditsicherung notwendig sind (BÜLOW, Kreditsicherheiten Rn 1106). Nach hM kann der Grundsatz von Treu und Glauben allerdings nur bei nachträglicher Übersicherung eingreifen, weil die Sicherungsübereignung bei anfänglicher Übersicherung bereits nach § 138 Abs 1 nichtig ist (vgl BGHZ 137, 212, 223; BGH NJW 1998, 2047; BGH NJW-RR 2003, 1490, 1492; AnwK-BGB/LOOSCHELDERS § 138 Rn 256; VIEWEG/WERNER, Sachenrecht § 12 Rn 26). 898

Zu einer **nachträglichen Übersicherung** kann es bei revolvierenden Globalsicherheiten kommen (vgl BÜLOW, Kreditsicherheiten Rn 1107; VIEWEG/WERNER, Sachenrecht § 12 Rn 27), zB wenn ein Warenlager mit ständig wechselndem Bestand zur Sicherheit übereignet wurde und im Laufe der Zeit deutlich an Wert gewinnt oder wenn der Wert der gesicherten Forderungen durch Tilgung abnimmt (NK-BGB/MELLER-HANNICH/SCHILKEN § 930 Rn 70; CANARIS ZIP 1996, 1109, 1123). In diesen Fällen ist die Sicherungsübereignung als solche nicht sittenwidrig; wird die Deckungsgrenze überschritten, so hat der Sicherungsgeber aber selbst bei Fehlen einer entsprechenden ausdrücklichen Vereinbarung einen **Freigabeanspruch** gegen den Sicherungsnehmer, der auf die Rückübereignung des Sicherungsguts gerichtet ist (grundlegend BGHZ 137, 212; anders noch BGHZ 124, 371, 376 ff, wonach der Sicherungsvertrag bei Fehlen einer „qualifizierten Freigabeklausel" auch im Fall nachträglicher Übersicherung nach § 138 Abs 1 nichtig ist; ausf dazu AnwK-BGB/LOOSCHELDERS § 138 Rn 259 ff; NK-BGB/MELLER-HANNICH/SCHILKEN § 930 Rn 70). Zur Konkretisierung der Deckungsgrenze wird auf § 237 S 1 abgestellt. Beträgt der Schätzwert der bestellten Sicherheiten 150% der gesicherten Forderungen, so besteht die widerlegliche Vermutung, dass die Deckungsgrenze erreicht ist 899

(BGHZ 137, 212, 233; BAUR/STÜRNER, Sachenrecht § 57 Rn 28; BÜLOW, Kreditsicherheiten Rn 1124 ff).

900 Die hM leitet den Freigabeanspruch mittels **ergänzender Vertragsauslegung** aus der Sicherungsabrede ab (BGHZ 137, 212, 218 ff; NK-BGB/MELLER-HANNICH/SCHILKEN § 930 Rn 70; ERMAN/MICHALSKI Anh §§ 929–931 Rn 16; HP WESTERMANN/GURSKY/EICKMANN, Sachenrecht § 44 VI 2b; WOLF/WELLENHOFER, Sachenrecht § 15 Rn 32); dabei werden die §§ 157, 242 zT nebeneinander zitiert (vgl etwa WOLF/WELLENHOFER, Sachenrecht § 15 Rn 32). Ob der hypothetische Wille der Parteien ein sachgemäßer Anknüpfungspunkt ist, erscheint indes zweifelhaft. Man kann diesen Ansatz zwar damit rechtfertigen, dass es bei der ergänzenden Auslegung von AGB **nicht** auf den hypothetischen Willen der **konkreten Parteien** ankommt (so STAUDINGER/ROTH [2003] § 157 Rn 48; ROTH JZ 1998, 462, 463), letztlich handelt es sich aber um eine **objektive Rechtsfortbildung**, die auf dem Treuhandgedanken beruht (vgl AnwK-BGB/LOOSCHELDERS § 157 Rn 58; krit gegenüber der Begründung der hM auch CANARIS ZIP 1997, 813, 815).

901 Bei der Erfüllung des Freigabeanspruchs unterliegt es gem § 262 der Entscheidung des Sicherungsnehmers, welche Sachen er zurückübereignen will (BGHZ 137, 212, 219; WOLF/WELLENHOFER, Sachenrecht § 15 Rn 32). Das **Wahlrecht** wird durch Treu und Glauben begrenzt (vgl BGH NJW-RR 2003, 45; AnwK-BGB/LOOSCHELDERS § 138 Rn 261). Im Übrigen muss der Sicherungsnehmer das Sicherungsgut nach Treu und Glauben wirtschaftlich vernünftig verwerten (vgl MünchKomm/ROTH § 241 Rn 80) und darf es nicht zu einem Zweck ausnutzen, der vom Sicherungsvertrag nicht gedeckt wird (vgl BGH WM 1983, 1049; BGH NJW 1991, 1946, 1947; BAMBERGER/ROTH/GRÜNEBERG/SUTSCHET Rn 83).

f) Ansprüche aus dem Eigentum, §§ 985–1007

902 Der Grundsatz von Treu und Glauben begrenzt auch die Ausübung von Ansprüchen aus dem Eigentum (RGZ 133, 293, 296; 169, 180, 182; BGHZ 10, 69, 75; 47, 184, 189; 79, 201, 210), insbesondere die Geltendmachung des **Herausgabeanspruchs aus § 985** (vgl NK-BGB/SCHANBACHER § 985 Rn 37 ff; ERMAN/HOHLOCH Rn 152; MünchKomm/MEDICUS[4] § 985 Rn 46; SOERGEL/TEICHMANN Rn 78; SOERGEL/STADLER § 985 Rn 28; STAUDINGER/GURSKY [2006] § 985 Rn 108 ff; **aA** MünchKomm/BALDUS § 985 Rn 65 ff). Besondere Bedeutung kommt dabei dem **Verbot widersprüchlichen Verhaltens** (s o Rn 286 ff) zu. Der Eigentümer kann hiernach keine Herausgabe der Sache verlangen, wenn er zuvor das Vertrauen des Besitzers geweckt hat, er werde den Herausgabeanspruch nicht geltend machen, und der Besitzer daraufhin bestimmte Dispositionen (RGZ 133, 293, 296: Bebauung des Grundstücks; BGHZ 47, 184, 189: Mitarbeit im landwirtschaftlichen Betrieb des Eigentümers) getroffen hat. Da der Rückgriff auf § 242 hier zu einem dauernden Auseinanderfallen von Eigentum und Besitz führen kann, müssen die für den Ausschluss des Herausgabeanspruchs sprechenden Umstände besonders schwer wiegen (ähnlich STAUDINGER/GURSKY [2006] § 985 Rn 109). Im Einzelfall kann das Problem des dominus sine re freilich auch dadurch gelöst werden, dass man dem Besitzer einen Anspruch auf Übereignung der Sache Zug um Zug gegen Wertersatz zubilligt (so RGZ 133, 293, 296; NK-BGB/SCHANBACHER § 985 Rn 38).

903 Ein Verstoß gegen den **dolo agit-Grundsatz** (dazu allg o Rn 281 ff) liegt vor, wenn der Eigentümer von einem Anwartschaftsberechtigten Herausgabe der Sache verlangt, obwohl er zur alsbaldigen Rückgewähr verpflichtet sein wird (BAMBERGER/ROTH/GRÜ-

NEBERG/SUTSCHET Rn 85), weil der Eigentumserwerb des Anwartschaftsberechtigten durch Kaufpreiszahlung unmittelbar bevorsteht (vgl BGHZ 10, 69, 75; NK-BGB/SCHANBACHER § 985 Rn 39; ERMAN/HOHLOCH Rn 152). Ebenso kann das Institut der **Verwirkung** dem Herausgabeanspruch aus § 985 BGB entgegenstehen (vgl OLG Sachsen-Anhalt NJ 2006, 182). Eine Verwirkung kann jedoch nur angenommen werden, wenn die Herausgabe für den Besitzer eine schlechthin unerträgliche Belastung darstellen würde (vgl BGH NJW 2007, 2183, 2184; MünchKomm/BALDUS § 985 Rn 70).

Der Grundsatz von Treu und Glauben steht uU auch der Geltendmachung von **904** **Beseitigungs- und Unterlassungsansprüchen aus § 1004** entgegen (vgl RGZ 133, 293, 296; BGHZ 62, 388, 391; BGH WM 1979, 644, 646), insbesondere im Rahmen des nachbarlichen Gemeinschaftsverhältnisses (NK-BGB/KEUKENSCHRIJVER § 1004 Rn 134; s dazu o Rn 892 ff). Praktische Bedeutung gewinnt dabei vor allem die **Verwirkung** (vgl BGH NJW-RR 2006, 235, 236; MünchKomm/BALDUS § 1004 Rn 119). Nach allgemeinen Grundsätzen (s o Rn 308 ff) genügt der bloße Zeitablauf aber nicht; auch hier müssen vielmehr besondere Umstände hinzukommen, welche die Geltendmachung des Anspruchs im Einzelfall treuwidrig erscheinen lassen (OLG Köln NJW 1995, 3319, 3321; NK-BGB/ KEUKENSCHRIJVER § 1004 Rn 149 f; MünchKomm/BALDUS § 1004 Rn 119; STAUDINGER/GURSKY [2006] § 1004 Rn 207 ff; vornehmlich auf das Zeitmoment abstellend aber BayObLG NJW 1993, 1165).

Die Geltendmachung des **Beseitigungsanspruchs aus § 1004** ist wegen **Unverhältnismäßigkeit** treuwidrig, wenn die Beeinträchtigung geringfügig ist und die Beseitigung den Nachbarn mit unzumutbaren Kosten oder sonstigen Nachteilen belasten würde (BGHZ 62, 388, 390 ff; 143, 1, 6; BGH MDR 1977, 568; VGH Mannheim NVwZ 1989, 76, 78; vgl auch A LORENZ, Zu den privatrechtlichen Folgen der nachbarrelevanten Baulast, NJW 1996, 2612, 2614; gegen Anwendung des § 242 MünchKomm/BALDUS § 1004 Rn 116). Die Rspr hat sich in diesen Fällen bislang auf die Wertungen der §§ 633 Abs 2 S 2 aF (§ 635 Abs 3 nF), 251 Abs 2 gestützt. In neuerer Zeit wird dagegen primär auf § 275 Abs 2 abgestellt (BGH NZM 2008, 861, 862; NZM 2008, 863 f; **aA** MünchKomm/BALDUS § 1004 Rn 116).

Beim Eigentümer-Besitzer-Verhältnis handelt es sich um ein **gesetzliches Schuldver- 905 hältnis**, aus dem sich **Rücksichtspflichten** iSd § 241 Abs 2 ableiten lassen, für deren Konkretisierung § 242 gilt. Zu denken ist insbesondere an **Auskunftsansprüche**. Kann zB der gutgläubige Besitzer eine gestohlene Sache nicht herausgeben, weil er sie inzwischen weiterveräußert hat, so muss er den Eigentümer über die Person des Erwerbers informieren (OLG Hamm NJW 1993, 2623, 2624).

g) Miteigentum, §§ 1008–1011
Bei einer Bruchteilsgemeinschaft gem § 1008 verstößt ein Miteigentümer gegen den **906** dolo agit-Grundsatz, wenn er gegen den anderen Miteigentümer die **Zwangsversteigerung zur Aufhebung der Gemeinschaft** betreibt, obwohl er vertraglich zur baldigen Übertragung seines Bruchteils auf den anderen verpflichtet ist (vgl MünchKomm/ROTH Rn 374). In einem Schadensersatzprozess wegen **Beschädigung des gemeinschaftlichen Eigentums** dürfen die Miteigentümer nach Treu und Glauben nicht den gesamten Schaden geltend machen, ohne zu berücksichtigen, dass einer von ihnen den Schaden schuldhaft mitverursacht hat (BGH NJW 1992, 1095, 1096; NJW 1997, 3026, 3027; MünchKomm/BYDLINSKI § 432 Rn 10).

h) Dienstbarkeiten, §§ 1018–1093

907 Der Grundsatz von Treu und Glauben (§ 242) erlangt auch bei der **Grunddienstbarkeit** Bedeutung, weil die in § 1020 statuierte Pflicht zur schonenden Ausübung der Grunddienstbarkeit nach ganz hM ein **gesetzliches Schuldverhältnis** zwischen den Eigentümern der betroffenen Grundstücke begründet (BGHZ 95, 144, 146 ff = NJW 1985, 2944; BGHZ 106, 348, 351; NJW 2008, 3703, 3704; NK-BGB/OTTO § 1020 Rn 1; MünchKomm/JOOST § 1018 Rn 9; STAUDINGER/MAYER [2008] § 1020 Rn 1; anders noch BGH LM § 242 [D] Nr 31 = BB 1959, 360; BGH NJW 1960, 673). Der Berechtigte muss dementsprechend nach Treu und Glauben dafür Sorge tragen, dass die Ausübung der Grunddienstbarkeit keine übermäßigen Gefahren für das dienende Grundstück mit sich bringt (BGH LM § 242 [D] BGB Nr 31; SOERGEL/TEICHMANN Rn 73). Der **Ausübung der Grunddienstbarkeit** steht uU der Einwand der unzulässigen Rechtsausübung entgegen (BGH NJW 1960, 673; ERMAN/HOHLOCH Rn 153; PALANDT/HEINRICHS Rn 80; MünchKomm/ JOOST § 1018 Rn 55; MÜHL NJW 1956, 1657 f). Kann die Dienstbarkeit deshalb auf Dauer nicht ausgeübt werden, soll der Berechtigte sogar analog § 1169 gehalten sein, auf die Dienstbarkeit zu verzichten (RGZ 169, 180, 183; ERMAN/HOHLOCH Rn 153; vgl auch BGH NJW-RR 2003, 733, 734; einschränkend BayObLG NZM 2000, 358, 359).

908 Die häufig sehr langfristigen Bindungen von herrschendem und dienendem Grundstück lassen mitunter das Problem auftreten, dass die bei der Bestellung der Grunddienstbarkeit gegebenen tatsächlichen Verhältnisse sich zwischenzeitig **verändern** (PALANDT/HEINRICHS Rn 80; SOERGEL/TEICHMANN Rn 73). Der Inhalt der Grunddienstbarkeit muss dann uU nach Treu und Glauben an die geänderten Verhältnisse **angepasst** werden (vgl BGH LM § 242 [D] Nr 31; BGHZ 44, 171, 175; 106, 348, 351; NK-BGB/OTTO § 1018 Rn 75 ff; MünchKomm/JOOST § 1018 Rn 51 ff; PALANDT/HEINRICHS Rn 80; G SCHMIDT 194; ähnl HP WESTERMANN/GURSKY/EICKMANN Sachenrecht § 2 III 3). Eine Ausweitung des Umfangs der Dienstbarkeit ist hiernach aber nur möglich, wenn sie sich in den Grenzen einer der Art nach gleich bleibenden Benutzung des dienenden Grundstücks hält und nicht auf einer unvorhersehbaren willkürlichen Änderung in der Benutzung des herrschenden Grundstücks beruht (BGHZ 106, 348, 350). Aus diesem Grund kann ein für private oder landwirtschaftliche Zwecke eingeräumtes Wegerecht grundsätzlich nicht auf gewerbliche Nutzungen erstreckt werden (BGH MDR 1961, 672; BGH NJW 1963, 1247; MünchKomm/JOOST § 1018 Rn 54; zu weiteren Bsp G SCHMIDT 199 ff; **aA** SOERGEL/TEICHMANN Rn 73; vgl auch MÜHL NJW 1956, 1657 f). Als **Rechtsgrundlage** für die Anpassung der Dienstbarkeit wird traditionell der Grundsatz von Treu und Glauben (§ 242) herangezogen (grdl BGH LM § 242 [D] Nr 31; vgl auch BGHZ 106, 348, 351; MünchKomm/JOOST § 1018 Rn 52; STAUDINGER/MAYER [2008] § 1018 Rn 153); seit der Schuldrechtsreform ist aber § 313 einschlägig (BGH NJW 2008, 3703).

909 Der **Nießbrauch an Sachen** (§§ 1030 ff) **und Rechten** (§§ 1068 ff) begründet ebenso wie die Grunddienstbarkeit ein **gesetzliches Schuldverhältnis** (vgl BGHZ 95, 144, 147; NK-BGB/LEMKE § 1030 Rn 23; MünchKomm/POHLMANN vor § 1030 Rn 16 ff; STAUDINGER/FRANK [2008] Vorbem 6 ff zu §§ 1030 ff). Hieraus folgen für beide Teile Rechte und Pflichten, zu deren Konkretisierung § 242 uneingeschränkt anwendbar ist.

i) Vorkaufsrechte, §§ 1094–1104

910 Bei einem dinglichen Vorkaufsrecht findet der Grundsatz von Treu und Glauben (§ 242) im Verhältnis zwischen dem Vorkaufsverpflichteten und dem Vorkaufsberechtigten Anwendung (BGH DNotZ 1992, 414, 416). Der Verpflichtete ist daher nach

Treu und Glauben gehindert, sich auf den Ablauf der **Frist zur Ausübung des Vorkaufsrechts** zu berufen, sofern er dem Berechtigten die Besichtigung der Sache verweigert (RG DR 1941, 1461; BGB-RGRK/Mezger § 510 Rn 4). Hat der Verpflichtete zur **Vereitelung des Vorkaufsrechts** mit dem Dritten eine Gestaltung vereinbart, die formell keinen Kaufvertrag darstellt, inhaltlich einem solchen aber sehr nahe kommt, so verstößt er uU gegen Treu und Glauben, wenn er sich gegenüber dem Berechtigten auf die formale Rechtslage beruft (BGH DNotZ 1992, 414, 417).

Die Ausübung des Vorkaufsrechts verstößt gegen das Verbot widersprüchlichen 911 Verhaltens, wenn der Vorkaufsberechtigte **offenkundig nicht in der Lage ist**, seine Verpflichtungen aus dem Kaufvertrag zu erfüllen (BGH LM § 505 Nr 3). Das Gleiche gilt für den Fall, dass der Berechtigte die Erfüllung der Pflichten aus dem Kaufvertrag **ernsthaft und endgültig ablehnt** oder durch Vorschützen von Hindernissen **unbillig verzögert** (vgl BGH LM § 505 Nr 6). Der Grundsatz von Treu und Glauben steht der Ausübung des Vorkaufsrechts schließlich auch dann entgegen, wenn der Berechtigte schuldrechtlich verpflichtet ist, vom Vorkaufsrecht keinen Gebrauch zu machen (BGHZ 37, 147, 152).

k) Reallasten, §§ 1105–1112
Bei Reallasten ist der Grundsatz von Treu und Glauben in der Vergangenheit öfter 912 im Zusammenhang mit der Abänderung von Altenteilsleistungen wegen **veränderter Lebensverhältnisse** herangezogen worden (vgl RGZ 147, 94, 100; BGH NJW 1957, 1798 f). Der durch Art 11a EuroEG v 9. 6. 1998 eingefügte § 1105 Abs 1 S 2 stellt nunmehr klar, dass als Inhalt der Reallast auch die automatische Anpassung der Leistungen an veränderte Verhältnisse in Betracht kommt, wenn Art und Umfang der Belastung des Grundstücks sich anhand der in der Vereinbarung festgelegten Voraussetzungen bestimmen lassen. Zur Konkretisierung kann auf die frühere Rspr zurückgegriffen werden, da eine inhaltliche Änderung nicht bezweckt war (BT-Drucks 13/10334, 42; vgl auch MünchKomm/Joost § 1105 Rn 30 ff).

l) Hypotheken, Grundschulden, Rentenschulden, §§ 1113–1203
Im **Hypothekenrecht** hat die Rspr früher bei sog „Ost-Enteignungen" auf § 242 zu- 913 rückgegriffen, um den Schuldner bei Auseinanderfallen von Hypothek und Forderung vor doppelter Inanspruchnahme zu schützen (vgl BGHZ 12, 79, 86). Diese dogmatisch nicht unumstrittene Lösung hat heute keine praktische Bedeutung mehr. Es sei deshalb auf Staudinger/Schmidt[12] Rn 1397 verwiesen.

Davon abgesehen gelten für die Anwendbarkeit des § 242 in Bezug auf Grund- 914 pfandrechte die gleichen Grundsätze wie hinsichtlich anderer dinglicher Rechte. Der dolo agit-Einwand hindert den Inhaber einer Grundschuld deshalb an deren Verwertung, wenn er auf Grund des Sicherungsvertrags zur **Rückübertragung der Grundschuld** auf den Eigentümer verpflichtet ist (BGHZ 19, 205, 206; vgl auch Bamberger/Roth/Grüneberg/Sutschet Rn 85).

Bei **nachträglicher Übersicherung** steht dem Eigentümer ein Anspruch auf Rück- 915 übertragung der Grundschuld zu, selbst wenn der Sicherungsvertrag keine Freigabeklausel enthält (ausf dazu Staudinger/Wolfsteiner [2002] Vorbem 74 zu §§ 1191 ff). Dieser Anspruch wird zumeist aus der Sicherungsabrede iVm §§ 133, 157 oder § 242 abgeleitet. Wegen der Einzelheiten vgl die Ausführungen zum parallelen Problem bei der Sicherungsübereignung (s o Rn 883 ff).

m) Pfandrechte an beweglichen Sachen und Rechten, §§ 1204–1296

916 Bei Pfandrechten an beweglichen Sachen kann der Gläubiger nach Treu und Glauben gehindert sein, die Rückgabe einzelner Sachen zu verweigern, wenn er auf andere Weise ausreichend gesichert erscheint (vgl BGH WM 1966, 115; BGHZ 128, 295, 300; MünchKomm/Damrau § 1218 Rn 4 und § 1222 Rn 2; Palandt/Heinrichs Rn 80). Diese Problematik stellt sich insbesondere im Fall der **nachträglichen Übersicherung bei Verpfändung mehrerer Sachen** (zB eines Warenlagers). Trotz der Parallele zur nachträglichen Übersicherung bei der Sicherungsübereignung (s dazu o Rn 898) lehnt es die hM ab, die dort entwickelten Grundsätze auf das Pfandrecht an mehreren Sachen zu übertragen, weil der Verpfänder durch den Grundsatz der Akzessorietät und die dingliche Surrogation nach § 1247 S 2 hinreichend geschützt sei (vgl Erman/ Michalski § 1222 Rn 2; MünchKomm/Damrau § 1222 Rn 2; Soergel/Habersack § 1222 Rn 3; aA NK-BGB/Bülow § 1222 Rn 4). Die dogmatischen Unterschiede ändern jedoch nichts daran, dass der Rückgabeanspruch des Verpfänders bei nachträglicher Übersicherung letztlich auf den gleichen Erwägungen wie der Freigabeanspruch des Sicherungsgebers im Fall der Sicherungsübereignung beruht (Staudinger/Wiegand [2002] § 1222 Rn 2), so dass beide Konstellationen nach den gleichen Kriterien zu beurteilen sind (so auch Rimmelspacher JZ 1995, 678, 680; Wiegand/Brunner, Übersicherung und Freigabeanspruch, NJW 1995, 2513, 2520). Im Ergebnis bedeutet dies, dass man sich bei der Konkretisierung des Rückgabeanspruchs des Verpfänders ebenfalls an den Kriterien des § 237 S 1 orientieren kann (so auch NK-BGB/Bülow § 1222 Rn 4).

n) Erbbaurechtsgesetz

917 Anders als Grunddienstbarkeit und Nießbrauch (s o Rn 892 ff) begründet das Erbbaurecht nach hM **kein gesetzliches Schuldverhältnis** (vgl NK-BGB/Heller § 2 ErbbauVO Rn 1; Staudinger/Rapp [2009] § 1 ErbbauRG Rn 40 und § 2 ErbbauRG Rn 1). Soweit die Beteiligten den Inhalt des Erbbaurechts durch Vertrag regeln, ist § 242 jedoch uneingeschränkt anwendbar. Praktische Bedeutung hat dies insbesondere für sog **Kaufzwangklauseln**, welche den Erbbauberechtigten verpflichten, das Grundstück nach einer gewissen Zeit anzukaufen. Solche Klauseln sind zwar nicht prinzipiell nach § 138 Abs 1 nichtig; die Ausübung der daraus folgenden Rechte kann aber im Einzelfall nach § 242 unzulässig sein (vgl BGHZ 68, 1, 5; 75, 15, 18 ff; NK-BGB/Heller § 2 ErbbauVO Rn 20; Wolf/Wellenhofer, Sachenrecht § 3 Rn 50). Maßgeblich ist die Erwägung, dass der Eigentümer in Anbetracht der **sozialpolitischen Zielsetzung des ErbbauRG** bei der Ausübung seiner Rechte nach Treu und Glauben auf die Interessen des Erbbauberechtigten Rücksicht zu nehmen hat (BGHZ 68, 1, 5; Erman/Hohloch Rn 160).

o) Gesetz über das Wohnungseigentum und das Dauerwohnrecht

918 Mit dem WEG verfolgt der Gesetzgeber das **sozialpolitische Ziel**, weniger begüterten Personen den Erwerb eigenen Wohnraums zu ermöglichen (vgl BGHZ 75, 26, 29 = NJW 1979, 2101; BGH NJW 1959, 2160, 2162; NJW 1977, 44, 45; Erman/Grziwotz Vorbem WEG Rn 1). Auch wenn die Verhältnisse auf dem Wohnungsmarkt sich seit Inkrafttreten des WEG erheblich verändert haben, muss diese Zielsetzung auch heute noch bei der Konkretisierung des Grundsatzes von Treu und Glauben Berücksichtigung finden.

aa) Inhaltskontrolle der Gemeinschaftsordnung und des Kaufvertrages

Die Rspr trägt dem **Schutzbedürfnis der Wohnungseigentümer** dadurch Rechnung, dass sie die vom teilenden Eigentümer einseitig gesetzte **Teilungserklärung** (§ 8 WEG) mitsamt der darin enthaltenen **Gemeinschaftsordnung** einer Inhaltskontrolle nach § 242 unterzieht (BGHZ 99, 90, 94, 151, 164, 174; BGH NJW 1994, 2950, 2952; BayObLG NJW-RR 1996, 1037; STAUDINGER/RAPP [2005] § 7 WEG Rn 37). Die Anwendung der §§ 307 ff wird dagegen überwiegend abgelehnt (so etwa NK-BGB/HEINEMANN § 8 WEG Rn 5; STAUDINGER/RAPP [2005] § 7 WEG Rn 35; aA SOERGEL/STÜRNER § 8 WEG Rn 3; von BGHZ 99, 90, 94 und BGHZ 151, 164, 174 offen gelassen). 919

Nach ständiger Rspr des BGH ist der **formelhafte Ausschluss der Gewährleistung für Sachmängeln in einem notariellen Individualvertrag** beim Erwerb einer neu errichteten Eigentumswohnung nach § 242 unwirksam, wenn der Erwerber über die rechtlichen Konsequenzen einer solchen Freizeichnung nicht eingehend belehrt worden ist (vgl BGH NJW-RR 1987, 1035 f; NJW 1988, 135; 1988, 1972; 1989, 2748, 2749). Da aus dem WEG insoweit keine Besonderheiten folgen, kann für die Einzelheiten auf die Ausführungen zur **Inhaltskontrolle notarieller Individualverträge** (s o Rn 476 f) verwiesen werden. 920

bb) Das gesetzliche Schuldverhältnis zwischen den Wohnungseigentümern

Treu und Glauben entfalten auch im Verhältnis zwischen den einzelnen Wohnungseigentümern Bedeutung. Denn zwischen diesen besteht ein **gesetzliches Schuldverhältnis** mit gegenseitigen Rechten und Pflichten (insbesondere Rücksichtspflichten), zu deren Konkretisierung und Begrenzung § 242 herangezogen werden kann (vgl BGH NJW 1999, 2108, 2109; BayObLG NJW 2002, 71, 72; NK-BGB/SCHULTZKY § 10 WEG Rn 5; PALANDT/BASSENGE Überbl v § 1 WEG Rn 5; STAUDINGER/KREUZER [2005] § 10 WEG Rn 7; WEITNAUER/LÜKE § 10 WEG Rn 12). Folgende Problemkreise stehen im Vordergrund. 921

Nach der Veräußerung der Wohnungseigentumsrechte bedürfen **Änderungen der Teilungserklärung und der Gemeinschaftsordnung** grundsätzlich der Zustimmung aller Wohnungseigentümer (BGHZ 145, 133, 136; STAUDINGER/KREUZER [2005] § 10 WEG Rn 43). Die Rspr hat dem einzelnen Wohnungseigentümer aber auf der Grundlage von Treu und Glauben (§ 242) einen **Anspruch** gegen die anderen Eigentümer **auf Zustimmung** zugebilligt, wenn deren Verweigerung im Einzelfall auf Grund außergewöhnlicher Umstände grob unbillig wäre (OLG Düsseldorf FGPrax 2003, 115). Im Vordergrund stand dabei die Pflicht der Wohnungseigentümer, der **Änderung des Kostenverteilungsschlüssels** (§ 16 Abs 2 WEG) auf Verlangen eines Wohnungseigentümers zuzustimmen, sofern der geltende Kostenverteilungsschlüssel zu grob unbilligen Ergebnissen führte (vgl BGHZ 130, 304, 312 = NJW 1995, 2791; BGHZ 156, 192, 196, 202 = NJW 2003, 3476; BGHZ 160, 354, 358 ff = BGH NJW 2004, 3413, 3414). Ob **grobe Unbilligkeit** vorlag, wurde von der Rspr nach einem strengen Maßstab auf Grund einer Interessenabwägung im Einzelfall beurteilt. Die Zustimmungspflicht entfiel, wenn die Ursachen für die Mehrbelastung im alleinigen Risikobereich des benachteiligten Wohnungseigentümers lagen (BGHZ 160, 354, 359 = NJW 2004, 3413, 3415). 922

Der Anspruch auf Abschluss bzw Anpassung einer Vereinbarung ist nunmehr in § 10 Abs 2 S 3 WEG **ausdrücklich geregelt** (vgl NK-BGB/SCHULTZKY § 10 WEG Rn 24). Erforderlich ist danach, dass ein Festhalten an der geltenden Regelung aus schwerwiegenden Gründen unter Berücksichtigung aller Umstände des Einzelfalles unbil- 923 lig erscheint (zu den Einzelheiten MünchKomm/COMMICHAU § 10 WEG Rn 64 ff). Die Anforderungen an die Zustimmungspflicht sind damit gegenüber der bisherigen Rspr abgesenkt worden. Insbesondere ist keine **grobe** Unbilligkeit mehr erforderlich (PALANDT/BASSENGE § 10 WEG Rn 13). Im Hinblick auf die **Verteilung der Betriebskosten** lässt § 16 Abs 3 WEG überdies Änderungen durch Beschluss der Wohnungseigentümer mit **einfacher Stimmenmehrheit** zu. Der Rückgriff auf § 10 Abs 2 S 3 WEG wird hierdurch aber nicht ausgeschlossen (PALANDT/BASSENGE § 10 WEG Rn 13).

cc) **Sonstige Fälle**

924 Ein wichtiger Grund zur **Abberufung des Verwalters** nach § 26 Abs 1 S 3 WEG liegt nach Treu und Glauben vor, wenn das Vertrauensverhältnis zu den Eigentümern derart gestört ist, dass diese ihre Interessen nicht mehr gewahrt sehen (vgl BGH NJW 2002, 3240, 3243; NK-BGB/SCHULTZKY § 26 WEG Rn 22; MERLE, in: BÄRMANN § 26 WEG Rn 192). Eine zukünftige Zusammenarbeit ist zB dann nicht mehr zumutbar, wenn über einen längeren Zeitraum ohne nachvollziehbare Gründe weder Wirtschaftspläne erstellt, noch Jahresabrechnungen vorgelegt und dringend erforderliche Eigentümerversammlungen nicht rechtzeitig einberufen worden sind (BGH NJW 2002, 3240, 3243). Der Anspruch des einzelnen Wohnungseigentümers auf eine ordnungsgemäße Verwaltung, der nach der Rspr Treu und Glauben entspringt (BGH NJW 2002, 3704, 3707), ist in § 21 Abs 4 WEG ausdrücklich festgeschrieben. Die **Kündigung des Verwaltervertrages** aus wichtigem Grund richtet sich nach § 626 Abs 1 (vgl NK-BGB/SCHULTZKY § 26 WEG Rn 25), der § 314 (dazu o Rn 389 f) verdrängt.

925 Wer als **Treuhänder** die Vermietung, Verwaltung und Finanzierung des Wohneigentums übernommen hat, muss auch **nach Auflösung des Treuhandverhältnisses** im Rahmen des Zumutbaren dafür Sorge tragen, dass der Treugeber keine unverhältnismäßigen Schäden erleidet, die im Zusammenhang mit der vorherigen Treuhandtätigkeit stehen (BGH NJW-RR 1990, 141, 142). Es handelt sich um eine **nachvertragliche Rücksichtspflicht** (§ 241 Abs 2), zu deren Konkretisierung § 242 herangezogen werden kann.

5. **Familienrecht***

a) **Allgemeines**

926 Im Ehe- und Kindschaftsrecht spielt § 242 nur eine **untergeordnete Rolle**. Seine Funktion wird ganz überwiegend durch entsprechende familienrechtliche Vorschriften wahrgenommen. Ein Rückgriff auf § 242 ist nur in den Bereichen möglich und notwendig, in denen spezialgesetzliche Regelungen fehlen.

---

* **Schrifttum**: BORTH, Verhindern Billigkeitsregeln im Familienrecht Ungerechtigkeiten?, FPR 2005, 313; BRUDERMÜLLER, Teil- oder Gesamtnichtigkeit beim Ehevertrag, NJW 2007, 865; DAUNER-LIEB, Reichweite und Grenzen der Privatautonomie im Ehevertragsrecht, AcP 201 (2001) 295; EICKELBERG, Das neue Unterhaltsrecht – Hintergründe, ausgewählte Inhalte und Auswirkungen auf die notarielle Praxis, RNotZ 2009, 1; GERNHUBER/COESTER-WALTJEN, Familienrecht (5. Aufl 2006); GRABA, Auf dem Weg zu einem Ehegattenunterhaltsrecht nach Billigkeit, FamRZ 2008, 1217; HERRLER, Bemessung des Unterhaltsbedarfs konkurrierender Ehegatten im Wege der Gleichteilung und Folgen für die Gestaltungspraxis, MittBayNot 2009, 110; RAUSCHER, Familienrecht (2. Aufl 2008).

Titel 1 § 242
Verpflichtung zur Leistung 927–930

Im Familienrecht nimmt das **Rücksichtnahmegebot** auf Grund der besonderen 927
Treueprägung der Rechtsbeziehungen eine herausragende Stellung ein (BAMBERGER/ROTH/GRÜNEBERG/SUTSCHET Rn 6). Für das Verhältnis zwischen Eltern und Kindern ist die Pflicht zu Beistand und Rücksichtnahme in § 1618a geregelt; für das Verhältnis zwischen Ehegatten ergibt sich eine entsprechende Pflicht aus § 1353 Abs 1 S 2 (vgl PALANDT/BRUDERMÜLLER § 1353 Rn 9 ff). Besondere Ausgestaltungen des Rücksichtnahmegebots finden sich darüber hinaus für die elterliche Sorge (zB § 1626 Abs 2, 1631a) sowie für die Unterhaltspflicht (insbes §§ 1610, 1611). Spezielle **Auskunftspflichten** sind in §§ 1361 Abs 4 S 4, 1580 und § 1605 vorgesehen; im Übrigen kann ergänzend auf § 1353 Abs 1 S 2 und § 1618a zurückgegriffen werden (vgl ERMAN/MICHALSKI § 1618a Rn 15 und PALANDT/BRUDERMÜLLER § 1353 Rn 13; vgl aber auch BGH FamRZ 2003, 1836, 1837). Das familienrechtliche **Missbrauchsverbot** ist in den §§ 1315 Abs 1 Nr 2–5, 1318 Abs 3, 1353 Abs 2, 1361 Abs 3, 1381, 1577 Abs 3, 1579, 1587c, 1666 geregelt. Weitere **Billigkeitsregeln** finden sich zB in den §§ 1361a, 1361b, 1565 Abs 2, 1568, 1570 Abs 1 S 2, Abs 2, 1576, 1578b sowie in den §§ 1 ff HausratVO (zusammenfassend BORTH FÜR 2005, 313 ff; speziell zum neuen Unterhaltsrecht für Ehegatten GRABA FamRZ 2008, 1217 ff). Soweit es um spezifisch familienrechtliche Fragen geht, sind diese Vorschriften abschließend. Der Grundsatz von Treu und Glauben kann allenfalls zur Auslegung und Konkretisierung herangezogen werden (MünchKomm/ROTH Rn 210; SOERGEL/TEICHMANN Rn 80). Einen eigenständigen Anwendungsbereich hat § 242 dagegen dort, wo die Entscheidung auf die **allgemeinen Kriterien von Treu und Glauben** (Rechtsmissbrauch, Verwirkung etc) gestützt wird und familienrechtliche Aspekte nur am Rande einfließen (SOERGEL/TEICHMANN Rn 80; vgl zB OLG München FamRZ 2004, 1874 f).

b) Aufhebung der Ehe und Heilung von Nichtehen
Für die Aufhebung der Ehe enthält § 1315 spezielle Ausschlussgründe. Daneben 928
kann in Ausnahmefällen der Gedanke der **unzulässigen Rechtsausübung** (dazu allg o Rn 214 ff) herangezogen werden (vgl AnwK-BGB/FINGER § 1315 Rn 1).

Besonders große Bedeutung hat der Einwand der unzulässigen Rechtsausübung in 929
neuerer Zeit bei der Geltendmachung von Verstößen gegen das Verbot der **Doppelehe** (§ 1306) erlangt. Vor der Reform des Eheschließungsrechts von 1998 ging die Rspr davon aus, dass die für die Erhebung der Nichtigkeitsklage maßgeblichen Beweggründe wegen des **öffentlichen Interesses an der Durchsetzung des Verbots der Doppelehe** grundsätzlich unerheblich seien, so dass die sittliche Rechtfertigung nur unter ganz besonderen Umständen entfalle (vgl BGHZ 30, 140, 143; 37, 51, 56; BGH NJW 1986, 3083; ERMAN/HOHLOCH Rn 157).

Bei der Reform des Eheschließungsrechts wurde die **ex tunc** wirkende Nichtigerklä- 930
rung durch die **ex nunc** wirkende Aufhebung der zweiten Ehe ersetzt. Dies hat zur Folge, dass der Antrag auf Aufhebung einer Zweitehe sich nicht mehr allein mit dem öffentlichen Interesse an der Durchsetzung des Verbots der Doppelehe rechtfertigen lässt, wenn die Erstehe zwischenzeitig geschieden worden ist. Denn auf Grund der Scheidung der Erstehe ist dieses Interesse **für die Zukunft** irrelevant; **für die Vergangenheit** kann dem Vorrang der Erstehe aber durch eine ex nunc wirkende Aufhebung der Zweitehe keine Geltung mehr verschafft werden. Der geschiedene Ehegatte verstößt daher uU gegen das Verbot rechtsmissbräuchlichen Verhaltens, wenn er die Aufhebung der Zweitehe begehrt (vgl BGHZ 149, 357, 361 ff = BGH NJW

2002, 1268, 1269; STAUDINGER/VOPPEL [2007] § 1315 Rn 53 ff; RAUSCHER Rn 218). Der Einwand des rechtsmissbräuchlichen Verhaltens entfällt jedoch, wenn der Antragsteller aus anderen Gründen ein schutzwürdiges Interesse an der Aufhebung der Zweitehe hat. In Betracht kommen dabei insbesondere renten- und versorgungsrechtliche Belange (BGHZ 149, 357, 362; BGH NJW-RR 2004, 1514, 1515; vgl auch NJW 2001, 2394). Für den Aufhebungsantrag der Verwaltungsbehörde ist der Rechtsmissbrauchseinwand in § 1316 Abs 3 HS 2 speziell geregelt (vgl GERNHUBER/COESTER-WALTJEN § 14 Rn 31).

931 Nach der Rspr des BGH zum EheG lag ein Fall der unzulässigen Rechtsausübung auch dann vor, wenn der Ehegatte die Nichtigerklärung seiner Zweitehe nur deshalb begehrte, weil er eine dritte Ehe eingehen wollte (BGHZ 30, 140, 142 ff). Maßgeblich war die Erwägung, dass die Nichtigkeitsklage in einem solchen Fall auf **sittlich verwerflichen Gründen** beruht. In neuerer Zeit wird diese Rspr überwiegend als überholt angesehen (vgl OLG Düsseldorf NJW-RR 1993, 135, 136; PALANDT/HEINRICHS Rn 69; aA MünchKomm/ROTH Rn 214). Dies mag zwar für die Argumentation mit der sittlichen Verwerflichkeit zutreffen. Ist die Erstehe bereits geschieden, so kann das zwischenzeitige Nebeneinander beider Ehen nach geltendem Recht aber nicht mehr durch die Aufhebung beseitigt werden. Der Antragsteller muss daher andere schutzwürdige Interessen geltend machen, die eine Aufhebung der Zweitehe rechtfertigen (s o Rn 930). Die **Wiedererlangung der Eheschließungsfreiheit** stellt kein solches Interesse dar, weil die Möglichkeit einer Scheidung der Zweitehe insoweit ausreichend erscheint.

932 Der **lange Bestand der zweiten Ehe** führt allein nicht dazu, dass der Aufhebungsantrag missbräuchlich erscheint (vgl BGH NJW 2001, 2394, 2395 [39 Jahre]; BGH NJW-RR 1994, 264, 265 [35 Jahre]; BGH NJW 1986, 3083 [40 Jahre]; PALANDT/HEINRICHS Rn 69). Besteht die erste Ehe nicht mehr, so kann die Dauer der zweiten Ehe aber die Prüfung beeinflussen, ob das Interesse des Antragstellers an der Aufhebung der Ehe schutzwürdig ist (s o Rn 930).

933 Der Antrag auf Aufhebung der Ehe wegen **arglistiger Täuschung** (§ 1314 Abs 2 Nr 3) ist nicht allein deshalb rechtsmissbräuchlich, weil der Antragsteller schon vor der Aufdeckung der Täuschung die Absicht hatte, sich von der Ehe zu lösen (BGHZ 29, 265, 269) oder sich einem anderen Partner zuzuwenden (PALANDT/HEINRICHS Rn 69; aA BGHZ 5, 186, 188 f; ERMAN/HOHLOCH Rn 157; STAUDINGER/VOPPEL [2007] § 1315 Rn 51). Die arglistige Täuschung darf zwar nicht als **Vorwand** für die Aufhebung der Ehe genutzt werden (zutreffend insoweit BGHZ 5, 186, 189). Ein solcher Missbrauch wird jedoch schon dadurch ausgeschlossen, dass die Täuschung sich nach § 1314 Abs 2 Nr 3 auf Umstände beziehen muss, die den Antragsteller „bei Kenntnis der Sachlage und bei richtiger Würdigung des Wesens der Ehe" von der Eingehung der Ehe abgehalten hätten. Gegenüber dem Aufhebungsgrund der **fehlenden Ehemündigkeit** (§ 1303) ist der Einwand der unzulässigen Rechtsausübung ausgeschlossen, weil der Schutz des nicht ehemündigen Partners vorgeht (STAUDINGER/KLIPPEL [2000] § 1315 Rn 9). Die aufhebbare Ehe kann jedoch nach Eintritt der Volljährigkeit durch Bestätigung geheilt werden (§ 1315 Abs 1 Nr 1).

934 Gem § 1310 Abs 3 kann eine Ehe, die im Inland nicht vor dem Standesbeamten oder einer nach Art 13 Abs 3 S 2 EGBGB ordnungsgemäß ermächtigten Person geschlossen worden ist (sog **Nichtehe**), nur unter engen Voraussetzungen geheilt werden, die nicht durch Rückgriff auf § 242 oder Art 6 Abs 1 GG umgangen werden dürfen (vgl BGH NJW-RR 2003, 852; krit Pfeiffer LMK 2003, 128 ff; vgl auch Palandt/ Heinrichs Rn 68 mwNw). Diese Überlegung steht jedoch nur der **vollständigen Heilung** fehlerhafter Ehen entgegen. Bei langjährigem gutgläubigem Zusammenleben als Ehegatten ist es dagegen möglich, der fehlerhaften Ehe in Bezug auf **einzelne Rechtsfolgen** (zB Erbrecht) nach § 242 iVm Art 6 Abs 1 GG Wirkungen beizumessen. Dies gilt insbesondere, wenn das gemeinsame Heimatrecht der Ehegatten die Ehe als wirksam ansieht (vgl Looschelders, Internationales Privatrecht [2004] Art 13 EGBGB Rn 82).

c) Abwendung von steuerlichen Nachteilen
Nach stRspr des BGH ist ein Ehegatte während der bestehenden Ehe nach § 1353 Abs 1 S 2 verpflichtet, einer vom anderen Ehegatten zur Abwendung steuerlicher Nachteile gewünschten **gemeinsamen Veranlagung zur Einkommenssteuer** zuzustimmen, wenn für ihn selbst daraus keine höheren Belastungen resultieren oder der andere Ehegatte zum Ausgleich solcher Belastungen bereit ist (vgl BGH NJW 1977, 378; 1988, 2032; 2003, 2982, 2983; FamRZ 2007, 1229; Erman/K Gamillscheg § 1353 Rn 18). Nach einer Scheidung soll der unterhaltsberechtigte Ehegatte dagegen im Rahmen des Unterhaltsverhältnisses **gem § 242** gehalten sein, dem **begrenzten Realsplitting** zuzustimmen (BGH NJW 1983, 1545). Dahinter steht aber letztlich ebenfalls die aus dem Wesen der Ehe folgende Pflicht der Ehegatten, die finanziellen Lasten des anderen Teils im Rahmen des Zumutbaren zu mindern; diese Pflicht setzt sich nach der Scheidung als **Nachwirkung der Ehe** fort (vgl BGH NJW-RR 1998, 1153).

935

d) Wirksamkeits- und Ausübungskontrolle bei Eheverträgen
Nach der Rspr des BVerfG sind die Zivilgerichte gem Art 2 Abs 1 GG iVm Art 6 GG gehalten, Eheverträge einer **Inhaltskontrolle** zu unterziehen, um eine unangemessene Benachteiligung des schwächeren Ehegatten zu verhindern (vgl BVerfGE 103, 89 = NJW 2001 957, 958; BVerfG NJW 2001, 2248; AnwK-BGB/Looschelders § 138 Rn 188). In Rspr und Lit ist zT dafür plädiert worden, diese Kontrolle mit Hilfe des § 242 zu verwirklichen (so insbes OLG München FamRZ 2003, 35; Dauner-Lieb AcP 201 [2001], 295 ff; vgl auch Hk-BGB/Kemper § 1408 Rn 7). Der BGH hat sich jedoch für eine **Wirksamkeitskontrolle** nach § 138 Abs 1 entschieden (BGHZ 158, 81, 93 ff = NJW 2004, 930, 935 = FamRZ 2004, 601; BGH NJW 2005, 137, 138 = FamRZ 2005, 26, 27; BGH NJW 2005, 139, 140; NJW 2005, 2386, 2387; NJW 2005, 2391; NJW 2007, 904, 905; NJW 2007, 907; NJW 2008, 1080, 1081; NJW 2009, 842, 844; NJW 2009, 2124; ebenso OLG Düsseldorf NJW-RR 2005, 1, 2; Bamberger/Roth/Mayer § 1408 Rn 47; Palandt/Brudermüller § 1408 Rn 8 ff; Schwab Anm FamRZ 2001, 349, 350; krit Grziwotz, Ehevertragsranking oder Ehevertragsgerechtigkeit?, MDR 2005, 73, 75; s auch o Rn 367 ff). Die Sittenwidrigkeit ist danach zu bejahen, wenn die Vereinbarung zu einer **offensichtlich einseitigen Lastenverteilung** führt **und** auf einer **Störung der Vertragsparität** (zB wegen Schwangerschaft der Frau) beruht oder mit **sonstigen** die rechtliche Missbilligung verstärkenden **Umständen** (zB Gefährdung des Kindeswohls, Belastung der Sozialhilfe) verbunden ist (vgl Palandt/Brudermüller § 1408 Rn 10 ff mwNw). Im Vordergrund steht der Schutz des unterhaltsberechtigten Ehegatten. Im Einzelfall kann die Wirksamkeitskontrolle aber auch dem zahlungspflichtigen Ehegatten zugute kommen (BGH NJW 2009, 842, 844 m Anm Grziwotz; Herrler MitttBayNot 2009, 110, 113 ff). Bezugspunkt der **Wirksamkeitsprüfung** nach § 138 Abs 1 sind die Verhältnisse bei **Abschluss des Ehevertrages**. Nach hM führt die Sittenwidrigkeit gem § 139 grundsätzlich zur **Nichtigkeit des gesamten Vertrages**,

936

auch wenn nur eine einzelne Klausel gegen § 138 Abs 1 verstößt (BGH NJW 2005, 2386, 2388; NJW 2006, 2331; BAMBERGER/ROTH/MAYER § 1408 Rn 38; PALANDT/BRUDERMÜLLER § 1408 Rn 8). Dies kann zu unbilligen Ergebnissen führen, wenn sich die Verhältnisse nach Abschluss des Ehevertrages so geändert haben, dass die Vereinbarung nunmehr zu Gunsten des ursprünglich benachteiligten Ehegatten wirkt (ausf dazu BRUDERMÜLLER NJW 2007, 865 ff). In solchen Fällen könnte der benachteiligende Ehegatte durch das Rechtsmissbrauchsverbot des § 242 gehindert sein, sich auf die Gesamtnichtigkeit zu berufen (allg dazu s o Rn 504 ff). Vorzugswürdig erscheint aber, die Nichtigkeitsfolge nach dem Schutzzweck des § 138 Abs 1 teleologisch zu reduzieren (so BRUDERMÜLLER NJW 2007, 865, 870; vgl auch o Rn 497). Hält der Ehevertrag der Wirksamkeitskontrolle nach § 138 Abs 1 stand, kann der durch den Vertrag begünstigte Ehegatte im Einzelfall gem § 242 an der **Ausübung** der daraus folgenden Rechte gehindert sein, wenn dies nach den **Verhältnissen bei Scheitern der Ehe rechtsmissbräuchlich** erscheint (vgl BGHZ 158, 81, 100; BGH NJW 2005, 2386, 2390; NJW 2005, 2391, 2392 f; NJW 2008, 1080, 1083; OLG Düsseldorf NJW-RR 2005, 1, 2; AnwK-BGB/LOOSCHELDERS § 138 Rn 190; PALANDT/BRUDERMÜLLER § 1408 Rn 11; GERNHUBER/COESTER-WALTJEN § 26 Rn 21; allg zum Rechtsmissbrauchsverbot s o Rn 214 ff). Anwendungsfälle dieser Ausübungskontrolle sind die nicht vorausgesehene Geburt eines gemeinsamen Kindes (PALANDT/ BRUDERMÜLLER § 1408 Rn 11; RAUSCHER Rn 3660) oder die schwere Erkrankung eines Ehegatten (BGH NJW 2008, 1080, 1083). Im Allgemeinen geht es auch hier um den Schutz des Unterhaltsberechtigten. Ebenso wie § 138 Abs 1 kann aber auch § 242 herangezogen werden, um übermäßig belastende Unterhaltspflichten zu Gunsten des Unterhaltspflichtigen zu begrenzen (HERRLER MittBayNot 2009, 110, 115).

937 Einen Schwerpunkt der Rspr zur Inhaltskontrolle von Eheverträgen bildet der Verzicht auf **nachehelichen Unterhalt**. Mit Rücksicht auf § 1585c ist ein solcher **Unterhaltsverzicht** nicht von vornherein unzulässig. Dies gilt auch für den **Betreuungsunterhalt nach § 1570** (BGHZ 158, 81, 97; AnwK-BGB/LOOSCHELDERS § 138 Rn 191; ERMAN/ GRABA § 1570 Rn 19). Auf Grund des hohen Rangs dieses Unterhaltsanspruchs wurden an die **Wirksamkeit** eines solchen Verzichts bislang aber besonders strenge Anforderungen gestellt. Im Übrigen geht die Rspr im Rahmen der **Ausübungskontrolle** seit längerem davon aus, dass der unterhaltspflichtige Ehegatte sich nach § 242 nicht auf einen an sich wirksamen Unterhaltsverzicht des anderen Ehegatten berufen kann, wenn **schutzwürdige Interessen der Kinder** auf Grund einer nachträglichen Entwicklung die Unterhaltszahlung gebieten (BGH NJW 1985, 1833; 1991, 913, 914; 1992, 3164; 1995, 1148; AnwK-BGB/LIER § 1585c Rn 9). Das UntÄndG vom 21.12.2007 (BGBl I 3189) hat den Anspruch des geschiedenen Ehegatten auf Unterhalt wegen Betreuung eines Kindes nach § 1570 völlig neu geregelt (vgl PALANDT/BRUDERMÜLLER § 1570 Rn 1). Dabei ist der Grundsatz der **Eigenverantwortung der Ehegatten** (§ 1569) betont worden. Dies schlägt sich in einem „Basisunterhalt" von (nur noch) drei Jahren ab der Geburt des Kindes nieder (§ 1570 Abs 1 S 1), der aber aus **Billigkeitsgründen** mit Rücksicht auf die Belange des Kindes (§ 1570 Abs 1 S 3) oder des betreuenden Elternteils (§ 1570 Abs 2) verlängert werden kann (vgl BGH NJW 2009, 1876; PALANDT/ BRUDERMÜLLER § 1570 Rn 10 ff; EICKELBERG RNotZ 2009, 1, 12 ff; GRABA FamRZ 2008, 1217, 1221). Welche Auswirkungen die veränderten unterhaltsrechtlichen Maßstäbe auf die Kontrolle von Eheverträgen nach § 138 Abs 1 und § 242 haben, ist ungeklärt. In der Lit wird zT darauf verwiesen, dass der Schutz des kinderbetreuenden Ehegatten auf den **allgemeinen Kriterien** der §§ 138 Abs 1, 242 sowie den **Vorgaben des Grundgesetzes** beruht; diese würden durch eine Änderung des Unterhaltsrechts nicht „automatisch" berührt (so EICKELBERG RNotZ 2009, 1, 22). Andere Autoren vertreten die Auffassung, dass die Gestaltungsfreiheit der Ehegatten durch die Betonung des Grundsatzes der Eigenverantwortung erweitert worden sei (so BERRINGER/ MENZEL, Das neue Unterhaltsrecht – Folgerungen für die notarielle Praxis, MittBayNot 2008, 165, 174; wohl auch PALANDT/BRUDERMÜLLER § 1585c Rn 16). Hierfür spricht, dass eine den Vorschriften des neuen Unterhaltsrechts entsprechende Vereinbarung als solche jedenfalls nicht als sittenwidrig oder rechtsmissbräuchlich qualifiziert werden kann. Problematisch erscheint allerdings, dass ein Unterhaltsverzicht für die Zukunft bei dem (weitgehend) parallelen Anspruch eines nicht verheirateten Elternteils auf Betreuungsunterhalt nach § 1615l Abs 3 S 1 iVm § 1614 ausgeschlossen ist (zur Problemstellung SCHWAB, Koinzidenz – Zur gegenwärtigen Lage der Unterhaltsrechtsreform, FamRZ 2007, 1053, 1056; EICKELBERG RNotZ 2009, 1, 25). Da eine Schlechterstellung des geschiedenen Ehegatten mit Rücksicht auf das durch den Betreuungsunterhalt (mit-) geschützte Kindeswohl nicht zu rechtfertigen ist, wird man einen Unterhaltsverzicht in diesem Bereich nur anerkennen können, so weit es um die Verlängerung des „Basisunterhalts" aus **eltern- bzw ehebezogenen Gründen** nach § 1570 Abs 2 geht.

e) **Unterhaltsrecht**
Für den **Unterhaltsanspruch des geschiedenen Ehegatten** ist die Beschränkung oder **938** der Wegfall aus Billigkeitsgründen in § 1579 ausdrücklich geregelt (zur dogmatischen Einordnung vgl MünchKomm/MAURER § 1579 Rn 2: „Ausprägung des Grundsatzes von Treu und Glauben"; vgl auch BGH MDR 2004, 689 ff; OLG Koblenz NJW-RR 2004, 1373 ff; OLG Köln MDR 2004, 1003; OLG Schleswig FPR 2004, 610 ff). Darüber hinaus ermöglicht § 1578b beim Scheidungsunterhalt eine Herabsetzung oder zeitliche Begrenzung wegen Unbilligkeit. Im Hinblick auf den Unterhaltsanspruch bei **Getrenntlebenden** verweist § 1361 Abs 3 auf § 1579 Nr 2 bis 8. Für den **Verwandtenunterhalt** findet sich eine dem § 1579 entsprechende Billigkeitsklausel in § 1611 (dazu BGH NJW 1998, 1555, 1556; BREIHOLDT, Zur Verwirkung von Kindesunterhalt, NJW 1993, 305 ff). Im Anwendungsbereich dieser Vorschriften kommt ein Rückgriff auf den allgemeinen Grundsatz von Treu und Glauben regelmäßig nicht in Betracht (MünchKomm/BORN § 1611 Rn 4; vgl BGH FamRZ 2004, 1559 ff m Anm BORN; aber auch OLG Hamm NJW-RR 2004, 1229, 1230; FamRZ 2004, 1968). Es gibt aber auch Ausnahmen. So muss ein geschiedener Ehegatte dem anderen Ehegatten nach § 242 iVm §§ 1569 ff **Unterhaltsleistungen erstatten**, wenn sein Unterhaltsanspruch sich auf Grund der nachträglichen Bewilligung einer Erwerbsunfähigkeitsrente ermäßigt hat (BGH NJW 1989, 1990, 1991). Im Übrigen kann die Geltendmachung von Unterhaltsansprüchen auch unter dem Aspekt der **Verwirkung** ausgeschlossen sein (BGH NJW 2003, 128; OLG Brandenburg FamRZ 2004, 972; OLG Oldenburg FamRZ 2005, 722, 723).

Dem Unterhaltsschuldner ist es nach Treu und Glauben verwehrt, sich auf die ei- **939** gene Leistungsunfähigkeit (§ 1603) zu berufen, wenn er diese durch **unterhaltsbezogene Mutwilligkeit** selbst herbeigeführt hat (BGH NJW 2000, 2351, 2352; OLG Schleswig NJW-RR 2007, 152; MünchKomm/BORN § 1603 Rn 61 ff). Die wichtigsten Bsp bilden der Verlust und die Aufgabe des Arbeitsplatzes. Der Unterhaltsschuldner kann dem Berechtigten daher auch nicht entgegenhalten, er sei auf Grund einer Erkrankung **arbeitsunfähig**, wenn er zuvor leichtfertig eine versicherungspflichtige Arbeit verloren oder ausgeschlagen hat, durch welche er einen Anspruch auf Lohnfortzahlung im Krankheitsfall erworben hätte (BGH NJW 1988, 2239, 2240).

940 Will der Scheinvater beim mutmaßlichen Erzeuger des Kindes gem § 1607 Abs 3 wegen geleisteten Unterhalts Regress nehmen, so setzt dies nach § 1600d Abs 4 voraus, dass die Vaterschaft des Erzeugers entweder anerkannt oder mit Wirkung für und gegen alle gerichtlich festgestellt worden ist. Die Rechtsausübungssperre des § 1600d kann dazu führen, dass ein bestehender Anspruch nicht durchgesetzt werden kann (zur Problemstellung MünchKomm/SEIDEL § 1600d Rn 143; NEHLSEN/vSTRYK, Probleme des Scheinvaterregresses, FamRZ 1998, 225, 235: „Anspruchsvereitelung trotz bestehender Anspruchsnorm"). In der instanzgerichtlichen Rspr finden sich Ansätze, das Problem durch Rückgriff auf § 242 zu lösen (vgl OLG Düsseldorf FamRZ 2000, 1032; LG Halle FamRZ 1999, 1295; LG Duisburg NJW-RR 1996, 1475). So soll der Erzeuger des Kindes nach **Treu und Glauben** gehindert sein, sich auf die Rechtsausübungssperre zu berufen, wenn er sich zu der Vaterschaft bekannt hat und seine Vaterschaft nach einem im Rahmen des Anfechtungsverfahrens erstellten Abstammungsgutachten als praktisch erwiesen anzusehen ist (OLG Düsseldorf FamRZ 2000, 1032, 1033; zustimmend C HUBER, Der Unterhaltsregress des Scheinvaters, FamRZ 2004, 145, 146). Dieser Lösungsweg hilft jedoch nur in Ausnahmefällen weiter. Problematisch erscheint insbesondere der Fall, dass der Scheinvater seinen Regressanspruch nicht verwirklichen kann, weil die zur Erhebung einer Vaterschaftsfeststellungsklage Berechtigten – insbesondere die Mutter und der mutmaßliche Erzeuger – eine solche ablehnen. In einem solchen Fall lässt sich dem § 242 keine Pflicht der Betreffenden gegenüber dem Scheinvater entnehmen, ein Vaterschaftsfeststellungsverfahren einzuleiten (vgl HENRICH, Ist auf die Rechtsausübungssperre des § 1600d Abs 4 BGB noch Verlass?, in: FS Deutsch [2009] 1063, 1065). Der BGH hat sich daher in neuerer Zeit dafür ausgesprochen, die Rechtsausübungssperre des § 1600d Abs 4 im Wege der **teleologischen Reduktion** einzuschränken und eine Inzidentfeststellung der Vaterschaft zuzulassen, um in Ausnahmefällen, die der Gesetzgeber offensichtlich nicht vollständig bedacht hat, untragbare Ergebnisse zu vermeiden (BGH NJW 2008, 2433, 2434 m Anm MAURER; zum Vorrang der teleologischen Reduktion gegenüber dem Rückgriff auf § 242 s o Rn 347).

6. Erbrecht*

a) Allgemeines

941 Im Erbrecht ist bei Anwendung des § 242 zu beachten, dass dem **Willen des Erblassers** – vorbehaltlich der Einschränkungen durch das Pflichtteilsrecht – absoluter Vorrang gegenüber den Interessen der Angehörigen oder sonstiger potentieller Erben zukommt (BROX/WALKER, Erbrecht Rn 3, 198; LANGE/KUCHINKE Erbrecht, § 2 IV; OLZEN, Erbrecht Rn 53; GIMPLE 95 ff). Da die Aussicht der potenziellen Erben auf die Erbschaft keinen rechtlichen Schutz genießt, findet auch keine Abwägung zwischen den Interessen des Erblassers und denen der Erbschaftsanwärter statt. Dies führt zu einer deutlichen Einschränkung der Anwendbarkeit des § 242. Auch zur Verwirklichung des Erblasserwillens ist ein Rückgriff auf § 242 im Allgemeinen nicht erforderlich. Denn den Interessen des Erblassers lässt sich bei Verfügungen von Todes wegen meist schon im Rahmen der **Auslegung** Rechnung tragen (vgl AnwK-BGB/LOOSCHELDERS § 133 Rn 38 ff; BROX/WALKER, Erbrecht Rn 197 ff). Soweit dies mit

---

* **Schrifttum:** BROX/WALKER, Erbrecht (23. Aufl 2009); GIMPLE, § 242 BGB als Zuordnungsnorm im Erbrecht? (München 2003); KIPP/COING, Erbrecht (14. Bearb 1990); LANGE/ KUCHINKE, Erbrecht (5. Aufl 2002); OLZEN, Erbrecht (3. Aufl 2009); SARRES, Erbrechtliche Auskunftsansprüche aus Treu und Glauben (§ 242 BGB), ZEV 2001, 225.

Rücksicht auf die **Formbedürftigkeit** der Verfügung von Todes wegen nicht möglich ist, kann der „bessere Erblasserwille" grundsätzlich auch nicht mit Hilfe des § 242 verwirklicht werden (vgl BGH NJW 1981, 1900, 1901; aA KEGEL, Die lachenden Doppelerben: Erbfolge bei Versagen von Urkundspersonen, in: FS Flume [1978] 545, 555).

Eine weitere Besonderheit des Erbrechts besteht darin, dass der Rechtserwerb **oh- 942 ne Beteiligung des Erben** im Wege der **Universalsukzession** (§§ 1922, 1942) erfolgt. Der Rechtserwerb als solcher kann damit auch nicht unter Berufung auf Treu und Glauben in Frage gestellt werden (STAUDINGER/OTTE [2008] Einl zum ErbR Rn 112; GIMPLE 92 ff). Eine andere Frage ist, ob der Erbe nach Treu und Glauben gehindert sein kann, sich auf sein Erbrecht zu berufen. Nach dem Tod des Erblassers kann eine solche Verpflichtung allenfalls im Verhältnis zu anderen (Mit-)Erben oder Erbprätendenten bestehen. In diesem Verhältnis fehlt jedoch meist schon eine rechtliche Sonderverbindung (näher dazu STAUDINGER/OTTE [2003] Vorbem 183a zu §§ 2064 ff). Außerdem besteht auf Seiten der potenziellen Erben kein schutzwürdiges Vertrauen auf eine bestimmte Erbfolge (s o Rn 925). Besonderheiten gelten für das **Vermächtnis** (§ 2147), weil dieses lediglich einen schuldrechtlichen Anspruch des Vermächtnisnehmers gegen den Erben begründet (§ 2174). Für das zwischen Vermächtnisnehmer und Erben bestehende **Schuldverhältnis** gilt § 242 daher uneingeschränkt (BGHZ 37, 233, 240 f; MünchKomm/SCHLICHTING § 2174 Rn 5).

Inhaltliche Schranken der Testierfreiheit ergeben sich aus den §§ 134, 138 Abs 1 (vgl 943 BGHZ 140, 118, 128; ausf AnwK-BGB/LOOSCHELDERS § 134 Rn 154 f und § 138 Rn 194 ff; STAUDINGER/OTTE [2003] Vorbem 183a zu §§ 2065 ff; BROX/WALKER, Erbrecht Rn 261 ff; OLZEN, Erbrecht Rn 248 ff). Eine darüber hinausgehende Inhalts- bzw Wirksamkeitskontrolle nach § 242 ist auch bei vorformulierten Erbverträgen abzulehnen (s o Rn 343). Fraglich erscheint, ob im Erbrecht daneben noch eine **Ausübungskontrolle** nach § 242 in Betracht kommt. Das Problem entsteht dadurch, dass die Rspr bei der Beurteilung der Wirksamkeit einer letztwilligen Verfügung nach § 138 Abs 1 auf die **Wertanschauungen im Zeitpunkt der Errichtung** abstellt (vgl RGZ 166, 395, 399; BGHZ 20, 71, 73 f; BGH FamRZ 1969, 323, 325; BayObLG ZEV 1997, 119, 120; OLG Stuttgart ZEV 1998, 185, 186; aA SOERGEL/STEIN § 1937 Rn 24; LANGE/KUCHINKE, Erbrecht § 35 IV 9; BROX/WALKER, Erbrecht Rn 263; differenzierend AnwK-BGB/LOOSCHELDERS § 138 Rn 124 ff; MünchKomm/ARMBRÜSTER § 138 Rn 135; STAUDINGER/SACK [2003] § 138 Rn 86 ff; BAMBERGER/ROTH/WENDTLAND § 138 Rn 28; in BGHZ 140, 118, 128 offen gelassen). Ist die letztwillige Verfügung danach wirksam, so soll ein späterer Wandel der Wertanschauungen nicht zur Unwirksamkeit führen können. In Ausnahmefällen soll der durch die letztwillige Verfügung Begünstigte sich aber den **Einwand der unzulässigen Rechtsausübung** (s o Rn 214 ff) entgegenhalten lassen müssen (so OLG Stuttgart ZEV 1998, 185, 186; MünchKomm/ARMBRÜSTER § 138 Rn 138; BAMBERGER/ROTH/WENDTLAND § 138 Rn 28, 75). Praktische Bedeutung hat das Problem bei den sog **Ebenbürtigkeitsklauseln** gewonnen, nach denen ein Abkömmling des Erblassers von der Erbfolge ausgeschlossen ist, wenn er aus keiner ebenbürtigen Ehe stammt oder in einer nicht ebenbürtigen Ehe lebt (vgl BGHZ 140, 118; OLG Stuttgart ZEV 1998, 185; AnwK-BGB/LOOSCHELDERS § 138 Rn 200). Das BVerfG hat hierzu in seiner Hohenzollern-Entscheidung auf die veränderten staatsrechtlichen Verhältnisse verwiesen; das Prinzip der Ebenbürtigkeit könne nach Inkrafttreten des Grundgesetzes seine ursprüngliche Funktion – Regelung der Thronfolge in einer Erbmonarchie – nicht mehr erfüllen (BVerfG NJW 2004, 2008, 2011; vgl auch OLZEN, Erbrecht Rn 256a). Ob dieser Aspekt bei § 138 Abs 1 oder bei § 242 relevant wird, hat das Gericht naturgemäß offen gelassen.

944 Aus dogmatischer Sicht ist zu beachten, dass es in solchen Fällen an einem tauglichen Anknüpfungspunkt für den Vorwurf des **Rechtsmissbrauchs** fehlt (krit auch STAUDINGER/OTTE [2008] Einl zum ErbR Rn 77). Nach allgemeinen Grundsätzen lässt sich dieser Vorwurf auf ein früheres Verhalten, ein gegenwärtiges Verhalten oder eine Zusammenschau von früherem und gegenwärtigem Verhalten stützen (s o Rn 234 ff). Da es an einem früheren Verhalten des durch die letztwillige Verfügung Begünstigten fehlt, kann nur auf das gegenwärtige Verhalten abgestellt werden. Die Erbschaft geht jedoch nach § 1922 unmittelbar kraft Gesetzes auf den Erben über. Ein unzulässiges Verhalten des Begünstigten kommt also auch hier nicht in Betracht. Warum der Begünstigte nach § 242 gehindert sein soll, sich auf eine Rechtslage zu berufen, die ohne seine Mitwirkung kraft Gesetzes eintritt, ist nicht ersichtlich. Das Problem lässt sich damit nur lösen, wenn man den Wandel der Wertanschauungen schon bei der Wirksamkeitskontrolle nach § 138 Abs 1 berücksichtigt. Hierfür spricht auch die Funktion des § 138 Abs 1, die für ein gedeihliches Zusammenleben unverzichtbaren Wertvorstellungen zu schützen und sittenwidrige Rechtserfolge zu verhindern (vgl BROX/WALKER, Erbrecht Rn 263; AnwK-BGB/LOOSCHELDERS § 138 Rn 124).

945 In formeller Hinsicht ist zu beachten, dass die allgemeinen Regeln über die **Aufrechterhaltung eines formungültigen Rechtsgeschäfts** gem § 242 (s o Rn 447 ff) grundsätzlich auch im Erbrecht anwendbar sind. Da die für die Nichtigkeitsfolge im Erbrecht streitenden Erwägungen großes Gewicht haben, müssen diese Regeln hier jedoch besonders restriktiv gehandhabt werden (vgl BROX/WALKER, Erbrecht Rn 260; LANGE/KUCHINKE, Erbrecht § 16 V 6; gegen Anwendung der allgemeinen Regeln zur Einschränkung des § 125 S 1 im Erbrecht KIPP/COING § 19 III; GIMPLE 99). Besonderheiten gelten nach der Rspr im **Höferecht**, wo formlose Vereinbarungen über die Hoferbnachfolge sowohl bei **Übergabeverträgen** unter Lebenden als auch bei **Erbverträgen** für rechtswirksam erachtet werden (BGHZ 12, 286, 303 ff; 23, 249, 252 ff; 47, 184, 186 ff; 73, 324, 329; 87, 237; 119, 387, 388 ff; krit STAUDINGER/KANZLEITER [2006] § 2276 Rn 16; STAUDINGER/OTTE [2008] Einl 112 zum ErbR; MEDICUS/PETERSEN BR Rn 192). Diese Rspr ist bei der Reform des Höferechts von 1976 in die §§ 6 Nr 1 und 2, 7 Abs 2 HöfeO aufgenommen worden. Soweit die gesetzlichen Regelungen im Höferecht Lücken lassen, kann weiter auf die von der Rspr entwickelten Grundsätze zurückgegriffen werden (ERMAN/SCHMIDT § 2276 Rn 8). Da die Entscheidungen stark durch die Besonderheiten des Höferechts geprägt sind, können sie jedoch nicht auf andere Bereiche (zB Unternehmensnachfolge) übertragen werden (BGHZ 47, 184, 186 ff; 87, 237, 238; LANGE/KUCHINKE, Erbrecht § 16 IV 6).

946 Nach der Rspr vermag § 242 auch im Erbrecht einen über die spezialgesetzlichen Bestimmungen (§§ 2027, 2028, 2057, 2127, 2314) hinausgehenden **Auskunftsanspruch** zu begründen (vgl BGHZ 61, 180, 184; BGH NJW 1984, 487; 1986, 1755; vgl dazu OLZEN, Erbrecht Rn 1110; SARRES ZEV 2001, 225 ff; allg zur Bedeutung von § 242 für Auskunftsansprüche s o Rn 601 ff). Voraussetzung für einen solchen Anspruch ist, dass der Berechtigte einen dem Grunde nach feststehenden Leistungsanspruch hat und sich die nötigen Informationen nicht ohne Mitwirkung des anderen Teils verschaffen kann (BGH NJW 1979, 1832; 1981, 1738; SARRES ZEV 2001, 225, 226). Aus der **Miterbenstellung**

alleine folgt nach hM noch keine für die Bejahung einer Auskunftspflicht ausreichende Sonderbeziehung (BGH NJW-RR 1989, 450 = JR 1990, 16 m Anm WASSERMANN; PALANDT/EDENHOFER § 2038 Rn 14; LANGE/KUCHINKE, Erbrecht § 43 II 7c; OLZEN, Erbrecht Rn 980; aA LG Nürnberg-Fürth NJW-FER 2000, 261; ERMAN/SCHLÜTER § 2038 Rn 10; MünchKomm/ HELDRICH § 2038 Rn 48; BROX/WALKER, Erbrecht Rn 497). Folglich kann ein Miterbe nicht schon deshalb Auskunft über die Testierfähigkeit des Erblassers verlangen, weil ihm bei Testierunfähigkeit möglicherweise ein Anspruch aus § 2018 zusteht (BGH NJW-RR 1989, 450).

b) Einwand des Rechtsmissbrauchs
Besondere Bedeutung hat im Erbrecht der Einwand rechtsmissbräuchlichen Verhaltens (s o Rn 214 ff). Der Erblasser wird dadurch gehindert, einen **Erbvertrag** nach §§ 2078, 2281 **anzufechten**, wenn er die Anfechtungsvoraussetzungen durch sein eigenes treuwidriges Verhalten (zB mutwillige Herbeiführung eines Zerwürfnisses) selbst geschaffen hat (BGHZ 4, 91, 96). Das Gleiche gilt für die rechtsmissbräuchliche Anfechtung eines wechselbezüglichen **Ehegattentestaments** durch den längstlebenden Ehegatten (BGH FamRZ 1962, 428). **947**

Bei einem nach § 2271 Abs 2 **bindenden gemeinschaftlichen Testament** sind spätere **948** Verfügungen von Todes wegen des überlebenden Ehegatten insoweit unwirksam, als sie die Stellung der durch das gemeinschaftliche Testament Bedachten beeinträchtigen (vgl BROX/WALKER, Erbrecht Rn 195; OLZEN, Erbrecht Rn 462). Nach hM können die Bedachten aber gem § 242 gehindert sein, sich auf die Unwirksamkeit einer späteren Verfügung von Todes wegen zu berufen, wenn sie an dieser Verfügung mitgewirkt oder ihr zugestimmt haben (vgl BGH LM § 2271 BGB Nr 7 = MDR 1958, 490; LG Düsseldorf FamRZ 1988, 661, 662; ERMAN/HOHLOCH Rn 161; PALANDT/HEINRICHS Rn 70; vgl auch BGHZ 108, 252, 255). Nach allgemeinen Kriterien geht es um einen Verstoß gegen das **Verbot widersprüchlichen Verhaltens** (allg dazu Rn 286 ff). Da man durch den Rückgriff auf Treu und Glauben nicht die für den Erb- oder Zuwendungsverzicht geltenden **Formerfordernisse** (§§ 2348, 2352) aushöhlen darf, muss § 242 in solchen Fällen aber besonders zurückhaltend angewendet werden (so auch MünchKomm/MUSIELAK § 2271 Rn 16).

Der Wirksamkeit des **Widerrufs eines wechselbezüglichen gemeinschaftlichen Testa- 949 ments durch öffentliche Zustellung** steht nicht entgegen, dass letztere vom Erblasser durch arglistige Täuschung erschlichen worden ist. Allerdings kann dem durch ein späteres Testament Begünstigten der Einwand der unzulässigen Rechtsausübung entgegengehalten werden, wenn der Erblasser die öffentliche Zustellung des Widerrufs herbeigeführt hat, obgleich ihm der Aufenthaltsort seines Ehegatten bekannt war (BGHZ 64, 5, 8; MünchKomm/MUSIELAK § 2271 Rn 8; LANGE/KUCHINKE Erbrecht § 24 VI 2b). Dies gilt nach Ansicht des BGH auch dann, wenn der Begünstigte an der Bewirkung der öffentlichen Zustellung nicht beteiligt wird (BGHZ 64, 5, 10). Hier zeigt sich besonders deutlich, dass die Interessen der (potenziellen) Erben grundsätzlich keinen rechtlichen Schutz genießen (s o Rn 941).

Hat sich der Erblasser in einem **Erbvertrag vorbehalten**, bei pflichtwidrigem Verhal- **950** ten des anderen Teils vom Vertrag **zurückzutreten**, so muss er doch wegen der einschneidenden Wirkungen des Rücktritts nach Treu und Glauben zunächst versuchen, seine Interessen im Rahmen des Zumutbaren mit dem milderen Mittel der

Abmahnung zu wahren (BGH LM § 242 [Cd] Nr 118 = MDR 1967, 993; LOOSCHELDERS, Schuldrecht AT Rn 80). Maßgeblich ist der Gedanke der **Unverhältnismäßigkeit** (s o Rn 279 ff). Die Schwere der Pflichtwidrigkeit kann daher in Ausnahmefällen einen Verzicht auf die Abmahnung rechtfertigen (BGH DNotZ 1983, 118).

951 Das Verlangen des **Pflichtteilsberechtigten** nach einem **amtlichen Verzeichnis** gem § 2314 Abs 1 S 3 ist grundsätzlich nicht schon deshalb rechtsmissbräuchlich, weil der Erbe bereits durch ein Privatverzeichnis Auskunft erteilt hat (RGZ 72, 379, 384; BGHZ 33, 373, 380; OLG Oldenburg FamRZ 2000, 62; ERMAN/SCHLÜTER § 2314 Rn 6). Die Umstände des Einzelfalles können zwar eine andere Beurteilung gebieten. Zeitablauf oder wesentliche Veränderungen des Nachlassbestandes sollen hierfür aber nicht ausreichen (BGHZ 33, 373, 380).

952 Eine besondere Ausprägung des Verbots **rechsmissbräuchlichen Verhaltens** findet sich in § 2339. Die Vorschrift nennt einige Fälle, in denen ein Erbe gerichtlich für **erbunwürdig** erklärt werden kann. Nicht erfasst wird die **treuwidrige Herbeiführung des Nacherbfalles** bei vorsätzlicher Tötung des Vorerben durch den Nacherben. Die hM lehnt eine analoge Anwendung des § 2339 Abs 1 Nr 1 wegen des Ausnahmecharakters der Norm ab. Stattdessen wird teilweise auf § 242 abgestellt (so PALANDT/ HEINRICHS Rn 70). Vorzugswürdig erscheint jedoch die Anwendung des § 162 Abs 2 (so BGH NJW 1968, 2051, 2052; MünchKomm/HELMS § 2339 Rn 9; BROX/WALKER, Erbrecht Rn 276; LANGE/KUCHINKE Erbrecht § 6 II 1a Fn 26; GIMPLE 170 ff; zum Verhältnis zwischen § 162 Abs 2 und § 242 s o Rn 239).

953 Die Gründe des § 2339 Abs 1 gelten nicht nur für die Erbunwürdigkeit, sondern auch für die **Vermächtnis- und Pflichtteilsunwürdigkeit** (§ 2345). Für die Begünstigung durch eine **Auflage** fehlt dagegen eine entsprechende Regelung. Hier muss daher auf den Einwand des Rechtsmissbrauchs (s o Rn 214 ff) zurückgegriffen werden (LANGE/KUCHINKE, Erbrecht § 6 I 2 Fn 12).

954 Handeln einzelne Miterben einer **Miterbengemeinschaft** rechtsmissbräuchlich, so wird dies den anderen Miterben grundsätzlich nicht zugerechnet (RGZ 132, 81, 87; bestätigt durch BGHZ 44, 367 für den Fall, dass ein Miterbe ein Rechtsgeschäft des geschäftsunfähigen Erblassers ausdrücklich billigt, sich dann jedoch als Erbe auf die Unwirksamkeit des Vertrages beruft; vgl auch BGHZ 29, 6, 12; allg z Rechtsmissbrauch bei mehreren Beteiligten o Rn 229 ff). Etwas anderes gilt allerdings, wenn allein diejenigen Miterben, die sich rechtsmissbräuchlich verhalten haben, das Recht in Anspruch nehmen (MünchKomm/ROTH Rn 201). Hier kann der Einwand der unzulässigen Rechtsausübung das Prozessführungsrecht der betreffenden Miterben aus § 2039 S 1 beschränken, wenn die anderen Miterben widersprechen (BGHZ 44, 367; ERMAN/HOHLOCH Rn 161).

II. Außerhalb des BGB liegende zivilrechtliche Anwendungsbereiche

1. Gesellschaftsrecht*

a) Allgemeines
Der Inhalt von Treu und Glauben variiert naturgemäß nach Art des Schuldverhältnisses. Eine Bedeutung, die über das allgemeine Gebot billiger Rücksichtnahme auf die Belange des Anderen und das Festhalten am gegebenen Wort hinausgeht, findet

955

---

* **Schrifttum:** vArnim, US Korporation und Aktiengesellschaft im Rechtsvergleich – Haftungsdurchgriff im deutschen Kapitalgesellschaftsrecht und Piercing the corporate Veil im Recht der US-amerikanischen Corporation, NZG 2000, 1001 ff; Banerjea, Haftungsfragen in Fällen materieller Unterkapitalisierung und im qualifiziert faktischen Konzern, ZIP 1999, 1153; Baums, Bericht der Regierungskommission Corporate Governance (2001); Bungard, Die Förder- und Treupflicht des Alleingesellschafters einer GmbH, ZIP 2002, 827 ff; Dreher, Treupflichten zwischen Aktionären und Verhaltenspflichten bei der Stimmrechtsbündelung, ZHR 157 (1993) 150; Erman, Zwangsweise Durchsetzung von Ansprüchen aus einem Stimmbindungsvertrag im Aktienrecht, AG 1959, 267, 300; Flume, Die Rechtsprechung des II Zivilsenats des BGH zur Treupflicht des GmbH-Gesellschafters und des Aktionärs, ZIP 1996, 161 ff; Gehrlein, Der Anspruch auf Einsicht in ein Hauptversammlungsprotokoll – eine gesetzesferne, aber interessengerechte Rechtsschöpfung, WM 1994, 2054; Giefers/Ruhkamp, Die Gesellschaft bürgerlichen Rechts (5. Aufl 2003); Grunewald, Gesellschaftsrecht (7. Aufl 2008); Habersack, Die Mitgliedschaft – subjektives und „sonstiges" Recht (Habil Tübingen 1996); Hennrichs, Treupflichten im Aktienrecht, AcP 195 (1995) 221; Henssler, Die Haftung des Stimmrechtsvertreters – zugleich eine Anmerkung zur Entscheidung des BGH vom 20.3.1995 – II ZR 205/94, DZWir 1995, 430; ders, Verhaltenspflichten bei der Ausübung von Aktienstimmrechten durch Bevollmächtigte, ZHR 157 (1993) 91; Henze, Die Treupflicht im Aktienrecht, BB 1996, 489 ff; Hirte, Kapitalgesellschaftsrecht (5. Aufl 2006); Hueck, Der Treuegedanke im modernen Privatrecht (1947);

Hüffer, Aktiengesetz (8. Aufl 2008); Jaques, Börsengang und Führungskontinuität durch die kapitalistische KGaA, NZG 2000, 401 ff; Lieb, Sonderprivatrecht für Ungleichgewichtslagen? Überlegungen zum Anwendungsbereich der sogenannten Inhaltskontrolle privatrechtlicher Verträge, AcP 178 (1978) 196; Lutter, Das Girmes-Urteil, JZ 1995, 1053; ders, Die Haftung des herrschenden Unternehmens im GmbH-Konzern, ZIP 1985, 1425; ders, Die Treupflicht des Aktionärs, Bemerkung zur Linotype-Entscheidung des BGH, ZHR 153 (1989) 446; ders, Treupflichten und ihre Anwendungsprobleme, ZHR 162 (1998) 164; ders, Theorie der Mitgliedschaft – Prolegomena zu einem Allgemeinen Teil des Korporationsrechts, AcP 180 (1980) 84, 120; ders, Zur Treupflicht des Großaktionärs, JZ 1976, 225; Lutter/Hommelhoff, GmbH-Gesetz (17. Aufl 2009); Marsch-Barner, Treupflichten zwischen Aktionären und Verhaltenspflichten bei der Stimmrechtsbündelung, ZHR 157 (1993) 172; Martens, Allgemeine Gesellschaftsvertragsbedingungen auf dem Prüfstand der Privatautonomie, JZ 1976, 511, 513; Möschel, Monopolverband und Satzungskontrolle (1978); Nicklisch, Inhaltskontrolle von Verbandsnormen (1992); Nodoushani, Die Treupflicht der Aktionäre und ihrer Stimmrechtsvertreter (Diss Tübingen 1997); Picot, Mehrheitsrechte und Minderheitenschutz in der Personengesellschaft unter besonderer Berücksichtigung der PublikumsKG, BB 1993, 13; Priester, Die Kommanditgesellschaft auf Aktien ohne natürlichen Komplementär, ZHR 160 (1996) 250; ders, Die eigene GmbH als fremder Dritter – Eigensphäre der Gesellschaft und Verhaltenspflichten ihrer Gesellschafter, ZGR 1993, 512; Roth, Unterkapitalisierung und persönliche Haftung, ZGR 1993, 170; Schanze, Einmanngesellschaft sich etwa bei **fremdnützigen Tätigkeiten** sowie **Dauerschuldverhältnissen** (Hk-BGB/ SCHULZE Rn 14; ENNECCERUS/LEHMANN, Schuldrecht § 4 II 1 II). Da gesellschaftsrechtliche Beziehungen in die letztgenannte Kategorie fallen, besteht auch in Gesellschaften eine **umfassende Treuepflicht** (BGHZ 129, 142; BGH JZ 1995, 1064, 1065; LG Wiesbaden SpuRt 1996, 64; LUTTER, Das Girmes-Urteil, JZ 1995, 1053; K SCHMIDT, Gesellschaftsrecht § 10 IV; krit FLUME ZIP 1996, 161), die über eine bloße Schutzpflicht hinausgewachsen ist und sogar als fundamentales Prinzip der Gesellschafterstellung bezeichnet wird (MünchKomm/ROTH Rn 153).

956 Die dogmatische Grundlage der Treuepflicht bleibt bislang höchstrichterlich ungeklärt. Das Schrifttum vertritt unterschiedliche Ansätze (vgl Großkomm-AktG/HENZE/ NOTZ Anh § 53a Rn 14 ff). So wird im Recht der Personengesellschaften teilweise auf das von gegenseitigem Vertrauen geprägte **Gemeinschaftsverhältnis** abgestellt (WIMMER-LEONHARDT, Konzernhaftungsrecht 193), andere sehen die Grundlage in **Treu und Glauben** (BUNGARD ZIP 2002, 827, 834; HENNRICHS, Treupflichten im Aktienrecht, AcP 195 [1995] 221, 228; NODOUSHANI, Die Treuepflicht der Aktionäre und ihrer Stimmrechtsvertreter [Diss Tübingen 1997] 94 ff) oder in **§ 705** (LUTTER AcP 180 [1980] 84, 102 f; OLG Frankfurt WM 2009, 309) bzw sie greifen je nach Art der Pflicht auf die eine oder die andere Vor-

und Durchgriffshaftung als Konzeptionalisierungsprobleme gesellschaftsrechtlicher Zurechnung (Diss Frankfurt aM 1975); K SCHMIDT, Gesellschafterhaftung und Konzernhaftung bei der GmbH, NJW 2001, 3577; ders, Gesellschaftsrecht (4. Aufl 2002); ders, Zur Durchgriffsfestigkeit bei der GmbH, ZIP 1994, 837; SCHNEIDER, Die Inhaltskontrolle von Gesellschaftsverträgen, ZGR 1978, 1 ff; SERICK, Rechtsform und Realität juristischer Personen (Habil Tübingen 1955); SZALAI, Die Treuepflicht als Schranke des aktienrechtlichen Anfechtungsrechts, DStR 2008, 358 ff; ULMER, Der Gläubigerschutz im faktischen GmbH-Konzern beim Fehlen von Minderheitsgesellschaftern, ZHR 148 (1984) 391; ders, Von „TBB" zu „Bremer Vulkan" – Revolution oder Evolution? Zum Bestandsschutz der abhängigen GmbH gegen existenzgefährdende Eingriffe ihres Alleingesellschafters, ZIP 2001, 2021; UNGER, Unterkapitalisierung in Frankreich und Belgien (Diss Bonn 1987); VONNEMANN, Haftung der GmbH-Gesellschafter bei materieller Unterkapitalisierung (Diss Berlin 1990); WEITBRECHT, Haftung der Gesellschafter bei materieller Unterkapitalisierung der GmbH (Diss München 1989); H P WESTERMANN, Kautelarjurisprudenz, Rechtsprechung und Gesetzgebung im Spannungsfeld zwischen Gesellschafts- und Wirtschaftsrecht, AcP 175 (1975) 375;

v WESTPHALEN, Vertragsrecht und AGB-Klauselwerke (23. Aufl, Stand 2008); WIEDEMANN, in: FS H Westermann (1974) 585; ders, Grenzen der Bindung bei langfristigen Kooperationen, ZIP 1999, 1; ders, Minderheitsrechte ernst genommen, ZGR 1999, 857; ders, Reflexionen zur Durchgriffshaftung, ZGR 2003, 283; WIMMER-LEONHARDT, Konzernhaftungsrecht (Diss Tübingen 2004); WINDBICHLER, Schadensersatzansprüche stiller Gesellschafter, ZGR 1989, 434; WINTER, Eigeninteresse und Treupflicht bei der Einmann-GmbH in der neueren BGH-Rechtsprechung, ZGR 1994, 570; ders, Mitgliedschaftliche Treubindungen im GmbH-Recht (Diss Heidelberg 1988); WÜST, Das Problem des Wirtschaftens mit beschränkter Haftung, JZ 1992, 710; ders, Die unzureichende Eigenkapitalausstattung bei Beschränkthaftern, JZ 1995, 990; ZIEMONS, Die Haftung der Gesellschafter für Einflussnahmen auf die Geschäftsführung der GmbH (Diss Bonn 1996); ZÖLLNER, Die Schranken mitgliedschaftlicher Stimmrechtsmacht bei den privatrechtlichen Personenverbänden (Habil München 1963); ders, Treupflichtgesteuertes Aktienkonzernrecht, ZHR 162 (1998) 235; vgl weiterführende Schrifttumsnachweise in HOPT/GADOW, Großkommentar Aktiengesetz Band 1 (4. Aufl 2004) § 53a (89).

schrift zurück (WINTER, Mitgliedschaftliche Treubindungen im GmbH-Recht 13). Als **Substrat richterlicher Rechtsfortbildung** wird die Treuepflicht schließlich auch auf eine **Vielzahl von Einzelnormen** gestützt (vgl BGHZ 70, 331, 335; 89, 162, 165) oder als verbandsübergreifendes **übergesetzliches Rechtsprinzip** verstanden (vgl Großkomm-AktG/HENZE/ NOTZ Anh § 53a Rn 18 f mwNw). Die Gesetzessystematik spricht seit dem Inkrafttreten des Schuldrechtsmodernisierungsgesetzes am 1.1.2002 (z Entstehungsgeschichte STAUDINGER/OLZEN Einl 185 ff zum SchuldR) für eine nach Art der jeweiligen Pflicht differenzierte Anbindung an das **Schuldverhältnis** iVm § 241 Abs 1, Abs 2, nicht mehr an § 242 (z Entstehung der Pflichten vgl STAUDINGER/OLZEN § 241 Rn 113 ff).

Die Treuepflicht besteht grds sowohl gegenüber der **Gesellschaft** als auch gegenüber den **Mitgesellschaftern**. Sie ist nach Inhalt und Umfang von der **Gesellschaftsform** sowie der **personalen Struktur** der Gesellschaft abhängig, so dass sich insbesondere im Verhältnis der Gesellschafter untereinander erhebliche Unterschiede ergeben (BGHZ 65, 15; 98, 276; BGH NJW 1989, 166; MünchKomm/ROTH Rn 167). Eine stark **personalistisch** strukturierte Gesellschaftsform erzeugt umfassende Treuepflichten (HIRTE, Kapitalgesellschaftsrecht Rn 4.44; LUTTER AcP 180 [1980] 84, 120). **957**

Die Gesellschafter werden durch die Treuepflicht bei der Wahrnehmung ihrer Rechte in der Weise beschränkt, dass sie ihre eigenen Interessen sowie die Interessen Dritter gegenüber den Interessen der Gesellschaft zurückzustellen haben (BGH NJW 1986, 584; 1989, 2687; GmbHR 1998, 89; OLG München NZG 1999, 294). Die **Grenze** der Treuepflicht bildet aber stets die **Wahrung eigener berechtigter Interessen** (GIEFERS/ RUHKAMP, Die Gesellschaft bürgerlichen Rechts Rn 284). Einen Alleingesellschafter (BGH NJW 1993, 193) sowie eine einstimmig handelnde Gesellschaftergesamtheit treffen gegenüber der Gesellschaft grds keine Treuepflichten; diese kommen in solchen Fällen nur auf Grund von **Gläubiger-** und **Drittinteressen** in Betracht (LUTTER/ HOMMELHOFF, GmbH-Gesetz § 14 Rn 24; LUTTER, Die Haftung des herrschenden Unternehmens im GmbH-Konzern, ZIP 1985, 1425, 1428; WINTER, Eigeninteresse und Treupflicht bei der Einmann-GmbH in der neueren BGH-Rechtsprechung, ZGR 1994, 570, 593; aA PRIESTER, Die eigene GmbH als fremder Dritter – Eigensphäre der Gesellschaft und Verhaltenspflichten ihrer Gesellschafter, ZGR 1993, 512; ZIEMONS, Die Haftung der Gesellschafter für Einflussnahmen auf die Geschäftsführung der GmbH [Diss Bonn 1996] 97; differenzierend ULMER, Der Gläubigerschutz im faktischen GmbH-Konzern beim Fehlen von Minderheitsgesellschaftern, ZHR 148 [1984] 391, 418 f). **958**

Insgesamt haben Treuebindungen sowie der Gedanke des Rechtsmissbrauchs im Gesellschaftsrecht, einschließlich des Rechts der Kapitalgesellschaften, in den letzten Jahrzehnten wachsende Bedeutung erlangt, sich andererseits aber auch erheblich von der allgemeinen Vorschrift des § 242 zu einem eigenständigen Rechtsinstitut fortentwickelt (MünchKomm/ROTH Rn 82). **959**

aa) Personengesellschaften
Bei **Personengesellschaften** bestehen Treuepflichten auf Grund des engen Kontaktes zwischen den Gesellschaftern (ERMAN/HOHLOCH Rn 170) sowohl in der **GbR** (SOERGEL/ HADDING § 705 Rn 58) als auch in der **OHG** (BGHZ 20, 201; 44, 40; 64, 257; 68, 82; GRUNEWALD, Gesellschaftsrecht 1 B Rn 9), der **KG** (BGH NJW 1995, 194, 195), der **Stillen Gesellschaft** (BGHZ 3, 75, 81; BGH WM 1963, 1209; BGH ZIP 1987, 1316; WINDBICHLER, Schadensersatzansprüche stiller Gesellschafter, ZGR 1989, 434, 436) und der **Partnerschaftsgesellschaft** **960**

(GRUNEWALD, Gesellschaftsrecht 1 F Rn 7). Die meist dem **Gesellschaftsvertrag** im Wege der **Auslegung** entnommene Treuepflicht (SOERGEL/HADDING § 705 Rn 58; GRUNEWALD, Gesellschaftsrecht 2 C Rn 37) besteht sowohl **zwischen den Gesellschaftern** als auch **gegenüber der Gesellschaft** selbst (LUTTER AcP 180 [1980] 84, 120).

bb) Körperschaften
(1) Vereinsrecht

961 Das **Vereinsrecht** untersteht ebenfalls dem Gebot von Treu und Glauben (BGHZ 129, 142; GRUNEWALD, Gesellschaftsrecht 2 A Rn 13). Ähnlich wie bei den Personengesellschaften, wo die Pflicht der Gesellschafter zur Rücksichtnahme aus dem Gesellschaftsvertrag folgt, wird die Pflicht der Mitglieder zur Rücksichtnahme meist aus der **Satzung** begründet. Eine weitere Vergleichbarkeit mit den Personengesellschaften liegt in deren Rechtswirkungen zwischen den einzelnen Mitgliedern einerseits und den Mitgliedern im Verhältnis zu ihrem Verein andererseits (BGH RdL 1983, 317).

(2) Aktiengesellschaft

962 Eine allgemeine Treuepflicht wird auch für die **Aktiengesellschaft** allgemein anerkannt (BGHZ 103, 184), wobei teilweise auf die **Satzung** als Entstehungsgrund abgestellt (HENZE BB 1996, 489, 492; WINTER, Mitgliedschaftliche Treuebindungen im GmbH-Recht 63), teilweise an die **Mitgliedschaft** angeknüpft (LUTTER AcP 180 [1980] 84, 105) oder die Treuepflicht als Korrelat der besonderen **verbandstypischen Macht** begriffen wird, in fremde Interessen einzugreifen (ZÖLLNER, Die Schranken mitgliedschaftlicher Stimmrechtsmacht bei den privatrechtlichen Personenverbänden [Habil München 1963] 343). Im Sinne einer **Förderpflicht**, die auf Erreichung des Gesellschaftszwecks gerichtet ist, unterscheidet sie sich von der allgemeinen Treuepflicht aus § 242, wobei die Übergänge allerdings fließend sind. Letztere gilt bereits auf Grund des zwischen Aktionär und Gesellschaft bestehenden Schuldverhältnisses, da der Grundsatz von Treu und Glauben auf sämtliche Schuldverhältnisse anzuwenden ist (GRUNEWALD, Gesellschaftsrecht 2 C Rn 37; LUTTER AcP 180 [1980] 84, 103; ZÖLLNER, Die Schranken mitgliedschaftlicher Stimmrechtsmacht bei den privatrechtlichen Personenverbänden [Habil München 1963] 335; vgl z Anwendbarkeit der Norm auf vertragliche u gesetzliche Schuldverhältnisse o Rn 125 ff).

963 Problematischer als die dogmatische Grundlage der Treuepflichten ist ihr jeweiliger **Umfang**. Während das RG einerseits eine Treuepflicht des **Aktionärs gegenüber der AG** bejahte (RGZ 146, 71, 76; 146, 385, 395; 158, 248, 254), stand es andererseits einer Treuepflicht der **Aktionäre untereinander** eher ablehnend gegenüber (RGZ 158, 248, 254). Dagegen hat der BGH in der sog „Linotype-Entscheidung" – wenn auch nach längerem Zögern – eine Treuepflicht der **Aktionäre untereinander** angenommen (BGHZ 103, 184; 129, 136; so auch HENZE BB 1996, 489; MünchKomm/ROTH Rn 158; anders noch BGH WM 1967, 449; differenzierend BGH ZIP 1992, 1464). Er befürwortete deshalb die **Anfechtbarkeit eines Hauptversammlungsbeschlusses** wegen eines Verstoßes gegen diese gegenseitige Treuepflicht. Die Gesellschafter hatten die Auflösung der Gesellschaft beschlossen, nachdem von einem Mehrheitsgesellschafter bereits Absprachen über die Übernahme wesentlicher Teile des Unternehmens getroffen worden waren (vgl dazu LUTTER, Die Treuepflicht des Aktionärs, Bemerkung zur Linotype-Entscheidung des BGH, ZHR 153 [1989] 446). In der Lit wird zum Teil eine allgemeine Treuepflicht gegenüber der Gesellschaft und den Aktionären auch heute noch für zu weitgehend gehalten (MünchKomm/REUTER § 34 Rn 22; FLUME ZIP 1996, 161) oder allenfalls für **Fami-**

liengesellschaften mit wenigen Aktionären vorgeschlagen (K SCHMIDT, Gesellschaftsrecht § 20 IV 2 d).

Wie weit etwaige Treuepflichten der Aktionäre untereinander reichen, hängt jedenfalls auch von der Struktur der AG ab (LUTTER AcP 180 [1980] 84, 105; K SCHMIDT, Gesellschaftsrecht § 20 IV 2 d). Die Treuepflicht hat insbesondere für **Mehrheitsaktionäre** zur Folge, dass sie auf die **Belange der Minderheit** Rücksicht zu nehmen haben (BGHZ 103, 184, 195; HIRTE, Kapitalgesellschaftsrecht Rn 4.45; LUTTER, Zur Treuepflicht des Großaktionärs, JZ 1976, 225). Vor allem bei Maßnahmen, welche die **gesellschaftsvertraglichen Grundlagen** berühren oder in den **Kernbereich** der Mitgliedschaftsrechte bzw in unentziehbare Rechte der Minderheit eingreifen, ist die Treuepflicht zu beachten. Sogar eine auf einer an sich wirksamen Mehrheitsklausel beruhende Mehrheitsentscheidung kann im Einzelfall wegen Verstoßes gegen die gesellschafterliche Treuepflicht unwirksam sein (BGH NJW 2009, 669). Ausnahmsweise bestehen aber auch Treuepflichten der **Minderheit**, wenn diese über eine kontrollfähige Einflussposition verfügt (BGH NJW 1995, 1739). 964

(3) GmbH
Bereits lange vor den höchstrichterlichen Entscheidungen zur AG hat der BGH für die GmbH eine **Treuepflicht** der **Mehrheit** gegenüber der **Minderheit** der Gesellschafter angenommen (BGHZ 65, 15, 18; vgl ferner BGH ZIP 2005, 985). Mittlerweile ist sie **innerhalb der GmbH** allgemein anerkannt (BAUMBACH/HUECK/FASTRICH, GmbH-Gesetz [17. Aufl 2000] § 13 Rn 21 mwNw; WINTER, Mitgliedschaftliche Treuebindungen im GmbH-Recht 43). Da die Bindungen der Gesellschafter an die Gesellschaft idR durch Mitwirkung in der Geschäftsführung stärker ausgeprägt sind als in der Aktiengesellschaft, wird im Verhältnis der Gesellschafter zur GmbH sogar eine gesteigerte Treuepflicht iSe **Pflicht zum tätigen Einsatz für die Gesellschaftsinteressen** bejaht. Eine Ausnahme gilt lediglich für die sog Einmann-GmbH, die kein vom Gesellschafterinteresse unabhängiges Gesellschaftsinteresse kennt (BGH ZIP 1992, 1734). 965

(4) Genossenschaft
Gesteigerte Treuepflichten gelten wegen des besonderen **personenrechtlichen Einschlages** für die Genossenschaft (BGH ZIP 1996, 674, 677; ENNECCERUS/LEHMANN, Schuldrecht § 4 II 1 II; z den Grenzen der Treuepflicht BGH ZIP 1993, 384). 966

b) Einzelfälle
Im Gesellschaftsrecht beschränkt sich – jedenfalls seit der Schuldrechtsreform (s STAUDINGER/OLZEN Einl 185 ff zum SchuldR) – die Bedeutung von § 242 auf dessen **Schranken-** und **Konkretisierungsfunktion** (s o Rn 202 ff u 182 ff), während früher auch die Pflichtenbegründung zu den Funktionen der Norm zählte. Grundlage von schuldrechtlichen Verpflichtungen ist jetzt das Schuldverhältnis selbst iVm § 241 Abs 1 oder § 241 Abs 2 (vgl z Pflichtenbegründung STAUDINGER/OLZEN § 241 Rn 113 ff u z den Funktionen des § 242 o Rn 172 ff). Im Interesse einer einheitlichen Darstellung der zu § 242 vorhandenen Judikatur, die sich vor der Schuldrechtsreform nicht im Einzelnen mit der Abgrenzung zwischen § 241, insbesondere Abs 2, und § 242 befassen musste, werden im Folgenden dennoch alle Fälle aufgeführt, auch die, in denen der Norm pflichtenbegründende Funktion beigemessen wurde. 967

aa) Unterlassungspflichten

968 Die Treuepflicht verbietet dem Gesellschafter jedes **Verhalten**, das sich für die Gesellschaft **nachteilig auswirkt**. Einer GmbH wurde deshalb ein Schadensersatzanspruch gegen ihren Gesellschafter zuerkannt, der den Geschäftsführer zu einem aussichtslosen Prozess gegenüber einem Mitgesellschafter veranlasst hatte (OLG Düsseldorf ZIP 1994, 619).

bb) Mitwirkungspflichten

969 Aus der Treuepflicht kann eine **Stimmpflicht** resultieren, wenn dies unter Abwägung mit den schutzwürdigen Belangen des widersprechenden Gesellschafters im Gesellschaftsinteresse geboten erscheint (BGHZ 44, 40, 41 für die OHG; 64, 253, 257 für die KG; 98, 276, 279 für die personalistisch strukturierte GmbH; für eine Übertragung auch auf die personalistisch strukturierte AG Großkomm-AktG/WIEDEMANN § 179 Rn 157). Dabei sind allerdings an die Verpflichtung, einer Beitragserhöhung zuzustimmen, besonders hohe Anforderungen zu stellen, da ein Gesellschafter grundsätzlich nicht zu neuen Vermögensopfern gezwungen werden kann (BGH MDR 2007, 1144). Befindet sich die Gesellschaft im Liquidationsstadium, gelten ebenfalls besondere Voraussetzungen für eine positive Stimmpflicht. So ist ein Kommanditist beispielsweise nicht verpflichtet, in diesem Stadium – zur Durchführung eines zeitlich ungewissen Sanierungskonzepts – einer Änderung des Gesellschaftsvertrages zuzustimmen, durch die ein Teil seiner Haftsumme in eine Zahlungspflicht gegenüber der KG umgewandelt werden soll (BGH MDR 2007, 1326).

Aus der Stimmpflicht folgt zum einen, dass der treuwidrig handelnde Gesellschafter keine Möglichkeit hat, sich auf die Unwirksamkeit der ohne seine Zustimmung getroffenen Maßnahme zu berufen (BGH NJW 1960, 434). Zum anderen kann die Stimmpflicht nach der Rechtsprechung aber auch selbständig durchgesetzt werden (OLG München NJW-RR 1998, 174, 175). Für das **Aktienrecht** entnimmt man einem **Stimmbindungsvertrag** eine einklagbare **Vorbereitungspflicht**, um die Erfüllung der gefährdeten Hauptleistung zu sichern (ERMAN, Zwangsweise Durchsetzung von Ansprüchen aus einem Stimmbindungsvertrag im Aktienrecht, AG 1959, 267 u 300). Ein Gesellschafter wurde ferner als verpflichtet angesehen, der Fortsetzung einer durch einen Privatgläubiger eines Mitgesellschafters gekündigten Gesellschaft zuzustimmen, nachdem der Gläubiger befriedigt worden war (RGZ 169, 153, 155; vgl auch OGH MDR 1950, 541). Ein Kommanditist ist ausnahmsweise gezwungen, einem Wechsel in der Person des Komplementärs zuzustimmen (OLG München NJW-RR 1997, 611). Mitwirkungspflichten treffen auch den geschäftsführenden Gesellschafter einer GbR (BGH NJW 1960, 91).

cc) Inhaltskontrolle

970 Die Vorschriften über die Kontrolle Allgemeiner Geschäftsbedingungen finden auf Gesellschaftsverträge wegen § 310 Abs 4 keine Anwendung. Auch der Zulässigkeit einer **Inhaltskontrolle von Gesellschaftsverträgen nach Treu und Glauben** könnte § 310 Abs 4 entgegenstehen, sofern man die Vorschrift als spezielle Ausformung des Treuegedankens versteht (so auch BAMBERGER/ROTH/GRÜNEBERG/SUTSCHET Rn 37). Dann würde diese Bereichsausnahme eine Inhaltskontrolle von Satzungen gänzlich verhindern. Der Wille des Gesetzgebers spricht jedoch gegen eine solche Betrachtungsweise: § 310 Abs 4 diente danach der Klarstellung, dass die bisherige Rechtsprechungspraxis von einer Inhaltskontrolle über § 242 nicht berührt werden sollte (BT-Drucks 7/5422 13 z gleichlautenden § 23 AGBG).

Begegnet die Inhaltskontrolle über § 242 also keinen grundsätzlichen Bedenken (so **971** auch MünchKomm/BASEDOW AGBG § 23 Rn 11), so bleibt fraglich, bei welchen Gesellschaftsformen sie angezeigt ist. Im **Aktienrecht** dürfte ihr deshalb geringe Bedeutung zukommen, weil die meisten Normen zwingend und Abweichungen in der Satzung deshalb nur begrenzt zulässig sind, § 23 Abs 5 AktG. Im Übrigen wird die Inhaltskontrolle nach Treu und Glauben dadurch eingeschränkt, dass sie üblicherweise **Austauschverträge** mit **gegenläufigen Interessen** betrifft, während **Gesellschaftsverträge** durch das **gleichgerichtete Interesse** der Gesellschafter am Erfolg ihrer Gesellschaft gekennzeichnet sind (JAQUES NZG 2000, 401 Fn 87). Eine Inhaltskontrolle läge deshalb näher, wenn ein Austauschvertrag der Gesellschaft mit einem Gesellschafter überprüft würde, nicht der Gesellschaftsvertrag selbst. Jedenfalls in einer **personalistisch strukturierten Gesellschaft** sprechen die verbandsspezifischen Gegebenheiten eher dagegen, die Autonomie der Gesellschafter über § 242 zu beschneiden (OLG Hamburg WM 1994, 499; vgl grundlegend LIEB, Sonderprivatrecht für Ungleichgewichtslagen? Überlegungen zum Anwendungsbereich der sogenannten Inhaltskontrolle privatrechtlicher Verträge, AcP 178 [1978] 196). Satzungsgestaltungen verstoßen jedenfalls nicht schon deshalb gegen Treu und Glauben, weil sie vom gesetzlichen Leitbild abweichen (BGHZ 134, 392, 396).

Für **Publikumsgesellschaften** erkennt die Rspr seit Mitte der 70er Jahre hingegen **972** Zulässigkeit und Notwendigkeit einer Inhaltskontrolle über § 242 einhellig an (BGH NJW 1975, 1318; 1977, 2311; 1978, 425; 1981, 2565; 1982, 2303; 1991, 2906; BGH BB 1984, 169, 170; OLG Düsseldorf AnwBl 2008, 72; FURMANS, Immobilienfonds Rn 8, in: vWESTPHALEN, Vertragsrecht und AGB-Klauselwerke). Begründet wird dies damit, dass den Gesellschaftsvertrag wenige Gründer entwerfen und nachfolgende Gesellschafter, die lediglich über den Kapitalmarkt beteiligt sind, auf dessen Ausgestaltung keinen Einfluss haben (für die Publikums-KG BGHZ 64, 238, 241; FURMANS, Immobilienfonds Rn 8, in: vWESTPHALEN, Vertragsrecht und AGB-Klauselwerke; MünchKomm/ROTH Rn 615). Dies gilt unabhängig davon, ob die Gesellschaft eigene Geschäftsanteile vergibt oder ob Treuhandmodelle vereinbart werden (vgl GRUNEWALD, Gesellschaftsrecht 1 A 35 f). Bei solchen Publikumsgesellschaften ist die Satzung materiell mit Allgemeinen Geschäftsbedingungen zu vergleichen, weil in beiden Fällen eine Vertragsbeziehung einseitig für eine Mehrzahl von Vertragspartnern vorgegeben wird, so dass hier in der Tat gewichtige Argumente für eine Inhaltskontrolle sprechen.

Eine Inhaltskontrolle ist deshalb u. a. anerkannt für Gesellschaftsverträge der **Pu-** **973** **blikums-KG** (BGHZ 64, 238, 241; 84, 11, 14; 104, 50; OLG Düsseldorf DB 1991, 1274; LG Wiesbaden SpuRt 1996, 64; vgl PICOT, Mehrheitsrechte und Minderheitenschutz in der Personengesellschaft unter besonderer Berücksichtigung der PublikumsKG, BB 1993, 13; für eine Inhaltskontrolle des Gesellschaftsvertrages einer Familien-KG WIEDEMANN, in: FS H Westermann [1974] 585, 589; dagegen H P WESTERMANN, Kautelarjurisprudenz, Rechtsprechung und Gesetzgebung im Spannungsfeld zwischen Gesellschafts- und Wirtschaftsrecht, AcP 175 [1975] 375, 407 f; MARTENS, Allgemeine Gesellschaftsvertragsbedingungen auf dem Prüfstand der Privatautonomie, JZ 1976, 511, 513). Das Gleiche gilt für eine entsprechend strukturierte **GbR** (BGH NJW 1982, 877; 1982, 2495; 1983, 2498; BGHZ 102, 172) und auch für eine entsprechende **Stille Gesellschaft** (BGHZ 127, 182; BGH NJW 2001, 1271).

974 Gleiches gilt aber auch für ähnlich strukturierte **Kapitalgesellschaften** wie die (seltene) **Publikums-GmbH** (LG Münster NJW-RR 1996, 676). Bei der **KGaA** stellt sich ebenfalls die Frage einer Satzungskontrolle auf Grund der gesellschaftsrechtlichen Treuepflicht. Für die **gesetzestypische KGaA**, die in ihrer **personalistischen Struktur** Gemeinsamkeiten mit der **Publikums-KG** ausweist, hat die Rspr eine Satzungskontrolle bislang dennoch nicht in Erwägung gezogen. Für die **kapitalistische KGaA** wurde demgegenüber erwogen, Satzungsgestaltungen in engeren Grenzen zuzulassen als bei der gesetzestypischen KGaA, wobei als Richtlinie möglicherweise die zur Publikums-KG entwickelten Grundsätze herangezogen werden können (BGHZ 134, 392, 400).

975 Bezogen auf **Genossenschaften** wurde die Zulässigkeit einer Satzungskontrolle teilweise offen gelassen (BGH WM 1988, 707, 709), im Fall eines genossenschaftlichen Bankenverbandes aber bejaht (OLG Köln ZIP 1992, 1617). Im **Vereinsrecht** hat die Rspr eine Satzungskontrolle gem § 242 jedenfalls dann befürwortet, wenn der Verein im wirtschaftlichen oder sozialen Bereich eine überragende Machtstellung innehat und das Mitglied auf die Mitgliedschaft angewiesen ist (BGHZ 105, 306, 316; OLG Oldenburg NJW-RR 1999, 422; OLG Hamm NJW-RR 1992, 1211; PALANDT/ELLENBERGER § 25 Rn 9; MÖSCHEL, Monopolverband und Satzungskontrolle [1978] 13 f). Vor allem **Regelwerke** für die Ausübung von **Sport**, denen sich auch Nichtmitglieder des erlassenden Verbandes unterwerfen, sind einer Inhaltskontrolle nach § 242 zugänglich (BGHZ 128, 93, 103).

976 Hinsichtlich der **Rechtsfolgen** ist zu bedenken, dass der vollständige Verband von der Inhaltskontrolle betroffen ist, also einschließlich derjenigen Gesellschafter, die an der Abfassung des Vertrages nicht beteiligt waren. Da der Gesellschaftsvertrag auch nicht in Teilverträge aufgespalten werden kann, lässt sich dieses Problem nicht durch eine relative Unwirksamkeit lösen (SCHNEIDER, Die Inhaltskontrolle von Gesellschaftsverträgen, ZGR 1978, 1, 12). Eine solche Aufspaltung verstieße im Übrigen gegen das aus § 248 Abs 1 AktG resultierende Rechtsprinzip, einander widersprechende Entscheidungen zu vermeiden.

dd) Haftung

977 Im Gesellschaftsrecht stellt sich ferner die Frage, ob der Berufung auf die **Selbständigkeit juristischer Personen** nach Treu und Glauben Grenzen zu setzen sind – ein Gedanke, der sich in der angelsächsischen Rechtsordnung unter dem Stichwort „piercing the corporate veil" findet (MünchKomm/ROTH Rn 205; rechtsvergleichend vARNIM NZG 2000, 1001). Sowohl der **Schutz des Gesellschafters** (BGHZ 91, 380) als auch der **Schutz des Rechtsverkehrs** (z Durchgriffshaftung s auch o Rn 685 f) können im Einzelfall dazu führen, dass ein solcher Einwand rechtsmissbräuchlich erscheint.

978 Deshalb können Gesellschafter in entsprechenden Fällen gegenüber den Ansprüchen Dritter nicht die förmliche Selbständigkeit einer von ihnen beherrschten juristischen Person geltend machen (RGZ 99, 232, 234, 242; 129, 50, 53; 169, 240, 248; BGHZ 20, 4; 22, 226, 230; 26, 31, 33; 54, 222, 224; 68, 312, 314; 78, 318, 333). Ungeachtet der grundsätzlichen Haftungsbegrenzung einer juristischen Person auf ihr Gesellschaftsvermögen kommt dann eine **Durchgriffshaftung** auf das **Privatvermögen** in Betracht (SCHANZE, Einmanngesellschaft und Durchgriffshaftung 56 f; SERICK, Rechtsform und Realität juristischer Personen 5 f; PALANDT/HEINRICHS Rn 71; K SCHMIDT ZIP 1994, 837). Im Hinblick darauf, dass der Gesetzgeber die Haftungsbeschränkung durch Wahl entsprechender Gesellschaftsformen grds erlaubt hat, bleibt eine persönliche Inanspruchnahme der Gesellschafter allerdings die Ausnahme. Ein **Minderheitsaktionär**, der keinen wesentlichen Einfluss auf die Geschäftsführung nehmen kann, muss daher auch keinen Haftungsdurchgriff befürchten. Demgegenüber haftet derjenige, der über eine Vielzahl von Anteilen und entsprechenden Einfluss verfügt, uU persönlich (vArnim NZG 2000, 1001, 1004).

Dogmatisch wird die Durchgriffshaftung teilweise an den **Missbrauch** der juristischen Person, also an § 242 angeknüpft (Serick, Rechtsform und Realität juristischer Personen 203; krit Hüffer, AktG § 1 Rn 17 f). Andere sehen juristische Personen als **funktionsgebundene Rechtsfiguren** an und wollen die Haftungsfreistellung der Gesellschafter auf die Sachverhalte beschränken, die der **gesetzlichen Zielvorstellung** entsprechen (sog Normzwecktheorie, vgl Lutter/Hommelhoff, GmbHG § 13 Rn 11; Schanze, Einmanngesellschaft und Durchgriffshaftung 102), so dass im Falle eines Haftungsdurchgriffs die haftungsbeschränkende Norm **teleologisch reduziert** wird. Ein Haftungsdurchgriff wird in folgenden **Fallgruppen** diskutiert, oft aber auch wegen des Ausnahmecharakters verneint: 979

Die **Unterkapitalisierung** betrifft Tatbestände, in denen eine Gesellschaft für einen bestimmten Zweck gegründet und mit einem Stammkapital ausgestattet wird, das zur Erreichung dieses Zwecks nicht ausreicht (Banerjea, Haftungsfragen in Fällen materieller Unterkapitalisierung und im qualifiziert faktischen Konzern, ZIP 1999, 1153; Lutter/Hommelhoff, GmbHG § 13 Rn 15; Wüst, Das Problem des Wirtschaftens mit beschränkter Haftung, JZ 1992, 710; ders, Die unzureichende Kapitalausstattung bei Beschränkthaftern [1995] 990). Das Schrifttum steht einer persönlichen Einstandspflicht in solchen Fällen tendenziell positiv gegenüber (Lutter/Hommelhoff, GmbHG § 13 Rn 15 mwNw); die Rspr schwankt bisher in der Bewertung (gegen einen Durchgriff BGHZ 68, 312; BAG ZIP 1999, 878 m Anm Altmeppen; zögernd BGH WM 1977, 845; BGH NJW 1981, 2810; bejahend BGHZ 54, 222, 224; BGH ZIP 1996, 1135; z Gerichtsstand OLG Köln, NZG 2004, 1009). Für sich genommen begründet die Unterkapitalisierung meist noch keine persönliche Einstandspflicht des Gesellschafters gegenüber Dritten (BGH NJW 1977, 1449, 1450; BAG ZIP 1999, 878, 879; s aber Rn 965). So konnte sich ein Kommanditist auf die Haftungsbeschränkung berufen, obwohl er wirtschaftlich Inhaber einer KG war und eine mittellose Person als Komplementär eingesetzt hatte (BGHZ 45, 204, 207). 980

Eine Diskussion über den Haftungsdurchgriff gibt es grds auch in **Abhängigkeits- und Konzernverhältnissen** (Hüffer, AktG § 1 Rn 21; K Schmidt NJW 2001, 3577). Der dogmatische Ansatz der Durchgriffshaftung wird dort allerdings in zunehmendem Maße durch den Gedanken der **Verlustdeckungspflicht** der Gesellschafter gegenüber der Gesellschaft verdrängt. Nachdem hierfür zeitweilig in entsprechender Anwendung von §§ 303, 322 Abs 2 und 3 AktG beim **qualifiziert faktischen Konzern** eine **verschuldensunabhängige Einstandspflicht** angenommen wurde (BGHZ 95, 330; 107, 7; 115, 187; BAG NJW 1991, 2923), hat sich die Rspr zwischenzeitlich unter Beibehaltung der konzernrechtlichen Betrachtungsweise (BGHZ 122, 123) für eine **verschuldensabhängige Einstandspflicht** oder **Bestandsgarantie** im Hinblick auf eine hinreichende Kapitalisierung der Gesellschaft entschieden. Daraus ergibt sich uU eine Haftung des Gesellschafters wegen **schuldhafter Existenzvernichtung** seiner Gesellschaft, wenn er auf deren Eigeninteresse an ausreichender Liquidität **keine angemessene** 981

Rücksicht nimmt (BGHZ 149, 10, 15 f; 142, 92; BGH ZIP 2002, 1578; BUNGARD ZIP 2002, 827; K SCHMIDT NJW 2001, 3577; ULMER, Von „TBB" zu „Bremer Vulkan" – Revolution oder Evolution? Zum Bestandsschutz der abhängigen GmbH gegen existenzgefährdende Eingriffe ihres Alleingesellschafters, ZIP 2001, 2021). Allein der Umstand der **Beherrschung** durch einen Gesellschafter begründet also noch keine persönliche Haftung (BSG NJW-RR 1997, 94, 95; BGH NJW 1977, 1449, 1451; MünchKomm/ROTH Rn 205). Dies gilt sowohl für den beherrschenden **Mehrheitsgesellschafter** (BGHZ 102, 95, 102) als auch für den **Einmanngesellschafter** (BGHZ 68, 312, 320).

982 Eine persönliche Haftung der Gesellschafter gegenüber Gläubigern wird hingegen in den Fällen der **Vermögensvermischung** erwogen, wenn also auf Grund fehlender oder undurchsichtiger Buchführung die Vermögensgegenstände weder dem persönlichen noch dem Gesellschaftsvermögen eindeutig zuzuordnen sind (LUTTER/HOMMELHOFF GmbHG § 13 Rn 14). Für die **GmbH** ist ein Haftungsdurchgriff insoweit anerkannt (BGH ZIP 1994, 867; 1985, 31; BGH DB 1994, 1354; BGH WM 1958, 463; BGHZ 125, 366, 368; 95, 330, 333; BSG NJW-RR 1995, 730, 731; OLG Nürnberg WM 1955, 1566, 1567; K SCHMIDT ZIP 1994, 837), allerdings nicht für den Minderheitsgesellschafter, der die Vermögensvermischung nicht zu verantworten hat (BGH ZIP 1994, 867). Für die **AG** fehlen entsprechende Entscheidungen. Eine Übertragung der Judikatur zur GmbH kann nicht ohne weiteres erfolgen, da im Gegensatz zur GmbH jede Entnahme des Aktionärs über den Bilanzgewinn gegen das Gesetz verstößt und zur Rückzahlung verpflichtet (HÜFFER, AktG § 1 Rn 20). Anders als der GmbH fehlt der AG außerdem eine dem Weisungsrecht des Gesellschafters gem § 37 GmbHG vergleichbare Einflussmöglichkeit der Aktionäre auf die Geschäftsführung. Eine persönliche Einstandspflicht kommt daher nur ganz ausnahmsweise in Betracht, etwa bei **manipulativer Einwirkung auf den Vorstand** oder **kollusivem Zusammenwirken** mit diesem (MünchKomm/HEIDER AktG § 1 Rn 66 f). Der Vermögensvermischung verwandt ist die **Sphärenvermischung** (LUTTER/HOMMELHOFF, GmbHG § 13 Rn 20), die zB mittels ähnlicher Firmierung den Unterschied zwischen Gesellschafter und juristischer Person verschleiert (BGH WM 1958, 463).

983 Der Durchgriffshaftung verwandt ist der **Zurechnungsdurchgriff**, bei dem entgegen dem Trennungsprinzip Wissen, Eigenschaften oder Handlungen der juristischen Person dem Anteilseigner zugerechnet werden. Eine Durchbrechung der rechtlichen Selbständigkeit findet ferner insoweit statt, als **Unterlassungspflichten** uU auch die vom Schuldner beherrschte Person treffen (BGH DB 1988, 701).

984 Eine Haftung kraft **Rechtsscheins** hat im Gesellschaftsrecht in erster Linie dann Bedeutung, wenn die Gesellschafter den **Eindruck unbeschränkter persönlicher Haftung** erwecken (BGHZ 22, 226, 230). Dementsprechend haften Gesellschafter, deren Firmierung die Beschränkung der Haftung entgegen § 19 Abs 2 HGB nicht deutlich werden lässt, mit ihrem Eigenvermögen (BGHZ 62, 226; 64, 11; 71, 354; BGH WM 1990, 600). Gleiches gilt für den persönlich haftenden Gesellschafter, der in eine Kommanditistenstellung überwechselt, ohne dies gegenüber seinen Geschäftspartnern kenntlich zu machen, so weit seine Berufung auf die Eintragung dieser Tatsache in das Handelsregister gem § 15 Abs 2 HGB und der Verweis auf die nunmehr bestehende Haftungsbeschränkung im Widerspruch zu seinem Geschäftsgebaren steht (BGH DB 1976, 1479). Dies gilt allerdings nicht, wenn der Geschäftspartner die wahre Rechtslage zumindest hätte erkennen müssen (BGH JZ 1971, 334). Wer schriftlich den Anschein erweckt, eine selbständige GmbH werde als Zweigniederlassung betrieben, muss sich diesen Anschein ebenfalls zurechnen lassen (BGH ZIP 1987, 1167).

ee) Auskunfts- und Rechenschaftspflichten

Die Rspr hat früher aus § 242 auch im Gesellschaftsrecht **Auskunfts-** und **Rechenschaftspflichten** begründet (BGHZ 14, 53, 58, 60). Mittlerweile finden sich aber **spezialgesetzliche Regelungen** in den §§ 118, 166, 325 f HGB, § 131 AktG und in § 51a GmbHG. Für den Rückgriff auf § 242 verbleibt damit nur wenig Raum. Die Rspr erwog eine darauf gestützte Auskunftspflicht, als ein Verband die Grundlage für eine gegen ein Mitglied zu verhängende Verbandsstrafe ermitteln sollte. Im Ergebnis wurde die Heranziehung des § 242 aber abgelehnt (BGH ZIP 2003, 343). Der Auskunftsanspruch richtet sich gegen die **Gesellschaft** (MünchKomm/KUBIS AktG § 131 Rn 16; LUTTER/HOMMELHOFF, GmbHG § 51a Rn 5; BAUMBACH/HOPT, HGB § 118 Rn 1), bei der Personengesellschaft ferner gegen den **geschäftsführenden Gesellschafter** (BGHZ 23, 302, 306). Aus der Treuepflicht der Gesellschaft gegenüber ihren Aktionären resultiert das Recht eines **jeden Aktionärs**, gegen Kostenerstattung Kopien von Aufzeichnungen bzw Protokollen der Hauptversammlungen zu verlangen, zumindest so weit eigene Redebeiträge einschließlich der Reaktionen anderer Verwaltungsmitglieder betroffen sind (BGHZ 127, 107). Auskunftsansprüche finden aber auch heute noch ihre Grenze im Grundsatz von Treu und Glauben, wenn der Anspruch lediglich als Vorwand für die Erlangung von **Geschäftsgeheimnissen** dient (so bereits BGHZ 10, 387). Insgesamt muss der Gesellschafter bei der Ausübung des Auskunfts- und Einsichtsrechts das schonendste Mittel zur Erfüllung seines Informationsbedürfnisses wählen (vgl OLG Jena ZIP 2004, 2003 f). Ein GmbH-Gesellschafter ist auf Grund der gesellschaftsrechtlichen Treuepflicht grundsätzlich dazu verpflichtet, seinem Mitgesellschafter über Vorgänge, die dessen Vermögensinteressen berühren und ihm nicht bekannt sein können, vollständig und zutreffend zu informieren (BGH NJW 2007, 917).

ff) Gesellschafterbeschlüsse

Aus einem Gesellschafterbeschluss, der unter **Machtmissbrauch** zustande gekommen ist, können keine Rechte hergeleitet werden (RGZ 167, 65, 76), da hierin eine unzulässige Rechtsausübung zu sehen wäre. Sie liegt mangels schutzwürdigem Eigeninteresse auch bei **Missbrauch eines Stimmrechts** vor, zB weil ein Gesellschafter aus eigennützigen Motiven die Interessen der Gesellschaft verletzt (BGHZ 14, 25, 38; BGH ZIP 1991, 1427; OLG Nürnberg MDR 1975, 761; ROTH/ALTMEPPEN, GmbHG § 47 Rn 43). Das Gleiche gilt, wenn der Gesellschafter einer Maßnahme nicht zustimmt, die Versagung der Zustimmung aber zu einer Gefährdung von Bestand oder Funktionsfähigkeit der Gesellschaft führen könnte (OLG München NJW-RR 2004, 192, 193). Rechtsmissbräuchlich ist es auch, wenn ein Gesellschafter einer ihn nicht belastenden, im Interesse der Gesellschaft aber erforderlichen Maßnahme widerspricht, obwohl er den Gesellschaftsvertrag bereits gekündigt hat (BGHZ 88, 320, 328), ferner wenn er für die Berufung eines Geschäftsführers stimmt, in dessen Person wichtige Gründe gegen eine solche Berufung liegen (BGH WM 1988, 23, 25; WM 1991, 97; MDR 1993, 1067, 1068). Einen Rechtsmissbrauch hat die Rspr angenommen, wenn ein Gesellschafter eine in italienischer Sprache vorgelegte Teilnahmevollmacht eines italienischen Gesellschafters zurückweist (OLG Brandenburg NZG 1998, 909) oder einem Beschluss über die Ausgliederung zur Aufnahme zustimmt, ebenso, wenn er nicht dafür Sorge trägt, dass der Gesellschaft ein angemessener Gegenwert für das übertragene Vermögen zukommt (OLG Stuttgart ZIP 2004, 1145). Ein solcher Missbrauch führt dazu, dass die abgegebene Stimme unberücksichtigt bleibt (MünchKomm/ROTH Rn 391).

987 Auch die **Anfechtung eines Hauptversammlungsbeschlusses** kann sich als Rechtsmissbrauch darstellen, wenn sie allein durch eigensüchtige Motive bestimmt war (vgl RGZ 146, 385, 395; BGH NJW-RR 1990, 350; 1991, 358, 360; ausf z Treuepflicht als Grenze des aktienrechtlichen Anfechtungsrechts SZALAI, DStR 2008, 358 ff). Führt ein Aktionär beispielsweise eine solche Anfechtungsklage ausschließlich mit dem Ziel, auf Grund der Sperrwirkung der Klage auf die Gesellschaft Druck auszuüben, um sie in grob eigennütziger Weise zu einer Leistung zu veranlassen, auf die er keinen Anspruch hat, ist Missbräuchlichkeit selbst dann anzunehmen, wenn sich das Verlangen des Klägers wirtschaftlich nicht gegen die Gesellschaft, sondern gegen den Hauptaktionär richtet (OLG Frankfurt WM 2009, 309). Eine sachlich begründete Anfechtung, die schutzwürdigen Zwecken dient, wird aber nicht schon dadurch rechtsmissbräuchlich, dass damit gleichzeitig eigene Motive verfolgt werden (MünchKomm/ROTH Rn 390). Da das Gesetz dem Aktionär das Anfechtungsrecht zugesteht, handelt dieser in seiner Ausübung jedenfalls nicht grds rechtsmissbräuchlich (RGZ 146, 385, 396). Auch wenn sich ein Vortrag „ins Blaue hinein" zu einem von mehreren Anfechtungsgründen im Verlaufe des Prozesses als unzutreffend erweist, ist die Anfechtungsklage gegen Beschlüsse der Hauptversammlung einer AG nicht rechtsmissbräuchlich (OLG Frankfurt ZIP 2008, 2286).

988 Einer Klage mit der Zielsetzung, sich das Anfechtungsrecht „abkaufen" zu lassen oder die Anfechtungsposition als Druckmittel in Vergleichsverhandlungen um einen Schadensersatzanspruch zu verwenden, kann der Einwand des individuellen Rechtsmissbrauchs entgegengehalten werden. Die Voraussetzungen sind bereits dann gegeben, wenn die Klage das Ziel verfolgt, die Gesellschaft in grob eigennütziger Weise zu einer Leistung zu veranlassen, auf die kein Anspruch besteht, die aber zur Abwendung der mit einem Anfechtungsprozess verbundenen Nachteile dennoch erbracht wird (BGHZ 107, 296, 308, 310; BGH NJW 1993, 2181; BGH NJW-RR 1991, 358, 360; 1990, 350; OLG Stuttgart NJW-RR 2001, 970; OLG Frankfurt ZIP 1996, 379; OLG Köln ZIP 1988, 1391; anders noch OLG Hamm ZIP 1988, 1051; LG Kassel ZIP 1989, 306; z Schadensersatzpflicht des beratenden Anwalts vgl BGH WM 1992, 1184). Ebenso sah die Rspr einen Verstoß gegen § 242 darin, dass der Kläger zwar keine Sonderzahlungen für sich forderte, aber an Verhandlungen beteiligt war, in denen ein weiterer Anfechtungskläger solche Forderungen durch einen Bevollmächtigten erheben ließ (OLG Karlsruhe ZIP 1992, 401, 402). Einen Treueverstoß nahm der BGH auch an, als der Entschluss zum Missbrauch des Anfechtungsrechts erst nach Klageerhebung gefasst worden war (BGH ZIP 1991, 1577; BGH NJW 1992, 569, 570). Schließlich wird es als rechtsmissbräuchlich erachtet, wenn sich die Anfechtung auf einen Beschlussmangel stützt, den der Kläger selbst treuwidrig herbeigeführt hatte (OLG Hamburg NJW-RR 1991, 673).

989 Rechtsmissbräuchlich ist schließlich die **Nichtigkeitsklage**, die der Kläger ohne Rücksicht auf die Interessen der Gesellschaft betreibt (OLG Düsseldorf ZIP 1997, 1153, 1157). Sie würde wegen fehlenden Rechtsschutzbedürfnisses als unzulässig abgewiesen (OLG Frankfurt ZIP 1991, 657).

gg) Gesellschafterstellung und Geschäftsführung

Die Rspr leitet bei einer KGaA aus der gesellschaftsrechtlichen Treuepflicht eine **Pflicht der Komplementär-GmbH** ab, bei der **Bestellung ihrer Geschäftsführer** auf die Kommanditaktionäre Rücksicht zu nehmen (BGHZ 134, 392, 398; ebenso PRIESTER, Die Kommanditgesellschaft auf Aktien ohne natürlichen Komplementär, ZHR 160 [1996] 250, 261; krit JAQUES NZG 2000, 401, 406).

Der **Ausschluss eines Gesellschafters** (RGZ 107, 386, 388; BGHZ 6, 113, 117; 16, 117, 122; 16, 317, 322 für die GmbH; BGH WM 1971, 20, 22 für OHG u KG; OLG Celle NJW-RR 1998, 175; ERMAN/HOHLOCH Rn 49, 170) oder die **Entziehung der Geschäftsführungsbefugnis** (BGHZ 51, 203) ist unzulässig, wenn mildere Maßnahmen möglich und zumutbar erscheinen.

Dass der **Alleingesellschafter einer GmbH** sein Amt als **Geschäftsführer** ohne wichtigen Grund **niederlegt**, ohne einen neuen Geschäftsführer zu bestellen, macht die Amtsniederlegung rechtsmissbräuchlich iSd § 242 und daher unwirksam (BayObLG DB 1981, 2219; OLG Zweibrücken DB 2006, 662). Der Grund liegt im Interesse des Rechtsverkehrs an der Handlungsfähigkeit der Gesellschaft, die andernfalls vollständig beseitigt würde (OLG Köln ZIP 2008, 646). Ferner wurde es im Rahmen einer Satzungskontrolle als unzulässig angesehen, die **Abberufung eines Geschäftsführers** durch qualifizierte Mehrheiten **zu erschweren** (BGHZ 102, 172, 175).

Die **Kündigung eines Gesellschafters** kann rechtsmissbräuchlich sein, wenn dieser nur vorübergehend an der Wahrnehmung seiner Pflichten gehindert ist (OHG NJW 1950, 503). Wird ein **Gesellschafter** bei Eintritt in die Gesellschaft **getäuscht**, so verstößt seine spätere Inanspruchnahme gegen Treu und Glauben (BGH NJW 1973, 1604; BGH GmbHR 1976, 108, 109). Die Täuschung berechtigt ihn uU auch zur Kündigung (ERMAN/HOHLOCH Rn 170). Wer den Privatgläubiger eines Mitgesellschafters zur Kündigung der Gesellschaft veranlasst, darf sich unter dem Aspekt des Rechtsmissbrauchs nicht auf dessen Ausschluss nach vertraglich vorgesehener Fortsetzung der Gesellschaft berufen, wenn der haftende (frühere) Mitgesellschafter den Gläubiger alsbald befriedigt und der Zwangsvollstreckung dadurch die Grundlage entzieht (BGHZ 30, 195, 201). Die §§ 723, 733 enthalten für die **Kündigung der Gesellschaft** aus wichtigem Grund und den Ausschluss eines Gesellschafters eine abschließende gesetzliche Regelung. Für eine Rechtsfortbildung gem § 242 dahin, dass sich ein Gesellschafter trotz fehlender Ausschlussgründe wegen persönlicher Differenzen zwischen den Gesellschaftern nicht auf den Fortbestand der Gesellschaft berufen darf, bleibt daher kein Raum (BGH NZG 1998, 984).

Ausgeschiedene Gesellschafter haben jede Beeinträchtigung des Unternehmens zu unterlassen. Einem früheren Gesellschafter einer GbR ist zB nach Treu und Glauben verwehrt, die Zahlung der ihm vertraglich zustehenden **Abfindungssumme** zu verlangen, wenn er seine Treuepflicht nachträglich verletzt hat und dem Nachfolger infolgedessen die Fortführung des Betriebes nicht mehr zuzumuten ist (BGH NJW 1960, 718 f).

hh) Umwandlung und Auflösung der Gesellschaft

Wird bei der formwechselnden Umwandlung einer Aktiengesellschaft in eine GmbH & Co. KG die bereits als Minderheitsaktionärin an der AG beteiligte

100%-ige Tochtergesellschaft der Mehrheitsaktionärin zur Komplementärin der KG bestellt, während Mehrheitsaktionärin und Minderheitsaktionäre die Rechtsstellung von Kommanditisten erhalten, stellt dies zumindest dann keinen zur Nichtigerklärung des Umwandlungsbeschlusses führenden Verstoß gegen die gesellschaftliche Treuepflicht dar, wenn die Minderheitsaktionäre andere als rechtsformbedingte Änderungen in Bezug auf die Geschäftsführungs- und Überwachungsorgane der Gesellschaft nicht hinnehmen müssen (BGH WM 2005, 1462). Die **Auflösung** einer Gesellschaft kommt aber nur als ultima ratio in Betracht (BGH ZIP 1988, 301; BGH NJW 1980, 1278). Einem Gesellschafter kann die Erhebung der **Auflösungsklage** deshalb nach Treu und Glauben verwehrt sein, wenn er den Auflösungsgrund selbst verschuldet hat (RGZ 164, 257, 263).

ii) **Übertragung von Gesellschaftsanteilen**

996 Der Grundsatz von Treu und Glauben entfaltet bzgl der Übernahme von Gesellschaftsanteilen folgende Wirkung: Das **Übernahmerecht** eines Gesellschafters im Hinblick auf Geschäftsanteile entfällt, wenn der Berechtigte das Unternehmen nicht erhalten, sondern nur einen Liquidationsgewinn erzielen will (BGH NJW 1959, 432). Das Gleiche gilt, wenn die Kündigung eines anderen Gesellschafters durch vertragswidriges Verhalten bewirkt wurde (RGZ 162, 388, 394). Dem Ehemann steht kein Übernahmerecht zu, wenn er seine Frau aus einem Unternehmen drängen will, welches ihren räumlich-gegenständlichen Lebensbereich darstellt (BGHZ 34, 80, 88). Aus der gesellschaftsrechtlichen Treuebindung kann sich ferner die Pflicht eines GmbH-Gesellschafters ergeben, bei drohender Insolvenz der GmbH seinen Geschäftsanteil auf einen Dritten oder einen Mitgesellschafter zu übertragen, wenn dieser hierdurch von der drohenden Inanspruchnahme durch einen Gläubiger befreit wird (OLG Köln NZG 1999, 1166).

kk) **Verwirkung**

997 Die Grundsätze der Verwirkung (s o Rn 302 ff) gelten auch im Gesellschaftsrecht. Verwirkung kann, da es sich insoweit um Ansprüche aus Dauerschuldverhältnissen mit enger persönlicher Treuebindung handelt, sogar schon kurzfristig eintreten (HK-BGB/Schulze Rn 46; MünchKomm/Roth Rn 346). Dies gilt vor allem für besondere Rechtsbehelfe wie die **außerordentliche Kündigung** (BGH BB 1966, 876; RG JW 1936, 2546). Der Verwirkung unterliegt auch die Möglichkeit der **Anfechtung von Gesellschafterbeschlüssen** (BGH ZIP 1999, 1391; z verwirkten Klage vgl OLG Hamm NJW-RR 1997, 989) bzw die Berufung auf deren **Nichtigkeit** (BGH DB 1973, 467). Hierbei gilt auch für die GmbH das Leitbild der **einmonatigen aktienrechtlichen Anfechtungsfrist** (BGHZ 111, 224; BGH NJW 1993, 129), für die Feststellungsklage bei Personengesellschaften dagegen eine deutlich längere Frist (BGHZ 112, 339; BGH NJW 1999, 3113). Verwirkt werden können das **Kaduzierungsverfahren** (OLG Hamburg NJW-RR 1994, 1528), der Anspruch auf **Änderung des Gesellschaftsvertrages** (BGH WM 1969, 688), das Recht zur **Abberufung des Geschäftsführers** (BGH NJW-RR 1992, 292), das **Kündigungsrecht** (RG JW 1936, 2546, 2547), das **Zustimmungsrecht** (BGH NJW 1972, 862, 863), der **Aufwendungsersatzanspruch** eines Vereinsmitglieds gem § 27 Abs 3, 670 (LG Mosbach MDR 1989, 993) sowie der Anspruch auf bare **Zuzahlung** oder **Berichtigung des Geschäftsanteils** nach identitätswahrender Umwandlung (OLG Jena OLG-NL 1999, 43; BGH WM 1999, 190 sah in der Zustimmung einen konkludenten Verzicht). Die **Stellung als Gesellschafter** unterliegt dagegen nicht der Verwirkung (BGH LM § 242 [Cc] Nr 58 Bl 1; Palandt/Heinrichs Rn 100).

998 Einer Verwirkung können jedoch vorrangige schutzwürdige **Gläubiger-** und **Gesellschafterinteressen** entgegenstehen. So scheidet eine Verwirkung von Schadensersatzansprüchen gegen einen geschäftsführenden Gesellschafter uU aus, wenn dieser den anspruchsbegründenden Sachverhalt verheimlicht und damit eine frühere Geltendmachung verhindert hat (BGHZ 25, 47, 53; BGH BB 1966, 474).

999 Eine **Erwirkung** wurde jedenfalls früher bei jahrelangem Abweichen von der gesellschaftsvertraglich geregelten Gewinnverteilung als möglich angesehen (BGH WM 1966, 159). Diese Betrachtungsweise lässt sich nach der Schuldrechtsreform nicht mehr aufrechterhalten (z Krit an der sog „Erwirkungslehre" s o Rn 195 ff).

2. Handelsrecht

a) Allgemeines

1000 Auch die dem Handelsrecht zugehörigen Rechtsverhältnisse unterstehen dem Grundsatz von Treu und Glauben (RGZ 152, 403, 404). Bei seiner Anwendung ist stets das Einzelinteresse gegen den Verkehrs- und Vertrauensschutz abzuwägen (ERMAN/HOHLOCH Rn 48; MünchKomm/ROTH Rn 85). An die Stelle der Verkehrssitte tritt unter Kaufleuten der **Handelsbrauch**, § 346 HGB, der Treu und Glauben untergeordnet ist und im Falle einer Kollision deshalb unbeachtlich bleibt (ERMAN/HOHLOCH Rn 48). Die Vereinbarkeit von Handelsbrauch und Treu und Glauben bedarf besonderer Beachtung, weil Handelsbräuche nicht der einseitigen Interessendurchsetzung dienen dürfen.

b) Einzelfälle

1001 Zu den Treuepflichten durch Zusammenschluss in einer handelsrechtlichen Gesellschaftsform s o Rn 960.

Ein **Kommissionär** ist einerseits bereits vor Übernahme des Kommissionsgeschäftes verpflichtet, den Kommittenten zu beraten und vor etwaigen Risiken zu warnen (BGHZ 8, 222, 235; vgl auch RGZ 83, 201, 204). Andererseits darf der Kommittent die Mängelanzeige bei Erhalt beschädigten Kommissionsgutes nicht ungebührlich verzögern (BGH MDR 1958, 774).

1002 Den **Handlungsgehilfen** trifft eine allgemeine Treuepflicht gegenüber seinem Arbeitgeber aus § 242 (BAGE 26, 232) bzw § 241 (z Anwendung des § 242 im Arbeitsrecht s o Rn 772 ff). So muss er auf irrtümliche Überzahlung (BAG NJW 1981, 366) oder auf den begründeten Verdacht einer Unterschlagung (BAG 1970, 1861) hinweisen und bei Stellenvakanz in zumutbarem Umfang aushelfen (BAG 1973, 293).

1003 Den Unternehmer trifft eine Treuepflicht gegenüber dem **Handelsvertreter** (BAUMBACH/HOPT, HGB § 86a Rn 1; vgl auch HABERKORN, Nebenpflichten des Handelsmaklers, MDR 1960, 93). Er hat alles zu unterlassen, was diesen ungerechtfertigt benachteiligt oder gefährdet (BGH BB 1982, 1626), auch den Einsatz von Untervertretern (BGHZ 42, 61). Aus Handelsvertreter-, Vertragshändler- oder Franchiseverträgen entsteht eine gegenseitige Pflicht zur Rücksichtnahme (BGHZ 136, 295, 298). Auf § 242 wurden in der Vergangenheit auch der Auskunftsanspruch des **Maklers** wegen seines **Provisionsanspruches** (BGH NJW-RR 1990, 1370) sowie der Auskunftsanspruch des **Vertragshändlers**

gegen den **Hersteller** über verbundene Unternehmen gestützt (BGH NJW 2002, 3771).

3. Gewerblicher Rechtsschutz und Urheberrecht*

1004 Die Anforderungen an das Gebot von Treu und Glauben bestimmen sich im Bereich des gewerblichen Rechtsschutzes sowie des Urheberrechts ebenfalls grundsätzlich nach allgemeinen Gesichtspunkten (BGHZ 21, 66, 80). Aus § 242 wird zB im **Urheber- und Markenrecht** die Verpflichtung entnommen, auch nach Beendigung des Vertragsverhältnisses Handlungen zu unterlassen, die dem Vertragspartner Vorteile aus einem Vertrag entziehen oder wesentlich schmälern (BGHZ 16, 4, 10; BGH MDR 1967, 109). Im Rahmen der Interessenabwägung ist neben den Belangen des Verletzten und des Verletzers häufig das **Interesse der Allgemeinheit** zu berücksichtigen (BGHZ 5, 189, 196). So kann ein öffentliches Interesse an **Rechtsklarheit** und der Erhaltung des **Rechtsfriedens** zum Ausschluss späterer Auseinandersetzungen über das Bestehen eines Rechts führen (vgl dazu auch MünchKomm/ROTH Rn 340). Überragende Bedeutung erlangen die **Aspekte der Verwirkung** sowie der **Auskunft** bei etwaigen Verletzerhandlungen.

a) Verwirkung

1005 Die älteste Tradition, vor allem im **Marken- und Wettbewerbsrecht**, hat der **Verwirkungseinwand** (grundlegend KLAKA, Erschöpfung und Verwirkung im Licht des Markenrechtsreformgesetzes, GRUR 1994, 321; ders GRUR 1970, 265; KNOCHENDÖRFER, Die Rechtsprechung zur Verwirkung nach § 21 Markengesetz, WRP 2005, 157; ders, Die Verwirkung des Unterlassungsanspruchs im Markenrecht [Diss Frankfurt 2000]; ders, Die Verwirkung des Unterlassungsanspruchs nach § 21 Markengesetz, WRP 2001, 1040; allg zur Verwirkung s o Rn 302 ff). Er greift etwa dann ein, wenn jemand, der jahrelang eine Marke genutzt hat, sich unerwartet Un-

---

* **Schrifttum**: BEIER/WIECZOREK, Zur Verwirkung im Patentrecht, GRUR 1976, 566 ff; BERLIT, Zur Frage der Einräumung einer Aufbrauchsfrist im Wettbewerbsrecht, Markenrecht und Urheberrecht, WRP 1998, 250; FEZER, Markenrecht (4. Aufl 2009); GAMERITH, Die Verwirkung im Urheberrecht, WRP 2004, 75; vGAMM, Verwirkung im Urheberrecht, NJW 1956, 1780; KLAKA, Erschöpfung und Verwirkung im Licht des Markenrechtsreformgesetzes, GRUR 1994, 321; ders, Zur Verwirkung im gewerblichen Rechtsschutz, GRUR 1970, 265; HOPPE, Privatrechtliche und öffentlich-rechtliche Ausschließlichkeitsrechte von Energieversorgungsunternehmen und ihre Wirksamkeit gegenüber Erdgas, MDR 1965, 954; IMMENGA/MESTMÄCKER, Wettbewerbsrecht (4. Aufl 2007); INGERL/ROHNKE, Markengesetz (2. Aufl 2003); JUNG, Zum Begriff des „Mißbrauchs" im Kartellrecht, NJW 1965, 1117; KLEINE, Zum Einwand der Verwirkung, insbesondere im Wettbewerbs- und Urheberrecht, JZ 1951, 9; KNOCHENDÖRFER, Die Rechtsprechung zur Verwirkung nach § 21 Markengesetz, WRP 2005, 157; ders, Die Verwirkung des Unterlassungsanspruchs im Markenrecht (Diss Gießen 2000); ders, Die Verwirkung des Unterlassungsanspruchs nach § 21 Markengesetz, WRP 2001, 1040; KÖHLER/PIPER, Gesetz gegen den unlauteren Wettbewerb (3. Aufl 2002); LANGE, Marken- und Kennzeichnungsrecht (2006); LÜDERITZ, Ausforschungsverbot und Auskunftsanspruch bei Verfolgung privater Rechte (1966); OPPERMANN, Der Auskunftsanspruch im gewerblichen Rechtsschutz und Urheberrecht (1997); RING, Das Rechtsinstitut der Verwirkung nach dem Markengesetz sowie nach allgemeinem Recht, DZWiR 1995, 494; STAUDER, Umfang und Grenzen der Auskunftspflicht im Gewerblichen Rechtsschutz und Urheberrecht, GRUR-Int 1982, 226.

terlassungsansprüchen des Verletzten ausgesetzt sieht. Der Ausschluss der Rechte durch Verwirkung liegt besonders nahe, wenn der Anspruchsinhaber aus einem Recht vorgeht, das er selbst noch nicht genutzt hat. Nachdem zunächst die Verwirkung von Rechten aus unbenutzten sog **Vorrats- und Defensivzeichen** anerkannt worden war (RGZ 111, 192; RGZ 114, 360; BGH MDR 1966, 575, vgl nunmehr auch § 49 MarkenG), hat die Rspr später auch der Geltendmachung von Rechten aus **benutzten Warenzeichen** bzw Marken (RGZ 134, 38, 40) unter Verwirkungsgesichtspunkten Grenzen gesetzt.

aa) Markenrecht
Inzwischen regelt **§ 21 Abs 1–3 MarkenG**, dass der Berechtigte nach **fünf Jahren** **1006** wissentlicher Duldung der Benutzung seiner Marke durch einen Gutgläubigen alle Ansprüche gegen diesen verwirkt (ausf RING, Das Rechtsinstitut der Verwirkung nach dem Markengesetz sowie nach allgemeinem Recht, DZWiR 1995, 494). Daneben bleiben jedoch nach Abs 4 die **allgemeinen Grundsätze** der Verwirkung unberührt. Die durch Schrifttum und Rspr entwickelten Prinzipien behalten daher ihre Geltung, so dass unabhängig vom Ablauf einer bestimmten Frist Verwirkung dann eintritt, wenn durch **länger andauernde, redliche und ungestörte Benutzung** ein **wertvoller Besitzstand** geschaffen wurde (BGH DB 1974, 2147; BGH NJW-RR 1989, 809; NJW-RR 1993, 1387; BGH NJW 1974, 2282; NJW 1988, 2470; NJW 1993, 920; BGH GRUR 2001, 323; OLG Frankfurt Mitteilungen 2003, 314; OLG Karlsruhe Mitteilungen 2004, 316; OLG Koblenz GRUR-RR 2006, 184) und das **Vertrauen des Verletzers schutzwürdig** erscheint (BGH GRUR 1989, 449, 451, 452; 1993, 913, 915; OLG Hamburg GRUR-RR 2004, 5, 7; 2004, 71; OLG München GRUR-RR 2004, 14, 15; INGERL/ROHNKE, Markengesetz § 21 Rn 43; allgem z Verwirkung s o Rn 302 ff).

Umstr bleibt, welche Anforderungen an die Annahme eines **wertvollen Besitzstan-** **1007** des zu stellen sind. Während das RG noch forderte, das Zeichen des Verletzers müsse zumindest örtlich beschränkte **Verkehrsgeltung** iSd § 25 WZG aF erlangt haben (RG JW 1931, 878, 879; RGZ 143, 157, 190; 167, 171, 181; 167, 190), wurde in späteren Entscheidungen (RGZ 171, 159, 163; RG GRUR 1942, 560; GRUR 1943, 345), denen sich der BGH angeschlossen hat (BGHZ 5, 189, 195; 21, 66, 80; BGH GRUR 1957, 25 „Hausbücherei-Entscheidung"; GRUR 1981, 60; aM KLEINE JZ 1951, 9), auf dieses Erfordernis verzichtet. Heute verlangt die Rspr, dass der Verletzer infolge der Benutzung **beachtliche wirtschaftliche Werte** erlangt hat, deren Entziehung eine **fühlbare Einbuße** bedeutet (BGHZ 66, 78; BGH NJW-RR 1989, 809; NJW-RR 1993, 1387; BGH NJW 1974, 2282; NJW 1988, 2470; NJW 1993, 920). Das Markenrecht misst damit der **aktiven Tätigkeit des Verletzers** bei der Verwirkung besondere Bedeutung zu (KLAKA GRUR 1970, 265, 268).

Ein wertvoller Besitzstand kann im Einzelfall bereits **vor Ablauf der Frist** des § 21 **1008** Abs 1–3 MarkenG entstehen (BGH DB 1991, 2650); bei Gutgläubigkeit des Verletzers genügen uU schon wenige Monate (vgl RGZ 127, 321, 323; z den Anforderungen an die Darlegung BGH NJW 1974, 2282). Im Falle eines **unbenutzten Zeichens** hat die (ältere) Rspr einen Zeitraum von acht Monaten als ausreichend angesehen (RGZ 114, 360 „Grammofox/Vox"). Ferner entsteht nach ständiger Rspr ein schutzwürdiger Besitzstand, wenn ein anfänglich unredlicher Verletzer durch eigenen Gebrauch und Untätigkeit des Verletzten später dadurch redlich wird, dass er auf das Einverständnis des Verletzten vertraut (BGH GRUR 1989, 449, 453, GRUR 1993, 913, 914). In diesen Fällen verlängert sich allerdings die erforderliche Benutzungsdauer (BGHZ 21, 66,

83; BGH DB 1991, 2650; BGH NJW-RR 1991, 935 [50 Jahre]; BEIER/WIECZOREK GRUR 1976, 566, 568 mwNw; LANGE, Marken- und Kennzeichnungsrecht § 8 Rn 3064). Verwirkung kann uU auch eintreten, obwohl der Verletzte von der Verletzung keine Kenntnis hat (BGH NJW 1966, 343, 346; OLG Stuttgart GRUR-RR 2004, 8, 13).

1009 Die mit der Entwicklung des Kriteriums des „wertvollen Besitzstandes" einhergehende Betonung des **Zeitmoments** gegenüber dem **Umstandsmoment** hat eine ständige Erweiterung des Anwendungsbereiches von § 242 mit sich gebracht, die unter Rechtssicherheitsaspekten problematisch erscheint (BOEHMER, Grundlagen der Bürgerlichen Rechtsordnung Band 2, 2 [1951] § 27 B III 2a; KLEINE JZ 1951, 10). So ließ die Rspr im Wettbewerbsrecht bereits ein bloßes **Unterlassen** als Umstandsmoment ausreichen, und zwar auf Grund der geschuldeten Rücksichtnahme (BGH GRUR 1990, 381, 382) und der aus einer Vertragsstrafevereinbarung resultierenden Verpflichtung des Gläubigers, das Verhalten des Schuldners zu beobachten (BGH NJW 1998, 1144; ERMAN/HOHLOCH Rn 127).

1010 Aus der Verwirkung der Ansprüche eines Verletzten folgt das **Recht des Verletzers, die Marke ungestört nutzen zu dürfen**. Da die Verwirkung weder ein absolutes Recht voraussetzt noch ein solches entstehen lässt, kann er sie allerdings nicht schützen lassen oder dem Berechtigten die Nutzung untersagen (BGH NJW-RR 1992, 172; OLG Koblenz GRUR-RR 2006, 184; für das Firmenrecht BGH NJW-RR 1993, 1129); vielmehr bleibt dessen Recht bestehen (FEZER, Markenrecht § 21 Rn 54; KLAKA GRUR 1970, 265, 271). Der Verletzer ist schließlich nicht befugt, sich auszudehnen oder sich durch Eintragung weitergehende Rechte zu verschaffen (RG GRUR 1943, 345 „Goldsonne"; BGHZ 16, 82, 92). Dementsprechend kann zwar der Unterlassungsanspruch wegen Verletzung eines Namensrechts verwirkt werden (BGHZ 119, 237; BayObLGZ 1971, 216), nicht aber das Recht zur Namensführung selbst (MünchKomm/ROTH Rn 347).

1011 Die Verwirkung von **Schadensersatzansprüchen** setzt keinen schutzwürdigen Besitzstand voraus (BGHZ 26, 52, 64; BGH NJW 1988, 2269, 2470; BGH ZIP 2001, 670 [9 Jahre]; OLG Frankfurt BB 1996, 2165; OLG Köln GRUR-RR 2003, 71, 73), sondern es genügt, dass der Schuldner sich bei seinen wirtschaftlichen Dispositionen darauf eingerichtet hat und einrichten durfte, keine Zahlungen an den Gläubiger mehr leisten zu müssen (BGH GRUR 2001, 323, 325; INGERL/ROHNKE, Markengesetz § 21 Rn 47; allgem z Verwirkung s o Rn 302 ff).

bb) Wettbewerbsrecht

1012 Bei Ansprüchen aus dem **Wettbewerbsrecht** können der Verwirkung **Allgemeininteressen** entgegenstehen (BGH WM 1984, 1549; 1985, 1153; BGH NJW 1985, 1488; BGH NJW-RR 1993, 1129; OLG Frankfurt NJW-WettbR 1996, 283; KÖHLER/PIPER, Gesetz gegen den unlauteren Wettbewerb Vorb z § 13 Rn 160). Verbindet der Rechtsverkehr zB eine besondere Gütevorstellung mit einer Ware, die unter einem bestimmten Zeichen vertrieben wird, so führt die Verwendung einer verwechslungsfähigen Bezeichnung die Allgemeinheit in die Irre (BGHZ 5, 189, 196; 16, 82, 93). An eine solche Irreführung sind allerdings strenge Anforderungen zu stellen; allein die Verwechselbarkeit des Zeichens reicht dafür nicht aus. An einer ernstlichen Gefährdung der Belange der Allgemeinheit fehlt es auch dann, wenn sich der Rechtsverkehr an die parallele Verwendung eines Kennzeichens so gewöhnt hat, dass nur noch ein kleiner Kreis dem Irrtum unterliegt (BGH GRUR 1958, 444 „Emaillelack"; KLAKA GRUR 1970, 265, 271).

cc) Sonstige Materien des gewerblichen Rechtsschutzes
Ebenso wie im Marken- und Wettbewerbsrecht gilt auch im **Urheber-, Erfinder- und Verlagsrecht** grds der Grundsatz von Treu und Glauben und damit kann hier ebenfalls Verwirkung in Betracht kommen (RGZ 129, 252; 139, 327, 339; grundlegend dazu GAMERITH WRP 2004, 75 ff, insbes 77 ff).

Dies wird ferner auch bei **Patent- und Gebrauchsmusterstreitigkeiten** grds für zulässig erachtet (RG GRUR 1932, 718; GRUR 1938, 778, 780; BGH GRUR 1953, 29, 31; GRUR 1976, 579, 581; BGHZ 68, 90; BGH NJW 1997, 3377; BGH GRUR 2001, 323, 324; BEIER/WIECZOREK GRUR 1976, 566, 572; KLAKA GRUR 1970, 265, 271; ders, Zur Verwirkung im Patentrecht, GRUR 1978, 70 ff).

In der Vergangenheit hatte die ältere Rspr allerdings im **Urheber- und Patentrecht** an die Voraussetzungen der Verwirkung wesentlich **strengere Anforderungen** gestellt als im **Marken- und Wettbewerbsrecht** (RGZ 129, 252, 258 „Operettenbibliothek"; RG GRUR 1932, 718, 721; KLEINE JZ 1951, 9, 11; GAMERITH WRP 2004, 75, 79 f). So hat sich die höchstrichterliche Rspr mit dem Verwirkungseinwand im **Urheberrecht** zwar mehrfach auseinandergesetzt, ihn aber regelmäßig verneint (RGZ 129, 252, 258 „Operettenbibliothek"; 139, 328 „Wilhelm Busch"; 153, 1 „Schallplattensendung"; BGHZ 11, 135 „Lautsprecherübertragung"; 18, 44 „Photokopie"; BGH GRUR 1960, 253 „Autoscooter"; bejahend aber bereits OLG München OLGZ 5, 1, 3). Ähnlich zurückhaltend entschied die ältere Rspr im **Patentrecht** (GRUR 1935, 948, 950; GRUR 1936, 912, 914; BGH GRUR 1950, 70 „Holzverwertung"; GRUR 1953, 29, 31 „Plattenspieler").

Bejaht wurde der Verwirkungseinwand allerdings in neuerer Zeit in der sog **„Temperaturwächter-Entscheidung"** (BGH GRUR 2001, 323). Der BGH knüpft in dieser **patentrechtlichen Angelegenheit** ausdrücklich an die Rspr zum Markenrecht an und wendet sich damit gegen eine Sonderbehandlung des Verwirkungseinwandes im Patentrecht. Eine restriktive Behandlung des Verwirkungseinwandes bedarf vielmehr nach seiner Ansicht der Rechtfertigung durch die besondere Interessenlage der Parteien (BGH GRUR 2001, 323, 327). Das aus einem Urheber- oder Patentrecht resultierende **Nutzungsrecht** des Berechtigten als solches unterliegt hingegen in keinem Fall der Verwirkung (BGH JZ 1976, 722; BGH ZIP 2001, 670; GAMERITH WRP 2004, 74, 80).

b) Auskunftsansprüche
Jenseits der gesetzlich geregelten Fälle der §§ 19 MarkenG, 101 UrhG stellte § 242 nach Rspr und Lit die Grundlage für ein **Auskunftsbegehren** der Parteien bei Schutzrechtsverletzungen oder unlauteren Wettbewerbshandlungen dar (vgl dazu im Einzelnen EMMERICH, Unlauterer Wettbewerb 490 ff; STAUDER GRUR-Int 1982, 226 ff), sofern sich der Berechtigte entschuldbar über den Bestand und den Umfang seines Rechts im Ungewissen befindet, während der Anspruchsgegner unschwer Auskunft erteilen kann und diese ihm nach den Umständen des Einzelfalls auch zuzumuten ist, insbesondere weil das berechtigte Interesse des Anspruchstellers dasjenige des Verletzers an der Geheimhaltung deutlich überwiegt (BGHZ 10, 385, 387; 148, 26, 30 ff; NJW-RR 2002, 1119).

1017 Als **unselbständiger Hilfsanspruch** zur Durchsetzung eines **eigenen Unterlassungs- oder Schadensersatzbegehrens** beschränkt sich die Auskunftspflicht nach der Rspr jeweils auf ein konkretes Verhalten des Anspruchsgegners, betrifft hingegen keine weiteren Wettbewerbsverstöße (BGHZ 148, 26, 35 f; BGH NJW-RR 2001, 620, 623; EMMERICH, Unlauterer Wettbewerb 491). Der Anspruch umfasst dementsprechend auch nur Posten, die zur Berechnung oder zur Geltendmachung des jeweiligen Hauptanspruchs erforderlich sind (BGHZ 125, 322, 331; BGH NJW-RR 1987, 876; NJW-RR 1994, 944; OLG Hamburg GRUR 1995, 432). Das gilt in der Regel nicht für Auskünfte über **Geschäftsgeheimnisse** wie Umsätze, Preise oder Lieferanten und Abnehmer (EMMERICH, Unlauterer Wettbewerb 491). Im Einzelfall behilft sich die Praxis bei gleichwohl betroffenen Betriebsgeheimnissen durch einen sog „**Wirtschaftsprüfervorbehalt**", so dass der Verletzer nur gegenüber einem zur Verschwiegenheit verpflichteten Sachverständigen Auskunft erteilen muss, welcher dann die erforderlichen Daten „ausfiltert" (vgl EMMERICH, Unlauterer Wettbewerb 492 mwNw). Hingegen sind Aussagen über Umfang und Intensität der Verletzungshandlung selbst (zB Höhe der Auflage, Verbreitungsgebiet, uU Berechnungsmethode, vgl im Einzelnen BGH NJW-RR 1987, 1521; EMMERICH, Unlauterer Wettbewerb 491) regelmäßig unbeschränkt Gegenstand entsprechender Ansprüche.

1018 Die beschriebenen Einschränkungen macht die Rspr (unter Orientierung am Vorbild des § 19 Abs 2 MarkenG) allerdings dann nicht, wenn durch Geltendmachung selbstständiger Auskunftsansprüche **Abwehransprüche gegen Dritte** ermöglicht werden sollen (vgl BGHZ 125, 322, 328 ff; BGHZ 148, 26, 30 ff; BGH NJW-RR 2002, 1119), so dass dann uU auch Auskünfte über Lieferanten und Abnehmer und über den Umfang von Lieferungen des Auskunftspflichtigen zu erteilen sind, im Einzelfall sogar die Vorlage von Belegen geschuldet sein kann (BGHZ 148, 26, 30 ff; ie dazu EMMERICH, Unlauterer Wettbewerb 491 f, insbes kritisch zu etwaigen Drittauskünften gegenüber sog Außenseitern in selektiven Vertriebssystemen; dazu auch JACOBS GRUR 1994, 634 f). Der „**Wirtschaftsprüfervorbehalt**" (vgl o Rn 1001) wird von den Gerichten bei selbstständigen Auskunftsansprüchen über die Beziehungen zu Dritten aber regelmäßig nicht akzeptiert (vgl BGH NJW-RR 2002, 1119; krit EMMERICH, Unlauterer Wettbewerb 492 f).

c) Sonstige Bedeutung von Treu und Glauben im gewerblichen Rechtsschutz

1019 Unabhängig von Verwirkung und Auskunft hat der Grundsatz von Treu und Glauben in verschiedenen Ausprägungen die Rspr zum gewerblichen Rechtsschutz und Urheberrecht als **Einzelfallkorrektiv** beschäftigt. Im Folgenden seien dazu beispielhaft einige Entscheidungen angeführt.

aa) Markenrecht

1020 Wer **markenrechtlich** ein neues **Zeichen** gebraucht, muss nachforschen, ob alte Schutzrechte seinem Verhalten entgegenstehen (BGH MDR 1960, 201). Der Anmelder einer Marke kann den Einwand des Rechtsmissbrauchs erheben, wenn der Inhaber eines eingetragenen Abwehrzeichens ihn mit seinem Widerspruch unangemessen behindert (BGHZ 52, 365). UU kann sich aus Treu und Glauben eine sog **Aufbrauchsfrist** für die Vernichtung markenrechtswidriger Produkte ergeben (ausf dazu BERLIT WRP 1998, 250 ff).

bb) Wettbewerbsrecht

1021 Im **Wettbewerbsrecht** hat § 242 – neben der Verwirkung und den bereits in anderem

Zusammenhang besprochenen Wettbewerbsverboten (s STAUDINGER/OLZEN § 241 Rn 289 ff, 509 ff) – eine weitere Bedeutung im Hinblick auf die Versagung von Unterlassungs- und Schadensersatzansprüchen bei **eigenem wettbewerbswidrigem Verhalten** in Form des sog „unclean-hands-Einwandes" (BGH NJW 1971, 1749). Ansprüche können danach versagt werden, sofern die beiderseitigen unzulässigen Wettbewerbsmaßnahmen in wechselseitiger Abhängigkeit stehen bzw gleichzeitig erfolgen und so gleichartig sind, dass der in Anspruch genommene keinen unzulässigen Wettbewerbsvorsprung erlangt (BGH LM § 242 [Cd] Nr 148 aE; BGH NJW 1971, 1749). Der **abgemahnte Verletzer** ist bei einem Wettbewerbsverstoß verpflichtet, den Abmahnenden und die nach § 8 Abs 3 UWG klagebefugten Verbände darüber aufzuklären, ob er wegen derselben Verletzungshandlung bereits eine Unterwerfungserklärung gegenüber einem Dritten abgegeben hat (BGH MDR 1988, 933). Schließlich kann sich aus dem Grundsatz von Treu und Glauben auch der generelle **Verzicht auf ein Abmahnerfordernis** ergeben, wenn – etwa bei schweren und vorsätzlichen Wettbewerbsverstößen – eine Abmahnung von Vornherein offenkundig zwecklos oder sonst unzumutbar erscheint (OLG Düsseldorf GRUR 1979, 191; NJW-RR 1997, 1064 f; dagegen aber OLG Oldenburg NJW-RR 1990, 1330; vgl auch zur Mehrfachverfolgung von Wettbewerbsverstößen unter dem Aspekt des Rechtsmissbrauchs ULRICH WRP 1998, 826, 829).

cc) Sonstige Materien des gewerblichen Rechtsschutzes
Im **Patentrecht** ergibt sich uU aus dem Grundsatz von Treu und Glauben eine im **Einspruchsverfahren** zu berücksichtigende **Nichtangriffspflicht** (BPatG GRUR 1991, 748). Erklärt der Patentanmelder dort, für eine bestimmte Ausführungsform keinen Patentschutz zu begehren, und macht er im späteren Verletzungsstreitverfahren gleichwohl Ansprüche aus dem Patent gerade wegen dieser Ausführungsform geltend, so verstößt er gegen Treu und Glauben (BGH NJW 1997, 3377). Der Inhaber eines Patents kann sich auch nach Treu und Glauben durch **Rücktritt** von einem über das Patent geschlossenen Auswertungsvertrag lösen, wenn das Patent teilweise oder völlig **vernichtet** wird (BGH NJW 1957, 1317 f). Dagegen wurde einem **Werkunternehmer**, der von einem Patentinhaber mit der Herstellung patentgeschützter Gegenstände beauftragt worden war, ohne dass dieser ihm eine über den Werklieferungsvertrag hinausgehende Herstellungslizenz eingeräumt hatte, nach Kündigung des Vertrages und Geltendmachung von Schutzrechten durch den Patentinhaber der Einwand des § 242 verwehrt, obwohl er bereits erhebliche Kosten für die Herstellung aufgewendet hatte (BGH MDR 1959, 549).

Ein **Lizenznehmer** verstößt gegen Treu und Glauben, wenn er ein ihm im Rahmen einer sog **Verbesserungsklausel** unentgeltlich zur Benutzung überlassenes Patent mit der **Nichtigkeitsklage** angreift (BGH GRUR 1957, 485). Der durch eine sog **Meistbegünstigungsklausel** gebundene Lizenzgeber einer einfachen Lizenz an einem Patent ist regelmäßig auch ohne vertragliche Regelung im Lizenzvertrag verpflichtet, gegen fortgesetzte Verletzungshandlungen Dritter vorzugehen. Schreitet der Lizenzgeber gegen den Verletzer nicht ein, kann sein Bestehen auf Lizenzzahlungen unter dem Gesichtspunkt der Unzumutbarkeit gegen Treu und Glauben verstoßen (BGH GRUR 1965, 591). Schließlich wird ein Unterlassungsanspruch rechtsmissbräuchlich geltend gemacht, der nur noch als Druckmittel zur Erzielung unverdienter Vorteile dient (BGH WM 1972, 882, 883).

Im Rahmen zulässiger **Preisbindungsverträge** verpflichtet ein gem § 30 GWB oder nach dem **Buchpreisgesetz** wirksamer **Preisbindungsvertrag** den preisbindenden Hersteller, alles zu unterlassen, was die Bindung der Endverkaufspreise untergräbt (EMMERICH, in: IMMENGA/MESTMÄCKER, § 30 GWB Rn 48 f); andernfalls kann der gebundene Händler dem Hersteller den Einwand unzulässiger Rechtsausübung entgegenhalten (BGHZ 53, 76, 85 für Schallplatten). Das Recht auf Bestätigung einer Preisbindungsanmeldung beim Bundeskartellamt ist ebenfalls Treu und Glauben unterworfen (BGHZ 61, 1, 5); ein entsprechendes Verlangen des Anmelders kann sich als Rechtsmissbrauch darstellen.

1025 Im **Urheberrecht** kommt an einer weiteren Stelle der Grundsatz von Treu und Glauben zum Tragen. In § 34 Abs 1 S 1 UrhG heißt es, dass ein Nutzungsrecht nur mit Zustimmung des Urhebers übertragen werden kann. Laut § 34 Abs 1 S 2 UrhG darf der Urheber die Zustimmung nicht wider Treu und Glauben verweigern. Aus dem Vertrag zwischen dem Nutzungsberechtigten und dem Urheber kann sich als Nebenrecht bzw Nebenpflicht ergeben, dass die Zustimmung erteilt werden muss. Dafür kommt es auf die Auslegung des Vertrages im Einzelfall an (MÖHRING/NICOLINI-SPAUTZ, UrhG § 34 Rn 7).

4. Wertpapierrecht*

a) Allgemeines

1026 Bei der Berücksichtigung von Treu und Glauben im Wertpapierrecht ist einschränkend neben der besonderen Bedeutung der **Rechtssicherheit** auch die **Formstrenge** zu beachten, die für die Begründung und Geltendmachung von verbrieften Rechten gilt (BAUMBACH/HEFERMEHL, Wechselgesetz und Scheckgesetz [21. Aufl 1999] Einl vor § 2 WG Rn 57). Dennoch verbleibt ein Anwendungsbereich des § 242, insbesondere bei Einwendungen gegen das wertpapierrechtliche Abstraktionsprinzip (BGHZ 57, 292, 300).

b) Einzelfälle

1027 Die **bezogene Bank** ist nur unter ganz besonderen Umständen verpflichtet, das anfragende Kreditinstitut zu unterrichten, wenn nach erteilter Scheckauskunft Gründe eintreten, weshalb sie den Scheck nicht einlösen will (BGHZ 61, 176). Eine Offenbarungspflicht des **Überbringers eines Barschecks** gegenüber der Bank bei irrtümlicher Zahlung eines überhöhten Betrages besteht grds nicht (OLG Düsseldorf NJW 1969, 623 mit Anm DEUBNER).

1028 Bei abredewidriger Ausfüllung eines **Blanketts** haftet der **Aussteller** gegenüber dem redlichen Inhaber des Wertpapiers bzw der Urkunde analog § 172 Abs 2. Dies gilt aber nur, wenn sich der Adressat einer formwirksamen Urkunde gegenübersieht. Andernfalls kann sich der Verpflichtete ohne Verstoß gegen § 242 auf die Formunwirksamkeit berufen (vgl BGH WM 1973, 750; BGH NJW 1996, 1467, jedoch für die Blankobürgschaft).

---

* **Schrifttum**: STÖTTER, Die Wechselforderung und die Einwendungen des Wechselschuldners aus dem Grundgeschäft, NJW 1971, 359.

5. Versicherungsvertragsrecht*

a) Allgemeines

Dem Grundsatz von Treu und Glauben kommt im Versicherungsvertragsrecht besonders große Bedeutung zu (treffend E Lorenz, in: Beckmann/Matusche-Beckmann Versicherungsrechts-Handbuch § 1 Rn 96: Treu und Glauben als „Leitstern des Versicherungsvertragsrechts"; vgl auch RGZ 124, 343, 345; 146, 221, 224; 148, 298, 301; BGHZ 40, 387, 388; 47, 101, 107; 107, 368, 373; BGH VersR 1985, 943, 944; VersR 2003, 581, 585; Bruck/Möller/Beckmann Einf A Rn 156; Looschelders, in: Looschelders/Pohlmann Vorbem A Rn 61; Prölss/Martin/ Prölss Vorbem II Rn 6; Deutsch Rn 14 ff; Knappmann, in: FS Kollhosser [2004] 195, 200; Looschelders VersR 2000, 23). Denn der Versicherungsvertrag begründet ein **Dauerschuldverhältnis**, bei dem jede Partei in besonderem Maße auf die Loyalität der anderen angewiesen ist (vgl BGHZ 47, 101, 107; 99, 228, 235; Ebers, in: Schwintowski/ Brömmelmeyer § 1 Rn 14; Heiss 20 f; Jung VersR 2003, 282). Auf Seiten des **Versicherungsnehmers** ergibt sich dies daraus, dass es sich bei dem Vertragsgegenstand um ein höchst komplexes – und damit sehr erläuterungsbedürftiges – „Rechtsprodukt" (Dreher, Die Versicherung als Rechtsprodukt [1991] 145) handelt (vgl Wandt Rn 9). Da der Versicherungsnehmer im Allgemeinen über keine versicherungstechnischen Kenntnisse verfügt, besitzt der Versicherer meist eine überlegene Stellung. Davon

1029

---

* **Schrifttum:** Barg, Die vorvertragliche Anzeigepflicht des Versicherungsnehmers im VVG 2008 (2008); Beckmann/Matusche-Beckmann (Hrsg), Versicherungsrechts-Handbuch (2. Aufl 2009); Berliner Kommentar zum Versicherungsvertragsgesetz (1999); Bruck/Möller, Versicherungsvertragsgesetz Bd I (9. Aufl 2008); van Bühren, Handbuch Versicherungsrecht (4. Aufl 2009); Wandt, Versicherungsvertragsrecht (4. Aufl 2009); Deutsch, Versicherungsvertragsrecht (6. Aufl 2008); Grote/ Schneider, VVG 2008: Das neue Versicherungsvertragsrecht, BB 2007, 2689; Heiss, Treu und Glauben im Versicherungsvertragsrecht (2. Aufl 1989); Jung, Privatversicherungsrechtliche Gefahrengemeinschaft und Treupflicht des Versicherers, VersR 2003, 282; Knappmann, Zur Obliegenheit des Versicherungsnehmers, der Polizei eine „Stehlgutliste" einzureichen, in: FS Kollhosser (2004) 195; Langheid, Die Reform des Versicherungsvertragsgesetzes – 1. Teil: Allgemeine Vorschriften, NJW 2007, 3665; Langheid/Müller-Frank, Rechtsprechungsübersicht zum Versicherungsvertragsrecht 2007, NJW 2008, 337; Looschelders/ Pohlmann, VVG Kommentar (2009); Looschelders, Ausschluß der Klagebefugnis des Mitversicherten und Teilklageobliegenheit des VN in der Rechtsschutzversicherung nach den ARB 75, VersR 2000, 23; ders, Quotelung bei Obliegenheitsverletzungen: Alles, Nichts oder die Hälfte, ZVersWiss 2009, 13; Looschelders/Pohlmann, VVG-Kommentar (2009); Marlow/Spuhl Das neue VVG kompakt (3. Aufl 2008); Meixner/Steinbeck, Das neue Versicherungsvertragsrecht (2008); Neuhaus, Die vorvertragliche Anzeigepflichtverletzung im neuen VVG, r+s 2008, 45; Prölss/Martin, Versicherungsvertragsgesetz (27. Aufl 2004); Reusch, Hat der Versicherungsnehmer trotz Wegfalls der Nachmeldeobliegenheit wegen der Möglichkeit der Arglistanfechtung durch den Versicherer auch nach dem VVG 2008 eine spontane Anzeigepflicht vor und nach Abgabe seiner Vertragserklärung?, VersR 2008, 1179; Rogler, Die Wiederentdeckung des Übermaßverbots in der privaten Krankenversicherung – § 192 Abs 2 VVG, VersR 2009, 573; Römer/Langheid, Versicherungsvertragsgesetz (2. Aufl 2003); Rüffer/Halbach/Schimikowski, Versicherungsvertragsgesetz (2009); Schimikowski, Versicherungsvertragsrecht (4. Aufl 2009); Schwintowski/Brömmelmeyer, Praxiskommentar zum Versicherungsvertragsrecht (2008); Steinbeck, Die Sanktionierung von Obliegenheitsverletzungen nach dem Alles-oder-Nichts-Prinzip (2007).

abgesehen ist der Versicherungsnehmer auch insofern besonders schutzwürdig, als der Versicherungsschutz für ihn oft von existentieller Bedeutung ist (LOOSCHELDERS, in: LOOSCHELDERS/POHLMANN Vorbem A Rn 61). § 242 wird daher im Versicherungsrecht seit langem herangezogen, um die Rechte des Versicherers unter dem Aspekt der **unzulässigen Rechtsausübung** (s o 214 ff) zu beschränken (vgl schon RGZ 150, 147, 151). Dies gilt insbesondere im Hinblick auf die Geltendmachung von Ausschlusstatbeständen. Darüber hinaus dient § 242 der Rspr insbesondere als Rechtsgrundlage für die Begründung bzw Konkretisierung von **Aufklärungs- und Hinweispflichten des Versicherers** (vgl BRUCK/MÖLLER/BECKMANN Einf A Rn 159; s u Rn 1033 ff). Beide Aspekte wirken zusammen, wenn der Versicherer wegen der Verletzung einer solchen Pflicht nach Treu und Glauben gehindert ist, einen Ausschlusstatbestand geltend zu machen (s u Rn 1036 und 1053).

1030 Auf der anderen Seite ist auch der Versicherer auf ein **loyales Verhalten des Versicherungsnehmers** angewiesen. Denn zum einen verfügt oft allein der Versicherungsnehmer über bestimmte Informationen, die für die Kalkulation der Versicherungsprämie und die Abwicklung des Versicherungsfalls relevant sind. Der Versicherer muss sich daher auf dessen Erklärungen und Mitteilungen verlassen (BGH VersR 1985, 943, 945). Zum anderen besteht die Gefahr, dass der Versicherungsnehmer sich in Bezug auf die versicherte Sache allzu achtlos verhält, weil der Eintritt des Versicherungsfalls für ihn selbst keine wirtschaftlichen Nachteile mit sich bringt. Es ist daher zu Recht anerkannt, dass auch der Versicherungsnehmer die Gebote von Treu und Glauben beachten muss (vgl RGZ 156, 378, 382; BGH VersR 1985, 943, 945; PRÖLSS/MARTIN/PRÖLSS Vorbem II Rn 6). So ist die Geltendmachung der Versicherungsleistung aus einer Aussteuerversicherung **rechtsmissbräuchlich**, wenn die vom Versicherten geschlossene Ehe nur „auf dem Papier" bestehen soll (OLG Düsseldorf VersR 2002, 1092; LOOSCHELDERS, in: LOOSCHELDERS/POHLMANN Vorbem A Rn 64). Täuscht der Versicherungsnehmer den Versicherer nach Eintritt des Versicherungsfalles arglistig über die Höhe des entstandenen Schadens, so kann er in besonders schwerwiegenden Fällen nach Treu und Glauben (§ 242) gehindert sein, den Anspruch auf die Versicherungsleistung geltend zu machen. Dies gilt auch dann, wenn die AVB keine entsprechende Einschränkung der Leistungspflicht des Versicherers vorsehen (BGH VersR 1991, 1129, 1130; AG Köln VersR 2006, 1681; BRUCK/MÖLLER/BRÖMMELMEYER § 31 Rn 103; LOOSCHELDERS, in: LOOSCHELDERS/POHLMANN § 31 Rn 3).

1031 In Rspr und Lit wird allerdings teilweise die Auffassung vertreten, der Grundsatz von Treu und Glauben sei im Versicherungsvertragsrecht nur eingeschränkt anwendbar, weil eine an der **Einzelfallgerechtigkeit** orientierte Betrachtung dem versicherungsrechtlichen Grundsatz der **Gleichbehandlung** aller Versicherungsnehmer (dazu PRÖLSS/MARTIN/PRÖLSS Vorbem II Rn 2a; WANDT Rn 111 ff) zuwiderliefe (so insbes DEUTSCH Rn 17; vgl auch BGHZ 65, 142, 144 ff). Der Gleichbehandlungsgrundsatz verbietet indes nur, einzelnen Versicherungsnehmern ungerechtfertigte Vorteile zukommen zu lassen; eine sachgemäße Berücksichtigung des Einzelfalls wird dadurch nicht ausgeschlossen (so auch JUNG VersR 2003, 282 ff; vgl LOOSCHELDERS, in: LOOSCHELDERS/POHLMANN Vorbem A Rn 65).

1032 Das Versicherungsvertragsrecht ist durch das am 1. 1. 2008 in Kraft getretene VVG vom 23. 11. 2007 völlig neu geregelt worden. Bei der **Reform** wurden viele der durch die Rspr entwickelten Anwendungsfälle des § 242 kodifiziert. Es gibt aber nach wie vor zahlreiche Probleme, bei denen ein Rückgriff auf den Grundsatz von Treu und Glauben möglich und notwendig bleibt. Die Anwendung des § 242 wird durch das neue VVG also nicht ausgeschlossen (ERMAN/HOHLOCH Rn 203; BRUCK/MÖLLER/BECKMANN Einf A Rn 160).

b) Aufklärungs-, Beratungs- und Informationspflichten des Versicherers
Die Rspr hat vor der VVG-Reform aus dem Grundsatz von Treu und Glauben **1033** zahlreiche **Aufklärungs-, Beratungs- und Informationspflichten** des Versicherers entwickelt (vgl OLG Saarbrücken VersR 1993, 1386; OLG Karlsruhe VersR 2002, 1497; KG VersR 2007, 1649; OLG Düsseldorf VersR 2008, 1480; BRUCK/MÖLLER/BECKMANN Einf A Rn 159; PRÖLSS/MARTIN/PRÖLSS Vorbem II Rn 10 ff; KIENINGER, Informations-, Aufklärungs- und Beratungspflichten beim Abschluß von Versicherungsverträgen, AcP 199 [1999] 190 ff; allg z Aufklärungs- und Informationspflichten STAUDINGER/OLZEN § 241 Rn 167 ff). Ein großer Teil dieser Pflichten ist nunmehr in §§ 6, 7 VVG und der VVG-InfoV geregelt. Auf Grund der Komplexität des Sachverhalts kann der Versicherer bzw der Versicherungsvermittler im Rahmen des Beratungsgesprächs verpflichtet sein, dem Versicherungsnehmer eine **Bedenkzeit** für die Entscheidung über den Vertragsschluss zu empfehlen (vgl SCHIMIKOWSKI, in: RÜFFER/HALBACH/SCHIMIKOWSKI § 7 Rn 8). In der Lit wird hierfür zT auch auf § 242 verwiesen (so BRÖMMELMEYER, Vorvertragliche Informationspflichten des Versicherers – insbesondere in der Lebensversicherung, VersR 2009, 584, 587). Letztlich geht es aber primär um die Auslegung des Merkmals „rechtzeitig" in § 7 Abs 1 VVG.

c) Inhalts- und Ausübungskontrolle bei AVB
Bei Versicherungsverträgen findet eine strenge **Inhaltskontrolle der Allgemeinen** **1034** **Versicherungsbedingungen (AVB)** nach §§ 307 ff statt, wobei der Inhalt der Klauseln objektiv nach dem Verständnis eines durchschnittlichen Versicherungsnehmers ohne versicherungsrechtliche Spezialkenntnisse bestimmt wird (vgl BGH VersR 2001, 576; BRUCK/MÖLLER/BECKMANN Einf C Rn 167, 209; POHLMANN, in: LOOSCHELDERS/POHLMANN Vorbem B Rn 24; PRÖLSS/MARTIN/PRÖLSS Vorbem I Rn 45 ff; LOOSCHELDERS, Die Kontrolle Allgemeiner Versicherungsbedingungen nach dem AGBG, JR 2001, 397 ff; allg zur Inhaltskontrolle von Verträgen s o Rn 343, 460 ff). Unwirksam sind danach Klauseln, die den Versicherungsnehmer entgegen Treu und Glauben **unangemessen benachteiligen**. Außerdem müssen die wirtschaftlichen Nachteile und Belastungen in den AVB klar und verständlich dargestellt werden (BRÖMMELMEYER, in: RÜFFER/HALBACH/SCHIMIKOWSKI Einl Rn 69, 70). Daneben hat die **Ausübungskontrolle** gem § 242 bei AVB große Bedeutung (vgl BECKMANN, in: BECKMANN/MATUSCHE-BECKMANN § 10 Rn 201; allg z Ausübungskontrolle s o Rn 344). So verstößt der Ausschluss der Leistungspflicht des Versicherers für **ärztliche Behandlungen durch nahe Verwandte des Versicherungsnehmers** in der privaten Krankenversicherung nicht gegen die §§ 307 ff; der Versicherer kann sich nach Treu und Glauben aber nicht auf die Ausschlussklausel berufen, wenn die Behandlung durch den Angehörigen im Einzelfall medizinisch geboten ist, zB weil dieser zu den wenigen Spezialisten gehört, die die Behandlung durchführen können, oder wenn die Heranziehung eines anderen Arztes aus tatsächlichen Gründen nicht möglich oder nicht zumutbar ist (BGH VersR 2001, 576, 577).

d) Einschränkung der Rechtsfolgen von Obliegenheitsverletzungen
aa) Vorvertragliche Anzeigepflicht des Versicherungsnehmers (§§ 19 ff VVG)
Den Versicherungsnehmer trifft nach § 19 Abs 1 VVG eine vorvertragliche Anzeige- **1035** gepflicht gegenüber dem Versicherer. Verletzt der Versicherungsnehmer diese

Pflicht, stehen dem Versicherer nach § 19 Abs 2–4 VVG verschiedene Rechte (Rücktritt, Kündigung, Vertragsanpassung) zu, wobei die Leistungsfreiheit im Fall des Rücktritts (§ 19 Abs 2 iVm § 21 Abs 2 VVG) für den Versicherungsnehmer besonders belastend ist. Nach § 19 Abs 5 S 2 VVG ist die Geltendmachung der Rechte ua ausgeschlossen, wenn der Versicherer die Unrichtigkeit der Anzeige kannte. Dahinter steht der Gedanke, der Versicherer verstoße gegen das **Verbot widersprüchlichen Verhaltens** (s o Rn 286 ff), wenn er den Vertrag in Kenntnis der Unrichtigkeit schließe und sich erst nach Eintritt des Versicherungsfalls auf die Verletzung der Anzeigepflicht berufe (vgl Bruck/Möller/Rolfs § 19 Rn 117).

1036 Im Übrigen obliegt dem Versicherer eine **ordnungsgemäße Risikoprüfung**. Dazu gehören auch **Nachfragen** an den Versicherungsnehmer, wenn dessen Angaben erkennbar unvollständig, unklar oder missverständlich sind. Kommt der Versicherer dem nicht nach, so ist er nach dem Grundsatz von **Treu und Glauben** (§ 242) ebenfalls daran gehindert, sich auf die Verletzung der Anzeigepflicht zu berufen (BGHZ 117, 385, 387 = VersR 1992, 603, 604; VersR 1993, 871, 872 m Anm E Lorenz; VersR 1995, 80; BGH NJW-RR 1997, 277; VersR 2001, 620; VersR 2001, 1541; BGH VersR 2007, 96 m Anm E Lorenz; VersR 2008, 668, 669; OLG Stuttgart VersR 2005, 819, 820; Prölss/Martin/Prölss §§ 16, 17 Rn 25; Looschelders, in: Looschelders/Pohlmann § 19 Rn 46; Knappmann, in: Beckmann/Matusche-Beckmann Versicherungsrechts-Handbuch § 14 Rn 61; Schimikowski Rn 191). Nach der neueren Rspr gilt dies allerdings nicht mehr bei **Arglist** des Versicherungsnehmers (BGH VersR 2007, 96; VersR 2007, 1256; VersR 2008, 668, 669; anders noch BGHZ 117, 385, 387; KG VersR 1998, 1362). Die Verletzung der Nachfragepflicht steht in diesem Fall weder dem Rücktritt noch der Anfechtung wegen arglistiger Täuschung (§ 123 iVm § 22 VVG) entgegen.

1037 Die Anzeigepflicht des Versicherungsnehmers nach § 19 Abs 1 S 1 bezieht sich lediglich auf solche gefahrerheblichen Umstände, nach denen der Versicherer **in Textform gefragt** hat. Verschweigt der Versicherungsnehmer gefahrerhebliche Umstände, nach denen der Versicherer nur mündlich oder überhaupt nicht gefragt hat, kommt allenfalls eine Anfechtung wegen arglistiger Täuschung nach § 123 iVm § 22 VVG in Betracht. Ein solches Anfechtungsrecht steht im Einklang mit der Gesetzesbegründung und wird auch vom überwiegenden Teil der Lit bejaht (Bruck/Möller/Rolfs § 22 Rn 10 f; Looschelders, in: Looschelders/Pohlmann § 22 Rn 6; Neuhaus r+s 2008, 45, 54; Grote/Schneider BB 2007, 2689, 2693; Günther/Spielmann, Vollständige und teilweise Leistungsfreiheit nach dem VVG 2008 am Beispiel der Sachversicherung [Teil 1], r+s 2008, 133, 134; Reusch VersR 2008, 1179, 1183). Die für die Täuschung durch Unterlassen erforderliche **spontane Anzeigepflicht** wird dabei **aus § 242 BGB** hergeleitet. Dagegen lässt sich nicht einwenden, die Anzeigepflicht des Versicherungsnehmers betreffe **nur** solche Gefahrumstände, nach denen der Versicherer in Textform gefragt habe (so aber Langheid NJW 2007, 3665, 3668; Langheid/Müller-Frank NJW 2008, 337, 338; Barg 175 f; Marlow/Spuhl 46 f). Die Vorschrift des § 22 VVG hat nämlich gerade die Funktion, die Sperrwirkung der §§ 19 ff VVG aufzuheben und eine Anfechtung wegen arglistiger Täuschung nach allgemeinen Grundsätzen zuzulassen. Hiermit wäre es nicht vereinbar, wenn man das Anfechtungsrecht des Versicherers aus § 123 nach den Kriterien des § 19 Abs 1 S 1 VVG beschränkt. Zur **Rückwirkung der Anfechtung** nach § 123 auch im Versicherungsrecht s o Rn 434.

bb) Vertragliche Obliegenheiten des Versicherungsnehmers (§ 28 VVG)
(1) Alles-oder-nichts-Prinzip und Quotenprinzip

Vor der Reform des VVG galt bei der Verletzung von vertraglichen Obliegenheiten das **Alles-oder-nichts-Prinzip** (ausf dazu STEINBECK 13 ff). Bei Vorsatz oder grober Fahrlässigkeit des Versicherungsnehmers war der Anspruch auf die Versicherungsleistung vollständig ausgeschlossen (§ 6 Abs 3 VVG aF). Verletzte der Versicherungsnehmer eine Obliegenheit, die er vor dem Eintritt des Versicherungsfalles zu erfüllen hatte, so schadete ihm sogar schon einfache Fahrlässigkeit (§ 6 Abs 1 VVG aF). Diese Rechtslage wurde in vielen Fällen als unbefriedigend angesehen. Insbesondere erschien der vollständige Wegfall des Versicherungsschutzes bei einfacher oder grober Fahrlässigkeit unverhältnismäßig (vgl Begr RegE BT-Drucks 16/3945 S 49; JUNG VersR 2003, 282, 285; näher dazu Voraufl Rn 1015). Nach dem neuen § 28 VVG gilt der strikte Ausschluss des Versicherungsschutzes nur noch bei Vorsatz. Einfache Fahrlässigkeit schadet dem Versicherungsnehmer nicht mehr. Bei grober Fahrlässigkeit wurde das Alles-oder-nichts-Prinzip durch das **Quotenprinzip** ersetzt (eingehend dazu LOOSCHELDERS ZVersWiss 2009, 13 ff). Der Versicherer ist danach berechtigt, seine Leistung in einem der Schwere des Verschuldens des Versicherungsnehmers entsprechenden Maß zu kürzen (§ 28 Abs 2 S 2 VVG). Bei der Anwendung des Quotenprinzips ist zu beachten, dass der Gesetzgeber die Verhältnismäßigkeit durch das Maß des Verschuldens konkretisiert hat. Ein Rückgriff auf allgemeine Billigkeits- und Verhältnismäßigkeitserwägungen ist somit nicht zulässig (LOOSCHELDERS ZVersWiss 2009, 13, 21 f).

(2) Relevanzrechtsprechung und Kausalitätsgegenbeweis

Bei **vorsätzlicher Verletzung einer vertraglichen Obliegenheit**, die nach dem Eintritt des Versicherungsfalls zu erfüllen ist, entfiel der Anspruch des Versicherungsnehmers auf die Versicherungsleistung nach § 6 Abs 3 S 2 VVG aF aus generalpräventiven Gründen auch dann vollständig, wenn die Obliegenheitsverletzung weder die Feststellung des Versicherungsfalls noch die Feststellung oder den Umfang der Leistungspflicht des Versicherers beeinflusst hatte. Die Rspr hat diese Regelung unter Rückgriff auf Treu und Glauben (§ 242) und den Grundsatz der Verhältnismäßigkeit erheblich eingeschränkt. Nach der sog **Relevanzrechtsprechung** trat die Leistungsfreiheit bei folgenlosen Obliegenheitsverletzungen nur ein, wenn der Verstoß objektiv generell geeignet war, die berechtigten Interessen des Versicherers ernsthaft zu gefährden, und den Versicherungsnehmer subjektiv ein erhebliches Verschulden traf (vgl BGHZ 53, 160, 164; 84, 84, 87; BGH VersR 1998, 447, 448; VersR 2005, 493; VersR 2006, 108; dazu BK/SCHWINTOWSKI § 6 Rn 163 ff; PRÖLSS/MARTIN/PRÖLSS § 6 Rn 101; RÖMER/LANGHEID § 6 Rn 51 ff; JUNG VersR 2003, 282, 285 f; HEISS 53 ff; STEINBECK 151 ff). Nach dem neuen § 28 Abs 3 VVG bleibt der Anspruch auf die Versicherungsleistung bestehen, so weit die Verletzung weder für die Feststellung des Versicherungsfalls noch für die Feststellung der Leistungspflicht des Versicherers oder deren Umfang ursächlich ist. Etwas anderes gilt gem § 28 Abs 3 S 2 VVG nur bei arglistiger Verletzung der Obliegenheit. Der Gesetzgeber hat bei diesen Regelungen ausdrücklich auf die Relevanzrechtsprechung verwiesen (Begr RegE BT-Drucks 16/3945, 69). § 28 Abs 3 VVG kann allerdings nicht als Kodifikation der Relevanzrechtsprechung verstanden werden, weil es für das Kausalitätserfordernis nicht auf die **generelle Eignung** zur Gefährdung der Interessen des Versicherers, sondern auf die **konkrete Ursächlichkeit im Einzelfall** ankommt (vgl BRUCK/MÖLLER/HEISS § 28 Rn 160).

(3) Besonderheiten bei Auskunfts- und Aufklärungsobliegenheiten

1040 Bei vertraglichen Auskunft- und Aufklärungsobliegenheiten, die vom Versicherungsnehmer nach dem Eintritt des Versicherungsfalles zu erfüllen sind, hatte die Rspr dem Versicherer nach altem Recht schließlich die Verpflichtung auferlegt, den Versicherungsnehmer darüber zu **belehren**, dass der Anspruch auf die Versicherungsleistung im Fall einer vorsätzlichen Verletzung auch dann vollständig entfällt, wenn die Verletzung keine nachteiligen Folgen für den Versicherer hat; bei Fehlen einer solchen Belehrung durfte sich der Versicherer nach Treu und Glauben nicht auf die Leistungsfreiheit berufen (vgl BGHZ 47, 101, 107 ff; 48, 7, 9; BGH VersR 1973, 174, 175 = NJW 1973, 365; BGH VersR 1998, 447; BGH r+s 2008, 513, 514 mit Anm ECKES; OLG Düsseldorf VersR 2001, 888; zusammenfassend PRÖLSS/MARTIN/PRÖLSS § 34 Rn 22; HEISS 67 ff; STEINBECK 134 ff; speziell zur Obliegenheit des Versicherungsnehmers, eine Stehlgutliste bei der Polizei einzureichen, KNAPPMANN, in: FS Kollhosser [2004] 195, 199 ff). Diese Belehrungspflicht des Versicherers wird nunmehr von § 28 Abs 4 VVG in erweiterter Form ausdrücklich geregelt (Wandt Rn 582). Eine Ausnahme gilt auch hier im Fall der **Arglist des Versicherungsnehmers** (Begr RegE BT-Drucks 16/3945, 69). Anders als bei § 28 Abs 3 ergibt sich diese Ausnahme allerdings nicht schon aus dem Wortlaut des Gesetzes (krit dazu WANDT Rn 582); insoweit muss vielmehr auf das allgemeine Verbot des **Rechtsmissbrauchs** (s o Rn 214 ff) zurückgegriffen werden (BRUCK/MÖLLER/HEISS § 28 Rn 152 und 182).

1041 Im Fall einer Verletzung von Auskunfts- und Aufklärungsobliegenheiten soll der Versicherer selbst bei Vorliegen aller Voraussetzungen des § 28 VVG nach Treu und Glauben gehindert sein, sich auf die Leistungsfreiheit zu berufen, wenn der Versicherungsnehmer den wahren Sachverhalt **nachträglich aus eigenem Antrieb vollständig und unmissverständlich offenbart** und die falschen Angaben noch nicht zu einem Nachteil für den Versicherer geführt haben (BRUCK/MÖLLER/BRÖMMELMEYER § 31 Rn 67 ff; FELSCH, in: RÜFFER/HALBACH/SCHIMIKOWSKI § 28 Rn 180; zum alten Recht BGH VersR 2002, 173; PRÖLSS/MARTIN/PRÖLSS § 34 Rn 11a). Dahinter steht die Erwägung, dass es in diesen Fällen an einem berechtigten Interesse des Versicherers an der Sanktionierung der Obliegenheitsverletzung fehlt (BRUCK/MÖLLER/BRÖMMELMEYER § 31 Rn 70).

(4) Sonstige Einschränkungen der Leistungsfreiheit nach § 28 Abs 2 VVG

1042 Über diese wichtigen allgemeinen Bereiche hinaus gibt es einige weitere Fallgruppen, in denen der Versicherer sich bei Obliegenheitsverletzungen nach Treu und Glauben **im Einzelfall** nicht auf den Wegfall seiner Leistungspflicht berufen kann. So ist die Geltendmachung der Leistungsfreiheit durch den Versicherer **rechtsmissbräuchlich**, wenn der Verlust des Versicherungsschutzes für den Versicherungsnehmer aus besonderen Gründen eine **übermäßige Härte** darstellt. Vor der Reform hatte die Rspr diese Voraussetzung bejaht, wenn die Obliegenheitsverletzung nur einen geringen Teil des Schadens betraf und weitere Billigkeitsgesichtspunkte zu Gunsten des Versicherungsnehmers hinzutraten, namentlich wenn der Versicherungsnehmer bei Verlust des Versicherungsschutzes in seiner Existenz bedroht wäre (BGH VersR 1993, 1351; BK/SCHWINTOWSKI § 6 Rn 70 ff). Dass die Obliegenheitsverletzung nur einen **geringen Teil des Schadens** betrifft, lässt sich nach neuem Recht schon bei der Anwendung des § 28 Abs 3 berücksichtigen („so weit"). Unter diesem Aspekt ist ein Rückgriff auf § 242 also nicht mehr erforderlich (so auch SCHIMIKOWSKI Rn 234). Bei Arglist entfällt zwar der Kausalitätsgegenbeweis; insoweit handelt es sich aber um eine bewusste Entscheidung des Gesetzgebers, die nicht mit Hilfe des Grundsatzes von Treu und Glauben unterlaufen werden darf (für weitergehende Anwendung des § 242 bei Arglist FELSCH, in: RÜFFER/HALBACH/SCHIMIKOWSKI § 28 Rn 147, 149).

Demgegenüber kann der Aspekt der **drohenden Existenzvernichtung** auch nach geltendem Recht noch Bedeutung erlangen. Bei **grober Fahrlässigkeit** ergibt sich dies daraus, dass die wirtschaftlichen Verhältnisse des Versicherungsnehmers im Rahmen der Quotelung nach § 28 Abs 2 S 2 VVG außer Betracht bleiben müssen, weil es dort allein um die Schwere des Verschuldens geht (FELSCH, in: RÜFFER/HALBACH/ SCHIMIKOWSKI § 28 Rn 181; LOOSCHELDERS ZVersWiss 2009, 13, 23 f). Bei **Vorsatz** kommt nach § 28 Abs 2 S 1 ohnehin keine Quotelung in Betracht. Da sich der Vorsatz nicht auf den Schaden beziehen muss, kann der vollständige Leistungsausschluss bei drohender Existenzvernichtung aber auch hier im Einzelfall unverhältnismäßig sein (vgl BRUCK/MÖLLER/HEISS § 28 Rn 155; FELSCH, in: RÜFFER/HALBACH/SCHIMIKOWSKI § 28 Rn 147; LOOSCHELDERS ZVersWiss 2009, 13, 24). In all diesen Fällen kann eine Einschränkung der Leistungsfreiheit nur auf § 242 gestützt werden. Zu beachten ist jedoch, dass die Berücksichtigung der drohenden Existenzvernichtung zu einer **Ungleichbehandlung der Versicherungsnehmer** führt, die mit dem Grundgedanken der Privatversicherung schwer vereinbar ist. Der Rückgriff auf § 242 muss unter diesem Aspekt daher auf extreme Ausnahmefälle beschränkt bleiben. 1043

Ein Rückgriff auf § 242 kommt auch dann in Betracht, wenn der Versicherer selbst das **Vertrauensverhältnis** gegenüber dem Versicherungsnehmer **in schwerwiegender Weise** verletzt hat (BGHZ 107, 368, 373 ff; RÖMER/LANGHEID/RÖMER § 6 Rn 132; BRUCK/MÖLLER/HEISS § 28 Rn 155; FELSCH, in: RÜFFER/HALBACH/SCHIMIKOWSKI § 28 Rn 148) oder wenn die Geltendmachung der Leistungsfreiheit gegen das Verbot des **venire contra factum proprium** (allg dazu o Rn 214 ff) verstößt (vgl OLG Frankfurt VersR 1992, 1458; BK/ SCHWINTOWSKI § 6 Rn 69). So kann es einem Versicherer, der seine Rechte bisher trotz mehrerer Obliegenheitsverletzungen nicht geltend gemacht hat, gem § 242 verwehrt sein, sich nach dem Eintritt des Versicherungsfalls auf eine weniger gewichtige Verletzung zu berufen (BECKMANN, in: MATUSCHE/BECKMANN § 14 Rn 86). Ebenso kann sich der Versicherer nach Treu und Glauben nicht auf die Leistungsfreiheit auf Grund einer Obliegenheitsverletzung berufen, wenn er die Obliegenheitsverletzung kennt und dennoch zunächst abwartet, um sich bei einem späteren auf der Obliegenheitsverletzung beruhenden Versicherungsfall auf die Leistungsfreiheit berufen (MARLOW/SPUHL 91) 1044

cc) Gesetzliche Obliegenheiten des Versicherungsnehmers
Einen Sonderfall der nachvertraglichen Obliegenheiten bildet die sog **Rettungspflicht** nach § 82 VVG, die als spezielle Ausprägung von Treu und Glauben angesehen wird (vgl SCHIMIKOWSKI Rn 237). § 82 Abs 2 S 1 VVG stellt klar, dass der Versicherungsnehmer die Weisungen des Versicherers bei der Abwendung oder Minderung des Schadens nur zu befolgen hat, so weit dies für ihn **zumutbar** ist. Die Vorgängervorschrift des § 62 VVG aF hatte noch keine solche Einschränkung vorgesehen. Hier musste daher auf den Grundsatz von Treu und Glauben (§ 242) zurückgegriffen werden (vgl SCHIMIKOWSKI, in: RÜFFER/HALBACH/SCHIMIKOWSKI § 82 Rn 12). 1045

§ 97 VVG enthält eine gesetzliche Obliegenheit, wonach der Versicherungsnehmer 1046 und der Erwerber die **Veräußerung der versicherten Sachen** dem Versicherer unverzüglich anzeigen müssen. Der Verstoß gegen diese Obliegenheit kann zur Leistungsfreiheit des Versicherers führen (vgl § 97 Abs 1 S 2 VVG). Mit Blick auf die Vorgängervorschrift des § 71 VVG hat der BGH diese Rechtsfolge nach Treu und Glauben auf den Fall beschränkt, dass die Leistungsfreiheit **nicht außer Verhältnis zur Schwere des Verstoßes** steht (BGH VersR 1987, 477, 478 f; HALBACH, in: RÜFFER/HALBACH/SCHIMIKOWSKI § 97 Rn 4). Die Regierungsbegründung stellt klar, dass dieser Grundsatz auch bei § 97 VVG gilt. Es handle sich um eine „Ausprägung des allgemeinen Grundsatzes von Treu und Glauben, der keiner ausdrücklichen Regelung bedarf" (Begr RegE BT-Drucks 16/3945, 85).

e) **Leistungsfreiheit bei Nichtzahlung der Erstprämie**

1047 § 37 Abs 2 VVG befreit den Versicherer von der Leistungspflicht, wenn die sog **Erstprämie** bei Eintritt des Versicherungsfalls noch nicht gezahlt war. Nach altem Recht (§ 38 Abs 2 VVG aF) kam es dabei nicht auf das Verschulden des Versicherungsnehmers an. Beruhte die Nichtzahlung der Erstprämie auf Umständen, die der Versicherer selbst zu vertreten hatte, konnte er sich jedoch nach Treu und Glauben nicht auf seine Leistungsfreiheit berufen (vgl LG Osnabrück VersR 1987, 62; BK/RIEDLER § 38 Rn 75; PRÖLSS/MARTIN/KNAPPMANN § 38 Rn 28; zum österr Recht OGH VersR 1984, 1199). In der Lit wurde zT sogar erwogen, dem Versicherungsnehmer nach § 242 eine gewisse Zahlungsfrist zuzubilligen (BK/RIEDLER § 38 Rn 29; PRÖLSS/MARTIN/KNAPPMANN § 38 Rn 16). Nach neuem Recht (§ 37 Abs 2 S 1 VVG) ist die Leistungsfreiheit des Versicherers generell ausgeschlossen, wenn der Versicherungsnehmer die Nichtzahlung der Erstprämie nicht zu vertreten hat. Der allgemeine Grundsatz von Treu und Glauben hat in diesem Zusammenhang also seine Bedeutung verloren.

1048 In anderen Fällen bleibt der Rückgriff auf § 242 aber auch im Rahmen des § 37 VVG möglich. So kann der Rücktritt wegen Nichtzahlung der Erstprämie nach Treu und Glauben weiterhin ausgeschlossen sein, wenn die **Rückstände ganz gering** sind und nicht auf einer bewussten Leistungskürzung durch den Versicherungsnehmer beruhen (vgl Begr RegE BT-Drucks 16/3945 S 71; KARCZEWSKI, in: RÜFFER/HALBACH/SCHIMIKOWSKI § 37 Rn 10; STAGL, in: LOOSCHELDERS/POHLMANN § 37 Rn 9; MICHAELIS, in: SCHWINTOWSKI/BRÖMMELMEYER § 37 Rn 7; zum alten Recht BGH 21, 122, 136; BGH VersR 1985, 981, 982; VersR 1986, 54; PRÖLSS/MARTIN/KNAPPMANN § 38 Rn 7).

1049 Der Versicherer kann sich nach Treu und Glauben auch dann nicht auf Leistungsfreiheit berufen, wenn er den Anspruch auf Zahlung der Erstprämie durch **Aufrechnung** mit Gegenansprüchen des Versicherungsnehmers durchsetzen kann (KARCZEWSKI, in: RÜFFER/HALBACH/SCHIMIKOWSKI § 37 Rn 27; MICHAELIS, in: SCHWINTOWSKI/BRÖMMELMEYER § 37 Rn 14; zum alten Recht BGH VersR 1985, 877 m Anm HOFMANN; OLG Koblenz VersR 1995, 527; OLG Hamm VersR 1996, 1408; BK/RIEDLER § 38 Rn 74; PRÖLSS/MARTIN/KNAPPMANN § 38 Rn 28; ebenso OGH VersR 1985, 652). Das Gleiche gilt für den Fall, dass der Versicherer die nach der Rücktrittserklärung erfolgte **Zahlung** der Erstprämie durch den Versicherungsnehmer **angenommen hat** (BGH VersR 1982, 358; aA SCHIMIKOWSKI Rn 160: konkludentes Einverständnis mit Antrag auf Neuabschluss eines Versicherungsvertrags).

f) **Versäumnis von Ausschlussfristen**

1050 Nach Treu und Glauben ist der Versicherer uU daran gehindert, sich auf die Versäumnis einer **Ausschlussfrist** zu berufen (allg z Bedeutung des § 242 bei Versäumnis einer Ausschlussfrist Rn 562 ff). Die Wirkungen der Ausschlussfrist müssen insbesondere ausbleiben, wenn den Versicherungsnehmer **kein Verschulden** an der Fristversäumnis trifft (vgl RGZ 62, 191; BGHZ 9, 208 – vertragliche Ausschlussfrist – und RGZ 88, 295; 150, 186; BGHZ 43, 235, 236 – gesetzliche Ausschlussfrist in § 12 Abs 3 VVG; BGH NJW 1992, 2233; NJW 1995, 598, 600; NJW 1995, 2854; zur dogmatischen Einordnung dieser Rspr als Anwendungsfall des § 242: PRÖLSS/MARTIN/PRÖLSS § 12 Rn 50 Fn 1; krit STAUDINGER/J SCHMIDT [1995] Rn 615).

Vor der Reform des VVG ist § 242 besonders häufig herangezogen worden, um die 6-monatige **Klagefrist des § 12 Abs 3 VVG aF** einzuschränken. Nach der Rspr war es dem Versicherer nach Treu und Glauben verwehrt, sich auf den Ablauf der Frist zu berufen, wenn er in den Verhandlungen mit dem Versicherungsnehmer den Eindruck erweckt hatte, die Ablehnung des Versicherungsschutzes und die damit verbundene Fristsetzung seien wieder hinfällig (BGH VersR 1988, 1013; OLG Karlsruhe VersR 1992, 1205, 1206; OLG Düsseldorf NJW-RR 2001, 1039; OLG Koblenz VersR 2007, 824; PRÖLSS/MARTIN/PRÖLSS § 12 Rn 52; RÖMER/LANGHEID/RÖMER § 12 Rn 87; BRUCK/MÖLLER/JOHANNSEN Anh § 15 Rn 26 ff; vgl auch BGH VersR 2005, 629, 631), oder wenn er den Versicherungsnehmer hinsichtlich des Laufs der Frist verwirrt hatte (BGH VersR 2005, 1225, 1226). Das BVerfG hat darüber hinaus betont, dass der **verfassungsrechtlich gebotene Rechtsschutz** (Art 2 Abs 1 iVm Art 20 Abs 3 GG) durch die Auslegung und Anwendung des § 12 Abs 3 VVG aF nicht verkürzt werden dürfe. Habe das Gericht es auf Grund eines Fehlers unterlassen, den Versicherungsnehmer rechtzeitig auf einen formellen Mangel der fristgerecht eingegangenen Klage (hier: fehlende Unterschrift) hinzuweisen, so müsse es „die Anforderungen an die Anwendung des § 242 mit besonderer Fairness ... handhaben" (BVerfG VersR 2004, 1585, 1586; Verfassungsbeschwerdeentscheidung zu BGH VersR 2004, 629 = NJW-RR 2004, 755).

Die vielfältigen Ansätze zu einer billigkeitsorientierten Einschränkung des § 12 Abs 3 VVG aF zeigen, dass der **Gerechtigkeitsgehalt der Vorschrift** zweifelhaft geworden war. Den Versicherern stand danach ein Privileg zu, das die Rechtsordnung für andere Schuldner nicht kennt (BGH VersR 2007, 1209, 1210). Die Vorschrift wurde daher bei der VVG-Reform zu Recht ersatzlos gestrichen (vgl Begr RegE BT-Drucks 16/3945, 64; WANDT Rn 947).

Lebhaft diskutiert wird die Möglichkeit einer Einschränkung von Ausschlussfristen in der **Unfallversicherung**. Nach § 7 (I) Abs 1 AUB 94 (Ziff 2.1.1.1. S 2 AUB 99/AUB 2008) hat der Versicherte nur dann einen Anspruch auf **Invaliditätsleistungen**, wenn die Invalidität innerhalb eines Jahres nach dem Unfall eingetreten sowie spätestens vor Ablauf einer Frist von weiteren drei Monaten ärztlich festgestellt und geltend gemacht worden ist. Die hM geht davon aus, dass der Versicherer nach Treu und Glauben an der Geltendmachung der Fristversäumnis gehindert ist, wenn sie ausreichend **entschuldigt** werden kann (BGH VersR 1995, 1179; PRÖLSS/MARTIN/KNAPPMANN § 7 AUB 94 Rn 21). Bloße Unkenntnis von der Frist entschuldigt zwar nicht (OLG Köln VersR 1995, 907; OLG Düsseldorf VersR 2001, 449). Vor der VVG-Reform hatte die Rspr auf der Grundlage von § 242 aber den Grundsatz entwickelt, dass der Versicherer den Versicherungsnehmer auf die Fristen hinzuweisen habe, wenn nach dem Inhalt der Schadensanzeige oder den sonstigen Umständen eine Invalidität nahe liege; bei Fehlen eines solchen Hinweises verhalte der Versicherer sich **rechtsmissbräuchlich**, wenn er sich auf die Fristversäumnis berufe (BGH VersR 2006, 352, 353 = JR 2007, 106,

107 m Anm LOOSCHELDERS/BRUNS; OLG Hamm VersR 1995, 1181; OLG Köln VersR 1995, 907; OLG Düsseldorf VersR 2001, 449; OLG Saarbrücken VersR 2007, 1161, 1162; PRÖLSS/MARTIN/ KNAPPMANN § 7 AUB 94 Rn 22; MANGEN, in: BECKMANN/MATUSCHE-BECKMANN § 47 Rn 174).

1054 Der Reformgesetzgeber hat die **Hinweispflicht** des Versicherers in § 186 Abs 1 VVG **ausdrücklich geregelt**. Ein Rückgriff auf § 242 ist insofern also nicht mehr erforderlich. Es gibt jedoch einige Fälle, in denen der Versicherer sich trotz ordnungsgemäßer Belehrung rechtsmissbräuchlich verhält, wenn er sich auf die Fristversäumnis beruft (vgl LOOSCHELDERS/SMAROWOS, in: LOOSCHELDERS/POHLMANN § 180 Rn 12; MANGEN, in: BECKMANN/MATUSCHE-BECKMANN § 47 Rn 180). Die Geltendmachung des Fristablaufs kann insbesondere dann treuwidrig sein, wenn der Versicherungsnehmer durch das Verhalten des Versicherers von der Einhaltung der Frist abgehalten worden ist (FELSCH, in: RÜFFER/HALBACH/SCHMIKOWSKI § 28 Rn 26). So verhält sich der Versicherer **widersprüchlich**, wenn er sich auf die Fristversäumnis beruft, obwohl er beim Versicherungsnehmer zuvor das berechtigte Vertrauen erweckt hat, die Beachtung der 15-Monatsfrist sei entbehrlich (vgl MANGEN, in: BECKMANN/MATUSCHE-BECKMANN § 47 Rn 171). Dass der Versicherer seine Leistungspflicht vor Fristablauf endgültig abgelehnt hat, reicht aber nicht aus (vgl BGH VersR 2002, 472; VersR 2002, 1181; BGH NJW 2006, 911, 912; LOOSCHELDERS/SMAROWOS, in: LOOSCHELDERS/POHLMANN § 180 Rn 12; aA OLG Hamm VersR 1995, 1181; OLG Köln VersR 1995, 907). Denn bei Ablehnung der Leistungspflicht kann ein entsprechendes Vertrauen des Versicherungsnehmers gerade nicht entstehen (MANGEN, in: BECKMANN/MATUSCHE-BECKMANN § 47 Rn 172).

g) Gesetzlicher Forderungsübergang

1055 Der dolo agit-Grundsatz (so 281 ff) steht der Geltendmachung eines **gesetzlichen Forderungsübergangs** nach § 86 VVG entgegen, wenn der Dritte im Umfang seiner Inanspruchnahme einen Rückgriffsanspruch gegen einen Mitversicherten hat, für den wiederum der Versicherer einstehen muss. Der Versicherer müsste dem Dritten nämlich mittelbar genau das zurückgewähren, was er auf Grund des gesetzlichen Forderungsübergangs von ihm verlangt (vgl RGZ 161, 94, 98; BGH VersR 1972, 166; BGH NJW 1992, 1508, 1509; PRÖLSS/MARTIN/PRÖLSS § 67 Rn 44).

h) Versicherung für fremde Rechnung

1056 Bei der Versicherung für fremde Rechnung (§§ 43 ff VVG) ist der Versicherte – sofern er nicht im Besitz eines Versicherungsscheins ist (§ 44 Abs 2 VVG) – nicht berechtigt, den Anspruch auf die Versicherungsleistung gegenüber dem Versicherer ohne Zustimmung des Versicherungsnehmers geltend zu machen. Nach hM kann es dem Versicherer jedoch nach Treu und Glauben verwehrt sein, sich auf die fehlende Klagebefugnis des Versicherten zu berufen, insbesondere wenn der Versicherungsnehmer für die Verweigerung der Zustimmung **keine billigenswerten Gründe** hat (vgl BGHZ 41, 327, 329 ff; BGH VersR 1995, 332, 333; VersR 1998, 1016, 1017; OLG Stuttgart r+s 1992, 331; OLG Karlsruhe VersR 1995, 1352; OLG Karlsruhe VersR 1997, 104; OLG Hamm VersR 1999, 964, 965; VersR 2005, 934; PRÖLSS/MARTIN/PRÖLSS § 75 Rn 10; RÖMER/LANGHEID/RÖMER §§ 75, 76 Rn 14 ff; KOCH, in: LOOSCHELDERS/POHLMANN § 44 Rn 24; MEIXNER/STEINBECK Rn 158; zum österr Recht OGH VersR 2008, 283).

1057 Dass der **Versicherungsnehmer** seine Zustimmung aus nicht billigenswerten Gründen verweigert, kann allein indes nicht genügen, um das Verhalten des **Versicherers** als rechtsmissbräuchlich zu qualifizieren. Darüber hinaus darf der Versicherer vielmehr selbst **kein schutzwürdiges Interesse** daran haben, die fehlende Klagebefugnis des Versicherten geltend zu machen (RÖMER/LANGHEID/RÖMER §§ 75, 76 Rn 16). Der Versicherer handelt daher nicht rechtsmissbräuchlich, wenn er nicht zuverlässig weiß, ob der Kläger zum Kreis der Versicherten gehört, oder wenn er befürchten muss, sich wegen des Anspruchs mit weiteren Personen, etwa dem Versicherungsnehmer selbst, auseinandersetzen zu müssen (vgl LOOSCHELDERS VersR 2000, 23 ff mwNw; ausf z Ganzen NIESSEN, Die Rechtswirkungen der Versicherung für fremde Rechnung unter besonderer Berücksichtigung des Innenverhältnisses zwischen Versichertem und Versicherungsnehmer [2004] 88 ff). In diesen Fällen ist der Versicherte darauf verwiesen, sich wegen der Verweigerung der Zustimmung an den Versicherungsnehmer zu halten.

i) Besondere Versicherungszweige

Vor der Reform des VVG hat die Rspr dem Versicherer in der **Haftpflichtversicherung** nach Treu und Glauben verwehrt, sich auf ein vertragliches Verbot der Abtretung des Freistellungsanspruchs (zB § 7 Nr 3 AHB 2002) zu berufen, wenn ihm ein schutzwürdiges, dem Zweck des Abtretungsverbots entsprechendes Interesse an dessen Einhaltung im Einzelfall fehlt (BGHZ 41, 327, 329 ff; BGH VersR 1983, 823; VersR 1983, 945; BGH NJW-RR 1987, 856; OLG Saarbrücken VersR 2002, 351; VersR 2003, 272, 277; PRÖLSS/MARTIN/VOIT/KNAPPMANN § 7 AHB Rn 10; RÖMER/LANGHEID/RÖMER § 15 Rn 6). § 108 Abs 2 VVG nF löst den Interessenkonflikt nunmehr dahingehend auf, dass die Abtretung des Freistellungsanspruchs an den Geschädigten nicht durch AVB ausgeschlossen werden kann. Die Gesetzesbegründung (BT-Drucks 16/3945, 87) verweist auf die Rspr zu § 242 und stellt klar, dass der Versicherungsnehmer ein berechtigtes Interesse haben könne, den Geschädigten an den Versicherer zu verweisen. § 108 Abs 2 VVG nF stellt damit eine besondere Ausprägung von Treu und Glauben dar.

In der **Lebensversicherung** ist der Versicherer nach Treu und Glauben verpflichtet, nach dem Tod des Versicherungsnehmers auf die **Interessen des Bezugsberechtigten** als seines potenziellen Gläubigers Rücksicht zu nehmen. Er verhält sich daher rechtsmissbräuchlich, wenn er die Versicherungssumme an den Inhaber des Versicherungsscheins und angeblichen Zessionar der Rechte aus dem Versicherungsvertrag auszahlt, obwohl er weiß, dass der Versicherungsnehmer eine andere Person als Bezugsberechtigte benannt hat, die Abtretung und der Widerruf des Bezugsrechts erst nach dem Tod des Versicherungsnehmers mitgeteilt werden und die benannte Person anwaltlich mitteilen ließ, dass ihr Bezugsrecht mit dem Tod des Versicherungsnehmers unwiderruflich geworden sei (BGH VersR 1999, 701, 701).

In der **Berufsunfähigkeitsversicherung** darf der Versicherer nach Treu und Glauben von seinem Recht zur Leistungseinstellung nur dann Gebrauch machen, wenn die versicherte Person nach einem freiwilligen Erwerb neuer beruflicher Fähigkeiten einen Arbeitsplatz in einem Vergleichsberuf erlangt oder sich nicht ausreichend darum bemüht, einen solchen Arbeitsplatz zu erlangen (BGH VersR 2000, 171, 173; DUNKEL, in: VAN BÜHREN § 15 Rn 394). Auf der anderen Seite muss der Versicherungsnehmer dem Versicherer nach Treu und Glauben anzuzeigen, wenn sich sein Gesundheitszustand verbessert oder er eine andere Tätigkeit aufnimmt (NEUHAUS Aktuelle Probleme in der Personenversicherung – unter besonderer Berücksichtigung der Berufsunfähigkeitsversicherung –, r+s 2009, 309, 317).

1061 In der **Krankenversicherung** soll der Versicherungsnehmer nach Treu und Glauben gehalten sein, bei der Inanspruchnahme nicht lebensnotwendiger, aber besonders kostenträchtiger Behandlungen auf den Versicherer und die **Gemeinschaft der Versicherten** Rücksicht zu nehmen (BGHZ 99, 228, 235; BGHZ 154, 154, 170 = VersR 2003, 581, 585; LG Köln VersR 2009, 1212; krit BRÖMMELMEYER, in: RÜFFER/HALBACH/SCHIMIKOWSKI Einl Rn 46; ders, in: SCHWINTOWSKI/BRÖMMELMEYER § 192 Rn 57; LOOSCHELDERS, in: LOOSCHELDERS/ POHLMANN Vorbem A Rn 64). In neuerer Zeit hat der BGH diese Auffassung aber zu Recht deutlich eingeschränkt (BGH VersR 2005, 1673, 1675 m Anm MARLOW/SPUHL; vgl dazu auch ROGLER VersR 2009, 573, 575). Nicht überzeugen kann insbesondere die Annahme einer Rücksichts- und Treuepflicht gegenüber der Versichertengemeinschaft. Denn im Verhältnis zwischen den einzelnen Versicherungsnehmern fehlt es an der erforderlichen Sonderverbindung (LOOSCHELDERS, in: LOOSCHELDERS/POHLMANN Vorbem A Rn 64). Eine Leistungseinschränkung nach Treu und Glauben kommt somit auch in der Krankenversicherung nur in **besonders gelagerten Einzelfällen** in Betracht. Bei Vorliegen einer **Übermaßvergütung** sieht § 192 Abs 2 VVG nunmehr allerdings ein besonderes Kürzungsrecht des Versicherers vor. Die Vorschrift betrifft aber nur den Fall, dass zwischen den **Aufwendungen** für die Heilbehandlung oder sonstigen Leistungen und den **erbrachten Leistungen** ein auffälliges Missverhältnis besteht, und knüpft insoweit an den Maßstab des § 138 Abs 2 an (ROGLER, in: RÜFFER/HALBACH/ SCHIMIKOWSKI § 192 Rn 23 ff; ders VersR 2009, 573, 576 f; weitergehend KALIS, in: MünchKomm VVG [2009] § 209 Rn 74 ff). Im Übrigen kann also weiter allenfalls auf § 242 zurückgegriffen werden (BRÖMMELMEYER, in: SCHWINTOWSKI/BRÖMMELMEYER § 192 Rn 57). – Zur ärztlichen Behandlung durch nahe Verwandte des Versicherungsnehmers s o Rn 1034.

6. Verfahrensrecht*

a) Allgemeines

1062 Der Grundsatz von Treu und Glauben gilt auch im Verfahrensrecht (BGH VersR 1995, 362; KG ZEV 1997, 247; ERMAN/HOHLOCH Rn 199; Hk-BGB/SCHULZE Rn 4), insbesondere im **Zivilprozessrecht** (RGZ 102, 217, 222; BGHZ 20, 198, 206; 43, 289, 292; 57, 111; 69, 37, 43;

---

* **Schrifttum:** BAMBERG, Die missbräuchliche Titulierung von Ratenkreditschulden mit Hilfe des Mahnverfahrens (Diss Bremen 1986); BAUMGÄRTEL, Die Verwirkung prozessualer Befugnisse im Bereich der ZPO und des FGG, ZZP 67 (1954) 423; ders, Treu und Glauben, gute Sitten und Schikaneverbot im Erkenntnisverfahren, ZZP 69 (1956) 89; ders, Die Unverwirkbarkeit der Klagebefugnis, ZZP 75 (1962) 385; ders, Treu und Glauben im Zivilprozess, ZZP 86 (1973) 353; BELTZ, Treu und Glauben und die guten Sitten nach neuer Rechtsauffassung und ihre Geltung in der ZPO (Diss Köln 1937); BERGES, Der Prozess als Gefüge, NJW 1965, 1505; BERNHARDT, Auswirkungen von Treu und Glauben im Prozess und in der Zwangsvollstreckung, ZZP 66 (1953) 77 f; BITTMANN, Treu und Glauben in der Zwangs- vollstreckung, ZZP 97 (1984) 32; BRAUN, Die Vollstreckung von Minimalforderungen – ein Verstoß gegen Treu und Glauben?, DGVZ 1979, 109, 129; BUSS, De minimis non curat lex, NJW 1998, 337; DAHNS, Die Unmöglichkeit der Klageverwirkung im deutschen Recht (Diss Hamburg 1966); DÖLLE, Pflicht zur redlichen Prozessführung, in: FS Riese (1964) 279; EICKMANN ua, Heidelberger Kommentar zur Insolvenzordnung (4. Aufl 2006); FASCHING, Die Bedachtnahme auf Treu und Glauben im österreichischen Zivilprozess, in: FS Fasching (1993) 45; GAUL, Treu und Glauben sowie gute Sitten in der Zwangsvollstreckung oder Abwägung nach Verhältnismäßigkeit als Maßstab der Härteklausel des § 765a ZPO, in: FS Baumgärtel (1990) 75; GRIEBELING, Die Verwirkung Prozessualer Befugnisse (Diss Frankfurt aM

112, 345, 349; BGH VersR 1995, 362; ROSENBERG/SCHWAB/GOTTWALD, Lehrbuch des deutschen Zivilprozessrechts [16. Aufl 2004] § 65 VII; BAUMGÄRTEL, Treu und Glauben, gute Sitten und Schikaneverbot im Erkenntnisverfahren, ZZP 69 [1956] 89; ders, Treu und Glauben im Zivilprozess, ZZP 86 [1973] 353) und im **Zwangsvollstreckungsrecht** (BGHZ 1, 181; 57, 111; BITTMANN ZZP 97 [1984] 32). Er verpflichtet jede Partei zu **redlicher Prozessführung**; prozessuale Befugnisse dürfen zB nicht für verfahrensfremde Zwecke missbraucht werden (SCHENKEL, Berufungsrecht – Erklärungspflicht des Prozessgegners über unzulässiges neues Vorbringen, MDR 2004, 121, 124). Diese Gebote treffen aber auch das **Gericht**. Demgemäß ist ein richterlicher Ausschluss vom Tatsachenvortrag allein zu dem Zweck, die Sachverhaltsaufklärung zu ersparen, unzulässig (BVerfGE 75, 190; BGHZ 98, 368, 374).

Abgrenzungsprobleme zu § 241 ergeben sich im Zivilverfahrensrecht deshalb nicht, **1063** weil die Norm nur für Schuldverhältnisse, nicht aber für andere rechtliche Sonderverbindungen wie das **Prozessrechtsverhältnis**, gilt.

Die Anwendung des § 242 muss deshalb auch den Eigenheiten des Verfahrens- **1064** rechts Rechnung tragen (PALANDT/HEINRICHS Rn 82; Hk-BGB/SCHULZE Rn 4). So können insbesondere das vorherrschende **öffentliche Interesse** (PALANDT/HEINRICHS Rn 17; SOERGEL/TEICHMANN Rn 84) sowie dessen **Formstrenge** die Wertungsmöglichkeiten einschränken, die die Anwendung von Treu und Glauben an sich eröffnet (MünchKomm/ROTH Rn 89). § 242 ist im Prozessrecht daher grds nur mit großer Zurückhaltung anzuwenden (BGHZ 67, 160, 165). Dabei ist die prozessuale Beachtlichkeit einer Rechtshandlung unabhängig von ihrer materiellrechtlichen Wirksamkeit zu bewerten (OLG Köln MDR 1972, 332).

b) Einzelfälle
aa) Prozesskostenhilfeverfahren
Rechtsmissbräuchlich kann bereits der im Vorfeld einer Klage gestellte **Prozesskos-** **1065**

1966); HILL, Zur Frage der Verwirkung des Vollstreckungsschutzes und der Ersatzraumbeschaffung im Falle des § 30 Abs 1 S 1 WBG, MDR 1958, 647; HOPFGARTEN, Die materielle Rechtskraft im Zivilprozess – eine Frage der Verwirkung? (Diss Münster 1978); JAUERNIG, Auswirkungen von Treu und Glauben im Prozess und in der Zwangsvollstreckung, ZZP 66 (1953) 398; KOHTE, Rechtsschutz gegen die Vollstreckung des wucherähnlichen Rechtsgeschäfts nach § 826, NJW 1985, 2217; LICHTENBERGER, Die Auflassungsvormerkung – auch künftig unverzichtbares Sicherungsmittel beim Kauf vom Bauträger, NJW 1977, 519; LIERMANN, Ruhen des Verfahrens als Verwirkungsgrund (Diss Bonn 1997); OLZEN/KERFACK, Zur gerichtlichen Durchsetzung von Minimalforderungen, JR 1991, 133 ff; PFISTER, Die neuere Rechtsprechung zu Treu und Glauben im Zivilprozess (Diss Regensburg 1996); PLEYER, Schallaufnahmen als Beweismittel im Zivilprozess, ZZP 69 (1956) 321; POHLE, Zur Verwirkung von Verfassungsbeschwerden, in „Bemerkungen über Verfassungsbeschwerde und Normenkontrolle" (1953) 96; RÜBEN, Die Geltung des Grundsatzes von Treu und Glauben zwischen Gericht und Partei im Zivilprozess (Diss Köln 1980); SCHENKEL, Berufungsrecht – Erklärungspflicht des Prozessgegners über unzulässiges neues Vorbringen, MDR 2004, 121; SCHNEIDER, Problemfälle aus der Prozesspraxis, MDR 1990, 893 ff; SIBBEN, Die Vollstreckung von Minimalforderungen – ein Verstoß gegen Treu und Glauben?, DGVZ 1988, 180, 181; THEUERKAUF, Beweislast, Beweisführungslast und Treu und Glauben, MDR 1962, 449; WERNER, Verwertung rechtswidrig erlangter Beweismittel, NJW 1988, 993; ZEISS, Die arglistige Prozesspartei (Habil Mainz 1967); ZÖLLER, Zivilprozessordnung (27. Aufl 2009).

tenhilfeantrag sein, bei dem ein finanziell Hilfsbedürftiger als Antragsteller vorgeschoben wird, um Prozesskosten zu sparen (OLG Köln VersR 1989, 277; OLG München FamRZ 1994, 1531, 1533), zB im Wege einer Abtretung (BGHZ 47, 289, 292). In diesem Falle ist der Prozesskostenhilfeantrag unbegründet, weil die angestrebte Rechtsverfolgung wegen der Sittenwidrigkeit der zugrunde liegenden Abtretung keine Aussicht auf Erfolg hat (ZÖLLER/PHILIPPI, ZPO § 114 Rn 9).

bb) Erkenntnisverfahren
(1) Einschränkungen der Klagbarkeit

1066 Einen Ausfluss des Grundsatzes von Treu und Glauben bildet das Erfordernis des **Rechtsschutzbedürfnisses**, das der Klagbarkeit materiell-rechtlicher Positionen Grenzen setzt. Unter diesem Gesichtspunkt kann sich bereits die Frage stellen, ob das Gericht sich mit der anhängigen Sache beschäftigen muss, wenn es sich bei dem Streitgegenstand um eine **Bagatelle** handelt. Das wurde von einem Gericht verneint, als ein Rechtsuchender Ende der 80er Jahre einen Betrag von 41 Pfennigen eingeklagt hatte. Das Gericht hielt es im Hinblick auf die **wirtschaftlich geringe Bedeutung** des eingeklagten Betrages und unter Berücksichtigung der dem Steuerzahler durch ein etwaiges Verfahren entstehenden **Kosten** für rechtsmissbräuchlich, den Rechtsweg zu beschreiten (AG Stuttgart NJW 1990, 1054; SCHNEIDER, Problemfälle aus der Prozesspraxis, MDR 1990, 893, 895).

1067 Gerichte haben jedoch die Aufgabe, der objektiven Rechtsordnung Geltung zu verschaffen, unabhängig von der Höhe der geltend gemachten Forderung. Hinzu kommt, dass sich bei Geschäften im Massenverkehr, zB bei Mobilfunkverträgen, eine Vielzahl von Bagatellbeträgen zu Millionensummen addieren kann. Ferner bestünde die Gefahr, dass Schuldner stets den Betrag von der Forderungssumme abziehen, der isoliert eine Bagatelle und damit nicht einklagbar wäre (BUSS NJW 1998, 337, 338). Allein die geringe Höhe rechtfertigt Einschränkungen der Klagbarkeit daher nicht (BUSS NJW 1998, 337; OLZEN/KERFACK, Zur gerichtlichen Durchsetzung von Minimalforderungen, JR 1991, 133; ERMAN/HOHLOCH Rn 53, 129; s dazu auch o Rn 214 ff z Rechtsmissbrauch).

1068 Allerdings kann ein geringer Forderungsbetrag **Indiz** für eine **schikanöse Rechtsverfolgung** sein, die prozessfremden Zielen dient und deshalb keines Schutzes bedarf. Neben diese indizierende Wirkung einer Bagatellforderung müssen aber weitere Faktoren treten, die eine **Schädigungsabsicht** nahe legen, zB die Vorgeschichte des Verfahrens, das Verhältnis der Parteien zueinander oder ihr Verhalten in vorangegangenen Prozessen (LG Köln DGVZ 1991, 75; BUSS NJW 1998, 337).

1069 Das Rechtsschutzbedürfnis entfällt auch dann, wenn **einfachere Wege der Rechtsverfolgung** vorhanden sind (MünchKomm/ROTH Rn 90). Im Hinblick auf Art 19 Abs 4 GG ist jedoch Zurückhaltung geboten. Selbst ein einfacherer und billigerer Weg der Rechtsverfolgung schließt das Rechtsschutzinteresse nicht aus, wenn an seinem Erfolg nicht unerhebliche Zweifel bestehen (BGH NJW 1994, 1351, 1352). Deshalb ist es grds nicht unzulässig, einen Gegenanspruch in einem selbständigen Verfahren statt im Wege der Widerklage geltend zu machen (BGH NJW 1994, 3107). Ebenso ergeben sich nur ausnahmsweise Einschränkungen der Klagbarkeit bei **Mutwilligkeit** oder **Aussichtslosigkeit** der Rechtsverfolgung (AG Stuttgart NJW 1999, 1054; Ausnahme BGH JZ 1986, 1058).

Rechtsmissbräuchlich ist ferner eine Klage, die **entgegen** einer **Vereinbarung** und **1070** **nach Abstandszahlungen** des Schuldners erfolgt (OLG Frankfurt WM 1992, 784). Die Entgegennahme von Teilleistungen und verspäteten Leistungen hindert die Klagbarkeit allerdings grds nicht (BGH NJW-RR 1988, 715). Auch die Verweigerung der **Zustimmung zur Klageänderung** kann rechtsmissbräuchlich sein (BGH JZ 1956, 761). Verstößt der Kläger gegen die Verpflichtung, nicht im Urkundsprozess zu klagen oder keine Patentnichtigkeitsklage zu erheben, ist seine dennoch erhobene Klage aus den gleichen Erwägungen unzulässig (RGZ 160, 241; BGHZ 10, 21).

Auch die Einrede, auf Rechtsmittel sei wirksam **verzichtet** worden, kann durch den **1071** Einwand der unzulässigen Rechtsausübung entkräftet werden (RGZ 161, 350, 359). Eine Partei, die sich zur **Zurücknahme** einer Klage (RGZ 159, 186, 190, 192; OLG Frankfurt WM 1991, 682) bzw eines Rechtsmittels verpflichtet hatte (BGHZ 28, 52; NJW 1984, 805), verstößt durch die Fortsetzung des Rechtsstreits ebenfalls gegen Treu und Glauben. Dieser Verpflichtung kann indessen die sog replicatio doli entgegenstehen, wenn der Rechtsmittelverzicht auf einer schwerwiegenden Beeinträchtigung der freien Willensentschließung beruht (BGH NJW 1968, 794; vgl für den ausnahmsweise zulässigen Widerruf einer Berufungsrücknahme LG Hannover NJW 1973, 1757).

(2) Widerklage
Die Möglichkeit, während eines laufenden Verfahrens Widerklage zu erheben oder **1072** diese zu erweitern, kann nicht unter dem Aspekt rechtsmissbräuchlichen Verhaltens beschränkt werden (BGH NJW 1995, 1223). Eine Widerklage des Beklagten in der zweiten Instanz hängt von den Voraussetzungen des § 533 Nr 2 ZPO ab. Zudem muss das Gericht die Geltendmachung des Anspruchs für sachdienlich halten oder der Kläger muss einwilligen. Wird die Zustimmung rechtsmissbräuchlich verweigert, ist das unbeachtlich (BGH NJW-RR 1990, 1265; Musielak/Heinrich, ZPO § 33 Rn 6).

(3) Partei
Rechtsmissbräuchlich ist ferner die Vereinbarung einer **Prozessstandschaft** mit dem **1073** Zweck, das Prozesskostenrisiko auf eine vermögenslose Person zu verlagern oder um andere prozesstaktische Vorteile zu erlangen (BGHZ 96, 151; 100, 217; OLG Hamm WM 1988, 1543; WM 1992, 1649). Der Vorwurf ist hier ähnlich wie im Prozesskostenhilfeverfahren (s o Rn 1065).

(4) Zuständigkeit
Auf eine durch unwahre Angaben erschlichene **Zuständigkeit** des Gerichts kann **1074** sich eine Partei gleichfalls nicht berufen (MünchKomm/Patzina ZPO § 12 Rn 103; Stein/Jonas/Roth Vor § 12 Rn 42, 53). Dem Grundsatz von Treu und Glauben kommt dabei insbesondere dann Bedeutung zu, wenn die manipulative Begründung des Gerichtsstands zugleich die örtliche und die internationale Zuständigkeit betrifft, wie zB bei arglistigen Vermögensverschiebungen im Rahmen von § 23 ZPO (MünchKomm/Patzina ZPO § 23 Rn 3, 5 mwNw). Treuwidrig ist uU auch die stückweise Geltendmachung eines Anspruchs vor Gericht, wenn nur durch die Zerlegung der Klageforderung die sachliche Zuständigkeit des AG begründet werden kann. Ein solches Vorgehen widerspricht dem Grundsatz der Prozesswirtschaftlichkeit und ist als objektive Erschleichung des Gerichtsstandes nicht durch etwaige Kostenin-

teressen des Klägers gerechtfertigt (BAUMBACH/LAUTERBACH/ALBERS/HARTMANN, ZPO § 2 Rn 7).

(5) Beweisführung

1075 Treu und Glauben können sich weiterhin nach der Rspr auf die Verteilung der **Beweislast** auswirken (BGH NJW 1958, 1188; MünchKomm/WAGNER ZPO § 138 Rn 21 f; THEUERKAUF, Beweislast, Beweisführungslast und Treu und Glauben, MDR 1962, 449; z Beweislast bei Berufung auf die Vertragsuntreue der anderen Partei BGH DB 1999, 797), indem sie **Darlegungs- und Beweispflichten** für eine an sich nicht beweisbelastete Partei begründen (BGH ZIP 1988, 1399). So ist seit langem anerkannt, dass sich aus Treu und Glauben eine Verpflichtung der nicht beweisbelasteten Partei ergeben kann, dem Prozessgegner **Informationen** zur Erleichterung seiner Beweisführung zu geben, die diesem nicht oder nur unter unverhältnismäßigen Erschwerungen zugänglich sind, während ihre Offenlegung durch die beweisbelastete Partei ohne weiteres möglich und zumutbar erscheint (BGH BlPMZ 2004, 116; BGH NJW 2002, 3771; krit MünchKomm/WAGNER ZPO § 138 Rn 21 f).

1076 Auch für die dogmatische Begründung von **Beweisverwertungsverboten** greift man teilweise auf den Grundsatz von Treu und Glauben zurück (LG Frankfurt NJW 1982, 1056; LAG Berlin ZZP 96 [1983] 113, 114; BAUMGÄRTEL, Treu und Glauben, gute Sitten und Schikaneverbot im Erkenntnisverfahren, ZZP 69 [1956] 89, 104; PLEYER, Schallaufnahmen als Beweismittel im Zivilprozess, ZZP 69 [1956] 321, 334; krit WERNER, Verwertung rechtswidrig erlangter Beweismittel, NJW 1988, 993, 999).

(6) Fristen

1077 Die Berufung auf den Ablauf einer **Ausschlussfrist** kann dem Begünstigten unter dem Gesichtspunkt der unzulässigen Rechtsausübung verwehrt sein, zB wenn er durch sein Verhalten verursacht hat, dass der Berechtigte die Frist nicht einhalten konnte (BGH NJW-RR 1987, 158). Das ist beispielsweise dann der Fall, wenn der Arbeitnehmer von einer fristgerechten Klageerhebung abgehalten wird. Hat der Arbeitgeber hingegen einen vertretbaren Rechtsstandpunkt eingenommen, darf er sich ohne Verstoß gegen den Grundsatz von Treu und Glauben auf die Ausschlussfrist berufen (BAG FamRZ 2008, 880). Für **prozessuale Fristen** lassen sich allerdings aus § 242 keine Einschränkungen herleiten (Hk-BGB/SCHULZE Rn 39), da deren Einhaltung nicht allein im Parteiinteresse liegt. Den Parteien ist dagegen die Berufung auf **Präklusionsvorschriften** im Interesse einer materiell richtigen Entscheidung in der Regel nach Treu und Glauben verwehrt (BGHZ 91, 293, 298).

(7) Vergleich

1078 Haben die Parteien einen gerichtlichen **Vergleich mit Widerrufsvorbehalt** geschlossen, und teilt eine Partei der anderen vor Ablauf der Widerrufsfrist mit, sie sei mit dem Vergleich nicht einverstanden, ohne ihn aber rechtzeitig beim Gericht zu widerrufen, so ist es dem Vertragspartner nicht nach Treu und Glauben verwehrt, sich auf die Bestandskraft des Vergleichs zu berufen (BAG NJW 1998, 2844). Gegenüber dem Einwand, der Gegner habe die Frist zum Widerruf eines Prozessvergleichs versäumt, ist eine Berufung auf die Grundsätze von Treu und Glauben allerdings nicht allein deshalb gerechtfertigt, weil die Fristversäumung schuldlos erfolgte (LG Stuttgart NJOZ 2001, 673).

(8) Prozesssicherheit

Wer **Prozesssicherheit** zu leisten hat, kann von dem Gläubiger für die Zukunft gem **1079**
§ 242 den Austausch einer Prozessbürgschaft gegen eine gleichwertige fordern,
wenn ihm dies schutzwürdige Vorteile und dem Gläubiger im Einzelfall keine messbaren Nachteile bringt (BGH NJW 1994, 1351, 1352).

(9) Verwirkung

Prozessuale Rechtspositionen können verwirkt werden (BGHZ 97, 220). Der bloße **1080**
Zeitablauf allein bildet auch hier keine hinreichende Grundlage (BGHZ 43, 289,
292; KG ZEV 1997, 247; z Verwirkung allg s o Rn 302 ff). Dies gilt zB für die **Klagebefugnis**,
und zwar auch im Hinblick auf Art 19 Abs 4 GG, wenn der Kläger längere Zeit
untätig geblieben ist, obwohl er den Umständen nach hätte tätig werden müssen
(BVerfGE 32, 305, 308). Dabei ist die Verwirkung der Klagebefugnis von der Verwirkung des materiellen Rechts zu unterscheiden (z Verwirkung s o Rn 302 ff). Auch das
Beschwerderecht unterliegt grds der Verwirkung (vgl insofern z alten Rechtslage für die
unbefristete Beschwerde BGHZ 20, 198, 206; BayObLG NJW-RR 1997, 389; OLG Hamm MDR
1952, 172 [z weiteren Beschwerde im Sorgerechtsverfahren]; in Ausnahmefällen wurde dies sogar
schon für die befristete Beschwerde bejaht: BGHZ 43, 289, 292). Auf Grund der nunmehr
geltenden generellen Befristung der Beschwerde, §§ 569 Abs 1 S 1, 575 Abs 1 S 1,
kommt eine Verwirkung aber wohl nur noch in Fällen in Betracht, in denen die
kurze Notfrist mangels Zustellung nicht in Gang gesetzt wird (vgl ZÖLLER/HESSLER,
ZPO § 567 Rn 10 u § 575 Rn 2). Der Verwirkung unterliegen der **Einspruch** gegen ein
Versäumnisurteil (BGH NJW 1963, 155), der **Widerspruch** gegen eine **einstweilige Verfügung** (OLG Frankfurt ZZP 69 [1956] 459; OLG Saarbrücken NJW-RR 89, 1513), der **Kostenfestsetzungsanspruch** (OLG Karlsruhe FamRZ 1994, 55; aA MünchKomm/BELZ § 104 Rn 36),
der **Kostenzahlungsanspruch** im Prozesskostenhilfeverfahren gem § 125 ZPO (KG
Rpfleger 1977, 415), der **Erstattungsanspruch** gegen Sachverständige (OLG Frankfurt
NJW 1975, 705) und das **Antragsrecht** gem § 23 Abs 4 S 2 WEG aF (KG FGPrax 1997,
174; OLG Düsseldorf NJW-RR 1998, 14). Auch der Anspruch auf **Vollstreckungsschutz**,
der selbst eine Ausprägung des Grundsatzes unzulässiger Rechtsausübung darstellt,
kann verwirkt werden (OLG Karlsruhe NJW 1954, 1206; aA HILL, Zur Frage der Verwirkung
des Vollstreckungsschutzes und der Ersatzraumbeschaffung im Falle des § 30 Abs 1 S 1 WEG,
MDR 1958, 647).

Die Verwirkung ist ausgeschlossen, wenn ihr **überwiegende öffentliche Interessen** **1081**
entgegenstehen (BGHZ 16, 82, 93; 126, 287, 295; STAUDINGER/J SCHMIDT [1995] Rn 558;
MünchKomm/ROTH Rn 506). **Rechtskräftig festgestellte Ansprüche** unterliegen deshalb
nur unter ganz besonderen Umständen der Verwirkung, weil durch das Urteil grds
Rechtssicherheit eintreten soll (BGHZ 5, 189, 194).

cc) Schiedsverfahren

Die im Zivilprozess erhobene **Rüge der Schiedsvereinbarung** verstößt gegen Treu **1082**
und Glauben, wenn der Beklagte im Schiedsverfahren dessen Unzulässigkeit eingewandt (BGHZ 50, 191, 193; BGH MDR 1968, 751; BGH NJW 1988, 1215; NJW 1999, 647 für das
Schlichtungsverfahren; aA OLG Frankfurt NJW-RR 1998, 778) oder dessen Durchführung
durch Nichtleistung seines Kostenanteils verhindert hatte (BGHZ 102, 199, 202). Dies
gilt auch für den umgekehrten Fall, dass also die Zuständigkeit des Schiedsgerichts
bestritten wird, nachdem zuvor im staatlichen Prozess die Schiedseinrede erhoben
wurde (BGH NJW-RR 1987, 1195). Die Parteien trifft im Schiedsverfahren eine **Pro-**

zessförderungspflicht (BGHZ 23, 198, 200); auf **Schlichtungsverfahren** sind diese Grundsätze ebenfalls übertragbar (BGH NJW 1999, 647; **aA** OLG Frankfurt NJW-RR 1998, 778; PALANDT/HEINRICHS Rn 57).

dd) Zwangsvollstreckung
(1) Einzelzwangsvollstreckung
(a) Vollstreckung von Bagatellforderungen

1083 Das oben (Rn 1032 ff) angesprochene Problem des fehlenden Rechtsschutzbedürfnisses bei **Bagatellforderungen** setzt sich in der Zwangsvollstreckung fort, wenn Vollstreckungsmaßnahmen zur Beitreibung eingeleitet werden. Die Doppelnatur des Zwangsvollstreckungsverfahrens als öffentlich-rechtliches Rechtsverhältnis, das aber gleichzeitig als Fortsetzung des zwischen Schuldner und Gläubiger bestehenden Rechtsverhältnisses und damit als Parteiverfahren gedacht werden muss, wirft allerdings im Hinblick auf den **Verhältnismäßigkeitsgrundsatz** weitere Fragen auf. Schrifttum und Rspr sind uneinig. Teilweise wird die Vollstreckung wegen Bagatellforderungen unter Hinweis auf **rechtsmissbräuchliches Verhalten** (AG Monschau MDR 1963, 226 [0,10 DM]; AG Bad Hersfeld DGVZ 1970, 78 [1,58 DM]; LG Lübeck DGVZ 1974, 77 [0,05 DM] aufgegeben in DGVZ 1979, 73; AG Braunschweig DGVZ 1975, 12 [0,01 DM]; AG Dortmund DGVZ 1978, 121 [1,23 DM]; AG Tostedt DGVZ 1978, 171 [0,50 DM]; AG Kamen DGVZ 1983, 190 [2,16 DM]) oder **fehlendes Rechtsschutzbedürfnis** (AG Nordhorn DGVZ 1970, 60 [0,63 DM]; AG Hagen DGVZ 1973, 122; AG Ludwigshafen DGVZ 1974, 47 [0,21 DM]) **abgelehnt** (vgl auch SCHNEIDER, Vollstreckungsmissbrauch bei Minimalforderungen, DGVZ 1978, 166, 168). Andere halten dagegen Einschränkungen nicht für geboten (LG Aachen DGVZ 1987, 139 [0,11 DM]; LG Lübeck DGVZ 1979, 73 [0,56 DM]; LG Wuppertal NJW 1980, 297 [2,37 DM]; AG Siegen DGVZ 1970, 60 [0,63 DM]; AG Gelsenkirchen-Buer DGVZ 1971, 43 [3 DM]; AG Jever DGVZ 1972, 121 [4,90 DM]; AG München DGVZ 1975, 190 [5,80 DM]; AG Staufen DGVZ 1978, 189 [0,71 DM]; AG Braunschweig DGVZ 1981, 186 [0,83 DM]; AG Dinslaken DGVZ 1982, 159 [2,93 DM]; AG Bergheim DGVZ 1983, 29 [2,58 DM]; AG Karlsruhe DGVZ 1986, 92 [4,20 DM]; AG Fürstenfeldbruck DGVZ 1987, 93 [2,90 DM]; LG Bochum Rpfleger 1994, 117 [14,82 DM]; BRAUN, Die Vollstreckung von Minimalforderungen – ein Verstoß gegen Treu und Glauben?, DGVZ 1979, 109, 129; SIBBEN, Die Vollstreckung von Minimalforderungen – noch nicht gelöste Probleme, DGVZ 1988, 180, 181).

1084 Die Lösung des Problems hängt davon ab, in welchem Umfang der **Verhältnismäßigkeitsgrundsatz** das Zwangsvollstreckungsverfahren beherrscht (vgl BROX/WALKER, Zwangsvollstreckungsrecht Rn 28). Die Doppelnatur dieses Verfahrens findet Ausdruck darin, dass der Gläubiger keinen direkten Anspruch gegen den Schuldner auf Duldung der Zwangsvollstreckung hat, sondern lediglich vom Staat die Durchsetzung seiner titulierten Forderungen verlangen kann. In Erfüllung dieser Pflicht hat der Staat seinerseits einen Anspruch auf Duldung der Zwangsvollstreckung gegen den Schuldner. Eine unmittelbare Geltung des Verhältnismäßigkeitsgrundsatzes kommt deshalb nur im Hinblick auf diesen hoheitlichen Anspruch in Betracht, also bei der Beitreibung der entsprechenden Forderung. Das Rechtsschutzbedürfnis für die Vollstreckbarkeit von Bagatellforderungen betrifft hingegen die Frage, ob überhaupt vollstreckt wird, und damit den Anspruch des Gläubigers gegen den Staat. In diesem Verhältnis wirken die Grundrechte aber lediglich mittelbar über Generalklauseln (BUSS NJW 1998, 337, 340). Insofern ist die Entscheidung des Gesetzgebers zu respektieren, der im Zwangsvollstreckungsrecht für geringwertige Forderungen keine ausdrücklichen Ausnahmen vorsieht.

Zwar kennt § 765a ZPO Ausnahmen zu Gunsten des Schuldners bei „besonderer **1085**
Härte". Eine „besondere Härte" stellt die Vollstreckung geringwertiger Forderungen aber selbst unter Berücksichtigung der im Verhältnis zur Forderung hohen Vollstreckungskosten nicht dar (OLG Düsseldorf NJW 1980, 1171). Zu weitgehend erscheint auch die Annahme, dass der Gläubiger den Schuldner vor Einleitung der Zwangsvollstreckung noch einmal ausdrücklich zur Zahlung auffordern müsse (LG Aachen DGVZ 1987, 139 [0,11 DM]; LG Lübeck DGVZ 1979, 73 [0,56 DM]; LG Wuppertal NJW 1980, 297 [2,37 DM]). Bagatellforderungen bringen also weder im Erkenntnis- noch im Vollstreckungsverfahren Besonderheiten mit sich, so „unwirtschaftlich" diese Betrachtungsweise auch sein mag.

(b) Titelmissbrauch
Bei **missbräuchlicher Ausnutzung rechtskräftiger Urteile** gebietet das **öffentliche In-** **1086**
teresse ebenfalls, den Grundsatz unzulässiger Rechtsausübung nur einschränkend anzuwenden (MünchKomm/Roth Rn 92). In der Praxis wird eine Durchbrechung der Rechtskraft überwiegend an den Voraussetzungen des § 826 gemessen und für den Fall bejaht, dass der Titel entweder bereits **arglistig erschlichen** oder zumindest **arglistig genutzt** wird. Dies ist der Fall, wenn das Urteil durch **unrichtigen Tatsachenvortrag** erwirkt wurde oder in **Kenntnis seiner Unrichtigkeit vollstreckt** werden soll (RGZ 155, 55, 58; 156, 70, 78; BGHZ 101, 380; vgl Baur/Stürner/Bruns, Zwangsvollstreckungsrecht § 26 Rn 46). Man verlangt damit neben dem objektiven Erfordernis der **Unrichtigkeit des Urteils** stets ein **subjektives Element**, das nicht bereits den Streitgegenstand des Vorprozesses betraf (BGHZ 40, 130, 134; 50, 115; BGH NJW 1986, 1751 u 2041; MünchKomm/Roth Rn 233).

Viel diskutiert wurde in der Vergangenheit die Frage der Rechtskraftdurchbre- **1087**
chung bei **sittenwidrigen Kreditverträgen** (Bamberg, Die missbräuchliche Titulierung von Ratenkreditschulden mit Hilfe des Mahnverfahrens [Diss Bremen 1986]; Kohte, Rechtsschutz gegen die Vollstreckung des wucherähnlichen Rechtsgeschäfts nach § 826, NJW 1985, 2217), aber ebenfalls unter dem Aspekt des § 826. Anders als dort ließ die Rspr keine Rechtskraftdurchbrechung bei einem **unredlich erschlichenen DDR-Urteil** zu (BGH ZIP 1995, 685), ebenso wenig bei späterer **Rechtsprechungsänderung** (BGH ZIP 2002, 1615, 1619; OLG Köln ZIP 1999, 1707), wohl aber, wenn ein Urteil durch Beeinflussung einer **Amtspflichtverletzung** zustande kam (BGH NJW 1993, 3204). Vollstreckungstitel aus Urkunden oder Mahnverfahren sind einer Rechtskraftdurchbrechung unter erleichterten Voraussetzungen zugänglich, weil hier die volle richterliche Kontrolle fehlt (MünchKomm/Roth Rn 233).

Die Zwangsvollstreckung aus einer **vollstreckbaren Urkunde** wird als unzulässige **1088**
Rechtsausübung angesehen, wenn dadurch mittels einer formalen Rechtsposition ein Anspruch durchgesetzt werden soll, der in Wirklichkeit nicht besteht (BGHZ 1, 181, 185; 57, 108, 111). Einer **Drittwiderspruchsklage** steht der Arglisteinwand entgegen, sofern der Kläger sich auf ein formales Recht stützt, obwohl er materiell verpflichtet ist, die Zwangsvollstreckung zu dulden (RGZ 134, 121, 124; 143, 275, 277), oder wenn er den Gläubiger bewusst über die Vermögenszugehörigkeit des Vollstreckungsgegenstandes getäuscht bzw diese verschleiert hat (MünchKomm/K Schmidt ZPO § 771 Rn 51). Andererseits kann die Einrede des Rechtsmissbrauchs in bestimmten Fällen den Bestand der zu vollstreckenden Forderung betreffen und somit zur

Begründetheit einer Vollstreckungsgegenklage führen (vgl die Nachweise bei ZÖLLER/ HERGET, ZPO § 767 Rn 12).

(c) Missbrauch von Sicherheiten

1089 Es stellt weiterhin einen Rechtsmissbrauch dar, wenn ein **Sicherungseigentümer** der Vollstreckung eines Vermieters in die persönliche Forderung widerspricht, obwohl dem Vermieter ein ranghöheres Vermieterpfandrecht zusteht (RGZ 143, 275, 277). Bei **nichtiger Globalzession** darf die Bank Gelder, die ihr auf Grund einer Zahlstellenklausel zugegangen sind, nicht für sich in Anspruch nehmen (BGHZ 72, 316, 320). Rechtsmissbräuchlich werden Sicherheiten auch dann genutzt, wenn der **übersicherte Sicherungsnehmer** die Kenntnis über die wirtschaftlich schlechte Situation des Sicherungsgebers ausnutzt, indem er Forderungen eines Dritten gegen den Sicherungsgeber erwirbt, weil sie unter die Sicherungsabrede fallen (BGH NJW 1975, 122; 1981, 1600; 1983, 1735).

(d) Weitere Anwendungsfälle

1090 Rechtsmissbräuchlich stellt sich der **Antrag auf Teilungsversteigerung** dar, wenn eine Realteilung möglich und zumutbar ist, auch wenn die Voraussetzungen des § 752 vorliegen (BGHZ 58, 146; 63, 348, 352; 68, 299, 304). Einem Darlehensnehmer, der sich im Darlehensvertrag wirksam verpflichtet hat, sich der sofortigen Zwangsvollstreckung in sein gesamtes Vermögen zu unterwerfen, kann nach Treu und Glauben verwehrt sein, sich auf die Unwirksamkeit der Abgabe der prozessualen Unterwerfungserklärung durch einen Vertreter ohne Vertretungsmacht zu berufen (vgl BGH VersR 2004, 918, 920). Nach Ehescheidung steht dem Antrag auf Zwangsversteigerung zur Aufhebung der Bruchteilsgemeinschaft die Einrede des Rechtsmissbrauchs entgegen, sofern einer der Ehegatten nach Treu und Glauben verpflichtet ist, dem anderen seinen Miteigentumsanteil zu übertragen (BGHZ 68, 299, 304; 82, 237). Materiell wirksame Übertragungsakte des Schuldners, die zum Zweck der **Vollstreckungsvereitelung** vorgenommen werden, können ebenfalls vollstreckungsrechtlich unter dem Aspekt des Rechtsmissbrauchs unbeachtlich sein (OLG Köln MDR 1972, 332). Wer ein **Pfändungspfandrecht** durch unredliche Erschleichung der Zustellung eines Vollstreckungstitels erwirbt, kann sich im Vollstreckungsverfahren darauf nicht berufen (BGHZ 57, 108, 111). Unzulässig ist die Zwangsvollstreckung in das Bankguthaben des Schuldners schließlich dann, wenn sich die Gläubigerbank von einer anderen Bank unter Bruch des Bankgeheimnisses Kenntnis von dieser Vollstreckungsmöglichkeit verschafft hat (vgl BGH LM § 242 [Cd] Nr 166).

(2) Insolvenz

1091 § 242 gilt grds auch im **Insolvenzverfahren** (ERMAN/HOHLOCH Rn 181). Der Eröffnungsantrag eines Gläubigers verstößt aber nicht allein gegen § 242, weil die ausstehende Forderung einen bestimmten Betrag – zB 500 € – nicht übersteigt (BGH NJW-RR 1986, 1188 f). Etwas anderes gilt uU, wenn er aus unlauteren Motiven gestellt wird. Rechtsmissbräuchlich ist ferner (str LG Würzburg BB 1984, 95; BRAUN, Die Vollstreckung von Minimalforderungen – ein Verstoß gegen Treu und Glauben?, DGVZ 1979, 109) die Klage auf **Feststellung einer Forderung zur Tabelle**, nachdem der Kläger den Insolvenzverwalter veranlasst hat, dieselbe Forderung für einen anderen Gläubiger anzuerkennen (BGH NJW 1970, 810). Wer die **Liquidation** in diesem Verfahren absichtlich verzögert, kann gegenüber dem Schadensersatzanspruch der Mitgesellschafter nicht nach Treu und Glauben einwenden, ein solcher Anspruch sei ein bloßer Rechnungsposten (BGH NJW 1968, 2005). Die **Anfechtung** der Übertragung von Gesellschaftervermögen auf die Insolvenzmasse des Gesellschafters verstößt uU ebenfalls gegen § 242 (BGHZ 121, 179, 193). Gleiches gilt für die **Ablehnung** eines beiderseits noch nicht erfüllten Vertrages durch den Insolvenz- bzw Konkursverwalter (RGZ 140, 156, 162; LICHTENBERGER, Die Auflassungsvormerkung – auch künftig unverzichtbares Sicherungsmittel beim Kauf vom Bauträger, NJW 1977, 519, 522). In der Insolvenz (Konkurs) des Treugebers kann sich der **Widerspruch** des Verwalters gegen eine beim Treunehmer vorgenommene Pfändung als unzulässige Rechtsausübung darstellen (BGH NJW 1959, 1223, 1225).

ee) Sonstiges: Zustellungen

Der Einwand unzulässiger Rechtsausübung ist ferner gegenüber demjenigen begründet, der Rechte aus einem Testament ableitet, das nach öffentlicher **Zustellung** des Widerrufs eines wechselbezüglichen gemeinsamen Testaments errichtet wurde. Dies gilt, wenn die öffentliche Zustellung bewirkt wurde, obwohl der Erblasser den Aufenthaltsort seines Ehegatten kannte (BGHZ 64, 5, 9; KG Berlin NJW-RR 2006, 1380; s dazu auch o Rn 933). Wird ein **Empfangsbekenntnis** lediglich paraphiert und nicht unterschrieben, ist dem Empfänger die Berufung auf die Unwirksamkeit der Zustellung verwehrt (BGHZ 57, 165). Die **arglistige Vereitelung der Zustellung** setzt keine Notfrist in Lauf (BGH NJW 1978, 426).

III. Sonstige Rechtsgebiete

1. Straf- und Strafprozessrecht*

a) Materielles Strafrecht

Im Bereich des materiellen Strafrechts hat der Grundsatz von Treu und Glauben nur geringe Bedeutung, am ehesten noch bei **Aufklärungs- und Offenbarungspflichten**. So soll die für die Strafbarkeit des Unterlassens erforderliche **Garantenpflicht** (§ 13 StGB) beim Betrug im Einzelfall aus dem Grundsatz von Treu und Glauben hergeleitet werden können (vgl MünchKomm/ROTH Rn 94; SCHÖNKE/SCHRÖDER/CRAMER § 263 Rn 23 mwNw; krit KAMBERGER, Treu und Glauben [§ 242 BGB] als Garantenstellung im Strafrecht? [Diss Frankfurt/Main 1996] 182 ff, 204 ff). Treu und Glauben reichen indes allein nicht zur direkten Begründung einer Garantenpflicht aus (so aber noch BGHSt 6, 198, 199); als Grundlage muss vielmehr eine **besondere Vertrauensbeziehung** zwischen den Beteiligten – zB durch langjährige Geschäftsbeziehungen (BGH wistra 1988, 262,

---

* **Schrifttum**: BÖRGERS, Studien zum Gefahrurteil im Strafrecht. Ein Abschied vom Objektiven Dritten (Diss Berlin 2008), 181 ff; BRUNS, Venire contra factum proprium im Strafrecht?, JZ 1956, 147 ff; FAHL, Rechtsmißbrauch im Strafprozeß (Habil Heidelberg 2004); HAMM, Kann der Verstoß gegen Treu und Glauben strafbar sein?, NJW 2005, 1993; HERDEGEN, Das Beweisantragsrecht – Zum Rechtsmissbrauch – Teil III, NStZ 2000, 1 ff; JAHN, Rechtsmissbrauch im Strafverfahren bei Verweigerung notwendiger Mitwirkungshandlungen?, wistra 2001, 328 ff; KINDHÄUSER, Rügepräklusion durch Schweigen im Strafverfahren, NStZ 1987, 529 ff; KUDLICH, Strafprozeß und allgemeines Mißbrauchsverbot (Diss Berlin 1998); KÜHNE, Strafprozessrecht (7. Aufl 2007); MEYER, Anm zu BGH v 6. 2. 1979 – 5 StR 713/78, JR 1980, 219 f; NIEMÖLLER, Rechtsmissbrauch im Strafprozeß, StV 1996, 501 ff; SCHÖNKE/SCHRÖDER, Strafgesetzbuch (27. Aufl 2006); WEBER, Der Mißbrauch prozessualer Rechte im Strafverfahren, GA 1975, 289 ff.

263; BGHSt 39, 392, 400 f = NJW 1994, 950) – bestehen (vgl BAUMANN, Betrug durch vom Geschäftspartner nicht verstandene Vertragsformulierung, JZ 1957, 367, 369; außerdem BGH wistra 1988, 262; BGH NJW 1994, 950, 951; MünchKomm-StGB/HEFENDEHL [2006] § 263 StGB Rn 138; SCHÖNKE/SCHRÖDER/CRAMER § 263 Rn 23 mwNw). Im Einzelfall kommt jedoch eine indirekte Begründung der Garantenpflicht in Betracht. Gem §§ 12 Abs 1 SchKG, 10 ESchG ist niemand verpflichtet, an einem Schwangerschaftsabbruch bzw an den in § 9 ESchG genannten Maßnahmen der künstlichen Befruchtung mitzuwirken, so dass eine entsprechende Garantenpflicht ausscheidet. Eine plötzliche Berufung auf das Weigerungsrecht kann aber gemäß § 242 BGB treuwidrig und daher unbeachtlich sein (FRISTER/BÖRGERS, in: FRISTER/OLZEN, Rechtliche Fragestellungen in der Reproduktionsmedizin [Düsseldorf 2009] 93, 110 f).

ZT gibt es Bestrebungen, anhand der Wertungen des § 242 die **Einwilligungslehre** auszubauen (OHLY, „Volenti non fit iniuria". Die Einwilligung im Privatrecht [Habil Tübingen 2002] 232 ff) und so die Strafbarkeit zu begrenzen. Hierbei orientiert sich das Strafrecht an einer allgemeinen Entwicklung des Privatrecht zur stärkeren Hervorhebung der Grundsätze von Treu und Glauben, die zur Einschränkung des den §§ 116 ff zugrunde liegenden strengen Willensdogmas zu Gunsten von Verkehrs- und Vertrauensschutzgedanken führte (BÖRGERS [Diss Berlin 2008] 190 ff; MünchKomm/ SÄCKER Einl Rn 42). Die für das Zivilrecht typischen Beispiele, etwa die Ausdehnung der konkludenten und fingierten Willenserklärungen sowie die Anwendung der Formel „protestatio facto contraria non nocet" (krit MünchKomm/SÄCKER Einl Rn 42) finden sich inzwischen ebenso im Strafrecht: Wird die Rechnung des Arztes nicht bezahlt oder ein Anwalt in Regress genommen, so machen diese sich bei der Verfolgung ihres rechtlichen Interesses idR einer strafbaren Verletzung von Privatgeheimnissen § 203 StGB schuldig. Sofern der Patient bzw Mandant aber durch sein Verhalten das Gerichtsverfahren provoziert, wird der Gedanke eines stillschweigenden Einverständnisses zur Rechtfertigung herangezogen (NK-StGB/JUNG [1995] § 203 Rn 28; für eine Anwendung von § 34 StGB dagegen die hM, etwa MünchKomm-StGB/CIERNIAK [2003] § 203 StGB Rn 86). Eine Einwilligungsfiktion nach Maßgabe der Maxime „venire contra factum proprium nulli conceditur" wird ferner als Rechtfertigungsgrund in Fällen der Verteidigung gegen Scheinangriffe vorgeschlagen (BÖRGERS [Diss Berlin 2008] 153 ff, 190 ff mN zu alternativen Lösungsmodellen). Weiterhin wurde die mündliche Beschränkung einer generellen, durch die Teilnahme an einem Boxkampf ausgedrückten Einwilligung in dessen Risiken als unbeachtliche „protestatio facto contraria" angesehen (NK-StGB/KINDHÄUSER [2. Aufl 2005] § 228 StGB Rn 21).

1094 Grundsätze des **Rechtsmissbrauchs** werden im materiellen Strafrecht durch das Verbot, sich missbräuchlich auf das Notwehrrecht zu berufen, und durch die Rechtsfigur der actio libera in causa relevant (BRUNS JZ 1956, 147, 152; ausf FAHL 21 ff, 31 ff mwNw; krit MünchKomm-StGB/SCHLEHOFER [2003 ff] Vor §§ 32 ff Rn 61 ff und DEITERS, in: SCHNEIDER/FRISTER, Alkohol und Schuldfähigkeit [2002] 121 ff). Insoweit handelt es sich um spezifische Ausformungen des Rechtsmissbrauchsverbots, die in Rspr und Lit seit langem anerkannt sind. Hiervon abgesehen kann rechtsmissbräuchliches Verhalten des Täters wegen des **nulla poena sine lege-Grundsatzes** nicht zur Ausweitung der Strafbarkeit führen. Dies gilt insbesondere auf der Tatbestandsebene (BRUNS JZ 1956, 147, 151). Daher zieht der Bestimmtheitsgrundsatz dort eine Grenze, wo die strafrechtliche Tatbestandsauslegung auf zivilrechtliche Wertungen und Ausschlussprinzipien, insbesondere auf den einzelfallorientierten § 242 gestützt wird (so zur Diskussion um den strafrechtlichen Vermögensbegriff SWOBODA, Betrug und Erpressung im Drogenmilieu: Abschied von einem einheitlichen Vermögensbegriff, NStZ 2005, 476 ff). So kann die Vermögensbetreuungspflicht beim Untreuetatbestand des § 266 StGB nicht allein damit begründet werden, dass die Parteien nach Treu und Glauben (§ 242) verpflichtet sind, auf die Interessen des anderen Rücksicht zu nehmen (Münch-Komm-StGB/DIERLAMM [2006] § 266 Rn 53; zur Irrelevanz der Verletzung des § 242 bei der Begründung der Strafbarkeit nach § 266 StGB vgl auch HAMM NJW 2005, 1993 ff).

b) Strafprozessrecht
Im Strafprozessrecht wird der **Missbrauch prozessualer Rechte** vor dem Hintergrund des § 242 diskutiert. Die Problematik ist Gegenstand einiger Vorschriften der StPO (zB ausdrücklich §§ 138a Abs 1 Nr 2, 241 Abs 1 StPO, aber auch §§ 26a Abs 1 Nr 3, 29 Abs 2, 137 Abs 1 S 2, 244 Abs 3 S 2, 245 Abs 2 S 3 StPO; vgl ABDALLAH, Die Problematik des Rechtsmißbrauchs im Strafverfahren [Diss Berlin 2002] 159 ff; FAHL 43 ff; KÜHNE Rn 291 mwBsp; MEYER JR 1980, 219; NIEMÖLLER StV 1996, 501). Nach der Rspr und einem Teil der Lit gilt darüber hinaus ein **allgemeines Rechtsmissbrauchsverbot** mit der Folge, dass es dem Angeklagten versagt ist, sich auf Verfahrensrechte zu berufen, wenn damit gezielt verfahrensfremde oder verfahrenswidrige Zwecke verfolgt werden (BGHSt 38, 111, 113 = NJW 1992, 1245; BGHSt 40, 287, 289 f = NJW 1995, 603; OLG Hamburg NStZ 1998, 586, 587 m Anm KUDLICH; ERMAN/HOHLOCH Rn 55; BEULKE, Strafprozessrecht [10. Aufl 2008] Rn 126a mwNw; NIEMÖLLER StV 1996, 501, 505; SENGE, Missbräuchliche Inanspruchnahme verfahrensrechtlicher Gestaltungsmöglichkeiten – wesentliches Merkmal der Konfliktverteidigung? Abwehr der Konfliktverteidigung, NStZ 2002, 225 ff).

Neben den Spezialvorschriften besteht im Strafprozessrecht für ein ungeschriebenes Rechtsmissbrauchsverbot zulasten des Angeklagten kein Raum (ebenso JAHN, Rechtsmissbrauch im Strafverfahren bei Verweigerung notwendiger Mitwirkungshandlungen?, wistra 2001, 328, 331 f; KÜHNE Rn 293; WEBER GA 1975, 289, 292, 304 f; für die Schaffung einer gesetzlichen allgemeinen Missbrauchsklausel bereits REBMANN, Terrorismus und Rechtsordnung, DRiZ 1979, 363, 369; außerdem KUDLICH 113 f; KRÖPIL, Zur Behandlung von prozessualen Missbrauchsfällen im Strafverfahren, DRiZ 2001, 335, 338 f; abl MEYER JR 1980, 219, 220; NIEMÖLLER StV 1996, 501, 502; SCHLÜCHTER, Beschleunigung des Strafprozesses und insbesondere der Hauptverhandlung ohne Rechtsstaatsverlust, GA 1994, 397, 417; WEBER GA 1975, 289, 299). Gegen die Anwendung des § 242 spricht bereits, dass das Strafverfahren **keine** von gegenseitigem Vertrauen geprägte **Sonderverbindung** begründet, welche den Angeklagten zu besonderer Rücksichtnahme verpflichtet (HERDEGEN NStZ 2000, 1, 3; KEMPF, Rechtsmissbrauch im Strafprozeß, StV 1996, 507, 509; KINDHÄUSER NStZ 1987, 529, 532 bezeichnet es als „schlicht normativ unzumutbar, vom Angeklagten loyale Kooperation zu erwarten"; ausf FAHL 79 ff). Außerdem darf dem Angeklagten der durch Verfahrensvorschriften bezweckte Schutz nicht durch ungeschriebene Grundsätze entzogen werden (JAHN wistra 2001, 328, 331 f; WEBER GA 1975, 289, 292).

Aus den gleichen Gründen kann auch die im Revisionsrecht weitgehend anerkannte **Verwirkung von Verfahrensrechten** zulasten des Angeklagten durch Rügepräklusion (dazu BVerfGE 32, 305, 309 f; KUDLICH 53 ff) nicht mit dem rechtsmissbräuchlichen Verhalten des Angeklagten begründet werden (EBERT, Zum Beanstandungsrecht nach Anordnungen des Strafrichters gemäß § 238 Abs 2 StPO, StV 1997, 269, 272; KINDHÄUSER NStZ 1987, 529, 532 f; MOMSEN, Verfahrensfehler und Rügeberechtigung im Strafprozeß [Diss Frankfurt/

Main 1997] 112 ff; krit zur Rügepräklusion im Allg HERDEGEN NStZ 2000, 1, 4 ff; ausf dazu FAHL 81, 156 ff, 163 ff mwNw).

1098 Das Gebot von Treu und Glauben wirkt sich im Strafprozess aber uU **zu Gunsten des Angeklagten** aus, etwa wenn es um die Verwirkung des staatlichen Strafanspruchs wegen Verbrechensprovokation (ausf FAHL 94, 150 ff mwNw; KATZORKE, Die Verwirkung des staatlichen Strafanspruches [Diss Frankfurt/Main 1989] 75 ff) geht. Auch kann die Staatsanwaltschaft, die für eine Tat eine Freiheitsstrafe mit Strafaussetzung zur Bewährung beantragt, nach dem Grundsatz von Treu und Glauben nicht dieselbe Tat zum Anlass nehmen, den Widerruf der Bewährung für eine frühere Tat zu beantragen (LG Berlin NStZ 2007, 424).

2. Öffentliches Recht*

a) Bedeutung von Treu und Glauben im öffentlichen Recht

1099 Während dem Grundsatz von Treu und Glauben im Strafrecht kaum Bedeutung zukommt (s o Rn 1093 ff), ist seine Geltung in den übrigen Bereichen des Öffentlichen Rechts anerkannt. Dies gilt insbesondere für das **Verwaltungsrecht** (zu Treu und Glauben als allg Grundsatz des Verwaltungsrechts BVerwGE 3, 199, 203; 55, 337, 339; 74, 241, 249; 111, 162, 172; BVerwG NVwZ-RR 2003, 874, 875; zur Entstehungsgeschichte MÜLLER-GRUNE 4 ff; Nachw z älterem Schrifttum bei STAUDINGER/WEBER[11] Rn A 67). Aus dogmatischer Sicht ist dabei nicht immer klar, ob der Grundsatz von Treu und Glauben aus **§ 242 BGB** oder aus **übergeordneten Rechtsprinzipien** abgeleitet wird (DE WALL 238; speziell zum Steuerrecht s u Rn 1107 ff). In der Lit wird zT auch die Auffassung vertreten, dass dem Grundsatz von Treu und Glauben als besonderer Ausprägung des Rechtsstaatsprinzips **Verfassungsrang** zukommt (so etwa MAURER, in: ISENSEE/KIRCHHOF § 60 Rn 72; vgl BLANKE, Vertrauensschutz im deutschen und europäischen Verwaltungsrecht [2000] 20 mwNw; z Verhältnis von Art 20 Abs 3 und § 242 BGB s o Rn 121).

---

* **Schrifttum**: DAHM/DELBRÜCK/WOLFRUM, Völkerrecht Band I/3 (2. Aufl 2002); DÜRR, Neuere Entwicklungen im baurechtlichen Nachbarschutz, JuS 1984, 187; ders, Nachbarschutz im öffentlichen Baurecht, KommJur 2005, 201; FIEDLER, Allgemeines Verwaltungsrecht und Steuerrecht – Probleme der offenen und verdeckten „Harmonisierung" nach dem Inkrafttreten der AO 1977, NJW 1981, 2093 ff; HEY, Steuerplanungssicherheit als Rechtsproblem (2002); IPSEN, Völkerrecht (5. Aufl 2004); KLEIN, Die Bindung der Finanzverwaltung an Treu und Glauben, DStR 1985, 391; KOPP/RAMSAUER, Verwaltungsverfahrensgesetz (10. Aufl 2008); KREIBICH, Der Grundsatz von Treu und Glauben im Steuerrecht (Diss Augsburg 1992); LORZ, Interorganrespekt im Verfassungsrecht (2001); MATTERN, Grundsätzliches zu Treu und Glauben im Steuerrecht, in: FS Küchenhoff (Göttingen 1967) 39 ff; MAURER, Kontinuitätsgewähr und Vertrauensschutz, in: ISENSEE/KIRCHHOF, Handbuch des Staatsrechts Bd. 3 (2. Aufl 1996) § 60; MÜLLER-GRUNE, Der Grundsatz von Treu und Glauben im Allgemeinen Verwaltungsrecht (2006); OFFERHAUS, Von Strohmännern und Strohfrauen – Steuerrechtliche Gedanken zum Rechtsmißbrauch, MDR 1993, 925 ff; PAHLKE/KOENIG, Abgabenordnung (2. Aufl 2009); SOBOTA, Das Prinzip Rechtsstaat (1997); TIPKE/LANG, Steuerrecht (19. Aufl 2008); VERDROSS, Die bona fides als Grundlage des Völkerrechts, in: FS Laun (1953) 29; DE WALL, Die Anwendbarkeit privatrechtlicher Vorschriften im Verwaltungsrecht (1999); WERNDL, Treu und Glauben im Abgabenrecht, in: FS G Stoll (1990) 375.

Der Sache nach geht es zum einen um **Vertrauensschutz** zu Gunsten des Bürgers. Zum anderen ist auch das **Handeln des Bürgers** an den Geboten von Treu und Glauben zu messen, was sich etwa bei der **Verwirkung** von Rechten (s u Rn 1102) zeigt. Im Übrigen ist das gesamte **Verwaltungsrechtsverhältnis** von dem Gebot gegenseitiger Rücksichtnahme und dem Verbot widersprüchlichen Verhaltens geprägt (BRÜNING 17; SOBOTA 159). Schließlich bindet der Grundsatz von Treu und Glauben auch die Behörden untereinander (OVG Münster NVwZ 1985 118, 119). Auf der staatsrechtlichen Ebene wird die **Pflicht zu bundestreuem Verhalten** zT als besondere Ausprägung des Grundsatzes von Treu und Glauben angesehen (vgl BAUER, Der Grundsatz der Bundestreue [1992] 243 ff). Eine gewisse Verwandtschaft mit dem Grundsatz von Treu und Glauben weist auch das Prinzip der **Verfassungsorgantreue** auf (zu den Unterschieden SCHENKE, Die Verfassungsorgantreue [1977] 48 ff).

In der neueren Lit wird zu Recht betont, dass bei der Anwendung des Grundsatzes von Treu und Glauben im Verwaltungsrechtsverhältnis die **Besonderheiten des öffentlichen Rechts** zu berücksichtigen sind (DE WALL 239). Außerdem besteht die Tendenz, den Grundsatz von Treu und Glauben durch Anwendung **spezifischer öffentlich-rechtlicher Institute** zurückzudrängen (DE WALL 240 ff). So führt der Gedanke des Vertrauensschutzes zu Gunsten des Bürgers zu einer Bindung der öffentlichen Gewalt und kann damit auch als besondere Ausprägung des **Rechtsstaatsprinzips** (Art 20 Abs 3 GG) aufgefasst werden (BVerfGE 59, 128, 167; BVerwGE 8, 261, 269; 19, 188, 189; MAURER, in: ISEESEE/KIRCHHOF § 60 Rn 71 f; auf das Rechtsstaatsprinzip abstellend auch MATTERN, in: FS Küchenhoff [1967] 39, 42; MUCKEL, Kriterien des verfassungsrechtlichen Vertrauensschutzes bei Rechtsänderungen [Diss Berlin 1989] 30 f mwNw; zu Recht verweist DE WALL 242 ff auf die „argumentative Beliebigkeit" der Ableitung des Vertrauensschutzes; vgl auch MünchKomm/ROTH Rn 98; KREIBICH 17 ff; allg z Verhältnis von Art 20 Abs 3 GG und § 242 s o Rn 111 f). Soweit es um den allgemeinen Grundsatz der Einzelfallgerechtigkeit geht, behält der Grundsatz von Treu und Glauben aber jedenfalls seine eigenständige Bedeutung (vgl SOBOTA 159; zum Steuerrecht WERNDL, in: FS G Stoll [1990] 375, 377 f). Handelt die öffentliche Hand **privatrechtlich**, so gilt der Grundsatz von Treu und Glauben ohne Einschränkung (BAMBERGER/ROTH/GRÜNEBERG/SUTSCHET Rn 12; ERMAN/HOHLOCH Rn 57; MünchKomm/ROTH Rn 102; vgl aus der älteren Lit NIPPERDEY, Formmängel, Vertretungsmängel, fehlende Genehmigung bei Rechtsgeschäften der öffentlichen Hand und Treu und Glauben, JZ 1952, 577 ff; SCHOLZ, Treu und Glauben bei Privatrechtsgeschäften der öffentlichen Hand, NJW 1953, 961 ff).

b) Fallgruppen
Im Rahmen öffentlich-rechtlicher Rechtsverhältnisse werden die §§ 241 Abs 2, 242 ergänzend zur **Begründung von Nebenpflichten oder Obliegenheiten** herangezogen (BVerwGE 31, 190, 191 [Mitwirkung im Prüfungsverfahren]; 99, 185, 192 = NJW 1996, 2670; BVerwG NJW 1998, 323, 326 f; BFH NVwZ-RR 2000, 295, 299 [alle betr Hinweispflichten der Prüfungsbehörde]; VG Mainz AuAS 1999, 244 f [Mitwirkung eines Ausländers bei der Identitätsfeststellung]). Für öffentlich-rechtliche Verträge ordnet § 62 S 2 VwVfG die Geltung des BGB ausdrücklich an. Da viele Nebenpflichten gesetzlich normiert sind, erübrigt sich aber häufig ein Rückgriff auf die zivilrechtliche Generalklausel (DE WALL 276 ff). So findet sich die **beamtenrechtliche Treue- und Fürsorgepflicht** in §§ 54 f, 79 BBG; das SGB I sieht in §§ 60–67 umfassende Mitwirkungspflichten des Leistungsberechtigten vor (vgl LÖWER, Rechtsverhältnisse in der Leistungsverwaltung, NVwZ 1986, 793, 795 ff). **Auskunftspflichten** der Behörde sind zB in § 25 S 2 VwVfG normiert. Sind

die gesetzlichen Vorgaben abschließend, so ist ein Rückgriff auf § 242 ausgeschlossen (vgl VG Potsdam LKV 2003, 149, 150 [betr Recht auf Akteneinsicht]).

1101 Das **Verbot rechtsmissbräuchlichen Verhaltens** wirkt sich bei behördlichem Handeln vor allem in Gestalt der **Bindungswirkung von Zusagen und Auskünften** aus (ausf DE WALL 260 ff, 265 ff mwNw). Treuwidriges Verhalten des Bürgers liegt insbesondere in dem aus dem Zivilrecht (s o Rn 455) bekannten Fall der Zugangsvereitelung (BVerwG v 22.04.2004 – 6 B 8/04 – [juris] = Beck RS 2004, 22567; BVerwGE 85, 213, 217 ff mwNw; VG Berlin NVwZ-RR 2002, 586, 587 ff; Bay VGH v 22.01.2009 – 4 B 08.1591 – [juris]; vgl KOPP/RAMSAUER § 41 Rn 21). Darüber hinaus kommt § 242 unter dem Gesichtspunkt **widersprüchlichen Verhaltens** (s o Rn 286 ff) in vielen Einzelfällen Bedeutung zu. So kann der Kläger sich nicht auf das nachbarliche Abwehrrecht berufen, wenn er zuvor eine Entschädigung zur Beilegung des Nachbarstreits angenommen hat (OVG NRW BauR 2004, 62, 64). Die Geltendmachung eines Folgenbeseitigungsanspruches ist rechtsmissbräuchlich, wenn der beanstandete rechtswidrige Zustand sogleich wieder rechtmäßig hergestellt werden könnte (BVerwG NJW 1989, 118, 119; DE WALL 275). Der Gedanke des **Vertrauensschutzes** hat für die Rücknahme und den Widerruf von Verwaltungsakten große Bedeutung (vgl MÜLLER-GRUNE 89 ff). Die Vorschriften der §§ 48, 49 VwVfG treffen insoweit aber eine abschließende Regelung.

1102 Der **Verwirkung** unterliegen auch verwaltungsrechtliche Rechte des Bürgers oder der Verwaltung (allg dazu DE WALL 251 ff; MÜLLER-GRUNE 57 ff), zB Abwehrrechte bei Bauvorhaben im Nachbarverhältnis (dazu BVerwG BauR 2003, 22 f; NVwZ 1991, 1182 ff; OVG Münster NVwZ-RR 1993, 397 ff; OVG Greifswald NVwZ-RR 2003, 15 ff; DE WALL 278; TROIDL, Verwirkung von Nachbarrechten im öffentlichen Baurecht, NVwZ 2004, 315 ff; ausf o Rn 878), das Recht zur Rücknahme eines Verwaltungsakts (BVerwGE 110, 226, 236 = NJW 2000, 1512), Rechte aus dem Steuerschuldverhältnis (ausf KREIBICH 158 ff; BFH NVwZ 1987, 631; NVwZ-RR 1988, 58, 59 f; MünchKomm/ROTH Rn 351; s dazu auch u Rn 1071), im Sozialversicherungsrecht (BSGE 50, 227, 230; 80, 41, 43 f; BVerwGE 52, 16, 25; BGH NJW 1958, 1607 f; ERMAN/HOHLOCH Rn 193) und im Beamtenrecht (BVerwG NJW 1997, 1321, 1322; VGH Kassel ZBR 2000, 55, 57; OVG Münster ZBR 1995, 50 f; MünchKomm/ROTH Rn 344), auch im Bereich der Gefahrenabwehr (dazu BLECHSCHMIDT, Die Verwirkung behördlicher Befugnisse unter besonderer Berücksichtigung des Gefahrenabwehrrechts [1999]), nicht jedoch beim disziplinarrechtlichen Verfolgungsanspruch (BVerwGE 76, 176, 180 f = NJW 1985, 215). Auch die Ausübung prozessualer Rechte kann unter denselben Voraussetzungen wie im Zivilrecht verwirkt werden (s o Rn 302 ff): Neben dem Zeitmoment müssen also besondere Umstände vorliegen, die die verspätete Geltendmachung des Rechts treuwidrig erscheinen lassen (BVerwGE 44, 339, 343 f; 52, 16, 25; BVerwG NVwZ 1991, 1182, 1183; BVerwG NVwZ-RR 2004, 314, 315; BVerwG BauR 2003, 22 f; allg dazu o Rn 308).

c) **Ausgewählte Bereiche des Verwaltungsrechts**
aa) **Öffentlich-rechtlicher Erstattungsanspruch**

1103 Bei der Rückabwicklung eines nichtigen öffentlich-rechtlichen Vertrages sind die Grundsätze des Erstattungsrechts zu beachten, die die §§ 812 ff partiell modifizieren (BVerwG NVwZ 2003, 993, 994 f [zu § 817 S 2]; BVerwGE 71, 85, 89 [zu §§ 818 Abs 3, 4, 819]; vgl KOPP/RAMSAUER § 59 Rn 31). Der **Erstattungsanspruch** wird durch Treu und Glauben begrenzt (BVerwG NJW 1998, 3135; OVG Münster NJW 1992, 2245; BeckOK-VwVfG/SPIETH [2009] § 59 Rn 52). Dem Bürger ist es aber nur in Ausnahmefällen verwehrt, sich auf die Nichtigkeit des Vertrages zu berufen (z Erstattungsanspruch zwischen Hoheitsträgern vgl BVerwGE 112, 351, 358 ff; OVG Weimar NVwZ-RR 2003, 830 ff). Erforderlich ist das Vorliegen besonderer Umstände, welche die Geltendmachung des Erstattungsanspruchs als treuwidrig erscheinen lassen (BVerwGE 111, 162, 174; BVerwG NVwZ-RR 2003, 874, 875; BVerwG NVwZ 2003, 993, 994 f; VGH Mannheim NVwZ-RR 2007, 809, 812).

Ist ein öffentlich-rechtlicher Vertrag wegen Verstoßes gegen das **Koppelungsverbot** (§§ 59 Abs 2 Nr 4, 56 Abs 1 VwVfG) nichtig, so findet eine Rückabwicklung gem §§ 62 VwVfG, 812 ff BGB statt. Dabei stellt sich vor dem Hintergrund des § 242 die Frage, ob der Bürger seine (Geld-)Leistung zurückfordern kann, obwohl die Rückabwicklung der von der Behörde erbrachten Leistung (zB Ernennung zum Beamten) aus rechtlichen oder tatsächlichen Gründen unmöglich ist. Nach der Rspr wird der Bürger in einem solchen Fall nicht durch Treu und Glauben an der Geltendmachung des Erstattungsanspruchs gehindert. Denn anderenfalls bliebe die gesetzlich angeordnete Nichtigkeitsfolge wirkungslos (BVerwGE 111, 162, 173; BVerwG NVwZ-RR 2003, 874, 875). Ähnliche Erwägungen gelten bei Verstößen gegen **gesetzliche Verbote**. So handelt der Bürger nicht allein deshalb rechtsmissbräuchlich, weil er sich auf die Nichtigkeit eines Vertrages beruft, der auf seinen Wunsch hin abgeschlossen und von der Behörde bereits erfüllt wurde (BVerwG NVwZ 2003, 993, 994 f). **1104**

bb) Baurecht
Auf dem Gebiet des Baurechts kommt dem **Rücksichtnahmegebot** eine überragende Bedeutung zu (vgl BVerwGE 52, 122 = NJW 1978, 62; 82, 343 = NJW 1990, 1192; 101, 364 = DVBl 1997, 61; BVerwG NVwZ 1985, 652; NVwZ 1985, 653; NVwZ 1987, 409; NVwZ 1999, 879; ZfBR 2000, 128, 130; OVG Saarlouis NVwZ-RR 2008, 161; BeckOK BauGB/SPANNOWSKY [1. 5. 2009] § 34 Rn 42 ff; DÜRR JuS 1984, 187, 192; ders KommJur 2005, 201, 203). Die Rspr geht allerdings davon aus, dass es **kein allgemeines**, das gesamte Baurecht umfassendes außergesetzliches **Rücksichtnahmegebot** gibt; ein solches Gebot lasse sich auch nicht aus dem Verfassungsrecht (Art 14 GG) ableiten. Vielmehr müssten die **einzelnen baurechtlichen Vorschriften** daraufhin untersucht werden, ob und in welche Umfang sie die individuellen Interessen Dritter – namentlich der Nachbarn – schützen (so BVerwG NVwZ 1987, 409, 410; vgl auch SEIBEL, Das Rücksichtnahmegebot im öffentlichen Baurecht, BauR 2007, 1831 ff). Als besonders wichtige Ausprägungen des Rücksichtnahmegebots werden die Vorschriften der §§ 31 Abs 2 BauGB (dazu BVerwG NVwZ 1987, 409), 34 BauGB (dazu OVG Saarlouis NVwZ-RR 2008, 161; BeckOK BauGB/SPANNOWSKY [1. 5. 2009] § 34 Rn 42 ff), 35 BauGB (BVerGE 52, 122 = NJW 1978, 62) und 15 BauNVO (BVerwG NJW 1984, 138, 139; NVwZ 2000, 1050, 1051; KÖNIG/ROSNER/STOCK, BauNVO [2. Aufl 2003] § 15 Rn 9 f) angesehen. In der Lit wird dagegen darauf hingewiesen, dass das Gebot der Rücksichtnahme sich nicht auf das Baurecht beschränke, sondern in der gesamten Rechtsordnung zu finden sei. Soweit es im Baurecht keinen spezialgesetzlichen Anknüpfungspunkt gebe, könne das Rücksichtnahmegebot daher auch hier auf § 242 gestützt werden (DÜRR KommJur 2005, 201, 203 f). **1105**

Will eine Gemeinde einen von ihr erlassenen qualifizierten Bebauungsplan nicht mehr ausführen, muss sie diesen Plan aufheben oder abändern. Erweckt sie stattdessen beim Bürger ein berechtigtes Vertrauen darauf, dass er auf seinem Grundstück in absehbarer Zeit ein Bauvorhaben verwirklichen kann, verstößt sie gegen das Verbot widersprüchlichen Verhaltens, wenn sie sich im Nachhinein auf die fehlende Erschließung beruft. Der Bürger hat daher **aus Treu und Glauben** einen Er- **1106**

schließungsanspruch gegen die Gemeinde (OVG Lüneburg NVwZ-RR 2000, 486, 487; ERNST/GRZIWOTZ, in: ERNST/ZINKAHN/BIELENBERG/KRAUTZBERGER, BauGB [89. Lfg 2008] § 123 Rn 290).

cc) Steuerrecht

1107 Das Steuerschuldverhältnis ist als Verwaltungsrechtsverhältnis nach allgemeiner Ansicht ebenfalls von **Treu und Glauben** geprägt (vgl BFH NJW 1990, 1251; PAHLKE, in: PAHLKE/KOENIG § 4 AO Rn 25 ff; ERMAN/HOHLOCH Rn 58; FIEDLER NJW 1981, 2093, 2096 f; KLEIN DStR 1985, 391 ff; MATTERN, Treu und Glauben im Steuerrecht [1958]; VOGEL, Treu und Glauben im Steuer- und Zollrecht [1961]; HEY 113 ff, 590 ff; WERNDL, in: FS G Stoll [1990] 375 ff; z Vertrauensschutz gegenüber dem Steuergesetzgeber SPINDLER, Vertrauensschutz im Steuerrecht, DStR 2001, 725 ff; z Vergleich mit dem frz Recht HAHN, Vertrauensschutz im französischen Steuerrecht, IStR 2003, 593 ff). Im Steuerrecht gilt daher wie im Übrigen Verwaltungsrecht das Gebot, auf die Belange des anderen Teils Rücksicht zu nehmen und sich nicht widersprüchlich zu verhalten (BFHE 158, 131 ff; BFH DStR 1996, 1201; DStRE 2007, 1064, 1066; MünchKomm/ROTH Rn 103; OFFERHAUS MDR 1993, 925, 926 f; ausf KREIBICH 186 ff; zu einem Teilaspekt VÖLKER/ARDIZZONI, Rechtsprechungsbrechende Nichtanwendungsgesetze im Steuerrecht – neue bedenkliche Gesetzgebungspraxis, NJW 2004, 2413, 2418 f; SPINDLER, Der Nichtanwendungserlass im Steuerrecht, DStR 2007, 1061 ff). Der BFH stellt dabei nicht auf § 242 ab, sondern verweist unmittelbar auf die Gerechtigkeitsidee (BFH NJW 1990, 1251). Rspr und Lit betonen, dass der Grundsatz von Treu und Glauben idR nur im Rahmen eines **konkreten Steuerrechtsverhältnisses** anwendbar ist, weil es ansonsten an dem erforderlichen Näheverhältnis fehlt (BFHE 158, 131 ff; DStRE 2007, 1064, 1066; PAHLKE, in: PAHLKE/KOENIG § 4 AO Rn 26). Auch in diesem Rahmen können Treu und Glauben nur zur **Konkretisierung** oder zur **Einschränkung** von Rechten und Pflichten des Steuerpflichtigen oder der Finanzbehörde herangezogen werden. Der Grundsatz ist dagegen nicht geeignet, die **Entstehung** oder das **Erlöschen** von Steueransprüchen oder Steuerpflichten zu begründen (BFH NJW 1990, 1251).

1108 Der Gesichtspunkt des **Vertrauensschutzes** bei der Änderung und Aufhebung von Steuerbescheiden findet sich neben der ausdrücklichen Regelung in § 176 AO (ausf dazu TIEDTKE/SZCZESNY, Gesetzlicher Vertrauensschutz und Billigkeitsregelungen der Finanzverwaltung, NJW 2002, 3733 ff) in der Rspr des BFH wieder. Danach ist die Änderung eines Steuerbescheides wegen nachträglich bekannt gewordener Tatsachen (§ 173 Abs 1 Nr 1 AO) nach Treu und Glauben ausgeschlossen, wenn die Finanzbehörde bei Erlass des zu ändernden Steuerbescheids ihre Ermittlungspflicht verletzt hat (BFH NVwZ-RR 1990, 119, 121; BFH NVwZ 2002, 1404; vgl auch PAHLKE, in: PAHLKE/KOENIG § 4 AO Rn 33). Außerdem können Zusagen und Auskünfte der Finanzbehörden ebenso wie im allgemeinen Verwaltungsrecht (s o Rn 1101) einen Vertrauenstatbestand bilden (BFH NVwZ 1990, 1110, 1111; NVwZ 2000, 596, 598; DStRE 2000, 276, 278; DStR 2002, 1662, 1665; FIEDLER NJW 1981, 2093, 2098 ff; MATTERN, in: FS Küchenhoff [1967] 39, 52 ff; MELCHIOR/TSCHIRNER, Erzeugen Auskünfte einer übergeordneten Behörde in einem Einzelfall Bindungswirkung im Besteuerungsverfahren?, DStR 1997, 844, 845 f; WESSLING, Betriebsprüfung und § 242 BGB, BB 1987, 1083, 1084 f).

Das Verhältnis zwischen dem allgemeinen Grundsatz von Treu und Glauben und dem aus dem **Rechtsstaatsprinzip** folgenden Gedanken des Vertrauensschutzes (s o Rn 286 ff) ist auch im Steuerrecht umstritten (zur Abgrenzung SEER, in: TIPKE/LANG § 21 Rn 13; HEY 113 ff; WALDHOFF, Vertrauensschutz im Steuerrechtsverhältnis, in: PEZZER, Vertrauensschutz im Steuerrecht [2004] 129, 155 ff). In der Praxis finden sich vielfältige Überschneidungen. HEY (591) spricht in diesem Zusammenhang treffend davon, dass der Grundsatz von Treu und Glauben in der finanzgerichtlichen Rspr „das personalisierte Pedant zum Vertrauensschutzprinzip" bildet. Ein wesentliches Unterschied besteht allerdings darin, dass der Vertrauensgrundsatz – anders als der Grundsatz von Treu und Glauben (s o Rn 286 ff) kein konkretes (Steuer-) Rechtsverhältnis voraussetzt (SEER, in: TIPKE/LANG § 21 Rn 13).

Der Grundsatz von Treu und Glauben kann auch **zu Lasten des Steuerpflichtigen** eingreifen (vgl PAHLKE, in: PAHLKE/KOENIG § 4 AO Rn 26, 33). Dieser muss daher einen geänderten, materiellrechtlich zutreffenden Steuerbescheid gegen sich gelten lassen, wenn er die nach § 172 Abs 1 S 1 Nr 2a AO erforderliche Zustimmung zur Berichtigung treuwidrig verweigert (BFH DStR 1996, 1201, 1202 m Anm WOHLSCHLEGEL; BFH NVwZ 1999, 919, 920 mwNw). Eine spezielle Vorschrift über die Unzulässigkeit der Verwendungen **rechtsmissbräuchlicher Gestaltungen** durch den Steuerpflichtigen findet sich in § 42 Abs 1 AO (dazu OFFERHAUS MDR 1993, 925, 926 f). Nach hM handelt es sich aber um keine Ausfluss des Rechtsmissbrauchsverbots, sondern um eine besondere Ausprägung des Verbots der **Gesetzesumgehung** (KOENIG, in: PAHLKE/KOENIG, § 42 AO Rn 1; allg dazu s o Rn 400).

dd) Verwaltungsprozessrecht
Im Verwaltungsprozessrecht kommt § 242 vor allem unter dem Gesichtspunkt der **1109** **unzulässigen Rechtsausübung** Bedeutung zu. So kann die Ausübung prozessualer Rechte auch hier durch verzögerte Geltendmachung **verwirkt** werden (BVerwGE 44, 294, 298 [betr Widerspruchsrecht]; BVerwG NVwZ 2001, 206 mwNw [betr Klagerecht]; 1990, 554, 555; 1992, 974, 975; OVG Münster NVwZ-RR 1996, 623, 624 [betr Antragsrecht bei § 47 VwGO]; allg z Verwirkung o Rn 302 ff).

Außerdem gilt das **Verbot rechtsmissbräuchlichen Verhaltens.** Widersprüchlich ver- **1110** hält sich etwa ein Antragsteller, der die ihm ungünstigen Festsetzungen eines Bebauungsplans erst angreift, nachdem er die ihm günstigen Festsetzungen bereits ausgenutzt hat (OVG Lüneburg BRS 44 Nr 31). Gleiches gilt für einen Antragsteller, der sich zunächst nicht gegen die im Bebauungsplan vorgesehene unzureichende Erschließung wehrt, nach Errichtung seines Gebäudes aber eine ausreichende Erschließung fordert. Rechtsmissbrauch setzt aber voraus, dass der Antragsteller bewusst treuwidrig handelt (BVerwG NVwZ 1992, 974, 975; vgl auch BVerwG BRS 63 Nr 50).

Unter dem Aspekt des **Rechtsmissbrauchs** wird auch die Problematik der sog **Sperr-** **1111** **grundstücke** diskutiert. Nach der Rspr kann die Klagebefugnis nicht auf das Eigentum an einem Grundstück gestützt werden, wenn der Eigentumserwerb lediglich den Zweck hatte, die formalen Voraussetzungen für einen Prozess zu schaffen, ohne dass dem Erwerber eine materielle Rechtsposition zukommen sollte. Diese Voraussetzung kann insbesondere vorliegen, wenn der Veräußerer sich das lebenslange Nutzungsrecht an dem Grundstück vorbehalten hat (BVerwGE 112, 135, 137 ff = NVwZ 2001, 427; CLAUSING, Aktuelles Verwaltungsprozessrecht, JuS 2001, 998, 1001; krit MASING, Relativierung des Rechts durch Rücknahme verwaltungsgerichtlicher Kontrolle – Eine Kritik anlässlich der Rechtsprechungsänderung zu den „Sperrgrundstücken", NVwZ 2002, 810, 813 ff).

d) Völkerrecht

1112 Im Völkerrecht gehört das **Prinzip der bona fides** zu den allgemein anerkannten Rechtsgrundsätzen (DAHM/DELBRÜCK/WOLFRUM 845 f; IPSEN § 11 Rn 20; MEYER, Bona fides und lex mercatoria in der europäischen Rechtstradition [1994] 94; VERDROSS, in: FS Laun [1953] 29 ff; ders/SIMMA, Universelles Völkerrecht [3. Aufl 1984] § 60 ff). Dieses Prinzip ist im Völkerrecht umso wichtiger, als sich dort meistens auf Grund des Fehlens einer Hierarchie oder eines objektiven Entscheidungsorgans gleichrangige Rechtsauffassungen gegenüberstehen. Dementsprechend ist die Wahrung der bona fides durch alle Parteien ein Grundpfeiler für das Funktionieren des Völkerrechts (VERDROSS, in: FS Laun [1953] 29, 32). Aus dem Grundsatz der bona fides resultieren, ähnlich wie im deutschen Recht, die Verbote des **Rechtsmissbrauchs** (s o Rn 214 ff) und des **widersprüchlichen Verhaltens** (s o Rn 286 ff).

1113 Im **Völkervertragsrecht** kommt dem Grundsatz eine herausragende Bedeutung zu (LORZ 75). So sind völkerrechtliche Verträge gem Art 26 WVK nach Treu und Glauben zu erfüllen (ausf dazu DAHM/DELBRÜCK/WOLFRUM 845 ff). Gem Art 62 WVK kann auch das aus Treu und Glauben und den Grundsätzen der Gerechtigkeit abgeleitete Institut der clausula rebus sic stantibus auf völkerrechtliche Verträge Anwendung finden (DAHM/DELBRÜCK/WOLFRUM 742 ff; VERDROSS, in: FS Laun [1953] 29, 32; IPSEN § 15 Rn 92 ff). Die Pflicht, Verträge nach Treu und Glauben zu erfüllen, begründet überdies zahlreiche Nebenpflichten und geht insofern über den auch im Völkerrecht anerkannten Grundsatz „pacta sunt servanda" hinaus (DAHM/DELBRÜCK/WOLFRUM 845 ff). Schließlich wird inzwischen selbst eine Verbindlichkeit **unilateraler Versprechen** aus der bona fides hergeleitet (LORZ 75 f mwNw).

1114 Auch die **Auslegung völkerrechtlicher Verträge** erfolgt nach Treu und Glauben, vgl Art 31 WVK. Der Grundsatz von Treu und Glauben stellt hier allerdings keine eigene Auslegungsregel, sondern lediglich eine Ausprägung des Missbrauchsverbots dar (IPSEN § 11 Rn 20). Konkret bedeutet dies zum Beispiel, dass stets das Auslegungsergebnis zu wählen ist, welches die andere Partei weniger belastet (IPSEN § 11 Rn 20).

1115 Das Gebot von Treu und Glauben greift darüber hinaus im **internationalen Nachbarrecht** ein. Dies zeigt insbesondere der letzte Grundsatz der Friendly Relations Declaration, die am 24.10.1970 von der UN-Vollversammlung angenommen wurde (näher zu dieser Deklaration IPSEN § 26 Rn 5 ff). Im **Umweltvölkerrecht** werden daraus inzwischen auch Rücksichtnahme- und Kommunikationspflichten hergeleitet (LORZ 76 mwN).

IV. Ausländische Rechtsordnungen und internationale Regelwerke*

1. Einleitung

1116 Der **Begriff** „Treu und Glauben" ist in fast allen kontinentaleuropäischen Zivilrechtskodifikationen vorhanden (so in den Zivilgesetzbüchern Frankreichs [Art 1134 Abs 3 Code civil], der Schweiz [Art 2 ZGB], Italiens [Art 1175, 1375 Codice Civile],

---

* **Schrifttum:** VBAR/ZIMMERMANN, Grundregeln des europäischen Vertragsrechts, Teile I und II (2002); CHAINAIS/GUILLAUME/TENENBAUM, Good faith, in: FAUVARQUE-COSSON/MAZEAUD,

Griechenlands [Art 281, 288 ZGB], Portugals [Art 762 Abs 2 Código Civil] und der Niederlande [Art 6:2, 6:248 NBW]; vgl auch LANDO/BEALE 116 ff). Im US-amerikanischen Recht findet er sich vor allem in Section 1–203 UCC (s u Rn 1161). Aus rechtsvergleichender Sicht handelt es sich jedoch um kein klar definiertes, exakt abgrenzbares Rechtsinstitut (treffend ZIMMERMANN/WHITTAKER 690: „The notion of good faith [or its equivalents in the various languages used by the legal systems ...] actually means different things both within a particular legal system and between the legal systems"; vgl auch STAPLETON 3, 7).

Bei der vergleichenden Untersuchung eines Instituts ist von dessen **Funktion** auszugehen (vgl allg ZWEIGERT/KÖTZ 33). Dabei besteht allerdings das Problem, dass dem Grundsatz von Treu und Glauben in den verschiedenen Rechtsordnungen nicht per se eine einheitliche Funktion zukommt (zu dieser Problematik ZIMMERMANN/WHITTAKER 12 f; zur Diskussion über die Funktion des § 242 im deutschen Recht s o Rn 172 ff). **1117**

Aus rechtsvergleichender Sicht können dem Grundsatz von Treu und Glauben zwei wesentliche Funktionen beigemessen werden: Auf der einen Seite steht die **inhaltliche Funktion** von Treu und Glauben iS einer **Verhaltensnorm für die Parteien**. Hierher gehören alle Fälle, in denen dem Grundsatz eine Pflicht zu redlichem und loyalem Verhalten sowie zur Rücksichtnahme auf die berechtigten Interessen des anderen Teils entnommen wird (so ZIMMERMANN/WHITTAKER 31; vgl auch PALANDT/HEINRICHS Rn 3). Davon zu unterscheiden ist die **formale Funktion** von Treu und Glauben als **Ermächtigungsnorm für den Richter** (vgl STORME 4: „rule of behaviour" und „rule of construction"; s auch die Diskussion der Funktionen des § 242 nach SIEBERT und WIEACKER, in: HESSELINK 475 ff, ausf zu den Funktionen des § 242 s o Rn 172 ff). Diesem Bereich sind alle Mechanismen zuzuordnen, die dem Richter im Einzelfall erlauben, die Regeln des „strengen Rechts" mit Hilfe von Billigkeits- und Gerechtigkeitserwägungen zu durchbrechen. **1118**

European Contract Law – Materials for a Common Frame of Reference: Terminology, Guiding Principles, Model Rules (2008); FLEISCHER, Der Rechtsmißbrauch zwischen Gemeineuropäischem Privatrecht und Gemeinschaftsprivatrecht, JZ 2003, 865; HESSELINK, Good Faith, in: HARTKAMP/HESSELINK/HONDIUS/JOUSTRA/DU PERRON/VELDMAN, Towards a European Civil Code (3. Aufl Nijmegen 2004) 285; LANDO, Is Good Faith an Over-Arching General Clause in the Principles of European Contract Law?, in: (2007) 15 ERPL 841; LANDO/BEALE, Principles of European Contract Law Parts I & II (The Hague 2000); MACQUEEN, Good Faith, in: MACQUEEN/ZIMMERMANN, European Contract Law: Scots and South African Perspectives (Edinburgh 2006); RANIERI, Bonne foi et exercice du droit dans la tradition du civil law, in: Revue internationale de droit comparé 1998, 1055; ders, Europäisches Obligationenrecht (3. Aufl 2009); RIESENHUBER, Europäisches Vertragsrecht (2. Aufl 2006); STAPLETON, Good Faith in Private Law, Current Legal Problems 1999, 1; STORME, Good Faith and the Contents of Contracts in European Private Law, Electronic Journal of Comparative Law Bd 7. 1, März 2003 (http://www.ejcl.org/71/art71-1.html); TETLEY, Good Faith in Contract: Particularly in the Contracts of Arbitration and Chartering (2004) 35 Journal of Maritime Law & Commerce 561; WICKER, Contractual Fairness, in: FAUVARQUE-COSSON/MAZEAUD, European Contract Law – Materials for a Common Frame of Reference: Terminology, Guiding Principles, Model Rules (2008); A ZIMMERMANN, Das Rechtsmissbrauchsverbot im Recht der Europäischen Gemeinschaft (2002); ZIMMERMANN, Konturen eines Europäischen Vertragsrechts, JZ 1995, 477; ZIMMERMANN/WHITTAKER, Good Faith in European Contract Law (Cambridge 2000); ZWEIGERT/KÖTZ, Einführung in die Rechtsvergleichung (3. Aufl 1996).

1119 Die nachfolgende Kommentierung beschäftigt sich mit der Frage, auf welche Weise diese Funktionen in den einzelnen Rechtsordnungen verwirklicht werden. Der Blick gilt zunächst mit Frankreich, Österreich, der Schweiz, Italien und den Niederlanden einigen weiteren Vertretern des **kontinentaleuropäischen Rechtskreises** (zur Bedeutung von Treu und Glauben [„boa fé"] im portugiesischen Recht MOTA PINTO, Die Generalklausel in Kontinentaleuropa: Erwartungen der portugiesischen Rechtswissenschaft an die deutsche Rechtswissenschaft, in: BALDUS/MÜLLER-GRAFF, Die Generalklausel im Europäischen Vertragsrecht [2006] 115, 119 f). Anschließend werden mit England und den USA die beiden herausragenden Repräsentanten des **anglo-amerikanischen Rechtskreises** behandelt. Schließlich soll auf die Bedeutung von Treu und Glauben in **internationalen Regelwerken** (UN-Kaufrecht, Principles of European Contract Law, Draft Common Frame of Reference, UNIDROIT-Principles) sowie im **Privatrecht der EU** eingegangen werden.

2. Kontinentaleuropäische Rechtsordnungen*

a) Frankreich
aa) Begriff und Bedeutung der bonne foi

1120 In **Frankreich** bestimmt Art 1134 Abs 3 CC: „Elles [les conventions] doivent être executées de bonne foi." Trotz dieser dem § 242 sehr ähnlichen Formulierung besteht einer der charakteristischen Unterschiede zwischen dem französischen und dem deutschen Zivilrecht darin, dass die „bonne foi" in Frankreich nie eine so herausragende Stellung wie das Prinzip von „Treu und Glauben" im deutschen Recht erlangt hat (vgl dazu HÜBNER/CONSTANTINESCO 176; SONNENBERGER/AUTEXIER 127;

---

* **Schrifttum**: F BYDLINSKI, Juristische Methodenlehre und Rechtsbegriff (2. Aufl 1991); P BYDLINSKI, Bürgerliches Recht Band I, Allgemeiner Teil (4. Aufl Wien 2007); CIAN/TRABUCCI, Commentario Breve al Codice Civile (8. Aufl Padua 2007); EHRENZWEIG, System des österreichischen allgemeinen Privatrechts: Das Recht der Schuldverhältnisse, Allgemeine Lehren (3. Aufl Wien 1986), bearbeitet von H MAYRHOFER; FERID/SONNENBERGER, Das französische Zivilrecht, Bd 1/1 (2. Aufl 1994); FLOSSMANN, Österreichische Privatrechtsgeschichte (6. Aufl Wien 2008); GUTZWILLER (Hrsg), Schweizerisches Privatrecht, Bd II, Einleitung und Personenrecht (Basel 1967); HARTKAMP, Judicial Discretion Under the New Civil Code of the Netherlands, Am J Comp L 40 (1992), 551; HONSELL/VOGT/GEISER, Basler Kommentar – Zivilgesetzbuch I (3. Aufl Basel 2006); HÜBNER/CONSTANTINESCO, Einführung in das französische Recht (4. Aufl 2001); JALUZOT, La bonne foi dans les contrats – Étude comparative de droit français, allemand et japonais (Paris 2001); JUNG, Die Generalklausel im deutschen und französischen Vertragsrecht, in: BALDUS/MÜLLER-GRAFF, Die Generalklausel im Europäischen Vertragsrecht (2006), 37; KLANG, Kommentar zum Allgemeinen Bürgerlichen Gesetzbuch, Bd. 4/1 (2. Aufl Wien 1968); KOZIOL/BYDLINSKI/BOLLENBERGER, Allgemeines Bürgerliches Gesetzbuch – Kommentar (2. Aufl Wien 2007); KOZIOL/WELSER/KLETEČKA, Grundriss des bürgerlichen Rechts I (13. Aufl Wien 2006); MADER, Rechtsmißbrauch und unzulässige Rechtsausübung (Wien 1994); MINCKE, Einführung in das niederländische Recht (2002); RUMMEL, Kommentar zum Allgemeinen Bürgerlichen Gesetzbuch (3. Aufl Wien 2000 ff); SCHWIMANN, ABGB Praxiskommentar (3. Aufl Wien 2004 ff); SONNENBERGER, Treu und Glauben – ein supranationaler Ansatz?, in: FS Odersky (1996) 702; SONNENBERGER/AUTEXIER, Einführung in das französische Recht (3. Aufl 2000); TERRÉ/SIMLER/LEQUETTE, Droit civil, Les obligations (9. Aufl 2005); TUOR/SCHNYDER/SCHMID/RUMO-JUNGO, Das Schweizerische Zivilgesetzbuch (13. Aufl Zürich 2009).

JUNG 42 ff; DECKER, La Réforme Du Droit Français Des Obligations: Une Perspective Allemande (2007) 15 ERPL 765, 766 f; STAUDINGER/J SCHMIDT [1995] Rn 111 mwNw). Der Grundsatz der „bonne foi" galt lange Zeit als „concept mort", und es ist von einer „geradezu gegenläufigen Entwicklung der Funktionen des Art 1134 Abs 3 CC und § 242 BGB" gesprochen worden (SONNENBERGER, in: FS Odersky [1996] 703, 705 f mwNw; vgl JALUZOT Rn 1007).

In neuerer Zeit hat die Bedeutung der „bonne foi" im französischen Vertragsrecht **1121** aber deutlich zugenommen (vgl zu dieser Entwicklung TERRÉ/SIMLER/LEQUETTE Rn 41 ff, JALUZOT Rn 1028 f; JUNG 53 ff; WICKER 525 f). Zum Beispiel hat die Cour de Cassation aus Art 1134 Abs 3 CC ein Verbot des **venire contra factum proprium** abgeleitet: „en vertu de l'article 1134, alinéa 3, du Code civil, nul ne peut se contredire illégitimement aux dépens d'autrui, et tromper ainsi l'attente légitime de son cocontractant" (Cass com, 11.3.1997, Nr 95–16853, abrufbar unter http://www.legifrance.gouv.fr). Auch der Vorentwurf zur Reform des Code civil in den Bereichen des Schuldrechts und des Verjährungsrechts aus dem Jahre 2005 (CATALA [Hrsg], Avant-projet de réforme du droit des obligations et du droit de la prescription [2006]; deutsche Übersetzung von SONNENBERGER ZEuP 2007, 633 ff) betont den Grundsatz stärker. Art 1139 des Entwurfs sieht vor, dass bei der **Vertragsauslegung** „raison" und „equité" zu berücksichtigen sind. Der neue Art 1176 im Abschnitt über bedingte Verpflichtungen sieht vor, dass die Parteien bezüglich der Erfüllung der Bedingung eine **Loyalitätspflicht** trifft. Im Projet du Réforme du droit des contrats von 2008 (abgedruckt in Revue des contrats 2009 Nr 1) findet sich die Auslegungsregel des Art 1139 nicht mehr. Allerdings soll zu Beginn des Abschnitts „Les obligations" ein allgemeiner Grundsatz von Treu und Glauben normiert werden. Der geplante Art 18 lautet: „Chacune des parties est tenue d'agir de bonne foi."

Warum dem Grundsatz von Treu und Glauben im französischen Zivilrecht anders **1122** als im BGB nicht der Rang einer „Königsregel" zukommt, liegt in der **naturrechtlichen Tradition des Code civil** begründet (vgl RANIERI, in: Revue internationale de droit comparé 1998, 1055, 1058). In diesem Zusammenhang spielt der Grundsatz der **Gewaltenteilung** eine wichtige Rolle. Der Richter soll nicht über Generalklauseln wie „bonne foi" an die Stelle des Gesetzgebers treten und den Parteien seine eigenen Gerechtigkeitsvorstellungen vorgeben können (vgl den Einwand gegen die wachsende Bedeutung der „bonne foi" bei TERRÉ/SIMLER/LEQUETTE Rn 42: „ce n'est plus, comme dans la conception antérieure, le législateur mais le juge qui sait mieux que les parties ce qui est bon pour elles"; ferner JALUZOT Rn 668, 670; JUNG 46 ff; RANIERI, Obligationenrecht 1825). Auf dieser Linie liegt auch, dass Erwägungen der **Vertragsgerechtigkeit** traditionell dem **Grundsatz der Privatautonomie** untergeordnet worden sind (vgl STAUDINGER/J SCHMIDT [1995] Rn 111; LANDO [2007] 15 ERPL 841, 847). Hier zeigen sich deutliche Parallelen zu den Vorstellungen des Common Law, wonach ein Vertrag in erster Linie als Werkzeug einer „justice of exchange" zu sehen ist, dem Gesichtspunkte einer „contractual justice" fremd sind (s u Rn 1149 ff). Trotz dieser grundsätzlichen Unterschiede greift die französische Rspr inzwischen in einigen Bereichen auf „bonne foi" zurück, insbesondere für die Begründung **vorvertraglicher Aufklärungs- und Informationspflichten** („obligations d'information") und **vertraglicher Nebenpflichten** (s u Rn 1121).

Der Grundsatz der „bonne foi" gilt auch für den **Zeitraum der Vertragsanbahnung** **1123**

(TERRÉ/SIMLER/LEQUETTE Rn 43, 185). Vorvertragliche Pflichten werden in Frankreich zwar nicht als Ausdruck eines quasivertraglichen Schuldverhältnisses angesehen – eine der culpa in contrahendo (§§ 311 Abs 2, 241 Abs 2, § 280 Abs 1) vergleichbare Haftung bleibt vielmehr dem Deliktsrecht vorbehalten. Bei der Ausgestaltung der verletzten Pflicht und der Frage der „faute" spielt der Grundsatz der „bonne foi" jedoch eine wichtige Rolle (SONNENBERGER, in: FS Odersky [1996] 703, 713; FERID/SONNENBERGER Rn 1 F 276). So kommt es für die Haftung wegen Abbruchs von Vertragsverhandlungen darauf an, ob der Abbruch böswillig („avec mauvaise foi") war (vgl zB Cass Com, 8.11.1983, Bull civ IV Nr 298; 7.1.1997, D. 1998, jurisprudence p. 45, 46 note CHAUVEL [46 ff]; TERRÉ/SIMLER/LEQUETTE Rn 185; s auch JALUZOT Rn 1294; HESSELINK 479 mwNw). Nach dem Vorentwurf zur Reform des Code civil aus dem Jahre 2005 soll die vorvertragliche Aufklärungspflicht in einem neuen Art 1110 CC kodifiziert werden. Art 50 des Entwurfs von 2008 übernimmt die Regelung in einer ähnlichen Formulierung. Gemäß Art 1104 des Entwurfs von 2005 müssen Aufnahme, Ablauf und Abbruch von Vertragsverhandlungen generell den Anforderungen der „bonne foi" entsprechen.

1124 Bei der Begründung **vertraglicher Nebenpflichten** wird Art 1135 CC oft neben Art 1134 Abs 3 CC genannt (Art 1135 CC: „Les conventions obligent non seulement à ce qui y est exprimé, mais encore, à toutes les suites que l'équité, l'usage ou la loi donnent à l'obligation d'après sa nature"; vgl dazu HÜBNER/CONSTANTINESCO 177). Das Verhältnis zwischen beiden Vorschriften und den darin verwendeten Begriffen der **„bonne foi"** und der **„équité"** ist unklar und wurde von der französischen Rspr bislang offen gelassen (vgl SONNENBERGER, in: FS Odersky [1996] 703, 709 ff; JALUZOT Rn 417 ff; TERRÉ/SIMLER/LEQUETTE Rn 442). In den Art 1147 und 1153 CC ist die **„mauvaise foi"** des Schuldners Voraussetzung für einen vertraglichen Schadensersatzanspruch (näher JALUZOT Rn 696 ff).

1125 In der neueren französischen Lit ist die Auffassung verbreitet, dass Verträge durch eine **allgemeine Loyalitäts- und Kooperationspflicht** („devoir de loyauté et de coopération") beherrscht werden, aus der verschiedene konkrete Nebenpflichten („obligations") abgeleitet werden können (vgl TERRÉ/SIMLER/LEQUETTE Rn 43, 440 f; JALUZOT Rn 543 ff, 1145 ff; JUNG 55; WICKER 549 f; SONNENBERGER/AUTEXIER 127; SONNENBERGER, in: FS Odersky [1996] 703, 714 f mwNw). Diese treffen nicht nur den Schuldner, sondern auch den Gläubiger (WICKER 550). Nach den Kategorien des deutschen Rechts geht es dabei sowohl um Nebenleistungs- als auch um Rücksichtspflichten. Zu den **Nebenleistungspflichten** (STAUDINGER/OLZEN § 241 Rn 162 ff) könnte man etwa die Pflicht des Gläubigers zählen, den Schuldner bei der Erbringung der Leistung zu unterstützen und keine Handlungen vorzunehmen, welche die ordnungsgemäße Durchführung des Schuldverhältnisses beeinträchtigen (vgl TERRÉ/SIMLER/LEQUETTE Rn 440). Als Bsp lässt sich die Pflicht des Bauherrn anführen, die Arbeiten des Unternehmers nicht zu behindern und alles zu unterlassen, was deren Unterbrechung zur Folge haben könnte (Cass Com, 31.5.1994, Rev trim dr civ 1995, 105). Ein Automobilhersteller, der einen exklusiven Vertriebsvertrag mit einem Händler abschließt, ist nach Treu und Glauben („bonne foi") dazu verpflichtet, den Verkauf durch andere Händler in demselben Gebiet zu verhindern (Cass Com, 19.12.1989, Bull civ 1989 IV Nr 327 p 219). Bei den **Rücksichtspflichten** (STAUDINGER/OLZEN § 241 Rn 153 ff) haben die „obligation d'information et de renseignement" und die „obligation de sécurité" in der Praxis besonders große Bedeutung erlangt (SONNENBERGER, in: FS Odersky [1996] 703, 716; s auch die zahlreichen Beispiele in TERRÉ/SIMLER/LEQUETTE Rn 441, 568 f). So hat die

Cour de Cassation dem Schuldner nach Treu und Glauben die Pflicht auferlegt, die korrekte Inrechnungstellung der vom Gläubiger erbrachten Dienstleistungen zu überprüfen und diesen von einer fehlerhaften Rechnung zu unterrichten (C Cass, 23.1.1996, Bull civ I Nr 36; krit TERRÉ/SIMLER/LEQUETTE Rn 441).

bb) Rückgriff auf andere Institute
In vielen Fällen gelangt die französische Rspr auch **ohne Bezugnahme auf Treu und Glauben** zu Ergebnissen, die in Deutschland auf § 242 gestützt werden. **1126**

(1) Stillschweigender Verzicht
Mit der Annahme bzw Fiktion eines **stillschweigenden Verzichts** hat die französische **1127** Rspr eine auch in Österreich (s u Rn 1128 ff) und im Common Law (s u Rn 1147 ff) verbreitete Alternative genutzt, um dem Rechtsinhaber die Durchsetzung seines Rechts in Fällen zu versagen, die in Deutschland über § 242 gelöst werden. Ein stillschweigender Verzicht soll zB dann in Betracht kommen, wenn der Gläubiger wissentlich sein Recht über einen so langen Zeitraum nicht einfordert, dass das Vertrauen des Schuldners auf die Nichtgeltendmachung des Rechts schutzwürdig erscheint (RANIERI, Obligationenrecht 1849 ff; ders, in: Revue internationale de droit comparé 1998, 1055, 1082 f mwNw). Aus Sicht des deutschen Rechts handelt es sich hier um einen Fall der **Verwirkung** (s o Rn 302 ff).

(2) Abus de droit
Große praktische Bedeutung kommt im französischen Recht dem „abus de droit" **1128** zu (vgl TERRÉ/SIMLER/LEQUETTE Rn 738 ff; ZIMMERMANN/WHITTAKER 675; JUNG 51 ff; A ZIMMERMANN 94 ff; FLEISCHER JZ 2003, 865 ff; ferner STAUDINGER/WEBER[11] Rn D 6 ff mwNw zur älteren Lit). Obwohl es um „Rechtsmissbrauch" geht, ist der „abus de droit" ursprünglich kein Unterfall der „bonne foi", sondern eine eigenständige Rechtsfigur (vgl RANIERI, in: Revue internationale de droit comparé 1998, 1055, 1082, wonach der „abus de droit" insbes nicht mit der exceptio doli des römischen Rechts gleichzusetzen ist), die ihre Grundlage in der schuldhaften Verletzung subjektiver Rechte nach Art 1382 CC findet (TERRÉ/SIMLER/LEQUETTE Rn 739). Der Herkunft nach handelt es sich also um ein deliktsrechtliches Institut (SONNENBERGER, in: FS Odersky [1996] 703, 711; ZWEIGERT/KÖTZ 623). Der „abus de droit" spielt heute aber auch im französischen Vertragsrecht eine wichtige Rolle (HÜBNER/CONSTANTINESCO 177; TERRÉ/SIMLER/LEQUETTE Rn 743). Insofern wird als Rechtsgrundlage zT auch Art 1134 Abs 3 CC herangezogen (C Cass, 29.11.1994, Bull 1994 I Nr 348 p 251; JALUZOT Rn 1511).

Inhaltlich ist der „abus de droit" ebenfalls nur bedingt mit dem deutschen Institut **1129** des **Rechtsmissbrauchs** (s o Rn 214 ff) vergleichbar (vgl RANIERI, Obligationenrecht 1848 ff). Die Voraussetzung, dass „eine Person in Ausübung eines ihr zustehenden Rechts einem anderen einen Schaden zufügt" (FERID/SONNENBERGER Rn 1 C 149), führt zB dazu, dass die missbräuchliche Berufung auf Formvorschriften kein Fall des „abus de droit" ist, sondern mit Hilfe anderer Rechtsinstitute, namentlich durch Annahme eines **stillschweigenden Verzichts** (s o Rn 1127), gelöst wird (FERID/SONNENBERGER Rn 1 C 147). Auf der anderen Seite gibt es gerade im Vertragsrecht aber auch Anwendungsfälle des „abus de droit", die im deutschen Recht mit § 242 in Verbindung gebracht werden. So ist es dem Vermieter unter dem Aspekt der „abus de droit" verboten, dem Mieter eine vertraglich an sich unzulässige Veränderung der Mietsache zu untersagen, wenn damit für ihn keine Nachteile verbunden sind (vgl FERID/SONNENBERGER Rn 1 C 163 mwNw; zur entspr Problematik im deutschen Recht s o Rn 754 ff).

b) Österreich
aa) Begriff und Bedeutung von Treu und Glauben

1130 Im österreichischen Recht gibt es **keine** dem § 242 vergleichbare **Generalklausel**. Dies erkärt sich aus der naturrechtlichen Herkunft des Gesetzes (RANIERI Revue internationale de droit comparé 1998, 1055, 1074; allgemein dazu FLOSSMANN 13 f). Die Verfasser der dritten Teilnovelle von 1916 haben sich bei der Reform des ABGB zwar gerade mit Blick auf den Grundsatz von Treu und Glauben durch die „suggestive Kraft mancher Sätze des DBGB" (namentlich der §§ 133, 157, 242) beeinflussen lassen (vgl KLANG/GSCHNITZER ABGB § 914 Anm I). Letztlich ist dieser Gedanke jedoch nur in Bezug auf die **Auslegung von Willenserklärungen** in § 914 ABGB verankert worden, der seit der 3. Teilnovelle den §§ 133, 157 BGB weitgehend entspricht („Bei Auslegung von Verträgen ist nicht an dem buchstäblichen Sinne des Ausdrucks zu haften, sondern die Absicht der Parteien zu erforschen und der Vertrag so zu verstehen, wie es der Übung des redlichen Verkehrs entspricht"). Daneben gewinnt § 863 Abs 2 ABGB Bedeutung, wonach „in Bezug auf die Bedeutung und Wirkung von Handlungen und Unterlassungen ... auf die im redlichen Verkehr geltenden Gewohnheiten und Gebräuche Rücksicht zu nehmen" ist.

1131 Die Erstreckung des Grundsatzes von Treu und Glauben auf die **Erfüllung von Verträgen** wurde von den Verfassern der 3. Teilnovelle bewusst abgelehnt, um eine die Rechtssicherheit gefährdende „Überspannung von Treu und Glauben" zu verhindern (KLANG/GSCHNITZER ABGB § 914 Anm II 4). Heute ist jedoch anerkannt, dass Treu und Glauben und die Übung des redlichen Verkehrs auch bei der Erfüllung zu berücksichtigen sind (vgl RUMMEL/RUMMEL ABGB § 914 Rn 17; EHRENZWEIG/MAYRHOFER 20). Die neuere Rspr geht darüber hinaus davon aus, dass jedes Schuldverhältnis nach Treu und Glauben „je nach der Intensität der Sonderverbindung in verschiedenem Maße und Umfang **Pflichten zur gegenseitigen Rücksichtnahme** und zur Beachtung der berechtigten Belange des anderen" begründet (OGH SZ 57 Nr 46; vgl auch EHRENZWEIG/MAYRHOFER 20 f). Das Fehlen einer entsprechenden Generalklausel wird als unschädlich betrachtet, weil Treu und Glauben und das Vertrauen auf die Übung im redlichen Verkehr „als sittliche Grundsätze so allgemein anerkannt (§§ 863, 914) [seien], daß es zur Anwendung dieser Grundsätze keiner besonderen Gesetzesbestimmungen in jedem einzelnen Fall bedarf" (OGH SZ 38 Nr 72 = JBl 1967, 144, 146; SCHWIMANN/BINDER ABGB § 914 Rn 67; vgl auch LANDO/BEALE 118: Grundsatz von Treu und Glauben als „generally acknowledged ethical rule"). Andere Entscheidungen verweisen auf die „allgemeinen Grundsätze der Gerechtigkeit", die Abs 1 des kaiserlichen Kundmachungspatents vom 1. 6. 1811 in Bezug nimmt (so OGH SZ 47 Nr 84).

bb) Dogmatische Einordnung

1132 Entsprechend der systematischen Stellung des § 914 ABGB setzt die österreichische Rspr traditionell bei der **Auslegung von Willenserklärungen** an, um „dem unser bürgerliches Recht beherrschenden Grundsatz von Treu und Glauben zum Durchbruch zu verhelfen" (OGH JBl 1953, 625; vBAR/ZIMMERMANN 116; vgl auch RANIERI, Obligationenrecht 1832 f mwNw; KOZIOL/BYDLINSKI/BOLLENBERGER/BOLLENBERGER ABGB § 914 Rn 9). Daneben findet sich mitunter der Hinweis auf die **allgemeinen Grundsätze der Gerechtigkeit** in Abs 1 des kaiserlichen Kundmachungspatents (s o Rn 1131).

Demgegenüber wird die **Rechtsanwendungsregel des § 7 ABGB** („Läßt sich ein Rechtsfall weder aus den Worten, noch aus dem natürlichen Sinne eines Gesetzes entscheiden, so muß auf ähnliche, in den Gesetzen bestimmt entschiedene Fälle, und auf die Gründe anderer damit verwandten Gesetze Rücksicht genommen werden. Bleibt der Rechtsfall noch zweifelhaft; so muß solcher mit Hinsicht auf die sorgfältig gesammelten und reiflich erwogenen Umstände nach den natürlichen Rechtsgrundsätzen entschieden werden.") nur selten zur Verwirklichung des Grundsatzes von Treu und Glauben eingesetzt (vgl RANIERI Revue internationale de droit comparé 1998, 1055, 1075 und Obligationenrecht 1830 f). Aus Sicht des österreichischen Rechts ist die Berücksichtigung von Treu und Glauben damit vor allem ein Problem der Rechtsgeschäftslehre (vgl RUMMEL/RUMMEL ABGB § 914 Rn 17; zur systematischen Unterscheidung zwischen §§ 863, 914 ABGB und §§ 6 ff ABGB: F BYDLINSKI, Methodenlehre 465).

Als Beispiel für den **subjektiven Ansatz** der österreichischen Rspr bei der Berücksichtigung von Treu und Glauben lässt sich die **Verwirkung** anführen. Aus Sicht des österreichischen Rechts handelt es sich dabei um kein eigenständiges Rechtsinstitut; im Einzelfall kommt aber die Annahme eines stillschweigenden Verzichts nach § 863 ABGB in Betracht (vgl OGH SZ 49 Nr 127; SZ 74 Nr 201; RUMMEL/RUMMEL ABGB § 863 Rn 24; SCHWIMANN/APATHY/RIEDLER ABGB § 863 Rn 25 ff; SCHWIMANN/MADER/JANISCH ABGB § 1451 Rn 15; KOZIOL/BYDLINSKI/BOLLENBERGER/BOLLENBERGER ABGB § 863 Rn 7; P BYDLINSKI Rn 3/48; KOZIOL/WELSER/KLETEČKA 223 f). Mit ähnlichen Erwägungen werden im österreichischen Recht Fälle gelöst, die man in Deutschland unter dem Aspekt des **venire contra factum proprium** (s o Rn 286 ff) erörtert. So gehen die österreichische Rspr und Lit davon aus, dass das Führen von Vergleichsverhandlungen die Verjährung einer Forderung hemmt. Dabei wird zT von einem konkludenten Verzicht auf die Verjährungseinrede ausgegangen. Es finden sich jedoch auch andere dogmatische Ansätze, nämlich der Rückgriff auf Treu und Glauben, die Annahme von Richterrecht in Analogie zu den ausdrücklich geregelten Hemmungstatbeständen und die Berufung auf die natürlichen Rechtsgrundsätze nach § 7 S 2 ABGB (SCHWIMANN/MADER/JANISCH ABGB Vor §§ 1494–1496 Rn 3 mwNw; KOZIOL/BYDLINSKI/BOLLENBERGER/DEHN ABGB § 1494 Rn 3; P BYDLINSKI Rn 3/39; KOZIOL/WELSER/KLETEČKA 233; RANIERI, Obligationenrecht 1829 ff mwNw; zur Lösung der Problematik im deutschen Recht s o Rn 292).

Zur Begründung für die Annahme eines **konkludenten Verzichts** auf die Einrede der Verjährung wird auf die §§ 863, 914 ABGB verwiesen. Eine solche rechtsgeschäftliche Lösung ist allerdings problematisch, weil die Regeln der Verjährung nach § 1502 ABGB nicht dispositiv sind (krit deshalb F BYDLINSKI, Vergleichsverhandlungen und Verjährung, JBl 1967, 130, 134, der „objektive ungeschriebene Normen" auf der Grundlage der §§ 7, 1295 Abs 2, 879 heranziehen will; vgl auch RANIERI, Obligationenrecht 1833 ff). Die Rspr behilft sich mit der Annahme, der Schuldner müsse sich den **Arglisteinwand** entgegenhalten lassen, wenn er sich entgegen seiner (konkludenten) Zusicherung auf Verjährung berufe (OGH SZ 47 Nr 104; SZ 48 Nr 67). Zum Teil wird dafür aber gefordert, dass der Schuldner den Verzicht noch einmal nach Ablauf der Verjährungsfrist bestätigt hat (KOZIOL/WELSER/KLETEČKA 234 mwNw). Allgemein greift nach der Rspr der Grundsatz von Treu und Glauben ein, wenn der Schuldner den Gläubiger veranlasst, seine Forderung verspätet geltend zu machen. Erforderlich ist, dass der Anspruchsberechtigte nach dem Verhalten der anderen Partei davon ausgehen durfte, seine Forderung werde erfüllt oder lediglich mit sachlichen Einwendungen bestritten (OGH JBl 2008, 49, 50). Aus methodischer Sicht erscheint eine teleologische Reduktion des § 1502 ABGB indes als vorzugswürdige Lösung (dafür Schwimann/Mader/Janisch ABGB § 1502 Rn 1; vgl auch Koziol/Welser/Kletečka 234).

cc) Rechtsmissbrauch

1135 Ein **allgemeines Verbot des Rechtsmissbrauchs** ist dem ABGB traditionell ebenfalls fremd. Erst bei der 3. Teilnovelle von 1916 (s o Rn 1131) wurde § 1295 Abs 2 ABGB eingefügt (zu den Hintergründen Flossmann 300 ff), der die Inhalte von § 226 BGB und § 826 BGB miteinander kombiniert (vgl Schwimann/Harrer ABGB § 1295 Rn 145). Die Vorschrift regelt die Schadensersatzpflicht bei absichtlicher sittenwidriger Schädigung. Der zweite Halbsatz macht dabei eine Einschränkung für den Fall, dass eine solche Schädigung in Ausübung eines Rechtes erfolgt. Hier soll die Ersatzpflicht nur eingreifen, „wenn die Ausübung des Rechtes offenbar den Zweck hatte, den anderen zu schädigen". Die Bedeutung dieses Zusatzes ist umstritten (vgl dazu Schwimann/Harrer ABGB § 1295 Rn 165 ff). Die Rspr hat daraus zunächst ein **Schikaneverbot** abgeleitet (vgl OGH SZ 28 Nr 133; Mader 181 ff mwNw), das nur eingriff, wenn die Schädigungsabsicht den **einzigen** Grund der Rechtsausübung bildete (so noch OGH SZ 56 Nr 46). Dem ist in der Lit entgegengehalten worden, die Schädigung eines anderen müsse nach § 1295 Abs 2 ABGB „offenbar" – und nicht wie nach § 226 BGB „nur" – den Zweck haben, einen anderen zu schädigen (vgl F Bydlinski, Methodenlehre 497 Fn 244). Vor dem Hintergrund dieser Kritik lässt es die neuere Rspr ausreichen, dass das unlautere Motiv der Rechtsausübung das lautere **eindeutig überwiegt** (OGH ÖJZ 2005, 384, 385; ÖJZ 2004, 102, 104; JBl 2003, 375, 376; OGH SZ 63 Nr 49; Koziol/Bydlinski/Bollenberger/Karner ABGB § 1295 Rn 22). Eine missbräuchliche Rechtsausübung ist danach anzunehmen, wenn zwischen den vom Handelnden verfolgten Interessen und den beeinträchtigten Interessen des anderen Teils ein krasses Missverhältnis besteht (OGH SZ 63 Nr 49; OGH WBl 1987, 37, 38; Ennöckl/Raschauer, Rechtsmissbrauch im öffentlichen Umweltrecht, ÖJZ 2007, 443, 447) oder wenn der Schädigungszweck so sehr im Vordergrund steht, dass andere Ziele völlig in den Hintergrund treten (OGH ÖJZ 2004, 102, 104; JBl 2003, 375, 376; Rummel/Reischauer, ABGB [2. Aufl Wien 1992] § 1295 Rn 59 mwNw; krit Schwimann/Harrer ABGB § 1295 Rn 181). Der OGH mahnt hierbei zwar zur Zurückhaltung. So sollen „selbst geringe Zweifel am Rechtsmissbrauch" den Ausschlag zu Gunsten des Rechtsinhabers geben (OGH ÖJZ 2004, 102, 104). Entscheidend ist aber, dass es im österreichischen Recht neben den reinen Schikanefällen eine **zweite Fallgruppe des § 1295 Abs 2** gibt, die den im deutschen Recht diskutierten Erscheinungsformen der **unzulässigen Rechtsausübung** weitgehend entspricht (ausf dazu Mader 183 ff, 321; ders, Neuere Judikatur zum Rechtsmissbrauch, JBl 1998, 677 ff; vgl auch P Bydlinski Rn 3/19; Harrer, Schadensersatzrecht [1999] 22).

dd) Zusammenfassung

1136 Zusammenfassend bleibt festzustellen, dass die österreichische Rspr trotz Fehlens einer dem § 242 vergleichbaren Generalklausel häufig zu den **gleichen Ergebnissen** wie die deutsche Rspr gelangt. Dabei darf auch der Einfluss der deutschen Rspr und Lit nicht unterschätzt werden (sehr deutlich etwa OGH SZ 57 Nr 46 mit Bezugnahme auf Larenz). Dies heißt aber nicht, dass alle zu § 242 entwickelten Grundsätze auf das österreichische Recht übertragen werden können (vgl Rummel/Rummel ABGB § 863 Rn 2). Insgesamt lässt sich vielmehr immer noch eine viel restriktivere Tendenz bei der Handhabung von Treu und Glauben ausmachen.

c) Schweiz

Das schweizerische Zivilrecht regelt den Grundsatz von Treu und Glauben im **Einleitungstitel des ZGB** (Art 2). Aus systematischer Sicht hätte sich zwar auch das Obligationenrecht (OR) angeboten. Die Gesetzesverfasser haben jedoch erkannt, dass der Grundsatz von Treu und Glauben nicht nur im Schuldrecht Bedeutung erlangt (vgl DESCHENAUX, in: GUTZWILLER, Schweizerisches Privatrecht II [1967] § 17 I). Er gilt sogar für die gesamte schweizerische Rechtsordnung (Basler Kommentar/HONSELL Art 2 Rn 4).

Art 2 Abs 1 ZGB bestimmt, dass „Jedermann ... in der Ausübung seiner Rechte und in der Erfüllung seiner Pflichten nach **Treu und Glauben** zu handeln" hat. Durch die allseitige, nicht nur den Schuldner in Bezug nehmende Formulierung wollten die Verfasser des ZGB die Notwendigkeit **wechselseitiger Rücksichtnahme** zum Ausdruck bringen. Gläubiger und Schuldner müssen also den gleichen Standard einhalten (Berner Kommentar/MERZ [1962] Art 2 ZGB Rn 17; Basler Kommentar/HONSELL Art 2 Rn 9; DESCHENAUX, in: GUTZWILLER, Schweizerisches Privatrecht II [1967] § 17 II). In Verbindung mit Art 1 Abs 2 ZGB („Kann dem Gesetz keine Vorschrift entnommen werden, so soll das Gericht nach Gewohnheitsrecht und, wo auch ein solches fehlt, nach der Regel entscheiden, die es als Gesetzgeber aufstellen würde") ergibt sich hieraus eine dem französischen Code civil geradezu entgegengesetzte Konzeption: Dem Richter wird ausdrücklich die Schaffung von Rechtsnormen erlaubt, welche die Rücksichtnahme auf die schutzwürdigen Interessen des Vertragspartners sicherstellen (STORME 5; zum inneren Zusammenhang zwischen Art 1 und Art 2 ZGB vgl auch Berner Kommentar/MEIER-HAYOZ Art 1 Rn 295 ff; TUOR/SCHNYDER/SCHMID § 6 Rn 1 f). Art 2 Abs 2 ZGB stellt darüber hinaus klar, dass der offenbare **Missbrauch eines Rechts** keinen Rechtsschutz findet.

Das **Verhältnis zwischen den beiden Absätzen** des Art 2 ZGB ist umstritten. Die Rspr geht traditionell davon aus, dass das Rechtsmissbrauchsverbot des Abs 2 lediglich eine besondere Ausprägung des in Abs 1 verankerten Grundprinzips regelt (vgl BGE 125 III 257, 259). Abs 2 kommt hiernach keine eigenständige Bedeutung zu. Nach der Gegenauffassung stellt Abs 2 die alleinige Ermächtigungsgrundlage für den Richter zu normberichtigenden Eingriffen dar. Der bloße Verstoß gegen Treu und Glauben soll solche Eingriffe nicht rechtfertigen. Vielmehr sei ein „offenbarer" Rechtsmissbrauch erforderlich (so Berner Kommentar/MERZ [1962] Art 2 ZGB Rn 22 ff, 39 ff mwNw; vgl auch Basler Kommentar/HONSELL Art 2 Rn 1 f; DESCHENAUX, in: GUTZWILLER, Schweizerisches Privatrecht II [1967] § 17 III; TUOR/SCHNYDER/SCHMID § 6 Rn 13; ZELLER, Treu und Glauben und Rechtsmißbrauchsverbot [Zürich 1981] 145 ff).

Ähnlich wie in Deutschland dient der Grundsatz von Treu und Glauben auch in der Schweiz als Grundlage für eine **Vielzahl von Rechtsinstituten**, die es dem Richter ermöglichen, ein vertraglich oder gesetzlich begründetes Ergebnis zu korrigieren. Hierzu zählen insbesondere die Berücksichtigung veränderter Umstände (clausula rebus sic stantibus), die Begründung und Konkretisierung von Nebenpflichten, die Verwirkung sowie das Verbot widersprüchlichen oder sonst rechtsmissbräuchlichen Verhaltens (BGE 108 II 278, 287; ausf Berner Kommentar/MERZ [1962] Art 2 ZGB Rn 181 ff; Basler Kommentar/HONSELL Art 2 Rn 12 ff, 37 ff; DESCHENAUX, in: GUTZWILLER, Schweizerisches Privatrecht II [1967] § 18; TUOR/SCHNYDER/SCHMID § 6 Rn 24 ff). Zum Einfluss der deutschen auf die schweizerische Rspr bei diesen Fragen vgl

RANIERI Revue internationale de droit comparé 1998, 1055, 1073 f; ders, Obligationenrecht 1825 f mwNw.

1141 Nach einer in der Schweiz verbreiteten Auffassung stellt die **Gesetzesumgehung** einen Sonderfall des Rechtsmissbrauchs dar. Dem wird jedoch zu Recht entgegengehalten, dass das Merkmal der Sonderverbindung in den Fällen der Gesetzesumgehung – anders als bei Art 2 ZGB – keine Rolle spielt (vgl Berner Kommentar/MERZ [1962] Art 2 Rn 92 ff; DESCHENAUX, in: GUTZWILLER, Schweizerisches Privatrecht II [1967] § 17 VI; TUOR/SCHNYDER/SCHMID § 6 Rn 33; zur Abgrenzung s auch Rn 395 f). Es ist deshalb nicht Art 2 ZGB anzuwenden, sondern die umgangene Vorschrift ist weit auszulegen oder analog anzuwenden (Basler Kommentar/HONSELL Art 2 Rn 31).

d) Italien

1142 Der italienische Codice Civile kodifiziert den Grundsatz von Treu und Glauben in **Art 1375 CC** („Il contratto deve essere eseguito secondo buona fede" – Der Vertrag ist nach Treu und Glauben auszuführen). Gleichwohl haben Treu und Glauben ebenso wie in Frankreich erst in den letzten Jahrzehnten größere Bedeutung erlangt (vgl RANIERI, Obligationenrecht 1841 f mwNw). Zuvor hatte man auch in Italien auf verschiedene andere Institute (Auslegung von Willenserklärungen, Annahme eines stillschweigenden Verzichts etc) zurückgegriffen, um unangemessene Ergebnisse im Einzelfall zu vermeiden. In neuerer Zeit ist dagegen anerkannt, dass der Grundsatz von Treu und Glauben eine **allgemeine Grenze der Privatautonomie** aufstellt und die Parteien zur **Rücksichtnahme** auf die Interessen des jeweils anderen Teils verpflichtet (CIAN/TRABUCCHI/ZACCARIA Art 1375 Rn 10 f).

1143 Soweit es im **Vertragsrecht** um die Berücksichtigung rechtsethischer Prinzipien geht, hat **Art 1175 CC** neben Art 1375 CC große Bedeutung erlangt. Die Vorschrift bestimmt, dass Gläubiger und Schuldner sich bei der Ausübung ihrer vertraglichen Rechte „secondo le regole della correttezza" zu verhalten haben. In der Lit wird dies als spezielle Ausformung des Grundsatzes von Treu und Glauben bei der Ausübung vertraglicher Rechte verstanden, die mit der schweizerischen Vorschrift des Art 2 ZGB (dazu o Rn 1138 ff) vergleichbar sei (so CIAN/TRABUCCHI/ZACCARIA Art 1175 Rn I 1). Die Regeln der „correttezza" nehmen auf die in den Gesetzen (insbesondere der Verfassung) verankerten Wertungen sowie die Verkehrssitten Bezug (CIAN/ TRABUCCHI/ZACCARIA Art 1175 Rn II 1). Sie dienen der Schaffung und Konkretisierung vertraglicher **Nebenpflichten** (Schutz-, Kooperations- und Informationspflichten) sowie der Begrenzung der Pflichten nach den Grundsätzen des **Rechtsmissbrauchs** (CIAN/TRABUCCHI/ZACCARIA Art 1175 Rn I 2, III). Die italienische Rspr ist dennoch zum Teil restriktiv und hat etwa das Rechtsinstitut der **Verwirkung** nicht anerkannt (RANIERI, Obligationenrecht 1858 ff mwNw). Art 1358 CC verpflichtet speziell die Parteien, die eine Bedingung vereinbart haben, den Grundsatz von Treu und Glauben zu beachten, und verweist auf Art 1175 und Art 1375 CC.

1144 Der Codice Civile statuiert – ebenso wie das österreichische ABG – kein allgemeines Verbot des Rechtsmissbrauchs. **Art 833 CC** sieht lediglich ein **Schikaneverbot** vor, das zudem auf die Ausübung des Eigentumsrechts begrenzt ist (vgl dazu A ZIMMERMANN 82 ff). In der Lit finden sich zwar Ansätze, aus Art 833 CC ein **allgemeines Verbot des Rechtsmissbrauchs** (abuso del diritto) abzuleiten. Die Rspr ist dem aber bislang nicht gefolgt (vgl CIAN/TRABUCCHI/BELLONI/PERESSUTTI Art 833 Rn II 1). Im Vertragsrecht ist dies indes unproblematisch, weil hier auf Art 1175 CC (o Rn 1143) zurückgegriffen werden kann.

e) Niederlande
Das alte niederländische Burgerlijk Wetboek von 1838 enthielt in Art 1374 Abs 3 **1145**
und Art 1375 Vorschriften, die auf die „**goede trouw**" und die „**billijkheid**" Bezug
nahmen (vgl MINKE Rn 86; ausf VAN DER WERF, Redelijkheid en billijkheid in het contractenrecht
[Arnheim 1982]). Entsprechend der romanischen Tradition des niederländischen
Rechts wurden diese Vorschriften lange Zeit sehr restriktiv angewendet (vgl RANIERI
Revue internationale de droit comparé 1998, 1055, 1076). Im Nieuw Burgerlijk Wetboek
(NWB) – insoweit in Kraft seit dem 1.1.1992 – wird die Bedeutung von Treu
und Glauben viel stärker herausgestellt (vgl HARTKAMP Am J Comp L 40 [1992] 551,
554 ff; DROBNIG, Das neue niederländische Gesetzbuch aus vergleichender und deutscher Sicht,
ERPL 1993, 171, 184 f). So findet sich schon am Anfang der „algemene bepalingen"
für Schuldverhältnisse in Art 6:2 NWB eine allgemeine Vorschrift über Treu und
Glauben. Abs 1 schreibt zvor, dass die **Parteien** sich gegenüber dem jeweils anderen
Teil nach den Geboten von „redelijkheid en billijkheid" zu **verhalten** haben. Abs 2
enthält eine **Ermächtigung für den Richter**, eine auf Grund von Gesetz, Gewohnheitsrecht oder rechtsgeschäftlicher Regelung zwischen den Parteien geltende Regelung nicht anzuwenden, wenn dies unter den gegebenen Umständen mit den Geboten von „redelijkheid en billijkheid" unvereinbar wäre (vgl RANIERI, Obligationenrecht
1838 f; ZIMMERMANN JZ 1995, 477, 490; zur unterschiedlichen Funktion der beiden Absätze des
Art 6:2 NBW s auch REURICH, Het wijzigen van overeenkomten en de weeking van redelijkheid en
billijkheid [Deventer 2005] 7 ff).

Art 6:248 NWB stellt darüber hinaus für **Verträge** klar, dass deren **Rechtswirkungen 1146**
sich nicht nur aus den Vereinbarungen der Parteien, sondern auch aus Gesetz, Gewohnheitsrecht und den Geboten von „redelijkheid en billijkheid" ergeben können.
Die Vorschrift ist auf Grund ihrer systematischen Stellung zwar auf alle Schuldverhältnisse anwendbar. Es ist jedoch anerkannt, dass der Grundsatz von Treu und
Glauben darüber hinaus für alle Rechtsbeziehungen gilt (HARTKAMP Am J Comp L
40 [1992], 551, 557). Im neuen niederländischen Recht kommt dem Grundsatz von
Treu und Glauben somit eine überragende Bedeutung zu, die vielleicht sogar über
die Bedeutung von § 242 im deutschen Recht hinausgeht (vgl LANDO/BEALE 118; WIKKER 524).

Der Begriff von „**redelijkheid en billijkheid**" wird im dritten Buch des NWB erläu- **1147**
tert, das die allgemeinen Regeln des Vermögensrechts enthält. Art 3:12 NWB
schreibt vor, dass man sich bei der Feststellung der Anforderungen von „redelijkheid en billijkheid" an den allgemein anerkannten Rechtsgrundsätzen, den in den
Niederlanden lebendigen Rechtsüberzeugungen und den im Einzelfall betroffenen
gesellschaftlichen und persönlichen Interessen zu orientieren hat (vgl dazu MINCKE
Rn 86, 88; STAUDINGER/J SCHMIDT [1995] Rn 44; zum Verhältnis von redelijkheid en billijkheid
und goede trouw J M SMITS, Het vetrouwensbeginsel en de contractuele gebondenheit [Arnheim
1995] 86 ff).

Art 3:13 statuiert schließlich ein allgemeines Verbot des **Rechtsmissbrauchs**, das **1148**
ebenfalls für das gesamte Vermögensrecht (und auch darüber hinaus) gilt. Rechtsmissbrauch ist ua anzunehmen, wenn die Rechtsausübung den alleinigen Zweck

hat, einem anderen zu schaden, wenn das Recht mit einem Ziel ausgeübt wird, zu dem es nicht verliehen worden ist, oder wenn eine Abwägung der beiderseitigen Interessen ergibt, dass es redlicherweise nicht ausgeübt werden kann (vgl MINCKE Rn 86, 89).

3. Anglo-Amerikanischer Rechtskreis*

a) England
aa) Begriff und Bedeutung des good faith im englischen Common Law

1149 Das **englische Common Law** hat ebenso wenig wie das schottische Recht (speziell zum schottischen Recht vgl aber LANDO/BEALE 118; MACQUEEN 55 f mwNw) einen übergreifenden Grundsatz von Treu und Glauben entwickelt (vgl WHITTAKER, in: BEALE Rn 1–022; LANDO [2007] 15 ERPL 841, 848; O'CONNOR 10, 18; KÖTZ 245; RIESENHUBER Rn 571 mwNw). Bis in die neuere Zeit hinein betrachten die englischen Gerichte eine allgemeine Doktrin des „**good faith**" als „inherently repugnant to the adversarial position of the parties" und als „unworkable in practice" (Walford v Miles [1992] 1 AC 128, 138; s zu dieser Entscheidung FURMSTON 86 f). Die ablehnende Haltung beruht im Wesentlichen darauf, dass im Common Law aus Gründen der **Gewaltenteilung** große Scheu gegenüber umfassenden Generalklauseln herrscht (ZIMMERMANN/WHITTAKER 688). Damit einher geht die Auffassung, dass der **Rechtssicherheit** grundsätzlich **Vorrang gegenüber der Einzelfallgerechtigkeit** zukommt (STAPLETON 13 m Verweis auf GOODE, The concept of „Good Faith" in English Law; vgl Union Eagle Ltd v Golden Achievement Ltd [1997] AC 514, 519). Die traditionelle Auffassung sieht überdies die Gefahr, dass ein allgemeiner bona fides-Grundsatz auf eine generelle rechtliche Anerkennung von moralischen Vorstellungen und Billigkeitserwägungen hinausliefe, was mit den Anforderungen des Geschäftsverkehrs unvereinbar wäre (vgl ATIYAH, Law of Contract [5. Aufl 1995] 213). Nach der englischen Rspr soll es daher genügen, die **vernünftigen Erwartungen der Vertragsparteien** zu respektieren; ein darüber hinausgehender Grundsatz von Treu und Glauben sei nicht erforderlich (vgl die Entscheidung François Aballe [Trading as G.F.A.] v Alstom U.K. Limited [2000] WL 989503, die Lord STEYN, [1997] 133 LQR 433, 439 zitiert).

---

* **Schrifttum**: ATIYAH/SMITH, Atiyah's Introduction to the Law of Contract (6. Aufl Oxford 2005); BEALE (Hrsg), Chitty on Contracts, Volume I – General Principles (30. Aufl London 2008); BEALE/BISHOP/FURMSTON, Contract, Cases and Materials (5. Aufl Oxford 2008); CALAMARI/PERILLO, The Law of Contracts (5. Aufl St Paul, Minn 2003); FURMSTON, Cheshire, Fifoot and Furmston's law of contract (15. Aufl London 2006); GIESEN, Zur Konstruktion englischer Vertragsvereinbarungen, JZ 1993, 16; GILLETTE, Limitations on the Obligation of Good Faith, Duke Law Journal 619, 631 ff (1981); GROBECKER, Implied terms und Treu und Glauben (1999); KÖTZ, Towards a European Civil Code: The Duty of Good Faith, in: CANE/STAPLETON, The Law of Obligations – Essays in Celebration of John Fleming (Oxford 1998); O'CONNOR, Good Faith in English Law (Aldershot 1990); PALMIERI, Good Faith Disclosures Required During Precontractual Negotiations, 24 Seton Hall L Rev (1993) 70; PEEL, The Law of Contract (12. Aufl London 2007); REIMANN, Einführung in das US-amerikanische Privatrecht (2. Aufl 2004); ROHWER/SKROCKI, Contracts in a Nutshell (6. Aufl St Paul, Minn 2006); STEYN, Contract law: Fulfilling the Reasonable Exptectations of Honest Men, (1997) LQR 446; TEUBNER, Legal Irritants: Good Faith in British Law or How Unifying Law Ends up in New Divergences, The Modern Law Review (1998) 11; VORPEIL, Englisches Sachmängelrecht bei Warenlieferung, ZVglRWiss 103 (2004) 432.

Titel 1 §242
Verpflichtung zur Leistung 1150–1152

Die geringe Bedeutung der Einzelfallgerechtigkeit lässt sich auf die angelsächsische **1150**
Sichtweise der **Funktion von Verträgen** zurückführen. Zwei Konzeptionen stehen
sich dabei gegenüber: Auf der einen Seite wird darauf verwiesen, dass der Vertrag
der Ermöglichung eines „market-individualism" dient, wobei der vertragsrechtliche
Rahmen nur den „competitive exchange" gewährleisten soll. Auf der anderen Seite
finden sich aber auch Stimmen, nach denen der Vertrag (auch) die Sicherstellung
eines „consumer-welfarism" bezweckt; die Aufgabe des Vertragsrechts wird dabei
vornehmlich darin gesehen, Vertragsgerechtigkeit herzustellen (ausf dazu ADAMS/
BROWNSWORD, The Ideologies of Contract Law [1987] 7 Legal Studies 205 ff). In dieser Diskussion haben die englischen Richter sich lange Zeit für die Konzeption des „market
individualism" entschieden, womit es keinen Anlass gab, eine übergreifende Pflicht
zum Handeln nach Treu und Glauben zu konstruieren (zu dieser Auffassung zumindest
mit Blick auf das heutige Common Law krit: ZIMMERMANN/WHITTAKER 698 f).

Ob sich die gegenwärtige Praxis in England auf lange Sicht halten lässt, erscheint **1151**
fraglich. Zu beachten ist nämlich, dass die englischen Gerichte traditionell vor allem mit Rechtsstreitigkeiten zwischen **gewerblichen Parteien** befasst sind (vgl KÖTZ
256 f). Den Parteien ist hier im Allgemeinen daran gelegen, ihre Verträge vereinbarungsgemäß durchzusetzen; eine Korrektur nach Treu und Glauben ist zu ihrem
Schutz nicht erforderlich (ATIYAH/SMITH 22). Die Gerichte konnten sich daher meist
darauf beschränken, durch Rechtsfiguren wie „misrepresention" oder „undue influence" die tatsächliche Willensübereinstimmung der Parteien sicherzustellen (vgl
O'CONNOR 19). Der zunehmende Anteil von Rechtsstreitigkeiten mit **Verbrauchern**
erhöht das Bedürfnis, Gesichtspunkte der Billigkeit zu berücksichtigen (zur AGB-
Kontrolle O'CONNOR 20). Auch die wachsende „Verrechtlichung" von Treu und Glauben in den kontinentaleuropäischen Rechtsordnungen ist geeignet, die Akzeptanz
des Instituts in England zu fördern. Darüber hinaus wird zunehmend anerkannt,
dass ein allgemeiner Grundsatz von Treu und Glauben ein hilfreiches „Korrekturwerkzeug" wäre (vgl STAPLETON 30). Dass ein solcher Grundsatz mit der Struktur des
Common Law vereinbart werden kann, zeigt die Entwicklung in den **USA** (s u
Rn 1161 ff). Im Übrigen sind auch im **australischen** Common Law Bestrebungen erkennbar, einen allgemeinen Grundsatz von Treu und Glauben anzuerkennen (hierzu
FURMSTON 32 f; STAPLETON 34 f; TETLEY 589).

Für eine stärkere Bedeutung von Treu und Glauben im künftigen englischen Com- **1152**
mon Law sprechen auch der **Einfluss des Gemeinschaftsrechts** (TETLEY 584) sowie das
wachsende Interesse an einem „European Contract Law". So hat der Begriff des
„good faith" durch die Umsetzung der Richtlinie 93/13/EWG des Rates vom 5.4.
1993 über missbräuchliche Klauseln in Verbraucherverträgen (dazu u Rn 1183) in das
englische Recht Einzug gehalten, was dort eine lebhafte Diskussion ausgelöst hat
(hierzu TEUBNER 11 ff, COLLINS, Good Faith in European Contract Law, [1994] Oxford Journal of
Legal Studies 229, 249 ff; ATIYAH/SMITH 25 f, 322 ff; zum Verständnis von „good faith" in der Richtlinie vgl die Entscheidung des House of Lords vom 25.10. 2001 in der Rechtssache The Director
General of Fair Trading v First National Bank plc [2001] UKHL 52, abgedruckt in: ZEuP 2003,
865 ff m Anm MICKLITZ). Auch die „Grundregeln des Europäischen Privatrechts" sehen in Art 1:201 Abs 1 vor, dass „jede Partei im Einklang mit den Geboten von
Treu und Glauben und des redlichen Geschäftsverkehrs zu handeln" hat (s u
Rn 1172). In Bezug auf das englische Recht stellen die „Grundregeln" insoweit also

nicht nur ein „restatement", sondern eine Weiterentwicklung dar (vBAR/ZIMMERMANN 116).

bb) Rückgriff auf andere Institute
(1) Historische Entwicklung: Die Equity-Rspr als Korrektiv

1153 Anders als in Frankreich hat sich im Common Law auch kein allgemeines Rechtsinstitut des **„abuse of rights"** herausgebildet (ZIMMERMANN/WHITTAKER 696; O'CONNOR 68). Die Zulässigkeit der Rechtsausübung hängt grundsätzlich nicht von den Motiven des Rechtsinhabers ab. So wurde in Chapman v Honig ([1963] 3 WLR 19, 32 [CA]) ausgeführt: „A person who has a right under a contract or other instruments is entitled to exercise it and can effectively exercise it for a good reason or a bad reason or no reason at all." Historisch gesehen hat jedoch die sich parallel zum Common Law entwickelnde **Equity-Rspr** die Aufgabe übernommen, bestimmte nach den starren Regeln des Common Law erzielte Ergebnisse zu Gunsten einer „gerechteren" Entscheidung abzuändern (vgl ZIMMERMANN/WHITTAKER 675; ZWEIGERT/ KÖTZ 184 ff; O'CONNOR 1 f, 5 ff; zur aktuellen rechtspolitischen Diskussion TRIEBEL, Der Kampf ums anwendbare Recht, AnwBl 2008, 305, 306). Die englische Rspr betont selbst, dass eine der traditionellen Aufgaben der Equity-Rspr darin bestand, im Rahmen bestimmter Rechtsverhältnisse eine mit den Anforderungen von „good faith" unvereinbare Ausübung des „strikten Rechts" zu beschränken (O'Neill v Phillips [1999] 1 WLR 1092, 1098). Das Fehlen eines allgemeinen Grundsatzes von Treu und Glauben wurde auf diese Weise durch eine **Vielzahl von spezifischen Rechtsinstituten** kompensiert, mit deren Hilfe das Ergebnis aus Gründen der Fairness im Einzelfall korrigiert werden kann (vgl Interfoto Picture Library Ltd v Stiletto Visual Programmes Ltd [1989] QB 433, 439 [CA]: „piecemeal solutions"; ferner LANDO/BEALE 117 f; ZIMMERMANN/WHITTAKER 676; CHAINAIS/GUILLAUME/TENENBAUM 202; WICKER 523).

1154 Die Prinzipien der englischen Equity-Rspr haben im Laufe der Zeit, ganz ähnlich wie die deutsche Rspr zu § 242, ein „Eigenleben" entwickelt, das sich nur in **Fallgruppen** darstellen lässt (vgl WHITTAKER, in: BEALE Rn 1-034; TETLEY 572 ff). Zwar wurden die Equity-Gerichte bereits 1873 mit den Common Law-Gerichten zusammengeführt, womit in der Folgezeit auch die Prinzipien von Common Law und Equity verschmolzen sind (vgl zu dieser Entwicklung ZWEIGERT/KÖTZ 195 f). Jedoch sind einige der nachfolgend dargestellten Rechtsfiguren (zB „estoppel", „specific performance") nur vor dem Hintergrund der früheren Equity-Rspr zu verstehen.

(2) Die einzelnen Rechtsinstitute

1155 Wie keine andere europäische Rechtsordnung hat das Common Law Grundsätze der **Auslegung von Willenserklärungen** entwickelt, um unangemessene Ergebnisse unter Berücksichtigung der berechtigten Erwartungen des Vertragspartners zu vermeiden. Regeln von „fairness", „reasonableness" sowie der Satz „a party in default under a contract cannot take advantage of his own wrong" werden häufig durch Auslegung oder „implied terms" in Vertragsbeziehungen durchgesetzt (vgl die Darstellung der Rspr bei WHITTAKER, in: BEALE Rn 1-026 ff; ferner O'CONNOR 19; umfassend zu den implied terms GROBECKER passim). Zur Begründung von **„implied terms"** wendet die Rspr den „officious bystander-test" an: Bei einer Vertragslücke wird die Auslegung gewählt, welcher die Vertragsparteien bei den Verhandlungen sicherlich zugestimmt hätten, wenn ihnen eine solche Lösung vorgeschlagen worden wäre (grundlegend Shirlaw v Southern Foundries [1939] 2 KB 206, 277; näher GROBECKER 118 ff). Mit einer solchen ergänzenden Auslegung wurden auch die frühen Fälle der „hardship" (des „Wegfalls der Geschäftsgrundlage") gelöst (hierzu ZIMMERMANN/WHITTAKER 681; ZWEIGERT/KÖTZ 530; GROBECKER 27 f). In Anwendung dieser Auslegungstechniken hat sich inzwischen eine Rspr herausgebildet, zu der ein hoher englischer Richter bemerkt hat: „there is not a world of a difference between the objective requirement of good faith and the reasonable expectations of the parties" (STEYN 450). Der traditionelle Ansatz bei den vernünftigen Erwartungen der Parteien (s o Rn 1149) für damit also im Allgemeinen zu den gleichen Ergebnisse wie die objektiven Anforderungen von Treu und Glauben.

Im **Leistungsstörungsrecht** hat der englische Richter zu entscheiden, ob eine verletzte Pflicht eine „condition" (die zum Rücktritt berechtigt) oder eine „warranty" (die nur Schadensersatzansprüche begründet) ist. Es widerspräche dem Gedanken des „good faith", wenn auch unbedeutende Pflichtverletzungen eine Vertragsauflösung ermöglichen würden (TETLEY 575). Der Begriff der „condition" umfasst nach der englischen Rspr alle Vertragspflichten, die für die Durchführung des Vertrages von wesentlicher Bedeutung sind (s Couchman v Hill [1947] KB 554 [CA]; zur Abgrenzung von „condition" und „warranty" vgl auch PEEL Rn 18-039 ff; BEALE/BISHOP/FURMSTON 426 ff; aus der deutschen Lit ZWEIGERT/KÖTZ 504 f; GIESEN JZ 1993, 16, 19 ff; NICKEL/SAENGER, Die warranty-Haftung des englischen Rechts, JZ 1991, 1050, 1051; zu den mit der Umsetzung der Verbrauchsgüterkaufrichtlinie verbundenen Ergänzungen des englischen Rechts vgl VORPEIL ZVglRWiss 103 [2004] 432, 434 ff). In der Entscheidung **Hong Kong Fir Shipping Co Ltd v Kawasaki Kisen Kaisha Ltd** ([1962] 1 All ER 474 [CA]; vgl dazu BEALE/BISHOP/FURMSTON 570 ff) wurde jedoch klargestellt, dass eine „condition" nicht anzunehmen ist, wenn dem Gläubiger wegen des geringen Schadens zugemutet werden kann, sich auf Schadensersatzansprüche zu beschränken, und es Anzeichen dafür gibt, dass der Gläubiger sich letztlich nur wegen gesunkener Gewinnaussichten vom Vertrag lösen will. In diesem Sinne lassen sich einige weitere Präzedenzfälle (zB Cehave NV v Bremer Handelsgesellschaft mbH, The Hansa Nord [1975] 3 All ER 739 [CA]; vgl auch BEALE/BISHOP/FURMSTON 570 f) auf den Gedanken zurückführen, dass die Ausübung des Rücktrittsrechts wegen **Unverhältnismäßigkeit** unzulässig sein kann (vgl GIESEN JZ 1993, 16, 20). Inzwischen wird in der englischen Rspr und Lit überwiegend davon ausgegangen, dass es neben „conditions" und „warranties" eine dritte Art der Vertragspflichten („intermediate" bzw „innominate terms") gibt, deren Verletzung nur unter bestimmten zusätzlichen Voraussetzungen zum Rücktritt berechtigt (vgl ATIYAH/SMITH 198 ff; PEEL Rn 18-047 ff). **1156**

Ein anderes wichtiges Instrument zur Verwirklichung gerechter Ergebnisse ist der im Equity-Recht entwickelte **„promissory estoppel"**. Das englische Vertragsrecht verlangt für die Wirksamkeit von Rechtsgeschäften eine Gegenleistung („consideration") (hierzu PEEL Rn 3-001 ff; ZWEIGERT/KÖTZ 384 ff). In **Central London Property Trust v High Trees House Ltd** ([1974] KB 130) stellte sich die Frage, ob der Vermieter fünf Jahre nach einem (ohne Gegenleistung erfolgten) Mietnachlass unter Verweis auf die fehlende „consideration" wieder den ursprünglichen Mietzins verlangen konnte. In einem obiter dictum, das Grundlage für die neuere promissory-estoppel-Rspr wurde (s die Darstellung in FURMSTON 125 ff), machte Lord DENNING klar, dass der Vermieter für den zurückliegenden fünfjährigen Zeitraum von der Geltendmachung des ursprünglichen Mietzinses „estopped" war. Die Rechtsfigur des „promissory estoppel" dient damit der Rechtfertigung eines Ergebnisses, das auch mit **1157** einer übergreifenden Treu und Glauben-Regel zu begründen gewesen wäre (zu dieser Parallele STAPLETON 15; ZIMMERMANN/WHITTAKER 692; TETLEY 578; O'CONNOR 20, 28, 32; WICKER 556 f). In ähnlicher Weise können die Grundsätze von „fair dealing and justice" der Berufung auf ein Formerfordernis entgegenstehen (Plasticmoda Societa per Azioni v Davidsons [Manchester], Ltd [1952] 1 Lloyd's Rep 527, 538 f mwNw).

1158 Als Ausdruck des Verbots **widersprüchlichen Verhaltens** kann es auch angesehen werden, wenn dem Gläubiger trotz eines Verstoßes des Schuldners gegen eine ausdrückliche Vertragsbestimmung im Einzelfall der Rücktritt versagt bleibt (O'CONNOR 38). So wurde einem Käufer kein Rücktrittsrecht gewährt, dem die Kaufsache entgegen einer vertraglichen Vereinbarung zu spät geliefert wurde, der sie aber aus einem anderen, unzureichenden Grund zurückwies. Der Gläubiger konnte sich nach dem Ablauf von drei Jahren nicht mehr auf die verspätete Lieferung berufen (Panchaud Frères S.A. v Etablissements General Grain Company [1970] 1 Lloyd's Rep 53, 56 ff).

1159 Als Ausdruck von Treu und Glauben lässt sich auch die Rechtsfigur der **„economic duress"** begreifen (vgl TETLEY 575). Danach ist ein Vertrag unwirksam, der von einer Vertragspartei unter Ausübung wirtschaftlichen Drucks erzwungen wurde. Leading case ist **North Ocean Shipping Co Ltd v Hyundai Construction Ltd** ([1979] QB 705): Hier erzwang eine Werft eine Zahlungserhöhung von 10 Prozent, obwohl sie wusste, dass der Besteller das Schiff bereits verchartert hatte und deshalb unter beträchtlichem wirtschaftlichen Druck stand. Die Richter bejahten die Voraussetzungen der „economic duress". Nach Anerkennung in einigen weiteren Fällen hat sich der Tatbestand des „economic duress" nun als Korrektiv zu Gunsten der Willensfreiheit etabliert (vgl BEALE, in: BEALE Rn 7-018; PEEL Rn 10–005; O'CONNOR 20).

1160 Im englischen Recht ist die gerichtliche Durchsetzung des Anspruchs auf Erfüllung in natura **(„specific performance")** die Ausnahme, die Zubilligung von Schadensersatz in Geld dagegen der Regelfall (hierzu PEEL Rn 21-016 f; ZWEIGERT/KÖTZ 477 ff; zu den Besonderheiten beim Verbrauchsgüterkauf VORPEIL ZVglRWiss 103 [2004] 432, 435 ff). Der Richter hat jedoch die von der Equity-Rspr entwickelte Möglichkeit, nach seinem Ermessen „specific performance" anzuordnen. Bei der Ausübung des Ermessens kommt es entscheidend darauf an, ob die Zuerkennung von Schadensersatz in Geld „adäquat" ist. Dabei spielen Fragen der Einzelfallgerechtigkeit und der Fairness eine immer wichtigere Rolle (vgl Evans Marshall & Co Ltd v Bertola SA [1973] WLR 349, 379; TREITEL, in: BEALE Rn 27-030 ff; O'CONNOR 34 f, 72 ff). Es handelt sich dabei also um Erwägungen, die einer Anwendung von Treu und Glauben funktional nahe kommen.

b) USA

1161 Dem **US-amerikanischen Common Law** war ein allgemeiner Grundsatz von Treu und Glauben lange Zeit ebenfalls fremd. Seit Mitte des 20. Jahrhunderts ist eine allgemeine Pflicht, im Rahmen von **Verträgen** nach Treu und Glauben zu handeln, dem Grundsatz nach aber weitgehend anerkannt (vgl CALAMARI/PERILLO 457; ROHWER/ SKROCKI 247 f; SUMMERS, in: ZIMMERMANN/WHITTAKER 118 ff; PALMIERI 24 Seton Hall L Rev 70, 84 ff [1993]), insbesondere für den Bereich des Warenkaufs. Prägende Bedeutung kommt dem Uniform Commercial Code (UCC) zu, der in allen US-amerikanischen Bundesstaaten – in Louisiana freilich mit gewissen Einschränkungen – übernommen worden ist (allg z UCC BURNHAM, Introduction to the Law and Legal System of the United

States [2. Aufl St Paul, Minn 1999] 384 ff; REIMANN 24; ZWEIGERT/KÖTZ 247; zu neueren Entwicklungen FLECHTNER, Substantial Revisions to US Domestic Sales Law [Article 2 of the Uniform Commercial Code], IHR 2004, 225 ff). So heißt es in Section 1-203 UCC: „Every contract or duty within this Act imposes an obligation of good faith in its performance or enforcement." Eine entsprechende Bestimmung findet sich für Verträge in **Section 205 des Restatement (Second) of Contracts von 1979**: „Every contract imposes upon each party a duty of good faith and fair dealing in its performance and its enforcement" (ausf dazu PALMIERI 24 Seton Hall L Rev 70, 95 ff [1993]; allg zu den Restatements of Law REIMANN 6 f; ZWEIGERT/KÖTZ 246).

In Section 1-201 (20) und Section 2-103 (1) (j) des UCC findet sich eine **Definition von good faith**: „‚Good faith' (…) means honesty in fact and the observance of reasonable commercial standards of fair dealing." Section 2-103 (1) (j) UCC soll jedoch nur übernommen werden, wenn der jeweilige Bundesstaat nicht bereits Artikel 1 samt der Definition in Section 1-201 (20) UCC als Gesetz erlassen hat.

Nach dem in den USA herrschenden Verständnis beruht die „duty of good faith" auf dem Vertrag. Im **vorvertraglichen Stadium** wird eine solche Pflicht daher abgelehnt (vgl CALAMARI/PERILLO 460; ROHWER/SKROCKI 248, 410; CHAINAIS/GUILLAUME/TENENBAUM 187 m Fn 137). Es gilt vielmehr der Grundsatz des „caveat emptor". In der neueren Lit finden sich aber Ansätze, den Parteien gewisse vorvertragliche Aufklärungspflichten aufzuerlegen (PALMIERI 24 Seton Hall L Rev 70, 181 ff [1993]). Überdies können missbräuchliche Verträge für nichtig erklärt werden. Bedeutung kommt insoweit dem Fall **Williams v Walker-Thomas Furniture Co** (350 F.2d 445 [DC Cir 1965]) zu. Das Gericht erkannte dort zum ersten Mal an, dass ein Vertrag auf Grund von **„unconsionability"** unwirksam sein kann, wenn er für eine Partei besonders nachteilige Bedingungen enthält und ein Verhandlungsungleichgewicht zulasten dieser Partei bestand. Eine entsprechende Regel findet sich heute in Section 2-302 des UCC.

Die neuere amerikanische Lit misst dem Grundsatz des „good faith" unterschiedliche Funktionen bei. Neben der **Auslegung von Verträgen** geht es vor allem um die **Konkretisierung und Ausweitung** vertraglicher Rechte und Pflichten bis hin zur **Schaffung neuer Rechte und Pflichten**, selbst gegen die ausdrücklichen oder stillschweigenden Vereinbarungen der Parteien (vgl ROHWER/SKROCKI 254 ff). Dem Grundsatz von Treu und Glauben kommt damit im amerikanischen Recht eine gewisse Konkretisierungs- und Ergänzungsfunktion zu, deren Grenzen noch ungeklärt sind.

Die wachsende Bedeutung des „good faith" stößt in den USA unter dem Aspekt der **„Sozialisierung des Vertragsrechts"** zT auf Bedenken. Ähnlich wie in Frankreich (s o Rn 1122 f) und England (s o Rn 1149) wird geltend gemacht, den Parteien dürfe nicht mittels einer vagen Regel von Treu und Glauben ein Altruismus aufgedrängt werden, zu dem sie sich nicht verpflichtet haben (GILLETTE 632, 643 ff). Ansonsten werde die vertragliche oder gesetzliche Risikoverteilung manipuliert und die Rechtssicherheit gefährdet (GILLETTE 650 f). Allgemein dürfe das Gericht den Parteien keine Pflichten auferlegen, die sie vertraglich nicht vereinbart haben (ROHWER/SKROCKI 257 f; ferner GILMORE, The Death of Contract [2. Aufl Columbus 1995] passim).

Neben dem Gebot des „good faith" hat sich im amerikanischen Recht mit gewissen

Überschneidungen ein eigenständiges Verbot des „**abuse of rights**" entwickelt. Repräsentativ ist der Fall, dass der Eigentümer auf seinem Grundstück einen Zaun errichtet, um dem Nachbarn Licht und Luft zu entziehen. Das Verbot des „abuse of rights" geht aber über solche „klassischen" Schikankonstellationen hinaus und erfasst alle Fälle, in denen ein Recht aus böswilligem Beweggrund („malicious motive"), ohne vernünftiges Eigeninteresse oder zu einem unzulässigen Zweck ausgeübt wird (ausf dazu CALAMARI/PERILLO 461 ff).

4. Internationale Regelwerke*

a) UN-Kaufrecht

1167 Der Grundsatz von Treu und Glauben findet sich auch in **Staatsverträgen** schuldrechtlichen Inhalts, an denen die Bundesrepublik Deutschland beteiligt ist. Im Vordergrund steht das **UN-Kaufrecht (CISG)**, das für die Bundesrepublik am 1.1.1991 in Kraft getreten ist (allg dazu STAUDINGER/OLZEN Einl 305 f zum SchuldR). Das UN-Kaufrecht hat die beiden **Haager Kaufrechtsübereinkommen** von 1964 abgelöst, die durch das Einheitliche Gesetz über den internationalen Kauf beweglicher Sachen **(EKG)** vom 17.7.1973 (BGBl I 856) und das Einheitliche Gesetz über den Abschluss von internationalen Kaufverträgen über bewegliche Sachen **(EAG)** vom 17.7.1973 (BGBl I 868) umgesetzt worden waren (zur Bedeutung von Treu und Glauben in diesen Gesetzen STAUDINGER/J SCHMIDT [1995] Rn 38).

1168 Art 7 Abs 1 schreibt ua vor, bei der Auslegung des CISG seinen internationalen Charakter und die Notwendigkeit zu berücksichtigen, seine einheitliche Anwen-

---

* **Schrifttum:** VBAR/CLIVE/SCHULTE-NÖLKE, Principles, Definitions and Model Rules of European Private Law, Draft Common Frame of Reference (DCFR) – Outline Edition (2009); BONELL, UNIDROIT Principles 2004 – The New Edition of the Principles of International Commercial Contracts adopted by the International Institute for the Unification of Private Law, Uniform Law Review 9 (2004) 5, abrufbar unter http://www.unidroit.org/english/principles/contracts/principles2004/2004-1-bonell.pdf; DAJCZAK, „Treu und Glauben" im System des Gemeinsamen Referenzrahmens, GPR 2009, 63; EIDENMÜLLER, Parteiautonomie, Verteilungsgerechtigkeit und das Recht des Vertragsschlusses im DCFR, in: SCHULZE/VBAR/SCHULTE-NÖLKE, Der akademische Entwurf für einen Gemeinsamen Referenzrahmen (2008); EIDENMÜLLER/FAUST/GRIGOLEIT/JANSEN/WAGNER/ZIMMERMANN, Der Gemeinsame Referenzrahmen für das Europäische Privatrecht – Wertungsfragen und Kodifikationsprobleme –, JZ 2008, 529; HIMMEN, Die Lückenfüllung anhand allgemeiner Grundsätze im UN-Kaufrecht (Art 7 Abs 2 CISG) (2007); KEINATH, Der gute Glauben im UN-Kaufrecht (1997); LANDO, The Structure and the Legal Values of the Common Frame of Reference (2007) 3 ERCL 245; MAZEAUD, Principes du droit européen du droit du contrat, Projet de cadre commun de référence, Principes contractuels commun, Revue trimestrielle du droit européen 2008, 723; MEKKI/KLOPEFER-PELÈSE, Good faith and fair dealing in the DCFR (2008) 4 ERCL 338; SCHILF, UNIDROIT-Principles 2004 – Auf dem Weg zu einem Allgemeinen Teil des internationalen Einheitsprivatrechts, IHR 2004, 236; SCHLECHTRIEM, Internationales UN-Kaufrecht (3. Aufl 2005); SCHLECHTRIEM/SCHWENZER, Kommentar zum Einheitlichen UN-Kaufrecht – CISG (4. Aufl 2004); ZIMMERMANN, Die Unidroit-Grundregeln der internationalen Handelsverträge in vergleichender Perspektive, ZEuP 2005, 264; ders, Die Principles of European Contract Law als Ausdruck und Gegenstand europäischer Rechtswissenschaft (Teil 1), Jura 2005, 289.

dung und die **Wahrung des guten Glaubens im internationalen Handel** zu fördern. Nach der Terminologie des deutschen Rechts ist die Bezugnahme auf den guten Glauben missverständlich; die englische und französische Fassung („good faith", „bonne foi") zeigen aber, dass es hier (auch) um Treu und Glauben geht. Rspr und Lit erkennen daher zu Recht an, dass der Begriff des „guten Glaubens" im CISG auch typische Ausprägungen von Treu und Glauben wie das **Verbot des venire contra factum proprium** und das **Verbot missbräuchlicher Rechtsausübung** erfasst (vgl OLG München ZIP 2005, 175 [LS] = OLG-Report München 2004, 452; OLG Karlsruhe BB 1998, 392, 395; MELIS, in: HONSELL [Hrsg], Kommentar zum UN-Kaufrecht [1996] Art 7 CISG Rn 13; MünchKomm/WESTERMANN Art 7 CISG Rn 6; SCHLECHTRIEM/SCHWENZER/FERRARI Art 7 CISG Rn 50; STAUDINGER/MAGNUS [2005] Art 7 CISG Rn 25; HIMMEN 137 f, 151).

Art 7 Abs 1 betrifft unmittelbar nur die **Auslegung des CISG**. Ob auch die Geltung von Treu und Glauben als **Verhaltensnorm für die Parteien** auf diese Vorschrift gestützt werden kann, bleibt daher streitig (dafür zB OLG München ZIP 2005, 175 [LS] = OLG-Report München 2004, 452; STAUDINGER/MAGNUS [2005] Art 7 CISG Rn 10, 29; TETLEY 589 ff; dagegen MünchKomm/WESTERMANN Art 7 CISG Rn 6; SOERGEL/LÜDERITZ/FENGE Art 7 CISG Rn 8; ausf dazu KEINATH 195 ff mwNw). Anerkannt ist aber, dass Treu und Glauben zu den **allgemeinen Grundsätzen des CISG** gehören und somit im Verhältnis zwischen den Parteien jedenfalls über Art 7 Abs 2 CISG zu beachten sind (SOERGEL/LÜDERITZ/FENGE Art 7 CISG Rn 8; AnwK-BGB/MATUSCHE-BECKMANN Anh §§ 433 ff: UN-Kaufrecht/CISG Rn 17; SCHLECHTRIEM/SCHWENZER/FERRARI Art 7 CISG Rn 49 ff; STAUDINGER/MAGNUS [2005] Art 7 CISG Rn 43; SCHLECHTRIEM, UN-Kaufrecht Rn 44; CHAINAIS/GUILLAUME/TENENBAUM 168 f; HIMMEN 150 f). **1169**

Eine Ausprägung des Grundsatzes von Treu und Glauben findet sich in Art 29 Abs 2 S 2 CISG (vgl MünchKomm/GRUBER Art 29 CISG Rn 15). Nach diesem sog **Missbrauchseinwand** kann sich eine Partei auf eine nach Art 29 Abs 2 S 1 CISG bindende Schriftformvereinbarung für die Änderung oder Aufhebung des Vertrages nicht berufen, wenn sie durch ihr Verhalten bei der anderen Partei das **Vertrauen** in die Gültigkeit einer formlosen Vereinbarung veranlasst hat. Art 29 Abs 2 S 2 CISG lässt sich als Ausprägung des im Common Law entwickelten Instituts des **„estoppel"** (s o Rn 1156) verstehen (SCHLECHTRIEM/SCHWENZER/SCHLECHTRIEM Art 29 CISG Rn 10); aus Sicht des deutschen Rechts kann auf das **Verbot widersprüchlichen Verhaltens** verwiesen werden (MünchKomm/GRUBER Art 29 CISG Rn 13; SALGER, in: WITZ/SALGER/LORENZ, International Einheitliches Kaufrecht [2000] Art 29 CISG Rn 16; HIMMEN 137 ff). Im deutschen Recht fehlt eine Vorschrift wie Art 29 Abs 2 S 1 CISG, die eine Durchbrechung des Schriftformerfordernisses „auf andere Weise" ausschließt. Dies hat zur Folge, dass sich die Problematik oft schon durch Annahme einer konkludenten Aufhebung der Formvereinbarung lösen lässt (vgl BGH NJW 1991, 1750, 1751). Im Übrigen kann aber auch hier auf das Verbot widersprüchlichen Verhaltens zurückgegriffen werden (s o Rn 454). **1170**

b) Principles of European Contract Law
Ob in den Regelwerken zum Europäischen Vertragsrecht eine Vorschrift über Treu und Glauben erforderlich ist, wird in der Lit zT angezweifelt. Die Zweifel beruhen vor allem darauf, dass der Richter auch ohne eine solche Vorschrift Regeln entwickeln kann, welche den Konkretisierungen von Treu und Glauben entsprechen. Dies belegt etwa die Rechtslage in England (HESSELINK 496 f m Fn 151). Für die Aufnahme **1171**

einer Vorschrift über Treu und Glauben in die Regelwerke spricht indessen, dass die die **Befugnis des Richters** zur Aufstellung und Anwendung entsprechender Grundsätze und Regeln **klargestellt** werden sollte (HESSELINK 497 f; MACQUEEN 70 ff).

1172 Die Verfasser der PECL haben den Grundsatz von Treu und Glauben an mehreren Stellen aufgegriffen: Generell steht die den Parteien gewährte Vertragsfreiheit nach Art 1:102 Abs 1 PECL unter dem Vorbehalt der Anforderungen von Treu und Glauben und des redlichen Geschäftsverkehrs. Darüber hinaus sollen Treu und Glauben gem Art 1:106 bei der **Auslegung der Principles** „gefördert" werden. Art 1:201 Abs 1 bestimmt schließlich, dass jede Partei „in Einklang mit den Geboten von Treu und Glauben und des redlichen Geschäftsverkehrs" („in accordance with good faith and fair dealing") zu handeln hat (vgl vBAR/ZIMMERMANN 110; LANDO/ BEALE 113; RANIERI, Obligationenrecht 1846 f; ZIMMERMANN Jura 2005, 289, 295). Der Grundsatz von Treu und Glauben nimmt somit nicht nur eine formale Funktion iS einer **Ermächtigungsnorm für den Richter**, sondern auch eine inhaltliche Funktion iS einer **Verhaltensnorm für die Parteien** wahr (vgl ZIMMERMANN JZ 1995, 477, 491; MAZEAUD 735; zu den Funktionen von Treu und Glauben aus rechtsvergleichender Sicht s o Rn 1118). Ausweislich der Kommentierung ging es den Verfassern um die Statuierung eines **allgemeinen Rechtsprinzips** (LANDO/BEALE 113). Der Grundsatz von Treu und Glauben hat damit dieselbe Funktion wie im deutschen und niederländischen Recht (LANDO [2007] 15 ERPL 852 f).

1173 Welche Bedeutung der Unterscheidung von „good faith" und „fair dealing" in Art 1:201 Abs 1 PECL zukommt, lässt sich der Kommentierung entnehmen: Während der Begriff des **„good faith"** sich auf subjektive Elemente („honesty and fairness in mind") beziehe, verweise der Begriff des **„fair dealing"** auf objektive Anforderungen. Letztlich gehe es um die gleichen Inhalte, die durch den französischen Begriff der „bonne foi" und den deutschen Begriff von „Treu und Glauben" umschrieben werden (LANDO/BEALE 115 f; vgl zur Unterscheidung auch MEKKI/KLOEPFER-PELÈSE 345 ff).

1174 Die Kommentierung zu Art 1:201 PECL hebt ferner hervor, dass die Einschränkung bzw Korrektur einer gesetzlichen Vorschrift oder einer an sich gültigen Vertragsklausel aus Gründen der **Einzelfallgerechtigkeit** dem Gedanken der **Rechtssicherheit** widersprechen kann (allg zu dieser Problematik o Rn 122). Ob dann der Einzelfallgerechtigkeit Vorrang zukommt, soll ua davon abhängen, in welchem Maße Rechtssicherheit und Vorhersehbarkeit der Ergebnisse beeinträchtigt würden (LANDO/BEALE 116; vBAR/ZIMMERMANN 113). Ebenso wie im deutschen Recht muss also eine Interessenabwägung im Einzelfall den Ausschlag geben.

1175 Als besonders wichtige Ausprägung von Treu und Glauben haben die Verfasser der PECL das **Verbot widersprüchlichen Verhaltens** angesehen. Anders als in den neuen UNIDROIT-Principles (s u Rn 1181 f) wurde diese Fallgruppe in den PECL zwar nicht gesondert geregelt. Die Kommentierung stellt aber klar, dass Art 1:201 PECL auch in dieser Hinsicht ein allgemeines Rechtsprinzip statuiere, das über die in den PECL ausgeformten Einzelfälle widersprüchlichen Verhaltens (zB Art 2:202 Abs 3) hinausgehe (LANDO/BEALE 114 f).

1176 Demgegenüber hat die **Kooperationspflicht der Parteien** in Art 1:202 PECL eine gesonderte Regelung erfahren. Die Kommentierung weist darauf hin, dass diese Pflicht in den meisten europäischen Rechtsordnungen als Ausfluss von Treu und Glauben angesehen wird (LANDO/BEALE 121 mwNw). Bei der **Vertragsanbahnung** sieht Art 2:301 Abs 2 PECL eine Schadensersatzpflicht für den Fall vor, dass eine Partei die Verhandlungen entgegen den Geboten von Treu und Glauben führt oder abbricht. Insbesondere widerspricht es Treu und Glauben, Verhandlungen zu beginnen oder fortzuführen, obwohl keine Absicht zum Vertragsschluss besteht (Art 2:301 Abs 3 PECL). Weitere gesondert geregelte Anwendungsfälle von Treu und Glauben finden sich in Art 4:107 Abs 1 (arglistiges Verschweigen), Art 4:110 Abs 1 (Anfechtungsrecht bei unangemessenen Vertragsbedingungen), 5:102 lit g (Vertragsauslegung), Art 6:102 lit c (stillschweigende Vertragsbestimmungen, „implied terms") und Art 16:102 PECL (Manipulation des Eintritts von Bedingungen). Neben den speziellen Ausprägungen behält die Generalklausel des Art 1:201 PECL aber ihre übergreifende Bedeutung (LANDO [2007] 15 ERPL 841, 852 f; MACQUEEN 72).

c) Draft Common Frame of Reference (Outline Edition)
Der Draft Common Frame of Reference (DCFR) liegt derzeit in einer „Outline Edition" vor, die eine überarbeite Version der 2008 erschienenen „Interim Outline Edition" darstellt (näher VBAR/CLIVE/SCHULTE-NÖLKE 4 f). Auch im Rahmen des DCFR ist der Grundsatz von Treu und Glauben ein **bedeutendes und in vielen Vorschriften aufgegriffenes Prinzip** (VBAR/CLIVE/SCHULTE-NÖLKE 85; MAZEAUD 735). Die Verfasser haben sich – wie generell im Vertragsrecht (vgl VBAR/CLIVE/SCHULTE-NÖLKE 30) – auch bei den Bestimmungen zu Treu und Glauben an den PECL orientiert (MAZEAUD 734 f; DAJCZAK GPR 2009, 63, 64). Ebenso wie im Rahmen der PECL hat der Rechtsanwender Treu und Glauben bei der Auslegung und Fortentwicklung des Gemeinsamen Referenzrahmens zu berücksichtigen (Art I.-I.102 Abs 3 lit b DCFR). Im Detail finden sich aber Unterschiede zwischen den Regelwerken. In der Interim Outline Edition stellte Art II.-1:102 Abs 1 DCFR die Vertragsfreiheit noch unter den Vorbehalt der Anforderungen von Treu und Glauben und des redlichen Geschäftsverkehrs („good faith and fair dealing"). Die Regelung entsprach damit Art 1:102 Abs 1 PECL. In der Lit wurde dies mit dem Argument kritisiert, der Richter erhalte unter geringen und unklaren Voraussetzungen weitreichende Befugnisse zum Eingriff in die Vertragsgestaltung der Parteien (EIDENMÜLLER/FAUST/GRIGOLEIT/JANSEN/WAGNER/ZIMMERMANN JZ 2008, 529, 538; DAJCZAK GPR 2009, 63, 65 f; EIDENMÜLLER 81 f). In der Outline Edition des DCFR findet sich der Vorbehalt zu Gunsten der Anforderungen von Treu und Glauben nicht mehr. Nach Art II.-1:102 Abs 1 DCFR wird die Privatautonomie der Parteien nur noch durch die anwendbaren zwingenden Vorschriften beschränkt.

Im Unterschied zu den PECL enthält der DCFR in Art I.-1:103 Abs 1 eine **allgemeine Definition** des Grundsatzes von Treu und Glauben: „The expression „good faith and fair dealing" refers to a standard of conduct characterised by honesty, openness and consideration for the interests of the other party to the transaction or relationship in question." Anders als in der Kommentierung zu den PECL wird zwischen good faith und fair dealing nicht klar differenziert (vgl MEKKI/KLOEPFER-PELÈSE 345 ff); vielmehr werden beide Begriffe zusammen im Sinne von Loyalität (vgl dazu MEKKI/KLOEPFER-PELÈSE 368 f) und gegenseitiger Rücksichtnahme verstanden. Art I.-1:103 Abs 2 DCFR hebt als besondere Ausprägung das Verbot des **„venire contra factum proporium"** hervor. Hiernach darf sich eine Partei nicht in Widerspruch zu ihren früheren Aussagen oder ihrem früheren Verhalten setzen, wenn die andere Partei vernünftigerweise und zu ihrem Nachteil darauf vertraut hat.

1179 Art III.-1:103 DCFR statuiert eine **allgemeine Pflicht** zur Beachtung von Treu und Glauben, die im Vergleich mit Art 1:201 PECL aber Einschränkungen erfährt (krit MEKKI/KLOEPFER-PELÈSE 370). Nach Art III.-1:103 Abs 1 DCFR besteht die Verpflichtung nur in folgenden Konstellationen: Erfüllung einer Verpflichtung, Ausübung eines Rechts auf Leistung, Geltendmachung oder Verteidigung gegen einen Rechtsbehelf wegen Nichtleistung und Ausübung eines Rechts zur Beendigung einer Verpflichtung oder Vertragsbeziehung. Außerdem besteht bei einem Verstoß gegen Treu und Glauben keine unmittelbare Verpflichtung zum Schadensersatz. Die treuwidrig handelnde Partei kann lediglich daran gehindert sein, ein Recht, einen Rechtsbehelf, oder eine Einwendung auszuüben bzw sich darauf zu berufen (Art III.-1:103 Abs 3 DCFR). Die Funktion der Regel ähnelt dem des promissory estoppel im englischen Recht (vgl MAZEAUD 736). Möglich ist auch eine bloß teilweise Beschränkung der Rechtsausübung (LANDO [2007] 3 ERCL 245, 252). Die Regelung bedeutet jedoch nicht, dass die Verletzung von Treu und Glauben niemals zu Schadensersatzansprüchen führen könnte. Eine Ersatzpflicht besteht nur nicht unmittelbar („directly"), sondern lediglich dann, wenn im Einzelfall eine spezifische Verpflichtung verletzt wird, die sich aus dem allgemeinen Grundsatz von Treu und Glauben ergibt. Auf diese Weise wird die Parteiautonomie gewahrt und dem Richter dementsprechend weniger Macht zum Eingriff in das vertragliche Pflichtenprogramm verliehen (LANDO [2007] 3 ERCL 245, 252 f). Nach Art III.-1:103 Abs 2 DCFR können die Parteien ihre Pflicht zur Beachtung von Treu und Glauben vertraglich weder ausschließen noch beschränken. Wie Art 1:202 PECL verpflichtet Art III.-1:104 DCFR die Parteien zur **Zusammenarbeit**. Allerdings besteht die Pflicht nur, so weit eine Kooperation im Hinblick auf die Erfüllung der Schuldnerpflichten vernünftigerweise erwartet werden kann.

1180 In Anlehnung an Art 2:301 PECL statuiert Art II.-3:301 DCFR die Pflicht, bei den **Vertragsverhandlungen** die Gebote von Treu und Glauben und des redlichen Geschäftsverkehrs zu beachten; ein Verstoß verpflichtet zu Schadensersatz (vgl dazu CASTRONOVO, Information Duties and Precontractual Good Faith [2009] 4 ERPL 559, 568 f). Darüber hinaus nehmen zahlreiche **weitere Einzelregelungen**, die zT den PECL entsprechen, auf den Maßstab von Treu und Glauben Bezug (vgl MEKKI/KLOEPFER-PELÈSE 355, 368 f; MAZEAUD 735), zB Art II.-7:205 (arglistiges Verschweigen), Art II.-7:215 (Haftungsbeschränkungen bei Irrtümern), Art II.-8:101 Abs 1 lit g (Vertragsauslegung), Art II.-9:101 Abs 2 lit c („implied terms"), Art II.-9:403–405 (Definition von „unfair" bei der Klauselkontrolle, dazu EIDENMÜLLER 92 ff), Art III-1:106 Abs 4 DCFR (treuwidriges Herbeiführen oder Vereiteln eines Bedingungseintritts).

d) UNIDROIT-Principles of International Commercial Contracts

1181 Die 1994 vom Römischen Institut für die Vereinheitlichung des Privatrechts (UNIDROIT) veröffentlichten **„Principles of International Commercial Contracts"** (PICC) (dazu STAUDINGER/OLZEN Einl 304 zum SchuldR) regeln den Grundsatz von Treu und Glauben in **Art 1.7**. Die Grundregel findet sich in Abs 1: „Every party must act in accordance with good faith and fair dealing in international trade." Von Art 1:201 Abs 1 PECL unterscheidet die Vorschrift sich somit nur durch die Bezugnahme auf den **internationalen Handelsverkehr**. Nach der Begründung zu Art 1.7

Abs 1 PICC hat dies zur Folge, dass die Begriffe des „**good faith**" und des „**fair dealing**" nicht nach den Standards der einzelnen nationalen Rechtsordnungen auszulegen sind. Diese Standards seien nur insoweit maßgeblich, wie sie in den verschiedenen Rechtsordnungen allgemein anerkannt wären. Auch dann müssten aber die spezifischen Anforderungen des internationalen Handelsverkehrs berücksichtigt werden. Art 1.7 Abs 2 PICC stellt in Übereinstimmung mit Art 1:201 Abs 2 PECL klar, dass die Pflicht aus Abs 1 weder ausgeschlossen noch eingeschränkt werden kann.

Das Römische Institut für die Vereinheitlichung des Privatrechts hat **2004** eine **1182 überarbeitete und erweiterte Fassung der UNIDROIT-Principles** veröffentlicht (abgedruckt in IHR 2004, 257 ff; deutsche Übersetzung in ZEuP 2005, 470 ff; ausf dazu Bonell Uniform Law Review 9 [2004] 5 ff; Schilf IHR 2004, 236 ff; Zimmermann ZEuP 2005, 264 ff). Während Art 1.7 PICC unverändert blieb, ist eine besondere Ausprägung von Treu und Glauben – das **Verbot widersprüchlichen Verhaltens** („principle of the prohibition of inconsistent behaviour") – in Art 1.8 PICC ausdrücklich geregelt worden: „A party cannot act inconsistently with an understanding it has caused the other party to have and upon which that other party reasonably has acted in reliance to its detriment." Den Verfassern ging es dabei um eine genaue Definition der Voraussetzungen des venire contra factum proprium (vgl Zimmermann ZEuP 2005, 264, 285). Als Rechtsfolgen kommen die Schaffung, der Verlust oder die Abänderung eines Rechts in Betracht (vgl Bonell [2004] 9 Uniform Law Review 5 [unter II 2 b]; Schilf IHR 2004, 236, 239).

Eine weitere Ausprägung des Grundsatzes von Treu und Glauben ist die in Art 5.1.3 PICC normierte **Kooperationspflicht** der Parteien bezüglich der Vertragserfüllung. Wie im Rahmen des DCFR besteht diese Pflicht nur, wenn eine Zusammenarbeit vernünftigerweise erwartet werden kann. Art 2.1.15 PICC enthält eine spezielle Regel über **treuwidriges Verhalten bei den Vertragsverhandlungen**, die derjenigen der PECL und des DCFR entspricht. Auf die „Maßstäbe eines redlichen Geschäftsgebarens" beziehen sich außerdem zB die Art 3.5 Abs 1 lit a (erheblicher Irrtum), Art 3.8 (Täuschung) und Art 3.10 Abs 2 PICC (grobes Missverhältnis).

5. Treu und Glauben im Gemeinschaftsprivatrecht*

Der Grundsatz von **Treu und Glauben** hat auch im Privatrecht der Europäischen **1183** Union (zum Begriff Heiderhoff XI) Niederschlag gefunden (vgl Riesenhuber Rn 541 ff mwNw; ferner Fleischer JZ 2003, 865, 871, der den Grundsatz von Treu und Glauben sogar zu

---

* **Schrifttum**: Baudenbacher, Überlegungen zum Verbot des Rechtsmissbrauchs im Europäischen Gemeinschaftsrecht, ZfRV 2008, 205; de la Feria, Prohibition of Abuse of (Community) Law: The Creation of a New General Principle of EC Law through Tax (2008) 45 CMLR 395; Englisch, Verbot des Rechtsmissbrauchs – ein allgemeiner Rechtsgrundsatz des Gemeinschaftsrechts?, StuW 2009, 3; Fleischer, Der Rechtsmißbrauch zwischen Gemeineuropäischem Privatrecht und Gemeinschaftsprivatrecht, JZ 2003, 865; Hahn, Kein allgemeiner Rechtsgrundsatz des Missbrauchsbzw Umgehungsverbots, jurisPR-SteuerR 15/2006 Anm 1; Heiderhoff, Gemeinschaftsprivatrecht (2. Aufl 2007); Kjellgren, On the Border of Abuse (2000) 11 European Business Law Review 179; Schön, Der „Rechtsmissbrauch" im Europäischen Gesellschaftsrecht, in: FS Wiedemann (2002) 1271; Sørensen,

den „gemeinschaftsrechtlichen Fixsternen" zählt), insbesondere in Art 3 Abs 1 der Klauselrichtlinie (93/13/EWG), Art 3 Abs 1 der Handelsvertreterrichtlinie (86/653/EWG), Art 6 Abs 1 lit a der Datenschutzrichtlinie (95/46/EG), Art 3 Abs 2 der Richtlinie über den Fernabsatz von Finanzdienstleistungen (2002/65/EG) und Art 2 lit h der Richtlinie über unlautere Geschäftspraktiken (2005/29/EG). Die Bedeutung von Treu und Glauben konkretisiert für die Klauselrichtlinie deren Erwägungsgrund 16. Die Bestimmungen der Richtlinien sind autonom auf Gemeinschaftsebene auszulegen (vgl RIESENHUBER Rn 562 ff). Hingegen überlässt der EuGH im Fall der **Klausel-Richtlinie** den nationalen Gerichten die Konkretisierung im Einzelfall. Zwar sei es Aufgabe des Gerichtshofs, die in Art 3 Abs 1 der Klauselrichtlinie verwendeten allgemeinen Kriterien (wie insbesondere Treu und Glauben) auszulegen; ob eine bestimmte Klausel rechtsmissbräuchlich sei, müsse aber das zuständige nationale Gericht unter Berücksichtigung der konkreten Umstände und der Besonderheiten des jeweiligen Rechtssystems prüfen (EuGH Rs C-237/02 Slg 2004, I-3403 Rn 22 [Freiburger Kommunalbauten]; dazu MARKWARDT, Inhaltskontrolle von AGB-Klauseln durch den EuGH, ZIP 2005, 152 ff; ROSENFELD Anm GPR 2005, 71 ff; RÖTHEL, Missbräuchlichkeitskontrolle nach der Klauselrichtlinie: Aufgabenteilung im supranationalen Konkretisierungsdialog, ZEuP 2005, 418, 421 ff; HESSELINK Case Note [2006] 2 ERCL 366 ff). Zunächst war der EuGH davon ausgegangen, er könne die Missbräuchlichkeit ausnahmsweise dann selbst feststellen, wenn eine solche Beurteilung unabhängig vom nationalen Recht und den konkreten Umständen möglich sei (EuGH Rs C-237/02 aaO Rn 23). Diese Aussage hat das Gericht jedoch in der Entscheidung Pannon revidiert (Rs C-243/08 NJW 2009, 2367 Rn 42; dazu PFEIFFER Anm NJW 2009, 2369).

Über die genannten Vorschriften hinaus finden sich in einigen Richtlinien **spezifische Ausprägungen von Treu und Glauben**. So wird die Begrenzung des Wahlrechts des Käufers zwischen Nachbesserung und Nachlieferung unter dem Aspekt der **Verhältnismäßigkeit** in Art 3 Abs 3 der Verbrauchsgüterkaufrichtlinie (1999/44/EG) als Ausfluss dieses Prinzips verstanden (BIANCA, in: GRUNDMANN/BIANCA, EU-Kaufrechts-Richtlinie [2002] Art 3 Rn 56; RIESENHUBER Rn 561; vgl dazu o Rn 741). Das **europäische Verbraucherrecht** enthält allerdings bislang keinen übergreifenden Grundsatz von Treu und Glauben (Grünbuch: Die Überprüfung des gemeinschaftlichen Besitzstands im Verbraucherschutz, KOM [2006] 744 endg, 19; vgl auch RIESENHUBER, System und Prinzipien des Europäischen Vertragsrechts [2003] 409). Er hat in dieser Form auch keinen Eingang in den Entwurf einer neuen Richtlinie über Verbraucherrechte (KOM [2008] 614 endg) gefunden. Im Rahmen des **europäischen Zivilprozessrechts** hat der EuGH entschieden, dass die Berufung auf das Einigungs- bzw Formerfordernis für Gerichtsstandsvereinbarungen (Art 17 Abs 1 EuGVÜ, jetzt Art 23 Abs 1 EuGVVO) im Einzelfall gegen Treu und Glauben verstoßen kann (näher EuGH Rs 25/76 Slg 1976, 1851 Rn 11 [Segoura]; Rs 71/83 Slg 1984, 2417 Rn 18 [Tilly Russ]; Rs 221/84 Slg 1985, 2699 Rn 15 [Berghofer]).

1184 Als Teilaspekt des Grundsatzes von Treu und Glauben hat im Gemeinschaftsprivatrecht vor allem das **Verbot des Rechtsmissbrauchs** Bedeutung erlangt (vgl HEIDERHOFF 130 f; RIESENHUBER Rn 573 ff; A ZIMMERMANN 199 ff; FLEISCHER JZ 2003, 865 ff; BAUDENBACHER

Abuse of Rights in Community Law: A Principle of Substance or Merely Rhetoric?, (2006) 43 CMLR 423; VRELLIS, „Abus" et „fraude" dans la jurisprudence de la Cour de Justice des Communautés Européennes, liber amicorum Gaudemet-Tallon (2008) 633.

ZfRV 2008, 205 ff; SØRENSEN [2006] 43 CMLR 423 ff; speziell zum Gesellschaftsrecht SCHÖN, in: FS Wiedemann [2002] 1271 ff). So geht der EuGH in stRspr davon aus, dass eine missbräuchliche oder betrügerische Berufung auf Gemeinschaftsrecht unzulässig ist (vgl EuGH Rs C-367/96 Slg 1998, I-2843 Rn 20 ff [Kefalas]; Rs C-212/97 Slg 1999, I-1459 Rn 24 [Centros]; Rs C-255/02 Slg 2006, I-1609 Rn 68 [Halifax]; jeweils mwNw; zur Entwicklung der Rspr DE LA FERIA [2008] 45 CMLR 398 ff; BAUDENBACHER ZfRV 2008, 205 ff). In der Lit war bislang umstritten, ob das Verbot bereits einen **allgemeinen Grundsatz des Gemeinschaftsrechts** darstellt (dafür PWW/SCHMIDT-KESSEL Rn 2; HEIDERHOFF 130; SØRENSEN [2006] 43 CMLR 439 ff, 458; VRELLIS 646; FLEISCHER JZ 2003, 865, 871: „einheitliche, alle Anwendungsfälle überwölbende Leitidee"; dagegen KJELLGREN 190; HAHN jurisPR-SteuerR 15/2006 Anm 1; BAUDENBACHER ZfRV 2008, 205, 212 f, 218; s auch die Stellungnahmen der Beteiligten in der Rs Halifax aaO Rn 62 ff; allg zur dogmatischen Einordnung DE LE FERIA [2008] 45 CMLR 395, 436 ff mwNw). Dagegen wurde geltend gemacht, der EuGH habe noch keinen für alle Situationen gültigen Grundsatz aufgestellt, sondern nur Prinzipien für bestimmte Konstellationen entwickelt (so HAHN jurisPR-SteuerR 15/2006 Anm 1 mwNw). Dass das Rechtsmissbrauchsverbot einen allgemeinen Grundsatz des Gemeinschaftsrechts darstellt, hat der EuGH mittlerweile in der **Rechtssache Kofoed** (Rs C-321/05 Slg 2007, I-5795 Rn 38) klargestellt (vgl DE LA FERIA [2008] 45 CMLR 395, 433; ENGLISCH StuW 2009, 3, 5). Er führt dort aus: „Art 11 Abs 1 Buchst a der Richtlinie 90/434 spiegelt somit den allgemeinen Grundsatz des Gemeinschaftsrechts wider, wonach Rechtsmissbrauch verboten ist". Die Lit geht zT davon aus, dass die Rechtsquelle des Verbots nicht das Gemeinschaftsrecht selbst ist; vielmehr seien die in den mitgliedstaatlichen Privatrechten verankerten Missbrauchsverbote in das Gemeinschaftsprivatrecht „hinüber gewachsen" (so HEIDERHOFF 130; iE auch FLEISCHER JZ 2003, 865, 871).

Als **allgemeine Voraussetzung** des gemeinschaftsrechtlichen Missbrauchsverbots lässt sich der Rspr des EuGH entnehmen, dass der Rechtsinhaber unrechtmäßige Vorteile anstrebt, die dem Sinn und Zweck der jeweiligen Vorschrift widersprechen (Rs C-110/99 Slg 2000, I-11569 Rn 52 f [Emsland-Stärke]; Rs C-515/03 Slg 2005, I-7355 Rn 39 [Eichsfelder Schlachtbetrieb]; Rs Halifax aaO Rn 74 f; Rs Kofoed aaO Rn 38; GA LA PERGOLA, Schlussanträge, Rs C-212/97 Slg 1999, I-1459 Rn 20 [Centros] unter Berufung auf EuGH Rs C-367/96 Slg 1998, I-2843 Rn 28 [Kefalas]; SØRENSEN [2006] 43 CMLR 423, 450 f; VRELLIS 638 f; BAUDENBACHER ZfRV 2008, 205, 214 mwNw). Teile der Lit kritisieren jedoch zu Recht, dass der Gerichtshof nicht ausreichend nach den unterschiedlichen Fallgruppen differenziert; so ist etwa ein subjektives Missbrauchselement nicht stets erforderlich (näher ENGLISCH StuW 2009, 3, 5 ff; vgl auch BAUDENBACHER ZfRV 2008, 205, 215 ff).

Der EuGH hat den nationalen Gerichten in neueren Entscheidungen **Kriterien** vorgeben, um den Missbrauch in dem betroffenen Sachbereich beurteilen zu können (s etwa Rs Halifax aaO Rn 77 ff; Rs C-456/04 Slg 2006, I-3395 Rn 22 f [Agip]; BAUDENBACHER ZfRV 2008, 205, 217). In den Urteilen Kefalas, Pafitis und Diamantis hat der Gerichtshof dargelegt, welches Verhalten eines Aktionärs im Zusammenhang mit einer Kapitaländerung zulässig ist (Rs Kefalas aaO Rn 28; Rs C-441/93 Slg 1996, I-1347 Rn 70 [Pafitis]; Rs C-373/97 Slg 2000, I-1705 Rn 36 f, 39 [Diamantis]) und wann es als missbräuchlich beurteilt werden kann (Rs Kefalas aaO Rn 28; Rs Diamantis aaO Rn 40 ff; dazu FLEISCHER JZ 2003, 865, 873 f). Ob im konkreten Fall ein Missbrauch vorliegt, hat jedoch das Ausgangsgericht zu entscheiden (Rs Emsland-Stärke aaO Rn 54; Rs Diamantis aaO Rn 35; Rs Eichsfelder Schlachtbetrieb aaO Rn 40; Rs Halifax aaO Rn 76; Rs Agip aaO Rn 24). Dies entspricht der Rspr zur Missbrauchskontrolle nach der Klausel-Richtlinie in den Entscheidungen **Freiburger Kommunalbauten** und **Pannon** (s o Rn 1183). Dass der EuGH sich auf die Vorgabe allgemeiner Kriterien beschränkt, spricht deshalb nicht dafür, dass er lediglich von einem nationalen und nicht von einem gemeinschaftsrechtlichen Missbrauchsbegriff ausgeht (so aber HAHN jurisPR-SteuerR 15/2006 Anm 1).

Aus der Rspr des Gerichtshofs ergibt sich, dass nationale Missbrauchsvorschriften bei der Anwendung des inländischen Rechts auch dann herangezogen werden können, wenn die in Frage stehende Vorschrift auf einer **EG-Richtlinie** beruht (Rs Kefalas aaO Rn 20 ff; Rs Pafitis aaO Rn 67 ff; Rs Diamantis aaO Rn 33 ff; SØRENSEN [2006] 43 CMLR 423, 435 f; KJELLGREN 190; ENGLISCH StuW 2009, 3, 21 f). Der BGH hat dementsprechend entschieden, dass der Käufer unter dem Aspekt des **venire contra factum proprium** (s o Rn 286 ff) gehindert sei, sich auf die in Umsetzung der Verbrauchsgüterkaufrichtlinie erlassenen Vorschriften über den Verbrauchsgüterkauf (§§ 474 ff) zu berufen, wenn er gegenüber dem Verkäufer einen gewerblichen Verwendungszweck vorgetäuscht hat (BGH NJW 2005, 1045, 1046 = JR 2005, 284 m Anm LOOSCHELDERS; MünchKomm/BASEDOW § 310 Rn 48; krit RANIERI, Obligationenrecht 1888; s dazu auch o Rn 741).

1185 Eine ähnliche Entwicklung zeichnet sich für den **Grundsatz von Treu und Glauben** ab. Mit Blick auf das Ziel eines Europäischen Zivilgesetzbuchs lassen sich in der europäischen Rechtswissenschaft jedenfalls immer weniger Vorbehalte gegenüber einer „offenen Norm" von Treu und Glauben ausmachen. Insgesamt ist aber festzuhalten, dass sich ein **allgemeiner, eigenständiger Begriff** von Treu und Glauben im Gemeinschaftsprivatrecht noch nicht entwickelt hat (so auch RIESENHUBER Rn 572; HEIDERHOFF 131 f; RANIERI, Obligationenrecht 1888; A ZIMMERMANN 190). Es fehlen bislang sowohl europarechtliche Vorschriften als auch Rechtsprechung des EuGH, die über die Anerkennung des Grundsatzes in bestimmten Bereichen bzw in einzelnen Ausprägungen hinausgehen.

6. Zusammenfassung

1186 Im Ergebnis bleibt festzuhalten, dass alle dargestellten Rechtsordnungen und Regelwerke Institute entwickelt haben, um den berechtigten Interessen der anderen Partei im Einzelfall gegenüber den Regeln des „strengen Rechts" Rechnung tragen zu können (vgl ZIMMERMANN/WHITTAKER 679; RANIERI, Obligationenrecht 1803). Dogmatisch geht der Weg allerdings nicht immer über eine objektive Klausel von „**Treu und Glauben**", „**good faith**" oder „**bonne foi**", obwohl eine solche Begrifflichkeit in fast allen untersuchten Rechtsordnungen vorhanden ist.

1187 Besonders große Bedeutung kommt dem Grundsatz von Treu und Glauben im deutschen Recht zu; er wird hier sogar als „**stilbildendes Element**" angesehen (LANDO/BEALE 116; allg zum Stil der Rechtskreise ZWEIGERT/KÖTZ 62 ff). Im schweizerischen und neuen niederländischen Recht nimmt der Grundsatz von Treu und Glauben ebenfalls eine herausragende Stellung ein. In vielen anderen Rechtsordnungen lässt sich eine zunehmende Bedeutung verzeichnen. Dies spiegelt sich in den neueren internationalen Regelwerken (UN-Kaufrecht, PECL, DCFR, UNIDROIT-Principles) sowie im europäischen Gemeinschaftsprivatrecht wieder. Die damit einhergehende **Einschränkung der Vertragsfreiheit** wird zwar in vielen Rechtsordnungen kritisch betrachtet (s o Rn 1166). Die in der deutschen Lit entwickelten Ansätze zu einem **materiellen Verständnis der Privatautonomie** machen jedoch deutlich, dass eine stärkere Berücksichtigung von Treu und Glauben mit dem Gedanken der Vertragsfreiheit in Einklang gebracht werden kann. Vorbehalte bestehen häufig auch mit Blick auf den Grundsatz der **Gewaltenteilung** (s o Rn 1122 f und 1149). Weiterführend ist hier aber der Gedanke, dass der Richter sich bei der Konkretisierung von Treu und Glauben nicht an den eigenen Wertvorstellungen orientieren darf, sondern die in der Rechtsordnung verankerten Wertungen des Gesetzgebers zugrunde legen muss.

§ 243
Gattungsschuld

(1) Wer eine nur der Gattung nach bestimmte Sache schuldet, hat eine Sache von mittlerer Art und Güte zu leisten.

(2) Hat der Schuldner das zur Leistung einer solchen Sache seinerseits Erforderliche getan, so beschränkt sich das Schuldverhältnis auf diese Sache.

Materialien: E I §§ 213, 214; II § 207; III § 237; Mot II 10 ff = MUGDAN II 6 f; Prot I 285 ff = MUGDAN II 505 ff; JAKOBS/SCHUBERT I 49 ff.

Schrifttum

ADAM, Die Entwicklung der Gattungsschuld im gemeinen Recht (Diss Würzburg 1960)
AMEND, Schuldrechtsreform und Mängelhaftung beim Gattungsvermächtnis, ZEV 2002, 227
BALLERSTEDT, Zur Lehre vom Gattungskauf, in: (1.) FS Nipperdey (1955) 261
BERNDORFF, Die Gattungsschuld (1900)
A BLOMEYER, Studien zur Bedingungslehre I 87
BUCK, Die Gattungsschuld im deutschen, franz. und schweiz. Recht, eine vergleichende Darstellung (Diss Tübingen 1935)
vCAEMMERER, Anleiheschulden und Einlösungsmittel, JZ 1951, 740
CANARIS, Die Einstandspflicht des Gattungsschuldners und die Übernahme eines Beschaffungsrisikos nach § 276 BGB, in: FS Wiegand (2005) 179
ders, Die Bedeutung des Übergangs der Gegenleistungsgefahr im Rahmen von § 243 II BGB und § 275 II BGB, JuS 2007, 793
ders, Der Vertrag mit ersetzbarer Primärleistung als eigenständige Rechtsfigur und die

Zentralprobleme seiner Ausgestaltung, in: FS H P Westermann (2008) 137
CASPER, Beschlagnahme und Gefahrtragung beim Versendungskauf, JW 1925, 589
DOERNER, Kaufrechtliche Sachmängelhaftung und Schuldrechtsreform, ZIP 2001, 2264
ERNST, Die Konkretisierung in der Lehre vom Gattungskauf, in: GS Knobbe-Keuk (1997) 49
ders, Das Lieferungsgeschäft als Vertragstyp seit dem Preußischen Allgemeinen Landrecht, in: FS Zöllner (1999) 1097
ders, Kurze Rechtsgeschichte des Gattungskaufs, ZEuP 1999, 583
ders, Der Erfüllungszwang bei der Gattungsschuld in der Prozessrechtsgeschichte des 19. Jahrhunderts, in: FS Nörr (2003) 219
EISSER, Die Gefahrtragung beim Kaufvertrag (1927)
FAUST, Grenzen des Anspruchs auf Ersatzlieferung bei der Gattungsschuld, ZGS 2004, 252
H A FISCHER, Konzentration und Gefahrtra-

gung bei Gattungsschulden, JherJb 51 (1907) 159
GRAWERT, Die Konzentration der Gattungsschuld (Diss Köln 1932)
GRUBER, Das drohende Ende der Stückschuld, JZ 2005, 707
GSELL, Beschaffungsnotwendigkeit und Leistungspflicht (1998)
dies, Beschaffungsnotwendigkeit und Ersatzlieferung beim Stück- und beim Vorratskauf, JuS 2007, 97
G HAGER, Die Gefahrtragung beim Kauf (1982)
HAMMEN, Die Gattungshandlungsschulden (1995)
HAVENSTEIN, Die Gattung, Gruchot 55 (1911) 449
HOLLÄNDER, Die Haftung des Verkäufers und Vermieters einer Gattungssache bei mangelhafter Vertragserfüllung, AcP 113 (1915) 124
HÖNN, Zur Dogmatik der Risikotragung im Gläubigerverzug bei Gattungsschulden, AcP 177 (1977) 385
U HUBER, Zur Konzentration beim Gattungskauf, in: FS Ballerstedt (1975) 327
JAHNKE, Die Durchsetzung von Gattungsschulden, ZZP 93 (1980) 43
JHERING, Beiträge zur Lehre von der Gefahr beim Kaufcontracte, JherJb 4 (1861) 366
W KISCH, Gattungsschuld und Wahlschuld (1912)
I KOLLER, Unvorhergesehener Aufwand bei der Lagerung von Gütern, VersR 1995, 1385
LEMPPENAU, Gattungsschuld und Beschaffungspflicht (1972)
LESSMANN, Grundprobleme der Gattungsschuld, JA 1982, 280

MARBURGER, Technische Normen, Gattungsbegriff und Rügelast (§§ 377, 378 HGB), JuS 1976, 638
MEDICUS, Die konkretisierte Gattungsschuld, JuS 1966, 297
ders, Modellvorstellungen im Schuldrecht, in: FS Felgentraeger (1969) 309
MISCHKE, Die Rechtsnatur des Nachlieferungsanspruchs beim Gattungskauf (Diss Köln 1963)
RAMNITZ, Speziesschuld, Gattungsschuld, Wahlschuld, eine rechtspolitische Betrachtung (Diss Breslau 1938)
RIEMENSCHNEIDER, Die Stellung des Gattungsschuldners und Gattungsgläubigers (Diss Göttingen 1936)
SCHLANGEN, Die Konkretisierung der Gattungsschuld (Diss Köln 1930)
SCHOLLMEYER, Erfüllungspflicht und Gewährleistung, JherJb 49 (1905) 93
J SCHRÖDER, Zur Auslegung des § 300 Abs 2 BGB, MDR 1973, 466
U SEIBERT, Gattung und Güte, MDR 1983, 177
VAN VENROOY, Konzentration zu Lasten des Schuldners, WM 1981, 890
WANK, Lieferung von Glykolwein als Falschlieferung, JuS 1990, 95
WEISSMANN, Die Abgrenzung zwischen Gattungs- und Wahlschuld (1907)
H P WESTERMANN, Die Konzernverschaffungsschuld als Beispiel einer beschränkten Gattungsschuld, JA 1981, 599
WILMS, Bewirkt Konzentration Umwandlung der Gattungsschuld in eine Speziesschuld? (Diss Breslau 1931)
XANDER, Die Auswirkungen der Schuldrechtsreform auf die Gattungsschuld (2006).

Systematische Übersicht

I.	**Allgemeines**		4.	Abgrenzung ___ 12
1.	Bedeutung der Vorschrift ___	1	5.	Beschaffungsschuld ___ 19
2.	Weitere Vorschriften über die Gattungsschuld ___	4	**III.**	**Der Inhalt der Gattungsschuld (Abs 1)**
II.	**Die Gattungsschuld**		1.	Der allgemeine Qualitätsmaßstab ___ 21
1.	Definition ___	6	2.	Vereinbarung über die Qualität ___ 23
2.	Gattungsmerkmale ___	8	3.	Qualitätsabweichungen ___ 24
3.	Vorratsschuld ___	10		

IV. Die Konkretisierung der Gattungsschuld (Abs 2)		**V.**	**Übertragung auf andere als Sachschulden**	44
1. Die durch die Konkretisierung zu verändernde Rechtslage	27	1.	Rechte	45
		2.	Dienst- oder Werkleistungen	46
2. Zuständigkeit für die Konkretisierung	28	**VI.**	**Prozessuales**	
3. Voraussetzungen der Konkretisierung	29	1.	Beweislast	50
		2.	Vollstreckung	53
4. Rechtsfolgen der Konkretisierung	38			

Alphabetische Übersicht

Siehe Sachregister.

I. Allgemeines

1. Bedeutung der Vorschrift

„Jede Leistung bedarf eines bestimmten Gegenstandes" (GERNHUBER, Schuldverhältnis **1** § 9, 1). Daran fehlt es – zunächst – bei der Gattungsschuld wie bei der Wahlschuld (§§ 262 ff) und bei dem Schuldverhältnis mit einem Leistungsbestimmungsrecht (§§ 315 ff). Eine relative **Unbestimmtheit der Leistung** kennzeichnet ferner die im Gesetz nicht allgemein geregelte Ersetzungsbefugnis; jedoch liegt dort die Unbestimmtheit allein in der Möglichkeit, statt eines von vornherein bestimmten Leistungsgegenstandes einen anderen, ebenso bestimmten zu wählen. Liegt keine dieser Modalitäten zur Bestimmung des Leistungsgegenstandes vor, ist das Schuldverhältnis wegen seines unbestimmten Inhalts unwirksam; insbesondere eine vertragliche Einigung ohne bestimmten oder bestimmbaren Schuldinhalt ist wegen Fehlens eines essentiale negotii unwirksam. Vor Annahme der Unwirksamkeit ist jedoch stets sorgfältig zu prüfen, ob der Vertrag durch eine (ergänzende) Auslegung im Sinne der Bestimmbarkeit der Leistung zu retten ist (GERNHUBER, Schuldverhältnis § 9, 1 mwNw aus der Rspr zu Unterrichtsverträgen).

Die **systematische Stellung** der Regelung der Gattungsschuld im Gesetz erklärt sich **2** daraus, dass der historische Gesetzgeber die Stückschuld als Modell des Schuldinhalts zugrundegelegt hat. Die Gattungsschuld war demgegenüber bis zum SMG nur anhangsweise (MünchKomm/EMMERICH Rn 1) geregelt, wobei obendrein auch bloß die gattungsmäßig bestimmte Sachschuld von § 243 unmittelbar erfasst wird (zur Frage der entsprechenden Anwendung auf andere Schuldinhalte unten Rn 44 ff). Der Anspruch auf Ersatzlieferung beim Kauf (§ 439 Abs 1) knüpft zwar typischerweise an das Vorliegen eines Gattungskaufs an; dies ist auch der historische Hintergrund (vgl den weggefallenen § 480 aF) für die Regelung. Der Wortlaut des § 439 Abs 1 sieht aber von der Unterscheidung zwischen Stück- und Gattungskauf ab (zu den hieraus entstandenen Streitfragen zuletzt CANARIS, in: FS Westermann 138 ff). Charakteristisch für das Verhältnis der Gattungsschuld zur Stückschuld ist die – im Wortlaut des § 243 Abs 2 nicht ganz deutlich zum Ausdruck gebrachte – Tendenz des Gesetzgebers, die Gattungsschuld in eine Stückschuld zu überführen („Transmutationstheorie", vgl Mot II 12 und dazu GERNHUBER, Schuldverhältnis § 10 III 1). Schon HECK (Schuldrecht § 9, 6) hat jedoch gelehrt, dass der eigentliche Regelungsgegenstand des § 243 Abs 2 – die Gefahrtragung – nicht durch eine strukturelle oder gar begriffliche Einordnung erfasst werden kann, sondern nur durch eine Bewertung der Interessenlage (vgl unten Rn 36 f). Auf vergleichbare methodische Weise ist bei der Gewährung des Anspruchs auf eine Ersatzlieferung nach § 439 Abs 1 S 1 zu verfahren.

3 § 243 ist die **allgemeinste Vorschrift** über die Gattungsschuld. Sie regelt in Abs 1 den Qualitätsstandard, den der Schuldner einhalten muss, in Abs 2 die sonstigen Anforderungen, die er in der Regel zu erfüllen hat, um nicht entweder erneut die Primärleistung erbringen oder Schadensersatz statt der Leistung schulden zu müssen. § 243 Abs 2 enthält darüber hinaus eine analogiefähige Wertung für die in § 439 Abs 1 S 1 mit der Nacherfüllung durch Ersatzlieferung (auch) beim Stückkauf geschaffene Möglichkeit einer ersetzbaren Primärleistung jenseits von Gattungsschulden (CANARIS, in: FS Westermann 159 f).

2. Weitere Vorschriften über die Gattungsschuld

4 Neben § 243 bringen Vorschriften über die Gattungsschuld (früher auch: Genus-Schuld) **im BGB** noch: im Allgemeinen Schuldrecht § 300 Abs 2 zum Übergang der Leistungsgefahr auf den Gläubiger bei Annahmeverzug, im Besonderen Schuldrecht nur § 524 Abs 2 für die Gattungsschenkung. Eine weiterreichende Beschaffungspflicht des Schuldners, wie sie für Gattungsschulden typisch ist (dazu krit GSELL 115 ff), wird vom Gesetz nicht ausdrücklich angeordnet, kann sich aber aus § 276 Abs 1 gemäß dem dort erwähnten „Inhalt des Schuldverhältnisses" ergeben (ERMAN/WESTERMANN Rn 9, 10); zur Nachlieferungspflicht nach § 439 Abs 1 schon oben Rn 2. Zu den noch geltenden Sondervorschriften des Schuldrechts treten im Erbrecht die §§ 2155, 2182 Abs 1, 2183 über das Gattungsvermächtnis (dazu AMEND ZEV 2002, 227 ff). Eine Gattungsschuld kann aber auch bei solchen Rechtsverhältnissen vorliegen, bei denen das Gesetz es nicht erwähnt, etwa bei Leasingverträgen über vertretbare bewegliche Sachen (BGH LM § 242 [CD] Nr 238 = NJW 1982, 873). Zu anderen Gattungsschulden und zur Frage der entsprechenden Anwendung des § 243 vgl unten Rn 44 ff.

5 § 360 HGB enthält für das **Handelsrecht** denselben Standard wie § 243 Abs 1 BGB. Dies geht bereits auf Art 335 ADHGB zurück. In den handelsrechtlichen Vorschriften über Waren, Wertpapiere und „Güter" (§§ 373, 381, 383, 407 ff HGB) ist keine Unterscheidung nach Stück- oder Gattungsschuld erkennbar. Tatsächlich steht im Handelsrecht schon traditionell die Gattungsschuld im Vordergrund.

II. Die Gattungsschuld

1. Definition

6 Merkmal der Gattungsschuld ist die fehlende Bestimmtheit des einzelnen Leistungsgegenstandes, während die Merkmale dieses Gegenstandes, ihre natürlichen, technischen und wirtschaftlichen Eigenschaften (MünchKomm/EMMERICH Rn 5) ebenso wie etwa Menge und Gewicht festgelegt sind. Die Auswahl des konkreten **Leistungsstückes** und die Dispositionsfreiheit hinsichtlich der Beschaffung des Leistungsgegenstandes (CANARIS, in: FS Wiegand 190) bleibt dem Schuldner überlassen.

Nach entsprechender vertraglicher Abrede kann die Wahl aber auch dem Gläubiger zustehen.

Ob überhaupt eine Gattungsschuld vorliegt, ergibt sich zuerst **aus dem Schuldvertrag** (oder etwa beim Gattungsvermächtnis aus der letztwilligen Verfügung). Manche Schuldverhältnisse sind jedoch nach Gesetz oder Denknotwendigkeit Gattungs- oder Stückschulden. So ist bei zurechenbarer Zerstörung einer vertretbaren Sache die Lieferung einer gleichartigen Sache Naturalrestitution gemäß § 249 Abs 1 (BGH NJW 1985, 2413; dazu genauer STAUDINGER/SCHIEMANN [2005] § 249 Rn 184); die Schadensersatzpflicht ist in solchen Fällen somit eine Gattungsschuld. Andererseits kann die Pflicht zur Rückgabe einer gemieteten Sache allein durch diese Sache, also als Stückschuld, erfüllt werden (GERNHUBER, Schuldverhältnis § 10 I 1 b).

2. Gattungsmerkmale

Wie das Vorliegen einer Gattungsschuld von der Parteiabrede abhängig ist, können auch die Gattungsmerkmale **von den Parteien** festgelegt werden (BGH NJW 1975, 2011; NJW 1986, 659 zum „aliud"). Insbesondere sind die Parteien nicht an die Unterscheidung von vertretbaren und unvertretbaren Sachen oder Sachteilen gebunden: Das Schuldverhältnis kann irgendeine Parzelle aus einem Grundstück oder irgendein Bild eines bestimmten Malers (MünchKomm/EMMERICH Rn 6; ERMAN/WESTERMANN Rn 3; SOERGEL/TEICHMANN Rn 2) zum Gegenstand haben. Anders als bei der Abgrenzung zwischen vertretbaren und unvertretbaren Sachen kommt es für die Gattungsschuld daher auch nicht auf die Verkehrsauffassung an (GERNHUBER, Schuldverhältnis § 10 I 2; MünchKomm/EMMERICH Rn 6 gegen BGH NJW 1975, 2011; NJW 1984, 1955 u MARBURGER JuS 1976, 638 ff). Fehlt eine Abrede, kann freilich auf die Verkehrsanschauung als Grundlage der ergänzenden Auslegung und Lückenfüllung der Parteivereinbarung zurückgegriffen werden (BGH NJW 1989, 218; ERMAN/WESTERMAN Rn 2). Dieselbe Funktion können industrielle oder technische Normen und gesetzlich bestimmte Qualitätsstandards erfüllen (BGH NJW 1986, 659 und MünchKomm/EMMERICH Rn 5). Unverzichtbar für die Gattungsschuld ist, dass der Gattung mehr Stücke angehören, als geschuldet werden, weil andernfalls eine Stückschuld vorläge (MünchKomm/EMMERICH Rn 6).

Die Leistung ist auch dann noch nach § 243 Abs 1 bestimmbar, wenn die Parteien die Gattung nur **ganz abstrakt** benennen. Auch „ein Tier" oder „ein Buch" kann hiernach die Gattung (ausnahmsweise) bezeichnen (GERNHUBER, Schuldverhältnis § 10 Fn 6), wenn es dem Gläubiger erkennbar wirklich nur auf irgendein Tier oder ein beliebiges Buch ankommt. Je ungenauer die Gattungsmerkmale beschrieben werden, um so mehr Spielraum bleibt dem Schuldner. Weitere (und realistischere) Beispiele für solche allgemeinen Merkmale sind Beschaffenheitsangaben (die nach § 434 Abs 1 S 1 freilich ebenso der Qualität einer Stückschuld gelten können), Herstellungsjahr (Kraftfahrzeuge, Wein), Herkunft (Kohle, Bier, Wein), Fabrikmarke, Leistungsfähigkeit, aber auch der Preis (Wein zu 10 € die Flasche; ein Doppelzimmer zu 120 €).

3. Vorratsschuld

Da die Parteien über das Vorliegen einer Gattungsschuld entscheiden, können sie auch aus der Gesamtgattung einen engeren Kreis leistungstauglicher Gegenstände durch eine begrenzende Herkunftsangabe bestimmen, so aus einem vorhandenen **Vorrat**, aus (künftiger) eigener Produktion des Schuldners oder aus den Beständen eines bestimmten Lieferanten. Auch bei solchen Vereinbarungen liegt Gattungsschuld vor (Mot II 11 gegenüber früheren Zweifeln). Vielfach wird sie begrenzte oder beschränkte Gattungsschuld genannt. Beschränkt ist aber nicht die Schuld, sondern allein die Gattung (GERNHUBER, Schuldverhältnis § 10 I 3 a, relativierend GSELL 203 Fn 375); und eine gewisse Beschränkung liegt in jeder Gattung. Das Besondere dieser Schuld liegt darin, dass der (sonstigen) Gattungsbeschreibung auch Gegenstände entsprechen, die sich der Schuldner nach dem Vertrag nicht beschaffen muss, um seine Verpflichtung zu erfüllen. Vielfach wird dies durch eine Vorrats- oder Produktionsklausel kenntlich gemacht sein, sofern solche Hinweise nicht bereits in der Aufforderung zum Angebot (zB einem Prospekt) enthalten sind. Es kann aber auch auf dem Interesse des Gläubigers, zB an einer besonders hohen Qualität, beruhen, wenn der Schuldner nur aus eigener Produktion liefern darf (GSELL JuS 2007, 103). Hilfreich bei der Auslegung der Parteivereinbarung kann die „typologische Dreiteilung in markt-, produktions- und vorratsbezogene Gattungsschulden" sein (CANARIS, in: FS Wiegand 191 f). Ausnahmsweise kann auch einmal die Verbindung zwischen der Pflicht und dem Recht zur Beschaffung aufgehoben sein, so dass der Schuldner zwar andere Stücke beschaffen darf, das aber nicht zu tun braucht. Dann liegt zwar weiterhin Vorratsschuld (und nicht: unbeschränkte Gattungsschuld) vor, aber verbunden mit der Ersetzungsbefugnis, den Gläubiger aus einem anderen Bestand zu befriedigen (GERNHUBER, Schuldverhältnis § 10 I 3 d). Dies kommt insbesondere in Betracht, wenn der Gläubiger keinerlei Interesse an Stücken gerade aus dem Vorrat hat, die Vorratsklausel also nur dem Schuldner dienen sollte. Häufiger behält sich der Schuldner die Lieferung von vorratsfremder Ersatzware ausdrücklich vor, doch stellt die Rspr insoweit strenge Anforderungen (vgl BGH NJW 1970, 992; OLG Karlsruhe JZ 1972, 120).

11 **Beispiele** für Beschränkung der Gattungsschuld auf einen Vorrat oder eine bestimmte Produktion sind etwa: die Benennung von Kohlenzechen (RGZ 28, 220; OLG Karlsruhe JZ 1972, 120) oder eines Schiffes, aus dem geliefert werden soll (RG WarnR 1918 Nr 45; 217; BGH WM 1973, 363). Doch kann sich die Beschränkung auch sonst durch Auslegung ergeben. Sie kommt insbes in Betracht, wenn der Schuldner Ware verspricht, die er – dem Gläubiger erkennbar – selbst herstellt. So RGZ 88, 287, 288: „Verkauft ein Fabrikant Ware, die er selbst herstellt, so werden, auch ohne dass es besprochen wird, die Umstände nicht selten die Annahme nahe legen, dass nur die Erzeugnisse der eigenen Fabrik den Vertragsgegenstand bilden sollen". Ebenso liegt es, wenn ein Landwirt Agrarprodukte verkauft (zB bei Rübensamen nach RGZ 84, 125. Es ging aber um die Bestellung einer bestimmten Sorte beim einzigen Züchter, daher um eine reine Gattungsschuld, GERNHUBER, Schuldverhältnis § 10 I 3 a m Fn 9. Vgl für landwirtschaftliche Vorratsschuld auch schon RGZ 57, 138, ferner RG JW 1918, 130). Hier soll der Schuldner sogar für sich behalten dürfen, was er zur Befriedigung des eigenen Bedarfs benötigt (RGZ 91, 312 f). Im Ergebnis schrumpft die Gattung so um die für den Eigenbedarf erforderliche Menge. Die Annahme einer besonderen Beschränkung macht aber keinen Sinn, wenn der Schuldner ohnehin der einzige Produzent ist (vgl den Fall von OLG München OLGZ 1973, 454: Verpflichtung zur Lieferung von 100 hl Bier einer bestimmten Brauerei). Nach RGZ 108, 419, 420 soll der Hinweis auf einen bestimmten Lagerplatz die Schuld auf die dort lagernde Ware beschränken können. Doch ist das allgemein sicher nicht richtig: Der Hinweis kann auch nur den Erfüllungsort meinen (krit auch MünchKomm/EMMERICH Fn 44; GERNHUBER, Schuldverhältnis § 10 Fn 10). Näher liegt die Annahme einer Beschränkung dagegen, wenn die Parteien die Ware auf dem Lagerplatz besichtigt haben (RG HansGZ 1930 B 38). Ein Sonderfall der beschränkten Gattungsschuld ist die Konzernverschaffungsschuld (dazu grundlegend WESTERMANN JA 1981, 599; s auch ERMAN/WESTERMANN Rn 11): Will sich ein Konzernunternehmen erkennbar nur verpflichten, die Leistung aus der Produktion des Gesamtkonzerns zu erbringen, liegt im Zweifel eine Vorratsschuld vor. Dies kann zB bedeutsam sein, wenn der Konzern eine Produktion ins Ausland verlagert hatte, den dortigen Betrieb aber aus politischen Gründen aufgeben musste (vgl WESTERMANN JA 1981, 603 ff und MünchKomm/EMMERICH Rn 14). Zu einer (uU auch nachträglich, MünchKomm/EMMERICH Rn 13) vertraglich vereinbarten Zwischenphase, in der die Gattungsschuld auf einen Vorrat beschränkt ist, kommt es im Fall der mehrstufigen Konkretisierung (dazu unten Rn 33).

4. Abgrenzungen

Bei einer **Stückschuld** (Speziesschuld) im Gegensatz zur Gattungsschuld ist der **12** Schuldgegenstand so genau bestimmt, dass dem Schuldner keine Auswahlmöglichkeit bleibt. Das liegt insbes vor, wenn statt **aus** einem Vorrat (oben Rn 10 f) der **ganze** Vorrat (zB auch eine ganze Schiffsladung wie die volle Tranausbeute eines Dampfers, RGZ 91, 260) versprochen wird. Dieselbe Situation kann nachträglich eintreten, wenn sich die Gattung auf die geschuldete Menge vermindert (zB der überschießende Teil des Vorrats wird an andere Gläubiger geliefert). Bereits der Verkauf eines Teils der Produktion soll nach RGZ 92, 369, 371 eine Stückschuld begründen, wenn sich die Parteien beim Vertragsabschluß „die den Gegenstand des Vertrags bildenden Sachen als konkrete Sachen vorgestellt haben". Doch ist dieses Kriterium wenig klar; entscheidend dürfte gewesen sein, dass der Schuldner nicht auswählen konnte (es waren die nächsten 35 t Erz verkauft, die in einer bestimmten Grube erzeugt werden würden). Überflüssig ist eine Auswahl durch den Schuldner, wenn der Gläubiger die Sache bereits ausgewählt hat, ohne doch ein Interesse gerade an bestimmten Stücken (und nicht einfach an mangelfreier Ware) zu haben. Dies ist etwa beim Kauf verpackter Ware in **Selbstbedienungsläden** (richtig: bedienungslosen Läden) der Fall. Hier muss der Gläubiger auch dann einzelne Stücke wählen, wenn ihm alle Stücke gleich lieb sind. In solchen Fällen ist die Konkretisierung trotz der notwendigen Mitwirkungshandlung des Gläubigers, zB der Auswahl der Ware und ihrer Vorlage an der Kasse, allein noch nicht eingetreten. Die Regeln über die Gattungsschuld bleiben anwendbar (nicht nur: entspr, so noch die 13. Aufl; wie hier insbes FAUST ZGS 2004, 255 mNw Fn 23). In Betracht kommt vor allem der Anspruch auf Nachlieferung fehlerfreier Ware nach § 439 Abs 1 aE (ebenso GERNHUBER, Schuldverhältnis § 10 I 1 c zu § 480 aF), der freilich nicht nur für den Gattungskauf gilt (BGHZ 168, 64 = NJW 2006, 2839 u hM, vgl PALANDT/WEIDENKAFF § 439 Rn 15 mwNw).

Bei der **Wahlschuld** (§§ 262–265) bedarf es zur endgültigen Bestimmung des Leis- **13** tungsgegenstandes wie bei der Gattungsschuld entweder noch einer Wahl oder sie ist doch jedenfalls möglich. Kaum Abgrenzungszweifel zur Gattungsschuld entstehen hier, wenn das Wahlrecht beim Gläubiger liegt (was bei der Wahlschuld trotz § 262 überwiegt): Dann kommt Gattungsschuld meistens (vgl aber oben Rn 6) nicht in Betracht. Als Kriterium für die Wahlschuld wird vielfach angenommen, dass die

Wahl nur zwischen einer geringen Zahl von Stücken besteht und die Parteien sich diese einzelnen Stücke beim Vertragsabschluß konkret vorstellen (so STAUDINGER/ MEDICUS[12] Rn 14 mwNw). Dieses Kriterium kann aber auch bei der Gattungsschuld (Beschaffung eines von nur wenigen, bekannten Sammlerstücken) erfüllt sein, während zB Wahlvermächtnisse über je ein etwa gleichwertiges, vom Erben zu bestimmendes Bild aus der durch Ein- und Verkäufe wechselnden Sammlung des Erblassers erst im Zeitpunkt des Erbfalles oder der Wahl individualisiert werden (vgl KISCH 172 ff; GERNHUBER, Schuldverhältnis § 11 Fn 9 mwNw). Die dann ausgewählten Bilder können (im Gegensatz zu § 243 Abs 1) die geringwertigsten der Sammlung sein. Nur als Indizien für Wahlschuld kommen in Betracht: geringe Anzahl der möglichen Leistungsobjekte, ihre individuelle Bezeichnung und der Umstand, dass sie einander nicht vertreten können (§ 91) (nach GERNHUBER, Schuldverhältnis § 11 I 3).

14 Möglich ist auch eine **Kombination von Wahlschuld und Gattungsschuld**: Es kann zunächst zwischen mehreren Gattungen gewählt werden und dann innerhalb der gewählten Gattung zwischen mehreren Stücken. Dahin gehört der Fall von BGH NJW 1960, 674: Verpflichtung zur Abnahme einer bestimmten Gesamtmenge von Öl, wobei der Käufer zwischen verschiedenen Arten (ua Autoöle, Getriebeöle, Schmierfette) wählen durfte (ebenso GERNHUBER, Schuldverhältnis § 11 Fn 11; Münch-Komm/EMMERICH Rn 8; LARENZ I § 11 II; ESSER/SCHMIDT § 14 II 1). Dann sind für die Wahl **der** Gattung die §§ 262 ff und für die Wahl **aus** der Gattung ist § 243 anzuwenden.

15 Bei der **Ersetzungsbefugnis** des Schuldners ist die primär geschuldete Leistung vollkommen bestimmt. Der Schuldner kann jedoch an die Stelle dieser geschuldeten Leistung eine andere setzen, die dann die einzig geschuldete ist. Der Unterschied zur Gattungsschuld liegt darin, dass bei der Ersetzungsbefugnis jeweils nur eine bestimmte Leistung geschuldet wird, während diese Bestimmtheit bei der Gattungsschuld anfänglich fehlt. Freilich ist auch hier wie bei der Wahlschuld (vgl oben Rn 14) eine **Kombination mit der Gattungsschuld** denkbar: nämlich wenn der Schuldner die Gattung, aus der er primär leisten muss, durch eine andere ersetzen kann (zB 2 t Kohle statt 1000 l Heizöl).

16 Das Schuldverhältnis mit einem **Leistungsbestimmungsrecht** steht der Gattungsschuld vor allem dann nahe, wenn das Bestimmungsrecht dem Schuldner zusteht. Dieser kann im Zweifel im Rahmen der Billigkeit bestimmen (§ 315 Abs 1, 3), also mit einem weiteren Spielraum als nach § 243 Abs 1. Doch wird man § 243 für die Auswahl von Stücken aus der Gattung als Spezialregelung aufzufassen haben: Insoweit ist § 315 dann unanwendbar.

17 Der BGH (BGHZ 28, 123; 83, 293, krit dazu MEDICUS JuS 1993, 705, 709) hat auch die **Geldschuld** mehrfach als Gattungsschuld behandelt (ebenso E WOLF, SchuldR I § 4 D I, II a, d; ähnlich FIKENTSCHER/HEINEMANN, SchuldR Rn 259: „Gattungsschulden besonderer Art"). In der Lit wird hingegen der Charakter der Geldschuld als Gattungsschuld teilweise deshalb verneint, weil sie keine Sachschuld sei (LARENZ I § 12 3; für Sachschuld besonderer Art aber FÜLBIER NJW 1990, 2797 f; insgesamt wohl überholt durch den modernen bargeldlosen Zahlungsverkehr, ERMAN/SCHAUB § 244 Rn 2). Aber auch andere als Sachschulden können gattungsmäßigen Charakter haben (vgl unten Rn 44 ff). Größeres Gewicht hat daher das Argument, dass die meisten Vorschriften über die Gattungsschuld für Geldschulden nicht passen (MEDICUS JuS 1966, 297, 305; ausf GERNHUBER Schuldverhältnis § 10 I

6 b mwNw Fn 23, 24): § 243 Abs 1 ist für die Geldschuld offenbar sinnlos, und Abs 2 wird weithin durch § 270 Abs 1 verdrängt (zur entspr Anwendung von § 243 Abs 2 auf die Verspätungsgefahr bei Geldschulden vgl unten Rn 35). Das Beschaffungsrisiko als Vertretenmüssen nach § 276 Abs 1 S 1 (wie schon früher § 279 aF) passt gleichfalls nicht, weil sich bei der Geldschuld die Unbeachtlichkeit des Unvermögens aus dem Prinzip der unbeschränkten Vermögenshaftung ergibt (grundlegend MEDICUS AcP 188 [1988] 501; dem folgen auch FIKENTSCHER/HEINEMANN aaO: s auch STAUDINGER/LÖWISCH/CASPERS [2009] § 275 Rn 72 ff; § 276 Rn 167 f). Nur für § 300 Abs 2 kommt eine entspr Anwendung bei der Geldschuld in Betracht (MEDICUS JuS 1966, 297, 305; GERNHUBER, Schuldverhältnis § 10 I 6 b; ERMAN/J HAGER § 300 Rn 5; differenzierend STAUDINGER/LÖWISCH/FELDMANN [2009] § 300 Rn 18).

Wenn Geld **nicht als Zahlungsmittel** erworben wird sondern etwa als Goldmünzen **18** zur Kapitalanlage, so dass es auf eine bestimmte Menge von Geldzeichen einer bestimmten Sorte statt auf einen bestimmten Geldwert ankommt, dann liegt eine „eigentliche Geldsortenschuld" vor, die echte Gattungsschuld ist. Hier gilt insbes auch § 243 Abs 1: Schadhafte Geldzeichen sind i d R nicht erfüllungstauglich. Die in § 245 geregelte „uneigentliche Geldsortenschuld" jedoch, bei der es primär um die Übertragung eines Geldwerts geht, ist echte Geldschuld und daher keine Gattungsschuld.

5. Beschaffungsschuld

Als Folge der Gattungsschuld, die nicht auf einen Vorrat oder eine Produktion be- **19** schränkt ist (oben Rn 10 f), wird meist eine **Beschaffungspflicht** angenommen (STAUDINGER/MEDICUS[12] Rn 10 im Anschluss an BALLERSTEDT [vgl Schrifttum]; so auch noch zB BGH NJW-RR 2004, 50, 52; PWW/SCHMIDT-KESSEL Rn 7). Dies ist jedoch doppelt ungenau (GERNHUBER, Schuldverhältnis § 10 II 1; GSELL 12 ff; CANARIS, in: FS Wiegand 189 ff; vgl auch MEDICUS/LORENZ, SchuldR I Rn 401): Zum einen können Schuldverhältnisse mit Beschaffungspflichten auch für Stückschulden begründet werden (zB ein bestimmtes Kunstwerk zu ersteigern). Dies gilt vor allem, wenn man mit der hM (BGHZ 168, 64; PALANDT/WEIDENKAFF § 439 Rn 15; CANARIS JZ 2003, 831 ff; H ROTH NJW 2006, 2953 ff; GSELL JuS 2007, 97 ff; **aA** insbes FAUST ZGS 2004, 252 ff) eine Nachlieferungspflicht des Verkäufers bei Stückschulden nach § 439 Abs 1 annimmt. Zum andern kann zwar der Schuldner aus eigenem Interesse, um den Vertrag uU in „zweiter Andienung" erfüllen zu können, zur Beschaffung eines erfüllungstauglichen Gegenstandes gehalten sein; dies begründet aber vor einer entsprechenden Wahl des Käufers nach § 439 Abs 1 keine selbständige, etwa neben die Übereignungspflicht beim Gattungskauf tretende Verpflichtung des Verkäufers. Es geht allein darum, ob der Schuldner ein Unvermögen zur Leistung zu vertreten hat (vgl dazu CANARIS, in: FS Wiegand 190 f, 216 ff mit der Einordnung des § 276 Abs 1 S 1 als Auslegungsregel; vgl ferner STAUDINGER/LÖWISCH/CASPERS [2009] § 276 Rn 156 ff insbes 160 ff zu einschlägigen Vertragsklauseln). GERNHUBER (aaO) spricht in diesem Zusammenhang von einer Beschaffungslast. Sie ergibt sich aus besonderen Vertragsklauseln oder aus der typischen Risikozuweisung des Vertrages wie beim „marktbezogenen Handelskauf" (auch: „marktbezogene Gattungsschuld", MEDICUS/LORENZ, SchuldR I Rn 201): Liegt er vor, braucht der Schuldner für erfüllungstaugliche Ware nur solange zu sorgen, wie solche Ware „am Markt" ist und ihn kein Vorwurf (insbes wegen Verzuges) dafür trifft, dass zu dem Zeitpunkt, in dem er der Beschaffungslast nachzukommen sucht, keine Ware mehr auf dem Markt vorhanden ist (vgl RGZ 57, 116; 88, 172; 95, 264; 107, 156). Die wohl gebräuchlichste Klausel zur Einschränkung der Beschaffungslast ist die Klausel „Selbstbelieferung vorbehalten" (vgl BGHZ 92, 396; hierzu und zu weiteren Klauseln GERNHUBER, Schuldverhältnis § 10 II 3).

20 Ist der Schuldner mehreren Gläubigern gegenüber zur Leistung verpflichtet und genügen die nach dem eben Ausgeführten beschaffbaren Waren nicht zur Befriedigung aller Gläubiger, stellt sich die Frage einer Pflicht zur anteiligen Befriedigung (**Repartierung**). Sie ist vom RG für Vorratsschulden mehrfach im Sinne einer par conditio creditorum beantwortet worden (RGZ 84, 125; 91, 312; 100, 134; MEDICUS/PETERSEN BR Rn 256; ebenso noch Voraufl u für den Regelfall PWW/SCHMIDT-KESSEL Rn 8a; zustimmend für die Fälle unverschuldeter Unzulänglichkeit des Vorrats GSELL, 169 ff). Einwände hiergegen haben jüngst STAUDINGER/LÖWISCH/CASPERS ([2009] § 275 Rn 21) erhoben: Ein sachlicher Grund, die Gläubiger wie in einem Insolvenzverfahren zu einer Befriedigungsgemeinschaft zu verbinden, bestehe nicht. Umgekehrt hatte schon G HUECK (Der Grundsatz der gleichmäßigen Behandlung im Privatrecht [1958] 143 f) keine Rechtfertigung für die Beschränkung der Repartierung auf Vorratsschulden erkennen können. Das RG hat die Repartierung auf § 242 gestützt. Ob dies unter der Geltung des § 20 Abs 2 GWB (mangelbedingte Abhängigkeit der Gläubiger von einem marktstarken Lieferanten) jenseits des dort geregelten Falles noch aufrechterhalten werden kann, ist zweifelhaft (ablehnend MünchKomm/EMMERICH Rn 17, vgl auch schon GERNHUBER, Schuldverhältnis § 10 IV 8 b a E zu den praktischen Schwierigkeiten bei der Durchführung einer solchen Repartierung; hiergegen aber GSELL 183 ff). Daher schlägt EMMERICH vor, dem Schuldner freie Hand zu lassen, welche Gläubiger er in welchem Umfang befriedigen wolle (ebenso schon E WOLF JuS 1962, 101, 104 f), während LÖWISCH/CASPERS das Prioritätsprinzip anwenden wollen, so dass der schnellste Gläubiger den Vorteil hat. Das BGB selbst ordnet in anderen Fällen teils den Vorrang der früheren Forderung (so nach § 519 Abs 2 und idR nach §§ 1990, 1991), teils die Verteilung zu gleichen Teilen (so § 659 Abs 2) an. Ein verallgemeinerungsfähiges Prinzip lässt sich daraus nicht gewinnen (H P WESTERMANN AcP 208 [2008] 141, 169, spricht im vorliegenden Zusammenhang immerhin von einem „an sich dem privaten Schuldverhältnis innewohnenden Präventionsprinzip"). Aber auch die Anwendung des § 242 als Ausweg aus der Ratlosigkeit ist kein überzeugendes Rezept: Eine Möglichkeit zur Anknüpfung an eine allgemein anerkannte Fallgruppe von Treu und Glauben ist nicht ersichtlich. Näher liegt es den Hinweis auf gleichartige, aber nicht verbundene Pflichten gegenüber Dritten im Verhältnis zum ersten (oder gerade die Erfüllung fordernden) Gläubiger als Einwand aus der Person eines Dritten zu qualifizieren. Freilich ist das Problem kollidierender Pflichten dem Recht nicht fremd. Sind die Pflichten gleichrangig, ist die Verletzung der Pflicht gegenüber dem einen Pflichtgläubiger, um die Pflicht gegenüber einem anderen zu erfüllen, nach anerkannter strafrechtlicher Lehre und Rspr nicht rechtswidrig (SCHÖNKE/SCHRÖDER/LENCKNER, StGB [7. Aufl 2006] Vorbem §§ 32 ff Rn 71 ff). Schon wegen der Einheit der Rechtsordnung ist im Zivilrecht genauso, also im Sinne des Vorschlages ua von EMMERICH zu entscheiden.

III. Der Inhalt der Gattungsschuld (Abs 1)

1. Der allgemeine Qualitätsmaßstab

21 § 243 Abs 1 und ebenso der daneben heute überflüssige § 360 HGB schreiben die

Lieferung von Sachen (in § 360 HGB: Handelsgut) **mittlerer Art und Güte** vor. Einen etwas anderen Maßstab sieht § 2155 Abs 1 für das Gattungsvermächtnis vor: Dort kommt es auf die Verhältnisse des Bedachten an, was milder oder strenger als der „mittlere" Standard sein kann. Alle diese Regelungen setzen voraus, dass die Gattung aus Stücken unterschiedlicher Qualität besteht. Für die heute typische Gattungsschuld aus industrieller Massenproduktion ist eine solche Voraussetzung idR nicht zu unterstellen. Es wäre vielmehr sehr merkwürdig, wenn hinsichtlich der Lieferung von Produkten an den Käufer insoweit geringere Anforderungen bestünden als hinsichtlich des Sicherheitsstandards gegenüber den Nutzern nach dem ProdHG und nach deliktischen Verkehrspflichten (sogar von einer „Sekuritäts- und Qualitätssteuerung" durch § 243 Abs 1 sprechen ESSER/SCHMIDT § 13 I 2 a). Daher ist nach § 243 Abs 1 ein den Fertigungsnormen der Serie voll entsprechendes Produkt zu liefern, nicht ein Produkt mit „durchschnittlichen" Abweichungen (GERNHUBER, Schuldverhältnis § 10 III 4 a; ERMAN/WESTERMANN Rn 8; MünchKomm/EMMERICH Rn 19). Dies folgt nicht erst aus einer Begrenzung der Gattung auf normgemäße Stücke durch entsprechende Parteivereinbarung (so aber BGH NJW 1975, 2011 und STAUDINGER/MEDICUS[12] Rn 20). Vielmehr sind normgerechte Produkte durch die Normfestlegungen selbst gattungsmäßig bestimmt (MARBURGER JuS 1976, 638, 640). Wenn aber die Parteien zB einen höheren Standard vereinbaren, führt dies zu einer speziellen privatautonomen Fixierung. Dann gehören Stücke, die nur den allgemeinen Standards entsprechen, gar nicht zur Gattung. Nur im Ergebnis stimmt hiermit überein, dass nach RGZ 69, 407, 409, wenn für die geschuldete Sache noch besondere Eigenschaften innerhalb der Gattung vereinbart sind, eine Sache mit diesen Eigenschaften auszuwählen sein soll (ebenso SOERGEL/TEICHMANN Rn 5 im Anschluss an OLG Zweibrücken WM 1985, 237). Doch dürfte auch diese Vereinbarung besonderer Eigenschaften schon die Grenzen der Gattung bestimmen (vgl zur Abgrenzung SEIBERT nach Schrifttum). Ebenso dürften Vereinbarungen über den Verwendungszweck oder den Preis regelmäßig schon für die Bestimmung der Gattung und nicht erst für die geschuldete Auswahl Bedeutung haben.

Was i e dem Maßstab „mittlere Art und Güte" entspricht, ergibt sich demnach aus der **Gattung** so, **wie** sie **für das Schuldverhältnis maßgeblich** ist. Insbes bei der Vorratsschuld (vgl oben Rn 10 f) knüpft der „mittlere" Standard an die Qualität des konkreten Vorrats an. Beim Kauf auf Besichtigung muss der Verkäufer dem Käufer Sachen mittlerer Art und Güte zur Besichtigung stellen (RGZ 93, 254).

2. Vereinbarungen über die Qualität

Abweichend von § 243 Abs 1 kann der Schuldner durch Vereinbarung berechtigt werden, auch schlechtere als mittlere Qualität zu liefern, oder er kann zur Lieferung besserer Qualität verpflichtet sein, ohne dass hierdurch die geschuldete Gattung selbst wie in den Rn 21 f genannten Fällen eingeengt wird. Infolgedessen bleibt dem Schuldner insbes bei der Vereinbarung eines minderen Standards die Lieferung besserer Qualität (zum selben Preis) unbenommen. Solche Abreden sind vor allem als Klauseln im kaufmännischen Geschäftsverkehr gebräuchlich. Die Klauseln „wie besehen" oder „wie besichtigt" haben im Rahmen der §§ 377, HGB, 434 ff BGB die Wirkung, dass die Gewährleistung wegen aller erkennbarer Qualitätsminderungen ausgeschlossen ist (vgl RG WarnR 1919 Nr 114), die Klausel „wie die Ware steht und liegt" sogar, dass auch verborgene Mängel hingenommen werden müssen (vgl RG SeuffA 87 [1933] Nr 39; zu Widersprüchen in der Handhabung beider Klauseln durch die Rspr STAUDINGER/MATUSCHE-BECKMANN § 444 Rn 18, 21 mNw). Die tel quel-(auch: telle quelle-)Klausel berechtigt den Schuldner, ausschließlich schlechteste Qualität zu liefern (BGH LM § 346 D Nr 5). RGZ 19, 30, 31 hat die Klausel auch bei Verkauf schwimmender Ware in diesem Sinne angewendet. Doch liegt, wenn die ganze Ladung geschuldet wird, überhaupt Stückschuld vor (vgl oben Rn 12). Und wenn ein Teil davon geschuldet wird, handelt es sich um eine Vorratsschuld (vgl oben Rn 10); in den Grenzen des Vorrats kann dann wieder § 243 Abs 1 gelten (vgl oben Rn 22).

3. Qualitätsabweichungen

24 Liefert der Schuldner **schlechtere Ware** als er nach Abs 1 (oben Rn 21 f) oder nach den abweichenden Vereinbarungen (oben Rn 23) schuldet, hat er regelmäßig noch nicht erfüllt. In Konsequenz dieser Annahme müsste der Erfüllungsanspruch bestehen bleiben, und der Gläubiger hätte die Ware nach § 812 Abs 1 S 1 Alt 1 herauszugeben (condictio indebiti). Für den praktisch weitaus wichtigsten Fall, den **Gattungskauf** (und bei Erstreckung der Nachlieferungspflicht auf den Stückkauf auch für diesen), trifft § 439 Abs 4 die Regelung, dass stattdessen auf die Rückgewähr der mangelhaften Leistung Rücktrittsrecht (§§ 346 ff) anzuwenden ist. Nach dem Wortlaut der Vorschrift gilt dies unabhängig davon, ob die Nachlieferung auf Verlangen des Käufers zur Erfüllung der Gewährleistungspflicht erfolgt oder auf Initiative des Verkäufers in Ausübung seines (wiederum von der Wahl des Käufers abhängigen) Rechts zur „zweiten Andienung" (als bedingtes Nacherfüllungsrecht gedeutet von MünchKomm/EMMERICH Rn 21 mNw Fn 66 f).

25 Bessere Ware als die nach § 243 Abs 1 (vgl oben Rn 21 f) oder den abweichenden Vereinbarungen (vgl oben Rn 23) geschuldete **darf** der Schuldner in aller Regel liefern (LARENZ I § 11 I; MünchKomm/EMMERICH Rn 22; ERMAN/WESTERMANN Rn 8). Nur wenn der Gläubiger ausnahmsweise, weil er sonst gezwungen wäre, seinerseits einen höheren Preis zu nehmen, ein nachvollziehbares Interesse an bloß mittelguter Ware hat, käme eine andere Lösung in Betracht. In einer solchen Lage bliebe es jedoch dem Gläubiger unbenommen, sein Interesse durch die Vereinbarung einer entsprechenden Begrenzung der Gattung selbst wahrzunehmen (GERNHUBER, Schuldverhältnis § 10 III 4 c).

26 Fraglich ist, ob der Schuldner bessere Ware auch als indebitum **kondizieren** kann, wenn er sie versehentlich (sonst schon § 814!) statt mittelguter geliefert hat. Das wird überwiegend verneint (LARENZ I § 11 I; MünchKomm/EMMERICH Rn 22; ERMAN/WESTERMANN Rn 8). Jedoch kann ein beachtlicher Irrtum (zB Vergreifen) bei einer der Erfüllung dienenden Willenserklärung vorliegen, insbes bei der Übereignung. Beispiel: S schuldet dem F mittelgute und dem G beste Ware; die für G bestimmte Ware wird irrtümlich an F geliefert: Hier kann die Übereignung an F nach § 119 Abs 1 angefochten und dann die Ware vindiziert werden; in einem solchen Fall dürfte der F auch kein Recht zum Besitz aus dem Kauf haben. Dagegen fehlt es schon an einem zur Anfechtung berechtigenden Irrtum, wenn der Schuldner nur über den Inhalt seiner Pflicht geirrt hat. Eine Anfechtung kommt ferner nicht in Betracht, wenn der Erfüllung keine Willenserklärung zugrunde liegt. Schließlich stellt die bessere Qualität kaum eine wesentliche Eigenschaft der Ware i S von

§ 119 Abs 2 dar, da eine solche Leistung jedenfalls ihren wesentlichen Zweck, die Erfüllungswirkung nach § 362 Abs 1, erreicht (zweifelnd noch Bearb 1995). Demnach kann der Schuldner bei einem bloßen Qualitätsirrtum nicht anfechten.

IV. Die Konkretisierung der Gattungsschuld (Abs 2)

1. Die durch die Konkretisierung zu verändernde Rechtslage

Die Rechtslage vor der Konkretisierung (Konzentration) ist durch die Beschaffungslast des Gattungsschuldners (vgl oben Rn 19) bestimmt: Dieser müsste bis zur Erschöpfung der beschränkten (oben Rn 10 f) wie der unbeschränkten Gattung immer neue Erfüllungsversuche unternehmen, wenn die früheren nicht zur Erfüllung geführt haben; er trüge also die **Leistungsgefahr**. § 300 Abs 2 verbessert die Lage des Schuldners durch die Anordnung, die Gefahr (= Leistungsgefahr, heute unbestritten; zu früheren Deutungen GERNHUBER, Schuldverhältnis § 10 Fn 67) solle schon beim Eintritt des Annahmeverzugs auf den Gläubiger übergehen. § 243 Abs 2 verlegt den Gefahrübergang auf den Gläubiger nochmals vor, so dass für den nach hM regelmäßig erst später einsetzenden § 300 Abs 2 nur eine geringe Bedeutung bleibt (vgl MEDICUS JuS 1966, 297, 302 f; noch enger GERNHUBER, Schuldverhältnis § 10 III 5 i; zu Einzelheiten STAUDINGER/LÖWISCH/FELDMANN [2009] § 300 Rn 17 ff; ausf zum Verhältnis von § 243 Abs 2 und § 300 Abs 2 ERNST, in: GS Knobbe-Keuk 83 ff). Die Gegenleistungsgefahr (Preisgefahr, Vergütungsgefahr) ist nicht in §§ 243 Abs 2, 300 Abs 2 geregelt, sondern in §§ 323 Abs 6, 326 Abs 2, 446 f (wobei § 447 für den Verbrauchsgüterkauf nach § 474 Abs 2 nicht gilt), 640, 644 Abs 1 S 2 u Abs 2, 646.

2. Zuständigkeit für die Konkretisierung

Für die Konkretisierung ist nach § 243 Abs 2 in aller Regel der **Schuldner** zuständig. Sowohl die Konzentration selbst als auch die Zuständigkeit für sie kann aber vertraglich herbeigeführt (zu den Konstruktionsfragen GERNHUBER, Schuldverhältnis § 10 III 3 c mwNw Fn 51) oder geregelt werden. Wählt der Gattungskäufer nach § 439 Abs 1 statt der Nachlieferung die Nachbesserung (Beseitigung des Mangels), nimmt er als Gläubiger die Konkretisierung vor, obwohl die Leistung den Anforderungen des § 243 Abs 1 nicht entspricht (ERMAN/WESTERMANN Rn 8, 14). Allerdings ist der Käufer wie beim Stückkauf an seine Wahl der Nacherfüllungsalternative so lange nicht gebunden, bis der Verkäufer die Nachbesserung vorgenommen oder den Käufer in Annahmeverzug gesetzt hat (STAUDINGER/MATUSCHE-BECKMANN [2004] § 439 Rn 7; BAMBERGER/ROTH/FAUST § 439 Rn 9 f; **aA** ERMAN/GRUNEWALD § 439 Rn 9: Bindung mit Zugang der Wahlerklärung; ebenso PALANDT/WEIDENKAFF § 439 Rn 6, der aber im Gegensatz hierzu Rn 8 das Wahlrecht des Käufers nach wirksamer Ausübung erst mit der Erfüllung der Nachleistungspflicht durch den Verkäufer erlöschen lässt). Auch beim Gattungsvermächtnis sieht § 2155 Abs 2 die Möglichkeit der Konkretisierung durch den Gläubiger vor. Dort findet sich außerdem ein Fall möglicher Konkretisierung durch einen Dritten, zB einen Sachverständigen.

3. Voraussetzungen der Konkretisierung

Erste Voraussetzung der Konkretisierung ist nach dem Wortlaut des § 243 Abs 2 eine „solche Sache". Demnach ist eine Konkretisierung durch den Schuldner nur mit einer nach Abs 1 oder abweichender Vereinbarung (oben Rn 23) **erfüllungstauglichen Sache** möglich (RGZ 69, 407, 409; BGH NJW 1967, 33). Im wichtigsten Anwendungsfall der Gattungsschuld, im Gattungskauf, kann der Käufer die Konkretisierung freilich trotz einer mangelhaften Lieferung herbeiführen (dazu oben Rn 28).

30 Eine allseits überzeugende allgemeine Formel, die das „**seinerseits Erforderliche**" konkreter bestimmt, ist bisher nicht gefunden worden. Die Rspr hält das Erforderliche für getan, wenn der Schuldner alles zum Leistungserfolg vorbereitet habe, so dass es nur noch am Gläubiger liege, ob er die Sache in Empfang nehmen wolle oder nicht (vgl insbes RGZ 57, 402, 403 f; BGH WM 1975, 917, 920). EMMERICH (MünchKomm Rn 26) formuliert im selben Sinne, der Schuldner müsse so weit „angeleistet" haben, wie es ihm jeweils ohne Mitwirkung des Gläubigers möglich sei, er müsse also die Voraussetzungen erfüllt haben, um den Gläubiger nach § 294 in Annahmeverzug zu setzen (ähnl ERNST, in: GS Knobbe-Keuk 80 ff). Aber dies trifft etwa für die Holschuld keineswegs immer zu: Hier mag es dem Schuldner sehr wohl möglich sein, die Sache zum Gläubiger zu bringen; dennoch muss er eben dies nach vorzugswürdiger Ansicht (vgl unten Rn 37) zur Konkretisierung gerade nicht. Es kommt nicht darauf an, was dem Schuldner möglich ist, sondern allein darauf, was er schuldet: Nur dies ist das „zur Leistung seinerseits" (und nicht etwa: alles) „Erforderliche". Insbes besteht keinerlei Veranlassung, dem Schuldner das Risiko vorübergehender Annahmehindernisse beim Gläubiger (§ 299) aufzubürden (GERNHUBER, Schuldverhältnis § 10 III 5 b). Für bestimmtere Aussagen ist daher nach der Art der Schuld zu unterscheiden (i E verfährt so auch MünchKomm/EMMERICH Rn 28 ff):

31 Bei der Bringschuld, also wenn Leistungs- und Erfolgsort beim Gläubiger liegen, muss der Schuldner die erfüllungstaugliche (oben Rn 29) Sache aussondern, sie zum Gläubiger bringen und sie ihm termingerecht (vgl unten Rn 37) anbieten (tatsächliches Angebot nach § 294). Hier gerät der Gläubiger zugleich (oder doch mit der folgenden Ablehnung, vgl MEDICUS JuS 1966, 297, 302) in Annahmeverzug; die Leistungsgefahr geht dann auch nach § 300 Abs 2 auf ihn über. Aussonderung und Bereitstellung des erfüllungstauglichen Gutes sowie Mitteilung davon an den Gläubiger genügen jedoch, wenn der Gläubiger zuvor erklärt, dass er nicht annehmen werde (wörtliches Angebot nach § 295): Hier wäre es sinnlos, das Gut dem Gläubiger noch zu bringen (GERNHUBER, Schuldverhältnis § 10 III 5 e).

32 Bei der Schickschuld (Leistungsort beim Schuldner, Erfolgsort beim Gläubiger) braucht der Schuldner die erfüllungstaugliche (oben Rn 29) Sache regelmäßig nur auszusuchen und sie ordentlich (also richtig adressiert und in geschuldeter Weise freigemacht, nötigenfalls auch nach Einholung erforderlicher Genehmigungen) an den Gläubiger abzusenden. Hier wird die Schuld schon mit dieser Absendung konkretisiert, also idR bevor Annahmeverzug eintreten und daher § 300 Abs 2 wirken kann. Von da an trägt der Gläubiger die Leistungsgefahr. Dies gilt selbst dann, wenn die Preisgefahr (wie im Fall der Versendung beim Verbrauchsgüterkauf, § 474 Abs 2) noch nicht auf ihn übergegangen ist (BAMBERGER/ROTH/FAUST § 474 Rn 25; STAUDINGER/MATUSCHE-BECKMANN [2004] § 474 Rn 62). Für den Fall, dass der Gläubiger die Ablehnung der Lieferung erklärt, gilt dasselbe wie bei der Bringschuld (oben Rn 31).

33 Möglich ist insbes bei der Schickschuld auch eine **mehrstufige Konkretisierung**

(GERNHUBER, Schuldverhältnis § 10 III 6): Auf einer ersten Stufe wird bereits der Kreis möglicher Leistungsgegenstände ähnlich wie bei einer Vorratsschuld (oben Rn 10) beschränkt, ohne dass hiermit schon die Konkretisierung abgeschlossen wäre. Paradebeispiel hierfür ist die Sammelsendung, wenn sie für Geschäfte der fraglichen Art üblich oder dem Schuldner besonders erlaubt ist: Mit der Absendung beschränkt sich das Schuldverhältnis bereits auf die Sammelladung, wenn diese für ganz bestimmte Gläubiger zB durch Konnossement oder Verladeanzeige (RGZ 88, 389, 391) dokumentiert (hiermit aber noch nicht notwendigerweise Miteigentum der Gläubiger) wird. Dann bilden die Gläubiger – anders als bei deren zufälligem Zusammentreffen in Fällen der Vorratsschuld (oben Rn 20) – eine Gefahrengemeinschaft. Daher geht mit dem Sammelversand die Leistungsgefahr auf sie über (dazu genauer J SCHRÖDER MDR 1973, 466 ff; HÖNN AcP 177 [1977] 385, 396 ff; vgl ferner MünchKomm/EMMERICH Rn 30; GERNHUBER, Schuldverhältnis § 10 III 6 b mwNw Fn 84). Entsprechendes muss auch für die Sammellagerung sowie dann gelten, wenn der Schuldner bei der Einzelversendung versehentlich mehr als die geschuldete Menge abgeschickt hat.

34 Für Verkäufe im kaufmännischen Versand (insbes See- und Luftfracht) enthalten die gängigen Incoterms (Übersicht bei STAUDINGER/BECKMANN [2004] § 447 Rn 46 f) neben der Kostentragung Regelungen zum Übergang der Leistungsgefahr und somit zu den Voraussetzungen des § 243 Abs 2. Die Klauseln **fob** (auch: fob Flughafen) und **cif** führen zum Gefahrübergang erst, wenn die Ware die Schiffsreling überschritten hat oder dem Luftfrachtführer übergeben worden ist (vgl RGZ 106, 212, 213; MünchKomm/EMMERICH Rn 29; GERNHUBER, Schuldverhältnis § 10 III 5 g; HUBER JZ 1974, 433, 436). Ist die Ware zu diesem Zeitpunkt nicht bereits eindeutig dem Vertrag mit dem Käufer zugeordnet, bedarf es zur Konkretisierung zusätzlich der Absendung des Konnossements oder der Verladeanzeige an den Käufer. Nach Handelsbrauch ist dann die Konkretisierung rückwirkend mit der Verschiffung oder der Übergabe an den Frachtführer bewirkt.

35 Auch die **Geldschuld** ist zwar nach §§ 270, 269 Schickschuld (nach anderen modifizierte Bringschuld, STAUDINGER/BITTNER [2009] § 270 Rn 3 mNw), aber eben keine Gattungsschuld (vgl oben Rn 17). Eine wenigstens entspr Anwendung von § 243 Abs 2 scheitert regelmäßig an § 270 Abs 1, nach dem der Schuldner die Gefahr bis zur Ankunft beim Gläubiger tragen muss. Für § 243 Abs 2 kommt daher nur der von § 270 Abs 1 nicht erfasste Bereich in Betracht: Dies ist erstens der Fall von § 270 Abs 3, nämlich wenn der Gläubiger nach der Entstehung des Schuldverhältnisses durch einen Umzug die Gefährlichkeit der Versendung erhöht hat. Zweitens geht es um die Verspätungsgefahr, also die Gefahr, dass das rechtzeitig abgesendete Geld verspätet ankommt. Denn für sie gilt § 270 Abs 1 nicht (RGZ 78, 137, 139 f, 142; 99, 258; LARENZ I § 14 IV c). Drittens endlich gilt § 270 Abs 1 nicht für bestimmte auf Geld bezogene Herausgabepflichten, insbes des Geschäftsführers (Beauftragten) und des Kommissionärs (so etwa BGHZ 28, 123, 128; BGH NJW 2003, 743; STAUDINGER/BITTNER [2009] § 270 Rn 6) sowie des Schuldners aus ungerechtfertigter Bereicherung (BGHZ 83, 293; STAUDINGER/BITTNER [2009] § 270 Rn 7). In allen drei Fallgruppen passt § 243 Abs 2 in dem Sinn entspr, dass er den spätesten Zeitpunkt bezeichnet, zu dem die (Verlust- oder Verspätungs-)Gefahr auf den Gläubiger übergeht (MEDICUS JuS 1966, 297, 305). Bei den Herausgabepflichten der letzten Fallgruppe kann freilich der Gläubiger die Verlustgefahr schon vor der Absendung tragen, weil der Schuldner für das Gelingen der Leistung nur nach §§ 276, 278 haftet (vgl SOERGEL/WOLF § 270 Rn 4 f; ERMAN/ EBERT § 270 Rn 1; PALANDT/HEINRICHS § 270 Rn 2).

36 Hinsichtlich der **Holschuld** (Leistungs- und Erfolgsort beim Schuldner) herrscht bereits seit dem 19. Jahrhundert Streit (vgl insbes ERNST, in: GS Knobbe-Keuk 77 ff). Die hM läßt sich mindestens bis zu THÖL (Das Handelsrecht [6. Aufl 1879] §§ 262–264) zurückverfolgen. Nach ihr genügt für die Konkretisierung die Aussonderung und Bereitstellung der Sache sowie eine Mitteilung hierüber an den Gläubiger („**modifizierte Ausscheidungstheorie**", vgl RGZ 57, 402, 404 f; ESSER/SCHMIDT § 13 I 2 c; BGB-RGRK/ ALFF Rn 10; PALANDT/HEINRICHS Rn 5; MünchKomm/EMMERICH Rn 31; ERMAN/WESTERMANN Rn 15; PWW/SCHMIDT-KESSEL Rn 10; GERNHUBER, Schuldverhältnis § 10 III 5 d, weit Ang bei HÖNN AcP 177 [1977] 385, 390 Fn 22). Dieser Ansicht steht seit JHERING (vgl Schrifttum) die **Lieferungstheorie** gegenüber, nach der Konkretisierung auch bei der Holschuld erst mit Übergabe der Sache an den Gläubiger oder Begründung von Annahmeverzug herbeigeführt werde (vCAEMMERER JZ 1951, 740, 744 und HUBER, in: FS Ballerstedt 327, 339). Wie sich der Gesetzgeber zwischen diesen Theorien entschieden hat, ist wiederum str: Während HUBER (329 f) aus der Entstehungsgeschichte entnimmt, beide Kommissionen hätten die Sach- und Preisgefahr (§§ 324 Abs 2 aF, 446 f) gleich behandeln wollen und sich somit für die Lieferungstheorie entschieden, nimmt GERNHUBER (Schuldverhältnis § 10 Fn 62) an, das BGB habe sich mit der Formulierung „das seinerseits Erforderliche getan" keiner gemeinrechtlichen Konkretisierungstheorie angeschlossen. Undeutlich ist die hM hinsichtlich des Zeitpunktes der Konkretisierung: Manche verlangen Zugang der Mitteilung an den Gläubiger, andere begnügen sich mit deren Absendung (vgl GERNHUBER, Schuldverhältnis § 10 Fn 69 mwNw). LARENZ (I § 11 I Fn 5) schließlich läßt es genügen, dass die für den Gläubiger bestimmten Stücke unzweideutig kenntlich seien und der Schuldner den Gläubiger zur Abholung aufgefordert habe.

37 Stellungnahme: Letztlich nicht ergiebig genug ist die Entstehungsgeschichte des Gesetzes: Dass der Gesetzgeber Leistungs- und Preisgefahr gleichzeitig übergehen lassen wollte, ergibt deshalb kein überzeugendes Argument, weil er (wie anfangs bisweilen auch das RG) beide Arten der Gefahr überhaupt noch nicht klar unterschieden hat. Auch ist die Gesetz gewordene Formulierung der 2. Kommission (das „seinerseits Erforderliche") nicht identisch mit der JHERINGschen Formel für die Lieferungstheorie, dass der Schuldner „Alles getan" haben müsse, „was ihm oblag" (JherJb 4 [1861] 366; vgl bereit oben Rn 30). Es ist durchaus sinnvoll, den Schuldner zunächst bloß von seiner Beschaffungspflicht zu befreien (Sachgefahr) und ihm erst in einem späteren Stadium den Anspruch auf die Gegenleistung zu sichern (Preisgefahr). Bei der Stückschuld gehen Sach- und Preisgefahr ohnehin verschiedene Wege, und wenn der Gläubiger den Schuldner für längere Zeit mit der Sach- und Konkretisierungsgefahr belasten will, bleibt es ihm ja möglich, auf eine Schick- oder sogar Bringschuld zu dringen. Entscheidend ist vielmehr die Risikoverteilung nach der konkreten Abrede der Parteien oder des sonstigen Schuldverhältnisses (zB die Wertung des § 818 Abs 3 bei der Rückgewähr der Zuvielleistung aus einer Gattungsschuld). Daraus erklärt sich auch, dass ein etwa **vereinbarter Zeitpunkt für die Abholung** (ebenso wie bei oben Rn 31 für das Angebot bei der Bringschuld) bei der Holschuld berücksichtigt werden muss: Früher kann die Konkretisierung nicht eintreten (ebenso MünchKomm/EMMERICH Rn 31 aE; GERNHUBER, Schuldverhältnis § 10 III 5 d). Andererseits darf dem Schuldner der Vorteil der Konkretisierung nicht wegen eines

Hindernisses auf der Gläubigerseite vorenthalten werden. Daher muss die Konkretisierung auch während der in § 299 bezeichneten Zeitspanne möglich sein (so schon STAUDINGER/MEDICUS[12] Rn 36 gegen vCAEMMERER und HUBER aaO, nachdem die Frage bei MEDICUS JuS 1966, 303 noch offengeblieben war; wie hier CANARIS JuS 2007, 795). Gewahrt wird das Interesse des Gläubigers an der Erkennbarkeit der Konkretisierung (mit LARENZ aaO) bereits dann, wenn die Sache unzweideutig ausgesondert und der Gläubiger zur Abholung aufgefordert wird. Die ausgesonderte Sache muss nicht als solche angeboten, also schon dem Gläubiger gegenüber bestimmt bezeichnet werden (ebenso PALANDT/HEINRICHS Rn 5). Die Bezeichnung gegenüber dem Gläubiger kommt aber stets als Hilfe zum Beweis der Aussonderung (vgl unten Rn 52) in Betracht.

4. Rechtsfolgen der Konkretisierung

Nach der Konkretisierung trägt der Gläubiger die **Leistungsgefahr**. Der Schuldner braucht sich von der Beschränkung des Schuldverhältnisses „auf diese Sache" iSd § 243 Abs 2 an also – wie bei der Stückschuld – im Falle des Untergangs oder der Beschädigung dieser Sache regelmäßig nicht mehr um Ersatz zu bemühen; die Rechtsfolgen aus der Beeinträchtigung der Sache ergeben sich aus den §§ 275 ff, 323 ff. Der Schuldner hat jetzt insbes eine Ersatzsache nur noch nach Wahl der Ersatzlieferung durch den Käufer gemäß § 439 Abs 1 zu beschaffen; sonst haftet er nach §§ 276, 278 allein aus Verschulden oder Garantieübernahme.

Zu differenzieren ist hinsichtlich der Frage, ob **der Schuldner an die** einmal bewirkte **Konkretisierung gebunden** ist: Für den Gattungskauf enthält das Gesetz eine klare Regelung in § 439 Abs 1 und 3. Nach ihr kann der Verkäufer, wenn der Käufer durch das Nachbesserungsverlangen die Konkretisierung vorgenommen hat, seinerseits nur unter den engen Voraussetzungen des § 439 Abs 3 S 1 und 2 zur Nachlieferung mit einer anderen Sache aus der Gattung übergehen. Über die Behandlung anderer Fälle, zB der Konkretisierung durch Absendung beim Versendungskauf (oben Rn 32), herrscht Streit. Nach Meinung des Gesetzgebers (Mot II 12, 74; Prot I 287 f) sollte die vom Schuldner vollzogene Auswahl aus der Gattung unwiderruflich sein. Hiermit sollte dem Gläubiger die Möglichkeit gegeben werden, schon vor der vollständigen Erfüllung über die Sache weiter disponieren zu können. Auch meinte man, der Schuldner solle nicht auf Kosten des Gläubigers spekulieren können. Freilich war schon in der 2. Kommission gesehen worden, dass dem Schuldner (Verkäufer) in Fällen, in denen der Gläubiger (Käufer) kein vernünftiges Interesse gerade an der zunächst für ihn vorgesehene Sache habe, die exceptio doli zustehen könne (Prot I 257 f). Als Verstoß gegen Treu und Glauben oder als Verzicht auf die Konzentration wurde es auch angesehen, wenn der Käufer die zunächst angebotene erfüllungstaugliche Sache grundlos verweigere.

Die **Rspr** ist dem Ansatz des Gesetzgebers stets gefolgt, hat aber in den meisten entschiedenen Fällen im Ergebnis die Bindung des Schuldners nach §§ 157, 242 verneint (RGZ 91, 110, 112; RG Recht 1906 Nr 2075; OLGE 10, 165 f [Marienwerder]; 17, 374 [Königsberg]; 41, 103 f [Hamburg]; offengeblieben ist die Frage in RGZ 108, 184, 187; BGH BB 1965, 349; von einer Bindung ausgehend BGH NJW 1982, 873; OLG Köln NJW 1995, 3128; eingehende Analyse der Rspr bei HUBER, in: FS Ballerstedt 340 ff). Methodisch sind diese Entscheidungen und die gesetzgeberischen Motive wenig überzeugend: Zu Recht hat GERNHUBER (Schuldverhältnis § 10 III 2 a) darauf hingewiesen, dass eine ergänzende

Vertragsauslegung nach § 157 eine Regelungslücke voraussetze, die sich überhaupt erst ergebe, wenn der Wortlaut des § 243 Abs 2 bereits eingeschränkt sei. Und gegen die Anwendung des § 242 spreche, dass über die Reichweite einer Norm zu befinden sei und nicht über einen ungebärdigen Gläubiger, der in bestimmter Situation ein subjektives Recht in unzulässiger Manier ausübt. Die Argumentation damit, dass der Schuldner nicht auf Kosten des Gläubigers spekulieren dürfe, enthält eine petitio principii, da sie den Leistungsgegenstand bereits in irgendeiner Weise der Sphäre des Gläubigers zurechnet, was doch gerade erst zu begründen wäre (GERNHUBER § 10 III 2 c).

41 Dennoch hat der Grundsatz, von dem historischer Gesetzgeber und Rspr ausgehen, in der **Lit** weitgehend Zustimmung gefunden, wobei freilich die Grenzen der Bindung teilweise weiter gezogen werden als in der Rspr. So betonen die Bindung vor allem PLANCK/SIBER (Anm 5b; ebenso STAUDINGER/LÖWISCH/FELDMANN [2009] § 300 Rn 20 mNw; HUBER, in: FS Ballerstedt 340 ff; VAN VENROOY WM 1981, 890 ff; für den Regelfall auch ERMAN/WESTERMANN Rn 19). Wenigstens vom Grundsatz der Gebundenheit geht EMMERICH (MünchKomm Rn 34 f) aus. Für Gebundenheit des Schuldners, wenn er die Konzentration dem Gläubiger angezeigt hat, hat sich GERNHUBER (Schuldverhältnis § 10 III 2 e) ausgesprochen (zustimmend ESSER/SCHMIDT § 13 I 2 c bei Fn 52; ERNST, in: GS Knobbe-Keuk 102 ff).

42 Vor allem MEDICUS (JuS 1966, 297, 300 ff) hat die **Gegenposition** begründet, dass der Schuldner regelmäßig die Konkretisierung rückgängig machen dürfe mit der Folge, dass die Gattungsschuld in den Zustand zurückfällt, in dem sie sich vor der Konkretisierung befunden hat (zu dieser Rechtsfolge auch ERNST, in: GS Knobbe-Keuk 97; JAUERNIG/MANSEL Rn 11): Wenn die Preisgefahr noch nicht auf den Gläubiger übergegangen sei, werde der Schuldner häufig mit anderer Ware erfüllen wollen, um die Gegenleistung noch verdienen zu können. Auch müsste die Notwendigkeit, die ausgesonderten Stücke vielleicht über lange Zeit bis zur Abnahme oder zum Selbsthilfeverkauf getrennt aufzubewahren, dem Schuldner erhebliche Kosten verursachen, die ihm der Gläubiger nur unter den zusätzlichen Voraussetzungen des Gläubigerverzugs nach § 304 zu ersetzen hätte. Dem steht regelmäßig kein Interesse des Gläubigers gerade an den ausgesonderten Stücken gegenüber: Bei Vorliegen eines solchen Interesses hätte von vornherein ein Stückkauf nahegelegen (iE ebenso LARENZ I § 11 I; FIKENTSCHER/HEINEMANN Rn 249; weitgehend auch ESSER/SCHMIDT bei Fn 53; ERNST, in: GS Knobbe-Keuk 97, 102 ff; PWW/SCHMIDT-KESSEL Rn 12; ferner entschieden SOERGEL/TEICHMANN Rn 12; JAUERNIG/MANSEL Rn 11 m d zutr Hinw auf mögliche Schadensersatzpflichten des Schuldners; J HAGER AcP 190 [1990] 324, 332 mit Fn 51; CANARIS JuS 2007, 796 f).

43 Stellungnahme: In den Ergebnissen besteht mehr Übereinstimmung, als die Verschiedenheit der Ausgangspunkte vermuten läßt. Denn allerdings muss die Konkretisierung den Schuldner binden, wenn der Gläubiger ein Interesse gerade an der ausgesonderten Sache hat. So liegt es insbes, wenn er an der Auswahl der Sache mitgewirkt (vgl GERNHUBER; ESSER/SCHMIDT beide wie Rn 41 aE) oder diese sonst schon geprüft hat: Dann soll er Auswahl oder Prüfung nicht bei einer anderen Sache wiederholen müssen. Ebenso verhält es sich, wenn der Gläubiger schon über die Stücke soll verfügen können (insbes beim **Überseekauf**, dazu HUBER, in: FS Ballerstedt 345 ff): Dann darf der Schuldner solche Verfügungen nicht vereiteln. Aber in solchen Fällen ist die Bindung an die Konkretisierung auch für die Theorie der Dispositionsfreiheit (Rn 42) begründbar: Hier ist das Änderungsrecht des Schuldners durch Vereinbarung ausgeschlossen. Umgekehrt macht auch die Bindungstheorie bedeutsame Ausnahmen von der Bindung des Schuldners. Es geht also nur darum, welche der beiden Ansichten **eher den Regelfall trifft** (so dass die Ausnahme einer besonderen Begründung bedarf). So gesehen ist mit MEDICUS (JuS 1966, 297, 300 ff; MEDICUS/PETERSEN BürgR Rn 262) regelmäßig eine Bindung des Schuldners an die Konkretisierung zu verneinen. Denn der Schuldner kann kaum die negative Tatsache behaupten und beweisen, der Gläubiger habe kein besonderes Interesse an dem ausgesonderten Stück. Dagegen fallen dem Gläubiger Behauptung und Beweis hinsichtlich eines solchen Interesses wie auch hinsichtlich eines anderen den Schuldner etwa an die Konkretisierung bindenden Umstandes wohl erheblich leichter.

V. Übertragung auf andere als Sachschulden

§ 243 regelt in beiden Absätzen Gattungsschulden an „Sachen". Der klassische Fall, **44** an den der Gesetzgeber denkt, ist also offenbar die Sachübereignung. Eine Sachleistungsschuld ist aber außer dem Sachkauf etwa auch die **Miete** (zB eines Hotelzimmers; zum **Leasing** vgl NJW 1982, 873 und dazu schon oben Rn 4). Ausdrücklich werden freilich in den Materialien (Mot II 10 f) die „generischen Obligationen, deren Gegenstand eine Handlung ist", erwähnt. Diese seien jedoch äußerst selten. Auch hätten sie „einen so eigentümlichen Charakter, dass sie sich nicht unter allgemeine Regeln subsumieren lassen, bei ihrer Beurteilung vielmehr die besonderen Umstände des einzelnen Falles den Ausschlag geben müssen". Soweit nicht Sonderregelungen in den einzelnen Schuldvertragstypen den Weg zur richtigen Risikoverteilung weisen (vgl unten Rn 48 zu § 644 sowie schon oben Rn 27 zur Preisgefahr), kommt im Einzelnen eine Analogie zu § 243 (und den übrigen Vorschriften über die Gattungsschuld) wie folgt in Betracht:

1. Rechte

§ 243 passt regelmäßig für der Gattung nach bestimmte Rechte, etwa bei der Ver- **45** pflichtung zur (sicherungsweisen) Abtretung von Forderungen oder zur Leistung von Kundenakzepten (MünchKomm/EMMERICH Rn 2; GERNHUBER, Schuldverhältnis § 10 I 5 c; SOERGEL/TEICHMANN Rn 4; ERMAN/WESTERMANN Rn 2). Dann müssen diese Rechte insbes von mittlerer Art und Güte sein, § 243 Abs 1. MEDICUS (STAUDINGER/MEDICUS[12] Rn 44) hat die Auffassung vertreten, bei der sicherungsweisen Abtretung von Kundenforderungen handele es sich um eine beschränkte Gattungsschuld (vgl oben Rn 10), nämlich beschränkt auf diejenigen Forderungen, die der Zedent hat oder in seinem Geschäftsbetrieb erwirbt. Daher beurteile sich die mittlere Qualität auch nur nach dieser Menge (vgl oben Rn 22). Hier werden die einzelnen Forderungen jedoch idR bereits mit dem Kauf oder in der Sicherungsabrede auch abgetreten. Dies wiederum setzt eine Art von Bestimmbarkeit voraus, die bei der Vereinbarung bloßer Gattungsschulden nicht erreicht werden kann. Überhaupt keine Gattungsschuld liegt jedenfalls vor, wenn die abzutretenden Forderungen genau (etwa durch die Anfangsbuchstaben der Schuldnernamen oder durch die Geschäfte, aus denen sie herrühren) bestimmt sind: Dann kommt § 243 nicht in Betracht.

2. Dienst- oder Werkleistungen

46 Denkbar ist die entspr Anwendung von § 243 auch auf gattungsmäßig bestimmte Dienst- oder Werkleistungen (vgl MünchKomm/EMMERICH Rn 2 mNw; zum Vertrag über die Lagerhaltung KOLLER, VersR 1995, 1386 f). Dann bedeutet **§ 243 Abs 1**, dass die Leistung von mittlerer Art und Güte sein muss. Dies hat in neuerer Zeit der BGH zB für Reiseleistungen (BGHZ 100, 157, 174) und für die Verpflichtung des Mieters zu Schönheitsreparaturen (BGHZ 105, 71, 78) ausgesprochen. Freilich ist hier wieder eine etwa durch Auslegung zu gewinnende Beschränkung der Gattung zu beachten, die nach oben Rn 22 auch den Qualitätsmaßstab bestimmt. Zudem wird § 243 Abs 1 bei Werkverträgen neben der Inhaltsbestimmung durch § 631 Abs 1 vielfach entbehrlich sein (MEDICUS, in: FS Felgentraeger [1969] 309, 313). Innerhalb der Dienstverträge ist eine (entspr) Anwendung des § 243 Abs 1 vor allem auf **Arbeitsverhältnisse** erwägenswert. Das BAG (NZA 2006, 439, 441 Rn 27) betrachtet den Urlaubsanspruch des Arbeitnehmers nach § 1 BUrlG als Gegenstand einer Gattungsschuld des Arbeitgebers. Deren Konkretisierung erfolge durch den Arbeitgeber entsprechend § 7 BUrlG (dazu PWW/SCHMIDT-KESSEL Rn 3, 10). Die hM betrachtet die Erfüllung der Arbeitspflicht freilich als eine ganz von der Person und dem individuellen Leistungsvermögen des einzelnen Arbeitnehmers geprägte Verpflichtung und lehnt daher die Orientierung an einer „Normalleistung" nach dem Modell des § 243 Abs 1 ab (STAUDINGER/RICHARDI [2005] § 611 Rn 402 f mNw). Dies passt aber schlecht dazu, dass die Gegenleistung des Arbeitgebers – der Lohn – gewöhnlich gerade nicht nach der individuellen Leistung des Arbeitnehmers bemessen wird (HAMMEN 312 f). Auch § 613 zwingt nicht dazu, der hM zu folgen, weil diese Vorschrift nur für die Person selbst des Leistenden gilt, nicht für den Inhalt seiner Leistung. Daher spricht mehr dafür, die Leistung des Arbeitnehmers beim Fehlen speziellerer Vereinbarungen nach „mittlerer Art und Güte" zu bestimmen, den Arbeitsvertrag also als Vertrag über eine Gattungshandlungsschuld dem Grundsatz des § 243 Abs 1 zu unterwerfen (ebenso ERMAN/EDENFELD § 611 Rn 283; für die Gattungshandlungsschuld im Allg auch MEDICUS/LORENZ, SchuldR I Rn 197). Darin liegt allerdings eine Fortbildung des Gesetzesrechts. Denn der historische Gesetzgeber hat sich bei der Regelung der Gattungsschuld am Modell einer auf Übergabe gerichteten (Sach-)Schuld, nicht einer Handlungsschuld orientiert (ERNST, in: FS Nörr, 235; ders, in: FS Zöllner 1115 ff; GSELL 12 ff – jeweils zur „Beschaffung" als Handlungspflicht).

47 Umstritten ist ferner die entsprechende Anwendung des **§ 243 Abs 2** mit der Folge, dass die Leistungsgefahr auf den Gläubiger übergeht. Beim einfachen **Dienstvertrag** wird freilich idR die Leistung der Dienste bereits die Erfüllung bedeuten, so dass für eine Konkretisierung kein Raum bleibt. Anders ist dies beim Dienstverschaffungsvertrag oder bei Dienstverschaffungselementen innerhalb eines Werkvertrages (Beispiel nach GERNHUBER, Schuldverhältnis § 10 I 5 a: Bereitstellung mehrerer Ziehleute für einen Umzug durch eine Spedition mit größerem Personalbestand). Beim **Werkvertrag** hat MEDICUS (JuS 1966, 297, 306; in: FS Felgentraeger 313 f) die analoge Anwendung des § 243 Abs 2 entwickelt (ebenso LARENZ I § 11 Fn 2; allg auch PALANDT/HEINRICHS Rn 1; ERMAN/WESTERMANN Rn 2). Andere (insbes GERNHUBER, Schuldverhältnis § 10 I 5 c) vertreten jedoch die Ansicht, die werkvertraglichen Vorschriften, insbes § 644, verdrängten § 243 Abs 2. Jedenfalls auf den Reisevertrag hat BGHZ 100, 157, 174 ohne weiteres § 243 Abs 1 zur Bestimmung des Leistungsstandards herangezogen.

Der Streit hat **geringe praktische Bedeutung**. Denn unzweifelhaft geht die Leistungs- **48** gefahr spätestens dann auf den Besteller über, wenn dieser nach § 644 sogar die Preisgefahr zu tragen hat (vgl unten Rn 49). Und das geschieht nach § 644 Abs 1 S 2 insbes, wenn der Besteller in Annahmeverzug gerät. Hierhin gehört auch der Verzug mit der Abnahme (STAUDINGER/PETERS [2009] § 644 Rn 25). Ebenso wie bei der auf eine Sache gerichteten Holschuld der Schuldner den Gläubiger zur Abholung auffordern muss (vgl oben Rn 36 f), dürfte regelmäßig auch beim Werkvertrag eine Aufforderung des Bestellers zur Abnahme zu dem gehören, was der Unternehmer seinerseits zur Erfüllung tun muss. Vor einer solchen Aufforderung kann also auch § 243 Abs 2 nicht eingreifen; danach wird häufig schon § 644 Abs 1 S 1 vorliegen. Diese Vorschrift trifft nur dann nicht zu, wenn der Besteller trotz der Aufforderung wegen § 299 nicht in Annahmeverzug kommt.

Es geht also beim Werkvertrag ebenso wie bei der Holschuld (vgl oben Rn 37) um die **49** Frage, ob der Übergang der Leistungsgefahr auf den Gläubiger durch ein auf seiner Seite bestehendes **Annahmehindernis** soll verzögert werden können. Das ist (mit STAUDINGER/MEDICUS[12] Rn 48) zu verneinen und daher § 243 Abs 2 entspr anzuwenden. § 644 regelt demgegenüber ebenso wie § 447, auf den § 644 Abs 2 verweist, in erster Linie die Preisgefahr (so etwa LARENZ II 1 § 53 III a; PALANDT/SPRAU §§ 644/645 Rn 1; ERMAN/SCHWENKER § 644 Rn 2). Zwar muss man aus dieser Regelung folgern, dass spätestens mit den in § 644 genannten Zeitpunkten auch die Leistungsgefahr auf den Besteller übergeht. Aber § 644 ergibt keineswegs, die Leistungsgefahr könne nicht schon vorher auf den Besteller übergehen: Zwischen der Konzentration und dem frühesten der in § 644 genannten Zeitpunkte passt also § 243 Abs 2 auch für gattungsmäßig bestimmte Werkleistungen.

VI. Prozessuales

1. Beweislast

Im Rahmen von **§ 243 Abs 1** trifft die Beweislast **zunächst** den Schuldner: Er muss **50** insbes beweisen, dass die von ihm ausgesuchten Stücke zur Gattung gehören und von mindestens (vgl oben Rn 21) mittlerer Art und Güte sind. Will der Schuldner mit schlechteren Stücken erfüllen, hat er eine von Abs 1 abweichende Vereinbarung zu beweisen (vgl oben Rn 23); umgekehrt muss das der Gläubiger, wenn er bessere als mittelgute Ware fordert.

Die Beweislast hinsichtlich der Qualität geht nach **§ 363** auf den Gläubiger über, **51** wenn er die gelieferten Stücke einmal als Erfüllung angenommen hat. Davon macht § 476 eine Ausnahme zu Gunsten des **Käufers** bei einem Verbrauchsgüterkauf. Sonst muss auch der Käufer nach Annahme der Leistung deren Fehlerhaftigkeit darlegen und beweisen (PALANDT/WEIDENKAFF § 434 Rn 59; STAUDINGER/MATUSCHE-BECKMANN [2004] § 434 Rn 192 mNw).

Bei § 243 Abs 2 gilt hinsichtlich der Beweislast für die Erfüllungstauglichkeit der **52** Sache dasselbe (oben Rn 50 f). Im Übrigen muss der Schuldner beweisen, er habe das zur Erfüllung seinerseits Erforderliche getan, so dass die Schuld sich konkretisiert habe.

2. Vollstreckung

53 Für die Zwangsvollstreckung der Gattungsschuld besteht eine Schwierigkeit insofern, als § 883 ZPO die Herausgabe bestimmter und § 884 ZPO die Leistung einer bestimmten Menge vertretbarer Sachen regelt (die Konkretisierung erfolgt hier also durch den Gerichtsvollzieher). Darin spiegelt sich die nicht durchweg bis zu einem klaren Ergebnis gelangte Diskussion im 19. Jahrhundert über die richtige Art der Vollstreckung von Gattungsschulden (dazu ERNST, in: FS Nörr 228 ff). Nicht direkt erfasst ist von den genannten Vorschriften die Gattungsschuld über unvertretbare Sachen (vgl oben Rn 8). Für sie wird daher vielfach die direkte Vollstreckbarkeit geleugnet (Belege bei JAHNKE ZZP 93 [1980] 43, 45 Fn 6); Abhilfemöglichkeiten sind die analoge Erstreckung von § 884 ZPO auf unvertretbare Sachen (vgl JAHNKE 53 f), die Erweiterung von § 883 ZPO auf die Vorratsschuld (vgl JAHNKE 54 ff) sowie ein Druck nach § 888 ZPO zur Konkretisierung auf den Schuldner (vgl JAHNKE 58). JAHNKE (63 ff) schlägt mit einleuchtenden Gründen eine Analogie zu § 264 Abs 1 vor: Dadurch wird dem Schuldner sein Auswahlrecht so lange als möglich erhalten.

Sachregister

Die fetten Zahlen beziehen sich auf die Paragraphen, die mageren Zahlen auf die Randnummern.

ABGB
s a Österreich
Aufbau, gaianischer **Einl SchuldR** 310
Institutionen **Einl SchuldR** 109
Leistungspflicht **241** 9
Naturrecht **Einl SchuldR** 109
Rechtsanwendungsregel **242** 1132
Schuldrecht **Einl SchuldR** 108, 311
Schuldverhältnis **241** 3
Ablaufkontrolle
Individualverträge **242** 205
Wegfall der Geschäftsgrundlage **242** 205
Abmahnung
Abmahnschreiben, Entfernung aus der Personalakte **242** 827
Unterwerfungserklärung gegenüber Dritten **242** 1021
Verwirkung **242** 828
Wettbewerbsrecht **242** 1021
wiederholt folgenlose Abmahnungen **242** 828
Abmahnverhältnis
Treu und Glauben **242** 133
Abschlagszahlungen
Teilleistungen **Einl SchuldR** 156
Werkvertrag **Einl SchuldR** 167
Abschlussfreiheit
Privatautonomie **241** 177
Vertragsfreiheit **Einl SchuldR** 52, 324
Abstandszahlungen
Klage, Rechtsmissbrauch **242** 1070
Abstraktionsprinzip
Bereicherungsrecht **Einl SchuldR** 87
Dritterwerber **Einl SchuldR** 33
Eigentumserwerb **242** 895
Eigentumsübertragung **Einl SchuldR** 27
Entwicklung, historische **Einl SchuldR** 27
Fehleridentität **Einl SchuldR** 35
Geschäftseinheit **Einl SchuldR** 37
Güterverteilung, rechtsgrundlose **Einl SchuldR** 87
Teilnichtigkeit **Einl SchuldR** 34
Trennungsprinzip **Einl SchuldR** 26
Verfügungen **Einl SchuldR** 4
Verkehrsschutz **Einl SchuldR** 33
Wertpapierrecht **242** 1026
Abtretung
Abtretungsanzeige **242** 716
Abtretungsurkunde, Aushändigung **242** 717
Einwendungen des Schuldners **242** 714
Erklärung, klarstellende **241** 247

Abtretung (Forts)
Gehaltsforderungen **242** 710
gesetzlicher Forderungsübergang **242** 718
Gläubigerauswechslung **Einl SchuldR** 5, 63; **241** 328
Gutglaubensschutz **242** 715
Interessenwahrungspflicht **241** 256
Kenntnis, positive **242** 716
Leistungssicherungspflicht **241** 274
Lohnforderungen **242** 710
Mitwirkungspflicht **241** 193, 203
Nachweis **242** 717
Rechtshandlungen gegenüber bisherigem Gläubiger **242** 716, 718
Rechtsmissbrauch **242** 241, 244
Scheinabtretung **242** 715
unter Urkundenvorlegung **242** 715
Verfügung **Einl SchuldR** 6
Vertragsauslegung, ergänzende **241** 247
Abtretungsausschluss
Belastungen, ideelle **242** 709, 711
Belastungen, wirtschaftliche **242** 709 f
Treu und Glauben **242** 709
unpfändbare Forderungen **242** 713
unzulässige Rechtsausübung **242** 712, 714
Unzumutbarkeit der Belastung **242** 709 ff
höchstpersönliche Ansprüche **242** 711
Abzahlungsgesetz
Sonderprivatrecht **Einl SchuldR** 140, 144, 171
acquis communautaire
Acquis-Gruppe **Einl SchuldR** 301
Europäisches Privatrecht **Einl SchuldR** 289
Gemeinschaftsprivatrecht **Einl SchuldR** 301
actio libera in causa
Rechtsmissbrauch **242** 1094
ADHGB
Gattungsschuld **243** 5
Handelsverkehr **242** 30
Treu und Glauben **242** 23
Äquivalenzinteresse
Leistungspflichten **241** 153, 215, 417
Leistungssicherungspflichten **241** 271
Äquivalenzprinzip
Äquivalenzbegriff **Einl SchuldR** 67 f
enger Äquivalenzbegriff **Einl SchuldR** 67 f
funktionaler Äquivalenzbegriff **Einl SchuldR** 67
objektiver Äquivalenzbegriff **Einl SchuldR** 67, 70

Äquivalenzprinzip (Forts)
  subjektiver Äquivalenzbegriff **Einl SchuldR** 67 f, 73
  weiter Äquivalenzbegriff **Einl SchuldR** 67
  Austauschvertrag **Einl SchuldR** 48, 66 ff
  Bewertungsmaßstab **Einl SchuldR** 66 ff
  Gewährleistung **Einl SchuldR** 73 f
  Gleichwertigkeit Leistung/Gegenleistung **Einl SchuldR** 66
  Hauptleistungen **Einl SchuldR** 67
  Nebenleistungen **Einl SchuldR** 67 f
  Rechtsgeschäftsordnung **Einl SchuldR** 48, 54
  Sekundärrechte **Einl SchuldR** 73 f
  Synallagma **Einl SchuldR** 69 f
  Verbraucherschutzgesetze, Integration ins BGB **Einl SchuldR** 76
  Vertragsstörung **Einl SchuldR** 70
  Wegfall der Geschäftsgrundlage **Einl SchuldR** 69 f
aequitas
  aequitas canonica **242** 13
  Billigkeit **242** 13
  Ergänzungsfunktion **242** 15
  fränkisches Recht **242** 14
  Gleichbehandlung **242** 12, 16
  Kapitularien **242** 14
  Klagformeln **242** 12
  Korrektiv **242** 13, 15
  Rezeption **242** 13
  römisches Recht **242** 7, 12
  Ungerechtigkeit **242** 46
AGBG
  Integration ins BGB **Einl SchuldR** 1
Aktiengesellschaft
  Auskunftspflicht **242** 985
  Inhaltskontrolle des Gesellschaftsvertrages **242** 971
  Kapitalherabsetzung **241** 516
  Rückabwicklung ex nunc **241** 106
  Sanierung **241** 516
  Stimmbindungsvertrag **242** 969
  Treuepflicht **242** 962 f
    gegenüber Aktionären **242** 985
    allgemeine Treuepflicht **242** 962 f
    Familiengesellschaften **242** 963
    Förderpflicht **242** 962
    Hauptversammlungsbeschluss, Anfechtbarkeit **242** 963, 987
    Mitgliedschaft **242** 962
    Satzung **242** 962
    Umfang **242** 963
    verbandstypische Macht **242** 962
  Umwandlung, formwechselnde **242** 995
  Vermögensvermischung **242** 982
  Vorstandsmitglieder, Wettbewerbsverbot **241** 509

Aktionäre
  Kopien gegen Kostenerstattung **242** 985
  Rücksichtnahmepflicht **242** 964
  Treuepflicht **241** 516; **242** 963 f
    Mehrheitsaktionär **241** 516; **242** 964
    Minderheitsaktionär **241** 505; **242** 964
Allgemeine Bedingungen für die Kraftfahrtversicherung
  Aufklärungspflichten **241** 471
Allgemeine Geschäftsbedingungen
  Abtretung **242** 712
  AGBG **Einl SchuldR** 171, 198, 261
  Ausübungskontrolle **242** 383, 473
  Dauerschuldverhältnisse **241** 349
  deklaratorische Klauseln **242** 474, 476
  Gegenleistung, Höhe **242** 474 f
  geltungserhaltende Reduktion, Verbot **241a** 13
  Gesetzesumgehung **242** 400
  Haftungsausschluss **241** 47
  Haftungsmilderungen **241** 47
  Individualverträge, notarielle **242** 477
  Inhaltskontrolle **Einl SchuldR** 332, 336; **242** 381, 568 f
    erweiterte Inhaltskontrolle **242** 370, 473 ff
  Kodifikation **242** 569
  Leistungsbeschreibungen **242** 474 f
  Leitbildfunktion **Einl SchuldR** 332
  Missbrauchskontrolle **242** 383
  Preisvereinbarungen **242** 474 f
  Rechtsmissbrauch **242** 383 f
  Richtlinienfunktion **Einl SchuldR** 332
  Standardverträge, notarielle **242** 477
  Treu und Glauben **242** 97, 343, 381 ff, 473
  unangemessene Benachteiligung **Einl SchuldR** 76
  Verbraucherschutz **Einl SchuldR** 23
  Vertragsparität, gestörte **242** 473
  Verwirkung **242** 385
Allgemeine Versicherungsbedingungen
  Ausübungskontrolle **242** 1034
  Inhaltskontrolle **242** 1034
Allgemeiner Teil des BGB
  Treu und Glauben **242** 405 ff
Allgemeiner Teil des Schuldrechts
  Entstehungsgeschichte **Einl SchuldR** 124
  Gesetzestechnik **Einl SchuldR** 1
  Schuldverhältnisse **Einl SchuldR** 1 f, 11
Allgemeines Bürgerliches Gesetzbuch
  s ABGB; s Österreich
Allgemeines Gleichbehandlungsgesetz
  s a Antidiskriminierung
  Arbeitsrecht **Einl SchuldR** 166, 284
  Benachteiligung aus sachlichem Grund **Einl SchuldR** 284
  Benachteiligungsverbote **Einl SchuldR** 283
  Beseitigungsanspruch **Einl SchuldR** 283 f
  Diskriminierungsverbot **Einl SchuldR** 282

Allgemeines Gleichbehandlungsgesetz (Forts)
Entschädigungsanspruch **Einl SchuldR** 283
Erbrecht **Einl SchuldR** 283
Familienrecht **Einl SchuldR** 283
Kontrahierungszwang **Einl SchuldR** 284
Kündigungen **242** 802
Privatautonomie **Einl SchuldR** 284
Privatsphäre **Einl SchuldR** 283
Schadensersatzanspruch **Einl SchuldR** 283
Unabdingbarkeit **Einl SchuldR** 283
Unterlassungsanspruch **Einl SchuldR** 283
Allgemeines Persönlichkeitsrecht
Grundrechte **Einl SchuldR** 266
Handlungsfreiheit, allgemeine **Einl SchuldR** 45
immaterielle Schäden **Einl SchuldR** 266; **241a** 13
Menschenwürde **Einl SchuldR** 230
Minderjährige **242** 877
persönliche Sphäre **Einl SchuldR** 230
postmortales Persönlichkeitsrecht **Einl SchuldR** 230
Rechtsfortbildung, richterliche **Einl SchuldR** 230
Schadensersatz **Einl SchuldR** 45
ideeller Schaden **Einl SchuldR** 230
Selbstbestimmungsrecht **Einl SchuldR** 230
Unterlassungsansprüche **241** 136
Allgemeines Schuldrecht
culpa in contrahendo **Einl SchuldR** 180
positive Vertragsverletzung **Einl SchuldR** 180
Treu und Glauben **242** 126, 128, 567
Altenteilsrecht
Abänderung von Altenteilsleistungen **242** 912
Gefährdung **241** 260
Mitwirkungspflicht zur Bestellung dinglicher Sicherheiten **241** 260
alteri stipulatio nemo potest
Vertrag zugunsten Dritter **241** 337
Amtshaftung
Haftungssubsidiarität **Einl SchuldR** 95
Amtspflichtverletzung
Rechtskraftdurchbrechung **242** 1087
Analogie
Lückenschließung **242** 348 ff
Regelungslücke **242** 349
Treu und Glauben **242** 349
Vorrang **242** 349, 352
Aneignung
einseitiges Rechtsgeschäft **241** 54
Anerkenntnisvertrag
Entstehungsgeschichte **Einl SchuldR** 127
Anfechtung
s a Irrtumsanfechtung
Anfechtungsgrund, Fehlen **241** 283
arglistige Täuschung **242** 443 ff
s a dort

Anfechtung (Forts)
Dauerschuldverhältnisse **242** 432
Drohung, widerrechtliche **242** 443
ex-nunc-Wirkung **242** 432
Gewohnheitsrecht **242** 432
ex-tunc-Wirkung **242** 432
Qualitätsirrtum **243** 26
Schadensersatz nach Anfechtung **Einl SchuldR** 10
Schadensersatzpflicht **242** 438 ff
Treu und Glauben **242** 405, 424 ff, 432 ff
Versicherungsvertrag **242** 434
Verwirkung **242** 437
Anglo-amerikanischer Rechtskreis
Treu und Glauben **242** 1119, 1149 ff
Anglo-amerikanisches Recht
privity of contract **241** 296
Anlageberatung
s a Kapitalanlage
Anlageziel **241** 441
Aufklärungspflichten **241** 474
Berater **241** 474
Organmitglieder **241** 474
Geschäftsbesorgungsvertrag **241** 474
Informationsgefälle **241** 474
Informationsstand des Kunden **241** 441
Annahmeverzug
Gattungsschuld **243** 4
Anscheinsvollmacht
Rechtsscheinshaftung **242** 320, 517
Treu und Glauben **242** 92, 517
Anspruch
s a Leistungsanspruch
Begriff **241** 113
Klagbarkeit, Ausschluss **241** 90
Rechtsverhältnis **241** 88
Antidiskriminierung
s a Allgemeines Gleichbehandlungsgesetz
Arbeitsrecht **Einl SchuldR** 281 f
Behinderung **Einl SchuldR** 281 f
EG-Richtlinien **Einl SchuldR** 281 f
ethnische Herkunft **Einl SchuldR** 281 ff
Geschlecht **Einl SchuldR** 281 ff
Lebensalter **Einl SchuldR** 281 ff
Massengeschäfte **Einl SchuldR** 281, 283
Rasse **Einl SchuldR** 281 ff
Religion **Einl SchuldR** 281 ff
sexuelle Identität **Einl SchuldR** 281 ff
Versicherungsverträge **Einl SchuldR** 281, 283
Weltanschauung **Einl SchuldR** 281 f, 284
Anwaltshaftung
Ersatzansprüche, Hinweis auf drohende Verjährung **242** 543
Sekundäranspruch **242** 543, 545
Anwaltssozietät
Wettbewerbsverbot **241** 510
Anwaltsvertrag
s a Rechtsanwalt

Anwaltsvertrag (Forts)
Aufklärungspflichten **241** 444, 458
Erfolgshonorar **242** 511
Gesamtnichtigkeit **242** 511
Lückenfüllung **242** 511 f
Mitwirkungspflichten des Anwalts **241** 228
Pflichtverletzung **241** 416
Teilnichtigkeit **242** 511
Vergütungsvereinbarung **242** 511 f
Textform **242** 512
widersprüchliches Verhalten **242** 512
Zahlungsansprüche, Geltendmachung **241** 228
Anwartschaftsrecht
dolo-agit-Einwand **242** 903
Anweisung
Entstehungsgeschichte **Einl SchuldR** 124
Anzeigepflichten
Äquivalenzinteresse **241** 434
Aufklärungspflicht **241** 427
Informationspflichten **241** 427
Leistungsinteresse **241** 434
Arbeitgeber
Aufklärungspflichten **241** 443
Direktionsrecht **241** 497
Fragerecht **241** 443
Fürsorgepflicht
s Arbeitsverhältnisse
Rücksichtspflicht **241** 497
Unternehmerfreiheit **241** 499
Arbeitnehmer
Arbeitsunfähigkeit **242** 782
Aufklärungspflichten **241** 463
Bekenntnisfreiheit **242** 803
Beleidigung des Arbeitgebers **241** 499, 518
Berufsfreiheit **242** 787, 790
Eigentum **242** 785
Eingliederung in Betrieb des Arbeitgebers **242** 774
Entgeltumwandlungsansprüche **242** 822
Fortkommen, berufliches **242** 787, 790
Geheimhaltungspflicht **241** 513
Glaubensfreiheit **242** 803
Klageerhebung, Abhaltung von **242** 1077
Loyalitätspflicht **242** 791
Meinungsfreiheit **241** 499; **242** 790
Nebentätigkeit **241** 225; **242** 779, 791
Persönlichkeitsrecht **241** 497; **242** 785, 802, 804
Personalakten, Einsichtsrecht **242** 780
Recht auf informationelle Selbstbestimmung **241** 443
Schutzbedürftigkeit **Einl SchuldR** 224
Treuepflicht **241** 517; **242** 781
Unterlassungspflichten **242** 791
Unterschlagung **242** 822
Verfehlungen, schwere **242** 821 f
Vermögensinteressen **242** 785

Arbeitnehmer (Forts)
Versorgungsansprüche, Ausschluss **242** 821 f
Weiterbeschäftigungsmöglichkeit **241** 497
Wettbewerbsverbot **241** 510
Wiedereinstellungsanspruch nach Kündigung **241** 497
Arbeitnehmererfindervergütung
Verwirkung **242** 827
Arbeitnehmerhaftung
Außenhaftung **Einl SchuldR** 226
Fahrlässigkeit, grobe **Einl SchuldR** 226
Fahrlässigkeit, gröbste **Einl SchuldR** 226
Fahrlässigkeit, leichte **Einl SchuldR** 226
Fahrlässigkeit, leichteste **Einl SchuldR** 226
Freistellungsanspruch **Einl SchuldR** 226
gefahrgeneigte Arbeit **Einl SchuldR** 223, 225
Haftungsminderung **Einl SchuldR** 225
Innenhaftung **Einl SchuldR** 226
Schadensverteilung **Einl SchuldR** 226
Vorsatz **Einl SchuldR** 226
Arbeitsrecht
s a Arbeitsvertrag
AGB-Kontrolle **242** 481
Allgemeines Gleichbehandlungsgesetz **Einl SchuldR** 166, 284
Arbeitsschutzgesetz **241** 482, 497
Arbeitsstättenverordnung **241** 482, 497
Arbeitsvertragsrecht **Einl SchuldR** 166
Auflösungsvertrag **Einl SchuldR** 166
Ausschlussfristen **242** 794
betriebliche Übung **242** 193, 195, 833 ff
Betriebsinhaberwechsel **Einl SchuldR** 166
Betriebsverfassungsgesetz **Einl SchuldR** 166
Diskriminierungsverbot **Einl SchuldR** 282
Erwirkung **242** 833 ff
Geheimhaltungspflichten **242** 787, 789 f
nachvertragliche Pflichten **242** 790
Gewerbeordnung **Einl SchuldR** 166
Gleichbehandlungsgrundsatz **242** 146, 785
Gleichbehandlungsrahmenrichtlinie **Einl SchuldR** 281 f
Gleichbehandlungsrichtlinie **Einl SchuldR** 281 f
Gleichstellung **Einl SchuldR** 166
Kündigung, außerordentliche **Einl SchuldR** 224
Kündigung, Schriftform **Einl SchuldR** 166
Kündigungsschutz **Einl SchuldR** 54, 166
Kündigungsschutzgesetz **Einl SchuldR** 166
Rechtsfortbildung, richterliche **Einl SchuldR** 203, 223 ff
Rechtsmissbrauch **242** 792 ff
Kündigungsrecht **242** 799 ff
Rechtsvereinheitlichung, europäische **Einl SchuldR** 280

712

Arbeitsrecht (Forts)
  Schuldrecht, Geltungsbereich **Einl SchuldR** 9
  Sonderprivatrecht **Einl SchuldR** 22
  Tendenzbetriebe **242** 791
  Treu und Glauben **242** 62, 774 ff
  Verfallfristen **242** 794
  Verwirkung **242** 823 ff
    Abmahnschreiben, Entfernung aus der Personalakte **242** 827
    Ansprüche des Arbeitgebers **242** 828
    Ansprüche des Arbeitnehmers **242** 827
    Arbeitnehmererfindervergütung **242** 827
    Ausschluss der Verwirkung **242** 824
    – Betriebsvereinbarungen **242** 824
    – Gehaltsansprüche **242** 824
    – Heimarbeit **242** 824
    – Kündigungsfrist, kurze **242** 825
    – Lohnansprüche **242** 824
    – tarifliche Rechte **242** 824
    – Urlaubsanspruch, gesetzlicher **242** 824
    – Versorgungsbezüge **242** 824
    – vorsätzliche unerlaubte Handlung **242** 826
    Beendigung des Arbeitsverhältnisses **242** 830 ff
    Kündigungsrecht des Arbeitgebers **242** 828
    prozessuale Verwirkung **242** 830 f
    Umschulungskosten **242** 827
    Umstandsmoment **242** 829
    Urlaubsentgelt **242** 827
    Zeitmoment **242** 829, 829 f
    Zeugniserteilung **242** 827
  Verwirkung, Ausschluss **242** 824
  Wettbewerbsverbote **242** 787 f
    nachvertragliche Wettbewerbsverbote **242** 788
  widersprüchliches Verhalten **242** 794
  Zeugnisberichtigungsanspruch **242** 829
Arbeitsunfall
  Unfallversicherung, gesetzliche **Einl SchuldR** 93
Arbeitsverhältnisse
  Abmahnung **241** 499
  Anzeigepflichten **242** 780, 782
  Auskunftspflichten **242** 779 f
  Beendigung **242** 795, 830 ff
  Beförderung zum Arbeitsplatz **241** 226
  befristete Arbeitsverhältnisse **242** 820
  betriebliche Altersversorgung **241** 275
  Dauerschuldverhältnisse **241** 364; **242** 774
  E-Mail-Nutzung, private **241** 497
  Entgeltzahlungsverpflichtung des Arbeitgebers **241** 226
  fehlerhaftes Arbeitsverhältnis **242** 419
  Fragerecht des Arbeitgebers **241** 443

Arbeitsverhältnisse (Forts)
  Fürsorgepflichten des Arbeitgebers **241** 497 f; **242** 781 f, 786
    Arbeitsschutzgesetz **241** 482, 497
    Arbeitsstättenverordnung **241** 482, 497
    nachvertragliche Fürsorgepflicht **241** 275
    Schädigungsverbot **241** 497
    – Eigentum **241** 498
    – Pkw, abgestellte **241** 498
    – Treu und Glauben **241** 498
    – Verhältnisse, betriebliche **241** 498
    – Verhältnisse, örtliche **241** 498
  Fürsorgepflichten des Arbeitnehmers **241** 499
  Grundrechte **241** 499
  Gattungsschuld **243** 46
  Grundrechtsordnung **242** 774
  Informationspflichten **242** 782 ff
    Sozialleistungen, betriebliche **242** 784
  Karenzentschädigung **241** 290
  Kündigung **241** 497; **242** 795 ff
  Leistungssicherungspflichten **242** 779
  Lohnberechnung **242** 779
  Lohnsteuerabführung **242** 779
  Lohnüberzahlung, offenkundige **241** 499
  Mitwirkungspflichten **241** 213, 225 f
    Arbeitgeber **241** 239
    Unterstützung gegenüber Dritten **241** 255 f
  nachvertraglicher Wettbewerb, Unterlassung **241** 290
  Nachweispflichten **242** 782
  Nebenpflichten **242** 778 ff
    leistungsbezogene Nebenpflichten **242** 779
  Obhutspflichten **241** 219; **242** 782, 785
  rauchfreier Arbeitsplatz **241** 497
  Rechenschaftspflichten **242** 779 f
  Rücksichtspflichten **241** 239; **242** 781 f
  ruhendes Arbeitsverhältnis **241** 499
  Schädigung des Unternehmens durch Arbeitnehmer **242** 821 f
  Schmiergelder **242** 822
  sexuelle Belästigung am Arbeitsplatz **242** 782
  Softwareinstallation **241** 499
  Sozialversicherungsbeiträge, Abführung **242** 779
  Strafanzeige gegen den Arbeitgeber **241** 499
  Treuepflichten **241** 225, 505
  Treuepflichten, leistungsunabhängige **242** 782, 787 ff
    nachvertragliche Pflichten **242** 787
  Ungleichgewicht der Vertragsparteien **242** 774
  Wettbewerb, Unterlassung **241** 225

Arbeitsverhältnisse (Forts)
Wiedereinstellungsanspruch nach Kündigung **241** 275
Arbeitsvertrag
s a Arbeitsrecht
Abrechnungserteilung **241** 169
Anfechtbarkeit, eingeschränkte **Einl SchuldR** 223 f
Anfechtung **242** 432 f, 793
Angemessenheitskontrolle **242** 470
Arbeitspflicht **242** 777, 791
arglistige Täuschung **242** 793
Aufhebung **241** 107
Vorsorgeschäden **241** 462
Aufhebungsvertrag **241** 497
Anfechtung **242** 832
Aufklärungspflichten **241** 462 f
Austauschvertrag **242** 775
Ausübungskontrolle **242** 776
Betriebsübergang **242** 812
krankheitsbedingte Kündigung **242** 817
Verwirkung von Ansprüchen **242** 818, 827
Wiedereinstellungsanspruch **242** 816, 818
- Mitteilung, unverzügliche **242** 818
- Verwirkung **242** 818
fehlerhafter Arbeitsvertrag **Einl SchuldR** 224
Gattungshandlungsschuld **243** 46
Gemeinschaftsverhältnis, personenrechtliches **242** 775
Hauptleistungspflichten **242** 777
Individualvereinbarungen **242** 471
Inhaltskontrolle **242** 470, 776
erweiterte Inhaltskontrolle **242** 469 ff
Internationales Privatrecht **Einl SchuldR** 255
Involzugsetzung **241** 107
Konkretisierung arbeitsvertraglicher Pflichten **242** 776 ff
Kündigung **242** 795, 795 f
Anhörung des Arbeitnehmers **242** 805
Ausschlussfrist **242** 810
außerordentliche Kündigung **242** 805
- durch Arbeitnehmer **242** 808
Ausübungsmodalitäten **242** 804 ff
Beleidigung **242** 804
betriebsbedingte Kündigung **241** 497; **242** 806, 812, 814, 816, 819
- Auswahlentscheidung **242** 799 f
- Kleinbetriebe **242** 799 f
Formerfordernisse **242** 806 ff, 831
Fristerfordernisse **242** 806 f, 810
- Zweiwochenfrist **242** 825
fristlose Kündigung aus wichtigem Grund **242** 810
Kopftuch **242** 803
Kündigungsgrund **242** 799 ff, 807 ff

Arbeitsvertrag (Forts)
- Prognoseentscheidung **242** 811, 816
- Sachgrund **242** 802
- sexuelle Ausrichtung des Arbeitnehmers **242** 802
Kündigungsschutzgesetz
s dort
mündliche Kündigung **242** 831
personenbedingte Kündigung **242** 802, 812
prozessuale Verwirkung **242** 831
Rechtsmissbrauch **242** 795 f, 802
schriftliche Kündigung **242** 831
Sittenwidrigkeit **242** 798, 802
Unzeit **242** 804
venire contra factum proprium **242** 806 ff
Verdachtskündigung **242** 805, 812, 816
verhaltensbedingte Kündigung **242** 802, 812
verletzende Form **242** 804
Wiedereinstellungsanspruch **242** 806, 811 ff
- Abfindungsvergleich **242** 819
- Angebot zur Fortsetzung des Arbeitsverhältnisses **242** 813
- Fürsorgepflicht, nachvertragliche **242** 814
- Interessenwahrungspflicht, nachvertragliche **242** 814
- Kündigungsschutz **242** 815
- Kündigungsschutzklage **242** 815
- Prognoseentscheidung **242** 816
- venire contra factum proprium **242** 814
- Vertrauenshaftung **242** 814
- Zumutbarkeit der Weiterbeschäftigung **242** 817
willkürliche Kündigungen **242** 797, 801
Zugangsvereitelung **242** 810
Nichtigkeit **241** 107; **242** 793
Rückabwicklung **Einl SchuldR** 224
Rücksichtspflicht des Arbeitgebers **241** 497
Übergangsregelungen **Einl SchuldR** 260
Vertragsanpassung **241** 497
Wiedereinstellung **241** 497
Vertragsbedingungen, vorformulierte **242** 470
Vertragsparität, gestörte **242** 469 ff, 776
Warnpflichten **241** 462
Architekt
Aufklärung über eigenes Fehlverhalten **241** 464
Aufklärungspflichten **241** 474
Beratungspflicht **241** 476
Honorarforderungen **242** 841
Kostenrahmen, Einhaltung **241** 217
Mindestsätze **242** 841

Architekt (Forts)
　Mitwirkungspflichten **241** 256
　Schlussrechnung **242** 841 f
　Treu und Glauben **242** 841
　Werkvertrag **241** 474
Arglist
　Schlechtleistung **Einl SchuldR** 74
　Verjährung **242** 538
Arglistige Täuschung
　s a Anfechtung
　Anfechtung **242** 443
　culpa in contrahendo **242** 241
　Einschränkung des Anfechtungsrechts **242** 446
　Realakt **242** 444
　Rechtserwerb, unzulässiger **242** 444
　Täuschung durch Dritte **242** 445
　unerlaubte Handlung **242** 241
　unzulässige Rechtsausübung **242** 446
　Wegfall der Bereicherung **242** 865
Arzneimittelgesetz
　Auskunftsanspruch **Einl SchuldR** 155
　Beweislastumkehr **Einl SchuldR** 155
　Haftungshöchstbeträge **Einl SchuldR** 155
　Schadensersatz **Einl SchuldR** 155
Arzt
　Aufklärungspflichten
　　s Arztvertrag
　Dokumentationspflicht **241** 228
　Mitwirkungspflichten **241** 256
　Nebenleistungspflichten **241** 228
　Obhutspflichten **241** 502
　Wettbewerbsverbot **241** 510
Arztbrief
　Korrektur **241** 256
Arztpraxis
　Duldungspflicht des Vermieters **241** 220
Arztvertrag
　Aufklärungspflichten **241** 459; **242** 772
　　Amniozentese **241** 461
　　Aufklärungsreduktion **241** 461
　　Behandlungsfehler **241** 460
　　Blutspende, fremdnützige **241** 461
　　Einwilligung aufgrund unzureichender Aufklärung **241** 461
　　Gesundheit des Patienten **241** 461
　　Körper des Patienten **241** 459, 461
　　Kostenübernahme **241** 460
　　Krankheitsverläufe, allgemein bekannte **241** 461
　　pränatale Diagnostik **241** 461
　　therapeutisches Privileg **241** 461
　　Vermögen des Patienten **241** 459 f
　　wirtschaftliche Aufklärungspflicht **241** 460
　Krankenunterlagen, maschinenschriftliche Abschrift **241** 248
　Schuldrecht **Einl SchuldR** 179

Atomgesetz
　Gefährdungshaftung **Einl SchuldR** 46
　Schadensersatzansprüche **Einl SchuldR** 149
　Schuldrecht, Geltungsbereich **Einl SchuldR** 24
Aufklärungspflichten
　Abschlussbereitschaft **241** 451
　Anzeigepflichten **241** 427
　Arztvertrag **241** 459 ff
　Auslegung **241** 161
　außergesetzliche Aufklärungspflichten **241** 436 ff
　Bedienungsanleitung **241** 442
　Dauerschuldverhältnisse **241** 445
　Dienstvertrag **241** 457 ff
　Entscheidungserheblichkeit der Information **241** 442, 449
　Erkennbarkeit **241** 446
　Falschinformation **241** 451, 453
　　auf Nachfrage **241** 449
　fehlende Aufklärung **241** 451
　Fehlverhalten, eigenes **241** 444
　Form eines Vertrages **241** 451
　Gegenleistung **241** 451
　Gegenstand **241** 451
　Geschäftsrisiken **241** 444
　Gesellschaften **241** 445
　gesetzliche Aufklärungspflichten **241** 432 ff
　gesetzliches Schuldverhältnis **241** 436
　Hinweispflichten **241** 427
　Informationsbedürfnis **241** 441
　Informationsbeschaffungspflicht **241** 439
　Informationsdefizit **241** 450
　Informationsgefälle **241** 437 ff, 446, 449
　　Behinderung, persönliche **241** 438
　　Erkennbarkeit **241** 440 f
　　Rechtsunkenntnis **241** 438
　　Sachkunde, besondere **241** 438
　　Sprachunkenntnis **241** 438
　　Unerfahrenheit, schichtenspezifische **241** 438
　　Unterlegenheit, strukturelle **241** 438
　Informationsleistungspflicht **241** 445
　Informationspflichten **241** 427, 432
　Inhalt **241** 450 ff
　　richtige Information **241** 452
　Integritätsinteresse **241** 434
　Interessenabwägung **241** 443 ff, 449
　　Eigeninitiative des Anbieters **241** 446
　　Eigenverantwortlichkeit **241** 444
　　Mitverschulden **241** 447
　　persönliche Verhältnisse **241** 446
　　Zumutbarkeit der Haftung **241** 444
　Kaufsache, Mängel **241** 435
　Kaufvertrag **241** 455
　Kreditwürdigkeit, eigene **241** 444
　Leistungsfähigkeit, eigene **241** 440, 444
　Leistungsgegenstand **241** 451

Aufklärungspflichten (Forts)
Leistungshindernisse, anfängliche
241 451
Leistungspflicht **241** 161
Marktverhältnisse **241** 440
Mietverhältnisse **241** 456
Mitteilungspflichten **241** 427
Näheverhältnis der Parteien **241** 445
Offenbarungspflichten **241** 427
Person, eigene **241** 451
Rücksichtspflicht **241** 161
Rücksichtspflichten **241** 426
Schuldverhältnisse **Einl SchuldR** 49
Schuldverhältnisse, rechtsgeschäftliche
241 436
Schutzwürdigkeit des Interesses an der
Information **241** 443
allgemeines Persönlichkeits-
recht **241** 443
Betriebsgeheimnisse **241** 443
Subsidiaritätsprinzip **241** 440
Tun, vorangegangenes **241** 446
Verletzung **241** 451
Vertragsauslegung **241** 436
nach Vertragsschluss **241** 442
Vorsatzdogma, informationelles **241** 448
vorvertragliche Pflichten **241** 442, 446
Zumutbarkeit der Informationsweiter-
gabe **241** 444
Auflage
Rechtsmissbrauch **242** 953
Auflösungsvertrag
Schriftform **Einl SchuldR** 166
Aufrechnung
Ausschluss, stillschweigender **242** 692
einredebehaftete Forderung **242** 328
Gegenseitigkeit **242** 682, 687
Durchgriffshaftung **242** 685
Staatsunternehmen **242** 686
Strohmannfälle **242** 684
Treuhandverhältnisse **242** 683
– Umgehungsfälle **242** 683
Inkassozession **242** 683
Leistung, Zweck der geschuldeten
242 692 f
Natur des Rechtsverhältnisses
242 692 f, 705
Rechtsmissbrauch **242** 705
Treu und Glauben **242** 186, 675, 681 ff
Einschränkung der Aufrech-
nung **242** 688 ff
unzulässige Rechtsausübung **242** 694
Vergleichsschluss vor Aufrechnung
242 695
Verzug **242** 696
Aufrechnungsverbote
Forderungsabtretung **242** 699
formularmäßige Aufrechnungsverbote
242 698

Aufrechnungsverbote (Forts)
gesetzliche Aufrechnungsverbote
242 697, 702
beide Forderungen aus unerlaubte
Handlung **242** 702
Schädigungen, vorsätzliche **242** 703
teleologische Reduktion **242** 702
unpfändbare Forderungen **242** 703
Vermögensverfall **242** 704
vorsätzliche unerlaubte Handlung **242** 703
Insolvenzeröffnung **242** 699
Prozessaufrechnung **242** 700
Treu und Glauben **242** 51, 689 ff
Treuhandverhältnisse **242** 693, 705
unpfändbare Forderungen **242** 691
vertragliche Aufrechnungsverbote
242 697 ff
Rücksichtspflichten, vorvertrag-
liche **242** 701
Vertragsverletzung, vorsätzliche **242** 701
vorsätzliche unerlaubte Hand-
lung **242** 701
vorsätzliche unerlaubte Handlung **242** 690
Mitverursachung des Gläubi-
gers **242** 690
Auftrag
Änderung **241** 252
Aufrechnung **242** 693
Auskunftspflicht **242** 852
Auskunftsverweigerung **242** 852
Erfüllungsgehilfen **Einl SchuldR** 74
Fremdnützigkeit **242** 850, 955
Fürsorgepflichten **241** 502
Haftung des Beauftragten **Einl SchuldR** 74
Höchstpersönlichkeit **Einl SchuldR** 74
Kündigung zur Unzeit **241** 88
Mitwirkungspflichten **241** 197
Nebenleistungspflichten **241** 239
personaler Bezug **Einl SchuldR** 74
Rechenschaftspflicht **242** 852
Schutzmaßnahmen **241** 502
Treu und Glauben **242** 850 f, 955
Unentgeltlichkeit **Einl SchuldR** 74
venire contra factum proprium **242** 851
Weisungsabweichungen **242** 851
Genehmigung **242** 851
Aufwendungsersatz
Ersatz in Geld **242** 599
Ersatz in Natur **242** 599
Sachaufwendungen **242** 599
Treu und Glauben **242** 571, 599
Aufwertungsrechtsprechung
Treu und Glauben **242** 56 ff, 64
Auktion
Mitbieten, Unterlassung **241** 137, 140
Auseinanderfallen Eigentum/Besitz
dinglicher Herausgabeanspruch **242** 902
Verjährung **242** 885

Auseinanderfallen Eigentum/Besitz (Forts)
  Zusendung unbestellter Ware **241a** 12, 14 f
Ausfuhrgenehmigungen
  Mitwirkungspflichten **241** 204
Ausgleichsordnung, bürgerlich-rechtliche
  gesetzliche Schuldverhältnisse **Einl SchuldR** 66, 77
    Bereicherungsrecht **Einl SchuldR** 86, 88
    Geschäftsführung ohne Auftrag **Einl SchuldR** 79
Auskunftsanspruch, allgemeiner
  Bedeutung der Auskunft **242** 604
  Belastung des Schuldners **242** 604
  Beweisnot des Gläubigers **242** 604
  Gewohnheitsrecht **242** 602
  Interessenabwägung **242** 601
  Leistungsanspruch des Auskunftsfordernden **242** 601
  Rechtsmissbrauch **242** 604
  Rechtsverhältnis **242** 601, 603
  Treu und Glauben **242** 601, 604
  Ungewissheit, entschuldbare **242** 601
  Verwirkung **242** 604
  Zumutbarkeit der Auskunftserteilung **242** 601, 603
Auskunftspflichten
  Äquivalenzinteresse **241** 434
  allgemeine Auskunftspflicht **242** 601
  Beratung durch Dritte **241** 170
  berufliche Tätigkeit **241** 396
  Erbrecht **241** 169
  Fachwissen, eigenes **241** 170
  Familienrecht **241** 169
  Gesellschaftsrecht **241** 169
  Gewohnheitsrecht **241** 170
  Informationspflichten **241** 427
  Irrtum des Berechtigten, entschuldbarer **241** 170
  Klagbarkeit **241** 429
  Leistungsbezug **241** 162
  Leistungsinteresse **241** 434
  Nebenleistungspflicht **241** 168
    gesetzliche Nebenleistungspflicht **241** 164
  Nebenpflichten, leistungsbezogene **241** 429
  Rechtspflicht, allgemeine **241** 167 ff
  Rücksichtspflichten **241** 396
  Sachenrecht **241** 169
  Scheckrecht **241** 169
  Schuldrecht **241** 169
  Treu und Glauben **241** 170; **242** 99, 570 f, 601 ff
  Vereinbarung **241** 170
  Versicherungsrecht **241** 169
  Wechselrecht **241** 169
  wirtschaftliche Bedeutung, wesentliche **241** 396
  Wissensgefälle **241** 170

Auskunftsvertrag
  Pflichtverletzung **241** 453
  Rückgängigmachung des Vertrages **241** 453
  Vertrauensschaden **241** 453
Auslegung
  einschränkende Auslegung **Einl SchuldR** 204
  ergänzende Vertragsauslegung **242** 355, 357 f
  hypothetischer Parteiwille **242** 357 f
  europarechtskonforme Auslegung **242** 149
  Lückenschließung **Einl SchuldR** 203
  Treu und Glauben **242** 355
Auslobung
  Angebot **Einl SchuldR** 47
  einseitiges Rechtsgeschäft **241** 54, 502
  Gewinnzusage **Einl SchuldR** 171; **241** 69
  Leistungsversprechen, einseitiges **241** 69
  Obhutspflichten **241** 502
  Verteilung der Belohnung **241** 118
Ausschließlichkeitsbindungen
  Drittwirkung **241** 322
Ausschluss der Leistungspflicht
  Treu und Glauben **242** 380
  Unmöglichkeit **242** 630
  Unzumutbarkeit der Leistung **242** 380
Ausschlussfristen
  gesetzliche Ausschlussfristen **242** 562, 564
  tarifvertragliche Ausschlussfristen **242** 562 f
  unzulässige Rechtsausübung **242** 562, 565, 1077
  Mitveranlassung **242** 565 f
  Versicherungsrecht **242** 565 f, 1050 ff
  vertragliche Ausschlussfristen **242** 562 f
  Verwirkung, Abgrenzung **242** 316
Aussteuerversicherung
  Rechtsmissbrauch **242** 1030
Austauschverhältnisse
  Leistungssicherungspflichten **241** 268
Austauschvertrag
  Äquivalenzprinzip **Einl SchuldR** 48, 66 ff
  Generalklauseln **Einl SchuldR** 66
  Inhaltskontrolle **242** 971
  Vertrag **Einl SchuldR** 61
  Vertragsgerechtigkeit, gestörte **Einl SchuldR** 66
Australien
  Treu und Glauben **242** 1151
Ausübungskontrolle
  Allgemeine Geschäftsbedingungen **242** 383
  Arbeitsvertrag **242** 776
  Ehevertrag **242** 344
  Treu und Glauben **242** 344, 368, 370, 388
Automatenaufstellvertrag
  Aufklärungspflichten **241** 474
  Mietvertrag **241** 474

Automatenaufstellvertrag (Forts)
  Zustimmung zur Änderung des Aufstellplatzes **241** 243

Badisches Landrecht
  Obligationen **241** 8
  Treu und Glauben **242** 19

Bankgeheimnis
  Interessenabwägung **241** 443
  Zwangsvollstreckung, Rechtsmissbrauch **242** 1090

Bankgeschäft
  Aufklärungspflichten **241** 445, 469 f; **242** 744
    Wissensvorsprung der Bank, erkennbarer **241** 470; **242** 744
  Auskunftsvertrag **241** 470
  Beratungspflichten **241** 476
  Beratungsvertrag **241** 470
  Berufshaftung **241** 470
  Einlagengeschäft **241** 470
  Geheimhaltungspflicht **241** 513
  Geschäftsverbindung Kunde/Bank **241** 469
  Informationsbeschaffungspflicht **241** 439
  Informationsgefälle **241** 438, 470
  Kreditaufnahme **241** 470
  Obhutspflichten der Bank **241** 502
  Plausibilitätsprüfung **241** 470
  Schuldverhältnis **241** 469 f
  Schutzpflichtverhältnis **241** 469
  Terminoptionen **241** 470
  Treuepflicht, leistungsunabhängige **241** 513

Bankrecht
  Rechtsentwicklung **Einl SchuldR** 103
  Rechtsfortbildung, europäische **Einl SchuldR** 103
  Rechtsvereinheitlichung, europäische **Einl SchuldR** 103

Bankverbindung
  Wechsel, Informationspflichten **241** 205

Bankvertrag
  Schuldrecht **Einl SchuldR** 179

Barrierefreiheit
  Mietvertrag **242** 755

Barzahlung
  Scheckhingabe **241** 252
  Überweisung **241** 252

Basiszinssatz
  Verzugszinssatz **Einl SchuldR** 156

Bauhandwerkersicherung
  Werkvertrag **Einl SchuldR** 167

Bauherrenmodell
  Warnpflichten **242** 744

Baurecht
  Rücksichtnahmegebot **242** 1105

Bauträgermodell
  Warnpflichten **242** 744

Bauunternehmer
  Sicherungshypothek **242** 840

Bauvergaberecht
  Beweislast **242** 331

Bauvertrag
  Rückabwicklung **242** 845
  Treu und Glauben **242** 838

Bauvorhaben
  Erschließungsanspruch **242** 1106
  nachbarliche Abwehransprüche, Verwirkung **242** 894

Bauwerkvertrag
  Beweissicherungsverfahren **241** 277
  Nebenleistungspflicht, nachvertragliche **241** 277

Bayrischer Entwurf
  Erfüllungszwang **241** 28
  Schuldverhältnis **241** 4
  Treu und Glauben **242** 21

Beamtenrecht
  Fürsorgepflicht **242** 1100
  Treu und Glauben **242** 62
  Treuepflicht **242** 1100
  Verwirkung **242** 1102

Bebauungshöhe
  Unterlassen **241** 137

Bebauungsplan
  Änderung **242** 1106
  Aufhebung **242** 1106
  Rechtsmissbrauch **242** 1110

Bedienungsanleitung
  Aufklärungspflichten **241** 442
  Mitwirkungspflicht des Schuldners **241** 216
  Nebenleistungspflichten **241** 161

Bedingung
  Treu und Glauben **242** 374, 516

Bedingung, aufschiebende
  Schadensersatzverpflichtung **Einl SchuldR** 10
  Schwebezeit **Einl SchuldR** 10

Bedingungsfeindlichkeit
  Rechtsgeschäfte **Einl SchuldR** 36

Bedingungszusammenhang
  Rechtsgeschäfte, dingliche **Einl SchuldR** 36
  Vertragsfreiheit **Einl SchuldR** 36

Behandlungsfehler
  Aufklärungspflicht **241** 460

Behandlungsvertrag
  Krankenunterlagen, Einsichtnahme **241** 276
  Nebenleistungspflicht, nachvertragliche **241** 276

Beibringungsgrundsatz
  Einwendungen **242** 326

Belegerstellungspflicht
  Leistungssicherungspflicht **241** 272
  Rechenschaftslegung **241** 168
  Scheckrecht **241** 272
  Wechselrecht **241** 272

Benzin
Mitwirkungspflicht des Schuldners **241** 216
Beratungspflichten
Entscheidungshilfe **241** 427
Hauptleistungspflicht **241** 476
Hinweispflicht **241** 427
Informationspflichten **241** 427
Interessenabwägung **241** 475 f
Bereicherungsrecht
s a Ungerechtfertigte Bereicherung
Abschöpfungsfunktion **Einl SchuldR** 88
Abstraktionsprinzip **Einl SchuldR** 87
Ausgleichsordnung, bürgerlich-rechtliche **Einl SchuldR** 86, 88
Mitverschulden des Geschädigten **242** 589
Rechtsgrund **Einl SchuldR** 87
Rechtsgüterschutzrecht **Einl SchuldR** 202
Vertrauensschutz **Einl SchuldR** 88
Berufsfreiheit
nachvertraglicher Wettbewerb, Unterlassung **241** 289, 292
Treu und Glauben **242** 146
Berufshaftung
Altverbindlichkeiten **Einl SchuldR** 228
Banken **241** 470
Rücksichtspflichten **241** 390
vertrauensrechtliches Haftungsverhältnis **241** 390
Berufskrankheit
Unfallversicherung, gesetzliche **Einl SchuldR** 93
Berufsunfähigkeitsversicherung
Treu und Glauben **242** 1060
Beschaffenheitsvereinbarung
Kaufvertrag **Einl SchuldR** 195
Beschaffungsschuld
Gattungsschuld **243** 19 f
Repartierung **243** 20
Beschluss
Bindungswirkung **Einl SchuldR** 47
mehrseitiges Rechtsgeschäft **241** 56
Beschränkt dingliche Rechte
Treu und Glauben **242** 882
Beschwerde
Befristung **242** 1080
Beschwerderecht
Verwirkung **242** 1080
Beseitigungsanspruch, negatorischer
Geldersatz **Einl SchuldR** 17
Mitverursachung des Gestörten **Einl SchuldR** 16
nachbarliches Gemeinschaftsverhältnis **242** 904
Treu und Glauben **242** 904
Unmöglichkeitsregeln **Einl SchuldR** 16
Unverhältnismäßigkeit **242** 904
Besichtigung einer Sache
Mitwirkungspflichten **241** 258

Besitz
Verfolgungsrecht des Besitzers **242** 887
Verwirkung **242** 887
Besitzschutz
Treu und Glauben **242** 887
Verwirkung **242** 887
Besonderer Teil des Schuldrechts
Schuldverhältnisse, spezielle **Einl SchuldR** 1 f
Betreuungsunterhalt
Basisunterhalt **242** 937
Verlängerung **242** 937
Eigenverantwortung der Ehegatten **242** 937
Unterhaltsverzicht **242** 937
Betreuungsvertrag
Obhutspflichten **241** 502
Betriebliche Altersversorgung
Direktversicherung, Kündigung **241** 256
Leistungssicherungspflicht des Arbeitgebers **241** 275
Betriebliche Übung
Ehrengaben **242** 835
einmalige Leistung **242** 835
Erwirkung **242** 193, 195, 833 ff
Fallgruppen **242** 835
Gratifikationen, dreimalige Zahlung **242** 835
Jubiläumsgeschenke **242** 835
zu Lasten des Arbeitnehmers **242** 835
Pensionsgewährung **242** 835
Pensionszusagen **242** 835
Prämien **242** 835
Vertragstheorie **242** 833 ff
Vertrauenshaftung **241** 92; **242** 833 f
Willenserklärung, konkludente **241** 92; **242** 195 f, 833 f, 836
Zuschläge **242** 835
Betriebsgeheimnisse
s Geschäftsgeheimnisse
Betriebsübergang
Arbeitnehmerschutz **241** 331
Betriebsvereinbarung
Ausschluss der Verwirkung **242** 824
Inhaltskontrolle **242** 382, 470, 481
Betrug
Garantenpflicht **242** 1093
Beweisführung
Beweislastverteilung **242** 1075
Darlegungspflichten **242** 1075
Informationspflicht der nicht beweisbelasteten Partei **242** 1075
Treu und Glauben **242** 1075
Beweispflichten
Treu und Glauben **242** 1075
Beweisverwertungsverbote
Treu und Glauben **242** 1076
Bewirtungsvertrag
Tischreservierung **241** 87

Bewusstlosigkeit
Nichtigkeitsfolge, Einschränkung **242** 416
widersprüchliches Verhalten **242** 416
Bezugsvertrag
Dauerschuldverhältnis **241** 363
BGB
Allgemeiner Teil **Einl SchuldR** 1, 113 ff
1. BGB-Kommission **Einl SchuldR** 121 ff, 137; **242** 25
2. BGB-Kommission **Einl SchuldR** 130 f; **242** 34
1. Entwurf **Einl SchuldR** 122 ff, 129; **242** 30 f, 33
2. Entwurf **Einl SchuldR** 130 f; **242** 34, 37
3. Entwurf **Einl SchuldR** 132; **242** 34
Fünf-Bücher-System **Einl SchuldR** 115
Generalklauseln **242** 1 ff
Gesetzestechnik **Einl SchuldR** 1, 4, 6 ff
Gesetzgebungsverfahren **Einl SchuldR** 129 ff; **242** 35 ff
Inkrafttreten **Einl SchuldR** 258 f
Klammerprinzip **Einl SchuldR** 3
Kommissionsberatungen **242** 29
Kreuzeinteilung **Einl SchuldR** 116
Obligationenrecht **Einl SchuldR** 3
Recht zur Sache **241** 34
Redaktionskommission **Einl SchuldR** 130, 137
Sachenrecht **Einl SchuldR** 3 f
Schuldrecht **Einl SchuldR** 3 f, 134
s a dort
Treu und Glauben **242** 37 ff
Übergangsprivatrecht **Einl SchuldR** 258
Vorkommission **Einl SchuldR** 122 f; **242** 25
Zweites Buch **Einl SchuldR** 1 f
s a Schuldrecht
Anwendungsbereich **Einl SchuldR** 251 ff
BGB-Informations-Verordnung
Mitwirkungspflichten **241** 180
Reiseveranstalter, Informationspflichten **241** 467 f
Billigkeitshaftung
Deliktsrecht **242** 880
Einstandspflicht, verschuldensunabhängige **Einl SchuldR** 84
Haftpflichtversicherung **Einl SchuldR** 94
Pflichtversicherung, gesetzliche **Einl SchuldR** 94
Versicherungsschutz **Einl SchuldR** 94
Blankett
Ausfüllung, abredewidrige **242** 1028
Börsengesetz
Sonderregelung, schuldrechtliche **Einl SchuldR** 142
bona fides
Forderung, Erlöschen **242** 9
guter Glaube **242** 10
Inhaltsbestimmung **242** 11
Inhaltsergänzung **242** 9

bona fides (Forts)
Inhaltskontrolle **242** 9
Klageart **242** 8
Leistungspflichten **242** 9
Nebenpflichten **242** 9
Obligationen **242** 9
Rechtsbegründung **242** 8, 11
Rechtsmissbrauch **242** 9
römisches Recht **242** 7 f
Schadensersatzpflicht **242** 9
Ungerechtigkeit **242** 46
Vertragsauslegung **242** 9
Verwirkung **242** 9
Völkerrecht **242** 1112
bonne foi
s Frankreich
Bringschuld
Ablehnung der Lieferung **243** 31
Angebot, tatsächliches **243** 31
Aussonderung des Gutes **243** 31
Bereitstellung des Gutes **243** 31
Erfolgsort **243** 31
erfüllungstaugliche Sache **243** 31
Konkretisierung **243** 29
Leistungsort **243** 31
Parteivereinbarung **Einl SchuldR** 62
Buchpreisbindung
Preisbindungsvertrag **242** 1024
Bürgschaft
Aufklärungspflichten **241** 474
vorvertragliche Aufklärungspflichten **242** 857
ausländische Bürgen **242** 857
Bürgschaft auf erstes Anfordern **242** 859
Bürgschaftsfall, Auslösung durch Gläubiger **242** 860
Familienangehörige, vermögenslose **Einl SchuldR** 266; **242** 462, 485, 854 ff
Erbschaft, zu erwartende **242** 855 f
Vermögensverlagerungen auf den Bürgen, Vermeidung **242** 855 f
Vermögenszuwachs, zwischenzeitlicher **242** 858
Grundrechte **Einl SchuldR** 266
Herbeiführen des wirtschaftlichen Zusammenbruchs **242** 860
Inhaltskontrolle **Einl SchuldR** 266; **242** 462, 485
Interessenwahrungspflicht des Gläubigers **241** 256
Quotenvorrechte **241** 117
Rechtsmissbrauch **242** 858 f, 861
Schadenszufügung **242** 861
Sittenwidrigkeit **Einl SchuldR** 233; **242** 854 f
Strafanzeige, Abwendung **242** 863
Treu und Glauben **242** 854 ff
unerfahrene Bürgen **242** 857

Bürgschaft (Forts)
unzulässige Rechtsausübung **Einl SchuldR** 274
venire contra factum proprium **242** 860, 863
Veranlassung zur Nichtleistung **242** 860
Vertragsparität, gestörte **242** 485
Verwirkung **242** 862
Wegfall der Geschäftsgrundlage **242** 855
Zweckverfehlungskondiktion **242** 863
Bundesjagdgesetz
Schadensersatzansprüche **Einl SchuldR** 149
Bundestreue
Treu und Glauben **242** 1099

casum sentit dominus
Risikotragung **Einl SchuldR** 91
Versichertengemeinschaft **Einl SchuldR** 91
causa
Abstraktionsprinzip **Einl SchuldR** 27
Forderung **241** 317
Rechtsgrund für Verfügungen **Einl SchuldR** 29; **241** 317
Chefarztvertrag
Nebenleistungspflicht, nachvertragliche **241** 278
Chemiepark
Duldungspflichten **242** 893
cif
Gefahrübergang **243** 34
CISG
allgemeine Grundsätze **242** 1169
Auslegung **242** 1168 f
bonne foi **242** 1168
estoppel **242** 1170
good faith **242** 1168
guter Glaube **242** 1168
Missbrauchseinwand **242** 1170
Rechtsmissbrauch **242** 1168
Schriftformvereinbarung **242** 1170
Treu und Glauben **242** 1167, 1168 f, 1187
venire contra factum proprium **242** 1168, 1170
Warenkauf, internationaler **Einl SchuldR** 305 f
clausula rebus sic stantibus
Geschäftsgrundlage **Einl SchuldR** 218
Treu und Glauben **242** 64
Unsicherheitseinrede **242** 627
Völkervertragsrecht **242** 1113
Wegfall der Geschäftsgrundlage **242** 54
code civil
s a Frankreich
Abstraktionsprinzip **Einl SchuldR** 310
Aufbau, gaianischer **Einl SchuldR** 310
Ehegüterrecht **Einl SchuldR** 310
Eigentumserwerb **Einl SchuldR** 310
Erbrecht **Einl SchuldR** 310

code civil (Forts)
Geldkondemnation **241** 26
Hypothek **Einl SchuldR** 310
Institutionen **Einl SchuldR** 109
Naturalerfüllung **241** 26
Naturrecht **Einl SchuldR** 109; **242** 1122
Nichterfüllung **241** 8
Obligationen **241** 8
Pfandrecht **Einl SchuldR** 310
Reformvorhaben **242** 1121, 1123
Relativität des Schuldverhältnisses **241** 296
Schuldrecht **Einl SchuldR** 108, 310
Trennungsprinzip **Einl SchuldR** 310
Treu und Glauben **242** 19
Verjährung **Einl SchuldR** 310
Vertragstypen **Einl SchuldR** 310
Codice Civile
s Italien
Commission on European Contract Law
s Lando-Kommission
Common Law
anglo-amerikanisches Recht **Einl SchuldR** 315
Australien **242** 1151
contractual justice **242** 1122
englisches Recht **Einl SchuldR** 315
s a England
justice of exchange **242** 1122
USA **242** 1151
s a dort
Vertrag **242** 1122
Verzicht, stillschweigender **242** 1127
condictio indebiti
Qualitätsabweichungen **243** 24, 26
Corpus academicum pro codificatione europea
europäisches Zivilgesetzbuch **Einl SchuldR** 298
culpa in contrahendo
Allgemeines Schuldrecht **Einl SchuldR** 180
arglistige Täuschung **242** 241
Gewohnheitsrecht **Einl SchuldR** 210
Kodifikation **Einl SchuldR** 193, 210; **241** 57; **242** 100, 198, 629, 665
negatives Interesse **241** 177
öffentlich-rechtlicher Vertrag **Einl SchuldR** 272
positives Interesse **241** 177
Rechtsfortbildung, richterliche **Einl SchuldR** 209 f
Rücksichtspflichten **241** 381
Schuldverhältnis **242** 198, 665
Schutzwirkung für Dritte **Einl SchuldR** 210
Sorgfaltspflichten **Einl SchuldR** 209
sozialer Kontakt, gesteigerter **241** 111
Treu und Glauben **242** 629, 665
Vertragsverhandlungen, Abbruch **241** 177
culpa post contractum finitum
rechtsgeschäftsähnliches Schuldverhältnis **241** 47

culpa post pactum perfectum
  Sorgfaltspflichten **Einl SchuldR** 209
  Vertragsdurchführung **Einl SchuldR** 209
  Vertragsnichtigkeit **Einl SchuldR** 209

Darlegungsobliegenheit
  Prozessrechtsverhältnis **241** 472
  Rücksichtspflicht **241** 167
Darlegungspflichten
  Treu und Glauben **242** 1075
Darlehen
  Aufklärungspflichten **242** 743
  Dauerschuldverhältnis **241** 493
  Einwirkungsmöglichkeit, gesteigerte **241** 493
  Entstehungsgeschichte **Einl SchuldR** 124
  Gelddarlehen **241** 493
  Interessenwahrungspflicht **241** 493
  Kreditlinie, Erhöhung **241** 243
  Kreditwürdigkeit des Darlehensnehmers **241** 493
  Kündigung zur Unzeit **242** 747
  Kündigungsrecht des Darlehensgebers **242** 747
    Ausschluss, vorübergehender **242** 747
  Loyalitätspflicht **241** 493
  Mehrleistungspflicht **241** 243
  Mitwirkungspflichten **241** 194, 245
  Rückzahlungsanspruch
    titulierte Ansprüche **242** 748
    Verwirkung **242** 748
  Rückzahlungsverlangen, sofortiges **242** 747
  Teilzahlungsdarlehen **241** 194
  Treu und Glauben **242** 743 ff
  Unterwerfung unter die sofortige Zwangsvollstreckung **242** 1090
  verbundene Verträge
    s dort
  Verfallklausel **242** 747
  Vertragserklärungen, Abschrift **241** 194
  Vertragsurkunde, Verlust **241** 245
  Verwendungszweck **242** 744
  Warnpflichten **242** 744
  Wohnungsbesetzungsrecht **241** 493
  Zinsanpassungsanspruch **242** 748
Darlehensvermittlungsvertrag
  Gesetzesumgehung **242** 400
  Verbraucherschutz **Einl SchuldR** 198
Daseinsvorsorge
  Elektrizität **241** 97 f
  faktischer Vertrag **241** 97
  Gasversorgung **241** 97 f
  Inanspruchnahme der Leistung **241** 98 f
  öffentliche Verkehrsmittel **241** 97 f
  Parkplätze **241** 97 f
  Realofferte **241** 99
  Wasserversorgung **241** 97 f

Dauerlieferungsvertrag
  Abruf der Leistung **241** 360
  Bezugsverpflichtung, ausschließliche **241** 360
  Leistungsbereitschaft, ständige **241** 360
  Leistungsmenge **241** 360
  Lieferpflicht, Konkretisierung **241** 360
  Sukzessivlieferungsvertrag **241** 361
Dauerschuldverhältnisse
  Abwicklungspflichten **241** 142
  Änderung **241** 251
  Allgemeine Geschäftsbedingungen **241** 349
  Allgemeininteressen **241** 105
  Anfechtung **242** 432 f
    Anfechtungsgrund **242** 432
  Anfechtung, ex-nunc-Wirkung **241** 104 f
  Arbeitsverhältnisse **241** 364; **242** 774
  Aufhebungsvertrag **241** 352, 368
  Aufklärungspflichten **241** 445
  Beendigung **241** 368 ff
  Befristung **241** 352
  Begrenzung, zeitliche **241** 352
  Begriff **241** 348 ff
  Bestandsschutzinteressen **241** 105
  Bezugslieferungsvertrag **241** 360
  Bezugsverträge **241** 363
  Darlehensvertrag **241** 493
  Dauerlieferungsvertrag **241** 360
  Dauerschuldverhältnisse im engeren Sinne **241** 357
    Dauerlieferungsvertrag **241** 360
  Dauerschuldverhältnisse im weiteren Sinne **241** 357
    Ratenlieferungsvertrag **241** 359
    Sukzessivlieferungsvertrag **241** 358
    Wiederkehrschuldverhältnis **241** 362
  Dogmatik **241** 348, 351 ff
  Erfüllung **241** 374 ff
    Gesamterfüllung **241** 375 f
    Leistungspflichten, singuläre **241** 375
  fehlerhafte Dauerschuldverhältnisse **241** 104 f, 377
  Gemeinschaftsverhältnisse **241** 364
  Gesellschaftsvertrag **241** 364
  Gesetzesverstoß **241** 105
  Insolvenz **241** 349
  Insolvenzrisiko **241** 354
  Integritätsinteresse **241** 234
  Kreditgewährung **241** 234
  Kreditkündigung, Verzicht auf **241** 234
  Kündigung **241** 349, 352, 368, 374, 376
    außerordentliche Kündigung **241** 370
    fristlose Kündigung **241** 370
    Kündigungsrecht aus wichtigem Grund **Einl SchuldR** 193, 218, 221 f; **241** 371, 543; **242** 100, 205, 213, 252 ff, 389, 629
    ordentliche Kündigung **241** 369

Dauerschuldverhältnisse (Forts)
Laufzeit **241** 349
Leistungsaustausch **241** 364
Leistungsbereitschaft, ständige **241** 359
Leistungsinteresse **241** 234
Leistungspflichten **241** 352, 355, 376
Leistungssicherungspflichten **241** 268
Leistungsumfang **241** 352 f, 357
Mietvertrag **241** 353 f, 494, 496; **242** 753
Mitwirkungspflichten **241** 213
Nebenleistungspflichten **241** 234, 352, 355
Nichtigkeit, ex-nunc-Wirkung **241** 104 f
Obhuts- und Fürsorgepflichten **241** 488
Obhutspflichten **241** 219
Pacht **242** 770
Personen, schutzwürdige **241** 105
personenrechtlicher Einschlag **241** 234, 364; **242** 774
Pflichtenanspannung, ständige **241** 355
Rechtscheinhaftung **241** 104
relationale Verträge **241** 365 ff
Risikoverteilung **241** 354
Rücksichtspflichten **241** 234, 352, 355, 543
Rücktritt **241** 372
Sachrisiko **241** 354
Sittenverstoß **241** 105
Störung der Geschäftsgrundlage **241** 371
Störung der Vertrauensgrundlage **241** 518
Terminus, gesetzlicher **241** 348 ff
Treu und Glauben **242** 955
Treuebindung **241** 104
Treuepflichten **241** 505
Übergangsregeln **Einl SchuldR** 199, 260; **241** 349
Vermögensschutz **241** 234
Vertrauensverhältnis **241** 488
Verzug **241** 373
Wegfall der Geschäftsgrundlage **Einl SchuldR** 218
Zeitablauf **241** 368, 374, 376
Zeitmoment **241** 352 f, 374
Zusammenwirken, vertrauensvolles **241** 355, 364
DCFR
s Draft Common Frame of Reference
DDR
Beitritt **Einl SchuldR** 175, 260
Gesetz über das Vertragssystem in der Sozialistischen Wirtschaft **Einl SchuldR** 175
Gesetz über Internationale Wirtschaftsverträge **Einl SchuldR** 175
Schuldrecht **Einl SchuldR** 175
Zivilgesetzbuch **Einl SchuldR** 175
Deklaratorische Klauseln
Inhaltskontrolle **242** 474, 476
Deliktsfähigkeit
Bahnverkehr **Einl SchuldR** 153
Einsichtsfähigkeit **Einl SchuldR** 153

Deliktsfähigkeit (Forts)
Straßenverkehr **Einl SchuldR** 153
Zurechnungsvoraussetzung **241** 295
Deliktsrecht
s a Unerlaubte Handlung
allgemeines Persönlichkeitsrecht **Einl SchuldR** 230
Ausgleich **Einl SchuldR** 81
Billigkeitshaftung **242** 880
Deliktsfähigkeit **242** 878, 881
Ehre **Einl SchuldR** 230
Eingriff in den eingerichteten und ausgeübten Gewerbebetrieb **Einl SchuldR** 231 f
Einstandspflicht **Einl SchuldR** 83
europäisches Deliktsrecht **Einl SchuldR** 293 f
Gefährdung **Einl SchuldR** 82
gesetzliches Schuldverhältnis **241** 62
Haftungsbeschränkungen **241** 519, 530 ff
vertragliche Haftungsbeschränkungen **241** 532
Haftungsverzicht, stillschweigender **241** 536
Herausgabeanspruch nach Eintritt der Verjährung **242** 875
Kausalität **Einl SchuldR** 83
Obliegenheiten **241** 122
Rechtsfortbildung, richterliche **Einl SchuldR** 230 f
Rechtsgüterschutzrecht **Einl SchuldR** 202
Schutzweck der Norm **Einl SchuldR** 83
status quo ante **Einl SchuldR** 81, 88
Treu und Glauben **242** 873 ff
Übergangsregelungen **Einl SchuldR** 260
Unbeteiligte, Ersatzansprüche **Einl SchuldR** 4
Unternehmensrecht **Einl SchuldR** 231 f
Verrichtungsgehilfen **Einl SchuldR** 85
Verschulden **Einl SchuldR** 82
Wertbemessung **Einl SchuldR** 81
Wiederherstellung **Einl SchuldR** 81 f
Zurechnung **Einl SchuldR** 83
Dereliktion
einseitiges Rechtsgeschäft **241** 54
Deutsches Privatrecht
aequitas **242** 14
Treu und Glauben **242** 6, 14 ff
Verkehrssitte **242** 6
Deutschrechtliche Grundlagen
s Germanisch deutsches Recht
Devisengenehmigungen
Mitwirkungspflichten **241** 204
dialer
Leistungserbringung, unbestellte **241a** 24
Dienstbarkeiten
Treu und Glauben **242** 907 f
Dienstleistungen
Gattungsschuld **243** 46 f

Dienstleistungen (Forts)
  Konkretisierung **243** 47
  unbestellte Erbringung **241a** 20, 23
  Inanspruchnahme der Leistung
    241a 31
Dienstvereinbarung
  Inhaltskontrolle **242** 382, 470, 481
Dienstverhältnisse
  Mitwirkungspflichten **241** 213
    Unterstützung gegenüber
      Dritten **241** 255
  Obhutspflichten **241** 219
  Wettbewerb, Unterlassung **241** 227
  Zeugniserteilungspflicht **241** 272
Dienstverschaffungsvertrag
  Leistungsgefahr **243** 47 f
Dienstvertrag
  Arbeitsplatzausschreibungsgebot,
    geschlechtsneutrales **Einl SchuldR** 166
  Aufklärungspflichten **241** 457 ff, 474
  Benachteiligungsverbot, geschlechts-
    bezogenes **Einl SchuldR** 166
  Betriebsübergang **241** 331
  Entstehungsgeschichte **Einl SchuldR** 124
  Erfüllung **243** 47
  freier Dienstvertrag **241** 108
  Fürsorgepflicht des Dienstherrn **241** 482,
    486, 489
    körperliche Unversehrtheit des Dienst-
      verpflichteten **241** 482
    Krankenfürsorge **241** 482
  Kündigungsrechte **Einl SchuldR** 166;
    242 773
  Nebenpflichten **242** 772 f
  Rückabwicklung **241** 108
  Rücksichtspflichten **241** 497
  Treu und Glauben **242** 772 f
  unzulässige Rechtsausübung **242** 773
  Vergütungsansprüche **242** 773
  Verwirkung **242** 773
  Wettbewerbsverbot **242** 773
Diligenzpflichten
  Nebenleistungspflichten **241** 150
Dingliche Ansprüche
  petitorische Rechtsverhältnisse **Einl
    SchuldR** 19
  Schuldrecht, Anwendungsbereich **Einl
    SchuldR** 12
  Unmöglichkeitsregeln **Einl SchuldR** 13
  Verzugsvorschriften **Einl SchuldR** 18 f
Dingliche Rechte
  Absolutheit **241** 293, 299 f, 302
  Treu und Glauben **242** 882
    Rechtsausübung **242** 884 f
  Verwirkung **242** 304
  Zuordnung, dingliche **242** 884 f
Dingliche Rechtsgeschäfte
  Formverstöße **242** 451

Dinglicher Herausgabeanspruch
  Auseinanderfallen Eigentum/Besitz
    242 902
  Beweislastverteilung **Einl SchuldR** 15
  Treu und Glauben **242** 882, 902
  Unmöglichkeitsregeln **Einl SchuldR** 13 ff
  venire contra factum proprium **242** 902
  Verjährung **242** 548, 885
  Verwirkung **242** 903
  Verzugsvorschriften **Einl SchuldR** 18
Dirnenlohn
  Ersatzfähigkeit **242** 585
Diskretionspflicht
  Geheimhaltungspflicht **241** 511
Diskriminierungsverbot, wettbewerbliches
  Kontrahierungszwang **Einl SchuldR** 55
do ut des
  Gegenseitigkeit **241** 60
dolo agit qui petit quod statim redditurus est
  Anwartschaftsrecht **242** 903
  Aufrechenbarkeit **242** 283
  Aufrechnungsverbote **242** 283
  Eigentum **242** 903
  Gegenanspruch **242** 284
  Grundbuchberichtigungsanspruch **242** 888
  Interessenabwägung **242** 282
  Miteigentum **242** 906
  Rechtsmissbrauch **242** 204, 281 ff
  Regresskreisel **242** 285
  Zurückbehaltungsrecht **242** 617
dominus sine re
  venire contra factum proprium **242** 902
Doppelehe
  unzulässige Rechtsausübung **242** 929 f
Doppelverkauf
  einstweiliger Rechtsschutz **241** 116
  Forderungskollision **241** 115
  Herausgabeanspruch **241** 119
  Naturalrestitution **241** 119
  Präventionsgrundsatz **241** 119
Draft Common Frame of Reference
  Auslegung **242** 1177
  Bedingungseintritt **242** 1180
  europäisches Zivilrecht **Einl
    SchuldR** 297, 302
  fair dealing **242** 1177 f
  Fortentwicklung **242** 1177
  Geschäftsverkehr, redlicher **242** 1177
  good faith **242** 1177 f
  implied terms **242** 1180
  Interim Outline Edition **242** 1177
  Klauselkontrolle **242** 1180
  Kooperationspflicht der Parteien **242** 1179
  Outline Edition **Einl SchuldR** 302;
    242 1177
  Parteiautonomie **242** 1179
  Privatautonomie **242** 1177
  Treu und Glauben **242** 1177, 1177 ff, 1187
    arglistiges Verschweigen **242** 1180

Draft Common Frame of Reference (Forts)
  Haftungsbeschränkungen bei Irrtümern **242** 1180
  Loyalität **242** 1178
  promissory estoppel **242** 1179
  Recht auf Leistung **242** 1179
  Rechtsbehelf wegen Nichtleistung **242** 1179
  Rücksichtnahme, gegenseitige **242** 1178
  Schadensersatzpflicht **242** 1179 f
  Unabdingbarkeit **242** 1179
  Verpflichtung, Beendigung **242** 1179
  Verpflichtung, Erfüllung **242** 1179
  Vertragsbeziehung, Beendigung **242** 1179
  Vertragsverhandlungen **242** 1180
  venire contra factum proprium **242** 1178
  Vertragsauslegung **242** 1180
  Vertragsfreiheit **242** 1177
  Vertragsgeltung entsprechend Fehlvorstellungen des Anfechtenden **242** 435
Dresdner Entwurf
  Naturalerfüllung **241** 29
  Obligationenrecht **Einl SchuldR** 122, 126 ff
  Schuldverhältnis **241** 4, 10, 11, 16
  Treu und Glauben **242** 22
Drittschadensliquidation
  Abtretung des Ersatzanspruchs **Einl SchuldR** 213
  Ersatzansprüche, deliktische **Einl SchuldR** 214
  Ersatzansprüche, vertragliche **Einl SchuldR** 214
  Gutachterhaftung **Einl SchuldR** 216
  mittelbare Stellvertretung **Einl SchuldR** 214
  Obhut für fremde Sachen **Einl SchuldR** 214
  Schaden zum Anspruch **Einl SchuldR** 213
  Schadensverlagerung, zufällige **Einl SchuldR** 212 f
  Schuldverhältnis, Drittwirkung **241** 327
  Transportrechtsreform **Einl SchuldR** 214
  Versendungskauf **Einl SchuldR** 214
  Zusendung unbestellter Ware **241a** 52
Drittwiderspruchsklage
  Arglisteinwand **Einl SchuldR** 274; **242** 1088
  unzulässige Rechtsausübung **Einl SchuldR** 274
Drohung
  s a dort
  Anfechtung **242** 443 f
  s a dort
  Fehleridentität **Einl SchuldR** 35
  Realakt **242** 444
  Rechtserwerb, unzulässiger **242** 444
Duldung
  Leistung **241** 133
Duldungsvollmacht
  Treu und Glauben **242** 517

Duplextiefgaragenplätze
  Warnhinweise **241** 502
Durchgriffshaftung
  Abhängigkeitsverhältnisse **242** 981
  Existenzvernichtung, schuldhafte **242** 981
  juristische Personen **Einl SchuldR** 229; **242** 685 f, 977 ff
  Schutz des Gesellschafters **242** 977
  Schutz des Rechtsverkehrs **242** 977
  KG **Einl SchuldR** 229
  Konzernverhältnisse **242** 981
  Minderheitsaktionär **242** 978
  Missbrauch der juristischen Person **242** 979
  Normzwecktheorie **242** 979
  OHG **Einl SchuldR** 229
  Sphärenvermischung **242** 982
  Unterkapitalisierung **242** 980
  Verlustdeckungspflicht **242** 981
  Vermögensvermischung **242** 982
  Zurechnungsdurchgriff **242** 983

EAG
  s Einheitliches Gesetz über den Abschluss von internationalen Kaufverträgen über bewegliche Sachen
Ebenbürtigkeitsklauseln
  unzulässige Rechtsausübung **242** 943
E-Commerce-Richtlinie
  Umsetzung **Einl SchuldR** 198
  Umsetzungsverpflichtung **Einl SchuldR** 184
EDV-Anlagen
  Leasingvertrag, Aufklärungspflichten **241** 474
EG-Richtlinien
  Antirassismusrichtlinie **Einl SchuldR** 281 f
  Auslegung **242** 1183
  Datenschutzrichtlinie **242** 1183
  Diskriminierungsrichtlinie **Einl SchuldR** 281 f
  Fernabsatzrichtlinie **241a** 2, 11, 40, 65 f; **242** 1183
  Generalklauseln **Einl SchuldR** 276
  Gestaltungsspielraum der Mitgliedsstaaten **Einl SchuldR** 286
  Gleichbehandlungsrahmenrichtlinie **Einl SchuldR** 281 f
  Gleichbehandlungsrichtlinie **Einl SchuldR** 282
  Handelsvertreterrichtlinie **242** 1183
  Klauselrichtlinie **242** 1183
  Rechtsvereinheitlichung, europäische **Einl SchuldR** 276
  Richtlinie über unlautere Geschäftspraktiken **242** 1183
  Umsetzung **Einl SchuldR** 276, 337; **242** 149
  Verbraucherkreditrichtlinie **Einl SchuldR** 337
  Verbrauchsgüterkaufrichtlinie **242** 1183

EG-Richtlinien (Forts)
　Zahlungsdiensterichtlinie **Einl SchuldR** 337
Ehe
　Aufhebung der Ehe **242** 928
　　arglistige Täuschung **242** 933
　　Ehemündigkeit, fehlende **242** 933
　　Zweitehe **242** 930 ff
　Doppelehe, Verbot **242** 929 ff
　Eheschließungsfreiheit, Wiedererlangung **242** 931
　Klage auf Eingehung der Ehe **Einl SchuldR** 246
　Nachwirkung **242** 935
　Nichtehe **242** 934
　Nichtigkeitsklage **242** 931
　Treu und Glauben **242** 926, 928 ff
　unzulässige Rechtsausübung **242** 928 ff
Ehegatten
　Auskunftspflichten **242** 927
　Beistandspflicht **242** 927
　Einkommensteuerveranlagung **242** 935
　Realsplitting **242** 935
　Rücksichtnahmepflicht **242** 927
　Unterhalt, nachehelicher
　　s Scheidungsunterhalt
　Unterhaltsansprüche **Einl SchuldR** 7
Ehegattentestament
　Anfechtung **242** 947
Eheliche Lebensgemeinschaft
　gesetzliches Schuldverhältnis **241** 63
　Rücksichtspflicht **241** 63
　Schuldrecht **Einl SchuldR** 9
　Schutzpflichtverhältnis **241** 63
　Solidaritätsverhältnis **241** 63
　Verantwortung, gegenseitige **241** 63
　Vollstreckbarkeit, fehlende **Einl SchuldR** 244, 246
Ehemaklervertrag
　unvollkommene Verbindlichkeit **Einl SchuldR** 244
Ehescheidung
　Zwangsversteigerung zur Aufhebung der Bruchteilsgemeinschaft **242** 1090
Ehevertrag
　Ausübungskontrolle **242** 344, 483, 485, 936 f
　　Erkrankung eines Ehegatten **242** 936
　　Geburt eines gemeinsamen Kindes **242** 936
　　Kinder, schutzwürdige Interessen **242** 937
　Inhaltskontrolle **Einl SchuldR** 49, 332, 336; **242** 462, 483, 485, 936 f
　Lastenverteilung, einseitige **242** 936
　Rechtsmissbrauch **242** 936
　Sittenwidrigkeit **242** 483, 936
　　Nichtigkeit des gesamten Vertrages **242** 936

Ehevertrag (Forts)
　Ungleichgewichtslagen **Einl SchuldR** 332
　Unterhaltsverzicht **241** 421; **242** 937
　　Betreuungsunterhalt **242** 937
　　Eigenverantwortung der Ehegatten **242** 937
　Unterlegenheit, strukturelle **241** 438
　veränderte Verhältnisse **242** 936
　Vertragsparität, gestörte **242** 485, 936
　Wirksamkeitskontrolle **242** 936
Eigenbedarfskündigung
　Anbietpflichten **242** 763 ff
　Kündigungsfrist, Ablauf **242** 764, 766
　Obliegenheit **242** 765
　Schutzpflicht **242** 766
　Mitteilungspflichten **242** 763
　Rechtsmissbrauch **242** 765, 766
　Treu und Glauben **242** 762
　Wegfall des Eigenbedarfs **242** 763
Eigentümer-Besitzer-Verhältnis
　Auskunftsansprüche **242** 905
　Beweislastverteilung **Einl SchuldR** 15
　Gegenanspruch **241** 65
　Hauptpflicht **241** 65
　Rücksichtspflichten **241** 65; **242** 905
　Schadensersatz **Einl SchuldR** 14, 20
　Schadensersatzanspruch gegen mittelbaren Besitzer **241** 341
　Schuldrecht, Geltungsbereich **Einl SchuldR** 7
　Schuldverhältnis, gesetzliches **Einl SchuldR** 7; **242** 905
　Treu und Glauben **242** 882
　Verzögerungsschaden **Einl SchuldR** 20
　Verzugsvorschriften **Einl SchuldR** 18
　Vindikationsanspruch **241** 65
Eigentümerfreiheit
　Privatautonomie **Einl SchuldR** 52
Eigentum
　dingliche Ansprüche **242** 882
　dolo-agit-Einwand **242** 903
　Einzelbefugnisse **241** 114
　öffentlich-rechtliche Pflichten **242** 891
　Rücksichtnahmepflichten **242** 891
　Sozialbindung **242** 891
　Treu und Glauben **242** 891, 902 ff
Eigentumserwerb
　Abstraktionsprinzip **242** 895
　Offenkundigkeitsgrundsatz **242** 895
　Rückerwerb vom Nichtberechtigten **242** 896
　Trennungsprinzip **242** 895
　Treu und Glauben **242** 895 ff
Eigentumsgarantie
　Treu und Glauben **242** 146
Eigentumsübertragung
　Abstraktionsprinzip **Einl SchuldR** 27
　Verfügungsgeschäft **Einl SchuldR** 31
　Zustimmung des Eigentümers **241** 206

Eigentumsvorbehalt
 Aufrechnung **242** 694
 Bedingungszusammenhang **Einl SchuldR** 36
 Verjährung der Kaufpreisforderung **241a** 13
 verlängerter Eigentumsvorbehalt **242** 694
Eigentumswohnung
 Gebrauchsüberlassung an nicht wohnberechtigten Käufer **241** 206
 Gewährleistungsausschluss **242** 477, 477 f, 486
 Verkauf **241** 256
  Abnahmeprotokolle, Herausgabe **241** 256
  Gewährleistungsansprüche, Abtretung **241** 256
  Verträge, Herausgabe **241** 256
Einheitliches Gesetz über den Abschluss von internationalen Kaufverträgen über bewegliche Sachen
 Treu und Glauben **242** 1167
Einheitliches Gesetz über den internationalen Kauf beweglicher Sachen
 Treu und Glauben **242** 1167
Einigungsmangel
 offener Einigungsmangel **242** 513 f
 Rechtsmissbrauch **242** 513 f
 Vorteil, ungerechtfertigter **242** 513 f
Einigungsvertrag
 intertemporales Privatrecht **Einl SchuldR** 258, 260
 Schuldrecht, Kollisionsnormen **Einl SchuldR** 260
 Treu und Glauben **242** 81
Einrede des nicht erfüllten Vertrages
 Leistungsverweigerungsrecht **242** 619
 Synallagma, funktionelles **242** 619
 Teilleistungen **242** 620
 Treu und Glauben **242** 619
 Vertragstreue, eigene **242** 622 f, 625
Einschreiben
 Nichtabholung **242** 455
Einsichtsfähigkeit
 Aufsichtspflichtiger, Einstandspflicht **Einl SchuldR** 84
 Billigkeitshaftung **Einl SchuldR** 84
 Deliktsfähigkeit **Einl SchuldR** 153
 Haftungsausschluss **Einl SchuldR** 84
 Schuldrecht **Einl SchuldR** 84
 Wiederherstellungslast **Einl SchuldR** 84
Einstweilige Verfügung
 Einspruch **242** 1080
Einwendungen
 venire contra factum proprium **242** 304
 Verwirkung **242** 304
Einwendungsdurchgriff
 Treu und Glauben **242** 98, 391

Einwilligung
 Leistung **241** 133
EKG
 s Einheitliches Gesetz über den internationalen Kauf beweglicher Sachen
Elektronischer Geschäftsverkehr
 E-Commerce-Richtlinie **Einl SchuldR** 184
Eltern-Kind-Verhältnis
 Beistandspflicht **242** 927
 Rücksichtnahmepflicht **242** 927
 Vertrag mit Schutzwirkung für Dritte **Einl SchuldR** 216
Empfangsbekenntnis
 unzulässige Rechtsausübung **242** 1092
Empfehlung
 Haftung für Empfehlung **241** 474
Energieausweis
 Aufklärungspflichtverletzung **241** 456, 474
 Vorlagepflicht **241** 456, 474
Energiewirtschaftsgesetz
 Kontrahierungszwang **Einl SchuldR** 55
England
 s a Common Law
 abuse of rights **242** 1153
 Arbeitsrecht **Einl SchuldR** 315
 bona fides **242** 1149
 Case Law **Einl SchuldR** 315
 condition **242** 1156
 consideration **242** 1157
 doctrine of implied terms **Einl SchuldR** 315
 economic duress **242** 1159
 Einzelfallgerechtigkeit **242** 1149 f
 Equity **242** 1153 f, 1156, 1160
 Erfüllungsanspruch **242** 1160
 Erwartungen der Vertragsparteien **242** 1149
 estoppel **242** 1154
  Missbrauchseinwand **242** 1170
  promissory estoppel **242** 1157, 1179
 fair dealing and justice **242** 1157
 Gemeinschaftsrecht **242** 1152
 Generalklauseln **242** 1149
 Gewaltenteilung **242** 1149
 good faith **242** 1149, 1152 f, 1156
 hardship **242** 1155
 implied terms **242** 1155
 intermediate terms **242** 1156
 Kaufrecht **Einl SchuldR** 315
 Leistungsstörungen **242** 1156
 Mieterschutzrecht **Einl SchuldR** 315
 misrepresentation **242** 1151
 officious bystander-test **242** 1155
 Parteien, gewerbliche **242** 1151
 privity of contract **241** 296
 promissory estoppel **242** 1179
 Rechtssicherheit **242** 1149
 Rücktritt, Unverhältnismäßigkeit **242** 1156
 Schadensersatz in Geld **242** 1160
 Schuldrecht **Einl SchuldR** 315

England (Forts)
Sozialversicherungsrecht **Einl SchuldR** 315
specific performance **242** 1154, 1160
Statutory Law **Einl SchuldR** 315
Treu und Glauben **242** 1149, 1151 ff, 1171
    Fallgruppen **242** 1154
undue influence **242** 1151
Verbraucherschutzrecht **Einl SchuldR** 315;
    242 1151
Verträge, Funktion **242** 1150
    consumer-welfarism **242** 1150
    market individualism **242** 1150
Vertragsrecht **Einl SchuldR** 315
warranty **242** 1156
Wegfall der Geschäftsgrundlage **242** 1155
widersprüchliches Verhalten **242** 1158
Willenserklärungen, Auslegung **242** 1155
Zusendung unbestellter Ware **241a** 69
    Eigentumsverlust **241a** 69
    Schadensersatzansprüche gegen den
        Verbraucher **241a** 67

Entwicklungsauftrag
nachvertraglicher Wettbewerb, Unterlassung **241** 291

Erbbaurecht
Kaufzwangsklauseln **242** 917
Rücksichtnahmepflicht **242** 917
Treu und Glauben **242** 917
Wettbewerbsverbot **241** 222, 510

Erbengemeinschaft
Auseinandersetzungsvertrag,
    Mitwirkungspflicht **241** 178
Prozessführungsrecht **242** 954
Rechtsmissbrauch durch einzelne
    Miterben **242** 954

Erbenhaftung, beschränkte
Haftungsbeschränkung **Einl SchuldR** 242

Erbrecht
Aufrechterhaltung formungültiger Rechtsgeschäfte **242** 945
Auskunftsanspruch **242** 946
    Miterben **242** 946
Auskunftspflicht **241** 169
Ausübungskontrolle **242** 943
Erblasserwille **242** 941
Formverstöße **242** 451
Inhaltskontrolle **242** 382, 482
Privatautonomie **Einl SchuldR** 50
Rechtsmissbrauch **242** 947
Schuldverhältnisse **Einl SchuldR** 7
Treu und Glauben **242** 61, 941 ff, 946
Universalsukzession **242** 942

Erbrechtsgarantie
Treu und Glauben **242** 146

Erbschaftskauf
Haftungsbeschränkung **Einl SchuldR** 242

Erbunwürdigkeit
Rechtsmissbrauch **242** 952

Erbvertrag
Anfechtung **242** 947
Hoferbnachfolge **242** 945
Inhaltskontrolle **242** 943
Pflichtwidrigkeit des anderen Teils
    242 950
Rücktrittsvorbehalt **242** 950
Wirksamkeitskontrolle **242** 943

Erfinder
Unterlassen **241** 137
Unterstützung durch Käufer der
    Erfindung **241** 256

Erfinderrecht
Treu und Glauben **242** 1013

Erfüllung
Leistung erfüllungshalber **242** 678
Leistungsbewirkung **241** 202, 209
Leistungserfolg **241** 135, 209 f; **242** 677
Treu und Glauben **242** 675 ff
widersprüchliches Verhalten **242** 676

Erfüllungsanspruch
Anspruchskürzung **242** 589
begünstigte Erfüllungsansprüche **Einl
    SchuldR** 273
Leistungspflicht **241** 25
Schuldrechtsreform **241** 143

Erfüllungsgehilfen
Haftung **Einl SchuldR** 72
    Haftungsausschluss **241** 343 f
    Verjährungsfristen, Verkürzung **241** 344
    Zurechnungsnorm **Einl SchuldR** 72

Erfüllungsgeschäft
Genehmigungsbedürftigkeit **241** 191

Erfüllungshindernisse
Beseitigungspflicht **241** 202 ff, 239
Genehmigungsfähigkeit,
    fehlende **241** 207
Leistungen ins Ausland **241** 204

Erfüllungsinteresse
Mitwirkungspflichten **241** 175

Erfüllungsort
gesetzlicher Erfüllungsort **241** 550
Parteivereinbarung **Einl SchuldR** 62
Rücksichtspflichten **241** 549
Vereinbarung **241** 549

Erfüllungsverweigerung
Vorleistungspflicht **242** 626
Vorleistungspflicht, Wegfall **242** 626
venire contra factum proprium **242** 626

Erkenntnisverfahren
Forderungshöhe **242** 1067
Treu und Glauben **242** 62, 1066 ff

Erlass
Auslegung **242** 706
Rechtsmissbrauch **242** 706
Treu und Glauben **242** 675, 706

Erschließungsanspruch
Treu und Glauben **242** 1106

Ersetzungsbefugnis
Auslegung der zugrundeliegenden Regelung **242** 581
Ersetzungserklärung, Bindungswirkung **242** 581
des Gläubigers **242** 581
Kombination Ersetzungsbefugnis/Gattungsschuld **243** 15
des Schuldners **242** 581
Treu und Glauben **242** 581
Unbestimmtheit der Leistung **243** 1, 15
Vorratsschuld **243** 10
Erstattungsanspruch, öffentlich-rechtlicher
Entreicherungseinwand **Einl SchuldR** 272
Vertrauensschutz **Einl SchuldR** 272
Erwerbermodell
Warnpflichten **242** 744
Erwirkung
betriebliche Übung **242** 193, 195, 833 ff
Gesellschaftsrecht **242** 999
Hauptleistungspflichten **242** 192
Pflichtenbegründung **242** 195, 197, 246
subjektive Rechte **242** 193
Treu und Glauben **242** 192
venire contra factum proprium **242** 319
Vertragsschluss, konkludenter **242** 196, 319
essentialia negotii
Vertragsschluss **Einl SchuldR** 61; **243** 1
estoppel
s England
EuGVVO
Treu und Glauben **242** 1183
Europäische Menschenrechtskonvention
Rechtsvereinheitlichung, europäische **Einl SchuldR** 276
Europäischer Gerichtshof
Auslegungszuständigkeit **Einl SchuldR** 280
Europäisches Privatrecht
s a Rechtsvereinheitlichung, europäische
acquis communautaire **Einl SchuldR** 289
Acquis-Gruppe **Einl SchuldR** 297
Casebooks for the Common Law of Europe **Einl SchuldR** 300
Common Core of European Private Law **Einl SchuldR** 289, 296
European Group on Tort Law **Einl SchuldR** 288, 293 f
European Law Institute **Einl SchuldR** 302
Gemeinschaftsrecht **Einl SchuldR** 299
ius commune **Einl SchuldR** 289
Lando-Kommission **Einl SchuldR** 277, 288, 291 f
Restatement **Einl SchuldR** 287, 293, 295
Restatement of European Insurance Contract Law **Einl SchuldR** 288, 295
Study Group on a European Civil Code **Einl SchuldR** 289, 292, 297

Europäisches Schuldrecht
Rechtsvereinheitlichung, europäische **Einl SchuldR** 288
Restatement **Einl SchuldR** 291
Europäisches Verbraucherrecht
Treu und Glauben **242** 1183
Europäisches Vertragsrecht
Treu und Glauben **242** 1171 ff
Europäisches Zivilgesetzbuch
Rechtssetzungskompetenz der Gemeinschaft **Einl SchuldR** 279
Rechtsvereinheitlichung, europäische **Einl SchuldR** 277 f
Subsidiaritätsprinzip **Einl SchuldR** 278
Treu und Glauben **242** 1185
völkerrechtlicher Vertrag **Einl SchuldR** 279
Wahlmöglichkeit **Einl SchuldR** 334
Europäisches Zivilprozessrecht
Treu und Glauben **242** 1183
Europäisierung des Rechts
Treu und Glauben **242** 103, 149
EVÜ
Internationales Schuldvertragsrecht **Einl SchuldR** 255
ex bona fide
s bona fides
exceptio doli generalis
Irrtumsanfechtung **242** 440
Treu und Glauben **242** 35, 64
Existenzgründer
Darlehen **242** 746

Factoringvertrag
Forderungsverkauf **241** 317
Fahrlässigkeit, grobe
Schlechtleistung **Einl SchuldR** 74
falsa demonstratio
Verträge **241** 247
Falschinformationen
Schadensersatzpflicht **241** 449
Falschlieferung
Sachmangel **Einl SchuldR** 195
falsus procurator
Missbrauch der Vertretungsmacht **242** 522, 524
Familiengesellschaften
Treuepflicht, allgemeine **242** 963
Familienrecht
Auskunftspflichten **241** 169; **242** 927
Billigkeitsregeln **242** 927
Inhaltskontrolle **242** 382, 482 f
Missbrauchsverbot **242** 927
Mitwirkungspflichten **241** 258
Privatautonomie **Einl SchuldR** 50
Rücksichtnahmegebot **242** 927
Schuldverhältnisse **Einl SchuldR** 7
Treu und Glauben **242** 61, 926 f
FARL
s Fernabsatzrichtlinie

Fehlerbegriff
  subjektiver Fehlerbegriff **Einl SchuldR** 73
  Kodifikation **Einl SchuldR** 195
Fehleridentität
  Drohung **Einl SchuldR** 35
  Irrtum **Einl SchuldR** 35
  Täuschung **Einl SchuldR** 35
  Wirksamkeitsmangel kausales/abstraktes
    Geschäft **Einl SchuldR** 35
Fernabsatz
  Finanzdienstleistungen **Einl SchuldR** 160
  Informationspflichten **Einl SchuldR** 160
  Integration ins BGB **Einl SchuldR** 198
  Rücksendung beweglicher Sachen,
    Kostenerstattung **Einl SchuldR** 160
  Verbraucherschutz **Einl SchuldR** 23
  Widerrufsrecht **Einl SchuldR** 160
  Zusendung unbestellter Ware **241a** 34
Fernabsatzrichtlinie
  Befreiung von der Gegenleistungspflicht
    241a 66
  Hauptleistungspflicht **241a** 66
  Herausgabeansprüche, Ausschluss **241a** 40
  Treu und Glauben **242** 1183
  Umsetzung **241a** 2
  Zahlung nicht bestellter Ware **241a** 11, 66
  Zusendung unbestellter Ware **241a** 65 f
Fernunterricht
  Gesetzesumgehung **242** 400
  Sonderregelung, schuldrechtliche **Einl
    SchuldR** 171
Feuerwerksrakete
  Obhutspflichtverletzung **241** 502
fides
  bonae fidei iudicia **242** 8
  Erwartung normgerechten Verhaltens
    242 8
  römisches Recht **242** 7 f
  Treue **242** 8
Finanzdienstleistungen
  Fernabsatz **Einl SchuldR** 160
Finanzierter Kauf
  s a Verbundene Verträge
  Einwendungsdurchgriff **242** 745
fob
  Gefahrübergang **243** 34
Folgenbeseitigungsanspruch
  Rechtsmissbrauch **242** 1101
Forderung
  Absolutheit **241** 309 f
  Anspruch, schuldrechtlicher **241** 113
  Außenwirkung **241** 309
  causa **241** 317
  dingliche Ansprüche **241** 113
  Dritteinwirkungen **241** 306
  Eigentumsrecht **241** 307
  Forderungskollision **241** 115 f
    Präventionsgrundsatz **241** 116 f
  Geltendmachung **241** 249

Forderung (Forts)
  Geltendmachung, unberechtigte **241** 514
  Güterbewegung **241** 317
  Gutglaubensschutz **241** 305
  Innenwirkung **241** 309
  Interesse, schutzwürdiges **241** 308
  Offenkundigkeit **241** 305, 316
  Pfandrecht **241** 316
  quasidingliche Wirkung **241** 302
  Recht eine Leistung zu fordern **241** 112
  Rechtszuständigkeit, absolute **241** 308,
    310 ff
  Relativität **241** 302 ff, 317
  Sachübertragung **241** 306
  Schuldverhältnis im engeren Sinn **241** 112
  sittenwidrige Schädigung **241** 318
  sonstiges Recht **241** 315
  subjektives Recht **241** 299, 310
  unberechtigte Forderung **241** 249
  Verdinglichung **Einl SchuldR** 5; **241** 302 ff
  Verfügung eines Nichtberechtigten
    241 306
  verjährte Forderungen **Einl SchuldR** 245 f
    s a Verjährung
  Verkehrsfähigkeit **242** 711
  Vermögensrecht **241** 317
  Vorrang **241** 117
  Zwangsvollstreckung **241** 317
Forderungsabtretung
  s Abtretung
Forderungsrechte
  Relativität **241** 294, 299 ff
Forderungsübertragung
  Treu und Glauben **242** 708 ff
Forderungsverkauf
  Schuldnerschutz de lege ferenda **Einl
    SchuldR** 337
Form
  Beweissicherung **Einl SchuldR** 57
  Hinweisfunktion **Einl SchuldR** 57
  Nichteinhaltung **Einl SchuldR** 58
    Heilung **Einl SchuldR** 58
  Übereilungsschutz **Einl SchuldR** 57
  Vertragsfreiheit **Einl SchuldR** 57
  Vollmacht **Einl SchuldR** 59
  Vorvertrag **Einl SchuldR** 59
  Warnfunktion **Einl SchuldR** 57
  Zustimmung **Einl SchuldR** 59
Formmissbrauch
  Rechtsmissbrauch **242** 91
Formnichtigkeit
  Mitwirkungspflicht zur Beseitigung der
    Formnichtigkeit **241** 185, 246
  Naturalrestitution **241** 246
  Nichtigkeitsfolge, Einschränkung
    242 447 ff
    dingliche Rechtsgeschäfte **242** 451
    Einwendung **242** 452
    Erbrecht **242** 451

Formnichtigkeit (Forts)
    Existenzgefährdung **242** 448, 451
    Rechtsmissbrauch **242** 452
    Treuepflichtverletzung, besonders schwere **242** 448, 451
    Treu und Glauben **241** 185, 246; **242** 226, 249, 405, 447 ff
    vereinbarte Formerfordernisse **242** 454
    unzulässige Rechtsausübung **242** 447 f
Formvorschriften
    Aufhebung, stillschweigende **242** 454
    Außerachtlassung der Form, bewusste **242** 451
    Rechtsklarheit **242** 450
    Rechtssicherheit **242** 447, 450 f
    Treu und Glauben **242** 51
    s a Formnichtigkeit
    Übereilungsschutz **242** 447
    Warnfunktion **242** 447
Forschung
    nachvertraglicher Wettbewerb, Unterlassung **241** 291
Frachtvertrag
    Mitwirkungspflicht des Gläubigers **241** 239
Fragerecht des Arbeitgebers
    Falschbeantwortung durch Arbeitnehmer **241** 443
    Interessenabwägung **241** 443
Franchisegeber
    Informationspflicht, vorvertragliche **241** 474
    Konkurrenzschutzpflicht **241** 256
    Nebenleistungspflichten **241** 229
Franchisevertrag
    Absatzmittlungsverhältnis **241** 474
    Aufklärungspflichten **241** 474
    Rechtsnatur **241** 474
    Rücksichtnahmepflicht **242** 1003
Frankreich
    s a code civil
    abus de droit **242** 1128 f
    Aufklärungspflichten, vorvertragliche **242** 1122
        de lege ferenda **242** 1123
    bonne foi **242** 1120 ff
    culpa in contrahendo **242** 1123
    équité **242** 1121, 1124
    faute **242** 1123
    Formmissbrauch **242** 1129
    Generalklauseln **242** 1122
    Gewaltenteilung **242** 1122
    Informationspflichten, vorvertragliche **242** 1122
    Kooperationspflicht der Parteien **242** 1125
    Loyalitätspflicht **242** 1121, 1125
    mauvaise foi **242** 1124
    Mietsache, Veränderung **242** 1129
    Nebenleistungspflichten **242** 1125

Frankreich (Forts)
    Nebenpflichten, vertragliche **242** 1122, 1125
    obligation de sécurité **242** 1125
    obligation d'information et de renseignement **242** 1125
    Privatautonomie **242** 1122
    raison **242** 1121
    Rechnung, fehlerhafte **242** 1125
    Rechtsmissbrauch **242** 1128
    Rücksichtspflichten **242** 1125
    Schadensersatzanspruch, vertraglicher **242** 1123
    Sonderprivatrecht **Einl SchuldR** 143
    Treu und Glauben **242** 1116, 1120 ff, 1142
    venire contra factum proprium **242** 1121
    Vertragsanbahnung **242** 1123
        de lege ferenda **242** 1123
    Vertragsauslegung **242** 1121
    Vertragsgerechtigkeit **242** 1122
    Vertragsverhandlungen, Abbruch **242** 1123
    Verzicht, stillschweigender **242** 1127, 1129
fraus legis
    Rechtsmissbrauch **242** 399
Freiberufler
    Wettbewerbsverbot **241** 510
Freiheit
    Treu und Glauben **242** 146
Fremdzurechnung
    Schuldverhältnis **241** 323 ff
Fristen
    prozessuale Fristen **242** 1077
Fristüberschreitung
    Treu und Glauben **242** 203
Fünf-Bücher-System
    BGB **Einl SchuldR** 115
Fürsorgepflichten
    s a Obhuts- und Fürsorgepflichten
    Dienstherr **241** 482
    Erhaltungspflichten **241** 477
    gesetzliche Fürsorgepflichten **241** 481 f
    Leistungsinteresse **241** 162
    Rechtsgüterschutz **241** 162
    Rücksichtnahme auf Person **241** 477
    Rücksichtspflichten **241** 426
    Schuldverhältnis **241** 477
    Sorgfaltspflichten **241** 477
    Treu und Glauben **241** 489
Fund
    Schuldverhältnis **Einl SchuldR** 10

Garantenpflicht
    künstliche Befruchtung **242** 1093
    Schwangerschaftsabbruch **242** 1093
    Treu und Glauben **242** 1093
    Vertrauensbeziehung, besondere **242** 1093
Garantie
    Kaufvertrag **Einl SchuldR** 195

Gastwirt
  Aufklärungspflichten **241** 474
  Fürsorgepflichten **241** 502
  Obhutspflicht, gesetzliche **241** 484, 486
Gastwirtehaftung
  eingebrachte Sachen **Einl SchuldR** 169; **241** 502
Gastwirtspfandrecht
  Schuldrecht, Regelungsort **Einl SchuldR** 5
Gattungskauf
  Konkretisierung **243** 28, 38
  Nachbesserung **243** 28
  Nachlieferung **243** 28
  Qualitätsabweichungen **243** 24
Gattungsschuld
  Annahmeverzug **243** 4
  Auswahlrecht **243** 53
  begrenzte Gattungsschuld **243** 10 f
  Begriff **243** 6, 8
  Beschaffenheitsangaben **243** 8 f
  Beschaffungslast **243** 19, 27
    Selbstbelieferung vorbehalten **243** 19
  Beschaffungspflicht **243** 4, 19
  beschränkte Gattungsschuld **241** 118; **243** 10 f
  Bestimmbarkeit der Leistung **243** 8 f
  Bestimmung der Gattung **242** 573
  Beweislast **243** 50 ff
  Dienstleistungen **243** 46 f
  Dispositionsfreiheit **243** 6
  Eigeninteresse, schützenswertes **242** 579
  Erfüllungstauglichkeit **243** 52
  Gattungsmerkmale **243** 8 f
    Fabrikmarke **243** 9
    Herkunft **243** 9
    Herstellungsjahr **243** 9
    Leistungsfähigkeit **243** 9
    Normen, industrielle **243** 8
    Normen, technische **243** 8
    Preis **243** 9
  Gattungsschenkung **243** 4
  Gattungsvermächtnis **243** 4, 7, 21 f, 28
  Gefahrtragung **243** 2, 27
    Interessenlage **243** 2
  Gegenleistungsgefahr **243** 27
  Geldschuld **243** 17 f
  Handelsrecht **243** 5
  Handlungsschuld **243** 46
  Inhalt **243** 21
  Kombination Ersetzungsbefugnis/Gattungsschuld **243** 15
  Kombination Wahlschuld/Gattungsschuld **243** 14
  Konkretisierung **243** 27 ff, 38, 52
    Annahmehindernisse **243** 30
    Ausscheidungstheorie, modifizierte **243** 36
    Bindungswirkung **242** 577 ff; **243** 39 ff

Gattungsschuld (Forts)
  – Annahme einer gleichwertigen Sache **242** 579
  – Zurückweisung der angebotenen Sache **242** 577, 579
  Bringschuld **243** 31
  erfüllungstaugliche Sache **243** 29
  Gerichtsvollzieher **243** 53
  Gläubiger **243** 28
  Holschuld **243** 30, 36
  Leistungserfolg, Vorbereitung **243** 30
  Lieferungstheorie **243** 36
  mangelhafte Lieferung **243** 29
  mehrstufige Konkretisierung **243** 11, 33
  Rückgängigmachung **242** 577
  Schickschuld **243** 32
  Schuldner **243** 28 f
  Konzentration
    s Konkretisierung
  Leasingvertrag **243** 4
  Leistungsgefahr **242** 577; **243** 27, 38
  Leistungsgegenstand **243** 6
  Leistungsstück **243** 6
  marktbezogene Gattungsschuld **243** 10, 19
  marktbezogener Handelskauf **243** 19
  mehrere Gläubiger **243** 19 f
  Nachbesserung **243** 28
  Nachlieferung **243** 28
  Nachlieferungspflicht **243** 2 ff, 24
  Naturalrestitution **243** 7
  par conditio creditorum **243** 20
  Parteivereinbarung **243** 7 f, 10, 28
  Preisgefahr **243** 27
  Preisvereinbarungen **242** 573
  Primärleistung, erneute Erbringung **243** 3
  Prioritätsprinzip **243** 20
  produktionsbezogene Gattungsschuld **243** 10
  Qualitätsabweichungen **243** 24 ff
    bessere Ware **242** 573; **243** 25 f
    – Irrtum **243** 26
    schlechtere Ware **242** 573; **243** 24
  Qualitätsstandard **243** 3, 8 f, 21 f
    abweichender Qualitätsstandard **242** 573
  Qualitätsvereinbarungen **243** 23, 50
    tel-quel-Klausel **243** 23
    wie besehen **243** 23
    wie besichtigt **243** 23
    wie die Ware steht und liegt **243** 23
  Rechte **243** 45
  Rekonzentration **242** 577 ff
  Sachen mittlerer Art und Güte **243** 21 f, 50
  Sachschuld **243** 17, 44, 46
    Miete **243** 44
  Schadensersatz statt der Leistung **243** 3
  Schuldvertrag **243** 7
  Selbstbedienungsläden **243** 12
  Stückzahl, geringe **243** 13

Gattungsschuld (Forts)
    Transmutationstheorie **243** 2
    Treu und Glauben **242** 571 ff, 577; **243** 20
    Überführung in Stückschuld **243** 2
    Unbestimmtheit der Leistung **243** 1, 6
    unvertretbare Sachen **243** 8, 53
    venire contra factum proprium **242** 579
    Verkehrsanschauung **243** 8
    vertretbare Sachen **243** 8
    vorratsbezogene Gattungsschuld **243** 10
    Vorratsschuld **243** 10 f
    Werkleistungen **243** 46 f
    Zwangsvollstreckung **243** 53
Gebrauchsgewährung
    Mitwirkungspflichten **241** 213
    Obhutspflichten **241** 219
    unberechtigte Kündigung, Unterlassung **241** 221
    Wettbewerb, Unterlassung **241** 222
Gebrauchsmusterstreitigkeiten
    Treu und Glauben **242** 1013
GEDEC
    s Corpus academicum pro codificatione europea
Gefährdungshaftung
    Anlagen, gefährliche **Einl SchuldR** 46
    Atomkraftwerke **Einl SchuldR** 46
    Beförderung, unentgeltliche **241** 535
    haftpflichtrechtliche Nebengesetze **Einl SchuldR** 24
    Haftungshöchstbeträge **Einl SchuldR** 46
    immaterieller Schaden **Einl SchuldR** 152
    Kraftfahrzeuge **Einl SchuldR** 46
    Produkte, gefährliche **Einl SchuldR** 46
    Schadensersatzansprüche **Einl SchuldR** 149
    Solidargemeinschaft **Einl SchuldR** 46
    Wiederherstellungspflicht **Einl SchuldR** 82
Gefälligkeiten
    Architektenwettbewerb **241** 87
    Arzt, Behandlung von Kollegen **241** 87
    Auskunfteiteilung **241** 87
    Auslegung, abgrenzende **241** 81
    Ballonflug **241** 87
    Briefeinwerfen **241** 87
    Ehegattengesellschaft **241** 87
    Einnahmenbeteiligung **241** 87
    Empfängnisverhütung **241** 87
    Fahrgemeinschaften **241** 87
    Fahrzeugüberführung **241** 87
    Familienplanung **241** 87
    Gebirgsferienhütte, Überlassung **241** 87
    Gefälligkeitsfahrten **241** 87, 534, 537
    Gefälligkeitsflug **241** 87
    Gefälligkeitsmiete **241** 87
    gemischte Verträge **241** 528
    gentlemen's agreement **241** 74, 89
    Haftung **241** 93
    Haftungsmaßstab **241** 73

Gefälligkeiten (Forts)
    Haftungsmilderungen **241** 519, 527 ff
        deliktische Haftung **241** 533 ff
    Haus, Beaufsichtigung **241** 87
    Hausbau **241** 87
    Hausfinanzierung **241** 87
    Hundeausbildung **241** 87
    Interesse des Begünstigten, erkennbares **241** 85
    Interessenlage der Parteien **241** 85
    Kellerräumung **241** 87
    Kinder, Beaufsichtigung **241** 87
    Kodifikation **242** 198
    Kontakt, sozialer **241** 72, 394
    Kulanzregelung **241** 87
    Leistung, vereinbarte **241** 85
        Empfänger **241** 85
        Gefahr durch fehlerhafte Leistung **241** 85
        rechtliche Bedeutung **241** 85
        Umstände **241** 85
        wirtschaftliche Bedeutung **241** 85
    Leistung im Belieben des Schuldners **241** 76
    Leistungsanspruch, durchsetzbarer **241** 73, 77, 92 f
    Lkw-Fahrer, Ausleihe **241** 87
    Nicht-Rechtsverhältnis **241** 76 f, 79
    objektiver Ansatz **241** 78, 81 f
    Obliegenheiten **241** 122
    Parteiwille **241** 86
    Privatautonomie **241** 80
    Raumüberlassung, unentgeltliche **241** 87
    Rechtsbindungswille **241** 71, 77
        Indizien **241** 83 ff
    rechtsgeschäftsähnliches Schuldverhältnis **241** 47, 66
    Rechtsgrund zum Behaltendürfen **241** 73, 78
    Reitpferd, Überlassung **241** 87
    Rentenantragstellung **241** 87
    Rücksichtspflichten **241** 93, 381, 390 ff, 394 ff, 519
        Haftungsbeschränkungen **241** 93, 519
    Scheingeschäft **241** 74
    Schiff, Abstellfläche **241** 87
    Schuldverhältnis **242** 198
    schutzbedürftiges Interesse **241** 79
    Schutzpflichten **241** 73
    Schweißarbeiten **241** 87
    Starthilfegewährung **241** 87
    Straßenverkehr **241** 87
    subjektiver Ansatz **241** 79 ff
    Tischreservierung **241** 87
    Transportgut, Abladen **241** 87
    Treibjagd, Einladung **241** 87
    Treu und Glauben **242** 131
    Umstände des Einzelfalles **241** 86 f
    Uneigennützigkeit **241** 84

Gefälligkeiten (Forts)
  Eigeninteresse, nicht nennens-
    wertes **241** 84
  völlige Uneigennützigkeit **241** 84
  Unentgeltlichkeit **241** 72, 84
  Unverbindlichkeit **241** 71
  Unwirksamkeitsgründe **241** 74
  Verhaltensvereinbarungen **241** 75 ff
  Vermögensinteresse **241** 78
  Verwandte, Aufnahme in Wohnung **241** 87
  vorvertragliches Schuldverhältnis **241** 394
  Wecken von Mitreisenden **241** 87
  Wert der anvertrauten Sache **241** 85
  Widerstandstätigkeit, politische **241** 87
Gefälligkeitsfahrten
  Einwilligung in Gefährdung/Verletzung
    241 537
  Haftungsmilderungen **241** 534
  Handeln auf eigene Gefahr **241** 537
  Kostenbeteiligung **241** 87
  Mitverschulden des Geschädigten **241** 537
Gefälligkeitsverträge
  Haftungsreduzierungen **241** 71
  Leihe **241** 71
  Unentgeltlichkeit **241** 71 f
  Verwahrung, unentgeltliche **241** 71
Gefahrenabwehr
  Verwirkung **242** 1102
Gefahrübergang
  Parteivereinbarung **Einl SchuldR** 62
Gegenleistung
  Inhaltskontrolle **242** 474 f
Gegenleistungsanspruch
  Parteivereinbarung **Einl SchuldR** 62
Geheimhaltungspflicht
  Arbeitnehmer **241** 513
  Diskretionspflicht **241** 511
  Integritätsinteresse **241** 512
  Leistungsdurchführung **241** 210
  Nebenleistungstreuepflicht **241** 511
  Treuepflicht, nichtleistungsbezogene
    241 507, 511 ff
  Vertragsauslegung **241** 513
Geheimnisoffenbarung
  Treuepflicht **241** 505
Geistestätigkeit, vorübergehende Störung
  Nichtigkeitsfolge, Einschränkung **242** 416
  widersprüchliches Verhalten **242** 416
Geld
  Anlegung, verzinsliche **241** 217
  Zahlungsmittel **243** 17 f
Gelddarlehen
  Normierung **Einl SchuldR** 198
Geldschuld
  Gattungsschuld **243** 17 f
  Geldsortenschuld, eigentliche **243** 18
  Geldsortenschuld, uneigentliche **243** 18
  Herausgabepflichten **243** 35
  Konkretisierung **243** 35

Geldschuld (Forts)
  Schickschuld **243** 35
  Treu und Glauben **242** 571
  Verlustgefahr **243** 35
  Vermögenshaftung, unbeschränkte **243** 17
  Verspätungsgefahr **243** 35
Geldwechsel
  Aufrechnung **242** 693
Gemeines Recht
  fraus legis **242** 399
Gemeinsamer Markt
  Rechtssetzungskompetenz der Gemein-
    schaft **Einl SchuldR** 285
Gemeinsamer Referenzrahmen
  Draft Common Frame of Reference **Einl
    SchuldR** 302
Gemeinschaftspraxis
  Wettbewerbsverbot **241** 510
Gemeinschaftsprivatrecht
  Gesetzesumgehung **242** 399
  Rechtsmissbrauch **242** 1184
  allgemeiner Grundsatz des Gemein-
    schaftsrechts **242** 1184
  Missbrauchsvorschriften,
    nationale **242** 1184
  Treu und Glauben **242** 1183, 1185, 1187
  Zusendung unbestellter Ware **241a** 2
  Fernabsatzrichtlinie **241a** 2
  s a dort
Gendefekte
  Anzeigepflicht, vorvertragliche **241** 471
Genehmigungen, behördliche
  Mitwirkungspflichten vor Vertragsschluss
    241 181 ff
  Änderungen des Rechtsgeschäfts,
    zumutbare **241** 182
  Ausfertigungen, schriftliche **241** 189
  Erklärungen, Abgabe **241** 189
  Hintertreibung des Genehmigungsver-
    fahrens **241** 189
  Klagbarkeit **241** 188
  Neuvornahme des Rechts-
    geschäfts **241** 187
  Schwebezustand, Beseiti-
    gung **241** 183, 189
  Treuepflicht **241** 182
  Verzögerungen der Genehmigungs-
    erteilung **241** 189
  Unanfechtbarkeit des ablehnenden
    Bescheides **241** 186
  Wirksamkeitsmangel **241** 185
Genehmigungen, gerichtliche
  Mitwirkungspflicht des Vormunds **241** 190
Generalklauseln
  Auslegung **Einl SchuldR** 75
  Bedeutung **242** 1 ff
  Drittwirkung der Grundrechte, mittelbare
    242 87
  Dynamik des Rechts **Einl SchuldR** 75

Generalklauseln (Forts)
EG-Richtlinien **Einl SchuldR** 276
Einfallstore des Verfassungsrechts **Einl SchuldR** 265
europäisches Recht **Einl SchuldR** 334
Gerechtigkeit **Einl SchuldR** 75
Gleichberechtigung **Einl SchuldR** 50
Grundprinzipien des BGB **Einl SchuldR** 75 f
gute Sitten **242** 157
Naturrecht **242** 2
Rechtsfortbildung, richterliche **Einl SchuldR** 75
Rechtskultur **Einl SchuldR** 75
Treu und Glauben **242** 1, 105, 110 f, 114, 121, 206, 210, 340
Ungleichgewicht der Vertragsparteien **Einl SchuldR** 49
Verkehrssitte **242** 1
vorsätzliche sittenwidrige Schädigung **242** 157
Werte **Einl SchuldR** 75
Genossenschaft
Satzungskontrolle **242** 975
Treuepflichten, gesteigerte **242** 966
Gentechnikgesetz
Schuldrecht, Geltungsbereich **Einl SchuldR** 24
gentlemen's agreement
Auslegung **241** 90
Ehrenwort **241** 89
handelsübliche Verhaltensweisen **241** 89
Kartellrecht **241** 91
kaufmännische Bräuche **241** 89
Leistungsanspruch, Ausschluss **241** 74, 89 f
Scheingeschäft **241** 90
Vorbehalt, geheimer **241** 90
Genus-Schuld
Gattungsschuld **243** 4
Gerichtsstand
Erschleichung **242** 1074
Germanisch deutsches Recht
Bergrecht **Einl SchuldR** 103
Gewerberecht **Einl SchuldR** 103
Gewohnheitsrecht **Einl SchuldR** 100
Handelsrecht **Einl SchuldR** 103
Rechtszersplitterung **Einl SchuldR** 100
Schifffahrtsrecht **Einl SchuldR** 103
Vertragsschuldrecht **Einl SchuldR** 101
Germanisches Recht
Haftung **Einl SchuldR** 237
Haftungsvertrag **Einl SchuldR** 237
Schuldverhältnisse **Einl SchuldR** 97
Gesamtgläubigerschaft
Rechtsmissbrauch **242** 721
Gesamtnichtigkeit
Einzelfallgerechtigkeit **242** 504
Parteiwille **242** 505
Treu und Glauben **242** 506 ff

Gesamtnichtigkeit (Forts)
Unverhältnismäßigkeit **242** 510
Vorteil, ungerechtfertigter **242** 510
Gesamtschuld
Ausgleichsanspruch **242** 722
Einwendungen **242** 721
Grundverhältnis **242** 722
Quotenvorrechte **241** 117
Rechtsmissbrauch **242** 720
Treu und Glauben **242** 720 ff
unzulässige Rechtsausübung **242** 720
Verwirkung **242** 721
Wahlfreiheit des Gläubigers **242** 720
Geschäfte des täglichen Lebens
Geschäftsfähigkeit **242** 414
Geschäftsanteile
Berichtigung **242** 997
Zuzahlung **242** 997
Geschäftsbesorgung
Leistung **241** 133
Mitwirkungspflichten, Unterstützung gegenüber Dritten **241** 255
Treu und Glauben **242** 129
Geschäftsbesorgungsvertrag
Anlageberatung **241** 474
Fremdnützigkeit **242** 850, 955
Fürsorgepflichten **241** 502
Treu und Glauben **242** 850, 955
Geschäftseinheit
Abstraktionsprinzip **Einl SchuldR** 37
Einheitlichkeitswille **Einl SchuldR** 37
Rechtsgeschäfte **Einl SchuldR** 37
Zusammengehörigkeit, rechtliche **Einl SchuldR** 37
Geschäftsfähigkeit
Gutglaubensschutz **242** 411
Treu und Glauben **242** 410 ff
Geschäftsfähigkeit, beschränkte
Treu und Glauben **242** 410 ff
Geschäftsführung ohne Auftrag
Abbruch der Geschäftsführung zur Unzeit **242** 853
Ausgleichsanspruch **Einl SchuldR** 78 ff
Ausgleichsordnung, bürgerlich-rechtliche **Einl SchuldR** 78 f
echte Geschäftsführung ohne Auftrag **Einl SchuldR** 78
Entstehungsgeschichte **Einl SchuldR** 124
Fremdnützigkeit **242** 850, 955
Fürsorgepflichten **241** 502
Genehmigung des Vertretergeschäfts **242** 530
gesetzliches Schuldverhältnis **Einl SchuldR** 78 ff; **241** 62
Hauptpflichten **241** 65
Leistungssicherungspflichten **241** 269
Nebenpflichten **241** 65
Rücksichtspflicht **241** 62, 65
Treu und Glauben **242** 850, 853, 955

Geschäftsführung ohne Auftrag (Forts)
unberechtigte Geschäftsführung ohne
 Auftrag **Einl SchuldR** 202
Vermögensverschiebung **241** 62
Zusendung unbestellter Ware **241a** 33 f
Geschäftsgeheimnisse
Auskunftspflicht **242** 985, 1017
Unterlassungspflichten **241** 268
Wirtschaftsprüfervorbehalt **242** 1017
Geschäftsunfähigkeit
lediglich rechtlich vorteilhaftes Geschäft
 242 410
Treu und Glauben **242** 410
unbedeutende Geschäfte **242** 410, 414
Geschiedenenunterhalt
s Scheidungsunterhalt
Gesellschaft bürgerlichen Rechts
Doppelverpflichtungslehre **Einl
 SchuldR** 228
Gesamthandsprinzip **Einl SchuldR** 228
geschäftsführender Gesellschafter **242** 969
Gesellschafterhaftung **Einl SchuldR** 228
 Altverbindlichkeiten **Einl SchuldR** 228
Grundbuchfähigkeit **Einl SchuldR** 228
Insolvenzfähigkeit **Einl SchuldR** 228
Kündigung **241** 106
Mitwirkungspflichten **241** 197; **242** 969
noch nicht entstandene Gesellschaft
 bürgerlichen Rechts **242** 532
Parteifähigkeit **Einl SchuldR** 228
Publikumsgesellschaften **242** 973
Rechtsfähigkeit der Außen-GbR **Einl
 SchuldR** 228
Rechtsnatur **Einl SchuldR** 228
Scheckfähigkeit **Einl SchuldR** 228
Treuepflicht **242** 960
Umwandlung, identitätswahrende **Einl
 SchuldR** 228
vollmachtloser Vertreter **242** 532
Wechselfähigkeit **Einl SchuldR** 228
Gesellschafter
Abfindung **242** 994
Alleingesellschafter **242** 958, 992
Auflösungsklage **242** 995
Ausschluss **242** 991, 993
Firmierung **242** 984
Geheimhaltungspflicht **241** 513
Geschäftsführungsbefugnis, Entziehung
 242 991
Gesellschafterstellung, Verwirkung
 242 997
Haftung, persönliche **242** 977 ff
 s a Durchgriffshaftung
 Eindruck unbeschränkter persönlicher
  Haftung **242** 984
Kündigung **242** 993
Nebenleistungspflicht, nachvertragliche
 241 279
Obhutspflicht, gesetzliche **241** 484

Gesellschafter (Forts)
Rückgabepflicht **241** 484
Stimmrechtsausübung im Interesse des
 Pfandgläubigers **241** 256
Täuschung bei Eintritt in die Gesell-
 schafter **242** 993
Treuepflicht **241** 505; **242** 955 ff
ausgeschiedene Gesellschafter **242** 994
Gesellschafterbeschluss
Anfechtung **242** 997
Anfechtungsfrist **242** 997
Beschlusswirkung **Einl SchuldR** 47
Machtmissbrauch **242** 986
Nichtigkeit **242** 997
Rechtsmissbrauch **242** 986 f
Stimmrechtsmissbrauch **242** 986
unzulässige Rechtsausübung **242** 986
Verwirkung **242** 997
Gesellschaftsanteile
Treu und Glauben **242** 996
Treuepflicht **242** 996
Übernahmerecht **242** 996
Verpfändung **241** 256
Gesellschaftsrecht
Aufklärungspflichten **241** 445
Auflösung der Gesellschaft **242** 995
Auskunftspflicht **241** 169; **242** 985
Geschäftsgeheimnisse **242** 985
Durchgriffshaftung **242** 977 ff
Entstehungsgeschichte **Einl SchuldR** 124
Erwirkung **242** 999
fehlerhafte Gesellschaft **Einl SchuldR** 227
 Außenverhältnis **Einl SchuldR** 227
 Innenverhältnis **Einl SchuldR** 227
Geheimhaltungspflichten **241** 512
Geschäftsführer, Abberufung **242** 997
Nichtigkeitsklage **242** 989
Rechenschaftspflicht **242** 985
Rechtsfortbildung, richterliche **Einl
 SchuldR** 227 f
Rechtsmissbrauch **242** 959
Rechtsscheinshaftung **242** 984
Rechtsvereinheitlichung, europäische **Einl
 SchuldR** 280
Schuldrecht, Geltungsbereich **Einl
 SchuldR** 7
Sonderprivatrecht **Einl SchuldR** 22
Treu und Glauben **242** 62, 129, 955
 Konkretisierungsfunktion **242** 967
 Pflichtenbegründung **242** 967
 Schrankenfunktion **242** 967
 Selbständigkeit juristischer Perso-
  nen **242** 977 ff
Treuepflicht **242** 955 ff
Umwandlung, identitätswahrende **242** 997
Unterlassungspflichten **242** 983
Verwirkung **242** 997 f
 Aufwendungsersatzanspruch **242** 997
 Kündigung, außerordentliche **242** 997

736

Gesellschaftsrecht (Forts)
   Kündigungsrecht **242** 997
   Zustimmungsrecht **242** 997
   Zurechnungsdurchgriff **242** 983
Gesellschaftsverhältnisse
   Beitritt zur Gesellschaft, fehlerhafter **241** 106
   atypischer stiller Gesellschafter **241** 106
   Bestandsschutz **241** 106
   Einigung im natürlichen Sinn **241** 106
   Involzugsetzung **241** 106
   Mitwirkungspflichten, Unterstützung gegenüber Dritten **241** 255
   Rückabwicklung ex nunc **241** 106
   Verkehrsschutz **241** 106
   Treuepflichten **241** 505
Gesellschaftsvertrag
   AGB-Kontrolle **242** 970
   Anfechtung **242** 432 f
   Anspruch auf Änderung, Verwirkung **242** 997
   Aufklärungspflichten **241** 474
   Auslegung **242** 960
   gleichgerichtetes Interesse **242** 971
   Inhaltskontrolle **242** 382, 479, 970 ff
   Interessengleichrichtung **241** 364
   Publikumsgesellschaften **242** 479
   Rücksichtnahmepflicht **242** 961
   Treuepflicht **241** 232; **242** 960
   Vertragsänderung, Zustimmungspflicht **241** 251
   Wettbewerb, Unterlassung **241** 232
Gesetzesauslegung
   systematische Gesetzesauslegung **Einl SchuldR** 104
Gesetzestechnik
   Allgemeiner Teil des Schuldrechts **Einl SchuldR** 1
   Besonderer Teil des Schuldrechts **Einl SchuldR** 1
   BGB **Einl SchuldR** 1, 4
Gesetzesumgehung
   Allgemeine Geschäftsbedingungen **242** 400
   Begriff **242** 398
   Darlehensvermittlungsvertrag **242** 400
   Gesetzesverstoß **242** 400
   Handlungsgehilfen **242** 400
   Kündigungsschutzgesetz **242** 402
   Steuerrecht **242** 400, 1108
   Teilzeit-Wohnrechtevertrag **242** 400
   Treu und Glauben **242** 400
   Verbraucherschutz **242** 400
   Verbrauchsgüterkauf **242** 400
Gesetzesverstoß
   Außenschranke **242** 365
   Ausübungskontrolle **242** 491
   Gesetzesumgehung **242** 400
   Interessenabwägung **242** 488

Gesetzesverstoß (Forts)
   Nichtigkeitsfolge, Einschränkung **242** 366, 487 ff
   Ordnungsvorschriften **242** 364
   Schwarzarbeit **242** 489, 793
   unzulässige Rechtsausübung **242** 487 f, 491
   Vertrauensschutz **242** 488
   Wegfall des Gesetzwidrigkeit **242** 490
   Wirksamkeitskontrolle **242** 365 f
   Zeitpunkt, maßgeblicher **242** 156
Gesetzgebungskompetenz
   Rechtsfortbildung, richterliche **Einl SchuldR** 206
Gesetzliche Schuldverhältnisse
   Aufklärungspflichten **241** 436
   Bereicherungsrecht **Einl SchuldR** 86 ff
   s a dort
   Deliktsrecht **Einl SchuldR** 81 ff
   s a dort
   Drittbeteiligung **Einl SchuldR** 85
   einseitig verpflichtende Schuldverhältnisse **241** 59
   Einsichtsfähigkeit **Einl SchuldR** 84
   Entstehung **Einl SchuldR** 77; **241** 61 ff
   Negativabgrenzung **241** 61
   Unfreiwilligkeit **241** 61
   Gefährdungshaftung
   s dort
   Gerechtigkeit, ausgleichende **Einl SchuldR** 77
   geregelte Schuldverhältnisse **241** 57
   Geschäftsführung ohne Auftrag **Einl SchuldR** 78 ff
   s a dort
   Leistungssicherungspflichten, außergesetzliche **241** 269
   Mitwirkungspflichten **241** 176, 257 ff
   Auslegung **241** 259
   außergesetzliche Mitwirkungspflichten **241** 259
   Treu und Glauben **241** 259
   Nähebeziehung der Parteien **241** 172, 257
   Nebenleistungspflichten **241** 165
   Obhutspflichten **241** 502
   Relativität **Einl SchuldR** 83; **241** 295
   Schadensersatzpflicht **241** 143
   Sondergesetze **Einl SchuldR** 148
   Treu und Glauben **241** 172
   ungeregelte Schuldverhältnisse **241** 57
Gestaltungsfreiheit
   Vertragsfreiheit **Einl SchuldR** 52, 61, 324
Gestaltungsrechte
   Geltendmachung, unberechtigte **241** 514
   Rechtsausübung **242** 328
   Verwirkung **242** 304
Gewährleistung
   Äquivalenzprinzip **Einl SchuldR** 73 f
   Kaufvertrag **Einl SchuldR** 195
   Mitverschulden des Geschädigten **242** 589

Gewährleistung (Forts)
  Nacherfüllungsanspruch **Einl SchuldR** 195
  Rücktritt **Einl SchuldR** 195
  Rücktrittsrecht, Ausschluss **242** 668
  Schadensersatz **Einl SchuldR** 195
  Sekundärrechte **Einl SchuldR** 73
  Vertragstreue **Einl SchuldR** 73
  Vertrauen, enttäuschtes **Einl SchuldR** 73
  Werkvertrag **Einl SchuldR** 197
Gewährleistungsausschluss
  Belehrung des Erwerbers **242** 477
  Inhaltskontrolle **242** 477 f, 486
Gewaltenteilung
  Treu und Glauben **242** 104, 1187
Gewerbebetrieb
  Eingriff in den eingerichteten und ausgeübten Gewerbebetrieb **Einl SchuldR** 231 f
  Betriebsablauf, Beeinträchtigung **Einl SchuldR** 232
  – Äußerungen, geschäftsschädigende **Einl SchuldR** 232
  – Stromkabelfälle **Einl SchuldR** 232
  Subsidiarität **Einl SchuldR** 232
Gewerbeordnung
  arbeitsrechtliche Grundsätze **Einl SchuldR** 166
Gewerbliche Schutzrechte
  Leistungssicherungspflichten **241** 280
Gewerblicher Rechtsschutz
  Rechtsfrieden **242** 1004
  Rechtsklarheit **242** 1004
  Treu und Glauben **242** 1004 ff, 1019
  Verwirkungseinwand **242** 1005
Gewinnzusage
  Gewinn, Erstattung **241** 69
  Preisleistungsverpflichtung **Einl SchuldR** 171
Gewohnheitsrecht
  opinio iuris **242** 167
  Rechtsfortbildung, richterliche **Einl SchuldR** 205
  Rechtsquelle **242** 167
  Überzeugung **242** 167
  Verkehrssitte **242** 167
Gläubiger
  Mitwirkung bei der Leistungserbringung **241** 211 ff, 236 ff
  Obliegenheit **241** 211
  Mitwirkungspflichten **241** 212 f
  Arbeitsverhältnisse **241** 213
  Dauerschuldverhältnisse **241** 213
  Dienstverhältnisse **241** 213
  Gebrauchsgewährung **241** 213
  Leistungsaustausch **241** 213
  Sicherungsvereinbarungen **241** 213
  Rücksichtspflichten **241** 410, 415
  Wohnsitzverlegung **241** 243

Gläubigermehrheit
  Treu und Glauben **242** 719
Gläubigerverzug
  Ablehnung der Annahme **242** 654
  Angebot, tatsächliches **242** 655
  Angebot, wörtliches **242** 656
  Annahme der Leistung **241** 120
  Unzumutbarkeit **242** 658
  Annahmehindernis **242** 658
  Leistungsort **242** 655
  Leistungszeit **242** 655
  Mehrangebot **242** 655
  Nichtannahme, Vertretenmüssen **242** 657
  Nichtannahme, Zurechenbarkeit **242** 657
  Nutzungsherausgabe **242** 659
  schuldhaft nicht gezogene Leistungen **242** 659
  Teilleistungen **242** 655
  Treu und Glauben **242** 654 ff
  Verschulden **242** 657
Glaube
  Begriff **242** 141 f
Glaubensfreiheit
  Treu und Glauben **242** 146
Gleichbehandlungsgrundsatz
  Arbeitsrecht **242** 146, 785
  Treu und Glauben **242** 146, 785, 1031
  Versicherungsvertragsrecht **242** 1031, 1043
Gleichberechtigung
  Privatautonomie **Einl SchuldR** 50, 54
Gleichheitssatz
  Treu und Glauben **242** 146
Globalsicherheiten
  revolvierende Globalsicherheiten **242** 899
  Übersicherung, nachträgliche **242** 899
  Warenlager **242** 899
Globalzession
  Rechtsmissbrauch **242** 1089
Glossatoren
  bona fides **242** 11, 16
GmbH
  Einmann-GmbH **242** 965
  Gesellschafterbeschlüsse, Anfechtungsfrist **242** 997
  Gesetzesumgehung **242** 402
  Publikums-GmbH **242** 974
  Rückabwicklung ex nunc **241** 106
  Vermögensvermischung **242** 982
GmbH & Co KG
  noch nicht entstandene GmbH & Co KG **242** 532
  Umwandlung, formwechselnde **242** 995
  vollmachtloser Vertreter **242** 532
GmbH-Geschäftsführer
  Abberufung **242** 992
  Amtsniederlegung **242** 992
GmbH-Gesellschafter
  Alleingesellschafter **242** 992

GmbH-Gesellschafter (Forts)
Geschäftsführer, Amtsniederlegung **242** 992
Nebenleistungspflicht zur Geschäftsführung **241** 232
Treuepflicht **242** 965, 985
Pflicht zum tätigen Einsatz für die Gesellschaftsinteressen **242** 965
Grenzanlagen
Gemeinschaft, ergänzende Anwendung **Einl SchuldR** 8
Grenzmauer
Schuldverhältnis **241** 402, 404
Grenzverwirrung
nachbarliches Gemeinschaftsverhältnis **242** 892
Griechenland
Treu und Glauben **242** 1116
Grundbuch
Eigentumsumschreibung, Mitwirkungspflichten **241** 206
Grundbuchberichtigungsanspruch
dolo-agit-Einwand **242** 888
Publizität des Grundbuchs **242** 890
Treu und Glauben **242** 888
venire contra factum proprium **242** 889
Verwirkung **242** 890
Grunddienstbarkeit
Anpassung **242** 908
Ausübung, schonende **241** 484; **242** 907
unzulässige Rechtsausübung **242** 907
Bindungsdauer **242** 908
Obhutspflicht, gesetzliche **241** 484
Schuldverhältnis, gesetzliches **242** 907
Treu und Glauben **242** 907 f
veränderte Verhältnisse **242** 908
Verzicht **242** 907
Grundrechte
Arbeitsrecht **242** 774
Besitzrecht des Mieters **242** 753
Drittwirkung, mittelbare **Einl SchuldR** 265
Drittwirkung, unmittelbare **Einl SchuldR** 265
Mietvertrag **242** 753
Rechtsverfolgung, Grundrecht auf **241** 499
Schuldrecht **Einl SchuldR** 263, 265
Treu und Glauben **242** 144 ff
Grundschuld
dolo-agit-Einwand **242** 914
Freigabeklausel **242** 915
Rückübertragungspflicht **242** 914
Sicherungsabrede **242** 915
Treu und Glauben **242** 914
Übersicherung, nachträgliche **242** 915
Verzugszinsen **Einl SchuldR** 18
Grundstücksbelastung
Neubestellung **241** 243

Grundstückskaufvertrag
Aufklärungspflichten der finanzierenden Bank **241** 470
Fernblick, Beeinträchtigung **241** 282
Finanzierung des Kaufpreises **241** 237
Bausparvertrag **241** 237
Restkaufpreishypothek **241** 237
Formnichtigkeit **241** 185
Einschränkung **242** 726
Grundbucheintragung **242** 726
Löschungsbewilligung **241** 237
Mitwirkungspflichten **241** 185, 206
Nebenleistungspflicht, nachvertragliche **241** 282
Grundstückspreisverordnung
Gesetzesumgehung **242** 402
Güterkraftverkehr
Gesetzesumgehung **242** 402
Güterumsatzgeschäfte
Ehrverletzungen **241** 518
Treuepflichten **241** 506
Vertragszweck, Gefährdung **241** 518
Gutachterhaftung
Drittschadensliquidation **Einl SchuldR** 216
gerichtliche Sachverständige **Einl SchuldR** 154
Vertrag mit Schutzwirkung für Dritte **Einl SchuldR** 216
Gute Sitten
s a Sittenwidrigkeit
Außenschranke **242** 368, 372
Generalklausel **242** 157
Inhaltskontrolle, erweiterte **242** 370
sozialethisches Minimum **242** 367, 466
Vorrang **242** 368
Wirksamkeitskontrolle **242** 365, 368 ff, 372, 500

Haager Kaufrecht
Treu und Glauben **242** 1167
Warenkauf, internationaler **Einl SchuldR** 305
Häuser, neu errichtete
Gewährleistungsausschluss **242** 477, 477 f, 486
Haftpflichtgesetz
Haftungsbeschränkungsverbot **Einl SchuldR** 46
Haftungshöchstbeträge **Einl SchuldR** 155
Haftungssumme, Verteilung **241** 118
Schadensersatzansprüche **Einl SchuldR** 149
Schuldrecht, Geltungsbereich **Einl SchuldR** 24
Haftpflichtversicherung
Haftungsverzicht **241** 256
Interessenwahrungspflicht des Gläubigers **241** 256

Haftpflichtversicherung (Forts)
  Regressanspruch, Rechtsmissbrauch
    242 285
  Teilleistungen **242** 609
  Treu und Glauben **242** 1058
Haftung
  Begriff **Einl SchuldR** 235 f
  Erzwingungsmöglichkeit des Gläubigers
    Einl SchuldR 235 f
  Duldungsansprüche **Einl SchuldR** 238
  Handlungen, unvertretbare **Einl
    SchuldR** 238
  Herausgabeansprüche **Einl SchuldR** 238
  Unterlassungsansprüche **Einl
    SchuldR** 238
  Gegenstand **Einl SchuldR** 238
  Haftung ohne Schuld **Einl SchuldR** 239,
    248 ff
  Sachhaftung **Einl SchuldR** 249
  Vollstreckungs-
    erweiterung **Einl 241 ff** 250
  Haftungsbeschränkungen **Einl
    SchuldR** 240 ff
  gegenständliche Haftungs-
    beschränkung **Einl SchuldR** 242
  rechnerische Haftungs-
    beschränkung **Einl SchuldR** 241
  Haftungserweiterung **Einl SchuldR** 250
  Haftungsvertrag **Einl SchuldR** 237, 243
  Leistungspflicht **Einl SchuldR** 235 f
  Prinzip der unbeschränkten Vermögens-
    haftung **Einl SchuldR** 238, 240; **241** 30
  Schuld **Einl SchuldR** 239
  Schuldnervermögen **Einl SchuldR** 238
Handeln auf eigene Gefahr
  Anspruchskürzung **242** 593, 596
  Fouls **242** 593
  Gefälligkeitsfahrten **241** 537
  Haftungsausschluss **242** 593, 596
  Kenntnis gefahrerhöhender Umstände
    242 593
  Mitfahren in Kfz **242** 593 f
  Motorsport **242** 593, 596
  regelgerechtes Verhalten **242** 594
  Rempeltanz **242** 593
  Sportarten, gefährliche **242** 593, 596
  Tierhalterhaftung **242** 595
  Treu und Glauben **242** 593 f
  Unerlaubte Handlung **242** 873
  venire contra factum proprium **242** 593 f
Handelsbrauch
  Ermittlung **242** 165
  Treu und Glauben **242** 1000
  Verkehrssitte **242** 164 f
Handelsgeschäfte
  Geschäftszeit, gewöhnliche **241** 199
  Leistungsbewirkung **241** 199
Handelskauf
  marktbezogener Handelskauf **243** 19

Handelskauf (Forts)
  Rügepflicht **242** 739
Handelsrecht
  Gattungsschuld **243** 5
  Gewährleistungsausschluss **243** 23
  Mängel, verborgene **243** 23
  Mitwirkungspflichten **241** 199
  Qualitätsvereinbarungen **243** 23
  Rechtsentwicklung **Einl SchuldR** 103
  Rüge **241** 120
  Sonderprivatrecht **Einl SchuldR** 22,
    139, 143
  s a Kaufleute
  Treu und Glauben **242** 62, 1000 ff
  Untersuchung **241** 120
  Wettbewerbsverbote **241** 199
Handelsvertreter
  Rücksichtnahmepflicht **242** 1003
  Treuepflicht des Unternehmers
    242 1003
  Wettbewerbsverbot **241** 199, 227
Handlung
  Leistungsbegriff **241** 133
  Leistungspflicht **241** 24
Handlungsfreiheit, allgemeine
  Allgemeines Persönlichkeitsrecht **Einl
    SchuldR** 45, 230
  Privatautonomie **Einl SchuldR** 49
  Schuldverhältnis **241** 61, 298
Handlungsgehilfen
  Gesetzesumgehung **242** 400
  Stellenvakanz **242** 1002
  Treuepflicht **242** 1002
  Überzahlung, irrtümliche **242** 1002
  Unterschlagungsverdacht **242** 1002
  Wettbewerbsverbot **241** 199, 509
    nachvertragliches Wettbewerbsver-
      bot **241** 272
Handlungspflichten
  Leistungssicherung **241** 262
Hauptleistungspflichten
  Entstehung **241** 146
  Leistungspflichten **241** 144 ff, 152
  Schuldverhältnis **241** 65, 146
    Entstehung **241** 146
  Unterlassen **241** 145
Hauptversammlungsbeschluss
  Anfechtung **242** 963, 987 f
Hausratversicherung
  Aufklärungspflichten **241** 471
Haustürgeschäfte
  Sonderregelung, schuldrechtliche **Einl
    SchuldR** 171, 261
  Integration ins BGB **Einl
    SchuldR** 198, 261
  Verbraucherdarlehensverträge
    Einl 241 ff 159
  Verbraucherschutz **Einl SchuldR** 23
  Widerrufsrecht **Einl SchuldR** 158 f

Heilpraktiker
Aufklärungspflicht **241** 474
Heimarbeit
Ausschluss der Verwirkung **242** 824
Heimaufnahmevertrag
Schuldrecht **Einl SchuldR** 179
Herausgabepflichten
Leistungssicherung **241** 262
Hessischer Entwurf
Erfüllungszwang **241** 28
Hinterlegung
Aufrechnung **242** 693
Fürsorgepflichten des Hinterlegers **241** 482
Mitwirkungspflichten **241** 258
Schadensersatzanspruch des Verwahrers **241** 482
Teilhinterlegung **242** 609
Treu und Glauben **242** 675, 680
Hinweispflichten
Aufklärungspflicht **241** 427
Informationspflichten **241** 427
Historische Rechtsschule
Obligationenrecht **Einl SchuldR** 110
Pandektensystem **Einl SchuldR** 111
Hoferbnachfolge
Erbvertrag **242** 945
formlose Vereinbarungen **242** 945
Übergabevertrag **242** 945
Holschuld
Erfolgsort **243** 36
Gefahrübergang **243** 37
Konkretisierung **243** 36 f
  Abholungszeitpunkt, Vereinbarung **243** 37
  Aussonderung des Gutes **243** 36
  Bereitstellung des Gutes **243** 36
  Erkennbarkeit **243** 37
Leistungsort **243** 36
Parteivereinbarung **Einl SchuldR** 62
Homöopathische Behandlung
Patiententyp, homöopathischer **241** 474
Hotelbetreiber
Warnhinweise **241** 502
Hypothek
Ost-Enteignungen **242** 913
Treu und Glauben **242** 913 f
Verwertungsrecht, dingliches **Einl SchuldR** 249
Verzugszinsen **Einl SchuldR** 18

Immaterialgüterrechte
Verwirkung **242** 304
Immaterieller Schaden
Gefährdungshaftungstatbestände **Einl SchuldR** 152
Grundrechte **Einl SchuldR** 266
Vertragsverletzung **Einl SchuldR** 152

Immobiliardarlehen
Widerrufsrecht **Einl SchuldR** 158 f
Incoterms
cif **243** 34
fob **243** 34
Konkretisierung **243** 34
Kostentragung **243** 34
Leistungsgefahr **243** 34
Individualvertrag
Inhaltskontrolle **Einl SchuldR** 332
Industriepark
Duldungspflichten **242** 893
Industrieprodukte
Ersatzteile, Lieferungspflicht **241** 243
Nachproduktion **241** 243
Informationsbeschaffungspflicht
Aufklärungspflicht **241** 439
Informationsfreiheit
Treu und Glauben **242** 146
Informationsleistungspflichten
Aufklärungspflicht **241** 445
Nebenleistungspflichten **241** 430
Informationspflichten
Anzeigepflichten **241** 427
Aufklärungspflichten **241** 427, 432 ff
Auskunftspflicht **241** 427
Beratungspflichten **241** 427
Hinweispflicht **241** 427
Informationspflichten **241** 427
Informationsschutzansprüche **241** 427
Informationsschutzpflicht **241** 427
Integritätsinteresse **241** 428
Klagbarkeit **241** 429
Leistungsinteresse **241** 162
Mitteilungspflichten **241** 427
Offenbarungspflichten **241** 427
Rechtsgüterschutz **241** 162
Retrospektivität **241** 429
Rücksichtspflichten **241** 426 ff
Terminologie **241** 427
nach Vertragsschluss **241** 428
Warnpflichten **241** 427
Wissensgefälle **241** 431
Informationsschutzansprüche
Informationspflichten **241** 427
Informationsschutzpflicht
Informationspflichten **241** 427
Ingenieure
Aufklärung über eigenes Fehlverhalten **241** 464
Inhaberschuldverschreibung
Mitwirkungspflichten **241** 197
Schuldverhältnis **Einl SchuldR** 47
Inhaltskontrolle
Allgemeine Geschäftsbedingungen **Einl SchuldR** 332, 336; **242** 381, 568 f
Allgemeine Versicherungsbedingungen **242** 1034
Angemessenheitsprüfung **242** 466

Inhaltskontrolle (Forts)
  Arbeitsvertrag **242** 776
  Austauschvertrag **242** 971
  Betriebsvereinbarungen **242** 382
  Bürgschaft **Einl SchuldR** 266; **242** 462
  Dienstvereinbarungen **242** 382
  Ehevertrag **Einl SchuldR** 49, 332, 336; **242** 462
  Erbrecht **242** 382, 482
  erweiterte Inhaltskontrolle **242** 370, 468 ff, 473 ff
    Arbeitsrecht **242** 469
    Wohnraummiete **242** 469, 472
  Familienrecht **242** 382, 482 f
  Gemeinschaftsordnung **242** 919
  Gesellschaftsvertrag **242** 382, 970 ff
  Grundrechtsbindung **242** 463
  Individualvertrag **Einl SchuldR** 332; **242** 205
  Kodifikation **242** 205, 569
  Sittenwidrigkeit **241** 322
  Tarifverträge **242** 382
  Treu und Glauben **242** 342 f, 463
  unzulässige Rechtsausübung **242** 467
  Vereinssatzung **242** 409
  Verhältnismäßigkeit **242** 466
  Vertragsparität, gestörte **242** 461 ff
  Werkvertrag **242** 837
Inkassozession
  Aufrechnung **242** 683
  Treu und Glauben **242** 51
Insassenhaftung
  Kraftfahrzeughalterhaftung **Einl SchuldR** 155
Insolvenz
  Ablehnung eines beiderseits noch nicht erfüllten Vertrages **242** 1091
  Bezugsverträge **241** 363
  Dauerschuldverhältnisse **241** 349
  Feststellung zur Tabelle **242** 1091
  Gemeinschuldner, schuldrechtliche Verpflichtungen **241** 332
  Liquidationsverzögerung **242** 1091
  Treu und Glauben **242** 1091
  Widerspruch gegen Pfändung **242** 1091
  Wiederkehrschuldverhältnis **241** 363
Insolvenzanfechtung
  Treu und Glauben **242** 1091
Insolvenzeröffnungsantrag
  Rechtsmissbrauch **242** 1091
Insolvenzordnung
  Änderung des Schuldrechts **Einl SchuldR** 147
  verhältnismäßige Gläubigerbefriedigung **241** 118
Institutionen
  s Römisches Recht
Integritätsinteresse
  Aufklärungspflichten **241** 434

Integritätsinteresse (Forts)
  Dauerschuldverhältnisse **241** 234
  Informationspflichten **241** 428
  Leistungssicherungspflichten **241** 271
  Mangelfolgeschäden **241** 435
  Rechtsgüterschutz **241** 428
  Rücksichtspflichten **241** 66, 153, 160, 417, 426
  strafbares Verhalten **241** 518
  Vermögen **241** 428
  vorvertraglicher Bereich **241** 428
  Willensfreiheit **241** 428
Interessenverfolgung
  Vertragsparteien **241** 254
Interlokales Privatrecht
  Teilrechtsordnungen **Einl SchuldR** 253
  Teilung Deutschlands **Einl SchuldR** 253
Internationales Privatrecht
  Arbeitsverträge **Einl SchuldR** 255
  Eingriffsnormen **Einl SchuldR** 255; **242** 106
    Sittenwidrigkeit **242** 106
    Treu und Glauben **242** 106
  EVÜ **Einl SchuldR** 255
  Form des Vertrages **Einl SchuldR** 255
  Geschäftsfähigkeit **Einl SchuldR** 255
  Geschäftsführung ohne Auftrag **Einl SchuldR** 256 f
  Geschäftsführungsort **Einl SchuldR** 257
  Gesetzesumgehung **242** 401
  hoheitliche Tätigkeit **Einl SchuldR** 256
  Kernenergie, Schäden aus **Einl SchuldR** 256
  materielles Recht, Anwendbarkeit **Einl SchuldR** 253 f
  ordre public **242** 106
  Persönlichkeitsverletzungen **Einl SchuldR** 256
  Rechtsfähigkeit **Einl SchuldR** 255
  Rom II-VO **Einl SchuldR** 256
  Schuldverhältnisse **Einl SchuldR** 254 ff; **242** 106
    außervertragliche Schuldverhältnisse **Einl SchuldR** 257
    – Rechtswahl, nachträgliche **Einl SchuldR** 257
    gesetzliche Schuldverhältnisse **Einl SchuldR** 254, 256 f; **242** 106
    vertragliche Schuldverhältnisse **Einl SchuldR** 254 f; **242** 106
    – engste Verbindung **Einl SchuldR** 255
    – Parteiwille **Einl SchuldR** 255
    – Rechtswahl **Einl SchuldR** 255
    – Vermutungen **Einl SchuldR** 255
  Treu und Glauben **242** 106
  unerlaubte Handlung **Einl SchuldR** 256 f
    Haftungsbegrenzung **Einl SchuldR** 257
    Tatortrecht **Einl SchuldR** 257

Internationales Privatrecht (Forts)
  ungerechtfertigte Bereicherung **Einl SchuldR** 256 f
    Leistungskondiktion **Einl SchuldR** 257
    Nichtleistungskondiktion **Einl SchuldR** 257
  Verbraucherverträge **Einl SchuldR** 255
  Versicherungsvertrag **Einl SchuldR** 255
  Vertretungsmacht, rechtsgeschäftliche **Einl SchuldR** 255
Internationales Schuldrecht
  CISG **Einl SchuldR** 303, 305 f
  Rechtsvereinheitlichung, europäische **Einl SchuldR** 288
  Restatement **Einl SchuldR** 291
  UNIDROIT-Principles of International Commercial Contracts **Einl SchuldR** 303 f; **242** 1181 f
Internationalisierung des Rechts
  Treu und Glauben **242** 104
Internetauktion
  Bewertung erbrachter Leistungen **241** 281
  Nebenleistungspflicht, nachvertragliche **241** 281
  Preis, außergewöhnlich günstiger **242** 727
  Rechtsmissbrauch **242** 727
Interpersonales Privatrecht
  Schuldrecht, Anwendungsbereich **Einl SchuldR** 261 f
Intertemporales Privatrecht
  Schuldrecht **Einl SchuldR** 258
Inventarerrichtung
  Obliegenheit **241** 120
Irrtum
  Fehleridentität **Einl SchuldR** 35
Irrtumsanfechtung
  s a Anfechtung
  Anfechtungsgrund **242** 432
  exceptio doli generalis **242** 440
  gemeinsamer Irrtum **242** 425, 439
  Kalkulationsirrtum **242** 426
  Kaufvertrag, Mängelgewährleistung **242** 740
    Rechtsmissbrauch **242** 740
  Motivirrtum **242** 425
  teleologische Reduktion **242** 435
  Treu und Glauben **242** 405, 424 ff, 432 ff
  venire contra factum proprium **242** 436
  Veranlassung des Irrtums **242** 440 ff
    Mitveranlassung des Irrtums **242** 442
  Vertragsgeltung entsprechend Fehlvorstellungen des Anfechtenden **242** 435
Italien
  abuso del diritto **242** 1144
  Bedingung **242** 1143
  correttezza **242** 1143
  Informationspflichten **242** 1143
  Kooperationspflichten **242** 1143
  Nebenpflichten **242** 1143

Italien (Forts)
  Pandektensystem **Einl SchuldR** 115
  Rechtsmissbrauch **242** 1143 f
  Rücksichtnahmepflicht **242** 1142
  Schikaneverbot **242** 1144
    Eigentumsrecht **242** 1144
  Schutzpflichten **242** 1143
  Sonderprivatrecht **Einl SchuldR** 143
  Treu und Glauben **242** 1116, 1142 f
    Privatautonomie **242** 1142
  Vertragsrecht **242** 1143 f
  Verwirkung **242** 1143
  Verzicht, stillschweigender **242** 1142
  Willenserklärungen, Auslegung **242** 1142
ius ad rem
  Recht auf die Sache **241** 133
ius variandi
  Kaufvertrag, Nacherfüllungsanspruch **242** 732

Jagd
  Schadensersatzansprüche **Einl SchuldR** 149
Japan
  Pandektensystem **Einl SchuldR** 112
Jugendliche
  Einsichtsfähigkeit **Einl SchuldR** 153
Juristische Personen
  Durchgriffshaftung **Einl SchuldR** 229; **242** 685 f
  Gesellschaftsvermögen **Einl SchuldR** 229
jus ad rem
  Nichterfüllung **Einl SchuldR** 63

Kaduzierungsverfahren
  Verwirkung **242** 997
Kalkulationsirrtum
  beiderseitiger Irrtum **242** 430
  einseitiger Kalkulationsirrtum **242** 426
  Geschäftsgrundlage, Fehlen **242** 430
  Irrtumsanfechtung **242** 426 ff
  Kennenmüssen **242** 427
  Kenntnis **242** 427
  offener Kalkulationsirrtum **242** 426
  unzulässige Rechtsausübung **242** 427, 429
  verdeckter Kalkulationsirrtum **242** 426
  Vertragsdurchführung, Unzumutbarkeit **242** 427, 429
Kanonistik
  aequitas canonica **242** 13
  misericordia **242** 13
  rigor iuris **242** 13
  Treu und Glauben **242** 6, 16
  Verkehrssitte **242** 6
Kapitalanlage
  s a Anlageberatung
  Aufklärungspflichtverletzung **241** 470
  Informationseigenhaftung **241** 474
  Vermögensberatungspflicht **241** 476

Kapitalgesellschaftsrecht
Mitwirkungspflichten **241** 199
Karenzentschädigung
Arbeitsverhältnis **241** 290
Kartellrecht
Ausschließlichkeitsbindungen **241** 322
gentlemen's agreement **241** 91
Gesetzesumgehung **242** 402
Lizenzvertrag **241** 322
Preisbindungsvertrag **241** 322
Repartierungspflicht **242** 574 f
Verbot abgestimmten Verhaltens **241** 91
Kauf auf Besicht
Sachen mittlerer Art und Güte **243** 22
Kaufleute
Antwort auf Anträge **241** 120
Rügepflicht **Einl SchuldR** 22
Sonderprivatrecht **Einl SchuldR** 22, 139, 143
Untersuchungspflicht **Einl SchuldR** 22
Kaufmännisches Bestätigungsschreiben
Vertragsschluss **241** 70
Kaufvertrag
arglistige Täuschung **241** 470
Aufklärungspflichten **241** 435, 455
    Aufstellung des Kaufgegenstandes **241** 455
    Verwendung des Kaufgegenstandes **241** 455
Aufwendungsersatz **242** 733
Befristung **241** 353
Beratungspflicht **241** 476
Beschaffenheitsvereinbarung **Einl SchuldR** 195
Besonderer Teil des Schuldrechts **Einl SchuldR** 1
Doppelverkauf **241** 115, 282, 301
    einstweilige Verfügung **241** 301
Entstehungsgeschichte **Einl SchuldR** 124
Erfüllung **242** 723
Erfüllung, rechtsmängelfreie **Einl SchuldR** 194
Erfüllung, sachmängelfreie **Einl SchuldR** 194
Erfüllungsanspruch **241** 143
Ersatzlieferung **243** 2 f
Ersatzteile, Lieferungspflicht **241** 282
Garantie **Einl SchuldR** 195
Gattungskauf **243** 2, 24, 28, 38
Gewährleistungsfrist **Einl SchuldR** 196
Gewährleistungsrecht **241** 455; **242** 725, 729 ff
    Anfechtungsrecht, Ausschluss **242** 740
    Anzeigeobliegenheit des Käufers **242** 739
    Aufwendungsersatz
      s dort
    Fristsetzung, Entbehrlichkeit **242** 729

Kaufvertrag (Forts)
    Kenntnis des Mangels bei Vertragsschluss **242** 737
    Minderung
      s dort
    Nacherfüllungsanspruch
      s dort
    Rücktritt
      s dort
    – Ausschluss des Rücktrittsrechts **242** 668 f
    Schadensersatz
      s dort
    Unkenntnis des Mangels, grob fahrlässige **242** 738
    unzulässige Rechtsausübung **242** 736
    venire contra factum proprium **242** 737 f
    Wandelungsrecht **242** 736
Grundstückskaufvertrag
    s dort
Mängel der Kaufsache **241** 435; **242** 725
    Beseitigung vor Wandelung **242** 736
    Einrede des nicht erfüllten Vertrages **242** 731
Mangelfolgeschäden **Einl SchuldR** 197; **241** 435, 482, 483
Minderung **242** 733 f
    Unwiderruflichkeit **242** 734
Nachbesserung **242** 730
Nacherfüllungsanspruch **241** 143; **242** 730
    Fristsetzung **242** 732 f
    Unverhältnismäßigkeit **242** 729
    Wahlrecht des Käufers **242** 730 ff
    – Annahmeverzug **242** 732
    – Bindungswirkung **242** 732
    – elektive Konkurrenz **242** 730, 732 f
    – ius variandi **242** 732
    widersprüchliches Verhalten **242** 731
Nachlieferung **242** 730; **243** 24
Nebenpflichten **242** 724, 728
    nachvertragliche Nebenpflichten **241** 282; **242** 728
    Nebenleistungspflichten **241** 282
    vertragliche Nebenpflichten **242** 728
    vorvertragliche Nebenpflichten **242** 728
Nebenrechte **242** 724
Obhuts- und Fürsorgepflicht **241** 491
Obhutspflicht **241** 483
Ratenlieferungsvertrag **241** 372
Recht zur zweiten Andienung **242** 736; **243** 24
Rechtsmangel **242** 725, 735
Rücktritt **242** 668 f, 733 ff
    Unwiderruflichkeit **242** 734
    Weiterbenutzung der Kaufsache **242** 667 ff
    Zerstörung der Kaufsache **242** 667 ff
Sachen, bewegliche **Einl SchuldR** 196
Sachmangel **242** 725, 735

Kaufvertrag (Forts)
Behebbarkeit **242** 736
Schadensersatz **242** 733 f
Differenzmethode **242** 734
Surrogationsmethode **242** 734
Schuldrechtsreform **Einl SchuldR** 189, 194; **242** 725
Sittenwidrigkeit **241** 470
Stückkauf **243** 2 f, 24
Sukzessivlieferungsvertrag **241** 358
Treu und Glauben **242** 723 ff, 729, 735, 738
unzulässige Rechtsausübung **242** 723
Verkauf einer fremden Sache **241** 206
Verkehrssicherungspflicht **241** 491, 494
Verwirkung **242** 723
Viehkauf **Einl SchuldR** 194
widersprüchliches Verhalten **242** 723
Zustandekommen **242** 723
Kaufzwangsklauseln
Treu und Glauben **242** 917
Kausalität
Beweislast **241** 420
KG
Auflösungsklage **241** 106
Durchgriffshaftung **Einl SchuldR** 229
Publikums-KG **242** 974
Schuldrecht, Geltungsbereich **Einl SchuldR** 7, 22
Treuepflicht **242** 960
Treuhandkommanditistin, Aufklärungspflicht **241** 474
KGaA
Geschäftsführerbestellung **242** 990
gesetzestypische KGaA **242** 974
Inhaltskontrolle des Gesellschaftsvertrages **242** 974
kapitalistische KGaA **242** 974
Treuepflicht **242** 990
Kinder
Bahnverkehr **Einl SchuldR** 153
Straßenverkehr **Einl SchuldR** 153
Kindschaftsrecht
Treu und Glauben **242** 926
Klageänderung
Zustimmungsverweigerung **242** 1070
Klagebefugnis
Verwirkung **242** 1080
Klageerhebung
Nebenleistungspflichtverletzung **241** 514
Rechtsmissbrauch **242** 1070
Rücksichtspflichtverletzung **241** 514
Schuldnerverhalten **241** 133
Klagerücknahme
unzulässige Rechtsausübung **242** 1071
Klammerprinzip
BGB **Einl SchuldR** 3
Klauselrichtlinie
Missbrauchskontrolle **242** 1184
Treu und Glauben **242** 1183

Kleinbetriebe
Kündigung, betriebsbedingte **242** 799 f
Kleinunternehmer
Einwendungsdurchgriff **242** 746
Kodifikationsbewegung
Naturrecht **Einl SchuldR** 109
Körperschäden
Schadensersatz **Einl SchuldR** 89
Kollusion
Begriff **242** 518
Schadensersatzpflicht **242** 518
Sittenwidrigkeit **242** 518
Kommanditist
Zustimmungspflicht **242** 969
Kommanditistenhaftung
Haftungsbeschränkung **Einl SchuldR** 241
Kommissionsgeschäft
Forderung, Verdinglichung **241** 304
Mitwirkungspflichten **241** 255
Treuepflicht **242** 1001
Komplementär
Wettbewerbsverbot **241** 509
Kondiktion
s Ungerechtfertigte Bereicherung
Konkretisierung
s Gattungsschuld
Konnossement
Konkretisierung der Ware **243** 33 f
Kontinentaleuropäischer Rechtskreis
Treu und Glauben **242** 1116, 1119 ff
Kontrahierungszwang
Allgemeines Gleichbehandlungsgesetz **Einl SchuldR** 284
Diskriminierungsverbot, wettbewerbliches **Einl SchuldR** 55
Energiewirtschaftsgesetz **Einl SchuldR** 55
Luftverkehrsgesetz **Einl SchuldR** 55
Monopolisten **Einl SchuldR** 56
Pflichtversicherungsgesetz **Einl SchuldR** 55
Privatautonomie **Einl SchuldR** 55 f
Treu und Glauben **Einl SchuldR** 54
Vertragsfreiheit **Einl SchuldR** 55 f
Konzentration
Gattungsschuld **243** 27
s a Konkretisierung
Konzernverhältnisse
Bestandsgarantie **242** 981
Einstandspflicht, verschuldensunabhängige **242** 981
qualifiziert faktischer Konzern **242** 981
Verlustdeckungspflicht **242** 981
Konzernverschaffungsschuld
Gattungsschuld, beschränkte **243** 11
Kopftuch
Kündigung des Arbeitsverhältnisses **242** 803
Kostenfestsetzungsanspruch
Verwirkung **242** 1080

Kostenvoranschlag
  Unentgeltlichkeit **Einl SchuldR** 197
Kraftfahrer
  Fürsorgepflicht des Arbeitgebers **241** 498
Kraftfahrzeuge
  Betrieb **Einl SchuldR** 92
  Gefährdungshaftung **Einl SchuldR** 46
  Starthilfegewährung **241** 87
  Versicherungsschutz **241** 502
Kraftfahrzeughändler
  Obhutspflicht **241** 492, 501
  Probefahrten, Kaskoversicherung **241** 492
Kraftfahrzeughalter
  Haftpflichtversicherung **Einl SchuldR** 92
  Haftpflichtversicherungspflicht **241** 494
Kraftfahrzeughalterhaftung
  Insassenhaftung **Einl SchuldR** 155
Krankenhaus
  Obhutspflichten **241** 502
Krankenhausaufnahmevertrag
  Aufklärungspflichten **241** 460
  Schuldrecht **Einl SchuldR** 179
Krankenversicherung
  ärztliche Behandlung durch nahe Verwandte des Versicherungsnehmers **242** 1034
  Ausschlussklausel **242** 1034
  Treu und Glauben **242** 1061
  Übermaßvergütung **242** 1061
Kreditkartenorganisation
  Einziehungsversuche **241** 256
Kreditnehmerschutzgesetz
  Schuldnerschutz de lege ferenda **Einl SchuldR** 337
Kreditsicherung
  Rechtsfortbildung, richterliche **Einl SchuldR** 233 f
  Übersicherung **Einl SchuldR** 234
  Wettlauf der Sicherungsgeber **Einl SchuldR** 234
Kreditverkauf
  Verbraucherschutz **Einl SchuldR** 198
Kreditvertrag
  Sittenwidrigkeit **242** 1087
Kreuzeinteilung
  BGB **Einl SchuldR** 116
Kriegsgesellschaften
  Aufrechnungsmöglichkeit **242** 686
Kündigung
  unberechtigte Kündigung **241** 221
  Rücksichtnahmepflichtverletzung **241** 514
Kündigungsrecht
  Rechtsmissbrauch **242** 244
Kündigungsschutz
  Arbeitsrecht **Einl SchuldR** 54
  Miete **Einl SchuldR** 54
  Wiedereinstellungsanspruch **242** 815

Kündigungsschutzgesetz
  Beweislast **242** 796
  Darlegungslast **242** 796
  Dreiwochenfrist **242** 818, 831
  Gesetzesumgehung **242** 402
  Interessenabwägung **242** 799
  Kleinbetriebe **242** 799 f
  Kündigungsgrund **242** 807
  Rücksichtnahme, soziale **242** 799
  Schriftformerfordernis **242** 831
  Treu und Glauben **242** 96
    Konkretisierungsfunktion **242** 797
  Wartezeit **242** 801
Kündigungsschutzklage
  prozessuale Verwirkung **242** 830 f
Künstliche Befruchtung
  Garantenpflicht **242** 1093
Kunstgegenstände
  Abhandenkommen **242** 548
  Verjährung **242** 548

Lando-Kommission
  Principles of European Contract Law **Einl SchuldR** 277, 288, 291 f
Landpachtvertrag
  Änderungen **Einl SchuldR** 165
  Pfandrecht, gesetzliches **Einl SchuldR** 5
Langzeitvertrag
  relationale Verträge **241** 366 f
Leasingvertrag
  Aufklärungspflichten **241** 474
  EDV-Anlagen **241** 474
  Gattungsschuld **243** 4
  Rechtsnatur **241** 474
  Schuldrecht **Einl SchuldR** 179
Lebensversicherung
  Treu und Glauben **242** 1059
Legalzession
  Rechtsmissbrauch **242** 718
Leihe
  Besonderer Teil des Schuldrechts **Einl SchuldR** 1
  Entstehungsgeschichte **Einl SchuldR** 124
  Gefälligkeitsvertrag **241** 71
  Mängel der entliehenen Sache **241** 435
  Mitwirkungspflicht des Entleihers **241** 195
  Rückgabepflicht **241** 195
  Unentgeltlichkeit **Einl SchuldR** 74
  unvollkommen zwei-/mehrseitig verpflichtendes Schuldverhältnis **241** 60
Leistung
  Ablehnung **241** 326
  Annahme der Leistung **241** 306
  Begriff **241** 133 ff
    ambivalenter Leistungsbegriff **241** 135
    Doppeldeutigkeit **241** 135
  durch Dritte **241** 326; **242** 611
    Ablehnung der Leistung **242** 612
    Ablehnungsrecht **242** 612

Leistung (Forts)
Fremdtilgungswille **242** 611
Treu und Glauben **242** 611 f
Widerspruch des Schuldners **242** 612
Duldung **241** 133
Einwilligung **241** 133
Erfolg **241** 135
Geschäftsbesorgung **241** 133
Handlung **241** 133
Höchstpersönlichkeit **242** 325
ius ad rem **241** 133
Leistung zur Unzeit **241** 214; **242** 184, 186, 257, 614
Leistungsgegenstand **241** 23
Nichtausübung eines Rechts **241** 133
Pflichten
s Leistungspflichten
Schuldnerverhalten **241** 133 ff
Treu und Glauben **242** 182
Tun **241** 141
Unterlassen **241** 133, 136, 141
Unzumutbarkeit **242** 325, 328
Vermögenswert **241** 14 ff
Versorgung eines Kindes **241** 133
Willenserklärung, Abgabe **241** 133
Leistung zur Unzeit
Treu und Glauben **242** 186
Leistungsanspruch
s a Anspruch
freiwilliges Verhalten, wiederholtes **241** 92
Leistungsbeschreibungen
Inhaltskontrolle **242** 474 f
Leistungsbestimmung
Schuldverhältnis **Einl SchuldR** 62, 64
Unbilligkeit **Einl SchuldR** 64
Leistungsbestimmung durch Dritte
Relativität des Schuldverhältnisses **241** 326
Leistungsbestimmungsrecht
Bestimmungsrecht des Schuldners **243** 16
Billigkeit **243** 16
Unbestimmtheit der Leistung **243** 1
Leistungsklage
Leistungspflichten **241** 158
Leistungsort
Gläubigerverzug **242** 655
Parteivereinbarung **Einl SchuldR** 62
Treu und Glauben **242** 613
Leistungspflichten
Äquivalenzinteresse **241** 153, 215
Dauerschuldverhältnisse **241** 352, 355
Güterlage, Veränderung **241** 145, 160
Handlungspflicht **241** 24
Hauptleistungspflichten **241** 144 ff, 152
Klagbarkeit **241** 158
Leistungsinteresse **241** 161
Leistungsklage **241** 158
Leistungsstörungen **241** 157
Nebenleistungspflichten **241** 144 f, 147 ff, 152

Leistungspflichten (Forts)
Nichterfüllung **241** 25
Obligationszweck, primärer **241** 145
Primärpflichten **241** 142 f
Sekundärpflichten **241** 142 f
selbständige Leistungspflicht **241** 144
status ad quem **241** 145, 160
Treu und Glauben **241** 380; **242** 570
Unterlassungsklage **241** 158
Vereinbarung **241** 380
Vertragsauslegung, ergänzende **241** 380
Zielsetzung **241** 160
Leistungssicherungspflichten
Abtretung **241** 274
Äquivalenzinteresse **241** 271
Anfechtungsgrund, Fehlen **241** 283
außergesetzliche Leistungssicherungspflichten **241** 268 f
Austauschverhältnisse **241** 268
Dauerschuldverhältnisse **241** 268
Doppelnatur **241** 271
Duldungspflichten **241** 268
gesetzliche Leistungssicherungspflichten **241** 265 ff
gesetzliche Schuldverhältnisse **241** 269
Handlungspflichten **241** 262
Herausgabepflichten **241** 262
Integritätsinteresse **241** 271
Kündigung, unberechtigte **241** 283
Leistungsbezug **241** 162
Leistungserfolg **241** 262
Leistungsversprechen **241** 268
Mitteilungspflichten **241** 262
nachvertraglicher Wettbewerb, Unterlassung **241** 289 f
Nachwirkung des Leistungsaustauschs **241** 261 f
Nebenleistungspflichten **241** 264
Nebenleistungspflichten, gesetzliche **241** 164
Nichtigkeitsklage **241** 283
Obhutspflichten **241** 262
Praxistausch **241** 284
Quittungserteilung **241** 272
Rechenschaftspflichten **241** 262
Rechtsgüterschutz **241** 270
Rechtsmissbrauch, Unterlassung **241** 266
Reisevertrag **241** 285
Rücksichtspflichten, Abgrenzung **241** 265, 270 f
Schuldverhältnis, Abwicklung **241** 267
Subunternehmer **241** 286
Treu und Glauben **241** 269; **242** 570
Tun, aktives **241** 268
Übergangsphase **241** 264
Unterlassungspflichten **241** 262, 268
gerichtliche Verfolgung **241** 263
Vermögensschutz **241** 271
Vertreter **241** 287

Leistungssicherungspflichten (Forts)
  Wettbewerb, Unterlassung **241** 266, 272, 289 ff
Leistungsstörungsrecht
  Gläubigerverzug **242** 630
  Pflichtverletzung **Einl SchuldR** 191; **242** 630
  Schuldrechtsreform **Einl SchuldR** 189 ff; **242** 569, 629
  Treu und Glauben **242** 569, 629
Leistungstreuepflichten
  allgemeine Leistungstreuepflicht **241** 175
  Mitwirkungspflichten **241** 175
Leistungsverweigerung
  Gewissensgründe **242** 274
Leistungsverweigerungsrechte
  Einrede des nicht erfüllten Vertrages **242** 619
  Treu und Glauben **242** 571, 615
  Vertragstreue, eigene **242** 622 f, 625
Leistungszeit
  Gläubigerverzug **242** 655
  Treu und Glauben **242** 182, 614
Letter of Intent
  Absichtserklärung **241** 87
  no binding clause **241** 87
  Rechtsbindungswille **241** 87
Letztwillige Verfügung
  s Verfügung von Todes wegen
lex Lasker
  Zivilgesetzgebungskompetenz **Einl SchuldR** 126
Listenpreise
  Unterlassen **241** 137
Lizenzgeber
  Unterstützung gegenüber Dritten **241** 256
Lizenzvertrag
  Meistbegünstigungsklausel **242** 1023
  Verbesserungsklausel **242** 1023
Lizenzwirkung
  Drittwirkung **241** 322
Lottogemeinschaft
  Rechtsbindungswille **241** 87
Loyalitätspflichten
  Treuepflichten **241** 505
Luftbeförderungsvertrag
  Stornokosten, Hinweis auf **241** 217
Luftverkehrsgesetz
  Gefährdungshaftung **Einl SchuldR** 46
  Haftungsbeschränkungsverbot **Einl SchuldR** 46
  Haftungshöchstbeträge **Einl SchuldR** 46, 155
  Haftungssumme, Verteilung **241** 118
  Kontrahierungszwang **Einl SchuldR** 55
  Schadensersatzansprüche **Einl SchuldR** 149

Mahnung
  Entbehrlichkeit **242** 639 f
  Leistungsverweigerung, ernsthafte und endgültige **242** 639
  Selbstmahnung **242** 640
  Treu und Glauben **242** 640
  venire contra factum proprium **242** 639
  Verzögerungsschaden **242** 638
  Zuvielforderung **242** 638
Makler
  Auskunftsanspruch **242** 1003
Maklerbüro
  Duldungspflicht des Vermieters **241** 220
Maklervertrag
  Alleinauftrag **241** 230
  Aufklärungspflichten **241** 474
  Doppeltätigkeit **241** 230; **242** 848
  Hauptvertrag, treuwidrige Vereitelung **242** 849
  Nebenleistungspflichten **241** 230
  Nebenpflichten **242** 846 f
  Obhuts- und Fürsorgepflichten **241** 502
  Provisionsanspruch **242** 849
  Treu und Glauben **242** 849
  Treueverhältnis **241** 502; **242** 846
  treuwidriges Verhalten **242** 848
  Verwirkung des Lohnanspruchs **242** 848
Mangel
  Fehlerbegriff, subjektiver **Einl SchuldR** 73
Mangel der Ernstlichkeit
  Aufklärungspflicht **242** 423
  notariell beurkundete Verträge **242** 422
  Scherz, böser **242** 423
  Scherz, guter **242** 423
  Treu und Glauben **242** 421 ff
  widersprüchliches Verhalten **242** 423
Markenrecht
  Aufbrauchsfrist **242** 1020
  Auskunftsbegehren **242** 1016
  Besitzstand, wertvoller **242** 1006 ff
  Defensivzeichen **242** 1005
  Gleichnamigkeit **242** 406
  Marken, benutzte **242** 1005 f
  Treu und Glauben **242** 1004, 1014, 1016, 1020
  unbenutztes Zeichen **242** 1008
  Verkehrsgeltung **242** 1007
  Vertrauen, schutzwürdiges **242** 1006
  Verwirkung **242** 307, 318
    Namensführungsrecht **242** 1010
    Nutzung, ungestörte **242** 1010
    Schadensersatzansprüche **242** 1011
    Umstandsmoment **242** 1009
    Zeitmoment **242** 1009
  Verwirkungseinwand **242** 1005 ff
  Vorratszeichen **242** 1005
  Warenzeichen, benutzte **242** 1005
  Zeichen, neues **242** 1020

Maschinen
  Bedienungsanleitung **241** 216
  Einbau **241** 216
  Einweisung **241** 216
Massenverkehr
  faktischer Vertrag **241** 97
Mehrleistung
  Mitwirkungspflichten **241** 242
Mehrwertdienstnummern
  Kosten, unbeabsichtigte **241** 502
Meinungsfreiheit
  Treu und Glauben **242** 146
Menschenwürde
  Allgemeines Persönlichkeitsrecht **Einl SchuldR** 230
  Schuldrecht **Einl SchuldR** 265
  Treu und Glauben **242** 146
Mieterschutz
  Gleichheitssatz **242** 146
Mietpool
  Aufklärungspflichten **241** 470
Mietvertrag
  s a Wohnraummiete
  Allgemeines Gleichbehandlungsgesetz **Einl SchuldR** 284
  Anfechtung des Mietvertrags **241** 110
  Antennenentscheidungen **242** 146
  Aufklärungspflicht des Vermieters **241** 435
  Aufklärungspflichten **241** 456
    Mieter **241** 456
    Umbauarbeiten **241** 456
    Vermieter **241** 456
  Barrierefreiheit **242** 755
  Baufahrzeug **241** 456
  Baumaßnahmen, Duldungspflicht **242** 756
  Baumaßnahmen, Untersagung **242** 758
  Befristung **241** 353
  Besichtigungsrecht des Vermieters **242** 756
  Besonderer Teil des Schuldrechts **Einl SchuldR** 1
  Dauerschuldverhältnis **241** 353 f, 494, 496; **242** 753
  Eigenbedarfskündigung **242** 762 ff
  Energieausweis **241** 456
  Energieeinsparung **Einl SchuldR** 164
  Entstehungsgeschichte **Einl SchuldR** 124, 127
  Ermöglichung des vertragsgemäßen Gebrauchs **241** 483
  Ersatzmieter, Ablehnung **242** 758
  fehlerhaftes Mietverhältnis **241** 110
  Gebäudeversicherung **242** 761
    Regressanspruch des Versicherers **242** 761
  Gefälligkeitsmiete **241** 87
  geschäftliche Tätigkeit des Mieters **242** 758
  Gewährleistungsrechte bei Mietzahlung trotz Mängelanzeige **242** 768

Mietvertrag (Forts)
  Gleichbehandlungspflicht, allgemeine **242** 757
  Gleichheitssatz **242** 757
  Grundrechte **242** 753
  Haustürschlüssel, Verlust **242** 760
  Inhaltskontrolle **242** 472
  Inhaltskontrolle, erweiterte **242** 469
  Kabelanschluss **242** 754
  Kappungsgrenze **Einl SchuldR** 164
  Kauf bricht nicht Miete **241** 303
  Kündigungsfrist **Einl SchuldR** 164
    Mieter **Einl SchuldR** 164
    Vermieter **Einl SchuldR** 164
  Kündigungsschutz **Einl SchuldR** 54, 162
    gewerbliche Miete **Einl SchuldR** 163
  Kündigung, außerordentliche **242** 769
  Kündigungsrecht des Vermieters **242** 762 ff
  Mängel der Mietsache **241** 456
  Mängelanzeigepflicht des Mieters **241** 483
  Mangelfolgeschäden **241** 483
  Mieterschutz **Einl SchuldR** 161 f, 164
  Mieterschutzverordnungen **Einl SchuldR** 161
  Mietrechtsreformgesetz **Einl SchuldR** 164
  Mietzahlung, Verzug **242** 760
  Mietzins, Höhe **242** 757
  Mitwirkungspflicht des Mieters **241** 195
  Nachzahlungsansprüche des Vermieters **242** 768
  Nebenleistungspflichten **241** 195, 223
  Nichtigkeit des Mietvertrags **241** 110
  Obhuts- und Fürsorgepflichten **241** 494 ff
    Abgänge **241** 494
    Elektroinstallationen **241** 494
    Fahrstühle **241** 494
    Flure **241** 494
    Garten **241** 495
    Hausteile **241** 494
    Mieter **241** 495
    nachwirkende Pflichten **241** 497
    Räume **241** 494
    Treppen **241** 494 f
    Vermieter **241** 494
    Vermögen des Mieters **241** 496
    Vermögen des Vermieters **241** 495
    Zugänge **241** 494
  Obhutspflichten **241** 219, 483
    Integritätsinteresse **241** 483
    Mieter **241** 483
    Vermieter **241** 483
  Rechtsmissbrauch **242** 758, 765
  Rückgabe der Mietsache **241** 195, 223, 376
    Herausgabe **241** 223
    Stückschuld **243** 7
    Zustand der Mietsache **241** 223, 495
  Rückzahlungsansprüche des Mieters **242** 768
  Sachleistungsschuld **243** 44

Mietvertrag (Forts)
Satellitenempfangsantenne **242** 754
Schaffung neuen Wohnraums **Einl SchuldR** 164
Schließanlage **242** 760
Schönheitsreparaturen **241** 456
Schriftform **242** 767
soziales Mietrecht **Einl SchuldR** 162
sozialtypisches Verhalten **241** 110
Staffelmiete **Einl SchuldR** 164
Tagesmutter **242** 758
Tierhaltung **242** 757
Treppenhauslift **242** 755
Treu und Glauben **242** 569, 753 ff
Konkretisierungsfunktion **242** 754
Treuepflicht, nachvertragliche **242** 766
Übergangsregelungen **Einl SchuldR** 260
Umzugsschild, Duldung **241** 497
Unfallersatzfahrzeug **241** 456
Untersuchung der Mietsache **Einl SchuldR** 164
Untervermietung **242** 771
gewerbliche Untervermietung **242** 146
unzulässige Rechtsausübung **242** 759
Vermieterpfandrecht **241** 496
Vertrauensverhältnis **241** 219 f
Verwertungskündigung **242** 767
Verwirkung **242** 768
Wassereinsparung **Einl SchuldR** 164
Weitervermietung **242** 759
Wettbewerbsverbot **241** 222, 510
Wiederherstellung beschädigter Mietsachen **241** 223
Nebenleistungspflicht **241** 223
Rücksichtspflicht **241** 223
Minderjährige
Annahme der Leistung **242** 676
Empfangszuständigkeit **242** 676
Haftung, existenzvernichtende
s Minderjährigenhaftungsbeschränkung
Minderjährigenhaftungsbeschränkung
allgemeines Persönlichkeitsrecht **242** 877
deliktische Ansprüche **242** 878 ff
Existenzvernichtung **242** 146, 877
vertragliche Haftung **242** 878
Minderjährigenschutz
Arbeitsverhältnis, fehlerhaftes **242** 419
Genehmigung des gesetzlichen Vertreters **242** 415
Genehmigung des Minderjährigen **242** 417
Leistungsbewirkung mit eigenen Mitteln **242** 418
Treu und Glauben **242** 410 ff
unzulässige Rechtsausübung **242** 417
Vertragsschluss **242** 410
Volljährigkeitseintritt **242** 417
Missbrauch der Vertretungsmacht
s Vertretungsmacht

Missbrauchskontrolle
Allgemeine Geschäftsbedingungen **242** 383
Miteigentum
Beschädigung des gemeinschaftlichen Eigentums **242** 906
dolo-agit-Einwand **242** 906
Schuldrecht, Geltungsbereich **Einl SchuldR** 7
Zwangsversteigerung **242** 906
Mitgliedschaftsrechte
Verwirkung **242** 304
Mitteilungspflichten
Aufklärungspflicht **241** 427
Informationspflichten **241** 427
Leistungssicherung **241** 262
Mittelalter
Geldverkehr **Einl SchuldR** 101
genossenschaftliche Ordnungen **Einl SchuldR** 101
Gesellschaftsstruktur **Einl SchuldR** 98, 100
Handwerk **Einl SchuldR** 101
Hauswirtschaft **Einl SchuldR** 99
Kreditverkehr **Einl SchuldR** 101
Naturalverkehr **Einl SchuldR** 99, 101
Schadensersatz **Einl SchuldR** 99
Schuldrecht **Einl SchuldR** 98 f, 101
Selbsthilfe **Einl SchuldR** 99
ständische Ordnungen **Einl SchuldR** 101
Treu und Glauben **242** 15
Unrechtsverkehr **Einl SchuldR** 99, 101
Vertragsschuldrecht **Einl SchuldR** 101
Mittelbare Stellvertretung
Drittschadensliquidation **Einl SchuldR** 214
Mitverschulden des Geschädigten
Anspruchskürzung **242** 378
Bereicherungsansprüche **242** 589
Billigkeit **242** 378 f
Geltung, universelle **Einl SchuldR** 9
Gewährleistungsansprüche **242** 589
Gleichbehandlung **242** 379
Schadensersatz **Einl SchuldR** 41
Schadensrecht **242** 588
Schadensverteilung **242** 591
Treu und Glauben **242** 378 f, 587 ff
venire contra factum proprium **242** 378, 592
Verantwortlichkeitsprinzip **242** 379
Mitwirkungspflichten
Arbeitsverhältnisse **241** 213
Auseinandersetzungsvertrag **241** 178
Besichtigung einer Sache **241** 258
Dauerschuldverhältnisse **241** 213
Dienstverhältnisse **241** 213
Erfüllungshindernisse, Beseitigung **241** 173, 181, 201 ff, 239
Erfüllungsinteresse, Durchsetzung **241** 175
Familienrecht **241** 258
Förderungsmoment **241** 175

Mitwirkungspflichten (Forts)
Gebrauchsgewährung **241** 213
Genehmigungen, behördliche **241** 181 ff
gesetzliche Schuldverhältnisse **241** 176
Gläubiger **241** 211 ff
Hinterlegung **241** 258
Interessenbereich einer Partei **241** 174
Klagbarkeit **241** 188
Kostentragung **241** 198
Leistungsbezug **241** 162
Leistungsdurchführung **241** 173, 207 ff
  Bescheinigungen, Erteilung **241** 210
  Geheimhaltungspflicht **241** 210
  Informationserteilung **241** 210
  Obhutspflichten **241** 210
  Schutzpflichten **241** 210
  Vertragstreue **241** 210
  Vertrauensmissbrauch, Unterlassen **241** 210
  Vertraulichkeitspflicht **241** 210
Leistungserbringung **241** 201, 214 ff, 236 ff, 242, 261
  Austauschverhältnis **241** 214
  Denunziationen **241** 214
  Ehrverletzungen **241** 214
  Leistung zur Unzeit **241** 214
  Mehrleistung **241** 173, 201, 242 f
  Modalitäten der Leistungserbringung **241** 214
  Verspätung der Leistung **241** 214
  Vertragsgegenstand
  – Aufbewahrung **241** 215
  – Benzin **241** 216
  – Einwirkungen, Schutz vor **241** 215
  – körperliche Gegenstände **241** 215
  – Maschinen **241** 216
  – Obhut **241** 215 f
  – Rechte **241** 218
  – Tiere **241** 216
  – Verderb **241** 216
  – Verschlechterung **241** 216
  – Ware **241** 216
  – Werkstoffe, neuartige **241** 216
  – Zustand, ordnungsgemäßer **241** 216
Leistungstreuepflichten **241** 175
Loyalitätspflichten **241** 175
Naturalrestitution **241** 187
Nebenleistungspflichten, gesetzliche **241** 164
Neuvornahme **241** 187
Rechtsgeschäfte, bedingte **241** 178
Rechtssicherheit, Schaffung **241** 173, 201, 244 ff
  Auslegung **241** 244
  Treu und Glauben **241** 244
  Verkehrssitte **241** 244
Risikobereich einer Partei **241** 174
Sachenrecht **241** 258
Schuldner **241** 209 f

Mitwirkungspflichten (Forts)
Sicherungsvereinbarungen **241** 213
Treu und Glauben **242** 570
Treuepflicht **241** 182
Unterstützung gegenüber Dritten **241** 173, 201, 253 ff
Störungsabwehr **241** 254
Urkundeneinsicht **241** 258
Verletzung **241** 187
Vertragsdurchführung **241** 176, 191 ff
  Auslegung **241** 191
Verzinsung **241** 198
Vorfeld des Vertragsschlusses **241** 176 ff
Vormund **241** 190
Vorvertrag **241** 178
Wettbewerbsverbote, handelsrechtliche **241** 199
Monopolunternehmen
Rücksichtnahmepflichtverletzung **241** 514
Montage, fehlerhafte
Sachmangel **Einl SchuldR** 195
Montageanleitung, fehlerhafte
Sachmangel **Einl SchuldR** 195
Motivirrtum
gemeinsamer Motivirrtum **242** 425
Treu und Glauben **242** 430
Motorsport
Gefährdungshaftung **242** 596
Kfz-Haftpflichtversicherung **242** 596

Nachbarliche Abwehransprüche
Verwirkung **242** 894, 1102
widersprüchliches Verhalten **242** 1101
Nachbarliches Gemeinschaftsverhältnis
Beseitigungsanspruch, negatorischer **242** 904
Billigkeit **242** 886
Duldungspflichten **241** 404
Erhaltungspflichten **241** 404
Fürsorgepflichten **241** 502
gesetzliches Schuldverhältnis **241** 67, 399 ff, 404 ff; **242** 132
Grenzmauer **241** 402, 404
Grenzverwirrung **242** 892
Immissionsschutzgesetze **241** 403, 406; **242** 892
Nachbargesetze der Länder **241** 403, 406; **242** 892
Rechtsausübung **241** 401
Rechtspflichten **242** 892
Rücksichtspflichten **241** 67, 391, 399 ff, 404 f; **242** 891
sachenrechtliche Beziehung **241** 399 ff
Schädlingsbefall **241** 502
Schuldverhältnis **242** 891
Sonderverbindung **241** 400
Treu und Glauben **241** 404 f; **242** 132, 198
Umweltschutzgesetze **241** 403

Nachbarliches Gemeinschaftsverhältnis (Forts)
Unterlassungsanspruch, negatorischer
242 904
Unterlassungspflichten **241** 404
Vertrauensverhältnis **242** 893
Verwaltungspflichten **241** 404
Nacherbfall
Herbeiführung, treuwidrige **242** 952
Nacherfüllungsanspruch
Gewährleistungsrecht **Einl SchuldR** 195
Schadensersatz statt der Leistung **242** 643
Nachlassverbindlichkeiten
Schuldverhältnis **Einl SchuldR** 7
Namensrecht
Gleichnamigkeit **242** 406
Treu und Glauben **242** 406 f
Vertrauensschutz **242** 407
Verwirkung **242** 407
Nationalsozialismus
Akademie für Deutsches Recht **Einl SchuldR** 173
Billigkeitshaftung **Einl SchuldR** 174
Entindividualisierung des Rechts **Einl SchuldR** 172
Gefährdungshaftung **Einl SchuldR** 174
Gemeinnutz vor Eigennutz **242** 76
Gemeinschaftsgedanke **Einl SchuldR** 172 f; **241** 364; **242** 75
Gemeinschaftswerte **Einl SchuldR** 172
Gemeinwohlgedanke **Einl SchuldR** 172; **241** 33; **242** 74
Interessenausgleich **241** 33
Leistungspflicht **241** 33 f
Leistungsstörungsrecht **Einl SchuldR** 174
Mietrecht **Einl SchuldR** 174
Pflichtgedanke **Einl SchuldR** 173
Rechtserneuerung **Einl SchuldR** 320
Rechtsmissbrauch **242** 76 f
Schuldrecht **Einl SchuldR** 172, 174
Grundregeln **Einl SchuldR** 174
Treu und Glauben **242** 65 ff
Kulturfunktion **242** 75
Pensionszusagen **242** 77
Politisierung **242** 66, 75, 77
Volksgesetzbuch **Einl SchuldR** 173; **241** 33; **242** 67 ff
Natürliche Personen
Treu und Glauben **242** 406 ff
Naturalobligationen
Rechtsgrund zum Behaltendürfen **241** 129
unvollkommene Verbindlichkeiten **Einl SchuldR** 244 f; **241** 129
Naturalrestitution
Aufwand, unverhältnismäßiger **242** 586, 597
Gattungsschuld **243** 7
Körperschaden, geringfügiger **242** 586
Pflichtverletzung **241** 416
Schadensersatz **Einl SchuldR** 42 f

Naturalrestitution (Forts)
Treu und Glauben **242** 586
Unverhältnismäßigkeit **242** 597
Unzumutbarkeit **Einl SchuldR** 17
Verhältnismäßigkeit **242** 586
Naturrecht
aequitas **242** 28
Aufklärung **Einl SchuldR** 109
Generalklauseln **242** 2, 6
Kodifikationsbewegung **Einl SchuldR** 109
Rezeption **Einl SchuldR** 109
Schuldrecht **Einl SchuldR** 65
Treu und Glauben **242** 6, 17
Verkehrssitte **242** 6
Nebengesetze
s a Sonderprivatrecht
haftpflichtrechtliche Nebengesetze **Einl SchuldR** 24
Integration ins BGB **Einl SchuldR** 1, 21, 76, 261, 329
Nebenleistungspflichten
Akzessorietät zur Hauptleistung **241** 151
Begriff **241** 151
Dauerschuldverhältnisse **241** 352, 355
Diligenzpflichten **241** 150
Durchführung der Hauptleistung **241** 151
Förderung der Hauptleistung **241** 151, 166
gesetzlichen Nebenleistungspflichten **241** 163 f
Gläubigerrechte **241** 157
Klagbarkeit **241** 171
Leistungspflichten **241** 144 f, 147 ff, 152
Mindeststandards **241** 163
Nebenpflichten **241** 147 f
s a dort
Schuldverhältnis **241** 65
Sicherung der Hauptleistung **241** 151
Sorgfaltspflichten **241** 150
Terminologie **241** 147 ff
Unterlassungspflichten **241** 149
Unzumutbarkeit der Vertragsfortsetzung **242** 650 f
Verhalten, leistungsbegleitendes **241** 147 f
Verhaltenspflichten **241** 147 f
s a dort
vertragliche Nebenleistungspflichten **241** 165 f
Leistungsbezug **241** 165
Sachleistungen **241** 166
Sicherungsvorkehrungen **241** 166
Vorbereitung der Hauptleistung **241** 151
Nebenleistungstreuepflicht
Geheimhaltungspflicht **241** 511
Wettbewerbsverbote **241** 508
Nebenpflichten
leistungsbezogene Nebenpflichten **241** 152; **242** 191
Verdichtung **241** 152

Nebenpflichten (Forts)
nicht-leistungsbezogene Nebenpflichten
241 152
Rücksichtspflichten **241** 154 f
Schuldverhältnis **241** 65
Treu und Glauben **242** 60, 724
Verhalten, leistungsbegleitendes **241** 147 f
Nebenrechte
Treu und Glauben **242** 724
Netzbetreiber
Rücksichtspflicht **241** 502
Nichtigkeitsklage
Leistungssicherungspflichten **241** 283
Nichtvermögensschäden
Schadensersatz **Einl SchuldR** 152
Niederlande
billijkheid **242** 1145
Geschäftsführung ohne Auftrag **Einl SchuldR** 314
gesetzliche Schuldverhältnisse **Einl SchuldR** 314
goede trouw **242** 1145
Handelsrecht **Einl SchuldR** 313
Rechtsmissbrauch **242** 1148
redelijkheid en billijkheid **242** 1145 ff
Schuldrecht **Einl SchuldR** 312 ff
Allgemeines Schuldrecht **Einl SchuldR** 314
Sonderprivatrecht **Einl SchuldR** 143
Treu und Glauben **242** 1116, 1145 f, 1187
Ermächtigungsnorm **242** 1145
unerlaubte Handlung **Einl SchuldR** 314
ungerechtfertigte Bereicherung **Einl SchuldR** 314
ungeschuldete Leistung **Einl SchuldR** 314
Unternehmensrecht **Einl SchuldR** 313
Verbraucherschutzrecht **Einl SchuldR** 313
Vertrag **Einl SchuldR** 314
Verträge, Rechtswirkungen **242** 1146
Zivilgesetzbuch **Einl SchuldR** 312 f
Allgemeiner Teil **Einl SchuldR** 313
Nießbrauch
Erhaltung der Sache **241** 484
Obhutspflicht, gesetzliche **241** 484
Schuldverhältnis **Einl SchuldR** 7
Schuldverhältnis, gesetzliches **242** 909
Treu und Glauben **242** 909
Notare
Beratungspflicht **241** 476
Notarielle Einzelverträge
AGB-Kontrolle **242** 477
Inhaltskontrolle **242** 477 f, 920
Notarielle Standardverträge
AGB-Kontrolle **242** 477
numerus clausus der Sachenrechte
Forderungen, Verdinglichung **241** 302 f

Obhut für fremde Sachen
Drittschadensliquidation **Einl SchuldR** 214

Obhuts- und Fürsorgepflichten
s a Obhutspflichten
Äquivalenzinteresse **241** 478
außergesetzliche Obhuts- und Fürsorgepflichten **241** 485 ff
Auslegung **241** 485, 487
Dauerschuldverhältnisse **241** 488
Entscheidungsfreiheit **241** 478
gesetzliche Obhuts- und Fürsorgepflichten **241** 481 ff
Inhalt **241** 479
Integritätsinteresse **241** 478
Interessen des anderen Teils **241** 478
Interessenabwägung, mehrstufige **241** 487 ff
Abwehrmöglichkeiten **241** 487
Einwirkungsmöglichkeiten **241** 487
Erhaltungspflichten **241** 488
Gefährdung von Rechtsgütern **241** 488
Gefahren durch Dritte **241** 488
Naturgefahren **241** 488
Pflicht zum aktiven Schutz **241** 488
Risikobeseitigungsaufwand **241** 488
Risikoerhöhung **241** 488
vorangegangenes Verhalten **241** 488
Zumutbarkeit der auferlegten Pflicht **241** 488
Leistungsgegenstand **241** 478
Rechte des anderen Teils **241** 478
Rechtsgüter des anderen Teils **241** 478
Rücksichtspflicht **241** 491
Schädigungen, Unterlassung **241** 479
Schutzpflicht **241** 479
aktive Schutzpflicht **241** 488
Verkehrssicherungspflichten **241** 480
Vermögen **241** 478
vorvertraglicher Bereich **241** 480
Wille **241** 478
Wissensgefälle **241** 486
Obhutspflichten
s a Obhuts- und Fürsorgepflichten
Erhaltungspflichten **241** 477
Gegenstand **241** 477
gesetzliche Schuldverhältnisse **241** 502
Leistungsgegenstand **241** 210
Leistungsinteresse **241** 162
Leistungssicherung **241** 262
Maschinen **241** 216
Miete **241** 483
Rechtsgüterschutz **241** 162
Rücksichtspflichten **241** 426
Schuldverhältnis **241** 477
Sorgfaltspflichten **241** 477
Tiere **241** 216
Vertragsgegenstand **241** 483
Ware **241** 216
Obliegenheiten
Annahme der Leistung **241** 120
Anordnungen, normative **241** 120

Obliegenheiten (Forts)
  Anzeigen **241** 120
  Aufklärung **241** 120
  Begriff **241** 120
  bürgerliches Recht **241** 120 f
  Deliktsrecht **241** 122
  Erfüllung **241** 123
  Erfüllungsansprüche, fehlende **241** 129, 131
  Erklärungen **241** 120
  Erzwingbarkeit, gerichtliche **241** 131
  Funktion **241** 122
  Gefälligkeiten **241** 122
  Gläubigerrecht **241** 125
  Interessenausgleich **241** 130
  Klagemöglichkeit, fehlende **241** 129
  Mitteilungen **241** 120
  Mitwirkung bei der Erfüllung **241** 120
  Mitwirkung bei der Leistungserbringung **241** 211
  Nachteil, rechtlicher **241** 131
  Naturalobligationen, Abgrenzung **241** 129
  Nebenpflichten, vertragliche **241** 122
  Nichtbeachtung **241** 131
  ohne schuldhaftes Zögern **241** 120
  Pflichten geringerer Intensität **241** 126
  Rechtsnatur **241** 124 ff
    Bedingungstheorie **241** 125
    Verbindlichkeitstheorie **241** 124
    vermittelnde Theorie **241** 126
    Voraussetzungstheorie **241** 125
  Rechtsposition, Verlust **241** 123, 127
  Relativität **242** 592
  Risikosphären, Abgrenzung **241** 122
  Schadensabwendung **241** 120
  Schadensersatzansprüche, Fehlen **241** 129
  Schadensfernhaltung **241** 120
  Schadensminderung **241** 120
  schuldrechtliche Regeln, Anwendbarkeit **241** 132
  Schuldverhältnisse **241** 122
  Tatbestandsvoraussetzung **241** 125
  Verbindlichkeit, Abgrenzung **241** 128 ff
  Verbindung Vorteil/Nachteil **241** 129, 131
  Verletzung **241** 123, 131
  Versicherungsrecht **241** 120 f
  Vollstreckungsmöglichkeit, fehlende **241** 129
obligatio
  Schuldverhältnis **Einl SchuldR** 25; **241** 4
Obligationenrecht
  BGB **Einl SchuldR** 3; **241** 4
Öffentliche Hand
  privatrechtliches Handeln **242** 1099
  Rücksichtnahmepflichtverletzung **241** 514
  Treu und Glauben **242** 1099
Öffentlicher Dienst
  Angestellte, Treuepflicht **241** 517

Öffentliches Recht
  Aufrechnung **Einl SchuldR** 272
  Auskünfte, Bindungswirkung **242** 1101
  Erstattungsanspruch, öffentlich-rechtlicher **Einl SchuldR** 272
  gesamtschuldnerische Haftung **Einl SchuldR** 267
  Kaufrecht **Einl SchuldR** 272
  Lücken, planwidrige **Einl SchuldR** 268
  Lückenschließung durch Privatrecht **Einl SchuldR** 268 ff
  Nebenpflichten **242** 1100
  Obliegenheiten **242** 1100
  Rechtsmissbrauch **242** 1101
  Schuldrecht, Geltungsbereich **Einl SchuldR** 6, 267 ff
  Schuldverhältnisse im engeren Sinne **Einl SchuldR** 271
  Schuldverhältnisse im weiteren Sinne **Einl SchuldR** 271
  Treu und Glauben **242** 62, 136, 1099 ff
    Einzelfallgerechtigkeit **242** 1099
    Handeln des Bürgers **242** 1099
    Verfassungsrang **242** 1099
    Vertrauensschutz **242** 1099
    Rechtsstaatsprinzip **242** 1099
  Verwahrung, öffentlich-rechtliche **Einl SchuldR** 272
  Verwaltungsrechtsverhältnisse **Einl SchuldR** 271
  Verwirkung **242** 1102
  Vorbehalt des Gesetzes **Einl SchuldR** 270
  Zugangsvereitelung des Bürgers **242** 1101
  Zusagen, Bindungswirkung **242** 1101
Öffentlich-rechtlicher Vertrag
  BGB, Geltung **242** 1100
  culpa in contrahendo **Einl SchuldR** 272
  Erstattungsanspruch **242** 1103 f
  Koppelungsverbot **242** 1104
  positive Forderungsverletzung **Einl SchuldR** 272
  Rückabwicklung **242** 1104
  Schuldrecht, Geltungsbereich **Einl SchuldR** 7, 272
  Treu und Glauben **242** 1104
  Wegfall der Geschäftsgrundlage **Einl SchuldR** 272
Ökonomische Analyse des Rechts
  Zivilrechtswertungen **Einl SchuldR** 325 f
Österreich
  s a ABGB
  Arglisteinwand **242** 1134
  Gerechtigkeit, allgemeine Grundsätze **242** 1131 f
  Rechtsmissbrauch **242** 1135, 1144
  Rücksichtnahme, gegenseitige **242** 1131
  Schädigung, absichtliche sittenwidrige **242** 1135
  Schikaneverbot **242** 1135

Österreich (Forts)
  Treu und Glauben **242** 1130 ff
  Generalklausel **242** 1130, 1136
  Rechtsgeschäftslehre **242** 1132
  unbestellte Ware
    Benachrichtigungspflicht **241a** 72
    irrtümliche Zusendung **241a** 72
    Rücksendung **241a** 71
    Schadensersatz **241a** 71
    Verwahrung **241a** 71
    Vindikationsanspruch des Unternehmers **241a** 71
  unzulässige Rechtsausübung **242** 1135
  venire contra factum proprium **242** 1133
  Verjährungseinrede **242** 1133 f
  Vertragserfüllung **242** 1131
  Verwirkung **242** 1133
  Verzicht, stillschweigender **242** 1127, 1133 f
  Willenserklärungen, Auslegung **242** 1130, 1132
  Zusendung unbestellter Ware **241a** 65
Offenbarungspflichten
  Aufklärungspflicht **241** 427
  Informationspflichten **241** 427
Offenkundigkeitsgrundsatz
  Eigentumserwerb **242** 895
OHG
  Auflösungsklage **241** 106
  Durchgriffshaftung **Einl SchuldR** 229
  Schuldrecht, Geltungsbereich **Einl SchuldR** 7, 22
  Treuepflicht **242** 960
OHG-Gesellschafter
  persönlich haftender Gesellschafter **Einl SchuldR** 274
  Wettbewerbsverbot **241** 509
Ohne-Rechnung-Abrede
  Werkvertrag **242** 842 ff
  Teilnichtigkeit **242** 844
opinio iuris
  Gewohnheitsrecht **242** 167
opinio necessitatis
  Verkehrssitte **242** 165, 167
ordre public
  Sittenwidrigkeit **242** 502
  Treu und Glauben **242** 106
  Unverjährbarkeit **242** 558
Organmitglieder
  Informationseigenhaftung, kapitalmarktrechtliche **241** 474

Pacht
  Änderungen **Einl SchuldR** 165
  Aufklärungspflichten **241** 474
  Aufklärungspflichten des Verpächters **241** 474
  Besonderer Teil des Schuldrechts **Einl SchuldR** 1

Pacht (Forts)
  Dauerschuldverhältnis **241** 502; **242** 770
  Entstehungsgeschichte **Einl SchuldR** 124, 127
  Kündigungsrecht **242** 770
  Mitwirkungspflicht des Pächters **241** 195
  Nebenpflichten **242** 770
  Obhuts- und Fürsorgepflichten **241** 502
  Obhutspflichten **241** 219
  Pfandrecht, gesetzliches **Einl SchuldR** 5
  Rückgabe der Pachtsache **241** 195
  Treu und Glauben **242** 770
  Übergangsregelungen **Einl SchuldR** 260
  Unterverpachtung **242** 771
  unzulässige Rechtsausübung **242** 770
  Verkehrssicherungspflicht **241** 502
  Vertrauensverhältnis **241** 219
  Wettbewerbsverbot **241** 222, 510
Pachtvertrag
  Vorkaufsrecht **242** 507
  Wettbewerbsverbot **242** 507
pacta sunt servanda
  Schuldrecht **Einl SchuldR** 65
  Vertragstreue **Einl SchuldR** 65
pactum de non petendo
  Verjährungshemmung **242** 542
Pandektensystem
  Historische Rechtsschule **Einl SchuldR** 111
  Obligationenrecht **Einl SchuldR** 111
  Zivilrechtssystem **Einl SchuldR** 3, 112 ff
Pandektistik
  Allgemeiner Teil **Einl SchuldR** 113 ff
  Allgemeines Schuldrecht **Einl SchuldR** 118
  Besonderes Schuldrecht **Einl SchuldR** 118
  bona fides **242** 11
  Obligationenrecht **Einl SchuldR** 111, 118, 134 f; **241** 6
  Schuldrecht **Einl SchuldR** 134, 136
  Schuldrechtssystematik **Einl SchuldR** 118
  Schuldverhältnis **241** 3, 6
  Trennung Erbrecht/Familienrecht **Einl SchuldR** 114, 116
  Trennung Schuldrecht/Sachenrecht **Einl SchuldR** 114, 116 f
  Zivilrechtssystem **Einl SchuldR** 111 ff
Parkhausbetreiber
  Obhutspflicht **241** 494
  Versicherungsschutz **241** 494
Partnerschaftsgesellschaft
  Treuepflicht **242** 960
Patentnichtigkeitsklage
  Erfinder, angestellter **241** 225
  Klageerhebung, Rechtsmissbrauch **242** 1070
Patentrecht
  Auswertungsvertrag **242** 1022
  Einspruchsverfahren **242** 1022
  Meistbegünstigungsklausel **242** 1023
  Nichtangriffspflicht **242** 1022

Patentrecht (Forts)
  Nichtigkeitsklage **242** 1023
  Nutzungsrecht **242** 1015
  Temperaturwächter-Entscheidung
    242 1015
  Treu und Glauben **242** 1013 f, 1022
  Unterlassungsanspruch **242** 1023
  Vernichtung des Patents **242** 1022
  Verwirkungseinwand **242** 1015
Patienten
  Obhutspflichten des Krankenhauses
    241 502
  Selbstbestimmungsrecht **241** 461
Patronatserklärung
  harte Patronatserklärung **241** 390
  Leistungsversprechen, einseitiges
    241 69
  weiche Patronatserklärung **241** 390
Pauschalreise
  s Reisevertrag
PECL
  s Principles of European Contract Law
PEICL
  s Principles of European Insurance
    Contract Law
Persönlichkeitsrecht
  s Allgemeines Persönlichkeitsrecht
Personengesellschaften
  Auskunftspflicht **242** 985
  Rückabwicklung ex nunc **241** 106
  Rücksichtnahmepflicht **242** 961
  Treuepflicht **242** 960
Personenhandelsgesellschaften
  Anmeldepflichten **241** 199
  Mitwirkungspflichten **241** 199
  Schuldrecht, Geltungsbereich **Einl
    SchuldR** 22
  Zeichnungspflicht **241** 199
Petitorische Rechtsverhältnisse
  Verzugsvorschriften **Einl SchuldR** 19
PETL
  s Principles of European Tort Law
Pfändung
  Aufhebung durch Vollstreckungsgericht
    242 691
Pfändungs- und Überweisungsbeschluss
  Nebenleistungspflichten des Voll-
    streckungsschuldners **241** 260
  Schuldverhältnis, gesetzliches **241** 260
Pfändungspfandrecht
  Rechtsmissbrauch **242** 1090
Pfandgläubiger
  Mitwirkungspflichten **241** 240
Pfandkehr
  Zusendung unbestellter Ware **241a** 64
Pfandrecht
  an beweglichen Sachen **242** 916
  an Forderungen **241** 316
  an Rechten **242** 916

Pfandrecht (Forts)
  Rückgabeanspruch des Verpfänders
    242 916
  Schuldrecht, Regelungsort **Einl SchuldR** 5
  Schuldverhältnis **Einl SchuldR** 7
  Übersicherung, nachträgliche **242** 916
  Verpfändung mehrerer Sachen **242** 916
  Verwertungsrecht, dingliches **Einl
    SchuldR** 249
Pflegedienst
  Obhutspflichten **241** 502
Pflichtteilsanspruch
  Schuldverhältnis **Einl SchuldR** 7
Pflichtteilsrecht
  Erblasserwille **242** 941
  Privatverzeichnis **242** 951
  Verzeichnis, amtliches **242** 951
Pflichtteilsunwürdigkeit
  Rechtsmissbrauch **242** 953
Pflichtverletzung
  Beweislast **241** 420
  Hauptpflichten **Einl SchuldR** 39
  Naturalrestitution **241** 416
  Nebenpflichten **Einl SchuldR** 39
  Pflichtenprogramm **Einl SchuldR** 39
  Rücksichtspflichten **242** 630
  Schadensersatz **Einl SchuldR** 191; **241** 416
  Schlechtleistung **242** 630
  Schuldrechtsreform **Einl SchuldR** 191
  Unmöglichkeit, anfängliche **242** 630
  Unmöglichkeit, nachträgliche **242** 630
  Verschuldensprinzip **Einl SchuldR** 39
  Verschuldensvermutung **Einl SchuldR** 39
  Verzögerung der Leistung **242** 630, 637
  Verzug **242** 630, 637
Pflichtversicherungsgesetz
  Kontrahierungszwang **Einl SchuldR** 55
  Kraftfahrzeughalter **Einl SchuldR** 92
PICC
  s Principles of International Commercial
    Contracts
Portugal
  Treu und Glauben **242** 1116
  Zusendung unbestellter Ware **241a** 65
Positive Forderungsverletzung
  Allgemeines Schuldrecht **Einl SchuldR** 180
  Dauerschuldverhältnisse, Kündigung **Einl
    SchuldR** 221
  Erfüllungsanspruch **Einl SchuldR** 211
  Gesamtanalogie **Einl SchuldR** 211
  Gewohnheitsrecht **Einl SchuldR** 211;
    242 95
  Hauptpflichten **Einl SchuldR** 211
  Kodifikation **Einl SchuldR** 193, 211;
    241 57; **242** 100, 629
  Nebenpflichten **Einl SchuldR** 211
  öffentlich-rechtlicher Vertrag **Einl
    SchuldR** 272

Positive Forderungsverletzung (Forts)
Rechtsfortbildung, richterliche **Einl SchuldR** 211
Schadensersatz **Einl SchuldR** 211
Treu und Glauben **242** 629
Positive Vertragsverletzung
s Positive Forderungsverletzung
Postglossatoren
bona fides **242** 11, 16
Prätendentenstreit
Forderungsberechtigung **241** 310
Präventionsgrundsatz
Forderungskollision **241** 115 f
Quotenvorrechte **241** 117
verhältnismäßige Gläubigerbefriedigung **241** 118
Vertragsbruch **241** 119
Präklusion
Treu und Glauben **242** 1077
Praxisschilder
Duldungspflicht des Vermieters **241** 220
Praxistausch
Rückkehrverbot **241** 284
Preisbindungsvertrag
Buchpreisbindung **242** 1024
Drittwirkung **241** 322
Treu und Glauben **242** 1024
Preisklauseln
Vertragsauslegung, ergänzende **241** 184
Preisvereinbarungen
Inhaltskontrolle **242** 474 f
Preußisches Allgemeines Landrecht
Generalklauseln **242** 2, 110
Institutionen **Einl SchuldR** 109
Naturalerfüllung **241** 27
Naturrecht **Einl SchuldR** 109
Schuldrecht **Einl SchuldR** 108
Schuldverhältnis **241** 3, 7
Sonderprivatrecht **Einl SchuldR** 143
Treu und Glauben **242** 18
Primärpflichten
Leistungspflichten **241** 142
Principles of European Contract Law
Auslegung **242** 1172
Bedingungseintritt, Manipulation **242** 1176
Comments **Einl SchuldR** 292
fair dealing **242** 1172 f
Geschäftsverkehr, redlicher **242** 1152, 1172 f
good faith **242** 1172 f
implied terms **242** 1176
Inhalt **Einl SchuldR** 292
Kooperationspflicht der Parteien **242** 1176
Lando-Kommission **Einl SchuldR** 277, 288, 291 f
Notes **Einl SchuldR** 292
stillschweigende Vertragsbestimmungen **242** 1176

Principles of European Contract Law (Forts)
Treu und Glauben **242** 1152, 1172, 1176, 1187
arglistiges Verschweigen **242** 1176
Einzelfallgerechtigkeit **242** 1174
Ermächtigungsfunktion **242** 1172
Interessenabwägung **242** 1174
Rechtsprinzip, allgemeines **242** 1172
Rechtssicherheit **242** 1174
Verhaltensnorm **242** 1172
Verhandlungsabbruch **242** 1176
Vertragsanbahnung **242** 1176
Vertragsauslegung **242** 1176
Vertragsbedingungen, unangemessene **242** 1176
Vertragsfreiheit **242** 1172
Vertragsgeltung entsprechend Fehlvorstellungen des Anfechtenden **242** 435
widersprüchliches Verhalten **242** 1175
Principles of European Insurance Contract Law
Versicherungsvertragsrecht, europäisches **Einl SchuldR** 295
Principles of European Tort Law
Modellgesetz **Einl SchuldR** 295
Mustervertrag **Einl SchuldR** 295
Schadensrecht, gesamteuropäisches **Einl SchuldR** 294
Principles of International Commercial Contract Law
fair dealing **242** 1181
good faith **242** 1181
Handelsverkehr, internationaler **Einl SchuldR** 304; **242** 1181
Irrtum, erheblicher **242** 1182
Kooperationspflicht der Parteien **242** 1182
Missverhältnis, grobes **242** 1182
Täuschung **242** 1182
Treu und Glauben **242** 1181 f, 1187
Vertragsgeltung entsprechend Fehlvorstellungen des Anfechtenden **242** 435
Vertragsverhandlungen **242** 1182
widersprüchliches Verhalten **242** 1182
Privatautonomie
Abschlussfreiheit **241** 177
Allgemeines Gleichbehandlungsgesetz **Einl SchuldR** 284
Begriff **Einl SchuldR** 49
Eigentümerfreiheit **Einl SchuldR** 52
Erbrecht **Einl SchuldR** 50
Familienrecht **Einl SchuldR** 50
Freiheit des Einzelnen **Einl SchuldR** 324
Generalklauseln **Einl SchuldR** 50
Gleichberechtigung **Einl SchuldR** 50, 54
Grundrechtsschutz **242** 458
Handlungsfreiheit, allgemeine **Einl SchuldR** 49
Inhaltskontrolle, erweiterte **242** 370, 473 ff
Kontrahierungszwang **Einl SchuldR** 55 f
Materialisierung **242** 464, 567

Privatautonomie (Forts)
Nebenleistungspflichten, gesetzliche 241 163
Parteiwille 242 361
Rechtsgeschäftslehre 242 458 ff
Rechtsgeschäftsordnung **Einl SchuldR** 48
Relativität der Rechtsgeschäftswirkungen 241 298
Sachenrecht **Einl SchuldR** 50
Satzungsfreiheit **Einl SchuldR** 52
Schranken, materielle 242 459, 464
Schuldrechtsreform **Einl SchuldR** 49
Selbstbestimmung **Einl SchuldR** 49 ff
  Drittwirkungen **Einl SchuldR** 51
  Teilnahme am Rechtsverkehr **Einl SchuldR** 50 f
Sittenwidrigkeit 242 459
Teilnichtigkeit **Einl SchuldR** 34
Testierfreiheit **Einl SchuldR** 52; 242 458
Treu und Glauben 242 44 f, 342, 405, 458 ff
unangemessene Vereinbarungen 242 343
Verbotsgesetze 242 459
Vereinigungsfreiheit **Einl SchuldR** 52; 242 458
Vertragsfreiheit **Einl SchuldR** 52, 336; 242 458
privity of contract
Relativität des Schuldverhältnisses 241 296
Probefahrten
Kaskoversicherung 241 492
Produkthaftungsgesetz
Schadensersatzansprüche **Einl SchuldR** 149
Schuldrecht, Geltungsbereich **Einl SchuldR** 24
Produktionsklausel
Vorratsschuld 243 10
Prospekthaftung
Rücksichtspflichten 241 390
Prostitution
Entgeltanspruch 242 585
protestatio facto contraria
Inanspruchnahme der Leistung 241 102
Strafrecht 242 1093
Prozessbürgschaft
Austausch 242 1079
Prozessführung
Missbrauch prozessualer Befugnisse 242 1062
Prozesswirtschaftlichkeit 242 1062
Redlichkeit 242 1062
Prozesskostenhilfe
Kostenzahlungsanspruch, Verwirkung 242 1080
Prozesskostenhilfeantrag
Rechtsmissbrauch 242 1065
Prozessrecht
Schuldnerverhalten 241 133
Treu und Glauben 242 62

Prozessrechtsverhältnis
Aufklärungsobliegenheit des Schuldners, mitwirkende 241 472
Aufklärungspflichten 241 472
Darlegungsobliegenheit 241 472
Sonderverbindung 242 1063
Treu und Glauben 242 133
Prozesssicherheit
Austausch 241 252
Treu und Glauben 242 1079
Prozessstandschaft
Rechtsmissbrauch 242 1073
Prozessvergleich
Doppelnatur **Einl SchuldR** 275
Prozesshandlung **Einl SchuldR** 275
Rechtsnatur **Einl SchuldR** 275
  prozessuale Theorie **Einl SchuldR** 275
  Trennungstheorie **Einl SchuldR** 275
Treu und Glauben 242 1078
Vertragstyp **Einl SchuldR** 275
Publikumsgesellschaften
Gesellschaftsvertrag, Inhaltskontrolle 242 479, 972 f
Gesellschaft bürgerlichen Rechts 242 973
Publikums-GmbH 242 973
Publikums-KG 242 973
stille Gesellschaft 242 973

Quittungserteilung
Kleingeschäfte 242 679
Leistungssicherungspflicht 241 272
Treu und Glauben 242 679
Quittungsverlangen
Schikane 242 679

Rahmenvertrag
Wiederkehrschuldverhältnis 241 362
Rat
Haftung für Rat 241 474
Ratenlieferungsvertrag
Abruf der Leistung 241 359
Fortsetzung des Vertrages, Unzumutbarkeit 241 372
Gesamtmenge, festgelegte 241 359
Kaufvertrag 241 372
Nebenleistungspflichten 241 233
Rücktritt 241 372
Unmöglichkeit 241 359
  Teilleistungen 241 359, 372
Verzug 241 359, 373
Zeitabschnitte 241 359
Zuverlässigkeit des Vertragspartners 241 233
Realexekution
dingliches Recht 241 20
Reallast
Altenteilsleistungen 242 912
Treu und Glauben 242 912

Reallast (Forts)
veränderte Verhältnisse **242** 912
Rechenschaftslegung
Belegerstellungspflicht **241** 168
Rechnungspflicht **241** 168
Rechenschaftspflicht
Angelegenheiten, fremde **241** 170
Gewohnheitsrecht **241** 170
Leistungsbezug **241** 162
Leistungssicherung **241** 262
Nebenleistungspflicht **241** 168
Treu und Glauben **241** 170, 570
Vereinbarung **241** 170
Rechnungen
Beschleunigung fälliger Zahlungen **Einl SchuldR** 156
Recht am Gewerbebetrieb
s Gewerbebetrieb
Recht auf informationelle Selbstbestimmung
Arbeitnehmer **241** 443
Recht zum Besitz
Einwendungen **241** 332
Forderung, Verdinglichung **241** 305
Rechtsanwalt
s a Anwaltsvertrag
Aufklärungspflichten **241** 458; **242** 772
Fehlverhalten, eigenes **241** 416, 444, 458
Vergütungshöhe **241** 458
Mitwirkungspflichten **241** 256
Streupflicht **241** 549 f
Verjährungseinrede **242** 545
Wettbewerbsverbot **241** 510
Rechtsanwaltskanzlei
Erfüllungsort **241** 549 f
Rechtsbedingungen
Treu und Glauben **242** 516
Rechtsformmissbrauch
Treu und Glauben **242** 247
Rechtsfortbildung, richterliche
s a Schuldrecht
allgemeines Persönlichkeitsrecht **Einl SchuldR** 230
Arbeitsrecht **Einl SchuldR** 203, 223 ff
Auslegung, einschränkende **Einl SchuldR** 204
Bindung des Richters an Recht und Gesetz **Einl SchuldR** 203
culpa in contrahendo **Einl SchuldR** 209 f
Deliktsrecht **Einl SchuldR** 230 f
Drittschadensliquidation **Einl SchuldR** 212 ff
Durchgriffshaftung **Einl SchuldR** 229
Gesellschaft, fehlerhafte **Einl SchuldR** 227
Gesellschaft bürgerlichen Rechts, Rechtsfähigkeit **Einl SchuldR** 228
gesetzesimmanente Rechtsfortbildung **Einl SchuldR** 203 f
gesetzesübersteigende Rechtsfortbildung **Einl SchuldR** 203 f

Rechtsfortbildung, richterliche (Forts)
Gesetzgebungskompetenz **Einl SchuldR** 206
Gewerbebetrieb, eingerichteter und ausgeübter **Einl SchuldR** 231
Gewohnheitsrecht **Einl SchuldR** 205
Gutachterhaftung **Einl SchuldR** 154
Kreditsicherung **Einl SchuldR** 233
Lückenfeststellung **Einl SchuldR** 207
Lückenschließung **Einl SchuldR** 204, 206 f
positive Vertrags-/Forderungsverletzung **Einl SchuldR** 211
Schadensbegriff, Normativierung **Einl SchuldR** 220
Schuldrechtsreform **Einl SchuldR** 208
Unternehmensrecht **Einl SchuldR** 231
Verfassungsmäßigkeit **Einl SchuldR** 207
Vertrag mit Schutzwirkung für Dritte **Einl SchuldR** 212, 215 ff
Verwirkung **Einl SchuldR** 219
Wegfall der Geschäftsgrundlage **Einl SchuldR** 218
Rechtsfrieden
Treu und Glauben **242** 153
Verjährung **242** 533, 537
Rechtsgeschäft
abstrakte Rechtsgeschäfte **Einl SchuldR** 26 ff, 31 f
abstrakte Verpflichtungen **Einl SchuldR** 30
Bedingungsfeindlichkeit **Einl SchuldR** 36
dingliche Rechtsgeschäfte **Einl SchuldR** 27
Bedingungszusammenhang **Einl SchuldR** 36
Typenzwang **Einl SchuldR** 29
einseitiges Rechtsgeschäft **241** 54
Entstehungszeitpunkt **241** 54
Zurückweisung **242** 529
Geschäftseinheit **Einl SchuldR** 37
kausale Rechtsgeschäfte **Einl SchuldR** 26 ff
Erfüllungsanspruch **Einl SchuldR** 32
Mängel **Einl SchuldR** 26
Rechtsgrund **Einl SchuldR** 29
Rechtsgrund zum Behaltendürfen **Einl SchuldR** 26, 87
Vertragsfreiheit **Einl SchuldR** 29
mehrseitiges Rechtsgeschäft **241** 56
Rechtsgeschäftsordnung **Einl SchuldR** 48
Relativität **241** 296 ff
Schuldverhältnis **Einl SchuldR** 25, 47; **241** 50, 53, 69 f
zweiseitiges Rechtsgeschäft **241** 55
Rechtsgeschäftslehre
Privatautonomie **242** 458 ff
Rechtsgeschäftsordnung
Äquivalenzprinzip **Einl SchuldR** 48, 54
Privatautonomie **Einl SchuldR** 48
Vertragstreue **Einl SchuldR** 48, 65; **241** 210

Rechtshängigkeit
schuldrechtliche Vorschriften **Einl SchuldR** 273
Rechtskraftdurchbrechung
Amtspflichtverletzung **242** 1087
DDR-Urteil, unredlich erschlichenes **242** 1087
Drittwiderspruchsklage **242** 1088
Kreditverträge, sittenwidrige **242** 1087
Mahnverfahren **242** 1087
Titelmissbrauch **242** 1086
Urkunden, vollstreckbare **242** 1087 f
Rechtskultur
Generalklauseln **Einl SchuldR** 75
Rechtsmängel
Schuldrechtsreform **Einl SchuldR** 194
Rechtsmissbrauch
Allgemeine Geschäftsbedingungen **242** 383 f
Anfechtungsrecht **242** 241, 244
Anspruchsausschluss **242** 276
Arbeitsrecht **242** 792 ff
Aufrechnung **242** 705
Auskunftsanspruch, allgemeiner **242** 604
Beweislast **242** 227
dolo-agit-Einwand **242** 204, 281
Drittinteressen **242** 261
Eigeninteresse, fehlendes **242** 258, 260 ff, 282
Eigeninteresse, geringfügiges **242** 264
  Drittinteressen **242** 268
  Interessenvergleich **242** 264 ff
Fahrlässigkeit **242** 22
Fallgruppen **242** 220
Formmissbrauch **242** 91
fraus legis **242** 399
Geringwertigkeit des Anspruchs **242** 263
Gleichheitssatz **242** 239
Grundrechte **242** 266
Inanspruchnahme eines Rechts **242** 267, 269 ff
  Leistungsaufwand **242** 273 f, 278
  Leistungsverweigerung aus Gewissensgründen **242** 274
  Missverhältnis, grobes **242** 270 ff
  Unverhältnismäßigkeit **242** 272
  Unzumutbarkeit **242** 273, 275, 277 f
individueller Rechtsmissbrauch **242** 218
Innentheorie **242** 217, 322
institutioneller Rechtsmissbrauch **242** 218
Interessen, entgegenstehende überwiegende **242** 258
Interessenabwägung **242** 221, 223 f, 255, 282, 307
  Drittinteressen **242** 225
  objektive Interessenabwägung **242** 225, 232
  öffentliche Interessen **242** 225
Kennenmüssen **242** 225

Rechtsmissbrauch (Forts)
Kenntnis **242** 225
Kündigungsrecht **242** 244
Legalzession **242** 718
Missbrauch der Vertretungsmacht **242** 204, 519 ff
Missbrauchsverbot, allgemeines **242** 214, 216
Parteiinteressen **242** 222
Rechtsausübung, Unzulässigkeit **242** 226
Rechtsfolgen **242** 226 ff
Rückgewähr, Pflicht zur alsbaldigen **242** 281 ff
Rücktrittsrecht **242** 299
Schadenszufügung **242** 260 f
Sicherungszweck **242** 262
Sonderverbindungen **242** 215
Störung der Geschäftsgrundlage **242** 387
Tatbestandsvoraussetzungen, Schaffung **242** 243
Treu und Glauben **242** 60, 109, 214 ff, 217 s a dort
tu-quoque-Einwand **242** 251
unredliche Verhinderung der Entstehung gegnerischer Rechtspositionen **242** 235, 246 ff
  Pflichtverletzung **242** 248
  Vorverhalten, schuldhaftes **242** 250
unredlicher Erwerb eigener Rechtspositionen **242** 235, 238 ff
Untergang des Rechts **242** 330
Unzeit, Geltendmachung eines Rechts zur **242** 257
unzulässige Rechtsausübung **241** 414, 417; **242** 204
s a dort
venire contra factum proprium **241** 414; **242** 204, 286 ff
Verhältnismäßigkeitsgrundsatz **242** 279 f
Verhalten, arglistiges **242** 241 f
Verhalten, früheres **242** 234 f, 246
Verhalten, gegenwärtiges **242** 234, 257 ff
Verhalten, gesetzeswidriges **242** 237, 240, 251 ff
Verhalten, vertragswidriges **242** 237, 240, 251 ff
Verjährung **242** 538
Versäumnisverfahren **242** 324, 326
Verschulden **242** 242
Vertragsbruch **242** 256
Vertragsstrafe **242** 660 f
Vertretung ohne Vertretungsmacht **242** 530
Verwirkung **241** 414; **242** 204, 302 ff, 1110
Völkerrecht **242** 1112
vorsätzliche sittenwidrige Schädigung **242** 397
vorwerfbares Verhalten **242** 227
Wertungen, gesetzliche **242** 222

Sachregister

Rechtsmissbrauch (Forts)
  Wiederaufleben des Rechts **242** 330
  Wirkungsdauer **242** 158
  Zeitpunkt, maßgeblicher **242** 154, 219, 228
  Zurechenbarkeit **242** 223 f
    Erfüllungsgehilfen **242** 224
    Geschäftsfähigkeit **242** 224
    Stellvertretung **242** 224
    Zurechnungsfähigkeit **242** 224
Rechtsmittelrücknahme
  unzulässige Rechtsausübung **242** 1071
Rechtsmittelverzicht
  replicatio doli **242** 1071
  unzulässige Rechtsausübung **242** 1071
Rechtsnachfolge
  Schuldverhältnis **241** 303
Rechtsscheinshaftung
  Anscheinsvollmacht **242** 320, 517
  Scheingesellschaft **242** 320
  venire contra factum proprium **242** 320
  Vertrauensschutz **242** 320
Rechtsschutzbedürfnis
  Bagatellforderungen, Zwangsvollstreckung **242** 1083 f
  Klagbarkeit, Einschränkungen **242** 1066 ff
    Aussichtslosigkeit der Rechtsverfolgung **242** 1069
    Forderungsbetrag, geringer **242** 1066 ff
    Mutwilligkeit der Rechtsverfolgung **242** 1069
    Rechtsverfolgung, einfacherer Weg **242** 1069
  Treu und Glauben **242** 1066
Rechtssicherheit
  Formvorschriften **242** 447, 450 f
  Mitwirkungspflichten **241** 173, 201, 244, 244 ff
  Treu und Glauben **242** 122, 338
  unverjährbare Forderungen **242** 558
  Verjährung **242** 533, 537
Rechtsstaatsprinzip
  Grundrecht auf Rechtsverfolgung **241** 499
  Treu und Glauben **242** 111, 147, 1099
  Vertrauensschutz **242** 1099, 1108
Rechtsvereinheitlichung, europäische
  s a Europäisches Privatrecht
  Angleichung **Einl SchuldR** 286
  Arbeitsrecht **Einl SchuldR** 280
  Auslegung des Gemeinschaftsrechts **Einl SchuldR** 276
  Bankrecht **Einl SchuldR** 103
  Common Principles of European Private Law **Einl SchuldR** 277
  EG-Richtlinien **Einl SchuldR** 276
  EG-Verordnungen **Einl SchuldR** 276, 286
  Europäische Menschenrechtskonvention **Einl SchuldR** 276
  Europäisches Zivilgesetzbuch **Einl SchuldR** 277 f

Rechtsvereinheitlichung, europäische (Forts)
  Formalisierung **Einl SchuldR** 287
  Gesellschaftsrecht **Einl SchuldR** 280
  Grundfreiheiten **Einl SchuldR** 276
  Privatrecht **Einl SchuldR** 276
  Schuldrecht **Einl SchuldR** 105, 276, 280
  Versicherungsrecht **Einl SchuldR** 280
Rechtsvergleichung
  Internationalisierung der Rechtsordnungen **Einl SchuldR** 307
  Treu und Glauben **242** 1116 ff
  Ermächtigungsnorm **242** 1118
  funktionale Rechtsvergleichung **242** 1117 ff
  Verhaltensnorm **242** 1118
Registereintragung
  Mitwirkungspflichten **241** 207
Regresskreisel
  dolo-agit-Einwand **242** 285
Reichsgesellschaften
  Aufrechnungsmöglichkeit **242** 686
Reichshaftpflichtgesetz
  Sonderprivatrecht **Einl SchuldR** 141, 145, 149
Reinigungsbetrieb
  Leistungserbringung **241** 216
Reisebüro
  Aufklärungspflichten **241** 468
  Einreisebestimmungen des Zielstaates **241** 468
  Last-minute-Reisen **241** 468
  Unfallversicherung, Nichtbestehen **241** 468
Reisevertrag
  Absage der Reise **Einl SchuldR** 168
  Aufklärungspflichten **241** 467 f
    Hurrikan im Zielgebiet **241** 468
    Reiseveranstalter **241** 467 f
    – Einreisebestimmungen des Zielstaates **241** 468
    – Last-minute-Reisen **241** 468
    – Reiseabbruchversicherung **241** 468
    – Reiserücktrittskostenversicherung **241** 468
    – Reiseverlauf, Änderungen **241** 468
    – Rücktransportkostenversicherung **241** 468
    – Unfallversicherung, Nichtbestehen **241** 468
  BGB-Informations-Verordnung **241** 467 f
  Hinweispflicht, vorvertragliche **241** 468
  Leistungsänderungen **Einl SchuldR** 168
  Leistungsstandard **243** 47
  Mängelanzeige **241** 468
  Nebenleistungspflicht, nachvertragliche **241** 285
  Nebenleistungspflichten **241** 196
  Obhutspflichten des Reiseveranstalters **241** 502

Reisevertrag (Forts)
   Obliegenheiten des Reisenden **241** 468
   Pauschalreiserichtlinie **Einl SchuldR** 168
   Preisänderungen **Einl SchuldR** 168
   Rückflug **241** 285
   Rücksichtspflichten **241** 468
   Schuldrechtsreform **Einl SchuldR** 168
   Vertragstyp, neuer **Einl SchuldR** 168
Reklametafeln
   Duldungspflicht des Vermieters **241** 220
Relativität
   Schuldverhältnisse **Einl SchuldR** 4, 25; **241** 1, 293 ff
     gesetzliche Schuldverhältnisse **Einl SchuldR** 83; **241** 295
Rentenschuld
   Treu und Glauben **242** 914
Repartierung
   Beschaffungsschuld **243** 20
   Kartellrecht **242** 574 f
   Repartierungspflicht **242** 574 f
   Repartierungsrecht **242** 576
   Unmöglichkeit der Leistung **242** 576
   Vorratsschuld **242** 574 f; **243** 20
replicatio doli
   Rechtsmittelverzicht **242** 1071
Rezeption
   aequitas **242** 13
   Institutionen **Einl SchuldR** 106
   Naturrecht **Einl SchuldR** 109
   obligatio **241** 4
   Schuldrecht **Einl SchuldR** 102
   Zivilrechtsaufbau **Einl SchuldR** 106
Rheinisches Recht
   Obligationen **241** 8
   Treu und Glauben **242** 19
Risiko
   Versicherbarkeit **Einl SchuldR** 89 ff
Römisches EWG-Übereinkommen über das auf vertragliche Schuldverhältnis anzuwendende Recht
   Internationales Schuldvertragsrecht **Einl SchuldR** 255
Römisches Recht
   Abstraktionsprinzip **Einl SchuldR** 27
   Abtretung **Einl SchuldR** 102
   actio **Einl SchuldR** 107
     actiones in personam **Einl SchuldR** 107
     actiones in rem **Einl SchuldR** 107
     actiones stricti iuris **Einl SchuldR** 107
   aequitas **242** 7, 12
   Bereicherungsrecht **Einl SchuldR** 102
   bona fides **242** 7 ff
   bonae fidei iudicia **242** 8
   Deliktsrecht **Einl SchuldR** 102
   depositum **242** 8
   Eigentumsübertragung **241** 25
   emptio venditio **242** 8
   Erfüllung **Einl SchuldR** 102

Römisches Recht (Forts)
   exceptio doli **242** 9
   fides **242** 7 f
   gaianisches System **Einl SchuldR** 109; **241** 48
   Geldkondemnation **241** 16, 25
   Geschäftsführung ohne Auftrag **Einl SchuldR** 102
   Haftung **Einl SchuldR** 237
   Haftungsvertrag **Einl SchuldR** 237
   Institutionen
     actiones **Einl SchuldR** 106
     personae **Einl SchuldR** 106
     res **Einl SchuldR** 106
     res incorporales **Einl SchuldR** 106
     res personales **Einl SchuldR** 106
     Schuldrecht **Einl SchuldR** 106
     Zivilrecht **Einl SchuldR** 106
   ius aequum **242** 13
   ius strictum **242** 13
   justinianisches System **241** 48
   Leistungsstörung **Einl SchuldR** 102
   locatio conductio **242** 8
   mandatum **242** 8
   materielles Recht **Einl SchuldR** 107
   Novation **Einl SchuldR** 102
   obligatio **Einl SchuldR** 25
   Prozessrecht **Einl SchuldR** 107
   Rezeption **Einl SchuldR** 102, 106
   Sachenrecht **Einl SchuldR** 102
   Schuldrecht **Einl SchuldR** 102
   Schuldübernahme **Einl SchuldR** 102
   Schuldverhältnisse **Einl SchuldR** 97, 102, 107
   societas **242** 8
   Stellvertretung **241** 323
   Streitformulare **Einl SchuldR** 107
   stricti iuris iudicia **242** 8 f
   Treu und Glauben **242** 6 f, 141
   Typenzwang **242** 8, 16
   Verkehrssitte **242** 6
   Vertragstypen **Einl SchuldR** 102
Rom II-VO
   Geschäftsführung ohne Auftrag **Einl SchuldR** 257
   Schuldverhältnisse, außervertragliche **Einl SchuldR** 256 f
   unerlaubte Handlung **Einl SchuldR** 257
   ungerechtfertigte Bereicherung **Einl SchuldR** 257
Rückerwerb vom Nichtberechtigten
   Abstraktionsprinzip **242** 897
   Geschäft für den, den es angeht **242** 896
   Innenverkehrsgeschäft **242** 896
   mittelbarer bösgläubiger Erwerb **242** 896
   Rechtsmissbrauch **242** 896
   Rechtssicherheit **242** 897
   Treu und Glauben **242** 896 f

Rückgewährschuldverhältnis
  Rücktritt **241** 45
Rücksichtnahmepflichten
  s Rücksichtspflichten
Rücksichtspflichten
  Aufklärungspflichten **241** 426
  Aufwendungsersatz **241** 542
  Auskunft **241** 396
  Beweislast **241** 411, 420
  Darlegungslast **241** 411
  Darlegungsobliegenheit **241** 167
  Dauerschuldverhältnisse **241** 352, 355
  „der andere Teil" **241** 410, 415
  Entscheidungsfreiheit **241** 413
  Erfüllung **241** 538
    spontane Erfüllung **241** 429
  Erfüllung der Vertragspflichten **241** 384
  Erfüllungsanspruch **242** 653
  Erfüllungsinteresse **241** 539
  Erfüllungsort **241** 549 f
  Erhaltungsinteresse **241** 539
  Fürsorgepflichten **241** 162, 426
  Gefälligkeiten **241** 390 ff, 394 ff, 519
    Haftungsmilderungen **241** 527 ff
    – Vereinbarungen **241** 527
    – Vertragsauslegung **241** 527
  Gläubiger der Leistungspflicht
    241 410, 415
  Güterlage, Bewahrung **241** 156, 160
  Haftungsbeschränkungen **241** 519 ff
    bestehende Verträge **241** 520
    Erhaltungsinteresse **241** 522
    Fahrlässigkeit, grobe **241** 535
    gesetzliche Haftungsbeschränkungen **241** 519, 521, 523 f
    vertragliche Haftungsbeschränkungen **241** 519, 521, 524
    Vorsatz **241** 535
  Haftungsgrund **241** 385
  Haftungsverzicht, stillschweigender
    241 536
  Informationsleistungspflicht **241** 445
  Informationspflichten **241** 162, 426 ff
    s a dort
  Integritätsinteresse **241** 153, 160 f, 411, 417, 426, 550
  Interessen des anderen Teils **241** 411, 413, 538
  Interessenabwägung **241** 422, 444 ff, 487 ff
  „jeder Teil" **241** 410, 415
  „kann" **241** 409, 552
  Klagbarkeit **241** 158 f, 538, 544 ff
    gesetzliche Rücksichtspflichten **241** 544 ff
    Präventionsinteresse **241** 547
    vertragliche Rücksichtspflichten **241** 544
  Kontakt, gesteigerter sozialer **241** 385, 397, 408
  Kritik **241** 551 ff

Rücksichtspflichten (Forts)
  Leistungsinteresse **241** 162
  Leistungssicherungspflichten, Abgrenzung
    241 270 f
  Leistungsstörungen **241** 157
  Leistungsvollzug, ungestörter **241** 156
  nachbarliches Gemeinschaftsverhältnis
    241 391, 399 ff
  nachvertragliche Pflichten **241** 425
  Nebenpflichten **241** 154 f, 504
  nichtige Verträge **241** 381, 391 f, 397 f, 519, 525 f
    Haftungsbeschränkungen **241** 525 f
  Obhutspflichten **241** 162, 426
  Rechte des anderen Teils **241** 411, 413, 538
  Rechtsentwicklung **241** 378 ff, 424
  Rechtsgüter des anderen Teils **241** 411, 413, 538
  Rechtsgüterschutz **241** 162, 270
  Rechtsmissbrauch **241** 414, 417 ff
  Retrospektivität **241** 429
  Rücksicht **241** 411 f, 415, 504
    besondere Rücksicht **241** 412
  Rücktritt vom Vertrag **241** 538 f, 543
  Rücktrittsrecht **242** 651
  Schadensabwendung **241** 156
  Schadensersatz nach § 280 Abs 1 **241** 540
  Schadensersatz statt der Leistung **241** 157, 539, 541; **242** 651
  Schadensersatzansprüche **241** 158, 538 f
  Schuldner **241** 410, 415
  Schuldrechtsreform **241** 379; **242** 191
  Schuldverhältnis **241** 61, 382 ff, 407, 552
    ähnliche geschäftliche Kontakte **241** 390, 395, 398
    – Vertragsvorbereitung **241** 395 f
    chronologischer Ablauf **241** 425
    Dauer **241** 408
    Drittschutz **241** 390
    Gefälligkeiten **241** 392
    gesetzliches Schuldverhältnis **241** 383, 385, 387 ff
    Inhalt des Schuldverhältnisses **241** 407 f, 422
    Intensität des Kontakts **241** 408
    Natur des Schuldverhältnisses **241** 407 f
    nichtige Verträge **241** 392, 397 f
    Rechtscharakter **241** 408
    vertragliches Schuldverhältnis **241** 383, 387, 389
    Vertragsanbahnung **241** 390, 396
    Vertragsverhandlungen, Aufnahme **241** 390
    Zweck **241** 408
  Schutzpflichten **241** 154 f
  Schutzpflichten, allgemeine **241** 425
  Schutzpflichten, außerdeliktische
    241 384 ff, 425

Rücksichtspflichten (Forts)
Schutzpflichten, leistungsbegleitende
  241 425
Schwebezustand **242** 653
Sorgfaltspflichten **241** 154
status quo **241** 156, 160
Terminologie **241** 154 f, 552
Treu und Glauben **241** 380, 384, 388, 407;
  242 188
Treuepflichten, leistungsunabhängige
  241 426
Unklagbarkeit **241** 545 f
Unzumutbarkeit der Vertragsfortsetzung
  242 650 f
Vereinbarung **241** 380
Verhaltenspflichten **241** 154
  weitere Verhaltenspflichten **241** 154 f
Verhaltenspflichten, weitere **241** 426
Verkehrspflichten **241** 386
Verletzung **241** 538 f
Vermögensinteressen **241** 413
„verpflichten" **241** 414 f
Vertragsähnlichkeit **241** 385
Vertragsauslegung, ergänzende **241** 380
Vertragsdurchführung **241** 384
Vertragstreue, eigene **242** 652
vertrauensrechtliches Haftungsverhältnis
  241 390
Vertreter **241** 287
vorvertragliche Pflichten **241** 425
vorvertraglicher Bereich **241** 384
Wahlrecht des Gläubigers **242** 650 f
Wohlverhaltenspflichten **241** 154
Zielsetzung **241** 160
Zuständigkeit, örtliche **241** 549 f
Rücktritt
Abwicklungspflichten **241** 142
Fristsetzung **242** 671, 674
Fristüberschreitung, geringfügige **242** 672
gesetzliche Rücktrittsrechte **242** 671, 674
Gewährleistungsrecht **Einl SchuldR** 195
Pflichtverletzung **242** 672
Rechtsmissbrauch **242** 299, 673
Rückgewährschuldverhältnis **241** 45
Rücktrittserklärung **242** 674
Schuldrechtsreform **Einl SchuldR** 192
Treu und Glauben **242** 667
Unzumutbarkeit des Festhaltens am
  Vertrag **241** 152; **242** 389
Verschlechterung des Rückgewährgegen-
  stands **242** 667 f
vertragliche Rücktrittsrechte **242** 671, 674
Vertragsuntreue, eigene **242** 673
Verwirkung **242** 670 f, 674
Verwirkungsklausel **242** 672 ff
Wegfall der Geschäftsgrundlage **Einl**
  SchuldR 218
Wertersatzanspruch **242** 668
wichtiger Grund **242** 252 ff

Rücktritt (Forts)
Zerstörung des Rückgewährgegenstands
  242 299, 667 f
Rückstellungen
Gewährleistungsverpflichtungen
  Einl SchuldR 68

Sachbeschädigung
Zusendung unbestellter Ware **241a** 64
Sachenrecht
Auskunftspflicht **241** 169
BGB **Einl SchuldR** 3 f
Billigkeit **242** 883 f, 886
Mitwirkungspflichten **241** 258
Privatautonomie **Einl SchuldR** 50
Schuldverhältnisse **Einl SchuldR** 10
Treu und Glauben **242** 61, 882 ff
  Auseinanderfallen Eigentum/
    Besitz **242** 885
Typenzwang **Einl SchuldR** 29, 53
Sachmängel
Begriff **Einl SchuldR** 195
Falschlieferung **Einl SchuldR** 195
Fehlerbegriff, subjektiver **Einl**
  SchuldR 195
Montage, fehlerhafte **Einl SchuldR** 195
Montageanleitung, fehlerhafte **Einl**
  SchuldR 195
Schuldrechtsreform **Einl SchuldR** 194
Zuweniglieferung **Einl SchuldR** 195
Sachverständige, gerichtliche
Erstattungsanspruch **242** 1080
Haftung **Einl SchuldR** 154
Sachwalterhaftung
Kodifikation **Einl SchuldR** 193
rechtsgeschäftsähnliches Schuldverhältnis
  241 47
Rücksichtspflichten **241** 390
vertrauensrechtliches Haftungsverhältnis
  241 390
Sächsisches BGB
Erfüllungszwang **241** 28
Forderung **241** 3
Fünf-Bücher-System **Einl SchuldR** 115
Obligationenrecht **Einl SchuldR** 128
Treu und Glauben **242** 20
Sammellagerung
Konkretisierung **243** 33
Sammelsendung
Konkretisierung **243** 33
Leistungsgefahr **243** 33
Sanktion
Allgemeine Geschäftsbedingungen,
  Verbot geltungserhaltender Reduktion
  241a 13
Kondiktionsausschluss **241a** 13
Persönlichkeitsrechtsverletzung, immate-
  rieller Schaden **241a** 13
Zusendung unbestellter Ware **241a** 1, 12 f

Satzungsfreiheit
 Privatautonomie **Einl SchuldR** 52
Schaden
 Beweislast **241** 420
Schadensabwendung
 Obliegenheit **241** 120
Schadensersatz
 Abtretung der Ersatzansprüche **242** 597
 Adäquanztheorie **242** 584
 Allgemeiner Teil des Schuldrechts **Einl SchuldR** 42
 Art **Einl SchuldR** 42 f
 Ausweitung **242** 583
 Bestrafungsfunktion **Einl SchuldR** 45
 Einschränkung **242** 584 ff
 Einstehenmüssen **Einl SchuldR** 38
 fiktiver Schaden **Einl SchuldR** 151
 Gefährdungshaftung **Einl SchuldR** 46
  s a dort
 Geldersatz **Einl SchuldR** 42, 44
 2. Gesetz zur Änderung schadensersatzrechtlicher Vorschriften **Einl SchuldR** 150 ff
 Gewährleistungsrecht **Einl SchuldR** 195
 Haftungshöchstbeträge **Einl SchuldR** 46
 immaterielle Schäden **Einl SchuldR** 44
 immaterieller Schaden **Einl SchuldR** 152
 Kind als Schaden **Einl SchuldR** 220
 Körperschäden **Einl SchuldR** 89
 Lebensstandard des Geschädigten **Einl SchuldR** 44
 Lebensstandard des Schädigers **Einl SchuldR** 40, 44
 Leistungspflicht **241** 30
 Mitverschulden des Geschädigten **Einl SchuldR** 9, 41; **242** 587 f
 Naturalrestitution **Einl SchuldR** 17, 42 f; **242** 586, 597
 Nichtvermögensschäden **Einl SchuldR** 152
 Persönlichkeitsrechtsverletzung **Einl SchuldR** 45
 Pflichtverletzung **Einl SchuldR** 39, 191
 pönales Element **Einl SchuldR** 45
 Prävention **Einl SchuldR** 45
 Sachschadensberechnung **Einl SchuldR** 151
 Schadensbegriff, Normativierung **Einl SchuldR** 220
 Schadensersatz statt der Leistung **Einl SchuldR** 191
 Schadensminderungspflicht **242** 590
 Schutzzweck der Haftungsnorm **242** 584
 Sozialstaatsprinzip **Einl SchuldR** 44
 Totalrestitution **Einl SchuldR** 42 f
 Treu und Glauben **242** 571, 582 ff, 597
  Billigkeit **242** 582 ff, 598
  Interessenausgleich **242** 582, 598
  Zumutbarkeit **242** 584 f
 Umfang **Einl SchuldR** 42 f

Schadensersatz (Forts)
 Umsatzsteuer **Einl SchuldR** 151
 unbeschränkter Schadensersatz **Einl SchuldR** 46
 Vermögensschäden **Einl SchuldR** 89; **241** 30
 Verschuldensprinzip **Einl SchuldR** 39
 Versicherung, Rückgriffsmöglichkeit auf **Einl SchuldR** 93
 Verzögerungsschaden **Einl SchuldR** 191
 Vorhaltekosten **242** 583
 Vorteilsausgleichung **242** 586
 Wiederherstellung, Unmöglichkeit **Einl SchuldR** 44
 Wiederherstellung, unverhältnismäßiger Aufwand **Einl SchuldR** 44
Schadensersatz statt der Leistung
 Fristsetzung **242** 641
  Entbehrlichkeit **242** 642
  Zuvielforderung **242** 641
 Gattungsschuld **243** 3
 Nacherfüllungsanspruch **242** 643
 Rechtsmissbrauch **242** 648
 Rücksichtspflichten **241** 157; **242** 651
 Rücksichtspflichtverletzung **241** 539, 541
 Schuldrechtsreform **Einl SchuldR** 191
 Schwebezustand **242** 643 ff
 Sekundärpflicht **241** 142
 Treu und Glauben **242** 643
 Unzumutbarkeit **241** 152
 Vertragstreue, eigene **242** 648
 Verzug **242** 637
 Wahlrecht des Gläubigers **242** 643, 646
 Zurückweisung der Erfüllung **242** 644
  widersprüchliches Verhalten **242** 644 f
Schadensfernhaltung
 Obliegenheit **241** 120
Schadensminderung
 Obliegenheit **241** 120; **242** 590
 Treu und Glauben **242** 590
Scheckrecht
 Auskunftspflicht **241** 169
 Belegerstellungspflicht **241** 272
 Mitwirkungspflichten **241** 200
 Offenbarungspflichten **242** 1027
 Treu und Glauben **242** 1027
Scheidungsunterhalt
 Beschränkung **242** 938
 Billigkeit **242** 938
 Erwerbstätigkeit, Aufnahme **241** 120
 Unterhaltsleistungen, Erstattung **242** 938
 Wegfall **242** 938
Scheinangriffe
 Rechtfertigungsgrund **242** 1093
Scheingeschäft
 Gefälligkeiten **241** 74
Scheingesellschaft
 Rechtsscheinshaftung **242** 320

Scheinvater
  Unterhaltsregress 242 940
  Rechtsausübungssperre 242 940
  – teleologische Reduktion 242 940
  – Treu und Glauben 242 940
  Vaterschaft des Erzeugers 242 940
  – Inzidentfeststellung 242 940
Schenkung
  Aufklärungspflichtverletzung 241 474
  Bedürftigkeit, Herbeiführung 242 750
  Arglist 242 750
  unzulässige Rechtsausübung 242 750
  einseitig verpflichtendes Schuldverhältnis 241 59
  Entstehungsgeschichte **Einl SchuldR** 127
  Gattungsschenkung 243 4
  Haftungsmaßstab 241 474
  Hinweispflicht 241 435
  Treu und Glauben 242 749 ff
  Unentgeltlichkeit **Einl SchuldR** 74
  venire contra factum proprium 242 751
  Verarmung des Schenkers 242 750
  Verzeihung von Verfehlungen 242 751
  Widerruf 242 752
    Herausgabeanspruch 242 752
    Wertersatz 242 752
Scherzgeschäft
  Treu und Glauben 242 421 ff
  s a Mangel der Ernstlichkeit
Schickschuld
  Ablehnung der Lieferung 243 32
  Erfolgsort 243 32
  erfüllungstaugliche Sache 243 32
  Geldschuld 243 35
  Konkretisierung 243 32
    mehrstufige Konkretisierung 243 33
  Leistungsgefahr 243 32
  Leistungsort 243 32
  Parteivereinbarung **Einl SchuldR** 62
  Preisgefahr 243 32
Schiedsverfahren
  Prozessförderungspflicht 242 1082
  Rüge der Schiedsvereinbarung 242 1082
  Treu und Glauben 242 1082
Schikaneverbot
  deliktische Ansprüche 242 377
  Forderungsbetrag, geringer 242 1068
  Rechtsausübung 242 375
  Schadenszufügung 242 260
  Schädigungsabsicht 242 1068
  unzulässige Rechtsausübung 242 375
  vorsätzliche sittenwidrige Schädigung 242 377
Schlechtleistung
  Arglist **Einl SchuldR** 74
  Fahrlässigkeit, grobe **Einl SchuldR** 74
  Fristsetzung, Entbehrlichkeit 242 649
  Hauptleistungspflicht 242 650

Schlechtleistung (Forts)
  Nebenpflichten, leistungsbezogene 242 650
  Rücktrittsrecht 242 649
  Schadensersatz statt der Leistung 242 649
  Schwebezustand 242 649
  Treu und Glauben 242 649
  Vertragstreue, eigene 242 649
Schlichtungsverfahren
  Prozessförderungspflicht 242 1082
  Treu und Glauben 242 1082
Schmiergelder
  Versorgungsansprüche, Ausschluss 242 822
Schottland
  Treu und Glauben 242 1149
Schuld
  Begriff **Einl SchuldR** 235 f; 241 112
  Erzwingungsmöglichkeit des Gläubigers **Einl SchuldR** 235 f
  Haftung **Einl SchuldR** 237, 239
  Leistenmüssen **Einl SchuldR** 235
  Leistungspflicht **Einl SchuldR** 235 f
  Schuld ohne Haftung **Einl SchuldR** 239 ff
  Schuldbeschränkungen **Einl SchuldR** 241
  Verfehlung **Einl SchuldR** 99
  Verpflichtung zur Restitution **Einl SchuldR** 99
Schuldner
  Leistungsbewirkung 241 209 f
  Leistungshandlungen 241 210
  Mitwirkungspflichten 241 209 f, 214 ff
  Rücksichtspflichten 241 410, 415
Schuldnermehrheit
  Treu und Glauben 242 719
Schuldnerpflichten
  Treu und Glauben 242 182
Schuldrecht
  s a Schuldverhältnisse
  Allgemeiner Teil des Schuldrechts **Einl SchuldR** 136
  Auflösung **Einl SchuldR** 328
  Auskunftspflicht 241 169
  Auslegung **Einl SchuldR** 263, 265
    europarechtskonforme Auslegung **Einl SchuldR** 334
    normative Auslegung **Einl SchuldR** 331
    verfassungskonforme Auslegung **Einl SchuldR** 331
  Besonderer Teil des Schuldrechts **Einl SchuldR** 136
  BGB **Einl SchuldR** 3 f, 6
    Zweites Buch **Einl SchuldR** 1 ff, 134 f, 202
    – Anwendungsbereich, persönlicher **Einl SchuldR** 251, 261 f
    – Anwendungsbereich, räumlicher **Einl SchuldR** 251, 253 ff
    – Anwendungsbereich, sachlicher **Einl SchuldR** 251 f

Schuldrecht (Forts)
- Anwendungsbereich, zeitlicher **Einl SchuldR** 251, 258 ff
- Kollisionsvorschriften **Einl SchuldR** 251

dispositives Recht **Einl SchuldR** 331 f
Einsichtsfähigkeit **Einl SchuldR** 84
Einzelmaterien, Zerlegung in **Einl SchuldR** 328
Entstehungsgeschichte **Einl SchuldR** 120 ff
Untergliederung **Einl SchuldR** 136 f
Geltungsbereich, Erweiterung **Einl SchuldR** 6 ff
Analogiebildung **Einl SchuldR** 9
Fachbegriffe, Verwendung **Einl SchuldR** 8
Modellcharakter **Einl SchuldR** 9
Verweisungen **Einl SchuldR** 7 f
Grundgesetz **Einl SchuldR** 331
Interlokales Privatrecht **Einl SchuldR** 253
Internationales Privatrecht **Einl SchuldR** 253 ff
Kodifikation **Einl SchuldR** 138 ff
Kritik des Schuldrechts **Einl SchuldR** 318 ff
Leistungsbegriff, einheitlicher **241** 135
Normenhäufung **Einl SchuldR** 252
Normenmangel **Einl SchuldR** 252
öffentliches Recht **Einl SchuldR** 6, 267 ff
Rechtsentwicklung **Einl SchuldR** 146 f
Rechtsfortbildung, richterliche **Einl SchuldR** 203 ff
s a dort
Generalklauseln **Einl SchuldR** 75
Rechtsgüterschutzrecht **Einl SchuldR** 202
Rechtsvereinheitlichung, europäische **Einl SchuldR** 280
Reformvorhaben **Einl SchuldR** 337
sachenrechtliche Vorschriften **Einl SchuldR** 5
Sondergesetze, privatrechtliche **Einl SchuldR** 6, 21, 138 ff, 146, 170 f
Systematik **Einl SchuldR** 104 ff, 120
Typenzwang **Einl SchuldR** 53
Veränderung des Schuldrechts **Einl SchuldR** 327 ff
Institutionen, Umgestaltung **Einl SchuldR** 331 f
Obligationsmodell, soziales **Einl SchuldR** 330
Veränderungsvorschläge **Einl SchuldR** 322 ff
Verfassungskonformität **Einl SchuldR** 264
Vertragsrecht **Einl SchuldR** 202
Zivilprozessrecht **Einl SchuldR** 6, 273 ff
Schuldrechtsmodernisierungsgesetz
s Schuldrechtsreform
Schuldrechtsreform
Anwälte, Haftungsrisiken **Einl SchuldR** 201

Schuldrechtsreform (Forts)
Diskussionsentwurf **Einl SchuldR** 185 ff
konsolidierte Fassung **Einl SchuldR** 185
EG-Richtlinien, Umsetzung **Einl SchuldR** 184, 201
Erfüllungsanspruch **241** 143
Gestaltungsspielraum des Gesetzgebers **Einl SchuldR** 327
Gewährleistungsrecht **Einl SchuldR** 182
Kaufvertrag **242** 725
große Lösung **Einl SchuldR** 184
Gutachten **Einl SchuldR** 181
Kaufvertragsrecht **Einl SchuldR** 189
kleine Lösung **Einl SchuldR** 201
kleine Reform **Einl SchuldR** 182
Kommission zur Überarbeitung des Schuldrechts **Einl SchuldR** 182 f; **241** 379
Leistungspflichten **241** 1, 32, 379 ff
Leistungsstörungsrecht **Einl SchuldR** 182, 189; **242** 629
Privatautonomie **Einl SchuldR** 49
Rechtsfortbildung, richterliche **Einl SchuldR** 208
Reformpläne **Einl SchuldR** 176 ff
Regierungsentwurf **Einl SchuldR** 187 f
Rücksichtspflichten **241** 153 ff, 379 ff; **242** 191
Rücktrittsrecht **Einl SchuldR** 192
Schuldrechtsmodernisierungsgesetz **Einl SchuldR** 188
Sondergesetze, Integration **Einl SchuldR** 1, 21, 23, 76, 189, 198
Verbraucherschutzgesetze **Einl SchuldR** 105
soziales Privatrecht **Einl SchuldR** 180
Treu und Glauben **242** 100, 102, 104
Übereilung **Einl SchuldR** 201
Übergangsregeln **Einl SchuldR** 199 f; **242** 156
Dauerschuldverhältnisse **Einl SchuldR** 199
Umsetzungskosten **Einl SchuldR** 201
Unmöglichkeitsregeln **Einl SchuldR** 192
Veränderungsvorschläge **Einl SchuldR** 326
Verbraucherschutz **242** 102
Verbraucherschutzrecht **Einl SchuldR** 157
Verjährungsrecht **Einl SchuldR** 182, 184, 188 ff
Verkehrssitte **242** 102
Vertrag mit Schutzwirkung für Dritte **241** 381
Werkvertragsrecht **Einl SchuldR** 189
Schuldübernahme
Schuldnerwechsel **241** 328
Schuldverhältnis
absolute Schuldverhältnisse **Einl SchuldR** 4
Abwicklung **241** 167
ähnliche geschäftliche Kontakte **242** 130
Äquivalenzinteresse **241** 417

Schuldverhältnis (Forts)
Allgemeiner Teil des BGB **Einl SchuldR** 10
Allgemeiner Teil des Schuldrechts **Einl SchuldR** 1 f, 11
Angebot **Einl SchuldR** 47
Anspruch **241** 88
Aufklärungspflichten **Einl SchuldR** 49
Beeinträchtigung durch Dritte **241** 253
Beendigung **241** 272
Begriff **Einl SchuldR** 25; **241** 1, 3 f, 12 f, 36 ff, 112; **242** 130
 Begriffsentwicklung **Einl SchuldR** 119; **241** 3 ff
Begründungstatbestand **241** 51
Besonderer Teil des Schuldrechts **Einl SchuldR** 1
Bestimmbarkeit **241** 134
Bestimmtheit **241** 134
Bringschuld **Einl SchuldR** 62
Dauer **241** 346 ff, 357
Dauerschuldverhältnisse **241** 346, 348 ff
 s a dort
Delikt **241** 50
Doppelsprachgebrauch **241** 38, 45
Drittbeteiligung **Einl SchuldR** 71 f
Drittwirkung **Einl SchuldR** 4; **241** 34, 293, 321, 330
 Berechtigung Dritter **241** 333 ff
 – Vertrag mit Schutzwirkung für Dritte **241** 338 ff
 – Vertrag zugunsten Dritter **241** 334 ff
 Einwendungen Dritter **241** 332
 faktische Drittwirkung **241** 322
 Haftungsbegrenzungen zugunsten Dritter **241** 342
 Haftungsbegrenzungen zulasten Dritter **241** 345
 rechtliche Drittwirkung **241** 323
 Verpflichtung Dritter **241** 329 f
 – Betriebsübergang **241** 331
 – Herausgabeansprüche gegen unbeteiligte Dritte **241** 331
Eigennützigkeit **241** 84
einseitig verpflichtende Schuldverhältnisse **Einl SchuldR** 74; **241** 59
Einstehenmüssen **Einl SchuldR** 38
Einwirkungsmöglichkeit der Parteien **241** 51
Entgeltlichkeit **241** 84
Entstehung **Einl SchuldR** 47; **242** 130
Entstehungsgeschichte **241** 2 ff
Erfolgsbezogenheit **241** 135
Erfüllungsort **Einl SchuldR** 62
Fachkunde, überlegene **241** 172
Forderungsrecht **241** 36 ff, 112
 relatives Forderungsrecht **Einl SchuldR** 63
Fremdzurechnung **241** 323 ff, 329
Gefährdungshaftung **241** 50

Schuldverhältnis (Forts)
Gefahrübergang **Einl SchuldR** 62
Gegenleistungsanspruch **Einl SchuldR** 62
Gegenstand **241** 21
Geldinteresse **241** 15
geldwerte Leistung **241** 13 ff
geregelte Schuldverhältnisse **241** 57
gesetzliche Schuldverhältnisse **Einl SchuldR** 25, 77 ff; **241** 46, 48 f, 61 ff, 134
Gestaltungsrechte **Einl SchuldR** 47
Güterverschiebung **Einl SchuldR** 37, 86, 265; **241** 322
Haftungsausschluss
 Gehilfen **241** 343 f
Handlung **241** 21
Hauptpflichten **241** 65
Holschuld **Einl SchuldR** 62
Inhalt **241** 134, 270
Integritätsinteresse **241** 66
Interesse, berechtigtes **241** 16 f
kraft gesetzlicher Bestimmung **241** 50
Lebensverhältnis **241** 38
Leistung **241** 134
Leistungsaustausch **241** 212
Leistungsbestimmung **Einl SchuldR** 62, 64
Leistungserbringung, einmalige **241** 346 f
 Terminologie **241** 347
Leistungsinhalte, unbestimmte **241** 34
Leistungsort **Einl SchuldR** 62
Leistungspflicht **241** 88, 417
mehrere Forderungen **241** 36 ff
mehrseitig verpflichtende Schuldverhältnisse **241** 60
Nähebeziehung der Parteien **241** 172, 178, 210, 212 f, 257, 261, 269
Nebenleistungspflichten **241** 65
Nebenpflichten **241** 65
Negativabgrenzung **241** 393
Neutralität **241** 112
Nichterfüllung **241** 13
Obligationenverhältnis **241** 4
Pflichtverletzung **241** 88
Recht zur Sache **241** 13, 19 ff, 34
Rechtsbindungswille **241** 17
Rechtsgeschäft **Einl SchuldR** 25, 47 f; **241** 50, 53, 69 f
rechtsgeschäftliche Schuldverhältnisse **241** 46, 48 f, 69, 134, 393
Schuldnerverhalten **241** 134
rechtsgeschäftsähnliche Schuldverhältnisse **241** 47, 66, 393
 culpa in contrahendo **241** 47
 culpa post contractum finitum **241** 47
 Eigenhaftung des Verhandlungsgehilfen **241** 47
 Eigenhaftung des Vertreters **241** 47
 Gefälligkeit **241** 47
 Sachwalterhaftung **241** 47

Schuldverhältnis (Forts)
Vertrag mit Schutzwirkung für Dritte **241** 47
Rechtsnachfolge **241** 303
Rechtsverhältnis, dreiseitiges **242** 151
Rechtsverhältnis, zweiseitiges **242** 151
relative Schuldverhältnisse **Einl SchuldR** 4, 25, 83; **241** 1
Relativität **241** 293 ff, 318 f, 321, 330
Drittwirkung
  s dort
Rücksichtnahmepflicht **241** 61
Rücksichtspflichten **241** 66, 504
  s a dort
Sachenrecht **Einl SchuldR** 10
Schädigung, objektiv zu verantwortende **241** 50
Schickschuld **Einl SchuldR** 62
Schuldverhältnis im engeren Sinn **241** 36, 41, 45, 112
Einzelbefugnisse **241** 114
Schuldverhältnis im weiteren Sinn **241** 36, 39 ff, 45
Schutzpflichten **241** 44
Tatbestand, anspruchserzeugender **241** 43
Verdinglichung **241** 303
Verhaltenspflichten **241** 43 f
Schutzpflichten **Einl SchuldR** 49
Sekundäransprüche **Einl SchuldR** 47
Sonderverbindung **242** 130
Synallagma **Einl SchuldR** 69; **241** 60
Treu und Glauben **241** 172 f
ungeregelte Schuldverhältnisse **241** 57
unvollkommen zwei-/mehrseitig verpflichtende Schuldverhältnisse **241** 60
unvollkommen zweiseitige Schuldverhältnisse **Einl SchuldR** 74
Verhalten, schlüssiges **241** 99
Verhaltensbezogenheit **241** 135
Verhaltensnormen, gesetzliche **Einl SchuldR** 25, 78 ff
Vermögensinteressen **241** 78
Vermögensverschiebungen **Einl SchuldR** 26
Verschuldensprinzip **Einl SchuldR** 39
Vertrag **Einl SchuldR** 25, 47; **242** 130
vertragliche Schuldverhältnisse **241** 61
Vertragsanbahnung **242** 130
Vertragsverhandlungen **242** 130
Vertrauen, schutzwürdiges **241** 172
vollkommen zwei-/mehrseitig verpflichtende Schuldverhältnisse **241** 60
vorvertragliche Schuldverhältnisse **241** 66, 394; **242** 665
Wirkung **Einl SchuldR** 25; **241** 1, 112
zweiseitig verpflichtende Schuldverhältnisse **241** 60

Schutzpflichten
Einwirkungsmöglichkeiten, Kompensation **241** 503
Leistungsgegenstand **241** 210
Rücksichtspflichten **241** 154 f
Schuldverhältnisse **Einl SchuldR** 49; **241** 44
Treuepflichten, Abgrenzung **241** 503 f
Schutzpflichtverhältnis
Rücksichtspflichten **241** 68
Schutzwirkung für Dritte
rechtsgeschäftsähnliches Schuldverhältnis **241** 47
Schutzzweck der Norm
Deliktsrecht **Einl SchuldR** 83
Schwangerschaftsabbruch
Garantenpflicht **242** 1093
Schwarzarbeit
Arbeitsvertrag, Nichtigkeit **242** 489, 793
Verstoß gegen das Schwarzarbeitsgesetz, beiderseitiger **242** 868
Wertersatzanspruch, bereicherungsrechtlicher **242** 489, 868
Schweiz
clausula rebus sic stantibus **242** 1140
Gefälligkeiten **241** 87
Gesetzesumgehung **242** 399, 1141
Irrtumsanfechtung **242** 435
Nebenpflichten **242** 1140
Obligationenrecht **Einl SchuldR** 128, 143, 308 f; **241** 9
Allgemeine Bestimmungen **Einl SchuldR** 309
Buchführung, kaufmännische **Einl SchuldR** 309
Firma **Einl SchuldR** 309
Genossenschaft **Einl SchuldR** 309
Handelsgesellschaften **Einl SchuldR** 309
Handelsregister **Einl SchuldR** 309
Vertragsverhältnisse **Einl SchuldR** 309
Wertpapiere **Einl SchuldR** 309
Pandektensystem **Einl SchuldR** 112, 115
Rechtsmissbrauch **242** 1138 ff
Rücksichtnahme, wechselseitige **242** 1138
Sonderverbindung **242** 1141
Treu und Glauben **242** 399, 1116, 1137 ff, 1187
Korrekturfunktion **242** 1140
widersprüchliches Verhalten **242** 1140
Zivilgesetzbuch **Einl SchuldR** 143, 308
Einleitungstitel **242** 1137 f
im engeren Sinne **Einl SchuldR** 308
im weiteren Sinne **Einl SchuldR** 308
Zusendung unbestellter Ware **241a** 65, 70
Benachrichtigungspflicht **241a** 72
Bereicherungsansprüche **241a** 71
irrtümliche Zusendung **241a** 72
Vindikationsanspruch des Unternehmers **241a** 71

Seeforderungen
Haftungsbeschränkung **Einl SchuldR** 46
Sekundärpflichten
Leistungspflichten **241** 142
Schadensersatz statt der Leistung **241** 142
Verzögerungsschaden **241** 142
Selbstbedienungsläden
Gattungsschuld **243** 12
Selbsthilfeverkauf
Erlös **242** 680
Selbstkontrahieren
Genehmigung des schwebend unwirksamen Geschäfts **242** 531
Treu und Glauben **242** 531
Selbstmahnung
Mahnung **242** 640
Sicherheitsleistung
durch Verpfändung, Austausch **241** 252
Sicherungsabrede
Aufrechnung **242** 694
Nichtigkeit **242** 694
Sicherungsübereignung **242** 900
Sicherungsabtretung
Gattungsschuld **243** 45
Sicherungsgrundschuld
Rechtsfortbildung, richterliche **Einl SchuldR** 233
Sicherungshypothek
Bauunternehmer **242** 840
Sicherungsübereignung
Deckungsgrenze **242** 899
Freigabeanspruch **242** 899 ff
 ergänzende Vertragsauslegung **242** 900
 Wahlrecht des Gläubigers **242** 901
Globalsicherheiten, revolvierende **242** 899
Rechtsfortbildung, richterliche **Einl SchuldR** 233
Rechtsmissbrauch **242** 1089
Schätzwert der Sicherheiten **242** 899
Sicherungsabrede **242** 900
Sittenwidrigkeit **242** 900
Übersicherung **242** 898 ff, 1089
 anfängliche Übersicherung **242** 898
 nachträgliche Übersicherung **242** 899
 Treu und Glauben **242** 898
Warenlager **242** 899
Sicherungsvereinbarungen
Erhaltungsmaßnahmen **241** 224, 241
Mitwirkungspflichten **241** 213, 224
 Sicherungsgeber **241** 256
 Sicherungsnehmer **241** 256
 Unterstützung gegenüber Dritten **241** 256
Obhutspflichten **241** 219
Rechtsmissbrauch **242** 1089
Sicherungsmaßnahmen **241** 224, 241
Verwirklichung übertragener Rechte **241** 224, 241

Sicherungsvereinbarungen (Forts)
Zwangsvollstreckung, drohende **241** 224, 241
Sicherungszession
Rechtsfortbildung, richterliche **Einl SchuldR** 233
Sittenwidrigkeit
s a Gute Sitten
Ausschließlichkeitsbindungen **241** 322
beiderseitige Sittenverstöße **242** 498
einseitige Sittenverstöße **242** 497 ff
Einwendung **242** 494
Einzelfallgerechtigkeit **242** 495
Fallgruppen **242** 496 ff
Gerechtigkeit, soziale **242** 94
Interessenabwägung **242** 372
Kollusion **242** 518
letztwillige Verfügung **242** 499
Lizenzvertrag **241** 322
Nichtigkeitsfolge **241** 320
Nichtigkeitsfolge, Einschränkung **242** 373, 493 ff
öffentliche Ordnung **242** 495
ordre public **242** 502
Preisbindungsvertrag **241** 322
Rechtsgeschäfte **241** 320, 322
teleologische Reduktion **242** 497
Treu und Glauben **242** 343, 367
Überforderung, finanzielle **Einl SchuldR** 49, 336
unlauterer Wettbewerb **241** 320
Vertragserfüllung **242** 501
Vertragsklausel, Abänderung **242** 371
Vertragsschluss **242** 501
Vertrauensschutz **242** 503
Wegfall der Sittenwidrigkeit nach Vornahme des Rechtsgeschäfts **242** 499
Wertungswandel **242** 499, 502 f
Wirksamkeitskontrolle **242** 370
Zeitpunkt **242** 155, 501
Soforthilfedarlehen
Aufrechnung **242** 693
Sonderprivatrecht
s a Nebengesetze
Arbeitsrecht **Einl SchuldR** 22, 261
Gesellschaftsrecht **Einl SchuldR** 22
Handelsrecht **Einl SchuldR** 22, 139, 144, 261
Schuldrechtszerlegung **Einl SchuldR** 328 f
Versicherungsrecht **Einl SchuldR** 22
Wertpapierrecht **Einl SchuldR** 22
Sonderverbindung
Nachbarliches Gemeinschaftsverhältnis **241** 400
Schuldverhältnis **242** 130
Treu und Glauben **242** 127, 129, 133
unzulässige Rechtsausübung **242** 376
Sorgfaltspflichten
culpa in contrahendo **Einl SchuldR** 209

Sorgfaltspflichten (Forts)
  culpa in eligendo **Einl SchuldR** 209
  culpa post pactum perfectum **Einl SchuldR** 209
  Nebenleistungspflichten **241** 150
  Rücksichtspflichten **241** 154
Sozialhilfeträger
  Legalzession **Einl SchuldR** 93
Sozialmodell
  Schuldrecht **Einl SchuldR** 321
Sozialrecht
  Mitwirkungspflichten des Leistungs-
  berechtigten **242** 1100
Sozialstaatsprinzip
  Lebensstandard **Einl SchuldR** 40, 44
  Rechtsetzung, öffentliche **Einl SchuldR** 324
  Schadensersatz **Einl SchuldR** 44, 46
  Schadenslast, Verlagerung **Einl SchuldR** 40
  Treu und Glauben **242** 147
  Zivilrechtsordnung **Einl SchuldR** 324
Sozialversicherungsrecht
  Verwirkung **242** 1102
Spedition
  Haftungsbegrenzungen zulasten Dritter **241** 345
Sperrgrundstücke
  Rechtsmissbrauch **242** 1111
Spiel
  unvollkommene Verbindlichkeiten **Einl SchuldR** 244
Spitzen
  Leistungsablehnung **242** 608
Sport
  Regelwerke, Inhaltskontrolle **242** 975
Sportturnier
  Attentatsversuch **241** 502
  Fürsorgepflichten **241** 502
Stellvertretung
  Abstraktionsprinzip **242** 526
  Relativität des Schuldverhältnisses **241** 325
  Vertretungsmacht
  s dort
Steuerberater
  Beratungspflicht **241** 476
  Ersatzansprüche, Hinweis auf drohende
  Verjährung **242** 543
  Sekundäranspruch **242** 543, 545
  Verjährungseinrede **242** 545
Steuerbescheid
  Treu und Glauben **242** 1108
  Vertrauensschutz **242** 1108
Steuerrecht
  Gesetzesumgehung **242** 400
  Treu und Glauben **242** 62
  Werkvertrag **242** 842
Steuerschuldverhältnis
  Gesetzesumgehung **242** 1108
  Rechtsmissbrauch **242** 1108

Steuerschuldverhältnis (Forts)
  Treu und Glauben **242** 1107 f
  Konkretisierungsfunktion **242** 1107
  Pflichtenbegründung **242** 1107
  Schrankenfunktion **242** 1107
  Verwaltungsrechtsverhältnis **242** 1107
  Verwirkung **242** 1102
Steuervorteile
  Nebenleistungspflichten des Gläubigers **241** 238
Stiftungsgeschäft
  Angebot **Einl SchuldR** 47
  Leistungsversprechen, einseitiges **241** 69
Stille Gesellschaft
  Bestandsschutz **241** 106
  Publikumsgesellschaften **242** 973
  Treuepflicht **242** 960
Stimmbindungsvertrag
  Vorbereitungspflicht **242** 969
Stimmpflicht
  Treuepflicht **242** 969
Störung der Geschäftsgrundlage
  s a Wegfall der Geschäftsgrundlage
  Kodifikation **242** 569, 629
  Motivirrtum, gemeinsamer **242** 425, 429
  Rechtsmissbrauch **242** 387
  Schenkung **242** 749
  Treu und Glauben **242** 60, 387
  Unsicherheitseinrede **242** 627
  Verbraucherschutzgesetze, Integration
  ins BGB **Einl SchuldR** 76
  Vertragsanpassung **242** 389
  Vertragsschluss **Einl SchuldR** 70
Strafanzeige
  Fürsorgepflicht des Arbeitnehmers **241** 499
Strafprozessrecht
  Rechtsmissbrauch **242** 1095 f
  Treu und Glauben **242** 1095 f
Strafrecht
  actio libera in causa **242** 1094
  Bestimmtheitsgrundsatz **242** 1094
  Einwilligungslehre **242** 1093
  nulla poena sine lege **242** 1094
  protestatio facto contraria **242** 1093
  Rechtsmissbrauch **242** 1094
  Treu und Glauben **242** 1093 ff
  venire contra factum proprium nulli
  conceditur **242** 1093
Strafverfahren
  Revision **242** 1097
  Rügepräklusion **242** 1097
  Sonderverbindung **242** 1096
  Treu und Glauben **242** 1098
  Verwirkung von Verfahrensrechten **242** 1097
Straßenrecht
  Treu und Glauben **242** 62

Straßenverkehr
s a Straßenverkehrsgesetz
Minderjährige, Privilegierung **Einl SchuldR** 153
ruhender Verkehr **Einl SchuldR** 92, 153
Straßenverkehrsgesetz
s a Straßenverkehr
Betrieb eines Kraftfahrzeugs **Einl SchuldR** 92
ruhender Verkehr **Einl SchuldR** 92
Gefährdungshaftung **241** 535; **242** 596
Haftungsbeschränkungsverbot **Einl SchuldR** 46
Haftungshöchstbeträge **Einl SchuldR** 155, 241
Haftungssumme, Verteilung **241** 118
höhere Gewalt **Einl SchuldR** 155
Schadensersatz **Einl SchuldR** 155
Schadensersatzansprüche **Einl SchuldR** 149
Schuldrecht, Geltungsbereich **Einl SchuldR** 24
unabwendbares Ereignis **Einl SchuldR** 155
Streitgegenstand
Bagatelle **242** 1066
Streupflicht
Rechtsanwalt **241** 550
Strohmann
Aufrechnung mit Gegenforderungen gegen den Hintermann **242** 684
Stückkauf
Qualitätsabweichungen **243** 24
Stückschuld
Beschaffungspflicht **243** 19
Leistungsgefahr **243** 38
Nachlieferungspflicht **243** 19
Rückgabe der Mietsache **243** 7
Schuldinhalt **243** 2, 12
Schuldverhältnisse **243** 7
Selbstbedienungsläden **243** 12
Vorrat, gesamter **243** 12, 23
Subunternehmer
Abwerben von Kunden, Unterlassung **241** 286
Nebenleistungspflichten **241** 231
Sukzessivlieferungsvertrag
Begriff **241** 358
Dauerlieferungsvertrag **241** 361
Dauerschuldverhältnis im weiteren Sinne **241** 358
echter Sukzessivlieferungsvertrag **241** 359
Nebenleistungspflichten **241** 233
Ratenlieferungsvertrag **241** 359, 361, 372
Rücktritt **241** 372
unechter Sukzessivlieferungsvertrag **241** 360
Verzug **241** 373
Zuverlässigkeit des Vertragspartners **241** 233

Synallagma
Äquivalenzprinzip **Einl SchuldR** 69 f
Begriff **Einl SchuldR** 69
Einrede des nicht erfüllten Vertrages **242** 619
funktionelles Synallagma **Einl SchuldR** 69
Gegenleistung **Einl SchuldR** 69
Gegenseitigkeit **241** 60
genetisches Synallagma **Einl SchuldR** 69
Hauptleistungspflichten, Verknüpfung **Einl SchuldR** 69
konditionelles Synallagma **Einl SchuldR** 69
Schuldverhältnisse **Einl SchuldR** 69
Begründung **Einl SchuldR** 69
Durchsetzung **Einl SchuldR** 69
Fortbestand **Einl SchuldR** 69
vollkommen zwei-/mehrseitig verpflichtende Schuldverhältnisse **241** 60
Zweckstruktur **Einl SchuldR** 69
Täuschung
Fehleridentität **Einl SchuldR** 35
Tagesmutter
Erlaubnis des Vermieters **242** 758
Tankstellenbetreiber
Obhutspflicht **241** 492
Tarifliche Rechte
Ausschluss der Verwirkung **242** 824
Verwirkung, Ausschluss **242** 317, 773, 824
Tarifvertrag
Ausschlussfristen **242** 562
Gesetzesumgehung **242** 402
Inhaltskontrolle **242** 382, 470, 481
Taschengeldparagraph
Arbeitskraft des Minderjährigen **242** 418 f
Treu und Glauben **242** 418
Tausch
Besonderer Teil des Schuldrechts **Einl SchuldR** 1
Entstehungsgeschichte **Einl SchuldR** 124
Teilentwurf zum Obligationenrecht
aequitas **242** 28
bona fides **242** 28
Gebräuche **242** 28
Gewohnheiten **242** 28
Herkommen **242** 28, 30
redlich **242** 28, 30, 32
Schuldverhältnis **242** 28
Schuldverhältnisse im Allgemeinen **242** 25, 27, 32
treu **242** 28, 30, 32
Treu und Glauben **242** 24 ff
Verkehrssitte **242** 28
Verträge **242** 25 f
Teilleistungen
Ablehnung **242** 606
Verhältnismäßigkeitsgrundsatz **242** 608
Abschlagszahlungen **Einl SchuldR** 156
Annahme **242** 606 f

Teilleistungen (Forts)
Verzicht auf weitergehende
Ansprüche **242** 607
Zumutbarkeit **242** 606
Belästigung des Gläubigers **242** 607
Einrede des nicht erfüllten Vertrages
242 620
Gläubigerverzug **242** 655
Haftpflichtversicherungsleistungen
242 609
Leistungsrückstände, unbedeutende
242 608
Nachteilhaftigkeit **242** 607
Ratenlieferungsvertrag **241** 359, 372
Spitzen **242** 608
Teilforderungen **242** 610
Teilhinterlegung **242** 609
Treu und Glauben **242** 605 ff
Unterhaltsansprüche **242** 609
Teilnichtigkeit
Abstraktionsprinzip **Einl SchuldR** 34
Aufrechterhaltung des Rechtsgeschäfts,
partielle **242** 505
Gestaltungserklärung **242** 509
Irrelevanz des nichtigen Teils **242** 507, 509
Parteiwille, hypothetischer **242** 505
Privatautonomie **Einl SchuldR** 34
Treu und Glauben **242** 504 ff, 511
Vorteil, ungerechtfertigter **242** 508 f
Wahlrecht **242** 509
Teilungsversteigerung
Realteilung **242** 1090
Rechtsmissbrauch **242** 1090
Teilzahlungsdarlehen
Gesamtfälligstellung **241** 194
Teilzeitwohnrechtegesetz
Integration ins BGB **Einl SchuldR** 23, 198
Teilzeit-Wohnrechtevertrag
Gesetzesumgehung **242** 400
Telefondienstanbieter
Obhutspflichten **241** 502
Rücksichtspflicht **241** 502
Teleologische Reduktion
Irrtumsanfechtung **242** 435
Normzweck **242** 347
Tatbestand, Einschränkung **242** 346 f
tel-quel-Klausel
Qualitätsmaßstab **243** 23
Terminoptionen
Aufklärungspflichten **241** 470
Testament
einseitiges Rechtsgeschäft **241** 54
gemeinschaftliches Testament **242** 947 ff
venire contra factum proprium **242** 948
Widerruf **242** 949, 1092
Zustellung, öffentliche **242** 1092
unzulässige Rechtsausübung **242** 1092
Testierfähigkeit
Auskunftsanspruch **242** 946

Testierfreiheit
Gesetzesverstoß **242** 943
Inhaltskontrolle erbrechtlicher Verträge
242 482
Privatautonomie **Einl SchuldR** 52; **242** 458
Rechtsmissbrauch **242** 944
Sittenwidrigkeit **242** 943 f
Tierhalterhaftung
Haftungsausschluss **242** 595
Handeln auf eigene Gefahr **242** 595
Mitverschulden des Geschädigten **242** 595
Treu und Glauben **242** 595
Tilgungsbestimmung
Änderung, nachträgliche **242** 611
Putativschuldner **242** 611
Tippgemeinschaft
Rechtsbindungswille **241** 87
Titelmissbrauch
arglistig erschlichener Titel **242** 1086
arglistig genutzter Titel **242** 1086
Rechtskraftdurchbrechung **242** 1086
subjektives Element **242** 1086
Tatsachenvortrag, unrichtiger **242** 1086
Unrichtigkeit des Urteils **242** 1086
unzulässige Rechtsausübung **242** 1086
Totalrestitution
Schadensersatz **Einl SchuldR** 42 f
Transportrecht
Haftungsbegrenzungen zugunsten Dritter
241 342
Haftungsbegrenzungen zulasten Dritter
241 345
Transportrechtsreform
Drittschadensliquidation **Einl SchuldR** 214
Trennungsprinzip
abstrakte Rechtsgeschäfte **Einl
SchuldR** 26 ff, 32
Eigentumserwerb **242** 895
kausale Rechtsgeschäfte **Einl
SchuldR** 26 ff, 32
Trennungsunterhalt
Billigkeit **242** 938
Treu und Glauben
Abdingbarkeit **242** 107 ff
Abmahnverhältnis **242** 133
Adäquanztheorie **242** 584
ähnliche geschäftliche Kontakte **242** 130
Allgemeine Geschäftsbedingungen
242 343, 381 ff
Allgemeiner Teil des BGB **242** 405 ff
Allgemeines Schuldrecht **242** 126, 128, 567
Allgemeininteressen **242** 142, 151
Analogie, Abgrenzung **242** 348 ff
Anfechtung **242** 405, 424 ff, 432 ff
Anscheinsvollmacht **242** 92
Anspruchsausschluss **242** 276
Anwendbarkeit **242** 334 ff
Anwendungsbereich **242** 105, 128, 353
Appellfunktion **242** 119

Treu und Glauben (Forts)
Arbeitsrecht **242** 62, 774 ff
Aufrechnung **242** 675, 681 ff
Aufwendungsersatz **242** 571, 600
Aufwertungsrechtsprechung **242** 56 ff, 64
Auskunftspflichten **242** 90, 570 f
Auslegung, teleologische **242** 201
Ausschluss der Leistungspflicht **242** 380
Ausübungskontrolle **242** 344, 368, 370, 372, 388, 467
Beamtenrecht **242** 62
Begriff **242** 138 ff
Berufsfreiheit **242** 146
beschränkt dingliche Rechte **242** 882
Beschränkungsfunktion
  s Schrankenfunktion
Beweislast **242** 227, 321, 331 f
Beweislastverteilung **241** 420
Billigkeitsfunktion **242** 175
Bindungswirkung **242** 207
Binnenschranke **242** 365
clausula rebus sic stantibus **242** 64
contra legem **242** 176
Dauerschuldverhältnisse **242** 213
Dienstvertrag **242** 772 f
Differenzierungstheorien **242** 116 f, 209
dingliche Rechte **242** 882
dolo-agit-Einrede **242** 204, 281 ff
Drittinteressen **241** 421; **242** 151
Eheschutz **242** 146
Eigentümer-Besitzer-Verhältnis **242** 882
Eigentumsgarantie **242** 146
Einrede **242** 321 ff, 326 ff
  Geltendmachung **242** 328
Einrede des nicht erfüllten Vertrages **242** 619
Einwendung **242** 321 f, 327 f, 329 f
Einzelfallentscheidung **242** 102, 109, 121, 218, 220 f, 291, 330, 336, 338, 347
Entscheidungsargument, Ersetzung **242** 93 ff
  dispositives Recht **242** 94
  Gewohnheitsrecht **242** 95
  Kodifikation **242** 96 ff
Entstehungsgeschichte **242** 126
Entwicklungsfunktion **242** 157
Erbrecht **242** 61
Erbrechtsgarantie **242** 146
Erfüllung **242** 675 ff
Ergänzungsfunktion **241** 407; **242** 46, 134, 177, 184, 187 ff, 196, 199, 212, 343, 724
  Hauptleistungspflichten **242** 192
Erkenntnisverfahren **242** 62
Ermächtigungsfunktion **242** 175
Ermächtigungsnorm **242** 116, 1118
Europäisierung des Rechts **242** 103, 149
exceptio doli generalis **242** 35, 64
Fallgruppen **242** 49, 86, 88, 109, 122, 178, 181, 210, 211 ff

Treu und Glauben (Forts)
Familienrecht **242** 61
Familienschutz **242** 146
Formmissbrauch **242** 91
Formnichtigkeit **242** 405, 447 ff
Freiheit **242** 146
Fristüberschreitung **242** 203
Funktionsanalyse **242** 87 f
Funktionskreise **242** 109, 122, 172 ff, 208, 403
Funktionswandel **242** 157
Fürsorgepflichten **241** 489
Gattungsschuld **242** 571 ff; **243** 20
Gefälligkeitsverhältnis **242** 131
Geldschuld **242** 571
Geltung, universelle **Einl SchuldR** 9
Generalklausel **242** 1, 105, 110 f, 114, 121, 206, 210, 340
Gerechtigkeitsprinzip **242** 47, 142, 144, 153, 210, 339
  ausgleichende Vertragsgerechtigkeit **242** 205
  soziale Gerechtigkeit **242** 337
Geschäftsbesorgung **242** 129
Geschäftsfähigkeit **242** 410 ff
Geschäftsfähigkeit, beschränkte **242** 410 ff
Geschäftsgrundlage **242** 60
Geschäftsunfähigkeit **242** 410
Gesellschaften **242** 129
gesellschaftlicher Ansatz **242** 46, 48, 79, 142
Gesellschaftsrecht **242** 62
Gesetzesrecht, Lückenschließung **242** 51
Gesetzesumgehung **242** 400
Gesetzesverstoß **242** 366, 491
gesetzliche Schuldverhältnisse **242** 42
gesetzliches Verbot **242** 364 ff
Gewaltenteilung **242** 104, 1187
gewerblicher Rechtsschutz **242** 1004 ff, 1019
Gewissensfreiheit **242** 146
Glaubensfreiheit **242** 146
Gleichbehandlungsgrundsatz, arbeitsrechtlicher **242** 146, 785
Gleichheitssatz **242** 146
Gleichheitstheorie **242** 114, 209
Gleichordnungsverhältnisse **242** 136
Grundrechte **242** 146, 159, 266, 879
Handeln auf eigene Gefahr **242** 593 f
Handelsrecht **242** 62, 1000 ff
Hinterlegung **242** 675, 680
Individualvereinbarungen **242** 343
Informationsfreiheit **242** 146
Inhaltskontrolle **242** 342 f, 473
  erweiterte Inhaltskontrolle **242** 370, 473 ff
Interessenabwägung **242** 137, 144 ff, 157, 255, 338 f, 347
  Abwägungskriterien, Rangfolge **242** 159

Treu und Glauben (Forts)
  bewegliches System **242** 159
  Drittinteressen **242** 144
  Grundgesetz **242** 144 ff
  öffentliche Interessen **242** 144
  Risikozuordnung **242** 144
  Interessenlage, atypische **242** 336, 338
  Irrtumsanfechtung **242** 405, 424 ff, 432 ff
  Kaufvertrag **242** 723 ff
  Konkretisierungsfunktion **241** 422; **242** 51, 177, 182 ff, 189, 215, 570, 724, 967
    Hauptpflichten **242** 570
    Nebenpflichten **242** 570
    – Kaufvertrag **242** 728
    – leistungsbezogene Nebenpflichten **242** 570
    – Rücksichtnahmepflichten **242** 570
  Konkretisierungstheorie **242** 115, 208
  Kontrahierungszwang **242** 54
  Kontrollfunktion **242** 46, 50
  Korrekturfunktion **242** 50 f, 102, 177, 184, 205, 343
    Ablaufkontrolle **242** 205
    Inhaltskontrolle **242** 205
  Kündigungsrecht aus wichtigem Grund **242** 389 f
  Leistung **242** 124, 134
  Leistung zur Unzeit **242** 184, 614
  Leistungserbringung **241** 504; **242** 171, 212
  Leistungserfolg **242** 171
  Leistungspflichten **241** 380; **242** 134, 570 f
  Leistungssicherungspflichten **242** 570
  Leistungsstörungsrecht **242** 629
  Leistungsverweigerungsrechte **242** 64, 571, 615
  Lückenfüllung **242** 42 f, 50 f
  Markenrecht **242** 1004
  Meinungsfreiheit **242** 146
  Menschenwürde **242** 146
  Mietvertrag **242** 753 ff
  Missbrauch der Vertretungsmacht **242** 204
  Missbrauchsgefahr **242** 104
  Mitverschulden des Geschädigten **242** 378 f, 587 ff
  Mitwirkungspflichten **242** 570
  nachbarliches Gemeinschaftsverhältnis **242** 132, 198
  Nachrangverhältnis **242** 168 ff
  Namensrecht **242** 406 f
  natürliche Personen **242** 406 ff
  Naturalrestitution **242** 586
  Nebenleistungspflichten **242** 212
  Nebenpflichten **242** 60, 724
  Nebenrechte **242** 724
  nichteheliche Kinder **242** 146
  Norm, institutionelle **242** 116, 120
  Norm, offene **242** 114
  normativer Gehalt **242** 110 ff, 122 f
  Normzwecke **242** 336 ff

Treu und Glauben (Forts)
  öffentliche Interessen **241** 421; **242** 151, 336
  öffentliches Recht **242** 62, 136
  officium iudicis **242** 176
  Ordnungsvorschriften **242** 364
  Paarformel **242** 15, 141
  Pacht **242** 770
  Parteien des Schuldverhältnisses **242** 120
  Parteiwille **242** 41, 43, 48
  Pflichtenänderung **242** 53
  positive Forderungsverletzung **242** 95
  positive Vertragsverletzung **242** 80
  praeter legem **242** 176
  Preisregulierung **242** 54
  Privatautonomie **242** 44 f, 342, 405, 458 ff
  Prozessrecht **242** 62
  Prozessrechtsverhältnis **242** 133
  Rechenschaftspflichten **242** 570
  Rechtsbegründung **242** 15
  Rechtsentwicklung **242** 6 ff, 38 ff
  Rechtsethik **242** 142, 150, 181
  Rechtsformmissbrauch **242** 247
  Rechtsfrieden **242** 153
  Rechtsgestaltung **242** 15, 116
  Rechtsidee **242** 118, 152
  Rechtsklarheit **242** 122
  Rechtskultur **242** 153
  Rechtsmissbrauch **241** 417 ff; **242** 60, 79, 109, 204, 214 ff
    s a dort
  Rechtsprinzip **242** 52
  Rechtssicherheit **242** 122, 338
  Rechtssprache **242** 15, 141
  Rechtsstaatsprinzip **242** 111, 147
  Redlichkeit **242** 108
  Regelungsort **Einl SchuldR** 5
  Revisibilität **242** 321, 333
  Richter **242** 120, 144, 210
  Rücksichtnahme, gegenseitige **242** 201, 215, 242, 279, 288, 955
  Rücksichtspflichten **241** 380, 407
  Rücktrittsrecht **242** 389 f
  Sachenrecht **242** 61, 882 ff
  Sachverhaltsgruppen **242** 49
  Schadensersatz **242** 571, 582 ff
  Scherzgeschäft **242** 421 ff
  Schrankenfunktion **241** 414 f; **242** 175, 177, 184, 201 ff, 215, 236, 289, 374, 967
  Schuldner **242** 124 f, 200
  Schuldrecht **242** 375 f
  Schuldrechtsmodernisierungsgesetz **242** 100
  Schuldrechtsreform **242** 102, 104
  Schuldverhältnis **242** 125, 130, 198
    gesetzliches Schuldverhältnis **242** 125
    Intensität **242** 129
    nichtige Rechtsgeschäfte **242** 127

Treu und Glauben (Forts)
rechtsgeschäftliches Schuldverhältnis **242** 125
Sozialkontakte **242** 127, 131
Schutzpflichten **242** 212
Schutzpflichten, außerdeliktische **241** 384
Sittenwidrigkeit **242** 343, 367
Sollen, rechtliches **242** 361
Sonderverbindung **242** 127, 130, 133
  Intensität **242** 129
Sozialethik **242** 150, 181
Sozialfunktion **242** 175
Sozialstaatsprinzip **242** 147
sozialtypisches Verhalten **242** 198
Standardfunktion **242** 175
Steuerrecht **242** 62
stilbildendes Element **242** 1187
Störung der Geschäftsgrundlage **242** 213, 363
Straßenrecht **242** 62
Tatbestand, Einschränkung **242** 346 f
Tatsachenvortrag **242** 326
Teilleistungen **242** 605 ff
Treuepflichten **241** 504, 507
Umsatzgeschäfte **242** 129
Unabdingbarkeit **242** 108
Unerlaubte Handlung **242** 873 f
Ungerechtigkeit **242** 46
Unmöglichkeit, wirtschaftliche **242** 54
Unsicherheitseinrede **242** 627 f
Unterstützungspflichten **242** 570
unzulässige Rechtsausübung **242** 60, 204, 214 ff, 344
Unzumutbarkeit der Leistung **242** 325, 328
Urheberrecht **242** 62, 1004
venire contra factum proprium **242** 94, 204
Verbraucherschutz **242** 102, 408, 569
Verbrauchsgüterkauf **242** 408
verbundene Verträge **242** 391
Verhältnismäßigkeitsgrundsatz **242** 221, 253, 279 f, 330, 878
Verhältnisse, soziale **242** 568
Verhältnisse, wirtschaftliche **242** 568
Verhaltensanforderungen **242** 128 f
Verhaltensnorm **242** 114 f, 210, 1118
Verjährungsrecht **242** 534
  s a Verjährung
Verlagsrecht **242** 62
Verpflichtete **242** 121
Verschulden **242** 137
Versicherungsrecht **242** 62
Verstoß **242** 321 ff
  Rechtsfrage **242** 333
  Tatsachenfrage **242** 333
vertragliche Vereinbarungen **242** 342 ff
Vertragsanbahnung **242** 130
Vertragsanpassung **242** 53, 109
Vertragsauslegung **242** 354 ff
Vertragsfreiheit **242** 54, 1187

Treu und Glauben (Forts)
Vertragsschuldverhältnisse **Einl SchuldR** 61
Vertragsstrafe **242** 660 ff
Vertragsverhandlungen **242** 130
Vertretungsmacht **242** 92
Verwaltungsrecht **242** 62
Verwirkung **242** 204
Vorrang **242** 63, 236, 396
Vorteilsausgleichung **242** 586
Wahlschuld **242** 571, 580 f
Wegfall der Geschäftsgrundlage **242** 213
Wegnahmerecht **242** 571, 600
Wertewandel **242** 143
Wertvorstellungen, sozialethische **242** 142 f
Wiedervereinigung **242** 81
Willensmängel **242** 420 ff
Wirkungsdauer **242** 158
Wortverbindung **242** 141 f, 201, 205
Zeitpunkt, maßgeblicher **242** 154 ff
Zivilprozessrecht **Einl SchuldR** 274
Zugangsvereitelung **242** 405, 457
Zurückbehaltungsrechte **242** 615 ff
Zwangsvollstreckung **242** 62, 1083 ff
zwingende Rechtssätze **242** 335 f
zwingendes Recht **242** 107, 109
Treue
Begriff **242** 140, 142
Treuepflicht
Aktiengesellschaft **242** 962 f
Alleingesellschafter **242** 958
Arbeitsverhältnisse **241** 505
Dauerschuldverhältnisse **241** 505
Drittinteressen **242** 958
Gesellschaftsverhältnisse **241** 505
  Treuepflicht gegenüber der Gesellschaft **242** 957, 960
  Treuepflicht gegenüber Mitgesellschaftern **242** 957, 960
Gemeinschaftsverhältnis **242** 956
Gesellschaft bürgerlichen Rechts **242** 960
Gesellschaftsform **242** 957
gesellschaftsrechtliche Treuepflicht **242** 955 ff
Gesellschaftsvertrag **242** 960
Gläubigerinteressen **242** 958
Güterumsatzgeschäfte **241** 506
KG **242** 960
leistungsbezogene Treuepflichten **241** 507
leistungsunabhängige Treuepflichten **241** 426
Loyalitätspflichten **241** 505
Mitwirkungspflichten **242** 969
nichtleistungsbezogene Treuepflichten **241** 507 ff
  Geheimhaltungspflichten **241** 507, 511 ff
  Störung der Vertrauensgrundlage **241** 507, 518

Treuepflicht (Forts)
Unterlassungspflichten **241** 507, 515 ff
Wettbewerbsverbote **241** 507 ff
OHG **242** 960
Partnerschaftsgesellschaft **242** 960
Personengesellschaften **242** 960
Rechtsfortbildung, richterliche **242** 956
Rechtsprinzip, übergesetzliches **242** 956
Rücksichtspflichten **241** 426, 504
Schuldverhältnis **242** 956
Schutzpflichten, Abgrenzung **241** 503 f
stille Gesellschaft **242** 960
Stimmpflicht **242** 969
Struktur der Gesellschaft, personale **242** 957
Treu und Glauben **241** 504, 507; **242** 956
Unterlassungspflichten **241** 505; **242** 968
Vertrauensverhältnis **241** 506
Wahrung berechtigter Interessen **242** 958
Zweckerreichung, unmittelbare **241** 503
Treuhandkommanditistin
Aufklärungspflicht **241** 474
Treuhandmissbrauch
Evidenz **242** 528
Missbrauch der Vertretungsmacht, Grundsätze **242** 527 f
Verfügungsmacht des Berechtigten **242** 528
Treuhandverhältnisse
Aufrechnung **242** 693
Aufrechnungsverbot **242** 693, 705
Erhaltungsmaßnahmen **241** 224, 256
fremdnützige Treuhand **242** 693
Mitwirkungspflichten **241** 224
Unterstützung gegenüber Dritten **241** 255
Obhutspflichten **241** 219
Sicherungsmaßnahmen **241** 224
Verwirklichung des übertragenen Rechts **241** 256
Verwirklichung übertragener Rechte **241** 224
tu-quoque-Einwand
Rechtsmissbrauch **242** 251
Typenzwang
dingliche Rechtsgeschäfte **Einl SchuldR** 29
Sachenrecht **Einl SchuldR** 53
Schuldrecht **Einl SchuldR** 53

Überseekauf
Konkretisierung **243** 43
Übersicherung
s Sicherungsübereignung
Umsatzgeschäfte
Treu und Glauben **242** 129
Umsatzsteuer
Schadensersatz **Einl SchuldR** 151

Umwelthaftungsgesetz
Schadensersatzansprüche **Einl SchuldR** 149
Schuldrecht, Geltungsbereich **Einl SchuldR** 24
Umweltvölkerrecht
Kommunikationspflichten **242** 1115
Rücksichtnahmepflichten **242** 1115
Unbestellte Ware
s Zusendung unbestellter Ware
Unerlaubte Handlung
s a Deliktsrecht
Adäquanz **242** 873
Altersgrenze **242** 878
Anspruch auf Aufhebung der Forderung, Verjährung **242** 876
Arglisteinrede **242** 876
arglistige Täuschung **242** 241
Forderung, sonstiges Recht **241** 306, 315
Forderungszuständigkeit **241** 315
Gerechtigkeit, ausgleichende **Einl SchuldR** 77
gesetzliches Schuldverhältnis **Einl SchuldR** 81 ff
Handeln auf eigene Gefahr **242** 873
Hauptleistungspflichten **241** 146
Rechtsmissbrauch **242** 873, 876
Regelverjährung **242** 875
Risikoübernahme, bewusste **242** 873
Rücksichtnahmepflicht **241** 62
Schadenszufügung **241** 62
Schutzzweck der Norm **242** 873
Treu und Glauben **242** 873 f
Verwirkung **242** 875
vorsätzliche sittenwidrige Schädigung **241** 318
Unfallversicherung
Ausschlussfristen **242** 1053
Rechtsmissbrauch **242** 1053
Invaliditätsleistungen **242** 1053
Unfallversicherung, gesetzliche
Haftungsprivilegierung **Einl SchuldR** 93
Rückgriffsmöglichkeit auf Versichertengemeinschaft **Einl SchuldR** 93
Ungerechtfertigte Bereicherung
s a Bereicherungsrecht
aufgedrängte Bereicherung **242** 865
Billigkeitsrecht **242** 864
Entstehungsgeschichte **Einl SchuldR** 124
Genehmigung der Verfügung **242** 871
Gerechtigkeit, ausgleichende **Einl SchuldR** 77
Gesetzesverstoß **242** 867
gesetzliches Schuldverhältnis **Einl SchuldR** 86 ff
Herausgabe des Erlangten **242** 871
Gewinn **242** 871
Kenntnis der Nichtschuld **242** 866
Kondiktionssperren **242** 866 ff

Ungerechtfertigte Bereicherung (Forts)
Mitverschulden **242** 870
Nichteintritt des Erfolgs **242** 866
Nichtleistungskondiktion **242** 869
Rechtsgrund zum Behaltendürfen **Einl SchuldR** 87, 245
Schwarzarbeit **242** 868
Sittenverstoß **242** 867
Treu und Glauben **242** 864 ff
unzulässige Rechtsausübung **242** 864, 866 f, 869
Verfügungen ohne Rechtsgrund **Einl SchuldR** 4
Vermögensverschiebungen, rechtsgrundlose **Einl SchuldR** 26, 86
Verwirkung **242** 864
Wegfall der Bereicherung **242** 865
   Beschädigung der Kaufsache **242** 865
   Zerstörung der Kaufsache **242** 865
UNIDROIT-Prinzipien
s Principles of International Commercial Contracts
Universalsukzession
Rechtserwerb **242** 942
Treu und Glauben **242** 942
UN-Kaufrecht
s CISG
Unlauterkeit
Wettbewerbsrecht **241** 320
Unmöglichkeit
Ausschluss der Leistungspflicht **242** 630
dauernde Unmöglichkeit **242** 632 ff
   Wiederaufleben der Leistungspflicht **242** 634
Missverhältnis, grobes **242** 270 f, 631
rechtliche Unmöglichkeit **242** 269, 635 f
   Versagung behördlicher Genehmigungen **242** 636
Schuldrechtsreform **Einl SchuldR** 192
Treu und Glauben **242** 631 ff
Unmöglichkeit, anfängliche **242** 630
Unmöglichkeit, nachträgliche **242** 630
wirtschaftliche Unmöglichkeit **242** 54, 203
zeitweilige Unmöglichkeit **242** 632 f
Unsicherheitseinrede
clausula rebus sic stantibus **242** 627
Rücktrittsrecht **242** 628
Schwebezustand **242** 628
Störung der Geschäftsgrundlage **242** 627
Treu und Glauben **242** 627 f
Unterhaltsansprüche
Arbeitsplatzaufgabe **242** 939
Arbeitsplatzverlust **242** 939
Arbeitsunfähigkeit infolge Krankheit **242** 939
Ehegatten **Einl SchuldR** 7; **242** 937 f
Gleichrangigkeit **241** 118
Kinder, unverheiratete **241** 118
Leistungsunfähigkeit, Herbeiführung

Unterhaltsansprüche (Forts)
durch Unterhaltsverpflichteten **242** 248, 939
Mutwilligkeit, unterhaltsbezogene **242** 939
Rangfolge **241** 117
Teilleistungen **242** 609
Verwandte **Einl SchuldR** 7; **242** 938
Verwirkung **242** 938
Unterlassen
Garantenpflicht **242** 1093
Hauptleistungspflicht **241** 145
Leistung **241** 133, 136
Leistungsinhalt, primärer **241** 136 f
Strafbarkeit **242** 1093
Unterlassungsansprüche
absolute Rechte, Schutz **241** 136
allgemeines Persönlichkeitsrecht **241** 136
Durchsetzungsschwäche **241** 138
Erfüllung **241** 139
Leistungsfähigkeit/-wille **241** 139
negatorischer Unterlassungsanspruch **241** 136
   Geldersatz **Einl SchuldR** 17
   Mitverursachung des Gestörten **Einl SchuldR** 16
   nachbarliches Gemeinschaftsverhältnis **242** 904
   Unmöglichkeitsregeln **Einl SchuldR** 16
Nichtveräußerung **241** 137
primäre Unterlassungsansprüche **241** 136 f
quasinegatorischer Unterlassungsanspruch **241** 136
reine Unterlassungsansprüche **241** 136 f
sekundäre Unterlassungsansprüche **241** 136
selbständige Unterlassungsansprüche **241** 136 f
unselbständige Unterlassungsansprüche **241** 136
Vertragsstrafe **241** 139
Vollstreckungsmaßnahmen, repressive **241** 138
Unterlassungsklage
Besorgnis nicht rechtzeitiger Leistung **241** 138
Klage auf künftige Leistung **241** 138
Leistungspflichten **241** 158
Unterlassungspflichten
Dauerunterlassungen **241** 140
Einmalunterlassung **241** 140
Fixschuldcharakter **241** 140
Handeln **241** 149
leistungsbezogene Unterlassungspflichten **241** 515
Leistungsgebot **241** 149
Leistungsstörungen **241** 140
nichtleistungsbezogene Unterlassungspflichten **241** 515
Rücksichtspflichten **241** 515

Unterlassungspflichten (Forts)
  Treu und Glauben **241** 515
  Unmöglichkeit **241** 140
  Verzug **241** 140
  Zuwiderhandlung **241** 140
Unterlassungsvertrag
  Vertragsstrafe **241** 139
Unternehmenskauf
  good will **241** 292
  Kundenstamm **241** 292
  Mietvertrag, Fortsetzung **241** 243
  Wettbewerbsverbot, nachvertragliches **241** 292
    Parteivereinbarung **241** 292
    Vertragsauslegung, ergänzende **241** 292
Unternehmensrecht
  absolutes Recht **Einl SchuldR** 231
  Rechtsfortbildung, richterliche **Einl SchuldR** 231
Unternehmer
  Legaldefinition **Einl SchuldR** 262
  Zusendung unbestellter Ware **241a** 20, 34
Unterschlagung
  Zusendung unbestellter Ware **241a** 64
Unterstützungspflichten
  Leistungsbezug **241** 162
  Treu und Glauben **242** 570
Untreue
  Vermögensbetreuungspflicht **242** 1094
Unzulässige Rechtsausübung
  Abtretungsausschluss **242** 712, 714
  Anspruchsausschluss **242** 226, 245
  Anspruchsbegründung **242** 246
  arglistige Täuschung **242** 241
  Aufrechnung **242** 694
  Bereicherungsrecht **242** 864
  Drohung, widerrechtliche **242** 241
  Formnichtigkeit **242** 447 f
  Gesetzesverstoß **242** 491
  Gesetzesverstoß, Berufung auf die Nichtigkeit **242** 487 f
  Interessenabwägung **242** 307
  Kalkulationsirrtum **242** 427, 429
  Kaufvertrag **242** 723
  Personenmehrheit **242** 229
  Rechtsdurchsetzung **242** 228
  Rechtsmissbrauch **241** 414, 417; **242** 204
    s a dort
  Rechtsnachfolge **242** 231 ff
    Einzelrechtsnachfolge **242** 233
    Gesamtrechtsnachfolge **242** 233
  Schikaneverbot **242** 375 ff
  Sonderverbindung **242** 376
  Treu und Glauben **242** 60, 214 ff
    s a dort
  venire contra factum proprium **242** 286 ff
  Verjährung **242** 538
  Vertrag mit Schutzwirkung für Dritte **242** 230

Unzulässige Rechtsausübung (Forts)
  Vertrag zugunsten Dritter **242** 230
  Vertragsparität, gestörte **242** 487 f
  Werkvertrag **242** 838
Unzumutbarkeit
  Einrede **242** 325, 328
Urheberrecht
  Auskunftsbegehren **242** 1016
  Nutzungsrecht **242** 1015
  Übertragung, Zustimmungsverweigerung **242** 1025
  Treu und Glauben **242** 62, 1004, 1013 f, 1016, 1019, 1025
  Verwirkungseinwand **242** 1014
Urkundeneinsicht
  Mitwirkungspflichten **241** 258
Urkundsprozess
  Klageerhebung, Rechtsmissbrauch **242** 1070
Urlaubsentgelt
  Verwirkung **242** 827
Urteilsmissbrauch
  Rechtskraftdurchbrechung **Einl SchuldR** 274
  vorsätzliche sittenwidrige Schädigung **Einl SchuldR** 274
USA
  s a Common Law
  abuse of rights **242** 1166
  Fallrecht **Einl SchuldR** 316 f
  Field Code **Einl SchuldR** 317
  Gesetzgebungskompetenz **Einl SchuldR** 316
  good faith **242** 1162 ff
    Ergänzungsfunktion **242** 1164
    Konkretisierungsfunktion **242** 1164
    Vertragsauslegung **242** 1164
  Louisiana **Einl SchuldR** 317; **242** 1161
  malicious motive **242** 1166
  Quasi Contract **Einl SchuldR** 316
  relationale Verträge **241** 365
  Restatement (Second) of Contracts **242** 1161
  Schikane **242** 1166
  Schuldrecht **Einl SchuldR** 316
  Sozialisierung des Vertragsrechts **242** 1165
  Treu und Glauben **242** 1116, 1151, 1161
  unerlaubte Handlung **Einl SchuldR** 316
  Uniform Commercial Code **Einl SchuldR** 317; **242** 1116, 1161 f
  Vertragsrecht **Einl SchuldR** 316 f
  vorvertraglicher Bereich **242** 1163
  Zivilrechtskodifikationen **Einl SchuldR** 317
  Zusendung unbestellter Ware **241a** 65

venire contra factum proprium
  Einwendungen **242** 304
  Erfüllungsanspruch **242** 297

venire contra factum proprium (Forts)
　Erwirkung **242** 319
　Gattungsschuld **242** 579
　Grundbuchberichtigungsanspruch **242** 889
　Handeln auf eigene Gefahr **242** 593
　Interessenabwägung **242** 291 ff
　Irrtumsanfechtung **242** 436
　Kaufvertrag **242** 723
　Mahnung **242** 639
　Mitverschulden des Geschädigten **242** 378, 592
　Protest **241** 103
　Rechtsmissbrauch **241** 414; **242** 204, 286 ff
　Rechtsscheinshaftung **242** 320
　Rücksichtnahme, gegenseitige **242** 288
　Verjährung **242** 538
　Vertrauensschutz **242** 288, 291 ff
　　Arglist **242** 293
　　Drittverhalten **242** 293
　　Kenntnis der wahren Sachlage **242** 294
　　Schutzwürdigkeit des Vertrauens **242** 292, 294 ff
　　– Verhalten, gesetzeswidriges **242** 296
　　– Verhalten, sittenwidriges **242** 296
　　Tun **242** 292
　　Unterlassen **242** 292
　　Verschulden **242** 293
　　Zurechenbarkeit des Verhaltens **242** 293
　Verwaltungsrechtsverhältnis **242** 1099
　Verwirkung **242** 302 ff
　Verzicht **242** 287, 305
　Verzicht auf Rechtsposition **242** 94, 287, 290, 305
　Völkerrecht **242** 1112
　Vorleistungspflicht, Wegfall **242** 626
　Widerspruch, Unauflöslichkeit **242** 289, 291, 298 ff
　　Rechtsvorschriften, Missachtung **242** 300
　　Wirksamkeitsvoraussetzungen, Missachtung **242** 298
venire contra factum proprium nulli conceditur
　Scheinangriffe **242** 1093
Veräußerungsverbote
　Forderung, Verdinglichung **241** 304
Verbindlichkeiten
　Schuldverhältnis im engeren Sinn **241** 112
　unvollkommene Verbindlichkeiten **Einl SchuldR** 244 ff; **241** 120, 129
　　Abtretung **Einl SchuldR** 245
　　Aufrechnung **Einl SchuldR** 245
　　Durchsetzbarkeit, Ausschluss **Einl SchuldR** 245
　　Rechtsgrund zum Behaltendürfen **Einl SchuldR** 245; **241** 129
　　Schuldanerkenntnis **Einl SchuldR** 245
　　Sicherung **Einl SchuldR** 245
　　Vollstreckungsbefugnis **Einl SchuldR** 246

Verbotsgesetz
　Aufhebung **242** 156
　Inkrafttreten nach Vornahme des Rechtsgeschäfts **242** 491
Verbraucher
　Legaldefinition **Einl SchuldR** 262
　Zusendung unbestellter Ware **241a** 20 ff
Verbraucherdarlehen
　Kündigungsrecht **242** 747
Verbraucherdarlehensvertrag
　Hinweispflichten **Einl SchuldR** 198
　Normierung **Einl SchuldR** 198
　Unterrichtungspflichten **Einl SchuldR** 198
　Widerrufsrecht **Einl SchuldR** 159
Verbrauchergeschäfte
　Verzugszinssatz **Einl SchuldR** 156
Verbraucherkredit
　Sonderregelung, schuldrechtliche **Einl SchuldR** 171
　Integration ins BGB **Einl SchuldR** 198, 261
　Kollisionsrecht, personales **Einl SchuldR** 261
　Verbraucherschutz **Einl SchuldR** 23
　verbundene Verträge **242** 98, 391
Verbraucherschutz
　Änderungen des Schuldrechts **Einl SchuldR** 147
　Gesetzesumgehung **242** 400
　Kredite **Einl SchuldR** 337
　Kreditverkauf **Einl SchuldR** 198
　personale Qualifizierung **Einl SchuldR** 262
　Rückgaberecht **Einl SchuldR** 337
　Schuldrechtsreform **Einl SchuldR** 157, 202, 335
　Treu und Glauben **242** 102, 408, 569
　Vertragsparität, gestörte **242** 484
　Werkvertrag **Einl SchuldR** 167
　Widerrufsrecht **Einl SchuldR** 337
　Zusendung unbestellter Ware **241a** 1, 12, 18 f, 27, 40, 64
Verbraucherschutzgesetze
　Äquivalenz **Einl SchuldR** 76
　Allgemeine Geschäftsbedingungen **Einl SchuldR** 23
　Fernabsatz **Einl SchuldR** 23, 198
　Geschäftsgrundlage **Einl SchuldR** 76
　Haustürgeschäfte **Einl SchuldR** 23, 198
　Integration ins BGB **Einl SchuldR** 23, 76, 105; **242** 464
　Teilzeitwohnrechtegesetz **Einl SchuldR** 198
　Ungleichgewicht der Vertragsparteien **Einl SchuldR** 49, 76
　Verbraucherkredit **Einl SchuldR** 23
　Vertragsfreiheit **Einl SchuldR** 49
　Vertragstreue **Einl SchuldR** 76
Verbraucherverträge
　AGB-Kontrolle **242** 477

Verbraucherverträge (Forts)
Internationales Privatrecht **Einl SchuldR** 255
OLG-Vertretungsänderungsgesetz **Einl SchuldR** 158
Rückgaberecht **Einl SchuldR** 157
Widerrufsrecht **Einl SchuldR** 157
Belehrung, mangelnde **Einl SchuldR** 160
Verbrauchsgüterkauf
Beweislast **243** 51
Gefahrtragung **Einl SchuldR** 214
Gesetzesumgehung **242** 400
gewerblicher Verwendungszweck, Vortäuschung **242** 741 f
Haftungsausschluss **Einl SchuldR** 196
Haftungsbeschränkung **Einl SchuldR** 196
Preisgefahr **243** 32
Treu und Glauben **242** 408, 725, 741 f
venire contra factum proprium **242** 1184
Verbrauchereigenschaft **242** 741 f
Versendung **243** 32
Verbrauchsgüterkaufrichtlinie
Nachbesserung **242** 1183
Nachlieferung **242** 1183
Treu und Glauben **242** 1183
Umsetzungsverpflichtung **Einl SchuldR** 184
Verhältnismäßigkeit **242** 1183
Verbrechensprovokation
staatlicher Strafanspruch, Verwirkung **242** 1098
Verbundene Verträge
Einwendungsdurchgriff **242** 98, 391, 743, 745 f
Treu und Glauben **242** 391
Verbraucherverträge **242** 745
Verdinglichung
Forderungen **Einl SchuldR** 5; **241** 302
Vereinigungsfreiheit
Privatautonomie **Einl SchuldR** 52; **242** 458
Vereinsrecht
Aufwendungsersatzanspruch, Verwirkung **242** 997
Rücksichtnahmepflicht **242** 409
Treu und Glauben **242** 409, 961
Vereinssatzung
Angemessenheitskontrolle **242** 480
Inhaltskontrolle **242** 409, 975
Rücksichtnahmepflicht **242** 961
Verfahrensrecht
Formstrenge **242** 1064
öffentliche Interessen **242** 1064
Treu und Glauben **242** 1062 ff
Verfallbereinigung
Vertragsstrafe **242** 662
Verfasser
Wettbewerb, Unterlassung **241** 227
Verfassungsorgantreue
Treu und Glauben **242** 1099

Verfassungsrecht
Generalklauseln **Einl SchuldR** 265
Schuldrecht **Einl SchuldR** 263 ff
Verfügung eines Nichtberechtigten
Forderungen **241** 306
Verfügung von Todes wegen
Formbedürftigkeit **242** 941
Sittenwidrigkeit **242** 499
unzulässige Rechtsausübung **242** 943
Wertanschauungen, Wandel **242** 943 f
Verfügungen
s Verfügungsgeschäft
Verfügungsgeschäft
abstrakte Geschäfte **Einl SchuldR** 28, 31 f
Abstraktionsprinzip **Einl SchuldR** 4
Eigentumsübertragung **Einl SchuldR** 31
Forderungsabtretung **Einl SchuldR** 6
Trennungsprinzip **Einl SchuldR** 28
Zuwendungsgeschäfte **Einl SchuldR** 28
Vergleich
Treu und Glauben **242** 1078
Widerrufsvorbehalt **242** 1078
Verhaltenspflichten
Rücksichtspflichten **241** 154
Schuldverhältnis im weiteren Sinn **241** 43
Verhalten, leistungsbegleitendes **241** 147 f
weitere Verhaltenspflichten **241** 154 f
Verhandlungsgehilfen, Eigenhaftung
rechtsgeschäftsähnliches Schuldverhältnis **241** 47
Verjährung
Anerkenntnis **242** 542
Arglist **242** 538
dinglicher Herausgabeanspruch **242** 548
Hemmung der Verjährung **Einl SchuldR** 190
Herausgabeansprüche **241a** 13
Irrtum, gemeinsamer **242** 557
30-Jahresfrist **242** 546
Kunstgegenstände, abhandengekommene **242** 548
pactum de non petendo **242** 542, 553
Rechnungsstellung, verspätete **242** 536
Rechtsfrieden **242** 533, 537
Rechtsgüter, zentrale **242** 546
Rechtsmissbrauch **242** 538
Rechtssicherheit **242** 533, 537
unverjährbare Forderungen **242** 558
Regelverjährung **Einl SchuldR** 190
unerlaubte Handlung **242** 875
Schuldnerschutz **242** 533
Schuldrechtsreform **Einl SchuldR** 189 ff; **242** 534, 539
Treu und Glauben **242** 534 ff, 558 ff
grober Verstoß **242** 537
Monatsfrist **242** 561
Risikoverteilung **242** 549 ff
Übergangsregeln **Einl SchuldR** 200
Untätigkeit des Gläubigers **242** 549

Verjährung (Forts)
  unzulässige Rechtsausübung **242** 538
  Verhandlungen über das Bestehen des
    Anspruchs **242** 540
  verjährte Forderungen **Einl SchuldR** 245 f
    Aufrechnung **Einl SchuldR** 245
    Einrede, peremptorische **Einl
      SchuldR** 245
    Klageabweisung als unbegründet **Einl
      SchuldR** 246
    Sicherungsrechte **Einl SchuldR** 245
  Verjährungsbeginn
    grobe Fahrlässigkeit **242** 536
    Verzögerung **242** 536
  Verjährungseinrede **242** 535, 544 ff
    berechtigte Ansprüche **242** 545
    Berufungsinstanz **242** 547
    Körperschaften, öffentlich-rechtliche **242** 545
    Nachverfahren **242** 547
    peremptorische Einrede **Einl
      SchuldR** 245
    im Prozess **242** 547
    Rechtsanwälte **242** 545
    Staat **242** 545
    Steuerberater **242** 545
    Treuwidrigkeit **242** 544 ff
    – Ansehen des Schuldners **242** 545
    – Anspruchsgegenstand **242** 546
    unzulässige Rechtsausübung **242** 544 ff
    Verwirkung **242** 538
    Zeitpunkt der Erhebung **242** 547
  Verjährungseintritt, Beseitigung **242** 535
  Verjährungseintritt, Veranlassung **242** 549, 551 ff
    Abhalten des Gläubigers von der
      Geltendmachung des
      Anspruchs **242** 538, 554
    aktives Tun des Schuldners **242** 553 ff
    Kausalität **242** 556 f
    Unterlassen des Schuldners **242** 556
  Verjährungserschwerung, vertragliche
    242 541
    30-Jahresfrist **242** 541
  Verjährungshemmung **242** 540, 559
    sexueller Missbrauch Minderjähriger **242** 546
  Verjährungsneubeginn **242** 542, 559
  Verkürzung von Verjährungsfristen
    241 344
  Verwirkung **242** 538
  Verwirkung, Abgrenzung **242** 313 ff
  Verzicht **242** 315
  widersprüchliches Verhalten **242** 538
  Zeitablauf **242** 313, 324
Verkehrspflichten
  Sorgfaltsmaßstab **Einl SchuldR** 92
Verkehrssicherungspflichten
  Kaufvertrag **241** 491

Verkehrssicherungspflichten (Forts)
  Obhuts- und Fürsorgepflichten **241** 480
  Publikumsverkehr **241** 491
  Rücksichtspflichten **241** 412, 480
Verkehrssitte
  Begriff **242** 138 f, 160
  Entstehungsgeschichte **242** 126
  Erlöschen **242** 161
  Generalklausel **242** 1
  Gewohnheitsrecht **242** 167
  Handelsbräuche **242** 164 f
  Indizwirkung **242** 170
  Nachrangverhältnis **242** 168 ff
  opinio necessitatis **242** 165, 167
  Rechtsentwicklung **242** 6 ff
  Rechtsgeltung, mittelbare **242** 167
  Rechtsprinzip **242** 52
  Schuldrechtsreform **242** 102
  Überzeugung **242** 165
  Übung, tatsächliche **242** 160 ff
    Ermittlung **242** 165
    Freiwilligkeit **242** 165
    Gruppenübungen **242** 163 f
    Gruppenzugehörigkeit der Betroffenen **242** 166
    Kenntnis der Parteien **242** 165
    örtliche Übungen **242** 164
  Vertragsauslegung **242** 354 ff
  Zustimmung **242** 165
Verladeanzeige
  Konkretisierung der Ware **243** 33
Verlagsrecht
  Treu und Glauben **242** 62, 1013
Verlagsvertrag
  Wettbewerb, Unterlassung **241** 227
Verlöbnis
  unvollkommene Verbindlichkeit **Einl
    SchuldR** 245
Vermächtnis
  Gattungsvermächtnis **243** 4, 7
  Konkretisierung **243** 28
  Qualitätsmaßstab **243** 21
  Schuldverhältnis **Einl SchuldR** 7; **242** 942
Vermächtnisunwürdigkeit
  Rechtsmissbrauch **242** 953
Vermieterpfandrecht
  Sachen, unpfändbare **241** 496
  Schuldrecht, Regelungsort **Einl SchuldR** 5
Vermögensgerichtsstand
  Treu und Glauben **242** 1074
Vermögensschäden
  Schadensersatz **Einl SchuldR** 89
Verpflichtung
  Schuldverhältnis im engeren Sinn **241** 112
Verpflichtungsgeschäft
  abstrakte Verpflichtungen **Einl
    SchuldR** 30
  kausale Geschäfte **Einl SchuldR** 28
  Motiv **Einl SchuldR** 29 f

Verpflichtungsgeschäft (Forts)
  Rechtsgrund für Verfügungen **Einl SchuldR** 4
  Trennungsprinzip **Einl SchuldR** 28
  Zuwendungsgeschäfte **Einl SchuldR** 28
Verrichtungsgehilfenhaftung
  Einstandspflicht, verschuldensunabhängige **Einl SchuldR** 85
  Verschulden des Geschäftsherrn **Einl SchuldR** 85
Versäumnisurteil
  Einspruch gegen Versäumnisurteil **242** 1080
Versäumnisverfahren
  Rechtsmissbrauch **242** 324, 326
Verschuldensprinzip
  Pflichtverletzung **Einl SchuldR** 39
  Schuldrecht **Einl SchuldR** 39
  Verschuldensvermutung **Einl SchuldR** 39
  Verursachungsprinzip, Abgrenzung **Einl SchuldR** 41, 43
Versendungskauf
  Drittschadensliquidation **Einl SchuldR** 214
Versichertengemeinschaft
  casum sentit dominus **Einl SchuldR** 91
  Risikoverteilung **Einl SchuldR** 89 ff
Versicherung
  Rückgriffsmöglichkeit **Einl SchuldR** 89 ff
Versicherungsgesellschaften
  Beratungspflicht **241** 476
Versicherungsnehmer
  Arglist **242** 1036, 1040
  Obliegenheiten **242** 1038 ff
  Treu und Glauben **242** 1030
Versicherungspflicht
  Mitwirkungspflicht des Schuldners **241** 217
Versicherungsrecht
  Auskunftspflicht **241** 169
  Ausschlussfristen **242** 565 f, 1050 ff
  Mitwirkungspflichten, Unterstützung gegenüber Dritten **241** 256
  Obliegenheiten **241** 121
  Rechtsvereinheitlichung, europäische **Einl SchuldR** 280
  Regressanspruch des Versicherers **242** 718
  Sonderprivatrecht **Einl SchuldR** 22
  Treu und Glauben **242** 62, 1029 ff
Versicherungsschutz
  Billigkeitshaftung **Einl SchuldR** 94
  Haftungssubsidiarität **Einl SchuldR** 95
  Risikoverteilung **Einl SchuldR** 90
  Unfallversicherung, gesetzliche **Einl SchuldR** 93
Versicherungsverein auf Gegenseitigkeit
  Satzung, AGB-Kontrolle **242** 480
Versicherungsvertrag
  Allgemeine Versicherungsbedingungen **242** 1034

Versicherungsvertrag (Forts)
  Allgemeines Gleichbehandlungsgesetz **Einl SchuldR** 283 f
  Anfechtung **242** 434, 1036 f
    arglistige Täuschung **242** 1036 f
    Kausalitätsbeweis **242** 434
    Rückwirkung **242** 1037
  Anzeigen **241** 120
  Anzeigeobliegenheiten **241** 121, 471
  Anzeigepflicht, spontane **242** 1037
  Anzeigepflichten, vorvertragliche **242** 1035 ff
    Kenntnis der Unrichtigkeit der Anzeige **242** 1035
  Arglist des Versicherungsnehmers **242** 1036, 1040
  Aufklärungspflichten **241** 471
    Gendefekte **241** 471
    Hausratversicherung **241** 471
    Invalidität **241** 471
    Versicherer **241** 471
    Versicherungsnehmer **241** 471
  Aufklärungspflichten des Versicherers **242** 1029, 1033
  Ausschlussfristen **242** 1050 ff
    Fristversäumnis **242** 1050
    Unfallversicherung **242** 1053
  Bedenkzeit **242** 1033
  Belehrungspflicht des Versicherers **242** 1040, 1054
  Beratungspflicht **241** 199, 471, 476
  Beratungspflichten des Versicherers **242** 1033
  Berufsunfähigkeitsversicherung **242** 1060
  Dauerschuldverhältnis **242** 1029
  Erstprämie, Nichtzahlung **242** 1047 ff
    Annahme der Erstprämie **242** 1049
    Aufrechnung **242** 1049
    Rückstände, geringe **242** 1048
  Forderungsübergang, gesetzlicher **242** 1055
    dolo-agit-Einwand **242** 1055
  Gleichbehandlungsgrundsatz **242** 1031, 1043
  Haftpflichtversicherung **242** 1058
  Hinweispflichten des Versicherers **242** 1029, 1054
  Informationspflichten des Versicherers **242** 1033
  Klagefrist **242** 1051 f
  Krankenversicherung **242** 1034, 1061
  Kündigung **242** 1035
  Lebensversicherung **242** 1059
  Leistungsfreiheit **242** 1042, 1046 ff
    venire contra factum proprium **242** 1044
  Loyalität **242** 1029 f
  Mitwirkungspflichten **241** 180
  Nachfragepflicht **242** 1036
  Obliegenheiten **241** 120 f, 132

Versicherungsvertrag (Forts)
  Alles-oder-Nichts-Prinzip **242** 1038
  Anzeigen **241** 121, 471
  Aufklärungsobliegenheiten **242** 1041
  Auskünfte **241** 121
  Auskunftsobliegenheiten **242** 1041
  Existenzvernichtung, drohende **242** 1042 f
  Mitteilungen **241** 121
  Obliegenheitsverletzung, vorsätzliche **242** 1039
  Quotenprinzip **242** 1038
  Relevanzrechtsprechung **242** 1039
  Obliegenheiten des Versicherungsnehmers **242** 1038 ff
  Quotenvorrechte **241** 117
  Rechtsmissbrauch **242** 1040
  Rettungspflicht **242** 1045
  Risikoprüfung **242** 1036
  Rücktritt **242** 1035, 1036
    Leistungsfreiheit **242** 1035
  Textform **242** 1037
  Treu und Glauben **241** 471; **242** 1029 ff
    Anwendbarkeit **242** 1032
    Einzelfallgerechtigkeit **242** 1031
  Unfallversicherung **242** 1053
  unzulässige Rechtsausübung **242** 1029
  venire contra factum proprium **242** 1035
  Veräußerung versicherter Sachen **242** 1046
  Versicherung für fremde Rechnung **242** 1056 f
    Zustimmungsverweigerung des Versicherungsnehmers **242** 1056 f
  Vertragsanpassung **242** 1035
Vertrag
  atypische Vertragsverhältnisse **241** 235
  Auslegung **241** 268; **242** 513
    ergänzende Vertragsauslegung **241** 161
  Austauschvertrag **Einl SchuldR** 48
  Bindungswirkung, relative **Einl SchuldR** 47
  essentialia negotii **Einl SchuldR** 61
  faktischer Vertrag **241** 49, 94 ff
    Arbeitsvertrag **241** 107
    Daseinsvorsorge **241** 97 f
    Dauerschuldverhältnisse **241** 104 f
    Dienstvertrag **241** 108
    Gesellschaftsverhältnisse **241** 106
    Kontakt, sozialer **241** 111
    Massenverkehr **241** 97 f
    Mietverhältnisse **241** 110
    Pachtverhältnisse **241** 110
    Verhalten, sozialtypisches **241** 97 ff
    Verhalten, tatsächliches **241** 94
    Wohnungseigentümergemeinschaft **241** 109
  Formfreiheit **Einl SchuldR** 57
  Formzwang **Einl SchuldR** 57, 59
  Gestaltungsfreiheit **Einl SchuldR** 61

Vertrag (Forts)
  Hauptleistungspflichten **241** 146
  Hilfspersonal, ungeeignetes **241** 247
  jus ad rem **Einl SchuldR** 63
  Leistungsaustausch **Einl SchuldR** 61
    s a Austauschvertrag
  Mitwirkungspflichten **241** 176, 191 ff, 201
  Obliegenheiten **241** 123
  pacta sunt servanda **Einl SchuldR** 65
  Parteivereinbarung **242** 361
  Privatautonomie **Einl SchuldR** 52
  Rechtsbindung **241** 71
  Rechtsgeschäft, zweiseitiges **241** 55
  rechtsgeschäftliches Schuldverhältnis **241** 69
  relationale Verträge **241** 365 ff
    discrete contracts **241** 366 f
    long-term-contracts **241** 366
    transaktionale Vertragsbeziehungen **241** 366
  Sachleistung **Einl SchuldR** 63
  Schuldverhältnis **Einl SchuldR** 47
  synallagmatische Verträge **Einl SchuldR** 61, 69
  Treu und Glauben **Einl SchuldR** 61; **242** 342
  unklare Verträge **241** 247
  vermögensrechtliches Interesse **Einl SchuldR** 60
  Vertragsänderung, Pflicht zur **241** 250 f
  Vertragsschluss **241** 69 f
    elektronische Medien **241** 69 f
    Gesetzesverstoß **241** 100
    Inanspruchnahme der Leistung **241** 99
    Klagbarkeit **241** 177, 182
    Minderjährigenschutz **241** 100
    Mitwirkungspflicht **241** 178
    Richtigkeitsgewähr **242** 460 f, 468, 477
    Sittenverstoß **241** 100
    Subsumtionsirrtum **241** 99
    Widerspruch gegen Erklärungsinhalt **241** 101 f
    Willensmängel **241** 100
  Vertragstypen **Einl SchuldR** 53
    neue Vertragstypen **Einl SchuldR** 179
    – Arztvertrag **Einl SchuldR** 179
    – Bankvertrag **Einl SchuldR** 179
    – Heimaufnahmevertrag **Einl SchuldR** 179
    – Krankenhausaufnahmevertrag **Einl SchuldR** 179
    – Leasingvertrag **Einl SchuldR** 179
    – Reisevertrag **Einl SchuldR** 168
  Vertragszwecke, untypische **241** 235
  Willenserklärungen **241** 69, 94, 96
Vertrag, verwaltungsrechtlicher
  Schuldverhältnis, verwaltungsrechtliches **Einl SchuldR** 271

Vertrag mit Schutzwirkung für Dritte
Anspruchsgrundlage zum Schaden **Einl SchuldR** 215
Drittberechtigung **241** 338 ff
Fürsorge für den Dritten **Einl SchuldR** 216
Fürsorgeverhältnisse, personenrechtliche **Einl SchuldR** 216
Gutachterhaftung **Einl SchuldR** 216
Kodifikation **Einl SchuldR** 193
Leistungsnähe **Einl SchuldR** 216
 Erkennbarkeit **Einl SchuldR** 216
Parteiwille, hypothetischer **242** 666
Rechtsfortbildung, richterliche **Einl SchuldR** 215 ff; **241** 338, 340
rechtsgeschäftsähnliches Schuldverhältnis **241** 66
Rücksichtspflichten **241** 338 f
Schadensersatzansprüche **Einl SchuldR** 212; **241** 338
Schuldrechtsreform **Einl SchuldR** 217; **241** 381; **242** 100
Schutz des Dritten **Einl SchuldR** 216
Schutzbedürftigkeit des Dritten **Einl SchuldR** 216
Schutzpflichten **241** 338
Schutzwirkung für Dritte **241** 66
Sorgfaltspflichten **241** 339
Treu und Glauben **242** 666
Unzulässige Rechtsausübung **242** 230
Vermögensinteressen, gegenläufige **Einl SchuldR** 216
vorvertragliche Schuldverhältnisse **241** 338
Wohl- und Wehe-Formel **Einl SchuldR** 216
Vertrag zugunsten Dritter
alteri stipulatio nemo potest **241** 337
Deckungsverhältnis **241** 336
Drittberechtigung **241** 334 ff
Durchlieferungsfälle **241** 335
einfacher Vertrag zugunsten Dritter **241** 335
Erfüllungsansprüche **241** 338
ermächtigender Vertrag zugunsten Dritter **241** 335
Forderungsrecht, eigenes **241** 336
unechter Vertrag zugunsten Dritter **241** 335
Unzulässige Rechtsausübung **242** 230
Vertrag zulasten Dritter
Unzulässigkeit **241** 330
Vertragsanbahnung
Mitwirkungspflichten **241** 179 f
Rücksichtspflichten **241** 390
Schuldverhältnis **242** 130
Verschulden bei Vertragsanbahnung **241** 381
Vertragsanpassung
Arbeitsvertrag **241** 497
Treu und Glauben **242** 53

Vertragsanpassung (Forts)
Wegfall der Geschäftsgrundlage **Einl SchuldR** 218; **241** 250 f; **242** 270
Vertragsauslegung
ergänzende Auslegung **242** 355, 362 f, 515
Parteiwille **242** 361
 hypothetischer Parteiwille **242** 362, 515
Störung der Geschäftsgrundlage **242** 363
Treu und Glauben **242** 354 ff
Verkehrssitte **242** 354 ff
Willenserklärungen **242** 360
Wollen, rechtliches **242** 361
Vertragsbedingungen, vorformulierte
Individualvertrag **242** 477
Inhaltskontrolle, erweiterte **242** 370, 473 ff
Vertragsfreiheit
Abschlussfreiheit **Einl SchuldR** 52, 324; **241** 177
Bedingungszusammenhang **Einl SchuldR** 36
Formzwang **Einl SchuldR** 57
Gegenleistung, Höhe **242** 475
Gestaltungsfreiheit **Einl SchuldR** 52, 324
kausale Rechtsgeschäfte **Einl SchuldR** 29
Kontrahierungszwang **Einl SchuldR** 55 f
Leistungsgegenstand **242** 475
negative Vertragsfreiheit **241** 298
Privatautonomie **Einl SchuldR** 52, 336; **242** 458
Treu und Glauben **242** 54, 1187
Verbraucherschutzgesetze **Einl SchuldR** 49
Vertragsgerechtigkeit **242** 460
Vertragsgerechtigkeit
Austauschvertrag **Einl SchuldR** 66
Schuldrecht **Einl SchuldR** 336
Vertragsfreiheit **242** 460
Wegfall der Geschäftsgrundlage **Einl SchuldR** 70
Vertragshändler
Auskunftsanspruch **242** 1003
Mitwirkungspflichten, Unterstützung gegenüber Dritten **241** 256
Vertragshändlervertrag
Rücksichtnahmepflicht **242** 1003
Vertragsparität
Allgemeine Geschäftsbedingungen **242** 473
Arbeitsvertrag **242** 776
gestörte Vertragsparität **242** 461 ff
Ehevertrag **242** 936
Inhaltskontrolle **242** 461 ff
 erweiterte Inhaltskontrolle **242** 465 f, 468 ff
Schutzpflichten **242** 461
unzulässige Rechtsausübung **242** 486
Verbraucherschutz **242** 484
Vertragsbedingungen, vorformulierte **242** 473

Vertragsstrafe
Handelsgewerbe **242** 661
Herabsetzung **242** 661
Leistungserbringung, nachträgliche **242** 662
Leistungspflicht **241** 30
Pflichtverletzung, geringfügige **242** 661
Rechtsmissbrauch **242** 660 f
Treu und Glauben **242** 660 ff
Umgehungsversuche **242** 663
Unterlassungspflichten **241** 139; **242** 664
Unterlassungsvertrag **241** 139
Unverhältnismäßigkeit **242** 661 f
Verfallbereinigung **242** 662
Verschulden **242** 664
Vertragsbruch des Gläubigers **242** 660

Vertragstreue
eigene Vertragstreue **242** 622 f, 625, 648 f, 652
Gewährleistung **Einl SchuldR** 73
pacta sunt servanda **Einl SchuldR** 65
Rechtsgeschäftsordnung **Einl SchuldR** 48, 65
tu-quoque-Einwand **Einl SchuldR** 65; **242** 624 f
unclean hands-Einwand **Einl SchuldR** 65
Verbraucherschutzgesetze, Integration ins BGB **Einl SchuldR** 76

Vertragsübernahme
Schuldverhältnis, Rechtsnachfolge **241** 303, 328

Vertragsverhandlungen
Abbruch **241** 177
Schuldverhältnis **242** 130

Vertrauensgrundlage
Störung **241** 518
Vertragsbeendigung **241** 518

Vertraulichkeitspflicht
Leistungsdurchführung **241** 210

Vertreter
Leistungssicherungspflichten **241** 287
Rücksichtspflichten **241** 287

Vertreter, Eigenhaftung
rechtsgeschäftsähnliches Schuldverhältnis **241** 47

Vertreterbüro
Duldungspflicht des Vermieters **241** 220

Vertretung ohne Vertretungsmacht
Genehmigung des Vertretergeschäfts **242** 530
Rechtsmissbrauch **242** 530
Haftungsausschluss **242** 532
Missbrauch der Vertretungsmacht **242** 522, 524
Schadensersatzverpflichtung **Einl SchuldR** 10

Vertretungsmacht
Missbrauch der Vertretungsmacht **242** 204, 519 ff

Vertretungsmacht (Forts)
Erfüllungsanspruch, Herabsetzung **242** 525
Evidenz **242** 520, 522, 524
Kenntnis **242** 520, 524
unzulässige Rechtsausübung **242** 521
Verschulden des Vertretenen **242** 525
Prüfungspflicht des Geschäftsgegners **242** 519
Rechtsmissbrauch **242** 204, 519 ff
Treu und Glauben **242** 92
Verkehrsschutz **242** 520

Verursachungsprinzip
Ausgleich **Einl SchuldR** 39, 41

Verwahrung
Beschaffenheit der hinterlegten Sache **241** 502
Fürsorgepflichten des Hinterlegers **241** 502
Gefälligkeitsvertrag **241** 71
Mitwirkungspflichten **241** 197
Obhutspflicht des Hinterlegers **241** 502
Obhutspflicht des Verwahrers **241** 502
öffentlich-rechtliche Verwahrung **Einl SchuldR** 272
Schadensersatz **241** 502

Verwaltungsakt
Rücknahme **242** 1101 f
Schuldverhältnis, verwaltungsrechtliches **Einl SchuldR** 271
Vertrauensschutz **242** 1101
Widerruf **242** 1101

Verwaltungshandeln, schlichtes
Schuldverhältnis, verwaltungsrechtliches **Einl SchuldR** 271

Verwaltungsprozessrecht
Rechtsmissbrauch **242** 1110 f
unzulässige Rechtsausübung **242** 1109
Verwirkung **242** 1109

Verwaltungsrecht
Treu und Glauben **242** 62, 1099

Verwaltungsrechtsverhältnis
Geschäftsführung ohne Auftrag **Einl SchuldR** 271
öffentliches Recht **Einl SchuldR** 271
Rücksichtnahmegebot **242** 1099
Schuldverhältnisse, verwaltungsrechtliche **Einl SchuldR** 271
Anordnung, gesetzliche **Einl SchuldR** 271
Vertrag, verwaltungsrechtlicher **Einl SchuldR** 271
Verwaltungsakt **Einl SchuldR** 271
Verwaltungshandeln, schlichtes **Einl SchuldR** 271
Willenserklärung, verwaltungsrechtliche **Einl SchuldR** 271
Treu und Glauben **242** 1099
venire contra factum proprium **242** 1099

Verwaltungsverfahrensrecht
Auskunftspflichten der Behörde **242** 1100
Schuldrecht, Geltungsbereich **Einl SchuldR** 7, 272
Verwandtenunterhalt
Billigkeitsklausel **242** 938
Unterhaltsansprüche **Einl SchuldR** 7
Verwertungskündigung
Rechtsmissbrauch **242** 767
Verwirkung
Allgemeine Geschäftsbedingungen **242** 385
Anfechtung **242** 437
Anspruchsausschluss **242** 318
Arbeitsrecht **242** 823 ff
  prozessuale Verwirkung **242** 830 f
Architektenvertrag **242** 841
Auskunftsanspruch, allgemeiner **242** 604
Ausschluss **242** 317
Ausschlussfristen, Abgrenzung **242** 316
Ausübungshemmung **242** 318
Bereicherungsrecht **242** 864
Besitz **242** 887
Besitzschutz **242** 887
Beweislast **242** 332
Bürgschaft **242** 862
Dienstvertrag **242** 773
dingliche Rechte **242** 304
dinglicher Herausgabeanspruch **242** 903
Einrede **242** 324
Einwendung **242** 324
Einwendungen **242** 304
Erlöschen des Schuldverhältnisses **242** 707
ex bona fide **242** 9
Forderung **242** 194
Formverstöße **242** 453
Gesamtschuld **242** 721
Gesellschaftsrecht **242** 997 f
Gestaltungsrechte **242** 304
gewerblicher Rechtsschutz **242** 1005
Grundbuchberichtigungsanspruch **242** 890
Handlung des Gläubigers **242** 309
Illoyalität des Berechtigten **242** 308
Immaterialgüterrechte **242** 304
Kaufvertrag **242** 723
Leistungsfreiheit vor Verjährungsablauf **242** 303, 314
Markenrecht **242** 307, 318
Mietrecht **242** 768
  Kündigungsrecht aus wichtigem Grund **242** 769
Mitgliedschaftsrechte **242** 304
Namensrecht **242** 407
Nichtinanspruchnahme **242** 306
öffentliches Recht **242** 1102
  Umstandsmoment **242** 1102
  Zeitmoment **242** 1102
prozessuale Rechtspositionen **242** 1080 f

Verwirkung (Forts)
öffentliche Interessen, überwiegende **242** 1081
Rechte **242** 304
Rechtsfortbildung, richterliche **Einl SchuldR** 219
rechtskräftig festgestellte Ansprüche **242** 1081
Rechtsmissbrauch **241** 414; **242** 204, 302 ff, 1110
Rechtsnachfolge **242** 307
Rechtspositionen **242** 304
Rechtsverlust **242** 302
Revisibilität **242** 333
Rücktritt **242** 674
Rücktrittsrecht **242** 670 f
Treu und Glauben **242** 192, 194, 302 ff, 707
Umstandsmoment **242** 306, 308, 313, 823, 1102
  Arbeitsrecht **242** 829
unerlaubte Handlung **242** 875
  vorsätzliche unerlaubte Handlung **242** 875
Untätigkeit des Rechtsinhabers **242** 306, 309, 313, 332
Untergang des Rechts **242** 318
unzulässige Rechtsausübung **242** 324
Verjährung, Abgrenzung **242** 313 ff, 538
Verjährungsfrist **242** 829
Verjährungsfristen **242** 314
Vertrauensschutz **242** 306, 309, 314, 324
  Dispositionen, getroffene **242** 311
  öffentliche Interessen **242** 312
  Rechtsverfolgungsmaßnahmen **242** 311
  Schutzwürdigkeit des Vertrauens **242** 311
  Zurechenbarkeit der Umstände **242** 310
Verwaltungsprozessrecht **242** 1109
Verzicht auf Verjährung **242** 315
Vorbehalt der Rechtswahrnehmung **242** 306
Werkvertrag **242** 838
widersprüchliches Verhalten **242** 302, 306
Zeitmoment **242** 307 f, 313, 823, 1102
  Arbeitsrecht **242** 829, 829 f
Verwirkungsklausel
Rücktritt **242** 672 ff
Verzicht
venire contra factum proprium **242** 287, 305
Verzögerung der Leistung
Pflichtverletzung **242** 630, 637
Rücktrittsrecht **242** 637
  Fristsetzung **242** 641
  – Entbehrlichkeit **242** 642
  – Zuvielforderung **242** 641
Schwebezustand **242** 643 ff
Treu und Glauben **242** 643
Verzögerungsschaden **242** 637 f

Verzögerung der Leistung (Forts)
  Wahlrecht des Gläubigers **242** 643, 646
  Zurückweisung der Erfüllung **242** 644
  widersprüchliches Verhalten **242** 644 f
Verzögerungsschaden
  Mahnung **242** 638
  Schuldrechtsreform **Einl SchuldR** 191
  Sekundärpflicht **241** 142
  Verzögerung der Leistung **242** 637 ff
Verzug
  Beschleunigung fälliger Zahlungen **Einl SchuldR** 156
  einredebehaftete Forderung **242** 328
  Geldforderungen **Einl SchuldR** 156
  Pflichtverletzung **242** 630, 637
  Sachenrecht **Einl SchuldR** 18
  Schadensersatz statt der Leistung **242** 637
  Schuldrecht, ergänzende Anwendung **Einl SchuldR** 8
  Verzögerungsschaden **242** 637 f
  Zinssatz **Einl SchuldR** 156
Viehkauf
  Schuldrechtsreform **Einl SchuldR** 194
Viehverstellung
  Gebrauchsüberlassung von Nutzvieh **Einl SchuldR** 127
VOB/A
  Beweislast **242** 331
VOB/B
  Entziehung des Auftrags **242** 839
Völkerrecht
  Auslegung völkerrechtlicher Verträge **242** 1114
  bona fides **242** 1112
  clausula rebus sic stantibus **242** 1113
  Nachbarrecht, internationales **242** 1115
  pacta sunt servanda **242** 1113
  Rechtsmissbrauch **242** 1112
  Treu und Glauben **242** 1113
  Umweltvölkerrecht **242** 1115
  unilaterale Versprechen **242** 1113
  Völkervertragsrecht **242** 1113 f
  widersprüchliches Verhalten **242** 1112
Vollmacht
  einseitiges Rechtsgeschäft **241** 54
  Geschäftsbeziehung **242** 529
  Zurückweisung einseitiger Rechtsgeschäfte **242** 529
Vollstreckungsgegenklage
  Rechtsmissbrauchseinwand **242** 1088
Vollstreckungsschutz
  Verwirkung **242** 1080
Vollstreckungsvereitelung
  Rechtsmissbrauch **242** 1090
Vollstreckungsvertrag
  Forderungen, Klagbarkeit **Einl SchuldR** 247
  vertragswidrige Vollstreckung **Einl SchuldR** 243

Vollstreckungsvertrag (Forts)
  Schadensersatz **Einl SchuldR** 243
Vorerbe
  Tötung durch den Nacherben **242** 952
Vorhaltekosten
  Schadensersatz **242** 583
  Treu und Glauben **242** 583
Vorkaufsrecht, dingliches
  Ausübung **242** 910 f
  Frist zur Ausübung **242** 910
  widersprüchliches Verhalten **242** 911
  Treu und Glauben **242** 910
  Vereitelung **242** 910
Vorleistungspflicht
  Erfüllungsverweigerung **242** 626
  Vertragstreue des anderen Teils **242** 626
Vormerkung
  Sicherungsmittel eigener Art **241** 331
  Verdinglichung der Forderung **241** 304, 331
Vormundschaft
  Mitwirkungspflichten **241** 190, 260
  Schutz des Mündels **241** 190
Vorratsklausel
  Vorratsschuld **243** 10
Vorratsschuld
  Agrarprodukte **243** 11
  Ersatzware, vorratsfremde **243** 10
  Ersetzungsbefugnis **243** 10
  Forderungskürzung, anteilige **241** 118
  Gattungsschuld **243** 10 f
  Konkretisierung, mehrstufige **243** 11, 33
  Konzernverschaffungsschuld **243** 10 f
  par conditio creditorum **243** 20
  Parteivereinbarung **243** 10
  Produktionsklausel **243** 10
  Qualitätsstandard **243** 22
  Repartierung **242** 574 f; **243** 20
  Treu und Glauben **242** 186, 574 ff
  Vorratsklausel **243** 10
Vorsätzliche sittenwidrige Schädigung
  Forderungen **241** 318
  Generalklausel **242** 157
  Kontrahierungszwang **Einl SchuldR** 56
  Naturalrestitution **242** 392 ff
  Persönlichkeitsrechtsverletzung **Einl SchuldR** 230
  Rechtsausübung, missbräuchliche **242** 397
  Rücksichtslosigkeit, besondere **241** 319
  Schadenskompensation in Geld **242** 392, 397
  Urteilsmissbrauch **Einl SchuldR** 274; **242** 395
  Vertragsschluss, Ablehnung **Einl SchuldR** 56
Vorteilsausgleichung
  Schadensersatz **242** 586
  Treu und Glauben **242** 586

Vorvertrag
Erfüllungsverweigerung **241** 178
Form **Einl SchuldR** 59
Hauptvertrag, Abschluss durch vollmachtlosen Vertreter **242** 530
Schutzpflichten, außerdeliktische **241** 384
Tischreservierung **241** 87

Wahlschuld
Kombination Wahlschuld/Gattungsschuld **243** 14
Stückzahl, geringe **243** 13
Treu und Glauben **242** 571, 580 f
Unbestimmtheit der Leistung **243** 1, 13
Wahlerklärung, Widerruf **242** 581
Wahlrecht des Gläubigers **242** 580; **243** 13

Wahrheitspflicht
Aufklärungspflicht **241** 472

Warenlager
Übersicherung, nachträgliche **242** 899

Warnpflichten
Informationspflichten **241** 427

Waschanlagenbetreiber
Hinweispflichten **241** 502

Wasserhaushaltsgesetz
Schadensersatzansprüche **Einl SchuldR** 149

Wechselgesetz
Sonderregelung, schuldrechtliche **Einl SchuldR** 142

Wechselordnung
Sonderregelung, schuldrechtliche **Einl SchuldR** 142

Wechselrecht
Auskunftspflicht **241** 169
Belegerstellungspflicht **241** 272
Mitwirkungspflichten **241** 200

Wegerecht
Anpassung **242** 908
Rechtsmissbrauch **242** 892

Wegeunfall
Unfallversicherung, gesetzliche **Einl SchuldR** 93

Wegfall der Geschäftsgrundlage
s a Störung der Geschäftsgrundlage
Ablaufkontrolle **242** 205
Äquivalenzprinzip **Einl SchuldR** 69 f
clausula rebus sic stantibus **Einl SchuldR** 218; **242** 54
Dauerschuldverhältnisse **Einl SchuldR** 218; **241** 371
Entwicklung **242** 568
Kodifikation **Einl SchuldR** 193; **242** 100, 205, 363, 387
öffentlich-rechtlicher Vertrag **Einl SchuldR** 272
Rechtsfortbildung, richterliche **Einl SchuldR** 218
Rücktrittsrecht **Einl SchuldR** 218

Wegfall der Geschäftsgrundlage (Forts)
Schenkung **242** 749
Vertragsabwicklung, gestörte **Einl SchuldR** 218
Vertragsanpassung **Einl SchuldR** 218; **241** 250 f; **242** 109, 387 ff
Vertragsgerechtigkeit, Störung **Einl SchuldR** 70

Wegfall des Gläubigerinteresses
Treu und Glauben **242** 707
Unmöglichkeit **242** 707
Zweckstörung **242** 707
Zweckverfehlung **242** 707

Wegnahmerecht
Schadensersatzanspruch in Geld **242** 600
Treu und Glauben **242** 571, 600

Weimarer Republik
Treu und Glauben **242** 55 ff

Werkleistungen
Gattungsschuld **243** 46 f
Konkretisierung **243** 49
unbestellte Erbringung **241a** 24

Werkunternehmer
Aufbewahrungspflichten **242** 837
Aufklärungspflichten **242** 837
Beratungspflichten **242** 837
Einwirkungsmöglichkeiten **242** 837
Nebenpflichten **242** 837
Obhutspflichten **242** 837

Werkvertrag
Abnahme, Verzug **243** 48
Abnahmepflicht des Bestellers **241** 196
Abschlagszahlungen **Einl SchuldR** 156, 167
Annahmeverzug **243** 48
Architektenvertrag **241** 474
Aufklärungspflichten **241** 464 ff
 Besteller **241** 466
 Unternehmer **241** 435, 464 f
Bauhandwerkersicherung **Einl SchuldR** 167
Beratungspflichten, leistungsunabhängige **241** 465
Beschleunigung fälliger Zahlungen **Einl SchuldR** 156, 167
Dienstverschaffung **243** 47 f
dienstvertragsähnlicher Werkvertrag **241** 489
Erfüllung, rechtsmängelfreie **Einl SchuldR** 194
Erfüllung, sachmängelfreie **Einl SchuldR** 194
Erfüllungsanspruch **241** 143
Erfüllungshindernisse, Beseitigung **241** 239
Forderungssicherungsgesetz **Einl SchuldR** 167
Fürsorgepflichten **241** 500
Gewährleistungsfrist **Einl SchuldR** 197
Inhaltskontrolle **242** 478, 837

Werkvertrag (Forts)
Kostenvoranschlag **Einl SchuldR** 197
Leistungsgefahr **243** 47 f
  Annahmehindernisse **243** 49
Leistungssicherungspflichten **241** 288
Mangelfolgeschäden **Einl SchuldR** 197
Mitwirkungspflichten **241** 196, 217, 243
  Ware, Verladung **241** 217
Nacherfüllungsanspruch **241** 143
Nebenleistungspflicht, nachvertragliche **241** 277, 288
Nebenleistungspflichten des Werkunternehmers **241** 239
Obhutspflichten **241** 501
Ohne-Rechnung-Abrede **242** 842 ff
Rechtsmängelgewährleistung **Einl SchuldR** 197
Rücktritt **Einl SchuldR** 197
Sachmängelgewährleistung **Einl SchuldR** 197
Schadensersatz **Einl SchuldR** 197
Schuldrechtsreform **Einl SchuldR** 189, 197
Selbstvornahme **Einl SchuldR** 197
Sicherungshypothek des Bauunternehmers **242** 840
  Identität Grundstückseigentümer/Besteller **242** 840
Steuerrecht **242** 842
Sukzessivlieferungsvertrag **241** 358
Treu und Glauben **242** 837 ff
unzulässige Rechtsausübung **242** 838, 844
Verbraucherschutz **Einl SchuldR** 167
Vergütung, Fälligkeit **Einl SchuldR** 167
Vergütung, Fälligstellung **Einl SchuldR** 167
Vertrauensverhältnis, besonderes **242** 837
Verwirkung **242** 838
Werklieferungsvertrag, Abgrenzung **Einl SchuldR** 197
Wertpapierhandelsrecht
  Mitwirkungspflichten **241** 180
Wertpapierrecht
  Abstraktionsprinzip **242** 1026
  Formstrenge **242** 1026
  Rechtssicherheit **242** 1026
  Sonderprivatrecht **Einl SchuldR** 22
  Treu und Glauben **242** 1026 ff
Wertsicherungsklauseln
  Vertragsauslegung, ergänzende **241** 184
Wettbewerb
  nachvertraglicher Wettbewerb, Unterlassung **241** 289 f
    Arbeitnehmer im Ruhestand **241** 290
  Unterlassung **241** 222, 268
  Leistungssicherungspflicht **241** 272
  Treuepflicht **241** 505
  Umgehungsgeschäfte **241** 222
Wettbewerbsrecht
  Abmahnung **242** 1021
  Auskunftspflicht **242** 1017 f

Wettbewerbsrecht (Forts)
  Abwehransprüche gegen Dritte **242** 1018
  Hilfsanspruch, unselbständiger **242** 1017
  Diskriminierungsverbot **Einl SchuldR** 55
  Geschäftsgeheimnisse **242** 1017
  Gleichnamigkeit **242** 406
  Recht am eingerichteten und ausgeübten Gewerbebetrieb **Einl SchuldR** 232
  Schadensersatzbegehren **242** 1017
  Treu und Glauben **242** 1014, 1021
  unclean-hands-Einwand **242** 1021
  Unlauterkeit **241** 320; **241a** 9
  Unterlassungsbegehren **242** 1017
  Unterlassungsvertrag **241** 139
  Verwirkungseinwand **242** 1005
    Allgemeininteressen **242** 1012
    Umstandsmoment **242** 1009
    Unterlassen **242** 1009
  Werbung, reißerische **241a** 10
  Zusendung unbestellter Ware **241a** 1, 9
Wettbewerbsverbote
  außergesetzliche Wettbewerbsverbote **241** 510
  gesetzliche Wettbewerbsverbote **241** 508 f
  Handlungsgehilfen **241** 509
  Nebenleistungstreuepflicht **241** 508
  Treuepflichten, leistungsunabhängige **241** 507 ff
  Treuepflichten, nichtleistungsbezogene **241** 508 f
  Vereinbarung **241** 510
  Vermögensschutz **241** 508
  Vertragsauslegung **241** 510
Wette
  unvollkommene Verbindlichkeiten **Einl SchuldR** 244
Widerklage
  Rechtsmissbrauch **242** 1072
Widersprüchliches Verhalten
  s venire contra factum proprium
Wiedereinstellungsanspruch
  s Arbeitsvertrag, Kündigung
Wiederkehrschuldverhältnisse
  Bezugsverträge **241** 363
  Grundvertrag **241** 362
  Rahmenvertrag **241** 362
  Zeitmoment **241** 362
Wiedervereinigung
  Grundbuchberichtigungsanspruch **242** 889
  intertemporales Privatrecht **Einl SchuldR** 258, 260
  Rechtsmissbrauch **242** 81
  Treu und Glauben **242** 81
  Wegfall der Geschäftsgrundlage **242** 81
Willenserklärung
  Abgabe **241** 133
  Auslegung **242** 420
  Begriff, normativer **241** 82

Willenserklärung (Forts)
verwaltungsrechtliche Willenserklärung
Einl SchuldR 271
Zugang **242** 455
Zugangsvereitelung **242** 249
Willensmängel
Treu und Glauben **242** 420 ff
Wirksamkeitskontrolle
Gesetzesverstoß **242** 365 f
gute Sitten **242** 370, 500
Sittenwidrigkeit **242** 365, 368, 370, 500
Wirtschaftsprüfervorbehalt
Auskunftsanspruch, selbständiger
242 1018
Auskunftspflicht **242** 1017
Wirtschaftsverfassung
Schuldrecht **Einl SchuldR** 202
Wohlverhaltenspflichten
Rücksichtspflichten **241** 154
Wohnmobil
Obhutspflicht **241** 501
Wohnraummiete
s a Miete
Baukostenzuschüsse, verlorene **Einl SchuldR** 164
Inhaltskontrolle **242** 472
Inhaltskontrolle, erweiterte **242** 469
Kündigungsschutz **Einl SchuldR** 162, 164
Mietvertrag, Schriftform **242** 767
Treu und Glauben **242** 753
Wohnrecht
Einverständniserklärung zur anderweitigen Nutzung von Wohnraum **241** 243
Pflegebedürftigkeit des Berechtigten **241** 243
Wohnungsbesetzungsrecht
Darlehensvertrag **241** 493
Wohnungseigentümergemeinschaft
faktischer Vertrag **241** 109
Gemeinschaftsordnung, Änderung **242** 922 f
Kostenverteilungsschlüssel, Änderung **242** 922 f
Nebenleistungspflichten **241** 260
Rücksichtspflichten **242** 921
Schuldverhältnis, gesetzliches **242** 921
Teilungserklärung, Änderung **241** 260; **242** 922 f
Treu und Glauben **242** 921
Zustimmungsanspruch **242** 922
Wohnungseigentum
Antennenentscheidungen **242** 146
Antragsrecht, Verwirkung **242** 1080
Betriebskosten, Verteilung **242** 922
Finanzierung **242** 925
Gemeinschaftsordnung **242** 919, 922
Inhaltskontrolle **242** 919
Gewährleistungsausschluss **242** 920
Kaufvertrag, Inhaltskontrolle **242** 920

Wohnungseigentum (Forts)
Kostenverteilungsschlüssel, grobe Unbilligkeit **242** 922
Rücksichtspflichten, nachvertragliche **242** 925
Teilungserklärung **242** 919, 922
Treu und Glauben **242** 918
Treuhandverhältnisse **242** 925
Vermietung **242** 925
Verwaltervertrag
Abberufung des Verwalters **242** 924
Kündigung des Verwaltervertrages **242** 924
Verwaltung **242** 925
Wohnungsvermittlung
Sonderregelung, schuldrechtliche **Einl SchuldR** 171
Zahlungsverzugsrichtlinie
Umsetzungsverpflichtung **Einl SchuldR** 184
Zeugnisberichtigungsanspruch
Verwirkung **242** 829
Zeugniserteilungsanspruch
Dienstverhältnisse **241** 272
Verwirkung **242** 827
Zivilprozessrecht
Erfüllungsansprüche, begünstigte **Einl SchuldR** 273
Gesetzesumgehung **242** 402
Schadensersatzansprüche **Einl SchuldR** 273
Schuldrecht, Geltungsbereich **Einl SchuldR** 6, 273 ff
Treu und Glauben **Einl SchuldR** 274; **242** 1062
unzulässige Rechtsausübung **Einl SchuldR** 274
Züricher Bürgerliches Gesetzbuch
Schuldverhältnis **241** 3
Zufallshaftung
Risiken, Versicherbarkeit **Einl SchuldR** 90
Zugangsvereitelung
öffentliches Recht **242** 1101
Treu und Glauben **242** 405, 457
Vertragsschluss **241** 70
Zugangsfiktion **242** 457
Zustellungsversuch, wiederholter **242** 457
Zugangsverzögerung
Treu und Glauben **242** 456
Zugewinnausgleich
Sicherungsmaßnahmen **241** 256
Zugewinnausgleichsanspruch
Schuldverhältnis **Einl SchuldR** 7
Zurechnung
Deliktsrecht **Einl SchuldR** 83
Zurechnungsdurchgriff
Eigenschaften, Zurechnung **242** 983
Handlungen, Zurechnung **242** 983

Zurechnungsdurchgriff (Forts)
  Wissenszurechnung **242** 983
Zurückbehaltungsrecht
  Ausschluss **242** 618
  dolo-agit-Einwand **242** 617
  Einschränkung **242** 618
  Erweiterung **242** 617
  Konnexität **242** 616
  Lebensverhältnis, einheitliches **242** 616
  Rechtsmissbrauch **242** 621, 623, 625
  Treu und Glauben **242** 615 ff
  unzulässige Rechtsausübung **242** 618
Zurückweisung
  Treu und Glauben **242** 529
Zusendung unbestellter Ware
  Änderungsangebot **241a** 28
  aliud-Lieferung **241a** 26, 58
    Gleichwertigkeit **241a** 60
    Schlechtleistung **241a** 61 f
    – bewusste Schlechtleistung **241a** 61
    – unbewusste Schlechtleistung **241a** 61
  Angebot **241a** 25, 32
  Annahme des Antrags **241a** 4, 14, 65
    ausdrückliche Annahme **241a** 32
  Anspruchsausschluss zugunsten des
    Verbrauchers **241a** 1, 11 f, 14, 29, 53, 63,
    67 f
    Anspruch **241a** 30
    Missbrauchsgefahr **241a** 53 f
    Nutzungsherausgabe **241a** 29
    Umfang **241a** 29
    Verhältnismäßigkeitsgrundsatz **241a** 18 f
  Ansprüche, gesetzliche **241a** 56 f
  Ansprüche Dritter **241a** 53 ff
    gegen den Verbraucher **241a** 53 f
    gegen den Versender **241a** 55
  Ansprüche gegen Dritte **241a** 47 ff
  Aufbewahrungspflicht **241a** 9
  Aufforderung, zurechenbare **241a** 25
  Aufwendungsersatz **241a** 33
  Auseinanderfallen Eigentum/Besitz
    241a 12, 14 f, 68
  Bereicherung, aufgedrängte **241a** 5
  Bereicherungsansprüche **241a** 42
  Beschädigung der Sache **241a** 29
    durch Dritte **241a** 51
  Besitz **241a** 12, 14 f, 37, 45, 68
  Besitzschutz **241a** 37
  Bestellung **241a** 25, 63
    irrige Annahme einer
      Bestellung **241a** 56
  Beweislast **241a** 63
  Bitte um Zusendung **241a** 25
  Darlegungslast **241a** 63
  deliktische Ansprüche des Verbrauchers
    241a 51
  Dienstleistungen **241a** 20
  Drittschadensliquidation **241a** 52
  Eigentum **241a** 12, 14 f, 35, 45, 68

Zusendung unbestellter Ware (Forts)
  Eigentumsgarantie **241a** 14 ff, 40
  Eigentumsverlust **241a** 14
  gesetzlicher Eigentumsüber-
    gang **241a** 36
  Inhalts- und Schrankenbestim-
    mung **241a** 14 ff
  Eigentumsvorbehalt **241a** 19, 53 f
  Einwilligung, rechtfertigende **241a** 64
  Enteignung **241a** 14 ff
  Entgegennahme der Sendung **241a** 4
  Erlösansprüche **241a** 7, 43
  Falschlieferung **241a** 58 f
  Fernabsatz **241a** 34
  Gebrauch der Ware **241a** 4 f
  Gebrauchsrecht, gesetzliches **241a** 64
  Gegenleistung **241a** 4, 10 f
    Auslegung, europarechts-
      konforme **241a** 11
  Gemeinschaftsrecht **241a** 1
  Geschäftsführung ohne Auftrag **241a** 33 f
  Herausgabeanspruch **241a** 5 f
  Herausgabeansprüche **241a** 38 ff
  Irrläufer **241a** 56 f
  Leistung **241a** 56
  Leistung nicht für den Empfänger
    bestimmt **241a** 56 f
  Leistungen, sonstige **241a** 23 f
  Leistungskondiktion **241a** 5
  Lieferung unbestellter Sachen **241a** 23
  Mangelhaftigkeit der Sache **241a** 26, 45,
    55, 61
  Mitverschulden **241a** 8
  nichtige Bestellung **241a** 27
  Nutzungsersatz **241a** 8, 10
  Nutzungsansprüche **241a** 46
  Öffnung der Sendung **241a** 4
  Pfandkehr **241a** 64
  Prävention **241a** 1
  Preiserhöhung **241a** 28, 62
  Recht zum Besitz **241a** 37
  Rechtfertigungsgrund **241a** 64
  Rückgabeverpflichtung **241a** 6
  Sachbeschädigung **241a** 64
  Sanktion **241a** 1, 12 f
  Schadensersatz **241a** 8, 10
  Schadensersatzansprüche des Empfängers
    241a 45
  Schadensersatzansprüche des Unter-
    nehmers **241a** 44
  Schlechtleistung **241a** 62
  Schweigen auf Angebot **241a** 4
  Sorgfaltsmaßstab **241a** 8
  Strafrecht **241a** 64
  teleologische Reduktion **241a** 40
  Unlauterkeit **241a** 9
  Unternehmer **241a** 20, 34
  Unterschlagung **241a** 64
  Veräußerung an Dritte **241a** 7, 43, 48 f, 55

Zusendung unbestellter Ware (Forts)
Verbrauch der Ware **241a** 4
Verbraucher **241a** 20 ff
Verbraucherschutz **241a** 1, 12, 18 f, 27, 40, 64
Verfassungsrecht **241a** 14 ff
Vergütungsansprüche **241a** 33
Verleihen der Ware **241a** 50
Vermietung der Ware **241a** 50
Verpflichtungsgeschäft **241a** 25
Versehen **241a** 56
Vertragsanbahnungsabsicht **241a** 34
Vertragsschluss **241a** 4, 14, 31
    Annahme, ausdrückliche **241a** 32, 38
    Gebrauch der Ware **241a** 31
    Geschäftsverbindung **241a** 20
    Handelsbrauch **241a** 20
    Schweigen **241a** 20
    Veräußerung der Ware **241a** 31
    Verbrauch der Ware **241a** 31
    Verwahrungsvertrag **241a** 38
Vertretertermin **241a** 9
Vindikationsanspruch des Unternehmers **241a** 5 f, 39 ff, 68
Wettbewerbswidrigkeit **241a** 9, 12
Zahlung nicht bestellter Ware **241a** 11
Zahlungsaufforderung **241a** 4
Zahlungspflicht **241a** 9
Zerstörung der Sache **241a** 29
    durch Dritte **241a** 51
Zweckverfehlungskondiktion **241a** 5
Zuständigkeit, gerichtliche
Erschleichung **242** 1074
    internationale Zuständigkeit **242** 1074

Zuständigkeit, gerichtliche (Forts)
Klageforderung, Zerlegung **242** 1074
örtliche Zuständigkeit **242** 1074
sachliche Zuständigkeit **242** 1074
Treu und Glauben **242** 1074
Zustellung
unzulässige Rechtsausübung **242** 1092
Zustellungsvereitelung **242** 1092
Zuwendungsgeschäfte
Verfügungsgeschäft **Einl SchuldR** 28
Verpflichtungsgeschäft **Einl SchuldR** 28
Zuweniglieferung
Sachmangel **Einl SchuldR** 195
Zwangsversteigerung
nach Ehescheidung **242** 1090
Miteigentumsgemeinschaft, Aufhebung **242** 906
Zwangsvollstreckung
Bagatellforderungen **242** 1083
Härte, besondere **242** 1085
Rechtsmissbrauch **242** 1083
Rechtsschutzbedürfnis **242** 1083 f
Doppelnatur des Zwangsvollstreckungsverfahrens **242** 1083 f
Forderungen **241** 317
Gattungsschuld **243** 53
Treu und Glauben **242** 62, 1062, 1083 ff
Verhältnismäßigkeitsgrundsatz **242** 1083 f
Zweckerreichung
Treu und Glauben **242** 707
Unmöglichkeit **242** 707
Zwischenhändler
Mitwirkungspflichten, Unterstützung gegenüber Dritten **241** 256